LUCII CÆCILII FIRMIANI

LACTANTII

OPERA OMNIA,

AD PRÆSTANTISSIMAM LENGLETII-DUFRESNOY EDITIONEM EXPRESSA;
BUNEMANNI, O. F. FRITZSCHE, N. LE NOURRY CUM EMENDATIONIBUS TUM
DISQUISITIONIBUS CRITICIS AUCTA:

EDITIO NOVISSIMA;

QUÆ OMNIUM INSTAR ESSE POTEST, AD OCTOGINTA ET AMPLIUS MSS. CODICES EDITOSQUE
QUADRAGINTA COLLATA NOTISQUE UBERIORIBUS ILLUSTRATA.

SEQUUNTUR

APPENDICES AD SCRIPTA SS. PP. MARCELLINI, MARCELLI, EUSEBII ET MELCHIADIS,
QUI IN SEXTO TOMO MEMORANTUR.

LACTANTII TOMUS SECUNDUS ET ULTIMUS.

PARISIIS
EXCUDEBAT VRAYET,
IN VIA DICTA D'AMBOISE, PRÈS LA BARRIÈRE D'ENFER,
OU PETIT-MONTROUGE.

1844.

ELENCHUS

OPERUM QUÆ IN HOC TOMO CONTINENTUR.

Liber de Opificio Dei. col.	9
Liber de Ira Dei.	77
Dissertatio N. le Nourry in librum de Ira Dei.	147
Disquisitio Nicolai de Lestocq in librum de Mortibus persecutorum.	157
Appendix de duobus locis cod. ms. hujus libri.	171
Dissertatio Henrici Dodwelli de *Ripa Striga*.	175
Liber de Mortibus persecutorum.	190
Lactantii fragmenta.	275
Incerti auctoris PHOENIX Lactantio tributus.	Ibid.
Incerti auctoris carmen de Passione Domini.	283
Carmen de Pascha.	285
Cæcilii symphosii Ænigma.	289
Stephani Balusii notæ in librum de Mortibus persecutorum.	297
Ejusdem in duo loca ejusdem libri duæ epistolæ.	379
Petri Diazii sententia de quodam loco Lactantii corrupto.	Ibid.
Epistola Baluzii ad Diazium.	380
Ejusdem epist. ad Henricum de Noris.	381
Epistola Joannis Columbi ad Gisbertum Cuperum.	385
Lectori benevolo.	387
De libro hoc judicia et testimonia aliquot.	388
Joannis Columbi notæ in librum de Mortibus persecutorum.	389
Nicolai Toinardi monitum lectori.	435
Notæ Toinardi in librum de Mortibus persecutorum.	Ibid.
Gisberti Cuperi notæ.	463
Pauli Baudri notæ in librum de Mortibus persecutorum.	587
Dissertatio N. le Nourry in librum de Mortibus persecutorum.	839
Ejusdem disquisitiones dogmaticæ in Lactantium.	1011

PATROLOGIÆ

CURSUS COMPLETUS

SIVE

BIBLIOTHECA UNIVERSALIS, INTEGRA, UNIFORMIS, COMMODA, OECONOMICA,

OMNIUM SS. PATRUM, DOCTORUM SCRIPTORUMQUE ECCLESIASTICORUM

QUI AB ÆVO APOSTOLICO AD USQUE INNOCENTII III TEMPORA
FLORUERUNT;
RECUSIO CHRONOLOGICA OMNIUM QUÆ
EXSTITERE MONUMENTORUM CATHOLICÆ TRADITIONIS PER DUODECIM
PRIORA ECCLESIÆ SÆCULA,

JUXTA EDITIONES ACCURATISSIMAS, INTER SE CUMQUE NONNULLIS CODICIBUS MANUSCRIPTIS COLLATAS, PERQUAM
DILIGENTER CASTIGATA;

DISSERTATIONIBUS, COMMENTARIIS LECTIONIBUSQUE VARIANTIBUS CONTINENTER ILLUSTRATA;

OMNIBUS OPERIBUS POST AMPLISSIMAS EDITIONES QUÆ TRIBUS NOVISSIMIS SÆCULIS DEBENTUR ABSOLUTAS
DETECTIS, AUCTA;

INDICIBUS PARTICULARIBUS ANALYTICIS, SINGULOS SIVE TOMOS, SIVE AUCTORES ALICUJUS MOMENTI
SUBSEQUENTIBUS, DONATA;

CAPITULIS INTRA IPSUM TEXTUM RITE DISPOSITIS, NECNON ET TITULIS SINGULARUM PAGINARUM MARGINEM SUPERIOREM
DISTINGUENTIBUS SUBJECTAMQUE MATERIAM SIGNIFICANTIBUS, ADORNATA;

OPERIBUS CUM DUBIIS TUM APOCRYPHIS, ALIQUA VERO AUCTORITATE IN ORDINE AD TRADITIONEM
ECCLESIASTICAM POLLENTIBUS, AMPLIFICATA;

DUOBUS INDICIBUS GENERALIBUS LOCUPLETATA : ALTERO SCILICET RERUM, QUO CONSULTO, QUIDQUID
UNUSQUISQUE PATRUM IN QUODLIBET THEMA SCRIPSERIT UNO INTUITU CONSPICIATUR; ALTERO
SCRIPTURÆ SACRÆ, EX QUO LECTORI COMPERIRE SIT OBVIUM QUINAM PATRES ET IN
QUIBUS OPERUM SUORUM LOCIS SINGULOS SINGULORUM LIBRORUM SCRIPTURÆ
TEXTUS COMMENTATI SINT.

EDITIO ACCURATISSIMA, CÆTERISQUE OMNIBUS FACILE ANTEPONENDA, SI PERPENDANTUR : CHARACTERUM NITIDITAS,
CHARTÆ QUALITAS, INTEGRITAS TEXTUS, PERFECTIO CORRECTIONIS, OPERUM RECUSORUM TUM VARIE AS
TUM NUMERUS, FORMA VOLUMINUM PERQUAM COMMODA SIBIQUE IN TOTO OPERIS DECURSU CONSTANTE
SIMILIS, PRETII EXIGUITAS, PRÆSERTIMQUE ISTA COLLECTIO, UNA, METHODICA ET CHRONOLOGICA,
SEXCENTORUM FRAGMENTORUM OPUSCULORUMQUE HACTENUS HIC ILLIC SPARSORUM, PRIMUM
AUTEM IN NOSTRA BIBLIOTHECA, EX OPERIBUS AD OMNES ÆTATES, LOCOS, LINGUAS
FORMASQUE PERTINENTIBUS, COADUNATORUM.

SERIES PRIMA,

IN QUA PRODEUNT PATRES, DOCTORES SCRIPTORESQUE ECCLESIÆ LATINÆ
A TERTULLIANO AD GREGORIUM MAGNUM.

ACCURANTE J.-P. MIGNE, **Cursuum Completorum** IN SINGULOS SCIENTIÆ
ECCLESIASTICÆ RAMOS EDITORE.

PATROLOGIÆ TOMUS VII.

LACTANTII TOMUS SECUNDUS ET ULTIMUS.
APPENDICES AD SCRIPTA SS. PP. MARCELLINI, MARCELLI, EUSEBII ET MELCHIADIS,
QUI IN SEXTO TOMO MEMORANTUR.

PARISIIS, EXCUDEBAT VRAYET,
IN VIA DICTA D'AMBOISE, PRÈS LA BARRIÈRE D'ENFER,
OU PETIT-MONTROUGE.

1844.

LUCII CÆCILII FIRMIANI
LACTANTII
DE OPIFICIO DEI, VEL FORMATIONE HOMINIS,
LIBER,
AD DEMETRIANUM AUDITOREM SUUM.

CAPUT PRIMUM.

Prooemium et adhortatio ad Demetrianum.

Quam minime sim quietus et in summis necessitatibus, ex hoc libello poteris existimare; quam ad te rudibus pene verbis, prout ingenii mediocritas tulit, Demetriane, perscripsi, ut quotidianum studium meum et nosses, et non deessem tibi, præceptor etiamnunc, sed honestioris rei meliorisque A doctrinæ. Nam si te in litteris, nihil aliud quam linguam instruentibus, auditorem satis strenuum præbuisti : quanto magis in his veris, et ad vitam pertinentibus, docilior esse debebis? Apud quem nunc profiteor, nulla me necessitate vel rei, vel temporis impediri, quominus aliquid excudam, quo philosophi nostræ sectæ, quam tuemur, instructiores doctioresque in posterum fiant; quamvis nunc male audiant, castigenturque vulgo, quod aliter

VARIORUM NOTÆ.

De Opificio Dei, vel Formatione hominis. Geminum hunc ad imitationem Platonicam titulum ex Hieronymo, Honorio Augustodunensi, Lactantii veteribus editis, ac plurimis mss. codicibus restituimus. In quibusdam est solum *de Opificio Dei*; in aliis, *de Opificio hominis* dumtaxat; in duobus vero recentioribus, uno scilicet Oxoniensi, altero Colb. et lib. II cap. 9 Div. Instit. legitur, *Opus mundi ac Opificium Dei*. De omnibus corporis humani partibus optime etiam disserit Theodoretus Serm. 3 et 4 de Providentia. Vide præterea, si lubet, Gregor. Nyssen. de Creat. hominis. — Liber de Opificio, qui omnium Lactantii librorum maxime est depravatus, et quem vellem ad II. scriptos accuratius exigi, separatim prodiit Colon. ex offic. Quentell. 1506 (ad ed. Ven. 1497), deinde cum notis Des. Erasmi Basil. 1529, Paris. 1529, et Willichii 1542. Fritzsche.

Ad Demetrianum auditorem suum. Hunc librum Demetriano fuisse inscriptum indicant ipsemet Lactantius infra, initio cap. 1 et 20, ac lib. II Div. Instit. cap. 10, post medium, et Hieronymus, lib. de Scriptoribus Ecclesiasticis; nec abludunt omnes ferme editi et plures mss. non ad *Demetrium*, nec ad *Donatum*, ut cuidam viro erudito visum est.

Quam minime sim quietus. Quoties auget *quam*, eleganter præponitur nominibus superlativis, ut *quam plurimis* sive *cum plurimis*. Cæterum cum usurpatur pro *quantum*, non memini apud caste loquentes auctores jungi nisi positivis. Hoc igitur loco dixissem, *quam non sim quietus*, aut, *quam nihil mihi sit quietis*. Erasm.

Et in summis necessitatibus. Monet Erasmus in quibusdam codicibus vitiose legi *etiam*, pro, *et*. Quod indicio est postremam particulam in aliis haberi. Quam hic requiri inde argit, quod non novum sit B hominem in summis necessitatibus, seu persecutionibus versatum, minime quietum esse; cum si conjunctio *et* retineatur, solum repetetur quod antea dictum est, hoc sensu, *et quam sim*. Spark.

Itaque restituimus, *et*, postulante sensu, faventibusque editis Graph., Gyrnic., Crat., Is. ac mss. Erasm. et 1 Colbertino, in quo a prima manu legitur *et*, lineola recentiori ac nigriori atramento superscripta, sic indicante secunda manu esse *etiam*, ut in plurimis mss. et editis : nisi legere malis cum alio Colbertino *et jam*. In tertio Colb. est *etc*..., cum Signo abbreviationis.

Excudam. Ms. Reg. Put. et 3 rec. *extundam*; nec male.

Philosophi. Immemor hic Erasmus fuit, etiam a Justino Martyre, Clemente Alexandrino et al is doctrinam christianam *philosophiam*, et doctores christianos dici *philosophos*. Demonstravit hoc multis C Kortolt. in Comment. ad Justin. Mart. Bun.

Nostræ sectæ. Eleganter quidem, sed parum theologice annotavit christianos, quod hunc libellum fere contexuit stylo philosophico, quemadmodum Boetius librum de Consolatione philosophiæ. Sectam autem usurpavit in bonam partem, quod facit aliquoties Tertullianus, quum idem apud Græcos sonet *hæresis*, quod nobis *secta*; et pios appellat *sapientes*, pietatem *sapientiam*, novam *professionem* christianismum. Erasm. — Sed pullulantibus in Ecclesia extraneis dogmatibus, sectæ nomen odiosum fieri cœpit. — *Nostræ sectæ*. Alibi noster sectam in malam partem sumpsit, ex gr., lib. IV Institut. cap. 30, et de Ira, cap. 2. Hic sumit in bonam partem; quomodo Tertullianus in Apolog. cap. 1, 21 et 40, *Christianæ sectæ origo*. Bun.

Castigenturque. Castigare dixit, non pro emendare, sed pro corripere, sive flagellare. Erasm.

quam sapientibus convenit vivant, et vitia sub obtentu nominis celent, quibus illos aut mederi oportuit, aut ea prorsus effugere, ut beatum atque incorruptum sapientiæ nomen vita ipsa cum præceptis congruente præstarent. Ego tamen, ut nos ipsos simul et cæteros instruam, nullum laborem recuso. Neque enim possum oblivisci mei, tum præsertim, cum maxime opus sit meminisse; sicut ne tu quidem tui, ut spero, et opto. Nam licet te publicæ rei necessitas a veris et justis operibus avertat: tamen fieri non potest, quin subinde in cœlum aspiciat.

Mens sibi conscia recti.

Ego quidem lætor omnia tibi, quæ pro bonis habentur, prospere fluere; sed ita, si nihil de statu mentis immutent. Vereor enim ne paulatim consuetudo, et jucunditas earum rerum (sicut fieri solet) in animum tuum repat. Ideoque te moneo,

Et repetens iterumque monebo

ne oblectamenta ista terræ, pro magnis aut veris bonis habere te credas; quæ sunt non tantum fallacia, quia dubia, verum etiam insidiosa, quia dulcia. Nam ille colluctator et adversarius noster scis quam sit astutus, et idem ipse violentus, sicuti nunc videmus. Is hæc omnia, quæ illicere possunt, pro laqueis habet, et quidem tam subtilibus, ut oculos mentis effugiant, ne possint hominis provisione vitari. Summa ergo prudentia est, pedetentim procedere; quoniam utrobique saluti insidet, et offensacula pedibus latenter opponit. Itaque res tuas prosperas, in quibus nunc agis, suadeo ut pro tua virtute aut contemnas, si potes, aut non magnopere mireris. Memento et veri parentis tui, et in qua civitate nomen dederis, et cujus ordinis fueris. Intelligis profecto quid loquar. Nec enim te superbiæ arguo, cujus in te ne suspicio quidem ulla est: sed ea quæ dico, ad mentem referenda sunt, non ad corpus, cujus omnis ratio ideo comparata est, ut animo tanquam domino serviat, et regatur nutu ejus. Vas est quidem corpus quodammodo fictile, quo animus, id est homo ipse verus continetur, et quidem non a Prometheo fictum (ut poetæ loquuntur), sed a summo illo rerum conditore atque artifice Deo; cujus divinam providentiam perfectissimamque virtutem, nec sensu comprehendere, nec verbo enarrare possibile est.

Tentabo tamen, quoniam corporis et animi facta mentio est, utriusque rationem, quantum pusillitas intelligentiæ meæ pervidet, explicare. Quod officium hac de causa maxime suscipiendum puto, quod M. Tullius, vir ingenii singularis, in quarto de Republi-

VARIORUM NOTÆ.

Illos. Deest in ms. Bov. idque sat apte.
Sicut. Ita restitui ex mss. optimo Regio-Put., Goth., Em., Merton., Christ., 2 Colb., Brun., Bov. et editis Graph. et Cellar., approbante Walchio. In undecim mss. rec. et omnibus fere impressis erat *sic*.
In. Deest in ms. Bov. et recte.
Mens. Virg., 1 Æneid., v. 608.
Prospere fluere. Sic apud Ciceronem lib. 1 de Officiis, de Fortitudine: *Atque etiam in rebus prosperis, et ad voluntatem nostram fluentibus superbiam, fastidium, arrogantiamque magnopere fugiamus.*
Repat. Pro *irrepat*, simplex pro composito, quod Lactantio est familiare: itaque perperam substitutum *irrepat*, in sex mss. rec. et *sensim* intrusum in quinque, et ex rec. edit. Expunxi, utpote adverbium inutile, siquidem mox præcessit *paulatim*, quod idem est. In ms. Bov. legitur *manum tuam repat*: sed est erratum. Ibi etiam sublatum est *sensim*, et recte.
Et repetens iterumque iterumque monebo. Lips. 2 et nonnulli editi, ex. gr., Ven. 1493, 97: *et repetens iterum iterumque moneo*, in præsenti, ut vult Cellarius. Parrh., Ald., Crat., Fas., Gryph., Torn., Thomas., Thys., Gall.: *Repetens iterumque monebo.* Ven. 1471 et Rost. hæc omnia omittunt. Bun.
Habere te credas. Apte Seneca ep. 8: *Ad omne fortuitum bonum suspiciosi pavidique subsistite. Munera fortunæ putatis? insidiæ sunt.* Buneman. — *Habere te credas.* Hic loci Erasmus virgula censoria Lactantium notat, quasi dure hoc dixisset; eo quod *habere te credas*, idem sonat quod *credere te credas.* At pace tanti viri puto Lactantium communi significatu verbum *habendi* usurpare, pro *possidere.*
SPARKIUS.
Pedetentim. Id est, caute. Præcessit, *Summa ergo prudentia est.* Donatus ad Terentii Phorm. III, 3, 19: *Pedetentim, caute, a pedibus et tentando.* Cicero in Ver. Act. 1, cap. 7: *Pedetentim cauteque*; pro Cluentio, *caute pedetentimque.*
Procedere. Sic ex mss. optimis et vetustissimis Bon. et Regio-Put., Bov. aliisque undecim reposui-
mus. In 2 rec. et in vulgatis est *incedere*. In 4 mss. rec. *ambulare*; in 2 aliis rec. verbum deest.
Saluti insidet. Sic legunt mss. 2 Bonon., Erasm., Em. et omnes fere editi: quæ lectio bona est, et viris doctis placet. In 21 mss. et 2 editis est *saltus insidet.* In 4 Reg. et Bov. et edit. Graph., *saltus incidet.*
Offensacula. Pro *offensa*, verbum insolitum: hic active sumitur.
Latenter. Vocula Ciceronis et Ovidii. Apposite Cyprianus de Unitate Ecclesiæ edit. Oxon. et Brem. fol. 804: *Plus metuendus est et cavendus inimicus, cum latenter obrepit, cum per pacis imaginem fallens occultis accessibus serpit... Ea est ejus semper astutia, ea est circumveniendi hominis cœca et latebrosa fallacia. Sic ab initio... verbis mendacibus rudes animas incauta credulitate decepit: sic Dominum ipsum..... latenter accessit.*
Prosperas. Ita emendavi ex mss. 4 Oxoniensibus et Bov. et editis Crat., Graph., Gymnic., Tornes., et Walch. In 7 Reg., Clarom. et Brun., 4 Colb. et 7 editis est *proprias.* Vide seqq. sed et *prospera res* apud Ciceronem de Cl. 12.
In qua civitate nomen dederis. Id est, baptismo initiatus fueris. In mss. 2 Bonon., 2 Reg. rec., Tax., 2 Colb. et Baluz., *in quam civitatem.*
Ratio ita comparata. Editi omnes, *ideo comparata.* Scripsi ex Goth. *ita comparata.* Ita quoque Heumannus conjecit recte. Ad rem confer lib. II, cap. 12; lib. VI, cap. 1.
Vas est quidem corpus quodammodo, etc. Ita mss. Bov., alii vero legunt *Vas est enim quodammodo fictile*, sed minus bene.
Fictum. Bon., Tax., Bun., *fictus.*
Pusillitas. Vox parum trita apud probatos auctores.
De Republica libro. Hic liber intercidit; quem Platonem imitatus scripserat Cicero. At idem argumentum cum Lactantio tractant Basilius magnus et Ambrosius in Hexameron, et Theodoretus Cyri epi-

blica libro, cum id facere tentasset, nihil prorsus effecit; nam materiam late patentem angustis finibus terminavit, leviter summa quæque decerpens. Ac ne ulla esset excusatio, cur eum locum non fuerit executus, ipse testatus est, nec voluntatem sibi defuisse, nec curam. In libro enim de Legibus primo, cum hoc idem summatim stringeret, sic ait : *Hunc locum satis (ut mihi videtur) in iis libris, quos legistis, expressit Scipio.* Postea tamen in libro de Natura deorum secundo, hoc idem latius exequi conatus est. Sed quoniam ne ibi quidem satis expressit, aggrediar hoc munus et sumam mihi audacter explicandum, quod homo disertissimus pene omisit intactum. Forsitan reprehendas, quod in rebus obscuris coner aliquid disputare; cum videas tanta temeritate homines extitisse, qui vulgo philosophi nominantur, ut ea, quæ abstrusa prorsus atque abdita Deus esse voluit, scrutarentur, ac naturam rerum cœlestium terrenarumque conquirerent, quæ a nobis longe remotæ, neque oculis contrectari, neque tangi manu, neque percipi sensibus possunt : et tamen de illarum omnium ratione sic disputant, ut ea, quæ afferunt, probata et cognita videri velint. Quid est tandem, cur nobis invidiosum quisquam putet, si rationem corporis nostri dispicere et contemplari velimus? Quæ plane obscura non est; quia ex ipsis membrorum officiis, et usibus partium singularum, quanta vi providentiæ quidque factum sit, intelligere nobis licet.

CAPUT II.

De generatione belluarum et hominis.

Dedit enim homini artifex ille noster ac parens Deus sensum atque rationem; ut ex eo appareret nos ab eo esse generatos, quia ipse intelligentia, ipse sensus ac ratio est. Cæteris animantibus quoniam rationalem istam vim non attribuit, quemadmodum tamen vita eorum tutior esset, ante providit. Omnes enim suis ex se pilis texit, quo facilius posset vim pruinarum ac frigorum sustinere. Singulis autem generibus, ad propulsandos impetus externos, sua propria munimenta constituit; ut aut naturalibus telis repugnent fortioribus, aut quæ sunt imbecilliora, subtrahant se periculis pernicitate fugiendi, aut quæ simul, et viribus, et celeritate indigent, astu se protegant, aut latibulis sepiant. Itaque alia eorum, vel plumis levibus in sublime suspensa sunt, vel suffulta ungulis, vel instructa cornibus; quibusdam in ore arma sunt dentes, aut in pedibus adunci ungues; nullique munimentum ad tutelam sui deest.

VARIORUM NOTÆ.

scopus in libris de Providentia; atque ultimis temporibus, Granatensis in Catechismo, et Illustr. Fenellonius archiep. Cameracensis in eximio de Existentia Dei Libello gallico.

Nihil prorsus effecit; nam. Sic reposui ex mss. 2 Bon., 2 Reg., Tax., 2 Colb., Baluz. et Clarom. in marg. Illa vero absunt a 16 mss. et ab ipsa editione O. F. Fritzsche. In omnibus fere vulgatis, pro *nam*, est *et*.

Leviter summa quæque decerpens. Ita vulgati ms. et editi : at ms. Bov. legit, *leviter summatim quæque decerpens.*

Scipio. Hic, teste Cicerone lib. I de Legibus, c. 6, scripserat sex libros de Republica optima.

Oculis contrectari. Proba omnium editorum et mss. lectio, si unum excipias Bononiensem, in quo legitur *contueri*, et editionem Cellarii, in qua reposuit *contastrari* sine ulla manuscriptorum auctoritate. At contra hanc correctionem, seu potius depravationem, insurrexit erud. Heumannus, ostenditque ex variis priscorum auctorum locis, videlicet Taciti l. III Annal. cap. 12, Ovidii Metamorph. l. VI, fab. 7, Augustin. epist. 3, Greg. Nazianz. Orat. 1 Theolog., Cicer. Quæst. Tuscul. lib. II, Chrysostomi Homil. 3 ad pop. Antioch., probum esse, imo elegans hoc dicendi genus. Sed et non modo Latinis et Græcis acceptum est, verum etiam nos Galli dicimus, *faire toucher une chose au doigt et à l'œil.* Sed et idem loquendi modus est Lactantii Divin. Institut. lib. V, c. 21, ante finem.

Afferunt. Sic restitui ex veter. edit. et Cellar. cunct. mss. præter recentes duos Colb., 1 Brun. et Bov. in quibus legitur *asserunt*, sicut et in rec. editis.

Dispicere. Ita reposui ex mss. 2 Bonon., Tax., 2 Colb., 1 Reg., faventibus Reg.-Put. itemque alio Regio, in quibus est *despicere.* In recentioribus undecim sicut et in editis, est *inspicere.*

Quidque factum sit. Concinna lectio, quam restitui ex editis quinque et mss. 2 Bonon., 2 Reg., Tax., Pen., Cauc., Ult., 4 Colbert., Baluz., Clarom., Brun., accedentibus Regio-Puteano, Goth. et Em. in quibus legitur *quidquid factum sit.* In rec. 4 Reg., 2 Colbert.,

Marm. et editis octo, *quisque factus sit.*

Dedit. Caput istud cum sequenti totum est contra Lucretium, qui naturam in faciendo homine iniquitatis insimulat.

Artifex ille. Sæpe ille eleganter additur, ut cap. 4, *a summo illo... artifice Deo;* lib. VI Institut., cap. 23, *adversarius ille noster.* BUN.

Sensum. Id est, mentem, intellectum. Vide not. ad cap. 1 *percipi sensu.* Confer lib. VI, cap. 2; Apuleius, lib. II Met. pag. 279 : *Ac dum religiosus scrupulum apud sensum meum disputo.* BUN.

Rationalem istam vim. Ita legitur in novem editis et in vet. ac opt. mss. Reg. Put., Cauc. et Erasm. eamque lectionem probant Gallæus et Walchius. In 15 rec. et vulgatis septem est *vitam*; in uno Lipsiensi et Bov. *rationabilem istam vitam.*

Ante providit. Doctiss. Francius, pro *ante*, suspicabatur legendum esse, *apte.*

Omnes enim suis ex se pilis texit. Sic habent vet. et opt. mss. Bonon. et Cauc. ac editi Graph., Crat., Spark. quod Erasmus probat : *pilis*, qui cum ipsis animalibus nascuntur. In 21 mss. et in 9 editis, *pellibus*; in Em. et Bov. *ex suis pellibus texit.* Durius hic usus est pronomine reciproco; neque enim *se* refertur ad Deum, sed ad animantes. Deinde non omne animal tectum est pilis, aut etiam pellibus; quædam enim muniuntur testa, ut ostrea et testudines; quædam concha, quædam corio, alia squamis, alia pennis, alia setis, alia spinis, alia aculeis, alia villis, alia crustis, alia laminis. Hæc copiose tractantur ab Aristotel., IV de part. anim., cap. 10; Plin. præfat. VII, et Greg. Nyssen. de hominis Opificio cap. 7. — *Quemadmodum tamen... ante providit. Omnes enim*, etc. Ita quoque Aristot., IV de part. anim. cap. 10; Lucret., V, *nam quæcumque vides*, etc.; Cic. de Nat. deor.; Plutarch., lib. de Fort. ; Plin. præfat. 7; Tyr. Maximus, Dial. περὶ τῆς Σωκρ. ἐρωτικ.; Gregor. Nyss. de hominis Opificio. cap. 7.

ISÆUS.

Vim pruinarum ac frigorum sustinere. Sic reposui ex veterrimis et optimis mss. 2 Bonon., Regio-Put., 5 al. Reg., 4 Colbert., Baluz., Clarom., Tax., Pen.,

Si qua vero in prædam majoribus cedunt, ne tamen stirps eorum funditus interiret, aut in ea sunt relegata regione, ubi majora esse non possunt ; aut acceperunt uberem generandi fœcunditatem, ut et bestiis, quæ sanguine aluntur, victus suppeteret ex illis, et illatam tamen cladem, ad conservationem generis, multitudo ipsa superaret. Hominem autem, ratione concessa, et virtute sentiendi atque eloquendi data, eorum, quæ cæteris animantibus attributa sunt, fecit expertem, quia sapientia reddere poterat, quæ illi naturæ conditio denegasset, statuit nudum, et inermem, quia et ingenio poterat armari, et ratione vestiri. Ea vero ipsa, quæ mutis data, et homini denegata sunt, quam mirabiliter homini ad pulchritudinem faciant, exprimi non potest. Nam si in homine ferinos dentes, aut cornua, aut ungues, aut ungulas, aut caudam, aut varii coloris pilos addidisset ; quis non sentiat quam turpe animal esset futurum, sicut muta, si nuda et inermia fingerentur ? Quibus si detrahas, vel naturalem sui corporis vestem, vel ea quibus ex se armantur, nec speciosa poterunt esse, nec tuta ; ut mirabiliter, si utilitatem cogites, instructa, si speciem, ornata videantur : adeo miro modo consentit utilitas cum decore.

Hominem vero, quem æternum animal atque immortale fingebat, non forinsecus, ut cætera, sed interius armavit ; nec munimentum ejus in corpore, sed in animo posuit : quoniam supervacuum fuit, cum illi, quod erat maximum, tribuisset, corporibus eum tegere munimentis ; cum præsertim pulchritudinem humani corporis impedirent. Unde ego philosophorum, qui Epicurum sequuntur, amentiam soleo mirari, qui naturæ opera reprehendunt, ut ostendant, nulla providentia instructum esse ac regi mundum ; sed originem rerum insecabilibus ac solidis corporibus assignant, quorum fortuitis concursionibus universa nascantur, et nata sint. Prætereo quæ ad ipsum mundum pertinentia vitio dant, in quo ridicule insaniunt ; id sumo, quod ad rem, de qua nunc agimus, pertinet.

CAPUT III.
De conditione pecudum, et hominis.

Queruntur, hominem nimis imbecillum et fragilem nasci, quam cætera animalia nascuntur ; quæ ut sunt edita ex utero, protinus in pedes suos erigi, et gestire discursibus, statimque aeri tolerando idonea esse, quod in lucem naturalibus indumentis munita processerint : hominem contra, nudum, et inermem tanquam ex naufragio in hujus vitæ miserias projici et expelli ; qui neque movere se loco, ubi effusus est, possit, nec alimentum lactis appetere, nec injuriam temporis ferre ; itaque naturam, non matrem esse humani generis, sed novercam, quæ cum mutis tam

VARIORUM NOTÆ.

Brun. et Bov. In rec. tamen 3 Reg., 2 Colb. et in vulgatis, *vim pruinarum ac frigora sustinere*. Ast apud Ciceronem est *frigoris vis*.

In ea sunt relegata regione. Ita multi mss. et editi. Et ita alibi Lactantius utitur sexto casu pro quarto, et contra. Nonnulli habent *religata regione ;* quidam *religata religione*, ut ms. Bov., sed male. — *In eam sunt relegata regionem*. Erasmus in ed. Frob. 1529, Gymn., Torn., Betul., Paris., 1561 : *In eam relegata sunt regionem*. Rost. vitiose, *religata*. Goth., Lips., Reimmann., 1465-1524, Thomasius et seqq. : *In ea relegata regione*. *Relegare* valet *amandare*, *ablegare*, *segregare*. Sæpius cum dativo jungitur. Sic ex Virgilio Lact. lib. 1, c. 17 :
  Secretis alma recondit
Sedibus, et nymphæ Egeriæ nemorique relegat, etc.
Bun.

Si in homine. Ita restitui ex vetustissimis et optimis mss. 2 Bonon., Reg.-Put. aliisque 2 Reg., Tax., 2 Colb., Baluz. In undecim rec. et in editis est, *si homini*.

Quis non sentiat. Sic reposui ex omnibus mss. et vet. editis. Rom., Gymnic., Graph. In undecim recentioribus editis legitur, *sentit*. Prior lectio Lactantiana recta est.

Quem. Ita rescribendum est, teste Heumanno ex editionibus 1472, 1478, 1513 et 1515, in aliis legitur *quoniam*, quod minus bene videtur.

Philosophorum. Scilicet Leucippi et Democriti, quos secutus est Epicurus, atque Lucretii qui secutus est Epicurum.

Insecabilibus, etc. Scilicet, atomis.

Nascantur et nata sint. Sic, idque optime mss. Boy. atque editiones 1472, 1476, 1478.

Quæ ad ipsum mundum pertinentia. Ita cum omnibus fere editis, mss. 2 Bonon., Regio-Put., Tax., Ultr., Em., Clarom. a prima manu. At Erasmus in ms. codice a se viso legit, *ad ipsum mundum pertinentia*, deleto *quæ*. In sex vero Colbertinis, Marm.,

Brun. ac in editis tribus deest *pertinentia*.

Queruntur hominem nimis imbecillum et fragilem nasci. Scilicet Lucret. v, sub initium, Plin. præfat. vii, immerito tamen et fatue, ut ait Aristoteles, iv de part. cap. 10, Senec. iv de Benef. c. 18, Gal. i, cap. 2 et seqq., Plutarch. de Fortuna, Basil. Homil. 10 in Hexameron., Gregor. Nyss. de hominis Opificio. Isæus.

Nimis imbecillum... quam cætera animalia. Id est, præ cæteris animalibus, forma loquendi inusitata, quam vix apud ullum auctorem reperies. — *Nimis imbecillum... nasci, quam*. Sparkius quoque hanc loquendi formam vocat inusitatam. Reiherus quidem in suo Theatro Plauti, *nimis quam cupio*, exponit *plus quam cupio* : sed significat potius *valde*, *admodum*. Plura etiam de formula *nimis quam*, Gronovius ad Gel. lib. v, cap. 14, pag. 328 et Burmann. ad Quintil. lib. iv Inst., cap. 2, pag. 336.
Bun.

Ut sunt edita... protinus. Eleganter *ut... protinus*, sicut in Cicerone, Cæsare et Livio : *ut... statim ; ut... confestim ; ut... continuo ; ut... extemplo ; ut... subito*. Vide Tursell. de part. ed. ii, Schwartz, pag. 1099 ; seq. Bun.

Statim..... idonea esse, quod. Subl., Rost., Ven., 1471, 72, utraque 78-1515, Paris., Crat., Frob., et Gymn. : *statim..... idonea esse, quam*. Iterum nove, inquit Erasmus, usurpavit hanc vocem statim quam, *pro simul atque*. Non aspernarer, quam Erasmo *nove* usurpatam dictam voculam, memor, nostrum dixisse lib. vii Institut. cap. 5 : *non statim, quam natus est*.
Bun.

Hominem contra, nudum, etc. Tertullianus de Carne Christi : *Horres utique infantem cum suis impedimentis profusum et oblitum*. Seneca ad Marciam : *Quid est homo ? imbecillum corpus et fragile, nudum, et suapte natura inerme*.
Pricæus.

Ubi effusus est. Partus eleganter dicitur *fundi, effundi*. Lib. iii Inst., c. 19 : *locus, in quo quisque est effusus ex utero*.

liberaliter se gesserit, hominem vero sic effuderit, ut inops, et infirmus, et omni auxilio indigens, nihil aliud possit, quam fragilitatis suæ conditionem ploratu ac fletibus suis ominari : scilicet,

Cui tantum in vita restet transire malorum.

Quæ cum dicunt, vehementer sapere creduntur, propterea quod unusquisque inconsiderate suæ conditioni ingratus est : ego vero illos nunquam tam desipere contendo, quam cum hæc loquuntur. Considerans enim conditionem rerum, intelligo nihil fieri aliter debuisse, ut non dicam, potuisse, quia Deus potest omnia ; sed necesse est, ut providentissima illa majestas id effecerit, quod erat melius et rectius.

Libet igitur interrogare istos divinorum operum reprehensores, quid in homine deesse, quia imbecillior nascitur, credant ? Num idcirco minus educentur homines ? num minus ad summum robur ætatis provehantur ; num imbecillitas aut incrementum impediat, aut salutem ? quoniam quæ desunt, ratio dependit. At hominis, inquiunt, educatio maximis laboribus constat : pecudum scilicet conditio melior, quod hæ omnes, cum fœtum ediderint, non nisi pastus sui curam gerunt ; ex quo efficitur, ut uberibus sua sponte distentis, alimentum lactis fœtibus ministretur, et id cogente natura, sine matrum sollicitudine appetant. Quid aves, quarum ratio diversa est, nonne maximos suscipiunt in educando labores ? ut interdum aliquid humanæ intelligentiæ habere videantur : nidos enim, aut luto ædificant, aut virgultis et frondibus construunt ; et ciborum expertes incubant ovis ; et quoniam fœtus de suis corporibus alere datum non est, cibos convehunt, et totos dies in hujusmodi discursatione consumunt, noctibus vero defendunt, fovent, protegunt. Quid amplius facere homines possunt ? nisi hoc solum fortasse, quod non expellunt adultos, sed perpetua necessitudine ac vinculo charitatis adjunctos habent. Quid, quod avium fœtus multo fragilior est, quam hominis : quia non materno corpore ipsum animal edunt ; sed quod materni corporis fotu et calore tepefactum, animal efficiat, quod tamen cum spiritu fuerit animatum, id vero implume ac tenerum, non modo volandi, sed ambulandi quoque usu caret. Non ergo ineptissimus sit, si quis putet male cum volucribus egisse naturam, primum quod bis nascuntur ; deinde, quod tam infirmæ, ut sint quæsitis pro laborem cibis a parentibus nutriendæ. Sed illi fortiora eligunt, imbecilliora præterennt.

Quæro igitur ab iis, qui conditionem pecudum suæ præferunt, quid eligant, si Deus his deferat optionem ; utrum malint humanam sapientiam cum imbecillitate, an pecudum firmitatem cum illarum natura? Scilicet non tam pecudes sunt, ut non malint vel fra-

VARIORUM NOTÆ.

Tam liberaliter se gesserit. Abest *se* a mss. 7 Reg., 6 Colbert., Clarom., Christ., Merton. et editis Rom. 1470 et Graph.

Suis. Abest a Mss. teste Heuman. Abest etiam a ms. Bov. quod rectius videtur.

Nunquam tam desipere. Sic restitui ex Mss. 4 Reg., Bonon., Cauc., 2 Colb. boræ notæ, Baluz. Eaque (ut opinor) genuina est Lactantii lectio, qui non uno in loco vocula *tam* utitur cum verbo. Sic Divinar. Institut. lib. 1 cap. 7 : *Tam non multum a mutis animalibus differentes.*

Debuisse. Post hanc vocem, expunxi *quam factum est,* ut glossema inutile, quod abest a melioribus mss. 14 et a vet. editis Rom., Graph. et Cellar.

Nihil fieri aliter debuisse.....quia Deus potest omnia, etc. An Deus aliquid melius facere possit, quam fecerit, et an mundum facere meliorem potuerit, et possit, quam fecerit, disputant theologi cum Magistro sentent., distinct. 44, ubi S. Thomas, quæst. unic., art. 1 et 2 ; S. Bonav., quæstio 1 et 5 ; Richard. quæst. 1 ; Albert p. p., quæst. 77, memb. 3 ; Alens. III p., quæst. 26, memb. 3. ISÆUS.

Ut providentissima illa majestas. Sic reposui ex decem antiquioribus et potioribus mss. In Pen. est *prudentissima ;* in 7 est *quod illa,* quæ voces in 5 desunt.

Provehantur. In ms. Bov., *provehentur.*

Dependit. Ita mss. 5 Reg., Goth. Tornes., Colomes., Balliol., Em., Cant., 4 Colb., Lips., Clarom., Brun. et edit. Rom. 1470, Crat. in marg. et Graph. id est, *rependit,* quod est in Regio Put. seu *compensat,* ut in edit. Betul. In 3 Reg., 2 Colb., Baluz. et in novem vulgatis *deprehendit,* vitiose : *reprehendit,* adhuc pejus in Marm.

Fœtum ediderint. Ut inf. Lips. tert. Reimm., *fœtum emiserint.* Arnob. lib. II, p. 54, *Ex alvis fundimur atque emittimur matrem.* BUN.

Gerunt. In ms. Bov. *Gerent.*

Sine matrum sollicitudine. Sic legunt Mss. Regio-Put., 2 al. Reg., Bonon., 2 Colb., Erasm., Baluz., Cauc., Lips. et cuncti fere editi. Abest *matrum* a decem mss. rec. et edit. Rom. 1470.

Et ciborum. In Ms. Bov., *Etiam ciborum.*

Discursatione. Ita reposui ex omnibus fere mss. codicibus et vet. editis Rom., Gymn., Graph., Tornes., Betul. necnon Cellar. et Walch. Et recte, ut puto. Vide infra ad finem hujusce capitis, *avium per aerem libera discursatio.* In ms. 1 Colb. rec. et 9 editis est *discursione ;* in 1 Reg. *collatione.*

Quia non materno corpore. Hæc duo extrema vocabula absunt a mss. 1 Bon., Cauc. et vulgatis cuinque extant autem in cæteris maximo numero, tam mss. tum editis.

Sed quod. Buneman. habet, *sed id, quod,* et notam sequentem exhibet.— *Sed id, quod.* Ven., 1443, 97, Parrh., Ald., Crat., Fasit., Gryph., Torn., Betul., Thomas. et seqq., *sed quod.* Plenius Anglicani septem, Goth., Lips., Reimm., Subl., Rost., Ven. 1471. 72, utraque 78, Paris., Erasm., Frob. 1529. gymn., *sed id quod.* Heumannus ex *id quod effingit ovum.* BUN.

Fœtu. In quibusdam rec. mss. et vulgatis est *fœtu,* corrupte.

Id vero implume ac tenerum. Hæc verba Glossema videntur Heumanno ; ac recte.

Non ergo. Ita mss. 5 Reg., 4 Colbert., Baluz., Marm., Clarom., Lips., Brun., Bov., edit. Rom. 1470, 1474, Graph., Cauc., Cellar., Walch. In 1 Colb. rec. et novem editis est *Num ergo.*

Tam infirmæ. Adde *Nascuntur.*

Igitur. In ms. Bov. *ergo ;* ac fere semper, ubi in editis est *igitur,* ms. Bov. legit *ergo.*

Utrum malint humanam sapientiam. Sic veteres editi et mss. præter 1 Bonon. et 1 Colb. ac rec. edit. quibus est *humanamne sapientiam.*

Cum illarum natura. Irrationali scilicet. In mss. 6 rec. et edit. 2 Rom. est *illorum ;* in 1 Colb., *eorum.* Expunxi spuria quatuor vocabula, *Quid optant, quid eligunt ?* quæ absunt a 26 mss. et a vet. editis. At extant in uno Bononiensi et in 5 rec. vulgatis.

Scilicet. Hic sumitur, pro *certe.*

giliorem multo, quam nunc est, dummodo humanam, quam illam irrationabilem firmitatem. Sed videlicet prudentes viri, neque hominis rationem volunt cum fragilitate, neque mutorum firmitatem sine ratione. Quod nihil est tam repugnans, tamque contrarium, quod unumquodque animal, aut ratio instruat necesse est, aut conditio naturæ. Si naturalibus munimentis instruatur, supervacua ratio est. Quid enim excogitabit? quid faciet? aut quid molietur? aut in quo lumen illud ingenii ostendet, cum ea, quæ possunt esse rationis, ultro natura concedat? Si autem ratione sit præditum, quid opus erit sepimentis corporis? cum semel concessa ratio naturæ munus possit implere: quæ quidem tantum valet ad ornandum tuendumque hominem, ut nihil potuerit majus ac melius a Deo dari. Denique cum et corporis non magni homo, et exiguarum virium, et valetudinis sit infirmæ, tamen quoniam id, quod est majus accepit, et instructior est cæteris animalibus, et ornatior. Nam cum fragilis imbecillisque nascatur, tamen et a mutis omnibus tutus est, et ea omnia, quæ firmiora nascuntur, etiamsi vim cœli fortiter patiuntur, ab homine tamen tuta esse non possunt. Ita fit, ut plus homini conferat ratio, quam natura mutis; quoniam in illis, neque magnitudo virium, neque firmitas corporis efficere potest, quominus aut opprimantur a nobis, aut nostræ subjecta sint potestati.

Potestne igitur aliquis, cum videat etiam boves lucas, aut equos, cum immanissimis etiam corporibus ac viribus servire homini, queri de opifice rerum Deo, quod modicas vires, quod parvum corpus acceperit? nec beneficia in se divina pro merito æstimat, quod est ingrati, aut (ut verius loquamur) insani. Plato, ut hos, credo, ingratos refelleret, naturæ gratias egit, quod homo natus esset. Quod et ipsum quale sit, non est hujus materiæ ponderare. Quanto melius, et sanius, qui sentit conditionem hominis esse meliorem, quam isti, qui se pecudes natos esse maluerunt. Quos si Deus in ea forte converterit animalia, quorum sortem præferunt suæ, jam profecto cupiant remigrare, magnisque clamoribus conditionem pristinam flagitent; quia non est tanti robur ac firmitas corporis, ut officio linguæ carens, aut avium per aerem libera discursatio, ut manibus indigeas: plus enim manus præstant, quam levitas ususque pennarum, plus lingua, quam totius corporis fortitudo. Quæ igitur amentia est, ea præferre, quæ, si data sint, accipere detrectes?

CAPUT IV.
De imbecillitate hominis.

Iidem queruntur, hominem morbis et immaturæ morti esse subjectum. Indignantur videlicet, non deos se esse natos. Minime, inquiunt: sed ex hoc ostendimus, hominem nulla providentia esse factum, quod aliter fieri debuit. Quid si ostendero, id ipsum magna ratione provisum esse, ut morbis vexari posset, et vita sæpe in medio cursus sui spatio rumperetur? Cum enim Deus animal, quod fecerat, sua sponte ad mortem transire cognovisset, ut mortem ipsam, quæ est dissolutio naturæ, capere posset, dedit ei fragilitatem, quæ morti aditum ad dissolvendum animal inveniret. Nam si ejus roboris fieret, ut ad eum morbus et ægritudo adire non posset, ne mors

VARIORUM NOTÆ.

Quam illam. In ms. Bov., *quam vel illam.*

Quod. Ita omnes mss. et antiquiores editi. Rectius forsan *quo*, ut in editis Graph. et Crat. Plerique editi, *Quare.*

Quod unumquodque animal. Mss. 5 rec. et edd. 2 rec., *sed unumquodque animal.* Mss. 2 rec. Colb., *ut.* Si. In ms. Bov., *Etsi.*

Vim cœli. Conf. cap. 2, *vim pruinarum.* Bun.

Boves lucas. Sic mss. 1 Bon. antiq., Reg.-Put. et 2 alii Reg., 2 Vatic., Cauc., 1 Colb., Ultr., Pen., Nav., Vict., Goth., Gat., Em., Brun., Clarom. a prima manu, edd. Antwerp. 1570, Tornes., Soubr., 2 Paris., Spark., Cellar. Vera lectio, quæ placuit Cujacio et Petro Ciaconio. Et ita legitur semel et iterum apud Lucretium, lib. v, paulo ante finem, qui ab auctore nostro confutatur. Elephantes autem vocantur *boves lucæ*, eo quod primum in Lucania fuissent visi, teste Varrone de LL., lib. VI, *luca bos, elephas.* Quod alii non intelligentes, *lucas* mutarunt, in *vaccas* ut factum est in 3 Reg., 3 Vatic., 3 Colb., 1 Sorb., 1 Clarom. a secunda manu, in ed. Rom. 1468, 1470, Ald., Paris. 1525, Crat., Fasitel., Thomas. In 1 Vatic. est, *lucanos*; in 1 al.Vatic. et 1 Colb., *lucos*; in Lips., *lupos*; in Cant., Tornes., Marm., *equos*; in 5 rec., *equos, lupos, vaceas.* Sed quæ horum omnium immanissima corpora? aut quando serviunt lupi? Ita Lucret.

Inde boves lucas turrito corpore tetros
Anguimanos belli docuerant volucra Pœni.

Etiam. Addidi ex ms. Bov.

Acceperit. Ita restitui ex veteribus editis et omnibus mss. præter Reg. rec. in quo est *accepit.*

Ut verius loquamur. Numerum vero singularem adhibet Bunemannus ex multis mss. quos refert in nota sequenti.— *Ut verius loquar.* Pro plurimorum, *loquamur*, scripsi ex Bon., Tax., Pen., Lips., 2, 3, Reim. Ven. 1472, utraque, 1478, *loquar.* Bun.

Plato. Quem ob hoc ipsum exagitat Lactantius, lib. III, c. 19, contenditque, *numquam quidquam dictum esse in rebus humanis delirius.*— In quinque mss. rec. et nonnullis editis præmittitur *melius igitur*, quod mox sequitur; et desideratur in cæteris mss. et vetustior. editis cum Cellar. et Walch.

Quod et.... ponderare. Hæc desunt in ms. Bov.— Erasm., Goth., Lips. aliique, necnon et ab ipsa editione O. F. Fritzsche.

Sentit. Ms. Bov., *sensit*, et ita etiam Heumannus et Bunemannus.

Maluerunt. Ita omnes mss. et vet. editi. In vulgatis orto est *maluerint.*

Cupiant. Ms. Bov. *cupient.*

Hominem morbis subjectum. In 8 mss., *homines mortis subjectos.*— *Iidem queruntur hominem morbis et immaturæ morti esse subjectum*, etc. Lucretius, v, sub initium;

Cur anni tempora morbos, etc.;

Theophrastus apud Cicer., III Tuscul., prope fin.; et quidem immerito, ut ait Sallustius initio Jugurth. Quintilianus, l. XII Instit., c. 11; Senec., initio l. de Brevit. vitæ. Isæus.

Quid si ostendero. Mss. 2 Reg., 2 Colb. et Brun., *quid si ostendo.*

Vita sæpe in medio. Ms. Bov., *vita sua in medio.*

Ad. Deest in Bov.

CAP. IV. DE IMBECILLITATE HOMINIS.

quidem posset, quoniam mors sequela morborum est. Immatura vero mors quomodo abesset ab eo, cui esset constituta matura? Nempe nullum hominem mori volunt, nisi cum centesimum aetatis compleverit annum. Quomodo illis in tanta repugnantia rerum ratio poterit constare? Ut enim ante annos centum mori quisque non possit, aliquid illi roboris, quod sit immortale, tribuendum est. Quo concesso, necesse est conditionem mortis excludi. Id autem ipsum cujusmodi potest esse, quod hominem contra morbos et ictus extraneos solidum atque inexpugnabilem faciat? Cum enim constet ex ossibus, et nervis, et visceribus, et sanguine, quid horum potest esse tam firmum, ut fragilitatem repellat ac mortem? Ut igitur homo indissolubilis sit ante id tempus, quod illi putant oportuisse constitui, ex qua ei materia corpus attribuent? Fragilia sunt omnia, quae videri, ac tangi possunt. Superest, ut aliquid ex coelo petant, quoniam in terra nihil est, quod non sit infirmum.

Cum ergo homo sic formandus esset a Deo, ut mortalis esset aliquando, res ipsa exigebat, ut terreno et fragili corpore fingeretur. Necesse est igitur, ut mortem recipiat quandolibet, quoniam corporalis est; corpus enim quodlibet so*abile atque mortale est. Stultissimi ergo, qui de morte immatura queruntur; quoniam naturae conditio locum illi facit. Ita consequens erit, ut morbis quoque subjectus sit; neque enim patitur natura, ut abesse possit infirmitas ab eo corpore, quod aliquando solvendum est. Sed putemus fieri posse, quemadmodum volunt, ut homo non

A ea conditione nascatur, qua morbo mortive subjectus sit, nisi peracto aetatis suae spatio ad ultimam processerit senectutem. Non igitur vident, si ita sit constitutum, quid sequatur, omni utique caetero tempore mori nullo modo posse: sed, si prohiberi ab altero victu potest, mori poterit; res igitur exigit, ut homini, qui ante certum diem mori non potest, ciborum alimentis, quia subtrahi possunt, opus non sit. Si opus cibo non erit, jam non homo ille, sed Deus fiet. Ergo (ut superius dixi) qui de fragilitate hominis queruntur, id potissimum quaeruntur, quod non immortales et sempiterni sint nati. Nemo, nisi senex, mori debet. Nempe ideo mori debet, quia Deus non est. Atqui mortalitas non potest cum immortalitate conjungi. Si enim mortalis est in senectute, immortalis esse in adolescentia non potest; nec est ab ea conditio mortis aliena, qui quandoque moriturus est; nec ulla 'immortalitas est, cui sit terminus constitutus. Ita fit, ut et immortalitas exclusa in perpetuum, et ad tempus recepta mortalitas, hominem constituat in ea conditione, ut sit in qualibet aetate mortalis.

Quadrat igitur necessitas, undique, nec debuisse aliter fieri, nec fas fuisse. Sed isti rationem sequentium non vident, quia semel erraverunt in ipsa summa. Exclusa enim de rebus humanis divina providentia, necessario sequebatur, ut omnia sua sponte sint nata. Hinc invenerunt illas minutorum seminum plagas, et concursiones fortuitas, quia rerum originem non videbant. In quas se angustias cum conjecissent, jam cogebat eos necessitas existimare, animas cum cor-

VARIORUM NOTAE.

Matura. Ita mss. Tornes., Erasm., Cauc. cum editis Graph., Crat., Betul., Thomas. et Spark. Quae lectio optime refertur ad illud, *immatura mors*, quod proxime praecedit. In 21 mss. et 5 excusis *natura*, corrupte. Haec vox deest in tribus Oxoniensibus.

Quid horum. Sic reposuimus ex omnibus mss. et vulgatis, praeter Clarom. et edd. tres in quibus est, *quod*.

Aliquando. Post *aliquando*, mss. 2 Bon., Tax., Bodleian., 2 Reg. rec., 2 Colb., Claroin. in marg. et edit. 1472, 1478 et 1497. Trid., Florent. et Is. addunt, *et per se ipsum mobilis semper*, quae in caeteris desunt. —Caeterum haec verba, quae glossema sunt, omittit etiam O. F. Fritzsche in sua recenti Lactantianorum operum editione.

Mortem recipiat. Id est, mortis capax sit, ut mori possit. Bun.

Stultissimi ergo. Ita cum vetustioribus editis et Cellar. omnes mss. praeter 2 rec. et al. edit. in quibus additur *sunt*.

Quod aliquando solvendum est. Sic restituimus ex mss. 5 Reg., 3 Colb., Marm., Lips., Goth., Em., Cant., Clarom. et vetustioribus editis ac Cellar. in Walch., *sit*; accedentibus et faventibus 1 Reg., Vict., Nav., 1 Colb., Brun. in quibus est, *quod aliquando resolvendum est*; et respuunt, idcirco *non solidum firmumque natum est ut*, quod interjiciunt mss. 2 Colb., 1 Sorbon., Clarom. in marg., multique editi inter haec duo verba, *quod aliquando*.

Omni utique caetero tempore mori nullo modo posse. Ita emendavimus ex mss. Regio-Put. aliisque 2 Reg., 2 Colb., Goth., Bun. faventibus mss., 3 al. Reg., 2 Colb., Utr., Em., Marm., in quibus est *omni*. Pen. et Clarom., *caetero*: sed in posteriore est *homini*, ut in 2 Colb. et Baluz. In 7 mss. est *certo*, corrupte. In 2 Bonon., Tax., et Lips. e. in pravioribus vulgatis est, *hominem utique certo tempore mori nulla modo posse*; in Cauc. et 7 excusis, *hominem utique nisi certo tempore*. Vide seq.

Si prohiberi ab altero victu potest. Praeter ms. Torn. et 7 edit. rec. in quibus est *altore*, scripti et edd. omnes habent *altero*. Sic etiam Betul. codex. Optima et genui*na lectio. Altero* enim non refertur ad τῷ *victu*, ut quidam putaverunt. Id est, si alter, impedimento sit, quominus victu utatur, aut alimenta subtraxerit. Et sic infra loquitur Lactantius.—*Ab altero victu.* Nodum in scirpo Erasmus, Gallaeus, Io. Cauci his quaesierunt. Ortus hic lapsus ex falsa constructione. Omnia plana, si recte ita construas: *Sed si homo ab altero* (alio homine) *potest victu prohiberi; sive*, ut statim sequitur: *Si ab altero* (sc. alio) *ei ciborum alimenta subtrahi possunt, poterit mori*. Bun.

Fiet. Omnium mss. est ac editorum, praeter Thomas., Thys., Gal., Spark. in quibus est *fiat*.

Qui de fragilitate hominis queruntur. Ita emendavi ex omnibus mss. et editis praeter Gall. qui legit, *homines*.

Nemo. Mss. sex rec. totidemque editi addunt *enim*, quod caeteris deest. Objectio est ex adversariorum querelis nata, cui Lactantius subinde respondet.

Nempe... non est. Desunt in ms. Bov.

Fieri. Hoc verbum, quod est in omnibus editis praeter Cellar. et in 2 mss. Regiis, desideratur in caeteris.

Minutorum seminum. Francius suspicatur legendum esse *segminum*; id est atomorum, de quibus lib. III Div. Instit., c. 17, et I. de Ira Dei, c. 10.

Plagas. Ita constanter omnes libri, nihilque hic mutandum. *Minutorum seminum plagae* sunt atomorum impulsiones. Cicero de Fato hic expressus, c. 10: *Epicurus declinatione atomi vitari fati necessitatem pu-*

poribus nasci, et item cum corporibus extingui. Assumpserant enim nihil fieri mente divina. Quod ipsum non aliter probare poterant, quam si ostenderent esse aliqua, in quibus videretur providentiæ ratio claudicare. Reprehenderunt igitur ea, in quibus vel maxime divinitatem suam providentia mirabiliter expressit, ut illa, quæ retuli de morbis et immatura morte, cum debuerint cogitare, his assumptis, quid necessario sequeretur (sequuntur autem illa, quæ dixi) si morbum non reciperet, neque tectis, neque vestibus indigeret. Quid enim ventos, aut imbres, aut frigora metueret, quorum vis in eo est, ut morbos afferant? Idcirco enim accepit sapientiam, ut adversus nocentia fragilitatem suam muniat. Sequatur necesse est, ut quoniam retinendæ rationis causa morbos capit, etiam mortem semper accipiat; quia is ad quem mors non venit, firmus sit necesse est : infirmitas autem habet in se mortis conditionem; firmitas vero ubi fuerit, nec senectus locum potest habere, nec mors, quæ sequitur senectutem.

Præterea, si mors certæ constituta esset ætati, fieret homo insolentissimus, et humanitate omni careret. Nam fere jura omnia humanitatis, quibus inter nos cohæremus, ex metu, et conscientia fragilitatis oriuntur. Denique imbecilliora, et timidiora quæque animalia congregantur, ut quoniam viribus tueri se nequeunt, multitudine tueantur : fortiora vero solitudines appetunt, quoniam robore viribusque confidunt. Homo quoque si eodem modo haberet ad propulsanda pericula suppetens robur, nec ullius alterius auxilio indigeret, quæ societas esset? quæve ratio? quæ humanitas? aut quid esset tetrius homine? quid efferacius? quid immanius? Sed quoniam imbecillis est, nec per se potest sine homine vivere, societatem appetit, ut vita communis et ornatior fiat, et tutior. Vides igitur omnem hominis rationem in eo vel maxime stare, quod nudus fragilisque nascitur, quod morbis afficitur, quod immatura morte multatur. Quæ si homini detrahantur, rationem quoque ac sapientiam detrahi, necesse est. Sed nimis diu de rebus apertis disputo, cum sit liquidum, nihil sine providentia, nec factum esse unquam, nec fieri potuisse. De cujus operibus universis, si nunc libeat disputare per ordinem, infinita materia est. Sed ego de uno corpore hominis tantum institui dicere, ut in eo divinæ providentiæ potestatem, quanta fuerit, ostendam his duntaxat in rebus, quæ sunt comprehensibiles et apertæ; nam illa quæ sunt animæ, nec subjici oculis, nec comprehendi queunt. Nunc de ipso vase hominis loquimur, quod videmus.

CAPUT V.
De figuris animalium et membris.

In principio, cum Deus fingeret animalia, noluit ea in rotundam formæ speciem conglobare atque colligere, ut et moveri ad ambulandum, et flectere se in quamlibet partem facile possent : sed ex ipsa corporis summa produxit caput; item produxit membra quædam longius, quæ vocantur pedes, ut alternis motibus solo fixa producerent animal, quo mens tulisset, aut quo petendi cibi necessitas provocasset. Ex ipso au-

VARIORUM NOTÆ.

tat. *Itaque tertius quidem motus oritur extra pondus et plagam, cum declinat atomus intervallo minimo.* Lucretius, lib. II, v. 531 :

Undique pro telo plagarum continuato,

et lib. IV, v. 188, 190 :

Quæ quasi trudantur. . . . . .
. . . . . sequenti concita plaga.   Bun.

Divinitatem suam providentia. Haud secus legitur in mss. 5 Reg. vetustioribus, Cauc., 5 Colb., Ultr., Em., Cantab., Christ., Merton., Marm., Brun., Clarom. a prima manu, et in cunctis ferme editis. At 2 Bon., 6 alii et 3 editi rec. habent *divinitas suam providentiam.* Utraque lectio bona. Nobis firmior et verior visa est prior scriptura.

Ut illa. Ms. Bov., *ut ea.*

His assumptis, quid necessario sequeretur. Scilicet illa providentia. Hæc est lectio 2 Bononien., 2 al. Reg., Tax., 2 Colb., Baluz.; in ms. Regio Put., *quidem necessario sequeretur*, male. Nullus enim tunc phrasis integræ nexus. In 4 al. Reg., 4 Colb., Em., Cantab., Clarom., Brun. et cunctis ferme vulgatis est, *quæ necessario sequerentur.* In editis Ald. et Paris. 1525, *quæ necessario sequentur.*

Si morbum non reciperet, neque vestibus indigeret... aut frigora metueret. Sic castigavimus ex mss. Regio-Puteano tribusque aliis Reg., 4 Colb., Goth., Lips. ac vetustioribus editis. Hæc enim referuntur ad hominem de quo supra, *ut sit in qualibet ætate mortalis,* et mox infra *accepit sapientiam... muniat; morbos capit, etiam mortem semper accipiat.* In recentioribus mss. 2 Reg., 2 Colb., Clarom., Baluz. et edit. 4 plurativo numero *reciperent, indigerent, metuerent*; vitiose.

Sequatur necesse est. Phrasis Lactantiana. Sic emendatum ex mss. et vetustioribus editis. *Sequitur necessario*, in vulgaribus libris. *Sed necesse est ut quoniam* in Clar.

Ad quem mors non venit. Ita emendavimus ex mss.; 5 Reg., 5 Colb., Goth., Lips., Clarom., Em., Cant., Brun., Bov. et vulgatis Rom. 1470, 1474, Parrhas., Is., Cellar., Walch. In recentissimis 2 Reg., 1 Colbert., Baluz. et recent. edd., *morbus non venit.* Vid. seqq.

Imbecilliora et timidiora quæque. Rariora sunt exempla, ubi quisque comparativis jungitur. Iterum, cap. 14, *placidiora quæque.* Ad sectionem integram, conf. lib. III, c. 13. Bun.

Quæve ratio. Ita reposui ex vetustioribus editis et mss. multis, rejectis iis, quæ in recentioribus quinque et in vulgatis novem interseruntur, *quæ reverentia inter se? quis ordo?* At in ms. Bov., *quæ societas esset quæ reverentia, quæve ratio,* etc.

Quid esset tetrius homine. Sic 25 mss. et 6 editi ; et apud Ciceronem, lib. II Officior. n. 77, et lib. III, n. 36. In cæteris vulgatis et septem mss. rec. legitur *deterius homine.* Sic infra in fine capitis 5 : *horribile atque tetrum.*

Sine homine. Supple, *altero aliquo.* Francius.

Loquimur, quod videmus. Ita restitui ex vetustioribus tum editis, tum mss. 4 Reg., 2 Bonon., Tax., Pen., Cauc., Goth., 4 Colb., Baluz., Em., Cant., Brun. At in rec. 2 Reg., 2 Colbert., Clarom. et rec. excusis est, *loquantur.* Thomasiana editio *loquamur.* — *Nunc loquimur.* Rectior, ni fallor, respectu præcedentium est indicandi modus; determinat enim et explicat his verbis distinctius propositionem sive thema libri hujus, et ipsam demum tractationem de corpore hominis suscipit cap. 8. Bun.

Producerent animal. Sic reposui ex vetustioribus

tem vasculo corporis quatuor fecit extantia: bina posteriora, quæ sunt in omnibus pedes; item bina capiti et collo proxima, quæ varios animantibus usus præbent. In pecudibus enim ac feris sunt posterioribus pedes similes, in homine autem manus; quæ non sunt ad ambulandum, sed ad faciendum temperandumque sunt natæ. Est et tertium genus, in quo priora illa, neque pedes, neque manus sunt, sed alæ, in quibus pennæ per ordinem fixæ volandi exhibent usum. Ita una fictio diversas species et usus habet. Atque ut ipsam corporis crassitudinem firmiter comprehenderet, majoribus et brevibus ossibus invicem colligatis, quasi carinam compegit, quam nos spinam dicimus, eamque noluit ex uno perpetuoque osse formare, ne gradiendi flectendique se facultatem animal non haberet. Ex ejus parte quasi media costas, id est transversa et plana ossa porrexit in diversum, quibus clementer curvatis, et in se velut in circulum pene conductis, interna viscera contegantur, ut ea, quæ mollia et minus valida fieri opus erat, illius solidæ cratis amplexu possent esse munita. In summa vero constructionis ejus, quam similem navis carinæ diximus, caput collocavit, in quo esset regimen totius animantis; datumque illi hoc nomen est, ut quidem Varro ad Ciceronem scribit, quod hinc capiant initium sensus ac nervi.

Ea vero, quæ diximus de corpore, vel ambulandi, vel faciendi, vel volandi causa esse producta, neque nimium longis, propter celerem mobilitatem, neque nimium brevibus, propter firmitatem, sed et paucis et magnis ossibus constare voluit. Aut enim bina sunt ut in homine; aut quaterna, ut in quadrupede: quæ tamen non fecit solida, ne in gradiendo pigritia et gravitas retardaret, sed cavata et ad vigorem corporis conservandum medullis intrinsecus plena; eaque rursus non æqualiter porrecta finivit: sed summas eorum partes crassioribus nodis conglobavit, ut et substringi nervis facilius, et verti tutius possent, unde sunt vertibula nominata. Eos nodos firmiter solidatos leni quodam operculo texit, quod dicitur cartilago; scilicet, ut sine attritu et sine sensu doloris aliquo flecterentur. Eosdem tamen non in unum modum informavit: alios enim fecit simplices, et in orbem rotundos, in iis dumtaxat articulis, in quibus moveri membra in omnes partes oportebat, ut in scapulis; quoniam manus utrolibet agitari et contorqueri necessarium est: alios autem latos, et æquales, et in unam partem rotundos, et in his utique locis, ubi tantummodo curvari membra oportebat, ut in genibus et in cubitis, et in manibus ipsis. Nam sicut manus ex eo loco, unde oriuntur, ubique versus moveri, speciosum simul et utile fuit: sic profecto, si hoc idem etiam cubitis accideret, et supervacuus esset ejus modi motus, et turpis.

Jam enim manus amissa dignitate, quam nunc habet, mobilitate nimia proboscidi similis videretur, essetque homo plane anguimanus: quod genus in illa

VARIORUM NOTÆ.

editis et omnibus mss. codicibus, uno dempto recentissimo Colbertino, in quo, sicut et in vulgatis, est *perducerent*: quod idem est. Eodem sensu *producere*, pro *perducere*, apud Terentium. Nec dubito quin hæc genuina sit Lactantii lectio. Eodem sensu *producere*, apud Columellam. Quis enim librarius in *producerent*, commutasset *perducerent*, vocem omnibus notam?

Enim ac feris. Desunt hæc in ms. Bov.

Sed ad faciendum temperandumque. Vera, ut cum Cellario opinor, Lactantii lectio, quæ est manuscriptorum 4 Reg., Cauc., Goth., 3 Colb., Nav., Vict., Ult., Lips. 1 Brun. ac edd. Rom. 1470, 1474, et Betul. cum mss. 1 Colb. et Marm., in quibus est *temperandumque*, omissis *sed ad faciendum*. Ed. Rom. 1468 habet *reparandumque*, pro *temperandumque*; quod verbum non intelligentes plures librarii, ei substituerunt *tenendumque*, ut 2 Bon., 2 Reg., 2 Colb., Tax., Bold., 1 Sorb., Clar., Baluz., 1 Brun. quod idem est. Sed quid sibi volunt cæteri editi complures, in quibus est, *sed ad faciendum operandumque?* quasi facere, non idem sit ac operari.

Majoribus et brevibus ossibus. Mss. Brun. et edit. Betul. *majoribus et brevioribus ossibus*.

Mollia. Mss. 1 Bonon., 2 Reg., 2 Colbert., Baluz. *molliora*. Cæteri cum omnibus editis, ut in textu nostro.

Solidæ cratis. Virgil., xii Æn. v. 508:

  Transadigit costas et crates pectoris ensem.

Ovid. lib. viii Metam. vers. 806:

  Pectus et a spinæ tantummodo crate teneri.

Lib. xii Metam. vers. 370:

  Quæ (*hasta*) laterum cratem perrupit. Bun.

Vel faciendi. Additum ex cunctis mss. et 14 editis: deest vero in Thys. et Gall.

Et paucis. Similiter additum ex 14 excusis et omnibus mss. dempto uno Colbertino, cui est *et parvis*.

Desideratur in edd. Thys. et Gall.

Finivit. In ms. Bov. *finirent*.

Informavit. Restitui ex vetustioribus editis cunctisque mss., demptis 2 Colb. rec. in quibus est *reformavit*, et uno Reg. item rec. in quo, sicut et in vulgatis rec. est *formavit*, quod idem est. Sæpe enim Lactantius verba composita usurpat pro simplicibus, et simplicia pro compositis: quæ recentiores emendare volentes perperam immutarunt. — *Informavit.* Compositum scite pro simplici posuit, ut cap. 8: *Noluit Deus* (aures) *mollibus pelliculis informare*; cap. 12: *Utraque coagulata informari*; c. 19, *corporis informatio*. Bun.

Curvari membra oportebat. Ven. 1472, utraque 78, 95, 97, Pier., Parrh., Paris., Iunt. male interserunt *curvari membra* in omnes partes *oportebat*, incommode ex prioribus repetita, quibus repugnat *tantummodo*.
Bun.

Ex eo loco unde oriuntur ubique, etc. Sic reposui ex vetustioribus editis et quamplurimis mss. Quinque alii et vulgati rec. *eo* omittunt; et post *oriuntur* addunt, *a corpore*: quod superfluum.

Proboscidi similis videretur. Proboscis manus est elephantis, qua obvia quæque sibi objecta submovere dicitur: quæ cum serpentis instar flexilis sit, ab hac *elephantum anguimanum* dixit Lucret., lib. ii et v. De eadem Cicero, ii De Nat. Deor., et Aristot., lib. ii de Partib. anim., cap. 16, Isidorus lib. xii, cap. 2. Rostrum elephanti *promuscis* dicitur, quo ille pabulum ori admovet, et est angui similis. Rittershusius. — Mss. septem habent *proboscidis similis*; octo cum ed. Rom. 1470, *promuscidis*; 2 Reg. rec. et Marm., *promoscidis*.

Anguimanus. Notat Lucretium, qui elephantum *anguimanum* cognominat, lib. ii, eo quod proboscis, anguium instar, in omnes partes circumflectitur.

immanissima bellua mirabiliter effectum est. Deus enim, qui providentiam et potestatem suam multarum rerum mirabili varietate voluit ostendere, quoniam caput ejus animalis non tam longe porrexerat, ut terram posset ore contingere, quod erat futurum horribile atque tetrum, et quia os ipsum profusis dentibus sic armaverat, ut etiamsi contingeret, pascendi tamen facultatem dentes adimerent; produxit inter eos a summa fronte molle ac flexibile membrum, quo prendere, quo tenere quodlibet posset, ne rationem victus capiendi, vel dentium prominens magnitudo, vel cervicis brevitas impediret.

CAPUT VI.

De Epicuri errore; et de membris eorumque usu.

Non possum hoc loco teneri, quominus Epicuri stultitiam rursum coarguam; illius enim sunt omnia quæ delirat Lucretius: qui, ut ostenderet animalia non artificio aliquo divinæ mentis, sed, ut solet, fortuito esse nata; dixit, in principio mundi alias quasdam innumerabiles animantes miranda specie et magnitudine fuisse natas, sed eas permanere non potuisse, quod illas aut sumendi cibi facultas, aut coeundi generandique ratio defecisset. Videlicet ut et atomis suis locum faceret per infinitum et inane volitantibus, divinam providentiam voluit excludere. Sed cum videret in omnibus quæ spirant, mirabilem Providentiæ inesse rationem, quæ (malum!) vanitas erat dicere fuisse animalia prodigiosa, in quibus nascendi ratio cessaret?

Quoniam igitur omnia quæ videmus cum ratione nata sunt, id enim ipsum nasci, efficere nisi ratio non potest, manifestum est, nihil omnino rationis expers potuisse generari. Ante enim provisum est in singulis quibusque fingendis, quatenus et ministerio membrorum ad necessaria vitæ uteretur, et quatenus adjugatis corporibus elata soboles, universas generatim conservaret animantes. Nam si peritus architectus, cum magnum aliquod ædificium facere constituit, primo omnium cogitat, quæ summa perfecti ædificii futura sit, et ante emetitur, quem? locum leve pondus expectet, ubi magni operis statura sit moles, quæ columnarum intervalla, qui, aut ubi aquarum cadentium decursus et exitus, et receptacula, hæc, inquam, prius providet, ut quæcumque sunt perfecto jam operi necessaria, cum ipsis fundamentis pariter ordiatur: cur Deum quisquam putet in machinandis animalibus non ante providisse, quæ ad vivendum necessaria essent, quam ipsam vitam daret? Quæ utique constare non posset, nisi prius effecta essent quibus constat.

Videbat igitur Epicurus in corporibus animalium divinæ rationis solertiam: sed ut efficeret, quod ante imprudenter assumpserat, adjecit aliud deliramentum superiori congruens. Dixit enim, neque oculos ad

VARIORUM NOTÆ.

Immanissima. Frequens epitheton de elephantis: hinc cap. 8 dixit: *Boves lucas cum immanissimis corporibus.*

Deus enim, qui. Omnium mss. et editorum est hæc lectio, si excipias 1 Reg. ac ed. Gall. et Spark. in quibus est *quod.*

Ne. Sic restitui ex 17 mss. et ed. Betul. et Cellar. In 6 mss. editisque multis est *ut.*

Sed ut solet. Omnes libri, *sed, ut solet*; ita solet l. 1 Instit., cap. 12: *Stoici ut solent;* lib. VII, c. 7: *Ut Academici solent.* Posui cum ed. Paris. 1513, in parenthesi (*ut solet*). BUN.

Ut atomis suis locum faceret. Vulgo addunt nonnulla verba quæ nec in mss. insunt, neque in ed. Rom. Et mox recentiores, *in quibus nascendi ratio cessasset.* Sed neque *nascendi* in vet. libris est. CELL.

Per infinitum et inane volitantibus. Hæc absunt a 15 mss. et ed. Rom. Extant autem in cæteris editis et mss. 2 Bonon., 2 Reg., 3 Colb., Sorb., Cauc., Tax., Pen., Ultr., Baluz. — *Per infinitum et inane volitantibus.* Hæc respondent stylo Lactantii lib. III, cap. 17: *Non est providentiæ opus.* Sunt enim *semina per inane volitantia*; de Ira, cap. 10: *Si quidem per inane atomi volitant.* Heumannus: *Per infinitum inane.* BUNEMAN.

Quæ (malum!) vanitas erat. Sic legunt mss. cod. 2 Bon., 2 Reg., Cauc., Erasm., 1 Colb., Baluz. et typis vulgati Crat., Betul., Antwerp. 1570, Tornes., Soubron., 2 Paris., Is., Spark., Gall. eaque lectio probatur ab Erasmo, hanc sententiam Terentianæ illi similem dicente, *qui, malum! alii.* Malum enim hic interjectionis vim obtinet. Cæteri mss. et editi habent, *quod malum vanitas erat*; vitiose, ut recte sensit Erasmus. In Lips. *quid malum vanitatis erat*; in 1 Colb. *quod multum vanitatis erat.* Lectio nostra confirmatur ex auctoribus Latinis. Sic Q. Curtius, lib. VIII, *Quæ, malum! amentia te coegit belli fortunam experiri*; sic Plautus, Menech. v. 242: *Quæ hæc, malum! impudentia est?* — *Quæ, malum, vanitas erat.* Ita Cicero, Orat. 1 Philipp. cap. 6: *Quænam, malum,* est ista voluntaria servitus; lib. II Offic. cap. 15: *Quæ te, malum, inquit, ratio in istam spem induxit*; adde pro Roscio Comœdo, in fine. Livius, lib. V, cap. 54: *Quæ, malum, ratio est?* Seneca ad Marciam, cap. 3: *Quæ enim, malum, amentia est?* BUN.

In quibus nascendi ratio. Male omissa est hæc nascendi dictio in mss. 20 et pluribus vulgatis, quæ legitur in 1 Reg., 1 Bonon., Tax., 1 Colb., Baluz. aliisque optimis, necnon in editis Thomas., Is., Thys., Gall., Spark.

Cessaret. Ita emendavi ex mss. 1 Bonon. antiq., 1 Colb., Marm., Clarom. Quæ lectio nobis melior visa est, quam in cæteris *cessasset.*

Nihil omnino rationis expers, potuisse generari. Id est, nihil potuisse generari, in quo non aliquo modo ratio, et providentia conditoris eluceret. ISÆUS.

Ante enim. Sic reposui ex mss. 2 Bonon., 2 Reg., 4 Colb. multisque aliis. In sex scriptis totidemque vulgatis est *At enim*; in ms. Ultr., *Aut enim*; in 1 Reg. et 1 Colb., *Adeo enim.*

Adjugatis corporibus. Sic omnes. Verbum alii ex Pacuvio et Plinio probarunt; rariora ex glossis antiquis, *abjugassere, abjugare, abjugus.* BUN.

Ubi magni operis. Ms. 1 Bonon. antiq., *oneris.* — *Magni operis.* Bon. apud Isæum prave, *magnum oneris*: sic modo infra, *perfecto operi*; lib. VII, cap. 1: *Fundamenta firma et idonea... operi perferendo.* Seneca, ep. 55: *speluncæ... magni operis.* Plura Gronov. ad Liv. lib. XXI, cap. 57. BUN.

Prius providet. Sic restitui ex mss. Bonon., 4 Reg., 5 Colb., Marm., Baluz., Brun., edit. Rom., Crat., Cellar. Et melius quadrat hæc lectio cum mox sequentibus *ante providisse,* quam 2 mss. et 9 edit. *prius prævidet.* In 10 editis est *prius pervidet.*

In machinandis animalibus. In præposui ex omnibus mss. et ed. Rom., Gymnic., Walch. Deest in vulgatis octo.

Dixit enim. Hæc ex Lucretio libro IV. De hoc jam loquitur Lactantius libro III Divinar. Institut. cap. 3.

videndum esse natos, neque aures ad audiendum, neque pedes ad ambulandum, quoniam membra hæc prius nata sunt quam esset usus videndi, et audiendi, et ambulandi : sed horum omnia officia ex natis extitisse. Vereor ne hujusmodi portenta et ridicula refutare non minus ineptum esse videatur. Sed libet ineptire, quoniam cum inepto agimus, ne se ille nimis argutum putet. Quid ais, Epicure? Non sunt ad videndum oculi nati? Cur igitur vident? Postea, inquit, usus eorum apparuit. Videndi ergo causa nati sunt; siquidem nihil possunt aliud quam videre. Item membra cætera, cujus rei causa nata sunt, ipse usus ostendit : qui utique nullo modo posset existere, nisi essent membra omnia tam ordinate, tam providenter effecta, ut usum possent habere.

Quid enim, si dicas aves non ad volandum esse natas, neque feras ad sæviendum, neque pisces ad natandum, neque homines ad sapiendum; cum appareat ei naturæ, officioque servire animantes, ad quod est quæque generata? Sed videlicet qui summam ipsam veritatis amisit, semper erret necesse est. Si enim non providentia, sed fortuitis atomorum concursionibus nascuntur omnia, cur nunquam fortuito accidit, sic coire illa principia, ut efficerent animal ejusmodi, quod naribus potius audiret, odoraretur oculis, auribus cerneret? Si enim primordia nullum genus positionis inexpertum relinquunt, oportuit ejusmodi quotidie monstra generari, in quibus et membrorum ordo præposterus, et usus longe diversus existeret. Cum vero universa genera, et universa quoque membra leges suas, et ordines, et usus sibi attributos tueantur, manifestum est nihil fortuito esse factum, quoniam divinæ rationis dispositio perpetua servatur. Verum alias refellemus Epicurum; nunc de providentia (ut cœpimus) disseramus.

CAPUT VII.
De omnibus corporis partibus.

Deus igitur solidamenta corporis, quæ ossa dicuntur, nodata et adjuncta invicem nervis alligavit atque constrinxit, quibus mens, si excurrere, aut resistere velit, tanquam retinaculis uteretur; et quidem nullo labore, nulloque conatu : sed vel minime nutu totius corporis molem temperaret ac flecteret. Hæc autem visceribus operuit, ut quemque locum decebat, ut quæ solida essent, conclusa tegerentur. Item visceribus ipsis venas admiscuit, quasi rivos

VARIORUM NOTÆ.

Neque aures ad audiendum. Hæc quæ desunt in ed. Thys. et Gall. restitui ex cæteris excusis et omnibus mss. Et quidem recte. Vide paulo post, *usus videndi, et audiendi, et ambulandi*, quibus hæc tria membra respondent. In mss. 1 Sorbon., 2 Colb. et Baluz. pro *neque* est utrobique *nec*.

Vereor ne.... non minus ineptum .. videatur. Lips. tert. Reimm. perperam, *Vereor ne... non nimis*. Erasmus, *Sermo*, inquit, *videtur imperfectus, nisi addas, quam dicere, aut simile quippiam*. Sed salva et integra hic omnia. Pari modo de Ira, cap. 10 : *Vereor, ne non minus desirare videatur, qui hæc putet refellenda; respondeamus tamen*, etc. Conf. lib. vii, cap. 12. Bun.

Non sunt. Ita omnes pene mss. et vulgati. Expunximus *si*, quod præponunt mss. 1 Bonon., Lips. et rec. 5 editi.

Cujus rei causa nata sunt. Ex omnibus mss. et veteribus editis restitui sunt. In vulgatis recentioribus est *sint*.

Ordinate. Ita mss. omnes; at Bov. habet *ordinata*. —*Tam ordinate.* Confirmo ex fig. iii Institut. cap. 17 : *Quomodo tam ordinate, tam apposite mundus effectus est*. Bun.

Feras ad sæviendum. Videtur respicere ad Od. Anacr.—*Aves... feras ad sæviendum* etc., Videtur respexisse ad illa Quintil., lib. i 1st. cap. 1 : *Sicut aves ad volatum, equi ad cursum, ad særitiam feræ gignuntur : ita nobis propria est mentis agitatio atque solertia*. Bun.

Ad quod est quæque generata. Sic emendavi ex omnibus mss. et multis editis. In 7 vulgatis rec. legitur, *quod quæque generata, sed vitiose, ad quid enim referatur? ad feras? ad animantes?*

Summam ipsam veritatis. Ipsam addidi ex editis Is. et Cellar. et omnibus mss. dempto uno Regio rec. in quo, ut et in 10 vulgatis, desideratur.

Odoraretur. Ita restitui ex mss. 5 Reg., 1 Bonon. antiq., Cauc., 4 Oxon., Colbert., Em., Clarom., Brun. ac editis Rom. et aliis sex. In mss. 7 est *aut odoraretur*; in 1 Reg., 5 Colb., Cant., Marm. et in 8 vulgatis est *odorcret*.

Positionis. Id est, *situm, statum*. Lib. iii Institut. cap. 17 : *Vario ordine ac positione conveniunt*. Bun.

Inexpertum relinquunt. Mss. 8 rec., *expertum*. — *Nullum genus positionis expertum relinquunt.* Male, inquit Cellarius, vulgo *inexpertum*. Nollem, ita vir clarissimus pronuntiasset. Confirmo ex libro de Ira, cap. 10 : *Atomi... nullam positionem relinquunt, quam non experiantur*. Ut vero nihil expertum relinquere vix dici potest, ita sæpissime alterum occurrit. Virgilius, lib. iv Æn. 415 :

Ne quid inexpertum frustra moritura reliquit.

Ovidius, Heroid. ep. 20, v. 42.

Ardor inexpertum nil sinet esse meus.

Sæpe ita Curtius, lib. iii, cap. 6 : *Nec Philippus quidquam inexpertum omisit*. Bun.

Universa quoque membra. Ita rectius plurimi scripti et omnes editi, quam Bonon. *Universa quaque membra*. Bun.

Solidamenta. Non ex antiquioribus mihi innotuit; Lexica addunt Augustinum. Nostri, præceptor Arnobius, lib. ii, dixit *solidata ossa*. Bun.

Nervis alligavit, etc. Vide Galenum, qui duo nervorum genera esse dicit, et Aristot. lib. iii de Histor. animalium, cap. 5.

Resistere. Id est, *subsistere*, oppositum præcedentis *excurrere*. Vide not. ad lib. de Ira, cap. 4 : *In extremo gradu restitit*.

Vel minimo nutu. Ita in mss. 5 Reg., 4 Colb., Em., Brun., Clarom. cunctisque editis; in nonnullis deest, *vel*. In 7 mss. *motu*.

Visceribus operuit. Viscera non intestina magis, quam quidquid carnium est cute tectum. Sic utitur Ovid in epist. Pen. :

Viscera nostra tua dilacerantur ope.

Unde *visceratione*, de quibus apud Cic. in Off. ab interpretibus dicitur. Betul.

Ut quemque locum decebat. Mss. 4 rec. et tres editi, *ut quemcumque*, etc.

Ut quæ solida essent, conclusa tegerentur. Ita potiores et antiquiores mss. decem, cum editis quatuor. Mss. decem rec. cum 7 editis ferunt, *utque solida ossa conclusa tegerentur*; tres edit. *tegerent*. Ms. Lips. *utique solida*.

per corpus omne divisos, per quas discurrens humor, et sanguis, universa membra succis vitalibus irrigaret; et ea viscera, formata in eum modum, quae unicuique generi ac loco aptus fuit, superjecta pelle contexit, quam vel sola pulchritudine decoravit, vel setis adoperuit, vel squamis munivit, vel plumis insignibus adornavit. Illud vero commentum Dei mirabile, quod una dispositio, et unus habitus, innumerabiles imaginis praeferat varietates. Nam in omnibus fere, quae spirant, eadem series et ordo membrorum est. Primum enim caput, et huic annexa cervix. Item collo pectus adjunctum, et ex eo prominentes armi, adhaerens pectori venter. Item ventri subnexa genitalia. Ultimo loco femina pedesque.

Nec solum membra suum tenorem ac situm in omnibus servant, sed etiam partes membrorum. Nam in uno capite ipso certam sedem possident aures, certam oculi, nares item, os quoque, et in eo dentes, et lingua. Quae omnia cum sint eadem in omnibus animantibus, tamen infinita et multiplex diversitas figurarum est; quod ea quae dixi, aut productiora, aut contractiora lineamentis varie differentibus comprehensa sunt. Quid, illud nonne divinum, quod in tanta A viventium multitudine, unumquodque animal in sui genere et specie pulcherrimum est? ut si quid vicissim de altero in alterum transferatur, nihil impeditius ad utilitatem, nihil deformius ad aspectum videri necesse sit : ut si elephanto cervicem prolixam tribuas, aut camelo brevem; vel si serpentibus pedes, aut pilos addas, in quibus porrecti aequaliter corporis longitudo nihil aliud exhibeat, nisi ut maculis terga distincti, et squammarum laevitate suffulti, in lubricos tractus sinuosis flexibus laberentur. In quadrupedibus autem, idem opifex contextum spinae a summo capite deductum longius extra corpus eduxit, et acuminavit in caudam, ut obscoenae corporis partes, vel propter foeditatem tegerentur, vel propter teneritudinem munirentur, ut animalia quaedam minuta et nocentia motu B ejus arcerentur a corpore : quod membrum si detrahas, imperfectum fit animal, ac debile. Ubi autem ratio, et manus est, tam non est id necessarium, quam indumentum pilorum : adeo in suo quaeque genere aptissime congruunt, ut neque nudo quadrupede, neque homine tecto excogitari quidquam turpius possit.

Sed tamen cum ipsa nuditas hominis mire ad pulchritudinem valeat, non tamen etiam capiti congrue-

VARIORUM NOTAE.

Per quas. Sic reposui ex mss. 2 Bon., 2 Reg., 2 Colbert., Tax., Baluz., Marm., Clarom. a secunda manu, et editis quinque. Recte ut puto, referendo ad venas; nec male, *per quos* in decem vulgatis, si C referas ad rivos. Mss. decem cum edit. Rom. *per quae.*
Setis adoperuit. Reinm. prave, *satis adaptavit.* Letul. operuit. Lib. vii, c. 27 : *adoperta.*
Insignibus. Deest in ms. Bov.
Imaginis. Mss. 7 cum edit. Is. habent *imaginis.* – Colbert., *imagines*, mendose. Caeteri mss. et exusi, *animantium*. Quid si legas, *innumerabiles imaginum praeferat varietates.* In plerisque enim codicibus est *animantium*, forte pro *imaginum*; et legitur infra, *multiplex diversitas figuratorum est.*
Praeferat. Ita restitui ex 7 editis omnibusque mss., empto uno Regio, in quo, sicut in decem vulgatis, est *perferat*; in 1 Colbert. *proferat.*
Eadem series et ordo membrorum est. Phrasis est Lactantiana, quae simili gaudet. Infra cap. 10 : *pedes duo et item manus.* Alius dixisset, *et idem ordo membrorum... et duae item manus.*
Subnexa. Mss. 2 Bon. *subnixa.*
Femina. Nullus dubito, quin sic scripserit Lactantius : quis enim *femora*, vocem nulli non notam quae novem rec. mss. et editorum est) mutasset in *femina*, quod est 3 Reg., 2 Bonon., Cauc., Tax., 1 Colb., Baluz., Brun. in Marm. et Clarom. est *femoralia*, corrupte. Vide quoque *feminum.... longitudo*, infra, cap. 13, paulo post initium.
Solum. At in ms. Bov. *sola*, idque satis apte.
In eo. Scite quamplurimi mss. vetustioresque editi. In 5 mss. rec. et editis 10 *in ore*, ingrata repetitione, siquidem modo praecessit, *os quoque.*
Figuratorum. Ita ex mss. 4 Reg., 6 Colbert., 4 Oxon., Coth., Lips., Clarom., Em., Cantab., Marm., Brun., vetustioribusque editis reposui ; in 2 Reg. et Baluz. multisque vulgatis est *figurarum.*
In sui genere et specie. Restituimus *sui*, ex vetustioribus editis et mss. 6 Reg., 5 Colbert., Cauc., Pen., Ultr. et 4 Bon. antiq. in quo est *in sui generis specie.* In 5 rec. et in cunctis ferme vulgatis, *in suo genere et specie.* Deest copula in 3 mss. et 2 editis.
Nihil impeditius ad utilitatem, nihil deformius ad as- *pectum.* Lactantius saepe ejusmodi adjectiva ita ponit. Hoc libro, cap. 8 : *Ad speciem nullus est perfectior numerus.* Ibid. : *quo nihil ad speciem foedius, ad usum inutilius;* cap. 10 : *Ad usum digitorum tractabilis;* ibid. : *Illud ad usum miris modis habile;* de Ira, cap. 10 : *Quo nihil potest esse nec dispositius ad ordinem, nec aptius ad utilitatem, nec ornatius ad pulchritudinem, nec majus ad molem.* Bun.
Exhibeat. Legitur apud Buneman. *exigebat;* et ille sic rationem reddit hujus variantis. — *Exigebat.* Sic edo ex Bon., Tax., Isaeo, quod Spark. et Heuman. comprobant. Reinm. et reliqui, *exhibeat*, quod valeret idem quod supra, *praeferat.* Bun.
Maculis terga distincti. Graecismus est, *distincti* quoad *terga* attinet.
Squamarum laevitate suffulti. Cellarius dubitat an sincere. Sic vero omnes, in quibus meliori orthographia Parrh., Betul. et Torn. 1587 *squamarum laevitate*, per *ae*. Sic de Ira, cap. 10, *laevitudo*, ut hic, *laevitate* in lubricos tractus. Sic Plinius, lib. ii, cap. 3, *laevitate lubricum corpus serpentibus tribuit.* Nec *suffulti* debet esse suspectum. Noster cap. 2, *suffulta ungulis.*
Bun.
Acuminavit. De hac voce consule Savaronem, qui D plura exempla collegit ad Sidon. lib. vii, et ad lib. viii.
Si detrahas. Sic reposui ex omnibus mss. et 5 editis. In undecim vulgatis est, *si detrahes.*
In suo quaeque genere. Ita emendavi ex mss. Bon., 4 Regis, Em., Brun. et edit. Rom., Graph., Betul., Tornes., Soubron., 2 Paris., Is., Cellar., Walch., approbantibus Betuleio et Francio. In caeteris legitur *quoque.*
Possit. Correxi ex mss. et omnibus fere editis. In 5 vulgatis rec. habetur *posset.*
Sed tamen cum. Additum *Sed*, ex mss. 2 Reg., 2 Bonon., Tax., 2 Colbert., Baluz., Clarom. a secunda manu, et editis quinque. Caeteris deest. *Sed cum tamen ipsa nuditas hominis*, etc. Hinc forte, quod statuae nudae Graecis placuerint, quia illi nihil velant. Plin. xxxiv, 5 : *Placuere*, inquit, *et nudae, tenentes hastam ab ephoborum e gymnasiis exemplaribus, quas Achilleas vocant. Graeca res est nihil velare. Romana ac militaris thoracas addere.* Et hanc nuditatem in signo senis

bat; quanta enim in eo futura deformitas esset, ex calvitio apparet. Texit ergo illud pilo; et quia in summo futurum erat; quasi summum ædificii culmen ornavit : qui ornatus non est in orbem coactus, aut in figuram pilei teres factus, ne quibusdam partibus nudis esset informis, sed alicubi effusus, alicubi retractus pro cujuslibet loci decentia. Frons ergo vallata per circuitum, et a temporibus effusi ante aures capilli, et earum summæ partes in coronæ modum cinctæ, et occipitium omne contectum, speciem miri decoris ostentant. Jam barbæ ratio incredibile est quantum conferat, vel ad dignoscendam corporum maturitatem, vel ad differentiam sexus, vel ad decorem virilitatis ac roboris; ut videatur omnino non constatura fuisse totius operis ratio, si quidquam aliter esset effectum.

CAPUT VIII.

De hominis partibus, oculis et auribus.

Nunc rationem totius hominis ostendam, singulorumque membrorum, quæ in corpore aperta, aut operta sunt, utilitates et habitus explicabo. Cum igitur statuisset Deus ex omnibus animalibus solum hominem facere cœlestem, cætera universa terrena, hunc ad cœli contemplationem rigidum erexit, bipedemque constituit, scilicet ut eodem spectaret, unde illi origo est; illa vero depressit ad terram, ut quia nulla his immortalitatis expectatio est, toto corpore in humum projecta ventri pabuloque servirent. Hominis itaque solius recta ratio, et sublimis status, et vultus Deo patri communis ac proximus, originem suam, fictoremque testatur. Ejus prope divina mens, quia non tantum animantium, quæ sunt in terra, sed etiam sui corporis est sortita dominatum, in summo capite collocata, tanquam in arce sublimis speculatur omnia, et contuetur. Hanc ejus aulam, non obductam porrectamque formavit, ut in mutis animalibus, sed orbi et globo similem; quod omnis rotunditas perfectæ rationis est, ac figuræ. Eo igitur mens et ignis ille divinus tanquam cœlo tegitur : cujus cum summum

VARIORUM NOTÆ.

æreo a sese empto, Plin. Nepos, lib. III, epist. 6, non excusat solum, sed et deprædicat, hoc modo : *Est enim nudum, nec aut vitia, si qua sunt, celat, aut laudes parum ostenta*. EDMUND. FIGRELLIUS.

Quanta enim in eo futura deformitas esset, ex calvitio apparet. Hæc absunt a mss. Goth., 3 Colb., Lips., Clarom., Brun., Bov. et edit. Rom., et quatuor aliis antiquioribus. Confer. Theodoret. Serm. 4 περὶ προνοίας, et Historian 51, 53, ab Isidoro Pelusiota narratam. PRICÆUS.—Quod tamen hominis proprium est, nisi innatum sit. Plin. De calvitiei deformitate passim apud auctores. Hinc calvitii laus, ἄδοξον argumentum. Cæterum de comæ decoro lege cap. II Epist. prioris ad Corinth. Summam vel in pilis providentiam Dei apparere, vox ipsius Christi testatur, cum ait, ne pilum quidem capitis sine voluntate Patris cadere. Videndus Theodoretus, magnus ille Providentiæ admirator, sermone de Providentia Dei 4, pilorum rationem considerans. Postea loquitur de capillorum usu et ornatu. Deinde multum agit de calvitiei dedecore.

Summum ædificii culmen. Ita cap. 10 : *Caput totius divini operis quasi culmen est*. Sic cap. 8, caput vocat *summum fastigium* : et libenter noster et alii vocabulis *culmen, fastigium*, addunt *summum*. Ita Livius, lib. I, cap. 34, vocat *quasi summum culmen hominis*; et Lactantius lib. VI, cap. 15 : *ad summum culmen*; lib. VI, cap. 24 : *Summum fastigium*. BUN.

Aut in figuram pilei. Sic reposui ex mss. 4 Reg., 4 Colbert., 4 Oxon., Marm., Brun. multisque editis; in D 2 Bonon., 2 Reg., Tax., Erasm., Clarom., Baluz., *pilæ*, sed vitiose. In 3 ed. rec. *pili*.

Alicubi effusus, alicubi retractus. Sic restitui ex 2 veterrimis mss., 1 Bonon., Cauc., edit. Is. et quibusdam aliis impressis. In cæteris bis *alibi*; in nonnullis *infusus*. Heumannus tamen putat esse legendum *alibi effusus, alibi retractus pro cujuslibet*, etc.

Cujuslibet. In ms. 1 Bonon. antiq., *cujusque*.

Vallata. Editi omnes, vallata, ut cap. 10 : *Palpebræ... pilis in ordine stantibus vallatæ*. BUN.

Incredibile, quantum conferat. Lips. 2, male, *confert*. Addo ex Cic. II de Natura deorum, cap. 59 : *Incredibile est... quanta opera machinata natura sit*. BUN.

Totius operis ratio. Genuina lectio petita ex mss. 2 Bonon., 2 Reg., 4 Colb., Tax., Ultr., Baluz., Brun. In 7 rec. et editis est, *corporis*. Verum utraque lectio recta videtur.

Habitus. Id est, conditionem, rationem, formam. WALCHIUS.

Cœlestem. De hoc vide Institution. Divin. lib. II, cap. 9, ubi docet duo fuisse elementa, alterum divinum, ex quo fictus sit animus hominis, alterum terrenum, unde corpus humanum formatum est.

Ut eodem spectaret. Hæc lectio manuscriptorum 2 Reg., 2 Colbert. bonæ notæ et Baluz. melior nobis visa est, quam *ut eadem spectaret*, in 4 Reg., 4 Colb., Marm., Clarom., Brun. et in vulgatis. Vide Divin. Instit. lib. I, cap. 5 et lib. IV, cap. 17.

Corpore in humum projecta. Lib. VI Institut., cap. 19, sic emendo : *In terram toto et corpore et ore projectum, ventri... et pabulo servit*. BUN.

Ventri, etc. Sallustius princ. Cat.

Recta ratio. Ms. 1 Bonon. solus et ed. rec. addunt *est*, quod expunximus, utpote inutile.—*Hominis... recta ratio*. Id est, erecta conditio, rectus status corporis humani. — Lib. II, cap. 1 : *cum ratio corporis recta sit* Vide not. ad lib. II, cap. 1, et ad lib. VII, cap. 9. BUN.

Communis. Francius legit *confinis*.

Vultus Deo patri communis, ac proximus. Legitur *vultus... communis aut proximus* apud Buneman. qui notam sequentem exhibet :— *Vultus... communis aut proximus*. Reimm., *Vultus... communis ac proximus*. Goth., *communis ac proprius*. Lib. VII Institut., cap. 5 : *Homo... solus ita formatus est, ut oculi ejus ad cœlum, facies ad Deum spectans, vultus cum suo parente communis sit*. Conf. not. ad Epit. cap. 70. BUN.

Ejus prope divina mens. Qua de re vide Platonem in Phædone, quem Cicero non semel, sed iterum, iterumque expressit in libris philosophicis.

Tanquam in arce. Sic lib. 16 : *Tanquam in arce corporis*. Expressit Ciceronem lib. I Tuscul., cap. 10 : *Rationem in capite, tanquam in arce, posuit natura*. — *In arce sublimi*. Sic edo ex Reimm. et Paris. 1543, itaque Heumannus conjecit. Editi, *sublimis*, scilicet mens. Puto litteram sibilantem ex prima in *speculatur* ortam. BUN.

Ejus aulam. Mss. rec. 2 Reg., 2 Colb., Baluz. et 11 edd. rec. addunt *Deus* : quæ vox a cæteris abest.

Orbi et globo similem. De hoc vide Platonem in Timæo.

Omnis rotunditas. Sic legere malo ex mss. 2 Bonon., 2 Reg., Tax., 2 Colbert., Baluz., Sangerman., Clarom. in marg., quam *orbis*, ex aliis 12 mss. et edd.

Eo igitur mens et ignis ille divinus, etc. Eo, sub-audi *capite*. Nonnulli crediderunt animam esse igneam. Tertull. de Anima cap. 5 : *Animam effingunt*

fastigium naturali veste texisset, priorem partem, quæ dicitur facies, necessariis membrorum ministeriis et instruxit pariter et ornavit.

Ac primum, quod oculorum orbes concavis foraminibus conclusit, a quo foratu frontem nominatam Varro existimavit; et eos, neque minus, neque amplius, quam duos esse voluit, quod ad speciem nullus est perfectior numerus, quam duorum : sicut et aures duas, quarum duplicitas incredibile est quantam pulchritudinem præferat, quod tum pars utraque similitudine ornata est, tum ut venientes altrinsecus voces facilius colligantur; nam et forma ipsa mirandum in modum ficta, quod earum foramina noluit esse nuda et inobsepta, quod et minus decorum et utile minus fuisset, quoniam simplicium cavernarum angustias prætervolare vox posset, nisi exceptam per cavos sinus, et repercussu retentam foramina ipsa cohiberent : illis similia vasculis, quibus impositis solent angusti oris vasa compleri.

Eas igitur aures (quibus est inditum nomen a vocibus *hauriendis*, unde Virgilius :

. . . . . Vocemque his auribus hausi;

aut quia vocem ipsam Græci αὐδὴν vocant, ab auditu, per immutationem litteræ, aures velut audes sunt nominatæ) noluit Deus artifex mollibus pelliculis informare, quæ pulchritudinem demerent pendulæ atque flaccentes, neque duris ac solidis ossibus, ne ad usum inhabiles essent immobiles ac rigentes : sed quod esset horum medium excogitavit, ut eas cartilago mollior alligaret, et haberent aptam simul et flexibilem firmitatem. In his audiendi tantum offi-

VARIORUM NOTÆ.

Hipparchus et Heraclitus, ex igni; Hippon et Thales, ex aqua, etc. Cic. Tuscul. lib. I, *Zenoni Stoico animus ignis videtur*. Et de Nat. deor. lib. II : *Omnia Stoici ad igneam naturam referre, Heraclitum, opinor, secuti*. Sic etiam Ennius in Epicharmo a Prisciano lib. VI, prolatus :

Terra corpus est; at mentis ignis est.

Virg. Æneid. lib. VI :

Igneus est ollis vigor, et cœlestis origo.

Hinc etiam delirium illud, de quo Servius ad lib. I Æneid. *Grave esse perire naufragio, quia anima est ignea*. GATAKER. — Hinc veteres *extingui*, pro *mori*, dixerunt, et *extincto calore, occidimus ipsi*, ait Cicero, de Natura deorum, lib. II, cap. 9.

Et instruxit pariter, etc. Sic omnes. Vide not. ad lib. IV Institut. cap. 1. Hic addo Ovidii lib. IV, Trist. 2, 13 :

Et pariter matres, et quæ sine crimine castos
Perpetua servant virginitate focos.

Sulpicius Sever. Vit. Martin. cap. 9 : *Et ostensus pariter et destructus est inimicus*. BUN.

Quod. Rejicitur ab Heumanno juxta editiones 1472, 1478, 1497, 1513.

Conclusit. Mss. 1 Bonon. antiq. et Sangerm. *inclusit*.

A quo foratu. Ita mss. et editi. Legere mallem cum Francio, *A quorum foratu*.

Duplicitas. Iterum cap. 10 : *Duplicitate*. Walchius, quis, inquit, *præter Lactantium vocem hanc posuerit*, nescio. Ego quidem illam legi in Tertull. lib. V adv. Marcion., cap. 11 : *Cum duplicitas earum intercedit*. BUN.

Pulchritudinem præferat. Id est, *præ se ferat*, quod in multis vulgatis est; in cunctis autem mss. et vetustioribus editis *præferat*, ut apud Plinium lib. I, epist. 22, *qui sapientiæ studium habitu corporis præferunt*. Ex CELLARIO.

Noluit esse nuda. Sic legunt Janus, Guillelmus et Isæus. Mss. 2 rec. cum editis Rom. et Paris., *voluit*, vitiose. In cæteris *noluit*.

Inobsepta. Reimm., prave, *inobcepta*. Ven. 1497, *inobsepta*. Nondum hoc adjectivum *inobseptus* ex aliis observatum. BUN.

Angustias prætervolare vox posset. Mss. 2 Reg., 3 Colb., Baluz. multique editi addunt *et spargi*, quas voces delevi, velut inutiles et sensum depravantes. Absunt autem a cæteris mss. ac vet. edit. Rom.

Exceptam. Ita restitui ex mss. 2 Bonon., 2 Reg., Tax., Baluz., faventibus 1 Colbert. et 1 Clarom. in marg. in quibus est *inexceptam*, corrupte; in 1 Colbert. *perfecta*, mendose; in cæteris mss. et editis *perceptam*.

Repercussu retentam. Sic emendavi ex 7 editis et omnibus mss., præter 1 Colb., Clarom., Brun., in quibus, ut et octo excusis, est *retenta*; mendose.

Cohiberent. Ita correxi ex mss. 1 Colb. et Baluz. accedentibus et faventibus Cauc. et Brun. in quibus est *coniberent*. 2 Bon., 1 Reg., 2 Colb., Sorb., Tax., Clar., *conbiberent*; Ultr., *comburent*; 1 Clarom. *roborent*; Pen. *coercerent*. In 4 Reg., 3 Colbert., Marm. editisque est *conveherent*. — *Foramina ipsa combiberent*. Optime sane convenit cum sequentibus vocibus, *compleri*, *hauriendis auribus*, *hausi*; et eleganter dicitur, *auris bibere*, *aure bibere*. Plautus ex ms. Vatic. et Camerar. in Mil. Glor. III, 3, 10 : Postquam adhibere aures meæ tuam moram orationis. Horat. lib. II, Carm. 13, v. 52 :

Densum humeris bibit aure vulgus.
BUN.

Augusti oris vasa. Sic profecto cum Jano Guillelmi legendum ex mss. 12, in quibus scriptum est corrupte *angustiores vasa* : unde facilis mutatio in *angusti oris vasa*; in 14 scriptis et excusis, *angustiora vasa*. Quæ verba cum nullum habeant sensum, placet emendatio J. Guil. qui hoc pacto legendum putat, *angusti oris vasa*. Nam, ut inquit ille, in mente fuit Lactantio Quintiliani locus : *Ut vascula angusti oris superfusam humoris copiam respuunt, sensim autem influentibus, vel instillantibus, complentur; sic animi puerorum quantum excipere possint videndum est*. BETUL.

Vocem. Virg. IV Æneid., 359.

Quæ pulchritudinem demerent. Ita mss. 4 Reg. Cauc., 1 Bonon. et 12 alii ac sex editi. Est *ne* in 2 Colbert., Baluz., Bodl., Balliol., Clarom. a secunda manu, et plerisque editis; in Tornes., Soubron. et Fasit., *ut pulchritudinem*. Veteres mediocres aures prætulisse videntur. Sueton. in August. cap. 79 : *Mediocres aures habuit Augustus*. Aspasiæ etiam breviores aures tribuit Ælianus, Variar. Hist. XII; ibi enim formam ejus describens, addit inter alia ὦτα εἶχε βραχύτερα. Opponuntur iis longæ aures apud Martial. VI, 39 :

Hunc vero acuto capite, et auribus longis,
Quæ sic moventur, ut solent asellorum,
Quis morionis filium neget Cyrthæ.

— FRANC. FF. JUNIUS. *Quæ pulchritudinem*. Graph. prave, *ut pulchritudinem*. Thomasius, Isæus, Gall., Sparkius, *ne pulchritudinem*. Non male, ut mox eadem ratione, *ne.... inhabiles essent*. BUN.

Videndi. Repete *officium*. Eleganter Cicero, lib. I

cium constitutum est, sicut in oculis videndi; quorum præcipue inexplicabilis est ac mira subtilitas, quia eorum orbes gemmarum similitudinem præferentes, ab ea parte qua videndum fuit, membranis perlucentibus texit, ut imagines rerum contra positarum tanquam in speculo refulgentes, ad sensum intimum penetrarent. Per eas igitur membranas sensus ille, qui dicitur mens, ea quæ sunt foris transpicit. Ne forte existimes, at imaginum incursione nos cernere (ut philosophi dixerunt) quoniam videndi officium in eo debet esse quod videt, non in eo quod videtur: aut intentione aeris, cum acie aut effusione radiorum, quoniam, si ita esset, radium quem oculis advertimus, videremus, donec intentus aer cum acie, aut effusi radii ad id quod videndum esset pervenirent.

Cum autem videamus eodem momento temporis, plerumque vero aliud agentes, nihilominus tamen universa quæ contra sunt posita intueamur, verius et manifestius est mentem esse, quæ per oculos ea quæ sunt opposita, transpiciat, quasi per fenestras lucente vitro, aut speculari lapice obductas. Et idcirco mens, et voluntas ex oculis sæpe dignoscitur. Quod quidem ut refelleret Lucretius, ineptissimo usus est argumento. Si enim mens (inquit) per oculos videt, erutis et effossis oculis magis videret; quoniam evulsæ cum postibus fores plus inferunt luminis, quam si fuerint obductæ. Nimirum ipsi, vel potius Epicuro, qui eum docuit, effossi oculi erant, ne viderent, effossos orbes, et ruptas oculorum fibras, et fluentem per venas sanguinem, et crescentes ex vulneribus carnes, et obductas ad ultimum cicatrices nihil posse lucis admittere, nisi forte auribus oculos similes nasci volebat; ut non tam oculis, quam foraminibus cerneremus: quo nihil ad speciem fœdius, ad usum inutilius fieri potest. Quantulum enim videre possemus, si mens ab intimis penetralibus capitis per exiguas cavernarum rimulas attenderet: ut

VARIORUM NOTÆ.

de Divin., 32 : *Si sine oculis non potest exstare officium et munus oculorum*. Bun.— *Quorum præcipue inexplicabilis est ac mira subtilitas*, etc. Quam subtilitatem miratur, et cæteris longa ac præclara disputatione admirandam præbet Galen. lib. x, c. 6 ; Basil., ubi supra. Isæus.

Membranis perlucentibus texit. Cic. ii de Natura deorum. Isæus.

Ut imagines rerum contra positarum tanquam in speculo refulgentes, ad sensum intimum penetrarent, etc. Nobilem illam atque arduam quæstionem tangit de modo ac ratione videndi, in qua variarum sectarum principes philosophi desudarunt, aliis per intus susceptionem, rursusque al is per materialium et corporearum, aliis per spiritalium et immaterialium rerum influxum, aut effluxum, visionem fieri asserentibus. Qua de re Plato videudus in Timæo, ubi de oculis, Arist. II, de Anim. tex. 66 et seqq., et lib. de Sens. et Sensil. cap. 2; Lucr. iv; Plutarch. de Placit. lib. iv, cap. 13; Gell. lib. v, cap. 16; Macrob. iii Saturn. cap. 14; Galen. lib. x, cap. 12 et de Placit.; Hippoc. et Platon. lib. vii, cap. 9 et seqq.; Aven-Rois Collig. lib. iii, cap. 38. Quid Lactantius sentiat, haud satis perspicuum. Supra positis quidem verbis videtur asserere, imagines rerum penetrare ad sensum intimum, id est, recipi interius, quod non Aristotelem solum docuisse, verum etiam Platonem gravissimi viri probaverunt, Leonicus in proloquiis comment. ad lib. de Sens. et Sensil. et ad 2 ejusdem lib. Scalig. de Subtilit. ad Cardan. Exercitat. 325, cap. 5, alii. Isæus.

Sensus ille, qui dicitur mens, etc. Juxta illud vulgatum Heracliti, de quo meminit Aristoteles Problematis Section. 11, Problemat. 33 : *Mens videt, mens audit*. Sed melius dixisset, *anima*, sive *animus*, ut Cic. i Tuscul. nam longe aliter accipi *mentem* et *animam*, quam putet Lactantius, dixi supra, lib. vii Institut. cap. 12. Isæus.

Quæ foris sunt, transpicit. Lips. 2, *perspicit*. Nihil muto. Imitatur Lucretii, lib. 4, v. 272-279; *foris.... transpiciuntur*. Bun.

Imaginum incursione nos cernere. Sic legimus in omnibus editis et mss., præter 1 Colbert. cui est *incursiones*; mss. 2 Bonon., 2 Reg., Tax., 2 Colbert., Baluz., Clarom., *concursiones*.

Ut philosophi dixerunt. Mss. 2 Colb., Em., Brun. ac edit. Betul., Cellar., *disserunt*. Cæteri ut in textu.

Aut intentione aeris, cum acie, etc. Hæc opinio radios non evocat: sed a pupillæ radiis vicinum aerem in res visas impingi, atque ita ipsius aeris adjumento, ac quasi fultura vectioneque, putat fieri visionem; verberatam quippe aërem illum, qui pupillam contingit, ocelli ad objectum, in quo fiat basis meæ, cujus fastigium sit in ipsa pupilla : quod commentum non modo inane ostendit Lactantii ratio, sed etiam, quia nihilo pejus videmus, cum retro cedimus, at regrediendo impulsio illa fieri non potest, sed duntaxat stando, aut procedendo. Aer præterea sub aquas non penetrabit, quarum in fundo res positæ videntur. Isæus.

Aut effusione radiorum. Cujus opinionis fuere optici omnes, et plerique philosophorum usque ad Aristotelem, quos deinde secutum Galenum castigat Aven-Rois, et cum veterum quolibet conferendus Julius Cæsar Scalig. de Subtilit. Exercit. 298, c. 16. Isæus.

Radium quem oculis advertimus, videremus. Ita 3 Reg., 2 Colbert. vet. edd. Rom. Tridin. Florent. Cæteri typis excusi et mss. (præter 1 Bonon. antiq. cui est *oculos*) habent, *tardius quam oculis advertimus videremus*. At lectio nostra sensum multo clariorem habet.

Mentem esse, quæ per oculos ea, etc. Salvian. de Provid. lib. iii, cap. 7 : *Sciens fenestras quodammodo esse nostrarum mentium lumen oculorum*. Alii oculos *animi portas* dixere; Origines Adamantius, Phys ognom. lib. 1, cap. 1; Cicero de Orat., *animi indices* vocat. Gataker.

Quasi per fenestras. Sic Cic. : Tusculanar. *Ut facile*, inquit, *intelligi possit animum, et audire, et videre, non eas partes, quæ quasi fenestræ sunt*, etc. Isæus.

Lucente vitro. Mss. 2 Bonon. et 4 alii, *perlucente*. Sic etiam Heumannus amat scribere, verum cæteri habent lucente.

Speculari lapide. Lapis hic pellucidus in tenuissimas bracteas scissus fenestris indebatur. De hoc plena manu Pitiscus in Lex. Ant. Rom. T. 2. f. 826. Bun.

Lucretius. Hujus hi sunt versus.

> Præterea si pro foribus sunt lumina nostra,
> Jam magis exemptis oculis, debere videtur
> Cernere res animus, sublatis postibus ipsis.

Nasci volebat. Sic a me ex omnibus mss. et ed. Rom. aliisque antiquioribus est emendatum. In 14 vulgatis est *volebant*.

Ad usum. Ita restitui ex mss. 2 Bonon., 5 Reg. 6 Colb., 3 Oxon. et 9 aliis, ed. Rom. 1470 et Cellar.

si quis velit transpicere per cicutam, non plus profecto cernat, quam cicutæ ipsius capacitas comprehendat. Itaque ad videndum membris potius in orbem conglobatis opus fuit, ut visus in latum spargeretur, et quæ in primori facie adhærerent, ut libere possent omnia contueri. Ergo ineffabilis divinæ providentiæ virtus fecit duos simillimos orbes, eosque ita devinxit, ut non in totum converti, sed moveri tamen ac flecti cum modo possent. Orbes autem ipsos humoris puri ac liquidi plenos esse voluit, in quorum media parte scintillæ luminum conclusæ tenerentur, quas pupillas nuncupamus, in quibus puris ac subtilibus cernendi sensus ac ratio continetur. Per eos igitur orbes seipsam mens intendit ut videat, miraque ratione in unum miscetur et conjungitur amborum luminum visus.

CAPUT IX.
De sensibus eorumque vi.

Libet hoc loco illorum reprehendere vanitatem, qui dum volunt ostendere sensus falsos esse, multa colligunt, in quibus oculi fallantur; inter quæ illud etiam, quod furiosis et ebriis omnia duplicia videantur: quasi vero ejus erroris obscura sit causa. Ideo enim fit, quia duo sunt oculi. Sed quomodo id fiat, accipe. Visus oculorum intentione animi constat. Itaque quoniam mens (ut supra dictum est) oculis tanquam fenestris utitur, non tantum hoc ebriis aut insanis accidit, sed et sanis, ac sobriis. Nam si aliquid nimis propius admoveas, duplex videbitur; certum est enim intervallum, ac spatium, quo acies oculorum coit. Item si retrorsum avoces animum, quasi ad cogitandum, et intentionem mentis relaxes, tum acies oculi utriusque diducitur, tunc singuli videre incipiunt separatim.

Si animum rursus intenderis, aciemque direxeris, coit in unum quidquid duplex videbatur. Quid ergo mirum, si mens veneno, ac potentia vini dissoluta, dirigere se non potest ad videndum, sicut ne pedes quidem ad ambulandum, nervis stupescentibus debiles? aut si vis furoris in cerebrum sæviens concordiam disjungit oculorum? Quod adeo verum est, ut luscis hominibus, si aut insani, aut ebrii fiant, nullo modo possit accidere, ut aliquid duplex videant. Quare si ratio apparet, cur oculi fallantur, manifestum est non esse falsos sensus; qui aut non fallantur, si sunt puri et integri, aut si fallantur, mens tamen non fallitur, quæ illorum novit errorem.

CAPUT X.
De exterioribus hominis membris, eorumque usu.

Sed nos ad Dei opera revertamur. Ut igitur oculi munitiores essent ab injuria, eos ciliorum tegminibus occuluit; unde oculos dictos esse, Varroni placet. Nam et ipsæ palpebræ, quibus mobilitas inest, et palpitatio vocabulum tribuit, pilis in ordine stantibus

VARIORUM NOTÆ.

Recte juxta Thomasium. In 2 rec. et excusis 33, ad visum. Sequitur, ubique, *fieri potest*. Francius suspicatur legendum *fingi potest*.

Si quis velit transpicere per cicutam...... cernat. Ex cunctis pene mss. reposui *velit*, quod melius cohæret cum *cernat*, quam *vellet*, quod est omnium editorum ac 2 Reg. et Em. in quorum postremo est *cerneret*. Cicuta autem, quod juxta Servium est *proprie spatium inter cannarum sive fistularum nodos*, hic pro fistula ipsa, aut potius fistulæ foraminibus accipitur. Virgilius enim Ecloga 2 dixerat:

> Est mihi disparibus septem compacta cicutis
> Fistula.

Itaque ad videndum membris potius in orbem conglobatis opus fuit, etc. Non tamen in orbem perfectum, quia figura exacte sphærica non congruebat, ut docet Galen. lib. x, cap. 6.

Et quæ in primori facie adhærerent, etc. Quia cernitur per directum, Arist. II de Part., cap. 10.

Simillimos. At in ms. Bov. *similes.*

Orbes. Hinc oculi eleganter ita vocantur. Conf. supra et mox. Alia exempla dant Savaro ad Sidon. Apoll. lib. I, ep. 2, Barthius ad Statii Theb. I, 53. Pari modo apud Sophoclem Œd. v. 1294, κύκλοι dicuntur oculorum orbes. Vide Spanhem. ad Callimachi Pallad. v. 87. Bun.

Illorum reprehendere vanitatem. Pro *illorum*, in solo Bononiensi antiquiore codice legitur *Archesilæ.*

Sensus esse falsos. Sicut Lucretius lib. IV. Hinc illud nonnullorum, *sensibus non est habenda fides*, de quo Cartesium disserentem vide.

Quod furiosis et ebriis omnia duplicia videantur. Qua de re Aristot. Problem. 11, 17 et 18.

Et. Sic in mss. Bov. et Sangerm. in aliis *etiam.*

Duplex videbitur. Apud Virgilium, Æn. IV, 470. demens Pentheus *videt*

> Et solem geminum, et duplices se ostendere Thebas;

ad quem locum consulatur Taubmannus. Bun.

Tum acies oculi. Reposui *tum* ex cunctis pene mss. In rec. 2 Reg. et 1 Colb. est *cum*, sicut et in editis 13. In Marm. *tamen.*

Diducitur. Mss. 2 Bonon. et Brun. *deducitur*, corrupte. — *Diducitur.* Ven. prima prave, *ducitur*; Ven. 1493, 97, pejus, *dicitur*; in Sparkio omittitur hoc verbum vitiose. At rectum, *diducitur.* Vide not. l. IV, cap. 5, *diduci.* Diducere h. l. idem quod infra, *disjungere.* Bun.

Tunc singuli. Ita typis mandati et multi mss. In 2 Colbert. et Baluz. *tum*; in 2 Bonon. et Tax. *et singuli.*

Nullo modo. Sic restitui ex vet. ed. Rom. necnon Cellar. omnibusque mss., dempto 1 Reg. rec. in quo, sicut et in 14 vulgatis, est *nullo pacto.*

Cur oculi fallantur. Ita emendavi ex vetustissimis Regio-Put. 2 Bonon., Cauc., Tax., Pent., Sangerm., edit. Cellar. approbante Francio, faventibus 5 Reg., 6 Colb., Baluz., Marm., Clarom., Brun. editisque 2 vet. Rom. in quibus est *cur oculi fallantur*; in 1 Reg. rec. et 14 vulgatis, *cur illi fallantur.*

Qui aut. Apud Bunemau., *quia aut.* Sic edo ex Reim. et sic Heumanno visum. Editi, *qui.* Posset esse, *quippe qui.* Bun.

Sunt. Ita mss. Sangerm. et Bov. alii legunt *sint.*

Eos. Abest a ms. Anglic.

Occuluit. Solus ms. Bov. *operuit.*

Unde oculos dictos esse, etc. Sequuntur Varronem reliqui etiam Grammatici, pugnante interim scriptionis et quantitatis ratione. Nam *oculus* simplici *c*, primam brevem habet: *occulere* vero eamdem geminato *cc* positione producit. Betul.

Palpitatio, etc. Id est, tremendo, interprete Perotto, qui tamen a palpando id est prætentando nomen ducit. Sunt autem palpebræ tunicæ, quæ tegunt oculos.

In ordine. Sic ms. Sangerm., sic Virgilius Ecloga 7.

> Illos referebat in ordine Thyrsis.

vallatæ, septum oculis decentissimum præbent. Quarum motus assiduus incomprehensibili celeritate concurrens, et videndi tenorem non impedit, et reficit obtutum. Acies enim, id est membrana illa perlucens, quam siccari et obarescere non oportet, nisi humore assiduo tersa pure niteat, obsolescit. Quid ipsa superciliorum fastigia pilis brevibus adornata? nonne, quasi aggeribus, et munimentum oculis, ne quid superne incidat, et speciem simul præstant? Ex quorum confinio nasus exoriens, et veluti æquali porrectus jugo, utramque aciem simul et discernit et munit. Inferius quoque genarum non indecens tumor, in similitudinem collium leniter exurgens, ab omni parte oculos efficit tutiores; provisumque est ab artifice summo, ut si quis forte vehementior ictus extiterit, eminentibus repellatur. Nasi vero pars superior usque ad medium solida formata est, inferior autem cartilagine adhærente mollita, ut ad usum digitorum possit esse tractabilis. In hoc autem, quamvis simplici membro, tria sunt officia constituta; unum ducendi spiritus; alterum capiendi odoris; tertium ut per ejus cavernas purgamenta cerebri defluant : quas ipsas Deus quam mirabili, quam divina A ratione molitus est, ut tamen hiatus ipse nasi oris speciem non deformaret. Quod erat plane futurum, si unum ac simplex foramen pateret. At id velut pariete per medium ducto intersepsit atque divisit, fecitque ipsa duplicitate pulcherrimum. Ex quo intelligimus quantum dualis numerus, una et simplici compage solidatus, ad rerum valeat perfectionem.

Nam cum sit corpus unum, tamen totum ex simplicibus membris constare non poterat, nisi ut essent partes vel dextræ, vel sinistræ. Itaque ut pedes duo, et item manus, non tantum ad utilitatem aliquam usumque, vel gradiendi, vel faciendi valent, sed et habitum, decoremque admirabilem conferunt : sic in capite, quod totius divini operis quasi culmen est, et B auditus in duas aures, et visus in duas acies, et odoratio in duas nares a summo artifice divisa est : quia cerebrum, in quo sentiendi ratio est, quamvis sit unum, tamen in duas partes membrana interveniente discretum est. Sed et cor, quod sapientiæ domicilium videtur, licet sit unum, duos tamen intrinsecus sinus habet, quibus fontes vivi sanguinis continentur, septo intercedente divisi; ut sicut in ipso mundo summa

VARIORUM NOTÆ.

At ms. Bov. legit *in ordinem*.

Vallatæ. Cic. de Natura Deorum lib. II : *Munitæque sunt palpebræ tamquam vallo pilorum, quibus et apertis oculis, si quid incideret, repelleretur, et somno conniventibus, cuum oculis ad cernendum non egeremus, ut tamquam involuti quiescerent*. Hic locus apud Nonium Marcel. falso ex II de Oratore citatur. Hæc desumpta sunt ex Platone, atque similiter loquitur Galenus.

Et obarescere. Cellarius ex Goth. et Lips. ediderat, *et arescere*; et sic in Reimm. mss. inveni. Parrh., Paris., Junt., Ald., Grat., Erasm., Gymn., Fasit., Gryph., Torn., Bet., Thomas. Isæus, Gall., Spark., præferunt, *et obarescere*. Putavi, hoc compositum esse genuinum, nec ausus sum priora minus antiqua mss. tot editionibus æque fere antiquis, et ex antiquissimis mss. sumptis præferre.

Superciliorum fastigia..... ne quid..... incidat. Apuleius, lib. I Habit. Doctr. Plat., p. 16 : *Superciliorum sepes præmuniunt oculos, ne desuper proruat, quod teneras visiones mollesque perturbet*.

Leniter exurgens. Ita mss. 3 Reg., 2 Bonon., 1 Colbert. aliique, cum cunctis ferme vulgatis. In mss. Regio-Put., 2 al. Reg., 4 Colbert., 5 aliis, edd. Rom. 1470, ac Gymnic. legitur *leviter*; in 1 Colb. *lenis*; in Marm. *levis*. Malo legere *leniter* cum Cellario aliisque viris doctis, et hoc ex indole latini sermonis, ut apud Plinium, lib. v, epist. 6 : *Villa in colle imo sita, ita leniter et sensim clivo fallente consurgit, ut cum ascendere non putes, sentias ascendisse*. Et Calpurnius Eclog. 7, v. 25,

Et clivos lene acentes.

Sic et Julius Cæsar, lib. II de Bell. Gal., *lene jugum montis*.

Eminentibus. Heumannus putat legendum esse, *eminentia*.

Usque. Deest in ms. Bov.

Inferior autem cartilagine adhærente mollita, ut, etc. Sic emendavi ex mss. Regio-Put., 2 al. Reg., 2 Colb., Baluz., Clarom., Sangerm. Et hæc mihi omnium optima videtur lectio. Vide præcedentia, Accedunt alii mss. 4 Reg., 4 Colbert., Goth., Em., Cant., Lips., Marm., Brun., edit Rom. 1470, in quibus est : *cartilagine adhæret mollita*, mendose. Vulgati fere omnes dividunt *molli ita*, etiam vitiose ; Spark., *cartilagini adhæret molli, ita ut*.

Ut per ejus cavernas. Ex mss. et multis ed tis additum *ejus*.

Quas ipsas Deus. Ita correxi ex ms. 7 Reg., Ultr., Baluz., Brun., ed. Rom. 1470, Graph., Cellar., C Walch., optime. Sic idem infra, *hiatus, ipse nasi*, et ..... *ipsa duplicitate*. In mss. rec. 1 Colb., Marm., Clarom. et 12 editis *quas ipse Deus*.

Quam mirabili. Sic reposui ex mss. 7 Reg., 5 Colb., Ultr., Baluz., Brun., ed. Rom. 1470, Graph., Cellar., Walch. Et recte, sic infra Auctor noster, *quam utilis, quam decens*. In scriptis rec. 1 Colb., Clarom., Marm. et 11 vulgatis, *tam mirabili*.

Si unum ac simplex foramen. Ita præferunt veterrimi mss. Regio-Put., 2 Bonon. et Tax. ac edd. Thomas., Is., Thys., Gall., eademque locutione mox utitur Lactantius, cum ait : *una et simplici compage*. Desideratur *unum ac*, in 24 rec. mss. et in 13 vulgatis.

Ex quo intelligimus. Sic restitui ex vetustioribus D editis et ex omnibus mss. præter 1 Reg., in quo, sicut et in octo impressis, est *ex quo intelligitur*.

Itaque. Deest in Bov. contra fidem aliorum mss.

In duas partes. Κοιλίας, id est ventriculos nominavit Galen. Κοιλίας δὲ ἔχει ὁ ἐγκέφαλος δύο. Idem fatetur duas secundum quosdam esse, ubi nimirum animi principatus residet. Vesalius certe etiam tertium ventriculum addit figura 5 et 6 lib. VII. Aristoteles in I de Hist. animalium, cap. 16.

Duos tamen intrinsecus sinus. Plinius lib. II, cap. 37. Prima domicilia intra se animo et sanguine præbet sinuoso specu, et in magnis animalibus triplici, in nullo non gemino : ibi mens habitat, etc. Hipp. in lib. de Corde, hos sinus γαστέρας nominat ; Jullius Pollux κόλπους appellat. BETUL.

Quibus fontes vivi. Ex hoc fonte duæ grandes venæ in priora et terga discurrunt, sparsæque ramorum serie per alias minores, omnia membra vitali sanguine rigant. Plin. Ili rami describuntur a Vesalio prima et secunda 15 capitis figuris lib. III. BETULEIUS.

rerum vel de simplici duplex, vel de duplici simplex, et gubernat, et continet totum : ita in corpore de duobus universa compacta, indissociabilem prætenderent unitatem. Oris quoque species, et rictus ex transverso patefactus, quam utilis, quam decens sit, enarrari non potest : cujus usus in duobus constat officiis, sumendi victus, et loquendi.

Lingua intus inclusa, quæ vocem motibus suis in verba discernit, et est interpres animi; nec tamen sola potest per se loquendi munus implere, nisi acumen suum palato illiserit, nisi juta vel offensione dentium, vel compressione labiorum : dentes tamen plus conferunt ad loquendum; nam et infantes non ante incipiunt fari, quam dentes habuerint, et senes amissis dentibus ita balbutiunt, ut ad infantiam revoluti denuo esse videantur. Sed hæc ad hominem solum pertinent, aut ad aves, in quibus acuminata et vibrata certis motibus lingua, innumerabiles cantuum flexiones, et sonorum varios modos exprimit. Habet præterea et aliud officium, quo in omnibus, sed tamen solo in mutis utitur, quod contritos et commolitos dentibus cibos colligit, et conglobatos vi sua depriniit, et transmittit ad ventrem. Itaque Varro a ligando cibo putat linguæ nomen impositum. Bestias etiam potu adjuvat; protenta enim cavataque hauriunt aquam, eamque comprehensam linguæ sinu, ne tarditate ac mora effluat, ad palatum celeri mobilitate complodunt. Hæc itaque palati concavo tanquam testudine tegitur; eamque dentium septis Deus quasi muro circumvallavit.

Dentes autem ipsos mirabili modo per ordinem fixos, ne nudi ac restricti magis horrori quam ornamento essent, gingivis mollibus, quæ a gignendis dentibus nominantur, ac deinde labiorum tegminibus honestavit, quorum durities, sicut in molari lapide, major est et asperior, quam in cæteris ossibus, ut ad conterendos cibos pabulumque sufficerent. Labra ipsa, quæ quasi antea cohærebant, quam decenter intercidit; quorum superius sub ipsa medietate narium lacuna quadam levi, quasi valle signavit, inferius honestatis gratia foras molliter explicavit. Nam quod attinet ad saporem capiendum, fallitur, quisquis hunc sensum palato inesse arbitratur; lingua est enim, qua sapores sentiuntur : nec tamen tota; nam partes

VARIORUM NOTÆ.

In... mundo summa rerum... de duplici simplex. Hæc de Deo Patre et Filio interpretantur Thysius et Heumannus; quæ mihi videntur sumenda de *duobus principalibus elementis igni et aqua*, ex quorum *discordi concordia mundum constare* ostendit uberius lib. II Institut., cap. 9. Adde ex lib. II, cap. 8, locum dubium in notis : *Quorum mixtura et temperatione mundus, et quæ in eo sunt, universa constarent.* Certe non memini, Deum a Lactantio alicubi *summam rerum* vocatum esse.

Lingua intus inclusa, quæ vocem motibus suis in verba discernit. Plat. in Timæo; Xenophon ubi supra; Aristot. III de Anima in fine., et lib. IV de Hist. anim., cap. 16 et 17. Cic. ubi supra; Gal. lib. VIII, cap. 5; lib. IX, cap. 8; lib. II, cap. 10; lib. XVI, cap. 5. ISÆUS.

Nisi juta vel offensione dentium. Ita restitui ex mss. 3 Reg., 1 Colb., Clarom. a prima manu, Marm., Brun. et Bov., ac 2 vet. edd. Rom. et Cellar., accedentibus mss. Goth., 3 Colb. et Lipsiensibus, in quibus legitur mendose *vita*, pro *juta*. In mss. 3 Reg., 2 Colb., Baluz., Clarom. et Sangerm. a secunda manu, et edit. Ald. et Parrhas. *adjuta*, quos secuti sunt cæteri, fortasse quia usu magis tritum videbatur. Nec tamen insolens simplex; Tacitus enim lib. XIV, cap. 4, initio ait : *Placuit solertia, tempore etiam juta.*

Ad infantiam revoluti. Lips. 3 et Reimm. : *Ad infantiam resoluti*, male. Lib. VIII Institut., cap. 15 : *Quasi ad alteram infantiam revoluta.* Lib. VII, cap. 22 : *Denuo ad uterum revolvi atque ad infantiam regredi.* Bun.

Quo in omnibus, etc. Sic legitur in vulgatis; et in mss. Bov. et Sangerm. atque aliis multis. Verum in Regio-Pal. et in uno Bonon. est, *quod in omnibus*. Ms. Erasm. *quo in hominibus.* Lingua utitur officio colligendi cibos in omnibus mutis animantibus, sed hoc solo, quum in homine geminum præbeat usum. Erasmus.—Heumannus autem legit,'*quo non in hominibus solum, sed etiam in mutis utitur.*

Itaque Varro a ligando, etc. Isidor. lib. II Orig., cap. 1, refert Varronem non a ligando cibo, ut ait Lactant. sed a lingendo cibo linguam dictam putavisse, alios vero a ligandis vocibus, quod per articulatos sonos verba liget. ISÆUS.

Effluat. Ita reposui ex mss., præter 1 Bonon. in quo *refluat*, 2 Reg. et vulg. in quibus est *defluat*.

Eamque dentium septis Deus, etc. Sic restitui ex editis Rom. 1470, Is., Cellar., Walch., et ex omnibus ms. præter Cauc. in quo, sicut et in decem excusis, legitur; *eamque dentium ordine sepiens Deus*. — *Eamque dentium septis Deus quasi muro circumvallavit.* Gellius, lib. I, cap. 15. Scribit Homerum dixisse, petulantiæ verborum coercendæ vallum esse oppositum dentium, refertque ipsius carmina. ISÆUS.

Mirabili modo per ordinem fixos. Licet recentiores scripti Angl., Goth., Lips., Reimm., et ab 1465-1566 excusi hæc verba non habeant, et Gell. et Walch. denuo proscribant; tamen germana hæc est lectio Lactantii, quam præstant duo antiquissimi codices Bononienses et Taxaq. ex quibus Thomas. Isæus, Gall, Sparkius, Heumannus recte judicarunt recipienda. Simili ratione noster, c. 5 : *Pennæ per ordinem fixæ*. Bun. — *Mirabile modo per ordinem fixos*. Has quinque voces recte ex optimis codicibus mss. 2 Bonon. et Tax. restituit Thomasius, quæ a cæteris mss. et a vulgatis absunt, præter Is. et Spark.

Ac deinde labiorum tegminibus honestavit. Labia enim tum dentium tuendorum causa, tum ad usum sermonis sunt comparata, Arist. II de Part., cap. 16. ISÆUS.

In molari lapide, etc. Unde dentes molares, ad quos videtur alludere : eos etiam maxillares vocant.

Ut ad conterendos. Ita mss. 2 Bonon., 7 Reg., 5 Colb., Tax., Pen., Clarom., Brun., et vet. edd. In nonnullis mss. et 5 vulgatis legitur *aut*; in 1 Colb. et Marm., *ac vero*.

Sensum palato, etc. Fallitur ergo Aristoteles, fallitur Plinius, fallitur cum his universa (et quidem docta) antiquitas. Namque hæc vox metonymicos, sicut etiam gulæ, pro voluptate ab auctoribus crebro usurpatur; apud Ciceronem enim, ubi de Finib. lib. II de Lælii sapientia verba facit : *Non sequitur, ut qui cor sapiat, ei non sapiat palatus*, et Quintil. lib. I, cap. 2, ægre fert, quod ante palatus puerorum, quam os instituitur. Phavorinus apud Gell. lib. XV, cap. 8, reprehendit præfectos Popinæ, qui aiunt eos palatum non habere, qui superiorem partem avium atque altilium edunt. Hor. 2 Epist. :

ejus, quæ sunt ab utroque latere teneriores, saporem subtilissimis sensibus trahunt. Et cum neque ex cibo quidquam, neque ex potione minuatur; tamen inenarrabili modo penetrat ad sensum sapor, eadem ratione, qua nil il de quaque materia odoris capio decerpit.

Cætera quam decora sint, vix exprimi potest. Deductum clementer a genis mentum, et ita inferius conclusum, ut acumen ejus extremum signare videatur leviter impressa divisio; rigidum ac teres collum; scapulæ velut mollibus jugis a cervice demissæ; valida et substricta nervis ad fortitudinem brachia; insignibus toris extantium lacertorum vigens robur; utilis ac decens flexura cubitorum. Quid dicam de manibus, rationis ac sapientiæ ministris? quas solertissimus artifex plano ac nodice concavo sinu fictas, ut si quid tenendum sit, apte possit insidere, in digitos terminavit: in quibus difficile est expedire, utrum

A ne species, an utilitas major sit. Nam et numerus perfectus, ac plenus, et ordo ac gradus decentissimus, et articulorum parium curvatura flexibilis, et forma unguium rotunda, concavis tegminibus digitorum fastigia comprehendens atque firmans, ne mollitudo carnis in tenendo cederet, magnum præbet ornatum. Illud vero ad usum miris modis habile, quod unus a cæteris separatus cum ipsa manu oritur, et in diversum maturius funditur: qui se velut obvium cæteris præbens, omnem tenendi faciendique rationem vel solus, vel præcipue possidet, tamquam rector omnium atque moderator; unde etiam pollicis nomen accepit, quod vi et potestate inter cæteros polleat. Duos quidem articulos extantes habet, non ut alii ternos, sed unus ad manum carne connectitur pulchritudinis gratia. Si enim fuisset tribus articulis et ipse discretus, fœda et indecora species admisset manibus honestatem.

VARIORUM NOTÆ.

Tres mihi convivæ prope dissentire videntur, Poscentes vario multum diversa palato.

Philosophi tamen linguæ juxta, palatoque, sive gulæ, saporis sensum tribuunt. Arist. in Probl. sect. 28, et apud Gell. lib. xix, cap. 2. BETULEIUS.

Nihil de quaque materia. Sic restitui ex veterrimis optimisque mss., 2 Bon., Regio Put. et 3 al. Reg. Cauc., 2 Colbert., Baluz Cæteri manu exarati et typis mandati habent de unacumque.

Odoris capio decerpit. Ita mss. 2 Bon., Regio-Put. et 2 alii Reg., Cauc., Baluz., 5 Colb., Clarom. in marg., edd. Graph., Thom., Is., Cellar. Quæ lectio, ut patet, minime corrupta est; nam Lactantius hic usus est vocabulo raro, sed proprio. Capio, capionis, enim nomen est, quo Jureconsulti sæpe usi sunt, ut ususcapio, pignorum-capio, in lib. vii cod. Theodos. de exactionibus et tit. de distract. pignorum. Gellius lib. vii, c. 10, docet Varronem ita pignoris-capionem dixisse, ut hic odoris. In cæteris mss. et in editis capio non extat, idque, ut videtur, male ad lumen orationis. In Thys. et Gall. est captio, corrupte.

Deductum clementer a genis mentum, etc. Menti non obesi, sed succulen'æ lacteam cutem requirit Sidonius; Apuleius quoque in descript. Bathylli, modico mento facies. Anacreon in pictura amicæ postulat delicatum ac molle mentum. Varro apud Nonium in Mollitudinem. Arnob. lib. iii, mentiones dicuntur. quibus mentum plus justo prominet. FRANC. F. F. JUNIUS.

Rigidum, Id est, rectum, erectum. Notavi ad lib. II Institut., cap. 1, Rigidis ac stantibus. Lib. ii, cap. 17, et de Opif., cap. 8. BUN.

Insignibus toris extantium, etc. Sic emendavi ex veterrimis et optimis mss. 2 Bonon., Regio-Put. et 5 al. Reg., Cauc., Goth., 5 Colb., Baluz., Ultr., Lips., Em., 1 Sorb., Brun. et edit. Thomas. In 4 mss. rec. multisque ed tis est extrar'um lacertorum ingens robur; in Marm. extantum; in Clarom, extantium. Vide paulo post, duos articulos (pollex) extantes habet. Præcipua Herculis commendatio a lacertis ejus petitur, ut Apollinis a coma, juxta illud ex appendice Virgil.

Phœbus comosus, Hercules lacertosus.

Docti etiam thoris scribunt. Vesalius, cap. 2 secundi libri, ubi de musculis agit, dicit thorum simplicem carnem fibris obductam esse. Tori potissimum in ea parte brachii sunt, quæ ab humeris incipit, in cubitum desinit. Relinquitur ergo, contra Grammaticos, lacertos superiorem brachii partem esse. Observandum etiam vel ex locis superius jam citatis est, et

tori et lacerti raro apud auctores fieri mentionem, nisi robur significetur: sicut etiam brachii voce in Bibliis, quo nomine ὁ βραχέων apud LXX est. BETULEIUS.

Quid dicam de manibus, etc. Aristænetus, lib. I, epist. xvi: Εἶδον χεῖρας ἄκρας, καὶ πόδας τὰ λαμπρὰ τοῦ κάλλους γνωρίσματα. Vidi summas manus ac pedes splendidæ formæ indicia. Hic a Lactantio patulæ laudantur, ut et a Sydonio: teneras quoque ac nonnihil proceras facit Apuleius Bathylli manus; Manus ejus teneræ, inquit. Ovid. quoque Amor. lib. I, Eleg., iv, non videtur molles manus improbare. Mollibus porro ac teneris manibus opponuntur,

Vellere Thusco
Vexatæ duræque manus.
(Ex Juven. Sat. v.)

Maturius funditur. Id est dilatatur. Ita correxi ex optimis mss. 1 Bon., Regio-Put., 1 al. Reg. a secunda manu, 3 Colb. Clarom., Marm. et Baluz. a prima manu. Hoc est, pollex a manu sumu quidem habet initium, sed maturius, seu citius quam alii digiti in diversum funditur. Mss. rec. 3 Reg., Em., Cant Brun. omnesque editi habent maturius finditur; 2 Reg., 1 Colb., Baluz., manus finditur; 1 Colb. et 1 Bonon. rec. et 4 vulgati rec. manus funditur.

Qui se velut obvium, etc. Theodoretus sermone περὶ τῆς προνοίας 4 manuum structuram solertissimam, et usum multiplicem græce non minus eleganter, quam Lactantius latine descripsit.

Inter cæteros. Heuman. credit Lactantium scripsisse præter cæteros, id est, præ cæteris; ut lib. I Institut., cap. 6 : Erythræa, quæ celebrior inter cæteras et nobilior habetur. BUN.

Non ut alii ternos. Ex mss. 1 Bonon. antiq., Regio Put., 5 al. Reg., alter Reg. a secunda manu, Goth., Tax., Lips., 6 Colbert., Clarom. et editis Rom. 1470, Betul., Tornes., Soubron., Cellar., Walh., sic reposui. In 1 Bon. rec., 1 Reg. a prima manu, Brun. et 11 est trinos.—Ternos. Servo ternos. Videtur nostro observatus Plinius, lib. ii, cap. 43, cap. 99 : Hominis digiti articulos habent ternos. pollex binos, et digitis adversus universis flectitur, per se vero in obliquum porrigitur. BUN.

Sed unus ad manum carne connectitur pulchritudinis gratia. Ita continuo tenore et sine ullo vocum compendio scriptum est in duobus antiquissimis codicibus Cauc. et Reg. Put., nisi quod posterior habet manus. In 18 scriptis, ad manum carne nectitur; et sic legendum esse censet Hecquetius, doctor Me licus Parisiensis, suadente partis situ et positura. Gaudefri-

Jam pectoris latitudo sublimis, et exposita oculis, **A** mirabilem præ se fert habitus sui dignitatem. Cujus hæc causa est, quod videtur hominem solum Deus veluti supinum formasse (nam fere nullum aliud animal jacere in tergum potest), mutas autem animantes quasi alterno latere jacentes finxisse, atque ad terram compressisse. Idcirco illis angustum pectus, et ab aspectu remotum, et ad terram versus abjectum : homini autem patens et erectum; quia plenum rationis a cœlo datæ, humile, aut indecens esse non debuit. Papillæ quoque leviter eminentes, et fuscioribus ac parvis orbibus coronatæ, non nihil addunt venustatis, fœminis ad alendos fœtus datæ, maribus ad solum decus, ne informe pectus, et quasi mutilum videretur. Huic subdita est planities ventris, quam mediam fere umbilicus non indecenti nota signat, ad **B** hoc factus, ut per eum fœtus, dum est in utero, nutriatur.

CAPUT XI.

De intestinis in homine, eorumque usu.

Sequitur necessario, ut de internis quoque visceribus dicere incipiam : quibus non pulchritudo, quia sunt abdita, sed utilitas incredibilis attributa est, quoniam opus fuerat, ut terrenum hoc corpus succo aliquo de cibis ac potibus aleretur, sicut terra ipsa imbribus ac pruinis. Providentissimus artifex in medio ejus receptaculum cibis fecit, quibus concoctis et liquefactis, vitales succos membris omnibus dispertiret. Sed cum homo constet ex corpore atque animo, illud quod supra dixi receptaculum, soli corpori præstat alimentum : animæ vero aliam sedem dedit. Fecit enim genus quoddam viscerum molle atque rarum, quod pulmonem vocamus, in quod spiritus reciproca vicissitudine commearet; eumque non in uteri modum finxit, ne effunderetur simul spiritus, aut inflaret simul. Ideoque ne plenum quidem viscus effecit, sed inflabile, atque aeris capax; ut paulatim

VARIORUM NOTÆ.

dus, doctor medicus Aurelianensis, legi mallet cum sex mss. et 9 editis, *Sed unus ad manus carnem nectitur pulchritudinis gratia*; isque illi videtur genuinus Auctoris nostri sensus, quoniam Lactantius in hoc opere ad elegantiam ac pulchritudinem corporis maxime attendit. Alias *ad manum connectitur* potius arrideret. Arrideret et Eustachio doctori, item medico Aurelianensi, qui tamen cum ms. Pen. legere mavult, *ad manum carne vestitur*. Is admonet errare Lactantium in eo, quod duos duntaxat articulos ex- **C** tantes esse in pollice dicit, cum tres habeat, quorum primus unum non est ex ossibus manus, quibus non est sensibilis motus, dum articuli primi motus est manifestissimus. Itaque Firmianus noster (ut ex capitis quinti medio colligitur, agnovisse videtur duplicis generis articulos in pollice, duos scilicet extantes et visibiles, alterum ad manum nexum, et musculis tectum, qui sit tertius, *Unus quidem ad manum carne vestitur* ; Jo. Cauci, *carne convestitur*.
Jam pectoris latitudo sublimis. Aut *nunc*, vel leviori mutatione *jam* legendum est, aut multa desunt, ut annotarunt viri eruditi Betuleius, Francius, Isæus, Sparkius, Walchius, Aristoteles, item Galenus et Pollux manuum tractationi pectus subjiciunt, τὸ στῆθος. Cæterum cur homini latum pectus Conditor tribuerit, Lactantii rationes longe quam Aristotelis meliores sunt. Vide Aristotelem in 4 de Partibus. BETULEIUS.
Aliud. Deest in ms. Bon., Bov. in quibusdam editis, idque recte. **D**
Abjectum. Sic restitui ex mss. 2 Bonon., Regio-Put. et 4 al. Reg., Cauc. 5, Colb., Tax., Ultr., Pen., Em., Cant., Clarom., Ed. Rom. 1470, Is., Cellar., Walch., faventibus 1 Reg., 1 Colb. et Brun., in quibus est *adjectum*, pro *abjectum*; Baluz., *objectum*; in 10 impressis, *subjectum*.
Homini. Ita legendum ex plerisque mss. et editis, nec non ex præcedenti voce *illis*. In 12 scriptis et 4 excusis est *hominis*.
Patens et erectum. Hæc est lectio edit. Graph. et omnium mss., præter 1 Reg. rec. in quo, sicut et in cæteris editis, est *rectum*.
Plenum rationis a cœlo datæ. Sic restitui ex mss. Regio-Put., 2 al. Reg., 4 Colbert., Marm., Em., Merlon., Clarom., a prima manu, et ed. Graph. In alio Colb. est *e cœlo datæ*; in altero Colbert. *a cœlo datum*; 3 Reg., Baluz., 1 Colb., Clarom. a secunda manu ac editi *a cœlo datum*.

Papillæ quoque leviter eminentes. Mss. 5 rec. et 4 edit. habent. *leniter*. At *leviter* melior lectio quam *leniter*. Hic enim agitur de partis prominentia, nequaquam de cutis lenitate. HECQUET, doctor medicus Parisiensis. Juvenalis, Sat. 6 de Messalina Claudii Cæsaris conjuge. Martialis, lib. VIII, epist. 64 :

Et talis tumor excitet papillas,
Quales cruda viro puella servat.

Huic subdita est planities ventris, etc. Laudatur γαστὴρ ἀπέριττος, qualem junior Philostratus tribuit Meleagro. Præcipuum in ventre ut sit planus ; *profundus umbilicus, planus venter*. Turpis est mollis venter. Horat. Epod. Od. 8. JUNIUS.
Umbilicus non indecenti, etc. Arist. lib. VII de Hist. Animal. cap. 8, et lib. II de Generat. Anim., cap. 5, Hippocrates de Nat. Pueri.
Receptaculum, soli corpori. Nam Platoni etiam ἡ ὠνομασμένη κάτω κοιλία ὑποδοχὴ nominatur : stomachus, sive ventriculus Latinis, Ciceroni alvus. Hujus officium est, cibi concoctio. BETULEIUS.
Animæ vero. Id est, spiritui vitali. FRANCIUS.
Molle. Μαλακήν. Plato, Ovid.

Cernis ut e molli sanguis pulmone remissus.

Ex levibus enim et asperis arteriis constat ; et ut Plinius et Celsus inquiunt, spongiosus est.
In quod spiritus reciproca vicissitudine commearet. Hæc habent mss. 2 Bon., 2 Reg., 2 Colb., Sorbon., Clarom. in marg. et 13 vulgati. At illa absunt a 19 mss. et edit. 2 vet. Rom. et Cellar.
In uteri. Heuman. legit *in uteris*.
Ne effunderetur simul spiritus, aut inflaret simul. In mss. sæpe reperies *simul*, pro *semel*, et e converso. In 19 mss. est *semel*, bis.
Ideoque ne plenum quidem viscus effecit. Mss. 2 Reg. omnesque editi præter ed. Rom. 1468 habent *ne*. Abest a 29 mss. Sed profecto retinendum. *Ne plenum*, id est non compactum, ut moris est quibusdam visceribus, quæ Parenchymata vocantur, utpote glandulis et vasculis arcte stipata densatave, cujus sortis est jecur. De pulmone secus est ; viscus enim est fistulis et vesiculis mille distinctum. Igitur *pulmonem ideo ne plenum quidem viscus effecit, sed inflabile*, etc. Inflari enim non potuisset, si fuisset plenum viscus, parenchymatis instar; ideoque loculis mille pervium esse debuit. HECQUET.

spiritum reciperet, dum vitalis ventus per illam spargitur raritatem, et eumdem rursus paulatim redderet, dum se ex illo expicat. Ipsa enim vicissitudo flandi et spirandi, respirandique tractus, vitam sustentat in corpore.

Quoniam ergo duo sunt in homine receptacula, unum aeris, quod alit animam, alterum ciborum, quod alit corpus, ut flecti cervix, ac moveri facile possit, duas esse per collum fistulas necesse est, cibalem, ac spiritalem, quarum superior ab ore ad ventrem ferat, inferior a naribus ad pulmonem. Quarum ratio, et natura diversa est. Ille enim qui est ab ore transitus, mollis effectus est, et qui semper clausus cohæreat sibi, sicut os ipsum; quoniam potus, et cibus, dimota et patefacta gula, quia corporales sunt, spatium sibi transmeandi faciunt. Spiritus contra, qui est incorporalis, ac tenuis, quia spatium sibi facere non poterat, accepit viam patentem, quæ

A vocatur gurgulio. Is constat ex ossibus flexuosis ac mollibus, quasi ex annulis in cicutæ modum invicem compactis et cohærentibus; patetque semper hic transitus. Nullam enim requiem meandi habere spiritus potest, quia is, qui semper commeat, demissa utiliter de cerebro membri portione, cui uva nomen est. velut occursu quodam refrænatur, ne aut teneritudinem domicilii cum impetu veniens attracta pestilenti aura corrumpat, aut totam nocendi violentiam internis receptaculis perferat. Ideoque etiam nares breviter sunt apertæ, quæ idcirco sic nominantur, quia per eas vel odor, vel spiritus nare non desinit, quæ sunt hujus fistulæ quasi ostia. Tamen hæc fistula spiritalis non tantum ad nares, verum ad os quoque interpatet in extremis palati regionibus, ubi se colles faucium spectantes uvam tollere incipiunt in tumerem. Cujus rei causa et ratio non obscura est; loquendi enim facultatem non haberemus, si, ut gulæ iter ad os tantum, ita gurgulio ad nares tantum pa-

VARIORUM NOTÆ.

Vicissitudo flandi, et spirandi respirandique tractus, etc. Ob id folli confertur, vel potius humana industria naturalem solertiam imitata est. Vide Theodoretum, Sermone 3 de Providentia Dei. Verbum *flandi* legitur in mss. 2 Reg., 2 Bonon., 2 Colb., Baluz. et in omnibus fere vulgatis. Abest autem a 15 mss. nec non ab editis Rom. et Cellar., sed retinendum. *Flandi*, id est spiritu ductum aerem reddendi... *Spirandi*, id est spiritu ductum aerem admittendi; in hac enim admissi redditique aeris reciprocatione consistit omnis *respirandi tractus*, id est totum respirandi negotium. Itaque legendum *vicissitudo flandi et spirandi*, abstinendo a virgula interjecta inter *flandi et spirandi*, quam apponi præstabit post *spirandi*, utpote cum vicissitudo de qua hic agitur, non sit flandi tantum, sed et spirandi. HECQUET.
Vitam sustentat, etc. Ita tamen, ut quidquid utile ac vitæ necessarium in pulmonibus elaboratum est, ad sinistrum cordis ventriculum deferatur : quidquid inutile, illac, qua inspiravimus, effletur. Adi de hoc Theodoretum cum admiratione disserentem. BETULEIUS.
Quod alit animam. Non hic rationalem intelligas, sed vitalem illam nobis cum brutis communem. ISÆUS.
Ut flecti cervix, ac moveri facile possit. Hæc verba absunt a 19 mss, atque editis 2 vet. Rom. ac Cellar. In 3 Colbert. et in Baluz. pro adverbio *facile*, est *facillime*.
Duas esse per collum fistulas... cibalem, ac spiritalem. Quam cibalem Lactantius nominat, ea gula est, quæ οἰσοφάγος Græcis nominatur. Atque etiam quibusdam στόμαχος, et adeo ab ipso etiam Celso et Galeno. Spiritalis vero, Græcis τραχεῖα ἀρτηρία, aspera arteria, eo quod cartilagineis annulis constat. Noster gurgulionem vocat. BETUL.
Ille enim qui est ab ore transitus. Ita restitui ex omnibus impressis et mss. si excipias unum Colb. rec. et edit. Gall. in quibus est, *Illi enim qua*.
In cicutæ modum. Virg. Eclog. 2 :

Est mihi disparibus septem compacta cicutis
Fistula.

Patetque semper hic transitus. Ita mss. in editis est *hinc*.
Nares, etc. Numerat Galenus spiritus instrumenta, nares, os, fauces, asperam arteriam, et pulmonem : nutrimenti vero vasa, os, dentes, stomachum, ventriculum, jejunum et tenuia intestina. Cæterum alia narium est, secundum Fœtum, derivatio : nempe

quod per ea nasi foramina, odoris cujusque gnari simus. BETUL.
Vel spiritus nare non desinit. Ita Festus et Isidor. Orig. lib. XI, cap. 1, qui pro *nare* habet *manare*; sed hinc restituendus. ISÆUS. *Nare*, hic idem quod *fluere*.
Quæ sunt hujus fistulæ quasi ostia. Hæc restituenda fuerunt Lactantio ex Bonon., Tax., Pen., Lips. quæ in aliis desunt.
Ad os quoque interpatet. Sic emendavi ex mss. 2 Bonon., Tax., Regio-Put., 3 al. Reg., 5 Colb., 4 Oxon., Goth., Pen., Lips., Em., Gat., Marm., Sorbon., Vict., Baluz., Clarom., ed. Cell. et Walch meliori sensu, quam hæc qua in 4 rec. et in editis sunt verba *iter patet*, quæ cum syntaxi constare nequaquam possunt. *Interpatet* autem dixit, quia non recta ad os tendit, sed ad nares. Aliquantulum autem patet ad os, et meatum quoque ad illud habet. Vox autem hæc satis latina. Ita pulmonem *interpatere* rimis dixit Macrobius, lib. VII Saturnal., cap. 15. Partim *ex* THYSIO. Nec Lactantius noster vocis hujus auctor est : extat quoque apud alios.
Colles faucium. Jo. Cauci et Isæus legendum putant *tolles*; quod in nullo reperitur codice. In 4 Colb. rec. est *calles faucium*; in 2 Reg. rec. et ed. Rom. 1474, Veneta 1490, Florent., Junt., Graph., *folles faucium*. At in Mss. 2 Bonon., Regio-Put. et 4 al. Reg., 7 Vaticanis, 5 Colb., Sorbon., Ultr., Cant., Em., Cant., Gat., Marm., Vict., Clarom., Baluz., Brun. et in 14 vulgatis sic *colles faucium*. Perpendat lector an pro *colles* et *folles*, *tolles* sit legendum. *Tolles* enim vocantur glandulæ ob quamdam glandis similitudinem. *Tolles* autem seu *toles* est (ut observat Festus) tumor in faucibus, quæ per diminutionem *tonsillæ* dicuntur. Plin., lib. II, c. 37, *tonsillæ in homine, in sue glandulæ*. Sed et tolles, seu tonsillas, quas Celsus vocat glandulas, recentiores medici vocant amygdalas, Græci autem paristhmia. *Tolles* autem a tollendo, quia partem attollunt in tumorem. Legi autem forte præstaret (inquit Hecquetius) *tolli quam tollere*. Unde sic restituendus veniret hic locus : *Ubi se tolles faucium spectantes uvam tolli incipiunt in tumorem*. Et utinam huic lectioni faverent mss.. contra quorum fidem nihil mutare volui. Nihil enim obstat quominus tumor faucium colles appelletur, nec repugnant peritissimi medici Gaudeffridus et Eustachius.
Si, ut gulæ iter. Ita reposui ex mss. omnium vetustissimis optimisque 1 Bonon. et Regio-Put. necnon ex Isæana editione : quod melius fluit, quam *si sicut gulæ iter* 12 manuscriptorum rec. et edit. Favent

teret, nec procedens ex eo spiritus efficere vocem A diffusus, irrigat universum corpus, et vegetat.
sine linguæ ministerio posset.

Aperuit igitur viam voci divina solertia ex illa fistula spiritali, ut posset lingua ministerio suo fungi, et vocis ipsius inoffensum tenorem pulsibus suis in verba concidere. Qui meatus, si aliquo modo interceptus sit, mutum faciat necesse est. Errat enim profecto quisquis aliam causam putat, cur homines muti sint. Non enim (ut vulgo creditur) vinctam gerunt linguam : sed il vocalem illum spiritum per nares quasi mugientes profundunt, quod voci transitus ad os aut nullus omnino est, aut non sic patens ut plenam vocem possit emittere. Quod plerumque natura fit; aliquando etiam casu accidit, ut morbo aliquo hic aditus obseptus vocem non transmittat ad linguam, faciatque de loquentibus mutos. Quod cum B acciderit, auditum quoque obstrui necesse est; ut quia vocem emittere non potest, ne admittere quidem possit. Loquendi ergo causa patefactus est hic meatus. Illud quoque præstat, ut in lavacris celebrandis, quia nares calorem ferre non possunt, aer fervens ore ducatur; item, si forte spiramenta narium frigoris pituita præcluserit, per os auram trahere possimus; ne obstructa meandi facultate, spiritus stranguletur. Cibi vero in alvum recepti, et cum potus humore permixti, cum jam calore percocti fuerint, eorum succus inenarrabili modo per membra

Intestinorum quoque multiplices spiræ, ac longitudo in se convoluta, et uno tamen substricta vinculo, quam mirificum Dei opus est? Nam ubi maceratos ex se cibos alvus emiserit, paulatim per illos internorum anfractus extruduntur, ut quidquid ipsis inest succi, quo corpus alitur, membris omnibus dividatur. Et tamen necubi forte obhæreant, ac resistant, quod fieri poterat, propter ipsorum voluminum flexiones in se sæpe redeuntes, et fieri sine pernicie non poterat, oblevit ea intrinsecus crassiore succo, ut purgamenta illa ventris ad exitus suos facilius per lubricum niterentur. Illa quoque ratio subtilissima est, quod vesica, cujus usum volucres non habent, cum sit ab intestinis separata, nec ullam habeat fistulam, qua ex illis urinam trahat, completur tamen, et humore distenditur. Id quomodo fiat, non est difficile pervidere, intestinorum enim partes, quæ ab alvo cibum potumque suspiciunt, patentiores sunt quam cæteræ spiræ, et multo tenuiores. Hæ vesicam circumplectuntur, et continent: ad quas partes cum potus et cibus mixta pervenerint, fimum quidem crassius fit, et transmeat, humor autem omnis per illam teneritudinem percolatur, eumque vesica, cujus æque tenuis subtilisque membrana est, absorbet, et colligit, ut foras, qua natura exitum patefecit, emittat.

VARIORUM NOTÆ.

etiam textui nostro 2 Colb., Baluz., Brun., in quibus C solum legitur *sicut gulæ iter*, deleto *si*.

Nec procedens ex eo spiritus efficere vocem sine linguæ ministerio posset. Hæc suppleta sunt ex mss. 2 Bonon., 1 Reg., Tax., 3 Colb., Baluz., Sorbon., Clarom. in marg. atque editis Is. et Spark. quæ in aliis desiderantur, et in ipsa editione O. F. Fritzsche.

Errat enim, etc. Errat igitur princeps medicorum, Hippocrates, qui aphoris. 59 l. vii, ait eos quibus cerebrum aliqua ex causa concussum fuerit, necesse esse statim mutos fieri; et aphorism. 5 lib. v, ex ebrietate hoc malum etiam evenire subindicat, et id lethale adeo esse, si convulsus fuerit, nisi febri corripiatur. Vide ad hæc Vuillehium. BETUL.

Nares quasi mugientes. Addidi *quasi* ex mss.—*Quasi mugientes profundunt.* Eadem fere causa est affectionis et læsionis in muto et surdo. Vide Aristot., problem. 2 et 4, sectio 33. Alexandrinum Aphrodis. probl. 138. Is.

De loquentibus. De pro *ex*. Frequens hoc Lactantio, et aliis Ovidio, Floro, Justino, quorum loca indicavit Burmannus ad Ovid., lib. 1 Amor., 10, 8 :

Et quidquid magno de Jove fecit amor. BUN.

Auditum quoque, etc. Experientia contrarium testatur, Immo qui surdi nascuntur, muti sint necesse est. —*Auditum quoque obstrui necesse est.* Si tamen natura et a nativitate contigerit : quod si deinde morbo aliquo, non id necesse esse tradunt medici, ut refert Aphrod. ubi supra. Is.

Ne admittere quidem possit. Ex 21 mss. et 10 vet. ed. expunxi vocem *auditum*, quæ sat inutilis videtur, cum hic de voce emittenda et de voce admittenda agatur, quod non nemo intelligit. *Ne auditum admittere quidem possit* perperam legitur in 2 Bonon., Tax. et 6 recentioribus vulgatis.

Auram trahere possimus. Ita restitui ex mss. veterrimis 1 Bonon., Reg., Put., Cauc., Ultr., 3 Colb., Baluz., Vict., Brun., ed. Rom. 1470. Et sic legendum

esse patet ex præcedentibus. In 2 Reg. rec., 3 Colb., Clarom. excusisque multis, *possumus*, male.

Spiritus stranguletur. Isæus et Gaudesfridus legendum esse censent *strangulemur*, quia strangulatio ad hominem, non ad aerem pertinet. Sed repugnant mss. et editi præter Is. Et dici potest aerem strangulari; id est faucibus premi.

Eorum succus, etc. Non alvi hoc officium est, sed intestinorum, quæ exceptum ex ventriculo succum tantisper fovent, dum per venam meseraicam in jecur evectus, in sanguinem convertitur, indeque universa corporis membra nutriuntur. BETUL.

Intestinorum quoque multiplices spiræ, etc. Maxime illius quod εἶλεοί vocatur, gracile nimirum illud. Flexuosissimos orbes Plinius nominat : Celsus vero, sinus. BETUL.

Et uno tamen substricta vinculo. Ita 15 mss. quorum duo sunt veterrimi, et 8 editi. In 10 scriptis rec. et 7 impressis rec. *et uno tantum*. Utraque lectio bona, D et in idem recidit.

Et tamen necubi forte obhæreant. Sic ex veterrimis et optimis mss. 2 Bonon., Regio-Put., 1 al. Reg., 3 Colb., Baluz., Tax. emendavi *necubi*, quod est *ne alicubi*; in 7 rec. est, *ne cui*; in sex rec. et in vulgatis, *ne qui*.

Oblevit. Vera lectio, quam restitui ex mss. Tornes. et Erasm. atque editis Graph. et Betul. eademque sententia, Erasmo teste, reperitur apud Aristotel. et Plin. In 9 mss. et 6 excusis rec. est *opplevit*, male.

Niterentur. Ex mss. vetustissimis 1 Bonon., Regio-Put., 4 al. Reg., Pen., Goth., 4 Colb., Vict., Gat., Marm., Clarom., Brun., edit. vet. 3 Rom., Ald. 1515, Paris. 1525, Parrhas., Florent., Graph., Is., Cellar., sic emendavi, rectius quam *mitterentur*, quod est 9 manuscriptorum rec. et 6 vulgatorum.

Vesica, cujus usum volucres, etc. Plin. Infra alvum a priore parte vesica, quæ nulli ova gignentium, præter testitudinem (hactenus ex Arist.) nulli nisi san-

CAPUT XII.

De utero, et conceptione, atque sexibus.

De utero quoque et conceptione, quoniam de internis loquimur, dici necesse est, ne quid præterisse videamur : quæ quanquam in operto latent, sensum tamen atque intelligentiam latere non possunt. Vena in maribus, quæ seminium continet, duplex est, paulo interior quam illud humoris obscœni receptaculum. Sicut enim renes duo sunt, ita testes, ita et venæ seminales duæ, in una tamen compage cohærentes ; quod videmus in corporibus animalium, cum interfecta patefiunt : sed illa dexterior masculinum continet semen, sinisterior fœmininum ; et omnino B

A in toto corpore pars dextra masculina est, sinistra vero fœminina. Ipsum semen quidam putant ex medullis tantum, quidam ex omni corpore ad venam genitalem confluere, ibique concrescere. Sed hoc, humana mens, quomodo fiat, non potest comprehendere. Item in fœminis uterus in duas se dividit partes, quæ in diversum diffusæ ac reflexæ, circumplicantur, sicut arietis cornua. Quæ pars in dextram retorquetur, masculina est ; quæ in sinistram fœminina.

Conceptum igitur Varro et Aristoteles sic fieri arbitrantur. Aiunt non tantum maribus inesse semen, verum etiam fœminis, et inde plerumque matribus similes procreari : sed earum semen sanguineam esse

VARIORUM NOTÆ.

guineum pulmonem habeant, nulli pedibus carentium, etc. BETUL.
De utero, etc. Quæ hoc et sequenti capite, ait Cellarius, de hominis formatione in utero traduntur, multum plebeæ opinionis tenent, quæ satius fuisset Lactantio et castius etiam tacuisse. Qui veriora rescire cupit, philosophos naturæ scrutatores adeat.
Sensum. Ita mss. Sangerm. et Bov. editi vero minus bene habent *sensus :* atque nostram lectionem veram putat Heumannus.
Quæ seminium continet. Ita restitui ex mss. Regio-Put., 2 al. Reg., Brun. ac 2d. Betul., faventibus mss. Bodl., Baluz. 3 Colb., Carom. in marg. in quibus est *quæ seminum rationem continet ;* in 3 Reg., 2 Colbert. a prima manu, ed. Rom. 1470, *quæ semina continet ;* in Marm., *quæ semina continet ;* in 1 Colb. rec. et multis editis, *quæ semen continet.*
Ita. Sic mss. Bov. reliqui habent *itemque.*
Venæ seminales duæ. Quæ sic in medicorum definitionibus describuntur : Παραστάται (*vasa assistentia* Philippus transtulit). Observa obiter, quod rursus dualem urget numerum. Sed ex Vesalii descriptione duos in pene seminis meatus non invenio. BETUL.
In una tamen compage. Sic emendo ex vet. mss. 2 Bonon., Cauc., 6 Reg., 4 Colb., Tax., Pen., Ultr., Vic., Gat., Marm., Brun. et 2 vet. edit. Rom., Fasitel., Betul. In 4 mss. rec. et 9 excusis est *in una tantum ;* in 4 vulgatis rec. est *una tantum,* absque præpositione.
Interfecta. Recte Heumannus existimat legendum esse *intersecta,* quia hic res est de Anatomia.
Patefiunt. Id est, secantur. *Francius.*
Dexterior masculinum continet semen, etc. Plutarchus et Censorinus hujus sententiæ auctores faciunt Anaxagoram et Empedoclem. Lege tu Arist. lib. IV de Generat. animal. cap. 1. Aphoris. Hippocratis n. 48. BETUL.
Et omnino in toto corpore. Sequor maximam mss. vetustissimorum et optimorum partem, cum Isæo Grapheo et Cellario. Legitur *Et ideo* in scriptis 10 rec. et editis 15 : utraque lectio bona.
Quidam putant ex medullis tantum, quidam. Sic ferunt mss. Bonon., Regio Put., 1 al. Reg., 2 Colb., 1 Sorb. et omnes ferme editi ; at mss. rec. 4 Reg., 4 Colbert., Goth., Lips., Em., Cant., Vict., Gat., Marm., Clarom., Brun., edit. 2 Rom. et Cellar. omissis quinque prioribus verbis, habent : *quidam aiunt ex omni corpore.* Cæterum Platonis hæc sententia est in Timæo pauculis verbis delibata, nimirum ab aliud agente. Censorinus Hipponi hoc dogma tribuit. BETUL.
— *Quidam putant ex medullis tantum.* Per spinam e cerebro labi dicebat Aristoteles, probl. 56, section. 10. — *Quidam ex omni corpore,* ut refert Aristoteles, l. 1 de Gene. anim., cap. 17, quam opinionem refellit ibid. cap. 18. ISÆUS.

Circumplicantur. Verbum in Fabro ex solo Prudentio probatum, præter in nostro, observavi quoque in Gell., lib. XVII, n. a. cap. 9. BUN.
Sicut arietis cornua. De nominibus matricis prius Plinium audiamus. *Fœminis,* inquit, *ea omnia, præterquam vesicæ junctus utriculus, unde dictus uterus, quod alio nomine Locos appellant. Hoc in reliquis animalibus vulvam.* Cæterum de cornibus arietinis, adeoque de uteri forma, præter alios lege Vesalium, lib. V, cap. 15, et ejusdem libri figuram 25 cum aliquot ordine sequentibus. BUNEMAN.
Varro. Fortasse in eo libro, quem de Origine Humana ab ipso conscriptum testatur Censorin. de die Natal. Hodie non extat. ISÆUS.
C *Varro et Aristoteles.* Aristot. hæc non dissimulanter negat in primo de Generatione, cap. 20. Fuit de hoc olim inter auctores controversum. Adscribam autem Censorini verba : *Illud quoque ambiguam facit inter auctores opinionem, utrumne ex patris tantummodo semine partus nascatur, ut Diogenes et Hippon Stoicique scripsere ; an etiam ex matris, ut Anaxagoræ et Alcmæoni, nec non Parmenidi, Empedoclique et Epicuro visum est.* Pythagoras, inquit Plut., Democritus, Epicurus, fœminam quoque semen emittere putarunt. Seminales enim meatus aversos habere ἔχει γὰρ παραστάτας ἐπεστραμμένας, ab ipso usu (inquiunt) coitus appetentiam habet. Aristoteles Platoque materiam quidem uvidam (ὕλην ὑγρὰν) emittere, tamquam sudorem a collucatione, sed haud quaquam seminalem. Hippo emittere quidem fœminas semen, non minus maribus, sed quod ad generationem non conferat, in quod citra vu vam excidat, διὰ τὸ ἐκτὸς πίπτειν τῆς ὑστέρας : unde nonnullas sæpenumero citra coitum ullum semen emittere, præsertim quæ viduæ degant. Sunt qui a mare ossa, carnes vero a fœmina esse contendunt. Hippocrates in libro de D Genitura (sive is Polybis ipsius discipuli est) asserit mulieres etiam semen generationi idoneum ejaculari. BETUL. — *Et Aristoteles.* Sed ille hoc potius negare videtur 1 de Gener. Anim. c. 18, et seqq. cui S. Thom. assentitur in III Part. quæst. 31, art. 5, ad 3. Sed quia quidam alii celeberrimi auctores contrariam sententiam tuentur, videndus est de quæstione copiosa disputans Cajetanus 2-2, quæst. 154, art. 2. ISÆUS.
Aiunt non tantum. Mss. 5 rec. et 14 editi, *Aiunt enim.*
Et inde plerumque matribus similes procrecri. Quid de prolis similitudine philosophi senserint, sigillatim referre longum foret : indicabimus saltem aliquot auctorum loca. Vide Aristot. lib. IV de Gen. Anim. cap. 3, et lib. VII Hist. Anim., cap. 6 ; Plutarch. de Placit. Philosoph. lib. V, cap. 11 et 12 ; Stob. in Eclog. Phys. ; Galen. lib. II de Semine ; Plin. lib. VII, cap. 12 ; Solin. cap. 5 ; Dionys. Halicarn. περὶ τῆς τοῦ λόγ᾿ ἕξις. ; Strab. lib. XV ; August. lib. V contra Ju-

purgatum, quod si recte cum virili mixtum sit, utraque concreta et simul coagulata informari : et primum quidem cor hominis effingi, quod in eo sit et vita omnis et sapientia ; denique totum opus quadragesimo die consummari. Ex abortionibus hæc fortasse collecta sunt. In avium tamen fœtibus primum oculos fingi dubium non est, quod in ovis sæpe deprehendimus. Unde fieri non posse arbitror, quin fictio a capite sumat exordium.

¼ Similitudines autem in corporibus filiorum sic fieri putant. Cum semina inter se permixta coalescunt, si virile superaverit, patri similem provenire, seu marem, seu fœminam; si muliebre prævaluerit, progeniem cujusque sexus ad imaginem sumere maternam. Id autem prævalet e duobus, quod fuerit uberius; alterum enim quodammodo amplectitur et includit : hinc plerumque fieri, ut unius tantum lineamenta prætendat. Si vero æqua fuerit ex pari semente permixtio, figuras quoque misceri ; ut soboles illa communis, aut neutrum referre videatur, quia totum ex altero non habet, aut utrumque, quia partem de singulis mutuata est. Nam in corporibus animalium videmus, aut confundi parentum colores, ac fieri tertium neutri generantium simile; aut utriusque sic exprimi, ut discoloribus membris per omne corpus concors mixtura varietur. Dispares quoque naturæ hoc modo

VARIORUM NOTÆ.

lian. cap. 9; Isidor. lib. II Orig. cap. 1; Pet. Messiam, l. I Variar. lect. c. XIII; Lev. Lemnium, lib. I de Occult. Nat. mir., cap. 4; Joan. Riolan. lib. de Hominis Procreat. cap. 12; Franc. Bonamic. lib. de Aliment. cap. 31; Balduin. Rons. lib. de Hum. vitæ primordio, c. 10. LINDENBROGIUS.

Sed earum semen sanguineum esse purgatum. Ita scribit Aristoteles, et ita scribo cum 5 vet. edd. et omnibus ferme mss., sicque legendum esse censent tres peritissimi medici quos consului. Mss. rec. 1 Reg. et 1 Colb. impressique 11 habent *sanguine*, *male*. Sanguinem enim menstruum (ait Hecquetius) in partem hominis formaturæ venire putarunt medici veteres.

Et primum quidem cor hominis, etc. Addita conjunctio, *et*, ex mss. et editis, præter Gall. et Spark. in quibus desideratur. Censorinus de die Natali, capite 5, multas multorum opiniones recensens, in hac Empedoclis dogma fuisse secutum Aristotelem ait. Aristotelis locus alius mihi non est in promptu, nisi ille fortassis, qui est in III de Partibus animalium, cap. secundum Theodori demissiones 4, ubi quidem non primam partium corporis humani facit, ἀλλά ἔναιμος πρώτη γινομένη τῶν μορίων ἁπάντων. Probat id rationibus probabilibus ; nempe quod fons sanguinis sit, et ob hoc ipsum, quia corporis fere meditullium in totum se corpus diffundat. Aristotelem fortassis etiam Plin. pro more secutus est. Ejus verba sunt : *Cor primum nascentibus formari in utero tradunt, deinde cerebrum, sicut tardissime oculos.* Sed apud Plut. et Gall. ὀσφύν, id est lumbos, sicut carinam navis, primum formari Aristoteli tribuitur; cor autem, secundum medicos, in quo videlicet venarum arteriarumque principium est. Sed Gal. in lib. de Fœtuum formatione post jecur formari ait, Chrysippi et stoicorum dogmata refellens. BETULEIUS.

Effingi. Ita ex 19 melioribus et antiquioribus mss. et edit. Cellar. restitui. In 9 scriptis rec. et 15 vulgatis est *confingi cor hominis*; qua de re vide Censorinum de Die Natali, cap. 5, ubi philosophorum de formatione hominis recenset opiniones. — *Et primum quidem cor hominis confingi.* Causam affert Aristoteles ; et id verum existimari in omnibus animalibus tradit Plin. lib. x, cap. 53. Varias opiniones ponit Censorin. cap. 5. Isæus.

Vita omnis. Sic reposui ex 21 mss. potioribus, et editis Cellar., Walch. In 5 rec. descriptis et 14 excusis est *vita hominis*.

Et sapientia. Juxta opinionem eorum, qui mentem in corde sitam volunt, qua de re latius inf. cap. 16. Isæus.

Totum opus. Mss. 1 Colbert. et Brun. ac Betul. edit. *totum corpus.* Utraque lectio bona ; eademque lectionum varietas infra cap. 13 : *Totum opus quadragesimo die consummari.* Plutarch. lib. v de Placit. Philos. Hippocrat. masculi conformationem 30 diebus, fœminæ 42 fieri existimavit. At Aristoteles, libro VII de Hist. Animal. cap. 3, longius tempus statuit, nimirum in masculis 40 dies, in fœminis tres menses. LINDENBROGIUS. — Dispar est tamen in utroque sexu ratio. Nam Plinius, lib. VII, cap. 6, masculis motum in utero quadragesimo die tribuit, femellis, nonagesimo. Hæc fortassis ex Arist. (ut pleraque) transtulit, amputatis tamen quibusdam, vel mutatis. Vide etiam Plut. lib. v Placit. c. 13. BETUL. — *Denique totum opus quadragesimo die consummari.* Sic quidem Plin. lib. VII, cap. 6, opiniones autem recenset Plutar. v Placit. cap. 21. Varronem non quadragesimo, ut hic refert Lactantius, sed quadragesimo nono scripsisse refert Gellius, lib. III, cap. 10, Isæus.

Primum oculos fingi, etc. Hoc verum experientiæ repugnare egregie demonstrat Guiliel. Harveus in doctissimo, quem de Generatione animalium, conscripsit, libello : hunc consulere de hac re ne pigeat ; egregiæ enim sunt ipsius observationes. GALLÆUS. — Et Aristoteles de Generat. II ait, omnium animantium oculos sero nasci, nullo excepto. — *In avium tamen fœtibus primum oculos fingi.* Huic opinioni adversantur plerique omnes, ut refert Plin. d. cap. 53. Isæus.

Sumat exordium. Ut lib. I Institut., cap. 2 : principium sumere. Macrob., Somn. Scip., lib. I, cap. 18 : *Ab uno sumamus exordium.* BUN.

Similitudines, etc. De hoc lege præcipue Hippocratem περὶ τοῦ θύνου ; Galen. de formatione fœtuum ; Aristotelem, lib. IV de Generatione animalium, capite tertio. Philosophorum de hac re dogmata quære apud Censorinum, Plutarchum et Galenum, locis jam supra citatis. BETUL. — *Similitudines autem in corporibus filiorum sic fieri putant*, etc. Nonnulli scilicet, contra quos disputat Arist. lib. I de Gener. Anim., cap. 3, qui postea opinionem suam effert eod. lib. cap. 17, et seqq., et lib. x de Gener. Anim., cap. 3. Isæus.

Si virile superaverit., etc. Non semper hæc locum habent. Vide Hippocrat., Galen., Aristot.

Patri similem provenire. Mss. rec. 1 Reg., 1 Colb., Gat., Brun *pervenire*. Marm., 1 Colb. rec., edit. Is. *provehi.* Cæteri maximo numero ut in textu.

Fieri. Mss. Gat., Marm. et editi multi perperam addunt *solet*, quod respuunt cæteri mss. et editi 2 Rom. ac Cellar.

Prætendat. Sic a me ex vet. editis 5 et Cellar. omnibusque mss. emendatum, præter 1 Colb. cui est *prætendant.* Gat., *pertendat.*

Æqua. Id est, æqualis, ut not. ad lib. II Institut. cap. 8 ; Livius, lib. II, cap. 3, fin. : *Vivere æquo jure cum cæteris.* BUN.

Ex pari semente. Ita scripsisse Lactantium probant melioris notæ mss. Reg.-Put., 2 al. Reg., 2 Colb. Clarom. Brun. edit. Rom. 1470, Graph. Javente 1 al. Colb. qui habet *sementa.* In 3 Reg., 5 Colb., Marm., Baluz. et 13 editis, *semine*, quod ut usitatius substituerunt recentiores librarii.

CAP. XIII. DE MEMBRIS INFERIORIBUS.

fieri putantur. Cum forte in laevam uteri partem masculinae stirpis semen inciderit, marem quidem gigni opinatio est; sed quia sit in foeminina parte conceptus, aliquid in se habere foemineum, supra quam decus virile patiatur; vel formam insignem, vel nimium candorem, vel corporis levitatem, vel artus delicatos, vel staturam brevem, vel vocem gracilem, vel animum imbecillum, vel ex his plura. Item, si partem in dextram semen foeminini sexus influxerit, foeminam quidem procreari: sed quoniam in masculina parte concepta sit, habere in se aliquid virilitatis, ultra quam sexus ratio permittat; aut valida membra, aut immoderatam longitudinem, aut fuscum colorem, aut hispidam faciem, aut vultum indecorum, aut vocem robustam, aut animum audacem, aut ex his plura.

Si vero masculinum in dexteram, foemininum in sinistram pervenerit, utrosque foetus recte provenire; ut et foeminis per omnia naturae suae decus constet, et maribus tam mente, quam corpore robur virile servetur. Istud vero ipsum quam mirabile institutum Dei, quod ad conservationem generum singulorum, duos sexus maris ac foeminae machinatus est; quibus inter se per voluptatis illecebras copulatis, successiva soboles pareretur, ne omne genus viventium conditio mortalitatis extingueret. Sed plus roboris maribus attributum est, quo facilius ad patientiam jugi maritalis foeminae cogerentur. Vir itaque nominatus est, quod major in eo vis est, quam in foemina; et hinc virtus nomen accepit. Item mulier (ut Varro interpretatur) a mollitie, immutata et detracta littera, velut mollier; cui suscepto foetu, cum partus appropinquare jam coepit, turgescentes mammae dulcibus succis distenduntur, et ad nutrimenta nascentis fontibus lacteis foecundum pectus exuberat. Nec enim decebat aliud quam ut sapiens animal a corde alimoniam duceret. Idque ipsum solertissime comparatum est, ut candens ac pingui humor teneritudinem novi corporis irrigaret, donec ac capiendos fortiores cibos, et dentibus instruatur, et viribus roboretur. Sed redeamus ad propositum, ut caetera, quae supersunt breviter explicemus.

CAPUT XIII.
De Membris inferioribus.

Poteram nunc ego ipsorum quoque genitalium membrorum mirificam rationem tibi exponere, nisi me pudor ab hujusmodi sermone revocaret : itaque a nobis indumento verecundiae, quae sunt pudenda velentur. Quod ad hanc rem attinet, queri satis est homines impios, ac profanos, summum nefas admittere, qui divinum et admirabile Dei opus, ad propagandam successionem inexcogitabili ratione provisum et effectum, vel ad turpissimos quaestus, vel ad obscoenae libidinis pudenda opera convertunt; ut jam nihil aliud ex re sanctissima petant, quam inanem et sterilem voluptatem. Quid reliquae corporis partes, num carent ratione, ac pulchritudine? Conglobata in nates caro, quam sedendi officio apta! et eadem firmior, quam in caeteris membris, ne premente corporis mole ossibus cederet. Item foeminum deducta, et la-

VARIORUM NOTAE.

Recte provenire. Sic restitui ex 20 mss. et vet. editis octo ac Cellar. In sex rec. scriptis totidemque vulgatis est *recte pervenire.*

Quam mirabile institutum Dei! Juxta omnes ferme mss. expunxi post *Dei* verbum *est,* quod erat in 11 vulgatis. In 13 scriptis et editis vet. 2 Rom. legitur *constitutum Dei;* in edit. Grap. *constitutum Deo.*

Successiva soboles. Ita cum cunctis impressis mss. 3 Reg., 1 Colb., Vict., Brun., et recte. In 2 Bonon., Pen., Tax., Cauc., *successivae soboles;* in 3 Reg., 3 Colb., Gat., 1 Sorbon., Clarom. a secunda manu, *subsicivae;* alii 5 mendosae, *subsicina, subvicina,* etc. 1 Reg. Put., *sicut soboles* corrupte. *Successiva soboles pareretur*: vera lectio tribus doctissimis medicis probata. Scriptis 6 est *pararetur;* nec male.

Vir itaque, etc. Idem etiam affirmat Cic. Tusculanarum quaestionum secundo : *Viri,* inquit, *propria maxime est fortitudo : cujus munera duo maxima sunt, mortis dolorisque contemptio. Utendum est igitur his, si virtutis compotes, vel potius, si viri volumus esse: quoniam a viris virtus nomen est mutuata.* Sic etiam Graecis ἡ ἀνδρεία, ἀπὸ τοῦ Ἀνδρὸς. BETUL.

Item mulier (ut Varro interpretatur) a mollitie. Sex mss. rec. et 12 vulgati addunt *est dicta;* sed frustra. Vide praecedentia. Hae duae voces absunt a vet. et opt. mss. 1 Bonon., Regio P., 4 al. Reg., 4 Colbert., Pen., Vict., Gat., Marm., Clarom., Brun. et 7 vet. editis. Ad Varronem omnes hanc derivationem referunt; major tamen usus istius vocis est, ut viro potita, a virgine discernatur, praesertim apud Jureconsultos. Eadem fere differentia, quae est apud Graeces, qui παρθένον dicunt eam quae virum non gestavit; νύμφην, quae gestavit quidem, sed ex eo non peperit; γυναῖκα, quae etiam peperit; sed γραῦν, quae jam parere desiit; quae differentia est apud Isacium Tzetzam

in Lycophronis commentario. In Sacris litteris ἡ γυνή, fere ἀντὶ τοῦ ἀλόχου usurpatur. BETUL.

Ad nutrimenta nascentis fontibus lacteis. Sic emendavi ex veterrimis mss. 2 Bonon., Cauc., Regio-Put., al, 3 Reg., 6 Colb., Tax., Pen., Ultr., Em., Vict., Gat., Marm., Clar., Baluz., Brun., edit. Betul. accedente 1 Sorbon. in quo est *ad nutrimenta nascentis fontibus lacteis;* in 2 Reg. et 14 vulgatis *nascentis fontibus lactis;* in 3 al. editis *nascentibus fontibus lactis.* Editi annorum 1472 et 1478 habent etiam *fontibus lacteis.* — *Fontibus lacteis,* Sic ubera vocat, et Gellius, lib. XII, cap. 1, fontem illum sanctiss imum corporis, generis humani educatorem, etc. Basilius Homil. 9, in Hexaemer. ἐπιζητεῖ δὲ τὰς οἰκείας πηγὰς τοῦ γάλακτος, etc. S. Augustin, 1 Confess., cap. 7. Pulcherrimam quoque uberum cum fontibus comparationem habes a Plutarcho in Paulo Aemil. ISAEUS.

Indumento verecundiae, quae sunt pudenda, etc. Vide Paulum Ephes., v, 4. Praeclarus est locus apud Aristot., lib. VII Polit., cap. ult.

Quae sunt pudenda, etc. Pudenda, virilia, ad imitationem Graecorum, qui αἰδοῖα nominant. Arist., in I de Hist. animalium, virilia propria sic vocari ait : foeminae autem, ὑστέραν. Sed medicorum schola differentiam hanc non observat, utriusque sexus pudenda αἰδοῖα nominans, ut et Julius Pollux.

Sterilem voluptatem. Id est, sine spe prolis. FRANCIUS.

Quid reliquae corporis partes? Ita reposui ex mss. 2 Bonon., Regio-Put. et 3 al. Reg., 6 Colb., Tax., Pen., Lips., Em., Marm., Clarom., Baluz. In 6 mss. et editis Rom. 1468 et 1470, *quae reliquae;* in 2 Reg. et 12 impressis, *Quae reliqui.*

Et eadem. Heumannus legit *est eadem.*

tioribus toris valida longitudo, quo facilius onus corporis sustineret: quam paulatim deficientem in angustum genua determinant, quorum decentes nodi flexuram pedibus, ad gradiendum sedendumque aptissimam, præbent. Item crura non æquali modo ducta, ne indecens habitudo deformaret pedes, sed teretibus suris clementer extantibus, sensimque tenuatis, et firmata sunt et ornata.

In plantis vero eadem quidem, sed tamen longe dispar, quam in manibus ratio est: quæ quoniam totius corporis quasi fundamenta sunt, mirificus eas artifex non rotunda specie, ne homo stare non posset, aut aliis ad standum pedibus indigeret, sicut quadrupedes, sed porrectiores, longioresque formavit, ut stabile corpus efficerent planitie sua; unde illis inditum nomen est. Digiti æque totidem, quot in manibus, speciem magis, quam usum majorem præferentes, ideoque et juncti, et breves, et gradatim compositi: quorum qui est maximus, quoniam illum sicut in manu discerni a cæteris opus non erat, ita in ordinem redactus est, ut tamen ab aliis magnitudine, ac modico intervallo distare videatur. Hæc eorum speciosa germanitas, non levi adjumento nisum pedum firmat; concitari enim ad cursum non possumus nisi, digitis in humum pressis soloque nitentibus, impetum saltumque capiamus. Explicasse videor omnia, quorum ratio intelligi potest. Nunc ad ea venio, quæ vel dubia vel obscura sunt.

CAPUT XIV.

De intestinorum quorumdam ignota ratione.

Multa esse constat in corpore, quorum vim, rationemque perspicere nemo, nisi qui fecit, potest. An aliquis enarrare se putat posse quid utilitatis, quid effectus habeat tenuis membrana illa perlucens, qua circumretitur alvus, ac tegitur? Quid renum gemina similitudo? quos ait Varro ita dictos, quod rivi ab his obscœni humoris oriantur: quod est longe secus, quia spinæ altrinsecus supini cohærent, et sunt ab intestinis separati. Quid splen? quid jecur? quæ viscera quasi ex conturbato sanguine videntur esse concreta: quid fellis amarissimus liquor? quid globus cordis?

VARIORUM NOTÆ.

Valida. Deest in ms. Bov.

Flexuram pedibus, ad gradiendum sedendumque aptissimam, præbent. Sic legunt omnes ferme mss. et edd. At mss. 2 Bon. et rec., 1 Reg., Tax., 2 Colber., Clarom. habent, *flexuram in pedibus ad gradiendum sedendumque aptissimum usum præbent.*

Sed. Hæc vox et quatuor sequentes desunt in ms Bov.

Suris clementer extantibus. Id est leniter prominentibus. Eodem enim sensu adverbiis *clementer, leniter, molliter* utitur Lactantius. *Sura* est pars posterior cruris, eaque carnosior.

Et firmata sunt et ornata. Sic reposui ex editis Betul., Cellar., Walch. omnibusque mss. præter 2, Reg. rec. cæterosque typis excusos; quibus est *et firma sunt et ornata.*

Corporis. Ita mss. 2 Colb., Claromont., Brun., Bov. et alii. Reliqui multi habent *operis.*

Quam usum majorem præferentes. Ita cum edit. Rom., 1470 et Cellar. cuncti mss. præter 1 Reg. rec. et 11 vulgatos, quibus deest, *majorem.* — *Speciem magis, quam usum præferentes.* Non ita Galenus, qui usum eorum, et quidem maximum ac multiformem ostendit, lib. III, cap. 8 et alibi.

Germanitas. Hoc est fraterna societas. Sic apud Salvianum, libro II contra avaritiam, cap. 6, legitur *Apostolorum germanitas.* HEUMANNUS.

Nisum. Ms. Bov., *Nixum.*

Tennis membrana illa perlucens. Græce Περιτόναιος: Pollux. Hujus nomenclatione Latini carentes, græco nomine ut suo utuntur, nisi quod aliqui abdominis membranam nuncupant: a circummuniendo videtur nomen esse deductum; potissimus enim hic istius usus est. Gallis etiam dicitur *péritoine.* Ex BETULEIO.

Qua circumretitur alvus. Ita restitui ex veterrimis et optimis mss. 2 Bonon., Regio-Put., 3 al. Reg., Cauc., Tax., Pen., 6 Colb., Em., Ultr., Sorbon., Vict., Gat., Marm., Baluz., Clarom., Brun. et edit. Betuleii. Id est, membrana illa sicut reti involvitur alvus. In mss. rec. 2 Reg., Catabrig., 1 Colbert. a secunda manu, et in quamplurimis excusis est *circumnectitur alvus.* Membrana autem illa, seu peritonium, complectitur ventriculum, intestina, omentum, mesenterium, jecur, lienem, renes, utramque vesicam, uterum, et vasa demum quæcumque inter septum transversum et crura situm habent. Et licet Lactantium latuerit usus hujus membranæ, medicos tamen minime latuit, quorum haud spernendos aliquot enumerat Andreas Vesalius in præclaro de Humani corporis fabrica opere, lib. nempe V, cap. 2. Ex BETULEIO. — *Quid utilitatis, quid effectus habeat tenuis membrana illa perlucens, qua circumnectitur alvus,* etc. Id totum copiose enarrat Vesalius, lib. V de Hum. corp. fabric., cap. 2.

Quod rivi. Quod sensus postulat: id reposui ex præcipuis mss. viginti supra laudatis, et editis Graph. et Gymnic. In 2 Colb., Baluz., Brun. est *quos rivi;* in uno Reg. recentiore et 15 vulgatis, *quasi rivi:* ἀπὸ τοῦ ῥέειν fortassis, si Grammaticorum deductioni credimus. Sed mihi parum placent derivationes ex Græcis, ubi ipsi alias istius rei nomenclationes habent: sicut ipsis ῥὴν ovem, Latinis *ren* idem quod illis νεφρός significat. BETUL.

Quia spinæ, etc. Aliter Arist. sub finem primi de Hist. Animalium.

Quid splen? Cum in splene multæ sparsæ sint arteriæ, calorem recipit a corde, quo illum feculentum et limosum sanguinem magis coquit, et aliquid assumit inde quo nutritur. BETUL.

Quid jecur? Quid, Lactanti? Nescis hoc membrum esse generosum? nescis hoc inter organa nutritivæ potentiæ præcipuum esse? nescis officinam sanguinis? nescis hepar in hoc ipso cordi tradere mutuas operas? nescis id quod Plato dicit, "Ὅτι τὸ ἧπαρ πέφυκε χάριν τῆς μαντικῆς? Recte interim facis, quod agnoscis, quod juvat concoctionem in ventriculo, virtute minimum caloris. BETUL.

Ex conturbato sanguine. Verum hoc quidem est, quod jecoris substantia sit sanguini nuper concreto simillima. BETUL.

Quid fellis, etc. Flava bilis (cujus vesicula bilis folliculus Latinis, Græcis χοληδόχος appellatur) incredibiliter quidem sanitatem infestat: habet tamen etiam sua commoda. Nam ut sanguis purificetur, opus est derivari aliquo flavam bilem copiosiorem. Est enim, ut inquit Plin. fel nihil aliud, quam purgamentum pessimi sanguinis. Est igitur opus receptaculo, in quo bilis et calefacit hepar, et conservat ne putrescat. Pellit item nutrimentum intestinis, et abstergit intestinorum sordes. Vide de hoc Vesalium copiose disserentem c. 8, lib. V; Plin. lib. XXVIII, c. 9, medicinas ex animalibus enumerans, *Inter omnia,* inquit, *animalium fel præstantius in effectu.* Est enim vis ejus excalfacere, mordere, scindere, extrahere, discutere, etc. BETULEIUS.

Quid globus cordis. Post hæc verba, manu exarati codices septem, scilicet 2 Bon., 1 Reg., 1 Sorbon., 1

Nisi forte illis credendum putabimus, qui affectum iracundiæ in felle constitutum putant, pavoris in corde, in splene lætitiæ. Ipsius autem jecoris officium volunt esse, ut cibos in alvo concoquat amplexu et calefactu suo : quidam libidines rerum venerearum in jecore contineri arbitrantur.

Primum ista perspicere acumen humani sensus non potest, quia horum officia in operto latent, nec usus suos patefacta demonstrant. Nam si ita esset, fortasse placidiora quæque animalia, vel nihil fellis omnino, vel minus haberent, quam feræ; timidiora plus cordis, salaciora plus jecoris, lasciviora plus splenis habuissent. Sicuti igitur nos sentimus audire auribus, oculis cernere, naribus odorare : ita profecto sentiremus, nos felle irasci, jecore cupere, splene gaudere. Cum autem, unde affectus isti veniant, minime sentiamus, fieri potest, et aliunde veniant, et aliud viscera illa, quam suspicamur, efficiant. Nec tamen convincere possumus, falsa illos, qui hæc disputant, A dicere. Sed omnia, quæ ad motus animi animæque pertineant, tam obscuræ altæque rationis esse arbitror, ut supra hominem sit, ea liquido pervidere. Id tamen certum et indubitatum esse debet, tot res, tot viscerum genera, unum et idem habere officium, ut animam contineant in corpore. Sed quid proprie muneris singulis sit injunctum, quis scire, nisi artifex, potest, cui soli opus suum notum est?

CAPUT XV.
De Voce.

De voce autem quam rationem reddere possumus? Grammatici quidem ac philosophi vocem esse definiunt, aerem spiritu verberatum : unde verba sunt nuncupata, quod perspicue falsum est. Non enim vox extra os gignitur, sed intra ; et ideo verisimilior est B illa sententia, stipatum spiritum, cum obstantia faucium fuerit illisus, sonum vocis exprimere : veluti cum in patentem cicutam, labroque subjectam demittimus.

VARIORUM NOTÆ.

Colbert., Tax. et Baluz. addunt *qui vivus sanguinis fons est.* In 1 Colb. et Clarom. ad marg., *unius*; in 15 excusis *qui unus sanguinis fons est.* Unus, id est solus. At hæc 5 verba absunt ab antiquissimis mss. Cauc., 2 Reg. et 22 aliis, nec non ab edit. 2 vet. Rom. eaque expunxi ut Glossema. Apud Platonem in Timæo, paulo ante finem, *cor* dicitur *venarum origo, fonsque sanguinis per omne corpus impetu quodam manantis;* quo in loco no n est *vivus*, nec *unus. Concoquat.* Ita ms. Bov. *coquat*, idque recte.
Patefacta. Scilicet, cum aperirentur.
Placidiora quæque, etc. Quæ animalia fel habeant, C docet Arist. lib. de Hist. Anim. l. 1, cap. 18, lib. II, cap. 17. Item lib. de Partibus Animal. IV, cap. 2. Plin. in Chersoneso, fel non omnibus datum animalibus esse scribit, in Eubœa Chalcide nullam pecori, in Naxo prægrande gemmumque, etc. Sed hæc, ut alia, ex Aristotele habet. — *Placidiora quæque.* Ita omnes jungunt hoc loco ut cap. 4 : *Imbecilliora et timidiora quæque.* Cyprianus lib. III, 10 : *Adversarius fortiorem quemque magis aggreditur.* Valla Lactantium reprehendit ob pronomen *quisque* comparativo junctum : sed defendit nostrum ex Cicerone et aliis Vossius de Construct, cap. 16. BÜNEMAN.
Timidiora, plus cordis, etc. Ironiæ genus est : quia cum pavor tribuatur cordi, plus cordis, idem est ac plus pavoris haberi.—HEQUET. In ms. Reg.-Put. est *timidiora plus jecoris*; male. Siquidem auctor noster in jecore nonnisi virtutem coctionis ciborum, et libidines rerum venerearum locat.—*Timidiora, plus cordis*, etc. Imo ob id cervi maxime timidi. Plin. : *Cæteris corruptis vitalitas in corde dura.* Bruta existimantur D animalium, quibus durum riget ; audacia, quibus parvum est ; pavida, quibus prægrande. Maximum autem est, proportione omnibus, lepori, asino, cervo, pantheræ, mustelis, hyenis, et omnibus timidis, aut propter metum maleficis, etc. BUN.
Salaciora, plus jecoris. Hæc desunt in ms. Bov. sicut et in multis aliis.
Muneris. Ms. 3 rec. *numeris*, corrupte : scripti sex et quinque editi, *nervis* τοῦ ἐπιθυμητικοῦ, sicut *cor* τοῦ θυμοειδοῦς, sicut ἡγεμονικόν in capite. Et Democrit. ad Hippocratem scribens, καρδίας dicit βασιλίδα ὀργῆς τιθηνόν.
Jecore cupere. Galenus non dicit nos jecore cupere, sed hepar facit sedem
Tot viscerum. Ms. Bov. *tanta viscera. Tanta* hic numerum significat : sic lib. I Divin. Inst., c. 5, circa finem, *Tantarum rerum gubernationem*, pro *tot rerum.*
Vocem esse definiunt. Rectius et elegantius legere delendo *esse.* Sic etiam legendum esse putat Heumannus.

Aerem spiritu verberatum, etc. Seneca in II Natur. quæst. de tonitruis agens : *Præter hæc*, inquit, *natura est aptus aer ad voces. Quidni? cum vox nihil aliud sit, quam ictus aer.* Idem paulo superius : *Quid eni m est vox, nisi intensio aeris audiatur, linguæ forma a percussu?* Hæc philosophus, et quidem stoicus. Ex Grammatic s Diomedes, lib. II : *Vox est (ut stoicis placet*) *spiritus tenuis, auditu sensibilis, quantum in ipso est. Fi, autem vel exilis auræ pulsu, vel verberati aeris ictu.* Priscianus : *Philosophi definiunt; vocem esse aerem tenuissimum ictum.* BETUL.—De Vocis formatione lege Cordemæsium *(Cordemoy)* in oratione Physica de loquela. — *Grammatici quidem ac philosophi vocem esse definiunt, aerem spiritu verberatum.* Grammatici quidem, Diomedes, lib. II ; Priscian. ubi de Voce; ex Philosophis, Plato in Timæo docet, vocem esse pulsatione quamdam ab aere per aures, cerebrumque et sanguinem usque ad animam penetrantem; Arist. de Anim. tex.90 percussionem respirati aeris ab anima, quæ est in iis partibus ad vocatam arteriam. Idem habet v de Gener. Animal., cap. 7; Senec. II Natur. quæst., cap. 29. Vide Plutarch. quæst 6 Platonicar. quæst. et lib. IV de Placitis, cap. 19 ; Gellium, lib. V, cap. 15. Laert. in Zenon. ISÆUS.
Unde verba sunt, etc. Lactantio subscribunt Priscianus et Diomedes, inter Latinos Grammaticos coryphæi. Sed Quintilianus exsibilat. Varro a veritate deduci mavult. Græci τὸ ῥῆμα ἀπὸ τοῦ ῥέειν deducunt. Unde Epicurei, teste Gellio , vocem ῥεῦμα λόγου dixerunt. BETUL.
Non enim vox, etc. Hæc ratio huic definitioni confutandæ non sufficit ; nam hæc verberatio non extra os, sed intra fauces fit. Neque enim illa verberatio in auribus auditur, sed est in gutture loquentis. BETUL.
Veluti cum in patentem cicutam. Vide Theodoretum præclare disserentem sermone VI de Curat. Græcar. Affect. qui est de providentia divina, quomodo ars naturæ imitatrix organa musica ad vocis humanæ organorum similitudinem effinxerit. Esse autem in instrumentis humanæ vocis commissam quamdam tibiæ lyræque musices similitudinem ostendit præclare Nyssen. De hominis opific. cap. 9. ISÆUS.
Demittimus spiritum. Ita reposui ex mss. 2 Reg., 2 Colbert., Brun. et edit. Betul. Cæteri vulgati et decem scripti rec. ferunt *dimittimus.* In optimo et vetustissimo Regio-Put. est *mittimus*, quod magis placeret. Versio enim Latina Platonis in T mæo ante finem sic habet : *Pulmo distillatione occlusus, libera et expedita spiracula robis non exhibet, et hinc quidem nullus mittitur spiritus.*

timus spiritum, et is cicutæ concavo repercussus ac **A** revolutus a fundo, dum ad descendentem occursu suo redit, ad exitum nitens, sonum gignit, et in vocalem spiritum resiliens per se ventus animatur. Quod quidem an verum sit, Deus artifex viderit. Videtur enim non ab ore, sed ab intimo pectore vox oriri. Denique et ore clauso, ex naribus emittitur sonus qualis potest. Præterea et maximo spiritu, quo anhelamus, vox non efficitur, et levi, et non coarctato spiritu, quoties volumus, efficitur. Non est igitur comprehensum, quemodo fiat, aut quid sit omnino. Nec me nunc in Academiæ sententiam delabi putes, quia non omnia sunt incomprehensibilia. Ut enim fatendum est multa nesciri, quæ voluit Deus intelligentiam hominis excedere: sic tamen multa esse, quæ possint et sensibus percipi, et ratione comprehendi, **B** Sed erit, nobis contra philosophos integra disputatio. Conficiamus igitur spatium, quod nunc decurrimus.

CAPUT XVI.

De mente, et ejus sede.

Mentis quoque rationem incomprehensibilem esse quis nesciat, nisi qui omnino illam non habet, cum ipsa mens quo loco sit, aut cujusmodi, nesciatur? Varia ergo a philosophis de natura ejus ac loco disputata sunt. At ego non dissimulabo, quid ipse sentiam; non quia sic esse affirmem (quod est insipientis in re dubia facere), sed ut exposita rei difficultate, intelligas, quanta sit divinorum operum magnitudo. Quidam sedem mentis in pectore esse voluerunt. Quod si ita est, quanto tandem miraculo dignum est, rem in obscuro ac tenebroso habitaculo sitam, in tanta rationis atque intelligentiæ luce versari? tum quod ad eam sensus ex omni corporis parte conveniunt, ut in qualibet regione membrorum præsens esse videatur. Alii sedem ejus in cerebro esse

VARIORUM NOTÆ.

Cicutæ. Fistulæ, ut apud Virgil. in Ecl.

Est mihi disparibus septem compacta cicutis Fistula.

Theodoretus in Serm. 3 de Providentia Dei artem naturæ vel ipsius adeo sapientiæ divinæ imitatricem esse dicit in eo, quod organa musica, ad vocis humanæ modulationem exprimendam, industria humana effinxerit.

Dum ad descendentem occursu suo redit. In pluribus editis deerat *dum*, quod restitui ex mss. ex quibus novem habent *redit*; alter *reducit*. Decem et 14 excusi, *descendentem occursu suo reddit*; male.

Deus. Deest in ms. Bov.

Ab intimo pectore, etc. Sic Homerus Ulyssem, virum sapienti facundia præditum, vocem mittere ait, non ex ore, sed ex pectore, Il. γ.

Vox oriri. Abest *vox* ab uno Reg. rec. et edit. Ald. Paris. 1525.

Ex naribus. Ita restitui ex quampluribus impressis, et omnibus mss. præter 2 Reg. et edd. 6 in quibus est *et naribus*.

Et maximo spiritu. Ita omnes fere mss. At editi *ex*.

Et levi. Heuman. legit *ex levi*.

Non est igitur comprehensum, etc. Imo satis comprehensum. Nam animalium vox quæ ἔμψυχος dicitur, aut est ἐγγράμματος: atque hæc est sermo, vel loquela, διάλεκτος Galeno; aut est ἀγράμματος, quam homo cum animantibus pulmonem habentibus communem habet. Utraque fit respiratione, ut nos Aristotelis definitio docuit. Διαλεκτικά, hoc est, sermonis instrumenta Galenus de locis adeo certis primum assignat linguam, quam κυριώτατον ὄργανον nominat; deinde **D** nares, et labra et dentes. Hæc enim suis illisionibus vocem alioquin hiantem consonantibus stridere facit, et reddit ἔναρθρον καὶ ἐγγράμματον. Arist. guttur et pulmonem respirationis instrumenta facit. BETUL.

Omnino. Hanc vocem, quæ extat in veterrimis optimisque mss. Regio-Put. Bonon. aliisque, et in cunctis fere editis, retinui in textu, licet absit a 15 mss. rec. et 2 edd. Rom.

Spatium. Cicero de Amicitia, cap 12 : *spatium curriculumque simul conjungit.*

Quod nunc decurrimus. Sic reposui ex vetustissimo et optimo ms Regio-Put., approbante doctissimo Francio. Cæteri codices habent *quo*.

Varia ergo a philosophis de natura ejus, ac loco. Videndus est Arist. III de Anim; Macrob. in Somn. Scip. lib. 1, c. 14. Locum quidem ejus alii cor, ut Arist. et Chrysp., alii caput esse affirmant, ut Plato et Galen., qui hanc quæstionem copiose tractat toto

lib. II et III de Placit. Hippocrat. et Platon. vide Lucret. lib. III; Plutarch. IV Placit., cap. 2 et seqq. ISÆUS.

At ego. Ita mss. et plerique edd. Vulgati 5 *Ac ego*, minus apte ; et proxime præcessit.

Quidam sedem mentis in pectore, etc. Parmenides et Epicurus, videlicet ἐν ὅλῳ τῷ θώρακι : Stoici ad unum toto in corde. Diogenes in arteriaco cordis ventriculo, qui animalis, id est, spiritalis est Plutarcho. Et in hac sententia fuisse apparet eos, qui prudentes *cordatos* appellarunt. De quo audiamus Ciceronem in I Tuscul. quæst. disserentem : *Quid sit porro ipse animus, aut ubi, aut unde, magna dissensio est. Aliis cor* **C** *ipsum animus videtur : ex quo excordes, vecordes, concordesque dicuntur. Empedocles autem animum esse censet, cordi suffusum sanguinem. Aliis pars quædam cerebri visa est animi principatum tenere. Aliis nec cor ipsum placet, nec cerebri quamdam partem esse animum : sed alii in corde, alii in cerebro dixerunt animi esse sedem et locum*, etc. Plurimæ sunt passim apud auctores locutiones, quibus consilium et cogitatio in pectore et corde ponuntur. Sed missis illis, videamus quid Sacræ litteræ dicant, in quibus vocabulum νοῦς varie usurpatur. Paulus etiam utitur pro animi principatu, quem ἡγεμονικὸν appellant, Rom. VII, v. 23 ; Mentem Christus. Matth. VI, v. 22, Lumen appellat. Anima non semel et spiritus mentem significat, ut in hoc divæ Virginis apud Lucam, cap. I, 46 et 47. Νοῦς pro intellectu ponitur, 1 Cor. XIV, 15. Cæterum quod Scripturæ phrasis cor mentis sedem, et cogitationum consiliorumque quasi officinam quamdam faciat, minime obscurum esse potest iis, qui in ea non oscitanter versantur. Corde creditur ad justitiam, inquit Paulus. Credere autem mentis officium est, et quidem defecatæ, et per Spiritum S. illuminatæ. Foret infiniti negotii, hujus rei testimonia colligere ; sufficiat ergo unum hoc, quod Dominus καρδιογνώστης appellatur, Act. I et XV. Obtrudenda itaque et objicienda Scripturæ auctoritas iis est, qui rationibus nixi, dogmaticus inter se pugnant. Theodoret., Serm. 3 de Providentia, cordi totius corporis imperium, seu regimen assignat ; et Hieronymus multis in locis hoc asserit. Atqui non desunt Scripturæ testimonia, quibus demonstrari potest cor affectuum sedem esse. Nam Dominus non minus renes, quam cor scrutatur ; et cum cor explorat, probat an contritum satis et humiliatum sit, an æstuet livore seu odio. Nam hic majori ex parte dominatur lex carnis. BETUL.

Sedem ejus in cerebro. Plutarch. Πλάτων, Δημόκριτος, ἐν ὅλῃ τῇ κεφαλῇ, Στράτων ἐν μεσοφρύῳ. Vide disputationem bene longam in Vesalii Anatomico, lib. VI. BETUL.

CAP. XVI. DE MENTE ET EJUS SEDE.

dixerunt. Et sane argumentis probabilibus usi sunt : A omne collustret, et si velit, maria pervolet, terras, ac oportuisse scilicet, quod totius corporis regimen haberet potius in summo, tamquam in arce habitare; nec quidquam esse sublimius, quam id, quod universum ratione moderetur, sicut ipse mundi dominus et rector in summo est. Deinde quod sensus omnis, id est audiendi, et videndi, et odorandi ministra membra in capite sint locata, quorum omnium viae non ad pectus, sed ad cerebrum ferant : alioqui necesse nos esset tardius sentire, donec sentiendi facultas longo itinere per collum ad pectus usque descenderet. Ii vero aut non multum, aut fortasse non errant.

Videtur enim mens, quae dominatum corporis tenet, in summo capite constituta, tamquam in coelo Deus : sed cum in aliqua sit cogitatione, commeare ad pectus, et quasi ad secretum aliquod penetrale secedere, B ut consilium, tamquam ex thesauro recondito, eliciat ac proferat; ideoque cum intenti ad cogitandum sumus, et cum mens occupata in altum se abdiderit, neque audire quae circumsonant, neque videre, quae obstant, solemus. Id vero sive ita est, admirandum profecto est, quomodo id fiat, cum ad pectus ex cerebro nullum iter pateat. Sin autem non est ita, tamen nihilominus admirandum est, quod divina nescio qua ratione fiat, ut ita esse videatur. An potest aliquis non admirari, quod sensus ille vivus atque coelestis, qui mens, vel animus nuncupatur, tantae mobilitatis est, ut ne tum quidem, cum sopitus est, conquiescat; tantae celeritatis, ut uno temporis puncto coelum C

urbes peragret, omnia denique, quae libuerit, quamvis longe lateque summota sint, in conspectu sibi ipse constituat.

Et miratur aliquis, si divina mens Dei per universas mundi partes intenta discurrit, et omnia regit, omnia moderatur, ubique praesens, ubique diffusa; cum tanta sit vis ac potestas mentis humanae intra mortale corpus inclusae ut ne septis quidem gravis hujus ac pigri corporis, cui alligata est, coerceri ullo pacto possit, quominus sibi liberam vagandi facultatem, quietis impatiens, largiatur? Sive igitur in capite mens habitat, sive in pectore, potesne aliquis comprehendere, quae vis rationis efficiat, ut sensus ille incomprehensibilis aut in medulla cerebri haereat, aut in illo sanguine bipartito, qui est inclusus in corde? ac non ex eo ipso colligat, quanta sit Dei potestas, quod animus se ipsum non videt, aut qualis, aut ubi sit; nec si videat, tamen perspicere possit, quo pacto rei corporali res incorporalis adjuncta sit? Sive etiam mentis locus nullus est, sed per totum corpus sparsa discurrit, quod et fieri potest, et a Xenocrate Platonis discipulo disputatum est, siquidem sensus in qualibet parte corporis praesto est; nec quid sit mens ista, nec qualis, intelligi potest, cum sit natura ejus tam subtilis ac tenuis, ut solidis visceribus infusa, vivo, et quasi ardenti sensu, membris omnibus misceatur.

Illud autem cave, ne unquam simile veri putaveris,

VARIORUM NOTAE.

Tamquam in arce habitare. Sic mss. 2 Reg. et Cant. cum ed. pene omnibus. Mss. 25, inter quos sunt duo antiquissimi, habent *in arce corporis* : sed perperam; siquidem vox *corporis* mox praecessit linea superiori.

Audiendi, et videndi, et odorandi ministra membra in capite sint locata. In tribus mss. rec. et omnibus editis legitur *sunt.* In optimis mss. Regio-Put. aliisque 13 *sint*; recte. Vide praecedentia, *quod haberet... quod moderetur.*

Sed cum in aliqua sit cogitatione. Ita restitui ex antiquissimis mss. Regio-Put., Bonon., Cauc. aliisque 16. In 3 rec. et vulgatis est, *sed quando in aliqua sit cogitatione.*

Secedere. Sic reposui ex cunctis mss. et veteribus editis. In 3 vulgatis rec. est, *cedere.*

Cum ad pectus ex cerebro, etc. Ergo, Lactanti, tua D censura, Pythagoras longe aberravit, qui animae imperio fines, suos terminos cor et cerebrum constituit. Deus spiritus est; mens divinum quiddam est. Unde sequitur, mentem seu animam esse ἀσώματον. Ergo circumscriptione locorum mens opus minime habet. Taceo jam, quod cerebrum mentis sedes, non modo spiritum animalem ita tenuem parat, ut rebus divinis exequendis sit idoneus : sed etiam sensuum instrumenta per nervos, veluti per funicu os distribuit. Utrilibet animae parti non sensus modo parent dictanti : sed ad ipsarum nutum omnes corporis particulae excubias agunt, jussum exspectantes. Nam ut voluntas, id est rectae rationis dictamen aliquid videre jubeat, tunc in promptu oculorum officium est. Eadem ratio in caeteris quoque sensuum organis, artubus, et caeteris membris est. BETULEIUS.

Sin autem non est ita. Ex vetustissimis mss. Regio-Put., 2 Bonon., Cauc., septemque aliis ita restitui. In

caeteris desiderantur duo extrema verba, in nonnullis ultimum dumtaxat : in vet. editis 4 : *Sin autem non est ita, hoc tamen.* At ms. Bov. sat recte habet, *Sin autem non est, nec tamen nihilominus admirandum est.*

Qui mens, vel animus nuncupatur. Ergo pro eodem accipit Lactantius mentem, et animum. Sic saepe Lucretius in II; Cic. in Somn. Scip., ubi videndus Macrobius d. c. 14. ISAEUS.

Vis. In ms. Bov., *virtus.*

Alligata. Sic ms. Bov. alii *illigata*, minus recte.

Ullo pacto. In ms. Bov. *ullo modo*, idque sat bene. — Bunemannus habet, *ullo modo* et notam sequentem exhibet. — *Ullo modo.* Sic Goth., Lips., Reimm. Editi ante Cellarium, *ullo pacto.* Prius hic praefero, quia modo infra sequitur, *quo pacto.* Amat vero copiam. In Ven. 1471, 93, 97. Pier. *nullo.* BUN.

Inclusus. In ms. Bov., *infusus.*

Animus se ipsum non videt, etc. Purgatus et defecatus hoc secundum Plotinum poterit : sed juxta Catholicos, anima a corpore libera. BETUL.

Quod et fieri potest. Sic restituo ex potioribus mss. et ed. Grapii. In aliis est *quod et etiam*; vel *et quod etiam.*

Xenocrate. Cicer. IV Academ. quaest. varias variorum sententias enumerans : An (inquit) *ut Xenocrates, mens nullo corpore, quod intelligi quale sit vix potest,* etc. Caeterum Xenocratis argumentum, ut a Nemesio refertur, est hoc :

> Omne corpus alitur. Anima non alitur;
> Anima itaque corpus non est.   BETUL.

Nec quid sit mens ipsa, nec qualis. Addidi *ipsa* ex vetustiss. et optimo ms. Regio-Put. alio item Reg., 2 Colb., Em., Brun., et ed. Graph.

quo ! Aristoxenus dixit : Mentem omnino nullam esse, sed quasi harmoniam in fidibus, ex constructione corporis, et compagibus viscerum vim sentiendi existere. Musici enim intentionem concentumque nervorum in integros modos, sine ulla offensione consonantium, harmoniam vocant. Volunt igitur animum simili ratione constare in homine, qua et concors modulatio constat in fidibus; scilicet, ut singularum corporis partium firma conjunctio, membrorumque omnium consentiens in unum vigor, motum illum sensibilem faciat, animumque concinnet, sicut sunt nervi bene intenti ad conspirantem sonum. Et sicut in fidibus, cum aliquid aut interruptum, aut relaxatum est, omnis canendi ratio turbatur, et solvitur : ita in corpore, cum pars aliqua membrorum duxerit vitium, destrui universa, corruptisque omnibus atque turbatis, occidere sensum, eamque mortem vocari. Verum ille, si quidquam mentis habuisset, non harmoniam de fidibus ad hominem transtulisset. Non enim canere sua sponte fides possunt, ut sit ulla in his comparatio ac similitudo viventis. Animus autem sua sponte et cogitat, et movetur. Quod si quid in nobis harmoniæ simile esset, ictu moveretur externo, sicut nervi manibus, qui sine tactu artificis pulsuque digitorum, muti atque inertes jacent. Sed nimirum pulsandus ille manu fuit, ut aliquando sentiret ; quia mens ejus ex membris male compacta torpebat.

CAPUT XVII.

De Anima, deque ea sententia philosophorum.

Superest de anima dicere; quamquam percipi ratio ejus et natura non possit. Nec ideo tamen immortalem esse animam non intelligimus; quoniam quidquid viget, moveturque per se semper, nec videri, aut tangi potest, æternum sit necesse est. Quid autem sit anima, nondum inter philosophos convenit, nec unquam fortasse conveniet. Etenim alii sanguinem esse dixerunt, alii ignem, alii ventum ; unde anima, vel animus nomen accepit, quod Græce ventus ἄνεμος dicitur ; nec illorum tamen quisquam dixisse aliquid videtur. Non enim, si anima sanguine aut per vulnus effuso, aut febrium calore consumpto, videtur extingui, continuo in materia sanguinis animæ ratio ponenda est : veluti si veniat in quæstionem, lumen quo utimur, quid sit, et respondeatur oleum esse, quoniam consumpto illo, lumen extinguitur ; cum sint utique diversa, sed alterum sit alterius alimentum. Videtur ergo anima similis esse lumini, quæ non ipsa sit sanguis, sed humore sanguinis alatur, ut lumen oleo.

Qui autem ignem putaverunt, hoc usi sunt argumento, quod præsente anima corpus caleat, recedente frigescat. Sed ignis et sensu indiget, et videtur, et tactu comburit. Anima vero et sensu aucta est, et

VARIORUM NOTÆ.

Quod Aristoxenus dixit, etc. Priora hujus dogmatis pars Dicæarcho magis attribuitur, quam Aristoxeno : tribuitur tamen utrique. Cic. in 1 Tusc. quæst. : *Dicæarchus quidem et Aristoxenus, quia difficilis erat animi, quid, aut qualis esset intelligentia, nullum omnino animum esse dixerunt*. Sed in eodem paulo ante : *Dicæarchum vero cum Aristoxeno, æquari et condiscipulo suo, doctos sane homines omittamus, quorum alter ne condoluisse quidem unquam videtur, qui animum se habere non sentiat*; *alter ita delectatur suis cantibus, ut eos etiam ad hunc transferre conetur*, etc. BETULEIUS. De Aristoxeni opinione vide Lactantium, lib. VII Div. Institut. cap. 13.

Omnino. Deest in mss. Bov.

Scilicet. Restitutum ex omnibus mss. et 8 vet. editis. In 5 vulg. leg. *ut est.*

Sicut sunt nervi bene intenti ad conspirantem sonum. Sic reposui ex mss. veterr. Cauc., Regio-Pat., 5 al. Reg., 4 Colb., Vict., Tax., Em., Cantabrig., Gat., Marm., Clarom., Brun. et 10 vet. impressis, et 2 rec. Cellar., Walch. In 7 mss. et 6 vulgatis legitur, *sicut nervi bene intenti conspirantem sonum.*

Interruptum. Ita restitui ex supradictis mss. et edd. Betul. ac Cellar. In 6 rec. scriptis et 14, vulgatis est *interceptum.*

Duxerit vitium. Notior phrasis est, *facere vitium.* Cicero Topic. III: *Si ædes eæ corruerunt vitiumque fecerunt*. Vide cap. 4 et Rhellican., Glandorp. et Brant. ad Cæsar B. Hispan., cap. 19 : *Turris ab imo vitium fecit*. BUN.

Occidere sensum. Hoc est, mentem. FRANC.

Non harmoniam. Mss. 9 ac Bonon. præcipue a Thomasio inspecti, cum ed. Graph. *nunquam harmoniam*. Cæteri tam manu exarati, quam impressi, ut in textu.

Similitudo viventis. Id est, *similitudo cum vivente*. FRANC.

Sine tactu artificis. Sic undecim mss. et 15 typis vulgati : in 7 scriptis cum ed. Rom. 1468 est *tractu;* in 6 aliis *tractatu*. —Sine tractatu artificis. Sic edo ex Bonon. et Taxaq. adstipulante Heumanno. Parrh. et seqq., *sine tactu*, notiori voce pro rariori substituta : *Tractare, tractabilis, tractatus* interdum idem, quod *tangere, tangibilis, tactus*. Vide Pierium ad Virg. lib. in Georg, v. 302 :

Pellis et ad tractum tractanti dura resistit.

Conf. not. ad Lact., lib. VII Institut., cap. 21, et ad lib. v Institut. cap. 21 : *Oculis manuque tractabile.*
BUN.

Alii ignem. Zenon videlicet, ut supra ex Cicerone citavimus : unde Stoicis δερμὸν πνεῦμα. Sed apud Nemesium Democrito ignis est anima, apud Plutarchum Demetrio, apud Macrobium Hipparcho, sicut Hipponi aqua. Hinc illud Virg. in VI :

Igneus est ollis vigor et cœlestis origo.

(*Item in* IV *Æn.*)

Quod Græce ventus ἄνεμος. Alia ratione, sive *spiritum*, sive *flatum animam* nos dicimus, non tanquam aer quidam sit, qualis spiritus ille ; quem spirando trahimus, sed *spiritum*, quia propriam quamdam habet *naturam corporis expertem*, *et mundanæ molis elementis omnibus excellentiorem substantiam*, ut Augustin. epistol. 28 : *Flatum, quia Deo est insufflante creata, ut ex Mose, lib. 1, cap. 2, vers. 7*. Idem de Civit. Dei, lib. XIII, cap. 24. Lactant. certe contra plane quam stoici, quia partu animam in corpus insinuari statuebant, quod et Lactantius monet; Aristoteles, de Anima, lib. 1, cap. 5. Latinis etiam *animus* et *anima* παρὰ τὸν ἄνεμον. Serv. ad Æneid. lib. 1. GATAKER.

Consumpto illo. Ms. Clarom. *consumpto oleo;* sicque legi malebat Francius.

Alatur. Ita ms. Bov. quod rectius juxta Heumannum ex editione 1472. In aliis *alitur*, sed minus bene.

Sensu aucta. Id est, sensu præcessit oppos. *sensu indiget*. Vide not. ad lib. II Institut., cap. 5 : *Sensibile esse, quod sensu præditum gignat*, *et habere sensum, cujus pars sensu aucta sit.* BUN.

videri non potest, et non adurit. Unde apparet, animam nescio quid esse Deo simile. At illi, qui ventum putant, hoc falluntur, quod ex aere spiritum ducentes, vivere videamur. Varro ita definit : « Anima est aer conceptus ore, tepefactus in pulmone, fervefactus in corde, diffusus in corpus. » Hæc apertissime falsa sunt. Neque enim tam obscuram nobis hujusmodi dico esse rationem, ut ne hoc quidem intelligamus, quid verum esse non possit. An si mihi quis dixerit, æneum esse cœlum, aut vitreum, aut, ut Empedocles ait, aerem glaciatum, statimne assentiar, quia cœlum ex qua materia sit ignorem? sicut enim hoc nescio, ita illud scio. Anima ergo non est aer ore conceptus, quia multo prius gignitur anima, quam concipi aer ore possit. Non enim post partum insinuatur in corpus, ut quibusdam philosophis videtur, sed post conceptum protinus, cum fœtum in utero necessitas divina formavit; quia adeo vivit intra viscera genitricis, ut et incremento augeatur, et crebris pulsibus gestiat emicare. Denique abortum fieri necesse est, si fuerit animal intus extinctum. Cæteræ definitionis partes eo spectant, ut illis novem mensibus, quibus in utero fuimus, mortui fuisse videamur. Nulla ergo ex his tribus vera sententia est. Nec tamen in tantum falsos esse dicendum est, qui hæc senserunt, ut omnino nihil dixerint; nam et sanguine simul, et calore, et spiritu vivimus. Sed cum constet anima in corpore his omnibus adunatis, non expresserunt proprie quid esset, quia tam non potest exprimi, quam videri.

CAPUT XVIII.

De anima et animo, eorumque affectionibus.

Sequitur alia, et ipsa inextricabilis quæstio : idemne sit anima, et animus; an vero aliud sit illud, quo vivimus, aliud autem, quo sentimus et sapimus. Non desunt argumenta in utramque partem. Qui enim unum esse dicunt, hanc rationem sequuntur, quod neque vivi sine sensu possit, neque sentiri sine vita; ideoque non posse esse diversum id, quod non potest separari, sed quidquid est illud, et vivendi officium, et sentiendi habere rationem. Idcirco animum et animam indifferenter appellant duo Epicurei poetæ. Qui autem dicunt esse diversa,

VARIORUM NOTÆ.

Animam nescio quid esse Deo simile. Sic ferunt quamplures et potiores mss. septemque editi. In 4 scriptis rec. et 12 excusis est *similem.* Hæc sobrie intelligenda sunt.—*Animam... Deo simile.* Scite Augustin. in Psalm. LXII : *Cum Deus sit vita animæ, anima vero vita corporis, sicut corpus vivere non potest absque anima, ita non nisi Deo præsente anima vivere valet.* BUN.

Ventum putant. Mss. 9 et 5 rec. edd. addunt *esse;* sed perperam. A cæteris abest. Vide supra, *ignem putaverunt.*

Videamur. Ita tres mss. rec. cunctique impressi. Vide supra, *quod.. corpus calet, recedente frigescat.* In 17 scriptis est *videmur;* in Cantabrig. *videantur.*

Varro ita definit. Sic reposui ex vet. mss. 2 Bonon. Cauc., Regio-Put., alio item Regio. 3 Colbert., Lips., Ultr., Clarom., Vict., Brun., ed. Betul., Cellar. Mss. 9 rec.. *itaque diffinit.*

Anima est aer conceptus ore, tepefactus in pulmone, fervefactus in corde. Vera lectio juxta Vossium, et tres peritissimos Medicos quos consului. Apud plures alios auctores, qui illum ex Varrone locum referunt, *Anima dicitur aer susceptus ore, tepefactus in pulmone, accensus in corde, diffusus in corpus.* Quod idem est. Tepor ad pulmonem pertinet, fervor ad cor; quod enim calidi habet pulmo, asciitium illi est, utpote a corde profectum; cor enim antiquis caloris vitalis promptuarium habebatur aut officina. Itaque vitiose in mss. 27 reperitur scriptum, *defervefactus in pulmone, temperatus in corde;* in Marm. *madefactus in pulmone, temperatus in corde;* in 2 Reg. et editis 16, *defervefactus in pulmone, tepefactus in corde.* Vide Vossium libro II de Idololatria, cap. 83. In mss. Bov. *Defervescens in pulmone, temperatus in corde.*—Buneman vero. *Defervefactus in pulmone, temperatus in corde.* Subl., Rost., Ven. 1471, 93, 97-1519, Torn., Bet., Thomas., Isæus, Thys., *Defervefactus in pulmone, tepefactus in corde.* Cum vero Vossius, l. II de Idolatr. Gent. 83 : *natura rei sic postulante, legendum censeret* : *tepefactus in pulmone, fervefactus in corde,* talis viri auctoritate moti Gallæus et Sparkius eam emendationem in textum receperunt, et Heumannus, *Ego quoque,* inquit, *assentior, ipsa re huic scripturæ patrocinante.* Ego cum viris doctis anatomiæ et rerum physicarum peritis nihil certi hac definientibus tutius putavi exhibere scripturam Bon., Tax., Pen., Ultr.,
Bodl., Cott., Mert., Ball., C. C. C. Emman. Guelf., Goth., Lips. trium, Reimm., Ven. 1472, utriusque 1478, et Cellar., *defervefactus in pulmone, temperatus in corde.* BUN.

Hujusmodi. Mss. 6 et editi octo rec. perperam addunt *veram,* quod abest a prius cusis, et a mss. Regio-Put., aliisque 4 Reg., Cauc., 4 Colb., Vict., Marm., Clarom., Brun., Bov. et ut inutile expunxi.—*Hujusmodi rerum.* Abest a Lips. 2, Goth., Reimm., Cauc., Rost., Ven. 1493, 97, Parrh., Ald., Gryph., Torn., *rerum* : sed addunt Bon., Taxaq., utraque 1478, Erasm. in Frob., Gymn., Thomas., etc. BUN.

Aut vitreum, aut ut Empedocles ait, aerem glaciatum. Ita mss. 4 Bonon., antiquior, Cauc., Vict. et typis excusi Gymnic., Graph., Tornes., Soubron., Betul., 2 Paris., Is., Thys., Spark, Gall. In 18 mss. et 8 vulgatis est, *aut vitreum, ut Empedocles ait, aerem glaciatum;* in Cantabrig. et Em. *aut vitreum, ut Empedocles, aut aerem glaciatum;* minus apte ut puto.

Ita illud scio. Scilicet non esse id. Vide FRANCIS. — *Ita illud scio.* Scribendum, inquit Heumannus, *necessario* : *Ita nec illud scio.* Sed omnes libri, ita illud scio, et recte. Sensus est : *Hoc nescio, ex qua materia sit, illud vero scio, non esse cœlum æneum, aut vitreum.* BUN.

Crebris pulsibus gestiat emicare. Id est, *exsilire, prosilire ex utero.* Anna Fabri ad Flor. lib. I, cap. 18 : *Hostem rati, emicant,* proprie, inquit, de piscibus, qui corpora saltu in aera subjiciunt, unde ad alia transfertur. Sic eleganter dicitur, *cor micare, emicare,* id est, *salire,* ut Heinsius ad Ovidium et Helmenhorst. BUN.

Mortui fuisse. Ita mss. 2 Bonon., 1 Reg., 2 Colb., Baluz. ac editi 16. At mss. 16 cum edit. Rom. 1470 et Cellar. habent *mortui esse.*

Quam videri. Rectissime Heumannus supplet, *quam non potest videri* : unde confirmantur dicta ad lib. VII Institut. cap. 9 : *Sic vita sine luce.* BUN.

Ipsa. Deest in ms. Bov.

Neque sentiri. Ita ms. Bov. editi habent *nec sentiri.*

Duo Epicurei poetæ. De Lucretio constat, cujus versiculos ex lib. III adscribam

Nunc animum atque animam dico conjuncta teneri
Inter se, atque unam naturam conficere ex se :
Sed caput esse quasi, et dominari in corpore toto,

sic argumentantur : ex eo posse intelligi, aliud esse mentem, aliud animam, quia incolumi anima mens possit extingui, quod accidere soleat insanis; item, quod anima morte sopiatur, animus somno, et quidem sic, ut non tantum, quid fiat, aut ubi sit, ignoret, sed etiam rerum falsarum contemplatione fallatur. Quod ipsum quomodo fiat, non potest pervideri; cur fiat, potest. Nam requiescere nullo pacto possumus, nisi mens visionum imaginibus occupata teneatur. Latet autem mens oppressa somno, tamquam ignis obducto cinere sopitus, quem si paululum commoveris, rursus ardescit, et quasi evigilat. Avocatur ergo simulacris, donec membra sopore irrigata vegetentur; corpus enim, vigilante sensu, licet jaceat immobile, tamen non est quietum, quia flagrat in eo sensus, et vibrat, ut flamma, et artus omnes ad se adstrictos tenet.

Sed postquam mens ad contemplandas imagines ab intentione traducta est, tunc demum corpus omne resolvitur in quietem. Traducitur autem mens cogitatione cæca, cum cogentibus tenebris secum tantummodo esse cœperit : dum intenta est in ea, de quibus cogitat, repente somnus obrepit, et in species proximas sensim ipsa cogitatio declinat : sic ea, quæ sibi ante oculos posuerat, videre quoque incipit. Deinde procedit ulterius, et sibi avocamenta invenit, ne saluberrimam quietem corporis interrumpat. Nam ut mens per diem veris visionibus avocatur, ne obdormiat, ita falsis nocte, ne excitetur. Nam si nullas imagines cernat, aut vigilare illam necesse erit, aut perpetua morte sopiri. Dormiendi ergo causa tributa est a Deo ratio somniandi; et quidem in commune universis animantibus : sed illud homini præcipue, quod cum eam rationem Deus quietis causa daret, facultatem sibi reliquit docendi hominem futura per somnium. Nam et historiæ sæpe testantur extitisse somnia, quorum præsens et admirabilis fuerit eventus; et responsa vatum nostrorum ex parte somnii constiterunt. Quare neque semper vera sunt, neque semper falsa, Virgilio teste, qui duas portas voluit esse somniorum. Sed quæ falsa sunt, dormiendi causa videntur; quæ vera, immittuntur a Deo, ut imminens bonum aut malum hac revelatione discamus.

VARIORUM NOTÆ.

Consilium, quod nos animum mentemque vocamus.

Sunt qui Actianam hanc sententiam huc referunt : Sapimus animo, fruimur anima : sine animo anima est debilis. Cicero prim. Tusc. quæst. philosophorum de anima dogmata recitans, inter cætera sic scribit : *Animum autem animam etiam fere nostri declarant nominari. Nam et agere animam, et efflare dicimus, et animosos, et bene animatos, et ex animi sententia. Ipse autem animus ab anima dictus est.* Actianæ sententiæ similem Nonius Marcellus effert his verbis : *Animus est quo sapimus, anima qua vivimus.* Cornelius Fronto : *Animus qualitas viventis, anima causa vitæ.* Sed audiamus ex catholicis aliquem, et quidem Augustinum, diu in philosophicis studiis versatum. Is in libro de Spiritu et anima cap. 34 sic scribit : *Spiritus pro spiritali anima, vel pro eo quod spirat in corpore. Item animum idem dicimus, quod anima : sed anima vitæ, animus consilii. Unde aiunt philosophi, et sine animo vitam manere, et sine mente animam durare, sicut in amentibus. Ad mentem enim pertinere videtur, ut sciat; ad animum, ut velit.* BETUL. Alterum poetam Epicureum creditur a Lactantio Virgilium fuisse designatum. Virgilius enim in Ciris vers. 3 et 4 ipse se Epicureum profitetur. Hinc Fabricius, lib. III, cap. 33 Biblioth. Græcæ Virgilium retulit inter Epicureos. Alii tamen Horatium putant, quem inter Epicureos poetas numerant, præcipue ex Ode 3 libri 1, et Sermonum lib. II, Satyr. 3.

Aliud animam. Sic ms. Bov. in editis vero minus bene legitur *aliud esse animam.*

Fiat. In ms. Bov. *Faciat.* et BUN. — *Quid faciat.* Rost. Ven. 1471, 72, utraque 78 - 1515. Paris., Junt., Crat., Gryph., Thomas., Isæus, Gallæus, Spark., *quid fiat*, Heumanno approbante. At Emm., Cant., Goth., Lips., Reimm., *quid faciat.* BUN.

Nisi mens, etc. Est enim, ut Cicero alicubi docet, mentis incredibilis videndi veri cupiditas. Sed ea pars quæ φαντασία Græcis, latinis imaginatio dicitur, erroribus obnoxia, mentem sæpe secum in errores trahit. Lactantius ait, animum rerum falsarum contemplatione falli, falli etiam insomniis. Phantasma, Lactantius cogitationem cæcam nominat. BETUL.

Nam requiescere ..... imaginibus teneatur. Quid qui non somniant, et tamen dormiunt et quiescunt, ut scribit Arist. in libell. de Somno in fin. et IV de

Histor. animal, cap. 10, sed et in eo falsus Lactantius est, quod et somnium et insomnium mentis affectus esse putat, cum sint phantasiæ, ut lib. de insomn. c. p. et dixi sup. lib. VII Institut., cap. 12. ISÆUS.

Sopore irrigata vegetentur. Quod caret alterna requie, durabile non est; inquit Ovidius. Necesse est etiam mentem quiescere : quæ quies somnus dicitur, cum somnus nihil aliud sit, quam animi quies.

Hic reparat vires, fessaque membra novat.
Ovid. ex BETUL.

Mens cogitatione cæca. Scilicet phantasia.
Avocamenta. In ms. Bov. *adnotamenta.*
Necesse erit. Sic reposui ex mss. Regio-Put., 3 al. Reg., 6 Colbert., Marm., Em., Baluz., Clarom., Brun., ed. Cellar. In 1 Reg. et cunctis pene vulgatis, *necesse est.*

Illud homini præcipue. Heumannus putat legendum esse, sed *illud hominis præcipuum est*, juxta hanc Ciceronis locutionem Orat. pro Ligario n° 9 : *Hoc certe præcipuum Tuberonis fuit, quod.*

Futura per somnium. Ut Josephus et Daniel somniorum interpretes fuerunt, et Dominus per Jobelam hoc divinationis genus mortalibus promisit. Sed et in Gentilium historiis sæpe insomnia minime vana occurrunt; qualia Valerius, lib. I aliquot collegit, quanquam peripatetici omnem fere divinationem ex somniis tollunt. Circumfertur Artemidori, liber de somniorum interpretatione, meris refertus nugis. Macrobius, cap. 3, lib. I de Somnio Scipionis, quinque somniandi genera diserte et copiose prosequitur.
BETUL.

Vatum nostrorum. Id est prophetarum. FRANCIUS.
Ex parte somnii constiterunt. Ita omnes mss. et editi Rom. 1470, 1474, Cellar., Walch. In cæteris impressis est *ex parte somniis constiterunt* : quod magis placeret si manuscriptorum fulciretur auctoritate; quasi diceret : Oraculorum nostrorum pars maxima, vaticinantium somnia fuerunt, sed quædam vera, et quædam falsa.—HECQUET. Attamen editiones Aldi, Erasmi, Thomasii, Thysii, etc., habent *somniis constituerunt.*

Virgilio teste. Vide Virgil. Æneid. VI circa finem : hanc somnii fictionem primus expressit Homerus, Odysseæ lib. τ., ubi Penelopes describit insomnium,

CAPUT XIX.

De anima, eaque a Deo data.

Illud quoque venire in quæstionem potest, utrumne anima ex patre, an potius ex matre, an vero ex utroque generetur. Sed ego id in eo jure ab ancipiti vendico. Nihil enim ex his tribus verum est, quia neque ex utroque, neque ex alterutro seruntur animæ. Corpus enim ex corporibus nasci potest, quoniam confertur aliquid ex utroque; de animis anima non potest, quia ex re tenui et incomprehensibili nihil potest decedere. Itaque serendarum animarum ratio uni ac soli Deo subjacet.

Denique, cœlesti sumus omnes semine oriundi:
Omnibus ille idem pater es.,

ut ait Lucretius. Nam de mortalibus non potest quidquam nisi mortale generari. Nec putari pater debet, qui transfudisse, aut inspirasse animam de suo nullo modo sentit; nec, si sentiat, quando tamen, aut quomodo id fiat, habet animo comprehensum.

Ex quo apparet, non a parentibus dari animas, sed ab uno eodemque omnium Deo patre, qui legem rationemque nascendi tenet solus, siquidem solus efficit. Nam terreni parentis nihil est, nisi ut humorem A corporis, in quo est materia nascendi, cum sensu voluptatis emittat, vel recipiat; et citra hoc opus homo resistit, nec amplius quidquam potest: et ideo nasci sibi filios optant, quia non ipsi faciunt. Cætera jam Dei sunt omnia, scilicet conceptus ipse, et corporis informatio, et inspiratio animæ, et partus incolumis, et quæcumque deinceps ad hominem conservandum valent; illius munus est, quod spiramus, quod vivimus, quod vigemus. Nam præterquam quod ipsius beneficio incolumes sumus corpore, et quod victum nobis ex variis rebus subministrat, sapientiam quoque homini tribuit, quam terrenus pater dare nullo modo potest. Ideoque et de sapientibus stulti, et de stultis sapientes sæpe nascuntur; quod quidam fato, ac sideribus assignant. Sed non est nunc locus de fato disserendi. Hoc dicere satis est, quod etiamsi astra efficientiam rerum continent, nihilominus a Deo omnia fieri certum est, qui astra ipsa et fecit, et ordinavit. Inepti ergo, qui hanc potestatem Deo detrahunt, et operi ejus attribuunt.

Hoc igitur Dei munere cœlesti atque præclaro, an utamur, an non utamur, in nostra esse voluit potestate. Hoc enim concesso, ipsum hominem virtutis sacramento religavit, quo vitam posset adipisci. Magna

VARIORUM NOTÆ.

Sed ego id in eo jure ab ancipit. vendico. Ita ms. Bov. quasi dicas: *At ego in re dubia et ancipiti id judicandum puto, nihil ex his tribus verum esse.* Vulgati ita scribunt, sed ego id meo jure ab ancipiti vendico; quod nullum efficit sensum.

Nihil ex his tribus verum est. Vides in toto hoc capite negari animæ per traducem propagationem: unde falsum est, quod Ruffinus apud Hieron. lib. II adv. Ruffinum, scripsit : *Legi quosdam dicentes, quod pariter cum corpore per humani corporis traducem etiam animæ diffundantur, et hæc, quibus poterant, adsertionibus confirmabant, quod puto inter Latinos Tertullianum sensisse, vel Lactantium fortasse, et nonnullos alios.* Rectius Hieronymus refutat Ruffinum: *Quantum memoria suggerit, nisi tamen fallor, nescio, me legisse, Lactantium συσπειρομένην (al. ex traduce factam) animam dicere.* Cæterum qui legisse te scribis, dic, in quo libro legeris, ne ut me dormientem, sic illum mortuum calumniatus esse videaris. Lactantii opinionem cognoscas ex cap. 17, lib. VII, *Institut.*, cap. 5 et lib. II Institut., cap. 10. BUN.

Seruntur animæ. Ms. Cauc. et 10 editi addunt *corporibus*, quod cæteri respuunt, sicut et mss. Francius forte, inseruntur. Ms Lips. *seruntur anima et corpus.* — *Quia neque..... Seruntur animæ.* Quæritur, utrum anima sit ex traduce, id est, utrum anima cum semine traduci et transmitti possit. Lactantius negat. Rectissime. Nam contraria asserto damnata est. Vid. Aug. in lib. de hæresibus ad Quod vult deum, cap. 86, in epist. ad S. Hieronym. per Oros. presbyterum missa, et in epist. ad Optat.; Et eher., I super Genes. ad ea verba, *Et ædificavit Dominus Deus costam*; Hieronym. ad versum 15 psalm. XXXII; S. Thomam. II contr. Gent., cap. 86, p. p. quæst. XCVIII, art. 2. ISÆUS.

Denique cœlesti, etc. Præter Lucretium habes Arati auctoritatem, quam Atheniensibus olim obtrusit Doctor gentium: Τοῦ γὰρ καὶ γένος ἐσμέν; *Ipsius enim et genus sumus.* Locus Lucretii est libro II vers. 990.

Pater. Subaudi *animæ.*

De suo. Mss. 10 et edd. 5, *de sua.* Utraque lectio bona.

Quando tamen, aut quomodo. Abest *tamen* a sex B mss. et 4 editis; in tribus est *quantum*, pro *quando*; in ms. Pen., *qua ratione tamen.*

Non a parentibus dari animas. Certum est, Deum vocari patrem spirituum, quia ipse animas creat et C corporibus infundit. Per generationem nullo modo potest produci anima rationalis; non enim virtus corporea, qualis est generatio, potest assurgere ad productionem rei spiritualis. Hoc etiam argumentum rem hanc evincit: quidquid fit, est vel ex aliqua præjacente materia, vel fit ex nihilo, vel, secundum illos, qui *modos* tanquam medios inter ens et nihil ponunt, ex *modis rei.* Anima autem non est ex materia, quia ita esset corporalis, quod repugnat ejus ectionibus, quas independenter a materia producit; neque ex *modis*, modi enim nihil producunt: saltem hoc certum est, non posse producere spiritum qui etiam post corporis interitum subsistit. Restat itaque ut fiat ex nihilo: homo autem ex nihilo non potest producere aliquid, quia inter ens et nihilo infinita est distantia, quæ non potest superari, nisi vi infinita.
GALL.

Citra hoc opus homo resistit. Ita omnes fere editi: quidam tamen mss. hic legunt *citra hoc opus humoris* D *istium homo resistit.* At hæc ultima lectio mendosa est, etiam teste Heumanno. In 8 vulgatis *est et circa.* Post opus mss. 4 Bonon., Regio-Put. et 3 al. Reg., 6 Colb., Vict., Gat., Marm., Baluz., Em., Brun., edd. Rom. 1470. Ald., Graph., Crat. addunt *humoris istius*, ut jam dictum est. — *Homo resistit.* Id est, sistit, verbum compositum pro simplici; nihil amplius agit. Vel, hoc opere omisso, homo non nasceretur.

Incolumes sumus corpore. Ex mss. et priscis vulgatis sex et 2 rec. reposuimus *incolumes*; in editis novem est *incolumi.*

An utamur, an non utamur. Posterius membrum, quod in mss. 2 Bonon., Tax. et 4 rec. desideratur, huc ex 21 scriptis et ex ed. Rom. 1468, Cellar. et Walch. revocavimus.

Religavit. Vide supra lib. IV Div. Institut. cap. 28, initio, id est, *obligavit.*

Quo vitam posset adipisci. Post hæc verba, oratio posita in inferiore libri ora extat in mss. 6 Reg., 8 Vaticanis, 6 Colbert., 2 Sorbon., 4 Oxon. ac 15 aliis, est enim vis hominis, magna ratio, magnum sacramentum: a quo si quis non defecerit, nec fidem suam devotionemque prodiderit; hic beatus, hic denique (ut breviter finiam) similis Deo sit necesse est. Errat enim quisquis hominem carne metitur. Nam corpusculum hoc, quo induti sumus, hominis receptaculum est. Nam ipse homo neque tangi, neque aspici, neque comprehendi potest, quia latet intra hoc quod videtur. Qui si delicatus magis ac tener in hac vita fuerit, quam ratio ejus exposcit, si virtute contempta, desideriis se carniis addixerit, cadet, et premetur in terram. Sin autem (ut debet) statum suum, quem rectum recte sortitus est, prompte constanterque defenderit, si terræ, quam calcare ac vincere debet, non servierit, vitam merebitur sempiternam.

CAPUT XX.

De seipso, et veritate.

Hæc ad te, Demetriane, interim paucis, et obscurius fortasse quam decuit, pro rerum ac temporis necessitate peroravi; quibus contentus esse debebis, plura, et meliora laturus, si nobis indulgentia cœlitus venerit. Tunc ergo te ad veræ philosophiæ doctrinam, et planius, et verius cohortabor. Statui enim, quam multa potero, litteris tradere, quæ ad vitæ beatæ statum spectent; et quidem contra philoso-

VARIORUM NOTÆ.

in 8 vet. edit. Rom. in Ald. 1515, Paris. 1525 et 10 aliis. Quæ tamen cum in antiquissimis optimisque mss. Bononiensi, Regio-Put., Cauc. aliisque a Thomasio et Gallæo laudatis, et pluribus editis non reperiatur, multaque contineat Manichæismum redolentia, qualia plurima scriptis Lactantianis a veteratoribus istis inserta fuisse olim monuimus; idcirco tanquam adulterina manu adjuncta, a textu in inferiorem libri oram a nobis rejecta est, ne nos mala fide egisse videamur, qui ejusdem criminis eos insimulamus qui tam indignis modis Lactantium acceperunt. Sic autem prodit isthæc Oratio: *Dedit ei et constituit adversarium nequissimum et fallacissimum spiritum, cum quo in hac terrestri vita sine ulla securitatis requie dimicaret. Cur autem Deus hunc vexatorem generi hominum constituerit, breviter exponam.* (Hic incipit in vulg. caput 20.) *Ante omnia diversitatem voluit esse; ideoque vulgo non aperuit veritatem, sed eam paucissimis revelavit: quæ diversitas omne arcanum mundi continet. Hæc est enim, quæ* (5 Colb. et Bov., *facit etsi) faciat virtutem, quæ scilicet sine ipsa non modo non esse, sed ne apparere quidem posset; quia virtus esse non poterit, nisi fuerit compar aliquis, in quo superando vim suam vel exerceat, vel ostendat. Nam, ut victoria constare sine certamine non potest: sic nec virtus quidem ipsa sine hoste. Ita,* (ms. Bov., *Itaque*) *quoniam virtutem dedit homini, statuit illi ex contrario inimicum, ne virtus otio torpens naturam suam perderet. Cujus omnis ratio in eo est, ut concussa et labefactata firmetur, nec aliter ad summum fastigium possit venire, nisi* (ms. Torn., *trudenti*) *prudenti manu semper agitata, se ad salutem suam dimicandi tenore* (1 Bonon. rec., *sudaverit*) *fundaverit. Noluit enim Deus hominem ad immortalem illam beatitudinem delicato itinere pervenire. Daturus ergo virtutem, dedit hostem prius, qui animis hominum cupiditates et vitia immitteret, qui esset auctor errorum, malorumque omnium machinator; ut quoniam Deus hominem ad vitam vocat, ille contra, ut rapiat et traducat ad mortem. Hic est, qui aut inducit, aut decipit eos, qui veritati student, aut si dolo et studiis non quiverit, virilem gerit animam, quo* (qua ms. Bov.) *sublimium vigorem labefactare conetur, infanda dictu et execrabilia moliens: vexat, interficit; et tamen, ut posternit multos, sic a multis victus prostratusque discedit.* Hæc sunt quæ aliena manu huc inserta fuerant.

Hominis receptaculum. Videtur Lactantium naturam hominis in sola anima constituere, cum tamen ex duabus hisce partibus essentialibus constet. Qui corpus hominis videt, videt etiam, et tangere potest aliquid hominis, Lactantius igitur nimis generaliter asserit, corpus tantum hominis esse receptaculum. GALLÆUS.

Nam ipse homo. Ms. 1 Bonon. antiquior, *Nam mens hominis:* quam lectionem probat Thomasius. Ego a vulgata lectione, quæ est codicum mss. 6 Reg., 8 Vatic., 6 Colbert., Tax., Pen., 1 Bon. rec., Clarom., Baluz., Brun. editorumque 19 non recedo. In illa enim Lactantius permanet opinione, quod mens hominis sit ipse homo, de qua late dictum est ad c. 3 l. II Div. Instit. Isæus. — *Nam ipse homo.* Rem conficiunt loca gemina. Lib II, cap. 3. *Cum ipsi ne hominem quidem videant, quem videre se credunt.* Hoc enim quod oculis subjectum est, non homo, sed hominis receptaculum est; et paulo post: *Qui colunt simulacra, corpora sunt hominibus carentia*; lib. v Institut., cap. 21: *Animus, in quo solo est homo*; de Opif. cap. 1: (Corpus) *vas est quodammodo fictile, quo animus, id est, homo ipse verus continetur.* Nec aliter Macrobius lib. II Somn. Scip. cap. 12: *Anima, qui verus homo est, ab omni conditione mortalitatis aliena est.* BUN.

Quia latet intra hoc. Mss. 4 rec., *in hoc.* Post hæc verba in 1 Lips. codice adduntur hæ duæ voces *animal homo*; in aliis mss. desunt.

Qui si delicatus magis. Desideratur adverbium in 19 mss. et ed. Rom. 1470.

Sin. In ms. Bov. legitur *si*.

Quem rectum recte sortitus est. Hunc locum ita restitui ex 16 mss. et 12 editis. Mirum quam hic varient tum scripti, tum excusi codices. In aliis mss. rec. 1 Reg., 1 Colbert. et Marm. pro *rectum*, est *rectus*, in Regio-Put., *quem rectum rectus*; in 1 Sorbon. et Brun., *quem rectum ratione.*.A Baluz. abest *rectum*; a 2 Bonon. et Tax. editisque rec. quatuor *recte*. Post *sortitus est*, 20 mss. ac vulgati 5 addunt conjunctionem *et*, quam respnunt alii, quamque inutilem judicavi. Attamen voculam *recte* Gallæus delevit, delendamque judicat Heumannus.

Debebis. Sic reposui ex vet. mss. 2 Bonon., Regio-Put., Cauc. aliisque 8 et edd. 4, faveniibus 4 aliis scriptis, in quibus est *debetis*, corrupte. In mss. decem rec. totidemque editis legitur *debeas*.

Meliora laturus. Ita mss. 2 Bon., 4 Reg., 4 Colb., Vict., Gat., Marm., Christ., Em., Cant., Clarom., Brun. et alii, ac vet. edd. 7. In 6 scriptis et 10 impressis est *lecturus*.

Tunc ergo. Sic legunt editi a Thomasio, Thysio, et Gallæo, verum in 16 mss. et 7 vulgati: alii 2 scripti et 7 vet. edd. *Tunc et ego*; 4 mss. *Tum ego*; plures editi, *Tunc ego.*

Planius et verius. Ita omnes mss. et impressi: Francius, forte *plenius.*

Et verius. Clarom. a prima manu, *et melius.*

Quæ ad vitæ beatæ statum spectent, etc. Hinc constat, hunc librum prius fuisse scriptum, quam illos vii libros contra Philosophos. THOMAS. —Pollicetur se quam multa poterit litteris traditurum, quæ ad vitæ beatæ statum spectant; atque hoc munere defunctus fuit in septem libb. Institut. ac præsertim de Vita beata libro vii conscripsit: talis enim titulus illi libro dandus, ut constat ex ejusdem lib. cap. 5. non ille quem editi, de Divino Præmio, præ se ferunt. GALL.

Philosophos. Eos Hæreticorum Patriarchas vocat Tertullianus.

phos, quoniam sunt ad perturbandam veritatem perniciosi et graves. Incredibilis enim vis eloquentiæ, et argumentandi disserendique subtilitas, quemvis facile deceperit : quos partim nostris armis, partim vero ex ipsorum inter se concertatione sumptis revincemus; ut appareat, eos induxisse potius errorem, quam sustulisse.

Fortasse mireris, quod tantum facinus audeam. Patiemurne igitur extingui, aut opprimi veritatem ? Ego vero libentius vel sub hoc onere defecerim. Nam si Marcus Tullius, eloquentiæ ipsius unicum exemplar, ab indoctis et ineloquentibus, qui tamen pro vero nitebantur, sæpe superatus est, cur desperemus veritatem ipsam contra fallacem captiosamque facundiam sua propria vi et claritate valituram ? Illi quidem sese patronos veritatis profiteri solent : sed quis potest eam rem defendere, quam non didicit, aut illustrare apud alios, quod ipse non novit ? Magnum videor polliceri : sed cœlesti opus est munere, ut nobis facultas ac tempus ad proposita persequenda tribuatur. Quod si vita est optanda sapienti, profecto nullam aliam ob causam vivere optaverim, quam ut aliquid efficiam quod vita dignum sit, et quod utilitatem legentibus, etsi non ad eloquentiam, quia tenuis in nobis facundiæ rivus est ad vivendum tamen afferat quod est maxime necessarium. Quo perfecto, satis me vixisse arbitrabor, et officium hominis implesse, si labor meus aliquos homines ab erroribus liberatos ad iter cœleste direxerit.

VARIORUM NOTÆ.

Incredibilis enim vis eloquentiæ. In scriptis 3 rec. et pluribus editis, *Incredibilis est enim..* In cæteris *est* non extat.
Qui tamen. Ita ms. Bov. et sic eruditi Francius et Heumannus suspicabantur esse legendum. Alii vero habent, *quia tamen.*
Captiosam. Mss. 3 Colbert. et Brun., *copiosam.*
Quod ipse. Ita restitui ex veterrimis et optimis mss. Regio-Put., 2 Bonon., Tax. In 1 Rego, 3 Colb. e. Clarom. est *quæ ipse.* Plures rec. manu exarati et typis vulgati habent *quam.* Relativum deest in 2 Colbert. rec. et Vict.
Ad vivendum. Bene scilicet.
Homines. Rectius et elegantius est, si deleatur, juxta Heumannum. Hoc verbum, inquit, e margine in textum irrepsit.

ANALYSIS LIBRI DE IRA DEI.

Quæstio hujus libri : An Deus vere irascatur?
Philosophi nonnulli negarunt, eo quod Deum vel beneficam esse tantum naturam, vel nihil omnino curare statuerent. Lactantius contra, Deum vere irasci hoc libro demonstrat his argumentis :

I. Aut ira tribuenda est Deo, et gratia detrahenda; aut utrumque detrahendum : aut ira demenda est, et gratia tribuenda ; aut utrumque tribuendum. Primum falsum est, quia nemo de Deo unquam dixit, irasci eum tantummodo, et gratia non moveri. Alterum est Epicureum. Statuit enim Epicurus, nec iram in Deo esse, nec gratiam, ut qui nihil omnino curet : sed falso; Deus enim non esset, nisi moveretur : nec dignior Deo administratio assignari potest, quam mundi gubernatio. Nulla etiam beatitudo est rei immobilis. Tertium est stoicum, gratiam in Deo esse, iram non esse : falsum id quoque. Nam si Deus non irascitur impiis, nec pios diligit. Relinquitur igitur quartum, quod est verum, nempe iram et gratiam Deo tribuendam (*Cap.* 1, 2, 3, 4, 5, 6).

II. Quæcumque opinio tollit religionem, vana est et falsa.
Opinio quæ Deo sive gratiam, sive iram, sive utrumque detrahit, tollit religionem; igitur opinio illa vana est et falsa.
Majorem probat cap. 7 : religionem nempe non posse dissolvi, quia sit propria hominis. Minorem confirmat cap. 8. Si enim Deus nihil cuiquam boni tribuit, stultum est eum colere.
Excipiunt quidam : Prodesse quidem hoc credere, sed utilitatis, non veritatis gratia, ut conscientiæ terreantur, quas leges punire possunt.
Lactantius negat hoc; et religionem, non utilitatis tantum, sed veritatis gratia fuisse institutam, asserit cap, 9, 10, 11.

III. Si in rebus humanis sunt bona et mala, necesse est ad utramque partem moveri Deum, et ad gratiam, cum justa fieri videt, et ad iram, cum cernit injusta.

Verum prius, quod ostenditur cap. 13, 14, 15 : igitur et posterius.
Objectio Epicuri : Si est in Deo lætitiæ affectus ad gratiam, et odii ad iram, habebit igitur et timorem, et libidinem, et cupiditatem.
Respon. Non sequitur : quia gratia, et ira, et miseratio habent in Deo materiam, id est, causam, reliqui affectus non habent : quibus vacat Deus, quia vitiorum affectus sunt, alios sicut hos habet, quia sunt virtutis (*Cap.* 16).

Objec. io alia : Deus ideo beatus est, quia semper quietus; igitur nec irascitur, nec gratia commovetur.
Respondet Lactantius, Deum non esse quietum, quia nec dormiat, nec moriatur. Curare igitur eum hominum vitam, et vi consequentis irasci malis, favere bonis. Deinde, sicut crudelitatis est potius, quam pietatis, si quis homo contumelias non vindicet : ita, inquit, non virtutis est in Deo, ad ea, quæ injuste fiunt, non commoveri (*Cap.* 17).

Objectio : Atqui Deus sine hoc affectu peccata potest corrigere.
Respon. Ipse peccati adspectus indignus est. Nam qui non movetur, omnino aut probat delicta, aut molestiam castigandi fugit, quorum utrumque est vitiosum. Hoc loco reprehendit dictum Architæ Tarentini, qui cum in agro corrupta esse omnia comperisset, villici sui culpam redarguens, miserum dixit, quem jam verberibus necassem, nisi iratus essem. Nam propter iræ magnitudinem pœnam non donanda m, sed differendam fuisse docet (*Cap.* 18).

IV. Si Deus sanctissimam vivendi legem posuit, voluitque universos innocentes ac beneficos esse, utique non potest non irasci, cum videt legem suam contemni. Verum prius; ergo et posterius.

V. Si est mundi administrator, non utique contemnit id quod est in mundo vel maximum.

VI. Si est pater ac Deus universorum, certe et virtutibus hominum delectatur, et vitiis commovetur; ergo et justos diligit, et impios odit (*Cap.* 19).

VII. Si potest ignoscere, potest et irasci : sed potest ignoscere, quia est legis suæ ipse disceptator et judex; potest igitur et irasci (*Cap.* 20).

Objiciebant : Cur ergo qui peccant, sæpe felices sunt, et qui pie vivunt, sæpe miseri?

Resp. Quia fugitivi et abdicati libere vivunt, strictius autem et frugalius, qui sub disciplina patris sunt. Deinde quia virtus per mala probatur, vitia per voluptatem. Præterea non est perpetua felicitas malorum.

Instantia : Si irascitur Deus, statim debuit vindicare.

Respon. Si id faceret, nemo superesset, nec ex peccatoribus aliqui converterentur (*Cap.* 20).

Objectio : Deus hominem irasci vetat in lege sua; igitur nec ipse irascitur.

Resp. Lex refrænat iram hominis injustam; nec in totum prohibet irasci, quia is affectus necessario datus est : sed prohibet in ira permanere. Quin Deus præcepit irasci; itaque et ipse irascitur. (*Cap.* 21).

VIII. Prophetæ universi divino Spiritu repleti nihil aliud, quam de gratia Dei erga justos, et de ira ejus adversus impios loquuntur.

IX. Sibyllæ et ipsæ iram Deo attribuunt, Apollo item Milesius (*Cap.* 22, 23).

Conclusio sequitur parænetica, qua hortatur universos, ut Deum ament, quod pater, eumdemque vereantur, quod Dominus sit. Scultetus.

LIBER

DE IRA DEI, AD DONATUM.

CAPUT PRIMUM.

De sapientia divina et humana.

Animadverti sæpe, Donate, plurimos id existimare (quod etiam nonnulli philosophorum putaverunt), non irasci Deum; quoniam vel benefica sit tantummodo natura divina, nec cuiquam nocere, præstantissimæ atque optimæ congruat potestati; vel certe nil curet omnino, ut neque ex beneficentia ejus quidquam boni perveniat ad nos, neque ex maleficentia quidquam mali. Quorum error, quia maximus est, et ad evertendum vitæ humanæ statum spectat, coarguendus est a nobis, ne et ipse fallaris, impulsus auctoritate hominum, qui se putant esse sapientes. Nec tamen nos tam arrogantes sumus, ut comprehensam nostro ingenio veritatem gloriemur : sed doctrinam Dei sequimur, qui scire solus potest, et revelare secreta. Cujus doctrinæ philosophi expertes existimaverunt, naturam rerum conjectura posse deprehendi. Quod nequaquam fieri potest, quia mens hominis, tenebroso corporis domicilio circumsepta, longe a veri perspectione summota est; et hoc differt ab humanitate divinitas, quod humanitatis est ignoratio, divinitatis scientia.

Unde nobis aliquo lumine opus est ad depellendas tenebras, quibus offusa est hominis cogitatio, quo-

VARIORUM NOTÆ.

Liber de ira Dei, ad Donatum. Ita ferunt plerique mss. et editi. In ms Bonon. antiquiore est *L. Cælii Firmiani Lactantii incipit de Ira Dei liber* VIII. In Regio-Puteano, *Cælii Firmiani institutionum Divinarum de Vita beata explicit septimus liber, incipit de Ira Divina liber* VIII. Legitur quoque de Ira Divina, in 1, Oxoniensi. In 16 mss. deest *ad Donatum.* Extat de hoc libro honorificum B. Hieronymi testimonium ad cap. IV Epist. ad Ephesios, his verbis : *Firmianus noster librum de Ira Dei docto pariter et eloquenti sermone conscripsit, quem qui legerit, puto ei ad iræ intellectum satis abundeque sufficere,* etc. Eumdem librum appellat *pulcherrimum* in libro de Scriptor. Ecclesiast. in Firmiano. Cavendum tamen a themate illius, quod est *de Ira Dei*; nam toto libro docet, iræ affectum et alios quosdam yere et proprie in Deo reperiri, et præsertim cap. 15, 16 et 17 quod etiam asseruit lib. II Div. Institut. cap. 18. Quem locum adi. Isæus.

Animadverti sæpe, Donate. Imitatio est Ciceronis, qui Paradoxa sua sic inchoat : *Animadverti sæpe, Brute.*—*Donate.* Hunc nonnulli fuisse censent Donatum confessorem, cui Lactantius suum *de Mortibus Persecutorum* dicavit *librum.* Alii volunt fuisse Donatum hæresiarcham Donatistarum, alteri vero Ælium Donatum Grammaticum S. Hieronymi præceptorem : quod cum divinari magis, quam certo sciri possit, penes lectorem remitto examen et judicium.

Plurimos id existimare. Ita veteres 2 edit. Rom. et Betul. cum omnibus mss. præter 2 Bonon. et Tax. in quibus est *æstimare.* Cæteri edit. *id* tanquam inutile abjecerunt.

Coarguendus est a nobis. Abest præpositio a ms. 1 Bonon. antiq.

Ne et ipse fallaris. Additum *et* ex omnibus mss. et vet. ed. Rom. an. 1470.

Nec tamen nos tam arrogantes sumus. Tam abest a 21 mss. et 3 vet. editis.

Tenebroso corporis domicilio circumsepta. Platonicum hoc est, qui alibi τὸ σῶμα τῆς ψυχῆς σκῆνος, alibi ὄχημα nominat, alibi φυλακήν : Cicero nunc vas, nunc receptaculum. De quo in Divinis Institut. plura dicta sunt. Pauli philosophia magnificentius de dignitate corporis humani sentit. Sic Corinthiis scribit 1 Cor. cap. 3, v. 6 : *Nescitis, quia templum Dei estis, et Spiritus Dei habitat in vobis.* Rursus, *Nescitis, quoniam corpora vestra membra sunt Christi,* cap. 5 v. 15.

Longe a veri perspectione. Ita plures edd. et omnes fere mss. cum Thomasio. Et recte. In 5 mss. rec. et edit. Rom. 1470, *a veri perfectione,* male; in 6 editis, *a Dei perspectione,* vitiose; non enim ibi de Dei cognitione sermonem instituere vult Lactantius, sed ostendere Deum esse auctorem cognitionis veritatis. Gallæus.— De hac sententia vide libr. II Institut. cap. 9.

Humanitate. Humanitas hic non notat illam virtutem, quam proprie homo alteri homini præstat, sed naturam humanam, ipsum hominem. Minutius Felix in Octavio : *Timorem omnem, quo humanitas regitur, penitus sustulerunt.*

niam in carne mortali agentes, nostris sensibus divinare non possumus. Lumen autem mentis humanae Deus est, quem qui cognoverit, et in pectus admiserit, illuminato corde mysterium veritatis agnoscet: remoto autem Deo coelesti que doctrina, omnia erroribus plena sunt. Recteque Socrates, cum esset omnium philosophorum doctissimus, tamen ut caeterorum argueret inscitiam, cui se aliquid tenere arbitrabantur, ait se nihil scire, nisi unum, quod nihil sciret. Intellexit enim, doctrinam illam nihil habere in se certi, nihil veri; nec, ut putant quidam, simulavit ipse doctrinam, ut alios refelleret; sed vidit ex parte aliqua veritatem. Testatusque est etiam in judicio (sicut traditur a Platone) quod nulla esset humana sapientia: adeo doctrinam, qua tum philosophi gloriabantur, contempsit, derisit, abjecit, ut id ipsum pro summa doctrina profiteretur, quod nihil scire didicisset. Si ergo nulla est sapientia humana, ut Socrates docuit, ut Plato tradidit, apparet esse divinam, nec ulli alii, quam Deo veritatis notitiam subjacere. Deus igitur noscendus est, in quo solo veritas est. Ille mundi parens, et conditor rerum, qui oculis non videtur, mente vix cernitur. Cujus religio multis modis impugnari solet ab iis, qui neque veram sapientiam tenere potuerunt, neque magni et coelestis arcani comprehendere rationem.

CAPUT II.

De veritate, deque ejus gradibus, atque de Deo.

Nam cum sint gradus multi, per quos ad domicilium veritatis ascenditur, non est facile cuilibet evehi ad summum. Caligantibus enim veritatis fulgore luminibus, qui stabilem gressum tenere non possunt, revolvuntur in planum. Primus autem gradus est, intelligere falsas religiones, et abjicere impios cultus deorum humana manu fabricatorum. Secundus vero, perspicere animo, quod unus sit Deus summus, cujus potestas ac providentia effecerit a principio mundum, et gubernet in posterum. Tertius, cognoscere ministrum ejus ac nuntium, quem legavit in terram; quo docente, liberati ab errore, quo implicati tenebamur, formatique ad veri Dei cultum, justitiam disceremus. Ex quibus omnibus gradibus, ut dixi, pronus est lapsus et facilis ad ruinam, nisi pedes inconcussa stabilitate figantur.

De primo gradu eos excuti videmus, qui, cum falsa intelligant, tamen verum non inveniunt, contemptisque terrenis fragilibusque simulacris, non ad colendum se Deum conferunt, quem ignorant: sed mundi elementa mirantes, coelum, terram, mare, solem, lunam, caeteraque astra venerantur. Sed horum imperitiam jam coarguimus in secundo Divinarum Institutionum libro. De secundo vero gradu eos dicimus cadere, qui cum sentiant, unum esse summum Deum, iidem tamen a philosophis irretiti, et falsis argumentationibus capti, aliter de unica illa majestate sentiunt, quam veritas habet; qui aut figuram negent

VARIORUM NOTAE.

Nostris sensibus. Mss. 7 praemittunt *de.*
Recteque Socrates. Francius, forte *Itaque.* In Em. est *Recte ergo.*
Inscitiam. Reimm. *Justitiam.* Prave. Pierr., Parrh., *insaniam.* Rest. Ven. 1471, utraque 78, Paris., Ald., et hoc recentiores omnes, *inscitiam.* Lond., Reg., Goth., Ven. 1493, *inscientiam.* Recepi vocem Ciceroni et nostro gratam. Vid. lib. v. Confer. Gronov. ad Liv. xxii, cap. 25. BUNEMAN.
Se nihil scire. Apud Platon. in Apolog. Socrat. sub initium, et Cic. 1 Acad. quaest.
Putant. In ms. Bov. quam lectionem probat Heumannus; alii *putabant.*
Simulavit ipse doctrinam. Mss. 7, *ipse.* Scripti 9 et 2 vet. edd. Rom., *dissimulavit ipsam.*
Ex parte aliqua veritatem. Lond., Reg., *Ex parte aliquam veritatem.* Non male. Reliqui, *ex parte aliqua,* ut lib. iii, cap. 3: Potes. fieri, ut omnes *ex parte aliqua* erraverint, ex parte attigerint veritatem. Idem ex Cicerone lib. iii, *aliqua ex parte.* BUN.
Testatusque. Abest quae a Colbert. 1 et 9 editis. Plato scripsit pro Socrate Apologiam, quemadmodum etiam Xenophon et Lysias. In ea Plato Socratem causam suam contra calumniatores defendentem inducit, ac ut elevaret cujusdam sapientiae titulo turgentis opinionem, pulcherrima et modesta syncrisi sapientiae illius suam praefert, quod ipse de nulla sapientia gloriaretur, ille vero cum nihil sciat, sapiens tamen videre velit. Aristophanes Comicus, a Socratis aemulis pecunia corruptus, eum ludo scenico indignis modis praescindit, inter caetera calumnians, quod μεριμνοσοφιστης pro mercede aequum et iniquum doceat. Hanc calumniam Commentator fideliter (ut caetera quoque) retundit. BETUL.
Platone. Plato in Apolog.
Adeo doctrinam. Sic omnes mss. et plerique editi. In 6 impressis est *adeoque.*

In quo solo veritas est. 1 Reg. rec. et 7 editi, *in quo sola.*
Stabilem gressum tenere. Lucanus lib. 1:

Inconcussa tenens dubio vestigia cursu.

Senec. in Thiest. 5:

Stabilem in plano figere gressum.

Conf. not. infra. BUN.
Fabricatorum. Scilicet deorum. Sic emendavi ex cunctis fere mss. et vulgatis Gymnic., Is., Cellar., Walch., multo melius quam *fabricatos* 4 manuscriptorum rec. et 11 editorum. Quid enim sibi vult *cultus deorum fabricatos?* Sed et supra lib. vii Div. Inst., *ad impios cultus manufactorum deorum.—Cultus deorum humana manu fabricatorum.* Voces humana manu quae sunt in omnibus, non puto sollicitandas, libenter Latini istas voces conjungunt. Noto ad Lact. lib. v, cap. 22: *Non sacrificare lapidibus humana manu factis*: Lib. vii, cap. 11: *Manibus humanis laboratum.* BUN.
Cognoscere ministrum ejus ac nuntium, etc. Ar gelum nimirum magni consilii, *Haec est enim vita aeterna,* inquit ipse Dominus. Joan. xvii, *ut cognoscant te solum verum Deum, et quem misisti Jesum Christum.* Si missus, ergo legatus, nuntius, angelus, seu apostolus, salva tamen majestate divina. Item eadem conditione minister. Rom. xv.
Implicati. Ms. Bov. legit *vera.*
Verum. At ms. Bov. legit *vera.*
Horum imperitiam jam coarguimus in secundo Divinarum Institutionum libro. Inde patet Divinarum Institutionum libros ante librum *de Ira Dei* fuisse conscriptos.
Qui cum sentiant. Ita emendatum ex omnibus pene mss. et edit. Rom. 1470 et Gymnic. Vide seq. Reg. 1 rec. et edit. Crat., *qui cum sentiunt.* Multi impressi, *qui consentiunt.*

habere ullam Deum, aut nullo affectu commoveri putant, quia sit omnis affectus imbecillitatis, quæ in Deo nulla est. De tertio vero ii præcipitantur, qui cum sciant legatum Dei, eumdemque divini et immortalis templi conditorem, tamen aut non accipiunt eum, aut aliter accipiunt, quam fides poscit : quos ex parte jam refutavimus in quarto supradicti operis libro, et refutabimus postea diligentius, cum responderé ad omnes sectas cœperimus, quæ veritatem, dum disputant, perdiderunt.

Nunc vero contra eos disseremus, qui de secundo gradu lapsi, prava de summo Deo sentiunt. Aiunt enim quidam, nec gratificari eum cuiquam, nec irasci ; sed securum, et quietum, immortalitatis suæ bonis perfrui. Alii vero iram tollunt, gratiam relinquunt Deo ; naturam enim summa virtute præstantem ut non maleficam, sic beneficam esse debere. Ita omnes philosophi de ira consentiunt ; de gratia discrepant. Sed ut ad propositam materiam per ordinem descendat oratio, hujusmodi facienda nobis, et sequenda partitio est, cum diversa et repugnantia sint, ira, et gratia. Aut ira tribuenda est Deo, et gratia detrahenda ; aut utrumque pariter detrahendum. Aut ira demenda est, et gratia tribuenda, aut utrumque tribuendum. Aliud amplius, præter hæc, nihil potest capere natura, ut necesse sit in uno istorum aliquo verum, quod quæritur, inveniri. Consideremus singula, ut nos ad latebras veritatis, et ratio et ordo deducat.

CAPUT III.

De bonis et malis in rebus humanis, eorumque auctore.

Primum illud nemo de Deo dixit unquam, irasci eum tantummodo, et gratia non moveri. Est enim disconveniens Deo, ut ejusmodi potestate sit præditus, qua noceat, et obsit, prodesse vero, ac benefacere nequeat. Quæ igitur ratio, quæ spes salutis hominibus proposita est, si malorum tantummodo auctor est Deus ? Quod si sit, jam majestas illa venerabilis, non ad judicis potestatem, cui licet servare ac libe-

VARIORUM NOTÆ.

Qui aut figuram negant habere ullam Deum. Deum nemo vidit unquam. Quæ ergo est illa figura, ad quam homo, inquies, creatus est? Sed ne ipsa quidem humanis oculis occurrit, quæ, ut ipse fateris, vix mente concipitur. Nos figuram Dei nullam cognoscimus. Vide Tertullianum adversus Marcionem, et Basilium Homil. 10.— *Figuram... habere... Deum.* Statuit quidem alibi, Deum esse incorporeum, e. g., lib. VII, cap. 3 et alias ; figuram tamen Deo tribuit. Confer. cap. 11 et 18, in quo erravit cum aliis. Bun.

Aut nullo affectu commoveri. Sic lego cum mss. 7 Vaticanis, Regio-Put., 2 al. Reg., 5 Colb., Marm., 1 Clarom., Brun. et 4 impressis. Mendum irrepsit in 3 Reg., 2 Vatic., 1 Colb. et multis editis, ubi pro *nullo* legitur *ullo*, quod res ipsa repudiat ; nam Lactantius eos arguit, qui *nullo affectu Deum commoveri putant*.

Divini et immortalis templi conditorem. Templi vivis constructi lapidibus, 1 Pet., II, cujus templi dicatio divini Spiritus opus est. Sacerdos vero idem qui et conditor, æternus ille nimirum, secundum ordinem Melchisedech, ut ad Hebræos scriptum est. Betul.

Quos ex parte. Mss. 2, *Quod.*
Supradicti. Vide de hac voce not. lib. VI, cap. 5. Usus eadem Vopiscus in Aureliano cap. 9 et 36, licet satis commode possint esse duæ voces. Bun.

Et refutabimus postea, etc. Videtur Lact. in animo habuisse ad omnes sectas tum in christianismo ortas respondere. *Rivetus in Notis* mss.

Dum disputant. Janus Gulielmus ad Plaut. Menæchm. cap. 4, testatur, in quibusdam exemplaribus haberi, *dum dissipant,* quam lectionem probat ipse. Isæus.—Buneman. quoque hanc ultimam lectionem habet, et sic illam probat.—*Veritatem dum dissipant, perdiderunt.* Idem toties inculcavit Lactantius ; maxime de sectis, ad quas respicit, dixit lib. IV, cap. 30 : *Dissidium facerent, et ecclesiam* (in qua veritas) *dissiparent* ; lib. II, cap. 10 ; *ut veritas... solet variis sermonibus dissipata corrumpi* ; lib. VII, cap. 22 : *opinio veri veritatem per diversa ora sermonesque varias dissipatam mutavit.* Bun.

Quæ veritatem, dum disputant, perdiderunt. Sic legunt plerique mss. sic etiam editi. At *Janus Guilielmi* mavult legere cum antiquis suis codicibus *dissipant,* quibus etiam similes sunt mss. Ultr., Em., Br., 2 Reg., 3 Colb. Ratio ejus est, quod veritas disputatione invenitur, non perditur. Sed ego nihil mutandum censui ; elegans enim et scopo est apta lectio. Gallæus.

Alii vero iram tollunt. Ita legendum esse ex omnibus mss. et 6 impressis textus ipse suadet, non ut in 12 editis, *Illi vero.*
Ut non maleficam, sic beneficam esse debere. Lond., Reg., Goth., Lips., 2 Reimm. : *Ut non maleficam esse debere.* Cant., id est, Subl., Rost., Ven. 1471, utraque 78, 93, 97, Parrhas. : *Et non maleficam esse debere.* Paris, 1513 : *Præstantem,* non maleficam esse debere. Bun.

Et sequenda partitio est. Sic lego ex antiquioribus et melioribus mss. 2 Bon., Regio-Put. et 2 al. Reg., 3 Colb. multisque aliis. In scriptis 6 Reg. et editis est, *et exsequenda.* quod idem est ; *sequi enim,* pro *exequi* legitur apud Ciceronem.

Utrumque pariter detrahendum. Ex omnibus mss. et 13 vet. editis addidi *pariter,* quod cæteris impressis deest.

Aut utrumque tribuendum. Ita meliores et antiquiores mss. In 1 Reg. rec. et multis vulgatis est *aut neutrum tribuendum.* Plurimi mss. et editi 2 vet. Rom. et Betul. ferunt *aut neutrum detrahendum.*—*Aut utrumque tribuendum.* Hæc lectio tenenda est, vel alia alterius codicis S. Salvatoris minus antiqui, Tax. et P. *aut neutrum detrahendum,* quæ sensu eadem est cum priori. Quod si legatur ut in Aldina, et cæteris editionibus, *aut neutrum tribuendum,* hoc quartum membrum fuerit cum eo, quod ille secundo loco posuit, videlicet, *aut utrumque pariter detrahendum* ; hoc animadvertit quoque Thomasius in notis. Isæus.

Disconveniens Deo. Mss. 2 Bon., 1 Reg. rec., Tax., 1 Sorbon., 2 Colb. et ed. Betul. et B. emendationis gratia præferunt *inconveniens Deo.* At vox *disconveniens,* quæ legitur in cæteris mss. et 12 editis, est Ciceroniana, ut existimant grammatici quidam.—*Inconveniens Deo.* Sic habet Bun. et notam sequentem exhibet : Angl. etiam Lond., Reg., Goth., Guelf., Memb. : *Disconveniens Deo.* Novi quidem Horatii, *disconvenit* ; et Tertull., *disconvenientiam,* ab aliis observatam. Ita lib. I, cap. 11 : *Quanto id magis inconveniens Deo.* Epist. Taurin., *putant inconveniens fuisse.* Bun.

Si malorum tantummodo auctor est Deus? Theologi distinguunt inter malum pœnæ et malum culpæ ; prioris auctor est Deus, culpæ non item. Gallæus.— *Si malorum tantummodo auctor est Deus?* loquitur de malis pœnarum, quæ Deus iratus infligit, quorum auctorem et causam Deum esse fatetur quoque sanctus Thomas, p-p. quæst. 49, art. 2. Isæus.

rare, sed ad tortoris et carnificis officium deducetur. Cum autem videamus, non modo mala esse in rebus humanis, sed etiam bona, utique si Deus est auctor malorum, esse alterum necesse est, qui contraria Deo faciat, et det nobis bona. Si est, quo nomine appellandus erit? aut cur nobis, qui male faciat, notior est, quam ille, qui bene? Si autem nihil potest esse præter Deum, absurdum est et vanum, divinam putare potestatem, qua nihil est majus, nihil melius, nocere posse, prodesse non posse. Et ideo nemo extitit, qui auderet id dicere; quia nec rationem habet, nec ullo modo potest credi. Quod quia convenit, transeamus et veritatem alibi requiramus.

CAPUT IV.

De Deo, deque ejus affectibus, Epicurique reprehensione.

Quod sequitur, de schola Epicuri est; sicut iram in Deo non esse, ita nec gratiam quidem. Nam cum putaret Epicurus, alienum esse a Deo malefacere atque nocere, quod ex affectu iracundiæ plerumque nascitur, ademit ei etiam beneficentiam, quoniam videbat consequens esse, ut si habeat iram Deus, habeat et gratiam. Itaque ne illi vitium concederet, etiam virtutis fecit expertem. Ex hoc, inquit, beatus et incorruptus est, quia nihil curat, neque habet ipse negotium, neque alteri exhibet. Deus igitur non est, si nec movetur, quod est proprium viventis : nec facit aliquid impossibile homini, quod est proprium Dei, si omnino nullam habet voluntatem, nullum actum, nullam denique administrationem, quæ Deo digna sit. Et quæ major, quæ dignior administratio Deo assignari potest, quam mundi gubernatio, maximeque generis humani, cui omnia terrena subjecta sunt.

Quæ igitur in Deo potest esse beatitudo, si semper quietus, et immobilis torpet? si precantibus surdus, si colentibus cæcus? Quid tam dignum, tam proprium Deo, quam providentia? Sed si nihil curat, nihil providet, amisit omnem divinitatem. Qui ergo totam vim, totam Deo substantiam tollit, quid aliud dicit,

VARIORUM NOTÆ.

Utique si Deus est auctor malorum, esse alterum necesse est, qui contraria Deo faciat. Ita reposui ex mss. 2 Bonon. 1 Reg., 3 Colb., 1 Sorbon., Tax., edd. Thom. et Walch. In mss. 11 et 5 editis legitur : *Utique si Deus est, auctorem esse alterum necesse est, qui;* in 3 editis rec. *Utique si Deus non est, esse alterum necesse est qui;* in scriptis 9 et totidem impressis : *Utique si Deus non est, auctorem esse alterum necesse est qui.* — *Utique si Deus est... qui contraria Deo faciat.* Retinui communem lectionem, quamvis B. et T. habeant, *Utique si Deus est auctor malorum, esse alterum necesse est qui contraria,* etc. Si Deus, inquit, non est auctor, scilicet tam bonorum, quam malorum, ita ut solum malefaciat hominibus, alterum igitur constituere auctorem beneficiorum necesse est, cum et bona et mala experiamur. Sed alius præter Deum constitui non potest: ergo idem Deus auctor est tum malorum, id est, pœnarum, tum bonorum, id est beneficiorum, atque præmiorum. Isæus.

Nocere posse, prodesse non posse. Tria postrema verba absunt a 20 mss. et 3 ed.

Quod quia convenit. Id est, qu a in eo conveniunt omnes ; sive nostri verbis de Opif., cap. 17 : *Quod quia inter philosophos convenit.* Ita Cicero, lib 1 invent., cap. 9 : *Quid factum sit, convenit.* Lib. 1 de Natura deor., cap. 32 : *Conveniat id quoque.* BUN.

Malefacere. Sic Lactantius infra cap. 5, et sic omnes mss.; duobus rec. demptis, in quibus est *malum facere,* ut in excusis. — At Bun. : *Malefacere.* Restituo ex Bon., Tax., Lond., Reg., Goth., Lips. 2, 3 Reimm., Heumanno consentiente, *malefacere,* ut cap. 3 : *Cur qui male facit, notior est, quam ille, qui bene;* cap. 5 : *nec quicquam male faciat;* cap. 1 : *ex maleficentia.* Ven. 1695-97 : *malum, quod;* reliqui, *malum facere, quod.* Lib. III, cap. 17, ex sententia Epicuri : *Sapientis est... malefacere..., Deus non irascitur quicquam.* BUN.

Atque nocere. Hæc, quippe haud necessaria, Emm., Cant., Lond., Reg., Lips. 2, 3, Reimm., Subl., Rost., Ven. 1471, 72, utraque 78, 93, 97, Pier., Parrh., Paris., Isæus delent; addunt vero Ald., Crat., Gymn., Fasit., Torn., Betul., Thomas., Thys., Gall., Spark., Cell., Walch., Heumann. BUN.

Ex hoc inquit. Lucret., l. 1, v. 56 :

Omnis enim per se Divum natura necesse est.
Immortali ævo summa cum pace fruatur,
Semota a nostris rebus, etc.

Versus sunt Lucretii : sed sententia est Epicuri. Lactantius enim nos admonet, lib. de Opificio, cap. 6, *Epicuri esse omnia quæ delirat Lucretius;* eumdemque errorem Epicuro adscripsit Cicero, lib. 1 de Natura deorum. Hæc prima est τῶν κυρίων δόξων : *Quamquam,* inquit Cicero, *video nonnullis videri, Epicurum, ne in offensionem Atheniensium caderet, verbis reliquisse deos, re sustulisse. Itaque in illis selectis ejus brevibusque sententiis, quas habet, quas appellatis* κυρίας δόξας, *hæc (ut opinor) prima sententia est: Quod beatum et immortale est, id nec habet, nec exhibet cuiquam negotium,* etc. Adscribendus simul, notandusque Tertulliani de hac re locus est, ex Apologetici, cap. 46. *Alii incorporalem asseverant, alii corporalem, ut tam Platonici, quam Stoici; alii ex atomis, sicut Epicurus et Pythagoras; alii ex igne, qualiter Heraclito visum est. Et Platonici quidem curantem rerum, Epicurei otiosum et inexercitum, et (ut ita dixerim) neminem humanis rebus, positum vero extra mundum,* etc. In primo membro videri possent et Platonici et Stoici Deum corporalem facere, cum utrique incorporalem faciant. Nam Plato ἀσώματον Deum dixit. Sed cur Tertulliano sum iniquior, quod Stoicos dicit Deum corporeum facere, cum hoc idem etiam faciat Origenes contra Celsum? Adde quod Stoici Deum ignem dicunt : ignis autem corpus. BETULEIUS.

Nec movetur. Vide infra, *nullum motum.* Lact., lib. II, cap. 8 : *Potestas faciendi aliquid non potest esse, nisi in eo, quod sentit, quod sapit, quod cogitat, quod movetur... Quod insensibile est, iners et torpidum semper jacet, et nihil inde oriri potest, ubi nullus est motus voluntarius.* BUN.

Quod est proprium Dei. Ut supra, lin. præced. *quod est proprium viventis.* Mss. 3 rec., *Deo.*

Quam mundi gubernatio. Mss. rec. et edd. addunt, *quam cura viventium,* quod non cohæret cum aliis Lactantii verbis, et abest ab antiquioribus mss. Regio-Put., Bonon. et Tax.

Immobilis torpet. Vide Notas ad lib. II, cap. 8. Conf. Not. lib. VI, cap. 17 : *Immobilis stupor mentis;* de Ira, cap. 17 : *Qui Deum faciunt immobilem.* BUN.

Sed si nihil curat. Id est in multis mss. Extat autem in 1 Reg., 2 Bon., 2 Colb. aliisque, et in omnibus fere impressis. Vide infra semel et iterum, *ergo nec cura ullius est, nec providentia est in eo.*

Divinitatem. In ms. Bov. *dignitatem.*

Deo substantiam. Heumanno legendum videtur,

nisi Deum omnino non esse? Denique Marcus Tullius a Posidonio dictum refert, id Epicurum sensisse, nullos deos esse, sed ea, quæ de diis locutus sit, depellendæ invidiæ causa dixisse : itaque verbis illum deos relinquere, re autem ipsa tollere, quibus nullum motum, nullum tribuit officium. Quod si ita est : quid eo fallacius? quod a sapiente et gravi viro debet esse alienum. Hic vero si aliud sensit, et aliud locutus est, quid aliud appellandus est, quam deceptor, bilinguis, malus, et propterea stultus? Sed non erat tam versutus Epicurus, ut fallendi studio ista loqueretur, cum hæc etiam scriptis ad æternam memoriam consignaret : sed ignorantia veritatis erravit. Inductus enim a principio verisimilitudine unius sententiæ, necessario in ea, quæ sequebantur, incurrit. Prima enim sententia fuit, iram in Deum non convenire. Quod cum illi verum et inexpugnabile videretur, non poterat consequentia recusare, quia uno affectu amputato, etiam cæteros affectus adimere Deo necessitas ipsa cogebat. Ita qui non irascitur, utique nec gratia movetur, quod est iræ contrarium : jam si nec ira in eo, nec gratia est, utique nec metus, nec lætitia, nec mœror, nec misericordia. Una est enim ratio cunctis affectibus, una commotio, quæ in Deum cadere non potest. Quod si nullus affectus in Deo est, quia quidquid afficitur, imbecillum est; ergo nec cura ullius rei, nec providentia est in eo.

Hucusque pervenit sapientis hominis disputatio; cætera, quæ sequuntur: obticuit : scilicet, quia nec cura sit in eo, nec providentia; ergo nec cogitationem aliquam, nec sensum in eo esse ullum : quo efficitur, ut non sit omnino. Ita cum gradatim descendisset, in extremo gradu restitit, quia jam præcipitium videbat. Sed quid prodest reticuisse, ac periculum dissimulasse? Necessitas illum vel invitum cadere coegit. Dixit enim quod noluit, quia argumentum sic ordinavit, ut ad illud, quod evitabat, necessario deveniret. Vides igitur quo perveniat, ira sublata, et Deo adempta. Denique aut nullus id credidit, aut admodum pauci, et quidem scelerati, ac mali, qui sperant peccatis suis impunitatem. Quod si et hoc falsum invenitur, nec iram in Deo esse, nec gratiam, veniamus ad illud, quod tertio loco positum est.

CAPUT V.

De Deo stoicorum sententia; de Ira et gratia ejus.

Existimantur stoici, et alii nonnulli, aliquanto

VARIORUM NOTÆ.

Dei. Libri, *Deo.* Ita Salvianus lib. iv, cap. 9 : *Nam qui nihil aspici a Deo affirmant, prope est, ut cui aspectum adimunt, etiam substantiam tollant; et quem dicunt omnino nihil cernere, dicant etiam omnino non esse.* Bun.

Denique Marcus Tullius, etc. Sub finem lib. 1 de Natura deor. : *Verius est igitur, nimirum illud, quod familiaris omnium nostrum Posidonius disseruit in libro quinto de Natura deorum, nullos esse deos Epicuro videri.*

Refert. Vide Cicer. lib. 1 de Nat. deorum circa finem.

Verbis illum deos relinquere, reipsa tollere. Cicero cap. 1, in fine : *Idque videns Epicurus, re tollit, oratione relinquit Deos;* et lib. 1 de Natura deor., cap. 30 : *Epicurum, ne in offensionem Atheniensium caderet, verbis reliquisse deos, re sustulisse.* Bun.

Quid eo fallacius? Eo, scilicet Epicuro, *quid fallacius? Quod* (fallacem esse) *a sapiente... debet esse alienum.* Mox infra Epicurum fallendi studio ista dixisse negat. Hinc Cicero lib. 1 de Nat. deor. cap. 31 : pr. *Sunt qui existiment, quod ille plane inscitia loquendi fecerit, fecisse consulto : de homine minime vafro* (Lact. *non versuto*) *male existimant.* Bun.

Consignaret. Ita restitui ex 9 impressis cunctisque mss. præter Lips. in quo est *consignaretur.* In cæteris editis est *consignemus.* Francius malebat, *consignarit.*

Inductus enim. Sic emendavi ex omnibus mss. et octo editis veteribus. Et res ita poscit. Cæteri impressi habent *indoctus.* — *Inductus.* Lib. iii, cap. 17 : *Cum hæc igitur cogitaret Epicurus, earum rerum velut iniquitate inductus... existimavit.* Lips. 2 et Reimm. *Inductus enim... vero* legunt.

Unius sententiæ. Expunxi ut inutilem *falsæ* vocem, quam inserunt quamplurimi editi : respuunt autem omnes scripti, tres vet. edit. Rom., Parrhas., Cellar., Walch. — *Unius sententiæ.* Ald., Crat., Gymn., Fas., Gryph., Betul., Torn., Thomas., Isæus, Thys., Gall., Spark. *unius falsæ sententiæ.* Et erat omnino *falsa :* unde eam Lactantius refutat; at antiquiores libri non agnoscunt. Bun.

Iram in Deum non convenire. Hanc locutionem, quæ omnino Ciceroniana est, restitui ex omnibus prope mss. codicibus. In tribus rec. est *in Deo;* in 13 editis est *Dea* sine præpositione.

Consequentia recusare. Sic reposui ex cunctis fere scriptis. In tribus mss. et 2 vet. edit. Rom. est *recusari;* in 3 rec. manu exaratis et multis editis *resecare.*

Nec ira. Ita omnes mss. præter 2 Reg. rec. in quibus est *non ira,* ut in editis.

Quæ in Deum cadere non potest. Scribit Lactantius hæc verba ex mente Epicuri, non sua. Bun.

Sapientis hominis. Epicuri, per ironiam sic dicti.

Restitit. Ms. Goth. *perstitit;* 2 Reg. rec. et edd., *constitit.* — *Restitit.* De Opif. c. 14 : *Circa hoc opus homo resistit;* et cap. 7 : *Quibus mens si... resistere velit, tanquam retinaculis uteretur.* Bun.

Quo perveniat. Mss. habent *pervenias;* 2 *perveniret:* plurimi editi, *perveniatur.* Quamplurimi mss. et 2 vett. edd. Rom. ut in textu *perveniat,* Epicurus scilicet.

Impunitatem, etc. Hanc sperare non potest, qui Deum novit omnisciem, et justissimum. Nam et magistratus sæpe, et ludimagister, et pater suorum delicta sine ira puniunt, promptiores ad veniam, nisi disciplina vel publica, vel domestica aliud flagitaret. Neque enim unus duntaxat finis puniendi, ratiove castigandi est, sed plures : quæ, ut reipsa, ita nominibus quoque inter se distant. De quo lege Gell. l. vi, c. 14. Betul.

Existimantur stoici, etc. Reprehendit stoicos, quod Deo gratiam tribuant, clementem solum sibi fingant Deum, non item severum, iracundia ipsum privantes. Argumentum potissimum quo nititur, est : Quod omnia quæ moventur, moveantur in utramque partem : Deum itaque, si moveatur gratia, moveri etiam ira. Hoc concederem, si sensus corporis utriusque affectionis oppositæ particeps esset, ut : Quidquid sentit calorem, idem frigus quoque sentit. Sed in Deum (quia incorporeus est) nulla passio cadit : Ira passio est, et ob id imbecillitas. Gratia vero non modo, non passio est, sed virtus insuper, et virtus divina : quia χρηστότητος pars quæ Deo soli recte, non ut accidens, sed ut proprium ἀχώριστον tribuitur. Ex quibus apparet, gratiam et iram in Deo, non melius de Divinitate sensisse, qui aiunt, gratiam in Deo esse, iram non esse. Favorabilis admodum, ac popularis oratio, non cadere in Deum hanc animi pusillitatem, ut ab ullo se laesum putet, qui laedi non potest; ut quieta illa, et sancta majestas concitetur, perturbetur, insaniat, quod est terrenae fragilitatis. Iram enim, commotionem mentis esse ac perturbationem, quae sit a Deo aliena. Quod si hominem quoque, qui modo sit sapiens et gravis, ira non deceat (si quidem, cum in animum cujusquam incidit, velut saeva tempestas tantos excitet fluctus, ut statim mentis immutet, ardescant oculi, os tremat, lingua titubet, dentes concrepent, alternis vultum maculet nunc suffusus rubor, nunc pallor albescens) : quanto magis Deum non deceat tam foeda mutatio? Et si homo, qui habet imperium ac potestatem, late noceat per iram, sanguinem fundat, urbes subvertat, populos deleat, provincias ad solitudinem redigat ; quanto magis Deum, qui habeat totius generis humani, et ipsius mundi potestatem, perditurum fuisse universa credibile sit, si irasceretur?

Abesse igitur ab eo tam magnum, tam perniciosum malum oportere. Et si abs t ab eo ira, et concitatio, quia et deformis, et noxia est, nec cuiquam malefaciat, nihil aliud superesse, nisi ut sit lenis, tranquillus, propitius, beneficus, conservator. Ita enim demum et communis omnium pater, et optimus maximus dici poterit, quod expetit divina coelestisque natura. Nam si inter homines laudabile videtur prodesse potius quam nocere, vivificare quam occidere, salvare, quam perdere, nec immerito innocentia inter virtutes numeratur et qui haec fecerit, diligitur, praefertur, ornatur, benedictis omnibus votisque celebratur, denique ob merita et beneficia Deo simillimus judicatur ; quanto magis ipsum Deum par est, divinis perfectisque virtutibus praecellentem, atque ab omni terrena labe summotum, divinis et coelestibus beneficiis omne genus hominum promereri? Speciose ista, populariterque dicuntur, et multos illiciunt ad credendum : sed qui haec sentiunt, ad veritatem quidem propius accedunt ; sed in parte labuntur, naturam rei parum considerantes. Nam si Deus non irascitur impiis et injustis, nec pios utique justosque diligit. Ergo constantior est error illorum, qui et iram simul, et gratiam tollunt. In rebus enim diversis, aut in utramque partem moveri necesse est, aut in neutram. Ita qu. bonos diligit, et malos odit, et qui malos non odit, nec bonos diligit : quia et diligere bonos, ex odio malorum venit ; et malos odisse, ex bonorum charitate descendit. Nemo est qui amet vitam sine odio mortis, nec appetat lucem, nisi qui tenebras fugit. Adeo natura ista connexa sunt, ut alterum sine altero fieri nequeat.

Si quis Dominus habens in familia servos, bonum

VARIORUM NOTAE.

ut in magistratu, seu principe, contrario ex diametro esse. BETULEIUS.

Gratiam in Deo esse, iram non esse. Ut qui non velit obesse, me possit, ut ait Senec. lib. II de Ira, ubi de hoc disserit. ISAEUS.

Favorabilis admodum. Ita antiquissimi et optimi mss. Regio-Put., 2 Bonon., 3 Colbert., Tax., Pen. Auctor noster *favorabilis* active posuit, quod rarum est. *Admodum* abest a 10 mss. et a 13 editis.

Popularis oratio. Id est, quae populo grata est et accepta, quae studet voluntati populi. WALCH.

Animi pusillitatem. Mss. 6 rec. et 3 edd., *pusillanimitatem.*

Iram enim, commotionem mentis esse. Sufficiat semel monuisse, quoties iram Deo tribuimus, eo id sensu nos intelligere, quo Durandus lib. II, dist. 30, quaest. 2, ubi ait : *Deus dicitur iratus, non secundum affectum, sed effectum, in quantum praeparat alicui poenam vel infligit.* Duriuscule enim loquitur. Lactantius, cum irae affectum ita Deo competere affirmet, quatenus illi motum quemdam imprimat. SPARKIUS.

Siquidem cum in animum cujusquam incidit, etc. Hieron. in Epist. ad Titum cap. I de irato homine : *Torvo vultu, trementibus labiis, rugata fronte, effraenatis conviciis, facie inter pallorem ruboremque variata.* Seneca de Ira, lib. I, cap. I : *Multus ore toto rubor, exaestuante ab imis praecordiis sanguine : labia quatiuntur, dentes comprimuntur, horrent ac subriguntur capilli, spiritus coactus, stridens articulorum seipsos torquentium sonus, gemitus magitusque, et parum explanatis vocibus sermo praeruptus, et complosae saepius manus, et pulsata humus pedibus, et totum concitum corpus, magnasque minas agens, foeda visu et horrenda facies depravantium se atque intumescentium.* ELMENHORST.

Excitet fluctus. Francius, *excitat.*

Ardescant. Vide Senec. de Ira, initio lib. 1, cap. 1.

Alternis. Eleganter *alternis* absolute dicitur, pro eo quod fit per vices. Lucretius I, 1010 :

Ut sic alternis infinita omnia reddat.

Plinius lib. v, ep. 18. *Quae interdum alternis, et interdum simul facio.* BUN.

Perditurum fuisse universa credibile sit. Duas voces postremas addidi ex omnibus ferme mss. et 12 vet. editis. Absunt autem a mss. 5 et totidem impressis. — *Credibile sit.* Haec videntur necessaria. Ut enim modo supra dixit : *Quod si hominem... non deceat... quanto magis Deum non deceat;* sic in applicatione. BUN.

Malefaciat. Mss. 3, *malefacit;* Clarom., *malefaciet.*

Nihil aliud superesse. Sic lego ex mss. 2 Bonon., 1 Reg. aliisque et edit. Is. Et sic legendum esse patet ex praecedentibus. In multis tum scriptis, tum impressis legitur *abest.*

Communis omnium pater. Ut lib. v, cap. 8 : *communem omnium patrem Deum.* Elegantia Terentiana. Vide Not. ad Lact. lib. III, cap. 18. BUN.

Et optimus maximus. Ita mss. 5 Reg. inter quos est antiq. Regio-Put. et ed. Rom. 1470, Cellar., Walch. Aliis est, *et vere maximus. — Maximus.* In ms. Bcv. est *maximusque.*

Ornatur. Ita cum editis Rom. 1470 ac Cellar. omnes mss. praeter 2 rec. in quibus est *honoratur,* ut in impressis multis.

Benedictis omnibus votisque celebratur. Sic lego cum editis cunctisque mss. praeter 2 rec. quibus est, *ornatur benedictis, votisque omnibus celebratur.*

In parte. Lond., Reg., *in partem.* At prius est rectius. Lib. III, cap. 6 : *in parte sustulerant.* Lib. VII, cap. 22 : *in parte corruperint... in parte consentiunt.* BUN.

Naturam rei. Francius. Forte legendum *Dei.* Ms. Clarom., *rerum.*

Ita qui bonos diligit, etc. Tres mss. Reg. sequentia verba respuunt, *et malos odit, et qui malos non odit.*

Natura ista connexa sunt. Lond., Reg., Reim.,

ac malum, non utique aut ambos odit, aut ambos beneficiis et honore prosequitur; quod si faciet, et iniquus et stultus est: sed bonum et alloquitur amice, et ornat, et domi ac familiæ suisque omnibus rebus præficit; malum vero maledictis, verberibus, nuditate, fame, siti, compedibus punit, ut et hic exemplo cæteris sit ad non peccandum, et ille ad promerendum, ut alios metus coerceat, alios honor provocet. Qui ergo diligit, et odit; qui odit, et diligit; sunt enim, qui diligi debeant, sunt qui odio haberi. Et sicut is, qui diligit, confert bona in eos, quos diligit: ita qui odit, irrogat mala iis, quos odio habet; quod argumentum, quia verum est, dissolvi nullo pacto potest. Vano ergo et falsa est sententia eorum, qui cum alterum Deo tribuant, alterum detrahunt, non minus, quam illorum qui utrumque detrahunt. Sed illi, ut ostendimus, ex parte non errant, sed id quod melius est ex duobus retinent. Ii vero, quos ratio et veritas argumenti hujus inducit, falsa omnino sententia suscepta, in maximum errorem cadunt. Non enim sic oportebat eos argumentari: Quia Deus non irascitur, ergo nec gratia commovetur; sed ita, Quia Deus gratia movetur, ergo et irascitur. Si enim certum et indubitatum fuisset, non irasci Deum, tunc ad illud alterum veniri esset necesse. Cum autem magis sit ambiguum de ira, pene manifestum de gratia; absurdum est, ex incerto certum velle subvertere, cum sit promptius, de certis incerta firmare.

CAPUT VI.
Quod Deus irascatur.

Hæ sunt de Deo philosophorum sententiæ. Aliud præterea nihil quisquam dixit. Quod si hæc, quæ dicta sunt, falsa esse deprehendimus, unum illud extremum superest, in quo solo possit veritas inveniri, quod a philosophis nec susceptum est unquam, nec aliquando defensum; consequens esse, ut irascatur Deus, quoniam gratia commovetur. Hæc tuenda nobis et asserenda sententia est. In eo enim summa omnis, et cardo religionis pietatisque versatur. Nam neque honos ullus deberi potest Deo, si nihil præstat colenti, nec ullus metus, si non irascitur non colenti.

CAPUT VII.
De Homine et Brutis, ac Religione.

Cum sæpe philosophi per ignorantiam veritatis a ratione desciverint, atque in errores inciderint inextricabiles (id enim solet his evenire, quod viatori viam nescienti et non fatenti se ignorare, ut vagetur, dum percontari obvios erubescit) illud tamen nullus philosophus asseruit unquam, nihil inter hominem et pecudem interesse; nec omnino quisquam, modo qui sapiens videri vellet, rationale animal cum mutis et

VARIORUM NOTÆ.

Goth., *Natura ista connexa est*, quasi *natura* esset nominativus: sed est ablativus. Imitatur Quintilianum, ex quo citavit lib. vi, c. 25: *Quæ inter se natura connexa sunt.* Bun.
Verberibus, nuditate, etc. Respexit ad Cyprian. ad Demetrianum: *Servum flagellis, verberibus, fame, siti, nuditate, frequenter ferro et carcere adfligis et crucias.* Conf. Lact. lib. v, cap. 18, lib. vii, c. 27. Bun.
Qui odit, et diligit. In quamplurimis editis est, *et qui odit et diligit.*
Qui cum alterum Deo tribuant, alterum detrahunt. In mss. 11 deest *alterum Deo detrahunt*. Sex alii, *qui alterum Deo tribuunt.*
Non minus, quam illorum utrumque detrahunt. Sic legunt mss. et edit. Thomas. atque hanc esse genuinam lectionem, censeo. Si editorum recipiatur lectio, *quam illorum qui utrumque*, expuncto τὸ *detrahunt*, sensus erit obscurior, poteritque æque ad *tribuunt* referri, quod scopo Lactantii repugnaret. *Ex* Isæo.
Illi. Scilicet stoici. Bun.
Sed id quod melius est. Francius, *et id.*
Hi vero. Scil. Epicurei, qui *utrumque detrahunt.* Bun.
Falsa omnino sententia suscepta. Deest *sententia* in 11 mss. rec. et in ed. Rom. 1470 et 1474. Pro *omnino* 1 Clarom. habet *animo*; absque *sententia.* — Apud Buneman. vero legitur: *Ob falsa omnino suscepta.* Ven., utraque 1478-1515 et recentiores omnes, *falsa omnino sententia suscepta.* Bene, si addicerent mss. Confer c. 6, *sententia.* Iterum Lact. de Ira, cap. 6, quod a philosophis nec susceptum est. Lib. ii, cap. 17: *Sic eum, qui in principio falsum susceperat, consequentium rerum necessitas ad deliramenta perduxit.* Bun.
Pene manifestum. Francius, forte bene aut plene.
Absurdum ... ex incerto certum ... subvertere, etc. Lib. ii, cap. 9: *Sic ... illud assumpsit ... cum id multo esset incertius, quam illud, propter quod assumptum est ... Ex falso maluit colligere quod falsum est, quam ex vero, quod verum. Et cum debeant incerta de certis probari, hic probationem sumpsit ex incerto ad evertendum quod erat certum.* Bun.
Sententia est. Additum *est* ex cunctis mss. et compluribus editis.
In eo. 3 Colbert. Clarom. a secunda manu, et ed. Gymnic. in ea. Clarom. a prima manu, *in qua.*
Nam neque honos ullus deberi potest Deo, etc. Simili modo in Hieremiam Origenes benignum Deum dicit, ne desperemus; severum, ne benignitatem contemnamus. Sed quemadmodum Cicero in Officiis docet, virum bonum non peccare, etiam impunitate proposita? Oderunt enim peccare boni virtutis amore; et contra, oderunt peccare mali formidine pœnæ. Quid quod Paulus etiam ait, Justis legem non esse positam? Benignitas Dei contemptum sui adeo non gignit, ut (si Paulo credimus) Deus suam erga nos charitatem tum maxime commendarit, cum adhuc peccatores essemus. Porro si hæc sive Lactantii, sive Origenis sententia rata esset, irrita fieret tota Pauli de prædestinatione disputatio. Nam deest in 12 mss. et 4 editis. In Em. est *ulli.* Et Heuman. putat delendum esse punctum post *versatur.*
Si non irascitur, etc. Deum irasci testantur multa Scripturæ loca. At notandum, iram non esse passionem violentam in Deo, sed voluntatem puniendi, et Deo attribui effective, non affective, ut loquuntur; hoc est, Deum facere quod irati faciunt, non vero propterea affici aliqua perturbatione animi, quemadmodum homines irati. Gal.
Ut vagetur. Mss. Ultr., Brun., *ut evagetur.* Edd., Ald., Fasitel., Tornes., *ut vagatur.*
Nihil inter hominem. Ita mss. 2 Bonon., Tax., 3 Colb. totidemque editi. In aliis corrupte legitur *non nihil*, quod sententiæ Lactantii repugnat. — *Nihil inter hominem*, etc. Ita B. T. quod corrupte in nonnullis legitur *nonnihil*, id sententiæ Lactantii repugnat, qui hoc loco resipiscit ab errore alias habito, rationem mutis etiam inesse, de quo disserui secundo Instit., cap. 3. Isæus.
Rationale animal, etc. Non dissimilia sunt, quæ Aristoteles in primo de Anima, Anaxagoræ dogmata

irrationabilibus coæquavit : quod faciunt quidam imperiti, atque ipsis pecudibus similes, qui cum ventri ac voluptati se velint tradere; aiunt, eadem ratione se natos, qua universa quæ spirant; quod dici ab homine nefas est. Quis enim tam indoctus est, ut nesciat, quis tam imprudens, ut non sentiat, aliquid inesse in homine divini * Nondum venio ad virtutes animi et ingenii, quibus homini cum Deo manifesta cognatio est. Nonne ipsius corporis status et oris figura declarat, non esse nos cum mutis pecudibus æquales? Illarum natura in humum pabulumque prostrata est; nec habet quidquam commune cum cœlo, quod non intuetur. Homo autem recto statu, ore sublimi, ad contemplationem mundi excitatus, confert cum Deo vultum; et rationem ratio cognoscit.

Propterea nullum est animal, ut ait Cicero (I de Legibus) præter hominem, quod habeat aliquam notitiam Dei. Solus enim sapientia instructus est, ut religionem solus intelligat; et hæc est hominis atque mutorum, vel præcipua, vel sola distantia. Nam cætera, quæ videntur hominis esse propria, et si non sint talia in mutis, tamen similia videri possunt. Prius homini sermo est : tamen et in illis quædam similitudo sermonis. Nam et dignoscunt invicem se vocibus; et, cum irascuntur, edunt sonum jurgio similem; et, cum se ex intervallo vident, gratulandi officium voce declarant. Nobis quidem voces eorum videntur inconditæ, sicut illis fortasse nostræ : sed ipsis, quæ se intelligunt, verba sunt; denique in omni affectu certas vocis notas exprimunt, quibus habitum mentis ostendant. Risus quoque est homini proprius: et tamen videmus in aliis animalibus quædam signa lætitiæ, cum ad lusum gestiunt, aures demulcent, rictum contrahunt, frontem serenant, oculos in lasciviam resolvunt. Quid tam proprium homini, quam ratio, et providentia futuri? Atqui sunt animalia, quæ latibulis suis diversos et plures exitus pandant, ut si quod periculum inciderit, fuga pateat obsessis; quod non facerent, nisi inesset illis intelligentia et cogitatio. Alia provident in futurum ; ut

> Ingentem formicæ farris acervum
> Cum populant, hyemis memores, tectoque reponunt;

ut apes, quæ

VARIORUM NOTÆ.

fuisse refert; nempe universis tam majorum quam minorum gentium animalibus mentem esse dicens, non tamen eam, cui prudentia tribuitur, quæ ne cunctis quidem hominibus insit. Hæc eadem fere de Anaxagora Plutarchus in v Placitorum, cap. 20. BETUL.

Coæquavit. Sic reposui ex mss. et edit. vet. Rom., Florent., Junt., Is., Cellar. Cæteri impressi habent *coæquaverit*; et pro *similes* mss. 2 Bonon., 1 Reg. rec., 2 Colb. et Tax. habent, *similimi*.

Æquales. Expungunt *nos* plerique mss. quorum sex, scilicet Regio-Put., 1 al. Reg., 2 Colbert., 1 Clarom., 8 Brun. habent, *oris figura declarat, non esse cum mutis pecudibus æqualis*.

Habet. Mss. 4 rcc., *habet... intuentur*. Francius, forte leg. *habent... intuentur.*

Homo autem recto statu. Lactantius supra lib. VII cap. 9 Divin. Instit. : *Cujus corpus ab humo excitatum, vultus sublimis, statu rectus originem suam quærit.* Quod autem dicit, *Confert cum Deo vultum*, intellige cum meditatur de similitudine, quæ ei communis est cum Deo, ait Walchius.

Confert cum Deo vultum. Walchii emendatio : *Confert ad Deum vultum*, non admittenda in loco sano, maxime cum Lactantius eadem phrasi usus sit lib. II, cap. 2 : *Corpus idcirco rectum accepisti, quo oculos atque mentes cum eo, qui fecit, conferre possetis*. BUN.

Et rationem ratio cognoscit. Francius malebat, *et rationem ratione cognoscit.*—*Rationem ratio cognoscit.* Sensus est, *rationem divinam* (sive Deum, qui et ipse ratio dicitur, lib. I, cap. 5) ratio hominis (sive homo rationalis) cognoscit. BUN.

Hominis esse propria. Legitur *homini*, etc., et notam sequentem exhibet.—*Homini esse propria.* Ita statim, *proprius homini sermo*; postea, *risus... est homini proprius*; denique, *quid tam homini proprium*; et loco gemino lib. III, cap. 10 : *Quæ putantur esse homini propria*. BUN.

Similia. Seneca lib. de Ira, c. 3 : *Muta animalia humanis affectibus carent : habent autem similes illis quosdam impulsus.* Adde reliqua, et Arnob. lib. 7, Vossium, lib. III Idol. cap. 44. BUN.

Tamen et in illis quædam similitudo sermonis. Francius, *tamen est*. Huic sententiæ similia habet Lucret. lib. V, et Basil. Mag. Oration. 8. Hexamen. et in 9 ubi similitudinem quamdam ratiocinationis in canibus esse præclare demonstrat; sicut et B. Ambros. lib. VI. Hexam. cap. 4 per ὑποτύπωσιν quamdam, proponit nobis canem venaticum συλλογιζόμενον in compito multifido : de quo præclare disserunt et Franc. Valesius I. v. de Sacra Philosophia. Cl. Vossius in lib. de Idololat.

Nam et dignoscunt invicem se vocibus; et, cum irascuntur, edunt sonum. In mss. 14 et 2 vet. edit. Rom. legitur, *Nam et dignoscuntur, edunt sonum.* Minus bene. Sensus imperfectus.

Nobis... voces eorum... inconditæ... Rost., Ven, 1471, 72, utraque 78, 93, 97, Pier., Parrh., Paris., incognitæ ; ut Senec. I de Ira, cap. 1, *parum explanatæ voces.* BUN.

Quæ se intelligunt. Recte *quæ*; nam de mutis animalibus loquitur. Verum error est in 8 editis et 12 mss. ubi legitur *qui se intelligunt.*

In omni affectu. Editi *sex effectu.*

Aures demulcent. Id est, *demittunt*. Horat., lib. II, od. 13 :

> ...... Illis carminibus stupens
> Demittit atras bellua centiceps.
> Aures.   TURNEBIUS.

Providentia futuri. Et infra, *provident in fuurum.* Francius, forte *providentia...* et *prævident.*

Ingentem farris acervum, etc. Virgilius hac similitudine laborantium operas describit Georgic. primo ;

> Populatque ingentem farris acervum :
> Curculio, atque inopi metuens formica senectæ.

Vide Horat. ad Mecœnatem, sat. I :

> ...... Sicut,
> Parvula nam exemplo est magni formica laboris,
> Ore trahit quodcumque potest, atque addit acervo
> Quem struit, haud ignara, ac non incauta futuri.

Quid quod Salomon pigrum formicæ exemplo ad operas excitat, Proverb., c. VI, et trigesimo colligit etiam industriæ animalium exempla. Cæterum de formicarum industria Æsopi apologus est. De hujus naturæ consulendus est Plinius l. XI, c. Deest, Ælianus, lib. VIII ; Aristot., lib. I, Hist. Animalium, cap. 11. BETULEIUS.

Cum populant. Ex vetustissimo et optimo ms. Regio-Put. restitui *cum populant*, nec aliter legitur apud

Patriam solæ, et certos novere penates,
Venturæque hyemis memores, æstate laborem
Experiuntur, et in medium quæsita reponunt.

Longum est, si exequi velim, quæ a singulis generibus animalium fieri soleant humanæ solertiæ simillima. Quod si horum omnium, quæ adscribi homini solent, in mutis quoque deprehenditur similitudo, apparet solam esse religionem, cujus in mutis nec vestigium aliquod, nec ulla suspicio inveniri potest. Religionis enim est propria justitia, quam nullum aliud animal attingit. Homo enim solus imperat; cætera sibi conciliata sunt. Justitiæ autem Dei cultus adscribitur; quem qui non suscipit, hic a natura hominis alienus, vitam pecudum sub humana specie vivet. Cum vero a cæteris animalibus hoc pene solo differamus, quod soli omnium divinam vim potestatemque sentimus, in illis autem nullus sit intellectus Dei: certe illud fieri non potest, ut in hoc vel muta plus sapiant, vel humana natura desipiat; cum homini ob sapientiam et cuncta quæ spirant, et omnis rerum natura subjecta sit. Quare si ratio, si vis hominis hoc præcellit et superat cæteras animantes, quod solus notitiam Dei capit, apparet religionem nullo modo posse dissolvi.

CAPUT VIII.
De religione.

Dissolvitur autem religio, si credamus Epicuro illa dicenti:

Omnis enim per se divum natura necesse est;
Immortali ævo summa cum pace fruatur,
Semota a nostris rebus, sejunctaque longe.
Nam privata dolore omni, privata periclis,
Ipsa suis pollens opibus, nihil indiga nostri,
Nec bene pro meritis capitur, nec tangitur ira.

Quæ cum dicit, utrum aliquem cultum Deo putat esse tribuendum, an evertit omnem religionem? Si enim Deus nihil cuiquam boni tribuit, si colentis obsequio nullam gratiam refert, quid tam vanum, tam stultum, quam templa ædificare, sacrificia facere, dona conferre, rem familiarem minuere, ut nihil assequamur? Atenim naturam excellentem honorari oportet. Quis honos deberi potest nihil curanti et ingrato? An aliqua ratione obstricti esse possumus ei, qui nihil habeat commune nobiscum? «Deus, inquit Cicero, si talis est, ut nulla gratia, nulla hominum charitate teneatur, valeat. Quid enim dicam, propitius sit? esse enim propitius potest nemini.» Quid contemptius dici potuit in Deum? Valeat, inquit; id est, abeat et recedat, quando prodesse nulli potest. Quod si negotium

VARIORUM NOTÆ.

Virgilium, iv Æneid., vs. 403 et Georgic. i, vs. 185, *populat*, per archaismum, cum veteres et *populo* active posuerint, observante Servio. Is. Nonium cap. 7, n. 26. *Ex* WALCHIO.—In cæteris Lactantii mss. et editis est *comportant*. Aristotel., libro i de Hist. Animalium, c. 1. BETUL.

Ut apes, quæ patriam solæ, etc. Georg. quarto, quo libro apum regnum describit. Consule Plin., lib. ii Naturalis Historiæ, c. 5; Varron., de Re rust., l. iii, c. 16; Columellam, l. x a capite 11 usque ad fin.; Palladium, l. i, c. 37, et l. vi, c. 8; Constantinum, l. xv, capitibus aliquot; Arist., de Nat. Animal., l. v, c. 21 et 22, et l. 9, c. 14. Lege ad hæc omnino Theodoreti, sermonem quintum, quo ex animalium industria providentiam probat, sacrarum litterarum testimoniis ubique instructus. ID.

Longum est, si exequi velim. Non ineleganter. Sic Cicero, l. ii de Nat. deor., c. 64: *Longum est... persequi*. Lactantius iterum de Ira, c. 11: *Longum est singulorum sententias persequi*; Épit., c. 14: *Longum est recensere*. BUN.

In mutis quoque. Ita legendum esse ostendunt omnes prope mss. et textus ipse. In 4 mss. rec. et in editis amanuensium errore legitur *multis*.

Religionis enim est propria justitia. Addidi *enim* ex mss. antiq. Cauch., 1 Colb. et 3 Reg. necnon ex omnibus fere impressis. Quod melius cohæret.

Quam nullum aliud animal attingit. Plerique mss. et 3 editi habent *quæ*.—Hanc ultimam lectionem habet Buneman., et exhibet notam sequentem:—*Quæ nullum aliud animal attingit.* Rectissime et elegantissime. Lib. iii, c. 11: *Quæ* (immortalitas) *nec aliud animal, nec corpus attingit*; Epit., c. 33: *Quia et pecudes attingit hoc duplex bonum?* Ibid. Antea: *Sed hoc bonum muta contingit.* Cicero, l. i. de Nat. deor., *Labor Deum* non attingit; lib. iii, de Natur. deor., cap. 15: *Quorum Deum nihil attingit.* BUN.

Homo enim solus impertit... conciliata sunt. Non quadrant, inquit Heumannus. Quare credo, glossema hoc esse inferius adscriptum a quopiam ad hæc verba: *Homini cuncta subjecta sunt.* Genuinum vero esse hunc locum, liquido constat ex Epit., c. 55, ubi dicit, solam esse *justitiam*, quæ *nec sibi tantum conciliata sit,* nec occulta, sed foras tota promineat, et ad *benefaciendum prona sit*, ut quamplurimis *prosit*. — *Cætera sibi conciliata sunt.* L. v, c. 17: *In omnibus enim videmus animalibus, quia sapientia carent, conciliatricem sui esse naturam. Nocent aliis, ut sibi prosint.* Cic., iii Fin., c. 5: *Simul atque natum sit animal, ipsum sibi conciliari et commendari ad se conservandum*; lib. i de Nat. deor., c. 27: *Non vides, quam blanda conciliatrix, et quasi sui sit lena natura.* Illud sibi *conciliatum esse* vel decies Seneca in una epist. 121 inculcavit. BUN.

Vitam pecudum vivet. Sic cum quarto casu *vivere*, dixit Lactantius Divin. Institut., l. v, c. 8, et l. vii, c. 24. In 7 editis pro *vivet* legitur *vivit*.

In illis... nullus intellectus Dei. Vide not. ad c. 12: *Divinitatis intellectus... quo differimus a belluis.* BUN.

Si ratio, si vis hominis. Ita restitui ex omnibus prope mss. et 8 vet. editis, *mentis vis ac ratio*, apud Cicer. 4 de Nat. deor. 26. Alii *jus*.

Nam privata. Ita quamplurimi mss. et 8 editi, ac Lucretius ipse Scripti 9 rec. et sex impressi, *jam privata*.

Nil indiga nostri. Mss. 6 et 2 edit., *nihil*.

Nihil cuiquam boni. Sic restitui ex mss. 2 Bonon., 3 Reg. inter quos est Regio-Put., 3 Colb., Baluz., Goth., Ultr., Lips., Em., Brun. et 5 edit. In mss. Cauc., 1 Colb., Pen., Clarom. est, *nihil umquam cuiquam boni*; in rec. 3 Reg., 1 Colb., Cant. et 10 excusis legitur, *nihil unquam boni*; in 1 Colb. pro *boni*, est *homini*.

Sacrificia facere, dona conferre. Hæc 4 verba desiderantur in mss. 20 rec. et in 3 ed. Rom. Sunt autem in antiquissimis Regio-Put. 2 Bonon. aliisque multis, et 12 editis.—*Templa ædificare, sacrificia facere, dona conferre, rem.* Lact., l. vi, c. 25: *Apud istos, qui nullo modo rationem divinitatis intelligunt, donum est, quidquid auro argentoque fabricatur; item, quidquid purpura et serico texitur; sacrificium est victima, et quæcumque in ara cremantur.* Confer. l. vi, c. 1; Epit., c. 58 integro. BUN.

Cicero. Cic., l. i de Nat. deor. ad finem.

Quando prodesse. Ita fere omnes mss. et editi pro *quandoquidem*, quod perperam substituerunt scripti sex et editi quatuor, seu pro *quoniam*, ut apud Ciceronem lib. ii Offic. cap. 58, et lib. v Epist. Fam. 20.

Deus nec habet, nec exhibet, cur non ergo delinquamus, quoties hominum conscientiam fallere licebit, ac leges publicas circumscribere? Ubicumque nobis latendi occasio arriserit, consulamus rei, auferamus aliena, vel sine cruore, vel etiam cum sanguine, si præter leges nihil est amplius quod colendum sit.

Hæc dum sentit Epicurus, religionem funditus delet; qua sublata, confusio ac perturbatio vitæ sequetur. Quod si religio tolli non potest, ut et sapientiam, ua distamus a belluis, et justitiam retineamus, qua communis vita sit tutior; quomodo Religio ipsa sine metu teneri aut custodiri potest? Quod enim non metuitur, contemnitur: quod contemnitur, utique non colitur. Ita fit, ut religio, et majestas, et honor metu constet: metus autem non est, ubi nullus irascitur. Sive igitur gratiam Deo, sive iram, sive utrumque detraxeris, religionem tolli necesse est, sine qua vita hominum stultitia, scelere, immanitate completur. Multum enim refrænat homines conscientia, si credamus nos in conspectu Dei vivere; si non tantum quæ gerimus, videri desuper, sed etiam quæ cogitamus, aut loquimur, audiri a Deo putemus. Atenim prodest id credere, ut quidam putant, non veritatis gratia, sed utilitatis; quoniam leges conscientiam punire non possunt, nisi aliquis desuper terror impendeat ad cohibenda peccata. Falsa est igitur omnis religio et divinitas nulla est. Sed a viris prudentibus universa conficta sunt, quo rectius innocentiusque vivatur. Magna hæc, et a materia quam proposuimus aliena quæstio est: sed quia necessario incidit, debet quamvis breviter attingi.

CAPUT IX.

De providentia Dei, deque sententiis illi repugnantibus.

Cum sententiæ philosophorum prioris temporis de providentia consensissent, nec ulla esset dubitatio, quin mundus a Deo, et ratione esset instructus, et ratione regeretur: primus omnium Protagoras extitit temporibus Socratis, qui sibi diceret non liquere, utrum esset aliqua divinitas, necne. Quæ disputatio ejus adeo impia, et contra veritatem et religionem judicata est, ut et ipsum Athenienses expulerint suis finibus, et libros ejus in concione, quibus hæc continebantur, exusserint. De cujus sententia non est opus disputare, quia nihil certi pronuntiavit. Post hæc Socrates, et auditor ejus Plato, et qui de schola Platonis, tanquam rivuli diversas in partes profluxerunt; stoici et peripatetici, in eadem fuere sententia, qua priores.

Postea vero Epicurus Deum quidem esse dixit, quia necesse sit esse aliquid in mundo præstans, et eximium, et beatum; providentiam tamen nullam: itaque mundum ipsum nec ratione ulla, nec arte, nec fabrica instructum, sed naturam rerum quibusdam minutis seminibus et insecabilibus conglobatam. Quo quid repugnantius dici possit, non video. Etenim si est Deus, utique providens est, ut Deus; nec aliter ei potest divinitas attribui, nisi et præterita teneat, et

VARIORUM NOTÆ.

Arriserit, consulamus rei. Hæc duo postrema verba absunt a 15 mss. et vet. edit. Rom.

Quod colendum sit. Ita mss. pene omnes et veteres editi. In 4 scriptis rec. et edi is multis *verendum sit.* Utraque lectio bona. 2 Mss. rec. levissima mutatione, *dolendum sit.*

Sentit Epicurus. 2 Reg. et edit. Rom. 1470, *Sentit Lucretius.* Et quidem Epicuri echo est Lucretius.

Sequetur. Ita cuncti mss., præter 2 rec. in quibus est ut, in editis, *sequitur*.

Ut et sapientiam. Qua distamus a belluis, et justitiam. Quatuor postrema verba desiderantur in 20 mss. et 7 editis. — *Qua distemus a belluis, et justitiam.* L. III, cap. 10: et 11 maxime de Ira, cap. 11: *Diximus*, religione sublata, nec sapientiam teneri posse, nec justitiam, *dum divinitatis intellectus, quo differimus a belluis, in homine solo reperiatur*; quæ verba aperte nostrum locum respiciunt. BUN.

Non veritatis gratia, etc. Sic enim Numam, Scipionem et alios religionem simulasse Valerius exemplis docet. BETUL. — Idque ut imerosos populos timore deorum ad legum observantiam adigerent.

Sed utilitatis. Regio-Put. *utilitati.* Mss. 13, *utilitate.*

Terror impendeat. Ita omnes ferme mss. et 6 editi. Scripti tres rec. et 7. excusi mendose *impendat.* 2 Reg. rec. et ed. Rom. 1470, *impediat.* 1 Colbert. *tortor impendat.*

Conficta sunt. Sic reposui ex cunctis pene mss. et 3 editis. In 10 scriptis et 12 impressis legitur *confecta sunt.* — *Conficta sunt.* Ut Arnobius l. VII: *Religionibus artifex in communiscendis Numa.* Lactantius imitatur Ciceron. l. I de Nat. deor. cap. 52: *Quid ii, qui dixerunt, totam de diis immortalibus opinionem fictam esse ab hominibus sapientibus.* BUN.

Quamvis breviter. Ita omnes prope mss. et 6 vetustiores editi, ac Cellar., Walch. In 3 rec. mss. et 10 impressis est, *quam breviter.*

Protagoras, etc. Vide Laertium. De Protagora dictum est lib. I Institut. c. 2. Refertur etiam ab Arnobio, lib. VIII adversus Gentes. Similes catalogi sunt apud Cicer. de Natura deorum primo; et inter ecclesiasticos scriptores, apud Epiphanium in Epitome, apud Eusebium de Præparat. Evangel. lib. XIV cap. 1. Irenæus lib. II cap. 19. Anaxagoram ἄθεον nominat, nisi lectio sit mendosa; quod non puto. BETULEIUS. — Cicero lib. I de Nat. deor. c. 23: *Abderites Protagoras, sophistes temporibus illis vel maximus, cum in principio libri sic posuisset: De Divis neque ut sint, neque ut non sint, habeo dicere; Atheniensium jussu urbe atque agro est exterminatus, librique ejus in concione combusti.*

Temporibus Socratis. Teste Laertio, floruit Olympiade LXXIV. Eusebius hanc librorum exustionem Euseb. in Chronicis anno tertio Olympiadis LXXXIV ponit, et floruit sane tum Socrates, et eum Socratis fuisse synchronon testatur etiam Platonis Dialogus, qui Protagoræ nomine inscriptus fuit. Quanquam de hoc quæstio est apud Macrob. lib. I Sat. cap. 1. BETULEIUS.

Et libros ejus in concione, etc. Vide quæ supra diximus ad cap. 22 lib. I. Ex hoc loco corrigendus locus Minutii Felic. ubi nonnulli legunt, *scripta ejus deriserint*, legendum, *deusserint.* Fatet hoc ex Lactant. etiam ex Diogene Laert. qui de omni hac re disserit. Vide et Ciceronem lib. I de Natura deorum.

Et auditor ejus Plato, etc. Quam inconstanter autem is de rebus divinis disseruerit, non modo Velleius Epicureus apud Ciceronem objicit, sed etiam Euseb. de Præp. Evang. lib. XIII collatione scriptorum ipsius diligenter evidenter demonstrat. BETUL.

Insecabilibus. Atomis scilicet.

præsentia sciat, et futura prospiciat. Cum igitur providentiam sustulit, etiam Deum negavit esse. Cum autem Deum esse professus est, et providentiam simul esse concessit. Alterum enim sine altero nec esse prorsus, nec intelligi potest. Verum iis postea temporibus, quibus jam philosophia defloruerat, extitit Melius quidam Diagoras, qui nullum esse omnino Deum diceret, ob eamque sententiam nominatus est ἄθεος; item Cyrenæus Theodorus: ambo quia nihil novi poterant reperire, omnibus jam dictis et inventis, maluerunt vel contra veritatem id negare, in quo priores universi sine ambiguitate consenserant. Ii sunt, qui tot sæculis, tot ingeniis assertam atque defensam providentiam calumniati sunt. Quid ergo? utrumne istos minutos et inertes philosophos ratione, an vero auctoritate præstantium virorum refellemus? an potius utroque? Sed properandum est, ne longius a materia divagetur oratio.

CAPUT X.
De Mundi ortu et rerum natura, et Dei providentia.

Qui nolunt divina providentia factum esse mundum, aut principiis inter se temere coeuntibus dicunt esse concretum, aut repente natura extitisse; naturam vero (ut Straton) habere in se vim gignendi et minuendi: sed eam nec sensum habere ullum, nec figuram, ut intelligamus, omnia quasi sua sponte esse generata, nullo artifice, nec auctore. Utrumque vanum et impossibile. Sed hoc evenit ignorantibus veritatem, ut quidvis potius excogitent, quam id sentiant quod ratio deposcit. Primum minuta illa semina, quorum concursu fortuito totum coiisse mundum loquuntur, ubi aut unde sint, quæro. Quis illa vidit unquam? quis sensit? quis audivit? An solus Leucippus oculos habuit? solus mentem? qui profecto solus omnium cæcus et excors fuit, qui ea loqueretur,

VARIORUM NOTÆ.

Cum autem Deum esse professus est. Additum autem ex omnibus mss. et multis editis, quod in cæteris deerat. Ms. 1 Bon. antiq. legit *confessus est.*

Defloruerat, etc. Diagoras tamen ab Eusebio eadem Olympiade ponitur, qua Protagoram supra a Laertio positum esse diximus, id est LXXIV. Theodorus autem Olympiade CXVIII, cum Epicurus vix paucis annis antiquior fuerit. Nam Laertius ejus obitum in Olympiade CVIII posuit: quanquam Eusebius eum Olymp. CXVIII floruisse referat. BETULEIUS.

Melius quidam Diagoras. Melius a patria, sicut infra Cyrenæus Theodorus. Mss. 1 Reg. antiq. habet *Ætlius*; 1 Bonon. antiquior, et 8 alii ac 2 vet. ed. Rom., *Alius*; Regio-Put., 1 al. Reg., 2 Colbert., Goth., Navar., Gat., Marm., Ultr., Pen., Brun., *Ætlius*; ms. Tornesianus et ed. Genev. *Metius*, quod existimo vitiose a librario scriptum pro *Melius*, sicut vocatur a Cicerone, lib. 1, de Nat. deor. Ms. Baluz. et 15 excusi, *Extitit Athenis quidam Diagoras.* Nec contemnenda hæc lectio: Suidas enim ad v. *Diagoras*, refert Diagoram post captam Melum (unde *Melius* dictus est) secessisse Athenas. Mss. 1 Reg. rec., Clarom., 1 Sorbon., 3 Colb. legunt *Extitit Atheus quidam et Diagoras,* nisi quod particula *et* a duobus prioribus abest. Cæterum de hoc Diagora vide quæ notata sunt ad initium, cap. 2, lib. I Divin. Institut. — *Athenis quidam Diagoras.* Vulgata est lectio pene omnium librorum, a qua discedere non ausus sum. P. tamen habet, *Ætlius quidam Diagoras,* et B., alius quidam, unde quis suspicari possit legendum esse: *Melius quidam Diagoras;* nam Melium quidem vocat eum Cicero initio I de Nat. Deor. ubi hæc ipsa pertractat; Plutarch. I Placitor., cap. 7; Sext. Empyric.; Pyrrhon., Hypotyp. lib. III, c. 24; Arnob. IV, Minucius et alii. Quod autem Lactantius, et nostratium alii permulti Diagoram, Theodorum et cæteros, de quibus etiam lib. I, Institut., cap. 2, ἀθέους, hoc est absque Deo cognominant, videndum est, ne forte a christianis etiam in eosdem bonos ac doctos viros vetus ethnicorum calumnia importetur; cum enim hi deorum multitudinem totque monstra atque portenta, quæ stulta colebat gentilitas, irriderent, putati sunt ἄθεοι, et nullum omnino deum credidisse, quod queritur quidem certe ac miratur et Clemens Alexandrinus. ISÆUS.

Cyrenæus Theodorus. Meruit et hic τοῦ ἀθέου epitheton, eodem Epiphanio teste. Et sic legendum censeo in Chronicis Eusebii, ubi *Theodorus Athenæus* legitur; nec mihi tempora refragantur. Augustinus contra litteras Petiliani Donatistæ libro secundo putat, in hunc Theodorum esse dictum hoc Psalmi: Dixit stultus, quod non est Deus. BETUL.

Maluerunt vel contra veritatem. Vel, quod hic est pro *etiam,* Gallice *même,* abest a 10 mss. totidemque editis.

Id negare. Mss. 2 Bonon., 1 Reg. rec., 2 Colb., Tax., Baluz., id *denegare.*

Qui tot sæculis, tot ingeniis. Hæc lectio 4 vet. editorum, et omnium mss. est, præter 1 Reg. rec. in quo, ut et in 15 editis, est *sæculis et ingeniis.*—*Tot sæculis, tot ingeniis. Tot sæculis* sumo in auferendi, at *tot ingeniis* dandi casu, pro *a tot ingeniis.* L. IV, cap. 2: *Tot ingeniis totque temporibus summo studio et labore quæsita sapientia.*Epit., cap. 40, in fin. dixit, *veritatem tot ingeniis, tot ætatibus requisitam.* BUN.

Auctoritate præstantium. Hi erant *maximarum sectarum principes,* quos infra adducit ante capitis 10 finem, et cap. 11. Mss. 12 cum edit. Rom., 1470, legunt *veritate,* alter *virtute.*

Utroque. Ita mss. et editi. Francius forte legendum putat, *utraque.*

Divagetur. Ita mss. prope omnes cum 7 editis; in cæteris vulgatis est *devagetur;* in 1 Reg. rec. evagetur; in 1 Colb. et Clarom. a prima manu *dirigatur.*

Straton. Straton Lampsacenus, Arcesilai filius, auditor Theophrasti, fuit præceptor Ptolemæi Philadelphi: vir acri ingenio, qui cum maxime necessariam philosophiæ partem, quæ posita est in virtute et in moribus, reliquisset, totum se ad investigationem naturæ contulit; unde Physici cognomentum assecutus est. Floruit Olymp. 123. Ejus vitam scribit Laert. libro v. Multa hujus mentio passim fit apud Ciceronem, unde etiam hæc transcripta sunt; hæc enim fere ad verbum leguntur in primo libro de Natura deorum. BETULEIUS.—Vide eumdem Ciceronem in Lucullo ad finem.

Vim gignendi et minuendi. Plenius Cicero, l. I, de Nat. Deorum, cap. 13: *Nec audiendus...* Strato, *is qui Physicus appellatur, qui omnem vim divinam in natura sitam esse censet, quæ causas gignendi, augendi, minuendi habeat: sed careat omni sensu et figura.* BUN.

Concursu fortuito. Abest *fortuito* a 13 mss. et a 2 vet. edit. Rom. Sed est in aliis, apud eumdem Lactantium, Epitom., cap. 36 et apud Ciceronem, lib. I de Nat. deor., cap. 24, seu n. 66.

Totum coiisse mundum. Bene, ut patet ex præcedentibus et sequentibus. In 11 scriptis et ed. Is. *cohæsisse.* Bona utraque lectio.

An solus Leucippus oculos habuit? Francius,

Oculos an, Pari, solus habes?

Licet Laertius in Leucippo nullam de atomis mentio-

quæ nec æger quisquam delirare, nec dormiens posset somniare.

Quatuor elementis constare omnia philosophi veteres disserebant : ille noluit, ne alienis vestigiis videretur insistere. Sed ipsorum elementorum alia voluit esse primordia, quæ nec videri possint, nec tangi, nec ulla corporis parte sentiri. Tam minuta sunt, inquit, ut nulla sit acies ferri tam subtilis, qua secari ac dividi possint, unde illis nomen imposuit atomorum. Sed occurrebat ei, quod si una esset omnibus eademque natura, non possent res efficere diversas, tanta varietate, quantam videmus inesse mundo. Dixit ergo, lævia esse, et aspera, et rotunda, et angulata, et hamata. Quanto melius fuerat tacere, quam in usus tam miserabiles, tam inanes, habere linguam : et quidem vereor, ne non minus delirare videatur, qui hæc putet refellenda. Respondeamus tamen velut aliquid dicenti. Si lenia sunt et rotunda, utique non possunt invicem se apprehendere, ut aliquod corpus efficiant; ut si quis milium velit in unam coagmentationem constringere, lenitudo ipsa granorum in massam coire non sinat. Si aspera et angulata sunt, et hamata, ut possint cohærere; dividua ergo et secabilia sunt : hamos enim necesse est et angulos eminere, ut possint amputari.

Itaque quod amputari ac divelli potest, et videri poterit et teneri. « Hæc, inquit, per inane irrequietis motibus volitant, et huc, atque illuc feruntur, sicut pulveris minutias videmus in sole, cum per fenestram radios ac lumen immiserit. Ex his arbores et herbæ, et fruges omnes oriuntur : ex his animalia et aqua, ignis et universa gignuntur, et rursus in eadem resolvuntur. » Ferri hoc potest, quam diu de rebus parvis agitur. Ex his etiam mundus ipse concretus est. Implevit numerum perfectæ insaniæ; nihil videtur ulterius dici posse : sed invenit tamen ille quod adderet. « Quoniam est omne, inquit, infinitum, nec potest quidquam vacare; necesse est ergo innumerabiles esse mundos. » Quæ tanta vis fuerat atomorum, ut moles tam inæstimabiles ex tam minutis conglobarentur ? Ac primum requiro, quæ sit istorum seminum, vel ratio, vel origo. Si enim ex illis sunt omnia, ipsa igitur unde esse dicemus? quæ natura tantam copiam ad efficiendos innumerabiles mundos subministrabit ? Sed concedamus, ut impune de mundis deliraverit : de hoc loquamur, in quo sumus, et quem videmus. Ait, omnia ex individuis corpusculis fieri.

Si hoc ita esset, nulla res unquam sui generis semine indigeret. Sine ovis alites nascerentur, ac ova

VARIORUM NOTÆ.

nem faciat, et Plutarchus eosdem Democritum auctorem referat, Arist. tamen in primo τῆς Γενέσεως Democritum et Leucippum plerumque in hoc dogmate conjungit. Atque item Cicero in primo de Natura deorum : Ista enim flagitia Democriti, sive etiam ante Leucippi; esse corpuscula quædam lævia, alia aspera, rotunda alia, partim autem angulata, et quædam pyramidata, curvata quædam, et quasi adunca : ex his effectum esse cœlum atque terras, nulla cogente natura, sed concursu quodam fortuito. Hoc deinde dogma Epicurus etiam amplexus est : sicut nihil in Physicis Epicuri fuit, quod non habuerit a Democrito. Quanquam, ut in 1, de Finibus idem Cicero scribit, quæ Democriti Epicurus corrigere vult, ea depravare videatur. Ita Democriti atomi motum ex æterno tempore habent, Epicurei declinationem. Cujus differentiæ etiam Augustinus meminit, ubi de inanibus et inutilibus quæstionibus scribit. BETUL. — Vide lib. III Div. Institut., cap. 17. — An solus Leucippus. Cicero de hoc, lib. I de Natura deor., cap. 24, tradidit : Ista flagitia Democriti, sive etiam ante Leucippi, esse corpuscula quædam lævia, etia aspera, rotunda alia, partim autem angulata, curvata quædam, et quasi adunca; ex his effectum esse cœlum atque terram, nulla cogente natura, sed concursu quodam fortuito. CELL.

Posset somniare. Ita reposui ex 5 vet. edd. et omnibus mss. præter 1 Colbert. cui est ut 12 editis, possit.

Quatuor elementis, etc. Non quidem omnes philosophi in hoc consentiunt. Empedocles et Anaxagoras primi fuerunt, qui quatuor elementa asseruerunt : qui tamen illi constant et solvuntur concordia et discordia. Quod Aristotelis reprehensionem non evitat, qui et ipse quintam essentiam fovet. BETULEIUS.

Lævia esse et aspera, etc. Hæ sunt particulæ cartesianæ.

Et angulata, et hamata. Abest et angulata a recentioribus mss. 4 reg., 4 Colb., Goth., Lips., Marm., 1 Sorbon., Clarom. et Brun. Sed adesse debet, ut legenti mox patebit. — Et rotunda, et angulata, et hamata. Recepi, quia ita magis conveniunt cum sequentibus, ubi hæc quinque repetuntur : Si lævia et rotunda, aspera, et angulata, et hamata sunt. Iterum Epit., cap. 36. Si hamata et angulata, ergo secabilia sunt. Noster habet a Cicerone, lib. I de Nat. deor., cap. 24 : esse corpuscula quædam lævia, alia aspera, rotunda alia, partim autem angulata, hamata. BUN.

Aliquid dicenti. Mss. 12 rec. et edit. Rom. 1470, aliqua dicenti.

Lenia sunt et rotunda. Mss. 3 Reg., 4 Colb. et editi levia, male.

Lenitudo ipsa granorum. Sic a me restitutum ex mss. fere omnibus et vet. edit. Rom., Scripti 4 rec. cuncliique pene impressi, levitudo.

Si aspera et angulata sunt et hamata, etc. Ita mss. veterrimi 2 Bonon. et Regio-Put. Alii 12 et 2 edd. addunt, inquit; et cum eis alteri 8 scripti et impressi 10 expuncto si.

Hamos enim... et angulos. Sic restitui in quarto casu ex multis antiquioribus et melioribus mss. et edit. vet. Rom. ac Cellar. In cæteris impressis et 5 scriptis rec. est hamis... et angulis.

Pulveris minutias. Mss. 7, micas.

Perfectæ insaniæ. Mss. 6 perfectæ; 1 al., protectæ.

Nihil videtur ulterius dici posse. Rectius, ut puto, ex 2 mss. Bonon., 4 Reg., 2 Colbert. Baluz. quam adjici cæterorum; nam cum verbo adjici inutile esset ulterius.

Quod adderet. Sic reposui ex mss. In editis est quid.

Vacare. Id est, vacuum esse. FRANCIUS.

Innumerabiles esse mundos. Πολλοὺς κόσμους Philoni, ἀπείρους Laertio et Plut., κόσμον ἄπειρον Epiphanio, Democritici mundi proverbio locum fecere. Plut. in Placitis libro II, cap. 1 Democritus, Epicurus, eorumque discipulus Metrodorus, innumerabiles in infinito mundos per omnem ejus complexum in immensum exspatiantem dixerunt. BETULEIUS.

Ac primum requiro. Mss. 8 : At primum requiro.

Istorum seminum vel ratio, vel origo, etc. Τὰς ἀτόμους etiam Virgilius et Lucretius semina nominarunt; Lucret. non longe ab initio libri primi.

sine partu, item cætera viventia sine coitu : arbores, et quæ gignuntur e terra, propria semina non haberent, quæ nos quotidie tractamus, et serimus. Cur ex frumento seges nascitur, et rursus ex segete frumentum? Denique si atomorum coitio et conglobatio efficeret omnia, in aere universa concrescerent; si quidem per inane atomi volitant : cur sine terra, sine radicibus, sine humore, sine semine, non herba, non arbor, non fruges oriri augerique possunt? Unde apparet, nihil ex atomis fieri; quandoquidem unaquæque res habet propriam certamque naturam, suum semen, suam legem ab exordio datam. Denique Lucretius, quasi oblitus atomorum, quas asserebat, ut redargueret eos, qui dicunt ex nihilo fieri omnia, his argumentis usus est, quæ contra ipsum valerent. Sic enim dixit :

Nam si de nihilo fierent, ex omnibu rebus
Omne genus nasci posset nil semine egeret.

Item postea,

Nil igitur fieri de nilo posse fatendum est
Semine quando opus est rebus, quo quæque creatæ
Aeris in teneras possint proferrier auras.

Quis hunc putet habuisse cerebrum, cum hæc diceret, nec videret sibi esse contraria? Nihil enim per atomos fieri exinde apparet, quod semen cujusque rei certum est; nisi forte et ignis, et aquæ naturam ex atomis esse credemus. Quid, quod durissimi rigoris materiæ, si ictu vehementiore collidantur, ignis excutitur? Num in ferro aut silice atomi latent? Quis inclusit? aut cur sua sponte non emicant; aut quomodo semina ignis in materia frigidissima permanere potuerunt?

Omitto silicem ac ferrum. Orbem vitreum plenum aquæ si tenueris in sole, de lumine, quod ab aqua refulget, ignis accenditur etiam in durissimo frigore. Num etiam in aqua ignem esse credendum est? atqui de sole ignis ne æstate quidem accendi potest. Si ceræ inhalaveris, vel si vapor levis aliquid attigerit, aut crustam marmoris, aut laminam, paulatim per minutissimos rores aqua concrescit. Item de halitu terræ aut maris nebula existit : quæ aut dispersa humefacit quidquid texerit; aut collecta, in arduos montes in sublime vento rapta, stipatur in nubem, atque imbres maximos dejicit. Ubi ergo dicimus liquores natos esse? Num in vapore? Num in halitu? Num in vento? Atqui nihil potest consistere in eo, quod nec tangitur, nec videtur. Quid ego de animalibus loquar, in quorum corporibus nihil sine ratione, sine ordine, sine utilitate, sine specie figuratum videmus; adeo ut solertissima, et diligentissima omnium partium membrorumque descriptio, casum ac fortunam repellat. Sed putemus artus et ossa et nervos et sanguinem de atomis posse concrescere. Quid sensus, cogitatio, memoria, mens, ingenium, quibus seminibus coagmentari possunt? minutissimis, inquit. Sunt ergo alia majora. Quomodo igitur insecabilia?

Deinde, si ex invisibilibus sunt, quæ non videntur, consequens est, ut ex visibilibus sint, quæ videntur; cur igitur nemo videt? Sed sive invisibilia quæ sunt in homine consideret, sive tractabilia, quæ veniunt sub aspectum, ratione utraque constare quis non videt? Quomodo ergo sine ratione coeuntia possunt aliquid efficere rationale? Videmus enim nihil

VARIORUM NOTÆ.

Non herba. Sic reposui ex mss. et editis vet. Rom. Gymnic., Cellar. In cæteris editis legitur, *non herbæ.*

Augerique possunt. Mss. 14 et 13 edd., *aut generari possunt.*

Fieri de nilo. Lips. 2, Reimm., Rost., Ven. 1471 *de nullo.* Bonon., Goth., Colbert., Ven. utraque 1478, Betul., Torn., Walch., fieri *de nihilo* posterius repugnat versui ; prius *de nullo* Lucretii mori, qui libenter nihilum in nilum contrahit, exempli gratia,

. . . . . Ad nilum quæque reverti ;

Et vers. 674 :

Ne tibi res redeant ad nilum funditus omnes.

Fatendum est. Mss. 2 Bonon., 1 Reg., rec., 3 Colbert., Pen., Clarom., *putandum est.* 1 Sorbon., *sciendum est.*

Quis hunc putet habuisse cerebrum? Sic ex mss. fere omnibus restitui; in 4 rec. et in editis legitur *putat. Habuisse cerebrum,* id est rationem et sanam mentem; nam veteres in cerebro dixerunt animi esse sedem. Cic. Tuscul. 1, cap. 9. — *Habuisse cerebrum.* Eleganter, ut Phædrus de Larva lib. 1, 7, 2 : *O quanta species,* inquit, *cerebrum non habet.* Ubi vide Bunemannum in novo commentario. Iterum Lact. epit. cap. 54 : *Homines inanis cerebri ;* de Opif. cap. 16 : *Alii sedem ejus* (mentis) *in cerebro esse dixerunt.* BUN.

Credemus. 1 Colbert., *credimus;* 1 al. Colbert. et Brun., *credamus.*

Ignis excutitur. Sic omnes scripti editique, præter Ven. primam 1478, *excutitur,* prave. Mallem, si libri annuerent, *excuditur,* ut Virg. 1 Æn. 174 :

Ac primum silicis scintillam excudit Achates.

BUN.

Orbem vitreum, etc. Hæc cristalli natura est, quæ nihil aliud est, quam aqua in lapidis duritiem frigore et vetustate congelata. Vide Marbodæum cum suis commentatoribus. De ignis natura Theophrasti liber extat. Sunt similes ignis eliciendi rationes apud Plin. et Lucretium ipsum, atque etiam apud Seneccam in Natural. quæst. BETUL.

Credendum est. Mss. 5, *credent.*

Atqui de sole ignis, etc. Hallucinatur Lactantius : experientia contrarium testatur.

Ceræ inhalaveris. Mss. 1, Reg. rec., 3 Colbert. et Baluz., *Si ceræ in alveariis.*

Vapor levis. Mss. Goth., *lenis;* 1 Bonon. antiq., *tene.*

Aut maris. Mss. 6 *et maris.*

Quid ego. Sic legendum ex vet. mss. 1 Bonon., Cauc. Cæteri et edl. habent *ergo;* Brun., *igitur.*

Deinde. Ita reposui ex omnibus mss. præter 3 rec. in quibus est *Denique,* ut in editis.

Si ex invisibilibus sunt, quæ non videntur, nemo videt? Sic legendum ex utroque Bonon., 3 Colbert., Baluz. et Tax., non vel alii, *si ex invisibilibus sunt, quæ videntur, cur igitur nemo videt?* Utitur argumento a contrariis : si ea quæ non videntur, manant a corporibus invisibilibus; ergo quæ videntur, prodeunt ex visibilibus; ea igitur cur non videntur? IsÆus.

Consideret. Mss. 7 *consideres.*

Tractabilia. Mss. 16 inter quos est Regio-Put. habent *tactibilia ;* Bonon. antiq., *tactilia ;* 2 Colb., *tactabilia ;* 2 Reg. rec. et ed. Rom. 1470, *intactibilia;* al. ed.

esse in omni mundo, quod non habeat in se maximam mirabilemque rationem. Quæ, quia supra hominis sensum et ingenium est, cui rectius, quam divinæ providentiæ tribuenda est? An simulacrum hominis et statuam ratio et ars fingit; ipsum hominem de frustis temere concurrentibus fieri putabimus? Et quid simile veritatis in ficto, cum summum et excellens artificium nihil aliud, nisi umbram et extrema corporis lineamenta possit imitari? Num potuit humana solertia dare operi suo aut motum aliquem, aut sensum? Omitto usum videndi, audiendi, odorandi, cæterorumque membrorum, vel apparentium, vel latentium, mirabiles utilitates. Quis artifex potuit, aut cor hominis, aut vocem, aut ipsam fabricare sapientiam? Quisquamne igitur sanus existimat, quod homo ratione et consilio facere non possit, id concursu atomorum passim cohærentium perfici potuisse? Vides in quæ deliramenta inciderint, dum nolunt effectionem curamque rerum Deo dare.

Concedamus tamen his, ut ex atomis fiant quæ terrena sunt: num etiam cœlestia? Deos aiunt incorruptos, æternos, beatos esse; solisque dant immunitatem, ne concursu atomorum concreti esse videantur. Si enim dii quoque ex illis constitissent, dissipabiles fierent, seminibus aliquando resolutis, atque in naturam suam revertentibus. Ergo si est aliquid, quod atomi non effecerint, cur non cætera eodem modo intelligamus? Sed, quæro, antequam mundum primordia ista generarent, cur sibi dii habitaculum non ædificaverint? Videlicet nisi atomi coiissent, cœlumque fecissent, adhuc dii per medium inane penderent. Quo igitur consilio, qua ratione de confuso acervo se atomi congregaverunt, ut ex aliis inferius terra conglobaretur, cœlum desuper tenderetur, tanta siderum varietate distinctum, ut nihil unquam excogitari possit ornatius? Tanta ergo qui videat et talia, potest existimare nullo effecta esse consilio, nulla providentia, nulla ratione divina; sed ex atomis subtilibus, exiguis concreta esse tanta miracula? Nonne prodigio simile est aut natum esse hominem, qui hæc diceret, aut extitisse, qui crederet? ut Democritum, qui auditor ejus fuit, vel Epicurum, in quem vanitas omnis de Leucippi fonte profluxit. At enim (sicut alii dicunt) natura mundus effectus est, quæ sensu et figura caret. Hoc vero multo est absurdius. Si natura mundum fecit, consilio et ratione fecerit, necesse est; is enim facit aliquid, qui aut voluntatem faciendi habet, aut scientiam. Si caret sensu ac figura, quomodo potest ab ea fieri, quod et sensum habeat et figuram? nisi forte quis arbitretur, animalium fabricam tam subtilem a non sentiente formari animarique potuisse; aut istam cœli speciem, tam providenter ad utilitates viventium temperatam, nescio quo casu, sine conditore, sine artifice, subito extitisse.

« Si quid est, inquit Chrysippus, quod efficiat ea, quæ homo, licet ratione sit præditus, facere non possit, id profecto est majus, et fortius, et sapientius homine. » Homo autem non potest facere cœlestia; ergo illud, quod hæc efficiet vel effecerit, superat hominem arte, consilio, prudentia, potestate. Quis igitur potest esse, nisi Deus? Natura vero, quam veluti matrem esse rerum putant, si mentem non habet, nihil efficiet unquam, nihil molietur. Ubi

VARIORUM NOTÆ.

Rom. 1474, *intactabilia*; altera Rom. 1468 cum cæteris impressis ac scriptis *tractabilia*, ut in textu. Unde liquet, sicut ex variis lectionibus aliis, tres Romanas editiones a se invicem diversas. Sed et alibi legimus apud Lactantium lib. v Divin. Institut., cap. 22, *oculis manuque tractabile*; ubi vide Not. ad lib. de Opificio, cap. 1 *manu et oculis contrectare*.

Extrema corporis lineamenta. Lond., Reg., Reimm. et omnes libri, *extrema*. Recte ergo ex hoc loco D. Boubier monet adversus Davisium; etiam in Cicerone lib. 1 de Nat. Deor. cap. 44 : *Lineamenta duntaxat extremis servandum esse*. Pari modo Lact. lib. v, cap. 2. *Lineamenta et summam figuram dixit*. Bun.

Omitto. Ms. 1 Bon. antiq., *Mitto*. Pro *usum videndi*, in edit. Venet. Trid. Floren., est *sensum videndi*, male, mox enim *vox sensum* præcessit.

Effectionem. Rara vox, quæ tamen reperitur apud Ciceronem, lib. ii de Finibus, cap. 45, et lib. iii, cap. 24, *artis effectio*.

Si enim dii quoque ex illis constitissent. Sic restitui ex quamplurimis mss. inter quos sunt antiquissimi 1 Bonon. et Reg.-Put. In 6 scriptis et editis legitur, *deos quoque ex illis constituissent*; in 3 Reg. rec., Clarom., ed. Rom. 1470, *deos... constituisset*.

Dissipabiles. Hæc vox vix occurrit apud alios scriptores: nihilominus extat apud Ciceronem, lib. iii de Natura deor., cap. 12 : *Aer natura cedens est maxime et dissipabilis*.

Revertentibus. Mss. 2 Bon., Tax., 1 Colb., *recurrentibus*.

Primordia ista generarent. 1 Bonon. antiq. *generassent*.

Non ædificaverint. Mss. 7 et 4 editi, *non ædificaverunt*. — *Quæro cur non... ædificaverint*. Rost., Ven. 1471-1515, et Paris., *Quæro... cur non ædificaverunt*. Haud male, judice Heumanno, qui nec prius Lactantium indignum ex supradictis censet. Mihi prius solum Lact. dignum videtur, qui, ubi non corruptus, semper post *quæro cur*, conjunctivum ponit. Sic lib. ii, cap. 4, restitui : *Quæro cur illi.... Sacrilegia non vindicaverint*; lib. iii, cap. 13 : *Solent quærere, cur... reperiantur*. Cicero, lib. 1 de Nat. deor., cap. 9 : *Sciscitor, cur mundi ædificatores repente extiterint.... quæro, cur Pronœa vestra cessaverit*; de Fato, cap. 8 : *Quæro.... cur non possint*. Bun.

Terra conglobaretur. Ita mss. antiquiores et potiores Bonon., Regio-Put. aliique, et ed. Is. At scripti 12 rec. et editi *terræ conglobarentur*.

Subtilibus exiguis. Legitur vero *subtilius exiguis* apud Buneman., inque hanc vocem notam sequentem habet. — *Subtilius exiguis* Betul., Torn., 1587-1613, Genev. 1650, Walch. *Subtilibus et exiguis*. Lond., Reg. et Goth., *Subtilibus exiguis*. Frequenter ita Arnobius, frequentius Minucius, ac vix semel aque iterum in Lactantius. Ita Goth. *minora, humilia*, ubi plures, *minora et humilia*: unde secutus sum Lond. et Goth membranas : *Subtilius exiguis*, pro *subtilissimis, minutissimis*. Bun.

Tam subtilem, Mss. 6 et 2 edd. addunt *tamque mirabilem*; Cauc. et 9 editi, *tam subtiliter a non sentiente natura formari*.

Si mentem non habet. Cicero de Nat. deor., ii, diversas de natura sententias seu definitiones describit : unam eorum, qui naturam censent vim quamdam sine ratione cientem motus in corporibus

enim non est cogitatio, nec motus est ullus, nec efficacia. Si autem consilio utitur ad incipiendum aliquid, ratione ad disponendum, arte ad efficiendum, virtute ad consummandum, potestate ad regendum et continendum; cur natura potius quam Deus nominetur? Aut si concursus atomorum, vel carens mente natura, ea, quæ videmus, effecit, quæro cur facere cœlum potuerit, urbem aut domum non potuerit? cur montes marmoris fecerit, columnas et simulacra non fecerit? Atqui non debuerant atomi etiam ad hæc efficienda concurrere; siquidem nullam positionem relinquunt, quam non experiantur. Nam de natura, quæ mentem non habeat, non est mirandum, quod hæc facere oblita sit. Quid ergo est? Utique Deus, cum inchoaret hoc opus mundi, quo nihil potest esse nec dispositius ad ordinem, nec aptius ad utilitatem, nec ornatius ad pulchritudinem, nec majus ad molem, quæ fieri ab homine non poterant, fecit ipse; in quibus etiam hominem ipsum, cui particulam de sua sapientia dedit; et instruxit eum ratione, quantum fragilitas terrena capiebat, ut ipse sibi efficeret, quæ ad usus suos essent necessaria.

Si vero in hujus mundi (ut ita dixerim) republica nulla providentia est, quæ regat, nullus Deus, qui administret, nec omnino sensus ullus in hac rerum natura pollet; unde igitur mens humana tam solers, tam intelligens orta esse credetur? Si enim corpus hominis ex humo fictum est, unde homo nomen accepit; animus ergo qui sapit, qui rector est corporis, cui membra obsequuntur tanquam regi et imperatori, qui nec aspici, nec comprehendi potest, non potuit ad hominem nisi a sapiente natura pervenire. Sed sicut omne corpus mens et animus gubernat: ita et mundum Deus. Nec enim verisimile est, ut minora et humilia regimen habeant, majora et summa non habeant. Denique M. Cicero in Tusculanis, et in Consolatione: « Animorum (inquit) nulla in terris origo inveniri potest. Nihil est enim, inquit, in animis mistum atque concretum, aut quod ex terra natum atque fictum esse videatur; nihilne aut humidum quidem, aut flabile, aut igneum. His enim naturis nihil inest, quod vim memoriæ, mentis, cogitationis habeat, quod et præterita teneat, et futura prævideat, et complecti possit præsentia, quæ sola divina sunt. Nec enim inveniuntur unquam, unde ad

VARIORUM NOTÆ.

necessarios; alteram eorum, qui definiunt vim rationis atque ordinis participem, tamquam via progredientem, declarantemque quid cujusque caussa res efficiat, quid sequatur, cujus solertiam nulla ars, nulla manus, nemo opifex consequi possit imitando. BETULEIUS.

Nec motus, etc. Atqui natura Zenonis artifex, opifex, consultrix, et provida utilitatum opportunitatumque omnium mundi, omnes motus habet voluntarios, conatusque et appetitiones, quas ὁρμὰς græce vocant. Cic. de Nat. deor., lib. II. BETUL.

Consilio. Mss. 7 addunt *suo*, quod ab aliis et a vulgatis abest, necnon a cæteris periodi membris.

Effecit. Mss. 2 Colb., Clarom., ed. Gymnic. et Spark., *efficit.*

Cur.... cœlum potuerit, urbem... non potuerit? Hæc similia illis Ciceronis lib. II de Natura deorum, c. 37: *Quod si mundum efficere potest concursus atomorum, cur porticum, cur templum, cur domum, cur urbem non potest? quæ sunt minus operosa, et multo quidem faciliora.* BUN.

Atqui non debuerant atomi. Ita restitui ex mss. antiquissimis et opt. 2 Bon., 3 Reg., 5 Colbert., Clarom., Baluz., Brun., faventibus 3 aliis a quibus abest negatio. In 3 scriptis rec. et 10 edd. pro *debuerant*, est *potuerat*; in aliis quatuor impressis *potuerunt.*

Bunemann. legit *debuerant*, omisso *non*: « Editi, inquit, habent, *atqui potuerant.* Lond., Reg., Goth., Lips. 2, 3, Reinm.: *atqui non debuerant.* Tum *non*, pro *nonne* sumendum. Sed Bon., Tax., Pen., Emman.: *Atqui debuerant.* »

Nullam positionem. De Opific., cap. 6: *Si primordia nullum genus positionis inexpertum relinquunt.* BUN.

Quantum fragilitas terrena capiebat. Sic restitui ex cunctis mss. et 10 editis. Cæteri vulgati legunt *cupiebat.*

Ad usus... necessaria. Ita jungit constanter. Lib. I: *Derelictis ad tutelam vitæ necessariis*; Epit., cap. 56: princ.: *Necessarium ad salutem.* Seneca, ep. 8: *Multis ad quotidianum usum necessariis opus est.* BUN.

Animus.... rector corporis. Lib. II, cap. 12, lib. VI, c. 1; de Opif., c. 1; Sallust. Jug. 1, 3. BUN.

Ad usus suos. Sequor antiquiores et potiores mss.

2 Bonon., Regio-Put. aliosque multos, et edd. Is. In cæteris editis et 10 scriptis rec. est *in usus suos.*

Corpus hominis ex humo fictum est. Cum. vet. ed. Rom. sic ferunt omnes mss. præter 1 Reg. rec. et Clarom. a prima manu, quibus est, ut in editis, *factum est.* Vide infra *fictum esse.*

Unde homo nomen accepit. Allusio est, non verum etymon, quod est ab Hebræo petendum, FRANCIUS.— Vide Lactantium supra lib. II Divin. Institut., c. 11, et Vossii Etymologicon Linguæ Latinæ. In editis 7 deest *homo.*

M. Cicero in Tusculanis et in Consolatione. In Tusculanis Quæstionibus, lib. I, c. 27 ex libro suo de Consolatione, quæ sequuntur verba produxit. Ait enim: *Hanc nos sententiam secuti, his ipsis verbis in Consolatione hæc expressimus: Animorum nulla in terris*, etc. CELL.

Nihil est enim, inquit. In 12. mss. rec. et 7 edd. desideratur *enim*, quod est in cæteris codicibus, et apud Ciceronem in fragmentis de Consolatione.

Atque fictum esse. Ita mss. edit. Betul. ac Cicero ipse. In 2 Reg. rec. et editis est *factum.*

Nihilne aut humidum quidem. Ita Cicero. Accedunt mss. 2 Reg. antiq., 5 Colb., Baluz., Brun., in quibus est *nihilne humidum quidem*; in Bonon. antiq. et 4 aliis *nihilve aut humidum quidem.*

Flabile. Id est, aerium. FRANCIUS.

His enim naturis nihil inest. Ita mss. cum vet. ed. Rom. 1470, Venet. 1490. In 2 Colb., Baluz. et in 10 impressis legitur, *His enim innatum nihil est.* — *His enim in naturis.* Eleganter Lond., Reg., Goth., Lips. 2, cum Cicerone, *in naturis.* BUN.

Quod, etc. Sic cum mss. 2 Bonon., Tax., 2 Colb., Baluz., Clarom. a secunda manu, edit. Crat., Graph., Cellar., Walch., Cicero ipse. Cæteri, *quo, et.*

Prævideat. Sic lego cum mss. 1 Bon... antiq., Pen. et ipso Cicerone. Clarom. prima manu, *pervideat.* Cæteri, *provideat.*

Nec enim inveniuntur. Ita constanter omnes mss. et impressi, præter 4 edd. rec. in quibus est, *invenietur*, ut apud Ciceronem. Buneman. vero legit, *invenietur*, et notam sequentem exhibet: — *Nec enim invenietur unquam.* Habebant, *inveniuntur unquam*, plures libri; solus Betul. *nec enim inveniuntur*

hominem venire possiut, n si a Deo.) Exceptis igitur duobus tribusve calumniatoribus vanis, cum constet, divina providentia mundum regi, sicut et factus est, nec sit quisquam, qui Diagoræ Theodorique sententiam, vel Leucippi inane commentum, vel Democriti Epicurique levitatem præferre audeat auctoritati, vel illorum septem priorum, qui sunt appellati sapientes, vel Pythagoræ, vel Socratis, vel Platonis, cæterorumque philosophorum, qui esse Providentiam judicaverunt; falsa igitur est et illa sententia, qua putant terroris ac metus gratia Religionem a sapientibus institutam, quo se homines imperiti a peccatis abstinerent.

Quod si verum sit, ergo derisi ab antiquis sapientibus sumus. Quod si fallendi nostri, atque adeo totius generis humani causa commenti sunt Religionem; sapientes igitur non fuerunt, quia in sapientem non cadit mendacium. Sed fuerint sapientes; quæ tanta felicitas mentiendi, ut non tantummodo inductos, sed Platonem quoque ac Socratem fallerent, et Pythagoram, Zenonem, Aristotelem, maximarum sectarum principes, tam facile deluderent? Est igitur divina providentia, ut senserunt ii homines, quos nominavi; cujus vi ac potestate omnia, quæ videmus et facta sunt, et reguntur. Nec enim tanta rerum magnitudo, tanta dispositio, tanta in servandis ordinibus temporibusque constantia, aut olim potuit sine provido artifice oriri, aut constare tot sæculis sine incola potenti, aut in perpetuum gubernari sine perito ac sentiente rectore: quod ratio ipsa declarat. Quidquid est enim, quod habet rationem, ratione sit ortum necesse est. Ratio autem sentientis sapientisque naturæ est: sapiens vero sentiensque natura nihil aliud potest esse, quam Deus. Mundus autem, quoniam rationem habet, qua et regitur, et constat; ergo a Deo factus est. Quod si est conditor rectorque mundi Deus, recte igitur ac vere Religio constituta est; auctori enim rerum parentique communi honos veneratioque debetur.

CAPUT XI.

De Deo, eoque uno, cujusque providentia mundus regatur et constat.

Quoniam constitit de providentia, sequitur ut doceamus, utrumne multorum esse credenda sit, an potius unius. Satis (ut opinor) ostendimus in nostris Institutionibus, deos multos esse non posse; quod divina vis ac potestas si distribuatur in plures, diminui eam necesse sit: quod autem minuitur, uticue et mortale est; si vero mortalis non est, nec minui, nec dividi potest. Deus igitur unus est, in quo vis et potestas consummata, nec minui potest, nec augeri. Si autem sunt multi, dum habent singuli potestatis aliquid ac numinis, summa ipsa decrescit: nec poterunt singuli habere totum, quod est commune cum pluribus: unicuique tantum deerit, quantum cæteri possidebunt. Non possunt igitur in hoc mundo multi esse rectores: nec in una domo multi domini, nec in navi una multi gubernatores, nec in armento aut grege duces multi, nec in uno examine multi reges.

VARIORUM NOTÆ.

usquam. Scripsi cum Cicerone, Isæo, Spark., Heum., *Nec enim invenietur*, scilicet origo; dixit enim supra, *Animorum nulla in terris origo inveniri potest*. Bun.
Cæterorumque philosophorum. Ita cum omnibus ferme mss. edit. Rom. 1470. At scripti recentissimi 1 Reg., 2 Colb., Baluz. et impressi interjiciunt, *summorum.*
Commenti sunt. Mss. 15 rec. et ed. Rom. 1470, *commentati sunt.*
Sed fuerint sapientes. Vox *sapientes* deest in Colb. et Pen. In ms. Cauc. et 7 vulgatis legitur, *sed ut fuerint.*
Et Pythagoram. 1 Bon. ant., *ut Pythagoram.*
In servandis ordinibus. Mss. 12 rec., *in conservandis.*
Aut olim potuit. 2 Bon., Tax., 2. Colb., Baluz., *aut demum.*
Sine perito ac sentiente rectore. Sic restitui ex veterrimis et optimis mss. Regio-Put., Cauc., 2 al. Reg., 3 Colbert., Ulr., Clarom., Em., Brun. et edit. Betul. Vide infra, *sentiente, etc. quam Deus.* 2 Colbert. et Baluz. *ac sapiente*; 2 Bonon., 5 al. rec. et 6 editi, *ac sciente*: quæ verba desunt in 7 impressis.
Naturæ est: *sapiens vero sentiensque*: Hæc verba absunt a Lond., Reg., Lips. 2 et Reimmann. mss. item Rost., Ven. 1471, utraque 78, 93, 1497, ut ita cohæreant: *Ratio autem sentientis sapientisque naturæ nihil aliud potest esse.* Parrh. et Paris. *Ratio a sentientis sapientisque naturæ nihil aliud potest esse.* At Goth., Lips. 3, Ald., Crat., Gymn., Fasit., Gryph., Torn., Bet., Thomas., Isæus, reliqui, ut est editum; nisi quod Torn., Betul., Walch., vocem *aliud* non habent. Bun.
Constitit. Apud Buneman. *Constat.* Londin., Reg., Goth., Lips., Reimm. et editi omnes, *Constitit.* Emm.,

Constat, quod præfero: ita quoque Heumannus rescribit. Ita fert mos Lactantii. Confer c. 10: *Cum constet*; et c. 15 lib. III, c. 11. Bun.
Multorum esse. Mss. 3 et edd. 4 interjiciunt *deorum*; mss. 5 rec., *multorum credenda sit.*
Ostendimus in nostris Institutionibus. Mss. 10, *docuimus.* Inde patet, Divinarum Institutionum libros a Lactantio conscriptos ante librum de Ira Dei.
Quod divina vis ac potestas si distribuatur in plures. Ita omnes editi cum mss. præter septem, quibus est *distrahatur.*
Diminui eam necesse sit: quod autem minuitur utique et mortale est; si vero. Sic mss. 2 Bonon. plurresque alii ac nonnulli editi; et concinnius quam in cæteris; quibus est, *diminuitur utique, et mortalis est; si vero.*
Non possunt, etc. Argumento ab analogia ducto, et inductione quadam Socratica statuit monarchiam divinam. Huic rei confirmandæ Philo Judæus Homerico utitur versu, quem non magis de politicis monarchiis, quam de cœlesti dictum credit.
Nec in armento, aut grege. Reimmann. *armenta et grege.* Heumannus rescribit, *nec in armentorum greges*, quia etiam in l. de Mort. Pers. c. 37: *armentorum greges.* In Epitome, c. 2: *Si plures in armento duces.* Minucius tamen distinxit ut in nostro loco, c. 18: *Rex unus apibus, dux unus gregibus, in armentis rector unus.* Bun.
Nec in uno examine, etc. Ita legendum ex omnibus fere tum mss. tum editis. Quia artea posuerat exempla hominum, postea descendit ad muta animantia: itaque intelligendum est omnino de examine apum, quarum singula examina regem suum habent. Mss. septem et 4 impressi, *regimine. —Nec in uno examine.* Verissima hæc lectio utriusque Bonon. Con-

Sed nec in cœlo quidem multi soles esse potuerunt, sicut nec animæ plures in uno corpore : adeo in unitate natura universa consentit. Quod si mundum

Spiritus intus alit totamque infusa per artus
Mens agitat molem, et magno se corpore miscet,

apparet testimonio poetæ, unum esse mundi habitatorem Deum; siquidem corpus omne nisi ab una mente incoli regique non potest. Omnem igitur divinam potestatem necesse est in uno esse, cujus nutu et imperio regantur omnia; et ideo tantus est, ut ab homine non possit, aut verbis enarrari, aut sensibus æstimari.

Unde igitur ad homines opinio multorum deorum persuasione pervenit? Nimirum ii omnes, qui coluntur ut dii, homines fuerunt, et iidem primi, ac maximi reges : sed eos, aut ob virtutem, qua profuerant hominum generi, divinis honoribus affectos esse post mortem; aut ob beneficia et inventa, quibus humanam vitam excoluerant, immortalem memoriam consecutos, quis ignorat? nec tantum mares, sed et fœminas. Quod cum vetustissimi Græciæ scriptores, quos illi θεολόγους nuncupant, tum etiam Romani, Græcos secuti et imitati, docent; quorum præcipue Euhemerus, ac noster Ennius, qui eorum omnium natales, conjugia, progenies, imperia, res gestas, obitus, sepulcra demonstrant. Et secutus eos Tullius tertio de Natura deorum libro dissolvit publicas religiones : sed tamen veram, quam ignorabat, nec ipse, nec alius quisquam potuit inducere. Adeo et ipse testatus est, falsum quidem apparere, veritatem tamen latere. Utinam (inquit) tam facile vera invenire possem, quam falsa convincere! Quod quidem non dissimulanter, ut Academicus, sed vere atque ex animi sententia proclamavit : quia veritas humanis sensibus erui nunquam potest, quod assequi valuit humana providentia, id assecutus est, ut falsa detegeret. Quidquid enim fictum et commentitium, nulla ratione subnixum est, facile dissolvitur. Unus est igitur princeps, et origo rerum Deus, sicut Plato in Timæo et sensit et docuit ; cujus majestatem tantam esse declarat, ut nec mente comprehendi, nec lingua exprimi possit.

Idem testatur Hermes, quem Cicero ait in numero deorum apud Ægyptios haberi, eum scilicet, qui ob virtutem multarumque artium scientiam Trismegistus nominatus, et erat non modo Platone, verum etiam Pythagora septemque illis sapientibus longe antiquior. Apud Xenophontem Socrates disputans

VARIORUM NOTÆ.

firmo ex antiquissimo Taurinensi in Epit. c. 2 : *Si multi sint in* examine *apum reges.* BUN.
Potuerunt. Ita ms. Editi, *poterunt.*
Quod si, etc. Ab auctoritate Maronis. Nam hi versus sunt ex Æneidos sexto vers. 726. Sed Lactantius noster libro VII, capite tertio, hos versus alio torquet : reprehendit enim Gentiles, quod Deum mentem, Dei corpus mundum fecerint. BETULEIUS.
Mundi habitatorem. Lips. 2 et 3, *gubernatorem,* aptius, ut videtur, quia c. 10 *conditor* rectorque mundi *Deus.* Sed plurimorum *habitatorem* defenditur per sequentia verba, *incoli.* Ita l. IV Institut., c. 29. *Hic mundus una Dei domus est, et filius ac pater, qui unanimes incolunt mundum, Deus unus.* Forte legendum, *habitatorem et gubernatorem.* BUN.
Aut verbis enarrari. Sic ante Lactantium Minucius Felix : *Hic nec videri potest, visu clarior est : nec comprehendi potest, nec æstimari; sensibus major est : Infinitus, immensus, et sibi soli, tantus quantus est, notus.*
Persuasione. Francius suspicabatur legendum esse *persuasioque.* — *Persuasione.* Ingeniose Heumannus, *persuasiove,* id est, *sive persuasio,* legendum putat. In Reimm. ductus litterarum tales sunt, ut persuasione legi possit. Sane ablativus hic male quadrat, licet sit in omnibus editis. BUN.
Dii, homines fuerunt. Eadem pene habes lib. I Div. Institut. c. 15. Theophilus ad Autolicum : καὶ τὰ μὲν ὀνόματα, ὧν φῄς, σέβεσθαι θεῶν, ὀνόματά ἐστι νεκρῶν ἀνθρώπων. Deinde longa inductione sylvam exemplorum adducit. BETULEIUS.
Qua profuerant. Ita mss. 2 Bonon. alique multi. Vide infra *quibus.* Scripti 12 et editi *quia.*
Immortalem memoriam. Mss. 7. *immortalitatis memoriam.*
Euhemerus. De hoc dictum est lib. I, cap. 11 Div. Institut.
Sepulcra demonstrant. Ita mss. 2 Bonon. aliique plures. Multi mss. et editi legunt *simulacra ;* quod parum, aut nihil probaret.
Quia veritas. Francius, forte, *quia autem veritas :* alioqui non cohæret.

Erui nunquam potest. Sic multi mss. inter quos sunt antiquissimi 2 Bon., Reg.-Put. Pro *nunquam* 11 mss. cum editis habent *non.*
Assequi valuit. Voluit est in mss. quamplurimis. Septem rec. ferunt, *potuit ;* 2. rec. et editi, *valuit.*
Sicut Plato in Timæo. Cujus verba ita Cicero transtulit in lib. de Universo : *Atque illum quidem quasi parentem hujus universitatis invenire difficile, et cum inveneris, indicare in vulgus nefas.* ISÆUS.
Idem testatur Hermes. Mercurius scilicet ille Trismegistus, cujus hæc ad Tatium sententia legitur apud Stobæum in Collectaneis Serm. 80, qui est de Diis, et Physiolog. circa cœl. ac mund. *Deum cogitare animo difficile est, eloqui impossibile.* ISÆUS.
Cicero. Id est Cic. III Nat. deor., ut lib. I Institut., cap. 6.
Trismegistus nominatus. Edit. Gymnic., *nominatur. Trismegistus,* id est *ter maximus,* ut habetur in tribus mss. rec. interpretationis gratia. Trismegistus apud Stobæum Serm. 80 de Diis.
Et erat non modo, etc. Mose dicitur multo recentior, ut Marsilius ex Augustino indicat. Nam quo tempore Moses natus est, floruit Atlas astrologus, Promethei physici frater, ac maternus avus majoris Mercurii, cujus hic Trismegistus filius fuit. BETUL. — Alii tamen hunc Trismegistum Mose multo antiquiorem fuisse non sine causa putant.
Apud Xenophontem, etc. Apud Xenophontem, Ἀπομνημονευμάτων quarto, Socrates cum Euthydemo disputans, non Deum modo τὸν οἰκονομοῦντα ἀόρατον dicit, sed etiam ministros deorum invisibiles esse affirmat. Atque paulo inferius animas nostras quiddam de divinitate participare docet. Hæc Xenophontea verba vide lib. IV memorab. Dictor. et Factor. Socratis circa medium; vide lib. VII Platon. de Leg. et Ciceron. lib. I de Nat. deor.—*Apud Xenophontem,* etc. Cujus hæc verba sunt lib. IV. Memorab. Socrat. *Quod igitur Dii sint, hominumque habeant curam, tu quoque, o Euthydeme, cognosces, si non expectes, quousque deorum videris formas; satis namque erit opera eorum considerando, colere ac honorare eos,* etc.
ISÆUS.

ait, « formam Dei non oportere conquiri; » et Plato in Legum libris : « Quid omnino sit Deus, non esse quærendum; quia nec inveniri possit, nec enarrari.|» Pythagoras quoque unum Deum confitetur dicens, incorporalem esse mentem, quæ per omnem rerum naturam diffusa et intenta, vitalem sensum cunctis animantibus tribuat. Antisthenes autem in Physico unum esse naturalem Deum dixit, quamvis gentes et urbes suos habeant populares. Eadem fere et Aristoteles cum suis peripateticis, et Zeno cum suis stoicis. Longum est enim singulorum sententias exequi, qui licet diversis nominibus sint abusi, ad unam tamen potestatem, quæ mundum regeret, concurrerunt. Sed tamen summum Deum, cum et philosophi, et poetæ, et ipsi denique qui deos colunt, sæpe fateantur; de cultu tamen et honoribus ejus nemo unquam requisivit nemo disseruit; ea scilicet persuasione, qua semper beneficum incorruptumque credentes, nec irasci eum cuiquam, nec ullo cultu indigere arbitrantur. Adeo religio esse non potest, ubi metus nullus est.

CAPUT XII.
De religione et Dei timore.

Nunc quoniam respondimus impiæ quorumdam detestabilique prudentiæ, vel potius amentiæ, redeamus ad propositum. Diximus, religione sublata, nec sapientiam teneri posse, nec justitiam; quia sapientia divinitatis intellectus est, quo differimus a belluis : in homine solo reperiri justitiam, qua nisi cupiditates nostras Deus, qui falli non potest, coercuerit, scelerate impieque vivemus. Spectari ergo actus nostros a Deo, non modo ad utilitatem communis vitæ attinet, sed etiam ad veritatem; quia religione justitiaque detracta, vel ad stultitiam pecudum amissa ratione devolvimur, vel ad bestiarum immanitatem : imo vero amplius; siquidem bestiæ sui generis animalibus parcunt. Quid erit homine truculentius, quid immitius, si dempto metu superiore, vim legum aut fallere potuerit, aut contemnere? Timor igitur Dei solus est, qui custodit hominum inter se societatem, per quem vita ipsa sustiVARIORUM NOTÆ.

Et Plato in Legum libris, etc. In septimo de Legibus sic legimus, sub persona hospitis Atheniensis : Τὸν μέγιστον θεὸν, καὶ ὅλον τὸν κόσμον φαμὲν οὔτε ζητεῖν δεῖν, οὔτε πολυπραγμονεῖν τὰς αἰτίας ἐρευνῶντας. Sunt quædam s milia etiam in x, sed huc non referenda.

Pythagoras quoque, etc. Simile quiddam est apud Cic. in primo de Natura deorum; nempe Pythagoram censuisse, Deum esse animum per naturam rerum omnem intentum et commeantem, ex quo nostri animi carperentur. Quæ tamen a Velleio etiam Epicureo reprehenduntur; neque immerito. Crassior est illa, quæ legitur apud Epiphanium, et plane ab hac nostra discrepans, ubi Epicurus Deum non mentem, sed corpus facit. Sed ex Platone in x. de Legib. Astra non deorum corpora facit idem Epicurus; sed deos ipsos : librum Platonis adeas. Hanc definitionem, quæ hic citatur, produximus supra lib. I, cap. 5, sicut etiam Antisthenis jamjam sequentem. BETUL.

Incorporalem. Pythag. apud Cic. lib. 1 de Natura deorum.

Diffusa et intenta. Lact. de Opif. c. 16 : *Divina mens Dei per universas mundi partes intenta discurrit...... ubique diffusa*. Minuc us Fel. cap. 19 : *Pythagoræ Deus est animus per universam rerum naturam commeans et intentus, ex quo etiam animalium omnium vita capiatur*. Confer. Lact. lib. 1, cap. 5 : *Quamvis ipse per totum se corpus intenderat*. BUN.

Antisthenes autem in physico. Respice ad lib. 1 Institut., cap. 6. Ciceronis verba sunt de Natura deor., lib. 1, cap. 13 : *Antisthenes in eo libro, qui Physicus inscribitur, populares deos multos, naturalem unum esse dicens*, tollit vim et naturam deorum. CELL.

Physico. Liber fuit Antisthenis.

Suos habeant populares. Mss. 9 addunt *deos*.

Eadem fere et Aristoteles, etc. Libro primo, capite 5. Lactantius est confessus, Aristotelem secum dissidere; in summa tamen, Mentem esse mundi præsidem. De illa ipsa vero dissensione lege Cic. in primo de Natura deorum. BETUL.—De Aristotel. et Zenone, vide Ciceron. lib. de Nat. deor.

Et Zeno, etc. Vide omnino Lactantium ipsum et Ciceronem locis jam sæpius citatis, ubi hæc, quæ hic in medio suspensa relinquuntur, excutiuntur diligentius.

Concurrerunt. Sic restitui ex multis editis et omnibus mss. præter 1 Colb. rec. in quo, ut et in 5

excusis, est *concurrunt*.

Detestabilique prudentiæ. Malebat Francius legere *impudentiæ*. At legendum cum mss. Regio-Puz. aliisque decem, et 2 vet. edd. Rom. ac Betul. *prudentiæ*, id est sapientiæ vel scientiæ gentilium philosophorum, ut sumitur hac notione apud Cicer.

Quia sapientia divinitatis intellectus est. Sequor lectionem antiquissimorum et opt. codicum mss. 2 Bonon., 3 Colbert., Baluz. et ed. Plantin. probatam a Thomasio in notis suis, Is. Spark. Cæteri multifariam legunt : alii *dum*; alteri *cum divinitatis intellectus...... reperiatur, justitiam*; alii *justitia* : hanc postremam vocem plures respuunt.— *Quia sapientia est divinitatis intellectus*, etc. Secutus sum lectionem mss. optimorum, et Plantinianæ probatam, et explicatam a Thomasio in suis notis. Antonius Augustinus pro eo quod legitur, *In homine solo reperiri justitiam*, malebat, *In homine solo reperitur justitia*. Impressi libri fere omnes habent, *Cum divinitatis intellectus, quo differimus a belluis, in homine solo reperiatur, qua nisi cupiditates*, etc. quam lectionem mutilam esse, vel bene cum superioribus cohærere, omnes, ut puto, intelligunt. BUN.

Reperiri justitiam. Ita mss. 2 Bonon., 3 Colb., Baluz. In aliis est *reperiatur*.

Qua nisi cupiditates. Sic lego cum mss. 2 Reg., 3 Colbert., Christ., Merton., Lips., Ultr., Em., Brun. et ed. Fasitel., Basil. 1532, Egnat. Al., *quia*.

Impieque vivemus. Ita omnes mss. et vet. edd. Rom. non ut in editis *viveremus*. Nam dixerat *coercuerit*.

Actus. Pro actione etiam infra cap. 17, *singulorum actus animadvertit*.

Religione justitiaque detracta. Hæc locutio Lactantii est, illamque in ejus scriptis frequenter reperies. In 2 mss. Bonon. et 5 aliis rec. est *detractis*.

Devolvimur. Ex omnibus mss. et vulgatis editis ita restitui, quod latinius et rotundius est, quam *volvimur*, ut in pluribus editis.

Dempto metu de superiore. Sic legitur apud Eunerum. qui notam sequentem exhibet:— *Dempto metu de superiore*. Plerique scripti : editi vero omnes, *metu superiore*. Ita Cyprianus epist. ad Donatum : *nullus de legibus metus est*; *de quæsitore, de judice pavor nullus*. Silius Italus, 17, 394 :

Sævus magno de nomine terror.
BUN.

Per quem. Lond., Reg., Lips. 2, et Reimm., *per*

netur, munitur, gubernatur. Is autem timor auferetur, si fuerit homini persuasum, quod iræ sit expers Deus; quem moveri et indignari, cum injusta fiunt, non modo communis utilitas, sed etiam ratio ipsa nobis et veritas persuadet. Rursus nobis ad superiora redeundum est, ut quia docuimus a Deo factum esse mundum, doceamus quare sit effectus.

CAPUT XIII

De mundi et temporum commodo et usu.

Si consideret aliquis universam mundi administrationem, intelliget profecto, quam vera sit sententia Stoicorum, qui aiunt nostra causa mundum esse constructum. Omnia enim, quibus constat, quæque generat ex se mundus, ad utilitatem hominis accommodata sunt. Homo utitur igni ad usum calefaciendi et luminis, et molliendorum ciborum, ferrique fabricandi: utitur fontibus ad potum et ad lavacra; fluminibus ad agros irrigandos terminandasque regiones; utitur terra ad percipiendam frugum varietatem; collibus ad conserenda vineta; montibus ad usum arborum atque lignorum; planis ad segetem; utitur mari, non solum ad commercia et copias ex longinquis regionibus ferendas, verum etiam ad ubertatem omnis generis piscium. Quod si his elementis utitur, quibus est proximus, non est dubium, quin et cœlo, quoniam et cœlestium rerum officia ad fertilitatem terræ, ex qua vivimus, temperata sunt. Sol irrequietis cursibus et spatiis inæqualibus orbes annuos conficit, et aut oriens diem promit ad laborem, aut occidens noctem superdocit ad requiem: et tum abscessu longius ad meridiem, tum accessu propius ad septentrionem, hyemis et æstatis vicissitudines facit, ut et hybernis humoribus ac pruinis in ubertatem terra pinguescat, et æstivis caloribus, vel herbidæ fruges maturitate durentur, vel quæ sunt in humidis, incocta et fervefacta mitescant. Luna quoque nocturni temporis gubernatrix, et amissi ac recepti luminis vicibus menstrua spatia moderatur, et cæcas tenebris horrentibus noctes fulgore suæ claritatis illustrat; ut æstiva itinera, et expeditiones, et opera sine labore ac molestia confici possint. Siquidem:

Nocte leves stipulæ melius, nocte arida prata
Tendentur.

VARIORUM NOTÆ.

quam scilicet societatem. Goth., Lips. 3 et editi, *per quem, scilicet timorem Dei.* BUN.

Timor auferetur. Eadem superius locutio. Editi 4, *auferretur.* In 21 mss. et 3 edit. Rom., Florent., 1s., *timor aufertur.*

Ratio ipsa nobis et veritas. Abest *nobis* a multis mss. et edd. Sed extat in antiquissimis et optimis mss. Regio Put., 2 Bonon. et vulgatis quinque.

Quam vera sit sententia Stoicorum. Chrysippi maxime, ut Cicero in III de Finibus indicat, et in III de Natura deorum. Hanc rem longa oratione prosequitur Q. Lucilius Balbus, qui (Cicerone teste) tantos progressus habet in Stoicis, ut cum excellentibus in eo genere Græcis comparetur. Ex Ecclesiasticis scriptoribus, præter eos qui in sex dierum opera ex professo scripserunt, hoc negotium elegantissime tractavit Theodoretus, duobus prioribus de Providentia divina sermonibus, atque item quinto: quibus præterquam quod divinam providentiam ex rerum universitate statuit, edocet manifeste, non solum utilitatem quæ mortalibus inde nascitur, sed etiam jucunditatem; et noster Lactant. lib. VII Divin. Instit. c. 3, eamdem quæstionem attingit. BETULEIUS.
—*Stoicorum.* Stoici apud Ciceron. Lucull. ut supra Institut. lib. VII, cap. 4 et 7.

Nostra causa. Legitur *Nostri causa* apud Buneman. et in hanc variantem notam sequentem exhibet:—*Nostri causa.* Honor est habendus antiquitati codicis Bonon. ex quo Isæus recepit *nostri causa* et Heumannus comprobavit. BUN.

Ad utilitatem hominis. Mss. 2 Bonon. et 4 al. rec. addunt, *solius.* Vide infra *in usum hominis a Deo facta.*

Molliendorum ciborum. Sic lego ex mss. 1 Reg., 2 Colbert., Baluz. quæ vox τῷ igni, quod præcedit, melius convenit, quam *molendorum,* 2 Bon. et Tax. Et quidem Latinius in sui Lactantii ora scripserat *molliendorum* vel *moliendorum.* Lego apud Ciceronem II, de Nat. deor. 134, *mollitur cibus.* Quod non intelligentes librarii in mss. rec. et in editis mutaverunt in *coquendorum;* Ultr. et Bran., *decoquendorum.*

Frugum varietatem. Mss. 6 rec., *frugum ubertatem;* 1 Bonon. antiq. et Ultr., *fructuum varietatem.*—*Frugum varietatem.* At Bunemannus habet *fructuum varietatem,* præbetque in hanc lectionem variantem notam sequentem.—Bon., Ultr., Isæus, approbante quoque Heumanno, *fructuum varietatem.* Optime, ne ubertas uno numero bis occurrat. Imitatur ita Ciceronem pro lege Manilia, cap. 6: *Asia tam..... fertilis, ut et ubertate agrorum et varietate fructuum facile omnibus terris antecellat.* BUN.

Planis ad segetem. In 15 mss. et editis 3 deest *planis ad segetem.* — *Lignorum; planis ad segetem.* Licet hæc verba, *planis ad segetem,* absint a scriptis angl. etc., tamen genuina puto, non modo quia Thomasius et Isæus non memorarunt ea in suis antiquissimis mss. desiderari, sed etiam quia sunt ultra captum glossatoris, et enumerationi partium aliquid deesset alias; nam verba, *terra ad percipiendam fructuum varietatem,* pertinent tantum ad fructus: *plana* vero eleganter dicuntur de *campis* ut dixi, lib. VII Institut., c. 3: *Plana camporum.* Cicero de Natura deor., lib. II, cap. 60: *Terrenorum commodorum omnis est in homine dominatus. Nos campis, nos montibus fruimur; nostri sunt amnes, nostri lacus; nos fruges serimus, nos arbores,* etc. BUN.

Copias. Infra, *rerum et copiarum abundantia.* Conf. cap. 23. Cicero lib. II de Natura deor., cap. 60: *Magnos vero usus affert ad navigia facienda, quorum cursibus suppeditantur omnes undique ad vitam copiæ.* Plinius liv. VI, ep. 28: *Tantum... copiarum, tam urbanarum, quam rusticarum.* -BUN.

Ferendas. 1 Reg. rec., 2 Bonon., 2 Colb., Tax., Baluz., *perferendas.*

Ubertatem omnis generis piscium. Ita omnes fere mss. et editi, melius quam 2 Bonon. et Tax., ad *varietatem.* Quid enim sibi vult *varietas omnis generis piscium?* Omne genus piscium nonne varietatem piscium significat?

Superducit. Mss. 1 Reg. rec., et Clarom., *superinducit.* BUN.

Mitescant. Eleganter, ut sæpe Columella lib. III, cap. 1, *quarum... uvæ... ut aliæ caloribus mitescunt.* Lib. III, 2, 15, *citius mitescunt.* Lib. IV, cap. 20, 4: *priusquam mitescant uvæ.* BUN.

Cæcas tenebris horrentibus noctes. Tenebræ eleganter dicuntur *horrentes.* Plura observavi ad Lact. lib. II Institut., cap. 5: *Ne nimium cæca nox terris atque horrentibus tenebris ingravesceret.* BUN.

Astra etiam cætera, vel ortu, vel occasu suo, certis stationibus opportunitates temporum subministrant. Sed et navigiis, quominus errabundo cursu per immensum vagentur, regimen præbent, cum ea rite gubernator observans, ad portum destinati littoris pervehatur. Ventorum spiritu attrahuntur nubes, ut sata imbribus irrigentur, ut vites fœtibus, arbusta pomis exuberent. Et hæc per orbem vicibus exhibentur, ne desit aliquando, quo vita hominum sustineatur. At enim cæteras animantes eadem terra nutrit, et ejusdem fœtu etiam muta pascuntur. Num etiam mutorum causa Deus laboravit? Minime, quia sunt rationis expertia. Sed intelligimus, et ipsa eodem modo in usum hominis a Deo facta, partim ad cibos, partim ad vestitum, partim ad operis auxilia; ut clarum sit, divinam providentiam rerum et copiarum abundantia hominum vitam instruere atque ornare voluisse, ob eamque causam, et aerem volucribus, et mare piscibus, et terram quadrupedibus implevit. Sed Academici contra Stoicos disserentes solent quærere, cur, si Deus omnia hominum causa fecerit, etiam multa contraria, et inimica, et pestifera nobis reperiantur, tam in mari, quam in terra. Quod Stoici veritatem non respicientes ineptissime repulerunt. Aiunt enim, multa esse in gignentibus, et in numero animalium, quorum adhuc lateat utilitas: sed eam processu temporum inveniri; sicut jam plura prioribus sæculis incognita necessitas et usus invenerit. Quæ tandem utilitas potest in muribus, in blattis, in serpentibus reperiri, quæ homini molesta et perniciosa sunt? An medicina in his aliqua latet? Quæ si est, invenietur aliquando,

VARIORUM NOTÆ.

Certis stationibus. Nihil mutandum. Certæ stationes sunt siderum. Vide Senec. Quæst. Nat., lib. vii, cap. 25, et Plin. lib. ii Hist. Nat., cap. 15, sect. 12, extr. BUN.

Temporum subministrant. Ms. Cauc. et 7 edit. interserunt, *plane.* BUN.

Ea rite... observans. Curtius vii, 4 : *Navigantium modo noctu sidera observant, ad quorum cursum iter dirigunt.* Lact. lib. vi, cap. 8 : *Naves, nisi aliquod cœleste lumen observent, incertis cursibus vagantur.* BUN.

Pervehatur. Sic restitui ex omnibus prope mss. et 5 vet. editis. In 2 Reg. rec., Cauc. totidemque excusis est *provehatur;* in 3 vulgatis, *provehamur;* in quibusdam editis, *provehantur,* teste Isæo, mendose; in Egnat. Paris. 1525, et Graph., *provehat.*

Ventorum spiritu attrahuntur nubes. L. vii Institut., cap. 6 : *Cur ventorum spiritus cittent nubes.* BUN.

Vites fœtibus. Emmann. *Vites uvis,* sapit glossam. *Fructus* etiam *fœtus* dicuntur. Cyprianus contra Demetrianum, *Arboreis fœtibus autumna fecunda,* imitatur Virgilii lib. i Georg. 55 : *Arborei fœtus.* BUN.

Arbusta pomis exuberent. Cyprian. Bon. Patient. *Exuberare pomis arbusta.* BUN.

Per orbem vicibus. Ut lib. ii, cap. 9 : *Quæ orbes temporum perpetuos ac volubiles, quos vocamus annos, alterna per vices successione conficiant.* Tacitus lib. 3 Ann., cap. 55 : *Nisi forte rebus cunctis inest quidam velut orbis, ut quemadmodum temporum vices, ita morum vertantur.* BUN.

Num etiam mutorum causa. Imo illorum causa Deus laboravit, sed tantum secundario, hominis vero primario.

In usum hominis. Ita mss. omnes præter 3 Reg. rec. qui habent, *ad usum.*

Ad vestitum. Sic a me restitutum ex 6 vet. edit. cunctisque mss. præter 1 Reg. rec. in quo est *vestium,* ut in cæteris impressis.

Ad operis auxilia. κατ' ἐξοχὴν h. l. significat *opus rusticum, agriculturam,* quod docet maxime Lact. lib. ii, cap. 10. *Ut animalia usui hominibus esse possent, alia... ad cibos, alia vero* ad vestitum : *quæ autem magnarum sunt virium, ut in excolenda terra juvarent.* BUN.

Vitam instruere atque ornare. Hic refer Senecam ad Marciam, cap. 18. *Disces, docebisque artes, alias, quæ* vitam instruant, *alias, quæ* ornent, *alias, quæ* regant. BUN.

Sed Academici, etc. De hoc ex quarto Academicarum Ciceronis supra lib. vii, cap. 4, dictum est. Augustinus contra Manichæos in Gen. lib. i, cap. 16, respondet illis hominibus e dem errori obnoxiis, animantia omnia aut utilia esse, aut perniciosa, aut omnino inutilia et abjecta. De utilibus certa ratio est; perniciosa nos propter peccata exercent. Exemplis nec nostra tempora carent, nec Testamenti Veteris libri; et in iis quæ videntur nobis ab omni usu aliena esse, materiam nobis existere, ut Deum etiam in formicarum humilitate laudemus. Et omnino hinc colligit, universitatis integritatem inde compleri. Basilius ad mores transfert. Possunt enim, vel Salomonis testimonio, nos ab inertia ad sedulitatem excitare : quanquam suas naturæ es virtutes habeat etiam illud animal : et Christus serpentium exemplo sapientiam nobis commendat, etc. BETULEIUS.

In gignentibus, et in numero animalium. Omnes libri exhibent *in gignentibus. Gignentia* sunt *genita,* quæ sunt *arbores, frutices.* etc. Lact. lib. i, cap. 12 : *In quo* (Sole) *est natura et causa gignentium.* Eodem sensu dixit de Ira, c. 10. *Arbores et quæ gignuntur e terra.* BUN.

Quorum adhuc lateat utilitas. Deest *adhuc* in 15 mss. et 12 edd. — *Quorum adhuc lateat.* Testatur Isæus in variis, haberi voculam *adhuc* in Bonon. unde illa a Thomasio, Isæo, Thys., Gall., Sparkio admissa, a Cellario et reliquis non debebat ita fastidiri. BUNEMAN.

In muribus. Neque hoc animalculum tam vile est, quin celebrari etiam ab optimis scriptoribus meruerit. Ducentis nummis in obsidione Massiliana venit, Strabone, Plinio et Valerio auctoribus. Id etiam accidit in Parisiensi anni 1590 et in Rupellensi anni 1628 obsidionibus. Taceo salubritatem; nam murium capitum caudarumque cinerem oculis claritatem inducere tradunt, si ex melle inungatur. Plures ejus virtutes cuære apud Plinium, cum alibi, tum vero præcipue l. xxix cap. 6. Sextum vero philosophum, qui Adriani temporibus floruit, cap. 21. BETUL.

Blattis. Inter insecta et Aristoteles et Plin. numerant. Aristoteles suas πρασσοκουρίδας nomina, sic enim Gaza transtulit : sed ex scarabeis natas, cum Gaza ex alvearis nasci dicat; unde locus mihi suspectus est. Plinius suas ex humido vapore nasci ait. Virgilias in iv Georg. et Columella lib. x, lucifugas cognominant. Nam et Plinius eas lucem fugere ait, et earum vitam tenebrarum alumnam dicit. Est aliud genus, quod Plinius *mylochon* Græci μύλοχον vocant, vel (ut aliis placet) σίλφην, vermiculum infestum libris et studiosis. Ad prius genus referendam puto medicinam, quæ refertur a Plin. sub finem 29, ubi ait quamdam ejus esse, si caput avellatur. Hanc enim tritam una cum rosacea, auribus mire prodesse, etc. Ergo blattarum etiam in medicinis salubris mortalibus usus aliquis est. BETULEIUS.

In serpentibus. Unicuique notum est, ex illis theriacon, homini valde utile, confici. GALL.

nempe adversus mala, cum id illi querantur esse omnino malum. Viperam ferunt exustam in cineremque dilapsam, mederi ejusdem bestiæ morsui. Quanto melius fuerat eam prorsus non esse, quam remedium contra se ab ea ipsa desiderari?

Brevius igitur, ac verius respondere potuerunt in hunc modum. Deus cum formasset hominem veluti simulacrum suum, quod erat divini opificii summum, inspiravit ei sapientiam soli, ut omnia imperio ac ditioni suæ subjugaret omnibusque mundi commodis uteretur. Proposuit tamen ei et bona et mala; quia sapientiam dedit; cujus omnis ratio in discernendis malis ac bonis sita est. Non potest enim quisquam eligere meliora et scire quid bonum sit, nisi sciat simul rejicere ac vitare quæ mala sunt. Invicem sibi alterutra connexa sunt; ut sublato alterutro, utrumque tolli sit necesse. Propositis igitur bonis malisque, tum demum opus suum peragit sapientia; et quidem bonum appetit ad utilitatem, malum rejicit ad salutem. Ergo sicut bona innumerabilia data sunt homini, quibus frui posset; sic etiam mala, quæ caveret.

Nam si malum nullum sit, nullum periculum, nihil denique, quod loedere hominem possit, tollitur omnis materia sapientiæ, nec erit homini necessaria. Positis enim tantummodo in conspectu bonis, quid opus est cogitatione, intellectu, scientia, ratione? cum quocumque porrexerit manum, id naturæ aptum et accommodatum sit: ut si quis velit apparatissimam cœnam infantibus, qui nondum sapiant, apponere, utique id appetent singuli, quo unumquemque aut impetus, aut fames, aut etiam casus attraxerit, et quidquid sumpserint, id illis erit vitale ac salubre. Quid igitur nocebit, eos sicuti sunt, permanere et semper 'infantes ac nescios esse rerum? Si autem admisceas vel amara, vel inutilia, vel etiam venenata, decipiuntur utique per ignorantiam boni ac mali, nisi accedat his sapientia, per quam habeant malorum rejectionem bonorumque delectum.

Vides ergo, magis propter mala opus nobis esse sapientia: quæ nisi fuissent proposita, rationale animal non essemus. Quod si hæc ratio vera est, quam

VARIORUM NOTÆ.

Nempe adversus mala, cum id illi querantur.... malum. Hæc verba omnia Heumannus ejicit. Cellarius et Walch. *Nempe adversus mala, cumque illi querentur.* Sensus videtur esse: Si vel maxime aliqua medicina in iis (perniciosis) est, et aliquando invenietur, nempe adversus mala erit, et ita medicina *ex malis* adversus mala; cum Academici velint, *nullum omnino malum esse debere,* ne medicina ex malis contra mala opus sit. Confer infra, *Si malum nullum sit.*

Viperam ferunt exustam, etc. Vide Plinium lib. xxix Natur. histor. cap. 4. Galenum in Therapeutica ad Pisonem.

Quod erat divini opificii summum. Abest *divini* a 16 mss.

Et bona et mala, etc. Sæpe hæc et similia inculcat Lactantius: fallitur autem quam maxime; omnia enim quæ Deus creavit, erant valde bona, ut textus sacer innuit. Si igitur nonnullæ creaturæ homini noxias habent qualitates, non creatoris vitio, sed hominis peccato imputandum; illud enim totum hunc mundum vanitati obnoxium reddidit, ut innuit B. Paulus ad Romanos cap. viii.

Ac bonis sita est. Sic restitui ex mss. omnibus præter 3 rec. in quibus est, ut in editis, *posita est;* mss. quidam, *sita sit.*

Invicem sibi alterutra connexa sunt. Ita ferunt veterrimi mss. Regio-Put. et Cauc., aliique plures, ac Betuleii edit. In multis aliis, *alterutrum connexa sunt.* — Hanc ultimam lectionem recipit Buneman, et notam sequentem exhibet. — *Invicem sibi alterutrum connexa sunt.* Goth. et Betul. *alterutra,* numero multitudinis, eleganter sane. Ita ante nostrum Tertullianus de Resurr. Carn., cap. 44, *Membra* alterutrum *sumus.* Cyprianus lib. iii Testim. n. 9. Alterutrum *onera sustinete,* et alibi. Ipse Lactantius in Epit. c. 29: *Vides... bonum et malum ita sibi esse connexa, ut alterum sine altero constare non possit.* Bun.

Sublato alterutro, etc. 1 Bonon. antiq., *altero.* Scripti Cauc., Ultr., *alterutra.* Huic quæstioni non satis apposite respondet Lactantius. Cum enim Deus sui operis inspector, quæcumque totius naturæ complexu continebantur, proprio effato *bona* pronuntiaret, ita ut quæ deinceps *mala* acciderint, sibi homo necesse sit accepta referat, quippe quæ non naturæ, sed peccati humani sequela essent: tam longe abest, ut quod infra asserit Lactantius, *sublato alterutro,*

utrumque tolli sit necesse, ut cœli incolis nihil eo nomine decedat, quod omni contrarietatis metu immunes, felici necessitate in alteram dumtaxat partem ferantur. Hæc itaque *pœnæ* mala consecuta sunt malum *culpæ,* quod in se Adamus admisit, securus alioqui a prioribus futurus, si innocens perstitisset.
Sparkius.

Tollitur omnis materia sapientiæ. Falsum hoc esse patet in Adamo; fuit enim antequam mala essent. — *Tollitur omnis materia sapientiæ.* Et fuit sapientia antequam mala essent, et erit perpetua, sublatis malis omnibus. Caute ergo, quæ hoc loco dicuntur, accipienda sunt, cum pœnæ mala non ante culpam hominis fuerint, neque ad exercitium sapientiæ instituta. Cell.

Cum quocumque porrexerit. Abest *cum* a 10 mss. totidemque editis.

Naturæ... accommodatum. Imitatur Ciceronem, l. v, fin., cap. 9: *Cœptat et ea, quæ naturæ apta sentit, appetere et propulsare contraria. Ergo omni animali illud, quod appetit positum est in eo, quod naturæ est accommodatum.* Bun.

Accommodatum sit. Sic restitui ex antiquiss. mss. 1 Bonon., Regio-Put., 1 al. Reg. rec., 2 Colbert., Baluz. et Clarom. in marg. In aliis et editis *commodum.*

Vitale ac salubre. Isa reposui ex 2 veterrimis et optimis mss. Bonon., Regio-Put. Et recte; respicitur enim ad *cœnam* supra. Aliis est *utile.* — *Vitale ac salubre.* Legitur *utile ac salubre* apud Buneman. Approbat tamen in nota sequenti nostram lectionem. — Singulariter idque eleganter Bonn. *Vitale ac salubre;* ut *vitalis* sit *ad vitam utilis.* Videntur nonnumquam hæ voces confusæ. Forte aliquis suspicitur, l. vi, cap. 13, pro *vitalis viri,* legendum, *utilis viri.*
Bun.

Opus nobis. Sic emendavi ex mss. 2 Bonon., 1 Reg., 2 Colbert., Baluz., Tax. In cæteris libris legitur *bonis,* mendose.

Quæ nisi fuissent proposita. Scilicet mala. Vide præced. et in fine capitis. Ita correxi ex editis vet. Rom., Betul., Is. et omnibus mss., præter 1 Reg. rec. et 1 Colbert. in quibus legitur *fuisset,* ut in 15 vulgatis.

Rationale animal non essemus. An Adam utique in paradiso non fuit animal rationale? num homines

stoici nullo modo videre potuerunt, dissolvitur A etiam argumentum illud Epicuri. Deus, inquit, aut vult tollere mala et non potest; aut potest et non vult; aut neque vult, neque potest; aut et vult et potest. Si vult et non potest, imbecillis est; quod in Deum non cadit. Si potest et non vult, invidus; quod æque alienum a Deo. Si neque vult, neque potest, et invidus et imbecillis est; ideoque neque Deus. Si vult et potest, quod solum Deo convenit, unde ergo sunt mala? aut cur illa non tollit? Scio plerosque philosophorum, qui providentiam defendunt, hoc argumento perturbari solere et invitos pene adigi, ut Deum nihil curare fateantur, quod maxime quærit Epicurus. Sed nos ratione perspecta, formidolosum hoc argumentum facile dissolvimus. Deus enim potest quidquid velit, et imbecillitas, vel invidia in Deo nulla B est; potest igitur mala tollere: sed non vult; nec ideo tamen invidus est. Idcirco enim non tollit, quia sapientiam (sicut edocui) simul tribuit, et plus est boni ac jucunditatis in sapientia, quam in malis molestiæ. Sapientia enim facit, ut etiam Deum cognoscamus et per eam cognitionem immortalitatem assequamur; quod est summum bonum. Itaque nisi prius malum agnoverimus, nec bonum poterimus agnoscere. Sed hoc non vidit Epicurus, nec alius quisquam; si tollantur mala, tolli pariter sapientiam, nec ulla in homine virtutis remanere vestigia, cujus ratio in sustinenda et superanda malorum acerbitate consistit. Itaque propter exiguam compendium sublatorum malorum maximo et vero et proprio nobis bono careremus. Constat igitur omnia propter hominem proposita, tam mala, quam etiam bona.

CAPUT XIV.

Cur Deus fecerit hominem.

Sequitur ut ostendam cur fecerit hominem ipsum Deus. Sicut mundum propter hominem machinatus est, ita ipsum propter se, tamquam divini templi antistitem, spectatorem operum rerumque cœlestium. Solus est enim, qui sentiens, capaxque rationis, intelligere possit Deum, qui opera ejus admirari, virtutem potestatemque perspicere; idcirco enim consilio, mente, prudentia instructus est. Ideo solus præter cæteras animantes recto corpore ac statu factus est, ut ad contemplationem parentis sui excitatus esse videatur. Ideo sermonem solus accepit, ac linguam cogitationis interpretem, ut enarrare majestatem domini sui possit. Postremo idcirco ei cuncta subjecta sunt, ut factori atque artifici Deo esset ipse subjectus. Si ergo Deus hominem suum voluit esse cultorem, ideoque illi tantum honoris attribuit, ut rerum omnium dominaretur; utique justissimum est et eum qui tanta præstiterit, amare et hominem, qui sit nobiscum divini juris societate conjunctus. Nec enim fas est cultorem Dei a Dei cultore violari. Unde intelligitur religionis ac justitiæ causa esse hominem figuratum. Cujus rei testis est Marcus Tullius in libris de Legibus, ita dicens: « Sed omnium, quæ in doctorum hominum disputatione versantur, nihil est profecto præstabilius, quam plane intelligi, nos ad justitiam esse natos. » Quod si est verissimum, Deus ergo vult omnes homines esse justos, id est, Deum et hominem caros habere: Deum scilicet honorare tamquam patrem,

VARIORUM NOTÆ.

hanc proprietatem in cœlis amittent, eo quod ibi nulla sint mala? GALLÆUS.

Quam stoici nullo modo videre potuerunt, dissolvitur. Mss. 15 et edit. 2 vet. Rom., Parrhas., Tridin., Florent., *quam stoici posuerunt, dissolvitur;* non recte, quia supra dixerat stoicos repulisse quæstionem academicorum, etc. ISÆUS. — *Quam stoici nullo modo videre potuerunt.* Stoici illam rationem de sapientia nullibi posuerunt, et ipse Lactantius infra affirmat neque Epicurum, nec alium quemquam hoc vidisse; ergo nec stoici illam rationem posuerunt. BUN.

Si vult et potest, quod. Ita antiquissimi mss. 1 Bon., 1 Regio-Put., 1 Colbert. et edit. fere omnes. In 14 mss. rec. et impressis Rom. et Gymnic. legitur, *si et vult et potest, quod.*

Sicut edocui. Ita restitutum ex 4 Reg. inter quos est Regio-Put., aliisque multis, accedentibus 2 al. Reg., 3 Colb., Clarom. et ed. Rom. 1470, quibus est *et docui.*

Et plus est boni. Ex Regio-Put., 3 Colbert. aliisque addidi *est,* pro quo legitur *et* in 6 scriptis; deest autem in cæteris.

Sapientia enim facit. Ita lego ex vetustissimis mss. 2 Bonon., Regio-Put., aliisque 2 Reg., 6 Colb. sexque aliis et ed. Betul. ac Is. non ut in mss. 3 Reg. rec. et in quamplurimis editis, *Sapientia etiam.* Nam causam affert, cur in sapientia plus sit boni ac jucunditatis, neque placet hic et iterum mox *etiam.*

Cujus ratio in sustinenda, etc. Præpositionem *in* addidi ex omnibus mss. et 6 editis. Abest a 2 Reg. et excusis 8.

Recto corpore. Ita quamplurimi mss. inter quos sunt vetercimi Bonon. et Reg. At 14 rec. et totidem impressi, *rectus corpore.*

Ideoque illi, etc. In mss. 1 Lips. *Ideoque illi titulum tantum honoris.* In nullo alio, quod sciam, ita legitur, ideoque nihil mutare volui.

Rerum omnium dominaretur. Per Græcismum; insolens enim constructio *dominari* cum gignendi casu. Apud Ciceronem jungitur quarto vel sexto casui cum præpositione *in.*

Utique justissimum est et eum qui tanta præstiterit, amare et hominem, qui sit. Sic lego et emendo ex mss. Regio-Put., 2 Bonon., Tax., Em., 1 Colb., quod rectius et purius est, quam, *Utique justissimum est et Deum colere,* videlicet eum qui tanta præstiterit et amare hominem, etc., quod glossam sapit, ut in ms. Cauc. in 3 editis, *præstitit,* in 5 vulgatis, demptis conjunctionibus. 1 Reg., 2 Colb. et Baluz. ut in textu, nisi quod pro *et eum,* habent *eum videlicet;* 1 Lips. et 5 impressi, *et Deum colere qui tanta præstiterit et amare hominem qui,* etc. Vide infra, *Deum et hominem caros habere.*—*Eum qui tanta præstiterit, amare et hominem.* Valde antiquus codex Cauci, Fasit., Gryph., Torn., Betul., Walch., Heumann.: Justissimum est et *Deum colere,* videlicet eum, *qui tanta præstiterit, et amare hominem,* hanc lectionem puto verissimam, verbumque *colere* est necessarium; nam hoc ipso numero dixit: Deus hominem suum voluit esse *cultorem;* et infra, *Deum honorare... hominem diligere.* Conf., cap. 6. BUN.

Unde intelligitur. Mss. 2 Bonon., 1 Reg. rec., 2 Colbert., Tax., Baluz., *intelligimus.*

Omnes homines esse justos. Ex omnibus pss. e.

hominem diligere velut fratrem; in his enim duobus tota justitia consistit. Qui ergo aut Deum non agnoscit, aut homini nocet, injuste et contra naturam suam vivit, et hoc modo rumpit institutum legemque divinam.

CAPUT XV.
Unde ad hominem peccata pervenerint.

Hic fortasse quærat aliquis, unde ad hominem peccata pervenerint, aut quæ pravitas divini instituti regulam ad pejora detorserit, ut cum sit ad justitiam genitus, opera tamen efficiat injusta. Jam superius explanavi, simul Deum proposuisse bonum ac malum; et bonum quidem diligere, malum autem, quod huic repugnat, odisse: sed ideo malum permisisse, ut et bonum emicaret, quod alterum sine altero (sicut sæpe docui) intelligimus constare non posse : denique ipsum mundum ex duobus elementis repugnantibus et invicem copulatis esse concretum, igneo et humido, nec potuisse lucem fieri, nisi et tenebræ fuissent; quia nec superum potest esse sine infero, nec oriens sine occidente, nec calidum sine frigido, nec molle sine duro. Sic et nos ex duobus æque repugnantibus compacti sumus, anima et corpore : quorum alterum cœlo ascribitur, quia tenue est et intractabile; alterum terræ, quia comprehensibile est : alterum solidum et æternum est, alterum fragile atque mortale. Ergo alteri bonum adhæret, alteri malum : alteri lux, vita, justitia; alteri tenebræ, mors, injustitia. Hinc extitit in hominibus naturæ suæ depravatio; ut esset necesse constitui legem, qua possent et vitia prohiberi, et virtutis officia imperari. Cum igitur sint in rebus humanis bona et mala, quorum rationem declaravi, necesse est in utramque partem moveri Deum, et ad gratiam, cum justa fieri videt; et ad iram, cum cernit injusta.

Sed occurrit nobis Epicurus, ac dicit : « Si est in Deo lætitiæ affectus ad gratiam, et odii ad iram, necesse est habeat, et timorem, et libidinem, et cupiditatem, cæterosque affectus, qui sunt imbecillitatis humanæ. » Non est necesse ut timeat, qui irascitur ; aut mœreat, qui gaudet : denique iracundi, minus timidi sunt; et natura læti, minus mœrent. Quid opus est de humanis affectibus dicere, quibus fragilitas nostra succumbit ? Consideremus divinam necessitatem ; nolo enim naturam dicere, quia Deus noster nunquam creditur natus. Timoris affectus habet in homine materiam, in Deo non habet. Homo, quia multis casibus periculisque subjectus est, metuit, ne qua vis major existat, quæ illum verberet, spoliet, laceret, affligat, interimat. Deus autem, in quem nec egestas, nec injuria, nec dolor, nec mors cadit, timere nullo pacto potest ; quia nihil est, quod ei vim possit inferre. Item libidinis ratio et causa in homine manifesta est. Nam quia fragilis et mortalis effectus est, necesse fuit alterum sexum diversumque constitui, cujus permissione soboles effici posset ad continuandam generis perpetuitatem. Hæc autem libido in Deo locum non habet; quia et fragilitas et interitus ab eo alienus est, nec ulla est apud eum fœmina, cujus possit copulatione gaudere, nec successione indiget, qui semper futurus est. Eadem de invidia et cupiditate dici possunt; quæ certis manifestisque de causis in hominem cadunt, in Deum nullo modo. At vero, et gratia, et ira, et miseratio habent in Deo materiam ; recteque illis utitur summa illa et singularis potestas ad rerum conservationem.

CAPUT XVI.
De Deo ejusque ira et affectibus.

Quæret quispiam, quæ sit ista materia? Primum accidentibus malis afflicti homines ad Deum plerumque confugiunt, mitigant, obsecrant, credentes eum

VARIORUM NOTÆ.

multis edd. addidi τὸ *homines,* quod a nonnullis impressis abest.
In his duobus. Matth. XXII, Rom. XIII, Gal. v.
Quæ pravitas... regulam... detorserit. Veræ lectioni detorserit in Reimm. inscriptum, *detruseril* male ; prius elegans et rectum. Lib. VI, cap. 21 : Hic sensus non est ad vitium detorquendus. Bun.
Simul Deum proposuisse bonum ac malum. Id est, *permisisse.* Hic loquitur de malo culpæ. Isæus.
Et bonum quidem diligere; malum autem, quod huic repugnat, odisse. Sic lego cum mss. 1 Reg. et antiquissimis Cauc. et 1 Bonon., 3 Colbert., Clarom. et 14 vulgatis, nisi quod pro *malum autem,* 7 editi habent *ac malum;* 4 scripti rec., *et malum.* In 1 Bon. antiq. et ed. Is. pro *huic,* est *bono.* Regio-Put., *et bonum quidem diligere, pugnat odisse,* omissis, *malum autem quod huic re.* Mss. 4 Reg. rec., 2 Colb., Ultr., Brun. et vet. edit. Rom., *et bonum quidem diligere, pugnas odisse;* Pen. et 1 Colb., *habent eligere, pugnas odisse.*
Intelligimus constare non posse. Caute lege, quæ de mali origine et necessitate proponit Lactantius : in his enim non ubique sanus est.
In utramque partem. Ita omnes mss. præter 2 Reg. rec. qui habent *ad utramque partem.*
Consideremus divinam necessitatem. Ita omnes fere mss. et editi. In scriptis 5 est, *Quod si consideremus divinam bonitatem;* minus apte.
Noster. Deest in veterib. edition.
Et causa. Deest in 6 rec. mss. et 9 editis.
Nam quia fragilis. Ita corrigendum fuit illud librariorum erratum, 3 mss. rec. et 8 edit. in quibus legitur, *Nam qui.*
Ad continuandam generis perpetuitatem. Sic restitui ex mss. vetustissimis 1 Bonon., Regio-Put., Cauc., Goth., 1 Colbert., 1 Lips., Em., Brun., edit. Betul. Cellar. Walch. et Spark. in marg. melius quam *ad continendam,* ut in 13 scriptis et 10 vulgatis.
Quæret quispiam. Sic mss. Marm. et 1 Clarom. a secunda manu. Et sic Cicero, et mox *inquiet,* cap. 20. Multi scripti, *quærit;* 1. al., *Quærat.*
Accidentibus malis. Mss. 1 Bon. antiq. Pen. et ed. Rom. 1468. Torn. Soubron. Walch. *accedentibus.*
Mitigant. Quod verbum mutat Heumannus in *eumque obsecrant.* — *Mitigant, obsecrant.* Lib. VI, cap. 10 *Offensus ab his Deus eos... Subjugabat, donec rursus pœnitentia populi mitigatus liberaret;* lib. V, cap. 13 : *Si... cum Deos sibi arbitrantur iratos, tamen donis, et sacrificiis, et odoribus placari eos credunt... cur Deum nostrum tam immitem, tam implacabilem putent?* Bun.

posse ab his injurias propulsare. Habet igitur causam miserandi; nec enim tam immitis est hominumque contemptor, ut auxilium laborantibus deneget. Item plurimi, quibus persuasum est Deo placere justitiam, eumque qui sit dominus ac parens omnium, venerantur, et precibus assiduis ac frequentibus votis, dona et sacrificia offerunt, nomen ejus laudibus prosequuntur, justis ac bonis operibus demereri eum laborantes. Ergo est, propter quod Deus et possit, et debeat gratificari. Nam si nihil est tam conveniens Deo, quam beneficentia, nihil autem tam alienum, quam ut sit ingratus: necesse est ut officiis optimorum sancteque viventium præstet aliquid, ac vicem reddat, ne subeat ingrati culpam, quæ est etiam homini criminosa. Contra autem sunt alii facinorosi et nefarii, qui libidinibus omnia polluant, cædibus vexent, fraudent, rapiant, perjurent; nec consanguineis, nec parentibus parcant; leges et ipsum etiam Deum negligant.

Habet igitur ira in Deo materiam. Non est enim fas eum, cum talia fieri videat, non moveri, et insurgere ad ultionem sceleratorum, et pestiferos nocentesque delere, ut bonis omnibus consulat: adeo et in ipsa ira inest et gratificatio. Inania ergo et falsa reperiuntur argumenta, vel eorum, qui, eum irasci Deum nolunt, gratificari volunt, quia ne hoc quidem fieri sine ira potest; vel eorum, qui nullum animi motum esse in Deo putant. Et quia sunt aliqui affectus, qui non cadunt in Deum, ut libido, timor, avaritia, mœror, invidia, omni prorsus affectu eum vacare dixerunt. His enim vacat, quia vitiorum affectus sunt: eos autem, qui sunt virtutis, id est, ira in malos, caritas in bonos, miseratio in afflictos, quoniam divina potestate sunt digna, proprios, et justos, et veros habet. Quæ profecto nisi habeat, humana vita turbabitur; atque ad tantam confusionem deveniet status rerum, ut contemptis superatisque legibus, sola regnet audacia, ut nemo denique tutus esse possit, nisi qui viribus prævaleat. Ita quasi communi latrocinio terra omnis depopulabitur. Nunc vero quoniam et mali pœnam, et boni gratiam, et afflicti opem sperant; et virtutibus locus est, et scelera rariora sunt. Atenim plerumque et scelerati feliciores sunt, et boni miseriores, et justi ab injustis impune vexantur. Considerabimus postea, cur ista fiant. Interim de ira explicemus, an sit aliqua in Deo; utrum nihil curet omnino, nec moveatur ad ea quæ impie geruntur.

CAPUT XVII.

De Deo, cura et ira.

Deus, inquit Epicurus, nihil curat; nullam igitur habet potestatem. Curare enim necesse est eum, qui habet potestatem; vel si habet, et non utitur, quæ tanta causa est, ut ei, non dicam nostrum genus,

VARIORUM NOTÆ.

Ab his injurias propulsare. Ita emendavi ex mss. 2 Bonon. 1 Reg. ac sex aliis et edit. Is. Alii, *ab his injuriis propulsare.*

Habet igitur causam. Ms. 1 Bon. antiq. et 6 edit. interjiciunt *Deus*, quod a cæteris abest. In Lips. et ed. Cellar. *causæ.*

Nec enim tam immitis est hominumque contemptor. Sic vet. edit. Rom. et Gymnic. cum omnibus mss. præter 5 Colbert. a quibus abest conjunctio *que* at a cæteris impressis.

Et precibus assiduis. Ita cum ed. Betul. et Is. cuncti mss., demptis 3 rec. quibus est *cum precibus*, ut in vulgatis cæteris.

Perjurent. Ita omnes fere mss. In 2 Bonon. 2 Reg. rec. et 1 Lips. est *pejerent.* — Sic quoque Buneman. *Rapiant, pejerent.* Verbo frequentiori usus. Sed tamen et Horatius, lib. II Sat. 3, vers. 127.

Si quidvis satis est, perjuras, surripis, aufers. Cell. —

Perjurent. Hæc est antiqua scriptura, quam ex Plauto et Cic. lib. III de Officiis, cap. 29, commendat Curtius ad Sallust. Jugurth., cap 11, 4, confer Lambinum ad Horatium II, Sat. 3, v. 127; reliquorum *pejerent* usitatius. Bun.

Adeo et in ipsa. Sic reposui ex antiq. Regio-Put., 2 al. Reg., 2 Colb., Clarom. et ed. Cellar. In 21 scriptis rec., *inest gratificatio*; in 2 rec. *est gratificatio.* In Lipsiensibus, *non inest*; in 2 al. rec., *non est*; utrumque male.

Nolunt. Heumannus legit *nolint.*

Quia... potest. Hæc octo verba credenda putat Heumannus velut glossema.

Eos autem, qui sunt virtutis, id est, ira... charitas... miseratio. Ita omnes scripti editique. Mihi ne tot voces corrigantur, duabus litteris mutatis, legendum videtur: *Eos autem, qui sunt virtutis, ut est ira... charitas... miseratio. Ut et id* ductibus parum differunt, et sæpe confunduntur; præterea in priori membro dixerat: *Ut libido... invidia.* Bun.

Digna. Lege *digni*, ait Heumannus, subaudiendo, *affectus.* — *Digna.* Heumannus, *lege*, inquit, *digni*, subaudiendo enim *affectus.* Nihil corrigo; neutrum *digna* respicit voces *ira... charitas... miseratio.* Frequentissime ita neutrum sequitur. Lib. III Institut., c. 11: *Num voluptatem?... divitias?... potestates? At ea fragilia... caduca... Num gloriam?... honorem?... memoriam nominis? At hæc omnia... posita.* Lib. VI, c. 3: *Desidiæ, inertiæ, luxuriæ se tradere, quæ suavia... videntur.* Bun.

Quæ profecto. Idem legit *quos profecto*, subaudiendo *affectus.* — *Quæ profecto.* Et hic Heumannus corrigit, *Quos profecto*, scilicet affectus. Sed qui priora salva cognoscet, nec hæc corriget. Bun.

Depopulabitur. Passive. Confer Heusingerum ad Wechmer. Hellenol. Bun.

Sperant. Cum verbum hoc etiam ad priora, *mali pœnam*, pertineat, et significet sæpe *timere, credere*, vide Quintil. lib. VIII Instit., c. 2. Vide et Davis. ad Epit. c. 65: *Spera et tibi accidere posse, quod alteri videas accidisse.* Bun.

Impune vexantur. Scilicet ad tempus. Offendit vox *impune* alios; hinc in Lips. 2 et 3, est omissa. Bun.

Cur ista fiant. 1 Colb., *Cur ita fiant*; Em. et Brun., *cur ita fiat.*

Utrum. Heuman. legit, *an vero.*

Quæ tanta causa est. Ex mss. Reg.-Put. et 3 al. Reg. Lipsiensibus, 4 Colbert. aliisque pluribus expunxi, ut inutile, τὸ *negligendi*, quod est in 4 mss. rec. et 3 oditis; in 5 scriptis, *negligentiæ*; in tribus, *tantæ.* — Bunem. vero addit verbum *negligendi*, et notam sequentem exhibet: — *Quæ tantæ est negligendi causam.* Thom. in marg. ex Bon. citat.: *Quæ tanta est negligentiæ causa*; camque lectionem Heumannus vocat rectissimam. Lubens sequerer, nisi obstaret recentior collator Bononiensis codicis Isæus, qui legit

sed etiam mundus ipse sit vilis? Ideo, inquit, incorruptus est ac beatus, quia semper quietus. Cui ergo administratio tantarum rerum cessit, si hæc a Deo negligantur, quæ videmus ratione summa gubernari? aut quietus esse quomodo potest, qui vivit et sentit? Nam quies aut somni res est, aut mortis. Sed nec somnus habet quietem. Nam cum soporati sumus, corpus quidem quiescit, animus tamen irrequietus agitatur : imagines sibi, quas cernat effingit, ut naturalem suum motum exerceat varietate visorum; avocatque se a falsis, dum membra saturentur, ac vigorem capiant de quiete. Quies igitur sempiterna solius mortis est. Si autem mors Deum non attingit, Deus igitur nunquam quietus est. Dei vero actio quæ potest esse, nisi mundi administratio? Si vero mundi curam gerit, curat igitur hominum vitam Deus, ac singulorum actus animadvertit, eosque sapientes ac bonos esse desiderat. Hæc est voluntas Dei, hæc divina lex; quam qui sequitur, qui observat, Deo carus est. Necesse est igitur, ut ira moveatur adversus eum, qui hanc æternam divinamque legem, aut violaverit, aut spreverit. Si nocet, inquit, alicui Deus, jam bonus non est. Non exiguo falluntur errore, qui censuram sive humanam, sive divinam, acerbitatis et malitiæ nomine infamant, putantes nocentem dici oportere, qui nocentes afficit pœna. Quod si est, nocentes igitur leges habemus, quæ peccantibus supplicia sanxerunt; nocentes judices, qui scelere convictos pœna capitis afficiunt. Quod si et lex justa est, quæ et nocenti tribuit quod meretur, et judex integer ac bonus dicitur, cum male facta vindicat (bonorum enim salutem custodit, qui malos punit), ergo et Deus, cum malis obest, nocens non est; ipse autem est nocens, qui aut innocenti nocet, aut nocenti parcit, ut pluribus noceat.

Libet quærere ab iis, qui Deum faciunt immobilem, si quis habeat rem, domum, familiam, servique ejus contemnentes patientiam domini, omnia invaserint, ipsi bonis ejus fruantur, ipsos familia ejus honoret, dominus autem contemnatur ab omnibus, derideatur, relinquatur : utrumne sapiens esse possit, qui contumelias non vindicet, suisque rebus eos perfrui patiatur, in quos habeat potestatem? Quæ tanta in quoquam potest patientia reperiri? si tamen patientia nominanda est, et non stupor quidam insensibilis. Sed facile est ferre contemptum. Quid si fiant illa,

VARIORUM NOTÆ.

in Bonon. et Tax. *Quæ tantæ* negligente *causa est*.

Vilis. Lib. VII Institution., c. 22 : *Cum... justi tam viles habeantur.* Tacit. lib. I Annal. 40 : *Si vilis ipsi laus.* Bun.

Cui ergo administratio tantarum rerum. Sic in mss. omnibus lego, et in editis vet. Rom. et Crat. Vide infra *mundi administratio.* In cæteris impressis est, *Cui ergo ministratio.*

Tamen. Sic mss. Thomasii ; alii plures legunt *autem*, minus bene.

Avocatque se a falsis. Sic vetustissimæ editiones et mss. 2 rec. et multi editi, *falsis*; 2 al. rec., *de falsis*. — Legitur *avocatque se falsis* apud Bunemann., in hancque variantem notam sequentem exhibet. — *Avocatque se falsis.* Reim. prave, *Advocatque se a falsis*; idque Heumannus defendit et exponit, *Avocat se a falsis imaginibus, id est, somniare cessat.* At Goth., Merton., C.C.C. Rost., Ven. 1471, 1493, 97, Paris. 1513 et Cellarius, *Avocatque se falsis.* Quæ lectio est unice recta. Noster iterum de Opif. c. 18 : *Ut mens per diem veris visionibus avocatur, ne obdormiat; ita falsis nocte* (scilicet avocatur) *ne excitetur;* et ibidem ante : *Avocatur ergo* (mens) *simulacris, donec membra sopore irrigata vegetentur.* Est igitur sensus verborum, ut iterum ibid. *Mens visionum imaginibus occupata tenetur;* et postea, *Mens ad contemplandas imagines ab intentione traducitur.* Bun.

Vigorem capiant de quiete. Quies igitur. Thomasius, *capere vigorem de quiete*, inquit, *latine non dicitur. Ex his autem denique re facile potuit fieri de quiete, cui postmodum addita est dictio igitur, ut aliquis sensus eliceretur.* Sequor nihilominus lectionem Goth., Lips., Reimm., Ultr., Cauc., Anglic., Rost., Ven. 1471, 72, utriusque 78, 90, 93, 97, Pier., Parrh., Paris., Junt., Aldi, Crat., Gymn., Fas., Gryph., Torn., Betuleii, *Vigorem capiant de quiete. Quies igitur* (Emm. ergo). Quis enim simpliciter dixerit, *membra saturari*, *vigorem capere*, non addito, unde saturentur ac vigorem capiant? Verba, *Dum membra saturentur ac vigorem capiant de quiete*, idem dicunt, quod illa de Opif. c. 18 : *Donec membra sopore irrigata vegetentur;* et infra, *Postquam mens ad contemplandas imagines traducta est, tunc demum corpus omne resolvitur in quietem.* Plinius lib. XXIII H. N. c. 4 : *Oleo mollitur corpus, vigorem et robur accipit. De quiete* valet, *ex quiete, ex sopore*, more Lactantio frequenti, ubi *de*, pro *ex* ponit. Uti vero *capere* fructum, utilitatem, voluptatem ex re dicitur ; sic latine dici *capere vigorem de*, vel *ex re*, nihil impedit. Bun. — *Capiant de quiete. Quies igitur sempiterna.* Sic reposui ex antiquis mss. Reg.-Put., Cauc., al. 4 Reg., 6 Colbert., Ultr., Em., Brun., multis editis et 1 Clarom., nisi quod habet *capiat.* 1 Bon. Antiq., Cant. et 4 impressi *capiant. Denique requies sempiterna.* Hanc tamen veram esse scripturam existimat Heumannus.

Si nocet, inquit, alicui Deus. Abest *inquit* a quamplurimis scriptis et impressis : at extat in antiquissimis mss. Regio-Put., 1 Bonon. et editis Gymnic., Is., Gall., Thys., Spark.

Acerbitatis et malitiæ. Haud secus veterrimi Regio-Put. et 1 Bonon., edd. Thomas., Is., Thys., Gall., Spark. In aliis deest *et malitiæ*.

Qui scelere convictos. Ita restitui ex quamplurimis editis et omnibus mss. præter 1 Reg. cui est corrupte *conjunctos*, pro *convictos*. In pluribus editis est *convicto*, mendose. — *Scelere convictos.* Paris. *Scelere convictos.* Cant. editio, *Scelere convicto*, vitiose. Suetonii est, ut Lexica indicant, in Nerone, c. 51. *Scelere convictus.* Bun.

Ipse autem est. At Buneman. *Is autem est.* editi omnes, *Ipse autem est.* Bonon. *Is est autem.* Reimm. *Is autem est.* Etiam Heumanno *Is* rectum est. Bun.

Libet quærere. Manuscriptorum est 9 vet. edit. In 7 vulgatis est *Licet.*

Immobilem. Cap. 22 : *Deum faciunt immobilem.* Conf. not. l. VI, c. 17 : *Ad immobilem stuporem mentis perducere.* Bun.

Omnia invaserint. At Bun. addit *ejus*, et sic rationem reddit : — *Omnia ejus invaserint.* Ex Lips. 2, 3 Reimm., Rost., Ven. 1472, utraque 78, 93, 97, Pier., Parrh., Paris., Junt., Isæo, Heumanno scribo, *Omnia ejus invaserint.* Cæteri *ejus* neglexerunt. Studio illud *ejus* ter repetiit. Bun.

Perfrui. Major vis in composito subinnuit securam impunitatem. Bun.

quæ a Cicerone dicuntur? « Etenim quæro, si quis paterfamilias liberis suis a servo interfectis, uxore occisa, incensa domo, supplicium de servo non quam acerrimum sumpserit; utrum is clemens ac misericors, an inhumanus et crudelissimus esse videatur? » Quod si ejusmodi facinoribus ignoscere crudelitatis est potius quam pietatis; non est ergo virtutis in Deo, ad ea, quæ injuste fiunt, non commoveri. Nam mundus tanquam Dei domus est, et homines tanquam servi : quibus si ludibrio sit nomen ejus, qualis aut quanta patientia est, ut honoribus suis cedat, prava et iniqua fieri videat, e. non indignetur, quod proprium et naturale est ei, cui peccata non placent? Irasci ergo rationis est; auferuntur enim delicta, et refrænatur licentia, quod utique juste sapienterque fit.

Sed Stoici non viderunt esse discrimen recti et pravi; esse iram justam et injustam : et quia medelam rei non inveniebant, voluerunt eam penitus excidere. Peripatetici vero non excidendam, sed temperandam esse dixerunt : quibus in sexto libro Institutionum satis respondimus. Nescisse autem philosophos, quæ ratio esset iræ, apparet ex definitionibus eorum, quas Seneca enumeravit in libris, quos de

A Ira composuit. « Ira est, inquit, cupiditas ulciscendæ injuriæ. Alii, ut ait Posidonius, cupiditas puriendi ejus, a quo te inique putes læsum. » Quidam ita definierunt : « Ira est incitatio animi ad nocendum ei qui, aut nocuit, aut nocere voluit. » Aristotelis definitio non multum a nostra abest. Ait enim iram esse cupiditatem doloris rependendi. Hæc est ira, de qua superius diximus, injusta; quæ etiam mutis inest : in homine vero cohibenda est, ne ad aliquod maximum malum prosiliat per furorem. Hæc in Deo esse non potest, quia illæsibilis est; in homine autem, quia fragilis est, invenitur. Inurit enim læsio dolorem; et dolor facit ultionis cupiditatem. Ubi est ergo illa ira justa adversus delinquentes? quæ utique non est cupiditas ultionis, quia non præcedit injuria. Non dico

B de iis qui adversus leges peccant, quibus etsi judex sine crimine irasci potest, fingamus tamen, eum sedato animo esse debere, cum subjicit pœnæ nocentem, quia legum sit minister, non animi, aut potestatis suæ; sic enim volunt, qui iram conantur evellere. Sed de iis potissimum dico, qui sunt nostræ potestatis, ut servi, liberi, conjuges et discipuli : quos cum delinquere videmus, incitamur ad coercendum.

Necesse est enim bono ac justo displicere, quæ

VARIORUM NOTÆ.

Supplicium de servo non quam acerrimum sumpserit. In omnibus Lactantii mss. et edd. est cum negatione hic locus; apud Ciceronem Orat. 4 in Catilinam c. 6, *quam acerbissimum,* sine negatione in quibusdam editis : Lambinus vero, Isæus, aliique legunt *non quam acerrimum.* Et ita apud Lactantium.

Sed stoici non viderunt. Perturbatio. πάθος , ut Cicero in 4 Tusc. ex Zenonis sententia definit , est aversa a recta ratione contra naturam animi commotio. Quidam appetitum vehementiorem, ὁρμὴν πλεονάζουσαν: iram autem ut formam libidini, τῇ ἐπιθυμίᾳ, libidinem vero perturbationi subjiciunt, sic definientes: Ira est libido ejus, qui videtur læsisse injuria. Ergo stoici posuerunt iram inter morbos etvitia. BETULEIUS.

Penitus excidere. Lips. Tert., occidere, Torn., *Penitus exscindere.* Sic sæpe variare dixi ad lib. v, cap. 3 : Horatius lib. II, Sat. 5 :

Denique quatenus excidi penitus vitium iræ
Cætera item ne queant stultis hærentia. BUN.

Ira est, inquit, cupiditas, ulciscendæ injuriæ. Seneca lib. I de Ira, cap. 5 : *Primum diximus cupiditatem esse pœnæ exigendæ.* Ad verbum *diximus,* commentatur ita Lipsius : nempe in iis, quæ e Lactantio reponimus. Et lib. II de Ira, cap. 3, ait : *Ira est concitatio animi ad ultionem voluntate et judicio pergentis.* CELL.

Alii (ut ait) Posidonius. Sic lego cum Lambino, Gothofredo, Francio, aliisque doctis viris; non *Possidonius,* ut in mss. et editis nostris. Posidonius, forte a Ποσειδῶν, Neptunus, ait Francius.—Buneman. vero habet : *Aut, ut ait,* et notam sequentem exhibet :—Goth., Lips., Reimm., et editi : *Alii, ut ait,* Pen., *Vel, ut ait.* Bonon., *Aut, ut ait.* Hunc sequor. Posset tamen vox alii quoque his locum habere ; non tantum enim Posidonius, sed et am Zeno dixit, teste Laertio : Ὀργὴν ἐπιθυμίαν τιμωρίας. BUN.

Iram. Aristot. II Rhetor., cap. 2, et apud Senec. ubi supra.

Injusta. Hæc vox deest in 8 vulgatis et 12 mss. At extat in vetustissimis 1 Bonon., Regio-Put., 1 al. Reg., 2 Colb., Baluz. et Clarom. in marg. necnon in editis Thom., Is., Thys., Gall., Spark., Walch., estque

necessaria, quia de *ira justa* post loquitur.

Ne ad aliquod maximum malum. Ita ms. Regio-Put.
C cum multis editis. In plerisque deest *malum.* — *Ad aliquod maximum malum prosiliat.* Necessario hic substantivum addendum. Sic c. 18 : *Hinc quotidie ad immania facinora prosilitur;* et infra : *Evadent ad majus malum.* Epit. c. 61 : *Inde ad immania facinora prosilitur;* ubique vero *ad,* non *in,* ut in Parrh. dicitur; hinc bis lib. VI, cap. 5, et lib. VI, cap. 18 : *prosilire ad nocendum.* BUN.

Illæsibilis. Rara vox, quam nullibi reperire potui. — Legitur apud Buneman. *Ille stabilis.* et in hanc variantem notam sequentem exhibet : — *Ille stabilis.* Omnes editiones, *illæsibilis:* etiam duo Guelferb., *illæsibilis,* et sequitur *læsio.* Suspecta mihi dudum visa vox *illæsibilis,* qua alibi semper abstinuit; unde c. 17 : *Nihil est, quod ei* (Deo) *vim possit inferre;* et c. 5 : qui lædi non potest. Optime hæc ratio alteri sequenti, *quia fragilis est,* opponitur. Ita cap. 15 : *In homine... quia fragilis et mortalis est... in Deo* locum non habet, quia et fragilitas et interitus ab eo alienus est... *qui semper futurus est,* id est, stabilis est. Eadem oppositio lib. V Institut., cap. 21 : *Corpus...*
D *imbecillum, fragile, mortale... animus stabilis et constans et perpetuus.* Iterum de Deo lib. VI Institut. cap. 15 : *Ut idem* (Deus) *sit semper et stabilis, et immutabilis, et inconcussus.* Ne tamen lexica aliquid detrimenti capiant proscripta hac voce, quam Walchius maxime *raram,* nec alibi eam se potuisse reperire dicit, in Lactantii locum, sufficiam Tertullianum, qui dixit adv. Valentin. cap. 27 : *Pater impassibilis, illæsibilis.* BUN.

Inurit enim læsio dolorem. Sic restitui ex mss. 4 Reg. aliisque mss. plurimis, vet. edit. Rom. et Cellar. In 6 scriptis et 14 excusis est *Irritat.* Sed et infra dixit, *dolorem inureret,* cap. 18 e rca med.

Illa ira justa. Mss. tres. rec. addunt *qua movetur;* 3 al. rec. *quæ movetur;* quas voces utpote inutiles expunxi, et absunt a cæteris mss. et vet. edit. Rum.

Quibus etsi judex. Ita cuncti fere mss. ac 2 vet. edd. In 3 scriptis rec. et aliis editis est *et.*

Ut servi liberi, ut conjuges, et discipuli. Distributio

prava sunt; et cui malum displicet, moveri, cum id unquam potest esse scelus tam clarum, ut defensioni fieri videt. Ergo surgimus ad vindictam; non quia læsi sumus, sed ut disciplina servetur, mores corrigantur, licentia comprimatur. Hæc est ira justa, quæ sicut in homine necessaria est ad pravitatis correctionem, sic utique in Deo, a quo ad hominem pervenit exemplum. Nam sicuti nos potestati nostræ subjectos coercere debemus, ita etiam peccata universorum Deus coercere debet. Quod ut faciat, irascatur necesse est; quia naturale est bono ad alterius peccatum moveri et incitari. Ergo definire debuerunt: Ira est motus animi ad coercenda peccata insurgentis. Nam definitio Ciceronis « Ira est libido ulciscendi, » non multum a superioribus distat. Ira autem, quam possumus vel furorem, vel iracundiam nominare, hæc ne in homine quidem debet esse, quia tota vitiosa est. Ira vero, quæ ad correctionem vitiorum pertinet, nec homini adimi debet, nec Deo potest, quia et utilis est rebus humanis, et necessaria.

CAPUT XVIII.
De peccatis vindicandis, sine ira fieri non posse.

Quid opus est, inquiunt, ira, cum sine hoc affectu peccata corrigi possint? Atqui nullus est, qui peccantem possit videre tranquille : possit fortasse, qui legibus præsidet, quia facinus non sub oculis ejus admittitur, sed defertur aliunde tanquam dubium, nec unquam potest esse scelus tam clarum, ut defensioni locus non sit; et ideo potest judex non moveri adversus eum, qui potest innocens inveniri. Cumque detectum facinus in lucem venerit, jam non sua, sed legum sententia utitur. Potest concedi, ut sine ira faciat, quod facit; habet enim quod sequatur. Nos certe, cum domi peccatur a nostris, sive id cernimus, sive sentimus, indignari necesse est; ipse enim peccati aspectus indignus est. Nam qui non movetur omnino, aut probat delicta, quod est turpius et injustius, aut molestiam castigandi fugit, quam sedatus animus et quieta mens aspernatur ac renuit, nisi stimulaverit ira et incitaverit. Qui autem cum moveatur, tamen intempestiva lenitate, vel sæpius quam necesse est, vel etiam semper ignoscit, is plane et illorum vitam perdit, quorum audaciam nutrit ad facinora majora, et sibi ipsi æternam molestiarum materiam subministrat. Vitiosa est ergo in peccatis iræ suæ cohibitio.

Laudatur Archytas Tarentinus, qui cum in agro corrupta esse omnia comperisset, villici sui culpam redarguens, Miserum te, inquit, quem jam verberibus necassem, nisi iratus essem. Unicum hoc exemplum temperantiæ putant: sed auctoritate ducti non vident quam inepta et locutus fuerit, et fecerit. Nam si (ut ait Plato) nemo prudens punit, quia peccatum est, sed ne peccetur, apparet quam malum vir sapiens rationem invenit, ut nec judex irascatur, nec impunitas subditis fenestram ad nequitiam aperiat. Betul.

VARIORUM NOTÆ.

et copulatio est mss. Cell. — Huc pertinet lib. vi, cap. 19: *Iræ affectus ad coercenda peccata eorum, qui sunt in nostra potestate, est, ut arctiore disciplina minor ætas ad probitatem justitiamque formetur.* Nostis reliqua. Bun.

Moveri. Sic lego ex præcedenti periodi membro, et ex mss. Cauc., Baluz., aliisque ac multis editis. In quamplurbus mss. et 4 edd. est *movetur*.

Cum id fieri videt. Cauc. et 18 impressi, *videat.*

Sic utique in Deo. Scil. est necessaria. Reimm. : *Sit utique in Deo. Sicut... sic* sæpe et eleganter se excipiunt in Cicerone et nostro. Bun.

Nam definitio Ciceronis. Stoica, seu ex sententia stoicorum lib. iv Tusc. cap. 9 producta: *Sic definiunt,* inquit, *ut ira sit libido puniendi ejus, qui videatur læsisse injuria.* Cell. — Non ad illum quem Cellarius indicat, locum respexit Lactantius, sed ad lib. iv Tusc. cap. 19 : *Est enim ira ulciscendi libido.* Ubi confer Davisium. Idem Cicero lib. iii Tusc. cap. 5 : *Sic enim definitur iracundia : Ulciscendi libido.* Bun.

Ira autem. Hæc verba quæ scriptis Bonon., Tax., Lips. et 5 vulgatis desunt, adjunximus ex mss. 5 Reg., 6 Colb., 4 Oxon., 5 aliis et 4 excusis. In Cauc., Ultr. et 5 vet. editis est *Iram autem*, mendose.

Quia tota vitiosa est. Mss. rec. 4 Reg. et 1 Colb. ac 13 edit., *quæ.*

Qui peccantem. Sic reposui ex 3. vet. edd. Rom. et omnibus mss. præter Pen. in quo est *qui peccata*; in cæteris editis, *qui peccatorum.*

Sed defertur aliunde.... et ideo potest judex non moveri. Hæc retinenda fuerunt, ut in mss. et in edd. Aldin. et Plant. quæ in 10 mss. et edit. 5 desiderantur.

Potest concedi. 1 Reg. rec. et 3 Colo. ac 7 editi præponunt *sed.*

Ut sine ira faciat, quod facit. Deest *quod facit* in 7 mss. et 3 editis.

Aut probat delicta, etc. Dilemma infirmum. Nam Sopater, ut est apud Stobæum, mediam quamdam rationem invenit, ut nec judex irascatur, nec impunitas subditis fenestram ad nequitiam aperiat. Betul.

Nisi stimulaverit ira et incitaverit. Ita mss. 2 Bonon. et plures edit. In 7 scriptis et in ed. Roman. deest *ira et incitaverit.* In multis est *ira,* sed deest, *et incitaverit.*

Qui autem cum moveatur tamen, etc. Sic lego ex veterrimis mss. 2 Bonon., Regio-Put., 4 aliis Reg., et aliis quinque, in quibus scriptum est *commoveatur* uno vocabulo, cum sint duo, *cum moveatur.* Et sic legunt docti viri.

Lenitate. Ita edit. Rom. 1470 et 5 al. cum mss. omnibus, præter Baluz. et Brun., quibus est *levitate*, ut 14 vulgatis.

Æternam molestiarum materiam subministrat. Æternam, id est perpetuam. Mss. 2 Bon., Tax., *æternam molestiam subministrat.*

Laudatur Archytas Tarentinus. Reperitur hæc chria vel apophthegma etiam apud Ciceronem, in iv Tuscul. quæst., apud Valer. Max., lib. iv cap. de Animi moderatione; apud Plutarch., de Pueris educandis; atque rursus apud eumdem, de Sera numinis animadversione.

Miserum te. Ambrosius, lib. i Off., c. 21, ita : *O te infelicem! quam te afflictarem, nisi iratus essem!* Seneca similia, lib. i de Ira, c. 15, de Socrate; et l. iii de Ira, c. 12, de Platone. Bun.

Unicum hoc exemplum. Observat Heumannus, *unicum* hic esse *plane singulare.* Aliquoties ita ipse Lactantius, ex. grat., de Opif., c. 20. *M. Tullius eloquentiæ ipsius unicum exemplar.* Bun.

Si (ut ait Plato) nemo prudens punit, etc. Recte : vide seqq. At mss. Cauc., 2 Reg. et 5 alii, mendose 19 edit., *Sicut.* Vide Plat. de Leg. ii. Similis locus est apud eumdem Platonem in Protagora, ad quem Lactantius verius respexisse videtur. Est rursus alius locus Platonicus in quinto de Legibus, hisce pulchre subserviens, et ad sequentem figuram explicandam mire conveniens. Vide apud eumdem Platonem locum citatum ab A. Gellio, lib. vi Noct. Attic., c. 14.

proposuerit exemplum. Si enim senserint servi dominum suum sævire cum non irascitur, tum parcere cum irascitur, non peccabunt utique leviter, ne verberentur; sed quantum poterunt gravissime, ut stomachum ejus incitent atque impune discedant. Ego vero laudarem, si cum fuisset iratus, dedisset iræ suæ spatium, ut residente per intervallum temporis animi tumore, haberet modum castigatio. Non ergo propter iræ magnitudinem donandi erat pœna, sed differenda, ne aut peccanti majorem justo dolorem inureret, aut castiganti furorem. Nunc vero quæ tandem æquitas, aut quæ sapientia est, ut aliquis ob exiguum delictum puniatur, ob maximum non puniatur? quod si naturam rerum causasque didicisset, nunquam tam importunam continentiam profiteretur, ut nequam servus iratum sibi fuisse dominum gratularetur. Nam sicut corpus humanum Deus multis et variis sensibus ad usum vitæ necessariis instruxit, sic et animo varios attribuit affectus, quibus vitæ ratio constaret, ut libidinem prodendæ sobolis gratia dedit, sic iram cohibendorum causa delictorum.

Verum ii qui nesciunt fines bonorum ac malorum, sicut libidine utuntur ad corruptelas et ad voluptates, sic ira et affectu ad nocendum, dum iis quos odio habent irascuntur. Ergo etiam non peccantibus irascuntur, etiam paribus aut etiam superioribus. Hinc quotidie ad immania facinora prosilitur : hinc tragœdiæ sæpe nascuntur. Esset igitur laudandus Archytas, si, cum alicui civi et pari facienti sibi injuriam fuisset iratus, repressisset se tamen et patientia furoris impetum mitigasset. Hæc sui cohibitio gloriosa est, qua compescitur aliquod imminens magnum malum. Servorum autem filiorumque peccata non coercere, peccatum est; evadent enim ad majus malum per impunitatem. Hic non cohibenda ira, sed etiam, si jacet, excitanda est. Quod autem de homine dicimus, id etiam de Deo, qui hominem similem sui fecit. Omitto de figura Dei dicere, quia stoici negant habere ullam

VARIORUM NOTÆ.

ex Gorgia; et apud Senec., in lib. 1 de Ira, et ad fin. II cap. 31.

Ut stomachum ejus incitent. Mss. 9, pro *ejus*, legunt in *his*. Mss. 2 Bonon. et 6 alii, *ut stomachum perversi hominis incitent*. Quæ lectio arridet Isæo. Ms. Ball., *perversi homines.*

Residente..... animi tumore. Eleganter dicta hæc omnia : *residente*, id est composito, sedato. Cic., lib. III Tuscul., c. 12 : *Cum tumor animi resedisset.* Bun.

Differenda. Ea vero mens fuit Socratis, de quo Seneca, lib. I, de Ira, cap. 15 extr. Bun.

Dolorem inureret. Sic supra, inurit læsio dolorem, cap. 17, I Colb., *inceret*, pro *inureret*, 3 Colb., Brun., *immitteret.* Cæteri ut in textu. — *Dolorem inureret.* Videtur noster respexisse ad Cicer. lib. III Tusculan., cap. 9 : *Proprium est irati cupere a quo læsus videatur, ei quam maximum dolorem inurere.* Bun.

Quæ tandem æquitas, aut quæ sapientia est. Ita quamplurimi mss. et edit. Rom. 1470, et al. 5. In ms. Ultr. legitur, *euænam sapientia est*; in Cauc. 1, Colb., Brun. et 8 vulgatis, *aut sapientia est*; in 2 Reg. rec., 2 Colb. et Baluz., *quæ tandem aut æquitas, aut quæ sapientia est.*

Ob exiguum delictum. Sic mss. antiquiss., 2 Bon., Regio-Put. et 4 al. Reg. rec., 2 Colb., Clarom. ac 12 editi. Et recte. Legi et expende quæ præcesserunt, et ea quæ sequuntur. In 12 scriptis rec. et 2 vet. ed. Rom., pro *delictum* legitur *dolorem.* — *Ob exiguum delictum*, Ep., c. 38. *Qui........ nullam facit differentiam delictorum, aut levia magnis suppliciis afficienda censet, quod est crudelis judicis, aut gravia parvis, quod est dissoluti, utrumque reipublicæ incommodum. Si enim summa scelera leviter puniantur, audacia malis crescet ac facinora majora; et si levibus delictis pœna gravior irrogetur, multi...in periculum venient.* Bun.

Affectus. Quæ his sectionibus disputat, similiter exsecutus est lib. VI, cap. 49. Bun.

Prodendæ sobolis gratia. Ita reposui ex omnibus mss. demptis 2 Reg. rec., in quibus, ut et in editis, est, *producendæ.* Ed. Rom. 1468, corrupte, *perdendæ* pro *prodendæ.*

Ira et affectu. Id est, iræ affectu, ἓν διὰ δυοῖν. Nisi et hic malis legere iræ affectu, uti l. VI, c. 19, bis *iræ affectus* dicitur. Bun.

Ergo etiam non peccantibus irascuntur, etiam paribus. In mss. Lipsiensibus, 4 Reg. rec., 4 Colb., Clar., 2 vet. ed. Bom., deest *ergo etiam non peccantibus*; item in 8 al. ed., ubi *irascuntur aut paribus*; alia desunt.

Aut etiam superioribus. Eleganter, *aut etiam*, ut c. 20 Cic., lib. II de Nat. deor., c. 3, *cæteris rebus aut pares, aut etiam inferiores.* Videsis annot. ad l. 1. c. 4, *aut etiam reges.* Ita l. V, c. 3 : *vel paria, vel etiam majora.* Epit. c. 61 : *Irascuntur paribus, aut etiam potioribus.* Bun.

Ad immania facinora. Sic restitui ex mss. 2 Bon., Regio-Put., Cauc., 5 Colbert. et 10 aliis, et edit. Betul., Is., Spark. In 1 Reg. rec., 1 Colb. et 13 ed. est *ad maxima facinora.*

Omitto de figura Dei dicere. Τὸ Dei non extat in 7 mss. Contrarium videre est lib. II, cap. 9, et lib. VI, cap. 25, ubi recte de Deo sensit. — *Quod autem de homine dicimus, id etiam de Deo, qui hominem similem sui fecit. Omitto de figura Dei dicere*, etc. Corpoream Deum præditum esse figura multis locis asserere videtur Lactantius, cum tamen II Instit., cap. 9, et lib. VI, cap. ult., et lib. VII, c. 3, 9 et 21, vere et recte fateatur, ipsum corporis experlem : adeo facile scriptores interdum sibi contraria et dicunt, et sentiunt. Id asseruerunt non modo philosophi quidam, ut Aristoteles scribit in Metaph. text. 7, scilicet Epicurei, de quibus Cic. I de Nat. deor., et Galen., in philosophic. Hist., cap. 29, sed etiam Judæorum nonnulli, et ex nostris quidam hæretici, ut Tertullian., quem tamen pie interpretatur S. Augustin., in libro de Hæresib. ad Quodvultdeum, cap. 86. Vadiani item, et Manichæi, ut habetur ex S. Augustino, in III Confess., cap. 7, qui omnes ab errore illo cognomen Anthropomorphitarum adepti sunt. De quibus videnda sunt quæ scribit Nicephor., lib. II, cap. 14, XIII, cap. 10, eo quoque infectum olim pene omnes monachorum qui in Ægypto morabantur scribit Cassianus, Collat. 10, cap. 1. Quod enim Scriptura dicat hominem ad Dei imaginem et similitudinem creatum, illi humiles litteræ sonum attendentes eum errorem concipiebant. Ibi vero similitudo imago non corporalem, sed spiritualiter accipitur, sive Latinorum sententiam amplectamur, ut illa imago dicatur respectu mentis humanæ, et trium ejus potentiarum, quibus sanctissima Trinitas aliquo modo repræsentetur, ut docent sanctus Augustinus in lib. de Trinitat. sive græcorum patrum, ut illa imago et similitudo sit respectu dominii quod obtinet, non modo terrenarum omnium rerum, ut Chrysost. sensit Homil. 8, in 1 Genes., sed etiam suorum affectuum et motuum per libertatem arbitrii, quatenus rationi adversantur, ut Clemens Alexandr., VI Strom., Basil., Homil. 10, in Hexaemer.; Chrysost., Hom. 23 super Genes.; Plato in Phædon., referente Euseb. lib. II Præpar., cap. 14, et Porphyrius, eodem Eus. attestante. Vide contra eam hæresim concilium Late-

formam Deum; et ingens alia materia nascetur, si eos coarguere velimus : de animo tantum loquor. Si Deo subjacet cogitare, sapere, intelligere, providere, præstare, ex omnibus autem animalibus homo solus hæc habet; ergo ad Dei similitudinem factus est : sed ideo procedit in vitium, quia de terrena fragilitate permistus, non potest id quod a Deo sumpsit, incorruptum purumque servare, nisi ab eodem Deo justitiæ præceptis imbuatur.

CAPUT XIX.

De anima et corpore, deque Providentia.

Sed quoniam compactus est, ut diximus, e duobus, animo et corpore, in altero virtutes, in altero vitia continentur, et impugnant se invicem. Animi enim bona, quæ sunt in continendis libidinibus, contraria sunt corpori ; et corporis bona, quæ sunt in omni genere voluptatum, inimica sunt animo. Sed si virtus animi repugnaverit cupiditatibus, easque compresserit, erit vere Deo similis. Unde apparet animam hominis, quæ virtutem divinam capit, non esse mortalem. Sed discrimen illud est, quod cum virtus habeat amaritudinem, et sit dulcis illecebra voluptatis, vincuntur plurimi, et abstrahuntur ad suavitatem. Ii vero, qui se corpori rebusque terrenis addixerunt, premuntur in terram, nec assequi possunt divini muneris gratiam, quia se vitiorum labibus inquinaverunt. Qui autem Deum secuti, eique parentes, corporis desideria contempserint, et virtutem præferentes voluptatibus, innocentiam justitiamque servaverint : hos Deus ut sui similes recognoscit.

Cum igitur sanctissimam legem posuerit, velitque universos, innocentes ac beneficos esse ; potestne non irasci, cum videt contemni legem suam, abjici virtutem, appeti voluptatem? Quod si est mundi administrator, sicut esse debet, non utique contemnit id quod est in omni mundo vel maximum. Si est providus, ut oportet Deum, consulit utique generi humano, quo sit vita nostra et copiosior, et melior, et tutior. Si est pater ac Deus universorum, certe virtutibus hominum delectatur, et vitiis commovetur; ergo et justos diligit, et impios odit. Odio (inquit) opus non est; semel enim statuit bonis præmium, et malis pœnam. Quod si aliquis juste innocenterque vivat, et idem Deum nec colat, nec curet omnino, ut Aristides,

VARIORUM NOTÆ.

ranens. sub Innoc. III, in cap. Firmiter, de Summ. Trinit.; S. Augustin. ubi supra, et lib. II Confess., cap. 10, super Genes. ad litt. lib. x, cap. 25 ; de Doctrina Christi, cap. 6 et 8; S. Thom. I, cont. Gentes, cap. 21, et I part. quæst. 3, art. 1. Isæus.

Materia nascetur. Ms. Reg. et editi, *nascitur.*

Hæc habet. Sic reposui ex ed. Gymnic. et cunctis mss., præter 1 Reg. rec., 1 Colbert., Cant., in quibus est, ut in editis, *hoc habet.*

Compactus est. Supple *homo.* — *Compactus est, ut diximus, e duobus.* Cap. 15 : *Sic et nos ex duobus æque repugnantibus compacti sumus, anima et corpore,* etc. BUN.

Impugnant se invicem. Abest se a 9 mss. et ed. Rom. 1470. In Goth. et Lips. est *repugnant invicem.* — *Repugnant invicem.* Lib. vi Instit., cap. 3 : *Sive... virtutes inferas, vitja sua sponte decedent; sive vitia exitimas, virtutes ultro subibunt. Sic bonorum ac malorum constituta natura est, ut se invicem semper oppugnent, semper expellant.* Lib. vii, cap. 10 : *Vitia virtutem semper impugnant.* Pro media lectione sine pronomine sunt libri in loco gemino. Lib. vii Inst., c. 5 : *Ergo quia virtutem proposuit homini Deus, licet anima et corpus consociata sint, tamen contraria sunt, et impugnant invicem.* BUN.

Repugnaverit cupiditatibus. Hæc lectio est antiquissimorum et opt. mss. 2 Bonon., Regio-Put., Cauc. et 1 al. Reg., 2 Colb., Lips., Baluz. et 14 impressorum. In 13 rec. scriptis ac 2 vet. edd. Rom. et Is. est *voluptatibus.* Sic quoque Buneman. et notam sequentem exhibet. — *Repugnaverit voluptatibus.* Alii, *Repugnaverit cupiditatibus ;* prius Heumannus præfert : Ea vox mihi hic rectior videtur, quia eo vocabulo perpetuo hic utitur lib. iv, cap. 17 : *Utuntur libidine ad capiendas voluptates.* Epit., cap. 61 pr.: *Libido... appetit voluptates.* Conf. infra. Instar commentarii esse possunt, quæ disputat de voluptatibus lib. vi, cap. 20, 21, 22 et 23. BUN.

Easque compresserit. 1 Colb., *oppresserit* ; 2 Bon. et Tax., *represserit.* Vide infra, cap. 21 initio, *temperari debuit furor ejus et comprimi.* — *Easque compresserit. R-primere parum est, cum sint comprimendæ.* Distinctionem observo ex Cic. Orat. 1 in Catil., c. 12 :

Hoc uno interfecto, intelligo hanc reipublicæ pestem paulisper reprimi, non in perpetuum comprimi posse. BUN.

Erit vere Deo similis. Ita antiq. mss. Regio-Put. et Cauc., 2 al. Regii, Colb. aliique multi, necnon 13 editi. In 2 Colb. est, *erit vero Deo similis ;* in 2 Bonon., Tax., Baluz., *vere Deo similis invenitur* ; in 1 Reg. rec., 1 Colb. et 4 vulgatis, *invenitur.* Hanc vocem addit etiam Buneman. ut in nota sequenti.—*Vere Deo similis invenitur.* Alii, *Erit vere Deo similis.* Satis bene. Thomas. Thys. Gall. Spark., *vere similis Deo invenitur.* Bonon. Tax. Isæus, *vere Deo similis invenietur.* Prætuli ob codd. antiquitatem, et quia ingratum aliquid habere videtur altera lectio, *compresserit, erit.* Alias res eodem redit. De Opif., cap. 19. *Hic beatus, hic... similis Deo sit necesse est.* Lib. II Inst., cap. 18 : *Hic cœlo dignus judicabitur.* Lib. vi, cap. 18 : *Quia virtute... nihil homine dignius inveniri potest.* BUN.

Qui se corpori. In 6 mss. et edd. vet. Rom. est *quia,* quod mox sequitur.

Divini muneris. Sic reposui ex quamplurimis mss. inter quos sunt veterrimi et optimi 2 Bonon., Regio-Put., Cauc. et edd. Betul. ac Cellar. In 3 Reg. rec. et 4 Colb. ac 13 vulgatis est *divini numinis* ; in Clarom., *nominis* ; male.

Inquinaverunt. Ita lego cum omnibus fere mss. et edit. Rom. 1470, Florent., Is. At cæteri vulgati codices cum mss. 1 Reg. rec., 2 Colb., Clarom. habent, *inquinarunt.*

Quod si est mundi administrator. 1 Bonon. recentior, *Qui.*

Si est providus. Ita cum veteribus editis omnes mss. præter 1 Reg. rec. et Cauc. quibus est *providens,* ut 15 impressis.

Inquit. Ms. Em. et edd. Cellar., Walch., (*inquit aliquis.*)

Aristides. Nullus mihi restat ambigendi locus, quin hic legendum sit *Aristides,* tum ex Cicerone, qui eum *de iracundia* citat, et Timonem *de odio ;* tum ex antiquissimis et optimis mss. 1 Bonon., Regio-Put., 1 Vatic., 1 Colbert., Bodl. et Clarom. in marg. quod recentiores mss. et editi corruperunt in *Aristotele. Aristides* autem Græcus Atheniensis erat, cujus virtutes, verba et exempla commemorat Cicero Tuscul. Quæst. lib. v, n. 106, de Officiis lib. III, n. 44 et

ut Aristides et Timon, cæterique philosophorum, cedetne huic impune, quod cum legi Dei obtemperarit, ipsum tamen spreverit? Est igitur aliquid, propter quod Deus possit irasci, tanquam fiducia integritatis adversus eum rebellanti. Si huic potest irasci propter superbiam, cur non magis peccatori, qui legem cum ipso pariter latore contempserit? Judex peccatis veniam dare non potest, quia voluntati servit alienæ. Deus autem potest, quia est legis suæ ipse disceptator et judex : quam cum poneret, non utique ademit sibi omnem potestatem, sed habet ignoscendi licentiam.

CAPUT XX.
De peccatis et Dei misericordia.

Si potest ignoscere, potest igitur et irasci. Cur ergo, inquiet aliquis, et qui peccant, sæpe felices sunt, et qui pie vivunt, sæpe miseri? Quia fugitivi et abdicati libere vivunt, et qui sub disciplina patris, aut domini sunt, strictius et frugalius. Virtus enim per mala et probatur, et constat; vitia per voluptatem. Nec tamen ille qui peccat, sperare debet perpetuam impunitatem, quia nulla est perpetua felicitas :

> Sed scilicet ultima semper
> Expectanda dies homini ; dicique beatus
> Ante obitum nemo supremaque funera debet.
> (Ovid., Metam., lib. III, vers. 135.)

ut ait poeta non insuavis. Exitus est, qui arguit felicitatem ; et nemo judicium Dei potest, nec vivus effugere, nec mortuus. Habet enim potestatem, et vivos præcipitare de summo, et mortuos æternis afficere cruciatibus. Imo, inquit, si irascitur Deus, statim debuit vindicare, et pro merito quemque punire. Atenim si id faceret, nemo superesset. Nullus est enim, qui nihil peccet ; et multa sunt, quæ ad peccandum irritent; ætas, vinolentia, egestas, occasio, præmium. Adeo subjecta est peccato fragilitas carnis, qua induti sumus, ut nisi huic necessitati Deus parceret, nimium fortasse pauci viverent : propter hanc causam patientissimus est, et iram suam continet. Nam quia perfecta est in eo virtus, necesse est patientiam quoque ejus esse perfectam, quæ et ipsa virtus est. Quam multi ex peccatoribus justi posterius effecti sunt, ex malis boni, ex improbis continentes! quam multi in prima ætate turpes, et omnium judicio damnati, postmodum tamen laudabiles extiterunt! Quod utique non fieret, si omne peccatum pœna sequeretur.

Leges publicæ manifestos reos damnant : sed plurimi sunt, quorum peccata occuluntur; plurimi, qui delatorem comprimunt, aut precibus, aut præmio; plurimi, qui judicia eludunt per gratiam, vel potentiam. Quod si eos omnes, qui humanam pœnam effugiunt, censura divina damnaret, esset homo aut rarus, aut etiam nullus in terra. Denique vel una illa causa delendi generis humani justa esse potuisset, quod homines, contempto Deo vivo, terrenis fragilibusque figmentis honorem divinum tanquam cœlestibus deferunt, adorantes opera humanis digitis laborata. Cumque illos Deus artifex, ore sublimi, statu recto figuratos, ad contemplationem cœli et notitiam Dei excitaverit, curvare se ad terram maluerunt pecudum modo. Humilis enim, et curvus, et pronus est,

VARIORUM NOTÆ.

Orat. 32, pro P. Sextio n. 141 : Si apud Athenienses homines Græcos Themistoclem illum conservatorem patriæ non deterruit... Aristidis fuga, qui unus omnium invictissimus fuisse traditur... propositis tot exemplis iracundiæ, etc.

Et Timon. Fuit Cicerone teste etiam Atheniensis, Laertio vir frugi, solitudinis et hortorum amans, hominum osor. Ejus dicta refert Cicero Tuscul. Quæst. lib. IV, n. 25 et 27, ac de Amicitia n. 87. Abest *Timon* ab 11 mss. et 3 edd. Alii volunt hunc fuisse Philigismum Pyrrhonis discipulum.

Ut Aristides et Cimon. Unus Vat., Ald., Crat., Gymn., Fas., Gryph., Torn., Bet., Paris. 1561, Thomas., Thys., Gall., Spark., *Timon* : Siquidem in antiquissimis mss. Bonon. et Taurin. forma majuscula litteratura et t propemodum una et eadem est. De Aristide clare Nepos in Aristide, cap. 2 : *Memoria ejus justitiæ et æquitatis et innocentiæ multa.* Ejusdem justitiam Lactantius lib. III, c. 19, commendat. Add. lib. VI Institut., cap. 6. Ut vero emendarem, *Cimon*, fecit plane genuinus locus Lactantii lib. VI Instit., cap. 9 : *Denn qui ignorat, et ipsam justitiam ignoret necesse est. Sed putemus fieri posse, ut aliquis naturali et ingenito bono veras virtutes capiat, qualem fuisse Cimonem Athenis accepimus, qui et egentibus stipem dedit, et pauperes invitavit et nudos induit : tamen cum illud unum, quod est maximum, deest agnitio Dei, jam bona illa omnia supervacua sunt et inania, ut frustra in his assequendis laboraveris. Omnis enim justitia ejus similis et humano corpori caput non habenti.* Vides nostrum hoc etiam loco de Cimone et philosophis agere.
BUNEMAN.

Rebellanti. Ita ferunt 13 mss. inter quos est Regio-Put. In 2 Reg. rec. et ed. Rom. 1470 est *rebellati* ; in 2 Bonor. et aliis 5, *rebellante*; in omnibus fere editis est *rebellandi*.

Potest igitur et irasci. Sic lege cum mss. Regio-Put., 4 al. Reg., 2 Colb., Baluz., Clarom. In 2 Bonon., Tax., 1 Colb., et ed. Is. deest *igitur;* in vulgatis desideratur *et.* Mss. 1 Reg., 3 Colb., 2 Lips., Brun. et edd. Rom. 1470, 1474, Tridin., Florent. legunt : *Si potest igitur irasci, cur ergo?*

Abdicati. Id est repudiati.

Qui arguit felicitatem. Id est demonstrat, probat. Minucius Felix, cap. 36. In fin. : itaque ut aurum ignibus, sic nos discriminibus arguimur. Hieronymus epist. ad Paulam : humilitas vestium non tumentes animos arguebat.
BUN.

Vinolentia. Ita emendavi ex omnibus fere mss. inter quos sunt 2 Bon., Regio-Put., 2 al. Reg., 3 Colbert., 4 Oxon., Tax., Em., Cant., Brun., edit. Rom. 1470 ac Cellar. Et ita Joan. Cauci et Francius legendum esse suspicabantur; quam lectionem probat Heumannus. At in 3 Reg. rec., 3 Colb., Marm., Clarom. editisque 15 est *violentia.*

Quorum peccata occultantur. Sic restitui ex ed. Gymnic. et manuscriptis, præter 2 Reg. rec., 3 Colb. in quibus est *occultantur,* ut in pluribus editis.

Aut etiam nullus. Ex omnibus prope mss. et ed. Gymnic. additum *etiam,* quod cæteris impressis et 4 rec. scriptis deest.

Laborata. Francius, forte *elaborata.* Est tamen *laboratus* eodem sensu apud Ciceronem XIII Attic. 3 et pro Cœl. 54.

Maluerunt pecudum modo. Ita reposui ex veteribus edit. Rom. et 12 aliis impressis. Manuscriptis Regio-Put. et 14 al. nisi quod mss. Cauc., Clarom. ac 12 impressi legunt *more,* pro *modo.* Regius unus, Boqui ab aspectu cœli Deique patris aversus, terrena, quæ calcare debuerat, id est, de terra ficta et formata, veneratur. In tanta igitur impietate hominum tantisque peccatis id assequitur patientia Dei, ut se ipsi homines damnatis vitæ prioris erroribus corrigant. Denique, et boni sunt justique multi, et abjectis terrenis cultibus, majestatem Dei singularis agnoscunt. Sed cum maxima et utilissima sit Dei patientia, tamen, quamvis sero, noxios punit, nec patitur longius procedere, cum eos inemendabiles esse perviderit.

CAPUT XXI.
De ira Dei et hominis.

Superest una et extrema quæstio. Nam dixerit fortasse quispiam, adeo non irasci Deum, ut etiam in præceptis hominem irasci vetet. Possem dicere, quod ira hominis refrænanda fuerit, quia injuste sæpe irascitur; et præsentem habet motum, quia temporalis est. Itaque ne fierent ea, quæ faciunt per iram et humiles, et mediocres, et magni reges, temperari debuit furor ejus, et comprimi, ne mentis impos aliquod inexpiabile facinus admitteret. Deus autem non ad præsens irascitur, quia æternus est perfectæque virtutis; et nunquam nisi merito irascitur. Sed tamen non ita res se habet. Nam si omnino prohiberet irasci, ipse quodammodo reprehensor opificii sui fuisset, qui a principio iram jecori hominis indidisset : siquidem creditur, causam hujus commotionis in humore fellis contineri. Non igitur in totum prohibet irasci, quia is affectus necessario datus est : sed prohibet in ira permanere. Ira enim mortalium debet esse mortalis; nam si maneat, confirmantur inimicitiæ ad perniciem sempiternam. Deinde rursus cum irasci quidem, sed tamen non peccare præcepit, non utique evellit iram radicitus, sed temperavit : ut in omni castigatione modum ac justitiam teneremus. Qui ergo irasci nos jubet, ipse utique irascitur : qui placari celerius præcipit, est utique ipse placabilis; ea enim præcepit, quæ sunt justa, et rebus utilia communibus.

Sed quia dixeram non esse iram Dei temporalem, sicut hominis, qui præsentanea commotione fervescit, nec facile regere se potest propter fragilitatem ; intelligere debemus, quia sit æternus Deus, iram quoque ejus in æternum manere : sed rursum, quia virtute sit maxima præditus, in potestate habere iram suam ; nec ab ea regi, sed ipsum illam, quemadmodum velit, moderari : quod utique non repugnat superiori. Nam si prorsus immortalis fuisset ira ejus, non esset satisfactioni aut gratiæ post delictum locus ; cum ipse homines ante solis occasum reconciliari jubeat. Sed ira divina in æternum manet adversus eos, qui peccant in æternum. Itaque Deus

VARIORUM NOTÆ.

non., Tax., Lips. addunt *humi repere*; scripti 5, *ir- repere*.

Aversus, terrena, quæ calcare debuerat. Bene. Vide seqq. mss. Regio-Put. et 1 al. Reg., edit. Rom. 1470, Ald., Fasit., Betul. habent, *aversus, terram quam calcare debuerat*. Mss. 13 et ed. Rom. 1468, *adversus terram quam calcare debuerat*.

Majestatem Dei singularis agnoscunt. Sic et alibi passim Lactantius. Vide Not. ad lib. de Mortib. Persecut. cap. 1. Ms. Em. habet *Dei cœlestis*; 2 Reg. rec., 3 Colb., Clarom. et 2 vet. edd. Rom., *cognoscunt*.

Superest una et extrema quæstio. Ita libri antiquiores, tum mss. tum editi. Multi impressi post *una* addunt *maxima*; 1 Colbert. *permaxima*; scripti 4 rec. *una et maxima*.

Ut etiam in præceptis. Reposui etiam ex editis Cratand. et Cellar. cunctisque scriptis, præter 4 mss. rec. in quibus, ut in cæteris impressis, legitur *et*; in Em., *ipse*.

Debuit. Ita ex vet. edd. Rom. et Is. ac quamplurimis mss. reposui. In Cauc. et in 8 impressis est *debuerat*; in 5 scriptis et 4 vulgatis est *debuerit*.

Ne mentis impos aliquod inexpiabile facinus admitteret. mss. 14 inter quos est Regio-Put. et unus Jano Gullielmi visus, editioque Romana 1468 habent, *ne mentis impossibile aliquod*, qullo sensu : quo Gullielmus et Gallæus legendum esse putant, *ne mentis impos a bile*, aut *in bile*. Mss. 2 Bon., 1 Reg. rec., Tax., 2 Colb., 1 Sorbon., Baluz., Clarom. in marg. *ne post aliquod*, etc. 1 Colb., *ne post iram aliquod*.

Qui a principio. Mss. 14 et totidem editi, *quia in principio*.

Iram jecori hominis. Mss. 2 Reg., 4 Colbert., *iram jecoris hominis*; Em., *felli hominis*. — *Iram jecori hominis indidisset*. Legitur apud Buneman. *iram felli hominis*. In hancque variantem notam sequentem exhibet : — *Iram felli hominis indidisset*. Editi omnes, *iram jecori*. Scripsi ex Emmann., *iram felli*. Suadent se-

quentia, *in humore fellis*; et lib. vi Institut. cap. 15 : *Affectus iræ in felle, libidinis in jecore*; et de Opif. cap. 14 : *Affectum iracundiæ... in felle constitutum... libidines rerum venerearum in jecore*. Bun.

Deinde. Ita restitutum ex edit. Bonon. 1470, Betul., Cellar. In 1 Reg. rec. et 12 excusis est *Denique*.

Cum irasci quidem, sed tamen non peccare præcepit, non utique. Mss. 3 rec. et 14 edd., *eum irasci... scripti 3 rec., præcipit*.

Sed tamen non peccare, etc. Psal. iv apud Septuaginta quidem est ὀργίζεσθε, καὶ μὴ ἁμαρτάνετε. Sed Hebræi transferunt *contremiscite*; qui sensus est, ut abhorreamus a peccatis. BETUL.

Qui placari. Ita correxi ex omnibus mss. multisque editis : in nonnullis impressis est *placare*.

Celerius præcipit. Sic lego ex mss. quamplurimis antiquissimis et optimis, approbante Francio : quod superioribus respondet, ubi est *jubet*.

Ea enim præcepit. Sic restitui ex cunctis mss. et vet. ed. Rom. In 12 impressis est, *siquidem præcipit*.

Nec facile regere se potest propter fragilitatem : intelligere debemus, etc. Ita ferunt omnes manuscripti et 5 editi. Atque vera et genuina est lectio Tridin. et Florent., Ven. 1490. Vitiose in impress. aliis, *non ideo intelligere*, etc. quæ lectio scopo Lact. contraria est, ut bene observarunt Thomasius et Isæus.

Iram ejus in æternum manere. Id est, ab omnipotentia aliisque Dei attributis illud necessario fluit, ut eos odio habeat quotquot adversus ipsius majestatem obstinato animo deliquerint. Uti rursus ab infinita Dei misericordia proficiscitur, quod eos sinat secum in gratiam redire, qui (ut noster infra loquitur) concessa, resipiscendi et sui corrigendi facultate bene utuntur.

SPARKIUS.

Aut gratiæ post delictum locus. 1 Bonon. antiq., *aut gratiæ positus locus*.

Ante solis occasum, etc. Non Christi, sed Pauli vox

non thure, non hostia, non pretiosis muneribus, quæ omnia sunt corruptibilia, sed morum emendatione placatur; et qui peccare desinit, iram Dei mortalem facit. Idcirco enim non ad præsens noxium quemque punit, ut habeat homo resipiscendi et corrigendi sui facultatem.

CAPUT XXII.

De peccatis, deque iis recitati versus Sibyllæ.

Hæc habui, cum de ira Dei dicerem, Donate charissime; ut scires quemadmodum refelleres eos qui Deum faciunt immobilem. Restat, ut more Ciceronis utamur epilogo ad perorandum. Sicut ille in Tusculanis de morte disserens facit : ita nos in hoc opere testimonia divina, quibus credi possit, adhibere debemus, ut illorum persuasionem revincamus, qui sine ira Deum esse credentes, dissolvunt omnem religionem : sine qua, ut ostendimus, aut immanitate belluis, aut stultitia pecudibus adæquamur; in sola enim religione, id est, in Dei summi notione sapientia est. Prophetæ universi divino Spiritu repleti nihil aliud, quam de gratia Dei erga justos, et de ira ejus adversus impios loquuntur. Quorum testimonia nobis quidem satis sunt : verum iis quoniam non credunt isti, qui sapientiam capillis et habitu jactant, ratione quoque et argumentis fuerunt a nobis refellendi. Sic enim præpostere agitur, ut humana divinis tribuant auctoritatem, cum potius humanis divina debuerint. Quæ nunc sane omittamus ne nihil apud istos agamus, et in infinitum materia procedat. Ea igitur quæramus testimonia, quibus illi possint aut credere aut certe non repugnare.

Sibyllas plurimi et maximi auctores tradiderunt : Græcorum, Aristo Chius et Apollodorus Erythræus : nostrorum, Varro et Fenestella. Hi omnes præcipuam, et nobilem præter cæteras Erythræam fuisse commemorant. Apollodorus quidem ut de cive ac populari sua gloriatur. Fenestella vero etiam legatos Erythras a senatu esse missos refert, ut hujus Sibyllæ carmina Romam deportarentur, et ea consules Curio et Octavius in Capitolio, quod tunc erat curante Quinto Ca-

VARIORUM NOTÆ.

hæc est, Eph. v. Ergo tantum auctoritatis tribuit scriptis Pauli, ut oraculi loco habeat, quod a numine divino dictata sint.

Resipiscendi et corrigendi sui facultatem. Deest *et corrigendi sui* in 20 mss. sed in 12 est *resipiscendi sui*, quamvis tamen sui cum casu *resipiscendi* componi nequeat. Edit. Betul. habet, *homo recipiendi sui facultatem.* Verum hæc Lactantiana verba ex Cicerone sunt desumpta, ubi legas *resipiscendi et corrigendi sui.*

Refelleres. 1 Bon. antiq., *refellas.*

Illorum persuasionem revincamus. Ita reposui ex omnibus prope mss. edit. Venet., Tridin., Florent., Is., Cellar. In ms. Brun. legitur *persuasione*; in 1 Colbert., Marm., C. arom., *persuasiones*; in 1 Reg. rec., *persuasionem pervincamus*; in Cauc., 1 Colb. et 14 impressis, *persuasionem vincamus.* — *Revincamus.* Optime. L. 1 Iustitut., c. 16 : *Quod genus probationis adversus eos magis adhibere debemus, quam ut eos deorum suorum testimoniis revincamus.* De Opif., c. 10 : *Quos... omnis... ex ipsorum inter se concertatione sumptis revincamus,* et alibi sæpius. BUNEMANN.

Iis... non credunt isti. L. 1, c. 5 : *Sed omittamus testimonia prophetarum, ne minus idonea probatio videatur de his, quibus omnino non creditur.* BUN.

Qui sapientiam capillis et habitu jactant. Nam promissum capillum gerebant, et palliis induebantur, qui sapientiam profitebantur, ut l. III Institutionum, cap. 25, diximus. Is.— Vide etiam libro v, c. 2.

Fuerant... refellendi. Heumann. legit, *fuerunt.* Libri, *fuerant.* Similis locus, l. v, c. 4, ubi, *qua materia* (Cyprianus) *non est usus,* u. debuit. Non *enim scripturæ testimoniis quam ille* (Demetrianus) *...commentitiam... putabat, sed argumentis et ratione fuerat refellendus.*

Ut humana divinis tribuant auctoritatem, cum potius humanis divina debuerint. Ita omnes fere mss. ex quibus sunt antiquissimi, et 7 vet. ed. In scriptis 5 et multis impressis mendose legitur : *Ut humanam divinis tr. aut. cum potius humanam divinam debuerint;* 1 Colb., *tribuerint.*

Sibyllas. Mss. 4 rec. et edd. 16 addunt, *multas fuisse:* quæ duo verba a cæteris absunt. De Sibyllis lege quæ diximus, tom. I, lib. 1, c. 6. Confirmant Lactantii sententiam, quæ plurima memorat Suidas, haud dubie ex vetustissimorum auctorum monumentis collecta. Affirmat is decem fuisse, diversis temporibus et locis. Verum Sebastianus Castalio, quidquid Sibyllarum nomine fertur, ab una profectum affirmat; ac in suam me propemodum traxit sententiam, argumentis non in speciem modo probabilibus, sed justis quibusdam rationibus roboratis. Sed interim vetustatis auctoritas faciebat, ut rationes diligentius expenderem. Obstitit primum incredibilis Sibyllæ, quam ex multis unam facit, longævitas, a diluvio nimirum usque ad Tarquiniorum tempora : quod spatium complectitur annos circiter 1770. Et quanquam Sibyllæ vivacitas olim in proverbium abiit, fidem tamen excedit ætas ita prodigiosa, ut a nullo scriptore tanta commemoretur. Inde obstat nominum varietas, non ex gentibus variis variantium, sed propriorum maxime. Postremo adduci vix potero ut credam Noæ tempore græce eas scripsisse, et quidem numeris heroicis, tam facile ad Homeri, vel Hesiodi (vel si mavis antiquioris Orphei) suavitatem fluentibus. Et ut facile credo decem non extitisse Sibyllas, ita malim subscribere illis qui duas solummodo posuerunt, aut quatuor. BETUL. — Sed quidquid hic dicat Betuleius, vide quæ de Sibyllis diximus, libro I, cap. 6.

Aristo Chius. Sic plures mss. et omnes ferme editi; nec aliter dicitur Ciceroni, l. I de Legib., n. 78, ubi refert ejus dogmata, et Minucio Felici in Octavio. Itaque vitiose scribitur in 2 Colb. et ed. Rom. 1470, *Aristochius*; pejus in Reg.-Put., Cauc. et 7 aliis, *Aristonicus*; in Marm., *Aristo meus*, pro *Aristonicus*; in 1 Bon. antiq., *Aristo Stoicus*; in 1 Reg. rec., 2 Colbert., ed. Rom. 1468, *Aristoricus*; in nonnullis editis, *Aristarchus.* Hic Aristo patria fuit Chius, Stoicus Philosophus; de quo vide Diogenem Laertium, l. VI, ad finem, et l. VII ad finem Zenonis.

Apollodorus Erythræus. Laudatus etiam, l. I, c. 6. CELL.

Erythras. Ita plurimi mss. et omnes editi. Varie alii. Ms. Baluz. legit *Erythreas*; Reg. Put., *Erythrea a Senatu*; 2 rec. et ed. Rom. 1468, *Erithreos*; 1 Colbert., *Erithros*; Bon., 1 Reg., Brun., *Erythro*; 1 Colb., *Erithreo*; 1 alter Colb., *Eritheo.*

Deportarentur. Vel *deportarent.*

Consules Curio et Octavius. Lips. tert., Reimm., Rost., *Octavianus.* Prave. Curio et Octavius fuere consules anno U. C. 678. BUN.

Q. Catulo. Ita mss. et plures editi; nec aliter Cicero lib. II et III de Oratore. Alii, *Catullo.*

tulo restitutum, ponenda curarent. Apud hanc de summo et conditore rerum Deo hujusmodi versus reperiuntur :

Ἄφθαρτος κτίστης αἰώνιος αἰθέρα ναίων,
Τοῖς ἀγαθοῖς ἀγαθὸν προφέρων, πολὺ μείζονα μισθόν·
Τοῖς δὲ κακοῖς ἀδίκοις τε χόλον καὶ θυμὸν ἐγείρων.

Rursùs alio loco enumerans, quibus maxime facinoribus incitetur Deus, hæc intulit :

Φεῦγε δὲ λατρείας ἀνόμους, Θεῷ ζῶντι λάτρευε.
Μοιχείας τε φύλασσε, καὶ ἄρσενος ἄκριτον εὐνήν,
Ἰδίαν γενεὰν παίδων τρέφε, μηδὲ φόνευε·
Καὶ γὰρ ὁ ἀθάνατος κεχολώσεται, ὅσκεν ἁμάρτῃ.

Indignatur ergo adversus peccatores.

CAPUT XXIII.

De ira Dei, et peccatorum punitione, deque ea Sibyllarum carmina recitata : castigatio præterea et adhortatio.

Verum quia plures, ut ostendi, Sibyllæ a doctissimis auctoribus fuisse traduntur, unius testimonium satis non sit ad confirmandam, sicut intendimus, veritatem. Cumeæ quidem volumina, quibus Romanorum fata conscripta sunt, in arcanis habentur : cæterarum tamen fere omnium libelli, quominus in usu sint omnibus, non vetantur ; ex quibus alia denuntians universis gentibus iram Dei ob impietatem hominum, hoc modo exorsa est :

Ἐρχομένης ὀργῆς μεγάλης ἐπὶ κόσμον ἀπειθῆ,
Ἔσχατον εἰς αἰῶνα θεοῦ μηνύματα φαίνω,
Πᾶσι προφητεύσασα κατὰ πόλιν ἀνθρώποισι.

Alia quoque per indignationem Dei adversus injustos cataclysmum priore sæculo factum esse dixit, ut malitia generis humani extingueretur.

Ἐξ οὗ μηνίσαντος ἐπουρανίοιο θεοῖο
Αὐταῖσι πολίεσσι καὶ ἀνθρώποισιν ἅπασιν.
Γῆν ἐκάλυψε θάλασσα κατακλυσμοῖο ῥαγέντος.

Simili modo deflagrationem postea futuram vaticinata est, qua rursus impietas hominum deleatur.

Καὶ ποτε τὴν ὀργὴν θεὸν οὐκ ἔτι πραΰνοντα,
Ἀλλ' ἐξαιβρίθοντα, καὶ ἐξολλύοντά τε γένναν
Ἀνθρώπων, ἅπασαν ὑπ' ἐμπρησμοῦ πέρδοντα.

Unde apud Nasonem de Jove ita dicitur :

Esse quoque in fatis reminiscitur, affore tempus,
Quo mare, quo tellus, correptaque regia cœli
Ardeat, et mundi moles operosa laboret.

Quod tunc fiat necesse est, cum honor, et cultus Dei summi apud homines interierit.

Eadem tamen, placari eum pœnitentia factorum et sui emendatione contestans, hæc addidit :

Ἀλλ' ἱλάει μετάθεσθε βροτοὶ νῦν, μὴ δὲ πρὸς ὀργήν
Παντοίην ἀγάγητε θεὸν μέγαν.

Item paulo post :

Οὐκ ὀλέσει, παύσει δὲ πάλιν χόλον, εὖτ' ἂν ἅπαντες
Εὐσεβίειν ἐρίτιμον ἐνὶ φρεσὶν ἀσκήσητι.

Deinde alia Sibylla cœlestium terrenorumque genitorem diligi oportere denuntiat, ne ad perdendos homines indignatio ejus insurgat :

Μήποτε θυμωθεὶς θεὸς ἄφθιτος ἐξαπολέσσῃ
Πᾶν γένος ἀνθρώπων, βίοτον καὶ φῦλον ἀναιδές,
Δεῖ στέργειν γενετῆρα Θεὸν σοφὸν αἰὲν ἰόντα.

Ex his apparet vanas esse rationes philosophorum,

VARIORUM NOTÆ.

Ἄφθαρτος, etc. Interpret. lat.

Incorruptibilis conditor æternus in æthere habitans,
Bonis bonum proferens, multo majorem mercedem ;
Malis autem et injustis iram et furorem excitans.

Τοῖς ἀγαθοῖς ἀγαθὸν. 1 Reg. rec., 1 Colbert. et 7 editi. Τοῖς ἀκακοῖς ἀκακόν. Cæteri cum Autolyco ut in textu.
Hæc intulit. Ex cunctis mss. et edd. Rom. 1470, Betul., sic reposui. Cæteris vulgatis est *retulit.*
Φεῦγε δέ. Latine :

Fuge vero religiones impias, et Deo vivo famulare.
Ab adulterio te abstine, et a masculi commixtione impura.
Propriam generationem filiorum nutri, et ne occidas,
Etenim Immortalis irascitur ei qui peccaverit.

Ἰδίαν γενεάν. Ms. Lactantii Regio-Put. his majusculis litteris exprimit, ΘΗΝΛΙΔΙΑΝ ΘΗΝΛΗ.
Indignatur ergo adversus peccatores. Hæc addidi ex omnibus mss. et vet. 3 edit. Rom., Florent., Betul. et Cellar. quæ in cæteris excusis non habentur.
Ut ostendi. Cap. 22 et l. I Inst., c. 6 et seqq. Bun.
Fata. Reliqui *fata,* unde, quod commode Heumannus hic observat, libri Sibyllini dicti *libri fatales* Livio l. v, c. 14 et 15, et l. XLII, c. 2. Addo etiam Fulv. Sabinum in Vopisci Aureliano c. 19, *dixisse ex Aureliani litteris, ut inspiciantur fatales libri.* Etiam Suetonius in Cæsare cap. 79, hæc carmina dixit *libros fatales;* in Augusto c. 31, *libros fatidicos.* Bun.
Denuntians. De rebus gravissimis et minis. Conf. infra Inst. l. II, cap. 16; lib. VII, cap. 16 et 13. Cicero l. II Att., ep. 23 extr., *terrores jacit atque denuntiat.*

Ἐρχομένης, etc. Serm. VIII init. Latine :

Veniente ira magna ad mundum pertinacem,
Postremum ad sæculum Dei edicta pando,
Omnibus vaticinans oppidatim hominibus.

Ἐξ οὗ, etc. Serm. IV init. Latine :

Ex quo irato supercœlesti Deo
Ipsis urbibus et hominibus cunctis,
Terram cooperuit mare diluvio erupto.

Πολίεσσι. Regii duo, πολίεσσιν ; 1 alter Reg. et edit. rom. 1470, πολέεσσι.
Καί ποτε. Serm. IV ad fin. Latine ;

Et aliquando Deum iram non amplius placantem,
Sed aggravantem, et perdentem genus
Hominum, ac totum id incendio depopulantem.

Πραΰνοντα. Ms. Regio-Put. πραϋνθέντα, passive ; male.
Nasonem. Metam. 1 vers. 256.
Ἀλλ' ἱλάει, etc. Serm. IV. Latine :

sed misericordia convertimini homines nunc, neque ad iram
Omnigenam adducite Deum magnum.

Οὐκ ὀλέσει. Serm. IV. Latine :

Non perdet, sedabit autem iterum iram, cum omnes
Pietatem pretiosam in præcordiis exercueritis.

Pro Εὖτ' ἂν ἅπαντες. Ms. Regio-Put. ἢν ἄρα πάντες ; 1 Colb. et edit. Rom. 1470, ἐπὰν ἅπαντες ; alter Colb., ἐπειδὴ πάντες. Quidam mss. et edd., περὶ θυμῷ. Libri Sibyllæ impressi, περίτιμον. 1 Colb., περίθυμον. Sed omnium rectissime Regio-Put., ἐρίτιμον, approbante Opsopœio.
Μή ποτε, etc. Latine :

Ne forte iratus Deus incorruptibilis perdat

qui Deum putant sine ira; et inter caeteras laudes ejus id ponunt, quod est inutilissimum, detrahentes ei, quod est rebus humanis maxime salutare, per quod constat ipsa majestas. Regnum hoc imperiumque terrenum nisi metus custoditur, solvitur. Aufer iram regi, non modo nemo parebit, sed etiam de fastigio praecipitabitur. Imo vero cuilibet humili eripe hunc affectum, quis eum non spoliabit? quis non deridebit? quis non afficiet injuria? Ita nec indumenta, nec sedem, nec victum poterit habere, aliis quidquid habuerit diripientibus; nedum putemus coelestis imperii majestatem sine ira et metu posse consistere. Apollo Milesius, de Judaeorum religione consultus, responso hoc indidit:

ἠδὲ Θεὸν βασιλῆα καὶ γεννητῆρα πρὸ πάντων,
Ὃν τρέμεται καὶ γαῖα, καὶ οὐρανός, ἠδὲ θάλασσα,
Ταρτάριοί τε μυχοί, καὶ δαίμονες ἐκριττοῦσιν.

Si tam lenis est, quam philosophi volunt, quomodo ad nutum ejus non modo daemones, et ministri tantae potestatis, sed etiam coelum, et terra, et rerum natura omnis contremiscit? Si enim nullus alteri servit nisi coactus, omne igitur imperium metu constat: metus autem per iram: nam si non moveatur quis adversus parere nolentem, nec cogi poterit ad obsequium. Consulat unusquisque affectus suos: jam intelliget neminem posse sine ira et castigatione imperio subjugari. Ubi ergo ira non fuerit, imperium quoque non erit. Deus autem habet imperium; ergo et iram, qua constat imperium, habeat necesse est. Quapropter nemo vaniloquentia philosophorum inductus ad contemptum se Dei erudiat; quod est maximum nefas. Debemus hunc omnes et amare, quod pater est; et vereri, quod dominus; et honorificare, quod beneficus; et metuere, quod severus: utraque persona in eo venerabilis. Quis salva pietate non diligat animae suae parentem? aut quis impune contemnat eum, qui rerum dominator, habeat in omnes veram et aeternam potestatem? Si patrem consideres, ortum nobis ad lucem, qua fruimur, subministrat: per illum vivimus, per illum in hospitium hujus mundi intravimus. Si Deum cogites, ille nos innumerabilibus copiis alit, ille sustentat, in hujus domo habitamus, hujus familia sumus; et si minus obsequens, quam decebat, minusque officiosa, quam domini et parentis immortalia merita poscebant: tamen plurimum proficit ad veniam consequendam, si cultum ejus notionemque teneamus; si abjectis humilibus terrenisque tam rebus, quam bonis, coelestia et divina sempiterna meditemur. Quod ut facere possimus, Deus nobis sequendus est, Deus adorandus et diligendus est; quoniam in eo est materia rerum, et ratio virtutum, et fons bonorum.

Quid enim Deo aut potentia majus est, aut ratione perfectius, aut claritate luculentius? Qui quoniam nos ad sapientiam genuit, ad justitiam procreavit; non est fas hominem, relicto Deo sensus, ac vitae datore,

VARIORUM NOTAE.

Omne genus hominum, vitam et gentem impudentem,
Oportet amare genitorem Deum sapientem qui semper est.

Sine ira. Heuman. legit *sine ira esse.*
Id ponunt... per quod constat ipsa majestas. Sic habent uterque Bonon., Tax., Pen. In Lips., 2 Brun., Ultr. aliisque, mutilus est locus, et sic legitur : *id ponunt quod est contra ipsam majestatem. Regnum hoc.* ISAEUS. — In veterrimo Regio Put. est, *id ponunt quod est constat ipsa majestas.* Desunt verba intermedia a primo *quod* usque ad tertium *quod*. In quo patet fuisse amanuensis erratum, ex praetermissa linea. Videtur Lactantius respexisse ad ea quae habet sub finem cap. 17 supra, ubi ait de ira, *quia utilis est rebus humanis et necessaria.—Id ponunt, quod est inutilissimum, detrahentes ei, quod est rebus humanis maxime salutare, per quod constat ipsa majestas.* Non ausus fui repudiare hanc codicum ex omnibus antiquissimorum, duorum scilicet Bononiensium, et Taxaquetii et Peniae, ex quibus Thomasius, Isaeus, Thys. Gall. Sparkius et ed. Cantabr. in textum receperunt.

Ἠδὲ Θεόν. Latine:

Et Deum Regem et genitorem (1) omnium,
Quem contremiscit terra, et coelum ac mare,
Tartareaeque latebrae et daemones horrescunt

Tantae potestatis. Non inconcinne legit Heumannus *Tartareae potestatis;* quod exprimitur vocula graeca ταρτάριοι.—*Ministri tantae potestatis.* Ego servo, *tantae*, sc. *divinae majestatis.* Nam dicit infra; de hac tanta potestate: Qui rerum *dominator* habeat in omnes veram et aeternam *potestatem.* Conf. supra. Daemones hujus tantae potestatis dicuntur regni ministri. BUN.

Metu constat. Id dicas de terreno imperio, quod legibus et metu constat: attamen dicit Livius lib. II: *Imperia legum potentiora sunt quam hominum.* Non idem est de coelesti imperio, quod amor et spe potius quam metu continetur. Lex poenalis et metus in religione non sunt nisi pro injustis, quia gratia et amore seu timore filiali justus ducitur.

Quapropter, etc. Hic in mss. 4 Colbert., Clarom. et edd. Rom. 1470, 1474, Parrhas. et Is. incipit *Caput XXIV.* quod caeteri superiori connectunt.

Vaniloquentia. In Reimm. *vana eloquentia* est correctum *vana loquentia.* Recepta est Plauti, Livii, Taciti vox. BUN.

Utraque persona in eo venerabilis. Hoc est, venerari eum debemus, non solum velut patrem beneficum, sed etiam tanquam severum dominum. Id jam dixerat Lactantius Divin. Institut. lib. IV cap. 4 initio, ubi ait: *Quoniam utramque personam sustinet (Deus) et patris et Domini, et amare eum debemus, quia filii sumus, et timere, quia servi.* HEUMANNUS.

Habeat. Heuman. legit *habet.*
Si Deum cogites. Ita quidem libri omnes: mallem cum Davisio ad Epit. c. 70. *si dominum cogites;* mox enim *dom ni et parentis.* Conf. l. 1, c. 7. BUN.

Officiose. Subaudi *familia.* HEUMANNUS.
Notionem. Γνῶσιν. Vid. not. l. II Inst., c. 15, et l. v, c. 14. BUN.

Coelestia et divina sempiterna meditemur. Ita mss. et editi. Fracius legebat, *et sempiterna,* sicut et Heumannus, qui omittendum putat *divina.—Coelestia et divina sempiterna.* Sic omnes libri, mallem *et* ejecto: *coelestia, divina, sempiterna;* nisi forte sempiterna explicas, quae sempiterna sunt. BUN.

Et diligendus est. Abest a 14 mss. inter quos est Regio-Put. a 10 vulgatis. Sed ex caeteris reponendum et retinendum, ut fiat ad tria sequentia relatio; et duo veterrimi mss. Bonon. habent in textu ut scripsimus. Quam lectionem recte propugnat Thomasius ex hoc ipso Lactantii loco. *Deus sequendus est,* quia in eo est materia rerum; *adorandus,* ob rationem virtutum; *diligendus,* quia est fons bonorum.

Materia rerum. Id est, *causa rerum.* SPARK.

---

(1) Mss. Baluz., Brun. et ed. Rom. 1470, pro *omnium,* legunt *ante omnia,* juxta graecum πρὸ πάντων.

terrenis fragilibusque famulari, aut quærendis temporalibus bonis inhærentem, ab innocentia et pietate desciscere. Non faciunt beatum vitiosæ ac mortiferæ voluptates, non opulentia libidinum incitatrix, non inanis ambitio, non caduci honores, quibus illaqueatus animus humanus, et corpori mancipatus, æterna morte damnatur: sed innocentia sola, sola justitia, cujus legitima et digna merces est immortalitas, quam statuit a principio Deus sanctis et incorruptis mentibus, quæ se a vitiis et ab omni labe terrena integras inviolatasque conservant. Hujus præmii cœlestis ac sempiterni participes esse non possunt, qui facinoribus, fraudibus, rapinis, circumscriptionibus conscientiam polluerunt, quique injuriis hominum, nefariis commissis, ineluibiles sibi maculas inusserunt. Proinde universos oportet, qui sapientes, qui homines merito dici volunt, fragilia contemnere, terrena calcare, humilia despicere, ut possint cum Deo beatissima necessitudine copulari.

Auferatur impietas, discordiæ; dissensionesque turbulentæ ac pestiferæ sopiantur, quibus humanæ societates, et publici fœderis divina conjunctio rumpitur, dirimitur, dissipatur : quantum possumus, boni ac benefici esse meditemur; si quid nobis opum, si quid suppetit copiarum, id non voluptati unius, sed multorum saluti impartiatur. Voluptas enim tam mortalis est, quam corpus, cui exhibet ministerium. Justitia vero et beneficentia tam immortales, quam mens et anima, quæ bonis operibus similitudinem Dei assequitur. Sit nobis Deus non in templis, sed in corde nostro consecratus. Destructilia sunt omnia, quæ manu fiunt. Mundemus hoc templum, quod non fumo, non pulvere, sed malis cogitationibus sordidatur; quod non cereis ardentibus, sed claritate ac luce sapientiæ illuminatur. In quo si Deum semper crediderimus esse præsentem, cujus divinitati secreta mentis patent, ita vivemus, ut et propitium semper habeamus, et nunquam vereamur iratum.

VARIORUM NOTÆ.

Desciscere. Mss. 13 et edd., *discedere.—Desciscere.* L. I Inst., cap. 21 : *ab humanitate desciscunt*. Seneca de Otio Sap. c. 29 : *desciscere a præceptis;* l. IV, Benef. 17, *a lege descivit*. BUN.

Incitatrix. Mss. Bonon., *irritatrix.*

Qui facinoribus, fraudibus. Sic *facinoribus* restitui ex mss. Regio-Put., 1 al. Reg., 2 Colbert., Baluz., Clarom. in margine. Deest in cæteris tum scriptis, tum impressis.

Ineluibiles. Ita mss. quod vix in scriptoribus latinis reperias, nisi apud Lactantium libro VII Divin. Institut. cap. 20, circa medium. Quædam editiones habent *indelebiles,* Cellarii scilicet et aliorum; sed maluimus sequi mss. et editos. — *Ineluibiles maculas* Ciceronis est, l. V, in Ver., c. 46, et pro sectio, cap. 27, *maculas eluere.* BUN.

Impartiatur. 1 Colb., *impartiamur.* Regio-Put., 4 Colb., Clarom., edit. Cantabrig., *impetiatur.*

Tam immortales. Reimmann., *tam immortalis,* in - singulari, non indocte; ut statim, *mens et anima... assequitur.* BUN.

Deus... in corde... consecratus, l. VI Inst., cap. 25. *Secum... habeat Deum semper in corde suo consecratum, quoniam ipse est Dei templum.* Minuc. Fel., c. 32: *Nonne melius in nostra dedicandus est mente, in nostro imo consecrandus est pectore?* BUN.

Destructilia. Sic lego cum vetustissimis et optimis mss. Bonon., 2 Reg., 2 Colb., Tax. Scripti recentiores et editi ferunt *destructibilia.* — *Destructilia.* Quinque syllabis, quod adjectivum tuetur versus Prudentii Peristeph. II., x, 346, sqq. :

Ædem sibi ipse mente in hominis condidit
Vivam, serenam, sensualem, stabilem,
Solvi incapacem posse, nec destructilem.

Idem aliquoties cum Vitruvio et Celso dixit, *structilis;* ut Tertullianus, *instructilis.* BUN.

Malis cogitationibus sordidatur. L. V Inst., c. 20. *Quanto satius est mentem potius eluere, quæ malis cupiditatibus sordidatur.*

Quod non cereis ardentibus. Vide Not. supra ad lib. VI Inst., cap. 6.

Sed claritate ac luce sapientiæ. Ms. Bodl. habet, *sed Dei claritate;* editi nonnulli *ac duce sapientia.*

Cujus divinitati secreta mentis patent. Hæc desunt in 19 rec. mss. et edd. Rom. quorum vice legitur *ejus divinitatis potentia ita vivemus;* ita etiam habent vetustæ sæculi XV editiones. At in Bonon. multisque aliis est ut in textu; in Regio-Put. vero, *cujus divinitatis ita patentia vivemus. — Cujus divinitati secreta mentis patent, ita vivemus.* Ita l. VI Inst., c. 24 : *Deo... nihil potest esse secretum... patemus Deo..... Dei divinitas nec visceribus submoveri potest.* BUN.

DISSERTATIO

DE LACTANTII LIBRO DE IRA DEI.

AUCTORE DOM. LE NOURRY O. S. B.

CAPUT PRIMUM.

Analysis hujus libri.

Libri hujus initio (*Cap.* 1) eum a se idcirco conscriptum esse significat, ut plurimorum ac quorumdam etiam philosophorum coargueret errorem, quo Deum irasci pernegabant. Fatetur autem se non eo arrogantiæ devenisse, ut persuasum haberet veritatem, quam nemo homo, teste Socrate, per se ipsum solum comparare potest, suo se comprehendisse ingenio : sed Dei, qui solus occultæ veritatis patefaciendæ potestatem habet, doctrinam se sequi profitetur.

Tribus vero gradibus ad hanc, inquit (*Cap.* 2), veritatem conscenditur. Primus est falsas intelligere religiones, et abjicere impios deorum cultus. Secundus, cognoscere verum, unicum, summumque Deum, qui omnia potestate sua creavit, et providentia gubernat. Tertius, agnoscere Dei legatum ac nuntium, qui homines erroribus liberatos, ad hujus veri Dei cultum ac justitiam formavit. Breviter autem indicat ubinam illos, qui hunc triplicem veritatis gradum explicando aberraverint, aut confutaverit, aut deinceps confutaturus sit.

His ita prælibatis, docet quadruplicem de ira Dei haberi posse quæstionem. Primo, an Deo ira tribuenda sit, et demenda gratia. Secundo, an utraque ipsi detrahenda. Tertio, an gratia ipsi ascribenda, et tollenda ira. Quarto, an utraque ipsi attribuenda. De prima quæstione non potest, inquit (*Cap.* 3), ulla esse disceptatio. Quid enim dictu magis absurdum, quam Deum, boni auctorem, nemini prodesse ac benefacere, sed nocere tantum omnibus, et irasci?

Epicurei vero plane somniaverant in Deo nullum esse aut gratiæ aut iræ motum (*Cap.* 4). Sed pauci, iique scelerati homines hac falsissima ducebantur opinione. Si Deus enim, sicut illi garriebant, non movetur; si ulla absque voluntate aut providentia torpet immobilis, is proculdubio Deus non est. Quamobrem si hæc sit Epicuri opinio, ille profecto non reipsa, sed verbo tenus Deum existere asseruit.

Stoici autem aliique nonnulli arbitrabantur (*Cap.* 5) gratiam in Deo quidem esse, sed nullam unquam iræ commotionem. Etenim sicuti benignitas, aiebant, et beneficentia in Deo esse debet, ita et quælibet mentis perturbatio ab eo omnino absit, necesse est. Contra vero Lactantius : Si Deus, inquit, movetur gratia ; ergo et ira. Verumenimvero qui bonos et pios diligit, ille impiis et iniquis irascitur. Boni quippe dilectio ex mali odio, et mali odium ex boni dilectione manat ac profluit. Qui ergo gratiæ motu bonis benefacit, ille etiam malis iratus, eos pro merito corripit et castigat.

Itaque auctor noster censet (*Cap.* 6) eam solam sententiam veritati consonam esse, quæ asserit Deum sicut gratia, ita et ira reipsa commoveri. In hoc autem totius religionis summam et cardinem versari existimat (*Cap.* 7). Quod quidem eo demonstrat, quod homo, etsi multa cum brutis communia, aut iis similia habeat, sapientia tamen ac potissimum religione, sive notitia et cultu Dei ab aliis distinguitur. Atqui religio sine sincero Dei, peccatoribus offensi, atque irati, metu stare non potest. Iram ergo Dei perperam tollere conabantur Epicurei (*Cap.* 8), qui illum nihil curare effutiebant. Frustra enim nihil curanti, nihilque cum nobis commune habenti, templa ædificantur, ac fiunt sacrificia. Nullus enim honos ei debetur. Ad hæc vero : si Deus non irascitur, utique non timetur ; si non timetur, nec etiam colitur ; quin immo homines nullo conscientiæ fræno coerciti, in omni scelerum genere volutabuntur.

Respondebant autem religionem et divinitatis metum a prudentibus viris conficta fuisse non veritatis, sed utilitatis gratia, ut alii nimirum vitam majori innocentia ac morum integritate ducerent. Fatetur quidem Lactantius magnam hoc responso sibi proponi disputandi materiam, et a suo proposito alienam, quam tamen breviter attingit. Narrat itaque (*Cap.* 9) Protagoram primum omnium in dubium vocasse, an sit aliquis Deus : deinde Epicurum aperta penitusque absurda contradictione docuisse divinam esse quamdam naturam, sed cujus providentia nulla sit ; denique Diagoram et Theodorum omnino negasse ullum esse Deum.

Tam falsas autem has opiniones ut funditus evertat, variis ac validis profecto rationum momentis ostendit (*Cap.* 10) illos plane errare, qui mundum nulla Dei providentia, sed minutis et insecabilibus, sicuti Leucippus, Democritus, Epicurus et Lucretius, corpusculis concretum, sua sola natura extitisse somniaverant. Non leviori dehinc brachio, nec minoris ponderis argumentationibus errorem concutit destruitque Stratonis, qui stulte prædicabat naturam, sensu et figura carentem, ullo sine artifice, vel auctore, sed sua sponte generatam. Aliis vero argumentis evidentissime ostendit hominem, qui ab humo nomen sortitus est, et ejus animam, ac totum mundum a Deo fuisse creata; illiusque providentia gubernari. Plane ergo, ii omnes, inquit ille, delirabant, qui religionem metus ac terroris causa institutam venditabant.

Pluribus posthæc exemplis et rationibus manifestissime demonstrat (*Cap.* 11) unum tantummodo esse posse hunc Deum. Quod quidem, post patefactam impii plurium deorum cultus originem, publico, nec dubio certe Platonis, Trismegisti, Socratis, Pythagoræ, Antisthenis et Aristotelis testimonio confirmat. Sed hi, inquit, quemadmodum poetæ, et alii gentiles etiamsi concesserint unum esse Deum ; quia tamen nihil de ejus, quem beneficum credebant, cu tu statuerunt, idcirco arbitrati sunt illum ira nunquam concitari. Ex his porro, quæ hactenus dicta sunt, ille concludit (*Cap.* 12) funditus eversam esse illorum responsionem, qui contendebant religionem utilitatis tantum gratia introductam.

Aliis tamen adhuc rationum momentis convincit Deum reipsa irasci. Sed ut hæc adhuc planiora omnibus fierent, luculenter ille ostendit (*Cap.* 13) mundum non mutorum animalium, sed hominum causa fuisse a Deo conditum.

At si ita est, inquiebant Academici, cur tam multa ipsimet homini contraria ac pestifera inveniuntur? Respondebant quidem Stoici latentem eorum utilitatem posse deinceps agnosci, ac ex ipsis animalibus contra eorum venena haberi remedium. Sed hos refellit Lactantius, quia multa nulli videntur esse utilitati, ac satius esset nulla fieri noxia et mortifera, quam ex illis adversus ipsa remedium quærere. Quapropter ille respondet soli ex animantibus homini inditam a Deo sapientiam, qua bona discernat a malis, atque illa eligat, et hæc ac quæcumque sibi noxia sunt, devitet.

Eadem ratione aliam evertit argumentationem, quam sibi ipse hunc proposuit in modum : Aut Deus potest, et non vult mala tollere, eoque ipso invidus est : aut vult, et non potest, et ita est infirmus. Ergo nec Deus dicendus erit. Concedit autem Lactantius Deum posse malum tollere, sed ideo illud non sustulisse ; quia homini, uti dictum est, dedit sapientiam, qua potest malum agnoscere, et summum bonum, seu beatam immortalitatem adipisci.

Quemadmodum vero Deus mundum propter hominem, sic et hunc propter se creavit, id est, ut ab illo cognoscatur, ac debita veneratione colatur. Inde autem scite colligit (*Cap.* 14) eumdem hominem religionis, et ut ait Cicero, justitiæ causa fuisse creatum. Si quis vero sciscitetur, unde ergo peccata ad hominem pervenerint, responsum a Lactantio is accipiet (*Cap.* 15), se jam huic quæstioni satisfecisse, cum dixit Deum homini bonum proposuisse et malum, hoc autem, quod odit, permisisse, ut illud, quod amat, inde emicaret. At quia homo, non secus ac mundus, componitur rebus contrariis et repugnantibus, anima videlicet solida et æterna, et corpore fragili et mortali, hinc profecto orta sunt et naturæ ejus depravatio, et vitia, quæ Dei legibus prohiberi oportuit. Deus ergo in bonos homines eis morem gerentes gratia, atque in prævaricatores ira commovetur.

Neque Epicurus objicere poterat in Deo pariter esse debere timoris, libidinis, et cupiditatis affectus. Nam hi aliique similes motus, ex hominis fragilitate orti, in Deum, qui immortalis est, et nullius rei eget, cadere non possunt (*Cap.* 16). Contra vero ira adversus malos homines, et erga bonos charitas, atque in afflictos miseratio, sunt affectus Deo plane digni, suamque habent in ipso materiam. Secus enim omnia scelerum genera mundum impune inundarent.

Instabat Epicurus Deum esse beatum, ergo quietum et nihil curantem. At sentit certe, uti arguit Lactantius (*Cap.* 17), semperque vivit. Agit igitur. Quæ autem est actio Dei, nisi mundi administratio? At si curam mundi et hominis habet, vult profecto ab homine legem suam observari, et illius prævaricatoribus irascitur.

Nec erat profecto quod adhuc urgeret Epicurus eum, qui alteri nocet, non esse bonum. Non enim nocent, qui debitas a reis et iniquis poenas repetunt.

Ex variis deinde, quas Stoici et alii attulerunt iræ definitionibus, planum utique Lactantius facit eos profecto non intellexisse quidnam inter iram justam et injustam sit discriminis. Data autem justæ iræ vera finitione, colligit (*Cap.* 18) eam nec ab homine, nec ab ipso Deo posse adimi. Quid igitur, inquiebant ? Nonne sine iræ affectu peccata corrigi possunt? Recte, ait Lactantius, si scelus occultum sit, aut ei humana lege caveatur. At quando cognitum et apertum est, æquum illius judicem indignari necesse est. Alioqui enim, probaret delictum, et ad majora iter securum panderet.

Neque sinit sibi objici Archytæ exemplum, qui propterea quod villico peccanti iratus erat, eum punire noluit. Unicum quippe exemplum est, quod nullus, uti ille Platonis testimonio variisque rationibus probare contendit, debet imitari. At de Deo, inquit, de cujus tamen figura tacet, idem dicendum ac de homine, quem similem sibi fecit.

Verum quia homo anima constat et corpore quibus ad virtutes, aut contra sancitam a Deo legem ad vitia fertur; idcirco Deus, omnium pater et rector, delectatur illius virtutibus, et vitiis commovetur; bonos diligit, et injustos odio habet (*Cap.* 19).

At quid ei, inquiebant, opus odio, qui et bonis statuit præmium, et malis poenam? Quia, inquit Lactantius, si quis juste ac recte vivat, Deum vero nec colat, nec curet, tunc ipse Deus hunc non sinit esse impunitum, ac propter ejus superbiam ira in eum commovetur. Qemadmodum ergo ignoscere potest, ita et irasci.

Interroganti autem cur ii, qui peccant, sæpe felices, et qui pie vivunt, sæpe miseri sint; respondet auctor (*Cap.* 20) nostros filios sub disciplina patris sui constitutos, strictius et frugalius aliis fugitivis et abdicatis vivere. Deinde vero, qui peccant, inquit, non effugient Dei judicium, et debitas æternasque scelerum poenas aliquando dabunt.

Instabant : cur Deus, si peccantibus irascitur, in eos statim non animadvertit ? Quoniam cum ea, ait Lactantius, sit humana fragilitas, ut nemo non peccet, paucissimi profecto viverent. Deinde vero multi ex malis et improbis fiunt justi et continentes, pluresque ex idolorum cultoribus verum Deum agnoverunt. Utilissima igitur est patientia Dei, qui tametsi noxios sero puniat, eos nihilominus qui pertinaciter emendari nolunt, longius procedere non patitur.

Verum acrius adhuc alii urgebant tantum abesse, ut Deus irascatur, quin potius hominem irasci omnino prohibeat. Sed hoc facile diluit Lactantius (*Cap.* 21). Nam Deus quidem vetat hominem irasci; quia sæpe sæpius injusta est ejus ira : ipse vero Deus nunquam ira nisi justa movetur. Ad hæc vero Deus non prohibuit, ne homo quovis iræ motu tangatur, sed ne in eo permaneat. Quapropter illam temperari jussit, et hominem ante solis occasum fratri suo reconciliari. Quamvis autem ipse sit æternus, iræ tamen suæ motum in potestate sua ita habet, ut iis tantum, qui semper peccant, in æternum irascatur.

Ea porro ira Deum revera commoveri auctor noster rursus probat (*Cap.* 22 et 23) non iis quidem, quæ ethnici rejiciebant, sacrorum nostrorum vatum testimoniis, sed aliorum, atque in primis Sybillarum et Apollinis Milesii, quibus refragari ethnici omnino non poterant. Addit vero imperium sine metu, ac metum sine ira consistere non posse. Atqui Deus imperium habet, ergo et iram, atque idcirco dæmones, et cætera omnia ad nutum ejus contremiscunt.

Denique librum hunc Lactantius absolvit epilogo,

quo concludit Deum amandum, quia optimus pater; A lectione, perspicuum cunctis fiet et manifestissimum.
timendum, quia severus dominus; honorandum, quia
Deus beneficentissimus est. Concludit itaque morem
illi gerendum, caducis et fragilibus bonis, voluptatibus, et vitiis nuntium remittendum, vacandum operibus justitiæ, innocentiæ, beneficentiæ, aliisque virtutibus; ut beatissima necessitudine ipsi Deo copulati, semper propitium habeamus, nec amplius vereamur iratum.

CAPUT II.

De hujus libri auctore, titulo, argumento, ætate, quave scribendi ratione ab illo compositus, ac quomodo Ciceronem imitatus sit.

Librum hunc a Lactantio nostro profectum fuisse tam certum constansque est, ut nulla unquam fuerit, B aut esse possit ea de re disceptatio aut controversia. Suis enim ille verbis se ipsum hujus libri, quem se scripturum promiserat, prodit auctorem. In secundo siquidem Divinarum Institutionum libro, ubi in sermonem de ira Dei incidit : « Seponatur, inquit, interim locus hic nobis de ira Dei disserendi, quod et uberior est materia, et opere proprio latius exsequenda. » At promissis suis stetisse ipsemet diserte significat. In hoc quippe libro nos sæpius ad secundum, quartum et sextum divinarum Institutionum suarum sic mittit, ut omnium horumce librorum verum parentem se fuisse palam fateatur. Plura igitur in rem adeo claram, adeoque aperte ab ipsomet auctore nostro confessam, testimonia aliorum scriptorum congerere tam facile esset, quam supervacaneum. C Hieronymum tamen cum ob illius antiquitatem, tum ob eam quam de hoc libro fert sententiam, penitus omittere non possumus. Primum itaque ad Magnum urbis Romæ oratorem sic de hoc libro scripsit : « Lactantius de Ira Deique Opificio Dei duo volumina condidit, quos si legere volueris, dialogorum Ciceronis in eis ἐπιτομὴν reperies. » Suo autem Scriptorum Ecclesiasticorum in catalogo, ubi ad ipsum Lactantium venit : « Habemus, inquit, ejus librum, et pulcherrimum de Ira Dei. » Denique alio in opere : « Firmianus noster librum de Ira Dei, docto pariter et eloquenti sermone conscripsit, quem qui legerit, puto ei ad iræ intellectum satis abunde posse sufficere. » An vero illud Hieronymi hoc de libro judicium æquum sit, et omnibus probetur, nos infra examinabimus. D
Jam vero ex citatis illius, atque Lactantii etiam nostri verbis colligimus illum hujusce libri esse verum genuinumque parentem.

Nec minus clare perspicimus ab illo de Ira Dei fuisse inscriptum. Tametsi enim de hac inscriptione Hieronymus et ipsemet Lactantius plane tacuissent, eam sane totus ipse, quantus est, liber clamat et asserit. Non alius siquidem in eo scribendo Lactantii scopus finisque fuit, quam ut palam omnibus faceret Deum revera irasci. Neque aliud etiam toto fere in hoc libro, quam de ira Dei tractatur argumentum, et ad illud omnia referuntur. Quod quidem ex facta a nobis illius analysi, vel etiam levissima libri ipsius

Postremo ex iisdem Lactantii, quos citavimus, locis eadem profecto evidentia demonstratur hunc librum ab ipso, post septem divinarum Institutionum libros compositos, et juris factum publici. Non longum autem inter utrosque intercessisse temporis spatium haud absurde dici potest. Cum enim scripsit secundum divinarum Institutionum librum, pollicitus est, uti paulo ante observavimus, fore ut hunc librum conficeret. At eum cito fidem suam liberasse inde colligitur, quod persuasum plane habuerit, hanc de ira Dei quæstionem eo majoris esse momenti, quod a plurimis, ut diximus, scriptoribus, et a philosophis ethnicis nec paucis quidem, nec ignobilibus, qui eam negabant, religio funditus tolleretur. At quo tuendæ veritatis, quemadmodum vidimus, ardore erat incensus, non potuit utique longiorem ad alios ab errore liberandos, et vera doctrina informandos, moram interponere.

Præterea Lactantius « Extrema senectute », uti ait Hieronymus, « magister Cæsaris Crispi, filii Constantini, in Gallia fuit. » Crispus autem bellum in Galliis circa annum 320 gerebat, et anno 326, quo vix dum ætatis suæ tricesimum attigerat, mortuus est. Atqui Lactantius operam, sicuti diximus, conscribendis Institutionum divinarum libris circa annum 321, ætate jam provectus navabat. Non longum ergo post tempus hunc, sicuti promiserat, librum de Ira Dei composuit, publicamque emisit in lucem.

Eodem porro hunc ac superiores libros stylo, eademque scribendi ratione ab illo exaratum fuisse, nemo sane, qui eos semel cursimve legerit, umquam inficiabitur. Ubique enim in eo idem atque in aliis emicat argumentandi genus, eadem sermonis elegantia, idem orationis cultus, ornatus et nitor. Quamobrem hoc fusius probare, quid aliud est, quam meridiano soli lucem afferre supervacuam?

Animadversione vero aliqua haud prorsus indignum illud erit, quod Lactantius in hujus libri peroratione significat imitandum sibi proposuisse Ciceronem. Audi, quæso, ejus verba : « Restat, ut more Ciceronis utamur epilogo ad perorandum : sicut ille in Tusculanis de morte disserens fecit, ita nos in hoc opere testimonia divina, quibus credi possit, adhibere debemus. » Ibi autem ille primum Tusculanarum Quæstionum librum indicat, cujus epilogum se imitari haud immerito profitetur.

Nonne autem, inquiet aliquis, hanc ob rationem Hieronymus Magno scribebat ἐπιτομὴν dialogorum Ciceronis in hocce libro reperiri? Minime quidem, uti putamus. Latinum enimvero oratorem in epilogo dumtaxat se imitari significat, nec eorum quæ ab illo dicta sunt, fecit compendium : quin immo testimoniis utitur ab iis, quæ Cicero adhibet, plane penitusque diversis. Vox itaque ἐπιτομὴ ab Hieronymo eo, nisi fallimur, sensu usurpatur, quo a nobis superius explicata est.

CAPUT III.

Quibus Lactantius rationibus ad hunc librum conficiendum adductus sit, et quis Donatus, cui eum nuncupat: de hujus libri in capita divisione, et capitum argumentis, de codicibus manuscriptis et editis, ac variorum in eum observationibus.

Præcipua ratio, quæ Lactantium ad hunc librum exarandum impulit, hæc esse videtur, quod ille in asserenda Dei ira, quam a plurimis negari compererat, omnem religionis pietatisque summam, ac cardinem versari arbitrabatur. Ea quippe sublata, putabat, ut paulo ante dicebamus, veram quoque religionem funditus tolli, deleri et extingui. Cum itaque videret hanc Dei iram a pluribus non infimi nominis hominibus, et a celeberrimis philosophis negari, hos omnes libro publico refellendos esse censuit. Noverat enim Stoicos, quorum maxima profecto erat auctoritas, palam asseruisse Deum gratia quidem, sed nequaquam ira moveri. Nec minus exploratum habebat divulgatos fuisse in favorabilis, uti ipse loquitur, hujus opinionis defensionem a Seneca libros, quibus ob doctrinæ et æquitatis famam, plures in errorem posse induci opinabatur. Certo denique certius noverat pessimam cæterorum omnium esse opinionem Epicureorum, qui jactitabant Deum nec ira excitari, nec tangi gratia. Ne quis ergo maxima horum impietate ac falsa pietate Stoicorum amplius deciperetur, ad utrosque confutandos, et quam veram putabat de ira Dei sententiam stabiliendam hunc librum edidit. Neque id ille profecto dissimulat. Nam libri initio Donatum, atque ejus nomine, alios omnes his affatur verbis : « Quorum errore, qui maximus est, et ad evertendum vitæ humanæ statum spectat, coarguendus est a nobis ; ne et ipse fallaris, impulsus auctoritate hominum, qui se putant sapientes. » Rursus vero in libri epilogo : « Hæc habui, qui de ira Dei dicerem, Donate charissime ; ut scires, quemadmodum refelleres eos, qui Deum faciunt immobilem. » Ibi vero præcipue designat Epicureos, qui cum sectæ suæ principe, ut ipsemet Lactantius ait, docebant Deum ideo esse incorruptum et beatum; quia semper quietus est, nec idcirco unquam irascitur.

Donatum autem, sicuti mox audivisti, compellat initio et fine hujus libri, quem ipsi direxit et nuncupavit. Quis autem ille sit, dictu sane difficillimum. Nonnulli quidem suspicantur aut eum fuisse, qui sectæ Donatistarum parens et auctor fuit, aut Ælium Donatum, Hieronymi præceptorem. Sed hæc gratis nullaque data aut ratione, aut conjectura vero saltem simili, finguntur.

Quidam vero haud ignobiles certe nostræ ætatis Scriptores arbitrati sunt hunc Donatum eumdem esse, cui Lactantius alium de Mortibus persecutorum librum hoc titulo, *ad Donatum confessorem*, antea direxerat. At optandum certe foret, ut eruditi illi viri quamdam satis validam opinionis suæ rationem attulissent. Non enim alia nituntur, quam nominis similitudine, qua quidem Lactantium, sicuti summopere cupiebant, hujus libri auctorem esse conflci posse putaverunt. Sed solitam eorum perspicacitatem hic plane desideramus. Maxima siquidem est inter utrumque illum Donatum differentia. Is quippe, cui liber de Mortibus persecutorum dedicatur, altero, uti alibi ostendimus, ætate antiquior, celeberrimus martyr fuit, de quo scriptum ab ejusdem libri auctore legimus : « Novies tormentis cruciatibusque variis subjectus, novies adversarium gloriosa confessione vicisti. » Alter vero Donatus cui liber de Ira Dei nuncupatur, tyro adhuc erat, necdum satis in christiana doctrina exercitatus, de quo Lactantius, sicuti ex citatis paulo ante ejus verbis vidimus, timebat ne falsis philosophorum de ira Dei opinionibus imbueretur et ludificaretur. Quantum autem prior Donatus nobilissimo martyrii triumpho celebris fuit, tantum posterior cunctis incognitus est. Nihil enim aliud de eo compertum habemus, ipsi quod ex Lactantii dictis scimus, illum nisi amicitia conjunctissimum ac discipulum ejus fuisse. Plura siquidem de illo certiora nobis non suppetunt, satiusque duximus in his tantum, quæ certa sunt, consistere, quam plura inquirendo vanis indulgere conjecturis.

At certe constat hunc de Ira Dei librum a Lactantio, quemadmodum superiores, scriptum fuisse absque ulla in capita distributione. Enimvero non antiquissimi tantum manuscripti codices id manifestissime probant, verum etiam editi. Scimus quidem in Romana editione, et alia quæ eadem in urbe ab Isæo adornata est, viginti quatuor capita exhiberi : sed aliæ viginti tria tantum continent. At variam hanc divisionem a Lactantio profectam non esse quis diffitebitur ? Si ergo hic liber ab eo nulla in capita divisus fuit, multo minus capitum argumenta, quæ in editis quoque sunt diversa, ab ipso prodierunt. Cum ergo hæc omnia posterioribus temporibus addita, maleque composita sint, fas unicuique est illa in meliorem ordinem redigere (ⁿ).

(ⁿ) Cum de omnibus et singulis Lactantii operibus plurimas et perlongas dissertationes ediderit doctissimus le Nourry, quibus solis facile unum voluminum nostrorum compleretur, satis superque intelliget lector benevolus quanta necessitate coacti, hic et alibi harum dissertationum non nisi excerpta typis mandaverimus. EDD.

PROLEGOMENA

IN LIBRUM DE MORTIBUS PERSECUTORUM.

LENGLETII MONITUM.

Aureolus iste liber ita confectus, tam sincere elaboratus est, ut non solum expressos videas in eo singulares persecutionis eventus, id est, infaustum ejus initium, seriem atram atque felicem exitum; sed etiam ubique emineat Omnipotentis dextera vindex in tyrannos, et quam ubique se Deus præstet propugnatorem pietatis, propulsatoremque injuriarum, quæ cultoribus suis a malis principibus inferuntur. Elucet econtra, quanta cura, quantoque studio Summa Divinitas foverit eos principes, qui erant fidelibus benevoli, qualis semper fuit Constantinus, vel eos, qui solummodo ita moderati fuerunt, ut liberam christianis suæ religionis citra molestiam colendæ facultatem dederint, qualis tunc temporis videbatur esse Licinius.

Mens mea est, librum hunc legitimum esse Lucii Cæcilii Firmiani Lactantii fœtum. Sic opinati sunt doctiores quique, nec ab eorum sententia nostrum est recedere. Hunc reperit vir clarissimus Stephanus Baluzius in bibliothecæ Colbertinæ manuscripto codice, qui fuit olim antiqui Cœnobii Moissiacensis in diœcesi Cadurcensi. Jam a pluribus sæculis ignotus delitescebat thesaurus ille in angulis hujusce monasterii bibliothecæ. Vix dum in lucem prodiit, cum statim non solum exceperunt eum avide cuncti diversarum gentium Literati studiose legendum; sed illum etiam iterum excudendum curaverunt tum Angli, tum Sueci: quin et versus est in linguas Gallicam et Anglicam. Hunc notis eruditis illustrarunt viri doctissimi sive Galli, sive Batavi ii sint. Anno 1710 rursus eum publici juris fecit Domnus Nicolaus le Nourry, e Congregatione sancti Mauri monachus Benedictinus: sed non dubitavit modo, imo et asseruit, hunc librum non esse Lactantii nostri, sed cujusdam Lucii, vel potius Lycii Cæcilii ignoti scriptoris. Verum paucos, id est, tres aut quatuor in suam Nourisius adduxit opinionem. Quin et doctiores quidam ejus errorem, acrius quam decet, redarguerunt, eumque ita exagitarunt, ut apertæ probabilique responsioni locus non supersit. Nec sane difficilis fuit reprehensio; nam ubique Lactantii stylus, ubique ejus ingenium, ubique Lactantianæ, eæque singulares loquendi formulæ sparsim reperiuntur in isto libello, cujus unicus superest codex manuscriptus, integer quidem et antiquus, sed ita ob amanuensis imperitiam et lacunas quasdam deformatus, ut sæpissime in ipso explicando adhibendæ sint vel conjecturæ, vel etiam divinationes. At cum interesse putemus redarguere Nicolai le Nourry rationes, quamvis eæ sint exigui momenti, ideo hic excudi curavimus eruditam dissertationem viri clarissimi Nicolai de Lestocq, doctoris et socii sorbonici, decani Ecclesiæ Ambianensis, et abbatis sancti Axeoli, quocum mihi vetus ab annis quinquaginta et amplius intercedit necessitudo et summa familiaritas. Ne tamen existimet lector eruditus, huic editioni aliquid deesse, ob prætermissam a me donni Theodorici Ruinart e Congregatione sancti Mauri Benedictini monachi præfationem in *Acta Martyrum vera et sincera* ab ipso edita anno 1689, ac sæpius recusam aut Amstelodami, aut Venetiis, aut etiam Parisiis, eamque Gallice versam. Hæc præfatio eximia quidem est; sed quamvis excusa sit a Paulo Baudri ad calcem Lactantianæ suæ editionis, nihilominus non putavi et re esse eam adhuc septima vice excudere, cum ea olim paulo rarior, nunc vulgaris in omnium manibus versetur, nihilque, aut parum conferat ad auctorem nostrum intelligendum.

DISQUISITIO
DE AUCTORE LIBRI CUI TITULUS:
LUCII CÆCILII DE MORTIBUS PERSECUTORUM,
QUI FIRMIANO LACTANTIO TRIBUI SOLET.

Auctore Nicolao de Lestocq, Doctore ac Socio Sorbonico, Ecclesiæ Cathedralis Ambianensis Decano, Vicario General Episcopi Ambianensis, et Abbate Sancti Axeoli.

Repertus est a doctissimo viro Domino Stephano Baluze in codice manuscripto bibliothecæ Colbertinæ, nunc Regiæ, Liber cum hoc titulo: *Lucii Cæcilii liber de Mortibus Persecutorum.* Hunc Firmiano ascripsit, ac Parisiis anno 1679, jussu Joannis Baptistæ Colbert typis mandari curavit, tomo secundo suorum Miscellaneorum, hac inscriptione præfixa : *Lucii Cecilii Firmiani Lactantii liber de Mortibus Persecutorum.*

Prodierunt postea variis in Europæ partibus istius libri editiones aliæ, quibus summo consensu in titulo *Lucii Cecilii* seu *Cælii* vocibus præfixa sunt *Firmiani Lactantii* vocabula.

At Domnus Nicolaus le Nourry, Ordinis S. Benedicti Monachus, vir utique eruditissimus, cujus studio et opera anno millesimo septingentesimo decimo nova libri *de Mortibus Persecutorum* editio Parisiis adornata est, *Lucii Cecilii* nomina tantum in titulo reliquit, nec *Firmiani Lactantii* voces addidit. Idque præstitit, tum quia manuscriptus ille codex *Firmiani Lactantii* nomina non habet, tum quia *infirma esse existimavit argumenta*, quibus hic liber Lactantio tribuitur, *aliaque, ut sibi visum est, suppetere censuit, nec minimi momenti, quibus ab eo abjudicetur.*

In ea re D. Stephanus Baluzius et Domnus Nicolaus le Nourry consentiunt, codicem manuscriptum, qui unus extat, et e quo typis expressus est liber hic *de Mortibus Persecutorum*, præter hiatus lacunasque nonnullas, mendis infectum esse plurimis. Ostendit præterea Domnus le Nourry, *plurima esse loca in eo codice, quæ non solum Librarii, ut assolet, aut oscitatione ac negligentia, aut nimia scribendi festinatione, sed magna etiam,* ut ait p. 119 *linguæ latinæ ignoratione depravata sunt penitusque corrupta.*

Quæ igitur in libro *de Mortibus Persecutorum* ignave, crasse, obscure et mendose scripta sunt, atque a claritate ac nitore sermonis, aut etiam opinionibus Lactantii aliena occurrunt, ea scribæ, non autem auctori imputanda sunt; nec ob ejusmodi vitia liber *de Mortibus Persecutorum* Lactantio detrahendus est. Hinc tamen occasionem arripit doctus e Benedictino sodalitio vir religiosus, ad probandum librum istum non esse Lactantii.

Hac autem unica observatione prævia, nonnulla argumenta, quibus opinionem illam, quæ librum *de Mortibus Persecutorum* Lactantio tribuit, convellere nititur Domnus le Nourry, ruere ac solvi, vel leviter attendenti manifestum erit.

Jam ab anno 1715 durius, quam par est, Domnum Nicolaum le Nourry exagitaverat in Observationibus Criticis (1), quas edi curaverat D. de la Crose tomo vii Diarii Litterarii, parte i (*Journal Littéraire* anni 1715, *à la Haye*), ubi docte præcipua Nicolai le Nourry momenta evertit : sed nostra Disquisitio erit multo pacatior.

His prænotatis, quæ communi de Auctore hujus libri sententiæ favent, simul et inter argumenta, quæ huic adversari Domnus le Nourry putat, illa, quæ peculiari responsione indigere mihi visa sunt, expendam.

1° Titulus libri *de Mortibus Persecutorum* præfert nomina Lucii, vel Lycii Cecilii, quæ quidem viden-

tur esse duo *Firmiani Lactantii* prænomina. Quamvis enim Lactantius vulgo dicatur Cælius, et desint in libro *de Mortibus Persecutorum* nomina *Firmiani Lactantii*; in pluribus tamen indubitatorum Lactantii operum manuscriptis nominatur *Lucius Cecilius*, et in quibusdam aliis manuscriptis *Lucii Cælii* nomina desiderantur, ut fatetur Domnus le Nourry : de his agemus ad finem hujusce Disquisitionis. Insuper nullus scriptores inter ecclesiasticos præter Lactantium *Lucius Cecilius* recensetur; omnino ignotus est quivis alius ejusdem nominis, cui liber *de Mortibus Persecutorum* adscribi possit.

2° Sanctus Hieronymus in Catalogo Scriptorum Ecclesiasticorum memorat Lactantii *de Persecutione librum unum*. At liber iste *de Persecutione* non videtur alius esse a libro *de Mortibus Persecutorum*. Liber enim iste unus est, sicut et liber *de Persecutione;* ac in eo libro non agitur tantum *de mortibus persecutorum*, verum etiam de acerba in christianos a diversis Imperatoribus excitata persecutione : unde potuit utrumvis titulum præ se ferre. Minimum quidem duas inter istas inscriptiones discrimen est; qui enim de *persecutione* verba facit, debet et de *persecutoribus* agere : ea sane inter se connexa sunt. Sic ea non discrevit Lactantius ipse, Epitomes cap. lii, ubi de persecutione, id est, suppliciis christianorum, simulque de mortibus persecutorum conjunctim loquitur.

3° Liber *de Mortibus Persecutorum* inscribitur *Donato*; inscripsit et Lactantius *Donato* librum de Ira Dei. Auctor utriusque libri Donatum appellat *charissimum*. Videtur ergo esse unus et idem *Donatus*, cui liber uterque nuncupatur : asserit tamen Domnus le Nourry, Donatum, cui dicatur a Lactantio liber *de Ira Dei*, diversum esse a *Donato*, cui inscribitur liber de Mortibus persecutorum; quod ita probat : *Donatus, cui Lactantius librum de Ira Dei dicavit, ab illo expressis verbis appellatur tyro implicatus sæculi negotiis, christiana doctrina non satis imbutus.* Atqui cum Lactantius scripsit librum de Ira Dei, non potuit appellare Donatum tyronem implicatum sæculi negotiis, nec satis christiana doctrina imbutum, si sit idem cum Donato, cui inscribitur liber *de Mortibus Persecutorum;* siquidem liber de Ira Dei scriptus est multis annis post finitam persecutionem, in qua per sex annos *Donatus* fuerat catenis et carcere constrictus ob Christi nomen, novies pugnaverat adversus tyrannos, et invictus steterat, ut habetur in libro *de Mortibus Persecutorum.* Confessorem tam eximium postea tyronem appellari potuisse, sæculi negotiis implicatum, et christiana religione non satis imbutum, quis credat ?

Sed non est tam explorata illa ratio, ad mentem atque opinionem, quam Domnus le Nourry astruere nititur. Nullibi enim in libro *de Ira Dei Donatus a Lactantio expressis verbis appellatur tyro implicatus sæculi negotiis, et Christiana religione non satis imbutus.* Non solum illud non habetur de *Donato* apud

---

(1) Réflexions sur la nouvelle édition du Traité de la Mort des persécuteurs, avec une dissertation de dom Nicolas le Nourry, in-8°, Paris, 1710.

Lactantium *expressis verbis*: verum etiam nihil omnino apud eum occurrit, quo quisquam illum de Donato ita sensisse suspicari possit.

Duobus tantum in locis Lactantius orationem ad Donatum convertit in libro *de Ira Dei*, nempe cap. 1, ubi sic habet: *Adverti sæpe, Donate, plurimos existimare non irasci Deum........ quorum error, quia maximus est, et ad evertendum vitæ humanæ statum spectat, coarguendus est a nobis, ne ipse fallaris impulsus auctoritate hominum, qui se putant esse sapientes.* Alter locus legitur cap. 22, ubi sic loquitur Lactantius: *Hæc habui, quæ de Ira Dei dicerem, Donate charissime, ut scires quemadmodum refelleres eos, qui Deum faciunt immobilem..... Prophetæ universi divino Spiritu repleti nihil aliud, quam de gratia Dei erga justos, et de ira Dei adversus impios loquuntur, quorum testimonia nobis quidem satis sunt: verum iis quoniam non credunt isti, qui sapientiam capillis et habitu jactant, ratione quoque et argumentis fuerunt a nobis refellendi.*

Ex hic locis liquet, consilium Lactantii fuisse, ita Donatum circa Dei providentiam erudire, ut posset ipsos Philosophos, qui eam tollebant, rationum momentis refellere. Sed adeo non appellat eum tyronem implicatum sæculi negotiis, et christiana religione non satis imbutum, ut ex verbis Lactantii colligatur, Donatum non ignorasse, quid Prophetæ universi dicerent de gratia Dei erga justos, et de ira ejus adversus impios, atque ita Donato corum testimonia esse nota, ut ipsi satis essent, quemadmodum ipsi Lactantio; *quorum testimonia*, inquit, *nobis satis sunt.*

Arbitror equidem plurimos fuisse martyres eximios christiana religione satis imbutos, et etiamnum esse nonnullos pietate conspicuos christianos, qui tamen non possent ratione et argumentis, ut in eo libro *de Ira Dei* præstare conatus est Lactantius, extricare se argumentis philosophorum adversus Dei providentiam. Ejusmodi enim sunt ista argumenta, ut cap. 13 dicat Lactantius, his *plerosque Philosophorum, qui providentiam defendunt, perturbari solere, et invitos pene adigi, ut Deum nihil curare fateantur.*

Videtur Domnus le Nourry memoriæ lapsu tribuere Donato, quod Lactantius Demetriano dicit in libro de Opificio Dei. Demetriano scilicet librum istum de Opificio Dei inscripserat, et hunc velut tyronem sic alloquitur. *Præceptor,* ait capite primo, *etiam nunc, sed honestioris rei melioriisque doctrinæ... te moneo repetens, iterumque monebo, ne oblectamenta ista terræ pro magnis aut veris bonis habere te credas.* Et capite ultimo: *Si Deus dederit,* inquit, *te ad veræ philoso-*

Hæc leguntur numero secundo libri de Mortibus Persecutorum: *Extremis temporibus Tiberii Cæsaris, ut scriptum legimus, Dominus noster Jesus Christus a Judæis cruciatus est post diem decimum Kalendarum Aprilis, duobus Geminis Consulibus.*

Textus libri de Mortibus Persecutorum consentit cum duobus textibus e regione positis, eo quod dica-

phicæ doctrinam et planius, et verius cohortabor. Ista certe verba Lactantii præceptoris sunt tyronem christiana religione non satis imbutum alloquentis: at hæc Demetrianum, non autem Donatum spectant.

4° Lactantium auctorem esse libri de Mortibus Persecutorum, inde probatur, quod Nicomediæ in Bithynia, sicut et auctor libri *de Mortibus Persecutorum*, commorabatur etiam Lactantius eo tempore, quo persecutio in Christianos grassata est, et Dei templum eversum est. Id ipsum de se testatur Lactantius, libro v, Institutionum, cap. 2, ubi sic loquitur: *Ego cum in Bithynia oratorias litteras accitus docerem, contigissetque, ut eodem tempore Dei templum everteretur.* Siluit urbis nomen, in qua docuit Lactantius: sed Hieronymus non prætermisit; ait enim loco supra citato, Lactantium Rhetoricam Nicomediæ docuisse. Auctor etiam libri *de Mortibus Persecutorum* Nicomediæ se, ipsa persecutione sæviente, et cum templum Dei solo adæquatum est, mansisse, revera non dicit: sed rem totam ita narrat num. 12, ut in oculis ejus gestam esse intelligatur. *Repente,* inquit, *adhuc dubia luce ad Ecclesiam... venit; et revulsis foribus simulacrum Dei quæritur, Scripturæ repertæ incenduntur, datur omnibus præda: rapitur, trepidatur, discurritur. Ipsi (imperatores) vero in speculis (in alto enim constituta Ecclesia ex palatio videbatur) diu inter se concertabant, utrum ignem potius supponi oporteret. Vicit sententia Diocletiani, cavens, ne magno incendio facto, pars aliqua civitatis arderet. Veniebant igitur Prætoriani acie structa cum securibus et aliis ferramentis, et immissi undique, tamen illud æditissimum paucis horis solo adæquarunt.* Et num. 13: *Postridie propositum est edictum, quo cavebatur, ut religionis illius homines carerent omni honore ac dignitate, tormentis subjecti essent... Quod edictum quidam, etsi non recte, magno tamen animo diripuit et conscidit... statimque productus, non modo extortus, sed etiam legitime coctus, cum admirabili patientia postremo exustus est.* Præterea quæ habentur num. 17 de morbo, quo Nicomediæ laboravit Diocletianus; et num. 35 de Edicto Galerii Nicomediæ proposito, ac de die, quo cognita fuit Nicomediæ mors Galerii, illa auctorem istum libri *de Mortibus Persecutorum* aliquandiu Nicomediæ degisse abunde probant.

5° Idem est auctoris libri de Mortibus Persecutorum, ac Lactantii stylus. Quod ut clarius pateat, hic descripsi tum res, tum sententias, tum locutiones, easque singulares et Lactantio proprias, quæ in libro de Mortibus persecutorum, et in aliis indubitatis Lactantii operibus similes reperiantur, atque ob oculos e regione posui.

Hæc leguntur, libro IV Institutionum, c. 10: *Sub imperio Tiberii Cæsaris, cujus anno quinto decimo, id est, duobus Geminis Consulibus, ante diem septimum* (ita multæ editiones) *Calendarum Aprilium, Judæi Christum crucifixerunt.*

Et ejusdem libri cap. 22: *Mirari desinet Deum ab hominibus esse cruciatum.*

tur sub Tiberio Cæsare Christus a Judæis cruciatus, duobus Geminis Consulibus.

Sed duo sunt, in quibus textus libri de Mortibus Persecutorum pugnare videtur cum textu, cap. 10 lib. IV Institutionum.

Primum est, quod juxta textum libri de Mortibus Persecutorum, cruciatus est Christus *extremis temporibus Tiberii Cæsaris*; et juxta textum libri IV Instit. *anno quinto decimo Tiberii Cæsaris*. Cum autem Tiberius imperaverit annis duobus et viginti, si Christus cruciatus est *anno quinto decimo Tiberii*, non fuit cruciatus *extremis temporibus Tiberii*.

Respondetur, auctorem libri de Mortibus Persecutorum ita locutum fuisse, quia annus decimus quintus Tiberii vergit ad ejus imperii finem potius, quam ad initium, nec ibi res est de accurata annorum computatione.

Hæc leguntur eodem num. 2, libri de Mortibus Persecutorum : *Cum resurrexisset die tertio, congregavit discipulos, quos metus comprehensionis ejus in fugam verterat, et diebus quadraginta cum his commoratus, aperuit corda eorum, et Scripturas interpretatus est, quæ usque ad id tempus obscuræ atque involutæ fuerunt; ordinavitque eos et instruxit ad prædicationem dogmatis ac doctrinæ suæ, disponens Testamenti Novi solemnem disciplinam. Quo officio expleto, circumvolvit eum procella nubis, et subtractum oculis hominum rapuit in cœlum. Et inde discipuli... dispersi sunt in omnem terram... et per omnes provincias et civitates Ecclesiæ fundamenta miserunt.*

Textus ille libri *de Mortibus persecutorum* aliis textibus Lactantii e regione positis similis est, tum quoad res, tum quoad verba. Attamen Domnus le Nourry ex his verbis libri de Mortibus persecutorum, *Ecclesiæ fundamenta miserunt*, concludit, hunc librum non fuisse a Lactantio scriptum. *Quis autem*, inquit, *bonæ latinitatis auctor unquam dixit, mittere fundamenta? Is certe non est Lactantius, qui melius scripsit, fundamenta Ecclesiæ ubique fecerunt.*

Ut argumentum istud dissolvatur, observandum primo, in textu capitis 20 Institutionum lib. IV Lactantii non haberi, *fundamenta Ecclesiæ ubique* JECERUNT, sed POSUERUNT; deinde a Cicerone has voces, *jacere et mittere* eodem sensu usurpari in libro, cui titulus *Orator*, ubi ait, oratorem salibus uti *in jaciendo mittendoque ridiculo*. Præterea Horatius MITTERE, pro *jacere* ac *ponere* dixit Sat. 3 lib. II :

Mittere operto
Me capite in flumen;

Et ejusdem libri Sat. 1 :

Hæc leguntur eodem numero 2 libri de Mortibus persecutorum : *Discipuli... dispersi sunt per omnem terram ad Evangelium prædicandum, sicut ille* MAGISTER DOMINUS *imperaverat, et... per omnes provincias et civitates Ecclesiæ fundamenta miserunt. Cumque jam Nero imperaret, Petrus Romam advenit, et editis quibusdam miraculis, quæ virtute ipsius Dei, data sibi a Deo potestate, faciebat, convertit multos ad* JUSTITIAM, *Deoque templum* FIDELE *ac stabile collocavit. Qua re ad Neronem delata... prosilivit ad excidendum cœleste templum, delendamque* JUSTITIAM. *Et primus omnium persecutus Dei servos, Petrum cruci affixit, et Paulum interfecit. Nec tamen habuit impune... Dejectus itaque fastigio imperii, ac devolutus a summo tyrannus*

Alterum, in quo videntur pugnare isti duo textus est, quod in libro *de Mortibus Persecutorum* legatur Christus cruciatus *post diem decimum Kalendarum*; in libro autem Institutionum legatur, *ante diem septimum Calendarum*.

Respondetur in notis ad textum libri Institutionum editionis 1660, Lactantii, observatum esse in quibusdam manuscriptis haberi, *ante diem decimum Calendarum*; atque in eis notis proferri hæc verba Pauli Jureconsulti : *Ante diem decimum Calendarum, et post diem decimum Calendarum, utroque sermone undecimus dies significatur*. Si ita sit, omnis istorum textuum pugna evanescit. Negari tamen non potest, quin aliquod mendum circa numerum dierum in illos textus irrepserit : sed Librariis id est tribuendum.

Hæc leguntur lib. IV Institut., c. 19 : *Tertio die... e sepulcro vivus egressus, in Galilæam profectus est, ut discipulos suos quæreret.*

Et ejusdem libri, c. 20 : *Discipulis iterum congregatis, Scripturas sanctæ litteras, id est, Prophetarum arcana patefecit, quæ antequam pateretur, perspici nullo modo poterant... quæ post resurrectionem ejus scripta sunt, Novum Testamentum nominatur.*

Et ejusdem libri c. 21 : *Ordinata vero discipulis suis evangelica ac nominis sui prædicatione, circumfudit se repente nubes, eumque in cœlum sustulit, quadragesimo post passionem die... Discipuli vero per provincias dispersi fundamenta Ecclesiæ ubique posuerunt.*

Mitteret in Pyrgum talos;

Et in libro de Arte poetica :

In scenam missos magno cum pondere versus.

Quin etiam ipse Lactantius *mittere*, pro *jacere*, promiscue utitur lib. I Institut. cap. 21, ubi ait : *Saturnus in Latio eodem genere sacrificii cultus est; non quidem ut homo ad aram immolaretur, sed ut in Tiberim de ponte Milvio mitteretur... Verum id genus sacrificii... dicitur esse sublatum, ritu tamen permanente, ut pro veris hominibus imagines jacerentur.* Quod confirmat ex Ovidio Lactantius, cujus hos versus refert, in quibus *mittere* et *jacere* indiscriminatim adhibentur eodem sensu :

Illum stramineos in aquam misisse Quirites :
Herculis exemplo corpora falsa jace.
Tum quoque priscorum virgo simulacra virorum
Mittere roboreo scirpea ponte solet.

Hæc, ut puto, satis superque probant, verba ista, *fundamenta miserunt*, non solum esse bonæ latinitatis, sed etiam Lactantii stylo congruere.

Hæc leguntur lib. IV Instit. cap. 21 : *Discipuli vero per provincias dispersi, fundamenta Ecclesiæ ubique posuerunt, facientes et ipsi nomine* MAGISTRI DEI *magna, et pene incredibilia miracula; quia discedens instruxerat eos virtute ac potestate... Petrus et Paulus Romæ prædicaverunt... cum eos Nero interemisset*, etc.

Ex eodem libro cap. 14 : *Apparet prophetas omnes denuntiasse de Christo, fore aliquando, ut... constitueret æternum templum Deo, quod appellatur Ecclesia..... hæc est domus* FIDELIS, *hoc* IMMORTALE TEMPLUM.

Ex libro V Institut. cap. 1 : *Cultores Dei summi, hoc est, justos homines torquent.*

impotens nusquam repente comparuit, ut ne sepulturæ quidem locus in terra tam malæ BESTIÆ appareret.

Et numero 3 Post hunc alter non minor tyrannus... diutissime tutusque regnavit, donec impias manus adversus Dominum tenderet. Postquam vero ad persequendum JUSTUM POPULUM instinctu Dæmonum incitatus est, tunc traditus in manus inimicorum luit pœnas.

Et num. 4 : Quis JUSTITIAM nisi malus persequatur.

Et num. 9 : Maximianus... omnibus, qui fuerunt, malis pejor. Inerat huic BESTIÆ naturalis barbaries.

Et num. 21 : Corpora jam cremata, lecta ossa, et in pulverem comminuta jactabantur in flumine ac mari.

Et num. 32 : Dolet BESTIA et mugit.

Sensus et voces in his textibus consonant. Persecutores Ecclesiæ appellantur utrobique bestiæ; ossa martyrum dicuntur in cineres comminuta. Præterea attendendum ad istas locutiones utrinque similes,

Hæc eodem num. 3 libri de Mortibus persecutorum leguntur : Ecclesia... seculis... temporibus, quibus boni principes Romani imperii clavum regimenque tenuerunt... manus suas in Orientem Occidentemque porrexit, ut jam nullus esset terrarum angulus tam remotus, quo non religio Dei penetrasset, nulla denique natio tam feris moribus vivens, ut non, suscepto Dei cultu, ad justitiæ opera mitesceret.

Juxta textus istos, nulla est gens, nulla natio, quæ non susceperit Dei cultum ; et eisdem verbis

Hæc num. 9 et 10 libri de Mortibus persecutorum leguntur : Diocletianus... quam vero causam persequendi habuerit, exponam. Ut erat pro timore scrutator rerum futurarum, immolabat pecudes, et in jecoribus earum ventura quærebat. Tum quidam ministrorum, scientes Dominum, cum assisterent immolanti, imposuerunt FRONTIBUS suis IMMORTALE SIGNUM. Quo facto, fugatis dæmonibus, sacra turbata sunt. Trepidabant Aruspices, nec solitas in extis notas videbant ; et quasi non litassent, sæpius immolabant. Verum identidem mactatæ hostiæ nihil ostendebant, donec magister ille Aruspicum Tagis, seu suspicione, seu visu, ait, idcirco non respondere sacra, quod rebus divinis profani homines interessent. Tunc ira FUROMIS, sacrificare non eos tantum, qui sacris ministrabant, sed universos, qui erant in palatio, jussit, et in eos, si detrectassent, verberibus animadverti.

In utroque textu eadem non tantum persecutionis causa assignatur ; verum etiam res eodem modo et

Hæc num. 16 libri de Mortibus persecutorum leguntur : Vexabatur ergo universa terra, et præter Gallias, ab Oriente usque ad Occasum tres acerbissimæ bestiæ sæviebant.

Non mihi si linguæ centum sint, oraque centum,
Ferrea vox, omnes scelerum comprendere formas,
Omnia pœnarum percurrere nomina possem,

quæ Judices per provincias justis atque innocentibus intulerunt.

Eodem libro num. 15 : Omnis sexus et ætatis homines ad exustionem rapti... tormentorum genera inaudita excogitabantur.

Persecutorum furor in textibus ex utraque parte idem, eodemque fere modo exprimitur.

Hæc num. 38 lib. de Mortibus persecutorum ha-

Et eodem libro cap. 2 : Eodem ipso tempore, quo justus populus nefarie lacerabatur.

Et eodem libro cap. 7 : Justitia nihil aliud est, quam Dei unici pia et religiosa cultura.

Et eodem libro cap. 11 : Impietatem suam adversus JUSTOS violenter exercent, nec immerito a prophetis BESTIÆ nominantur... Nam quis Caucasus, quæ India, quæ Hircania tam immanes, quam sanguinarias unquam BESTIAS aluit... illa est vera BESTIA, cujus una fussione

Funditur ater ubique cruor, crudelis ubique
Luctus, ubique pavor, et plurima mortis imago.

Nemo hujus tantæ belluæ immanitatem potest pro merito describere, quæ uno loco recubans ; tamen per totum orbem dentibus ferreis sævit ; et non tantum artus hominum dissipat, sed et ossa ipsa comminuit, et in cineres furit, ne quis extet sepulturæ locus.

Et eodem libro v Institut. cap. 23 : Injustissimi persecutores... non se putent impune laturos... punientur enim judicio Dei... propterea vindicaturum se in eos celeriter pollicetur, et exterminaturum BESTIAS malas de terra.

Magister Dominus, Magister Deus, templum fidele et stabile, templum æternum, domus fidelis, Deo collocare, Deo constituere : populus justus, Justi, pro veri Dei cultoribus ; justitia, pro Dei singulari cultura.

Hæc lib. VII Institut. cap. 15 leguntur : Roma... sublata Carthagine, quæ tandiu æmula Imperii Romani fuit, manus suas in totum orbem terra marique... porrexit.

Et libro v Institut. cap. 13 : Cum vero ab ortu solis usque ad occasum lex divina suscepta sit, et omnis sexus, omnis ætas, et gens, et regio, unilis ac paribus animis Deo serviant.

Ecclesiæ et Imperii Romani magnitudo describitur.

Hæc lib. IV Institut., cap. 27 leguntur : Cum diis suis immolant, si assistat aliquis signatam frontem gerens, sacra nullo modo litant ;

Nec responsa potest consultus reddere vates.

Et hæc sæpe causa præcipua justitiam persequendi malis regibus fuit. Cum enim quidam ministrorum nostrorum sacrificantibus Dominis assisterent, imposito FRONTIBUS signo, deos illorum fugaverunt, ne possent in visceribus hostiarum futura depingere. Quod cum intelligerent Aruspices, instigantibus iisdem Dæmonibus, quibus prosecant, conquerentes profanos homines sacris interesse, egerunt principes suos in furorem, et expugnarent Dei templum, seque vero sacrilegio contaminarent, quod gravissimis persequentium pœnis expiaretur. Sed quoniam neque accedere ad eos possunt..... quos SIGNUM IMMORTALE munierit.

iisdem pene verbis exponitur.

Lib. v Institut. cap. 11 hæc leguntur : Quæ autem per totum orbem singuli gesserint, enarrare impossibile est. Quis enim voluminum numerus capiet tam infinita, tam varia genera crudelitatis ? Accepta enim potestate, pro suis moribus quisque sævivit..... Itaque dici non potest, hujusmodi Judices quanta et quam gravia tormentorum genera excogitaverint.

Et lib. VI, cap. 17 : Spectatæ sunt, spectanturque adhuc per orbem pœnæ cultorum Dei, quibus excruciandis nova et inusitata tormenta excogitata sunt.

Et lib. VI Institut. cap. 23 : Quid dicam de iis, qui

bentur : *Illud vero capitale, et supra omnes, qui fuerunt, corrumpendi cupiditas, quid dicam nescio, nisi cæca et effrenata; et tamen his verbis exprimere pro indignatione sua non potest. Vincit officium linguæ sceleris magnitudo.*

In his duobus textibus locutiones omnino similes occurrunt. Mendosus tamen est textus libri de Mortibus persecutorum : sed si addatur vox ista *mens*, quæ potuit amanuensis culpa omitti, sic legendum

Hæc num. 5 lib. de Mortibus Persecutorum leguntur : *Nonne mirabile est ausum esse quemquam... cogitare adversus majestatem singularis Dei regentis et continentis universa?*
Et num. 12 : *Templum paucis horis solo adæquarunt.*
Et num. 15 : *Constantius....... conventicula, id est, parietes, qui restitui poterant, dirui passus est.*
Num. 16 : *Auctor et consiliarius ad faciendam persecutionem;* de Hierocle dicitur.

Eodem numero: *Sæculum cum suis terroribus triumphasti.*
Eodem numero : *Nefanda jussione contempta.* Jussio, vox Lactantiana.
Eodem num. *Nullus laqueus inducat.*

Num. 18 de Mortibus persecutorum : *Multorum sibi odia quæsisset;* verbum Lactantianum, pro *acquisivisset.*

Eodem numero : *Ita plane.*

De Mortibus persecutorum, num. 21 : *IN SERVITIUM se addicunt;* id est, in servitutem.
De mortibus persecutorum, num. 23 : *Contra omne jus humanitatis occidit.*

De Morte persec., num. 24 : *Jam propinquavit illi judicium Dei.*

Eodem num. *Ei imperium per manus tradidit.*

De Mort. persec., num. 26 : *Quærebat quatenus. Quatenus* eo loci, pro *quomodo.*
De Mortib. persec., num. 27 : *Inflammatum ira;* sic et supra, num. 14 : *Inflammatus ira.*
De Mort. Persec. num. 28. *Tanquam superbus alter, exactus est.* Loquitur de Tarquinio.
De Mort. persec. num. 30. *Habuit impune.*

Et num. 33. *Percussit eum Deus insanabili plaga.*

Eodem num. *Forinsecus;* vox insolita.

Eodem num. *Inæstimabile scatebat examen.*

De Mort. Persec. num 36. *Ad præsens.*

Et num. 38. *Ingenuas virgines imminutas servis suis donabat.*
Num. 44 libri de Mort. Persec. sic habetur : *Et quamvis se Maxentius Romæ contineret, quod responsum acceperat periturum esse, si extra portas urbis exisset... commonitus est in quiete Constantinus, ut cœleste signum Dei notaret in scutis.*

abominandam non libidinem, sed insaniam potius exercent?.... Quibus hoc verbis, aut qua indignatione tantum nefas prosequar? Vincit officium linguæ sceleris magnitudo.

erit : *Et tamen his verbis exprimere mens pro indignatione sua non potest;* et sensus erit planus et apertus; ita emendarunt doctiores quique.

Hæc cap. 1 lib. I Institut. leguntur : *Majestatem Dei singularis ac veri et cognovisti, et honorasti.*
Et lib. IV Institut., cap. 21 : *Futurum esse dixerunt, ut... civitates eorum solo adæquaret.*
Et lib. V Institut., cap. 11 : *Unus in Phrygia... universum populum cum ipso pariter conventiculo concremavit.*
Lib. V Divin. Institut., cap. 11 : *Alius eamdem materiam mordacius scripsit, qui erat tum e numero Judicum, et qui auctor in primis* FACIENDÆ PERSECUTIONIS *fuit.* Hæc etiam de Hierocle.
Lib. IV, Divin. Institut., cap. 26 : *Mortem cum suis* TERRORIBUS TRIUMPHARET; et l. VI, c. 23.
Lact., Inst., l. IV, c. 15, eodem verbo *jussio* utitur, et l. V, c. 11 et 13.
Lact., l. VI Div. Inst. c. 21, *in eosdem laqueos inducantur.*
Sic Lact., Div. instit. l. I, c. 20 ; l. II, c. 12 ; l. IV, c. 1; l. V, c. 4; l. VII, c. 11, 14 et 15. Epitom., c. 4, 20 et 27 : his omnibus in locis *quærere*, pro *acquirere.*
Lact., Div. Inst., l. I, c. 11 ; l. II, c. 2 : *Ita plane*, eodem modo.
Lact., Epit., c. 52 : *Tradet* IN SERVITIUM *Gentes universas,* eodem sensu.
Lact., l. V Div. Inst., c. 19 et 22 : *Contra jus humanitatis* ; l. VI, c. 10 : *Contra jus humanitatis et fas omne spoliant, cruciant, occidunt, exterminant.*
Lact., Div. Inst., l. VII, c. 14 : *Cujus judicii tempus appropinquare ostendam* ; et c. 24 : *Et jam propinquare summum illum conclusionis extremæ diem.* Sic *propinquare* eodem modo utitur Lactantius in Epitome, c. 71 initio.
Lact., Div. Inst. l. II, c. 4 : *Vixit usque ad senectutem, regnumque filio per manus tradidit.*

Lact., Div. Inst. l. II, c. 21, *quatenus* etiam eodem sensu accipitur, sicuti et l. IV, c. 27; l. VII, c. 6.
Lact., Div. Inst. l. VII, c. 17, *inflammatus ira.*

Lact., Div. Instit. lib. IV, cap. 14. *Tarquinius superbus exactus est.*
Lact., Epitome, cap. 53. *Impune habuit;* et cap. 55, *Impune habens.*
Et lib. VII Institut. cap. 15. *Percussit Ægyptum Deus insanabili plaga.*
Lact., de Opific. Dei cap. 2. *Forinsecus*, eodem sensu.
Lact., Divin. Instit. lib. I, cap. 16; lib. de Ira cap. 10. Epitomes cap. 72, *Inæstimabilis,* eodem sensu.
Lact., Divin. Instit. lib. VII, cap. 6, 10 et 15, et de Ira cap. 22, *ad præsens* eodem sensu usurpatur.
Et lib. I Institut. cap. 10 : *Omitto virgines quas imminuit.*
Lib. II Institut. num. 7 sic habetur : *Tiberio namque Attinio homini plebeio per quietem observatus esse Jupiter dicitur.*
Et postea loquens de Augusto, sic habet: *Medico ejus Artorio Minervæ species obversata est, monens ne propter corporis imbecillitatem castris se contineret Cæsar.*

Notentur in utroque textu locutiones istæ similes : *Se Romæ contineret; castris se contineret*, *commonitus est in quiete, per quietem monens.*

De Mort. Persec. num. 44 : *Et suum proprium*; voces omnino Lactantianæ.

De Mortibus Persec. num. 47 : *Quiverunt*, verbum Lactantio frequens.

Et num. 49 : *Insustentabili dolore usque ad rabiem mentis elatus est.*

Et num. 52, qui et ultimus est : *Deus gregem suum partim vastatum a lupis rapacibus, partim vero dispersum reficere ac recolligere dignatus est, et bestias malas extirpare.*—Et num. 50 : *Sic omnes impii vero et justo judicio Dei eadem, quæ fecerunt, receperunt.*

Lact. Divin. Instit. lib. III cap. 10; lib. IV cap. 14; lib. V cap. 11; De Opific. cap. 2, ubi *suum proprium, suo proprio, sua propria* semper adhibentur.

Lact. Div. Instit. lib. II, cap. 5; lib. V cap. 22, ubi etiam *quiverunt* et *quiverint* usurpantur eadem significatione.

Et lib. VII Institut. cap. 16 : *Hic insustentabili dominatione vexabit orbem.*

Et lib. V Instit. cap. 23 : *Punientur judicio Dei... vindicaturum se in eos celeriter pollicetur, et exterminaturu malas bestias de terra... veniet, veniet rabiosis et voracibus lupis merces sua.*

Congruunt utrinque textus isti. Notandum, vocem hanc, *insustentabili,* forte in nullo alio auctore reperiri.

Has procul dubio loquendi formulas, quæ unum eumdemque repræsentant auctorem, sat diligenter non contulerat domnus le Nourry: alioquin in eam, ut puto, tam libere non ivisset opinionem, a qua discrepant omnino viri quique doctissimi. Hanc porro si amplecti statuisset, non frigidis, non levibus, non vanis uti debuerat argumentis : sed firmas, imo et gravissimas ipsius erat adhibere rationes, quibus possent eruditi a pristina sua dimoveri sententia. Nec dicat Nourrysius, nonnisi casu et fortuito similes fuisse repertas in utroque auctore locutiones. Id quidem potest fieri semel, aut bis, sed non ubique, ac quadragies et amplius, sicuti evenit in libello sexaginta circiter paginarum; præcipue vero cum agatur de his formulis ita singularibus, ut vix eas in aliquibus reperias scriptoribus.

Ex his ergo locis, quos non e libro tantum de Mortibus Persecutorum, verum etiam ex indubitatis Lactantii operibus exscripsi, stylum eumdem esse libri de Mortibus Persecutorum ac Lactantii constat.

Disertum certe scriptorem in eloquendo facilem, comptum et apertum, quique bonarum artium auctores pervolutaverit, quæ sunt quoque Lactantii dotes, liber de Mortibus Persecutorum exhibet.

Tandem librum de Mortibus Persecutorum Lactantio tribuendum suadet adhuc, quod sicut docet libri istius auctor num. 1 et 50, *universos* christiani nominis *persecutores* a summo Deo debellatos, et digna ultione fuisse deletos : Ita Lactantius lib. V Institut. c. 22 et 23 tradit, Deum in *malos principes et injustissimos persecutores* vindicasse populi sui vexationes, semperque accidisse, ut *ultio* consecuta fuerit.

Has rationes qui contulerit in unum, non mirabitur, quod, statim ac in lucem prodiit liber de Mortibus Persecutorum, judicium hoc omnium litteratorum fuerit, eum Lactantio esse adscribendum.

Agamus nunc de præcipuo Nicolai le Nourry argumento. Codex ms. inquit, de Mortibus Persecutorum, præ se fert nomen Lucii, vel Lucii Cecilii; ergo non est Lactantii. Miror, doctum editorem hic non meminisse, quod ipse tamen fassus est, amanuensem hujus codicis scriptorem, *vel oscitatione ac negligentia aut nimia scribendi festinatione, atque etiam linguæ Latinæ ignorantia, multa in eo libro depravasse, peni-*

tusque corrupisse. Quæ cum ita sint, numquid librarius iste non potuit omittere ultima duo Lucii Cæcilii Lactantii Firmiani nomina? At nusquam reperire datur, ait Domnus le Nourry Lactantium Lucii Cœlii, sive Lucii Cæcilii prænominibus insignitum fuisse. At id certe multo minus, verba sunt editoris, *in alicujus libri ab eo scripti titulo poterit inveniri.* Quis non crederet viro summe religioso æque ac erudito rem ita affirmanti? Jurarem ipse in verba docti editoris, eum contulisse codices manuscriptos omnes, quotquot reperiri potuerunt apud nostrates, in iisque nusquam legi prænomina Lucii Cœlii et Lucii Cæcilii Lactantio adscripta. Longe tamen aliter est. Domnus le Nourry, cum edidit librum de Mortibus Persecutorum, Parisiis tunc degebat. Qua igitur ratione non perlustravit Regis Christianissimi Bibliothecam? Hoc in Regio Thesauro vidit ipse codices multos, eosque appellat in Apparatu suo ad Bibliothecam SS. Patrum tomo II. Quidni eos curiosius et attentius inspexit? Quod vero per incuriam non fecit Nourrysius, id ipsum accuratius exequamur.

Primus igitur codex nongentorum annorum, numero 1662, hæc habet verba, folio 25 :

Cecilii Firmiani *de falsa Religione liber primus explicit.*

Incipit liber secundus Lactantii Cæcilii Firmiani *de Origine erroris ad Constantinum imperatorem.*

Ad calcem septimi libri ita scriptum est : Cecilii Firmiani *Institutionum divinarum de Vita beata explicit septimus liber.*

Folio 179 verso legitur : Cæcilii Firmiani *de Ira divina liber* VII *explicit.*

Folio 191 : Cæcilii Firmiani *de Opificio Dei liber* VIII *explicit.*

Omissum equidem est his in locis prænomen Lucii.

Sic in codice ms. *numero* 1664, ad finem tertii libri, ita legas : L. Cœli Firmiani, omisso Lactantii nomine.

In fine sexti libri extat : Cæcilii Firmiani Lactantii *explicit liber* VI *de vero Cultu.*

Codex 1663 sic habet : *Incipit liber* Firmiani *Institutionum divinarum.* At legitur ad oram codicis litteris uncialibus : Celii Firmiani *de Religione et rebus divinis ad Constantinum imperatorem.*

In fine autem primi libri scriptum est : L. Cæli

Firmiani *Institutionum divinarum liber primus explicit feliciter.*

In fine quarti libri legere est: Cælii Firmiani *Institutionum divinarum liber IV explicit.*

Ad calcem quinti libri scribitur: L. Cælii Firmiani *Institutionum divinarum liber V de Justitia explicit.*

Manuscriptum Regium, numero 1673 sic habet: Lucii Cælii Lactantii Firmiani *divinarum Institutionum adversus Gentes ad Constantinum Imperatorem liber primus.*

Ad calcem vero ms. codicis habetur: L. Cælii Lactantii Firmiani *divinarum Institutionum adversus Gentes septimus et novissimus liber ad Constantinum Imperatorem feliciter explicit.*

Sic in codice 1671 ejusdem Bibliothecæ legitur: L. Cælii Lactantii Firmiani *divinarum Institutionum adversus Gentes, de falsa Religione libri primi Præfatio ad Imperatorem Constantinum.*

Codex Colbertinus, nunc in Bibliotheca Regia numero 1667, cui præfixa est inscriptio his verbis: Lucii Cæcilii Firmiani Lactantii *liber incipit contra Gentes.*

In codice Lactantiano, qui est in Bibliotheca Majoris-Monasterii juxta Turones, initio libri primi sic habetur: Lactantii Firmiani Cæcilii *de falsa Religione Deorum, incipiunt Rubricæ libri primi.*

Ad calcem libri secundi legere est: Firmiani Lactantii Cecilii.

Tandem in fine sexti libri scribitur: Cecilii Firmiani Lactantii, etc.

His in locis per incuriam omissum est prænomen Lucii.

Quin et in antiquo Bononiensi codice, cui tamen duo priora desunt folia, legitur tamen ad calcem libri primi: L. Firmiani Lactantii *de falsa Religione liber primus explicit,* omisso tunc scilicet Cælii, vel Cecilii nomine, quod nihilominus in aliis libris legitur.

In fine librorum II, III et VII habetur: L. Cælii Firmiani Lactantii, etc.

Verum, desinente libro IV habes: L. Cælii Lactantii Firmiani, etc. inverso, ut vides, ordine.

Ad finem autem libri de Ira Dei legere datur: Lu. Cælii Lactantii, prætermisso Firmiani nomine.

At cur Domnus Nicolaus le Nourry non inspexit codicem ms. Lactantii, qui extat in Sangermanensi Bibliotheca, ubi tunc degebat? In eo procul dubio hæc legisset ad calcem libri de Opificio Dei: L. Cæli Firmiani Lactantii *de Ratione ad Demetrium explicit.* Attamen in libris Institutionum appellatur solummodo Firmianus Lactantius tribus aut quatuor vicibus.

Unde, quæso, tot editores hujus auctoris descripserunt prænomina et cognomina, scilicet Lucii Cælii Firmiani Lactantii? Nonne ex mss. codicibus, quibus usi sunt? Non enim ea vel excogitarunt, vel ediderunt casu ac fortuito. Sequitur ergo negligentius atque confidentius, quam par est, scripsisse Nicolaum le Nourry, nusquam Lactantium in codicibus mss. Lucii Cælii, aut Lucii Cæcilii prænominibus insignitum fuisse. Imo constat, ita prioribus voculis appellari, ut æque agnoscatur sub Lucii Cælii aut Cæcilii, ac sub Firmiani Lactantii nominibus.

Sublato igitur præcipuo Domini le Nourry argumento, tota ejus corruit sententia; nec obstat quominus Lactantio adjudicetur libellus *de Mortibus Persecutorum,* quamvis tantum præ se ferat nomina Lucii Cecilii: præsertim cum sat recte docuerimus, idque rationibus multis, soli Lactantio ascribi posse elegans ac perutile istud opusculum.

APPENDIX

DE DUOBUS LOCIS CODICIS MANUSCRIPTI LIBRI DE MORTIBUS PERSECUTORUM, QUORUM IMMUTATÆ SUNT QUÆDAM VOCES IN TEXTU EDITIONIS DOMINI LE NOURRY.

I.

Primus locus habetur n. 2, col. 196, ubi in textu editionis Domni le Nourry sic legitur de Nerone: *Primus omnium persecutus Dei servos Petrum cruci affixit, et Paulum interfecit: nec tamen habuit impune; respexit enim Deus vexationem populi sui. Dejectus itaque fastigio imperii, ac devolutus a summo tyrannus impotens, nusquam repente comparuit; ut ne sepulturæ quidem locus in terra tam malæ bestiæ appareret. Unde illum quidam deliri credunt esse translatum, ac vivum reservatum. Sibylla dicente, matricidam profugum a finibus esse venturum, ut quia primus persecutus est, idem etiam novissimus persequatur, et Antichristi præcedat adventum.*

Notavit Domnus le Nourry, in manuscripto legi *deleri,* quæ vox cum non cohæreat cum aliis, nec quid ibi significet intelligatur, ponendam duxit in edito textu vocem *deliri.* Verum emendatio ista admitti non debet; omnino enim adversatur auctoris menti. Non equidem Lactantius istam quorumdam de Nerone opinionem, existimantium eum esse translatum et vivum reservatum, suam esse dicit: sed hanc ita exponit, ut ab ipso minime repudiari manifestum sit; siquidem istius quorumdam opinionis probabiles affert rationes. Primo enim hinc eam natam esse tradit, quod Nero nusquam repente comparuerit, ne tam malæ bestiæ sepulturæ locus inveniretur. Deinde docet, hanc opinionem fulciri auctoritate Sibyllæ, quæ plurimum tunc temporis valebat, cujus verba refert. Assignat etiam causam, propter quam reservatus putabatur; nempe ut præcursor Antichristi fieret, et qui primus persecutus fuerat, idem etiam novissimus persequeretur. Demum duorum prophetarum exempla recenset, qui vivi translati fuerunt.

Non ergo istius auctoris mens fuit eos deliros appellare, qui ita sentirent. Idque eo minus verisimile est, quod hic auctor nec occisum, nec mortuum Neronem dixerit; et hæc opinio eadem ætate in animos Christianorum plurimorum et eruditorum, et sanctorum pervaserat, Neronem esse reservatum. Id testatur Severus Sulpitius lib. II Historiæ Sacræ, num. 40, agens de Nerone : *Qui non dicam regum,* inquit, *sed omnium hominum, et vel immanium bestiarum sordidissimus dignus extitit, qui persecutionem in christianos primus inciperet; nescio, an et postremus explerit : siquidem opinione multorum receptum sit, ipsum Antichristum venturum ;* et n. 42 : *Interim vero... humanis rebus eximitur... certe corpus illius interemptum : unde creditur... curato vulnere ejus, servatus, secundum illud, quod de eo scriptum est : Et plaga mortis ejus curata est, sub sæculi fine mittendus, ut mysterium iniquitatis exerceat.*

Idem Severus Sulpitius Dialogo 2 de Virtutibus Beati Martini, hoc habet eam in rem : *Cæterum cum ab eo,* nempe Beato Martino, *de sæculi fine quæreremus,* ait nobis, *Neronem et Antichristum prius esse venturos ; Neronem in Occidentali plaga, regibus subactis decem, imperaturum... et ipsum denique Neronem ab Antichristo esse perimendum.*

Sanctus Augustinus, lib. XX de Civit. Dei, cap. 19, hæc de variis opinionibus circa Neronem scribit : *Nonnulli ipsum resurrecturum, et futurum Antichristum supicantur : alii vero nec eum occisum putant, sed substractum potius, ut putaretur occisus, et vivum occultari... donec... restituatur in regnum. Sed multum mihi mira est opinantium tanta præsumptio.*

Quam falsi autem essent omnes isti de Nerone rumores, liquet ex Suetonio lib. VI de Cæsaribus, ubi et genus mortis Neronis, funeris rationem et expensas, tumuli locum et structuram narrat. *Ferrum,* inquit, *jugulo adegit, juvante Epaphrodito a libellis... nihil prius ac magis a Comitibus exegerat, quam ne potestas capitis sui cuiquam fieret : sed ut quoquo modo totus cremaretur. Permisit hoc Icellus, Galbæ libertus... reliquias Ecloge et Alexandra nutrices cum Acte concubina gentili Domitiorum monumento condiderunt, quod prospicitur e campo Martio,* etc.

Licet vocem *deliri* e textu libri de Mortibus persecutorum tollendam putem, quid tamen eo loci significet vox *deleri,* prorsus nescio; nec quod cum aliis ignoro, solus volo scire videri.

II.

Alter locus, in quo immutatæ sunt quædam voces codicis manuscripti libri de Mortibus persecutorum in textu editionis Domini le Nourry, habetur n. 52, pag. 99, ubi legitur in textu præfatæ editionis (nostræ vero pag. 250) : *Quæ omnia secundum fidem scientium loquor, ita ut gesta sunt, mandanda litteris credidi.* Notat Domnus le Nourry, in manuscripto haberi : *quæ omnia secundum finem, scienti enim loquor, ita ut gesta sunt, mandanda litteris credidi.* Contendo, verba ista, *scienti enim,* immutari non debuisse. Sensum enim planum et apertum habent, qui certe auctoris menti congruit. Ibi Donatum, cu librum de Mortibus Persecutorum nuncupaverat, alloquitur Lactantius, cum ait, *scienti enim loquor* Revera vox ista, *finem,* cujus sensus statim non apparet, dedit locum suspicandi aliquid esse in hac phrasi immutandum. Sed si vox ista *finem* immutanda fuit, quia obscurior videbatur, non idcirco duæ sequentes voces, quarum apertissimus est sensus, immutandæ erant. Supponamus emendandam vocem istam *finem,* cum emendata fuit in textu edito, nihil præterea immutari debuit; exhibet enim phrasim, quæ Tullii omnino stylum redolet, in hunc modum : *Quæ omnia secundum fidem, scienti enim loquor, ita ut gesta sunt, mandanda litteris credidi.* Perinde ac s. dixisset : *Quæ omnia secundum rei veritatem, quod certe tu, Donate, nosti, ita ut gesta sunt mandanda litteris credidi.* Juxta Ciceronem, in Epistola quarta libri tertii ad Quintum fratrem, *secundum fidem loqui.* est dicere, loqui prout se res habent. En verba Ciceronis : *Mihi illud jucundum est, quod cum testimonium. secundum fidem et religionem gravissime dixissem, reus dixit,* etc. Nemo est, qui non videat, *testimonium secundum fidem dicere,* idem esse ac *secundum rei veritatem.*

Jam vero sitne eo loci mutanda vox *finem,* expendendum est. Retinenda sane est, si ex illa idoneus quidam sensus affulgere possit. Hunc vero sensum, si retineatur, habere potest : *Secundum finem,* id est, *prope mundi finem; ita ut sensus sit : Quæ omnia imminente mundi fine, quod tu ipse, Donate, nosti, quomodo gesta sunt, mandanda litteris credidi.*

Vocem *finis,* sumi aliquando a scriptoribus Ecclesiasticis pro mundi fine, constat ex Tertulliano cap. 39 Apologetici, ubi ait : *Oramus pro Imperatoribus, pro ministris eorum, ac potestatibus, pro statu sæculi, pro rerum quiete, pro mora finis.* Orare pro mora finis in isto Tertulliani loco, est orare, ut mundi finis retardetur. Quod eo loci vocat *finem,* [clausulam sæculi nominaverat cap. 32 ejusdem Apologetici, his verbis : *Est et alia major necessitas nobis orandi pro Imperatoribus, etiam pro omni statu Imperii, rebusque Romanis, quod vim maximam universo orbi imminentem, ipsamque clausulam sæculi acerbitates horrendas comminantem, Romani Imperii commeatu* (id est, diuturnitate) *scimus retardari. Itaque nolumus experiri, et dum precamur differri, Romanæ diuturnitati favemus.*

Antiquus auctor Commentariorum in Epistolas sancti Pauli, editus ad calcem operum sancti Ambrosii, in hæc verba cap. XIV Epist. I ad Cor., v. 24 *Deinde finis, cum tradiderit regnum Deo et Patri,* sic habet : *Deinde finis ;* hoc dicit, quia, tradito regno, finis erit mundi.

Multos primis Ecclesiæ sæculis Christianos in ea fuisse sententia notum est, mundi finem propinquare. Hanc fuisse ipsius Lactantii, patet ex Institutionum lib. VII, cap. 16, ubi tradit Romanum nomen brevi de terra tollendum; et in Epitome, cap. 10, docet interitum mundi expletis sex annorum millibus fieri necesse esse. *Quod*, inquit, *in proximo est, quantum de numero annorum, deque signis, quæ a Prophetis prædicta sunt, colligi potest*; et cap. 25 libri VII Institutionum supra citati ait : *Omnis tamen expectatio non amplius quam ducentorum videtur annorum, licet varient historiæ circa numerum annorum ab exordio mundi.*

Id ipsum non minus diserte affirmaverat ante eum Sanctus Cyprianus scribens ad Thibaritanos. *Scire enim debetis*, inquit, *ac tenere, diem pressuræ super caput esse cœpisse, et occasum sæculi atque Antichristi tempus appropinquasse;* et in libro ad Demetrianum tradit, totum jam ipsum mundum *in defectione* esse et *in fine*.

Hoc etiam ita Beato Martino persuasum fuerat, ut, teste Sulpitio Severo, Dialogo 2 de Virtutibus Beati Martini, num. 16, Beatus Martinus de fine sæculi disserens, dixerit, dubium non esse, *quin Antichristus esset in annis puerilibus constitutus, ætate legitima sumpturus imperium.* Subdit vero Sulpitius Severus : *Quod autem hæc ab illo audivimus, annus octavus est. Vos autem æstimate, quo in præcipitio consistunt quæ futura sunt.*

Nec mirum videri debet, si Lactantius in libri *de Mortibus persecutorum* Epilogo ad Donatum orationem convertens, mentionem aliquam injecerit de fine sæculi, quem imminere nec Lactantius, nec ille nobilissimus confessor Donatus dubitabat.

HENRICI DODWELLI
Dissertatio
DE RIPA STRIGA.

☞ Ad Lactant. *de Mortibus Persecutorum* § XII.

§ I. Ripa hæc non Maris erat, sed Fluvii. — § II. Striga vox gromatica et castrensis. — § III. Castra Romana, ut plurimum quadrata. Castrorum fixorum frons Oriens, mobilium hostis. — § IV. Frontem itaque castrorum strigam veteres, latus scamnum appellabant. — § V. Coloniæ Romanæ pro Castrensi disciplina dispositæ. Prætenturæ Coloniarum strigæ. — § VI. Agrorum, castrorum, provinciarumque præcipue Romanarum limites Fluvii. — § VII. Prætenturarum Illyriciniarum limes Danubius. Provinciæ Illyricianæ Ripenses ab ejusdem Danubii ripa. — § VIII. Idem probatur e castris stativis in Danubii ripa frequentissimis, et ab Historia. Prætenturarum Romanarum qualia munimenta. Explicatur adversus Rhenanum Tertullianus. — § IX. Idem ex Autlæ provincia Romanis erepta. — § X. Ripam Danubii egressi aliquando, sed raro Romani. — § XI. Quominus sæpe egrederentur, impediebat opinio de Fatalibus imperiorum terminis. Nullam tamen provinciam Transdanubianam retinebant ætate Diocletiani. — § XII. Convenit hæc ripæ strigæ mentio cum consilio atque itinere Diocletiani.

§ I. *Sic æstate transacta, per circuitum* RIPÆ STRIGÆ, *Nicomediam venit*, etc. RIPAM STRIGAM, cujus meminit in Diocletiani a Ravenna Nicomediam versus itinere Lactantius, de mendo suspectum habet cl. Lactantii editor; vel, si vere sit Lactantii, de ora Propontidis, quam legerit Diocletianus, putat intelligendam. Fallitur utrobique vir doctissimus. Maris *oram littusve* legi apud puros Romanæ linguæ auctores, facile concedent eruditi; ne id quidem difficile, ut raro forsan maris etiam *ripam* aliquando legamus, longe tamen esse illam in fluviis, quam in mari, frequentiorem. Fluvii itaque *ripam* fuisse verisimillimum est, quæ Striga appellatur, non maris, non Propontidis. Id vero restat præterea difficile, quid Strigæ nomine intelligat Lactantius, utque ea possit in fluvium convenire, et quem ille fluvium denotare voluerit. Ita Diocletiani iter exploratissimum habebimus.

§ II. Est itaque Striga vox agrimensaria seu gromatica, a castrametatione primum, inde ad Coloniarum agros, qui pro castrorum norma mensurari atque distribui solebant, traducta atque usurpata. Castrense esse vocabulum docet nos disertissime Charisius. Neque vero est quod quis putet, hoc in ea voce singulare. Idem de peritia Gromatica universa sentiendum, deque vocibus illius artis item universis. Ad introitum Prætorii locum Gromæ appellat Hyginus; et quem scripsit de *Castrametandi ratione* librum, eumdem etiam *Gromaticum* inscripsit. Idem Hyginus a Groma illa, quam dixi, castrenses professores ejus artis testatur *Gromaticos* fuisse cognominatos. Est itaque a castrensi hujus vocis usu de alio quovis usu secundario omnino statuendum.

§ III. Castrorum ergo figuram ut aliam nonnunquam Romani adhibuerint, quam quadratam, nemo tamen est qui dubitet, illam omnium fuisse longe frequentissimam. Non est quod dubitemus, eodem ordine constitutos in castris milites, quo in acie. At quadrato agmine incessisse constat, quoties imminineret a propinquo hoste periculum. Illam scilicet credebant figuram munitionibus aptissimam. Numerum quaternarium ἄπτωτον habebant Pythagoræi; invictæque constantiæ virum solent philosophi τετράγωνον appellare. Recte ergo illam pro gromaticæ artis norma statuemus. Est autem duplex quadratæ figuræ limes, in longitudinem alius, alius in latitudinem. Idque certum, horum alterum strigam, alterum scamnum appellasse. Duplex autem erat castrorum situs : alius pro re nata et belli exigentia, incertus atque mobilis; *fixus* alius et immobilis, ut in *castris stativis*. In situ *fixo* Orientem, in *mobili* hostem respiciebat *porta Prætoria*. Ita scilicet Hyginum intelligo atque Vegetium. Quod Orienti castra obverterint, in eo, ut æstimo, salubritatis rationem habebant. Situm enim illum commendant scriptores rei rusticæ, ut omnium saluberrimum. Sed hostis procul dubio potior erat, quam Orientis ratio. Ita tamen ut, quoties nullum aliunde metueretur incommodum, Orientem aliis cœli plagis anteferrent. Id unum hoc in loco observare volui, idem valere apud groma icos scriptores in *stativo situ* Orientem, quod in *mobili* hostem; ut proinde quem limitem in *stativo* situ Orienti obverterent, eumdem essent *mobilem* hosti obversuri.

§ IV. Ita intelligemus, quam posituram obtinuerint in castrensi disciplina *Striga* atque *scamnum*. Agrum illum *strigatum* appellat Aggenus Urbicus, *qui a Septentrione in longitudinem in Meridianum decurrit; scamnatum autem, qui eo modo ab Occidente in Orientem crescit*. Ita dispositæ phalanges in *longitudinem a Septentrione* versus *Meridiem*, vultus potius *Orienti*, quam *Septentrioni* obversos habuerint. Ita *aquilas respexerint portamque Prætoriam in forma castrensi fixa*. Nec aliter ipse Frontinus : *Quicquid autem* (inquit) *secundum hanc conditionem in longitudinem est delimitatum, per* STRIGAS *appellatur; quicquid per altitudinem , per* SCAMNA. De *agrorum* divisione hæc Frontinus, non equidem singulorum colonorum sortibus atque portionibus, quarum limites poterant ab invicem esse diversissimi; sed eorum agrorum, qui coloniæ universæ fines includerent, seu quorum *modus universus civitati est assignatus*. Proinde non est quod dubitemus, quin et uniusmodi limites ager istiusmodi complectatur, et cum castrametationis conformes. Constat autem, pro castrametandi disciplina, aciem in fronte longissimam, ne circuiri posset, hostibus opponi solitam. Accedunt denique et illa Hygini verba : *Quoties per* STRIGAS *distribuimus, non plusquam tripertiti esse debebunt*. Non aliam existimo tripertitam illam distributionem, quam illam in *militia Romana* notissimam, *hastatorum, principum*, atque *triariorum*. Atqui triplex ista acies *hosti* erat opposita. Qui itaque limes in sepulcrorum inscriptionibus IN FRONTEM appellatur, illam STRIGAM appellant in castrametatione Gromatici; et vicissim quam SCAMNUM Gromatici eumdem solent IN AGRUM designare inscriptiones. Convenit et *scamni* significatio apud auctores rei rusticæ. Si qua enim inter arandum terra fuerat ab aratro prætermissa, illam pro *scamno* habebant. Situs ergo agri secundo sulco est *scamnatus*, situs sulcis transversus strigatus appellabitur. At transversus sulco situs vultus militum repræsentat in acie consistentium.

§ V. Jam vero quæ in castris vigebant leges, eædem in coloniis limitaneisque præsidiis etiam viguere. Nec enim illæ telluris *colendæ* modo sunt, sed finium etiam *propugnandorum* causa deductæ. Id satis est ex ipsis rei agrariæ vocibus manifestum. *Territorium* illis id omne dicitur, quod *hostis terrendi causa constitutum est. Ager arcisinius*, inquit e Varrone Frontinus, *ab arcendis hostibus est appellatus*. Erant itaque coloniæ limitaneæ magna quædam quasi castra, ut non sit utique quod miremur, si pro castrorum more illæ atque disciplina disponerentur. Voces certe adhibent castrorum proprias, *centurias, perticas*, innumeras alias, ut intelligamus eodem modo rexepisse invicem in agrorum distributione colonos, quo in acie milites. Forma etiam castrorum quadrata colonias repræsentant scriptores rei agrariæ. Ipsa autem *prætenturæ* vox, qua utitur in præsidiorum limitaneorum causa Ammianus, facit omnino ut ne prorsus dubitemus, tam castrorum vicem repræsentasse excubantes pro Reipub. salute Colonias, quam etiam in magnis illis universæ Reipub. quasi castris eum præcipue situm obtinuisse, quem in castris *Strigæ*. Tendunt enim apud Gromaticos scriptores turmæ illæ, quæ alterutrum Prætorii latus occupant, *retendunt* fortasse illæ, quæ *pone*; at *prætendunt* certe illæ, quæ *præ* Prætorio hosti objiciuntur, et *portæ Prætoriæ*. Sequitur itaque, ut quamcumque habuerint in fronte metam, ea etiam *Striga* appellanda sit.

§ VI. Porro inter agrorum limites rivos numerat Siculus Flaccus, flumina Frontinus, de privatorum colonorum præcipue limitibus intelligendi. Id tamen longe potiori ratione in castrametatione erat prætenturisque limitari eis necessarium. Duplicem enim castris utilitatem præstabat fluvius, tam aquæ illam,

quam etiam munitionis. Proinde eam operam dederunt periti Imperatores, etiam in castris tumultuariis, ut unam saltem castrorum metam fluvius allueret. In *stativis* autem castris limitaneisque, quorum et locus posset eligi, quæque ipsa defensionis potius, quam oppugnationis causa conderentur, id observasse veteres, est adhuc longe verisimilius. Sunt enim fluvii quasi nativi quidam provinciarum termini ab ipso Numine instituti, poteratque hostis in ipsa *fluvii* transmissione opprimi facilius, quam si cum illo in aperte esset liberoque campo congrediendum. Id certum veteres, ut alia loca impedita, sic et fluviorum vada munire solitos. Et quo major erat fluvius, minusque vadosus, eo munitiorem credebant, aptioremque hostibus arcendis, eo etiam, si hostis tra isisset, faciliorem suorum in munita loca receptum. Non est itaque quod Geographorum scrinia compilemus de fluviis provinciarum terminis. Ubique enim occurrunt exempla. Ne longius abeamus, Romani, de quo agimus, imperii limites insignes habemus fluvios. Galliam defendebat adversus Germanos terminabatque Rhenus Syriam in Parthos Euphrates. Quidni itaque dicamus et Illyricianarum prætenturarum limitem fuisse Danubium; nec alium quærendum esse fluvium, cujus ripam *Strigam* Lactantius appellarit ? Illum enim in fronte hostibus objectum habebant prætenturæ Illyricianæ.

§ VII. Danubium certe Romani imperii limitem veteres plerique agnoverunt. Strabo : Τριῶν δὲ ἠπείρων οὐσῶν, τὴν μὲν Εὐρώπην σχεδόν τε πᾶσαν ἔχουσι, πλὴν τῆς ἔξω τοῦ ΙΣΤΡΟΥ, καὶ τῶν μεταξὺ τοῦ Ῥήνου καὶ τοῦ Τανάϊδος παροικεανιτῶν. Rex *Agrippa* apud *Josephum* : Οὐ γὰρ ἐξήρκεσεν αὐτοῖς ὅλος Εὐφράτης ὑπὸ τὸν ἀνατολῶν, οὐδὲ τῶν προσαρκτίων ΙΣΤΡΟΣ, *etc*. Et nonnullis interpositis : Ἐν δὲ ΙΣΤΡΩ κατοικοῦντες, οὐ δυσὶ μόνοις τάγμασιν, ὑπείκουσι, μεθ᾽ ὧν αὐτοὶ τὰς Δακῶν ἀνακόπτουσιν ὁρμάς. Tacitus : Ripamque Danubii *Legionum duæ in Pannonia, duæ in Mæsia attinebant, totidem apud Dalmatiam locatis, quæ positu regionis a tergo illis*. Appianus : Ἐν δὲ τῇ Εὐρώπῃ ποταμοὶ δύο, Ῥῆνός τε καὶ ΙΣΤΡΟΣ μάλιστα τῶν Ῥωμαίων ἀρχὴν ὁρίζουσι. Sic et post Diocletiani tempora Festus Rufus Romani imperii metam ad Danubium usque protendit, provinciarumque limitanearum terminum ipsum semper Danubium designat. Inde tot habemus ex ea parte provincias Ripenses, ita scilicet cognominatas, ut ab aliis ejusdem nominis provinciis mediterraneis distinguerentur. Ripensem Daciam agnoscunt omnes, cui et Valeriam Noricumque accenset Imperii Notitia ipsas quoque *Ripenses*. Sed et Saviam sive Pannoniam secundam Ripariensem, a præsidiis, ni fallor, *Ripariis* ita cognominatam. *Ripam* enim Danubii obsidebant illa præsidia. *Sub dispositione ducis Valeriæ Ripensis equites* legimus *Dalmatas* in loco, cui *Ripa alta* nomen, ab illa procul dubio ripa Danubii. Sub dispositione ducis *Provinciæ Rhætiæ primæ et secundæ : præfectum legionis tertiæ Italicæ partis superioris deputatæ Ripæ primæ Submontorio*. Ad illam certe ripam excubias egit sub Diocletiano Galerius. Ita enim queritur ille apud Lactantium, *fluvisse annos quindecim ex quo in Illyricum, vel ad ripam Danubii relegatus, cum gentibus barbaris luctaret, cum alii intra laxiores et quietiores terras delicate imperarent*. Pro eadem norma et *Rheni ripæ præfectum* memorat Tacitus. Idem Tacitus ostendit duas illas legiones, quibus limitum illorum tutelam creditam testatur tam ipse, quam rex etiam Agrippa, in Pannonia fuisse collocatas. Ita non erit quod miremur, Pannonicos præcipuæ milites, utpote vetustissimos illorum finium propugnatores, cognominatos esse *Riparios*. Inde Ripariensis audiebat Pannonia illa potius, quam *Ripensis*.

§ VIII. Idem produnt et *stativa* castra in nostra, de qua agimus, Danubii *ripa* longe frequentissima. Hosti enim certe limitibus propinqua illa oportuit fuisse castra, quæ hostium arcendorum causa instituerentur. Idem ipsæ etiam Historiæ. Pulsi ab Hunnis Gothi Danubium transmittere non audebant, ni veniam prius a Romano Imperatore Valente impetrassent. Nempe id quo minus auderent, in causa erant Præsidia limitanea. Ταῖς ὄχθαις ἐπιτεταγμένους 'Ρωμαίων appellat Eunapius, quos *Ripæ Præfectos* Tacitus. Ita igitur *Ripam* eam obsidebant illa Præsidia, ut locum transmittendi nullum vacuum relinquerent. Sic enim Imperii romani limites solebant ambire Prætenturæ. Id discimus ex Anonymi Libello *de rebus Bellicis*. Sic enim ille; *Est præterea inter commoda Reip. utilis limitum cura ambientium ubique latus imperii, quorum tutelæ assidua melius castella prospicient, ita ut millenis interjecta passibus stabili muro et firmissimis turribus erigantur. Quas quidem munitiones possessorum distributa sollicitudo sine publico sumptu constituat, vigiliis in his et agrariis exercendis, ut provinciarum quies circumdata quadam præsidii cingulo requiescat.* Ea itaque conditione agros Colonjarum distribuebant Duumviri, ut propriis Colonorum sumptibus, et muniendi essent Coloniarum fines atque propugnandi. Idem nempe illud Romanorum Colonorum fere jus, quod apud Turcas Timariotarum, apud nostros, *servitii militaris*. Proprium autem id fortasse Romanorum, quod imperii fines universos firmioribus præsidiis munirent, quam nostri castra, in ipso etiam Belli procinctu, perpetuo nimirum stabilique muro, turribus etiam, seu castellis validissimis per millenorum passuum singula intervalla. Id genus munimenta habemus in nostra hodieque Britannia, in muris Adriani, Antonini, atque etiam Severi. Id etiam imitatus est recentior Offa noster in vallo illo, quod ejus retinet hodieque nomen, Angliam inter Walliamque limitaneo. Nec alio retulerim Tertulliani illa : *Maurorum gens et Getulorum barbaries a Romanis obsidentur*. De bello hæc nescio quo intelligit doctissimus Rhenanus, quod eo tempore viguerit, quo scripserit hæc Tertullianus. Atqui altum apud illius sæculi Scriptores de Bello illo silentium. Nec includendis intra suos fines hostibus, sed vero potius ut e Romanis finibus excluderentur, omnis illa instituta est obsidio, *ne regionum*, inquit Tertullianus, *suarum fines excedant*; idcirco *legionum suarum præsidiis imperium suum muniisse Romanos*. Prætenturarum hoc in loco formam repræsentat, uti dixi, omnino Tertullianus, quæ tamen ipsa a Castrorum obsidionalium forma non prorsus abhorreret. Nempe duplicem, quem dixi, usum præstabant Castra obsidionalia, non modo hostes ut obsessos *includerent*, sed ut externorum quoque hostium auxilia *excluderent*. Sic enim Castrorum illorum externum quoque limitem solebant munire Romani, ut et inde hostem, etiam viribus alioqui parem, facile repellerent. Ita ipsum quoque Annibalem repulerunt in obsidione Capuana, et *Gallorum* exercitum numerosissimum Cæsar in obsidione Vercingetorigis Alesiensi. Nempe illum etiam externum limitem vallo munitissimum habebant, turribusque certo sibi invicem intervallo respondentibus. Externum itaque Castrorum obsidionalium limitem referebant Prætenturæ.

§ IX. Ita dum Prætenturarum disciplina illa vigeret, illæsi erant Romanorum fines, hostesque barbaros etiam ferocissimos sustinebant. Detraxit illas *Valens, Gothisque* credidit, et Romanos Barbaris facilem deinde prædam exposuit. Veterum tamen limitum, etiam in illa, quæ secuta est, hostium eluvione, vestigia constabant. Provinciam ab Attila Romanis exceptam ita circumscribit Priscus : εἶναι τὸ μῆκος αὐτῆς κατὰ τὸ ῥεῦμα τοῦ ΙΣΤΡΟΥ ἀπὸ τῆς Παιόνων ἄχρι Νόβων τῶν Θρακίων, τὸ δὲ βάθος πέντε ἡμερῶν ὁδὸν : *Longitudinem* itaque *provinciæ Romanæ* prætendebat Danubius, quam *Longitudinis* metam STRIGAM appellari diximus. Proinde et commercii locum mutavit Attila, eodem auctore Prisco : καὶ τὴν ἀγοράν, τὴν ἐν Ἰλλυριοῖς, μὴ πρὸς τῇ ὄχθῃ τοῦ ΙΣΤΡΟΥ ποταμοῦ γίνεσθαι, ὥσπερ καὶ πάλαι, ἀλλ' ἐν Ναΐσσῳ, ἣ ὅριον ὡς ἐπ' αὐτοῦ δηωθεῖσαν, τῆς Σκυθῶν καὶ Ρωμαίων ἐτίθετο γῆς. Ecquis est, qui non videat in ipsis finibus imperii constituta hæc fuisse commercii loca, cum et ipsa Naissum propterea huic commercio designarit Attila, quod novæ suæ provinciæ fuisset finis? Ecquis non proinde videat, cum antiquus commercii locus fuisset ripa Danubii, id propterea esse factum, quod etiam antiquus fuisset imperii limes? Recte itaque conjicit Pater Oxoniensis in Strigonii urbis nomine RIPÆ STRIGÆ memoriam hodieque constare, quæ et ipsa ad *Danubii Ripam* sita est.

§ X. Hæc cum ita se habuerint, caute tamen fateor ista subjunxisse Appianum : Ὅροι μὲν οὗτοι κατ' ἤπειρον, ὡς ἐγγύτατα ἐλθεῖν τοῦ ἀκριβοῦς. Tam enim Rhenum, quam Euphratem, quam ipsum Danubium, superarunt aliquando Romani. Provinciam Transdanubiarum Daciam tenebani, cum illa scriberet Appianus, a Trajano nempe debellatam. Addidit Marcomannos Quadosque Marcus, quos et præsidiis occupaverat. Marci tamen illa præsidia detraxit statim a Marci morte Commodus. Trajani erat provincia longe diuturnior. Sed et illam præsidiis ultro nudavit Aurelianus ante Diocletianum, traductis alio colonis. Ita nihil erat quod obstaret, quominus accuratissime posset hæc *Ripa striga* appellari sub Diocletiano. Et tamen raro admodum Prætenturarum jam fixos limites poterant superare Romani. Observavit id de suis Aforum prætenturis, quo dixi loco, Tertullianus. *Nec trans istas*, inquit, *gentes porrigere vires regni sui possunt*. Id si etiam in Africa verum fuerit, longe certe potiori ratione in *ripa* Danubii. Ita sensit procul dubio Aurelianus, quem tamen victoriosissimum, idque merito, appellant nummi atque inscriptiones. Tantus imperator, totque barbarorum spoliis triumphisque decoratus, credidit nihilominus Transdanubiana ne quidem posse defendi. Nec enim ullibi Barbarorum impetus frequentiores fortioresve sustinuere Romani, et quidem alea *belli* admodum incerta.

§ XI. Quid quod ea etiam ætate viguerit, opinio dicam, an potius superstitio? qualiscumque tamen, illa certe viguit : ut fundorum, ita et imperiorum terminos fuisse sacros atque fatales, quos nemo violare posset impune. Proinde tactum fulmine Capanea, quod sacros Thebarum muros auderet primus irrumpere; cæsum Protesilaum, quod sacra Neptuno littora primus hostium insilire. Piaculo innexus credebatur, et sacram quamdam Nemesim seu Adrastiam concitare, nec facile placandam Numinis invidiam, qui metas generi humano præfixas transgrederetur. Carum de Romani imperii finibus sententia vulgo est recepta. Carum itaque imperatorem fortissimum propterea fulmine petitum censuerunt, quod fatalem illum imperii finem, Euphratem nempe, superasset. Pœnam enim illam fulminis habebant, pro manifestissimo læsi Numinis indicio. Id Cari exemplum, cum in alia adversus Persas expeditione, seu Galerii Maximiani, seu potius fortasse Juliani, animos militum minus alacres ad audendum redderet, eam proinde opinionem sibi refellendam censuit Vopiscus. Ea fuerit in causa fortasse, quod *boni* imperatores imperii limites ne vellent quidem proferre. *Consilium coercendi intra terminos imperii ab Augusto* emanasse *Tacitum* habemus auctorem. Nec alia mente Adrianum fuisse probabile est, cum jam debellatas a Trajano provincias sponte sua liberas præsidiis, nec hoste ullo cogente, relinqueret. Nec me latet tamen alio hæc referri ab Historicis, verum ingenio potius id, quam probatæ fidei monumento ullo teste, conjectantibus. Si quam igitur habuerint unquam Illyricanæ Diœceseos metam aliam, quam Danubium, raro tamen id contigisse consentaneum est. Ita constans earum partium fixusque limes illa fuit, quam dixi, *ripa* Danubii. In ea prætenturæ et prætenturarum perpetua munimenta. In ea *vallum*, et certis valli spatiis sibi respondentia castella. Ut alia deessent, hæc sufficiunt abunde, ut recte STRIGA possit hæc RIPA appellari. Provinciarum limitanearum plurimarum perpetua erat meta Danubius. Sed Diocletiani ætate omnium fuisse jam ostendimus.

§ XII. Porro convenit adamussim hæc *ripæ strigæ* mentio cum consilio atque itinere Diocletiani. *Mor-*

bum jam *levem* atque perpetuum ait contraxisse Lactantius, *chronicum* plane illum, non *acutum*. At chronicis morbis, præcipue *incluratis*, *gestationem* tradit utilissimam esse Celsus, qui tamen *febre careant*. Talis fuit noster ille Diocletian. Inter *gestationis* autem genera tam illam numeratquæ esset in *lectica*, quam aliam illam quæ in *navi*, vel in *portu*, vel in *flumine*, quam etiam pronuntiat omnium esse *lenissimam*. Proinde Roma Ravennam usque lectica plurimum vehebatur noster imperator. Inde ad Danubium fortasse lectica, reliquum deinde iter in navi, et secundo Danubii flumine, per Pontum Euxinum usque ad Nicomediam. Tractus ille universus infirmo corpori erat sane saluberrimus; nec alium ullum ita tutum possumus et innocuum reperire, aut in itinere tam longo tædii cum salubritate minoris. Cum autem, pro more fluviorum, huc illuc flecteretur sæpe Danubius, ideo *per circuitum Ripæ strigæ Nicomediam venisse* dicitur. Nec vero *corpori curando* duntaxat hoc inserviebat iter; erat etiam *imperatorium*. Ita potuit lustrare præsidia limitanea, in illis præsertim partibus, quibus frequentissimum imminebat ab hoste periculum. Quam illis partibus metuerit, testes sunt multæ in *Illyrico* datæ leges, et præfectus Cæsar omnium pugnacissimus.

HENRICI DODWELLI

CHRONOLOGIA PERSECUTIONUM,

ITEM

STEPHANI BALUZII

CHRONOLOGIA DIOCLETIANEA,

PROUT RATIO TEMPORUM EXEGIT, INTERMIXTÆ. ADDITI SUNT INSUPER CUJUSQUE ANNI CONSULES, ALIIQUE RERUM EVENTUS.

AN. LXV.

Anno Domini secundum Æram Vulgarem, LXIV.
Coss. C. Lecanius Bassus.
M. Licinius Crassus. *Pagi*.
Persecutio Neronis in christianos; ipsisque imputat incendium ab ipso Romæ excitatum ex Tacito. DODWELL. — 19 junii SS. Gervasius et Protasius Mediolani martyrio coronati.

LXVI.

Coss. C. Suetonius Paulinus.
L. Pontius Telesinus.
SS. Petrus et Paulus morti addicti 29 junii: ille per crucem, hic per gladium. LENGLET.

XCV.

Coss. Domitianus Aug. xvii.
T. Flavius Clemens. *Pagi*.
Persecutio Domitiani post. septembr. 13 incoepit, ex Brutio. DODWELL.—Qua in persecutione morti addictus est a Domitiano T. Flavius Clemens consul ob religionem.

XCVI.

Coss. C. Fulvius Valens.
C. Antistius Vetus. *Pagi*.
Revocavit christianos ab exilio Domitianus paulo ante septemb. 18. Necdum enim redierant exules ante novum edictum Nervæ. DODW.

XCVII.

Coss. M. Cocceius Nerva III.
T. Virginius Rufus.
Nerva imperator statuas omnes Domitiani sustulit. Accusatos christianismi absolvit; vetuitque quemquam eo nomine accusari. LENGLET.

CVII.

Coss. C. Sosius Senecius IV.
L. Licinius Sura III. *Pagi*.
Persecutio sub Trajano, qua passus est Ignatius, ex actis ejus. S. Simeon episcopus Hierosol. martyrio afficitur. Pax reddita hoc ipso anno. Plinii et Arii Antonini persecutiones hoc ipso etiam fortasse anno. DODWELL.

CVIII.

Coss. Ap. Annius Trebonianus Gallus.
M. Atilius Metilius Bradua. *Pagi*.
Post Ignatii mortem, quæ decembri mense die xx, anni superioris contigerat, cum nuntium de morte in Asia accepisset, necdum tamen *gesta Ignatii* haberet explorata, epistolam scripsit ad Philippenses Polycarpus. DODW.— Evaristus papa martyrio coronatur.

CIX.

Coss. A. Cornelius Palma.
C. Calvisius Tullus.
Onesimus, S. Pauli discipulus, Ephesiorum episcopus, in carcerem conjicitur, et Romæ lapidibus obruitur. LENGLET.

CXVI.

Coss. Æmilianus.
L. Antistius Verus. *Pagi*.
Passus Simeon Cleophæ, et extincta est familia Davidis. DODWELL.

CLIII.

Coss. C. Bruttius Præsens.
A. Junius Rufinus. *Pagi*.
Edictum Antonini Pii pro christianis, si forte fuerit Pii. DODWELL.

CLXI.

Coss. M. Ælius Aurelius Verus Cæsar. III.
L. Ælius Commodus II. *Pagi*.
Idem edictum, si Marco potius sit, quam Pio tribuendum. DODWELL.

CLXVII.

Coss. L. Aurelius Verus Aug. III.
Quadratus. *Pagi*.
Persecutio Gallorum Lugdunensium Viennensiumque sub Marco. DODWELL.

CLXVIII.
Coss. L. Vettius Paulus.
T. Junius Montanus. *Pagi.*
Athenagoræ legatio pro Christianis post reditum Lucii. DODWELL.

CLXX.
Coss. M. Cornelius Cethegus.
C. Erucius Clarus. *Pagi.*
Melitonis Sardensis et Apollinaris Hierapolitani apologiæ. DODWELL.

CCII.
Coss. L. Septimius Severus Aug. III.
Aurelius Antoninus Caracalla Aug. *Pagi.*
Post VIII Id. April. ante Solstitium incœpit persecutio Severi. Annus XVII ætatis Origenis. DODWELL.

CCIII.
Coss. L. Fulvius Plautianus.
P. Septimius Geta. *Pagi.*
Annus XVIII Origenis, hujus persecutionis secundus. DODWELL.

CCIV.
Coss. L. Fabius Cilo II.
M. Annius Libo. *Pagi.*
Anno *seculari* ineunte, desiit hæc Severi persecutio. DODWELL.

CCXXXV.
Coss. Severus.
Quinctianus. *Pagi.*
Sub finem anni persecutio Maximini. Persecutio in Asia. DODWELL.

CCXXXVI.
Coss. C. Julius Verus Maximinus Aug.
Julius Africanus. *Pagi.*
Initio anni finis persecutionis. Defecerunt in Africa Gordiani mense Maio, in Italia Senatus. DODWELL.

CCXXXVII.
Coss. L. Ovinius Cornelianus.
P. Titius Perpetuus. *Pagi.*
Mense Junio occisi in Africa Gordiani. Mense Julio Augustum imperium susceperunt Maximus et Balbinus; Cæsareum Gordianus tertius. DODWELL.

CCXXXVIII.
Coss. Pius.
Pontianus. *Pagi.*
Ludis Capitolinis, ante Jun. 22 occisi Maximus et Balbinus. Augustum imperium suscepit Gordianus. DODWELL.

CCXLVIII.
Coss. M. Julius Philippus Aug. III.
M. Julius Philippus Aug. II. *Pagi.*
Persecutio Alexandrina in fine anni. DODWELL.

CCXLIX.
Coss. Fulvius Æmilianus II.
Vectius Aquilinus. *Pagi.*
Sub finem anni incœpit cum imperio Decii persecutio. In Africa saltem hujusque incruenta. DODWELL.

CCL.
Coss. Cn. Messius Quintus Trajanus Decius Aug. II.
Annius Gratus. *Pagi.*
Initio Aprilis ad cædes progressa est persecutio in Africa, confestim facta remissior. Persecutionis Alexandrinæ anni secundi maxima pars in hunc annum incidit. DODWELL.

CCLI.
Coss. Cn. Trajanus Decius Aug. III.
Q. Herennius Etruscus Decius Cæsar. *Pagi.*
Tertius annus persecutionis Alexandrinæ. Remissa persecutio tam Alexandriæ, quam etiam in Africa. DODWELL.

CCLII.
Coss. C. Vibius Trebonianus Gallus Aug. II.
C. Vibius Volusianus Cæsar. *Pagi.*
Lues sub Gallo, ejusdemque persecutio brevissima. DODWELL.

CCLVII.
Coss. P. Licinius Valerianus Aug. IV.
P. Licinius Gallienus Aug. III. *Pagi.*
Sub initium Augusti persecutio Valeriani, sed sine martyriis. DODWELL.

CCLVIII.
Coss. M. Aurelius Memmius Tuscus.
Bassus. *Pagi.*
Sub initium Augusti edictum Valeriani de pœna capitis. DODWELL.

CCLXI.
Coss. Gallienus Aug. IV.
Petronius Volusianus. *Pagi.*
Purpuram arripuit in Ægypto Æmilianus. Revocata in reliquo imperio Valeriani persecutio a Gallieno. DODWELL.

CCLXII.
Coss. P. Licinius Gallienus Aug. V.
Faustinus. *Pagi.*
Revocata a Gallieno eadem persecutio in Ægypto, capto jam Æmiliano. DODWELL.

CCLXXV.
Coss. L. Domitius Aurelianus Aug. IV.
T. Avonius Marcellinus. *Pagi.*
Sub initium anni, sub finem Aureliani, emissa ab eo persecutionis edicta. DODWELL.

CCLXXXIV.
Coss. Imp. M. Aurelius Carinus II.
Imp. M. Aur. Numerianus II. SPARK.
Suffecti secundum Lidyati computum.

Kal. Maiis vel Octob. } Val Diocletianus. Annius Bassus.
Kal. sept.: vel novemb.: } M. Aur. Val. Maximianus. M. Junius Maximus. IDEM.

Diocletianus levatur Imperator die XVII septembris. Hoc anno incipit æra Diocletianea, vel æra martyrum, die XXIX mensis Augusti, quo incipit annus Ægyptiorum, qui etiam nunc ea utuntur æra. LENGLET.

CCLXXXV.
Coss. Valerius Diocletianus II.
Aristobolus. SPARK.
Maximianus Herculius a Diocletiano creatur Cæsar.

CCLXXXVI.
Coss. M. Junius Maximus II.
Vettius Aquilinus.
Kalendis Aprilis Augustus creatur Maximianus Herculius, ac proinde in consortium Imperii appellatur a Diocletiano. Maximianus Thebæam legionem martyrio donat. LENGLET.

CCXCII.
Coss. Annibalianus.
Asclepiodotus.
Kalendis Martiis Diocletianus et Maximianus adoptant Constantium cognomento Chlorum et Galerium, Maximianum cognomento Armentarium, eosque nuncupant Cæsares. Constantius repudiat Helenam, ex qua Constantinum, cui postea Magno cognomen hæsit, susceperat, et Theodoram Herculii privignam ducit. Galerius, repudiata quoque conjuge, Valeriam Diocletiani et Priscæ Augustæ filiam accepit uxorem. BALUZIUS.

CCXCIII.
Coss. Imp. Val. Diocletianus V.
Maximianus Herculius IV.
Constantius Chlorus ex Batavia et Belgio Francos pellit, quos mittit ad Suessiones et ad Rhemos. LENGLET.

CCXCVII.
Coss. Maximianus Herculius V.
Galerius Maximianus Cæsar II. SPARK.
Narseus Rex Persarum vincit ac fugat in Mesopotamia Galerium, ac postea in Armenia.
Nisibim venit Diocletianus. Narseus victus fugatusque est a Galerio, et conjux filiæque ejus captæ, cum maxima pudicitiæ custodia reservatæ sunt ad attgendam triumphi pompam. Capta magna præda cum ingentibus manubiis. BALUZIUS.

CCCL.
Coss. Postumius Titianus II.
Fl. Popilius Nepotianus. SPARK.
Prima Diocletiani persecutio in milites. DODWELL.
Constantius vincit Germanos in Lingonibus, quo processerant.

CCCI.
Coss. Fl. Val. Constantius Cæsar IV.
Galerius Max. Arment. IV.
Diocletianus e Nicomedia, ubi tum regia sedes erat, in Orientem profectus, illic substitit usque ad hyemem. Tum vero Nicomediam redux, ibi cum Galerio consultavit de bello christianis inferendo. — BALUZIUS.
Victus a Galerio Narseus Persarum rex. DODWELL.

CCCII.
Coss. Imp. Val. Diocletianus VIII.
Maximianus Herculius VII. SPARK.
Annus primus persecutionis inchoatus a Feb. 23. Nicomediæ. — DODWELL.
Persecutio adversum Christianos hoc anno commota, omnium quæ unquam fuerunt atrocissima. Initium factum a civitate Nicomediensi, cujus ecclesia eversa est VII Kalendas Martias, ipso Terminalium die. Postridie propositum est edictum Imperatorum et Cæsarum adversus christianos, ut per universum orbem sacrificare cogerentur. — BALUZIUS.
Diocletianus Romam proficiscitur, illicque vicennalia celebrat et triumphum agit de Persis. Mox facta pace, quæ in tempus Divi Constantini reservata duravit, Persæ Mesopotamiam cum Transtigritanis quinque regionibus reddiderunt, limite imperiorum super ripam Tigridis constituto. IDEM.
Gothi, trajecto Istro, vicinam provinciam invaserunt, et indigenas expulerunt. IDEM.
Diocletianus offensus nimia Romanorum dicacitate, statim post peracta vicennalia discedit, et XIII Kalendas Januarias proficiscitur Ravennam. IDEM.

CCCIV.
Coss. Imp. al. Diocletianus IX.
Maximianus Herculius VIII. SPARK.
Annus primus persecutionis absolutus ; secundus inchoatus, sed primus Eusebio. DODWELL.
Diocletianus nonum consulatum auspicatur Ravennæ. Postea in difficilem morbum incidit, cujus vi de statu mentis suæ demotus, demens factus est ; ac post æstatem, Nicomediam pervenit. Circum illic dedicavit anno post vicennalia repleto, et Idibus Decembribus, intercepto spiritu, visus est expirasse. — BALUZIUS.
Eodem tempore, quo Diocletianus nonum consulatum auspicatus est Ravennæ, Maximianus Herculius octavum iniit Romæ; et annum imperii vicesimum ingressus postea est Kalendis Aprilis. Deinde æstate ejus anni fuit in Campania. IDEM.
Fine anni Galerius Maximianus Cæsar Nicomediam venit ad Diocletianum, ut eum compelleret ad deponendum imperium, quum antea idem persuasisset Herculio. IDEM.

CCCV.
Coss. Constantius Chlorus V.
Galer. Maxim. Arment. V. SPARK.
Annus secundus persecutionis absolutus ; tertius inchoatus, sed secundus Eusebio. Purpuram deposuerunt Diocletianus et Maximianus. Nova deinde et sævior persecutio instaurata in Oriente a Galerio et Maximino, omnium deinceps Christianorum, cum antea solorum fuisset Clericorum. Agon quinquennalis Cæsareæ. Desiit persecutio in Occidente. DODWELL.
Kalendis Martiis Diocletianus apud Nicomediam processit in publicum, ut se vivum esse probaret populo. BALUZIUS.
Kalendis Maiis Diocletianus prope Nicomediam, et Maximianus Herculius Mediolani purpuram deponunt, et Constantium Galeriumque Augustos nuncupant,

A Diocletianus Galerium, Herculius Constantium.
IDEM.
Eodem die Severus et Maximinus Daza facti sunt Cæsares, nominati quidem a Galerio, sed induti, a Maximiano Severus, a Diocletiano Maximinus. Tum Diocletianus in patriam suam, hoc est, Diocleam in Dalmatia revertitur, ubi præclaro otio consenuit. Herculius in Lucaniam concessit.

CCCVI.
Coss. Constantius Chlorus VI.
Galer. Maxim. Arment. VI. SPARK.
Annus tertius persecutionis absolutus, quartus inchoatus. Incoepit Cæsareæ nova illa persecutio Maximini, quæ omnes cogebat sacrificare. DODWELL.
Constantius Augustus filium suum Constantinum repetit a Galerio, apud quem velut obses tenebatur. Is ergo in Galliam profectus, ad patrem in extremis agentem pervenit XII Kalendas Augusti. Quatriduo post Constantius extinguitur Eboraci in Britannia : cui successit Constantinus, cum patris suprema voluntate, tum militum consensu, qui ei purpuram injecerunt. BALUZIUS.
Imago laureata Constantini defertur ad Galerium. Ille vero purpuram ad eum misit, Cæsaremque nuncupavit VIII Kalendas Januarias, quam aut eodem die, aut paulo ante Severum Augustum dixisset. IDEM.
Edictum emittit Constantinus in gratiam christianorum.
Interim, quum imagines Constantini Romam allatæ essent, Maxentius Herculii filius, patre diu retractante, imperium invadit VI Kalendas Novembris ; et patrem, qui tum in Campania erat, ad se vocans, eumque bis Augustum nominans, consortem imperii facit. IDEM.
Maxentius purpuram Augusteam usurpat; Romam ac Italiam sibi subjicit die Octobris XXVIII.

CCCVII.
Coss. Maximianus Herculius IX.
Constantinus Cæsar. SPARK.
Annus quartus persecutionis absolutus, quintus inchoatus. Cœperunt pro cædibus mutilationes. Mors Urbani Præfecti Palestinæ persecutoris. DODWELL.
Galerius Maximianus Severum Augustum, cui Italiæ custodia demandata fuerat, exercitum jubet ducere adversus Maxentium. Ille vero statim Romam obsidet, Ravennam fugit, ad Tres tabernas (a) extinguitur, ut videtur, circa mensem Aprilem.
Maximianus Herculius bis Augustus in Gallias proficiscitur, ubi Constantinum, qui hactenus Cæsaris appellatione contentus fuerat, Augustum nuncupat pridie Kalendas Aprilis, et eidem in matrimonium locat filiam suam Faustam. BALUZIUS.
Interea Galerius Maximianus immensum exercitum ducit in Italiam, mortem Severi vindicaturus. Romam frustra obsidet, et redit inglorius in Illyricum.
IDEM.
Tum vero Herculius e Gallia redux, filium Maxentium denudare conatus in concione, convicia militum tulit; et urbe Italiaque pulsus, rursus ad Constantinum pergit in Gallias. Ille aliquantulum moratus, mox Carnuntum in Pannonia ad Galerium profectus,

(a) *Ad Tres tabernas.* Id est, scribente Græce in eadem materia Zosimo, lib. II Hist., εἴς τι χωρίον ἐλθών ᾧ Τρίx καπηλεῖα προσηγορία. Ad verbum igitur, *ubi ad quemdam locum venisset, cui* TRES CAUPONÆ *nomen sunt, vel erant.* Est enim unice τὸ καπηλεῖον doctis omnibus, sive veteribus, sive recentioribus, quos potuerim videre, *caupona*, aut *popina*. Neque aliter vel hoc loco nuperus nostras Diocletianeæ Chronologiæ Interpres, *meurt aux trois Tavernes* ; vel Isidorus Pelusiota et Grotius ad Act. XXVIII, 15 : ἐξῆλθον εἰς ἀπάντησιν ἡμῖν ἄχρις Ἀππίου φόρου καὶ τριῶν ταβερνῶν. Et so enim tamen Genevensibus versionibus Gallicis *tres Lucæ tabernas*, simpliciter per *trois boutiques*, non cum Lovaniensibus et aliis, per *trois tavernes* interpretari : *Ils vinrent au-devant de nous aux marché d'Appius et aux Trois boutiques.*

ibi Diocletianum invenit, interfuitque iii Idus Novembris nuncupationi Licinii Augusti, quem Galerius Maximianus substituit in locum Severi. Cum vero frustra Diocletianum hortatus esset ad resumendum imperium, ab eo repudiatus rediit in Galliam, ubi iterum deposuit imperium, ac postea illic reliquum vitae suae egit. IDEM.

CCCVIII.
Coss. Maximianus Herculius x.
Galerius Max. Arment. vii.

Annus quintus absolutus, sextus inchoatus. Constantinus Augustus declaratur. Firmilianus Palaestinae praeses mutilationibus, potius quam caedibus, persecutus est. Persecutio remissa a mense Augusto ad Novembrem, rursusque sub hujus anni finem novo Maximini edicto instaurata, ita tamen, ut mense Decembri redierint ad mutilationes persecutores.
DODWELL.
Maximianus Herculius X et Galerius Maximianus VII consules fuere, constituta jam concordia inter eos et Maxentium. BALUZIUS.
20. Aprilis Maxentius Consul Romae declaratur; cum Romulo Herculius in Gallias fugit, ubi res novas molitur contra Constantinum.

CCCIX.
Coss. Licinius Aug. vel post Consulatum x Herculii et vii Galerii Maximiani.
Maxentius ii.
Romulus ii.

Annus sextus absolutus, septimus inchoatus. Martii 7 passus est Eubulus ultimus Martyrum Caesareensium. Inde neglectu Gentilium rediit Christianis pax.
DODWELL.

CCCX.
Coss. Maxentius iii, sine collega. SPARK.
Secundum Lydiatum.
Galerius Maxim. Armant. viii,
Coss. suffecto
Licinio Liciniano Augusto. IDEM.

Annus septimus absolutus, octavus inchoatus. Nova rursus, invidia Gentilium, orta Christianorum persecutio : verum ea brevissima, et unius impetus.
DODWELL.
Cum Franci turbarent statum Galliarum, et de eis reprimendis Constantinus cogitaret, Herculius semper inquietus, subdolus, et infidus, auctor ei fuit ne omnem exercitum secum duceret, posse barbaros a paucis debellari. Credidit Constantinus et seni et socero. Interim Herculius cupiditate imperii stimulatus, cum putaret Constantinum longius abesse, milites largitionibus et promissis sollicitat ad defectionem, thesauros invadit, et purpuram tertio induit in Belgica; et redeunte Constantino mira celeritate, timens quod meruerat, fugit in secundam Narbonensem, et se civitatis Arelatensis moenibus includit. Dein adventante Constantini exercitu, Massiliam contendit; ubi obsessus a Constantino, captus est, et increpito vita donata. Verum paulo post ejusdem Constantini jussu strangulatus est, cum deprehensus esset in insidiis quas Constantino moliebatur, ut eum perimeret. BALUZIUS.
Eodem anno Galerius Maximianus in gravem ac periculosum morbum incidit, quo per annum perpetem afflictatus est; isque morbus eum invasit, cum iniret decimum octavum imperii sui annum. IDEM.

CCCXI.
Coss. Gal. Maxim. Arment. viii.
Maximinus ii.

Annus octavus absolutus, nonus inchoatus. Edictum Galerii pro pace, inter Kal. Mart. et prid. Kal. Maias. Pax illa ne sex quidem mensium integrorum, ita ut sub finem Octobris redierit persecutio, sed et ea unius impetus, sanguinolenta. Legationes primas urbium accepit Nicomediae Maximinus. DODWELL.
Galerius semper aegrotans, admonitus morbum illum evenisse sibi propter mala quae Christianis intulerat, edicto proposito persecutionem quiescere jussit anno postquam coeperat octavo. Tum apertis carceribus, christiani qui illic detinebantur, abire permissi sunt. Paulo post Galerius moritur Sardicae, mense, ut videtur, Maio, cum prius Licinio Valeriam conjugem filiumque Candidianum commendasset, atque in manibus tradidisset. Sed hi cum comitatum Maximini infeliciter praetulissent, miserandam sortem habuerunt, ut postea dicetur. BALUZIUS.
Maxentius bellum Constantino indicit, quasi necem patris sui Herculii vindicaturus.
Bellum inde inter Licinium et Maximinum de imperio certantes. Sed conditionibus certis pax et amicitia componitur in Bosphoro Thracio, ubi constitutus est limes imperii utriusque. IDEM.
Maximinus postea indulgentiam communi principum consensu christianis datam tollit, subornatis legationibus civitatum, quae peterent, ne illis intra civitates suas conventicula extruere liceret. Hinc acrius in eos saevitum, donec Constantini litteris Maximinus deterreretur. IDEM.
Hoc vel sequenti anno crux in coelo Constantino apparet.

CCCXII.
Coss. Fl. Val. Constantinus Aug. ii.
Licinius Aug. ii. SPARK.

Annus nonus absolutus, decimus inchoatus. Secundae urbium legationes cum decretis adversus christianos. Maximini ad illas rescripta de pellendis ex illis urbibus christianis, earumque urbium territoriis, post mensem Maium. Persecutio nova inchoata, sed mutilationum duntaxat, et statim minis litterisque Constantini sedata adversus Maxentium moventis. Constantinus Alpes transcendit, atque copias Maxentii vincit fugatque in Taurinis aliisque in locis. Tandem juxta Romam coelitus 27 Octob. crux signum victoriae ipsi ostensa pridie quam pugnam committeret, in qua profligatur Maxentius ipse 28 Octobris, ibique in Tiberi submergitur. Constantinus victor Urbem ingreditur: primi Augusti titulus Constantino a Senatu decretus. Primum Maximini edictum pro pace.
DODWELL.
Valeria Galerii vidua in exilium jussu Maximini projecta cum matre Prisca, et in desertas Syriae solitudines relegata, patrem suum Diocletianum per occultos nuntios gnarum calamitatis suae facit. Repetenti vero eam patri Maximinus negavit. BALUZIUS.
Eodem tempore Maximiani Herculii statuae Constantini jussu revellebantur; et imagines quoque Diocletiani, quia cum Herculio pictus erat, detrahebantur. Hinc dolor Diocletiani qui paulo post fame atque angore confectus interiit iii Nonas Decembris. IDEM.
Maximinus legatos Romam ad Maxentium mittit occulte, et amicitiam cum eo facit. IDEM.
Initium indictionum aut i aut xxiv die septembris.

CCCXIII.
Coss. Fl. Val. Constantinus iii.
Licinius Augustus iii. SPARK.

Annus decimus absolutus, undecimus inchoatus. Victus a Licinio Maximinus in campo sereno die 30 Aprilis: edictum Constantini et Licinii pro pace Nicomediae propositum Jun. 13, quo tempore decennalem hanc persecutionem terminat Lactantius, num. 48. Secundum deinde Maximini pro christianis edictum.
DODWELL.
Rebus in urbe compositis, Constantinus circa xv Kalendas Februarii Roma digressus, Mediolanum contendit, ibique nuptias Constantiae sororis suae cum Licinio celebravit. Ea re peracta, Constantinus in Gallias revertitur, Licinius in Illyricum. BALUZIUS.
Interim Maximinus exercitum movet e Syria, bellum Licinio illaturus, provincias ejus occupaturus. Occurrit ei Licinius in Thracia. Pugnatur pridie Kalendas Maias in campo quem vocabant Serenum, inter Hadrianopolim videlicet et Heracleam. Victoria penes Licinium fuit. IDEM.
Diocletianus moritur hoc anno, forte Maio mense. Maximinus summa celeritate fugit Nicomediam, hinc in Cappadociam, postremo in Ciliciam, ubi mi-

serando horrendoque mortis genere extinctus est apud Tarsum. IDEM.

Fuso fugatoque Maximino, Licinius trajecit exercitum in Bithyniam; et Nicomediam ingressus die Iduum Juniarum proponi jussit edictum de restituenda Ecclesia, verboque etiam hortatus est, ut conventicula in statum pristinum redderentur.

Pax Ecclesiae data post bellum decennale. IDEM.

Licinius Valerium, Candidianum Galerii Maximini filium, Severi filium Severianum, liberos Maximini occidi jubet. IDEM.

CCCXIV.

Coss. Volusianus II.
Annianus.

Primum Constantini bellum adversus Licinium ad Cibalim in Pannonia victum die 31 octobris. Iterum pugnatur ad Mardiam in Thracia, sed aequo marte.

Pax Constantinum inter et Licinium.

Valens a Licinio Caesar eligitur, postea mutuo Augustorum consensu expellitur ac dignitate privatur.

CCCXV.

Coss. Constantinus IV.
Licinius IV.

Valeria filia Diocletiani et uxor ejus Prisca Thessalonicae capite truncantur.

Hoc anno Lactantius suum de Mortibus Persecutorum librum edidit.

CCCXVII.

Coss. Gallicanus.
Bassus.

Crispus et Constantinus Constantini Magni filii Caesares creantur, sicut et Licinianus, filius Licinii.

Nascitur Constantius filius alter Constantini et Faustae.

Hoc anno desinente, ut putamus, advocatur Nicomedia in Galliis Lactantius.

CCCXVIII.

Coss. Licinius Augustus V.
Crispus Caesar.

CCCXIX.

Coss. Constantinus Aug. V.
Licinius Junior Caesar.

Hoc anno removet a suo Palatio Christianos Licinius Augustus.

Arius in haeresim prolabitur, damnaturque in concilio centum Episcoporum.

CCCXX.

Coss. Constantinus Aug. VI.
Constantinus Caesar II.

Persecutio Liciniana ex Eusebio in Chronico.

Crispus Caesar Francos et Alamannos praelio vicit.

Hoc anno vel sequenti suas edidit Lactantius Institutiones.

CCCXXI.

Coss. Crispus Caesar II.
Constantinus Caesar.

Nazarius Romae Panegyricum Constantino dicit Kal. Martiis.

Donatistae Roma ejecti.

Constantinus de feriando die dominico sanctionem edit.

CCCXXII.

Coss. Petronius Probianus.
Anicius Julianus.

Constantinus Sarmatas in Pannonia debellat, et ibi Rex eorum Rausimondus cecidit.

CCCXXIII.

Coss. Acilius Severus.
Junius (vel Vettius) Rufinus.

Alterum bellum Constantini adversus Licinium: hic die III Julii ad Adrianopolim a Constantino debellatur.

Iterum Licinius terra vincitur a Constantino juxta Chrysopolim et Chalcedonem, et mari a Crispo Caesare in Hellesponto.

Nicomediam fugit Licinius, atque veniam petiit in praeteritum, exorante Constantia ejus uxore ac sorore Constantini. Coenae a Constantino adhibetur, atque exul Thessalonicam mittitur; ubi ejus post quosdam menses, ob res novas quas moliebatur, fauces laqueo innectuntur, atque Martinianus Caesar a Licinio creatus in Cappadocia trucidatur. (Vide Tillemont tom. IV, Imperat., pag. 195.)

Constantius Constantini filius Caesar eligitur.

CCCXXIV.

Coss. Crispus Caesar II.
Constantinus Caesar III.

Constantinus ad Arium litteras scribit, ut eum ab errore revocet.

CCCXXV.

Coss. Anicius Faustus Paulinus.
P. Cejonius Julianus.

Synodus prima universalis Nicaeae in Bithynia cogitur a 18 vel 19 Junii ad 25 Augusti; in qua damnatur Arius.

25 Julii vicennalia celebrat Constantinus.

CCCXXVI.

Coss. Constantinus August. VII.
Constantius Caesar.

Constantinus Romam petit; atque circa Julium mensem trucidari jubet Crispum Caesarem; qui falsi criminis reus agitur: morti similiter adcicitur Fausta Constantini uxor.

CCCLXII.

Coss. Fl. Mamertinus.
Fl. Nevitta.

Persecutio Juliani, cum ageret Antiochiae, sub finem Octobris, cum flagrasset simulacrum Jovis Olympii, ut colligitur ex Ammiano XXII. DODWELL.

LUCII CAECILII FIRMIANI LACTANTII

LIBER

AD DONATUM CONFESSOREM, DE MORTIBUS PERSECUTORUM.

I.

Audivit Dominus orationes tuas, Donate charissime, quas in conspectu ejus constanter fundis per dies omnes, et carissimorum fratrum, qui gloriosa con-

VARIORUM NOTAE.

Ad Donatum. Illustrem horum temporum confessorem, qui novies tormenta varia pertulit pro nomine Christi, sex annorum spatio detentus in carcere, unde emissus est extremis Galerii Maximiani temporibus, ut legitur infra cap. 16, et 25. BALUZ.

De Mortibus persecutorum. Vide Dissert. nostram

fessione sempiternam sibi coronam pro fidei suæ meritis quæsierunt. Ecce addetur his omnibus adversarius; et restituta per orbem tranquillitate, profligata nuper Ecclesia rursum exsurgit, et majore gloria templum Dei, quod ab impiis fuerat eversum, misericordia Domini fabricatur. Excitavit enim Deus principes, qui tyrannorum nefaria et cruenta imperia resciderunt, humano generi providerunt; ut jam quasi discusso transacti temporis nubilo, mentes omnium pax jocunda et serena lætificet. Nunc post tantæ tempestatis violentos turbines, placidus aër et optata lux refulsit. Nunc placatus servorum suorum precibus, Deus jacentes et afflictos cœlesti auxilio sublevat. En nunc mœrentium lacrymas, extincta impiorum conspiratione, deterget; et qui illuctati erant Deo, jacent; qui templum sanctum everterant, ruina majori ceciderunt; qui justos excarnificaverunt, cœlestibus plagis, et cruciatibus meritis nocentes animas profuderunt; serius quidem, sed graviter ac digne. Distulerat enim pœnas eorum Deus, ut ederet in eos magna et mirabilia exempla; quibus posteri discerent, et Deum esse unum, et eumdem vindicem, digna videlicet supplicia impiis ac persecutoribus irrogare. De quorum exitu scripto testificari placuit,

VARIORUM NOTÆ.

In lib. de Mortibus persecut. Ita et *mortes* dixit Lactantius plurali numero supra, lib. v, cap. 20. *Ex mortibus*, lib. vii, cap. 10. *Ita mortes duæ propositæ sunt.*

Quas in conspectu ejus..... quæsierunt. In prioribus editionibus legebatur : *Ejus per omnes horas tota die fundis, cæterorumque fratrum nostrorum, qui*, etc. Sed ex reliquiis litterarum conjicimus legendum esse, ut in textu insinuavimus. — In cod. Colb. Sic mutilus locus habetur : *Quas in conspectu ejus cons..... m... S Sim n qui glosa fessione sepit..... pro fidei..... ritis.* Sic restituit O. F. Fritzsche in sua jam nobis citata Lactantianorum operum editione : *Quas in conspectu ejus constitutus fundere soles, imo et preces sanctissimorum martyrum in sempiternam sibi coronam pro fidei suæ meritis.* Similiter Lactantius ultimis suæ Divinarum Institutionum Epitomes verbis ait : *ut possit Deo judice* PRO VIRTUTIS SUÆ MERITIS, *vel* CORONAM FIDEI, *vel præmium immortalitatis adipisci* ; et lib. VII, cap. 14, *non immortalitatem sibi, sed mortem peccatis ac libidinibus* QUÆSIERUNT. — *Quæsierunt.* Pro *acquisierunt.* Ita et lib. I Divin. Instit., cap. 20, lib. VII, cap. 14, et alibi Lact. Vide infra Not. ad cap. 18.

Addetur. Ita in ms. pro *additur;* atque sic legendum esse in præsenti. præcedens præteritum *Audivit*, et sequentia verba *exsurgit* et *fabricatur* confirmant. Verum doctissimus Joan. Bapt. Cotelerius Ecclesiæ Græcæ Monumentorum tom. II, p. 528, legendum esse monebat *adteritur*, scita antithesi ex *adteritur*, et *exsurgit*; sed minus bene.

Adversarius. Id est, diabolus; et ita vocatur a Lactantio lib. de Opificio Dei, cap. 1 : *Nam ille colluctator et* ADVERSARIUS *noster scis quam sit astutus... quæ illicere possunt, pro laqueis habet.* — O. F. Fritzsche, *Ecce deletis omnibus adversariis.*

Et restituta per orbem. In ms. deest *et*, sed locus hujus syllabæ remanet vacuus : deinde legitur *restituto per orbem*, etc., sed scriptoris errore, ubi *restituto*, pro *restituta* scriptum est.

Profligata nuper Ecclesia. Sic Lactantius dicit Divin. Instit. lib. v, c. 2, PROFLIGARE *sapientiam*; et c. 4, *omnes .. uno semel impetu* PROFLIGAREM.

Templum Dei, quod ab impiis fuerat eversum, misericordia Domini fabricatur. Templum Nicomediense, de quo Lactant. agit c. 13 et lib. v Instit. cap 2 : *Ego cum in Bithynia oratorias litteras accitus docerem, contigissetque ut eodem tempore* DEI TEMPLUM EVERTERETUR. Viden eamdem locutionem? Attamen Cuperus et Baluzius in secunda editio. per *templum* intelligunt *Cœtum Christianorum*; verum non potest dici de fidelium Societate restauranda quod *fabricatur.* Verbum istud non intelligitur nisi de opere materiali, non de congregatione fidelium et unione Christo sub primario pastore instaurata.

Principes. Constantinum et Licinium. Horum diploma vide infra n. 48.

Qui Tyrannorum nefaria et cruenta imperia resciderunt. Lactantius, lib. v Divin. Instit. cap. 11, *Rescripti* PRINCIPUM NEFARIA; lib. VII, cap. 26 : *Qui posses vera pietate aliorum male consulta* RESCINDERE.

Transacti. ms. Colb., *trisansaru*; Bun., *tristi nefarii.* O. F. Fritzsche nobiscum, *transacti.* Mox ubi ms. habet *postatæ*, Bun. legit *post atræ* : nos, *post tantæ*, cum O. F. Fritzsche, maluimus.

Precibus. Verbum istud addidimus, ut sensum clariorem eliciamus.

Et afflictos. At in ms., *ut afflictos.*

Sublevat. En nunc. Aliæ editiones legunt *Sublevavit. Nunc.* Sed propius et scrupulosius inspecto Manuscripto codice, legi *sublevat. En nunc*, quod sonat elegantius.

Deterget; et qui. Priores editi habent *detersit*; sed admoto lumine, legimus *deterget, et luit*, etc., quod ultimum verbum recte ab editoribus interpretatur *Qui.*

Illuctati. In ms. legitur *illustrati* : at unius litteræ mutatione lego *illuctati*, quasi dicas *adversati*; quod ultimum verbum erat in prioribus editis. *qui illuctati erant Deo, jacent.* Ita igitur a me restitutum : sic apud Statium reperitur participium *illuctans.* Jam vero quod ad hujusce verbi regimen attinet, infra, cap. 18, legitur quoque *luctari* cum tertio casu, etiamque *reluctari* cap. 11, et *obluctari* Virgil. III Æneid. Et Lactantius his vocibus *luctari, reluctari, luctatio, eluctatio, eluctari* sæpe utitur, lib. II cap. 20, lib. III, lib. IV cap. 25 et 50, lib. v cap. 21, lib. vi cap. 18, 23, 24. Porro verbum *jacent*, præcedenti verbo *illuctati erant* optime respondet. Auctor noster, eodem sensu, lib. vi Divin. Instit. cap. 26, dixit : *Qui cœlestis ac singularis Dei cultum tollere voluerunt, profligati* JACENT.

Justos. Id est, Christianos. Sic eos vocat Lact. lib. I cap. 1, lib. v cap. 11.

Excarnificaverunt. Sic in ms. aliæ editiones *excarnificaverunt.* At nil mutandum esse putavimus.

Serius quidem. In ms. corrupte legitur *Seruit.....*

Distulerat. In prima editione et in aliis deinceps, *profuderunt..... Distulerat.* Cætera autem verba omissa erant; quæ Nourisius recte primus ex ms. restituit. O. F. Fritzsche ponit : *Sero id quidem.*

Quibus posteri discerent. Sic habet ms. codex : itaque post *quibus*, expunxi *et*, quod est in omnibus editis.

Et eumdem vindicem, digna videlicet supplicia, etc. Ita restituendum judicavimus; in ms. enim legitur, *et eumdem vicucem digna vid... supplitia*, etc. Verum primaria editio habebat, *et eumdem mortem digna ultione superbis et impiis :* sed hæc non concordant cum scriptura manuscripti. Maxime ergo depravatus est aliarum editionum textus, quem hic ad ms. fidem accommodamus. Loco *Vicucem* supplevimus *Vindicem*, ex eo quod lib. v Divin. Instit. cap. 21 initio legitur, *Deus ipse* VINDEX *erit.*

De quorum exitu scripto testificari placuit. In ms. legitur, *de quo exitu.....tificari placuit.* Sed cum phrasis sit imperfecta, eam sic restituimus; *quorum*, loco vocis *quo*, atque post *exitu*, addidimus *scripto tes.*, quia Libellus iste tum exules vel remotos, tum posteut omnes qui procul amoti fuerunt, vel qui postea futuri sunt, scirent, quatenus virtutem ac majestatem suam in exscindendis delendisque nominis sui hostibus Deus summus ostenderet. Hinc itaque utile est, si a principio ex quo est Ecclesia constituta, qui fuerint persecutores, et quibus pœnis in eos cœlestis judicis severitas vindicaverit, exponam.

II.

Extremis temporibus Tiberii Cæsaris, ut scriptum A legimus, Dominus noster Jesus Christus a Judæis cruciatus est, post diem decimum Kalendarum Aprilium, duobus Geminis consulibus: cum resurrexisset die tertio, congregavit discipulos, quos metus comprehensionis ejus in fugam verterat; et diebus quadraginta cum his commoratus, aperuit corda eorum, et Scripturas interpretatus est, quæ usque ad id tempus obscuræ atque involutæ fuerunt. Ordinavitque eos, et instruxit ad prædicationem dogmatis ac doctrinæ suæ, disponens Testamenti novi solemnem dis-

VARIORUM NOTÆ.

ros docere debebat. Nourisius restituerat *de quo exitu palam testificari*, etc. Sed *palam*, minus apte positum est: vox *scripto* eo loci aptior est. *Exitus* vero idem est ac *Mors*. Sic infra, cap. 50, circa medium, *exitu ejus audito*, protinus *fugit*.

Procul amoti fuerunt. In ms. legitur tantum *procul moti fuerunt*, id est, in exilium pulsi, vel relegati, unde supplendam esse judicavi litteram *a*, ita ut legatur *amoti*; hinc exurgit sensus clarior. Sic apud Tacitum *amoveri in insulam*, pro in exilium pelli.

Postea futuri sunt. In ms. Hæc solum leguntur *p... turi sunt*; supplevimus juxta spatium quod exhibet ms.: alii legunt *post nos futuri sunt*; alii vero *post nos victuri sunt* : Sed elegimus verba simplicia, quæ sensum optimum juxta spatium ms. repræsentarent.

Virtutem ac majestatem suam. Et infra, cap 5 : *Adversus majestatem singularis Dei*. Lactantius Div. Instit. lib. I cap. 1 : *Majestatem Dei singularis ac veri cognovistis*, etc.; lib. III cap. 4, lib. II cap. 1 : *Singularis Dei asserere majestatem*; bis, lib. IV cap. 26 : *Virtutem majestatemque Dei singularis interpretari*; lib. VI cap. 9 : *Virtutem ac majestatem Dei singularis enarrat*; lib. V cap. 15 et 22, lib. VII frequenter, lib. IV, adhuc cap. 29, lib. VI cap. 17, lib. de Ira Dei, cap. 20, et *abjectis terrenis cultibus, majestatem Dei singularis agnoscunt*. Epitom. cap. 3 et 4. Et alibi passim.

In exscindendis delendisque, etc. In ms. legitur, *in e..... dis delendiaque* : post litteram *e* apparet pars media litteræ *x*; itaque supplevimus *exscindendis*, quam vocem usurpat infra auctor noster cap. 2, circa medium hoc modo : *Prosiluit (Nero) ad exscindendum cœleste templum delendamque justitiam;* vel supple *extinguendis*: sic Initio cap. 4C, has voces ita jungit, *ut Christianorum nomen extingueret funditusque deleret*.

Deus summus. Et cap. 47. Hasce dictiones inter Lactantii scripta centies deprehendes, lib. I Divin. Instit., cap. 1 : *Te Deus summus ad beatum Imperii culmen evexit*. Ibid. cap. 5, cap. 6, lib. II, cap. 1; lib. III. cap. 11; lib. IV, cap. 4, bis cap. 6, cap. 10, cap. 13, cap. 16; lib. VII, cap. 27; Epitom., cap. 12, cap. 28, 43, 49; bis, lib. de Ira Dei, cap. 2. Et alibi passim. Quin hæc etiam epitheta *singularis* et *summus*, inter alia (ait Baudri) Lactantium istius quoque libelli parentem esse suadeant, dubitari non potest.

Ostenderet. Forte legendum *ostenderit*: vide præcedentia.

Hinc itaque utile est, si. In ms. legitur tantum *Vinc ta.... est, si*, unde sensum formavimus in hunc modum, *hinc itaque utile est, si*, etc., idque juxta spatium ms.

Qui fuerint persecutores. In ms. est *qui fuerint.... ecutores....* deficientibus 4 litteris ante *ecutores*. Hunc itaque locum sic restituendum esse existimo, *qui fuerint persecutores*. Parisiensis editio an. 1710 habet *fuerunt*, quod contrarium est ms. codici, et stare non potest *cum vindicaverit* quod sequitur. Hæc editio legit *fuerunt auctores*, sed male. Nam que in ms. clare scriptum est *fuerint*: deinde male *auctores* scribit, cum appareat pars inferior litteræ *p*, et superior litteræ *s*.

Itaque legendum est *persecutores*. Vide specimen supra positum.

In eos... vindicaverit. Lactantius noster, lib. II D. vin. Instit., cap. 4 : *In sacrilegos vindicaverunt;* et lib. IV, cap. 17. *Ego vindicabo in eum*.

Jesus Christus.... cruciatus est : Id est cruci affixus. Eodem sensu utitur eadem voce Lactantius Div. Instit. lib. I, cap. 16. *Ab hominibus insigni supplicio affectum et excruciatum;* lib. IV, cap. 18, et Epitom. Div. Instit. cap. 18. *Et cruciaverunt illum in humilitate magna ;* lib. IV, cap. 22, *ut mortalis occissus... Deum ab hominibus esse cruciatum;* et Epitom. cap. 18: *Cum igitur ad dexteram Dei sedeat, calcaturus inimicos suos qui eum cruciaverunt*. Sic lib. IV, cap. 16, *cruciando*, eodem sensu.

Post diem decimum Kalendarum Aprilium. Ms. habet Aprilium, non Aprilis. Lactantius, lib. IV Div. Instit., cap. 10 : *Duobus Geminis consulibus ante diem decimum Kalendarum Aprilium Judæi Christum cruci affixerunt;* quod idem est. Vide supra Not. lib. IV ad finem capitis 10. Est elliptica locutio, quam supplere possis, *post exortum diem decimum Kalendarum Aprilium, sive post eum diem inceptum*. Ita verba Christi, *Post tres dies resurgam*, Marc. VIII, 31, a plerisque doctioribus exponuntur *dia tertio*, vel *postquam venerit dies tertius*. Partim ex JOANNE COLUMBO.

Sed *post diem decimum Kalendarum Aprilium*, et *ante diem decimum Kalend. Aprilium* idem esse ac *die decimo Kalendarum*, postea in nostra ad hunc librum Dissertatione abunde demonstrabimus, ex ipso Lactantio aliisque. Eam consulere non te pigeat.

Duobus Geminis Consulibus. Hoc assignat Institutionum libro IV, cap. 10, anno Tiberii quintodecimo. Id quidem convenienter consulatui duorum Geminorum. At observa, Lector, quam immaniter inde hallucinetur. Tiberius annum imperii quintum decimum iniit anno 28 æræ vulgaris. Hoc ipso Tiberii anno Joannes Baptista, uti apud Lucam cap. III, 1, 2, 3, legimus, pœnitentiam prædicare cœpit. Erat is juxta nostrum Lactantium Tiberii annus quintus decimus. Baptizatus itaque Christus die sexto Januarii, consulibus duobus Geminis anno æræ vulg. 29, et passus die vigesimo tertio mensis martii insequentis, nonnisi per duos menses ac dimidium ea omnia peregit, quæ ab ipsius baptismo ad mortem usque referuntur. Quod quidem portentosum est dictu, quamvis ab aliis multis Veterum inconsulte pronuntiatum fuerit, ac Fastis Idatianis infartum. Quid enim tandem fiet de quatuor Paschatibus, quibus Servatoris ministerium apud Evangelistas distinguitur? etc. Hæc Doctiss. Nic. Toinardus Aurelianensis.

Comprehensionis. Eadem significatione bis offendes *comprehensi* et *comprehendat*, Divin. Instit. lib. VII, cap. 17 et infra, cap. 15.

Ordinavitque eos, et instruxit ad prædicationem dogmatis ac doctrinæ suæ. Lactantius, lib. IV Divin. Instit. cap. 21, et Epitom. cap. 47 : *Ordinata vero discipulis Evangelii ac nominis sui prædicatione;* vel juxta mss. codices Jun. et Goth., *Ordinata discipulis suis evangelica doctrina;* et mox, *prædicaverunt*.

ciplinam. Quo officio repleto, circumvolvit eum procella nubis, et subtractum oculis hominum rapuit in cœlum. Et inde discipuli, qui tunc erant undecim, assumptis in locum Judæ proditoris Matthia et Paulo, dispersi sunt per omnem terram, ad Evangelium prædicandum, sicut illis magister Dominus imperaverat; et per annos quinque et viginti usque ad principium Neroniani imperii, per omnes provincias et civitates Ecclesiæ fundamenta miserunt. Cumque jam Nero imperaret, Petrus Romam advenit; et A editis quibusdam miraculis, quæ virtute ipsius Dei, data sibi ab eo potestate, faciebat, convertit multos ad justitiam, Deoque templum fidele ac stabile collocavit. Qua re ad Neronem delata, cum animadverteret non modo Romæ, sed ubique quotidie magnam multitudinem deficere a cultu idolorum, et ad religionem novam, damnata vetustate, transire; ut erat execrabilis ac nocens tyrannus, prosilivit ad excidendum cœleste templum, delendamque justitiam, et primus omnium persecutus Dei servos, Pe-

VARIORUM NOTÆ.

Repleto. Quod facilius in ms. legitur, quam *expleto*, quod est in editis : igitur nil mutare debuerant editores.
Rapuit in cœlum. Lactantius Div. Institut. lib. VII, cap. 17 : *Rapietur in cœlum.*
Assumptis in locum Judæ proditoris Matthia et Paulo. Ne ex his verbis inferas, Paulum una cum Matthia fuisse Judæ ab apostolis suffectum. Tantum (incuriosius paulo scribens)-Lactantius innuere voluit, loco Judæ alios duos Apostolatus munere fuisse functos, Matthiam scilicet sorte lectum (Act. I, 26), et Paulum ab ipso Christo assumptum. TOINARDUS.
Ad Evangelium prædicandum. Lactant. lib. IV, cap. 21 : *Petrus et Paulus Romæ prædicaverunt.*
Magister Dominus. Lactantius, lib. IV, cap. 21 : In nomine *Magistri Dei*, et cap. 26 necnon lib. VI, cap. 8. Et alibi passim.
Et per annos quinque et viginti, etc. A consulatu duorum Geminorum, sive ab anno æræ vulg. chr. XXIX, quo ex Lactantii hypothesi Apostoli post Pentecosten prædicaverunt ubique Evangelium, anni quidem sunt 25 completi usque ad XIII diem Octobris anni chr. LIV, quo Nero successit Claudio : at ab anno æræ chr. XXXIII, quo revera passus est Christus, ad LVIII, sunt anni 25.
Fortassis ex his viginti quinque annis, qui ad prædicationem omnium Apostolorum ex æquo pertinent, orta est opinio de 25 annis, quos quidam veteres, et innumerabile recentiorum agmen S. Petro Apostolo tribuunt in sede Romana... Si autem fas esset recedere a vulgari et in animis hominum insita opinione, et Lactantianam lubenter præferrem, id est, Petrum quidem Romæ prædicasse Evangelium facile concederem, non sub Tiberio Claudio, ut vulgo putant, sed sub Nerone Claudio. Quippe stabilita semel hac verissima (ut puto) sententia, conquiescit statim omnis disputatio absque ullo incommodo auctoritatis Romani pontificis. Neque enim longa annorum series quibus Petrus fuerit episcopus Romæ, primatum illius Ecclesiæ stabilivit, sed persona Petri, qui cathedram suam ibi collocavit, et cum suo sanguine solidavit ac confirmavit. Ex BALUZIO.
Ecclesiæ fundamenta miserunt. Id est, posuerunt ; *mittere*, pro *ponere*. Ita usurpant passim Agrimensores, *limitem mittere, mettre une borne; mittere murum aut vallum*, apud Lampridium in Vita Sept. Severi. Sed et apud Ciceronem I in Verrem *mittere in possessionem, mettre en possession;* apud Senecam legitur *mittere in Acta*, Gallice *dans les Registres;* apud Livium, *mittere urbes in servitutem, mettre les villes en servitude;* apud Statium, *corpus mittere sepulcro, mettre un corps dans le tombeau.* Apud Sidonium Apollinarem, lib. II, epist. 11, *jam semel missa fundamenta certantis amicitiæ.* Apud veterem Vulgatæ nostræ Interpretem *vinum novum in utres novos mittunt*, etc. Matth. cap. IX, 17, cap. XV, 26. — *Ecclesiæ fundamenta miserunt.* Quis, inquit Nurrius, bonæ latinitatis auctor unquam dixit, *mittere fundamenta?* is certe non est Lactantius, qui melius scripsit, *fundamenta Ecclesiæ ubique fecerunt.* Phrasin vero *fundamenta mittere*, Columbus recte confirmavit. Hieron. in Vita Hilar. : *non prius abire passi sunt, quam futuræ* *Ecclesiæ lineam mitteret;* et Ambros. lib. I Offic., cap. 29 : *Ecce mitto lapidem in fundamentum Sion*, id est, *Christum in fundamentum Ecclesiæ*, quod mox exponit : *Paulus fundamentum posuit Christum.* Etiam interpr. Irænei lib. III, cap. 28 : *Ego mitto in fundamenta Sion lapidem pretiosum.* Ita quoque Cyprianus Erasmi lib. II adv. Judæos, cap. 16, pro quo Pamelius : *immitto in fundamenta.* Etiam Curtius lib V, sect. 4 : *triginta pedes in terram turrium fundamenta demissa sunt.* BUN.
Cumque jam Nero imperaret, Petrus Romam advenit. Multi duplicem Petri adventum ad urbem Romam sub Claudio et Nerone asserunt, alii tantummodo unum sub Nerone agnoscunt; nonnulli vero heterodoxi Apostolicæ et Romanæ Ecclesiæ inimici utrumque negant, quos solide admodum confutarunt ejusdem religionis Joan. Pearsonius in Operib. posthum. et Samuel Basnagius Exercitat. Histor. ad an 44, n. 25.
TOINARD.
Convertit multos ad justitiam. Sic infra dicit *ad delendam Justitiam*, id est , religionem cultumque veri Dei. Lactantius eodem sensu dixit, lib.V, cap 7: *Reddita quidem terræ, sed paucis assignata Justitia est, quæ nihil aliud est, quam Dei unici pia et religiosa cultura;* et lib. V, cap. 12 : *invalescente Justitia;* lib. VII, cap. 16 et 26, in Epilogo et Constantinum, *Te Deus summus ad restituendum Justitiæ domicilium excitavit.* Et lib. I cap. 1 : *Per quem... Justitia et sapientia restituta est.*
Deoque templum fidele ac stabile collocavit. Infra de Nerone, Prosilivit ad excidendum cœleste templum, *delendamque justitiam*; et cap. 15 : *Nam Constantius ... verum Dei templum quod est in hominibus, incolume servavit.* Lactantius lib. IV Div. Institut. cap. 14 : *Verum templum Dei , quod non in parietibus est , sed in corde ac fide hominum , qui credunt in eum, ac vocantur fideles;* et cap. seq. : *Æternum et immortale Dei templum;* et cap. 24 : *Habeatque radicem et fundamentum , stabilisque apud homines et fixa permaneat.* Et lib. IV , cap. 10, ut constitueret Deo *templum, doceretque justitiam.*
Templum fidele. Hic et infra per *templum cœleste* intelligitur religio christiana, vel cœtus christianorum; quod ex adjunctis vocibus *fidele* et *cœleste*, recte intelligitur.
Execrabilis ac nocens tyrannus. Sic infra, cap. 4 : *Execrabile animal Decius. Nocens* est, nefarius et impius. Vox *execrabilis* sæpe apud Lactantium. Vide lib. I, cap. 24; lib. III, cap. 18; lib. VI, cap. 17 et cap. 23; lib. VII, cap. 16, etc. Epitom. cap. 63.
Ad excidendum cœleste templum. Ita Lactantius noster, lib. III Div. Institut. cap. 26, dixit *excidere vitia:* lib. VI, cap. 15 : *vitia penitus excidunt;* lib. V, cap. 3 , *veritatem penitus excidere;* et lib. de Ira Dei cap. 17 , *voluerunt eam penitus excidere.*
Delendamque justitiam. Id est, religionem christianam, cultumque veri Dei.
Primus omnium persecutus Dei servos. Sic Tertullianus, Apolog. cap. 5; S. August. l. II contra litteras Petiliani c. 92; Sulpic. Severus, lib. II de Nerone loquens : *Dignus extitit qui persecutionem in christianos primus inciperet.* A Lactantio post *omnium*, erat cum

trum cruci affixit, et Paulum interfecit. Nec tamen habuit impune; respexit enim Deus vexationem populi sui. Dejectus itaque fastigio imperii, ac devolutus a summo tyrannus impotens, nusquam repente comparuit; ut ne sepulturæ quidem locus in terra tam malæ bestiæ appareret. Unde illum quidam deliri credunt esse translatum, ac vivum reservatum, Sibylla dicente matricidam profugum a finibus esse venturum; ut quia primus persecutus est, idem etiam novissimus persequatur, et Antichristi præcedat adventum. Itaque fas est credere, sicut duos Prophetas vivos esse translatos in ultima tempora, atque initium Christi sanctum ac sempiternum, cum descendere cœperit, quod Sibyllæ futurum prænuntiant: eodem modo etiam Neronem venturum putant, ut præcursor diaboli ac prævius sit venientis ad vastationem terræ, et humani generis eversionem.

III.

Post hunc, interjectis aliquot annis, alter non minor tyrannus ortus est, qui cum exerceret injustam

VARIORUM NOTÆ.

Eusebio addendum *imperatorem*; vel *a constituta Ecclesia*. Præcesserant enim martyria SS. Joannis Baptistæ, Jacobi, et Stephani quo tempore ex Actis cap. VIII fuit magna persecutio Jerosolymis. In ms. Colb. pro *persecutus*, est *persecuto*; mendose.

Nec tamen habuit impune. Ita ms. Colb. *habuit*, ut et infra ad initium capitis 30, ubi pariter legitur in eodem ms., *habuit impune*. In posteriore loco editio Parisiensis an. 1710 et in priore priscæ editiones substituerunt *abiit*; sed perperam. Eadem enim locutione utitur Lactantius in Epitome cap. 53: *Nec ullus impune habuit quod Deum læsit*; et cap. 55: *Cur impune habent Ægyptii, qui pecudes et omnis generis bestias colunt? Habuit*, vox est inter lineas in ms. addita, sed eadem plane manu.

Respexit enim Deus vexationem populi sui. Suetonius: *Cum a Senatu Nero quæreretur ad pœnam, e palatio fugiens, ad quartum Urbis milliarium in suburbano liberti sui inter Salariam et Numentanam viam semet interficit anno ætatis suæ 32.* Quod contigit anno Christi LXVIII, die 9 Junii. TOINARD.

Nusquam repente comparuit, etc. S. Augustinus, de Civitate Dei lib. XX, cap. 19: *Nonnulli ipsum Neronem resurrecturum, et futurum Antichristum; Alii vero nec eum occisum putant: sed subtractum potius, ut putaretur occisus; et vivum occultari in vigore ipsius ætatis in qua fuit, cum crederetur extinctus, donec suo tempore reveletur, et restituatur in regnum.* Fuit illa plerorumque opinio tertio etiamque quarto sæculo, Neronem venturum ante sæculi finem, et ipsum vel fore Antichristum, vel iisdem temporibus per Occidentem sæviturum, quibus ille per Orientem. Quæ fuit etiam opinio S. Martini Turonens. et Sulpic. Severi, Dialog. 2 atque Historiæ Sacræ lib. II: *Sed multum mira hæc opinantium præsumptio*, inquit Augustinus, loco supra citato. Contra Lactantii et Sulpicii opinionem facit, quod a Plutarcho refertur in Vita Galbæ; maxime vero quod ait Suetonius, lib. VI, cap. 50: *Funeratus est impensa ducentorum millium, stragulis albis auro intextis, quibus usus Kalend. Januarii fuerat. Reliquias Ægloge et Alexandria nutrices cum Acte concubina gentili Domitiorum monumento condiderunt, quod prospicitur e campo Martio impositum colle hortorum. In eo monumento solium porphyretici marmoris superstanti Lunensi ara circumseptum est lapide Thasio.* TOINARD.

Tam malæ bestiæ. Eadem locutione utitur de tyrannis scribens infra cap. 4. Et cap. 9, de Maximiano Galerio: *Inerat huic bestiæ naturalis barbaries et feritas*; et cap. 16, 25, 32, 39 et 52. Divinarum autem Institut. lib. V, cap. 11: *Illa est vera bestia*, etc. Et cap. 23: *Postea vindicaturum se in eos Deus pollicetur, et exterminaturum bestias malas de terra*; nec non lib. VI cap. 9. Belluas etiam eos nominat, lib. V cap. 11, lib. VI c. 17.

Deliri. Ms. *deleri*.

Credunt esse translatum ac vivum reservatum. Fabula, cujus origo non obscura. Plures enim pseudonerones fuere. Primus in insula Cythno, Tacit. II histor. cap. 8; alter, cui nomen Terentio maximo, Zonaras in Tito; tertius sub Domitiano, viginti annis post Neronis mortem, Sueton. Neron. extr. Nam varius super exitu ejus rumor, pluribus vivere eum fingentibus credendibusque. BUN.

Sibylla dicente. Sic libros Sibyllinos laudare solet Lactantius, tametsi illos sciret non unius esse Sibyllæ, sed plurium. Ita ipse lib. I Div. Institut. cap. 6: *Et sunt singularum singuli libri: qui quia Sibyllæ nomine inscribuntur, unius esse creduntur. Sed et nos confuse Sibyllam dicemus, sicuti testimoniis earum fuerit abutendum.* Hi loci videntur esse ex lib. V et VI Sibyllinorum oraculorum. Vid. Not. Baluz.

A finibus. Doctissimus Janson ab Almeloven addendum esse ait *terræ*, quod excidisse putat.

Persequatur. Ita ms. sed litteris breviatis; quod melius convenit cum *præcedat*.

Itaque fas est credere. Ita restitui, apprime observata Manuscripti scriptura, in quo *fas* tantum satis apte legitur; spatium vero præcedit quinque vel sex litterarum, unde reposui *itaque*. Hæc vox spatium implere potest. Aliæ editiones habent, *nefas est credere*. Sed lectio quam sequimur, in textu consonantior mihi videtur cum ms. et cum sequentibus auctoris verbis.

Duos. ms. habet *duas*, sed male.

In ultima tempora, atque initium Christi. Post *ultima* abrasa sunt in ms. duo saltem verba. Sed cum inspecta diligenter scriptura legantur tres ultimæ litteræ vocis *atque*, tunc supplendum putavi *tempora atque*. At duo Prophetæ quorum hic habetur mentio, sunt Moses atque Elias. — *In ultima ... initium Christi.* In ultima ætate. *Initium Christi* videtur initium millenarii esse, quod Lactantius variis locis adstruxit. CELL. — *In ultima ... initium.* Ibi duo aut tria verba abrasa sunt, teste Nurrio. Num de millenario hæc intelligenda sint, incertum, quia locus mancus; et dubitat Bauldr, quia sequitur *sempiternum.* BUN.

Quod Sibyllæ futurum prænuntiant. Post *cœperit*, desunt in ms. decem circiter litteræ, usque ad *un* pronuntiant. Has existimavi suppleri posse his verbis, quæ breviatis litteris istud spatium replere possunt. Cæteræ editiones habent *prouuntiant*, quod verbum breviatim legi potest *prænuntiant*. De his porro Sibyllarum prophetiis vide lib. VII Institut. cap. 15 usque ad 20.

Ut præcursor, etc. Hic in ms. legitur solum *cursor*, atque ante vocem istam tres aut quatuor desunt litteræ, quas per istas, *ut præcursor*, supplevimus, vel per *qui præcursor*.

Humani generis. In ms. desunt litteræ duæ ultimæ *Humani*, ac priores duæ *generis*: itaque non difficile fuit eis supplere.

Aliquot. In ms. legitur *aliquod*, quod erratum frequens est in eo libro.

Alter non minor tyrannus ortus est. Ortus est, id est, imperare cœpit; Domitianus, duodecim Cæsarum postremus. TOINARD. — Domitianus *Calvus Nero* dictus a Juvenale, quem Tertullianus in Apologetico, c. 5, vocat *portionem Neronis in crudelitate*; et Eusebius, I. III Hist. eccles., c. 17: *Neronianæ impietatis et odii adversus Deum successorem.* BALUZ.

Injustam. Sic potest legi in ms., cæteræ editiones

dominationem, subjectorum tamen cervicibus incubavit quam diutissime, tutusque regnavit, donec impias manus adversus Dominum tenderet. Postquam vero ad persequendum justum populum instinctu dæmonum incitatus est, tunc traditus in manus inimicorum luit pœnas. Nec satis ad ultionem fuit, quod est interfectus : domi etiam memoria nominis ejus erasa est. Nam cum multa mirabilia opera fabricasset, cum Capitolium aliaque nobilia monumenta fecisset, Senatus ita nomen ejus persecutus est, ut neque imaginum, neque titulorum ejus relinqueret ulla vestigia, gravissimis decretis etiam mortuo notam inureret ad ignominiam sempiternam. Rescissis igitur actis tyranni, non tantum in statum pristinum Ecclesia restituta est, sed etiam multo clarius ac floridius enituit ; secutisque temporibus, quibus multi ac boni principes Romani imperii clavum regimenque tenuerunt, nullos inimicorum impetus passa, manus suas in orientem occidentemque porrexit ; ut jam nullus esset terrarum angulus tam remotus, quo non religio penetrasset ; nulla denique natio tam feris moribus vivens, ut non suscepto Dei cultu, ad justitiæ opera mitesceret. Sed enim postea longa pax rupta est.

IV.

Extitit enim post annos plurimos execrabile animal Decius, qui vexaret Ecclesiam. Quis enim justitiam, nisi malus persequatur ? Et quasi hujus rei gratia provectus esset ad illud principale fastigium, fu-

VARIORUM NOTÆ.

habent *invisam*.
Subjectorum cervicibus incubavit. Lactantius Div. Institut., l. v, c. 5 : *Soli absconditis incubarent* ; et c. 9 : *In eos totis carnificinæ suæ viribus incumbunt* ; l. vii, c. 19: *Capto mundo, cum magnis latronum exercitibus incubabit*.
Traditus in manus inimicorum luit pœnas. Domitianus mense februario anni Chr. 94 sævire cœpit. Peremptus est anno Christi 96, 14 kal. octobr. (sive die 18 septembr.), ut in confesso est apud omnes. Toinard.—Neque aliter Lactant., Divin. Instit., l. vii, de Antichristo : *Et captus, tandem scelerum suorum luat pœnas.* Idem Epitom., cap. 68.
Interfectus, domi. Sic legere maluimus cum doctissimo Cupero, quam cum cæteris, *interfectus domi*.
Memoria nominis ejus erasa est. Ed. infra, c. 52, et *erasit de terra*. Macrob., l. 1 Saturnal., c. 12 : *Octobrem vero suo nomine Domitianus invaserat : sed uti infaustum vocabulum ex omni ære vel saxo placuit eradi*. Baluz.
Cum multa mirabilia opera fabricasset. Suetonius in Domitiano : *Plurima et amplissima opera incendio absumpta restituit, in queis et capitolium, quod rursus arserat, sed omnia sub titulo tantum suo, ac sine ulla pristini auctoris memoria*. Baluz.
Neque imaginum, neque titulorum ejus, etc. Id ipsum scribit Eusebius, l. iii, c. 20 Hist. eccl. Suetonius : *Contra Senatus adeo lætatus est, ut repleta certatim Curia, non temperaret cum mortuum contumeliosissimo atque acerbissimo acclamationum genere laceraret, scalas etiam inferri, clypeosque et imagines ejus coram detrahi, et ibidem solo affigi juberet, novissime eradendos ubique titulos, abolendamque omnem memoriam decerneret*. Ex Baluz.
Relinqueret. Mss. *relinquerent*.
Gravissimis. In ms. est *gravissime*, cum majuscula initiali littera, præcedente puncto, male.
Rescissis actis tyranni. Vide supra, not. ad c. 1.
Non tantum. Sic ms. breviatis litteris *ttm* ; at in editis est, *non modo*, male.
Ecclesia restituta. Narrat Dio apud Xiphilinum, Nervam omnes, qui impietatis in deos rei fuerant, absolvisse, exules in patriam reduxisse, edicto insuper vetuisse, ne cui liceret aut impietatis sive Judaicæ sectæ (sic tum vocabant religionem Christi) quempiam dehinc insimulari. Ea porro occasione Joannes apostolus, qui in Patmon insulam a Domitiano fuerat relegatus, exilio solutus, Ephesum reversus est, ut ex Clemente Alexandrino recitat Eusebius lib. iii, cap. 23.
Ac. Hanc conjunctionem Heumannus putat esse delendam ut melius fluat oratio.
Boni principes. Quamvis pagani, scilicet Nerva, Trajanus, Antonini, etc., qui edicta contra christianos non promulgarunt. Lactantius in fine libri septimi Div. Instit. ad Constantinum : *Quoniam unus ex omnibus extitisti, qui præcipua virtutis et sanctitatis exem-*
pla præberes, quibus antiquorum principum gloriam, quos tamen fama inter bonos numerat, non modo æquares, sed etiam, quod est maximum, præterires, etc. De bonis Principibus, qui et libertatem credendi nostris hominibus permiserunt, et eorum ministerio in palatio et in provinciis usi sunt, eosque ad maximas dignitates evexerunt, videndus Eusebius initio libri vii Histor. eccles. Baluz.— *Boni principes*. Zozimus, lib. 1, c. 7 : *Ab hoc tempore viri boni* (ἐντεῦθεν ἄνδρες ἀγαθοί) *principatum adepti, Nerva, Trajanus, et post eum Adrianus et Antoninus Pius et par illud fratrum Verus atque Lucius, multa vitiata correxerunt.* Lactantius, l. vii, c. 16, in notis, habet egregium locum : *Quos tamen fama inter bonos numerat, quos non modo æquares, sed etiam, quod est maximum, præterires.* Baluz.
Nullos inimicorum impetus passa. Id est, fere nullos, aut levioris momenti.
Manus suas in Orientem Occidentemque porrexit. Lactantius, l. vii Div. Instit., c. 15 : *Roma... sublata Carthagine, manus suas in totum orbem terra marique porrexit.* Epitom., c. 51: *Alas suas in Orientem Occidentemque porrexit.*
Nullus terrarum angulus tam remotus, quo non religio Dei penatrasset. Lact., l. iv Div. Inst., c. 26 : *Crux potius electa est, quæ significaret illum tam conspicuum, tamque sublimem futurum, ut ad eum cognoscendum pariter et colendum, cunctæ nationes ex omni orbe concurrerent. Denique nulla gens tam inhumana est, nulla regio tam remota, cui aut passio ejus, aut sublimitas majestatis ignota sit*. Baluz.
Quo non. In ms., *co n*.
Denique natio. In ms., *denique di natio*.
Nulla denique natio, etc. In ms. post *denique*, est *di natio*. Vel est *mundi*, vel est *Dei* : quam vocem, ut superfluam, expungendam esse dicit Baluz.
Extitit post annos plurimos execrabile animal Decius, etc. Sævisse Decium statim ac imperavit, docet quoque Chronicon Paschale his verbis : *Initio imperii Decii persecutione contra christianos concitata.....* Constat Decium sub finem anni 251 ad Abrittum, sive Abrittum in prælio adversus Carpos interiisse et imperasse plus quam duos annos ; nempe ab illo temporis spatio quod est intra diem 17 junii et 19 octobris anni 249 usque ad finem novembris anni 251, atque adeo annos duos cum mensibus circiter quinque. Toinard.
Quis enim justitiam, nisi malus persequatur ? Per *justitiam* hic intellige justum populum, populum Dei, servos Dei.
Provectus esset ad illud principale fastigium. Et infra, c. 18, *sublime fastigium*, imperatoriam scilicet dignitatem. Haud secus Lactant., Div. Instit. l. vii, c. 26, ad finem, in epilogo ad Constantinum imperatorem : *Te providentia summæ divinitatis ad fastigium principale provexit.* Viden utriusque operis au-

rere protinus contra Deum coepit, ut protinus caderet. Nam profectus adversus Carpos, qui tum Daciam Moesiamque occupaverant, statimque circumventus a barbaris, et cum magna exercitus parte deletus, nec sepultura quidem potuit honorari : sed exutus ac nudus, ut hostem Dei oportebat, pabulum feris ac volucribus jacuit.

V.

Non multo post Valerianus quoque non dissimili furore correptus, impias manus in Deum intentavit; et multum, quamvis brevi tempore, justi sanguinis fudit. At illum Deus novo ac singulari poenae genere affecit, ut esset posteris documentum, adversarios Dei semper dignam scelere suo recipere mereedem. Hic captus a Persis, non modo imperium, quo fuerat insolenter usus, sed etiam libertatem, quam caeteris ademerat, perdidit, vixitque in servitute turpissime. Nam Rex Persarum Sapor, is qui eum ceperat, si quando libuerit aut vehiculum ascendere, aut equum, inclinare sibi Romanum jubebat, ac terga praebere, et imposito pede supra dorsum ejus, illud esse verum dicebat (triumphi genus) exprobrans ei cum risu, non quod in tabulis aut parietibus Romani pingerent. Ita ille dignissime triumphatus, aliquandiu vixit, ut diu barbaris Romanum nomen ludibrio ac derisui esset. Etiam hoc ei accessit ad poenam, quod cum filium haberet Imperatorem, captivitatis suae ta-

VARIORUM NOTAE.

Profectus adversus Carpos, qui tum Daciam Moesiamque occupaverant, etc. Carpos in hoc Lactantii loco, Francos in Chronico Paschal., Getas sive Gothos apud Jornandem, et Scythas apud Zozimum, eosdem esse ostendit du Cangius in notis, p. 547 ad Chronic. Pasch. TOINARD.
Adversus. In ms., *adversu*.
Carpos. Populos transdanubianos ex Ptolom. aut Gallos, juxta Cedrenum.
Deletus, nec sepultura quidem potuit honorari. Pro *nec*, mallem *ne* : sic supra, cap. 11. *Ut ne sepulturae quidem locus.... appareret*. Decii necem ultioni quoque divinae tribuunt Cyprianus initio libri de Lapsis, et ad Demetrianum, nec non Hieronymus in Zachar. xiv. Inter paludes enim victus, cum exercitu deletus est, ex Aurelio Victore.
Ut hostem Dei oportebat. Locutio Lactantiana, lib. de Ira Dei, cap. 19 : *Si est providus, ut oportet Deum*. Utrobique supple *esse*.
Non multo post Valerianus. Post septem annos. Nam anno Christi 257 saeviit, imperii sui 5. TOINARD.
Mira sunt, quae de modestia ac mansuetudine, reliquisque summis Valeriani virtutibus tradit Trebellius Pollio : quae confirmantur etiam ab Eusebio, qui lib. vii Hist. Eccles., cap. 10, illum vel ex eo maxime commendat, quod mansuetissimus, ac benignissimus fuerit erga Christianos ; additque, nullum superiorum Principum, ne illos quidem ipsos, qui palam Christiani fuisse dicuntur, tanta humanitate ac benevolentia nostros complexum esse, quantam Valerianus prae se ferebat initio principatus sui, totamque ejus familiam Christianis hominibus abundasse, ita ut Dei Ecclesia esse videretur. Sed postea immensum mutatus ab illo, crudelissime saeviit in Christianos ; ac mox secuta Dei manus, quae illum graviter afflixit. BALUZ.
In Deum. Ms., *In Deo*.
Poenae. Ms., *Pene* ; ac ideo Heuman. legit, *singulari prorsus poenae genere*.
Ut esset posteris documentum. Vide supra cap. 1, *Distulerat poenas eorum Deus, ut ederet in eos magna et mirabilia exempla, quibus posteri discerent, et Deum esse unum, et eumdem vindicem digna videlicet supplicia impiis ac persecutoribus irrogare*.
Adversarios Dei semper dignam scelere suo recipere mercedem. Semper, ita ms. legit, id est, dignam semper suo scelere mercedem Dei hostes recipere. Quamvis non de omnibus persecutoribus agat Lactantius, sed de multis, quos posteris in dignae ultionis exemplum adducere ira divina voluit. Pro *semper* antiqui editi legunt *saepe*, contra fidem ms.
Quo. Ms., *Quod*.
Sapor, is qui eum ceperat. Ita mss. Priscae editiones habent *Sapores, qui* ; male.
Inclinare sibi Romanum. Non stratoris officium exhibebat Sapori Valerianus : sed plane vicem stapedis, aut scalae illi in equum ascensuro praestabat, ut colligitur ex Actis S. Pontii Martyris, cap. 24 : *Valerianus scilicet Imperator in captivitatem ductus a Sapore, Rege Persarum, non gladio, sed ludibrio omnibus diebus vitae suae merita pro factis percepit ; ita ut quotienscumque Rex Sapor equum conscendere vellet, non manibus ejus, sed incurvato dorso, et in cervice ejus pede posito, equo membra locaret*. Similia tradit Hugo Floriacensis in Chronico : *Valerianus Dei praesidio destitutus, a Rege Persarum Sapore captus.... donec vixit, hanc infamis officii poenam semper tulit, ut acclinis humi Regem ascensurum, non manu, sed dorso attolleret*. BALUZ.
Romanum. In ms., *Romanam* ; mendose.
Imposito. In ms. *imposita* ; male.
Supra dorsum. Ita ms., sed breviatis litteris. Hanc historiam Heumannus in dubium revocat. Priscae editiones habent *super*. — *Imposito pede super dorsum ejus*. In mss. *Supra*. Norrius : *Quis unquam*, inquit, *phrasin huic similem in veris Lactantii libris animadvertit?* Ego vero dico, Lactantium non abhorrere ab stylo antiquae versionis, et phrasin huic similem in veris Lactantii libris animadverti, lib. iv Inst., cap. 14 : *Imponite cidarim mundam super caput ipsius* ; et ibid. : *Et posuerunt cidarim super caput ejus*. Eodem modo Cypr. l. ii. Quirin. c. 13, Curt. lib. ix, cap. 7 : *Pedem super cervicem jacentis imposuit*. BUN.
Triumphi genus. Haec addidimus verba tanquam necessaria, quamvis non legantur in ms.
Exprobrans ei. Ita ms. *ei*, non *et*.
In tabulis aut parietibus. Mos olim fuit principum gesta in tabulis pingi et in parietibus illustrari. Sic Capitolinus in Maximino, cap. 12 : *Jussit tabulas pingi ita, ut erat bellum ipsum gestum, et ante curiam proponi, ut facta ejus pictura loqueretur :* vide etiam Herodianum, lib. iii, cap. 9.
Ille. Ms. *Illae*, mendose.
Dignissime triumphatus. Dignissime, scilicet ut merebatur : *triumphatus* passive. Itaque non mirum, si infra *triumphare* junxerit cum quarto casu, c. 16. *saeculum cum suis terroribus triumphasti*. Similiter Lactantius scribit, *catenatam mortem cum suis terroribus triumphavit*, lib. iv, c. 26 : *Triumphato saeculo*, Epitom., c. 66, *captivos triumphavit*, c. 46, *triumphari deos, Daemonas*, c. 51, *terram triumphabit*, Div. Inst. l. vi, c. 23. Valeriani servitus fuit decem annorum.
Cum filium haberet Imperatorem. Gallienum nempe seniorem, quem jam ab anno Christi 254 fecerat Imperii consortem, quique capto patre, solus per multos annos summam rerum administravit ; nec unquam eum a persecutore vindicare voluit, licet Bactriani, Hiberi, Albani et Tauroscythae auxilia fuerint polliciti ad Valerianum de captivitate liberandum, ut scribit Trebellius Pollio in Valeriano seniore.

men ac servitutis extremæ non invenit ultorem, nec omnino repetitus est. Postea vero quam pudendam vitam in illo dedecore finivit, direpta est ei cutis, et exuta visceribus pellis est infecta rubro colore, ut in templo barbarorum deorum ad memoriam clarissimi triumphi poneretur, legatisque nostris semper esset ostentus, ne nimium Romani viribus suis fiderent, cum exuvias capti principis apud deos suos cernerent. Cum igitur tales pœnas de sacrilegis Deus exegerit, nonne mirabile est, ausum esse quemquam postea non modo facere, sed etiam cogitare adversus majestatem singularis Dei regentis et continentis universa?

VI.

Aurelianus, qui esset natura vesanus et præceps, quamvis captivitatem Valeriani meminisset, tamen oblitus sceleris ejus et pœnæ, iram Dei crudelibus factis lacessivit. Verum illi ne perficere, quidem quæ cogitaverat, licuit : sed protinus inter initia sui furoris extinctus est. Nondum ad provincias ulteriores cruenta ejus scripta pervenerant, et jam Cœnofrurio,

qui locus est Thraciæ, cruentus ipse humi jacebat, falsa quadam suspicione ab amicis suis interemptus. Talibus et tot exemplis coerceri posteriores tyrannos oportebat. At hi non modo territi non sunt, sed audacius etiam contra Deum confidentiusque fecerunt.

VII.

Diocletianus, qui scelerum inventor et malorum machinator fuit, cum disperderet omnia, nec a Deo quidem manus potuit abstinere. Hic orbem terræ simul et avaritia, et timiditate subvertit. Tres enim participes regni sui fecit, in quatuor partes orbe diviso, et multiplicatis exercitibus, cum singuli eorum longe majorem numerum militum habere contendérent, quam priores principes habuerant, cum soli rempublicam gererent. Adeo major esse cœperat numerus accipientium, quam dantium, ut enormitate indictionum consumptis viribus colonorum, desererentur agri, et culturæ verterentur in sylvam. Et ut omnia terrore complerentur, provinciæ quoque in frusta concisæ, multi præsides et plura officia singulis regionibus, ac pene jam civitatibus incubare, item ra-

VARIORUM NOTÆ.

Extremæ. Ms., *extremæme*, male.

Direpta est ei cutis. Ita ms., sed male: *Diripere* est expilare: *diripere agros, urbes*. Mallem hic legere cum doctissimo Nic. Heinsio, *derapta. Deripere* est detrahere, auferre, ut ostendit in Notis ad Ovidium. Ex hoc versu metamorph., v. 588 :

Clamanti cutis est summos derepta per artus.

Nec omnino repetitus est. Doctiss. Nurr. hunc locum nimis extendit. Sed Pollio *contra Cæcilii* nostri opinionem tres nobis repræsentat epistolas, quibus Betsoldus et Artabandes Reges libertatem Valeriani a Sapore postulaverunt. Quamobrem hæ epistolæ Cæcilio incompertæ omnino videntur ; nisi probaveris, nihil, aliud esse verbis significari, quam ipsum a *nullo* nomine Romano aut Romanis subdito fuisse repetitum. Quid si simplicissime exponas de filio, de quo unice præcessit, ut subiutelligatur pronomen, uti sæpe : non invenit ultorem (eum); nec (ab eo) repetitus est. Bun.

Est. Hæc vox non legitur in ms., sed tantum adest quædam virgula.

Clarissimi triumphi. Ms. *Karissimi.*

Ostentus. Ita ms. at in editis est *ostentui.*

Principis. Ms. *Principes*, male.

Apud deos suos. Id est, in templo deorum suorum.

Aurelianus qui esset. Ita ms. Colb. Almelov. forte *quum esset* : sat recte.

Vesanus et præceps. Ex Flavio Vopisco : *Aurelianus severus, truculentus, sanguinarius fuit princeps.* Ex Eutrop., lib. IX, de eodem : *Vir in bello potens, animi tamen immodici, et ad crudelitatem propensioris.* Et *præceps* distincte non legitur in ms. sed virgula quædam cum voce *prebs*, quod æque diceretur *Vesanus princeps.* Attamen non inconcinne in editis est *præceps*; sic Livius eleganter ait *præceps in avaritiam et crudelitatem animus.*

Inter initia sui furoris extinctus est. Concitavit itaque persecutionem solummodo sub finem anni 274 vel initio insequentis. Interemptus est enim mense Aprili anni 275, qua de re vide Euseb. Hist. Eccles. l. VII, c. 30.

Cœnofrurio. Medio itinere inter Heracleam et Byzantium ad mare. Flavius Vopiscus in D. Aureliano : *Sed cum iter faceret, apud Cœnophrurium mansionem, quæ est inter Heracliam et Byzantium, malitia notarii*

sui et manu Mucaporis interemptus est. Vide Eutropium, lib. IX. BALUZ.

Non modo. Non abest a ms.

Fecerunt. Id est, egerunt.

Diocletianus. Qui (ex fine cap. 9) *Diocles* ante imperium vocabatur.

Malorum machinator. Ita Lactantius, lib. VII Divin. Institut., cap. 24 ; *qui est* MACHINATOR *omnium* MALORUM.

Nec a Deo quidem. Mallem legere *ne*, ut legitur sub initium cap. 6, *verum illi* NE *perficere* QUIDEM, *quæ cogitaverat, licuit.*

Orbem terræ. Intellige immensam Imperii Romani amplitudinem.

Avaritia. De qua Vopiscus in Numeriano : vide infra Baluzii notas ad istud caput.

Timiditate. Qua tres regni sui participes fecit, nempe Maximianum cognomento Herculium, anno Christi 285. Constantium cognomento Chlorum, et Galerium Maximinum, cognomento Armenturium, anno 293.

In quatuor partes. Orientem regebat Diocletianus ; Italiam et Africam Maximianus Herculius ; Transalpinas provincias Constantius Chlorus ; Illyricum et Thraciam Galerius Maximianus. Nicomedia Bithyniæ Diocletiani sedes erat regia, Mediolanum Herculii, Augusta Trevirorum Constantii, et Galerii Sirmium in Pannonia.

Major esse cœperat. Ms. *Majores esse cœperant*; mendose.

Enormitate indictionum. Ms., *inhormitate. Indictionum*, id est tributorum, extra ordinem ad arbitrium victoris, aut secundum necessitates Reipublicæ. COLUMBUS.

Provinciæ quoque in frusta concisæ. Ex hoc videmus originem multiplicationis provinciarum, quæ aliunde non clare cognoscebatur. Numerum novum provinciarum exhibent notitia imperii utriusque, et alia notitia Episcopatuum, et Libellus provinciarum Schonovii, quem nuper cum Sexto Rufo edidimus, et in Occidentali imperio ipse Sextus Rufus, sive Rufus Festus. CELL.

Officia. Id est, Præfecti, vel ii qui funguntur Officiis. De iis vide Pancirollum ad notitiam Imperii, cap. 9 et Vossium lib. III de vitiis Serm. cap. 30.

Civitatibus incubare. Sic et Lactantius Divin. Instit. lib. VII, cap. 19 : *Siquidem capto mundo cum magnis*

tionales multi et magistri, et vicarii præfectorum; quibus omnibus civiles actus admodum rari, sed condemnationes tantum et proscriptiones frequentes, exactiones rerum innumerabilium, non dicam crebræ, sed perpetuæ, et in exactionibus injuriæ non ferendæ. Nec quoque tolerari possunt, quæ ad exhibendos milites spectant. Idem insatiabili avaritia thesauros numquam minui volebat : sed semper extraordinarias opes ac largitiones congerebat, ut ea quæ recondebat, integra atque inviolata servaret. Idem cum variis iniquitatibus immensam faceret charitatem, legem pretiis rerum venalium statuere conatus est. Tunc ob exigua et vilia multus sanguis effusus, nec venale quidquam metu apparebat, et charitas multo deterius exarsit, donec lex necessitate ipsa post multorum exitium solveretur. Huc accedebat infinita quædam cupiditas ædificandi, non minor provinciarum exactio in exhibendis operariis, et artificibus, et plaustris omnibus, quæcumque sint fabricandis operibus necessaria. Hic basilicæ, hic circus, hic moneta, hic armorum fabrica, hic uxori domus, hic filiæ. Repente magna pars civitatis exceditur. Migrabant omnes cum conjugibus ac liberis, quasi urbe ab hostibus capta. Et cum perfecta hæc fuerant cum interitu provinciarum : Non recte facta sunt, aiebat : alio modo fiant. Rursus dirui ac mutari necesse erat, iterum fortasse casura. Ita semper dementabat, Nicomediam studens urbi Romæ coæquare. Jam illud prætereo, quam multi perierint possessionum aut opum gratia. Hoc enim usitatum et fere licitum consuetudine malorum. Sed in hoc illud fuit præc puum, quod ubicumque cultiorem agrum viderat, aut ornatius ædificium, jam parata domino calumnia et pœna capitalis, quasi non posset rapere aliena sine sanguine.

VIII.

Quid frater ejus Maximianus, qui est dictus Herculius? non dissimilis ab eo. Nec enim possent in amicitia tam fideli cohærere, nisi esset in utraque mens una, eadem cogitatio, par voluntas, æqua sententia. Hoc solum differebant, quod avaritia minori altero fuit plus, majori vero minus; sed plus timiditatis, plus vero animi, non ad bene faciendum, sed ad male. Nam cum ipsam imperii sedem tereret Italiam, subjacerentque opulentissimæ provinciæ vel

VARIORUM NOTÆ.

latronum exercitibus INCUBABIT; lib. 5, cap. 11, *uno loco recubans.*

Rationales. Id est, Fisci Regii Procuratores missi in provincias: sic Lampridius in Alexandro, cap. 45 : *Procuratores, id est rationales.*

Non dicam crebræ, sed *perpetuæ.* Sic et Lactantius Divin. Instit. lib. III, cap. 22 : NON DICAM *multorum*, SED *pecudum et bellucrum.* Et lib. II, cap. 4 : *Qui non furtum, sed palam Deos ludibrio habuisse:* omissis *solum* et *etiam.*

Nec quoque tolerari possunt. Nec præcedentia postulant, *injuriæ non ferendæ,* etc. In ms. est *hæc.* Doctissimi viri Almelov. et Baudri adnotaverunt legendum esse *nec.*— *Nec quoque tolerari possunt.* Ms. *Hæc quoque.* Pro hac lectione substituitur *nec quoque.* At quorsum illud? Annon jam in superioribus de indictionibus occasione militum locutus est? Clarum est quid velit, potuisse equidem hæc adhuc tolerari, si ejus animus insatiabilis hic substitisset. Mieg. ad illustr. Van-Mastricht, qui Miegii sententiam adprobavit. BUNEMAN.

Ad exhibendos milites. Vel ad suppeditandos ipsos militiæ homines ex quolibet pago, ut vulgo fit hodie; vel potius ad militibus præstanda stipendia, ac ministranda alimenta et cætera ad vitam necessaria. Sic Justin. 9, 2 : *Alimentis exhibere*; et 11, 10 : *Vitam exhibere.*

Spectant. In ms. est *expectant.*

Metu. Heuman. legit *tum,* recte.

Lex necessitas ipsa. Baluz. *Quoniam leges ea intentione latæ sunt, ut proficiant, non ut noceant,* ut ad Avitum Viennensem Episcopum scribit Papa Symmachus.

Hic. Distributive sumitur pro *alibi.*

Moneta. Hic sumitur pro ædificio, in quo nummi cuduntur.

Magna pars civitatis exceditur. Scilicet Nicomediæ, ubi habitabat Diocletianus, et quam studebat urbi Romæ coæquare, ut statim dicet Lactantius. Huic locutioni similiter dicimus Gallice, *toute la ville est sortie, tout Paris est sorti,* etc. *Exceditur,* vel disceditur, id est, tam vastorum ædificiorum constructione coguntur cedere loco quamplurimi cives, et ex urbe migrare, alias sedes extra quæsituri. *Exceditur* autem hic dicit Lactantius, ut *acceditur* infra initio capitis 47. Itaque admitti potest vulgata lectio. Heuman. loco *exceditur,* legit *exciditur.* Quasi dicas, veteres domus destruuntur, ut locus aperiatur novis ædificandis palatiis.

Aiebat. Ms.; *agebat,* sed male.

Ita semper dementabat. Ita ms. codex; non *dementabatur,* nec *demutabat,* ut nonnullis doctis viris visum est. Adeo stulte impendiosus erat. BAULDRI. Gallicus interpres Maucroix : *Ainsi sa manie (aes bâtiments) n'avait point de bornes. Dementabat,* id est, *insaniebat.*

Coæquare. Ms. *Quo equare;* male.

Fere licitum consuetudine. Comœdia Querolí : *Hani facile intelligo perjurium jocubare; quid putas? Tamen transeamus, quod, ut video, consuetudo jam fecit leve.* S. Ambrosius, epist. 66 : *Numquid ideo licet, quia non est prohibitum?*

Quid frater ejus Maximianus? Non natura, sed Imperatoria dignitate frater ejus, scilicet Diocletiani, de quo capite præcedenti egimus. Gallice, *son associé à l'empire.*

Qui est dictus Herculius. Ms. *Que dictus Ircuius.* In hoc codice ms. sæpe omnes litteræ *h* omittuntur.

Fideli cohærere. Ms. *Fidele quo crere;* mendose.

Mens una. Ms. *Mensura.* Sed littera *n* additur supra *r,* eadem tamen manu, ac eodem atramento.

Avaritia minori altero fuit plus, majori vero minus; sed *plus timiditatis,* etc. Hic dicere videtur Lactantius, Herculium avariorem Diocletiano fuisse. Locus videtur corruptus. Nonnulli extrudere volunt vocabula *majori et minori,* ut ex margine in textum intrusa, et legere *avaritiæ.* Sin llimus verborum positu et figura locus, lib. IV, div. Institut., cap. 3 inveniur; ex quo constare possit hæc quoque vere, Lactantii esse : *In illa priori parte periculi minus, sic plus difficultatis est, quod obscura rerum ratio cogit diversa sentire. Hic ut periculi plus, ita minus est difficultatis; quod ipse usus rerum et quotidiana experimenta possunt docere, quid sit verius et melius.* Partim ex COLUMBO.

Doctissimus Almelov. expungebat *altero;* et post *timiditatis,* legebat, *alteri vero plus animi.*

Ipsam. Ms. *Ipsa;* sed male.

Africa, vel Hispania, non erat in custodiendis opibus tam diligens, quarum illi copia suppetebat. Et cum opus esset, non deerant locupletissimi Senatores, qui subornatis indiciis, affectasse imperium dicerentur, ita ut effoderentur assidue lumina Senatus. Cruentissimus fiscus male partis opibus affluebat. Jam libido in homine pestifero, non modo ad corrumpendos mores, quod est odiosum ac detestabile, verum etiam ad violandas primorum filias. Nam quacumque iter fecerat, avulsæ a conspectu parentum virgines, statim præsto. His rebus beatum se judicabat; his constare felicitatem imperii sui putabat, si libidini et cupiditati malæ nihil denegaret.

Constantium prætereo, quoniam dissimilis cæterorum fuit, dignusque qui solus orbem teneret.

IX.

Alter vero Maximianus, quem sibi generum Diocletianus asciverat, non his duobus tantum, quos tempora nostra senserunt, sed omnibus qui fuerunt, A malis pejor. Inerat huic bestiæ naturalis barbaries, et feritas a Romano sanguine aliena. Non mirum, cum mater ejus Transdanuviana, infestantibus Carpis, in Daciam novam transjecto amne confugerat. Erat etiam corpus moribus congruens, status celsus, caro ingens, et in horrendam magnitudinem diffusa et inflata. Denique et verbis, et actibus, et aspectu terrori omnibus ac formidini fuit. Socer quoque eum metuebat acerrime. Cujus timoris hæc fuit causa, Narseus, rex Persarum, concitatus domesticis exemplis avi sui Saporis, ad occupandum Orientem cum magnis copiis inhiabat.

Tunc Diocletianus, ut erat in omni tumultu meticulosus, animique disjectus, simul et exemplum Valeriani timens, non ausus est obviam tendere: sed B hunc per Armeniam misit, ipse in Oriente subsistens et occupans exitus rerum. Ille insidiis suis barbaros, quibus mos est cum omnibus suis ad bellum pergere, multitudine impeditos, et sarcinis occupatos non difficiliter oppressit; fugatoque Narseo rege,

VARIORUM NOTÆ.

Vel Africa, vel Hispania. Ita ms. codex. Aut *vel* est hic pro *et*; aut ex margine in textum hæc fuerunt intrusa.
Et. Heumannus legi vult *At.*
Indiciis. Id est, *indicibus*, vel *delatoribus*.
Ita ut effoderentur assidue lumina Senatus. Lactantius, lib. VII, Div. Institut., cap. 26, de Roma. *Precandusque nobis et adorandus est Deus cœli, si tamen statuta ejus et placita differri possunt, ne citius quam putemus tyrannus ille abominandus veniat, qui tantum facinus moliatur, ac lumen illud effodiat, cujus interitu mundus ipse lapsurus est*; et lib. V, cap. 12 : *effodiantur oculi*. Et infra, cap. 56 : *Itaque confessoribus effodiebantur oculi*. Et de Opif., cap. 8.
Pestifero. Ms. *Pestiphero.* Nonnulli legere mallent *pestifera*, referendo ad vocem *libido*.
Ad corrumpendos mares. Et hoc etiam tradit Victor : *Quippe Herculius libidine tanta agebatur, ut ne ab obsidum corporibus quidem animi labem comprimeret*. Quod observavit erud. Cuperus. Postea quis non videat *mares* legendum esse, non *mores*, ut in Manuscripto, cum libido non *mores* hominum spectet, sed corp. ris usum. Adde antithesim, violationem filiarum. Adde quod dicit odiosum ac detestabile esse. ALMELOV.
Et licet (inquit Burnetus) gradatio videatur minus congrua a crimine Sodomiæ ad raptus virginum, apud Romanos tamen hoc crimen illo majus habebatur; forte quia in raptu filiabus vis inferebatur, maribus minime, qui prece, vel pretio, aliisque lenociniis fuerant allecti et conciliati.
Odiosum. Ms. *Otiosum*; male.
Violandas. Ms., *Volandas*; mendose.
Quacumque. Ms., *Quecumque te.*
Constantium. Chlorum scilicet, Constantini Magni patrem, principem optimum ac benignissimum.
Quoniam. Ms., *Qm.* Elegantior; porro esset locutio, si diceretur *quam dissimilis*, etc. per admirationem.
Alter vero Maximianus. Cui prænomen Galerio fuit, cognomen Armentario, quoniam armentorum fuerat pastor. Gener fuit Diocletiani, quia Valeriam filiam habuit uxorem, mulierem castissimam et infelicissimam. Sed de ea postea pluribus agemus. BALUZ.
Generum. Vide Eutropium, lib. 9.
BESTIÆ. Sic vocat Galerium Maximianum, aliosque Christianorum persecutores. Huic Galerio apiari posse putant ea, quæ scribit Lactantius Div. Instit., lib. V, cap. XI : *Nam quis Caucasus, quæ India, quæ Hyrcania tam immanes, tam sanguinarias, unquam BESTIAS aluit? Quoniam ferarum omnium rabies usque ad ventris satietatem fuerit, fameque sedata protinus conquiescit. Illa est vera* BESTIA, *cujus una jussione funditur ater ubique cruor, crudelis ubique luctus, ubique pavor, et plurima mortis imago. Nemo hujus tantæ belluæ immanitatem potest pro merito describere, quæ uno loco recubans, tamen per totum orbem dentibus ferreis sævit; et non tantum artus hominum dissipat, sed et ossa ipsa comminuit, et in cineres furit, ne quis extet sepulturæ locus.* BALUZ. — Ibid., c. 24, BESTIAS *malas exterminaturum de terra.*
Naturalis barbaries. Heumannus legit *natalis*, non male. — *Naturalis.* Sic Jul. Capitol. in Maximinis cap. 20 : *Senatus Maximini et naturalem et necessariam crudelitatem timens.* Vim τοῦ *naturalis* Casaubonus ad Pers. Sat. 2, pag. 225, illustrat. BUN.
Et feritas. Ms., *Efferitas.*
Cum mater ejus... confugerat. Hic *cum* est pro *quoniam*. Simili pacto, cap. 17 ait : *Cum libertatem populi Romani ferre non poterat, prorupit*; et cap. 18 : *Cum inde... sibi nihil præter nomen videbat accedere, respondit,* Terentii exemplo, qui scribit : *Cumque huic veritus est optumæ adolescenti facere injuriam; non veritus sit.* Ex Paulo BAULDRI.
Transdanuviana. Ita ms. V, pro *b*, apud veteres Latinos, et apud recentiores Græcos.
Transjecto. Ms. *Trasjecto.*
Status celsus. Sic profecto scribi syntaxis et sequentia postulant : *caro ingens*, etc. *status celsus.* Si enim legas *statu celsus*, ut in ms. ad quid refertur *celsus?* ad *corpus* neutrius generis? Sed pariter legi- D mus apud Lactantium lib. II, Divin. Instit., cap. 1, *status celsus*; et lib. III, cap. 1 *status rectus*, ac lib. 9 et alibi. Quibus in locis *status est*, pro *statura*. Cicero, In Orat.. cap. 18, *status erectus et celsus.*
Metuebat acerrime. Ex Virgilio lib. I Æneid., v. 366, *Aut metus acer erat.*
Concitatus... exemplis. En Lactantium, lib. VI, cap. 23 : *Exemplo ipso concitata.* BUN.
Animique disjectus. Ita in manuscripto; non *dejectus*, quod melius. In hoc ms. sæpe videas in verbis compositis *dis* et *di*, pro *de.* ALMELOV.—Columbus, et Tollius legebant *dejectus.*
Exemplum Valeriani. A Persis capti, et in servitutem abducti.
Insidiis suis. Tollius vult rescribi *Insidiis usus.*
Impeditos. Ms. *Imperitos, et sartinos occupatos;* corrupte.
Difficiliter. Rara vox ; legitur tamen in Cicerone lib. IV Academic.

LIBER DE MORT. PERSECUT.

reversus cum praeda et manubiis ingentibus, sibi attulit superbiam, Diocletiano timorem. In tantos namque fastus post hanc victoriam elevatus est, ut jam detrectaret Caesaris nomen. Quod cum in litteris ad se datis audisset, truci vultu ac voce terribili exclamabat: Quousque Caesar? Exinde insolentissime agere coepit, ut ex Marte se procreatum, et videri, et dici vellet, tamquam alterum Romulum; maluitque Romulam matrem stupro infamare, ut ipse diis oriundus videretur. Sed differo de factis ejus dicere, ne confundam tempora. Postea enim quam nomen Imperatoris accepit, exuto socero, tum demum furere coepit, et contemnere omnia. Diocles (sic) enim ante imperium vocabatur: cum rempublicam talibus consiliis et talibus sociis everteret, cum pro sceleribus suis nihil non mereretur, tamdiu tamen summa felicitate regnavit, quamdiu manus suas justorum sanguine non inquinaret. Quam vero causam persequendi habuerit, exponam.

X.

Cum ageret in partibus Orientis, ut erat pro timore scrutator rerum futurarum, immolabat pecudes, et in jecoribus earum ventura quaerebat. Tum quidam ministrorum scientes Dominum, cum adsisterent immolanti, imposuerunt frontibus suis immortale signum. Quo facto, fugatis daemonibus, sacra turbata sunt. Trepidabant aruspices, nec solitas in extis notas videbant; et quasi non litassent, saepius immolabant. Verum identidem mactatae hostiae nihil ostendebant, donec magister ille aruspicum

VARIORUM NOTAE.

Elevatus est. Heumannus existimat Lactantium scripsisse *elatus est.*
Detrectaret. Ita hic ms. codex; alibi *detractaret.*
In litteris ad se datis audisset. Audisset Diocletianus ex litteris Galerii, CELL. — Imo Galerius audisset, sive vidisset. BUN.
Quousque Caesar? Ambiebat enim Galerius vocari et esse Imperator et Augustus, id est primum habere locum; Caesar enim non erat, nisi secundo loco.
Ut ex Marte se procreatum. Imitatus Diocletianum, qui se Jovium; et alterum Maximianum, qui Herculium, quasi a diis progenitoribus, appellaverunt. De Galerio Epit. Victoris, cap. 57: *Is insolenter affirmare ausus est, matrem more Olympiadis, Alexandri Magni creatricis, compressam dracone, semet concepisse.* CELL.
Romulam. Haec erat Galerii mater, a qua Romulianum oppidum fuit appellatum.
Postea enim quam. Sic cap. 5: *Postea vero quam.* Lib. IV Inst., c. 15. *Postea vero animadversa sunt, quam.* BUN.
Exuto socero. Id est, postquam Diocletianus purpura exuta se Imperio abdicavit, et Galerius Imperator factus est. Eadem est loquendi ratio apud nos Gallos; dicimus enim vulgo: *Cet homme s'est dépouillé pour son fils.* Sic et infra cap. 10. Vel potius *exuto socero,* id est, postquam Galerius Diocletianum coegit imperio cedere, ut infra c. 18. initio, quod est rectius.
Sic. Hanc particulam supplevimus cum Cupero, sine qua manca est oratio. Ita cap. 19 infra: *Huic purpuram Diocletianus injecit suam, qua se exuit; Diocles iterum factus est.*
Persequendi. Adde eos, id est justos, quod nomen mox praecessit.
Quum ageret. Amat hanc locutionem hoc sensu Lact. lib. IV, cap. 27. ubi eadem res, et lib. IV, cap. 23. BUN.
Pro timore. Emenda *prae timore,* id est, *prae timiditate.*
Quidam ministrorum, etc.... Et hic quoque locus aperte ostendit librum istum esse Lactantii. Similia enim omnino ipse habet in libro IV Institut. Divin. cap. 27: *Nam cum diis suis immolant, si adsistat aliquis signatam frontem gerens, sacra nullo modo litant, nec responsa potest consultus reddere vates. Et haec saepe causa praecipua justitiam persequendi malis Regibus fuit. Cum enim quidam ministrorum nostri sacrificantibus dominis adsisterent, imposito frontibus signo, deos illorum fugaverunt, ne possent in visceribus hostiarum futura depingere. Quod cum intelligerent aruspices, instigantibus iisdem daemonibus quibus prosecant, conquerentes prophanos homines sacris interesse, egerunt Principes suos in furorem, ut expugna-* rent Dei templum. Baluz
Scientes Dominum. Ita Lactantius, lib. VII Div. Inst. cap. 20: *Judicabuntur ergo qui Deum scierunt;* scilicet Christiani. — *Scientes Dominum.* Lib. II, cap. 29: *Qui Deum sciunt;* ut lib. VII Inst., c. 20: *Qui Dominum scierunt,* id est, *Fideles.* BUN.
Immortale signum. Lactantius Div. Institut. lib. IV cap. 27, quos *signum immortale munierit tanquam inexpugnabilis murus,* etc. Ubi miraculum fugatorum daemonum signo Crucis iisdem fere verbis refertur a Lactantio. De hujus signi potentia S. Cyrillus Jerosolymitanus episcopus Cateches. 13: *Trophaeum Jesu salutare, Crux... curat morbos, daemones fugat,* etc. Eadem Cateches. 13. *Cum a Deo sit haec gratia Signum fidelium,* et *timor daemonum;* et Cateches. 4. *Crucem... tu palam ad frontem obsignato, ut daemones regium Signum intuentes, tremuli procul aufugiant. Signo autem isto utere tum edens ac bibens, tum sedens ac cubans, de lecto surgens, loquens, ambulans; et ut semel dicam, in omni re omnique negotio.* S. Ignatius Martyr: *Crucis Signum trophaeum est contra principis mundi virtutem, quod videns expavescit, et audiens timet.* Vide S. August. Enarrat. 4 in Psal. XXX, et in Psal. L. n. 1: *Quod si forte Christiani in ipso circo aliqua ex causa expavescunt, continuo se signant, et stant illic portantes in fronte, unde abscederent, si hoc in corde portarent.* Et de Civitate Dei, lib. XXII, n. 3. Quin et Theodoretus ait lib. 3 Hist. Eccles., cap. 3: *Cum isti vero daemones solita specie apparuissent, coegit Julianum timor imponere fronti Graecis Signum.* De Signo Crucis, ejusque vi et efficacia vide praeterea Origenem, Tertullianum, Basilium, Athanasium de Incarnatione Verbi Dei, tom. I, pag. 73, Gregor. Nazianz. carm. 61, tom. II, pag. 442, et Orat. 3 adversus Julianum, p. 206; Ambrosium, Paulinum, aliosque SS. Patres. — *Imposuerunt frontibus suis immortale signum.* Vid. quae notavi ad Lact. lib. IV, c. 26. Nurrius ad haec verba Caecilii p. 183. locum Lactantii plane pervertit. — Ut ait, aut verius sicut somniat Bunemannus. Miror quantum hoc loco exagitentur Acatholici: hi enim nil non movent ut eliminent vim hujus Lactantiani testimonii, quod multum facit in gratiam Orthodoxorum rituum Ecclesiae catholicae. Istud enim immortale signum ad Christum solum refert Bunemannus. Sed legat ipse locum; legat attente et videbit non tantum a Christo per impositum frontibus Christianorum signum fugatos esse daemones; verum etiam ministros Diocletiani, qui fortasse cum sacrificiis assisterent, tunc ab iis fugabantur daemones, statim atque imponebant ipsi frontibus suis immortale signum, id est, signum Crucis, sicuti eo tempore usus erat in veteri Ecclesia. Vide quae annotavimus ad hoc caput de Mort. Persecut. et ad caput 27, libri IV Divin. Instil.

Tagis, seu suspicione, seu visu, ait idcirco non respondere sacra, quod rebus divinis profani homines interessent. Tunc ira furoris sacrificare non eos tantum, qui sacris ministrabant, sed universos qui erant in palatio jussit, et in eos, si detrectassent, verberibus animadverti; datisque ad præpositos litteris, etiam milites cogi ad nefanda sacrificia præcepit, ut qui non paruissent, militia solverentur. Hactenus furor ejus et ira processit, nec amplius quidquam contra legem aut religionem Dei fecit. Deinde interjecto aliquanto tempore, in Bithyniam venit hiemantum; eodemque tum Maximianus quoque Cæsar inflammatus scelere advenit, ut ad persequendos christianos instigaret senem vanum, qui jam principium fecerat. Cujus furoris hanc causam fuisse cognovi.

XI.

Erat mater ejus deorum montium cultrix, mulier admodum superstitiosa. Quæ cum esset, dapibus sacrificabat pene quotidie, ac vicariis suis epulis exhibebat. Christiani abstinebant; et illa cum Gentilibus epulante, jejuniis hi et orationibus insistebant. Hinc concepit odium adversus eos, ac filium suum non A minus superstitiosum querelis muliebribus ad tollendos homines incitavit. Ergo habito inter se per totam hyemem consilio, cum nemo admitteretur, et omnes de summo statu reipublicæ tractari arbitrarentur, diu senex furori ejus repugnavit, ostendens quam perniciosum esset inquietari orbem terræ, fundi sanguinem multorum; illos libenter mori solere, satis esse si palatinos tantum ac milites ab ea religione prohiberet. Nec tamen deflectere potuit præcipitis hominis insaniam. Placuit ergo amicorum sententiam experiri. Nam erat hujus malitiæ, cum bonum quid facere decrevisset, sine consilio faciebat, ut ipse laudaretur. Cum autem malum, quoniam id reprehendendum sciebat, in consilium multos advocabat, ut aliorum culpæ adscriberetur quidquid ipse deli-

B querat. Admissi ergo judices pauci, et pauci militares, ut dignitate antecedebant, interrogabantur. Quidam proprio adversus Christianos odio, inimicos deorum et hostes religionum publicarum tollendos esse censuerunt; et qui aliter sentiebant, intellecta hominis voluntate, vel timentes, vel gratificari volentes, in eamdem sententiam congruerunt. Nec sic qui-

VARIORUM NOTÆ.

Tagis. Aliis est *Tages*, *etis*. Hic Thuscus erat, et omnium Aruspicum primus: Vide Arnobium, lib. II adversus gentes, *Tagis* porro aut id nomen erat dignitatis ejus, qui præerat Aruspicum disciplinæ, aut, ut ait Baluzius noster, auctor oratorio more loquitur, quia Tages Thuscus fuit olim magnus Aruspex et magister Aruspicum, de quo præter Arnobium vide Ciceronem, lib. II de Divinat. vel etiam, ut putat Heumannus, vox *Tagis* ex Margine translata fuit in textum.

Profani homines. Christiani, qui a Gentilibus prophani, impii, et irreligiosi vocabantur.

Ira furoris sacrificare non eos tantum..........jussit. Optima ms. codicis lectio: quam ob causam immutata fuerit in editis, etiamque priscis codicibus, nescio. Quid enim clarius hac elocutione, et mox? *Hactenus furor ejus et ira processit.* In aliis editis extat *ira furens;* sed ms. sequor. Nourrisius in margine inferiori suæ editionis habet, *ira furori.* Sed *ira furoris* habet ms. quasi dicas *ira furoris plena:* sic apud Plautum *ætatis plenus*, et apud Livium *animi plenus.* Id porro dicimus, ut non immutetur textus.

Si detrectassent. Heumann. recte monet legendum esse *qui detrectassent.*

Præpositos. Hi fuerunt militares Præfecti, qui erant post tribunos, et tamen præerant cohorti perinde ac tribuni, ut observat Henricus Valesius ad Ammianum Marcellinum. Lactantius cap. 46. præpositos tribunosque etiam simul commemorat. Ex eorum numero fuit S. Dorotheus ille, cujus encomium enarrat Euseb. lib. VIII Eccl. Hist., c. 1.

Milites cogi, etc. Ab iis hanc persecutionem exortam præter Lactantium adnotat Eusebius lib. VIII, c. 1, neque tum ulterius processisse.

Hactenus. Ms. habet *ac tenus*: sed mendose.
Interjecto tempore. Ms., *Interdicto*; mendose.
Bithyniam. Ms. *Bethaniam*; corrupte.
Maximianus Cæsar. Scilicet Galerius.
Inflammatus scelere advenit. Ita Cicero 5 Accus. in Verrem *Ipse inflammatus scelere ac furore in forum venit.* Sic Lactant. lib. VII Institut. cap. 1: *Inflammati amore potentiæ;* et cap. 17. *Impius Rex inflammatus.*
Senem vanum. Diocletianum intelligit.
Mater ejus. Scilicet Galerii Maximiani, quam Romulam supra vocavit.

Mulier admodum superstitiosa. Quæ cum esset, etc. Locus contaminatus, aut confusus. An legendum inversione verborum: *Quæ cum esset mulier superstitiosa*, aut cum Tollio, *quæ cum esset Nicomediæ*, vel cum Columbo sic intelligendum: *Quæ cum esset*, id est, *cum ederet*, aut *cœnaret?*

Vicariis suis epulis exhibebat. Almelov. et Gall. forte *epulas.* Hic aliquod mendum subesse suspicor. Nonnulli volunt *vicanos epulis exhibebat; vicanos,* id est, inquiunt, ejusdem loci habitatores. Alii, *vicarios suis epulis exhibebat.* Et quidem proba esset lectio; legitur C enim apud Justinum IX. 2. *Non patrimoniis ditet Scythas, sed vix alimentis exhibeat. Exhibere*, est *alere.* Vicariis, id est, ministris aulicis, vel domesticis.

Ad tollendos. Scilicet e medio, seu occidendos. Ita vulgata nostra Joan. cap. XIX, v. 15: *Tolle, tolle, crucifige eum.* Sic apud Justinum histor. lib. XXXVIII, *tollendos, pro occidendos.*

Homines. M. habet *omines*: sed mendose.
Senex. Diocletianus.
Ejus. Scilicet Galerii Maximiani.
Orbem terræ. Id est imperium Romanum; ut supra monui.

D *Palatinos.* Id est, *Palatii proceres.*
Præcipitis hominis. Galerii. De quo jam, initio capitis 6 supra, dicitur quod *præceps* erat, id est *inconsiderate agens ac temere.*

Nam. In ms. *Non*; sed male.
Aliorum culpæ adscriberetur. Sic de Diocletiano Eutropius habet lib. IX Hist., cap. 16: *Moratus callide fuit, qui severitatem suam aliena invidia vellet explere.*

Proprio adversus Christianos odio. In ms. est *proprium odium*, mendose, Lactantius lib. V Divin. Institut. cap. 11, de hac ipsa persecutione loquens: *Alii sui proprio adversus justos odio.* Lactantio *justos*, idem est ac *Christianos.*

Qui aliter. Ms. habet *qualiter;* male.
Timentes. Lactantius ibidem lib. V, cap. 11: *Alii præ nimia timiditate plus ausi sunt, quam jubebantur.*

Gratificari volentes. Idem ibid.: *Nonnulli ut placerent, et hoc officio viam sibi ad altiora munirent.*

dem flexus est Imperator, ut accommodaret assensum; sed deos potissimum consulere statuit, misitque aruspicem ad Apollinem Milesium. Respondit ille ut divinæ religionis inimicus. Traductus est itaque a proposito. Et quoniam nec amicis, nec Cæsari, nec Apollini poterat reluctari, hanc moderationem tenere conatus est, ut eam rem sine sanguine transigi juberet, cum Cæsar vivos cremari vellet, qui sacrificio repugnassent.

XII

Inquiritur peragendæ rei dies aptus, et felix; ac potissimum Terminalia deliguntur, quæ sunt ad septimum kalendas Martias, ut quasi terminus imponeretur huic religioni.

Ille dies primus lethi, primusque malorum
Causa fuit,

quæ et ipsis, et orbi terrarum acciderunt. Qui dies cum illuxisset, agentibus Consulatum senibus ambobus octavum et septimum, repente adhuc dubia luce ad Ecclesiam Præfectus cum ducibus, et Tribunis et rationalibus venit; et revulsis foribus, simulacrum Dei quæritur. Scripturæ repertæ incenduntur, datur omnibus præda. Rapitur, trepidatur, discur-

Imperator. Diocletianus.
Milesium. Vide supra lib. iv cap. 13 et Euseb. l. ii Hist. Constantini cap. 1.
Cæsar. Galerius.
Terminalia. Dies festus erat Romanis ob deum Terminum, De Termino deo vide Lactant, lib. i Institut. cap. 20. Florum hist. lib. i, cap. 7. Ciceron. lib. vi, Epist. ad Attic initio.
Deliguntur. Ms., *Deleguntur;* male.
Ad septimum kalendas Martias. Id est, 23 die Februarii an. Christi 303. Vide Tillemontium, tom. 4. Histor. Imperatorum artic. 10. et ejusdem Histor. Ecclesiastic., tom. v, artic. 8, et Not. 7, pag. 598, col. ii, nec non Baluzii Notam.
Ut quasi terminus imponeretur huic religioni. Quis, inquit Bauldrius, *cum auctore terminum imponere, pro finem imponere. usurpavit?* Sed iterum in hac phrasi agnoscitur Lactantius; ita enim invenio in lib. iv Inst., c. 19 : *Et ideo Sibylla impositurum esse morti terminum dixit post tridui somnum.* Pari modo simplici usus est Apulei., lib. iv Metam. : *Et ille quidem dignum virtutibus suis vitæ terminum posuit.* Eutropius l. iv, c. 11, n. 6 : *Belloque terminum posuit.* Et Lact. iterum lib. vii, cap. 2, dixit : *Ut injustum hoc sæculum... terminum sumat, pro finem sumat.* Sic terminum habere lib. vii, c. 5 et c. 10. Bun.
Ecclesiam. Nicomediæ scilicet : sic vulgo Christiani ædem rebus sacris destinatam vocabant. — *Ad Ecclesiam.* Ædem christiani conventus, templum christianum in urbe Nicomedia. Atque ita non tantum Scriptores christiani illorum temporum, sed ipsi etiam de Christianis profani hoc vocabulo utuntur. Zozimus, lib. v, cap. 24. λάθρα τοίνυν φλόγα τῇ ἐκκλησίᾳ νυκτὸς ἐμβαλόντες... ὅτε γὰρ ΕΚΚΛΗΣΙΑ κατεφλέγετο πᾶσα.
CELL.
Præfectus. Sic legere cogimur. In ms. est *professus,* nullo sensu; cum illa enim voce nihil est, quod conveniat. Bunemannus vero legit *profectus.*
Simulacrum Dei quæritur. A paganis, qui putabant templa non posse sine simulacris esse. Lact., lib. ii, cap. 2, SIMULACRUM DEI non illud est.
Scripturæ repertæ incenduntur. Inde ortum est *traditorum* vocabulum iis, qui pœnarum metu sacras Scripturas judicibus imperialibus tradiderant.
Ipsi. Diocletianus et Galerius.

ritur. Ipsi vero in speculis (in alto enim constituta Ecclesia ex palatio videbatur) diu inter se concertabant, utrum ignem potius supponi oporteret. Vicit sententia Diocletiani, cavens ne magno incendio facto, pars aliqua civitatis arderet. Nam multæ ac magnæ domus ab omni parte cingebant. Veniebant igitur Prætoriani acie structa, cum securib is et aliis ferramentis ; et immissi undique, fanum illud editissimum paucis horis solo adæquarunt.

XIII.

Postridie propositum est edictum, quo cavebatur ut Religionis illius homines carerent omni honore ac dignitate, tormentis subjecti essent, ex quocumque ordine aut gradu venirent, adversus eos omnis actio caleret; ipsi non de injuria, non de adulterio, non de rebus ablatis agere possent, libertatem denique ac vocem non haberent. Quod edictum quidam, etsi non recte, magno tamen animo diripuit et conscidit, cum irridens diceret, victorias Gothorum et Sarmatarum propositas. Statimque productus, non modo extortus, sed etiam legitime coctus, cum admirabili patientia postremo exustus est.

VARIORUM NOTÆ.

Oporteret. Adde, *quam dirui, ut sensus clarior fiat.*
Fanum illud editissimum. In ms. est *tamen,* quod nullum sensum præstat. Cum doctiss. Tollio, Paulo Bauldri, aliisque, pro *tamen,* substituo *Fanum,* quod tot litterarum tractus habet. *Fanum de templo*, seu majori ecclesia dictum observat in Notis Paulus Bauldri suæ editionis, quem vide infra.
Adversus eos omnis actio caleret. Ita constanter mss. non *valeret.* Hic *caleret* recte latine dicitur a Lactantio; non ut quidam volunt, ex vocibus græcis latinas facit, ut *sophia*, pro *sapientia*, lib. iii, cap. 16, *anastasis,* pro *resurrectio,* lib. vii, cap. 23, *antitheus,* lib. ii, cap. 10, etc.
Quod edictum quidam diripuit et conscidit. Quis ille fuerit, non constat. Ex silentio Lactantii, qui tum Nicomediæ erat, satis datur intelligere, gnotum fuisse nomen hominis, quia haud dubie de plebe erat. Perperam alii dicunt, nominatum fuisse S. Joannem martyrio affectum die septimo mensis Septembris, alii S. Georgium martyrem passum 23 Aprilis; cum ex Lactantio et Eusebio certo colligatur, virum hunc statim productum, statim morti traditum fuisse, adeoque expirasse exeunte Februario. *Ex* BALUZIO.
Diripuit. Sic legendum, non *deripuit.*
Propositus. Sic viri docti malunt, quam *præpositas,* quod est in ms.
Extortus. Quo verbo utitur infr., c. 27.
Legitime coctus. Scilicet lento igne, quali carnes assari solent; primo coctus, inde exustus. *Ex* CUPERO. — Alii vellent, *lentissime coctus,* ut infra, cap. 21, *datis legibus, ut post tormenta damnati lentis ignibus urerentur. Legitime coctus,* id est, *ambustus.* Modus coquendi Christianos vivos explicatur infra, cap. 21. *Deinde incensæ faces, et extinctæ admovebuntur singulis membris... Quod postremo accidebat cum per multam diem decocta omni cute, vis ignis ad intima penetrasset. Legitime* autem *coctum* dixit, quia coctus erat secundum leges quas Augusti tulerant, sicut, lib. v, Institut., c. 11, lib. vi, cap. 9, eadem ratione illa vox usurpatur. *Ex* BALUZIO *et* TOINARDO.
Cum admirabili patientia, etc. De eo Euseb., lib. viii, Histor. Eccles., cap. 5 : *Lætitiam ac tranquillitatem animi usque ad ultimum spiritum conservavit.*

XIV.

Sed Caesar non contentus est edicti legibus. Aliter Diocletianum aggredi parat. Nam ut illum ad propositum crudelissimae persecutionis impelleret, occultis ministris palatio subjecit incendium. Et cum pars quaedam conflagrasset, Christiani arguebantur, velut hostes publici, et cum ingenti invidia simul cum palatio Christianorum nomen ardebat : illos, consilio cum eunuchis habito, de extinguendis Principibus cogitasse, duos Imperatores domi suae pene vivos esse combustos. Diocletianus vero, qui semper se volebat videri astutum et intelligentem, nihil potuit suspicari : sed ira inflammatus, excarnificare omnes suos protinus coepit. Sedebat ipse, atque innocentes igne torrebat. Item judices universi, omnes denique, qui erant in palatio magistri, data potestate, torquebantur. Erant certantes, quis prior aliquid inveniret. Nihil usquam reperiebatur; quippe cum familiam Caesaris nemo torqueret. Aderat ipse, et instabat, nec patiebatur iram inconsiderati senis deflagrare. Sed quindecim diebus interjectis, aliud rursum incendium molitus est. Id celerius animadversum, nec tamen auctor apparuit. Tunc Caesar medio hyemis profectione parata prorupit, eodem die contestans fugere se, ne vivus arderet.

XV.

Furebat ergo Imperator jam non in domesticos tantum, sed in omnes, et primam omnium filiam Valeriam, conjugemque Priscam sacrificio pollui coegit. Potentissimi quondam eunuchi necati, per quos palatium et ipse ante constabat. Comprehensi Presbyteri ac ministri, et sine ulla probatione ac confessione damnati, cum omnibus suis deducebantur. Omnis sexus et aetatis homines ad exustionem rapti : nec singuli, quoniam tanta erat multitudo, sed gregatim circumdato igni amburebantur; domestici, alligatis ad collum molaribus, mari mergebantur. Nec minus in caeterum populum persecutio violenter incubuit. Nam judices per omnia templa dispersi, universos ad sacrificia cogebant. Pleni carceres erant. Tormentorum genera inaudita excogitabantur; et ne cui temere jus diceretur, arae in secretariis ac pro tribunali positae, ut litigatores prius sacrificarent, atque ita causas suas dicerent; sic ergo adjudices, tanquam ad

VARIORUM NOTAE.

Caesar. Galerius : nondum Augustus erat.
Est. Heuman. voculam istam delendam putat.
Incendium. Cujus etiam meminit Eusebius, lib. vIII, Hist. Eccles., cap. 6.
Christiani arguebantur, velut hostes publici, etc. Gentiles in odium Christianorum illis falsa affingebant crimina, et omnes eis imputabant, quae orbi universo eveniebant calamitates, quod dii sui (inquiebant) a nostris non colerentur. Arnob. S. Cyprianus Tractatu 1, contra Demetrianum, et S. Augustinus, lib. I, de Civit. Dei acriter hac de re Ethnicos reprehendunt : illos consule, si lubet.
Invidia. In ms. *Vidia*; male, per errorem.
Christianorum. Heuman. ex Tertull. Apolog., cap. v, legit *Christianum nomen*, non male.
Illos consilio. Ms., *Illo consilio*; mendose.
Combustos. Videtur deesse verbum *ferebatur*, vel *dicebatur.* ALMELOV.
Ira inflammatus. Apud Lactantium, lib. vII, Divin. Institut., cap. 17 : INFLAMMATUS IRA *veniet cum exercitu magno.*
Excarnificare omnes suos. Aulicos, seu domesticos. Ms., *Excarnificari*, quod sequens verbum *coepit* non patitur.
Coepit. Ita restitui ex ms. Editi, *praecepit.*
Sedebat ipse. Diocletianus.
Judices universi, etc. Apud Diocletianum erant domestici maximo numero christiani. Ex iis non solum *magistri palatii; sed et judices universi torquebantur* ipsi, *data aliis eos judicandi potestate;* quippe si eam habebant Judices, nulla eos dari potestatem judicandi necessitas erat. Non video, qua de causa mutatum sit *coepit* in *praecepit, torquebantur*, in *torquebant*, quod alium omnino sensum exhibet; *cum familiam Caesaris* Galerii *nemo torqueret.* Huc spectare videntur quae scribit Lactantius, Div. Institut., lib. v, cap. 24 : *Ministros furoris alieni, satellites impiae jussionis necessitas fecit. Non enim honor ille aut provectio dignitatis fuit... Quis voluminum numerus capiet tam infinita, tam varia genera crudelitatis ?* ACCEPTA *enim* POTESTATE, *pro suis moribus quisque saeviit*, etc.
Erant certantes, etc. Pro *certabant*, vel *certabatur*, etc. Gallice : *On cherchait à l'envi. Dici non potest quanta, et quam gravia tormentorum genera excogitaverunt hujusmodi judices. Itaque in excogitandis poenarum generibus nihil aliud, quam victoriam cogitant. Sciunt enim certamen esse illud et pugnam.* Lactant., lib. v, Div. Instit., cap. 11.
Caesaris. Galerii.
Aderat ipse. Galerius Maximianus.
Iram inconsiderati senis deflagrare. Id est, defervescere, imminui, decrescere. Apud Livium, lib. XL, *deflagrare iras vestras.*
Id celerius. Ita editio Aboensis et Heumann.; reliquae habent *sed.*
Imperator. Diocletianus.
Filiam Valeriam, conjugemque Priscam sacrificio pollui coegit. Erant forte Christianae. Valeria nupta erat Galerio Maximiano Caesari jam ab. an. 292. Vide Euseb. Hist. Eccles. lib. vIII, cap. 1.
Quondam, Ms. *Cda.* Scriptura mendosa.
Eunuchi. Inter quos erat Petrus. Vide Euseb. Hist. Eccles., lib. vIII, cap. 6.
Palatium et ipse ante constabat. Quidam legunt *Per quos Palatium et ipse ante conflabat :* alii *per quos palatium rexisse ante constabat.* Sed lectio ms. magis arridet.
Ministri. Diaconi.
Sine ulla probatione ac confessione. In ms. est *ac confessione*, mendose : lego *ac confessione;* id est, Gallice, *sans aucune preuve de témoins, et sans être convaincus d'aucun crime par leur propre aveu.*
Sed gregatim circumdato igni amburebantur. Sic lego *sed*, pro *et*, quod ortum videtur in ms. pro *set. Circumdare et ambire idem est : quid sibi vult cum circumdato ambiebantur*, quod est in editis? Lege *amburebantur :* quod verbo Lactantius non uno in loco utitur, et praecipue lib. vII, Div. Instit., cap. 17 : *Procedet ignis de ore ejus, atque* AMBURET *illum;* et cap. 21, *perstringentur igni, atque* AMBURENTUR.
Ne cui temere, etc. Temere, incogitantia, Gallice, *par mégarde, sans y penser.* Ne forte alicujus Christiani causam judices imprudenter audirent, ac diju dicerent. Qua de re vide Acta Crisp. apud Mabillon. Analect. tom. 3.
In secretariis. In Curiis judicialibus. *Secretoria* enim fuerunt proprie loca in quibus judices de causis civilibus, vel criminalibus cognoscebant, sedebantque. BAULDR. — De Secretariis vide Cod. lib. III, titul. 24, l. 3

deos adiretur. Etiam litteræ ad Maximianum atque Constantium commeaverant, ut eadem facerent. Eorum sententia in tantis rebus expectata non erat. Et quidem senex Maximianus libens paruit per Italiam, homo non adeo clemens. Nam Constantius, ne dissentire a majorum præceptis videretur, conventicula, id est, parietes, qui restitui poterant, dirui passus est : verum autem Dei templum, quod est in hominibus, incolume servavit.

XVI.

Vexabatur ergo universa terra, et præter Gallias, ab Oriente usque ad occasum tres acerbissimæ bestiæ sæviebant.

Non mihi si linguæ centum sint oraque centum,
Ferrea vox, omnes scelerum comprendere formas,
Omnia pœnarum percurrere nomina possim,

quas judices per provincias justis atque innocentibus intulerunt. Verum quid opus est illa narrare, præcipue tibi, Donate carissime, qui præter cæteros tempestatem turbidæ persecutionis expertus es? Nam cum incidisses in Flaccinum præfectum, non pusillum homicidam, deinde in Hieroclem ex Vicario Præsidem, qui autor et consiliarius ad faciendam persecutionem fuit, postremo in Priscillianum successorem ejus, documentum omnibus invictæ fortitudinis præbuisti. Novies enim tormentis cruciatibusque variis subjectus, novies adversarium gloriosa confessione vicisti. Novem præliis zabulum cum satellitibus suis debellasti : novem victoriis seculum cum suis terroribus triumphasti.

Quam jocundum illud spectaculum Deo fuit, cum victorem te cerneret, non candidos equos, aut immanes elephantos, sed ipsos potissimum triumphatores currui tuo subjugantem? Hic est verus triumphus, cum dominatores dominantur. Victi enim tua virtute ac subjugati sunt; quandoquidem nefanda jussione contempta, omnes apparatus ac terriculas tyrannicæ potestatis fide stabili et robore animi profligasti Nihil adversus te verbera, nihil ungulæ, nihil ignis,

VARIORUM NOTÆ.

Etiam. Sic ms.; at editi habent et *jam*, quod minus bene putat Heumann.
Expectata non erat. Id est, non expectabatur. In ms. legitur *spectata*.
Senex Maximianus. Scilicet Maximianus Herculius.
Non adeo clemens. De asperitate et sævitia Maximiani Herculii vide Eutropium libris ix et x.
Constantius. Præerat Galliis et Magnæ Britanniæ.
Dissentire. Ms. habet *desensire*.
Majorum. Id est, Augustorum, qui Cæsaribus superiores erant.
Parietes... dirui passus est. Itaque Ecclesias in nonnullis Galliarum locis dirui passus est, nullo jussit edicto. Sicque Eusebius Lactantio non contradicit, ut existimavit Balæzius. Vide Not. ejusdem.
Verum autem Dei templum. Id est, hominem christianum. Vide Lactantium, Div. Instit. lib. v, cap. 8, et lib. vi, cap. 25 : *Secum denique habeat Deum semper in corde suo consecratum, quoniam ipse est* DEI TEMPLUM.
Universa terra. Id est, Romanum Imperium.
Tres acerbissimæ bestiæ sæviebant. Ita apud Lactantium Div., Institut. lib. vi, cap. 6, *Dominationes acerbæ*; et lib. vii, cap. 9, *acerbi census.* Istæ autem *tres acerbissimæ bestiæ* erant Diocletianus, Maximianus, Herculius, et Galerius Maximianus. Constantinum enim Galliis imperantem non ponit in numero persecutorum. Lactantius lib. v, c. 2 : *Nec immerito a Prophetis* BESTIÆ *nominantur... Aspernantur itaque corpora belluarum, quibus sunt ipsi* SÆVIORES. *Nam... quæ Hyrcania tam immanes, tam sanguinarias unquam* BESTIAS *aluit?.. Illa est vera* BESTIA, *cujus una jussione funditur ater ubique cruor*, etc. Vide supra Not. ad caput 9.
Non. Virgil. vi. Æneid., v. 625.
Possim. Sic restitui ex ms. Colbertino, et sic lego cum Virgilio, et quidem eleganter pro *possem*, quod ferunt omnes Lactantii editiones : exempli gratia, *hic si sis, aliter sentias*, pro *hic si esses, aliter sentires*.
Quas. Ms. *quæ*, male; neque enim referri potest ad *nomina*. Legendum profecto *quas*, referendo ad τὸ pœnarum.
Donate. Donatus ille est Lactantii nostri amicus, illustris Christi confessor, qui sub tribus Judicibus novies tortus, de diabolo triumphans e carcere liber dimissus est.
Flaccinum præfectum. Scilicet Bithyniæ.
Hieroclem. Bithyniæ Præsidem.
Auctor et consiliarius ad faciendam persecutionem.
Persecutionem facere, phrasis fuit illorum temporum. Lactantius lib. v Div. Instit., cap. 11. *Alius eamdem materiam mordacius scripsit, qui erat tum e numero judicium, et* QUI AUCTOR *in primis* FACIENDÆ PERSECUTIONIS FUIT.
Priscillianum. Bithyniæ præsidem ex menologio Græcor. ad diem 12 Junii.
Zabulum. Id est, *diabolum*. Nihil vulgatius in antiquis libris mss. quam vox *zabuli*, vel *zaboli*, pro *diaboli*; *zabolici*, pro *diabolici*. Ita passim apud SS. Patres. Vide Not. 2 ad novam Operum S. Paulini Nolani J. B. le Brun editionem, Paris. an. 1685.
Seculum cum suis terroribus triumphasti. Triumphare cum quarto casu etiam Lactantiana dictio est; lib. iv Instit. : *Mortem cum suis terroribus triumpharet*; lib. vi, cap. 23: *Hic terram triumphabit*; Epitom., c. 46 : *triumphabit captivos* ; ibid., c. 51 : *Cum videant deos suos per Crucem ab hominibus triumphari*; tandem, cap. 66 : *Triumphato sæculo.*
Quam jocundum illud spectaculum Deo fuit. Cyprianus, ep. 9 : *O quale illud fuit spectaculum Domino!*
Elephantos. Nam et elephantos ad currum junxerunt antiqui, ut patet ex Lampridio in Vita Antonini Heliogabali, et ex aliis locis. Auctor est Flavius Vopiscus in triumpho, quem Aurelianus egit de Zenobia et Tetrico, elephantos viginti præces-isse. Vide Bulengerum in libro de Triumphis, cap. 21.
Subjugantem... subjugati sunt. Hæc verba quæ eruditissimo Nic. Heinsio displicent, nihilominus Lactantiana sunt; sic enim Div. Instit. lib. vii ait : *Falsus igitur Aristippus, qui hominem voluptati, hoc est malo, tanquam pecudem* SUBJUGAVIT.
Cum dominatores dominatur. Hic dominari est passiva significatione, ut apud Ciceronem in libro i Officiorum : *O domus antiqua, heu quam dispare dominare domino!*
Nefanda jussione. Sic Lactantius Div. Instit. lib. iv, cap. 15 : *Verbo ac* JUSSIONE *faciebat* et lib. v, cap. 13 : *Non tyrannicas* JUSSIONES ; et eusdem, cap. 11 : *Illa est vera bestia, cujus una* JUSSIONE *funditur ater utique cruor.* Et paulo post, *quos ministros furoris alieni, quos satellites impiæ* JUSSIONIS *necessitas aut invenit, aut fecit. Jussionis* vox, juxta Cangium, præceptionem notat maxime Principis.
Terriculas. Id est, terrores. Livius lib. xxxiv, cap. 11 : *Nullis minis, nullis terriculis se motos.* De hac voce adi Nonium. COLUMB.
Nihil ungulæ. Ungulæ, genus quoddam ferreæ forcipis, inter tormenta olim adhibitæ. Formam vide

nihil ferrum, nihil varia tormentorum genera valuerunt. Adimere tibi fidem ac devotionem nulla vis potuit. Hoc est esse discipulum Dei : hoc est militem Christi, quem nullus hostis expugnet, nullus lupus de castris coelestibus rapiat, nullus laqueus inducat, nullus dolor vincat, nullus cruciatus affligat. Denique post illas novem gloriosissimas pugnas, quibus a te zabulus victus est, non est ausus ulterius congredi tecum, quem tot prœliis expertus est non posse superari. Et cum tibi parata esset victrix corona, desiit amplius provocare, ne jam sumeres. Quam licet non acceperis in praesenti, tamen integra tibi pro virtutibus tuis et meritis in regno Domini reservatur. Sed redeamus ad ordinem rerum.

XVII.

Hoc igitur scelere perpetrato, Diocletiani cum jam felicitas ab eo recessisset, perrexit statim Romam, ut illic vicennalium diem celebraret, qui erat futurus ad XII kalendas Decembres. Quibus solemnibus celebratis, cum libertatem populi Romani ferre non poterat, impatiens, et aeger animi, prorupit ex urbe inpendentibus kalendis Januariis, quibus illi nonus consulatus deferebatur. Tredecim dies tolerare non potuit, ut Romae potius quam Ravennae procederet Consul. Sed profectus hyeme, saeviente frigore atque imbribus verberatus, morbum levem, at perpetuum traxit; vexatusque per omne iter, lectica plurimum vehebatur. Sic aestate transacta, per circuitum ripae Istricae Nicomediam venit, morbo jam gravi insurgente. Quocumque se premi videret, prolatus est tamen, ut circum, quem fecerat, dedicaret anno post vicennalia repleto; deinde ita languore oppressus, ut per omnes deos pro vita ejus rogaretur, donec Idibus Decembribus laetus repente in palatio, moestitia et lacrymae, judicum trepidatio, et silentium. Tota civitate jam non modo mortuum, sed etiam sepultum dicebant, cum repente mane postridie pervagari fama quod viveret, domesticorum ac judicum vultus alacritate mutari. Non defuerunt qui suspicarentur celari mortem ejus, donec Caesar veniret, ne quid forte a militibus novaretur. Quae suspicio tantum valuit, ut nemo crederet eum vivere, nisi kalendis Martiis prodiisset, vix agnoscendus, quippe qui anno fere toto aegritudine tabuisset. Et ille idibus Decembribus sopitus animam receperat, nec tamen totam. Demens enim factus est, ita ut certis horis insaniret, certis resipisceret.

XVIII.

Nec multis post diebus Caesar advenit, non ut patri gratularetur, sed ut eum cogeret imperio cedere. Jam conflixerat nuper (cum) Maximiano sene, eumque terruerat injecto armorum civilium metu. Aggressus est ergo Diocletianum, primum molliter et amice, jam senem esse dicens, jam minus vali-

VARIORUM NOTAE.

apud Gallonium, lib. de Cruciatibus martyrum, c. 5, atque alios qui de martyribus egerunt.
Hoc est, militem Christi. Ita ms. Mox praecessit, *Hoc est esse discipulum Dei:* hic pro, *est,* mallem *esse;* vel repeti, *hoc est esse.*
Nullus laqueus inducat. Eadem est locutio apud Lactantium Div. Instit. lib. VI, cap. 24, post medium, *in eosdem* LAQUEOS INDUCANTUR.
Domini. Sic in ms. *Dni*; quando verum ibi nomen *Dei* scribitur, *Di* sic legitur. Caeteri tamen editi habent *Dei* contra fidem ms.
Diocletiani. Sic ms. editi vero habent *Diocletianus.*
Vincennalium. Magno sumptu *quinquennalia, decennalia, vicennalia* celebrabant Imperatores.
Cum libertatem populi Romani ferre non poterat. Hic *cum* est pro *quoniam;* ideoque non regit subjunctivum. *Libertatem:* in ms., *libertate;* male.
Morbum levem, at perpetuum traxit. Cum viris doctis criticis pro, *ac,* quod est in mss. lego *at traxit,* est pro *contraxit.* Verbum simplex pro composito; ut solet Lactantius.
Per circuitum ripae Istricae. In ms., *ripae Strigae.* Multi viri docti mendum suspicantur in vocabulo *Strigae* quod est in ms. Legunt *Istricae,* id est, juxta ripam Istriae provinciae, quam petere debebat Diocletianus, cum relicta Ravenna Nicomediam iret. Ad quid enim longius iter carperet versus Danubium, cum brevius esset et facilius, id est, juxta ripam Istriae, et Dalmatiae ipsius Diocletiani patriae; deinde per Illyrium ubi erant viae militares, per quas Byzantium adiret, ac deinde Nicomediam praeternavigaret? Dicit vero *per circuitum,* quia ut peteret ripam Istriae, circuire debebat juxta partem septentrionalem sinus Adriatici. Qui plura desiderat, legat Henrici Dodwelli dissertationem de Ripa Striga ad calcem hujus voluminis.
Quocumque se premi videret. Bene, per metathesim pro *quoque cum se premi videret.* Idem, *satis Deo fecerimus,* lib. IV Divin. Instit., cap. 17.
Oppressus. Supple, *est,* quod Lactantius saepe subaudit.
Ac. Ms. habet *ad,* mendose.
Mutari. Heumann. legi vult *mutati.*
Donec Caesar. Galerius Maximianus veniret.
Toto. Ms. habet *tota,* mendose.
Sopitus. In editis praemissum est *morte,* quod deest in ms. alii malunt *morti,* alteri *morbo;* sed perperam. Nam ut recte adnotavit doctissimus Graevius, *sopiti* dicuntur, qui deliquio animi corporis quoque sensum ad tempus amittunt, ut pro mortuis jaceant. Liv. lib. I: *Populum Tanaquil alloquitur, jubet bono animo esse: sopitum fuisse Regem subito ictu; ferrum haud alte in corpus descendisse, jam ad se redisse.* Qui locus fere Lactantii geminus est. *Animam receperat,* idem est ac *ad se rediit.* Qui somno sopiuntur, aut vulnere, aut morbo, evigilant, et ad se redeunt; qui morte sopiuntur, somnum ferreum illum dormiunt, ex quo nunquam excitantur in his terris. GRAEVIUS.
Insaniret. Hujus insaniae testis est Eusebius lib. VIII, Hist. Eccl. cap. 13.
Caesar. Galerius Maximianus.
Non ut patri gratularetur. Diocletiani erat filius adoptivus; atque etiam gener. cap. 9. Diocletiani enim filiam *Galeriam Valeriam* duxerat Galerius. TOINARD.
Cogeret imperio cedere. Ms. ut et infra, *imperium credere.*
Conflixerat (cum) Maximiano sene. Herculio scilicet. *Cum* deest in ms. sed Lactantium suspicor scripsisse, ac inde sensus fit clarior.
Aggressus est ergo Diocletianum, jam senem esse, etc. Hic incipit dialogus inter Diocletianum et Maximianum Galerium, isto socerum urgente ad deponendum imperium, altero repugnante. Quod valde animadvertendum est. Hactenus enim existimavimus spontaneam fuisse Diocletiani abdicationem, et longo tempore meditatam: quod certe evidentissime colli-

dum, et administrandæ reipublicæ inhabilem, debere illum requiescere post labores. Simul et exemplum Nervæ proferebat, qui imperium Trajano tradidisset. Ille vero aiebat, et indecens esse, si post tantam sublimis fastigii claritatem in humilis vitæ tenebras decidisset, et minus tutum, quod in tam longo imperio multorum sibi odia quæsisset. Nervam vero uno anno imperantem, cum pondus et curam tantarum rerum vel ætate, vel insolentia, ferre non quiret, abjecisse gubernaculum reipublicæ, atque ad privatam vitam rediisse, in qua consenuerat. Verum si nomen Imperatoris cuperet adipisci, impedimento nihil esse, quominus omnes Augusti nuncuparentur. At ille, qui orbem totum jam spe invaserat, cum sibi aut nihil præter nomen, aut non multum videbat accedere, respondit debere ipsius dispositionem in perpetuum conservari, ut duo sint in republica majores, qui summam rerum teneant; item duo minores,

A qui sint adjumento : inter duos facile posse concordiam servari, inter quatuor pares nullo modo. Si ipse cedere noluisset, se sibi consulturum, ne amplius minor et extremus esset. Jam fluxisse annos quindecim, in Illyricum, id est, ad ripam Danubii relegatus, cum gentibus barbaris luctaretur, cum alii intra laxiores et quietiores terras delicate imperarent.

Ilis auditis, senex languidus, qui jam et Maximiani senis litteras acceperat, scribentis quæcumque locutus fuisset, et dedicerat augeri ab eo exercitum, lacrymabundus :

DIOCLET. Fiat, inquit, si hoc placet. Supererat ut, communi consilio omnium Cæsares legerentur.

GALERIUS. Quid opus est consilio, cum sit necesse illis duobus placere quidquid nos fecerimus?

D. Ita plane. Nam illorum filios nuncupari ne-

VARIORUM NOTÆ.

gebatur ex vetustis auctoribus, qui vulgatas tantum historias scribebant, arcana rerum non noverant. At Lactantius, qui Nicomediam a Diocletiano fuerat accitus, qui frequens erat in palatio, melius totam hanc historiam scire potuit, quam illi qui postea animum ad scribendam historias appulerunt. BALUZ.

Simul et exemplum Nervæ proferebat, etc. Id vero est longe falsissimum ; neque enim Trajanus a Nerva adoptatus imperavit, nisi eo demortuo. Observandum est autem, id non a Lactantio tanquam auctore, sed apud Lactantium a Maximiano referri in rem suam. Hoc quippe exemplo volebat abuti apud Diocletianum, hominem illiteratum et historiæ rudem, sed etiam tum in augustiis positum, ut eum ad abdicandum Imperium induceret. TOINARD.

Aiebat, et indecens esse. Restitui et ex ms. Et nullus dubito, quin Lactantius sic scripserit. Alioqui scripsisset *sibi*, ut infra, non *ei*, ut in editis, *aiebat Diocletianus*.

Decidisset. In ms. *decidisse*.

Quæsisset. In ms., *quæsisse*, id est, *acquisivisset*, vel ex eo certum, quod nemo sibi ultro multorum odia conciliet, sed invitus semper sustineat. Item *quæsierunt*, pro *acquisierunt* supra hujusce libri initio, et infra, cap. 51, post medium, *cibos labore quæsitos*, pro *acquisitos*. In Lactantii more est *quærendi* verbum in *acquirendi* significatione adhibere, simplex pro composito lib. I Div. Institut. cap. 20, et Epitom., cap. 20 : *Flora cum magnas opes ex arte meretricia* QUÆSIVISSET ; lib. II, cap. 12 : *Per ejus divinum atque unicum nomen sibi misericordiam* QUÆRIT ; lib. IV, cap. 1 : *Mortem sibi perpetuam cum diis et cum bonis corporalibus* QUÆSIERUNT ; lib. V, cap. 1, ante finem, loquens de S. Cypriano, *Magnam sibi gloriam ex artis Oratoriæ professione* QUÆSIERAT ; lib. VI, cap. 12 : *Perdamne rem familiarem meo aut majorum labore* QUÆSITAM? lib. VI, cap. 11 : *Virtutis suæ nomen indelebile* QUÆSIERUNT ; Ibid. cap. 14 : *Suis meritis non immortalitatem sibi, sed mortem peccatis ac libidinibus* QUÆSIERUNT ; ibid. c. 15 : *male* QUÆSITUM, pro *male acquisitum* ; et Epitom. cap. 27.

Nervam imperantem... abjecisse. Ex omnium eruditorum consensu sic reposuimus, cum esset in ms. codice et editis *Nerva imperante... abjecisse gubernaculum Reipublicæ*, mendose, ut cuivis præcedentia et sequentia legenti patebit.

Quiret. Vide infra Not. ad capitis 37 initium.

At ille. Cæsar Galerius, scilicet.

Orbem totum jam spe invaserat. Omnes fere viri docti non aliter legendum esse censent ; quidam inhiaverat. In ms. est, *ipse invaserat*.

Cum sibi, etc. Ita ms. non *inde*, ut in editis.

Aut non multum. Negationem, quæ deest in ms. addidi, ut omnino necessariam, eamque sensus postulat. Vide idem lib. I Divin. Institut. cap. 8. ALMELOV.

Dispositionem. Formam constituendæ, seu regendæ Reipublicæ. Recepta tunc erat ea vox. Apud Lactantium, DISPOSITIONES *Dei*, lib. II Instit. cap. 6, et lib. VII cap. 2 : *In* DISPONENDO *vitæ statu, formandisque moribus*, lib. III, cap. 7. Vide Jac. Gothofredum ad titulum Codicis Theodos. *De proximis*.

Majores. Id est, duo Augusti Imperatores.

Duo minores. Id est, duo Cæsares, qui erant Augustis minores.

Cedere noluisset. Ms., *Credere noluissent*.

Se sibi, etc. Gal. Maximianus *minor* erat Augustus (Diocletiano et Maximiano Herculio) utpote tantum Cæsar ; atque erat extremus Cæsarum, quia Constantio inferior. Id vero jampridem ferebat molestissime ; nam *fugato Narseo* Persarum Rege (cap. 9), truci vultu ac voce terribili exclamabat : *Quousque Cæsar ?* TOINARD.

Jam fluxisse annos quindecim. Lactantius Div. Institut. lib. III, cap. 17, ex mente adversariorum, *nullum diem, nullam denique temporis punctum* EFFLUERE *nobis sine voluptate patiamur*. JOAN. COLUMB. in Aboënsi editione.

In Illyricum, id est. Sic ms. In omnibus fere editis est *vel ad ripam*. In plerisque impressis est *vel*, pro id est. *In Illyricum*, lege *cum in Illyricum*, juxta doctiores quosque criticos.

Relegatus. Ms., *religatus*.

Luctaretur. Ita ms. Omnes ferme editi, *luctaret*.

Senex languidus. Diocletianus.

Et. Legitur in ms., deest in editis omnibus.

Maximiani senis. Herculii.

Locutus fuisset. Id est, *scribentis quæcumque sibi Galerius locutus fuisset*.

Fiat etc. Quoniam quod reliquum est hujus capitis subobscurum est et perplexum propter loquentium personarum mutationem, cum Thoma Sparkio, in Dialogi formam cuncta digessimus, præfixis Diocletiani et Galerii litteris nominum initialibus, ut quæ alteruter dixerit facilius innotescat.

Supererat. Pro *supererat* ; ut *erat*, pro *esset*, apud Ciceronem pro lege Manilia.

Quid opus est. Hæc sunt verba Galerii Maximiani.

Ita plane. Nam, etc. Loquitur Diocletianus. Familiaris Lactantio phrasis : lib. I Div. Institut. c. 11 : ITA PLANE. NAM *cum idem neque virginibus, neque maritatis unquam pepercisset* ; et lib. II, cap. 2 : ITA PLANE :

cesse est. Erat autem Maximiano (filius) Maxentius, hujus ipsius Maximiani gener, homo perniciosæ ac malæ mentis, adeo superbus et contumax, ut neque patrem, neque socerum solitus sit adorare. Et idcirco utrique invisus fuit. Constantio quoque filius erat Constantinus, sanctissimus adolescens, et illo fastigio dignissimus, qui insigni et decoro habitu corporis, et industria militari, et probis moribus, et comitate singulari, a militibus amaretur, a privatis et optaretur. Eratque tunc præsens, jam pridem a Diocletiano factus tribunus ordinis primi.

D. Quid ergo fiet?

G. Ille, inquit, dignus non est. Qui enim me privatus contempsit; quid faciet, cum imperium acceperit?

D. Hic, vero et amabilis est, et ita imperaturus, ut patre suo melior et clementior judicetur.

G. Ita fiet, ut ego non possim facere quæ velim. Eos igitur oportet nuncupari, qui sint in mea potestate, qui timeant, qui nihil faciant, nisi meo jussu.

D. Quos ergo faciemus?

G. Severum, inquit.

D. Illumne saltatorem, temulentum, ebriosum, cui nox pro die, et dies pro nocte?

G. Dignus, inquit, quoniam militibus fideliter præbuit, et eum misi ad Maximianum, ut ab eo induatur.

D. Esto. Alterum quem dabis?

G. Hunc, inquit, ostendens Daiam adolescentem quemdam semibarbarum, quem recens jusserat Maximianum vocari de suo nomine. Jam et ipsi Diocletianus nomen ex parte mutaverat ominis causa

VARIORUM NOTÆ.

quemadmodum vulgus existimat mortuorum animas circa tumulos et corporum suorum reliquias oberrare. Et lib. VI, cap. 24 : *Licet* PLANE. NAM, etc.

Filius. Abest a ms. et nullum est spatium vacuum.

Maxentius. Homo *ferus*, inquit Aurelius Victor, *et inhumanus, nulli carus, ne patri, aut socero quidem Galerio.*

Ipsius. Ita ms. At editio Nourrisii habet *ipse.*

Malæ. Bis repetitur in ms. per errorem.

Adorare. Id est, inclinare, incurvare se profunde, ut de Davide ante Jonathan legitur 1 Reg., cap. xx, v. 41, et II Reg., cap. 24, v. 21, etc. Eodem sensu etiam sæpe sumitur apud medii ævi scriptores. Ita de Diocletiano dicit Eutropius, lib. IX, cap. 16 : *Regiæ consuetudinis formam invexit, adorarique se jussit, cum ante eum cuncti salutarentur.*

Constantio. At in ms., *Constantius.*

Sanctissimus adolescens. De eodem Constantino Lactantius in libri VII Div. Instit. Epilogo cap. 26 : SANCTISSIME *Imperator sanctissimus adolescens,* Paganorum elogium, id est, *integerrimus*; ita Cicero Philip. 13. Octavianum Cæsarem dixit : *sanctissimum adolescentem.* Vide et Velleium, lib. II, cap. 53.

Decoro. In ms., *Decore.* Mendum est.

A privatis et optaretur. Ita ms. Nota hic obiter privatum a milite distingui.

Eratque tunc præsens. Submitto doctis meam opinionem, anne Anonymi Valesiani verba hunc admittant sensum : *Galerium ideo potius Severum fecisse Cæsarem, quod esset ignobilis moribus et ebriosus, quum Constantinus ejusmodi vitia non nosceret, sed longe ab iis esset, tanquam sanctissimus adolescens et probis moribus.* Subjiciam ipsa anonymi verba : (Galerius) *annos imperavit* XIX. *Severus Cæsar ignobilis et moribus et natalibus, ebrius,* et *ob hoc* (ebrietatem maxime) *Galerio amicus. Hunc ergo et Maximinum Galerius Cæsares fecit, Constantino nihil tale noscente;* et mox sequitur de Galerio apud Anonymum : *Galerius sic ebriosus fuit, ut juberet temulentos,* etc. Id enim nemo facile negabit, *nosse, noscere, peritum esse,* non raro de vitiis dici; atque hinc princeps Nurrii argumentum non minus incertum, quam ipse Anonymus auctor. BUNEMAN.

Diocletiano. Et sic habet manuscriptus, non *Deciano*: extendatur membrana, ms. quæ hic constricta est, et legatur.

Quid ergo fiet. Loquitur Diocletianus.

Ille. Scilicet Maxentius.

Inquit. Galerius.

Dignus non est. De Maxentio dicitur.

Hic. Constantinus. Verba sunt Diocletiani ad Galerium.

Ita fiet. Verba Galerii.

Inquit. Galerius.

Illumne. Loquitur Diocletianus.

Temulentum. Ms., *Tumulentum*; mendose.

Inquit. Galerius.

Militibus fideliter præbuit. Nimirum stipendia, annonam militarem, quam *præbendam* vocant auctores varii. CUPERUS. *Præbuit*, melius tamen esset *præfuit.*

Maximianum. Herculium, scilicet.

Ut ab eo induatur. Purpura, qua Cæsares insigniebantur.

Esto. Loquitur Diocletianus.

Inquit. Galerius.

Daiam. Sive Dazam, filium sororis Galerii, ob hoc ipsum *Galerium Maximianum* dictum in adoptione.

Jusserat Maximianum vocari de suo nomine. Baluzius V. C. in notis agnoscit, hic et fere semper alibi legi in veteri codice *Maximianum.* Unde suspicio mihi inest, Dazam a Gal. Maximiano de *pleno* ipsius nomine vocatum fuisse *Maximianum*, non *Maximinum.* Etenim in duabus Thermarum Diocletiani inscriptionibus apud Gruterum, p. CLXXXVIII, 2 et 7 post Constantium et Maximianum Augg. ac Severum Cæs. recensetur *Maximianus Cæsar*, qui alius esse nequit a Daza. Adde apud Græcos scriptores eumdem promiscue appellari *Maximianum.* Existimaverim itaque, quoniam jam duo erant Maximiani (*Herculius* et *Galerius*) apud vulgum obtinuisse, ut discriminis ergo, Daza non *Maximianus*, sed *Maximinus* diceretur. TOINARD.

Diocletianus nomen ex parte mutaverat ominis causa, etc. Toinardus legendum censet *nomen ex fratre mutuaverat, ominis causa.* An enim (inquit) quispiam *dicendus* est alicujus nomen *ex parte mutare,* qui aliquod integrum illi adjicit, quale est istud *Maximiani* impositum Galerio per Diocletianum? *Mutuaverat* a Lactantio hic usurpatum, pro *mutuatus fuerat.* Sic enim apud Priscianum lib. VIII, de verbo *Meto et Metor, Mutuo et Mutuor*; et apud Nonium cap. 17, n. 48. Ut vero correctionis istius ratio intelligatur, sciendum est, Maximianum Herculium fuisse a Diocletiano fratrem appellatum, imperii nempe consortio. TOINARD. — *Ex parte mutaverat.* Hoc est, Galerium jusserat vetus prænomen abjicere, et posthac nominari *Maximianum Galerium.* Ita non ex toto, sed ex parte nomen ejus mutaverat. Si hæc interpretatio mentem Toinardo venisset, non tantum frustra laborasset, ut probaret legendum esse, *nomen ex fratre mutuaverat.* HEUMANNUS. — *Ominis cau-*

quia Maximianus fidem summa religione præstabat.

D. Quis est hic, quem mihi offers?

G. Meus, inquit, affinis.

D. At ille gemebundus: Non idoneos homines mihi das, quibus tutela Reipublicæ committi possit.

G. Probavi eos, inquit.

D. Tu videris, qui regimen imperii suscepturus es. Ego satis laboravi, et prævidi quemadmodum, me imperante, Respublica staret incolumis. Si quid accesserit adversi, mea culpa non erit.

XIX.

Cum hæc essent constituta, procedit kalendis Maiis. Constantinum omnes intuebantur. Nulla erat dubitatio. Milites qui aderant, et priores militum electi, et acciti ex legionibus, in hunc unum intenti gaudebant, optabant, et vota faciebant. Erat locus altus extra civitatem ad millia fere tria, in cujus summo Maximianus ipse purpuram sumpserat; et ibi columna fuerat erecta cum Jovis signo. Eo pergitur. Concio militum convocatur. Inquit senex cum lacrymis, alloquitur milites: se invalidum esse, requiem post labores petere, imperium validioribus tradere, alios Cæsares subrogare. Summa omnium expectatio quid afferret. Tunc repente pronuntiat Severum et Maximinum Cæsares. Obstupefiunt omnes in tribunali. Constantinus astabat susum: hæsitare inter se, num Constantini immutatum nomen esset, cum in conspectu omnium Maximianus manum retrorsum extendens, protraxit a tergo Daiam, Constantino repulso, et exutum vestem privatam, constituit in medium. Mirari omnes qui esset, unde esset. Nemo tamen reclamare ausus est, cunctis insperatæ novitate rei turbatis. Huic purpuram Diocletianus injecit suam, qua se exuit, et Diocles iterum factus est. Tum descenditur; et rheda per civitatem veteranus Rex fo-

VARIORUM NOTÆ.

sa. Ms. *Hominis,* mendose. Cum viris doctis Cupero, Toinardo, aliisque scribo *omneis.* Dicit autem *omnis causa,* quia (inquit) sperabat eam sibi tam fidum futurum ac erat Maximianus, cujus nomen alteri dabat, Herculius.

Maximianus. Ita ms. Is erat senex Maximianus Herculius.

Quis est hic, quem mihi offers? Verba sunt Diocletiani.

Inquit. Scilicet Galerius.

Affinis. Quia Galerii sororis Illius erat.

Ille gemebundus Diocletianus.

Non idoneos. Ms. habet *idees*, cum calami ductu sive lineola super *de.*

Probavi eos. Loquitur Galerius.

Tu videris. Formula improbantium. Hæc et cætera usque ad capitis finem, verba sunt Diocletiani. — *Tu videris..... non erit.* Loquitur Diocletianus, cujus verbis Lactantius hoc colloquium concludit. In hoc vero colloquio doctiss. Nurr. tantas difficultates esse putavit, ut sine magna animi contentione, et singulis quibusque dialogi hujus verbis ponderatis, nemo facile agnoscere possit, quæ a Diocletiano aut Galerio dicta sint; atque ob has tantas difficultates interpretes certas litteras colloquentium verbis diversis addidisse dicit; debuisse vero ipsum Scriptorem ejusmodi notas præfigere. Deinde interpretes, si res tam difficilis fuisset, forsan in assignandis personis hic lapsi essent : sed quum præter unum Bauldrium omnes verba Diocletiani et Maximiani Galerii recte indicaverint, ea ipsa convenientia testatur de hujus colloquii perspicuitate; imo Baluzius, Columbus, Cuperus, alii nullas notas personarum colloquentium apposuerunt : quod ubi a Toinardo, Cellario, Walchio et nobis factum, non tantæ obscuritatis causa, sed eorum in gratiam est factum, qui aut festinant, aut hebetis nimis ingenii sunt, aut in sua sententia libenter ab aliis confirmari volunt. Si quædam videntur minus clara, eo accidit, quod istud colloquium aliis historicis omnibus ignotum est. Lactantius vero, ut recte Baluzius censuit, qui Nicomediam a Diocletiano fuerat accitus, qui frequens erat in Palatio, melius hanc historiam scire potuit, quam illi, qui postea annum, ad scribendas historias appulerunt. Bun.

Accesserit. Ita ms. Non, *acciderit;* quamvis Heumannus cum Galeo optaret legi *acciderit.*

Kalendis Maiis. Hinc constat kalendis Maii anni 305. Diocletianum et Maximianum Herculium purpuram deposuisse.

Priores militum. Ita ms. Quidam vellent legi *primores militum,* sicut *primores civitatum,* infra cap. 21. At utraque lectio bona. Vide not. Cuperi et Glossarium Cangii.

Extra civitatem. Prope Nicomediam.

In cujus summo Maximianus, etc. Galerius scilicet Armentarius. — *Maximianus ipse.* Nurr. p. 258 et p. 279 cum nonnullis exponit de *Max. Herculio :* sed rectius videtur sumi *de Max. Galerio :* nam de eo hoc capite sermo infra, et ita pronomen *ipse* requirit, quod eodem modo de *Galerio Maximiano,* c. 18. Bun.

Concio militum convocatur. Inquit senex. Locus, ut putant, mendosus. At ms. legit *inquit senex.* Quidam reponendum esse putant *in qua senex;* alii *convocetur, inquit senex.* Sed vel legas *inquietus senex,* juxta editos, vel *inquit senex,* aut etiam *concio militum convocetur, inquit senex, cum lacrymis,* etc., idem fere est.

Maximinum. Scilicet Daiam. In ms. semper dicitur *Maximianus.* Et Græci et Latini sæpe utrumque confundunt. Ubique reposuimus *Maximinum,* ne qua difficultas lectorem remorari posset.

Constantinus astabat. Ut protectorum tribunus, ac munia sua obiens; qua enim ratione abfuisset a tam celebri actione?

Susum. Pro *sursum,* est apud Plautum Cistel. Act. II, scen. 3, v. 78.

Hæsitare. In ms. *stare :* sed in margine eadem manu eodemque atramento *esitare,* quod non est aliud quam *hæsitare,* quod rectum habet sensum. Editi vero habent *sciscitari,* bono et am sensu. Doctiss. igitur Baluzius substituit *sciscitari,* pro *stare,* quod est in ms. et *esitare* in margine, pro *hæsitare :* at eruditus vir Paulus Bauldri, pro *susum stare,* suspicabatur legendum esse *susurrare;* quod huic loco convenire potest, æque ac *sciscitari.*

Inter se. Intelige, *quærentes.*

Maximianus. Galerius.

Exutum. Daiam : ita emendavit inter errata Baluzius, et ita poscit ratio syntaxeos, non *exuto,* ut in ms. — *Exutum vestem privatam.* Spark. et Bauldrius malunt, *veste privata.* Sed fatua lectio ms. quod habet *exuto.* Not. ad Lact. lib. IV, c. 14 : *Indutus vestimenta sordida.* Bun.

Orientem calcandum. Cic. II. Philipp. c. 23 : *Quum Cæsar huic... conculcandam Italiam tradidisset.* Lact. lib. VI, cap. 18 : *Dolorem mortemque calcamus.* Bun.

Insperatæ novitate rei : Sic fuit emendandum. In manuscripto est : *insperatæ novitatis rei;* mendose.

Huic purpuram Diocletianus injecit suam. Diocletianus sua veste purpurea Maximinum Daiam Cæsarem

ras exportatur, in patriamque dimittitur. Dein vero sublatus nuper a pecoribus et sylvis, statim scutarius, continuo protector, mox tribunus, postridie Caesar, accepit Orientem calcandum et conterendum; quippe qui neque militiam, neque Rempublicam sciret, jam non pecorum, sed militum pastor.

XX.

Maximianus, postquam senibus expulsis, quod voluit et fecit, se jam solum totius orbis dominum esse rebatur. Nam Constantium, quamvis priorem nominari esset necesse, contemnebat, quod et natura mitis esset, et valitudine corporis impeditus. Hunc sperabat brevi obiturum; et si non obisset, vel invitum exuere facile videbatur. Quid enim faceret, si a tribus cogeretur imperium deponere? Habebat ipse Licinium veteris contubernii amicum, et a prima militia familiarem, cujus consiliis ad omnia regenda utebatur. Sed eum Caesarem facere noluit, ne filium nominaret, vel ut postea in Constantii locum nuncuparet Augustum atque fratrem; tunc vero ipse principatum teneret, ac pro arbitrio suo debacchatus in orbem terrae, vicennalia celebraret, ac substituto Caesare filio suo, qui tunc vestiit: unde colligi potest, easdem tunc fuisse Imperatorum et Caesarum vestes.

erat novennis, et ipse deponeret: ita cum imperii summam tenerent Licinius ac Severus, et secundum Caesarum nomen Maximinus et Candidianus, inexpugnabili muro circumseptus securam et tranquillam degeret senectutem. Hoc consilia eis ostendebant. Sed Deus, quem sibi fecit infestum, cuncta illius cogitata dissolvit.

XXI.

Adeptus igitur maximam potestatem, ad vexandum orbem, quem sibi patefecerat, animum intendit. Nam post devictos Persas, quorum hic ritus, his mos est, ut Regibus suis in servitium se addicant, et Reges populo suo tanquam familia utantur, hunc morem nefarius homo in Romanam terram voluit inducere, quem ex illo tempore victoriae sine pudore laudabat. Et quia id aperte jubere non poterat, sic agebat, ut et ipse libertatem hominibus auferret. In primis honores ademit. Torquebantur ab eo non decuriones modo, sed primores etiam civitatum, egregii ac perfectissimi viri, et quidem in causis levibus atque civilibus. Si morte digni viderentur, cruces stabant; sin minus, compedes parati. Matresfamilias ingenuae ac nobiles in gynaeceum rapiebantur. Si quis esset verberandus, de-

VARIORUM NOTAE.

Diocles iterum factus est. Hoc est, privatam egit vitam, ut antequam regendum suscepisset imperium.

Patriam. Salonas in Dalmatia, cujus ruinae sunt e regione Spalatensis urbis, prope castellum de Clissa. Spalato autem villa erat Diocletiani, ubi obiit. Sic de eo S. Hieron. in Chronico: *Diocletianus haud procul a Salonis in villa sua Spalato moritur.*

Scutarius. Id est, gregarius miles.

Protector. Id est, stipator imperatoris custodiae inserviens.

Maximianus. Galerius.

Senibus expulsis. Diocletiano et Maximiano Herculio.

Et fecit. Forte *effecit.* Sic Lactant. lib. vi, cap. 14: *Videbimus an efficiant quod velint.*

Esse rebatur. In ms. *esse ferebatur.* Quidam legunt *esse se rebatur: in* editis *esse ferebat,* legitur.

Valitudine. Ita ms. Consule Dausqueium in orthographicis, voce *valitudo,* ex *valetudo.*

Obisset. Ms., *Novisset; male.*

A tribus. Scilicet a Galerio, Severo et Maximino.

Ipse. Maximianus Galerius.

Vel. Post *nominaret,* in manuscripto est vacuum spatium duarum litterarum, quas credidi fuisse *nl,* propter ductam sursum lineolam, ut hic expressi. Quod si velis litteras fuisse *et,* fuerit *etiam.*

Nuncuparet Augustum atque fratrem. Ut supra cap. 8 et in legibus *divi fratres Marcus et Lucius Antonini.* Nec vero id perpetuum; nam et Augusti filios suos Augustos Imperatores fecerunt, ut Severus, Philippus, Theodosius. CELL.

Tunc vero ipse. Ipse Galerius, hoc consilio se oblectans. CELL.

Filio suo. Candidiano e concubina nato. Nullum enim suscepit filium ex sua uxore Valeria, Diocletiani filia, quae sterilis fuit; ut docet Lactantius infra cap. 50.

Ipse deponeret. Galerius etiam deponeret imperium, exemplo Diocletiani et Maximiani Herculii.

Candidianus. Filius Galerii, tum novennis. CELL.

Inexpugnabili muro. Ita solet Lactantius. Lib. iv, c. 27; *Tanquam inexpugnabilis murus.* BUN.

Hoc consilia eis ostendebant. Cum viris doctis lego *consilia.* In ms. est *consilio eis;* Galerio scilicet, et Licinio, cujus consiliis ad omnia regenda usum fuisse Galerium supra vidimus. Editi habent, *consilia ei ostendebant.* Doctissimus Graevius legendum esse existimat, *Huc consilia ejus tendebant.*

Adeptus igitur. Galerius.

Devictos Persas. Vide supra, c. 9.

In servitium se addicant. Hic *servitium,* pro *servitute,* ut apud Lactantium Epitom. cap. 52 ad initium, *tradet* IN SERVITIUM *gentes universas;* Div. Institut. lib. II cap. 1: *Totos se libidinibus* ADDICUNT; lib. vi cap. 20 et 23: *Quia se corpori* ADDIXERANT, *in quo habet mors potestatem.* De instituto seu consuetudine hac Persarum legatur Brissonius.

Familia. Id est, famulis, servis, ut apud Persas. In ms. est *milia tantum,* et deest *fa.*

Terram. In ms. *era.*

Sic agebat, ut et ipse. Heum. *Id agebat, ut reapse.* Ego quidem mallem, *Sic agebat, ut tacite libertatem hominibus auferret.* BUN.

Torquebantur Decuriones. Jure civili Romanorum non licebat torquere Decuriones, ut patet ex Epistola Constantini ad Probianum proconsulem Africae. Postea tamen Constantinus legem tulit, ut Decuriones torqueri liceret in crimine falsi. BALUZ.

Civitatum. In ms., *civitatis,* et apponitur *u,* supra ultimam syllabam.

Egregii ac perfectissimi viri. Dignitates honorariae, de quibus vide Leg. 1 cod. Theod. de honorariis codicillis. Lactantius lib. v Div. Instit. cap. 14: *Nemo* EGREGIUS, *nisi qui bonus et innocens fuerit; nemo* CLARISSIMUS, *nisi qui opera misericordiae largiter fecerit; nemo* PERFECTISSIMUS, *nisi qui omnes gradus virtutis impleverit.* Perfectissimatus dignitas, ut ait Valesius ad librum XXI Ammiani Marcellini, minor erat clarissimatu; et ut clarissimi apud Praefectum urbis conveniebant, sic perfectissimi apud Vicariam Praefecturam.

Matresfamilias nobiles in Gynaeceum rapiebantur. Gynaecea, ut vox ipsa loquitur, erant loca destinata operibus muliebribus, in quae interdum poenae loco dejiciebantur et viri et foeminae. Vide Valesii annotationes ad Eusebium, pag. 211, et Cangium in Glossario.

fixi in stabulo pali quatuor stabant, ad quos nullus unquam servus distendi solebat. Quid lusorium, vel delicias ejus referam? Habebat ursos ferociæ ac magnitudinis suæ simillimos, quos toto imperii sui tempore elegerat. Quoties delectari libuerat, horum aliquem afferri nominatim jubebat. His homines non plane comedendi, sed obsorbendi objectabantur; quorum artus cum dissiparentur, ridebat suavissime; nec unquam sine humano cruore cœnabat. Dignitatem non habentibus pœna ignis fuit; et hæc illi primo adversus Christianos permiserat, datis legibus, ut post tormenta damnati lentis ignibus urerentur. Qui cum deligati fuissent, subdebatur primo pedibus lenis flamma tamdiu, donec callum solorum contractum igni ab ossibus revelleretur. Deinde incensæ faces et extinctæ admovebantur singulis membris, ita ut locus nullus in corpore relinqueretur intactus. Et inter hæc suffundebatur facies aqua frigida, et os humore abluebatur, ne arescentibus siccitate faucibus, cito spiritus redderetur; quod postremo accidebat, cum per multum diem decocta omni cute, vis ignis ad intima viscera penetrasset. Hinc rogo facto cremabantur corpora jam cremata; lecta ossa, et in pulverem comminuta, jactabantur in flumine ac mare.

XXII.

Quæ igitur in Christianis excruciandis didicerat, consuetudine ipsa in omnes exercebat. Nulla pœna penes eum levis : non insulæ, non carceres, non metalla; sed ignis, crux, feræ, in illo erant quotidiana et facilia. Domestici et administratores lancea emendabantur. In curia pœna capitis et animadversio gladii admodum paucis quasi beneficium deferebatur, qui ob merita vetera impetraverant bonam mortem. Jam illa huic levia fuerant. Eloquentia extincta, causidici sublati, jureconsulti aut relegati, aut necati. Litteræ autem inter malas artes habitæ; et qui eas noverant, pro inimicis hostibusque protriti et execrati. Licentia rerum omnium, solutis legibus, ad-

VARIORUM NOTÆ.

Gynæceum. In ms. *Geniceum.*
In stabulo. Ita ms. non *sabulo*, ut quibusdam placeret. *Stabulum* hic, non equorum, sed equuleorum, ejusque generis catastarum accipe, et ubi homines ad palos fixi et prope suspensi stabant. Sic *stabulum ferriterium* habes apud Plautum, Pers. act. III, scen. 3, v. 13, ex emendatione Gronovii. COLUMBUS.
Ad quos nullus unquam servus distendi solebat. Ita ms. nonnulli mallent legere, *nisi servus.*
Lusorium. Theatrum, sive amphitheatrum, ubi ludi publici edebantur, ut pluribus ostendit Cangius. Salvianus, lib. VI, pag. 123, secundæ editionis Baluz. Acta sanctæ Seraphiæ virginis et martyris. BALUZ.
Ferociæ. Ms., *Ferocia*; mendose.
Ac magnitudinis suæ simillimos. Similis secundo casu gaudet apud Lactantium lib. IV, cap. 24, *hominum simillimum;* lib. III, cap. 20, *suorum simillimus;* lib. de Ira Dei cap. 18, *hominem* SIMILEM SUI *fecit;* et cap. 19, *hos Deus ut* SUI SIMILES *recognoscit;* de Opif. cap. 16, SIMILE VERI.
Elegerat. Ursos, aliis corpulentiores, immaniores, et ferocissimos.
Nominatim. Fortasse cuique urso nomen aliquod imposuerat Tyrannus.
Sed obsorbendi. Scilicet ursi lambere et sorbere sanguinem, et ita corpus consumere solent; unde αἱμοβόροις θηρσίν eos recte accenset Eusebius Hist. Eccles. lib. VIII, cap. 7. *Obsorbere* autem etiam apud Plautum Truc. 2, 3, 30. occurrit : *Quæ obsorbent quidquid venit intra pessulos;* et Mil. 3, 2, 21, *quia enim obsorbui.* Ex Virgilio IV Georg. et II Æneid.
Objectabantur. Pro *objiciebantur.*
Homines... quorum artus cum dissiparentur. Locutio Lactantiana lib. V Instit. cap. 11 : *Nemo hujus tantæ belluæ immanitatem potest pro merito describere, quæ... dentibus ferreis... non tantum* ARTUS HOMINUM DISSIPAT, *sed,* etc.
Et hæc ille primo, etc. Sic lego cum doctissimo viro. In ms. legitur, *et exilii primo adversus Christianos permiserat datis legibus.* An legendum *promserat?* Cicero de Legib., lib. I, cap. 22.
Deligati. Idem quod *ligati.* Ms., *Delegati.*
Callum solorum. De hac pedum indurata pelle loquitur Cicero, lib. V Tusculanar.
Spiritus redderetur. Lactant., lib. V, Institut., cap. 11 : *Contendunt igitur ut vincant, et exquisitos dolores corporibus immittiunt, et nihil devitant, quam ut ne torti moriantur. Et paulo post : Illi autem pertinaci stultitia jubent curam tortis diligenter adhiberi, ut ad alios cruciatus membra renoventur, et reparetur novus sanguis ad pœnam.* BALUZ.
Accidebat. Ms. *Accedebat.*
Cum per multum diem, etc. Approbantibus omnibus viris doctis, lego *cum,* pro *tunc,* quod est in ms. totidem tractuum numero.
Lecta ossa et in pulverem comminuta. Eodem pertinent verba libri v Institut., cap. 11 : *Nemo hujus tantæ belluæ immanitatem potest pro merito describere, quæ uno loco recubans, tamen per totum orbem dentibus ferreis sævit, et non tantum artus hominum dissipat, sed et ossa ipsa comminuit, et in cineres furit, ne quis exstet sepulturæ locus, quasi vero id affectuni qui Deum confitentur, ut ad eorum sepulcra veniatur. Legere ossa hic est conferre, colligere.* BUN.
In flumine ac mare. Ita ms., nec aliter legendum. Nam olim, ut apud Nasonem et Varronem, scribebatur *mare* in sexto casu : quem cum propositione *in,* pro quarto positum non semel offendes apud Lactantium. Vide Columbi notam ad hunc locum. *Jactabantur,* pro *jaciebantur.* Heumannus tamen vult legi *in flumen ac mare.*
Nulla pœna penes eum levis. In veteri exemplari legitur, *nulla penis eum levis.* Pessima lectio bonam nobis indicavit. BALUZ.
Insulæ. Ms. *Insolæ.*
Carceres. Ms. *Incarceris.*
Illo... quotidiana. Ms., *Illa... cotidiano.*
Facilia... Id est, facile concessa. ALMELOV.
Domestici. Erant qui varias in scholas divisi intra palatium familiarius militabant, ita tamen, ut aliqui nonnunquam mitterentur in provincias. BUN.
Administratores. In aula *ministrantes.*
In curia pœna capitis et animadversio gladii. Sic lego, approbante eruditissimo viro, nulla aut lev issima mutatione facta. In manuscripto enim legitur, *In ca pœna capitis et animadversio gladii;* mendose. Editi habent *In causa capitis et animadversio gladii,* omisso *pœna.*
Quasi beneficium. Sic lego cum duobus doctis viris, pro *beneficii,* quod est in manuscripto; nec opus est voce *loco* addita.
Bonam mortem. Id est, non coactam vi tormentorum, nec in publico patibulo turpem scilicet ac ignominiosam : sed facilem, et privatim, ut est venarum prosectio, vel venenum, sæpe ad libitum reorum. Vide infra, cap. 26 ad finem. In ms., *bona morte.*
Jam illa huic. Reposui *huic,* scilicet Galerio, pro *his.* Vide præcedentia *didicerat,... exercebat,... in illo.*
Execrati. Passive, ut infra *metiebantur.*

sumpta et judicibus data. Judices militares, humanitatis litterarum rudes, sine assessoribus in provincias immissi.

XXIII.

At vero illud publicæ calamitatis et communis luctus omnium fuit, census in provincias et civitates semel missus, censitoribus ubique diffusis, et omnia exagitantibus, hostilis tumultus, et captivitatis horrendæ species erant. Agri glebatim metiebantur, vites et arbores numerabantur, animalia omnis generis scribebantur, hominum capita notabantur, in civitatibus urbanæ ac rusticæ plebes adunatæ, fora omnia gregibus familiarum referta; unusquisque cum liberis, cum servis aderant : tormenta ac verbera personabant, filii adversus parentes suspendebantur, fidelissimi quique servi contra dominos vexabantur, uxores adversus maritos. Si omnia defecerant, ipsi contra se torquebantur; et cum dolor vicerat, adscribebantur quæ non habebantur. Nulla ætatis valetudinis excusatio. Ægri et debiles deferebantur; æstimabantur ætates singulorum parvulis adjiciebantur anni, senibus detrahebantur. Luctu et mœstitia plena omnia. Quæ veteres adversus victos jure belli fecerant, hæc ille adversus Romanos Romanisque subjectos facere ausus est ; quia parentes ejus censui subjugati fuerant, quem Trajanus Dacis assidue rebellantibus pœnæ gratia victor imposuit. Post hoc, pecuniæ pro capitibus pendebantur, et merces pro vita dabatur. Non tamen hisdem censitoribus fides habebatur: sed alii super alios mittebantur, tamquam plura inventuri. Et duplicabatur semper, illis non invenientibus, sed ut libuit addentibus, ne frustra missi viderentur. Interea minuebantur animalia, et mortales obibant, et nihil minus solvebantur tributa pro mortuis, ut nec vivere jam, nec mori saltem gratis liceret. Mendici supererant soli, a quibus nihil exigi possit, quos ab omni genere injuriæ tutos miseria et infelicitas fecerat. Atqui homo impius misertus est illis, ut non egerent. Congregari jussit, et exportatos naviculis in mare mergi. Adeo hominem misericordem, qui providerit ne quis, illo imperante, miser esset. Ita, dum cavit, ne quis simulatione mendicitatis censum subterfugiat, multitudinem virorum miserorum contra omne jus humanitatis occidit.

VARIORUM NOTÆ.

Assessoribus. Id est, consiliariis.
Omnium fuit. Ita ms. Duo viri docti suspicantur, pro *omnium*, legendum esse *initium*.
Semel missus. Illi duo eruditi, pro *semel*, mallent *simul*. Utrumque in ms. sæpe confunditur.
Glebatim. Ita in ms. Id est, de gleba ad glebam. ALMELOV.
Metiebantur. Metiebantur, passive; ita quoque apud Arnobium, et apud Quint. Curtium, lib. III. In ms., *mitiebantur.*
Scribebantur. Id est, annotabantur; in tabulas eorum numerus et species referebantur, ut inde pro iis vectigal solveretur. Sic *scriptura* non semel apud Ciceronem pro *vectigali* sumitur.
Adunatæ. Quo vocabulo utitur etiam Lactantius de *Opificio Dei*, cap. 17, sub finem.
Fora omnia. Ms., *Foras omnia*; mendose.
Suspendebantur. Adde *ex Equuleo.*
Fidelissimi quique servi contra dominos vexabantur. Contra regulam juris, quæ vetat servos in dominorum caput interrogari.
Si omnia defecerant. Ita ms. Quidam viri docti legere volunt : *si tormenta*, vel *tormina defecerant*. Mallem : *si hæc omnia defecerant.*
Ipsi contra se torquebantur. Id est tormentis huc adigebantur, ut se ipsos accusarent, quasi et convincerent. Amat Lactantius tales argutias. Sic divin. Institut., lib. v, cap. 2 : *Ipse adversus se gravis censor, et accusator acerrimus;* lib. 6, cap. 6 : *Et gradus per quos ascenderunt amputant, ne quis illos contra se ipsos possit imitari;* lib. I, cap. 18, et lib. II, cap. 4, lib. VI, cap. 8 : *Ipse se fugiet.*
Adscribebantur. Id est, annotabantur possessiones etiam quæ non habebantur, ut eas vel earum pretium fisco addicerent.
Valitudinis. Ita ms. Præmittendum est *nulla*, vel *aut*, quod excidit ex ms. Heuman. scribit, *vel valitudinis.*
Parvulis adjiciebantur anni, senibus detrahebantur. En tibi utriusque rei causam ex Ulpiano de Censibus, Digest., lib. L, tit. 15, § ubi ille : *Ætatem, ait, in censendo significare necesse est : quia quibusdam ætas tribuit, ne tributo onerentur ; velutiin Syriis a quatuordecim annis masculi, a duodecim fœminæ usque ad sexagesimum quintum annum tributo capitis obligantur. Ætas autem spectatur censendi tempore.* BAULDRI.

— *Parvulis adjiciebantur anni*, ut possent torqueri, vel potius ut tributum penderent. Nam legibus Imperatorum cautum erat, ut qui verbi causa annos decem non haberent, quique plus quam sexaginta nati essent, tributum capitis solvere non tenerentur, uti patet ex lib. III D. de Censibus ; lib. IV et 6 Cod. Theod. eodem, ubi potest videri Jac. Gothofredus.
Quæ veteres. Scilicet Romani. Nullam invenio causam immutandæ hujus lectionis, quæ est in ms. et subsistere potest. Editores sequendo Baluzium substituerunt *victores.*
Hæc illæ. Ms., *Et ille;* male ab amanuensi.
Parentes. Id est, majores, propter matrem transdanubianam.
Daciis. Ita ms. cum duplici *i*. Erat enim duplex Dacia, superior, et inferior ; et apud Paulinum Nol. Episcop., carm. 17, ad Nicæam. v. 249.
Et uterque Dacus. Vides supra, *census in provincias missus.* Ideoque nihil mutare volui. Utraque lectio bona.
Post hoc. Heumann. legit *post hæc.*
Hisdem. Lege *iisdem.*
Mortales. Hac voce pro *homines* utitur Lact., l. 1, Div. Inst., *Opus quod ipse ad propagandam sobolem mortalibus tribuit;* l. VII, c. 15, *Mortalia sunt opera mortalium;* ibid., c. 14, *mortales quosdam;* et alibi passim. Item *mortalitas* eodem sensu, l. IV, c. 24.
Et nihil minus. Almelov. Gal. et edit. Aboensis, *et nihilominus.*
Quos ab omni genere injuriæ tutos miseria et infelicitas fecerat. Lactantius, Epitom., c. 59, ante finem, *se tutos ab injuriis facerent.* Attamen vir quidam eruditus volebat legere, ut in ms., *injuria ætatis*, seu temporum, Gallice *par le malheur des temps.* — *Miseria et infelicitas.* In ms., *Miseriæ et infelicitatis;* mendose.
Homo impius. Ita ms. Mallem cum nonnullis viris doctis legere *homo pius*, ironice, propter vocabulum *misericordem* quod sequitur in manuscripto, non *immisericordem.*
Ita dum cavit. Quidam vellent legere *cavet*, propter *subterfugiat* quod sequitur in ms. vel legendum *subterfugeret.* Sic Tollius, Columbus et Heumannus.
Virorum miserorum. Ita ms. Mallem *verorum miserorum.*
Contra omne jus humanitatis occidit. Ita et Lactan-

XXIV.

Jam propinquavit illi judicium Dei, secutumque tempus est, quo res ejus dilabi ac fluere cœperunt. Nondum animum intenderat ad evertendum pellendumve Constantium. Dum est occupatus his rebus, quas superius exposui, et expectabat obitum ejus: sed tam celeriter non putabat obiturum. Qui cum graviter laboraret, miserat litteras, ut filium suum Constantinum remitteret sibi videndum, et quidem jamdudum. Ille vero nihil minus volebat. Nam et in insidiis sæpe juvenem appetiverat; quia palam nihil audebat, ne contra se arma civilia, et, quod maxime verebatur, odia militum concitaret. Sub obtentu exercitii ac lusus feris illum objecerat: sed frustra; quoniam Dei manus hominem protegebat, qui illum de manibus ejus liberavit in ipso cardine. Namque sæpius cum jamdiu necare non posset, dedit illi sigillum, inclinante jam die, præceptique ut postridie a mane, acceptis mandatis, proficisceretur, vel ipse illum occasione aliqua retentaturus, vel præmissurus litteras ut a Severo teneretur. Quæ cum ille prospiceret, quiescente jam imperatore, post cœnam properavit exire, sublatisque per mansiones multas omnibus equis publicis, evolavit. Postridie imperator, cum consulto ad mediam diem usque dormisset, vocari eum jubet. Dicitur ei post cœnam statim profectus. Indignari ac fremere cœpit. Poscebat equos publicos, ut eum retrahi faceret. Nudatus ei cursus publicus nuntiatur. Vix lacrymas tenebat. At ille incredibili celeritate usus, pervenit ad patrem jam deficientem, qui ei, militibus commendato, imperium per manus tradidit; atque ita in lecto suo requiem vitæ, sicut optabat, accepit. Suscepto imperio, Constantinus Augustus nihil egit prius, quam christianos cultui ac Deo suo reddere. Hæc fuit prima ejus sanctio sanctæ religionis restitutæ.

VARIORUM NOTÆ.

tius, Div. Inst., l. v. c. 19: *In iisne mala mens est, contra jus humanitatis, contra fas omne lacerantur;* et c. 22: *Nec alienum quidquam concupiscit, ne quem contra jus humanitatis lædat cratio;* l. vi, c. 10: *Ergo pro belluis immanibus sunt habendi qui hominibus nocent, qui contra jus humanitatis et fas omne spoliant, cruciant, occidunt, exterminant.* Vide etiam cap. 20, si lubet.

Jam propinquavit illi judicium Dei. Videtur auctor in mente habuisse illud II Machab., c. ix, v. 18: *Supervenerat enim in eum justum Dei judicium.* Verbum autem *propinquare* poeticum est ex Plauti Truculento, act. ii, scen. 6, aut ex Virgilio; estque etiam infra initio, c. 46. Est et apud Lactantium, Div. Inst., l. ii, c. 8: *Corruptibile incorrupto propinquare non potest;* lib. vii, c. 14, *cujus judicii propinquare tempus ostendam;* et initio, eodem lib. vii, c. 24: *Et jam propinquare summum illum conclusionis extremæ diem;* et l. ii, c. 9, necnon epitom., c. 71.

Res ejus dilabi ac fluere. Respicit notum illud Virgilii, Æneid., lib. ii, v. 169:

Ex illo fluere, ac retro sublapsa referri
Spes Danaum.

Laboraret. Adde morbo.

Et quidem jamdudum. Approbante doctissimo viro, pro *quem,* reponere malui *quidem* leviori mutatione, quam addere duo verba *frustra repetierat,* cum nulla sit in ms. lacuna.

Nam et in insidiis. Præpositionem *in* habet ms. codex.

Dei manus hominem protegebat. Idem Lact., Div. Inst., l. ii, c. 18: *Quos Dei manus potens et excelsa protegit.*

In ipso cardine. Id est, in ipso articulo vel in ipsa liberationis opportunitate; in ipso rerum, et decretorio momento. BAULDRI. Ex Virgil., i Æneid., v. 676.

In ipso cardine. Sic Lactantius, Div. Inst., l. ii, c. 8: *Hic est ergo cardo rerum, hic vertuntur omnia.* Similiter lib. iii, c. 7, et libro de Ira Dei, c. 6: *In ea enim summa omnis et cardo religionis pietatisque versatur.* COLUMB.

Namque sæpius cum jamdiu necare non posset. Nullum autumo vocabulum addendum; nec mutandum *diu* in *diutius, necare* in *negare. Jamdiu* illum clam necare voluisset, nec poterat, nulla habita occasione apta; palam enim non audebat; supra.

Sigillum. Id est, epistolam dimissoriam sigillo munitam. Vide Cangii glossarium.

Acceptis mandatis. Quæ (ut existimo) ad patrem Constantium ferret.

Teneretur. Id est, retineretur a Severo. Quippe e Nicomedia eunti in Galliam pergendum erat per Italiam, ubi Severus imperitabat. Fragmentum de Constantio Chloro, p. 471: *Qui ut Severum per Italiam transiret vitaret, summa festinatione veredis post se truncatis Alpes transgressus, ad patrem Constantium venit apud Bononiam.*

Sublatis. Zozimus in libro ii narrat Constantium, veritum ne forte fugiens apprehenderetur, equos stabularios quos hospitibus alebat, cum primum aliquod stabulum attigisset, mutilasse et inutiles reliquisse, cumque id de loco in locum pergens faceret, exclusisse ab ulteriore progressione persequentes. Eadem ferme leguntur in epitome Victoris.

Evolavit. Scribe cum Heumanno *avolavit,* quo verbo utitur Cicero lib. i Tusculan. cap. 43, *me hinc avolaturum,* inquit.

Nudatus ei cursus publicus. Ita ms. Id est, nulli erant in mansionibus equi publici cursuri, quia eos mutilaverat Constantius.

Ei in ms. *eis,* mendose.

Ei...imperium per manus tradidit. Lactantius lib. ii, Divin. Institut. cap. 4: *Vixit enim usque ad senectutem, regnumque per manus filio tradidit.*

Militibus commendato. Nam et patris voluntate et militum una consensu imperium est consecutus. CELL.

In lecto suo requiem vitæ accepit. Fasti Idatiani Constantio VI et Maximiano VI Consulibus: *His Consulibus diem functus Constantius, et postea levatus est Constantinus viii Kal. Augusti.* Chronicon Eusebii: *Constantius, sexto decimo imperii anno diem obiit in Britannia, Eboraci;* ibidemque sepultus est, si vera sunt quæ de ejus tumulo narrantur a doctissimo viro Guillelmo Camdeno, pagina 572 Britanniæ. Contigit istud anno Christi cccvi, ut recte adversus Petavium contendit Valesius in annotationibus ad Eusebium; et quidem die viii kalend. augusti. BALUZ.

Nihil egit prius, quam Christianos cultui ac Deo suo reddere. Ita ms. per Hellenismum. Alioquin legendum esset, *quam ut... redderet.* Lactantius in præfatione libri i Div. Institut. ad Constantinum: *Nam cum ille dies felicissimus orbi terrarum illuxisset, quo te Deus summus ad beatum Imperii culmen evexit, salutarem universis et optabilem principatum præclaro initio auspicatus es, cum eversam sublatamque justitiam reduceres, æterrimum aliorum facinus expiasti.*

Prima ejus sanctio, sanctæ Religionis restitutæ. Sic ms. *restitutæ,* pro *restitutio.* Ita dicitur *missa,* pro *missio; relata,* pro *relatio; Ascensa,* pro *Ascensio; defensa,* pro *defensio; accessa,* pro *accessio; exposita,* pro *expositio;*

XXV.

Paucis post diebus, laureata imago ejus allata est ad malam bestiam. Deliberavit diu an susciperet. In eo pene res fuit, ut illam, et ipsum qui attulerat, exureret; nisi eum amici ab illo furore flexissent, admonentes eum periculi, quod universi milites, quibus invitis, ignoti Caesares erant facti, suscepturi Constantinum fuissent, atque ad eum concursuri alacritate summa, si venisset armatus. Suscepit itaque imaginem admodum invitus, atque ipsi purpuram misit, ut ultro ascivisse illum in societatem videretur. Jam turbatae rationes ejus fuerant, nec poterat alterum extra numerum nuncupare, ut voluerat. Sed illud excogitavit, ut Severum, qui erat aetate maturior, Augustum nuncuparet, Constantinum vero non Imperatorem, sicut erat factus, sed Caesarem cum Maximino appellari juberet, ut eum de secundo loco rejiceret in quartum.

XXVI.

Compositae ei res quodam modo jam videbantur, cum subito illi alius terror allatus est, generum ipsius Maxentium Romae factum Imperatorem. Cujus motus haec fuit causa. Cum statuisset censibus institutis orbem terrae devorare, ad hanc usque prosiluit insaniam, ut ab hac captivitate ne populum quidem Romanum fieri vellet immunem. Ordinabantur jam Censitores, qui Romam missi describerent plebem. Eodem fere tempore castra quoque Praetoria sustulerat. Itaque milites pauci, qui Romae in castris relicti erant, opportunitatem nacti, occisis quibusdam judicibus, non invito populo, qui erat concitatus, Maxentium purpuram induerant. Quo nuntio allato, aliquantum rei novitate turbatus est, nec tamen nimium territus. Et oderat hominem, et tres Caesares facere non poterat. Satis visum est semel fecisse quod noluit. Severum arcessit, et hortatus ad recipiendum imperium, mittit eum cum exercitu Maximiani ad expugnandum Maxentium; et mittit Romam, in qua milites illi summis deliciis saepissime excepti, non modo salvam esse illam urbem, sed ibi vivere opta-

VARIORUM NOTAE.

remissa, pro *remissio*, apud Tertullianum et S. Cyprianum Lactantii populares.—*Sanctio*. Heum. legit, *functio*. Nihil videtur corrigendum : sic cap. 48. *Hujus sanctionis nostrae benevolentiae forma*; et denuo : *Hujus benevolentiae nostrae sanctio*. Mox ms. restituta. Vitiose. Bun.

Laureata imago ejus allata est. Ejus, scilicet Constantini. Laureatam imaginem dixit Lactantius, quoniam qui res laetas et bene gestas nuntiabant, laureatas tabellas afferebant, ut pluribus explicat Salmasius in Notis ad Lampridium, pag. 235. Baluz.

Ad malam bestiam. Galerium Maximianum, qui ut crudelis persecutor a Lactantio vocatur. *Mala bestia*. Vide supra Not. ad cap. 2 et 16 ejusdem libri.

Res fuit. Ms., *rex fuit.*

Amici. Id est, qui erant a consiliis.

Flexissent. Pro *deflexissent.*; simplex pro composito, quod Lactantio, ut saepe diximus, familiare est.

Suscepturi. Ms., *suscepturum.*

Ad eum concursuri alacritate summa, si venisset armatus. Ms., *ad eum concursas alacritate summa, si invenisset armatus.*

Turbatae rationes. In ms., *turba rationes* per errorem.

Nec poterat alterum extra numerum nuncupare. Id est, praeter quatuor, ne mutaret Diocletiani dispositionem, quam ipse tantopere dixerat debere custodiri, supra cap. 18. Baluz.

Illud excogitavit. Lactantius de Opif. Dei cap. 3 : *Quid enim excogitabit? quid faciet? quid molietur?*.

Non imperatorem, sicut erat factus. At Constantinum a patris morte ad nuptias faustae usque, non imperatorem, sed Caesarem fuisse, probatur tum ex nummis apud Cangium et alios, tum ex panegyrico utrique simul, Maximiano socero et Constantino, dicto, cap. 1 a 5, si quis Zosimo forsan in hoc fidem nolit habere lib. II, cap. 9. Cell.—*Non imperatorem*. Variant scriptores. Eusebius cum nostro consentit : Quid de aliis et incerto auctore panegyrici sentiendum cum cura docet Nurr. Mox ms. pro *more suo*, cum *Maximiano*. Bun.

Maximino. Ms. semper *Maximiano.*

Quodam modo. Ms., *quo modo.*

Allatus est. Ita ms. Sed infra est *allato*, sequor ms.

Maxentium Romae factum Imperatorem. Erud. Toinardus vult legi seu intelligi Caesarem, non Augustum. At multis eximiis rationibus, et ex Eutropio lib. x. Doctissimi viri Baluzius et Paulus Bauldri probant eum a Praetorianis Augustum fuisse nuncupatum : quos auctores adi si lubet.

Orbem terrae devorare. Lactantius lib. VII Div. Institut. cap. 16 : *Disperdent omnia, et comminuent, et devorabunt*. Atque sic etiam Epitomes cap. 11 : *Decem viri occupabunt orbem, et partientur, et vorabunt*; et mox, *vorabit omnem terram*, prout est in omnibus editis et mss. codicibus, si excipias Taurinensem, in quo est *vexabit.*

Prosiluit. Ita ms. Et recte. Plures editi, *prosiliit*. Utraque lectio, bona; nihilque mutandum.

Ab hac captivitate. Id est, ab hoc tributo. Census enim non fiebat, nisi ut vectigal imponeretur.

Describerent plebem. Lactantius Divin. Instit. lib. I, cap. 22 : *Deos per familias descripsit.*

Castra Praetoria sustulerat. Non omnino : sed imminuerat. Alioqui quomodo Praetoriani, si nulli fuissent, Maxentium Imperatorem nuncupare potuissent? Recte Aurelius Victor in libro de Caesaribus : *Hinc etiam quasi truncatae vires urbis, imminuto Praetoriarum cohortium atque in armis vulgi numero*. Baluz.

Nacti. Bunemannus habet, *Nancti*. Et in hanc vocem notam sequentem exhibet. *Nancti*. Ita ms. quod defendit Columbus eum doctis nonnullis. Sic codex florentinus in Pandect., lib. 1, tit. 2, de Origine Juris, qui scientiam nancti sunt; et Gloss. Cyrill. δραξαμένος, *nanctus* et codex Petri Danielis in Val. Max., lib. IV, cap. 4, n. 6. Nancti, Edit. torren.

Occisis judicibus. Abellio prius *interfecto*, inquit Zozimus, *quod is Praefecti Urbis locum obtinens, horum molitionibus adversari visus esset*. Baluz.

Maxentium purpuram induerant. In ms. : *Maxentium purpuram induerat* : utraque lectio non aeque bona. Indicat una Maxentium ex se ipso purpuram sumpsisse, rebus perturbatis per motus populares; altera, sed melior, Maxentium a militibus purpura donatum.

Turbatus est. Galerius Maximianus.

Nimium territus. Nimium, id est, *valde*. Div. Inst. lib. V, cap. 10 : *Si nimium pii fuerint*. Et de Opificio Dei, cap. 9 : *Si aliquid nimis propius admoveas.*

Tres Caesares facere non poterat. Obstante dispositione Diocletiani. Vide supra cap. 18 et 25.

Arcessit, et hortatus. Ita ms. Potest tamen legi *hortatus* vel *hortatur*. Lectionem secuti sumus, quae melius sonat.

Recipiendum. Id est, *recuperandum.*

Maximiani. Herculii nimirum.

Maxentium. Ms., *Maximianum*, mendose.

Ibi vivere. Ms., *ut vivere.*

rent. Maxentius tanti facinoris sibi conscius, licet jure hæreditatis paternos milites traducere ad se posset, cogitans tamen fieri posse, ut Maximianus socer idipsum metuens Severum in Illyrico relinqueret, atque ipse cum suo exercitu ad se oppugnandum veniret, quærebat quatenus se a periculo impendente muniret. Patri suo post depositum imperium in Campania moranti purpuram mittit, et bis Augustum nominat. Ille vero et rerum novarum cupidus, et qui deposuerat invitus, libenter arripuit. Severus interim vadit, et ad muros Urbis armatus accedit. Statim milites, sublatis signis, abeunt, et se contra quem venerant, tradunt. Quid restabat deserto, nisi fuga? Sed occurrebat jam resumpto imperio Maximianus, cujus adventu Ravennam confugit, ibique se cum paucis militibus inclusit. Qui cum videret futurum, ut Maximiano traderetur, dedit sese ipse, vestemque purpuream eidem, a quo acceperat, reddidit. Quo facto, nihil aliud impetravit, nisi bonam mortem. Nam venis ejus incisis, leniter mori coactus est. Ab hoc cœpit suos persequi.

XXVII.

Herculius vero cum Maximiani nosset insaniam, cogitare cœpit illum, audita nece Severi, inflammatum ira, cum exercitu esse venturum, et fortasse adjuncto Maximino, ac duplicatis copiis, quibus resisti nullo modo posset : urbe munita, et rebus cœptis inimicis diligenter instructis, proficiscitur in Galliam, ut Constantinum partibus suis conciliaret, suæ minoris filiæ nuptiis. Ille interea, coacto exercitu, invadit Italiam, ad Urbem accedit, Senatum extincturus, populum trucidaturus. Verum clausa et munita omnia offendit. Nulla erat spes irrumpendi: oppugnatio difficilis; ad circumsedendum mœnia non satis copiarum, quippe qui nunquam viderat Romam, æstimaretque illam non multo esse majorem, quam quas noverat civitates. Tunc quædam legiones detestantes scelus, quod socer generum oppugnaret, et quod Romani milites Romam, translatis signis, imperium reliquerunt. Et jam cæteri milites

VARIORUM NOTÆ.

Maxentius tanti facinoris sibi conscius. Hoc est, sumptæ sine sen oris Augusti consilio purpuræ, usurpatique simul Italiæ Imperii, quod Galerius Severo cum Occidente cesserat. BALDRI.
Maximianus. Scilicet Galerius, cujus filiam Maxentius duxerat.
Quærebat quatenus. Quatenus est pro *quomodo*. Lactantius Divin. Institut. lib. I cap. 21: *Isidis Ægyptia sacra sunt*, QUATENUS *filium parvulum vel perdiderit, vel invenerit;* lib. IV, cap. 27: *Sciet qui viderit,* QUATENUS *adjurati per Christum de corporibus fugiant;* l. VII, c. 6: QUATENUS *aut quamobrem homines procreati.* Columbus. Li b. de Opificio Dei bis, cap. 6.
Se a periculo impendente muniret. Lactantius Epit. cap. 6: *Severissimis legibus vita nostra* MUNITUR; de Opific. Dei, cap. 4: *Ut adversus nocentia fragilitatem suam* MUNIRET; cap. 10: *Ut oculi munitiores essent ab injuria.*
Campania. Eutropius lib. IX, circa finem, et Zozimus lib. II, cap. 10, *Lucaniam* dixerunt: forsan villa in utriusque confiniis fuit.
Bis. Id est, iterum.
Severus interim vadit. Haud secus ms. non *Italiam invadit,* ut quidam suspicatur.
Et se contra quem venerant, tradunt. Ms. *et;* non *ei.*
Ravennam confugit. Severus.
Maximiano. Herculio.
Dedit sese ipse. Ms. habet *dedit de se ipse.*
Vestemque purpuream. Ita ms. nec aliter excudi debuit: aliæ editiones habent, *Vestemque et purpuram.*
Eidem. Ms., *et idem. Eidem,* id est Herculio, a quo acceperat. Vide c. 18 sup.
Bonam mortem. Quid hic sit bona mors, vide id quod sequitur, et supra ad caput 22.
Venis ejus incisis. Sic ms. at editio Baluz. *Venis ei incisis.* Contra Zozimus, lib. II, et auctor Fragmenti de Constantino Chloro scribunt, in paulo ante vidimus, Severum *fractis laqueo cervicibus expirasse.* BALUZ.
Cœpit. In ms., *capite.* De hoc loco, quem corruptum esse fatentur Interpretes, vide Baluzium infra p. 316 et Doctiss. Columbi Not. Quinque ultima verba hujus capitis putat Heumannus esse delenda.
Herculius. Ms., *Hirculius.*
Maximiani. Galerii scilicet.
Inflammatum ira. Ita et supra cap. 14. Lactantius

lib. VII Div. Institut. cap. 17: INFLAMMATUS IRA; et eodem. lib. VII, cap. 1: INFLAMMATI *amore potentiæ.*
Adjuncto Maximino. Daza, Editi, *Maximino.* A Lactantio enim Daza indiscriminatim *Maximianus* et *Maximinus* fuit appellatus. Vide Not. ad caput 18. TOINARD.
Et rebus cœptis inimicis diligenter instructis. Ita ms. Locus subobscurus: attamen nihil immutandum esse puto. Redderem Gallice, *par des entreprises qui annonçaient ou déclaraient la guerre.* Pro *cœptis* quidam volunt *aptis.* — *Instructis.* Quidam legunt *instruens.*
Suæ minoris filiæ nuptiis. Ms., sic *minoris familiæ nuptiis,* quod editi recte immutaverunt. Miror nullum ex eruditis viris inquisiisse, quænam esset Faustæ soror natu major, et an fuerit unquam; nullam enim reperire mihi datum est apud Romanæ Historiæ scriptores. Attamen lectio ms. merito fuit immutata, nec prout jacet in Lactantio potuit conservari. Nullos Maximianus Herculius alios ex sua uxore Eutropia habuit liberos, quam Maxentium, de quo capite 26, et Faustam, de qua cap. 30. Verum Eutropia, priusquam nupta esset cum Herculio, filiam habuit Theodoram, quam uxorem duxerat Constantius Chlorus Constantini Pater. Theodoram vero Eutropiæ filiam, ut suam, procul dubio habebat Herculius. Itaque de Fausta potuit Lactantius dicere, quod Herculii filia minor esset. — *Et rebus cœptis inimicis diligenter instructis.* Pro *instructis* Buneman. habet, *instruens* et in hunc locum notam sequentem exhibet: — *Et rebus... diligenter instruens.* Ego suspicabar, ob litterarum similitudinem, legendum: *Urbe munita, et rebus et copiis inimicis diligenter instructis,* id est *paratis proficiscitur.* Ea ratione sunt omnia plena. Postquam urbs munita, et res copiæque diligenter paratæ et instructæ essent, proficiscitur. Nemo enim nescit, *instructus* eleganter poni pro *paratus;* atque inde sæpe conjungi. Bux.
Ille interea. Galerius Maximianus.
Circumsedendum mœnia. In ms. *circumsedendam;* mendum, pro *circumsedendum:* editi habent *circumsedenda mœnia.*
Quas noverat civitates. Sic apud Virgilium Tityrus:
Urbem quam dicunt Romam, Melibœe, putavi
Stultus ego, huic nostræ similem.....

Detestantes scelus. Ms., *detestande.* Forte legendum est *detestata.*
Imperium reliquerunt. Galerii nimirum. Forte le-

nutabant, cum ille, fracta superbia, dimissisque animis, et Severi exitum metuens, ad pedes militum provolutus orabat, ne hosti traderetur, donec promissis ingentibus flexit animos quorumdam, et retro signa convertit, ac fugam trepidus capessivit; in qua opprimi facillime potuit, si cum paucis quispiam sequeretur. Quod cum timeret, dedit militibus potestatem, ut dispersi quam latissime diriperent omnia, vel corrumperent; ut si quis insequi voluisset utensilia non haberet. Vastata est igitur ea pars Italiæ, quo pestiferum illud agmen incessit : expilata omnia, mulieres corruptæ, virgines violatæ, extorti parentes et mariti, ut filias, ut conjuges, ut opes suas proderent. Abactæ tanquam de barbaris prædæ pecorum ac jumentorum. Hoc modo se ad sedes suas recepit, cum Romanus quondam Imperator, nunc populator Italiæ, hostiliter universa vexasset. Olim quidem ille, ut nomen imperatoris acceperat, hostem se Romani nominis erat professus, cujus titulum immutari volebat; ut non romanum imperium, sed Daciscum cognominaretur.

XXVIII.

Post hujus fugam, cum se Maximianus alter e Gallia recepisset, habebat imperium commune cum filio. Sed juveni magis parebatur, quam seni, quippe cum prior et major filii potestas esset, qui etiam patri reddiderat imperium. Ferebat iniquo animo senex, quod non posset libere facere quod vellet, et filio suo puerili æmulatione invidebat. Cogitabat ergo expellere adolescentem, ut sibi sua vindicaret. Quod facile videbatur, quia milites erant [sui] qui Severum reliquerant. Advocavit populum ac milites, quasi concionem de præsentibus reipublicæ malis habiturus. De quibus cum multa dixisset, convertit ad filium manus; et illum esse dicens auctorem malorum, illum principem calamitatum, quas respublica sustineret, diripuit ab humeris ejus purpuram. Exutus ille præcipitem se de tribunali dedit, et a militibus exceptus est. Quorum ira et clamore perturbatus est senex impius, et ab urbe Roma, tanquam Superbus alter, exactus est.

XXIX.

Rediens rursus in Gallias, ubi aliquantum moratus est, profectus ad hostem filii sui Maximianum, quasi ut de componendo reipublicæ statu et cum eo disputaret; re autem vera ut illum per occasionem reconciliationis occideret, ac regnum ejus teneret, exclusus a suo, quocumque venisset. Aderat ibi Diocles, a genero nuper accitus, ut quod ante non fecerat, præsente illo imperium Licinio daret, substituto in Severi loco. Itaque fit utroque præsente. Sic uno

VARIORUM NOTÆ.

gendum *Imperatorem*. Vide infra, *quia milites erant, qui Severum reliquerant*.
Nutabant. Ms., *mutabantur*.
Dimissisque animis. Forte legendum, *demissisque animis*, id est, abjectis. Ita Cicero variis in locis. ALMELOV.
Et. Ex ms. sed omissum in editis.
Flexit animos quorumdam. Ms., *felix animus quorum*. Editores reposuerunt *flexit animos eorum*. Ego ponendo *quorumdam*, perstiti in manuscripti codicis lectione unam addendo syllabam; eamque vocem ac lectionem genuinam puto.
Opprimi potuit. Pro *potuisset*. Sic lib. VI Instit., cap. 24 : *potuit esse verus Dei cultor, si quis illi monstrasset*. Conf. lib. II, cap. 4, *oportuit*. BUN.
Utensilia non haberet. *Utensilia* sunt cibaria, copiæ victui necessariæ..
Quo. *Qua*, juxta Tollium et Heumannum.
Se ad suas sedes recepit. Maximianus Galerius.
Vexasset. Baluzius putat legendum esse *vastasset*. Attamen infra num. XXXI dicit auctor *vexationem generis humani*.
Daciscum. Sic lego cum manuscripto, ut apud Vopiscum in Aureliano, cap. 38, non *Dacicum*, ut habent plures editi. *Daciscum*, quod ipse natus esset ex Dacia.
Maximianus alter. Scilicet, Herculius.
Gallia. In ms. *Gallie* : sed mendose.
Cum prior et major. Heumannus. *Cum prior esset et major*. At alibi quoque omisit Lactantius præcedente *cum* verbum substantivum. Conf. lib. VII Institut., cap. 2. BUN.
Filii potestas esset. Addidi verbum *esset*, quod deest in manuscripto, sed necessario addendum.
Qui etiam. In ms. codice est *et ea*.
Quod. Ms., *quos*, mendose; forte *quæ vellet*.
Milites erant sui. Scilicet, Maximiani Herculii Imperatoris. Cum doctiss. viris Gisb. Cupero et Paulo Bauldri addo *sui*, et sensus omnino postulat, ut sic legatur; idque verum esse patet ex capite 44 et similitudo litterarum *sui*, et *qui*, vocem eam extricare potuit. Ex CUPERO.
Auctorem malorum, principem calamitatum. Item Lactantius Epitom. cap. 72 : *Ipse dæmonum princeps, auctor et machinator malorum*.
Quas respublica sustineret. Lactant. Div. Institut. lib. VI, cap. 8 : *Mala omnia sustinere*; et cap. 18 : *Sustineamus invicem, et mala hujus vitæ mutuis adjumentis perferamus*. COLUMB.
Diripuit ab humeris ejus purpuram. Ita ms. Dicendum foret *deripuit*, id est, de corpore filii detraxit; cum contra *diripere* significet *in frusta concidere*. Ita Ovid. IV Met.,
. . . . . velamina Progne
Diripuit ex humeris.
Ex CUPERO.
Exutus. In ms., *exsutus*.
Tanquam Superbus alter, exactus est. Id est Tarquinius Superbus, Rex Romanorum ultimus. Lactantius lib. IV Institut., cap. 14 : *Tarquinius superbus exactus est*. BALUZ.
Ad hostem filii sui Maximianum. Id est Herculius proficiscitur ad Galerium filii sui hostem.
Et cum eo disputaret. Sic ms. editi omittunt *et*, idque bene. *Disputaret*, id est, conferret, cum eo ageret. Sic apud Ciceronem II Famil., 8, et Orat. pro Cœlio.
Per occasionem reconciliationis. Propositio *per* hic aliquid antiquæ elegantiæ continet, uti apud Livium et Senecam *per fidem*, quod Cæsari sive Hirtio quoque Davies ad lib. VIII Gall., cap. 48, n. 3, vindicavit. BUN.
Quocumque venisset. Aderat. Bünemannus vero non ponit punctum post *venisset*, et hunc locum sic habet: *Quocumque venisset aderat*, etc., notamque sequentem addit. — Criticus anon. ita distinguit : *Exclusus a suo, quocumque venisset, aderat ibi Diocletianus*. Placet Heumanno et mihi. BUN.
Aderat ibi Diocles. Apud Maximianum Galerium generum suum, a quo nuper fuerat accitus.
Substituto. In ms. potest legi *substituto*, aut etiam *substituturo*.
In Severi loco. Sic ms. Docti malunt scribere, *in Severi locum* : sed utraque lectio defendi potest.
Utroque præsente. Diocletiano nimirum, et sene Maximiano Herculio.

tempore sex fuerunt. Quare impeditis consiliis senex Maximianus tertiam quoque fugam moliebatur: redit in Galliam plenus malæ cogitationis ac sceleris, ut Constantinum imperatorem generum suum, generi filium, dolo malo circumveniret; et ut posset fallere, deponit regiam vestem. Francorum gens in armis erat. Persuadet nihil suspicanti, ne omnem secum exercitum duceret, paucis militibus posse barbaros debellari; ut et ipse haberet exercitum, quem occuparet, et ille opprimi posset, ob militum paucitatem. Credit adolescens, ut perito, ac seni; paret, ut socero: proficiscitur, relicta militum parte majore. Ille, paucis diebus expectatis, cum jam Constantinum æstimaret intrasse fines barbarorum, repente purpuram sumit, thesauros invadit, donat, ut solet, large; fingit de Constantino, quæ in ipsum protinus reciderunt. Imperatori propere quæ gesta sunt, nuntiantur. Admirabili celeritate eum exercitu revolat. Opprimitur homo ex improviso, nondum satis instructus; milites ad Imperatorem suum redeunt. Occupaverat Massiliam, et portas observaverat. Accedit propius Imperator; et in muro adstantem alloquitur, non aspere, nec hostiliter: sed rogat quid sibi voluisset, quid ei defuisset, cur faceret quod ipsum præcipue non deceret. Ille vero ingerebat maledicta de muris. Tum subito a tergo ejus portæ reserantur, milites recipiuntur. Attrahitur ad Imperatorem rebellis Imperator, pater impius, socer perfidus. Audit scelera quæ fecit, detrahitur ei vestis, et increpito vita donatur.

XXX.

Sic amisso imperatoris ac soceri honore, humilitatis impatiens, alias rursus insidias machinatus est. Quia semel habuit impune, vocat filiam Faustam, eamque nunc precibus, nunc blandimentis sollicitat ad proditionem mariti, alium digniorem virum pollicetur, petit cubiculum patens relinqui, et negligentius custodiri sinat. Pollicetur illa facturam, et refert protinus ad maritum. Componitur scena, qua manifesto facinus teneretur. Supponitur quidam vilis eunuchus, qui pro Imperatore moriatur. Surgit ille nocte intempesta; videt omnia insidiis opportuna. Rari excubitores erant, et ii quidem longius; quibus tamen dicit vidisse somnium, quod filio suo narrare vellet. Ingreditur armatus, et spadone obtruncato, prosiliit gloriabundus, ac profitetur quod admiserit. Repente se ex altera parte Constantinus ostendit cum globo armatorum. Profertur e cubiculo cadaver occisi: hæret manifestarius homicida, et mutus stupet:

Quasi dura silex, aut stet Marpesia cautes;

impietatis ac sceleris increpatur. Postremo datur ei potestas liberæ mortis:

Ac nodum informis leti trabe nectit ab alta.

Ita ille Romani nominis maximus Imperator, qui per longum temporis intervallum cum ingenti gloria

VARIORUM NOTÆ.

Sex fuerunt. Ita ms. Nonnulli mallent *præfuerunt*. Reipublicæ scilicet, seu Imperatores, seu Cæsares; nempe Herculius, Galerius, Maximinus Daza, Constantinus, Maxentius et Licinius.

Quare. Ex Terent. Andr. Act. III, Scen. 5.

Maximianus. Scilicet *Herculius*.

Moliebatur. Id est, parabat. Æneid. II, v. 108.

Cogitationis. Ita mss. Et recte. Priscæ editiones, *contagionis*: fortasse eo quod l. b. v Div. Instit. Lactantii, cap. 12 initio legitur, *pectus purum ab omni sceleris contagione præstare*.

Constantinum Imperatorem generum suum. Faustam enim Maximiani Herculii filiam duxerat. TOINARD. — Legitur mendose Constantium apud Toinardum.

Generi filium. Constantii Chlori, cui Flavia Maximiana Theodora, ejusdem Herculii privigna, nupserat. Ideo Constantius ducta privigna habetur vitrici gener. TOINARD.

Dolo malo. Doli vocabulo nunc tantum in malis utimur: apud antiquos autem etiam in bonis rebus utebamur; unde adhuc dicimus sine dolo maximo: nimirum quia dolus solebat *et Bonus*. BUN.

Francorum gens in armis erat. De hoc forte Francorum bello loquitur Euseb. in vita Constantini lib. 1, cap. 25.

Persuadet. Id est, Herculius persuadet Constantino nihil suspicanti.

Posset. In ms., *Possit*.

Paucitatem. In ms., *paucitate*: forte *paucitate*.

Æstimaret. Legunt eruditi *existimaret*.

Fingit de Constantino, etc. Id est, fingit Constantinum oppressum esse ab hostibus, sicut ipse, paulo post, inopinato generi recursu opprimebatur. CELLARIUS.

Imperatori. Scilicet, Constantino.

Revolat. Lactantii Div. Institut., lib. VII, cap. 12: *Donec anima emissa corporis claustro ad sedem suam revolet*: quam vocem apud ullum auctorem Christianum non reperies; et hausit a Cicerone et Virgilio Georgic. I, v. 361, eorum imitator Firmianus noster.

Homo. Senex Herculius.

Non deceret. Quia Constantinus gener erat Herculii, quem quodammodo non decebat, ut Socer genero bellum inferret.

A tergo ejus. Id est, portæ quæ a tergo erant Herculii.

Milites. Constantini.

Pater impius. Pater, scilicet Faustæ, quam uxorem duxerat Constantinus; impius, quia inhumanus.

Audit scelera quæ fecit. Eleganter de obnoxio. Sic Lactantius, lib. V Divin. Institut., cap. 19: *Audit quæ illi Deus comminetur*.

Detrahitur ei vestis. Imperatoria scilicet, id est, purpura.

Humilitatis impatiens. Id est, abjectæ et vilis conditionis impatiens. Ita more veterum Cic., cap. 18, cap. 43, et lib. VI, cap. 4. BUN.

Machinatus est, quia semel habuit impune vocat. Ita distinxi cum Gabo, Boherello, critico anon. et Heumanno. Antea edebatur: *Machinatus est; quia semel abiit impune*, vocat. BUN.

Habuit impune. Nec aliter ms. et Lactantius Epitom., cap. 53: *Impune habuit*; et cap. 55: *Impune habent*. Hic in editis est abiit.

Scena. In ms. *schena*; quasi pronuntiandum esset *chena*, more scilicet Italorum.

Filio suo. Id est, genero suo, Constantino scilicet, quia erat Maximiani Herculii filiæ maritus.

Prosiliit. Melius foret *prosilit*.

Hæret manifestarius homicida. Lactantius lib. I Div. Institut., cap. 7: *Quasi subductis et consumptis omnibus viis, subsistit, hæret, deficit*. Ex Plauto in Aulular., et Trinummo.

Quasi. Virgil. VI, Æneid. V, 471.

Ac. Idem, lib. XII, v. 603.

Intervallum. In ms. *intervallo*.

viginti annorum vota celebravit, eliso et fracto superbissimo gutture, vitam detestabilem turpi et ignominiosa morte finivit.

XXXI.

Ab hoc Deus, religionis ac populi sui vindex, oculos ad Maximianum alterum transtulit, nefandæ persecutionis auctorem, ut in eo etiam virtutem majestatis ostenderet. Jam de agendis et ipse vicennalibus cogitabat; et ut qui jamdudum provincias afflixerat auri argentique indictionibus factis, quæ promiserat redderet, etiam in nomine vicennalium securem alteram afflixit. Qua vexatione generis humani exactio celebrata sit, maxime rei annonariæ, ecquis enarrare digne potest? Officiorum omnium milites, vel potius carnifices, singulis adhærebant; cui prius satisfieret, incertum: venia non habentibus nulla; sustinendi multiplices cruciatus, nisi exhiberetur statim, quod non erat: multis custodiis circumsepto nulla respirandi facultas: nullo tempore anni vel exigua requies; frequens super hisdem hominibus, vel ipsis judicibus, vel militibus judicum pugna: nulla area sine exactore, nulla vindemia sine custode, nihil ad victum laborantibus relictum. Quæ quanquam intolerabilia sint, eripi ab ore hominum cibos labore quæsitos, tamen sustentabile aliquo modo vel spe futurorum. Quid vestis omnis generis? quid aurum? quid argentum? Nonne hæc necesse est ex venditis fructibus comparari? Unde igitur hoc, ô dementissime tyranne, præstabo, cum omnes fructus auferas, universa nascentia violenter eripias? Quis ergo non bonis suis eversus est, ut opes, quæ sub imperio ejus fuerunt, conraderentur ad votum, quod non erat celebraturus.

XXXII.

Nuncupato igitur Licinio imperatore, Maximinus iratus, nec Cæsarem se, nec tertio loco nominari vo-

VARIORUM NOTÆ.

Viginti annorum vota. Id est, vicennalia, quæ cum Diocletiano Romæ celebravit. Baluz.—Vide Valesium in Eusebium de Vita Constantini, lib. IV, cap. 47.

Turpi. In ms. *turbi, p*, in *b* mutato, quod scribenti sæpe accidit.

Ignominiosa morte. De qua Euseb. Histor. Eccles., lib. VIII, cap. 13. Massiliæ scilicet strangulatus est. Euseb. in Chronico.

Maximianum alterum. Id est, a Maximiano Herculio ad Maximianum Galerium, cognomento Armentarium.

Auctorem. Id est, unum ex auctoribus persecutionis; de quibus vide supra cap. 2, *persecutores:* non unicus erat *auctor*, sed plures.

Etiam virtutem. Sic lego ex ms. in quo est *et... em*, cum vacuo spatio 7 aut 8 litterarum; nec aliter legendum esse arbitror. In omnibus editis legitur *etiam vim*, quod cum reliqua codicis scriptura stare non potest; et quidem in hoc ms., *etiam* vulgo scribitur per quatuor litteras *etim*. Lectio nostra eadem confirmatur locutione cap. 1: *Quatenus virtutem ac majestatem suam in exscindendis delendisque nominis sui hostibus ostenderet.* Ita et Lactantius, lib. IV Divin. Institut., cap. 26: *Virtutem majestatemque Dei singularis interpretari;* et lib. VI, cap. 9: *Virtutem ac majestatem Dei singularis enarrat.*

Et ut. Post *cogitabat*, in ms. quatuor desunt litteræ, quas supplendas esse duxi per *et ut*.

Redderet. In ms., *rediret*, mendose.

Etiam in nomine vicennalium securem alteram. Inquinatissima verba ita Grævius purganda censet: *Quæ promiserat reddere, et inani nomine vicennalium securem alteram inflixit.* Videtur dici, nova indictione, vicennalium proxime celebrandorum nomine provincias vexasse, ut apparatui et pompa ludorum necessaria conquirerentur.—*Etiam in nomine vicennalium.* Lego, *etiam nomine vicennalium*, id est, sub prætextu, sub obtentu vicennalium. Videtur *in* ex postrema littera vocis *etiam*, aut prima sequentis vocis ortum. Bun.

Securem alteram afflixit. Ita ms. idem quod *inflixit*. Et sane illud Ciceronis pro Cn. Plancio, cap. 9. Auctor noster respexit: *Quam enim illi judices graviorem potuerunt Reipublicæ infligere securim*, etc.

Ecquis enarrare digne potest? Ms. *et quis.* Levissima vel pene ulla mutatione posui *ecquis;* cum *t* et *c* in plerisque mss. sint similes, aut pene similes.

Officiorum omnium milites. Id est, *milites omnium magistratuum*, vel *milites qui magistratibus auxilium præstabant.*

Venia non habentibus nulla. Sic lego, ita ut sit, *venia nulla non habentibus* quod solverent. Ms. habet, *veniam non habentibus nullas abstinendi multiplicis cruciatus.* Locus corruptus, qui tamen levi admodum mutatione emendari potest. In dictione *veniam* est mendum, *m* redundat: item *s* in voce *nullas*, quam litteram suspicor esse initium sequentis verbi *abstinendi;* ita ut sit *nulla substinendi*, vel *sustinendi multiplices cruciatus;* quæ omnia eximium sensum exhibent.

Exhiberetur. Adde vectigal, cujus solvendo pares non erant.

Quæ quanquam intolerabilia sint, eripi ab ore hominum cibos labore quæsitos. Ita quibusdam viris doctis approbantibus hunc locum emendavi. In ms. est: *Quæ quam tolerabilia sint*, pravo sensu; id enim non tolerabile. Legendum etiam cum eruditis *ab ore* pro *labore*, quod in ms. exceptum est ex voce *labore* mox sequente. Cæterum verbum *quæsitos* hic est pro *acquisitos*, ut supra ostendi in Not. ad caput 18, illudque verbum simplex pro composito a Lactantio multoties usurpatum; Divin. Instit., lib. VI, cap. 12: *Perdamne rem familiarem meo aut majorum labore quæsitam;* et l. de Opificio Dei, c. 3. circa med.: *Quæsitis per laborem cibis;* et lib. de Ira Dei, c. 23: *Quærendis temporalibus bonis.*

Sustentabile. Ita ms. Priscæ editiones *tolerabile*, quod idem est; sicut Lactantius, Divin. Institut., lib. VII, cap. 16, dixit *insustentabili dominatione*, pro *intolerabili. Sustentabile*, forte legendum est *sustentabantur.* Pluralis numerus præcedit.

Spe futurorum. Erud. Paulus Bauldri volebat legere *spe fœturarum*, seu proventu animantium; fœtura enim (inquit) Latinis proventus animantium est, et ipsemet fœtus, *fœturæ.*

Quid vestis omnis generis? Adde *Exigitur*, vel *eripitur.* Paul. Bauldri aliquod verbum excidisse putabat, quale est illud quod damus.

Ad votum. Sic vocabant festa, in quibus vota concipiebantur pro incolumitate et diuturna principum vita; atque sicut vicennalia celebrabant, sic deos exorabant ut tribuerent pariter eorum tricennalia celebrari. Baluz.

Quod non erat celebraturus. Hic locus est magni momenti, cum ex eo certo colligatur Galerium Maximianum non pervenisse ad vigesimum annum imperii sui; fœdo enim morbo antea extinctus est, ut notat Doctiss. Baluz.

Maximinus. Ms. pro more, *Maximianus.* Cæterum ex Eusebii Hist. eccl., lib. VIII, cap. 13, noster confirmatur; et iterum hoc nostro libro, cap. 44, primi nominis titulum sibi Maximinus vindicabat. Bun.

lebat. Mittit ergo ad eum sæpe legatos : orat sibi pareat, dispositionem suam servet, cedat ætati, et honorem deferat canis. At ille tollit audacius cornua, et præscriptione temporis pugnat se priorem esse debere, qui prior sumpserit purpuram; preces ejus et mandata contemnit. Dolet bestia, et mugit, quod cum ideo ignobilem fecisset Cæsarem, ut sibi obsequens esset, is tamen tanti beneficii sui oblitus, voluntati ac precibus suis impie repugnaret. Victus contumacia, tollit Cæsarum nomen, et se Liciniumque Augustos appellat, Maxentium et Constantinum filios Augustorum, Maximinus postmodum scribit, quasi nuntians in campo Martio proxime celebrato Augustum se ab exercitu nuncupatum. Recepit ille moestus ac dolens; et universos quatuor, imperatores jubet numerari.

XXXIII.

Jam decimus et octavus annus agebatur, cum percussit eum Deus insanabili plaga. Nascitur ei ulcus malum in inferiori parte genitalium, serpitque latius. Medici secant, curant. Sed inductam jam cicatricem scindit vulnus; et rupta vena, fluit sanguis usque ad periculum mortis. Vix tamen cruor sistitur. Nova ex integro cura. Tamen perducitur ad cicatricem. Rursus levi corporis motione vulneratur : plus sanguinis quam ante decurrit. Albescit ipse, atque absumptis viribus tenuatur; et tunc quidem rivus cruoris inhibetur. Incipit vulnus non sentire medicinam : proxima quæque cancer invadit; et quanto magis circumsecatur, latius sævit, quanto curatur, increscit.

Cessere magistri
Phillyrides Chiron, Amythaoniusque Melampus.

Undique medici nobiles trahuntur. Nihil humanæ

VARIORUM NOTÆ.

Mittit ergo ad eum sæpe legatos. Galerius Maximianus ad Maximinum, ut eum placaret.

At ille. Maximinus, scilicet.

Præscriptione. In ms., *præscriptionem.*

Contemnit. Sic emendo ex verbis præcedentibus et sequentibus, quæ sunt in tempore præsenti. Ms., *contempsit.*

Dolet bestia. Galerius Maximianus. Sic *bestias malas* Lactantius vocat imperatores, qui Christianos vexarunt.

Et mugit. Ita ms. Nonnulli volunt, *rugit.*

Quod cum. Ms. fert *eum,* cujus vice scripsi *cum,* quod infra *is tamen* postulat.

Victus contumacia. Sensus est Maximinum, vi contumaciæ suæ abreptum, non paruisse Maximiano æqua postulanti. TOINARD.

Tollit Cæsarum nomen. Trium, id est, Maximini, tum Constantini, et Maxentii. TOINARD.

Maxentium et Constantinum filios Augustorum. Plane accedo Baluzio suspicanti *Maximinum* legendum esse, non *Maxentium.* Hunc enim ut hostem publicum odio Galerius prosequebatur, ut ejus hac partitione rationem nullam habere posset, neque Maximinum præterire, qui quamvis non genitus Augusto patre fuisset, fuit tamen ab Augusto adoptatus.

Maxentium. Corrigit Granvillius, *Maximinum*, multisque illustrat in epist. de Numo Maximini, quæ adhæret Banduri Bibliothecæ Numar. ed. J. A. Fabricii, p. 278-281. Add. Heumannum. BUN.

In campo Martio. Campus Martius non est hic nomen loci, qualis erat Romæ, sed potius, ut ita dicam, *Comitiorum militarium,* in quibus lustrabatur exercitus. An vero statis temporibus, vel quotiescumque juberet imperator, celebraretur *Campus Martius,* non liquet. TOINARD.

Nuncupatum. In ms., *nuncupato.*

Universos quatuor, imperatores jubet numerari. Adde virgulam post *quatuor* et lege *numeros* pro *numerari.* Hoc modo: *universos quatuor imperatores jubet nominari,* nempe Licinium, Maximinum, Constantinum, ac Maxentium. Hic autem per imperatores significantur Augusti. TOINARD.

Numerari. Forte leg. *nominari.* Attamen Heumannus ex Cicerone putat legendum esse *numerari*, ut est in ms.

Percussit eum Deus. Scilicet Galerium Maximianum. *Insanabili plaga.* Sic Lact., lib. VII Institut., cap. 5 : *Percussit Ægyptum Deus insanabili plaga.*

In inferiori parte genitalium. Vide Eusebium, lib. VIII, Hist. Eccles., cap. 16, et lib. I de Vita Constantini, cap. 57; Ruffinum, lib. VIII, cap. 18; Fragmentum de Constantio Chloro, pag. 472, atque etiam Paulum Orosium, lib. VII, cap. 28.

Medici secant, curant. Ita ms. *Medici*, vulnerarii scilicet, nunc dicti chirurgi. Nonnulli legere volunt ex Celso, *secant, urunt.* Attamen nihil infra de ustione; estque tantummodo *secatur et curatur.*

Inductam jam cicatricem scindit vulnus. Ita Celsus lib. IV, v. 26, *quo cicatrix inducitur.* Doctissimus Grævius legendum esse putat *rescindit;* nec male. Lactantius enim Divin. Instit. lib. VII, cap. 24, ait *perniciem rescissis vulneribus effundere.* Joannes Columbus, *scindit se*, quomodo apud Virgilium Æneid. lib. I, v. 571 : *Scindit se nubes.* Nonnulli, *inducta jam cicatrice scinditur vulnus.* Item ms. præterquam quod habet *scindit;* non *scinditur.*

Tamen. Mox præcessit. Malem *Tandem.—Vix tamen. Recte,* inquit, Heumannus, Boherellus et Galeus rescribunt, *vix tandem.* Propertius, lib. III El. 20, v. 7 : *Vix tamen aut semel admittit, cum sæpe negavit.* Ovidius Heroid. Ep. Orestæ : *Vix equidem memini, memini tamen.* Phædr. lib. IV, fab. 5 : *ægre* (id est, *vix*) *recepti, tamen evaserunt necem.* BUN.

Motione. Sic restitui : quippe post litteram initialem *m*, in ms. desunt 5 aut 6 litteræ. Editi ferunt, *motu;* quæ vox (cum post *m,* tres duntaxat litteræ sequantur) hujus loci esse non potest.

Vulneratur. Ms., *vulneratus*, mendose; non enim video ad quid referri possit. Quidam volunt *vulnerato;* nec rejicienda hæc lectio.

Albescit ipse. Id est, *pallescit*, quomodo *pallor albescens* dicitur a Lactantio libro de Ira Dei, cap. 5.

Tenuatur. Id est, pinguedo evanescit; erat enim ut supra cap. 9, dictum est *caro ingens... et inflata.* Ex Virgil. Georg. lib. III, v. 129.

Proxima. In mss., *promaxima :* sed mendose.

Sævit. Heuman. putat legendum esse *serpit.*

Phillyrides, etc. Hic versus ex Virgilio restitutus, cum in mss. Colb. legatur corrupte omnino, *Phyllides Chrona, Metonius Melamphius* contra metri leges.

Trahuntur. Id est, advocantur.—*Medici... trahuntur.* Cellarius exponit, *advocantur.* Recte. Sic Lactant. lib. I, cap. 17 : *Medicum... curando juveni advocavit.* Nurrius : *Non male,* inquit, p. 528, dixit, *trahuntur,* id est, nolentes et inviti. Nam, ut habet versic Eusebii lib. VIII, cap. 18, extr. H. E. : *Ex medicis alii, quum nec ipsam odoris gravitatem sustinere possent, interficiebantur; alii, quum nullum remedium afferre possent... ob id ipsum necabantur.* BUN.

Humanæ manus. Ipse Cicero non refugit hunc sonum, ut notavi ad Lact. de Ira cap. 2, *humana manu.* BUN.

Asclepius. Lactantium maluisse uti Græco nomine quam Latino monuit Gronovius Observat. ad Script. Ecclesiast., p. 182. Quod et ipsum facere nonnihil videtur ad asserendum hoc scriptum auctori suo;

manus promovent. Confugitur ad idola. Apollo et Asclepius orantur; remedium flagitatur. Dat Apollo curam. Malum multo pejus augetur. Jam non longe pernicies aberat, et inferiora omnia corripuerat. Computrescunt forinsecus viscera, et in tabem sedes tota dilabitur. Non desinunt tamen infelices Medici, vel sine spe vincendi mali, fovere, curare. Repercussis medullis, malum recidit introrsus, et interna comprehendit; vermes intus creantur. Odor it autem non modo per palatium : sed totam civitatem pervadit. Nec mirum, cum jam confusi essent exitus stercoris et urinæ. Comestum a vermibus et in putredinem corpus cum intolerandis doloribus solvitur.

Clamores simul horrendos ad sidera tollit,
Quales mugitus fingit saucius taurus.

Apponebantur ad sedem fluentem cocta et calida animalia, ut vermiculos eliceret calor. Quies resolutis, inæstimabile scatebat examen; et tamen multo majorem copiam tabescendorum viscerum pernicies fœcunda generaverat. Jam diverso malo partes corporis amiserant speciem. Superior usque ad vulnus aruerat, et miserabili macie cutis lurida longe inter ossa consederat. Inferior sine ulla pedum forma, in utrium modum inflata discreverat. Et hæc facta sunt per annum perpetem; cum tandem malis domitus Deum coactus est confiteri : novi doloris urgentis per intervalla exclamat, se restituturum Dei templum, satisque pro scelere facturum. Et jam deficiens edictum misit hujusmodi.

VARIORUM NOTÆ.

quippe in quo videamus vocem illam *Asclepius* recurrere, pro *Æsculapius*, lib. I, cap. 17.

Confugitur ad idola... orantur. Sic. lib. II, Inst., cap. 1 : *Ad Deum confugitur... Deus... oratur*. De Asclepio conf. lib. I Inst., cap. 17 : *Asclepium... advocavit*. BUN.

Dat Apollo curam. Id est, docet remedium. *Dare* alicui, pro *dicere* alicui, *docere* aliquem, apud Virgilium Eclog. 1, v. 19 : *Da, Tityre, nobis*, id est, doce nos. *Ex* GRÆVIO.— Heumann. tamen, loco verbi *dat*, putat legendum esse *negat*, vel potius *non dat*.

Jam non longe pernicies aberat... computrescunt forinsecus viscera, et in tabem sedes tota dilabitur. Eodem sensu legimus apud Lactantium lib. VI Divin. Instit. c. 24, *perniciem rescissis vulneribus effundere*.

Forinsecus. Hac insolita voce usus est Lactantius lib. de Opificio Dei, c. 2 : *Non forinsecus ut cœtera, sed interius armavit*.

Sedes tota. Pars corporis qua sedetur. In mss. est *sedis*, mendose.

Repercussis medullis. Id est, inquiunt nonnulli, affectis medullis. Forte legendum, *Repercussum medullis*, aut *medelis*. Quis enim unquam aut audivit, aut legit *Repercuti medullas*? Addita itaque post *malum* virgula, scribe : *Repercussum medelis malum, recidit introrsus*. Positum est enim *medelis*, pro *medecinis*. Ita supra, *Incipit vulnus non sentire medicinam*. Partim *ex* TOINARDO.

Malum recidit introrsus. Hic *recidere* est, reverti, redire; recidere introrsus, *rentrer au dedans*. Lactantius, lib. VI Div. Instit. cap. 17 : *Neque enim capere videtur natura, ut aliquid in contrarium* RECIDAT. *Ex* COLUMBO.

Odor it autem. Sic lego cum doctissimis viris Vossio et Boherello, unius litteræ adjectione, pro *Odoritatem*, quod est in ms.

Comestum a vermibus et in putredinem corpus. Hæc vera nobis videtur lectio, *comestum* referendo ad *corpus*, quod mox sequitur. Ms., *Comestus*, male. Nonnulli malunt *Comestur*, id est, *Comeditur*.

Clamores. Forte hic addendum *aram*, ut apud Virgilium; et sic legendi hi duo versus :

Clamores simul horrendos ad sidera tollit,
Quales mugitus, fugit cum saucius aram
Taurus.

Virgil. II Æneid. v. 222 et seqq.

Coacta et calida animalia. Ita ms. Vir eruditus mallet *incocta*, pro *viva*.

Eliceret. In ms., *eligeret*; mendose.

Queis resolutis. Animalia illa non apposita fuerunt vulneribus sine fasciis, quarum ope melius ulceratis partibus applicarentur, suoque loco insisterent. Obligabantur ergo cum vulneribus animalia; et quando postea fasciæ removebantur, ipsa quoque animalia resolvebantur. Est enim in mille locis *resolvere*, id quod ligatum fuerat dissolvere. Noster cap. 46 : *Liciniani scuta deponunt, galeas resolvunt*. Lactantius Epitom. cap. 72 : *Sed et ipse dæmonum princeps... catenis igneis alligatus*, etc. Peractis vero mille annis ac resoluto dæmonum principe. BAULDRI.—Quam vocem sic acceptam in alio quovis Christiano scriptore vix (ut puto) reperies.

Inæstimabile scatebat examen. Vermiculorum scilicet. *Inæstimabile*, pro *innumerabile*, vox Lactantio peculiaris; l. I Div. Institut. cap. XVI : *Nam cum hominum vix incredibilis numerus sit et inæstimabilis*, Gallice, *une quantité innombrable*; lib. de Ira Dei, cap. 10 : *Atomorum moles tam inæstimabiles ex tam minutis conglobarentur*; et Epitom. cap. 72, *vis inæstimabilis Angelorum*.

Tabescendorum viscerum pernicies. Ita ms. Nonnulli malunt *tabescentium*; quidam, *tabe exesorum*, Gallice, *un ulcère dans les entrailles*. Eodem sensu Lactantius lib. VI, Div. Institut. cap. 24 : *perniciem rescissis vulneribus effundere*, ut mox notavimus.

Fœcunda. Priscæ editiones, *secunda*.

Diverso. Heumann. legit *disperso*. Forte legendum *adverso*.

Amiserant. In ms., *Admiserant*.

Lurida Longe. In ms., *luride longe*.

Discreverat. Ita ms., *Discreverat a discresco*, non autem a *discerno*. Rarum verbum. *Discresco*, pro *distendo*; *discrescere*, vel *distendere* aut potius *distendi*, Gallice, *étendre davantage*. Plures volunt legi *increverat*.

Per annum perpetem. Id est, integrum, totum. Sic et Lactantius lib. VII, cap. 26 : *Tunc per septem annos perpetes intactæ erunt sylvæ*.

Deum coactus est confiteri. Vide similem Antiochi historiam, lib. II Machab. c. 9. Ruffin. lib. VIII, cap. 18. Oros. lib. VIII c. 28.

Novi doloris urgentis. Heumann. legit, *nam vi doloris urgente*.

Dei templum. Scilicet Nicomediæ.

Satisque pro scelere facturum. Ita et Lactantius lib. V Div. Institut. cap. 13 : *Ut pro facinore suo satisfaceret*; lib. VII, cap. 1 : *Satis et huic parti faciamus*; et lib. IV, c. 17 : *Si peccata nostra confessi, satis Deo fecerimus*. Nota divisa bipartito verba.

Edictum misit. Id est, *emisit*. Extat apud Eusebium lib. VIII, cap. 17, ex latina lingua translatum ab eo in Græcum sermonem, et dein ex Græco versum in latinum a Ruffino, ut ipse docet : *Hæc de latino in græcum versa nos rursum transfudimus in latinum*. Quod igitur hodie legimus primum latine, beneficium est Lactantii. BALUZ.—De tempore missi edicti vide Not. ad initium c. 35.

XXXIV.

EDICTUM GALERII.

Inter cætera quæ pro Reipublicæ semper commodis atque utilitate disponimus, nos quidem volueramus antehac, juxta leges veteres et publicam disciplinam, Romanorum cuncta corrigere, atque id providere, ut etiam Christiani, qui parentum suorum reliquerant sectam, ad bonas mentes redirent. Siquidem eadem ratione tanta eosdem Christianos voluntas invasisset, et tanta stultitia occupasset, ut non illa veterum instituta sequerentur, quæ forsitan primum parentes eorumdem constituerant: sed pro arbitrio suo, atque ut hisdem erat libitum, ita sibimet leges facerent, quas observarent, et per diversa varios populos congregarent. Denique cum ejusmodi nostra jussio extitisset, ut ad veterum se instituta conferrent, multi periculo subjugati, multi etiam deturbati sunt; atque cum plurimi in proposito perseverarent, ac videremus nec diis eosdem cultum ac religionem debitam exhibere, nec christianorum Deum observare, contemplatione mitissimæ nostræ clementiæ intuentes et consuetudinem sempiternam, qua solemus cunctis hominibus veniam indulgere, promptissimam in his quoque indulgentiam nostram credidimus porrigendam; ut denuo sint Christiani, et conventicula sua componant, ita ut ne quid contra disciplinam agant. Alia autem epistola judicibus significaturi sumus, quid debent observare. Unde juxta hanc indulgentiam nostram debebunt Deum suum orare pro salute nostra, et Reipublicæ, ac sua, ut undiqueversum Respublica perstet incolumis, et securi vivere in sedibus suis possint.

XXXV.

Hoc edictum proponitur Nicomediæ pridie Kalendas Maias, ipso octies, et Maximino iterum Consulibus. Tunc apertis carceribus, Donate carissime, cum cæteris confessoribus e custodia liberatus es, cum tibi carcer sex annis pro domicilio fuerit. Nec tamen ille hoc facto veniam sceleris accepit a Deo: sed post dies paucos, commendatis Licinio conjuge sua et filio, atque in manu traditis, cum jam totius corporis membra defluerent, horrenda tabe consumptus est. Idque cognitum Nicomediæ Id. men-

VARIORUM NOTÆ.

Edictum. De hoc edicto vide Eusebium, lib. VIII Hist. Eccl., cap. 17.

Ad bonas mentes redirent. Ejurando scilicet Christianam religionem in paganismi gratiam, qui Galerio sola bona religio erat. BAULD.—Lact. l. v, c. 19, ad hoc fortassis edictum respiciens: *Sed hæc ipsa ignoratio efficit, ut in persequendis sapientibus tam mali sint, fingantque se illis consulere, illos ad bonam mentem velle revocare.*

Primum. Priscæ editiones, *primi.*

Hisdem. Vel *eisdem* : apud Eusebium Ἔκαστος; atque ideo legisse videtur, *cuique.*

Diversa. Adde, *loca.*

Denique. Heumann. legit *proinde*, quia in Eusebio est τοιγαροῦν.

Deturbati. Apud Eusebium legitur ταραχθέντες παντοίους θανάτους ὑπέφερον. Proinde Lactantius scribere debuit, *perturbati et variis mortibus affecti sunt.*
HEUMANNUS.

Observare. Subaudi *palam.*

Contemplatione. Ita legendum. In ms. est vero *contemplatione.*

In his. Docti legunt tantum *his.*

Credidimus. Ms., *credimus.*

Conventicula sua componant. Hæc de reædificandis Christianorum ecclesiis nonnulli intelligunt; alii de eorum cœtibus celebrandis, quod rectius est: sic Gallice, *tenir leurs assemblées.*

Ne quid contra disciplinam agant. Plinius l, lib. x, ep. 82 (79). *Si qui contra disciplinam gesserint,* id est, egerint. BUN.

Alia autem epistola. Ms., *Aliam autem epistolam:* aut præponendum *per;* aut legendum ut repositum est in textu.

Significaturi sumus. Male Ruffinus, *indicavimus,* rem quasi jam peractam narrans, cum ad futurum referatur. Neque, istud tribuendum est errori typographorum, cum hanc lectionem exhibeant tres vetusti codices manuscripti bibliothecæ Colbertinæ. Christophorsonus et Valesius recte verterunt *significabimus.* BALUZ.

Perstet. Ms., *Perstetur,* mendose.— Attamen Bunemannus habet, *prœstetur incolumis,* et nolam sequentem exhibet. — *Præstetur incolumis.* Editi, *perstet;* at ms. *perstetur:* unde commodo, uti Critico quoque anonymo et Heumanno visum, *præstetur.* Nam Eusebius vertit παρασχεθῇ. Si cui tamen placeat *perstet,* conferat cap. 18, fin. *Respublica staret incolumis.* BUN.

In sedibus suis. Ruffinus vertit *in laribus,* quemadmodum legitur in uno codice Colbertino. Sed alii mss. et editiones habent *in laboribus.* Christophorsonus vertit *in suis familiis;* Valesius, *in suis domiciliis.* BALUZ.

Hoc edictum proponitur Nicomediæ pridie kalend. maias. Cum in titulo præfati edicti *Galerius Maximianus* dicatur tribunitiæ potestatis xx constat illud emissum esse post kalendas martias currentis anni (311), quibus tribunitium potestatem xx auspicatus est idem Galerius. Post illum diem datum, ex nummis etiam græcis apud Goltzium certum redditur. Ultimus enim, in quo annus Augusti ejus imperii notatur, exhibet hos caracteres L. Z. id est, *annus septimus.* Nam cum, Lactantio teste, kalendis maii anni CCCV Augustus renuntiatus fuerit, kalendis maii currentis Christi anni septimum imperii Augustei annum incœpit. Quare cum idem imperator jam deficiens edictum illud promulgarit, apparet Lactantii sententiam Galerii Maximiani nummis corroborari esse, perperamque scripsisse Valesium in notis Eusebianis, aliosque viros doctos, edictum illud ante mensem martium datum esse (*Pagius in Critic. Baron. ad an. Chr.* 311, *num.* 12 *et* 13).

Prodiit tandem absoluto anno persecutionis VIII; ineunte IX, edictum Galerii, quo persecutio penitus extincta, inter kal. martias quibus XX tribunitiam potestatem inchoaverat, et pridie kal. maias, quod Nicomediæ dicit propositum fuisse Lactantius) *Dodwellus Diss. Cyprian. XI, num.* 82).

Ipso. Nempe Galerio Maximiano. In ms., *ipsa.*

Ipso octies, et Maximino iterum Consulibus. Anno scilicet 311, *Maximiano;* in ms., *Maximiano.*

E custodia. In ms., *et custodia.*

Fuerit. Vel *fuisset.*

In manu. Pro *in manum,* in sexto casu pro quarto: infra cap. 39, sub initium, *in matrimonio postulat;* et sæpe apud eumdem Lactantium; lib. III, cap. 3: *Quæ in rerum natura cadunt;* lib. IV, cap. 17: *In terra toto et corpore et ore projectum;* lib. de Opif. cap. 2, *in ea sunt relegata regione.*

Membra defluerent. Nonnulli mallent, *diffluerent,* ut est lib. III Div. Institut. cap. 1, *corruptum vanescit, ac diffluit;* et cap. 20: *Corpus relictum ab anima*

sis ejusdem, cum futura essent vicennalia Kalendis Martiis impendentibus.

XXXVI.

Quo nuntio Maximinus audito, dispositis ab Oriente cursibus pervolavit, ut provincias occuparet, ac Licinio morante, omnia sibi usque ad fretum Chalcedonium vindicaret. Ingressusque Bithyniam, quo sibi ad præsens favorem conciliaret, cum magna omnium lætitia sustollit censum. Discordia inter ambos imperatores, ac pene bellum. Diversas ripas armati tenebant. Sed conditionibus certis pax et amicitia componitur, et in ipso freto foedus fit, ac dexteræ copulantur. Redit ille securus, et fit qualis in Syria et in Ægypto fuit. In primis indulgentiam Christianis communi titulo datam tollit, subornatis legationibus civitatum, quæ peterent, ne intra civitates suas Christianis conventicula extruere liceret, ut suasu coactus et impulsus facere videretur, quod erat sponte factu-

A rus. Quibus annuens, novo more sacerdotes maximos per singulas civitates singulos ex primoribus fecit, qui et sacrificia per omnes deos suos quotidie facerent, et veterum sacerdotum ministerio subnixi, darent operam, Christiani neque fabricarent, neque publice aut privatim colerent : sed comprehensos suo jure ad sacrificia cogerent, vel judicibus offerrent. Parumque hoc fuit, nisi etiam provinciis ex altiore dignitatis gradu singulos quasi Pontifices superponeret; et eos utrosque candidis chlamydibus ornatos jussit incedere. Facere autem parabat, quæ jamdudum in Orientis partibus fecerat. Nam cum clementiam specie tenus profiteretur, occidi servos Dei vetuit, debilitari jussit. Itaque confessoribus effodiebantur oculi, amputabantur manus, pedes detrunca-

B bantur, nares vel auriculæ desecabantur.

XXXVII.

Hæc ille moliens, Constantini litteris deterretur.

VARIORUM NOTÆ.

diffluit. Utrobique in mss. rec. et omnibus fere editis est *defluit.*

Id. mensis ejusdem. Cum hic ante *mensis* in ms. sit vacuum duarum duntaxat litterarum spatium, nullam aliam vocem substituere posse credidi quam *Id.* pro *Idibus* mensis ejusdem maii, quo mense maio obiit Galerius anni æræ Vulgaris 311. — *Nicomediæ... mensis ejusdem.* In ms. legitur : *Idque cognitum Nicomediæ mensis quidem, quum futura essent vicennalia Kl. Mar. impendentibus.* Bun.

Kalendis martiis impendentibus. Scilicet sequentis anni 312.

Maximinus. In ms. *Maximianus.*

Pervolavit. Heumann. legit *provolavit,* quia apud Livium legitur, *infensis hastis provolant duo Fabii.* — *Pervolavit.* Heum. *provolavit.* Bene, nisi *pervolavit* indicat diligentiam in accelerando itinere, ut *per* in compositis auget vim verbi : unde interpres Gall., *se rendit en diligence dans l'Orient.* Bun.

Fretum Chalcedonium. Id est, Bosphorum Thracium, cui adjacet in Bithynia Chalcedon.

Ad præsens. Lactantius Instit., l. vii, c. 6 : *Et quæ alia non nisi ad præsens valent;* cap. 10 : *Vitia omnia temporalia sunt; ad præsens commoventur;* cap. 15 : *Quamvis ad præsens virtutem Dei hominibus ostenderet;* libro de Ira Dei, cap. 22 : *Non ad præsens noxium quemque punit.* Columb.

Sustollit. Heuman. legit *sustulit.*

Discordia. Ms., *Discordiam.*

Pene. In ms., *pena, male.*

Diversas ripas. Id est, littora freti Chalcedonii. — *Diversas ripas.* Littora freti Chalcedonii armati tenebant; in Bithyniæ ora Maximiani, in Thraciæ, Liciniani. Cell.

Armati. In ms., *armata.*

Freto. In ms., *fretu.*

Redit ille. Scilicet Maximinus.

Communi titulo. Ita legendum esse censent doctissimi viri Cotelerius, Cangius, Cuperus et Columbus. Respicit enim Lactantius ad Constitutionem editam, cap. xxxiv, quæ pro more tum recepto inscripta erat nominibus Maximiani Galerii et Maximini Dazæ, id est, *communi titulo.* In ms. est corrupte *tutelo.*

Conventicula extruere liceret. Conventicula, id est, Ecclesias.

Ut suasu coactus et impulsus facere videretur. Ita ms. Recte quidem, ut puto, *Suasu* a *suadeo. Suadere* autem *legem,* est communibus suffragiis postulare legem. Gallice dicerem, *porter tout son suffrage sur une loi.* Itaque, *ut suasu coactus,* est quasi diceret, *comme y ayant été porté par les suffrages de toutes les*

C

villes *qui demandaient cette loi.*

Maximos. In ms., *Maximus.*

Deos. In ms., *dos :* forte etiam *domos suas,* quod bonum sensum efficit. Elige.

Per omnes deos suos. Id est per omnia deorum suorum templa, seu in omnibus templis.

Subnixi. In ms., *subnexi.* — *Ministerio subnixi.* Ex more Lactantii, lib. iv Inst., cap. 10 : *Juridictione subnixi;* lib. iv, cap. 10 : *Potestate subnixum;* lib. v, cap. 6 : *Gladiorum potestate subnixi.* Bun.

Darent operam, Christiani neque fabricarent. Subaudiendum *ut. Vellem faceres,* pro *vellem ut faceres. Quam vellem domi mansisses,* pro *ut domi mansisses.*

Colerent. Mallem cum Galeo, Critico anonymo, Heumanno, *coirent.* Bun.

Comprehensos. In ms., *comprehensus.*

Cogerent. In ms., *cogeret.*

Parum hoc fuit, nisi etiam. En Lactantii stylum, lib. i, cap. 10 : *Parum videbatur nisi etiam;* lib. v, cap. 9 : *Parum habent... nisi etiam;* lib. vii, cap. 5 : *Et hoc parum est... nisi etiam.* Bun.

Superponeret. Hoc verbum, inquit Columbus, frequentissimum illo ævo; addit occurrere etiam apud Minucium Felicem. Lactantius ipse lib. ii, cap. 2 : *Quid capitibus vestris terram superponitis?* Bun.

Candidis chlamydibus, etc. Scilicet candidi coloris vestes induebant sacerdotes, exceptis iis, qui inferis operabantur, uti notissimum est. Et sic in specie docet Porphyr., iv, 19 de Abst. προφήτας Jovis in Creta usos esse ejusmodi vestimentis. Silius, lib. iii, sacerdoti *vestem niveam* tribuit ; Plinius Druidibus can-

D didam, lib. xvi, c. ult., et Apuleius Antistibus sacrorum *candidum linteamen,* lib. ii. Cuper.

Quæ jamdudum. Quod adverbium deest in priscis editis ; legitur autem in ms.

Clementiam specie tenus. Nihil frequentius his vocibus sic junctis apud Lactantium; nec attinet, opinor, exscribere. Inter *tam varia* autem *genera crudelitatis* illud pessimum genus est, cui *clementiæ* species falsa blanditur : ille gravior, ille sævior est carnifex, qui neminem statuit occidere. Lactant., lib. v Divin. Inst., cap. 11.

Debilitari jussit. Id est, mutilari, quemadmodum illi, verbi gratia, Confessores, quibus candenti ferro, debilitati fuerunt sinistri poplites. Vide Eusebium, lib. viii, cap. 12, et lib. i de Vita Constantini, cap. 58, ubi in Interpretatione Valosii irrepsit per errorem nomen *Licinii,* pro nomine *Maximini.*

Litteris. In ms., *litteras.* De his litteris vide Eusebium, Histor. Eccles., lib. ix, cap. 9.

AD DONATUM CONFESSOREM.

Dissimulavit ergo. Et tamen si quis inciderat, mari occulte mergebatur. Consuetudinem quoque suam non intermisit, ut in palatio per singulos dies sacrificaretur. Et hoc primus invenerat, ut animalia omnia, quibus vescebatur, non a coquis, sed a sacerdotibus ad aras immolarentur, nihilque prorsus mensæ apponeretur, nisi aut delibatum, aut sacrificatum, aut perfusum mero, ut quisquis ad cœnam vocatus esset, inquinatus inde atque impurus exiret. In cæteris quoque magistri sui similis. Nam si quid reliqui, vel Diocles, vel Maximianus reliquerant, hic abrasit, sine ullo pudore auferens omnia. Itaque horrea privatorum claudebantur, apothecæ obsignabantur, debita in futuros annos exigebantur. Hinc fames, agris ferentibus; hinc caritas inaudita. Armentorum ac pecorum greges ex agris rapiebantur ad sacrificia quotidiana, quibus eos adeo corruperat, ut aspernarentur annonam, et effundebant passim sine delectu, sine modo; quum satellites universos, quorum numerus ingens erat, pretiosis vestibus et aureis nummis expungeret, gregariis et tyronibus argentum daret, barbaros omni genere largitionis honoraret. Nam quod viventium bona vel auferebat, vel dono suis dabat, [prout] quisque petierat aliena, nescio an [non] agendas illi fuisse gratias putem, quod more clementium latronum incruenta spolia detrahebat.

XXXVIII.

Illud vero capitale, et supra omnes, qui fuerunt, corrumpendi cupiditas, quid dicam nescio, nisi cæca et effrænata, et tamen his verbis exprimi pro indignatione sua non potest. Vincit officium linguæ sceleris magnitudo. Eunuchi, lenones scrutabantur omnia. Ubicumque liberalior facies erat, secedendum patribus ac maritis fuit. Detrahebantur nobilibus fœminis

VARIORUM NOTÆ.

Mergebatur. In ms. *mergebantur.*
Palatio. In ms. *Palatium.*
¹ *Delibatum.* Erat particula cœnæ paratæ, quam decerptam diis offerebant. Solebant autem cibos etiam libare. Sil. Ital., lib. 7:

Primum Vestæ detersit honorem,
Undique et in mediam jecit libamina flammam.

Quod Dionysius Halicarn., IV Antiquit. Rom., dicit, *Cœnorum primitias libare.* GRÆVIUS.
Sacrificatum. Est, quod ex victima diis oblata præcisum erat in epulas, ut solebant partem victimarum prosecare et adolere, partem sacerdotum et sacrificantium epulis reservare. GRÆVIUS.
Perfusum mero. Scilicet quo solebant supplicare, ut hi cibi quasi sacrarentur, Quis enim ignorat thure et vino solitos veteres supplicare, etiam inter epulas ? Horat., IV Carmin., 5, de Augusto :

Te mensis adhibet deum.
Te multa prece, te prosequitur mero
Defuso pateris, et laribus tuum
Miscet numen.
GRÆVIUS.

Magistri sui similis. Scilicet Galerii Maximiani. Ita supra, cap. 21 *magnitudinis suæ similimos.*
Reliqui. Heumannus delet hoc verbum.
Apothecæ. Id est, cellæ vinariæ, de qua voce Phædrus, lib. IV, fab. 4.
Debita. Heuman. addit *tributa.*
Hinc fames, agris ferentibus. Ita ms. nihil mutandum. *Agris ferentibus,* id est, *licet agris ferentibus.* Vide præcedentia *abrasit... horrea privatorum claudebantur,* etc. Editi legunt *non ferentibus,* minus bene. — *Hinc fames, agris ferentibus.* Alii corrigunt, *agris non ferentibus;* alii, *agricolis non ferentibus.* Et recte Nurrius : *Quamvis,* inquit, *agri multos fructus ferrent, homines tamen fame enecabantur; quia Maximini satellites et vina cuncta, et fruges omnes, ac quæcumque agri ferrent, immani crudelitate auferebant, ut ea in fisci publ. gratiam aliis in regionibus venundarentur.* BUN.
Armentorum, etc. Hæc omnia valde corrupta sunt tum in ms. tum in ediis, ita ut vix intelligi queant. Ea vero sic legenda esse credidi : *Armentorum ac pecorum greges ex agris rapiebantur ad sacrificia quotidiana, quibus aulices adeo corruperat, ut aspernarentur annonam; et effundebant passim sine delectu, sine modo, cum satellites universos, quorum numerus ingens erat, pretiosis vestibus et aureis nummis excoleret (id est, demulceret), gregariis et tironibus argentum daret, barbaros omni genere largitionis honoraret.*
Eos. Vel *suos,* id est, *aulicos.*
Corruperat. Quia jam mos invaluerat, ut in conviviis carnes præberentur, quæ Idolis oblatæ fuerant.
Effundebant. Alii, *effundebat.*
Satellites. In ms. *lites,* sine ulla lacuna : verum cum doctiss. Toinardo et Tollio reposui *satellites;* nostraque correctio confirmatur tum ex sequentibus *dono suis dabat,* tum ex Ruffino, lib. VIII, cap. 17 : *Unde et montes auri, ut ita dixerim, congregatos familiaribus suis ac satellitibus largiebatur;* et Lactantius infra, cap. 38, sub finem : *His satellitibus et protectoribus cinctus.*
Expungeret. Ms., *Expungerent. — Aureis nummis expungeret.* Quod est, *satellites pretiosis vestibus et aureis nummis.* Rejiciendi genus est, protinus aliud invicem., Seneca, lib. IV, Ben., c. 40 : *Mittere, et munus munere expungere.* BUN.
Barbaros omni genere largitionis honoraret. Ms., *omni genere largitionibus.*
Prout. In ms. desideratur. — *Dabat, ut quisque.* Prius editi, *dabat prout quisque.* In ms. teste critico anonymo, *dabatur quisque :* hinc ille criticus rectius fuit, *dabatur, ut quisque,* addo, *aliorum prout me nusquam alibi* in Lactantio observasse. BUN.
Nescio an [*non*] *agendas illi fuisse gratias putem.* Lego cum Cupero *an non,* quod est ironia. *Non* deest in ms.
More clementium latronum. Sic Salvianus : *Latrones hoc proverbio uti solent, ut quibus non auferunt vitam, dedisse se dicant.*
Capitale. In ms., *Capitali.*
Et. Ita ms. Aliis *ei,* pro *et.*
Quid d cam nescio. Lactantius, lib. I, cap. 21 : *Nam de infantibus, qui Saturno immolabantur propter odium Jovis, quid dicam nescio.*
Exprimi pro indignatione sua non potest. In ms., *exprimere.* Quod si legas, deesse videtur *Mens ;* atque sic esset legendum, *et tamen his verbis* [*mens*] *exprimere pro indignatione sua non potest.* Sic Lactantius, lib. VI Divin. Institut., cap. 23 : *Quibus hoc verbis, aut qua indignatione tantum nefas prosequar ? vincit officium linguæ sceleris magnitudo.*
Nobilibus fœminis. Augebat indignitatem rei, quod nobiles essent. Nam servile prorsus, et liberis corporibus detestabile erat, sic considerari. Servitia sic solebant a mangonibus inspicienda sisti licitantibus. COLUMB. — Ruffinus, lib. VIII, cap. 17 : *Cui etiam inter cætera hoc etiam singulare studium erat, ne ullam non dico urbem, sed vel breve oppidum, absque adulterio nobilium matronarum, quæ per loca fuissent repertæ, vel corruptione virginum præteriret. Latinis fœ-*

vestes, itemque virginibus, et per singulos artus inspiciebantur, ne qua pars corporis regio cubili esset indigna. Si qua detrectaverat, in aqua necabatur; tamquam majestatis crimen esset sub illo adultero pudicitia. Aliqui, constupratis uxoribus, quas ob castitatem ac fidem carissimas habebant, quum dolorem ferre non possent, se ipsos etiam necaverunt. Sub hoc monstro, pudicitiæ integritas nulla, nisi ubi barbaram libidinem deformitas insignis arcebat. Postremo hunc jam induxerat morem, ut nemo uxorem sine permissu ejus duceret, ut ipse in omnibus nuptiis prægustator esset. Ingenuas virgines imminutas servis suis donabat uxores. Sed et Comites ejus sub tali Principe imitabantur [hoc exemplum, et civium] suorum cubilia impune violabant. Quis enim vindicaret? Mediocrium filias, ut cuique libuerat, rapiebat. Primariæ, quæ rapi non poterant, in beneficiis petebantur; nec recusari licebat, subscribente Imperatore, quin aut pereundum esset, aut habendus gener aliquis barbarus. Nam fere nullus stipator in latere ei, nisi ex gente horum, qui a Gothis tempore vicennalium terris suis pulsi, Maximiano se tradiderunt, malo generis humani, ut illi barbaram servitutem fugientes, in Romanos dominarentur. His satellitibus et protectoribus cinctus, Orientem ludibrio habuit.

XXXIX.

Denique quum libidinibus suis hanc legem dedisset, ut fas putaret quidquid concupisset, ne ab Augusta quidem, quam nuper appellaverat matrem, potuit temperare. Venerat post obitum Maximiani ad eum Valeria, quum se putaret in patribus ejus tutius moraturam, eo maxime quod habebat uxorem. Sed animal nefarium protinus inardescit. Adhuc in atris vestibus erat mulier, nondum luctus tempore impleto. Legatis præmissis in matrimonium postulat, ejecturus uxorem, si impetrasset. Respondit illa libere, quæ sola poterat: primo non posse de nuptiis in illo ferali habitu agere, tepidis adhuc cineribus mariti sui, patris ejus; deinde illum impie facere, quod sibi fidam conjugem repudiet, idem utique facturus et sibi; postremo, nefas esse illius nominis ac loci feminam sine more, sine exemplo, maritum alterum experiri. Nuntiatur homini quid esset ausa. Libido

VARIORUM NOTÆ.

minæ non solæ sunt, quæ viris junctæ sunt, sed et virgines. Glossaria Labbei, *Fœmina*, θήλεια quam vocem vulgo per *fœminea*, seu quæ fœminei sexus est, interpretantur, quod virginibus quoque proprium est. BAULDRI.

Vestes. In ms., *Vris*, male.

Per singulos artus inspiciebantur. Casaubonus notat, ut servos, sic et servas nudas ab emptoribus fuisse inspectas. Non absimilis (inquit Tollius) olim Persarum licentia, et hodie Turcarum, atque item Persarum.

Detrectaverat. Ms. legit *detractaverat*.

Tanquam majestatis crimen esset sub illo adultero pudicitia. Ita ms. Nescio quo pacto dictio *pudicitia*, tam necessaria ad hujus loci intelligentiam, in nulla editione reperiatur.

Castitatem ac fidem. In ms., *castitate ac fide*.

Monstro, pudicitiæ. Ministro constanter legitur in ms. quod ferri non potest; dictio enim *ministri* non convenit *Principi*. Legendum, Sub hoc monstro, pudicitiæ integritas nulla; aut, Sub hoc monstro impudicitiæ, integritas nulla. ALMELOV. et BAULDRI.

Ut ipse in omnibus nuptiis prægustator esset. Id est, novam nuptam *defloraret*; si hoc verbo uti licet.

Ingenuas virgines imminutas. Imminutas, id est corruptas, vel violatas. Proba ms. codicis lectio; nec mutanda, siquidem ipsemet Lactantius, Div. Institut., lib. I, cap. 10, paulo ante finem, de spurco illo Jove Paganorum ait: *Reliquam suam vitam in stupris adulteriisque consumpsit. Omitto virgines quas imminuit.*

Comites. Id est, aulæ proceres, qui principem sectabantur.

Imitabantur [*hoc exemplum, et civium*] *suorum*, etc. Ms., *Imitabatur*, mendose. Per *hoc exemplum et civium*, quindecim litterarum lacunam manuscripti codicis supplevi. Aliter tamen legi posset, cum propius inspicienti appareant in ms. duæ litteræ *Tr.* quæ priores sunt litteræ vocis *Tribuni*.

In Beneficiis. Beneficium eo loco significat remunerationem concessam ob quædam munia recte suscepta et perfecta.

Recusari licebat. Ita ms. Mallem, *recusare licebat*, metu submersionis.

Stipator in latere ei. Sic reposuerunt editores, pro *i nlata rei*, quod est in ms. corrupte.

A Gothis... pulsi. Ad Galerium Maximianum Cæsarem confugerunt, et postea se Maximino, quem Galerius adoptaverat, adjunxerunt, et in numerum Satellitum ac protectorum ejus allecti sunt. BALUZ.

Protectoribus. Id est, corporis custodibus.

Orientem ludibrio habuit. Ms. pro *ludibrio*, habet *indibria*, corrupte. Hæc mire conveniunt cum extremis verbis capitis 49: *Daia vero... accepit Orientem calcandum atque conterendum.*

Concupisset. Sic et Lactantius, *audisset, quæsisset*.

Matrem. Propter Maximini adoptionem a Maximiano Galerio factam, cujus uxor et vidua erat Valeria.

Ad eum. Scilicet Maximinum Daiam, in cujus aulam illa post mariti mortem concesserat, ibi se tutius moraturam esse putans, spreto Licinio, cui eam Galerius commendaverat. BALUZ.

Præmissis. Ms., *primis*. — Buneman. sequitur ms. et habet, *Legatis primis*, notamque sequentem exhibet: — *Legatis primis.* Editi omnes, *legatis præmissis.* At ms. *primis.* Ad indicandam impudentiam videtur dixisse legatis primis, id est *per primos jam legatos*. BUN.

Quæ sola poterat. Subaudi, *libere respondere.* Non verebatur enim, ne ipsam vi stupraret, vel necaret Maximinus. Tantum scilicet in Imperatoris uxorem viduam non audebat tyrannus. HEUMANNUS.

Ferali. Ms. *fedali*, corrupte.

Patris ejus. Scilicet Galerii Maximiani, qui erat per adoptionem pater Maximini.

Fidam. In ms. *fidem.* Forte, *fidelem*, breviatis litteris.

Nominis ac loci. Id est, dignitatis. lib. v Institut., cap. 1: *Non ignobilis.... loci.* Spartianus in Antonino Geta, cap. 3: *Sed jam optimi in republica loci.* Lampridius in Alex. Sever., cap. 5: *Non magni satis loci.* BUN.

Feminam. In ms. *femina*.

Sine exemplo. Via exemplum secundarum nuptiarum in Augusteis *feminis* habemus, præter Lucillæ Lucii Veri uxoris, quam post viri mortem pater Marcus Antoninus Claudio Pompeiano seni, equitis Romani filio, invitam tamen tradidit. Vide *Capitolin. in Marco*, cap. 20.

Homini. Pro *illi*, scilicet Maximino.

in iram furoremque convertitur. Statim mulierem proscribit, bona ejus rapit, aufert comites, spadones in tormentis necat, ipsam cum matre in exilium relegat; nec in locum certum: sed huc atque illuc præcipitem cum ludibrio exturbat, et amicas ejus afflicto adulterio damnat.

XL.

Erat clarissima foemina, cui ex filiis juvenibus jam nepotes erant. Hanc Valeria tamquam matrem alteram diligebat, cujus consilio negatam sibi suspicatur. Dat negotium Præsidi Eratineo, ut eam cum dedecore interficiat. Huic aliæ duæ adjunguntur, æque nobiles, quarum altera Vestalem famulam virginem Romæ reliquerat, fugitivæ tunc Valeriæ familiaris. Altera virum habuit senatorem, non nimis Augustæ proxima. Sed utraque ob eximiam pulchritudinem corporis ac pudicitiam necabatur. Rapiuntur subito mulieres, non ad judicium, sed ad latrocinium. Nec enim quisquam accusator extabat. Invenitur quidam Judæus ob alia facinora reus, qui spe impunitatis inductus, adversus insontes mentiatur, Judex æquus et diligens extra civitatem cum præsidio, ne lapidibus obruatur, protulit. Agebatur hæc tragœdia Nicææ. Inrogantur tormenta Judæo, dum quæ jussus [erat diceret; hæ ne] loquerentur, pugnis a tortoribus coercentur: innocentes duci jubentur. Fletus et comploratio, non illius tantum mariti, qui aderat bene meritæ uxori, sed omnium, quos res indigna et inaudita contraxerat. Ac ne impetu populi de carnificum manibus raperentur, promoti militari modo instructi velites et sagittarii prosequuntur. Ita mediæ inter cuneos armatorum ad supplicium deductæ. Jacuissentque insepultæ, domesticis in fugam versis, nisi eas furtiva amicorum misericordia sepelisset. Nec adultero impunitas promissa persolvitur: sed patibulo affixus, aperuit omne mysterium, et sub extremo spiritu inquit omnibus, qui videbant, [ac] innocentes et occisas esse testatur.

XLI.

Augusta vero in desertas quasdam solitudines Syriæ relegata, patrem suum Diocletianum per occultos gnarum calamitatis suæ fecit. Mittit ille legatos, et rogat ut ad se filiam remittat. Nihil proficit. Iterum ac sæpius obsecrat. Non remittitur. Postremo cognatum suum quemdam militarem ac potentem virum legat, qui eum beneficiorum suorum admonitum deprecetur. Is quoque, imperfecta legatione, irritas preces renuntiat.

XLII.

Eodemque tempore senis Maximiani statuæ Constantini jussu revellebantur, et imagines cum quo pictus

VARIORUM NOTÆ.

Comites. Hic feminini generis.
Ipsam cum matre in exilium relegat. Valeriam nempe cum Prisca Diocletiani uxore, de qua pluribus actum est ad cap. 15. *Ipsam*, in ms. *ipsa.*
Amicas ejus. Scilicet Valeriæ.
Afflicto. Ms. *afflicto*, corrupte.
Suspicatur. Sic in ms. Editi vero *suspicabatur.* Maximinus scilicet suspicatur.
Eratineo. Locus videtur corruptus: Præsidis nomen est. BALUZ. — Forsan *Eratino*, ut sit Græcum ἐρατεινὸν, quod idem ac ἐράσμιος. Attamen Heumannus loco *Eratineo* suspicatur legendum esse *protinus*, quod verbum Lactantio est familiare, ut videtur hujusce libri cap. 29, 30 et 39.
Famulam. Nonnulli legere volunt jure ac merito *filiam.*
Fugitivæ. In ms. *furtive*, male.
Non nimis Augustæ proxima. Ita ms. Nonnulli legere volunt *non minus*, alii *non nihil.*
Necabatur. Ms. *necabantur.*
Invenitur quidam Judæus, etc. Non hoc primum a Maximino inventum. Præiverat enim illi vir boni exempli Nero, cum Octaviam uxorem repudiare vellet in gratiam Poppeæ. Vide. Tacit. lib. XIV Annalium.
Judex æquus et diligens. Ironice dictum.
Obruatur. Scilicet a civibus, qui earum innocentiam noverant; vel forte, ne Judæus ipse ob falsum testimonium lapidibus obruatur.
Jussus erat diceret; hæ ne loquerentur. Sic restituit criticus anonymus, qui ms. inspexerat in quo quatuordecim circiter desunt litteræ. Alii legunt *jussus clam erat*, *palam*, et sic legendum esse conjiciebat doctissimus Nic. Heinsius. At in ms. legi *loquerentur et coercentur*, quæ nolui mutare.
Jubentur. Adde, *ad supplicium.*
Tantum. Ms. *tanti.*
Contraxerat. Id est, advocaverat ad spectaculum.
Manibus. In ms. *manus.*
Promoti. Vel *progressi*, vel ut volunt quidam, duces militares, qui ad ordines priores promoti sunt.

Instructi velites et sagittarii prosequuntur. Sic lego cum Baluzio inter suæ editionis errata, cum sit in ms., *instructibile mens essagittari*, nullo sensu, et sit idem literarum numerus. Recte enim hic (inquit) conjunguntur *velites* et *sagittarii*, cum utrique sint levis armaturæ milites.
Jacuissentque. Ita ms. et recte. Deest *que* in priscis editionibus.
Adultero. Scilicet Judæo. *Adultero*, in ms., *adulterio.*
Aperuit. Heumannus legit *aperit.*
Inquit. Ms. *in quod.* Redundat hoc verbum, vel mutandum ut fecimus, cum additione conjunctionis, ac quæ deest in ms. quasi diceret, *sub extremo spiritu locutus est*, vel *ait omnibus qui videbant, ac innocentes occisas esse testatur.*
Augusta. Valeria nempe, Galerii Maximiani vidua.
Gnarum. Ms. *magnarum*, male.
Calamitatis. In ms., *calamitates.*
Deprecetur. Ms. *Deprecatur.* — *Deprecetur.* Valde precetur. Cic. lib. II; epist. 24: *Legatos senatus non ad deprecandam pacem, sed ad bellum denuntiandum miserat.* — *Deprecetur.* Ms., *deprecatur.* Illud prius rectius, pro *precetur*, ex indole Lactantii, cujus exempla indicari ad lib. III Instit. cap. 17. BUN.
Imperfecta legatione. Ita ms. nonnulli eruditi legi volebant, *perfecta legatione.* Quam ultimam lectionem valde probat Bunemannus notam sequentem exhibens: — *Perfecta legatione.* Sic omnino cum Heinsio legendum pro edd. ex ms. *imperfecta*; nisi malis, *jam* perfecta legatione. BUN.
Eodemque tempore. Ita ms. Duo eruditi viri vel lent, *eodem quoque tempore.*
Senis. In ms. *senex.*
Maximiani. Herculii nempe.
Senis Maximiani statuæ... revellebantur. Confirmantur ab Eusebio, hist. Eccl. lib. VIII, cap. 13; lib. I Vitæ Constantin. cap. 47, de quibus disputant Baluzius et Nurrius. BUN.
Imagines cum quo pictus esset. Ita ms. absque ulla lacuna. Post *imagines*, videtur deesse *illius.*

tus esset, detrahebantur. Et quia senes ambo simul plerumque picti erant, et imagines simul deponebantur amborum. Itaque quum videret vivus, quod nulli unquam Imperatorum acciderat, duplici ægritudine affectus, moriendum sibi esse decrevit. Jactabat se huc atque illuc, æstuante anima per dolorem, nec somnum, nec cibum capiens. Suspiria et gemitus, crebræ lacrymæ, jugis volutatio corporis, nunc in lecto, nunc humi. Ita viginti annorum felicissimus imperator, ad humilem vitam dejectus adeo, et proculcatus injuriis, atque in odium vitæ dejectus, postremo fame atque angore confectus est.

XLIII.

Unus jam supererat de adversariis Dei, cujus nunc exitum ruinamque subnectam. Cum haberet æmulationem adversus Licinium, quia prælatus ei a Maximiano fuerat, licet nuper cum eo amicitiam confirmasset, tamen ut audivit Constantini sororem Licinio esse desponsam, existimavit affinitatem illam duorum imperatorum contra se copulari. Et ipse legatos ad urbem misit occulte, societatem Maxentii atque amicitiam postulatum. Scribit etiam familiariter. Recipiuntur legati benigne, fit amicitia, utriusque imagines simul locantur. Maxentius tanquam divinum auxilium libenter amplectitur. Jam enim bellum Constantino indixerat, quasi necem patris sui vindicaturus. Unde suspicio inciderat, senem illum tam exitiabilem finxisse discordiam cum filio, ut ad alios succidendos viam sibi faceret, quibus omnibus sublatis, sibi ac filio totius orbis imperium vindicaret. Sed id falsum fuit. Nam id propositi habebat, ut et filio, et cæteris extinctis, se ac Diocletianum restitueret in regnum.

XLIV.

Jam mota inter eos fuerant arma civilia. Et quamvis se Maxentius Romæ contineret, quod responsum acceperat, periturum esse, si extra portas urbis exisset; tamen bellum per idoneos duces gerebatur. Plus virium Maxentio erat, quod et patris sui exercitum receperat a Severo, et suum proprium de Mauris atque Italis nuper extraxerat. Dimicatum, et Maxentiani milites prævalebant; donec postea confirmato animo Constantinus, et ad utrumque paratus, copias omnes ad urbem propius admovit, et e regione Pontis Mulii consedit. Imminebat dies, quo Maxentius imperium ceperat, qui est ad sextum

VARIORUM NOTÆ.

Senes ambo. Diocletianus scilicet, et Maximianus Herculius.
Cum videret vivus. Diocletianus, cujus viventis imagines deponebantur; quia conjunctæ erant cum imaginibus Herculii.
Nulli. In ms., *nulla.*
Duplici ægritudine. Scilicet ob contumeliam tum filiæ, tum sibi illatam. HEUM.
Anima. In ms., *animam.*
Per dolorem. Id est, *præ dolore*, vel *propter dolorem.*
Suspiria. Cuspinianus in Diocletiano : *Quidam dicunt stupore mentis, et longa ægritudine confectum, animam inter suspiria efflasse.* Ex CEDRENO.
Adeo. Viri docti legebant *a Deo.*
In odium vitæ dejectus. Ita ms. licet mox præcesserit *dejectus.* Quare plures legere mallent *devectus*; alii *adductus*, ut Cicero *in odium, in invidiam adducere.* — *In odium vitæ dejectus.* Legitur pro *dejectus, deductus* apud Buneman. qui notam sequentem dedit : — *In odium vitæ deductus.* Ita Grævius correxit. Lactantius lib. II, cap. 1 : *Ad extremam mendicandi necessitatem deductus* ; lib. II, cap. 1 : *deductus ad... cæcitatem.* Val. Max. lib. I, cap. 1 : Regulus ad captivi fortunam *deductus.* Ipsa phrasis vix invenitur. BUN.
Fame atque angore confectus est. Alii eum morbo aquæ intercutis extinctum ferunt, alii veneno, Suidas suspendio. Ut ut se res habeat, perisse eum constat anno 312, ante nuptias Licinii et Constantiæ.
PAGIUS.
Unus supererat. Nimirum Maximinus cognomine Daza vel Daia, adhuc qui Orienti præerat.
Quia. In ms. *qui ad.*
Ut. In ms. bis repetitur *ut, ut.*
Constantini sororem. Constantiam, quæ postea sic Ario favit, ut etiam fratrem suum ad eum protegendum impellaret. BALUZ.
Desponsam. Id est, *desponsatam.*
Postulatum. In ms. legitur *postulatam*; editi habent *postulans.* Scripsimus *postulatum*, quod rectius videtur.
Familiariter. Id est, *amice.*

Necem patris sui. Maximiani Herculii, quem Constantinus strangulari jusserat apud Massiliam. Zozimus lib. II : *Maxentius occasiones gerendi adversus Constantinum belli quærebat, seque dolere propter obitum patris sui simulans, cui mortis causam Constantinus præbuisset.* BALUZ.
Senem illum. Maximianum Herculium.
Tam exitiabilem. Sic reposui, cum in ms. sit *ætabilem*, cum defectu trium aut quatuor initialium litterarum. Potest etiam legi, si mavis, *detestabilem*, supprimendo *tam.*
Finxisse Discordiam. Eutropius lib. x : *Inde ad Gallias profectus est, dolo composito, tanquam a filio esset expulsus.* BALUZ.
Succidendos. In ms. *succedendos.*
Jam mota inter eos fuerant arma civilia. Inter Constantinum et Maxentium, ab anno nempe 311.
Responsum. Ab oraculo scilicet.
Duces. Ms., *ducere.*
Et suum proprium. Locutio Lactantiana : lib. IV, cap. 14 : *Suum proprium*; lib. III, cap. 10 et lib. IV, cap. 40 : *Suo proprio*; lib. V, cap. 2 : *Alii suo proprio adversus justos odio*; et de Opif. cap. 2 : *Singulis autem generibus ad propulsandos impetus externos sua propria munimenta constituit.*
Italis. Heum. putat, et quidem recte, legend. esse *Getulis*, qui Mauris erant proximi. — *De Mauris atque Italis.* Heuman. ingeniose, *de Mauris ac Getulis.* Nempe enim hi vicini junguntur. Tolerari tamen potest ms. recepta lectio; nam vel maxime necessarium fuit, etiam ex Italis, quippe propinquioribus locis extractum exercitum Romam versus contrahere. BUN.
Dimicatum, etc. Heumannus legit, *Dimicatum est.*
Ad utrumque paratus. Eventum puta peremptorium, citam mortem, aut victoriam lætam. Apud Virgilium Æneidos, l. II, v. 61 :

Fidens animi, atque ad utrumque paratus.

Pontis Mulii. Sequor ms. qui haud secus habet. In editis est *Mulvii*, quod verum est nomen, hodie Ponte Mole.

kalendas novembris; et quinquennalia terminabantur. Commonitus est in quiete Constantinus, ut cœleste signum Dei notaret in scutis, atque ita prælium committeret. Fecit ut jussus est, et tranversa X littera, summo capite circumflexo, Christum in scutis notat. Quo signo armatus exercitus capit ferrum. Procedit hostis obviam sine imperatore, pontemque transgreditur. Acies pari fronte concurrit. Summa vi utrinque pugnatur. Neque his fuga nota, neque illis. Fit in urbe seditio, et dux increpitatur, velut desertor salutis publicæ. Tumque repente populus (Circenses enim natali suo edebat), voce subclamat, Constantinum vinci non posse.

Qua voce consternatus prorupit se, ac vocatis quibusdam Senatoribus, libros Sibyllinos inspici jubet, in quibus repertum est, illo die hostem Romanorum esse periturum. Quo responso in spem victoriæ inductus procedit, in aciem venit. Pons a tergo ejus scinditur. Eo viso, pugna crudescit, et manus Dei supererat aciei. Maxentianus proterretur; ipse in fugam versus properat ad pontem, qui interruptus erat, ac multitudine fugientium pressus, in Tiberim deturbatur. Confecto tandem acerbissimo bello, cum magna Senatus populique Romani lætitia susceptus Imperator Constantinus, Maximini perfidiam cognoscit, litteras deprehendit, statuas et imagines invenit. Senatus Constantino, virtutis gratia, primi nominis titulum decrevit, quem sibi Maximinus vindicabat, ad quem victoria liberatæ Urbis quum fuisset allata, non aliter accepit, quam si ipse victus esset. Cognito deinde Senatus decreto, sic exarsit dolore, ut inimicitias aperte profiteretur, convicia jocis mixta adversus imperatorem maximum diceret.

XLV.

Constantinus, rebus in Urbe compositis, hyeme proxima Mediolanum contendit. Eodem Licinius advenit, ut acciperet uxorem. Maximinus ubi eos intellexit nuptiarum solemnibus occupatos, exercitum movit e Syria, hyeme quam cum maxime sæviente, et mansionibus geminatis, in Bithyniam concurrit, debilitato agmine. Nam maximis imbribus, et nivibus, et luto, et frigore, et labore jumenta omnis generis amissa sunt, quorum miserabilis per viam strages speciem jam futuri belli, et similem cladem militibus nuntiabat. Nec ipse intra fines suos moratus

VARIORUM NOTÆ.

Dies, quo Maxentius imperium ceperat... 6 kalend. novemb., etc. Maxentius, ut ex Lactantio liquet, 6 kalend. novemb. id est, 27 octob. imperator Romæ appellatus est. Maxentium vicit Constantinus 6 kalend. novemb. auctore eodem Lactantio.

Commonitus in quiete. Proprium hoc verbum. Moneri enim dicuntur, quibus Deus aliquid per somnium imperat. Vide Inscript. Antiq. TOLLIUS.

Cœleste signum. Immortale signum alibi vocat Lactantius lib. IV, cap. 27, id est, signum crucis. Iste porro locus est magni momenti. Signat enim, et locum, et diem quo crux, in qua vinceret, ostensa est Constantino. Nam cum ex testimonio Eusebii, qui se id accepisse ait ab ore Constantini, constet visum ab eo crucis trophæum in cœlo horis meridianis, sole in occasum vergente; et addit tantum quidnam hoc spectrum sibi vellet, nocte sequenti Christum Dei dormienti apparuisse cum signo illo, quod in cœlo ostensum fuerat, præcepisseque, ut militari signo ad similitudinem ejus, quod in cœlo vidisset, fabricato, eo tamquam salutari præsidio in præliis uteretur: certum est utramque visionem uno in loco, et intra spatium aliquot horarum contigisse.

Et transversa X littera, summo capite circumflexo. Christum in scutis notat. Ms. *Christo.* Hæc ita intelligenda sunt, ut Christi Monogramma circumflexum fuerit in capite Labari, ut videmus in nummis veteribus.

Sine imperatore. Sine Maxentio.

Concurrit. Concurrere, passim est ad pugnam, ad prælium procedere. Accipio autem hic *pari fronte concurrere,* pro eadem fiducia et alacritate, qua contra te veniant hostes, obviam illis ire. Vel si mavis, *omnes æquali fronte concurrunt. Concurrere,* alii *concurrunt.*

Neque his fuga nota, neque illis. Hæc Virgilii Verba in antiquissimo Lactantii codice conservata confirmant a Pierio asserta, lib. x Æn. vers. 757 : *bis neque... neque,* non vero, ut hodie, *neque nec* legendum esse. BUN.

Dux increpitatur. Maxentius.

Natali suo. Id est, die illo quo imperator factus est.

Edebat. Ms. *Cumque... et debita.* nullo sensu. Pro *et debita,* cum nonnullis viris doctis lego *edebat,* scilicet Maxentius. Ms. *Cumque,* lego *tumque;* aliis *cunctus.*

Scinditur. De exciso ponte vide Euseb. lib. ix Hist. Eccles. cap. 9, et Zozimum, lib. xi, cap. 15.

Supererat aciei. Biblica hæc phrasis esse videtur : Exod. cap. xvii, v. 11. Forte legendum *suberrat aciei* (inquit Bauldri) id est, sese huc et illuc per pugnanti im ordines extendit, vim suam late iter contra Maxentii milites exeres. *Acies* enim sæpe pugna, seu prælium est. *Suberrare* autem *aciei,* ut apud Claudianum, *suberrare montibus.* Sed Heumann. ita legendum esse putat : *At manu Dei superante, acies Maxentiana proterretur.*

Maxentianus proterretur. Ita ms. Maxentianus scilicet miles. Alii volunt, *Maxentiana,* nempe *acies.* Nonnulli malunt, *Maxentiani proterrentur.* Si quid immutandum esset, mallem, *Maxentius proterretur. Proterrere* est terrendo fugare.

Ac. In ms., *hac.*

Tandem. Ms., *tamen.*

Titulum. Scilicet *maximi.* Post mortem Galerii Maximinus, quia prior Cæsar, quanquam postremo Augustus fuerat, primas sibi in titulis atque honoribus inter ejus temporis Augustos vindicabat, ait Eusebius, Hist. Eccles. lib. ix, cap. 10. Jam vero Senatus decrevit, ut primus Augustorum Constantinus esset.

Vindicabat. Forte, *vindicarat.*

Adversus imperatorem maximum. Imperatoris filium, qui Transalpinas provincias hæreditate, Italiam et Africam victoria tenebat. Non enim veri est simile, senatus illo decreto *maximi* tum cognomen datum fuisse. Adi Cuperum. CELL.

Contendit. Verbum istud in ms. mancum est et prope detritum, ac vix legi potest.

Uxorem. Scilicet Constantiam, Constantini sororem.

Quam. Vocculam hanc delendam putat Heumannus.

Mansionibus geminatis. Id est, una die tantum fecit itineris, quantum duæ mansiones in via Regia distabant invicem. Nec in prima, sed in secunda quiescebat. CELLAR.

In Bithyniam concurrit. Ita ms. Nonnulli volunt, *accurrit;* Almelov. *cucurrit.* Nam facile *cu,* in *cum,* et postea in *con,* mutatum est.

est: sed transjecto protinus freto, ad Byzantii portas accessit armatus. Erant ibi milites præsidiarii, ad hujusmodi casus a Licinio conlocati. Hos primum muneribus et promissis illicere tentavit: postea vi et oppugnatione terrere; nec tamen quidquam vis aut promissa valuerunt.

Jam consumpti erant dies undecim, per quos fuit spatium nuntios litterasque mittendi ad Imperatorem, cum milites non fide, sed paucitate diffisi, seipsos dederunt. Hinc promovit Heracleam; et illic eadem ratione detentus, aliquot dierum tempus amisit. Et jam Licinius, festinato itinere, cum paucis Adrianopolim venerat, cum ille, accepta in deditione Perintho, aliquanto moratus, processit ad mansionem millia decem et octo. Nec enim poterat ulterius, Licinio jam secundam mansionem tenente distantem millibus totidem; qui, collectis ex proximo quantis potuit militibus, pergebat obviam Maximino, magis ut eum moraretur, quam proposito dimicandi, aut spe victoriæ. Quippe cum ille septuaginta millium armatorum exercitum duceret, ipse vix triginta millium numerum collegisset. Sparsi enim milites per diversas regiones fuerant, et adunari omnes angustiæ temporis non sinebant.

XLVI.

Propinquantibus ergo exercitibus, jam futurum propediem prælium videbatur. Tum Maximinus ejusmodi votum Jovi vovit, ut si victoriam cepisset, Christianorum nomen extingueret, funditusque deleret. Tunc proxima nocte Licinio quiescenti adsistit Angelus Dei, monens ut ocius surgeret, atque oraret Deum summum cum omni exercitu suo; illius fore victoriam, si fecisset. Post has voces, cum surgere sibi visus esset, et cum ipso qui monebat, adstaret, tunc docebat eum quomodo et quibus verbis esset orandum. Discusso deinde somno, notarium jussit acciri, et sicut audierat, hæc verba dictavit: *Summe Deus, te rogamus. Sancte Deus, te rogamus. Omnem justitiam tibi commendamus, salutem nostram tibi commendamus, imperium nostrum tibi commendamus. Per te vivimus, per te victores et felices existimus. Summe sancte Deus, preces nostras exaudi. Brachia nostra ad te tendimus. Exaudi, sancte summe Deus.* Scribuntur hæc in libellis pluribus, et per præpositos tribunosque mittuntur, ut suos quisque milites doceat. Crevit animus universis, victoriam sibi credentibus de cœlo nuntiatam. Statuit imperator prælium diei kalendarum maiarum, quæ octavum annum

VARIORUM NOTÆ.

Transjecto protinus freto. Thraciæ nimirum. Vulgo Bosphorus Thracius nuncupatur.

Ad hujusmodi casus. In veteri codice legitur, *ad hujusmodi causa Licinio conlocati.* Nostra emendatio bona est. Et sæpe in antiquis codicibus reperitur scriptum *causa*, pro *casus*; ut apud S. Ambrosium epist. 43: *In natura casus est, in electione judicium;* pro quo in vetustissimo codice ms. Ecclesiæ Bellovacensis scriptum est *causa*, quamvis non bene. BALUZ.

Illicere. In ms. *illicire.*

Nec tamen quidquam vis aut promissa valuerunt. Ita ms.

Imperatorem. Scilicet *Licinium.*

Paucitate diffisi. Gal. malebat, *Paucitate* defecti. Nihil mutandum. Sic Tacitus lib. II Hist., cap. 23: *Diffisus paucitate cohortium;* uti Jac. Gronovius ex ms. Oxon. restituit. Contrario modo Livius, lib. VI, cap. 23: *fidentes militum numero.* Lactantiana vero phrasis, lib. VIII Institut., cap. 1: *Dum... cœlesti mercede diffidit.* BUN.

Heracleam. Ms. *Heracliam.* Scilicet Thraciæ, quæ est et Perinthus infra. Zozimus lib. I, cap. 62.

Accepta in deditione. Ita Ms. Legendum esset *in deditionem.* Sed ut jam supra adnotavi, sic loquitur Lactantius.

Perintho. Ms., *Perentho.*

Licinio jam secundam mansionem tenente distantem millibus totidem. Sic lego cum Vossio et Baluzio. In Manuscripto est, *secunda mansione tenente destantum*, mendose omnino.

Qui collectis. Cum Vossio lego, *Qui*; scilicet Licinius, In ms. est, *atque.*

Quantis. Pro *quot.*

Quippe cum ille. Maximinus.

Ipse vix. Licinius.

Propinquantibus. Verbum ex poetis, ut jam supra observavi ad initium capitis 24, estque apud Lactantium.

Si victoriam cepisset. Id est, reportasset. Quid aliud enim victoriam *capere* esse possit, quam, ut vulgo Latini locuti sunt, reportare, adipisci, consequi? Sed quis interim, præter nostrum, *victoriam capere* usurpavit? Nam nullum mihi uspiam exemplum observatum. Nihil usitatius eo loquendi modo apud Lactantium, in cujus scriptis, et præcipue lib. VII, frequenter legimus, *capere virtutem, capere sapientiam, capere originem, capere fructus, capere notitiam*, lib. de Ira Dei, cap. 7: *capere morbos;* lib. de Opific., cap. 4, *capere mortem.* Ibid.

Christianorum nomen extingueret. Lactantius Div. institut. lib. I, cap. 18: *Magnam partem generis humani extinxit.*

Quiescenti. Id est, dormienti. Confer elegantissimum Lactantii locum libri de Opificio Dei, cap. 18: *Corpus enim vigilante sensu licet jaceat immobile, tamen non est quietum;... ne saluberrimam quietem corporis interrumpat.*

Deum summum. Hoc epitheto, cum de vero Deo agitur, vix quidquam frequentius in indubitatis Lactantii lucubrationibus; et in hoc opere cap. 1, cap. 47 et alibi. Quin hæc etiam inter alia Lactantium istius quoque libelli parentem esse suadeant, dubitari non potest. BAULDRI.

Si fecisset. Lege potius, *id si fecisset*, ait Heumannus.

Notarium. Id est, unum a secretis.

Acciri. Ms. *asciri.*

Omnem. Heumann. putat scribendum esse *nostram.*

Libellis. Id est, chartis brevioribus; ita post Gisbertum Cuperum doctiss. Heumannus.

Præpositos. Præpositi erant primarii, qui præerant legionibus, ut patet ex quibusdam Gruteri inscriptionibus.

Universis. Scilicet Licinii militibus.

Statuit imperator prælium diei Kal. Maiarum. Imperator, ut videtur, Licinius. Kalendis Maii factus fuerat Cæsar Maximinus.

Diei. Docti putant scribendum esse *in diem;* non male.

nuncupationis ejus implebant, ut suo potissimum natali vinceretur, sicut ille victus est Romæ. Maximinus voluit præire maturius pridie mane aciem composuit, ut natalem suum postridie victor celebraret. Nuntiatur in castra movisse Maximinum. Capiunt milites arma, obviamque procedunt. Campus intererat sterilis ac nudus, quem vocant Serenum. Erat jam utraque acies in conspectu. Liciniani scuta deponunt, galeas resolvunt, ad cœlum manus tendunt, præeuntibus Præpositis, et post Imperatorem precem dicunt. Audit acies peritura precantium murmur. Illi, oratione ter dicta, virtute jam pleni, reponunt capitibus galeas, scuta tollunt. Procedunt Imperatores ad colloquium. Ferri non potuit Maximinus ad pacem. Contemnebat enim Licinium, ac desertum iri a militibus existimabat, quod ille esset in largiendo tenax, ipse autem profusus, eoque proposito moverat bellum, ut, exercitu Licinii sine certamine accepto, ad Constantinum duplicatis viribus statim pergeret.

XLVII.

Ergo propius acceditur, tubæ canunt, signa procedunt. Liciniani, impetu facto, adversarios invadunt. Illi vero perterriti, nec gladios expedire, nec tela jacere quiverunt. Maximinus aciem circumire, ac milites Licinianos nunc precibus sollicitare, nunc donis. Nullo loco auditur. Fit impetus in eum, et ad suos refugit. Cædebatur acies ejus impune, et tantus numerus legionum, tanta vis militum a paucis metebatur. Nemo nominis, nemo virtutis, nemo veterum præmiorum memor ; quasi ad devotam mortem, non ad prælium venissent, sic eos Deus summus jugulandos subjecit inimicis. Jam strata erat ingens multitudo. Videt Maximinus aliter rem geri quam putabat. Projecit purpuram, et sumpta veste servili fugit, ac fretum trajecit : at in exercitu pars dimidia prostrata est, pars autem vel dedita, vel in fugam versa est. Ademerat enim pudorem deserendi desertor imperator. At ille kalendis maiis, id est, una nocte atque una die, Nicomediam alia nocte pervenit.

VARIORUM NOTÆ.

Ejus. Scilicet Maximini.—*Nuncupationis ejus.* Quo Maximinus Cæsar creatus fuerat. Natalis ejus est imperii, non vitæ. Et id Licinius agebat, ut Maximinum ipsius natali vinceret, sicut natali suo victus fuerat Maxentius. CELL. — Mox Ms. prave, *implebunt.* BUN. *Implebant.* Ms., *Implebunt.*

Ut suo potissimum natali vinceretur. Videlicet Maximinus.

Sicut ille victus est Romæ. Ille, scilicet Maxentius. *Nuntiatur in castra movisse.* Scilicet Licinii. Sic apud Ciceronem, orat. pro Milone, *nunciatum esse in hortos,* et lib. de Claris orat. : *in Tusculanum mihi nunciabantur gladictorii sibili.*

Sterilis. Ms., *sterelis,* mendose.

Serenum. Circa Resiston, Thraciæ locum inter Hadrianopolim et Heracleam, contra Zosimum, qui pugnam hanc in Illyriis pugnatam refert. *Ex* BALUZIO. — *Quem vocant serenum.* Plerique littera majuscula aut diversis typis, quasi esset nomen proprium *Serenum* : sed omnis campus ab arboribus nudus dicebatur *serenus, lucidus.* Sic Lact., lib. VI Inst., cap. 3 : *Habere planum iter*, *Lucidum amœnumque* campum. BUN.

Utraque acies. Ms. *utroque.*

Galeas resolvunt. Id est, resolvunt nexus ligaminum quibus galeæ capiti aptabantur, et constringebantur ne exciderent. Itaque milites, nonnisi depositis galeis, nudoque proinde capite, quam edocti fuerant dixerunt precem, vel juxta præceptum angeli qui dictaverat precem, vel juxta illud Apostoli I ad Corinthios, cap. II, cap. IV et VII : *Omnis vir orans velato capite dedecorat caput suum... vir enim non debet velare caput.*

Et post Imperatorem precem dicunt. Sic lego. In Ms. est *p imperatore prc dicunt.* Prima littera *p* scripta est cum lineola subter transversa, quam existimo significare *post* ; deinde *imperatore* cum lineola transversa super *e* finalem ; et tandem duæ lineolæ super *p* et *c*, ita ut sit *precem.* Sic et lib I Divin. Institut. : *Cum precem... expromeret.* Attamen Cellarius scribendum putat *pro imperatore,* sed minus recte.

Virtute. Id est, fortitudine bellica ; sicut et infra. *Scuta tollunt.* Id est, *attollunt.*

Ferri. In ms. *ferre,* parum latina locutio.—*Ferri non potuit.* Heumannus corrigit, *perpelli non potuit.* Dixit quidem cum Cicerone noster l. V Inst., c. 16 : *Ad utilitates suas... ferri* ; sed hoc minus hic convenit. Malem propius litteris mss., *flecti non potuit ad pacem.* BUN.

Tenax. Avarum fuisse Licinium multis exemplis probat Eusebius, l. I de Vita Constantini, c. 55. Fragmentum de Constantio Chloro, p. 474 : *Licinius scelere, avaritia, crudelitate, libidine sæviebat.* BALUZ.

Exercitu. In. ms., *exercitum.*

Quiverant. Istud verbum amat Lactantius, et in multis ejus operum locis meminimus legere, ut supra, c. 18, post initium *quiret* ; l. II Div. Institut., c. 5, *intelligere quiverunt* ; lib. V, c. 10, post medium, *iram frerare nequiverit* ; c. 22, si id *evitare non quiverint* ; l. VI, c. 2, *non queat contueri.* Sic l. VII, c. 7, et de Opific., c. 4. At in ms., *quieverunt,* vitiose.

Metebatur. Ms., *metuebatur.* Sed legendum est, *metebatur.* Sic Silius Italicus, lib. IV, v. 464 :

Metit agmina tectus

Cœlesti clypeo et sternit, etc.

Sic Lactantius ipse, lib. VII, c. 15 : *Tunc peragrabit clades orbem, metens omnia.* CELLAR.—*Metebatur.* Sic recte correctum pro ms. vitioso, *metuebatur. Metere* hoc sensu illustravi ad l. VII Inst., c. 15. BUN.

Ad devotam mortem. Devota mors hic loci est *mors destinata,* quomodo apud Virgilium, Æneid. I, 716... Gallice, *à une mort volontaire.* MAUCROIX.—Hoc est ad mortem voluntariam, sensu feliciter declarato. BAULDRI.

Deus summus subjecit. Martyrium S. Basilei, episcopi Amaseæ : *Licinius igitur omnipotente Domini nostri Jesu Christi manu adjutus victoriam de Maximino reportavit.* BALUZ.

Putabat. Lege *putarat,* ex HEUMAN.

Sumpta veste servili. Confirmat hanc narrationem Eusebius, l. IX Hist. eccl., c. 10, et l. I de Vita Constantini, c. 58. BALUZ.

Fretum trajecit. Id est, Bosphorum Thracium, atque ex Europa in Asiam navigavit.

At in exercitu. Cum Tollio lego *at* pro *ac,* quod est in ms. et mox præcessit. Almelov. legebat, *ac ita exercitus pars dimidia prostrata est.*

Pars autem. Adde altera. *Pars autem.* Heuman. *pars altera* corrigit ; ego nihil muto : sed subaudio ex prioribus, *pars autem dimidia.* BUN.

Una die. Post hæc verba deesse videtur juxta doctos nomen mansionis, quam petierat hac die, cum altera nocte Nicomediam petierit. Forte deest *Melantiada.* — *Una nocte atque una die... Nicomediam.* Deesse videtur nomen mansionis, unde altera nocte Nicomediam pervenerit. Columbo videtur *fugiens,* aut simile desiderari. CELL.

nil, cum locus prælii abesset millia centum sexaginta; raptisque filiis et uxore, et paucis ex palatio comitibus, petivit Orientem. Sed in Cappadocia, collectis ex fuga et ab Oriente militibus, substitit. Ita vestem resumpsit.

XLVIII.

Licinius vero, accepta exercitus parte ac distributa, trajecit exercitum in Bithyniam paucis post pugnam diebus, et Nicomediam ingressus, gratiam Deo, cujus auxilio vicerat, retulit; ac die iduum Juniarum, Constantino atque ipso ter consulibus, de restituenda Ecclesia hujusmodi litteras præsidem datas proponi jussit.

LITTERÆ LICINII.

« Cum feliciter, tam ego Constantinus Augustus, quam etiam ego Licinius Augustus, apud Mediolanum convenissemus, atque universa, quæ ad commoda et securitatem publicam pertinerent, in tractatu haberemus, hæc inter cætera quæ videbamus pluribus hominibus profutura, vel in primis ordinanda esse credidimus, quibus divinitatis reverentia continebatur, ut daremus et christianis, et omnibus liberam potestatem sequendi religionem, quam quisque voluisset, quo quidem divinitas in sede cœlesti, nobis atque omnibus qui sub potestate nostra sunt constituti, placata ac propitia possit existere. Itaque hoc consilio salubri ac rectissima ratione ineundum esse credidimus, ut nulli omnino facultatem abnegandam putaremus, qui vel observationi christianorum, vel ei religioni mentem suam dederat, quam ipse sibi aptissimam esse sentiret; ut possit nobis summa divinitas, cujus religioni liberis mentibus obsequimur, in omnibus solitum favorem suum benevolentiamque præstare. Quare scire Dicationem tuam convenit, placuisse nobis, ut, amotis omnibus omnino conditionibus, quæ prius scriptis ad officium tuum datis super christianorum nomine videbantur, nunc vere ac simpliciter unusquisque eorum, qui eamdem observandæ religioni christianorum gerunt voluntatem, citra ullam inquietudinem

VARIORUM NOTÆ.

Locus prælii. Forte prope Heracleam ad 14 millia passuum versus Occidentem.
Petivit Orientem. Zozimus : *Per Orientem in Ægyptum discedens, spe cogendarum copiarum, quantæ gerendo bello sufficerent.* BALUZ.
In Cappadocia. In ms., *ex Cappadocia.*
Vestem resumpsit. Nimirum purpuram, signum imperatoriæ majestatis.
Distributa. In suas legiones, ut inde supplementum esset legionibus.
Trajecit. Per Bosphorum Thracium.
Pugnam. In ms., *pugna*; male.
Gratiam Deo... retulit. Alius tum Licinius fuit ab eo, qui postea factus est: laudatus etiam ab Eusebio, l. IX, c. 9. BUN.
Die Iduum Juniarum. Ista non sunt intelligenda de die quo datum est edictum, sed de die quo Licinii jussu propositum est Nicomediæ. BALUZ.
Constantino atque ipso ter consulibus. Id est, anno Christi 313.
De restituenda Ecclesia. Nicomediensi scilicet, cæterisque, quæ ante decennium per totam Bithyniam, cujus Nicomedia princeps erat civitas, fuerant eversæ. Nam Nicomediensis quidem prima omnium eversa fuerat; et solo adæquata, ut ex capite 12 certum est.
Litteras. Eas descripsit Eusebius, l. x, c. 5, sed e romana lingua in græcum sermonem translatas, ut ipse ait. Quod ergo eas nunc habemus latine, uti editæ primo sunt, unius Lactantii diligentiæ debemus. Sed iste omisit præfationem, quam Eusebius habet. BALUZ. — *Litteras.* Id est, ex utriusque interpretis visione, *edictum.* Et Pagius quidem exerte in hoc ipso argumento, *epistolam*, inquit, *et edictum hic non distinguo.* Sed esse, accurate loquendo, nonnihil discriminis inter edicta et litteras imperatorum ad præsides datas, jam ante, ni fallor, ostendit Paulus Bauldri nota ultima ad has litteras infra.
Proponi. Vopiscus, in *Firmo,* c. 5, *edictum proponi jussit.* Frequens verbum *proponere* hoc modo. BUN.
Tam ego Constantinus. Ms., *tam ego quam Constantinus*; male. Vid. seq.
Quam etiam. Alia exempla particularum *tam... quam etiam* dedi ad Lact. l. v Inst., c. 20, *tam contemptum... quam etiam injurias.* BUN.
Credidimus. Ms., *credimus.*
Divinitatis. Ms., *divinitas.*
Continebatur. Heumann., *continetur.*
Sequendi. In Ms., *sequenti.*

Quo quidem divinitas, etc. Quidam legunt *ut quidem divinitas*; nonnulli *quo,* pro *ut,* sicut infra *quo scires.* Pronum fuit cum erudito Toinardo exscribere ex Eusebio, l. x, c. 5, et Nicephoro, l. vii, c. 41 : *Quo quidquid est divinitatis et rei cœlestis, nobis et universis qui sub imperio nostro degunt constituti, propitium esse possit.* Ego ut a manuscripto minus recedam, leviori mutatione lego cum doctissimo Grævio : *Quo quidem divinitas in sede cœlesti nobis, atque omnibus qui sub potestate nostra sunt constituti, placata et propitia possit existere.* Almelov. et Sparkius legunt, *quod quidem divinitas... placatum et propitium possit efficere.*
Consilio. Lege *consilium,* deleta virgula post *salubri,* ex Græco Eusebii.
Dederat. Ita ms. Priscæ editiones, *dederet* : lege potius *dederit.*
Summa divinitas. Nec aliter Lactantius Divin. Institut. lib. vii, cap. 26, in Epilogo ad Constantinum imp. ante finem : *Te providentia summæ divinitatis ad fastigium principale provexerit.* Et lib. v, cap. 10 : *Offensa divinitas scelere hominum prave religiosorum, gravi eos infortunio mactat.* Et supra, *divinitatis reverentia.* Nota *divinitatem,* pro *Deo* a Lactantio usurpari.
— *Summa divinitas.* Non Jupiter, ut quidam putant, sed Deus summus indicatur. Conf. Nurr., p. 371. Sæpe ita Lactantius, lib. iv, cap. 3 : *Divinitas, quæ gubernat hunc mundum;* lib. v, cap. 10 : *Offensa divinitas,* etc. BUN.
Solitum favorem. Ms. *solita fervorem.*
Dicationem. Id est, *dignationem.* Vide, si lubet, Cangii Glossarium lat. Apud Eusebium est, *Devotionem.* — *Dicationem.* Sic, pro aliorum *dignationem,* ex ms. restituendum. *Dicatio,* inquit Nurrius, *est titulus honoris, qui præsulibus et proconsulibus dabatur.* BUN. *Scriptis ad officium tuum datis.* Pro *ad officium tuum,* apud eumdem Eusebium legitur, *ad devotionem tuam.*
Super christianorum nomine videbantur, nunc vere ac simpliciter unusquisque. Supplenda et corrigenda ex Eusebii Græcis, lib. x, cap. 5 : *Super christianorum nomine continebantur, et quæ prorsus læva, et a nostra clementia alienæ esse videbantur, eæ tollantur; et nunc libere ac simpliciter unusquisque.* Vide ad hu observationem erud. Pauli Bauldri ex edit. Ultrajectina, infra.

Pro *nunc vere* apud Eusebium est *libere;* in ms. *nunc cavere.*
Ullam inquietudinem. Ms. *illam.*

ac molestiam sui idipsum observare contendant. Quæ **A** non hominum singulorum, pertinentia, ea omnia lege, sollicitudini tuæ plenissime significanda esse credidimus, quo scires nos liberam atque absolutam colendæ religionis suæ facultatem hisdem christianis dedisse. Quod cum hisdem a nobis indultum esse pervideas, intelligit Dicatio tua, etiam aliis religionis suæ vel observantiæ potestatem similiter apertam, et liberam pro quiete temporis nostri esse concessam; ut in colendo quod quisque delegerit habeat liberam facultatem, quia (nolumus detrahi) honori, neque cuiquam religioni aliquid a nobis. Atque hoc insuper in persona christianorum statuendum esse censuimus, quod si eadem loca, ad quæ antea convenire consueverant, de quibus etiam datis ad officium tuum litteris certa antehac forma fuerat comprehensa, priore tempore aliqui vel a fisco nostro, vel ab alio quocumque videntur esse mercati, eadem christianis sine pecunia, et sine ulla pretii petitione, postposita omni frustratione atque ambiguitate, restituantur. Qui etiam dono fuerunt consecuti, eadem similiter hisdem christianis quantocius reddant : etiam vel hi qui emerunt, vel qui dono fuerunt consecuti, si petiverint de nostra benevolentia aliquid, Vicarium postulent, quo et ipsis per nostram clementiam consulatur. Quæ omnia corpori christianorum protinus per intercessionem tuam, ac sine mora tradi oportebit. Et quoniam iidem christiani non ea loca tantum, ad quæ convenire consueverant, sed alia etiam habuisse noscuntur, ad jus corporis eorum, id est, Ecclesiarum, **C**

non hominum singulorum, pertinentia, ea omnia lege, qua superius, comprehendimus, citra ullam prorsus ambiguitatem vel controversiam hisdem christianis, id est, corpori et conventiculis eorum reddi jubebis, supradicta scilicet ratione servata, ut ii qui eadem sine pretio, sicut diximus, restituerint, indemnitatem de nostra benevolentia sperent. In quibus omnibus supradicto corpori christianorum intercessionem tuam efficacissimam exhibere debebis, ut præceptum nostrum quantocius compleatur, quo etiam in hoc per clementiam nostram quieti publicæ consulatur. Hactenus flet, ut sicut superius comprehensum est, divinus juxta nos favor, quem in tantis sumus rebus experti, per omne tempus prospere successibus nostris cum beatitudine nostra publica perseveret. Ut **B** autem hujus sanctionis benevolentiæ nostræ forma ad omnium possit pervenire notitiam, perlata programmate tuo hæc scripta et ubique proponere, et ad omnium scientiam te perferre conveniet, ut hujus benevolentiæ nostræ sanctio latere non possit. »

His litteris propositis, etiam verbo hortatus est, ut conventicula in statum pristinum redderentur. Sic ab eversa Ecclesia usque ad restitutam fuerunt anni decem, menses plus minus quatuor.

XLIX.

Sequenti autem Licinio cum exercitu tyrannum, profugus concessit, et rursus Tauri montis angustias petiit : munimentis ibidem ac turribus fabricatis

VARIORUM NOTÆ.

Plenissime. In ms. *plenissima.*
Hisdem. In ms. *isdem.*
Dicatio tua. Apud Eusebium, *devotio tua.*
Ut in colendo quod quisque delegerit. Sic lego cum doctissimo Grævio, levi facta mutatione. Ms. habet, *ut in colenda quod quisque diligeret, habeat liberam facultatem, qui.*
Quia nolumus detrahi. In ms. est *qui*, cujus vice posui *quia*, et duo verba quæ desunt, ex Eusebio supplevi per *nolumus detrahi.*
In persona. Heumann. ex Eusebio legit *in personam.*
Eadem. Eorum, juxta Heumannum.
Ad quæ antec. In ms. *ad quæ q. antea.*
Consueverant. Tollius leg. t, *consueverunt.*
Aliqui. Ita restitui ex ms. Apud Eusebium est, *si qui aut a fisco nostro.* Omnes editi ferunt *aliquid.*
Restituantur. Sic ms. Prisci editi habent *restituant.*
Fuerunt. Lege *fuerint*, ex Græco Eusebii.
Dono fuerunt. Ita ms. *donaverunt.*
Si petiverint. Ita scripsisse Lactantium ex Eusebio pro certo habeo, non *putaverint*, quod est in manuscripto corrupte, ac nullum sensum præstat. Et mox idem Eusebius, προσελθόντες τῷ ἐπὶ τόπων Ἐπάρχῳ διχάζοντι, adeant locorum Præfectum qui jus dicit. Itaque hic legendum profecto *Vicarium* per V majusculum. In editis est *putaverint*, corrupte.
Vicarium postulent. Id est, *ad Vicarium nostrum eant*, ex Græco Eusebii. Alii putant legendum esse, *si petiverint de nostra benevolentia aliquid vicarium, postulent, quo et ipsis*, etc. Vicarium, id est, rem ejusdem pretii. — *Vicarium postulent.* Diazius atque Tollius *aliquid vicarium, rem vicariam* intelligunt, pro restitutione; et iste etiam *optaverint*, pro *putaverint*. At Cuperus et Baluzius Vicarium provinciæ interpretantur, notum ex imperii notitia magistratum. CELL.
Quo. In ms., *co.*

Corpori. Id est, *societati.*
Iidem. Ms., *idem.*
Non ea loca. Ms., *Non in ea loca.*
Consueverunt. Ms., *consuerunt*; sicut n° 7, *consuerant.* HEUMANN.
Qua superius, comprehendimus. Vel juxta Græcum Eusebii, *sicut superius comprehensum est.* HEUMANN.
Hisdem. Ms., *idem.*
Restituerint. Ms., *restituant.*
In tantis.... rebus. Id est, in tam multis. Euseb. ἐν πολλοῖς. BUN.
Perlata. In Ms., *P͞lata*, quod est *perlata*, non *prolata*, ut in editis; *pro* enim in hoc ms. exprimitur per p, cum lineola transversa ad partem inferiorem litteræ.
Ad.... scientiam perferre. Plin., lib. x, ep. 15 : *Hæc in notitiam tuam perferre non existimavi.* Cyprianus, lib. i, ep. 3 : *In notitiam tuam perferenda.* BUN.
Hortatus est. Licinius. *Est* deest in ms.
It. Deest in ms.
Anni decem, etc. Id est, a Kalendis, seu die I Marti anni 303, ad diem 13 mensis Junii 313. Sunt proinde anni decem, menses tres et dies tredecim.
Sequenti, etc. ... *perrumpentibus.* Quatuor has lineas sic legit Heumannus : *Sequente autem Licinio cum exercitu*, *Tyrannus Maximinus profugus recessit, et rursus Tauri montis angustias petiit, munimentis ibidem ac turribus fabricatis iter obstruere conatus est. Sed undique versum perrumpentibus omnia victoribus*, etc. Igitur ex vocabulis *inde dextrorsum* facit Heumannus *undique versum*, qua locutione usus est Lactantius supra, num. 34, ad finem.
Tyrannum. Maximinum.
Concessit. Id est, loco cessit, vel abeundo locum illi dedit.
Petiit. Ita recte. Ms., *petit*, male.
Munimentis. In ms., *monumentis.*

iter obstruere conatus est; et inde dextrorsum perrumpentibus omnia victoribus, Tarsum postremo confugit. Ibi cum jam terra marique peteretur, nec ullum speraret refugium, angore animi ac metu confugit ad mortem, quasi ad remedium malorum quæ Deus in caput ejus ingessit. Sed prius cibo se infersit, ac vino ingurgitavit, ut solent hi qui hoc ultimo se facere arbitrantur. Et sic hausit venenum. Cujus vis, referto stomacho repercussa, valere non potuit in præsens, sed in languorem malum versa pestilentiæ similem, ut diutius protracto spiritu cruciamenta sentiret. Jam sævire in eum cœperat virus; cujus vi cum præcordia ejus furerent, insustentabili dolore usque ad rabiem mentis elatus est, adeo ut per dies quatuor insania percitus, haustam manibus terram velut esuriens devoraret. Deinde post multos gravesque cruciatus, cum caput suum parietibus infligeret, exilierunt oculi ejus de caveis. Tunc demum, amisso visu, Deum videre cœpit candidatis ministris de se judicantem. Exclamabat ergo sicut ii qui torqueri solent; et non se, sed alios fecisse dicebat. Deinde, quasi tormentis adactus, fatebatur, Christum subinde deprecans, et plorans ut suimet misereretur. Sic inter gemitus, quos tamquam cremaretur, edebat, nocentem spiritum detestabili genere mortis efflavit.

. L.

Hoc modo Deus universos persecutores nominis sui debellavit, ut eorum nec stirps, nec radix ulla remaneret. Nam Licinius summa rerum potitus, in primis Valerium, quem Maximinus iratus nec post funeribus lugendi. Vide Casauboni notas in Julium Capitolinum.

VARIORUM NOTÆ.

Iter obstruere. Licinio nimirum.
Dextrorsum. Ms., *detrorsum.*
Ibi. In ms., *Hibi*, mendose.
Peteretur. Haud secus Lactantium scripsisse credo cum doctissimo Grævio; neque prolixius verbum patitur vacuum ms. codicis spatium, quod vix est 5 aut 6 litterarum post primam litteram *p*, nec sine compendio, ita ut scriptum fuerit, *petetur*, loco *peteretur*.
Prius cibo se infersit, *ac vino ingurgitavit, ut solent hi*, etc. Exempla sunt apud Florum, l. II, c. 18 et 4, 2 et 12. Ad hunc locum mirum in modum facit alter Lactantii de Vita Beata lib. VII ult.: *Quanto quisque annis in senectutem vergentibus appropinquare cernit illum diem, quo sit ei ex hac vita demigrandum, cogitet quam purus abscedat, quam innocens ad judicem veniat; non ut faciunt quidam cœcis mentibus nixi, qui jam deficientibus corporis viribus, in hoc admonentur ultimæ necessitatis, ut cupidius, ut ardentius hauriendis libidinibus intendant.*
Et sic. Id est, *et deinde.*
Hausit venenum. Non itaque periit morte simplici, ut tradit Epitome Victoris.
Repercussa. In ms. *repercussus*, mendose.
In præsens. Id est, tempore tunc præsenti.
Versa. In ms. *verso.*
Cujus vi, cum præcordia ejus furerent. Furerent, in ms. *furens* : sed error, ut puto, Amanuensis, pro *furerent.* Editi vero habent, *cujus vis cum præcordia ejus ureret* : forte etiam satis bene. Nihil quantum possumus mutamus, et quod fieri potest per parvam mutationem, id potissimum eligimus, dummodo sensum optimum eliciamus. *Furerent vi morbi*, recte dici potest, id est, *vi morbi adurerentur*.
Insustentabili. Viri docti ignorare se fatentur, quis ita olim ante hunc auctorem nostrum fuerit locutus. Lactantius ipse est, qui Divin. Instit. lib. VII, cap. 16, ait : *insustentabilli dominatione vexabit orbem.* Porro *insustentabilis* est *intolerabilis*. Quis non sibi persuadeat Lactantium istius quoque libelli esse parentem ? — *Insustentabili dolore.* Offendo quoque in Vulg. Versione, Orat. Manass. Libro II. Paralipp. cap. XXXVI. Adjunctæ : *Quia importabilis est magnificentia gloriæ tuæ, et insustentabilis ira comminationis tuæ.* BUN.
Insania percitus. Ita nos emendavimus, cum in codice veteri scriptum sit, *insania percitus.* Lactantius, lib. I Instit. cap. 9 : *Idem furore atque insania percitus, uxorem suam cum liberis interemit.* BALUZ.
Haustam manibus terram. Id est, effossam. Cæsar, libr. V de B. Gall. c. 42 : *Manibus sagulisque terram exhaurire cogebantur.* Statius, lib. III Theb. v. 50 : *Haustaque ... arena*, id est, accepta. Vid. Schol. et Barth., p. 685. BUN.
Caput parietibus infligeret. Hoc est unum ex detestabilibus, ut in tertia Tusculana Cicero vocat, genere mortis, etc.

Exilierunt oculi. Idem scribit Eusebius, lib. IX Hist. Eccles., cap. 10, et lib. I de Vita Constantini, cap. 59 ; item Eutychius, Theophanes et Anastasius. Meminit etiam D. Chrysostomus, Oratione in S. Babylam, et S. Hieronymus in Zachariam , ut videbimus not. 1 ad cap. 50. BALUZ.
Candidatis ministris. Id est, *Deum circumdatum candidatis ministris*, sive, *angelis suis.* Vide Paulum Bauldri ad hunc locum.
Fatebatur. Adde, *se fecisse.*
Plorans. Heuman., *Implorans.*
Nocentem spiritum detestabili genere mortis efflavit. Maximinus periit eo anno quo pax data est Ecclesiæ, quo etiam Lactantius finem imposuit huic operi, atque persecutio cœpit anno 303, exeunte Februario. Luce igitur clarius est Maximinum extinctum fuisse anno 313, qui decimus annus erat a cœpta persecutione. BALUZ.
Persecutores .... debellavit. Lactantius, lib. VII Instit., cap. 26 : *Illi enim, qui ut impias Religiones defenderent, cœlestis ac singularis Dei cultum tollere voluerunt, profligati jacent.* Eadem observant Eusebius in libro I de Vita Constantini, cap. 3, Auctor Fragmenti de Constantio Chloro, p. 475, et Hieronymus in caput XIV Zachariæ. Adeatur, si lubet, Baluzius.
Stirps. Ms., *stirpis.*
Radix. In ms. *radis.*
Valerium, quem. Ita ms. Valerium scilicet Valentem, de quo anno 306 num. 15, sic loquitur Pagius. Eodem tempore quo Alexander, qui Præfecti Prætorii Africæ munere fungebatur, apud Carthaginem imperator fit, *Valens imperator creatur*, inquit Victor in Epitome, qui postquam Maximini mortem narravit, subjungit : *Valens a Licinio morte mulctatur.* De hoc Valente loquitur Lactantius, libro de Mortibus Persecutorum, cap. 50, ut primus omnium observavit eruditiss. Abbas Ludovic. Du Four de Longuerue, in litteris ad Pagium scriptis ; ibi Lactantius de Maximini morte ait : *Licinius summa rerum potitus, in primis Valerium, quem Maximinus iratus nec post fugam quidem, cum sibi videret esse pereundum, fuerat ausus occidere, necari jussit.* Nec dubitari potest quin Valerius ille idem sit cum Valente a Victore memorato, cum Goltzius inter nummos triginta Tyrannorum, qui imperante Gallieno Rempublicam Romanam afflixere, hunc referat : ΑΥΤ. Κ. ΠΟΥ. ΟΥΑΛΕΡ. ΟΥΑΛΕΝΟ. ϹΕΒ. L. A. id est, *Imperator Cæsar Publius Valerius Valens Augustus Anno primo.* PAGIUS. — Attamen cum docti. Cupero aliisque criticis Baluzius secundis curis legit *Valerium quam.* — Huic assentit Bunemannus.
Iratus. Scilicet ob negatum sibi matrimonium, legendo supra *Valeriam.*

gam quidem, cum sibi videret esse pereundum, fuerat ausus occidere; item Candidianum, quem Valeria ex concubina genitum ob sterilitatem adoptaverat, necari jussit. Mulier tamen, ut eum vixisse cognovit, mutato habitu, comitatui ejus se miscuit, ut fortunam Candidiani speclaretur; qui quia Nicomediæ se obtulerat, et in honore haberi videbatur, nihil tale metuens, occisus est. Et illa, exitu ejus audito, protinus fugit. Idem Severi filium Severianum, jam ætate robustum, qui fugientem Maximinum fuerat ex acie sequutus, tamquam post obitum ejus de sumenda purpura cogitasset, capitali sententia subjectum interemit. Qui omnes Licinium jam pridem, quasi malum metuentes, cum Maximino esse maluerant, præter Valeriam, quæ volens Licinio in omnes Maximiani hæreditates jure suo cedere, idem Maximino negaverat. Ipsius quoque Maximini filium, tum maximum, agentem in annis octo, et filiam septennem, quæ desponsa fuerat Candidiano, extinxit. Sed prius mater eorum in Orientem præcipitata est. Ibi sæpe illa castas fœminas mergi jusserat. Sic omnes impii vero et justo judicio Dei eadem quæ fecerant receperunt.

LI.

Valeria quoque per varias provincias quindecim mensibus plebeio cultu pervagata, postremo apud Thessalonicam cognita, comprehensa cum matre pœnas dedit. Ductæ igitur mulieres cum ingenti spectaculo et miseratione tanti casus, ad supplicium, et, amputatis capitibus, corpora earum in mare abjecta sunt. Ita illis pudicitia et conditio exitio fuit.

LII.

Quæ omnia secundum fidem (scienti enim loquor), ita ut gesta sunt mandanda litteris credidi; ne aut memoria tantarum rerum interiret, aut, si quis historiam scribere voluisset, corrumperet veritatem, vel peccata illorum adversus Deum, vel judicium Dei adversus illos reticendo. Cujus æternæ pietati gratias agere debemus, qui tandem respexit in terram, quod gregem suum partim vastatum a lupis rapacibus, partim vero dispersum, reficere ac recolligere dignatus est, et bestias malas extirpare, quæ divini gregis pascua protriverant, cubilia dissipaverant. Ubi sunt modo magnifica illa et clara per gentes Joviorum et Herculiorum cognomina, quæ primum a Diocleto ac Maximiano insolenter assumpta, ac postmodum ad successores eorum translata, viluerunt? Nempe delevit ea Dominus, et erasit de terra. Celebremus igitur triumphum Dei cum exultatione, victoriam Domini cum laudibus frequentemus, diurnis nocturnisque precibus celebremus; celebremus, ut pacem post annos decem plebi suæ datam confirmet in sæculum. Tu præcipue, Donate charissime, qui a Deo mereris audiri, Dominum deprecare, ut

VARIORUM NOTÆ.

Item Candidianum. Ms., *idem Candidianum.*
Mulier tamen, ut eum vixisse cognovit. Ita ms. Vide Columbum et Paulum Bauḍri. *Mulier*, id est, *Valeria.*
Qui quia. In ms. deest *qui.*
Exitu. Id est, *morte.*
Præter Valeriam. Ms., *præ Valeria.*
Volens. Doctiss. Cuperus legendum esse censet *nolens.* Ms., *volenti.* — Cupero assentit Buneman. et lectionem sequentem exhibe.. *Quæ nolens Licinio.* Ms. *quæ volenti Licinio.* Non ma e, ut censet Nurrius, p. 272, hunc sensum eliciens: Licinium voluisse in omnes invadere Galerii hæreditates, atque idcirco Valeriam confessim ab eo fugisse, ut ad Maximinum, qui uxorem habebat, sese tutius reciperet. BUNEMAN.
In omnes. Ms., *in omnia.*
Maximini filium, tum Maximum. Pro *tum* est *suum* in ms. *Maximum.* Adde *natu.*
Mater eorum. Uxor Maximini, cujus nomen ignotum est.
In Orientem præcipitata est. Ita ms. Plerique conjecerunt rescribendum esse *in Orontem*, quia constat fluvium in hoc loco designari: quod pluribus argumentis erudite profecto ostendit clarissimus Cuperus. Quia tamen et ipse tradit nonnullos veteres *Orientem* vocasse eum fluvium, quem reliqui vulgo dicunt *Orontem*, nolui textum immutare.
Est. Deest in ms.
Ibi sæpe illa. Ita ms., *non, ille.*
Plebeio cultu. Id est, *plebeio habitu.*
Cum matre. Prisca scilicet, uxore Diocletiani.
Illis. In ms. *Illic.*
Ita illis pudicitia et conditio exitio fuit. Ms., *conditioni*, mendose. *Exitio fuit*, quia et Licinio et Maximino Valeria nubere recusavit. TOLLIUS. — Pars igitur pudicitiæ eo quoque sæculo habebatur, verbi gratia, in mulieribus, unius tantum viri fuisse uxores. Suo enim ævo Tertullianum cum Montanistis monogamiam in utroque sexu requisivisse omnibus notum est ex ejus libro de Monogamia. Observandum interim, *conditionem* quam hic noster memorat, æqualiter quidem matri et filiæ, seu, quod idem est, Priscæ et Valeriæ convenire: verum addita *pudicitiæ* mentio specialiter pertinet ad Valeriam. BAULDRI.
— Miror Lactantium non dixisse *fuisse Valeriæ exitio sacrificia, quibus cogente Diocletiano patre suo polluta fuerat, Christiana cum esset*, cap. 15. TOINARD.
Fidem, scienti enim loquor, ita, etc. Ms. habet *secundum finem scienti enim loquor ita*, etc. Editi vero habet *secundum fidem scientium loquor, ita*, etc., sed male. Nil mutandum puto, nisi *finem*, cujus loco scribimus *fidem. Scienti enim loquor,* duas inter parentheses. Hic autem Donatum alloquitur auctor noster sub finem libri, sicut initio fecit; et ita recte procedit oratio. Donatus enim pars ipse persecutionis fuerat, cum in eum per plures annos sævierunt persecutores. Miror ergo hanc lectionem tam facilem, tam promptam, non fuisse subodoratam a prioribus hujusce libri editoribus.
Interiret. In ms., *interire.*
Corrumperet veritatem. In ms., *præmittitur non*; sed male.
Peccata. In ms., *specta.*
Adversus. In ms., *adversos.*
Æternæ. Heuman. legit *paternæ.*
Pietati. In ms., *pietatis. Pietati* vero, id est, benignitati, clementiæ.
Bestias malas. Tyrannos, christianorum persecutores, de quibus supra in not. ad hujus libri caput 2: *Et bestias malas. Et* deest in ms.
Magnifica. Ms., *magnificentia*, vitiose.
Viluerunt. A *vilesco.* In ms. *viguerunt*: sed minus bene.
Ea. In ms., *eam.*
Celebremus. Bis in ms. repetitur verbum istud: ideo bis illud scribimus; et eo loci non parum ad elegantiam confert.

misericordiam suam servet æternam famulis suis propitius ac mitis; ut omnes insidias atque impetus diaboli a populo suo arceat; ut florescentes Ecclesias perpetua quiete custodiat.

VARIORUM NOTÆ.

Æternam. Ita lego cum erud. Boherello aliisque viris doctis, pro *et tam*, quod est in ms. Forte primo scriptum erat *et nam*, quod breviatis litteris est *æternam*.

Ut florescentes Ecclesias perpetua quiete custodiat. Sic lego hunc locum a Baluzio ipso emendatum in indice erratorum suæ editionis, aliisque post illum. In ms. est, *ut florescentes Ecclesiæ perpetuæ quiete custodiat*, mendose; vel recte, juxta Heinsium et Grævium legeres, *ut florescentis Ecclesiæ perpetuam quietem custodiat.*

LACTANTII FIRMIANI

FRAGMENTA [a].

I. Timor, amor, lætitia, tristitia, libido, concupiscentia, ira, miseratio, zelus, admiratio, hi motus animi, vel affectus a Domino ab initio hominis exsistunt conditi, et naturæ humanæ utiliter et salubriter sunt inserti, ut per eos ordinate et rationabiliter regendo se homo, virtutes bonas viriliter agendo exercere possit, per quas a Domino perpetuam accipere vitam juste meruisset. Hi namque animi motus intra fines proprios coarctati, hoc est, in bona parte positi, in præsenti virtutes bonas et in futuro æterna præmia parant; extra metas vero suas affluentes, hoc est in malam partem declinantes, vitia et iniquitates exsistunt et æternas poenas pariunt. V. Muratorii Antiqu. ital. med. ævi III, p. 849.

II. Nostra quoque memoria Lactantius de metris, pentameter, inquit, et tetrameter. Maxim. Victorin. de carmine heroico, c. 5, p. 1957. Putsch. (cf. Hieron. catal. c. 80: habemus et alium librum, qui inscribitur Grammaticus).

III. Firmianus ad Probum de metris comoediarum sic dicit: « Nam quod de metris comoediarum requisisti, et ego scio plurimos existimare, Terentianas vel maxime fabulas metrum non habere comoediæ græcæ, i. e. Menandri, Philemonis, Diphili, qui trimetris versibus constant. Nostri enim veteres comoediæ scriptores in modulandis fabulis sequi maluerunt Eupolim, Cratinum, Aristophanem, ut præfatum est. » Mensuram esse in fabulis, h. e. μέτρον, Terentii et Plauti ac cæterorum comicorum et tragicorum dicant hi, Cicero, Scaurus, Firmianus. Rufinus grammaticus de metris comicis, p. 2712 s. Putsch.

IV. Lactantii nostri quæ in tertio ad Probum volumine de hac gente opinatus sit verba ponemus. Galli, inquit, antiquitus a candore corporis Galatæ nuncupabantur; et Sibylla sic eos appellat. Quod significare voluit poeta cum ait: Tum lactea colla Auro innectuntur (Virg. Æn. VIII, 660 s.); cum posset dicere candida. Hinc utique Galatia provincia, in quam Galli aliquando venientes, cum Græcis se miscuerunt. Unde primum ea regio Gallogræcia, post Galatia nominata est. Nec mirum si hoc ille de Galatis dixerit, et occidentales populos tantis in medio terrarum spatiis prætermissis, in orientis plaga consedisse memorarit. — Hieronym. commentar. in ep. ad Gal. l. II, Opp. ed. Vallars. VII, 1, p. 426. (Hieron. de viris ill. c. 80: habemus ad Probum epistolarum libros quatuor.)

---

[a] Fragmentum de extremo judicio (Nullus vel negat vel dubitat.... esse ventura), quod Steph. Baluzius in c. Colbert. 1095, libro VII Institutionum subjunctum invenerat et Lactantio tribuerat, Augustini est, de Civit. Dei XX, c. 30. Legitur etiam in quibusdam aliis codd. ut Kell. Augustini nomine adjecto idque vir quidam pius subjecit, ut lector ab erroribus Lactantii de regno millenario caveret.

Adduco præterea de epistolis Lactantii deperditis hæc Damasi et Hieronymi testimonia: « Fateor tibi, eos quos mihi jampridem Lactantii dederas libros, ideo non libenter lego, quia et plurimæ epistolæ ejus usque ad mille spatia versuum tenduntur, et raro de nostro dogmate disputant: quo fit, ut et legenti fastidium generet longitudo, et si qua brevia sunt, scholasticis magis sunt apta, quam nobis, de metris et regionum situ et philosophis disputantia (al. disputantibus). » (Damas. ep. ad Hieron XXXV. Opp. Hier. ed. Vallars. I, 1, p. 159). « Multi per imperitiam scripturarum, quod et Firmianus in octavo (Vallars. rescribit altero) ad Demetrianum epistolarum libro facit, asserunt sp. s. sæpe patrem, sæpe filium nominari; et cum perspicue in trinitate credamus, tertiam personam auferentes, non substantiam ejus volunt esse, sed nomen. » (Hieron. in ep. ad Gal. IV, 6., add. ci. ad Pammach. et Ocean. ep. LXXXIV. ed. Vallars I, 1, p. 528, de v. ill. c. 80: habemus... ad Demetrianum auditorem suum epistolarum libros duos.)

O. F. FRITZSCHE.

INCERTI AUCTORIS PHOENIX
LACTANTIO TRIBUTUS.

Est locus in primo felix oriente remotus,
   Qua patet æterni maxima porta poli ;
Nec tamen æstivos, hyemisque propinquus ad
   [ortus ;
   Sed qua Sol verno fundit ab axe diem.
5 Illic planities tractus diffundit apertos :
   Nec tumulus crescit, nec cava vallis hiat.
Sed nostros montes, quorum juga celsa pu-
Per bis sex ulnas eminet ille locus. [tantur,
Hic Solis nemus est : stat consitus arbore multa
10 Lucus perpetuæ frondis honore virens.
Cum Phaethontæis flagrasset ab ignibus axis,
   Ille locus flammis inviolatus erat.
Et cum diluvium mersisset fluctibus orbem,
   Deucalioneas exuperavit aquas.
15 Non huc exangues morbi, non ægra senectus,
   Nec mors crudelis, nec metus asper adit;
Nec scelus infandum, nec opum vesana cupido,
   Aut Mars, aut ardens cædis amore furor.
Luctus acerbus abest, et egestas obsita pannis,
20 Et curæ insomnes, et violenta fames.

Non ibi tempestas, nec vis furit horrida venti ;
   Nec gelido terram rore pruina tegit.
Nulla super campos tendit sua vellera nubes ;
   Nec cadit ex alto turbidus humor aquæ.
25 Sed fons in medio est, quem vivum nomine
   [dicunt,
   Perspicuus, lenis, dulcibus uber aquis.
Qui semel erumpens per singula tempora
   [mensum,
   Duodecies undis irrigat omne nemus.
Hic genus arboreum procero stipite surgens,
30 Non lapsura solo mitia poma gerit.
Hoc nemus, hos lucos avis incolit unica
   Unica, sed vivit morte refecta sua. [Phœnix :
Paret, et obsequitur Phœbo memoranda satelles :
   Hoc natura parens munus habere dedit,
35 Lutea cum primum surgens aurora rubescit,
   Cum primum rosea sidera luce fugat.
Ter quater illa pias immergit corpus in undas ;
   Ter, quater e vivo gurgite libat aquam.
Tollitur, ac summo consedit in arboris altæ

ANNOTATIONES.

Incerti auctoris. Carmina hæc, quæ in libris impressis Lactantio tribuuntur, in nullis antiquis codicibus inveni. Ea tamen legimus in ms. Sangermanensi, etsi non antiquo Phœnicis carmina Lactantii non creduntur, saltem christiani, quamvis sint ab elegantissimo aliquo poeta scripta, quem tamen certo credo non fuisse christianum. Nam Phœnicem nominat Solis sacerdotem ; et sic de nemore illo loquitur, et de Phœbo, tamquam illa revera sit deus, et habeat nemus illud charissimum, ac sibi dicatum. Carmina autem illa de resurrectione, sive de pascha, quod ad elegantiam spectat, cum illis de Phœnice comparari non possunt ; et ex ipsis apparet manifeste non eumdem fuisse eorum auctorem. Hæc vero inter opuscula Venantii Fortunati, poetæ christiani, quæ sunt in bibliotheca Vaticana, ab optimo et litterato viro Antonio Girona admonitus, inveni ; de quibus postmodum aliqua annotabo. Illius tertii poematis, de Passione Domini, nullum vestigium usquam invenire potui : in quo tamen non multi errores reperiuntur, ut diligentia emendationis in eo non valde fuerit necessaria. THOMAS. Erasmus non inconcinna esse carmina Phœnicis judicat, sed nemo potest affirmare esse Lactantii : de iis enim non loquitur Hieronymus, ubi agit de Auctoris nostri operibus. Nicolaus Heinsius Lactantii genuinum in eo fœtum agnoscit et prædicat.

Phœnix. Tota hæc Phœnicis historia inter fabulas annumeranda est. Noluimus tamen omittere, ne aliquid deesset huic nostræ Editioni ; atque hæc Carmina contulimus cum ms. Sangermanensi.

Vers. 1. *Primo oriente*. Id est, in Arabia, ubi fabulantur Phœnicem habitare. Multi tamen apud Indos sedem statuisse Phœnicem dicunt : qua de re Ausonius et Claudianus.

Vers. 2. *Qua patet*. Lege apud Ovidium initio II libri Metamorphos. Regiæ solis descriptionem elegantissimam.

Ibidem. *Maxima porta poli*. Ita ms. Sangermanensis. Editi habent *Janua celsa poli* : sed minus bene, ut videtur, propter *Juga celsa*, quæ leguntur vers. 7.

Vers. 4. *Sed qua*. In ms. Sangerm. *In quo*.

Vers. 6. *Nec tumulus crescit*, etc. Ergo plana sunt omnia, nec fraudi datur locus. Nam juxta Virgilium Æneid. II :

   Est curvo anfractu valles accommoda fraudi.

Vers. 9. *Stat*. Sic legunt Nicol. Heinsius et Heumannus. Alii editi legunt *et*.

Vers. 10. *Honore virens*. Quia frondes sunt honor et pulchritudo arboris. Ms. Sangerman. et editi 1472, 1478, 1497, et alii legunt *virens* ; editi vero vulgares legunt *viret*.

Vers. 11. *Phaethontæis*. De hac fabula vide Ovidium, lib. II Metamorph.

Vers. 14. *Exuperavit aquas*. Quod falsum est, si intelligatur de diluvio universali, quod exuperavit etiam altissimos montes. Attamen de solo Deucalionis diluvio hic agitur, quod universale non fuit.

Vers. 15. *Huc*. Ita editio Aldina : verum editi 1472, 1478, 1497, et 1513 legunt *hunc*.

Ibidem. *Exangues morbi*. Morborum vulgare epitheton. Sic Ovid. lib. XV Metamorp. :

   Pallidaque exangui squallebant corpora morbo.

Vers. 18. *Aut Mars*, etc. Ms. Sangerman. legit

   Aut metus, aut ardens cedit amore furor,

idque minus bene ; nam de metu jamjam locutus est.

Vers. 22. *Rore pruina tegit*. De rosis et pruinæ differentia vide Aristotel. in Meteorologicis, lib. I, cap. 10.

Vers. 25. *Sed fons*, etc. Hic fons multis nominibus illustratur ; *vivus* enim est, *perspicuus, lenis, dulcis*.

Vers. 27. *Mensum*. Pro *mensium*.

Vers. 31. *Unica*. Sic de Phœnice ; unde proverbium, *Phœnice rarior*.

Vers. 32. *Sed vivit*. De hoc vide infra Ænigma XXXI, ubi de Phœnice ait, *vita mihi mors est*, etc. De Phœnicis resurrectione vide Ovidium in Metamorph., et Tzetzem, in varia historia.

Vers. 33. *Obsequitur Phœbo*. Credidit antiquitas aves, sicut et arbores, diis esse sacratas : sic Aquilæ Jovi ; Columba Veneri ; ita et Phœbo Phœnix.

40   Vertice, quæ totum despicit una nemus:
       Et conversa novos Phœbi nascentis ad ortus,
       Expectat radios, et jubar exoriens.
       Atque ubi sol pepulit fulgentis limina portæ,
       Et primi emicuit luminis aura levis;
45   Incipit illa sacri modulamina fundere cantus,
       Et mira lucem voce movere novam:
       Quam nec Ædoniæ voces, nec tibia possit
       Musica Cyrrhæis assimilare modis.
       Sed neque olor moriens imitari posse putatur,
50   Nec Cyllenææ fila canora lyræ.
       Postquam Phœbus equos in aperta refudit olympi,
       Atque orbem totum protulit usque means;
       Illa ter alarum repetito verbere plaudit
       Non errabilibus nocte dieque sonis.
55   Atque eadem celeres etiam discriminat horas;
       Igniferumque caput ter venerata, silet:
       Antistes nemorum, et luci veneranda sacerdos,
       Et sola arcanis conscia, Phœbe, tuis;
       Quæ postquam vitæ jam mille peregerit annos,
60   Ac se reddiderint tempora longa gravem;
       Ut reparet lapsum fatis urgentibus ævum,
       Assueti nemoris dulce cubile fugit.
       Cumque renascendi studio loca sancta reliquit;
       Tunc petit hunc orbem, mors ubi regna tenet.

65   Dirigit in Syriam celeres longæva volatus;
       Phœnicis nomen cui dedit ipsa Venus;
       Secretosque petit deserta per avia lucos,
       Hic ubi per saltus silva remota latet.
       Tum legit aerio sublimem vertice palmam,
70   Quæ gratum Phœnix ex ave nomen habet;
       Et qua nulla nocens animans perrumpere possit,
       Lubricus aut serpens, aut avis ulla rapax.
       Tum ventos claudit pendentibus Æolus antris,
       Ne violent flabris aera purpureum;
75   Neu concreta Noto nubes per inania cœli
       Summoveat radios solis, et obsit avi.
       Construit inde sibi seu nidum, sive sepul-
           [chrum;]
       Nam perit, ut vivat: se tamen ipsa creat.
       Colligit hinc succos et odores, divite silva
80   Quos legit Assyrius, quos opulentus Arabs;
       Quos aut Pygmeæ gentes, aut India carpit,
       Aut molli generat terra Sabæa sinu.
       Cinnama dehinc, auramque procul spirantis
           [amomi]
       Congerit, et misto balsama cum folio.
85   Non casiæ mitis, nec olentis vimen acanthi,
       Nec thuris lachrymæ, guttaque pinguis abest.
       Illis addit teneras nardi pubentis aristas,

ANNOTATIONES.

Vers. 40. *Despicit*. Quia quodammodo aliæ arbores huic sunt inferiores.

Vers. 44. *Aura levis.* Sic Ovidius:

Et levis impulsos retro dabat aura capillos.

Vers. 46. *Movere.* Sic ms. Sangerman. Editi habent *ciere.* Variant tamen libri. Heinsius opinatur legendum esse *fovere.*

Vers. 47. *Quam nec Ædoniæ.* Locus corruptus. Ms. Sangerman. habet *Idoneæ :* editi legunt *Julææ.* At juxta Gallæum, Frideric., Gronovius et Heinsius emendaverunt *Ædoniæ.*

Vers. 48. *Cyrrhæis.* Id est, Castaliis modis musicis, vel Musarum et Apollinis; *Cyrrha* siquidem oppidum erat ad radicem montis Parnassi.

Vers. 50. *Cyllenææ.* Quasi dicat Mercurialis, quia Mercurius Cyllenæ natus est. Hinc Mercurius ipse *Cyllenius* vocatur a Claudiano i libro de Raptu Proserp.

Vers. 51. *Postquam Phœbus equos*, etc. Hoc est, postquam sol supra horizontem ascendit. De fabula Phaetontis vide Ovidium in Metamorph.

Vers. 53. *Illa ter alarum.*, etc., usque ad *Antistes nemorum.* Ms. Sangerman. sic legit quatuor ista carmina:

Illa ter alarum repetito verbere plaudit,
Igniferumque caput ter venerata, silet.
Atque eadem celeres etiam discriminat horas
Non errabilibus nocte dieque sonis.

Sed minus bene, ut puto. *Celeres horas;* horas enim solis comites facit Ovidius.

Vers. 59. *Jam mille peregerit annos.* Sic etiam Claudianus ad mille annos vitam Phœnicis producit; Plinius vero tantum ad 660, quamvis id fabulosum putet: alii etiam breviorem statuunt terminum.

Vers. 61. *Lapsum fatis.* Sic emendavimus cum Gallæo et ex ms. Sangermanensi: editi habebant *lassum spatiis:* sed sine sensu.

Vers. 66. *Venus.* Sic Heumann. legit. Ea culta erat in Syrophœnice. In editis est *vetus.*

Vers. 69. *Sublimem Palmam.* Quam arborem inter eas quas fert Syria, Plinius numerat, scilicet lib. xiii, cap. 4.

Vers. 71. *Et qua nulla nocens animans,* etc. Sic habet ms. Sangerman. Editi vulgares legunt:

Quam nec dente nocens animal perrumpere possit.

Heuman. vero,

In quam nulla nocens animans perrumpere possit,

cum editis 1472, 1478, 1513 et 1515, quod concordat cum nostra lectione.

Vers. 74. *Flabris.* Id est, *flatibus.*

Ibidem. *Purpureum aera.* Forte intelligit matutinas horas, quas auroram vocamus.

Vers. 75. *Noto.* Ventus iste nubes colligit. Verum a Plinio æstuosus appellatur.

Ibidem. *Per inania cœli.* Id est, mediam aeris regionem.

Vers. 77. *Sepulcrum.* De sepulcro quod sibi Phœnix condit, vide Claudianum in Epigram. his verbis:

Arentes tepidis de collibus eligit herbas,
Et cumulum texens pretiosa fronde Sabæum,
Componit, bustumque sibi parturum futurum.

Vers. 80. *Opulentus Arabs.* Sic de Arabibus Horatius:

Otia divitiis Arabum liberrima cantat.

Id tamen intellige de Arabia felici.

Vers. 81. *Pygmeæ gentes.* Quas veteres quidam ponunt in India, alii ultra Arabiam: sed quæ de hac gente narrantur fabulæ sunt.

Vers. 82. *Terra Sabea sinu.* Sic Virgil. lib. i Georg.

India mittit ebur, molles sua thura Sabæi.

Vers. 83. *Cinnama.* Versum istum sic legit ms. Sangerm.:

Cinnamum hic avisque procul spirantis amomi.

Vers 85. *Casiæ mitis.* Casia veterum non eadem est ac recentiorum.

Et sociat myrrhae pascua grata nimis.
Protinus in strato corpus mutabile nido,
90   In talique thoro membra quieta locat.
Ore dehinc succos membris circumque supraque
Injicit, exequiis immoritura suis.
Tunc inter varios animam commendat odores;
Depositi tanti nec timet illa fidem.
95   Interea corpus genitali morte peremptum
Aestuat, et flammam parturit ipse calor;
Aethereoque procul de lumine concipit ignem :
Flagrat, et ambustum solvitur in cinerem.
Quos velut in massam cineres in morte coac-
[tos]
100   Conflat, et effectum seminis instar habet.
Hinc animal primum sine membris fertur
[oriri :]
Sed fertur vermi lacteus esse color.
Crevit in immensum subito cum tempore certo,
Seque ovi teretis colligit in speciem :
105   Inde reformatur, qualis fuit ante figura,
Et Phoenix ruptis pullulat exuviis.
Ac velut agrestes, cum filo ad saxa tenentur,
Mutari tineae papilione solent.
Non illi cibus est nostro concessus in orbe;
110   Nec cuiquam implumem pascere cura subest.
Ambrosios libat coelesti nectare rores,
Stellifero tenues qui cecidere polo.

Hos legit; his alitur mediis in odoribus ales,
Donec maturam perferat effigiem.
115   Ast ubi primaeva coepit florere juventa,
Evolat ad patrias jam reditura domos.
Ante tamen, proprio quicquid de corpore res-
[tat,]
Ossaque, vel cineres, exuviasque suas;
Unguine balsameo, myrrhaque, et thure so-
[luto]
120   Condit, et in formam conglobat ore pio.
Quam pedibus gestans contendit solis ad ortus,
Inque ara residens, ponit in aede sacra.
Mirandum sese praestat praebetque videnti;
Tantus ibi decor est, tantus abundat honor.
125   Principio color est, qualis sub cortice laevi,
Mitia quem croceum punica grana legunt.
Qualis inest foliis, quae fert agreste papaver,
Cum pandit vestes Flora rubente polo.
Hoc humeri pectusque decens velamine ful-
[gent;]
130   Hoc caput, hoc cervix, summaque terga ni-
[tent.]
Caudaque porrigitur fulvo distincta metallo,
In cujus maculis purpura mixta rubet.
Clarum inter pennas insigne est desuper, Iris
Pingere seu nubem desuper alta solet.
135   Albicat insignis mixto viridante smaragdo;

ANNOTATIONES.

Vers. 88. *Et sociat myrrhae.* Ms. Sangerm.:

Et sociam myrrhae vim Banachea tuam.

alii :

Panathea Ibure.

Vers. 89. *Mutabile.* Ms. Sangerm., *motabile.*
Vers. 90. *In talique thoro.* Sic ms. Sangerman. Editi habent:

Vitalique thoro membra quieta locat

Vers. 95. *Genitali morte. Antithesis.*
Vers. 96. *Aestuat.* Verum non est corpus mortuum ita aestuare, ut flammam generet ; melius itaque Claudianus, qui flammam ad solis radios refert.

Fervet odoratus talis (*id est radiis*) coelestibus agger,
Consumitque senem.

Vers. 97. *Aethereoque.* Sic ms. Sangerm.; editi vero habent *Aerioque.*
Vers. 99. *Quos.* Ita ms. Sangerman.; editi *Hos.*
Vers. 100. *Conflet.* In ms. Sangerman., *constat.*
Vers. 102. *Vermi.* Sic ms. Sangerm.; editi *Vermis.* De Vermi loquitur Plinius, non vero Claudianus.
Vers. 103. *Crevit.* Forte *crescit.*
Vers. 104. *Ovi.* Nil de ovo Claudianus.
Vers. 107. *Ac velut agrestes, cum filo ad saxa tenentur, Mutari tineae papilione solent.* Admonuit Thomasium vir doctiss. Didacus Covarruvias, episcopus Segobiensis, ut in secundo versu loco *pennae*, scriberetur *tineae*, quod valde probandum est. Nam tineae sunt vermes illi ex quibus serici papiliones nascuntur. Hoc vero in loco videtur poeta imitari voluisse Ovidium, libro ultimo Metamorph., qui de hac eadem mutatione sic ait :

Quaeque solent canis frondes intexere filis
Agrestes tineae, res observata colonis,
Ferali mutent cum papilione figuram.

Ac sane non dubito quin pro illo nomine, *pennae*, legendum sit, *tineae*, sed in priori versu, illa : *filo ad saxa tenentur*, videntur mihi non satis cum re ipsa convenire, cum fila illa tineae ad frondes, vel ad ramos ducantur, quam ad *saxa;* propterea puto potius legendum *taxa*, quam *saxa.* Haec ait Thomasius.
Vers. 109. *Non illi cibus.* De cibo Phoenicis vide Claudianum in Epigram. de Phoenice, versu 13, etc.
Vers 111. *Ambrosios.* Apud poetas Ambrosia cibus, nectar potus deorum est : sic Martialis :

Jupiter Ambrosia satur est, et nectare vivit.

Vers. 112. *Tenues.* Id est, *rores tenues.* Ita ms. a Galiaeo laudatus. Editi habent *teneri*, quod refertur ad *rores*, et sensum elegantem facit. *Polo*, id est, *coelo.*
Vers 113. *Alitur mediis.* Sic ms. Sangerman. et editi 1472 et 1478. Vulgati legunt *mediis alitur*, sed male.
Vers. 114. *Perferat.* Ita codex Sangermanensis et alii. In editis vero *proferat*, sed minus bene.
Vers. 116. *Patrias domos.* Sic ms. Sangerman., alii *primas domos.*
Vers 117. *Ante tamen,* etc. Hac de re vide Claudianum in Epigram. de Phoenice, vers. 72, qui concordat cum iis quae hic dicuntur.
Vers 125. *Sub cortice laevi, Mitia quem croceum.* Ita Heumannus ex emendatione Nicol. Heins. Editi vero habent *qualis sub sydere coeli.*
Vers. 128. *Cum pandit vestes Flora rubente polo.* Sic emendavimus partim ex ms. Sangerman., partim ex editis. Ms. habet:

Cum pandit vestes flore rubente polo.

at editi legunt:

Cum pendens vestit sole rubente polus.

Vers. 129. *Fulgent.* Ms., *Fulget.*

Et puro cornu gemmea cuspis hiat.
Ingentes oculos credas geminos hyacintos ;
Quorum de medio lucida flamma micat.
Æquatur toto capiti radiata corona,
140 Phœbei referens verticis alta decus.
Crura tegunt squamæ flavo distincta metallo :
Ast ungues roseus pingit honore color.
Effigies inter Pavonis mixta figuram
Cernitur, et pictam Phasidis inter avem.
145 Magniciem, terris Arabum quæ gignitur ales,
Vix æquare potest, seu fera, seu sit avis.
Non tamen est tarda, ut volucres, quæ corpore
[magno
Incessus pigros, pergrave pondus habent :
Sed levis et velox, regali plena decore.
150 Talis in aspectu se exhibet usque hominum.
Huc venit Ægyptus tanti ad miracula visus ;
Et raram volucrem turba salutat ovans.
Protinus exsculpunt sperato in marmore formam;

A Et signant titulo remque diemque novo.
155 Contrahit in cœtum sese genus omne volantum;
Nec prædæ memor est ulla, nec ulla metus.
Alituum stipata choro volat illa per altum ;
Turbaque prosequitur munere læta pio.
Sed postquam puri pervenit ad ætheris auras ;
160 Mox redit ista ; suis conditur ille locis.
At fortunatæ sortis filique volucrem,
Cui de se nasci præstitit ipse Deus!
Fœmina sit, vel mas, seu neutrum, seu sit utrum-
[que,
Felix, quæ Veneris fœdera nulla colit.
165 Mors illi Venus est; sola est in morte voluptas :
Ut possit nasci, hæc appetit ante mori.
Ipsa sibi proles, suus est pater, et suus hæres,
B Nutrix ipsa sui, semper alumna sibi.
Ipsa quidem, sed non eadem, quæ est ipsa, nec
[ipsa est.
170 Æternam vitam mortis adepta bono.

VARIORUM NOTÆ.

Vers. 136. *Et puro cornu*, etc. Rostrum cornu quidem esse dicit, sed ita lucidum, ut gemma esse videatur.

Vers. 137. *Ingentes oculos credas*, etc. Sic lege ex ms. Vossiano.

Vers 139. *Corona Phœbei verticis.* Id est, radii Solares.

Vers. 142. *Roseus.* Ms. Sangerm., *Roseo.*

Vers. 144. *Phasidis avem.* Id est, Phasianam, a Phaside fluvio Colchidis nominatam, ad nos per Argonautas advectam. Martialis Epigram. lib. xiii, 72.

Vers. 145. *Magniciem.* Quæ sit hæc avis ignoratur, vel forte pro *magnitudinem*.

Vers. 151. *Huc venit.* Ita Sangerm ms. ; editi vero, *convenit.*

Vers. 153. *Exsculpunt.* Sic ms. Sangerm. et alii ; editi vero legunt, *Insculpunt.*

Vers. 155. *Genus omne volantum.* Qua de re vide Claudianum, vers. 76, etc.

Vers. 157. *Alituum.* Pro *alitum*; sic Virgil. Æneid. 8 :

Alituum pecudumque genus sopor altus habebat.

Vers. 158. *Munera læta pio.* Id est, pietatis et reverentiæ officio erga tantæ dignitatis avem. *Munere,* Heinsius emendat male, *murmure.*

Vers. 160. *Mox redit ista suis : conditur ille locis.* Sic legimus in ms. Sangerman. alioque veteri a Gallæo memorato ; in editis legitur,

Mox redit illa ; suis conditur inde locis,

nec male.

Vers. 161. *At fortunatæ sortis filique volucrem.* Hæc est emendatio Heinsii, referentis *filum* ad Parcas,

Quæ dispensant mortalia fila sorores :

C verum ms. Sangerman. legit.

At fortunatæ sortis, felixque volucrem.

Gallæus putat legendum esse :

O fortunatæ sortis, fatique volucrem ;

editi habent

Hæc fortunatæ sortis, fatique volucris.

Vers. 163. *Fœmina sit, vel mas, seu neutrum, seu sit utrumque.* Ita emendavimus ex ms. Sangerman. et editione Heumanni. Vulgati habent:

Fœmina vel mas hæc, vel neutrum sit, mage felix.

Vers. 169. *Quæ est ipsa.* Ita ms. Sangerm. Editi habent, *quia et ipsa.*

INCERTI AUCTORIS CARMEN
DE PASSIONE DOMINI.

Quisquis ades, mediique subis in limina templi,
Siste parum, insontemque tuo pro crimine passum
Respice me ; me conde animo, me in pectore serva,
Ille ego, qui casus hominum miseratus acerbos.
5. Huc veni pacis promissæ interpres, et ampla
Communis culpæ venia : hic clarissima ab alto
Reddita lux terris, hic alma salutis imago ;
Hic tibi sum requies, via recta, redemptio vera,
Vexillumque Dei, signum et memorabile fati.
10. Te propter vitamque tuam sum Virginis alvum

D Ingressus, sum factus homo, atque horrentia passus
Funera ; nec requiem terrarum in finibus usquam
Inveni, sed ubique minas, sed ubique labores.
Horrida prima mihi in terris mapalia Judæ.
15. Hospitia in partu, sociæque fuere parenti.
Hic mihi fusa dedit bruta inter inertia primum
Arida in angustis præsepibus herba cubile.
In Phariis primos vixi regionibus annos,
Herodis regno profugus ; reliquosque reversus
20. Judæam, semper jejunia, semper et ipsam

Pauperiem extremam, et rerum inferiora secutus,
Semper agens monitis humana salubribus almæ
Ingenia ad studium probitatis, aperta salubri
Plurima doctrinæ injungens miracula ; quare
25. Impia Hierusalem rabidis exercita curis
Invidiæ, sævisque odiis et cæca furore,
Insonti est pœnis lethalibus ausa cruentam
In cruce terribili mortem mihi quærere. Quæ si
Latius ipse velim distinguere, sique per omnes
30. Ire juvet gemitus, mecum et sentire dolores ;
Collige consilia insidiasque meique nefandum
Sanguinis innocui pretium, et simulata clientis
Oscula, et insultus, et sævæ jurgia turbæ.
Verbera præterea, et promptas ad crimina linguas
35. Fige animo, et testes, et cæci infanda Pilati
Judicia, ingentemque humeros et fessa prementem
Terga crucem atque graves horrenda ad funera gressus.
Nunc me, nunc vero desertum, extrema secutum
Supplicia, et dulci procul a genitrice levatum,
40. Vertice ad usque pedes me lustra : en aspice crines
Sanguine concretos, et sanguinolenta sub ipsis
Colla comis, spinisque caput crudelibus haustum,
Undique diva pluens vivum super ora cruorem.
Compressos speculare oculos, et luce carentes,
45. Afflictasque genas, arentem suspice linguam
Felle venenatam, et pallentes funere vultus.
Cerne manus clavis fixas, tractosque lacertos,
Atque ingens lateri vulnus : cerne inde fluorem
Sanguineum, fossosque pedes, artusque cruentos.
50. Flecte genu, lignumque crucis venerabile adora

Flebilis ; innocuo terramque cruore madentem
Ore petens humili, lacrymis suffunde subortis,
Et me nonnunquam devoto in corde, meosque
Fer monitus. Sectare meæ vestigia vitæ ;
55. Ipsaque supplicia inspiciens, mortemque severam,
Corporis, innumeros memorans animique dolores,
Disce adversa pati et propriæ invigilare saluti.
Hæc monimenta tibi, si quando in mente juvabit
Volvere, si qua fides animo tibi ferre meorum,
60. Debita si pietas, et gratia digna laborum
Surget, erunt veræ stimuli virtutis, eruntque
Hostis in insidias clypei, quibus acer in omni
Tutus eris, victorque feres certamine palmam.
Hæc monimenta tuos si labilis orbis amicos
65. Avertent sensus, fugiente decoris ab umbra
Mundani, efficient, ne spe captatus inani,
Mobilis occiduis fortunæ fidere rebus
Auseris, aut vitæ sperare fugacibus annis.
Sed et nimirum sic ista caduca videntem
70. Secura, et exutum patriæ melioris amore,
Orbis opes, rerumque usus, et vota piorum
Moribus extollent sacris, vitæque beatæ
Spe, duras inter pœnas, te rore fovebunt
Cœlesti, paetique boni dulcedine pascent.
75. Purpuream donec, post ultima fata relicto
Corpore, sublimes animam revocabit ad auras
Gratia magna tibi. Tunc omnem exuta laborem,
Angelicos tunc læta choros aciesque beatas
Sanctorum inspiciens, æternæ pacis amœna
80. Perpetuo felix mecum regnabit in aula.

LECTIONES VARIANTES.

V. 22. *Semper agens*, etc. Al. *Egens*.
V. 35. *Fige*. Al. *Finge*.
V. 52. *Suffunde*. Al. *Perfunde*.
V. 53. *Et me nonnunquam*. Al. *Et me nunquam non*.

V. 58 et 64. *Hæc monimenta*. Al. *Hæc monumenta*.
V. 72. *Moribus extollent sacris*. Al. *Moribus expolient sacris*.
V. 77. *Gratia magna tibi*. Al. *Gratia magna Dei*.

VENANTII HONORII
CLEMENTIANI FORTUNATI,
PRESBYTERI ITALICI, AD FELICEM EPISCOPUM, DE PASCHA.

Tempora florigero rutilant distincta sereno ;
  Et majore poli lumine porta patet.
Altius ignivomum solem cœli orbita ducit,
  Qui vagus Oceanas exit, et intrat aquas.
5 Armatus radiis elementa liquentia lustrans,
  Hac in nocte brevi tendit in orbe diem.
Splendida sincero producunt æthera vultu,
  Lætitiamque suam sidera clara probant.
Terra ferax vario fundit munuscula cultu,
10 Cum bene vernarit ; reddit et annus opes.

Mollia purpureum pingunt violaria campum :
  Prata virent herbis, et micat herba comis.
Paulatim subeunt stellantia lumina florum ;
  Floribus arrident gramina cuncta suis.
15 Semine deposito, late seges exilit arvis,
  Spondens agricolæ vincere posse famem.
Caudice deserto, lacrymat sua gaudia palmes :
  Unde merum tribuat, dat modo vitis aquam.
Cortice de matris tenera lanugine surgens
20 Præparat ad partum turgida gemma sinum ;

ANNOTATIONES.

Venantii... ad felicem episcopum. In carminibus Resurrectionis, quia aperte invenitur cujus illa essent, mutata est tota inscriptio, et ea adscripta est, quæ est in illis opusculis, etc... quæ sunt in bibliotheca Vaticana, ex quibus multa in libris impressis emendantur ; multa tamen relicta sunt, quia melior visa est lectio vulgaris, quam illa codicis Vaticani. Est enim ille codex valde corruptus ; tamen is est, qui eum juvare possit, qui eo cum judicio utatur. Et sane sic faciendum est eis, qui hanc curam emendandi veterum auctorum libros suscipiunt, ut sæpe ex pluribus malis codicibus unicum optimum efficiant. THOMASIUS.

Subque hyemis tempus foliorum crine refuso,
   Jam reparat viridans frondea tecta nemus.
Mixta salix, abies, corylus, siler, ulmus, acer,
   [nux,]
   Plaudit quæque suis arbor amœna comis.
25 Constructura favos apis hinc alvearia linquens,
   Floribus instrepitans poplite mella rapit.
Ad cantus revocatur avis, quæ, carmine clauso,
   Pigrior hyberno frigore muta fuit.
Hinc Philomela suis attemperat organa cannis;
30   Fitque repercusso dulcior aura melo.
Ecce renascentis testatur gratia mundi,
   Omnia cum domino dona redisse suo.
Namque triumphanti post tristia tartara Christo
   Undique fronde nemus, gramina flore favent.
35 Legibus inferni oppressis, super astra meantem B
   Laudant rite Deum lux, polus, arva, fretum.
Qui crucifixus erat, Deus ecce per omnia regnat;
   Dantque creatori cuncta creata precem.
Salve, festa dies, toto venerabilis ævo,
40 Qua Deus infernum vicit et astra tenet.
Mobilitas anni, mensum, lux alma dierum,
   Horarum splendor, stridula cuncta favent.
Hinc tibi sylva comis, hinc plaudit campus aristis;
   Hinc grates tacito palmite vitis agit.
45 Hinc tibi nunc avium resonant virgulta susurro;
   Has inter nimio passer amore canit.
Christe salus rerum, bone conditor atque redemptor,
   Unica progenies ex deitate patris,
Irrecitabiliter manans de corde parentis,
50 Verbum subsistens, et patris ore potens,
Æqualis, concors, socius, cum patre coævus,
   Quo sumpsit mundus principe principium;
Æthera suspendis, sola congeris, æquora fundis;
   Quæque locis habitant, quæ moderata vigent.
55 Qui genus humanum cernens mersum esse pro-
   [fundo,]
   Ut hominem eriperes, es quoque factus homo.
Nec nostro tantum voluisti e corpore nasci,
   Sed caro, quæ nasci pertulit, atque mori.
Funeris exequias patris novus auctor, et orbis,
60 Intra mortis iter dando salutis opem.

A Tristia cessarunt infernæ vincula legis;
   Expavitque chaos luminis ore premi.
Depereunt tenebræ Christi fulgore fugatæ :
   Æternæ noctis pallia crassa cadunt.
65 Sollicitam sed redde fidem, precor, alma potestas.
   Tertia lux rediit : surge, sepulte meus.
Non decet ut vili tumulo tua membra tegantur;
   Non pretium mundi vilia saxa premant.
Indignum est, cujus clauduntur cuncta pugillo,
70 Ut tegat inclusum rupe vetante lapis.
Lintea tolle, precor; sudaria linque sepulcro :
   Tu satis es nobis; et sine te nihil est.
Solve catenatas inferni carceris umbras,
   Et revoca sursum quicquid ad ima ruit.
75 Redde tuam faciem, videant ut sæcula lumen;
   Redde diem, qui nos, te moriente, fugit.
Sed plane implesti remeans, pie victor, olympum :
   Tartara pressa jacent, nec sua jura tenent.
Inferus insaturabiliter cava guttura pandens,
80 Qui raperet semper, sit tua præda, Deus.
Eripis innumerum populum de carcere mortis;
   Et sequitur liber, quo suus auctor abis.
Evomit absorptam pavide fera bellua plebem;
   Et de fauce lupi subtrahit agnus oves.
85 Hinc tumulum repetens post tartara, carne re-
   [sumpta,]
Belliger ad cœlos ampla trophæa refers.
Quos habuit pœnale chaos, jam reddidit iste;
   Et quos mors peteret, hos nova vita tenet.
Rex sacer, ecce tui radiat pars magna trophæi,
C 90 Cum puras animas sacra lavacra beant.
Candidus egreditur nitidis exercitus undis;
   Atque vetus vitium purgat in amne novo.
Fulgentes animas vestis quoque candida signat;
   Et grege de niveo gaudia pastor habet.
95 Additur hac Felix concors mercede sacerdos,
   Qui dare vult Domino dupla talenta suo.
Ad meliora trahens gentili errore vagantes,
   Bestia ne raperet, munit ovile Dei.
Quos prius Eva nocens infecerat, hos modo reddit
100 Ecclesiæ pastor ubere lacte sinu.

LECTIONES VARIANTES.

V. 23. *Acer nux.* Alii legunt, *acernus.*
V. 42. *Cuncta.* Al. *Puncta.*
V. 46. *Has inter,* etc. Aliter :
   Has inter minimus passer amore cano.
V. 50. *Patris ore.* Al. *Penetrare.*
V. 59. *Funeris,* etc. Aliter :
   Funeris exequias pateris vitæ auctor et orbis.
V. 60. *Intra.* Al. *Intras.*
V. 61. *Tristia cessarunt.* Al. *Tristia cesserunt.*

D V. 64. *Æternæ.* Al. *Et terræ.*
V. 65. *Sollicitam.* Al. *Pollicitam.*
V. 68. *Non.* Al. *Nec.* Al. *Neu.*
V. 80. *Raperet.* Al. *Rapuit.*
V. 82. *Abis.* Al. *Adit.*
V. 87. *Iste.* Al. *In te.*
V. 89. *Trophæi.* Al. *Triumphi.*
V. 95. *Concors.* Al. *Consors.*

ANNOTATIONES.

Vers. 39. *Salve festa dies, toto venerabilis ævo, Qua Deus infernum vicit et astra tenet.* Auctoritate codicis Vaticani mutatus est versus, ut esset post viginti disticha, quo sane in loco esse debet. Nam ante nihil de Passione vel Resurrectione Christi dicitur : sed ver ipsum ex multis propriis naturæ suæ bonis commendatur. Postquam vero facta est mentio Resurrectionis, recte illud additur : Salve festa dies, etc.,

cui disticho recte etiam illud continenter adjungitur

   Nobilitas anni, mensum, lux alma dierum,
   Horarum splendor, stridula puncta favent.

Nobilitas enim legendum est ex codice Vaticano, ut laus aliqua illi diei, quem laudare vult, attribuatur; cum ex mobilitate, ut erat ante, nulla laus ad diem aliquem accedere possit, quia hoc est omnibus

Mitibus alloquiis agrestia corda colendo,
  Munere Felicis de vepre nata seges.
Aspera gens Saxo, vivens quasi more ferino,
  Te medicante sacer, bellua reddit ovem.
105 Centeno reditu tecum mansura per ævum,
          Messis abundantis horrea fruge reples.
  Immaculata tuis plebs hæc agitetur in ulnis,
    Atque Deo purum pignus ad astra feras.
  Una corona tibi detur et tribuatur ab alto,
110 Altera de populo vernet adepta tuo.

VARIORUM NOTÆ.

commune. Legendum quoque est, *aridula puncta* in secundo versu, ut omnia ad diem referantur. Aliqua alia in his carminibus mutantur, quæ tamen meliora facta sunt : quod quivis hunc librum cum aliis conferens intelligere poterit. THOMASIUS.

Vers. 101. *Mitibus.* Hi sequentes versus additi sunt ex codice Vaticano a Thomasio, cujus hæc verba sunt. In hoc poemate ex illo codice addidi decem versus, qui optime cum reipsa conveniunt, et declarant cur illa carmina ad Felicem Episcopum Venantius scripserit, qui sane Felix nullus fuit

Romanorum Pontificum, sed fuit aliquis ex primis illis Saxonum Episcopis. Nam Saxones, cum a Carolo Magno post bellum triginta annorum et amplius victi essent, religionem Christianam susceperunt : ex Romanis vero Pontificibus ultimus qui nomen hoc Felicis habuit fuit Felix IV, qui multo ante Carolum Magnum vixit. Illos vero decem versus propterea judicavi addendos, quia optime cum re de qua agitur conveniunt, et quia in fine poematis additus erat numerus versuum cx, ita ut omnino decem ad explendum numerum deessent.

CŒLII SYMPHOSII

ÆNIGMATA.

Hæc quoque Symphosius de carmine lusit
  [inepto;
Sic tu, Sexte, doces, sic te deliro magistro.
Annua Saturni dum tempora festa redirent,
Perpetuo semper nobis solemnia ludo,
5 Post epulas lætas, post pocula dulcia mensæ
Deliras inter vetulas puerosque loquaces,
Cum streperet late madidæ facundia linguæ:
Tum verbosa cohors studio sermonis inepti
Nescio quas passim magno de nomine nugas
10 Est meditata diu, sed frivola multa locuta.
Nec mediocre fuit magni certaminis instar,
Ponere diverse, vel solvere quæque vicissim.
Ast ego ne solus fœde tacuisse viderer,
Qui nihil attuleram mecum quod dicere pos-
  [sem,
15 Hos versus feci subito de carmine vocis.
Insanos inter sanum non esse necesse est.
Da veniam, lector, si non sapit ebria Musa.

1. *Graphium sive stylus.*

De summo planus, sed non ego planus in imo,
Versor utrinque manu, diversa et munera fun-
  [gor;
Altera pars revocat quicquid pars altera fecit.

2. *Arundo.*

Littora semper amo, ripis vicina profundis,
Suave canens Musis; nigro perfusa colore,
Nuntia sum linguæ, digitis signata magistri.

3. *Annulus cum gemma.*

Corporis extremi non magnum pondus adhæsi ;
Ingenitum dicas, ita pondere nemo gravatur :
Una tamen facies, plures habitura figuras.

4. *Clavis.*

Virtutes magnas de viribus affero parvis.
Pando domos clausas : iterum sed claudo patentes ;
Servo domum domino : sed rursus servor ab ipso.

5. *Catena.*

Nexa ligor ferro, multos habitura ligatos.
Vincior ipsa prius, sed vincio vincta vicissim.
Et solvi multos, nec sum tamen ipsa soluta.

6. *Tegula.*

Terra mihi corpus, vires mihi præstitit ignis :
Alta domus quæro, sedes est semper in imo :
Perfundor liquidis, sed me cito deserit humor.

7. *Fumus.*

Sunt mihi, sunt lacrymæ, sed non est causa doloris.
Est iter ad cœlum, sed me gravis impedit aer ;
Et qui me genuit, sine me non nascitur ipse.

8. *Nebula.*

Nox ego sum facie, sed non sum nigra colore;
Inque diem mediam tenebras tamen affero mecum:
Nec mihi dant stellæ lucem, nec Cynthia lumen.

9. *Pluvia.*

Ex alto venio, longa delapsa ruina.
De cœlo cecidi medias transmissa per auras :
Excepitque sinus, qui me simul ipse recepit.

VARIORUM NOTÆ.

Cœlii Symphosii. Primus, quod sciam, Christophorus Heumannus hos versus Lactantio tribuit, quorum quidem meminit S. Hieronymus. Hi prius editi fuerant sub nomine *Cœlii Firmiani Symposii Poetæ* a Nicolao Caussino e Societ. Jesu, atque adjecti *Hieroglyphicis Hori Apollinis.* Jam ab anno 1533, publici juris fecerat hæc ænigmata sub nomine *Symphosii poetæ* Joachimus Perionius. Alii vero non *Symphosium,* sed *Symposium* vocarunt. Ansam vero arripuit haud dubie Heumannus Lactantio tribuendi hæc ænigmata, quod

in quibusdam editionibus *Cœlii Firmiani* titulum præferant ; et nomen Poetæ qui *Symposius* dicebatur putavit *Symposium,* id est, *convivium* inscribendum esse. Sic etiam recentiores quidam ediderunt *Sermones convivales.* Attamen eruditi omnes, ac præsertim Joan. Albert. Fabricius, non descenderunt in Heumanni sententiam.

Dulcia mensæ. Hinc patet hos versus nihil aliud esse, quam sermones convivales : proindeque Symposium nomen esse operis, non poetæ.

ÆNIGMATA.

10. Glacies.
Unda fui quondam, quod me cito credo futuram :
Nunc rigidi cœli duris connexa catenis,
Nec calcata pati possum, nec nuda teneri.

11. Flumen et piscis.
Est domus in terris, clara quæ voce resultat :
Ipsa domus resonat, tacitus sed non sonat hospes ;
Ambo tamen currunt, hospes simul et domus una.

12. Nix.
Pulvis aquæ tenuis modico cum pondere lapsus,
Sole madens, æstate fluens, in frigore siccus,
Flumina facturus, totas prius occupo terras.

13. Navis.
Longa feror velox formosæ filia silvæ,
Innumera pariter comitum stipante caterva :
Curro vias multas, vestigia nulla relinquens.

14. Pullus in ovo.
Mira tibi referam nostræ primordia vitæ.
Nondum natus eram, nec eram tum matris in alvo :
Jam posito partu, natum me nemo videbat.

15. Vipera.
Non possum nasci, si non occidero matrem.
Occidi matrem : sed me manet exitus idem.
Id mea mors patitur, quod jam mea fecit origo.

16. Tinea.
Littera me pavit, nec quid sit littera novi.
In libris vixi, nec sum studiosior inde.
Exedi Musas, nec adhuc tamen ipsa profeci.

17. Aranea.
Pallas me docuit texendi nosse laborem.
Nec pepli radios poscunt, nec licia telæ.
Nulla mihi manus est, pedibus tamen omnia fiunt.

18. Cochlea.
Porto domum mecum, semper migrare parata,
Mutatoque solo non sum miserabilis exsul,
Sed mihi consilium de cœlo nascitur ipso.

19. Rana.
Rauca sonans ego sum media vocalis in unda ;
Sed vox laude sonat, qua se quoque laudet et ipsa :
Cumque canam semper, nullus mea carmina laudat.

20. Testudo.
Tarda gradu lento, specioso prædita dorso,
Docta quidem studio, sed sævo perdita fato,
Viva nihil dixi, quæ sic modo mortua canto.

21. Talpa.
Cæca mihi facies atris obscura tenebris.
Nox est ipsa dies, nec sol mihi cernitur ullus.
Malo tegi terra : sic me quoque nemo videbit.

22. Formica.
Provida sum vitæ, duro non pigra labori,
Ipsa ferens humeris securæ præmia brumæ :
Nec gero magna simul, sed congero multa vicissim.

23. Musca.
Improba sum, fateor ; quid enim gula turpe veretur ?
Frigora vitabam, quæ nunc æstate revertor :
Sed cito summoveor falso conterrita vento.

24. Curculio.
Non bonus agricolis, non frugibus utilis hospes :
Non magnus forma, non recto nomine dictus :
A Non gratus Cereri, non parvam sumo saginam.

25. Mus.
Parva mihi domus est, sed janua semper aperta.
Exiguo sumptu furtiva vivo sagina.
Quod mihi nomen inest, Romæ quoque consul habebat.

26. Grus.
Littera sum cœli pennas per scripta volantes,
Bella cruenta gerens, volucris discrimina Martis ;
Nec vereor pugnas, dum non sit longior hostis.

27. Cornix.
Vivo novem vitas, si non me Græcia fallit ;
Atraque sum semper nullo compulsa dolore :
Et non irascens ultro convicia dico.

28. Vespertilio.
Nox mihi dat nomen primo de tempore noctis.
B Pluma mihi non est, cum sit mihi pinna volantis.
Sed redeo in tenebris, nec me committo diebus.

29. Ericius.
Plena domus spinis, parvi sed corporis hospes,
Incolumi dorso telis confixus acutis.
Sustinet armatas segetes habitator inermis.

30. Pediculi.
Est nova notarum cunctis captura ferarum,
Ut, si quid capias, id tu tibi ferre recuses,
Et, quod non capias, tecum tamen ipse reportes.

31. Phœnix.
Vita mihi mors est ; morior, si cœpero nasci :
Sed prius est fatum leti, quam lucis origo.
Sic solus Manes ipsos mihi dico parentes.

32. Taurus.
C Mœchus eram regis, sed lignea membra sequebar ;
Et Cilicum mons sum, sed non sum nomine solo ;
Et vehor in cœlis, et in ipsis ambulo terris.

33. Lupus.
Dentibus insanis ego sum, qui vinco bidentes,
Sanguineas quærens prædas victusque cruentos
Multa cum rabie : vocem quoque tollere possum.

34. Vulpes.
Exiguum corpus, sed cor mihi corpore majus.
Sum versuta dolis, arguto callida sensu ;
Et fera sum sapiens, sapiens fera si qua vocatur.

35. Capra.
Alma Jovis nutrix, longo vestita capillo,
Culmina difficili peragrans sed et ardua gressu,
Custodi pecoris tremula respondeo lingua.

D
36. Porcus.
Setigeræ matris fœcunda natus in alvo,
Desuper ex alto virides exspecto saginas,
Nomine numen habens, si littera prima periret.

37. Mula.
Dissimilis patri, matri diversa figura,
Confusi generis, generi non apta propago,
Ex aliis nascor, nec quicquam nascitur ex me.

38. Tigris.
A fluvio dicor, fluvius vel dicitur ex me :
Junctaque sum vento, vento velocior ipso,
Et mihi dat ventus natos, non quæro maritum.

39. Centaurus.
Quattuor insignis pedibus, manibusque duabus,

ÆNIGMATA.

Dissimilis mihi sum, quia sum non unus et unus;
Et vehor et gradior, quia me duo corpora portant.

40. Papaver.

Grande mihi caput est, intus sed membra minuta:
Pes unus solus, sed pes longissimus unus:
Et me somnus amat, proprio nec dormio somno.

41. Malva.

Anseris esse pedes similes mihi, nolo negare:
Nec duo sunt tantum, sed plures ordine cernis;
Et tamen hos ipsos omnes ego porto supinos.

42. Beta.

Tota vocor græce, sed non sum tota latine;
Ante tamen mediam cauponis scripta tabernam.
In terris nascor, lympha lavor, ungor olivo.

43. Cucurbita.

Pendeo, dum nascor: rursus pendendo tumesco.
Pendens commoveor ventis, et nutrior undis.
Pendula si non sim, non sum jam jamque futura.

44. Cepa.

Mordeo mordentes, ultro non mordeo quemquam;
Sed sunt mordentem multi mordere parati:
Nemo timet morsum, dentes quia non habeo ullos.

45. Rosa.

Purpura sum terræ, pulchro perfusa colore,
Septaque, ne violer, telis defendor acutis.
O felix, longo si possem vivere fato!

46. Viola.

Magna quidem non sum, sed inest mihi maxima virtus.
Spiritus est magnus, quamvis in corpore parvo.
Nec mihi germen habet noxam, nec culpa ruborem.

47. Thus.

Dulcis odor nemoris flamma fumoque fatigor:
Et placet hoc superis, medios quod mittor in ignes,
Cum mihi peccandi meritum natura negarit.

48. Myrrha.

De lacrymis et pro lacrymis mea cœpit origo.
Ex oculis fluxi, sed nunc ex arbore nascor,
Lætus honos frondi, tristis sed imago doloris.

49. Ebur.

Deus ego sum magnus, populis cognatus Eois.
Nunc ego per patres in corpora multa recessi,
Nec remanent vires, sed formæ gratia mansit.

50. Fœnum.

Herba fui quondam viridi de gramine terræ;
Sed chalybis duro mollis præcisa metallo,
Mole premor propria, tecto conclusa sub alto.

51. Mola.

Ambo sumus lapides, una sumus, ambo jacemus;
Quam piger est unus, tantum non segnis it alter.
Ille manet immotus, non desinit ille moveri.

52. Farina.

Inter saxa fui, quæ me contrita premebant:
Vix tamen effugi totis collisa medullis;
Et nunc forma mihi minor est, sed copia major.

53. Vitis.

Nolo thoro jungi, quamvis placet esse maritam.
Nolo virum thalamo: per me mea nata propago est,
Nolo sepulcra pati; scio me submergere terræ.

54. Hamus.

Exiguum corpus, flexu mucronis adunci
Fallaces escas medio circumfero fluctu:
Blandior, ut noceam; morti præmitto saginam.

55. Acus.

Longa, sed exilis, tenui producta metallo,
Mollia duco levi comitantia vincula ferro:
Et faciem læsis, et nexum reddo solutis.

56. Caliga.

Major eram longe quondam, dum vita manebat:
Sed nunc exanimis, lacerata, ligata, revulsa,
Dedita sum terræ; tumulo sed condita non sum.

57. Clavus caligaris.

In caput ingredior, qui de pede pendeo solo:
Vertice tango solum: capitis vestigia signo:
Sed multi comites casum patiuntur eumdem.

58. Capillus.

Findere me nulli possunt, præcidere multi.
Sed sum versicolor, albus quandoque futurus.
Malo manere niger: mihi us ultima fata verebor.

59. Pila.

Non sum cincta comis, et non sum compta capillis;
Intus enim crines mihi sunt, quos non videt ullus:
Meque manus mittunt, manibusque remittor in auras.

60. Serra.

Dentibus innumeris toto sum corpore plena:
Frondicomam sobolem morsu depascor acuto:
Mando tamen frustra, quæ respuo præmia dentis.

61. Pons.

Stat nemus in lymphis, stat in alto gurgite silva,
Et manet in mediis undis immobile robur.
Terra tamen mittit, quod terræ munera præstat.

62. Spongia.

Ipsa gravis non sum, sed aquæ mihi pondus inhæret;
Viscera tota tument patulis diffusa cavernis.
Intus lympha latet, sed non se sponte refundit.

63. Tridens.

Tres mihi sunt dentes: quos unus continet ordo:
Unus præterea deus est et solus in imo;
Meque tenet numen, ventus timet, æquora curant.

64. Sagitta.

Septa gravi ferro, levibus circumdata pennis,
Aera per medium volucri contendo meatu,
Missaque discedens nullo mittente revertor.

65. Flagellum.

De pecudis dorso pecudes ego terreo cunctas,
Obsequium reddens moderati lege doloris:
Nec volo contemni, sed contra nolo nocere.

66. Laterna.

Cornibus apta cavis, tereti perlucida gyro,
Lumen habens intus divini sideris instar,
Noctibus in mediis faciem non perdo dierum.

67. Specular.

Perspicior penitus, nec luminis arceo visus,
Transmittens oculos intra mea membra meantes
Nec me transit hiems, sed sol tamen emicat in me.

68. Speculum.

Nulla mihi certa est, nulla est peregrina figura.
Fulgor inest intus radianti luce coruscans,

ÆNIGMATA.

Qui nihil ostendit, nisi si quid viderit ante.

69. *Clepsydra.*
Lex bona dicendi, lex sum quoque dura tacendi.
Jus avidæ linguæ, finis sine fine loquendi,
Ipsa fluens, dum verba fluunt, ut lingua quiescat.

70. *Puteus.*
Mersa procul terris in cespite lympha profundo,
Nonnisi perfossis possum procedere venis,
Et trahor ad superos alieno ducta labore.

71. *Tubus.*
Truncum terra tegit, latitant in cespite lymphæ:
Alveus est modicus, qui ripas non habet ullas.
In ligno vehitur medio, quod ligna vehebat.

72. *Follis.*
Non ego continuo morior, dum spiritus exit;
Nam redit assidue, quamvis et sæpe recedat.
Et mihi nunc magna est animæ, nunc nulla facultas.

73. *Lapis.*
Deucalionis ego crudeli sospes ab unda,
Affinis terræ, sed longe durior illa.
Littera decedat: volucris quoque nomen habebo.

74. *Calx.*
Evasi flammas, ignis tormenta profugi.
Ipsa medela meo pugnat contraria fato.
Ardeo de lymphis; mediis incendor ab undis.

75. *Silex.*
Semper inest in me, sed raro cernitur ignis.
Intus enim latitat, sed solos prodit ad ictus;
Nec lignis, ut vivat, eget, nec, ut occidat, undis.

76. *Rotæ.*
Quattuor æquales currunt ex arte sorores,
Sic quasi certantes, cum sit labor omnibus unus,
Et prope sunt pariter, nec se contingere possunt.

77. *Scalæ.*
Nos sumus, ad cœlum quæ tendimus alta petentes,
Concordi fabrica quas unus continet ordo,
Ut simul hærentes per nos scandatur ad auras.

78. *Scopa.*
Mundi magna parens, laqueo connexa tenaci,
Juncta solo plano manibus comprensa duabus,
Ducor ubique sequens, et me quoque cuncta sequuntur.

79. *Tintinnabulum.*
Ære rigens curvo patulum componor in orbem.
Mobilis est intus linguæ crepitantis imago;
Non resonat positus, motus quoque sæpe resultat.

80. *Conditus potus.*
Tres olim fuimus, qui nomine jungimur uno.
Ex tribus est unus, et tres miscentur in uno;
Quisque bonus per se: melior, qui continet omnes.

81. *Vinum conversum in acetum.*
Sublatum nihil est, nihil est extrinsecus auctum;
Nec tamen invenio, quidquid prius ipse reliqui.
Quod fuerat, non est: cœpit, quod, non erat, esse.

82. *Malum.*
Nomen habens græcum, contentio magna dearum,
Fraus juvenis pulchri, multarum cura sororum,
Excidium Trojæ, dum bella cruenta peregi.

83. *Perna.*
Nobile duco genus magni de gente Catonis.

Una mihi soror est, plures licet esse putentur.
De fumo facies, sapientia de mare nata est.

84. *Malleus.*
Non ego de toto mihi corpore vindico vires,
Sed capitis pugna nulli certare recuso.
Grande mihi caput est: totum quoque pondus in ipso.

85. *Pistillus.*
Contero cuncta simul virtutis robore magno.
Una mihi cervix, capitum sed forma duorum.
Pro pedibus caput est: nam cætera corporis absunt.

86. *Strigilis.*
Rubea, curva, capax, alienis humida guttis,
Luminibus falsis auri mentita colorem,
Dedita sudori, modico succumbo labori.

87. *Balneum.*
Per totas ædes innoxius introit ignis:
Est calor in medio magnus quem nemo veretur.
Non est nuda domus, sed nudus convenit hospes.

88. *Tessera.*
Dedita sum semper voto, non certa futuri:
Jactor in ancipites varia vertigine casus,
Nunc ego mœsta malis, nunc rebus læta secundis.

89. *Pecunia.*
Terra fui primo latebris abscondita terræ:
Nunc aliud pretium flammæ nomenque dederunt.
Nec jam terra vocor, licet ex me terra paretur.

90. *Mulier geminos pariens.*
Plus ego sustinui quam corpus debuit unum.
Tres animas habui, quas omnes intus habebam:
Discessere duæ, sed tertia pene secuta est.

91. *Miles podagricus.*
Bellipotens olim, sævis metuendus in armis
Quinque pedes habui, quos unquam nemo negavit;
Nunc mihi vix duo sunt: inopem me copia fecit.

92. *Luscus allium vendens.*
Cernere jam fas est, quod vix tibi credere fas est.
Unus inest oculus, capitum sed millia multa.
Qui quod habet vendit, quod non habet, unde parabit?

93. *Funambulus.*
Inter luciferum cœlum terrasque jacentes
Aera per medium docta meat arte viator:
Semita sed brevis est, pedibus nec sufficit ipsis.

94. *Umbra.*
Insidias nullas vereor de fraude latenti,
Nam Deus attribuit nobis hæc munera formæ,
Ut nemo moveat, nisi qui prius ipse movetur.

95. *Echo.*
Virgo modesta nimis legem bene servo pudoris.
Ore procax non sum, nec sum temeraria lingua;
Ultro nolo loqui, sed do responsa loquenti.

96. *Somnus.*
Sponte mea veniens varias ostendo figuras.
Fingo metus vanos nullo discrimine vero.
Sed me nemo videt, nisi qui sua lumina claudit.

97. *Monumentum.*
Nomen habens hominis post ultima fata remansi:
Nomen inane manet, sed dulcis vita profugit.
Vita tamen superest morti post tempora vitæ.

98. *Ancora.*

Mucro mihi geminus ferro conjungitur unco.
Cum vento luctor, cum gurgite pugno profundo;
Scrutor aquas medias, ipsas quoque mordeo terras.

99. *Lagena.*

Mater erat tellus, genitor fuit ipse Prometheus,
Auriculæque regunt redimitæ ventre cavato.
Dum cecidi infelix, mater mea me divisit.

100.

Nunc mihi jam credas, fieri quod posse negatur.
Octo tenes manibus, sed me monstrante magistro,
Sublatis septem reliqui tibi sex remanebunt (¹).

VARIORUM NOTÆ.

(¹) Multis verbis de hoc ænigmate explanando dixit Heumannus, qui varias v. d. interpretationes attulit. Heynazius ita explicat: « Veteres per digitos numerabant : sex significabant omnibus sinistræ præter annularem, seu minimo proximum expansis: septem solo minimo depresso; octo depresso annulari et minimo, seu auriculari. Si ergo auricularem septem exprimentem erigebant, relictus est annularis digitus depressus, ergo numerus senarius. » Ceterum in editione Perienii neque hoc, neque illud ænigma invenitur, quod in ed. Lemairii n. 100 legitur, ut Reusnerus hoc ex illa ed. transcripsisse falso dicatur. Ænigma hoc est :

Cuculus.

Frigore digredior, redeunte calore revertor.
Desero quod peperi; hoc tamen educat altera mater.
Quid tibi vis aliud dicam? me vox mea prodit.

STEPHANI BALUZII TUTELENSIS
NOTÆ
IN LIBRUM DE MORTIBUS PERSECUTORUM.

Inter multos ac varios codices manuscriptos, quos vir litterarum ac litteratorum amantissimus, et in omni genere laudis excellentissimus, *Joannes Baptista Colbertus*, in publicam studiorum utilitatem ex omni Europa, Asia, Africa comparavit, repertus est unus auro contra æstimandus, in quo continetur Lucii Cæcilii Firmiani Lactantii liber de persecutione, sive de mortibus persecutorum, quo hactenus caruerat Ecclesia. Non facit ille quod plerique solent; qui si veteris cujuspiam scriptoris opus ineditum, quantumvis leve sit ac tenue, nacti fuerint, diligenter occultant, tamquam in tenebris magis eluceat, ut gloriari possint se solos possidere, quod omnes habere vellent ; caventque summopere, ne in manus aliorum venire possit. Liberalior excelsiorque est animus illustrissimi viri, quam ut falsa illa gloria teneri possit. Itaque cum intellexisset hunc Lactantii librum extare inter antiquos codices manuscriptos bibliothecæ suæ, satisque compertum haberet quantum hinc utilitatis accederet Ecclesiæ, si vulgaretur, quamquam antea frequenter mandaverat ut, si quid ineditum videretur in eisdem antiquis codicibus, id totum prælo committeretur, tamen ea occasione mandatum dedit speciale, et solita magnitudine animi statim jussit, ut hic Lactantii liber in clarissimam lucem ederetur.

Damus igitur illum ex codice 1297 Bibliothecæ Colbertinæ (*nunc in Biblioth. regia, in-4°, num.* 2627), qui octingentorum, aut circiter, annorum esse videtur, integrum quidem, sed ab imperita manu scriptum, adeoque pluribus mendis infectum. Atque ea quidem quorum emendatio facilis et obvia erat libere nos emendavimus : sed ea intacta reliquimus, in quibus audacia corrigendi non vacabat periculo. Fortassis alii feliciores erunt. Compositus et absolutus est liber eo anno, quo post extinctos persecutores dulcissimum et pulcherrimum pacis nomen auditum est in Ecclesia Christi, nostrisque hominibus tranquillitas ac loquendi scribendique libertas restituta. Quis enim historiam istiusmodi scriberet in medio atrocissimæ persecutionis? Sane Lactantius libros divinarum Institutionum scripsit furente persecutione, in ipsis ejus initiis, ut ex capite secundo et quarto libri quinti colligitur : sed non emisit, impeditus videlicet rei et temporis necessitate, ut ipse loquitur in principio libri de Opificio Dei. At cum data esset pax, omnisque metus a pectoribus Christianorum depulsus beneficio Constantini M. imperatoris, tum vero Ecclesiastici scriptores indulgentia benignissimi principis usi, animum converterunt ad scribendum : quod antea non erant ausi. Itaque tum Lactantius divinarum Institutionum libros, in quibus loca quædam sparsim reperiuntur, quæ manifesto constat scripta esse post bellum sedatum atque extinctum, recensuit, pleraque addidit, imprimis vero ea, quæ in initiis librorum et in epilogo dicuntur ad Constantinum; quæ perperam nonnulli judicant notha esse, ac supposititia, adeo ut eorum præjudicio fretus Josephus Isæus, qui postremam Lactantii editionem Romanam emisit, universa delaverit, quæ in aliis editionibus ad Constantinum scripta leguntur. Et tamen puto non posse vere dubitari quin ea sint Lactantii, cum et ejusdem sint styli cum cæteris ejusdem operibus, et phrases quædam, quæ illic habentur, eædem sint in variis locis istius historiæ, et reliquarum Lactantii lucubrationum. Sed haud dubio duæ antiquitus fuere divinarum Institutionum editiones, una ferme statim post datam Ecclesiæ pacem emissa, cum adhuc Lactantius esset in Bithynia, altera post bellum Cibaleuse et Mardiense, cum venisset in Gallias propter Crispum Constantini filium. Qui ergo priore editione usi sunt, ea profecto non habuerunt quæ postea de Constantino addita sunt; atque adeo mirum non est ea desiderari in quibusdam exemplaribus. Sed ut redeamus ad librum de mortibus persecutorum, a quo nos abduxit occasio; ante tempus quo scripti sunt libri divinarum Institutionum, certum est eum ab Auctore scriptum Nicomediæ in Bithynia, ubi is habitavit per totum illud tempus quo persecutio in Oriente grassata est, et absolutum fuisse post confectum bellum apud Campum Serenum in Thracia, post quod integra fuit Ecclesiæ pax, profligato, ac paulo post extincto Maximino, homine nostræ religionis inimicissimo, Colligitur illud ex pluribus ejusdem historiæ locis, sed præcipue ex epilogo, in quo Auctor verbis apertissimis innuit hæc scripta a se esse post datam pacem plebi Dei, quæ per annos decem partim vastata, partim dispersa fuerat. Adde quod librum suum nuncupavit illustri regionum illarum confessori Donato, quem etiam compellat in medio operis, et in fine. Hæc enim indicant eos tum simul fuisse, aut certe non magno locorum intervallo disjunctos. Illud etiam diligenter observandum est, eum illa tantum edicta, quæ pro Christianis data sunt, in hoc opere descripsisse, quæ proposita Nicomediæ sunt, aliorum mentionem non facere : quia nimirum ea tantum refert, quæ ipse proponi vidit, et quorum propterea copiam facile habere potuit.

De patria Lactantii video varias esse sententias ; quarum ea infirmior videtur, quæ Firmo Piceni oppido eum ortum contendit, quia Firmianus vocatur. Eam ego præfero, quæ Afrum fuisse censet. Nam et in Africa præceptore usus est Arnobio; et Nicomediam accitus a Diocletiano, ut illic litteras oratorias doceret, ut ipse scribit, non aliunde venisse videtur, quam ex Africa, cum apud Hieronymum, in libro de viris illustribus legatur, ὁδοιπορικὸν suum ab Africa Nicomediam usque versibus hexametris descripsisse. Erat autem Nicomediæ tempore persecutionis, quæ sub Diocletiano universam commovit Ecclesiam; etiam cum data pax est. Nam quæ in libro de Mortibus persecutorum dicuntur, de proposita Nicomediæ Constitutione Constantini et Licinii, deque adventu Licinii in eam urbem, ea profecto ab alio scribi non potuerant, quam ab eo qui quæ scriberet oculis usurparet. Cum vero postea Constantinus, post bellum Cibalense, quod confecit anno Christi 304, 8 Idus Octobris, in Thraciam ac Macedoniam profectus esset, tum haud dubie Lactantius, ei forte an olim cognitus, e Nicomedia ad eum venit, et postea jussu ejus Gallias petiit, ubi Crispum Constantini filium latinis litteris erudivit. Putavit vir doctissimus Franciscus Chiffletius, Crispum a Lactantio institutum fuisse, anno Christi cccxii, eodem nimirum tempore quo primum Constantinus, ut ille ait, mox mater ejus Helena Christum agnovere, fidei nostræ sacramenta edocti ab Eusebio Episcopo Vesuntionensi, et Crispum cum Helena et Lactantio relictum Vesuntione a Constantino, cum is in Italiam profectus est adversus Maxentium. Verum narratio ex qua Chiffletius hanc historiam contexuit posterioris ac sequioris sæculi scriptum est, et nullam fidem meretur. Præterea certum est Lactantium adhuc in Bithynia fuisse, cum bellum pararetur adversus Maxentium, et aliquanto post. Venit ergo Lactantius in Galliam (quod etiam agnoscere video clarissimo viro Jacobo Gothofredo) anno tantum cccxv cum pace post pugnam Cibalensem atque Mardiensem constituta inter Constantinum et Licinium, Magnus Gallias repetiit. Rediisse enim illum ad uxorem suam facile colligitur ex Zozimo et Epitome Victoris, ubi scriptum est Constantinum Magni filium, *in Arelatensi oppido ante non multos dies editum,* factum fuisse Cæsarem cum Crispo, et Liciniano Licinii filio, quod contigisse anno Christi cccxvii, Kalendis Martiis, docent Fasti Idatiani. Nam cum pugnatum in Pannonia sit anno cccxiv exeunte, et ineunte anno cccxv natus in Gallia sit Constantinus, Constantini filius, necesse est patrem medio temporis in Gallia fuisse, adeoque illuc rediisse post pacem factam cum Licinio. Qua occasione verisimile est Lactantium, virum omnium suo tempore eruditissimum, ut Eusebius ait, a Constantino adductum fuisse in Gallias, ut Crispum imbueret cognitione historiæ, et cæterarum bonarum litterarum. Et quidem facile assentior doctissimis viris Christophoro Browero et Ægidio Bucherio, qui tamquam rem certam tradunt, Lactantium Treviris senectutem extremam egisse, cum erudiendo Crispo daret operam, et hic verisimiliter libros divinarum Institutionum ad Constantinum Imperatorem contexuisse. At Chiffletius, honesto et decoro patriæ amore ductus, hunc honorem æqua lance partitur inter Treviros et Vesuntionenses, sic Bucherio concedens Crispum Treviris eruditum a Lactantio fuisse, ut id tamen factum velit etiam Vesuntione. Sed conjectura illa nullum omnino fundamentum habet, præter bonam clarissimi et optimi viri voluntatem, et inclinationem in suos Vesuntionenses. Cæterum Lactantium alibi quam in imperio Licinii fuisse, cum is religioni Christi manifesto contrarius apparuit, adeoque tum in Gallia fuisse, docet ipse ad Constantinum scribens in initio libri primi divinarum Institutionum. Nam malis, inquit, *qui adhuc adversus justos in aliis terrarum partibus sæviunt, quanto serius, tanto vehementius idem omnipotens mercedem sceleris exsolvet.* Cœpit autem Licinius aperte sævire in Christianos anno cccxx, ut certis argumentis ostenderunt viri doctissimi. Unde colligi potest Lactantium adhuc eo tempore in humanis fuisse. Imo ultra hunc annum eum produxisse ætatem docere ipse videtur in fine libri quarti divinarum Institutionum, ubi inter varias hæreticorum sectas numerat etiam Arianos. Nam cum illi plene orbi universo non innotuerint, nisi post habitam Synodum Nicænam, apparet Lactantium superstitem huic Synodo fuisse, si vera est lectio. Scio virum clarissimum et eruditissimum Michaelem Thomasium sustulisse ab eo loco nomen Arianorum, in ea quam curavit Lactantianorum operum editione, et habuisse sententiæ suæ suffragatorem Josephum Isæum. Sed cum illi paucos veteres libros habeant istius suæ sententiæ assertores et vindices, et de novem Vaticanis, duobusque Vallicellanæ bibliothecæ, quod hanc clausulam habeant, fidem faceret Illustrissimus Cardinalis Baronius; cum scirem præterea unum Bononiensem, quem et Thomasius, et Latinus Latinius viderunt, tum etiam quatuor bibliothecæ Regiæ, sive Colbertinos, et veteres editiones, eas nimirum, quæ Thomasianam antecesserunt, cum scirem, inquam, tot veteres codices et editiones mentionem hic facere Arianorum, et pauca admodum exemplaria vetera proferri, in quibus hoc nomen non extet, præ multitudine eorum, quæ illud habent, non invitus assentiebar eidem Baronio Thomasium reprehendenti, quod contra omnium fere veterum exemplarium et editionum fidem, textum Lactantii corrupuerit, nulla, vel levi addita ratione cur id fecisset. Sed nunc, dum mecum repeto codices qui Arianos commiscent hæreticis a Lactantio commemoratis non esse admodum veteres, duos vero bibliothecæ Regiæ signatos 3735 et 3736 sane vetustissimos et optimos, tum etiam vetustissimum illum Bononiensem, quo Thomasius utebatur, nullam eorumdem Arianorum mentionem facere, dubitare cogor num retinenda sit emendatio ejusdem Thomasii contra tot exemplarium manuscriptorum fidem, cum certum sit in istiusmodi rebus multitudinem testium, qui per imperitiam temeritatemque Scriptorum falsi fictique esse possunt, cedere interdum debere dignitati et auctoritati paucorum antiquiorum. Utcumque se res habeat, cum constet Lactantium in extrema senectute præceptorem Crispi fuisse, necesse est illum circa ea tempora mortuum, quibus Constantinus vicennalia sui imperii celebravit. Acciderit ne illius mors Augustæ Trevirorum, an alibi, exploratum non est. Ego huc valde inclino, ut cum Bucherio sentiam, eum in civitate illa et extinctum, et sepultum esse, cum id extrema illius senectus, quam illum egisse in Gallia docet Hieronymus, facile persuadeat.

Lucii Cæcilii. In veteri codice ita simpliciter conceptus est titulus istius operis : *Lucii* (vel potius *Lycii*) *Cæcilii. Incipit liber ad Donatum confessorem, de mortibus per-*

seculorum. Quod autem is sit Lactantius, cujus extant libri septem divinarum Institutionum, et alia quædam opuscula, tanta ac tam manifesta sunt argumenta, ut res extra omnem controversiam posita esse videatur. Nam et stylus omnino Lactantianus est, ut facile periti rerum istarum æstimatores agnoscent; et versus interdum Virgilianos huic operi interserit auctor, ut solet Lactantius; denique pleraque, quæ illic leguntur, eadem fere ad verbum in aliis ejusdem libris leguntur, ut suis infra locis adnotabimus. Adde auctoritatem sancti Hieronymi, qui in catalogo virorum illustrium recensens opera Lactanti, inter ea commemorat librum de persecutione. n mirum hunc nostrum. Neque movere quemquam debet, quod in Lactantii editionibus, quæ manibus eruditorum feruntur, non Cæcilius, sed Cælius appellatur, tamquam hinc colligi posse videatur Lucium Cæcilium libri istius auctorem diversum esse a Lactantio. Nam licet verum sit eum semper vocari Cælium in editionibus quæ prænomen ejus habent, ut sunt omnes posteriores, in Romana tamen anni MCCCCLXX, quam curavit Joannes Andreas Episcopus Aleriensis, vocatur simpliciter Lactantius Firmianus absque ullo prænomine ; et in codice 1975, bibliothecæ Colbertinæ, in quo continentur vulgatæ Lactantii lucubrationes, diserte in titulo vocatur Lucius Cæcilius Firmianus Lactantius; in codice vero 3736 bibliothecæ regiæ, Cæcilius Firmianus. Imo cum videam eum appellari tantum Firmianum in codicibus 3757, 3738, 3740 bibliothecæ regiæ, et in codicibus 3573, 4095 et 4495 Colbertinæ, tum etiam in optimo et vetustissimo exemplari manuscripto Academiæ Oxoniensis, facile adducor ut credam pleraque vetera lucubrationum ejus exemplaria neque Cælii prænomen habere neque Cæcilii, ac nihilominus verum ejus nomen esse Cæcilium, cum ita constanter vocetur in titulo istius historiæ in codice 3736 bibliothecæ regiæ, et in codice 1975 Colbertinæ, ut monuimus. Quanquam, faciendum enim est, L. Cælius Firmianus semper scribitur in codice regio 3755, quem diximus esse vetustissimum et optimum. Cur autem in titulo libri de mortibus persecutorum, et in codice illo regio prætermissum sit verum nomen Lactantii, quod est ultimum ex quatuor quæ illi tribuuntur, id (ut in simili causa Sirmundus adnotavit ad Sidonium) librarii oscitantiæ evenisse credendum est : qui cum omnia Scriptoris istius nomina brevitatis studio adscribere nollet, pro ultimo, quod proprium erat, id potius imperitæ delegit, quod primo loco occurrebat.

Ad Donatum. Illustrem horum temporum confessorem, qui novies tormenta pertulit pro nomine Christi, sex annorum spatio tentus in carcere, unde emissus est extremis Galerii Maximiani temporibus, ut legitur infra , cap. 16 et 35 istius operis. Eidem librum de Ira Dei nuncupavit Lactantius, scriptum post datam divinitus pacem.

De mortib. persec. Apud Hieronymum legitur simpliciter Lactantium scripsisse *de persecutione librum unum*. Sed nos retinuimus lectionem veteris exemplaris, quoniam manifestum est, consilium institutumque auctoris fuisse, ut miserabiles exitus eorum describeret, qui persecutionem adversus Christianos excitaverant. Mortes autem dixit, quomodo Cicero libro secundo de Finibus : *Præclaræ mortes sunt imperatoriæ.* Item in fine libri primi Tusculanarum Quæstionum : *Claræ vero mortes pro patria oppetitæ , non solum gloriosæ rhetoribus, sed etiam beatæ videri solent.* Tacitus, l. xi annalium : *Multasque mortes jussu Messalinæ patratas.* Et lib. xiv : *Sequuntur virorum illustrium mortes.* Idem, lib. iii Histor. : *Varia pereuntium forma, et omni imagine mortium.* Item lib. i : *Laudatis antiquorum mortibus pares exitus.* Et Statius in libro nono Thebaidos :

Desertasque tulit sine funere mortes.

Et paulo post :

Nil opus arma ultra tentare et perdere mortes.

Sanctus Augustinus, epist. 68 : *Insuper etiam, si quas mortes sibi ultro ingerunt, nobis volunt esse invidiosas.* Idem, lib. I contra Gaudentium, cap. 6 : *Hæc est innocentia partis Donati, ut hoc faciatis, adjunctis mortibus vestris , quod etiam apud Carthaginem in invidiam nostram de basilicis , quæ vestræ fuerunt, sicut potuistis, et cum quibus potuistis, fecisse asseveramini sine mortibus vestris.*

CAPUT PRIMUM.

Excitavit Deus Principes. Ut Constantinum et Licinium, qui tum cum hæc scribebat Lactantius pacem Ecclesiæ dederant, nondum commota a Licinio persecutione adversum nostros.

Qui illucrati, vel qui adversati. In veteri libro legitur *illustrati*, quod nos mutavimus, quia emendatio certa erat.

Templ. sanc. evert. In prima editione scripsi ex capite 15 istius libri , et ex libro v Divinarum Institutionum, cap. 11, patere heic agi de templo Nicomediæ everso a Diocletiano et Maximiano. Postea cum viderem virum clarissimum et eruditissimum Gisbertum Cuperum aliam loci istius interpretationem adduxisse, quæ veritati videatur esse consentanea, illam lubenter amplexus sum. Putat ergo intelligi istic debere in genere Christianam religionem, cum veteres, post apostolum, corpus Christianorum vocare soleant templum Dei, ut observamus ad caput secundum.

Nocentes animas profuderunt. Diocletianus nimirum, Maximianus Herculius, Galerius Maximianus, et Maximinus Daza, quorum horrendæ mortes describuntur in hoc libro.

Virtutem ac majest. Lactantius, lib. iv Institut., cap. 26 : *virtutem majestatemque Dei singularis interpretari.* Et lib. vi, cap. 9 : *virtutem ac majestatem Dei singularis enarrat.*

CAPUT II.

Post diem decimum. Hic in primis locus confirmat librum istum vere esse Lactantii. Nam idem ipse libro quarto Divinarum Institut. cap. 10, loquens de Judæis, ait : *Exinde Tetrarchas habuerunt ad Herodem, qui fuit sub imperio Tiberii Cæsaris, cujus anno quinto decimo, id est, duobus Geminis consulibus, ante diem decimum Kalendarum Aprilium Judæi Christum cruci affixerunt.* Sic enim legitur in omnibus antiquis Lactantii exemplaribus manuscriptis, in editione Romana anni 1470, in Veneta anni 1521, et apud Paulum de Middelburgo in Paulina. Xystus tamen Betuleius contendit, in melioribus Lactantii editionibus legi, *ante diem septimum Kalendarum* , Romanamque illam sugillat, quæ *ante decimum* habet. Sed tandem anno 1650 Josephus Isæus veterem lectionem huic loco restituit, auctoritate plurimorum veterum exemplarium, quæ nunc confirmatur ex ista quoque Lactantii lucubratione. Vide porro doctissimi viri Michaelis Thomasii Notas ad locum illum ex Divinarum Institutionum libro quarto.

Post diem decimum. In libro quarto Institutionum legitur *ante diem decimum.* Verum hæc discrepantia nullam importat repugnantiam. Idem enim valet *post diem*, ac *ante diem*, ut monet Paulus in l. *Anniculus* , 132 Dig. de verbor. significat. : *Anniculus amittitur, qui extremo anni die moritur.* Et consuetudo loquendi id ita esse declarat, Ante diem decimum kalendarum, Post diem decimum kalendarum. Sed hic locus Pauli non caret difficultate. Nam Marcellus Francolinus in tractatu de tempore horarum canonicarum , cap. 75, contendit heic per verba *post diem* non posse intelligi aliquem dierum, qui sunt ante kalendas, sed decimum post kalendas, id est, nonam mensis diem; idque confirmare nititur pluribus exemplis. Frustra. Nam cum Lactantius eamdem rem duobus in locis referens, in uno quidem dixerit, *ante diem decimum*, in alio vero *post diem decimum* , manifestum est horum verborum eumdem debere sensum esse. Præterea Romani nunquam à Kalendis denominaverunt dies qui sequuntur post Kalendas, sed eos tantum qui antecedunt, ut nemini paulo erudito est obscurum.

Congregavit discipulos. Lactantius, lib. IV Institut., cap. 20 : *Discipulis iterum congregatis, Scripturæ Sanctæ litteras, id est, prophetarum arcana patefecit, quæ antequam pateretur perspici nullo modo poterant.* Et cap. 15 : *Sicut etiam voces Prophetarum, quæ cum per annos mille quingentos, et eo amplius, lectæ fuissent a populo Judæorum, nec tamen intellectæ sunt, nisi postquam illas Christus et verbo, et operibus interpretatus est.*

Ordinavit. Lactantius, ibid., cap. 21 : *Ordinata vero discipulis suis evangelica ac nominis sui prædicatione, circumfudit se repente nubes, eumque in cœlum sustulit.*

Per annos 25. Ait Lactantius Apostolos, et in his Matthiam et Paulum, qui post mortem Christi Domini reliquis adjuncti fuerant, evangelium per omnem terram prædicavisse per annos xxv usque ad principium Neroniani imperii, et Petrum Romam profectum, cum Nero illic imperaret. Et hanc quidem fuisse tum communem de Petri ad urbem Romam profectione opinionem, tamen etsi aliter post nonnullos veteres senserit Eusebius, valde probabile est, cum Lactantius nullam de ea re controversiam moveat. Fortassis ergo ex his viginti quinque annis, qui ad prædicationem omnium Apostolorum ex æquo pertinent, orta est opinio de viginti quinque annis, quos quidam veteres, et innumerabile recentiorum agmen sancto Petro apostolo tribuunt in sede Romana. Sane licet frustra ac supervacanee a nonnullis negari putem adventum ejus ad urbem Romam, qui clarissimis veterum testimoniis comprobatus est, de tempore tamen multum ambigo, cum videam tot tantasque difficultates habere eorum sententiam, qui illum Romam venisse volunt Claudio imperante, ut coacti sint duplicare profectionem ejus in urbem, et duplex item ejus cum Simone mago certamen comminisci, primo quidem temporibus Claudii, dein principatu Neronis. Quæ res quam absurda sit, cum id a nullo veterum proditum sit memoriæ litterarum, pervident istarum rerum periti. Nam quod a recentiore auctore sine alicujus vetustioris auctoritate profertur contemnitur, ut monuit illustrissimus Cardinalis Baronius. Itaque, si fas esset recedere a vulgari et in animis hominum insita opinione, ei Lactantianam lubenter præferrem ; id est, Petrum quidem Romæ prædicasse Evangelium facile concederem, non sub Tiberio Claudio, ut vulgo putant, sed sub Nerone Claudio. Quippe stabilita semel hac verissima, ut puto, sententia, conquiescit statim omnis disputatio, absque ullo incommodo auctoritatis Romani Pontificis. Neque enim longa annorum series, quibus Petrus fuerit episcopus Romæ, primatum illius Ecclesiæ stabilivit, sed persona Petri, qui Cathedram suam ibi collocavit, et eam suo sanguine solidavit ac confirmavit.

Fundamenta miserunt. Id est, posuerunt, ut ipse Lactantius scripsit in loco paulo ante laudato : *Discipuli vero per provincias dispersi fundamenta Ecclesiæ ubique posuerunt, facientes et ipsi in nomine magistri Dei magna et pene incredibilia miracula.* Agrariæ rei Scriptores *mittere* dicunt pro *ponere,* ut pluribus ostendit vir clarissimus Nicolaus Rigaltius in Glossis.

Convertit mul. ad justitiam. Id est, ad cultum veri Dei, ut loquitur Lactantius, lib. VII Institut., cap. 17. Idem, lib. v, cap. 7 : *Reddita quidem terræ, sed paucis assignata justitia est, quæ nihil aliud est quam Dei unici pia et religiosa cultura.* Qua voce passim ad significandam religionem Christi utitur Lactantius in hoc libro, et in reliquis lucubrationibus suis. Sulpitius Severus, lib. II sacræ hist., loquens de Romanis ad audiendum Paulum convenientibus : *Qui veritate intellecta, virtutibusque Apostolorum, quas tum crebro ediderant, permoti, ad cultum Dei sese conferebant.*

Templum fidele ac stabile. Ecclesiam nimirum, quæ est verum templum Dei, quod non in parietibus est, sed in corde ac fide hominum qui credunt in eum, ac vocantur *fideles,* ut ait Lactantius in libro quarto Institutionum, cap. 14. Et in capite sequenti Eccle-
siam vocat æternum et immortale Dei templum ; quod etiam repetit in capite secundo libri de Ira Dei. Hinc infra de Nerone in hoc ipso libro : *Prosilivit ad excidendum cœleste templum.* Et cap. 15 : *Nam Constantinus, ne dissentire a majorum præceptis videretur, conventicula, id est, parietes, qui restitui poterant, dirui passus est, verum autem Dei templum, quod est in hominibus, incolume servavit.* Hinc libro quarto Institut., cap. 10, ait, necesse fuisse *Dei Filium descendere in terram, ut constitueret Deo templum doceretque justitiam.*

Stabile collocavit. Lactantius, lib. VII Institut., cap. 10 : *Sibi domicilium stabile collocavit.*

Primus omnium persecutus. Tertullianus in Apologetico, cap. 5 : *Consulite commentarios vestros. Illic reperietis primum Neronem in hanc sectam tum maxime Romæ orientem Cæsariano gladio ferocisse. Sed tali dedicatore damnationis nostræ etiam gloriamur.* Petilianus, Episcopus Constantiniensis, sive Cirtensis, partis Donatistarum, apud Augustinum, lib. II contra litteras Petiliani, cap. 92 : *Relinquam Neronem, qui primus persecutus est Christianos.* Sulpitius Severus, lib. II, de Nerone loquens : *qui, non dicam Regum, sed omnium hominum, et vel immanium bestiarum sordidissimus, dignus extitit qui persecutionem in Christianos primus inciperet.*

Ne sepult. q. locus. Contra Suetonius docet eum funeratum esse impensa ducentorum millium, et reliquias ejus Domitiorum monumento conditas, quod prospiciebatur e campo Martio impositum colle hortorum, et fuisse qui per longum tempus vernis æstivisque floribus tumulum ejus ornarent.

Vivum reservatum. Ea fuit quorumdam veterum persuasio Neronem non esse mortuum, sed adhuc vivere, et venturum ante seculi finem, et vel ipsum fore Antichristum, vel temporibus iisdem per Occidentem seviturum, quibus ille per Orientem, ut observavit Casaubonus ad Suetonium. Qua de re vide etiam Annales ecclesiasticos illustrissimi Cardinalis Baronii. Sed alia mens Lactantio fuit, qui eos qui ita sentiunt delirare pronuntiat. Quare falsa prorsus est conjectura Josephi Isæi, qui in Notis ad librum septimum Divinarum Institutionum, cap. 16, suspicatur Lactantio eam sedisse sententiam, ut crediderit Regem illum potentissimum, qui in fine mundi princeps omnium constituetur, futurum Neronem ; eoque nomine Lactantium arguit erroris.

Sibylla dicente. Sic libros Sibyllinos laudare solet Lactantius, tametsi illos sciret non unius esse Sibyllæ, sed plurium. Ita ipse libro primo Divinar. Institut., cap. 6 : *Et sunt singularum singuli libri : qui quia Sibyllæ nomine inscribuntur, unius esse creduntur. Sed et nos confuse Sibyllam dicemus, sicubi testimoniis earum fuerit abutendum.* Duo autem sunt loca in vulgatis Sibyllarum oraculis, ad quæ respexisse hoc loco reor Lactantium. Primus habetur in libro quinto :

Ἥξει δ' ἐκ περάτων γαίης μητροκτόνος ἀνήρ
Φεύγων ἠδὲ νόον, ὀξὺ στόμα μερμηρίζων,
Ὃς πᾶσαν γαῖαν καθελεῖ, καὶ πάντα κρατήσει.

Quæ sic latine versa sunt a Sebastiano Castalione :

Matris et occisor quidam de finibus orbis
Vir fugiens veniet, spirans immane, fremensque,
Omnes qui terras vastabit, et omnia vincet.

Secundus locus ita habet in libro octavo Sibyllinorum oraculorum :

. . . . Ἰν' ὅταν γ' ἐπανέλθῃ
Ἐκ περάτων γαίης ὁ φυγὰς μητροκτόνος ἐλθών,
Ταῦτ' ἅπασι διδούς, πλοῦτον μέγαν Ἀσσίδι θήσῃ.

Ut quando redibit
Extremo cæsor matris fugitivus ab orbe,
Omnibus has donans, Asiam locupletet abunde.

CAPUT III.

Alter non minor. Id est, Domitianus, calvus Nero

dictus a Juvenale, quem Tertull anus in Apologetico, cap. 5, vocat portionem Neronis de crudelitate ; et Eusebius, lib. III Hist. eccles., cap. 17, Neronianæ impietatis et odii adversus Deum successorem. Tertullianus : *Tentaverat et Domitianus, portio Neronis de crudelitate : sed quic et homo, facile cœptum repressit, restitutis etiam quos relegaverat.* Ita veteres editiones, et duo vetusti codices Bibliothecæ Colbertinæ. Posteriores editores maluerunt *quæ :* quam bene, viderint alii. Cæterum quod heic a Tertulliano dicitur de restitutis Christianis quos Domitianus relegaverat ita interpretatur Franciscus Zephyrus, ut intelligi velit Domitianum, quia non omnem exuerat humanitatem, neque dignos exilio aut alia mulcta Christianos videret, repressisse impetum, et quos jam in insulam aliaque passim loca relegaverat, eumdem ipsum restituisse. Istud vero ego olim falsum putavi, quia ex Dione et Clemente Alexandrino, tum etiam ex Lactantio constat Christianos revocatos ex insulis non fuisse ante imperium Nervæ. Nunc vero existimo hanc repugnantiam sic posse conciliari, ut dicamus Domitianum quidem revocasse Christianos in insulas aliasve exilia deportatos, sed illos indulgentia ejus potiri non potuisse ante imperium Nervæ, quia statim post illam datam Domitianus excessisse videtur e vivis. Hæc porro conciliatio mea non est, sed Henrici Dodwelli, viri doctissimi.

Erasa est. Macrobius, lib. I Saturnal., cap. 12 : *Octobrem vero suo nomine Domitianus invaserat : sed uti infaustum vocabulum ex omni ære vel saxo placuit eradi.*

Mul. mir. op. fabricasset. Suetonius in Domitiano : *Plurima et amplissima opera incendio absumpta restituit, in queis et Capitolium, quod rursus arserat, sed omnia sub titulo tantum suo, ac sine ulla pristini auctoris memoria.*

Neq. imag. n. titulor. Idipsum scribit Eusebius, lib. III, cap. 20 Historiæ ecclesiasticæ. Suetonius : *Contra Senatus adeo lætatus est, ut repleta certatim curia non temperaret, quin mortuum contumeliosissimo atque acerbissimo acclamationum genere laceraret; scalas etiam inferri, clypeosque et imagines ejus coram detrahi, et ibidem solo affigi juberet ; novissime eradendos ubique titulos abolendamque omnem memoriam decerneret.* Vide etiam Xiphilinum in Nerva, et Procopii Cæsariensis Historiam arcanam, pag. 37, editionis Lugdunensis.

Ecclesia restituta. Narrat Dio, apud Xiphilinum, Nervam omnes qu impietatis in deos rei fuerant absolvisse, exules in patriam reduxisse, edicto insuper vetuisse, ne cui liceret aut impietatis, sive Judaicæ sectæ (sic tum vocabant religionem Christi) quempiam dehinc insimulari. Ea porro occasione Joannes Apostolus, qui in Patmon insulam a Domitiano fuerat relegatus, exilio solutus, Ephesum reversus est, ut ex Clemente Alexandrino recitat Eusebius, lib. III, cap. 33.

Boni principes. Quamvis pagani, Lactantius in fine libri septimi Divinarum Institutionum ad Constantinum : *Quoniam unus ex omnibus extitisti, qui præcipua virtutis et sanctitatis exempla præberes, quibus antiquorum principum gloriam, cuos tamen fama inter bonos numerat, non modo æquares, sed etiam, quod est maximum, præterires. Illi quidem natura fortasse tantum similes justis fuerunt. Qui enim moderatorem universitatis Deum ignorat, similitudinem justitiæ assequi potest, ipsam vero non potest.* De bonis principibus qui et libertatem credendi nostris hominibus permiserunt, et eorum ministerio in palatio et in provinciis usi sunt, eosque ad maximas dignitates evexerunt, videndus Eusebius in initio libri octavi Hist. eccles.

Nullus terr. angulus. Lactantius, lib. IV Instit., cap. 24 : *Nam quoniam ei qui patibulo suspenditur, et conspicuus est omnibus, et cæteris altior, crux potius electa est, quæ significaret illum tam conspicuum tamque sublimem futurum, ut ad eum cognoscendum pariter et colendum cunctæ nationes ex omni orbe concurrerent. Denique nulla gens tam inhumana est, nulla regio tam remota, cui aut passio ejus, aut sublimitas majestatis ignota sit.*

Nulla denique natio. In veteri codice legitur, *nulla denique Dei natio.* Sed nos vocem *Dei,* quæ hic omnino superflua erat, abjecimus. Et nostram emendationem confirmat Lactantii locus mox relatus.

CAPUT IV.

Principale fastigium. Lactantius in epilogo libri septimi ad Constantinum : *Te providentia summæ divinitatis ad fastigium principale provexit.*

Adversum Carpos. Constantinus in oratione ad sanctorum cœtum, cap. 24, Getas sive Gothos vocat ; auctor Chronici Alexandrini Francos ; Zozimus, libro primo historiarum, Scythas, de quibus etiam interpretatur Cuspinianus. Ac sane Constantinus in eadem oratione scribit Decium periisse in campis Scythicis. Res ista sic conciliari potest, ut quia Carporum Gothorumque eadem origo erat, et quia utrique propter Istrum fluvium sedes habebant, ut Zozimus docet, facile eorum nomina permutarentur, et alius ad Gothos referret, quæ alibi de Carpis et Scythis leguntur. Quod de Francis quoque hominibus, qui ejusdem cum Carpis Gothisque originis erant, intelligi velim.

Nec sepultura. Epitome Victoris : *In solo barbarico inter confusas turbas gurgite paludis submersus est, ita ut nec cadaver ejus potuerit inveniri.* Rem multo aliter narrat auctor Chronici Alexandrini, qui scribit Decium ab uno aliquo principum mactatum una cum filio fuisse in Abyrto. Eusebius in Chronico : *Decius cum filio in Abritto occiditur ;* ubi vide Notas Josephi Scaligeri.

CAPUT V.

Valerianus. Mira sunt quæ de modestia ac mansuetudine reliquisque summis Valeriani virtutibus tradit Trebellius Pollio : quæ confirmantur etiam ab Eusebio, qui lib. VII Hist. eccles., cap. 10, illum vel ex eo maxime commendat, quod mansuetissimus ac benignissimus fuerit erga Christianos ; additque nullum superiorum principum, ne illos quidem ipsos qui palam Christiani fuisse dicuntur, tanta humanitate ac benevolentia nostros complexum esse, quantam Valerianus præ se ferebat initio principatus sui, totamque ejus familiam Christianis hominibus abundasse, ita ut Dei Ecclesia esse videretur. Sed postea immensum mutatus ab illo, crudelissime sæviit in Christianos ; ac mox secuta Dei manus, quæ illum graviter afflixit.

Inclinare sibi Romanum. Acta sancti Pontii martyris, cap. 24 : *Valerianus scilicet imperator in captivitatem ductus a Sapore Rege Persarum, non gladio, sed ludibrio omnibus diebus vitæ suæ merita pro factis percepit, ita ut quotiescumque Rex Sapor equum conscendere vellet, non manibus ejus, sed incurvato dorso, et in cervice ejus pede posito, equo membra locaret.* Non stratoris igitur officium exhibebat Sapori Valerianus : sed plane vicem stapedis aut scalæ illi in equum ascensuro præstabat, ut recte ex hoc Actorum sancti Pontii loco, quorum auctorem facit Eutropium, observavit Salmasius, ad Trebellium Pollionem, pag. 276.

Filium imperatorem. Nimirum Gallienum, de quo narrat idem Pollio, quod *comperta patris captivitate gauderet,* tantum abfuit ab ea vindicanda. Addit paulo post Trebellius : *Et cum plerique patris ejus captivitatem mærerent, ille specie decoris, quod pater ejus virtutis studio deceptus videretur, supra modum lætatus est.*

Direpta est ei cutis. Id est, Valeriano. Confirmat hanc historiam Constantinus imperator in oratione ad sanctorum cœtum, cap. 24 : *Tu quoque, Valeriane, cum eamdem crudelitatem in famulos Dei declarasses, justum Dei judicium omnium oculis subjecisti, captus ab hostibus, in vinculis circumductus cum chlamyde purpurea et reliquo imperiali cultu, tandem vero a Sapore Persarum rege, detracta tibi cute, condiri jussus, sempiternum calamitatis tuæ tropæum spectandum præbuisti.* Qui locus lucem accipit ex Lactantio. Vide porro quæ illic adnotat vir clarissimus Henricus Valesius.

Ad memor. triumphi. Hoc est illud tropæum, quod a Persis tantopere jactatum scribit ad Saporem eorum Regem Constantinus apud Eusebium, lib. iv de Vita ejus, cap. 11.

CAPUT VI.

Vesanus et præceps. Flavius Vopiscus : *Aurelianus, quod negari non potest, severus, truculentius, sanguinarius fuit princeps.* Eutropius, lib. ix de eodem : *Vir in bello potens, animi tamen immodici, et ad crudelitatem propensioris.*

Extinctus est. Eleganter idem Constantinus in eodem cap. 24 : *Tu item, Aureliane, fax omnium vitiorum; quam præsenti et perspicua divini numinis vindicta, dum furore percitus Thraciam percurreres, in medio viæ publicæ cæsus, sulcos aggeris publici impio sanguine complevisti.*

Cænofrurio. Inter Heracleam et Byzantium. Flavius Vopiscus in D. Aureliano : *Sed quum iter faceret, apud Cænophrurium mansionem, quæ est inter Heracliam et Byzantium, malitia Notarii sui et manu Mucaporis interemptus est.* Vide Eutropium, lib. ix.

Falsa suspicione. Eam historiam multis enarrat idem Vopiscus, quem consule.

CAPUT VII.

Avaritia. Idem Vopiscus in Numeriano : *Quum Diocletianus apud Tungros in Gallia quadam in caupona moraretur, in minoribus adhuc locis militans, et cum Druyde quadam muliere rationem convictus sui quotidiani faceret, ac illa diceret: Diocletiane, nimium avarus, nimium parcus es, joco non serio Diocletianus respondisse fertur : Tunc ero largus, quum Imperator fuero.*

Tres participes regni. Maximianum, cognomento Herculium anno Christi 285, Constantium cognomento Chlorum et Galerium Maximianum cognomento Armentarium, anno 293. *Quatuor sane principes mundi,* inquit Vopiscus in Carino, *fortes, sapientes, benigni, et admodum liberales, unum in republica sentientes.* Sed hæc scribebantur de vivis principibus; et adulatio suberat, ut patet ex libro Juliani Imperatoris de Cæsaribus. In Chronico Alexandrino scriptum est, Diocletianum communicasse Imperium cum Maximiano Herculio anno tertio imperii sui, et Maximinum Jovium et Constantium in consortium imperii adscitos Nicomediæ, 12 Kal. Jun. anno nono imperii Diocletiani, id est, anno Christi 292, ut interpretatur Baronius, seu verius anno 293. Sed postea dicturi sumus de initiis Maximiani Herculii et aliorum. Nunc satis erit admonere graviter errare auctorem Chronici Alexandrini, quum tradit Maximianum Jovium et Constantium factos fuisse Cæsares 12 kalendas Junias, quos ad principale fastigium evectos esse kalendis Martiis extra omnem est controversiam.

Enormitate indictionum. Id est, tributorum. Salvianus, libro quinto, pag. 105 secundæ et tertiæ editionis nostræ : *Quibus enim aliis rebus Bacaudæ facti sunt, nisi iniquitatibus nostris, nisi improbitatibus judicum, nisi eorum proscriptionibus et rapinis, qui exactionis publicæ nomen in quæstus proprii emolumenta verterunt, et indictiones tributarias prædas suas esse fecerunt?* Et pag. 107 : *Decernuntur his nova munera, decernuntur novæ indictiones.* Item pag. 108 extrema : *Nam sicut in oneris novorum indictionum pauperes gravant, ita in novorum remediorum opitulatione sustentant : sicut tributis novis minores maxime deprimuntur, sic remediis novis maxime sublevantur.*

Desererentur agri. Idem Salvianus, pag. 103. *Jam vero illud quale, quam familiare Romanis, quod se invicem exactione proscribunt.* Item, pag. 104 : *Inter hæc tastantur pauperes, viduæ gemunt, orphani proculcantur, in tantum ut multi eorum, et non obscuris natali-* *bus editi, et liberaliter instituti, ad hostes fugiant, ne persecutionis publicæ afflictione moriantur* ; et reliqua.

Rationales. Id est, procuratores Principum, quorum cura erat ut in provinciis bona caduca et vacantia fisco vindicarent, quemadmodum ad Ammianum Marcellinum et ad Eusebium observavit vir doctissimus Henricus Valesius. Recte autem hoc tempore mittebantur Rationales, quia multa bona vacabant ob desertionem agrorum.

Ad exhibendos milites. Id est, ad præstanda stipendia militibus. Nam in jure civili exhibere significat suppeditare alimenta et cætera ad vitam necessaria, ut in l. 1 Dig. *De off. præf. urbi,* et l. xxxiv Dig., *de negotiis gestis.* Sic etiam in jure canonico. Extat enim in libro tertio Extravagantium communium, in titulo *De censibus,* constitutio Benedicti XII, in qua verbum *exhibere* sumitur pro *procurare,* ut heic notat glossa, id est, alimenta ministrare. Imo in capite octavo Actorum legitur eodem sensu : *In locis autem illis erant prædia principis insulæ, nomine Publii, qui nos suscipiens, triduo benigne exhibuit.*

Legem pret. rer. venal. Apposite prorsus ad hunc locum Ammianus Marcellinus, lib. xxii, pag. 226 editionis Henrici Valesii, de Juliano Imperatore agens : *Inter præcipua tamen et seria illud agere superfluum videbatur, quod nulla probabili ratione susceptæ popularitatis amore vilitati studebat venalium rerum, quæ nonnunquam secus quam convenit ordinata, inopiam gignere solet et famem.* Vilitatem vocabant antiqui, cum res parvo pretio constabant, ut pluribus ostendit idem Valesius ad hunc Ammiani locum. Arnobius in libro primo adversus Gentes : *Sæpenumero maximos annonæ fuisse proventus, vilitates atque abundantias rerum tantas, ut commercia stuperent universa, pretiorum auctoritate prostrata.*

Lex necessitate ipsa. Quoniam leges ea intentione latæ sunt, ut proficiant, non ut noceant, ut ad Avitum Viennensem episcopum scribit Papa Symmachus. L. Valerius apud T. Livium, lib. xxxiv, loquens de abrogatione legis Oppiæ: *Cui non apparet ob inopiam et miseriam civitatis, quia omnium privatorum pecuniæ in usum publicum vertendæ erant, istam legem scriptam, tamdiu mansuram, quamdiu causa scribendæ legis mansisset?*

Magna pars civitatis. Nicomediæ, ubi habitabat Diocletianus, quam vero studebat urbi Romæ coæquare, ut statim dicet Lactantius. Sic Constantinus M. Constantinopolim Romæ desideravit æquare. Fragmentum de Constantio Chloro et Constantino M. editum ab Henrico Valesio post Ammianum Marcellinum, pag. 475 : *Constantinus autem ex Byzantio Constantinopolim nuncupavit ob insigne victoriæ; quam velut patriam cultu decoravit ingenii, et Romæ desideravit æquari.* Eutropius, lib. x, loquens de Constantino : *Primus urbem nominis sui ad tantum fastigium evehere molitus est, ut Romæ æmulam faceret.*

Licitum consuetudine. Comœdia Queroli. *Non facile intelligo perjurium joculare quid putas. Tamen transeamus quod, ut video, consuetudo jam fecit leve.* S. Ambrosius, epist. 64 : *Numquid ideo licet, quia non est prohibitum?*

CAPUT VIII.

Frater ejus. Ista non sic accipienda sunt quasi Maximianus Herculius fuerit natura frater Diocletiani, sed *frater imperii,* ut eleganter loquitur Severus Imperator ad Albinum scribens apud Julium Capitolinum, ex more videlicet Regum, qui se fratres solent vocare, uti pluribus ad Annam Comnenam, pag. 274, ostendit vir eruditissimus Carolus Dufresnius. Nam planum est ex panegyrico quem Mamertinus Herculio dixit, non natura illum Diocletiani fratrem fuisse, sed electione, ut verbis utamur sancti Ambrosii ex epistola 63 : *Diversum sanguinem,* inquit Mamertinus, *affectibus miscuistis. Non fortuita in vobis est germanitas, sed electa.* Illud ipsum confirmat etiam Eumenius in panegyrico primo ad Constantinum M., ubi post laudatam Diocletiani constantiam in retinendo vitae privatae usu, addit: *Hunc ergo titulum, qui ab illo fuerat frater adscitus, puduit imitari.* Denique Diocletianus erat Dalmata, iste Pannonius. Adde quod nullus historicus tradit eos natura fratres fuisse. Eodem porro more Galerius Maximianus, quia Caesar cum Constantio factus fuerat, ejus frater vocatur a Trebellio Pollione in D. Claudio: *Quae idcirco posui, ut sit omnibus clarum Constantium, divini generis virum, sanctissimum Caesarem, et Augustae ipsum familiae esse, et Augustos multos de se daturum, salvis Diocletiano et Maximiano Augustis, et ejus fratre Galerio.* Imo qui eodem aut pari magistratu fungebantur in republica, fratres vocabantur, ut patet ex epistola 160 sancti Augustini. Caeterum in constituendis Maximiani Herculii initiis, variae ac multum inter se discrepantes sunt eruditorum virorum sententiae, quas in libro xi de doctrina temporum, c. 31, enumerat Dionysius Petavius. Ipse ea ponit in anno Christi 285, quo tribunitiae potestatis perinde ut Imperii secundum annum Diocletianus iniit. Id autem colligit vir doctissimus ex eo, quod incertus auctor panegyrici Maximiano et Constantino dicti affirmet, Maximianum vigilias et curas imperatorias viginti annis expertum esse, et vicesimo anno Imperatorem, octavo consulem fuisse; tum etiam quia Aurelius Victor tradit ei anno minus potentiam fuisse quam Diocletiano. Sane anni imperii Maximiani hanc certam, ut mihi videtur, regulam habent, quod vigesimus annus imperii debet concurrere cum octavo ejusdem Consulatu. Cum ergo certum sit octavum Consulatum ejus incidisse in annum Christi 304, et ex Fastis Idatianis sciamus initium imperii ejus fuisse kalendas Apriles, consequens est illum a Diocletiano factum esse imperatorem kalendis Aprilibus anni 285, cum Diocletiano jam imperaret a mense Novembri proxime praeterito. Nam et Eusebius in Chronico Maximianum dicit in consortium imperii adscitum anno secundo Diocletiani, non quidem in editione Scaligeri, sed in tribus antiquis exemplaribus manuscriptis bibliothecae Colbertinae, quorum unum est antiquissimum et optimum, tum etiam in veteri illa editione Veneta, et in ea quam Arnaldus Pontacus, Episcopus Vasatensis, emisit ad veterum exemplarium fidem castigatam. Quod tamen non ita intelligendum est, ut Maximianus dicatur adscitus in consortium imperii, cum jam Diocletianus imperasset per annum integrum: sed anno secundo ex quo Diocletianus levatus fuerat, incipiendo a Kalendis Januariis, ut tum auspicari solebant annum. Ad quam etiam regulam revocanda sunt verba Aurelii Victoris dicentis, Maximiano anno minus potentiam fuisse quam Diocletiano, inchoato videlicet, non completo. Nam, ut dixi, certa illa est regula, vigesimum annum imperii Maximiani non posse disjungi ab octavo ejus Consulatu. Referenda sunt autem verba panegyrici. *Te rursus vicesimo anno Imperatorem, octavo Consulem, ita amplexu quodam suo Roma voluit detinere, ut videretur augurari jam et timere quod factum est.* Quae verba sic interpretari oportet, ut dicamus Maximianum Romae remansisse post discessum Diocletiani, et illic consulum processisse kalendis Januariis anni 304, imperii sui 19 exeunte; vigesimum inchoasse kalendis Aprilibus, quae in Consulatum ejus octavum inciderunt; deinde Roma digressum eo anno quo consul octavum erat, excitasse querelas et suspiciones civium Romanorum, quasi jam augurarentur et timerent quod factum est, id est, depositionem imperii, quae anno sequenti post Consulatum ejus octavum evenit, cum ipse inisset vigesimum primum imperii sui annum. Itaque Diocletianus imperium habuit mensibus tantum quatuor et duodecim diebus plus quam Maximianus. Imperavit autem per annos viginti, menses quinque, dies duodecim, Maximianus vero per annos viginti et mensem unum integrum. Heic rursum sese offert alia difficultas, utrum scilicet Maximianus a Diocletiano factus sit primum Caesar,

et anno sequenti Augustus; an vero statim Augustus dictus et frater, omisso nomine Caesaris. Controversiam hanc quidam moverunt argumento sumpto ex libro 27 Ammiani Marcellini, cap. 6, ubi, cum dixisset Gratianum puerum a patre Valentiniano factum esse consortem imperii, quod anno Christi 367, contigit, addit id factum esse contra morem institutum antiquitus, quia Gratianum non prius Caesarem fecerat Valentinianus, sed statim Augustum nuncupaverat. Ex quo colegerunt viri eruditissimi Maximianum, qui multo ante Valentiniani tempora evectus est ad dignitatem imperatoriam, primo Caesarem factum a Diocletiano, praesertim quia sic eum videbant vocari ab Eutropio, lib. ix, ubi agit de Bagaudis in Gallia domitis. Addit deinde Eutropius Diocletianum uno eodemque tempore Maximianum Herculium ex Caesare fecisse Augustum, Constantium et Galerium Maximianum Caesares. Sed vir doctissimus Henricus de Noris, in dissertatione de numismate Diocletiani et Maximiani, cap. 2, vel ex eo capite contendit errasse Eutropium, quod inauguratio Maximiani Augusti pleno quinquennio antecesserit designationem Caesarum. Intellexit vir itidem istarum rerum peritissimus Antonius Pagius vim pondusque istius argumenti; et, ut illud infringat, ait Eutropium gesta diversis annis brevi, ut assolet, summa describere. Sane responsio illa esset optima, si Eutropius isthic non observasset ordinem temporum. Sed cum dicat Maximianum factum Augustum, postquam Carausius Britannias occupaverat, Quinquegentiani Africam infestaverant, Narseus Orienti bellum intulerat, et Achilleus in Aegypto rebellarat, quae contigisse per annos tertium, quartum et quintum imperii Diocletiani docet Chronicon Eusebii, planum est designari tempus quo Constantius et Galerius Maximianus facti sunt Caesares. Et sic recte a viro clarissimo observatum est Eutropium errasse in hoc loco. Unde nos certo colligimus locum illum nullius momenti esse ad astruendam eorum opinionem, qui putant Herculium primo Caesarem, deinde Augustum fuisse factum a Diocletiano. Augustum enim statim dictum esse probant plures leges latae sub Consulatu Diocletiani et Aristobuli, quae in titulo praeferunt nomen Diocletiani et Aristobuli Augustorum; inter quas una est data Nonis Augusti. Cum autem anno illo Maximianus in consortium imperii adscitus sit a Diocletiano, quo leges publicae nomen ejus praeferunt ut Augusti, non ut Caesaris, videtur ambigi non posse de hac illius dignitate. Neque vero accusandi negligentiae aut erroris in hoc loco sunt, qui Codicem Justiniani, in quo leges illae referuntur, collegere: sed potius laudanda eorum diligentia, qui recte ista distinxerunt. Nam, exempli causa, legem a Diocletiano latam Carino ii et Numeriano consulibus, qui fuere consules anno quo Diocletianus levatus est imperator, unius Diocletiani nomine inscripserunt: eam vero quae Diocletiano v et Maximiano iv coss. lata est, cum Constantius et Maximianus Caesares essent, ita: *Impp. Diocletianus et Maximianus AA. et Constantius et Maximianus nobilissimi Caesares.* Eodem modo legem aliam a Constantio et Galerio Maximiano latam post abdicationem superiorum Augustorum, non illorum solum nominibus inscribunt qui tulerant, sed Severi etiam et Maximini, sive Maximini nobilissimorum Caesarum, qui eodem tempore ad fastigium illud evecti sunt quo Constantius et Galerius Maximianus supremum gradum consecuti. Itaque leges illae, quae a Diocletiano et Maximiano Augustis datae reperiuntur sub Consulatu Diocletiani et Aristobuli, cum multae sint, ostendunt Maximianum Herculium fuisse factum Augustum anno illo quo eum Diocletianus fecit participem suae dignitatis ac potestatis.

In utroque mens una. Id est, Diocletiano et Maximiano, quos notant antiqui pari in societate potentiae fuisse concordes, et Maximianum Diocletiano in omnibus semper obsecundasse. Mamertinus in panegyrico quem dixit Maximiano: *Vestra haec concordia facit, invictissimi principes, ut vobis in tanta æqualitate successuum etiam fortuna respondeat.* Rempublicam *enim una mente regitis; neque vobis tanta locorum diversitas est, quo minus etiam veluti junctis dexteris gubernetis.* Idem in Genethliaco : *Intelligimus enim, sacratissimi principes, geminum vobis, quamvis dispares sitis ætatibus, inesse consensum; neque tibi ille cunctatior, sed invicem vosmet imitamini, invicem vestros affectatis annos. Sic vos estis juniores, ambo seniores. Neuter plus suis moribus favet. Uterque se vult esse quod frater est.* Flavius Vopiscus in Carino, loquens de Diocletiano et Maximiano, Galerio Maximiano et Constantio : *Quatuor sane principes mundi, fortes, sapientes, benigni, et admodum liberales, unum in republica sentientes.* Aliter tamen sensisse video Julianum Imperatorem, qui in libro de Cæsaribus ait, Deos quidem admiratos esse illorum concordiam, sed unum eorum acerbe et intemperanter se gerentem, rerum novarum cupidum et perfidiæ plenum, neque in omnibus tetrachordo concordem, a Sileno admissum non fuisse in convivium Imperatorum. Quo loco designari Maximianum Herculium satis apparet.

Avaritia minori Altero. Hæc sane corrupta ac depravata sunt. Quippe heic dicere videtur Lactantius Herculium avariorem Diocletiano fuisse, quem tamen paulo post scribit non admodum diligentem fuisse in conservandis opibus, quas ei Africa et Hispania, opulentissimæ provinciæ, subministrabant. Et infra, cap. 29, de eodem loquens, ait : *Thesauros invadit, donat, ut solet, large.* Unde colligi potest quanta fides habenda sit Actis sancti Mauritii et sociorum ejus ab Eucherio conscriptis, ubi Herculius describitur *ferus animo, avaritia crudelis.* Tentaverunt viri clarissimi emendationem hujus loci, Sparkius nimirum et Columbus. Et Columbus quidem ita legendum censet: *Hoc solum differebant, quod avaritiæ majori altero fuit plus, sed et plus timiditatis, minori vero minus, plus vero animi, non ad bene faciendum, sed ad male.* Sparkius autem : *Hoc solum differebant, quod avaritiæ minori altero fuit plus (Majori vero minus, sed plus timiditatis), plus vero animi, non ad bene faciendum, sed ad male.* Idem refert virum eruditissimum Episcopum Asaphensem existimare ita legendum esse : *quod avaritiæ minori altero fuit plus, sed plus timiditatis, majori vero minus, sed plus animi.* Harum emendationum neutra mihi satis probatur. Si tamen ulla earum admittenda esset, præferenda mihi videretur ea quam Sparkii esse dixinus; sic tamen, ut ita simpliciter legamus uti nos edidimus, nisi quod reponendum *avaritiæ* pro *avaritia*. Quo casu ita intelligendus esset hic locus. Diocletianus quidem fuit avarus adeo ut insatiabili avaritia thesauros nunquam minui vellet : sed semper extraordinarias opes ac largitiones congereret, ut ea quæ recondebat; integra atque inviolata servaret. Maximianus avarus quoque erat, sed non tam diligens in custodiendis opibus; ideoque avarior Diocletiano dici potest, quia cum opes profunderet, novos quotidie modos novasque artes exigendarum coacervandarumque pecuniarum invenire cogebatur, ob quam fortassis causam eum avaritia crudelem vocant Acta illa sancti Mauritii ab Eucherio conscripta. Timiditatem quoque isthic uni Imperatorum attributam in Diocletianum cadere debere perspicuum est. Huc usque omnia recte convenire posse puto. Postea desunt, ut existimo, nonnulla ad perficiendam comparationem. Quæ enim deinceps sequuntur ea profecto non pertinent ad Diocletianum, sed ad Maximianum.

Locupletes senatores. Exemplo videlicet D. Aureliani, de quo hæc scribit Vopiscus in vita ejus : *Dicitur præterea hujus fuisse crudelitatis, ut plerisque Senatoribus simulatam ingereret factionem conjurationis ac tyrannidis, quo facilius eos posset occidere.*

Effoderentur lumina. Lactantius, lib. VII Institut. cap. 26, de Roma : *Precandusque nobis et adorandus est Deus cœli, si tamen statuta ejus et placita differri possunt, ne citius quam putemus tyrannus ille abominandus veniat, qui tantum facinus moliatur ac lumen illud effodiat, cujus interitu mundus ipse lapsurus est.* De eodem Senatu Romano agens Mamertinus in genethliaco Maximiani sic scribit : *Ipsa etiam gentium domina Roma, inmodico propinquitatis vestræ elata gaudio, lumina senatus sui misit.*

Constantium. Cognomento Chlorum, Constantini M. patrem, principem optimum et benignissimum, uti jure meritoque vocatur in veteri inscriptione Nicomediensi nondum edita, quam in ea urbe ante hos annos ex veteri lapide in area Moscheæ novæ reperto descripsit vir clarissimus Joannes Vaillant, antiquarius regius, et mecum humanissime communicavit. Sic autem habet :

OPTIMO. BENIGNISSIMOQ.
PRINCIPI. FLAVIO. VALERIO.
CONSTANTIO. NOB. CÆSARI.
GERMANICO. MAX. CONS. COLONIA.
NICOMEDIENSIUM. D. N. M. Q. EJUS.

Posita est hæc inscriptio post victoriam quam Constantius reportavit de Germanis sive Alamannis, postquam vocatus est Germanicus, anno Christi 294, cum ipse et Galerius Maximianus essent Consules. De hac victoria sic loquitur Eutropius, lib. IX : *Per idem tempus a Constantio Cæsare in Gallia pugnatum est circa Lingones. Die una adversam et secundam fortunam expertus est. Nam cum repente barbaris ingruentibus intra civitatem esset coactus tam præcipiti necessitate, ut clausis portis in murum funibus tolleretur, vix quinque horis mediis adventante exercitu, sexaginta fere millia Alamannorum cæcidit.* Quod si quis titulum Germanici additum Constantio velit post devictos Francos, potest et ea quoque sententia bona esse.

CAPUT IX.

Maximianus. Cui prænomen Galerio fuit, cognomen Armentario. Gener fuit Diocletiani, quia Valeriam filiam ejus habuit uxorem, mulierem castissimam et infelicissimam. Sed de ea postea pluribus agemus.

Huic bestiæ. Sic persecutores Christianorum nominare solet Lactantius. Cujus appellationis hanc reddit rationem in libro quinto Divinarum Institutionum, cap. 11 : *Nam quis Caucasus, quæ India, quæ Hircania tam immanes, tam sanguinarias unquam bestias aluit? Quoniam ferarum omnium rabies usque ad ventris satietatem furit, fameque sedata, protinus conquiescit. Illa est vera bestia, cujus una jussione funditur ater ubique cruor, crudelis ubique luctus, ubique pavor, et plurima mortis imago. Nemo hujus tantæ belluæ immanitatem potest pro merito describere, quæ uno loco recubans, tamen per totum orbem dentibus ferreis sævit, et non tantum artus hominum dissipat, sed et ossa ipsa comminuit, et in cineres furit, ne quis extet sepulturæ locus.* Hunc locum beneficio indiciinæ nostræ repertum intellexit vir illustris Ezechiel Spanheimius in annotationibus ad Cæsares Juliani imper., pag. 52, ubi describens Lactantii verba quæ isthic illustrantur, addit eum alicubi rationem reddere, cur imperatores illos bestias appellet. Non absurda autem conjectura fuerit, si quis hæc quoque dicta suspicetur adversus Galerium Maximianum, hominem crudelissimum, quem et Lactantius et cæteri vocant auctorem persecutionis adversus Christianos excitatæ, ut observabimus infra. Eadem ratione Sulpitius Severus in libro secundo sacræ Historiæ Neronem vocat immanium bestiarum sordidissimum; et Victor, lib. V de persecutione Vandalica, Hunericum regem bestiam quoque vocat.

Mater ejus. Romula, de qua paulo post.

Daciam novam. Id est, Daciam Aureliani, nimirum eam Mœsiæ partem in quam Aurelianus populos transtulerat, quos ex Dacia Trajani adduxerat. Ea amissa fuerat sub Gallieno, sed ab Aureliano revocata ad Romanam ditionem, ac postea rursum ab eo intermissa, quia desperabat posse retineri, abductique ex ea Romani in media Mœsia collocati sunt, ut in libro nono tradit Eutropius. Flavius Vopiscus in D. Aureliano : *Cum vastatam Illyricum ac Mœsiam deperditam videret, provinciam trans Danubium Daciam a Trajano constitutam sublato exercitu et provincialibus reliquit, desperans eam posse retineri; abductosque ex ea populos in Mœsiam collocavit, appellavitque suam Daciam, quæ nunc duas Mœsias dividit.* Tum ergo haud dubie Romula mater Galerii, quæ erat Transdanubiana, confugerat in Daciam novam.

Trajecto amne. Id est, Danubio, ubi constitutus erat limes duarum Daciarum illius temporis.

Caro ingens. Consentanea Lactantio narrat Eusebius, lib. VIII Hist. eccles. cap. 16. et libro primo de Vita Constantini, cap. 55, nimirum Galerio Maximiano totam corporis molem ob nimium alimenti copiam in immensam quamdam pinguedinem excrevisse, etiam ante morbum quo periit.

Per Armeniam. Majorem, ut docet Sextus Rufus. Duæ itaque fuere Armeniæ, Euphrate fluvio invicem disterminatæ. Minor Cappadociæ juncta erat, major Persarum regno contigua. Itaque cum bellum in Armenia majore pararabatur, procul erant exercitus a Nicomedia, adeoque Diocletianus tutus erat adversus timorem de Persis. Narrat ergo Sextus Rufus Maximianum Cæsarem, cum prima congressione pulsus fuisset a Persis, a Diocletiano vix *impetrasse ut reparato de limitaneis Daciæ exercitu eventum Martis repeteret.* In Armenia majore ipse Imperator cum duobus equitibus explorravit hostes, et cum viginti quinque millibus superveniens castris hostilibus, subito innumera Persarum agmina adgressus ad internecionem cæcidit. Rex Perscrum Narseus effugit. *Uxor ejus et filiæ captæ sunt, et cum maxima pudicitiæ custodia reservatæ. Pro qua admiratione Persæ non modo armis, sed etiam moribus, Romanos superiores esse confessi sunt : Mesopotamiam cum Transtigritanis quinque regionibus reddiderunt.* Insignis is hic locus, et qui merebatur a nobis describi.

Fugato Narseo. Ista contigisse anno Christi 298 pluribus probat Henricus Valesius in notis ad Eusebium, pag. 170, quem consule. Quanquam, fatendum enim est, victoriam Galerii de Persis contigisse anno 17 imperii Diocletiani diserte scriptum est in optimo illo et antiquissimo Chronico Eusebiano bibliothecæ Colbertinæ : in veteri vero editione Veneta revocatur ad annum 14. Triumphus autem de Narseo victo actus est Romæ tempore vicennalium, anno 303, ut ostendemus infra ac caput 17.

Detractaret Cæsaris nomen. Non fuit ille solus qui imperium habere quam expectare mallet. Julianus Cæsar eum secutus est; qui Cæsaris nomine non contentus, Augustum se appellari et voluit et passus est. Quod ubi ad Constantium Imperatorem perlatum est, ille Leonam Quæstorem suum, ut in libro xx tradit Ammianus Marcellinus, in Gallias cum litteris datis ad Julianum pergere celeri statuit gradu, eum, si saluti suæ proximorumque consuleret, tumenti flatu deposito, intra Cæsaris se potestatem continere præcipiens. Sed Julianus restitit, sub nomine celsi se imperii multo officiosius pariturum asseverans, ut legitur in Epitome Victoris.

Diocles ante imperium. Infra, cap. 19 : *Huic purpuram Diocletianus injecit suam, qua se exuit, et Diocles iterum factus est.* Epitome Victoris : *Diocletianus Dalmata, Anulini senatoris libertinus, patre pariter atque oppido nomine Dioclea, quorum vocabulis, donec imperium sumeret, Diocles appellatus, ubi orbis Romani potentiam cepit, Graium nomen in Romanum morem convertit.* Vide Valesium in notis ad Eusebium, pag. 165. Emendandus ergo Flavius Vopiscus in loco a nobis supra relato ex vita Numeriani : ubi legendum *Diocles nimium avarus,* pro eo quod ibi legitur, *Diocletiane.*

Summa felicitate regnavit. Vide quæ adnotamus infra, ad caput 17.

CAPUT X.

Scrutator rer. futur. Aurelius Victor : *Namque imminentium scrutator, ubi fato intestinas clades,* etc.

Quidam ministrorum. Et hic quoque locus aperte ostendit librum istum esse Lactantii. Similia enim omnino ipse habet in libro quarto Institutionum, cap. 27 : *Nam cum diis suis immolant, si assistat aliquis signatam frontem gerens, sacra nullo modo litant, nec responsa potest consultus reddere vates. Et hæc sæpe causa præcipua justitiam persequendi malis Regibus fuit. Cum enim quidam ministrorum nostrorum sacrificantibus Dominis assisterent, imposito frontibus signo deos illorum fugaverunt, ne possent in visceribus hostiarum futura depingere. Quod cum intelligerent aruspices, instigantibus iisdem dæmonibus quibus prosecrant, conquerentes prophanos homines sacris interesse, egerunt principes suos in furorem ut expugnarent Dei templum.* Quo loco, ut illud obiter admoneam, lapsus graviter est Josephus Isæus, putans heic agi de templo Jovis, Apollinis, vel cujusvis alterius dæmonis expugnato, cum tamen hic locus intelligendus sit de Ecclesia, sive de corpore Christianorum, ut recte ista explicat laudatus supra Cuperus. Nam eo tempore quo principes acti sunt in furorem ut expugnarent Dei templum, Diocletianus non erat apud Nicomediam, sed in Oriente, ut docet Lactantius : qui quod in libro quarto dixit de expugnato Dei templo explicat de perniciosis et injustis Diocletiani jussis, qui non eos tantum qui sacris ministrabant, sed universos qui erant in palatio sacrificare jussit, et milites etiam cogi præcepit ad nefanda sacrificia. Itaque prima illa militum persecutio incidit in annum 302. Neque certe furore, sed pietate potius opus est ad expurgandum templum : ad expugnandum vero templum sive corpus Christianorum, quod Deus, qui in templo Christianorum colebatur, sacra turbasset quibus Imperatores operam dabant, furor animum addidit. Melius Thomasius, qui vocem *expugnarent* heic retinuit, aliam rejecit : quoniam si legeremus *expurgarent,* per Dei templum esset intelligendum Apollinis vel alterius hujusmodi, quod Lactantius non templum Dei, sed dæmonis profanum domicilium nominasset. Sed idem tamen hujus loci sensum assecutus non est. Existimat enim heic per templum intelligi viros illos Christianos, qui sacrificiis intererant, qui martyrio affecti sint ob querelas dæmonum et eorum sacerdotum, cum certum sit heic agi de Ecclesia in universum. Errandi itaque occasio fuit vox *expurgarent,* quam quædam editiones habent pro *expugnarent.* Porro legendum esse *expugnarent* docent sex vetusti codices Bibliothecæ regiæ, totidem Colbertinæ, item alii duo vetusti codices Bononienses, quos et Thomasius et Isæus viderunt; ut testatum fecit Latinus Latinius in ora sui Lactantii, quem mecum pro amicitia nostra communicavit clarissimus et eruditissimus conterraneus meus Antonius Faure, Doctor Theologus Parisiensis, et Præpositus Ecclesiæ Remensis. Quo etiam modo Petrus Ciaconius legendum esse monuit in margine Lactantii sui, quem mihi utendum dedit idem vir clarissimus. Atque ita sane habent vetus illa editio Romana, Veneta, anni 1521, et Basileensis Xysti Betuleii.

Immortale signum. Lactantius, lib. IV Institut., cap. 27 : *Ques signum immortale munierit tanquam inexpugnabilis murus.* Alibi dixit *cœleste signum.*

Tagis. Puto hæc oratorio more dicta esse, quia Tages Thuscus fuit olim magnus aruspex et magister aruspicum. Arnobius, libro secundo adversus Gentes : *Antequam Tages Thuscus oras contingeret luminis, quisquam hominum sciebat, aut esse noscendum condiscendumque curabat, un fulminum casus aut extorum aliquid significaretur in venis ?* Ubi vide observationes Gebharti Elmenhorstii. Hinc illud Ammiani Marcellini ex libro xvii, pag. 101 : *In Tageticis libris legitur Vejovis fulmine mox tangendos adeo hebetari, ut nec tonitrum, nec majores aliquas possint audire fragores.* Sic hunc locum emendavit Henricus Valesius, cum antea legeretur *Tagetis Thusci.* In veteri codice ms. bibliothecæ Colbertinæ scriptum est *Tagetinicis.*

Præpositi. Nomen id dignitatis militaris, et quidem post Tribunos, qui tamen præerant cohorti perinde ac Tribuni, ut observat Henricus Valesius ad Ammianum Marcellinum. Lactantius, cap. 46 istius historiæ : *Scribuntur hæc in libellis pluribus, et per Præpositos Tribunosque mittuntur.* Ex eorum numero fuit Dorotheus ille cujus encomium enarrat Eusebius, lib. VIII Hist. eccles., cap. 1, ut ex Actis martyrum Indis et Domnæ collegit idem Valesius.

Milites cogi. Recte itaque adnotat Eusebius in eodem capite primo libri octavi, orsam primum persecutionem fuisse ab iis qui militabant. Neque tum illa processit ulterius.

Bithyniam. In veteri codice legitur *Bethaniam,* manifesto errore. Certum quippe est ea quæ deinceps narrantur, peracta esse apud Nicomediam Bithyniæ metropolim.

CAPUT XI.

Mater ejus. Galerii Maximiani, quam Romulam supra vocavit.

Deor. Montium cultrix. Commodianus, lib. 1, cap. 21 : *Monteses deos dicitis.* Sic enim legitur in vetustissimo codice ms. sancti Albini Andegavensis, ex quo instructiones Commodiani descripsit Jacobus Sirmondus, cum in utraque editione Rigaltii scriptum sit : *Montes et deos dicitis.* Male. Nam vel ipse titulus, qui *Montesianis* inscriptus est, admonebat retinendam esse lectionem veteris exemplaris. Difficile est autem interpretari qui fuerint dii montenses. Nam vetus Inscriptio Romana, in qua istorum deorum mentio exstat, eorum explicationem reddit difficiliorem. Habetur apud Gruterum, pag. 21 :

ABAM. JOVI. FULGERATORIS. EX. PRECEPTO. DEORUM. MONTENSIUM. VAL. CRESCENTIO. PATER. DEOR. OMNIUM. ET. AUR. EXUPERANTIUS. SACERDOS. SILVANI. CUN. FRATRIBUS. ET SORORIBU. DEDICAVERUNT.

Porro alii fuere Monteses, qui commemorantur a Prædestinato, lib. 1, cap. 69. et in Constitutione Honorii Aug. editâ in appendice codicis Theodosiani, titulo XII, quos sanctus Augustinus in epistola ad Quodvultdeum vocat Montenses, ut et multi alii, quos recenset vir clarissimus Carolus Dufresnius in verbo *Montenses.* Hi fuere Donatistæ, ut satis notum est vel ex libro secundo Optati Milevitani.

Jejuniis insistebant. Sic Maria, ancilla Tertulli principalis, ut in actis ejus legitur : *Natale itaque filii celebrante Tertullo, cum impuris idolis vanisque simulacris hostias immolaret, Maria incumbebat jejuniis.*

Inter se. Id est, inter Diocletianum Aug. et Maximianum Cæsarem : quod sequentia docent.

Illos libenter mori. Sulpitius Severus, in libro secundo Hist. eccles., de hac ipsa persecutione loquens: *Quippe certatim tum gloriosa in certamina ruebatur.* Nihil vulgatius in actis martyrum, quam voces illæ ultroneæ : *Christianus sum, mori volo,* et cætera hujusmodi. Hinc sancta illa Christianorum invidia erga defunctos, quod digni non fuissent eorum mortis esse participes, ut Valerii in Actis sancti Pontii martyris. Hinc etiam quorumdam calidus zelus ac pius, ut ita dixerim, furor sese ultro morti ac tormentis offerentium ; adversus quos exarsit Mensurius, episcopus Carthaginensis, ut testatur sanctus Augustinus in Breviculo Collationum cum Donatistis, lib. III, cap. 13, ubi docet scriptam a Mensurio fuisse epistolam ad secundum episcopum Tigisitanum, in qua legebatur : *Eos qui se offerrent persecutionibus non comprehensi, et ultro dicerent se habere scripturas quas non traderent, a quibus hoc nemo quæsierat, displicuisse Mensurio, et ab eis honorandis eum prohibuisse Christianos.* Quo etiam spectat canon LX Eliberitanus. Elegans autem est et cumprimis memorabilis locus Pontii Diaconi in Vita sancti Cypriani, ubi loquens

de fuga ejus cum ad martyrium quæreretur ait : *Fuit vero formido illa, sed justa, formido quæ Dominum timeret offendere, formido quæ præceptis Dei mallet obsequi, quam sic coronari.* Dicata enim in omnibus Deo mens, et fides divinis admonitionibus mancipata, credidit se, nisi Domino latebram tunc jubenti paruisset, etiam ipsa passione peccare. Hinc denique quorumdam preces ad martyres, orantium ut martyrii consortes esse mererentur; ut Eulampiæ in Menologio Græcorum ad diem decimam Octobris in tomo secundo antiquæ lectionis Henrici Canisii. Sufficiunt enim hæc exempla ex multis ac prope innumeris quæ recitari facile possent.

Alior. culpæ adscriberet. Eutropius, lib. IX : *Diocletianus moratus callide fuit, sagax præterea, et admodum subtilis ingenio, et qui severitatem suam aliena invidia vellet explere.* Eadem de illo narrat Suidas, ingenio fuisse dicens vario et callido, sed singulari prudentia et acumine vitia naturæ sæpe celavisse, res omnes asperiores in alios conferendo.

Proprio adv. Christianos odio. Lactantius, lib. V Institut. cap. 11, de hac ipsa persecutione loquens : *Alii suo proprio adversus justos odio.*

Tollendos esse. Acta passionis sancti Salvini episcopi et martyris : *Pars major populi clamabant, dicentes : Christiani tollantur, et voluptas constat.*

Timentes. Lactantius, ibidem : *Alii præ nimia timiditate plus ausi sunt, quam jubebatur.*

Gratificari volentes. Idem, ibidem : *Nonnulli ut placerent, et hoc officio viam sibi ad altiora munirent.*

Apollinem Milesium. Hanc historiam narrat Eusebius in libro secundo de Vita Constantini, cap. 1, sed non explicat ad cujus Apollinis templum pertineat. Tradit Pausanias in Arcadicis Xerxem Darii filium Milesiis ademisse æneum Apollinem qui in Branchidis fuerat, quem multis post annis Seleucus iisdem remisit. Branchidæ porro locus erat in agro Milesio supra Panormum portum, celebris Apollinis oraculo, quem Iones et Æoles olim consulere solebant, ut ex libro primo Herodoti observat Henricus Valesius ad Ammianum Marcellinum, pag. 382. Lactantius, lib. VII Institut., cap. 13 : *Polytes quidam consuluit Apollinem Milesium.* Macrobius, lib. I Saturnal., cap. 17 : *Meandrius scribit Milesios Ἀπόλλωνι οὐλίῳ pro salute sua immolare.*

Ut. div. relig. inimicus. Nimirum justos viros in terris degentes, id est, Christianos, obstare sibi quo minus vera prædiceret, atque idcirco falsa ex tripode oracula reddi, ut docet Eusebius in libro secundo de vita Constantini. Quæ verba transcripsit et sua fecit auctor Actorum sancti Georgii martyris apud Surium.

CAPUT XII.

Ad Sept. Kal. Mart. Recte. Hoc enim die signantur Terminalia in veteri Kalendario Romano, quod editum est tempore Constantini, et ab Herwarto et Bucherio factum publici juris. Sanctus Augustinus, lib. VI de Civitate Dei, cap. 7 : *Terminalia mense Februario celebrari dicunt, cum fit sacrum purgatorium quod vocant februum.* Dies igitur primus istius persecutionis, quod notandum est, fuit VII kalendas Martias, ipso Terminalium die; quod probatur etiam ex cap. 48, ut illic observabitur.

Agentib. cons. senib. amb. Id est, Diocletiano et Maximiano Herculio, quos anno Christi 303 Consules VIII et VII fuisse constat. Hæc porro verba certo indicant tempus istius persecutionis, de quo tanta contentione inter se digladiantur viri docti. Nam Onuphrius, Baronius, Petavius, ne singulos commemorem, contendunt eam cœpisse anno Christi trecentesimo secundo; Scaliger, Valesius et alii multi, anno sequenti; quorum opinionem esse veram probat hic locus Lactantii. Nam præterea apparet ex cap. 17 ista contigisse paulo ante quam Diocletianus Romam pergeret. Atqui constat eum Romam profectum esse anno decimo nono imperii sui exeunte, ibique triumphasse de Narseo Rege Persarum, ut recte notat Josephus Scaliger ad Chronicon Eusebii. Præterea Lactantius infra, cap. 48, historiam istius persecutionis colligens, cum dixisset edictum Constantini et Licinii pro Christianis, quo pax data est Ecclesiæ, propositum fuisse Nicomediæ die iduum Juniarum, Constantino et Licinio ter consulibus, ait ab eversa ecclesia Nicomediensi usque ad restitutam fuisse annos decem, menses plus minus quatuor. Atqui si a die septimo kalendas Martias anni 303 (quo diruta est ecclesia Nicomediensis) usque ad diem iduum Juniarum anni 313 colligas, invenies ab eversa ecclesia illa usque ad restitutam fluxisse annos decem, menses tres, dies novemdecim. Denique persecutionem cœpisse anno 303, hinc etiam probari potest quod Eusebius, lib. vii, cap. 16, ait eam post octavum annum aliquantisper remittere cœpisse. Nam si tempora numeres a festis paschalibus anni 303, usque ad mensem Aprilem anni 311, quo Galerius Maximianus in extremis agens persecutionem quiescere jussit, facile reperies annos octo integros effluxisse ab initio persecutionis, et initium noni fuisse. Itaque remittere cœpit post annum octavum, ut observavit Eusebius. Quare argumenta quæ Petavius in lib. xi de doctrina temporum, cap. 32, adducit ex Sulpitio Severo, ut probet persecutionem cœpisse anno 302, infirma esse constat, cum eo fundamento nitantur, quod ea desierit anno 312, quam certum est nonnisi anno demum sequenti conquievisse.

Simulacrum Dei quæritur. Nimirum ut inter paganos, qui non putabant templa esse posse sine simulacris. Jam lib. ii Plinius, lib. ii, cap. 7, dixerat: *Effigiem Dei formamque quærere imbecillitatis humanæ reor.* Simulacris itaque carebant ecclesiæ Christianorum, ut pluribus observat Desiderius Heraldus ad librum sextum Arnobii. Vide etiam Casaubonum in Notis ad Alexandrum Severum Ælii Lampridii.

Scripturæ incenduntur. Narrat ista Eusebius, lib. viii Hist. eccles., cap. 2, ac plures alii quos supervacaneum esset commemorare. Res enim est notissima. Hinc natum contumeliosum traditoris vocabulum adversus eos qui metu pœnarum libros divinos tradiderant judicibus imperialibus. Qua de re consulendi in primis Africani scriptores, præcipue vero Donatista illi, qui descripsit Acta sanctorum martyrum Saturnini, Dativi et sociorum. Neque interim omittenda gesta purgationis Cæciliani episcopi Carthaginensis et Felicis episcopi Aptungitani.

CAPUT XIII.

Postridie. Id est, sexto kalendas Martias. Hoc igitur die propositum est Nicomediæ edictum Diocletiani et Maximiani adversum nostros, cœpta jam persecutione. Verum Eusebius, lib. viii, cap. 2, scribit propositum fuisse mense Martio, appetente die festo dominicæ passionis, et auctor Chronici Alexandrini propositum ait die 25 Martii, ipso die paschæ. Ista vero sic conciliari posse mihi videntur, ut primo quidem edictum illud propositum fuerit Nicomediæ, velut in civitate regia, 6 kalendas Martias, deinde missum ad cæteras imperii civitates, mense quidem Martio propositum in eo loco ubi tum Eusebius habitabat, in Palæstina mense Aprili, Alexandriæ vel alibi ipso die Paschæ.

Carerent omni honore. Ista sic expressit Ruffinus apud Eusebium lib. viii, cap. 2: *Si quis inter nostros alicujus honoris prærogativa muniretur, sublata hac maneret infamis.*

Libertatem non haberent. Hæc apertius explicantur ab Eusebio, lib. viii, cap. 2, secundum interpretationem Ruffini. Relicui enim interpretes sensum legis non satis feliciter assecuti sunt. Sic ergo habet Ruffinus: *Si quis servorum permansisset Christianus, libertatem consequi non posset.* Primum enim pœnæ constitutæ sunt adversus honoratos, tum adversus plebem, postremo adversus servos; quibus adempta omnis spes libertatis, si permansissent in professione religionis Christianæ. Ut constet falli virum alioqui eruditissimum Henricum Valesium, qui in Notis ad

Eusebium, p. 164, ait hanc Ruffini interpretationem ferri non posse. Longius etiam aberravit Nicephorus Callistus, qui lib. vii, cap. 3, ita intellexit hunc locum edicti, ut putaverit servis libertatem datam esse, qui Christianismum abjurarent. Attamen vir clarissimus Gisbertus Cuperus putat Lactantium heic non respicere ad servorum libertatem, et Valesii sententiam ita probat, ut de ea ne dubitandum quidem existimet. Verum cum Ruffinus fuerit utriusque linguæ peritus, tum proximus temporum quibus ista fuerant constituta, valde probabile est illum scisse et vim verborum Eusebii, et quonam modo res gesta fuisset in ea persecutione Diocletiani. Præterea melior fuisset conditio servorum quam honoratorum, si nullæ adversus eos pœnæ fuissent constitutæ. Verisimilior videretur opinio clarissimi Dodwelli locum istum interpretantis de libertis. Sed ne ego eam amplectar obstat semper auctoritas ejusdem Ruffini.

Quod edictum quidam. Ex silentio Lactantii, qui tum Nicomediæ erat, satis datur intelligi ignotum fuisse nomen istius hominis, quia haud dubie de plebe erat. Nam si fuisset vir illustris et secularium honorum prærogativa conspicuus, ut eum describit Eusebius, qui ita vel fando audiverat, vel ex traditione majorum acceperat, ejus nomen neque ignorasset Lactantius, neque tacuisset, et ad Eusebium quoque pervenisset. Intererat quippe rei publicæ christianæ, ut nomen illius viri cunctis Ecclesiis innotesceret, qui magnum illud facinus fuerat ausus. Quare suspecta mihi valde sunt quæ in vetustis quibusdam martyrologiis leguntur ad diem septimam mensis Septembris, ubi descriptis Ruffini verbis Eusebium interpretantis, hæc facta dicuntur a quodam beato Joanne. Nam cum ex Lactantio et Eusebio certo colligatur virum hunc statim productum statim morti traditum fuisse, adeoque expirasse exeunte Februario, quomodo fieri potest ut natalis ejus dies incidat in mensem Septembrem, tam procul ab initio persecutionis? Ac sane licet illorum martyrologiorum auctoritas apud me vacillet, assentiri tamen non possum clarissimo viro Godefrido Henschenio, qui tomo tertio Februarii, p. 107, contendit hanc historiam intelligi debere de sancto Georgio martyre, quem passum ait Nicomediæ anno Christi 303, die 23 mensis Aprilis, instante dominicæ et salutiferæ passionis solemnitate. Præterquam quod enim certum est persecutionem cœpisse exeunte Februario, et eum qui edictum diripuit ac conscidit eodem mense extinctum fuisse, duobus videlicet mensibus ante diem vigesimam tertiam mensis Aprilis, Acta illa sancti Georgii, quæ Henschenius edidit, non id dicunt, et tot fabulis ac portentosis narrationibus plena sunt, ut plane constet nihil boni sanique ex illis posse colligi. Una Alexandræ Imperatricis historia, quæ cum Christiana esset, capite damnata dicitur a Diocletiano ipso proferente sententiam, historia est quæ omnia poetarum figmenta superat, cum certum sit, ut dicemus paulo post, nullam aliam Diocletianum toto principatus sui tempore conjugem habuisse, quam Priscam. Præterea, cum ipse Henschenius scribat pascha incidisse anno 303, in diem 18 Aprilis, et dominicam passionem in diem decimam sextam, planum est hanc historiam non posse intelligi de sancto Georgio, qui, si passus fuit anno quo pascha incidit in diem 18 Aprilis, ut vult Henschenius, certe passus non est imminente solemnitate Paschali, sed post transactos dies festos. Atqui hoc erat validius Henschenii argumentum sumptum ex præfatione libri Eusebiani de martyribus Palæstinæ, ubi scriptum est edicta de destruendis ecclesiis et comburendis sacris codicibus proposita fuisse in Palæstina mense Aprili, cum salutaris passionis dies immineret. Quod ut verum esse potest ratione Palæstinæ, falsum est ratione Nicomediæ, ubi certum est edictum fuisse propositum 11 kalendas Martias, prostridie Terminalium.

Etsi non recte. Ruffinus apud Eusebium, lib. viii, cap. 5 : *Calore nimio fidei ignitus,* tamquam reprehenderet imprudentem et intempestivum illius ardorem pro fide Christi.

Victorias Gothor. et Sarmat. Quia imperatores se in titulo edicti vocabant Gothicos et Sarmaticos, ut in veteri Inscriptione, quam refert Cuspinianus in libro de Cæsaribus, pag. 135. In titulo autem edicti posita fuerunt non solum nomina Diocletiani et Maximiani imperatorum, sed etiam Constantii et Galerii Maximiani Cæsarum, ut facile colligi potest ex historia passionis sanctorum martyrum Saturnini, Dativi, Felicis et sociorum, et ex martyrio sanctarum Agapes, Chioniæ et Irenes.

Legitime coctus. Modus coquendi Christianos vivos explicatur infra, cap. 21. Legitime autem coctum dixit, quia coctus erat secundum leges quas Augusti tulerant ; sicut lib. v Institut., cap. 11, legitima sacra vocat ea, quæ secundum veterem morem fiebant, quia mos vim legis obtinet. Eadem ratione dixit, lib. vi, cap. 9, injurias hostibus legitime inferri, scilicet postquam, servato belli jure, bellum per legatos denuntiatum et indictum est. Fallitur enim heic vehementer Josephus Isæus, qui vocem *legitime* ironice positam putat hoc loco esse, quia videlicet non intellexit veram ejus significationem.

Cum admirabili patientia. Verba sunt Ruffini interpretantis et explicantis Eusebium. *Continuo omni in eum crudelitatis genere desævientes, ne hoc quidem solum efficere quiverunt, ut eum mæstum aliquis videret in pœnis, sed læto atque hilari vultu, cum jam viscera in suppliciis defecissent, spiritus tamen lætabatur in vultu. Ex quo tortores sui gravius cruciabantur, quod omnia suppliciorum genera consumebant in eum quem ne tristem quidem ex his reddere poterant.*

CAPUT XIV.

Subjecit incendium. Eusebius, lib. viii, cap. 6, agens de hoc incendio, nescire se fatetur quo casu excitatum fuerit. Alii palatium fulmine ictum conflagrasse scribunt, ut Constantinus in oratione ad sanctorum cœtum, cap. 25.

Omnes suos prot. præc. In veteri codice legitur : *omnes suos protinus cepit.* Nos emendavimus.

Data potestate. Lactantius, lib. v Institut., cap. 11, de hac ipsa persecutione agens : *Accepta enim potestate, pro suis moribus quisque sæviit. Alii præ nimia timiditate plus ausi sunt quam jubebatur. Alii proprio adversus justos odio, quidam naturali mentis feritate, nonnulli ut placerent, et hoc officio viam sibi ad altiora munirent. Aliqui ad occidendum præcipites extiterunt, sicut unus in Phrygia, qui universum populum cum ipso pariter conventiculo concremavit.*

Torquebant. Sic scriptum est in veteri libro : sed supra ultimam lineam, ut fere fit, appositum est signum quod ostenderet legendum esse *torquebantur*, manifesto sane errore. Atque hunc esse fontem plurimorum erratorum quæ in vetustis auctoribus occurrunt, nos sæpe deprehendimus in codicibus manuscriptis. Librarii enim primo describebant libros, qui deinde tradebantur emendatoribus. Isti vero frequenter bonam lectionem vertebant in malam per speciem emendationis.

Erant certantes. Lactantius in loco paulo ante laudato : *Itaque in excogitandis pœnarum generibus nihil aliud quam victoriam excogitant.*

Familiam Cæsaris. Id est, Galerii. Hanc itaque placuit excipere, tanquam abominabile esset ullum scelus adversus Diocletianum suspicari de familia Cæsaris, et ne auctores incendii, qui ex domo ejus prodierant, detegerentur, si locus inquisitioni datus fuisset.

Profectione parata. Bellum ea tempestate nullum, quod sciam. Sed ita contumaciter et superbe egit homo vesani ac ferocis animi, ut hoc agendi modo Diocletianum vehementius impelleret ad excidium christianæ religionis, quem videbat molliter hactenus tanto operi incumbere.

CAPUT XV.

Filiam Valeriam. Nuptam Galerio Maximiano Cæsari, quæ miseram vitam traduxit post mortem mariti, et miserabili morte cum matre periit, sub imperio Licinii, ut docet Lactantius in fine hujus operis. Ex qua narratione pessumdatur omnino conjectura illustrissimi cardinalis Baronii, qui ad annum 294 scribit filiam Diocletiani, quæ conjugio juncta fuit Galerio Maximiano, haud diu post nuptias fuisse superstitem, cum nulla ejus memoria extet in antiquioribus monumentis, sed nec ex ea proles aliqua legatur esse suscepta. Addit deinde patrem, ut filiæ defunctæ memoriam consecraret æternitati, Pannoniæ partem ejus nomine institui atque cognominari voluisse ; citatque in eam rem librum xix Ammiani Marcellini. Verum id non dicit Marcellinus, sed tantum eam Pannoniæ partem ad honorem Valeriæ Diocletiani filiæ et institutam, et ita cognominatam. Referam autem ipsa ejus verba : *Valeriam venit, partem quondam Pannoniæ, sed ad honorem Valeriæ Diocletiani filiæ et institutam, et ita cognominatam.* Porro nec institutam a Diocletiano, nec cognominatam, sed a Galerio Maximiano docet Aurelius Victor in libro de Cæsaribus : *Provinciam uxoris nomine Valeriam appellavit.* His ita constitutis, tanquam certa essent, addit Baronius Diocletianum, cum Valeriæ morte resoluta esset affinitas quæ inter eum et Galerium contracta erat, quam in sua cognatione haberet gradu propinquiorem virginem, eam illi fœdere nuptiarum conjungere festinasse : Susannam nimirum filiam Gabinii germani Caii papæ, qui ambo Diocletiano sanguine conjuncti erant, utpote nati ex fratre ejusdem Diocletiani, ut patet ex Actis ejusdem sanctæ Susannæ. Verum tota hæc Historia ruit, ruente fundamento super quo posita fuerat, id est, morte Valeriæ, quam diu supervixisse Galerio constat. Adeo autem periculosi sunt magnorum virorum errores, ut hic Baronii lapsus plerosque viros doctos secum traxerit, Odoricum Raynaldum, Joannem Bollandum et alios.

Conjugem Priscam. Quæ postea, vivo adhuc marito, in exilium cum filia Valeria projecta est a Maximino, et demum jussu Licinii capite plexa, ut docebit Lactantius in fine hujus operis. Sed hic se offert ingens difficultas. Nam in vetustis Actis sanctæ Susannæ virginis, quæ martyrium Romæ consummasse scribitur sub imperio Diocletiani, mentio est Serenæ Augustæ uxoris ejusdem principis, quæ occulte Christiana erat, ubi dies natalis ejus consignatus est ad diem 17 kalendas septembres. Gravis sane difficultas, si de Actorum illorum veritate et auctoritate constaret. Sed cum illa multa eaque magna suppositionis indicia habeant, tum ex hoc sane capite falsa esse probantur, quod Serenam uxorem Diocletiani fuisse volunt. Quippe ostensurus sum Diocletiano nullam aliam toto principatus sui tempore uxorem fuisse, quam Priscam. Etenim si ea mater Valeriæ fuit, ut sane fuit, necesse est eam Diocletiano nupsisse antequam is fieret imperator, id est, ante annum Christi 284, cum Valeria Galerio Maximiano juncta matrimonio sit anno 293, ætatis suæ ut minimum duodecimo. Vixisse autem tum Priscam matrem ejus hinc certo colligitur, quod diu postea superstes fuit, et anno tantum 313 extincta est post victoriam, quam Licinius reportavit de Maximino. Hæc monumenta non senserat illustrissimus Annalium ecclesiasticorum conditor, Cardinalis Baronius : et tamen suspicabatur futuros, qui eam de Serena Augusta Historiam in dubium revocarent, quod nulla penitus de ea mentio alibi habeatur, neque apud scriptores ethnicos, neque in antiquis inscriptionibus ; ac tanquam ei difficillimæ quæstioni finem imposuisset, interrogat litteratulos, si his displiceat nomen Serenæ Augustæ, ut dicant quonam alio nomine Diocletiani conjux Augusta ab antiquioribus dicta inveniatur, et cum non invenerint, non faciant de nomine controversiam. Satisfactum est igitur cumulatissime interrogationi ejus. Rejecta itaque suppositilia illa Diocletiani uxore, videamus an Eleutheria, quam vir clarissimus, Hadrianus Valesius in defensione disceptationis suae de Basiliis uxorem Diocletiani fuisse collegit ex Vita Vigilii papae, quae extat in gestis pontificalibus, quae vulgo tribuuntur Anastasio Bibliothecario, vere Diocletiani uxor fueri.. Venerat Vigilius Constantinopolim ex praecepto Justiniani et Theodorae ; et, cum ad ea cogeretur quae facere nolebat, ait : *Ut video, non me fecerunt venire ad se Justinianus et Theodora piissimi principes, sed hodie scio quod Diocletianum et Eleutheriam inveni.* Ex hoc itaque loco collegit vir ille clarissimus Eleutheriam Diocletiani uxorem fuisse, quod certum sit illic comparationem institui inter Justinianum et Diocletianum, et inter Theodoram Justiniani conjugem et Eleutheriam, propterea Diocletiani uxorem. Verum ex argumentis quae adversus Serenam allata sunt efficitur etiam Eleutheriam, sive Lutheriam, ut est in vetustissimo codice manuscripto 417 bibliothecae Colbertinae, aut Leutherem, quomodo scriptum legitur in codice 733 bibliothecae regiae, non fuisse uxorem Diocletiani, cum certum sit, ut antea dixi, nullam aliam eum uxorem habuisse quam Priscam, toto principatus sui tempore. Erravit ergo Vigilius in Historia, aut corruptus in hoc loco est Gestorum pontificalium liber. Sane in codice 736 ejusdem bibliothecae Colbertinae ita habetur : *Sed hodie scio quod Diocletianum et Decium, vel Leutherium inveni.* Jam ergo foemina illa in virum mutata est. Porro ex his quae hactenus dicta sunt de Serena et Eleutheria facile colligere quivis potest quae fides adhibenda sit Historiae sancti Georgii Martyris, in qua scriptum est Alexandram imperatricem, Diocletiani conjugem, viso quodam insigni miraculo in persona Martyris perpetrato, veritatem agnovisse, id est, Christi fidem esse amplexam. Haec nimirum est Alexandra, Diocletiani conjux, mater conjugis Maximiani, ut refertur in Vita ejusdem Georgii, cujus fragmentum in tomo tertio Aprilis, pag. 103, edidit Godefridus Enschenius. Eamdem defunctam ab inferis oratione sola ejusdem Georgii revocatam tradit Nicephorus Callistus, lib. VII, cap. 15.

Pollui coegit. Ex hoc loco vir doctissimus Henricus Dodwellus collegit in dissertationibus Cyprianicis Diocletiani uxorem Priscam et filiam ejus Valeriam fuisse christianas; eamque sententiam confirmat auctoritate Eusebii, qui lib. VIII, cap. 1 Hist. Eccles., commemorans ea quae persecutionem Diocletiani antecesserunt, ait uxores imperatorum palam ac publice fuisse christianas, et ea quae religionis suae erant, tam verbis quam factis libere exequendi coram imperatoribus potestatem ab ipsis habuisse. Nam quamvis imperatores non nominet, qui hanc facultatem dederunt uxoribus suis, haec tamen Lactantii verba innuere videntur intelligi debere de Diocletiano et Galerio. Atenim si illae vere christianae fuerunt, quomodo existimari potest sacrificio fuisse pollutas, etiam coactas? Quis enim credat foeminas principes in edito loco constitutas non fuisse ausas refragari, cum pueri et mulierculae, ut in libro quinto Divinarum Institutionum, cap. 13, ait Lactantius, tormentis non cederent ; Eunuchi vero necari maluerint , quam magere fidem Christi, quam impio sacrificio pollui ? Praeterea ubicumque de Prisca et Valeria agitur in hoc libro, nullum illic vestigium religionis earum ; cujus tamen mentionem fecisset Lactantius, saltem cap. 2, ubi describens earum exitum, ait illis pudicitiam et conditionem exitio fuisse.

Eunuchi necati. Et inter hos Petrus, cujus martyrium describit Eusebius, lib. VIII, cap. 6. Item Indes, ut produnt Acta martyrii ejus.

Ad exustionem rapti. Confirmat ista Eusebius ibidem, scribens imperiali jussu quotquot Nicomediae erant Dei cultores acervatim cum suis familiis, alios gladio, alios flammis consumptos periisse.

Mari mergebantur. Eusebius ibidem : *Alios quoque innumerabiles vinctos et scaphis impositos carnifices in profundum mare projecere.* Idem in libro de Martyribus Palaestinae, cap. 6, narrans martyrium Agapii, ait illum appensis ad pedes ejus lapidibus medio mari submersum esse.

Homo non adeo clemens. Herculium Maximianum fuisse hominem asperum, crudelem ac inhumanum tradunt vetusti Scriptores. Eutropius, lib. IX : *Herculius autem propalam ferus et incivilis ingenii , asperitatem suam etiam vultus horrore significans.* Item lib. x : *Vir ad omnem asperitatem saevitiamque proclivus , inedus , incommodus , civilitatis penitus expers.* Etiam Diocletianus, qui summum imperium cum eo communicaverat, ejus asperitatem reprehendere solitus erat, ut docet Flavius Vopiscus in D. Aureliano. Vide etiam Julianum imperatorem in libro de Caesaribus.

Parietes dirui passus est. Contra Eusebius, lib. VIII, cap. 13 , aperte scribit Constantium neque ecclesiarum aedes, sive conventicula , ut hic dicit Lactantius, itemque Ruffinus in versione hujus loci Eusebiani , subvertisse, nec quicquam adversus nostros esse molitum.

Verum Dei templum. Id est , hominem christianum. Lactantius, lib. V Instit., cap. 8 : *Cujus templum est, non lapides , aut lutum , sed homo ipse, qui figuram Dei gestat ; quod templum non auro et gemmarum donis corruptibilibus , sed aeternis virtutum muneribus ornatur.* Idem, lib. VI , cap. 25 : *Non templa illi congestis in altitudinem saxis extruenda sunt : in suo cuique consecrandus est pectore.* Et infra : *Secum denique habeat Deum semper in corde suo consecratum , quoniam ipse est Dei templum.* Idem, lib. II, cap. 2, lib. VI , cap. 10, ait hominem esse Dei simulacrum.

CAPUT XVI.

Praeter Gallias. Libellus precum Constantino M. oblatus a Donatistis apud Optatum Milevitanum, lib. 2 : *Rogamus te , o Constantine optime imperator, quoniam de genere justo es , cujus pater inter caeteros imperatores persecutionem non exercuit , et ab hoc faciiore immunis est Gallia , petimus ut e Gallia nobis judices dari praecipiat pietas tua.* Galliae ergo fuerunt immunes ab hac persecutione, quod illic imperaret Constantius benignissimus imperator, et qui, ut Eusebius tradit , persecutionis adversum nos conciliatae expers omnino fuit, et cultores Dei sub ipsius imperio degentes ab omni noxa et injuria immunes servavit, ac neque Ecclesiarum aedificia subvertit, nec novi quicquam adversus nos statuit. Quin et Eutropius in initio libri decimi dicere videtur Gallicum sanguinem non fuisse fusum in hac persecutione. Loquens enim de Constantio, ita ait : *Hic non modo amabilis , sed etiam venerabilis Gallis fuit , praecipue quod Diocletiani suspectam prudentiam , et Maximiani sanguinariam temeritatem imperio ejus evaserant.* Sed adversus haec reclamant historiae nonnullarum Galliae civitatum ac provinciarum, quae suos martyres hac persecutione ad Deum translatos praedicant , ita ut vix ulla civitas fuerit intra Gallias, quae tum non dicatur maduisse sanguine Christianorum. Ista sic conciliari possunt, initio quidem Gallias a persecutione non fuisse prorsus immunes, occupato videlicet Constantio contra barbaros (ut illustrissimus episcopus Monspeliensis Franciscus Bosquetus ait in libro quarto Historiarum Ecclesiae Gallicanae, cap. 2), ac pro consuetudine, et solito Gentilium furore, multos christianos in Galliis caesos fuisse. Confirmat haec Eusebius in libro de martyribus Palaestinae : *Nam quae ulterius sitae sunt regiones ,* inquit , *Italia videlicet tota , et Sicilia , Gallia quoque , et quaecumque ad occasum solis porriguntur, Hispania , Mauritania et Africa , cum vix duobus primis persecutionis annis integris furorem belli expertae essent , divini numinis praesentissimum auxilium et pacem brevi sunt consecutae.* Hunc tamen locum ita intelligi vult doctissimus Dodwellus in Dissertationibus Cyprianicis, ut annum illum Occidentalis imperii tractum Eusebius præcipuis Provinciis nominatis designaret, nec ultra secundum persecutionis annum ipsum in toto illo tractu durasse indicaret, ac tamen interim Gallias ab ea immunes fuisse. Ac sane ejus argumentatio multum veri speciem habet, et in hanc ego sententiam facile transirem, nisi constaret Eusebium nominatim Gallias exprimere voluisse.

Tres bestiæ. Id est, Diocletianus, Maximianus Herculius et Galerius Maximianus. Perstat itaque Lactantius in sententia, et Constantium Galliis imperantem non ponit in numero persecutorum.

Flaccinum præfectum. Bithyniæ, in qua præsidatum gessit Hierocles, antequam præfecturam Ægypti, qua eum ornatum fuisse in annotationibus ad Eusebium, pag. 177, docet Henricus Valesius, administraret. Crudelem autem fuisse Flaccinum hinc colligitur, quod eum Lactantius vocat non pusillum homicidam. Eadem tempestate vixit Flavianus præfectus Ægypti, cujus mentio extat in Menologio Græcorum ad diem octavam Julii, quod editum est ab Henrico Canisio in tomo secundo lectionis antiquæ.

Hieroclem. Hic locus confirmat conjecturam illustrissimi cardinalis Baronii, qui sequentia Lactantii verba, quæ nos descripturi sumus ex libro quinto Divinarum Institutionum, existimaverat esse intelligenda de Hierocle. Fuit autem Hierocles præses Bithyniæ, uti jam dictum est, et multam carnificinam de Christianis exercuit.

Auctor et consiliarius. Lactantius, lib. v Instit., cap. 2 : *Alius eamdem materiam mordacius scripsit, qui erat tum e numero judicum, et qui auctor in primis faciendæ persecutionis fuit.*

Priscillianum. Bithyniæ præsidem, ut legitur in Menologio Græcorum ad diem 12 mensis Junii : *Eodem die sanctæ martyris Antoninæ. Apud Nicæam Bithyniæ, Diocletiano et Maximiano imperatoribus, Priscilliano præside, Antonina in christianæ fidei confessione constanter perseverans, demum gladio percussa, martyrio coronata est.* Eadem habentur in Martyrologio Romano.

Adversarium vicisti. Cyprianus, epist. 7 ad Rogatianum et cæteros confessores : *Quantum dolemus ex illis quos tempestas inimica prostravit, tantum lætamur ex vobis, quos diabolus superare non potuit. Hortamur tamen per communem fidem, per pectoris nostri veram circa vos et simplicem charitatem, ut qui adversarium prima hac congressione vicistis, gloriam vestram forti et perseveranti virtute teneatis.*

Zabulum. Id est, diabolum. Sic apud Commodianum, lib. II, cap. 17 : *Cuncta de Zabuli pompa;* et cap. 18 : *Aut tota Zabuli pompa;* et lib. I, cap. 35 : *Zabolicam legem omnes omnino vitate.* Rursum lib. II, cap. 31 : *Germine Zabolico ut faciatis turbe pronate.* Referimus autem hæc loca juxta fidem veteris codicis. Nam editio diversa est. Nihil vulgatius quam Zabuli vox in antiquis libris. Eadem ratione scribebant *Zaritorum* pro *Diaritorum;* ut in collatione prima Carthaginensi, cap. 139. Quod cum non animadverteret Papirius Massonus, heic pro *Hipponensium Zaritorum,* quæ est vera lectio, scripsit *Hyppensis Zaritorensis :* quam lectionem retinuit etiam Petrus Pithœus in sua editione collationis Carthaginensis. Quare in veteri Notitia Africæ, quam Sirmondus edidit, et post eum Chiffletius, pro eo quod illic legitur, *Marianus Hippzaritensis,* scribendum est *Marianus Hipponensium Zaritorum,* id est, *Diaritorum,* sive *Diarrhytorum,* ut apud Plinium, lib. v Hist. naturalis, cap. 4. Sic etiam, apud Commodianum, Zacones pro Diaconibus. Numiziam quoque pro Numidia legi in veteri codice ms. bibliothecæ Colbertinæ.

Triumphasti. Lactantius, lib. IV Institut. cap. 26 : *Postremo etiam mortem suscipere non recusavit, ut homo illo duce subactam et catenatam mortem cum suis terroribus triumpharet.*

Jucundum spectaculum. Cyprianus, epist. 9 : *O quale illud fuit spectaculum Domino, quam sublime, quam magnum, quam Dei oculis sacramento ac devotione militis ejus acceptum!*

Elephantos. Nam et elephantos ad currum junxerunt Antiqui, ut patet ex Lampridio in vita Antonini Heliogabali, et ex aliis locis. Auctor est Flavius Vopiscus, in triumpho quem D. Aurelianus egit de Zenobia et Tetrico, elephantos viginti præcessisse. Joannes abbas Biclarensis ad annum 9 Justini Imperatoris adnotat Justinianum Ducem Romanæ militiæ 24 elephantos Constantinopolim direxisse pro triumpho, qui de Persis devictis agendus erat. Vide Sirmondum, in notis ad panegyricum Anthemii, apud Sidonium, et Bulengerum in libro de Triumphis, cap. 21.

Dominatores dominantur. Passiva significatione, ut apud Ciceronem, in libro primo Officiorum : *O domus antiqua, heu quam dispare dominare domino !* Virgilius in secundo Æneidos : *multos dominata per annos.*

Desiit provocare. Emissus est Donatus e carcere extremis Galerii Maximiani temporibus, ut legitur infra, cap. 35.

CAPUT XVII.

Felicitas ab eo recess. Nimirum a Diocletiano, quem per totos viginti annos imperii fuisse felicem produnt antiqui historiarum scriptores. Neque opus est referre testimonia singulorum. Sufficiet unicus auctor panegyrici Maximiano et Constantino dicti in nuptiis Faustæ. Sic ergo ille : *Sed profecto exegit hoc ipsa varietas et natura fortunæ, cui nihil mutare licuerat quum vos imperium teneretis, ut illa viginti annorum continua felicitas intervallo aliquo distingueretur.*

Perrexit Romam. Diocletianus, duabus de causis, ut vicennalia celebraret, et triumphum ageret de Narseo rege Persarum ante aliquot annos victo. Hoc enim anno actus est triumphus, non autem anno decimo octavo imperii, ut putavit Henricus Valesius, qui propterea cum triumpho conjunxit vilitatem annonæ, quam imperatores jussisse docent Fasti Idatiani, tanquam id ab eis post triumphum constitutum esset in gratiam populi Romani. Recte igitur Scaliger in animadversionibus ad Chronicon Eusebii adnotat, triumphum a Diocletiano et Maximiano actum anno vicesimo imperii, aliquot mensibus antequam purpuram deponerent. Sed postremum illud falsum. Nam retinuerunt adhuc imperium fere per sesquiannum, ut postea videbimus. Porro triumphum actum esse tempore vicennalium, quod nobis incumbit probandum, patet ex capite decimo Lactantii, ubi, post narratam victoriam de Persis, ait Diocletianum in Orientem profectum, et annum illic egisse qui persecutionem antecessit, deinde hyematum venisse in Bithyniam, ac tum quidem captum consilium destruendarum ecclesiarum, et mense Februario sequenti cœptam persecutionem. Igitur certum est Diocletianum non fuisse Romæ anno 18 imperii sui, quo eum triumphasse contendit Valesius secutus Eusebium, quem propterea reprehendit Josephus Scaliger. Sane, quod negari non potest, in vulgatis Chronici Eusebiani editionibus, et in plerisque antiquis exemplaribus, triumphus ille notatur in anno 18 Diocletiani. Verum in vetustissimo et optimo codice Colbertino, et in aliis antiquis quos Pontacus vidit, ponitur in anno 19, sed præpostero ordine, cum antecedat historiam persecutionis. Quæ fuit occasio errandi clarissimo Valesio. Probabile autem est dilatum tamdiu a Diocletiano triumphum de Persis, ut eum conjungeret cum festis vicennalium, et ea sic faceret clariora atque celebriora. Nunc referenda sunt Eusebii verba : *Diocletianus et Maximianus Augusti insigni pompa Romæ triumpharunt, antecedentibus currum eorum Narsei conjuge, sororibus, liberis, et omni præda qua Parthos spoliaverant.* Eadem habet Eutropius in fine libri noni, ubi ait, Diocletianum et Herculium deposuisse purpuram *post triumphum inclytum quem Romæ ex numerosis gentibus egerant, pompa ferculorum illustri, qua Narsei conjuges, sororesque et liberi ante currum ducti sunt.*

Sed emendandus hic est Eutropius, ubi de conjugibus Narsei ante currum ductis loquitur. Quippe Sextus Rufus in duobus locis, et Eusebius in Chronico, qui accepisse videtur ex Eutropio, de una tantum Narsei uxore loquuntur. Igitur Diocletianus in Oriente fuit anno 302, eoque exeunte venit Nicomediam; ineunte anno 303, cœpta persecutione, Romam postea profectus est, ut triumphum ageret et vicennalia celebraret.

Vicennalium diem. Hæc agenda erant ineunte anno vigesimo imperii; et non uno solum die agebantur, sed continuatis diebus, ut patet etiam ex his, quæ de Romano martyre narrat Eusebius in libro de martyribus Palestinæ. Ad ista Diocletiani quod attinet, certum est ea Romæ celebrata fuisse per mensem integrum, cum Lactantius dicat illum iis solemnibus celebratis, impatientem et ægrum animi prorupisse ex urbe, e. tredecim dies tolerare non potuisse, ut Romæ potius quam Ravennæ procederet consul. Porro Diocletianum eo ipso anno vicennalia celebrasse, quo cœpta est persecutio adversus Christianos, vel hic locus evincit, celebrata autem fuerunt eo anno, quo ipse consulatum octavum agebat. Nam prorupit ex urbe paucis diebus ante kalendas Januarias, quibus nonus consulatus illi deferebatur.

Kalendas decembr. Quoniam imperium Diocletiani fundus est istius historiæ, res postulare videtur ut ejus initia brevi sermone constituamus, ut finis tandem imponatur dissidiis quæ ex ea occasione emerserunt inter viros doctos. Ac de anno sane quo is ad remp. administrandam accessit, non arbitror ambigi nunc posse, cum eum fuisse annum Christi 284 luculenter probaverit in libro XI de Doctrina temporum, cap. 30, vir istarum et multarum eiarum rerum peritissimus Dionysius Petavius. Denique, si persecutio adversus Ecclesiam commota est anno Christi 303, ut certum faciunt plurima loca istius Lactantianæ lucubrationis, quæ nos supra retulimus, commota autem sit anno imperii Diocletiani 19, ut omnes consentiunt, negari non potest principatum ejus incipere ab anno 284 exeunte. Major itaque difficultas est in constituendo die quo factus est imperator. Ante Petavium persuasum erat hominibus eruditis illum Palilibus ipsis, id est 11 kalendas maias, a militibus imperatorem esse salutatum; quam sententiam, ut falsam, merito refellit idem vir eruditissimus et addit: *Resipiscant itaque deinceps Chronologi omnes, et hanc de primo Diocletianei imperii die πρόληψιν tam levi imo nullo argumento subnixam, dediscant, ac meliore commutent.* Gratiæ vero Alexandrino illi Chronico debentur, cujus auctor ex actis publicis diem nobis designat, quo primum Chalcedone Diocletianus imperator est appellatus, nimirum 15 kal. octobres. Si Petavius nunc viveret, certus sum eum, ut erat veri amantissimus, gloriam constituæ illius diei, quam isto tribuit auctori Chronici Alexandrini, redditurum Lactantio, et 15 kal. octobres mutaturum in 12 kal. decembres, quem diem Lactantius docet fuisse natalem imperii Diocletiani, quo vicennalia Romæ celebraturus erat. Atque eo modo solvitur difficultas, quam Valesius in annotationibus ad Eusebium, pag. 175, indicavit, nimirum ex eo quod Eusebius dicit Romanum die 17 novembris martyrium consummasse, cum Diocletiani vicennalia agerentur, cum, si illud verum est, sequi videatur primum diem imperii Diocletiani incidere in mensem novembrem, non autem in septembrem, ut tradit auctor Chronici Alexandrini. Incidit itaque in mensem novembrem, sed postremus die decima septima ejusdem mensis. Sed adversus hæc vir clarissimus Antonius Pagius opponit 12 kal. decembrium diem a Lactantio tributum vicennalibus Diocletiani non esse natalem ejus, sed Maximiani Herculii: quod ex eo quoque probat, quod in libro tertio codicis Justinianei descripta sit lex Diocletiani data idibus octobris, Carino II et Numeriano consulibus, id est, eo anno quo nos quoque scripsimus illum fuisse factum imperatorem, adeoque certum sit eum ad principale fastigium fuisse evectum diu ante 12 kal. decembris.

Sane fateor istud esse magni momenti, si constaret certam esse lectionem. Verum, cum in codice Justinianeo unica tantum istiusmodi lex reperiatur, quæ propterea auctoritatem ab aliis ejusdem temporis mutuari non potest, et in quatuor vetustis codicibus bibliothecæ regiæ, septem Colbertinæ, tum etiam in tribus qui fuere Petri Pithœi, viri clarissimi, adscriptum non sit tempus quo data est, in uno autem regio, in uno Colbertino, et in tribus Pithœanis dicatur esse Diocletiani et Maximiani Augustorum et Cæsarum, patet nihil hinc boni firmique accipi posse ad constituenda initia imperii Diocletianei; adeoque etiam post illam Pagii observationem nobis liberum est existimare veram esse quam ex Lactantio concepimus opinionem de die quo idem Augustus ad imperium primo pervenit; præsertim cum Fasti Idatiani doceant Maximianum imperatorem fuisse levatum kalendis aprilis, non vero 12 kal. decembris.

Libert. p. r. ferre n. poterat. Immoderatam videlicet, eo acriorem, quod intermissa erat. Magnam enim vero oportuit fuisse populi Romani petulantiam et loquendi libertatem, quæ Diocletianum, satis bonum alioqui Principem, si persecutionem adversus nostros motam excipias, coegerunt urbem relinquere sic præcipitanter. Eadem licentia Constantinum etiam movit, ut Romam relinqueret et sedem imperii alio transferret, ut in libro secundo historiarum suarum narrat Zozimus. Quamquam alia causa transferendi imperii habetur in donatione Constantini.

Prorupit ex urbe. Tertio decimo kalendas Januarii, post terminata vicennalia. Nam vicennalium festa duraverunt per mensem integrum, ut jam diximus.

Nonus consulatus. Hæc etiam evincunt persecutionem excitatam esse anno Christi 303, cum nonum consulatum Diocletiano destinatum fuisse dicat ad kalendas Januarias, quæ proximæ post commotam persecutionem fuerunt. Nonus enim consulatus Diocletiani incidit in annum Christi 304.

Deferebatur. A senatu nimirum. Sed ista explicanda sunt. Nam certum est nominationem consulum fuisse tum prorsus in potestate imperatorum. Itaque senatus non designabat quidem consules, ut olim, sed eos declarabat, eis insignia consulatus tradebat, et sic quodammodo consulatum deferre ac tribuere videbatur. Ita nos docet Valerianus imper. in oratione ad Aurelianum, qui postea fuit imperator, apud Flavium Vopiscum: *Nam te consulem hodie designo, scripturus ad senatum, ut tibi deputet scipionem, deputet etiam fasces. Hæc enim imperator non solet dare, sed a senatu, quando fit consul, accipere.* Itaque Diocletianus sibi consulatum destinaverat in annum sequentem; et, si mansisset Romæ, ejus insignia pro more consulum accepisset a senatu. Sed tredecim dies tolerare non potuit ut sumeret, propter nimiam populi Romani licentiam.

Ravennæ. Discedens igitur Roma Diocletianus profectus est Ravennam, qua rectum iter est in Illyricum et Bithyniam.

Procederet consul. Ælius Lampridius in Heliogabalo: *Denique kal. Januariis, cum simul tum designati essent consules, noluit cum consobrino procedere.* Fasti Idatiani Diocletiano II et Aristobulo: *His coss. occisus est Carinus Margo, qui ipso anno cum Aristobulo consul processerat.* Chronicon Alexandrinum, pag. 641: *Diocletianus imperator 15 kalendas Octobr. Chalcedone renuntiatus, 5 kalendas Octobres Nicomediam purpuratus intravit, et kalendis Januariis consul processit.* Antiquorum consulum processio, ut ego quidem arbitror, et ut sunt omnia ferme initia, modesta erat et simplex. Postea vanitas et ambitio multa addidit, quæ dein omnem modum excessere. Hinc illa querela Flavii Vopisci in D. Aureliano: *Vidimus proxime consulatum Furii Placidi tanto ambitu in Circo editum, ut non præmia dari aurigis, sed patrimonia viderentur, cum darentur tunicæ subsericæ, lineæ paragaudæ, darentur etiam equi, ingemiscentibus frugi hominibus. Factum est enim ut jan. divitiarum sit non hominum consulatus, quia utique si virtutibus defertur, editorem spoliare non debet.* Perierunt casta illa tempora, et magis ambitione populari peritura sunt. Profusa autem plurimorum liberalitas in editione consulatus varias extorsit principum leges, quibus modum ponerent immensitati donorum, ut colligitur ex novella 105 Justiniani, qui processiones consulum enumerat per annum septem, et statuit quomodo illæ celebrandæ sint. De munificentia ejusdem Justiniani in editione primi consulatus sui vide Marcellinum comitem.

Profectus hyeme. Henricus Valesius in notis ad Eusebium, pag. 168, disputans adversus Josephum Scaligerum, qui contendit Diocletiani triumphum actum esse Romæ anno imperii ejus vigesimo, aliquot mensibus antequam purpuram deponeret, adversus eum, inquam, disputans Valesius, ait istam opinionem ferri non posse, quod ex ea sequatur Diocletianum hyberno tempore triumphasse, et media adhuc hyeme ab urbe Roma profectum Nicomediam venisse. *Quorum neutrum probabile est,* inquit, *cum nec triumphi per hyemem agi solerent ab imperatoribus Romanis, nec Diocletiani ætas ac valetudo tam longi itineris laborem hybernis mensibus sustinere valuerit.* Hæc tamen, quæ absurda visa sunt viro clarissimo, vera sunt, et ea pro veris agnovisset ipse, si hanc Lactantii lucubrationem vidisset. Nam et certum est triumphum actum eodem tempore quo vicennalia, et Diocletianum Roma profectum hyeme, sæviente frigore, et dein Nicomediam venisse, non quidem ipsa hyeme, sed post æstatem sequentem. Neque verum est quod paulo post subdit idem Valesius, morbum illum quo Diocletianus de statu mentis paululum deturbatus est primum Nicomediæ eum corripuisse paulo post excitatam ab eo persecutionem. Neque id dicit Constantinus. Is morbus eum corripuit post triumphum et vicennalia, cum in itinere esset, ut heic scribit Lactantius.

Ripæ strigæ. Quo tempore hunc Lactantii librum emisimus, monuimus aut locum hunc cubare in mendo, aut ripæ Strigæ nomine intelligi debere oram Propontidis circa Nicomediam. Conjecturam nostram non putavit vir clarissimus Thomas Sparkius esse veram; ideoque eruditam sane et elegantem dissertationem edidit ut ostenderet, ripæ Strigæ nomine quidvis potius intelligi, quam oram Propontidis; et, post longos circuitus de significatione vocis Strigæ et de ripa Danubii, pronuntiavit isthic intelligi ripam Danubii, sive Istri, quo vectum ait Diocletianum ægrum usque ad Pontum Euxinum. Verum Lactantius non ait illum navigio peregisse iter suum, sed per circuitum ripæ: quod manifeste evincit illud terra fuisse confectum, cum secundum Ulpianum, lib. LXVIII ad Edictum, quod in ripa fit non videatur in flumine factum. Confecit ergo Diocletianus iter suum terra, nimirum per ea loca quæ in Itinerario Antonini describuntur *per ripam a Viminacio Nicomediam,* quæ est ipsa ripa Istri, cujus meminit etiam Ovidius, lib. I de Ponto, eleg. IX:

Stat vetus urbs ripæ vicini nominis Istri,

quo loci poeta intelligit Istrum Antonini, seu Istropolim Plinii, Ptolemæi, tabulæ Peutingerianæ, et aliorum. Quin et legiones riparienses vocabantur quæ locatæ erant in ripa Istri, uti patet ex notitia imperii. Ister autem est idem fluvius qui a jugo Abnobæ montis ortus Danubius dicitur, donec perventum est Axiopolim, ubi Danubium accipere nomen Istri tradit Ptolemæus. Axiopolim porro sitam fuisse inter Sucidavam et Capidavam videre est apud eumdem Ptolemæum, in Itinerario Antonini, et in tabula Peutingeriana. Itaque Diocletianus, relicta Ravenna, post hyemem iter ingressus, per viam publicam, quæ in eodem Itinerario descripta est et in tabula Peutingeriana, pervenit Nicomediam sub exitum mensis Novembris, id est, per Veronam, Altinum, Concordiam, Aquileiam, Sirmium, Taurunum, Viminacium, et hinc per ripam Strigam, sive Istricam, per Cuppas et cætera loca, usque ad Dorostolum, Sucidavam, Axiopolim, Capidavam, Istrum, Develtum, Burtudizum, Drisiparam, Heracleam, Byzantium, Pantichium, Libyssam, et hinc statim Nicomediam. Hæc loca nominavi, quia inter illa quæ ad ripam Istricam sunt majorem habent celebritatem, et quia eorum magna pars notata est in constitutionibus quibusdam Diocletiani codice Justinianeo comprehensis, quæ progressum itineris ejus demonstrare videntur. Nam ex ea quæ data est Ravennæ 15 kal. Aprilis anno 304 colligitur, eum Ravenna digressum non esse ante mensem Martium, eumque Veronæ fuisse 14 kal. Junias docet lex alia illic eo die lata. Hinc profectus est Aquileiam, Sirmium, Taurunum, Viminacium, ubi eum aliquandiu substitisse colligi posse videtur ex legibus ibidem datis, sive subscriptis, ab excessu mensis Augusti usque ad kalendas Octobris. Dorostoli deinde eum fuisse liquet 12 et 11 kal. Novembris. Tertio dein kal. erat Develti, 3 Non. Burtudizi, 6 Idus Heracleæ, 5 kal. Decembris Nicomediæ. Ista colligi possunt, ut dixi, ex legibus Diocletiani quæ extant in codice Justinianeo. Nolim tamen contendere ista esse omni ex parte vera, cum sciam illum iisdem diebus aliorum annorum potuisse esse in iisdem locis. Affero tantum conjecturam meam, quæ satis mihi videtur esse probabilis. Si quis tamen eam non probaverit, potest eam rejicere ut falsam, et judicio suo frui, præsertim si non obscuras dissentiendi causas habeat.

Circum dedicaret. Apud Nicomediam, quam vir ædificandi cupidissimus urbi Romæ coæquare studebat.

Anno p. v. repleto. Id est, ut ego arbitror, 12 kalendas Decembres. Sic enim postulat sensus. Sane postea Lactantius cum aliquo intervallo memorat Idus ejusdem mensis. Non deposuit ergo purpuram Diocletianus anno Christi 304, ut placuit viris eruditissimis, sed altero post actum triumphum et celebrata vicennalia, id est, anno Christi trecentesimo quinto. Melius igitur Scaliger, qui in animadversionibus ad Chronicon Eusebii ait, Diocletianum deposuisse purpuram aliquanto tardius quam vulgo censent viri docti, eo inter cætera argumento, quod certum sit Diocletianum gessisse decimum consulatum, et dici non possit eum fuisse consulem post depositam purpuram. Nam Cassiodorus ait Diocletianum et Maximianum deposuisse purpuram eo anno quo Diocletianus decimum et Maximianus septimum consulatum agebant. Quod etiam legitur in vetustissimo codice ms. bibliothecæ regiæ litteris uncialibus scripto, qui inscriptus est *Chronica Georgii Ambianensis episcopi.* Quanquam, ut verum fatear, decimus ille Diocletiani consulatus mihi multum suspectus est, et valde huc inclino, ut existimem conflatum esse per errorem ex illis verbis Fastorum. *Item decies et Maximiano septimum,* quæ referenda sunt ad Maximianum Herculium et Galerium Maximianum. Ista tamen non impediunt quin abdicati facta dicatur anno trecentesimo quinto, præsertim cum res eadem aliis adhuc testimoniis probetur. Nam cum Zozimus scribat, a consulatu Chilonis et Libonis, quo Severus ludos seculares exhibuit, centum et unum annos effluxisse usque ad eum quo Diocletianus et Maximianus abdicaverunt, quem falso notat incidere in Diocletiani IX et Maximiani VIII consulatum, et Scriptorum omnium consensu ludi illi seculares anno Christi 204 celebrati fuerint, luce clarius est rem quæ centesimo primo post annum gesta est anno Christi 305 evenisse. Quod adeo verum est, ut cum Joannes Fridericus Herwardus in capite 230 suæ chronologiæ retulisset hunc Zozimi locum, in eaque sententia esset ut Diocletianum abdicasse anno 304 censeret, centum et unum annos, qui a ludis Severi usque ad annum abdicationis fluxerant, sic interpretari coactus sit, ut utrumque extremum eo numero includi assereret, 204 nimirum, et 304. Videbat enim quod si inciperet ab anno 205 ut par erat, numerus annorum centum et unius non congrueret cum anno abdicationis imperii, quam, ut dixi, putavit anno 304 evenisse. At, si scivisset eam sequenti tantum anno peractam, non redactus fuisset in has angustias. Porro abdicationem contigisse anno quo diximus probatur etiam ex capite 44 Lactantii, in quo ille scribit annum octavum nuncupationis Maximini cognomento Dazæ completum fuisse kalendis maiis anni quo ille pugnam commisit cum Licinio : quæ cum pugnata fuerit anno 313, consequens est Diocletianum abdicasse, et Maximianum fuisse nuncupatum Cæsarem anno 305 kalendis maiis.

Celari mortem. Ut fieri olim solebat post mortem principum. Nam id de Augusto narrat Tacitus in libro primo Annalium, de Constantino Ruffinus, l. i, cap. 11 Historiæ ecclesiasticæ. Possunt inveniri etiam alia exempla. Sed ista tanti non sunt.

Kal. Martiis. Anni sequentis, id est, anni trecentesimi quinti. Nam, cum certum sit Diocletianum vicennalia celebravisse Romæ anno 303, et hinc digressum medio decembri, Nicomediam pervenisse post æstatem anni 304, et Circum dedicavisse anno post vicennalia repleto, id est, mense novembri, deinde ita ægrotasse, ut mortuus crederetur idibus decembribus, manifestum est kalendas martias, quæ post idus illas subsecutæ sunt, incidisse in annum 305, adeoque adhuc eo tempore Diocletianum fuisse imperatorem. Sed paulo post e im visuri sumus cum Galerio deliberantem de abdicando imperio.

Demens factus est. Eusebius, lib. viii, cap. 13, recte hunc Diocletiani morbum, cujus vi demotus est de mentis suæ statu, accidisse ait post acta vicennalia, et post motam adversus nostros persecutionem. Recte quidem. Sed idem tamen in eo castigandus est, quod vicennalia ab eo expleta ait antequam bellum inferret Christianis, cum ex Lactantio teste oculato constet motam primo persecutionem, vicennalia deinde acta exeunte anno. Meminit autem amentiæ Diocletiani et Chrysostomus oratione in sanctum Babylam martyrem.

CAPUT XVIII.

Exemplum Nervæ. Qui senio gravis, ac ideo se contemni videns, Trajanum adoptavit, eodemque die in senatu Cæsarem designavit, ut Xiphilinus tradit ex Dione. Eamdem causam adoptionis affert Plinius in panegyrico : *O rovum atque inauditum ad principatum iter ! Non te propria cupiditas, proprius metus, sed aliena utilitas, alienus timor principem fecit. Et* infra : *Ut dare posset imperium imperator qui reverentiam amiserat, auctoritate ejus effectum est cui dabatur.* Simul filius, simul Cæsar, mox imperator et consors tribunitiæ potestatis.

Indecens esse. Heic incipit dialogus inter Diocletianum et Galerium, isto socerum urgente ad deponendum imperium, altero repugnante. Quod valde animadvertendum est. Hactenus enim existimavimus spontaneam fuisse Diocletiani abdicationem, et longo tempore meditatam : quod certe evidentissime colligebatur ex vetustis auctoribus, qui vulgatas tantum historias scribebant, arcana rerum non noverant. At Lactantius, qui Nicomediam a Diocletiano fuerat accitus, qui frequens erat in palatio, melius totam hanc historiam scire potuit, quam illi qui postea animum ad scribendas historias appulerunt.

Invaserat vel Invaiaverat. In veteri codice legitur *invenerat.*

Dispositionem. Formam constituendæ seu regendæ reipublicæ. Recepta tum erat ea vox. Epistola D. Aureliani ad Flavium Arabianum, apud Flavium Vopiscum : *Nunc tuum est officium, Arabiane jucundissime, elaborare ne meæ dispositiones in irritum veniant.* Valeriani epistola ad Ragonium Clarum, apud Trebellium Pollionem in triginta Tyrannis, cap. 17 : *Dispositionem Balistæ prosequere. Hac in forma remp. vides.* Vide Lactantium, lib. ii Institut., cap. 16 lib. iii, cap. 7 et 10, et Jacobum Gothofredum, ad titulum codicis Theodos. *De proximis.*

Disposit. conservari. Ut quia ipse primus orbem Romanum in quatuor partes divisisset, quarum duas a duobus Augustis, reliquas duas a duobus Cæsaribus in spem imperii allectis teneri instituerat, jam et ipse hanc dispositionem non immutatam, sed custodiens, cederet imperio cum sene Maximiano, et se Constant unique, qui tum Cæsares erant, Augustos diceret, in istorum vero loco duos novos Cæsares faceret. Daret exemplum posteris quomodo conservari oporteret immensum reipublicæ corpus.

Inter avos concordiam. Proponebat tacite Galerius exemplum Diocletiani et Maximiani Herculii, qui per tot annos mira concordia imperium tenuerant, ut ostenderet rem non esse difficilem. Re autem vera res est difficillima concordia, præsertim ubi summa potentia est ; recteque Tacitus in libro quarto Annalium scribit potentiam et concordiam eodem loci esse vix posse. Idem lib. xiii, loquens de Seneca et Burrho, rectoribus juventæ Neronis imperatoris, annotat tanquam rem difficilem et extraordinariam eos pari in societate humana fuisse concordes. Denique discordia quæ postea fuit inter Constantinum et Licinium, qui Romanum imperium æqua potestate tenebant, probavit concordiam difficile servari inter duos imperatores.

Minor et extremus. Infra cap. 20 : *Nam Constantium, quamvis priorem nominari esset necesse, contemnebat.* Hæc loca ostendunt priorem in adoptione locum datum esse Constantio, haud dubie propter nobilitatem generis, quod referebat ad Claudium imperatorem. Sed de hoc postea.

Illyrico vel. Codex vetus *Illyricum.* Idem autem valet in hoc loco vox *vel*, ac *id est*. Neque enim vera est observatio Cuperi, censentis Illyricum non fuisse ad ripam Danubii, sed ad mare Adriaticum. Nam Mœsia utraque, quæ est ad ripam Danubii, pertinebat ad Illyricum, ut satis notum est. Carpi vero et Bastarni, quos a Galerio victos postea ait idem vir clarissimus, erant Transdanubiani.

Ita plane. Familiaris Lactantio phrasis. Lib. i divinar. Institut., cap. 11 : *Ita plane. Nam cum idem neque virginibus neque maritatis unquam pepercisset.* Et lib. ii, cap. 11 : *Ita plane : quemadmodum vulgus existimat mortuorum animas circa tumulos et corporum suorum reliquias oberrare.*

Illor. filios nuncupari. Æquum sane ac rationi consentaneum erat quod proponebat Diocletianus, ut filius Herculii Maxentius et Constantii filius Constantinus fierent Cæsares, ne principum filii privati viverent. Sed contra obtinuit pervicax Galerius, et alios Cæsares fecit, præsente etiam Constantino.

Neque patrem. Eadem de Maxentio referuntur in Epitome Victoris. *Is Maximianus* (Leg. *Maxentius*, ut patet etiam ex libro xi Historiæ miscellaneæ) *carus nulli unquam fuit, ne patri aut socero quidem Galerio.* Erat ille, ut vulgo scribitur, Herculii Maximiani filius. Sed tamen paulo ante in eadem Epitome ista leguntur : *Genuit ex Eutropia Syra muliere Maxentium et Faustam conjugem Constantini, cujus patri Constantio tradiderat Theodoram privignam. Sed Maxentium suppositum ferunt arte muliebri tenere mariti animum laborantis auspicio gratissimi partus cœpti a puero.* Hanc enim ego lectionem merito, ut opinor, reliquis præfero. Historiam hanc confirmat incerti panegyricus Constantino dictus post victum Maxentium, cujus auctorem esse Nazarium putabat vir doctissimus Petrus Pithœus : *Ut enim omittam illa quæ non decet comparari, quod erat ille Maximiani suppositus, tu Constantii pii filius : ille despectissimæ pravitatis* (Leg. *parvitatis*), *detortis solutisque membris, nomine ipso abusiva appellatione mutilato, tu, quod sufficit dicere, tantus ac talis.* Auctor fragmenti de Constantio Chloro et Constantino : *De cujus origine mater ejus, cum quæsitum esset, Syro quodam genitum esse confessa respondit.*

Temulentum, ebriosum. Idem auctor : *Severus Cæsar ignobilis, et moribus, et natalibus, ebriosus, et hoc Galerio amicus.* Censuit enim auctor hujus fragmenti Galerium fuisse ebriosum, quem tamen alibi non facile reperias temulentiæ accusatum. Sic ergo ille : *Galerius sic ebriosus fuit, ut, cum juberet temulentus ea quæ facienda non essent, a Præfecto admonitus constituerit, ne jussu ejus aliquis post prandium faceret.* Confudit haud dubie auctor fragmenti Galerium Maximianum cum Galerio Maximino, quem narrat Eusebius lib. VIII, cap. 14, temulentiæ et crapulæ eo usque obnoxium fuisse, ut in compotationibus insaniret et fureret, et ea imperaret ebrius, quorum postridie sobrium pœnitebat. Et ita quidem verba Græca Eusebii verterunt Christophorsonus et Valesius. At Ruffinus alium sensum his dedit, dicens Maximinum adeo temulentum fuisse, ut insanus et mente captus vini furore putaretur, et ea ebrius fieri juberet, quæ die postera se jussisse nesciret. De eodem hæc habentur in Epitome Victoris, quæ magis congruunt cum interpretatione virorum clarissimorum. *Vini,* inquit, *avidior : quo ebrius, quædam corrupta mente aspera jubebat, qui cum pigeret factum, differri quæ præcepisset in tempus sobrium ac matutinum statuit.* Denique victus a Licinio, cum Tarsum profectus esset, neque ullum speraret refugium, angore et metu confugit ad mortem, quasi ad remedium malorum, et prius se cibo infersit ac vino ingurgitavit, ut dicet infra Lactantius cap. 49.

Eum misi ad Maximianum. Audax sane nimium fuit Galerius, qui nondum consulto Diocletiano Severum miserat ad Maximianum, ut ab illo fieret Cæsar. Qui locus etiam ostendit quam præceps et vesanus fuerit Galerius, et quam parum libera ac spontanea Diocletiani abdicatio.

Ut ab eo induatur. Purpura videlicet : quod erat insigne principalis fastigii. Itaque idem Severus ab Herculio postea victus ad Ravennam, *vestem et purpuram eidem a quo acceperat reddidit,* ut ait infra Lactantius cap. 24.

Ostendens Daiam. Sive Dazam, filium sororis Galerii, ob hoc ipsum Galerium Maximinum dictum in adoptione. Epitome Victoris : *Galerius Maximinus sorore Armentarii progenitus, veroque nomine ante imperium Daza dictus.*

Jusserat Maximinum. In veteri codice, et heic, et fere semper legitur *Maximianum,* sueto Græcis Latinisque librariis errore, ut Maximiani et Maximini nomina persæpe confundant. Quoniam vero certum est istum , non Maximianum, sed Maximinum fuisse vocatum, nos ubique emendavimus, ne qua lectorem difficultas remorari posset.

Hominis. Cuperus et Sparkius monent legendum esse *ominis* : quod ego valde probo.

CAPUT XIX.

Proceditur kal. malis. Anno Christi 305, ut diximus. Mendum itaque est apud Zozimum et in Fastis Idatianis, ubi ista contigisse dicuntur Diocletiano IX, et Maximiano VIII conss., die kal. aprilis. Alii abdicationem Imperatorum ponunt in die 11 kal. maii, ipsis Palilibus; Labbeus kalendis augusti, nescio quo auctore. Sed nunc neque de anno, neque de die disputare fas est, post tam luculentam et accuratam abdicationis istius historiam, quam nobis exhibet Lactantius.

Constantinum o. intueb. Ex hoc loco et ex pluribus aliis veterum scriptorum testimoniis probari potest Constantinum apud Diocletianum fuisse eo tempore quo ista agebantur. Quare necesse est mendum esse in fragmento de Constantio Chloro et Constantino, pag. 472, ubi scriptum est, Severum et Maximinum Cæsares factos, *Constantino nihil tale noscente.* Ubi legendum est, *Constantino,* absque ejus et abdicatio facta, et Cæsares suffecti, ut docet Lactantius.

Maximianus ipse. Galerius, cognomento Armentarius.

Purpuram sumpserat. Magni momenti sunt hæc verba, neque leviter prætereunda. Signant enim locum ubi Galerius Maximianus adoptavit est a Diocletiano, nimirum prope Nicomediam. Quippe altum de ea re silentium est apud antiquos historiarum scriptores, nisi quod in Chronico Alexandrino scriptum est Maximianum Jovium et Constantium in consortium imperii adscitos esse Nicomediæ. Sigonius, in libro primo de Occidentali imperio, putat id factum esse in Illyrico. Sed errare illum evincit hic locus Lactantii. Rursum heic annotandum est : Diocletianus et Maximianus sicut uno eodemque die imperium deposuerunt, prior ad Nicomediam, alter apud Mediolanum, ita uno eodemque die Cæsares adoptatos ab illis fuisse, Galerium quidem a Diocletiano ad Nicomediam, Constantium vero ab Herculio in Italia, ac forte an Mediolani.

Requiem petere. Hinc haud dubie orta communis opinio Diocletianum semel volentem ac spontaneum imperio exuisse propter senium et infirmam valetudinem, et id ab eo factum post diutinam deliberationem, ut colligunt, et recte, viri docti ex veteri panegyrico, qui Maximiano Herculio et Constantino dictus est post nuptias Constantini et Faustæ. Verum Lactantius arcanum istius historiæ aperuit, quod se ignorare fassus est Eusebius in libro primo de Vita Constantini, cap. 18, ubi, ait, seniores Augustos *nescio quo pacto* imperio se abdicasse. Ruffinus, lib. VIII, cap. 15, ait Diocletianum Augustum in id vanitatis atque amentiæ pervenisse, quo depositis cum collega pariter Augusto regni insignibus, privati et plebeii post imperium viverent. At Constantinus in oratione ad sanctorum cœtum cap. 25, cui astipulari videtur Eusebius, lib. VIII, cap. 13, diserte affirmat Diocletianum ob mentis alienationem sponte se imperio abdicasse : quem Valesius in annotationibus suis refellit, et merito. Sed erat idem Valesius in eo, quod ait consilium de abdicando imperio diu ante persecutionem cepisse Diocletianum, tunc scilicet, cum de Persis aliisque barbaris nationibus Romæ triumphavit. Nam ex serie istius lucubrationis Lactantianæ constat consilium de abdicando imperio captum fuisse post commotam persecutionem, post reditum Diocletiani ab urbe, post vicennalia repleta, adeoque post difficilem illum morbum, cujus vi demotum de mentis suæ statu visum fuisse Diocletianum tradit Eusebius. Præterea triumphus actus non est ante persecutionem, ut supra ostensum est.

Severum et Maximinum. Fasti Idatiani Diocletiano IX et Maximiano VIII consulibus : *His conss. deposuerunt purpuram privati effecti Diocletianus et Maximianus, et vestierunt Severum et Maximinum;* Severum quidem Herculius apud Mediolanum, Maximinum Diocletianus ad Nicomediam. Sed male apud Eusebium in Chronico, ubi scriptum est Galerium solum biennio Augustum imperium tenuisse, et anno post seniorum Augustorum abdicationem Maximinum et Severum a Galerio Maximiano Cæsares factos. Ita quidem in plerisque editionibus. Sed in Veneta anni 1483, et in antiquis codicibus manuscriptis a Pontaco laudatis, tum etiam in vetustissimo et optimo codice Colbertino, ea desunt quæ de Galerio solo imperium per biennium obtinente illic dicuntur, et substitutio Severi et Maximini Cæsarum ponitur in eodem anno quo facta est abdicatio. Petavius tamen vulgatam Eusebiani Chronici lectionem propugnat in libro XI de Doctrina temporum, cap. 34, et verba illa de Galerii biennio sic interpretatur, ut is biennio solus, id est, nondum creatis Cæsaribus, imperasse dicatur, Cæsares autem electos anno illo quo Constantius excessit e vivis. Itaque in libro XIII, qui est chronologicus, colligere se ait ex fragmento anonymi Scriptoris, qui post Ammianum Marcellinum Valesii editus est, Severum aliquanto antea copiis in Italia præfuisse, quam Cæsar fieret, neque tam cito eam dignitatem adeptum, sed eodem fere tempore quo Constantinus Constantii filius. Quæ omnia falsa esse agnosceret sane

Petavius, si librum istum Lactantii videret.

Severum et Maximinum. Certum est hæc acta Nicomediæ fuisse, ubi tunc erant Diocletianus et Galerius Maximianus. Et tamen Socrates in initio suæ historiæ, ut quidem verterunt Musculus, Christophorsonus et Valesius, ait Galerium post abdicationem Diocletiani et Maximiani Herculii profectum in Italiam, duos Cæsares, Maximinum in Oriente, Severum in Italia constituisse. Aliter vertit Epiphanius scholasticus, et quidem congruentius ad veritatem historiæ : *Cum Diocletianus et Maximianus Herculius privatam elegissent vitam, et Maximianus Galerius, qui cum eis imperaverat, teneret Italiam, duos Cæsares fecisset, Maximinum in Oriente, et Severum in Italia, tunc Constantinus in Britannia patre mortuo ordinatur imperator.* Utcumque se res habeat, manifestum est Socratem existimasse Maximinum et Severum factos fuisse Cæsares, postquam Italia cessit in ditionem Galerii, quæ tempore abdicationis evenerat Constantio. Atque in eadem sententia fuisse videtur etiam Eutropius in initio libri decimi, ubi scribit Galerium, cum Italiam quoque sinente Constantio administrationi suæ accessisse sentiret, Cæsares duos creavisse. Errat ergo uterque, cum ex Lactantio appareat Cæsares factos esse apud Nicomediam eodem tempore quo seniores Augusti deposuerunt imperium... Occasio illis errandi, ut arbitror, illa fuit, quod cum Maximianus Herculius abdicasset apud Mediolanum, præsente Severo, qui ab eo factus est Cæsar, et ab eo purpuram accepit, crediderunt haud dubie utrumque Cæsarem in Italia factum esse a Maximiano, non distinguentes inter Maximianum Herculium et Galerium Maximianum, id vero fieri non potuisse, nisi post abdicationem. Vide Sigonium in libro secundo de Occidentali imperio.

Susum. In superiori parte, in loco signato, ut ait Papias. Veteres dicebant *susum*, pro *sursum*, ut pluribus ostendit in suo Glossario vir clarissimus Carolus Dufresnius. Et Rigaltius ad librum secundum Testimoniorum sancti Cypriani ad Quirinum, cap. 28, ubi legitur, *vocavit cœlum sursum*, annotat in Beneventano et Veronensi codicibus legi *susum*.

Sciscitari vel hæsitare. In veteri libro scriptum est *stare*, et in margine *hæsitare*, per speciem emendationis. Ego utramque lectionem puto falsam esse, et vocem *sciscitari* me ius convenire huic loco.

Constantino repulso. Vel unicus hic locus, quamvis alia argumenta non desint, ostendit Constantinum non fuisse factum Cæsarem cum Severo et Maximino. Illud ipsum probatur etiam ex silentio scriptorum illius ævi, et ex quibusdam antiquis inscriptionibus exaratis post abdicationem Diocletiani, et ante obitum Constantii; in quibus post Constantium et Galerium Augustos, Severi et Maximini Cæsarum nomina inscripta sunt, omisso nomine Constantini. Harum unam exhibet Onuphrius Panvinius in libro secundo Fastorum, alteram Gruterum, p. 178. Præterea hæc erat dispositio a Diocletiano introducta in administratione reipublicæ, quam in perpetuum conservari debere contendebat Galerius, ut quatuor tantum essent principes, duo majores, qui summam rerum teneant, item duo minores, qui sint adjumento, ut docet Lactantius, c. 17 hujus operis. Itaque, cum postea Galerius accepisset mortem Constantii, et Constantinum in loco ejus positum, cum valde cuperet imperium tenere solus, nec tamen vellet ordinem mutare in republica constitutum, maluit collegam Augustum assumere, quam tertium Cæsarem *extra numerum nuncupare*, ut ait Lactantius in capite 25 ejusdem historiæ. His quæ hactenus dicta sunt manifeste colligitur Constantinum non fuisse factum Cæsarem cum Severo et Maximino. Et tamen in Epitome Victoris ista leguntur : *Constantius Constantini pater atque Armentarius Cæsares Augusti appellantur, creatis Cæsaribus, Severo per Italiam, Maximino Galerii sororis filio per Orientem ; eodemque tempore Constantinus Cæsar efficitur.* Negari sane non potest quin Constantinus fuerit Cæsar, cum id nummi plures proferant, in quibus visitur imago ejus laureata, cum hac inscriptione : CONSTANTINUS NOB. CÆS. In uno vero et prænomina etiam Constantini leguntur hoc modo : FL. VAL. CONSTANTINUS NOB. C. Credidit vir eruditissimus, innixus auctoritati Aurelii Victoris, Constantinum a Maximiano Augusto et socero consecutum esse dignitatem Cæsaris eodem mense quo Constantius pater ejus Augustus est renuntiatus. Contra Josephus Scaliger, in animadversionibus ad Eusebium, p. 247, contendit eum non fuisse Cæsarem sub patre, sed sub Galerio, tametsi postea annotat nullam historiam referre eum Cæsarem a Galerio dictum. Si isthæc Lactantii Historia viris doctissimis nota fuisset, haud dubie ab his scribendo abstinuissent, quæ veritati consentanea non sunt. Nam primo certum est, uti diximus, Constantinum non fuisse factum Cæsarem cum Severo et Maximino. Deinde non potuit eodem tempore fieri Cæsar a Maximiano Herculio, cum apud eum non esset, sed apud Diocletianum. Neque tum Herculius socer ejus erat, quandoquidem Constantinus Faustam Herculii filiam duxit tantum post obitum Constantii, ut dicemus suo loco. Denique videbimus infra Lactantium docere Constantinum Cæsarem a Galerio dictum fuisse : quod apud nullum historicum reperiebatur ætate Scaligeri.

Purpuram injecit. Ut eum veste imperatoria indueret ac vestiret quem Galerius veste privata exuerat. Vestire enim est vocabulum quo tum significabantur insignia summæ potestatis. Fasti Idatiani : *Vestierunt Severum et Maximinum.* Et Lactantius in hoc capite loquens de Severo : *Misi ad Maximianum, ut ab eo induatur.*

Veteranus rex. Eleganter Diocletianum vocat veteranum regem, quia regnaverat per annos viginti integros, tanquam si propterea meruisset privilegia similia iis quæ concessa erant militibus qui per viginti annos in legione vel vexillatione militaverant.

In patriam dimittitur. Id est, Diocleam prope Salonas Dalmatiæ oppidum, ubi præclare otio consenuit.

Scutarius. Varia scutariorum genera fuerunt in palatio imperatorum romanorum, de quibus agit Henricus Valesius in annotationibus ad Ammianum Marcellinum, p. 33.

Protector, mox tribunus. Per eosdem gradus, sed non ita cito, ad imperium pervenerat Constantius. Fragmentum editum ab Henrico Valesio, p. 471 : *Constantius D. Claudii optimi principis nepos ex fratre, protector primum, exin tribunus, postea præses Dalmatiarum fuit.* Protectores autem dicti sunt ex eo quod principis latus protegerent, et ad custodiam corporis ejus electi erant. Horum alii in comitatu manebant, alii in provinciis cum comitibus et magistris militum mittebantur, quidam etiam ad custodiam limitis ex ea schola erant deputati. De his pluribus agit Henricus Valesius in annotationibus ad Ammianum Marcellinum, p. 33, 46, 152.

CAPUT XX.

Senibus expulsis. Id est, Diocletiano et Herculio, quorum primus secessit in Dalmatiam, alter in Lucaniam, ut plerique tradunt.

Solum orbis Dominum. Non quod revera esset solus imperator, cum collegam haberet Constantium, sed quia, cum istum contemneret, illum pro nullo habebat. Apud Socratem quoque, l. 1 Hist. eccles., c. 11, scriptum est Galerium Maximianum totius imperii clavum tenuisse. Quæ benigne intelligenda esse ait Henricus Valesius : *Neque enim,* inquit, *Galerius totius imperii revera clavum tenuit, cum duo alii eodem tempore essent Augusti, Constantinus in Galliis, et Maxentius Romæ. Verum summam imperii nihilominus administrasse dicitur, eo quod ipse senior erat Augustus, et a junioribus Augustis instar patris colebatur.* Ista viri doctissimi observatio habet aliquid veri, sed non omnia. Nam, quamvis concederem Galerium a Constantino, ut erat ille vir multæ civilitatis, cultum fuisse instar patris, certum est non ita cultum fuisse a Maxentio, quamvis socer ejus esset, immo nunquam bene inter eos convenisse, etiam vivente Diocletiano, et bellum inter eos fuisse gravissimum ex eo tempore quo Maxentius sumpsit purpuram, usque ad imperium Licinii.

Priorem nominari. Supra, c. 18, Galerius Maximianus alloquens Diocletianum ait : *Si ipse cedere noluisset, se sibi consulturum, ne amplius minor et extremus esset.* Eusebius, in libro primo de Vita Constantini, c. 18, ait Constantium, cum seniores Augusti imperio se abdicassent, primum Augustum renuntiatum esse, et primum Augustum appellatum inter quatuor, qui postmodum designati sunt. Idem semper priore loco nominatur in Fastis Idatianis a Zozimo, Eutropio, in codice Justiniani, in veteri inscriptione de consecratione Thermarum Diocletianarum, et in aliquot aliis inscriptionibus, quæ apud Cruterum leguntur, pag. 58, 159, 161, 164, 279, 1063. Et tamen Ælius Spartianus in Ælio Vero, et Flavius Vopiscus in Carino, Galerium Maximianum nominant ante Constantium, et id quidem tempore Diocletiani. Sane æquum videbatur ut is qui adoptabatur a Diocletiano, et qui filiam ejus Valeriam habebat uxorem, priorem locum haberet supra eum qui adoptabatur a Maximiano, secundi loci principe. Contra, rationi consentaneum erat ut vir magnæ nobilitatis , cujusmodi erat Constantius, non postponeretur homini agresti, pastori pecorum, atque illum post se haberet in administratione reipublicæ. Ego crediderim Spartiani et Vopisci testimonia postponenda esse auctoritati veterum inscriptionum, et eorum auctorum qui diserte aiunt primum locum datum esse Constantio : præsertim cum ii qui illum Galerio tribuunt non tractaverint hanc historiam ex professo, sed per transennam et aliud agentes. Quod etiam dicendum est de auctore vitæ sancti Procopii martyris, quæ habetur in tomo quarto Surii, ubi Galerius primo loco nominatur ante Constantium.

A tribus. Id est, a Galerio, Severo et Maximino.

Licinium v. c. amicum. Idem tradit Socrates, l. 1, c. 2, ubi ait Galerium Maximinum abiisse e vita, cum Licinium prius imperatorem creavisset, veterem amicum, et contubernalem suum, qui ex Dacia erat oriundus.

Ne filium nominaret. Ego arbitror hunc istorum et sequentium verborum sensum esse. Cum Galerius Licinium haberet veterem amicum et contubernalem, *bonum militia,* ut Taciti verbo utar, *et victoriæ socium,* cujus consiliis ad omnia regenda utebatur, noluit tamen illum facere Cæsarem, ne filium eum nominaret, cum quo per omnem vitam vixerat velut frater : sed destinata in longum jaciens, eum in locum Constantii, aut brevi morituri, aut certe per vim deturbandi, substituere cogitabat, ut sic Augustum et fratrem nuncuparet. Nam qui fiebant Cæsares in filiorum numerum veniebant, et filii Augustorum dicebantur. Qui vero nuncupabantur Augusti fratres imperatorum appellabantur, ut supra vidimus de Maximiano Herculio.

Vicennalia celebraret. Ad exemplum Diocletiani, qui post emensos novemdecim annos imperii Romam veniens, initia vigesimi tanto apparatu celebravit, ut propterea dixerit Sextus Rufus notam esse pompam victoriæ, quæ sub Diocletiano principe reportata de Persis est. Sed multum eo tempore distabat Galerius a vicennalibus suis. Nam ex capite 35 hujus libri colligitur ea celebrari debuisse kalendis martiis, quæ mortem ejus subsecutæ sunt. Igitur mortuus est anno ex quo Cæsar factus est decimo nono ineunte, cum obierit mense maio, qui fuit proximus ante diem vicennalium. Mortuus est autem cum ageret octavum consulatum, ut scriptum est in hac historia et in Fastis Idatianis. At, si ista vera sunt, quomodo fieri potest ut Galerius imperaverit annis uno et viginti? Tot enim numerantur a consulatu Tiberiani et Dionis, quo Galerius dicitur factus Cæsar, usque ad consulatum ejus octavum. Deinde ipse in hoc libro Lactantii, c. 18, docet se eo tempore quo Diocletianum impellebat ad abdicationem, jam per annos quindecim in Illyrico ad ripam Danubii luctasse cum gentibus barbaris, interim dum alii intra laxiores et quietiores terras delicate imperarent. Profecto si annos sex, quibus ille rempublicam admini-travit post secessum Diocletiani, addas ad quindecim qui effluxerant cum hæc dicebantur a Maximiano, manifestum erit illum mortuum esse *vicesimo primo imperii sui anno,* ut legitur in vulgatis editionibus Eusebiani Chronici. Quanquam in vetustissimo et optimo codice ms. bibliothecæ Colbertinæ, et in variis antiquis exemplaribus quæ Pontacus testatur se vidisse hæc tantum leguntur : *Galerius Maximianus moritur.* Verum, cum ea sit auctoritas Lactantii, ut ei contradici non possit, et Aurelius Victor scribat Galerium potentiam Cæsaris annos tredecim gessisse, imperium quinquennio, tum Eutropius in initio libri noni, et auctor Chronici Alexandrini, p. 651, doceant Constantium, qui Cæsar cum Galerio factus est, obiisse Eboraci in Britannia, anno decimo tertio principatus sui. in fragmento præterea de Constantio Chloro, p. 472, legatur Galerium imperasse annis novemdecim, necesse est ut in eam sententiam concedamus, quæ potentiam ejus intra novemdecim annos coercet, et quindecim illos annos per quos cum gentibus barbaris luctavit, interpretemur partim de bellis quæ illic gessit cum adhuc privatus esset, partim postquam Cæsar factus est, et initia principatus ejus revocemus ad kalendas martias anni 293, ut sic per annos 135 Cæsar fuisse dici possit anno 315, quo Diocletianus deposuit imperium.

Cæsare filio suo. Galerii, ut opinor, infra, cap. 35, *commendatis Licinio conjuge sua et filio.* Nuspiam alibi legimus Galerio filium fuisse. Sane si habuisset, ex priore uxore habuisset. Quo casu Cæsares duos extra suam familiam non quæsiisset : sed filium suum primo saltem loco nominasset. Ex Valeria non habuit. Sterilis enim fuit, ut docet infra Lactantius in capite quinquagesimo. Hæc itaque intelligenda sunt de Candidiano, qui paulo post nominatur, et quem Lactantius infra in eodem capite quinquagesimo annotat ex concubina natum, a Valeria Galerii uxore adoptatum ob sterilitatem, ac desponsum filiæ septenni Maximini Augusti. Hunc ergo Cæsarem facere destinabat pater post celebrata vicennalia. Occisus est autem a Licinio Candidianus anno Christi 313, ætatis suæ 16.

Ipse deponeret. Imperium. Meditabatur ergo Galerius secessionem a republica post celebrationem vicennalium, ut fortunam Diocletiani imitaretur. Sed Deus cuncta illius cogitata dissolvit. Nam neque vicennalia celebravit, neque Candidianum fecit Cæsarem, nec consequi potuit otii dulcedinem.

CAPUT XXI.

Torquebantur decuriones. Rem istam annotavit Lactantius tanquam actam contra jus et morem. Nam jure civili Romanorum non licebat torquere decuriones, ut patet ex epistola Constantini et Probiani proconsulem Africæ. Quare Baronius, ad annum 314, admonet Acta purgationis Felicis, episcopi Aptungitani, corrupta esse eo loco ubi Ælianus proconsul ait ad Ingentium : *Noli itaque tibi blandiri, quod cum mihi dicas Dei cultorem te esse, ac propterea non possis torqueri;* et *decurionem* legendum heic esse pro *Dei cultorem.* Postea tamen, ut illic observat Baronius, Constantinus legem tulit, ut decuriones torqueri liceret in crimine falsi.

Perfectissimi viri. Lactantius, lib. v Institut. cap. 15 : *Nemo perfectissimus nisi qui omnes gradus impleverit.* Perfectissimatus dignitas, ut ait Valesius ad lib. xxi Ammiani Marcellini, minor erat clarissimatu; et ut Clarissimi apud præfectum urbi conveniebantur, sic perfectissimi apud vicariam præfecturam. Vide etiam notas Balduini in Eumenii orationem de scholis instaurandis, Juretum, in notis ad epistolam 40 libri decimi Symmachi, et Jacobum Gothofredum, ad codicem Theodosianum, t. iii, p. 418.

Gynæceum. Gynæcea, ut vox ipsa loquitur, erant loca destinata operibus muliebribus, in quæ interdum pœnæ loco dejiciebantur et viri et fœminæ. Plura de istius modi gynæceis observavit vir clarissimus Carolus Dufresnius in suo Glossario, et nos etiam in notis ad Reginonem, p. 568, et ad Capitularia, p. 1009. Vide quoque Valesii annotationes ad Eusebium, p. 211.

Lusorium. Theatrum, sive amphitheatrum, ubi ludi publici edebantur, ut pluribus ostendit idem Dufresnius. Salvianus, l b. vi, p. 122 secundæ editionis nostræ : *Equidem quia longum est nunc dicere de omnibus, amphitheatris scilicet, odeis, lusoriis, pompis, athletis,* etc. Acta sanctæ Seraphiæ virginis et martyris, cap. 3 : *Præses vero post tertium diem paravit lusorium trans pontem super arcum Albini, ubi solebat fieri themela.* Aliud sunt lusoriæ apud Vopiscum, naves nimirum, quas Romani habebant in fluminibus quæ Romanum imperium disterminabant a barbaris, semper instructas et paratas ad arcendos eorum transitus et incursus, ut explicat Salmasius in notis ad eumdem Vopiscum, p. 475. De quibus etiam fuse agit Jacobus Gothofredus ad tit. codicis Theodos. *De lusoriis Danubii.* Alibi lusorius idem valet ac derisorius, ut in libro xlii, Digestor. l. ult. : *Ne quid in loco publico fiat,* ubi ita legitur : *Qui adversus edictum prætoris ædificaverit, tollere ædificium debet.* Alioquin inane et lusorium prætoris imperium erit. Item Seneca, l b. v de Benefic. cap. 8 : *Velut lusorium nomen statim transit.* Apud eumdem epist. 80 : *Spectaculum non fidele et lusorium.* Et in epistola Gelasii papæ ad Euphemium, episcopum Constantinopolitanum, ubi sic vulgo legitur : *Aut ad veniam luxuriæ de me cognosceris ista jactare.* Pro quo in vetustissimis et optimis codicibus mss. Ecclesiæ Bellovacensis et monasterii Corbejensis scriptum vidi : *Aut da veniam, lusorie de me cognosceris ista jactare.* Neque insolens est hic error. Observat enim Salmasius in loco paulo ante laudato, pro eo quod ipse apud Vopiscum edidit, *Romanas lusorias barbari incendissent,* vulgo exsudi solitum, *Romanas luxurias.* Et Jacobus Gothofredus in loco paulo ante laudato commemorat tria loca codicis Theodosiani, ubi scriptum est *luxuriis* pro *lusoriis.*

Spiritus redderetur. Lactantius, lib. v Institut., cap. 11 : *Contendunt igitur ut vincant, et exquisitos dolores corporibus immittunt, et nihil aliud devitant, quam ut ne torti moriantur.* Et paulo post : *Illi autem pertinaci stultitia jubent curam tortis diligenter adhiberi, ut ad alios cruciatus membra removentur, et reparetur novus sanguis ad pœnam.*

CAPUT XXII.

Nulla pœna penes. In veteri exemplari legitur, *Nulla pœnis eum levis.* Pessima lectio bonam nobis indicavit.

In causa capitis. Emendatio quoque ista nostra est. Nam vetus codex habet : *In causa pœna capitis et animadversio gladii admodum paucis,* etc. Scilicet vox *pœna* in hunc locum irrepsit ex superiore.

Bonam mortem. Id est, non coactam vi tormentorum, sed facilem et absque cruciatibus : cujusmodi sunt prosecio verarum, strangulatio et venenum. Infra, cap. 26 de Severo : *Quo facto nihil aliud impetravit, nisi bonam mortem. Nam venis ei incisis, leniter mori coactus est.* Et cap. 30 de Maximiano Herculio : *Postremo datur ei potestas liberæ mortis, ac nodum informis lethi trabe nectit ab alta.* Sed in hoc Lactantius adversantem sibi Tacitum habet, quod ait Severum leniter mori coactum incisis venis. Nam Tacitus, lib. xvi Annalium, extremo agens de Petronio, qui eo genere mortis extinctus est, ait : *Mox lentitudine exitus graves crucicitus afferente.*

CAPUT XXIII.

Census in provinciis. Censualis professio duo continebat, modum agrorum et numerum capitum, tam liberorum quam servilium, ut pluribus erudite suo more explicat Henricus Valesius ad Ammianum Marcellinum, p. 167. Cæterum hic Lactantii locus confirmat conjecturam doctissimi viri Jacobi Gothofredi, qui ex l. ii cod. Theodos., *De censu,* collegit mutationem aliquam a Galerio Maximiano factam esse per Lyciam et Pamphyliam post abdicationem Diocletiani, nimirum urbanam plebem capitationi subjectam. Quæ lex magnam profecto lucem accipit ex isto capite Lactantii.

Servi contra dominos. Regula juris est, ut Casaubonus ait ad Flavium Vopiscum, servum in caput domini non posse interrogari. Sed excepta sunt constitutione Severi aliquot crimina, adulterii, fraudati census et majestatis. Hanc igitur constitutionem lege sua antiquavit Tacitus imperator. Galerius revocavit, nescio an lege lata, certe in executione. Paulus, lib. i Sentent., tit. 13 : *In caput domini patronive, nec servus, nec libertus interrogari potest.*

Quæ victores. Primo, secuti vetus exemplar, edideramus : *Quæ veteres.* Postea emendatio se obtulit ingenio. Deinde reposuimus etiam *ea,* pro *et.*

Trajanus Dacis. Galerius enim Maximianus ortus erat e Dacia ripensi, e loco quem ipse Romulianum ex nomine Romulæ matris appellavit, haud longe a Sardica, ut docent Eutropius et Eusebius in Chronico. Duæ porro Trajani expeditiones in Dacos fuere, prima quarto ejus consulatu, altera quinto, cum sextum jam annum imperaret, ut ad Spartianum observavit Casaubonus. Et Xiphilinus quidem ex Dione commemorat utramque Trajani expeditionem in Dacos : sed nullibi meminit tributi eis imperati. Illud tantum ait, Daciam factam fuisse provinciam; quod etiam tradit Flavius Vopiscus in D. Aureliano. Sed, cum ea fuerit certa ac constans regula apud Romanos, ut quæcumque gens quæ in provinciæ formam redacta fuerat vectigalis esset, ac populi Romani magistratui obediret, quemadmodum observat Sigonius in libro primo de jure Provinciarum, ambigi non potest quin Dacia tributaria fuerit, præsertim cum Lactantius id expressis verbis affirmet.

Injuriæ tutos. In veteri libro mendose scriptum est *injurietatis ;* atque in nos primo edidimus. At in extrema pagina monuimus legendum esse *injuriæ tutos ;* quam emendationem, quia certa est, nunc transtulimus in textum.

CAPUT XXIV.

Constantinum remitteret. Zozimus, qui inimicus erat Constantino, historiam hanc aliter tractat quam Lactantius, discessum ejus a latere Galerii non referens ad mandata Constantii, sed ad ambitionem et cupiditatem Constantini jamdudum cum animo suo de imperio cogitantis, qui, ex quo Severum et Maximinum Cæsares factos vidit, ea loca relinquenda statuit in quibus agebat, et ad patrem Constantium proficisci, qui apud nationes transalpinas erat, et in Britannia plerumque vivebat. Eadem habet Aurelius Victor in libro de Cæsaribus, scribens Constantinum, cujus jam tum a puero ingens potensque animus ardore imperitandi agitabatur, cum tolerare nequiret Severum et Maximinum factos fuisse Cæsares, se videlicet prætermisso, fugæ commento (quod apud Eusebium quoque legitur in libro primo de vita Constantini, cap. 20) in Britanniam ad patrem Constantium vitæ ultima agentem pervenisse, eoque mortuo, cunctis cui aderant annitentibus, imperium cepisse. Sed in Epitome Victoris, ubi eadem repetuntur, male scriptum est Constantinum juvenculum a Galerio in urbe Roma religionis specie obsidem tentum fuisse; quod post Epitomen illam scripsere etiam Baronius, Camdenus et Morinus. Verum Galerius Romam tum temporis non viderat, ut certo colligitur ex capite 27 istius operis, et nunquam pedem in urbem intulit. Præterea constans est omnium Scriptorum opinio, eum obsidem apud Diocletianum et Maximianum fuisse, nimirum in Bithynia, ubi Diocletianus habitabat. Atque id certe docet Praxagoras apud Photium, cod. 62, et colligitur etiam ex politia sanctorum Metrophanis et Alexandri apud eumdem Photium cod. 264, et ex Eusebio in libro primo de Vita Constantini, cap. 19. Si vera essent quæ Nicephorus Callistus, lib. VII, cap. 18, refert de Constantino, hæc discrepantia facile conciliari posset. Ait enim Constantium, quem ille Constantem nominat, puerum Constantinum una cum matre Romam adduci curavisse, veritum autem ne illi absurdi quicquam a Theodora legitima uxore sua, quæ Constantini noverca erat, per zelotypiam et conjugalem æmulationem accideret, cum Nicomediam ad Diocletianum, qui ibi cum Galerio Maximiano genero erat, misisse, ibique illum in palatio apud Imperatorem vixisse. Antequam vero hinc recedam, admonendus est lector hunc locum ex Epitome Victoris in alienum sensum a Baronio esse translatum, dum quæ illic dicuntur de Constantino *religionis specie* obside tento a Galerio, Baronius interpretatur de religione Christiana: sive quod juvenis Helena christiana matre natus, et patre Constantio erga Christianos propensiore, specimen aliquod edidisset, quo patrocinari videretur ei religioni; seu quod cum Constantius admodum favorabilis esset nostris hominibus, apud Galerium de prodita avita superstitione in suspicionem venerit. Quam ob causam censet Constantinum in custodia tentum Romæ a Galerio loco obsidis, ut obtentu religionis arrepto impediret, ne optimæ indolis juvenis patri succederet. Verum hac circuitione opus non erat ad explicandum hunc locum Epitomes, cujus simplex et aperta narratio est. Illud tantum voluit auctor, Constantinum obsidem apud Galerium fuisse *religionis specie*, id est, specie amoris præcipui et officii, tanquam si eum a patre petiisset erudiendum in re militari et in arte administrandæ Reipublicæ. Nam neque tum Helena christiana erat, nec Christianismum Constantino objecit Galerius, homo superstitiosus, cum Diocletianus censeret filios Herculi et Constantii creandos esse Cæsares. Aliis artibus juvenem a summo fastigio removere conatus est Galerius, insidiis nimirum, exponendo eum variis periculis.

Jamdudum frustra repetierat. Hæc verba non habentur in veteri codice. Quoniam vero sensus erat mutilus, et constabat heic aliquid deesse, nos hæc duo vocabula addidimus propter auctoritatem Fragmenti de Constantio Chloro, in quo ita legitur: *Constantinus obses apud Diocletianum et Galerium sub iisdem fortiter in Asia militavit; quem post depositum imperium Diocletiani et Herculii Constantius a Galerio repetiit: sed hunc Galerius objecit ante pluribus periculis.* Attamen, si quis hiatum illum his verbis non posse suppleri existimat, pro his substituere potest *non viderat,* aut aliquid simile.

Insidiis appetiverat. Idem Fragmentum: *Sed hunc Galerius objecit ante pluribus periculis. Nam et in Sarmatas juvenis equestris militans ferocem barbarum capillis tentis raptum ante pedes supplicem Galerii imperatoris adduxerat. Deinde Galerio mittente per paludem, equo ingressus suo viam cæteris fecit ad Sarmatas, ex quibus plurimis stratis Galerio victoriam reportavit.* Tunc eum Galerius patri remisit. Vide etiam Eusebium, lib. I, de Vita Constantini, cap. 20, et Annales Zonaræ.

Feris objecerat. Praxagoras in libro de Gestis Constantini ait Galerium Maximianum insidias adolescenti tetendisse, et ad pugnam cum fero leone ineundam composuisse, illum vero feram superasse et occidisse. Eadem habet etiam Zonaras in imperio Diocletiani.

Sigillum. Id est, epistolam missoriam sigillo munitam. Vide Glossarium Dufresnii.

A Severo teneretur. Quippe e Nicomedia eunti in Galliam pergendum erat per Italiam, ubi Severus imperitabat. Fragmentum de Constantio Chloro, pag. 471: *Qui ut Severum per Italiam transiens vitaret, summa festinatione, veredis post se truncatis, Alpes transgressus, ad patrem Constantium venit apud Bononiam.*

Sublatis equis publicis. Zozimus in libro secundo narrat Constantinum, veritum ne forte fugiens apprehenderetur, equos stabularios, quos respublica alebat, cum primum aliquod stabulum attigisset, mutilasse et inutiles reliquisse; cumque id de loco in locum pergens faceret, exclusisse ab ulteriore progressione persequentes. Eadem ferme leguntur in Epitome Victoris.

Cursus publicus. Vide Casaubonum in notis ad Spartianum, ubi multa docte et erudite disserit de cursu publico et fiscali.

Pervenit ad patrem. Duodecimo kalendas augusti, ut ego quidem arbitror. Nam in veteri calendario edito ab Herwarto hæc ad eam diem scripta sunt: *Adventus Divi,* id est, Constantini, ut manifestum est. Quippe calendarium illud scriptum est eo imperante. Qui vero putant eum pervenisse ad patrem 8 kalendas augusti, hinc decepti sunt, quod Aurelius Victor in libro de Cæsaribus, et alii veteres scribunt illum in Britanniam ad patrem Constantium vitæ ultima agentem pervenisse; quæ verba sic interpretantur, quasi necesse sit illum qui in extremis erat mortuum fuisse statim post adventum Constantini. De ejus porro adventu ad Constantium patrem, et de his quæ tum circa Constantinum gesta sunt, vide Eusebium in libro primo de Vita ejus, cap. 21, et Politiam sanctorum Metrophanis et Alexandri apud Photium. Pervenit autem ad patrem e Nicomedia, non vero e Roma, ut falso scripsit Camdenus in Britannia sua, pag. 52, deceptus ab auctore Epitomes Victoris.

Imp. per manus tradidit. Lactantius, lib. XI Institut., cap. 4: *Vixit enim usque ad senectutem, regnumque per manus filio tradidit.*

Imperium tradidit. Idem scribit Eusebius in libro primo de Vita Constantini, cap. 25. Quare frustra Josephus Scaliger in animadversionibus ad Chronicon Eusebii redarguit auctorem Politiæ sanctorum Metrophanis et Alexandri, quod scripserit Constantinum a Constantio moriente successorem in imperio designatum. Neque ille consensus existit, cui initia imperii Constantiniani assignat Scaliger, quicquam præjudicat adversus ea quæ scribit auctor Politiæ. Probat hoc Eumenius in panegyrico Constantini, ubi, cum dixisset Constantinum manifesta sententia patris electum fuisse imperatorem, mox subdit: *Dii boni, quanta Constantium pium etiam in excessu suo felicitate donastis! imperator transitum facturus in cœlum vidit quem relinquebat hæredem. Illico enim atque ille terris fuerat exemptus, universus in te consensit exercitus, te omnium mentes oculique signarunt.* Item Julianus imperator in oratione prima ad Constantium: *Igitur quemadmodum pater tuus post parentis sui obitum, non modo ipsius judicio, verum etiam exercituum omnium suffragio imperium sit adeptus, quid est quod diligentius prosequamur?* Orosius, lib. VII, cap. 26: *Constantius vero Augustus summæ mansuetudinis et civilitatis in Britannia mortem obiit, qui Constantinum filium ex concubina Helena creatum imperatorem Galliarum reliquit.*

Requiem vitæ accepit. Fasti Idatiani Constantio VI et Maximiano VI consulibus: *His coss. diem functus Constantius, et postea levatus est Constantinus 8 kal. augusti.* Chronicon Eusebii: *Constantius sextodecimo imperii anno diem obiit in Britannia Eboraci;* ibidemque sepultus est, si vera sunt quæ de ejus tumulo narrantur a doctissimo viro Guillelmo Camdeno in pagina 872, Britanniæ. Contigit istud anno Christi 306, ut recte adversus Petavium contendit Valesius in annotationibus ad Eusebium. Tum vero, ut Socrates ait, *Constantinus creatus est imperator in locum patris sui Constantii,* qui ante diem octavum kalendarum augusti excesserat e vivis. Hic est itaque primus annus imperii Constantini. Unde in vetustissimo calendario ita legitur apud Herwartum et Bucherium: *8 kal. augusti. nat. divi Constantini.* Male ergo in li-

bro primo Historiæ tripartitæ, et in libro undecimo Historiæ miscellareæ scriptum est, Constantinum factum esse imperatorem 6 kal. augusti. Eumenius in panegyrico supra laudato : *O fortunata et nunc omnibus beatior terris Britannia, quæ Constantinum Cæsarem prima vidisti!*
Christianos cultui reddere. Lactantius in præfatione libri primi divinarum Institutionum ad Constantinum: *Nam cum ille dies felicissimus orbi terrarum illuxisset, quo te Deus summus ad beatum imperii culmen evexit, salutarem universis et optabilem principatum præclaro initio auspicatus es, cum eversam sublatamque justitiam reducens, teterrimum aliorum facinus expiasti.*
Restituta. Puto reponendum *restitutio*, ita ut legatur : *Hæc fuit prima ejus sanctio, sanctæ religionis restitutio.* Columbus reponit *restitutæ*.

CAPUT XXV.

Imago ejus ablata. Eumenius in panegyrico Constantini : *Et quanquam tu ad seniores principes de summa republica quid fieri placeret retulisses, prævenerunt tamen studio, quod illi suo judicio probaverunt.* Vir clarissimus Hadrianus Valesius, in libro primo rerum Francicarum, pag. 20, heic per seniores principes intelligit Diocletianum, Maximianum Herculium et Galerium Maximiamum, quos ait comprobasse factum militum qui Constantino purpuram injecerant. Patietur vir doctissimus me ab ea sententia recedere, cum certum sit nullas tum Diocletiani et Herculii partes in republica fuisse, adeoque nullum operæ pretium fuisse, ut ad eos Constantinus referret de imperio sibi delato. Seniores ergo principes interpretor Galerium Maximianum Augustum, Severum et Maximinum Cæsares. Quanquam huc valde incline, ut existimem relatum ad solum Galerium fuisse, qui tum solus erat rerum dominus : sed Eumenium pro more oratorum ex formula locutum esse, et ad cunctos principes retulisse, quæ de uno tantum dici debuerant. Laureatam autem imaginem dixit Lactantius, quoniam qui res lætas et bene gestas nuntiabant, laureatas tabellas afferebant, ut pluribus explicat Salmasius in notis ad Lampridium, pag. 235.
Purpuram misit. Insigne regiæ dignitatis, ut ait Lactantius lib. IV Institut., cap. 7 : *Nunc Romanis indumentum purpuræ insigne est regiæ dignitatis assumptæ.* Non indigebat Constantinus purpura, quam ad eum Galerius mitteret, cum illam in initio imperii accepisset a militibus. Eumenius in loco paulo ante laudato : *Purpuram statim tibi, cum primum tui fecit egressus, mil tes utilitati publicæ magis , quam tuis affectibus servientes, injecere lacrymanti.* Sic Probus accepit purpuram. Auctor Flavius Vopiscus in libro de Vita ejus : *Ornatus etiam pallio purpureo, quod de statua templi oblatum est.* Iem idem in Saturnino : *Ibi tamen cum cogitare cœpisset tutum sibi non esse, si privatus viveret, deposita purpura ex simulacro Veneris, cyclade uxoria militibus circumstantibus amictus et adoratus est.* Qua de re vide Casauboni notas in Capitolinum. Verum id decentius fiebat, cum purpura tribuebatur a principe. Ita Severus accepit ab Herculio, Maximinus a Diocletiano, rursus Herculius a filio Maxemio Romæ imperante. Nam hinc ostendebatur consensus in novum principem.
Extra numerum. Id est, præter quatuor, ne mutaret dispositionem Diocletiani, quam ipse tantopere dixerat debere custodiri.
Severum Aug. nuncuparet. Certum est Severum hunc nuncupatum fuisse Augustum, cum id nummi doceant, qui apud Adolphum Occonem reperiuntur. De tempore quo titulum Augusti sumpsit, non adeo constat. *Sunt qui scribant,* inquit Panvinius in libro secundo Fastorum, *eum, cum adversus Maxentium cum exercitu veniret, se ipsum Augustum appellasse.* Quam sententiam amplectitur Tristanus Santamantius. Dubitari non potest quin id evenerit paulo antequam Romam proficisceretur adversus Maxentium. Verum id factum non est occasione sumpti a Maxentio imperii, sed eo tempore quo Constantinus Cæsar a Galerio renuntiatus est post mortem Constantii, id est, anno Christi 306 exeunte, ut arbitror. Qua de re postea. Porro hinc etiam colligi potest Severum dignitate Augusti ornatum fuisse, quod cum Galerius imperium Licinio dedit, id est, Augustum creavit, eum Lactantius, cap. 24, scribit substitutum fuisse in locum Severi. Quod plane verum non esset, si Severus non fuisset Augustus. Occo Cæsarem et Augustum a Galerio dictum tradit : sed tempus non annotat.
Sed Cæsarem. Jam antea ostendimus Constantinum non fuisse factum Cæsarem cum Severo et Maximino. Quia tamen ex nummis constat eum fuisse Cæsarem, et hactenus viri docti frustra quæsierunt tempus quo ad eam dignitatem evectus est, operæ pretium videtur heic aliquantisper immorari, ut istius nuncupationis initia constituamus. Nam cum auctor panegyrici Maximiano et Constantino dicti post nuptias Faustæ doceat Constantinum, cum ei pater imperium reliquisset, Cæsaris tamen appellatione contentum, expectare maluisse, ut idem illum declararet Augustum, qui patrem ejus Constantinum eo titulo decoraverat, neque dicat quo tempore stud factum sit, res nobis integra est, tanquam si vetusti illius scriptoris auctoritate careremus. Itaque sic constituere debemus. Constantius obiit anno Christi 306, 8 kalendas augusti. Huic statim successit Constantinus ; et cum laureata imago ejus ad Galerium delata esset, is Constantinum Cæsarem nuncupavit, *ut eum de secundo loco,* quem obtinebat in locum patris suffectus, *rejiceret in quartum,* et sic postremum faceret. Constantinum porro tum Cæsarem a Galerio nuncupatum fuisse, patet etiam ex capite sequenti; ubi scriptum est Galerium, cum ad eum nuntius perlatus esset de Maxentio Romæ acto imperatore Severum accessivisse, et quia *tres Cæsares facere non poterat,* eum hortatum esse ad rejiciendum imperium. Ex quo certissima conjectura colligitur, jam tum duos in imperio Cæsares fuisse, nimirum Maximinum et Constantinum. Nam Severus nuncupatus erat Augustus post mortem Constantii, adeoque is et non computatur in numero Cæsarum. Confirmant hanc interpretationem verba quæ statim sequuntur : *Satis visum est,* inquit, *semel fecisse quod nolu't,* id est, Constantinum nominasse Cæsarem. Alioqui enim nihil usque ad nonam diem fecerat, quod noluisset, imo cuncta fecerat quæ voluerat. Constantinum ergo puto declaratum a Galerio Cæsarem fuisse anno eodem 306 exeunte. Nam in veteri calendario, quod eo imperante scriptum, ab Herwarto primum, dein ab aliis quoque editum est, hæc leguntur : 8 kal. januarii. Natalis Invicti. Qui locus non videtur ad alium diem referri posse, quam ad eum quo Constantinus pronuntiatus est Cæsar. Nam quod vir clarissimus Petrus Lambecius in libro quarto Commentariorum de bibliotheca Vindobonensi, pag. 298, hunc natalem refert ad Constantium auctoritate Fastorum Idatianorum, revincitur ex ipsismet eorumdem Fastorum verbis, ubi Vetranio quidem depositus dicitur 8 kalendas januarii : sed Constantius levatus est Cæsar tantum idibus martiis sequentibus, qui est dies natalis Constantii. Præterea quoties in hoc calendario legitur simpliciter nomen *Divi* aut *Invicti*, absque alio nomine addito, certum est toties debere intelligi Constantinum Magnum. Cæterum nova prorsus est opinio viri clarissimi Petri Francisci Chiffletii, qui in notis ad Vigilium Tapsensem, pag. 134, opinatur Constantinum a Galerio Maximiano creatum Cæsarem 8 kal. augusti anno Christi 305, cum in ejus aula tanquam a patre datus obses versaretur, et deinde rursus Cæsarem declaratum Eboraci in Britannia anno sequenti secundum obitum Constantii patris. Sed hæc opinio veritate non constat. Postea Constantinus nuncupatus est imperator a Maximiano Herculio bis Augusto anno 307, cum ducturus esset uxorem Faustam Herculii filiam. Ita nos

docet auctor panegyrici paulo ante laudati: *Dixerint,* inquit, *licet plurimi, multique dicturi sint, ea quibus omnia facta vestra summarumque virtutum merita laudantur, sacratissimi principes Maximiane, velis, nolis, semper Auguste, et Constantine oriens imperator; mihi tamen certum est ea præcipue isto sermone complecti, quæ sunt hujus propria lætitiæ, qua tibi Cæsari additum nomen imperii, et istarum cœlestium nuptiarum festa celebrantur.* Et paulo post: *Quid enim aut tu carius dare, aut tu carius accipere potuisti, cum hac affinitate vestra et tibi, Maximiane, per generum juventa renovata sit, et tibi, Constantine, per socerum nomen imperatoris accreverit?* Ista quidem certa et manifesta sunt. Cæterum Labbeus, in parte prima Chronologiæ historicæ, pag. 223, laudat ejusdem rei testes Eusebium atque Zozimum, apud quos ego nihil istius modi reperire potui. Quatuor ergo, ut notatur in veteri Calendario, fuêre natales Constantini, 3 kalendas martii, 8 kalendas augusti, 8 kalendas januarii, et pridie kalendas aprilis. Primus, ut recte observavit vir eruditissimus Carolus Dufresnius, pertinet ad genuinum Constantini natalem, quo nempe est in lucem editus; secundus ad eum diem, quo patri Constantio successit; tertius ad eum, quo Cæsar nuncupatus est a Galerio; quartus denique ad eum, quo imperatoris et Augusti nuncupationem sortitus est. Quintum, quem in die 3 kalendas aprilis locat kalendarium Philocali, non puto diversum esse ab eo, quem aliæ editiones ponunt 3 kalendas martias; et hinc arbitror emendandam esse Philocali editionem.

CAPUT XXVI.

Maxentium f. Imp. Fragmentum de Constantio Chloro, pag. 472: *Subito in urbe Roma prætoriani milites Maxentium filium Herculii imperatorem crearunt.* Eutropius, lib. x : *Romæ interea prætoriani, excitato tumultu, Maxentium Herculii filium, qui haud procul ab urbe in villa publica morabatur, Augustum nuncupaverunt.* Idem scribit Eusebius in Chronico. Fuit ille filius Maximiani Herculii, gener vero Galerii Maximiani, ut heic et supra cap. 18 et paulo infra c. 17, docet Lactantius. Quod etiam in Epitome Victoris ita traditur : *Is Maximianus* (Leg. *Maxentius*) *carus nulli unquam fuit, ne patri aut socero quidem Galerio.* Et Fragmentum de Constantio Chloro, pag. 472: *Gener apud socerum, id est, Maxentius apud Galerium.* Quare miror doctissimum virum Josephum Scaligerum in Animadversionibus ad Chronicon Eusebii mirari, quod cum Maxentius fuerit Herculii Maximiani filius, in nummis tamen ejus ita legatur: IMP. MAXENTIUS DIVO MAXIMIANO PATRI SOCERO ÆTERNA MEMORIA. Nummus hic cusus non est in memoriam Maximiani patris, sed Galerii Maximiani soceri.

Castra prætoria sustulerat. Non omnino : sed diminuerat. Alioqui enim quomodo Prætoriani, si nulli fuissent, Maxentium imperatorem nuncupare potuissent? Recte Aurelius Victor in libro de Cæsaribus : *Hinc etiam quasi truncatæ vires urbis, imminuto prætoriarum cohortium atque in armis vulgi numero.* Ubi forte legendum : *atque inermis vulgi.*

Occisis judicibus. Abellio prius interfecto, inquit Zozimus, *quod is præfecti urbis locum obtinens, horum molitionibus adversari visus esset.*

Turbatus est. Galerius Maximianus.

Tres Cæsares f. n. poterat. Obstante dispositione Diocletiani, qui duos Augustos esse debere instituerat duos Cæsares; eamque dispositionem servaverat Galerius, cum Augusti nuncupationem accepit. Postea tamen tres Cæsares facti sunt a Constantino et Licinio anno Christi 347. Crispus nimirum, Constantius Constantini filius, et Licinianus filius Licinii. Deinde victo occisoque Licinio, extinctis quoque Crispo et Liciniano, Constantius et Constans minores filii Constantini facti sunt Cæsares variis temporibus. Ad quæ tempora referenda est illa Eutropii observatio ex libro decimo : *Eo tempore res Romana sub uno Augusto et tribus Cæsaribus* (*quod nunquam alias*) *fuit,* *cum liberi Constantini Galliæ, Orienti Italiæque præessent.*

Maxentium. In veteri libro legitur *Maximianum*, sane mendose, sicut paulo ante vidimus eumdem errorem commissum fuisse in Epitome Victoris.

Paternos milites. Qui erant in exercitu Severi, ut dicitur paulo supra.

In Campania. Alii omnes Maximianum Herculium tunc temporis in Lucania, quo se contulerat post abdicationem, fuisse consentiunt, ut Eutropius, Zozimus, Suidas. Itaque sic constituenda res est, secessisse quidem Herculium in Lucaniam, cum deposuisset imperium : sed tum cum ista agebantur, in Campaniam venisse, ut inde, tanquam e propinquo, militum prætorianorum, qui Romæ tendebant, animos tentare ac sollicitare posset, et, si daretur, aut imperium resumeret quod invitus deposuerat, aut Maxentio filio procuraret. Nam ista per longum temporis spatium tractata ab Herculio fuisse docet Aurelius Victor in libro de Cæsaribus : *Interim Romæ vulgus turmæque prætoriæ Maxentium, retractante diu patre Herculio, Imperatorem confirmant.* Miror autem celeberrimum in rei nummariæ cognitione virum Santamantium in contrarium omnino sensum traduxisse hunc locum, tanquam si Maxentius *retractante,* id est, repugnante patre, fuisset factus imperator; quod etiam placuisse video doctissimo viro Hadriano Valesio. Sed eos decepit haud dubie falsa Andreæ Schotti admonitio, scribentis heic vocem *retractante* idem significare quod *detrectante.* Retractare idem significat ac tractare. Lactantius, lib. IV Institut., cap. 28 : *Qui autem omnia quæ ad cultum deorum pertinent retractarent, et tanquam relegerent, ii dicti sunt religiosi.* Et paulo post : *Religiosos a relegendo appellatos, qui retractent ea diligenter, quæ ad cultum deorum pertineant.* Hinc libri Retractationum sancti Augustini. Sufficiant enim hæc exempla. Postquam ergo Maxentius factus est imperator, statim Maximianus ab eo evocatus Romam profectus, paulo post Severum morti tradidit; ac mox in Galliam, illic filiæ Faustæ nuptias cum Constantino celebravit ea æstate, qua Galerius exercitum duxit in Italiam adversus Maxentium, ut visuri postea sumus. Quare mirum in modum deceptus est Petavius auctoritate anonymi Scriptoris, de Constantio Chloro res eo quo gestæ sunt ordine non referentis. Scribit ergo Petavius in libro XIII de Doctrina temporum, pag. 713, Galerium Maximianum cum ingentibus copiis Romam advolasse anno Christi 307, et comtemptum, et a plerisque suorum destitutum abiisse in Illyricum, Licinium fecisse Cæsarem, et Sardicam regressum esse : tum Maximianum Herculium ad spem erectum resumendi fastigii Romam advolasse e Lucania, Diocletianumque ut idem faceret adhortatum esse; postea Severum perjurio deceptum custodiæ tradidisse ac jugulasse : deinde, cum insidias Maxentio strueret, pulsum Roma in Galliam ad Constantinum venisse, eique filiam Faustam collocasse, et eum Augusti appellatione donasse. Quæ omnia, non sane contra fidem Historiæ, sed perturbato prorsus temporum ac rerum ordine scripta esse nullus est dubitandi locus. Fœdius aberravit Sethus Calvisius, Maxentium tum demum imperium invasisse scribens, postquam Constantinus a Maximiano Herculio creatus fuisset Augustus, et Maximianum a Romanis persuasum anno sequenti resumpsisse imperium. At quomodo Constantinum declarare potuit Augustum is, qui neque Imperator esset, neque Augustus?

Rerum novar. cupidus. Eadem de Herculio tradit Julianus Imperator de Cæsaribus.

Deposuerat invitus. Constans est omnium Scriptorum sententia, si incertum panegyristam excipias, qui Herculii Maximiani et Constantini laudes prosecutus est. In nuptiis Constantini et Faustæ, omnium, inquam, scriptorum sententia est, hunc Maximianum invitum deposuisse imperium. Verum illi aliter hanc historiam narrant quam Lactantius. Hic enim, cap. 18, docet Herculium abdicare coactum a Galerio, ab eoque territum injecto armorum civilium metu. Alii contra scribunt Diocletianum, cum, ingravescente aevo, parum se idoneum moderando imperio esse sentiret, auctorem Herculio fuisse, ut in privatam concederent, eique aegre collegam obtemperavisse, sed tamen obtemperavisse.

Libenter arripuit. Purpuram quam deposuerat. Incerti panegyricus paulo ante laudatus : *Fecit enim Roma ipsa pro majestate nominis sui, ut ostenderet posse se etiam imperatoribus imperare*. *Abduxit exercitus suos, ac tibi reddidit; et cum ad sedandos animos auctoritatem privati principis attulisses, supplices tibi manus tendens*, *vel potius queribunda*, *clamavit* : *Quousque hoc, Maximiane, patiar*, etc. Et paulo post : *Imperasti pridem rogatus a fratre, rursus impera jussus a matre*. Purpuram facile resumebat Herculius, quippe qui ter sumpsisse invenitur. Atque hoc pessimum exemplum causa fuit mortis Licinii; quem enim Constantinus vicisset, ac ei vitam concessisset, postea *Herculii Maximiani soceri sui motus exemplo*, *se iterum depositam purpuram in perniciem Reipublicae sumeret*, *tumultu militari exigentibus in Thessalonica jussit occidi*; ut legitur in Fragmento de Constantio Chloro, pag. 475, Bonifacius VIII timens ne, si Caelestinus v liberam vitam ageret, pontificatum, quo se abdicaverat, resumeret, eum in custodia detineri jussit. Cui praeiverat Callistus II exemplum erga Burdinum.

Ravennam confugit. Zozimus in libro secundo scribit Herculium circumvento sacramentis Severo persuasisse, ut Ravenna excedens, quo se contulerat, Romam veniret eoque pergentem, ubi quemdam ad locum venisset, quem Tres tabernas vocant, ab insidiis quas eo loco Maxentius collocaverat, apprehensum, inserta laqueo cervice necatum. Incerti panegyricus Constantino dictus post victoriam de Maxentio partam : *Duxerat magnum Severus exercitum, et hostem suum perfidia desertus armaverat*. Auctor Fragmenti de Constantio Chloro, pag. 472 : *Desertus Severus a suis fugit Ravennam. Per Maxentium filium* (sic enim legendum) *evocatus illuc venit Herculius, qui per perjurium Severum deceptum custodiae tradidit, et captivi habitu in urbem perduxit, et in villa publica Appiae viae tricesimo milliario custodiri fecit. Postea cum Galerius Italiam peteret, ille jugulatus est, et deinde relatus ad octavum milliarium, conditus in Galieni monumento*. Ex quo loco collegit Henricus Valesius falli Eutropium et Aurelium Victorem, cui Severum Ravennae occisum esse scribunt. De loco igitur ubi Severus vitam finivit controvertitur inter eruditos. Nam Scaliger, in animadversionibus ad Eusebium, ait non dubitare se quin illae Tres tabernae in agro Ravennate fuerint, neque aliter colligi posse ex verbis Zozimi. Contra Valesius contendit Tres illas tabernas fuisse in via Appia prope Romam. Parum aute n probabile est id quod Sigonius in libro secundo de Occidentali imperio collegit ex Zozimo, Severum Maximiani fidem secutum Ravenna excessisse, atque ac Tres tabernas esse contulisse, haud dubia spe ducturum urbem se Maximiani opera recepturum. Quam Sigonii opinionem secutus est Hieronymus Rubeus in libro secundo Historiar. Ravennatum.

Venis incisis. Contra Zozimus lib II, et auctor Fragmenti de Constantio Chloro scribunt, ut paulo ante vidimus, Severum fractis laqueo cervicibus expirasse.

CAPUT XXVII.

Adjuncto Maximino. Cognomento Daia vel Daza, qui Orientem administrabat.

Proficiscitur in Galliam. Huic narrationi fidem adstruit etiam Zozimus, tamen etsi in rerum etsi ordine narrandarum, Herculium irquiens eo conatu frustratum, quo Diocletianum pertrahere nisus erat ad resumendum imperium, rursum versus Alpes contendisse, ut commorantem ibi Constantinum conveniret, et filiam ei Faustam promisisse, eoque promisso impleto, fallere conatum hominem. Errat, inquam, Zozimus. Nam ex capite 27 et 29 Lactantii patet illum bis in Galliam profectum antequam Carnuntum peteret, et Diocletianum non vidisse, nisi post nuptias Constantini et Faustae. At enim quod Lactantius et Zozimus aiunt, Herculium Constantino filiam promisisse, aliter legitur in panegyrico incerti auctoris dicto in nuptiis Constantini et Faustae, ubi scriptum est Constantinum eam postulasse a Maximiano. *Sed profecto sicut tuo*, *Constantine*, *socero ante est conciliata divinitas, quam ab eo pignus ipsi carissimum postulares, sic et nunc quoque in hac gratulatione prius illa dicenda sunt*, *quae in te considerans tantus iste*, *et paterni*, *et tui auctor imperii*, *laetatus est quod petisti*. Ubi interim observandum est illud, quod ait Scriptor istius panegyrici, Herculium esse auctorem imperii Constantini. Qua de re vide quae supra dicta sunt ad caput 25.

Suae minoris filiae. Heic admoneri convenit, mendose in veteri codice scriptum esse, *sic minoris familiae*. Intelligit autem Faustam. Sed inquirendum est in tempus, quo nuptiae Constantini et Faustae celebratae sunt. Certum est Severum Augustum extinctum fuisse anno Christi 307 ineunte, quanquam de mense nor constat. Postea Maximianus Herculius Faustae pater in Galliam profectus est, ut Constantinum partibus suis conciliaret, promissis illi Faustae minoris filiae nuptiis ; eoque promisso impleto, ut Zozimus ait, persuadere conabatur Constantino ut discederem ex Italia Galerium Maximianum prosequeretur. Ex quibus verbis colligitur nuptias fuisse celebratas eo tempore, quo Galerius erat in Italia, vel certe cum in procinctu esset Italicae expeditionis. Cum autem ille in Illyricum ex Italia redux fuerit anno eodem 307 ante mensem septembrem, ut opinor, et ex capite 27 istius libri Lactantiani constet Herculium Romam iterum profectum post fugam Galerii, ac cum rursum eodem anno rediisset in Gallias, ibi aliquantulum moratum esse, et postea in Illyricum ad urbem Pannoniae Carnuntum venisse, ibique fuisse 5 idus novembris, quo die Licinius a Galerio factus est imperator, manifestum Constantini et Faustae nuptias aliquanto tempore ante mensem septembrem anni 307 coiisse. Si certa essent quae de Constantini initiis dicuntur a R. P. Petro Fr. Chiffletio in notis ad Vigilium Tapsensem, non opus esset ea inquisitione in qua nos hactenus exercuimus. Is enim contendit nuptias Constantini cum Fausta, et initium augustae dignitatis in eum collatae a Maximiano socero, evenisse 8 kalend. augusti anni 307, eadem nimirum auctoritate qua Constantinum scribit primo Caesarem factum a Galerio anno 305, 8 kalend augusti, et rursum Caesarem declaratum 8 kalendas augusti anni 306, secundum obitum patris. Sed quia haec a viro clarissimo non probantur, necessaria fuit ea cura, quam nos adhibuimus in investiga ido tempore istarum nuptiarum.

Ille interea. Galerius Maximianus. Caeterum totum hunc apparatum Galerii sic paucis perstringit Zozimus : *Cum autem Maximianus Galerius haud aequo tulisset animo quae in Severum Caesarem designata fuerant, ab Oriente Romam eundum statuit, et admissorum nomine meritas Maxentio poenas irrogandas. Ut in Italiam appulerat, parum fidos erga se militum animos sentiens, ad Orientem nullo commisso praelio rediit*.

Populum trucidaturus. Fragmentum de Constantio Chloro, pag. 472 : *Dehinc Galerius cum ingentibus copiis Romam venit, minatus civitatis interitum, et castra Interamnae ad Tiberim posuit. Tunc legatos ad urbem misit Licinium et Probum*, *per colloquium petens, ut gener apud socerum*, *id est*, *Maxentius apud Galerium precibus magis quam armis optata mercaretur. Qui contemptus agnovit promissis virorum Maxentii partes suas deseruisse. Quibus perturbatus retro versus est; et, ut militi suo praedam quamcumque conferret, flaminiam jussit auferri*. Quid sibi velit hoc vox *flaminia*, nescire se fatetur Henricus Valesius, et deesse heic nonnulla putat, quae ad Maximianum Herculium pertinebant. Ego potius existimaverim, postrema hæc verba pertinere ad ea cum quibus conjunguntur, ut sensus sit Galerium, *ut militi suo prædam quamcunque conferret*, id est, ut summam et nullis legibus coercitam prædandi licentiam daret, etiam ea flammis tradi jussisse, quæ auferri non possent ; *ut si quis insequi voluisset, utensilia*, id est, res ad victum necessarias, *non haberet*, ut mox dicet Lactantius. Itaque scribendum censeo *flammis omnia*, pro *flamminia*, ob vulgatum errorem librariorum qui frequenter primas vocabulorum syllabas omittunt. Et admissus fortassis error ab eo qui cum heic *flammonia* vel *flammonnia* vidisset scriptum, neque satis intelligeret quid hoc vocabuli esset, sciret porro veteres flamonium dixisse pro flaminio, emendandam putavit hanc vocem, reducendamque ad suam originem. Nam et veteres glossæ Isidori et aliorum, tum etiam Sidonius, et duæ veteres Inscriptiones, quas ex Grutheri thesauro describit Jacobus Gothofredus ad l. 21 cod. Theod. de decurionibus, et harum unam Savaro, et Sirmundus ad Sidonium, flamonium dicunt pro flaminio. Scio inelegantem prorsus locutionem esse, neque dici solere flammis rem quampiam auferri. Sed in auctore excerptorum non requirimus elegantiam sermonis. Sed hanc conjecturam meam non esse veram facile colligo ex ea, quam mecum pro amicitia nostra communicavit vir istarum aliarumque plurimarum litterarum peritissimus Carolus Dufresnius Cangius, qui hic, pro *flamminia*, legi debere putat *flammula*, id est, signa militaria ; quibus erectis, necesse est milites stare in acie ; cadentibus vero, facile dissipantur. Vide Glossarium latinum ejusdem Dufresnii.

Flexit animos quor. Ita olim monuimus esse emendandum, cum primo edidissemus *felix animus quorum*.

Fugam capessivit. Hadrianus Valesius, in libro primo rerum Francicarum, scribit Licinium creatum Cæsarem a Galerio fuisse anno 308 eique tutela Illyrici delegata, Galerium cum maximis copiis ingressum Italiam, Maxentium generum suum Romæ obsessisse, et arte Maximiani Herculii ab urbe repulsum esse. Ostensuri postea sumus Licinium factum imperatorem post reditum Galerii ex Italia. Nunc vero id tantum observandum, parum probabile videri quod ait vir clarissimus, Galerium arte Maximiani Herculii ab urbe repulsum esse, cum ex capite 27 et 28 Lactantii certo constet illum in Gallia apud Constantinum fuisse per totum illud tempus, quo Galerius fuit in Italia : quod etiam colligi facile potest ex verbis Zozimi.

Opprimi potuit. Apud Zozimum Herculius dicitur persuadere voluisse Constantino, ut descendentem ex Italia Galerium prosequeretur. Sed cum ille natura inquietus et infidus esset, non mirum si Constantinus ejus consilia sprevit.

Vexasset. Puto legendum esse *vastasset*.

Titulum immutari. Hæc alibi non leguntur. Et mirum est ab aliis historicis prætermissa fuisse.

Daciscum. Quod ipse natus esset ex Dacia.

CAPUT XXVIII.

Maximianus alter. Cognomento Herculius, qui resumpserat imperium, illudque habebat commune cum filio Maxentio.

Prior filii potestas. Ratione nimirum habita novi imperii. Nam pater deposuerat antea imperium, et in privatam vitam concesserat. Postea in consortium imperii adscitus fuerat a Maxentio, qui ad eum purpuram misit, et his Augustum nominavit.

Milites e. q. Sever. reliq. Id est, milites ex veteri Maximiani Herculii exercitu, a Galerio missi cum Severo ad expugnandum Maxentium, qui translatis signis, Severum deserentes, se Maximiano tradiderant. Hos, quia sui olim fuerant, existimabat Maximianus sibi adhæsuros.

Diripuit purpuram. Eutropius lib. x : *Herculius tamen Maximianus post hæc in concione exercitus filium Maxentium denudare conatus, seditionem et convicia militum tulit.* Incerti panegyricus Constantino dictus post devictum Maxentium : *Ipse denique, qui pater illius credebatur, discissam ab humeris purpuram detrahere conatus*, etc. Apud Socratem, lib. I, cap. 2, legitur Herculium recuperandi imperii cupiditate raptum conatum esse interficere, sive de medio tollere filium suum Maxentium. Ita quidem versiones Christophorsoni et Valesii, propter vocem ἀπολέσαι, quæ varias significationes habet. Melius, ut arbitror. Epiphanius scholasticus : *Hinc ejus pater imperandi cupidine voluit filium regno privare.* Nam ista interpretatio melius congruit cum narratione Lactantii et aliorum.

Superbus alter. Id est, Tarquinius superbus, rex Romanorum ultimus, Lactantius, lib. IV Institut., cap. 14 : *Tarquinius superbus exactus est.*

CAPUT XXIX.

Maximianum. Galerium.

Aderat ibi Diocles. Aurelius Victor loquens de fuga et exitu Severi : *Hoc acrior Galerius, adscito in consilium Jovio, Licinium vetere cognitum amicitia Cæsarem creat Augustum ; eoque ad munimentum Illyrici ac Thraciæ relicto, Romam contendit.* Sed in hoc errasse convincitur Victor, quod ait Licinium creatum esse Augustum post mortem Severi, et antequam Galerius exercitum in Italiam duceret adversus Maxentium : cum e contra testimonio Lactantii et aliorum certum sit Licinium factum esse imperatorem in locum Severi post reditum Galerii ex Italia, et eam tum Galerio mentem fuisse, cum imperium Licinio tribueret, ut eo uteretur in bello quod susceperat adversus Maxentium. Zozimus : *Maximianus Galerius ex societate superiorum temporum familiarem sibi Licinium imperatorem creat, quod ejus opera bello Maxentium persequi cogitaret.* Auctor Fragmenti de Constantio Chloro, pag. 473 : *Licinius itaque ex nova Dacia vilioris originis a Galerio factus imperator, velut adversum Maxentium pugnaturus.* Et tamen Victor eum ait in Illyrico relictum eo tempore, quo Galerius maxime cogitabat de bello Italico. Sed id quoque falsum esse necesse est, cum auctor ejusdem Fragmenti, pag. 472, scribat Licinium fuisse in exercitu Galerii Romam obsidentis, et ab eo missum in urbem cum Probo, ut viam aliquam invenirent concordiæ inter socerum et generum. Quæ etiam evincunt privatum adhuc fuisse, adeoque nondum imperatorem. Ut mirum valde sit virum doctissimum Hadrianum Valesium secutum in hac historia scribenda fuisse Victorem potius quam cæteros auctori istius fragmenti consentaneos.

Quod ante non fecerat. Nimirum ut Licinium faceret imperatorem. Quod facere jam tum poterat, cum Severum et Maximianum fecit Cæsares : sed noluerat, propter rationes supra allatas in capite vigesimo.

Imperium Licinio daret. Digladiantur inter se viri docti in constituendo anno quo Licinius factus est imperator, quibusdam id evenisse censentibus anno Christi 307, aliis sequenti. Ego utrorumque rationes afferam. Qui priorem sententiam tuentur, his argumentis aut utuntur, aut uti possunt. Anno Christi 307 mota sunt arma adversus Maxentium, qui fine anni superioris imperium invaserat ; et Severus Cæsar Augustus, qui ad expugnandum eum Romam accesserat missus a Galerio Maximiano, repulsus, ac postremo miserabili mortis genere extinctus est anno secundo imperii sui, ut legitur in Chronico Eusebii, id est anno Christi 307, ante kalendas maias, quibus biennio antea factus fuerat Cæsar ab Herculio Maximiano. Ita Onuphrius Panvinius in commentario ad librum secundum Fastorum, ad annum U. C. 1059, qui congruit cum anno Christi 308. *Hoc anno circa kal. maii Severus, qui a Galerio Cæsar per Italiam et Africam creatus fuerat, cum adversum motum prætorianorum atque Maxentii Romam cum exercitu venisset, militum suorum scelere desertus, ipseque fugiens, altero imperii anno Ravennæ interfectus est.* Adversa ea ignominia Galerius, in quem hoc dedecus recidebat ut in auctorem belli, incredibili celeritate ex Illyrico Romam cum immenso exercitu advolat ; et ex

Italia in Illyricum revolat inglorius, totum illud terrarum spatium bis emensus intra quinque aut sex ut plurimum menses, de castigando pellendoque Maxentio eo acrius cogitans, quod vincere suetus, nunc cum ingenti dedecore coactus erat terga vertere. Ea de causa Licinium post reditum ex Italia creat Imperatorem, destinans eum Italiae adversus Maxentium. Acta haec 3 idus novembris, ut legitur in Fastis idatianis et in Chronico Alexandrino. Sed quamvis hi duo libri consentiant de die, de anno tamen non conveniunt. Nam Chronicon Alexandrinum initia imperii Liciniani refert ad annum, quo Fl. Constantinus Augustus solus consul fuit. Fasti ad annum sequentem, qui sic notatur : *Item decies et Maximiano* vii. Quo etiam modo, ut hoc obiter moneam, Graeca illa, παλινδέκατον, quae leguntur in Chronico Alexandrino, vertenda sunt pro eo quod Raderus vertit *Palindecato*, coactus admonere in margine haec intelligenda esse de decimo Diocletiani consulatu. In quo sane lapsus est vir eruditissimus. Nam si Dioe etiamsus decies consul fuit, decimus ejus consulatus incidit in annum Christi 305, ut supra vidimus. Itaque hic locus intelligendus est de decimo Maximiani Herculii consulatu, qui tum imperium resumpserat. Sed his omissis, ad quae per transennam tantum, et quasi aliud agendo animum advertimus, persequamur argumenta quibus probari potest Licinium factum esse imperatorem anno Christi trecentesimo septimo. Certum est Constantinum fuisse factum imperatorem post mortem patris anno Christi 306, mense julio exeunte. Itaque primus imperii ejus annus finitus est eodem mense julio anni sequentis. Cum autem Eusebius in Chronico imperatoriam Licinii dignitatem ponat in anno secundo imperii Constantini, dubium non est quin secundum Eusebii testimonium ejus initia referenda sint ad annum 307 exeuntem. Denique si tribunitia potestas imperatorum illius aevi numerabatur a die quo imperium adepti erant, ut placet viris eruditissimis, hinc etiam confirmatur Licinium factum esse imperatorem anno Christi 307, cum in edicto quod Galerius moriturus edidit anno 311 in gratiam Christianorum, quod vero Nicomediae propositum est pridie kalendas maias, adnotata sit annus quartus tribunitiae potestatis Licinii apud Eusebium in editione Valesii, et apud Nicephorum. Atqui, si annos Licinii colligas, et illos a mense novembri anni 307 incipias, nullo negotio reperies annum 311 fuisse quartum tribunitiae ejus potestatis adeoque etiam imperii. Et haec sunt quae dici possunt pro confirmanda eorum opinione, qui arbitrantur Licinium anno 307 evectum ad dignitatem imperatoriam. Sed adversus haec reponi potest magnam esse auctoritatem Fastorum idatianorum, in quibus historia illa refertur ad annum sequentem, et merito. Primum enim non potuisse Galerium Maximianum tu raptim et praecipitanter proficisci in Italiam cum ingentibus copiis, Romam obsidere ac reducere exercitum in Illyricum, ut omnia facta dici possint intra quinque aut sex mensium spatium ; adeoque probabilius videri excessum Galerii ex Italia contigisse anno trecentesimo octavo. Praeterea credibile non esse Maximianum Herculium, hominem senem, qui apud Carnuntum cum Diocletiano erat eo tempore quo Licinius factus est imperator, intra sex mensium spatium Italiam Galliasque emensum esse, nuptias Constantini et Faustae celebravisse, rursum in Italiam rediisse post fugam Galerii, tum etiam iterum in Galliam, et hinc in Pannoniam profectum ad Diocletianum. Denique in Epitome Victoris legi Maximinum Dazam Caesarem quadriennio fuisse, Augustum triennio. Cum autem ille factus fuerit Caesar anno 305 kalendis maiis, consequens esse ut Caesaris nomine contentus fuerit usque ad annum 308 exeuntem. Alioqui quadriennio Caesar non fuisset, sed triennio, si Licinius factus fuisset imperator anno superiore. Ista quidem magnum momentum habere statim videntur. Sed profecto, si consideremus statum reipublicae illius temporis, ingenium Galerii ferox,

A iracundum, praeceps et superbum, instabilitatem et perfidiam ac mobilitatem Herculii, quae sane vitia semper eos praecipitant, quibus inhaerent, quia in animis hominum potentiora virtutibus sunt, ut ait Lactantius in libro primo divinarum Institutionum, facile intelligemus ea quae primo intuitu fere impossibilia videntur, fieri tamen potuisse ab hominibus inquietis et summum imperium retinere cupientibus. Nam, exempli gratia, Illyricum, ubi Galerius habitabat, Italiae adjacet : adeoque facile illi fuit in Italiam venire, et dein recedere, etiam cum exercitu, intra illud sex mensium spatium quod diximus : praesertim cum ex Zozimo et auctore Fragmenti de Constantio Chloro intelligamus illum ex Italia discessisse nullo commisso praelio, hoc est, parvam ejus in Italia moram fuisse. Herculium vero, cupidum imperii, quod invitus deposuerat, quis miretur tanta celeritate tot itinera fecisse, quem dubium non est illa fecisse abjecta omni cunctatione et tarditate? Solvebat a Roma, et mare trajiciens, cum Massiliam pervenisset, cito ad Augustam Trevirorum, ubi sedes erat Constantini. Quae omnia itinera confici profecto possunt intra mensem ab homine diligenti. Postea aliquanto tempore apud Constantinum fuit occasione nuptiarum. Mense dein altero ei opus fuit ad redeundum in Italiam, unde brevi pulsus est. Adde alium mensem pro secunda profectione in Gallias, ubi non multum moratus est, et mensem pro itinere ab Augusta Trevirorum usque ad Carnuntum in Pannonia. Patet jam totum hunc numerum mensium satis congruere spatio temporis, quod fluxit a morte Severi (nam tum primo Herculius in Galliam profectus est) usque ad diem tertium idus novembris, quo die Licinius factus est imperator. Imo suspicor Severum diu ante kalendas maias occisum esse, nimirum mense februario. Nam in vetori kalendario quod Herwartus edidit, natalis Constantini notatur pridie kalendas apriles. Quod cum de die quo factus est Caesar interpretari debere putaverit vir eruditissimus, ego crediderim intelligendum esse de eo die quo

C Maximianus Herculius eum nuncupavit Augustum ; quod quidem evenisse anno 307, nullus, ut opinor, dubitandi locus esse potest. Itaque si Maximianus exeunte Martio Constantinum dixit Augustum, jam pro sex mensibus, quos ab exitu Severi usque ad imperium Licinii numerabamus, habemus fere novem, intra quos utrique Maximiano facile fuit hos cursus et has peregrinationes conficere, de quibus antea diximus. Porro natalem Constantini pridie kalendas apriles non posse referri ad diem quo factus fuit Caesar, hinc puto colligi, quod aut factus est Caesar cum Severo et Maximino, aut cum pervenisset ad patrem, aut certe cum Caesar nuncupatus est a Galerio. Atqui jam ostendimus factum non fuisse Caesarem cum Severo et Maximino. Quod tamen etsi factum fuisset, tamen natalis ille non posset congruere, cum constet Severum et Maximinum fuisse factos Caesares, non pridie kalendas apriles, sed kalendis maiis. Non potest etiam congruere tempori quo patri successit, cum id evenerit exeunte mense julio. Con-

D grueret ergo tantum huic tempori quo Constantinus a Galerio factus est Caesar. Verum re illud quoque incidet in pridie kalendas apriles. Quippe ambigi non potest quin laureata Constantini imago ad Maximianum perlata sit statim atque ille in locum Constantii patris successit, id est, exeunte julio, non secus ac ejus imago Romam statim allata est ; quod quidem occasio fuit Maxentio invadendi imperii, ut Zozimus docet in libro secundo. At si exeunte julio nuntius accepti a Constantino imperii perlatus est ad Galerium, cum Lactantius non doceat moram fuisse in mittenda purpura ad Constantinum, par est credere, et Caesareni factum, et purpuram missam intra eumdem annum quo imago allata est, atque adeo diu ante mensem martium. Et certe rationi consentaneum est, ut dies accepti summi fastigii annotatus sit in calendario : quem si non referas ad pridie kalendas apriles, nullibi notatus reperietur dies, quo

Constantinus imperator et Augustus dictus est. Quod attinet ad auctoritatem ex epitome Victoris allatam, ea non officit his quæ hactenus dicta sunt. Nam multa sunt in hac epitome quæ non cohærent, nominatim vero in hoc loco, ubi septem tantum imperii annos tribuit Maximino, quem certum est imperasse per annos octo integros et aliquot menses. Postremo redeundum nobis ad tribunitiam potestatem, quæ magnum momentum habet in hoc negotio. Quod cum intelligeret vir clarissimus Henricus Valesius, qui contendit Licinium anno tantum 308 factum esse imperatorem, huc descendit in annotationibus ad Eusebium pag. 171, ut fateatur observationem de tribunitia potestate incommodare sententiæ suæ de initiis Licinii, coactus etiam edictum illud, in quo quartus annus tribunitiæ potestatis Licinii annotatus est, rejicere ad exitum anni 311, ut sic inveniret annum illum quartum tribunitiæ potestatis Licinii. Sed ruit conjectura illa, cum ex Lactantio constet edictum illud propositum fuisse Nicomediæ pridie kalendas maias, et Galerium obiisse paulo post. Itaque etiam ex illa eruditissimi viri observatione colligimus verissimam esse illorum sententiam, qui Licinium anno Christi 307 putant creatum fuisse imperatorem. Hinc etiam puto confirmari posse Licinium fuisse factum imperatorem anno 307, quod Maximianus Herculius et Galerius Maximianus consulatum simul gessisse reperiuntur anno sequenti, et quod deinceps bellatum non fuit adversus Maxentium Herculii filium. Concordiam enim, quæ postea inter eos fuit, illo tempore constitutam fuisse oportet, quo Herculius et Galerius simul fuerunt apud Carnuntum, cum videamus Galerium tum maxime de bello adversus Maxentium gerendo consilia agitasse, cum Licinium provehere destinabat ad principale fastigium, et hunc ardorem statim deferbuisse post promotionem ejus. Quod si consulatus ab Herculio et Galerio, quod negari non potest, communi consensu susceptus est post amicitiam inter eos conglutinatam apud Carnuntum, cum is in annum Christi 308 inciderit, manifestum est Licinium exeunte anno 307 factum fuisse imperatorem. His ita constitutis, reliquum est ut de alia difficultate quæ heic occurrit, an nimirum Licinius primum factus fuerit Cæsar, ac postmodum Augustus, ut placuit quibusdam, an vero uno eodemque tempore Cæsar et Augustus, ut alii volunt, nonnulla dicamus. Res est, quæ facile decidi potest vel unico Lactantii testimonio, qui imperium Licinio ac primum locum post Galerium datum fuisse scribit, etiam supra Maximinum, quod etiam confirmatur auctoritate Eusebii, ut ostendemus paulo post. Itaque difficultas illa non indiget ampliori examine. Orta autem est ex male intellecto Aurelii Victoris loco, ubi agit de Licinio facto Cæsare et Augusto. Vide Scaligerum in animadversionibus ad Chronicon Eusebii.

Utroque præsente. Nimirum Diocletiano et Maximiano Herculio, ut mox dicemus. Venerat Herculius ad Diocletianum, ut Zozimus ait, id temporis Carnunti degentem, ut eum impelleret ad resumendum imperium : sed venerat e Gallia, ut docet Lactantius, non vero ex Italia, ut putavit Cluverius, qui in libro de Vindelicia et Norico cap. 5 scribit, auctore, ut ipse ait, Zozimo, Herculium e Lucania Italiæ regione Carnuntum ad Diocletianum profectum fuisse, ac per Ravennam transiisse in eundo et redeundo. Quod utrumque procul dubio falsum est. Nam, ut dixi, Herculius e Gallia profectus est Carnuntum, ubi reperit Diocletianum ; et ab eo discedens in Galliam reversus est, ut etiam colligi potest ex panegyrico quem Eumenius Constantino dixit, ubi varios Herculii errores recto ordine recenset hoc modo : *Fati necessitas tulit, ut ille pietati tuæ hanc referret vicem, quem tu ab urbe pulsum, ab Italia fugatum, ab Illyrico repudiatum, tuis provinciis, tuis copiis, tuo palatio recepisti.* Recte, inquam. Nam cum illum Maxentium denudare ac regno privare vellet, exactus ab urbe, pulsus Italia, ad Constantinum confugit. Dein in Pannoniam Illyrici provinciam profectus est, ut Galerio strueret insidias ; ibique Diocletianum, quem antea per litteras frustra tentasse colligi potest ex Eutropio, hortatus ad resumendum imperium, cum nihil suis suasionibus effecisset, impeditis consiliis, ut Lactantius ait, tertiam fugam molitus, rediit in Galliam. Quæ ita, ut in panegyrico leguntur, gesta esse probat Lactantius. Memorabilis autem in primis est vox Diocletiani imperium respuentis, cum ad illud resumendum cum hortarentur Herculius et Galerius. Epitome Victoris : *Dum ab Herculio atque Galerio ad recipiendum imperium rogaretur, tanquam pestem aliquam detestans, in hunc modum respondit : Utinam Salonæ possetis visere olera nostris manibus instituta. Profecto nunquam istud tentandum judicaretis.* Itaque ex hoc Lactantii loco habemus, quem antea nesciebamus, annum quo Herculius ad Diocletianum profectus est, eum nempe quo Licinius factus est imperator. Cæterum heic observandum est errasse Arnaldum Pontacum Episcopum Vasatensem in notis ad Chronicon Eusebii, pag. 678, et Josephum Scaligerum in libro quinto de Emendatione temporum, pag. 497, postremæ editionis, ubi redarguentes Zozimum, qui dixerat Diocletianum conventum ab Herculio fuisse Carnunti Celtarum oppido, aiunt id falsum esse, cum Diocletianus post abdicatum imperium nunquam pedem posuerit in Gallia, imo non extulerit Salonis Dalmatiæ. Prima pars observationis vera est, nempe Diocletianum nunquam pedem posuisse in Gallia post abdicatum imperium. Sed tamen fuit Carnunti in Pannonia, ubi eum Herculius convenit. Et pedem eum extulisse Salonis patet ex responso ejus, quod paulo ante retulimus : *Utinam Salonæ possetis visere olera.* Nam si tum cum hæc dicebat fuisset Salonæ, locus non erat huic exclamationi. Itaque longe aberat a Salonis. Gravius etiam errat vir doctissimus Joannes Morinus in parte secunda libri de Ecclesia per Constantinum liberata, cap. 1, pag. 126, 129 ; et cap. 3, pag. 153, ubi scribit Maximinum Herculium ea scripsisse ad Diocletianum, quæ dicta, non scripta, esse jam vidimus, et longam confingit epistolam ad eum scriptam, cujus nullum vestigium extat apud veteres, et Diocletianum, post acceptam epistolam illam brevi eam responso dignatum esse, quod nos retulimus ex epitome Victoris. His ita constitutis, videndum est an vera esse possint quæ a viro clarissimo Hadriano Valesio in libro primo rerum Francicarum, pag. 22, dicta sunt de profectione Maximiani Herculii in Illyricum, et de discessu ejus. Ait ergo Herculium, cum videret omnes Romani imperii provincias teneri a Galerio, Maximino, Maxentio et Constantino, adeoque nusquam sibi locum consistendi esse, nec se sine provinciis et sine exercitu imperatoriam dignitatem tueri diutius posse, rerum cessisse imperio, postquam annos circiter duos insignia principatus retinuerat, cumque se odio esse Maxentio et ejus militibus sciret, a Galerio petiisse sibi ut per filium ex Urbe et Italia expulso in Illyrico reliquum vitæ agere privato liceret, repudiatumque ab Galerio, anno secundo post consulatus suum decimum et Galerii septimum, sub specie officii, velut visendi Constantini generi sui gratia, in Galliam profectum, a Maxentio se pulsum simulantem. Hæc sunt enim omnino verba vir clarissimi. Primum illud stare non potest quod ait, Herculium cessisse imperio antequam proficisceretur in Illyricum, quandoquidem Lactantius docet id ab illo factum esse, postquam ex Illyrico rediisset ad Constantinum. Deinde certum est eum ad Galerium profectum intra primum annum resumpti imperii, non vero postquam annos circiter duos insignia principatus retinuerat. Nam purpuram resumpsit anno Christi 306 exeunte, et sequenti profectus est in Illyricum mense, ut tardius, octobri. Quod autem ait eum petiisse a Galerio, ut sibi in Illyrico reliquum vitæ agere privato liceret, cum id apud neminem alium reperiam, puto Valesium paraphrastice traxisse ex illis Eumenii verbis, ubi legitur Herculium ab Illyrico repudiatum, tanquam si aliter repudiari non potuisset, quam negata ei habitatione Illyrici. Verus autem verborum Eumenii, ut ego quidem arbitror, sensus hic esse debet, ut ab Illyrico repudiatus dicatur, quia illic, ut diximus, suasionibus suis efficere non potuit ut Diocletianus resumeret imperium. Neque vero repudium illud contigit anno secundo post consulatum decimum Herculii, id est, anno Christi 310, ut putat Valesius, sed statim post collatam in Licinium dignitatem imperatoriam. Siquidem Lactantius de discessu ejus ab Illyrico sic scribit, tanquam de fuga desperata, adeoque de discessu subito et præcipiti profectione. Denique reditum Herculii ad Constantinum sic narrat Valesius, tanquam si nondum ille Constantinum vidisset post exactionem suam ab urbe Roma, adeoque apud eum conquestus non fuisset de filii sui crudelitate adversum se; cum tamen certo sciamus ex Lactantio Herculium Roma profugum venisse primo in Galliam ad Constantinum, et hinc in Illyricum ad Galerium et Diocletianum, et ab isto repudiatum rediisse in Galliam ad Constantinum.

Utroque præsente. Diocletiano nimirum et Maximiano Herculio. Unum heic occurrit examinandum, an istorum præsentia trahenda sit ad consensum, præsertim cum ista agerentur a Galerio, homine admodum pervicaci ac superbo, et qui stricto velut ense supplicare suetus erat, et an consensus ille trahendus rursum sit ad cæteros, penes quos reipublicæ potestas erat. Nam id dicere videtur Eusebius lib. VIII, cap. 13: Λικίνιος δὲ ἐπὶ τούτοις ὑπὸ κοινῆς ψήφου τῶν κρατούντων αὐτοκράτωρ καὶ σεβαστὸς ἀναπέφηνε. Hunc locum interpretes in varios sensus traduxerunt. Et Ruffinus quidem ita vertit : *Sed et Licinius communi omnium sententia adscitus in imperium, Augustus pronuntiatur.* Musculus : *Licinius vero communi sententia potentatuum et ipse imperator et Augustus creatur.* Christophorsonus : *Licinius deinceps communi eorum suffragio et consensu penes quos summa potestas erat, imperator et Augustus declaratur.* Denique Valesius : *Licinius communi imperatorum suffragio imperator et Augustus declaratus est.* Ruffinus igitur in ambiguo relinquit quos intelligi velit. Neque clarius se Musculus explicat, quid potentatuum vocabulo significare velit, incertum relinquens. At Christophorsonus et Valesius aperte pronuntiant id factum esse communi imperatorum, sive eorum penes quos summa potestas erat, suffragio. Verum ista interpretatio plurimum habet difficultatis. Nam cum istud concilium præcipitanter, ut palam est, captum a Galerio sit, temporis angustiæ non permiserunt ut Cæsarum, qui in provinciis erant, consensus expeteretur; et non erat hic mos Galeri. Præterea certo colligi potest ex Eusebio et Lactantio, uti postea dicemus, neque Maximinum, neque Constantinum interrogatos fuisse. Neque probabile tem est Maxentii consensum fuisse requisitum, adversus quem bellum parabatur. Reliquum igitur est ut hic Eusebii locus intelligatur de Imperatoribus, nimirum de Diocletiano veterano Rege, de Maximiano Herculio, qui tum imperium resumpserat, et de Galerio Maximiano. Nam hi tres tum erant Carnunti, cum Licinius factus est Augustus. Itaque verum non est omni ex parte quod heic ait Eusebius, Licinium factum esse imperatorem et Augustum communi eorum consensu, qui tum rempublicam possidebant.

Sex fuerunt. Nimirum Maximianus Herculius, Galerius Maximianus, Maximinus cognomento Daia vel Daza, Constantinus, Maxentius et Licinius.

Generum suum. Constantinum, qui Faustam, senioris Maximiani minorem filiam, paulo ante duxerat, eodem anno nimirum, quo et Severus occisus, et Licinius factus est imperator. Incerti panegyricus Maximiano et Constantino dictus in nuptiis Faustæ: *O divinum tuum, Maximiane, judicium, qui hunc tibi jure adoptionis nepotem, majestatis ordine filium, etiam generum esse voluisti!*

Generi filium. Nam Constantius Constantini pater, repudiata, ut jussus erat, Helena. Theodoram duxit, quam nonnulli tradunt Herculii filiam fuisse, alii privignam.

Deponit regiam vestem. Id est, purpuram; et sic iterum ad vitam privatam rediit. Factum istud ab Herculio scribit Hadrianus Valesius in libro primo rerum Francicarum, p. 21, antequam proficisceretur in Illyricum, id est, anno 307 exeunte. Verum repugnat Lactantius huic sententiæ, qui secundam Herculii abdicationem diserte revocat ad posteriora tempora: sed annum non indicat. Probabile tamen est id factum non ita multo postquam ad Constantinum rediisset ex Illyrico, id est, anno 308 ineunte, ipso decies et Maximiano septies consulibus. Nam nulla deinceps facinorum ejus mentio habetur usque ad annum 310 quo interiit; et vir cupidissimus signando annos per consulatus suos, consul deinceps non reperitur fuisse.

Relicta militum parte. In potestate soceri sui Maximiani. Sed homo perfidus eos sollicitavit ad defectionem. Testis, præter Lactantium, Eumenius in panegyrico quem postea dixit Constantino, ubi cum dixisset Maximianum genero suo pejerasse, statim addit: *Hæc est fides, hæc religio palatini sacrarii devota penetralibus, ut lente et cunctanter, jam scilicet cum illis belli consiliis, itinere confecto, consumptis copiis mansionum, ne quis consequi posset exercitus, repente intra parietes consideret purpuratus, et bis depositum tertio usurparet imperium, litteras ad sollicitandos exercitus mitteret, fidem militum præmiorum ostentatione turbare tentaret, secure scilicet usurus exercitu, quem venales manus habere docuisset.* Istius loci sensum Livineius ait hunc esse, ut Maximianus Herculius intelligatur resumpsisse purpuram Arelati, cum urbe pulsus, Italia fugatus, ac Illyrico repudiatus, a Constantino est exceptus. Recte sane, quantum ad Historiam. Sed nescio ubi invenerit acta hæc esse apud Arelatem. Neque enim id dicit Eumenius, sed tantum se conclusisse in civitate Arelatensi, quo eum persecutus est exercitus Constantini, et inde Massiliam postea fugisse. Mihi certum videtur Herculium purpuram, quam bis deposuerat, resumpsisse in ipsa civitate Treverorum, non multo procul. Id mihi colligere videor ex his verbis Lactantii, ubi ait eum paucis post diebus, quam Constantinus profectus erat adversum Francos, cum thesauros publicos invasisset, purpuram repen.e.sumpsisse, cum æstimaret Constantinum intrasse fines barbarorum. Nam Francorum limes erat circa Danubium. Et thesauri publici, quos tum invasit Herculius, non alibi potuerunt esse quam in palatio Imperatoris, id est, in civitate Treverensi. Itaque Herculius non potuit intra paucos dies purpuram resumere Arelati, quæ longo intervallo distat a Treveris.

Quod ipsum non deceret. Eumenius in panegyrico Constantini: *Talibus te pro utilitate ac dignitate publica rebus intenturn averterunt in se novi motus ejus hominis, quem successibus tuis maxime favere decuisset.*

CAPUT XXX.

Refert ad raritum. Eutropius lib. x: *Detectis igitur insidiis per Faustam filiam, quæ dolum viro enuntiaverat, profugit Herculius Massiliam; ibique oppressus, pœnas dedit justissimo exitu.* Fallitur Eutropius. Nam Herculius ante Massiliam profugerat, quam hunc dolum componeret, ut patet ex Lactantio. Gravius etiam erravit Zozimus, aiens Herculium, quod Fausta conatum illius antevertisset, ac rem totam Constantino indicasset, ind desperationem rerum omnium adductum, apud Tarsum morbo extinctum esse. Confudit heic videlicet Maximianum cum Maximino, qui Orientem tenebat, et qui pulsus a Licinio, apud Tarsum postremo in Cilicia obiit, ut annotabitur infra. Sed neuter dolum explicavit, quem retulisse videntur ad invasionem imperii. Unus Eucherius, episcopus Lugdunensis, in historia Martyrum Agaunensium annotavit Maximianum Herculium struxisse insidias Constantino, ut ei vitam auferret. *Cum dispositis insidiis,* inquit, *genero suo Constantino tunc regnum tenenti mortem moliretur, deprehenso dolo ejus, apud Massiliam captus, nec multo post strangulatus, teterrimoque hoc supplicio affectus, impiam vitam digna morte finivit.* Recte sane et consentanee Lactantio. Meminit autem hujus Herculii perfidiæ, ac dein mortis Eusebius, in libro primo de vita Constantini, cap. 47, scribens, alterum eorum qui se imperio abdicaverant, cum insidias in necem Constantini pararet, deprehensum turpissimo mortis genere interiisse. Hæc Eusebius, aperte designans Maximianum Herculium. Sed quoniam statim Eusebius tradit, ejus quem ita interiisse scribit, imagines et statuas omnes ubique terrarum dejectas esse, et hanc mortem describit longo intervallo post caput in quo egit de profligato Maxentio, huc descendit Valesius, in Annotationibus suis, ut putaverit, corruptum esse locum Eusebii, atque ita emendari debere, ut Maximinus heic intelligatur, qui una cum Severo factus est Cæsar. Maximinus enim interiit post victoriam quam Constantinus reportavit de Maxentio, et quidem mortis genere turpissimo, ut ex Eusebio libro octavo et nono colligi posse ait. Et hæc quidem vir doctissimus amotavit ad hunc locum, quæ ego puto contra veritatem historiæ pugnare. Nam primo certum est Eusebium loqui de altero eorum qui se imperio abdicaverant. Quod de alio quam de Maximiano Herculio intelligi non potest, qui secundum in imperio locum obtinebat, et cum Diocletiano se abdicavit. Id vero nullo pacto dici potest de Maximino, qui nullibi legitur abdicasse. Deinde ille, de quo loquitur Eusebius, extinctus est, cum deprehensus fuisset insidias parare in necem Constantini. Quam historiam ad Herculium referendam esse nihilominus certum est, quam certum est Constantinum insidiis appetitum ab Herculio fuisse; id quod et Lactantius in hoc libro, et reliqui historici produnt uno consensu. Sane utriusque imagines dejectæ post mortem eorum sunt, ut patet ex Eusebio. Narratio porro de cæde Maxentii, quæ præcedit Historiam mortis Herculii, nihil huic sententiæ officit. Eusebius enim (ut observat Socrates in initio suæ historiæ), in libris quos de vita imperatoris Constantini conscripsit, pleraque obiter tantum perstrinxit: quippe cui, ut in encomiis fieri solet, imperatoris laudes et panegyricam orationem contexere magis curæ esset, quam res gestas accurate commemorare. At in libro octavo Historiæ ecclesiasticæ, cap. 13, ubi ordinem temporum sequitur, et ubi hæc eadem de Maximiano narrat, quæ leguntur etiam in vita Constantini, docet ea non posse, neque debere accipi de alio quam de Herculio, cum statim initio sequentis capitis dicat Maxentium ejus filium fuisse, de quo antea locutus est.

Componitur scena. In manuscripto legitur *schena.* Facilis fuit emendatio. Apud Tacitum, lib xiii Annal., Agrippina Neronis mater sic loquitur: *Nunc per concubinam Atimetum et histrionem Paridem quasi scenæ fabulas componit.* Acta purgationis Felicis episcopi Aptungitani: *Semper sic falsum per terrorem, per scenam, per inreligiosam mentem actum est ab his, qui catholicæ religioni consentire noluerunt.*

Viginti annor. vota. Id est, vicennalia, quæ cum Diocletiano Romæ celebravit.

Eliso gutture. Epitome Victoris: *Maximianus Herculius a Constantino apud Massilium obsessus, deinde captus, pœnas mortis genere postremo, fractis laqueo cervicibus, luit.* Orosius, lib. vii, cap. 28: *Herculius Maximianus in Galliam profectus est, ut Constantino genero æque dolis junctus auferret imperium: sed per filiam deprehensus et proditus, deinde in fugam versus, Massiliæ oppressus et interfectus est.* Aberrant autem in hoc loco omnes historici, qui in viam reducuntur a Lactantio. Pessime Suidas, qui Diocletianum a Senatu jugulatum esse, Maximianum vero se suspendisse scribit. Ista porro Maximiani Herculii mors dicitur in Fastis idatianis evenisse *anno secundo post consulatum decimum et septimum,* qui congruit cum anno Christi 310. Non est autem occisus a Constantino Maximianus *ob purpuram tertium sumptam,* ut putavit vir doctissimus Hadrianus Valesius, sed quia post violatum jusjurandum, post bellum civile commotum, post sollicitatos milites, postremo Constantinum occidere voluerat, et occidisset, si Faustam sibi consentientem habuisset.

CAPUT XXXI.

Maximianum alterum. Galerium, cognomento Armentarium.

Persecutionis auctorem. Ita etiam Eusebius in libro primo de Vita Constantini, cap. 58; Ruffinus lib. viii, cap. 15: *Ille vero, qui ei secundus in honore, postmodum etiam in primis successor fuit, qui et incentor ac signifer nostræ persecutionis extiterat.* Et cap. 28: *Ipsum namque auctorem sceleris ultio divina corripuit.* Fragmentum de Constantio Chloro, p. 472: *Tunc Galerius in Illyrico Licinium Cæsarem fecit. Deinde illo in Pannonia relicto, ipse ad Serdicam regressus, morbo ingenti occupatus sic distabuit, ut aperto et putrescente viscere moreretur, in supplicium persecutionis iniquissimæ ad auctorem scelerati præcepti justissima pœna redeunte.* Vide Lactantium supra cap. 1 et sequentibus. Frustra ergo Scaliger in Animadversionibus ad Chronicon Eusebii ait Galerium Maximianum nunquam persecutum esse Christianos, cum bonus et laudabilis princeps fuerit eximius et fortis bellator. Atque heic eum merito reprehendit Petavius in lib. xi de Doctrina temporum, cap. 34, et lib. xiii, p. 714.

Etiam vim majestatis. In hoc loco desiderantur aliquot litteræ in veteri exemplari, in quo ita legitur: *ut in eo et... im majestatis ostenderet.* Nos ex vestigiis litterarum, quæ perierant, conjecimus ita legendum esse, sicuti se habet hæc editio. Et conjecturam nostram confirmat ipse Lactantius, cujus hæc sunt verba in libro primo divinarum Institutionum, cap. 3: *Quid quod summa illa rerum potestas ac divina vis ne semel quidem dividi potest.* Et lib. iii, cap. 17: *Vim majestatemque veri Dei non intellexerunt.* Alibi virtutem dixit pro vi; ut lib. iv, cap. 28: *Virtutem ac majestatem Dei singularis interpretari.* Et lib. vi, cap. 9: *Virtutem ac majestatem Dei singularis enarrat.*

De agendis vicennalib. Ad exemplum Diocletiani, cujus imitationem affectabat ita, ut etiam de deponendo imperio aliquando cogitaverit. Sed tamen vicennalia non celebravit, extinctus antequam eorum agendorum tempus adesset.

Veniam non hab. Primo ediderarnus: *Veniam non habentibus nullas abstinendi multiplicis cruciatus.* Quanquam autem ita omnino scriptum sit in archetypo, non dubito tamen quin ea lectio vera sit, quam nunc constituimus.

Quæ quam tol. Hic locus ita habet in vetere codice: *Quæ quam tolerabilia sint, eripi a labore hominum cibos labore questos.* Partem ultimam recte, ut opinor, restituimus. Priorem convellere non sumus ausi, licet olim existimaverimus reponi posse: *Quanquam intolerabile sit.* Sparkius ita scribendum esse ait: *Quæ cum intolerabilia sint.* Conjecturam nostram prætulit Columbus.

Votum. Sic vocabant festa in quibus vota concipiebantur pro incolumitate et diuturna principum vita, ut sicut vicennalia, exempli causa, celebrabant, sic dii tribuerent, ut tricennalia celebrarent. Sed opus non est me plura dicere de hoc argumento, cum nuper duo eruditissimi viri Carolus Dufresnius et Henricus Noris hanc materiam abunde tractaverint; ille in dissertatione de numismatibus inferioris ævi, quæ post tomum tertium Glossarii edita est; alter in dissertatione chronologica de votis decennalibus, quæ edita est cum dissertatione de nummis Diocletiani et Licinii. Vide etiam Casauboni notas in Spartianum.

Quod non erat celebraturus. Hic locus est magni momenti, cum ex eo certo colligatur Galerium Maximianum non pervenisse ad vigesimum annum imperii sui.

;CAPUT XXXI.;

Maximinus iratus. Eusebius, lib. VIII, cap. 13, cum dixisset Licinium et imperatorem et Augustum factum fuisse, addit: *Quod quidem Maximinus ægre admodum tulit, qui hactenus Cæsar duntaxat ab omnibus appellabatur. Hic ergo præ cæteris tyrannico ingenio præditus, Augustus a semetipso renuntiatus est.*

Mittit ergo. Galerius ad Maximinum, ut eum placaret.

Disposit. suam servet. Quia Licinium veterem contubernalem et victoriæ socium fecerat Imperatorem secundi loci.

Deferat canis. Dictum id propter Galerium, qui senex erat. Nam de Licinio non posse intelligi, hinc patet, quod cum interiit, nondum erat sexagenarius. Epitome Victoris: *Hic Licinius anno dominationis fere post quintumdecimum, vitæ proxime sexagesimum, occiditur.* In Fastis idatianis occisus dicitur sub consulatu Paulini et Juliani, qui in annum 525 incidit. Obiit autem sub finem anni. In fragmento de Constantio Chloro dicitur regnasse annos 19, filio et uxore superstitibus. Quod verum ex omni parte non est. Nam ab anno 307 exeunte usque ad annum 324, quo ad vitam privatam mense octobri rediit victus a Constantino, numerantur anni tantum 17. Quod si anno 324, cum ageret decimum septimum imperii sui annum, nondum nactus erat annum ætatis suæ sexagesimum, jam constat eum factum fuisse imperatorem anno circiter ætatis suæ quadragesimo. Itaque quæ de canis heic dicuntur ad eum referri non possunt.

Tollit Cæsarum nomen. Non quidem ut nomen Cæsarum aboleret, quod imperatores semper retinuerunt, sed ut ab eo deinceps abstinerent illi, qui in spem imperii adoptarentur, et sic excluderetur Maximinus. Hunc puto hujus loci sensum esse. Contra vir religionis et doctrinæ laude insignis Antonius Pagius in dissertatione hypatica, p. 138, putat alium esse verborum Lactantii sensum, eaque ad Galerium Maximinum cognomento Daiam referenda esse, non vero ad Galerium Maximianum. At Joannes Columbus, in annotationibus ad hunc locum, mirari se ait Antonium Pagium hæc de Maximiano Daia accipere, cum series verborum et res ipsa doceat intelligenda esse de Galerio Maximiano: is um enim, qui jam veteranus erat, contumaciam dici non potuit in novitium imperatorem Maximinum, cum contumacia sit inferioris in superiorem. Ego vero arbitror recte in hoc loco reprehensum esse Pagium a Columbo.

Maxentium. Aut valde fallor, aut Maxentii nomen istic, ut in Chronico Alexandrino, perperam positum est pro Maximino. Nulla enim inter hæc mentio Maxentii, quem Galerius Maximianus socer ejus oderat, et ut hostem publicum paulo ante bello appetierat. At vir clarissimus Joannes Columbus retinet in hoc loco nomen Maxentii, addit vero Maximini Daiæ nomen, quod a dormitante librario omissum esse putat, et quatuor imperatores paulo post nominatos ait esse Licinium, Maximinum, Maxentium et Constantinum. Mihi multo similius vero videtur ita intelligendum esse hunc locum, ut quatuor illos, quos imperatores nominari jussit Galerius, dicamus hos esse, ipsum videlicet primo Galerium, ut par erat, tum Licinium, deinde Maximinum, postremo Constantinum. Nam, ut antea dixi, nulla tum mentio Maxentii; et certum est Maximinum non potuisse præteriri. Habebat enim exercitum fortem.

Constantinum fil. aug. Ex hoc præcipue loco colligo consensum Constantini requisitum non fuisse, cum Licinius factus est imperator. Quippe probabile non est eum, qui imperator et Augustus dictus ab Herculio fuerat, qui filius et gener Augustorum erat, virum præterea spectatum militia, fortissimorum exercituum ducem, et victoriis multis insignem, passurum fuisse sibi præferri hominem novum. Et sane nescio an ista sic ex omni parte successerint. Nam in edicto anni 311, ubi tres imperatores nominantur,

A Galerii quidem nomen, ut senioris principis, primo loco ponitur, tum Constantini, deinde postremo Licinii. Quod judicat dignitatem istius passam esse aliquam contradictionem apud Constantinum, eamque non aliter sopitam, quam rejiciendo Licinium in tertium locum.

Augustum se nuncupatum. Singularis est huicque Lactantii scriptioni plane conveniens locus Ruffini ex lib. IX, cap. 5, ubi loquens de eodem Maximino ait: *Et quamvis ei agere cuncta ex sententia liceret, quippe qui jam sibi etiam Augusti concessam præsumpserat dignitatem, videri tamen vult quod aliquibus justis hæc rationibus agat.* Confirmat Eusebius, lib. VIII, cap. 13, ubi cum dixisset Licinium imperatorem et Augustum declaratum esse addit: *Quod quidem Maximinus ægre admodum tulit, qui hactenus Cæsar duntaxat ab omnibus appellabatur. Hic ergo præ cæteris tyrannico ingenio præditus, Augustus a semetipso renuntiatus est.*

CAPUT XXXIII.

Dec. et oct. annus. Is est annus Christi 310, ut ostendit tempus mortis Galerii. Nam cum ille incœperit ægrotare anno 18 imperii sui, ægrotaverit autem per annum perpetem, et obierit anno 311, mense majo, planum est annum octavum et decimum imperii ejus congruere cum anno Christi 310.

Insanabili plaga. Lactantius, lib. VII Institut., cap. 15: *Percussit Ægyptum Deus insanabili plaga.*

In inf. pa. genitalium. Vide Eusebium, lib. VIII Hist. eccles., cap. 16, et lib. I de Vita Constantini, cap. 57; Ruffinum, lib. VIII, cap. 18; Fragmentum de Constantino Chloro, pag. 472, et Orosium, l. VII, cap. 28.

Inductam jam cic. In codice manuscripto legitur: *Sed inducta jam cicatrice, scindit vulnus.* Ex quo nos primo confeceramus: *Sed inductam jam cicatricem scindit vulnus.* Nunc vero videmus retinendam esse lectionem veteris libri; pro *scindit* tamen reponendum esse *scinditur.* Noster, lib. VII Institut., cap. 24: *Perniciem rescissis vulneribus effundere.* Paulo post lacuna, u. olim monuimus, sic forte supplenda est: *Rursum levi corporis motu vulneratus.* Ubi Columbus legi debere ait *vulnerato.*

Asclepies. Sic etiam lib. III Institut., cap. 19: *Timuit videlicet ne apud Rhadamantum reciperatorem voti reus fieret ab Asclepio.* Hæc est enim scriptura vetustissimorum Lactantii exemplarium, cum in vulgatis legatur, *ab Æsculapio.* Paulo supra ibidem editum est, *pro se sacrarent.* Melius, ut arbitror, codex regius 3735, prosecrarent. Ita etiam primo habuit codex 3736 ejusdem bibliothecæ. Sed postea syllaba *sa* addita est supra lineam. Et sic constituta est editio vulgata. Infra lib. IV, cap. 27: *Instigantibus iisdem dæmonibus, quibus prosecrant.*

Vermes intus creantur. Vide Eusebium, lib. VIII, cap. 16, et Orosium, lib. VII, cap. 28. Similem omnino historiam de Juliano, qui avunculus apostatæ fuit, narrant D. Joannes Chrysostomus oratione in sanctum Babylam, Sozomenus, lib. V, cap. 8, et Theodoretus, lib. III, cap. 13.

Odoritatem. Certum est hunc locum esse mendosum. Itaque conjeceram sic restitui posse: *Odor teter non modo per palatium.* Sparkius deinde faciliori, ut ipse ait, emendatione legendum censet: *Odor autem.* Cuperus: *Odoritas tetra.* Columbus: *Odor ita teter.* Quid, si reponatur: *Oaoris diriæ.*

Deum coactus est confiteri. Memorabile est, quod hoc loco narrat Ruffinus, lib. VIII, cap. 18. Referam autem ejus verba: *Denique plerosque medicorum,* inquit, *quod nec morbo aliquid mederi, nec vim fœtoris tolerare possent, interfici jubet. In quibus cum quidam jugulandus potius, quam medicaturus assisteret, inspiratus a Leo: Cur, inquit, imperator, erras, et quod Deus infert, ab hominibus putas posse revocari? Nec humanus est iste morbus, nec a medicis curatur. Sed recordare quanta in sertos Dei egeris, quamque in religionem divinam impius et profanus extiteris, et in-*

telliges unde tibi sint poscenda remedia. Nam et ego quidem mori cum cæteris potero; tu tamen a medicis non curaberis. Tunc primum se Maximianus hominem esse intellexit, etc. Eamdem historiam compendio perstrinxit Orosius, lib. VIII, cap. 28, et ex eo auctor Historiæ miscellaneæ, lib. XI. At Eutychius in Annalibus tradit Maximianum sponte sensisse ac dixisse se ea pati, quia christianos interfecerit, et litteras in omnes provincias suas dedisse, ut christiani, qui in carceribus erant, dimitterentur. Sed idem tamen in hoc graviter errat, quod eum ex hoc morbo convaluisse scribit precibus christianorum, ac postea ad majorem impietatis gradum, quam antea prolapsum, Christianos ubique jussisse occidi et penitus extirpari. Qui error ei evenit ex confusione nominum Maximiani et Maximini, dum uni tribuit, quod a duobus factum esse constat. Fallitur etiam Sethus Calvisius, qui tum putat persecutionem decennalem quievisse post edictum illud mortemque Galerii, cum octavus tantum persecutionis annus esset, ut supra diximus.

Edictum misit. Extat apud Eusebium, l. VIII, c. 17, ex latina lingua translatum ab eo in græcum sermonem, et dein ex Græco versum in latinum a Ruffino, ut ipse docet: *Hæc de Latino in Græcum versa nos rursum transfudimus in Latinum.* Quod igitur hodie legimus prima latina, beneficium est Lactantii.

CAPUT XXXIV.

Ad bonas mentes red. Lactantius, lib. V, cap. 19, ad hoc fortassis edictum respiciens: *Sed hæc ipsa ignoratio efficit, ut in persequendis sapientibus tam mali sint, finganque illis consulere, illos ad bonam mentem velle revocare.* Acta sanctorum Saturnini, Dativi et Felicis, cap. 7: *Debueras alios ad bonam mentem revocare, et non contra præcepta imperatorum et Cæsarum facere.*

Ut non vet. inst. seq. Taxat christianos, quod a prisca illa parentum suorum simplicitate defecissent. Eusebius sane, lib. VIII, cap. 1, calamitosum Ecclesiæ illius ævi statum describens, invidias, obtrectationes, quasi bella intestina inter Christianos, antistitum adversus antistites certamina, et cætera quæ iram Dei adversus ipsos excitarunt, hinc ortam esse ait persecutionem Diocletiani et Maximiani adversus Ecclesiam. Vide etiam Ruffinum, lib. eod., cap. 1, et Lactantium, initio libri de Opificio Dei.

Significaturi sumus. Male Ruffinus, *indicavimus*, rem quasi jam peractam narrans, cum ad futurum referatur. Neque istud tribuendum errori typographorum, cum hanc lectionem exhibeant tres vetusti codices manuscripti bibliothecæ Colbertinæ. Christophorsonus et Valesius recte verterunt *significabimus*.

Ac sua. Hæc verba omisit Ruffinus, quæ recte alii reposuerunt.

In sedibus. Ruffinus vertit *in laribus*, quemadmodum legitur in uno codice Colbertino. Sed alii et editiones habent *in laboribus.* Christophorsonus vertit, *in suis familiis;* Valesius, *in suis domiciliis.*

CAPUT XXXV.

Proponitur Nicomediæ. Absente nimirum Galerio Augusto, qui apud Sardicam ægrotabat. Itaque verum esse non potest quod ait vir eruditissimus Henricus Valesius in annotationibus ad Eusebium pag. 171, hoc edictum emissum fuisse post initium anni 311, ante mensem martium. Nam anni Galerii imp. consurgebant ex kalendis martiis.

Ipso octies et Maximino iter. cons. In Fastis Maximianus dicitur consul VIII, solus. Quod etiam tradunt auctor ignotus de consulibus, et auctor quoque de pontificibus Romanis, a Cuspiniano citati. At heic additur Maximinus iterum. Quod valde mirum est, præsertim cum de primo illius consulatu nulla uspiam mentio habeatur. Verum dubitare non licet quin is iterum consul fuerit, cum luculentissimum de eo extet Lactantii testimonium.

Apertis carceribus. Ruffinus, lib. IX, cap. 1: *Ju-* *dices vero per singulas civitates edicta mittentes, legemque præferentes relaxari cunctos qui tenebantur in carcere, quique in metallis, aut quibuslibet vinculis asservabantur, omnes abscedere liberos jubent.*

Conjuge sua. Valeria Diocletiani filia. Hæc tamen non mansit in aula Licinii, ob ferociam ejus: sed ad Maximinum confugit, ubi pessime habita est, ut videbimus infra, cap. 39.

Filio. Candidiano, de quo dictum est supra, cap. 20.

Horrenda tabe consumptus. Ruffinus, lib. VIII, cap. 15, ait Galerium tam multis variisque morbis, et corporis tabe atque insania mentis affectum esse, ut *post longos atque inextricabiles languores, scelerum suorum furiis agitatus, sponte vitam nefariam proderet,* id est, ut Orosius explicat in capite 28 libri septimi, *vim vitæ suæ attulit.* Sed hæc vera non sunt. Mortuus autem est anno Christi 311, quo inierat nonum et decimum imperii sui annum. Ita enim colligitur in primis ex Lactantio teste luculentissimo. Nam cum ex capite 35 constet Galerium ægrotare cœpisse anno decimo et octavo imperii sui, et morbum ejus durasse per annum perpetem, ac postea illum deficientem anno sequenti edictum misisse ut Christianis liceret Deum publice colere, mortuumque esse cum jam futura essent vicennalia, *kalendis martiis impendentibus,* clarum est eum non pervenisse ad annum vigesimum imperii sui, sed mortuum esse anno decimo nono. Consentit Lactantio Aurelius Victor in libro de Cæsaribus, ubi ait Galerium potentiam Cæsaris gessisse annos tredecim, quinquennio imperium tenuisse. *Huic quinquennii imperium,* inquit, *Constantio annuum fuit, cum sane uterque potentiam Cæsarum annos tredecim gessisent.* Quod confirmatur auctoritate Eutropii in initio libri noni, et ex Chronico Alexandrino, pag. 651, ubi scriptum est Constantium, qui Cæsar cum Galerio factus est, et eodem die Augustus nuncupatus est, quo Galerius, obiisse Eboraci in Britannia anno decimo tertio principatus sui, exacto videlicet, cum ab aliquot mensibus iniisset decimum quartum. Atqui supra, cap. 17, probavimus Diocletianum et Maximianum deposuisse imperium anno Christi 305, kalendis maiis. Itaque qui tum Cæsar erat ab annis tredecim, adoptatus fuerat anno Christi 293, kalendis martiis. Quod si addas quinquennium, seu potius sexennium imperii, facile reperies consurgere numerum annorum novemdecim, quibus eum imperasse colligitur ex Lactantio. Nam et auctor quoque fragmenti de Constantio Chloro, pag. 492, eumdem Galerium tradit imperasse annos novemdecim. Quod cum videret vir clarissimus Henricus Valesius, persuasumque haberet illum regnasse per annos viginti et unum, sic locum fragmenti interpretatus est, ut diceret annos quidem 19 integros ac plenos imperasse Galerium, sed præterea duos semiplenos seu cavos. In constitutione sane, quam Lactantius supra descripsit, quæ data est paulo ante mortem ejus, ipse se vocat imperatorem 19 apud Eusebium et Ruffinum. Scio eumdem virum eruditissimum, quem paulo ante nominavi, ista ita interpretari, ut hoc loco vox *Imperator* non significet dignitatem Augustam; aliud enim illam in titulis imperatorum significare, cum primo loco ponitur, aliud cum subjungitur cæteris titulis. Nam vox *imperator,* quæ secundo loco ponitur, designat victoriam imperatorum; et quoties post partam victoriam imperatores ab exercitu appellati sint, ostendit, ut docet Dio. Neque ego sane disputare heic velim adversus hanc interpretationem viri clarissimi. Illud tantum volui monere Galerium imperatorem 19 nominari in titulo illius edicti. Obiit autem Galerius, ut colligi potest ex Lactantio, mense maio apud Sardicam. At Onuphrius Panvinius, in commentario ad librum secundum Fastorum, tradit eum obiisse circa mensem septembrem. Melius Sigonius in libro secundo de occidentali imperio, ubi scribit Galerium vita excessisse non multo post 11 kalendas maias. In hoc tamen errat, quod tum Licinium imperii consortem et Augustum nuncupatum apud Carnuntum putat a Galerio, *cum se imperio gerendo ineptum conspiceret.* Quippe neque ea causa fuit assumendi Licinii in consortium imperii, sed quo pluribus munimentis insisteret, et ut eo uteretur in bello adversus Maxentium. Deinde illud factum non est extremis Galerii temporibus : sed quadriennio ante, ut supra ostensum est. Committendi vero hujus erroris hæc occasio fuit, quod plerique veteres Galerii mortem consecutam scribunt post collatam Licinio dignitatem imperialem. Eutropius lib. x : *Per hoc tempus a Galerio Licinius imperator est factus ; Dacia oriundus, notus ei antiqua consuetudine, et in bello, quod adversus Narseum gesserat strenuus laboribus et officiis acceptus. Mors Galerii confestim secuta.* Zozimus, lib. II : *Maximianus Galerius ex societate superiorum temporum familiarem sibi Licinium imperatorem creat, quod hujus opera bello Maxentium persequi cogitaret. Posteaquam Galerius hæc agitans consilia ex incurabili vulnere vitam cum morte commutasset, imperium Licinius quoque sibi vindicabat.* Orosius quoque lib. VII, cap. 28, et auctor Fragmenti de Constantio Chloro, pag. 472, sic describunt hanc historiam, ut statim post levatum Licinium subsequatur mors Galerii. Et Aurelius Victor, qui Licinium imperatorem factum ait antequam Galerius iret in Italiam, scribit, eum paulo postquam Italia decesserat, vulnere pestilenti consumptum esse. Et in Epitome Victoris : *Hic Licinius annum dominationis fere post quintum decimum occiditur;* numerando videlicet ab excessu Galerii. Et Socrates, lib. I, cap 2, ait Maximianum abiisse e vita, cum Licinium prius imperatorem creavisset. Ilis igitur ducibus erravit Sigonius, quem secutus est Morinus.

Mensis ejusdem. Id est maii.

Kal. martiis. Eo enim die Galerius Maximianus factus fuerat Cæsar cum Constantio, adeoque kalendis semper martiis inchoabantur anni ejus imperii, et vicennalia celebrari debebant kalendis martiis impendentis anni, qui futurus erat vigesimus imperii ejus. Fasti Idatiani Tiberiano et Dione consulibus : *Eo anno levati sunt Constantius et Maximianus Cæsares die kal. mart.* Eumenii panegyricus Constantio dictus : *O kalendæ martiæ, sicuti olim annorum voventium, ita nunc æternorum auspices imperatorum!* Sed heic rursum occurrit difficultas de annis imperii. Nam si verum est, Galer um factum fuisse Cæsarem sub consulatu Tiberiani et Dionis, et illorum consulatum congruere cum anno Christi 344, ut vulgo putant, constabit eum mortuum fuisse anno imperii 24 ineunte. Cum autem contradici non possit argumentis ex Lactantio petitis, quærenda aliqua via est, qua nos expediamus ex his difficultatibus. Et sane optimos illos Fastos Idatianos certum est non carere nævis et erroribus, ut facile probari posset.

CAPUT XXXVI.

Licinio morante. Qui tum erat in Dacia Mediterranea apud Sardicam, aut non multo procul. Nam illic mortuus erat Galerius.

Fretum Chalcedonium. Hunc itaque limitem Orientalis imperii constituere volebat Maximinus, ut intra illum esset etiam Bithynia usque ad Chalcedonem, provinciæ vero ultra fretum Chalcedonium pertinerent ad imperium Occidentale, ita ut sedes imperii, quæ tum erat apud Nicomediam, ad se, qui prior factus fuerat Cæsar, pertineret, non autem ad Licinium.

Bithyniam. In veteri codice legitur *Bhyaniam.* Certam esse emendationem, probat primo iter Maximini, qui ex Oriente ad Chalcedonem properabat ; deinde ipse Maximinus, qui in epistola sequenti anno scripta ad Sabinum, quam recitat Eusebius, docet se anno præterito Nicomediæ fuisse. *Cum anno præterito,* inquit, *Nicomediam feliciter essem ingressus, cives ejus urbis me illic degentem adierunt.* Quare recte observatum est ab Henrico Valesio in Annotationibus ad Eusebium, pag. 185 et seq. Maximinum, mortuo Galerio, Asiam ac Bithyniam occupasse, quas Galerius una cum Illyrico et Thracia sibi retinuerat.

Diversas ripas. Nimirum Maximinus, ut palam est, ripam Bithyriæ , Licinius adversam, in qua Byzantium.

In ipso freto fædus. Haud dubie in faucibus Bosphori Thracii, inter Byzantium et Chalcedonem. Et Bithyniam quidem cessisse in jus et ditionem Maximini, colligitur ex martyrio sancti Luciani Antiocheni, quod enarrat Eusebius, lib. IX, cap. 6.

Indulgentiam. Id est, pacem, cessationem a persecutione. Supra cap. 34, in edicto : *Indulgentiam nostram credidimus porrigendam :* quam vocem in suis versionibus recte Ruffinus et Valesius retinuerunt, Christophorsonus male omisit. Lactantius in libro de Ira Dei, cap. 20 : *Si nobis indulgentia cœlitus venerit.* Acta sanctorum Saturnini, Dativi et Felicis, cap. 13 : *Qui sicut ex vobis ad indulgentiam pervenire, ut salvus esse possit, profiteatur.* Optatus Milevitanus in libro primo : *Tempestas persecutionis peracta et definita est. Jubente Deo, indulgentiam mittente Maxentio, Christianis libertas est restituta.* D. Augustinus frequenter hanc vocem usurpat adversus Donatistas, cum loquitur de rescriptis principum, quibus libertatem sui dogmatis dederant iisdem Donatistis.

Communi tutelo. Certum est, heic agi de edicto, quod extremis Galerii temporibus editum est in favorem Christianorum. *Communi autem tutelo* dixit, pro communi consensu. Hanc vocem non reperi alibi. Fortassis est corrupta. Vir doctissimus et summus amicus meus Joannes Baptista Cotelerius, quem magno rei litterariæ et ecclesiasticæ damno nuper amisimus, tom. III Monumentorum Ecclesiæ Græcæ, pag. 662, censet, reponendum esse *titule.* Eadem est sententia Cuperi et Columbi. Sparkirs vero *tutela* rescribit, admonens interim, virum quemdam doctum e suis existimare legendum esse *titule.* Vir doctissimus Carolus Dufresnius Cangius putat, legendum omnino esse *titulo :* recte. Respicit enim Lactantius ad constitutionem editam in capite 34, quæ pro more tum recepto inscripta erat nominibus Galerii Maximiani et Maximini Dazæ, id est, *communi titule.*

Subornatis legationibus. Hæc pluribus explicat Eusebius, lib. IX, cap. 2, initium factum dicens ab Antiochensibus : *Sed et alios,* inquit Ruffinus, *per singulas civitates similiter determinos cives ac simile facinus impellit, et ex omnibus provinciis hujuscemodi legationem dirigi componit.* Quæ verba ideo retuli, quod aperaiora sint, quam Græca Eusebii.

Sacerdotes maximos. Hæc confirmantur ab Eusebio, lib. VIII, cap. 14, et lib. IX, cap. 4. Vide Valesii annotationes ad eumdem Eusebium, pag. 169.

Candidis chlamydibus ornatos. Eusebius in locis mox commemoratis annotat quidem, addita ornamenta sacerdotibus per provincias constitutis a Maximino, quæ coercet ad militare satellitium, id est, ad lictores et apparitores : qua de re vide annotationes Valesii. At Lactantius addit, illum jussisse, ut Pontifices illi, qui super provincias erant, incederent ornati candidis chlamydibus. Chlamydem autem heic accipio pro paludamento, ut apud Nonium, seu illa albæ tunicæ specie, auro interdum limbatæ, qua utebantur soli ministri imperatorum ; de quibus plura Salmasius in Notis ad Lampridium, pag. 241. Itaque Maximinus vestes ministrorum palatinorum communicavit cum summis pontificibus, quos per provincias ordinavit. Et hinc fortassis explicabitur locus apud Trebellii Pollionis in D. Claudio, *Chlamydes veri luminis limbatas duas,* ubi Salmasius verum lumen interpretatur de colore purpureo.

Debilitari jussit. Vide Eusebium, lib. VIII, cap. 12 et in libro primo de Vita Constantini, cap. 58, ubi in interpretatione Valesii irrepsit nomen Licinii, pro nomine Maximini.

Effodiebantur oculi. Non adnotassem ista, quæ ab Eusebio quoque commemorantur, nisi admonere voluissem, hanc crudelitatem a Suida referri ad Diocletianum et Maximianum, eumque hoc loco, ut sæpe solet in rebus historicis, lapsum esse.

CAPUT XXXVII.

Constantini litteris. Constantinus post partam de Maxentio victoriam, cum apud Mediolanum convenisset cum Licinio, constitutionem emiserat admodum favorabilem Christianis, eamque miserat in Orientem ad Maximinum, ut is eam in provinciis suis proponi curaret. Auctor est Eusebius, lib. IX, cap. 9, illum primum quidem ad hæc graviter ingemuisse; postea tamen, cum nec videri vellet Constantino ac Licinio cessisse, nec rursum id, quod jussum erat, supprimere, metu eorum qui jusserant, epistolam ad Sabinum præfectum scripsisse, veluti suopte motu et ex propria auctoritate, in qua eadem ferme de Christianis sancivit, quæ in illa Constantini ac Licinii constitutione continentur. Addiderat autem Constantinus litteras ad Maximinum, quarum mentionem facit Eusebius in postrema parte ejusdem capitis.

A sacerdotibus immolari. Quod heic ait Lactantius de Maximino cibis immolatitiis quotidie vescente, id ab eo publico edicto constitutum ait Eusebius in libro de Martyribus Palæstinæ, cap. 9, ita, ut cuncti tam viri, quam mulieres, una cum servulis et infantibus, sacrificare et libare diis immortalibus cogerentur, et immolatis hostiarum carnibus vesci, et ut cuncta in foro venalia sacrificiorum libationibus inquinarentur. Istud ipsum docent etiam Acta passionis sancti Luciani martyris Antiocheni, quem idem Maximinus morte affecit: *Quin etiam ad tantam processit sævitiam, ut ne infantibus quidem parceret, sed ipsos quoque interimeret, quoniam nec poterat quidem eis persuadere, ut gustarent ea, quæ sacrificabantur dæmonibus.* Secutum in hoc fuisse Maximinum vestigia magistri sui Galerii, docent Acta sanctorum martyrum Agapes, Chioniæ et Irenes, quæ Thessalonicæ martyrium consummaverunt anno secundo persecutionis, Diocletiano IX et Maximiano VIII consulibus. In illis enim Actis legitur, Cassandrum beneficiarium ita scripsisse ad Dulcetium præsidem: *Scito, mi Domine, Agathonem, Agapen, Chioniam, Irenem, Casiam, Philippam et Eutychiam nolle his vesci, quæ diis sunt immolata.* Eadem habentur in Actis sanctorum Sergii et Bacchi, qui sub eodem Maximino passi sunt: item in Actis sancti martyris Vari et sociorum ejus, et in Actis Theodori Amaseni cognomento Tyronis. Imo diu ante hanc superstitionem usurpatam esse, reperio in Actis sanctorum Terentii, Aphricani et sociorum, ubi scriptum est, Decium imperatorem in universas Romani imperii provincias edictum misisse, ut omnes Christiani ad immolandum et comedendum ea, quæ Idolis essent immolata, pertraherentur. Quare quod ait Lactantius, Maximinum hoc primum invenisse, ut animalia omnia, quibus vescebatur, non a coquis, sed a sacerdotibus ad aras immolarentur, intelligendum non est de edicto seu generali lege, cum multis ante annis id constitutum fuisset a Decio et Galerio Maximiano: sed de privato palatinorum ciborum usu. Porro hunc usum in regiones quoque extra limitem Romanum positas penetrasse, docent Acta sancti Sabæ Gothi qui martyrium consummavit in Cappadocia pridie idus aprilis, Modesto et Arintheo consulibus id est, anno Christi 372. Cæterum ab istiusmodi cibis immolatitiis, quos idolothyta vocabant, semper abhorruisse Ecclesiam, notius est, quam ut necesse sit veterum testimoniis comprobari.

Perfusum mero. Lactantius lib. VI Institut. cap. 1: *Homines autem, neglecta justitia, cum sint omnibus flagitiis ac sceleribus inquinati, religiosos se putant, si templa ac aras hostiarum sanguine cruentaverint, si focos odorati ac veteris vini profusione madefecerint. Quin etiam sacras dapes apparant, et exquisitas epulas, quasi aliquid inde libaturis offerant.* Et cap. seq.:

Mactant igitur optimas ac pingues hostias Deo quasi esurienti, profundunt vina tamquam sitienti.

Hinc fames. Crudelitatem istius famis describit Eusebius lib. IX, cap. 8. Videndus etiam Ruffinus, qui non nulla habet, quæ apud Eusebium non leguntur. Meminit et hujus famis Eutychius Alexandrinus in suis Annalibus.

Dono suis dabat. Ruffinus, lib. VIII, cap. 16: *Unde et montes auri, ut ita dixerim, congregatos familiaribus suis ac satellitibus largiebatur.*

More clem. latronum. Salvianus in fine libri octavi de Gubernatione Dei, pag. 191: *Latrones quidem hoc proverbio uti solent, ut quibus non auferunt vitam, dedisse se dicant.*

CAPUT XXXVIII.

Vincit officium. Eadem omnino verba habentur in libro sexto divinarum Institutionum, cap. 23.

Nobilibus fœminis. Ruffinus libro VIII, cap. 17: *Cui etiam inter cætera hoc singulare studium erat, ne ullam non dico urbem, sed vel breve oppidum, absque adulterio nobilium matronarum, quæ per loca fuissent repertæ, vel corruptione virginum, præteriret.*

Prægustator. Metaphora ducta a cibo et potu, qua etiam usus est Cicero in oratione pro domo sua: *Scilicet tu helluoni spurcissimo, prægustatori libidinum tuarum, homini egentissimo et facinorosissimo Sexto Roscio,* etc. Prægustator itaque est, qui cibos potusque gustu explorat, apud viros principes præcipue, ne forte venenum cum cibo potuque hauriant. Ea de causa Antonius timens scelerata Cleopatræ Soleritiam, nonnisi prægustatos cibos sumebat, ut docet Plinius, lib. XXI, cap. 3, Historiæ naturalis. Suetonius, in Claudio, cap. 44: *Et veneno quidem occisum convenit: ubi autem, et per quem dato discrepat. Quidam tradunt epulanti in arce cum sacerdotibus per Halotum spadonem prægustatorem.* Tacitus, lib. XIII Annalium: *Illic epulante Britannico, quia cibos potusque ejus dilectus ex ministris gustu explorabat.* Gregorius papa XI, in epistola scripta ad Carolum V, regem Francorum, et Johannam ejus uxorem, edita in tomo quarto Spicilegii Dacheriani, pag. 500: *Et insuper, ut hi, qui hujusmodi ova, lac, butyrum et caseum, seu fercula ex eis parabunt, et etiam illi, qui de eis vobis servient, duntaxat pro proba facienda, gustare de ipsis valeant, concedimus per præsentes.* Quod heic Gregorius dicit *pro proba facienda,* nos dicimus hodie, *pour faire l'essai.* Evodius Upsalensis in libro secundo de Miraculis sancti Stephani, cap. 5: *Jubet illi prægustatori vini sui.*

Imminutas. Putabam olim, hunc locum esse corruptum, et conjeceram rescribendum esse *invitas.* Postea viri clarissimi Sparkius et Columbus admonuerunt, retinendam esse lectionem, quæ habetur in codice veteri, quia vox *imminutas* nihil aliud sonat, quam prægustatas, seu præfloratas; quod exemplis aliquot ostendit item Columbus, et isto præsertim Lactantii libro primo Institut., cap. 10: *Omitto virgines quas imminuit.*

Cubilia impune violabant. Ruffinus, lib. VIII, cap. 17, *Deliciis, luxu atque omni dissolutionum genere fluitans turpissima suis militibus præbebat exempla. Denique quidquid lascive, quidquid petulanter, quidquid luxuriose gestum a rectoribus vel militum, vel provinciarum fuisset, inultum cedebat ob imperatoris exemplum.*

A Gothis pulsi. Cum Diocletianus Italiam petiisset vicennalia celebraturus, Gothi, sive populi ripam Istri fluminis incolentes, ea occasione usi, aliquam partem vicinæ provinciæ invaserunt, et indigenas expulerunt. Hi vero pulsi sedibus suis ad Galerium Maximianum Cæsarem confugerunt, et postea se Maximino, quem Galerius adoptaverat, adjunxerunt, et in numerum satellitum ac protectorum ejus allecti sunt.

CAPUT XXXIX.

Ne ab Augusta quidem. Valeria, Galerii vidua, quæ post mortem mariti in aulam Maximini concesserat, spreto Licinio, cui eam Galerius commendaverat.

Patris ejus. Galerii, qui Maximinum adoptaverat, et Cæsarem fecerat.

Ipsam cum matre. Diocletiani uxore, de qua pluribus actum est ad caput 15. Eam Octavius Strada mortuam esse ait aliquot annis ante maritum. Sed errare Stradam, probat auctoritas Lactantii, qui dicet infra, eam anno 313, capite plexam fuisse, cum Diocletianus vita jam excessisset anno superiore.

CAPUT XL.

Eratineo. Locus corruptus. Præsidis nomen est. Quid, si Flaccini nomen heic reponatur, quem noster cap. 16 non pusillum homicidam vocat?

Non minus. Ea emendatio non est mea, sed Columbi. Nam vetus codex habet *nimis.* Certum est autem, sæpe voces illas consuesse permutari in antiquis libris.

Quidam Judæus. Non hoc primum a Maximino inventum. Præiverat enim illi vir boni exempli D. Nero, cum Octaviam uxcrem repudiare vellet in gratiam Poppææ. Qua de re videndus Tacitus in libro xiv Annalium.

Instructi velites. In veteri codice scriptum est *instructibile mens essagitari.* Certum mendum : sed non statim obvia certa emendatio, quæ tandem reperta est post absolutam editionem. Columbus tamen mavult *vigiles,* quam *velites.*

CAPUT XLI.

Augusta vero. Valeria. Ubi notandum est, nihil nunc de matre ejus dici, neque repetitam a Diocletiano, cum Valeria repeteretur. Et tamen illa vivebat adhuc, ut patet ex capite 31.

CAPUT XLII.

Senis Maximiani statuæ. Ruffinus, lib. VIII, cap. 16, ait, Maximianum Herculium turpiter deprehensum in insidiis, quas Constantino struebat, turpius periisse, *ita ut post interitum statuæ ejus æneæ ubique auferrentur, et in ædibus publicis vocabula ejus nominis mutarentur.* Apud Eusebium lib. VIII, cap. 13, hæc historia sic describitur, tamquam si Herculius primus fuisset, cujus statuæ et imagines disjectæ fuissent. Quod cum falsum esse videret Christophorsonus, ita Eusebium vertit, ut velit, illum dixisse eam contumeliam irrogatam viventi. Quod non esse verum, patet ex sequentibus Lactantii verbis, ubi ait, nulli imperatorum ante Diocletianum contigisse, ut imagines viventis dejicerentur. Itaque Henricus Valesius alio se convertit, non quidem Herculium fuisse primum omnium imperatorum, qui a primordio imperii fuerunt, cui insultum sit hoc dedecus : sed primum eorum, qui ætate illa rempubl eam administraverant. Sic Trebellius Pollio in triginta tyrannis cap. 28, ait, imaginem Celsi *novo injuriæ genere* sublatam esse in crucem : cum tamen, ut l eic annotat Casaubonus, soliti fuerint Græci Latinique damnatorum imagines dejicere, luttare, frangere, scalis Gemoniis inferro, omni denique contumeliæ genere afficere; quod probat etiam auctoritate Plutarchi.

Cum videret vivus. Diocletianus, cujus viventis imagines deponebantur, quia conjunctæ erant cum imaginibus Herculii.

Suspiria. Cuspinianus in Diocletiano : *Quidam dicunt, stupore mentis et longa ægritudine confectum, animam inter suspiria efflasse;* quod puto illum accepisse a Cedreno.

Fame atque angore confectus. Alii Diocletianum alio mortis genere extinctum tradunt : quidam morbo aquæ intercutis, alii veneno, Suidas suspendio. Vide etiam quæ infra dicuntur ad caput quinquagesimum. Obiit autem haud procul Salonis in Dalmatia, in villa sua Aspalato, ubi et sepultus est. Vide Henrici Valesii notas ad Ammianum Marcellinum, p. 112. Variæ porro sunt doctorum virorum opiniones de anno, quo Diocletianus interiit, aliis censentibus id evenisse

anno 313, aliis triennio serius. Istos in hanc sententiam impulit auctoritas Fastorum Idatianorum, in quibus scriptum est, Diocletianum diem functum esse in Salona 3 nonas decembris, Sabino et Ruſino consulibus. Sed horum Fastorum auctorem falso ea scripsisse jam constat, cum Lactantius doceat, Diocletianum esse mortuum ante nuptias Licinii et Constantiæ, et ante Maximinum Dazam. Cum ergo mortuus sit post Galerium et ante Maximinum, exeunte anno, manifestum est, decessisse anno 312 exeunte. Nam Maximinus periit anno sequenti, ut ostendam. Itaque verum non est quod legitur in Epitome Victoris, Diocletianum annos prope novem egisse in communi vita. A kalendis enim meiis anni 305, usque ad 3 nonas decembris anni 312, sunt tantum anni septem et menses septem cum aliquot diebus. Sed adversus hæc dici potest id quod quibusdam placuisse video, Diocletianum non potuisse dici mortuum anno 312, cum in l. 2 cod. Theodos. *De censu,* quæ data est anno 313, kalendis Juniis, Constantinus eum vocet dominum et parentem, divum vocaturus, si mortuus fuisset. Verum eam argumentationem falsam esse, probat epistola Maximini Aug. ad Sabinum apud Eusebium, lib. IX, cap. 9, ubi is Galerium Maximianum, quem ab anno superiore mortuum fuisse constat, vocat tamen dominum ac parentem suum; qui tamen in edicto, quod ibidem apud Eusebium extat, eumdem Maximianum et Diocletianum vocat divos parentes suos. Cæterum cum ex hoc Lactantii loco constet, Diocletianum mortuum esse ante nuptias Licinii et Constantiæ, consequens est, falsum esse quod legitur in Epitome Victoris, nimirum eum morte consumptum esse, ut satis patuit, per formidinem voluntariam : *Quippe cum a Constantino atque Licinio vocatus ad festa nuptiarum, per senectam, quominus interesse valeret, excusavisset, rescriptis minacibus acceptis, quibus increpabatur Maxentio favisse ac Maximino favere, suspectans necem dedecorosam, venenum dicitur hausisse.* Parum autem probabile est, qui noluerat iterum accedere ad regimen reipublicæ, ei qui vitam privatam imperio anteposuit memorabili et sapientissimo apophthegmate, quod supra p. 73, ex eadem Epitome retulimus, suspectum fuisse habitum, quod Maxentio et Maximino faveret, præcipue vero Maximino, a quo sciret, gravissimas contumelias irrogatas filiæ Valeriæ conjugique Priscæ, et a quo contemptum illum fuisse, dum Valeriam repeteret, recentius erat, quam ut oblivisci tam cito potuerit.

CAPUT XLIII.

Unus supererat. Nimirum Maximinus cognomento Daza. Adversarios Dei Lactantius appellat Diocletianum, Herculium, Galerium et Maximinum. In eodem numero non ponit Maxentium, quia, licet crudelis ac sævus fuerit, visus tamen est favere Christianis. Inter eos item non numerat Licinium, quia tum cum hæc scribebat Lactantius, ille videbatur esse amicus Christianorum. Postea se prodidit.

Nuper amicitiam. Id est, eo tempore, quo pax inter Licinium et Maximinum constituta est in Bosphoro Thracio, paulo post mortem Galerii.

Constantini sororem. Constantiam, quæ postea sic Arrio favit, ut etiam fratrem suum ad eum defendendum impelleret.

Misit occulte. Eusebius lib. VIII, cap. 14, istud ipsum commemorat, nimirum Maximinum iniisse clam fœdus cum Maxentio.

Bellum Constantino indixerat. Ex hoc loco et ex libro secundo Zozimi apparet, consilia agitandi belli a Constantino profecta non esse, sed a Maxentio ; atque adeo Constantinum velut invitum ad arma prosilisse, tum etiam invitatum postea a Romanis tyrannidem Maxentii ægre ferentibus. Et tamen vir clarissimus Hadrianus Valesius in libro primo rerum Francicarum, p. 23, bellum istud imputat arrogantiæ

Constantini, qui statuas suas Romæ jussu Maxentii eversas adeo iniquo tulerit animo, ut eam injuriam armis vindicandam putarit; ejusque memoriam acriter ac contumeliose sugillat, quod cum Maximiani soceri sui statuas subverti jussisset in Galliis, parem sibi a Maxentio ejus filio factam injuriam ferre non potuerit. Veri amor et magni principis memoria postulant, ut heic observemus, immensum esse discrimen inter hæc duo facinora. Constantinus everterat statuas inimici sui, sed mortui, et qui propterea contumeliam sibi irrogatam ulcisci non potuit. At Maxentius dejecerat venerandas, ut ait Nazarius, imagines principis viventis ac fortissimorum exercituum ductoris, qui propterea et potuit, et debuit eum castigare, a quo cum tanta ignominia læsus esset. Sane Diocletianus, ut infra scribit Lactantius, adeo commotus est cum videret statuas suas everti, quæ cum statuis Herculii conjunctæ erant, tamen etsi ista adversus eum non fierent consilio, sed necessitate, ut hinc acceperit magnum atque incredibilem dolorem, ac propterea moriendum sibi esse decreverit. At Constantinus injuriam illam, qua erat magnitudine animi, remittere Maxentio paratus erat, si is ad æquas pacis conditiones descendere voluisset. Sed ille Constantinum aspernatus est : appetitum ejus (verba sunt Nazarii) refugit, aversatus est, horruit; et cum voluntas pacificandi alienata esset, eo dementiæ processit, inquit idem Nazarius, *ut ultro etiam lacesseret, quem ambire deberet.* Unde constat, arrogantiæ immerito argui Constantinum in hoc loco : qui si injuriam suam ultus non fuisset adversus hostem ferocem ac bonitati ejus illudentem, profecto majorem ignominiam ex ea injuriæ oblivione reportasset, quam ut verbis ullis explicari possit.

Necem patris sui. Maximiani Herculii, quem Constantinus strangulari jusserat apud Massiliam. Zozimus, lib. II : *Maxentius occasiones gerendi adversus Constantinum belli quærebat, seque dolere propter obitum patris sui simulans, cui mortis causam Constantinus præbuisset.*

Intestabilem vel *exitiabilem.* Hoc in loco desunt aliquot litteræ in veteri exemplari, ubi hæc tantum leguntur, *xtabilem.* Ex quo collegimus reponendum esse *intestabilem.* Intestabilis autem idem valet, ac detestabilis et invisus.

Finxisse discordiam. Eutropius, lib. x : *Inde ad Gallias profectus est, dolo composito, tamquam a filio esset expulsus.*

CAPUT XLIV.

Inter eos. Maxentium et Constantinum.

Responsum acceperat. Incerti panegyricus Constantino dictus post devictum Maxentium : *Stultum et nequam animal nusquam extra parietes egredi audebat. Ita enim aut prodigiis, aut metus sui præsagiis movebatur.*

Sextum kal. Nov. Hic ergo dies primus Maxentius vidit imperatorem; contra quam alii scribunt, qui ad diem 8 kal. Octobris eum imperium invasisse scribunt, pridie extinctum : quorum neutrum verum est. Cæsus enim est die natali suo, ut docent Lactantius et auctor panegyrici paulo ante laudati. Sed iste tamen in hoc fallitur, quod ait, Maxentium diem natalis sui cæde sua signasse, ne septenarium illum numerum sacrum et religiosum vel inchoando violaret. Nam sic cæsus est ipso die natalis sui, manifestum est, cæsum eo die, quo imperium inierat. Hunc quippe diem antiqui vocabant natalem imperatorum. Occisus est igitur Maxentius anno Christi 312, 6 kal. novembris, sexto imperii sui anno exacto, in ipsis initiis septimi. Atque ita intelligendi sunt Aurelius Victor et auctor Chronici Alexandrini, cum aiunt, eum periisse anno tyrannidis suæ sexto. Et Eutropius ait, Constantinum quinto imperii sui anno bellum commovisse adversus Maxentium. Commovit sane, sed non perfecit. Itaque verba illa veteris kalendarii a Bucherio editi : *Quinto kal. novembr.*

evictio tyranni, 6 *kal. ingressus Divi,* capienda quidem sunt de Maxentio et Constantino, ut recte censuerunt eruditissimi viri Petrus Franciscus Chiffletius et Henricus Noris; sic tamen, ut dies 5 kal. non referatur ad diem quo Maxentius periit, ut illi arbitrati sunt; sed ad posterum, quo corpus ejus inventum est, ut docet auctor fragmenti de Constantio Chloro, quo certa fuit victoria, 6 vero kal. ad diem quo Constantinus victor urbem Romam ingressus est. Et hæc quidem certa atque extra omnem omnino controversiam posita esse videntur. Et tamen vir clarissimus Petrus Lambecius in libro quarto Commentariorum de bibliotheca Vindobonensi, pag. 298, evictionem illam tyranni refert ad tempus illud, quo Licinius a Constantino pulsus Byzantio et Chalcedone, Nicomediam, se recepit, ibique etiam obsessus, rebus desperatis, ut Zozimus ait, quod sciret, nullas sibi restare justas et satis amplas ad dimicandum copias, egressus urbe, supplex Constantino factus est, et allata purpura, imperatorem et Dominum clamavit, veniamque præteritorum poposcit. Quæ omnia contigere anno Christi 324, Crispo III, et Constantino III, consulibus, ut est in Fastis Idatianis. Verum hæc Lambecii sententia vera esse non potest, cum constet, verba illa veteris kalendarii accipienda esse de Maxentio profligato. Præterea nullibi adnotatum est, deditionem Licinii incidisse in diem quintam kalendarum novembrium. Quod in primis necessarium esset demonstrare. Immo eam factam aliquanto ante, colligi posse videtur ex eo, quod Zozimus ait, Licinium, fuso deditoque exercitu, cum equitibus reliquis et paucis peditum millibus Nicomediam se recepisse post captam Chalcedonem, id est, 14 kal. octobris, ut legitur in Fastis. Quam exiguo autem temporis intervallo victor exercitus pervenire potuerit Nicomediam, nemo est rei geographicæ vel tenuiter peritus, qui non satis intelligat. Quare profectionem Divi, quæ in veteri kalendario notatur ad diem V kalendas octobris, valde suspicor accipi debere de Constantini digressu ab urbe Chalcedone, ut Nicomediam proficisceretur. Itaque cum hinc via sit certa neque longa, non absurda conjectura erit, si dicamus, deditionem Licinii factam esse paucis post diebus, id est, sub initium mensis octobris; cum ex Zozimo liqueat, eum non tolerasse diu obsidionem Nicomediæ, et ex fragmento de Constantio Chloro, quod Henricus Valesius edidit, colligi possit, Constantiam uxorem Licinii in castra Constantini fratris venisse sequenti die post adventum ejus. Neque magnum momentum habet, quod idem vir clarissimus adnotat heic, ut in codice Theodosiano, Licinium κατ' ἐξοχήν, sive per excellentiam appellari tyrannum. Nam et Maxentium quoque tyrannum dictum legimus in panegyrico quem Nazarius dixit Constantino; ubi agens de iis quæ post devictum Maxentium acta Romæ sunt a Constantino, addit : *Quarum rerum miraculo sic omnes devinciebantur, ut non tam omnes dolerent quod illum tyrannum ita diu tulerant, quam quod tali principe tam sero fruerentur.* Et supra de eodem Maxentio : *Illum ipsum tyrannum non mors virilis, sed fuga turpis prodidit.* Item : *Sequebatur hunc comitatum suum tyranni ipsius teterrimum caput.* Fragmentum de Constantio Chloro, pag. 475 : *Interea Constantinus apud Veronam, victis ducibus tyranni, Romam petiit.* Vetus inscriptio posita Constantini memoriæ post victoriam de Maxentio : *Quod instinctu divinitatis, mentis magnitudine, cum exercitu suo tam de tyranno, quam de omni ejus factione uno tempore justis rempublicam ultus est armis.* Prudentius libro primo adversus Symmachum : *Mulvius exceptum tyberina in stagna tyrannum præcipitans.* Immo in codice quoque Theodosiano per tyrannum intelligitur Maxentius in l. un. *De ingenuis, qui tempore tyranni servierunt,* et in l. I *De cohortalibus.*

Quinquennalia terminabantur. Certum est, Maxentium quinquennalia celebravisse. Manifesta est enim auctoritas Lactantii. Sed præterea extat apud Occonem, pag. 541, nummus Maxentii, in cujus aversa parte hæc scripta sunt : VICTORIA DD. NN. AUG. ET CÆS. VOT. V. MULT X. Quin ergo celebrata a Maxentio sint quinquennalia, et quidem post exactum annum quintum, ambigi non potest. Illud tantum quaero, quomodo fieri possit, ut quæ secundum morem acta sunt die prima anni sexti, terminata fuerint in fine ejusdem anni. Scio vota illa magno apparatu celebrata fuisse : festa hæc per multos dies durasse; et non solum in urbe regia usurpata, sed etiam in provinciis. Verum illa non solvunt difficultatem. Nisi si dicamus hominem voluptarium et desidiæ amatorem, cujusmodi fuisse describitur Maxentius, voluisse novo more quinquennalia sua commendata facere, ac propterea per annum integrum ea continuasse : quod parum probabile videtur. Vel fortassis, sicut primus anni dies, quo quinquennalia celebrabantur, ludis ac sacrificiis transigebatur, sic eadem solemnia repetebantur in ultimo die ejusdem anni, ut sic quinquennalia eo modo terminarentur quo cœperant, pari fere modo, quo processiones consulum septem erant per annum, ut patet ex novella 105 imperatoris Justiniani. Quid si natales imperatorum festi erant, cum per unumquemque mensem recurrebant ? Nam in Actis sancti Marcelli centurionis, qui passus est in civitate Tingitana sub imperio Diocletiani, reperio diem 12 kalendarum Augusti fuisse festam in imperio Romano : *Jam die duodecimo kalendarum augustarum*, inquit, *apud signa legionis istius, quando diem festum imperatoris vestri celebrastis, publica voce respondi, me Christianum esse*. Diocletianus quippe factus est imperator 12 kal. Decembris. Sic quidam olim natali Epicuri vicesima luna sacrificabant, feriasque omni mense custodiebant, quas Icadas vocabant, ut Plinius ait, libro xxxv Historiæ natur., cap. 2.

Cœleste signum. Immortale signum, ut alibi dicit Lactantius, id est, signum crucis. Iste porro locus est magni momenti. Signat enim et locum, et diem, quo crux, in qua vinceret, ostensa est Constantino. Nam cum ex testimonio Eusebii, qui se accepisse ait ab ore Constantini, constet visum ad eo crucis tropæum in cœlo horis meridianis, sole in occasum vergente, et addubitanti quidnam hoc spectrum sibi vellet, nocte sequenti Christum Dei dormienti apparuisse cum signo illo, quod in cœlo ostensum fuerat, præcepisseque ut militari signo ad similitudinem ejus quod in cœlo vidisset, fabricato, eo tamquam salutari præsidio in præliis uteretur, certum est, utramque visionem uno in loco et intra spatium aliquot horarum contigisse. Quod si ita est, ut certe est, habent viri docti unde finem tandem imponant nobili controversiæ de loco, ubi signum crucis ostensum est Constantino, et unde fides adstruatur auctori vitæ sancti Artemii ex duce Ægypti, cujus auctoritatem vir eruditissimus Petrus Franciscus Chiffletius circuitione et anfractu infregere et elevare conatus est. Hæc sunt verba Artemii memoriam Constantini defendentis coram Juliano imperatore : *Ad Christum autem declinavit ab illo vocatus, quando difficilimum commisit prælium adversus Maxentium. Tunc enim ei in meridie apparuit signum crucis radiis solis splendidius, et litteris aureis belli significans victoriam. Nam nos quoque ipsi signum adspeximus, cum bello interessemus, et litteras legimus. Cum etiam totus quoque id est contemplatus exercitus, et multi hujus rei testes sunt in tuo exercitu*. Apud Surium die 20 mensis Octobris. Mirum vero fortassis cuidam videbitur quod heic ait Artemius, multos hujus rei testes tum fuisse in exercitu Juliani imperatoris. Nam si ista dicebantur anno Christi 342 exeunte, effluxerant anni quinquaginta a morte Maxentii, et difficile est multos m lites superfuisse ex eo exercitu, qui tum adversus eum pugnarunt. Verum id mirum nequaquam videri debet. Nam in dialogo de claris Oratoribus, cujus auctorem esse Quintilianum plerique censent, alii Tacitum, quidam Suetonium, in dialogo, inquam, illo, qui scriptus est anno sexto principatus Vespasiani, testatur auctor vidisse se in

Britanniæ senem, qui se fateretur ei pugnæ interfuisse qua Cæsarem inferentem arma Britanniæ, arcere littoribus et pellere aggressi sunt : quod contigerat ante annos fere centum viginti. Et sanctus Hieronymus in dialogo adversus Luciferianos, quem Baronius putat scriptum circa annum Christi 382, ait tum superfuisse homines, qui synodo Nicænæ interfuerant, raros tamen propter antiquitatem. Itaque, ut ad rem nostram redeamus, ita constituendum est, visionem illam crucis Constantino ostensæ contigisse in castris dum Romam obsideret, 7 kal. Novembris anno Christi 312. Audax enim vero nimium fuit Jacobus Oiselius, qui in Thesauro numismatum antiquorum pag. 463. ait, eum qui totum hoc negotium de cruce ostensa Constantino ad pias veterum fraudes retulerit, parum a rei veritate aberraturum. Quid erim deinceps verum censebitur, si historiam hanc, quæ Lactantii, Publii Optatiani Porphyrii, Eusebii, ac veterum etiam numismatum testimonio nititur, inter fabulas et pias, ut ille ait, veterum fraudes connumerare fas fuerit ? Religiosius ista tractanda sunt, et irreligiosa illa temeritas procul abesse debet a pectoribus christianorum.

Circum flexo, Christum. Hæc ita intelligenda sunt, ut Christi monogramma circumflexum fuerit in capite Labari, ut videmus in nummis veteribus.

Libros Sibyllinos inspicit. Zozimus lib. II : *Maxentius inclusus diis hostias immolat, et extispices de belli eventu consulit, ipsis quoque Sibyllinis oraculis pervestigatis. Cumque reperisset oraculum quo significaretur in fatis esse, ut qui ad detrimentum populi Romani spectantia designaret, miserabili morte periret, de semetipso id oraculum accipiebat, quasi qui Romam adortos eamque capere cogitantes propulsaret. Eventus autem comprobavit id, quod verum erat*. Hæc vero prorsus congruunt cum narratione Lactantii.

CAPUT XLV.

Hyeme proxima. Id est, hyeme quæ mortem Maxentii statim subsecuta est. Atqui Maxentius periit anno 312, 6 kalendas Novembris. Igitur Constantinus Mediolanum profectus est eo anno exeunte, aut sub initium sequentis : quod magis credo. Quippe Nazarius in panegyrico quem Constantino dixit, sic de mora, quam ille Romæ traxit, loquitur, ut plane constet, eum illic fuisse per duos menses. *Quidquid mali*, inquit, *sexennio toto dominatio feralis inflixerat, bimestris fere cura sanavit*. Probabile autem non est, eum qui sic proximus erat kalendis Januariis, Romam reliquisse illis impendentibus, ut alibi potius quam Romæ, procederet consul. Præterea extat in codice Justiniani imp. lib. XI, tit. 57, lex a Constantino data Romæ 15 kalend. Febr. ipso et Licinio tertium consulibus, id est, mense Januario, qui proximus fuit post extinctum Maxentium, ex qua colligi posse videtur, Constantinum Roma digressum non esse ante diem, qua lex illa data dicitur. Quod si ita est, sic aliquando videntur verba Nazarii, ut illa bimestris fere cura, quam componendis rebus urbanis Constantinum impendisse tradit, eo modo intelligatur, quo sanctus Augustinus in libro ad Donatistas post collationem cap. 33, ait, Ælianum proconsulem causam Felicis episcopi Aptungitani audivisse 15 kalendas Martias, *post menses ferme quatuor*, quam Cæcilianus a Melchiade fuerat judicatus, cum tamen a die 6 nonas Octobris, quo ille judicatus est, usque ad 15 kalendas Martias, quo causa Felicis audita est, intercesserint menses quatuor cum dimidio. Eadem ratione sanctus Leo papa in epistola quinquagesima secunda ad Ravennium Arelatensem et cæteros Galliarum episcopos scribens ait, synodum Chalcedonensem constitisse ex sexcentis *fere* episcopis, cui interfuisse 630 episcopos constans est omnium ferme scriptorum sententia. Accessit ergo Mediolanum Constantinus sub finem mensis Januarii. Eo vero venit etiam Licinius, uxorem ducturus Constantiam Constantini sororem. Eadem commemorat et Zozimus, recte adnotans, hæc acta post devictum Maxentium, et antequam bellum esset inter Maximinum et Licinium. Quare lapsum esse patet virum doctissimum Joannem Morinum, qui in libro de Ecclesia per Constantinum liberata, pag. 328, scribit, Licinium venisse Mediolanum ad Constantinum post devictum extinctumque Maximinum, ibique Constantiam in matrimonium duxisse. *Eo peracto*, inquit Zozimus, *Constantinus ad Celtas revertitur*, Licinius in Illyricum, ut tradit auctor Fragmenti de Constantio Chloro, pag. 473. Sed antequam Mediolano discederent, legem pro Christianis ediderunt, quæ paulo post recitabitur.

Existimant viri quidam doctissimi, nuptias Licinii et Constantiæ celebratas fuisse Mediolani mense Martio, argumento petito ex lege prima codicis Theodosiani *De bonis vacantibus*, quæ scribitur data a Constantino 6, idus Martias Mediolani, Constantino Aug. III, et Licinio consulibus. Quanquam mensem Martium in Maium esse mutandum in hac constitutione censet Morinus in libro de Ecclesia per Constantinum liberata, pag. 329, quia, ut inquit ille, Constantinus mense Martio illius anni adversus barbaros pugnavit in Germania. Sane, quod semel heic observasse sufficiat, nihil certi colligi potest ex subscriptionibus legum codice Theodosiano comprehensarum; adeoque ex eis concludi non potest, Constantinum eo tempore in iis locis fuisse, in quibus datæ dicuntur. Nam si id certum esset, certum quoque esset, eum intra sex dierum spatium fuisse Heracleæ in Macedonia, aut in Thracia, et Mediolani in Italia, cum lex, de qua diximus, data legatur Mediolani 6 idus Martias, et lex prima, *De actoribus*, Heracleæ 3 non. Mart. sub iisdem consulibus. Fortius urget exemplum, quod sumi potest ex l. 2, *De pœnis*, et ex l. 1, *Si petitionis socius sine hærede defecerit*: quarum prima data dicitur Cabilluno, altera Antiochiæ, utraque 12 kal. April. Constantino Aug. IV et Licinio IV, consulibus. Vir doctissimus Jacobus Gothofredus vidit, difficultatem esse in subscriptione posterioris istius legis, et aut eam pronuntiavit tribuendam esse Licinio, qui Orientem, cujus vertex Antiochia, tenebat, aut reponendum esse nomen Antigoniæ prope Stopis in Macedonia, quæ Constantino cessit, cum pax inter eum et Licinium constituta est post pugnam Cibalensem. Sed hæc non solvunt difficultatem. Nam semper difficile erit istam discrepantiam componere, cum certum sit, Constantinum non potuisse uno eodemque die esse in Gallia et in Macedonia. Rursum quomodo fieri potest, ut idem, qui Cabilluno et Antiochiæ fuerit 12 kal. Aprilis, eodem anno 8 idus Martias, fuerit Thessalonicæ, et biduo post, id est 6, idus Martias, Romæ? Nam id colligitur ex subscriptionibus l. 1, *De diversis officiis*, et ex l. 2, *Ad l. Juliam de vi pub. et privata*. Idem deinde idibus Septembris ejusdem anni censendus esset fuisse Romæ, et sexto post die apud Naissum in Dacia. Quippe lex prima *De jure fisci* data dicitur idibus Septembris Romæ, et lex prima *De Centonariis* 14 kal. Octobris Naisso. Denique idem Constantinus, si hæc regula certa esset, fuisset anno sequenti 12 kal. Maias Sardicæ, Romæ vero ipsis kalendis Maiis, intra spatium dierum duodecim, cum id colligi possit ex subscriptionibus l. 2 et 3 *De donationibus*. Possent et alia exempla afferri. Sed ista sufficiunt. Unde colligi debet, id quod antea dicebamus, ex subscriptionibus legum codicis Theodosiani nihil colligi posse certi ad signanda loca, in quibus Constantinus habitavit per varia tempora imperii sui; adeoque infirma esse argumenta, quæ viri doctissimi hinc sumpserunt, ad confirmandas et constabiliendas conjecturas suas historicas.

Ad hujusmodi casus. In veteri codice legitur, *ad hujusmodi casus Licinio collocati*. Nostra emendatio bona est. Et sæpe in antiquis codicibus reperitur scriptum *causa* pro *casus*, ut apud S. Ambrosium epist. 43 : *In natura casus est, in electione judicium* :

pro quo in vetustissimo codice ms. ecclesiæ Bellovacensis scriptum est *causa*, quamvis non hortor.

Perintho. Id est, Heraclea. Sic enim vocatur Heraclea Thraciæ, ad differentiam aliarum ejusdem nominis urbium, ut recte notavit Henricus Valesius ad librum XXII. Ammiani Marcellini. Menologium Græcorum ad diem decimam Maii: *Perinthum urbem Thraciæ, quæ nunc Heraclea dicitur*. Apud Canisium tom. XI, antiquæ lectionis pag. 768.

Millia decem et octo. Circa Resiston, qui locus primus occurrit in Itinerario Antonini euntibus ab Heraclea Hadrianopolim, quamquam ibi dicitur abesse M. P. 22 ab Heraclea.

Secundam mansionem. Repræsentanda est rursum scriptura veteris exemplaris, quæ sic habet : *Secunda mansione tenente desitante militibus totidemque collectis*. Nos olim conjeceramus legendum esse : *Secundam mansionem tenente distantem militibus totidem atque collectis*. Postea animadverti conjecturam Britannicam non solum distinctiorem esse, sed veram ; ideoque illam transtuli in textum. Quamquam Columbus non probat ex ea emendatione quod a nobis prolatum fuerat.

CAPUT XLVI.

Summe Deus. Vir clarissimus Joannes Columbus putat, ad hanc orationem respicere Eusebium lib. IV de Vita Constantini cap. 19, dum scribit, illum militibus, qui divinæ fidei doctrinam nondum susceperant, lege lata præcepisse, ut dominicis diebus in campum purum procederent, et precationem, *quam antea didicissent*, simul omnes signo dato ad Deum funderent. Et mox in capite sequenti formulam ejus describit. Verum illa multum diversa est ab ea, quam Angelus edocuit Licinium ; et valde probabile est, illam a Constantini militibus sæpe antea fuisse recitatam, cum ex libro secundo de Vita ejus cap. 4 et 12 constet, eum preces semper ad Deum fudisse, antequam ad manus atque ad pugnam veniret.

Kalendarum Maiarum. Hoc enim die factus fuerat Cæsar anno Christi 305, ut supra vidimus. Ex quo etiam confirmantur quæ a nobis dicta sunt de anno, quo Diocletianus deposuit imperium. Nam si kalendis Maiis anni 313 complebatur annus octavus nuncupationis Maximini, ut ait Lactantius, necessarium est, illum nuncupatum fuisse Cæsarem anno 305 kalendis Maiis. Errant ergo qui putant, eum per annos tantum septem imperium tenuisse, et quadriennio quidem Cæsarem, triennio Augustum per Orientem fuisse. Imperavit enim per annos octo integros et aliquam partem noni.

Sicut ille. Id est, Maxentius, qui victus est ipso die natali suo.

Vocant serenum. Circa Resiston, ut diximus, locum Thraciæ inter Hadrianopolim et Heracleam. Campus sane hac pugna illustris, quæ pacem afflictæ Ecclesiæ peperit. Fallitur ergo Zozimus, qui pugnam illam in Illyriis pugnatam putat. Hæc sunt ejus verba : *Bellis civilibus inter Licinium et Maximianum accensis, acrique facto prœlio in Illyriis, ab initio quidem superari visus est Licinius : sed confestim redintegrata pugna, Maximianum in fugam vertit*.

Tenax. Avarum fuisse Licinium multis exemplis probat Eusebius lib. I de Vita Constantini cap. 55. Fragmentum de Constantio Chloro pag. 474 : *Licinius scelere, avaritia, crudelitate, libidine sæviebat*.

CAPUT XLVII.

Deus summus. Martyrium sancti Basilei episcopi Amaseæ : *Licinius igitur omnipotente Domini nostri Jesu Christi manu adjutus, victoriam de Maximino reportavit*.

Sumpta veste servili. Confirmat hanc narrationem Eusebius lib. IX Hist. eccles., cap. 10 et lib. I de Vita Constantini cap. 58.

Fretum trajecit. Pugnatum est igitur in ea parte imperii, quam Licinius tenebat, id est, inter Heracleam et Hadrianopolim in campo quodam vocato Sereno, aut in capite superiori dixit Lactantius. Aberat autem M. P. 60 a Nicomedia.

Petivit orientem. Zozimus : Per Orientem in Ægyptum discedens, spe cogendarum copiarum quantæ gerendo bello sufficerent.

Vestem resumpsit. Nimirum purpuram, signum imperatoriæ majestatis.

CAPUT XLVIII.

Nicomediam ingressus. Meminit adventus Licinii Nicomediam Joannes presbyter Nicomediensis in Vita sancti Basilei episcopi Amaseæ, ex quo discimus, Constantiam quoque Licinii uxorem venisse cum eo Nicomediam post victum Maximinum : *Itaque post justam Maximini pœnam et divinitus invectam iram Licinius, cum totum Orientem sub se haberet, magno cum apparatu ad nostræ regionis urbem Nicomediam venit una cum conjuge sua, ut in regia domo habitaret, et Orientis imperium gubernaret. Jam vero primum summa quædam pax repente per totum regionis orbem, post vehementes illas insanientis idololatriæ commotas fluctuationes ac pugnas. Licinii arbitrio atque opera invecta est* Quanquam sint, quibus hæc Basilei Acta videntur esse falsa et supposititia, in hoc loco sincera esse, satis manifestum est.

Die iduum Juniar. Ista non sunt intelligenda de die, quo datum est edictum : sed de die, quo Licinii jussu propositum est Nicomediæ.

Constantino atque ipso ter consul. Id est, anno Christi 313.

Litteras. Eas descripsit Eusebius lib. x, cap. 5, sed e Romana lingua in Græcum sermonem translatas, ut ipse ait. Quoc ergo eas nunc habemus latine, ut editæ primo sunt, unius Lactantii diligentiæ debemus. Sed iste omisit præfationem, quam Eusebius habet.

Ut possit nobis summa divinitas. Eusebius vertit ὅπως ὅ τι ποτέ ἐστι θειότης καὶ οὐρανίων πραγμάτων. Ait autem Valesius, hanc lectionem non esse sanam. Certe non congruit cum verbis edicti.

Cujus religioni literis mentibus obsequimur. Hæc Eusebius non reddidit Græce.

Dicationem. Id est, dignationem. Hæc enim vocabula promiscue et indifferenter usurpari video. Paulo post in hac epistola legitur : *Intelligit dicatio tua.* Eadem vox reperitur in collatione prima Carthaginensi, cap. 10 et 19, et in relatione Anulini proconsulis ad Constantinum Augustum, in collatione tertia, cap. 22) et apud sanctum Augustinum, epist. 68. Plura exempla si quis requiret, consulat Glossarium Dufresni.

Conditionibus. Eusebius vertit τῶν αἱρέσεων. Quæ vox multum laboris attulit hominibus eruditis, ut patet ex Valesii Annotationibus ad hunc locum. Nunc itaque facilis erit loci istius intellectus. Nam juris periti apud Græcos hæreses vocarunt, quas nos conditiones appellamus, ut videre est in variis locis Basilicorum, præcipue vero in libro XLIV, tit. 19, 50, et sequenti, in codice juris Græco-Romani et alibi. Constantinus Harmenopulus lib. v, tit. 8 : *αἱ παράνομοι καὶ κατηγορέαστοι αἱρέσεις περὶ αἱροῦνται ὑπὸ ἐνστάσεως καὶ τῶν λενάτων, καὶ χωρὶς αἱρέσεως ταῦτα παρέχονται.* Quem ocum sic recte vertit Joannes Mercerus : *Conditiones, quæ contra leges vel derisoriæ sunt, in institutionibus et legatis pro non adjectis habentur, atque adeo hæc absque ejusmodi conditione præstantur.* In codice Theodosiano l. 9 et 10 *de Prædiis naviculariorum* hæresis significat functionem, sive conditionem navalem : *Navalem hæresim in omnibus volumen custodiri, ut usque ante viginti annos quæcumque possessiones subhastariæ sorte distractæ sunt, et propter contractum publicum navali fuerant hæresi separatæ, si huic oneri ante eas subjacuisse constiterit, rursus ad debitam functionem teneantur obnoxiæ.*

Quia..... honori. Hæc corrupta sunt apud Eusebium, ubi sic legitur ex interpretatione Valesii : *At-*

que id a nobis eo factum est, ut ne cui divino cultui atque honori quidquam a nobis detractum esse videretur. Melius sane, quam Musculus et Christophorsonus.

Datis litteris. Loquitur de priore Constantini et Licinii constitutione, quæ lata erat paulo post devictum Maximinum. Vide annotationes Valesii.

Qui emerunt. Hanc constitutionem renovavit Constantinus post partam de Licinio victoriam, ut patet ex libro secundo Eusebii de Vita ejus, cap. 41, in editione Valesii.

Vicariurn. Cum Eusebius Græce loqui vellet, nec verbum haberet, quo vicarii dignitas significaretur, interpretatione et circuitione usus est. Deinde Eusebii interpretes præfectum verterunt, qui in illa provincia sine regione jus dicit. — (Vide infra, col. 370 duas epistolas Baluzii in hunc locum.)

Hortatus est. Nempe Licinius.

Anni decem. Hic locus ostendit, et supra diximus, persecutionem cœpisse die 7 kalendas Martias, quo die eversa est Ecclesia Nicomediensis. Nam si numeres a die v gesima tertia Februarii anni 303 usque ad diem tertiam decimam mensis Junii anni 313, qua propositum est Nicomediæ edictum de restaurandis ecclesiis, reperies effluxisse annos decem, menses tres, dies vero novemdecim; id est, ut heic ait Lactantius, annos decem, menses plus minus quatuor.

CAPUT XLIX.

Tauri montis angustias. Sive fauces, ut alii loquuntur. Sunt autem inter Cappadociam et Ciliciam. Nam Maximinum fugientem transiisse per Cappadociam, docet Lactantius cap. 47. Et certe venienti e Bithynia in Ciliciam rectum iter est per Cappadociam. Itaque angustias illas eo loci positas reor, ubi portæ Ciliciæ notantur in tabulis geographicis.

Tarsum confugit. Lactantius in capite 47 testatur, Campum Serenum, ubi Maximinus victus ac fugatus est ab exercitu Licinii, abfuisse a Nicomedia M. P. 160. In Itinerario autem Burdegalensi notatum est, a Nicomedia usque Ancyram Galatiæ numerari M. P. 258, ab Ancyra Tarson usque M. P. 343. Fiunt M. P. 761. Scio Maximinum fugisse cum summa diligentia donec Nicomediam pervenisset. Sed postea puto conquievisse aliquatenus animum ejus, et deferbuisse aliquantisper ardorem fugiendi. Itaque cum ei superfuerint peragranda M. P. 601 ut Tarsum Ciliciæ urbem perveniret, collectis autem ex fuga et ab Oriente militibus, in Cappadocia primum substiterit, dein in Tauri montis angustiis, ubi munimenta ac turres fabricavit, ad arcendos insequentium Licinianorum impetus, fieri non potuit, ut is, qui kalendis Maiis pervenit Nicomediam, Tarsum pervenerit ante mensem Julium sequentem. Quod ideo heic adnotare visum est, quod videam, plerisque placere, Maximinum hunc Junio mense extinctum fuisse, et virum alioqui eruditissimum Henricum Noris in dissertatione de numismate Licinii cap. 2 contendere, mortem ei evenisse anno 314, ineunte vere. Sed de anno postea videbimus. Interim observare oportet, non statim mortuum esse Maximinum, ac Tarsum pervenit : sed aliquanto tempore supervixisse ignominiæ suæ, gravissimosque dolores perdiu sustinuisse ita, ut affirmare fas sit, non esse mortuum ante mensem Augustum.

Insania percitus. Ita nos emendavimus, cum in codice veteri scriptum sit, *insania percutis.* Lactantius lib. I Institut. cap. 9 : *Idem furore atque insania percitus uxorem suam cum liberis interemit.* D. Joannes Chrysostomus in oratione de sancto Babyla, loquens de mortibus persecutorum, ait, uni ex illis adhuc viventi pupillas ex oculis exiliisse, id est, Maximino, alium furore percitum, alium alio oppressum incommodo mortem oppetiisse. Quod autem heic de furore dicitur, Henricus Valesius interpretatus est de Diocletiano, quem ex Eusebio et Constantino colligit dementem periisse. Verum id non dicunt Eusebius et Constantinus : sed tantum illum de mentis statu vi morbi deturbatum extremo anno imperii sui. Et sane Lactantius, qui morbum ejus describit, nihil adnotat de dementia ac furore. Quod si Chrysostomus se non explicasset, facile crederem, ea, quæ de imperatore furore percito ab eo dicuntur, ad Maximinum referenda esse, propter hunc locum Lactantii.

Caput parietibus infligeret. Hoc est unum ex detestabilibus, ut in tertia Tusculana Cicero vocat, generibus lugendi. Vide Casauboni Notas in Julium Capitolinum.

Exilierunt oculi. Idem scribit Eusebius lib. ix Hist. eccles. cap. 10; lib. 1 de Vita Constantini, cap. 59, item Eutychius, Theophanes, et Anastasius. Meminit etiam D. Chrysostomus oratione in sanctum Babylam, et sanctus Hieronymus in Zachariam; ut videbimus paulo post.

Tamquam cremaretur. In Annalibus Eutychii scriptum est, Maximinum in morbum incidisse, quo adustum est corpus ipsius adeo, ut carbonis instar esset, et ita tostum fuisse, ut rumperentur viscera ejus præ calore, quem intus sentiebat, et excidentes ipsius oculos in terram decidisse, adustamque carnem ab ossibus separatam esse. Sed ista melius explicat Anastasius bibliothecarius in Historia ecclesiastica, his verbis: *Divina præveniens ira comprehendit eum. Flamma enim de medio viscerum et medullarum succensa cum dolore intolerabili pronum super terram anhelantem prostravit ita, ut uterque oculus ejus exiliret, et cæcus, ut revera scelestus, relinqueretur. Porro cum carnes ejus putrefactæ præ innumerabili ossium incendio caderent, ipse impugnantem Deum projecit animum.* Sumpsisse autem ista Anastasium ex Theophane, manifestum est.

Nocentem spiritum efflavit. In Epitome Victoris scriptum est, illum simplici morte periisse, id est naturali, seu fato suo. Et Eutropius tradit, eum vicinum exitium fortuita morte prævenisse. Quod utrumque verum est. Communis doctorum virorum sententia est, eam mortem evenisse anno Christi 313. Petavius tamen l. xi de Doctrina temporum cap. 34, scribit, auctore, ut ipse ait, Eusebio in Chronico, adstipulantibus Victore et Eutropio, Maximinum extinctum fuisse anno altero, quam Galerius Maximianus periit, id est, anno Christi 312. Verum cum certum sit, illum obiisse anno sequenti post cædem Maxentii, jure hoc loco Petavium reprehendit Henricus Noris. Sed ipse tamen in hoc errare convincitur, quod secutus Baronium contendit mortem Maximini contigisse anno 314, ineunte vere. Nam cum ex postremis Lactantii capitibus constet, illum periisse eo anno, quo pax data est Ecclesiæ, quo etiam Lactantius finem imposuit huic operi, et persecutionem ostenderimus cœpisse anno 303, exeunte Februario, luce clarius est, Maximinum extinctum fuisse anno 313, qui decimus erat a cœpta persecutione. Nititur sane vir doctus probabili in speciem argumento, iis nimirum Maximini verbis ex edicto, quod paulo ante mortem dedit in gratiam Christianorum apud Eusebium, lib. ix, cap. 10, ubi ait, se superiore anno datis ad singulos provinciarum præsides litteris statuisse eadem, quæ in Constantini et Licinii litteris continebantur. Cum itaque ea Constantini ac Licinii constitutio lata fuerit anno 313, ineunte, evidentissime lucere istam, quæ sequenti anno data est, in annum 314 rejiciendam esse, adeoque eo anno Constantinum pro suo imperium cum vita amisisse. Gravis sane argumentatio, si constaret, Maximinum numerasse annos suos a kalendis Januariis. Sed cum octavus imperii ejus annus impletus fuerit kalendis Maiis anni 313, ut docet Lactantius, edictum ab eo post aliquot menses datum ad sequentem, id est, nonum imperii ejus annum refertur; sed non ad annum Christi 314, præsertim cum ex narratione Eusebii constet, datum esse paulo postquam a Licinio victus erat. Itaque Baronius et victoriam Licinii, et exitum Maximini conjungens, ista contigisse scribit anno Christi 314, unius anni errore. Nam quæ de sexto anno Maximini Augusti addit ex nummis vir doctissimus Henricus Noris, ea sane non officiunt opinioni eorum, qui anno Christi 313, assignant mortem Maximini, cum is, qui titulum Augusti sumpserat exeunte anno 307, aut sub initium sequentis, sextum imperii sui annum numerare potuerit anno 313. Quo anno mortuum esse illum, probari potest etiam auctoritate Aurelii Victoris, qui scribit, eum post biennii augustum imperium, id est, biennio post mortem Galerii, fusum fugatumque a Licinio, apud Tarsum periisse. Nam cum Galerius extinctus sit anno 311, mense Maio, Maximinus moriens anno 313, recte scribitur biennium in Oriente regnasse; qui si anno tantum 314 mortuus fuisset, excessisset biennium, quod illi tribuitur ab Aurelio Victore.

Ista ego putaveram vera esse, aut vero similia, quod nullam aliam emergendi ex ea difficultate viam invenirem præter rationem numerandi annos Maximini a kalendis Maiis. Postea vir plurimæ lectionis limatique judicii Henricus Dodwellus hanc meam explicationem censuit non esse bonam, eo quod sæculi illius usu receptum non esset, ut anni imperatorum accesserentur ab eorum die natali, testatus tamen, se pronum esse in eam sententiam concedere, si idoneo aliquo probatæque fidei exemplo usus ille posset confirmari. Aliam ergo viam sequitur, edictumque superioris anni commemoratum a Maximino revocat ad annum Christi 312 exeuntem; argumento sumpto ex lege Constantini edita in Codice Theodosiano, *quam Romæ edidit sub initium Decembris*, inquit, *sed Roma statim discessurus*. Itaque existimat, edictum Constantini et Licinii de pace Ecclesiæ datum Mediolani circiter Decembrem pervenisse eodem mense ad Maximinum, eumque prius illud edictum in secundo commemoratum emittere potuisse eodem anno. Addit deinde, non esse quod quis miretur ista sic constitui, si veredariorum celeritatem, ipsiusque Maximini præceps ingenium exploratum habuerit.

Arbitror eam esse viri modestiam et æquabilitatem, ut non ægre passurus sit, si heic adnotavero difficultates, quæ mihi occurrerunt ejus verba serio examinanti, non quod ei me præponere, aut æquiparare velim : sed ut per amicas velitationes veritatem quæramus invicem ; qui esse debet unicus scopus studiorum nostrorum. Primo fateor, non fuisse tum in usu, ut anni numerarentur a die natali imperatorum, sed a kalendis Januariis, a processione consulum, qui fastos signabant, et annis nomen imponebant, ut verbis Lactantii utar et libro sexto Institutionum, cap. 4. Quod si quis tamen heic contendere vellet, afferri adversum ista posset observatio illustrissimi cardinalis Baronii, qui in Annalibus ecclesiasticis adnotat, Diocletianum instituisse, ut anni deinceps numerarentur a prima die sui imperii, eoque exemplo Maximinum, qui ei successerat, annos suos eodem modo numerasse. Sed missa ista faciamus, quæ testimoniis veterum non fulciuntur. Ait vir clarissimus, Constantinum Romam ingressum esse die 29 Octobris, illicque duos menses non explevisse; quod accepit ex panegyrico, quem Nazarius Constantino dixit. At si sub initium mensis Decembris Romam reliquit, ut ex lege superius adducta colligi posse putavit vir eruditissimus, perit illa bimestris cura, quam laudat Nazarius. Quippe eo modo Constantinus vix mense integro fuerit Romæ. Sed quod jugulum petit, extat, uti diximus, in codice Justiniani imp. lib. xi, tit. 57, lex a Constantino data Romæ declinante mense Januario, qui proximus fuit post extinctum Maxentium, quæ manifeste, ut reor, ostendit, Constantinum Roma digressum non esse ante mensem Januarium exeuntem. Præterea immensum est spatium ab urbe Roma Mediolanum, quod exiguo temporis intervallo conflci non potest, cum M. P. 528 numerentur in *Itinerario Antonini*, a Mediolano autem Nicomediam quatuordecies centum et septuaginta sex'millia passuum. Impossibile est, legem, quae data est Mediolani circa medium Decembrem, perferri potuisse Nicomediam eodem mense, quantumvis expediti cursores fuerint, aut equi celeres et veloces. Neque heic quicquam facit Maximini praeceps ingenium, cum econtra larditatem ejus in hoc negotio culpet Eusebius lib. IX cap. 9 Historiae ecclesiasticae. His ita rite constitutis, puto ambigi deinceps non posse, quin redeundum sit ad explicationem nostram, cum constet, primum Maximini edictum fuisse datum anno 313, mense, ut videtur, Aprili, posterius vero, in quo prioris velut anno superiore dati meminit, emissum circa mensem Septembrem. Vel certe, quod probabilius videtur, dicendum est, Maximinum numeravisse annos Graeco more, adeoque initium anni ipsi fuisse mensem Septembrem. Quae explicatio si admittitur, jam difficile non erit intelligere, quomodo Constitutio data mense Aprili anni Romani 313 dicatur data anno superiore ab eo, qui annum inciperet a Septembri, secundum morem Graecorum.

CAPUT L.

Persecutores debellavit. Lact., l. VII Instit, c. 26 : *Illi enim, qui, ut impiae religiones defenderent, coelestis ac singularis Dei cultum tollere voluerunt, profligati jacent.* Eadem observant Eusebius in libro primo de Vita Constantini, c. 3, et auctor Fragmenti de Constantio Chloro, p. 475. Hieronymus in caput XIV Zachariae : *Legamus ecclesiasticas historias, quid Valerianus, quid Decius, quid Diocletianus, quid Maximianus, quid saevissimus omnium Maximinus, et nuper Julianus passi sint ; et tunc rebus probabimus, etiam juxta litteram prophetiae veritatem esse completam, quod computruerint carnes eorum, et oculi contabuerint, et lingua in pedorem et saniem dissoluta sit.* Scaliger in animadversionibus ad Eusebium, p. 248, sic interpretatur hunc locum, ut Hieronymus putet Maximinum inter eos posuisse, quorum carnes computruerint. Sed ego puto, hunc non esse sensum verborum Hieronymi. Loquitur primo de miserabili morte Valeriani et Decii : sed mortis genus non explicat. Nam verba prophetiae, quae susceperat interpretanda, non poterant trahi ad genus mortis, quo duo illi principes perierunt. Deinde putredinem carnium refert ad Maximianum, tabem oculorum ad Maximinum, linguae pedorem et saniem ad Diocletianum, si vera sint, quae de eo narrant Eutychius Alexandrinus et Georgius Cedrenus, nimirum eum morti propinquum ex faucibus multitudinem vermium ipsa cum lingua, quae computruerat, ejecisse.

Valeriam. Cum Valerem diserte in veteri libro scriptum esse, *Valerium quem* non ausus sum mutare in prima libri istius editione, veritus scilicet, fortassis aliquis homo istius nominis alicubi lateret. Postea vero animadverti, dubium non esse, quin vetus liber mendosus sit in hoc loco, et Valeriae nomen heic reponendum esse. Itaque reposui.

Ut eum vixisse. Columbus suspicatur, scribendum esse, *ut eum,* id est, Licinium, *edixisse cognovit.* Mihi autem videtur, nihil omnino esse mutandum. Sensus enim hic est. Licinius Candidianum necari jussit. Quia vero non statim mandato est satisfactum, Valeria, ut eum vixisse tum cognovit, cum necari jussus erat, comitatui se Licinii miscuit, ut fortunam Candidiani specularetur.

Mater eorum. Id est, uxor Maximini, cujus nomen se nescire fatentur eruditi.

In Orientem. Plerique conjecerunt, rescribendum, *in Orontem,* quia constat, fluvium in hoc loco signari ; quod pluribus argumentis erudite profecto ostendit clarissimus Cuperus. Quia tamen ipse tradit, nonnullos veteres Orientem vocasse eum fluvium, quem reliqui vulgo dicunt Orontem, nolui textum mutare ; licet idem vir clarissimus non dubitet, quin Lactantius scripserit *Orontem* et *Orientem* in locum veri nominis irrepsisse per librarios ea aetate, qua ita loquebantur.

CAPUT LI.

Corrumperet veritatem. Lact., lib. III Inst., c. 1 : *Deus hanc voluit esse rei naturam, ut simplex et ruda veritas esset luculentior ; quia satis ornata per se est, ideoque ornamentis extrinsecus additis fucata corrumpitur.*

Jovior. et Herculior. Sic vocatae familiae Diocletiani, qui se Jovium dicebat, et Maximiani senioris, qui Herculius dictus est, tamquam si a Jove et Hercule genus ducerent, ut observatum est a viris eruditissimis. Annotat Aurelius Victor, hinc militaribus auxiliis in exercitu praestantibus nomen impositum, id est, ut Herculiani vocarentur. Unde apud Ammianum Marcellinum, l. XX et XXII, mentio Jovianorum et Herculianorum.

Atque heic tandem finis esto notarum nostrarum ad librum Lactantii de mortibus persecutorum. Ejusdem argumenti opus, si vera fides, scripserat Aurelius Victor, historiam comprehendens persecutionum Ecclesiae usque ad Diocletianum, quod in bibliotheca Vaticana exstitisse sua aetate, testatur Marianus Victorius ad epistolam XXI Hieronymi, quae inscripta est Paulo Monacho Concordiensi, a quo Hieronymus postulabat : *Commentarios Fortunatiani, et propter notitiam persecutionum, Aurelii Victoris historiam.* Multum tamen ambigo, an vere dici possit, Aurelium Victorem, hominem minime christianum, scripsisse historiam istius modi, cum locus ille Hieronymi corruptus sit in vulgatis editionibus, adeoque intricatus, ut virum doctissimum Andream Schottum in horrendas ambages impulerit, dum Aurelium Victorem persecutionum Ecclesiae Scriptorem quaerit, huc descendere coactus, ut existimaret plures Victores historiae augustae scriptores fuisse, et unum etiam Christo nomen dedisse. Nam si historia illa exstitisset in bibliotheca Vaticana, qua tempestate Victorius scholia sua scribebat in Hieronymum, certe non evasisset eruditas ac diligentes Baronii manus, neque tot doctissimorum et antiquitatis ecclesiasticae amantissimorum hominum, qui post Pii V pontificatum et Mariani Victorii tempora Romae vitam egerunt, et in edendis recensendisque ac emendandis Scriptorum, in primis vero ecclesiasticorum, lucubrationibus laudabilem operam posuerunt. Profecto concors illud ac perpetuum tot praestantissimorum virorum silentium de re tanti momenti, qui ne verbo quidem ullam istius Aurelii Victoris historiae mentionem uspiam faciunt, me vel invitum ac reluctantem suspicari cogit, aut memoria lapsum esse Victorium, aut impositum illi fuisse, praesertim cum ex verbis Hieronymi colligi non possit, Aurelium Victorem scripsisse historiam persecutionum ; sed tantum ejus historiam, in qua tractatur de vita Imperatorum usque ad Julianum, utilem esse ei, qui velit habere *notitiam persecutorum,* id est, eorum imperatorum, qui persecuti sunt Ecclesiam Dei. *Persecutorum* enim heic legendum esse, non vero *persecutionum,* docent in primis codices 173 et 2789 bibliothecae Regiae, vetus alter codex ejusdem bibliothecae, qui fuit olim viri clarissimi Claudii Puteani, tum codex 305 bibliothecae Colbertinae, prima editio Romana anni 1468, Veneta anni 1483, et Lugdunenses annorum 1508, 1515 et 1518. Primus omnium Erasmus reposuit *persecutionum,* auctoritate haud dubie vetusti alicujus exemplaris, cum in codice quoque 4110 ejusdem bibliothecae Colbertinae ita legatur. Hunc secutus est Victorius. Sed profecto ex his, quae dicta hactenus sunt, satis constat, hanc lectionem non esse bonam, et eam retineri debere, quam veteres libri et editiones exhibent, cum nullam habeat difficultatem. Agamus autem gratias immensae Dei optimi maximi benignitati, qui istum Lactantii librum nobis post tot saecula redonavit, eoque utamur ad majorem ipsius gloriam et sanctae Ecclesiae utilitatem, in cujus gratiam susceptus est hic labor.

STEPHANI BALUZII
EPISTOLÆ DUÆ,
IN QUIBUS EXPLICANTUR ET ILLUSTRANTUR DUO LOCA EX LIBRO LACTANTII DE MORTIBUS PERSECUTORUM.

(Præfixa est initio observatio viri doctissimi de altero eorumdem locorum.)

Illustrissimi viri Petri Valeri Diazii, consiliarii regis Hispaniarum in supremo consilio Aragonum, sententia de quodam loco Lactantii corrupto.

In libro Lactantii de Mortibus Persecutorum, quem litteratus orbis restitutum nuper vidit studio et virtute illustrissimi Dom. Stephani Baluzii, locus est præ aliis valde corruptus pag. 43, ubi sic editum videmus (col. 269) : *Etiam vel hi, qui emerunt, vel qui dono erunt consecuti, si putaverint de nostra benevolentia aliquid*, Vicarium *postulent, quo et ipsis per nostram clementiam consulatur.*

Ego vero tribus emendationibus repurgandum esse hunc locum, et in hanc formam scribendum, censeo : *Et jam vel hi qui emerunt, vel qui dono erunt consecuti, si optaverint de nostra benevolentia aliquid vicarium, postulent, quo et ipsis per nostram clementiam consulatur.*

Ac primum quidem τὸ *etiam* non congruere huic parti, manifestum satis est, ac levi divisione substituendum *et jam*, quod idem significat, ac *tum*, vel *mox*, aut *postquam*, ut Plautus in Truculenti scena ultima dixit : *Jam abis postquam aurum habes.* Mens enim imperatorum in proposito edicto hæc erat, ut bona Christianis restituerentur sine ullo pretio quantocius, ac deinde de indemnitate, ut postea dicunt, tractaretur, si eam cuperent. Secundo loco illud *putaverint* facili errore inductum est ex permutatione transpositioneque litterarum *o* et *u*. Ratio autem sermonis optime constat, legendo *optaverint*. Nam in eadem constitutione inferius dicitur, *de nostra benevolentia sperent*. Hæc vero duo optandi et sperandi verba conjuncta sæpe occurrunt, et Cicero orat. 27, ad Quirites dixit : *Multa præterea a diisim mortalibus optata consecuti sumus.*

Præcipua autem animadversio nostra est circa τὸ *Vicarium*, quod verbum dominus Baluzius majuscula littera initiali curavit imprimi, fortassis quia in manuscripto Colbertino exemplari sic repererat, vel, quod magis puto, de suo adscripsit, Vicarii dignitatem significari hoc loco existimans, secutusque Eusebii antiquam lectionem et sententiam; quam et priorem interpretem Christophorsonum, et novissimum, eumque longe doctiorem accuratioremque Henricum Valesium, suis versionibus expressisse viderat. Cæterum erravit Eusebius (quod pace ejus dixerim) aliosque in errorem induxit, quem Lactantii locus hic nobis detexit. Nam in imperiali hoc edito, quod Latine, ut fuerat conceptum, transcripsit, non de gubernatore, Vicario, aut judice alio provinciæ mentio facta est : sed *aliquid vicarium*, valet rem aliquam *vicariam*, seu vice et loco illius, quæ restituta fuisset Christianis, reddendam ab imperatoribus ; id quod sequentibus rationibus evincitur. Nam Lactantius diserte dixerat has litteras imperiales ad Præsidem datas, non ad Vicarium ; et illarum sermo totus directus est ad eumdem, cui executio restitutionis faciendæ committebatur : ut absurdum plane esset, ad alium quempiam præfectum, qui in illa provincia jus diceret, verba imperatorum converti.

Jam vero hæc loquendi ratio, *aliquid vicarium optare* et *postulare*, Latine scribentibus eleganter usurpatur. Quin et aliquid vicarium reddere dictum legimus in sancta Scriptura, Levitici cap. XXIV, versu 19, ibi : *Qui percusserit animal, reddet vicarium, id est, animam pro anima*; et inferius versu 21 : *Qui percusserit jumentum, reddet aliud.* Quo loco Cornelius a Lapide, ut alios criticos sacros omittam, interpretatur *animal vivum vice animalis a se occisi.* Lorinus vero ait : *Vicarium animal significat aliud, quod suppleat vicem percussi, sive occisi.* Ac deinde subjungit : *Hoc tantum loco usum reperio interpretem nomine vicarii.*

Illustrissimo doctissimoque viro Petro Valero Diazio, consiliario regio, Stephanus Baluzius Tutelensis.

Ex litteris a te superiore anno datis ad illustrem notique nominis abbatem camerarium intellexi, bene te agere, illustrissime domine, et mei mentionem facere, nec injucundam, nec inutilem; quippe qui non solum amice et honorifice de me studiisque meis loqueris ; sed etiam admones, quid tibi videatur emendandum in quadam constitutione Constantini M. quæ extat in libro Lactantii de Mortibus persecutorum. Amplector utrumque cum ea reverentia et cum ea grati animi testificatione, quæ tibi a me debentur, eruditissime vir; ideoque officii mei esse putavi has ad te litteras dare, tum ut tibi gratias agam pro hac animi tui in me propensione, tum ut per eam occasionem utar familiaritate ejus viri, quem is, cum quo meliorem vitæ meæ partem exegi, vir immortalis memoriæ Petrus de Marca, archiepiscopus Parisiensis, plurimi faciebat, et cum Antonio Augustino conferre solebat. Revoco te, ut vides, ad scopulos Brescensis, illustrissime vir, unde initium commercii tui cum summo viro; quo in cœlum postea sublato, et tu magno amico orbatus es, et ego optimo patrono.

Venio nunc ad locum Lactantii, cujus a te tentata emendatio est. Obscurum esse illum ac mutilum, satis constat, propter defectum nimirum unius vocis ; quæ si semel suppleta fuerit, nulla, ut ego quidem arbitror, difficultas remanebit. Quæ autem illa sit, ipsa quidem Lactantii verba satis indicare videntur, clarius vero versio græca Eusebii, ex qua colligimus, vocem *poscendum*, aut aliquam similem addendam esse in hoc loco, et sic legendum : *Etiam vel hi, qui emerunt, vel qui dono erunt consecuti, si poscendum putaverint de nostra benevolentia aliquid,* Vicarium *postulent, quo et ipsis per nostram clementiam consulatur.* Hanc restitutionem confirmant verba legis primæ codicis Theodosiani de Officio rectoris provinciæ : *Si de civilibus causis quicquam putaverint esse poscendum.* Tu vero, vir eruditissime, censes, ita legendum et interpungendum : *Et jam vel hi, qui emerunt, vel qui dono erunt consecuti, si optaverint de nostra benevolentia aliquid vicarium, postulent, quo et ipsis per nostram clementiam consulatur.* Et conjectura quidem tua docto et erudito viro digna est, et plurimam habet veri similitudinem. Veteres quippe eleganter dixerunt vicariam operam, manus vicarias, amorem vicarium, pœnam vicariam, mortem vicariam, et alia hujusmodi. Opinio tamen illa tua, si me permittis libere loqui, non vacat difficultate. Nam praeterquam quod tu non supples vocem, quae illic deest, vocemque *putaverint* m*i*as in *optaverint*, quod non licet absque evidentissima necessitate, sensus postulare videtur, ut Princeps designet personam, cui provinciales spoliati porrigant preces suas. Cum vero Vicarium totius collationis ac transmissionis cura constringeret, ut legitur n titulo Codicis Theodosiani de Officio Vicarii, nihil alienum ab ejus officio fecit Constantinus, cum jussit, ut qui putarent aliquid ab ejus benevolentia poscendum pro bonis, quae coacti reddidissent corperi Christianorum, Vicarium adirent, n*i*mirum ut is ad Principem referret quicquid illud esset.

Sed tu, vir doctissime, ais, Lactantium diserte dixisse, has litteras imperiales ad praesidem datas esse, non ad Vicarium, et totum illarum sermonem directum esse ad eumdem, cu*i* executio restitutionis faciendae committebatur; absurdumque plane esse, ad alium quempiam Praefectum, qui in illa provincia jus diceret, verba imperatoris referri. Sed heic, ni fallor, observandum est, nomen praesidis non fuisse positum in fronte constitutionis, cum edicta generalia consueverint inscribi nominibus Praefectorum praetorio, quamvis ad eum missa fuerit a Licinio. Hic enim , cum manifesto divini Numinis auxilio victoriam de Maximino reportasset, cum primum postea Nicomediam ingressus est, gratiam summo Deo relaturus , litteras illas misit ad praesidem , ut ejus cura proponerentur in ea urbe. Cum autem praesidis nomen generale sit, et ad omnes pertineret, qui provincias imperii Romani regebant, videtur Lactantius isthic per Praesidem intellexisse, aut Vicarium Ponticae dioeceseos, aut consularem Bithyniae, quam fuisse constat sub dispositione ejusdem Vicarii. Itaque cum summus post praefectum magistratus in ea regione esset Vicarius Ponticae, videretur censendum, servatam ei fuisse suam auctoritatem in edicto, quod jussum est proponi in urbe Nicomediensi, adeoque retinendam lectionem vulgatam istius loci Lactantiani. Ego tibi, vir doctissime, mentem meam aperio, et conjecturas meas committo, facile amplexurus opinionem, quam tu probaveris esse veram. Jamdudum aisculto de epistolis Antonii Augustini, quas fama erat te vulgaturum. Magna est inter nos viri istius reverentia et auctoritas lucubrationesque ejus avidissime arripimus. Itaque si nondum ea editio facta est, oro te , vir illustrissime, nomine eorum omnium, qui bonas litteras amant, ne diutius protrahas expectationem nostram. Non dubito autem, quin inter epistolas Latini Latinii plures legeris catas ad eumdem Antonium, alias de eo loquentes, unam etiam ipsius ad Latinium. Caeterum disquirendum est, verane sit suspicio Latinii ad Metellum scribentis, alienatum nimirum ab eo fuisse animum Antonii, quod ad ipsum interdum scribens, amplissimos illustrium reverendissimorumque titulos, quibus Hispani valde delectarentur, ei non tribuerit. Ego enim Augustinum animadverti fuisse inanium cortemptorem; ac proinde suspicor, alias fuisse causas, ob quas ille interrupit litterarum commercium, quod ipsi erat eum Latinio. Tui judicii facio totum illud negotium, eruditissime vir, tibique longam ac felicem vitam opto.

Lutetiae-Parisiorum, kal. Maiis 1683.

Clarissimo viro Henrico de Noris, Augustiniano, Stephanus Baluzius Tutelensis,

S. P. D.

Cum ante hoc biennium vir tui meique ac communium studiorum nostrorum amantissimus, idemque doctissimus Antonius Magliabecus ad me misisset opus tuum, eruditissime vir, quo Cenotaphia Pisana Caii et Lucii Caesarum illustrasti, constitueram ad te scribere de controversia, quam video inter nos ortam esse propter verba quaedam obscura Pauli jurisconsulti; sic tamen ut totum illud negotium facerem tui judicii. Verum quoniam eo tempore multum occupatus eram in edendo primo tomo meorum Conciliorum, adeoque laborabam otii penuria, coactus sum deserere consilium illud meum, aut saltem in aliud tempus differre. Interim magnus ille studiorum meorum fautor et altor Joannes Baptista Colbertus excessit e vivis; eoque cadente, fateor, ita moerore abjectum ac profligatum esse animum meum, ut cum in libris meis quaererem perfugium ac solatium, nihil minus cogitaverim, quam ut ludicri certaminis speciem praeberem; adeoque memoriam quoque ipsam perdidi istius nostrae concertationis, de qua paulo ante memoravi. Revocata est autem occasione litterarum, quas amicus ille noster ad me dedit 15 kalendas Februarias hujus anni; quas accepi tardiuscule, nimirum 18 kal. Aprilis. Mentionem quippe in illis faciens novae lucubrationis a te emissae, quam se missurum pollicetur, excitavit memoriam Cenotaphiorum Pisanorum, et tuae mecum disputationis. Accedo itaque tandem bonae, ut reor, causae qualiscumque patronus, cam apud te acturus, vir eruditissime, te, inquam, judicem habiturus, quem ante expertus sum adversarium. Neque enim mihi metuendum est sub tali judice; qui praeterquam quod amicus meus est, justus et recti tenax, tres personas, ut Cicero de se aiebat, unus sustinebit summa animi aequitate, suam, adversarii, judicis.

Igitur haec sunt verba Pauli in editionibus per typographos vulgatis, quae manibus nunc eruditorum teruntur : *Anniculus amittitur, qui extremo anni die moritur. Et consuetudo loquendi id ita esse declarat. Ante diem decimum kalendarum , post diem decimum kalendarum. Neque utro enim sermone undecim dies significantur.*

Hunc ego locum sic interpretatus sum in Annotationibus ad librum Lactantii de Mortibus persecutorum , ut existimaverim , eumdem diem significari duobus loquendi modis adductis a Jurisconsulto. Tu contra, vir clarissime, putas priore modo intelligi debere dies antecedentes, qui kalendas antecedunt, posteriore, decem qui subsequuntur easdem kalendas, id est, decimum diem mensis sequentis. Quamvis autem Rebuffus scripserit, hanc quaestionem plus subtilitatis, quam utilitatis habere, putaverinque Budaeus et Alciatus, Paulum ludere potius et morari lectorem hoc grypho voluisse, quam docere, adeoque inutile videri possit ultra perseruturi verum verborum illorum sensum ; enitar tamen pro virium mearum modulo ostendere, quid dicere voluerit Jurisconsultus, simulque confirmabo opinionem meam de verbis Lactantii.

Duplex antiquitus fuit editio verborum Pauli in quibus tota consistit difficultas , et quae crucem fixerunt viris eruditissimis. Quidam enim codices habent: *Aeque utroque enim sermone undecimus dies significatur;* alii contra : *Neutro enim sermone undecimus dies significatur.* Prior editio, quam Paulus de Middelburgo, Valla, Budaeus, Alciatus , Rebuffus et Dionysius Gothofredus amplexi sunt, nititur auctoritate veterum exemplarium manuscriptorum, quorum unum est bibliothecae Regiae, reliqua Colbertinae; cum quibus congruit etiam codex Germani Colladonii laudatus ab eodem Gothofredo. Altera , quam Cujacius , Antonius Augustinus, Marcellus Francolinus et Dionysius Petavius sequi maluerunt, suffragatores habet duos veteres libros bibliothecae Regiae, quorum unus fuit olim Aemari Ranconeti viri doctissimi; neque enim alibi reperi. An illam adjuvet auctoritas Pandectarum Florentinarum , videbimus postea. Interim expendamus utramque editionem, affirmativam videlicet et negativam, ut eas quidam vocavere.

Affirmativam habent, ut dixi, octo vetera exemplaria bibliothecae Regiae et Colbertinae. Et in Regio quidem signato 4675, sic legitur : *Aeque enim utro sermone undecima dies significatur.* Codices vero Colbertini notati 524, 529, 2608, habent : *Æque utroque enim sermone undecimus dies significatur.* Codex 743 : *Æque utroque sermone undecimus dies significatur.* Codices 397 et 461 : *Utroque enim sermone undecimus dies significatur.* Codex denique 583 : *Utroque sermone 11 dies significatur.* Contra in codice Regio notato 4672, scriptum est : *Neutro enim sermone undecima dies significatur.* In eo vero, qui fuit Æmari Ranconeti, sic : *Neutro enim sermone undecimus dies significatur.* Ubi illud admonendum est, supra lineam istius ultimi codicis scriptum esse antiquitus alibi legi *utro* pro *neutro*; quæ lectio propius accedit ad eam, quam codex Florentinus exhibet, in quo sic legi etiam tu ipse testaris : *Neque utro enim sermone undecim dies significantur.*

Investigandum nunc est, utrum illa codicis vestri lectio bona sit, et utrum negativam, ut nonnulli putant, adjuvet, an potius revocari debeat ad eam, quam tot vetera exemplaria præferunt. Prima sane fronte codex ille vester, omnium, qui hodie extant, sine controversia vetustissimus, videtur ostendere, neutro horum loquendi modorum, ut etiam scriptum est in libris Regiis, et ut in vestro legisse te ait Antonius Augustinus, significari diem undecimum kalendarum, atque ita confirmare censendos est lectionem, quam vocant negativam. At si consideremus, verissimum illud esse, quod vir doctissimus Nicolaus Rigaltius observavit ad Tertullianum, veterum librorum auctoritate falsissimas interdum lectiones asseri, ac præterea ex adverso statuamus, consensum tot veterum codicum, qui lectionem affirmativam præferunt, dubitare jure meritoque licebit, an huic vestro exemplari insistendum sit, an vero amplectenda lectio, quam reliqui codices exhibent, quam negari non potest sumptam esse ex antiquioribus exemplaribus. Neque fortassis aberraverit, qui putabit, in vestro per errorem scriptum esse *neque*, pro *æque*; sicut in Fragmento sancti Ambrosii relato in gestis primæ Synodi Ephesinæ, codices 1363 et 1600 bibliothecæ Colbertinæ, et antiquissima exemplaria veteris versionis latinæ ejusdem synodi habent, *Nec ipsa littera*, pro eo, quod in editionibus Operum ejusdem sancti Ambrosii legitur, *Hæc ipsa littera*, et apud Marium Mercatorem, et in editione Contiana ejusdem Synodi, *Et ipsa littera*, ut monui nuper, dum recenserem eamdem antiquam versionem.

Præterea quis in animum inducere queat, virum gravem Paulum jurisconsultum uti negatione voluisse ad eam rem confirmandam, quæ maxime egebat probatione affirmativa? Probandum enim erat, eum censeri anniculum, qui extremo anni die moritur, sive incipiente, sive exacto. Similitudine igitur istud ostendere volens Jurisconsultus, ait eo modo, qui idem dies significatur, sive dicas ante decimum kalendarum, sive post decimum kalendarum, id est, sive ante absolutum, sive post absolutum diem, eodem modo anniculum esse censendum eum, qui extremo anni die extinguitur, sive dies ille sit absolutus, sive non sit absolutus. Porro dum viri docti hæc verba, *Ante diem decimum kalendarum*, sic interpretati sunt, ut significare docerent rem actam ante diem decimum absolutum et finitum, nobis documentum dederunt, ut ista, *Post diem decimum kalendarum*, interpretemur de ipso die decimo kalendarum, sed tamen exacto et finito. Quoniam autem hi duo loquendi modi promiscue et indifferenter a populo usurpabantur, consuetudine factum est, ut utroque sermone idem dies ita intelligeretur, ut quicquid intra viginti quatuor horas diei et noctis actum esset, perinde existimaretur quasi quavis hora lucis actum esset, ut docet idem Paulus, lib. XIII, ad Sabinum : *More Romano*, inquit, *dies a media nocte incipit, et sequentis noctis media parte finitur. Itaque quicquid in his vigintiquatuor horis (id est, duabus dimidiatis noctibus et luce media) actum est, perinde est quasi quavis hora lucis actum esset.* Confirmat Censorinus; cap. 23, cujus verba transcribo : *Romani*, inquit, *a media nocte ad mediam noctem diem esse existimaverunt. Indicio sunt sacra publica, et auspicia etiam magistratuum : quorum si quid ante mediam noctis est actum, diei, qui præteriit, adscribitur; si quid autem post mediam noctem et ante lucem factum est, eo die gestum dicitur, qui eam sequitur noctem. Idem significat, quod qui a media nocte ad proximam mediam noctem in his horis quatuor et viginti nascuntur, eumdem diem habent natalem.*

Hinc colligi posse mihi videtur, Romanos, quamvis diem ordirentur a media nocte, in vulgari tamen sermone diem dixisse illud spatium, quod est inter ortum solis et occasum, id est, diem naturalem, et quod agebatur summo mane, sive ante lucem, ut ante me observavit Josephus Scaliger (*Scalig., lib.* II, *de Emend. temp.*), vocavisse initio ante kalendas, quod post recessum solis, post kalendas : sed deinde paulatim utroque loquendi modo idem tempus significatum, quia tum populus, quem penes arbitrium est et jus et norma loquendi, non attendebat ad discrimen, quod olim ita loquendo ponebant inter diem incipientem et exactum. Itaque Cicero ad Tironem scribens, cujus tu locum, vir eruditissime, attulisti ad confirmandam opinionem tuam, ait se nonis Novembris fuisse apud Alyziam, indeque ante lucem proficiscentem, ante diem octavum idus Novembris has litteras dedisse (*Cicero, lib.* XVI, *ad Famil. epist.* 3); quod etsi de quavis hora diei capi possit, proclivius est, ut interpretemur de die incipiente, cum Cicero scribat, se litteras illas dedisse cum Alyzia proficisceretur, quod fuit ante lucem. Eodem modo Seneca Claudium imperatorem, quem animam agere cœpisse ait, cum sol ad occasum festinaret, hora inter sextam et septimam, tradit mortuum esse ante tertium idus Octobris, quem Suetonius scribit, defecisse prope lucem, id est sub initium diei naturalis. Quod confirmari quoque potest ex verbis Taciti; qui cum docuisset, celatam aliquandiu fuisse mortem ejus, addit, Neronem egressum esse ad cohortem medio diei ejusdem.

Itaque ut ad id revertamur, unde digressi sumus, cum veteres dicebant, *Ante decimum kalendas, Post decimum kalendas*, utroque sermone significare volebant diem decimum kalendarum, ipsis kalendis numeratis. Hanc interpretationem ex lectione quoque codicis vestri hausit doctissimus conterraneus meus Simeo Bosius, qui in animadversionibus ad epistolam primam Ciceronis earum quæ datæ sunt ad Atticum, ait, utroque loquendi modo diem ipsum decimum kalendarum significari. Contra Cujacius (*Cujac. lib.* XIII *D. de verbor. oblig.*), existimat quidem utroque loquendi modo significari diem decimum, sic tamen, ut decimum diem, qui vocatur post kalendas, interpretetur de decimo die mensis, qui sequitur post kalend. Quo loco, ne quid dissimulem, consentaneam habet Cujacius veterem glossam interlinearem codicis 524 bibliothecæ Colbertinæ; in quo supra hæc verba, *Ante diem decimum kalendarum*, scriptum est, *scilicet kalendas præcedentem;* supra vero ista, *Post diem decimum kalendarum*, itidem scriptum est, *Scilicet kalendas sequentem*. Verum et vetustum hunc glossatorem, et Cujacium ipsum, aliosque, quia destituti erant exemplo simili, quod habetur apud Lactantium, ad hanc interpretationem adegit obscuritas hujus loci; qui si exemplum illud Lactantii habuissent, attenteque considerassent, veteribus Romanis in usu non fuisse, ut dies, qui sequuntur post kalendas annecterent kalendis, sed nonis, aut idibus, numquam eo modo detorsissent sensum verborum Pauli. Nam si fas esset ita interpretari veteres, ex conjectura tantum, absque ullo exemplo, absque auctoritate, mallem dicere, aut Paulum existimasse utroque loquendi modo intelligi diem undecimum kalendarum, ut habent pleraque vetera exemplaria, aut librarium, qui primus hunc locum rescripsit, a quo cæteri acceperint, errore undecimum posuisse pro decimo, potius quam lectores in eam sententiam trahere, cui omnis retro antiquitas adversatur. In obscuris enim, ut docet idem Paulus, inspici solet quod verisimilius est, aut quod plerumque fieri solet.

Scio uti vos solere quodam loco Ciceronis, seu potius M. Cœlii ad Ciceronem scribentis, ex quo colligitis, eum tempora divisisse in ante et post kalendas, quia is refert, dixisse Pompeium *se ante kalendas Martias non posse sine injuria de provinciis Cæsaris statuere, post kalendas Martias se non dubitaturum* (Cicero, lib. VIII ad Famil. Epist. 8). Verum cum locus ille sit temporis indeterminati et indefiniti, nullo pacto juvat opinionem vestram, neque eam labefaciat, quam ego tueor. Nemo enim diffitetur, quin dici optime possit, rem quampiam non posse agi ante kalendas, posse agi post kalendas. Sed istud non probat, dies qui sequuntur post kalendas, consuesse conjungi cum kalendis, ita ut exempli causa quæ acta sunt 11 idus Januarias, dici quoque possint acta post 10 kalendas Januarias.

At Plutarchus in vita Ciceronis ait, eum natum ἡμέρᾳ τρίτῃ τῶν νέων καλανδῶν, idque Franciscus Fabricius vertit post diem tertium kalendarum Januarii, quia ex Cicerone ipso et A. Gellio constat, eum natum tertio nonas ejusdem mensis. Ergo dies tertius nonarum est etiam tertius kalendarum. Fateor, diem tertium nonarum eumdem esse cum tertio post kalendas. Sed quamvis Fabricius locum Plutarchi sic interpretatus sit, ut dixerit, Ciceronem natum esse post diem tertium kalendarum Januarii, istud causæ nostræ non officit, quia Fabricius non habet auctoritatem antiquitatis, adeoque nullius momenti est ad ostendendum, dies qui sequuntur post kalendas, adjungi solitos kalendis in computatione dierum. Plutarchus, homo Græcus, Græco more locutus est, Cicero et Gellius Latino; et Ciceronem Latine de se scribentem sequi malo, quam Plutarchum Græce de Cicerone loquentem. Quamquam nec ipsa Plutarchi verba admodum favent vestræ opinioni, cum ex ipsis nihil aliud colligi possit, quam Ciceronem natum esse die tertio novarum kalendarum, quæ cœperant, seu potius desierant prima die mensis Januarii.

Objicitur etiam nobis auctoritas Caii jurisconsulti, cujus hæc sunt verba : *Post kalendas Januarias die tertio pro salute principis vota suscipiuntur.* Quo loquendi modo intelligi tertium diem nonarum januarii, tu recte observas. Verum huic objectioni jam satisfactum a me est in disputatione de die natali Ciceronis, et certum præterea est, hæc Caii verba non pertinere ad hanc nostram controversiam. Non dicit enim, *Post tertium kalendas Januarias*, ut necesse esset eum dicere ad fulciendam opinionem vestram : sed *Post kalendas Januarias die tertio*. Quod nos ultro concedimus verum esse.

Antequam huic disputationi meæ finem imponam redeundum esse mihi video ad postremam partem loci Paulini, quam satis scio mihi posse opponi etiam post omnia illa, quæ a me dicta huc usque sunt. Nam tametsi mihi concedatis, his duobus loquendi modis, *Ante diem decimum kalendarum*, *Post diem decimum kalendarum*, unum eumdemque diem demonstrari, semper tamen verum erit, neutro eorum significari diem undecimum kalendarum; hincque colligetis, veriorem esse lectionem, quam vocant negativam. Fateor, hanc difficultatem esse magnam, eique facile responderi non posse. Verum cum illa nullum detrimentum afferat causæ nostræ, sed illam potius confirmare videatur, in eam ultra inquirere non est animus; cum, si negativam lectionem ut veram assumimus, sic capienda putem verba Pauli, ut dicere voluisse videatur, hinc colligi posse, his duobus loquendi modis intelligi diem decimum kalendarum, prout Romani numerare consueverant, quia neutro undecimus significatur. Et sic propositio negativa convertetur in affirmativam.

Abunde, ni fallor, ostendi, quænam sit verior explicatio verborum Pauli, quæ viros doctissimos exercuerunt. Ut vero probationes meas cumulem, afferam etiam auctoritatem Lactantii ; et quemadmodum testimonio Pauli usus olim sum, ut ostenderem discrepantiam verborum Lactantii nullam importare repugnantiam, ita nunc Lactantii verbis utar, ut evincam nullam esse contradictionem in verbis Pauli. Nam cum utriusque per omnino similisque sit sermo, manifestum est, eos lucem a se invicem mutuari, et quæ obscura in uno eorum sunt, alterius ope posse fieri clariora. Ait ergo Lactantius in libro quarto divinarum Institutionum, c. 10, Christum cruci affixum fuisse a Judæis *ante diem decimum kalendarum Aprilium*; in libro vero de Mortibus persecutorum, eum cruciatum fuisse ab iisdem Judæis *post diem decimum kalendarum Aprilis*. Tu vero, vir clarissime, censes horum loquendi modorum sensum esse diversum, et priore quidem intelligi debere diem vigesimam tertiam Martii, posteriore decimam Aprilis. Ego vero a te peto, utrum probabile sit Lactantium, virum doctum et eruditum, sibimetipsi contraria et contradicentia scripsisse ; præsertim cum ejus ætate persuasum vulgo esset, Christum passum esse die decimo kalendarum Aprilis, nullus hactenus scripsisset, passum esse die decima Aprilis? Huic argumento non puto quemquam posse obniti, cum sit robustissimum et validissimum, adeoque affirmari posse credo absque ullo periculo, Lactantium his duobus loquendi modis eamdem omnino rem exprimere voluisse, nimirum Christum cruci affixum die vigesima tertia mensis Martii. Quod si ita est, ut certe est, ijam constat, verborum quoque Pauli unum eumdemque debere sensum esse, et priore posteriorque modo intelligi debere diem decimum, qui antecedit kalendas, nullo modo decimum, qui subsequitur kalendas.

Hæc apud te, doctissime vir, ad defensionem opinionis meæ peroravi quanta potui brevitate. Tui deinceps, ut initio dicebam, judicii erit constituere, quid censendum sit de toto isto negotio ; meque pro tua humanitate in viam revocabis, veriora monstrando, si forte me limitem veritatis excessisse cognoveris. Interim vale, et me semper ama tui nominis studiosissimum.

Lutetiæ-Parisiorum 4 idus Apr. 1684.

JOANNIS COLUMBI NOTÆ

IN LACTANTIUM.

Perillustri et amplissimo viro D. Gisberto Cupero, ab ordinibus Transisalenciæ ad illustrissimorum et præpotentium fœderatorum Belgii ordinum generalium conventum delegato, inclytæ reipublicæ Daventriensium consuli, Joannes Columbus
S. P. D.

Licet in patria quoque mea gaudeam dari magnas et illustres animas, quæ bonas litteras ament et recipiant perbenigne, modisque multis conatus etiam meos foveant atque ornent; præsens tamen hoc opusculum sua sponte ab hoc solo, trans mare nimirum, et in sinus tuos, vir amplissime, evolare dicam, an redire festinabat. Ego certe nisi hoc, quicquid est, tibi misissem primo, nomenque tuum illustrissimum frons ipsa ut præferret, curassem, gravia quidem crimina aliquot effugere vix posse mihi videbar. Nam aut plagiarius forem, qui debito tibi corpori injecissem manus; aut peculatu quodammodo tenerer, vel etiam sceleri quadruplatoris adfinis existerem, si tot præclaras res tuas, publicis destinatas usibus, privatum sub titulum avertissem. Animi quidem ingrati notam, bonis omnibus æque invisam ac detestabilem, nequaquam evitassem, tibi, operæque et auxilio tuo profectus hic meos nisi referrem acceptos. Nondum mihi satis certum fixumque erat editionis consilium, cum tu modo scriptum hoc Lactantii laudans, modo emendationes meas, alias probans, alias regens et reducens in viam, observationes denique tuas communicans, quæ per se etiam ac solæ quantumvis editioni meæ conciliarent pretium, ut insisterem cœptis perfecisti. Atque hæc inter maximas curas et negotia, quibus populorum salus continetur, quibusque te muneris amplissimi partes plerumque distringunt, mei causa facere non gravatus es. Denique editionis Britannicæ exemplum, diu, sed frustra nostris a bibliopolis expectatum, a publico tabellario mihi ut afferretur, per consuetam tibi beneficentiam effectum est. Non mirum igitur, si nemini priusquam tibi qualescumque has curas meas, imo et tuas multo feliciores, totumque adeo opusculum hoc constitui mittere: fas etiam et æquum fuit, primo ex aditu lectores, quid cuique debituri sint, ut cognoscerent. Cæterum editio ipsa si minus elegantiæ tuæ satisfacit, oro absentiæ meæ condones; per quam preterea vereor factum esse, ut quædam serius missa dilata sint in tempus aliud. Hoc vero fore propediem, quo liceat et illa proferre in lucem, spei nonnihil superest. Nihil certe eorum vitio meo periisse, quorum me participem facere dignata es summa bonitas tua, dum vivam, notum testatumque facere, Deo bene juvante, laborabo. Vale, vir insignis, et conatus meos consule boni. Scrib. Upsaliæ, prid. kal. Jul. ann. 1684.

LECTORI BENEVOLO S.

Ex quo tempore vir quidam illustris hoc opusculum, cui Lactantium auctorem non dubie videbatur inscribere, libros inter publicam in lucem tunc prodeuntes non gravabatur mihi indicare, arsisse me fateor studio non levi penitius illud cognoscendi. Cumque tandem, ut una cum cæteris a Cl. Baluzio editis voluminibus afferretur, perfecissem, res expectationi non male respondere, nec a candido illo et terso orationis Lactantianæ filo scriptio hæc abhorrere visa est; multaque alia, præsertim vero raritas rerum, et cum narrationibus aliorum vel fida convenientia, vel discrepantia etiam minus nonnunquam suspecta, fidem aliquam faciebant, mercem non vanam tanto sub nomine venditari. Sed et genus hoc apud antiquos usurpatum reperisse me putabam; ut in tribus illis C. Fannii libris, quibus ille narravit exitus occisorum, aut relegatorum a Nerone, quos C. Plinius minor lib. v Epist. 5, *subtiles, diligentes, et Latinos* vocat, *atque inter sermonem historiamque medios*. Idque genus Trebellius Pollio secutus etiam videtur, qui *scriptos sibi libros plures, non historico, nec diserto, sed pedestri eloquio* ait, satis quidem modeste. Agnovi præterea quædam desumpta ex libris biblicis, secundo præsertim Macchabæorum (quem librum post Christi tempora confictum arbitror, temporibus persecutionis: fidem ejus certe in historiis laborare diu est, cum notaverunt eruditi); item ex B. Cypriano Patrumque aliis, quæ pro facultate mea passim indicare studui. De eodem hoc opusculo, quod B. Hieronymus simplice titulo *De persecutione* designat, quomodo et Tertulliani librum memorat; quem ipse paulo fusius *De fuga in persecutione* inscribit, agam, si *Deo visum fuerit*, prolixius olim; præsertim si meas in manus pervenerint subsidia, hactenus quidem frustra quæsita, uti Joannis Sarisberiensis opusculum argumenti ejusdem, de quo ipse Polycratici, seu de Nugis Curialium lib. VIII, c. 20, p. m. 648: *Libellus*, inquit, *qui de exitu tyrannorum inscriptus est, quid de tyrannis sententiam plenius poterit aperire, diligenti tamen compendio*, etc. Sed ille libellus an exstet, satis liquido me non scire fateor; si exstat, spero inde lucis nonnihil accessurum huic præsenti. Contendenti mihi præterea hæc cum Lactantianis jam olim vulgatis pluscula fateor occurrisse, quæ convenire viderentur: ex quibus ea, quæ minus operose poterant excerpi, locis apposui (si quid video) aptis et perquam similibus; ut horum sylvula, vel judicium ex collatione facere volentibus præsto esset, vel juventuti prodesset, una cum rebus memorabilibus sermonis ubique purioris venanti vestigia. Nequeo tamen dissimulare, usque et usque oggessisse auribus meæ veterem Epimarchi cantilenam, Νῆφε καὶ μέμνησ' ἀπιστεῖν. Imprimisque optabam, uti me de manuscripto tantum servante thesaurum plura docuisset C. Baluzius; præsertim ubi latuerit antehac, et cujus hominis, aut societatis armario relicto, in illustrissimi Colberti migraverit bibliothecam. Obversabantur animo etiam cogitationes aliæ huc fere ducentes. Illam orationis Lactantianæ imaginem forsitan labore summo adumbratam; illos rerum insignes apparatus, quasi scenam quamdam ad captandos applausus, videri posse compositos. In ipso codice quædam arte sordidata, arrosa, pertusa, omnia ad ementiendum vetustatis habitum. Jam olim similes fabulas dedisse ambitionem illorum, qui otio abundantes, vel effingere aliena ingenia et facultates, vel sub eorum nominibus illudere aliorum credulitati gestiebant. Hæc et alia hujus generis prope victa tamen fateor ab iis, quæ parti favebant adversæ. Videbam Cl. Baluzii fidem et candorem, non minus quam eruditionem, a viris emunctæ naris laudari. Viros dein laudis raræ huc magis propendere deprehendi, ut ludos hic tales fieri minus credant. Plurimum quoque valuit rerum alibi non temere inveniendarum (de quibusdam loquor) præstantia, aliaque non levis momenti. Quibus lultus erectusque institi cœptis, ut et aliquid etiam his quod haberent, darem, qui sublatas vetustatis maculas, et alia ejus generis, pene eodem loco ponunt, quo reduviaram et præsegminium curam. Verum hæc celerius deproperata, postquam illustrissimi D. Cuperi epistolæ advenere, tandemque etiam Oxoniensis editio, saltem paucos, et harum rerum magis gnaros, criticas velitationes non rejecturos confisus, ea perfeci, quæ hic vides. Fruere his, si videtur, mi lector; majora autem et magis exquisita ab his expecta, quibus senescentia jam litterarum studia major successu reducere ac reformare datum est. Quos inter celeberrimum Grævium habes, cujus in hoc opusculum emendationes promissas avide et prope impotenter expecto. In memorata editione Britannica non tam doleo quædam D. Cuperi meisque conjecturis prærepta, quam lætor, et his ipsis, concurrentibus magnorum hominum studiis, accedere robur et fidem, scriptoque ipsi auctoritatem. Emendationes illas nunc excerpere non vacat; fiet hoc, uti spero, prope diem, alioque in schedio pluribus eas impertiar. Adolescentes vero ne quid erroris ex his imbibant, si quando hic auctor nimium in studium armorum et militiæ, quod in Diocletiano necessarium fuit, inveliitur, meminerint, Lactantium alibi gravissimo errore bella inter Christianos in totum damnare. Vide lib. VI, cap. 20, p. 648. Quis igitur eum in re tam absurda sequi velit ducem? Sed de his fortasse alibi agam pluribus. Interim vale, mi lector, et quam expectas ipse ab aliis, mihi, sicubi lapsus sum, veniam indulge.

DE LIBRO HOC TESTIMONIA ET JUDICIA ALIQUOT.

Hieronymus in *eccles. scriptorum Catalogo*.
Inter cætera Lactantii opera, memorat *De Persecutione librum unum*. Sequuntur Hieronymum *Fre-*

culphus, Honorius Augustodunensis, Abbas Trithemius, et alii.

Ex litteris Nicolai Heinsii, datis Vianæ ad Leccam, anno 1680, a. d. 20 Jan., ad J. C. Upsaliam :

« E Gallia libros complures laudquaquam contemnendos nuper accepi, atque in his elegantissimum Lactantii libellum de ferali ac violento exitu Cæsarum Romanorum, qui ab imperio Neronis ad sua tempora Christianos essent persecuti. Hunc Cl. Baluzius Miscellaneorum suorum volumini insertum primus publicavit. »

Ex litteris Gisberti Cuperi ad Constantinum Hugenium, celsissimo ac serenissimo Arausionensium principi a secretis, a. d. 3 Cal. Jan. anno 1682 :

« Lactantii ille liber elegans admodum est ; et quia novitate rerumque clarissimarum diversitate mihi placebat mirum in modum, cœpi varia loca diligentiori examine excutere, etc. »

Idem in litteris ad J. C. scriptis Hagæ Com. 5 non. Oct. anno eodem :

« Quod de Lactantio edendo cogitas, recte facis ; est enim libellus ejus dignus qui ab adolescentibus legatur etiam, ut jam a teneris videant, *Christum Deum* ter optimum et ter maximum, verum esse *Sospitatorem, Defensorem, Propugnatorem, Tutatorem et Conservatorem* (qui tituli eu entitis Gentilium diis dantur immerito (Ecclesiæ, quam sanguine suo redemit. »

Stephanus Baluzius in Præfatione Miscellaneorum libri secundi :

« Damus, Lector, secundum Miscellaneorum nostrorum librum, in quo primum jure meritoque locum obtinet liber Lactantii de Mortibus persecutorum, nunc primum editus ex vetustissimo codice manuscripto bibliothecæ Colbertinæ; de cujus libri præstantia non opus est plura dicere in præsentiarum, cum abunde huic argumento satisfactum sit in Notis ad illum nostris. »

Idem initio notarum :

« Inter multos ac varios codices manuscriptos, quos vir litterarum ac litteratorum amantissimus, ut in omni genere laudis excellentissimus, *Joannes Baptista Colbertus*, in publicam studiorum utilitatem ex omni Europa, Asia, Africa comparavit, repertus est unus auro contra æstimandus, in quo continetur Lucii Cæcilii Firmiani Lactantii liber de persecutione, etc. »

Ludovicus Moreri in Lexico Historico, edito Gallica lingua Lugduni, anno 1681 :

« M. Baluze a publié dans le 2ᵉ volume de ses Mélanges un traité de Lactance, que nous avions perdu. C'est le livre à Donat Confesseur, *De Mortibus persecutorum*. Il y a ajouté de très-belles Notes de sa façon. »

Antonius Pagi in Dissertatione Hypatica seu de consulibus Cæsareis, hujus libri testimonia passim vocat ad partes, neque usquam quin sit Lactantii dubitat.

Ex Præfatione ad lectorem, in editione Oxoniensi :

« Exhibemus scilicet Lactantii nostri librum de Mortibus persecutorum, auro contra æstimandum, quem per plus mille annos desideratum eruditissimi Baluzii studio nuperrime recepimus. Eumque male multatum et lacunis sæpius hiulcum, partim ex nostris, partim doctissimorum virorum, episcopi Asaphensis et Isaaci Vossii, conjecturis subinde restituimus, etc. »

NOTÆ JOANNIS COLUMBI
IN LIBRUM
DE MORTIBUS PERSECUTORUM.

IN TITULUM.

L. Cæcilii Lact. Firm. Secutus hic sum, ut in plerisque cæteris, editionem Parisiensem, in qua auctor non L. Cælius quemadmodum in vulgatis antebac operibus, sed L. Cæcilius Lactantius Firmianus appellatur. Hoc ita mutatum est a Cl. Baluzio, vetusti illius codicis bibliothecæ Colbertinæ auctoritate, qui scriptum hocce nobis servavit ; titulum autem hunc præfert : *Lucii Cæcilii incipit liber ad donatum Confessorem, de Mortibus persecutorum.* Suffragatur ejusdem bibliothecæ codex alius, in quo cætera Lactantii, quæ quidem habemus, opera extant, ubi similiter vocatur L. Cæcilius Lact. Firmianus.

Ad Donatum Confessorem. Cui liber etiam de Ira Dei, a B. Hieronymo impense laudatus, inscribitur. Cæterum quis hic fuerit ex tanta multitudine eorum, qui memorantur hoc nomine apud veteres, difficile dictu est. Cum tamen infra cap. 16, an 35, novies tormenta cruciatusque varios ob cœlestem veritatem passus, sex item annorum carcere detentus, nec tamen victus dicatur, illustris temporum illorum confessoris laude merito eum a Baluzio celebrari constat. Confessores enim appellabantur ea tempestate martyres, ut Tertullianus vocat, designati, nempe qui diris vexati mocis, in confitendo nomine Christi fortiter persistebant, nondum tamen ad mortem rapti. Unde B. Cyprianus epist. 52, ad Antonianum, *Presbytero, Moyse*, inquit, *tunc adhuc confessore, nunc etiam martyre subscribente.* Hodie Pontifici Romano addicti *Confessores* vocant, nullis quidem persecutionum turbinibus agitatos, præ reliquis tamen mortalibus, ut isti quidem autumant, vitæ sanctitate conspicuos.

De Mortibus persecutorum. Mortes in numero multitudinis Tullio cæteris que notæ optimæ scriptoribus esse frequentatum, Vossius de Analogia, lib. I, c. 40, et Baluzius initio notarum ad hunc librum, exemplis docuere plurimis. Quibus addi possent haud pauca, si foret opus ; ut illud Prudenti. περὶ Στεφ. hymno v :

Nil ista vis exercita
Tot noxiorum mortibus
Agone in isto proficit ;
Ars et dolorum vincitur.

Imo et illud Lactantii lib. VII, c. 40 : *Nam sicut duæ vitæ propositæ sunt homini, quarum est altera animæ, ac altera corporis, ita mortes duæ propositæ sunt.*

IN CAPUT PRIMUM.

Audivit Dominus orationes tuas. Respexit, ut opinor, illud II Macchab. 1, 5 : *Exaudiat orationes vestras, et reconcilietur vobis.*

Pro fidei suæ meritis. Joan. Vorstius ad Sulpicii Severi sacram historiam, quem librum Sulpicii recte et utiliter lectitandum adolescentes, lib. I, c. 23, et quidem ad verba, *merito fidei noctem avertit*, hæc annotavit : Quot auctor Ep. ad Hebr. toties dicit, πίστει, fide, itemque διὰ πίστεως, per fidem, id noster dicit, merito fidei. E. vox merito lere παρέλκει, ut in illo cap. 12 : *Benedictionis merito majorem minori præposuisset*, id est *benedictione*, vel *per benedictio-*

nem. Vide et notas ejusdem in c. 47. Illud *fidei merito* usurpat Sulpicius etiam Dial. II, c. 11. Nempe *mereri* sæpe accipitur pro nancisci, adipisci, sortiri, ita ut eventum potius, quam jus et dignitatem, vel eventum etiam, non solum jus et dignitatem notet, auctore magno illo Gronovio, Obs. ad Script. eccles. c. 7, p. 76, ubi vide quæ ex Plauto, Terentio, Cicerone, aliisque affert. Sic in precibus Ecclesiæ veteris, *Ut per ejus adventum purificatis tibi mentibus servire mereamur.* Nihil in scriptis horum temporum frequentius.

Addetur his omnibus adversarius. Paganis, qui videbantur antehac impune graessari in Christi gregem, apponitur ultor, qui eos coerceat. Sic Virg. Georg. II:

An memorem portus, Lucrinoque addita claustra,

Et Æn. VI, in verbis Sibyllæ:

. . . . Nec Teucris addita Juno
Usquam aberit.

Vide illic Servium, imprimisque Macrob. Saturn. VI, c. 4.

Profligata nuper. Sic Lactantius, Instit. v, c. 2 : *Quippe cum sapientiæ professor (Epicurus) profligare sapientiam niteretur.* Cap. 4 : *Ut omnes, qui ubique idem operis efficiunt, uno semel impetu profligarem.* Idem verbum Lactantio reddendum est lib. VI, c. 23: *Animas ad sanctitatem genitas, velut in cœni gurgite demersit, pudorem extinxit, pudicitiam profligavit.* Sic aliquot et scripti, et editi codices, teste Servatio Gallæo, cujus tamen editio habet, *flagitavit*; ipse mallet, *flagitiavit*: quorum neutrum sat firmis illic adstrui potest tibicinibus. De recto usu verbi hujus adeant adolescentes Gellium, lib. VI, cap. 23.

Nunc placatus servorum suorum Deus. Excidisse videtur vox *precibus*, aut alia similis; quam si restituas, plenior sermo erit, multoque concinnior. Sic lib. de Ira Dei, c. 21: *Itaque Deus non thure, non hostia, non pretiosis muneribus, sed morum emendatione placatur.* Moysis precibus placatum Dominum cladem avertisse, ait Sulp. Severus. Nonnihil dubitationis tamen injicit II Macch. I, 2. Qui liber quo loco habeatur a doctis, haud nescio : assidue tamen eum legisse videntur Christiani temporibus persecutionum, ob argumenti convenientiam. Hujus certe scripti auctorem aliquot locis ex illo quædam verba retulisse, satis constabit infra. Obscurior est series verborum : sed ita jungenda tamen ea puto, ut *servorum suorum fidelium Deus* dicatur, quomodo et alibi in sacris Litteris frequentissime Deus Abraham, Isaac et Jacob dicitur. Inspice sodes; et utrum putes eligendum, ipse, mi lector, statue.

Distulerat pœnas eorum Deus. Graviter in argumento simili Gregorius Nazianzenus, Invect. III, in Jul. : Πρότερον μὲν οὖν ἡνίκα ἔτι ἀνεῖχε, καὶ ἀνεβάλλετο τὴν ὑπὲρ ἡμῶν ὀργὴν ὁ Θεὸς, καὶ οὔπω πάντα τὸν ἑαυτοῦ ζῆλον ἐξέκαυσεν, ἀλλ' ὑψηλὴν ἔτι κατὰ τῶν ἀσεβῶν εἶχε τὴν χεῖρα, καὶ τὸ τόξον ἐνέτεινε μὲν καὶ ἡτοίμαζε. Κατεῖχε δὲ βία, καὶ ὥσπερ τι νόσημα ὕπουλον καὶ κακόηθες ἠπράγηναι πρότερον ὅλην αὐτοῦ πονηρίαν ἀνέμενεν. Ὅσπερ δὴ τῆς κρίσεως θεοῦ νόμος, ἵν' ἢ σώζῃ μετανοίᾳ, ἢ κολάσηται δικαιότερον. Verum hanc doctrinam ex divinis Litteris, et fidelibus earum interpretibus antiquis novisve tradere, non est instituti mei. Præter eas tamen, unde præcipue peti illa debet, non contemnenda sunt penitus, quæ ducti lege conscientiæ data, aut ab aliis edocti pronuntiarunt οἱ ἔξω. Qualis illa interrogatio Andromaches ad Menelaum, apud Euripidem :

Τὰ θεῖα δ' οὐ θεῖ, οὐδ' ἔχειν ἡγῇ δίκην·

Item illa chori, in alia ejusdem tragœdia :

Πρόσω μὲν, ἀλλ' ὅμως αἰθέρα ναί
Ὄντες ἰρῶσι τὰ βροτῶν οὐρανίδαι.

Quam eximia etiam illa, quæ ex Antiopa ejusdem conservavit nobis Stobæus:

Δίκα τοι δίκα χρόνιος.
Ἀλλ' ὅμως ὑποπεσοῦ....
Σ' ἔλαθεν ὅταν ἔχῃ,
Τίν' ἀσεβῇ βροτῶν.

Hoc est, interprete Grotio, viro illustri,

Jus sero veniat licet,
Jus est, attamen impio
Pœnas quas decet, irrogans,
Tamquam ex insidiis latet.

Ubi *Dice*, seu *Justitia*, paganorum deam notat; estque eadem quæ Astræa, Themis, Erigone, Nemesis, Adrastia, aut certe non valde diversa. De qua fusius agit vir eruditionis raræ prorsusque copiosæ, Samuel Bochartus, Hierozoici part. II, lib. v, cap. 2, ubi præceps illud Melitensium de S. Paulo judicium, ὃν ἡ Δίκη ζῆν οὐκ εἴασεν, Act. XXVIII, 4, docte periteque expendit et illustrat. Cujus notæ plura cum et alibi, tam in diverbiis, quam in choris, ubi partes suas agere solet poeta, passim apud Euripidem exstent, mirum non sine causa videri possit, cur Plutarchus, et forsitan Sextus Empiricus, in versibus quos emendatiores nobis dedit Petrus Petitus, vir doctissimus, impiam et sacrilegam sententiam, quam ex persona Sisyphi protulit, ipsi Euripidi, tam solerti et perito rerum humanarum rimatori, tribuere non dubitent. Sed in hæc penitius nunc inquirere nihil attinet. *Vigilat utique, vigilat sempiternus ille justitiæ vigor, vigilat oculus arbiter et vindex rerum perpetuus; aliquoties serus, sed scrupulosus quæsitor recte gestorum vel secius*, ut fere ait Am. Marcellinus. *Quam autem lento gradu ad vindictam sui procedit, tarditatem supplicii gravitate compensat*, ut habet Val. Maximus. Qua de re clarius et prolixius theologi. Nec penitus tamen contemnenda sunt, quæ scripsere de hoc argumento extranei, præsertim Seneca et Plutarchus; nec quæ ex diversis congessere eamdem in sententiam varii, ut Erasmus in Adagiis, *Dii laneos habent pedes*; *Reperit Deus nocentem*: Mornæus de Verit. Rel. Christ. c. 12, et 24; Lipsius de Constantia lib. II, c. 13, 14, 15; Barthius Advers. p. 2907; Christoph. Ad. Rupertus ad Val. Max. p. 31, etc.

De quo exitu. Verba quæ exciderunt, ita forte supplenda sunt, ait vir amplissimus Cuperus : *De quo exitu imperiorum testificari placuit, ut omnes qui procul moti fuerunt, vel qui post nos futuri sunt, scirent quatenus virtutem ac majestatem suam in perdendis delendisque nominis sui hostibus Deus summus ostenderet.* Idem paulo post : *Auctores....* Excidit forte, inquit, *tantorum scelerum*, vel, *persecutionis*. Ego de cæteris assentior viro amplissimo : pro eo autem quod subjicit *imperiorum*, commodius substitui arbitror *crudelium principum*, aut *tyrannorum*; quomodo et postea librum edidit Joannes Sarisberiensis, *de Exitu tyrannorum*; nec multo aliter vir illustris, Nicolaus Heinsius, ut ex verbis allatis colligere est, præsens hoc opusculum appellasse, aliisque forsitan appellandum putasse videtur. Paulo aliter etiam sequentia fateor me antehac accepisse. Nam per *motos procul*, intellexi *procul a veritate motos*, sive *dimotos*; ut in Psalmis במרד et affinia verba solent reddi : quomodo etiam *lapsos* appellarunt Christiani, qui defecerunt in gravissimis illis persecutionum certaminibus, et vel penitus rediere ad paganismum, vel semel deliquerunt, thure in aram idolorum jaciendo. Et huic quidem conjecturæ si quid tribuendum, locus totus sic fuerit constituendus : *De quo exitu sævissimorum principum testificari placuit, ut omnes qui procul moti fuerunt, vel posthac aberraturi sunt, scirent quatenus virtutem ac majestatem suam in perdendis delendisque nominis sui hostibus Deus summus ostenderet.* Recte autem et ordine sermo meus processurus est, si a principio qui fuerint auctores persecutionis, et quibus pœnis, etc.

Qui fuerunt auctores. Et ratio syntaxeos, et sequens verbum *vindicaverit*, ostendunt scriptum fuisse a Lactantio, *qui fuerint auctores*, non *fuerunt*.

In eos vindicaveri. Lactantius, lib. ii, c. 4: *Atenim sæpe ipsi quoque in sacrilegos vindicaverunt*. Similiter idem c. 4 ejusdem libri, et lib. iv, c. 17, item Hegesippus (sive ille est Ambrosius, ut vere videtur collegisse vir quidam magnus, sive alius) et ecclesiastici Patres Latini, nec non Vegetius, Gellius, Julius Capitolinus, aliique passim.

IN CAPUT II.

Cruciatus est. Glossæ Labbæi *Cruciat et crucificat*, σταυροῖ. Lactant. Instit. i, c. 16: *Ab hominibus insigni supplicio affectum et excruciatum*. Et mox, *impium consilium de eo tollendo cruciandoque ceperunt*. c. 18: *Et cruciaverunt eum in humilitate magna*. c. 21: *Mirari desinet Deum ab hominibus esse cruciatum*.

Post diem x. kal. apr. Elliptica locutio, quam supplere possis, *post exortum diem decimum kal. apr.* sive post eum diem inceptum. Ita verba Christi, μετὰ τρεῖς ἡμέρας ἐγείρομαι, a plerisque doctioribus exponuntur, postquam venerit dies tertius. Sic apud Marcum c. ii, v. 2, *post sextiduum*, valet, sexto die inchoato. Hæc et plura, post Antonium Augustinum et quosdam alios interpretes juris, ad legem 122, de verb. signif. Scioppius, Wisembachius, et nuper ad intelligenda veterum scripta utili opere de intercalatione Philippus Munckerus, quem ad lib. i, c. 2, num. 4.

Duobus Geminis consulibus. Problema chronologorum de anno, mense, et die, quo Christus Dominus salutifera passione genus humanum redemit, mei quidem propositi non est explicare; hoc enim agere si quis instituerit, ut veterum pariter diversas excutiat sententias, et recentiorum etiam calculos subducat, opus est. Suffecerit in præsens monuisse, multorum e Patribus opinionem hanc fuisse, quam Lactantius sequitur; Tertulliani nempe, Julii Africani, Hieronymi, Augustini, nec non Sulpicii Severi, et Pauli Orosii; imo et recentiorum, Glareani atque Haloandri, uno tantum anno Christum prædicasse Evangelium solemnius, eoque peracto, proximo inde, C. Rubellio Gemino et Fusio Gemino consulibus, passione ac morte functum esse. Eorum autem, qui hoc tempore cum cura quæstionem hanc agitant, illis videtur præ cæteris accedendum, qui consentiunt quidem in hoc cum veteribus, quintodecimo anno Tiberii imperatoris Christum baptizatum esse, cum hoc dicat Lucas diserte, c. iii, nimirum Appio Junio Silano et P. Silio Nerva consulibus: ex eo autem quatuor paschata egisse, aut certe ante quartum, ingens illud, et omnibus omnium temporum hominibus piis venerandum sacrum obiisse; atque adeo hoc Sergio Sulpitio Galba et L. Cornelio Sulla consulibus fuisse peractum. Et hæc sententia est Scaligeri, cui se adjungunt ex nostris, qui felicius horum temporum rationes componunt. His proximum assecuti videntur gradum, qui unum addunt annum, ante pascha quintum rati Filium Dei mortem illam generi humano salutarem occubuisse: cæteri abeunt longius. Ad mensem et diem quod attinet, satis constat ex historia sacra Christum passum et mortuum esse die quarta decima mensis Nisan, primo post æquinox um plenilunio; hoc est, si Scaligerum sequimur, Aprilis die tertia. Sin unum adjiciendum Scaligerianæ summæ putaverimus annum, lunarem nempe (nam intercalario ter in octaeteride fieri solita in illum annum incidisse non videtur), dies σταυρώσιμως fuerit, x. kal. apr. in quo, aut circa quem, plurium e veteribus vel computatio vel secuta priores narratio conquiescet. Sed hæc plenius ac limatius elaboranda lubens aliis relinquo.

Quo officio replete. Eleganter officii voce utitur, pro administratione. Nihil notius aut usitatius de comitibus palatii, præsidibusque et judicibus provinciarum, imo et de apparitoribus: afferam tamen nonnulla forsitan infra. Græci quoque Patres ministerium Christi διακονίαν vocant.

Procella nubis. Monet optime perillustris Cuperus, a divinarum ductu litterarum non fuisse recedendum. Certe externas istas tenebras cum cœlesti luce temere intercum miscuisse, non parum obfuit quibusdam Ecclesiæ priscæ Patribus. Ita hic quoque vereor, ne ἐννόημα istud, quasi Christus repentinæ interventu procellæ sit ereptus oculis suorum, obhæserit Lactantio ex iis, quæ de Romulo apud Livium cæterosque historicos Romanos leguntur: ut de Homeri aut Virgilii nubibus, quibus illi deos suos aut heroas abscondunt, nihil dicam. Haud multo melius lib. iv, c. 21, nubem illam *repente* se circumfudisse dicit; cum tamen ex divinis Scripturis placide ac leniter, ut pleraque Christi acta in terris, res gesta colligatur. B. Cyprianus prope finem libelli de Vanitate idolorum, paulo simplicius et rectius: *Tunc in cœlum*, inquit, *circumfusa nube sublatus est*.

Fundamenta miserunt. Sidonius Apollinaris lib. ii, epist. 11: *Neque jam semel missa fundamenta certantis amicitiæ, diversis honorum generibus extruere cessarem*. Non multo secus agrariæ rei scriptores dixerunt, *lineam aut limitem mittere, secundum fundi litterariam normam mittere*, et similia. *Radicem mittere* habes apud veterem Bibliorum interpretem, ii Reg. xix: *Murum aut vallum mittere*, apud Lampridium in Vita Sept. Severi, c. 12, pro quibus vetustiores, *agere radicem, ducere murum*, dixerunt.

Petrus Romam advenit. Historiæ illius veritas adhuc in dubio est, qua Petrum attinet.

Ac stabile. Solet ita etiam Lactantius ipse; ut lib. iv, c. 24: *Habeatque radicem et fundamentum, stabilisque apud homines et fixa permaneat*; et lib. vii, c. 10: *Cum vero sibi domicilium stabile collocavit*, etc. *Fidele* vero quod vocat, idem est; alterum enim interpretatur. Existimo autem hebraismum esse, et respici verba Dei, quibus per Ahiam prophetam Jeroboamo, sub conditione si pie ageret, Deique legibus insisteret, firmam ac stabilem domum promittit, i, Reg. x, v. 38: *Ero tecum, et ædificabo tibi domum fidelem, quomodo ædificavi David domum*. Veram autem Dei Ecclesiam, ut annotavit ad superius caput illustris Cuperus, sancti Patres passim *domum* aut *templum Dei* vocant, sacrarum nempe litterarum ductu. Et sic Lactantius quoque multis in locis: ut lib. iv, c. 10, ait: *Filium Dei descendisse in terram, ut constitueret Dei templum, doceretque justitiam*. Sic c. 11: *Volens igitur Deus metatorem templi sui mittere in terram, noluit eum in potestate et claritate cœlesti mittere*; cap. 13: *Ecclesia est verum templum Dei, quod non in parietibus est, sed in corde ac fide hominum, qui credunt in eum, ac vocantur fideles; illud vero Solomonium ten plum, quia manus factum est, manu cecidit*. Adde initium capitis 14, ubi multa et præclara. Item lib. de Ira, c. 2, ubi similiter Christum vocat *divini et immortalis templi conditorem*. Ex aliis plura colligere vitandæ prolixitatis gratia supersedeo.

Ad religionem novam. Dicam hanc ubique Christianis impegisse homines e pago verum est; ac idem facit etiam Galerius in edicto, quod Græce apud Eusebium et Nicephorum, latine infra hujus libri capite 34, legitur. De sensu verborum Julii Capitolini, si omnino et mihi eundum est in partes, Casaubono me accedere fateor; alter vir summus in nodo, quem ipse fatetur difficilem, sic ad emendationem confugere videtur, ut neque bono optimus ad machinam. Sed hoc amor veritatis excuset dictum de viro, quem alioquin, uti par est, admiror et suspicio.

Ad excidendum cœleste templum. Sic Lactantius lib. v, c. 5: *Cum veritatem penitus excidere connixus esset*. Ita *excidere vitia* lib. iii, c. 26, quomodo illic duo vetustiores codices; item lib. vi, c. 15, et de Ira Dei, c. 17.

Nusquam repente comparuit. Hoc ita ab auctore hujus opusculi paulo minus mirabimur tradi, si meminerimus a Tacito lib. ii Hist., c. 8, narrari, diu post mortem ejus vagatam de eo quasi vivo famam. *Sub idem tempus*, inquit, tenente scilicet rerum summam Vespasiano, *Achaia atque Asia falso metu exterritæ, velut Nero adventaret:* varie super exitu ejus rumore, eoque pluribus eum vivere fingentibus credentibusque. Persequitur dein, quas turbas dederit Neronem se fingens vilis quidam homuncio; de quibus ipsum adi Historicum, aut Casauboni notas ad Suetonium. Firmatum vero falsis hisce rumoribus errorem, qui adhæsisse videtur multis temporum illorum Christianis, Neronem aut superstitem, aut novissimis temporibus revicturum, ut adversus Christianum nomen omne sæviat, cum Lactantio nostro tangunt et refutant quidam Ecclesiæ veteris Patres; ut Hieronymus in c. xi, Danielis; Augustinus de Civit. Dei lib. xx, c. 119, Ambrosius ad I Cor. iv, v. 9; alii et ipsi Neronem aut Antichristi typum, aut ipsum Antichristum fuisse ac futurum esse, suspicati sunt. Vide Chrysost. in II Thess. ii, homil. 4, p. m. 1504', et serm. de Eleemos., Sever. Sulp. Sacr. Hist. lib. ii, c. 29, et Dial. ii, c. ult., etc.

Cum descendere cœperit..... Formulas veteres elegantiasque sermonis amare Lactantium vident, qui eum legunt; optimeque notat vir insignis, idem in voce *descensoris*, aut *descendere* factum. Adeantur insuper, si placet, Adr. Turnebus Advers. l. ix, c. 9, Interpretes Virgilii ad Georg. ii, v. 326, et Torrentius ad illud Horatii Epod. 13.

Et imbres nivesque deducunt Jovem.

In his, quæ ad pertusæ a blattis, aut vetustate læsæ paginæ defectus circa hunc locum supplendos spectant, nihil habeo quod adjiciam, nisi quod existimem legi posse minori mutatione, *et in ultima ætate*; et sic porro, ut præit amplissimus Cuperus: aut *et in ultima sæcula, initium Christi sanctum ac sempiternum cum descendere cœperit, redituros pronuntiant.* Enochum vero tum Elia reversurum, quidam veterum putavere, teste Augustino lib. ix, de Genesi ad litteram, cap. 6. Cujus verba attulere jam alii, qui quid Gregorius Magnus eadem de re existimaverit, alibi ostenderunt. Inclinare huc videtur etiam Andreas Cæsariensis, commentario in Apocalypsin, p. m. 45, quem edidit una cum quibusdam Chrysostomi libris Sylburgius; ut jam his multo antiquioris Tertulliani verba omittam aliorum opera item nota, quæ leguntur apud ipsum lib. de Anima, c. 50, ubi plura ex eodem, prope ejusdem sententia, collegit Pamelius. Imo hoc ipsum e Syr. c. 44, v. 11, firmare quidam nostrorum temporum heterodoxi sunt conati, quibus non tam verba Syracidæ Græca, quam interpretis latini versio favet: *Henoch placuit Deo, et translatus est in Paradisum, ut det gentibus pœnitentiam.* In Græca Hœschelii editione, quam ad vetustissima exemplaria emendavit, legitur: Ἐνὼχ εὐηρέστησε Κυρίῳ, καὶ μετετέθη, ὑπόδειγμα μετανοίας ταῖς γενεαῖς. Verum de his multo satius fuerit adire celebratissimi hominis theologum Helmestadiensem D. Georgium Callixtum, tractatus de supr. Jud. parte ea, qua de signis agit decretorium illum diem præcessuris. Ab eo refutatum esse hunc errorem egregie, judicium est Joan. Henr. Bœcleri, viri celeberrimi et doctissimi, Histor. Univ. pag. 210.

IN CAPUT III.

Non minor tyrannus. Is fuit Domitianus, quem dixit *calvum sua Roma Neronem*, ut ait Ausonius; *Portionem Neronis de crudelitate* vocavit Tertullianus in Apologetico; et in lib. de Pallio, *Subneronem.*

Incubavit cervicibus. Lactant. Instit. lib. v, cap. 9: *Qui autem cultores Dei se non abnegaverint, in eos totis carnificinæ suæ viribus incumbunt.* L. vii, c. 19: *Siquidem capto mundo eum magnis latronum exercitibus incubabit.*

Etiam memoria nominis ejus erasa est. Meminerunt hujus ritus Dio Cassius, Herodianus, et latini scriptores historiæ Augustæ, multis in locis. Imo et Lactantius hujus opusculi capite ultimo ad eum alludit.

Opera fabricasset. Symmachus lib. i, epist. 52: *Urbana opera summis fastigiis excitabam.* Spartianus in Vita Hadriani, c. 19: *Cum opera ubique infinita fecisset, nunquam ipse, nisi in Trajani patris templo, nomen suum scripsit.* Sed hoc vulgatissimum est. Opera autem Domitiani recensentur a Suetonio, Eutropio, plenissimeque ab Eusebio in Chronico, num. MMC. Capitolium refectum, Odeum, Forum transitorium, Stadium, Horrea piperatoria, et plura: de quibus adi viros maximos, qui memoratos scriptores illustrarunt notis.

Nomen ejus persecutus. Tertull. de Patientia, c. 2: *Nomen cum familia ipsius persequentes.* Aur. Victor de Cæsaribus, c. 3: *Gentem omnemque affinitatem armati persequuntur.*

Manus porrexit. Lact. lib. vii, c. 15: *Sublata enim Carthagine, manus suas in totum orbem terrarum terra marique porrexit.*

IN CAPUT IV.

Quis enim justitiam, nisi malus persequatur? Tertullianus Apologet. cap. 5: *Tales semper nobis insecutores, injusti, impii, turpes: quos et ipsi damnare consuestis, et a quibus damnatos restituere soliti estis.* Confer. lib. i adversus Nationes, c. 7, et alia aliorum dicta hujus sensus plurima. Nam pii quorumlibet temporum homines vere sic gloriantur, solis se malis odio esse: sed verba eorum afferre prolixæ foret operæ.

Profectus adversus Carpos. Auctor hujus libri Carpos nominat solos, cum constet adfuisse cum Carpis populos alios multis partibus numerosiores; Boranos puta, Gotthos, Vrugundos, ut eos vocare solet Zozimus; imo et Astringos, Taphilos et plures, quos recenset in hac Historia Jornandes. Solos tamen Carpos Lactantius nominat, quippe qui crebris incursibus in Romana cæteris essent notiores. Idem Jornandes de rebus Geticis c. 16: *Sed et Carporum tria millia accessere, genus hominum ad bella nimis expeditum, qui sæpe Romanis infesti sunt.* Adde quæ notarunt eruditissimi viri, Cellarius ad Zozimum lib. i, c. 28, et Baluzius ad Lactantii. Factum vero esse non raro, ut a gente vixdum victa, nedum perdomita, cognomen assumpserint imperatores, notum est; item tyrannos ab iis populis titulos habuisse quos ne lacessivissent quidem bello. Verum de his pluribus fortasse alias.

IN CAPUT V.

Illud esse verum dicebat. Ambigebam nonnihil, excidissetne hic vox aliqua, *jugum* videlicet, aut *tropæum*, aliave similis. Sed consultus ea de re amplissimus et doctissimus Cuperus, hunc scrupulum mihi exemit. Quod autem res suas per picturas, et incisos lapides, memoriæ prodere solerent Romani, vitio vertendum non puto. Quot res pulcherrimas haberemus notiores, si studium hoc fuisset gentibus etiam aliis! Legantur, si lubet, quæ Plinius lib. xxxv, c. 4, de Messala, L. Scipione, Hostilio Mancino, imprimisque de Augusto narrat, item quæ Aur. Victor de L. Æmilio triumphum de Liguribus in tabula pictum proponente publice, et alia apud alios passim. Nec pingebant modo; sed marmoribus item incidebant res gestas frequentissime; quod ex tropæis marmoreis Marii, quæ supersunt etiam nunc, ex arcubus Constantii aliorumque triumphalibus, monumentisque aliis, docet Cæsar Bulengerus in commentario de triumphis. Nummi quoque, ut jam monuit illustris Cuperus, ostendunt passim, victorias suas quanto studio posteris notas reddere laboraverint; in quibus non modo plurimi occurrunt, Cæsarum qui referant tropæa, sed nonnulli libera quoque civitate facti, in quibus victor premit victi cervicem, aut terga. Exemplo sit ille Pauli Æmilii apud Goltzium, in quo non multo secus ac Sapores insultat victo victor.

Usque ad vitium tamen laborasse Romanos de suis omnibus picturis similibusque exprimendis artibus, temporis præsertim eorum, qui hic memorantur, imneratorum, non dissimulat Casaubonus ad Vitam Pescennii Nigri, cap. 6, quem velim adiri. Sed jam exigit (puto) lector, ut laudata superius ab amplissimo Cupero Nazianzeni verba exhibeam. Νόμος ἐστὶ βασιλικός, οὐκ οἶδα μὲν εἰ καὶ πᾶσιν ἀνθρώποις, παρ᾿ ὅσοις τὸ βασιλεύεσθαι, Ῥωμαίοις δὲ καὶ τῶν σφόδρα (Ed. Gr. Lat. Par. A. 1630, Σιαν) σπουδαζομένων, εἴκοσι δημοσίαις τιμᾶσθαι τοὺς βασιλεύοντας. οὐ γὰρ ἐξάρκουσιν οἱ στέφανοι, καὶ τὰ διαδήματα, καὶ τὸ τῆς ἁλουργίδος ἄνθος, οὔτε ἀριθμούμενοι νόμοι καὶ φόροι, καὶ τὸ τῶν ἀρχομένων πλῆθος, συγκρατεῖν (Ead. συγκροτεῖν) τούτοις τὴν βασιλείαν. ἀλλὰ δεῖ καὶ προσκυνήσεως αὐτοῖς, ὑφ᾿ ἧς σεμνότεροι δόξουσιν οὐκ ἴν᾿ αὐτοὶ προσκυνῶνται μόνον, ἀλλὰ καὶ τῶν (Ead. τῆς pro τῶν) ἐν πλάσμασί τε καὶ χρώμασιν, ἢ ἡ τὸ σέβας αὐτοῖς ἀπλυστότερον ἢ καὶ τελεώτερον (Ead. τελειότερον) ταύταις ταῖς εἰκόσιν ἄλλοι μὲν ἄλλοτι τῶν βασιλέων προσπαραγράφεσθαι χαιρούσιν. οἱ μὲν τῶν πόλεων τὰς λαμπροτέρας δωροφορούσας, οἱ δὲ νίκας ὑπὲρ κεφαλῆς στεφανούσας, οἱ δὲ τοὺς ἐν τέλει προσκυνοῦντας, καὶ τοῖς τῶν ἀρχῶν τιμωμένους (Ead. τιμωμένοις) συνθήμασιν. οἱ δὲ θηροφορίας καὶ εὐστοχίας, οἱ δὲ βαρβάρων ἡττημένων, καὶ ὑπὸ τοῖς ποσὶν ἐρριμένων (ἢ κτεινομένων) (Desunt in eadem editione voces uncinulis inclusae. Ead. post verba τῶν πραγμάτων μόνον, addit: ἐφ᾿ οἷς μέγα φρονοῦσιν) πολυειδεῖ σχήματι. φιλοῦσι γὰρ οὐ τὰς ἀληθείας τῶν πραγμάτων μόνον, ἀλλὰ καὶ (Ead. καὶ τὰ τούτων) τούτων ἰνδάλματα. Vere haec sanctus ille Scriptor; foretque facillimum haec omnia singulatim illustrare. Sed cum quivis idem possitnon nimium ignarus rerum Romanarum, contentus ero notasse in praesens, originem conculcandorum a victoribus collorum, aut tergorum, videri ab Oriente profectam, et perantiquam esse. Ita Josuae ducis jussu, primores Israelitarum colla regum devictorum calcant pedibus, Jos. x, 24. Ab hac tam veteri, tam nota consuetudine, phrasis illa videtur orta, συντρίβειν ὑπὸ τοὺς πόδας, sive conculcare: significare autem subigere, seu domare, aut in ordinem redigere hostem, modumque illi ponere, ne noceat in posterum. Habes eam Genes. III, 15; ps. cxix, cxviii; Rom. xvi, 20. Quibuscum aliquot alia dicta Biblica conveniunt. Quae omnia licet sanctissima sint, planeque mystica, consuetudinem tamen Orientalium ostendunt. Verum de his alii pluribus.

IN CAPUT VI.

Vesanus et praeceps. Id inter alia satis ostendit usurpatus *Domini* ac *Dei* titulus, de quo vide illustr. Spanhemium in de Praest. et usu num. p. m. 729. De persecutione ab eodem instituta, vide quae collegit Ant. Pagius in dissertatione erudita de consulibus Caesareis, p. 380.

Caenofrurio. καινὸν φρούριον vocat Paeanius; ideoque per æ scribendum esse, ne Scaligerum quidem monere piguit.

Ab amicis interemptus. Amicos dici regum, quos ad interiorem admissionem et consilia secretiora sibi habent proximos, et hunc esse illam Aristotelis, καθ᾿ ὑπεροχὴν φιλίαν, docuerunt homines eruditionis laudatissimae. Aureliani vero, sanguinarii principis, minas ut occuparet Maestheus, unus libertorum ejus (Zozimo dicitur Eros, et τῶν ἐξωθεν φερομένων ἀποκρίσεων μηνυτὴς τεταγμένος, lib. I, c. 62, id est, Officiorum magister), plures in necem ejus, partim veris, partim falsis terroribus concitavit: prorsus ut postea Commodus in se irritavit suos, apud Spartianum in Commodo, c. 9. Vide Vopiscum in Aurel. c. 36; Aurelium Vict. Caes. c. 35, Epit. c. 50; Eutropium lib. IX, c. 9.

Contra Deum fecerunt. Coelius apud Ciceronem ad Att. lib. x: *Nunc te contra victorem Caesarem facere, summae stultitiae est.* Ita indignus ille loco suo antistes, seu episcopus, apud Optatum Milevitanum: *Et hunc occidi, et quicumque contra me fecerit, occidam.*

IN CAPUT VII.

Ut firmet id, quod supra dixit, Christianos non nisi malis odio fuisse, de Diocletiano imperiique ejus participibus dicturus, multa eos perverse docet egisse; inque mores et instituta eorum graviter invehitur. Quanquam vero tyranni isti saevissima et atrocissima Christianorum laniena omnis aevi, quod exinde fuit, et posthac, si sic Deo visum, futurum est, odia meruerint; videant tamen gnari illorum temporum, serviatne hic in nonnullis Lactantius proposito suo, idque sic, ut nonnunquam ea carpat, quorum ratio diversa est, multoque secus ab aliis narrantur et explicantur.

Scelerum inventor et malorum machinator. Lact. Div. Institut. VII, c. 24: *Princeps daemonum, qui est machinator omnium malorum.* Ita scelerum inventor Ulisses Maroni, Ruffinus Claudiano appellatur.

Tres enim participes regri. Idem Claudianus 2, in Ruf.:

Increpat Augustum, scandat sublime tribunal,
Participem sceptri, socium declaret honoris.

Sic apud Am. Marcellinum lib. xxvi, dicitur Valentinianus fratrem Valentem produxisse *participem legitimum potestatis, sed in modum apparitoris morigerum.* Et auctor Vitae Sept. Severi. c. 8: *Cumque Severum ad participatum vocaret* (Pescennius Niger,) *contemptus est.* Porro ut de instituto hoc Diocletiani in adolescentiae gratiam summatim aliquid dicam, nihil notius est illo Homerico, οὐκ ἀγαθὸν πολυκοιρανίη, εἷς κοίρανος ἔστω. Hoc plurimis comprobatum est assensibus aliorum, ut Euripidis Androm. Act. II, choro:

Ἑνὸς ἁ δύναμις ἀνά τε μέλαθρα, κατά τε πόλιας.

Senecae item, et Philosopho lib. I de Clementia, c. 4, et Poetae in Medea, Lucani lib. I, et quorum ibi illustris Grotius meminit. Quin Hieronymi quoque ad Rusticum Monachum haec sunt verba: *Etiam muta animalia et ferarum greges ductores sequuntur suos. In apibus principes sunt: grues unam sequuntur ordine litterato. Imperator unus, judex unus provinciae, et reliqua.* Quibus adde Cyprianum, de Idolorum vanitate, p. m. 289, et ejus verba mutuantem Minucium Felicem, ex quo simul Fulvii Ursini emendatio firmatur, pro *discessit,* legentis *desiit;* ubi habes plures in hunc sensum laudatos a clarissimo doctissimoque Ouzelio, p. 139. Nec praeterire decet Lactantium nostrum Inst. l. I, c. 3 et 5. Horum aliorumque judicia ipsa probat veritas; fecissetque haud dubio prudentius imperator Diocletianus, si non jam aquando sibi paulatim Maximiano, caeterisque dein adjungendis, aperuisset in futura tempora latam intestinis discordiis fenestram, quam legendis idoneis ubique ministris et vicariis; summaque imperii per omnes partes retenta, quieti suorum ratione tutiore consuluisset. Ita certe judicat Firmianus noster, et recte. Alios tamen quosdam haud nescio abire in alia omnia. Laudat profecto Valentinianum Ammianus, lib. xxvi, quod *magnitudine urgentium negotiorum se superari considerans, nihil morandum putaret, quin fratrem Augustum pronuntiaret.* Idem de Diocletiano pronuntiat Zonaras Annal. t. 2: Ἀπιδὼν δὲ πρὸς τὸ τῆς βασιλείας ὑπέρογκον, κοινωνὸν αὐτῆς προσλαμβάνεται κατὰ τὸ πρῶτον ἔτος τῆς ἡγεμονίας αὐτοῦ. ἡ καθ᾿ ἑτέρους, κατὰ τὸ δεύτερον. At Mamertinus nimium πανηγυρικῶς: *Vos, qui imperium non terrae, sed coeli regionibus terminatis, tantam vim, tantam potestatem mutuo vobis impartire, divinae profecto immortalisque fiduciae est, quam cupiditas perturbet: Paneg. ad Maximianum,* c. 10. Quibus paria, aut etiam ampliora habes in Genethliaco, cap. 6. Quid dicemus igitur de tetrachordo hoc a Juliano Parabate aliisque non parum laudato? Respondet noster etiam hic scriptor, non fuisse sinceram illam concordiam, sed temporum causa servatam utcumque societatem: non amicitiam virtute matre natam et cultam, sed qualis inter latrones et μονοπωλίτας in mutuam opem fit, conspirationem. Nec profecto indignum est observatu, vultus quoque simillimos habuisse (inspice nummos utriusque), quos natura ingeniis, fortuna, sorte, vita, institutis et actionibus tam apte comparaverat. At si cæteros duos spectamus, Constantius ob ingenii lenitatem ac comitatem, non probavit paris istius crudelissimi mores : sed tulit utcumque, cum emendare non posset. In Galerio autem tetrachordum nimis discrepabat, qui et alias terrori fuit duobus illis senioribus, et ad extremum coegit imperio se abdicare socerum Diocletianum, quem et Herculius dein est imitatus. Sed hæc hactenus ; nam si quis seria paret opera excutere, non injucundæ, fors nec inutili dissertationi argumentum hinc nascetur.

Indictionum. Indictiones initio videntur extra ordinem factæ, ad arbitrium victoris, aut ad necessitates Reipublicæ ; atque id sensisse videtur Asconius, cum has a *canone* et *oblatione* diversas faceret. Postmodum tamen et hæ tempori certo sunt assignatæ. Sed vide Jurisconsultos. Etiam interpres Bibliorum, II Reg. xv : *Indixitque Manahem argentum super Israel cunctis potentibus et divitibus*; et cap. xviii : *Indixit Rex Assyriorum Ezechiæ Regi Judæ trecenta talenta argenti, et triginta talenta auri*. Adde capitis xxiii partem extremam.

Multi præsides. Attingit hanc rem leviter Eutropius, lib. ix, cap. 15, simulque ostendit, qua fuerit occasione usus ad hæc perficienda Diocletianus, bellis scilicet ac victoriis ; his enim potitus, suo nutu et arbitrio provincias singulas temperavit composuitque. Exemplum est Ægyptus , prostrato in ea Achilleo : *Victoria*, inquit , *acerbe usus est ; totam Ægyptum gravibus proscriptionibus cædibusque fœdavit. Ea tamen occasione ordinavit , provide multa et disposuit, quæ ad nostram ætatem manent*. Clarius et magis apposite Pænius : καὶ αὐτὸς Διοκλητιανὸς ἐν Αἰγύπτῳ τὸν Ἀχιλλέα νικήσας, αὐτόν τε διεχρήσατο, καὶ διὰ πάσης ὠμότητος ἐπεξῆλθε τῇ νίκῃ, τούς μὲν κατασφάξας τῶν Αἰγυπτίων, τοῖς δὲ λοιποῖς φόρους τάξας ὣς μάλιστα βαρυτάτους. ἐκ τούτου δὲ τῆς αἰτίας καὶ πᾶσι τοῖς βασιλευομένοις τὰς εἰσφορὰς ἐπέθηκε διαμετρησάμενος τὴν γῆν, καὶ εἰς ἀπογραφὴν ἀναγαγὼν ἅπαντα, ὅπερ καὶ εἰς τόδε ἐκράτησεν. Quare omnia cum his belle consentiunt ; indeque apparet, non ita ἀνιστόρητα semper esse, quæ Metaphrastes ille habet pleniora, sive ea de suo adjecit, sive Eutropio copiosiore usus est, quam utimur hodie nos. Rei vero, qua de hic agitur, vestigia observasse videor in legibus etiam istorum et sequentium deinceps temporum : sed ad ea colligenda nunc satis otii non est. Recte autem *præsides* noster vocat, quia ab imperatore missi constitutique erant. Vide Lips. Excurs. ad Tacit. Annal. lib. i, cap. 75; lib. xii, cap. 60; Salmas. ad Spart. Hadrianum, c. 13 et 33 ; Spanhem de Præst. et usu numis. p. m. 572. Per *officia*, hoc quidem loco intelligit Præsidum Judicumque apparitores, minores nempe magistratus cum militibus ; quo loco fere fuerant, quos antiquior ætas *accensos*, *statores* (quanquam habuit et recentior suos *statores*) et, si summis apparerent magistratibus , *lictores*, postremo, communi nomine *officiales* appellabat. Nihil frequentius in Actis Martyrum, in Legibus illius ævi, in notitia utriusque imperii, scriptisque aliis. Imo et Suetonium in Vespasiano sic locutum ostendit ὁ πάνυ Gronovius in Obs. ad Scriptores Ecclesiasticos. Sic Orientis quidam comes 600 homines habebat in officio : præfectus prætorii Africæ, 388 ; alii plures, alii pauciores, prout res exigere videbatur. Vide quæ collegit de his Pancirollus ad cap. 9 Notitiæ imperii Orientis. Sin contendat aliquis, hic a Lactantio præsides potius ipsos dici, ἐν scilicet διὰ δυοῖν, aut ipsis paulo majores , pares, supparesve ,· magnopere quidem non repugnabo. Memini namque hos etiam venire officiorum nomine ; præsertim ipsorum contemplatione imperatorum. Sic Trajanus Plinio scribit : *Diplomatibus quæ officio tuo dedi*, Epist. ult., lib. x. Sic alii rursum Bithyniæ præsidi, hoc libro, cap. 48, Licinius, *datis ad officium tuum litteris*. Verum hæc jam ante nota esse possunt.

Rationales multi. Etiam *Rationales* in provinciis constituti officium , seu apparitionem habebant, ut ostendit ex lege 7 de Cohortalibus, et leg. 2 et 4 de Bonis vacantibus, in cod. Theod. doctissimus Valesius. Hi autem damnatorum bona, et sententia Judicis proscriptorum occupabant. Inspice Valesium ad Am. Marcell. lib. xxviii. Imo *Rationales* erant procuratores principum, qui reditus provinciales quosvis ad principes spectantes exigebant. Adde Dufresnium in Glossario.

Et Magistri. Vocabulum *Magistri* late patet ; nam sic dicti quicumque vel homines moderantur, componuntque vitam eorum et mores, vel rebus præsunt. Ita Tullius ipse consules Romanos vocat, *magistros populi*. Ita censores, *magistri morum* audiunt passim. Ita *magistros operum* (nostris *Arbetes Fouqtar*, Græcis ἐργοδιώκτας) , habes in veteri versione Bibliorum, *Exod. t.* Ita *magistri* dicebantur, qui ex auctoritate prætoris præerant dividendis bonis, aliique plurimi. Festus, et ex eo Gronovius ad Liv. lib. xxxiv, c. 25, magis proprie dictos recensent *magistros pagorum, societatum , vicorum , collegiorum , equitum , ludorum*, præterea et *conviviorum*, denique *doctores artium ; quorum omnium dignitas magisterium*, non *magistratus*. Postea cœpit ea vox in aulis imperatorum frequentari ; erantque *magistri militum*, de quibus vide eumdem Gronovium, Obs. in Script. Eccles. p. 217. Item *magistri officiorum*, de quibus adi Corippum Africanum, lib. iii, v. 172, ibique notata a doctis, præsertimque Salmasium ad Julii Capitolini M. Antoninum philosophum, cap. 8, et Valesium ad Ammianum Marcell. lib. xxvi. Sed et *magistri epistolarum, memoriæ , libellorum , dispositionum , census, vestis lineæ, vestis privatæ*, et alii rerum aliarum ; de quibus inspice notitiam utriusque imperii, et notas virorum raræ eruditionis fama illustrium ad Historiam Augustam.

Civiles actus. Actus pro *actionibus* illa ætate crebrum. Et sic etiam Lactantius de Ira Dei, c. 12 : *Spectari actus nostros a Deo* ; cap. 17 : *Singulorum actus animadvertit*.

Exactiones. Unde *exactores*, ἐπιστάται, qui vel tributa , vel opera exigunt. Vide interpretes Mosis, Exod. v, v. 6 et 14 : *Flagellatique sunt, qui præerant operibus filiorum Israel ab exactoribus Pharaonis*. Sed de his passim etiam alibi in sacris extraneisque litteris. Exactiones vero has in Diocletiano nonnihil excusant creberrima bella, quæ imperante eo vexabant orbem terrarum. Nam ut initia ipsa omittam, Bagaudæ Gallias , Britanniam Carausius cum incolis ejus insulæ. Orientem Persæ, Ægyptum Achilleus, Africam reliquam Julianus et nationes Quinquegentanæ quatiebant. Unde et auctor hujus scripti infra : *Hæc quoque tolerari possunt, quæ ad exhibendos milites spectant*. Porro de censu, sive censitione hac, imprimis de capitatione, vide Lipsium ad Taciti Annal. i, cap. 31.

Legem pretiis rerum venalium. Olim quidem ab Ædilibus, quos ἀγορανόμους Græci appellant, vendentium coercebatur rabies. Vide quæ ad Aristot. Polit. lib. vi, cap. 8, collegit Piccartus ; nisi mavis et Romanorum, et reliquarum gentium tabularia excutere.

Donec lex necessitate ipsa solveretur. Imperata vilitate nimia, venditores *omnes de compacto rem gerunt, quasi in velabro olearii*, ut cum Plauto loquar, resque amotas frustra desiderari faciunt. Hac aliisque de causis *usus legum corrector multas experiendo arguit*, ut ait fere Livius lib. xlv, cap. 32, quod inter alia de iis vel maxime venit accipiendum, quæ ad pretii pertinent mensuram. Illa enim vernis est ventis incertior. Vide Bœcleri dissertationem de Mensura pretii , et quos ibi vir ille summus laudat.

Hic moneta. Glossæ veteres , *Moneta* τόπος , τὸ χαραγεῖον. Item , *Moneta*, τόπος ἔνθα τὸ νόμισμα χαράσσεται. Sic *Monetæ* Trevericæ mentio fit in lapidis mutili inscriptione apud Grut. pag. 93, Num. 3. Sic ab Ausonio celebrantur, quæ Mediolani fuere

Templa, palatinæque arces, opulensque Moneta. Cujus carminis versus aliquot in veteri marmore exstare docet Ferretius in Musis Lapidariis, lib. IV, mem. 21. Emendationem vero viri docti, qui in notis ad Ausonium reponit, *et læti mores*, ubi legebatur antehac, *Antiqui mores*, marmor illud non comprobat. Et sane notum illud Ennii, *Moribus antiquis*, a Plauto bis repetitum, laudatum etiam a Vespasiano imperatore apud Tacitum, lib. III, c. 57, et a M. Antonino Philos. imp. apud Vulcatium Gallicanum in vita Avidii Cassii, c. 5, locum satis aptum in Ausoniano illo carmine habere videtur.

Ita semper demeniabat. Id est, insaniebat, furiosus et demens erat. Hincmarus de divortio Lotharii: *Alii autem potu, alii autem cibo a sortiariis dementati sunt.* Glossæ Lat. Gr. *Dementat ἐξίστησιν Dementire*, dixit Tertullianus lib. de Anima, Lactantius ipse in Instit. aliique. Cuperus. Verba Lactantii, lib. IV, c. 27, hæc sunt: *Ecce aliquis instinctu dæmonis percitus, dementit, effertur, insanit.* Quibus gemina sunt ista, lib. I, c. 21: *Sectis namque humeris, et utraque manu districtos gladios exsercentes currunt, efferuntur, insaniunt.* Hæc omnino retinenda est lectio, non illa quam invitis libris obtrudunt nobis Dempsterus et Gallæus, *et efferantur*. Ciceronem imitatur Lactantius, ut plerumque alias. Orat. pro Cœlia, c. 9: *Læsi dolent, irati efferuntur;* Contra Rullum, c. 35: *Sed certo continebuntur, progredientur longius, efferentur.* Verum ut ad præsentia redeamus, *dementare* sic posuim est, ut apud Hegesippum *efferare. Ea efferaverat*, inquit, *Herodes in universos.* Vide Gronov. Obs. in Hist. Eccl. p. 71: Sic *ponere, mutare, movere, præcipitare*, aliaque multa, intransitive interdum, aut elliptice potius, ita ut τὸ *se* subaudiendum sit. Adeant adolescentes ingenui Vossium, lib. III de Analogia, cap. 3.

IN CAPUT VIII.

Frater ejus Maximianus. Max. Herculius frater fuit Diocletiani, non naturæ, sed imperii consortio: qui nominis ejus usus frequentatus est historicis et panegyristis illius ævi. Baluzium vide, aut ipsum potius, quem allegat, Mamertinum cæterosque.

Herculius. Nempe ut Diocletianus Jovem, ita Maximianus Herculem patri opem contra hostes ferentem simulabat; unde et Joviorum et Herculiorum longius producta ad posteros nomina, de quibus hic scriptor infra extremo hoc libro. Adi Mamertini panegyricum, præsertim priorem, Maximiano dictum. Mira autem insolentia deorum nomina et honores multi principum invaserunt olim. Sic Antigonus, sic unus Grypi filiorum Antiochus, item Mithridates, et post eos M. Antonius, nec non et C. Caligula, Bacchum referre studebant; Menecrates Mercurium; Themiso, Alexander, Pyrrhus, Commodus, et hic Maximianus Herculem: imo et Maximinus superior eumdem. Augustus Apollinem egit, non refugiens tamen quandoque Jovis nomen; sic certe ab Ovidio aliisque vocatus non semel: quod et de cæteris legis aliquoties. Fusius hoc ostenderunt Andræas Schotus, lib. III, c. 3. obs. Hist. et illustris Spanhemius de Præst. et usu num. aliquot locis.

Quod avaritia minori altero fuit plus, majori vero minus, sed plus timiditatis, plus vero animi, non ad bene faciendum, sed ad male. Corrupta hæc et depravata esse fatetur clariss. Baluzius; nec dissimulat amplissimus et doctissimus Cuperus locum esse difficilem. Tentabo tamen, qua potero: existimo autem sic posse restitui. *Hoc solum differebant, quod avaritiæ majori altero fuit plus, sed et plus timiditatis; minori vero minus; plus vero animi, non ad bene faciendum, sed ad male.* Diocletianum timidum callidumque fuisse, eumdemque avarum (et est sane timidior qui non viribus, sed artibus dolosis, pugnat; rursumque avaritiæ cum utroque vitio solet esse convenientia) talem, inquam, Diocletianum fuisse narrant historici passim. Maximianum luxus, profundendique et temere donandi libido ad rapinas et injurias alias instigavit; ut mi-

rum non sit, et ipsum dici avarum, licet altero minus. Ejus nempe generis homines *rapta spargere, sparsa rapaci avaritia recolligere certant*, ut ait Seneca, lib. I de Benef., sive ut Ovidius:

Quærere ut absumant, absumpta requirere certant,
Atque ipsæ vitiis sunt alimenta vices.

Item Manilius l. IV, v. 25:

Luxur amque lucris emimus, luxuque rapinas;
Et summum census pretium est, effundere censum.

Adde, si videtur, Aristotelem, Nicom. lib. IV, c. 3. Sed ut redeam ad hæc Lactantiana, simillimus verborum positu et figura locus, lib. IV, c. 3 invenitur; ex quo constare possit, aut hæc quoque vere Lactantii esse, aut auctorem scripti hujus eum esse studiosius imitatum. *In illa priori parte, ut periculi minus, sic plus difficultatis est: quod obscura rerum ratio cogit diversa sentire. Hic ut periculi plus, ita minus est difficultatis: quod ipse usus rerum et quotidiana experimenta possunt docere, quid sit verius et melius.*

Statim præsto. Cic. de Nat. deorum, lib. 1, c. 38: *Quid, quod simul ac mihi collilitum est, præsto est imago?*

Constantium prætereo. Hæc ita nonæ sectioni, sive capiti, rectius videntur accessura.

IN CAPUT IX.

Efferitas a Romano sanguine aliena. Scribe *et feritas*: sic infra, c. 40 *essagitarii*, pro *sagitarii*. Amplecti se hanc, duasque sequentes emendationes meas, scribit perbenigne amplissimus Cuperus.

Statu celsus. Ita editio Parisiensis: sed legendum esse *status celsus*, docent Lactantii similia complura Div. Instit. l. II, c. 2: *Nobis autem status rectus, sublimis vultus ab artifice datus est;* cap. 2: *Subjectam pedibus vestris terram contemneretis, corporis statu salvo;* c. 17: *Statum sublimem accepimus.* L. III, c. 1: *Quorum status rectus est*, lib. VII, c: 9: *Cujus corpus ab humero excitatum, vultus sublimis, status erectus, originem suam quærit.* De ira D. c. 7: *Recto statu, ore sublimi.* De Opif. c. 8: *Hominis itaque solius recta ratio est, et sublimis status.* Similiter Min. Felix, p. 138, et ex vetustioribus Plautus, Amphitricne, *Formam cepi hujus in me et statum.*

Animique dejectus. Scribo, *dejectus*, ut apud Claudianum opera viri magni nunc emendatiorem, l. III de Raptu Proserp. v. 297:

. . . . . . Supplex dejectaque vestris
Advolvor genibus.

Alibi quoque *dejectum clientem* dixit idem: quomodo et Statius, Silius, Prudentius, aliique. Etiam Glossæ, *Dejicio*, καταφέρω, καταβάλλω τὸ φρόνημα, καταβάλλω.

Cum omnibus suis ad bellum pergere. De gentibus Orientis, quibus prælium ineuntibus,

. . . . . Est acerrima nullo
Ordine mobilitas, insperatique recursus,

ut ait Claudianus, non est cur ea, quæ apud veteres novosque observata sunt scriptores, huc congeram. Videat qui volet Julium Cæsarem de B. Gall. lib. IV, c. 3; Herodianum, l. IV, c. ult., Senecam, de Ira l. III, c. 3; Florum, lib. III, c. 3; Num. 5, etc. Servant majorum morem hunc etiam hodierni Turcæ.

Ut jam detractaret. Ita apud Min. Felicem, p. 260, *insparsa mendacia;* apud Symmachum, l. VI, ep. ult. *commandare;* apud alios, *contractabil impartire, obaudire, circumsedere.*

IN CAPUT X.

Erat pro timore scrutator rerum futurarum. Præ timore aut præ metu, est equidem usitatius. Opinor tamen dici posse *pro timore*, ut apud interpretem Bibliorum, II, Reg. VI: *Conturbatumque est cor regis Syriæ pro hac re;* et quomodo Sulp. Severus Sac. Hist. I. c. 9: *Fratres, post patris obitum pro conscientia ve—*

tes benigne habuit. Erudite vero dicit, divinationem superstitiosam profectam esse a timore et sollicitudine, qua futura antevertimus. Arrianus in Epict. l. II, c. 7: Τί οὖν ἡμᾶς ἐπὶ τὸ συνεχῶς μαντεύεσθαι ἄγει, ἡ δειλία, τὸ φοβεῖσθαι τὰς ἐκβάσεις. Lucianus in Pseudomanti : Κατενόησαν τὸν τῶν ἀνθρώπων βίον ὑπὸ δυοῖν τούτοιν μεγίστοιν τυραννούμενον, ἐλπίδος καὶ φόβου... ἐν ἀμφοτέροις γάρ, τῷ τε δεδιότι, καὶ τῷ ἐλπίζοντι, ἑώρων τὴν πρόγνωσιν ἀναγκαιοτάτην τε καὶ ποθεινοτάτην οὖσαν, καὶ Δελφούς οὕτω πάλαι πλουτήσας.... καὶ Δῆλον, καὶ Κλάρον, καὶ Βραγχίδας, et reliqua, quæ apud ipsum rectius legentur. Suaviter etiam Valerius Flaccus, lib. IV.

Fidere sed mens cæca nequit quantumque propinquat
Phasis, et ille operum summus labor, hoc magis angunt
Proxima; nec vates sat jam mihi Mopsus et Idmon.

Magister aruspicum Tagis. Existimo retineri posse *Tagis*, etiam in recto casu, more Græcorum, apud quos occurrit Tagis Pythagoricus, cujus Stobæus meminit; item Agis, Bacis, Betis, Datis, Lysis, Eupolis, et alia virorum nomina sic terminata. Sed ne quid dissimulem, suspecta mihi est vox *aruspicum*, ut glossema, cujus hoc loco auguror fuisse *interpretum Tagis*, aut aliquid tale: quomodo in narratione simillima, et cum hac utiliter conferenda, Prudentius, Apotheos. v. 467:

Postremosque animæ pulsus in corde tepenti
Callidus interpres numeris et fine notabat.

Adjice his, quæ de eodem Juliano narrant Gr. Nazianzenus et Theodoretus; unde constare potest impia illa Paganorum sacra Christianorum interventu sæpius fuisse disturbata.

Profani homines. Quod impostor ille scelestissimus, de quo Lucianus, in re simulata, idem in seriis fecere alii, ut Christianos, solos vere pios, impietatis et sacrilegii accusarent. Sic Flavio Clementi (Fabium male vocat editio Leunclavii) consuli Romano, et uxori ejus Domitillæ, Domitiani conjugis cognatis ἀμφοῖν ἀσεβείας καὶ ἀθεότητος ἔγκλημα ἐπηνέχθη : de quorum suppliciis Dionis librum LXVII adire licebit; nisi quis ipsa consulere malit Christianorum Martyrologia. Adde Baluzium ad verba capitis tertii, *Ecclesia restituta.*

IN CAPUT XI.

Deorum montium Cultrix. Cl. Baluzius, cujus non levi beneficio librum hunc respublica litteraria, ut vindici ac editori primo, debet, *Deos* hosce *montium*, quoque tangit Commodianus, *Deos monteses*, (sic enim legendum censet) necnon *Deos montenses*, quorum ex præscriptis Jovi dedicata est ara illa apud Gruterum, cujus dabimus mox inscriptionem, non dubitat eosdem habere; qui tamen, aut quorum nominum illi sint, fassus sibi non liquere. Et certe res non caret obscuritate. Videamus tamen, quam hic nobis viam præeat Cuperus noster, vir eruditionis pariter et dignitatis amplissimæ. Ex notis suis ad apotheosin Homeri, quod opus ad umbilicum nunc, ut audio, festinans cupide a priscarum studiosis elegantiarum expectatur, hæc excerpta, pro reliqua benignitate sua, mecum communicavit vir humanitatis celebratissimæ. Postquam de Homeri in monte summo positi pictura agere cœpit, montium, inquit, magna olim veneratio, inque iis extructæ aræ et templa, ut satis superque ex historia tam sacra, quam profana patet, plerisque numinibus fuerunt. Unde apud Philostratum Indi Caucasum Θεῶν οἶκον vocant; Persæ apud Herodotum, ἐπὶ τὰ ὑψηλότατα τῶν οὐρέων ἀναβαίνοντες, Jovi hostias immolant. *Montius*, qui montibus præest deus, apud Arnobium occurrit; mater Galerii Maximiani *deorum montium cultrix mulier admodum superstitiosa* Lactantio dicitur. *Dii Montenses* in Inscriptione apud Gruterum, p. 21, celebrantur; quæ quia Romæ inventa, videntur significari dii, qui septem montibus præsidebant, quorumque in honorem constitutum forsan *sit sacrum septimontium,* quod celebratur a *montanis*, ed est, qui montes inhabitabant, non autem a toto populo, uti apud Varronem lib. V. de L. Lat. legere

licet : in septem quoque locis, teste Festo, faciebant sacrificium diis, ut opinor, præsidibus; ut apud eundem *palatualis flamen ad sacrificandum ei deæ constitutus erat, in cujus tutela palatium esse putabant*. Pergit dein de monte Argæo, de deo Penino, de Jove item in montibus culto disserere, quæ rectius ex ipso libro petentur, propediem in usus publicos proditure. At in alia epistola, quæ mihi attulit eas viri insignis notas, quibus hic fruuntur lectores, isthæc adjecit. Hac de re antea scripsi : sed cum non solos *montes* ut deos venerati sint, vide an potius legendum sit *omnium*. Sic c. 36 : *Qui et sacrificia per omnes deos suos quotidie faceret*. Sed forte præcipue Elagabalum et alios deos coluit, qui sub montis effigie colebantur. Nam Elagabalus ita dictus est, quasi *deus mons*, vel *deus montis*, uti post Fullerum docet Salmasius ad Hist. Augustam; et ex Herodiano nummisque patet, ejus simulacrum nihil aliud fuisse, quam saxum ingens. Huc pertinet mater Deum, vel Cybele, quæ *fera montium dea* vocatur Mæcenati apud Diomedem, l. III, p. 514, vel quia in montibus culta, vel quia lapis informis ex monte excisus. Atlantem certe montem ut deum coluisse accolas, et Cappadocibus montem fuisse καὶ θεὸν, καὶ ὅρκον, καὶ ἄγαλμα, scribit Max. Tyrius dissert. XXXVIII. Quam in rem plura notari possent : sed accipe occasione matris deum duas emendationes, quas judicii tui facio. Strabo lib. X, p. 469, scribit, Phryges eam a loco πυλήνην vocare : at Πυλήνη est urbs Ætoliæ, teste Stephano et Statio. Scribo quapropter Σιπυλήνην, quod nomen datum fuit matri deum; et ita in marmore Arundeliano Magnesii et Smyrnæi jurant per μητερα τὴν σιπυληνην. Alter locus est Varronis apud B. Augustinum, lib. VII, c. 24, de Civitate Dei. *Eamdem dicunt matrem magnam, quod tympanum habeat, significari esse orbem terræ; quod turres in capite, oppida; quod sedes fingantur circa eam, cum omnia moveantur, ipsam non moveri*. Ultima sic restitue : *quod sedes fingatur, circa eam cum omnia moveantur, ipsam non moveri*. Id est, ideo Dea sedens fingitur, uti ex nummis plurimis patet, quia ipsa, sive terra, non movetur, cum tamen omnia circa eam moveantur. Non est hujus loci inquirere in placita philosophorum, qui vel terram moveri, vel stare immobilem docuerunt. Recte autem apud Lactantium, *deorum cultrix*; et ita *Marticultores* in inscriptione veteri apud Gruterum occurrunt. Quæ sequuntur, ita jam olim emendabam, *cum interesset dapibus, sacrificabat pene quotidie, ac vicariis suis epulas exhibebat*. Ex ultima littera vocis *cum*, et brevi scribendi ratione, *ir* pro *inter*, omissa est hæc propositio; et *epulas* legendum esse ex ipsa loquendi ratione patet. *Vicariis* igitur suis, sive ministris aulicis, comitibus, præfectis, qui circa eam erant, epulas exhibebat; iisque, ut sequitur, abstinebant Christiani. Scilicet cum illa dapes exhibere volebat, etiam sacrificabat, atque sacrificiorum λείψανα mensis jubebat inferri. Hæc erant *idolothyta*, a quibus quomodo abstinere se Christiani debeant, Lucas et Paulus docent. Nonnulla, eaque non cuivis obvia, hac de re notare possem : sed tempus non sinit ; tantumque monebo, eadem adversus Christianos fraude grassatum esse Maximinum, c. 37, infra. Hæc amplissimus et doctissimus Cuperus; quæ cum satis luculentam afferant huic loco explicationem, et elegantia sua placeant plurimum, meas cogitatiunculas de his in pauca contraham. Emendationes illæ duæ, verborum nempe Varronis apud B. Augustinum, et Strabonis de matre Idæa, seu Sipylena, placent vehementer; nec dubito, quin viris multo me doctioribus sese approbatum eant. Sed nec male, pro *montium*, reponere videtur *omnium deorum* cultricem; et sane *dis deabusque omnibus, Jovi ac diis omnibus, Silvano et dis omnibus*, similiaque complura, multæ olim dicatæ sunt aræ. Quia tamen tutius est insistere lectioni codicis antiqui, *montium* deos interpretor, deos a profanis cultos Gentibus; has enim Moses ipse ait, deos suos collocasse *super montes excelsos, et colles, et subter omne lignum frondosum*, Deut. c. xii, v. 2. Adde ii, Reg. xvii, v. 11 et plura ; qualia sacrarum Litterarum testimonia et formulae Lactantio ob oculos fuisse videntur, consolatorium scriptum ad Christianos meditanti, cum nihil ad consolationem iis efficacius, nihil ad leniendam acerbitatem rerum potentius existat : quare ad eas conformat stylum suum saepius. Tamen aut *septimontii* deos, quorum meminit etiam Tertullianus ad Nationes, ib. ii, c. 15. *Arquis, et Jani, et montium septimont:um* (ubi fors legendum *septimontii*), aut *montium Romanorum*, qui fuere in Piceno in regione Reatina, (de quibus Siculus Flaccus, et Rei Agrariae scriptores caeteri,) horum, dico, aut aliorum Ceos montium nulla vetat religio sub istis comprehendere : nisi quod Sylvanus ille finium tutor Romulae istius sacrificium non admisit; hunc enim a foemina sic coli nefas fuit. At a coetu montensium deorum, de quibus inscriptio loquitur, Sylvanum minime excludendum puto, neque ex eorum caterva, in quos intendit digitum Commodianus, Exuperantius enim iste Sylvani se jactat sacerdotem, et mihi quidem verisimile fit, sacrificulum illum, Sylvanum ejusque συμβώμους καὶ συννάους, Herculem puta Rusticum, Liberum patrem, Nymphas et similia monstra, hic vel maxime innuere, utpote quorum et sacris operaretur, et monitis nocturnis, sibi, aut aliis factis, esset deditissimus. Sed en rudis illius arae marmoreae, in Quirinali colle repertae, inscriptionem :

ARAM. JOVI. FULGERATORIS. EX PRECEPTO. DEORUM.
MONTENSIUM. VAL. CRESCENTIO. PATER. DEORUM.
OMNIUM. ET AUR. EXUPERANTIUS. SACER-
DOS SILVANI. CUN. FRATRIBU. ET
SOROFIBU. DEDICAVERUNT.

Ubi PATER, pro PATRI, vitio lapicidae, aliaque, sed facile deprehendenda, occurrunt. Forma autem vocis MONTENSES certos hic designare videtur montes, quomodo Nemorensem Dianam Aricinam vocarunt, et ad eamdem formam Fretentes, Fabricenses, Comitatenses, apud Ammianum leguntur. Certius itaque dictu videtur, deos quidem hos incertos, et in quorum numerum aut nomina inquirere non auderent, sic fuisse cultos, notis tamen in montibus ; ut CAMPESTRES in Inscriptione alia apud Grut., pag. 1015, n. 2, aut ut Genium, Tutela m, praesides locorum deos passim venerabantur. Huc refer historiolam de ajo locutio ; item formulas, s re DEUS SIVE DEA, DIS OMNIBUS, DIS PRAESENTIBUS, DEO GENIO TUTELAE HUJUS LOCI, DIS PRAESIDIBUS H. L. aliasque plures, in quibus sollicite cavebatur, ne quem male praeterirent. Ut igitur certos in fines sermo meus redeat, Lactantium quidem et Commodianum omnes Gentium deos, Romae praesertim coli solitos, aut illos septimontii, quos diserte *montium deos* vocare vidimus Tertullianum, innuere arbitror : Inscriptionem vero illam aram praesentibus tantum in illis montibus, ubi ara fuit sacrata, dicatam fuisse. Verba autem, *Quae cum esset*, cum sequentibus recte se habere auguror, modo distinctione juventur, hoc nempe modo : *Quare cum esset, dapibus sacrificabat quotidie. Cum esset,* id est, *ederet,* aut *caenaret.* Sic ista non esses, apud Val. Maximum, l. iv, c. 3 in fine; sic secundum Hyginum, Fab. 139, rogabat Opem Saturnus, *ut esset quod illa peperisset.* Quae duo loca indicavit mihi ad Ovid. Art. Am. l. iii, v. 757, illustris Heinsius. *Sacrificare autem dapibus,* ut apud Lact. i, c. 21 : *In quibus ipsi Sacerdotes non suo, sed alieno cruore sacrificant.* Et lib. vi, c. ult. *Verbo ergo sacrificari oportet Deo, siquidem Deus Verbum est. Si summo Jovi argento sacrificassem,* habes apud Plautum in Mostellaria. *Vicarios* autem intellige in re sacerdotali. Sic M. Antoninus imperator apud Capitolinum, c. 2, dicitur nullum sacrificium per Vicarium fecisse, nisi cum aeger esset.

Nam erat hujus malitiae, Eutropius l. ix, c. 16. *Diocletianus moratus callide fuit ; sagax praeterea, et admodum subtilis ingenio, et qui severitatem suam aliena vellet invidia explere.* Similia legas in Excerptis Joann.s Antiocheni à Valesio editis. Simonidae praeceptum respexisse videtur Diocletianus, quod Hieroni dedit apud Xenophontem : verum justo latius extendisse. Ἀνδρὶ ἄρχοντι τὸ μὲν ἀνάγκης δεόμενον, ἄλλοις προστακτέον εἶναι κολάζειν, τὸ δὲ ἆθλα ἀποδιδόναι, δι' ἑαυτοῦ ποιητέον.

Et qualiter sentiebant. Legendum esse, *Et qui aliter sentiebant,* vidit in addendis cl. Baluzius.

Apollinem Milesium. De oraculo Milesii Apollinis, seu Branchidarum , vide Strabonem lib. ix, et num collegere eruditi ad Marmora Oxoniensia. Cum primis autem adeundus Valesius ad Am. Marcell. l. xxix, et pauca, sed praeclara afferens Isaacus Vossius ad Melam. lib. i, c. 17.

IN CAPUT XII.

Ad septimum kal. Mart. Vide fueritne hic ellipsis voculae *diem* ferenda, quae hodie etiam vulgo frequens. Porro non illud modo kalendarium, cujus meminit Baluzius, Terminalia ponit a. d. vii. kal. mart. , sed et alia nihilo minus vetusta , inter quae celebratissimum illud a Ciacconio, Paulo et Aldo Manutiis, aliisque deinceps editum saepius : quod autem quaecumque discrepare videntur, ab intercalatione est, quam eo factam mense notum. Rursum nec illi magnopere falluntur, qui dicunt, ecclesias tempore paschatos subversas. Nam persecutioni coeptae in Terminalibus acriter vere proximo, imo toto anno, Tyranni institerunt.

Agentibus consulatum senibus. Haec verba certo indicant tempus , de quo non levi certamine quidam eruditorum disquirunt, uti monet etiam bene Baluzius; tempus , inquam, coeptae persecutionis , annum nempe Christi trecentesimum tertium , id quod Scaliger et Valesius vere existimarunt. Vide quomodo hoc colligant Baluzius, Pagius et alii , qui sibi haec cum cura sumpserunt expendenda. Fuit autem hic annus, secundum Scaligerum, Antiochenus 351 Christi; Dionysianus , 303. Numerus aureus xix, Cyclus solis iv.

Ad Ecclesiam profectus. Omnino scribendum est *praefectus,* praetorii nempe : alioqui series verborum hians et abrupta pendebit. Evincunt id etiam sequentia, in quibus praetoriani memorantur ecclesiam evertisse, imperatores autem ambo fuisse in speculis.

Tamen illud editissimum. Opinor scribendum *tutamen.* Hac voce usi Virgilius, Livius, et Arnobius Lactantii praeceptor , haud multo secus, quam ipse hoc loco. Sermo est de animalibus, lib. ii, pag. 55, edit. Lugd. Bat. : *Nonne alia cernimus opportunissimis sedibus nidulorum sibi construere mansiones : alia saxis et rupibus tegere et communire suspensis : excavare alia telluris sola, et in fossilibus foveis tutamina sibime: ac cubilia praeparare?* Et pag. 17 : *Neque domorum , aut vestium tutamina sibi et velamina conquirerent.*

IN CAPUT XIII.

Libertatem denique ac vocem non haberent. Similis querela B. Gregorii Nazianzeni , Invect. 1 ; ταύτης δ' ἦν πάσης μὲν παρρησίας ἀποστερεῖσθαι χριστιανούς, πάντως δὲ αὐτοὺς εἴργεσθαι συλλόγων, ἀγορῶν, πανηγύρεων, τῶν δικαστηρίων αὐτῶν. Μὴ γὰρ ἐξεῖναι κεχρῆσθαι τούτοις, ὥστις ἐπὶ κατὰ τῶν βωμῶν θυμιαμένων ἔμπροσθεν κειμένων, καὶ μισθὸν δοίη μέγαν αὐτῷ καὶ τοσοῦτο τράγματος. Quibus adjungi possunt ea quae infra c. 15, a nostro narrantur.

Etsi non recte, Non est quod existimet aliquis, hac formula aliquid leviter tantum improbari. Utitur ea Bibliorum interpres vetus de iis, quae longissime abeunt a recto et pio, II Reg. vii, v. 9 : *Non recte facimus; haec enim dies boni nuntii est.* Cap. xvii, v. 8 : *Et irritaverunt filii Israel verbis non rectis Dominum Deum suum,* II Paralip. xxi, v. ult. : *Ambulavitque non recte,* Sap. ii, 4 : *Dixerunt enim impii cogitantes non recte.* Et cap. vi : *Quoniam cum essetis ministri regni ipsius*, *non recte judicastis*. Ita vetustiores quoque passim, ut Cic. pro Cn. Planco, c. 6 : *Iste potius, quam ego ? vel nescio, vel non dico; vel denique, quod mihi gravissimum esset dicere, sed impune tamen deberem dicere, non recte*. Quin etiam Lactantius ipse supra, c. 7, sic locutus; alibi vero, *non pie, non perfecte, non integra conscientia*, dixit :

Magno tamen animo. Sapientibus nihil magnum, nisi quod et bonum : sed hi sequuntur nonnunquam vulgarem consuetudinem, duntaxat in sermone. Sic Tullius in Milone prædicat animi magnitudinem. Sic Livius reprehenditur a Seneca, quod virum animi boni a viro magni animi distinguat, lib. III de Ira, c. ult. Et tamen ipse L. Seneca ad Marciam c. 16 : *Gracchos*, inquit, *etiam qui bonos negaverit, magnos fatebitur*. Similia videor legisse apud Hegesippum de Excidio Jerosolymitano. Notum utique est illud Nasonis, *Magnis tamen excidit ausis*. Quod expressum videtur ex isto veteri senario, qui legitur apud Dionys. Longinum :

Μεγάλως ἀπολισθαίνειν, ἁμάρτημ' εὐγενές :

ubi viderint eruditi rectiusne legant,

Μεγάλων ἀπολισθαίνειν.

Legitime coctus. Ego arbitror his verbis inesse quid, quale illis B. Laurentii apud Prudentium :

Converte partem corporis
Satis crematam jugiter :
Et fac periclum, quid tuus
Vulcanus ardens egerit.
Præfectus inverti jubet.
Tunc ille : Coctum est, devora ;
Et experimentum cape,
Sit crudum, an assum suavius.

Legitime, ait, *coctus*, id est, ut interpretandum puto, legitimo, sive consueto sacra paganica, aut etiam culinaria tractantibus more. Nostri dicerent, *Van bleff steekt van ordinarie rviis, eller som en annan Steek*. Sic *Legitimum sacrum*, in divinis humanisque libris sæpe. *Legitima verba* apud Nasonem :

Curio legitimis tunc Fornacalia verbis
Maximus indicit.

Legitima fossa, apud Vegetium, lib. I, c. 24. Hinc ipse Lactantius *legitima sacra* dixit, lib. V, c. 2.

IN CAPUT XIV.

Excarnificari omnes suos protinus præcepit. Non *præcepit*, sed *cœpit*, in codice illo vetusto extare fatetur Baluzius. Existimo hoc relictum ab auctore in tyranni invidiam, *Excarnificare suos omnes protinus cœpit*. Addit enim, *Sedebat ipse*, et reliqua. *Omnes suos* interpretare aulicos, qui ipsi serviebant; c. 15, *domesticos* vocat, uti bene monet amplissimus et doctissimus Cuperus. Nam proxima tempora *domesticos* peculiariter vocabant corporis imperatorii custodes, equites peditesque, qui quidem domi excubabant; qui vero militiæ, *protectores*.

Erant certantes. Figura est μακρολογίας, seu productionis, de qua vide Buchnerum de commutata Ratione dicendi, l. I, c. 24. In græcis latiniusque Bibliis hoc genus est frequentissimum. Sed et Lactantius ita, lib. II, c. 13 : *Aberrantes a Dei notitia gentes esse cœperunt*. Cic. de Nat. deor. l. II, c. VIII : *Omnia enim hæc meliora sunt, quam ea, quæ sunt his carentia*.

Sed celerius animadversum. Loco τοῦ sed, quod præcedebat, *id* non dubia conjectura videbatur reponendum.

IN CAPUT XV.

Alligatis ad collum molaribus. Quid, igne ambusti iidemne, qui dein alligatis molaribus immergebantur mari ? Imo vero alii. Sed et superiora minus apte cohærent. Corrigendum censeo, *Ne singuli, quoniam tanta erat multitudo : sed gregatim circumdato igni amburebantur : domestici, alligatis ad collum molaribus, mari mergebantur*. Sic lib. VII, c. 21 : *Tunc quorum peccata pondere, vel numero prævaluerint, perstringentur igni, atque amburentur*. Cypr. de Opere, etc. *Et ibunt in ambustionem æternam*. Am. Marcell. l. 30 : *Interius nimietate calorum ambustis*. Sic Inscriptio vetus apud Antonium Augustinum, Dialogo X : AMBUSTO CORPORE, id est, exusto. Et sic alii passim. Si quis tamen ideo quod ignem multi præferrent suffocationi per aquas faciendæ, rati flammam animas sibi cognatas lustrare purgareque, aquam vero easdem elidere atque extinguere, ab ethnicis imperatoribus hoc velut indultum dicat domesticis, ut igne consumerentur, cæteros aquis, ut nefarios et sacrilegos fuisse abolitos, non obnitar vehementer, quin legi posse concedam : *Gregatim circumdato igni amburebantur domestici; alii, ligatis ad collum molaribus*, etc. Sed eligo nunc priora, cum ea non displiceant illustrissimo Cupero.

Aræ in secretariis. Secretarium, seu secretum, locus est, in quo sedent judices pro tribunali. Vide Hesych. in Σέκρετον, et Suidam in Στήλη. Vales. ad Am. Marcell. lib. XV : *Ab hoc judicum sæcularium more manasse videtur, ut secretaria in ecclesiis haberent episcopi et presbyteri, ubi audiendis fratrum negotiis vacarent*. Hæc Valesius. Meminit et Sulpicius Severus, Dial. 2, c. 1. Item Epist. 1 et 3 de Vita Martini ; ubi consule etiam Notas Vorstii. Aræ autem a Paganis credimus positæ memorantur non uno in loco in priscis Annalibus. Sic de ara Victoriæ in Senatu ponenda Symmachus vehementer laborabat. Sic donativum divisurus militibus Julianus præcepit, ut singuli aurum accepturi grana aliquot thuris in aras jacerent, adeo minuta, ut multos Christianorum falleret, ignaros quid agerent.

Commeant litteræ. Symmachus l. I, Epist. 91 : *Meæ litteræ quoniam acceptæ sunt tibi, crebrius commeabunt*.

Verum autem Dei templum. Lact. Epitome, cap. 8 : *Evacuetur omni labe pectus, ut templum Dei esse possit, quod non auri, non eboris nitor, sed fidei et castitatis fulgor illustrat*. Hieronymus ad Nepotianum : *Multi ædificant parietes, et columnas ecclesiæ substruunt : marmora nitent, auro splendent laquearia, gemmis altare distinguitur; et ministrorum Christi nulla electio est*.

IN CAPUT XVI.

Tres acerbissimæ bestiæ. Ita veritas acerba, Lact. 4, c. 26 : *Dominationes acerbæ, l. VI, c. 6 : Acerbi census, l. VII, c. 9*.

Deinde in Hieroclem. Hic ille est Hierocles, qui postea præfuit Ægypto; cumque indignis modis in Christianos sæviret, ab Ædesio inter cæteros martyres nomen professo verbis asperis exceptus et pugno cæsus est. Vide Euseb. Hist. Eccl. lib. VI, cap 5. Diversus autem ab hoc fuit, vetustiorque paulo Hierocles ille, de quo Dio Cassius in Excerptis Valesianis, fœdissimum Elagabali mancipium; et ab utroque rursum diversus Hierocles philosophus, in christianam veritatem nihilo æquior, sub Juliano Parabate virulentissima sparsit scripta. Consule Jonsium de Scriptoribus Hist. Phil. lib. III, c. 18.

Priscillianum. Præfectum Bithyniæ post superiores istos. Vide notas Baluzii.

Novies adversarium vicisti. Tertull. Apolog. c. 27 : *Et illos (Dæmones) nunquam magis triumphamus, quam cum pro fidei obstinatione damnamur*. Similia occurrunt apud Cyprianum, Ambrosium, Prudentium; item in Martyrologiis.

Zabolum cum satellitibus. Æoles Δ mutant in Z, ut ζανυκτός, pro διανυκτός ; ζαβάλλειν, pro διαβάλλειν : unde ζάβολος, pro Διάβολος, quo et usi Cyprianus, Hilarius, alii. Imo Paulinus vix aliter unquam, quam *Zabolus* dicit. Simileque *zeta*, pro *diæta*. Hæc Vossius de Arte Gram. lib. I, c. 21. Gronov. Obs. lib. IV, c. 13, p. 208.

Quam jucundum illud spectaculum Deo ... Cyprianus epist. 9 ad Martyres: *O quale* ... *sit illud spectaculum Domino! quam sublime! quam magnum! quam Dei oculis Sacramento ac devotione militis ejus acceptum!* Adde quæ ex Minutio Felice, item quæ ex Epicteto affert Lipsius ad nota illa verba Senecæ, lib. 1 de Provid. c. 2: *Ecce spectaculum dignum, ad quod respiciat intentus operi suo Deus: ecce par Deo dignum, vir fortis cum mala fortuna compositus.*

Cum dominatores dominantur. Cypr. ep. 6: *Nunc est ut magis insidiantem adversarium metuant, qui fortiorem quemque magis aggreditur, et acrior factus hoc ipso, quod victus est, superantem superare conatur.* Et ep. 34, de Celerino Mart.: *Jacuit inter poenas poenis suis fortior, inclusus includentibus major, jacens stantibus celsior, vincientibus firmior vinctus, sublimior judicantibus judicatus.*

Nefanda jussione. Sic lib. IV Instit. c. 15: *Verbo ac jussione faciebat;* lib. v, c. 13: *Non tyrannicas jussiones, non præsidum gladios tremunt.* Plura Elmenhorsthius ad Arnob. lib. II, p. 67.

Ac terriculas. De hac voce adi Nonium. Præterea e Nævio *cassam terriculam* afferunt, et e Senecæ deperditis, *Omnes ejus terriculas delude.* Imo habet et Livius lib. xxxiv, c. 11: *Nullis minis, nullis terriculis se motos.*

Fide stabili. Suspicor leviter excidisse vocem unam; ut fuerit, *fide stabili et invicto robore animi.*

Nihil ungulæ. Ungulæ, genus quoddam ferreæ forcipis, inter tormenta adhibitæ olim. Formam vide apud Gallonium, aut inter ea, quæ subjiciuntur libro Magii de Equuleo, pag. 176 et 81.

IN CAPUT XVII.

Vicennalium diem. Solemnium votorum, quinquennalium nempe, decennalium, et deinceps, quæ origo, quæque ratio fuerit, licet tradit an sit a doctis, repetam breviter tamen, in gratiam eorum, quibus hoc genus librorum non ita facile esse potest ad manus. Cæsar Augustus, cum Romanis rebus post motus et turbas maximas a se compositis et constitutis decennio præfuisset, sive tædio valetudinis diuturnæ, curisque ac laboribus imperii fractus, de reddenda republica serio cogitaret, (quod affirmare videtur Suetonius in Aug. c. 28) sive hoc tantum præ se ferret ob causas a Dione prolixius expositas, convocato Senatu, rationem administrati imperii sic reddidit, ut tamen, quasi decernente eodem, in proximum quinquennium potestatem constituendæ reipublicæ retineret. Verum hoc elapso, rursus aliud quinquennium, post decennium, ac eo finito, aliud iterum decretum est; ita ut continuatis decenniis, per totam vitam imperii summam obtinuerit. Cujus exemplum quodammodo secuti successores, etsi non ad certum tempus, sed per omne vitæ spatium imperium delatum sib: haberent, singulis tamen decenniis festum pro renovatione ejus agebant. Hæc fere ita refert lib. LIII, et eo recentiores. Id primo gestum Augusto septimum, Agrippa tertium consulibus. Sequentes igitur Augusti singulis decenniis celebrarunt has πανηγύρεις, ob id δεκαετηρίδας dictas Xiphilino, quibus vota diis solvebantur, initio cujusque decennii solemniter postmodum suscipi consueta; militibus donativum, et annonæ populo circenses exhibebantur. Imo singulis etiam lustris, sive quinquenniis, res hæc dein repeti coepta. Fiebant ergo vota quinquennalia primo anno initæ dignitatis: sed solvebantur exacto lustro; tum decennalia nuncupabantur, lustro altero demum completo solvenda. Vota vicennalia suscipiebantur anno quintodecimo imperii: festum vero ipsum agebatur vicesimo, quo munera etiam imperatori mitti solebant; de quibus vide Symmachum, lib. x, Epist. 26. Rei præterea carceribus eximebantur, Deo gratiæ agebantur, pecuniæ distribuebantur per civitates, et lætitia publica multis modis fiebat testatior. Hæc ex nummis plenius docent Adolphus Occo,

Erizyus et Chalucius, firmantque, aut repetunt alii; ut Carolus Dufresnius dissertatione de Numismatibus ævi inferioris, pag. 29. Magna itidem cum cura argumentum idem tractarunt Henricus Norisius Dissertatione de Votis decennalibus, et Antonius Pagius dissertatione Hypatica, seu de Consulatibus Cæsareis.

Ad XII. kalendas decembres. Videndus est de hoc loco Antonius Pagius, jam dicti operis pagina 90, 92 et 93, ubi tradit, non ideo celebrata a Diocletiano hoc die vicennalia, quod is esset imperii ejus natalis: sed quia tunc Maximianus Herculius Cæsar esset nuncupatus. Idque factum aliquoties, utique post Constantini Magni tempora, ut causa quapiam interveniente, non ipsius Imperatoris primi, sed participis ejus die natali, hoc est, quo particeps imperium auspicatus fuerat, festum hujus generis celebraretur.

Quodcumque se premi. Lego, *Quo utcumque se premi.*

Animam ... nec tamen totam. Id est, vitam, aut vitales spiritus. Sic vetus Bibliorum Interpres II Sam. I, v. 9: *Quoniam tenent me angustiæ, et adhuc tota anima mea in me est.* Martyrologium Usuardi, prid. kal. febr.: *Ibique spiritum, qui in eo superarat, injecerunt.* Vide Barthii adversaria, pag. 1682.

IN CAPUT XVIII.

Aiebat ei indecens esse. Scribe, *Aiebat et indecens esse*, ut hoc membrum sequenti, *et minus tutum*, lepidius respondeat.

Multorum sibi odia quæsisset. Lactant. lib. II, c. 12: *Per ejus divinum atque unicum nomen hominum sibi misericordiam quærit.* Et lib. IV, c. 1: *Mortem sibi perpetuam cum diis et cum bonis corporalibus quæsierunt.* Adde Gronov. ad Sen. Herc. Fur. v. 285.

Nerva vero uno anno imperante. Nervam vero uno anno imperantem scribendum esse, ratio syntaxeos evincit.

Jam ipse inhiaverat ... Lego, *Jam spe inhiaverat, cum inde sibi aut nihil præter nomen, aut non multum videbat accedere.* Nihil, aut exiguum nimis, videbatur Galerio, si duo majores retinerent summam imperii, ipse contentus nomine Cæsaris, tertium aut quartum teneret locum.

Jam fluxisse annos quindecim. Lactant. l. III, c. 17, ex mente adversariorum: *Nullum diem, nullum denique temporis punctum effluere nobis sine voluptate patiamur.*

Annos quindecim, in Illyricum. Videtur respexisse verba Livi, lib. VII, c. 38: *An æquum esse dedititios suos illa felicitate perfrui* (Editio Lugd. Bat. A. 1634: *dedititios suos illa fertilitate atque amoenitate perfrui*); *se militando fessos, in pestilenti atque arido circa urbem solo luctari?*

Filios nuncupari. Instit. l. 1, c. 8: *Quos imperiti et insipientes tanquam deos et nuncupant, et adorant.* Sic lib. IV, c. 4: *Nuncupare patrem, nuncupare dominum*, sensu nonnihil diverso. Nam hic nuncupare, est Cæsarem pronuntiare, atque adeo in hæreditatem et jus obtinendi olim imperii venire.

Sanctissimus adolescens. Id est, vitæ integerrimæ et innocentissimæ. Sic de Paganis Lactant. l. v, c. 10: *Qui licet sanctis moribus vivant, in summa fide atque innocentia, tamen quia deos colunt, a justitia et nomine veræ pietatis sunt alieni.* Symmacho hæc vox valde frequens est, Christianos, ut opinor, æmulanti. Vel uno in quinto libro en quoties eam repetat, Epist. 15: *Sancte Lampadio, germano tuo;* Ep. 20: *Sanctus Aurelius;* Ep. 29: *Sancti Asclepiadis philosophi;* Ep. 39: *Sanctus Sabius;* Ep. 49: *Ex tuo sanctissimo et luculentissimo ore.* Plura non congero.

Fideliter præbuit. Omnino vera est prior hujus loci apud Cuperum interpretatio. Sic in Bibliis Latinis, II Paralip. xxxi, v. 18: *Sacerdotibus per familias et Levitis fideliter cibi de his, quæ sanctificata fuerant, præbebantur.* Ammianus Marc. lib. xxviii: *Quod ipsi ad expeditionales usus præbere necessaria detrectarunt.* Sic dicebant, præbere congrua, præbere justa, annua, diurna, et similia. Lactantius Instit. l. IV,

c. 8. *Ut generanti nos Deo justa et debita opera præbeamus.*

Ut ab eo induatur. Vestire dixerunt alii, ut Ammianus Marcell. l. XXVI : *Si tuos amas, imperator optime, habes fratrem ; si rempublicam, quære quem vestias.*

Dajam adolescentem. Opinor sic dictum, quod originem duceret e Daharum populo, non tam illo, proxime qui situs ad mare Caspium fuit, noto per scriptores rerum Alexandri, quam Europæo, et quidem Germanico. Vide quæ de eo collegerunt Cluverius in Germ. Ant. Freinshemius ad Curt. Dausquejus ad Sil. Italicum.

IN CAPUT XIX.

Kal. maiis. Annotavit Baluzius, Zozimum et Fastos idatianos dicere hoc factum kalendis aprilibus, alios etiam longius recedere ; cum Lactantio tamen kal. maias tenendas esse, Antonius Pagius etiam non ambigendum putat. Vide eumdem, pag. 239 dissertationis memoratæ, et locis aliquot aliis.

Et priores militum. Existimo legendum, *primores militum*, quomodo Livius, Tacitus, aliique frequentissime. *Primores Judæorum* dixit etiam Lactantius, lib. IV, c. 16; Hegesippus de Excid. Jer. l. II, c. 15 : *Etiam quibusdam afflictis militiæ primoribus.*

Inquit senex. Emendavi, *in qua senex, concione* scilicet : *recipit*, quod suggerit vir quidam doctissimus, cum sequenti *alloquitur*, apte hic convenire non potest.

Alloquitur milites. Proprie, ut ab aliis est annotatum ; unde *allocutiones* in nummis sæpe.

Omnes in tribunali. Distingue, *Obstupefiunt omnes. In tribunali Constantinus adstabat susum.* Non enim soli obstupuere, qui stabant in tribunali, sed et cæteri. *Susum* habes apud Plautum, Cistell. Act. II, sc. 3, v. 78 :

Quid nunc supina susum in cœlum suspicis ?

Ita quidem duo vetusti codices, teste Parœo in Analect. quomodo et bis edidit Gruterus. Utitor et Cato de R. R., c. 157, sub finem. Sic in decreto arbitro finium regendorum inter Genuates et Veituries, quod legitur in Collectione Gruteriana, p. 204 : IBEI. TERMINUS. STAT. INDE. FLOVIO. SUSO. VORSOM. IN. FLOV. LEMURIM. INDE. FLOVIO. LEMURI. SUSUM. USQUE. AD RIVUM. COMBERANE. INDE. RIVO. COMBERANEA. SUSUM. USQUE. AD. CONVALLEM. CÆPTIEMAM. Manet eadem vox in compositis, *sustollo, suspendo, suscipio, sustineo*, et si qua sunt similia. Plura Ducange in Glossario.

Statim scutarius, continuo protector. Gradus hi sunt militiæ honoratæ, de quibus docti abunde egerunt. Cumprimis vide Valesium ad Am. Marcell., lib. XIV, qui docet, scutariorum scholas, inter Palatinas, alias fuisse sagittariorum, alias clibanariorum : *protectores* autem latus principis protexisse, et alios in comitatu mansisse, alios cum comitibus et magistris militum missos in provincias. *Constantius Chlorus, divi Claudii, optimi principis, nepos ex fratre, protector primum, exin tribunus, postea præses Dalmatiarum fuit*, uti docent publicata a Valesio Excerpta.

IN CAPUT XX.

Quod voluit et fecit. Effecit ab auctore scriptum puto. Sic Instit. div. l. VI, c. 14 : *Mox videbimus, an efficiant quod velint.* Inscriptio temporum eorumdem apud Ad. Occonem, pag. 11, num. 3, in editione Commelini :

IMP. MAXIMIAN. HERCUL. CÆS. AUG.
CONSTANTIO IN OCCID. CÆS. EFFECTO.
ET. IMP. REIP. LONGE. LATEQUE. AUCTO.
ET. CUM. DIOCLETIANO. PRINCIPE. INVICT.
ETIAM. UNO. TEMPORE. COLLEGA. EFFECTO.

Dominum esse ferebat. Illud esse suspicor a librario adjectum. Velleius Paterculus, l. 1, c. 11 : *Qui se Philippum regiæque stirpis ferebat.* Tacitus, Annal. I, c. 2, *consulem se ferens.*

Cæsare filio suo. Candidiano, ex concubina nato, sed quem adoptaverat etiam Valeria conjux, uti narrabit noster infra, c. 50. Hæc ita vere interpretatum arbitror Baluzium.

IN CAPUT XXI.

Se addicant. Div. Instit., l. II, c. 1 : *Totos se libidinibus addicunt.* Lib. VI, c. 20 et 23 : *Quia se corpori addixerant in quo habet mors potestatem.* De instituto, seu consuetudine hac Persarum legatur Brissonius.

Sic agebat. Clam sic agebat, aut artibus sibi consuetis, aut aliquid simile nisi adjeceris, nihil erit, quod præcedenti aperte respondeat.

Egregii ac perfectissimi viri. Non Decuriones modo, qui quidem *egregii* ac *perfectissimi viri* non erant dicti, sed et his potiores, quales fuere Duumviri, et defensores civitatum, item sacerdotes, curiales, et si quis ex his, aut præter hos, codicillis ab imperatoribus datis, honores et ornamenta *egregiorum* et *perfectissimorum* erant consecuti, eorumdem dignitatum nulla ratione habita, atque sic his amissis, subjiciebantur ab eo tormentis. Plura de his cæterisque titulis Pancirollus ad Notit. imperii.

Defixi in stabulo. Stabulum hic non equorum, sed equuleorum, ejusque generis catastarum, accipe, et ubi homines ad palos fixi et prope suspensi stabant. Sic *stabulum ferriterium* habes apud Plautum, Pers., Act. III, sc. 3, v. 13 ex emendatione Gronovii.

Quid lusorium. Lusorium, id est, amphitheatrum, si Salmasium ad Spartianum sequimur. Ex hoc loco tamen colligere possis, destinatum peculiariter oblectationi imperatoris in spectanda confectione ferarum, aut lanienis quæ per eas fiebant, ædificium intelligi hoc vocabulo. Scholiastes Juvenalis ad Sat. IV, v. 100 : *In lusorio Cæsaris juvenis iste ursos sæpe ut venator occidit.* Salvianus quoque Lusorium, ut ab amphitheatro diversum, recenset verbis a Dufresnio adductis, apud quem vide plura. Imo et Seneca, Epist. 80 : *Cogito mecum quam multi corpora exerceant, quam ingenia pauci ; quantus ad spectaculum non fidele et lusorium fiat concursus ; quanta sit circa artes bonas solitudo.*

Habebat ursos. Non dissimilia de Valentiniano Marcellinus, lib. XXIX : *Cum duas haberet ursas, sævas, hominum ambestrices, Micam auream, et Innocentiam, cura agebat enixa, ut earum cavens prope cubiculum suum locaret, custodesque adderet fidos, visuros sollicite, ne quo casu ferarum rumperetur luctificus calor. Innocentiam denique, post multas quas ejus viderat laniatu cadaverum sepulturas, ut bene meritam in sylvas abire dimisit innoxiam.*

Et exilii. Locus est difficilis, et quem ab aliis restitutum videre malim, ac lubens : tentabo tamen et ipse. Puto compendium scriptionis *cros*, quod *cæteros* debuit notare, mutatum fuisse in *Christianos* ; *exilii* vero ἀντὶ τοῦ *exilium*, fuisse scriptum, ut proximo capite *beneficii*, pro *beneficium*, et *imperii*, pro *imperium*, apud Aur. Victorem de Cæsaribus, c. 35, ut bene conjectavit Schottus, subsidente videlicet nonnumquam librarii manu. His observatis, scribo : *Dignitatem non habentibus pœna ignis fuit*; aut, si omnino videtur necessaria mentio Christianorum, quia de his maxime agitur : *Christianis dignitatem non habentibus pœna ignis fuit*; *exilium primoribus* (Romanis puta ; nam de municipiorum decurionibus prius est actum) *permiserat adversus cæteros datis legibus, ut post tormenta lentis ignibus urerentur.* Cyprianus, Epist. 82, non plane dissimilem suppliciorum recenset seriem, quam illic rectius leges.

Cum per multum diem. Ita jam typis Aboæ fuerat descriptum, doctissimis viri, ut opinor, conjectura, qui illic non gravatus est præesse huic labori, ut opusculum istud recte ederetur. Firmarunt postea litteræ amplissimi Cuperi. In Parisiensi fuit, *Quod postremo accedebat.* Tunc per... Pro *in flumina ac mare*, item recte forsan est repositum, *in flumina ac mare*; sic enim scripsisse Lactantium facile credam. Nec tamen plane novum est *jactabantur in flumine*. Nam in passione Savini episcopi et martyris habes, cap: X, *omnia jussit comminui et projici in flumine* : quomodo et

Lactantius non rare, ut ostendam infra. *Mare* pro *mari* Naso quoque locis aliquot, et arte cum Varro uterque dixerunt, ut ab aliis est observatum. Non repugnabo igitur, si quis retinendam contendat editionis primae lectionem.

IN CAPUT XXII.

Nulla pœna penes eum levis. Assentior cl. Baluzio, ex eo quod in manuscripto fuit, *pœnis*, facienti *penes*. Sed cum vox *pœna*, teste ipso, legatur inferius, existimo hæc ita esse concinnanda : *Nulla penes eum levis pœna*.

Emendabantur lancea. Arbitror speciem fustigationis hoc genus supplicii fuisse, quod et Cupero nostro est visum : lanceam vero loco fustis, ut minus ignominiosam, adhibitam esse. Apuleius, lib. x. c. 1 : *Lanceam longissimo hastili conspicuam, quam scilicet non disciplinæ tunc quidem causa, sed propter terrendos miseros viatores...... composuerat. Emendare legibus res Romanas, emendare urbes judiciis*, habes apud Horatium et Quintilianum.

Beneficii loco. Voce *loco* inserta opus non esse, scribendumque *beneficium*, dixi ad caput præcedens. Dio, lib. LVIII, p. m. 634 : Καὶ τὴν ζωὴν τιμωρίαν τισί, καὶ τὸν θάνατον εὐεργεσίαν ἐποίει. Et sic alii.

Bonam mortem. Id est, facilem, et cruciatus carentem. Plin., lib. II, ep. ult. : *Quousque miserum cruciatis? quid invidetis bonam mortem, cui vitam dare non potestis?* Ubi adde quæ habent Gruterus et Buchnerus. P. Syrus :

Bona mors est homini, vitæ quæ tollit mala.

IN CAPUT XXIII.

Censitoribus ubique diffusis. Quæ de ratione census provincialis, sive censitionis, deque ejus ab urbano censu discrimine, commentatus sum, afferre non sinit festinatio. Augustum etiam sic descripsisse provincias nemini ignotum. Fecerunt et postea Vespasianus, Constantinus Magnus, Arcadius, Justinianus et alii, uti leges diserte docent.

Fora omnia. Sic emendavi, doctissimo Cupero approbante. In Parisiensi fuit, *foras omnia*.

Ipsi contra se torquebantur. Id est, tormentis huc adigebantur, ut se ipsos accusarent quasi, et convincerent. Amat Lactantius tales argutias. Sic Inst. Div., l. I, c. 18 : *Se ipso minor aut deformior*; c. 22 : *Sed cum alios falleret, seipsum neminem non fefellit*; l. II, c. 4 : *In gratiam secum ipsos reducere, ne se tantopere despiciant*; ibid. *ipsi ergo sibi renuntiant*. Magis etiam huc faciunt ista, l. III, c. 27 : *Tam incerti fuerunt, sibique sæpe contrariæ disserentes* ; l. v, c. 2 : *Ipse adversus se gravis censor, et accusator acerrimus* ; l. VI, c. 6 : *Et gradus per quos ascenderunt amputant, ne quis illos contra seipsos possit imitari*; l. VII, c. 2 : *Sibi contrariæ sententiæ*. Similia etiam alii ; quos inter Ovidius argute :

Contra te solers, hominum natura, fuisti ;
Et nimium damnis ingeniosa tuis.

Nec non et Cicero plane similiter, et æque in re judiciaria. Orat. pro Roscio Comœdo, c. 6 : *Quid in, Saturni, qui contra hunc venis, existimas aliter ?* c. 13 : *Te te, inquam Fanni, ab tuis subselliis contra te testem suscitabo*, c. 14 : *Contra se nunquam testimonium dicet*. Et alibi similia. Estque *vocula contra* in judiciis usitatissima, et formulam sapit. Jul. Capitolinus in Ant. Pio, c. 6 : *Contra procuratores suos conquerentes libenter audivit*. Ita vetustiores etiam sæpe ; ut cum Cicero ait, *contra alium patronum causam defendere, contra disputare*, e. similia.

Quæ veteres adversus victos. Lege cum Baluzio in addendis, *quæ victores adversus victos.*

Pro capitibus pendebantur. Capitationem non rejecisse veteres Romanos, apud capite censi pauperiores fuere, notum est. Constantinus solam Romanam plebem huic tributo exemit. Vide Franciscum Balduinum de Legibus Constantini, M. p. m. 154.

Nec mori saltem gratis. Alludit ad proverbium κἄν ἀπὸ νεκροῦ φέρει, quod habes apud Aristotelem Rhetor., lib. II, c. 6, al. 14.

Atquin homo impius. Alii mallent ubique separatim scribere, *at quin*. Vide Brissonium in Parergis, aut Isæum ad Lactantium, l. I, c. 4. Idem Lactantius, l. IV, c. 12 : *Atquin propheta utrosque adventus ejus paucis verbis comprehendit*. Sic codex Franc. Penix, teste Servatio Gallæo. Magis necessaria est correctio, l. V, c. 9, ubi nunc legitur : *Æque fieri non potest, ut ipsi qui errant in omni vita, et in religione fallantur*. Ubi legendum fortasse, *non et in religione fallantur*. Nisi ex vestigiis libri Bononiensis, qui pro *æque* habet *atquin*, scribendum, *At fieri non potest, quin ipsi, qui errant in omni vita, et in religione fallantur*. Sensus utique est, nec religionis iter rectum tenere posse, quos per omnem vitam error agit. Porro cum διασυρτικῶς hic traducatur tyrannus, verosimile est, non *hominem impium*, sed *pium illum* dictum, per ironiam. Notum enim est, pro misericordibus aut propensis illa ætate *pios* dictos principes, ut in illo Claudiani :

Sis pius in primis; nam cum vincamur in omni
Munere, sola deos æquat clementia nobis.

Quo de modo loquendi videndus Augustinus de Civ. Dei, l. X, c. 4, et ex recentioribus Scaliger. ad Ausonium. Similis ironia apud Terent. Andr., 5, 2, *o Chreme pietatem gnati*.

Adeo hominem misericordem. Lact., Div. Inst., l. I, c. 21 : *Tam barbaros, tam immanes fuisse homines, ut parricidium suum sacrificium vocarent*. Cic., l. V, ep. 11 : *Hominem gravem et civem egregium*. Plura vide apud Gronov. ad Sen. Cons. Marc., cap. 9.

Ita, dum cavit. Rectius *cavet* ; sequitur enim *subterfugiat*.

Contra omne jus humanitatis. Lact., Div. Inst., l. v, c. 19 : *In iisne mala mens est, qui contra jus humanitatis, contra fas omne lacerantur !* c. 22 : *Nec alienum quicquam concupiscit, ne quem contra jus humanitatis lædat oratio*. De jure eodem agit pluribus l. VI, c. 10 et 20.

IN CAPUT XXIV.

Judicium Dei. Videtur in mente habuisse illud II Machab., IX, v. 4 : *Cœlesti eum judicio perurgente* ; et v. 18 : *Supervenerat enim in eum justum Dei judicium*.

Res ejus dilabi ac fluere. Respicit notum illud Virgilii, Æn. II :

Ex illo fluere et retro sublapsa referri
Spes Danaum.

Sæpe in insidiis. Deleretur forsitan rectius τὸ in.

Dei manus hominem protegebat. Lact., l. II, c. 15 : *Quos Dei manus potens et excelsa protegit.*

In ipso cardine. Sic Inst. Div., l. II, c. 8 : *Hic est ergo cardo rerum ; hic vertuntur omnia*. Similiter, l. III, c. 7, et de Ira Dei, c. 6.

Cum jam diu necare. Negare Baluzius curis secundis recte emendavit. Ac forsan præterea pro *diu*, scribendum *diutius*.

Dedit illi sigillum. Sigillum, præceptum, epistola, diploma, litteræ ipsæ sigillo munitæ, ut *Bulla*, diploma bulla sua instructum. Gloss. Gr. Lat. σύνθημα, *sigillum, evectio*. Hæc et plura Carolus Du Fresne, vir harum litterarum eximie gnarus. Nec diffitendum est, diplomata, quibus cursus dabatur publicus, Augusti tempore et proximorum principum, ab imperatore ipso, aut proconsulum præsidumve aliquo subnotata fuisse. Aliquo tamen ævo tesseras tantum fuisse certas, cum sigillo principis, non male videtur statuisse Budæus, in cujus sententiam inclinare se fassus est Schefferus noster, vir in juvandis litteris, dum vita et vires erant, indefessi laboris, libro priore de Vehiculari re, c. 18, p. 264, *synthema* vocat Hieronymus, epistola ad Julianum, *Jam demisso*, inquit, *synthemate, equus publicus sternebatur, et na-*

bilem juvenem punicea indutum tunica baltheus ambiebat. Συνθήματα etiam a Polybio memorata (quanquam hæc ab istis haud dubie diversa) *secretas notas, per quas mandata mittentis vera esse cognoscerentur,* vocat Livius. Adde Lips. ad Tac. Annal. 13. c. 2, Casaub. ad Æneam Tacticum, Salmas. ad Jul. Capitol. Pertinac., c. 1. Nec absurde quis dixerit, in his comparuisse notarum genus, quæ *sigla* dicuntur a Justiniano imperatore, quibus utebantur σημειογράφοι, sive ταχυγράφοι. Nam hos, qui per *sigla* illa intellexere singulares litteras, de quibus Val. Probus, refellit Nicolaus Heinsius, vir illustris, in epistola ad Socerum meum, τὸν μακαρίτην, jam olim ab hoc mecum benigne communicata, quæ, si res fuisset meæ spontis, jamdudum donata foret publicæ luci. Quod et de illis non paucis dicium vellim, quæ nunc in scriniis B. Soceri delitescunt, me quidem prorsus nolente et invito.

Requiem vitæ, sicut optabat. Elegantissima ejus verba refert auctor Politiæ Metrophanis et Alexandri apud Photium : Νῦν ὁ θάνατός μοι τῆς ζωῆς ἡδύτερος, μέγιστον ἐντάφιον λαβόντι τὴν σὴν ἡγεμονίαν, υἱέ μου, τὸ γὰρ καταλιπεῖν ἐπὶ γῆς βασιλέα, τὰ χριστιανῶν δάκρυα περιμάξαι δυνάμενον, καὶ στῆσαι τὸν ἄδικον φόνον, ὃν Μαξιμιανὸς οὐ λήγει κατὰ τῶν χριστιανῶν παλαμώμενος ἤδη μοι τὴν μακαρίαν δίδωσι λῆξιν.

Deo suo reddere. Deo suo ut redderet, forsan Concinnius.

Sanctæ religionis restitutæ. Sic recte emendari puto, cum in Parisiensi sit *restituta.* Sic infra, c. 48, *hujus benevolentiæ nostræ sanctio.* Utitur ætas ea frequentissime etiam hoc modo. Posset tamen (si cui brevitas hæc non satis placent) legi, *hæc fuit prima ejus sanctio, sanctitas religioni restituta.* Cic., 1 de Nat. deorum, c. 4 : *Sanctitas est scientia colendorum deorum* ; l. II, c. 2 : *Deorum cultus et religionum sanctitates,* itidem conjunxit. Immo Lactantius ipse similiter initio divinarum Inst. : *Per quem rebus humanis justitia et sanctitas restituta est.* Eidem *sancta religio, homo sanctum animal, sanctæ litteræ* et similia, satis crebra.

IN CAPUT XXV.

Laureata imago ejus. Multiplex fuit *laureatarum,* seu, ut postea dicebantur, *lauratarum* usus : sed præcipuus in imperatorum inaugurationibus. Statim enim atque augustam erant adepti dignitatem, mittebantur in provincias eorum statuæ, in signum adeptæ dignitatis, et ut a populis exciperentur. Philostorgius, l. XII, c. 10 : Αἱ δὲ τοῦ Κωνσταντίνου εἰκόνες, ὡς ἔθος ἦν τοῖς ἄρτι παρελθοῦσιν εἰς βασιλείαν πράττειν, ἀναπέμπονται πρὸς τὴν ἑῴαν. Hæc fere et plura in eumdem sensum Ducange in doctissimo glossario, quibus pluscula addi possent ex aliis, si foret opus. Vide infra ad c. 42.

Turbatæ rationes ejus. Rationibus turbatis seu conturbatis, opponuntur liquidæ et expeditæ. Sic *turbare censum, turbare peregrinas delicias,* apud Petronium ; de quibus vide Gronov. Observ. 3, 11. Nisi mavis hæc ad turbatas *agrorum rationes* referre, de quibus agrariæ rei scriptores, et ad eos Rigaltius et Gœsius, viri doctissimi.

Sed illud excogitavit. Lactantius de Opif. Dei, c. 3 : *Quid enim excogitabit ? quid faciet ? quid molietur ?*

IN CAPUT XXVI.

Orbem terræ devorare. Interpres Esaiæ vetus, cap. 24, v. 6 : *Propter hoc maledictio vorabit terram.* Lactant., VII, c. 16 : *Disperdent omnia, et comminuent, et devorabunt.* Atque sic etiam Epitomes, c. 11, bis loquitur, ut nunc vetustiores omittam.

Describerent plebem. Lactant., Inst. l. 1, c. 22 : *Deos per familias descripsit.* Usitatissimum verbum de censu, aut censitione ; quomodo et apud Græcos, ἀπογραφή et ἀπογράφειν.

Opportunitatem nacti. Nancti, quod est in editione Parisiensi, nollem mutatum. Atque sic in Livio doctiores scribi curavere, *Sine arbitris Mericum nanctus,* l. XXV, c. 30. Glossæ, *nanctus,* δραξάμενος. In veteribus libris comparet etiam apud alios.

Nimium territus. Nimium, id est, *valde* ἄγαν. Inst. Div., l. v, c. 10 : *Si nimium pii fuerint ;* de Opif. Dei, c. 9 : *Si aliquid nimis propius admoveas ;* ubi legendum, *nimio propius.* Sic Liv. 1 : *Nimio plus, quam satis tutum esset accolis.* Horat.

Et tollens vacuum *nimio plus* gloria verticem.

Nimio satius, dixit Plautus, aliisque non dissimilia.

Quærebat quatenus. Quatenus, illo ævo, sæpius notat *quomodo.* Lact. Div. Instit. l. 1, cap. 21 : *Isidis Ægyptia sacra sunt, quatenus filium parvulum vel perdiderit, vel invenerit ;* l. IV, c. 27 : *Sciet qui viderit, quatenus abjurati per Christum de corporibus fugiant ;* lib. VII, c. 6 : *Quatenus, aut quamobrem homines procreati.*

Se a periculo impendente muniret. Lact. Epitom., c. 6 : *Severissimis legibus vita nostra munitur ;* de Opif. Dei, cap. 4 : *Ut adversus nocentia fragilitatem suam muniret ;* cap. 10 : *Ut oculi munitiores essent ab injuria.*

Severus interim vadit. Oratio hæc elegantiæ Firmiani nostri minus respondere videtur. *Severus vadit, et ad muros accedit.* Arbitror scribendum : *Severus interim Italiam invadit.* Nec officit, paulo post has voces repeti, nimirum capite proximo. Videmus enim Lactantium frequentare consuetas verborum formulas, duntaxat ubi hoc sine legentium tædio fieri posse videbatur.

Vestemque et purpuram. An est ἓν διὰ δυοῖν ? Crediderim potius, et interiorem vestem, et exteriorem intelligi, cum in utraque majestatis imperatoriæ aliqua extiterint insignia.

Ab hoc capite suos persequi. Verba hæc mutila quorsum spectent, difficile pronuntiatu fatentur etiam viri doctissimi. Suspicor leviter dicere auctorem hujus scripti, Max. Galerium a Severo suos persequendi fecisse initium, sive caput pro homine, sive pro initio accipias. Ita Ovid. :

Hanc ego suspiciens, et ab hac Capitolia cernens.

Curt., l. v, c. 2 : *Post hos Antigonus, et ab eo Lyncestes Amyntas fuit.* Florus, l. III, c. 18 : *Ut victrix Asiæ Europæque a Corfinio Roma peteretur.* Et sic alii non raro.

IN CAPUT XXVII.

Urbe munita, et rebus cæptis inimicis. Mihi videtur fuisse, *urbe munita, et rebus cæptis inimica reddita, bellum diligenter instruens,* in *Galliam proficiscitur.* *Rebus cæptis,* a Severo puta, ac occiso illo a Galerio : his rebus, id est, molitionibus inimicam urbem reddidit. *Instruere certamen* habes etiam apud Lactantium, l. VI, c. 22.

Dimississque animis. Aptius, ut puto, *demissis.*

Promissis ingentibus felix animos. Scribendum est cum Baluzio : *Donec promissis ingentibus flexit animos eorum* ; aut, quod ego malim, *donec promissis ingentibus flexis animis quorumdam, retro signa convertit.*

Sed Dacium. In Parisiensi editione fuit *Daciscum,* quod non temere velim mutatum. Nam *Daciscos,* pro *Dacis,* habes etiam apud Vopiscum in Aureliano, c. 38 extremo ; quomodo eos et *Hunniscos, Teotiscos, Mauriscos,* dixisse docet Salmasius.

IN CAPUT XXVIII.

Maximianus alter. Herculius, qui ut supra, c. 26, dictum, resumptum imperium commune habebat cum Maxentio filio.

Principem calamitatum. Sic *princeps religionum Jupiter,* Div. Instit. l. 1, c. 21 et ibidem, *principes intelligendi divina curates ; pythagorici, stoici, peripatetici, principes omnis disciplinæ,* l. II, c. 8.

Quas respublica sustineret. Div. Inst. l. VI, c. 8 :

Propter quæ tanti sit, et voluptates omittere, et mala omnia sustinere; c. 18 : *Sustineamus invicem, et mala hujus vitæ mutuis adjumentis perferamus.*

IN CAPUT XXIX.

Ubi aliquantulum moratus est, profectus. Distingue, *ubi aliquantulum moratus, est profectus... aut profectus est ad hostem filii sui...* Infra, substituto in Severi locum puto scriptum fuisse, non *loco*; quanquam non immemor, exempla reperiri et am alterius.

Quod ante non fecerat. Τὸ *ante* accipit Antonius Pagius Dissertatione Hypat., p. 245, de tempore, quo Severum Augustum, vel Licinium Cæsarem renuntiavit. Ego motus auctoritate eorum, quæ allegavit pro se amplissimus Cuperus, Licinium non puto sic declaratum Cæsarem, ut plene adoptatus esset in proximam spem imperii. Quod tamen ab Aurelio Victore Schotti, c. 40, et auctore ignoto de Vita Constantini Chlori, ejusque filii Constantini Magni, dicatur a Galerio Cæsar factus, id tale esse auguror, quale quod de Maximino supra dicitur, c. 18 : *Jam et ipsi Diocletianus nomen ex parte mutaverat*, aliquem scilicet illi gradum factum per faventem adeo Galerium, non in totum Cæsarem declaratum.

Sic uno tempore sex fuerunt. Unde colligere licet, Diocletianum, seu Dioclem, iis non accensendum esse; quam tamen Antonius Pagius autumat, ideo ab Aurelio Victore dici tenuisse imperium viginti quinque annis, quia hoc quoque anno publicis interfuerit consiliis, id quod ex hoc satis liqueat loco. Sine eo certe sex fuerunt, nempe ut eos recenset etiam cl. Baluzius, Maximianus Herculius, Galerius Maximianus, Maximinus, Constantinus, Licinius. Herculius tunc equidem bona fide non imperabat : hunc tamen potius, quam Dioclem numerum istum implere crediderim.

Plurius malæ contagionis ac sceleris. Hoc genus loquendi in sacris extraneisque scriptis frequens est. Sic. Jos., vii, dicitur Israel *anathemate pollutus*, et Achan *scelere contaminatus. Inexpiabili scelere contaminari atque distringi* dixit Lactantius, l. v, c. 1, et Epit. c. 6. Paulo aliter Salomo., Prov. v, c. 22 : *Iniquitates suæ capiunt impium, et funibus peccatorum suorum constringitur.* Quod Græci pereleganter Παρανομίαι ἄνδρα ἀγρεύουσι, σειραῖς δὲ τῶν ἑαυτοῦ ἁμαρτιῶν σφίγγεται. Adde Salmasium ad Solin., p. 1091.

Cum exercitu revolat. Lact., Div. Inst. l. ii, c. 12 : *Donec emissa corporis claustro, ad sedem suam revolet.*

Audit scelera quæ fecit. Eleganter de obnoxio. Sic l. v Div. Inst., c. 19 : *Audit quæ illi Deus comminetur.*

IN CAPUT XXX.

Vocat filiam Faustam. Cujus imaginem in numismate babes apud illustrissimum Spanhemium de Usu et Præst. Num. p. 639. Obiit hæc postea balneo supra modum calefacto, quod mariti jussu factum criminati sunt pagani. Sed hoc non immerito suspectum habet clarissimus Cellarius in Notis ad Eutrop. l. x, c. 4, Num. 13. Amata vero plurimum fausta illa, ut Tacitus vocat, nomina, non in viris modo, sed et fœminis. Hinc Felicitas, Fausta, Faustina, Faustilla, Fortuna, Felicissima, Tyche, Callityche, Profutura, et alia jam ante ab insignibus viris recensita.

Digniorem virum pollicetur. Non male prorsus hoc de honorum dignitate acceperis. Sic Lact., iii, 11 : *At nihil virtute pulchrius, nihil sapientia dignius inveniri potest.* Usuardus in Martyrologio : *Sepultusque est ad Ecclesiam, ubi fuerat dignus minister constitutus.* Et sic cum alii, tum ecclesiastici frequentissime. In nostro quoque sermone veteres similiter, ut et Rex Birgerus, qui in Præfatione Legum Uplandicarum, archiepiscopum eleganter vocat *Baerdogan Verra.* In hoc tamen Lactantii loco rectius fortasse dignum interpretabimur hac conditione conjugii : ut apud Tibullum, l. iv, eleg. 7 :

..... Cum digno digna fuisse ferar.

Qua manifesto facinus teneretur. Quid sit *manifesto teneri*, jurisconsulti docent. Vide Brissonium et alios.

Hæret manifestarius homicida. Lact., l. i, c. 7 : *Quasi subductis et consumptis omnibus viis, subsistit, hæret, deficit.* Glossæ veteres, *hæreo,* ἅπτομαι, ἐνέχομαι. *Manifestarius fur* occurrit apud Plautum in Aulularia et Trinummo. Posteriores *manifestum* dicere malebant; græci, ἐπαυτοφόρῳ.

Viginti annorum vota. Contra Morisium docet Antonius Pagius, Dissertatione Hypat , p. 157, non anticipasse Maximianum vicennalia sua, sed legitimo tempore celebrasse; quippe qui biennio Cæsar antequam gustus fuerit nuncupatus. Ipse videatur.

Morte finivit. Admodum consentanea his habent cum alii, tum Zonaras præcipue ; adeo ut ea quoque, quibus factum putat ille, ut dissenserint inter se antiquiores, vera esse patent, et ex hac tam luculenta narratione multo evadant clariora. Sed ea huc afferre nimis foret prolixum negotium.

IN CAPUT XXXI.

De agendis et ipse vicennalibus. Non quod Galerio tum adesset eorum tempus : sed quod apparatu sibi ad ea plurium annorum opus esse imperatores putarent. Adi laudatum modo Ant. Pagium, diligenter hoc argumentum exequentem, Diss. Hyp., p. 188. Egregium hunc locum esse ad ostendendam impensarum magnitudinem, quas occasione istiusmodi faciebant, docet idem, p. 247.

Qui jamdudum. In lacunula hac arbitror deesse, *ut diis suis*, nempe redderet quæ promiserat ; quæ verba mox sequuntur.

Securim alteram afflixit. Securum alterum legendum putat vir doctissimus, imperatorem nempe ; quod assequi me non fateor, cum hic non de imperatore Diocletiano, sed de provinciis agatur. Nec mihi dubium, quin Ciceronis illud pro Cn. Plancio respexerit, c. 20 : *Quam enim illi judices graviorem potuerunt reipublicæ infligere securim, quam cum illum e civitate ejecerunt, qui prætor finitimo, consul domestico bello rempublicam liberarat ?* Præterea licet usitatius multo sit quod nunc editum est, mallem tamen ex istius ævi consuetudine retentum fuisset, quod est in editione Gallica, *securem.* Sic enim etiam Prudentius in passione martyris Prudentii, v. 328 :

Adeon' securem publicam
Mollis retundit lenitas ?

Etiam Ammianus, lib. xxx, p. m. 430 : *Papirius cursor ea tempestate dictator securem per lictorem expediri..... jussit.* Sed talia nostris adolescentibus non sunt imitanda ; licet etiam *sitem* legatur apud Prudentium et Boethium, *cutem* apud Corn. Celsum, imo apud Maronem etiam *turrem*, si Charisium sequimur, et alia apud alios.

Exactio celebrata sit. Optatus Milevitanus, lib. iii : *Si quando in judiciis publicis aliqua celebrata sit actio;* lib. v. *Cum videret a Filio Dei tantas celebrari virtutes*, id est, tanta divinæ potentiæ opera edi; lib. vii : *Nullum judicium celebratum est: sed sententiæ est operatus effectus.*

Veniam non habentibus, nullas. Lege cum Baluzio ad umbilicum voluminis secundi : *Venia non habentibus nulla abstinendi multiplices cruciatus* ; aut *Venia a non habentibus*, quod ego malim ; ut sit sensus, non licuisse missis ad hoc magistratibus abstinere cruciatus a provincialibus, licet non haberent quod præstarent.

Nullæ areæ sine exactore. Veteres aliquandiu frumenta habebant in areis, donec extrita et purgata reconderent in horreis et apothecis. Vide scriptores Rei Rusticæ. Etiam Liv. l. xxxiv, c. 9 : *Id erat forte tempus, ut frumentum in areis haberent.*

Quæ quam tolerabilia sint. Emenda cum Baluzio : *Quanquam intolerabile sit eripi ab ore hominum cibos*

labore quæsitos; nisi quod *quæstos κατ' ἀρχαϊσμὸν* videatur ferri posse. Simile, quod ad figuram orationis, est illud Lactantii, lib. v, c. 9 : *Hoc vero inenarrabile est, quod fit adversus eos, qui malefacere nesciunt;* quod ad sententiam vero, illud Livii, lib. xxi, c. 13 : *Hæc quanquam sint gravia atque acerba, fortuna vestra vobis suadet,*
O dementissime. Hic locus alterum revocat mihi in memoriam, qui nunc apud Lactantium haud dubie corruptus exstat. Videlicet Div. Instit. lib. v, c. 10 : *Quid esse potest hac pietate dementius; quam mortuis humanas victimas immolare, et ignem cruore hominum tamquam oleo pascere?* Hic pietati primum *dementia* male opponitur; dein efficiunt hæ duæ voces, *hac pietate*, ut sequens membrum, *quam mortuis humanas*, etc. non habeat cui apte possit respondere. Servatius Gallæus testatur, ἀντὶ τοῦ *dementius* in uno codice vetusto legi *inclementius;* unde veram lectionem hanc esse colligo : *Quid esse potest hac pietate inclementius? quid dementius, quam mortuis humanas victimas immolare, et ignem cruore hominum tamquam oleo pascere?* ut hoc velit, nihil inclementius, adeoque nihil Ænea, qui pium se jactavit, indignius (nam et clementia pietas dicta, uti prius est ostensum), quam cædere et exurere crudeliter innoxios homines; nihil inconvenientius duci perito et prudenti, quam credere mortuos pasci cruore humano. Judicent alii, siccine scripsisse videri possit Lactantius.
Bonis suis eversus. Ciceronem imitatur, qui et ipse similiter dicit, *evertere quempiam bonis, aut fortunis suis*, ut ab aliis est annotatum.

IN CAPUT XXXII.

Mittit ergo ad eum sæpe legatos. Galerius nempe ad Maximinum. Vide Eusebium lib. vIII, c. 13, cujus verba attulere jam alii complures.
Præscriptione temporis. Quod purpuram diu ante Licinium sumpsisset Maximinus.
Victus contumacia. Miror Antonium Pagium hæc de Maximino Daia, sive Daza, accipere, cum series verborum et res ipsa doceat, intelligendum esse Galerium. Quomodo enim Galerius, imperator jam veteranus, contumax diceretur in novitium Daiam? Contumacia inferioris utique est in superiorem. Dein suæ mentis nihil fuisset in Maximino Daia, si vivo Galerio Cæsarum nomen tollere, et unus omnia suo arbitratu turbare verius, quam administrare tentasset. At Pagius instat : *Quid ergo* fiebat de Maximino? Hunccine Galerius dejecit gradu omni? Primum respondere possem, non eum nominatum in præsentia, quippe Galerio inimicum jam, penitusque invisum; postmodum ejus fieri mentionem, cum ratio jam non posset non haberi. Dein si miraris, præteritum a Galerio Daiam, quanto magis mirabor ego, a Daia præteritum Galerium? an ideo tamen potuit eum e fastigio suo dejicere? sed ut serio magis agam, opinor, hic omissum esse a dormitante librario Maximini Daiæ nomen, scribendumque, *Maximinum, Maxentium, et Constantinum, filios Augustorum.* Sic utique omnia erunt planissima, liquebitque vere hæc Baluzio interpretatum esse de Galerio. Firmant sequentia : *Omnes*, inquit Lactantius, *quatuor imperatores jubet numerari :* Licinium scilicet, Maximinum, Maxentium et Constantinum : omnes hos quatuor pronuntiavit imperatores; nam de ipso Galerio qui tot annos jam imperaverat, nemo ambigebat. Spero accessuros mihi in hoc diligentius hæc expendentes, teque cumprimis, amplissime et doctissime Cupere; quod si fiat, aliquos dissentire molestè non feram.
Filios Augustorum. Sic apud Julium Capitolinum in Vero, cap. 3 : *Nec aliud ei honorificentiæ ad nomen adjunctum est, quam quod Augusti filius est appellatus.*

IN CAPUT XXXIII.

Jam decimus octavus annus. Annus decimus octavus Galerii Maximiani cœpit kalendis martiis anni 309 : quo

exeunte, vel circiter, eo morbo is afflictus est, usque ad anni sequentis finem, ac initium anni 311, quo post kalendas martias, ac tribunitiam potestatem vicesimam susceptam (vide edicti, quod infra habes capite proximo, Inscriptionem, apud Euseb. lib. vIII, c. 17 Eccl. Hist.), *edictum in Christianorum gratiam misit, et post kal. maias ejusdem anni, cum futura essent Vicennalia kal. martiis anni 312 miseram efflavit animam.* Hæc et plura Ant. Pagius Diss. Hypat. p. 159, quem in hoc puto sequendum.
Percussit eum Deus insanabili plaga. In animo habuit illud II Macchab. c. 9, v. 5 : *Sed qui universa respicit, Dominus Deus Israel, percussit eum insanabili et invisibili plaga.* Sic de Herode Eusebius et Nicephorus : Θεήλατος αὐτὸν καταλαβοῦσα μάστιξ, εἰς θάνατον συνήλασεν. Atque hoc pronuntiarunt Herodi, qui ab eo de morbo consulebantur : Ποινὴν τοῦ πολλοῦ καὶ δυσσεβοῦς (dele particulam καὶ cum Nicephoro et aliquot libris, τὸ πολὺ δυσσεβές, multa impietas) ταύτην εἰσπράττεσθαι ὁ θεὸς (vide an fuerit, τὸν θεὸν) παρὰ τοῦ βασιλέως; *Hanc multiplicis impietatis pœnam Deum a rege exposcere.* Docent hoc exempla plurima, solemnem hanc esse, aut immanis sacrilegii et impietatis, aut aliorum atrocium scelerum pœnam. Aliquot ego nunc festinans recitabo. Pheretima, plus quam fœmina in exigendis ab hostibus suppliciis, viva in vermes efferbuit, teste Herodoto, libro quarto in fine. Pherecydes Syrus, linguæ adversus deos incontinentissimæ impurissimæque, quam fœde perierit, seu pediculis, seu serpentibus e corpore ipso enatis, narrabit Ælianus Var. Hist. l. IV, c. 28, et Plin. vII, 51. Sulla, homo crudelitatis notissimæ, phthiriasi periit, uti tradit Plutarchus; eodemque morbo Ennus, servus præstigiator, dira fax atrocis servorum in Sicilia belli adversum dominos Romanos. Herodem magnum, de quo cœpi dicere, τῆς ἥπρου φλεγμονὴ, καὶ αἰδοίου σηπεδὼν σκώληκας γεννῶσα, plane gemina his Galerii malis, e medio abstulere; de quibus Eusebius, et vetustior eo Josephus, adeundi. Occubuit et nepos ejus Agrippa σκωληκόβρωτος, qui et ipse Herodes dictus, Act. XII, 23 : *Claudius Herminianus in Cappadocia, cum Christianos crudeliter tractasset, solusque, in prætorio suo vastatus peste, vivus vermibus ebullisset : Nemo sciat,* inquit, *ne spe gaudeant Christiani. Postea, cognito errore suo, quod tormentis quosdam a proposito suo excidere fecisset, pene Christianus decessit;* narratio est Tertulliani, lib. ad Scapulam, c. 3, ubi plura videas licet. Caput Hæreticorum Arrius tetro correptus morbi genere, cum ejus fœtorem ne ipsæ quidem cloacæ ferrent, disruptis effusisque intestinis, impuram animam eructatus est. Socr. Schol. Hist. Eccl. l. 1. Iis accensendus etiam Julianus, Parabatæ avunculus, de quo vide laudatos Baluzio. Plures dabunt, Plutarchus in Vita Sullæ; Helladius apud Photium, p. 870, edit. Schotti; et Schottus ipse in notis ad Aur. Victoris Sullam. Plures iterum Sam. Bochartus ὁ θαυμάσιος, part. II, l. IV, c. 18 Hieroz. Has similesque historias gravi judicio prosequitur B. Hieronymus ad illud Zachariæ, cap. XIV, v. 12 : *Tabescent carnes eorum,* etc. *Nos autem dicemus,* inquit, *omnes persecutores qui afflixerunt Ecclesiam Dei, ut taceamus de futuris cruciatibus, etiam in præsenti sæculo recepisse quæ fecerint. Legamus ecclesiasticas historias; quid Valerianus, quid Decius, quid Diocletianus, quid Maximianus, quid sævissimus omnium Maximinus, et nuper Julianus, passi sint; et tunc rebus probabimus etiam juxta litteram, etiam prophetiæ veritatem esse completam, quod contabuerint carnes eorum, et oculi computruerint.* Unum his nunc addam illud B. Greg. Nazianzeni, invect. 11 : Νόσους μὲν δὴ τῶν ἀσεβῶν (miro errore editio Hervagii habet εὐσεβῶν) ἐνδίκους, καὶ ῥήξεις οὐκ ἀφανεῖς, καὶ πολυτρόπους ἄλλας πληγὰς καὶ μάστιγας, οἷς τετολμήκασι παραπλησίας, καὶ θανάτους οὐ κατὰ τὸ εἰωθὸς χαρήσαντας, καὶ τὰς ἐν αὐτοῖς τοῖς θανάτοις ἐξαγορεύσεις καὶ ἀνονήτους μεταμελείας, τάς τε δι' ὀνειράτων παιδεύσεις, καὶ τὰ καθ' ὕπαρ φαντάσματα, τίς ἂν ἀξίως ἐκτραγῳδήσειεν

Ulcus malum. Eusebius, l. viii, c. 16, ait, primum fuisse apostema, dein ulcus in imo fistulosum. Plura ipse.

Medici secant, curant. Languidiora hæc sunt, nisi scripseris, *Medici secant, urunt, curant.* Corn. Celsus, l. vi, c. 18, num. 3, ubi de partium istarum malis hujus generis: *Si medicamenta vincuntur, hic quoque scalpello, quidquid corruptum est, sic, ut aliquid integri secum trahat, præcidi debet. Illud quoque æque perpetuum est, exciso cancro vænus esse adurendum.* Adjice sequentia, ubi de motu, mananteque ex eo sanguine. S. Pacianus in Paraenesi *Prudentes ægri medicos non verentur, ne in occultis quidem corporum partibus, etiam secaturos, etiam perusturos. Meminimus quosdam remota etiam et verecunda corporum non erubescentes, in ferro, et cauterio, et gravissima illa pulveris mordacitate, dæ asse. Et quantum est illud, quod homines præstiterunt? Peccator timebit? peccator erubescet perpetuam vitam præsenti pudore mercari? et offerenti manus Domino vulnera male tecta subducet?* Inferius etiam eodem simili sæpius utitur.

Cicatricem scindit vulnus. Baluzius testatur in veteri libro fuisse, *sed inducta jam cicatrice, scindit vulnus,* ubi ille scribendum censet, *scinditur.* Ego malim, *scindit se,* quomodo Virgil *scindit se nubes.*

*Levi corporis nu**.* Motu bene reponere videtur Baluzius: amplius vero requirit syntaxis, ut scribas, *vulnerato;* Galerio nempe *vulnerato plus decurrit sanguinis.*

Albescit ipse. Id est, *pallescit,* quomodo pallor albescens dicitur lib. de Ira Dei, cap. 5.

Tenuatur. Ut Virgil. :

Ipsi autem macie tenuant armenta volentes.

Cessere magistri. Ia se emensasse, commentario ad Apotheosin Homeri, scribit. ampliss. Cuperus, et hanc esse sententiam : optimos magistros, qui aderant, non potuisse curare Galerium, et propterea ex aliis regionibus alios attractos fuisse. Sicque eumdem alibi sui temporis aruspicium magistrum, inventoris nomine, vel certe veteris aruspicis, *Tagem* appellasse. Fateor, et me primo intuitu Virgilianos istos versus agnovisse, qui leguntur prope finem libri tertii Georgicorum.

Undique medici nobiles trahuntur. Lact. Inst. vi, c. 4 : *Quos cupiditas, aut voluptas præcipites trahit.* Ammianus, l. xxvii: *Ex præjudiciis variis plures a disjunctissimis regionibus trahuntur.*

Apollo et Asclepius. Lactantium etiam in editis maluisse uti Græco nomine, quam latino, monuit ὁ πάνυ Gronovius, Observ. ad script. ecclesiast. pag. 182. Quod et ipsum facere nonnihil videtur ad asserendum hoc scriptum auctori suo; quippe in quo videamus eodem modo vocem illam recurrere, *Asclepius, non Æsculapius.*

Malum recidit introrsus. Lact. vi, 47 : *Neque enim capere videtur natura, ut aliquid in contrarium recidat.*

Odoritatem. Mihi videtur fuisse apud Lactantium, *odor ita teter,* aut *odoris fœtor.* Hegesippus lib. v, c. 2 : *Omnes artus cæsorum civium diro odore fœtebant.*

Comestus a vermibus. Baluzius legit, *et urinæ comesti a vermibus,* exitus nempe. At amplissimus Cuperus, *comestus a vermibus est : et in...* Mihi videntur aptius *male* jungi sequentibus, si scribamus *comestur;* hoc enim melius respondet verbis, *solvitur et tollit. Comest* activum usurpavit etiam Cicero, teste Nonio, apud quem plura vide. Diomedes grammaticus etiam passivum, quod nunc adhibui, docet fuisse in frequenti usu. *In passivo autem,* inquit, *declinatur edor, ederis, estur; item ambedor, et comedor.* Simplex *estur* occurrit apud Plautum, Ovidium et Columellam.

Cocta et calida animalia. Forsan legendum, *incocta et calida animalia.... adhuc nempe viva, sed secando*

aperta, qualia memini a medicis interdum applicari. Sed pro hoc vehementer non pugno.

Inæstimabile. Sic Lact. lib. i, c. 16 : *Cum hominum vis incredibilis, numerus sit inæstimabilis.* Sic *inæstimabiles acervi, vulgus inæstimabile barbarorum,* et alia illius ævi scriptoribus frequentissima, quibus interdum *æstimare,* prope idem atque *numerare,* aut potius de numero conjecturam facere; ut Amm. Marcellino lib. xxxi : *Ita sunt cæsi, ut ex prædicto numero non plus, quam quinque millia, ut æstimavatur, evaderent.*

Tabescendorum viscerum. Tabescendus qua ratione, aut qua analogia dici possit, non video. Pro eo mallet aliquis forsan *tabidosorum,* quæ vox occurrit in Apologetico Tertulliani, cap. 14. Sed Lactantius dicendi artem diu professus in plerisque multo scripsit castigatius. Verius igitur *tabescentium* restitui posse auguror ; quomodo et Cyprianus de Bono patientiæ : *Accedit vulnerum vastitas, et tabescentes ac fluentes artus edax quoque vermium pœna consumit.* Aut, si neque hoc satis placet, *tabe exesorum.*

Pernicies secunda. Eleganter et proprie ; nam pernicies à *pernecandis* ant partibus, aut corpore toto dicitur : unde conjungitur sæpe cum peste, saluti autem opponitur. Sic Div. Inst. lib. vi c. 24 : *Ergo satius est, aut effundere conscientiam, aut nos ipsos ultro aperire animum, et perniciem resciscis vulneribus effundere.*

Inflata discreverat. Id est, decreverat, contractior, sive brevior facta. Glossæ veteres, *discrescere; ἀπομειοῦσθαι.*

Annum perpetem. Lactantius lib. vii, cap. 26 : *Tunc per septem annos perpetes intactæ erunt sylvæ.* Habes etiam apud Sulp. Severum, -Dialogo I item Mamertinum in panegyricis aliquoties, et alios.

Novi doloris urgentis. Scribendum puto : *Nova vi doloris urgentis,* aut, *urgente per intervalla.* Cyprianus ad Demetrianum : *Tunc torquentius fuissem, tunc ad confessionem criminis vi doloris adigendus.* Am. Marcell. l. xxxix : *Sensit immensa in quædam urgente morborum, ultimæ necessitatis adesse præscriptum.*

Satisque pro scelere facere. Lact. lib. v, cap. 13 : *Ut pro facinore suo satis faceret;* lib. vii, cap. 1 : *Satis et huic parti faciamus.*

IN CAPUT XXXIV.

Primi.... constituerant. Non quod auctores exstitissent, aut conditores primi : sed quod ea prius firmaverant et sanciverant cum cæteris ; id enim sæpe est *constituere,* si qua disjecta sunt, reponere, et firmiore statu roborare. Unde et Eusebius vertit, ὅπερ ἴσως πρότερον καὶ οἱ γονεῖς αὐτῶν ᾖσαν κατεστήσαντες.

Sibimet leges facerent. Duo capita sunt criminis, quæ objicit. Primum, quod in re divina suas quasdam leges sequerentur, rejectis et damnatis publicis. Alterum, quod hetærias, sive cœtus facerent, in se quidem innoxios plane sanctosque, sed imperatoribus tamen prorsus invisos, quibus nihil magis suspectum, quam injussu ipsorum facta collectio hominum, quæcumque demum ea titulo fieret. Assentior autem amplissimo Cupero, in præcedentibus agi de facta secessione ab ethnicis; in sequentibus vero, nec christianorum Deum observare, ad hæreses respici.

Quas observarent. Ad rem divinam spectat hæc vox. Cyprianus epist. 10 : *Contempta Domini lege et observatione, quam fidem sancti martyres et confessores tenendam mandant.* Arnobius lib. 1: *Sine ulla aliqua sollicita observatione sacrorum.* Vide illic notata ab Heraldo, p. m. 41 et 42.

Multi periculo subjugati. Eusebius : Τοιγαροῦν τοιούτου ὑφ' ἡμῶν προστάγματος παρακολουθήσαντος, ὥστε ἐπὶ τὰ τῶν ἀρχαίων κατασταθῆναι ἑαυτοὺς ταμιεύσαιε; πλεῖστοι μὲν κινδύνῳ ὑποβληθέντες, πλεῖστοι δὲ ταραχθέντες, παντοίους θανάτους ὑπέφερον. Hic οἱ ὑποβληθέντες κινδύνῳ non sunt objecti discriminibus, ut vertunt, sed ut Lactantius, aut potius ipse Galerius habet, *subjugati periculo*, id est, penitus victi, deque constantiæ gradu dejecti, et turpiter subacti. Id enim est ὑποβάλλεσθαι interdum, quod etiam ex polluce liquet, qui conjungit ὑπωθεῖν, ταπεινοῦν, ὑποβάλλειν, lib. IV, cap. 6. Exemplaque sic loquentium exhibita sunt ab aliis. Eodem modo utuntur verbo *deturbandi* veteres; quos inter Ammianus Marcellinus lib. XXIX : *Abcessit innocuus, Pasiphilo eximente philosopho; qui, ut eum mendacio injusto perverteret, crudeliter tortus, de statu robustæ mentis non potuit deturbari*. Cæteri vexati, afflicti et sollicitati, (τοὺς ταραχθέντας sic interpretandos puto) in statu suo manserunt: sive, ut ipse ait, παντοίους θανάτους ὑπέρρον; quod vertere simpliciter, ut opinor, licet, *diversas mortes*, aut si mavis, *supplicia varia subiere*. Cum autem verosimile non sit, Eusebium, qui cætera hujus edicti tam apte expresserit, in hoc uno procul recessisse, legendum, pro *deturbati*, 'arbitror, *indeturbati*, aut certe verba aliquot excidisse.

Contemplationem nostræ clementiæ. Cyprianus ep. 54 : *Quod credimus vobis quoque paternæ misericordiæ contemplatione placiturum*. Pacianus epist. I : *Nemo episcopum hominis contemplatione despiciat honestatis merito censetur*. Et sic illo ævo passim loquebantur.

IN CAPUT XXXV.

Et Maximino iterum. Ad hunc locum conciliandum cum scriptoribus cæteris, quorum alii dicunt, Maximianum Galerium hoc anno solum fuisse consulem, alii Licinium habuisse collegam; nondum quidem aliud quidpiam inveni aptius, quam ea, quæ in hæc diligenter inquirens Antonius Pagius tradit. Illum igitur in hisce si placet sequi, initio quidem anni Galerius solus consul processisse dicendus est; paulo post autem Licinium sibi adjunxisse collegam; kalendis maiis Maximinum adscivisse; nempe quia consulatus imperatoriæ majestatis esse quædam accessio deberet; et hunc adeo consulatum non ordinarium, sed suffectum fuisse, quemadmodum et ante Licinii. Imo et priorem consulatum Maximini fuisse suffectum, gestumque post Constantium Chlorum et Maximianum Galerium novos Augustos, et anno 306 ordinarios consules. Hæc, inquam, sive omnia, sive ex parte recipimus, manet tamen illud novum et prope singulare in hoc loco, rationem suffecti consulatus ita haberi, ut ejus causa Maximinus *iterum consul* dicatur. Verum de his alias fortasse operosius.

Carcer... pro domicilio. Lactant. lib. VI, c. 10 : *Sed frondes et herbam pro cubilibus, speluncas et antra pro domibus haberent*.

In manu traditis. In veteri Bibliorum versione latina hoc genus est frequentissimum. Gen. XXX, XXXV : *Cunctum autem gregem unicolorem tradidit in manu filiorum suorum;* cap. XXXIX : *Qui tradidit in manu ejus universos vinctos, qui in custodia tenebantur*; I Sam. XXIV, v. 11 : *Quod tradiderit te Dominus in manu mea*; II Paral. XXXIV, 10 : *Tradiderunt in manibus eorum, qui præerant operariis*. Notum vero est etiam Ciceronem dixisse, *veni in senatu*, et Varronem, *qua in Cœlio monte itur;* qualia tamen adolescentibus non temere sunt imitanda. Multo frequentiora hæc fuere posterioribus sæculis; observatque pluscula Vorstius in pereleganti scriptore Sulpitio Severo. Unde nec Lactantius refugit, lib. III, c. 3 : *Quæ in rerum natura cadunt;* l. IV, c. 17 : *In terra toto et corpore et ore projectum;* de Opif. Dei, cap. 2 : *In ea sunt relegata regione.*

Membra defluerent. Instit. lib. III, c. 1 : *Mendacium vero specie placet aliena; quia per se corruptum vanescit ac defluit, nisi aliunde ornetur;* cap. 20 : *Corpus relictum ab anima defluit*.

Nicomediæ mensis ejusdem. Legendum, *Idque cognitum Nicomediæ medio mensis ejusdem*. Idem firmavit postea per litteras suas illust. Cuperus.

Kalendis martiis impendentibus. Recte Baluzius intelligi docet kal. martias anni sequentis, si modo hanc narrationem præstamus esse integram, quæ hoc capite exhibetur. Nam si mense maio cognita fuit Nicomediæ mors horrenda Galerii, utique kalendæ martiæ potuerunt eo anno amplius impendere. Quod ut annotarem, factum est per dubitationem viri cujusdam politissimi, sed in hoc, ut ipse fatetur, festinantis. Ac fieri potest, ut necdum mentem ejus satis perceperim.

IN CAPUT XXXVI.

Ad præsens. Lactant. lib. VII, c. 6 : *Et quæ aliæ nonnisi ad præsens valent;* cap. 10 : *Vitia omnia temporalia sunt; ad præsens commoventur;* cap. 15 : *Quamvis ad præsens virtutem Dei hominibus ostenderet;* de Ira Dei, c. 21 : *Non ad præsens noxium quemque punit.*

Sustollit censum. Reponendum putavi, *sustulit*, cum præcedat, *ut conciliaret*. Parum tamen interesse nunc arbitror, cum idem sit verbum Lactantio perusitatum; ut l. II, c. 5. *Itaque multi philosophorum religiones sustulerunt;* l. III, c. 5 : *Recto ergo aliorum sustulit disciplinas.*

Diversas ripas armati tenebant. Observa ripas dici Propontidis littora, præsertim ad augustias Bosphori. Sic Plin. IX, c. 15 : *Thunni dextra ripa intrant, exeunt læva*. Plura vide apud illust. Heinsium, add. not. in Ovid. epist. 6, v. 54.

Communi tutelo. Baluzius ad hæc : *Hanc vocem non reperi alibi; fortassis est corrupta*. Omnino corruptam esse et ego censeo, scribendumque pro ea *titulo*. Nam communi imperatorum nomine data Christianis hæc pax fuit, uti liquet ex edicto, apud Eusebium in fine libri octavi. Ovidius :

Te satis est titulum mortis habere meæ.

Et alibi :

Utilitas tua sit : titulus donetur amicæ.

Auctor elegiæ ad Liviam :

Et titulum belli dux duce fratre tulit.

Legum latarum titulos habes apud Corn. Tacitum, Annal. I, c. 8 : *Administrationis titulum* apud Symmachum, lib. X, epist. 4, et similia apud alios.

Sacerdotes maximos. Parabam ego, quinam fuissent illorum temporum aut antecedentium Asiarchæ qui στεφανοφόροι ἀρχιερεῖς sive sacerdotes maximi, paulo fusius exponere : sed non sinunt labores academici alii, qui me nunc tenent districtum. Et præstiterunt in his multa jam ante viri longe doctissimi Seldenus ad Eutychii origines, et ad recensionem Smyrnensium donariorum, aliique ad marmora Arundelliana, sive Oxoniensia; Dionysius Gothof. ad Leg. 8, D. tit. de Vacatione et Excusat. munerum; Pancirollus ad Notit. Imp. Orient. c. 105.

Provinciis superponeret. Hoc verbum frequentissimum illi ævo; occurrit etiam apud elegantissimum Minuc. Felicem, p. 152. *Epicurus ille naturam tamen superponit.*

Specie tenus. Nihil frequentius his vocibus sic junctis apud Lactantium; nec attinet, opinor, exscribere. De genere autem hoc crudelitatis, *cui clementiæ species falsa blanditur*, plura idem, lib. v, c. 11.

IN CAPUT XXXVII.

Ut animalia omnia. Signate dixit *omnia*. Priores quoque technis usi talibus : sed admittebant tamen etiam alias carnes; hic nonnisi superstitione inquinatas. Hujus rei contemplatione primus hoc invenisse dicitur.

Apothecæ. Veteribus *Apotheca* fuit cella vinaria major, aut aliud penu capacius. *Apothecas frumenti, vini et olei*, habes II Paralip. XXXII. Utitur et Arnobius l. VIII. Ex vetustioribus plura collegerunt alii.

Quibus eos adeo coruperat. Lego, *quibus suos adeo corruperat*. Ego mox non dubitabam *milites* reponere, honoratiores nempe intelligens, sive palatinos quomodo vocem eam tempore isto sæpe usurpatam esse doctissimi viri jam ostendere. Corruptos autem dicit milites sacrificiis quotidianis, propter epulas sacras, quibus saginati, viliores verequae militares cibos fastidiebant. Plane idem refert de Juliano Nazianzenus; nec mihi dubium est, quin desertor ille, sive transfugam dicere mavis, multa Diocletiani et συγχρόνων principum sit imitatus; idque constat ex invectivis sancti illius Patris, quem dixi. Porro scribendum esse *expungeret* (quomodo jamdudum typis, me curante, expressum est), non *expugnaret*, vidit etiam illustrissimus Cuperus. Expungi autem nomina, seu debita, cum solvuntur, et homines ipsos sic expungi, notum est ex Tertulliano, qui sic loquitur frequentissime, aliisque etiam vetustioribus; docuitque ὁ πάνυ in Observatione ad script. eccles. Quomodo etiam S. Cyprianus, epist. 38 : *Cumque ego vos pro me vicarios miserim, ut expungeretis necessitates fratrum nostrorum sumptibus...; ille intercesserit, ne quis posset expungi neve ea, quæ desideraveram, possent diligenti examinatione discerni : comminatus sit etiam fratribus nostris, qui primi expungi accesserant.*

IN CAPUT XXXVIII.

Quid dicam nescio. Lactant. l. i, c. 21 : *Nam de infantibus, qui Saturno immolabantur propter odium Jovis, quid dicam nescio*; lib. vi, c. 23 : *Quibus hoc verbis, aut qua indignatione tantum nefas prosequar? vincit officium linguæ sceleris magnitudo.*

Exprimere pro indignatione. Lego, *Exprimi ea pro indignatione.* CUPERUS. — Hæc conjectura, quæ vera certaque esse videtur, arridere quidem potest satis: sed obstant voces, *pro indignatione sua*; nec enim satis commode diceretur : *Cupiditas pro indignatione sua non potest exprimi,* nisi forsan pro *indignatione,* legamus *indignitate.* Sed mihi videbatur minore mutatione legendum (dummodo pro *his,* meminerimus scriptum *ais,* id est, *animus*) : *Et tamen animus verbis exprimere pro indignatione sua rem non potest :* aut, *animus his verbis*; et loco lacunulæ, *rem fœdissimam,* aut ejus generis quidpiam. Ita ego, antequam advenissent litteræ optimi doctissimique hujus ευεργέτου nostri. Nunc arbitrium totum ipsi et lectoribus defero.

Nobilibus fœminis. Augebat indignitatem rei, quod nobiles essent. Nam servile prorsus, et liberis corporibus detestabile erat, sic considerari. Servitia sic solebant a mangonibus inspicienda sisti licitantibus. Vide quæ ex Suetonio et Martiali protulit doctissimus et celeber D. Rappoltus ad Horatium, pag. 600 in hanc sententiam.

Virgines imminutæ. Emendat Baluzius lib. extremo, *invitas,* quod mihi non probatur. Nam et de spurco illo Jove paganorum Lactantius l. i, c. 10 : *Omitto virgines, quas imminuit*; reperiesque similia apud Plautum, et in jure Romano. Quin etiam ipse Cicero, *violare et imminuere jus et officium* dixit.

Sub tali principe imitabantur. Supple, *exemplum, et amicorum* (Cuperus), aut, *Domini mores, et suorum cubilia impune violabant.* Sic de Jove eodem Lactantius, lib. v, c. 6, deque ejus domesticis : *Quoniam mores ac vitia regis imitari, genus obsequii judicatur, abjecerunt omnes pietatem; ne exprobrare regi scelus viderentur, si pie viverent.*

IN CAPUT XXXIX.

Quam nuper appellaverat matrem. Adoptaverat enim illum maritus Valeriæ Maximinus Galerius, ut supra cap. 18, vidimus. Itaque speravit ea, sibi apud hunc tutius fore præsidium, quam apud Licinium, cui commendata fuerat a Galerio. Imaginem hujus Valeriæ, Diocletiani filiæ, conservavit nobis nummi, quorum unum exhibet illustrissimus Spanhemius in opere de Præstantia et usu numismatum; alium D. Patinus, inter imperatorum Rom. num. in ære med. et min. p. 452, etc. In ejusdem honorem pars Pannoniæ Valeria cognominata est, Ammiano Marc. teste, lib. XIX.

In matrimonio postulat. Sic Sulp. Severus : *Eamque sibi in matrimonio a patre postulans, septem annorum servitio se mancipavit.* Ubi vir doctus *in matrimonium* reponit, fassus tamen alibi talia apud Sulpitium crebra esse. Vide quæ notavi supra ad c. 35 : *in manu traditas.*

Amicas ejus. Ut *amicos* principum, ita Augustarum *amicas* hic dici licet notare. Redi ad cap. 6. Eodem spectant infra memoratæ *comites.*

IN CAPUT XL.

Cujus consilio sibi neg. Recte emendare videtur amplissimus Cuperus, *Ejus consilio negatam.*

Præsidi Eratineo. Forsan *Eratino,* ut sit Græcum ἐρατεινόν, quod idem ac ἐράσμιος.

Non minus Augustæ proxima. In exemplari Parisiensi mendose, *non nimis. Proxima* autem, ut apud Lactantium, l. i, c. ult. : *Ulysses eodem gradu proximus fuit.* Ita etiam Apuleio *oppido proxima humanitas,* et similia. Vide Soceri mei τοῦ μακαρίτου notas ad Phædri versum,

Negabat illa se esse culpæ proximam.

Dum quæ jussus. Exciderunt forte, *jussus a mala bestia erat, loqueretur.* CUPERUS.

Promoti militari modo. Ita putabam hæc jungenda esse, quasi diceret, eos ritu militari productos fuisse, haud secus, ac solebant milites sub tribuno, aut centurione ducere damnatos. Nunc non adversator, si quis malit, *militari modo instructi,* propter ea quæ sequuntur.

Bile mens essagitarii. Prior conjectura Cl. Baluzii, *milites et sagittarii,* satis ipsa refutat se, cum nihil attinuisset dicere, milites militari modo promotos, aut instructos fuisse in actu tali; hoc enim per se facile intelligi posset. Alteram, *velites et sagittarii,* fateor me aliquandiu tenuisse; eo quod et Pacatus in panegyrico, cap. 35, et Am. Marcellinus locis pluribus eorum meminerint, ut quorum etiam illo sæculo in bello non exiguus fuerit usus. Præ cæteris huc facere videbatur, quod historicus ille lib. XXIV, p. m. 264 et 271, stipatores Juliani *velites* fuisse dicat. In præsens tamen placet magis, *militari modo instructi vigiles et sagittarii,* aut, *vigiles et Cretenses* (aliudve hujus loco) *sagittarii.* Colligebantur vigiles ex variis corporibus artificum, uti constat ex legibus Romanis, quas habes apud Pancirollum ad Notit. imp. Orient. cap. 27, et consultos juris alios : apte igitur dicuntur promoti, aut instructi militari more, cum ipsi milites non essent, adjunctos tamen sibi haberent sagittarios. Et videor alibi legisse, dimidiam partem eorum, qui vigilias aut prætenturas in provinciis agerent, milites fuisse Romanos; reliquos collectos ex oppidanis, aut provincialibus aliis. Sed nunc festino ad alia.

IN CAPUT XLII.

Senis Maximiani. Quemadmodum imagines eorum, qui jam capessiverant imperium, mittebantur in provincias, et a magistratibus populisque excipiebantur cum veneratione, quod supra dictum ad cap. 25, possetque firmari pluribus : ut cum dicit Zozimus lib. ii, c. 9, Romæ Constantini imaginem κατὰ τὸ σύνηθες δειχθεῖσαν, pro *more exhibitam,* Maxentio bilem movisse; narratque idem cap. 12, eumdem, cum sibi constabilitum putaret imperium, misisse in Africam, qui imaginem ejus circumferrent; quæque alia afferri possent ex aliis : ita a non paucioribus traditum, imagines eorum e signis militaribus detractas, et dejectas statuas fuisse, quorum res vehementer displicuere, damnataque post mortem fuit memoria. Hoc de Maximino Thrace, ejusque filio, narrat Herodianus lib. VIII, c. 5, et ex Jul. Capitolinus in Maximinis, c. 23, et in Gordianis c. 9. De Maximiano Herculio refert id Eusebius lib. VIII, c. 13 extremo, quasi primo huic ea contigisset ignominia : sed hoc accipiendum de principibus eorum temporum putat Valesius. Eodem igitur modo licebit, opinor, tueri, quod noster dicat, hoc Diocletiano primo evenisse, ut vivus imagines suas statuasque aboleri videret. Nam hoc simpliciter verum non esse, vel ex eo patet, quod Tacitus lib. III Hist. c. 13, Vitellii imagines direptas, et c. 85, ipsum Vitellium inter cæteras contumelias cadentes statuas suas contueri subactum narret. Verum ut hoc potius, quod instare videtur, agamus, verba hæc a blattis et carie non arbitror evasisse illæsa. Nam et bis dicitur idem, amborum imagines fuisse depositas, nec cætera satis apta et concinna videntur. Paulo melius se habebunt, si legerimus, *Imagines ejus, cum quo pictus esset*; et pro, *Et quia, etenim quia senes ambo simul plerumque picti erant.* Ac fortassis in principio etiam, pro *eodemque tempore*, *eodem quoque tempore*, scribendum.

In odium vitæ dejectus. Utique Lactantius neutiquam scripsit, *ad humilem vitam dejectus*, et *in odium vitæ dejectus*, uno eodemque in loco. Somnolenti librarii repetunt interdum voces, cum sequi debuit alia similis soni. Loco igitur posteriore *adductus*, aut *deductus*, repone; quomodo et Cicero *deducere aliquem in fletum inque misericordiam* dixit.

IN CAPUT XLIII.

Unus jam supererat. Maximinum intelligi satis liquet ex sequentibus. Verum ab evidens ratio sit Antonii Pagii, Maximinum interiisse anno Christi 313 non, ut alii dicunt, A. 314, quia Lactantius nonnisi narrato Diocletiani exitu, de morte Maximini agit, quem Diocletiano constat fuisse superstitem, alios velim dispicere. Adi, si vacat, opus laudatum, pagina 248.

Cum haberet æmulationem. Lactantius de Ira Dei, c. 13: *Nisi accedat sapientia, per quam habeant malorum rejectionem.* Hieronymus ad Nepotianum: *Habeto prudentiam, justitiam, temperantiam, fortitudinem.* Spartianus in Hadr. cap. 3: *Tantum clementiæ studium habuit.*

Et ipse legatos. Suspicor fuisse, *Ergo et ipse legatos ad urbem misit occulte. Et ipse*, puta, non secius, ac amice conspiraverant inter se Constantinus et Licinius.

IN CAPUT XLIV.

De Mauris atque Italis nuper extraxerat. Usitatius, *contraxerat*. Arbitror tamen et alterum alicubi locum habere.

Ad utrumque paratus. Virgilii est:

Fidens animi atque ad utrumque paratus.

Æn. II, vs. 61. Alterum,

Neque his fuga nota, neque illis.

quod paulo post sequitur, habes Æn. lib. x, vs. 755.

Commonitus in quiete Constantinus. Multa ad hunc locum amplissimus Cuperus, quæ cum lectoribus curiosis placitura esse non dubitem, tanto pauciora erunt, quæ a me nunc adjicientur. Ac de veritate hujus historiæ cum nemine serram longæ contentionis ducere velim, probe memor eorum, quæ se narrat Eusebius ab ipso Constantino audivisse; item eorum, quæ pie dicuntur ab his, qui monent satis probabile habendum, Deum, ut primam christianæ religionis originem plurimis, ita ejusdem sub Constantino latissime propagandæ progressum, saltem hoc uno, si non et pluribus miraculis adjuvisse. Verumtamen in talibus, non quid hominibus, sed quid Deo fuerit visum, unice spectandum arbitror; adeoque quid vere factum in historiis non dubiæ fidei narretur, non quid humani judicii imbecillitas conveniens futurum fuisse arbitretur. Ergo si, bona cum pace secus sentientium, licebit mihi in hoc aliquid autumare, existimo apparitiones duas, secundum loca, modum et tempora multum diversas, misceri in unam. Cum Julianus cœlestis sacramenti desertor nefarius, gregem Dominicum vafritie pariter et crudelitate summa vastaret, inque eum rabiem quoque Judæorum concitaret, non in vestimentis modo hominum, uti testantur plurimi, sed et in cœlo signum crucis, et hoc

quidem splendidissimam in faciem emicuisse, narrant auctores non levis fidei. Ex quibus audiamus, si placet, unum, Nazianzenum nempe, notæ sanctitatis et constantiæ Patrem. Invectiva in Julianum secunda is ita loquitur: Ὁ δὲ ἔτι τούτου (Deest vox τούτου in Ed. Gr. Lat. Par. A. 1630) παραδοξότερον καὶ περιφανέστερον, ἔστη φῶς ἐν τῷ οὐρανῷ τὸν σταυρὸν περιγράφων, καὶ τὸ πρότερον ἐπὶ γῆς ἀτιμαζόμενον τοῖς ἀθέοις καὶ σχῆμα, καὶ ὄνομα, νῦν ἐν οὐρανῷ δείκνυται πᾶσιν ἐπίσης, καὶ γίνεται τρόπαιον τῷ θεῷ τῆς κατὰ τῶν ἀσεβῶν νίκης, τρόπαιον (*Eadem habet hoc loco* τροπαίου, pro τρόπαιον) παντὸς ὑψηλότερον· πρὸς ταῦτα τί φήσονται (*Eadem* φήσουσι) οἱ τοῦ αἰῶνος τούτου σοφοί. Hoc si reclamante veritate scripsisset Gregorius, eopse propemodum tempore, quo facta ferebantur, quam male consuluisset pietati christianæ! Mea igitur opinio est, vidisse quidem etiam Constantinum crucis figuram in somnio nimirum divinitus profecto. Sin vero vidisset etiam in cœlo, vix tacuisset hoc loco tam opportuno Nazianzenus; vix omisisset Lactantius; aut certe clarius et magis dilucide narrasset. Posset etiam dici, satis visum Deo, pium imperatorem, et ad fovendam religionem sanctam impigre omnia facientem, apparitione gratiosa per quietem monere atque instigare: Paganis vero et Judæis ad disturbandos impios conatus, majore opus fuisse terrore. Sed veniam mihi dent altius hæc rimari atque excutere soliti, si non satis perite videor in his versari. Eusebium fusius de viso isthoc differentem cum forte legerem, videbar mihi tempus, quo contingeret illud Constantino, videre clarioribus ab Eusebio ipso verbis designatum, quam visum id est interpretibus, viris me partibus multis doctioribus. Ait Eusebius lib. I de Vita Constantini, c. 28: Ἀμφὶ μεσημβρινὰς ἡλίου ὥρας, ἤδη τῆς ἡμέρας ἀποκλινούσης, hoc imperatori monstratum fuisse. Nec multo aliter vel Nicephorus, vel Socrates, Zonarasve. Pugnare videntur illis hæc duo, *de meridie*, sive *circa meridianas horas*, et *inclinante in vesperam die*, cum sint eadem. Nam Isidorus lib. xx, c. 3, diserte ait, id etiam tempus meridiem appellari, *quod post medium diem est*; et Censorinus de Die nat. cap. ult. *de meridie* id fuisse dici, quod factum est ante-supremam, id est, ut plurimi exposuere, ante occasum solis. Nam et in XII Tabulis scriptum erat, *sol occasus suprema tempestas esto.* Plætoria tamen (lex alii legunt *prætoria*) tempus jussit esse supremum, quo prætor in comitio *supremam* pronuntiavit populo, teste Varrone de L. L. lib. v. Hinc dies *in meridiem vergere* dicitur Ammiano Marcellino, lib. xvi, in Allocutione Juliani. Idem lib. xxxi, p. m. 455: *Exorsumque prælium, vergente in meridiem die, tenebræ occupavere nocturnæ*. Ex his patet, Eusebium isthic non scripsisse pugnantia: sed meridiem dici apud veteres etiam horas occasum solis propius antecedentes sed hæc eo tantum speciare velim, ut quodnam tempus ab Eusebio designetur, declarent: de visione ipsa pluribus in præsens agere nec vacat, nec forsitan attinet.

Cumque repente populus. Quæ notat ampliss. Cuperus, fateor mihi venisse in mentem, antequam advenissent litteræ ipsius: nisi quod pro *Cumque*, *cum*, deleta particula enclitica, et loco τοῦ *erant*, quod vir ille doctissimus reponit, *dabat* mihi conjectura mea suggerebat, aut *edebat*. Quod posterius si cui probatum fuerit, pro *debita*, forsan legendum *elata*, aut *sublata voce*. Circenses autem solemne munus natalitius principum, sive eos, principes darent populo, sive senatus populusque honori dicaret principum. Jul. Capitolinus in Antonino Pio, c. 5: *Circenses natali suo dicatos non respuit, aliis honoribus refutatis.*

Manus Dei supererat aciei. Biblica hæc phrasis esse videtur. Vide Ps. xxxviii (lat. xxxvii), 2; Ps. xxxix, 11, etc.

Proterretur. Opinor ego vocem *miles* huc reponendam esse.

Primi nominis titulum. Ex amplissimi Cuperi ad hunc locum conjecturis amplector eam, quæ statuit

Constantino nominique ejus primum inter Augustos illos locum.

IN CAPUT XLV.

Hyeme quam cum maxime saeviente. Saepius illo *quam* remoto, aut subaudito, dicunt *cum maxime*, quod valet, *in praesenti, hoc tempore*, ut volunt viri doctissimi. Ferri tamen posse etiam hanc lectionem puto, ἐλλειπτικῶς scilicet, pro *hyeme tam saeviente quam cum maxime*.

Mansionibus geminatis. Id est, ita ut quotidie tantum itineris conficerent, quantum alias biduo. Nam mansio sumebatur ut plurimum, pro unius diei itinere, videlicet quia mutationes veredorum, ac diversoria, ubi manerent, ad certam stadiasmi rationem sic erant disposita, ut singulis mansionibus responderent singulorum itinera dierum: nisi quod camelorum aquationes interdum variarent. Sed vide plenius haec explicantem Salmasium, Exercit. Plin. ad Solin., pag. 494, 495.

Vis aut promissa. Suspicor scripsisse Lactantium: *Nec tamen quicquam aut vis, aut promissa valuerunt.* Jam secunda mansione tenente. Mallet clariss. Baluzius : *Jam secundam mansionem tenente, distantem.* Nequaquam assentior; alterum enim, *Licinio secunda mansione tenente*, sic dictum accipio, ut illud Livii, l. XXXII, c. 7 : *Qua abscissae rupes erant, statio paucorum armatorum tenebat.* Quomodo e. alibi locutum esse Livium docuit ὁ πάνυ Gronovius ad lib. xxiv, c. 3. In caeteris paulo felicier conjectura videtur editoris primi; totumque hoc ita refingendum puto : *Nec enim poterat ulterius, Licinio jam secunda mansione tenente, distante militibus totidem; hic itaque collectis ex proximo quantis potuit militibus, pergebat obviam Maximino.* *Quantis*, pro *quot*, quomodo non illa tantum aetate dicebant frequentissime, sed et sua Propertius, lib. 1, Eleg. 5 :

At tibi curarum millia quanta dabit?

IN CAPUT XLVI.

Notarium jussit. Notarios tempestate illa Augustorum, exceptores, praesidum acta qui scriberent, fuisse dictos, accuratissimus Valesius docet ad Am. Marcell. lib. xiv, apud quem plura vide.

Summe Deus. Fallor, an huc respicit Constantinus apud Eusebium, libro de Vita ipsius quarto, c. 19, cum militibus, qui nondum susceperant salutarem christianae fidei doctrinam, sancita lege praecepit, ut Dominicis diebus in campum purum procederent, et precationem, *quam antea didicissent*, simul omnes signo dato ad Deum funderent. Sensus quidem formulae precum non longe abit : Σὲ μόνον οἴδαμεν θεόν, σὲ βασιλέα γνωρίζομεν, σὲ βοηθὸν ἀνακαλούμεθα, παρὰ σοῦ τὰς νίκας ἠράμεθα, et reliqua.

In libellis pluribus. Libelli sunt chartae breviores; et hoc aevo ponebantur interdum pro epistolis, ut ab eodem Valesio observatum est ad Am. Marcell. lib. xvi, secus ac tempore Ciceronis usurpabant, monente ad epistolas ejus (lib. ii, epist. 11) Paulo Manutio.

Per praepositos. Hos praefuisse cohortibus putant viri doctissimi, perinde ac tribunos; tribunis autem inferiores habitos, quod ex Vegel. lib. ii, c. 12, colligunt. Josephus χιλιάρχους vertit; itemque Apuleius, *millenorum armatorum duces*. Plura alii.

Statuit imperator praelium diei kalendarum Maiarum. Forsan voluit in *diem*, aut *ad diem*. Quid si legerimus, *statuit imperator praelio diem kalendarum Maiarum?* Puto tamen ferri utcumque etiam posse, *statuere illi diei praelium*, ἀντὶ τοῦ *constituere in illum diem praelium*.

Quem vocant Serenum. Id es , placidum, quietum, ventis carentem. Claudianus de Raptu Pros. lib. III, v. 232 :

Cum rore serenus
Albet ager.

Ubi similiter *serenus* a Gulielmo Pyrrhone *placidus* exponitur. Quomodo et Glossae veteres, *Serenus*, νήνεμος.

Ter dicta. Ternarium numerum amasse in precibus videntur veteres Christiani, non tam imitatione prava Paganorum, quam ad memoriam sanctissimae in Deo Trinitatis: quod diserte ait Cyprianus de oratione Dominica, videorque etiam apud alios legisse. Ter etiam cantari audivit puer ille, cujus meminit Nicephorus lib. xiv, c. 46, post diros terrores terrae motuum, congregatis ad supplicationes Christianis, sublimis raptus, et paulo post redditus mortalium coetui, sed e dem rursus per mortem ereptus; ter, nquam, cantari audiverat haec verba : Ἅγιος ὁ θεός, ἅγιος ἰσχυρός, ἅγιος ἀθάνατος, ἐλέησον ἡμᾶς. Quod fere idem canitur etiam hodie ab orthodoxa Ecclesia, et in lingua nostra. Habuit et Latina Ecclesia.

IN CAPUT XLVII.

A paucis metebatur. Plane veram hanc lectionem esse censeo. Lactantius lib. vii, c. 15 : *Tunc peragrabit clades orbem, metens omnia, et tamquam messem cuncta prosternens.* Hieronymus ad Heliodorum : *Ecce bis acutus gladius, ex ore procedens regis, obvia quaeque metit.* Virg. Aen. x :

Proxima quaeque metit gladio, latumque per agmen
Ardens limitem agit ferro.

Plura illustris Heinsius ad Ovid. Metamorph. lib. v, vs. 104.

Nemo nominis... memor. Solebant in praeliis duces, sicubi segnius rem geri viderent, nominatim suos compellare, ut ostenderent querulibet eorum sibi notum esse, nec defore laudes et praemia, prout cujusque virtus meritumque spectaretur. Sed hic, omnibus immisso divinitus terrore trepidantibus ars illa nihil profecit.

Una nocte atque una die. Subjice *fugiens*; nam sine illo, aut simili verbo, haec cum sequentibus non cohaerebunt, ubi dicitur pervenisse Nicomediam nocte alia, id est altera seu proxima.

IN CAPUT XLVIII.

Quod quidem divinitas. Haec sana non esse vel ex eo perspici potest, quod non conveniunt : *Quod quidem divinitas placatum ac propitium possit existere.* Scribendum esse puto : *Quo quicquid demum esset divinitatis in sede caelesti.* In Eusebio nunc occurrit : Ὅπως ὅ, τι ποτέ ἐστι θειότης καὶ οὐρανίου πράγματος, ἡμῖν καὶ πᾶσι τοῖς ὑπὸ τὴν ἡμετέραν ἐξουσίαν διάγουσιν εὐμενὲς εἶναι δυνηθῇ. Ubi videri legendum, ὅ, τι ποτέ ἐστι θειότητος, eum indicassent amplissimo Cupero, fassusque essem ambigere me, possetne ratione quadam ferri in Lactantio, *quo quicquid esset divinitatis in caelo, hoc nobis esset propitium*; quasi diceret : *Sive cum his, sive cum illis, de natura numinis fuerit sentiendum, numen utique nobis propitium esset*, in hunc modum mihi respondit : « Recte perspexisti, in verbis, *quo quidem divinitas*... ulcus latere. Et primo quidem Eusebium non minus scripsisse, quam θειότητος, Graecae linguae persuadet genius; deinde apud Lactantium vestigiis tuis Eusebique verbis insistens repono, *quo quicquid divinitatis in sede caelesti.* Nam si τὸ *divinitas* retinetur, ad nullam vocem potest referri *placatum ac propitium*; et ita loquuntur imperatores, quia Christianorum Deum et ethnicorum deos intelligunt. Sic paulo post : *Ut possit nobis summa divinitas, cujus religioni liberis mentibus obsequimur, in omnibus solitum favorem benevolentiamque praestare.* Id est, tam Christus, quam Gentilium numina. » Haec ille. Sed scrupulum injicit etiam Nicephorus, qui ut in caeteris plerisque sequitur Eusebium, ita in hoc quoque edicto, quod lib. vii, c. 41, refert, rarius ab eo discedit. Is igitur haec verba sic concipit : ὅ, τι ποτέ ἐστι θειοτάτου καὶ οὐρανίου πράγματος. Verum huc magis inclino, apud Nicephorum quoque legendum θειότητος; video enim plurimis in locis corruptum, haud dubie descriptorum vitio, mirorque eos, qui tam splendide illum edidere, non contulisse eum diligentius cum Eusebio, nec ea saltem in quibus manifesta sunt menda, correxisse. Verum hoc levius damnum censendum, in scriptore fidei non ubique optimæ. Redeamus igitur ad Lactantium. In quo notent juniores, vocem *divinitatis*, ex consuetudine istius ævi, pro Deo, sive numine usurpari. Hoc in Tertulliani libris, præsertim illis serius repertis, quos ad Nationes inscripsit, est frequentissimum. Sic in arcu triumphali Constantinus scripsit, se DIVINITATIS. INSTINCTU. DE. TYRANNO. OMNIQUE. EJUS. FACTIONE. JUSTIS. REMP. ARMIS. ULTUM. esse. Inter alios plurimos etiam Salvianus lib. II de Gubern. Dei, sic loquitur: *Aspectus divinitatis propitiæ munus est conservationis humanæ*. Adjiciam et illud modo memorati Tertulliani, Apologet. c. 34, quia ad rem quoque ipsam facit: *Videte, ne et hoc irreligiositatis elogium concurrat, adimere libertatem religionis, et interdicere optionem divinitatis, ut non liceat mihi colere quem velim, sed cogar colere quod nolim.* Idem judicium fuit Joviani imperatoris apud Socratem, lib. III Hist. Eccl.: ὡς τὸ ἐφεῖναι θρησκεύειν, ὡς ἔκαστοι βούλονται. Verum hanc quæstionem plenius agitare aliorum est; itaque plura de ea afferre supersedeo.

Amotis omnibus omnino conditionibus. Conditiones hic vocatæ, Eusebio αἱρέσεις dicuntur; ut egregie observatum Baluzio, quem vide.

Nunc cavere ac simpliciter. Hæc quoque corrupta esse facile agnoscet attentus lector, imo et mutilata. Est autem hic eorum sensus (nam de verbis præstare non ausim, cum hoc eruditi omnes minime probaturi sint, si quis paret sua pro veterum verbis obtrudere): *Quare scire dicationem tuam convenit, placuisse nobis, ut amotis omnibus omnino conditionibus, quæ scriptis prius ad officium tuum datis super Christianorum nomine, lævæ prorsus, et a clementia nostra alienæ esse videbantur, nunc cavere*, ut libere *ac simpliciter*, et reliqua. Hic ea tantum diverso stylo, sive litterarum forma alia, curavi edenda, quæ adjecta sunt ex Græcis. Quod ut constet melius, an opportune sit factum, pluscula Græca exhibebo: Ἄτινα οὕτως ἀρέσκειν ἡμῖν ἀντιγράψαι ἀκόλουθον ἦν, ἵν' ἀφαιρεθεισῶν παντελῶς τῶν αἱρέσεων, αἵτινες τοῖς προτέροις ἡμῶν γράμμασι τοῖς πρὸς τὴν σὴν καθοσίωσιν ἀποσταλεῖσι περὶ τῶν χριστιανῶν ἐνείχοντο, καὶ ἄτινα πάνυ σκαιά, καὶ τῆς ἡμετέρας πραότητος ἀλλότρια εἶναι ἐδόκει, ταῦτα ὑφαιρεθῇ, καὶ νῦν ἐλευθέρως τε καὶ ἁπλανῶς ἕκαστος τῶν τὴν αὐτὴν προαίρεσιν ἐσχηκότων τοῦ φυλάττειν τὴν τῶν χριστιανῶν θρησκείαν, ἄνευ τινὸς ὀχλήσεως, τοῦτο αὐτὸ παραφυλάττοι.

Quas .... honori. Vel quia, etc. Fuisse auguror: *Quod a nobis factum est, ut neque honori cuiquam, neque religioni detractum aliquid, aut imminutum esse a nobis videatur, aut certe ejus sententiæ quidpiam.* Græca Eusebii: Τοῦτο δὲ ὑφ' ἡμῶν γέγονεν, ὅπως μηδεμίᾳ τιμῇ μηδὲ θρησκείᾳ τινὶ μεμειῶσθαί τι ὑφ' ἡμῶν δοκοίη.

Priore tempore aliquid. Aliqui scribendum. Eusebius, ἵν' οἵ τινες ἢ παρὰ τοῦ ταμείου.

Quantocius reddant. Inter voces non latinas habuere τὸ *quantocius* duo viri summi, Vossius et Borrichius. Legitur tamen apud Sulp. Severum, dial. III, cap. 4: *Discede quantocius, ne me ob injuriam tuam cœlestis ira consumat.* Habet etiam Bibliorum vetus interpres, Gen. XLV, 9, Glossæ Labbei: *Quam ocius*, τὴν ταχίστην scribe, *quantocius.*

Etiam vel hi, qui emerunt. Distinguo a superioribus, et suis quæque locis ita repono .... *quantocius reddant. Etiam hi, qui vel emerunt, vel qui dono erant* (non *erunt*) *consecuti, si putaverint, de nostra benevolentia aliquid, Vicarium postulent; quo et ipsis.... Postulare* hoc sensu, *est desiderium suum, vel amici apud eum, qui jurisdictioni præest, exponere*, docente Ulpiano, lib. 1 de Postulando. Vide Brisson. de Verb. Signif.

IN CAPUT XLIX.

Sequenti autem Licinio. Necessarium videtur, ut mox legamus, *angustias petiit; munimentisque....*

Insustentabili dolore. Sic lib. VII Div. Instit., cap. 16: *Hic insustentabili dominatione vexabit orbem.* Luxuriat in talibus Lactantius, in quo similiter *inextricabilis, inexcogitabilis, illibabilis, inviolabilis, ineluibilis, incomprehensibilis, cruciabilis, dissipabilis, ineloquibilis;* et alia multa reperies, quorum quædam extant etiam apud alios.

IN CAPUT L.

Ut eum vixisse cognovit. Inconcinnus sermo; *ut eum*, Candidianum, *vixisse cognovit, immiscuit se ejus comitatui, ut fortunam Candidiani specularetur.* Nam aliter, τὸ *vixisse* accipere non possis, quam per εὐφημισμὸν, de Candidiano neci jam destinato: verum cætera nimium reclamant. Rectius igitur, *ut eum*, Licinium, *hoc edixisse cognovit, immiscuit se ejus*, nempe imperatoris, *comitatui.* Mox, *Qui quia se Nicomediæ obtulerat*, si legeris, erunt et illa expeditiora.

Agentem in annis octo. Forsan legendum: *Agentem in Cilicia annis octo.* Sic certe solet Lactantius: *ut* lib. V, cap. 22: *Qui in rebus prosperis agit, impatiens est;* lib. VI, cap. 2: *Velut in tenebris agenti;* de Opificio Dei, cap. 1: *Res tuas, in quibus nunc agis.* Egit vitam tot annis, habes in Inscriptione veteri:

TIGRINIANO. CONJUGI. BENEMERENTI. PROFUTURA. FECIT. QUI.
VIXIT. MECUM. ANNO. XXV. EGIT. AUTEM. VITAM. IN. ANNIS. LVIII. IN. PACE.

In Orientem præcipitata est. Ex epistola illustrissimi Cuperi ad virum item suis suorumque decoribus fulgentissimum, Constant. Hugenium, celsissimo Arausionensium principi a secretis. Cum paucis abhinc diebus fruerer tuo fratrisque colloquio, et de variis antiquitatibus nos confabularemur, incidit, ut fieri amat, mentio libri Lactantii de Mortibus persecutorum, quem t. II Miscellaneorum inseruit Stephanus Baluzius, vel hoc nomine plurimum meritus de Historia Ecclesiastica. Litem viro motam in Galliis affirmabat doctissimus frater tuus ob hæc verba cap. 50, *Sed prius mater eorum in Orientem præcipitata est*, cum ratio et sequentia plane suadeant, fluvium hic signari, et legendum esse, *in Orontem.* Ego continuo amplius deliberandum esse censebam; et me legisse asseverabam, *Orontem* appellatum fuisse *Orientem.* Sed quia numeros tantum tenebam, accipe quæ mihi ad locum istum domi annotata sunt. Nunquam certe dubitavi, quin disertissimus Patrum Lactantius scripserit *Orontem:* verum *Oriens*, in locum *Orontis*, per librarios irrepsit ea procul dubio ætate, qua ita loquebantur; nec tam male fecit vir doctissimus, quod repertam in membranis vetustis scripturam retinuerit. Unus enim idemque fluvius intelligitur; et Hegesippus lib. III cap. 5 Excidii, ac Isidorus lib. XIII, cap. 21, Orig: testantur, fluvium hunc *Orientem* appellatum fuisse: unde et Eustathius Thessalonices episcopus, ad Dionysii Periegesin *Orontem* interpretatur Ἀνατολικόν. Ἄλλοι δέ φασιν ὅτι Καῖσαρ Τιβέριος ἐν Δράκοντος αὐτὸν Ὀρόντην μετωνόμασεν, ὃ σημαίνει Ῥωμαίοις τὸν Ἀνατολικόν. Verum uti a veritate alienum, Tiberium imperatoris Augusti successorem (nisi tamen posterior aliquis intelligendus sit), hunc fluvium *Orontem*, cujus jam mentio apud Polybium occurrit, ex Dracone appellasse: ita respicit procul dubio ille ad Orientis vocem; et cum aliis auctoribus excusat aliquo modo lectionem vulgatam quæ clare docet, non absque ratione Hegesippum et Isidorum tradere, *Orontem* dictum esse *Orientem*. Hæc ibi. In litteris vero superiore autumno ad me datis hæc adjecit vir doctissimus. Hoc de loco quid sentiam, misi ante. Propertius, ut hoc addam, celebrat Orontæam myrrham; quia illa ex Arabia Antiochiam, celeberrimum Syriæ, et ad Orontem fluvium positum emporium, deferebatur. Gaspar Hofmannus (lib. III, cap. 4 Var. lect.) myrrham non a fluvio Oronte, sed a Cypro, in qua regnavit Cynyras, Myrrhæ pater, dictam esse putat; Cyprum præterea fuisse Syriæ quondam partem, teste Plin. II, 88, indeque se apud Ovid. Met. X, rescribere:

.... Undique lecti
Te cupiunt proceres, totoque Oronte juventus,

pro Oriente; nec quemquam moveri debere, quod prima in Orontes syllaba brevis sit: tandemque existimat, aroma hoc ab Arabibus semper fuisse petitum; Orontes, teste Plin., VI, 28, populos Arabicos esse, et inde myrrham esse cognominatam. Non perdam tempus his refellendis. Sed Orontes non sunt populi in Arabia, verum Gordiæis proximi in Mesopotamia. Et quanquam ea in regione Arabes vixerint, et interdum Arabiæ nomen se eo usque extendat, tamen *myrrha* in ea non gignitur. Columellæ lib. x, celebratur Achaica myrrha, quia, teste Dioscoride, in Bœotia etiam provenit; quæ, uti nosti, Achaiæ nomine cum adjacentibus regionibus venit. Hæc amplissimus Cuperus. Ne quid autem desideret, quod in præsens queat afferri, studiosus lector, afferam Hegesippi verba ex lib. III, cap. 5, ubi describit Antiochiam: *Fluvius eam medius intersecat, qui a solis ortu oriens, non longe ab Urbe mari conditur; quem de originis suæ tractu Orientem veteres appellavere, ut vulgo putetur locis nomen dedisse, cum inde acceperit. Cujus fluentis ipso impetu frigidioribus, et zephyris assiduo per ea loca spirantibus, tota civitas momentis prope omnibus refrigeratur, ut Orientis in partibus Orientem abscondat.* Eadem legas apud Isidorum lib. XIII, cap. 21. His igitur a viro dignitatis amplissimæ copiosissimæque eruditionis præclare explanatis, nihil habeo, quod addam, nisi applausum. Eustathii verba non dubie corrupta esse censeo. Typhonem dictum Orientem narrat Strabo: Draconis vero nomen ei datum, usquam, nisi hic, legisse non recordor. Equidem suppetit conjectura, ἐξ Ὀρόντου αὐτὴν Ὀριέντην μετωνόμασε. Sed cum credibile sit, hanc quoque facile Cuperum vidisse, verum ut audacem nimis repudiasse: rectius forsan ab aliis opem certiorem expectabimus. De nomine tractus illius, cujus meminit Hegesippus, ex Constantino de Thematibus omnia possunt nota esse.

IN CAPUT ULTIMUM.

Non corrumperet veritatem. Præcessit *ne*; quare τὸ

A *non*, a librario adjectum, delendum censeo.

Respexit in terram. Non modo in extraneorum litteris, quod ostenderunt satis viri docti, elegans hoc loquendi genus et perusitatum, sed etiam in sacris. Deut. XXVI, 7 : *Qui exaudivit nos, et respexit humilitatem nostram, et laborem, atque angustiam*; et vs. 15 : *Respice de sanctuario tuo, et excelso cœlorum habitaculo, et benedic populo tuo sancto.* Sic Virgo θεοτόκος in admirando illo hymno, Ὅτι ἐπέβλεψεν ἐπὶ τὴν ταπείνωσιν τῆς δούλης αὐτοῦ, ubi collegit plura Pricæus. Utitur et Eusebius de hac ipsa pace Ecclesiæ reddita, de qua scriptor hic agit, Hist. Eccles. lib. VIII, cap. 16 : Ὡς γὰρ τὴν εἰς ἡμᾶς ἐπισκοπὴν εὐμενῆ καὶ ἵλεων ἡ θεία καὶ οὐράνιος χάρις ἐνεδείκνυτο. Nisi mavis illic ab inspectione, seu visitatione, metaphoram duci, quam fecerunt οἱ ἁρμοστῆρες, sive qui ad res sociorum aut provincialium cognoscendas et constituendas missi erant. De qua doctissimus et celeberrimus Buchnerus ad Hymnum natalitium, quem Christo Servatori cecinit Prudentius.

Ut florescentes ecclesiæ perpetuæ quiete. Duo doctissimi viri legendum putarunt : *Ut florescentes ecclesias perpetua quiete custodiat.* Mihi magis ex consuetudine temporum illorum scribi posse videtur : *Ut florescentis Ecclesiæ perpetuam quietem custodiat.* Non enim nisi de una illa et vera agit Ecclesia. Cætera quoque sic fuerint convenientiora stylo Lactantii ; ut lib. VI, c. 10 : *Ut quietem noctis tutam sibi faceret* ; lib. 7, cap. 2 : *Piorum animis ad beatam vitam revocatis, quietum, tranquillum, pacificum, aureum denique, ut poetæ vocant, sæculum, Deo ipso regnante, florescat.* Amabile vero quietis nomen Romanis Romanorumque principibus vehementer placuit, ut ex nummis liquet, aliique ostenderunt. Inter alios hoc amavit et Constantinus Magnus (ne de paganis dicam), qui in arcu triumphali nummisque, LIBERATOR URBIS, FUNDATOR QUIETIS vocatur, alibique PACIS, aut QUIETIS PUBLICÆ dulcissima exhibet nomina. Faxit DEUS OPT. MAX. ut omne christianum nomen, pace et quiete solida ac diuturna, nominatimque ut cum REGE pio, forti, felice, patria nostra jam dictis aliisque bonis propriis et perpetuis æternum efflorescat.

NICOLAI TOINARDI MONITUM LECTORI.

Ex quo ea, quæ in his notis ad cap. 4, de *Sabbato magno*, deque BB. Polycarpi ac Pionii passionibus, fere animi gratia scripsi, typis mandata sunt, operæ pretium duxi profiteri, probabiles admodum mihi videri sententias illas duas, quæ pluribus a me alias exponentur : nempe *Sabbato* ipso *magno Judaico*, id est, quod decimam quartam lunam paschalem proxime præcedit, Polycarpum martyrium fecisse die 26 mensis Martii (prout in Actis), et quidem anno Christi 147; Pionium autem comprehensum fuisse *Sabbato* quoque *magno*, die 22 Martii anni 251, et martyrio fuisse affectum die 12 septimi Asianorum mensis, qui supradicto 251 anno in Sabbatum, atque in 5 diem Aprilis incidit.

Iis, qui hanc tuebuntur sententiam, nulla erit habenda consulatuum ratio, utpote Actis proconsularibus perperam adjectorum.

NOTÆ TOINARDI AURELIANENSIS

IN LIBRUM

DE MORTIBUS PERSECUTORUM.

IN CAPUT PRIMUM.

Ecce addetur his omnibus adversarius : et restituta per orbem tranquillitate, profligata nuper Ecclesia rursum exurgit. V. C. Joan. Bapt. Cotelerius *Ecclesiæ Græcæ monumentorum*, Parisiis anno 1681 editorum, pag. 528, in notis legendum jubet : *Ecce adteritur his omnibus adversarius*; aperto, ut ait, sensu et scita antithesi ex *adteritur* et *exsurgit*. Eximiam viri eruditissimi, mihique olim conjunctissimi, emendationem tum bono omine meas inter notas principem hic exhibendam duxi, tum ne in peregrino loco latens, Lactantii studiosis maneret ignota.

IN CAPUT II.

Extremis temporibus Tiberii Cæsaris, ut scriptum legimus, Dominus noster Jesus-Christus a Judæis cruciatus est, post diem decimum kalendarum Aprilis, duobus Geminis consulibus. His paucis in verbis error non unus. Primus quidem est ex librarii oscitantia, ita ut pro *ante*, irrepserit *post*. Illo enim legendum puto, *ante diem decimum*, ut ipse Lactantius habet alio in loco, scilicet Institutionum, lib. IV, cap. 10, ubi de Judæis ait: *Exinde Tetrarchas habuerunt usque ad Herodem, qui fuit sub imperio Tiberii Cæsaris, cujus anno quinto decimo, id est, duobus Geminis consulibus, ante diem decimum kalendarum Aprilium Judæi Christum cruci affixerunt.*

Clarissimus Stephanus Baluzius, hujus tanti thesauri diligentissimus editor, Parisiis anno 1679, in notis ad superius cap. 2 negat contrarietatem esse ullam inter duas istas loquendi formulas, *post* et *ante diem decimum*, fretus auctoritate Pauli J. C. D. de Verb. Signific. L. Anniculus cxxxii. Vide ejus verba.

At clariss. Henr. Norisius ingenti *Cenotaphiorum Pisanorum* operis Venet. anno 1681 editi, pag. 545, hanc sententiam confutat; atque ex ipso *Pandectarum* autographo, Florentiæ asservato, germanam verborum Pauli lectionem profert his verbis: *Ante diem decimum kalendarum post diem decimum kalendarum; neque utro enim sermone undecim dies significantur.* Deinde ait:

« Ex hac autem germana lectione textus, Ricciolii opinio refellitur. Etenim illa verborum Pauli recitatio optimum sensum habet, et verissima est, quamvis non iisdem jurisconsulti verbis expressa. Idem enim, lib. cxxxiv, D. *De Verbor.* significat. ait: *Anniculus non statim ut natus est, sed trecentesimo sexagesimo quinto die dicitur, incipiente plane, non exacto die.* Itaque qui inchoato extremo anni die moritur, ut inquit lib. cxxxii, *anniculus amittitur*; quod probat argumento a vulgata loquendi consuetudine ducto, qua dicentes, *ante diem decimum kalendarum*, ipsum diem termini, nempe primas sequentes kal. computamus, non autem diem undecimum, qui kalendas sequitur, nempe diem secundum mensis (1). Quare, inquit jurisconsultus, etiam anniculum amitti, qui ipso die trecentesimo sexagesimo quinto *incipiente plane*, non exacto, *amittitur*; neque necesse est amitti die primo anni insequentis. Itaque constat auctore celeberrimo jurisconsulto, ea vulgata dicendi formula, *Ante diem decimum kalendarum*, non significari undecim dies, sed tantum decem, ipsis kalendis computatis. »

Tandem, insequenti pagina, post relatam utriusque loci Lactantii per clarissimum Baluzium conciliationem, idem Norisius subdit: « Verum doctissimi interpretes secus Pauli textum intelligunt. Antonius Augustinus, lib. IV Emendat. ad laudatam legem Pauli ait: *Ante diem tertium nonas, et tertio nonas, et die tertio post kalendas idem esse deprehenditur.* Hæc Cujacii verba in adversariis olim notavi: *Post diem decimum kalend. significatur dies decima post kalendas, ut ipsæ kalendæ computentur. Ergo post diem decimum kalend. Januarii, id est IV idus Januarii.* Recte notavit P. Manutius in epist. 12 lib. III Familiarum Tullii, *ante diem tertium nonas*, veteres Latinos dixisse, id est, *tertio die ante nonas*; nam cum dicitur *tertio nonas*; concisa locutio est, subintelligitur enim *die ante* siquidem præpositio tacita kalendas in quarto casu regit. Quare *post decimum diem kalend. Aprilis*, idem est, *ac decimo die post kalendas Aprilis*. .... Neque Paulus memoratæ doctissimi Baluzii opinioni suffragatur. Nam scribit, neutra loquendi formula *ante diem deci-*

---
(1) *Diem undecimum, qui kalendas sequitur, nempe diem secundum mensis.* Pace eruditissimi Norisii dixerim, scribendum videri: *Diem decimum, qui kalendas præcedit, nempe diem decimum ante finem mensis.*

mum kalend. et post diem decimum kalend. diem undecimam significari, sed decimam, non quidem ejusdem mensis, sed tum decimam diem ante, id est, præcedentem kalendas, tum decimam post, nempe posteriorem kalendis. Hinc Caius jurisconsultus eodem D., lib. L. ccxxxii, ait: *Post kalendas Januarias die tertio pro salute principis vota suscipiuntur*; nempe 3 nonas Januarias. Hinc apparet, alium plane mensem significari hisce loquendi phrasibus: *Ante decimum kalend. Aprilis*, ac *post decimum kal. Aprilis*; priori enim modo dicendi designatur dies 23 Martii; altero vero (1) dies posterior decimo kal. Aprilis.

« Quare Lactantii verborum formula neminem veterum Latinorum auctorem habet, ac doctissimis recentioribus improbatur. Scio, astronomos diem a meridie præcedentis ad meridiem insequentis diei numerare. Hinc dies 23 Martii post meridiem ipsis dicitur *post diem decimum kal. Aprilis*. Lactantius uti designaret tempus diei, qua passus est Dominus, videlicet post meridiem diei 23 Martii, scripsit juxta modum loquendi astronomorum. Hæc tamen non quidem eruditissimo Baluzio opposita, sed proposita, ac ejusdem censuræ supposita velim. »

Hactenus clarissimus Norisius, cujus locum fere integrum ideo exhibui, tam ob ipsius præstantiam, quam quia *Cenotaphia Pisana* omnium non sunt in manibus.

Norisii autem sententiæ omnino accedo, ita ut istis verbis *post diem decimum kalendarum Aprilis*, intelligatur *decimus dies mensis Aprilis*, computatis ipsis kalendis.

Frustra autem excusando, vel interpretando Lactantio celeberrimus auctor astronomos in auxilium vocat; quid enim Lactantio cum astronomis in re minime astronomica, ut ad istas subtilitates confugiatur, de quibus neutiquam cogitaverit Lactantius?

Deinde si locum haberet iste loquendi modus astronomorum, sequeretur, ex eo, quod dies decimus kalendarum Aprilium juxta astronomos exactus sit ad meridiem diei 23 Martii, atque adeo nonus incœperit, Lactantium dixisse, Christum eo die post meridiem cruci fuisse affixum: siquidem, ipso auctore, cap. 2 hujus libri, *post decimum diem kalendarum Aprilis cruciatus est*, quo vocabulo significatur, *cruci affixus*.

At vero Lactantius non scribit sigillatim de diei parte, sed solummodo universim de ipso die, in quo Christus crucem subiit: unde nihil quid quam expeditius est, quam dicere *post* in isto loco esse librarii errore, ac pro eo reponendum *ante*. Idque eo magis, quod Institut. lib. IV, cap. 10, ubi *Ante decimum diem* recte legitur, ibidem in nonnullis editionibus, quales sunt Lugdunensis anni 1548, in-12, et Antuerpiensis anni 1555, in-8°, legere sit: *Ante diem septimam*, pro *Ante diem decimam*; uti est universim in compluribus antiquis codicibus et castigatis editionibus.

Quemadmodum itaque in *Institutionum* loco positum et vocabulum *septimam*, pro *decimam*; ita plane in hoc *de Mortibus Persecutorum*, pro vocabulo *ante*, male scriptum est, *post*.

Joannes Columbus, qui notis Aboæ in Finlandia anno 1684 editis hunc eumdem librum illustravit, in hunc locum habet insequentia: vide ejus verba, col. 363.

Hactenus Joannes Columbus, cujus sententia ex iis, quæ supra a Norisio atque a me allata sunt, satis superque confutatur.

Præterea vir eruditus non advertit, in altero Marci IX, 12, exemplo quod quidem est Matth., XVII, 1, neutiquam posse *sextum diem inchoatum* intelligi, sed *exactum*. In loco enim parallelo apud Luc., IX, 28, numerantur ὡσεὶ ἡμέραι ὀκτώ *fere dies octo.* In Matthæo itaque et Marco *sex* dies censendi sunt *integri*,

---
(1) *Dies posterior decimo kal. Aprilis.* Scribe: *Dies decimus, posterior kal. Aprilis*, nempe dies decimus mensis Aprilis.

ut insequens *septimus* propius accedat ad *octo*, quot sunt in Luca.

Dixi supra, cap. 2, initio, complures esse in verbis Lactantii errores. Confecto itaque eo, qui librarii erat, nunc in ipsum Lactantium vertendus stylus.

Ait, *Extremis temporibus Tiberii Cæsaris Christum cruciatum fuisse, duobus Geminis consulibus*. Extrema illa Tiberii tempora in altero Institutionum loco, sive lib. IV, cap. 10, assignat anno Tiberii quinto decimo. Id quidem convenienter consulatui duorum Geminorum. At observa, lector, quam immaniter inde hallucinetur.

Tiberius annum imperii quintum decimum iniit anno 28 æræ vulgaris, die 19 mensis Augusti. Hoc ipso Tiberii anno Joannes Baptista, uti apud Lucam, cap. III, 1, 2, 3, legimus, pœnitentiam prædicare incœpit. Erat is, juxta Lactantium, Tiberii annus quintus decimus *iniens*, siquidem, juxta eumdem, passus est Christus quinto decimo Tiberii anno, qui in cursu fuit usque ad 19 diem Augusti anni 29 æræ vulgaris.

Baptizatus itaque Christus die 6 Januarii, consulibus duobus Geminis, anno æræ vulgaris 29, et passus die 25 mensis Martii insequentis, nonnisi per duos menses ac dimidium ea omnia peregerit, quæ ab ipsius Baptismo ad mortem usque referuntur. Quod quidem portentosum est dictu, quamvis ab aliis multis Veterum inconsulte pronuntiatum fuerit, ac Fastis Idatianis infartum.

Quid enim tandem fiet de quatuor omnino paschatibus, quibus, ipso fatente viro clarissimo Harduino, in indice *Antirrhetic* sui, Parisiis anno 1689 editi, Servatoris ministerium apud evangelistas distinguitur? Quis Philolaus, vel Ptolomæus; quis Copernicus, vel Tycho, in illo 29 æræ vulgaris anno reperiet characteres diei passionis Christi congruentes, feriam, inquam, sextam cum die paschatis concurrentem?

Et tamen ille ipse est Lactantius, qui cum aliis similibus auctoribus, id est, chronologiæ atque evangelicæ historiæ æque incuriosis, obtruditur ab iis, qui negant Christum æræ vulgaris anno 33; et quidem mensis Nisan die 14, sive Aprilis die 3, cruci fuisse affixum.

Verum absit, ut inde quidquam detractum velim Lactantii aliorumque ecclesiasticorum scriptorum auctoritati. Id unum contendo, eis, quanto magis ob vetustatem prædicantur, tanto minus in rebus chronologicis habendam esse fidei; cum enim unum Christum scirent et docerent, eumque crucifixum, rerum gestarum ordinem non ita accurate servabant.

Vir Clarissimus Joannes Harduinus in *Antirrhetico suo*, p. 67, quæstionem hanc definit insequentibus verbis : *Denique passum esse Dominum Jesum anno æræ vulgaris* 29, *ex intellligimus, tertio paschate post susceptum prædicandi munus, ut vetustissimi e Patribus unanimi consensione predidere, duobus Geminis consulibus.*

Deinde in *Addendis*, quæ sunt ad calcem libri, subdit : *Nam et Judæorum præterea ritus, et astronomicæ tabulæ in eum annum, ut alias dicemus, consentiunt.*

Tum adversus virum clarissimum Joannem Vaillantium eadem p. 67, insurgens, ait : *Horum an tu quidquam es subodoratus? aut tibi aliquis ante nos indicavit?*

Huc usque clarissimus Harduinus, a quo stabiliendæ huic sententiæ nescio equidem quid proferri possit. Neque enim Judaicorum rituum plane sum rudis, neque porro astronomicis ex tabulis ulla unquam machina eruentur *feria sexta ac paschatis dies*, in quibus conjunctim anno æræ, vulgaris 29 passus sit Christus.

Assumptis in locum Judæ proditoris Matthia et Paulo. No ex his verbis inferas, Paulum una cum Matthia fuisse Judæ ab apostolis suffectum. Tantum incuriosius paulo scribens Lactantius innuere voluit, loco Judæ alios duos apostolatus munere fuisse functos, Matthiam scilicet sorte lectum, Act. I, 26,

et Paulum ab ipso Christo assumptum.

Et per annos 25 *usque ad principium Neroniani imperii, per omnes provincias et civitates, Ecclesiæ fundamenta miserunt.* A consulatu duorum Geminorum, sive ab anno æræ vulgaris Christi 29, quo, ex Lactantii hypothesi, supra confutata apostoli post Pentecosten, Act. II, 1, cum Marc. XVI, 20, prædicaverunt ubique Evangelium, anni quidem sunt 25 completi usque ad 13 diem Octobris anni Christi 54, quo Nero successit Claudio : at ab anno æræ Christi 33, quo revera passus est Christus, non sunt, nisi 21.

Cumque jam Nero imperaret, Petrus Romam advenit. In indiculo depositionis martyrum, edito per Ægidium Bucherium Antuerpiæ 1634, in Comment. *De Doctrina temporum*, legitur : *Octavo kalendas Martii* (sive die 22 Februarii), *Natale Petri de Cathedra*. Id contigeri, juxta Lactantii rationes, anno Christi 55, cum primus Neronis annus in cursu esset a 13 die Octobris antecedentis.

Quod si deinde eruditiss. virorum Godefredi Henschenii, initio *primi tomi Sanctorum mensis Aprilis*, editi Antuerpiæ 1675, et Danielis Papebrochii, in *Propylæo ad Acta Sanctorum Maii*, edito ibidem 1685, sententia admittatur, quam eamdem V. C. Act. Pagius in *Critica Baroniana*, Parisiis 1688, ed ta, amplectitur, *Petrum tertio kalendas Julias, coss. Nervo Siliano et Vestino Attico*, id est, anno Ch. 65, Neronis 12, die 29 Junii, *martyrium fecisse Romæ*, non vixerit Petrus a constituta Romæ cathedra ampliús quam annos 10, et menses 4 cum diebus 8.

Ex Fl. Josepho, atque etiam ex numismatis, prout in tractatu *De Numismatis Herodiadum* ostensurus sum, constare debet, annum Ch. 43, Claudii imp. 3, ac Senioris Agrippæ 7 postremumque exstitisse, quando Petrus Hierosolymis divina ope e vinculis ereptus est, ac deinde Agrippa ab angelo percussus, Act. XII, 3, 23, obiit Cæsareæ Palestinæ, ubi munus edebat in honorem Claudii Cæsaris, festo quodam pro ejus salute instituto. Joseph. Antiq. lib. XIX, cap. ult.

Si itaque, ut supra, convenit *Natale Petri de Cathedra* diei 22 Februarii cujuscumque anni, ac Petrus anno Ch. 65, in crucem actus fuerit, necesse plane est, ipsum biennio ad minimum, priusquam ab Agrippa anno Ch. 43, in vincula mitteretur, Romam semel venisse, idque ineunte primo Claudii imp. anno, ac labente mense post Caligulam anno Ch. 41, Januarii die 24 necatum, atque inde in Judæam rediisse, ut 25 annis ante suum obitum sedem Romæ constitueret.

Sin ista Petri excursio parum probetur, quod videatur non cohærere cum serie rerum in Actis usque ad cap. XII relatarum, tum primus ejus in Urbem adventus non fuerit quam maxime cito, nisi anno Ch. 44, sub Claudio imp. die quidem 22 Februarii, ut supra, ex *Indiculo depositionis martyrum*, unde ad annum Ch. 65, et diem 29 Junii, quo, ex sententia Henschenii, Papebrochii, et Pagii supra relata, Petrus Romæ sæviente Nerone peremptus est, nequeunt anni numerari ultra 21, cum mensibus 4, et diebus 8.

Et certe quoniam in Chronico paschali, Parisiis denuo per V. C. Carol. Ducangium nuper edito, quod *Alexandrinum* antea perperam appellabatur, nihil de Petri et Pauli obitu in anno Ch. 66, neque deinceps scribitur, intelligere est, ejus auctorem anno al superiori hunc eventum assignasse. Quis vero sit annus, elici non potest, propter lacunam 20 omnino annos in hoc Chronico intra an 45 et 66 occupat.

Non moror in Fastis Idatianis, ad calce ejusdem paschalis tertium editis Petrur passos dici Nerone III, et Messala coss Ch. 58. Quis enim sanus id ferat? et ad manum Taciti locus, quem infra evincitur. Neronem non sæviisse,

Nec tamen abiit impune. Resp

tionem populi sui..... ut ne sepulturæ quidem locus in terra tam malæ bestiæ appareret. Nero continuo post incensam Romam in Christianos sæviit. Id expresse Tacitus lib. xv Annal. cap. 38, 44.

De hoc incendio Suetonius quoque, in Nerone cap. 38, et Dio, pag. 708, quod, teste ibidem Tacito, cap. 35, contigit C. Lecanio Basso, M. Licinio Crasso coss., id est, anno Ch. 64. Ejus principium 14 kalend. Sextiles, sive 19 die Julii, finis, sexto demum die, sive Julii 24 vel 25 ex Tacito, ibid. cap. 44, ubi addit: *Ergo abolendo rumori Nero subdidit reos, et quæsitissimis pœnis affecit, quos per flagitia invisos vulgus Christianos appellabat.*

Deinus itaque Neroni reliquos septem vel octo Julii dies capiendo consilio, ut incensæ Urbis invidiam in Christianos derivaret : consequens erit, persecutionem cœpisse ineunte circiter mense Augusto anni Ch. 64. Annus autem Ch. 68, et dies 9 Junii insignes sunt Neronis nece. Intervallum divinæ vindictæ, anni 3, menses 10, ac dies circiter 9.

Ex his atque ex supradictis, beati Apostoli martyrio fuerint affecti exeunte undecimo mense a concitata persecutione. Ab initio enim mensis Augusti anni Ch. 64, ad finem Junii anni 65, undecimus mensis fluxit.

IN CAPUT III.

Post hunc, interjectis aliquot annis. Nempe 30 præter 6 menses, ut dicetur infra.

Alter non minor tyrannus ortus est. Domitianus, duodecim Cæsarum postremus.

Subjectorum tamen cervicibus incubavit quam diutissime, tutusque regnavit, donec impias manus adversus Dominum tenderet. Tito, fratri suo, successit Domitianus anno Ch. 81, die 13 Septembris. Si sævire cœpit adversus Christianos anno Ch. 94, mense circiter Februario, ut quidem existimo, tum vero imperaverit ante persecutionem annos 12, cum mensibus 4 ac plusquam dimidio.

Chronicon paschale initium Domitianeæ persecutionis annectit ann. Ch. 92, non autem 93, ut censet V. C. Ant. Pagius in Dissertatione Hypatica, Lugduni anno 1680, edita, p. 110, et in Critica Baroniana ad annum Ch. 90, num. 5, p. 86, qui præterea in Critica ibidem ait, hujus Chronici auctorem in putandis Olympiadibus Eusebianam rationem sequi, sive uno anno eas antevertere, licet rovera duobus annis ab auctore Chronici anteverjantur. Earum enim initium ducit ab anno Periodi Julianæ 3936, cum incœperint duntaxat anno 3938.

Horum nihil quidquam, sicut nec alia complura, vidit ille, cujus chronologica opera usus est clariss. Ducangius in apponendis chronico paschali temporum characterismis.

In supradicta istius Chronici editione tanta quidem est perturbatio, nata ex ignorantia dicam, an incuria, ut annus concitatæ per Domitianum persecutionis fluctuans p. 250, inter annos Ch. 93, et 94 relinquatur ; neque porro Olympiadis 218 primus annus, qui ibi Domitiani est 13, ullo omnino charactere notetur.

Jam vero inquirendum, quo primum tempore Domitianus Ecclesiam vexaverit.

Ant. Pag. V. C. in Dissertatione Hypatica, p. 110, et in Critica Baroniana, p. 85, num. 4, id ponit sub finem anni Ch. 93, ex Taciti loco, qui in fine Vitæ Agricolæ feliciter prædicat Agricolam, quod Conlega Priscoque coss. anno scilicet Ch. 93, decimo kal. Septemb. sive 23 die Augusti, *excesserit, atque adeo evaserit postremum illud tempus, quo Domitianus non jam per intervalla ac spiramenta temporum, sed continuo, et velut uno ictu, rempublicam exhausit.* Unde infert Pagius, persecutionem sub finem anni Ch. 93 incœpisse.

At, meo quidem judicio, inde tantummodo sequitur, Domitianum non sæviisse, nisi post obitum ricolæ. Cum autem incertum sit, quo postea tempore id contigerit, ac præterea videatur respublica primo, ac deinde Ecclesia male habita, nihil plane Taciti locus iste confert ad figendam persecutionem anno Ch. 93.

Henricus Dodwellus Anglus, V. C. in Dissertatione xi Cyprianica, Oxonii anno 1684 edita, cui De Paucitate Martyrum Lemma affixit indignissimum homine utcumque christiano, nedum auctore litterato, contendit ex Brutii verbis apud Eusebium, Hist. lib. iii, cap. 18, nonnisi Ch. anno 95, Ecclesiam fuisse a Domitiano vexatam, quia videlicet ejus principatus anno 15, Flavia Domitilla, Flavii Clementis tum consulis ex sorore neptis, ob confessionem Christi in insulam Pontiam relegata est.

Sed a VV. CC. Anton. Pagio in Critica Baroniana passim, et Theodorico Ruinartio, monacho Benedictino in præfatione ad acta Martyrum sincera et selecta, Parisiis anno 1689 edita non modo tota illa Dodwelli dissertatio egregie confutata est : sed etiam huic argumento, pro asserenda persecutionis Domitianeæ brevitate adducto, responsum est, nihil inde confici, nisi persecutionem istam anno Ch. 95 maxime efferbuisse.

Et certe in Chronico paschali ad 14 Domitiani annum habentur hæc verba : ἱστορεῖ ὁ Βροῦτος (lege Βρούττιος) πολλοὺς Χριστιανοὺς κατὰ τὸ ιδ΄ ἔτος Δομιτιανοῦ μεμαρτυρηκέναι. *Memoriæ prodit Brutius, multos Christianos 14 anno Domitiani martyrium fecisse.*

Ut autem ex isto Brutii loco aliquid eliciatur, cui inniti possimus, secernenda sunt certa ab incertis, ac statuendum :

Primo, Domitiani annum 12 iniisse anno Ch. 92 die 13 Septembris, cum decurreret 217 Olympiadis annus 4.

Deinde, Olympiadem 218 incœpisse in Solstitio æstivo anni Ch. 93.

Tertio, Domitiani annum 13 ductum fuisse a die 13 Septembris anni Ch. 93, cum decurreret 218 Olympiadis annus primus.

Denique eidem annum 14 fuisse incœptum anno Ch. 94, cum ejusdem 218 Olympiadis annus alter esset in cursu.

Unde consequens est, biennio errare Chronici paschalis auctorem, qui Domitiani 13 annum alligat primo 218 olympiadis anno, et Indictioni 5. Nam juxta hujus auctoris methodum et hypotheses, olympias 218 et annus 13 Domitiani ortum habuissent anno Ch. 91.

Non moror, consulatus in posterioribus Domitiani annis ab auctore Chronici paschalis perperam fuisse affixos. Id enim ad rem præsentem non attinet. Assumo duntaxat quod ibi refertur ex Brutii historia, *multos Christianos anno 14 Domitiani martyrium fecisse.* Cum enim inter eruditos conveniat, Domitianum non vexasse Ecclesiam, nisi postquam *defuncto Agricola die 23 Augusti anni Ch.* 93 (ex Tacito supra laudato) *continuo et velut uno ictu rempublicam exhausit*, mihi videor medio tutissimus iturus, si dixero, Domitianeam persecutionem incœpisse mense Februario insequentis anni 94, atque adeo eodem anno, die 6 Maii mensis, Joannem apostolum in dolium ferventis olei plenum fuisse immissum, ac deinde in Pathmon insulam relegatum : quod cum Hieronymo convenit, qui in Catalogo scriptorum ecclesiasticorum ait, id contigisse *quartodecimo* (Domitiani) *anno, secundam post Neronem persecutionem movente Domitiano.*

Sic itaque a Neroniana persecutione, quæ, ut supra ostendi, sub initium mensis Augusti anno Ch. 64 cœpit, fuerint ad Domitianeam anni 30, præter 6 menses, quot sunt nempe ab initio Augusti anni Ch. 64, ad finem Januarii anni 94.

Postquam vero ad persequendum justum populum instinctu dæmonum incitatus est, tunc traditus in manus inimicorum luit pœnas. Domitianus mense Februario anni Ch. 94, ut proxime dictum, sævire cœpit. Preemptus est anno Ch. 96, 14 kalend. Octobris, sive die 18 Septembris, ut in confesso apud omnes. Divinæ vindictæ intervallum, anni 2 et menses 7 cum dimidio circiter.

IN CAPUT IV.

Extitit enim post annos plurimos execrabile animal Decius, qui vexaret Ecclesiam. Quis enim justitiam, nisi malus, persequatur? Et quasi hujus rei gratia provectus esset ad illud principale fastigium, furere protinus contra Deum cœpit, ut protinus caderet. Sævüsse Decium statim ac imperavit, docet quoque Chronicon paschale his verbis: Initio imperi Decii, persecutione contra Christianos concitata, Φλαβιανὸς (lege Φαβιανὸς, Fabianus), Romanorum episcopus martyrium fecit. Jam inquirendum quo id tempore contigerit.

Decius successit Philippo, qui anno Ch. 249, 15 kal. Julias, sive 18 die Junii, Æmiliano et Aquilino coss. etiamtum imperabat, ex Ccd. Justinianeo, l. VIII, tit. 56. De Revocandis donationibus, l. I, Decii autem Augusti nomen iisdem coss. 15 kal. Novemb., sive 19 die Octobris, ibid. inscribitur lib. IV, tit. 16. De Hæreditariis actionibus, l. II. Decius itaque imperium adeptus est intra dies 17 Junii, et 19 Octob.

Quod si demus, ipsum imperare cœpisse sub finem Junii, vel sub initium Julii, ut infra dicetur, tum a Domitianea persecutione, quam Februario anni Ch. 94 assignavi, erunt ad Decianam, præter quinque circiter menses, anni 156 quos Lactantius *plurimos* jure merito appellat, quod insequentes persecutiones sibi invicem fere contiguæ fuerint.

Quod autem Lactantius ait, *Decium protinus cecidisse postquam vexavit Ecclesiam*, non omnino idem tempus æquat, quod fuit a concitata per Domitianum persecutione usque ad ejusdem necem, mense Februario anni Ch. 94 ad annum Ch. 96, et diem 18 Septembris. Intervallum est enim annorum 2 ad mensium 7 cum dimidio circiter; quod aliquanto minus esse in Decio, ita ostendimus.

Decius ex antedictis imperavit anno Ch. 249, intra diem 17 Junii, et 19 Octobris. Imperare desiit anno Ch. 251, quo cos. III processit, collega filio suo, Decio Etrusco. Anno enim insequenti, sive 252, Trebonianus Gallus, amborum successor, Fastis *jam tum Augustus* nomen dedit, collega Vibio Volusiano, filio suo, *jam tum Cæsare*.

Quanam vero anni tempestate Decii obierint, colligere est ex Trebellio Pollione in Valeriano, ubi hæc leguntur: *Duobus Deciis coss.* anno Ch. 251, 6 kal. *Novemb. die*, sive 27 Octob. *cum ob imperatorias litteras in æde Castorum (Romæ) senatus haberetur, ireturque per sententias singulorum, cui deberet censura deferri, nam id Decii posuerant in senatus amplissimi potestate.... absente Valeriano, nam ille in procinctu suo cum Decio agebat, communi una voce dixerunt, interrupto more dicendæ sententiæ: Valeriani vita censura est..... Quæ cum essent sæpius dicta, addiderunt, OMNES; atque ita discessum est. Hoc senatusconsultum ubi Decius accepit, omnes amicos convocavit, ipsum etiam Valerianum præcepit rogari*. Huc usque Trebellius Pollio.

Unde liquet, delata senatui per Decios absentes eligendi censoris potestate, *Valerianum, et ipsum absentem*, censorem fuisse electum Romæ, die 27 Octobris.

Degebat Valerianus in limite Mœsiæ cum Deciis, qui ibi ante finem istius anni occisi sunt. Demus mensem circiter unum, tum renuntiando in Mœsiam isti senatusconsulto, tum deinceps committendo prælio, in quo uterque Decius cecidit: Decii sub finem Novembris occisi fuerint.

Id contigit Abrutti, sive Abyrti, vel Abritti, ut testantur Victor, De Cæsaribus, Dexippus apud Syncellum, pag. 375 Regiæ editionis anni 1652, et Chronicon paschale anno Ch. 251, præter Jornandem libri De Rebus Geticis, cap. 18, apud quem habetur:

Veniensque Adabritto (sive abrupto) *Mœsiæ civitatem, circumseptus a Gothis et ipse extinguitur*; ubi legendum esse *Abrutto*, notavit V. C. Ant. Pagius Criticæ Baronianæ, pag. 51, ad hunc Ch. annum : sed melius legeris *ad Abrittum*. Lege quoque *Abrutti* apud Victorem De Cæsaribus, loco *Bruti*.

Victor De Cæsaribus ait simpliciter, Decium imperasse *exacti regni biennio*; Victor alter, *menses triginta*. At nequeunt *triginta illi menses* in imperio Decii reperiri, nisi admittamus, Philippum statim obiisse postquam die 17 Junii anni Ch. 249, nomen ejus in Lege, de qua supra, inscriptum est; Decium vero sub finem anni 251 in prælio adversus Carpos interiisse. Ita enim delibatus fuerit tricesimus mensis.

Interea ex his constat, Decios imperasse plus quam duos annos; nempe ab illo temporis spatio, quod est intra diem 17 Junii et 19 Octobris anni 249, usque ad finem Novembris anni 251, atque adeo annos duos cum mensibus circiter quinque.

Et quidem tertium imperii annum Decios attigisse, docent variæ inscriptiones, in quibus Decio *Seniori* assignatur *tribunitia potestas* III, quarum altera Feltriæ apud Gruterum CCLXXXIII, 6; altera Vintiis in provincia Gallia, ubi etiamnum extat, ac refertur a V. C. Ant. Pagio, Dissert. Hypat., part. I, cap. 7, pag. 64, et in Critica Baroniana correctior ad annum Ch. 251, pag. 52.

Chronici paschalis auctor Decii imperium intra unius anni spatium perperam definit, ac persecutionem cum anno 251 connectit. Recte quidem, quantum ad utriusque Decii consulatum, sed adversus ipsos, qui ibi producuntur, martyrii Pionii characteres.

Verba ipsa, in quibus duo menda cubare suspicabar, non abs're forsan erit referre, ac eorum castigationem proponere. Ea sunt:

Καὶ ἐν Σμύρνῃ τῆς Ἀσίας Πιόνιος.... ἐπὶ Πρόκλου Κυντιλλιανοῦ ἀνθυπάτου τῆς Ἀσίας, πρὸ δ᾽ εἰδῶν Μαρτίων, ὅ ἐστι κατὰ Ἀσιανοὺς, μηνὶ ἕκτῳ, ιϛ´ σαββάτου ὥρᾳ δεκάτῃ.— *Et Smyrnæ Asiæ Pionius... sub Proclo Quintiliano proconsule Asiæ, 4 idus Martias, quod est secundum Asianos, mense sexto, die 12, sabbati hora decima*. Venerat mihi in mentem, pro δ᾽ εἰδῶν Μαρτίων, *4 idus Martias, et* μηνὶ ἕκτῳ, *mense sexto*, legendum esse, δ᾽ εἰδῶν Ἰουλίων, *4 idus Julias, et* μηνὶ αὐτῷ, *mense ipso*, sive, *eodem*.

Quantum ad primam castigationem, post δ᾽ εἰδῶν, *4 idus*, loco Μαρτίων, *Martias*, reponebam Ἰουλίων, *Julias*, quia in toto Decii imperio nullum sabbatum, quod sit mensis dies 12, connectitur cum aliquo die *4 idus Martias* : sed solummodo 4 idus *Julias*, et 12 dies mensis in anno Ch. 251 conveniunt sabbato; quod ita ostenditur.

Decius, ut dictum supra, imperavit ad summum post diem 17 Junii anni 249, usque ad finem Novembris anni 251. His annis, et 259 intermedio, sabbatum cum aliquo die 4 *idus* cujusvis mensis se habuit ut in diagrammate insequenti. in quo præterea indicatur, quoto mensis die sit 4 *idus*.

Anno Ch. 249, littera dominicali G.
4 idus Februarias, dies 10 mensis.
4 idus Maias, dies 12. Id quidem corrigendo Chronico Paschali apprime convenient, quoniam facilis est mutatio τοῦ Μαιων, *Maias*, in Μαρτίων, *Martias* : at Decius in isto Maio, mense nondum imperabat, ut ostensum supra.
4 idus Novembris, dies 10.
Anno 250, lit. dom. F.
4 idus Augusti, dies 10 mensis.
4 idus Octobris, dies 12, sed Ὀκτωβρίων, *Octobres*, nimium differt a Μαρτίων, *Martias*.
Anno 251, lit. dom. E.
4 idus Julias, dies 12 ejusdem mensis Julii. Sunt enim idus die 15 Julii. Unde conjeceram Ἰουλίων, *Julias*, in Chronico Paschali legendum, pro Μαρτίων, *Martias*, ut 4 idus et sabbatum concurrerent cum

duodecimo die mensis; adeoque Pionii passionem anno Ch. 251 convenire.

Hactenus de prima castigatione.

Quantum ad alteram, in qua αὐτῷ, ipso, repositum pro ἕκτῳ, sexto, sensus esset, diem idus includi in eodem illo mense, cujus ibi significatur esse diem duodecimum.

Videlicet, quamvis apud Romanos dinumeratio retrograda ex ante nonas vel idus instituatur, sicut ex ante kalendas; id tamen sit cum hoc discrimine, quod dies numerati ex ante kalendas sint in mense, qui designatas kalendas antecedit, adeoque alio, quam ipsae kalendae: secus ac dies, qui ex ante nonas vel idus putantur; sunt enim illi eodem in mense, ac nonae et idus, ex quibus retroaguntur.

Auctor itaque Chronici Paschalis in Pionii martyrio, supradictis verbis μηνὶ αὐτῷ ιϛ, mense ipso die 12, innueret, 4 idus Julias esse ipsius mensis Julii diem 12 secundum Asianos: quoniam Asiani ordine recto a prima die mensis dies mensium putant, non autem retrogrado a nonis, vel idibus insequentibus, uti faciunt Romani, apud quos quando dinumeratio procedit ex ante kalendas, tum designatus dies non eodem est in mense, ac kalendae.

Frustra ergo deinceps juxta illas correctiones quaereretur in Chronico Paschali, atque in Actis latinis passionis Pionii, sextus aliquis mensis in Martio, ut ab aliis antea factum est.

Tamen ut verum fatear, audacior mihi videtur mutatio vocabuli Μαρτίων, Martias, in Ἰουλίων Julias; maxime cum adducar, ut credam, Pionium anno Christi 250 passum fuisse, ut signatus in Actis passionis ejus docet Decii consulatus ii, in quo collegam habuit Gratum.

Itaque existimaverim, fuisse revera ab auctore Chronici Paschalis scriptum, πρὸ δ' ἰδῶν Μαρτίων, id est, ante 4 idus Martias; sed mensem Martium ibi intelligendum esse Xanthicus, qui in Asianorum proconsularium anno solari sextus est, ducta dinumeratione a mense Dio. Ut autem Dius iniit die 24 Septembris; ita Xanthicus die 22 Februarii.

Praeterea cum S. Polycarpus, Smyrnae episcopus, passus sit die secundo mensis Xanthici, ante diem 7 kal. Martias, magno sabbato, hora octava, ut ex Ecclesiae Smyrnensis epistola de Martyrio S. Polycarpi ab Usserio edita, et ex Graecorum menologiis discimus, atque aliunde in Actis passionis Pionii insequentia legantur: Vicesima tertia mensis Februarii die, cum sabbatum magnum instaret, id est, adesset, Natalis scilicet beati martyris Polycarpi, urgente Decii persecutione, Pionius presbyter, et Sabina .... comprehensi sunt; quae in ejusdem Pionii Actis a viro clarissimo Theod. Ruinartio editis, pag. 123 ita habentur: Secundo itaque die sexti mensis, qui dies est quarto idus Martias, die sabbati majore, Natale Polycarpi celebrantes, etc. Ex istis diei 23 et sabbati characteribus necesse est, Pionium comprehensum fuisse anno Christi 250.

Ut vero passus est insequentis Marlii, sive Xanthici, die 12 qui in feriam tertiam eo anno incidit, nemo non agnoscet vocabulum σαββάτου, sabbati, tum in Actis Pionii, tum in Chronico Paschali perperam additum fuisse a sciolo aliquo, qui cum memoria teneret, Pionium missum fuisse in carcerem die sabbati, et quidem magni, ac martyrio fuisse affectum die 12 mensis Martii, sive Xanthici, praecipiti calamo sabbati characterem, qui diei 23 Februarii conveniebat, affixerit diei 12 mensis Xanthici, nullo dierum, in quibus comprehensus et passus est Pionius, habito discrimine; quamvis eodem in anno die 23 Februarii et 22 Martii nequeant in sabbatum incidere.

Undenam autem illud sabbatum, quod erat die 23 Februarii Juliani, anno Christi 166 quando Polycarpus martyrio affectus est, et anno 250, quando Pionius comprehensus, appelletur magnum, nescio an quisquam hactenus sit assecutus; neque vero me assecutum fuisse confido: at liceat id indagari, aliorumque inde excitare sagacitatem.

In duobus illis Christi 166 et 250. annis, pascha in diem 7 Aprilis incidit, adeoque prima quadragesimae Dominica in 24 diem Februarii. Hinc sabbatum, quod primam illam quadragesimae Dominicam praecedit, potuit magnum appellari ab Asianis proconsularibus, quibus, ut pote Quartodecimanis, plurima erant, in rebus ad Pascha spectantibus, cum Judaeis communia.

Judaeis porro sabbatum, quod paschati imminet, dicitur magnum. Cum autem tempus ineundae quadragesimae pendeat a paschate insequenti, deque paschate Christianos admoneat, ideo Smyrnenses sabbato quod est ante primam quadragesimae Dominicam, appellationem eamdem dederint, quae a Judaeis sabbato quod est ante Pascha, tribuitur.

Ad rem praesentem nihil attinet, Smyrnenses una cum Quartodecimanis pascha decima quarta ipsa luna, id est, iis Christi 166 et 250 annis, die 2 Aprilis, feria 3 celebrasse secus, ac caeteros Christianos. Quartodecimanis enim idem erat ac caeteris Christianis, quadragesimae initium.

Notavi supra, vocabulum instaret quod est in Actis passionis Pionii post cum sabbatum magnum, significare adesset. Enimvero redditum est ex ἐνεσταμένου male accepto, quod erat post σαββάτου μεγάλου, quasi de imminente sabbato magno diceretur, quamvis ibi sabbatum, quod jam advenerat, indicetur.

Saepe quidem latinis auctoribus instans appellatur illud tempus, quod medium est inter praeteritum et futurum: at quoniam significatus est ambiguus, prava est similis interpretatio, quae apud varios auctores lectoribus minus eruditis nonnunquam ansa fuit rerum male intelligendarum.

Varia latina Acta passionis Pionii ex editis ac manuscriptis codicibus retulit vir clarissimus Theodor. Ruinartius, de quo supra, inter Acta Martyrum sincera in selecta, pag. 138, ubi omisso die 12 qui est in Chronico Paschali, 4 Idus Martias, vel Martii, cum mense sexto plerumque jungitur, praeterquam in uno Bollandino, in quo legitur: Ante 4 idus Martias, more Romanorum, Asiae autem more, septimi mensis undecimo, die sabbati, hora septima.

Nescitur quidem, unde in isto codice Bollaudino hora septima legatur pro decima; neque divinare est, quomodo iisdem in Actis latinis, et in graecis Menologiis dicatur Pionius die undecimo passus. At suspicio mihi inest; septimi mensis positum fuisse dedita opera pro sexti mensis, quod nempe mensium dinumeratio ibi ducta sit ab Hyperberetaeo, qui variis gentibus et auctoribus caput est anni civilis, ita ut Xanthicus hunc in modum ex sexto fiat septimus; licet contra alias sit primus, quando cum Aprili committitur, sicut apud Chronici Paschalis auctorem iis in locis, in quibus ipse auctor loquitur.

Non moror, in locis supra laudatis menses citra ullam aliam designationem appellari juxta ordinem, quam singuli, in anno obtinent, Xanthicus puta dicitur primus, et sic reliqui. Sed abs re forsan non erit ex Fl. Josepho, apud quem Judaici menses lunares nominibus mensium Syro-Macedonicorum appellantur, simile exemplum referre, in quo mendum cubat.

Illud est lib. v de Bello, cap. 25 in graecis, vel III, in latinis exemplaribus, pag. Gr. Lat. 888, D, ubi Vespasianus legitur Gadara intrasse τετάρτῃ Δύστρου μηνός, id est, die quarta Dystri mensis; praecedit autem Dystrus Xanthicum. At paulo ante, nempe pag. 887, F, dicuntur Sicarii festo Azymorum, quod medio mense Xanthico celebrabatur, invasisse oppidulum Engaddi. Lege itaque levi mutatione, δευτέρου, pro δύστρου, quod erit, τετάρτῃ δευτέρου μηνός, die quarta SECUNDI mensis; adeoque die quarta mensis Artemisii, qui Xanthicum proxime sequitur, Vespasianus Gadara intraverit, direpto per Sicarios ante novemdecim dies Engaddi. Artemisius simpliciter quoque 1 **Macchab**. xm; 51, appellatur Δεύτερος μὴν *secundus mensis*.

Porro iisdem in Actis latinis passionis Pionii Decius dicitur consul fuisse diversimode collega *Vizeto Grato*, vel *Vicio Grato*, vel *Vitio Trato*: unde verum nomen illius *Grati* elici nequit.

Hic obiter, data occasione, jurisconsultos, vel alios quosvis codicis Justinianei lectores, accuratiori chronologiæ minus addictos, monitos velim, peccari anni anachronismo usque ad Diocletiani tempora in æræ Christi numeris, qui legibus illis appositi sunt; in quibus coss. notantur, v. g. supra laudatis legibus, quæ coss. Æmiliano et Aquilino latæ sunt; annus enim æræ Christi 250 subjicitur pro 249.

Error autem primo commissus est ab illustri Fastorum parente, Onuphrio Panvinio, deinde ab ejus exscriptore. Panvinius enim ratus Servatoris nativitatem uno anno esse antevertendam, *ætatem et æram Christi* indiscriminatim acceptas suis Fastis intrusit; in quo imitatorem habuit illum, qui Christi annos consulatibus in codice designatis adjiciendos suscepit.

Panvinii errorem uno præterea anno eminentiss. Baronius in suis nunquam satis prædicandis Annalibus anxit, uti a chronologis passim animadversum. Sed, quod maxime stupendum, in illa tanta chronologiæ luce, ad eumdem lapidem offendit vir clarissimus Carol. Cointius, nuperus Annalium Francorum scriptor. Nunc e diverticulo in viam.

In Ducangiana Chronici Paschalis editione, pag. 270 eodem fato eodemque errore, ac annus Domitianæ persecutionis, de qua supra, annus quoque Decianæ persecutionis nudus ac vagus inter annos Ch. 253 et 254 duplici errore relinquitur.

Primo quidem, quod Decii imperium nullis omnino characteribus insigniatur. Deinde vero, quod connexo ibi Ch. 253 anno cum postremo Philippi imp. necesse sit, Decianam persecutionem ad summum cœpisse anno Ch. 254; cum sit longe certissimum Decium ante annum 252 obiisse, siquidem illo 252 anno, ut notavi supra, successor ejus Trebonianus Gallus cos. ii processit, *jam tum Augustus*, collega Vibio Volusiano, filio suo, *jam tum Cæsare*.

In consignandis similibus eventibus passim hallucinatum fuisse clariss. Ducangium, minime miror; cui scilicet ut diffusissima fuera variarum reconditissimarumque rerum lectio, ita perexiguus ac propemodum nullus chronologiæ usus.

Nam *profectus adversum Carpos, qui tum Daciam Mœsiamque occupaverant*. Carpos in hoc Lactantii loco, Francos in Chronico Paschali, Getas, sive Gothios, apud Jornandem, et Scythas apud Zozimum, eosdem esse ostendit vir clarissimus Ducangius in Notis p. 547 ad supradictum Chronici Paschalis locum.

IN CAPUT V.

Non multo post Valerianus. Post 7 annos; nam anno Ch. 257, imperii sui 5, episcopos et presbyteros exilio mulctavit, ut liquet ex vita, actis, et epistolis Cypriani. Insequenti autem 258. imperii sui 6, circa æstatem sæviit, ut docet laudatus Cyprianus epist. ad Successum: unde hoc loco Lactantius ait, Valerianum *multum, quamvis brevi tempore, justi sanguinis fudisse*, id est, intra unius anni spatium; nam captus est a Persis anno insequenti 259.

IN CAPUT VI.

Aurelianus inter initia sui furoris extinctus est: concitavit itaque persecutionem solummodo sub finem anni 274 vel initio insequentis. Interemptus est enim Martio anni 275.

IN CAPUT XI.

Misitque aruspicem ad Apollinem Milesium. Coluisse Milesios Apollinem, docent, præter Strabonem, lib. xiv, pag. 634, et Pausaniam in Atticis, pag. 15,

A complura numismata, inter quæ unum est magni moduli in Gaza Regia æreum Julii Veri Maximini imp. in hunc modum :

ΑΥ. Κ. Ι. ΟΥΗΡΟC. ΜΑΞΙΜΙΝΟC.

(*Cap. radiato*.)

ΑΜΙΚΟΥ ΕΛΕΥΘΕΡΑC ΕΤ. CΞΗ.

(*Apollo sedens, dextra lyram; Serapis stans, capite modiato, dextra spicas, sinistra lanceam.*)

Infra, inter utramque figuram globus.

In imo : ΑΜΙCΗΝΩΝ ΜΙΑΚCΙΟΝ.

Id est : *IMperator. Cæsar. Julius. VERUS. MAXIMINUS. AMISI LIBERÆ ANno 268. AMISENORUM MILESIORUM.*

Ex hoc numismate intelliges, Serapidem cultum fuisse Amisenis, ut Apollinem Milesiis.

Ex notandis infra de a tera Amisenorum æra, cusum est in obsequium Maximini, anno Per. Jul. 4950, U. C. 990, Ch. 237, post obitum amborum Gordianorum.

Occasione litterarum numeralium in eo inscriptarum, paucis dicam, duas fuisse ad summum Amisenis æras.

Prima sumpta fuerit ab anno Per, Jul. 4667, U. C. 707, ante Ch. 47, quando Jul. Cæsar Amisenos ἐλευθερίᾳ ἠμείψατο, *libertate remuneratus est*, teste Dione, lib. xlii, pag. 207, quod Pharnaces, Mithridatis filius parricida, virilitatem ipsis ademisset, ut docet Hirtius, Bell. Alexandr. cap. 41 et 70, cum Appiano lib. ii Bell. Civil., pag. 484, et Dione lib. xlii, pag. 206, apud quem, τοὺς τε ἡβῶντας ἐν αὐτῇ πάντας ἀπέκτεινε, *puberes in ea omnes interfecit*, legendum ex duobus aliis auctoribus ἐπέτεμε, *exsecuit*; quod apud Appianum, τομίας ἐποιήσατο. Hoc vero mendum demiror mansisse hactenus inobservatum.

Istam primam Amisi æram exhibet Hadriani nummus, si modo genuinus est, qui a Jos. Scaligero, Canon. Isagogic. lib. iii, pag. 301, Edit. Amsteld., num. xc, laudatur :

ΑΥΤ. ΚΑΙC. ΑΙΛ. ΛΔΡΙΑΝΟC. CΕΒ. Π. Π. ΥΠ. Γ.

ΑΜΙCΟΥ ΕΛΕΥΘΕΡΑC ΕΤΟΥC. ΡΠΓ (*male*, ΡΠΓ).

Id est : *IMPerator. CÆSar. ÆLius. HADRIANUS. AUGustus. Pater. Patriæ. COnsul. III. AMISI LIBERÆ, ANNO 183.*

Ibi Scaliger ΥΠ. Γ. *Consul* iii. non modo male interpretatur *tertium*, quod est *ter* : sed etiam errat, cum dicit, eos 183 annos desinere anno periodi Julianæ 4833, quo tertium Hadriani consulatum illigat; Hadrianus enim suum iii ac postremum consulatum inivit anno per. Jul. 4832, U. C. 872, Ch. 119; unde utrovis modo, citra omne fundamentum, repetenda esset æra ib anno per. Jul. 4650 vel 4651, id est, ante Ch. 64 vel 63.

At vehemens mihi suspicio inest, eo in nummo legi debere, ΡΞΓ, 163, sicuti alius ejusdem Hadriani argenteus nummus in Gaza Regia præfert :

ΑΥΤ. ΚΑΙ. ΤΡΑ ΑΔΡΙΑΝΟC. CΕΒ. ΥΠ. Γ.

(*Cap. Laureato*.)

ΑΜΙCΟΥ ΕΛΕΥΘΕΡΑC ΕΤΟΥC ΡΞΓ.

(*Pallas stans, dextra Victoriolam, sinistra clypeo innixa*.)

Cusus est, ut ex insequenti æra videbimus, anno per. Jul. 4854, U. C. 835, Ch. 132, Hadriani imp. 15. Hadrianus enim, demortuo Trajano, anno Ch. 117, die 10 mensis Augusti imperium adeptus est.

Altera æra, quæ litteris numeralibus CΞΗ, 268, in supradicti Maximini numismate signatur, ducenda est ab ipso initio anni per. Jul. 4683, U. C. 723, ante Ch. 31, quando Antiseni, necato vel expulso Stratone tyranno, libertatem sibi armis quaesiverunt. Quod autem apud Strabonem lib. XII, pag. 547, libertas eis *reddita* dicitur a Caesare Augusto post Actiacam pugnam, intelligendum est, *confirmata*.

Illa eadem aera visitur in aereo medii moduli numismate Diadumeniani, quod in Musaeo eruditiss. atque humaniss. viri Fr. Dronii asservatur.

M. OΠEΛ. ANT. ΔΙΑΔΟΥΜΕΝΙΑΝΟC CAICAP.
(*Cap. nudo*.)
ΑΜΙΚΟΥ ΕΛΕΥΘΕΡΑC ΕΤΟ. CMΘ.
(*Aquila expansis alis.*)

Id est : *Marcus*. OPELius ANToninus. DIADUMENIANUS. CÆSAR. AMISI LIBERÆ ANno 249.

Casus est ante mensem Junium anni Ch. 218, siquidem Macrinus imp. eo anno, una cum filio Diadumeno, initio Junii, interemptus est.

Hic vero monendus est lector, Ælii Caesaris numisma, quod vir clarissimus Ant. Pagius sibi a me e Gaza Regia transmissum laudat in *Addendis Criticae Baronianae*, pag. 305, cum litteris PZE, 165, non pertinere ad Ælium Caesarem, neque esse in Gaza Rogia. Id quidem ita memini me scribere viro clarissimo uti ab ipso exhibitum est : sed prius ita quoque ab amico per litteras, dolo non malo deceptus, acceperam.

Est autem hoc numisma Sabinae, Hadriani uxoris quod habetur pag. 307 Thesauri Palatini per L. Begerum Heidelbergae anno 1685 editi. Inde ruit tertia Amisenorum aera, quam Ant. Pagius ibid. in Addendis falso isti numismati superstruxit.

Neque praetermittendum est, ab Holstenio quoque in notis ad Stephanum de Urbibus, voce Ἄμισος, male referri Caracallae nummum Amisi cusum, in quo ait, esse litteras CNE, 255, quae neutri aerae conveniunt. Sunt enim in eo CME, 245, prout leguntur in aereo maximi moduli nummo Gazae regiae, in hunc modum :

ΑΤ. Κ. Μ. ΑΥΡ. ΑΝΤΩΝΙΝΟC. ΓΕΡΜ.
(*Capite radiato*.)
ΑΜΙCΟΥ ΕΛΕΥΘΕΡΑC.
(*Victoria in bigis, dextra coronam, sin palmam*.)
In imo : ΕΤ. CME.

Id est : I*Mperator*. *Caesar*. *Marcus*. AU*Relius*. ANTONINUS. GERM*anicus*. AMISI LIBERÆ ANno 245.

Caracalla *Germanici* appellationem non usurpavit, nisi decurrente sibi tribunitia potestate xvi, uti vedere est in nummis apud Occonem pag. 377, et Mediobarbum pag. 293. Tribunitia autem potestas tradita est Caracallae anno Ch. 198, atque ita anno Ch. 213 tribunitiam potestatem xvi inivit, cujus duntaxat in decursu *Germanicum* se inscripsit.

Casus est itaque iste hujus nummi anno U. C. 967, Ch. 214, non autem U. C. 961, Ch. 208, ut censet clariss. Pagius eadem pag. 305, in *Addendis*, ubi in errorem ab Holstenio inductus, litteras CNE, 255, a priori Amisi aera, sive ab anno U. C. 707, repetit.

IN CAPUT XIII.

Legitime coctus. Id est, ambustus, ut cap. 21 : *Deinde incensae faces et extinctae admovebantur singulis membris. Quod postremo accidebat, cum per multum diem decocta omni cute, vis ignis ad intima penetrasset.*

IN CAPUT XV.

Furebat ergo imperator jam non in domesticos tantum, sed in omnes; et primam omnium filiam Valeriam, conjugemque Priscam sacrificio pollui coegit. Erant itaque christianae. Et fuisse quidem christianas, nec semper ita male habitas, discas ex hoc Eusebii loco, reddito ad verbum (*Hist. Eccles*. l. VIII, cap. 1, *statim initio*) :

Τί δεῖ περὶ τῶν κατὰ τοὺς βασιλικοὺς λέγειν οἴκους, καὶ τῶν ἐπὶ πᾶσιν ἀρχόντων; οἱ τοῖς οἰκείοις, εἰς πρόσω-

πον ἐπὶ τῷ θείῳ παῤῥησιαζομένοις λόγῳ τε καὶ βίῳ συνεχώρουν, γαμεταῖς, καὶ παισί, καὶ οἰκέταις, μονονουχὶ καὶ ἐγκαυχᾶσθαι ἐπὶ τῇ παῤῥησίᾳ τῆς πίστεως ἐπιτρέποντες, οὓς ἐξόχως, καὶ μᾶλλον τῶν συνθεραπευόντων ἀποδεκτοὺς ἡγοῦντο· οἷος ἐκεῖνος ἦν Δωρόθεος, πάντων αὐτοῖς εὐνούστατός τε καὶ πιστότατος· καὶ πάντων ἕνεκα διαφερόντως παρὰ τοὺς ἐν ἀρχαῖς καὶ ἡγεμονίαις ἐντιμότατος, ὅ τε σὺν αὐτῷ περιβόητος Γοργόνιος. *Quid opus est de iis dicere, qui in imperatorum* erant *domibus, et iis qui omnibus imperabant? qui suis coram circa rem divinam et sermone, et vivendi ratione libere se gerere sinebant, uxoribus, et liberis ac famulis, tantum non et gloriari super libera professione fidei permittentes, quos eximie, et prae caeteris eorum conservis acceptos habebant : qualis ille erat Dorotheus, omnium erga ipsos benevolentissimus et fidissimus ; et propterea prae iis, qui in magistratibus et praefecturis erant, honoratissimus, et cum ipso celebratus Gorgonius*. Liceat hujusce textus duas alias subjicere versiones a clariss. viris editas, Joannis Christophorsoni alteram, atque alteram Henrici Valesii : ex quibus cum superiori illa collatis intelliget lector, quanta sit, quamque vesana nonnullorum interpretum libido, qui in reddendis auctoribus omnia susdeque vertunt, atque innumera vocabula infarciunt, futilia illa pleraque et inutilia ; etiam citra omnem characterum distinctionem. Talia fere sunt, quae in istis duabus versionibus curavi uncinis includi.

Illam, quae Joan. Christophorsoni est, primo loco, utpote antiquiorem, exhibeo. Est autem hujusmodi : *Quid de his attinet dicere qui* (sunt) *in imperatorum palatio* (*magnam dignitatem adepti*); *denique* (*ipsis*) *imperatoribus, qui domesticis* (*suis*) *pro sermone divino propagando, et* (*pia*) *vitae ratione* (*degenda ipsi velut*) *inspectantes, copiam fecerunt libere* (*et ingenue*) *dicendi ; atque* (*suis ipsorum*) *uxoribus, liberis et servis, quasi* (*palam*) *de* (*mira*) *fidei libertate gloriandi* (*exultandique*) *potestatem permiserunt? Quos certe chariores habuerunt, et magis eximie dilectos, quam* (*reliquam servorum turbam*). *Ut Dorotheum illum, qui praeter caeteros erga illos et benevolentiam summam ostendit, et fidem non minorem, ac propterea prae aliis, qui magistratus et praefecturas in imperio gerebant, amplissimum honoris gradum adeptus est. Ut Gorgonium, qui non dissimili fama* (*et celebritate*) *enituit*.

Hactenus Christophorsonus, quem vides τῷ θείῳ accepisse tanquam adjectivum ; reddit enim, *divino*, et jungit illud cum λόγῳ, *sermone*. At male ; siquidem substantive sumendum est, et interpretandum, *numen*, vel *res divina* : unde reddidit Valesius per, *ea quae religionis suae erant*. Hujus integra versio sic se habet : *Quid opus est dicere de iis, qui in imperatorum palatiis* (*versabantur*), *quid de imperatoribus* (*ipsis?*) *Qui domesticis* (*suis eorum*) *que uxoribus, liberis ac servis, ea quae religionis* (*suae erant*), *tam verbis quam factis libere exsequendi coram* (*semetipsis*) *potestatem dederunt ; ipsis ob* (*hanc*) *fidei* (*suae*) *libertatem gloriari, (ac se ostentare*) *quodammodo permittentes, eosque prae caeteris* (*omnibus*) *ministris praecipuo* (*quodam*) *amore complectebantur. Cujusmodi fuit Dorotheus ille, qui summam erga ipsos benevolentiam ac fidem declaravit, eamque ob causam prae* (*cunctis*) *magistratibus provinciarum rectoribus magnum honorem promeruit. Huic adjungendus est celeberrimus ille Gorgonius*.

Hactenus Valesius. In ejusdem notis haec leguntur : Γαμεταῖς. *Haec verba de imperatorum conjugibus intellexit Christophorsonus, quibus scilicet imperatores permiserint Christianam fidem libere profiteri. Sed quae sequuntur, sensum hunc aperte refutant*.

At cl. viro non quae sequuntur, sed quae praecedunt, erant advertenda. Deprehendisset enim vocabulo οἰκείοις, quod superiori loco occurrit, quodque reddidi per, *suis*, tanquam generico, comprehendi tres personarum species, quae in imperatorum palatiis versabantur; nempe γαμετὰς, παῖδας, et οἰκέτας, *uxores, liberos, et famulos*, utique imperatorum omnes : Dorotheum autem et Gorgonium nonnisi ad tertiam speciem, sive classem, immediate præcedentem, pertinere, quæ est τῶν συνθεραπευόντων, eorum qui simul ministrant, quos una voce conservorum expressi. Dorotheus quippe erat eorum ex numero, quibus creditæ erant imperii præfecturæ: unde ibidem ex Actis martyrum Indis et Domnæ cap. 23. notat Valesius, *fuisse illum civili dignitate insignem, ut qui præpositus vocaretur ab Italis*.

IN CAPUT XVII.

Sic æstate transacta, per circuitum ripæ Strigæ. Repone *Istricæ*, id est, *Danubianæ*; ab *Ister*, *Danubius*. Facilis enim fuit corruptio ex *Istricæ* in *Stricæ*, ac deinde *Strigæ*, dempta ex usu per librarios prima littera. Sic *Strix* ex *Histrix*. Unde *Striculus* apud Arnobium pro *Histriculus*. *Strionem*, pro *Histrionem*. Isidorus et glossæ veteres: *Strio*, *mimarius*, *scenicus*. Hæc exempla cum multis aliis subministrat Magnus Salmasius ad Spartiani cap. 27, in Hadriano.

Henr. Dodwellus in dissertatione *De Ripa Striga*, Lactantii operibus Oxonii anno 1684 editis subjecta, delicias facit, cum dicit, « *Strigam* in hoc Lactantii loco esse vocem *Agrimensariam*, seu *Gromaticam*, a castrametatione primum, inde ad coloniarum agros, qui pro castrorum norma mensurari atque distribui solebant traductam atque usurpatam. » Quod postquam vir pereruditus multo conatu adstruxit, demum ita concludit:

« Proinde Roma Ravennam usque lectica plurimum vehebatur noster imperator (*Diocletianus*). Inde ad Danubium fortasse lectica, reliquum deinde iter in navi, et secundo Danubii flumine, per Pontum Euxinum usque ad Nicomediam »

At vero quis sanus admittat, ægrum corpore atque animo imperatorem per Danubii Catarractas, et Ponti Euxini brevia procellasque, longam ac periculosissimam navigationem suscepisse. Itaque satius diceretur Diocletianus lectica fuisse delatus ad Dravum vel Savum, eo loci ubi primum navigiorum sunt patientes; atque inde secundo flumine, uti et Danubio, in illas appulsisse partes, quæ Hadrianopoli sunt magis vicinæ, unde recto itinere, lectica iterum, Nicomediam versus iter instituisset.

At isti, quanquam verisimiliori sententiæ, obstat æque ac Dodwellianæ Lactantii textus, in quo Imperator conficiendo supradicto itineri neutiquam legitur *secundis fluminibus usus*: unde aliunde petenda interpretatio, nempe ab itinerario *Antonini* dicto, in quo videre est, *duo fuisse itinera a Viminacio*, quod in Mœsia situm, *Nicomediam usque*.

Diocletianus itaque Ravenna *Viminacium* venerit, urbem sibi pridem caram, ut variæ leges ibi ab eo latæ docent; ubi duplex habuerit iter, quorum unum carperet.

Alterum quidem erat brevissimum; nam in eo, *per Municipium et Hadrianopolim*, non recensentur nisi viginti mansiones usque *Ostudizum*, quo duo itinera in se recurrunt. Sed illud a Diocletiano vitatum fuisse existimo, ac dextrorsus relictum, quod esset maxime arduum, et per hoc compendium plurimi montes, quos inter præcipue Hæmus, essent superandi.

Describitur pag. 50 Itinerarii Antonini, anno 1600 Colon. editi; atque operæ pretium duxi oculis illud subjicere, citra locorum omnium recensionem, vel intervallorum designationem, quod neutrum ad rem præsentem spectet.

Viminacium.	
Municipium.	M. P. XVIII.
Idimum.	M. P. XVII. etc.
Burditpa.	
Hadrianopolim.	M. P. XXIIII.
Ostudizum.	M. P. XVIII. etc.
Byzantium (Constantinopolis).	
Chalcedoniam.	
Trajectus in Bithyniam.	
Pantichium.	M. P. IIII.
Libyssam.	M. P. XV.
Nicomediam.	M. P. XXIIII.
	M. P. XXII.

Alterum vero iter, in quo notandum τὸ per Ripam, ab eodem *Viminacii* termino ad eumdem *Ostudizi* terminum, habetur pag. 49 atque i ea inscribitur.

Item per Ripam *a Viminacio Nicomediam xij.*

Cuppas.	M. P. LXXII. sic.
Novas.	M. P. XXIIII.
Ratiariam. *Leg.* XIV *Gemina.*	M. P. XXIIII.
OEscon. *Leg. Mac.*	M. P. XVIII.
Novas. *Leg.* I. *Ital.*	M. P. XII.
Trans Muriscam.	M. P. XVII.
Candidianam.	M. P. XIII
Teglicium.	M. P. XII.
Dorostoron *Leg.* XI *Cl.*	M. P. XII.
Sucidavam.	M. P. XVIII.
Axiopolim.	M. P. XII.
Trosmin. *Leg.* I *Jovia, Scythia.*	
Arrubium.	M. P. IX.
Dinigutiam.	M. P. IX.
Noviodunum. *Leg.* II *Herculea.*	M. P. XX.
Istrum.	
Tomos.	M. P. XXXVI.
Sadame	
Tarpodzon.	M. P. XVIII.
Ostudizum.	M. P. XXXII.
Byzantium.	
Pantichium.	M. P. XV.
Libyssam.	M. P. XXIIII.
Nicomediam.	M. P. XXII.

Nota, in altera ista recensione omitti ab auctore Chalcedoniam, cum trajectu in Bithyniam, licet sint in prima.

Erat quidem proxime descriptum iter longissimum, quippe LIII mansiones habens, uti numeranti in ipso Itinerario patebit, sed expeditissimum imperatori male habenti, quod per plana fieret, legendo *Ripam Istricam*, id est, *Flexus Danubii inferioris*.

In latinis enim Ptolemæi exemplaribus, ea parte ubi græca desiderantur, pag. 57 Gr. Lat. Edit. Bertianæ, anni 1618, legitur: *Flexio juxta Axium civi.* id est Axiopolim, *et hinc usque ad ostia vocatur* Ister. Adde ejusdem Itinerarii pag. 55. *Iter* quod est *a Tavruno in Galliis ad Leg.* XXX *usque* dici fieri *per Ripam Pannoniæ*, non *per Ripam* simpliciter, quia *Istro* ista denominatio κατ' ἐξοχήν, pag. 49 convenit.

Postremum hoc iter elegerit Diocletianus, non modo tanquam commodius altero, quod erat per compendium; sed etiam quod per illud, si per valetudinem licuisset, imperatoris partes esset adimpleturus; lustrando scilicet identidem varias legiones in limitibus imperii supra relatis collocatas, cum nullæ essent alio in itinere: ac præcipue I *Joviam*, *in Trosmin*, sive Trosmis, et II *Herculeam*, *Novioduni*: quæ ambæ de Diocletiani Maximianique senioris cognominibus nuncupatæ sunt, atque ad Honorii usque tempora perstiterunt, Claudiano teste in *Bello Gildonis*, his versibus:

Herculeam suus Alcides, Joviamque cohortem
Rex dicit Superum.

Jam, opinor, intelligis, lector, quid sit apud Lactantium *circuitus Ripæ* illius *Istricæ*, per quem Diocletianus, Ravenna *Nicomediam venit*, nempe pedestri itenere per varios flexus Danubii inferioris, usque ad ejus propemodum ostia, ac deinde *Ostudizum*.

Palmariam hanc observationem accepi ab illustriss. abbate, in quo, præter stupendam eruditionem, ea est modestia, ut nomen suum celari velit.

IN CAPUT XVIII.

Caput integrum hic exhibeo, versiculis non modo, sed etiam nominum Diocletiani et Gal. Maximiani adjectione distinctum. In eo præterea, ad majus discrimen, verba amborum *charactere italico* expressa sunt. Optandum autem esset, ut quorumvis auctorum, ac præcipue veterum, qui deinceps edentur libri, appositis similiter versiculis distinguerentur. Id fieret citandis eorum locis maximo lectoris commodo.

Cap. XVIII. 1. Nec multis post diebus Cæsar advenit, non ut patri gratularetur, sed ut eum cogeret imperio cedere. 2. Jam conflixerat super Maximiano sene, eumque terruerat injecto armorum civilium metu. 3. Aggressus est ergo Diocletianum, primum molliter et amice, jam senem esse dicens, jam minus validum, et administrandæ reipublicæ inhabilem : debere illum requiescere post labores. 4. Simul et exemplum Nervæ proferebat, qui imperium Trajano tradidisset.
5. Ille vero aiebat, et indecens esse, si, post tantam sublimis fastigii claritatem, in humilis vitæ tenebras decidisset ; et minus tutum, quod in tam longo imperio multorum sibi odia quæsisset. 6. Nervam vero uno anno imperantem, cum pondus et curam tantarum rerum vel ætate vel insolentia ferre non quiret, objecisse gubernaculum reipublicæ, atque ad privatam vitam redisse, in qua consenuerat. 7. Verum si nomen imperatoris cuperet adipisci, impedimento nihil esse, quominus omnes Augusti nuncuparentur.
8. At ille, qui orbem totum jam spe inhiaverat, cum inde sibi aut nihil præter nomen, aut haud multum videbat accedere, respondit, debere ipsius dispositionem in perpetuum conservari : ut duo sint in republica majores, qui summam rerum teneant ; item duo minores, qui sint adjumento. 9. Inter duos facile posse concordiam servari : inter quator pares nullo modo. 10. Si ipse cedere noluisset, se sibi consulturum, ne amplius minor et extremus esset. 11. Jam fluxisse annos quindecim, cum in Illyricum vel ad ripam Danuvii relegatus, cum gentibus barbaris luctaret, cum alii intra laxiores et quietiores ternas delicate imperarent.
12. His auditis senex languidus, qui jam Maximiani senis litteras acceperat, scribentis quæcumque locutus fuisset, et didicerat augeri ab eo exercitum, lacrymabundus.
13. Diocl. Fiat inquit, si hoc placet. Supererat ut communi consilio Cæsares legerentur.
14. Max. Quid opus est consilio, cum sit necesse illis duobus placere quicquid nos fecerimus ?
15. Diocl. Ita plane. Nam illorum filios nuncupari necesse est.
16. Erat autem Maximiano (filius) Maxentius, hujus ipsius Maximiani gener, homo perniciosæ ac malæ mentis, adeo superbus et contumax, ut neque patrem, neque socerum solitus sit adorare, et idcirco utrique invisus fuit. 17. Constantio quoque filius erat Constantinus, sanctissimus adolescens, et illo fastigio dignissimus, qui insigni et decoro habitu corporis, et industria militari, et probis moribus, et comitate singulari, a militibus amaretur, a privatis et optaretur. 18. Eratque tunc præsens, jampridem a Diocletiano factus tribunus ordinis primi.
19. Quid ergo fiet ?
20. Max. Ille, inquit, dignus non est. Qui enim me privatus contempsit, quid faciet, cum imperium acceperit ?
21. Diocl. Hic vero et amabilis est, et ita imperaturus, ut patre suo melior et clementior judicetur.
22. Max. Ita fiet, ut ego non faciam facere quæ velim. Eos igitur oportet nuncupari, qui sint in mea potestate, qui timeant, qui nihil faciant, nisi meo jussu.
23. Diocl. Quos ergo faciemus ?
24. Max. Severum, inquit.
25. Diocl. Illumne saltatorem, temulentum, ebriosum, cui nox pro die, et dies pro nocte ?
26. Max. Dignus, inquit, quoniam militibus fideliter præbuit ; et eum misi ad Maximianum, ut ab eo induatur.
27. Diocl. Esto. Alterum quem dabis ?
28. Max. Hunc, inquit, ostendens Daiam, adolescentem quemdam semibarbarum, quem recens jusserat Maximinum vocari de suo nomine.
29. Jam et ipsi Diocletiano nomen ex fratre mutuaverat, ominis causa, quia Maximianus fidem summa religione præstabat.
30. Diocl. Quis est hic quem mihi offers ?
31. Max. Meus, inquit, affinis.

32. At ille gemebundus :
Diocl. Non, inquit, eos homines mihi das, quibus tutela reipublicæ committi possit.
33. Max. Probavi eos, inquit.
34. Diocl. Tu videris, qui regimen imperii suscepturus es. Ego satis laboravi, et providi, quemadmodum me imperante, respublica staret incolumis. Si quid acciderit adversi, mea culpa non erit.
Sequuntur jam notæ in hoc caput.
Patri. Ejus erat filius adoptivus. Erat quoque gener. Diocletiani enim filiam, Galeriam Valeriam, duxerat Gal. Maximianus.
Sene. Forte legendum, seni.
Simul et exemplum Nervæ proferebat, qui imperium Trajano tradisset. Id vero est longe falsissimum ; neque enim Trajanus a Nerva adoptatus imperavit, nisi eo demortuo, quamvis post v. cl. Henricum Dodwellum in Appendice ad Dissertationes Cyprianicas, n. xl, idem sentiat illustris. D. Guilielmus Loydius, S. Asaphi in Cambria episcopus, ut docet ab ipso eruditissime ac solertissime scriptus Nervæ et Trajani Canon, quem curiose apud me servo, interea dum prodeat in opere chronologico, quod a tanto viro omnes litterati in dies expectant.
Observandum est autem, id non a Lactantio tanquam auctore, sed apud Lactantium a Maximiano referri in rem suam. Hoc quippe exemplo volebat abuti apud Diocletianum, non modo historiæ rudem, sed etiam tum in angustiis positum, ut eum ad abdicandum imperium induceret. Sed enim Djocletianus in illo rerum statu Gal. Maximiano fidem non audebat detrahere ; atque idcirco inferius (v. 6) sive ignoratione rei, homo illiteratus, sive potius ob Maximiani ferociam, senex meticulosus falsitatem exempli minime redarguit.
Quomodo vero Nerva imperium inierit, ac post adoptatum a se Trajanum, vivendi fecerit finem, paucis hic expedire non omnino abs re fuerit.
Domitiano 14 kal. Octobris, sive 18 die Septembris, interempto, anno Ch. 96, imperavit Nerva ; qua eadem olim die, anno scilicet 56 Ch. natus erat Trajanus, ut apud Plinium, lib. x, epist. 28, atque in veteri apud Bucherium et Lambecium kalendario. Unde in ejus Panegyr. cap. 92, ille dies dicitur triplici gaudio lætus, qui principem abstulit pessimum (Domitianum), dedit optimum (Nervam), meliorem optimo. genuit (Trajanum).
Deinde paulo post Trajanum absentem anno 97, Octobri exeunte adoptatum, Nerva moritur ; nempe anno 98, die 27 Januarii. Neque enim ex Dione, pag. 774, B, imperavit amplius, quam annum unum, menses quatuor, et dies novem.
Certe Nervam post Trajani adoptionem non fuisse diu superstitem, intelligimus ex Plinio, Panegyr. cap. 10, ubi de Nerva ait : Quem dii cœlo vindicaverunt, ne quid post illud divinum et immortale factum mortale faceret ; deberi quippe maximo operi hanc venerationem, ut novissimum esset, auctoremque ejus statim consecrandum, ut quandoque inter posteros quæreretur, an illud Deus fecisset. Hactenus Plinius Junior.
Porro quoniam tempus, quod Nerva post adoptatum Trajanum exegit, ab Aur. Victore tribus mensibus in Epitome definitur, inde Trajani adoptio sub exitum mensis Octobris anni 97 convenienter assignatur ; et quidem 5 kal. Novembris, id est, 28 die Octobris. Erat enim dies 5 kal. cujusvis mensis similibus imperatorum actionibus sacra, ut docet v. c. Anton. Pagius in Dissertatione Hypatica, et in Critica Baroniana.
Abdicatum autem fuisse imperium a Nerva, si revera abdicatum fuisset, quis scire potuit melius, quam Plinius Junior ? At in ejus epistolis, atque in ipso Trajani panegyrico, non modo altum est ea de re silentium : sed etiam contrarium plane ex iis asseritur.

Id vero scripsit Aurel. Victor libro de Caesaribus, in quo de Nerva ista sunt verba : *Ubi prospexit, nisi a superioribus robustioribusque corpore animoque geri non posse* (imperium) *mense sexto ac decimo semet abdicavit.*

Quo loco autem ponenda sit istius scriptoris auctoritas de abdicato per Nervam imperio, ipse prodit, cum de eodem imperium ineunte scribit : *Quid enim Nerva Cretensi prudentius, magisque moderatum? qui cum extrema aetate apud Sequanos, quo tyranni defecit metu, imperium arbitrio legionum cepisset,* etc. De quibus Jos. Scaliger num. 2113. Euseb. recte ait : *Omnia falsa, et portentosa.*

Victori de Caesaribus erroris ansa esse potuit, vel iste Lactantii locus, ubi Gal. Maximianus hoc exemplum obtrudit Diocletiano; vel alius itidem male acceptus ex Plinio eodem, qui Panegyr. cap. 8, de Trajani adoptione loquens, ait de Nerva : *Inde quasi deposito imperio, qua securitate, qua gloria laetus,* (nam *quantulum refert, deponat, an partiaris imperium, nisi quod difficilius hoc est*), *non secus ac praesenti tibi innixus, tuis humeris se patriamque sustentans, tua juventa, tuo robore invaluit.* Ex quibus isti auctori intelligendum erat, apud Plinium quidem oratorie loquentem *deponere ac partiri imperium* fere idem esse : attamen Nervam non *deposuisse* illud, sed solummodo *esse partitum.*

Imo Eutropii de Diocletiano ipso loquentis verba sunt : *Solus omnium post conditum Romanum imperium ex tanto fastigio ad privatum vitae statum civilitatemque remeavit.* Quod partim falsum; id enim ei fuit cum fratre suo, Maximiano Herculio, commune : ambobus autem vi, non ex libera voluntate, ut discimus ex hoc Lactantii libro, cap. 18, 19 et 20.

Ille vero aiebat. Diocletianus.

Et. Ita reposui, loco articuli *ei,* praemonstrante Joanne Columbo, nisi malis *et* idem esse, ac sibi.

Nervam vero uno anno imperantem, Ita legendum, pro *Nerva vero uno anno imperante.* Porro Nerva anno uno et sesquimem se circiter imperaverat, cum adoptavit Trajanum ; quod temporis intervallum est a medio Septembri anni Ch. 96 ad 28 diem Octobris anni 97.

Ad privatam vitam redisse, in qua consenuerat. Ex antedictis patet, Nervam post Trajani adoptionem tres menses vixisse, atque imperasse.

Nomen imperatoris. Quo significatu de solis Augustis dicebatur. Ita hujus libr. cap. 9 : *Postea enim quam nomen imperatoris accepit.* Tum cap. 25 : *Constantinum vero non imperatorem, sicut erat factus, sed Caesarem.* Sic cap. 27 : *Olim quidem ille, ut nomen imperatoris acceperit.* Deinde cap. 29 : *Constantinum imperatorem.* Praeterea cap. 30, *amisso imperatoris honore.* Denique cap. 32 : *Nuncupato Licinio imperatore*; et ibidem in fine : *Universos quatuor,* imperatores *jubet nominari.*

Omnes. Alii duo, qui Caesares, nempe Constantius et ipse Gal. Maximianus.

At ille. Maximianus.

Spe. Male in autographo *ipse,* ut bene advertit Joannes Columbus.

Aut haud multum. Addidi *haud* ante *multum,* tanquam necessarium ; non autem *non,* quoniam *haud* potius absorptum fuisse videtur in praecedente vocabulo *aut.*

Se sibi consulturam, ne amplius minor et extremus esset. Gal. Maximianus minor erat Augustis (Diocletiano et Maximiano Herculio, ut pote tantum Caesar; atque erat *extremus* Caesarum, quia Constantio inferior. Id vero jampridem ferebat molestissime ; nam *fugato Narseo, Persarum rege truci vultu ac voce terribili exclamabat : Quousque Caesar?*

Quindecim, cum in Illyricum. Post *quindecim* addidi *cum,* erutum videlicet ex *cim,* postrema praecedentis vocabuli syllaba.

Fiat, inquit, *si hoc placet. Supererat, ut communi* consilio omnium *Caesares legerentur.* Continua sunt ipsius Diocletiani verba, non autem-(a vocabulo *Supererat*), intermedia Lactantii, ut prima fronte videri possent. *Supererat* enim positum est, pro *supereeset;* quemadmodum *erat,* pro *esset,* apud Cicer. in orat. pro lege Manilia : *Quod si Romae Cn. Pompeius privatus esset hoc tempore, tamen ad tantum bellum* ERAT *deligendus atque mittendus.* Alia quoque occurrunt exempla.

Communi consilio omnium. Cujus nempe Maximianus Herculius Augustus, et Constantius Caesar debebant esse participes.

Illis duobus. Maximiano Herculio, et Constantio.

Ita plane. Nam. Iterum *Nam,* pro *Autem.*

Nuncupari. Caesares.

Erat. Ab initio hujus v. 16 ad finem v. 18 una est sola parenthesis, complectens Lactantii verba.

Post *Maximiano,* additum *filius,* ut est v. 17 post *Constantio...*

Primus Maximianus, de quo ibi sermo, Herculius est; alter vero, Galerius.

Quid ergo fiet? Diocletiani verba sunt, quibus continenter excipiuntur ejusdem postrema, quae v. 15, habentur.

Ille. Constantinus, quem ibi tunc v. 18, *praesentem* Maximianus contemptim ostendebat.

Induatur. Purpuram, qua Caesares insigniebantur.

Jusserat Maximinum vocari de suo nomine. Baluzius v. c. in notis agnoscit, hic et fere semper alibi legi in veteri codice *Maximianum.* Unde suspicio mihi inest, Dazam a Gal. Maximiano, de *pleno* ipsius nomine, vocatum fuisse *Maximianum,* non *Maximinum.* Etenim in duabus Thermarum Diocletiani inscriptionibus, apud Gruterum pag. 183, 2 et 7, post Constantium et Maximianum Augg. ac Severum Caes. recensetur Maximianus Caes. qui alius esse nequit a Daza. Adde apud Graecos scriptores eumdem promiscue appellari *Maximianum.*

Existimaverim itaque, quoniam jam duo erant Maximiani, Herculius et Galerius, apud vulgum obtinuisse, ut discriminis ergo Daza, non *Maximianus,* sed *Maximinus* diceretur, sicut in graecis latinisque numinis inscribitur.

Porro Gal. Maximianus censendus est, eodem Dazam tempore adoptasse, quo eum jussit vocari de suo nomine : siquidem cap. 39, Daza legitur Valeriam, Gal. Maximiani conjugem, appellasse *matrem,* atque ibidem Gal. Maximianus dicitur Dazae *pater.*

Jam et ipsi. Gal. Maximiano *Armentario.*

Diocletianus nomen *ex fratre mutuaverat, ominis causa, quia Maximianus fidem summa religione praestabat.* Ita reposui, pro eo quod scriptum erat : *Ex parte mutaverat, hominis causa,* etc. An enim quispiam dicendus est alicujus nomen *ex parte mutare,* qui aliquod integrum illi adjicit, quale est istud *Maximiani* impositum Galerio per *Diocletianum?*

Posset utcumque dici Galerii nomen a Diocletiano fuisse *ex parte mutatum,* si Galerius adoptivorum nominum terminatione appellatus esset *Galerianus,* ut *Octavianus* ex Octavio, *Valerianus* ex Valerio, et similia pleraque : at imposito *Maximiani* nomine, nullum in Galerii appellationibus mutati nominis vestigium, sed plane *additi.*

Erit fortasse qui objiciet, immutatum fuisse Galerio nomen, quod pro Armentario, appellatus sit *Maximianus :* sed id parum feliciter. Neque enim *Armentarii* appellatio nomen est, sed cognomen joco impositum ; qualia *Caligulae, Caracallae,* et *Tarantis,* quae ore vulgi solummodo usurpata, in monimentis publicis, edictis puta, lapidibus, ac numismatis inscripta, haud reperas. Accedit non desiisse Galerium, ex quo *Maximianus* appellatus est *Armentarium* quoque appellari, ut videre est, apud utrumque Victorem, et alibi.

Quivis Latine utcumque sciens intelliget, τὸ *mu-*

tuaverat a Lactantio hic usurpari, pro *mutuatus fuerat*. Priscianus enim lib. VIII, De verbo : *Multa similiter ancipiti terminatione in una eadem significatione
protulerunt antiqui, ut partio et partior, meto et metor, modero et moderor, mutuo et mutuor*. Hactenus
Priscianus, cujus unius auctoritas plurium instar
esse possit. Lactantius hoc ipso libro cap. 16, habet :
Hic est verus triumphus, cum dominatores dominantur ; *victi enim tua virtute ac subjugati sunt*.

Istius quidem usus exempla in verbo *Mutuo* mihi
in praesentia non occurrunt, praeter illud quod est
Matthaei, v, 42 : *Volenti a te mutuare* (δανείσασθαι) *ne
avertaris* ; et aliud apud Nonium inter auctores linguae latinae cap. 17, num. 48, pag. 751.
Mutuet. mutuum sumat. Caecil. Asoto:

Ad amicum curret mutuatum, mutuet mea causa;

ubi legendum, *currat, et causa mea*.

His duobus exemplis adde, si voles, Plinium
lib. II, cap. 9 dicentem : *Solis fulgore reliqua siderum
regi, siquidem in toto* mutuata *ab eo luce fulgere*.

Ut vero correctionis istius ratio intelligatur,
sciendum est, Maximianum *Herculium* fuisse a Diocletiano *fratrem* appellatum!, imperii nempe consortio.

Ita hujus libri cap. 8, statim initio, ubi de Diocletiano sermo est, legitur: *Quid* FRATER EJUS *Maximianus, qui est dictus Herculius?* Ita in Thermarum Diocletiani inscriptione apud Gruter. CLXXVIII,
7, post relata Diocletiani et Maximiani (Herculii)
Constantii et Maximiani (Galerii) Severi et Maximini (Dazae) nomina, legere est :

THERMAS. FELICES. DIOCLETIANI. AUG. FRATRIS. SUI.
NOMINE. CONSECRAV. etc., ubi post vocabulum FELICES,
vel quadratarii, vel exscriptoris incuria omissum est,
MAXIMIANUS AUG. id est, Herculii nomen, uti est in
consimili alia inscriptione, quae ibid. num. 8 mutila
exhibetur.

Eam in iis, quae ad praesens institutum pertinent,
partim supplere conabor in hunc modum.

* *Lege*, D. D.	* Ͽ N. N. CONSTANTIUS ET MAXIM.
	THERMAS FELIC.
es. senior.	MAXIMIANUS. AUG.
..... suae.	PRAESENTIA. MAIE.
statis.	fieri. JUSSIT. ET DI
ocletiani.	NOMINI. CONSECRAVIT.

Ibi vides τὸ MAXIMIANUS. AUG. quod desideratur in
prima inscriptione, in ista addi post THERMAS FELICES,
quia nempe eas *Herculius* Diocletiano, *fratri suo*,
consecraverat.

Praeterea hujus ipsius libri cap. 20, Augustos fuisse
invicem *fratres*, Caesares autem fuisse ab Augustis
filios appellatos, discimus his verbis : *Sed eum* (Licinium) *Caesarem facere noluit, ne* FILIUM *nominaret,
ut postea in Constantii locum nuncuparet* AUGUSTUM
atque FRATREM.

Eamdem Diocletiani et Maximiani Herculii frater-
nitatem praefert inscriptio in foro Tyri posita, quae
in Thalmude Hierosol. codice *Havodah Zarah*, cap.
4, fol. 59, verso, col. 2, v. 17; refertur in hunc
modum :

*Ego Diocletianus imperator qui aedificavi hoc forum
Tyri fortunae Herculii* FRATRIS MEI *octoginta diebus*.

Haec ex Bombergii editione Veneta, quae longe elegantior et correctior Cracoviensi illa anni Judaici 367
sive Ch. 1706.

Significat itaque Lactantius, Diocletianum, cui
Maximianus Herculius frater erat, nomen Maximiani Herculii, fratris sui, mutuasse, sive mutuatum esse, ut illud Galerio Armentario daret.

Dati nominis ratio subditur, nempe *ominis causa,
quia Maximianus* Herculius *fidem summa religione
praestabat*. Captaverat videlicet Diocletianus omen ex
nomine, ratus Galerium, quem Caesarem creabat,

fidum sibi futurum, si imperatoris Maximiani Herculii fratris sui, sibi fidi, nomen gereret. Apud Victorem quoque de Caesaribus, Maximianus Herculius
legitur fuisse erga Diocletianum *fidus amicitia*.

IN CAPUT XX.

*Maximianus, postquam senibus expulsis, quod vo-
luit effecit, se jam totius orbis dominum esse ferebat*.
Censendus est tum voluisse Romani imperii titulum
immutare, *ut non* ROMANUM *imperium sed* DACICUM
cognominaretur.

Ac substituto Caesare filio suo, qui tunc erat novennis.
Natus est itaque anno Ch. 296, post Maium mensem, vel 297, ante eumdem mensem. Senes enim
expulsi sunt kalend. Maiis anni Ch. 305, qui nempe
consulatum IX Diocletiani proxime excepit.

Candidianus. Nomen est filii Galerii Maximiani,
quem ex concubina genitum Valeria ejusd. Maximiani uxor, ob sterilitatem adoptaverat. Quoniam
vero in Illyrico, vel ad ripam Danubii, pater ejus
per 15 annos bellum gessit, non omnino inepte
dixeris, Candidianam, sive urbem, sive mansionem,
quae ex itinerario Antonini pag. 63, supra relato, sita
est inter Transmariscam et Teglicium, appellationem hanc accepisse, quod in ea vel natus esset,
vel educatus Candidianus.

IN CAPUT XXIV.

*Suscepto imperio, Constantinus Augustus nihil egit
prius, quam Christianos cultui ac Deo suo reddere*. Statim itaque *Augustum* egit, nunquam antea *Caesar*,
ac secundum in imperio locum obtinuit, ut cap.
25, in fine. Eusebius quoque de Vita Constantini
lib. I, cap. 22, ait, *Constantinum statim post Constantii mortem dictum fuisse Augustum*: nisi malis dicere,
Constantinum a Lactantio *Augustum* per prolepsim
appellari; neque enim hunc titulum sibi vindicavit,
si quia fides auctori Panegyrici Constantini et Maximini, nisi postquam illum accepit a Maximiano
Herculio, qui resumpta purpura, in Gallias venit
anno 307, ut filiam Faustam nuptui daret Constantino.

At undenam tot varia numismata, aurea, argentea,
aerea, in quibus CONSTANTINUS legitur CAESAR? An id
Constantini moderationi tribuendum, cum nonnulla
signata sint in provinciis, quae penes ipsum erant?
An vero maximam partem cusa fuerint in Gal. Maximiani potius, quam in Constantini obsequium, iis
in partibus, quae Gal. Maximiano erant obnoxiae,
ut tot numismatis per imperium sparsis nuncupatio
Augusti Constantino detraheretur?

Sic autumandi ratio, Gal. Maximianus Constantinum imperatorem, sicut erat factus, sed Caesarem
cum Maximino, cap. 25, in fine, appellari jusserit.
In ipsum etiam elicias ex cap. 26, in quo idem Maximianus legitur *Caesares facere non potuisse* : nempe
Maxentium, duobus aliis Maximino et Constantino
adjunctum.

IN CAPUT XXV.

Ut eum de secundo loco rejiceret in quartum. Constantinus, c. 24, per raptum Constantium morii proximum commendatio militibus, factus fuerat Augustus;
adeoque Gal. Maximiano par, atque in imperio
Romano secundus. Severus autem et Maximinus a
Gal. Maximiano (cap. 18, v. 24 et 28 —34) facti
fuerunt Caesares, antequam Constantinus dignitatem
ullam obtineret. Rursus, Severo jam nuncupato
Augusto, et Maximino tertium locum adepto, utpote
facto pridem Caesare, necesse erat, Constantinum
ambobus de suo loco concedere, si fuisset duntaxat
Caesar appellatus; atque ita de secundo loco sibi post
mortem patris sui a militibus dato, ut supra notatum
sub finem, cap. 24 rejectus fuisset in quartum.

IN CAPUT XXVI.

Maxentium Romae factum imperatorem. Cave intelligas hoc *imperatoris* significatu *Augustum*, uti dein-

de (*cap.* 32 *in fine*) ipse Maxentius factus est. Hic nihil aliud est praeter Caesarem; infra enim, computato Maxentio, legitur : *Et oderat Maximianus hominem, et tres Caesares facere non poterat.*

Et bis Augustum nominat. Id est, iterum, sive denuo.

IN CAPUT XXVII.

Adjuncto Maximiano. Id est, Maximino. A Lactantio enim Daza indiscriminatim *Maximianus* et *Maximinus* fuit appellatus. Vide notam ad cap. 28, v. 28.

Suae minoris filiae nuptiis. Faustae.

Ille. Gal. Maximianus.

Felix animis quorum. Lege, *flexis animis eorum.*

IN CAPUT XXIX.

Sex fuerunt. In numerum non intrat Diocles, sed Maximianus Herculius, cui in Campania moranti Maxentius filius purpuram miserat, ac bis, id est *denuo*, Augustum nominaverat, ita ut commune pater ac filius Imperium haberent.

Constantinum imperatorem generum suum. Faustam enim, Maximiani Herculii filiam, duxerat.

Generi filium. Constantii Chlori, cui Flavia Maximiana Theodora, ejusd. Herculii privigna, nupserat. Ideo Constantius ducta privigna, habetur vitrici gener.

IN CAPUT XXX.

Filio suo. Ita in inscriptione Constantiensi, quae apud Gruterum pag. LXVI, 7, Constantius dicitur Maximiani Herculii filius, etiam duntaxat privignae ejus maritus, uti proxime notatum.

IN CAPUT XXXII.

Maximinus iratus, *nec Caesarem se, nec tertio loco nominari volebat.* Inde intelliges, Maximinum priore se loco posuisse, quam Constantinum. Si enim Constantinum *Augusti* loco habuisset, ut factus fuerat, tum ipse non fuisset nisi quarto loco nominandus. Sed hoc non repugnat iis, quae notavi supra ad cap. 24.

Mittit ergo ad eum saepe legatos. Id est, Gal. Maximianus ad Maximinum.

Orat sibi pareat, dispositionem suam servet. Illam nempe, qua imperium Licinio dederat, substituto in Severi loco.

Cedat aetati, et honorem deferat cani. Maximino enim provectior erat aetate Licinius factus Augustus, quem Gal. Maximianus habebat, *veteris contubernii amicum, et a prima militia familiarem.*

Dolet bestia. Gal. Maximianus. Ita quoque initio cap. 25, *mala bestia.*

Victus contumacia. Omnino adscribo sententiae v. c. Ant. Pagii, qui in Critica Baroniana ad an. Ch. 507, ait, haec verba intelligi debere de Maximino; idque ostendit ex Eusebio, apud quem lib. VIII, cap. 13, post Licinium a Gal. Maximiano nuncupatum *Augustum*, legitur *Maximinus seipsum renuntiasse* Augustum.

Haec vocabula, *victus contumacia*, idem significant, ac, *impar contumaciae*, non quidem *alienae*, sed *suae*. Sensus est, Maximinum vi contumaciae suae abreptum non paruisse Maximiano aequa postulanti; quem loquendi usum aliquot exemplis liceat illustrare, petitis praecipue ex Fl. Josepho. Est enim hic auctor mihi aliquantisper familiaris.

Plato in *Hipparcho*, statim in itio, φιλοχερδεῖς, *cupidos lucri*, appellat ἥττους τοῦ κέρδους, ad verbum, *minores*, id est *victos*, *lucro*. Apud Herodianum habetur, ἥττων ὀργῆς καὶ ἐρωτος, *minor ira et amore*.

Antiquit. lib. XXII, cap. 3, pag. 401, de Onia Pontifice legitur, χρημάτων ἥττων, *pecuniis minor*, id est, *avarus* quod vitium Fl. Josephus ibidem est φιλοχρημαζία, *cupiditas pecuniarum*. Deinde lib. XVII, cap. 10, pag. 600, de Herode, ὀργῆς μὲν ἥσσων, κρείσσων δὲ τοῦ δικαίου, *ira quidem minor, melior autem jure.*

Denique lib XVIII, cap. 11, pag. 615, de Caio Caligula, ἥσσων μὲν τοῦ αἰσχροῦ, κρείσσων δὲ τοῦ βελτίστου, *minor quidem turpitudine, melior autem eo quod optimum est*, id est, *honestate*.

Porro in istis Fl. Josephi locis, et lib. XIV, cap. 17, 484, ubi Sameas vir justus τοῦ δεδοιέναι κρείττων, *terreri melior*, id est, *terroribus superior* praedicatur, τὸ κρείσσων idem est ac *contemptor*. Apud Apuleium enim lib. VII Metamorph. verba sunt Tlepolemi phrasim Graecam Latine usurpantis : *Avete, fortissimo Deo Marti clientes, mihique jam fidi commilitones; et virum magnanimae vivacitatis volentem volentes accipite, libentius vulnera corpore excipientem, quam aurum manu suscipientem, ipsaque morte, quam formidant alii*, MELIOREM.

Ut vero apud Tacit. Annal. lib. XIII, cap. 46, Poppaea legitur *imparem cupidini se, et forma Neronis captam simulans*; et in Victoris Epitome, Julianum Apostatam *cupido gloriae flagrantior pervicerat* : ita contra M. Porcius Cato dicitur Tit. Livio, lib. XXXIX, 40, *invicti a cupiditatibus animi*; Julianus idem Apostata Victori de Caes., *cibi omnis, libidinis atque omnium cupidinum victor*; imp. Gratianus in Victoris Epitome : *Vini ac libidinis victor*. Denique apud Cicer. de Finibus legitur : *Et qui suum judicium retinent, ne voluptate victi faciant id, quod sentiunt non esse faciendum.*

Ex his liquet, vocabula ista, *victus contumacia*, non dici hoc loco de contumacia aliena, atque adeo hactenus fuisse hallucinatos, qui ea Gal. Maximiano adscripsere, cum de Maximino dicantur.

Tollit Caesarum nomen. Trium, id est, sui ipsius, tum Constantini, et Maxentii.

Maxentium et Constantinum filios Augustorum. Maxentius et Constantinus *natura* erant filii Augustorum, nempe Maximiani *Herculii* et Constantii : sed *dignitatis* fuit ea appellatio, qua Maximinus ambos insignivit. Suspicandi vero locus est, eos appellatione ista, duntaxat honorifica, in classem redigere voluisse; nulla enim vel exigua erat in imperio potestas eorum, qui *Filii Augustorum* dicebantur. Unde Capitolinus, cap. 3 de L. Vero imperatore, Antonini Pii filio adoptivo, ait : *Nec aliud ei, antequam imperaret, honorificentiae ad nomen adjunctum est, quam quod* Augusti *filius est appellatus*.

Addo, me praeterea suspicari numisma Constantini M. quod Mediob. pag. 439 exhibet, si modo genuinum est, cum epigraphe, CONSTANTINUS FIL. AUGG., id est, FILIUS AUGUSTORUM, nempe Constantii et Maximiani Herculii, fuisse dedita opera et jussu Maximiani alicubi ejus in partibus percussum, ut numismatum ope sanctio illa vulgaretur, qua Maximinus Constantinum nonnisi FILIUM AUGUSTI haberi volebat.

In Campio Martio proxime celebrato Augustum se ab exercitu nuncupatum. Campus Martius non est hic nomen loci, qualis erat Romae, sed potius, ut ita dicam, Comitiorum militarium, in quibus lustrabatur exercitus. An vero statis temporibus, vel quotiescumque juberet imperator, celebraretur Campus Martius, non liquet.

Verisimile est Maximinum, qui Syriae et Aegypto cap. XXXVI praeerat, harum provinciarum Legiones in castra coegisse, ut ab ipsis militibus tanquam auctoribus nuncupatus *Augustus*, securitatem sibi, propter appellationem, quam arripuerat, procuraret.

Neque vero solummodo apud Romanos, sed etiam eorum imitatione apud Francos *Campus Martius* celebrabatur. Audi Gregor. Turon. lib. II, cap. 27, de Clodoveo Rege dicentem : *Transacto vero anno, jussit omnem cum armorum apparatu advenire phalangem, ostensuram in* Campo Martio *suorum nitorem*: unde firmatur quod supra dixi, Campi Martii celebrationem esse militarium copiarum recensionem. Illa autem Clodovei facta fuerit ineunte vere, quo exercitus ad bella educi solent.

Universos quatuor Imperatores jubet numerari. Adde virgulam post τὸ *quatuor*, et lege *nominari*, pro *numerari*, hoc modo : *universos quatuor, imperatores jubet nominari* : nempe Licinium, Maximinum, Constantinum ac Maxentium. Hic autem per *imperatores* significantur *Augusti*, ut ad cap. 18, v. 7, notatum.

IN CAPUT XXXIII.

Repercussis medullis, malum recidit introrsus. Quis unquam aut audivit, aut legit, *repercuti medullas?* Addita itaque virgula post *malum*, scribe: *Repercussum medelis malum, recidit introrsus.* Positum est enim *medelis*, pro *medicinis*. Ita supra: *Incipit vulnus non sentire medicinam.* Hanc emendationem, Lector, si probas, acceptam refer Viro insigni, qui se ejus auctorem a me laudari vetuit.

IN CAPUT XXXVII.

Sine modo, cum milites. Lege, *satellites.* Ita in fine cap. 38. *His satellitibus et protectoribus cinctus.*

IN CAPUT XXXIX.

Postremo, nefas esse illius nominis ac loci feminam, sine more, sine exemplo, maritum alterum experiri. Hæc dicebat Valeria, vel revera ignorantia rei, vel simulatione, ut Maximinus *insolentia exempli* a consilio suo averteretur. Similium enim nuptiarum vetus exemplum ante annos 142 suppetebat in Lucilla Augusta, M. Antonini Philosophi, id est, M. Aurelii filia, L. Veri imp. vidua, teste Capitolino in M. Antonino philosopho cap. 20 his verbis: *Proficiscens ad bellum Germanicum, filiam suam, non decurso luctus tempore, grandævo Equiti, Romani filio, Claudio Pompeiano dedit, genere Antiochensi, nec satis nobili, quem postea bis consulem fecit, cum filia ejus esset* Augusta, *et Augustæ filia.*

Id contigit, inquam, ante annos 142, siquidem tot esse a luctu Lucillæ ad luctum Valeriæ, ita ostenditur.

Gal. Maximianus ipso cos. VIII obiit, mense maio, cap. 21, adeoque Valeria anno Ch. 314, facta est vidua.

L. Verus vivendi finem, fecit *media hyeme*, ut testatur Galenus lib. de Præcognit. cap. 10. Hyems illa fuit, quæ finem anni Ch. 169 et initium 170 occupavit.

In præsentia non dissero, an ante finem anni 169, an post initium insequentis L. Verus obierit: quamquam existimo, id contigisse sub finem anni 169 utrovis enim modo consequens est, ante ad mensem malum supradicti anni Ch. 311, quo obiit Maximianus, annum 142 decurrere.

L. Verum obiisse sub finem anni 169 vel ad summum vitam produxisse usque ad initium anni insequentis, agnoscere est ex initio et fine ejus imperii.

M. Aurelius et L. Verus ambo, novo exemplo, imperium adepti sunt post demortuum Antoninum Pium, qui anno Ch. 161 e vivis excessit; et quidem, juxta Tertullianum Apologet. cap. 25 et Dionem pag. 814, die 17 martii.

Quo dato, cum L. Verus decimum Imperii annum non attigerit, obiisse ipsum necesse est ante 17 diem mensis martii anni Ch. 178. Secus enim decimum Imperii annum attigisset.

Non attigisse autem nisi nonum annum, duobus potissimum argumentis conficitur, quæ breviter expediam.

Primum suppeditant numismata, tam Græca, quam Latina, quorum nulla omnino ultra L. Θ, id est, annum 9 vel ultra ΤΡ, P. 9 exhibent.

Alterum habetur in Chronico Paschali, ubi ad primum CCXXXVII Olymp. annum, Indict. VI. Conss. Aproniano et Paulo, legitur Lucius Aurelius Commodus mortuus esse, ἄρξας ἔτη θ, *cum imperasset annos* 9.

Neque vero ideo rejiciendum est auctoris istius Chronici testimonium, quod biennio citius, quam par est, anno nempe Christi 168, L. Veri obitum consignet; sibi enim ipsi in hoc anachronismo constat, quippe qui initium imperii ejusdem L. Veri in annum Christi 159 retroagat: quæ duo ex Indictionum numeris in hoc Chronico accurate appositis palam fiunt; sicut et alius, isque perpetuus, in figendis Olympiadibus ejusdem auctoris biennii prochronismus, uti a me supra notatum, pag. 151.

Si quis vero a me quærat, undenam ergo apud Capitolinum in L. Vero dicatur L. Verus *imperasse cum fratre* (M. Aurelio) *annis undecim*, responsum accipiet, vocabulum *undecim* ibi uatum fuisse ex duabus litteris numeralibus XI quæ fuerint transpositæ ex aliis duabus IX, quibus *novem* significatur, ita ut ex τῷ XI τὸ *undecim* plene deinde scriptum universa Capitolini exemplaria, quæ in nostras manus hactenus pervenerunt, inundaverit.

Porro mirum nemini esse debet, apud Victorem Epitomatorem, Cassiodorum atque Eutropium similiter legi *undecim*. Ii enim omnes, corrupto semel fonte, idem virus hauserunt.

Apud Cedrenum facilior est ejusdem erroris correctio, ubi legitur pag. 250 edit. Regiæ, anni 1647: Μάρκος Ἀντωνῖνος ἐβασίλευσεν ἔτη ιθ΄, μετὰ μὲν Βήρου (male Σεβήρου) τοῦ γαμβροῦ αὐτοῦ ἔτη ι. καὶ μῆνας θ΄: *Marcus Antoninus imperavit annos* 19, *cum Vero quidem* (male *Severo*) *genero suo, annos* 10 *et menses* 9. Loco enim ἔτη ι, καὶ μῆνας θ΄, vel legendum est simpliciter, ἔτη θ΄, *annos* 9, vel ἡ post ἔτη reponendum est, pro ι, id est, 8 pro 10, quoniam mutatum fuerit τὸ ή, in ι, prono lapsu tum ex figuræ similitudine, tum ex eadem utriusque litteræ apud nonnullos pronuntiatione. Unde L. Verus, qui medio martio anno Christi 161 imperare cœpit, obierit juxta Cedrenum anno 169 antequam, medii decembris interventu, 10 mensem anni delibasset.

Maneat itaque, L. Verum nonnisi 9 annos imperasse, et vivendi finem fecisse anno Christi 169 exeunte, vel 170 ineunte: unde ad 311, quo Maximinus Valeriæ nuptias post Gal. Maximiani obitum ambivit, annus 142 fuit in decursu.

Addam quoniam id quoque confert ad instituendam L. Veri chronologiam, corrigendum esse præterea Capitolinum cap. 2 in L. Vero, ubi legitur: *Vixit annis quadraginta, duobus minus*, id est, *triginta octo*; quod optime convenit cum anno nativitatis L. Veri in prætura patris sui, 18 kalendas januarias, apud Capitol., cap. 4. Sed de hoc alias.

Neque vero possum prætermittere asserendæ correctioni litterarum XI in IX egregium exemplum, quod vir clarissimus Joannes Harduinus in Nummis antiquis illustratis, Lutetiæ anno 1684 editis, pag. 316, voce ΜΑΣΣΑ, profert ex Plinio, apud quem lib. XVII, sect. 69, permutatis annorum numeris, jubet legi, *Urbis an.* DXVI, pro DXIV.

Permulta non modo similium transpositionum, sed etiam litterarum numeralium male acceptarum, ac deinde ipsorum numerorum plene scriptorum exempla ex Græcis Latinisque auctoribus congessi, quæ aliquando loco haud alieno sum exhibiturus.

Inter illa unum est, si quod aliud insigne, apud Fl. Josephum, Antiquit. lib. XVII, cap. 10, pag. Gr. L. 600, E. v. 9, ubi Herodis suus dicitur *Hierichunte* processisse Herodium usque σταδία ὀκτώ, *per stadia octo*; cum in loco parallelo, lib. I de Bello cap. 21, p. 774, v. 3, a fine, legatur id factum σταδίους διακοσίους, *per stadia ducenta*.

Hujus utriusque loci conciliatio in devia abduxit tres auctores alias sagacissimos, Wilhelmum Langium lib. II de Annis Christi, cap. 48, pag. 350 edit. Lugd. Batav. 1649; Jac. Usserium, Annal. parte posteriore, anno per. Jul. 4711, pag. 536 edit. Londin. 1654; et Christ. Noldium, Historiæ Idumeæ pag. 71 edit. Francequeræ; quorum confutandis sententiis longiorem operam olim impendi. In præsentia tantummodo dicam, male in Antiquitatibus legi ὀκτώ, quod ex ή, numeri octonarii indice, plene scriptum; cum τὸ ἡ ex σ΄, ducenarii numeri nota perperam efficta, vel lecta, exaratum esset. Observandum enim, in libris Antiquitatum numeros compendiose per litteras numerales fere universim exprimi, secus ac in libris de Bello, ubi numeri ipsi integri scribuntur.

Accedit in illa Herodianae pompae funebris recensione, in libris de Bello, earumdem litteram η male legi pro σ, nempe pag. 744, v. 5, a fine, in vocabulo Προῆγε, id est, *Praecedebat*, loco Πρόσγε, id est, *Praeterea*. Sic enim locus se habet.

Προῆγε δὲ ἡ λοιπὴ δύναμις; *Praecedebat autem reliquus exercitus*. Quod est plane contra seriem narrationis, ut legenti patebit, et contra id, quod huic loco respondet in *Antiquitatibus*, pag. 600, E. v. 6, his verbis:

Τούτων δὲ κατόπιν ἤδη πᾶς ὁ στρατός, *Post eos autem universus exercitus*.

IN CAPUT XLIV.

Jam mota inter eos fuerant arma civilia. Et quamvis se Maxentius Romae contineret. [Anno Christi 312.

Senatus Constantino, virtutis gratia, primi nominis titulum decrevit, quem sibi Maximinus vindicabat. Titulus est *Maximi*, qui in fine hujus cap. et qui deinceps in Constantini numismatis observatur. Eum Constantinus anno praecedenti in Gallis acceperat, uti optime advertit illustrissimus Meciobarbus, praestantissimi Operis sui pag. 462, ex numismatis, in quibus,

IMP. CONSTANTINUS MAX. P. F. AUG. SM. H. ER.
VOTIS V. MVLT. X. VICTOR. AVG. P. TR.

Postremae tres litterae P. TR. significant *percussa Treviris*, supple *moneta*.

Porro *Maximi* titulum, quem sibi *Maximinus* ex Lactantio vindicabat, fuisse ab eo usurpatum, numismata vel inscriptiones nondum indicarunt. Unde sentiebat vir eruditus, hoc loco per *primi nominis titulum*, intelligi debere *primi imperatoris nomen*, quod sibi *praescriptione temporis* Maximinus vindicabat, quoniam factus erat Caesar (cap. 18) multo ante Constantinum.

IN CAPUT XLVI.

Sicut ille victus est Romae. Maxentius, ut cap. 44.

IN CAPUT XLVIII.

Quod quidem divinitas in sede coelesti. Lege: *Quo quicquid est divinitatis et rei coelestis*, ex Eusebio, lib. x, cap. 5, et Nicephoro, lib. vi, cap. 41, ubi θειότητος legendum, pro θειότης in Eusebio, et pro θειοτάτου in Nicephoro.

Super Christianorum nomine videbantur, nunc cavere ac simpliciter unusquisque. Supplenda et corrigenda ex Eusebii Graecis, lib. x, cap. 5: *Super Christianorum nomine continebantur, et quae prorsus laevae, et a nostra clementia alienae esse videbantur, ex tollantur; et nunc libere et simpliciter unusquisque.*

IN CAPUT L.

Imprimis Valerium. Omnino is est, de quo Sextus Victor *Epitomes* num. 55 habet: *Valens imperator creatur*; et num 56: *Valens a Licinio morte multatur*; cujus est apud Occonem, pag. 480 numisma:

AVT. K. ΠΟΥ. ΟΥΑΛΕΡ. ΟΥΑΛΕΝΣ. ΕΥ. CEB. L. A.

Id est : *IMPerator. CAEsar. PUBlius. VALERius. VALENS. Plus. AUGustus.* Anno 1.

Hunc nummum non bene ad Valentem sub Gallieno Tyrannum retulit illustrissimus Comes Mediobarbus pag. 387. Nam Valens iste, cujus Pollio num. xviii meminit, Valens Thessalonicus appellabatur, ut docet nos Ammianus Marcellinus lib. xxi, cap. 16, non autem geminato nomine Valerius Valens. At potius ad eum pertinet alius apud Occonem nummus, pag. 528, in hunc modum :

AVT. KAI. Γ. ΙΟΥΑ. ΟΥΑΛΕΝC. CEB. E. A.

Id est : *IMPerator. CAEsar. Caius. JUlius. VALens. AUGustus.* Anno 1.

Unde ibidem is um Valentem male censet Occo fuisse *a Licinio morte mulctatum*; siquidem erat tempore Gallieni.

Porro *Valerius Valens* in primo nummo inscriptus nequit esse Valens, quem Licinius, postquam inter

se et Constantinum bellum exarsit, *Caesarem* creavit, non autem *Augustum*. Valens enim iste *Caesar*, paeco postmodum inter ambos imperatores facta, in ordinem solummodo redactus est, non vero interfectus, ut testantur Sirmundi Anonymus in Valesiana Ammiani editione, pag. 659, et Petrus de legationibus in Excerptis tomo I Hist. Bisant. pag. 27. Neque audiendus Zozimus, osor Constantini infensissimus, cum tradit, nec affirmat tamen (ut vox Graeca οἶμαι, id est, *arbitror*, qua utitur, satis indicat) Constantino volente et jubente, Valentem istum *Caesarem* fuisse occisum.

Alter Valens *Augustus* eodem fere tempore interemptus est, quo periit Maximinus; et *his absumptis, imperii jura penes Constantinum et Licinium devenere*, uti scribit Sextus Victor. Ad Constantinum autem et Licinium *imperii jura devenere* anno Christi 313. Tunc itaque Valens, seu Valerius Valens, periit, cujus meminit Victor : nam *imprimis* necatus est a Licinio, ut scribit Lactantius.

Nec Valerius iste Valeria Augusta est, ut in notis Oxoniensibus correctum; *postremo* enim, non vero *imprimis* Valeria a Licinio interfecta est, uti disertis verbis habetur cap. 41.

Hoc, praeter complura alia, docuerat me olim illustrissimus et eruditissimus abbas Ludovicus Du Four de Longuerne, quod ab eo acceptum vir clarissimus Antonius Pagius nuper inseruit in *Critica sua Baroniana*, ad annum Christi 306 num. xv, pag. 20 professus, uti ingenuum hominem decet, a quo id didicerat.

IN CAPUT LI.

Ita illis pudicitia et conditio exitio fuit. Miror Lactantium non dixisse, *fuisse Valeriae exitio sacrificia, quibus, cogente Diocletiano patre suo, polluta fuerat*, Christiana cum esset, ut id cap. 15 disserui.

IN CAPUT LII.

Ubi sunt modo magnifica illa et clara per gentes Joviorum et Herculiorum cognomina, quae primum a Diocleto ac Maximiano insolenter assumpta, ac postmodum ad successores eorum translata, viguerunt? Nempe *delevit ea Dominus et erasit de terra*. Haec oratorie et contra Historiae fidem scripsit Lactantius, nisi dixeris, *coronidem* libro *de Mortibus Persecutorum* fuisse ab eo impositam in intermedio quodam tempore post debellatos universos persecutores nominis Dei, antequam cusa essent insequentia numismata, in quibus Licinii ambo *Jovii* inseribuntur.

Primum cum typo exhibetur in Familiis Byzantinis viri clarissimi Caroli Ducangii Lutetiae anno 1680 editis, pag. 25, in hunc modum :

D.D. N.N. IOVII. LICINII. INVICT. AVG. ET CAES.

Cap. gemmata. Protomae Licinii Augusti et Licinii Caesaris, manibus Victoriam utrique lauream porrigentem tenentium.

Alia duo sunt apud Mediob. pag. 455, relata his verbis :

D.D. N.N. IOVII. LICINII. INVICTI. AVG. ET CAES.

Capita cum Bustis, id est, cum effigie umbilico tenus, Liciniorum Patris et Filii, Laureata, se respicientia, dextris Victoriam sustinent, quae expansis brachiis, singulis manibus singulam tenet lauream.

Hoc numisma videtur idem esse, ac superius illud Ducangianum.

Sequitur postremum aliud itidem apud Mediobarbum :

D.D. N.N. IOVI. LICINII. INVICT. AVG. ET CAES.

Capita Liciniorum laureata, dextris sustinent Fortunae typum, Figuram scilicet calatro caput ornatam, dextra, lemonem sinistra cornucopiae.

Accedunt Legiones, Alas equitum, et cohortes, Joviorum Herculiorumque nominibus semper insignitas permansisse, etiam sub ipso Constantino, et usque ad imperatorem Valentinianum III, ut passim videre est in Notitia Dignitatum imperii.

Vale, lector. Votis tuis fortuna respondeat; mea sunt vota.

GISBERTI CUPERI NOTÆ.

Præfatio.

Ante annos aliquot, τοῦ μακαρίτου Joannis Columbi, viri eruditi rogatu, nonnulla in chartam tumultuaria opera conjeci, quæ inservire arbitrabar posse uni aut alteri aurei hujus opusculi loco illustrando. Edita illa sunt Aboæ, quæ urbs Finnorum caput est: sed quemadmodum facile credo, ea doctis non plane probata fuisse, ita me non alia tunc temporis publici juris facere voluisse, velim iidem persuasum habeant. Columbus me certiorem fecerat, multa sibi in Lactantium annotata esse; nolui propterea falcem in ipsius messem immittere: sed ut morem amico, præclarissimi Schefferi genero, et doctrinæ perelegantis viro, gererem, notulas misi, quæ editæ in ultimo Septentrione sunt. Quid longiori vita vir dignior præstiterit, palam est; cumque animadvertam, haud pauca relicta esse, quæ merentur illustrari pluribus, et cum ipsi mihi nonnulla meorum, neque enim hoc diffiteri pudet, minus placeant, cœpi diligentius elegantissimum opusculum excutere, et notas meas, quas cum suis edidit Columbus, ubi commode id fieri potuit, hisce novis inserere, ut omnes ea via sub unum quasi conspectum cadere queant, et ut qui sententiam meam cognoscere desiderant; non teneantur singulis momentis consulere viri præstantis curas. Natæ hinc mihi sunt annotationes longe auctiores: easque ut luce donem publica, facit Patrum disertissimus; faciunt res præclaræ, quas ille nos docet; et facit denique operis argumentum, quod hodie renasci miramur, et stupemus, quodque caput est omnium confabulationum, saltem apud eos, qui vetera tempora, vulnera Ecclesiæ inflicta , et Persecutorum tragicos exitus secum animo revolvunt , quosque tangit ac cruciat Ecclesia Dei tam miseris, tam horrendis, et apud posteros forte fidem non inventuris modis vexata. Quod si aliquid dignum Lactantio, virisque doctis acceptum præstiterim, erit certe quod læter serium in modum; secus si accidit, sique morosi ingenii homines, quibus nihil, nisi quod ab ipsis proficiscitur, placet, multa invenire se posse putant, quæ ipsis displiceant, per me id fiat licet; quippe qui non litibus et commissionibus, sed veræ eruditioni et humanitati, idque animi, cui lusus aliquando dari debet, relaxandi causa, vacuum a negotiis publicis tempus impendam.

Valere te juberem, lector, nisi manum injiceret Constantinus Magnus, decus et ornamentum libelli, quem a Lactantio compositum notis illustro. Nam cum is sæpe ad partes vocandus sit, cum multa de eodem oblata occasione moneam, non abs re me facturum arbitratus fui, si in Illustrissimi Principis natalem inquirerem locum. Video eruditionis præstantis viros inter sese immane quantum dissentire, aliosque in Thracia, alios in Britanniis, alios alibi existimare natum esse magnum illum Imperatorem, qui in nummis non absque ratione vocatur EXUPERATOR OMNIUM GENTIUM, PRINCEPS PROVIDENTISSIMUS, UBIQUE VICTOR, et FUNDATOR PACIS: cuique in iisdem tribuitur SÆCULI FELICITAS, BEATA TRANQUILLITAS, nec non SECURITAS REIP. Hunc igitur principem Baronius, Pomponius Lætus, archiepiscopus Armachanus, in Britannicarum Ecclesiarum Antiquitatibus, atque nuper ed. Stillengfleet in Originibus Britannicis censuerunt natum esse in Britannia; aliique Helenam, matrem ipsius, filiam faciunt regis cujusdam Britanniæ, quod certe purum putum figmentum est. Cæterum præcipuus prioris opinionis fundus est Panegyricus, quem Constantino Eumenius dixit: *O fortunata*, ait, *et nunc omnibus terris beatior Britannia, quæ Constantinum Cæsarem prima vidisti!* Illique addendus omnino est Panegyricus ab incerto auctore dictus Maximiano et Constantino, in quo hæc verba leguntur: *Liberavit ille Britannias servitute, tu nobiles illic oriundo fecisti.* Verum, pace tantorum virorum quod fiat, alia ego omnia sentio; arbitrorque, Constantinum Magnum natum esse in Illyrico tale sumpto, vel in Dacia Mediterranea, et quidem in urbe Naiso. Constantinus certe Porphyrogeneta illud nos absque ambagibus docet lib. II Themat. 9: *Præfectura Daciæ Mediterraneæ sub Consiliario: urbes quinque, Puntalia, Germanus,* Ναισὸς, ἡ πατρὶς τοῦ μεγάλου Κωνσταντίνου: *Nœsus, patria Magni Constantini.* Stephanus,vel Epitomator ejus Hermolaus Barbarus, idem in v. Ναϊσὸς testatur: Ναϊσσὸς, πόλις Θράκης, κτίσμα καὶ πατρὶς Κωνσταντίνου τοῦ βασιλέως: *Urbs Thraciæ, opus et patria Constantini imperatoris;* putoque idem tradere Julium Firmicum lib. I Matheseos, atque apud eum legi debere cum Valesio ad Amm. Marcellinum ex mss. *Naisum,* non autem *Tarsum;* id quod editi libri servant: *Apud Naisum genitus Constantinus, a primo ætatis gradu gubernacula Imperii retinens.* Sed firmissimum argumentum nobis præbet auctor Excerptorum de Constantio Chloro, et Constantino Magno; cujus hæc sunt verba: *Hic igitur Constantinus natus Helena matre vilissima in oppido Naiso.* Nihil certe clarius dici potest; transiremque ad alia, nisi conjecturam, quæ mihi commode in mentem venit, cujusque etiam mentionem feci ad cap. 26 supponere e repub. litteraria judicarem; non quod illam aliis obtrudere velim, vel ipse etiam eam plane amplectar: sed ut diligentiores habeant, in quo sese exercere possint. Helenam ab aliis *concubinam* Constantii vocari notum est: verum nemo, quod equidem sciam, inventus est, qui eam dixerit fuisse *vilissimam* fœminam, præter auctorem Excerptorum, qui tamen forte non ita scripsit, cum non sit verosimile, Christianum ita locuturum de piissima et venerabili, quemadmodum in nummis vocatur, Augusta. Quid igitur? titubanter et dubius plane dico, scriptum forte fuisse, *vilissimo in oppido.* Nam videtur hoc oppidum non valde illustre, vel magnum fuisse; et certe mox in iisdem Excerptis sequitur, Constantinum illud *mirifice ornasse:* Stephanus ejusdem istud κτίσμα facit; et inde magnifice ornatum cum fuerit, mirum non esi, vocari ab Amm. Marcel. xxi, 10, *copiosum oppidum.* Miror autem, eruditorum nonnullos hanc urbem eamdem esse existimare cum *Nasto* et *Nesto* (quarum illam Stephanus facit urbem Thraciæ, alioque modo scribi Νεστον addit; hanc vero urbem et fluvium Illyriæ) eosdemque memoria mandare, Nesti urbis Illyriæ et fluvii neminem e veteribus meminisse; at Nestum, Thraciæ fluvium longe celeberrimum, memorare Melam, Plinium, Solinum. Nam ego quidem arbitror, Plinium vin, 16, non alium, quam Illyriæ Nessum memorare, quando notat, *in Europa inter Acheloum tantum Nestumque amnes leones esse*; et Scylax Caryandensis, vel qui ejus sub nomine editus est Geographus, in Illyria memorat κόλπον Νεσταῖον, et urbem, vel fluvium, neque enim adjicitur unum ex iis, Νεστώ. Quin imo Apollonius Rhodius IV, 1215, *Nestæos* etiam eidem regioni adscribit; et notanda sunt Scholiastæ verba : Τοὺς Νεσταίους Σκύλαξ φησὶν ἔθνος Ἰλλυρικῶν ἀπὸ τούτων περίπλους Ἐστὶν εἰς τὸν κόλπον ἡμέρας μιᾶς. Καὶ Ἐρατοσθένης ἐν Γ. γεωγραφουμένων φησί. Μετὰ Ἰλλυριοὺς Νεσταῖοι, κατ᾽ οὓς νῆσος Φάρος, Φαρίων ἄπεικος. Id est : *Nestæos Scylax dicit esse gentem Illyriæ : ab his in sinum unius diei est navigatio; et Eratostaenes in tertio Geograph. libro ait : Post Illyrios Nestæi, prope quos insula est Pharus, Phariorum colonia*. Fuit igitur in Illyria urbs et fluvius Nestus; fuit Nessus, vel Nestus fluvius Thraciæ, et denique Naisus urbs patria Constantini, quam et Thraciæ urbem facit Stephanus, late scilicet regionis hujus nomine sumpto: nisi cum Valesio quis rescribere velit Δακίας, et intelligere Daciam- mediterraneam, de quo in Notis satis multa doceo. In oppido igitur Naiso ratus Constantinus, a rerum gestarum gloria postea Magnus dictus; videturque vile et parvum fuisse, quia Constantinus illud mirifice ornavit, ut scilicet natalem locum illustriorem redderet. *Vilissimum* inde dicitur auctori Excerptorum, si tamen conjectura mea vera est, quam vel eo nomine premere diutius nolui, ut ab Augusta Helena vilitas auferatur, quam etiam non meminí ab ullo veterum illi objectam fuisse ; nisi quod Eutropius narret Constantinum Constantii filium fuisse *ex obscuriori matrimonio*, quod certe respectu secundarum nuptiarum, quas Constantius celebravit cum Valeria Diocletiani imp. filia, dici ab eo potuit. Sed ut pergam, nullo præterea modo temporum ratio permittit, ut in Britannia Constantinus nasci potuerit. Natus enim est anno Christi 272, coss. Aureliano et Basso, diu antequam pater Cæsarea dignitate fuit ornatus, quod factum est anno Christi 291. Neque enim insulam illam ingressus est, antequam Cæsar foret, et antea sine dubio ut plurimum in Illyrico egit; ut enim auctor Excerptorum loquitur, *Constantius D. Claudii optimi Principis nepos ex fratre, Protector primum, exin Tribunus, postea Præses Dalmatiarum*, ultimamque dignitatem accepit a Caro, qui regnare cœpit anno 282, vel certe eam sub eo gessit, uti patet ex Vopisco in Carino. Nec quicquam illustres viros juvat Eumenius: egoque arbitror, alium longe verborum, quæ adferuntur, sensum esse: nempe, *Constantinum primam Britanniam vidisse Cæsarem*, non quia ibi natus, sed quia, patre mortuo, ab exercitu Cæsar est factus; id quod verum esse patet satis superque ex iis, quæ in notis observavi. Nec etiam aliquid apud panegyrista evincit, qui dicit, Constantinum *Britannias nobiles illic oriundo fecisse*. Nam *oriri* quidem dicuntur, qui nascuntur, et in vi am introeunt homines, iisdemque *ortus* tribuitur : sed eædem voces singulari elegantia etiam usurpantur de iis, qui Reges, Imperatores, vel Cæsares fiunt. Sic Caius et Lucius ab Augusto adoptati, et principes juventutis designati, *Orientes juvenes* dicuntur Paterculo, II, 99 et *exortum principis Vespasiani* dixit Plinius XXXIII, 3, de initio imperii ipsius loquens ; de eodem, ut multis videtur, verba facit Curtius X, 9 : *Proinde jure meritoque populum R. salutem se principi suo debere profitetur, cui noctis, quam pene supremam habuimus, novum sidus intuxit. Hujus hercule, non solis* ORTUS, *lucem caliganti reddidit mundo.* Neque aliter panegyristæ loqui solent. Cap. 4 Paneg. Maximiano et Constantino dicti : *Sacratissimi principes, Maximiane, velis nolis, semper Auguste*, et *Constantine* ORIENS *imperator;* cap. 8 : *Hic est, qui in ipso* ORTU *Numinis sui, Gallias priorum temporum injuriis efferatas reip. ad obsequium reddidit ;* id est, simul ac factus fuit imperator, initio imperii. Eumenius cap. 10 panegyrici dicti Constantino:*Ignobilem credo aliquam Barbarorum manum repentino impetu, et improviso latrocinio* ORTUS TUI AUSPICIA *tentasse ;* idemque in alio Paneg. cap. 2, diem, quo Constantinus Cæsar est dictus, appellat *divinum* ORTUM *majestatis suæ.* Adeo ut quando Constantinus dicitur Britannias nobiles fecisse *illic oriun-* do, nihil certe aliud evinci inde possit, quam illum ibi purpuram sumpsisse, et Cæsarem, vel Imperatorem factum esse, quæ etiam sententia est Justi Lipsii in Admirandis, et Joh. Livineii ; estque loquendi ratio desumpta a sole, vel sideribus, quibus Imperatores solebant comparari. Britannicus ab Octavia sorore vocatur apud Senecam *sidus orbis :* Antoninus Philosophus ab senem vocat *solem occidentem* , Commodum vero orientem ἀνατέλλοντα ; et Geta atque Caracalla in rarissimo Ephesiorum nummo apud Sponium et Morellium vocantur ΝΕΟΙ ΗΛΙΟΙ.

Quid mihi porro de Actis Pilati videatur palam feci ad cap. 36. Incidi postea in Opera posthuma Episcopi Cisterciensis ; et animadverti, virum Illustrem pag. 51 notare : « Acta Pilati plena impietatis adversus Christum conficta ex mandato Maximini Tyranni, publice tam in agris, quam in civitatibus proposita, et a ludimagistris addiscenda pueris tradita esse ; his Romanos usos esse sub Diocletiano et Maximino, ad Christianos a martyrio revocandos, ut testantur verba Maximini in passione SS. Tarachi, Probi, et Andronici : *Iniquissime* , *non scis quem invocas, Christum hominem quemdam factum , sub custodia Pontii Pilati positum, cujus acta reposita* (aliter legitur in editis) *sunt*. » Quod si illustris antistes per *Maximinum* intelligit Galerium Maximinum, quo imperante Acta hæc conficta fuisse Eusebius testatur, certe illis sub Diocletiano et Maximino (vel *Maximiano* potius) uti non potuere Romani ; quippe qui purpura sese exuerant, antequam hæc Acta publicata sunt. Deinde Maximinus imp. verba in passione laudata non protulit, id quod videtur censere episcopus; sed Numerianus maximus præses, qui in jus martyres traxit Diocletiano et Maximiano Herculeo (ex quibus ut hoc obiter moneam interpres Theodori Metochitæ male tres impp. facit, Diocletianum, Maximianum, et Herculium, cum ipse scripserit, Διοκλετιανός καὶ Μαξιμιανὸς ὁ Ἐρχύλιος) iterum Coss. uti Acta testantur, licet non inveniam, eos simul secundum consulatum gessisse. Præterea Eusebius hæc spurcissima Acta, ut monui, Galerio Maximino tribuit; unde et lib. I, cap. 9, χθὲς καὶ πρώην illa inventa fuisse scribit. Vir doctus, qui dissertationem de legione fulminatrice publicavit nuper, scribit Diocletianum et Maximinum hæc Acta cudisse, cum tamen Diocletianus, jam imperio deposito, Salonæ ageret ; arbitraturque, Acta Pilati laudata Justino Martyri , Tertulliano, et aliis, esse etiam supposititia : cui tamen opinioni adversatur Episcopus Cisterciensis ; quam litem aliis relinquo examinandam.

Eodem capite 36 per *summum sacerdotem* apud Prudentium, non pontificem Romanorum Maximum, sed Cybeles sacerdotem intelligi debere doceo. Et procul dubio is primus erat sacerdotum Cybeles, et reliquorum caput , quomodo et Apuleius lib. I. Isidis sacerdotem maximum celebrat : *Ac cum ad ipsum jam templum pervenimus, sacerdos maximus, quique divinas effigies progerebant... disponunt rite simulacra.*

Notatu insuper dignum est, Lactantium cap. 4 narrare, Valeriano *direptam* vel *dereptam* , uti scribendum judico, cutim et infectam rubro colore, in templo barbarorum deorum ad memoriam clarissimi triumphi positam, et legatis Romanorum semper fuisse ostentui. Nam auctor Chronici Alexandrini similia de Carino tradit : *eum nempe victum Carras profugisse, et a Persis captum, mox interfectum esse, pellemque detractam eos fecisse saccum, et συνρύσαντες, vel unguentes servasse εἰς ἰδίαν δόξαν, gloriæ causa.* Unde hæc hausta sint, ignoro plane : Nam nemo aliorum auctorum tale quid de Carino memoriæ mandavit; quippe qui victus et occisus fuit in prælio, quod cum Diocletiano habuit apud Nargum in Mœsia. Adeo ut Chronici illius auctor valde caute legendus sit ; uti eo ipso loco Carum facit avunculum Carini, qui tamen illius, nec non Numeriani, fuit pater. Κάρτος ὁ βασιλεὺς ἀπιὼν πολεμήσας κατὰ Περσῶν κατὰ τοῦ θείου αὐτοῦ Κάρου : *Carinus in Persas profectus cum Caro* avunculo suo. Neque tantum ex patre avunculum facit: verum etiam scribit, Carinum patri in Persas proficiscenti comitem fuisse; cum contra Carinus Gallias rexerit, et Numerianus expeditionem cum patre in Orientem susceperit, teste Vopisco. Quod si vox αὐτοῦ abesset, vel addita foret ab ignaris librariis, θείου Κάρου, reddi posset, Divi Cari; quomodo is non modo in nummis, verum etiam a Nemesiano in Cynegetico, quod scripsit ad Carinum et Numerianum, appellatur:

> Mox vestros meliore lyra memorare triumphos
> Accingar, divi fortissima pignora cari.

Ad cap. 16 notavi, humani aliquid Casaubonum V. Clar. pati; cum scribit Constantium bello Persas vicisse. Idem tamen etiam tradit auctor Chronici laudati pag. 642: Πέρσαι, ait, κατὰ κράτος ἐκινήθησαν ὑπὸ Κωνσταντίνου καὶ Μαξιμίνου Ἰοβίου; Persæ maximo bello a Constantio et Maximino Jovio Cæsaribus devicti sunt. Hæc gesta esse dicuntur Maximiano Herculio V et Maximiano Jovio Cæsare II coss., qui annus U. C. est 1050 et Christi 297, quo certe Galerius Maximinus Narseum superavit: sed Constantius in Britanniis bellabat. Deinde Maximinus Jovius est Galerius Maximianus Jovius, cum C. Valerius Maximinus illo tempore nondum Cæsar fuerit factus.

Putabam (Vid. not. ad cap. 29), Aurelium Victorem corrigendum esse, interposita particula et: sed vulgata etiam scriptura declarat, Licinium simul factum esse Cæsarem Augustum; cum alias primo Cæsarea dignitas, inde Augusti nomen daretur Principibus.

Disserui (Vid. not. ad cap. 39) de combustione cadaverum, putavique in binis inscriptionibus hæc verba, CORPUS INTEGRUM CONDITUM, denotare corpus illud non crematum, verum humi mandatum esse. Nondum conjecturam illam damno: sed videant tamen eruditi, num potius significare illi, qui monumenta ista posuerunt, velint, corpora non mutilata, verum integra humata esse. Nam illud ut fieret, magna Gentiles tenebat religio; magnumque ipsis solatium erat, si florentibus et integris membris, ultimum valere rebus humanis dicerent. Statius II Sylv. 1, 156:

> Gratum est, fata tamen, quod non mors lenta jacentis
> Exedit puerile decus, manesque subivit
> INTEGER, et nullo temeratus corpora damno,
> Qualis erat...

Quo non incommode refert Gevartius factum Augusti, qui supremo die, petito speculo, capillum sibi comi, ac malas labentes corrigi præcepit, Suetonio teste. Scilicet umbras ita apud inferos versari, ut corpora ex vita decedebant, habebant persuasum; uti vel Deiphobus Apud Virgilium VI Æn. et Laius apud Statium II. Theb. ne alia exempla advocem, docent. Inde est, quod tam graviter in Antonium invehatur Cornelius Severus apud Senecam Suas. VII, quod Ciceroni caput et manum amputari jusserat:

> Hæc nec in Emathio mitis victoria Perse,
> Nec te, dire Scyphax, non fecit in hoste Philippo.
> Inque triumphato ludibria cuncta Jugurtha
> Abfuerant, nostraque cadens ferus Annibal ira
> Membra tamen Stygias tulit inviolata sub umbras.

Et forte huc etiam respicit Nero, cum apud Sueton.: Nihil prius ac magis a comitibus exigit, quam ne potestas cuiquam capitis sui fieret, sed ut quoque modo TOTUS cremaretur: quanquam ludibrium, et caput pilo infixum, uti fieri solebat, ante oculos habere potuerit. Integri igitur inferos adire exoptabant Gentiles, ut scilicet integris etiam membris in campo Elysio choreis et epulis operam dare possent. Hinc puto occisorum membra diligenter fuisse aptata, ut scilicet tanquam integri conderentur. Statius III Th. 132.

> Vulneraque alta replent lacrymis. Pars spicula dextra
> Nequicquam parcente trahunt; pars molliter aptant
> Brachia trunca loco, et cervicibus ora reponunt.

Vulnera itidem obligabant; uti apud Euripidem Phœn. vs. 1665, Antigone Creontem rogat, ut vulnera fratris Polynicis occisi obligare posset:

Ἀλλ' ἀμφὶ τραύματ' ἄγρια τελαμῶνας βαλεῖν.

Capite eodem, de rege sæculi nonnulla ad Tertullianum explicandum monui, suspicatusque postea sum, scribi haud incommode posse, pro diaboli scilicet æmulatione regis sæculi; nam diabolus in Novo Fœdere, et quidem in Evangelio Joannis, Ἄρχων τοῦ κόσμου, et in Epistola ad Corinthios secunda, ὁ θεὸς τοῦ αἰῶνος τούτου, vocatur: vel vulgatam scripturam ita explicari posse, pontificem maximum esse ad diaboli imitationem regem sæculi.

Adjiciendum tandem est, Freherum, vir. ampl. pererudite de tributorum variis generibus agere in dissert. quam de Numismate Censûs composuit; et valde illustrari Lact. caput tertium et vicesimum per verba ejus, quæ sequuntur. Tenendum est certe, ait, tributum soli, id est, agrorum, pro modo et latitudine eorum indictum fuisse, ut Ulpianus de Censibus docet; vel potius pro feracitate. Stipendium enim et tributum onera sunt fructuum, lib. VII D. de Usufr., lib. Neque D. de Impens. in res dotales factis. Unde Mæcenas apud Dionem: Φόρου ἐπιτάξας πᾶσιν ἁπλῶς τοῖς ἐπικαρπίαν τινὰ τῷ κεκταμένῳ αὐτὰ παρέχουσι. Nec agris solum, sed cæteris etiam facultatibus, auro facto et infecto, pecuniæ numeratæ, mancipiis, gregibus tributa imponebantur pro eorum modo. Qui ut inter divites et inopes diversus: ita et tributi onus; neque hoc inopibus valde formidandum. At capitis tributum in omnes peræque unum, liberos modo (nam servorum nulla capita: sed pecudum instar pro pretiis suis a domino cum cæteris fortunis horum tributum dependebatur) divites et tenues, maritos et cælibes, parentes et orbos. Non dicam juvenes et senes, quod ei rei modus datus, ut nec ante vigesimum annum capite obligaretur, et senectuti sua immunitas esset: nisi quod in Judæa hoc etiam aliquantulum aggravatum Ulpianus auctor est D. lib. III D. de Censibus.

Hic cum te iterum relinquere, lector, vellem, ecce affertur ex Italia Henrici Norisii, viri certe celeberrimi, et cui plurimum antiquitatis studium debet, Epistola Consularis, quam mihi ille dono mittebat. Ad caput Lactantii 10 doceo, Cæsares in Augustorum plane fuisse potestate, nec propterea mirum esse, Galerium Maximianum ad carpentum Diocletiani concurrisse. Hæc mea et aliorum sententia valde firmatur a viro præstantissimo; quippe qui p. 177 laudatæ Epistolæ docet, Cæsareum nomen nullius imperii indicium fuisse. Antonius Pagi, vir itidem pereruditus, imperium Cæsareum subinde commemorat; hoc alii explodebant, quos ita loquentes introducit: Nos plane, inquiunt, ignoramus, quidnam sit hocce imperium Cæsareum Domitiani ac Commodi, ut ille tuus fingit. Nam Dio lib. LIII disserens de titulis imperator. testatur, appellationem Cæsaris nihil peculiaris potentiæ significare, sed tantum successionem stirpis. Et ne a Domitiano discedamus, Tacitus in fine lib. III Histor. scribit, Domitianum post necem Vitellii a frequenti milite Cæsarem consalutatum. Et initio lib. IV ait: Nomen sedemque Cæsaris Domitianus acceperat. Eo autem titulo nullum eidem imperium collatum, patet ex iis, quæ stalim subjungit: Prætura Domitiano et Consulare imperium decernuntur. Prætura nullum imperium, sed jurisdictionis tantum potestatem Domitiano conferebat. Cæterum ut Cæsar, idemque filius Vespasiani Augusti, quidpiam auctoritatis ac potestatis supra privatos prætores haberet, eidem Consulare imperium S. C. decretum fuit, quod nuda illa Cæsaris appellatio nullum eidem imperium tribuebat. Marcus Aurelius filios adhuc pueros Cæsares creavit, nullo cum eisdem imperio cujus ob ætatem nondum capaces erant, communicato. Idem vero post annum nonum imperium proconsulare Commodo tradidit, ante quod sine ullo imperio Cæsar tantum fuerat. Ete-

PRÆFATIO.

nim Augusti potestatem atque imperium intra urbem sibi reservantes, filios Cæsares imperio proconsulari extra urbem insigniebant. Itaque Commodus ac reliqui Cæsares, ante imperium proconsulare, omnis imperii expertes censebantur. Hinc cum anno 175 Senatus nuntium necis Avidii Cassii accepisset, inter festivas acclamationes absenti M. Aurelio factas dixerunt: *Commodo imperium justum rogamus, Commodo Tribunitiam potestatem rogamus.* Erat igitur Commodus sine imperio, quamvis jam inde ab anno 166 Cæsar esset, destinatus tamen ad imperium, quod una cum tribunitia potestate eodem demum anno 175 accepit. Idem Commodus cum Albinum Cæsaris nomine donasset, hic postea imperator pro concione dixit: *Commodum donantem ne Cæsariano nomine contempsi.* Non imperium Cæsareum dixit, sed parum putum nomen Cæsareum. Horum auctor Capitolinus cap. 2 et 3 in Albino. Hæc apud virum tam præclarum, et Fastorum correctorem et conditorem, cujus amicitiam, humanitatem et eruditionem maximi facio, leguntur; atque ex iis, lector, perspicere sin ul potes, non male Julianum sese vocasse *Apparitorem fidum*; et Galerium Maximianum apud Lactantium cap. 9 causas habuisse, quare detrectaret Cæsaris nomen, cumque illud in litteris ad se datis audisset, exclamaret truci vultu ac voce terribili: *Quousque Cæsar?* et quare tandem Galerius Maximinus cap. 52, *nec Cæsarem se, nec tertio loco nominari volebat.*

Hæc commodum digesseram, cum ecce mihi litteræ a viro præstantissimo afferuntur; quas quia Cæsaream dignitatem magis illustrant, non secus ac annum, quo Constantius ac Galerius designati Cæsares fuerunt, adjicere, lector, bona tua cum venia, visum fuit.

Illustrissimo Domino, eruditissimo ac clarissimo viro D. GISBERTO CUPERO, præpotentium ordinum Belgii Fœderati senatori amplissimo.

Cum epistolam consularem tibi, vir illustrissime, mittere ausus sum, haud in votis mihi fuit, ut tu arduis, ac hoc præsertim armis Gallicis concussæ Europæ motu, præpotentium ordinum Belgii Fœderati negotiis implicitus, oculos ad eamdem deflecteres. Nam in supremum provinciarum Belgicarum senatum cooptatus, præsentia, ac quæ vario eventu contingere possunt, consilio ac providentia curare debes, non autem in elapsa retro sæcula animum revocare. Verum, qui tuus genius est, nil in senatu maximis de rebus consilia discutis, ac Conso publice litas, domi postea Minervæ sacris operaris; quod utrumque cum laude exequi iis tantum datum, quos æquus amavit Jupiter. Hinc victoris gentium populi Fastos a me emendatos laudas, qui ob præclara abs te edita volumina in litterariæ reipublicæ Fastis es laudatissimus. Lætor autem plurimum, quod aureum Lactantii librum novis suprà Baluzianas notis illustraturus sis; pleraque enim majoribus nostris ignorata ibidem exponuntur, ac chronologia imperii Diocletiani, quæ Scaligerum, Panvinium, Baronium, aliosque latuit, rectissime declaratur. Nicolaus Toinardus Aurelianensis dudum meam sententiam rogavit de anno, quo, juxta Lactantium, Constantius ac Galerius designati Cæs. fuerint, cum Baluzius id ac non putet anno æræ Christi vulgaris 293. At rescripsi Baluzium anni metachronismum admittere. Nam Galerius Maximianus in titulo edicti pro Christianis promulgati A. C. 311, quo et idem Augustus animam inter cruciatus projecit, inscribitur TRIB. POT. XX COS. VIII. At si ille tribunitiam potestatem accepisset A. C. 293, eadem tribunitia potestas anno demum 312 kalendis martiis vicies cœpisset multiplicari. Panvinius scribit, eos Cæsares designatos fuisse A. C. 291, quod antea Idatiani Fasti tradiderant, eodem anno eclipsim etiam solis advocantes. Sed cum Baronio ea Cæsarum designatio referenda est ad kalendas martias A. Christi 292. Etenim ubi Lactantius cap. 33 de Galerio scripsisset: *Jam decimus et octavus annus agabatur, quo percussit eum Deus insanabili plaga,* etc., addit. *Et hæc facta sunt per annum perpetem, cum tandem multis domitus Deum coactus est confiteri,* etc., *et jam deficiens Edictum misit hujusmodi.* Itaque ægrotare cœpit, postrema parte anni imperii, sive TRIB. POT. XVIII ac toto anno TRIB. POT. XIX morbo vexatus fuit; initio vero TRIB. POT. XX, nempe post kalendas martias A. Christi 311 edictum emisit. Jam vero si edictum promulgasset anno eodem 311, ante kalendas martias, sub exitum TRIB. POT. XX primum inito A. C. 291, uti putat Panvinius, idem ante edicti promulgationem pleno biennio ægrotasset; nempe postrema parte TRIB. POT. XVIII ac rursus TRIB. POT. XIX ac XX cum Consul VIII, anno scilicet 311, edictum emiserit, Consulendæ autem sunt tabulæ astronomicæ, si qua eclipsis anno 292 contigerit, uti produnt laudati Fasti. Petavius anno Christi 291 ponit eclipsim die 15 maii, hora tertia post meridiem. At Idacius eam eclipsim, ac illorum Cæsarum designationem perperam eodem anno 291 recitavit, cum creatio Cæsarum anno insequenti, si Lactantio fides, contigerit.

De imperio Cæsarum sub Augustis ita censeo. Quidam fuere puri puti Cæsares sine ullo imperio, uti Caius ac Lucius, Augusti filii, statim post adoptionem; uti et Nero, antequam A. U. 804, imperio proconsulari ornaretur. Ita etiam et Commodus ejusque frater Annius Verus, cum essent parvuli. At quidam alii una cum Cæsarea dignitate imperium accipiebant. Ita Constantius ac Galerius cum primum Cæsares facti sunt, proconsulare imperium acceperunt, Vopiscus cap. 6, de Vita Cari ait, hunc in animo habuisse, ut Carino Cæsareum imperium abrogaret, cum ut initio de Vita Carini scribit, *Cæsarianum teneret imperium, quo nempe bellum in Occidente gerere poterat.* Vide scripta mihi p. 189 Cenotaph. Pisanorum. Cum vero Constantius ac Galerius uti futuri bellorum administratores Cæs. dicti fuerint, imperium etiam proconsulare una cum nomine Cæsareo inieruut. Hinc in plurimis rescriptis Codicis Justin. in titulis legum Diocletiani et Maximiani, *Augg. et Cæsares* nominantur, nempe ob imperium proconsulare extra urbem. Ita cum Valeriano et Gallieno Cæsar Valerianus et in rescriptis ibidem præponitur, uti et Philippus Cæsar cum Augusto patre. At in eodem Codice, ubi Divorum fratrum rescripta recitantur, nunquam legitur additus M. Aurelius Cæsar: ex quo infero, hunc, vivente Antonino Pio, purum putum Cæsarem fuisse. Videsis lib. II Cod. tit. 1, 13 et 38; lib. VI. tit. 26. Nec item Commodus una cum patre M. Aurelio ac L. Vero legitur lib. III, tit 31, lib. V, tit. 25, lib. VI, tit. 26. Itaque existimo, quosdam Augustos imperium proconsulare suis Cæsaribus tradidisse; alios vero nudam olim imperio dignitatem Cæsaream filiis sive natura, sive adoptione communicasse. At omnia hæc singulari tuæ eruditioni examinanda propono ea mente, ut sim paratus tuam in sententiam, quæcumque illa fuerit, pedibus transire; cumque in animo sit, Senator, ac apud me primæ etiam, ut olim dicebant, sententiæ consularis, Vale, vir doctissime, ac litterariæ in Belgio rei decus et præsidium. Dabam Florentiæ 10 kalendas decembris 1688.

Illustrissimæ Dominat. Vestræ
Humillimus et addictissimus servus.

Hæc Vir illustris doctrinæ ad me misit; quæ si tibi, lector, tantum quantum mihi placent, placebunt certe plurimum. Vale.

NOTÆ IN LACTANTIUM.

De Mortibus Persecutorum. Ex exemplis quæ Baluzio et Columbo notata sunt, satis patet Veteres frequenter *mortes* dixisse plurali numero. Neque aliter loquitur Manil. I, 887:

Cesserat officium lacrymis : et funera deerant
Mortibus et lacrymæ.

Sen. Suas. extrema : *Juba et Petreius mutuis vulneribus concurrerunt, et mortes fœneraverunt;* quibus addendus Prudentius II contra Symm. 675. Cæterum id quod Columbus optabat, ut Joannis Sarisberiensis opusculum, quod *de Exitu tyrannorum,* ipso in *de Nugis Curialium* teste, inscripsit, lucem aspiceret publicam, id certe et ego vellem summopere. Arbitror enim eum Diocletiani, Maximiani, aliorumque tyrannorum et θεομάχων mortes exitusque memorasse; et ut veteres auctores legere solebat, potuisse forte consulere hunc ipsum Lactantii libellum, cum sæculo vixerit XII, quo major longe mss. copia superant. Laus inventionis editionisque hujus opusculi Anglis, vel Gallis reservata est, quia in utroque regno vitam egit; et certe eruditione præstantes viri omnem movere lapidem deberent, ut ea Joannis Sarisberiensis cura in lucem prodeat tandem. Balæo teste, inscribitur *de Malo tyrannorum exitu.* In Bibliothecæ Bodleianæ manuscriptis laudatur ejusdem *Nero;* et arbitrabatur Grævius idem opusculum esse, quod a primo et sævissimo tyranno ac persecutore, *Nero,* et ab argumento, *de Exitu tyrannorum,* fuerat inscriptum : quem morem libros inscribendi vetustum esse, ex Cicerone et Varrone constat.

CAPUT PRIMUM.

Addetur his omnibus. Fallor, aut intelligitur diabolus qui præcipuus fidelium adversarius et hostis est, quemque dicit tandem etiam vincendum esse, non secus ac instrumenta ejus persecutores superati fuerunt ; cap. 14 : *Novies enim tormentis cruciatibusque variis subjectus, novies* ADVERSARIUM *gloriosa confessione vicisti;* mox idem repetens, eum *Zabulum,* vel *diabolum* vocat : *Novem præliis Zabulum cum satellitibus suis,* id est, persecutoribus, *debellasti.* Et quanquam Maxentius c. 43 dicatur unus interesse *adversariis Dei,* tamen ille aliique omnes eo, quo hæc scribebat tempore Lact. sublati fuere persecutores; unde cap. 50 : *Hoc modo Deus universos persecutores nominis sui debellavit, ut eorum nec stirps, nec radix ulla remaneret.* Et tamen his omnibus addetur *adversarius,* id est diabolus ; id quod etiam indicat fine hujus libelli : *Ut omnes insidias atque impetus diaboli a populo suo arceat, ut florescentes ecclesiæ perpetua quiete custodiat;* quod si fit, diabolus certe victus est, et additur reliquis adversariis proculcatis. Atque ita diabolus dicitur martyribus certamina parare. Passio SS. Perpetuæ et Felic. : *Puellis autem ferocissimam vaccam, ideoque præter consuetudinem comparatam, diabolus præparavit, sexui earum etiam de bestia æmulatus.* Græci hunc adversarium similiter vocant ἀντικείμενον, quomodo Chrysost. in cap. XII II ad Cor. Epistolæ, citans III Reg. IV, οὐκ ἦν Σατὰν ἐν ἡμέραις αὐτοῦ, explicat, τουτέστιν ἀντικείμενος ; et ita ὁ ἀντικείμενος in Epist. ad Thessal. est Dei adversarius, vel Antichristus, qui semper et perpetuo Deum oppugnat.

Restituta per orbem tranquillitate. Ita eleganter loquebantur, quia bella tempestatibus, uti notissimum, et procellis comparabantur. Inde in nummo Antonini apud Tristan. t. I, p. 576 : TRANQUILLITAS. AUG., ut indicarent, Antoninum prudentia sua et virtute pacem et tranquillitatem dedisse imperio Romano. In aliis numismatis occurrit SERENA TRANQ. et ita mox Lactantio *pax jocunda et serena* dicitur.

Templum Dei, quod ab impiis fuerat eversum. Hic agi de templo Nicomediæ, quod a Diocletiano et Maximiano eversum fuit, uti patet ex cap. 13, putat doctissimus Baluzius. Verum ego arbitror, intelligi in genere debere Christianam religionem, vel Christianos ante vexatos acerba persecutione, nunc vero per Constantinum paci et quieti redditos. Hinc mox nihil de ædificio extruendo sequitur, uti omnino necesse erat : verum de *mentibus,* quas pax jocunda et serena lætificat; hocque ad præcedentia respicere, patet ex particula *enim* satis superque. Neque aliter mihi interpretandum esse videtur, quod mox sequitur : *Qui templum sanctum everterant, ruina majore ceciderunt : qui justos excarnificaverant;* nam hoc in genere ad Persecutores referendum est, qui certe non jusserant templum Nicomediæ deleri omnes. Quin et initio capitis *templum* illud, sive cœtum fidelium, *ecclesiam* vocat : *Restituta per orbem tranquillitate, profligata nuper ecclesia rursum exurgit;* quanquam non ignorem, cap. 12 eamdem vocem pro conventiculo poni. Solebant ad hæc Patres gentilium deorum ædes *templa,* et loca, in quibus Christiani conveniebant, *ecclesias,* vel *conventicula,* etc. vocare ; id quod facit ipse Lactantius, cap. 5, 15, 35, 36, patetque ex Aureliani imperatoris epistola apud Vopiscum, et docuerunt satis eruditionis præstantis viri. Atque ut fideles in novo Fœdere dicuntur ναὸς Θεοῦ : ita et Patres Latini eosdem vocarunt *templum Dei sanctum, fidele, stabile, cœleste;* uti facit ipse Lactantius cap. 2 et 15 necnon IV Institut. 25 : *Conquerentes profanos homines sacris interesse, egerunt Principes suos in furorem, ut expugnarent Dei templum :* ubi nequaquam respicere Lactantium arbitror ad templum Christianorum apud Nicomediam, verum ad *fideles,* quos per totum Romanum imperium conati sunt *expugnare;* et vox hæc non de uno conventiculo, licet milites manus operi admoverint : sed de Christianis persecutione afflictis commode potest usurpari. Sic lib. V Institut., 2, τὸ *Dei* additum indicare videtur, et ibi fideles debere intelligi, non secus ac cap. 33 infra, quia edictum, quod mox sequitur, omnes Christianos respicit.

Humano generi providerunt. Huc pertinent nummi, quibus inscribitur PROVIDENTIA AUG. et SAPIENTIA PROVIDENTISSIMI PRINCIPIS ; et per *genus humanum* solemne est intelligere imperium Romanum : unde in iisdem nummis SALUS GENERIS HUMANI occurrit.

Nunc placatus. Putabam τὸ *Deus* poni debere post *placatus,* et Lactantium *jacentes et afflictos servorum* posuisse, pro miseris et afflictis servis : sed nunc non displicet Columbi *precibus;* quod et eruditis Anglis in mentem venit.

De quo exitu. Verba quæ exciderunt, ita forte supplenda sunt : *De quo exitu impiorum testificari placuit, ut omnes, qui procul moti fuerunt, vel qui post nos futuri sunt, scirent quatenus virtutem et Majestatem suam in perdendis delendisque nominis sui hostibus Deus summus ostenderet;* mox, post *auctores,* puto excidisse *tantorum scelerum,* vel *persecutionis.* Angli aliter paulo supplent, atque etiam Columbus; quorum conjecturas si quis meæ præferat, haud id feram gravate.

CAPUT II.

Cruciatus est. Id est, cruci affixus, uti ex Lactantii Institut. docet Columbus ; neque aliter locutus est Hegesippus lib. XVIII : *Capiebantur innumeri; quingenti ferme ad diem cruciabantur.*

Duobus Geminis. Quam diversa alii sentiant, notum

est : vide Scaligerum, Petavium, Bucherium, Onuphrium, Langium, Christmannum, Th. Lydiat et alios.

Procella nubis. Plus dicit, quam in sacra Scriptura; ibi enim tantum νεφέλης mentio, et ablatio ipsa exprimitur ἀνελήφθη εἰς τὸν οὐρανόν : quæ loquendi ratio procellam excludit plane, docetque placide J. Christum D. N. in cælum sublatum esse.

Petrus Romam advenit. Tradit hoc etiam Lactantius iv Institut. 21 : *Miracula autem respiciunt procul dubio fabulam*, quæ fertur de Simone mago, quæque narratur Arnobio et aliis.

Ac stabile. Id est, firmum, duraturum. Sic in nummis occurrit, TELLUS, vel TERRA STABILITA, apud Erizzum p. 386, quo significatur procul dubio, imperatores pacem duraturam et firmam dedisse orbi terrarum.

A cultu idolorum. Hoc Lactantius ut Christianus loquitur; nam Ethnici dicebant *cultum deorum.* Inscriptio apud Gruterum :

DIOCLETIAN. CAES.
AUC. GALERIO. IN ORI
ENTE. ADOPT. SUPER
STITIONE. CHRIST.
VBIQ. DELETA. ET. CUL
TU. DEOR. PROPAGATO.

Utque ex innumeris tam Græcis, quam Latinis auctoribus, necnon ex martyrologiis et Actis martyrum patet, Gentiles statuas deos repræsentantes ipsis deorum nominibus designabant.

Ad religionem novam. Et hoc est, quod objiciebatur continuo Christianis, uti patet satis superque ex Arnob. lib. i pag. 34, lib. ii pag. 92, 93 et 94, aliisque. Inde Asclepiades gentilis apud Prudent. Hym. 10 περὶ Στεφ. vs. 530 primo celebrat *sacra vetusta*, et inde *novellum dogma* Christianis objicit; et Baronium secutus Trist. tom. 1, pag. 698, per *pueros et puellas novorum hominum* apud Capitol. in M. Ant. philosopho, intelligit pueros Christianorum: quanquam ego existimem, Casaubonum et Salmasium veriora tradere.

Primus omnium. Hoc uno ore narrant omnes ; et quanquam a Claudio Christiani videantur male habiti, non secus ac Judæi, quorum nomine primis Ecclesiæ nascentis temporibus etiam illi veniebant (quam in rem extat locus elegans apud Sulp. Sever. ii, 99) non tamen motus ille inter persecutiones numeratus est. Claudium Judæos Roma jussisse excedere, tradit B. Lucas in Apostol. Act's ; ac de eadem re ita loquitur Sueton. c. 24 : *Judæos impulsore Chresto assidue tumultuantes Roma expulit.* Per *Chrestum* procul dubio *Christum* D. N. intelligit, eumque ita vocabant, quia *Chrestus* erat nomen Romanis usitatum, uti ex inscriptionibus, et Cic. ii ad Fam., 8, patet; et puto gentiles errore nominis Dominum nostrum ita nominasse, non autem per contumeliam, id quod tamen eruditi existimant. Neque enim mihi ulla contumelia esse videtur, aliquem *Chrestum*, id est, bonum, suavem, benignum nominare ; quanquam erraverint satis superque gentiles, quando illud putaverunt Salvatoris nostri nomen esse. *Impellere* autem *Christus* Judæos non potuit, quippe qui imperante Tiberio cœlo redditus est : sed hoc ita mihi videtur esse interpretandum, nonnullos Judæorum nostrum Christum dixisse esse Messiam, alios contra id negasse ; atque inde tumultus inter ipsos tam privatim, quam publice ortos esse. Sed tamen Claudius nihil aliud fecit, quam ut omnes Roma expelleret; illoque tempore absque dubio etiam Christianis eadem sors obtigit : et quia solum tantum, fortunis religionique salvis, mutare cogebantur, Claudius inter persecutores numeratus non est.

Tam malæ bestiæ. Ita Neronem, Diocletianum, et alios persecutores nominat optimo merito Lactantius, uti monuit Baluzius. Videantur capita 4, 9, 16, 25, 32 et 59, in quibus, modo *execrabile animal*, modo *nefarium*, modo *mala bestia* occurrunt. Latinus Pacatus Maximum vocat *belluam furentem*; ubi similia ex Rutilio et Seneca observat Livineius. Neque aliter loquuntur de tyrannis et impiis principibus Liv. xxxiv, xxxix : Cic. lib. i et ii Offic. ; Lucianus pag. 1015, 1016, 200 et 206 ; Ed. Bourd. Dion. Cassius lib. LXXVII extremo ; Arnob. v, p. 115; Asterius Homil. 1 : quibus addi potest Rittersh. iv, 9 Lect. Sac., et in passione Seraphiæ Helpidius *ratidissimus canis* vocatur. Scilicet interdum non satis habebant generale nomen, ut *bestiæ*, *animalis* adhibere: sed quod eorum maxime fœdis hominibus conveniebat, vel convenire putabant, projiciebant. Ita Lycophron p. 20 Helenam propter impudentiam vocat κύνα ; p. 170, Clytemnestram δράκαιναν διψάδα ; hominesque moribus sævis et asperis præditos ὄφεις, δράκοντας, et *scorpiones* dictos esse, observavit Meurs. ad Lycophr. p. 125. Sic Asterius p. 72 adulteram nominare nullus dubitat ἀσπίδα καὶ ἔχιδναν; et apud Livium xxxix, 11, Hispala, mulier non satis pudica, *excetra* vocatur. Sic Julianus, Ep. 23, Constantinum appellat πολυκέφαλον ὕδραν; unde satis perspici potest, quo odio Apostata ille Christianos fuerit persecutus.

Adventum ... nefas. Hæc sic suppleri posse existimo : *quod nefas est credere.* Sicut *duos prophetas vivos esse translatos, et in ultimo sæculo initium Christi sanctum ac sempiternum, cum descendere cæperit, præcessuros pronuntiant,* eodem modo etiam Neronem venturum putant, qui futurus præcursor diaboli. Et recte primo dicit Lactantius, nefas esse credere Neronem rediturum, et Antichristi præcessurum adventum; eosque paulo ante *quosdam deæros* nominat. Hinc patet auctorem nostrum, id quod eorum oblitus non est Baluzius, non accedere eorum opinioni, qui censebant Neronem non esse mortuum, sed adhuc vivere, et venturum ante finem sæculi, ipsumque vel fore Antichristum, vel temporibus iisdem per Occidentem sæviturum, quibus ille per Orientem ; quam in rem plura videri possunt apud Casaub. ad Sueton. Commodianus Instruct. 44 canit, Neronem de inferno reversurum ; ejusque versus supponendi sunt, quia libellus ille rarus est admodum, et quia adventus Heliæ etiam facit mentionem :

Dixit Esaias: Hic homo qui commovet orbem
Et reges totidem, sub quo fiet terra deserta :
Audite, quoniam propheta de illo prædixit :
Nihil ego composite dixi, sed neglegendo
Tum scilicet mundus finitur, cum ille parebit ;
In tres imperantes ipse diviserit orbem,
Cum fuerit autem Nero de inferno levatus,
Helias veniet prius signare dilectos.
Res quas Africæ regio et Arctoa natio tota
In septem annis tremebit undique terra
Sed medium tempus Helias, medium Nero tenebit.
Tunc Babylon meretrix incinefacta favilla
Inde ad Jerusalem perget victorque Latinus
Tunc dicet : Ego sum Christus quem semper oratis.

Per Prophetas autem *vivos translatos duos*, intelligendi sunt Enochus et Elias, uti patet ex Jo. Damasceno, iv, 27, de Orthod. Fide; quanquam alii solius Eliæ reventuri meminerint, quod etiam facit uti ex laudatis versibus patet, Commodianus. Præterea respicere Lactantius videtur ad regnum Christi millenarium, de quo videri etiam potest l. vii, c. 1 extremo, et cap. 14, alibique Instit. Divinarum ; illique addi potest Commodianus. Ut autem hoc loco *descendere* dicit Christum advenientem : ita etiam de ejus nativitate non aliter loquitur, iv Inst., 10 : *Ut esset necesse, appropinquante sæculi termino, Dei filium descendere in terram.* Græci id vocant καταβαίνειν, et Jupiter καταβάτης, vel *Descensor* occurrit in nummis, eoque nomine ad adulationem proni Athenienses honorarunt Demetrium Poliorcetem, tanquam in eum mutatus Jupiter in terram descendisset. Non satis caute, mea ex sententia, Tristanus, tom. ii, p. 571, explicat, *in terram fulmen jaculantem Jovem*. Nam quamvis Jupiter fulmen jaculans, et cum pluit, καταβαίνειν, et descendere possit dici, ipsumque adeo fulmen, vel σκηπτός, Lycophroni, p. 67, vocetur καταιβάτης, et eidem, p. 199, Ζεὺς καταιβάτης dicatur fulmine hostium domos incendere; quamvis loca fulmine tacta consecrata fuerint eidem Jovi, teste Magni Etymol. auctore in v. Ἐνηλύσια, nec non Pulluce lib. ix, cap. 5, puto tamen, Demetrium ita dictum fuisse, quia adulatores ipsum Jovem esse persuasum sese habere volebant videri. Sic et Jupiter *descendere* dicitur, quando pluit. Virg. ii Georg. 324.

Tum pater omnipotens fœcundis imbribus æther
Conjugis in gremium latæ descendit.

et forte hæc mythologia repræsentatur in nummo Antonini Pii apud Seguinum, p. 197, in quo Jupiter in aere suspensus, et alatum tenens fulmen una manu, altera ex cornucopia effundit vel rorem, vel pluviam.

CAPUT III.

Donec impias manus. Interpres Vulgatus Esaïæ, xiv, 26 : *Et hæc est manus extenta super universas gentes*; Lactant. cap. seq. : *Impias manus in Deum intentavit*; nihilque aliud illæ loquendi rationes significant, quam aliquem oppugnare. Alio sensu in Ins. apud Grut. i. DCCCXXX. *Procope* dicitur *manus levare contra Deum*, *qui innocentem sustulit*, addito illarum elevatarum manum ectypo; nam illa se innocentem testatur obiisse, deumque ut crudelem accusat, quod tam cito humanis sit erepta rebus.

Interfectus domi. Etiam memoria. Parum abest, quin distinguam : *Interfectus. Domi etiam*, id est, Romæ, ex Senatus decreto, uti patet ex seqq. et Suetonio. De more autem damnandi memoriam alicujus vide Lips. ad vi Ann. Taciti ; et Rad. Forner. ii, c. 17 et 18 Rer. Quotidianarum. Eoque pertinet nummos talium iupp. etiam abolitos et fusos fuisse, uti factum, Dione teste, mortuo Caligula ; vel nihil eos valuisse, quemadmodum docet Arrianus de Nerone agens iv, 5, in Epictetum. At quanto melius cum bonis principibus habere ἀγαθὴν μνήμην, quam iis tribuit Themistius Orat. nona ! Quod si distinctio hæc adhibenda non est, ab τὸ domi proculdubio intellexit Lactantius, Domitianum in palatio suo occisum, idque a suis, fuisse ; uti patet ex Suet. c. 17, et hoc mihi nunc præferendum esse videtur.

In statum pristinum. Lactantium sentire hoc sub Nerva factum esse, non autem vivente adhuc Domitiano, satis puto patere ex verbis, quæ præcedunt, *rescissis igitur actis tyranni* ; quod certe non nisi post mortem Domitiani evenire potuit. Non tamen ille diu Ecclesiam persecutus est ; quin et meliori menti redditus, a persequendis Christianis destitit, et exules revocavit, uti haud obscure ex Tertulliano patet : *Tentaverat et Domitianus, portio Neronis de crudelitate ; sed quia et homo, facile cœptum repressit, restitutis etiam, quos relegaverat* ; qualia etiam tradit Hegesippus apud Euseb. iii, 20 Historiæ Eccles.

CAPUT IV.

Execrabile animal Decius. Si Martyrologiis habenda fides, proximi tamen ejus Christiani fuerunt, ut Trofonia vel *Tryphonia*, vel *Tryphœna*, filii ipsius Cæsaris uxor, cujus celebratur memoria in Martyr. German. nuper edito a. d. xv kal. nov. iisdemque sacris imbuta fuit filia Cæsaris ejusdem *Cyrilla*, teste Adone in Martyr. p. 159, 174 et 178. Sed cum diligenti cautela ejusmodi libri legendi sunt.

Exstitit enim post eum execrabile animal Decius. Nullus fere locus æque notabilis in hoc toto libello est ; nam inde discimus, Christianos temporibus Nervæ, Trajani, Antoninorum, etc., promulgatis et propositis impp. edictis, atque adeo ipsorum jussu persecutionem passos non esse ; unde et cap. præced. Lactantius eos nominat *bonos principes* ; quod certe non fecisset, si res christiana tantum ab iis damnum accepisset, quantum martyrologia præ se ferunt. Et observatione imprimis etiam dignum est, Prudent. lib. ii contra Simm. v. 669, Neronianæ persecutioni subjungere Decianam, omissis non modo persecutionibus, quæ Antoninis aliisque bonis principibus tribuuntur, verum etiam illa, qua Domitianus in pios grassatus.

Illius instinctu primus Nero, matre perempta,
Sanguinem apostolicum bibit ac me strage piorum
Polluit, et proprium facinus mihi sævus inussit.
Post hunc et Decius jugulis bacchatus apertis
Insanam pavit rabiem mox : et sitis arsit
Multorum similis.

Causas proculdubio suas habuit Prudentius cur Domitiani sævitiam silentio involvere quam enarrare, maluerit. Scilicet persecutio illa non diu duravit, et consilium ille mutavit in melius. Anno enim imperii quartodecimo incœpit sævire in Christianos ; cumque anno quintodecimo occisus sit. per multos utique annos id facere non potuit : id quod clarius patebit inde, quod, teste Tertulliano, *facile cœptum repressit, restitutis etiam, quos relegaverat.* Nec omittendum, eumdem Tertullianum uti verbo *tentare : Tentaverat Domitianus* ; et Lactantium cap. præced. scribere, Domitianum *subjectorum cervicibus incubasse quam diutissime, et tutum regnasse donec impias manus adversus Dominum tenderet* ; et traditum esse in manus inimicorum suorum, cum ad justum populum persequendum incitatus est. Nam hæ loquendi formæ satis indicant superque Domitianum ultimo imperio suo persecutionem movisse ; quin et vox *tentare*, eam emollire quodammodo, et incœptam esse significare videtur. Præterea Prudentius de cruciatibus et cædibus, quibus in Christianos sævierunt Nero et Decius, loquitur. At Domitianus eos tantum neci dedit, qui ex oriundos Juda et cognatos Christi esse dicebant ; reliquos autem relegavit, uti haud obscure ex Euseb. III, 20, patet : hinc etiam a Tertulliano dicitur *restituisse eos, quos relegaverat* ; et Nerva redire in patriam eos permisit, qui ἀδίκως erant ἐξεληλαμένοι, vel expulsi. Henr. Dodwellus, Dissert. xi, in Cyprianum multus est in adstruenda martyrum paucitate ; rejicitque, Lactantium secutus, persecutiones, quæ Adriano et Antoninis tribuuntur. Ejus sententiam refellere conatur. Jo. Mabillonius in Itinere Italico, ope Prudentii Hymn. xi περὶ Στεφ., ubi *innumeros cineres* martyrum celebrat ; et duarum inscriptionum, quarum prima Alexandrum quemdam sub Antonino, altera Marcum adolescentem, ducem militiæ sub Hadriano, martyrio affectos esse testantur. Verum licet genuinæ hæ inscriptiones forent (id quod aliis forte secus videbitur) non tamen bini martyres numerum eorum valde augere poterunt ; nec indicio erunt. Hadrianum et Antoninum tot Christianos Romæ neci dedisse, quot in Martyrologiis memorantur. Deinde non disputatur, num aliqui Christiani sub iis passi Romæ, vel in provinciis sint (potuerunt enim id facere præfecti, vel præsides immitiores, et superstitioni gentili magis devoti), sed num talia jusserint boni illi principes ; id quod certe ego difficulter credere possum. Denique Prudentius post gravissimas Diocletiani aliorumque persecutiones scripsit, per quos certe Romæ plures martyrio affecti sunt ; et donandum aliquid poetis, ubi rem exagerare conantur.

Nam profectus adversus Carpos. Cum his bellavit Philippus, qui ante Decium imperavit, et, si nummis fides, eosdem vicit ; æreus enim ipsius vultu, teste illustri Spanhemio, signatus inscribitur VICTORIÆ CARPICÆ. Sed vel non bene domiti fuerunt, vel rebellarunt, quia Decius contra eos profectus est ; inque ejus nummo apud Trist. t. ii, p. 578, legitur VICTORIA CARPICA VOTIS X. Et ex nuncupatis votis decennalibus patet haud obscure, primo imperii sui anno prospere Decium adversus Carpos pugnasse : videturque per totum biennium cum Carpis, aliisque barbaris, bella gessisse. Et quidem Zozimus i, 2, testatur, eum imperio admotum hostes coegisse recedere ad ripam Tanais, eosque ex Mœsia et Dacia, quas occupaverant, expulisse ; unde in ejus nummis cernitur proculdubio DACIA CAPTA, et DACIA FELIX. Neque tamen ita Carpi quieverunt ; nam ab iis cæsus fuit, teste

Lactantio, et Zozimo, qui longior narratione utitur. Aurelianus ab iisdem devictis *Carpicus* dictus est, narrante Vopisco. Hinc Diocletianus postea antiquis *excitos eos sedibus transtulit in Pannoniam*, teste Am. Marc. XXVIII, 1; Hieron. in Chron. p. 178; Eutropio IX, 15; Aur. Victore 39, aliisque. Et ab iis proculdubio *Carporum vicus* in Mœsia nomen accepit, cujus meminit Ammianus XXVII, 5, ubi Valezius notat, Carpos a Galerio victos fuisse, et deditione facta, omnes in Romanum solum translatos esse Tusco et Annullino coss. Atque a devictis Carpis Galerius δὶς Καρπῶν μέγιστος dictus est apud Euseb. VIII, 17, Histor. Eccl. Et hac occasione eruditis illustrandas propono *urbes Carpias*, quas memorat Menander Rhetor, lib. I cap. 15 de Gen. Demonstrativo : Τοῦ δὲ ἀναγκαίου, ὡς κατὰ τὰς πόλεις τὰς κατὰ τὸν ποταμὸν ὑπὲρ Ῥωμαίων κατοικισθείσας τὰς καλουμένας Καρπίας, ὡς μὴ διαβαίνοντες οἱ βάρβαροι κακουργῶσιν. *Necessarii autem, ut quod attinet ad urbes juxta flumen conditas a Romanis, quæ Carpiæ dicuntur, ne trajicientes barbari infestarent*, u i vertit Græca Natalis Comes. Examinent autem alii, quæ hæ urbes fuerint, numque illæ *Carpiæ*, vel *Carpicæ* dictæ sint, quas Romani contra Carporum excursiones in ripa Danubii exstruxerunt; quod si verum, necesse est, multum sibi ab his barbaris initio metuisse Romanos. Ptolemæus oppidum Κάρπιν Dant bio imponit.

Ne sepultura quidem. Et hoc inter pœnas Decio inflictas refert Lactantius. Gentiles maxime cadavera, vel reliquiarum sepulturam exoptasse constat, quia persuasum habebant, insepultorum animas non quiescere, nec a superis, vel inferis d is recipi. Christiani etiam quanquam Augustinus dicat nihil interesse, humi quis, an alibi putrescat, sepulturæ admodum studiosi fuerunt, illamque gentiles judices sæpe martyribus inviderunt, uti ex eorum historiis patet satis superque ; adeo ut mirum non sit Lactantium hoc notare, præcipue in imperatore, cui mausoleum cæteroquin erectum fuisset forte.

CAPUT V.

Illud verum esse dicebat. Verba hæc optime sese habent, nec quicquam, ut putabat vir eruditus, subaudiendum. Romani scilicet in parietibus, aut tabulis pingere solebant imperatores calcantes hostium et regum devictorum cervices et terga. Nummi certe moris illius indubitati testes sunt; et impp. iis ipsis pictos fuisse, docet locus elegans Gregorii Nazianzeni Invectiva 1 in Julianum. Dicit igitur Persarum rex fictitias et imaginarias esse picturas Romanorum, in quibus imperator calcabat regum, et forte ipsius Saporis cervices : verum illud verum esse, quod ille calcaret Valeriani terga. Ut autem clare hic locus possit percipi, notandum est, veterum *sellas caruisse stapedibus*, vel instrumentis, quibus hodie in ascendendis equis utimur, et quibus equites aliquo modo insistunt. Inde vel saltu equos ascendebant, vel aliorum opera in eos levabantur, et subjiciebantur. Virgil. XII Æn., 287 :

*Infrænant alii currus, aut corpora saltu
Subjiciunt in equos, et strictis ensibus adsunt.*

Et Vegetii etiam ætate, quemadmodum patet ex l. I, c. 18 : *Tyrones condiscebant non solum a dextris, sed etiam a sinistris partibus et insilire, et desilire*; quo certe nihil pertinent *desultores* Livii aliorumque, nec *pares equi* Festi, quos advocat Stewechius. Hinc qui de equis descendebant, dicebantur *equis delabi, desilire, defluere*, uti ex Justin. 1 c. 10, Virgil. XI Æn. vs. 501, et Furio apud Macrob. VI Sat. 14, patet. Et Græci eodem sensu ἀποπηδᾶν dixerunt, id est, *desilire*, uti ex Themistii Orat. 6 patet. Et quidem *desilire*, ut puto, est uno saltu sese equo liberare ; *defluere* autem, lente et trans corpus, ut sic loquar, equi descendere : unde Furius ita locutus est de vulnerato ; idemque facit Liv. lib. II : *Nec quicquam equitis vulnere retardato, moribundus Romanus, labentibus super corpus armis, ad terram defluxit* : unde et Virgilius per τὸ *desilire* majorem agilitatem possit videri Camillæ tribuere, quam turmæ ipsius, quam canit *defluxisse*. Alii, et quidem honoratiores, ab hominibus in equos sublevabantur ; Liv. VI, 24 : *Cum Camillus subjectus a circumstantibus in equum, et raptim subsidiis oppositis : Hæc est, inquit, milites, pugna, quam poposcitis*. Habebantque *stratores*, a sternendis, vel insternendis equis ita dictos, qui dominos in eos levabant. Spart. Caracal. IV : *Denique cum eum* STRATOR *ejus levaret, pugione latus ejus confodit* ; Ammian. Marcel. l. XXXVIII : *Cum eum elatum non suscipiret equus, anteriores pedes præter morem erigens in sublime, iterum* STRATORIS *militis jussit abscindi*. Ubi observa, milites id ministerium exhibuisse imperatoribus, loquitur enim de Valentiniano. Ita XXII, 1, de Juliano : *Lapso milite, qui se insessurum equo dextra manum erexit.* In Ins. apud Grut. 7, c. 1, occurrit MATERNUS. PERLETUS. MIL. LEG. VII. PR. P. F. STRATOR. et in 2. CCCLXXXIX SILIUS. HOSPES. HASTATUS. LEG. X. GEMINAE. STRATOR. EJUS. vel præsidis T. Cl. Candidi Nescio, an eodem sensu hæc vox occurrat in Ins. apud Sponium, pag. 233 Miscell.

D. OHEDES AP
STRATOR
FAUSTAE. HEDIAE.

Nam vir eruditus explicat *stratorem Appiæ*, qui viam sternebat eam, pavimentumque, ubi deliceret, restituebat. Quod si Faustam Hediam in equum hic Hedemes levavit, illustre documentum haberemus, mulieres etiam suos Stratores habuisse : sed, ut verum fatear, *Appiæ viæ strator* magis placet, qui uxori forte suæ memoriam conservavit, et ita *strata Viæ*, et *straturam viarum* dixit Suetonius. Græcis porro qui equum ascendentibus idem officium præstabat, dicitur ἀναβολεύς ; isque Suidæ exponitur ὁ ἐπὶ τὸν ἵππον ἀνάγων, idque exemplo ex nescio quo auctore sumpto firmat idem : ὁ δὲ βασιλεὺς τὸν ΑΝΑΒΟΛΕΑ προσκαλεσάμενος, καὶ ταχέως ἀναβὰς ἐπὶ τὸν ἵππον, ᾔτησε πιεῖν : *Rex Stratorem vocans, celeriter conscenso equo, poturi petiit.* Neque aliter locutus est Plutarchus in Crasso : *Simul Crasso admotus est equus auratis frænis καὶ οἱ ἀναβολεῖς αὐτὸν ἁρπάσαντες παρεβίβασαν ; et stratores eum sublevantes imposuerunt* : unde simul patet, plures simul id officium uni eidemque homini præstitisse nonnunquam. Persas quoque stapides ignorasse, et stratores servos habuisse, patet ex Historia Tiribazi apud Xenoph. lib. IV, nec non ex ejusdem II parchico pag. 956, unde videor colligere, stratores Græcis illo tempore adhuc incognitos, et morem a Persis deductum fuisse ; nam scribit, juniores equites addiscere debere in equos insilire : ætate autem provectioribus haud parum profuturum τὸν περσικὸν τρόπον ἀναβάλλεσθαι ὑπ᾽ ἄλλωων. Scythasque iis usos non fuisse, ex Hippocrate docuit Magius in Miscellaneis. Sapor igitur ut equum conscende e posset, stratoribus usus non est, sed Valeriano, qui etiam ipsi stratoris vicem non præstabat, verum stapiæ : quia dorso ejus imponebat pedes, uti optime observat Illustris Salmasius ad Histor. Augustam. Et hoc notare oblitus non est auctor Passionis S. Ponii apud Baluzium : *Valerianus scilicet Imp. in captivitatem ductus a Sapore rege Persarum, non gladio, sed ludibrio omnibus diebus vitæ suæ merita pro factis percepit, ita ut quotiescunque rex Sapor equum conscendere vellet, non manibus (ecce munus stratoris) ejus, sed incurvato dorso, et in cervice ejus (qui sc. stapedis loco erat) pede posito, equo membra locaret* ; similique tradit Hugo Florensis in Chronico : *Ad extremum autem ipse Valerianus Dei præsidio destitutus, a rege Persarum Sapore captus, ignominiosa apud eum servitute consenuit, et donec vixit, dome infamis, officii pœnam simper tulit, ut acclinis humi regem ascensurum, non manu, sed dorso attolleret.* Cum igitur stapedum usus antiquis fuerit ignotus, certe Alexandri Magni nummis, quem exhibet Laurenbergius in Græcia

Antiqua, vel supposititius, vel male depictus est, quia ille pedes instrumentis istis habet impositos; et similis plane nummus cernitur apud Lazium lib. I Græciæ: sed stapedes ex lateribus equi non dependent.

Et recte quoque propterea Sponius t. II, p. 386, rejicit sellam, vel ephippium, quod Julio Cæsari attribuunt Helvetii. In originem tamen horum instrumentorum inquirendum est; et Carolus quidem Pagius pag. 333 ea valde recentia facit. Scaliger quoque novitiam rem esse tradit; et eam ob causam niximum Constantini imperatoris nummum argenteum recentem esse judicat. Alii contra, interque eos Magius, antiquum, licet non antiquissimum morem esse contendunt, adducuntque Inscriptionem veterem, cujus hic finis est:

CASU. DESILIENS.
PES. HAESIT. STAPIAE. TRACTUS INTERII.
IN. REM. TUAM. MATURE. PROPERA. VALE.

Sed primo nihil de ætate hujus monumenti constat; deinde varia sunt, quæ illud vel ultimi ævi, vel supposititium esse suadent: unde etiam Janus Gruterus illud spuriis inscriptionibus inseruit. Negari tamen non potest, quin instrumenti hujus mentio sit apud Eusthatium, qui floruit Manuelis Comneni temporibus, circa annum Christi MCL, item sub Alexio Comneno et Andronieo, ad Odyss.: Ἀναβάλλειν καὶ τὸ εἰς ἵππον ἀγάγειν, ἔφιππον ποιεῖν, ὅθεν καὶ ἀναβολεὺς οὐ μόνον τὸ σιδήριον ᾧ τοὺς πόδας ἐντιθέντες ἔφιπποι γίνονταί τινες, ἀλλὰ καὶ ἄνθρωπος ὅς εἰς τοιοῦτον ἔργον καθυπουργεῖ; id est, Ἀναβάλλειν significat in equum levare, et equo ut insideat eques facere: inde ἀναβολεὺς non modo ferrum notat, cui pedes inferentes equos nonnulli ascendunt, sed etiam hominem, qui eidem rei inservit. Ante Eustathium Suidas, qui vixit temporibus Alexii Comneni prioris circa annum Christi 1080 idem instrumentum memorat :Ἀναβολεὺς καὶ ἡ παρὰ Ῥωμαίοις λεγομένη σκάλα. Idque adducto testimonio ex auctore anonymo firmare conatur: ὁ δὲ Μασσίας γηράσας, ἵππου χωρὶς ἀναβολέως ἐπέβαινεν. Salmasius in Epist. de Cruce, et Reinesius III Var. 2 recte rescribunt Μασσανίσσας; illeque per ἀναβολέα non scalam, verum stratorem intelligit, qui domino equum ascendenti manum commodabat. Polybii fortasse hoc fragmentum esse, putat vir illustris; ex eoque ῥῆσιν hanc desumpsisse Suidam, existimat Reinesius: sed recte Lipsius notat, ejus auctorem esse Appianum, quippe qui lib. de bellis Punicis p. 107 ed. ultimæ, ita de Masinissa loquitur: *Corpore quoque magno et robusto ἐς γῆρας πολὺ fuit ; usque ad mortem præliis interfuit*, ἵππου δὲ χωρὶς ἀναβολέως ἐπέβαινε, *et equum sine stratore* (pessime redditur *sine ephippiis*) *ascendit.* Adeo ut Suidæ quidem ætate scalæ fuerint nonnullis in usu: sed illæ in verbis laudatis nequaquam quærendæ sunt, cum antiquioribus temporibus plane fuerint incognitæ. Leo Imp. cognomento philosophus, qui imperium adiit mortuo patre Basilio Macedone, anno 886, lib. I Tact. c. 6, hæc instrumenta etiam memorat: εἰς δὲ τὰς σέλλας δύο σκάλας σιδηρὰς, ad sellas duas ferreas scalas; imo ante eum Mauritius, quem vivisse volunt anno 491 iisdem verbis utitur lib. I cap. 2 Tacticorum. Quin et D. Hieronymi ætate, qui floruit anno 408 videntur hæ scalæ in usu fuisse; ita enim in Epistolis, teste Magio loquitur: *Si memoria non labat, se cum quasdam accepit litteras jumentum conscensurum, jam pedem habuisse in* BISTAPIA ; imo Vossius I de Vit. serm. 7, fretus inscriptione antiqua ante a me laudata, fortasse paulo antiquiorem earum usum fuisse censet: sed leve hoc argumentum esse, ex iis, quæ monui, constat. Atque ex his constabit utique Hugonem, I de Mil. Equestri c. 5, male existimare nullam hujus instrumenti mentionem extare, quam apud Eustathium Homeri interpretem. Notandum autem diligenter Eustathium dicere, *quosdam* id ferrum usurpasse; et illustrem Salmasium existimare Leonis imperatoris tempore equites istis scalis ferreis non habuisse impositos pedes, dum equitarent: sed eas tantum usum præstitisse ad scandendum in equum, post subductas, et sub sellam fuisse reconditas ; quod si verum, jam Leonis ætate absque illis scalis equitabant, et incognitos adhuc stapedarum nostrarum usus quas tamen Hieronymi *bistapia*, ipsiusque Leonis *dua ferreæ scalæ* (nam una suffecisset ascendenti) videntur agnoscere. Nam *bi* in *bistapia* proculdubio numerum dualem denotat, non secus ac in aliis compositionibus : sic apud Prudent. Hym. 12 *bifestus dies* est sacer duobus apostolis Paulo et Petro : *bipalium* apud Varr. 1, 24 de R. R. *bicinium*, ubi duo canunt; *bilorus*, *biblex*; et *bisellium*, quod illustravit Chimentelius, quodque etiam occurrit in colloquio scolastico cum Glossis edito à Vulcanio : Δότε ὦδε θρόνους, δίφρους, βάθρον, δίεδραν. *Date huic sedes, sellas, scamnum, bisellium*; et in notis Tyronis p. 164 : *Sella, sellarius, sellisternium, bisellium, subsellium, bidinium, tridinium ;* ubi lege *biclinium, triclinium.* Quidquid sit, certa hujus moris origo difficulter potest ex tenebris in lucem protrahi. Casaubonus in Ath. VI, 16, antiquissimos Rabinorum *stapedum* mentionem facere se scribit alibi docere ; et si nummus à Tristano vulgatus genuinus, adscribendusque est Chosroi Persar. regi, à Justiniani, qui ille fuit æqualis, tempore, et à Persis fortasse mos hic repetendus est. Nam insidet equo Chosroes in star Solis (cujus se et Lunæ fratres dicebant Persarum reges) radiis ornatus, pedesque ejus stapedibus, quemadmodum ex ectypo patet, insistunt. Cum autem omnes homines stratores non habebant, C. Gracchus, libera Repub. ut consuleret plebis commodis, conciliaretque Italorum sibi animos, vias stravit multas, columnas lapideas ad indicanda milliaria statuit : Ἄλλους δὲ λίθους ἐλαττον ἀπέχοντας ἀλλήλων ἑκατέρωθεν τῆς ὁδοῦ διέθηκεν, ὡς εἴη ῥαδίως τοῖς ἵππους ἔχουσιν ἐπιβαίνειν ἐπ' αὐτῶν ἀναβολέων μὴ δεομένοις, *Alios lapides paulum a se invicem divisos ab utroque viæ latere constituit, ut qui equos haberent, facile eos ascendere possent absque opera stratorum*, teste Plut. in ejus Vita ; et quia tunc temporis scalæ non fuerint in usu, certe nulla causa est cur Lipsius fluctuet, et ad instrumentum scansile verba illa trahi posse existimet. Idem autem quod Gracchus fecit, diu ante etiam memorat alicubi Xenophon.

Imposito pede super dorsum ejus. Variant auctores illius et posteriorum temporum in describenda calamitate, quæ Valerianum exercuit, uti videre licet apud Barthium ad Claudianum et ad Statium, l. II Theb., v. 713, sed ipsi Saporem cervicem calcasse præter Victoris Epitomen, Passionem S. Savini, testis omni exceptione major est Lactantius noster. Vir eruditus tam ex Veteri Testamento, quam profanis auctoribus , illustrat, morem calcandi devictorum cervices ; aque ex Coryppo imperatores romanos ita pictos fuisse docet :

Ipsum autem in media victorem pinxerat aula
Effera Vandaligi calcantem colla tyranni.

Inde conatur evincere, hæc verba : *Nam quamdiu vixit rex ejusdem provinciæ , incurvato eo, pedem cervicibus imponens solitus erat equum conscendere*, assuta Eutropio aliunde esse, quia in melioribus codicibus non inveniuntur, atque etiam a Græco interprete omissa sunt ; et postquam attulisset varias de Valeriani calamitate sententias, etiam Eusebium ad partes vocat, atque ex ejus lib. VII, c. 8, Hist. eccles. vel potius ex Dionysio, quem ille sequitur, docet Valerianum ita in imperio consenuisse, ut ipse affectus ætate tradiderit id regendum filiis ; additque Eusebium rem Romano nomine indignam, reverentia suorum principum , vel negligentia, vel alia de causa, transire, eoque genere neminem nescire eum sæpius cum toto grege suo labi. Certe Valerianus duos filios habuit Gallienum et Valerianum, eumque Augustum, hunc Cæsarem fecit, antequam in Saporis venit potestatem : sed tamen apud neminem alium auctorem reperio, Valerianum ita in imperio consenuisse, ut ætate affectus id tradiderit filiis. Nam primo ille in imperio non consenuit, sed annos 70 natus imperator factus est; et cum ætatem ferret optime, multisque virtutibus præditus dignus esset imperio, non certe dici potest propter ætatem imperium filiis tradidisse, Gallienum licet initio principatus Augustum, et alterum filiorum Valerianum Cæsarem absens, forte ad bellum Persicum profectus, creaverit. Deceptus proculdubio Barthius est a Christophorsono Eusebii interprete, quem recte notat Valesius verba laudata intellexisse de Valeriano, cum ad Macrianum, cujus proxime mentio præcessit, sint referenda; unde hodie ita ille locus vertitur : *Macrianus vero imperandi cupiditate flagrans, tametsi imperio indignus, cum regium imperium induere non posset, ipse corpore debilis, duos filios paterna in se translaturos crimina imperio præfecit.* Et quadrant hæc optime cum iis quæ narrat in ipsius Vita Trebellius Pollio. Nam quamvis ille non memoret *imperii cupiditatem*, tamen ex consilio, quod cum Balista habuit (de quo ideim videatur in Gallienis), et quia statim manus ipsi dedit, puto satis patere, hanc scenam ipsos communi consilio egisse et ita Macrianum posse dici imperium concupivisse. Reliqua optime etiam conveniunt ; nam Macrianus dixit : *Sed non hoc in me ætatis est : senex sum, ad exemplum equitare non possum ; lavandum est mihi frequentius, edendum delicatius : divitiæ me jamdudum ab usu militiæ retraxerunt.* Cum autem Balista intelligeret eum de filiis cogitare, dixit : *Prudentiæ se ipsius rempublicam tradere : daret liberos Macrianum et Quietum fortissimos juvenes ;* atque ita factus est cum duobus filiis, cunctis militibus volentibus, imperator. Sed quia Valeriani Cæsaris mentionem tam illustrem facit Lactantius, facere non possum, quin Epitomen Victoris examinem. *Licinius Valerianus, cognomento Colobius, imperavit annos quindecim, parentibus ortus splendidissimis stolidus tamen et multum iners, neque ad usum aliquem publici officii, consilio, seu gestis accommodatus.* Hic filium suum Gallienum Augustum fecit, Gallienique filium Cornelium Valerianum Cæsarem. Quod de ingenio Valeriani dicit ille, satis refellitur a Tristano initio, tom. III, quem arbitrior verissima monere ; deinde Valerianus non regnavit per annos quindecim, sed ad summum per annos sex. Factus enim imperator septuagenarius, teste Treb. Pollione, et quidem anno Christi 253 captusque a Persis fuit an. 259, Fulv. Æmiliano et Pomponio Basso coss.; notantque viri eruditi, cum crudelissima morte obiisse, a cervicibus cute ad imos pedes detracta Saporis jussu anno ætatis 77 quæ certe tot imperii annos excludunt, licet Chronicon. Alexandr. eidem etiam quatuordecim annos tribuat. Erroris fons forte petendus es. ex iis auctoribus, qui scripserunt, Valerianum et Gallienum totidem annos imperasse ; quod cum de Gallieno verum sit (quippe qui cum patre sex, solus novem annos imperium tenuit) alii id etiam de Valeriano interpretati sunt. Treb. Pollio ita loquitur in Gallienis : *De annis autem Gallieni et Valeriani ad imperium pertinentibus adeo incerta traduntur, ut cum 15 annos, eosdem imperasse constet, id est, Gallienum usque ad quintumdecimum pervenisse, Valerianus vero sexto vel captus, alii 9 annis, alii decem etiam Gallienum imperasse, in litteras mittant.* Neque aliam potuisse mentem esse auctoris Epitomes, patet ex iis, quæ mox narrat : *Regnavit annos quindecim* (nimirum Gallienus) *cum patre septem solus octo* : unde Gallienus in Epistola Dionysii apud Euseb., vii, 23, vocatur παλαιὸς ἅμα βασιλεὺς καὶ νέος. Quod autem addit, Gallieni filium Cornelium Valerianum Cæsarem a Valeriano esse factum, id alii meliori jure ad Valerianum Valeriani filium referunt, qui alia, quam Gallienus matre, vel Mariniana Genitus, a patre absente Cæsar est appellatus, teste Trebellio Pollione ; cum contra *P. Licinius Cornelius Saloninus Valerianus* Gallieni filius natu major a patre sit factus Cæsar. Hic patre vivo mor-

tuus et consecratus fuit : alter vero cum fratre Gallieno occisus est ; adeo ut mirer Balerum Cadusiorum, et Artabasdem Armeniorum reges in epistolis ad Saporem missis apud Trebellium Pollionem, meminisse tantarum filii Valeriani et nepotis : *Valerianus et filium imperatorem* (Gallienum) *hrbet, et nepotem.* Sed hæc aliis relinquo excutienda ; nec te pœniteat, lector, consulere illustrissimum Spanhemium dissertatione vii et Joannem Vaillant, virum doctissimum in Numismatis imperatorum præstantiorum ; necnon notam Reinesii ad ins.-xli, classis iii.

Imposito pede super dorsum ejus. Athenæus, lib. vi, pag. 256, memoriæ mandat. Cariæ nonnullas fœminas accitas ab Artabazi et Mentoris uxoribus , κλιμακίδας esse dictas, quia pro scalis ita se illis offerebant, ὥστε ἐπὶ τοῖς νώτοις αὐτῶν τὴν ἀνάβασιν γίγνεσθαι, καὶ τὴν κατάβασιν ἐπὶ ταῖς τῶν ἁμαξῶν ὀχουμέναις, *ut per earum tergum in currum quo vehebantur, conscenderent, et ex eo ita descenderent ;* observatque Casaubonus, Eustachium notare post adducta Athenæi verba, pag. 1669, sua ætate id etiam factum esse, et cum eques non facile posset equum ascendere, aliquem sese inclinasse, et cervicem ejus loco scalæ, vel stapedis fuisse : qui locus nos insuper docet, ipsius ætate illorum instrumentorum usum non fuisse promiscuum. Cæterum notanda est Persarum Orientaliumque gentium feritas ; quippe qui tantum imperatorem tam fœdo affecerunt ludibrio. Et huc referenda crudelitas Adonibesec, qui septuaginta regulis digitos pedum et manuum amputavit, eosque sub mensa sua colligere micas coegit, teste Judicum libro. Huc pertinet arrogantia Sesostris, qui currui suo junxit reges subactos , cum templum, ve urbem ingrederetur, uti apud Diod. Sic. legimus ; et denique Tamurlanis non minus sævum factum, qui Turcorum imp. Bajazethem ferreæ caveæ inclusum ludibrii causa circumtulit , quemque etiam currui adjunxit, si fides habenda Matthæo Palmerio in Chronico ms. quod mihi utendum dedit Henr. Copezius. *Temberlanis*, ait, *incredibilis potentiæ imp. moritur. Fuerat apud Tartaros natus humili loco, et tantas vires adeptus, ut supra duodecies centena hominum millia haberet in castris. Qua multitudine, attritis bello Teucris* (ita et Turcos alibi vocat) *eorum imperatorem catenis vinctum aureis currui, quo vehebatur, quasi triumphans adjunxerat.*

Quod cum filium. Gallienum, qui Christianos persecutus non est , unde a Dionysio Alexandrino apud Euseb. vii 23 Hist. Eccl. vocatur ὁ ὁσιώτερος καὶ φιλοθεώτερος , religiosissimus Deique amantissimus imperator.

Direpta est ei cutis. Mortuo scilicet ; id quod etiam tradit Petrus Patricius in Excerptis Legationum , notante Valesio ad Eusebium, cap. 24 Orat. Constantini. Adeo ut male Cedrenus narret, vivum Valerianum excoriatum fuisse : ὑπὸ Σαπώρου ἐκδαρεὶς ἐτελεύτησεν ; et frustra Barthius ad lib. ii Thebaidos Statii, vs. 715, hanc historiam in dubium vocet. Valeriano vivo cutem fuisse detractam tradit etiam Agathias, lib. iv. Nam postquam narrasset, Nachoragam a Chosroe ea pœna fuisse affectum, et fabulis adscripsisset Marsyæ historiam, adjicit, Saporem, qui multo ante Chosroen tempore regnavit, hujus supplicii auctorem : eum valde injustum, præcipitem ad iram et crudelitatem ; et multas historias testari, Valeriano hanc pœnam ab ipso irrogatam fuisse.

Singularis Dei. Id est, unius, ut qui solus Deus est. Lib. v c. 5 Inst. eum vocat *singularem rerum conditorem* ; et cap. 14 libri ejusdem ita loquitur : *Qui justitiam veram defendere, Deoque singulari servire cœpissent.*

Continentis universa. Ita de mundo loquitur Cicero, ii de Nat. deor. : *Mundus omnia complexu suo coercet et continet.*

CAPUT VII.

Tres participes regni, fecit. Non simul, vel eodem tempore. Nam Maximianus Herculius assumptus est in consortium imperii, et Augustus factus an. 285 a Diocletiano; illique ambo an. 293. Constantium Chlorum et Galerium Maximianum Cæsares fecerunt. Puto enim errare Eutropium, cum, cap. 13 lib. xiv Herculium Cæsarem, et cap. 14 eumdem ex Cæsare Augustum creatum esse narrat, licet eum sequantur Orosius, vii, 25, et P. Diaconus, lib. x Histor. Miscelæ. Errat etiam auctor Epitomes Temporum apud Scalig., p. 277, et non satis caute scribit, Herculium factum esse βασιλείας κοινωνόν ineunte tertio anno imperii Diocletiani, cum illud factum sit kal. aprilibus, an. 285, et Dioclelianus imperium adierit 12 kal. dec. 284. uti docet Baluzius in Chronologia.

Indictionum. Id est, tributorum, uti docet idem, pluribusque exemplis firmat Ducange in Glossario. infra c. 31, *Indictiones auri et argenti*; videnturque initio extra ordinem imperatæ fuisse. Tangit hanc rem Victor, c. 39 de Cæsaribus : *Hinc denique parti Italiæ invectum tributorum ingens malum. Nam cum omnis eadem functione, morataque* (Al. *moratæque*) *ageret, quo exercitus atque imperator, qui semper, aut maxima parte aderant, ali possent pensionibus inducta lex nova.* Asterius, Homil. in Avar., p. 28, ἐπιτάγματα appellat.

Multi præsides. Notabilis valde locus, quippe qui inservit multum ad cognoscendum initium divisionis unius provinciæ in plures, quæ singulæ suos præsides habebant; et digna hæc verba sunt, quæ alius, cui plus otii est, diligenter illustret, quippe quæ proculdubio lucem magnam accendent tam ecclesiasticis, quam profanis auctoribus.

Civiles actus rari. Id est, raro hi judices litibus privatorum dirimendis operam dabant: sed de criminibus atrocibus cognoscebant, damnabantque ad mortem homines, vel proscribebant. Cap. 21 *causas leves atque civiles* dixit.

Hic moneta. Pro ædificio, in quo *moneta*, vel numini signabantur, vox hæc sumitur. Amm. Marc. xxii, 121 : *Quod aram in moneta, quam regebat, evertisset.* Sidon. in carmine de Narbone :

Salve, Narbo, potens salubritate,
Portis, porticibus, foro, theatro,
Delubris, capitoliis, *monetis*,
Thermis, arcubus, horreis, macellis.

Alii *monetum* dicebant, uti docet du Cange. Diocletianum autem multa præclara extruxisse opera, ex hoc loco, et ex thermis ejus Romæ constat, quæ absolute *Diocletianæ* vocantur scholiasto Juvenalis, cujus verba laudat Ferrarius 1 El. 6 : *Juxta aggerem primus posuit castra Sejanus, id est, super Diocletianas, quæ dicta sunt castra prætoria;* nam ultra has thermas fuere illa castra. Sic Vopiscus in Carino, c. 19 testatur, Romæ Diocletianum scenam, quæ conflagraverat, magnificentiorem reddidisse.

Armorum fabrica. In quibus vel omnis, vel hujus sive illius generis arma fabricabantur. Sic in Notitia imperii magister officiorum in Occidente præesse fabricis octo in Galliis dicitur : *Argentoratensi armorum omnium; Matiscoensi sagittariæ; Augustodunensi loricariæ; Suessionensi balistariæ, et scutariæ, et clibanariæ.*

CAPUT VIII.

Quid frater ejus Maximianus. Nimirum Herculius, qui a Diocletiano factus erat consors imperii et Augustus. Num Cæsaream dignitatem gesserit, magna inter eruditos lis est. Eutropius ix. 13, P. Diaconus in Histor. Misc., Hugo Floriac. in Chron., aliique, Tristan., t. iii, p. 349, et Anton. Pagi, p. 157, memoriæ mandant et contendunt, Herculium Cæsarem factum esse, antequam Augustus creatus est. Sed Victor narrat, Diocletianum, ubi comperit Bagaudas, *populatis agris, plerasque urbium tentare, Maximianum* statim *imperatorem jussisse*. At Bagaudas ab eo Cæsare superatos esse, eruditi scribunt; deinde *Cæsaris* dignitas in nullis ipsius nummis, quos collegit Mezzabarba, apparet. Franciscus quidem Angeloni unum recenset, cujus in antiqua parte cernitur Maximianus. Nob. Cæs. in altera vero Principi Juventut. Sed forte ille ad Galerium referendus est, cujus nummi talibus inscriptionibus ornantur. Sed et *Cæsarem* eum vocat Mamertinus, cap. 6 Panegyr. quem Treveris dixit : *Vidimus te, Cæsar, eodem die pro Republ. et vota suscipere;* et mox : *Vidimus te, Cæsar, et in clarissimo pacis habitu.* Verum oratio dicta est Maximiano Herculio Augusto : unde et eum, cap. 4, *fratrem* Diocletiani vocat; et cap. 9 eos *virtutibus fratres* esse dicit. Sic cap. 1 : *Revera enim te, sacratissime imp., merito quivis te, tuumque fratrem R. imperii dixerit conditores,* quæ certe nequaquam Cæsari conveniunt; et cum cap. 2 et cap. 5 narret varias Herculii victorias, et quidem de Burgundionibus, Alamannis, Chaibonibus et Erulis, non potuit nisi imperatori et Augusto hic panegyricus dici, quia gentes illæ superatæ sunt anno 287, Diocletiano Aug. m et Maximiano Aug. coss., et quia Maximianus, ex sententia eruditorum, factus est Augustus anno 286, cum Cæsar an. 285 foret creatus. Unde apparet τὸ *Cæsar* auctori panegyrici non esse secundi fastigii, sed, more antiquo, primi vocabulum.

Frater ejus Maximianus. Optime notat et verissime Baluzius, Maximianum fratrem dici Diocletiani, non quia iisdem parentibus, vel eodem patre, eademve matre geniti erant : sed quia erant imperii consortes, vel ambo Augusti. Atque ut illi dicebantur *fratres*, ita respectu Cæsarum dicebantur *patres*, et contra hi *illorum filii* quemadmodum patet ex cap. 20, quo præclarum hujus moris vestigium continetur. Quin et Diocletianus atque Maximinianus respectu eorum, quos ex Cæsaribus fecerant Augustos, *patres* vocantur; uti patet ex ins. 7, pag. 178, apud Grut.

DD. NN. DIOCLETIANUS ET
MAXIMINIANUS. INVICTI. SENIORES
AUGUSTI. PATRES. IMPERATORUM
ET CÆSARUM. CONSTANTIUS. ET MAXI
MINIANUS. INVICTI. AUGG. ET SEVERUS. ET
MAXIMINUS. NOBILISS. CÆSARES. THERMAS
FELICES. DIOCLETIANI. AUG. FRATRIS
NOMINE. CONSECRAV. CÆPTIS. ÆDIFI
CIIS. PRO. TANTI OPERIS MAGNITU
DINE. OMNI. CULTU. PERFECTAS.
ROMANIS. SUIS. DEDICAVERUNT.

Qua in inscript. observandum præterea, Diocletianum et Maxim. Herculium post depositum imperium etiam Augustos, et denique Diocletianum ab Imp. et Cæsaribus, quorum paulo ante dicitur *pater*, appellari *fratrem.* Atque ut hæc loquendi forma illustretur post Baluzium pluribus, notandum est, reges sese invicem *fratres* appellasse. Sapor apud A. Marc. xvii, 5, Constantinum Cæsarem nominat *fratrem suum*; idemque alios fecisse, tam ex sacris, quam profanis auctoribus probat Valesius. Et tam Romani quam Græci res animatas, vel inanimatas, si modo ejusdem originis, vel similes forent, non aliter designare solebant. Noti sunt sacerdotes, *fratres Arvales* dicti : et in ins. occurrunt *fratres fabriles*, qui scilicet ex uno corpore fabrorum sunt. Carthaginienses et Philippus cum Macedonibus in fœdere apud Polyb. vii, 2, sese vocant φίλους, καὶ οἰκείους, καὶ ἀδελφούς; notumque est Æduos et Batavos a Romanis eo honore dignatos esse ex panegyricis et inscriptionibus : id quod et civitates alias fecisse, ex Aristide et Dione Prusæo notat Harduinus pag. 487, quomodo apud Polybium etiam, cap. 25, Excerpt. Legat. Rhodii testantur, sese cum Solensibus oriundos Argis esse, et inde ἀδελφικὴν inter eos esse συγγενίαν; et Carthago atque Utica Tertulliano lib. de Pallio, *sorores vocantur*, quia ambæ a Phœnicibus conditæ ferebantur. Res inanimatas eodem consanguinitatis nomine descriptas esse, docet Mela i, 5 : *Montes sunt alti, qui continenter et quasi de industria in ordinem expositi, ob numerum septem ob similitudinem*

Fratres vocantur. Sic cum veteres crediderint Euphratem et Tigrim eodem fonte nasci, ut vel patet, ex Lucan. ii, 256, inde *fratres*, vel quod plus est, gemini dicti sunt. Mamert. in Genethl., c. 6 : *Vobis Rhenus, et Ister, et Nilus, et cum gemino Tigris Euphrate*. Livineius *geminum Euphratem* interpretatur, qui in Mesopotamia se cum Tigride conjungit, cæteroquin seorsim fluens : verum *geminus* dicitur, quia iisdem fontibus oritur ; unde Eumenius etiam, c. 21, Orat. quam pro scholis res.aur. habuit, eos *gemina Persidos flumina* appellat. Quanquam si quis hic inalit *duos fluvios* intelligere, quomodo Virgil. *geminos serpentes*, Manil. *geminum cardinem mundi*, et alia dixerunt, nullus repugnaturus sim. Apud Stephanum præterea Euphrates et Araxes ἀδελφοί dicuntur, quia ex eodem Armeniæ monte oriuntur ; et auctor M. Etymol. ἀδελφά exponit ὅμοια ; eoque sensu vox hæc usurpatur Ælian. ii, Var. xvii et xii, 1. Lucianus præterea lib. de Calum. assentationem facit ἀδελφήν calumniæ ; Petron. paupertatem *sororem bonæ mentis* ; Martialis *Iodices sorores* ; aliique plures ita loquuntur.

Qui est dictus. Hæc ita distinguo : *qui est dictus Herculius ? non dissimilis ab eo ; nec enim*... translata interrogationis nota. Maximianus autem frequenter in Paneg. et lapidibus vetustis vocatur *Herculius* ; inque nummis ejus cernitur Hercules, et *Virtuti Herculis*, uti videre licet apud Tristan. Spanhemium et alios.

Effoderentur assidue lumina Senatus. Virgilium suum expressit :

Postquam altos tetigit fluctus, et ad æquora venit,
Luminis effossi fluidum lavit inde cruorem.

Quanquam hic proprie, ille metaphorice loquatur ; plane ut Velleius, ii, 52 : *Collisa inter se duo Reip. capita, effossumque alterum Romani imperii lumen*, i. e. Pompeius : ubi ta nen Sciopp us mallet *effusum*. Ut autem Lactantius præcipuos Senatores vocat *lumina Senatus* : ita etiam Prud. Hymno 2 περὶ Στεφ.

Ipsa et senatus lumina,
Quondam Luperci et Flamines,
Apostolorum et martyrum
Exosculantur lumina.

Cicero ii Catil., *Lumina civitatis*, et Vell. ii, 99, Tiberium *alterum Reip. lumen* appellant. Latino Pacato, c. 16 Paneg. bini Theodosii vocantur *spes oculique Reipubl.*, et cap. 46 præcipui senatores, *senatus lumina* ; et Agamemnon Euripidi, Hec. 841, μέγιστον Ἕλλησι φάος : Amphiaraus Adrasto apud Pind., Ol. vi, p. 47. στρατειᾶς ὀφθαλμὸς ἐμᾶς. Quin et ad res alias hæc loqueudi forma translata est. Athenæ et Sparta Justino lib. v sunt *duo Græciæ oculi* ; et Plutarchus in Polit. narrat., Athenas a Lacedæmoniis deletas non esse, ne Græcia fieret ἑτερόφθαλμος : quo pertinet Philonem Judæum alicubi scribere, Athenas id in Græcia esse, quod pupilla in oculo, et in anima ratio. Ciceroni, lib. iii de Nat. Deor. Corinthus et Carthago *duo oculi oræ maritimæ*, Pindaro, ii Olymp. Agrigentum Σικιλίας ὀφθαλμός, et denique villa Catullo carm. 27 *dicitur peninsularum insularumque ocellus*.

Ad corrumpendos mores. Recte vidit, quemadmodum ex versione patet, doctissimus Burnetus, scribi debere *mares* ; et hoc etiam tradit Victor : *Quippe Herculius libidine tanta agebatur, ut ne ab obsidum corporibus quidem animi labem comprimeret*.

Felicitatem imperii. Quæ in variis impp. nummis occurrit ; ut *temporum felicitas*, et *perpetua Felic. sæculi* in nummis Com nodi, Getæ, Caracallæ et aliorum : imo in uno pereleganter *felicia temporum*. Felicem igitur ita se et *beatum*, uti præcedit, fore putabat. Et sic *beatitudo publica*, occurrit infra, c. 48, *beatissimi Cæsares* apud Nazar., cap. 1, et ult. Paneg. *beatissima victoria*, 32, *beatitudo urbis*, 33, et *beatissimum sæculum* apud Tac., c. 3 Agric. Qui ais ex locis patet, alio sensu τὸ *beatus* veteribus sumi, quam hodie fieri solet.

IN CAPUT IX.

Alter vero Maximianus. Nimirum Galerius ; ex quibus nominibus male duos Cæsares facit Jornandes : *Ob quæ Constantius, et Gelerius, ac Maximianus Cæsares assumuntur in regnum*.

Narseus, rex Persarum. Diocletianus ante Persas vel vicerat, vel illi pacem cum ipso fecerant ; nam Mamert. in Panegyr. quem Maximiano Herculio ante ipsius quinquennalia dixit, c. 7 ita loquitur : *Credo itidem, optimam illam fertilemque Syriam velut amplexu suo tegebat Euphrates, an equum Diocletiano sponte se dederent regna Persarum* ; rursus, c. 10 : *Hoc eodem modo rex ille Persarum, nunquam se ante dignatus hominem confiteri, fratri suo supplicat, totumque, si ingredi ille dignetur, regnum suum pandit* ; et ipsum Herculium ad Euphratem bella gessisse, haud dubie colligitur ex cap. 2. Unde et cap. 5 Genethl. : *Præterea Francos ad petendam pacem cum rege venientes, Parthumque vobis munerum miraculis blandientem* : de quibus muneribus etiam in alio Penegyrico loquit ii, cap. 10.

Avi sui Saporis. Si aliës sequimur. Sapor fuit atavus Narsei. Scilicet Sapori successit filius Hormisdates ; hunc exigui temporis regem quorum Vararanes, qui cum tribus annis regnasset, reliquit filium ejus dem nominis, annorum septem et decem regem : illum secutus est Vararanes tertius, cognomine Segansaa, qui a pater Vararanes gentem cam devicerat, uti videre licet apud Agathiam, lib. iv. Tertii Vararanis filium Eruditi Narsen fec unt, et ex eorum sententia proinde Sapor ejus atavus fuit. Sed tamen non narrat Agathias, Narsen Vararane tertio fuisse genitum, quamvis eum exceperit ; et si vera Lactantius scribit, Saporque Narsei avus fuit, potuit esse genitus Hormisdate, ipsique propter infantiam avunculus, posteaque filii ipsius prælati sunt. Narses autem noster regnasse ab Agathia ii effa annos septem menses quinque quod certe verum esse nullo modo potest, si jam regnum Probi tempore obtinuit. Vopiscus, c. 16 Vitæ ipsius ita loquitur : *Fertur etiam epistola illius, repudiatis donis, quæ rex Parthorum miserat, ad Narseum talis esse*. Casaubonus notat, hunc Narseum fuisse Armeniæ regulum, jussum a rege Persarum, vel Parthorum hæc ad Rom. Principem deferre munera, et mentionem de hoc facere Aur. Victorem in Diocletiano. Victori certe nullus alius Narseus in Dioclet. memoratur, quam hic noster, qui Persarum rex, et a Galerio Maximiniano victus fuit : unde satis patet superque, male virum doctissimum et tempora, et personas confundere, et male existimare, Narseum Vopisci laudari Victori in Diocletiano. Propterea ill m facit Armeniæ regulum, cum tamen mihi etiam rex Persarum videatur esse : sed confundi eum Vararane, qui Probi tempore regnabat, si vera monet Agathias. Nam si Narseus dona attulit ad imperatorem Rom. et ita legati munus obiit, non est verisimile, Probum ad ipsum præsentem epistolam daturum, nec posset dici *accepisse litteras*, nec *tertius esse et pacem fecisse* ; quæ omnia regi Persarum, vel Parthorum conveniunt. Forte Casaubonus ante oculos habuit, cum hæc scriberet, Narseum, quem Sapor, Narsetis nostri nepos, misit ad Constantium anno 357, uti legimus apud Amm. Marcel., xvii, 5, qui tamen non dicit, eum Armeniæ regulum fuisse. Eutropius præterea Narseum, vel Narseten, vel Narsen nostrum facit *avum Ormisdæ et Saporis* ; quod etiam examinandum est. Agathias narrat post Narseum regnasse filium ipsius Hormisdatem (qui avi forte nomen gessit) per totidem annos et menses, illumque excepisse Saporem, filium posthumum, qui imperav t per annos lxx, et post mortem ipsius imperium ad fratrem ipsius Artaxerxem esse delatum ; quæ certe ego vix capere possum. Nam si uxorem gravidam Hormisdates reliquit, isque regnare debebat, quem regina esset paritura, uti Agathias memoriæ mandat, clarum utique est, nec plures Hormisdati filios, nec Sapori fratrem fuisse. Unde et Persæ cum ex Magis intellexissent, reginam filiam et successorem daturam, citarin utero ejus imposuerunt, et infantem necdum natum regem crearunt, qui fuit Sapor nepos nostri Narsei. Et rat certe Chevræus lib. iv, c. 3, cum Sapori, qui Valerianum vicit, et indignis adeo habuit modis, tam felix omen futuræ potentiæ nondum nato accidisse scribit. Nam illud nequaquam huic Sapori tribui potest : verum ad alterum, qui vixit tempore Juliani, referendum est, uti vel Agathiam inspicienti patebit. Narratio hæc, ut dixi, fratrem plane excludit; et conciliari hæc non possunt, nisi dicamus, Artaxerxem concubina Hormisdati genitum, et plusquam septuagenarium regno admotum esse. Sed mirum est, Sapori fratrem successisse, cum *duos filios regis,* id est, Saporis nostri, memoret Amm. Marcell. xxv, 1. Quod si ponamus, illos diem suum obiisse, nec Saporem posteros reliquisse, ita Artaxerxes frater ejus, licet ex concubina genitus, succedere potuit, quia filii ex concubinis geniti a regno erant remoti, quamdiu justi et legitimi liberi superessent, uti ex Herodoto notavit Brissonius. Claris certe verbis testatur Agathias, post Saporem per quatuor annos fratrem ipsius Artaxerxem regnasse, et hunc exceptum fuisse a filio itidem Sapore dicto. Atque hinc etiam patere arbitror, *Hormisdam,* qui ad Constantinum Magnum fugit, non potuisse esse Saporis longævi fratrem; id quod tamen plerique Eruditi, et Henr. quoque Valesius ad Amm. xvi. 18. tradit, qui eum *Regalem* dicit fuisse, ut Zozimus et Suidas *Regis filium :* sed nemo eum Hormisdate, Narsei filio, progenitum scribit. Scilicet Narses quatuor filios habuit, *Adanarsen, Hormisdam, anonymum* et *Hormisdatem.* Adanarses ob crudelitatem et sævum dictum (quod tamen aliud est ab eo, quod Hormisdas projecit) regno excidit; Hormisdas propter jactatam Marsyæ historiam, mortuo patre Narsete, et pulso Adanarse, in vincula conjectus est, quibus arte uxoris liberatus ad Constantinum Magnum aufugit : Hormisdati traditur regnum, qui alterum fratrem anonymum excæcavit, uti videre apud Zonaram licet. Videntur tamen Veteres censuisse, Hormisdam fratrem fuisse Saporis, nepotem Narsei, uti vel ex verbis Eutropii patet. Nec certe omnia in tanta historiæ caligine liquido satis elucidari possunt. Restant duo illustranda, cum quo nimirum bellum intestinum gesserit Narseus, et num a Galerio captus sit. De priori re ita loquitur Mamert. c. 17 Genethl. : *Ipsos Persas, ipsumque regem, ascitis Saccis, et Russis, et Gellis* (vel *Gethis*) *petit frater Ormies; nec respicit vel pro majestate quasi regem, vel pro pietate quasi fratrem.* Livineius scribit *Ormisaе,* et Eutropium notat Narseum facere avum Saporis et Ormisdæ. Sed si tempora inspicimus, patebit facile, Eutropii Hormisdam locum hic habere non posse. Dictus est Panegyricus, uti ex initio ejus patet, ante celebrata quinquennalia Herculii, quæ inciderunt in annum 288 vel sequentem. Nam si Narses per septem tantum annos et aliquot menses regnavit, ut Agathias memorat, et obiit anno 302, uti Eruditi censent, sequitur necessario, eum incœpisse regnare anno 295, ante quem Panegyricus ille pronuntiatus est; et deinde hoc bellum intestinum Narsetis avum, vel patrem exercuisse. Alterum, Narseum nimirum cum uxore, liberis, sororibusque a Galerio captum fuisse, notant Eruditi; et auctoresque sententiæ suæ faciunt Eusebium in Chronicis, et Eutropium. Sed Eusebius scribit, Galerium, *superato Narseo, et uxoribus, ac liberis, sororibusque ejus captis, a Diocletiano ingenti honore susceptum esse;* et Eutropius, Galerium, *pulso Narseo, castra ejus diripuisse, uxores, soceros, liberos cepisse:* unde certe evinci nullo modo potest, Narsea in potestatem Galerii venisse. Narrat id tamen Victor Aurelius, quem miror viris doctis prætеritum esse : *Denique ibidem Narseum regem in ditionem subegit, simul liberos, conjugesque, et aulam regiam.* Idemque tradit etiam Chevræus lib. iv, c. 3 Hist. Mundi. Verum uterque erravit; et ex aliis omnibus historicis, necnon Lactantio nostro, clare patet, regem fuga elapsum esse.

Fugatoque Narseo. Primo tamen victus fuit Galerius, uti ex Victore, Rufo, necnon Hieronymo constat, quorum hic ita loquitur *Galerius Maximianus victus a Narseo ante carpentum Diocletiani purpuratus cucurrit;* eamque ad historiam respicit Amm. Marcell. iv, 41, ubi Galerius etiam non *Cæsar,* verum *purpuratus* vocatur; quia scilicet illi qui creabantur Cæsares, purpura induebantur, uti vel patet ex c. 19 Lactantii, et Amm. Marcell. lib. xv unde Julianus apud eumdem xx, 5, milites alloquens Cæsar, sese *purpuratum* nominat. Sed si audimus P. Diac. x Hist. Misc. primum prælium Galerius secundum habuit; inde inter Callinicum et Carras congressus, pulsus est, posteaque feliciter in Armenia minore pugnavit, Narseumque vicit : si vero Hugon. Floriacensem, Galerius, cum duobus jam prœliis adversus Narseum conflixisset, tertio congressu victus, amissis copiis, ad Diocletianum refugit, postea meliori fortuna usus. Cæterum notatu valde dignum est, Diocletianum tam arrogantem et tam immanem fuisse, ut Cæsarem vel passus sit, vel jusserit ante carpentum purpuratum, id est, potestatis suæ insignibus ornatum currere. Similia exempla historiæ conservant. Eutropius vii, 5, narrat, *multos reges ex regnis suis venisse, ut Augusto obsequerentur; et habitu Romano, togatos scilicet, ad vehiculum, vel equum ipsius cucurrisse* : sed hoc voluntatis erat, alterum pœna habebatur. Galba apud Suet. c. 6. ad *essedum Caii imperatoris per xx passuum millia cucurrit,* qui tamen erat nobili et veteri prosapia oriundus. Et hujus arrogantiæ exemplum etiam præbet Epictetus episcopus, in Libello Precum, quem Faustinus et Marcellinus imperatoribus Valentiniano, Theodosio et Arcadio obtulerunt. *Denique cum pro fidei integritate persistit* (Rufinianus) *hunc Epictetus, atrox ille et dirus de Centumcellis episcopus, ante rhedam suam currere coegit; et cum diu currit, sic in via, ruptis vitalibus, sanguinem fundens expiravit.* Nec cuiquam mirum videri debet, Galerium paruisse Diocletiano; nam Cæsares in Augustorum plane erant potestate. Hi illis annonas, notarios, vehiculationem præbebant, officiaque domus Cæsarum ex eorum nutu pendebant, uti ex variis Amiani Marcell. locis patet, apud quem propterea Julian. Cæs. sese vocat ipse *apparitorem fidum.*

Cum præda ingenti. Eleganter de hac, atque aliorum imperatorum et Cæsarum victoriis loquitur Eumenius in Oratione, quam pro restaurandis scholis habuit, cap. 21 : « Ibi fortissimorum Imperatorum pulcherrimæ res gestæ per diversa regionum argumenta recolantur; dum calentibus semperque venientibus victoriarum nuntiis, revisuntur gemina Persidos flumina, et Libyæ arva sitientia, et connexa Rheni cornua, et Nili ora multifida; dumque sibi ad hæc singula intuentium animus affingit, aut sub tua, Diocletiane Auguste, clementia, Ægyptium furore posito quiescentem, aut te, Maximiane invicte, perculsa Maurorum agmina fulminantem, aut sub dextra tua, Domine Constanti, Bataviam Britanniamque squalidum caput sylvis et fluctibus exerentem, aut te, Maximiane Cæsar, Persicos arcus pharetrasque calcantem. » Præda autem ingenti potitum fuisse Galerium, alii etiam omnes testantur; et notandum imprimis, auctorem Συναγωγῆς ἱστοριῶν a Scaligero editum, p. 395, narrare, eum reversum fuisse βαλάντια πεπληρωμένα ἔχοντα λίθων τιμίων καὶ μαργαρίτων. Diocletianum tunc primum veste et calceis λίθοις ἐτιμίοις καὶ χρυσῷ κεκοσμημένοις usum esse, et eumdem jussisse, ut spreto salutandi veteri more, adoraretur. Sed Eusebius initium hujus moris refert ad annum 295 victum vero Narsetem ad annum 303. Quin et ante Diocletianum Carinus *gemmas in calceis habuit, gemmata fibula usus est, et balteo sæpe gemmato,* teste Vopisco c. 17. Imo ante Carinum Aurelianus, *gemmis et aurata omni veste, quod adhuc fere incognitum Romanis moribus videbatur, usus est,* quemadmodum in Victoris Epitome legimus; adeo ut hujus moris auctor non fuerit Diocletianus, qui tamen gemmas augere et omnibus vestibus addere potuit. Tristanus t. iii, p. 325, ex Eutropio notat, Diocletianum tibiarum tegumenta ex serico et purpura habuisse, *se chaussant même de bas de soie et de pourpre, ce dit*

Europe; id quod tamen apud eum adhuc quæro.

Manubiis ingentibus. Præterea Persæ compulsi sunt Romanis cedere Mesopotamia et Transtigritanis regionibus quinque, teste Rufo Festo; quas, mortuo Juliano, Jovianus illis reddere coactus est, uti apud Ammianum xxv, 7, ubi etiam Maxim. Galerii mentio fit, legimus. Notatu insuper dignum est eumdem xxiii, 5, narrare Juliano adversus Persas bellanti oblatum fuisse leonem mortuum, non secus ac ante Maximiano nostro oblati erant leo et aper; ubi quid portenderint hæc omina, disputat, Juliano scilicet mortem, Galerio victoriam.

Diocletiano timorem. Qui procul dubio noluit regiones novas adjicere Romano imperio, ne insolentior fieret Galerius. Victor : *Adeo victor, ut ni Valerius, cujus nutu omnia gerebantur, incertum qua causa, abnuisset, Romani fasces in provinciam novam ferrentur.* Causam, quam se nescire fatetur Victor, ex Lactantio nostro discere licet. Sed tamen mirum est Victorem talia tradere, cum ex iis, quæ d hoc ipsum caput notavi, patet Narsem Mesopotamia, et quinque gentium trans Tigridem constitutarum ditione cessisse. Quæ ut conciliarentur, statuendum est Romanos nihil recepisse, nisi quod Trajanus in potestatem redegerat. Illius sub imperio *limes Orientalis super ripas Tigridis est institutus;* et sub Diocletiano *Mesopotamia est restituta,* et *super ripam Tigridis limes est reformatus ita, ut quinque gentium trans constitutarum ditionem Romani assequerentur : quæ conditio fœderis in tempus Divalis Constantii reservata duravit,* teste Rufo Festo. Nam *Transtigritanæ regiones* ita vocantur respectu Persarum, non respectu Romanorum, quemadmodum docuit Valesius ad lib. xxv Ammiani Marcellini.

Ex Marte se procreatum dici. Voluit scilicet imitari Diocletianum et Maximianum, qui non tantum dicebantur *Jovius* et *Herculius,* sed qui etiam Jovem et Herculem patres suos faciebant. Hinc Mamert., c. 1 Paneg., *Herculem* appellat principem generis Maximiani; et mox ita loquitur : *Quæm similitudo ipsa stirpis tuæ, ac vis tacita naturæ ad honorandum natalem Romæ diem tam liberalem facit.* Idem Geneth., c. 2 : *Siquidem vos diis esse genitos, et nominibus quidem vestris, sed multo magis virtutibus, approbatis;* c. 3 : *Deinde præcipue vestri parentes, qui vobis et nomina (Jovii et Herculii) et imperia tribuerunt, perpetuis maximorum operum actionibus occupantur;* et mox *Jupiter* vocatur *Diocletiani auctæ deus,* et ipse cum Hercule, *parentes* ab auct. incertus Pan. Herc. et Const. dicti, c. 8, non aliter de illo loquitur : *Hic est qui nomen quod accepit a Deo principe generis sui dedit vobis; qui se progeniem esse Herculis, non adulationibus fabulosis, sed æquatis virtutibus comprobavit.* Sed miror hanc Diocletiani et Maximiani arrogantiam non carpere Lactantium, cum eamdem in Galerio reprehendat.

Romulam matrem. Ita etiam Galerii Maximiani matrem appellat auctor Epitomes Aurelii Victoris, additque, eum insolenter *affirmare eausum fuisse matrem, more Olympiadis, Alex. Magni creatricis, compressam dracone semet concepisse;* quod licet multum a Lactantii narratione abeat, æque tamen hominis arrogantiam arguit. Nomen autem hoc etiam aliis mulieribus datum est; et PETRONIA ROMULA occurrit in Insc. apud Reines. Nonnunquam ea vox est adjectiva, occurrantque *Romulæ gens* apud Horat., *Romula sceptra* apud Prudent., et *Romula vox* apud Grammat. vet. in Catalectis Pithœi. In principio autem capitis mulier hæc dicitur fuisse *Transdanuviana,* et confugisse in *Daciam novam.* Et primo observanda orthographia in voce *Transdanuviana,* cum fluvius ille cæteroquin fere *Danubius* scribatur. Sed similiter apud in nummo Trajani apud Trist. 1, p. 395, DANVVIVS occurrit, non secus ac in inscriptione 3, CCCCXLVIII, apud Gruterum. Deinde nonnulla de *Dacia Nova* monenda sunt. Memorat etiam illa auctori Excerpt. Valesii : *Licinius itaque,* ex NOVA DACIA *vilioris originis, a*

Galerio factus imperator; estque Dacia Aureliani, uti recte docet Baluzius; et puto hanc ante oculos habuisse auctorem Expos. totius mundi a Gothofredo editum, cap. 6, ubi scribit, *Dacas habitasse ab ea parte Danubii, ubi Pannonia et Thracia sunt.* Epitome Victoris, quam P. Diaconus sequitur, narrat Armentarium *ortum Dacia Ripensi, ibique sepultum, locumque ab eo Romulianum ex vocabulo Romulæ matris appellatum esse.* Superioris sæculi eruditi Daciam Transdanuvianam diviserunt in *Mediterraneam, Ripensem et Alpestrem;* quæ distinctio, si vera, sequitur Armentarium natum esse antequam mater ejus in Daciam Novam, vel Cisdanuvianam migraret. Sed neminem ex Veteribus adhuc inveni, qui *Daciæ Alpestris* mentionem faciat. *Ripensis et Mediterranea* memorantur : verum illæ fuerunt ab hac parte Danuvii, et quidem in Mœsia et Dardania, qua de re pluribus ago ad c. 35. Hæ sunt duæ Daciæ, quas recenset Rufus Festus in Breviario : *Trajanus Dacos sub rege Decebalo vicit, et Daciam trans Danubium in solo Barbariæ provinciam fecit, quæ in circuitu habuit decies centena millia passuum. Sed Gallieno imperatore amissa est, et per Aurelianum translatis exinde Romanis duæ Daciæ in regionibus Mœsiæ ac Dardaniæ factæ sunt.* Una harum Daciarum vocata est *Ripensis,* quia Danuvio proxima; altera vero *Mediterranea,* quia inde remota et interior erat. *Daciam Novam* autem Istro proximam fuisse patet ex Eutropio, lib. II, c. 9 : *Abductosque Romanos ex urbibus et agris Daciæ in media Mœsia collocavit; et est in parte dextera, Danubio in mare fluente, cum ante fuerit in læva.* P. Diaconus, lib. x Hist. Misc. hoc sequitur, additque : *In Mœsia media collocavit, appellavitque eam Daciam, quæ nunc duas Mœsias dividit;* quæ verba male Eutropio tribuit vir illustris. Hausta hæc autem sunt ex Vopisco, c. 39 Aureliani, apud illustris Salmasius *Daciam Ripensem* et *Mediterraneam* recte interpretatur. Nec obstare debet Aurelianum a Vopisco, Eutropio, IX, 9, Jornande, aliisque, dici *ortum esse Dacia Ripensi;* quia inde videtur sequi, jam ante ipsius imperium Daciam, ejusve partem, *Ripensem* fuisse appellatam. Nam anachronismum committunt auctores illi; et quæ, nascente Aureliano, *Mœsia* dicebatur, postea appellata est *Dacia Ripensis;* indeque factum est veterem quemdam auctorem tradidisse eum *Mœsia esse genitum :* quod miror non intellexisse Vopiscum, cum idem dicant, qui narrant, Aurelianum natum esse in *Dacia Ripensi,* et alii, qui tradunt, eumdem genitum esse in *Mœsia.*

Exuto socero. Notanda est loquendi ratio elegans admodum. Nam *exuere* aliquis, verbi causa, socerum dicitur, qui soceri animum abjicit, seseque ut socerum adversus generum non gerit. Ita *exuere hominem* dixerunt Statius et Quintilianus, id est, ab humana natura quasi desciscere, ferum et barbarum fieri : *exuere fœminam,* Seneca, ep. 95; *exuere principem, et induere rabidum tyrannum,* Haymo VLI, 2 Histor. Eccles.; *exuere patrem,* Val. Maximus; ἐκδῦναι τὸν ἄνθρωπον, Hesychius in Vitis Philos.; *et induere prœditorem et hostem,* Tacitus, VI Annal. Sed ita hoc loco non potest exponi loquendi ea ratio, quia Galerius non fuit socer, verum gener Diocletiani. Quare *exuto socero* nihil aliud est quam Diocletiano ab imperio remoto, vel postquam Diocletianus, purpura exuta, se imperio abdicavit, et Galerius imperator, vel Augustus factus est, tunc demum furere cœpit. Notum est, purpuram, vel paludamentum purpureum fuisse insigne tam Cæsareæ quam Augustæ dignitatis : hinc qui creabantur Cæsares, vel Augusti, dicebantur simpliciter *indui;* qui vero imperium deponebant, vel deponere cogebantur, *exui.* Lactantius, cap. 18 : *Et eum misi ad Maximianum, ut ab eo induatur;* et cap. 29 : *Exutus ille præcipitem se de tribunali dedit.* Et ita optime cohærebunt sequentia, in quibus Diocletianum, utpote privatum, *Dioclem* nominat; quæque ita scribenda judico : *Diocles* (*ita enim ante imperium vocabatur*) *cum rem publicam.....*

CAPUT X.

Cum ageret in partibus Orientis. In notitia dignitatum ipso initio legitur : *Notitia in partibus Orientis;* ubi omnes Orientalis imperii provinciae designantur, cujus imperii *Oriens* pars fuit. Ut autem Lactantius, ita etiam locutus est Treb. Pollio in Gallienis ex emendatione Salmasii : *Cum Odenatus in Orientis partibus cepisset imperium;* et alibi : *Ergo Macrianus, undique collectis exercitibus, Orientis partes petiit;* nam his in locis Orientalis imperii pars, *Oriens* dicta, intelligi debet, quia eum, vel illius Orientis partem, in potestatem redegit Odenatus, ipsoque mortuo tenuit Zenobia. Et procaldubio ea loquendi ratio inde exorta, quia primo Orientale imperium erat pars imperii Romani : deinde quia quot Caesares, vel imperatores erant, in tot partes illud erat divisum; et tertio, quia Oriens etiam pars totius corporis erat. Infra c. 59 : *Venerat post obitum Maximiani ad eum Valeria cum se putaret in partibus ejus tutius moraturam;* id est, in parte imperii Rom. quam regebat. Hoc autem capite *Bithyniam,* et cap. 9, *Armeniam* ab *Oriente* distinguit : unde dignum est ut inquiratur quae provinciae eo nomine venerint. Viri eruditi obscurum judicant quae Asiae pars ita vocetur, putantque illam versus Parthiam, Assyriam et Armeniam Minorem sitam fuisse. Ego existimo, si non omnes, at saltem plerasque regiones, eo nomine fuisse comprehensas, quae in Notitia imperii recensentur ; ut sunt *Palaestina, Phoenice, Syria, Cilicia, Cyprus, Arabia, Isauria, Palaestina Salutaris, Palaestina secunda, Phoenice Libani, Euphratensis, Syria Salutaris, Osrhoena, Mesopotamia, Silicia secunda.* Ammian. Marcell., xv, 8, describit Orientales provincias, incipitque a Cilicia et Isauria : inde narrat has regiones *ab orbe Eoo monte Amano separari et Orientis limitem in longum portentum et rectum ab Euphratis fluminis ripis ad usque supercilia Nili porrigi , laeva Saracenis conterminantem gentibus ;* limitique Orientis includit Commagenam, Euphratensem, Syriam, Phoeniciam, Palaestinam, Arabiam et Cyprum : adeo ut in eo nomine ipsi non veniat Cilicia, Isauria et Mesopotamia. Meminit etiam *Orientis* Basilius, lib. i de Vita Theclae : πόλις δὲ αὐτὴ Λυκαονίας, τῆς μὲν ἑώας οὐ πολὺ ἀπέχουσα; *Urbs ea* (Iconium) *est Lycaoniae, ab Oriente non procul distans, Asiam tamen versus magis accedens, et in ipso Pisidarum Phrygumque regionis aditu sita* : ubi per *Asiam* intelligenda est Asia Minor ad Hellespontum sita, cui Iconium propior erat, quam Orienti ultra Amanum montem remoto. Sed cum Diocletianus cap. 9 dicatur in *Oriente substitisse,* videndum est ubi aestatem egerit. Aurel. Victor scribit *Jovium Alexandriam profectum esse, provincia credita Maximiano Caesari ;* ibique tunc temporis Achilleum, qui purpuram sumpserat, vicit, ut idem Victor, Eutropius et Suidas in verb. Διοκλετιανὸς memoriae mandant. Lactantius, c. 36, tradit Maximianum ab *Oriente* cursus disposuisse, moxque cum factum esse, *qualis in Syria et Aegypto fuit,* unde nimirum venerat; adeo ut per *Orientem,* in quo substitit Diocletianus, videatur debere intelligi Aegyptus, cujus ad fluvium Nilum Orientis limes sese extendit, teste Amm. Marcellino. Valesius, ad ejusdem xiv, 7, miratur Aegyptum inter provincias Orientis recenseri, cum ex Notitia et innumeris auctoribus constet Aegyptum ab Orientis provinciis sejunctam esse : sed mirari tandem se desiisse addit, postquam didicit Aegyptum et Mesopotamiam olim sub dispositione comitis Orientis fuisse; idque docere veterem Inscriptionem, quae sic habet : M. MAECIO. MEMMIO. FVRIO. BALBVRIO. CAECILIANO. PLACIDO. C. V. COMITI. ORIENTIS. AEGYPTI. ET. MESOPOTAMIAE. Certe *Aegyptum ab Oriente* separant Vopiscus in Probo, cap. 9 ; Libellus Precum a Faustino oblatus Valentiniano, etc., p. 20; Haymo viii, 2 Histor. Eccles.; et proinde nondum video illam Orientis nomine fuisse comprehensam; quod si verum foret, certe in inscriptione laudata etiam ab eo non distinguetur. Aliud igitur *Provinciae orientales,* aliud *Oriens* et *Provinciae Orientis ;* duplici sensu possunt usurpari, nempe vel pro provinciis in genere versus Ortum remotis, vel pro provinciis, quae *Oriente* proprie dicto comprehendebantur. Ammianus recensere se dicit *orientales provincias,* quo certe nomine Mesopotamia et Aegyptus fuerunt comprehensae, licet illae distinctae sint ab *Oriente,* vel *Orientis* stricte sumpti *provinciis;* quod diligenter notandum est. Quia autem Lactantius diserte scribit Diocletianum *substitisse in Oriente, et aucupatum esse rerum exitus,* potuit primo Antiochiae (quae Orientis caput erat) substitisse, et postea Aegyptum petiisse; vel potius tempora distinguenda sunt, quia utrumque bello adversus Persas accidere potuit, sed non eodem anno. Nam contra Persas bellatum est annis 294, 295, 296 et 297, et Achilleus victus est, uti eruditi censent, anno 295, adeo ut anno ultimo, quo victus est victor anno Narses, Diocletianus in Oriente, et quidem Antiochiae, videatur substitisse.

Scrutator rerum futurarum. Sic Diocletianus Aurelio Victori vocatur *imminentium scrutator ;* cumque propterea victimarum exta consuleret, et ita gentilium diligenter deos coleret, hinc puto Zozimum ii, 10, narrare eum noluisse resumere purpuram, quia prospiciebat perturbationem rerum : οἶα καὶ τῇ περὶ τὸ θεῖον ἀεὶ προσκείμενος, *ut erat vir religionis observantissimus;* id est, diligens deorum cultor et consultor. Atque ita Ammianus Marcell., xxii, 1, narrat, Julianum *exta rimatum esse assidue, avesque suspicientem praescire festinasse accidentium finem.*

Sacra turbata sunt. Id est, sacrificia rite fieri non potuerunt; malum omen illis objectum est. Virgil. iii Aen. 407:

Ne qua inter sanctos ignes in honore deorum
Hostilis facies occurrat, et omina turbet.

Magister ille aruspicum Tagis. Certe ita appellat primum aruspicum, quia Tages artem eam dicitur invenisse, teste Cicerone et aliis ; atque adeo *aruspicinam scripsisse,* si fides habenda Fulgentio, in Expos. Serm. Antiqui: quomodo sui temporis medicos, cap. 33, *Chironem* et *Melampum*, antiquis nominibus designat. Nec insolitum est collegiorum sacrorum praesides *magistros* vocare. In inscript. occurrit *Magister collegii fratrum Arvalium, ordinis sacerdotum dei Solis invicti Mithrae,* et *Saliorum.* Quin et ipse *Magister aruspicum* in lapide apud Reines., v. 13, memoratur :

L. FONTEIVS FLAVIANVS
HARVSPEX. AVGG. CC.
PONTIFEX. DICTATOR
ALBAN. MAG. PVBLICVS
HARVSPICVM. ORDINI
HARVSPICVM. EX. D D.

Nescio an Graeci hanc vocem nonnunquam per Διδάσκαλος expresserint. Certe apud Euseb., lib. vii, c. 10 Hist. Eccles., celebratur ὁ διδάσκαλος καὶ τῶν ἐπ' Αἰγύπτου μάγων ἀρχιεννάγωγος, qui Valerianum ad persequendos Christianos incitavit, et per quem nequaquam Macrianum, qui postea imperium arripuit, intelligi cum Valesio posse existimo. Nam is dicitur fuisse καθολικός, id est *Rationalis imperatoris* et αὐτοῖς, vel *ipsis,* nempe Valeriano et archisynagogo, egregiam gratiam retulisse: saltem nisi alia praecesserint, uti haec continuo ordine non narrantur; id quod etiam Valesii sententiae non favet. Sed istius est intelligere cum praestantissimo Francesco Spanhemio Judaeum, quia archisynagogorum et magistrorum nomen illis proprium erat.

Profani homines. Christiani, quos propterea sacris suis arcebant Gentiles, quosque *atheos, impios et irreligiosos* vocabant, quia deorum cultum damnabant, uti ex Luciani Pseudomante et Arnobio A et Cybele *dea montium* vocatur Moecenati apud Diomedem, lib. III, p. 514 :

constat.

Milites cogi ad nefanda sacrificia præcepit. Recte notat Baluzius Eusebium VIII, 1, idem memoriæ mandare, qui etiam malorum, quæ hoc edictum secuta sunt, originem eleganter describit, quæque adjicere placet, ut unusquisque inde exemplum capiat. *Sensim ac moderate in nos cœpit animadvertere* (Deus), *orsa primum persecutione ab iis qui militabant. Cum vero sensu omni destituti de placando Deo ne cogitaremus quidem, quin potius, instar impiorum Quorumdam, res humanas nulla sollicitudine ac providentia gubernari rati, alia quotidie crimina aliis adjiceremus; cum pastores, spreta religionis regula, mutuis inter se contentionibus decertarent, nihil aliud quam jurgia, minas, æmulationes, odia ac mutuas inimicitias augere studentes, principatum quasi tyrannidem quamdam contentissime sibi vindicantes; tunc demum, juxta dictum Jeremiæ, obscuravit Dominus in ira sua filiam Sion, etc.* Et milites christianos militia motos fuisse, si sacrificare nollent, docet idem, c. 4, ubi notandum στρατοπεδάρχην, quicumque is fuerit, milites primo persecutum esse. Hic proculdubio id jussu Diocletiani fecit, si Lactantium sequimur; si vero Eusebium, Maximiani Galerii : nam l. VIII, p. 317, tradit Galerium diu ante reliquos imperatores, Christianos, qui in exercitu erant, et qui in palatio versabantur, persecutum, illumque miserandæ persecutionis auctorem fuisse. Ad sacrificia autem coacti sunt Christiani, quia nullum evidentibus signum erat deos colendi: unde et PIETAS in nummis cernitur cum instrumentis sacrificio adhiberi solitis, uti doceo ad Homeri apotheosin pag. 288, quod quia facere recusabant Christiani, athei audiebant. Arnob., lib. VI, extremo : *Quoniam satis, ut res tulit quam maniter fiant simulacra, monstratum est; de sacrificiis deinceps, de cædibus, atque immolationibus hostiarum, de mero, thure, deque aliis omnibus, quæ in parte ista censiunt, poscit ordo quam paucis, et sine ullis circumlocutionibus dicere. In hac enim consuestis parte invidies nobis tumultuosissimas concitare, appellare nos* ATHEOS, *et quod minime attribuamus diis, pœnas etiam capitis belluarum crudelitatibus irrogare.*

CAPUT XI.

Deorum montium cultrix. Quid hoc de loco sentiam, patebit ex iis quæ ad Columbum τὸν μακαρίτην misi, quæ ex viri eruditi notis commode huc transferri non potuerunt. Persuasus autem nunc sum lectionem hanc recte sese habere, et Galerii matrem *montes* ut deos coluisse; vel certe præcipue adorasse deos, quos in montibus, tanquam sedibus suis, versari putabant: quales *Monteses deos* in apographo Commodiani dici notavit etiam Rigaltius; quamvis præferat

Montes et Deos dicitis,

illudque vel positum est pro *Montenses*, quomodo in ins. 7, p. XLI Gruteri NEMORESIS DIANA est *Nemorensis*; vel ita ex more loquendi illius sæculi scribitur. Sic *dii montium* occurrunt apud vulgatum interpr. III Reg. XX, 23 : *Servi vero regis Syriæ dixerunt ei: Dii* MONTIUM *sunt dii eorum, ideo superaverunt nos: sed melius est ut pugnemus in campestribus.* Interpretes LXX singularem numerum servant: θεὸς ὀρέων θεὸς Ἰσραήλ, καὶ οὐ θεὸς κοιλάδων. Syri volunt significare deos, vel deum, quem Israelitæ adorabant, in montibus habitare, et dominari; quemadmodum canit Ovidius;

Dii sumus agrestes, et qui dominamur in altis
Montibus, imperium est in sua tecta Jovi.

Neque tantum *dii agrestes* vocari *montium* possunt, sed etiam illi qui in montibus colebantur, et alii qui in iis versari putabantur, ut Diana, quæ in montibus feras agitabat, *montivaga* propterea dicta. Quin

Ades, inquit, o Cybele, fera montium dea.

Galerii igitur mater *deos montium.* vel *deos montes* coluit; quod ultimum si quis amplecti mavult, me certe haud fiet invito. Erat enim illa Dacia oriunda, et forte Dacis parentibus genita, ibique educata; unde nihil mirum esse debet si eorum superstitionem secuta est. Nam constat Getas, sive Dacos, montem quemdam instar numinis coluisse. Strabo, lib. VII : παρὰ δὲ τοῖς Γέταις ὁ ἱερεὺς ὠνομάζετο θεός. καὶ τὸ ὄρος ὑπελείφθη ἱερόν, καὶ προσαγορεύουσιν οὕτως. *Apud Getas sacerdes dicitur deus, et mons sacer existimatur, atque ita appellatur;* et Statium conjuratum verticem celebrare censent eruditi, quia Daci bella gesturi in eo monte conveniebant, et jurejurando sese obstringebant: quamquam Strabonis mons ideo tantum sacer haberi potuerit, quia in eo sacerdos habitabat, qui θεός, exemplo a Zamolxi sumpto, vocabatur, et B quia ἀντρώδες illud χωρίον reliquis, rege et famulis exceptis, esset ἄβατον, uti apud eumdem legimus; quæ res exc udit Dacos sacramento se obstringentes; forteque vox ἱερόν verti debet *templum,* quomodo Max. Tyrius, diss. 38, scribit Libyæ incolis Atlantem montem habitum fuisse ἱερόν, καὶ θεὸν, καὶ ὅρκον, καὶ ἄγαλμα; id est, *templum, deum, jusjurandum et simulacrum.* Quicquid sit, vel *dii montes*, vel *dii montium* sunt intelligendi apud Lactantium. Dum autem hanc superstitionem ad animum revoco, facere non possum quin primo doleam humanum genus quod digestas quidem, sed tamen rudes et informes moles instar numinum venerari potuit, quodque eumdem honorem exhibuit informibus lapidibus et dealbatis stipitibus, columnisque, quæ nullam hominis præ se figuram ferebant. Propter argumenti similitudinem, quæ ea de re notavi, licet longiuscula, nec omnia nova sint, hic loco habeant occasione adjiciam, ut fœda et vesana superstitio omnium clarissime oculis pateat. LAPIDES igitur, vel SAXA a gentilibus honore divino cultos, id C est, unctos, coronatos, et adoratos fuisse, ex Arnobii lib. II constat : *Picturatas veternosis in arboribus tænias si quando conspexeram, lubricatum lapidem, et ex olivi unguine sordidatum, tanquam inesset vis præsens, adulabar, affabar, et beneficia poscebam nihil sentiente de trunco;* ubi videri possunt interpretes. Lucianus in Pseudomante notat Rutilianum, si quando λίθον ἀληλιμμένον ἢ ἐστεφανωμένον conspexisset, continuo in genua cecidisse, adorasse, vota fecisse, et prospera ab illo postulasse. Et puto vere notare eruditione præstantes viros, superstitiosos homines imitatos esse Jacobum lapidem unguento perfundentem in Bethel, Gen. XXVIII, qui tamen, teste Augustino, more idololatriæ lapidem non perfudit oleo, velut faciens illum deum, neque adoravit illum lapidem, neque illi sacrificavit. Certe Palæstinæ finitimi Arabes lapidem pro deo coluerunt. Max. Tyrius, Diss. 38 : Ἀράβιοι σέβουσι μὲν, ὅντινα δὲ οὐκ οἶδα· τὸ δὲ ἄγαλμα ὃ εἶδον λίθος ἦν τετράγωνος. Apud eosdem sanguine, quem D ex majoribus digitis, vel pollicibus fœdus percutientium eliciebant acuto silice, ungebantur septem lapides in medio positi, invocabanturque Bacchus et Urania, teste Herod. III, 8. Deum autem, quem lapidis forma colebant, Bacchus, ut puto, fuit alio nomine Δευσάρης dictus. Neque enim audiendus Suidas, qui illud mutat in θεὸς, id est, θεὸς Ἄρης, uti observatum illustri Bocharto : sed tamen ille recte simulacrum ejus describit : *Simulacrum autem est lapis niger quadratus,* ἀτύπωτος, *nullam figuram habens, altus quatuor, latus pedes duos, aureæ basi impositus.* Sic Tertullianо in Apol. Arabiæ deus dicitur esse *Dysares;* et apud Hesychium legimus Δουσάρην τὸν Διόνυσον, Ναβαταῖοι: quin et Stephanus scribit, Δουσάρη scopulum, et κορυφὴν ὑψηλοτάτην esse Arabiæ, nomenque habere ἀπὸ τοῦ Δουσάρου, qui deus ab Arabibus colebatur. Clarissimus Vossius, VI, 39 Idol. Gentium, putat, lapidem τετράγωνον Max. Tyrio laudatum fuisse loci excelsi verticem, vel cacumen, quod pro numine Arabes coluerunt; quia Stephanus σκότελον καὶ κορυφήν vocat, et mox addit eumdem, vel Hermolaum, clare narrare Δυσάρην esse dictum jugum, sive altissimum Arabiæ locum, proque numine habitum ab Arabibus pariter ac Dacharenis: in quibus notandis humani aliquid patitur vir doctissimus. Nam Stephanus tantum narrat, cacumen, vel scopulum Δουσάρη, nomen habere a deo Dysare, ejusque simulacrum, non montem, verum lapidem quadratum fuisse, ex Suida edocti sumus. Et de hoc Arabum numine videtur explicandus esse Porphyrius, lib. II de Abstin.: Δουμάτιοι δὲ τῆς Ἀραβίας κατ᾽ ἔτος ἕκαστον ἔθυον παῖδα ὃν ὑπὸ βωμὸν ἔθαπτον ᾧ χρῶνται ὡς ξοάνῳ. Dumatii quoque, Arabiæ populi, puerum quotannis sacrificabant, quem sub ara sepeliebant, qua simulacri loco utebantur; nam cum Arabum Deus lapis fuerit quadratus, testibus M. Tyrio et Suida, cum ea forma plurimæ aræ sint, cumque ara illa loco simulacri fuerit Arabibus, nihil certe causæ video cur non ita Porphyrius explicari possit. Hæc autem superstitio videtur etiam ad Saracenos transiisse, licet lapis, quem adorabant, habuerit lineamenta capitis, si quis accuratius illum inspiceret, teste Euthymio Zygabeno in Panoplia a Sylburgio edita. Quin imo et hodie Mahumedani in parvo templo, quod ab Adamo fabulantur esse conditum, postquam pulsus fuit paradiso, et in quo Abrahamus, Ismael et Mahomet preces suas, si eos sequimur, fecerunt, colunt et osculantur lapidem *Al-hajar Al-Aswad*, quem vocant *Brachtan*, cumque ex paradiso Gabrielem ad Abrahamum nugantur portasse, initio nive et lacte candidiorem, atque ad instar solis lucidum fuisse: sed nigrum factum propter peccata hominum, uti docet Chevræus in Historia mundi. Et de hoc lapide nescio an loquatur Antoninus martyr in Itiner.: *In parte ipsius montis habent Sarraceni idolum suum positum marmoreum, quod est candidum sicut nix; ibi permanet sacerdos indutus dalmatica et pallio lineo. Quando autem venit tempus festivitatis eorum, percurrente luna, antequam sacerdos ingrediatur ad diem festum illorum, incipit marmor illud mutare colorem; et dum adorant idolum, fit marmor illud nigrum sicut pix; completoque tempore festivitatis, revertitur in pristinum colorem, unde et valde admirati sumus;* prout illa verba ab aliis laudantur. Atque ut Arabes, vel Ismaelitæ, patriarchas male imitati sunt: ita Phœnices lapides consecrarunt, quos *Bætulia*, vel *Bætulos*, teste Damascio apud Photium, vocarunt; idemque nomen Græci dederunt lapidi, quem Rhea loco Jovis fingitur Saturno dedisse devorandum, quemadmodum ex Hesychio, Prisciano et aliis, docuerunt Seldenus, Vossius, Bochartus, Salmasius et Reinesius: quam ad historiam respiciens Lycophron in Cassandra, p. 70, Jovem appellat δίσκον μέγιστον, *lapidem maximum*; ut enim notat Tretzes, Δίσκον δὲ τὸν Δία λέγει διὰ τὸν λίθον τὸν ἀντὶ Διὸς ὑπὸ Ῥέας σπαργανωθέντα καὶ ὑπὸ Κρόνου καταποθέντα. Præterea *divi lapides* occurrunt apud Lamprid. in Heliogab., c. 8: *Lapides, qui divi dicuntur, ex proprio templo Dianæ Laodicenæ ex adyto suo, in quo Orestes id posuerat, afferre voluit.* Salmasius arbitratur *divos lapides* fuisse in adyto Dianæ Laodicenæ; et Casaubonus notat *lapides divos* appellari famosissimum illud simulacrum ab Oreste et Iphigenia e Taurica ablatum. Rubenius II, Elect. 31, *divos fratres*, id est, Castores intelligit, quorum templum Domitianus instauravit: sed simul fatetur animum sibi pendere, ampliusque esse deliberandum; et post τὸ *templo* finit sensum, interseritque τὸ *simulacrum* post *Laodiceæ*. Certe hi lapides non potuerunt esse in adyto Dianæ, neque quicquam commune habent cum deæ istius statua, nec ad Castores queunt ullo modo referri; quia diserte *proprium templum* divis lapidibus tribuitur, et quia Lampridius agit de novis diis, quos Romam ex alii urbibus transferre voluit Heliogabalus. Hoc animadvertens Tristanus, t. II, p. 324, arbitratur *divos lapides* nullos alios esse quam triginta lapides, forma quadrangulari, qui Pharis in Achaia circa simulacrum Mercurii stabant, quibusque singulis nomina deorum erant imposita, teste Pausania, lib. VII. Sed quominus et hanc explicationem amplecti possim, facit *proprium templum*, in quo *divi lapides* fuerunt positi. Templum quidem Pausaniæ auctoritate his lapidibus tribuit Tristanus: verum apud eum nihil tale reperio, quippe qui tantum narrat, Pharis aquam esse Mercurio sacram, fonti nomen Hama, incolas piscibus parcere, quia eos sacros deo esse existimant, et prope ipsum illius signum lapides fere triginta positos esse quadrangula forma. Quid igitur? Puto hos lapides in Oriente et Syria quærendos esse; et, sive scribas *divos lapides*, sive cum illustri Salmasio *vivos*, intelligi debere *Bætulos*, quos non modo ἐμψύχους λίθους vocarunt Græci, verum de quibus etiam multa mira narrabant, uti videre licet apud Photium in Damascio, quibusque in Oriente, Heliogabali patria, alicubi, et forte Hierapoli *proprium templum* fuit exstructum. Et excidisse, vel subintelligi (id quod Obrechtus arbitratur) τὸ *simulacrum*, sive *signum*, satis patet ex relativo *id*, quod cæteroquin ad nullum præcedens potest commode referri; adeo ut ita Lampridii verba distinguenda mea ex opinione sint: *Lapides, qui divi dicuntur ex proprio templo, Dianæ Laodiceæ* (signum) *ex adyto suo, in quo Orestes id posuerat, afferre voluit*. Sed ut pergam, observandum diligenter, verbis disertis notare Dionem Chrysostomum, orat. 12, multos barbarorum paupertate, vel quia artem sculptoriam ignorabant, montes deos existimasse, καὶ δένδρα ἀργὰ, καὶ ἀσήμους λίθους, sive *informes lapides*; et scribere Pausaniam in Achaicis, solemne fuisse antiquitus Græcis ἀργοῖς λίθοις, rudibus lapidibus, ἀντὶ ἀγαλμάτων exhibere τιμὰς θεῶν; et in Corinthiacis eumdem notare, ante ædem Dianæ Λυκείας jacere λίθον καλούμενος ἱερὸν, super quo novem Trœzenorum viri Orestem a matris cæde purgarunt. Plinius præterea II, 58, memoriæ mandat in gymnasio Abydi lapidem suo tempore cultum fuisse, modicum quidem, sed quem in medio terrarum casurum (e sole nempe) Anaxagoras prædixerat: alium coli Cassandriæ, quæ Potidæa vocata est; et Anaxagoram alio tempore iterum prædixisse saxum e sole casurum; idque factum esse interdiu in Thraciæ parte ad Ægos flumen, et lapidem istum ostensum fuisse vehis magnitudine, colore adusto. Cum talia igitur ferantur de Anaxagora, nihil utique mirum est Amm. Marcell. 22, 16, scribero illum prædixisse *lapides e cœlo lapsuros*; mirorque Plinii verba non occurrisse doctissimo commentatori, qui scribit, cum Ammiano facere Philostratum et Tzetzem, sed cæteros omnes narrare, Anaxagoram prædixisse unum lapidem tantum casurum. Nam bis id prædixit, et utramque historiam, vel fabulam conjungere potuerunt illi, qui scribunt *lapides casuros* prædixisse philosophum; vel si semel id factum esse habuerunt persuasum, potuerunt plurali numero pro singulari, more loquendi vulgatissimo, usi esse: quomodo etiam Amm., cap. 8 libri ejusdem, narrat Anaxagoram Ægis-Potamis prædixisse *lapides ex cœlo casuros*; qui tamen tantum unus fuit. Offert insuper se mater *deum*, quam *sacrum lapidem* scribit fuisse Liv. XXIX, 11, quamque ex inauditæ per omnia vastitatis petra, cui nomen Agdus, in finibus Phrygiæ, cum lapidibus a Pyrrha et Deucalione in orbem mortalibus vacuum jactatis informatam esse, atque animatam divinitus, memoriæ mandat Arnob., lib. quinto. Mons igitur, cui ortum suum *Montana*, vel ὄρειος θεὸς, sive Rhea, debeat, *Agdus* fuit vocatus: quod vocabulum restituendum esse Isidoro censet Reines. III Var. Lect., 17, apud quem in Glossis scribitur *Agadir*, vel, uti Vulcanius edidit, *abadir lapis*. Recte quidem vir eruditissimus reprehendit Barthium, qui in Germania hunc lapidem quærit: sed male *Agdir, Agadir*, vel, si incorruptus Arnobius, *Agdum* lapidem esse, itemque deam cultam in simulacro lapidis grandis nigri e Phrygia Romam transvecto, arbitratur. Nam *Agdus* non fuit lapis, verum petra, vel mons inauditæ castitatis : deinde *Abdir, Abadir, Abaddir* est lapis βαίτυλος, uti notatum est eruditis ex Prisciano, qui ita loquitur lib. I : *Abdir genus lapidis ;* l b. 5 : *Abadir deus est :* dicitur et hoc nomine lapis ille, *quem Saturnus dicitur devorasse pro Jove*, quem *Græci* Βαιτύλον *vocant ;* lib. VI : *Abdir quoque et Abaddir* ὁ βαίτυλος, *hujus Abaddiridis.* Lapis autem, qui Deum mater esse existimabatur, lineamenta faciei muliebris videtur habuisse ; quæ etiam Saracenorum lapidi tribuit Zygabenus. Prudent., Hym. 10, v. 155 :

Lapis nigellus evehendus essedo,
Muliebris oris clausus argento sedet :

nisi hic sensus sit poetæ , capsam argenteam, cui lapis ille erat inclusus, retulisse faciem muliebrem ; ita ut clausus fuerit *argento muliebris oris;* quod rogo eruditiores examinent. Lapis etiam fuit deus *Alagabalus*, eumque Herodianus, lib. V, facit λίθον μέγιστον κάτωθεν περιφερῆ λήγοντα εἰς ὀξύτητα ; additque κωνοειδῆ esse illi σχῆμα, et μέλαιναν χροίαν, ostendi in lapide eminentias nonnullas, et formas vel τύπους, solis imaginem esse humana arte non fabrefactam, ac tandem e cœlo cecidisse. Deus hic cernitur in nummo Heliogabali, insignisque lapis est aquila et tribus stellis apud illustrem Spanhemium ad Juliani Cæsares. In nummis præterea Seleucensium Pieriæ Syriæ, qui in honorem Trajani percussi sunt, repræsentatur mons, cujus cacumen foramen habet, vel lapis in medio templo positus, cum ins. ΖΕΥϹ ΚΑϹΙΟϹ : unde non immerito existimant eruditione præstantes viri, Jovem Casium exhiberi, vel montem hunc creditum esse Jovem Casium, qu ppe qui *tereti ambitu in sublime*, teste Am. Marcell. XXII, 14, *porrigitur*, qualis plane in nummo exhibetur. In Philippi patris numismate cernitur quoque templum, et in ejus medio rupes, vel mons, cum ins. ΚΑΙ ΤΗΣ ἈΡΤΕΜΙΔΟΣ ΠΕΡΓΑΙΑΣ ; quæ haud vanum judicium est rupem illam, vel montem peculiari honore cultum , et Dianæ sacrum fuisse. In alio Caracallæ lapis rotundus et in acumen desinens templum medium occupat, cum ins. ΚΟΙΝ. ΔΕΙΗΩΝ ; quod Harduinus positum putat pro Δηῶν, refertque ad Dium, urbem Decapolitanæ regionis in Syria, cujus Plinius et Steph. meminerunt, Tristanus et Holstenius ad Diam Arabiæ urbem ; repræsentarique putant Venerem , quam ea forma cultam fuisse ex Clemente Alexandrino, Maximo Tyrio, Arnobio, Dione Chrysostomo, et Pausania docent. Sed Venerem non nominant Clemens , Maximus Tyrius, Arnobius, Dion ; et celebrant tantum λίθον, λίθον τετράγωνον, vel *informem lapidem* ; potueruntque respicere ad lapidem quadratum ab Arabibus cultum, de quo ante memini me agere. Vidit id forte etiam Tristanus; utque evinceret lapidem hunc esse *Venerem Uraniam*, addit Pausaniam , lib. I , narrare Athenis templum esse Veneri Uraniæ dedicatum, quam ferebant Parcarum vetustissimam, *dans lequel il y avait une pierre faite en forme de Herme, ou borne, dont l'inscription marquait que c'était l'effigie de Vénus Uranie.* Græca ita sese habent : Οὐρανίας ἄγαλμα τετράγωνον κατὰ ταὐτὰ καὶ τοῖς Ἑρμαῖς : quibus in verbis ego nullum lapidem acuminatum invenio, sed Veneris statuam quadratam ad instar Hermarum , id est, eam caput habuisse, et reliquum corpus fuisse quadratum absque brachiis, etc., quomodo Hermæ fieri solebant. Huc omnino pertinet Venus Paphia, cujus simulacrum, teste Tacito in Historiis, *non effigie humana, sed continuus orbis latiore initio, tenuem in ambitum metæ modo exurgens, et ratio in obscuro ;* cujusque statuam nulli alii rei assimilari posse, quam πυραμίδι λευκῇ, scribit Max. Tyrius, diss. 38, qualis et illa cernitur in nummo Drusi apud Patinum, Trajani apud Tristanum, et aliis apud Jac. Gutherium III, 5, de Jure Pontif., qui male hæc numismata ad Dianam Paphiam refert. Eodem loco vir eruditus Lampridii paulo ante laudata verba emendat : *Ex proprio templo, Dianæ Lyceæ, illam Laodiceæ ex adyto suo, in quod Orestes posuerat , auferre voluit ;* et intelligit lapidem qui, teste Pausania, ante ædem Dianæ Lyceæ jacebat, et sacer vocabatur ; additque Laodicenses Dianæ simulacrum Braurone avectum impetrasse a Seleuco, illudque signum deæ esse, quod olim e Taurica Orestes et Iphigenia sustulerant. Sed primo aliud sunt *divi*, vel *vivi lapides* ; aliud lapis Træzene jacens ante templum Dianæ Lyceæ : illi suum sibi templum habuerunt ; h c vero ne in templo quidem, sed ante ædem alterius numinis positus fuit. Deinde Pausanias non docet statuam Dianæ, quæ ex Braurone in Persiam asportata, et a Seleuco Laodicensibus Syriæ data fuit, esse Dianam Tauricam ; quin imo variis argumentis lib. III id refellit, docetque Dianæ Orthiæ simulacrum, quod in Lymnæo, Laconicæ agro, colebatur, potius illud esse quod a b Oreste et Iphigenia barbaris erat ablatum. Neque etiam mihi placet quod addit Gutherius , simulacrum prisci operis Praxitelis fuisse illius qui marmore felix et clarus habebatur. Nam cum Praxiteles tempore Cn. Pompeii Magni vixerit, utique Dianæ Tauricæ simulacrum facere non potuit ; et Pausanias in Atticis scribit, Braurone esse Dianæ Brauroniæ sacellum , et simulacrum, Praxitelis opus : sed adjicit : καὶ τὸ ἀρχαῖον ξόανόν ἐστι ἐν Βραυρῶνι, Ἄρτεμις, ὡς λέγουσι, ἡ Ταυρική : unde patet aliud antiquius longe signum ibi fuisse Dianæ Tauricæ ; quæ cum non distingueret vir doctus, in errorem lapsus est. Sed ut pergam, Seldenus, ex Suida et Hesychio, observat Apollonis Ἀγυιέως statuam esse, lapidem basi circulari, in conum desinentem : verum illi, non, secus ac Harpocratio, Schol. Aristophanis, Stephanus, Auctor M. Etym. et Eustachius, p. 166, uno ore tradunt : Ἀγυιεα arani esse ante fores ἐν σχήματι κίονος, vel κίονα εἰς ὀξὺ λήγοντα, ὃν ἱστᾶσι πρὸ τῶν θυρῶν, vel κωνοειδῆ κίονα *sacrum Apollini, vel Baccho, vel ambobus* ; simulque ex iis patet Apollinem Ἀγυιάτην et Ἀγυιέα dictum esse, id est, Ἐφόδιον, vel *viarum præsidem* : sed nondum discere ex iis auctoribus potui Apollinem tali forma cultum fuisse ; quin potius contrarium plane tradi. Macrob. I, Sat. 9 : *Etenim sicut Nigidius quoque refert, apud Græcos Apollo colitur, qui* θυραῖος *vocatur ; ejusque aras ante fores suas celebrant, ipsum exitus et introitus demonstrantes potentem. Idem Apollo apud illos et* Ἀγυιεύς *nuncupatur, quasi viis præpositus urbanis. Illi enim vias, quæ intra pomœria sunt,* ἀγυιὰς *appellant* ; nam diserte Apollo ab ara distinguitur. Pausanias præterea, lib. I , Megaris scribit esse lapidem, παρεχόμενον πυραμίδος σχῆμα οὐ μεγάλης, illumque nominatum fuisse *Apollinem* Καρινόν ; et in Corinthiacis memorat Jovis Μειλιχίου et Dianæ Πατρῴας simulacra nulla arte facta, illius πυραμίδι, hujus vero columnæ, vel κίονι εἰκασμένα. Sic auctor Phoronidis apud Cl. Alexandrinum Junonis Argivæ statuam, κίονα, vel columnam non aliam ob causam nominat, notante Scaligero ad Eusebium. Bacchus, eodem Clemente teste, columnæ etiam forma cultus ; quod Dickinsonus, cap. 10, Deloh. Phœni. ad columnam refert, quæ in veteri fœdere Mosi, ex quo Bacchum fecerunt, et Israelitis præluxit ; nec immerito idem Clemens tradit olim columnas pro simulacris cultas esse : *πρὶν γ᾽ οὖν ἀκριβωθῆναι τὰς τῶν ἀγαλμάτων σχέσεις κίονας ἱστάντες οἱ παλαιοί, ἔσεβον τούτους ὡς ἀφιδρύματα τοῦ θεοῦ*. Et huc etiam referri posset *discus*, quem pro sole Pœonas coluisse in Harpocrate doceo ; huc Penates Lavinii, quorum formam et figuram scribit Timæus apud Dionys. Hal. lib. I, esse *κηρύκια σιδηρᾶ καὶ χαλκᾶ, καὶ κεραμῖον Τρωικόν, caduceos ferreos et æreos, et testam fictilem Trojanam :* nisi quis τὸ κέραμον malit vertere *lucernam* cum Baudelotio de Dairual, tom. I, p. 199, et huc tandem pertinet Saxonum idolum *Irminsul*, de quo peculiari libro egit Meibomius. Hic autem informium lapidum saxorumve cultus diu duravit , ipsaque plebs christiana in pagis eo infecta fuit.

Ivo Carnotensis, part. II, cap. 38, refert caput concilii Nannetensis, quo *funditus effodi jubentur lapides quos in ruinosis locis et sylvestribus venerantur;* et cap. 57, caput concilii Agathensis, quo statuitur *perscrutandum esse, si aliquis vota ad arbores, vel ad fontes, vel ad lapides quosdam quasi ad altaria faciat.* Atque ex his satis superque patere arbitror Græcos, Syros, aliosque populos, lapides informes ut deos coluisse. Nunc dispiciendum est, num eo etiam vesaniæ progressus sit Romuli populus, et gens togata. Matrem deum et Elagabalum eos coluisse, ut et lapides unxisse, notum est : sed id ago, ut examinem num aliquod numen patrium ea forma venerati sint. Certe Tristan. t. 1, p. 427, notat Jovem dictum esse ἐπάκριον, non solum quia in summis montibus colebatur, sed quia mons, vel rupes existimabatur Jupiter ipse, qui revera erat Jupiter cognominatus *Lapis*, Ciceroni memoratus, ejusque vestigiis alii antiquarii celebres insistunt. Sed nihil huc pertinet *Romanus vetustissimus ritus*, uti Apuleio vocatur, *jurandi per Jovem lapidem;* vel *sanctissimum jusjurandum,* ut illud appellat Gellius 1, 21. Nam quemadmodum docuerunt ex Festo et Polybio, Turnebus et Sanctius, locutio est elliptica; et qui ritu illo jurabant, lapidem silicem tenebant, hæc verba dicentes : *Si sciens fallo, tum me Diespiter, salva urbe arceque, bonis ejiciat, ut ego hunc lapidem;* unde patet Jovem lapidis forma a Romanis cultum non fuisse. Habuerunt tamen illi lapidibus inforibilius honorem; uti *manali lapidi,* vel *petræ quæ erat,* Festo docente, *extra portam Capenam juxta ædem Martis, quam cum propter nimiam siccitatem in urbem protraherent, insequebatur statim pluvia, eumque, quod aquas manaret, manalem lapidem dixere.* Et ut lapis qui, Anaxagora prædicente, e sole decidit, cultus fuit : ita in agro Crustumino, teste Livio XLI, 9, lapis, qui in lucum Martis cecidit, sacer habitus est; si modo de eodem, et non de alio loquitur idem cap. 13 : *In Crustumino avem sanguinem (quam vocant) sacrum lapidem rostro cecidisse.* Ut autem ad aliud membrum me convertam, notandum gentiles etiam stipites nudos ut deos coluisse; quo pertinent *hastæ*, de quibus ad apotheosin Homeri egi. Simulacrum etiam Dianæ Ephesiæ cum primum ex cœlo decidit, vel ab Amazonibus consecratum est, fuit truncus acutus ulmeus, uti notat ad Eusebium Scaliger : quod si verum (alia enim sentit Petitus, cap. 50 politissimi libri de Amazonibus), non satis caute Petrus Faber 1, sem. 3, simulacrum Dianæ ab Amazonibus venatricis antiqua et solita figura fuisse consecratum scribit; et æque male ostendere conatur Dianam Ephesiam non fuisse multis mammis et verubus exstructam : quod tamen adeo clarum est, ut ne quidem probatione indigeat. Sed, ut ad rem redeam, audiendus est Arnob. lib. VI, adv. Gentes : *Ridetis temporibus priscis Persas fluvium coluisse, memorialia ut indicant scripta, informem Arabas lapidem, acinacem Scythiæ nationes, ramum pro Cinxia Thespios, lignum Icarios* (alii legunt *Caryos*, et Caryam, vel Caryatydem Dianam a Laconibus cultam intelligunt) *pro Diana indolatum, Pessinuntios silicem pro deum matre, pro Marte Romanos hastam, Varronis ut indicant Musæ; atque ut Aethlius memorat, ante usum disciplinamque fictorum, pluteum Samios pro Junone; et abstinetis a risu, cum pro diis immortalibus sigilliolis hominum, et formis supplicatis humanis?* Quæ verba clarissime anilem hanc superstitionem nobis ob oculos ponunt. Sic Clemens Alex. Cinxiæ vel Junonis simulacrum, πρέμνον ἐκκεκομμένον; Dianæ, ξύλον οὐκ εἰργασμένον; Junonis, σανίδα, uti eruditis observatum appellat; neque aliter vel Junonem Samiam, vel Minervam Lindiam describit Callimachus apud Euseb. III, 8 Præp., quemadmodum erudite docet Vossius ad Catullum. De hujuscemodi statuis eleganter loquitur Tertull. 1, 12, ad Nat. : *Si de hoc differentia intercedit, quando distinguuntur a crucis stipite Pallas Attica, et Ceres Pharia, quæ sine forma, rudi palo* (ita enim cum Stephano le Moyne, viro doctissimo, legendum) *et solo staticulo ligni informis repræsentatur.* Per *stipitem crucis* intelligit lignum crucis rectum, quod ὄρθιον ξύλον vocat Justinus; maleque hinc arbitratur Lipsius crucem aliquando solo arrectario ligno constitisse; quia sensus est non debere Gentes mirari Christianis crucem in pretio esse, cum ipsi sub forma stipitis, vel staticuli, atque adeo recti pali, qui partem crucis facit, Athenis quidem colant Palladem, in Ægypto autem Cererem sive Isidem. Unde eodem capite dixerat Tertull. : *Crucis qualitas, signum est de ligno : etiam de materia colitis penes vos cum effigie. Quanquam sicut vestrum humana figura est, ita et nostrum sua propria : viderint nunc lineamenta, dum una sit qualitas; viderit forma, dum ipsum sit Dei corpus.* His doctissimus Gothofredus verbis componi posse æstum inquirentium existimat, utrum Tertulliani tempore cruci superaddita sit imago crucifixi; additque eum inter nationum et Christianorum cruces aperte hoc discrimen ponere, illas nimirum fuisse cum effigie humana, has sua propria figura, non humana effigie, non lineamentis humanis, sed ἀπηγλαισμένας, simulacro nudas : quæ certe quid sibi velint, vix capio. Nam ethnicos deorum suorum aliquem cruci affixum coluisse, vel cruci honorem (excipient alii forte Ægyptios, quorum in Hieroglyph. notis figura instar crucis apparet) habuisse, non puto apud Patrum vel alium quemquam reperiri : nec certe illa est mens Tertulliani; verum is ita argumentatur : Christianorum crucem signum de ligno esse; gentiles etiam colere quod *de materia,* sive ex ligno factum est : atque ita amborum eamdem esse qualitatem; gentilium quidem ligna repræsentare figuras humanas, id est, statuas esse : crucem vero habere etiam figuram, non humanam, verum suam et propriam; quo pertinet scribere Minutium Felicem in Octavio : *Cruces etiam nec colimus, nec optamus. Vos plane qui ligneos deos consecratis, cruces ligneas, ut deorum vestrorum partes, forsitan adoratis.* Inde addit Tertullianus nullam rationem habendam esse lineamentorum, vel statuas præferendas esse cruci, cum sint ex ligno; subjicitque, si demus esse hic differentiam, nihil tamen a crucis arrecto stipite differre Palladem Atticam, quæ nescio an illa fuerit, quam e ligno Autochthonas posuisse refert Eusebius loco laudato. Frequens autem hæc superstitio in agris, in quibus Terminus forma lapidis vel stipitis colebatur. Prius nos docet Prudent., II contra Sym., 1005 :

Utimur et ruris reditu, et ratione colendi
Exercere manus non pœnitet; et lapis illic
Si stetit antiquus, quem cingere sueverat error
Fasciolis, vel gallinæ pulmone rogare,
Frangitur et nullis violatur Terminus extis.

Alterum vero simul Ovid., II Fast. :

Termine sive lapis, sives es defossus in agro
Stipes, ab antiquis tu quoque Numen habes.

Tibullus I, 1, vocat *stipitem desertum* (quem alii emendant, alii explicant, uti videre licet apud Scal. ad Varr. 1 de Re Rust., Barth. IV, Adv. 2, Voss. II, 7, 21, Harm. Evan. Giphan. in Ind. Lucret., Jac. Loensem II Misc. 18, et poetæ commentatores) *et deasciatum stipitem*, Prudent., in Hym. Romani martyris. Ejusmodi stipitem appellabant *delubrum*. Festus : *Delubrum dicebant fustem delibratum, hoc est decorticatum, quem venerabantur pro deo.* Doctissimus Vossius putat postrema verba esse Pauli, qui ubique huc agit, ne Gentium religioni favere videatur; et licet ab ea opinione nequaquam sim alienus, tamen videor nonnullos scrupulos movere posse. Nam cum *delubrum* non usurpetur nisi de re sacra, vel loco religioso, nihil dixisset Festus, nisi ultimas adjecisset voces; et omnis fustis decorticatus, omnis stipes quocumque in loco, quacumque de causa defixus *delubrum* esset. Massurius Sabinus apud Servium II Æn., 225, *delubrum* interpretatur *effigiem, a delibratione corticis, quia antiqui felicium arborum ramos cortice detracto in effigiem deorum formabant.* Ipse Servius ad lib. IV, simulacrum *delubrum* dici notat a libro, hoc est raso ligno, factum, quod græce ξόανον dicitur; et nonnulli apud Asconium tandem plane cum Festo (Servii enim loca etiam de statuis possunt exponi) faciunt. *Sunt etiam qui delubra ligno delibrata, id est decorticata, pro simulacris deorum nore veterum posita existiment: sed male;* ubi quod dicit, *more veterum,* Festus videtur exprimere per *venerabantur.* Hinc in Glossis *Delubrum* explicatur, Καθίδρυμα, ξόανον, ἀνάθημα, et alibi ξόανον, *delubrum.* Ad hanc superstitionem etiam pertinet *hasta* pro Marte Romanis culta, testibus Arnobio et Plutarcho; et nescio an inde sit explicandus Servius ad II Æn., 325: *Quos tamen penates alii Apollinem et Neptunum volunt; alii Astatas esse, et in regia positos tradunt.* Nam vel legendum *Hastatos,* quomodo *Penates* describit Dion. Halicarnasseus, vel *Hastas,* et *positas;* et intelligendæ sunt *Hastæ Martis,* quas in regia collocatas esse testatur Jul. Obsequens. Et hæc quidem satis erant ad fœdam illustrandam superstitionem, et nonnulla auctorum loca illustranda; speroque æquum lectorem hoc, qualecumque est, boni consulturum.

Deorum cultrix. Ita Statius, v Sylv. 1, 193, Priscillam vocat *propriam cultricem Cæsaris;* et in inscr. apud Gruterum *Cultores Herculis, Jovis, Larum,* aliorumque deorum occurrunt, qui significant sese illos deos præcipua religione venerari. Deos autem in summis montibus cultos, et Jovem inde Ἀκραῖον dictum esse, eumdemque in Smyrnæorum nummo occurrere, docui ad Apotheosin; et rem tibi gratissimam fore, lector, spero, si communicem tecum inscriptionem elegantem admodum, Smyrna nuper ad me cum aliis præclaris missam, quæ ejusdem Jovis memoriam conservat:

ΕΚ. ΤΟΙ. ΕΙΣΑΧΘΕΝΤΟΣ
ΥΔΑΤΟΣ. ΕΠΙ. ΤΟΝ. ΔΙΑ ΤΟΝ
ΑΚΦΑΙΟΝ. ΕΠΙ. ΟΥΑΠΙΟΥ
ΤΡΑΙΑΝΟΥ ΤΟΥ ΑΝΘΥΠΑΤΟΥ
ΕΝ ΤΑΙΣ ΣΤΡΑΤΗΓΙΑΙΣ
ΤΑΙΣ. ΜΑΡΚΩΝ. ΙΟΥΝΙΩΝ
ΥΙΟΥ. ΚΑΙ. ΠΑΤΡΟΣ.

Ad Apollinem Milesium. Hujus oraculi videtur tunc temporis fama magna fuisse. Sic Licinius contra Constantinum bellaturus consuluit, teste Sozomeno, lib. I, cap. 7, τοῦ Διδυμαίου Ἀπόλλωνος Mileti oraculum; quod auctor Histor. Tripartitæ ita vertit: *Dicunt eum tunc expertum divinationem Mileti Geminique Apollinis.* Cæterum hinc atque ex A. Marcellino, qui XIV, 6, narrat Serenianum *familiarem suum ad templum fatidicum* misisse, aliisque auctoribus patet oracula ex tempestate nondum plane conticuisse; vel fraudes sacerdotum omnium adhuc oculis non patuisse.

CAPUT XII.

Dies aptus et felix. Qui scilicet non foret nefastus, ater, vel infelix rebus agendis. Notissimum est Gentiles diebus nefastis, ominosis, sive Ægyptiacis, nihil egisse: sed illos, si quid aggredi vellent, elegisse dies commodos atque felices; quam in rem nonnulla, eaque haud vulgaria, si id ageretur, in medium afferre possem.

Ad septimum kal. Martias. Non monerem rem vulgatissimam, scribendum nimirum esse diductis litteris, *a. d.,* id est, *ante diem,* nisi viderem et idem vitium superesse cap. 17 et 44. Quam variæ autem de initio Diocletianeæ persecutionis sententiæ sint, vide apud Velserum in notis ad conversionem S. Afræ.

Ut quasi terminus. Et sacra termino fiebant mense februario, qui habebatur ultimus anni antiquis temporibus. Ovid. 2 Fast., 47:

Sed tamen antiqui ne nescius ordinis erres;
Primus, ut est, Jani mensis et ante fuit.
Qui sequitur Januam veteris fuit ultimus anni:
Tu quoque sacrorum, Termine, finis eras.

Et quidem Ovidius videtur significare, post terminalia, vel sacra Termino peracta, nullum amplius eo anno diem deo alicui festum agitatum fuisse. In kalendariis certe, post terminalia nulla memorantur festa, nisi quæ post prima illa tempora, de quibus loquitur Ovidius, introducta sunt. Neque tamen puto ultimos quinque februarii dies Termino sacros fuisse; nam illud si verum foret, quinque, imo sex dies Termino dicati forent. Quin et Dionysius Halicarnasseus *statum* diem, vel ἡμέραν τακτήν, lib. II, pag. 133, terminalibus tribuit; et Macrob. I Sat., 13, Romanos scribit *non confecto februario, sed post vicesimum et tertium diem ejus intercalasse, terminalibus scilicet jam peractis, deinde reliquos februarii dies, qui erant quinque, post intercalationem subjunxisse.* Et fictione quadam, dies terminalium dies anni ultimus habebatur. Varro, lib. V, L. L.: *Terminalia, quod is dies anni extremus constitutus. Duodecimus enim mensis februarius; et cum intercalatur, inferiores quinque dies duodecimo, demuntur mense:* ita ut hi quinque dies una cum diebus intercalaribus februario non fuerint annumerati.

Profectus. Optime existimat Columbus scribendum esse *præfectus;* neque enim imperator una ad Ecclesiam ivit, uti patet ex seq., *ipsi vero in speculis;* et *præfectum prætorii* intelligendum esse constat ex ducibus et tribunis qui ipsum comitabantur, necnon inde, quod milites prætoriani templum diruerunt.

Acie struata. Vel legendum *instructa,* vel ut *strumentum pro instrumentum,* uti docet Du Cange in Glossario, ita etiam *struere* pro *instruere* posuerunt. Sed et *struere aciem* dixit Virgilius alicubi, si bene memini.

Fanum illud editissimum. Initio Christiani privatis in ædibus ad colendum D. N. J. C. conveniebant, uti satis superque ex Novo Testamento patet, in quo et Paulus, I ad Cor. c. ult. celebrat Ecclesiam, καὶ οἶκον Ἀκύλας καὶ Πρισκίλλας. Sed postea non prohibentibus imperatoribus vel magistratibus ethnicis, propter multitudinem quæ quotidie Christo nomen dabat, in singulis urbibus extruxerunt domos laxas et grandes, uti ex Euseb., lib. VIII, c. 1 Histor. Eccles. constat, nec non ex hoc Lactantii loco, in quo ecclesia vocatur *editissimum,* nimirum *ædificium.* Quod autem paulo ante dixit *nullas ac magnas domos ecclesiam ab omni parte cinxisse,* ita videtur interpretandum, ecclesiam undique cinctam fuisse a domibus privatorum, ita ut illa conspici non posset ab ambulantibus per plateas: quod proculdubio factum ad evitandam gentilium invidiam; quomodo et hodie antiquiora monasteria undique cingi domibus videmus, ita ut eorum amplitudo conspici nequeat.

CAPUT XIII.

Tormentis subjecti essent. Ut enim ex jure Romano constat, omnes promiscue torqueri non poterant: unde et cap. 21, veluti rem insolitam notat, *Decuriones et primores civitatum egregios et perfectissimos viros tortos fuisse.*

Omnis actio caleret. Non improbo; quia *judicia calere, calere in agendo,* et *crimen calere* dixit Cicero: sed tamen valde arridet *valeret,* ut jurisconsulti loquuntur.

Libertatem denique ac vocem non haberent. Id est, de injuria, adulteriis, et cæteris contumeliis agere non possent, neque apud judicem queri. Nec puto Lactantium respicere servorum libertatem, uti arbitratur Baluzius. Eusebium nunc quidem a Ruffino recte interpretatum esse arbitror; nam οἱ ἐν οἰκετίαις proculdubio sunt *servi;* et qui εἰ ἐν βασιλικαῖς οἰκετίαις alibi Eusebio dicuntur, nulli certe alii sunt quam imperatorum ministri, qui in familia, in palatio erant, quique serviunt, quamvis servi non sint proprie ita dicti.

Victorias Gothorum et Sarmatarum. Quos scilicet vicerant: unde in nummis Dioclet. et Maximiani occurrit VICTORIA SARMATICA; et *Gothos* ab iis victos fuisse patet ex Mamertini Genethliaco. Vult igitur Christianus ille significare imperatores ex Christianis pessimdatis titulum sibi debere adsciscere, ut a *Gothis Gothici,* et a Sarmatis devictis *Sarmatici* dicebantur. Et quanquam Eusebius videatur laudare hominem hunc, ego tamen arbitror meliora sentire Lactantium, qui scribit *illud non recte factum esse*.

Legitime coctus. Gallonius et Sagittarius in de Cruciatibus martyrum nihil moment de *legitime coctis*. Ego nunc puto cum lento igne, quali carnes assari solebant, primo coctum, inde exustum fuisse; quomodo in Christianos sæviisse Galerium patet ex cap. 21, ubi inter alia legitur, *per multum diem decocta omni cute*; necnon ex Euseb. 8, 6, qui significanter dicit Petrum quemdam *instar carnium, quæ ad cibos parantur, igne assatum*, vel, uti Lactantius loquitur, *coctum fuisse*. Et ita certe, *legitime*, commode explicari cum Columbo potest: quamquam nec iis repugnaverim, qui exponunt, *secundum leges* quas Augusti tulerant; quomodo *legitimum oleum* Petronio est, quo luctatores ex lege et more palæstræ perfundebantur, uti docuit Gronovius, vir doctissimus, ad Statium.

CAPUT XIV.

Occultis ministris. Forte positum est pro *per occultos ministros*; vel intelligendi sunt ministri et domestici Diocletiani, quibus insciis et non animadvertentibus, palatium incendi fecit.

Duos imperatores. Atqui unus tantum imperator, alter Cæsar erat: quod notandum diligenter, quia ejusmodi loquendi ratio apud alios etiam occurrit, et quia similiter Eusebius eos appellat βασιλέας. Recte cæteroquin hæc distinguit Lactantius, cap. 18, ubi Diocletianus Galerium Maximinianum, qui Cæsar erat, alloquitur: *Verum si nomen imperatoris cuperet adipisci, impedimento nihil esse, quin omnes Augusti nuncuparentur*.

Omnes suos. Id est, aulicos, qui ipsi serviebant: cap. 15, *domesticos* vocat. Observandum autem multos in palatio fuisse, qui Christo nomen dederant; eamque gratiam fecisse Dominum nostrum crudelissimorum persecutorum aulicis, atque adeo proximis. Ita D. Paulus Epistola ad Philippenses extrema memorat, τοὺς ἁγίους, τοὺς ἐκ τῆς Καίσαρος οἰκίας; et notatu dignissima sunt Eusebii verba, lib. VIII, cap. 1 Hist. Eccles.: *Argumento esse possit imperatorum benignitas erga nostros, quibus regendas etiam provincias committebant, omni sacrificandi metu eos liberantes ob singularem, qua in religionem nostram affecti erant, benevolentiam. Quid opus est dicere de iis, qui in imperatorum palatiis versabantur? Quid de imperatoribus ipsis, qui domesticis suis, eorumque uxoribus, liberis, ac servis, ea quæ religionis suæ erant, tam verbis quam factis libere exsequendi coram semetipsis potestatem dederunt, ipsis ob hanc fidei suæ libertatem gloriari, ac se ostentare quodammodo permittentes.* Atque ita idem vii, 10, scribit, Valerianum summopere initio complexum Christianos, totamque ejus domum plenam fuisse θεοσεβῶν, ita ut ἐκκλησία θεοῦ videretur esse.

CAPUT XV.

Sacrificio pollui coegit. Quid mihi hoc de loco videatur doceo ad cap. 1.

Per quos palatium. Id est, qui maxima auctoritate erant apud imperatorem; cujus rei historia Augusta satis multa exempla præbet, atque ita, *quondam*, non capiendum est de longo temporis intervallo, sed brevi, quo scilicet edictum præcedebat.

Presbyteri ac ministri. Id est presbyteri et diaconi. Isidorus apud Gratianum: *Hi* (levitæ) *Græce diaconi, latine ministri dicuntur*. Canon 18 concilii Illiberitani agit *de sacerdotibus et ministris, si mœchaverint*. Canon 33 *de episcopis et ministris, ut se ab uxoribus abstineant*: quam in rem plura videri possunt apud Gasp. Zieglerum, lib. de Diaconis et Diaconissis Eccles. veteris, et apud du Cange in Glossario. Sulpicius Severus II, 43, generaliter hac voce utitur: *Equidem hoc exemplum non tacitus præterierim, legendumque* MINISTRIS *ecclesiarum libenter ingesserim*. Sed quia concilii Illiberitani mentio, illustrandus mihi, bona lectoris venia, erit Januarius episcopus *Sibariensis*, vel, ut alii ex mss. scribunt, *Salariensis*, in illo memoratus. Mendoza testatur in codice Ecclesiæ Toletanæ legi *Januarius de Fibiaria*, et *Fibularia*; lectionemque eam non temere improbandam scribit, cum Plinius testetur Calagurrim *Fabulariam* a veteribus nuncupatam esse. Ego igitur judico scribi debere *Fibulariensis*; quia Luitprandis num. 226 adversariorum id nomen diserte servat: *In saucibus saltus Fibulariensis est fabularia, quam Mauri vocant Xergal, sedes episcopalis*. Sic in concilio *Illiberitano* xiv loco confirmat Januarius episcopus *Fibulariensis*: sic in quibusdam codicibus. Et inde constat vel alio ordine Episcoporum nomina in nonnullis codicibus posita fuisse, vel numerum xiv mutandum esse in xvii, quo loco in editis Januarii illius nomen recenseatur. Laudat etiam hunc locum Gonzalez in notis ad illud concilium: sed non animadvertit eum ad Januarium, qui memoratur, pertinere; maleque inde evincere conatur, ultra episcopos relatos, etiam *Fibulariensem* interfuisse et subscripsisse concilio.

Cum omnibus suis. Nimirum domesticis, liberis, servis; quia mox sequitur, *nec minus in cæterum populum*.

Pleni carceres erant. Notandum imprimis, Eusebium, lib. VIII, cap. 6, scribere, initio persecutionis innumeros christianos neci datos esse, sed mox edictum fuisse propositum, ut omnes ecclesiarum antistites vincti carceribus includerentur, quia alii in Melitena, alii in Syria imperium arripiebant, et carceres episcopis, presbyteris, diaconis, lectoribus atque exorcistis fuisse repletos: postea aliud edictum fuisse propositum, ut qui sacrificasset liber abiret, qui vero id recusasset facere tormentis gravibus afficeretur. Valesius, ex Libanio, notavit eum, qui in Syria imperium arripuit, *Eugenium* dictum esse: sed ingens historiæ damnum est, ignorare nos quid in Melitena, vel Armenia minore gestum sit; et utinam huic rei succurrisset, qui omnia probe scire potuit, Lactantius!

Ne cui temere. Id est, ne judices forte darent sententias secundum Christianos, quod legibus erat vetitum, uti patet ex cap. 13.

A majorum præceptis... Id est Diocletiani et Herculii, qui erant Augusti, cum ipse tantum et Galerius forent Cæsares: τῶν κρειττόνων posses dicere cum Eusebio, lib. IX, cap. 1. Et certe Constantius Christianis valde favit; et in Galliis, Britannia vicinisque locis non videbatur contra legem christianum quemquam esse, uti testatur Cassiod. lib. I, cap. 7 Hist. Tripart. Libellus Donatistarum apud Optatum Milev. Constantino oblatus: *Tuus pater inter cæteros imperatores persecutionem non exercuit, et ab hoc facinore immunis est Gallia*. Nam Constantio Gallia et Britannia obvenerant. In Gallia is fortiter circa Lingonas pugnavit, multosque Alamannos occidit, teste Eutropio, IX, 15, unde et *Galliam Romanis legibus reddidisse* dicitur Vopisco, cap. 18 Carini: ubi certe humani aliquid patitur Casaubonus, quando notat, Constantium nostrum bello Persas vicisse.

CAPUT XVI.

Zabulum. Quem *adversarium* mox, et cap. 1 vocat, uti ibi docui. Solebant autem martyres qui fortiter tormentis resistebant dici *diabolum vincere*, quia ille dux et imperator eorum est, qui Christi Ecclesiam persequuntur: quo pertinent visiones narratæ in passionibus SS. Perpet. et Felic., quarum Perpetua, cum induere nollet habitum sacratarum Cereri, dicitur *caput jam Ægyptii*, id est diaboli, *calcasse*.

Non candidos equos, aut immanes elephantos... Scilicet et olim, et tunc *candidi equi* triumphantium curribus jungebantur. Ovid., 1 Artis:

Quattuor in niveis aureus ibis equis.

Unde iis *quadrigas niveas* tribuit Claud. v, 127 Belli Getici:

Qui captos reges niveis egere quadrigis.

et Plautus Asin. II, 2, 13, *quadrigas albas.* Exemplum a Camillo, cui tamen id factum invidiam conflavit, quia Jovem solemque imitari velle videbatur, testibus Livio, auctore de Vir. ill. Plutarcho, et aliis. Nec audio Freinshemium v. cl., qui ad Florum et Curtium commentatur, illud Camillo invidiam non conflasse, quia inter solemnia triumphi fuere equi albi. Nam postea illud quidem factum est: sed exemplum primum a Camillo, resque insolita ipsi invidiam peperit. Neque accedo etiam Plutarcho narranti, nullum sequentium imperatorum in triumphasse, cum ex historia Romana contrarium facili opera evinci possit.

Non candidos equos. Quorum exemplum, ut monui, a Camillo; de quo ita loquitur Liv. v, 23 : *Maxime conspectus ipse est, curru equis albis juncto urbem ingressus; parumque id non civile modo, sed humanum etiam visum. Jovis solisque equis* (Schefferus v. cl. lib. I, cap. 18, de Re Vehic. rescribit *Jovi solique equis*) *æquiparari dictatorem, in religionem etiam trahebant; triumphusque ob eam magnam maxime rem clarior, quam gratior fuit;* et cap. 28 : *Camillus multo meliore laude, quam cum triumphantem per urbem vexerant equi, jungens augusta justitia fideque.* Jovi albatas hostias immolatas Varro (ne aliorum testimonia advocem) auctor est apud Gell. x, 15, ejusdemque currum apud Persas ab albentibus equis tractum fuisse, Curtius III, 5, tradit. Et ejus coloris equos soli etiam sacrari solere docet nos elegans locus apud Eratosthenem (quem, ubi hoc obiter moneam, diligenter sæpe sequitur scholiastes Germanici) cap. 13 Catasterismorum : *Hic est Erichthonius, Vulcani et Terræ filius. Hunc, ut aiunt, Jupiter, cum vidisset primum inter homines equos currui junxisse, admiratus est, ὅτι τῇ τοῦ ἡλίου ἀντίμιμον ἐποιήσατο διφρείαν, ὑποζεύξας ἵππους λευκούς; quod currus Solis simulacrum invenisset, jungens equos albos;* et hoc ad quadrigas refert Scholiastes laudatus, *hic primus currus homines equis junctis docuit similes quadrigæ solis facere :* qualia etiam Hyginus tradit in Poet. Astronomico.

Terriculas tyrannicæ potestatis... Id est, terrores : ita cap. 47 etiam locutus est ; et Lucilius apud Lact. I Inst. 21, si fides habenda Barthio ad Stat. v, 68 :

Terriculas, Lamias, Fauni quas Pompiliique
Instituere Numæ...

quas ille interpretatur idola, quæ terrorem injiciebant pueris, vel aliis. Verum in editis circumfertur *Terriculas Lamias*; et Illustr. Huetius in Dem. Evang. rescribit *Turricolas*, quia *Lamiæ turres et pectines Solis* dixit proverbialiter Tertullianus.

Ungulæ... Erant instrumenta ferrea, quæ ungues avium referebant, unde et id nomen acceperunt; quibus laniabantur homines ut plurimum in eculeo extenti : de quibus præter Gallonium, Magium, aliosque, egit Ferrarius I, cap. 6 Electorum. Clare Prudentius, Hym. 5 περὶ Στεφ., v. 337 :

Ille angularum duplices
Sulcos pererrat osculis.

Duplices dicit, quia una ungula duo sulci una vice ducebantur.

CAPUT XVII.

Nonus Consulatus... Zozimus II, 7, hunc scribit incidisse in annum centesimum primum, postquam Severus ludos sæculares celebraverat : tempus vero quibus illi debebant celebrari, in consulatum Constantini et Licinii tertium; iisque ludis neglectis, infelix fuisse Romanum imperium. Qui locus diligenter propter temporis notam observandus est.

Procederet consul. Vox propria, uti docuit Baluzius : inde in nummo apud Spanhemium, diss. 8, FELIX PROCESSUS COS. VI. AUG. vel AUG. COS. VI; cui adde Wilthemium ad Diptychon Leodiense, et Henr. Norisium in dissert. de Votis Decennalibus. Solebant autem imperatores, simul ac imperium inibant, consulatum sumere : unde forte τὸ CONS. in Aureliani nummo *consulem* notat, quamquam aliter illum explicem in gemma Augustæa; inque eodem sol potest vocari DOM. IMP. ROM., quia Aurelianus solem magna reverentia, teste Vopisco, prosequebatur. Atque hæc explicatio eo magis amplectenda videtur, quia τὸ CONS. in nummis interdum *Consulem* denotat. Sirmondus ad ep. 12 lib. II Sidonii hæc commentatur: *Antica facies Valentiniani vultum exhibet, cum solita inscriptione :* D. N. PLA. VALENTINIANUS P. F. AUG. *altera Maximum Senatorio habitu in sella sedentem, et volumen ejus in dextra, in læva scipionem cum aquila, nomine hinc adscripto :* PETRONIUS. MAXIMUS. O. C. CONS. quem nummum pluribus illustrat Wilthemius libro laudato. Vox autem hæc fere usurpari solet, quando cum pompa et die solemni in publicum veniebant imperatores : ita cap. 19, ubi narrat Diocletianum et Herculium imperium deposuisse, et novos Augustos atque Cæsares creasse : *Cum hæc essent constituta, præcedituur Cal. Maiis. Diocletianus autem nonum Nicomediæ, et octavum consulatum Romæ iniit Herculius; huncque ad an. 304 observat Baluzius per æstatem fuisse in Campania. Et quidem Nolæ fuit, uti videor affirmare posse ex passione S. Felicis : post dies autem duodecim jussit eum præfectus prætorii post imperatores navigare;* et mox : *Jejunus autem venit Nolam.* Nam licet celebrentur imperatores, præfectusque eum ad ambos mittere voluerit, tamen Herculio soli oblatus fuit Felix, quia Diocletianus Nicomediæ agebat : recteque passionis auctor, proculdubio vetustus, edictum, quo Christiani persequi jubentur, scribit promulgatum fuisse Diocletiano octies et Maximiano septies, coss. id est, an. 303, non autem 304, uti in ora libri notatur, quo ultimo gladii supplicium Felix obiit. Sed difficultas ingens oritur, quod Felix dicitur esse decollatus a. d. 18 kal. febr., quia an. 304 illo mense Herculius adhuc Romæ erat, ibique Aprili ingressus est annum imperii vigesimum, notante Baluzio : qui nodus quomodo solvi possit, vix video; nisi ponamus initio anni 305 Herculium adhuc in Campania hæsisse, et tunc neci datum fuisse Felicem : quod velim alii, quibus plus otii est, diligentius examinent.

Per circuitum ripæstrigæ. Heinsius, vir amplissimus et doctissimus, me monuit olim scribi debere, *ripæ Histriæ.* vel *Histricæ; quomodo striculus pro histriculus, Spania pro Hispania,* et alia apud Salmasium ad Tertulliani Pallium inveniuntur : quæ emendatio si vera, non recta. Diocletianus Nicomediam petiit via, verum circumvivit littus illius regionis, vel Histriæ. Vel intelligenda erit ripa Danubii, qui *Hister* etiam vocatur, uti notissimum est. Certe circuitu usus est; et ita etiam Victor de Carino loquitur, qui in Galliis erat : *Illyricum properæ Italiæ circuitu petit.*

CAPUT XVIII.

Conflixerat nuper Maximiano sene. Vel Græcos sequitur, vel excidit particula *cum ;* vel scribi debet *Maximiano seni,* quomodo *certare aliqui dixerunt,* Virgil : Ecl. 5:

Montibus in nostris solus tibi certet Amyntas.

Apud Catullum legimus, *noli pugnare duobus ;* et apud Am. Marcell. xv, 4, *congredi Barbaris :* quamquam possit subaudiri particula *cum.*

Jam fluxisse annos quindecim... Videtur excidisse quibus, ut scripserit Lactantius, *Jam fluxisse annos quindecim quibus in Illyricum,* etc. Cæterum nihil mutandum est cum Baluzio; nam Illyricum stricte sumptum non fuit ad ripam Danubii, verum ad mare Adriaticum, quod et inde *Illyricum* dicitur : deinde non modo Illyricum, sed totus ille tractus usque ad Pontum Galerio commissus fuit. Aur. Victor : *Illyrici ora usque ad Ponti fretum Galerio commissa;* atque

Carpos et Bastarnas ad Danubium habitantes post debellatum Narsea vicit. Scio quidem Illyricam sese longe lateque extendisse his, et maxime sequentibus temporibus; docetque id illustrissimus antistes Petrus de Marca in dissert. de Constantinopolitano Patriarchatu, atque in Baluzium emendationem suam defendere posse: sed quid opus præter necessitatem aliquid mutare?

Erat autem Maximiano filius Maxentius. Herculio igitur natus fuit Maxentius. Sed Trist., t. iii, p. 576, ex Juliani orat. 1, pag. 9, notat Eutropium interrogatam si Maxentius ipsius filius esset, respondisse *illum sibi natum esse ex quodam Syro*: quod si verum, Maxentius non filius, sed privignus Herculii, vel Herculio suppositus fuit. Sed nihil ego quidem tale apud Julianum reperio; isque tantum memorat nonnullos Orientalium narrasse sese aviam Constantii, Constantini Magni filii, avo materno, id est Herculio, conjugem dedisse; quia scilicet Eutropia erat Syra, et ex ea Faustam sustulerat Herculius, Constantini Magni uxorem: qua de re pluribus agam ad cap. 59.

Solitus sit adorare. Scilicet Diocletianus adorari sese primus voluit, cum ante Imperatores salutarentur. Eutropius ix, 16: *Imperio Romano primus regiæ consuetudinis formam magis quam Romanæ libertatis invexit, adorarique se jussit, cum ante eum cuncti salutarentur.* Hieron in Chron.: *Primus Diocletianus adorari se ut deum, et gemmas vestibus calceamentisque inseri jussit, cum ante eum omnes imperatores more judicum salutarentur*; *et chlamydem purpuream a privato habitu plus haberent:* qualia etiam apud Jornandem, et alios legas. Diocletiani mores proculdubio secuti sunt Herculius et Galerius; nec videtur culpandus esse Maxentius, quod divinum honorem imperatoribus reddere noluerit, non minus scilicet ac Macedones, qui ita etiam adulari Alexandro Magno noluerunt: adeo ut non videam, quare *superbum et contumacem* illum hoc respectu vocet Lactantius; nisi forte mos adorandi a Diocletiano incœptus in consuetudinem abierit, et Constantino aliisque etiam usitatus fuerit.

Utrique invisus. Idem traditur in Epitome Victoris: *Is Maximianus carus nulli unquam fuit, ne patri aut socero quidem Galerio*: ubi legendum esse *Maxentius* constat ex Paulo Diacono; notavitque Valesius ad Excerpta, quæ cum A. Marcell. edita sunt.

Constantinus... Nihil mirum huic favere Diocletianum, quippe quem pater Constantius Nicomediam ad eum miserat παιδευθησόμενον, *erudiendum*, teste Praxagora apud Photium; vel ut in aula imperatoris, ut sub oculis quasi ejus, quem *diligentissimum et solertissimum principem* vocat Eutropius, addisceret quæ ipsi quandoque ad imperandum futura essent necessaria. Alii eum *obsidem* narrant fuisse; et certe talis etiam haberi potuit. Excerpta Valesii: *Hic igitur Constantinus natus Helena matre vilissima in oppido Naiso, atque eductus, quod oppidum postea magnifice ornavit, litteris minus instructus, obses apud Diocletianum et Galerium, sub iisdem fortiter in Asia militavit.* Quod proculdubio factum fuit, cum Galerius adversus Narseum bellaret, et Diocletianus Ægyptum rebellantem recuperaret. Nam comitem cum Diocletiano hæsisse legimus in Politia sanctorum patrum Metrophanis et Alexandri apud Photium, p. 1406: *Se autem vidisse* (narrat) *Constantinum* ἐν τοῖς ἐφέβοις τελοῦντα *in Palæstina, cum Diocletiano Ægypto bellum inferenti adesset*; quod etiam moverat seditio: id quod etiam tradit Paulus Diaconus lib. x, nec non Euseb. lib. 1, cap. 19 de Vita Constantini; qui et eum a sese ibi visum fuisse memoriæ mandat.

Sanctissimus adolescens. Id est, integræ et probæ vitæ, qui servabat justitiam, et moribus bonis præditus erat. Aput Vell. II, 53, eo sensu Pompeius vocatur *sanctissimus et præstantissimus vir*; et cap. 29, *innocentia eximius, sanctitate præcipuus.* Plurima in medium tam ex auctoribus, quam inscriptionibus afferri possent exempla: sed illud esset otio suo abuti. In his autem sæpe occurrunt, *Sanctissimus maritus, sanc-* *tissima uxor*, eoque elogio conjuges testantur mortuam, vel mortuum, continenter, sancte et pudice vixisse. Neque enim erudito viro assentior, qui in inscript. Gratianopolitanis arbitratur Valerium quemdam Valerianam uxorem suam consecrasse, eamque propterea SANCTAM vocare. Nam nihil aliud hoc epitheton significat, quam mulierem eam caste vixisse; quomodo Catullus Junonem nominat *sanctam conjugem Jovis.*

Qui enim me privatus contempsit. Atqui jam dignitate auctus, tribunus ordinis primi, et simul filius Cæsaris erat; qualem certe nos hodie *privatum* non vocaremus. Locus hanc in rem est elegantissimus apud Horat. lib. III, Od. 8, quem viros eruditissimos non satis intellexisse arbitror:

> Negligens ne qua populus laboret,
> Parce privatus nimium cavere, et
> Dona præsentis rape lætus horæ, et
> Linque severa.

Martias kalendas celebrat poeta, quia iis prope occisus fuerat ab arbore, uti patet ex II, 13, hortaturque Mæcenatem, ut anniversario illo die sese propter sospitem amicum exhilaret, mittatque curas civiles super urbe; idque eo magis, quia Daci et Cantabri victi, Medi et Parthi inter se infestis armis concurrebant, et Scythæ parabant domuitionem. Hæc cum ita sese habeant, adjicit: *parce privatus nimium cavere:* id est, ne nimis saluti urbis atque adeo imperii intentus sis; vel ne nimium, ut alibi loquitur, *sollicitus urbi timeas*, cum, non sis imperator, et penes quem sit summa rerum, sed *privatus.* Scilicet postquam Romanu res ad unum delata est, omnes alii, licet maximis dignitatibus honoribusque ornati, respectu principis *privati* dicebantur. Hoc est quod Claudius apud Tac. II A., II, identidem interrogat, *an ipse imperii compos? an Silius privatus esset?* id est, num nondum esset factus imperator? Sic *privata spectacula* apud Sueton. Ner. 21, optime interpretatur Torrentius et Casaub. quæ ab aliis, licet magistratus forent; quam imperatore, edebantur; eodemque sensu Tac., c. 39, Agricolam *privatum* appellat; licet cum imperio Britanniæ obtineret. Libera Rep. is *privatus* dicebatur, qui non erat cum imperio, vel illud deposuerat, licet alios honores obtineret, uti ex Suetonio, Cæsare, Cicerone et aliis constat; cumque Cæsares vel imperatores soli imperium obtinerent, reliqui *mandata signa ferrent*, uti eleganter canit Statius, atque adeo magistratus jurisdictionem a Principe acciperent, recte illi *privati* dicti sunt. Parce igitur, Mæcenas, cum ad te cura imperii non pertineat, sed ad Augustum, tanta semper cura providere, ne quid detrimenti populus Romanus *negligens* accipiat. *Negligentem* populum interpretor, salutis suæ negligentem, otio, ludis et desidiæ deditum. Notum est Tacitum initio Annalium notare, *Augustum, ubi militem donis, populum annona, cunctos dulcedine otii pellexit, munia senatus, magistratuum, legum, in se traxisse, nullo adversante*; et Juvenalem Sat. 10 canere:

> . . . Jampridem ex quo suffragia nulli
> Vendimus, effugit curas, nam qui dabat olim
> Imperium, fasces, legiones, omnia, nunc se
> Continet, atque duas tantum res anxius optat,
> Panem et circenses.

Notandum insuper *privatum* interdum *militi* opponi, et tunc significare paganos, vel qui militiæ nomen non dederant. Ipse Lactantius hoc me docuit paulo ante: *probis moribus, et comitate singulari, a militibus amaretur, a privatis et optaretur.* Hac occasione facere non possum, quin Ciceronem simul illustrem. Illi, qui de Jure pontificio scripserunt, quærunt, num Pontifex Max. veteris Romæ privatus sit; multusque est in hac re explicanda Muretus ad 4 Catil., in qua Cicero ita loquitur: *An vero vir amplissimus P. Scipio, Pontifex Max., Ti. Gracchum mediocriter labefactantem statum Reip.* PRIVATUS *interfecit?* Ego, ut quæstionem Mureto, Gutherio et Bosio relinquam, arbitror eum frustra fluctuare, et Ciceroni nunquam venisse in mentem dicere hoc loco Pont. M. esse *privatum*: sed P. Scipionem, qui postea factus est P. maximus, seditionem Gracchi compescuisse, cum adhuc esset privatus. Sic clare et m, et absque ambagibus, *privatum* facit, 1 de Offic.: *Nec plus Africanus singularis, et vir, et imperator in excidenda Numantia reip. profuit, quam eodem tempore P. Nasica* PRIVATUS, *cum Tib. Gracchum interemit.* Et licet Appianus, 1 Bel. Civ., scribat Romanis ducem fuisse Scipionem pont. maximum, καὶ πρῶτος αὐτοῖς ὁ μέγιστος ἀρχιερεὺς λεγόμενος ἐξῆρχε τῆς ὁδοῦ Κορνήλιος Σκιπίων ὁ Νασικᾶς, et Gracchanos cessisse tanto viro, vel κατ' ἀξίωσιν ἀνδρὶ ἀρίστῳ, mihi tamen contrarium plane verum videtur, et major est Velleii auctoritas, qui II, 3, scribit: P. *Scipionem Nasicam privatum et togatum* hæc fecisse, *atque ob eas virtutes primum omnium pont. maximum absentem esse factum*. Compescuit igitur Scipio seditionem *privatus*, et propter tam egregium facinus pontificatum maximum meruit; et quia eam dignitatem paulo post adeptus est, auctores, tempora non satis rite distinguentes, eum scripserunt Gracchum occidisse, cum pontifex maximus foret. P. Licinius Crassus dives pont. max. bello contra Aristonicum gesto periit. Epitome Livii 59: *P. Licinius Crassus cos., cum idem pont. max. esset (quod nunquam antea factum erat), extra Italiam profectus, prælio victus, et interemptus est.* Et quidem coss. Appio Claudio et M. Perpenna, teste Julio Obsequente, cap. 87, id est A. U. C. DCXXIII, cum anno priore Crassus fuisset consul, eodemque in bellum esset profectus, quo ipso anno eum alii etiam per isse volunt. Nullo igitur modo potuit Scipio seditione Gracchana, quæ repressa est anno 620 vel 621, pontificatum maximum gerere: sed occiso Licinio Crasso, primum is honore ipsi oblatus est, et quidem *absenti*, quippe qui, *ut invidiæ subtraheretur, per speciem legationis in Asiam ablegatus erat*, quemadmodum testatur auctor de Viris Illustribus.

Fideliter præbuit. Nimirum stipendia, annonam militarem, quam *præbendam* vocant auctores varii. Dubitavi, fateor, num legi possit *præfuit*: sed priorem explicationem me haud invito amplectitur Columbus; quamquam loca, quæ laudat, sibi adjunctam habeant rem quæ præbebatur, qualia et apud Terent., Ciceron., Horat. aliosque occurrunt. Sed ut *præbere* hoc loco absolute ponitur, ita et *præbitores* in codice Theodos. dicuntur provinciales, qui angarias et vehicula præbebant ad cursum publicum in certis provinciis, explicante Jac. Gothofredo.

Induvitur. Nimirum purpuram, quæ signum erat imperatoriæ et Cæsareæ dignitatis. Ita c. 20 et 28 contrario sensu absolute *exuere* dixit, pro imperium deponere.

Nomen ex parte mutaverat... Locus hic obscurus, et, si quid video, corruptus est; ita tamen, ut levissima mutatione in integrum restitui possit. Dicit igitur Lactantius Galerium Maximianum affinis sui Daiæ vel Dazæ nomen mutasse, quia et ipsius nomen ante mutaverat Diocletianus: unde scribo, *quem recens jusserat Maximinum vocari de suo nomine. Nam et ipsi Diocletianus nomen ex parte mutaverat ominis causa, quia Maximianus fidem summa religione præstabat.* Scilicet Galerius Maximianus ante dictus fuit *Galerius* et cognominatus *Armentarius*, quia, ortus parentibus agrariis, pastor armentorum fuerat. Inde hoc illi cognomen tribuitur ab Aur. Victore in Cæsar.: *Iis de causis Julium Constantium, Galerium Maximianum, cui cognomen Armentario erat, Cæsares creavit*; et in Epitome: *Constantium et Galerium Maximianum, cognomento Armentarium, Cæsares creavit*. Nam quamvis diserte non tradat Galerium ante adeptam Cæsaris potestatem *Armentarium* fuisse appellatum, tamen illud affirmare non dubito; quia verosimile non est aliquem ausurum fuisse eum ita cognominare, postquam ad id honoris fastigium erat elatus: licet non diffitear, mox in eadem Epitome eum, jam Cæsarem, sic appellari. *Ex parte*

A igitur, id est, cognomen *Armentarii* mutavit Diocletianus, illudque, retento *Galerii* nomine, vocavit *Maximianum*; idque ominis causa, quia sperabat eum tam fidem sibi futurum, ac erat Maximianus, cujus nomen alteri dabat, Herculius, de cujus fidelitate ita loquitur Victor: *Maximianum statim fidum amicitia, quamquam semiagrestem, militia tamen atque ingenio bonum, imperatorem jubet.* In Epitome tamen, *carus nulli, ne patri aut socero quidem Galerio, fuisse* dicitur. Sed cum Herculius non fuerit filius Diocletiani, nec Galerium habuerit socerum, legendum utique est: *Is Maxentius carus nulli unquam fuit*; uti supra memini me monere, docuitque non modo Valesius, verum etiam Baluzius.

Hominis causa. Corrupte, ut jam innuimus, pro *ominis causa*. Idem autem vitium etiam est apud Schol. Juven. ad Sat. II, v. 142. *Steriles mulieres februantibus Lupercis sese offerebant, et ferula verberabantur. Hoc homine, qui, etc.*, ubi scribe: *verberabantur. hoc omine; qui.* Reliqua absque mss. ope non videntur sanari posse.

B *Meus est affinis.* Laxo sensu hæc vox sumitur pro sororis filio. Occurrit eadem in nummo, quem vulgavit du Cange in Famil. Byzant. IMP. MAXENTIUS. DIVO. CONSTANTIO. ADFINI: erat autem Maxentius frater ex matre Flaviæ Maximianæ Theodoræ, uxoris Constantini.

CAPUT XIX.

Kalendis Maiis. Recte notat Baluzius hunc verum diem esse, quo Diocletianus et Herculius imperium deposuerunt. Firmat id aliquo modo Eusebius; nam cum narrasset Dionysium decollatum fuisse a. d. 9 kal. April., addit, ἐν τούτῳ, id est, *per*, vel *circa idem tempus*, mutationem factam esse imperatorum. Erat igitur Idatius in Fastis, qui illud accidisse scribit kalendis Aprilibus: et potuit non satis bene intellexisse Eusebium, illudque ἐν τούτῳ, ad *kal. Aprilis*, utpote proximas, retulisse: sed ex Lactantio patet de longiori tempore hoc intelligendum esse. Zozimum idem narrare notavit Columbus, quod tamen nullibi apud eum extat; et puto virum cl. non cepisse Baluzii mentem, quippe qui scribit, mendum quidem esse apud Zozimum et in Fastis Idatianis, ubi ista contigisse dicuntur Diocletiano IX et Maximiano VIII coss. die kal. aprilis. Sed puto virum præclarum innuere Zozimum narrare id accidisse Dioclet. IX et Maximiano VIII coss. Idatium vero eosdem consules et kal. aprilis memorare. Præterea Maximianum octavo suo consulatu sese imperio exuisse testatur etiam auctor panegyrici ipsi et Constantino dicti, c. 8, qui etiam mox nos docet Diocletianum tunc valetudine et annis laborasse, Maximianum vero integris solidisque fuisse viribus.

Priores militum... Sic *prior civitatis* in passione S. Mammarii apud Mabill. IV, Annal., p. 94, *priores scrinii* in cod. Theodos. et *prior loci*, *prior scholæ*, et similia apud du Cange in Glossario occurrunt.

D *Columna cum Jovis signo.* Solebant veteres in locis publicis, et celebritate aliqua solemnibus, columnas erigere, illisque vel deorum, vel imperatorum statuas imponere. Multis id exemplis firmari, si id agerem, posset: sed moneo tantum Constantinopoli columnæ, quæ hodieque ibi extat, fuisse impositam Marciani imperatoris statuam, addita hac inscriptione, teste Sponio:

PRINCIPIS HANC STATUAM MARCIANI
CERNE TORUMQUE
TEREIUS VOVIT QUOD TATIANUS OPUS.

Vir eruditus arbitratur cor Marciani vasi, quod columnæ imponitur, quadrato inditum, et cadaver forte sub columna positum; sed videant eruditi, num potius scrib. debeat Forumque. Hic autem forte Jovis statua fuit collocata, quia Diocletianus Jove genitus volebat videri; *Jovius* propterea dictus, uti notissimum. Tristanus, t. III, p. 332, videtur innuere Diocletianum purpuram deposuisse in templo Jovis. Certe scribit eum et Maximianum usos esse his verbis, cum purpuram deponerent: *Recipe, Jupiter, quod optasti. Ce que Dioclétian fit à Nicomédie, et Maximian à Milan, dans le temple de Jupiter, usans tous deux de ces termes: Recipe,* etc. Sed auctor paneg., c. 12, unde hæc petita sunt, ne *templi* quidem meminit; et deinde de Maximiano solo loquitur, nulla mentione Diocletiani facta. Eumenius tamen, c. 13 panegyrici Constantino dicti, haud obscure innuit Herculium in Jovis, et quidem Capitolini, templo deposuisse imperium. Nam postquam laudasset Diocletianum, quod imperium resumere nollet, addit: *Hunc ergo illum, qui ab illo fuerat frater adscitus, puduit imitari: huic illum in Capitolini Jovis templo jurasse pœnituit: non mirum, quod etiam genero pejeravit,* id est: Herculius non imitatus est Diocletianum, et ipsum pœnituit se jurasse in templo Jovis Diocletiano sese ipsius exemplo bona fide imperium deponere. Gesta autem hæc sunt ab Herculio Mediolani, ne quis forte Romam intelligat, propter Jovis Capitolini mentionem. Nam, exemplo Romæ, etiam capitolia in aliis urbibus fuerunt: quod de *Capua* testatur Suetonius in Tib., c. 40; de *Tolosa*, passio S. Saturnini apud Chifletium, et Ado in martyr., p. 195; de *Ravenna*, idem, p. 118; de *Augustonudo*, Eumen. in orat. de Restit. Scholis; de *Corintho*, Pausanias: quam in rem videri etiam potest Velserus, l. IV Rer. Aug. et in commentario, ad conversionem S. Afræ. Columna autem græcis στήλη dicitur; quæ vox frequenter etiam *statuam* notat, id quod sæpe viri eruditi non observant: in Anthol., l. IV, c. 8, tit. εἰς εἰκόνας, etc., occurrit epigramma Posidippi εἰς στήλην Ἀλεξάνδρου τοῦ Μακεδόνος, quod male vertitur *in columnam Alexandri:* id quod mirandum certe, quia poeta celebrat statuam Alexandri a Lysippo factam. Sic στήλην Ἀμαζονίδα, quam celebrat Plato in Axiocho, non puto reddendam esse *columnam*, verum *statuam Amazonis*; quod vitium etiam interpretes Plutarchi committunt in vita Thesei: *Nam is Hippolyten vocat eam, quam Theseus habuit, non Antiopen.* Quidam vero aiunt hanc cum *Theseo pugnantem occubuisse jaculo a Molpadia transfixam:* καὶ τὴν στήλην παρὰ τὸ τῆς γῆς Ὀλυμπίας ἱερὸν ἐπὶ ταύτῃ κεῖσθαι; *eique statuam eam, quæ est juxta telluris Olympiæ ædem, positam esse: male vulgo columnam impositam esse.*

Huic purpuram Diocletianus injecit suam. Nimirum Maximino Dazæ, sive Daiæ. Verum hic interrogare eruditos libet, num inter purpuram imperatoris et purpuram Cæsaris aliquam differentiam fuisse existiment. Certe contrarium suadet hic locus, quia Diocletianus Augustus purpura sua induit Cæsarem Maximinum; et inde iterum res quæsitu digna est, quo insigni imperatores a Cæsaribus fuerint distincti. Nam tam Cæsares quam imperatores etiam diademata gestasse ex nummis patet, docueruntque illustres viri Spanhemius dissert. 8, et du Cange, numero 16 dissertationis de inferioris ævi Numismatis; ita tamen, ut interdum Cæsarea dignitas daretur χωρὶς τοῦ διαδήματος, uti ex Chrysostomo notat ille: quomodo Demetrius rex Syriæ Myrmem Samium habuit κοινωνὸν ἔξω τοῦ διαδήματος, teste Athenæo, lib. XIII, et quomodo Philostratus, lib. VII extremo, ἐν Καίσαρος σχήματι, et ἐν διαδήματι opponit: ubi Julianum scribit *in habitu Cæsaris vixisse annos quinque, post Constantium vero cum diademate duos et dimidium.* Unde clarissime patet illo tempore *diadema* solis Augustis fuisse reservatum; quamquam extent nummi in quibus Julianus diadematus cernitur cum Ins. D. N. JULIANUS NOB. CAES., quos ex alterius partis Inscriptionis VOT. V. MULT. ultimo Cæsareæ dignitatis anno percussos fuisse constat; cæteroquin in plerisque Cæsar Julianus absque diademate vel corona laurea cernitur. Unde et Julianus cum vivo Constantio a militibus Augustus crearetur, diademate, vel torque, quia illud non aderat ad manus, coronatus fuit; *uti coronatus speciem saltem obscuram superioris prætenderet potestatis,* teste A. Marcell. l. XX, c. 4, ubi etiam notandum Cæsarem Julianum testari *se nunquam diadema habuisse:* unde certe mirum es: eum in nummis adhuc Cæsarem diadematum cern, nisi ille signatus fuerit eo ipso tempore quo dictus fuit Augustus, quia, teste eodem, lib. XXI, *quinquennalia jam Augustus edidit:* vel potius hoc adscribi debeat monetariis. Cæteroquin Constantius Chlorus, Constantinus, M. Licinius Junior, Crispus, Constantinus Junior, Constantius et Decentius Cæsares, in nummis apud Du Cange occurrunt vel radiati, vel laureati, vel nudi capita; nisi quod CONSTANTINUS IUN. NOB. CAES. etiam diademate, sed gemmis non ornato, cingatur in nummo uno. Diadema autem primus Romanorum imperatorum sumpsisse dicitur Caius Cæsar, vel. Caligula ab Aur. Victore: *Primus, diademate capiti imposito, Dominum se jussit appellari:* sed major Suetonio habenda fides, qui scribit eum non multum abfuisse quin diadema sumeret, speciemque principatus in regni formam converteret, cap. 22. Quin et oblitus sui Victor in Epitome, Aureliano hoc tribuit: *Iste primus apud Romanos diademata capiti innexuit;* cumque Cedrenus aliique moris hujus Constantinum Magnum faciant auctorem, vel dicendum est cum Valesio, ad lib. XXI, Amm. c. 1, Aurelianum non perpetuo usum eo fuisse, verum in festis duntaxat ac solemnioribus diebus; Constantinum vero primum perpetuum diadema gestasse, idque exinde inter insignia Augusti imperii fuisse habitum, nec Cæsaribus concessum: vel Aurelianum diadema innexuisse capiti absque gemmis, Constantinum vero illi gemmas addidisse, quomodo certe in nummis ornatus occurrit. Aurelianus non conspicitur diademate cinctus; nisi quod Trist. t. III, p. 211, nummum laudet, cujus in una area conspicitur *Vaballathus*, in altera *Aurelianus*, ita ornati; putatque lle nummum hunc percussum esse in Oriente a Vaballatho, ut indicaret se imperium Aureliano submittere, illudque significare *diadema*, quo Romani nondum capita suorum imperatorum hoc tempore cingebant. In nummo, quem similem plane publicavit Patinus, Aurelianus corona laurea cingitur, et Vavallathus diademate. Sed ante Aurelianum Antonius Caracalla diademate usus est, si modo nummis Græcis fides haberi debet; Tristanus enim t. II, pag. 215, edidit unum in quo inde cernitur triremis, et ΑΝΤΩΝΕΙΝΙΑΝΗΣ ΣΕΤΗΡΑΣ, infra ΤΑΡΣΟΥ ΜΗΤΡΟΠ. hinc vero Caracallo ex ejus sententia diademate cinctus, et ΑΥΤ. Κ. Μ. ΑΥΡ. ΕΥΘΡΟΣ. ΑΝΤΩΝΕΙΝΟΣ: nis dicamus hoc Tarsenses pro more Orientalium regum fecisse, nec diademate Caracallam usum esse unquam. Imo ante Caracallam Heliogabalus diadema, et quidem gemmatum usurpavit, uti notat illustris Salmasius, p. 370 Exerc. Plin.: *Diadema*, ait, *regium fascia erat candida et lata: tales erant sacerdotum infulæ ... Diadema Romanorum imperatorum tale fuit, quod primus Heliogabalus gemmatum usurpavit: diadema post Julium Cæsarem uti tentaverat Caligula; post Diocletianum vero omnes gemmato usi sunt.* Velim certe vir maximus hoc nos clarius docuisset. Herodianus quidem Heliogabali caput lib. v scribit exornasse στέφανον λίθων πολυτελῶν χροίᾳ διηνθισμένον, *et coronam pretiosorum lapidum coloribus florentem;* et alib eumdem habuisse impositum ἐν εἴδει θιάρης στεφάνων χρυσῷ καὶ λίθοις ποικίλοις τιμίοις, *coronam ad tiaræ formam auro lapillisque pretiosis insignem.* Sed non fuit hoc proprie *diadema*: deinde gessit illud Heliogabalus, non ut imperator, verum ut sacerdos dei sui, uti vel Herodianum inspicienti patebit. Sed ut diademate relicto ad purpuram revertar, arbitror primum constare Diocletiani tempore nihil ad aliquem Augustum vel Cæsarem declarandum opus fuisse, quam purpuræ injectionem; et si diadema etiam illi rei inserviisset, illud Lactantium silentio non præteriturum: deinde *purpuram* insigne tanti fastigii fuisse. Inde Constantino, quem milites, mortuo patre, Augustum fecerant, Galerius *purpuram mittit, ut ultro adscivisse illum in societatem videretur*, cap. 25 infra; et Maxentius *patri suo, post depositum imperium in Campania moranti, purpuram mittit, et eis Augustum nominat*, cap. 26. Hinc qui sese imperio exuebant purpuram tradebant victori: ibid. *Dedit se ipse, vestemque et purpuram* (id est, purpuream vestem, purpureum paludamentum) *eidem a quo acceperat reddidit*; rursus: *Non invito populo, cui erat conciliatus, Maxentium purpuram induerunt:* nimirum milites, qualia etiam videri possunt cap. 28, 29, 32, 47 et 50. Sed nota hæc sunt; et de hac purpura videri nonnulla possunt apud. Rad. Fornerium, v, 30 Rer. Quotidianarum.

In patriamque dimittitur. Id est, Diocleam, prope Salonas Dalmatiæ oppidum, ubi præclaro otio consenuit, uti notat vir doctissimus. *Diocleam* certe patriam fuisse Diocletiani tradit Aur. Victor, eumque secutus Paulus Diaconus, lib. xi. Verum eum *Salonas* concessisse scribunt Eutropius, lib. x, et Zonaras: adeo ut *in patriam* possit exporri, in Dalmatiam, vel Salonas, uti nunc equidem mihi videtur. Aur. Victor certe Diocletiano, Herculio, Galerio et Constantino Illyricum scribit fuisse patriam. Constantinus Porphyr., l. ii Them., 9, Diocletianum oriundum facit ἀπό τινος χωρίου Σαλώνας; et vel Salonam vocat χωρίον, quia a Sclavis tunc temporis erat vastata et deleta, vel designat agrum Salonæ vicinum; vel χωρίον significat urbem, et ita Salonis ipsis natus esset. Zonaras enim ita loquitur: Διοκλητιανὸς ἐν Σάλωνι πόλει τῆς Δαλματίας διῆγεν, ἥτις ἦν αὐτῷ καὶ πατρίς, quæ nimirum urbs erat ipsi patria. *Dioclea* autem, vel *Diocla*, versus Epirum sita, et longe a Salona remota; nec puto plures eo nomine urbes fuisse. Salonam concessisse Diocletianum non modo patet clarissime ex responso quod Herculio et Galerio ad resumendum imperium eum in hortantibus dedit: *Utinam Salonæ possetis visere olera nostris manibus instituta! profecto nunquam istud tentandum judicaretis*; verum etiam ex palatio Diocletiani, quod prope Salonas fuit, quodque hodie *Spalato* dicitur, uti clare docet Sponius ὁ μακαρίτης, nec non Georgius Wheler, eques Anglus, qui diligentissime illud descripserunt. Quin et in hoc palatio, vel hac villa mortuus est Diocletianus. Hieronymus in Chron.: *Diocletianus haud procul a Salonis in villa sua Spalato* (aliis *Aspalato*) *moritur, et solus omnium privatus inter deos refertur*. Quæ verba, si ab Hieronymo omnia profecta sunt, certe ante plus quam quadringentos annos palatium hoc *Spalatum*, vel *Aspalatum* dictum fuit. Sed mihi latinitatem Hieronymi temporis consideranti videbatur nonnunquam vocem eam oram, ut loquuntur, libri adscriptam esse, et inde inter ipsa auctoris verba locum suum repetisse; atque id a vero alienum eo minus videtur, quia Eutropius, a quo Hieronymum hæc hausisse non absque ratione suspicatur Scaliger, scribit: *Diocletianum privatum in villa, quæ haud procul Salonis est, præclaro otio consenuisse*. Occurrit tamen et eadem vox in Notitia imperii. *Procurator Gynæcii Jovensis Dalmatiæ Aspalato:* adeo ut iis repugnare nolim, qui vocem hanc quadringentis annis vetustiorem faciunt; nisi eam quis censeat hic etiam adjectam explicationis causa fuisse. Habuit igitur Diocletianus prope Salonas vel am vel palatium suum; ibi mortuus, ibique forte etiam sepultus est. Amm. Marcell. xvi, 8, sepulchri ejus meminit: *Velamen purpureum Diocletiani sepulchro furatus quibusdam consciis occultaba*. Eruditissimus Valesius credit fornices et cameras subterraneas eleganti opere structas, Aspalathi Constantino Porphyrogenetæ descriptas, sepulchrum ipsum Diocletiani esse; quamquam tutius mihi videatur esse censere istas palatii totius esse reliquias, quod vastissimum fuisse ex Sponio constat. Neque modo Diocletianus sit sepultus, verum etiam inter deos relatus fuit; et arbitratur Valesius velamen purpureum in ejus sepulchro positum consecrationis certissimum indicium esse. Scio Eutropium atque Hieronymum narrare

nulli post natos homines præterquam Diocletiano contigisse, *ut, cum privatus obiret, inter deos tamen referretur*; sed non video, quale indicium *purpureum paludamentum* ejus honoris præbere potuit, cum potius id ve. lectulo ferali, vel sepulchro fuerit impositum, ad indicandum eum imperatorem fuisse. Deinde mirum mihi admodum videtur neminem præter laudatos auctores de Diocletiani consecratione loqui; nec eam vel in nummis, vel marmoribus occurrere, cum cæteroquin vivi imperatores pietatem suam his monumentis in defunctos testari soliti sint. Quid revera dicam hac de re, vix habeo, cum mihi verosimile non videatur Constantinum vel Licinium hunc honorem Diocletiano habuisse; quippe qui putabant eum Maxentio ac Maximino favisse, uti patet ex Victoris Epitome, et quorum Constantinus etiam passus est ipsius picturas una cum Maximiani picturis detrahi, teste Lactantio, c. 42. Galerius tamen Maximinus apud Euseb. ix, 10 Hist. Eccl., Diocletianum et Maximianum vocat θειοτάτους, quod non incommode vertitur per *Divos:* quamquam ita potuerit appellari a Christianorum itidem persecutore, honoris causa, licet consecratus non fuerit; qui honor tamen Maximiano Herculio, si modo is vertilligitur, et non potius Galerius Maximianus, a Maxentio habitus fuit. Ut autem ad patriam Diocletiani revertar, arbitror eum natum esse Salonis, vel prope Salonas, sive in agro urbis illius suburbano, quia dicitur *in patriam suam* a Lactantio revertisse, et quia constat eum prope Salonis, deposito imperio, privatum vixisse. Sed tamen Victor *Diocleam* memorat, urbem Epiro proximam: *Diocletianus Dalmata, Anulini senatoris libertinus, matre pariter atque oppido nomine Dioclea, quorum vocabulis, donec imperium sumeret, Diocles appellatus*. Nullis ambagibus utitur Victor, clareque dicit Diocletianum vel Dioclem a matre et oppido, in quo natus erat, nomen suum traxisse. Quid tam veteri auctor tati opponam nescio fere; nisi dicamus cognatione nominis deceptum Victorem, vel verba luxata et hoc suo mota esse. Sane hunc scrupulum de nihilo non esse alii mecum, ut arbitror, sentient, qui Pauli Diaconi, qui ubique Victorem sequitur, verba inspicient: *Matre, oppido pariter atque nomine Dioclea, quorum vocabulis, donec imperium sumeret, Diocles est appellatus*. Longe hinc alius exoritur sensus; et Paulum si sequimur, Diocletianus non erit natus in urbe Dioclea: verum mater ibi edita in dias luminis oras idem nomen gessit, et ab ea, ut et oppido, unde fuit oriunda, filius Diocles fuit appellatus; potuitque eum mater prope Salonas, vel in ipsa ea urbe parere, licet oriunda foret Dioclea.

Sed quoniam nova editio Lactantii adhuc sudat sub prælo, facere non possum quin iis quæ de urbe Dioclea notavi nonnula addam, si forte inde Diocletiani historia magis illustrari possit. Observo igitur, ex urbe illa oriundam Diocletiani matrem, aliosque in ea natum esse ipsum Diocletianum narrare. Sed intercedit Constantinus imperator; isque, cap 29, de *administrando imperio*, scribit κάστρον Διοκλέαν, quod suo tempore παρὰ τῶν Διοκλητιανῶν habitabatur, a Diocletiano exstructum esse; et cap. 35, regionem Διοκλέαν nomen habere a castro ibi a Diocletiano exstructo, quod habitatoribus vacuum tunc etiam Dioclea vocabatur. Quin et cap. 31 necnon 35 testatur Diocletianum Romanos multos Roma exitos in Dalmatia collocasse; et proculdubio tunc etiam Diocleam exstruxit, vel potius eo coloniam traduxit, locumque, ex quo mater erat oriunda, ornavit ac ampliorem reddidit. Ut enim Constantinus cap. 30 scribit Salonam castrum esse ἔργον Διοκλητιανοῦ βασιλέως, cum tamen urbem eam constet longe vetustiorem esse, atque adeo eamdem a Diocletiano nonnisi ornari, augeri vel muniri potuisse: ita etiam Diocleam ab eodem principe ornatam et auctam fuisse existimo, quod per *condere* Latini, per κτίζειν et οἰκοδομεῖν Græci exprimebant. Sed et illud observandum, eodem in libro bis mentionem *Aspalati* fieri. Nam cap. 29 imperator memorat *Diocletianum* τοῦ Ἀσπαλάτου κάστρον ὅπερ παλάτιον μικρὸν ἑρμηνεύεται exstruxisse; habuisse veluti domum illud, propriam aulam et palatia ibi ædificasse, pleraque eorum periisse; superesse ἐπισκοτεῖον τοῦ κάστρου, et templum S. Domnii, quod fuerat cubiculum imperatoris; subter esse rotundos fornices, eosque fuisse custodias, in quas sanctos immaniter a se cruciatos conjiciebat; castrum hoc non exstructum esse ex latere, neque enchorego (materia quædam est), sed ex lapidibus quadratis inter se ferro ac plumbo liquefacto coagmentatis; esse ibi columnas complures cum epistyliis, inque iis voluisse Diocletianum exstruere fornices, et tegere oppidum, superque illos fornaces domos binarum aut trinarum concamerationum (nam ita puto Græca verba reddenda esse), mœnia autem urbis non habuisse περίπατον, neque propugnacula, sed muros solum altos (καὶ τοξικὰς φωταγωγούς) in quibus foramina erant ad emittenda. Capite 30 iterum scribit *Salonam et Aspalathum a Diocletiano exstructa, et hic ejus palatium fuisse.* Horum ego certe nonnulla fabulis annumeranda esse existimo. Nam primo totam urbem fornicibus tegere, et iis domos imponere Diocletianum voluisse, vix est verisimile: deinde quæ de martyrum cruciatibus narrantur vana sunt, cum nemo Veterum memoret Diocletianum, postquam Salonas deposita purpura concessit, in Christianos sævisse; et tandem dubito valde, num *Aspalathum* significet *parvum palatium*. Præterea observandum Constantinum Porphyrog. c. 30 Diocleam facere propinquam oppidis Dyrrachii regionis, nullum illi aliud eo nomine memorari, et proinde unam tantum sic dictam urbem proculdubio in eo tractu fuisse; et tandem Constantium, Constantini Magni patrem, cap. 53 *Constantem* perpetuo appellari; ibidemque narrari, eum, cum esset Τριβοῦνος, contra Sarmatas ad Halyn fluvium jussu Diocletiani exercitum duxisse, atque adeo ipsum, antequam Cæsar vel Augustus fieret, in Asia militasse.

Orientem calcandum. Id est vastandum, perdendum, conculcandum. Et ita loquebantur de gente victa, cui propterea in nummis imperatores pedum plantas imponunt. *Calcare gentem,* Justinus, lib. XII extremo; *calcare tyrannos,* Corippus; *calcare mortem,* Julius Firmicus (apud quem duriore metaphora etiam *calcare undas sub remis* legitur) dixerunt. Huc respicit Ovid. IV Trist. 2:

Crinibus en etiam fertur Germania passis,
Et ducis invicti sub pede mœsta sedet.

Et l. II El. 2. ex Ponto:

Nec dedignata est abjectis Illyris armis
Cæsareum famulo vertice ferre pedem.

Prudent., lib I contra Sym., v. 462, et lib. II, v. 748, similiter loquitur; et quomodo Maximinus Orientem perdiderit et vastaverit docet Lactantius, c. 58.

CAPUT XX.

Natura mitis esset. Quod et inde patuit, si Orosio fides habenda, VII, 25, quia Galerio cessit Italia et Africa, contentusque fuit Hispania et Gallia. Sed unde hæc hauserit ille ignoro, cum Diocletianus sibi et Galerio retinuerit Orientem late sumptum, Constantio autem dederit Britannias, Hispanias et Gallias, Maximiano vero Herculio Illyricum, Italiam et Africam, uti commentatur illustris Antistes P. de Marca initio dissertat. de Patriarchatu Constantin. Sed apud Socratem, quem laudat, nihil aliud reperio, quam Diocletianum Nicomediæ τὰ βασίλεια, sive regiam. constituisse. Victor ita de hac re loquitur: *Quasi partitio imperio, cuncta, quæ trans Alpes Galliæ sunt, Constantio commissa; Africa Italiaque Herculio, Illyricique ora ad usque Ponti fretum Galerio: cætera Valerius retentavit;* quæ claré docent, Orosium dormitasse plane, cum hæc scriberet.

Ne filium nominaret. Ita Cæsares vocabantur ab Augustis, uti docet Baluzius ad cap. 8. Incertus auctor Panegyric., qui est dictus Maximiano Herculio et Constantino, cap. 3: *O divinum tuum, Maximiane, judicium, qui hunc tibi jure adoptionis nepotem, majestatis ordine filium, etiam generum esse voluisti!* Scilicet Herculius adoptaverat Constantium, patrem Constantini, qui inde ipsius nepos erat factus; uti majestatis ordine filius, quia Cæsar ab eo creatus, vel quia ab eo tunc temporis renuntiatus fuerat imperator: quod interdum factum fuisse ex Inscriptione veteri ad cap. 8 doceo. Maximinus, apud Euseb. IX, 10 Historiæ Ecclesiasticæ, Diocletianum et Maximianum vocat θειοτάτους γονέας, quia ab iis erat factus Cæsar.

CAPUT XXI.

Tanquam familia utantur. Id est tanquam servis, qui per *familiam* designatur. Phæd. Fab. 58.

Æsopus domino solus cum esset familia;

id est, cum nullum alium servum haberet quam Æsopum; Fab. 46: *frusta jactat familia.* Sed nota hæc sunt. Reges autem Persarum omnes subditos ut servos existimasse docet multis exemplis Brissonius lib. 1 de Regno Persarum.

Honores ademit. Forte ideo, ut torquer possent; cum cæteroquin Decuriones et honorati viri legibus Romanorum a tortura forent exempti, ut notat ad hunc locum Baluzius. Inde Amm. Marcell. XXVIII, 7, de Valentiniano: *His ille cognitis efferatus, at erat vitiorum inimicus acer magis, quam severus, sino proloquio in hujusmodi causas, quas arroganter proposito majestatis imminutæ miscebat, omnes quos juris prisci justitia, Divorumque arbitria quæstionibus exemere cruentis, si postulasset negotium, statuit tormentis affligi.* Verum, cum postea legati nobilitatis decreto missi orarent, *ne delictis supplicia sint graviora, neve senator quisquam inusitato et illicito more tormentis exponeretur, emendatum est crudele præceptum,* uti idem loquitur; torlique honorati tantum sunt in crimine majestatis, quemadmodum docet Valesius, et ante eum Fornerius, III, 8, Rer. Quotid. Sic Lampadio oblata prius fuit dignitas præfecturæ, antequam tortus est, teste Amm. Marcell., lib. XV; quam in rem plura possunt videri apud Langlæum, lib. XIII, c. 1 Semestrium. Et huc pertinet aliquo modo locus elegans qui extat in Libello precum Faustini: *Sed Clementinus, licet non esset christianus, tamen exhibens reverentiam nomini episcopatus, in eo maxime homine, quem videbat rationabiliter et fideliter obtinere, respondit Osio: Non audeo, inquiens, episcopum in exilium mittere, quamdiu in episcopi nomine perseverat: sed da tu prior sententiam, eum de episcopatus honore dejiciens, et tunc demum exequar in eum quasi privatum, quod ex præcepto imperatorum fieri desideras.*

Lusorium. Scilicet *lusus* habebatur cum ursis aliisque feris bestiis pugnare; eratque illud inter juvenum exercitia. Infra c. 24: *Sub obtentu exercitii ac* LUSUS *feris illum objecerat.* Et forte *lusorium* hinc nomen habet, quia homines ad id exercitati cum feris quasi ludebant, et eas irruentes saltibus aliisve modis frustrabantur, uti clarissime patet ex Diptycho Leodiensi, et iis quæ ad illud notat Wilthemius, cui ac di potest Buleng. c. 29, de Ven. Circi.

Afferri nominatim jubebat. Nomina scilicet sua habebant hæ feræ, quomodo apud Marcell. l. XXIX, una ursarum, quas Valentianus alebat, vocabatur *Mica aurea,* altera *Innocentia.* Est gemma apud Leonardum Augustinum, præcipuum Urbis Antiquarium, part. II, N. 32, in qua cernitur homo flagellum tenens, eoque demulcens ursam ipsi assilientem, cum hac inscriptione in circuitu: ΕΥΤΥΧΙ ΜΑΡΚΕΛΛΕ, et supra dorsum bestiæ, ΕΙΡΗΝΗ, quorum hoc nomen proprium esse ursæ, altero vero homo bestiam circumducens bonam fortunam videtur exoptare. Et ita *equos* nomina singulos sua in Circo habuisse, ex Suetonio, Dione, inscriptionibus vetustis tam a Grutero quam Sponio editis constat.

Non plane comedendi, sed *absorbendi*. Scilicet ursi lambere et sorbere sanguinem, et ita corpus consumere solent : unde σἱμοδόροις θηρσὶν eos recte accenset Eusebius vul, 7 Hist. Ecc. *Obsorbere* autem etiam apud Plautum Truc. 2, 3, 30, occurrit : *Quæ obsorbent quicquid venit intra pæsulos*; et Mil. 3, 2, 21, *quia enim obsorbui. Nam nim s calebat, amburebat gutturem*. Sed quia ursorum mentio, tentabo explicare unum et alterum passionis SS. Perpetuæ et Felicitatis locum, qui elegantes admodum, nec satis, quod sciam, explicati sunt. Commodum imperatorem Xiphilinus ex Dione narrat venationibus et confectionibus ferarum operam diligentem dedisse, atque inter cætera his verbis utitur : διείληπτο γὰρ τὸ θέατρον πᾶν συμπήκτοις τισὶ διαμέτραις τήν τε στέγην περίδρομον ἔχουσι, καὶ διχῇ τέμνουσιν ἄλληλα, ἵν' ἐξ ὀλίγου πανταχόθεν τετραχῇ τὰ θηρία μεμερισμένα ῥᾷον ἀκοντίζηται. *Erat enim divisum theatrum omne connexis quibusdam diametris tectum habentibus, circa quod inambulari poterat, ac sese bifariam secantibus, quo facilius undique ex angusto loco belluæ divisæ in quatuor partes jaculis trajicerentur*. Lucas Holstenius, vir paucis comparandus, censet Xiphilinum loqui de *pontibus amphitheatri*, quorum mentio in passione SS. Perpetuæ et Felicitatis, ad quam hæc notat : « Quod paulo ante *pontis* est mentio, videtur institutum Commodi factum, ut in Amphitheatro *pontes* essent. Refert enim Xiphilinus in Commodo hunc imperatorem per Amphitheatri arenam PONTES struxisse, ut inde feras conficeret. » Sed institutum Commodi nihil commune cum his pontibus habere persuasus sum, speroque id alios mecum existimaturos, qui Dionis et Passionis antiquissimæ verba conferre atque examinare velint. Commodus enim amphitheatrum divisit συμπήκτοις τισὶ διαμέτροις, id est, inter se junctis, et in altum erectis tabulis, quæ amphitheatri arenam in quatuor æquales partes ad hunc modum secabant. Has namque machinas ex ligno fuisse satis indicat τὸ πήγνυμι, quia ea vox de ea materia fere semper et proprie usurpatur. Σηκτὰ δωμάτων, compactitia ædium sunt fores, quæ ex pluribus tabulis compinguntur ; πῆγμα, *pegma*, machina lignea in amphitheatro, de qua multa satis monuerunt eruditi. Diametri insuper cingebantur στέγῃ περιδρόμῳ, quo significat Dio in orbem amphitheatri porticum esse tectam factam, per quam circumire, et ex qua bestias jaculis commodissime conficere poterat imperator. Male interpres tecum diametris tribuit, illudque plane a mente auctoris alienum esse sequens schema palam faciet.

A. Amphitheatrum. B. περίδρομος. C. D. primus diameter. E. F. Alter diameter, qui ambo se invicem in angulos rectos secant.

Firmat hoc plane Herodianus, lib. 1 de eadem re verba faciens : τῷ δὲ Κομμόδῳ ΠΕΡΙΔΡΟΜΟΣ ΚΥΚΛΩ κατεσκεύαστο, ὡς μὴ συστάδην τοῖς θηρίοις μαχόμενος κινδυνεύοι, ἄνωθεν δὲ καὶ ἐξ ἀσφαλοῦς ἀκοντίζων εὐτοξίας μᾶλλον ἢ ἀνδρείας παρέχοιτο δεῖξιν, id est, interprete Angelo Politiano : *Ubi cum spectaculi dies adfuit, pleno amphitheatro exædificatus Commodo peridromus fuerat, per quem decurrere in orbem posset, ne coninus cum bestiis pugnans periclitaretur, sed superne ac de tuto loco tela jaciendo, jaculandi potius scientiam, quam fortitudinem, ostentaret; et paulo post ait ipsum in orbem currentem superne jaculis confodisse nobilissima animalia* : τερθέων ἄνωθεν κατηκόντιζεν. Peridromum, seu porticum, etiam Herodianus narrat : sed addit præterea Dio, καὶ διχῇ τέμνουσιν ἄλληλα, *ac sese bifariam secantibus*; vel, ut ego redderem, *ac sese æqualiter secantibus*. Sic enim locutus est Aristoteles lib. vi Polit c. : Ἐὰν διχῇ γένηται ἀκοντίσιον, *si judicium æqualiter in duo dividatur*. Neque certe alia sectio potest intelligi, cum paulo post dicat animalia quadrifariam fuisse partita, et diameter vix usurpetur, nisi cum totum in duas partes dividitur æquales, ut facili opera patet ex diametro globi terrestris, aliorumque circulorum, per quorum centrum ductus binas partes æquales facit. In hoc amphitheatro duplex diameter est : unus in latitudinem, alter in longitudinem ductus; unde factum, ut moles illa divideretur in quatuor partes æquales : quod fieri in figura proposita liquido apparet. Rationem autem reddit Dio : ἵν' ἐξ ὀλίγου πανταχόθεν τετραχῇ τὰ θηρία μεμερισμένα ῥᾷον ἀκοντίζηται : *quo facilius undique ex angusto loco belluæ divisæ in partes quatuor jaculis trajicerentur*; vel, ut ver endum censeo, *quo facilius undique brevi tempore*. Cæterum merito quæri potest qua tandem ratione spectatores confectionem ferarum videre potuerint, si peridromus a summo ad imum ex tabulis fuerit compactus. Nam si ea forma fuit, nullo modo spectaculo homines frui potuere. Puto igitur, vel hunc peridromum atque diametros non adeo altos, et inferiora sedilia vacua relicta fuisse; vel diametros quidem in altum erectos, peridromi vero partem inferiorem visui perviam, eumque tantum in superiore parte fuisse factum, ita ut Commodus circumire, et bestias jaculari, spectatores vero omnia oculis haurire possent. Cum hoc Commodi instituto *Pontes*, qui laudantur in passione, nihil commune habent; aliumque eorum usum fuisse luce meridiana clarius docebo, ea tamen lege et conditione, ut de eorum origine, quæ plane ignoratur, nihil in medium allaturus sim. PONTES igitur fuerunt tabulata allevata in modum pontium, ita ut una pars terram tangeret, altera vero pedibus ligneis, ex aliave materia factis, allevaretur, in quibus damnati ab bestias statuebantur vel constringebantur, ut majore impetu feræ in eos ferrentur, et dilaceratio seu *vexatio*, ut loquebantur, ab omnibus posset conspici. Nulla tum erat amphitheatri divisio, sed in ipsa arena patente, omniumque oculis exposita, PONTES erant exstructi ad hunc ferme, ut opinor, modum. Firmat certe explicationem hanc Passionis auctor : *Et cum ad ursum substrictus esset in ponte, ursus de calea prodire noluit*; id est, cum martyr vinctus in ponte deponeretur, ut ursus in eum impetum facere et sævire posset, quod paulo ante, *apro subligare et subministrare* dixit : *Itaque cum apro subministraretur, venator petius, qui illum apro subligaverat, suffossus ab eadem bestia post dies muneris obiit*; id est, dum in ponte, vel certe arena deponeretur vinctus, et offerretur apro dilaniandus. Atque hic pons in eadem Passione pulpitum appellatur. *Itaque in commissione spectaculi revocatus, leopardo expertus, etiam super pulpitum ab urso erat vexatus* ; sive, in pulpito vel ponte pos tus, primum a leopardo, inde ab urso fuit vexatus, d est, morsus, laceratus; quo sensu hæc vox solet usurpari. Nam Arnobius apud Lactantius, lib. vii Instit. *vexationes bestiis tribuunt*, Græcique eam rem ἐλκυθμὸν τῶν θηρίων appellant. Quin et *ascendere* respectu horum pulpitorum, vel pontium, martyres dicuntur, uti patet ex eadem passione : *Cæteri quidem immobiles et cum silentio ferrum receperunt, multo magis Saturus, qui, ut prior ascenderat, prior reddidit spiritum* : ascenderat scilicet in pulpitum, vel pontem. Quamquam inficias ire nolim, posse etiam spoliarium hoc loco intelligi ; quod cum fuerit instar cavernæ subterraneæ (*Cassius Severus specum*, Plinius *scævum receptaculum* vocant), cumque Saturus ex eo per gradus pervenerit in theatrum, non incommode *ascendisse* dicitur. Hæc mea hac de re sententia; quam tamen mutare paratus sum, si quis meliora doceat.

CAPUT XXII.

Lancea emendabantur. Ut gladii pœna honoratior, quam securis : ita lancea emendari videtur honoratius fuisse, quam fustius castigari ; arbitrorque et gladium et lanceam militiæ suam originem debere. Non puto tamen apud Apul. lib. x hujus moris mentionem fieri, uti arbitratur vir doctus; et per *disciplinam* ib. intelligo disciplinam militarem, cujus ex præscripto exercitus ambulans ita sarcinas suas componere debebat. In passione sanctarum Perpetuæ et Felicitatis scala miræ magnitudinis in visione conspicitur a Perpetua, *cujus in lateribus omne ferramentorum genus erat infixum, gladii, lanceæ, hami, machæræ*: sed hæ lanceæ ideo memorantur hic, ut puto, quia iis martyres nonnunquam transfigebantur. Postquam autem hæc vox ab Hispanis desumpta est, teste Gellio, xv, 30, frequens ejus usus esse cœpit; militesque nonnulli, qui ita armati erant, *Lancearii* dicebantur, uti patet ex Notitia imperii, et inscript. 3, p. cccxcv, Gruteri, in qua *præfectus Lanceariorum* videtur memorari. Meminit et eorum libellus precum Faustini: *Et primum quidem vexat per publicas potestates: ita ut aliquoties solum intempesta nocte raptum per lancearios de urbe sustulerit.* Et ante tentorium præfecti castrorum *lancea* figebatur, teste Obsequente, lib. extremo de Prodigiis, forte, ut illud ab aliis internosci posset.

Bonam mortem. Occurrit et hujus mentio in P. Syro: sed in editione ejus ultima male scribitur

Bona mora est homini, vitæ quæ extinguit mala.

Nam vel legi debet *hora*, vel *mors*; et in genere Syrus mortem bonam vocat, quæ aliquem miserum et infelicem e vita tollit. Clarissimus Baluzius etiam inter bonas mortes recenset *strangulationem*, quia homines qui ita vitam finiunt absque cruciatibus et tormentis moriuntur. Lactantius, c. 30, appellat *informe letum*, exemplo Virgilii, *et turpem atque ignominiosam mortem*, respectu dedecoris quod ejusmodi exitum sequebatur; et ævi medii scriptor Witichindus *malam mortem* libro tertio: *Tres duces gentis Ungariæ capti, ducique Henrico præsentati, mala morte, ut digni erant, mulctati; suspendio namque crepuerunt;* nam strangulationem, et talem suspensionem, uno eodemque loco habendas esse, unusquisque facile concedet. Et jam olim Homerus extrema Odyssea X: μὴ καθαρὸν θάνατον vocavit, quando quis suspensus strangulabatur; notatque Eustathius καθαρὸν θάνατον existimari τὸν διὰ ξίφους, μιαρὸν vero, vel detestabilem, τὸν ἀγχομαῖον; quam in rem idem omnino videri debet ad Od. A, pag. 1678. Ante Eustathium eamdem differentiam observavit Hesychius, eumdem Homeri locum explicans: Μὴ μὲν δὴ καθαρῷ θανάτῳ δι' ἀγχόνης. Θάνατος οὐκ ἔστι καθαρός, ἀλλ' ὁ διὰ ξίφους. ὅθεν οὐδὲ ἐναγίζουσι τοῖς ἀπηγξαμένοις; isque non insuper docet strangulatis ne quidem parentatum fuisse. Xenophon, lib. II de Exped. Cyri extremo, cædem Menonis Thessali narrans, clare testatur honestissimam mortem habitam fuisse, capita præcidere: *Sed necatis jam ducibus cæteris, et ipse a rege mortis pœna mulctatus est*, non ille quidem ut Clearchus, *et duces cæteri, quibus præcisa sunt capita*, ὅσπερ κάλλιστος θανάτων ἐδόκει εἶναι, *quæ mors esse videbatur honestissima: sed ut homo sceleratus, anno toto excruciatus vivus, tandem expirasse dicitur.* Et Seneca alicubi testatur *nullo genere homines mollius mori, quam gladio secta cervice.* At contra strangulationem *mortem infamem et fœmineam* vocat Latinus Pacatus cap. 28: *Quorum alter post amplissimos magistratus, et purpuras consulares, et contractum intra unam domum quemdam honorum senatum, vita sese abdicare compulsus est; alteri manibus satellitum Britannorum gula domi fracta, et inusta fœmineæ mortis infamia, ut scilicet maluisse vir ferri amantissimus videretur laqueo perire, quam gladio;* atque ex Tacito et Suetonio observat clarissimus Schefferus, mulieres hoc genere supplicii affectas fuisse. Præterea notandum obiter Tac., lib. XVI, Annal. extremo, ubi narrat lentitudinem exitus graves cruciatus attulisse ei qui venis incisis moriebatur, non de *Petronio*, ut arbitratur Baluzius, sed de *Pæto Thraseæ* loqui.

Bonam mortem. Id est, facilem, absque cruciatibus et tormentis; quo sensu venarum sectionem *bonam mortem* vocari cap. 26 observat Baluzius. Videtur etiam honestius habitum fuisse gladio quam securi percussum vitam finire. Extrema rep. nondum gladii pœna in usu erat, uti recte ex Lucano notat Casaubonus, sed sub imperatoribus usurpari cœpta; utque lictores securi utebantur, ita milites gladio cervicem damnatis demebant, adeo ut hic mos ab iis videatur originem suam duxisse. *Miles decollandi artifex* memoratur Suetonio in Calig., cap. 32, et Antoninus Caracalla interfectorem Papiniani increpavit, quod eum securi percussisset; non gladio, teste Dione, et Spartiano, cujus hæc sunt verba: *Papinianus securi percussus est, et a militibus occisus; quo facto percussori dixit: Gladio oportuit te exequi meum jussum:* unde haud obscure patet militibus gladium fuisse ordinarie in usu, illiusque pœnam honestiorem habitam, quam securis. Et licet decollationem *bonam mortem* vocet Lactantius, quia mollior, tamen et illa potest cruciatus suos et dolores habere nonnunquam; quando scilicet miles, vel sector collorum, teste Cicerone in Orat. pro Roscio loquitur, plures ictus infert. Lat. Pacatus, cap. 41: *Nisi vero vel levior manus aliena, quam propria, vel fœdior mors privata, quam publica, vel longior pœna ferro incumbere, et corpore vulnus onerare, et recipere interitum statim totum quam supplicium dividere, poplitem flectere, cervicem extendere ad plagam fortasse non unam.* Hinc pecuniam dabant lictoribus damnatorum proximi, ut ictu uno, levandi cruciatus gratia, ipsis caput auferrent, quemadmodum ex Ciceronis Orat. 5 in Verrem constat. Atque ex eo loco, non secus ac ex Suetonio in Vita Calig., c. 30, dicimus populum tela non sumpsisse in carnificem, si plures ictus damnato infligeret, imo postea lege vel consuetudine sancitum fuit, ut carnifex post tertium ictum ferire amplius non auderet, si fides habenda est historiæ passionis B. Cæciliæ, Valeriani, Tiburtii et aliorum, quam Bosius edidit, cujusque pag. 26 hæc verba leguntur: *Quam cum spiculator tertio ictu percussisset, caput ejus amputare non potuit; sic autem seminecem eam cruentus carnifex dereliquit: nam apud veteres lex erat ei imposita, ut si in tribus percussionibus non decollaretur, amplius percutere non audebat.*

Causidici sublati, jureconsulti aut relegati aut necati. Recte hos distinguit, quia illi causas in foro vel judiciis agebant; hi vero de jure respondebant, uti vel ex Cicerone patet, et Hotomanni libello, quem *jurisconsultum* inscripsit.

Litteræ autem inter malas artes habitæ. Per *malas artes* intelligo *magicas*, quæ imperatorum edictis erant vetitæ, quæ vocantur *artes malæ*, et *artes Dardaniæ*, uti doceo ad Homeri Apotheosin, p. 271: *Artes secretas* vocat A. Marcell., XXIII, 6, *artem Atraciam* Statius, I Thebaidos. Putaveram olim a Proclo in laudatione B. Chrysostomi magiam vocari *artem Midæ:* sed nunc amplector unice quod mihi inter confabulandum suggessit spectatæ nobilitatis vir Joh. ab Haarsholten, tunc temporis Frisiorum nomine ad confessum præpotentium generalium ord num delegatus; censeoque apud eum scribi debere *Artemida nudavit*, vel *fugavit*.

Judices militares, humanitatis litterarum rudes, sine assessoribus. Id est, præsides, proconsules, duces, comites, aliive qui in provinciis militiæ præerant, dicebant jus provincialibus, non adhibitis assessoribus, vel jureconsultis, uti ante fieri etiam ipsis ab imperatoribus solebat, docente Fornerio, lib. IV Rer. Quot., cap. 10. Hi erant quasi consiliarii judicum, unde in Ins. veteri C. Calpurnius Asclepiades dicitur *assedisse magistratibus pop. Romani:* qui Asclepiades cum dicatur fuisse *medicus*, videntur et alii, quam jureconsulti, esse adhibiti; nisi ponamus eum simul juri operam dedisse. Atque ex hoc tempore paulatim, ut opinor, consuetudo invaluit, ut judices ordinarii vel civiles negligerentur, et causæ deferrentur ad judicium militare; quod legibus latis prohibuere Constantius, Arcadius, Honorius et Marcianus, imperatores, uti docet Gothofr. ad tom. 1 Cod. Theol., p. 86. Suidas in v Μαξιμῖνος tradit eum factum imperatorem, confestim amicos omnes, qui Alexandro familiares fuerant, quique σύνεδροι vel assessores a Senatu vocantur, removisse; dumque in Oriente regnaret, multa nefaria facinora perpetrasse, Christianos persecutum esse, et tandem in gravissimum morbum incidisse, carnem instar cerae liquefactam, corpus incendio quasi flagrasse, ita ut ipsa humana forma deleretur. Unde patet et illum *assessores* removisse : quod tamen ita accipiendum est, ut eos tantum removerit, qui Alexandri erant amici. Hausit priora hujus narrationis Suidas ex initio libri 7 Herodiani ; atque ex eo primum leg debet ἐπιλεχθέντες, vel *electi* ; deinde respicuint il a Maximinum, qui Alexandrum Severum excepit : sed quae de morte illius sequuntur referenda sunt ad C. Valerium Maximinum Dazam, de quo similia plane narrat Eusebius, libro IX extremo, et Lactantius, cap. 49, vel ad Maximianum Galerium, de quo agitur cap. 33.

CAPUT XXIII.

Censitoribus ubique diffusis... Ita, cap. 26 et cap. 6 : *Non tamen hisdem Censitoribus fides habebatur.* Qui scilicet in provinciis censum agebant, *Censitores* non *Censores* dicti : unde in Inscript. *Censitor provinciæ Hispaniæ citerioris*, et aliarum provinciarum in iisdem lapidibus *Censitores* occurrunt. Erant autem in urbibus, vel civitatibus, debebantque illi, qui in agris habitabant, cum liberis et servis eo venire : unde fiebat, ut fora omnia urbium, vel civitatum, plena essent servorum gregibus, utque *in civitatibus urbanæ ac rusticæ plebes fuerint adunatæ*, quamadmodum mox loquitur Lactantius.

Animalia omnis generis scribebantur. Id est, annotabantur, in tabulis eorum referebantur; et significanter atque proprie loquitur, nam vectigal, quod pro pecore pascendo dabatur libera Republica, *scriptura* appellatum fuit : inde *ager scripturarius* est pascuus, teste Festo ; et publicani vocantur scripturarii, uti notum est. Quod autem addidi olim, Judæos pro arboribus vectigal solvisse, uti hoc loco jussu Galerii *vites et arbores fuere numeratæ*, nunc muto, putoque, Juven., Sat. 3, v. 15, in genere perstringere Romanorum avaritiam, et religionis veteris contemptum, quippe qui Camœnarum sylvam locarent Judæis.

Suspendebantur... Nimirum ex equuleo. Prudent. Hymno Romani martyris.

   Incensus bis Asclepiades jusserat
   Eviscerandum corpus equuleo eminus
   Pendere........

Idem alibi :

   Miserum putatis, quod retortis pendeo
   Extentus ulnis.......

Passio S. Tarachi : *Dispoliate eum, cingite, et suspendite.* Rursus : *Cum suspensus es, consenti, et sacrifica.* Quæ loca bina cum Lactantio plane conveniunt, non secus ac alter Amm. Marcell., XIV, 9 : *Eusebius objecta fidentius negans, suspensus in eodem gradu constantiæ stetit* ; pro quo idem, XIX, 12, dixit : *Diu utique adhærens equulec.* Corrupta vox, *Equuleus*, ut arbitror, est apud Adonem in Martyrol., pag. 38 : *Dein catenatus et in exilium directus est, in quo rursum diutius fustibus cæsus* ; sensus enim postulat, ut legatur, *equuleum.* Qua ratione autem torti et suspensi sint martyres noxiive in equuleo, videre licet apud Magium, Gallonium, aliosque.

Filii adversus parentes suspendebantur, fidelissimi quique servi contra dominos vexabantur. Id est, liberi suspendebantur in equuleo, ut contra parentes testimonium dicerent ; eos nimirum non recte bona sua professos esse, camdemque ob causam servi per alia et proculdubio graviora tormenta interrogabantur : quod eleganter Lactantius exprimit per τὸ *vexabantur.* Vox enim hæc habet usum ingentis calamitatis ; ut et Gellius, II, 6, loquitur, *qui fertur et rapitur, et huc et illuc distrahitur, is vexari proprie dicitur* ; cui addi potest Asconius in II Verrinam. Lactant., c. 27 : *Nunc populator Italiæ hos iliter omnia vexasset*, id est, diripuisset, vastasset; eoque sensu frequens ea vox est

a Justino, Floro atque aliis : quibus adde Servium ad Eccl. 6 Virgilii, et illustrem Salmasium, pag. 787, de modo Usurarum. Verbum hoc arenæ commissionibus etiam fuisse accommodatum, eosque *vexatos* dici a bestiis, quos vel cornubus, vel ore lædebant, ita ut non occiderent, docuit Holstenius ad Passionem SS. Perpetuæ et Felicitatis ; et forte per *vexationem* apud Sueton., Tib., c. 61, tormenta debent intelligi.

Parvulis adjiciebantur anni. Vel hoc factum est, ut possent torqueri, quomodo Lips. ad Tacit. v Annal., 9, notat, puerum quemdam a Triumviris in proscriptione jussum esse togam virilem sumere, ut juste posset interfici ; vel potius ut tributum penderet. Nam legibus imperatorum cautum erat, ut qui, verbi causa, annos decem non haberent, quique plusquam sexaginta nati essent, tributum capitis solvere non tenerentur, uti patet ex l. III, D. de Censibus, ff. IV et VI Cod. Theod. eodem, ubi potest videri Jacobus Gothofredus.

Pecuniæ pro capitibus. Lactantius hoc capite valde perstringit Galerium Maximianum, quod Censitores ipsius jussu omnia perquirerent et exquirerent, referretque, agros glebatim ab ipsis dimensos fuisse, etc., tanquam illa omnia tunc primum introducerentur ; quod tamen longe aliter sese habet. Nam Ulpianus, qui Hadriani temporibus vixit, libro de Censibus scribit, *agros, arva, vineas, olivas, pratum, pascua, sylvas cæduas, vitium numerum, servos, eorumque ætates, officia et artificia, lacus piscatorios, portus, salinas, inquilinos,* fuisse in tabulas censuales relata, adeo ut nihil novi introduxerit Galerius, et vel culpandus sit ob nimiam acerbitatem, vel quia rem intermissam repetiverit, vel quia hoc tributum in provincias introduxit, quæ ante illud non solverant. Propterea insolitum quasi narrat, *in civitatibus urbanas ac rusticas plebes fuisse adunatas.* In civitatibus censitores, ut ante monui, tabulas censuales conficiebant, ut notabantur que, ibi agri, qui in territorio siti erant, uti patet ex l. IV, § 2, D. de Cens., atque similiter etiam rusticorum fuere annotata capita, qui in territorio oppidi alicujus habitabant. Neque tamen video quid novi et insoliti introduxerit Galerius, nisi Lactantius narret, cives et rusticos coactos fuisse capitis censum promisse exsolvere, cum ante ab hac præstatione Honorati et Decuriones forent immunes, et in Orientalibus provinciis ipsa etiam plebs urbana, uti docet Valesius ad Amm. Marcell., XVI, 5, cui addi potest Contarenus, cap. 18 Variarum Lectionum.

CAPUT XXIV.

Feris illum objecerat. Leonem fuisse, recte ex Praxagora notat Baluzius, hujusque rei memoriam in numo conservari, cum Trist. sentio, t. III, p. 528, qui idem narrari a Pomponio Læto tradit, idque eum ab alio quodam auctore, quam Praxagora, hausisse putat, qui forte fuit Zonaras, apud quem etiam eadem historia reperitur. Constantinum autem leonem vicisse *corps à corps*, ita ut eum comprimeret, nec armis foret instructus, apud Praxagoram non invenio ; potuitque ita in nummis pingi, quia exemplo Herculis leonem vicit, quem fabularis historia tradit *leonem pectore pressisse*, uti Statius canit, vel brachiorum nexibus nudum elisisse.

In ipso cardine. In ipso puncto, quia ipsum manebant pericula, et quia patrem adhuc vivum visurus erat.

Acceptis mandatis... Quæ, ut puto, ad Constantium patrem ferret.

Nudatus ei cursus publicus. Id est, equos in iis nullos esse, quia præcedit, *sublatos per mansiones multas fuisse omnes equos publicos.* Flor., II, 15 : *Operis portus nudatus.* Cic., 13 ad Att. : *Nuda præsidio.* Hac de re ita loquitur Auctor Epitomes Victoris : *Hic cum juvenculus a Galerio in urbe Romæ religionis specie teneretur, fugam arripiens, atque ad frustrandos insequentes publica jumenta quaqua iter ageret, interficiens, ad Patrem in Britanniam pervenit* ; ubi male Constantinum Romæ fuisse obsidem scribit. Errat etiam P. Diaconus, cum lib. 10 narrat Diocletianum dolo perimere Constantinum voluisse, quia scilicet eum intellectu animæ, et corporis robore, atque ingenio circa eruditionem proficere videbat, et deprehendebat, hunc futurum tyrannidis et ejus dogmatis destructorem. Nam hæc omnia Galerio conveniunt; nec credibile est, Diocletianum id agitasse, quippe qui cum Cæsarem facere voluit. Unde etiam errare arbitror Philostorgium, 1, 5, ubi scribit, Constantinum fugisse τὴν ἐπιβουλὴν Διοκλητιανοῦ, *insidias Diocletiani.*

Vix lacrymas tenebat. Errat igitur auctor Excerptorum Valesianorum, cum scribit, Galerium Constantinum patri remisisse, postquam causa fuerat victoriæ, quam de Sarmatis reportavit.

Pervenit ad patrem... Procul dubio Eboraci in Britannia ex morbo decumbentem, et post quartum ab adventu ejus diem mortuum, uti arbitratur Baluzius. Sed abit inde multum auctor Excerptorum, scribitque, Constantinum *summa festinatione veredis post se truncatis Alpes transgressum ad patrem Constantium venisse apud Bononiam, quam Galli prius Gesoriacum vocabant; post victoriam autem Pictorum Constantinum patrem Eboraci mortuum esse.* Errat is tamen proculdubio, nec in Galliis, verum in Britanniis patrem suum ægrum et morti proximum invenit Constantinus, uti alii uno ore testantur omnes. Deinde Constantius, ex sententia eruditorum, anno Christi 305 trajecit in Britanniam contra Pictos, bellaturus, et anno 306 a. d. 8 kalendarum Augusti diem suum obiit Eboraci. Sed turbat hoc valde Eumenius, vel alius auctor Panegyrici Constantino dicti cap. 7 : *Jam tunc enim cœlestibus suffragiis ad salutem Reipublicæ vocabaris, cum ad tempus ipsum, quo pater in Britanniam transfretabat, classi jam vela facienti repentinus tuus adventus illuxit; ut non advectus cursu publico, sed divino quodam advolasse curriculo videreris.* Nam et is haud obscure innuit, Constantinum una cum patre Constantio ex Galliis petiisse Britanniam, vel cum conspexisse patrem vela facientem; videturque talia non dicturus fuisse præsenti Constantino, si vera non forent. Narrat igitur ante Panegyrista, quæ Excerptorum auctor: sed victoriam de Pictis postea relatam plano rejicit, quia ex eodem et sequenti capite constat, haud multum Constantium post filii adventum supervixisse, docentque illud præcipue hæc verba : *Dii boni, quanta Constantium Pium etiam in excessu suo felicitate donastis! Imperator transiturus facturus in cœlum, vidit quem relinquebat hæredem.* Quæ aliis concilianda relinquo.

Per manus tradidit. In Politia SS. Patrum Metrophanis et Alexandri apud Photium, pag. 1406 legimus, Constantinum sacris Christianorum a patre imbutum, Cæsarem ab eodem renuntiatum esse, et a moribundo βασιλέα, vel *imperatorem.* Sed Photius scribit, se nescire, unde ista hausta sint; quia scilicet noverat, a veritate aliena esse. Narrant eadem Acta, quæ Constantius moribundus ad filium verba habuerit, quæ si revera ita gesta sint, lucem inde haud levem capiet *requies vitæ,* quam Constantium accepisse, nos docet Lactantius. Propterea ibidem traditur, Constantium mortuum esse anno tertio persecutionis : quod tamen ita se non habet, si accuratam inimus computationem; nam initium persecutionis incidit in Terminalia, vel 23 februarii diem anni 303, inde ad Martium anni 306 sunt anni tres : at Constantius obiit a. d. 8 kalendas Augusti anni 306, cum jam ageretur annus persecutionis quartus.

Sanctæ religionis restituta. Vel scribendum est *restitutio,* vel cum Columbo *restitutæ;* adeo ut vere Constantinus *Restitutor Religionis Christianæ* possit dici. Ita *Restitutor orbis* vocantur Aurelianus et Carus; *Restitutor exercitus* Probus; *Restitutor monetæ* Alex. Severus; et in alio Aureoli nummo occurrit LEGIO. I. MINERVA. RESTITUTA.

CAPUT XXV.

Laureata imago ejus. Quæ inde nomen accepit, ut puto, quod laurea cingebatur corona. Vide Meurs. in Gloss. Græco-barbaro v : λαβράτον, et Du Cange in Gloss. Medii ævi, quomodo, *laureatas litteras, laureatos postes,* et alia dixerunt.

Constantinum vero, non imperatorem, sicut erat factus, sed Cæsarem. Non conveniunt auctores ; aliique dicunt, eum imperatorem, mortuo patre, alii vero eum Cæsarem tantum a militibus esse factum. Priorem sententiam sequitur Lactantius, Eusebius lib. VIII, cap. 13. Socrates lib. I, c. 2. Sed Zosimus II, 6, tradit, milites Constantino καίσαρος ἀξίαν tribuisse; et Excerpta Valesiana testantur, eum *omnium militum consensu Cæsarem esse creatum;* nequo alia tradit Eumenius, cap. 11 Panegyrici quem ipsi Constantino Augusto dixit : *O fortunata, et nunc omnibus beatior terris Britannia, quæ Constantinum Cæsarem prima vidisti!* Quæ certe non pronuntiasset Eumenius (qui videatur etiam cap. præcedente) si res aliter sese habuisset. Idem sequitur, licet posteriorum ætatum scriptor, Hugo Floriacensis, isque narrat in Chronico, *Constantinum ordinasse Licinium Cæsarem Hispaniarum, et filium suum Constantinum Cæsarem Galliarum;* quod prius tamen a veritate alienum es plane. Et Cæsarem fuisse Constantinum, res est certissima, nummique illud testantur, in quibus non modo Cæsar, verum etiam fil. Augg. dicitur, quomodo Cæsares vocatos fuisse constat. Digna sunt panegyrici Maximiano Herculio et Constantino dicti verba c. 5 : *Quamquam quid ego in te ætatis tuæ potius, quam gravitatis nomen usurpo? cujus tanta maturitas est, ut cum tibi pater imperium reliquisset, Cæsaris tamen appellatione contentus expectare malueris, ut idem te, qu illum, declararet Augustum. Siquidem ipsum imperium hoc fore pulchrius judicabas, si id non hæreditarium ex successione crevisset, sed virtutibus tuis debitum a summo imperatore meruisses.* In quibus verbis nescio quomodo vir eruditus admodum invenire potuit, *post nuptias Faustæ Constantinum, cum ei pater imperium reliquisset, Cæsaris tamen appellatione contentum fuisse.* Neque enim ea mens panegyristæ, neque hoc loco loquitur de iis, quæ post Faustæ nuptias acciderunt : sed narrat, Constantinum, cum ipsi a patre Constantio esset relictum imperium, noluisse Augusti nomen accipere : sed Cæsarea dignitate fuisse contentum ; ut scilicet idem illum diceret Augustum, qui patrem illo honoris fastigio ornaverat; id est, Maximianus Herculius, qui etiam in ipsis illius Faustæ et Constantini nuptiis eum creavit imperatorem. Idem initio Panegyr. : *Sacratissimi principes, Maximiane (velis nolis) semper Auguste, et Constantine oriens Imperator, mihi tamen certum est ea præcipue isto sermone complecti, quæ sunt hujus propria lætitiæ, qua tibi Cæsari additum nomen imperii, et istarum cœlestium nuptiarum festa celebrantur.* Constantinus igitur factus Augustus nuptiarum tempore, et observandum obiter, quam graviter Panegyristes aduletur Imperatoribus, quando dicit , Constantinum expectasse , ut ab eodem , qui patrem Constantium creaverat Augustum, etiam Augustus diceretur. Nam hoc in mentem venire non potuit Constantino, quia Maximianus Herculius, cum Constantius moreretur, deposito imperio privatus vivebat in Campania, vel, uti Eutropius narrat, in Lucania. Quod autem in Epitome Victoris, et apud P. Diaconum initio lib. XI legimus , Constantinum Cæsarem esse factum eodem tempore, quo illa dignitas collata fuit in Severum et Maximinum, error certe est manifestus, uti etiam optime nota vit Baluzius ad cap. 19, et quod Acta Metrophanis et Alexandri apud Photium narrant, Constantinum admodum juvenem a patre creatum fuisse Cæsarem, ante a me resumtum fuit.

Sed Cæsarem... Non male Baluzius veteris kalendarii verba, VIII kal. Jan. Natalis Invicti, refert ad illud tempus, quo Constantinus a Galerio Cæsar est nuncupatus, licet obstare videatur, quod Constantius mortuus sit mense Julio anni 306, statimque Constantinus more solemni laureatam imaginem miserit ad Galerium, et tamen primum ab eo ut Cæsar agnitus sit mense Decembri anni ejusdem. Sed, ut dixi, non displicet hæc conjectura, præferrique illa debet explicationi Petavii; vir enim ille eruditissimus ad extremam Orat. IV Juliani, intelligit ludos in honorem *solis invicti* celebratos. Certe *sol invictus* sæpissime in nummis occurrit, et in uno Victorini absolute *invictus* vocatur. Sed si maxime hoc locum habere posset, non tamen video, quo sensu *Natalis Solis* diceretur : deinde, si in hunc diem ludi in honorem Solis celebrati rejiciuntur, Saturnaliorum diem ultimum proxime ii sequentur, quibus Constantini temporibus octavum accessisse gratis equidem affirmatur. Nam ultimus Saturnalium dies est a. d. x kalendas januarii : *Natalis Invicti* vero incidit in 8 kalendarum earumdem. Cum autem eo Natalis Cæsaris Constantini forte celebratus sit, sequitur, Solis ludos incidisse in 9 kal. jan. Hoc certe die in kalendario notatur *munus consummat*, illoque indicari videtur, nulla gladiatorum munera amplius eo anno fuisse celebrata; et cum Julianus dicto loco scribat, post agonem Solis in honorem celebratum nefas fuisse ullum σκυθρωπῶν θεαμάτων exhibere, suspicio mihi oborta est, ludos hoc die Soli sacratos fuisse ex instituto, vel Juliani, vel alterius imperatoris ; nam ultimum Saturnalium diem proxime illi sequebantur : Ἀλλὰ, ait, τοῖς Κρονίοις οὖσι θελευταίοις εὐθὺς συνάπτει κατὰ κύκλον τὰ Ἤλια ; et paulo ante, πρὸ τῆς νεομηνίας εὐθέως μετὰ τὴν τελευταίαν τοῦ Κρόνου ἡμέραν (ita legendum forte) ποιοῦμεν Ἡλίῳ τὸν περιφανέστατον ἀγῶνα. Sed hæc velim alii diligentius examinent ; optimeque id facere poterit dignitate et doctrina illustris Spanhemius, qui nobis Julianum emendatiorem promisit, et quanta is eruditione præditus sit, docent satis superque in ejusdem imperatoris Cæsares notæ.

CAPUT XXVI.

Maxentium Romæ factum imperatorem. Eutropius lib. x, cap. 2, scribit, Maxentium haud procul ab urbe *in villa publica* moratum fuisse. Fuit Romæ *villa publica* in Campo Martio, eraique domus ampla, in qua exterarum gentium legatis lautia præbebantur, uti docent Nardinus et Donatus. Illa hic non debet intelligi, sed prætorium, vel villa, quæ *publica*, ut reor, vocatur, quia ad imperatores et rempublicam pertinebat; quomodo *jumenta publica* dicuntur, quibus cursus publicus peragebatur. Nam Epitome Victoris nos docet, Maxentium fuisse *in villa publica ab urbe discreta, ab itinere Labicano ;* eademque verba reperias apud P. Diaconum, qui tamen et *villam* appellat *publicam*. Sic in via Appia fuit alia via *publica*. Auctor Excerptorum Vales. *pro Maxentio filio evocatus illuc venit Herculius, qui per perjurium Severum deceptum custodiæ tradidit, et captivi habitu ad urbem perduxit, et in villa publica Appiæ viæ tricesimo milliari custodiri fecit.* Eutropius quoque, x, 2, narrat, Constantinum Magnum *Nicomediæ in villa publica* obiisse. Interpres Græcus reddidit, ἐν Νικομηδικῷ χωρίῳ ; non secus ac scilicet Plutarchus cædem a Sulla factam fuisse scribit ἐν χωρίῳ μικρῷ, id est, *in villa publica* ; quemadmodum Latini loquuntur. Nam χωρίον significat non modo agrum, verum etiam villam, vel domum in agro extra urbes exstructam; et quando Constantinus Porphyr. in Them. 9, dicit, Diocletianum oriundum esse ἀπό τινος χωρίου Σαλώνος, indicare potest, eum in agro, vel villa prope Salonas, eo ipso in loco, ubi postea exstruxit palatium amplium, natum fuisse; qua de re videri possunt, quæ ad cap. 19 noto. Certe sic Maximianus Herculius haud procul Sirmio palatium extruxit in loco, *ubi parentes ejus exercebant opera mercenaria,* teste Epitome Victoris, et P. Diacono ; et Constantinus oppidum Naisum, in quo natus atque educatus erat, magnifice ornavit, quemadmodum in Excerptis sæpius laudatis legimus : *Constantinus natus Helena matre vilissima in oppido Naiso, atque eductus, quod oppidum postea magnifice ornavit;* ubi si quis rescribi deberé judicaret, *Helena matre, vilissimo in oppido Naiso,* vilitatem certe generis ab Helena tolleret.

Romæ factum imperatorem. Notatu dignum præcipue est, Eusebium, 1. VIII, c. 14, Historiæ eccl., narrare, Maxentium initio simulasse se christianum esse, ἐπ' ἀρεσκείᾳ καὶ κολακείᾳ τοῦ δήμου Ῥωμαίου, *ut nicrem gereret, blandiretúrque populo romano*. Nam inde videor affirmare posse, christianorum numerum ingentem hoc tempore Romæ fuisse, et forte eos gentiles superasse. Neque enim aliam causam invenire, quamcumque in partem hæc versem, possum, cur christianorum gratiam captaverit novus imperator, qui ethnicæ superstitioni erat devotissimus, et christianos odio prosequebatur.

Castra quoque prætoria sustulerat. Ea diminuta fuisse a Diocletiano et Herculio, vel certe illo, docet nos Aurelius Victor : *Herculius libidine tanta agebatur, ut ne ab obsidum corporibus quidem animi labem comprimeret ; Valerio parum honesta in amicos fides erat, discordiarum sane metu, dum enuntiatoribus posse agitari quietem consortii putat.* Hinc etiam quasi truncatæ vires urbis, imminuto Prætoriarum cohortium atque in armis Vulgi numero, quo quidem plures volunt imperium potuisse ; cujus loci hunc sensum esse puto, Diocletianum raro cum aliis imperatoribus fuisse, quia discordias ex congressibus metuebat, nec ils habebat fidem ; consortium posse coli censuisse per alios, quos sibi invicem mittebant ; e. imminuisse militum prætorianorum numerum, quia timebat, ne illis alius uteretur ad ipsi bellum inferendum. Et nota ex Eutropio es. Diocletiani *suspecta prudentia*. Per *in armis vulgus forte* intelligi possent cohortes urbanæ, quæ tunc temporis ex vulgo lectæ videntur ; vel cum Cl. Baluzio legendum est *inermis vulgi*, quia et vulgi magna multitudo seditionibus causam præbere solet. Quod autem hic imperator fecit, adscribit Galerio Lactantius, nisi ille postea etiam imminuerit prætorianorum numerum. Nam licet narret, eum *castra prætoria sustulisse*, non tamen illud ex omni parte verum est, quia id postea fecit Constantinus Magnus, teste Zozimo II, 17, atque ab eo imminutam valde præfecto.um prætorio potestatem fuisse, docet Valesius ad Amm. Marcell. xiv, 9. Constantinus autem ea sustulit, quia milites prætoriani jussu Maxentii Romæ certo tempore obvios quosque occiderant, et ingentem stragem ediderant, tradentibus Eusebio VIII, 14, et P. Diacono, l. XI, et quia apti erant fovendis factionibus. Victor : *Quos* (senatum et plebem) *in tantum afflictaverat, uti prætorianis cædem vulgi quondam annuerit ;* mox : *Quorum odio prætoriæ legiones ac subsidia factionibus aptiora, quam urbi Romæ, sublata penitus simul arma atque usus indumenti militaris*. Non videntur autem multi prætorianorum militum superfuisse, cum Constantinus eos sustulit, quia ceciderunt magnam partem in prælio, quo victus Maxentius ; ita enim mihi interpretando videtur esse verba panegyrici auctoris incerti, c. 7 : *Hostes territi, fugatique, et angustiis Mulvii pontis exclusi, exceptis latrocinii illius primis auctoribus, qui, desperata venia, locum, quem pugnæ sumpserant, texere corporibus ;* nam prætorianos intelligo, qui Maxentium fecerant imperatorem, et qui cædibus in Romanos fuerant grassati.

Tres Cæsares facere non poterat. Obstante scilicet Diocletiani lege, uti optime explicat Baluzius cujus legis, vel dispositionis mentio, c. 18 : Quod autem sequitur, *satis visum est semel fecisse quod noluit, Constantinum respicit,* quem invitus Cæsarem admisit.

Severum accessit. Victor narrat, Severum *casu ad urbem* (nimirum Romam) *fuisse*, et jussisse Galerium, ut *arma in hostem ferret propere.* Certe Severus Italiam obtinuit, potuitque ad urbem fuisse : sed inde videtur arcessitus in Illyricum a Galerio, qui cum tunc hortatus est ad recipiendum imperium.

Ad recipiendum imperium. Italiæ nimirum, quod cum Occidente cesserat Severo Augusto, quodque occupaverat Maxentius a milite prætoriano factus imperator. At si Zozimum sequimur, Severus fuit tantum Cæsar, non autem Augustus, quia II, 10, narrat, Galerium ægre tulisse τὰ ἐπὶ τῷ Καίσαρι Σεβήρῳ γενόμενα. Sed fallitur; et quia per breve admodum tempus in summo fastigio fuit constitutus, eum proculdubio Cæsarem vocat. Capite enim præcedente diserte Lactantius scribit, Severum Augustum esse creatum, et nummi ejus inscribuntur, IMP. C. SEVERUS. P. F. AUG. Tristanus, tom. III, p. 437, notat eum factum fuisse Augustum consensu Constantii atque Galerii : verum, uti ex Lactantio constat, mortuo demum Constantio, Severus Augustus est factus a Galerio, cum intellexisset Constantinum purpura indutum fuisse a militibus in Britannia. Num autem, accepto hoc nuntio, statim Severum dixerit Augustum Galerius, an vero id primum fecerit, postquam Maxentius conatus intellexit, dubium est, stantibus pro utraque sententia viris eruditis. Ex Lactantio constat Severum Augustum esse creatum, cum laureata imago Constantini ad Galerium esset perlata ; et Zozimus testatur, l. II, c. 9, Maxentium Augustum esse factum, cum Romæ talis Constantini imago esset exhibita : adeo ut hinc pateat, non multum inter sese discrepare viros eruditos, et utrumque eodem fere tempore potuisse accidere, licet nihil necesse sit credere, Galerium scivisse res, quæ Romæ gerebantur, cum Severum renuntiaret Augustum. Nummos observo Severi Cæsaris caput repræsentare laureatum, Severi vero Augusti galeatum, ad indicandum forte, eum simul ac Augustus factus est, contra Maxentium profectum fuisse ; quo pertinet Augusti Severi nummos inscribi, CONCORDIA, vel FIDES MILITUM, quæ in Cæsareis nequaquam apparent.

Venis ei incisis Errat igitur Politia SS. Patrum Metrophanis et Alexandri, in qua apud Photium, p. 1407, scribitur, *Severum morbo extinctum esse ;* et forte huic Severo tribuitur, quod Severo successori Nigri convenit. Si excerpta Valesii sequimur, jugulatus fuit, idque non statim, sed postea, uti patet ex verbis, quæ modo laudavi ; quæque etiam nos docent Herculium decepisse Severum, et jusjurandum violasse.

CAPUT XXVII.

Urbe munita, et rebus cœptis inimicis. Locus non modo difficilis, verum etiam, si quid video, corruptus. Forte legendum est, *rebus captis inimici,* id est, rebus, quas ab inimico Severo ceperat, diligenter instruens et muniens.

Utensilia non haberet. Id est, res ad persequendum necessarias. Petrus Damian. apud eruditissimum du Cange in Glossario : *Calcaria, scutica, et si quæ alia equitandi sunt utensilia,* id est, instrumenta.

CAPUT XXVIII.

Quia milites erant, qui Severum reliquerant. Sensus postulat omnino, ut legatur, *quia milites erant sui, qui Severum reliquerant ;* idque verum esse patet ex cap. 44 et similitudo litterarum vocem eam extricare potuit.

Diripuit ab humeris purpuram. Si latine loqui volumus, dicendum foret *deripuit,* id est de corpore filii detraxit ; cum contra *diripere* significet in frusta concidere, uti doceo lib. IV Observ., c. 5. Ita Ovid., c. 7 :

Velamina Progne
Deripit ex humeris........

Virgilius : *Tergora deripiunt costis.* Apud Socratem, ubi de hoc conatu Herculii agitur, legitur, ἀπολέσαι, quod commodissime verti potest, *perdere.*

CAPUT XXIX.

Cum eo disputaret. Id est, sermocinaretur, dissereret, cum eo ageret. Cic. III Fam., 8 : *Itaque me arbitror Synnadis pro tribunali multis verbis disputavisse ;* Orat. pro Cælio : *Scitote, Judices, eas cupiditates atque hæc studia de quibus disputo, non facile in eodem homine esse posse ;* et sæpius alibi.

Exclusus a suo. Quod nempe, antequam secundo Augustus erat factus, Diocletiano etiamnum imperante, habuerat, uti patet ex cap. 7 et 8, et ad quod regendum nunc vocatus erat a filio Maxentio, cap. 28.

Aderat ibi Diocles. Notat vir doctus, Herculium nunc equidem bona fide non imperasse ; hunc tamen, potius quam Diocletem, numerum senarium implere. Certe Diocles, vel Diocletianus, sex principibus annumerari non potuit ; quippe qui nunquam purpuram resumpsit : quod tamen ut faceret, adhortati eum fuerant Herculius, et Galerius, testibus Zozimo et Eutropio. At contra Herculius bona fide imperabat : nam Maxentius Augustus ipsi purpuram miserat ; et imperator secundo factus, d xit etiam Constantinum imperatorem, qui Cæsar tantum erat. Fateor vim imperii penes alios quam Herculium fuisse : sed tamen illi hoc respectu comparari Diocletianus non potest.

Imperium Licinio daret, substituto in Severi loco. Ergo statim Licinius Augustus factus est ; nam, uti constat ex cap. 25, Severus a Galerio nuncupatus fuit Augustus. Auctor anonymus de Vita Constantini scribit, Galerium in Illyrico Licinium fecisse Cæsarem ; eumque sequuntur Tristanus, t. III, p. 482 (ubi etiam notat Licinium imperatoris titulum post Galerii mortem sumpsisse primo, quod vade a vero alienum est), Oiselius ad Tab. XIII, et Antonius Pagius in Dissertat. Hypatica. Verum ex Lactantio, præsertimque ex cap. 20 (ubi disertis verbis narrat, Galerium *Licinium veteris contubernii amicum, et a prima militia familiarem, Cæsarem facere noluisse, ne filium nominaret, ut postea in Constantii locum nuncuparet Augustum atque fratrem*), necnon ex iis quæ notat Henr. Norisius in Explicat. Nummi Diocletiani et Licinii, p. 38, contrarium videtur verum esse. In nummo tamen apud Stradam cernitur προτομή Licinii patris laureata, cum epigraphe : LICINIUS. NOB. CÆS. ; ab altera parte, CONCORDIA. AVGG. DI. NN. ÆT. Et in alio apud Angelonum, caput ejusdem laureatum, et D. N. VAL. LIC. LICINIUS. NOB. C. Norisius loco laudato notat, Licinium una simul Cæsarem et Augustum esse designatum, idque aperte satis ex Eusebio et ex nummorum inscript. patere. Quod si vera notat vir doctissimus videri alicui posset, neminem Augustum esse illo tempore factum, quin ante fuerit creatus Cæsar ; eosque qui Augusti creandi erant, dicis tantum causa, uno eodemque tempore, quo Augusti renuntiabantur, Cæsares esse dictos. Et ita Licinius, in Severi locum substitutus, factus erit Augustus : sed ut omnia rite peragerentur, ante in eum Cæsarea dignitas fuit collata. Idem de Maxentio sentiendum esse apparet, cujus nummi etiam inscribuntur : M. VAL. MAXENTIUS NOB. CÆSAR. Liciniani autem laudati nummi evincunt, Scaligerum non satis caute notare Licinium in nummis non dici NOB. CÆS. Quin et Licinium simul Cæsarem atque Augustum esse factum firmat, si particula *et* interponatur, Victor Aurelius : *Hoc acrior Galerius, adscito in consilium Jovio, Licinium vetere cognitum amicitia Cæsarem creat et Augustum.* Particula *et* in editionibus, fateor, non apparet : absorpta tamen forte fuit ab ultima syllaba vocis præcedentis ; nec puto Victorem obliturum fuisse ante memoriæ mandare, Licinium Cæsarem esse factum, si censuisset eum primo Cæsarem, tunc vero temporis Augustum esse creatum : deinde ratio loquendi exigit, ut scribere debuisset Victor, *Licinium Cæsarem vetere cognitum amicitia creat Augustum,* si indicare voluit, Licinium tunc temporis Augustum ex Cæsare esse factum.

Francorum gens.... Doctiss. Baluzius notat Francorum limitem circa Danubium fuisse. Sed illi prope Rhenum, quem proculdubio trajecit Constantinus, habitarunt : inde late diffusi, uti patet ex Tabula Peutingeri, et variis auctoribus ; deinde si ad Danubium habitarunt, non potuit intra paucos dies fines eorum intrare Constantinus, id quod tamen ipsum fecisse constat ex hoc capite. Et hoc vel alio tempore Constantinus Francos vicit unde in ejus nummo captivus sedet, addita inscript. GAUDIUM ROMAN. et FRANCIA, apud Illustr. Spanhæmium.

CAPUT XXX.

Quia semel abiit impune. Similiter plane Phædrus Fab. 8 :

Impune abire deinde quia jam non potest.

neque aliter Terentius, Cicero, Catullus et Seneca loquuntur.

Vidisse somnium. . Proprie loquitur ; unde frequenter in Inscrip. EX VISU. Interpres vulgatus LXI Gen. I, *post duos annos vidit Pharao somnium.*

Eliso et fracto superbissimo gutture. Illustraturus mortem Herculii vir doctissimus notat, *pessime Suidam scribere, Diocletianum a senatu jugulatum esse, Maximianum vero se suspendisse.* Certe Diocletianus non est jussu Senatus jugulatus : sed tamen Herculius, permisso mortis genere, suspensionem elegit; uti clarissime ex hoc Lactantii capite constat. Tradit idem etiam Suidas; adeo ut cur carpatur non videam : errat tamen, quod Maximianum Herculium, qui suspendio vitam finivit, vocet γαμβρὸν vel *Generum* Diocletiani ; quippe qui fuit Galerius Maximianus. Liberum autem mortis arbitrium multis olim permissum fuisse, satis superque ex Tacito, Suetonio et aliis constat.

Morte finivit. Massiliæ scilicet ; notatque recte Zozimum Baluzius : quod Maximianum et Maximianum Herculium confundens, hunc scribat Tarsi morbo extinctum fuisse. Idem vitium committit Socrates 1, 2, nec non Cassiod. 1, 4 Histor. Tripartitæ : *Hinc ejus (Maxentii) pater imperandi cupidine voluit filium regno privare, quod facere nequivit : post hæc autem Tarso Ciliciæ mortuus est.*

CAPUT XXXI.

Quæ promiserat, redderet. Locus hic admodum difficilis est : et vix video quis sensus illi insit. Videtur dicere, Galerium exactiones graves fecisse, ut vicennalia, quæ promiserat, splendide agere et celebrare posset.

Securem alteram afflixit. Et hic mihi vix satisfacio. Si sensus est, ut existimat Columbus, Galerium *afflixisse*, vel *inflixisse securem alteram provinciis*, crediderim facile Lactantium novam exactionem designare et ab ea alteram, cujus mentio cap. 23, distinguere ; et sic in nomine *vicennalium* nihil aliud erit, quam quia vicennalia jam nominabantur, deque iis multus sermo esset, et præparabantur quæ ad ea celebranda erant necessaria. Lacuna forte ita suppleri potest : *cogitabat, et ut is qui jamdudum,* etc.

Officiorum omnium milites .... Eo tempore *officium* significabat comitatus, vel homines, qui viro illustri parebant : unde in Notitia Dignit. *officium viri illustris præfecti prætorio Orientis, princeps, cornicularius;* alibi, *officium virorum illustrium præfectorum prætorio per Illyricum.* Præterea ipsæ etiam dignitates eo nomine veniebant : Suetonius, Ner. 15 : *Præterito quæstoris officio,* id est quæstore ; Ins. 1, CCCLXI. PERFUNCTO OFFICIO PRÆFECTURÆ PRÆTORIO ; infra cap. 48, *ad officium tuum,* id est, ad te judicem. Unde *omnium officiorum milites* non male exponi possunt, *omnium magistratuum milites,* quos mox vocat *milites judicum.*

Area. In qua scilicet frumentum purgabatur, et discernebatur a palea. Videantur rei rusticæ scriptores.

Spe futurorum. Nimirum fructuum, qui in agris crescunt, et quibus sese alere poterant.

Præstabo, id est, exhibebo, dabo. Ita *præstare certam summam* apud Sueton. Dom. c. 9 ; Cicero, *vix videor quod promisi præstare posse* : inde *præstatio et legatorum præstatio* in Jure. Videtur autem Galerius vestes omnis generis, tapetia, curum etiam atque argentum exegisse ad ornandam vicennalium pompam. Inde eum interrogat Lactantius : Unde hoc tibi præstabo, vel dare potero, si tollis omnes fructus, ex quibus venditis talia mihi comparare debeo ?

CAPUT XXXII.

Nec Cæsarem se, nec tertio loco .. Ita fere sese gerit Maximinus, uti ante fecerat Galerius ipse, quemadmodum patet ex cap. 9 et aliquo modo observare possumus Talionis legem ; id est, ita eum a Maximino Cæsare vexatum fuisse, uti ipse vexaverat Diocletianum et Herculium. Galerius Maximinus Augustorum primus erat, Licinius secundus; Cæsaresque habebantur Constantinus, Maximinus, et Maxentius : sed coactus tandem est Galerius, uti ex fine capitis patet, quatuor imperatores numerare, ita ut quinque simul forent Augusti, Galerius, Licinius, Constantinus, Maximinus, et Maxentius. Sed quo loco Maximini nomen fuerit positum, nondum certo constat ; et ille nec Cæsar, nec tertio loco Augustus, nominari volebat : unde clarum utique est eum censuisse secundum locum sibi deberi, nomenque suum post Galerii nomen ponendum esse. Mortuo certe Galerio primus esse voluit, uti nos docet Euseb. IX, 10 Hist. Eccl. καὶ πρῶτον ἑαυτὸν ταῖς τιμαῖς ἀναγορεύειν : *primum locum in titulis atque honoribus vindicare* ; recteque notat Valesius, Maximinum sese in operum Inscriptionibus publicarum statuarumque primum nominasse, quia ante Constantinum et Licinium creatus erat Cæsar. Et hinc ad veram causam deveniri forte posset, cur Maximini nomen in edicto apud Euseb. VIII, 17, non reperiatur ; quippe qui non tertio, sed secundo post Galerium loco nominari volebat. Quod si tamen edictum hoc promulgatum est *communi titulo,* uti docet Lactantius, cap. 36, id est prescriptis nominibus Galerii, Constantini, Licinii, Maximini et Maxentii, omissa forte a Christianis sunt ultimorum nomina, quia non nisi parumper destiterunt eos persequi : vel illa omisere Galerius, Constantinus, et Licinius, quia non satis firma cum iis erat amicitia; et forte, quia Maxentius etiam litem de loco movebat, quippe qui ante Constantinum, Maximinum, et Licinium, a Prætorianis erat factus Imperator. Potuit etiam edictum ad Maximinum et Maxentium mitti, ut illud præposito suo quisque nomine publicaret ; et missum fuisse inde constat, quia Maximianus in Oriente, quem regebat, promulgare illud noluit, teste Eusebio IX, 1, qui potest videri.

Dispositionem suam servet .... Id est, quod statuit, quod decrevit, quod quasi legem præscripsit ; cap. 18 : *Debere ipsius dispositionem in perpetuum conservari ;* cap. 34 : *Quæ pro Reip. semper commodis atque utilitate disponimus.* Inscr. vetus : QUÆ. FORMA. INTERDICTI. ET DISPOSITIONIS. SUB GLADII. PERICULO. CUSTODIENDA. MANDATUR.

Tollit audacius cornua... Majores animos sumit, audacior fit, atque superior. Ovid. I Artis,

Tunc veniunt risus : tunc pauper cornua sumit.

Idem IV Trist. 9 :

Jam feror in pugnas et nondum cornua sumpsi,
Nec mihi sumendi causa sit ulla velim.

Eodemque sensu Micyllo in Luciani Gallo dicuntur κέρατα εἶναι.

Filios Augustorum. Verissima puto monere Columbum ; et nullus alius victus contumacia Maximini dicitur esse a Lactantio, quam Galerius Maximianus. Constantinus autem et Maxentius revera filii erant Augustorum, unde et ita appellantur ab Eutropio, X, 3, Maximinus autem Daza, novus homo ; cui tamen puto hunc titulum etiam fuisse datum, quia nequaquam est verisimile, Galerium eum, quem ipse Cæsarem fecerat, præteriturum plane.

In campo Martio proxime celebrato... Locus hic suas difficultates habet ; nec capio, quid sit *celebrare campum Martium.* An significat habitas militum decursiones? an vero *armilustrium* fuisse factum ? Sed hoc celebratum non fuit in campo Martio, verum in regione Urbis XIII, ubi a P. Victore memoratur, *Vicus Armilustri*. Deinde armilustrium non spectavit omnem exercitum, sed tantum *ancilia*, quæ, uti in observationibus doceo, *arma* vocantur. Varro, lib. v de L. Lat., *Armilustrio circumisse ludentes ancilibus armatos*. Præterea, Maximinus non erat Romæ, verum in Oriente, uti ex cap. 36 patet; unde discimus, alias urbes exemplo Romæ etiam *campos Martios* habuisse. Puto igitur, milites omnes in unum fuisse collectos, vel exercitii, vel alterius rei gratia, diemque illum fuisse solemnem; et propterea Lactantium dicere, *Campum Martium fuisse celebratum*. Et ita fere *celebrare asylum* legitur in Kalendario, quod cum Ovidii Fastis editum est : *Templum factum est Carmenti. Celebratur asylum;* quod Ovidius, si nonnullas editiones sequimur, ita expressit : *vicini lucus celebratur asyli;* pro quo Heinsius rescribit *Hylerni;* et *celebrare asylum* significat, diem illum colere, quo Romulus asylum aperuit; *celebrare lucum Hylerni*, celebrare statum diem in honorem numinis, quod luco illi præsidebat; et in celebrando campo Martio potuerunt etiam sacrificia Marti oblata fuisse.

CAPUT XXXIII.

Percussit eum Deus... II. Jobi, 7, *percussit Job ulcere pessimo;* Exod. IX, 15, *percutiam te et populum tuum peste;* et Jerem. xxx, 12, *occurrit insanabilis fractura et pessima plaga; moxque sequitur , plaga enim inimici percussi te, castigatione crudeli.*

Cancer invadit, Gangræna, uti ex medicis latinis Celso et Scribonio, iisque quæ in Lexico Scriboniano notat Rhodius, patet.

Cessere magistri... Petitum est ex Virgilio, scribique debet :

Cessere magistri
Phyllirides Chiron, Amythaoniusque Melampus,

uti doceo pag. 4 Apotheoseos Homeri.

Dat Apollo curam. Id est, oraculo suo præscribit, quæ remedia debeant adhiberi; et consultos sæpe ab ægris deos, eorumve oracula fuisse, ut ipsis medicinam facerent, notius est, quam ut probari debeat : tu vide Aristidem variis locis, et M. Anton. Philos. lib. v, § 8.

Sedes tota... Ita etiam infra *sedem fluentem*, partem corporis, qua sedemus, et per quam ejiciuntur excrementa, appellat. Græci similiter τὴν ἕδραν dixerunt, uti patet ex Hesychio in ν Γαφανιδοσθῆναι.

Odoritatem... Nullus damno lectionem Baluzii, *odor teter :* sed minimum a vulgata recedit ur scriptura, si legimus, *odoritas tetra*. Sic occurrunt *prioritas, commoditoritas, superioritas*, notata Meursio cap. 52 Avit. Philologici; nec abit *uberitas* in nummis obvia, et alicubi memini me legisse *differitas*, pro differentia.

Inæstimabile... Id est, Innumerabile.

Corporis amiserant speciem. Ita plane Suidas : Λαυροτέρως δὲ φλογιζομένῳ καὶ αὐτὰ συνεφλόγησαν τὰ ὀστᾶ, ὥστε ἐξαφανισθῆναι καὶ τὸν χαρακτῆρα τῆς ἀνθρωπίνης μορφῆς : *Cum autem incendia magno flagraret, ipsa etiam ossa tosta sunt, ita ut humanæ formæ figura plane deleretur;* nam hæc verba de Maximino, vel Galerio Maximiano, non Maximino Alexandri Severi successore, intelligenda esse, docui ad cap. 22.

Annum perpetem. Id est, integrum, totum; eoque sensu vox hæc occurrit apud Plaut. in Amph.; Justin. v, 7; Ins. 2, CLXIV, adeo ut non satis caute notet Festus, illa solos poetas usos esse.

Novi doloris urgentis... Vel Græcos imitatur, qui genitivum pro dativo absoluto ponere solent; vel aliquid vitii latet, quod non incommode tollit Columbus per, *nova vi doloris*. Cæterum Haymo, VIII, 2 scribit, etiam *Maximinum* (ita Galerium Maximinum vocat) *subito inflatis visceribus distentum, putrefactisque postmodum vulneribus vermes ebulliisse, fœtoremque intolerabilem exhalasse;* et sine capitis se-

quentis, Maximinum Dazam, *vehementi ægritudine et doloribus internorum viscerum correptum amissis quoque morbo luminibus, et tunc magis quid adversus Christum commiserit videntem, vivendi finem fecisse, lata prius lege pro libertate Christianorum*.

CAPUT XXXIV.

Atque utilitate... Quæ etiam in nummo occurrit, cujus in una area cernitur imp. laureatus et MAXIMIANUS P. F. AUG. in altera mulier stolata, singulis manibus tenens singulos globos, et, UTILITAS PUBLICA, apud Andream Morellium in pererudito specimine Universæ Rei Nummariæ Antiquæ; et nota est sententia Cassii apud Tac. XIV An. , 44 : *Habet aliquid ex iniquo omne magnum exemplum, quod contra singulos utilitate publica rependitur.*

Juxta leges veteres et publicam disciplinam... Id est, juxta leges olim latas, ritusque usu receptos, vel præcepta quæ hoc tempore observantur. Plin. x, 82 : *Si qui autem se contra disciplinam meam gesserint, statim coerceantur.*

Ad bonas mentes redirent. Ii dicuntur *redire ad bonam mentem*, qui sententiis pravis relictis, meliores amplectuntur, et de errore in viam redeunt : quales Ciceroni in epist. ad Famil. dicuntur *redire ad sanitatem*, id est, ad meliora consilia ; et *bona mens* etiam occurrit apud Petron. *bonæ mentis soror est paupertas :* quo verbo significat, divitibus raro sanam mentem inesse, quia plerumque corrumpuntur luxu aliisque vitiis.

Et per diversa varios populos congregarent... Eusebius vertit, καὶ ἐν διαφόροις διάφορα πλῆθος συνάγειν ; quod interpretantur , *et in diversis sectis atque sententiis diversos cogerent cœtus :* cum ego reddere malim, *et in diversis locis :* putoque etiam Lactantium *diversa*, nimirum loca, vel oppida, similiter dixisse.

Multi periculo subjugati. Id est, multi tormentis et pœnis, quæ ex legibus nostris tolerare debebant, subjugati, Christo nuntium remiserunt : multi etiam absque tormentis illud fecerunt; si modo *deturbare* eo sensu, quo putat Du Cange, usurpatur. Loca enim quæ affert, potius notant *disjicere, turbam collectam segregare,* quam *détourner*. Prius expressit Eusebius per κινδύνῳ ὑποβληθέντες ; alterum vero per ταραχθέντες, id est *deturbati ;* vel qui metu tormentorum se ad Gentiles contulerunt. Nam ταράττειν ut notissimum, significat *terrere, consternare, percellere*, et *deturbare, dejicere*. Cic. v Fam., 7 : *Sed hoc scito, tuos veteres hostes, novos amicos, vehementer litteris perculsos, atque ex magna spe deturbatos jacere*. Alibi : *Suum quemque scelus de sanitate ac mente deturbat.*

Nec Christianorum Deum observare. At fallor, aut hæc respiciunt plane hæreses hoc sæculo, vel præcedentibus natas; de quibus post alios præclare agit Frid. Spanhemius, theologus apud Batavos celeberrimus, Introd. ad Chronol. et Historiam sacram, cujus nunc secunda pars magno cum fructu et voluptate evolvitur. Sunt inter alias fuere multæ, quæ Christum, vel Christianorum Deum, habebant ludibrio; et nescio quæ portenta religionum sibi fingebant, uti ex Augustino, Epiphanio, Damasceno, Timotheo presbytero, aliisque patet. Et etum autem hoc difficultates suas habet : unde breviter quid mihi de uno et altero loco videatur supponam. Per hæc verba igitur, *qui parentum suorum reliquerant sectam*, intelligi debere puto Christianos, qui gentilium parentum et Majorum suorum superstitionibus nuntium remiserant : inde addit, *eos se revocare voluisse ad bonam mentem*, sive facere, ut iterum deos colerent, et relictam sectam amplecterentur; adcitque rationem, quia scilicet tanta ἄνοια, vel *stultitia*, sive *dementia* eos invaserat, ut pro arbitrio sibi quisque religionem et cultum fingeret, et relinqueret instituta primorum Christianorum, qui scilicet uno ore, unoque corde Deum colebant. Hinc adjicit, se jussisse, *ut ad veterum se instituta conferrent;* id est, ut relictis tam discrepantibus sententiis, deos Gentilium colerent. Hunc puto verum horum locorum sensum esse; et licet ante suspicatus sim, hæc verba, *ut non illa veterum instituta sequerentur, quæ forsitan primi parentes eorum constituerant*, respicere etiam ad Gentilium superstitionem : tamen, re diligentius perpensa, muto sententiam , et arbitror cum Baluzio, præstantis eruditionis viro, taxari Christianos , quod defecissent a prisca illa parentum suorum simplicitate , et in plurimas sectas essent divisi. At quod sequitur, *ut ad veterum se instituta conferrent*, de gentilium superstitione capio , ad quam Christianos reducere tentaverat Galerius.

Indulgentiam nostram... Vox propria, atque in ipsis nummis obvia ; significat autem clementiam benevolentiamque imperatorum , sive in remittendis reliquis , sive in largiendis et concedendis rebus , quæ petebantur. Meursius eam putat natam Ammiani Marcellini temporibus , quia is lib. xvi ita loquitur : *Denique id eum usque ad imperii fnem et vitæ scimus similiter observasse, ne per indulgentias, quas appellant, tributariæ rei concederet reliqua*. Sed nihil tale inde doceri posse existimo , quia Ammianus Marcellinus tantum dicit, reliqua tributorum si remitterentur ab Imperatoribus, rem illam *indulgentiam*, uti revera erant, dictam fuisse. Est enim vox hæc apud longe vetustiores auctores obvia ; et notat gratiam vel remissionem , quam imperatores largiebantur. Sic in nummo Caracallæ legitur , INDULGENTIÆ FECUNDÆ, apud Tristan. tom. ii , p. 169 , qui potest videri : in alio Severi , INDULGENTIA AUG. IN CARTHA. Hinc Eumenius in Paneg. imperatores sæpe vocat *indulgentissimos principes*; et Ambrosius Orat. in obitum Theodosii , *annonarum exigendarum relaxationem ab eo promissam , sed morte prævento non præstitam* , vocat *indulgentiarum hæreditatem*.

Conventicula sua... Ita cap. 15 et 36 et 49 , ubi vocantur loca, *ad quæ convenire consueverant*. Cicero , Orat. pro Domo et pro Sestio utitur hac voce, pro cœtu et congregatione.

Alia autem epistola judicibus, etc. Vel significat se Christianis per judices certa loca assignaturum, in quibus conveniant, vel mandaturum , ut observent quid in iis agatur, et ut provideant, ne quæ contra rempublicam ponsi ia ineant. Ea enim lege ipsis hæc libertas datur, uti patet ex illis verbis, *ita ut ne quid contra disciplinam egant*; id est , contra præcepta imperatorum , contra imperium , contra leges. Apud Euseb. est, ὥστε μηδὲν ὑπεναντίον τῆς ἐπιστήμης αὐτοῦ πράττειν, quod non satis bene reddi credo, *ita ut nihil contrarium disciplinæ suæ deinceps facere cogantur*; cum ea conditione libertas Christianis concedatur, ne quid in leges et constitutiones peccent. In principio eodem sensu dixit, τὴν δημοσίαν ἐπιστήμην τὴν τῶν Ῥωμαίων ; quod Lactantius est, *juxta leges veteres et publicam disciplinam Romanorum*.

Deum suum... Libera republica, Romani deos suos rogabant pro salute reipublicæ , uti vel patet ex lib. i, c. 10 et 22. Velleii , aliisque auctoribus. Primus fuit Cn. Pompeius Magnus, pro cujus salute universa Italia vota suscepit, teste eodem ii , 48. Postquam imperii vis ad unum fuit delata, pro ejus etiam salute deos rogabant, uti docet idem lib. ii extremo Sen. i Consol. ad Polyb. Plinius fine Panegyrici, Aristides, tom. i, pag. 50, et Julius Firmicus, lib. i Mathes. Christiani idem imitati optimo merito ; et Christum etiam pro salute imperatorum, licet gentiles forent, precati sunt, idque ex præcepto D. Pauli, 1 Timoth. ii, 2, quod confirmatur v. 7, c. xxix Jeremiæ. Atque hoc eos fecisse, docent Theophilus ad Autholicum , lib. vii, pag. 76 ; Athenag. Legatione pro Christianis extrema; Passio S. Cypriani, pag. 11 ; Passio S. Victoris Massiliensis a Colomesio, viro erudito, edita, Tertull., c. 30 Apologetici, et denique Dionysius apud Euseb., lib. vii Hist. Eccles., cap. 4, ubi narrat, Gallum occidisse τοὺς ἱεροὺς ἄνδρας τοὺς περὶ τῆς εἰρήνης αὐτοῦ καὶ τῆς ὑγιείας πρεσβεύοντας πρὸς τὸν Θεόν ; qui etiam videatur cap. 11 libri

ejusdem. Sic hodie idem faciunt pro imperatoribus Turcorum patriarchæ Græcorum et Armeniorum , teste Ricautio in Vita Mahumetis IV. Veterem consuetudinem etiam retinere Ægyptios nunc Christianos, et orthodoxos pro imperatoribus Arriana hæresi infectis Deum precatos esse, constat ex Liturgiis Copticis, necnon ex Cyrillo Catech. 4 et litteris Arianiensis synodi ad Constantium missis ; quod utinam hodie nonnulli, qui se Christianos primi ordinis et loci volunt esse, observarent !

CAPUT XXXV.

Horrenda tabe... Quæ qualis fuerit patet ex cap. 33, recteque ibi notat Baluzius, similem historiam de Juliano, qui avunculus Apostatæ fuit, narrare Joann. Chrysostomum. Idem de eodem Juliano tradit Philostratus vii, 10, sed *vermes* omittit; quos tamen recensent auctor Passionis Theodoriti presbyteri Antiochiæ apud Mabill., tom. iv Apnal., p. 133. Cæterum observandum , Maximiani hujus, licet erudelissimi principis, statuam tempore Juliani Antiochiæ adhuc visam fuisse. Amm. Marcell. xxv , 10 : *Nam et Maximiani statua Cæsaris, quæ locata est in vestibulo regiæ, amisit repente sphæram æream, formatam in speciem poli , quam gestabat ; quæ vel ibi semper mansit , vel reposita fuit ab infensissimo Christi hoste Juliano*.

Consum ptus est. Obiit autem *Serdicæ*, vel prope cam urbem in Dacia mediterranea, uti notat Baluzius ad cap. sequens. Verum nulla in Dacia Serdica, et illa urbs Thraciæ adscribenda est. Neque tamen errant auctores, qui Galerium vel *natum in Dacia non longe a Serdica*, id quod facit Eutropius, vel *mortuum Serdicæ* fuisse, scribunt. Nam, uti ante docui, Dacia ultra Danubium sita fuit provincia Romanorum a Trajano facta ; postquam illa defendi non poterat, Aurelianus provinciales in alteram Danubii ripam transtulit, et regionem illam *Daciam* vocavit , cujus pars Danubio vicina dicebatur *Ripensis*, interior vero *Mediterranea*. Sic Amm. Marcell. xxi, 10 scribit, summitates Æmi et Rhodopes *Illyrios interseuntes et Thracas, hinc vicinas mediterraneis Dacis et Serdicæ, inde Thracias despectantes et Philippopolim, civitates amplas et nobiles* ; quæ certe non nisi de Mœsia, vel vicina regione, exponi possunt. Idem, xxvi , 5, *Æquitium* scribit *relationem accepisse Antonii Tribuni , agentis in Dacia mediterranea militem*; quæ itidem in Thracia, vel Mœsia, uti ex sequentibus patet, quærenda est. Macedoniæ urbem SERDICAM dici ab Ammiano, lib. xxxi extremo, Ortelium secuti alii censent : sed nihil tale apud eum reperitur, ut ex ipsis verbis patebit. *Obsessi vero apud Hadrianopolim .... egressi media nocte, vitatis aggeribus publicis, per nemorosa et devia, pars Philippopolim, exindeque Serdicam, alii ad Macedoniam currebant*. Nam tantum abest, ut Serdicam Macedoniæ adscribat, ut contrarium potius plane affirmet ; et si alii petierunt ab Hadrianopoli Macedoniam, alii vero Philippopolim, et Inde Serdicam, certe Serdica ab Ammiano Macedoniæ adscribi non potuit : quin imo ab Hadrianopoli Philippopolim , et inde ad Serdicam nostram versus Occidentem rectissima via est, cum Macedonia ad Meridiem sita fuerit. Notant etiam eruditi Nicetam Choniatem Serdicam memorare ad Isiri ripam positam, et proinde a Mediterranea nostra diversam : sed ego tantum invenio apud eum, pag. 19 : *Hunnos, superato Istro , Branitzobam castnsse , et Serdicam spoliasse* : inde certe evinci nequaquam potest, Istro illius nominis urbem fuisse impositam, cum notum sit , quam multum itineris gentes illæ brevi temporis spatio facere solitæ sint, quamque nihil alii rei , quam agendis prædis intentæ essent. Illyrico Serdicam adscribit Socrates ii, 20 Hister. Eccles. Sed nec hæc a nostra diversa est, quia Illyrici nomen tunc longe lateque patebat. Nam Appianus usque ad Thraciæ montes Illyricum extendit, includitque illi Mœsias et alias regiones ; et ex notitia imperii patet, per Illyricum octo præsides fuisse, Thessaliæ, Epiri veteris, Epiri novæ, Daciæ Ripensis, Mœsiæ primæ, Præva1itanæ, Dardaniæ et Macedoniæ Salutaris; et Rufus Festus *decem et septem provincias* illi adscribit: adeo ut mirum non sit, illius temporis auctores urbem hanc Illyrico adscripsisse. Imo, si consideramus præfectum prætorio Illyrici præsedisse *duabus diæcesibus Macedoniæ et Daciæ, et Daciam complexam fuisse quinque provincias, Daciam Mediterraneam, Daciam Ripensem, Mœsiam primam, Dardaniam Prævalitanam, et partem Macedoniæ Salutaris*, apparebit facile. Serdicam etiam in Illyrico late sumpto fuisse. Constat præterea atque a viris doctis annotatum est, Illyricum dividi in Orientale et Occidentale: illud complexum fuisse partes duas, Mœsiam et Thraciam; provincias undecim, Mœsiam primam, sive superiorem, Prævalin, Dardaniam, Daciam Ripensem, Daciam Mediterrâneam, Mœsiam secundam, sive inferiorem, Scythiam, Thraciam, Hœmimontum; Rhodopen et Europam, Illyricum vero Occidentale comprehendere partes quatuor: Rhætiam, Noricum, Pannoniam et Illyrin; provincias novem: Rhætiam, Vindeliciam, Noricum Mediterraneam, Noricum Ripense, Pannoniam primam, Pannoniam secundam, Saviam, Valeriam; et in Illyride populos Japodas, Liburnos et Delmatas. Sic excusari poterit Zozimus, qui scribit Licinium et Maximinum acie decertasse in *Illyriis*, cum tamen ex Lactantio et aliis constet, pugnam eam pugnatam fuisse prope Perinthum, vel Heracleam Thraciæ. Notant præterea eruditi, ex Cedreno et Curopalate videri, imo ex his vetustiore Procopio, lib. IV Ædif., *Serdicam* juxta Nessum Serviæ esse; et Sigonium, lib. V Orientalis imperii cis Istrum in Dacia Mediterranea inter duas Mœsias eam constituere. Priores auctores consulere nequeo: sed Sigonius non alia a me sentit, quia urbem eam cis Danubium collocat, et ita Daciam transdanuvianam excludit; et Dacia Aureliani fuit inter utrasque Mœsias, et complectebatur etiam Dardaniam, vel Serviam, et forte Thraciæ partem: nisi dicamus, Dardaniam Thraciæ etiam nomine venisse. Nam ego unam tantum *Serdicam* agnosco in Thracia positam: unde in lapide apud Grut., II, p. DXL: NATIONE THRAX. CIVITATE SERDICA; et quia Thraciæ forte pars Daciæ postea Mediterraneæ accessit, vel, ut dixi, Dardania etiam Thraciæ fuit annumerata, inde in Thracia et Dacia Mediterranea; et quia Illyricum longe lateque sese extendebat, inde in Illyrico dicitur fuisse sita; existimaruntque eruditi plures eo nomine urbes celebrari; quod tamen a ratione alienum est plane. Sic late *Illyrici* voce utitur Victor, cum scribit, Diocletiano, Herculio, Constantio et Galerio *Illyricum patriam fuisse;* quia Galerius in Dacia prope Serdicam, Diocletianus in Dalmatia, Herculius prope Sirmium, nati sunt; et quamquam Constantii natalis ignoretur locus, proculdubio tamen in iisdem regionibus genitus fuit, quippequi ex Helena etiam in urbe Naiso procreavit Constantinum, testibus excerptis Valesianis. Hæc ita commentatus fueram, cum incidi in tabulam geographicam Sansonis, in qua vir harum rerum peritus admodum Illyricum delineavit. Animadverti autem, eum *Sardicam* collocare ad fluvium Cebrum a parte Hæmi montis, quæ versus Dardaniam et mare Adriaticum est; cum contra in Tabulis Ptolomæi illa conspiciatur ab ea parte montis ejusdem, quæ versus Propontidem jacet. Et sententia firmari videtur per Ammianum Marcell. quem dicentem audivimus, summitates Hæmi et Rhodopes *hinc vicinas* esse *Mediterraneis Dacis et Serdicæ*: inde *Thracias despectasse et Philippopolim;* et ita nulla Thraciæ pars contineretur Dacia Mediterranea. Quicquid sit, una tantum Serdica fuit. Et Ptolomæus diserte, lib. III, c. 11, eam Æmo monte includit; nam primo scribit, in provincia esse στρατηγίας πρὸς μὲν ταῖς Μυσίαις καὶ τὸν Αἷμον τὸ ὅρος ἀρχομένοις ἀπὸ δυσμῶν, præturas juxta *Mœsiam utramque, et circa montem Æmum incipientibus ab occasu;* et inter eas numerat *Sardicam;* et mox inter civitates Thraciæ Mediterraneas recenset *Deul-* *tum Cotonlam, Orcelin; Carpudænum, Byzian, Sardicam, Tertam, Philippopolim, et alias*.

Nicomediæ mensis ejusdem... Nullus dubito, quin scribendum sit, *Nicomediæ medio mensis ejusdem,* sive maii; neque enim citius commode potuit proponi Edictum Nicomediæ, cum Serdicæ ægrotaret Galerius, illudque ibi propositum fuit ante hunc nuntium acceptum, pr. kal. maias.

CAPUT XXXVI.

Fretum Chalcedonium... Quod etiam fuit limes imperii Maximini, uti patet ex cap. 45.

Communi tutelo... Scribendum omnino est *titulo,* uti olim miseram ad Columbum. Nam communi imperatorum nomine data hæc libertas fuit Christianis; et inde sequitur Maximini etiam atque Maxentii nomina edicto fuisse præposita, quæ tamen hodie non apparent; qua de re vide quæ noto ad cap. 32. Post hoc edictum Christianis pacem datam esse, non modo ex Lactantio, verum etiam ex Euseb. c. 9 de Martyribus Palæstinæ, ubi Maximini sævitia multis describitur, patet. Notandum autem Maximinum vix sex integros menses abstinuisse a persequendis Christianis, et edictum in Oriente, cui præerat, non promulgasse: sed ducibus tantum suis mandasse, ut a persecutione Christianorum abstinerent; Præfectumque prætorio Sabinum scripsisse sententiam imperatoris ad provinciarum præsides; primum denique quod fecit, fuisse, Christianos a conventibus, qui ἐν τοῖς κοιμητηρίοις fiebant, arcere. *Tituli* autem comprehendebant nomina et honores. Suet. in Tib. c. 50 scribit, *titulis Tiberii adjiciendum esse, Augusti et Liviæ filius;* et apud eumdem in Dom. c. ul. Senatus decrevit, *eradendos ubique titulos, et abolendam omnem memoriam* ejus.

Sacerdotes maximos... Recte ad Euseb. VIII, 14 notat Valesius, ante hæc tempora ἀρχιερέας et sacerdotes provinciarum fuisse; idemque multis docet Spanhemius in Dissert. nec omittendus insignis locus, qui exstat in Chronologia Monachi Altissiod. p. 39: *Erant etiam tunc, tempore Commodi, in Britannia viginti octo Flamines, id est, pontifices paganorum, necnon et tres archiflamines, quorum potestati cæteri judices morum atque fanatici submittebantur. Hos denique ex præcepto apostolico idololatriæ eripuerunt; et ubi erant flamines, episcopos, ubi archiflamines, archiepiscopos posuerunt*. Quanquam ignarus non sim, quam difficilter fides talibus monachorum narrationibus adhibenda sit, vestigia tamen ibi reperiuntur, gentiles habuisse sacerdotes provinciis vel urbibus impositos. Per *fanaticos* autem intelligo sacerdotes, vel homines diis consecratos; quomodo in Inscript. *Fanaticus ab Isis Serapis; Fanaticus ex vico Bellonæ, et de æde Bellonæ,* occurrunt.

Per omnes deos suos facerent... Id est, omnibus diis sacrificarent. Mira locutio, quæ nescio an alibi sit obvia: cap. seq. dixit *per singulos dies sacrificare*.

Jure suo... Libere, nemine impediente, ex suo arbitrio. Cic. II ad Att., 2; Flor. I, 17, et III, 17 non aliter loquuntur.

Ex altioris dignitatis gradu singulos quasi Pontifices superponeret... Sacerdotes Maximi ex primoribus civitatum erant lecti, præerantque reliquis ejusdem civitatis sacerdotibus: at toti provinciæ impositus erat *Pontifex;* isque eligebatur ex viris majore dignitate, uti erant præsides, quam qua *primores* erant, præditis: id quod etiam clare docet Euseb. VIII, 14, et IX, 4, ubi *sacerdotes maximos* ἱερέας, *Pontifices* vero ἀρχιερέας appellat. Per *primores* autem commode intelligi possunt decuriones, vel magistratus municipales, quomodo *primores civitatis* occurrunt in l. XVI, D. de Usu et Usuf. Sed observandum *pontificem* provinciæ impositum etiam sæpe vocari *sacerdotem* provinciæ, quemadmodum patet ex leg. 46 Cod. Theod. de Decurionibus, qua imperatores constituunt, *a solis advocatis, eorumque consortio, dari debere provinciæ sacerdotem;* ubi videatur Gothofredus, non secus ac tom. VI ejusdem Codicis p. 254. Et huc pertinent *Asiarchæ*, de quibus consuli possunt Salmasius ad Solinum, Spanhemius in Dissertationibus, Augustinus ad Modestinum de Excusat., Gothofredus de Interdicta Christian s gentilium communione, Grotius ad N. Test., Rubenius de Urbibus Neocoris, et denique Harduinus, pag. 422. Numinorum Illustrat., qui omnes viri eruditissimi multis hac de re agunt. Iisque addendi sunt *Galatarchæ*, qui Communi Galatarum præerant, et ludos solemnes curabant. Exstat eorum mentio in Inscript., apud me inedita, et Ancyræ inventa.

> Γ. ΑΙΑ. ΦΛΑΟΥΙΑΝΟΝ
> ΣΟΥΔΙΒΙΟΝ. ΔΙΣ. Γ...
> ΛΑΤΑΡΧΗΝ. ΤΟΝ
> ΓΝΟΤΑΤΟΝ. ΚΑΙ ΔΙ
> ΚΑΙΟΤΑΤΟΝ
> ΦΛΑΟΥΙΑΝΟΣ
> ΕΥΤΥΧΗΣ
> ΤΟΝ. ΓΛΥΚΥ
> ΤΑΤΟΝ. ΠΑ
> ΤΡΟΝΑ.
> ΔΙΕΥΤΥΧΕΙ

Et apud Gruterum 5, CCCCX. et 4, CCCCXV: *T. Flavius Caius Antonius* (ea enim nomina vir ille tulit, ut ex integrioribus Inscriptionibus alibi docebo) dicitur fuisse Γαλατάρχης et Σεβαστοφάντης. Sed quia Galatarum metropolis fuit *Ancyra*, non ingratam me Lectori rem facturum spero, si aliam, eamque elegantissimam ineditam Inscriptionem, quæ ejus mentionem facit, supponam.

> ΚΑΔΠΟΕΡΝΙΟΝ
> ΠΡΟΚΛΟΝ. ΕΚ. ΣΥΝ
> ΚΛΗΤΙΚΩΝ ΚΑΙ ΥΠΑΡ
> ΧΩΝ. ΚΕΙΔΙΑΡΧΟΝ
> ΕΝ. ΔΑΚΙΑ. ΑΗΓΙΩΝΝΟΣ.
> ΙΓ. ΓΕΜΙΝΗΣ. ΔΗΜΑΡ
> ΧΩΝ. ΣΤΡΑΤΗΓΟΝ. ΡΩ
> ΜΕ. ΕΠ ΜΕΛΘΕΝΤΑ. ὁ
> ΔΩΝ. ΗΓΕΜΟΝΑ. ΑΝΤΙΟ
> ΝΟΣ. Α. ΑΘΗΝΑΣ...
> ΑΝΤΥΠΑΤΟΝ ΓΑΛ...
> ΑΣ. ΠΡΕΣΒΕΥΤΗΝ. ΚΑΙ ΑΝΤΙΣΥΡ
> ΤΗΓΟΝ. ΒΕΛΤΙΚΗΣ. ΠΑΜΗΤΡΟΠΟ
> ΛΙΣ. ΤΗΣ ΓΑΛΑΤΙΑΣ ΣΕΒΑΣ
> ΤΗ. ΤΕΚΕΛΑΓΩΝ ΑΝ
> ΚΥΡΑ. ΤΟΝ. ΕΛΥΤΗΣ. ΣΩΤΗ
> ΡΑ. ΚΑΙ. ΕΥΕΡΓΕΤΗΝ

Verum ut pergam, mulieres etiam provinciarum Sacerdotes fuere creatæ. Inscript. 8, pag. CCCXXI.

> PORCIÆ. M. F.
> MATERNÆ
> D. SACER. DESI
> P. H. C. ET. POSTEA
> O. SACERD. CÆSAR. M
> TARRAC. PERPETUÆ
> L. NUMISIUS
> MONTANUS
> VXORI.

Nam siglas P. H. C. explicant docti, *Provinciæ Hispaniæ Citerioris*. Et notatu dignum est, hos provinciæ sacerdotes non videri fuisse omnium, qui in ea provincia colebantur, ceorum sacerdotes: sed unius, cui tota provincia sacra faciebat: et maxime quidem Augustorum quemadmodum docet Rubenius: unde inscriptio 10, p. CCCXXI, interpretanda est:

> C. SEMPRONIO. SPERATO. FLAMINI. DIVORUM. AVGG.
> PROVINCIÆ. BÆTICÆ.

quæ insuper videtur docere, speratum fuisse Flaminem omnium imperatorum, qui inter Divos erant relati, vel qui ibi colebantur; similiterque apud Victorem, *per Africam decretum fuisse sacerdotem Flaviæ genti*; quia scilicet Constantinus *Flavius* vocabatur. Huc pertinet *Flamen Augustalis in Bætica perpetuus, Flamen Provinciæ Hispaniæ Citerioris*, et similes, qui in iisdem lapidibus occurrunt, quique nos docent, provinciis impositos *Flamines*, vel *sacerdotes* fuisse.

Fateor tamen aliam esse eorum rationem, quos Maximinus, teste Lactantio, instituit, quippe qui reliquis omnibus præfuerint, cum alii tantum provinciæ Flamines, vel Sacerdotes possent esse appellati, quia commune provinciæ sacrum curabant. Sed restat *Sacerdos maximus* explicandus. Quemadmodum igitur ex Lactantio, et iis, quæ annotavi, patet, *sacerdos maximus* dictus est, qui reliquis in civitatibus singulis sacerdotibus, veluti caput erat impositus; nam per *veteres sacerdotes* intelligendi sunt, qui ante constitutos maximos Sacerdotes in urbibus, vel civitatibus illis sacra faciebant. Imperatores *pontifices maximos* dictos esse, notius est, quam ut vel monere necesse sit: præter eos, *pontifices*, vel *sacerdotes maximi* raro occurrunt, licet apud Græcos Ἀρχιερεῖς frequentissimi sint, et nonnunquam eo vocabulo designent pontificatum Maximum imperatorum et aliorum, ut docuit præclare illustris Spanhemius dissert. VI. Apud Reines. Ins. 58, Cl. 5, servat memoriam mulieris sacerdotis maximæ:

> LABERIA. FELICIA
> SACERDOS. MAXIMA
> MATRIS. DEUM. M. I.

Sed arbitror eam ita vocari, quia ætate reliquas superabat; vel quia prima in Collegium erat adoptata. Festus certe ultimam rem Romæ in usu fuisse, testatur. *Minorum pontificum maximus* dicitur, qui primus in id collegium venit; item *minimus*, qui novissimus; quomodo et virgo vestalium vetustissima, *maxima* fuit appellata, uti docuit Lipsius, vir certe eruditissimus, et qui plurimum Antiquitatis studia illustravit: quanquam ejusmodi pontifex, sacerdos et virgo vestalis, reliquos etiam absque dubio dignitate atque auctoritate antecesserit. In Cephaledio, parvo Siciliæ apud Himeram fluvium oppido, etiam *sacerdotem Maximum* fuisse docet nos Cicero Act. II in Verrem: *Cephaledi mensis est certus, quo mense sacerdotem maximum creari oporteat*, et ex sequentibus patet eum annuum ex civibus, et in comitiis populi electum fuisse; isque ita non ab ætate, verum ab auctoritate, dictus fuit: quomodo Festus testatur, alios putare *Prætorem maximum* dici, qui maximi imperii sit, alios vero, qui ætatis maximæ. Eidem *Curio maximus* dicitur, *cujus auctoritate curiæ, omnesque curiones reguntur*; ejusque forte respectu alii dicti *curiones minores*, qualis celebratur in Inscript. 4, pag. 305, apud Gruterum. *Augurem maximum* etiam recenset Joannes Andr. Bosius in pererudita dissertatione De Pontific. maximo Romæ veteris, cap. 2, sed eum, ut verum fatear, nondum vidi a veteri quoquam memorari; certe apud Festum in V. *maximum prætorem*, non reperitur. Atque ex iis quidem patet, *maximi* titulum sacerdotibus datum fuisse nonnullis: sed illud dignum est examine, num Romani præter pontificem suum maximum alios ita appellaverint, sive Romæ sive extra Romam. Sentit id Gutherius, putatque in inscriptione veteri memorari P. *Vergilium pontificem maximum Sabinorum*: damnat hoc Bosius, et arbitratur, Reinesium secutus, ita scriptum fuisse PONT. MAI. hoc est *Majori*, vel MAR. id est, *Martis*. Sed ipse Reinesius postea sententiam videtur mutasse, quia pag. 445 Inscript. notat, hunc Vergilium pontificem maximum dici inter suos, et in collegio pontificum municipalium, uti inter minores pontifices, Romæ etiam maximum fuisse: quem tamen Bosius vel putat simpliciter *maximum* esse dictum, vel nomine scribæ (ita enim dici minores pontifices notat) aliove quopiam adjecto. Quicquid sit, rarissime certe præter Romanorum pontificem revera maximum, alii *pontifices maximi* memorantur. *Summum pontificem* invenio apud Prudent. Hym. 10. περὶ Στεφ. v. 223. ubi romanus martyr alloquitur Asclepiadem:

> Spectator horum pontifex summus sedes,

quem puto pontificem provinciæ fuisse; eidemque celebratur *summus sacerdos*:

> Summus sacerdos nempe sub terram scrobe

Acta in profundum consecrandus mergitur,
Mitra infulatur........

Quibus versibus pontificem maximum describi male arbitrantur Bulengerus, Reinesius pag. 622, epist. et pag. 77 Ins. Sylburgius ad Zozimum l. iv, c. 36, nec non eruditissimus vir pag. 172 Cenotaphiorum Pisanorum; cum summus ille sacerdos sit sacerdos Cybeles, vel matris deorum, primus, qui eo modo consecrabatur; et de his sacris Prudentium agere existimat etiam illustris Salmasius ad Hist. Aug.

Singulos quasi pontifices... Puto me docuisse hos majores fuisse sacerdotibus in civitatibus constitutis; nihilque obstat illos *maximos*, hos vero simpliciter *pontifices* appellari. Nam pontificis nomen dignius semper habitum fuit, quam sacerdotis; illudque generale, hoc vero speciale est : unde non absque ratione Velleius II, 59, *Pontificatus sacerdotium* dixit. Imo et pontifex maximus nonnunquam *pontifex* absolute dicitur Latinis, et Graecis Ἀρχιερεύς, omissa voce μέγιστος, uti docet praeclare illustris Spanhemius dissert. 6. Sic Geta in nummis modo PONTIF. modo PONT. MAXIMUS dicitur; et in Plautillae nummo Caracalla vocatur ANTON. P. AUG. PONT. TR. P. V. COS. apud celebrem antiquarium et eruditum Joh. Vaillantium : et Ciceroni in orat. de Arusp. Resp. P. *Lentulus cos.* dicitur *pontifex*, qui erat pontifex maximus. Et ut Eusebius Lactantii *pontifices* appellat ἀρχιερέας, ita pontifices non aliter appellat Plutarchus in Numa. Νουμᾶ δὲ καὶ τὴν τῶν Ἀρχιερέων, οὓς ποντίφικας καλοῦσι, διάταξιν καὶ κατάσταξιν ἀποδιδόασι, καὶ φασιν αὐτὸν ἕνα τούτων τὸν πρῶτον γεγονέναι. Jam etiam *sacerdotium*, quos *pontifices* vocant, ascribunt institutionem Numae; aiuntque ipsum inter eos pontificem *maximum fuisse*. Torquet hic me locus quia viri eruditi censent, Plutarchum narrare Numam regem pontificem maximum fuisse; firmatque eorum opinionem Zozimus, iv, 36. Sed mirari soleo illud memoriae non mandasse Dionysium Halicarnassensem, Livium, aliumve auctorem Plutarcho et Zozimo vetustiorem; et suspicabar nonnunquam, apud cum scribi debere τὸ πρῶτον, id est, *ipsum initio unum ex iis fuisse.* Certe non video quomodo alias vox ἕνα locum habere possit; et Livius, quod apprime huc facit, scribit I, 20, Numam *ipsum plurima sacra obiisse, ea maxime, quae nunc ad Dialem Flaminem pertinent*: idemque cum aliis testatur, Numam Marcium, Marcii filium, e patribus lectum pontificem, eique sacra omnia exscripta exsignataque attributa esse a Numa rege. Nequicquam me movet Zozimi auctoritas, quippe qui et alia ibi male narrat, et nomine *Numae* deceptus esse potuit.

Candidis chlamydibus... Scilicet candidi coloris vestes induebantur sacerdotes, exceptis iis qui inferis operabantur, uti notissimum est. Et sic in specie docet Porphyr. IV, 19 de Abst. προφήτας Jovis in Creta usos esse ejusmodi vestimentis. Silius lib. III, sacerdoti *vestem niveam* tribuit; Plinus Druidibus *candidam* lib. XVI. c. ult. et Apuleius antistitibus sacrorum *candidum linteamen* lib. XI. Atque ut *chlamys* hoc loco tribuitur sacerdotibus, ita et idem facit Apuleius libro laudato : *Et humeris dependebat pone tergum pretiosa chlamyda.*

Confessoribus effodiebantur oculi,.. Frequens hoc supplicium, ut et truncatae manus, pedes, nares, in Historia Eccles. Sed observatione dignum est, Euseb. VIII, 12, narrare in rebus Diocletiani, imperatores, postquam judices tormentorum et sanguinis satietas ceperat, jussisse, *ut oculi Christianis eruerentur, et alterum crurium debilitaretur*: quip et idem memoriae mandare Haymonem VIII, 1 Hist. Eccl., et Suidam illud referre ad Diocletianum et Maximianum ipsius generum, qui fuit Galerius, idemque, uti ex sequentibus patet, cum Maximiano Herculio confundit. *Victos,* ait, *multitudine Christianorum, qui occidebantur, edictum promulgasse, ut omnibus Christianis, quotquot invenirentur, dexter oculus effoderetur, non solum propter acerbitatem doloris, sed etiam propter ignominiam, καὶ προδη-*

λον, καὶ τῆς Ῥωμαίων πολιτείας ἀλλοτρίων; *eamque conspicuam, et ob Romanae civitatis alienationem,* ut vertit Portus, cum mihi videatur Suidas dicere, poenam hanc fuisse *alienam a disciplina Romanorum, vel non usitatam in rep. Romana*; id quod certe verum est : unde unusquisque statim cognoscere poterat eos Christianos esse. In Politia SS. Patrum Metrophanis et Alexandri apud Photium legimus, Paphnutii, qui interfuit concilio Nicaeno, jussu Maximiani τοῦ μισοχρίστου *dextrum oculum erutum, et sinistri cubiti nervos inc sos fuisse*; καὶ τὴν λαιὰν ἐνευροκόπησεν ἀγκύλην : sed hoc vertendum erat, *et nervos sinistri poplitis incidit, quia ἀγκύλη* tam flexum poplitis, quam brachii, vel cubitum significat; et Eusebius post verba modo laudata diserte scribit, dextros Christianis oculos effossos, et τοὺς λαιοὺς πόδας κατὰ τῶν ἀγκύλων candente ferro fuisse debilitatos. Notatu insuper non indignum est, Eu eb. IX, 8, et post eum Haymonem VIII, 5, narrare, ubi de hac Maximini persecutione agunt, *Simulacrorum pontifices in odia et necem Christianorum concitatos esse : quod ut aliqua justa ratione videretur fieri, conficta esse acta quaedam velut apud Pilatum de Salvatore nostro habita, in quibus adversus Christianos omnis blasphemia conscribitur.* Unde sequitur ficta haec Acta fuisse A. C. 311 extremo, quia post Galeri mortem, quae incidit in maium ejusdem anni, vix sex menses a persecutione Maximinus abstinuit. Sed eorum Actorum antea fieri mentionem in actis praesidialibus Tarachi, Probi, et Andronici cap. 9, putat Valesius : *Inique non scis* (ait maximus praeses) *quem invocas Christum , hominem quidem fuisse, factum sub custodia Pontii Pilati, et punitum , cujus exstant Acta passionis.* Gesta haec sunt Diocl. IV, et Maximiano III, coss. sive anno Christi 290, et si eadem Acta intelligi debent, certe illa praecesserunt persecutionem ; utque tempora conciliet Valesius, scribendum putat, *Diocletiano* IX, *Maximiano* VIII, quia in iI is Actis fit mentio praecepti imperatorum, quo omnes jubebantur diis immortalibus sacrificare, et quia praeses cap. 9 dicit, *diuturnam et altam pacem principes praestitisse,* quae non erat Diocletiano quartum consule. Nonum ille consulatum gessit an. 304, et sic quoque Pilati Acta ante Maximini persecutionem fuere conficta; cujus tamen initio Acta haec supposititia edita fuisse diserte tradit Eusebius. Puto igitur in Actis Tarachi non respici ad illa Acta Pilati : sed vel praesidem Maximum innuere ipsam S. Scripturam; *cujus,* non *Pilati*, sed *Christi*, ex historia litteris a Christianis mandata constat, eum cruci affixum esse; vel ad Acta, quae Pilatus ad Tiberium imperatorem de passione, resurrectione, et miraculis Christi misit, et ac quae provocant Tertullianus, Eusebius, aliique. Nam si nefaria, quae ab impiis et scelestis illis Christo tribuuntur, scelera in Actis Pilati tunc lecta fuissent ab Ethnicis, procul dubio ea Maximus non reticuisset, nec dixisset tantum, *Christum hominem et punitum fuisse.*

Auriculae... Id est, aures : Poeta, *Auriculas asini Mida rex habet*; Arnob., lib. VI, p. 240 : *Nunc vero, quia cernunt ora, oculos, capita, buccas, auriculas, nasos;* notumque est illud Ciceronis, *auricula infima mollior.* Haec autem suppliciorum genera apud Persas in usu fuisse frequenti docet Brissonius ; et auctor M. Etymologici ἀκρωτηριάζειν inde deducit, quia facinorosis veteres τὰ ἄκρα τῶν ὤτων abscindebant.

CAPUT XXXVII.

Ut quisquis ad coenam vocatus esset, inquinatus inde atque impurus abiret. Jam monui ad cap. 11, uti ex Columbi notis patebit, haec ad *idolothyta* referri debere : eamdemque ob rationem abstinuisse Christianos ab epulis, quas Galerii mater Romula exhibebat. Quid de his apostolorum tempore statutum sit, quidque Paulus ad Corinthios scripserit, satis superque ex Novo Foedere constat. Gentiles, cum sacrificarent diis suis, victimas quidem integras ante aras statuebant, easque diis sacrabant : sed tamen non totas offerebant; verum pars earum inserviebat amicis excipiendis. Val. Flaccus, II Argon. v. 347 :

Sacris dum vincitur extis
Prima fames.......
id est, carnibus, quæ ex sacrificio superfuerant. Ipse deus, cui sacrum erat factum, existimabatur convivas pascere; unde elegantissime Aristides, tom. 1, p. 97, Sarapin vocat ἑστιάτορα, uti optime explicat Salmasius in observ. ad Jus Att. et Rom. Erant tamen homines parci, qui reliquias sacrificiorum sale condiebant domum relatas; alii, qui eas macellariis vendebant, uti nos docet Theophrastus, cap. 23 Characterum; alii honestiores, qui, ad evitandos sumptus, victimarum partes amicis mittebant, quemadmodum ex Theocrito et Plauto docuerunt eruditi. Sed qui eas dividebat non fuit dictus Καλοκρέτης, uti arbitratur Castellanus in præfat. Syntagmatis de Festis Græcorum : verum id ipse sacrificans per certum hominem, et servum forte, fecit. Contra Καλοκρέτης fuerit quæstor pecuniæ publicæ; et licet expensarum, quæ in sacris publicis fiebant, curam habuerit, acceperitque talium vicinam in pelles et reliquias non secus ac sacerdotes, observante Scholiaste Aristophanis, tamen inde nequaquam inferri potest eum reliquias sacrificiorum divisisse, et ad sacrificantium amicos misisse. Porphyrius, lib. II, § 8 de Abstin. testatur, suo tempore minimalium nonnullas partes sacrificatas, cætera epularum loco fuisse : καθάπερ ἡμεῖς νῦν ἐπὶ τῶν ζώων ἀπαρξάμενοι γάρ, τὰ λοιπὰ δαῖτα τιθέμεθα; § 27, putat homines, cum antiquitus fructuum primitias diis offerrent, et reliquos comederent, eodem exemplo de animalibus sacratis gustasse. Erant tamen sacrificia, in quibus nefas erat edere immolata. Idem Porphyr. II, 44 : *Omnes enim in hoc consenserunt theologi*, ὡς οὔτε ἁπτέον ἐν ταῖς ἀποτροπαίοις θυσίαις τῶν θυομένων, καθαρσίοις τε χρηστέον; *quod in sacrificiis, quæ ad malum aliquod avertendum fiunt, ea quæ immolantur non sunt comedenda, sed expiatoriis utendum sit.* Abstinebant autem ab idolothytis primi Christiani; et præter exempla ab aliis allata, vide Adonem in Martyr., pag. 80, 142, 148 et 181, Analecta Mabillonii, tom. IV, pag. 132, qui locus singularis et elegans admodum, et pag. 141; at contra iis vescebantur Nicolaitæ, Valentinianique, uti testantur Epiphanius et Augustinus.

In cæteris quoque magistri sui similis. Arbitror designari Galerium Maximianum; nisi quis putet scribi debere *magistris suis*, quia mox Diocles et Maximianus memorantur.

Hinc fames, agris.... Hanc etiam memorat Haymo, lib. VIII, cap. 3, sed alias affert causas.

Rapiebantur ad sacrificia quotidiana, quibus eos... Putabam antea, τὸ eos referri debere ad *agros*: sed nunc illud damno, quia sequentia contrarium evincunt plane. Nec displicet Columbi *suos*; ita ut aulicos intelligat Lactantius, vel domesticos imperatoris, qui sacrificiorum reliquiis tam probe satiabantur, ut annonam vel victum, qui ipsis dabatur, tanquam vilem spernerent. Pertinet et hic locus ad *idolothyta*; illique similis fere invenitur apud A. Marcell. xxII, 12 : *Hostiarum tamen sanguine plurimo aras crebritate nimia perfundebat* (Julianus), *tauros aliquoties immolando centenos, et innumeros varii pecoris greges, avesque candidas terra quæsitas et mari : adeo ut in dies pene singulos milites carnis distentiore sagina victitantes incultius, potusque avidutate corrupti, humeris impositi transeuntium per plateas ex publicis ædibus, ubi vindicandis potius quam sedandis conviviis indulgebant, ad sua diversoria portarentur.* Per annonam autem intelligere debemus, carnem, oleum, vinum, frumentum, uti discimus ex cod. Theod. de Erogat. militaris annonæ; ad quem videatur Gothofredus, ut et Salmasius ad Histor. Aug. quibus addatur Zozimus II, 9, ex quo patet unum præfectum fuisse carni suillæ prætorianis præbendæ.

Et effundebant passim... Hæc ita scribenda esse judico : *annonam. Et effundebat passim sine delectu, sine modo, cum divites universos... expungeret*, ita ut hæc omnia respiciant Maximianum. Eusebius certe

A VIII, 14, narrat, Maximinum ditissimum quemque paternis et avitis bonis spoliasse, πλούτους ἀθρόους καὶ σωροὺς χρημάτων τοῖς ἀμφ᾽ αὐτὸν κόλαξιν tribuisse. *Expungere* autem *vestibus et aureis nummis*, nil il aliud est, quam aliquem rebus illis privare, ab aliquo eas auferre. Est tamen mira locutio, et nescio an alibi obvia. *Expungere nomen*, est debitum solvere; *expungi pauperes* dicuntur, quando iis solvitur, quod gratuitum propter Christum debet Ecclesia, uti docet clariss. Gronovius cap. 8 Observat. in Hist. Eccles. *expunctus manipulus*, qui in catalogo militum deletus, et sacramento solutus : *expunctæ rationes* abolitæ sunt et deletæ. Hæc omnia nihil commune cum Lactantiana phrasi habent; et quanquam alieni videri posset, legi debere *emungerent*, quomodo Terent. Phormione *senem emungere argento* dixit, tamen puto Lactantium scripsisse *expungereat*, quia similiter plane locutus est Papinianus in l. xv, D. de Re Milit. : *Ex causa desertionis notatus, ac restitutus, temporis, quod in desertione fuerit, impendiis expungitur.*

Nescio an agendas... Lego, *an non agendas*, quod ironice dicat Lactantius.

CAPUT XXXVIII.

Per singulos artus... Augusto idem objicit Antonius apud Suet. cap. 69 : *Conditiones quæsitas per amicos, qui matres familias et adultas ætate virgines denudarever atque perspicerent :* ubi Casaubonus notat, servos servasque nudas ab emptoribus fuisse *inspectas*; qua voce et Seneca lib. I Controv. utitur.

In aqua necabatur : tanquam majestatis crimen esset. Non quod pœna læsæ majestatis esset submersio : sed quia crimen illud capitale erat, non quidem ex lege Julia, sed ex legibus posteriorum imperatorum. Nam cum lege Julia pœna talium foret exilium, seu aquæ et ignis interdictio, idque etiam ex Tacito pateat, Paulus tamen jurisconsultus suo tempore scribit, *humiliores bestiis objici, vel vivos exuri, honestiores capite puniri;* et inde sequentibus temporibus (vixit Paulus sub Al. Severo) pœna capitis iis irrogata est, qui crimine læsæ majestatis tenebantur.

CAPUT XXXIX.

Quam nuper appellaverat matrem... Intellige Valeriam Galerii Maximiani, qui Maximinum Dazam adoptaverat, viduam. Sed operæ pretium erit brevi quasi in tabella exhibere, quas uxores Diocletianus, Herculius, Galerius, aliique habuerint, quique ex his nati sint, et ita lux clarior variis Lactantii locis affulgeat.

Diocletianum uxorem nomine *Serenam* habuisse testantur Ado in Martyr., p. 135, Tristanus et alii. *Eleutheriam* eam appellat Valesius; Lactantius vero : sed vocatam fuisse *Priscam* docet Lactantius cap. 15, et priores omnes errasse videntur; nisi dicamus eam bina vel plura nomina habuisse. Genuit Diocletianus ex ea *Galeriam Valeriam*.

Galerium Maximianum quod attinet, illi *Galeria Valeria* nupsit; hunc enim Diocletianus adoptatum jussit, repudiata priore uxore, eam ducere, indeque *gener Diocletiani* dicitur capite 29. Fuit sterilis : unde *Candidianum*, Galerio natum ex concubina, quemque Cæsarem facere voluit, uti patet ex cap. 20, adoptavit, quemadmodum nos docet Lactantius cap. 50. Idem (Licinius) *Candidianum, quem Valeria ex concubina genitum ob sterilitatem adoptaverat, necari jussit.* Morti proximus Galerius eam cum filio Candidiano commendavit Licinio, atque in manus tradidit, cap. 35. Sed Licinium reliquit exacerbatum, ut arbitror, quia ipsi nubere nollet, et se cum matre credidit Maximino, cui tamen non satis bene cum marito convenerat, uti constat ex cap. 52. Causam autem relicti Licinii arbitror latere in his hujus capitis verbis : *Venerat post obitum Maximiani ad eum Valeria, cum se putaret in partibus ejus tutius moraturam, eo maxime quod habebat uxorem.* Licinius scilicet erat innuptus, quippe qui postea Constantiam, Constantini sororem, in uxorem duxit; et verisimile admodum est, Valeriam ab eo de connubio fuisse appellatam illamque eodem, quo Maximinum rejecit argumento usam esse: *quia nefas erat illius nominis ac loci fœminam sine more, sine exemplo, maritum alterum experiri.* Neque enim video, quam aliam ob causam tam significanter dixisset Lactantius, eam se credidisse Maximino, *eo maxime quod habebat uxorem;* et rem, uti sese habebat, narrare ausus non est, quia inter Constantinum et Licinium firma erat amicitia, cum hic libellus editus fuit. Cum igitur Maximino etiam nubere nollet, pellitur ad eo in exilium cum matre, relegaturque in quasdam desertas Syriæ solitudines, nec precibus Diocletiani veniam consequi potuit, cap. 20 et 41. Tandemque Licinius illius matrisque Priscæ capita Thessalonicæ amputari jussit, cap. 51, cujus verba corrupta ibi emendabo. Notandum autem, Adonem Viennensem, p. 105 Martyrol. scribere, filiam Diocletiani imperatoris a dæmonio vexatam, atque a S. Vito oratione curatam, imo p. 70, eamdem vocari *Artemiam,* et a Cyriaco liberatam dæmonio, ac baptizatam fuisse; moxque ipsum addere, ipso tempore Maximinum interfecisse sororem suam Artemiam. Quibus si quid veri inest, Diocletianus duas filias habuerit, necesse est; sique illa, quæ occisa dicitur, eadem cum priore Artemia, scribi debet *Maximianus,* nimirum *Galerius;* quippe qui sororem ejus Valeriam habebat in matrimonio, suamque potest dici occidisse, interficiens uxoris suæ germanam. Sed ut verum fatear, haud magna fides ejusmodi auctoribus adhiberi potest.

Maximianus Herculius uxorem habuit *Valeriam Eutropiam,* quæ ante eum Syro genuerat *Theodoram,* vel *Flaviam Maximianam Theodoram,* quæ nupsit Constantio Chloro; Herculio autem nupta genuit *Maxentium.*

Constantius Chlorus, cum Cæsar crearetur, repudiare coactus est Helenam, vel concubinam, vel conjugem, ex qua natus ipsi erat *Constantinus,* postea ob rerum gestarum gloria *Magnus* dictus; et in uxorem duxit Herculii privignam Theodoram, quæ ipsi peperit Dalmatium, Constantium, Annibalianum, Constantiam, Eutropiam, et Anastasiam: quarum una nupsit Licinio, uti patet ex cap. 43: *Ut audivit, Constantini sororem Licinio esse desponsam, existimavit affinitatem illam duorum Imperatorum contra se copulari.* Et quia Theodoræ vitricus erat Max. Herculius, inde Constantius Chlorus, c. 29, ejus *gener* vocatur: *Ut Constantinum imperatorem generum suum* (propter Faustam uxorem) *generi filium, dolo malo circumveniret;* id est, Constantii Chlori filium, qui Theodoram, privignam Herculii, duxerat in uxorem, quæque, non mater, sed noverca erat Constantini.

Constantinus Magnus Herculii Maximiani filiam minorem, *Faustam* nomine, duxit in uxorem: ita cap. 27, Panegyricus incerti auctoris, et alii; idque cum prima illius uxor *Minervina* diem obiisset. Quos et quot liberos habuerit, notum satis est, docetque præclare illustris Du Cange.

Maxentius filius fuit Maximiani Herculii atque Eutropiæ. Eum puerum valde laudat Mamert. cap. 14 Panegyr. *Sed profecto mature ille elucescet dies, cum vos videat Roma victores, et alacrem sub dextera filium, quem ad honestissimas artes omnibus ingenii bonis natum felix aliquis præceptor expectat, cui nullo labore constabit divinam immortalemque progeniem ad studium laudis hortari.* Eum tamen suppositum fuisse Herculio arte Eutropiæ, tenere mariti animum laborantis auspicio gratissimi partus cæpti a puero, tradunt Epitomes Victoris, et Excerpt. Vales. auctor, et P. diaconus. Idem docet incerti panegyrici, cap. 3: *Ipse denique, qui pater illius credebatur, discissam ab humeris purpuram detrahere conatus: ecce creditus;* ergo non verus pater: unde mox cap. 4, Maxentium *Maximiani suppositum* vocat; idemque Julianum tradere putabat Tristanus, quem tamen errare docui ad cap. 18. Cæterum in Politia SS. Patrum Metrophanes et Alexandri apud Photium Maxentius vocatur ἀδελφιδοῦς Μαξιμιάνου. Adscribam totum locum, quia mihi valde esse videtur intricatus. *Severo morbo extincto, Licinius, qui sororem Constantii conjugem habebat, imperavit, reliquam Orientis partem Maximianus tenuit.* Μαξέντιος δὲ τῆς κατὰ Ῥώμην ἦρχεν ἀδελφιδοῦς ὢν Μαξιμιανοῦ· καὶ γὰρ ὁ μὲν ἦν Μαξιμιανοῦ προτέρου, ὁ δὲ Διοκλητιανοῦ. *Maxentius vero Romæ imperabat, fratris Maximiani filius. Et hic quidem erat Maximiani prioris, alter vero Diocletiani filius.* Ego certe vix me hinc extrico, speroque alios inventos iri, qui nodum solvent; neque enim lectum mihi, Maxentium natum fuisse fratre, vel sorore Maximiani, cum genitus sit Herculio et Eutropia Syra. Suspicabar nonnunquam locum corruptum, et verba transposita esse, et quidem initio legi debere, Μαξιμίνος ἐπεῖχε ἀδελφιδοῦς ὢν Μαξιμιανοῦ; nam Maximinus Orientem tenuit, fuitque sorore Galerii Maximiani genitus: deinde Maxentius dicitur filius Maximiani, nimirum *Herculii;* alter vero, vel Galerius Maximianus, filius Diocletiani, quia ab eo adoptatus, et filiam ejus habebat uxorem. Sed nihil certi definio, aliisque hæc relinquo excutienda. *Maxentius,* si Tristano credimus, uxorem habuit *Magnam Urbicam,* filiam Galerii ex priore conjuge, ex qua Romulum vivo patre mortuum consecratumque, et alium filium genuit, qui cum matre dicitur vixisse adhuc duobus ante cladem diebus: unde panegyrista narrat Maxentium *ante biduum palatio emigrasse, et cum uxore et filio in privatum demum sponte concessisse.*

Severus filium habuit *Severianum,* uti constat ex cap. 50, nomen uxoris et parentum incognitum. Tristanus arbitratur, eum genitum esse sorore Maximiani Galerii: sed Zozimus et Aurelius Victor, quos laudat, illud tantum de Galerio Maximino, Daza ante imperium dicto, commemorant. Et si hoc fuisset verum, non puto, Galerium Maximianum illud silentio obliteraturum, cum alloqueretur Diocletianum, et cum eo de Cæsaribus creandis ageret, cap. 18 et 19.

C. Valerius Maximinus quem male Haymo, VIII, 3, *Severum Maximinum* vocat, natus fuit sorore Galerii Maximiani. Epitome Vict.: *Galerius Maximinus, sorore Armentarii progenitus, veroque nonäne ante imperium Daza dictus:* inde Galerius Maximianus cum cap. 18 appellat *affinem suum,* et P. Diacono dicitur *filius sororis Galerii,* cui tamen male *Maximus* vocatur. Tristanus scribit, Zozimum eam facere sororem Maximiani Herculii: sed apud eum nihil tale invenio, quanquam idem tradant Hofmannus e. Moreri in Lexicis suis. Uxoris nomen ignoratur cap. 39, et ipsa in Orontem præcipitata est, c. 50. Sustulit ex ea Maximinus filium et filiam Licinii jussu occisos, ibidem. Sed tamen, cap. 47, *filios* illi, non filium et filiam, tribuit. *At ille halendis maiis, id est, una nocte, atque una die, Nicomediam alia nocte pervenit.... raptisque, filiis et uxore, et paucis ex palatio comitibus, petivit Orientem.* Quin et cap. 50 filius ejus *maximus* memoratur: *Ipsius quoque Maximini filium suum maximum agentem in annis octo, et filiam septennem, quæ desponsa erat Candidiano extinxit.* Verum si plures filios habuisset, non certe oblitus fuisset Licinius eos interimere: unde priore loco *filiorem* nomine forte etiam *filia* venit, id quod factum fuisse, ex jure civili patet; et altero *Maximus* est nomen proprium, nisi dicamus, natu minorem in fuga fuisse mortuum. Nam duos Maximinum filios habuisse videtur clare docere Eusebius, lib. IX Historiæ Eccles. extremo: τούτοις ἅπασι προσετίθεντο καὶ οἱ Μαξιμίνου παῖδες, οὓς ἤδη τῆς βασιλικῆς τιμῆς τῆς τε ἐν πίναξι καὶ γραφαῖς ἀναθέσεως πεποίητο κοινωνούς. Adjecti sunt his omnibus Maximini liberi, quos ille jam imperii consortes, et titulorum atque imaginum participes fecerat. Scio, παῖδας in genere liberos significare, et complecti posse filium filiamque Maximini: sed addit eos in tabulis pictos, imperiique consortes esse factos; quæ, ut puto, in filiam non cadunt, nec quicquam ad hoc eluendum telum invenio, nisi dicamus, Eusebium plurali pro singulari numero usum esse. Atque hæc de imperatoribus, eorumque uxoribus et liberis, monenda habui; judicavique, non ingratum lectori futurum, si et vultus illorum, aliorumque persecutorum genuinos Lactantiani opusculi initio exhiberem, ut ita uno quasi intuitu unusquisque sibi ob oculos poneret horrendas persecutiones, quibus illi Ecclesiam, et meritas pœnas, quibus eos Deus afflixit. *Magnam Urbicam* non addidi, quia Eruditi dubitant, num Maxentii conjux fuerit. *Licinium* adjeci, quia a Lactantio memoratur; et quia postea Ecclesiam persecutus est, locum suum inter Persecutores habet. Constantinum in medio tabellæ depingendum curavi cinctum patre, matre, noverca et uxore: quia Constantius Chlorus favit Christianis, et quia Constantinus tyrannorum victor, una cum Licinio pacem Ecclesiæ dedit, quam tamen hic postea, ut monui, turbavit.

Inardescit. Id est, libidine accenditur: *inardescitque tuendo.*

Nondum luctus tempore impleto. Quod fuit decem mensium, posteaque ex Lege Gratiani, Valentiniani et Theodosii, factum est mensium 12, uti notarunt eruditi; adeo ut hæc acciderint am o 311 exeunte, vel ineunte 312, quia mense maio anni 311 obiit Galerius; et quia *nuper* scribit, eam appellatam a Maximino matrem, et tepidos adhuc mariti sui cineres esse queritur Valeria, me haud invito, hæc anno trecentesimo et undecimo ascribentur: unde simul patet, quamdiu fere illa apud Licinium morata sit.

In illo ferali habitu... Id est, nigro: unde paulo ante, *adhuc in atris vestibus erat mulier*; quamquam Lipsius ad Tacitum, et eum secutus Kirchmannus II, 18 de Funer. existimerint, sub imperatoribus fœminas in luctu vestes albas induisse. Verum illud esse patet ex Herodiano et Plutarcho: sed potuit hic mos Diocletiani tempore abolitus, vel non omnibus, imo et certis tantum casibus observatus fuisse.

Tepidis adhuc cineribus mariti... Ergo Maximianus Galerius rogo impositus, illoque tempore crematio adhuc in usu apud Gentiles fuit; nisi quis figuratam loquendi formam esse, censeat, velitque significare tantum Valeriam, maritum suum nuper mortuum esse. Cremationem per Antoninos sublatam esse cap. 13, M. Ant. philosophi Capitolinum tradere, probare olim conati sunt eruditi: sed eorum error castigatus est; et nihil certe locus ille nos aliud docet, quam Antoninos, maxima pestilentia exorta, de sepulcris extruendis aliquid cavisse: quod tamen quale fuerit, certant inter se harum rerum peritissimi viri, Salmasius, Casaubonus, Jac. Gothofredus, et Obregtbus, quorum Gothofredus mihi non plane aberrasse a vero videtur. Sed si Capitolini verba hanc opinionem non refellerent, certum utique est, eam admitti non posse propter sequentia exempla; quorum non minima sunt *Consecratio* cum rogo in nummis L. Septimi Severi, Caracallæ, et Cæsaris P. Cornelii Salonini Valeriani, filii Gallieni Augusti, obvia, necnon Galerius Maximianus crematus. Ego persuasus sum, cremationem lapsu temporis abolitam; nec male arbitror censere eruditos, Christianos magnam hujus mutationis causam fuisse, qui, ut loquitur Felix Minucius, *nullum damnum sepulturæ timebant; sed ut veterem et meliorem consuetudinem humandi frequentabant*. Macrobius VII, 7 Saturn. scribit, *suo sæculo*, id est, imperante Theodosio Juniore, *urendi corporis defunctorum usum nullum fuisse.* Ipsam cremationem non fuisse veteris instituti, Gentisque Corneliæ primum Sullam dictatorem crematum esse, Plinius et Cicero tradunt. Quin et Domitiani tempore humationem a nonnullis usurpatam, vel cadavera fuisse condita, patet ex Statii Sylvis, ubi Priscillæ funus describit. Cumque in dies magis magisque accresceret consuetudo vetus, illaque humanior ipsis etiam Gentibus videretur, hinc puto A factum esse, ut nonnunquam in monumentis vetustis *corpus integrum conditum esse*, legamus.

D. M.
L. IVLII. EPIGONI
VIXIT. AN. XXVI. M. V. D. XII.
CORPVS. INTEGRVM. CONDITVM.
M. IVLIVS. HAMVS
PATER. FILIO. PIISSIMO.
C. IVLIVS. HAMVS
DIS. MANIB.
L. IVLII. MARCELLI
NEPOTIS. SVI.
VIXIT. ANN. V.
DIEBVS. XXXXI.
CORPVS. INTEGRVM
CONDITVM. SARCOPHAGO.

Nec certe displicet doctissimi celeberrimique viri sententia, cui putat, *catacumbas* a Gentibus factas, inque iis cadavera posita fuisse: sed non ægre eum B laturum spero, si apponam, quid hac de re sentiat Joannes Bapt. Donius in libro, quem *De Restituenda salubritate agri Romani* inscripsit. « Arenariæ, ait *pag.* 52, Cryptæ antiquis temporibus ad extrahendam arenam in usum ædificiorum excavatæ, quod hodie diversa ratione faciunt superne effossa terra, ut in pastinationibus solet, tam multæ exstant non in proximo tantum, ac sub vineis urbi propinquis, sed etiam longius, et in omnes fere partes ad mare usque et montes Prænestinos; atque ab alio cœli cardine in Etruriam etiam longissime (nec defuit quibusdam abditiora quædam ac penitus sepulta veteris ævi miracula rimandi studium), ut totus hic Latii ac Tusciæ suburbanæ tractus, cujus infimum solum unius naturæ est tophaceum et sabulosum, penitus suffossus, ac prope pensilis existimari possit: unde fit, ut vix unquam internis flatibus quatiatur; ita longi, et multiplices, ac multifariam inter se impliciti subterranei meatus quoquoversus patent, C ut immensi cujusdam labyrinthi speciem præbeant. Hujusmodi cryptæ, sive cuniculi, *Arenariæ* etiam simpliciter dictæ, leguntur in veteribus SS. Martyrum Actis; *Catacumbæ* etiam, quod sæviente tyrannorum persecutione, innocens Christi plebs subterraneis hisce locis interdiu potissimum delitesceret, cubaret, cibum caperet, sacrosque conventus haberet. Ab his, tanquam a genere species, distant *Cœmeteria*, quæ Urbi fere propinqua sunt, ac militaribus viis adsita (multa enim supersunt) laxioribus, sed brevioribus spatiis diffusa, sacellis, sepulchris, aris, atque id genus ædificationibus luculenter ornata; qualia ferme nonnulla quoque fuerunt apud Ethnicos subterranea monumenta, quæ et conditoria dicebantur, opere laterititio parietibus in ambitum suffulta, in queis crebri loculi cum urnis, atque ossuariis ad unicam fere familiam spectantibus. » Hæc est viri eruditi admodum de hisce cryptis et catacumbis sententia, quam examinandam relinquo eruditis, qui Romæ habitant, et agrum ejus suburbanum inspicere possunt. Neque D tamen arbitror, *Puticulos* cum his cryptis, vel cuniculis quicquam habere commune. Nam fuerunt primo extra portam Esquilinam in uno loco, cum contra catacumbas et cryptæ illæ arenariæ reperiantur in ambitu Romæ: deinde verisimile nequaquam est, tantis sumptibus excavatam fuisse terram, ut ibi vilicorum hominum cadavera sepelirentur; et denique aliud *puteus*, cujus diminutivum *puticulus*, aliud *catacumbæ*: ille patet, hæ vero sub terra sunt; et in loco, qui dicebatur *puticuli*, plures puteos fuisse, clare docent Varro et Festus, et ipsum *puticulorum* nomen non aliud videtur suadere. Festus notat, *puticulos antiquissimum genus sepulturæ appellatos esse, quod ibi in puteis sepelirentur homines*, et illa verba nihil mihi aliud innuere videntur, quam cadavera scrobibus imposita et terra obruta antiquitus, scrobesque illas *puticulos* appellatas fuisse; indeque Varronem ejus nominis rationem redditurum scribere, *quod ibi in puteis obruebantur homines*; nimirum terra, ut hodie solet. Si Ælium Gallum apud Varronem sequimur, *projecta ibi fuere cadavera, et locus a putiscendo dictus*; id quod etiam Festus docet verbis laudatis modo subjungens: *Qualis fuerit locus, quo nunc cadavera projici solent extra portam Esquilinam; quæ quod ibi putescerent, nomen esse factum Puticuli*. Et tam Ælii Galli, quam Festi verba docere videntur, cadavera ne quidem fuisse terra obruta, sed tantum projecta, siccanda et consumenda per aerem. Certe hoc firmat plane Horat. lib. i Sat. 8, ubi hortos Mæcenatis, qui in Exquiliis et Puticulis fuerunt, describit:

Ast importunas volucres in vertice arundo
Terret fixa, vetatque novis considere in hortis.
Huc prius angustis ejecta cadavera cellis
Conservus vili portanda locabat in arca,
Hoc miseræ plebi stabat commune sepulchrum,
Pantolabo Scurræ, Nomentanoque nepoti.
Mille pedes in fronte, trecentos cippus in agrum
Heic dabat, hæredes monumentum ne sequeretur.
Nunc licet Exquiliis habitare salubribus atque
Aggere in aprico spatiari, quomodo tristes
Albis informem spectabant ossibus agrum.

Nam inde discimus primo, servorum corpora ex arcis, quæ locabantur, ejecta: deinde, infimæ plebis ibi etiam fuisse sepulchra; et denique, ossa cadaverum dispersa in eodem loco jacuisse: quæ omnia suadent, multa cadavera eum in locum esse projecta, et nulla, vel levi terra obruta, combustorumque forte reliquias, ossa nempe et cineres, non fuisse condita, sed in agro relicta. Nam et ustrinæ publicæ ibi fuerunt. Porphyr. ad Od. v. Horatii notat *in regione aggeris, quæ est extra portas Esquilinas, solita fuisse pauperum corpora vel comburi, vel projici*; et Commentator a Cruquio editus, non modo puticulos vocat *fossas*, atque ita sententiam meam plane firmat: *verum etiam ibi fuisse scribit ustrinam publicam*. *A puteis*, ait, *fossis ad sepelienda cadavera pauperum locus dictus est puticuli; hic etiam erant ustrinæ publicæ*. Hos igitur *puticulos* arbitror nos posse appellare *scrobes, fossas*, vel Belgico idiomate *cuylen, groeven*. Quæ omnia si aliis displicuerint, ego certe continuo manus traditurus sum, si meliora fuero edoctus.

Sine more, sine exemplo... Nemo igitur Augusta, mortuo imperatore marito, alteri ad hoc usque tempus nupsit; id quod ex historia etiam patet satis superque: nec obstat Statilia Messalina, Neronis uxor ultima, quam quidem Otho matrimonio destinaverat, teste Suet. c. 10 Vitæ ipsius: sed illud, morte interveniente; contractum non fuit. Verum præcipue notandum eruditos existimare, Tertullianum tradere Exhortat. ad pudicitiam cap. 13, imperatores, utpote pontifices maximos, secundas nuptias ex lege non potuisse adire. *Flaminica*, ait, *univira est, quæ et Flaminis lex est. Nam duo ipsi Pontifici maximo matrimonia iterare non licet, quod utique monogamiæ gloria est*; et lib. i, ad uxor. c. 7: *Sacerdotium viduitatis et cœlibatium est apud nationes. Pro diaboli scilicet æmulatione, regem sæculi pontificem maximum rursus nubere nefas est*. Joannes Andræas Bosius cap. 2 dissert. de pontif. max. veteris Romæ priore loco rescribit, *jam cum ipsi*, etc. ut ita scilicet relationem, quam *τὸ Nam* habet ad præcedentia, tolleret: deinde *regem sæculi* explicat, qui summa potestate inter ethnicos erat, hoc est, imperatorem, qui pontificatu maximo fungebatur. Sed tot sunt imperatorum exempla, qui plures uxores habuerunt, ut vel necesse sit dicere, eos legem sprevisse, vel aliter hæc loca interpretari debere, maxime cum nuspiam legatur pontifici maximo, libera republica, secundas nuptias fuisse interdictas. Mallem igitur viros eruditos sequi, qui per *pontificem maximum* intelligunt Flaminem Dialem, quem *maximum*, nempe Flaminum, quemque univirum fuisse, memoriæ mandat Gellius x, 15. Referri hoc etiam posset forte ad pontificem Cybeles, quem *summum* dictum fuisse ad cap. 36, docui. Nam et Tertullianus lib. de Præs. adv. Hæret. non aliter loquitur: *Quid? quod et summum pontificem in unis nuptiis statuit*. Quicquid sit, nequaquam verisimile est, imperatorem Romanum posse intelligi; et si vel *Flaminem Dialem*, vel alium pontificem Tertullianus *pontificem maximum* appellavit, cum dicere debuisset *summum*, uti fecit Prudentius, condonandum illud ipsi est. Hunc autem *regem sæculi* vocat, non quia ethnicorum princeps et imperator erat: sed quia caput quasi superstitionis gentilis, quam puto per *sæculum* designari; et nullus repugnabo, si quis intelligere velit pontificem, vel Flaminem quemdam, qui in Africa erat impositus sacerdotibus, vel qui sacerdos, sive pontifex provinciæ erat.

CAPUT XL.

Vestalem famulam Virginem... Eleganter *famula deæ* vocatur, quæ illi consecrata est; ut Hecatæ Medea apud Val. Flac. vi, 502:

Meque ille magistram
Sentiet, et raptu *famulæ* doluisse pudendo.

Idem vi, 643:

Famulamque ferebant
Phasidis intonso nequicquam crine parentes.

Rursus vii, 366:

Mox famulæ monstrata seges, qua lampade Phœbes
Sub decima juga fœta metit...

Ænomao apud Eusebium, v Præpar. poeta vocatur Μουσῶν θεράπων, quia illis sacratus quasi est: imo Hyperborei, vel δᾶμος Ὑπερβορέων Apollinis θεράπων dicitur Pindaro Olympiad. iii, quia eum præcipue colebat. *Gratiæ* sunt *famulæ Veneris* apud Scholiast. Statii ad lib. ii Theb. quod nescio quare mutatum eat Barthius; idemque nomen tandem datum est animalibus, quæ deorum jussa exequebantur, uti aper Calydonius, Ovid. viii, Metam. 287.

Est infestæ famulus vindexque Dianæ.

Nec alio nomine veniebant animalia diis peculiariter consecrata; quomodo cycni, περδικοθήρας, et ὠκυπτέρος, Apollinis θεράποντες appellantur Æliano ii, 32; vi, 19 et xii, 4 Histor. Animalium.

Non minus Augustæ proxima. Id est, quæ æque familiaris erat Augustæ, ac altera, quæ semper cum ea agebat. Neque enim puto, τὸ *proxime* respicere ad gradum aliquem consanguinitatis, quomodo frequentissime usurpatur; quia voces non minus respiciunt familiaritatem, cujus mentio præcedit.

Ne lapidibus obruatur... Judæus nempe, cui populus, propter falsum, quod dicturus erat, testimonium, erat infestus; et hinc æquitatem ac diligentiam judicis ironice laudat Lactantius, quia eum, qui testis in tam gravi causa esse debebat, defendebat ab injuria populi.

Quæ jussus...... Forte hæc ita suppleri debent, *jussus a mala bestia*, vel *a judice nefario*, vel simile quid; mox forte etiam melius distingueretur, *coercentur innocentes, et duci jubentur*.

Coercentur. Nimirum duæ illæ nobiles fœminæ, quæ Judæum refellebant. Et ita apud Euseb. viii, 5, milites legimus pugnis coercuisse Christianos, ne loquerentur, neque dicerent, se nec sacrificasse, nec sacrificaturos; quod etiam repetitur, cap. 4 de Martyribus Palæstinæ. Reos autem et damnatos proprie et absolute dici *duci*, quando ad carcerem vel locum supplicii deducebantur, notissimum est.

Bene meritæ. Nihil frequentius in inscriptionibus vetustis, quam maritum ab uxore, et uxorem a marito *bene merentem, bene meritum*, et *meritam* nominari; eaque loquendi forma Gentiles testabantur amorem conjugalem.

Promoti militari modo... Varie conantur eruditi

sanare hunc locum; ego, usque dum alii certiora proferant, eorum vestigiis insistens scribendum puto : *Promoti militari modo instructi , ut velites et sagittarii, prosequuntur.* Necessaria mihi videtur insertio particulæ *ut*; quia non dicit, milites prosecutos esse nobiles illas mulieres : sed *promotos* instar velitum et sagittariorum armatos. *Promoti* sunt officiales judicium, ad gradum aliquem promoti, ut patet ex l. II, cod. Theodos. ad l. Jul. de Ambitu; viderique potest Jac. Gothofredus ad l. II ejusdem codicis de Falsa Moneta. Quod si praeter *promotos militari modo instructos* affuerint velites et sagittarii, commode τὸ *ut* omitti, et pro *velites* etiam legi *milites*, potest; quia id si sequimur, non milites dicuntur militari modo instructi, verum *promoti* fuisse.

Nec adultero... Judæo nimirum, qui falso coram judice per tormenta interrogatus, confessus fuerat, se cum nobilibus fœminis rem habuisse; atque ita sese ipse adulterum fecerat : et hæc verba docent verum esse, quod capite præcedenti narrat, *amicas Valeriæ afficto adulterio damnatas esse.* Cæterum observanda pœna, qua adulter et adultera affecti sunt; eam nempe capitalem esse. Lege Julia pœnam adulterii relegationem, et ex lege Constantini gladio in eos animadversum fuisse, sentiunt doctissimi Jurisconsulti. Sed cum lex Constantini, quæ est xxx, cod. ad l. Jul. de Adult. lata sit anno Christi 326, hæc vero acciderint anno 312, sequitur, hanc pœnam tyranni Maximini ingenio adscribi debere; vel pœnam capitalem ante Constantini legem in adulteros fuisse statutam.

CAPUT XLI.

In quasdam Syriæ solitudines. Qua in Syriæ parte hæ fuerint, difficillimum sane dictu est, cum regio illa longe lateque sese extenderit, et magna habuerit deserta. Auctor vitæ Damasi unum eorum memorat : *Eo autem tempore, quo B. Damasus Ecclesiæ præerat, B. Hieronymus, vir prælgore scientiæ et sancta vita laudabilis , in ea orientalis plagæ solitudine , quæ Syriam juncta Barbariæ fine determinat;* ubi forte *Barbariam* appellant Arabiam, vel regiones, quas Saraceni inhabitabant; ipse enim Hieronymus ita loquitur in Vita P. eremitæ : *In ea eremi parte quæ juxta Syriam Saracenis jungitur, vidisse me monachos; et solum Barbaricum*, atque adeo *Barbariam*, significasse eo tempore regiones Romano imperatori non parentes, notum est.

Militarem ac potentem virum... Id est qui magna valebat auctoritate, magnisque honoribus vel dignitatibus erat ornatus; quo sensu etiam c. 15, *potentissimos* eunuchos dixit.

CAPUT XLII.

Senis Maximiani statuæ... Id est, Herculii, qui, et Diocletianus, SENIORES AUGUSTI vocantur pag. 178 Inscriptionum Gruteri; et ipsius Maximiani Herculii nummus inscribitur, D. MAXIMIANO. BEATISSIMO. SEN. AUG. Statuæ autem eorum, qui exuebantur imperio, dejiciebantur; unde hoc rebellio his initium frequenter. Vide A. Marc. XIV, 7.

Et imagines cum quo pictus esset, detrahebantur. Mox idem narrat Lactantius : *Et quia senes ambo simul plerumque picti erant.* Hinc suspicio mihi oborta, leve hic ulcus latere, quod sublatum elegantissimum dabit sensum. Distinguit igitur Lactantius inter *statuas*, quæ ex marmore, ære, auro, argento, aliave materia duriore erant factæ, et *imagines*, quæ in tabulis vel clypeis depictæ, in templis, curiis, aliisque locis publicis, dedicabantur : unde puto legi debere, *Et imagines cum quoque pictus esset, detrahebantur.* Hæc ad Herculium pertinent : sed quod sequitur, ægre habuit Diocletianum, *et quia senes ambo simul plerumque picti erant;* inde etiam ejus *imagines*, non *statuæ*, quod notandum, deponebantur una cum imaginibus Herculii. Sic cap. 44, inter statuas et imagines distinguit : *Constantinus Maximini perfidiam agnoscit, litteras deprehendit, statuas et imagines invenit;* et cap. 43, per Maxentii et Maximini *imagines simul locatas*, non videntur aliæ quam pictæ in clypeis posse intelligi : quanquam probe sciam, ipseque adeo docuerim, vocem *imago* de signis etiam vel statuis ex marmore aliave materia factis usurpari. Sic Eusebius de Herculio loquens VIII, 3, scribit τὰς ἐπὶ τιμῇ γραφὰς καὶ ἀνδριάντας dejectas fuisse; et exstat hanc in rem locus elegans apud eumdem IX, 11, Histor. Eccles. : Γραφαί τε ὅσαι εἰς τιμήν αὐτοῦ καὶ τῶν αὐτοῦ παίδων κατὰ πᾶσαν ἀνήκειντο πόλιν : *Sed et imagines vel pictura, quæ ipsi liberisque ejus* (loquitur de Maximino honoris causa positæ per singulas prope urbes visebantur, aliæ e sublimi dejectæ confractæque sunt ; aliæ inutiles redditæ, obliterato nigris coloribus vultu; ἀνδριάντων τε ὁμοίως ὁπόσοι εἰς τὴν αὐτοῦ τιμὴν διανεστήκεσαν ὡσαύτως ῥιπτόμενοι συνετρίβησαν; *statuæ quoque quotquot honoris ejus causa erectæ fuerant, dejectæ similiter atque contritæ.* Ut Lactantius *imagines et statuas*, ita Eusebius distinguit γραφὰς et ἀνδριάντας; imaginumque alias detractas et solo illisas, alias vero nigro colore obductas fuisse scribit; moxque narrat, Maximini liberos ultimo supplicio a Licinio esse affectos : οὓς ἤδη καὶ τῆς βασιλικῆς τιμῆς τῆς τε ἐν πίνακι καὶ γραφαῖς ἀναθέσεως πεποίητο κοινωνούς : *quos ille jam imperii, et dedicationis , vel consecrationis , in tabulis pictis fecerat consortes,* uti locus ille vertendus est. Haymo VIII, 4, Histor. Eccl., priora ita reddidit : *Ipsius vero tyranni imagines sculptas , vel pictas , præcipitari jubentur, vel atro fuscari, aut coloribus obliterari :* quæ versio tamen, uti ex Græcis patet, non satis felix est. Ad picturas pertinent omnino *clypei*, in quibus depicti imperatores. Suet. Dom. c. 23 : *Senatus adeo lætatus est, ut, repleta certatim curia, scalas etiam inferri, clypeosque et imagines ejus* (id est, imagines in clypeis depictas) *coram detrahi, et ibidem solo affigi juberet* : qui locus nos docet, clypeos illos in parietibus curiæ, altiore loco, fuisse suspensos, et inde non immerito Lactantium et Suetonium scribere, *imagines detractas* fuisse. Neque aliter loquitur Justinus XXXVIII, 9 : *Tunc populus statuas et imagines ejus detrahit :* ubi similiter *statuæ* atque *imagines* distinguuntur; id quod etiam lucit Venuleius Saturninus jurisconsultus l. VI, D. ad L. Jul. Maj. Modest., l. VII, § 4, D. cod. et Suet. Ner. c. 24, quorum Venuleius ita loquitur: *Qui statuas ant imagines Imperatoris jam consecratas conflaverint, aliudve quid simile admiserint , lege Julia majestatis tenentur.* Hinc discimus, *imagines* conflari potuisse, id est, *clypeos*, in quibus imperatores pingebantur, ex auro vel argento sæpe factos fuisse; quomodo *clupeum aureum* Claudio senatum in curia collocasse narrat Trebell. Pollio : deinde, statuas vel imagines imperatorum solemniter collocatas et consecratas, eoque modo sacras ac religiosas factas esse; nam, teste Marciano, lib. VII D. ad L. Jul. Maj. § 2 : *Severus et Antoninus Pcucio rescripserunt, non videri contra majestatem fieri ob imagines Cæsaris nondum consecratas, venditas.* Sed hac occasione interrogare eruditos placet, quam putent fuisse differentiam inter ἄγαλμα, ἀνδριάντα, atque inter ἀγαλματοποιὼν et ἀνδριαντοποιὼν. Polybius in Excerptis de Virt. et V tiis, pag. 1468, Ed. ult. ea distinguit, ubi de Prusia Nicephorium spoliante loquitur : Ἐσύλησε δὲ καὶ τοὺς ἀνδριάντας, καί τὰ λίθινα τῶν ἀγαλμάτων; *statuas deorum immortalium spoliare ac diripere cœpit*, uti vert t eruditissimus editor, qui tamen non interpretatur λίθινα τῶν ἀγαλμάτων, nec quæ differentia inter ἀνδριάντας atque ἀγάλματα fuerit, docet. Et certe ego nullam rationem invenire possum, cur Prusias spoliaverit tantum, atque adeo abstulerit λίθινα τῶν ἀγαλμάτων, relictis argenteis et forte aureis : nisi dicamus statuas ex pretiosiore materia factas Pergamum fuisse deportatas, cum hostis agros illorum invaderet; nam λίθινα τῶν ἀγαλμάτων indicare videntur, alia etiam simulacra eodem in loco fuisse. Distinguit igitur Polybius ἀγάλματα atque ἀνδριάντας; eorumque artifices quasi plane diversos nobis exhibet Scholiastes Theocr.

ad Idyl. 5. v. 105. Δύο δέ φασι Πραξιτέλεις, τὸν μὲν ἀρχαιότερον ἀνδριαντοποιὸν, τὸν δὲ νεώτερον ἀγαλματοποιόν. Οὗτος δὲ ἦν ἐπὶ Δημητρίου τοῦ βασιλέως, περὶ οὗ φησιν ὁ Θεόκριτος. Errabo forsan, si statuam ἀγαλματοποιὸν deorum, ἀνδριαντοποιὸν vero hominum signa fuisse. Sed tamen illud videtur aliquo modo affirmari posse. Nam non modo Suidas ἀγάλματα interpretatur τὰ τῶν θεῶν μιμήματα: verum etiam has voces ita distinguit Pausanias lib. I. p. 31: καὶ θεῶν Εἰρήνης ἀγάλματα κεῖται καὶ Ἑστιάς, ἀνδριάντες δὲ ἄλλοι τε καὶ Αὐτόλυκός ὁ παγκρατιαστής. Neque tamen asseverare velim, vel ipsum Pausaniam, vel alios auctores Græcos, hanc semper differentiam observasse; sed nihilominus arbitror illos quando has voces tam clare distinguunt etiam credidisse, eas significasse res a se invicem diversas; cum cæteroquin satis fuisset memorare ἀγάλματα vel ἀνδριαντάς. Herodotus etiam I, 131 de Persis loquens, conjungit ἀγάλματα καὶ νηοὺς καὶ βωμοὺς; unde haud vanum argumentum duci forte potest, ἀγάλματα diis fuisse attributa. Apud Suidam ἄγαλμα Ἀθηνᾶς, *Apollinis* et *Dionysi*, occurrit in vocibus Ἄγαλμα Ἀπόλλωνος, et Αὐξέντιος; illaque omnia jungit in voce priore, ubi hæc verba, καὶ ἔστιν ἄγαλμα βδέλυγμα τῆς ἐρημώσεως ἐν Ἀντιοχείᾳ, reddit interpres, *Est etiam Antiochiæ simulacrum vastationis et solitudinis manifestum ac abominandum* : quod certe nequaquam verum esse potest. Nam primo scribendum est ἐν Ἀντιόχεια, vel potius Ἀντίοχος; id est, in ea voce occurrit illud simulacrum; et in voce Ἀντίοχος Suidas memorat Antiochum ingressum esse Sanctuarium, atque in eo erexisse βωμὸν καὶ εἴδωλον βδέλυγμα ἐρημώσεως, id est, statuam alicujus dei, et proculdubio Jovis Olympii, cui templum Hierosolymitanum sacrabat: quæ statua erat abominatio vastationis. Et ἄγαλμα ordinarie pro statua deorum vel heroum poni solere, docet Eustathius ad Il. Δ pag. 456: Παλαιὸς δέ τις γράφει οὕτως: "Ἄγαλμα οὐ συνήθως τὸ θεῶν ἢ Ἡρώων, ἀλλὰ κοινῶς: id est *Antiquus quidam commentator ita scribit*, ἄγαλμα *hoc loco non significat, ut solet, deorum vel heroum statuam, sed in genere usurpatur*. Aliam longe differentiam inter ξόανον, βρέτας, et ἄγαλμα, statuit Ammonius; illudque scribit esse τὸ ἐξεισμένον λίθινον ἢ ἐλεφάντινον, *sculptum*, *ligneum*, *vel eboreum*; alterum *mortali simile*, *æneum*, *vel ex simili materia factum* ἄγαλμα vero *porinum*, sive *lapideum ex lapide poro* (cujus Plinius meminit) vel *ex alio marmore factum simulacrum*; adeo ut ἄγαλμα ad marmora restringat; quod si verum, possit videri Polybius λίθινα τῶν ἀγαλμάτων simpliciter posuisse pro *statuis marmoreis*, nullo respectu habito ad ἀγάλματα ex alia pretiosioreque materia facta; quod aliis, quibus plus otii est, discutiendum relinquo. Theocritus Praxiteli, qui ex Scholiastæ sententia Demetrio regi æqualis fiat, tribuit *craterem*.

.... ἐστι δὲ κρητήρ,
Ἔργον Πραξιτέλους....

qui crater cum sculptus et figuris exornatus fuerit, videant eruditi, num aliqua inter ἀνδριαντοποιὸν et ἀγαλματοποιὸν differentia hinc possit inveniri.

Atque ita ἀγαλματοποιὸς esset *cælator*, quia Scholiastes observat Praxitelem juniorem craterem eum fecisse. Praxiteles statuarius et ἀρχαιότερος vixit Olympiade 104, teste Plinio xxxiv, 8, qui ejusdem etiam opera recenset xxxiv, 8, et xxxvi, 5. Sed num is Demetrii tempora atque Ptolemæorum primorum, sub quibus floruit Theocritus attigerit, non utique constat; fierique potuit ut alius ab eo fuerit, quem Theocritus craterem cælasse canit. Atque ita ἀγαλματοποιὸς esset *cælator*; et ἄγαλμα significat καλλώπισμα, πᾶν ἐφ' ᾧ τις ἀγάλλεται καὶ χαίρει: at contra ἀνδριὰς de *signis* vel *statuis* solis usurpari solet; vel statuendum est Praxitelem vixisse usque ad Demetrii regis tempora, cælasse etiam opera quædam; vel Comatam pastorem illius mentionem facientem introduci a Theocrito, quia magna viri fama erat, et in exprimeret pastoris simplicitatem. A Praxitele autem veteri longe diversus

alius est, qui Pompeii tempore Romæ floruit, et quem male Loydius, Hofmannus, et Morerius confundunt cum statuario nobili, et cui tribuunt opera memorata Plinio xxxvi, 5, quæ vetustioris omnino sunt. Deinde ille Praxiteles non fuit *statuarius*, verum *cælator argenti*, quemadmodum patet ex eodem Plin. xxxiii, 12, et Cicerone lib. I de Divin. qui eum tamen non appellat *argentarium*; uti non satis caute facit nuperus Interpres, adducens mox Ciceronis verba cum magna inter *argentarium* et argenti *cælatorem* fuerit differentia.

Viginti annorum felicissimus imperator. Aurel. Victor Diocletianum *imperasse viginti quinque annis* scribit: sed proculdubio fallitur; et annos, quibus imperio deposito privatus vixit, etiam numeravit. Nam a Christi 305, purpura se exuit, mortuusque est a. 312, uti clare docet Baluzius; adeo ut audientii non sint Zozimus II, 8, et Suidas in voce Διοκλετιανός, qui scribunt, eum annis tantum tribus post abdicatum imperium vixisse. Sed quid Tristano fiet, qui Victorem secutus, Diocletianum post imperium depositum superfuisse scribit annos novem, t. III, pag. 325. Hoc si verum foret, jam idem Victor scribere debuisset, eum imperasse annos viginti novem. Hæc, ut opinor, verba ante oculos habuit vir eruditus, *Vixit annos sexaginta octo, ex quibus communi habitu prope novem, egit*. Locus certe hic difficultates suas habet; quia si totam Diocletiani vitam inspicimus, plus quam novem annos communi habitu, sive privatus vixit. Putabam nonnunquam scribi debere *quadraginta novem*, et extritam fuisse notam numeralem priorem; quibus si addantur viginti anni imperii, jam vixit annos octo et sexaginta. Sed Victoris vestigiis insistens P. Diaconus, lib. x extremo, memoriæ mandat, Diocletianum *vixisse annos sexaginta octo*, *e quibus post Imperium in communi habitu prope novem egerit*. Significanter addit, *post imperium*; adeo ut nonnulli videantur censuisse, Diocletianum per tot annos vixisse, postquam sese purpura exuit, quod tamen verum esse non potest. Noluit autem Diocletianus, licet id suaderent Herculius et Galerius, imperium resumere unde eum egregie laudat Eumenius cap. 15 Panegyrici Constantino dicti: « At enim divinum illum virum, qui primus imperium et participavit, et posuit, consilii et facti sui non pœnitet, nec amissise se putat, quod sponte transcripsit. Felix beatusque vere, quem vestra tantorum principum, colunt obsequia. Sed et ille multijugo fultus imperio, et vestro tegitur lætus umbraculo, quos scit ex sua stirpe crevisse, et glorias vestras sibi juste vindicat. Hunc ergo illum, qui ab illo fuerat frater ascitus, puduit imitari; huic illum in Capitolini Jovis templo jurasse pœnituit: non mirum, quod etiam genero pejeravit. »

Fame atque angore confectus est. Alios narrare, Diocletianum esse extinctum morbo aquæ intercutis, alios veneno, Suidam suspendio; alios ipsi linguæ pædorem, et ex faucibus erumpentes vermes, ac saniem tribuere, notat ad hoc et ad cap. 1, præstantissimus Baluzius. Sed ad cap. 30, observat idem, Suidam narrare, Diocletianum a Senatu jugulatum esse, Maximianum vero se suspendisse, quod certe memoriæ vitio adscribendum est. Unde autem hæc Suidas hauserit, ignoro: sed non memini, quemquam Veterum narrare, Diocletianum, vel Maximianum jussu senatus jugulatum, sire occisum fuisse: verum constat, Herculium libero mortis arbitrio ipsi a Constantino relicto, suspendio vitam finivisse; unde optime ei convenit ὁ δὲ ἀπεπνίξατο. Alii memoriæ mandant, Diocletianum μανέντα, *furore percitum* obiisse, uti ex Eusebio, et oratione Constantini apud eumdem, et Chrysostomo in oratione de S. Babyla, notat Henricus Valesius. Eusebius viii, 13, scribit, Diocletianum post peracta vicennalia in difficilem morbum, νόσον οὐκ αἰσίαν, incidisse, et de mentis statu dejectum fuisse: sed non narrat eum obiisse furibundum; et Constantinus, c. 25 orationis memoriæ mandat, Diocletianum διὰ τῆς ἀφροσύνης βλάξη, *ob vitium insaniæ, vili quædam clausum domicilio pœnas dedisse :* quod oratoriæ magis, quam vere dictum esse, persuasus sum; et quicquid sit, Constantinus non memorat, eum furore correptum obiisse. Chrysostomus, fateor, testatur Diocletianum μανέντα *periisse :* sed potuit rhetorum more rem exagerare; potuit etiam ad morbum, cujus Eusebius mentionem facit, quemque describit Lactantius, c. 37, digitum intendere. Neque enim persuaderi possum, Lactantium obliturum fuisse memoriæ et posteritati consecrare Diocletianum furore percitum obiisse, si hoc verum foret; et scire ille rem omnem potuit, utpote illorum temporum æquals. At qui tragicos meritosque persecutorum exitus describit, narrat tantum Diocletianum *in odium vitæ dejectum, et proculcatum injuriis, fame atque angore confectum fuisse;* quæ verba nihil aliud sonant, quam, ut paulo ante loquitur, ægritudine duplici confectum moriendum sibi esse decrevisse; omniaque, quæ hoc capite narrantur, evincunt, Diocletianum dolore et angore, qui tantus fuit, ut et cibos respueret, vitam finivisse, atque adeo, quemadmodum Victor loquitur, *morte consumptum esse per formidinem voluntaria ;* quia scilicet, ut sequitur, suspectabat necem dedecorosam : unde et venenum hausisse dicitur. Lactantius, cap. 17, morbo, in quem post peracta vicennalia incidit Diocletianus , scribit , eum *dementem factum esse, ita ut certis horis insaniret, certis resipisceret.* Sed hoc ita sese habere potuit, dum morbo agitatus est, uti in multis hominibus observatur : potuit illud etiam per aliquod tempus, imo per omnem reliquam vitam durasse : sed tamen variæ res, atque adeo mors ipsa, contrarium videntur suadere. Noluit enim resumere purpuram, licet Herculius et Galerius id eum rogarent enixe; illisque sapienter respondit : *Utinam Salonæ possitis visere olera nostris manibus instituta ! Profecto nunquam istud tentandum judicaretis ;* quod Carnuti accidisse , non absque ratione existimat Baluzius, ad cap. 29. Scilicet eo a Galerio Maximiano accitus erat, ut quod ante non fecerat, præsente illo imperium Licinio daret, et cum eo de summa Republica, et de creando Licinio imperatore, id quod docet clare Victor, concilium haberet; quod utique non fecisset, si ille de mentis statu fuisset dejectus; quibus adde Eutropium scribere *præclaro eum otio consenuisse.* Narratio autem Constantini, quamvis rem scire potuit, videtur cum mica salis esse capienda. Nam non puto eum de morte Diocletiani loqui : verum innuere tantum , hunc ex morbo dementem factum deposuisse imperium , et inclusum vili domicilio pœnas dedisse persecutionis ; et deinde non vile hoc fuit domicilium , vel εὐκαταφρόνητος οἴκησις : ast ingens splendidumque palatium, uti satis superque Sponius, longiori vita dignissimus, in Itinerario ostendit. Quod si quis tamen Diocletianum post depositum imperium, modo sanum, modo mentis non compotem, per totam vitam fuisse censeat, insaniæque omnia adscribat, quæ narrat hac capite Lactantius, nullus quidem ego repugnabo. Videtur tamen mihi satis ingens pœna fuisse, æstuantem, edere nolentem, suspiria ducentem , et miseram mortem timentem, angore, et, uti Eusebius, lib. VIII, extremo scribit, μακρᾷ, καὶ ἐπιλυπηοτάτῃ τῇ τοῦ σώματος ἀσθενείᾳ, diem suum obire. Atque ita etiam Maximinus a Licinio victus ac fugatus, *angore animi ac metu confugit ad mortem.* Cæterum, nescio unde hauserit Jornandes Diocletianum *in Cappadocia defunctum esse;* et puto etiam, non absque ratione eruditissimum Baluzium redarguere Victorem , qui narrat Diocletianum minaces litteras a Constantino et Licinio accepisse, et icco suspectantem necem dedecorosam venenum hausisse. Nam quamvis, ut fere semper, Victorem sequatur P. diaconus, lib. x, extremo , non puto tamen Lactantium præteriturum historiam, quæ maxime notabilis foret in narranda Diocletiani morte. Cæterum, ad cap. 9 observo

Diocletianum in Ægypto apud Alexandriam cepisse et interfecisse Achilleum, qui purpuram sumpserat. Addit Orosius eum crudeliter victoria usum esse, Alexandriam direptioni dedisse , Ægyptum totam proscriptionibus cædibusque fœdavisse. Quin insuper Alexandriam videtur castello coercuisse; nam Victor, episcopus Tunnunensis, ita loquitur in Chronico : *Exilio mittitur (nimirum Victor) et carceris castelli Diocletiani post prætorianum carcerem traditur ;* et hoc Diocletiano accidisse patet ex sequentibus : *Victor et Theodorus, ante fati episcopi Africani, de carcere ejiciuntur, et post disputationes in prætorio continuas dierum 15, ad aliam custodiam monasterii Tabenensiotarum, quod est apud Canopum, 12 mil. procul ab urbe Alexandria, mittuntur.* Hoc monendum esse operæ pretium duxi, quia hoc in libello toties Diocletiani mentio occurrit, putoque scribendum apud Victorem esse, *carceri castelli Diocletiani post prætorianum carcerem traditur :* quanquam illius ætatis Auctorum latinitas ad normam redigi nequaquam possit.

CAPUT XLIII.

Constantini sororem... Unde Licinius apud Photium in Actis Metrophanis et Alexandri, pag. 1407, vocatur ἐπ' ἀδελφῇ γαμβρὸς Κωνσταντίνου.
Utriusque imagines simul locantur. Nimirum in clypeis non secus ac Diocletiani et Maximiani Herculii, cap. præcedenti, ubi videatur nota. Sic in nummorum variorum una parte binorum imperatorum vultus sæpe junctos videmus.
Quasi necem patris... Recte addit *quasi,* quia eum non amaverat vivum; et Herculius ea fecerat quæ certe amorem omnem et reverentiam sustulissent, uti patet ex cap. 18 et 28. Prætextus igitur armorum fuit pater; nec aliam ob causam a Maxentio arbitror consecratum fuisse Herculium, uti nummi testantur, qui inscripti sunt, DIVO. MAXIMIANO. SEN. OPT. FORT. neque enim puto, hoc alium, quam filium fecisse.
Senem hunc intestabilem... Ita emendat, me haud invito , Baluzius; alii *discordiam intestabilem* dici male existimant.

CAPUT XLIV.

Quod responsum acceperat..... Maxentius quidem initio simulaverat sese Christianum esse, teste Euseb., VIII, 14, sed postea satis superque docuit se aniles Gentilium fabulas amplecti; hocque etiam ex accepto responso ab oraculo absque dubio, et ex *consultis libris Sybillinis* patet. Sed mirum , imo plusquam mirum, Lactantium nihil narrare de sceleribus ejus, libidine, magicisque artibus, quæ omnia graphice depingit Eusebius, VIII, 14, illiusque vestigiis insistens Haymo, VIII, 2, P. diaconus, lib. undecimo, et Politia SS. Patrum sæpius laudata apud Photium. Quin et ipse Aurelius Victor leviter ista tangit : *Hujus nece incredibile quantum lætitiæ gaudioque Senatus ac plebes exultaverint, quos in tantum afflictaverat;, uti Prætorianis cædem vulgi quondam annuerit;* primusque instituto pessimo numinum specie patres oratoresque pecuniam conferre prodigenti sibi cogeret; ubi non male eruditi rescribunt, *munerum specie :* sed incaute advocant strenas Augusto et Caligulæ oblatas. Nam per *munera* intelligi debent ludi , spectacula, quæ edere destinaverat magnifica, eoque nomine pecunias corradebat et exigebat immensas. Multus est etiam P. diaconus in narrandis crudelitatibus et libidinibus Maxentii : addique agres relictos esse, et omni studio arandi serendique cessante, magnam famem Urbem atque omnia loca invasisse; quæ conveniunt iis , quæ Maximo Dazæ adscribit Lactantius, c. 37 et 38. Nefarios insuper Maxentii mores depingit Auctor incertus panegyrici Constantino dicti, c. 4 et c. 14, ubi eum *vilissimum hominem, stultum ac nequam animal* vocat; necnon Nazarius, cap. 31, qui omnino videatur.

Periturum esse, si..... Tolerari potest : forte tamen excidit τὸ se, et scribi debet, *periturum esse se, si*......

De Mauris atque Italis... Scilicet in Africa Alexander imperium arripuerat : sed vicit eum Rufus Volusianus, præfectus prætorio, a Maxentio missus, testibus Aurelio Victore, cap. 39, et Zozimo, ii, 15. Hic autem Alexander videtur obsessus fuisse in urbe Cirta. Victor : *Tum per Africam sacerdotium decretum Flaviæ genti, Cirtæque oppido, quod obsidione Alexandri ceciderat, reposito exornatoque nomen Constantina inditum*; id est, quod oppidum Numidiæ vastatum et direptum fuerat, cum in eo obsideretur Alexander, qui purpuram sumpserat. Potuit etiam illa fida mansisse Imperatoribus, et obsessa atque eversa fuisse ab Alexandro, quia Zozimus scribit eum primo congressu victum, captum, et mox strangulatum fuisse. Priorem tamen sententiam amplectitur Tristanus, t. iii, p. 440, uti ex his ejus verbis patet : *Lesquels* (*Volusianus et Zenas*) *étant descendus en Afrique, défirent Alexandre dès la première rencontre, et le poursuivirent fuyant de si près, qu'ils l'attrapèrent dans Cirta, qu'ils prirent de force, et soudain l'étranglèrent.* Quicquid sit, urbs vastata resurrexit, et *Constantinæ* nomen accepit. Vir eruditus ad Victorem Aurelium notat, eam etiam dictam fuisse *Nicephorium*, quod ab Alexandro Magno ibi insigni parta victoria illustris esset; additque eamdem *Nisibenam Constantinam* in Notitia Imperii appellari. Sed Alexander Magnus nunquam Africam victoriis peragravit : deinde *Nicephorium* fuit in Mesopotomia prope Edessam, testibus Stephano et Plinio, v, 24, qui illud ab Alexandro Magno conditum fuisse testatur, vi, 26 : *In vicinia Euphratis Nicephorium, ut diximus, quod Alexander jussit condi propter loci opportunitatem.* Si *Nicephorium*, quemadmodum Stephanus, et eum secutus Suidas scribunt, *Constantinæ* nomen tulit, videtur sequi, eam ante vocatam *Amidam* fuisse, et *Constantinæ* nomen accepisse a Constantio, Constantini Magni filio, cum adhuc Cæsar esset; quia eum Amidam mutato nomine dixisse *Constantinam* clare testatur Ammianus Marcell., xvii, 8 et 9, quod tamen eruditione præstantes viri non videntur animadvertisse. Sed uti non nego *Nicephorium*, quia id tradit Stephanus, dici potuisse *Constantinam* : ita certe nihil commune habet cum *Amida*, vel *Constantina* laudata Marcellino. Nam *Nicephorium* situm fuit ad Euphratem, uti docent Plinius et Ptolomæus, v, 18. Sed *Amida*, vel *Constantina* Ammiani fuit vicina Nisibi, Tigri imposita, teste Procopio, lib. i, Persic. vel per fossam ex Tigri ad eam pervenire poterat, uti apud Ammianum leginius; quibus addi possunt quæ notat Bochartus, vir summus, pag. 21, Geograp. Sacræ : adeo ut Stephani verba nihil cum Ammiani narratione commune habeant. Nisibi vicinam esse hanc urbem patet quoque ex Notitia, quippe in qua vocatur *Nisibina Constantina*, forte ad differentiam, vel aliarum in eo tractu Constantinarum differentiam; quarum una, si Stephanum sequimur, fuit *Nicephorium* ad Euphratem sita ; aliaque longius inde remota in Arabia Petræa, uti patet ex subscriptione concilii Constantinopolitani, quam cum codice canonum a Pithæo restituto edidit illustris Pelletierius, in qua *Provinciæ Bostron* episcopi memorantur, *Elpidius Dionisiensis, Chilon Constantiniensis, Uranius Adratensis, vel Adranensis, et Severus Neapolitanus.* Et quanquam Constantius nomen illius mutaverit, tamen vetus etiam retinuit ; et Procopius apud Photium memoriæ mandat, Anastasii imperatoris tempore *Amidam* a Persis fuisse obsessam ; ejusque incolas fine Excerptoris vocari Κωνσταντιαίους, persuasus sum. Nam *Nicephorium* hoc loco non posse intelligi, clarum certe est, quia inde Daras petiit Chosroes ; quæ etiam fuit prope Nisibin, et ab Anastasio imperatore dicta est *Anastasiopolis* : nisi tamen hæc oppida fuerint valde vicina, et alterum *Amidæ*, alterum *Constantinæ* nomen tulelerit. Nam in laudata subscriptione recensentur epi-

scopi *provinciæ Mesopotamiæ, Maras Amidensis, Jobianus Æmarensis, Bathes. Constantinianensis* : quamquam non diffitear Bathen alterius urbis potuisse esse episcopum, quæ *Constantinæ* nomen in Mesopotamia etiam tulit, uti Stephanus de Nicephorio memorat. Dio, lib. xl, et Strabo., lib. xvi, meminerunt etiam *Nicephorii*; atque ex hoc patet illud circa Carrhas fuisse, *Jovemque Nicephorium*, quem memorat Sparţianus initio Hadriani, ab ea urbe nomen habere censent Eruditi ; dubitavitque vir maximus an alia urbs hoc nomine sit : Jovem tamen Nicephorium a loco dici censet. Sed *Nicephorium* fuit etiam locus, vel vicus prope Pergamum, multis templis et statuis deorum illustris. Polyb., in Excerpt. de Virt. et Vitiis : *Postridie vero* (Prusias), *copiis ad Nicephorium adductis, templa omnia vastare, delubra ac statuas deorum, ac imagines spoliare ac diripere cœpit*; fuitque simul lucus consitus ab Eumene rege : unde τὸ Νικηφόρον ἄλσος memorat Strabo, lib. xiii. Patet id etiam ex regis Macedoniæ responso ad T. Flaminium, apud Polybium., lib. xvii. Nam cum regis Attali legati, c. 2, petiissent ut τὸ τῆς Ἀφροδίτης ἱερὸν ἀκέραιον καὶ τὸ Νικηφόριον, ἃ κατέφθειρε, restitueret, respondet ille, cap. 6 : *Nicephorium et Veneris templum, quæ sunt vastata, cum nequeam alias in integrum restituere, plantas et hortulanos mittam, quibus locorum cultura sit futura curæ, et Cæsarum arborum incrementum*; qualia narrat etiam Livius, lib. xxxii, cap. 33 et 34, ubi *Veneris templum* similiter a *Nicephorio* distinguitur. Hinc videor affirmare posse, lucum a templo primario, quod potuit fuisse Jovis Νικηφόρου, nomen accepisse, et ambitu, vel περιβολῇ, complexum fuisse Veneris aliorumque deorum templa. Diodorus certe Siculus, p. 294 Excerptorum, memoriæ mandat Philippum evertisse τὰ περὶ τὸ Πέργαμον ἱερά, τό τε Νικηφόριον πολυτελῶς κατεσκευασμένον, καὶ τ᾿ ἄλλα γλυφὰς ἔχοντα θαυμαζομένας ; et iterum, pag. 537., Prusiam, Bithyniæ regem, spe capiendi Attali frustratum, τὸ πρὸ τῆς πόλεως τέμενος τὸ καλούμενον Νικηφόριον, καὶ τὸν νεὼν corrupisse, καὶ τοὺς ἀνδριάντας, καὶ τὰ τῶν θεῶν ξόανα, καὶ τὸ περιβόητον ἄγαλμα τοῦ Ἀσκληπιοῦ, et denique ἱερὰ πάντα, *templa omnia* diripuisse. Quod si quis igitur Jovem *Nicephorium* hinc nomen habere, eumdemque ita appellari, quod Victorum manu teneret, qualis frequentissime in Græcorum et Romanorum numismatis conspicitur, censeat, per me id certe licet. Sed ut ad Aurelium Victorem revertar, notat insuper vir eruditus, Strabonem *Cirtam* per V. scribi, et *Virtam*, ab Alexandro conditam oppidum memorari Marcellino, lib. xx. In editione Casauboni κίρτα scribitur, quod leviusculum est : verum *Virta*, ab Alexandro Magno condita, nihil cum *Cirta* nostra commune habet, nec fuit sita in Africa, sed in extrema Mesopotomia, uti vel Ammianum inspicienti patebit. *Cirta* autem Africæ, *Constantina* postea dicta fuit urbs olim celebris, *Regum quondam domus, procul a mari sita*, teste Mela, lib. i, cap. 6. Et Strabo, lib. xvii, eam etiam locat ἐν μεσογαίᾳ, urbemque scribit esse munitissimam, et optime omnibus rebus instructam, maxime a Micipsa, qui eo Græcos colonos deduxit. Eam postea sub Arabibus floruisse, suo tempore celebrem fuisse, *Constantinæque* nomen retinere, tradit multis Leo Africanus in Descriptione Africæ : idemque mihi testatus est Legatus imperatoris Marocci, qui non ita pridem ad præpotentes fœderatorum Belgarum ordines missus fuit : urbem magnam, amplam, splendidis antiquisque ædificiis et monumentis, quæ inscripta sunt litteris incognitis (græcis procul dubio et latinis) refertam, et longe a mari positam esse, identidem affirmans : quod ultimum etiam Strabonem et Melam narrare modo vidimus. Sed situm turbat valde Sallustius, urbemque mari vicinam facere videtur, c. 21 B. Jegurth. : *Interim haud longe a mari prope Cirtam oppidum utriusque consedit exercitus* : quæ quomodo conciliari queant, ego vix video, cum et hodie *Constantina* longe a mari sit remota, nec duplex *Cirta* in Africa fuerit; licet illud arbitretur Danæus ad Augustini cap. 69 de Hæresibus : quod miror etiam occurrere in Strabonis indice, cum apud eum nihil tale legatur. Et quia parum hæc urbs cognita est, non ingratam me tibi, lector, rem facturum existimo, si ectypum ejus apponam, quem debeo amplissimo Witzio reip. Amstelodamensis consuli, quemque cum viro illustri communicavit non nemo, qui per tres in ea annos dura, at postea Tuneti splendidissima fortuna, licet Christianus foret, usus est.

Constantina igitur montis prope inaccessi vertici imposita, qui muniur insuper lapidibus 10 vel 12 pedes longis, 4 vel 5 latis, roturda, et ejusdem fere ac Roterodamum magnitudinis est. Ædificia pro gentis more et genio parvi momenti sunt : sed rudera et columnæ marmoreæ, quæ passim a fodientibus terram eruuntur, certissima indicia sunt olim illa splendida et magnifica fuisse. Qualia etiam fuerunt Leonis Africani tempore. *Ædificia*, ait, *passim sumptuosissime videre licet : quale summum est templum, duo collegia, tria aut quatuor monasteria, aliaque id genus complura.* Et hic locus revocat mihi in memoriam urbem eam fuisse olim metropolim Numidiæ. Canon concilii Milevitani 86 , *De Archivo et Matricula Numidiæ : Dein placuit omnibus episcopis qui in hoc concilio subscripserunt, ut matricula et archivus Numidiæ, et apud primam sedem sit, et in Metropoli, id est, Constantina :* de quo Canone multis disputat Sam. Petitus, lib. III, cap. 1 Var. Lection., cui addatur omnino Ludovicus du Pin, vir certe eruditissimus, Dissert. Historica I de antiqua Ecclesia Disciplina. Distat Constantina Tunelo 45 vel 50, Bona 20 vel 25, et Algeria 70 milliaribus Germanicis ; quibus faciendis ab ultima profectus urbe quatuordecim impendit dies is qui hæc cum Witzio communicavit.

1. Turris alta, ex qua de nocte lucernæ dependent ardentes.

2. Castellum ad tuendum exitum veteris viæ, per quam solam urbs adiri poterat, in media urbe exstructum.

3. Via, vel introitus urbis rupi incisus, tam latus atque altus, ut equis et camelis per eum in urbem ascendere potuerint. Nunc sordibus repletus est, quia grave nimis onus incolis habebatur alimenta plurimis lucernis de die et nocte præbere ; quippe sine quibus hic aditus nullius usus esse poterat propter tenebras.

4. Castella, vel duplex potius murus turribus munitus, et defendendi aditus causa extructus : in exteriori erant duæ portæ, quæ ducebant obliqua via ad unam, quæ in interiori muro erat, portam ; per quam portam ad introitum in urbem rupi incisum dabatur aditus. Fuisse duas vias ad urbem Leo Africanus tradit : *Suntque duæ tantum viæ arctissimæ, quæ in urbem ducunt : quarum hæc ex oriente, illa vero ex occidente, patet. Portas quoque habet maximas, amplissimas, atque elegantes.* Sed αὐτόπτης noster suo tempore tantum hanc memorat ; et nisi situs obstaret, binæ hæ viæ ad binas exterioris muri portas ducere potuissent.

5. Hodiernus ad urbem aditus, quem Turcæ ex ruinis veterum ædificiorum fecerunt ; sed qui adeo difficilis est, ut peclius tantum nil, non autem equo quis vehi possit : adeo ut Turcæ et incolæ necesse habeant de camelis et equis descendere, eosque ducere.

6. Castellum, quo novus aditus defenditur.

7. Balnea aquæ calidæ corrupta fere , et in quibus nunc pauperes corpora sua purgant, mulieresque ope cerú generis terra, quæ vim cinis lixivi obtinet , quamque *tofill* nominant , linea vestimenta, sic reddunt nitida. De his balneis loquitur procul dubio Leo : « A flumen quibusdam gradibus descenditur rupi incisis; in ipso autem flumine domus quædam est rupi quoque sic incisa, ut tectum, columnæ et muri unam tantum efficiant partem : hic Constantinæ mulieres panniculos abluere solent. Est quoque huic oppido vicinum quoddam balneum aquæ calidæ, quæ inter rupes fluendo diffunditur. »

8. Molæ aquariæ, quas exstruxerunt Mauri a Carolo V ex Andalusia et Granata ejecti.

9. Eorumdem Maurorum horti et viridaria. Leo Africanus. « Habet fluvius, qui in ea planitie præterfluit, hortos utrinque feracissimos, si recte colerentur. »

10. Cataractes , quem facit fons prope urbem Orientem versus exoriens, et multam vim aquæ ejiciens ; qui urbem, qua Septentrionem spectat, cingit, et munimenti loco est, atque in profundam admodum vallem magno cum strepitu sese effundit. Leo Afr. « Rupibus altissimis cingitur: huic fluvius Sufegmate subterfluit , qui et rupibus etiam clauditur, adeo ut fluvius profundissimus , una cum rupibus utrinque positis. Constantinæ ceu fossam quamdam præbeat. »

11. Rivus, vel fluvius, qui ex fonte prædicto oritur. Hæc omnia, uti patet, fere conveniunt : sed mirum Leonem non facere mentionem aditus in urbem veteris ; nisi forte eum intelligat per *gradus rupi incisos*, per quos ad fluvium descendebatur. Sed hæc sufficiant.

Mauris... Illi etiam in exerciti Severi fuerunt, et procul dubio cum reliquis militibus ad Maxentium transgressi sunt. Zozimus enim, 2, 10, scribit Severum διὰ τῶν Μαυρουσίων ταγμάτων venisse ; nec mirum, quia exercitum Herculii habebat, qui, teste Eutropio, *bellum in Africa profligavit, domitis Quinquegentanis, et ad pacem redactis :* et hos Mauros insuper auxit Maxentius ; unde dicitur , *suum proprium de Mauris atque Italis exercitum nuper extraxisse.*

Maxentiani milites prævalebant. Haud obscure indicat Lactantius , initio non satis feliciter pugnasse Constantinum : at contra Eusebius, ix, 9, narrat eum primam, secundam et tertiam aciem tyranni vicisse, et ita accessisse ad urbem Romam dimicaturum cum ipso Maxentio. Et , quemadmodum ex panegyrico Constantio dicto patet, primo dimicatum sub ipsis Alpium jugis, cap. 5, inde in campis Taurinatibus, c. 6, tertio ad Veronam, c. 8, tandemque ad Pontem Mulvium ; quam in rem etiam videri potest Nazarius, cap. 17, 21 et sequentibus panegyrici sui. Atque ita Orosius , vii, 28, narrat Maxentium *sæpe multis præliis fatigatum ultimo ad pontem Mulvium victum et interfectum fuisse.* Neque tamen puto talia memoriæ mandaturum Lactantium , si aliter se illa plane haberent. Et ipsi adstipulatur Politia SS. Patrum, apud Photium, p. 1409, quippe ubi diserte narratur Constantinum, cum permovere non posset Maxentium ut a persecutione abstineret , bello eum agressum ipso, p. rono haud procul abfuisse quin succumberet: καὶ συμπλακεῖς μάχῃ, τὰ πρῶτα μὲν ἐγγὺς γίνεται, τὸ λαβεῖν τὸ ἧττον, uti Græca sonant; et inde de cruce in coelo visa verba facit, quomodo rem fere etiam narrat Lactantius.

Quinquennalia terminabantur. Quid de hoc loco sentiant eruditi viri Baluzius et Pagius, vide in notis ad hunc locum, lector, et pag. 248 Dissert. Hypatiæ; et inde disces ambos censere, sexto imperii anno exacto, ineunte septimo, Maxentium occubuisse. Firmat illam sententiam auctor Paneg. Constantino dicti, cap. 16: *Et consumpto per desidias senio, ipsum diem natalis imperii sui ultima cæde signaret, ne septenarium illum numerum sacrum et religiosum vel inchoando violaret.* Et arbitror non absque ratione censere eruditos annum sextum imperii vocari *quinquennalia*, quia primo illius anni die celebrabantur. Sed non vacat hanc in rem diligentius inquirere ; totamque hanc disputationem iis relinquo, qui tam in Galliis, quam Italia , summa cum eorum laude illi incubuit.

Commonitus in quiete... Lactantium si sequimur , certum est Constantinum vigilantem hoc signum non vidisse in coelo : sed nolo materiam examinare, quæ a tot eruditis viris excussa est; ut vide Fred. Spanhemium, antiquitatis ecclesiasticæ peritissimum virum, in Introd. Chronologica, et Jac. Gothofredum, ad lib. i, cap. 6. Philostorgii. Scribendum autem in sequentibus, uti monui obiter ad Dissertationem de Utilitate quam principes ex nummis capere possunt, *Christum in scutis notat*; id est, Christi nomen, quod exprimebant per duas primas salutaris vocis litteras. Non aliter loquitur Prudentius contra Symm.

Christus purpureum gemmanti textus in auro
Signabat labarum...,

id est, Christi nomen, Christi monogramma. Et si Lactantium sequimur, fuit illud ad hunc modum compositum, quomodo sæculo IV, sequentibusque, Christianos signasse observat Baronius in Annalibus, et Gassendus in Notitiam Eccles. Diniensis. Nec aliter occurrunt primæ divini nominis litteræ in nummo Anastasii apud Arschotanum ducem, Tab. LXVII. Alii crucem, ego vero Christi nomen facio; quia Christus, non autem crux, mundi, qui per globum designatur, salvator est. Potuit etiam monogramma illud tale fuisse,

quia similiter in nummis Constantini exprimitur, et quia Eusebius, lib. I, cap. 25 de Vita ejus, scribit primas Christi nominis litteras fuisse labaro intextas, χιασμένου τοῦ P κατὰ τὸ μεσαίτατον; quamquam et hæc verba de priore figura, quam opinor Lactantium innuere, possint forte interpretari, cum littera Græca P, si eam media linea secat, sit decussata. Certe a rei veritate aberrat plane eruditus Dissertationis historicæ de Visione Constantini auctor, et male arbitratur, vulgarem circumflexi accentus notam adhibitam fuisse ad hunc modum,

quod non opus est multis refellere, cum certus sim virum illum sententiam suam relicturum, si nummos inspiciat, vel in hancce notam incidat. Finem hic facerem, nisi adjicere placeret ea quæ ad illustrandas crucium nonnullarum formas ad Columbum τὸν μακαρίτην miseram, quia notis ipsius inserta sunt. Illæ igitur ita sese habent.

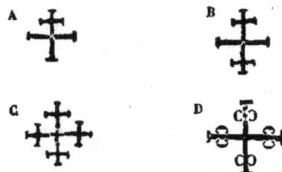

Non immorabor iis examinandis quæ notat Carolus Du Fresne in Dissertatione de Inferioris XVI Numismatis, n. 23, sed monebo tantum in cruce, quæ notatur littera A, superiorem lineam transversam denotare tabulam, cui inscriptum fuit βασιλεὺς Ἰουδαίων; alteram vero lignum cui manus D. N. J. C. fuerunt affixæ: in ea, quæ notatur littera B, supremam et mediam eodem plane sensu accipi debere; infimam vero lineam significare locum cui pedes affixi Salvatoris fuere: in tertia, quam designat littera C, eadem denotari: sed cruces decussatas, ut vocant, mediæ lineæ transversæ innuere loca in quibus clavi Dominicas manus ob peccata nostra perforarunt; et denique ultimæ crucis, notatæ littera D., orbem summum referendum esse ad titulum, binos transversi ligni ad brachia, et infimum ad pedes transfixos. Ratio hæc omnia suadet, licet tempus, quo talis effingendi cruces mos initium sumpserit, ignotum mihi sit plane; nec puto rem tanti esse, ut propterea nos cruciare vel tantillum debeamus. De monogrammate autem Christi in nummis expresso agit illustris Du Fresne, Num. 24 dissertationis laudatæ; quæ ut elegantia sunt, ita tamen non puto eum satis recte explicare gemmam in qua illud cernitur, et simul legitur SAL. DO. N. ALEX. FIL. LUCE. Neque enim illa ullo modo referri potest ad Alexandrum Mammææ filium: sed ad Alexium, quo nomine varii posterioribus temporibus imperatores fuerunt, spectat; et LUCE æque commodo sensu exponi potest LUCEBIT, ut ita simul quasi vota suscipiantur pro Alexio imperatoris filio. Quamquam nec LUCET respuam, quia illud in aliis nummis apud Choulium obvium est. Præterea in Maxentii nummis cernitur Christi monogramma, pag. 277, apud eumdem: sed, ut verum fatear, mihi nequaquam fit verisimile, ejus numismatis divinum characterem inditum vel impressum fuisse; et, si rationem temporum inire placet, nullo id modo fieri potuit, cum in ipsa illa acie, in qua primo Constantinus signum hoc præcedere exercitum jussit, perierit. Puto igitur deceptum esse Choulium, et id *Maxentio* adscribere, quod fecit *Magnentius*, cujus nummos ita signatos fuisse constat, docetque satis illustris Mediobarbus, qui et alium nummum Magnentio tribuit, quem idem Choulius, p. 187, Maxentio assignat. Putaveram ab illustri Du Cange etiam Deliorum nummum laudari insignem isto monogrammate, eumque suppositium esse censueram: sed nunc demum animadverto, virum eruditum nihil aliud significare, quam in gemma, quæ super caput Jovis exhibet Christi monogramma, cerni capita Jovis, Apollinis et Dianæ, uti illa occurrunt juncta in nummo Deliorum apud Goltzium, Tab. 18, quare hic me quidem properasse nimis libens lubens confiteor. Qui autem factum sit, ut divinum illud signum Jovis capiti sit impositum, difficile admodum dictu est; nec certe hinc me extrico. Nam inscriptio addita VIVAS IN DEO F., id est, *Feliciter*, clare indicare videtur hanc gemmam a Christiano sculptam fuisse: nisi dicamus deorum capitibus monogramma et inscriptionem postea adjecisse Christianum quemdam, ignarum forte quorum capita forent, vel ut rem profanam ita quasi in sacrum usum converteret. Notandum autem monogramma in nummis occurrere, qui non modo ante Constantinum, verum etiam ante Christi adventum salutarem, signati sunt. Nam Scaliger ad Eusebium, et Rupertus in oratore historico Ptolomæi Apionis laudant numisma, cujus in una area cernitur caput cornibus arietinis cum diademate; in altera vero aquila unguibus fulmen retinens: juxta est cornu copiæ; infra pedes alitis hæc nota; in ambitu nummi, ΠΤΟΛΕΜΑΙΟΥ ΒΑΣΙΛΕΩΣ; et illi hanc notam esse arbitrantur ΧΡΗΣΤΗΡΙΟΥ oraculi Ammonis, Cyrenis, quarum ille rex erat, vicini. Vellem equidem, ejusmodi ut nummum inspicere possem, quippe qui certe inter rarissimos habendus est; et, ut illam interpretationem non respuo, ita memini me alicubi legisse notam hanc in nummis ante Constantinum percussis designare nomen monetarii: quod tamen, ut verum fatear, difficultates suas habet. X et P similiter sibi fere junctæ occurrunt in numino Decii apud Tristan., t. II, p. 595, in quo legitur

BA✶ATO.

Christum in scutis notat.... Non, quemadmodum monui, Christi effigiem, sed monogramma. Et tempore Prudentii nondum illud etiam fiebat. Hym. II, περὶ Στεφ., v. 98:

Quod Cæsaris scis, Cæsari
Da, nempe justum postulo.
Ni fallor, haud ullam tuus
Signat Deus pecuniam.

Nisi hæc referenda sint ad tempora Laurentii, qui martyr obiit anno 254. Sed nec Prudentii ætate id factum est, quia primus imperatorum Græcorum Justinianus Rhinotmetus, qui regnare coepit anno 685, ita nummos signavit. Et recte Du Cange in dissertatione saepius laudata rejicit Joannem Damascenum, qui scribit, Constantinum numero indidisse τότε οὐρανοφανὲς σημεῖον τοῦ Σωτηρίου σταυροῦ, καὶ θεανδρικὸν Χριστοῦ χαρακτῆρα μετὰ τοῦ ἰδίου; id est, *salutaris crucis, quod in coelo viderat signum, Christique Dei hominis imaginem cum sua*. Nec puto Constantinum Sanctorum vultibus nummos signasse, licet id tradat Andreas Mamora in Historia insulae Corcyrae, Venetiis anno 1672 edita. Exhibet enim nummum, cujus in una area cernitur Constantini caput, nec laurea, vel alia corona cinctum; in altera vero *Corcyra* sancta virgo et martyr staus in templo, et palmam in victoriae signum manibus tenens, cum inscriptione ΚΟΡΚΥΡΑΙΩΝ: quam Corcyram faciunt filiam Cercillini, principis senatus Corcyraeorum, ad Christum conversam opera Jasonis et Sosipatri, discipulorum S. Pauli. Sed nihil illa προτομὴ commune cum Constantini habet vultu; deinde sibi suaviter imponunt, qui talia credere animum inducere possunt, cum a veritate aliena plane sint.

Quo signo armatus exercitus capit ferrum..... Non hanc, sed aliam rem miram, animasse Constantinum ad instruendam aciem, et praelium ineundum narrat Zozimus, II, 16, noctuas nimirum ἀπείρῳ πλήθει advolantes muros implesse, illudque conspicientem Constantinum jussisse ταττεσθαι τοῖς οἰκείοις, quod fingere potuerunt Ethnici, ut aliquid opponerent visioni, ἐν τούτῳ νίκα; et hinc etiam forte est, cur in ejus nummis conspiciatur noctua basi insistens, cujus a lateribus sunt hasta, clypeus et galea, cum inscriptione SAPIENTIA PRINCIPIS : quamquam commode haec omnia ad Minervam, sapientiae praesidem deam, possint referri.

Cumque repente populus... Haec sic distinguo : *Cumque repente populus* (*Circenses enim natali suo*) *et edita voce*.... ita ut subaudiatur *erant*; neque tamen improbo τὸ *edebat* Columbi.

Vocatis quibusdam Senatoribus, libros Sybillinos inspici jubet.... Notum est Sibyllinos libros inspectos esse a *Duumviris*, inde a *Decemviris*, et tandem a *Quindecimviris* sacris faciundis. Et *Quindecimviros* usque ad Theodosii tempora mansisse, eumque sacerdotium cum veteris superstitionis sacris abrogasse, ut et Sibyllinos libros sub Honorio per Stiliconem combustos esse, notarunt eruditi. Hoc tamen loco Maxentii jussu, non *Quindecimviri*, sed *quidam senatores* libros illos inspiciunt : unde forte affirmari posset, vel tunc temporis *Quindecimviros* non fuisse amplius, vel libros Sibyllinos consultos fuisse ab illis, quos imperator eligebat. Sed prius verum esse vix potest, quia, notante illustri Salmasio ad Hist. Aug., Constantini Magni temporibus id muneris etiam *quindecimviris* tribuit ipse Lactantius, I Institut., cap. 6, Vopiscus in Aureliano, cap. 19, *Pontifices* Sibyllinos libros inspexisse ex decreto senatus et jussu imperatoris docet. *Agite igitur, pontifices, qua pari, qua mundi, qua sancti, qua vestitu animisque sacris commodi, templum ascendite, subsellia laureata constituite, veteranis* (alii legunt *veneratis*) *manibus libros evolvite, fata reipublicae, quae sunt aeterna, perquirite*. Atque arbitratur vir idem eruditissimus *quindecimviros*, cum multi eorum etiam pontifices essent, nobiliori nomine *pontifices* esse vocatos; eos tamen, non ut pontifices, sed ut quindecimviros curam inspiciendorum et servandorum librorum Sibyllinorum habuisse. Sed hoc loco Lactantius *quosdam senatores* memorat: quae quomodo conciliari possint, vix video, nisi vel amplectamur rationem a me allatam, alios nimirum, quam *quindecimviros*, si imperator juberet, libros illos inspicere potuisse; vel nisi potius statuamus hos senatores etiam fuisse *quindecimviros*, quomodo allocutio Ulpii Sullani apud Vopiscum etiam suadere videtur, pontifices illos ex senatorum numero fuisse. Nam antiquitus ex patribus *Decemviri* creabantur, et postea etiam pars eorum dimidia ex plebe. Lib. VI, 42 : *Re-*

fecti decimum iidem Tribuni Sextius et Licinius de decemviris sacrorum ex parte de plebe creandis legem pertulere. Creati quinque patrum, quinque plebis; graduque eo jam via facta ad consulatum videbatur; quod ita interpretor, ut quinque *quindecimvirorum* fuerint Patricii, quinque Plebeii senatores; neque enim mihi fit verisimile hoc sacerdotium unicuique ex plebe datum fuisse. Et senatores fuisse pontifices, sacerdotesque ut plurimum, constat : docetque vel unus Cic., 4 ad Att., 2 : *Adhibentur omnes pontifices, qui erant senatores*.

Hostem Romanorum.... Ambiguum est hoc, ut pleraque talia; et si Constantinus fuisset victus, procul dubio illum appellassent *hostem*.

Pons a tergo ejus scinditur. Mulvius, ut videtur, cujus ante meminit. Victor hac de re ita loquitur : *Dum caesa acie fugiens sese Romam reciperet, insidiis, quas hosti apud pontem Mulvium locaverat, in transgressu Tiberis interceptus est*; et arbitror eum narrare de alio quam Mulvio ponte in fluvium Maxentium cecidisse. Mulvius pons factus est a M. Aemilio Scauro, teste Auctore de Viris Illustribus, et procul dubio lapideus fu t : quod si per hunc fuga sibi consulere voluit Maxentius, verosimile admodum est pontem fuisse injussu ejus scissum. Et, quamquam hoc a ratione alienum sit, tamen ea via Maxentium conatum sibi consulere mox tradit Lactantius : *Ipse in fugam versus properat ad pontem, qui interruptus erat, ac multitudine fugientium pressus in Tiberim deturbatur*. Celebrat etiam Prudentius, I contra Sym., pontem eumdem :

Mulvius exceptum Tiberina in stagna tyrannum
Praecipitans.

Et Auctor incertus Paneg., cap. 17, scribit milites Maxentii ad primum impetum exercitus Constantini territos fugatosque, et angustiis Mulvii pontis exclusos in fluvium abiisse praecipites. Sed Euseb., IX, 9, testatur Maxentium Tiberim scaphis junxisse, cumque per pontem inde factum fuga sibi consulere vellet, propriis insidiis periisse; id quod etiam memoriae mandat Praxagoras apud Photium, et pluribus narrat Zozimus, II, 15 et 16, qui possunt videri. Eusebium, ut solet, sequitur Haymo, VIII, 3 : *Maxentiumque tyrannum congredi parantem cum universis navibus, quibus fluvium straverat, demergit in profundum*. Quin et Epitome Victoris, necnon P. diaconus tradunt hunc pontem *paulo superius a ponte Mulvio*, et Maxentium *lapsu equi in profundum demersum esse*. Sed quod *lapsu equi* scribunt tyrannum cecidisse in flumen, id apud alios non reperitur; nisi idem significare censeamus Excerpta Valesiana, in quibus legimus *equo eum praecipitatum* fuisse. Zozimus narrat ligna pontis non potuisse sustinere multitudinem fugientium et rupta fuisse; et Politia SS. Patrum apud Photium, p. 1407, *ruptum esse pontem fallacem, διαρραγείσης αὐτοῖς γεφύρας σεσοφισμένης*. Atque hinc patet satis superque quid sibi velint haec Victoris verba, Maxentium nempe *insidiis, quas hosti apud pontem Mulvium locaverat, interceptum* fuisse. Ille igitur de Mulvio, vel de ligneo potius ponte in fluvium decidit; et forte Mulvium pontem interrumpi fecit, ut Constantinum ad insidias pertraheret, si transire Tiberim, et inter pugnandum, vel ante pugnam, Romam occupare vellet. Non tamen statim submersus fuit tyrannus, sed equo vectus, conatus est evadere; quod quominus facere posset obstabat altior et abrupta ripa. Auctor Panegyrici, cap. 17: *Ipsum autem illum cum equo et armis insignibus frustra conatum per abrupta ripae ulterioris idem Tiberis correptum gurgite devoravit*.

Proterretur. Lege *proteritur*, nimirum exercitus, vel miles Maxentii, ut paulo ante *Maxentiani milites occurrunt*; nisi significare Lactantius velit, Maxentii milites primo impetu exercitus Constantini territos fugatosque fuisse, uti loquentem audivimus modo panegyrici auctorem. Utuntur eadem voce non moco

Terentius et Plautus; verum etiam Virgilius, XII Æn., quem imitari solet Lactantius.

Primis nominis titulum.... Varie fluctuabam ante; et, licet putaverim hunc titulum τὸ *Maximus* esse potuisse, quia ita in nummis et Inscript. Constantinus vocatur, et quia mox Lactantius narrat Maximinum *conviciis jocis mixta adversus imperatorem Maximum dixisse*, nunc tamen arbitror nihil aliud indicari, quam Constantini nomen ex Senatus decreto primo loco positum fuisse, quia idem Lactantius scribit, *Maximinum primi nominis titulum sibi vindicasse*: quod etiam Eusebium tradere doceo ad cap. 32. Et jure id Maximinus videtur facere potuisse, quia ante Constantinum Cæsar erat factus.

CAPUT XLV.

Quam cum maxime.... Placet nonnunquam ad minutias descendere. Particulæ *quam cum maxime* et tempus denotant, et simul frigoris intensionem; adeo ut dicat Lactantius, tunc temporis maximum frigus fuisse. Sæpe tamen additur τὸ *nunc*; et tunc nihil aliud, quam intendit et auget. Cic. pro Cluentio: *Mater, quæ multos jam annos*; *et nunc cum maxime filium interemptum cupit*; paulo aliter libri de Senect.: *Causarum illustrium, quascumque defendi, nunc quam maxime conficio orationes*. Nazar., cap. 1, Paneg.: *Jactat quippe se nunc cum maxime*; et ante eos Terentius Phorm.: *Atqui opus est nunc cum maxime*.

Geminatis mansionibus. Id est, ut una die tantum itineris faceret, quantum duæ mansiones a se invicem distabant, nec in prima, sed secunda requiesceret. Viæ regiæ distinctæ erant in *Mansiones* et *Mutationes*: in *Mansionibus* pernoctabant, ita ut ab una mansione ad aliam diei iter esset: in *Mutationibus* vero equos mutabant, et de die reficiendi sese causa subsistebant. Nam *Manere* Veteribus significabat pernoctare. Sen. III, de Ben. 16 : *Quam invenies tam miseram, tam sordidam, ut illi satis sit unum adulterorum par? Nisi singulis divisit horis, et non sufficit dies omnibus; nisi apud alium gestati est, apud alium mansit*, id est, pernoctavit. Cic. 1 de Div.: *Conclave illud, ubi erat mansurus, si ire perrexisset, prima nocte corruit*; pro quo lib. II, dixit: *In eo conclavi illi cubandum fuisset*; quomodo et loquitur Suetonius in Aug. 72, 78, et Calig., c. 55. Hinc *mansiones* sunt loca in quibus aliquis pernoctat. Eo sensu *mansiones saliorum* occurrere in Inscriptione veteri doceo, lib. IV, 2, Observationum. Hinc non modo *mansiones* a *mutationibus* distinguuntur in codice Theodosiano, Itinerario Burdigalensi, et alibi: verum etiam *mansio* pro itinere totius diei usurpatur Plinio XII, 14 : *Mansionibus octo stat thurifera a monte excelso*. Erant autem hæ mansiones ædificia ampla, adeo ut imperatores in ipsis cum comitatu suo nonnunquam pernoctarent, uti constat ex Ambrosio in de Obitu Valentiniani, et Suet. Tito, et Vopisco, cap. 35, Aurel. Verum juncta ipsis fuere etiam horrea, vel horreorum usum præstabant, atque ibi recondebatur annona militaris, militibus dividenda euntibus via militari in expeditionem ; quam annonam *copias mansionum* vocat Eumenius. Sed longum nimis foret hæc verba elucidare; et monebo tantum similem loquendi rationem inveniri apud Justin. XIII, 8. *Victus Neoptolemus ad Antipatram et Crateram profugit, hisque persuadet ut, continuatis mansionibus, lætо ex victoria, et securo fuga sua Eumeni superveniant*: deinde exstare inscriptionem elegantem apud Spon., 302, Miscellaneorum, in qua vox *munere* etiam occurrit :

MERCURIUS. HIC. LUCRUM.
PROMITTIT. APOLLO. SALUTEM.
SEPTIMANUS. HOSPITIUM.
CUM. PRANDIO. QUI. VENERIT.
MELIUS. UTETUR. POST.
HOSPES. UBI. MANEAS. PROSPICE.

Obscura illa, fateor, est; et, si quid humani in ea explicanda patior, alios sequar meliora doctus continuo. Puto igitur huic hospitio insigne fuisse Mercurium et Apollinem ; et hinc Septimanum arripere occasionem homines invitandi in suum hospitium : quo tamen melius ii utentur, qui prandium secum attulerint, vel qui ea hora venerint, cum prandium sumitur : at post prandium hospes prospicere debet ubi *maneat*, id est, pernoctet.

Accepta in deditione Perintho. Recte notant eruditi *Perinthum* esse *Heracleam*, quam paulo ante narravit fuisse obsessam ; eamque urbem illud nomen tulisse observat Ammianus Marcell., XXII, 2 et 27, 4, necnon Procop., lib. I Hist. Vandal., quibus addatur omnino Tristanus, t. II, p. 80.

Distantem militibus... Aliorum conjecturis insistens lego, *millibus totidem , ibidemque collectis*. Vir doctissimus notat hoc circa *Resiston* accidisse, huncque locum primum occurrere in Itinerario Antonini euntibus ab Heraclea Hadrianopolim. Ego in Itiner., p. 57, invenio, inter Trajanopolim et Heracleam recenseri *Apros et Resiston*, illumque locum a Trajanopoli abesse 25 millia passuum, hunc 22; ita, si prima mansio fuit *Resiston*, secunda certe erit *Apros*, quia utrique paria milliaria tribuit Lactantius. Sed ille non *Trajanopolim*, verum *Adrianopolim* memorat; et Auctor Itinerarii alia longe loca inter Adrianopolim et Heracleam nobis describit; ut p. 50 : *Ostudizum, Bergulas, Driziparam, Izirallon*; p. 51, eadem cum *Heraclea* recenset; ut et p. 73. *Hadrianopolim, Ostudizum, Burdidizum, Bergulas, Drusiparum, Tirallum, Perinthum, Heracleam* : at contra, p. 75, iterum nobis annumerat *Trajanopolim, Cypselam, Apros, Resiston, Heracleam*; adeo ut mihi quidem videatur, *Campum Serenum*, cap. seq. memoratum, alibi quærendum esse.

CAPUT XLVI.

Per præpositos tribunosque.... Nomen præpositi generale valde est, uti docet Gutherius in lib. de Officiis domus Augustæ. Hic præponuntur tribunis; sed tamen Vegetius, II , 12 , legionis primæ cohorti scribit præesse tribunum, reliquas vero a tribunis, vel præpositis fuisse rectas. In inscriptionibus apud Gruterum occurrunt *præpositus cohortis expeditionis Germanicæ, præpositus legionis, numerorum tendentium in Pontum, et vexillationis Perinthi*; adeo ut nemo peccaturus sit, qui hoc loco *præpositos* majores tribunis faciat. Sic in inscriptione apud me inedita :

D. M.
C. IVL. CANDIDO
P. P. LEG. XIII. GEM.
HEREDES. EX. TES
TAMENTO. FECE
RVNT.

Nam duplex P. P. significat præpositum ; et male in indice Gruteriano nonnunquam exponuntur hæ siglæ per *præfectus*; et pejus in Inscr. xi, p. 277: *Pro Prætore*, cum sit imperatoris Caii titulus *pater patriæ* : quomodo et ii, p. 278, explicari debet, in qua quidem legitur et expressum est PRO. PR. sed non ad imperatorem, verum ad M. Aurelianum Valentinianum refertur. Sed hoc obiter.

Prælium diei kal. Maiarum.... Vel *diei* positum est pro *die*, vel scribendum *diem*.

Campus.... quem vocant Serenum. Hunc ita dictum puto, non quia ventis, sed quia arboribus fruticetisque carebat, eratque planus. Talem campum καθαρὸν πεδίον, *purum campum*, arbitror vocari ab Euseb., IV, 19, de Vita Constantini, qui jussit ut milites nondum Christiani facti singulis diebus dominicis in eum procederent, et simul omnes, signo dato, preces ad Deum funderent. Nam hic campus procul dubio fuit planus, nec arboribus aliisve rebus impeditus; in quo etiam milites armis sese exercuisse arbitror. *Purum ac patentem campum* dixit Livius, XXIV, 14. Sed facit *serenus campus*, ut monere debeam, *serenam militiam* mihi etiam lectam esse apud Paulum Diac., lib. x. Historiæ Miscell. Qui (Carausius) *vilissime natus serenæ militiæ* ordine famam egregiam fuerat contectus. Qualis militia serena sit, fateor me non capere, nisi quis existimet, respectu Imperatorum eam ita dici, qui *Sereni Domini* vocantur in columna, quæ ac huc hodie Constantinopoli conspicitur. Et perpendant eruditi, num potius rescribi debeat *strenuæ*, vel *severæ militiæ*: quod ultimum erudito amico in mentem veniebat; ita ut Carausius dicatur famam sibi acquisivisse ex diligenti observatione disciplinæ militaris.

In largiendo tenax.. Victor: *Namque illi* (Constantino) *præter modum magna cætera* · *huic* (Licinio) *parcimonia, et ea quidem agrestis ta dummodo inerat*. Et Auctor Epitomes scribit cum *avaritiæ cupidine omnium pessimum fuisse*.

CAPUT XLVII.

A paucis metebatur. Id est, sternebatur, dejiciebatur, uti falce succidimus gramen. Exempla adfert Columbus; et extat aliud apud Tertullianum in fine Apolog.: *Nec quicquam profuit exquisitior crudelitas vestra; illecebra est magis sectæ: plures efficimur, quoties metimur a vobis; semen est sanguis christianorum.* Et apud Sil. Ital., l. XIII.

Ruit obvia in arma
Scipio, et adversum metit insatiabilis agmen.

Deus summus... Optimo jure ita vocatur Deus noster: sed Gentiles etiam *summum* simpliciter de Deo Maximo, quem ignorabant, usurparunt. Stat. IV, th. 516:

Et triplicis mundi summum, quem scire nefastum est;

ubi hæc notat Scholiastes: *Dicit Deum demogorgona summum, cujus nomen scire non licet. Infiniti autem philosophorum magorum Persæ etiam confirmant, reverá esse, præter hos deos cognitos, qui coluntur in templis, alium principem, et maxime Deum, cæterorum numinum ordinatorem, de cujus genere sint soli sol atque luna;* ubi reliqua possunt videri, quæ elegantia sunt, et quæ emendare conatur Barthius in notis; cui addendus Fr. de Corcoua, qui c. 25 Didascaliæ multiplicis, pro *demogorgona* rescribit *demiurgum*, id est, *opificem*, demogorgonemque Boccatio originem suam debere existimat: sed male dubitat quis vetustior sit *Lutalius*, an vero *Boccatius*, cum nihil certius sit quam illum ante hunc vixisse.

CAPUT XLVIII.

Securitatem publicam. Quæ in variis apud antiquarios nummis occurrit; uti Erizzum, p. 119, 413, 469, 497, 559. Tristanum, t. 1, p. 630 t. II, p. 469; Patinum, p. 75; Thesauri, Vaillantium, cujus librum de coloniis avide expectamus, aliosque. Apud Ammianum Marcell., xiv, 6, etiam memoratur *Pompiliani securitas temporis*.

In tractatu haberemus... Id est, consultaremus, et deliberaremus. Vide huc pertinentia in Glossario sæpius laudato.

Quod quidem divinitas... Scribendum puto, *quo quicquid divinitatis in sede cælesti*. Vide Columbi, viri doctissimi, notas. Et ita loquebantur Gentiles, quia quid proprie esset summum numen, quis Deus, dubitabant, atque inter sese disputabant.

Pro quiete temporis... Ut sub imperio meo quies et pax sit; mox: *Quo etiam in hoc per clementiam nostram quieti publicæ consulatur*. In nummo Maximiani Herculii apud Tristan., t. III, p. 372, conspicitur dea, una manu rudem, altera spicas tenens; et QUIES. AUG. illoque emblemate denotatur procul dubio quietem, seu pacem abundantiæ et annonæ causam esse. Amm. Marcell., XIX, 11: *Et quietem colentes tamquam salutarem deam, tributariorum onera subirent*, ubi potest viceri Valesius.

Vicarium postulent.. Nomen hoc generale est, adeo ut pro certo affirmari non possit quod munus vicarius hic gesserit. Sed tamen eam erraturum neutiquam puto, qui Miximinum designare existimet

A quemcumque in sua provincia vicarium. Sic in partibus Orientis fuere vicarii quatuor, Asianæ diœceseos, Ponticæ, Thraciarum, Macedoniæ, de quibus, ut et aliis aliarum provinciarum vicariis, videri potest notitia imperii. In inscriptionibus a Reinesio editis memoratur *Flavius Rufus Sabinus Volusianus vicarius Asiæ*, et *Virius Nicomachus Flavianus vicarius Africæ*; atque in libello Precum Faustini, p. 14, occurrit *vicarius Hispaniæ*. In genere autem *vicarius* vocatur qui alterius vicem gerit, vel alteri servit; ita servus v*carius*, teste Ulpiano, servit servo ordinario. VICARIUS SUPRA COCOS in Inscript. XII, 580, qui coquis præest loco illius, qui in eos imperium habebat; et *viccrii* nostri id nomen habent respectu præfectorum prætorio, vel præsidum, quorum vicem administrabant: unde Sextilius Agesilaus Ædesius in lapide antiquo vocatur VICARIUS PRÆFECTURÆ PER HISPANIAS; et c. 16 Lactantius memorat *Hierocleus ex vicario præsidem*, qui male a Gallis redditur *président*.

B *Ad jus corporis eorum...* Hæc sunt *bona ecclesiastica;* et locus hic clare evincit, ante Constantini Magni legem ecclesias christianorum bona, ut vocant, immobilia possedisse. Julianus id prohibuit, uti testatur Ado in martyrol., p. 108, illique certe adstipulati fuissent Faustinus et Marcellinus, quia in libello Precum, p. 21, ita loquuntur: *Sed Ideo nominis istius etiam cum omni dedecore querebatur auctoritas, ne illis possessiones Ecclesiæ tollerentur: quas utinam nunquam possedisset Ecclesia, ut apostolico more vivens fidem integram inviolabiliter possideret*.

Jus corporis eorum... Edictum hoc Maximini permiscuit unicuique deum colere quemcumque vellet; cumque singuli fere Gentilium dii haberent sibi devotos homines in unum corpus redactos, hinc similiter de christianis loquitur, quippe qui numini majestatique D. N. J. C. erant devoti. In lapidibus vetustis occurrit COLLECIUM ÆSCULAPII, ET HYGIÆ NAUCLERUS, QUI ERAT IN COLLEG. SERAPYS, COLLEG. FABRUM VENERIS; de quibus alibi dabitur propediem disserendi locus. Atque uti hæc corpora arcas suas et agros, unde sumptus faciebant, habebant; ita etiam christiam bona sua possidebant; qui tamen omnes reditus omnesque elee nosynas in pauperes erogabant, nec iis otiosos ventres alebant.

Beatitudine publica... Et hæc vox solemnis atque adeo in ipsis nummis obvia est, ac notat tranquillum et felicem reipublicæ statum. *Beatissimum sæculum* dixit Tacit., c. 3, Agric.; *beatissimos Cæsares* Nazarius, c. 1 et ultimo; *beatissimam victoriam*, c. 52, et *beatitudinem urbis*, c. 33 Panegyrici.

Prolato programmate tuo... Significat præsidem provinciæ scripto publice proposito significare debere se tale edictum ab imperatoribus accepisse, jussumque esse, ut istud affigeret. Locus hic certe mihi observandus esse videtur, quia nos docet imperatorum edicta in provinciis non fuisse proposita, nisi simul testarentur præsides ejusmodi edicta ab imperatoribus ad sese missa esse; icque factu necessarium fuit, ut arcerentur suppositicia edicta quibus provinciales ad res novas incitari a turbulentis hominibus potuissent.

CAPUT XLIX.

Sequenti autem Licinio... Putaveram scribendum esse *sequente*; sed nunc arbitror Maximinum *concessisse sequenti Licinio*, id est, eum non expectasse, sed fugisse, simul ac Licinium venire et appropinquare cum exercitu cognovit. Cicero, 1de Orat.: *Quibus ego, ut ce his omnibus rebus disseram, cum concessero, illud tamen oratori tribuam et dabo*; qui locus, si loquendi formam spectes, plane similis huic Lactantii.

Dextrorsum perrumpentibus omnia victoribus. Maximinus, post cæsas inter Heracleam et Hadrianopolim copias, aufugit primo Nicomediam, inde in Cappadociam, teste Lactantio, c. 47. Quo cum eum sequeretur Licinius, Tauri montis *angustias* occupat; et quia montes ejusmodi ubique non sunt pervii, crediderim facile certum locum designari, et quidem per quem adiri poterat Cilicia, cum Tarsum Maximinus fugisse dicatur. Apud liv. xxxv, 13, Antiochum legimus *Antiochiam se recepisse per Ciliciam Tauro monte superato*. Alexander, apud Justin., xi, 8, *timens angustias magna celeritate Taurum transcendit, et Tarsum pervenit*; easque angustias optime describit Curtius, iii, 4, ex quo insuper discimus Alexandrum etiam ex Cappadocia Ciliciam petiisse, et illas *pylas* sive *portas* (id quod et aliis exemplis firmari posset) fuisse appellatas. Licinius autem aliud iter tenuit, et versus Pamphyliam Taurum superavit : unde metuens Maximinus, ne fuga excluderetur, Tarsum se contulit, *Orienti* scilicet et *Ægypto* propior futurus.

Ut solent hi, qui hoc ultimo se facere arbitrantur. Ita certe in prælium ruere voluerunt Numantini ; cumque id facere non possent, sese ipsi occiderunt, Flor. ii, 18. Juba magnifice epulatus, super mensas et pocula Petreio se interficiendum dedit, iv, 2, et Cantabrorum nonnulli, postquam extrema vident, certatim igne, ferro, inter epulas, venenoque præcepere mortem, iv, 11. Quin et hominibus sententia judicis damnatis, quo forte respicit Lactantius, et gladiatoribus, dabatur ultima cœna miscellanea, ut varietate ciborum sese replerent, beneque poti formidinem mortis abjicerent. Juven., sat. xi :

Sic veniunt ad miscellanea ludi,

Ubi commentator : *Miscellanea, sibi gladiatorum, id est , ultima cœna ;* additque rationem : *Ideo miscellanea, quia omnia, quæ apponuntur eis, miscent, sic manducant ;* quam poetæ interpretationem licet alii, nec forte immerito, improbent, et licet non verosimile sit omnes gladiatorum cibos in cœna, quam ultimam esse putabant, mixtos fuisse, potiusque varietate ciborum repleti sint, tamen Scholiastes morem illum videtur nobis conservare. Apud Athenienses damnatis, vel qui ἐπὶ θανάτῳ, *ad mortem*, ducebantur, licebat ad cibo vinoque replere, σῖτου καὶ οἴνου πληρωθῆναι, teste Suida, in v. εἴποις τὰ τρία, et Append. Vatic. Cent. i ; Prov. 75. Et *bestiariis*, vel ad bestias damnatis, datam fuisse *cœnam liberam*, eosque pridie antequam pugnarent, lautissime cœnare consuevisse, patet ex passione SS. Perpetuæ et Felicitatis, necnon ex iis, quæ in præfatione monet Henr. Valesius, vir celeberrimus. Quin et huc videtur pertinere *militare prandium, dictum ab eo, quod milites ad bellum*, id est, prælium, *paret*, teste Pollione in Gallienis.

Candidatis ministris..... Lego, *cum canditatis*. In aliis alioquin loquendi formulis, illius ætatis Scriptoribus omittitur hæc particula. Ammianus Marcell., xv, 4, *congredi barbaris* dixit, uti doceo ad cap. 18. Sed quia Ammiani mentio, nonne apud eumdem, 15, 7, *ad damnandum*, pro *ad amandum* scribendum est? *In disceptando justissimus, natura benevolus, licet auctoritatis causa servandæ acer quibusdam videbatur et inclinatus ad amandum.* Mihi certe illud videtur, quia *acer* et *amor* non bene hic conveniunt; et ex eodem capite constat Leontium absque moris homines damnasse; hancque emendationem necessariam et veram judicabat clarissimus Columbus.

Candidatis ministris..... Ita scilicet fideles in Apocalypsi, alibique, idque optimo merito vestiuntur, ad indicandam vitæ puritatem atque integritatem. Prudent., Hym. 1. περὶ Στεφ. v. 67.

Christus illic candidatis præsidet cohortibus,
Et throno regnans ad alto damnat infames deos.

Christum subinde deprecans..... Idem tradit Euseb. ix, 10, extremo. Insigne autem hoc exemplum nos docet conscientiam sævissimorum etiam persecutorum tantum valere, ut ipsos illa reos faciat. Huc pertinet Maximinum, postquam victus esset a Licinio, libertatem Christianis concessisse edicto, quod ex Latina lingua in Græcam translatum conservavit Eusebius loco laudato, cujusque etiam meminit Haymo, lib. viii, c. 3 Hist. Eccl. Sed mirum hujus rei memoriam nullam Lactantium conservasse.

Detestabili genere mortis efflavit.... Eum αἰσχίστῳ θανάτῳ obiisse scribit Eusebius, ix, 9, et Auctor Epitomes Victoris, *simplici morte :* quod plane cum Lactantio et Eusebio pugnat. *Simplex* mors iis tribuitur, qui absque tormentis gravibusque cruciatibus neci dantur, uti patet ex Suet. Cæs. c. 74. Unde Prudent. Hym. 10. περὶ Στεφ. v. 877 :

Temptemus igitur ante partem quampiam
Truncare ferro corporis superstitis .
Ne morte simpla criminosus multiplex
Cadat, vel una perfidus cæde obpetat,
Quot membra gestat, tot modis pereat volo.

Sed Maximinus gravissimos dolores, licet ab alio non illatos , perpessus est; putoque auctorem illum *mortem simplicem* opponere illi , qua quis ab alio tollitur, et idem hoc esse, ac si dixisset, non strangulatus, non capite truncatus est, verum sua morte obiit, utcumque illa fuerit cruciatibus plena. Victorem sequitur P. Diaconus, imo tam fideliter illud facit , ut etiam ipsius exemplo sævissimum hunc hominem laudet, eumque scribat fuisse, *ortu quidem atque institu'o pastorali , verum sapientissimi cujusque ac litterarum cultorem , ingenio quieto , audiorem vini, quo ebrius quædam corrupta mente aspera jubebat; quod cum pigeret factum, differri quæ præcepisset in tempus sobrium ac matutinum statuisse*. Sed alia longe nos Lactantius docet; et pati possum religionis gentilis hominem laudare illius religionis propugnatorem fortissimum : sed talia nequaquam Christiano condonanda sunt; et forte Victor eum *cultorem sapientissimi cujusque ac litterarum* vocat, quia Ethnicis philosophis et sacerdotibus, quos Christianis longe sapientiores esse judicabat, favebat, eosque colebat.

Efflavit.... Sepultus fuit in Cilicia , et prope eum casu conditum fuisse infensissimum Christi hostem Julianum memoriæ mandat Philostratus viii, 1.

CAPUT L.

Valerium..... Quis hic fuerit, ne divinando quidem assequi possum, cum nemo alius ejus faciat mentionem : id quod etiam recte observavit Baluzius. Nec puto huc quicquam pertinere, quod post narratam Maximini mortem scribit P. Diaconus, lib. xi : *Valens interea in Oriente ab exercitu Imperator appellatus , ab eodem Licinio morte mulctatur. Deinde Alexander; qui apud Carthaginem imperator est factus, a Constantini exercitu jugulatur*. Nam licet *Valens* posset simul appellatus fuisse *Valerius*, tamen ille huic tempori non convenit; et plusquam semel auctor iste in his narrandis humani aliquid patitur. Nam Valens eodem tempore neci non fuit datus : sed a Licinio, post cladem ad Cibalim per Constantinum acceptam, Cæsar est creatus, et occisus postulante Constantino, cum pacem eidem daret, uti ex Victore et Paulo Diacono docet Tristanus, t. iii, p. 472, qui tamen non satis caute ex iisdem auctoribus notat, Valentem rebellasse contra Galerium Maximinum. Est enim hoc a veritate alienum ; et Galerius Maximianus jam diem suum obierat, cum Valens a volente Maximino *Cæsar* est creatus, ut ex Excerptis Valesianis constat, licet Victor et P. Diaconus eum *imperatorem* appellent. Quod sequitur, *Alexandrum a Constantini exercitu jugulatum esse*, etiam fidei historiæ repugnat. Nam victus ille fuit a Maxentio per præfectum prætorii Volusianum et Zenam, uti videre licet apud Zoz. 2, 14. adeo ut hi duo nihil commune cum *Valerio* nostro habeant; quem nusquam inveniri arbitror, quemque solum cognoscere possumus Metamorphoseos Ovidianæ remedio. Ut enim ille canit Iphidem virginem in marem esse mutatam ope Isidis , ita suspicio mihi nonnunquam oborta est, *Valerium* in *Valeriam* ope Critices mutandum esse. Mirum hoc procul dubio aliis videbitur, quia cap. sequente Lactantius Valeriae mortem pluribus enarrat. Facit id, fateor, Lactantius : sed puto eum eadem illo capite, et in principio rerum quas post victum Maximinum aggressus est Licinius, obiter narrare; nihilque tam ardenter ille desideravit, quam ut posset *Valeriam* e medio tollere. Nec video cui *iratus* potuerit fuisse, nisi Valeriae, quae ipsum spreverat, uti patet ex cap. 39, cuique ob injuriam illam infestus absque dubio erat. Atque hinc est ut suspicatus nonnunquam sim, scribendum hoc loco esse, *in primis Valeriam, quam Maximinus........ et* conveniunt admodum sequentia, quia narrat *Valeriam Candidianum adoptasse*. Atque et mox Candidiani mortem in specie describit, quem dixerat necatum fuisse, ita etiam capite 51. Valeriae matrisque ipsius Priscae interitum enarrat, licet illae cum Candidiano interfectae non fuerint statim post obitum Maximini. Hæc commentatus fueram, cum animadverti eruditos Anglos ita etiam hunc locum emendasse; quos a me ante inspectos non fuisse liquido testor.

Et in honore haberi videbatur... Quippe qui filius esset Galerii Maximiani ex concubina susceptus, et adoptatus ab uxore ejus legitima Valeria, filia Diocletiani : quae omnes res certe animos ipsi addere poterant. Unde cum Nicomediae, quae sedes imperatorum erat, sese efferret altius et supra privatum, jussu Licinii occisus est; quia in suspicionem, ut reor, veniebat rerum novarum, et de purpura sumenda cogitabat forte ; id quod mox objectum fuisse legimus Severiano, Severi filio.

Prae Valeria, quae volens Licinio in omnes Maximiani haereditates jure suo cedere, *idem Maximino negaverat.....* Locus admodum intricatus; nam si Valeria voluit Licinio cedere in omnes Maximiani haereditates, nequaquam verisimile est illam cum matre sua eum relicturam, et se creditturam Maximino, mariti sui si non inimico, at certe non amico, uti patet ex cap. 39. Certe haec non cohaerent; et locum depravatum esse propterea existimo. Licinium narrat Lactantius omnes, quos memorat, tanquam malum metuisse, seque tutiores credidisse fore cum Maximino : sed excipit Valeriam, matremque ejus Priscam, quae Licinium exemplo aliorum relinquentes, noluerunt etiam esse cum Maximino, cui tamen reliqui sese credebant. Puto igitur scripsisse Lactantium, *quae nolens Licinio... et sic optime quadrabit sequens, idem Maximino negaverat;* quod certe verum non fuerit, si illa Licinio omnia dare voluisset. Noluit igitur Valeria Galerii Maximiani mariti sui haereditates Licinio cedere; quo persuasus sum eam ante ductam Constantini sororem in uxorem petiisse, quia tam significanter Lactantius dixit ante, eam *putasse sese tutius morataram apud Maximinum, quia uxorem habebat.* Et hanc meam sententiam firmat mirum quantum ipse capite sequente, ubi scribit, *pudicitiam et conditionem ipsis exitio fuisse;* id est, periisse, quod Priscae erat Diocletiani conjux, Valeria eorum filia, et Galerii Maximiani mater; quodque haec Imperatoris vidua noluerit vel Licinio, vel Maximino nubere, et absque more, ac absque exemplo ad secundas nuptias transire. Laudat igitur illustrissimas foeminas a pudicitia Lactantius, ut licet eas *poenas dedisse* dicat, tamen videatur tam acerbum casum miserari : *Luctae igitur mulieres cum ingenti spectaculo et miseratione tanti casus ad supplicium, et amputatis capitibus, corpora earum in mare abjecta sunt*, cap. 51. Nullibi certe eas carpit, vel leviter indicat, Diocletianum vel Galerium Maximianum ad persequendos Christianos ab illis incitatos fuisse; id quod tamen non obliviscitur annotare de Romula Galerii Maximiani matre, cap. 11, quomodo etiam Maximini uxorem propter mersas Oronte castas foeminas hoc capite perstringit. Quin et ab impiis et persecutoribus eas separat; nam cum cap. 50 narrasset, *omnes impios vero et justo Dei judicio rece-*

pisse eadem quae fecerant, mox capite sequente Valeriae, nec non matris ipsius Priscae mortem describit. Quid igitur? Prisca et Valeria vel Christianae fuerunt, vel iis faverunt; utque illud sentiam, facit ipse Lactantius, cap. 15, ubi ita loquitur : *Furebat ergo imperator* (Diocletianus) *jam non in domesticos tantum, sed in omnes ; et primam omnium filiam Valeriam, conjugemque Priscam sacrificio pollui coegit.* Neque enim Diocletianus eas coegisset sacrificare, nec Lactantius scripsisset easdem sacrificio pollutas fuisse, nisi Christianae fuissent, vel in eam suspicionem apud Imperatorem incidissent, licet aperte eorum placita amplecti non auderent. Gentilis enim non cogitur ad sacrificium ; nec talis proprie sacrificio pollui potest dici, verum quidem is qui Christo nomen dedit, et ad superstitionem ejuratam redit. Sic eodem capite *cogere usurpatur de Christianis*, quos in templa compulsos cogebant sacrificare : *Nec minus in caeterum populum* (a quo scilicet discreverat presbyteros et ministros) *persecutio violenter incubuit. Nam judices per omnia templa dispersi, universos ad sacrificia cogebant.* Et Prudentius, Hym. περὶ Στεφ. 2, v. 367, canit Judaeam plebem *inquinatam fuisse aureo bove;* et notius est, quam ut probari debeat, ad amplectendam gentilem religionem nihil aliud necesse fuisse facere, quam diis sacrificare, et aris thus injicere. Haec mea opinio firmatur variis Actis et Historiis, quae apud Baronium, Tristanum, aliasque, uxorem Diocletiani faciunt Christianam, licet verum ejus nomen ipsis latuerit, et multa tradant quae a veritate aliena sunt; id quod etiam observat Baluzius. Sed si Christianae fuerunt, quid tandem causae est, cur illud non tradat Lactantius claris verbis, cum contra Martyrologia a. d. 17, Cal. Sept. narrent *Serenam* (id nomen dant Diocletiani uxori) martyrem obiisse. Martyrium, ut verum fatear, mihi videtur reliquis Martyrologiorum erroribus adscribendum esse ; nec verosimile est Lactantium illud praeteriturum, si tam illustres foeminae propter Christum capite fuissent punitae. Quin et illud plane rejicit sacrificium idolis oblatum; quod licet coactae fecerint, postea ad bonas mentes forte redierint, crimenque illud lacrymis, vita pudica et vera poenitentia deleverint, tamen ut Christianae occisae non sunt, quia Licinius libertatem Christianis edicto dederat, et nondum animum induxerat innoxiam lacerare gentem. Nam scriptus hic libellus fuit, antequam bellum inter Constantinum et Licinium oriretur, cum pace frueretur Ecclesia et tranquillitate, uti ex fine ejus clarissime patet ; nec non ex initio, ubi narrat *Deum excitasse Principes, qui tyrannorum nefaria et cruenta imperia resciderunt;* id est, Constantinum et Licinium. Haec ita commentatus fueram, cum postea in mentem mihi venit verba, quibus tradit Valeriam et Priscam sacrificio pollutas esse, posse a Lactantio ut Christiano dici, et *cogi* eo sensu usurpari, ut cap. eodem *ad sacrificia cogebant;* quanquam, ut verum fatear, haec voces vim repugnantibus allatam esse designent : *Nam judices per omnia templa dispersi, universos ad sacrificia cogebant.*

Sed prius mater eorum in Orientem praecipitata est... Quae mea hoc de loco sit sententia, videsis, lector, in notis Columbi ; quae illi relinquenda esse censui, quia commode huc transferri non potuerunt. Ne tamen plane sterilis sim eo in loco, ubi celebris fluvii mentio occurrit : medecinam conabor facere Josepho fluminis Sabbatii mentionem facienti, lib. VII Excidii cap. 24 : Ῥεῖ μὲν γὰρ μέσος Ἀρχαίας τῆς Ἀγρίππα βασιλείας καὶ Ῥαφαναίας. Ἔχει δὲ θαυμαστὴν ἰδιότητα. πολὺς γὰρ ὅτε ῥεῖ, καὶ κατὰ τὴν φορὰν οὐ σχολαῖος, ἔπειτα δὲ πᾶς ἐκ τῶν πηγῶν ἐπιλείπων, ἐξ ἡμερῶν ἀριθμῶν, ξηρὸν παραδίδωσιν ὁρᾶν τὸν τόπον, εἶθ᾽ ὥσπερ οὐδεμίας γενομένης μεταβολῆς, ὁμοίως κατὰ τὴν ἑβδόμην ἐκδίδωσι, καὶ ταύτην ἀεὶ τὴν τάξιν ἀκριβῶς τετήρηται διαφυλάττων. ὅθεν δὴ καὶ Σαββατικὸν αὐτὸν κεκλήκασιν, ἀπὸ τῆς ἱερᾶς τῶν Ἰουδαίων ἑβδόμης, οὕτως ὀνομάσαντες; id est, interprete Ruffino : *Is fluit medius inter Arcas et Raphanæas Agrippæ regni civitates. Habet autem quoddam peculiare miraculum. Nam cum sit, quando fluit, plurimus, neque meatu segnis, tamen interpositis sex diebus a fontibus deficiens, siccum exhibet locum videre. Deinde quasi nulla mutatione facta septimo die similis exoritur; atque hunc ordinem eum semper observare pro certo comperiam est. Unde etiam Sabbaticus appellatus est, a sacro Judæorum septimo die sic denominatus.* Locus revera intricatus, et, ex sententia Casauboni, jam ante Rufinium corruptus, quia omnes Rabbini Josepho adversantur, et *Sabbaticum* fluvium illi contendunt, non quod nullis septimo exsurgeret, sed quod eo quiescat die; quod et facit Plinius xxxi, 11, Hist. Naturalis; *In Judæa rivus Sabbatis omnibus siccatur.* Spizelius, in disserlat. *de Israëlitis Americ.* arbitratur fluvium illum nomen Sabbatici juxta Josephum non exinde accepisse, quod quavis septima die quiescat, sed quod singulis Sabbatis insigni quadam mutatione gaudeat. Potuisse Ben Israël ita verborum sensum invertit, ut Plinio per omnia responderet; Isaacus vero Casaubonius paucorum verborum trajectione, et nonnullorum omissione, corruptum restituit in Exerc. adv. Baronium. Verum ego nulla verba omissa esse persuasus sum: et ita restituebam illa: οὖ ἑβδομάδος ἐξ ἡμερῶν ἀριθμὸν· ἔπειτα δὲ παρ᾽ ἃς τῶν πηγῶν ἐπιλείπων, ξηρὸν παραδίδωσιν ὁρᾷν τὸν τόπον. εἴθ᾽ ὥσπερ οὐδεμίας γενομένης μεταβολῆς, ὁμοίως κατὰ (l. μετὰ) τὴν ἑβδόμην ἐκδίδωσι· id est, *feraturque impetu non lent per spatium sex dierum: inde totus ab ipsis fontibus deficiens, siccum præbet speciandum alveum; et tunc, quasi nulla facta esset mutatio, similis post septimum diem erumpit.* Nam dum scribit, fluvium Sabbaticum post sextum diem siccum fuisse, et post septimum, similem, ut ante septimum diem fluit, erupisse, satis clare docet eum omnibus Sabbatis quievisse et siccum fuisse. Sed eruditi judicent, qui nobis familia Josephum promiserunt emendatiorem longe.

CAPUT LI.

Valeria quoque per varias provincias quindecim mensibus plebeio cultu pervagata:... Videndum est unde hujus vagationis epochu repetenda sit: Licinius an. Chr. 313, kal. mai, vicit Maximinum, a quo tempore, si errores Valeriæ computabis, necesse est illam octavum esse mense junio vel Julio an. 314. Quod si vero eos numerare incipimus ab eo tempore, quo in exilium missa est a Maximino, alio 312, sequitur eam haud multo post victum Maximinum necí fuisse datam; quod certe a ratione alienum non est, quia imprimis Valeriam, si conjectura mea vera, necare cupiebat Licinius; et quia etiam Lactantius, c. 39, diserte tradit, Maximinum ipsam cum matre in exilium relegasse, nec in locum certum, sed huc atque illuc præcipitem cum ludibrio exturbasse: quod infortunium dum illa subire cogitur, certe non sibi metuebat cultum in duta fuit: quanquam non diffitear, τὸ πεῤῥάγαλα videri significare eam non jussu imperatoris, sed sua sponte, et ad evitandos persecutores, modo in hanc, modo in aliam provinciam, sese transtulisse. Quod si libellus hic in lucem editus est statim post victum Maximinum, et ante bellum quod anno 314, inter Constantinum et Licinium ortum est, commode fuga hæc a Maximini decreto rejici potest. Illo bello victus fuit Licinius viii id. oct. ejusdem anni, pacemque obtinet tradito Illyrico, et anno demum 319, ad deos rediit; vel potius se semper gentilem fuisse ostendit, proposito edicto ne episcopi haberent concilia, Christianosque persequitur. Quod si quis existimet, post primum, quod inter Constantinum et Licinium fuit bellum, hunc libellum a Lactantio editum esse, videbit ille facile opera, ejus natales adscribi debere tempori, quod inter annos 314 et 319 intercedit. Nam pace fruebatur Ecclesia, cum hæc memoriæ mandarentur.

Pœnas dedit... Non opinor Lactantium velle significare eas ut noxias punitas esse, sed tantum morte periisse violenta.

CAPUT LII.

Quæ omnia, etc. Hæc erunt planissima, si distinguas, *Quæ omnia (secundum fidem scientium loquor) ita ut gesta sunt mandanda litteris credidi.*

Clara per gentes Joviorum et Herculiorum cognomina, quæ primum a Diocleto et Maximiano insolenter assumpta, ac postmodum ad successores eorum translata, viluerunt? Alii igitur post Diocletianum et Maximianum *Jovii* atque *Herculii* cognominati sunt. Sane Galerius, Maximinus et Licinius *Jovii* fuerunt dicti, uti docet Valesius ad Euseb. ix, 9 Histor. Eccles., et Tristanus, t. iii, p. 433, qui tamen nummum elegantissimum non satis bene explicat: id quod facit Henr. Norisius, vir doctissimus, in explica ione Nummi Liciniani, ubi simul docet Constantinum et Constantinum *Herculios* fuisse appellatos; quod etiam memorat auctor panegyrici Maximiano et Constantino dicti, cap: 8: *Hic est qui nomen, quod accepit a Deo principe generis tui, dedit vobis (Constantino) qui te progeniem esse Herculis non adulationibus fabulosis, sed æqualis virtutibus comprobavit.* Atque in Epitome χρόνων pag. 277, *Maximinus Jovius* ἐπιφανέστατος καίσαρ occurrit; et Galerius Maximianus intelligendus est: quomodo vice versa, *Maximinus* nonnunquam ab auctoribus nominum hæc confundentibus, vel librariorum vitio, *Maximianus* appellatur.

Delevit eu Dominus... Rectissime ita Deus noster vocatur, quippe qui optimo jure omnium rerum Dominus est. Dederunt tamen et Gentiles tam splendidum et tam illustrem titulum diis deabusque suis. Apud Gruterum, vi, 68, occurrit ΚΥΡΙΟΣ ΑΣΚΛΗΠΙΟΣ; et in nummo apud Harduinum, Θεὸς μέγας κύριος Σάραπις, uti haud absque ratione dijudicis litteris legendum esse suspicatur vir eruditus: Solem DOMINUM Latinis, Græcisque Δεσπότην dictum fuisse, docui in Harpocr. pag. 113, et per DOMINUM INVICTUM apud Gruter. xi, 106a, vel sol intelligi debet, uti sæpe *Invictus* vocatur, vel deus, quem Commodianus instructione 43 *Invictum* absolute appellat, qui *Agdestis* erat; cui robur *invictum* tribuit Arnobius, et quem cum Mithra vel solo confundi observat Rigaltius: vel denique ita appellatur Deus eo in loco cultus. Nec deæ caruerunt hoc titulo. Κυρία "Αρτεμις, *Domina Diana;* occurrit in ins. xiii, pag. 1000 Gruteri; DOMINÆ in alia pag. 90, Albæ Juliæ reperta, per quas forte *Deæ Matres* designantur; et DOMINA HONOR in ins. iii. pag. 100, quod notandum, quia *Honor* est masculini generis, et is tamen DOMINA (si modo nullæ lineæ interierunt) vocatur, quia interdum instar deæ effingebatur, uti constat ex nummo Galbæ, qui inscribitur HONOS ET VIRTUS. Virgilio lib. iii, Æn. v. 113, non aliter Cybele, vel deum mater, vocatur:

Et juncti currum dominæ subiere leones.

Et quanquam nonnulli apud Servium arbitrentur Cybelem *leonum dominam* dici, notat tamen idem eam proprie *dominam* fuisse appellatam. *Dominas,* ait, *deas dicunt; ut alibi:*

Hi dominam Ditis thalamo deducere adorti.

Sane dominam proprie matrem deum dici Varro et cæteri affirmant; nam et ibi Proserpinam idem a Virgilio dominam appellatam, quod ipsa terra esse d catur, sicut et mater deum: mox addit, *Hanc eamdem* (nempe Cybelen) *Eram appellari, hoc est Dominam.* Non aliter canit Germanicus in Arateis:

Dictæi exercent dominæ famuli Corybantes,

id est, famuli matris deum; idemque epitheton Junoni atque Dianæ dat Valerius Flaccus, lib. iv, v. 355, et lib. vii, v. 184, Argonaut. Quin et Arcades deam summa veneratione coluerunt simpliciter Δέσποιναν dictam, uti ex Pausaniæ l. vιιι p. et. Interpres, p. 499, eam facit *Proserpinam*; procul dubio quia Cereri conjungitur, et quia, pag. 516, e us filia esse dicitur: sed tamen ibi simul clare a Proserpina distinguitur, Neptunique et Cereris filia dicitur; et scribit insuper Pausanias se non audere ἐς τοὺς ἀτελεστέρους γράψειν nomen hujus deæ: quæ certe ocent satis superque eam Proserpinam non fuisse. Verum licet Gentilium dii ita cognominati sint, noster tamen Deus optimo jure Dominus est; qui ut eos dejecit et calcavit, ita spero eumdem tandem respecturum populi fidelis atrocissimas calamitates, et pacem redditurum Ecclesiæ veræ per totum orbem terrarum. Imperatores etiam Romani domini appellati sunt, uti est notissimum; nec illud monerem, nisi viderem Gasp. Gevartium ab lib. 1 Sylvarum Statii extremum non satis bene interpretatum esse Claudianum. Nam cum docuisset Domitianum, Trajanum, aliosque *Dominos* dictos fuisse, addit se mirari Claudianum, lib. III de Laud. Stiliconis, signate scribere Romanos primo omnium *Domini* appellationem Stiliconi tribuisse his verbis:

> Publica sed nunquam tanta se gratia fudit
> Assensu, quis enim princeps hoc omnibus egit
> Obsequiis, sese dominum pariemque vocari,
> Quod tibi continuis resonant convexa diebus?
> Macte novis consul titulis, Mavortia plebes,
> Te dominum Bruto non indignante fatetur,
> Et quod adhuc nullo potuit terrore coacta
> Libertas romana pati, Stiliconis amori
> Detulit.

Sed hanc Claudiani mentem fuisse vix puto: quin potius arbitror eum canere populum coactum quasi et invitum ita principes appellasse; id quod certe sequitur, si probabilem admodum Heinsii conjecturam admittimus, *Princeps non omnibus emit obsequiis*; et eumdem populum sua sporte atque ex affectu Stiliconem *dominum* vocasse: vel Stiliconem primum consulum fuisse, qui *dominus* a populo nominatus sit; quod certe firmant sequentia, quibus docet ipsum restitutorem libertatis Brutum id non ægre laturum, quia scilicet Stilico, licet *dominus* appellaretur, parentem tamen populi ageret.

Amplissimo viro PAULO VOET VAN WINSSEN, *Celsis ac præpotentibus Trajectinæ diœceseos Ordinibus a Secretis*, S. D. GISB. CIPERUS.

Si nova Lactantii de Mortibus Persecutorum editio absoluta foret, hasce a me haud ferres forte litteras, vir amplissime; nam cum varii præstantis eruditionis viri præter Baluzium et me (id quod vehementem in modum gaudeo), libellum hunc illustrare animum induxerint, vix dubito quin eorum alicui in mentem venerit, quod præcipuum earum caput erit. Pauca verba sunt, et in quibus prima fronte vix aliquid observatione dignum sese offert: unde et factum est ut, cum Notulas meas digererem, non animadverterim quod nunc ad te cognoscendi causa mitto. Constat igitur Gentiles coegisse Christianos ut sacrificarent diis, nihilque ab is exegisse aliud, quando eos veræ religioni nuntium remittere cogebant. Plurima historiæ ecclesiasticæ, passionum, Patrumque loca hoc testantur satis superque. Notum est quod Eulaliæ dictum esse canit Prudentius, Hymno περὶ Στεφ. 3.

> Hæc (tormenta) rogo, quis labor est fugere?
> Si modicum salis eminulis,
> Thuris et exiguum digitis
> Tangere, Virgo benigna velis,
> Pœna gravis procul abfuerit.

Diocletianus apud Lact., cap. 10: *Ira furens, sacrificare non eos tantum qui sacris ministrabant, sed universos qui erant in palatio jussit, et in eos, si detrec-* tassent, animadverti; datisque ad præpositos litteris, etiam milites cogi ad nefanda sacrificia, præcepit ut cui non paruissent militia solverentur. Cap. 15: *Furebat ergo imperator jam non in domesticos tantum, sed in omnes; et primam omnium filiam Valeriam conjugemque Priscam sacrificio pollui coegit.* Et mox: *Nam judices per omnia templa dispersi universos ad sacrificia cogebant.* Ultima hæc verba explicare obiter conatus fui ad cap. 1; sed ut illa non dubito plane, ita aliquid majus et annotatione dignius in iis videtur reconcitum esse. Nam existimo Christianos tam acerba persecutione pressos una cum Gentilibus deorum templa frequentasse, non ut eos adorarent, iis sacrificarent, vel aliqua re honorem ementitis numinibus haberent, sed ad evitanda tormenta et pœnas, quæ parata continuo erant iis qui Christiani habebantur, Christoque ejurato, diis sacrificare nolebant. Diocletianus certior factus quid rerum gereretur, jubet omnes qui in templis reperiebantur sacrificare, id quod nequaquam necesse erat statuere, si nulli alii quam Gentiles templa adibant; atque ea via factum est ut Christiani qui cruciatus e fugere conabantur detegerentur: unde et mox sequitur: *Pleni carceres erant, tormentorum genera inaudita excogitabantur.* Et procul dubio Christiani persuasum habuerunt sibi illud licuisse facere ad evitandam persecutionem, et tamen fidem Christo datam se posse servare; quia nequaquam consilium illis erat templa intrantibus idola colendi. Non jam dicam, Nicolaitas *multa dicuisse absque discretione facere, et immolata idolis vesci, et in templis esse, et publice omnia communiter agere*, quemadmodum loquitur auctor indicali de Hæresibus Judæorum, qui vulgo Hieronymo tribuitur: sed videor animadvertisse Veteres distinxisse eos qui templa idolorum colendorum causa adibant, ab is qui eo animo eadem non frequentabant. Can. 1 concil. elliberitani ita se habet: *Placuit inter eos, qui post fidem baptismi salutaris, adulta ætate, ad templum idolólatrurus accesserit et fecerit, quod est crimen principale, quia est summum scelus, placuit nec in fine eum communionem accipere.* Distinguuntur enim Christiani, qui templa adeunt animo idola adorandi, et qui illud faciebant et sacrificabant; quod utrumque cum Christiani qui sese a persecutionibus liberare conabantur non fecerint, videor haud immerito affirmare, eos nihil cum aliis communione habuisse, nec de illis loqui canonem concilii. Sic canone III distinguuntur Flamines, qui munera quæ in honorem deorum celebrabantur dederint tantum, ab iis qui sacrificaverint simul: *Item Flamines, qui non immolaverint, sed munus tantum dederint, eo quod se a funestis abstinuerint sacrificiis, placuit in fine eis præstari communionem;* et Can. 1v, *sacerdotes, qui tantum coronam portant, nec sacrificant, nec de suis sumptibus aliquid ad idola præstant, placuit post biennium accipere communionem.* Et exemplum elegans est apud Cyprianum ep. xxi, ubi *Candidam Æcusam, ut Cæstrfexsis rescribit, vocat, quia pro se donā numeravit, ne sacrificaret. Sed tantum ascendisse videtur usque ad tria fata, vel dryphacta* (uti recte rescribendum censet J. F. Groncvius, præclaræ vir eruditionis, cap. 14 Obs. in scriptores eccles.), *et inde descendisse ad dryphacta*, scilicet, ubi coram præside sacrificare cogebantur Christiani, quoque licet ascenderit Candida, excusatur tamen a Cypriano, quia sacrificio esse non polluit. Et quanquam a peccato, mea ex sententia, nequaquam immunes sint qui eam ob causam Gentilium templa intrant, aliquo tamen modo excusari posse videntur, quia id non faciebant animo idola colendi. Sic Canon 41 concilii laudati permittit ut fideles idola in domibus suis habere possint. *Admoneri placuit fideles ut in quantum possunt prohibeant ne idola in domibus suis habeant: si vero vim metuunt servorum, vel se ipsos puros conservent; si non fecerint, alieni ab Ecclesia habeantur.* Nec absque ratione est quod notat Albaspinæus, verba ista haud dubitare ter astruere, concilium illud difficillimis persecutionum temporibus, atque adeo ante Constantinum convocatum; nam nominis delationem per servos suos fieri non exhorruissent, si impunitate proposita potuissent ad arbitrium religionem quamlibet amplecti et tueri. Quemadmodum igitur domi suae fideles persecutionis tempore idola habere potuerunt, et permittere ut servi ea adorarent, ne scilicet ab iis accusarentur, ita videntur persuasum habuisse sese Gentilium templa frequentare potuisse ad evitandam persecutionem; nec poterant in iis facile distingui, quia loca erant amplissima, porticibus exornata, aliisque operibus, in quibus ambulare poterant, nihilque earum rerum agere, quas Gentiles facere consueverant colentes numina sua, idque eo magis, quia hi saepe templa adibant salutaturi tantum deos, nec semper sacrificabant. Nolo jam disputare num recte an secus fecerint Christiani, aut quam grave peccatum hoc sit; nec etiam inquirere quo piaculo teneantur qui ex nostratibus, videndi tantum gratia, eorum Christianorum templa intrant, in quibus statuae et simulacra non ornatus tantum, sed cultus etiam gratia disposita sunt. Verum illud facere non possum, quin moneam Gentiles nihil aliud exegisse a Christianis, quam ut sacrificarent, nulla tacti cura, quo animo homines deos suos colerent (*). Horum utinam exemplum non imitarentur pontificii, qui sacris suis initiatos esse existimant omnes, quos, vi, metu, poenis, tormentis cogunt eorum participes fieri, cum Julianus apostata contraria senserit, vetueritque *ne qui aliquem Christianorum aut injuria officerent, aut contumelia, μηδὲ ἄκοντας πρὸς θυσίαν ἕλκοιεν, neque invitos ad sacrificandum traherent, sed ut qui sua sponte ad aras accederent prius placarent deos* Ἀποτροπαίους, *et expiationibus, quae ipsis usitata sunt, purgarentur.* Nam meliorem partem nostri, animum et mentem, non corpus sibi poscit Deus. Sed libet hac occasione inscriptionem veterem ad partes vocare, ex qua videor affirmare posse Judaeos persecutionis tempore vel nuntium remisisse religioni suae, vel etiam ejus evitandae causa fecisse nonnulla, unde Gentiles persuasum habere poterant illos non amplius Judaeos esse. Inter marmora Oxoniensia, num. XXVIII, et apud Reinesium III, num. LXVIII, exstat inscriptio quae comprehendit eorum nomina, qui pecunias contulerunt ad exornandum, ut videtur, gymnasium Smyrnae; et inter illos recensentur Judaei, οἵ ποτέ Ἰουδαῖοι, M. A., id est, ex sententia virorum eruditorum, *qui nuper affuere Judaei, minam unam.* Verum mihi videbatur nonnunquam reddi haec verba debere, *qui quondam fuerunt Judaei.* Haec acta sunt Smyrnae tempore Adriani imperatoris, quo gravissimam Judaei excitarunt seditionem et rebellionem, duce Barchocheba, pseudo-Messia. Illos vicit Adrianus, tota Judaea vastata, et occisa est miserae gentis multitudo sine numero; cumque persecutionem absque dubio passi sint per totum imperium Romanum, fieri potuit facili opera ut nonnulli Smyrnensium Deo nuntium remiserint, et Gentilium superstitionem fuerint amplexi, vel argentum ad ornandum Fortunae fanum contulerint, ut putarent Gentiles, eos in ipsorum castra transivisse, atque ita sese a tormentis liberarent. Nam Judaeos haud difficulter talia ex magistrorum suorum sententia facere potuisse, patet ex iis quae observavit Jacobus Capellus in libros Mosis, pag. 619 et sequentibus. Nec sane video cur minam darent in ornatum templi Judaei, *qui nuper affuere,* cum non sit verosimile Judaeos, qui alio habitatum concessarunt, vel alio sese contulerant, collaturos aliquid ad aedificandum Smyrnae templum, vel idem praestaturos, si palam profiteri auderent sese Judaeos esse; cum immunes nequaquam ab idololatria forent,

a qua gens illa post captivitatem Babylonicam averso plane fuit animo. Haec mea de Lactantii loco et inscriptione veteri sententia, quam si approbaveris, recte me huic scribendae epistolae horulam impendisse existimabo: sin secus eveniat, et me mea fallat conjectura, nihilominus laetabor me hoc egisse, quia dolor, quem ex charissimae uxoris morte repentina cepi vix consolabilem mitigari vicetur, dum tecum colloquor; atque haec eamdem causa non patitur ut finem litteris imponam: sed jubet quasi ut unam aut alteram notam adjiciam, quae reliquis jungi debent.

Ad caput 9, post *legimus*, addo: Atque huc respicit Augustinus lib. IV, pag. 29, de Civitate Dei, ubi deum Terminum ridet. Aliud est enim non cessisse, aliud unde cesseras redisse. « Quanquam etiam postea in Orientalibus partibus Hadriani voluntate mutati sunt termini imperii Romani. Ille namque tres provincias nobiles, Armeniam, Mesopotamiam, Assyriam Persarum concessit imperio, ut Deus ille Terminus, qui Romanos terminos secundum istos tuebatur, et per illud pulcherrimum auspicium loco non cesserat Jovi, plus Hadrianum regem hominum, quam regem deorum timuisse videatur. Receptis quoque alio tempore provinciis memora is, nostra pene memoria, retrorsus Terminus cessit, quando Julianus deorum illorum oraculis deditus immoderato ausu naves jussit incendi, quibus alimonia portabatur, etc. »

Ad cap. 17 noto Veteres dixisse *certare alicui* et similia; atque hanc loquendi formam observo etiam in Inscrip. CCCXXXIX Gruteri:

CERTASTI. MULTIS. NULLUM. PAUPER. TIMUISTI.
INVIDIAM. PASSUS. SEMPER. FORTIS. TACUISTI.

Et apud Apul. l. IV, pag. 143: *Cum viderem canes et modo magnos, et numero multos, et ursis ac leonibus ad pugnandum idoneos.*

Ad cap. 33 annotavi: *oditatem, prioritatem, etc.,* inveniri, quibus adde *indulgitatem.* Junius Philargyr. ad II Georgic. *Nove indulgentia dixit. Veteres enim* indulgitatem *dicebant, ut Caelius in VII: Consuetudine uxoris indulgitate liberum.*

Ad cap. 36, post *Hist. Aug.*, adde: Ita Isidis sacerdotum primus vocatur *summus*, vel *primarius,* vel *praecipuus sacerdos*, Apuleio, lib. II, pag. 264, 266 et 267. Ed. Elm.

Ad cap. 40 Observo, quo sensu homines, vel animalia dicantur *famuli* et θεράποντες *deorum.* Psyche apud Apul. lib. v Metam. eamdem ob causam Cererem rogat *per famulorum draconum pinnata curricula;* et Plato sese vocare solebat τοῖς κύκνοις ὁμόδουλον, teste Olympiodoro in ejus Vita, quia cygni in tutela Apollinis, vel ipsi dicati erant, ipseque genitus putabatur eo deo. Praeterea sacrati diis, vel earum sacris initiati *famuli* dicebantur. Apul. lib. II: *Pro hinc me quoque peti magno etiam deo famulum sentire debierem, et servire iisdem;* idem: *Teque jam nunc obsequio religionis nostrae dedica, et ministerii jugum subi voluntarium: nam cum coeperis deae servire, tunc magis senties fructum tuae libertatis.* In Inscript. XIII, 328, FAMULA BACCHI occurrit; et Augustino lib. IV, cap. 10 de Civitate Dei, vestales virgines dicuntur *ancillae Vestae*, quod mirifice Lactantio convenit. Strabo, lib. XII, 1, 557, scribit Americae templum Μηνὸς fuisse, πολλοὺς ἱεροδούλους habens; et pag. 577, Antiochiae ad Pisidiam ἱερωσύνην Μηνὸς Ἀρχαίου πλῆθος ἔχουσαν ἱεροδούλων, id est, *sacerdotium Luni, cognomine Arcaei* (alibi Ἀσταῖος vocatur, et Salmasio ad H. Δ. Ἀρχαῖος) *multitudinem habens. Hierodulorum, sive sacrorum famulorum,* quo nomine sacerdotes et sacrati venire possunt; et pag. 559, Strabo ἱεροδούλους et ἱερέας distinguit. Verti autem μηνὸς *Luni*, idque etiam pag. 580, faciendum arbitror; nec puto *mensem* aliquem ab iis populis cultum fuisse, sed deum *Lunum*, qui in nummis Antiochiae ad Pisidiam, ne quid de aliis urbibus dicam, cernitur, quique etiam in num-

---

(*) Atrox calumnia. Cor imprimis exigit Ecclesia catholica, sed illud scrutari non potest. Neminem cogit. At principes ejus, qui non sine causa gladium portant, rebelles, discordiarum seminatores, contumaces, turbulentos, ut R. P. societati perniciosos, meritis afficiunt poenis.

mo Olbianorum, quorum urbs in Pamphilia fuit, equo insidet. Videri possunt quæ pag. 17 Harpocratis noto, ubi *Diospolin* voco Armeniæ urbem quæ Straboni *Diopolis* dicitur, quod monendum duxi. Atque inde simul constabit, utique *Mensem* in Antiochensium nummo, uti existimant Eruditi, non memorari, sed rescribi debere *Antiochensis*, non autem *Mensis* COL. CÆS. ANTIOCH., id quod obiter in Harpocrate monui, et etiam placet Harduino in Antirrhetico. Atque, si fas est sacra miscere profanis, Christiani, ipsique Apostoli δοῦλοι Χριστοῦ vocantur, et episcopus in Ins. IX, 1053, FAMULUS CHRISTI.

Ad caput. XXXIX et præcipue in præfatione ago de combustione cadaverum, necnon de corporibus integris conditis. Postea observavi, Apuleii tempore humationem etiam in usu fuisse, uti clarissime patet ex historia pueri quem veneno e medio sublatum putabant, cum contra potionem soporiferam ipsi miscuisset medicus, lib. Metam. X. Deinde magnam Gentiles religionem tenuisse, corpora integra ut sepulturæ mandarentur, vel inde patet, quod cadavera in ædibus collocata servarent diligenter, ne magæ aliqua membra inde auferrent. Narrat id multis Apul. lib. II, p. 124, et addit : *Ehem, et quod pene præterieram, si qui non integrum corpus mane restituerit, quidquid inde decerptum diminutumve fuerit; in omne de facie sua desectum sarcire compellitur.* Quod sive verum, sive fictum sit, innuit tamen curam quæ tenebat Gentiles, ut corpora integra conderentur, totique ad inferos venirent. Hinc lib. III, illa Lucii tristitia, cum in judicium ob cædem vocatus esset, et ritu Græciensi ignis et rota, tum omne genus flagrorum, quibus scilicet conscinderetur foret, inferebantur. Augetur oppido, imo duplicatur mihi mœstitia, *quod integro saltem mihi mori non licuerit.* Hunc lib. VII, cum in asinum transformatum castrare eum vellent, et ipse se præcipitem dare, vel inedia mori statuit : *moriturus equidem nihilominus, sed moriturus integer;* et tandem hoc etiam patet ex pag. 199 libri ejusdem. *Cadaver disjectis partibus integrum totum repertum, ægreque concinnatum ibidem terræ dedere.*

Ad idem caput observo nullam Augustam, mortuo imperatore marito, ad secundas nuptias transiisse. Et exlat hanc in rem locus elegans in concilio Toletano XIII, celebrato anno Christi 683. Nam titulus capituli quinti ita sese habet : *Ne, defuncto principe, relictam ejus conjugem aut in conjugio sibi quisquam, aut in adulterio audeat copulare,* ut constat ex notitia conciliorum Hispaniæ, quam anno 1686 edidit Josephus Saenz de Aquire; quamquam certum etiam sit omnes reginas hanc regulam nec olim, nec nunc observasse; uti vel exemplum Pythodoridis nos docet apud Strabonem, lib. XII.

Ad cap. 46. addendum est, Apul. lib. X. Met. init. *præpositum* memorare, *qui mille armatorum ducatum sustinebat,* eumdemque, pag. 244 vocari *Tribunum.*

Notavi ad caput 50, Priscam et Valeriam, uxorem atque filiam Diocletiani, fuisse Christianas, vel certe Christianorum religioni favisse : postea animadverti præclaræ eruditionis virum Henr. Dodwellum, Diss. Cyprian. XI, num. 66, affirmare eas Christianas fuisse; uti ex ejus verbis, quæ sequuntur, patet. « Quin et in ipsis Imperatorum palatiis liberi versati sunt. Ipsæ eorum uxores, et liberi, et servi erant christiani. (Tales fuisse constat Diocletiani uxorem *Priscam* et filiam ejusdem *Valeriam,* Maximiani autem Galerii uxorem.) His ea, quæ religionis suæ erant, tam verbis quam factis libere exequendi coram semetipsis potestatem deferunt. » Binis vir harum rerum callentissimus auctoribus nititur; illique faciunt ut persuasum habeat Augustas eas Christo nomen dedisse. Eusebius alter est, lib. VIII, cap. 1, Hist. Eccl., a ter Lactantius, cap. 15, cujus verbis et ego veluti fundamento ad eamdem rem probandam usus sum ad caput 50. Sed tamen Eusebius mihi non videtur verba facere de imperatorum conjugibus, sed de uxoribus domesticorum, vel aulicorum, vel eorum qui in palatio versabantur, uti unde dubie patebit, si quis Græca consulere velit; unde ipse etiam iisdem verbis usus sum cap. 14, ad probandum in palatiis imperatorum gentilium sæpe Christianos fuisse, et quidem eos primos honores gessisse. Christophorsonus putavit olim Eusebium de imperatorum conjugibus loqui, sed errorem illum castigavit Valesius in notis. Monendum autem censui Dodwellum ante me animadvertisse Augustas illas fuisse christianas, ne quis forte existimet me alterius inventa mihi vindicare. Testor enim me verba illa, cum notulas meas digererem, non observasse, neque me alia omissurum fuisse virum pereruditum eo nomine laudare.

Hæc sunt quæ mihi in mentem venerunt, quæque tecum ut communicarem fecit amicitia, fecit familiaritas quæ mihi summa et suavissima tecum intercedit. Quod si typographus, vel eruditi potius, quorum, ut audio, notas expectat, longiores moras nectunt, forte alteras longioresque litteras a me feres. Neque enim materiam omnem penitus adeo exhausi, ut non de aliquibus rebus prolixiores dissertationes componere queam. Vale. Hagæ-Comitis, a. d. 7. id. Jul.

Vix finita hæc erat epistola, cum ecce ad me affertur Antonii Pagii, viri eruditissimi et diligentis temporum restauratoris, Critica historico-chronologica in Annales Eminentiss. Baron i. Cumque ille mirum quantum Diocletiani et imperatorum, qui cum eo regnarunt, tempora illustret, eorum itaque judicare an non bene rebus suis consulturus typographus sit, si illa ex opere, quæ Lactantio elucidando inserviunt, excerpta editioni novæ adjiciat. Mihi certe istud videtur apprime utile, atque eruditis acceptum fore; cum quia liber ille non omnium manibus teritur, tum quia ita in unum corpusculum collecta forent omnia, quæ ad melius aureum hunc intelligendum libellum necessaria sunt.

Defatigatus jam es lectione tam longæ et verbosæ epistolæ : sed tamen te missum facere nequeo, et veniam precor, si alteram æque prolixam priori annectam. Virum igitur eruditionis præclaræ mecum, ad annum Christi 306, sentire summa cum voluptate perspicio, Constantinum Magnum in oppido Naisso, non autem in Britanniis natum; ad annum 302, Priscam et Valerianam christianas fuisse; et denique eumdem ad an. 306, NATALEM INVICTI referre ad Solem. Nec certe ergo nunc quidquam causæ video cur non sententiam Petavii, quam etiam Harduinus in Anthirretico amplectitur, sequenda sit, cum dies ille natalis solis non immerito dicatur, quia sol tunc primum ad Septentrionem ab Austro cedit; uti Julianus orat. IV ipse docet; et arbitratur Harduinus in hunc diem natalem Christi Romæ primum translatum esse, ut dum Gentiles profanis ritibus vacarent, sacris suis Christiani libere operam darent. Sed commodius mihi videtur, ut alia, quæ mihi in libro Pagii observata sunt, quæque vel sententias meas probant, vel quæ ut examinentur digna sunt, ad ordinem capitum disponam, ut ita omnia facilius invenire, atque de iis judicare possis.

De Domitiani persecutione ago ad caput Lactantii 3, inque ea sum opinione eam nec longam, nec gravem fuisse. Pagius contra existimat Domitianum anno 13 imperii decrevisse persecutionem adversus Christianos, eam continuatam anno 14, et auctam occasione quinquennalium anno 15, quo occisus est in cubiculo, teste Suetonio, non autem in templo Jovis, ἐν τῷ ἱερῷ Διός, uti scribit auctor Chronici Alexandrini. Sententiam suam ut firmet vir eruditus, scribit, in Chronico laudato sub cuss. lib. IX Asprenate, et M. Arretino Clemente legi : *Brutius narrat magnam Christianorum copiam ab 14 Domitiani anno sublatam et martyrio affectam;* et deinde observat Eusebium, qui Brutii historiam legerat, in Chronico narrare incœptam esse persecutionem anno Christi 95, idemque eum in Historia confirmare, et cap. 17, lib. III de persecutione sub Domitiano loqui, quæque habet postea, cap. 18, ostendere tantum eam hoc anno auctam esse. Sed Chronici auctorem non esse ex accuratissimis scriptoribus utique constat, nam hosce coss. sequentes conjungit: *Domitianum XIII, et Flavium Clementem; Asprenatem et Lateranum ; Domit. XIV, et Clementem;* denique *Valentem et Veterem.* Primis coss. assignat persecutionis initium, illoque tempore scribit apostolum Joannem in Patmum relegatum esse, et Domitianum statuisse Davidis genus e medio tollere; sequentibus Brutii verba supponit; et reliquis binis annis ne persecutionis quidem mentionem facit. Similia judicare debemus de Eusebii Chronico. Et quamquam, ut Brutii sequamur auctoritatem, persecutio potuerit anno 14 incœpisse, illa æque in exitum, quam in principium anni illius rejici potest: quod si verum est, non multum certe a cæterorum eruditorum sententia discrepabit. Sed quod Pagius ex cap. 17 et 18, lib. III Hist. Eccles. Eusebii probare conatur, persecutionem incœptam an. 95, et auctam an. 95, illud ego nequaquam, quo sum stupore, capere possum. Nam Eusebius capita librorum per annos non disposuit; deinde scribit, τελευτῶντα Christianos persecutum esse Domitianum, id est, sub extremum vitæ tempus. Caput 18, ad hæc priori annectit his verbis, ἐν τούτῳ, nim. διωγμῷ, vel persecutione; et denique illa ipsa verba, quibus Pagius putat probari anno 15 persecutionem auctam esse, prioribus etiam junguntur, indicantque eo anno Christianos persecutione vexatos fuisse; quod mihi firmum admodum argumentum videtur, anno 15 in innoxiam gentem grassari imperatorem cœpisse. Nam, cum dixisset Scriptores etiam ethnicos non dubitasse memoriæ tradere Christianorum martyria, addit: ὅγε καὶ τὸν καιρὸν ἐπ' ἀκριβὲς ἀπεσημήναντο, *qui quidem etiam tempus ipsum persecutionis accurate notaverunt.* At quod illud tempus fuit? non certe annus 13, non 14, sed quintus decimus; *scribunt enim, anno principatus Domitiani quinto decimo, Flaviam Domitillam Flavii Clementis, ejus qui tunc temporis Romæ consul fuit, ex sorore neptem, una cum aliis plurimis ob confessionem Christi in insulam Pontiam fuisse deportatam.* Neque puto Eusebium omissurum fuisse narrare, si iidem scriptores memoriæ mandassent, persecutionem jam anno Domitiani 13 incœpisse, vel decretam esse. Neque tamen, quemadmodum ante dixi, illis plane refragari animus est, qui anno 14 censent Domitianum jam in Christianos grassatum esse. Nam Dio Cassius, lib. LXVIII, postquam narrasset Fabium Clementem ὑπατεύοντα, *consulem*, et Flaviam Domitillam morte affectos esse, illato ambobus crimine ἀθεότητος, *impietatis* ('ita enim de Christianis loquebantur'), adjicit Domitianum τῷ ἑξῆς ἔτει, anno sequente, coss. Caio Valente et Caio Antistio, occisum esse. Et anno præcedente alios etiam Christianos vel relegatos, vel neci datos esse, ex verbis, quæ Flaviæ Domitillæ historiam sequuntur, patet: ἐπηνέχθη δὲ ἄμφοιν ἐγκλημα ἀθεότητος. ὑφ' ἧς καὶ ἄλλοι ἐς τὰ τῶν Ἰουδαίων ἤθη ἐξοκέλλοντες πολλοὶ κατεδικάσθησαν. καὶ οἱ μὲν ἀπέθανον, οἱ δὲ τῶν γοῦν οὐσιῶν ἐστερήθησαν. *Illatum ambobus*, Clementi et Domitillæ, *crimen impietatis, quo crimine plures etiam alii; Judaicos ritus amplexi, damnati sunt: quorum pars occisa est, pars spoliata facultatibus:* ubi per *Judaicos ritus* intelligenda est Christiana religio, non modo apud Dionem, verum etiam apud auctorem Olympiadum, qui scribit illis illatum esse crimen Ἰουδαϊσμοῦ. Nam Judæi et Christiani confundebantur; et forte ita Dio locutus est, quia Domitianus interfici jussit, qui ex Davidis stirpe oriundi erant. Et quamvis concederem tam cito incœpisse persecutionem, tamen non sequeretur inde illam vel longam, vel gravem fuisse; mihique nullum fere dubium, Domitianum crudelius in alios grassatum esse, eoque præcipue sensu posse dici, *portionem Neronis de crudelitate.*

Ad cap. 9, observo, ante victum a Galerio Maximiano Narseum, Persas etiam superatos fuisse a Diocletiano, vel eos cum illo pacem fecisse; et Herculium videri cum iisdem bella gessisse. Et Diocletianum quidem bellasse cum Persis probat ad annum 289, Antonius Pagius, secutus Norisium, præclaræ itidem doctrinæ virum, qui videatur cap. 4 dissert. I de numismate Diocletiani, quique ibidem observat Maximianum Herculium nunquam contra Persas pugnasse; id quod etiam Pagius ad an. 297 sequitur. Contrarium quidem tradit auctor Chronici Alexandrini, isque etiam male Constantium scribit cum Persis bellum gessisse, quem in errorem incidisse quoque Casaubonum observavi ad cap. Lactantii 15. Et forte is auctorem Chronici secutus est, qui ita loquitur p. 642 : *Persæ maximo bello a Constantio et Maximino Jovio Cæsaribus devicti sunt.* Imo Constantius nunquam cum Persis bellavit, et Nicomediæ Cæsar creatus statim Occidentem petiit; alter quoque Cæsar, non *Maximinus*, verum *Galerius Maximianus* dictus fuit : quem errorem et alibi in eodem Chronico, vel ἐπιτομῇ χρόνων, uti Scaligero vocatur, occurrere, doceo ad cap. 52 Lactantii. Sed tamen Mamertinus, cap. 2 Panegyrici Maximiano Augusto dicti, ita loquitur : *An tuas res gestas enumerare conabor, quæ te prima signa imperatoriis auspiciis inaugurarint, quæ castra dominum habitura susceperint, quæ bella deduxerint, quæ victoriæ auxerint? Ibo scilicet vestigiis virtutis tuæ colligendis per totum Istri limitem, perque omnem, qua tendit, Euphratem, et ripas peragrabo Rheni, et littus Oceani.* Hæc verba, fateor, mihi significare videbantur Herculium ad Euphratem cum Persis bellasse; nec muto : sed id factum antequam Imperator foret, et non in aliorum Imperatorum castris militabat ; et Mamertinus his verbis breviter enarrat quomodo vitam transegerit Maximianus, antequam imperio admoveretur, et quæ virtutis suæ præclara specimina dederit. Nec quidquam evincunt *munera*, quibus Parthus, uti cap. 5 Genethliaci legitur, *blandiebatur Diocletiano et Maximiano*, quia Narseus id fecit, postquam fœdus cum Diocletiano percussit, uti patet ex cap. 10 Panegyrici, quem laudavi : *Hoc eodem modo Rex ille Persarum nunquam se ante dignatus hominem confiteri, fratri tuo* (Diocletiano) *supplicat, totumque, si ingredi ille dignetur, regnum suum pandit, offert ; interim varia miracula eximiæ pulchritudinis feras mittit, amicitiæ nomen impetrare contentus, promeretur obsequio.* Nam de iisdem proculdubio muneribus loquitur. Nec obstat Maximianum Herculium in Ins. vocari *Persicum Maximum*, quia illud cognomen ex Dioclis tani victoriis obtinuit, qui a victoriis Herculei Ger. *Maximus* etiam dictus est, notante Norisio, cap. v Dissert. 1 de numism. Dioclet.

Ad cap. 18 disputo num Diocletianus consecratus sit. Animadverto nunc Ant. Pagium ad an. 316, ex loco Eusebii a me laudato adstruere eum a Maximino inter deos relatum esse.

Ad cap. 42, p. 494, examino quot per annos Diocletianus, abdicato imperio, privatus vixerit; quæque ibi noto ita relingenda sunt. « Significanter ait *post imperium*, et per totidem annos eum, abdicata purpura, si annum, quo diem suum obiit, illis annumeramus, Diocletianum superstitem vixisse in confesso est: nam anno CCCV. privatum se ipse fecit, et an. CCCXIII. obiit, illisque ambobus pro integris computatis, anni novem colliguntur, uti docet Pagius ad an. Christi CCCXVI. Noluit autem, etc. »

Ad idem caput Maximianum Herculium a filio Maxentio consecratum esse observo. Firmat eam sententiam Anton. Pagius ex nummo apud Mediobarbum, qui inscribitur.

DIVO MAXIMIANO PATRI
MAXENTIVS AVG. F.

Et hanc ob causam, non autem quia a Constantino

genero erat consecratus, Divus in lapide apud Nicol. Bergerum 3, 23. a Constantino juniore vocatur, observante eodem alibi :

IMP. CÆS. FL. VAL.
CONSTANTINO. F. F.
AVG. NEPOTI. DIVI. CONS
TANT. AVG. PII. FILIO
XXXIII.

Nisi dicamus ea voce nihil aliud tunc temporis designare voluisse imperatores vivos, quam quorum mentionem faciebant, mortuos esse; quo sensu existimabam, ad cap. 19. Diocletianum et Maximianum vocari θειοτάτους a Galerio Maximino apud Eusebium. Ad cap. 50, *Valerium* mutandum esse in *Valeriam* docui. Pagius ad an. 306, p. 15. et 314, 12, *Valerium Valentem* a Licinio interfectum fuisse scribit. Verum vix dubito quin rarae eruditionis sententiam suam mutaturus sit, si inciderit in ea quæ de morte Valentis notavi. Quod ad nummum attinet, qui apud Goltzium Græce inscribitur ΑΥΤ. Κ. ΠΟΠ (apud Pagium legitur ΡΟΥ) ΟΥΑΛΕΡ. ΟΥΑΛΕΝC CEB. L. A. dubium valde est, num ad Valentem a Licinio occisum referri possit, quia alius eidem Goltzio recensetur nummus, in quo ex ejus opinione ille vocatur, ΑΥ. ΚΑΙ. Γ. ΟΥΑΛΕΝC. ΚΥ. CEB. L. A. Et, ut verum fatear, optarem summopere me illos nummos inspicere, et manibus tractare posse: suspecti mihi enim admodum sunt, certe unus ex iis, qui Valens noster nunquam Augustus, verum Cæsar tantum fuit. Quidquid sit, *Valentem* tunc temporis a Licinio non fuisse neci datum, sed post gestum cum Constantino primum bellum, quod incidit in annum Christi 317, apertissime constat, cum quæ ea illo narrat Lactantius, adscribenda sint anno 314, ipso Pagio hæc ita digerente. Quæ autem ad cap. 50. de Valente notavi, ita, rogo, refugas; festinatione enim factum est, ut non satis mentem attentam habuerim ad ea quæ Tristanus notavit. « Nam Valens dux limitis (*male* apud Pagium scribitur *militis*) Daciæ eodem tempore neci datus non fuit, sed a Licinio, postquam a Constantino ad Cibalim victus fuit, Cæsar est creatus; et cum ambo pugna, quæ in campo Mardiense, qui inter Philippos et Hadrianopolim videtur fuisse, iterum succumberent, ea conditione Constantinus pacem cum Licinio fecit, ut Valens privatus fieret et occideretur, quemadmodum ex Excerptis de vita Constantini, Zozimo et P. Patricio notavit Tristan., T. 3., p. 472., qui etiam recte reprehendit Victorem, P. Diaconum, et Occonem, quod scribunt, Valentem rebellasse contra Galerium Maximianum. » Nam, quamvis illud apud priores duos non inveniam, verum tamen utique est Valentem non potuisse rebellare contra Galer. Maximianum, quia ille diem suum obierat, cum Valens a Licinio Cæsar crearetur. *Imperatorem* eum vocant Victor et P. Diaconus; et si eum Augustum censeant esse factum, errant utique: vel statuendum est illa ætate *Imperatoris* titulum promiscue et Augustis, et Cæsaribus fuisse datum; quomodo, observante Pagio, Numerianus appellatur *Imp. C. M. Aur. Numerianus. Nob. C.* in nummo veteri. Putaveram tamen nonnunquam fuisse Numerianum tunc temporis non Cæsarem, sed Augustum, quia ipse unicus foret nummus, in quo *Cæsar* appellaretur *Imperator*, quem titulum in aliis nummis, vel Inscriptionibus, non video Cæsaribus tribui, si excipias Ins. 7, ccLxxv.

IMP. Q. IVLIO. FILIO. GALLIENI.
AVG. ET. SALONINÆ. AVG.

Nam tantum Cæsar fuit factus. Et qui apud Tristanum, tom. 3., p. 466. inscribitur IMP. ROMVLVS, atque a Mediobarbo refertur ad filium Maxentii, qui revera Cæsar obiit, a Tristano adscribitur Romulo Augustulo dicto, qui a patre Oreste Augustus, vel Imperator est factus. Nec videtur obstare Numerianum appellari *nobilissimum Cæsarem* ; nam eum titulum Augusti nonnunquam servarunt, uti patet ex inscript. IV. 278.

IMP. M. AVR.
CARINO
NOBILISSIMO
CÆS PIO.
FELICI. INVICTO
AVGVST.
PONT. MA
XIMO. TRIB.
PCP. P. P.
COSS. PROCOS.

Patetque hoc etiam ex nummo apud Mediobarbum, in quo C. Valens Hostilianus Messius Quintus dicitur *nobilissimus Cæsar* et *Augustus* : QVINTVS. NO. CÆ. VALENS. HOSTIL. AVG. Sic Volusianus, P. Licinius Valerianus, Herodianus, filius Odenati, Herennianus Maxentius et Constantinus Magnus in nummis appellantur IMPERATORES AVGVSTI, et simul PRINCIPES IVVENTVTIS.

Ad idem caput 50, observo Valeriam et Priscam christianas fuisse, vel valde Christianis favisse, Antonius Pagius idem censet, illudque etiam ex Eusebii firmare conatur libro VIII, cap. 1 Historiæ Eccles., præfertque ad annum 302 Christophorsoni versionem Valesianæ. Mihi iterum iterumque Græca Eusebii verba examinanti nondum constare potest eum de imperatorum uxoribus verba facere, quia sequentia plane contrarium suadent, in quibus Dorothei et Gorgonii fit mentio, cum certe ne dubitandum quidem videatur quin Eusebius Augustas earumque liberos, pace jam Ecclesiæ data, fuisset nominatus, si per verba hæc γαμεταῖς καὶ παισί eas intellexisset. Imo, ubi diligentius Eusebium inspicio, nescio qui fiat ut exisimem, nec Christophorsonum, nec Valesium horum verborum sensum percepisse, quamvis hujus versionem secutus sim ad cap. 14 Lactantii. Proponam rationes meas, a quibus tamen abire paratus sum, si meliora alius doceat, vel si Eruditis videantur non satis validæ esse. Eusebius igitur narrat christianam religionem magnum gloriam et libertatem apud Græcos et Barbaros consecutam esse ante Diocletiani persecutionem : illud probari τῶν κρατούντων, id est, *Imperatorum* benignitate erga Christianos, quippe qui illis dabant τῶν ἐθνῶν ἡγεμονίας. Postquam ita de Imperatoribus disseruisset, ad alios transit : τί δεῖ περὶ τῶν κατὰ τοὺς βασιλικοὺς λέγειν οἴκους καὶ τῶν ἐπὶ πᾶσιν ἀρχόντων; quæ ultima verba Christophorsonus et Valesius interpretantur de ipsis *Imperatoribus*, Pagius, *de iis qui omnibus imperant*, At ego illa ita vertenda censeo : *Quid opus est dicere de iis qui in Imperatoris palatio versantur? Quid de iis qui omnibus præfecti sunt? Et intelligo* per hos ἄρχοντας, Præfectos Prætorio, vel potius Præpositos cubiculi, similesve, qui reliquis, qui in palatio versabantur, et in comitatu Principis erant, præerant. Hos ait Eusebius fuisse Christianos, et domesticis, uxoribus, liberis et servis permisisse libere profiteri religionem christianam : talem fuisse Dorotheum, qui erat Præpositus cubiculi, uti docet Valesius, talemque Gorgonium, album itidem in palatio Præfectum, et reliquos qui cum ipsis propter τὸν τοῦ θεοῦ λόγον parem gloriam sunt consecuti; et tandem addit, τοὺς καθ' ἑκάστην ἐκκλησίαν ἄρχοντας, vel Ecclesiarum antistites, magno in honore fuisse παρὰ πᾶσιν ἐπιτρόποις καὶ ἡγεμόσιν, apud omnes tam privatos, quam provinciarum rectores, ut vertunt, cum interpretari hæc verba debeam, apud omnes procuratores Augustorum et præsides, vel rectores provinciarum; quomodo in inscript. II, 595, Aufidius Julianus vocatur ὁ κράτιστος ἐπίτροπος τῶν Σεβαστῶν, et 459 T. Porcius Proclus Ἐπίτροπος Πρεσβυτῆς διὰ Φλαμινίας, Αἰμιλίας, Λιγυρίας. Et ultima hæc Eusebii verba satis mihi equide u evincere videntur eum non de Imperatoribus, sed de iis qui prima dignitate in eorum palatiis erant, et domesticas regebant, loqui; firmaturque idem cap. VI., ubi agit περὶ τῶν κατὰ τοὺς βασιλικοὺς οἴκους, *de iis qui in palatio versantur*, recensetque ibidem τοὺς ἀμφὶ τὸν Δωρόθεον βασιλικοὺς παῖδας, id est, *cubicularios*, similesve, quibus Dorothæus præerat : qui, tametsi summi honoris prærogativa ab imperatoribus ornati essent, nec minus ab iisdem diligerentur quam filii, probra tamen et tormenta pro Christiana religione pati voluerunt; et mox an Dorotheum atque Gorgonium strangulatos esse. Et accipe tandem quod mihi, dum hæc scribo, in mentem venit, quod si probas, lis plane omnis e medio sublata foret. Cap. 6., uti dixi, memorat βασιλικοὺς παῖδας, *cubicularios principis*; et tuum erit judicare, num cap. 1. pro ἐπὶ πᾶσι rescribi debeat ἐπὶ παῖσι ἀρχόντων; et subintelligi commodissime potest βασιλικοῖς, quæ vox præcessit. Et quia capite 7 eumdem ordinem sequitur, narratque primo constantiam et martyria βασιλικῶν παίδων, inde ipsis præfectorum Dorothei et Gorgonii, et denique Anthimi episcopi, magis magisque confirmor in ea opinione, ac puto Gorgonium etiam præfecturam in palatio gessisse, et forte ipsa sive filium, sive nepotem esse, qui tempore Constantii Augusti, teste Ammiano Marcell., 15, 2. *Gorgonius etiam fuit vocatus, cuique thalami Cæsariani cura commissa erat.* Nam duo fuerunt præpositi sacri cubiculi, Augusti scilicet et Augustæ, uti patet ex l. v Cod. de Præpositis sacr. cubic., ac utraque dignitate Dorotheus et Gorgonius potuerunt esse ornati : quanquam nullus repugnaverim, si quis eos alios in palatio honores gessisse existimet; imo acquiescam etiam plane, si cui conjectura hæc, neque enim alio loco meas habeo emendationes, displiceat.

Hæc sunt, vir amplissime, quæ tecum communicare volui ; tuumque nunc erit judicare num digna illa sint otio meo, atque adeo tuo. *Vale plurimum.*
Haga-Comitis, 15 Julii 1689.

Amplissimo VOETIO *S. D. Gisb. Cuperus.*

Id quod eventurum sæpe prædixi, si Lactantius diutius inter operarum manus hæreret, nunc factum est; et ecce tibi aliam notam, quam typographus alicubi facili opera cæteris adjicere poterit, si modo tu dignam eam judices, quæ publici juris fiat, vir amplissime.

Cap. 12. *Repente adhuc dubia luce ad ecclesiam profectus.* Monui Christianos primo in privatorum ædibus convenisse, postea eosdem, indulgentibus et conniventibus Imperatoribus, domos extruxisse amplas, in quibus Christum D. N. publice quasi et palam colebant. Euseb. VIII, 1, scribit Christianos propter innumerabilem fidelium multitudinem non contentos τοῖς παλαιοῖς οἰκοδομήμασι, εὐρείας εἰς πλάτος ἀνὰ πάσας τὰς πόλεις ἐκ θεμελίων, extruxisse ἐκκλησίας; additque lapsu temporis ea quotidie, nemine invidente, in majus et melius ivisse : adeo ut per παλαιὰ οἰκοδομήματα haud incommode intelligere possimus domos privatorum, vel certe Christianorum conventicula, id est in privatorum ædificiis differebant; et per ἐκκλησίας εὐρείας εἰς πλάτος, ædificia majora, quæ non tam longa quam laxa et ampla erant, et in quibus Christianos Deum suum colere unusquisque scire fere poterat. De hoc genere ædificiorum loquitur, ex mea opinione, Lamprid. in Al. Severo, c. 49 : *Cum Christiani quemdam locum, qui publicus fuerat, occupassent, contra Popinarii dicerent, sibi eum deberi, rescripsit melius esse, ut quomodocumque illic Deus colatur, quam popinariis dedatur.* Nam quamvis clara ædificii mentio nulla fiat, verisimile tamen admodum est Christianos eo in loco conventiculum exstruxisse, cum absque metu in unum convenire ex indulgentia imperatoris possent; et inde hinc docemur tunc Christianos loca habuisse, in quibus libere conveniebant, et quæ omnium patebant oculis. Quin et hoc sub Hadriano ipsis concessum fuisse alicui videri possit, quia idem Lampridius, cap. 43 Vitæ ejusdem imperatoris Severi ita

loquitur : *Christo templum facere voluit, eumque inter deos recipere. Quod et Hadrianus cogitasse fer ur, qui templa in omnibus civitatibus sine simulacris jusserat fieri, quæ hodie idcirco, quia non habent numina, dicuntur* ADRIANI, *quæ ille ad hoc parasse dicebatur.* Nam cum Hadrianus id agitaverit, ut plurimus probat magni nominis vir, P. Daniel Huetius, in Præparat. Evangelica, inde a ratione alienum non est ipsum Christianis favisse, et concessisse ut palam quasi Christum colere et adorare possent. Quin et ecclesias sub Trajano principe extructas fuisse censent eruditi confisi Eusebio, lib. III, c. 57. *Eadem tempestate floruit etiam Quadratus, qui cum Philippi filiabus prophetica gratia illustris fuisse memoratur. Præter hos alii quoque complures eodem tempore viguerunt, inter Apostolorum successores principem obtinentes locum* : οἳ καὶ ἅτε τηλικῶνδε ὄντες θεοπρεπεῖς μαθηταί, τοὺς κατὰ πάντα τόπον τῶν ἐκκλησιῶν παρακαταβληθέντας ὑπὸ τῶν Ἀποστόλων θεμελίους ἐπῳκοδόμουν : *qui utpote discipuli tantorum virorum admirabiles plane ac divini, ecclesiarum fundamenta, quæ variis in locis Apostoli prius jecerunt, additis ædificiis exstruxerunt.* Utuntur hoc argumento Pontificii, ut variarum ecclesiarum probent antiquitatem : sed mihi tempora Trajani consideranti verisimile nequaquam est Eusebio tale quid in mentem venire potuisse. Trajanus nolebat in urbibus *hetærias*, vel sodalitia, sive corpora constitui, propter factiones quæ ab illis passim excitabantur, uti patet ex epist. 42 et 43. lib. X Epist. Plinii. Eodem loco habebantur Christianorum conventus, quia Gentiles etiam collegia sacra et numini alicui devota habebant ; et inde Plinius, et sine dubio etiam alii præsides eos coire vetabant. Nam cum Ep. 98 narrasset Christianos carmen Christo quasi Deo dicere, sacramento se obstringere, ne latrocinia, ne adulteria committerent, cepisse cibum promiscuum et innoxium, addit : *Quod ipsum facere desiisse post edictum meum, quo secundum mandata tua hetærias esse vetueram.* Deinde obstant ejusmodi ædificiis, vel ecclesiis, *Christiani solii stato die ante lucem convenire*, uti loquitur idem Secundus; et Imp. Trajani decretum, *conquirendos non esse Christianos : si deferantur et arguantur, puniendos.* Cum enim Gentiles maximo odio prosequerentur Christianos, nullamque occasionem omitterent eos accusandi, illud utique commodissime facere potuissent, si in oculis quasi civitatum convenirent ; nec ego tam abjecte de prudentia et pietate veterum Christianorum sentio, ut credam, eos sese videntes volentesque gravissimis periculis objecisse. Præterea monumenta veterum nos docent, ipsaque temporum conditio affirmat convenisse Fideles in privatorum ædibus, in cœnaculis, in porticibus, cryptis et cœmeteriis ; quin et num sæculo tertio templa vel ecclesiæ fuerint adhuc sub judice iis est ; quam in rem videri potest raræ vir eruditionis Frider. Spanhemius, in Historia Ecclesiastica. Quid multis ? ego persuasus sum interpretem Eusebii, quique eum sequuntur, viros præclaros verba Græca nequaquam intellexisse. Neque enim de ædificiis loquitur : sed commemorat eos, qui ex Apostolorum successoribus vivebant, ecclesiarum fundamentis ab Apostolis jactis superstruxisse, vel Christianorum fidem confirmasse, multos Christianos fecisse, et eorum cœtum vel ἐκκλησίαν auxisse. Et petita hæc loquendi ratio est ab Apostolo Paulo, Ephes. II, 20 : Ἐποικοδομηθέντες ἐπὶ τῷ θεμελίῳ τῶν Ἀποστόλων καὶ Προφητῶν, ὄντος ἀκρογωνιαίου αὐτοῦ Ἰησοῦ Χριστοῦ, *superædificati super fundamentum apostolorum et prophetarum, ipso summo angulari lapide Christo Jesu.* Quo sensu ἐποικοδομέω et οἰκοδομή sæpe in Novo Fœdere usurpatur ; adeo ut mirer hoc ne ipsi quidem sagacissimo Valesio in mentem venisse. Et quanquam hæc ita sese habeant, censent tamen et affirmant pontificii sub Domitiano et Trajano constructas fuisse ecclesias, et similis molis opera, qualia hodie cernimus, Minucius Felix ita loquitur in Octavio ; *Cur etenim occultare et abscondere quidquid illud colant magnopere nituntur? cum honesta semper publico gaudeant, scelera secreta sint. Cur nullas aras habent, templa nulla, nulla nota simulacra?* Notat ad hæc verba vir eruditus, qui nuper de vera Senonum origine christiana commentatus est pag. 40 : « Quæ suo tempore vera fuisse, quantum ad publicos conventus, cum in Christianos cæde et incendiis cuncta ferverent, nullus ambigo : sed extinctis Nerone et Domitiano, sub quo figimus æram inaugurationis Ecclesiæ Senonensis, Saviniani sanguine Christo dicatæ, et pacatis tantisper rebus, nemini dubium, excitatis superius impp. edictis, e latebris cryptisve Christianos emersisse, in quibus pro reverentia sacrorum suorum, et sui tutela tegi fas erat, et ecclesias variæ structuræ seu basilicas nemini non notas suis usibus publicis erexisse. »

Varia hic observanda sunt ; e. 1° quidem ætas, qua Minucius dicitur vixisse. Illius quidem ætas incerta est, eumque scripsisse sub finem Marci Antonini censet pererudius Dodwellus pag. 35, dissertat. Cyprian., eumdem Alex. Severo posteriorem facit Balduinus, et sub illo imp. eum floruisse censet cardinalis Bellarminus : at nemo, præter virum illum doctum, inventus est, qui eum Domitiani Neronisve temporibus assignet. Neque enim video, si hæc non est ejus sententia, quo pacto ita argumentari possit : suo tempore Cæcilius vel Minucius vere dicit, Christianos nulla templa habuisse, quia persecutionibus imperatores sæviebant in gentem innoxiam : at mortuis illis impp. Nerone et Domitiano, illud verum non erat, quia ecclesiæ exstruebantur. Deinde si ecclesia Senonensis inaugurata est Domitiano principe, sique tunc scripsit Minucius, sequitur eumdem errare, cum tradit, Christianos templa vel ecclesias (hæc enim eodem loco sunt viro docto) eodem imperatore non habuisse, adeo ut hæc quidem ἀσύστατα sint.

II. Caute addit, *quantum ad publicos conventus*, ut scilicet tacite nobis simulacra et imagines illo sæculo obtruderet, quæ tamen certissimum Christianos tunc ignorasse plane ; eoque nullus dubito, quin Gentiles mitius acturi fuissent cum Christianis, si simulacra coluissent, vel memoriæ causa habuissent : quin et e re erat eorum non occultare imagines, sed per eas gratiam Gentilium aucupari, qui facile illos admisissent, et publicæ imagines coli passi fuissent, quia sibi finxissent eas similes deorum suorum simulacris esse, licet alio colerentur modo, nec thus in aras injicerentur.

III. Ecclesia Senonensis non potuit inaugurata esse sub Domitiano, quia Christiani, uti modo probavi, tunc temporis in privatis ædibus, posteaque in ædificiis a privatorum ædibus, aut non, aut parum diversis conveniebant, quas a cœtu Christianorum in iis congregatorum vocabant ἐκκλησίας, ab iisdem et forma ἐκκλησιῶν οἴκους, et a precibus προσευκτηρίων οἴκους. Postea cum jam liberior Christianis vita erat, basilicas exstruxerunt : et quidem id faciebant viri primarii opibusque affluentes, quando Christo nomen dabant ; idque absque invidia Gentilium facere poterant, quia illorum etiam primores domos suas basilicis exornabant, uti docet Alexander Donatus, et quia in basilicis homines convenire solebant. Nam basilicæ erant ædificia magnifica, columnis multis suffulta, et plano tecto, in quibus mercatores non modo merces suas vendebant, verum etiam judicia exercebantur, et forte etiam nonnunquam recitationes fiebant ; nescio enim quam valde mihi placet ita Juven. Sat. 1 explicare :

Frontonis platani, convulsaque marmora clamant
Semper, et assiduo ruptæ lectore columnæ.

Nam quamvis *porticus* etiam possit intelligi, tamen non a ratione alienum esse ad basilicas privatorum decurrere, is, uti spero, judicabit, qui perpendere velit, quam commodæ ad hanc rem illæ fuerint. Quicquid sit, constat in basilicis publicis, et forte etiam privatis, magnam semper hominum multitudinem fuisse, sive in iis ambularent, sive sermones cæderent, sive aliud quid agerent ; et inde est, uti reor, quod in iis etiam conveniebant Christiani. A. Marcell. xxvii, 3 : *Constatque in basilica Sicinini, ubi ritus Christiani est conventiculum, uno die centum triginta septem reperta cadavera peremptorum.* Fuit proculdubio hæc basilica a Sicinino quodam constructa, et forte ædibus suis juncta ; in qua Christiani ipso persecutionis tempore, aliud veluti agendo convenire potuerunt, et Christo carmen dicere, quamque alii *basilicam Liberii* vocant, non tam quia Liberius papa illic ecclesiam ædificasset, uti commentatur Valesius, quam quia illam in ecclesiam convertit. Illa enim loquendi forma novum ædificium involvit, altera autem nequaquam ; et hoc factum fuisse patet ex actis Serotini laudatis Hugoni Mathoud. *Urbis nobilis viri*, *qui fuerunt ejus parentes et propinqui*, *construxerunt mirifico opere basilicam super eum pulchræ ædificatio iis, quam B. pontifex Potentianus postmodum ecclesiam consecravit in memoriam martyris*. Et videor hinc affirmare posse, Christianos in locis, ubi martyres sepulti erant, primo basilicas, tanquam ædificia publica sive privata fecisse, quia ejusmodi operibus urbem exornare licitum erat ; et easdem basilicas in ecclesias fuisse conversas postea, easque nomen habere ab ejusdem nominis operibus aliis, non autem hinc dici, quia Christo Regi cœlorum dicatæ sunt, uti nonnulli censent. Cum autem basilicæ Romanorum fuerint planæ, quemadmodum patet ex nummo Lepidi, qui inscribitur, ÆMILIA N. basilica, M. LEPIDUS REFECIT, et altero Trajani cum ins. S.: P. Q. R. OPTIMO. PR. BASILICA ULPIA, additis basilicarum illarum formis, nec non ex Vitruv. lib. v, cap. 1, aliisque auctoribus, eadem forma proculdubio fuerunt etiam Christianorum basilicæ ; potueruntque iis tecta fastigiata imponi, cum ex illis ecclesias facerent, ut ita Gentilium templa eorumque splendorem imitarentur.

IV. Quia Christiani vel in privatis ædibus, vel conventiculis a privatorum ædibus nequaquam diversis, exteriorem formam si species, convenerunt, et cum tempa Gentilium splendidissima forent, inde dicit Cæcilius, eos *templa nulla habere*. Opponuntur enim *templa et conventicula*; et ita nihil obstat, sive minus Christiani, cum hæc scriberentur, libere convenire potuerint ; nec necesse est Minucium ad Neronis vel Domitiani tempora referre. Sic Galerius apud Euseb. viii, 17, ea vocat οἴκους ἐν οἷς συνήγοντο ; et apud Lactant. cap. 48 *loca ad quæ convenire consueverant*; idemque Lactantius v, 11, Inst. Arnobius aliique *conventicula*. Atque templa et ecclesias opponunt frequenter Patres; et illa Gentilibus, has Christianis tribuunt, uti docuerunt eruditi.

V. Quæ laudantur imperatorum edicta, parum argumento inserviunt, quæque Maximiani, illa longo tempore postquam ecclesiam Senonensem conditam opinatur vir eruditus, condita et promulgata sunt ; et quidem illo, quo Christiani extra dubium ampla editaque ædificia, uti ex Lactantio patet, et forte etiam basilicas habuerunt.

Hæc mihi, vir amplissime, et in mentem venerunt ; et faciendum mihi esse putavi, ut ea tecum, utpote elegantioribus studiis valde dedito, communicarem. Valc. Hagæ-Com. 19. Nov. 1679.

PAULI BAUDRI NOTÆ
IN LIBRUM
DE MORTIBUS PERSECUTORUM.

PRÆFATIO.

Ecce tibi tandem, erudite lector, editionem novam libelli *De Mortibus Persecutorum*, quam testudineis passibus processisse non immerito mecum dixeris. Nam quamdiu est, cum incœpta est, parum interest scire; ac multa operis loca rem non tacent. Sed audacter dicam, vix cœperam, cum libens, si potuissem, paruissem consilio Horatii, *Nonum prematur in annum*. Neque hæc mihi tantum ratio erat, quod de primo ingenii partu ageretur, qui præ cæteris haud debeat temere in lucem promi : sed quod præterea observassem, arduum esse inchoare, tum et difficile, ne festinantibus varia excidant, quæ refingi melius possint per otium; ut vel ipse sæpius expertus sum in hujus editionis curriculo, urgentibus contra spem et voluntatem typographis. Accedebat maxime, quod in libro, quem pro virili parte illustrandum susceperamus, plurima hinc inde loca erant obscurissima, quæ, ut ejusmodi alia, comparare soleo tenebricosissimis illis specubus, in quibus qui ea subeunt, nihil primo cernunt : sed aliquid tandem plus minus vident, si diutius immorentur, et intentis oculis patienter dispiciant. Gloriari equidem nolim me, ita lente meditando, rem satis acu tetigisse, quod aiunt, seu, ut planius loquar, feliciter vidisse, quæ in tantis tenebris latitant. Apage sis. Perraro nobis tantum sumimus. Sed si non successit, et eapropter jure tritum illud frequentius usurpandum est :

Aut videt, aut vidisse putat per nubila lunam,

volebam omnino, studiose lector, tui meique gratia succedere; et si minus certa spes aderat prosperi eventus, utique propter Petri exemplum, qui, testante piissimo cursus comite Joanne (*in Evang. cap.* xx), plura intuitus est in Christi sepulchro, quam Joannes, qui præcucurrerat, nullum videbatur periculum esse in mora. Eo magis, quod sæpenumero, dum hanc editionem videbar abjecisse, incidere me contingeret aliud agendo (nam ad alia quoque, ne nescias, sæpiuscule, et, ut amici ex parte norunt, serio fuimus digressi), incidere, inquam, contingeret in improvisas Cæcilii narrationis confirmationes aut explicationes. Sed nimis moramur in veteribus rebus.

Aureum esse opusculum, ad quod tam multa, quæ hoc volumine continentur, scripta sunt, non omnes modo, qui scripsere, verum etiam qui legerunt, sine ulla propemodum exceptione sunt confessi. Quam jure autem, cum res, quæ gravissimæ, tum auctoris dictio, quæ fere tersam et elegans, loquuntur. Sed nobilis in præsentia præ cæteris omnibus testimoniis, quoniam scilicet uno complexu pleraque ad rem pertinentia attingit, præfatio editionis primæ Oxoniensis, quam idcirco paulo fusius describemus. « Exhibemus, inquit, Lactantii nostri librum de Mortibus persecutorum, auro contra æstimandum, quem per plus mille annos desideratum eruditissimi Baluzii studio nuperrime recepimus. Eumque male mutatum et lacunis sæpius hiulcum, partim ex nostris, partim doctissimorum virorum, episcopi Asaphensis, et Isaaci Vossii conjecturis subinde restituimus. Hujus tractatus interventu, tandem aliquando ab inveterato errore liberamur de S. Petri 25 annorum pontificatu. Insuper persecutionum in Ecclesia seriem et tempora distinguimus ; et fictitia martyria, quæ Diocletiano huc usque ante octavum ejus consulatum imputabantur, detergimus et explodimus. Demum imperii Romani statum, per feralia illa tempora fide historica enarrata, nunc primum obtinemus; et purpuram, quam sponte a tyrannis depositam vani credidimus, ægre, nec sine lacrymis dimissam intelligimus. » Ubi nunc reapse, præter aureum libri pretium et grave de pretio judicium, quæ dixeramus, ante omnia cernis, ut is Lactantio, politissimo sæculi tertii et quarti scriptori, adjudicatus rotunde fuerit a reverendissimo quondam Oxoniensi episcopo, Joanne Felles, præfationis auctore : tum quam misera olim et ad hæc propemodum tempora fuerit egregii fœtus conditio in plurimis; tertio porro, in quas tandem felices manus et medendi peritas pervenerit; ac postremo, quid eximii breviter contineat. Nos quod attinet, et quantum hic licet agere de rebus, de quibus alibi suis locis egimus, vel erit paulo post opportunius dicendum, credimus quidem, propter auctoritatem Hieronymi ad titulum laudatam, sed maxime propter indicem, quem in proprium usum cœpimus concinnare, vocum, phrasium, rerumque, quas hic auctor et Lactantius communes habent, non posse melius librum cuiquam ascribi, quam Lactantio ; nec audemus tamen ob alia, quæ ad eumdem titulum notavimus, rem securius extra omnem dubitationis aleam constituere. Sed quod ad errorem de diuturno illo S. Petri pontificatu memoratum modo ut veterem, et quo tandem errore liberati sumus subjecti operis interventu, operæ pretium est accipere, quid mihi novissime evenerit. Posuit totidem syllabis in *Chronologia* sua technica ad annum Christi 33 Dionysium vir magni laboris Philippus Labbeus, obscurantionis solis, de qua tres evangelistæ Matthæus, Marcus et Lucas meminerunt (*Matth.* xxvii, 45 ; *Marc.* xv, 33 ; *Luc.* xxvii, 44) contigisse die 3 aprilis illius anni, sicut locam asserentibus patebit; contenditque similiter disertissimis verbis in hac ipsa lucubratione clarissimus Toinardus, *Christum ære vulgaris* 33, *et quidem mensis Nisan die* 14, *sive mensis aprilis die* 3, *cruci fuisse affixum*. Ego vero nudius tertius, cum crederem valetudinem quam ante tres menses gravissimo morbo amisi, recuperari belle integram non posse, si utilis lectio adesset, cœpi quærere, quis veterum dictas tenebras cum tertio die aprilis, et emortuali simul Jesu Christi conjunxisset, utrum pseudo-Dionysius Areopagita ? vel illius annotator Maximus ? vel ejusdem paraphrastes Pachymeres ? vel libertus Hadriani Phlegon ? vel qui Phlegontem ea de re citarunt Eusebius et Philogonus ? vel qui illius Dionysii vitam scripserunt, Methodius et Metaphrastes ? ac sic de aliis omnibus, qui quocumque nomine in mentem et manus venire poterant. Sed quid plura ? quod unice quærebam, nusquam potui reperire hactenus ; et quod de primo Petri in urbem adventu quærebam, in martyrio Dionysii Areopagitæ per Methodium, aut, ut alii malunt, Methrodorum, contra spem, et secundum ipsam Petri Lansselii Jesuitæ interpretationem, sic inveni: « Anno, inquit, octavo et octingentesimo post natam Romam, cum imperium adeptus esset Nero Cæsar, quintus ab Augusto, B. Petrus apostolus cum aliis etiam apostolis missus, qui Evangelium universo orbi prædicaret. Is post multos annos prædicationis suæ, suprema urbe Roma occupata et delecta, ibi divinitus prædicandi munus accepit, ut quasi vertex et princeps sanctorum apostolorum in ordine muneris apostolici factus, primus Romæ in certaminibus, eorum quæ Christus perpessus erat, socius ac particeps fieret. Urbs enim illa, quemadmodum in magnis erroribus versabatur, sic majoribus remediis egebat, ut corrigetur; ut ubi gravissimus erat error, ibi etiam maxima gratia abundaret. Deinde tyrannus et impius Nero, qui se tyrannidi suæ terram et mare subacturum speraret, furore crudelitatis suæ, vique amentiæ in rabiem adactus, in Christi servos exarsit, ac *quarto decimo tyrannici imperii sui anno beatos Petrum et Paulum iniqua morte condemnavit.* » Qui certe locus, ut obiter sæpe alia alibi, non inexpectato tantum mirificeque confirmat, *apostolum Petrum Romam, cum jam Nero imperaret, advenisse,* ut inferius tradetur capite secundo: sed perspicue ostendit. potuisse nos carere hoc libello de mortibus persecutorum ad illam contrariam opinionem abjiciendam, cum jam eam Methodium secuti potuerimus damnare. Et vero si ex Methodio apostolus Petrus, imperante jam Nerone, ad prædicandum per totum orbem Evangelium cum cæteris apostolis missus est, et in urbe Roma anno tantum Neronis 14, post annuntiatam prius alibi per multos annos christianam veritatem capite plexus, quonam ille pacto potuit annos plures, quam circiter sex, aut septem, episcopum Romæ agere? Ad rem propius accedimus.

Plurimis placet, ut, cum forte novus aliquis liber Veterum, qualis nunc noster, ex unico, nec bene sano manuscripto codice imprimendus est, edatur per omnia sicut extat exaratus, ne cui vel ulla parte rei veritas occultetur, aut per publicatas in auctoris verbis mendarum et lacunarum loco lectiones minus liceat de novis cogitare; eventurum scilicet alias, uti totidem ferme litteris pronuntiavit Joannes Frider. Gronovius vir maximus (*in Observatis ad Ecclesiast. Scriptores*, cap. 8, pag. 72), ut signa ad salutem et veram auctoris manum idonea desint, futurumque nor raro, ut prioribus aliquorum conjecturis meliores nequeant ab aliis proponi. Illius verba sunt : « Etsi non laudem audaces conjecturas, quibus nonnulli veterem scripturam nimis transformaverunt, et membranis hærere tutissimum sit, tamen si quid illæ asperi, et scabri, et senticosi exhiberant, id non tam malo, quia Minucii esse certum habeam (agit quippe de Minucii Felicis dialogo contra Paganos), « quam quia ex eo, quod auctoris fuerit, facilius elici posse, non desperem. Non sunt enim codices antiqui sine mendis etiam prodigiosis; et præclare nobiscum agitur, cum signa ad salutem et veram auctoris manum satis plana sunt ac certa : reliquum mens divina, plurimumque doctrinæ studium, et percognita scriptoris indoles ac natura præstabunt. » Et quod continenter subjicit : « Atque in eo, quod nostrum est, evenit persæpe, fateor, ut fallamur, quicumque has litteras supra vulgum tractamus : sed et multa interim eruimus præclara; utque olim iniquas censoris alterius notas collega plerumque levabat, et adversus tribunum pro intercessione vim intentantem alius auxilio erat tribunus : ita si quæ male conciliaverimus, exoritur atque existit ex hoc ipso ordine, qui nostra peccata emendet. Denique tempus agit rem; quod hodie non est, cras erit : sic vita truditur. » Hæc, inquam, adeo non abstererre debent, ut Priscorum libri, nostro similes, cum cunctis suis vitiis bona fide repræsententur, ut palam sit, debere eo magis repræsentari. Nunc autem, quia eadem prorsus sentiebam, pulaveram, opusculum non po-

tuisse melius nostra cura communicari cum doctis viris, quam si proxime ad vetus exemplar cuderetur, revocatis ob eam rem in sua loca quibuscumque lectionibus, quas in notis primus et clarissimus editor Baluzius testaretur abjectas a se fuisse ut corruptas; neque enim aliter manuscriptum codicem, qui Parisiis servabatur, fas erat consulere. At quid moror? Tantum juris in alienum opus per litteras roganti concessum non est. Hinc tibi nunc ante omnia Parisiensem editionem puram putam, sicut primum prodiit, aut in iis solum, quæ Baluzius ipse mutavit, interpolatam, quantum ad auctoris contextum renovamus. Noli ergo, cum, verbi gratia, in libri fere limine pro scriptura manuscripti, *qui illustrati erant Deo, jacent*, excusum de integro reperies ex doctissimi viri correctione, *qui adversati erant Deo, jacent*, rem alio referre, quam quo diximus. Jam de notis.

Illarum, ut in toto opere videre est, infinitæ breviusculæ sunt, aut non saltem longiores, quam ut commode subjici possent *textui*, quem vocant. Contra vero aliæ, nec omnino paucæ, inveniebantur, quibus nequibat idem locus assignari, sive quod fusiores essent excursus philologici, sive quod, licet aliquam auctoris difficultatem pressius discuterent, ipsæ quoque prolixiores forent; sive denique quod ex singulis ejusmodi disquisitionibus, vel pluribus simul, facile esse videretur Cæcilianas dissertationes ad instar Cyprianicarum, et Dodwellianæ *de Ripa Striga*, in prolegomenis, ac præsertim in secunda libri parte conficere. Sed jam, ut id fieret, tria magna corpora, non probantibus viris gravissimis, nec probaturis etiam, opinor, auctoribus, qui viverent, discerpenda erant in partes ac particulas : notæ, dico, doctissimorum virorum Baluzii, Cuperi et Columbi. Quare mox, mutata sententia, singulas ut licuit integras (jam enim suas amplissimus Cuperus ab illis Columbi sejunxerat), imprimendas tradidimus typothetis, nimirum ut ex omnibus ac Dodwelli dissertatione *de Ripa Striga*, cunctisque similibus, quæ postea inveniri possent, et quales deinde revera prodierunt Parisiis, anno 1690, clarissimi Toinardi notæ in nostrum libellum, ac doctissimi Ruinarti præfatio in Acta martyrum *sincera*, sicut ait, et *selecta*, non solum posterior pars hujus editionis constaret, sed ad illam primo loco editam ea suo ordine debitaque ratione in priori tomo fierent, quæ Gallis singulari nomine dicuntur *des renvois*.

Neque vero nos tunc temporis ignorabamus, quanta inde talium seges postmodum oritura foret. Sed præter quam quod jam proposueramus, ne nimis esset arida, atu importuna, aliquid semper, si quis duretur locus, præmittere, unde et nonnunquam satis levia præmissa sunt, voluimus te cito ac facile, priorem operis partem legendo, posse, verbi gratia, simul legere, si liberet, aut res posceret, doctorum notas, quæ ad libelli seriem, vel ad eadem auctoris loca spectarent. Doctissimas porro observationes, quas hodie primum simul collectas edimus, non antiquum modo pretium commendat : sed hoc amplius superpondii de novo ad illas accedit, quod, ut vulgo evenit in secundis editionibus, suas magnopere doctissimi viri Baluzius, Cuperus, Toinardus, sive nova annotando, sve vetera reformando, sive denique aliter disponendo, prout conferentibus liquebit, adauxerint. Quinam enim tibi nunc cuncta melius indicaremus?

In alteram partem congessimus omnia quæ ad auctoris intelligentiam diversimode cogitata, vel facientia, contextui subjicienda supererant. Ea autem sunt, primo, quæ eruditissimi et antiquissimi pariter viri Joannes Georgius Grævius, illustris ille tot gravium et exquisitarum lucubrationum parens, ac Elias Bohereius, a quo eximia quoque in dies merito expectaveris, e proprio penu nobis flagitantibus deprompserunt : deinde, quæ a clarissimis Thoma Gale, Petro Allix, et Paulo Colomesio per Boherellum nostrum, dum adhuc in Anglia degeret benignissime impetrata, quin et maximam partem laboriose descripta accepimus : tertio, omnes notulæ, quas idem Colomesius sua quoque manu ex Vossiani exemplaris margine curiosissime expressit, et ad nos iterum pro sua benevolentia per eumdem amicum transmisit ; tum quæ aliunde serius ocius humanissimi Toinardi beneficio, aut bibliopolæ nostri opera, a doctissimis viris Jacobo Tollio, et Abbate a S. Hilario, canonico Bellovacensi, habuimus : denique, quidquid ipsi potuimus proprio marte, et ex jam editis aliorum laboribus conferre. Ac sane, cum inter illos, tam propter semetipsas, quam propter additas notas, anglicæ tres editiones nullo pacto prætereundæ forent, eminerentque itidem propter talia versiones duæ laudatissimæ, una Gallica clarissimi Maucroixii. canonici Rhemensis, et altera anglica Gisberti Burneti, reverendissimi hodie episcopi Sarisberiensis, quin et postremo eruditissimæ Dodwelli dissertationes Cyprianicæ, necnon doctissima Pagii Critica in Annales Baronii, plurima haberent, quæ ad certa sequentis opusculi loca commodissime referrentur, quid aliud tibi, obsecro, in hujus generis libro erat expectandum, quam ut identidem ea opera laudari, aut describi cerneres? Ad alia, quæ restant, festinamus. A nobis, non diffitemur, editæ sunt inconsultis prorsus clarissimis auctoribus, dissertatio de Ripa Striga, præfatio in Acta martyrum, atque singula insuper, quæ tot locis ex Dodwello et Pagio excerpsimus. Sed ne multis, quæ jam antea facta fuerant separatim juris publici, et ad rem nostram quovis pacto spectabant, nullatenus iniquum, aut inurbanum putavimus, etiam insciis, qui vulgaverant, recudere et adunare, licet interdum viros doctos non leviter inter se commissura sint ; ita enim melius aliquando ubi veritas lateat pateatve apparitum. Nec tacendum duco, primarium recudendæ præfationis auctorem fuisse amplissimum Cuperum, qui inopinantem typographum de ea re ad majorem veri disquisitionem monuerit. Atque nos quidem titulum illi *de Multitudine martyrum* pene imposuimus, præcipue quod (ob supprimenda studio suis locis nonnulla, in quibus Ruinartus singulariter rationem reddidit novissimæ suæ editionis Actorum Martyrum) superfutura essent tantummodo, quæ ad multitudinem martyrum totis viribus asserendam facerent. Sed ne forte videretur illius præfationis ratio temere a nobis interpolata, vetus titulus servatus est, nec aliud quidquam, sancte possum dicere, ex toto opere abjectum, quam dura illa inter eruditos, et ut minimum, inter utriusque partis homines controversia, *hæretici* appellatio, qua Ruinartus aliquoties voluit adversarium infamare, et pro qua nos humanius certissimam, nec invisam *doctissimi* nuncupationem substituimus, aut aliquid tale. Accipe nunc in hunc modum cum nobili vetustissimi ecclesiæ Patris monumento amplissimam omnium collectionem, quæ ad illud quomodocumque pertinebant; et si minus diligentiam aliquam in ea re, propter tantas procrastinationes quæ intervenerunt, memorandam esse existimas, audi saltem amplius, quanta fide suum cuique tributum voluerimus. Primum omnium, cum primæ partis animadversiones, quas ab aliis accepimus, non omnes simul in nostras manus venerint, sed quædam citius, quædam tardius, priores passim priori loco, nisi casu posteriorum censuræ essent, collocavimus. Postea, singula quæ undecumque describenda erant, tanta cura descripsimus, ut ne ipsos quidem ablativorum circumflexos et adverbiorum graves omiserimus, quoties adhibitos fuisse vidimus a doctis; nullos vero addiderimus, quoties contra ab illis cum Jo. Frid. Gronovio (*In Observatis ad Eccles. Scriptor. cap.* 14, *p.* 152 *et seq.*) elementariis, vel pueris, vel etiam senibus relicti fuerant; servata nimirum unicuique sua scribendi methodo, etiamsi ex ista accuratione duo plerumque diversissima scripturæ genera, prorsusque insociabilia in hoc libro conspicienda forent. Postea rursum, studiose quoque

auctorum nomina suis notis, cum licuit, subjunximus. Ac denique, quoniam ex nulla trium anglicarum editionum sat perspicue patebat, quos potius parentos notulæ, quæ plerisque omnibus paginis subjectæ sunt, agnoscerent, editiones ipsas pro notularum parentibus nominavimus. Tanto magis, quod licet in priore Oxoniensi, quæ cæterarum Anglicarum mater est, reverendissimus præfationis auctor antea nominatus simpliciter scripserit, *sese Lactantii librum de Mortibus persecutorum, utpote male mulctatum, et lacunis sæpius hiulcum, partim ex suis, partim doctissimorum virorum episcopi Asaphensis, et Isaaci Vossii, conjecturis subinde restituisse*, haud solum v. g. non suas accurate distinxerit a Vossianis, sed Sparkianas aliquot, ut facile esset probare, præter omnem expectationem admiscuerit; quin et complures, ut legitima mihi suspicio, Galeanas, cum non paucas in Galei apographo, quo nos vir clarissimus per Boherellum nostrum beavit, haud aliter deletas invenerimus, quam ut sua quisque solet damnare. Adde Cantabrigiensem editionem, etsi plures ei insint notulæ quam duabus Oxoniensibus, anonymi utique esse editoris, seu ἀδέσποτον.

De cætero, scio nos, quantacumque fuerit religio nostra in istis, parum proculdubio religiosos visum iri in locis, ubi toties Cæcilii verba suspecta reddere tentavimus, vel aliorum conjecturas ac sententias, prolatis confirmatisque pro virili nostris, in dubium vocare et evertere. Sed verbo dixero ; ut in religione, primorum Christianorum exemplo, *religiosi crucis non sumus* (1) : ita nec crucium in auctoribus; et ut iterum in religione veritatem supra omnia sectamur : sic quoque semper in rebus criticis et scientiis. Imitare tu, vel nostri laboris dispendio, si peccavimus. Nec enim nostra nobis ipsis oracula sunt, et uni omnes veritati debemus litare : atque ut sæpius nosmet libere et candide, occasione data, in mauseo reprehendimus : ita per alios ab erroneo tramite in viam reduci, si candor et ratio benigne adsint, libentissime patimur, et magnopere gaudemus. Quin confide, si, allata modo potiori auctoritate vel ratione, cur hic aut illic aberraverim ostenderis, te tantam a me gratiam initurum, quantam a te initam vellem, si vel propter solas doctorum notas, quas tanto numero partim recentes, partim veteres collegimus, et jam nunc demum vulgavimus, feliciter tibi tutoque ab omni parte esset exclamandum :

Unus homo nobis cunctando restituit rem.

Sed quam verendum, quantumcumque æstimandæ sint, ut id operis, ni novi suppetant mss. codices, possit perfici ! Vale ; ac dum melius, spero, molimur, animos adde, si potes. Nam ut nonnulla, quorum ratio divinatu facilis, non præloquimur : ita nec omnia nostra, denuo dicam, valde commendabilia esse volumus ; et amabimus semper, quæ meliora videbimus et probabimus, sequi. Nostris porro, quod pene exciderat, notulis longioribusve animadversionibus, nomen nostrum non subjungimus. Sed vulgo figura crucis præfixa ; eam enim typographi plurimis locis omiserunt.

Viro perillustri atque reverendissimo D. Emmanueli a Schelstrate, *Eccl. D. Petri canonico, et Vaticanæ bibliothecæ primo custodi*, Jacobus Tollius S.

Laudem, quæ præclaris studiis tuis atque consummatissimæ in Eccles. Historia eruditioni, vir perillustris ac reverendissime, debetur, in commodiora tempora occasionemque aptiorem differam. Nunc paucis animum tantum meum ostendam tuorum memorem meritorum. Plurimum enim tuæ me debere candidissimæ humanitati ac benevolentiæ lubens profiteor : dolere vero maximopere, quod nec tibi,

(1) Vid. Tertullian. in Apolg. cap. 16. Tertull. *non dicit christianos religiosos crucis non esse, dicit tales eos putari* (qui crucis nos religiosos putat), *nec refellit, sed explicat.*

nec amicis cæteris, quorum cumulatissimum animi in me propensi affectum it nere meo Italico expertus sum, meritissimas, ac tantas, quantas cupio, referre gratias non liceat. Sed de his post videro. Tuo vero nomini, vir perillustris ac reverendissime, hoc, quidquid est, mearum in Lactantium de Mortibus persecutorum notularum, inscriptum volui: tametsi vix dignæ illæ sunt, quæ conspectum tuum subeant. Sunt enim opera tumultuaria raptim et absque libris in gratiam amici bibliopolæ breviter conscriptæ. Veruntamen placituras credo, quia meæ sunt. Me enim amas: quod ut perpetuum facias, rogo. Vale. Dabam Amstelodami, anno 1688, postrid. kal. decembris.

PAULI BAUDRI NOTÆ [1]

Lucii Cæcilii. Paulo aliter ms. codex Colbertinus. Neque enim ille *Cæcilii* per *æ*, quod Columbus perperam ponebat, sed *Cecilii* cum *e* simplici, ut monuit disertis verbis clarissimus Baluzius, oculatus testis. Atque ita nos in prima hujus editionis pagina, et ab hac deinceps in istis notis, partim curiosæ cujusdam simplicitatis gratia, partim quo melius possint, qui volent, hoc opus Lactantio abjudicare; partim denique, quod *Cecilii* scriptura per *e* simplex, quam vetus membrana suggerit, haud ea sit forsan, ex qua *Cæcilii* per diphtongum debeat cudi.

Longino certe rhetor ille, qui primus περὶ ὕψους scripsit, vocatur perpetuo Κεκίλιος, non Καικίλιος; et singulis locis, quæ plurima sunt, latinus illorum interpres, quem clarissimus Tanaquillus Faber, vir olim, si quisquam alius, emunctæ naris, cæteris tralatoribus præferebat, diligenter *Cecilium* sine diphthongo reddidit, non *Cæcilium* per primam diphthongum. Et, quo magis urgeam, apud Dionem Cassium, lib. xlii, Κεκίλιος ὁ Μάρκος illi quoque prætori Romano nomen est, qui primus omnium τοῖς τοῦ Καίσαρος, ut loquitur, resistere ausus, non autem, Καικίλιος; quamquam ibi loci, semperque alibi, καίσαρος scripserit a Romanorum *Cæsare*, non Κέσαρος; itemque haud semel Αἰμίλιος, ab eorumdem *Æmilio*, non Ἐμίλιος, et Αἴλιος, ab eorumdem *Ælio*, non Ἔλιος. Imo, quod præcipuum, *Ceciliam Prognen*, *Cecilium Dexterum*, *Cecilium Saturum*, *Cecilium Felicem*, *Quintum Cecitium*, in ipsis Romanorum lapidibus sine diphthongo reperies apud Gruterum in inscriptionibus. Utcumque sit, neutrum scribendi modum anonymus editor Cantabrigiensis secutus est: sed utrumque in *Cœlii*, aliquanto, opinor, confidentius mutavit: quod ideo dico, quia e duobus mss. codicibus, iisque non vulgaribus, qui Baluzio pridem laudati fuerant, patet haud insolens esse, ut Lactantius *Cæcilius* vocetur, non *Cœlius*.

Firmiani Lactantii. Ita editio Latina Paris., Oxon. et Aboensis, cum una atque altera tralatione. Sed omnes tandem, ni paulo liberius et incautius, saltem ex meris conjecturis. *In veteri enim codice*, inquit Baluzius, *ita simpliciter conceptus est titulus istius operis: Lucii Cecilii incipit liber ad Donatum confessorem de Mortibus Persecutorum*. Quam Lectionem si in fronte hujus quoque paginæ non vides, scito nos jam primogenitam, ut sic loquar, Baluzii editionem summa fide repræsentare, aut quam utique in iis tantum quæ ipse mutasset, cupiebat nobis interpolari. At nulla nobis, quod ad titulam, mutatio a viro docto missa. Et veterem illum Colbertinæ schedæ quod spectat, habuisti superius a nobis, ubi licuit, ne in malas oras prorsus ablegaretur. Vide nunc Columbum, col. 389, sed multo magis Baluzium, col. 500, qui varia doctissime de Lactantio ipso, de ejus patria et similibus tradit.

Ad Donatum confessorem. De quo plura cap. hujus libri xvi, ed. Oxon et Cant. Recte. Sed plura adhuc cap. 35 et 52. Vide quoque supra Baluzium, col. 501, et Columb., col. 388. Imo faciunt hujus Donati ante et post redditam Ecclesiæ pacem pietas, simulque Columbi ad istam tituli particulam observatio, ne hinc etiamnum discedamus. Nam, *Hodie sane*, quod Columbus monebat, *Pontifici romano addicti, confessores vocant nullis quidem persecutionum turbinibus agitatos, præ reliquis tamen mortalibus, ut isti autumant, vitæ sanctitate conspicuos*. Sed, quod tacuit vir doctus, vexatos illos veteris ævi confessores ejusdem ætatis Ecclesia non minore sanctitate cum *in acie*, tum *in pace*, volebat esse præditos; ipsisque ea de causa coronas, *vel ex opere candidas, vel ex passione virtutisque consummatione purpureas* obtinendas proponebat. Sciunt qui Cyprianum legerunt, quo respiciam; et verba ipsa beati martyris suo deinceps commodiore loco describentur. Interim, fuisse Donatum nostrum, dum in fide Christi viveret, unum e sanctioribus Ecclesiæ confessoribus, clamant ipsummet Opusculi initium et finis. Principium enim est: *Audivit Dominus orationes tuas, Donate charissime, quas in conspectu ejus per omnes horas tota die fundis*: clausula vero ferme extrema, *Tu præcipuo, Donate charissime, qui a Deo mereris audiri, Dominum deprecare*.

De cætero, confessores, si Beckius ad Ecclesiæ Germanicæ martyrologium esset audiendus, fuere proprie per ea tempora Christiani, *qui interrogati a judice, Christum confessi erant; neque tamen vel carceres, vel tormenta, nedum ipsum supplicium mortis senserant, a sola sua igitur Jesu Christi confessione confessores vocati*. Sed hæc nimis καθόλου dicta; adeoque falli primo de carceribus virum doctum, manifeste ostendit caput 35 istius operis, ubi noster: *Tunc apertis carceribus, Donate charissime, cum cæteris confessoribus e custodia liberatus es, cum tibi carcer sex annis pro domicilio fuerit*. In enim plura, si nulle aliunde suppeterent auctoritates, confessores nonnunquam in custodiam conjectos. Deinde vero de tormentis quoque errasse pari de causa Beckium, apparet rursus ex istis hujus auctoris verbis: *Verum quid opus est illa narrare? præcipue tibi, Donate charissime, qui præter cæteros tempestatem turbidæ persecutionis expertus es... Novies enim tormentis cruciatibusque variis subjectus, novies adversarium gloriosa confessione vicisti... Nihil adversus te verbera, nihil ungulæ, nihil ignis, nihil ferrum, nihil varia tormentorum genera valuerunt*. Cave igitur *confessorem* vel *confessores*, quando in veterum libris nominantur, aliter accipias, quam variæ rerum, temporum et personarum περιστάσεις requirunt. Maxime cum præter tria priscorum confessorum genera, quæ ex antedictis colligere facile est, primum nempe *simpliciter interrogatorum*, secundum *conjectorum in carceres*, tertium *tormentis vexatorum*, duos insuper eorumdem ordines Cyprianicæ epistolæ nobis commodum in memoriam revocent. Unum illorum quibus, quod in Christi confessione perstarent, exilii pœna solemniter indicta et inflicta fuerit a judicibus; uti nuperrime in nostra patria tot fortissimis fratribus nostris, seu Christi divini præconibus [1], sive aliis. *Exulto lætus et gratulor, fortissimi ac beatissimi fratres, cognita fide ac virtute vestra, in quibus mater Ecclesia gloriatur, gloriata et nuper quidem, cum confessione perstante suscepta pœna*

---

(1) Animadvertendum est Paulum Baudri, cujus sunt hæ notæ, ad reformatorum religionem pertinuisse, ac proinde loca Scripturæ Sacræ juxta reformatorum versiones citavisse.

(1) Seu potius persecutoribus, saltem in Eucharistia.

est, quæ confessores Christi fecit extorres, Cypr., ep. 9. Alterum vero eorum, qui non a judicibus quidem, sed a Deo tentati et probati, hoc est, ad id per divinam providentiam adducti, ut privatim et coram Deo deliberandum haberent, suane desererent, an Dominum, Dominum sequi et sua relinquere malebant. *Sæculo renuntiaveramus, cum baptizati sumus : sed nunc vere renuntiavimus sæculo, quando tentati et probati a Deo, nostra omnia relinquentes, Dominum secuti sumus, et fide ac timore ejus stamus et vivimus*, Cypr., ep. 7, e secessu data, quem ipse sibi, quo se simili pacto persecutioni subduceret, elegerat.

De mortibus persecutorum. En summo cunctarum editionum cum ms. codice consensu quale sit hujus libri argumentum. Nisi quod in Aboensi, p. 78, Columbus ita ad suas notas descendat: *Incipiunt notæ in L. Cœl. Lact. Firm. librum de Persecutione, seu de Mortibus Persecutorum*, respiciens nempe ad illa Hieronymi, Freculphi et aliorum loca, ubi scriptum esse a Lactantio, *De Persecutione librum unum* legimus; unde statim Columbus cæteraque doctorum turba colligere non dubitavit, hujus titulum etiam pridem fuisse simpliciter *De Persecutione*, nec posse igitur hoc quoque argumento opus ipsum alii cuiquam legitime tribui, quam Lactantio; sed infirmum satis præsidium. Non omnis liber *De Persecutione* continuo liber est *De Mortibus Persecutorum*. Ille, v. gr. Tertulliani, quem idem et in eodem opere Hieronymus tanquam *De Persecutione* inscriptum laudabat ne γρῦ quidem *de Persecutorum Mortibus* disserit, sed ex professo *De Fuga in persecutione*, qui et hodiernus libri titulus, et unicus. Quare, stricte loquendo, nil prohibeat, quominus *Lactantii liber de Persecutione* paulo post ab eodem Hieronymo commemoratus, vel *De Fuga* quoque *in persecutione* cum Tertulliano tractaverit; vel *De Causis persecutionum*, aut si quæ alia hujus generis in mentem venire possunt : minime autem de illorum obitu, qui Ecclesiam christianam ad Constantinum usque fuerint persecuti. Absit nihilominus, ut ex istis conjecturis ullam velim egregie asserendam suscipere, nedum ut de singulis cogitem. Disputo tantum, non esse in Hieronymi et aliorum verbis, *Habemus* (*Lactantii*) *De Persecutione librum unum*, unde liquido eruditi ostendant quod volunt de genuino hujus libri auctore. Alias enim, sicut eum fuisse Lactantium haud invili concedimus : ita pariter duplicem fuisse apud Veteres libelli titulum, non ausimus negare. Unum scilicet, *De Mortibus Persecutorum*, quoniam qua ratione plerique ex primævæ Ecclesiæ persecutoribus vitam finierint, tetigit, Alterum vero, *De Persecutione*, ob persecutionem illam, ut ita dicam, κατ' ἐξοχήν, seu decennalem, de qua præ cæteris omnibus disserere studuit, quamque adeo a capite 20 usque ad 52, seu ultimum, narratam videre est; quin et postremo illo capite perstrictam his verbis: *Victoriam Domini cum laudibus frequentemus, diurnis nocturnisque precibus celebremus, ut pacem post annos decem plebi suæ datam confirmet in sæculum*. Vel potius, *De Persecutione*, id est, de variis persecutionibus in priores Christianos usque ad auctoris tempora exortis : eo modo, quo *de Consolatione* apud Senecam plus semel, simili loco, pariterque *de Consolatione philosophiæ* apud Severinum Boetium, et *de Fuga in persecutione* apud Tertullianum, aptissime *De consolationibus*, et *De fuga in persecutionibus*, exponi queunt.

Quidquid sit, docent plurimis exemplis Balnzius, col. 301., Cuparus, col. 471, et Columbus, col. 590 quam eleganter, et meliorum auctorum imitatione, noster in priore titulo posuerit *De mortibus*, numero multitudinis. Sed quod viri doctissimi observare, ni fallor, obliti sunt, dixere simili pacto Græci εἶκος θανάτους, *viginti mortes; θανάτους ἀλλοκότους, mortes absurdas*; ἐν θανάτοις πολλάκις, *in mortibus sæpius*; Hebræi autem מְמוֹתֵי הֲרוּגִים, ad verbum, *mortes ægrotationum*, id est, *ægerrimas*. Plane ut alibi Græcos in contrariæ significationis vocabulo βίους, Latinos vero *vitas* usurpasse certum est.

CAPUT PRIMUM.

Audivit Dominus orationes tuas. Constans erat veterum Christianorum opinio, imo certissima persuasio, quidquid confessores et martyrii candidati a Deo petiissent, impetratum iri. Hinc noster ex remo hoc libro, *Tu præcipue, Donate charissime, qui a Deo mereris audiri*. Ergo et Lapsi, atiique, iis deprecatoribus utebantur : qua de re inter epistolas Cypriani nonnullæ extant notabiles, et in Historia Ecclesiastica complura occurrunt exempla. Quod ad phrasin, eodem modo incipit et Horatius ad Lycen :

Audivere, Lyce, dii mea vota, dii
Audivere, Lyce;

estque ea inter animi exultantis charactères referenda, cujus gaudium plenissime exprimit. TOLLIUS.— *Aud. Dom. orat. tuas*. Loquendi genus haud dubie e medio petitum. Vel, si mavis, e tota veteri vulgata. Cur enim potius ex isto Machabæorum commate, *Exaudiat* (*Deus*) *orationes vestras, et reconcilietur vobis*, quod Columbus suspicabatur, quam ex infinitis ejusmodi locutionibus, quibus sacri codices referti sunt? puta ex ista, *Longe est Dominus ab impiis, et orationes justorum exaudiet*, Prov. xv, 29. Imo, quam e Psalmo nominatim cv. comm. 44, ubi in fine, per omnia ferme uti hic, *Audivit* (*Dominus*) *orationem eorum*? Quod autem modo vir clarissimus de Lapsis ponebat, illos usos fuisse efficacissime confessoribus tanquam deprecatoribus apud Deum, et esse in eam rem notabiles aliquot epistolas inter Cyprianicas ; favent ei admodum, non nego, vigesima secunda, decima tertia, et decima quarta editionis Pamelianæ.

Prima quidem, quoniam in ea confessor Lucianus de pace omnibus lapsis ex martyris Pauli præcepto data ad Celerinum scribens, *Omnes*, ait, *quos Dominus in tanta tribulatione accessire dignatus est, universi ex compacto universis pacem dimisimus*.

Altera autem, quoniam pariter in illa secundum meliores Cypriani editiones, Cyprianus ipse, post hunc titulum, *Ad Clerum de lapsis et catechumenis, ne vacui communione exeant*. *Occurrendum est*, inquit, *fratribus nostris, de lapsis loquens, ut qui libellos a martyribus acceperunt, et prærogativa eorum apud Deum adjuvari possunt*....

Postrema vero, quatenus in ea quoque Cyprianus, quin et in totidem fere verba desinens, rescribensque ad Clerum de eis qui ad pacem festinabant, *Quoniam significastis*, ait, *quosdam immoderatos esse, et communicationem accipiendam festinanter urgere, et desiderastis in hac re formam a me vobis dari, satis plene scripsisse me ad hanc rem proximis litteris ad vos factis credo; ut qui libellum a martyribus acceperunt, et auxilio eorum adjuvari apud Dominum in delictis suis possunt*.... Sed ut brevis sim, videant tamen sedulo eruditi, astipulenturne reapse Tollio ultima duo Cypriani loca, an tantum in speciem. Multa enim sunt ob quæ rectius, ni fallor, in utroque *adjuvari poscunt* legatur, quam *adjuvari possunt*, sicut paulo ante *desiderastis dari*, et infra, *petierant dari*, *postulastis dari*; quod mox patebit. Agit certe Cyprianus de quibusdam lapsis, qui non modo libellos a martyribus acceperant, sed *immoderati erant*, *et communicationem festinanter urgebant*, seu *ad pacem festinabant*, ut loquitur epistolæ titulus; de quibusque adeo vix aliud quidquam statuendum videatur, quam quod suggerimus, hoc est, eos sibi epistolas a martyribus vel confessoribus post perfidiæ suæ facinora omni arte serius ocius comparare, statimque flagitasse importune ab episcopis, aut aliis Ecclesiæ et reconciliationis divinæ ministris, ad quos illæ dabantur epistolæ, ut auxilio martyrum confessorumve, qui eas scripserant, *juvarentur apud Dominum in delictis suis*; id est, ut sibi eorum precibus abnegatio sua condonaretur, et ad sanctam simul eucharistiam fideliumque pacem admitterentur, venturi etiam cum ea pace suo tempore ad Dominum. Hoc ergo primum omnium dispiciat erudita doctorum cohors.

Deinde vero, si nostras forte minus probaverit emendationes, caveant nihilo secius quibus Cypriani lectio non multum familiaris est, ne Tollii verba simpliciter intelligant ut sonant; hoc est, quasi lapsi quidem usi sint apud Deum confessoribus tanquam deprecatoribus, sed non pariter apud Ecclesiæ præfectos. Nam lapsi ad confessores quoque recurrebant, ut apud hos juvarentur. Nec confessores Deum unice lapsorum causa deprecabantur, sed sacrosetiam Ecclesiæ et pœnitentiæ προεστῶτας. Hinc in Cypriani epistola ad martyres et confessores, qui lapsis petierant pacem dari (is enim titulus undecimæ in editione Pameliana) *Cum vos*, inquit, *ad me litteras direxeritis, quibus examinari desideria vestra, et quibusdam lapsis pacem dari postulastis*. Et rursum in 13 quam modo, ut ad Clerum de lapsis et catechumenis, ne vacui communione exirent, conscriptam laudavimus, *Quoniam*, inquit, *video facultatem veniendi ad vos nondum esse... occurrendum puto fratribus nostris.... ut manu eis in pœnitentiam imposita, veniant ad Dominum cum pace, quam dari martyres litteris ad nos factis desideraverunt*. Imo, memoratus supra Lucianus suam ad Celerinum epistolam claudens, *Ideo*, ait, *frater, peto, ut sicut hic, cum Dominus cœperit ipsi Ecclesiæ pacem dare, secundum præceptum Pauli, et nostram tractatum exposita causa apud episcopum, et facta exomologesi (Numeria et Candida), habeant pacem, nec tantum hæ, sed et quas scis ad animum nostrum pertinere*; non obscure orans, ut quam jam ipse pacem cum reliquo confessorum cœtu Numeriæ et Candidæ dedisset, Celerinus ratam faceret; intercedentibus itaque quondam, quoties per tempus licebat, et ne in Ecclesiæ jura viderentur ultro invadere, confessoribus apud episcopos, etiam cum pax lapsis a confessoribus fuerat dimissa; quod notandum.

Donate charissime. Ita noster, qu ioties hunc Donatum compellat in hoc libro, quod quater facit. Confer cap. 16, 35 et 52. Nec obliviscere ita quoque compellari a Lactantio, capite 22 De Ira Dei, Donatum illum, cui id operis nuncupavit. Hoc enim Lactantium hujus auctorem esse, inter cætera suadere potest.

Qui gloriosa confessione sempiternam sibi coronam pro fidei suæ meritis quæsierunt. Huc pertinent ultima verba Lactantii Epitomes, *ut possit Deo judice pro virtutis suæ meritis, vel coronam fidei, vel præmium immortalitatis adipisci*. GALE.

Gloriosa confessione. Non inoco vera ad confessores gloria ex illa animi fortitudine, qua intentata lahefaciandæ constantiæ suæ tormenta contemnebant, redibat: sed et inar is ac humana a nonnullis captabatur, quæ in Proteo salse a Luciano deridetur. Eadem voce utitur noster capite 16: *Novies adversarium gloriosa confessione vicisti*. Opponitur autem *gloriosa confessioni* illi, quæ magno animi impetu et ardore, sed inconsulto ac temerario suscepta, postea in tormentis deficiebat. Unde *lapsorum* triste in Ecclesia prisca nomen, nec Origenis ignobile exemplum est. Sed et ideo *gloriosa* dicta videri possit, quod ea Θεὸς ἐδοξάζετο, uti est apud S. Joannem, Evang. cap. XXI, 19. TOLLIUS.

Firmat sane ultimam expositionem Tertullianica ista interrogatio: *Quomodo martyria fieri possent in gloriam Domini, si tributo licentiam sectæ compensaremus?* Ne et hanc quoque novæ prophetiæ hortationem ex eodem Tertulliano adducam: *Nolite in lectulis, nec in abortibus, et febribus mollibus, optare exire, sed in martyriis, uti glorificetur qui est passus pro vobis*. Sed, ut quod res est dica n, vereor valde in Cecilii loculo, *qui sempiternam sibi coronam quæsierunt*, signifcet *confessionem* Deo *gloriosam*, ac non potius, ipsismet *confessoribus*. Mihi saltem posterior sensus magis probatur. Atque ita, meo iterum judicio, noster infra, cap. 16, quin et Sulpicius Severus lib. II Hist. Sacræ

A his verbis: *Qua tempestate omnis fere sacro martyrum cruore orbis infectus est: quippe certatim gloriosa in certamina ruebatur, multoque avidius tum martyria gloriosis mortibus quærebantur, quàm nunc episcopatus pravis ambitionibus appetuntur*. Quod et ideo exemplum præ sexcentis aliis afferre visum est, quia *tempestas qua*, secundum Sulpicium Severum, *certatim in gloriosa certamina ruebatur, et martyria gloriosis mortibus quærebantur*, ea ipsa est de qua hic, *Audivit Dominus orationes tuas, Donate charissime, cœterorumque fratrum nostrorum qui gloriosa confessione, et quæ deinceps*: cum ista vere ad decennalem Diocletiani persecutionem recens finitam pertineant, et ante allata Sulpitii verba, proxime apud auctorem legatur: *Post (Valerianum) interjectis annis fere quinquaginta, Diocletiano et Maximiano imperantibus, acerbissima persecutio exorta, quæ per 10 continuos annos plebem Dei depopulata est*: ut sint palam ejusdem temporis simulque significationis, Cecilio nostro ac Sulpitio Severo, *gloriosa confessio, gloriosæ mortes, gloriosa certamina*, de quibus hic, aut ille, suis locis.

Pro fidei suæ meritis. Columbus, col. 390, omnem plane meriti rationem conatur ab hujus loci sententia removere. Quam recte autem, discutiemus, Deo dante, alibi, et fuse; quandoquidem ad aliquot Veterum doctrinam de bonorum operum mercede et meritis bona fide intelligendam, verba hæc, cum cæteris quibus cum cohærent, vere insignia sunt.

Quæsierunt. Ed. Oxon. et Cant. *quæsiverunt*. Sed non opus fuit mutatione. Manuscripti codicis scriptura ipsa quoque recta est. Lactantius de Vita Beata, cap. 14: *Non immortalitatem sibi, sed mortem peccatis ac libidinibus quæsierunt*; et similiter *quæsieris, quæsierat, quæstisse*, apud idoneos auctores occurrunt, et noster infra, denuo cum ipsis *quæsisset*. Quoad sensum, Reverendi episcopi, Sarisberiensis versio est, *who have acquired to themselves*, ad verbum, *qui sibi acquisiverunt*. Optime. Non enim Cecilius, *qui... sibi... quærunt*, tempore præsenti, ut de confessoribus *adhuc*

C quærentibus in mentem nobis venire oporteat: sed, *qui... sibi... quæsierunt*, tempore præterito, ut de iis solum deceat cogitare, qui *olim quæsiverunt, nec amplius quærebant*; hoc est, qui jam quod *quæsierant, acquisiverunt*, quoad jus saltem. Et non esse præter hujus auctoris morem, *quærendi* verbum in *acquirendi* significatione adhibere, testatur caput 18, ubi de Diocletiano: *Ille vero aiebat ei indecens (fore) si post tantam sublimis fastigii claritatem in humilis vitæ tenebras decidisset, et minus tutum, quod in tam longo imperio multorum sibi odia quæsisset*. Manifeste, pro *acquisivisset*, uti suo loco confirmabimus.

Addetur. Legendum forte, *arcetur*. Vide sub finem, *Impetus diaboli a populo suo arceat*. Eodem modo hic, *arcetur adversarius*; id est, *diabolus*. Ita Boherellus noster, vir nullo non præclaro elogio dignus, omniumque adeo cum doctorum, tum bonorum, quibus notus est, deliciæ.

Additur his omnibus adversarius. Non potest hoc de

D paganis dici, quorum nulla facta mentio: verum ad orationes referendum est Donati et aliorum fratrum, quibus auditis additur a Deo adversarius, id est, diabolus divina gratia cœrcetur, et ipsorum precibus devictus. Malim tamen hic legere, *Ecce deditur*, vel *traditur, his omnibus adversarius*. TOLLIUS.

Ecce addetur his omnibus adversarius. Credam legendum, *Ecce deturbatis his omnibus adversariis*: ALLIX.

Ecce addetur. Corrige, *Excidetur*, id est, destruetur. Ea voce sic alibi utitur Lactantius. GALE.

Quod de paganis generatim observat vir doctus, nullam factam esse eorum mentionem in toto antecedente libri contextu, ita speciatim de Persecutoribus verum est; ut ne in libri quidem titulo, qualem apud Hieronymum reperiri putart, vel tantillum nominentur, quem supra nempe vidimus esse simpliciter, *De Persecutione*; quare nolum ad eos hoc loco respici ab eruditis. Agitur proculdubio de precibus Donati ejusque similium. Nec quidquam probabilius, quam hunc auctorem ab exauditis frequentissimis eorum orationibus semel exorsum, *Audivit Dominus orationes tuas*, etc., voluisse statim ostendere, quibus illæ in rebus fuissent exauditæ, *Ecce his omnibus adversarius*... Utinam solum exemplo aliquo Tollius ostendisset, τὸ *addi*, seu *addi adversarium*, sumi posse pro *coerceri* et *devinci !* Nam quia nullum attulit, omnino non possumus, quin cum eo de ista interpretatione diffidamus.

Addetur. Hæc est ms. codicis lectio, quam secutæ sunt editiones omnes latinæ, excepta Aboensi, ubi, mutato seu de industria seu fortuitu tempore, *additur*, pro *addetur*, tam hic, quam in notis excusum reperimus. Sed utrumque haud dubie consulto factum. Nam Columbi explicatio congruit : *Additur*, inquit, *id est*, *apponitur*. Nec aliter modo Tollius et Boherellus, sua quisque ratione, per præsens, quamvis indicta quoque causa, legebant. Prior scilicet *additur*, vel *deditur*, vel *traditur*; posterior vero *arcetur*. Laudo, ipsasque etiam tralationes, quæ per præteritum converterunt. Nam cum libri initium sit, *Audivit Dominus orationes tuas*, eo ipso debuit multo potius afferri continenter ab auctore exemplum præsens vel præteritum istius exauditionis, *Ecce additur*, aut aliquid tale, quam exemplum ejusdem rei futurum atque incertum, *Ecce addetur*. Et præterea si ad ea quoque, quæ proxime sequuntur, respicimus, proxime sequentia sunt, *et Ecclesia rursum exurgit*, non *exurget*; itemque, *et majore gloria templum Dei fabricatur*, non *fabricabitur*: quæ ambo haud minori indicio sunt, adhibitum fuisse in principio periodi verbum quodpiam præsentis temporis, non futuri; præsentis igitur verbum libentissime prætulerimus. Tantum, dum his indubie de causis viri docti, quos honoris causa superius nominabam, supradictas correctiones velut vulgatæ lectioni sufficiendas proponunt, aut sufficiunt, nos pro symbola nostra malumus legere *abditur*. *Ecce abditur his omnibus adversarius;* id est, ecce omnium illarum orationum efficacia diabolus, cui ex abysso contra Christianos prodire fuerat concessum, denuo in abyssi tenebras detruditur et abditur. *Abdere*, pro *abscondere*, *retrudere*, et *abditus*, pro *absconditus*, *retrusus*, Ciceroni, inter alios, quovis conjugationis et constructionis genere frequentissima sunt.

Audisne hæc, Amphiaræ sub terram abdite ?

ait ille, v. gr. post Epigonem in Quæst. Tuscul. et orat. 2 in Verrem, *Simulacra deorum jacent in tenebris*, *ab isto retrusa atque abdita*, de Verre. Et, quod magis est, non solum ex Evangelio didicimus, rogatum quondam fuisse Dominum nostrum ab integra dæmonum legione, *ne in abyssum ire juberentur :* sed Joannes sub finem Apocalypsis : *Deinde*, inquit, *vidi angelum descendentem e cælo, habentem clavem abyssi, et catenam magnam in manu sua, qui apprehendit serpentem illum antiquum, qui est diabolus et satanas, et vinxit eum ad mille annos; conjecitque in abyssum, quam occlusit et obsignavit super eum, ut non seduceret amplius gentes, donec consummarentur anni illi mille, post quos oportet eum solvi ad exiguum tempus;* qui ergo permittitur interdum terras et auras, carcere solutus, peragrare, interdum vero abditur denuo in abyssum invitus. Plane, ut apud Velleium Paterculum, lib. II : *Neque hic prioribus in occultando felicior fuit; abditusque carceri, cum consciis facinoris mortem dignissimam vita sua obiit.* Denique, potuisse hunc auctorem efficaciæ orationum, de quibus loquitur, omnia ista tribuere : *Ecce abditur his omnibus adversarius; et restituta per orbem tranquillitate, profligata nuper Ecclesia rursum exsurgit, et majore gloria templum Dei, quod ab impiis fuerat eversum, misericordia Domini fabricatur*, ipse libri colophon probat, ubi non minori pompa, *Tu præcipue, Donate charissime*, *qui a Deo mereris audiri*, *Dominum deprecare, ut misericordiam suam servet famulis suis propitius ac mitis, ut omnes insidias atque impetus diaboli a populo suo arceat, ut florescentes ecclesias perpetua quiete custodiat.* Nec mirum, cum multo ante Jacobus viam præivisset, testando, *orationem fidei salvare infirmum, et Etiam, licet nostris affectibus similem, orationem oravisse, ut non plueret super terram, et non pluisse annos tres et menses sex; et rursum oravisse. et cælum dedisse pluviam.*

Adversarius. Quod contra Columbi sententiam *adversarium* hoc loco incunctanter de diabolo intelleximus, perpulere nos haud solum doctissimorum virorum exempla eodem modo accipientium, sed præcipue gravissimarum rationum momenta, quæ in eam rem ex hujus scriptoris stylo suppetunt. Prima nempe e cap. 16 desumpta, et allata jam a perillustri Cupero, col. 471. Altera autem, quod alibi de Christianorum persecutoribus Cecilius noster disserens, il os quidem *adversarios Dei* numero multitudinis vocaverit, et Maximinum Dazaïn, cap. 43, *unum de adversariis Dei :* at nullum tandem uspiam humanum persecutorem vocaverit ἁπλῶς *adversarium*. Tertia denique, quod dum Columbus *adversarium*, non de ullo insigni fidelium persecutore intelligit, sed contra de aliquo singulari persecutorum adversario eos coercente et puniente, reclament valide paucis post versibus hæc verba : *Excitavit Deus principes, qui tyrannorum nefaria et cruenta imperia resciderunt*, cum ibi non *principem* hunc, aut illum, sed *principes*, plurativo numero, habeamus; itemque, quod nec capite 48 litteræ de restituenda Ecclesia simpliciter inchoent: *Cum feliciter ego Constantinus Augustus*, et quæ postea, sed e contrario : *Cum feliciter tam ego Constantinus Augustus quam ego Licinius Augustus apud Mediolanum convenissemus*,etc.:adeo ut manifesto nullus humanus et singularis persecutorum ultor per *adversarium* hoc loco sit intelligendus. Non, inquam, Constantinus, vel Licinius : sed, ut dictum est, magnus fidelium persecutor, diabolus; quod infra optime confirmat Cuperus.

Per orbem. Mirum quantum inter se differre queant, accuratius pensitando, *per orbem*, quod hic habes, et *per omnem terram*, quod capite proximo in alio argumenti genere occurrit; itemque *per omnes provincias et civitates*, quæ altera ejusdem capitis locutio, in eadem materia.

Ibi enim, quoniam de Evangelio Christi *per omnes provincias et civitates* cum fidei obedientia spatio 25 annorum prædicati agitur, non modo nil vetat, sed e contrario, sicut suo loco patebit, locus ipse, et plurimæ Patrum auctoritates commonent. posse et debere, verbi gratia, per *omnem terram*, omnem terram habitabilem seu habitatam late intelligi; hoc est, non solum quidquid intra imperii Romani fines continebatur, tum cum amplissimum erat et in culmine suo, ut ab Augusto ad Trajanum : sed, exempli causa, totam insuper Scythiam, Indiamque quarum citra omne dubium, neutra, ne quid aliud dicam, imperii pars erat, cum Nero imperare exorsus est.

Sed hic, cum de amissæ *per orbem* tranquillitatis restitutione sermo sit, nec ea tandem publicæ tranquillitatis amissio aliunde originem duxerit, quam ex imperatorum decretis contra Christianos, neque jam eorum decretorum ulla vis fuerit extra imperii Romani limites, idcirco sane *orbis* vocabulo *orbem mere Romanum*, id est, legibus imperatoriis parentem, intelligere oportet, nequaquam vero cunctas illius portiones imperatoribus non subjectas. Et eo modo *totum orbem* videre licet a Julio Firmico ad *orbem Romanum* restringi his verbis supra quam dici potest notabilibus, *Dominus et Augustus noster totius orbis imperator....* *Constantinus scilicet Maximus*, ... *Romanum orbem salubri gubernationis moderamine sustentat.* Ne et adjiciam haud aliud ad summum sonare πᾶσαν τὴν οἰκουμένην hoc Lucæ loco (Luc., II, 1), Ἐξῆλθε δόγμα παρὰ Καίσαρος Αὐγούστου, ἀπογράφεσθαι πᾶσαν τὴν οἰκουμένην. Imo, sicut egregie jam pridem observatum est, nulla olim alia de causa conciliis œcumenicis id nominis indebatur, quam quia qui ad illa vocabantur et conveniebant, veniebant et cogebantur e singulis illis partibus generalioribus orbis habitabilis, quæ imperatorum potestati et jurisdictioni suberant.

Profligata nuper. Vide Columb., col. 591.

Templum Dei. Illud templum N comediæ erat. MAUCROIX. — Nicomediæ scilicet, quod a Diocletiano et Maximiano eversum fuit. Editio Oxon. Esque totidem fere verba Baluzii in prima editione, quamvis ad alium locum. — Nicomediæ scil. (ibi tunc agebat Lactantius), quod a Diocletiano, etc., uti modo. Editio Cant. — Aliter, nec immerito, accipiunt ampliss. Cuperus, col. 472, et Baluzius, col. 302.

Fabricatur. Verbum huic scriptori familiare. Sic, cap. 3 : *Cum multa mirabilia opera fabricasset;* et cap. 7 : *Quæcumque fabricandis operibus necessaria;* et cap. 36 : *Ut Christiani neque fabricarent...*

Principes. Constantinum et Licinium. MAUCROIX. Recte. — Confer infra caput 48.

Humano generi providerunt. Pertinere huc egregie nummos, quos de *imperatorum providentia* laudat doctissimus Cuperus, col. 472, nemo qui locum adibit, negaverit. Quod hic vero insuper, sive ex iisdem, sive ex aliis, *humanum genus* de imperio Romano interpretatur, firmat quidem va ide quæ nos paulo ante ad *restitutam per orbem tranquillitatem* observavimus. Sed male, puto, ad *vastationem terræ et humani generis eversionem*, de quibus in fine capitis 2 accommodarentur.

Humano generi providerunt. Videretur excidisse copula *que*, nisi sæpe ita noster loqueretur. TOLLIUS. — Gaudere illum asyndetis constabit infra ex dicendis ad caput 38. Sed hic, ni fallor, ellipsis copulæ paulo durior est.

Placidus aer. Lucretius in primo :

Placatumque nitet diffuso lumine cœlum.
TOLLIUS.

Nunc placatus servorum suorum Deus.... Deesse videtur *precibus*, vel *patientia*, seu verbum aliquod consimile. Ed. Ox. et Cant. Confer Columb., col. 591, et Cup., col. 472. — *Nunc placatus servorum suorum.* Deest forsan vox *gemitibus*. COLOMESIUS. — Locus de quo, mea sententia, non unice dispiciendum, quid ei cum majore verisimilitudine desit et suppleri debeat; sed ante omnia, desit ne ei revera aliquid? an una potius littera redundet? Si enim ex fine vocis *placatus* litteram s, veluti ex sequente vocabulo *servorum* importune, ut sæpe fit, prognatam extraveris, restabit integro sensu : *Nunc placatu servorum suorum Deus jacentes et afflictos cælesti auxilio sublevavit*; id est, *nunc servorum suorum placatione Deus*, et quæ postea, quomodo apud Ciceronem : *Quæ tam subito facta deorum tanta placatio;* nisi quod *placatum* nos er, pro *placatione* adhibuerit. Sed ita infra tractatu, cap. 48, non *tractatione*. Et Tertullianus *conculcatu* pro *conculcatione* usus est his verbis : *Tunc erit Hierusalem conculcatui nationibus.* Et apud meliores scriptores *ejulatus* et *ejulatio, significatus* e. *significatio, consolatus* et *consolatio, explicatus* et *explicatio*, ne plura congeram, promiscua sunt. Quare possit forsitan hic locus meliori jure censeri inter redundantes, quam inter mutilos. Nil tamen affirmo.

Addo tantum, si defectivis potius videbitur annumerandus, forte etiam deesse potius *causa*, vel *gratia*, quam *precibus*, vel *gemitibus*, aut aliquid tale, ut sensus sit : *Nunc placatus servorum suorum gratia Deus.* Nimirum, quod simillima ratione libro II Machabæorum : *Et meminerit (Deus) testamenti sui, quod locutus est ad Abraham, et Isaac, et Jacob servorum suorum fidelium*, positum fuerit evidenter, pro *et meminerit testamenti sui quod locutus est ad Abraham, et Isaac, et Jacob, servorum suorum fidelium gratia;* uti et in Græcis, πρὸς Ἀβραὰμ, καὶ Ἰσαὰκ, καὶ Ἰακὼβ τῶν δούλων αὐτοῦ τῶν πιστῶν, pro, πρὸς Ἀβραάμ, καὶ Ἰσαὰκ, καὶ Ἰακώβ, τῶν δούλων αὐτοῦ τῶν πιστῶν χάριν. Neque aliud, opinor, volebat Columbus, cum ad nostri Ce-

cilii locum his verbis exorsus : *Excidisse videtur vox* PRECIBUS, *aut alia similis; quam si restituas, plenior sermo erit, multoque concinnior*, paulo post breviter annotabat : *Nonnihil dubitationis tamen injicit* II *Meechab.* 1, 2. Utcumque sit, habes quoque certo certius eadem ellipsi apud Tertullianum, libro de Fuga in persecutione : *Qui mei confusus fuerit*, pro : *Qui mei causa confusus fuerit;* moxque itidem : *Et ego confundar ejus coram patre*, pro : *Et ego confundar ejus causa, coram patre meo :* unde statim pleniore oratione exclamans : *Felices*, ait, *qui persecutionem passi fuerint causa nominis mei.* Adde ex Latinis auctoribus Horatium in de Arte poetica canentem :

Serpit humi tutus nimium, timidusque procellæ.

Id est, inquiunt docti, *timidus causa procellæ;* ex Græcis vero, Homerum de Junone narrantem, Il. α΄, v. 56 :

Κήδετο γὰρ Δαναῶν, ὅτι ῥα θνήσκοντας ὁρᾶτο,

ad verbum : *Sollicita enim erat Danaorum, quandoquidem eos morientes videbat;* pro : *Sollicita enim erat Danaorum gratia.* Quid? quod recta et plana ratiocinandi methodus videtur omnino exigere, ut in difficillimo isto Pauli loco ad Galatas : Φοβοῦμαι ὑμᾶς, μήπως εἰκῇ κεκοπίακα εἰς ὑμᾶς. Γίνεσθε ὡς ἐγώ, ὅτι κἀγὼ ὡς ὑμεῖς, ἀδελφοί, δέομαι ὑμῶν, Apostolus simili ellipsis genere δέομαι ὑμῶν scripserit, pro, δέομαι ὑμῶν ἕνεκα, seu χάριν; hoc sensu: ‹ Omnino, fratres, propter vestras illas legis ceremonialis observationes ego vos mihi metuo : ne scilicet inveniar tandem frustra laborasse apud vos, seu erga vos. Estote vero sicut ego. Id ipsum, inquam, vos quoque mihi timete; quia ego ipse qui mea causa vereor, ne incassum apud vos evangelizaverim, illud etiam vobis, tanquam vos ipsi, metuo, non mea proinde causa tantummodo sollicitus, sed vestra quoque. Par pari igitur referre et ne mei apostolatus mercedem quoad vos amittam, mea causa veremini ›. Scio δεῖσθαι Græcis longe frequentius esse *orare*, quam *vereri*, sed apud Plutarchum utique non semel pro *vereri* reperitur; puta in hoc Apophthegmate, δεῖσθαι περὶ βίου, οὐ φοβεῖσθαι, *De vita vereri, non metuere.* Imo, quod magis ad rem, Hesychius aperte in vocibus δεῖσθαι et φοβεῖσθαι non distinxit inter δεῖσθαι, et ἕνεκα, sed ea, ut nunc nobis Paulus, pro iisdem habuit. Confer denique tot illa novi Fœderis loca, ubi ἕνεκα vel χάριν, relicta sunt subaudienda, quæ et quotidie supplentur ab interpretibus; exempli causa, Matth. xi, 1: Μετέβη τοῦ διδάσκειν, *Digressus est docendi gratia;* Luc. XXIV, 29, Εἰσῆλθε τοῦ μεῖναι σὺν αὐτοῖς, *Intravit manendi causa cum eis;* et sic de reliquis, quæ infinita sunt.

Qui adversati erant Deo jacent. Ita editores omnes post Baluzium, cum non levi, uti mox patebit, securitate. — *Adversati.* Lege, *insultati.* Isaacus Vossius, ad marginem sui exemplaris. Quia nempe a Baluzio didicerat, antiquam lectionem esse *illustrati;* quodque eam quidem cum viro clarissimo mendosam existimans, aliter utique mutandam censeret, quam cum eodem in *adversati.* Recte sane. Nam etsi suam Baluzius emendationem certam nuncupaverit, liquet tamen, Vossii conjecturam multo magis ad priscum codicem accedere, quam Baluzianam, quæ sic incerta evadere incipit. — *Qui adv. erant Deo jacent.* Hæc est editoris clarissimi conjectura. In ms. tuli, *Qui illustrati erant Deo jacent.* Propius aberit a vestigiis veteris codicis, si scribatur, *Qui insultaverant Deo jacent.* Licuutur aliis *insultare*, qui eos omni afficiunt contumelia, et habent indignissime. Cæsar apud Suetonium, cum gementibus adversariis adeptus esset quæ concupisset, dixit, *ex eo insultaturum omnium capitibus.* Nico apud Heinsius ὁ μακαρίτης conjiciebat, *Qui illusitaverant Deo, jacent.* GRÆVIUS. — Plurima profecto veterum loca celeberrimi et eruditissimi collegæ suspicionem confirmant. Minucius Felix, *Hoc insultare et illudere est, victis religionibus servire.* Claudianus, *insultant omnes profugo...* Et similia insuper non pauca apud Vulgatum interpretem reperias. Sed quid, si nihilominus ad simplicem aliquot syllabarum transpositionem recurramus? ut, pro *Qui illustrati erant Deo jacent*, legatur, *qui illuserant Deo, strati jacent*. Certe sensus erit planissimus; et legendum esse alibi non dissimili methodo *cæpit*, pro *capite*, itemque *cogitationis*, pro *contagionis*, vir ipse magnus, quem modo laudabam, admonebit infra cum Heinsio, vel pro Heinsio, ad cap. 27 et 29, quæ vide sis. Addo, ne forsan, ut olim non nemini, sic tibi quoque nostra lectio ideo minus arrideat, quod aliquanto cæteris quæ subsequuntur locutionibus debilior sit, posse facile in tota periodo geminam quamdam gradationem, tam quoad noxas persecutorum, quam quoad eorumdem pœnas, isto pacto agnosci : *Qui* ILLUSERANT *Deo*.... *strati* JACENT. *Qui templum sanctum* EVERTERANT.... *ruina majori* CECIDERUNT. *Qui justos* EXCARNIFICAVERANT.... *cœlestibus* PLAGIS *et* CRUCIATIBUS *meritis nocentes animas profuderunt*. Imo, facillime etiam fieri potest, ut initio periodi non alium magno illo et κατ᾽ ἐξοχήν *Dei* nomine intellectum voluerit hic scriptor, quam Dominum nostrum Jesum Christum, de quo scilicet simillima prorsus ratione Tertullianus : *Recita*, inquit, *Deum dixisse : Qui capit capiat*, Christum citra omnem dubitationem hac voce indigitans, cum ex Matthæi Evangelio Jesum dixisse semel : *Qui potest capere, capiat*, sit certissimum, et locus etiam Tertulliani integer ferat, *Serva Christo virginem sponsam. Nemo quæstum de ea faciat. Hæc tibi, frater, dura forsitan et intolerabilia videntur. Sed recita Deum dixisse : Qui capit, capiat, id est, qui non capit discedat*. Atqui, si rem ipsam spectemus Ethnicos et Ecclesiæ christianæ persecutores illusisse quondam in Christum, quoties impium quid lubebat jocari, vel hæc ejusdem Tertulliani verba in Apologetico ostendunt : *Sed nova jam Dei nostri in ista civitate proxime editio publicata est, ex quo quidam in frustrandis bestiis mercenariis noxius picturam proposuit cum ejusmodi inscriptione :*

DEUS CHRISTIANORUM ONONYCHITIS.
Erat auribus asininis, altero pede ungulatus, librum gestans et togatus. Risimus et nomen, et formam. De phrasi autem, ne de re ipsa dicam amplius, habes, verbi gratia, Luc. XXII, 63 : *Et viri qui tenebant Jesum, illudebant ei, cædentes*; et XXIII, 11 : *Sprevit autem illum Herodes cum exercitu suo, et illusit indutum veste alba*. Quid? quod loquendi genus, quo huic auctorem usum esse suspicamur, inde ipsi forte in mentem venerit, quod post Judæ osculum, pharisæorum sacerdotumque satellites, qui eo osculo in Jesum de compacto illuserant, unica ferme vocula in terram dejecti, aliquandiu humi strati jacuerint. Confer omnino Matth. XXVI, 28, et Luc. XXII, 47, 48, cum Joan. XVIII, 3, 4, 5, 6. Manifestum saltem est non repugnare sequentia ista, *qui templum sanctum everterant*, utpote quæ per tacitam quoque, nec illepidam hujus Christi responsionis imitationem potuerint exarari, *Destruite templum hoc*, cum de templo sui corporis, ut a Joanne observatum est, loqueretur. Confer supra, col. 601. Nec nos denique quidquam cum nostra conjectura, *Qui illuserant Deo, strati jacent*, agimus vel proponimus, quod non pariter possibile sit cogitasse clarissimum Heinsium, cum legeret, *Qui illusitaverant Deo, jacent*. Tantum, si de tam vitiosæ transpositionis origine et causis quæstio sit, forsan, dicimus non raro, quod Colbertinum codicem haud aliunde descriptum habeamus, quam ab exemplari, in quo unus aliquis versus desineret in *Qui illus-*, sequens vero inciperet per *erant*, vox autem *strati* continuo post omissa fuisset in contextu, dein paulo negligentius in margine adscripta, verbi gratia, e regione fere τοῦ *illus-*: adeo ut præceps et ineruditus librarius, pro *Qui illuserant Deo, strati jacent*, perperam *Qui illustrati erant Deo jacent* exscripserit.

Qui templum sanctum, etc. Vide Cup., col. 472, et Bal., col. 302. Conf. quoque nostram notam, col. 601.

Qui justos excarnificaverant. Ita Cicero l. III, De Nat. deor.: *Anaxarcum Democriteum a Cyprio tyranno excar-*

nificatum accepimus. Et noster rursus, cap. 14; *Diocletianus... excarnificari omnes suos protinus præcepit*.

Nocentes animas profuderunt. Eorum, quibus id acciderit, nomina recenset Baluzius, col. 302. Et hic auctor porro simili locutione in fine capitis 49 : *nocentem*, inquit, *spiritum detestabili genere mortis efflavit*; sup. Maximinus. Noli autem utroque loco per *nocentes animas* et *nocentem* spiritum leve quid intelligere, nam c. 2, *execrabilis ac nocens* de tyranno Nerone conjungantur.

Distulerat enim pœnas eorum Deus. De ejusmodi pœnis secundum theologiam, tam gentilem quam christianam, vide Columb., col. 591.

Quibus et posteri discerent. Editio Aboensis, *quibus posteri discerent*, sine copula; quod melius.

Mortem impiis ac persecutoribus inrogare. Columbi editio *irrogare* : quomodo apud Arnobium *irrogare pœnas capitis*; et apud Ambrosium, *irrogare injuriam, irrogare vim, irrogare arma suis principibus, irrogare sibi manus*, et sic de aliis a viro summo J. Frid. Gronovio ante nos observatis : ubique, ut patet, pro *inferre mortem inferre pœnas capitis, inferre injuriam, manus*, et quæ reliqua sunt.

De quo exitu..... testificari placuit. Quod hic deest, eruditi hactenus in vulgatis editionibus varie supplevetunt; scilicet ed. Oxon. substituit *eorum*; Cantabr. *nobis*; Cuperus quondam, si Columbo credendum, *imperiorum*; Cuperus ipse, *impiorum*; Columbus, prima conjectura, *crudelium principum*; Columbi supplem., *tyrannorum*; Columbi ejusdem alterum supplementum, *sævissimorum principum*.

De quo exitu... Lege, De quorum exitu (horrendo) *testificari placuit*. Superborum scilicet et impiorum principum, christiani nominis persecutorum; quibus appellationibus superbiam cum maxime notat Diocletiani et Maximiani, cum ob adscita cognomina Jovii et Herculii, tum ob indumenta aurata, coronam gemmatam, adorationem, etc. Sed et Galerii Maximiani ingens et intolerabilis fastus fuit post devictum Narsea, de quo noster infra, cap. 9. Impietas autem omnibus communis fuit : nisi quod Maxentius cæteros videtur superasse. TOLLIUS.—Nos, primum cum nulla sit lacuna in manuscripto post *de quo*, sed tantum post *exitu*, nil necesse putamus ex *de quo* facere cum Tollio, *de quorum*.

Deinde vero, quia illud Colbertini codicis vacuum non vidimus, nec scimus adeo quot litterarum sit capax, quæve litterarum vestigia in eo remaneant, non audemus quidem ex tot eruditorum supplementis ullum tamquam indubitatum et genuinum præ cæteris eligere. Sed licet interim animo nostro esse ad primum, aut simile, inclinatiori, sive quod sit simplicissimum, sive quia, cum vox proxime præcedens sit *persecutoribus*, et huic auctori *exitus* alibi pro *morte* usurpetur, dixerit Ita expletus, *De quo exitu eorum*, pro *De qua morte persecutorum*, qui ipse ferme libri titulus, et ad quem proinde Cecilium nostrum voluisse respicere plusquam verisimile est; faciente præsertim mentionem Joanne Sarisberiensi opusculi a se *de Exitu tyrannorum* inscripti. Et quod superest, *exitum* hoc loco *mortem* significare, abunde, ut cætera taceam, adstruit alter iste, capitis 50. *Nihil tale metuens* (*Candidianus*) *occisus est*; et (*Valeria*) *exitu ejus audito, protinus fugit*. Ubi *exitu*, id est indubie, *obitu, morte*. — *De quo exitu testificari placuit. De quorum exitu pauca testific*. GALE. — *De quo exitu persecutorum*, etc. ALLIX.—*De quo exitu scripto hoc testif.*Abbas a S. Hilario, Canonicus S. Petri Bellovacensis.

Ut omnes qui procul moti fuerant. Ita ms. codex et universæ simul editiones. Oxoniensis tantum et Cantabrigiensis, ima pagina, monent emendari posse, *ut omnes qui procul* (*remoti*) *fuerant*. Aut si mavis (addit in sequentibus posterior) lege : *ut omnes qui* (*persecuti*) *fuerunt*; quod et in priori ad opusculi calcem reperias, licet minus æqua conditione propositum. — *Qui procul moti*. Lectio turbata. Scribe, *qui procella moti*. ALLIX. — *Moti*. Lege, *nati*. VOSSIUS. — *Nati*, inquam, non *noti*, ut quidem accuratissimus αὐτόπτης

Colomesius curavit nos pro sua in bonas litteras studio fieri certiores; quod et velebat curiosius observari. Sed fallor, an receptam lectionem viri docti sine causa sollicitant. Omnino, *movere* apud Plautum, Ciceronem, et alios, *amovendi*, vel *removendi* significatione occurrere, extra controversiam est, et esse debet. Plautus, v. gr. *Move abs te moram*, id est, *Remove*, vel *Amove moram abs te*. Ad hæc, quod *procul moveri*, pro, *longe a suis sedibus moveri*, *removeri*, *relegari*, latinissime dicatur, vel soli sequentes Virgilii versus idonei testes sunt:

Atque ideo taurus procul, atque in sola relegant
Pascua,

Confer eodem libro:

Ipsa procul nebulis obscura recessit.

Tertio, quod multo gravius est, post cœptam semel decimam persecutionem, magna pars fidelium proscripta et in exilium missa fuerat. Idque non testatur simpliciter epistola Maximini apud Eusebium rescribentis inter alia ac Tyrios: *Quod si qui in detestando suæ vanitatis errore adhuc persiant; ii quam longissime a vestra urbe et territorio secludi, sicut petiistis, obigantur*; ἐν πόλλῳ πόρρωθεν τῆς ὑμετέρας πόλεως καὶ περιχώρου, καθὼς ἠξιώσατε, ἀποχωρισθέντες ἐξελαθήτωσαν: sed firmat paulo post nullo disertius Eusebius ipse his verbis: *Hujusmodi igitur litteræ in omnibus provinciis adversum nos propositæ sunt*; ταῦτα δὴ καθ' ἡμῶν κατὰ πᾶσαν ἐπαρχίαν ἀνεστηλίτευτε. Præterquam in De Vita Const. duas illius imperatoris leges memorat idem historicus, quibus, ab una parte, *Omnes, qui Dei cultum ac fidem prodere noluissent, et ideo crudelitia judicum sententiis quocumque tempore damnati, patriam extraneo solo commutassent, patriis fundis restituerentur*; ab altera vero, *quotquot itidem in insulas fuissent relegati, ibique montium asperitatibus et circumfuso mari conclusi, seipsos suis propinquis et amicis redderent*. Et infra denique noster ipse Cecilius: *Ut omnia, inquit, terrore complerentur, provinciæ quoque in frusta concisæ, multi præsides et plura officia singulis regionibus ac pene jam civitatibus incubare; item rationales multi, et magistri, et vicarii præfectorum, quibus omnibus civiles actus admodum rari, sed condemnationes... et proscriptiones frequentes*. Unde e cap. 52: *Æternæ Dei pietati gratias, ait, agere debemus, qui tandem respexit in terram, quod gregem suum partim vastatum a lupis rapacibus, partim vero dispersum, reficere ac recolligere dignatus est*; haud alia, ut liquet, de causa Ecclesiam *Dei gregem partim dispersam et tandem recollectum* vocans, quam ea, de qua mentionem injicere operæ pretium putavimus. Quare non ad alios *procul motos*, si quid in me judicii, hic loci respexerit, quam ad fideles illos, primum proscriptos et relegatos, sed Constantini postea edictis revocatos, quos diximus; quorumque adeo in gratiam scribere *De mortibus persecutorum* fuerit ante omnia aggressus, ut quæ Dei virtute et majestate, illis absentibus, contra persecutores edita fuerant, rescirent. Vide Columb., col. 392.

Vel qui p. . . . . turi sunt. Nec uno modo docti secundam hanc lacunam compleverunt. Sequentes conjecturas citabimus: Cuperus *ost nos fu*. Primæva Columbus conjectura, *osthac aberra*. Ed. Oxon. et Cantabr., primo supplemento, *rocul i*. Alterum earumdem supplemento, *erseca*. Vossius, *osthac fu. — Vel qui p. . . . . — turi sunt. Vel qui post nascituri sunt*. GALE. — *Vel qui postea futuri sunt*. ALLIX. — *Vel qui post nos venturi sunt*. ABBAS a S. Hilario. — Nos ex istis supplementis, nonnisi primum et ultimum cigna quæ attendantur censemus. Sed possint forte alia, utrique non dissimilia, postliminio recipi; puta, *vel qui p[ostea vic]turi sunt*. Videant, quibus visendi ms. codicis potestas libera datur. Pendet enim res tota ex superstitibus litterarum ductibus, si qui restant

Quatenus virtutem ac majestatem. Vide Bal., col. 302. Noster interim cap. 5, sub finem, *Majestatem Dei singularis* nominat, sine ulla divinæ virtutis mentione.

In.... dis. Reparandæ hujus loci jacturæ una tantum ratio hactenus præ manibus eruditorum erat, in [*perden]dis*. At jam ecce plures in posterum non decrunt. — *In... dis delendisque*. Forte in in [*excinden]dis*, ut cap. 2, ubi *excindere* ac *delere* simul junguntur a Lactantio. COLOMESIUS. — *In.... dis. In [punien]dis*. GALE. — *In [excinden]dis*. ALLIX. — *In [plecten]dis*. ABBAS a S. Hilario. — Haud displicet methodus viri docti, quæ per se optima. Sed forte etiam igitur in [*extinguen]dis delendisque legere* oportebit. Nam noster cap. 46, *ut si victoriam cepisset, Christianorum nomen extingueret funditusque deleret*. Vel forte iterum, in [*eraden]dis delendisque*. Nam idem capite ultimo, *delevit ea Dominus et erasit de terra*. Aut forsitan denique, in [*expugnan]dis delendisque*, propter hæc Lactantii verba in Epitome, *ad expugnandam delendamque sanctorum gentem*. Quidquid malueris, vel hinc obiter plus satis apparet, quam periculosæ sit opus aleæ, hinlcis et mutilis veterum locis addere quæ meliori jure deesse videantur, cum optima demum methodus nequeat esse tutissima.

Ostenderet. Multo præstaret, opinor, legere *ostenderit*. Totum locum relegito. — *Ostenderet..,... est, si*. Quæ hic in ms. codice desiderantur, editio Oxon. et Cantabrigiensis ita sufficiunt, *ostenderet*: [*quod clarius futurum*] *est, si*, Columbus vero in hunc modum : *ostenderet [recte autem et ordine sermo meus processurus] est, si, et quæ postea*. — Videant, qui possint, docti, annon scriptum fuerit a librario *ostenderet*. [*Quod et melius succedere potest, si..... aut aliquid tale. — Ostenderet..... est. Ostenderit.....* GALE. — *Ostenderet*. [*Ad hoc operæ pretium*] *est*. ALLIX. — *Ostendere* [*dignatus*] *est*. ABBAS a S. Hilar.

Si a principio ex quo est Ecclesia constituta qui..... Distingue omnino cum Columbo, *si a principio, ex quo est Ecclesia constituta est, qui fuerint auctores.....* Quasi plene scripserit noster Cecilius, *si a principio, id est, ex quo Ecclesia constituta est, qui fuerint*, etc. Voluit enim dicere, ut inferius patebit, se quidem usque a primordiis *Ecclesiæ*, per apostolos tandem circa Neronianí principatus initia omnibus numeris *constitutæ*, repetiturum, quæ ad auctores persecutionum et illorum pœnas facerent: sed non pariter usque a primordiis *Ecclesiæ constituendæ*, cujus fundamenta apostoli statim a Christi ascensu jacere cœperunt, et per annos 25, usque ad principium Neroniani imperii per omnes provincias et civitates miserunt, ut capite proxime sequenti locutus est.

Qui fuerint. Hæc est ms. codicis, cunctarumque simul editionum Aboensi anteriorum constantissima lectio. Quapropter quid sibi velit infra Columbus cum ista, *qui fuerint*, nullus capio. Nisi si, quod plusquam verisimile, suæ ipsius editionis errorem typographicum per incogitantiam pro priscæ schedæ scriptura acceperit.

Auctores... et. Post auctores, excidisse putat amplissimus Cuperus, *tantorum scelerum*, vel *persecutionis*. Assentitur suo loco de alterutra restitutione Columbus. Sed prætulit tamen postea *persecutionis*. Supplent edi., Oxon. et Cantab., *Ecclesiæ persequendæ*. *—Auctores..... Auctores persecutionum*. Allix : i em Gale; et Abbas quoque a S. Hilario. — Supple, *faciendarum persecutionum*. Sic Lactantius lib. v. de Justitia, cap. 2, de Hierocle, tacito licet nomine : *Hic auctor imprimis faciendæ persecutionis fuit*. COLOMESUS.

In eos cœlestis judicis, etc. Vide Columb., col. 393.

Et quibus pœnis in eos cœlestis judicii severitas vindicaverit exponam. Imo, *et quibus pœnis in eos cœlestis judicis se veritas vindicaverit, exponam*. GALE.

CAPUT II.

Extremis temporibus Tiberii Cæsaris. Late dictum. Nam ab eventu, quem hic auctor subjicit, ad obitum usque Tiberii Cæsaris, anni octo integri, si pauculos dies exemerimus, effluxerunt; crucifixo scilicet, ex nostri scriptoris sententia, Jesu Christo duobus Geminis consulibus, mortuo autem Tiberio sub consulatu Cn. Proculi Acerronii, et C. Pontii Nigrini. Imo, eo multum inclinamus, ut hoc loco, per *extrema tempora Tiberii Cæsaris*, intelligenda potius dicamus *extrema vitæ Tiberii tempora*, quia ineunte duorum Geminorum consulatu, annos jam totos sexaginta novem et amplius vixerat, quam *extrema tempora ejus imperii*, quia ejusdem consulatus initio Tiberius annum imperii tantummodo decimum quintum fuerat ingressus, et imperavit adhuc postea annos octo, qua jam ratione dictum est. Aliter tamen rever. episcopus Sarisberiensis, et politissimæ versionis Paris. auctor: quare nil pronuntiamus.

Ut scriptum legimus. Num Cecilius noster innuere vult illa, quæ narrare incipit, a se lecta apud Lactantium libro IV Institutionum, cap. 10 his verbis: *Cujus Tiberii Cæsaris anno quinto decimo, id est, duobus Geminis consulibus, ante diem decimum kalendarum Aprilium Judæi Christum cruci affixerunt*. Profecto, vel ad ea ipsa Lactantii verba respexerit necesse est, quod contendent indubie, qui hoc opus Lactantio abjudicabunt; vel ad alia cujusvis alius scriptoris aut plurium, quod pertendet quoque sine dubio clarissimus Baluzius. At si jam ad Lactantiana illa, ibi quidem lectum fuerit a nostro auctore, *ante diem decimum*, non *ante diem septimam*, quod non paucæ editiones et codices manuscripti præ se ferunt. Sed *Lucius* ergo *Cæcilius Lactantius Firmianus* non erit germanus hujus operis parens, sed quilibet alius solis *Lucii Cecilii* appellationibus indigitatus. Sin vero, quod mihi magis probabile, alia cujusvis scriptoris verba et loca noster potius ob oculos, quam superiora Lactantii, habuerit, tum sane potuerit facile Lactantius, et libros Institutionum, et hunc *De mortibus persecutorum* pariter composuisse, bisque adeo ejusdem rei in diversis operibus ex aliorum monumentis meminisse. Sed inde tamen, velimus nolimus, Baluzii argumentum ab utriusque loci συμφωνία desumptum manebit semper æquo infirmius, quod si maxime *ante diem decimum kalendarum Aprilium*, et *post diem decimum kalendarum Aprilis* synonyma sint, non omnia tandem exemplaria manuscripta typisve excusa in superiori Institutionum περιοχῇ habeant *ante diem decimum*, sed bona pars *ante diem septimam*; puta, editio Basileensis, an. 1532, Autuerpiensis, an. 1587, Lugduno-Batavica, an 1652, Cantabrigiensis, an. 1685, manuscriptus codex Emmanuelensis, in ejus præfatione laudatus; et sic de reliquis.

Cruciatus est. Accipe non repugnanter pro *crucifixus est*; et gravissimis auctoritatibus, quas in eam rem amplissimus Cuperus, col. 472, et Columbus, col. 393, attulerunt patere, non istam solum ex libro V Hegesippi, cap. 18, adjici: *Eorum quoque qui abierant proximi, cruciabantur, aut cruci affixa plerumque cadavera suis, qui elapsi fuerant, ostentabantur*; sed hanc præcipue Plauti in milite glorioso, act. II, sc. 3, vss. 7, 8:

SC. Metuo. — PA. Quid metuis? — SC. Ne hercle hodie
[quantum hic familiarium est.
Maximum in malum cruciatum insiliamus.

Ibi enim, sicut optime Taubmannus observavit, *maximum in malum cruciatum*, illud est quod Plauto alibi *maximam in malam crucem* dicitur. Ostenditque adeo iste locus, purioris etiam latinitatis fuisse dicere *cruciari*, pro *cruci affigi*, et *cruciare*, pro *crucifigere*. Alterum porro huic Plauti geminum, si non etiam disertiorem, puto me olim vidisse in ejusdem comœdiis. Sed nunc non occurrit ad manum.

Post diem decimum kalendarum Aprilis. Libro vero Institut. IV, hæc habet Lactantius: *Ante diem decimum kalendarum Aprilium Judæi Christum cruci affixerunt*; ita ut huic loco videatur e diametro adversari: quam tamen repugnantiam nullam esse, contendit Baluzius, citato e Pauli jurisconsulti libris testimonio. Aliam vero non addit rationem, nisi quod Romani nunquam a kalendis denominaverint dies, qui sequuntur post kalendas. Quæ quidem ratio evoluta magis et exposita facile has conciliabit divi-

duas. Siquidem iidem dies pro naturali quo procedunt ordine dici possunt ante kalendas. Sin attendatur ad rationem illos numerandi, quæ secundum Romanæ designationis computum a kalendis auspicatur, nihil obstat, quominus inter posteriores recenseantur, gradum retro ferendo. Atque inde est, quod citra omne contradictionis periculum juxta haberi possit, utrumvis dixeris. Editio Oxon. et Cantabrigiensis ex ea.

Baluzii locus, ad quem novissimæ observationis auctores respexerunt, extat supra, col. 302. Et certum est quidem, adduci ibi a Baluzio testimonium e supradicti Pauli monumentis ad probandum, *idem valere ante diem kalendarum aprilium, et post diem kalendarum aprilis*. Sed nec agit recta et primario vir clarissimus de nostri Cæcilii locutione, verum de illa jurisconsulti Pauli, cum asserit, *Romanos nunquam a kalendis denominavisse dies, qui sequuntur post kalendas, sed eos tantum, qui antecedunt*, ita nempe Marcellum Francolinum de industria refutans, qui contenderit, non posse in Pauli verbis per *post diem decimum kalendarum* (verbi gratia aprilium) intelligi *aliquem dierum mensis Martii*: sed diserte *decimum diem post kalendas aprilis*, id est, *nonum mensis aprilis*. Nec præterea illa sola ratio a Baluzio ad Francolini confutationem allata est: sed hæc quoque de Baluzianis hypothesibus belle et sponte manans, quod cum secundum Baluzium Lactantius eamdem rem duobus in locis retulerit, et in uno quidem dixerit *ante diem decimum kalendarum aprilium*, in altero vero *post diem decimum kalendarum aprilis*, inde pateat, utriusque dicti sensum debere esse eumdem; nec differre igitur a se invicem apud Paulum *ante diem decimum kalendarum*, et *post diem decimum kalendarum*, quæ contra toto cœlo distare, Francolinus affirmavit. Hoc in gratiam veritatis putavimus non tacendum; simulque ne res per se controversis implicata, intricatier adhuc evaderet ex superiori annotatione aliquanto minus, quam decuit, accurata. Vide iterum Baluz.

De reliquo, quod ait, nec leviter probat Columbus, *post diem decimum kalendarum aprilis* locutionem esse ellipticam, quamque possimus supplere, *post exortum sive incœptum diem decimum kalendarum aprilium*, in ea, de qua agitur, doctorum disputatione maximi momenti est; quia si revera quandoque *post diem decimum kalendarum* significare potest, et debet, *post exortum diem decimum kalendarum*, tum illud palam nullatenus intelligendum de die viginti quatuor horarum, seu civili, constante ex tenebris et luce, quique Romanis a media nocte incipiebat: sed stricte de ea parte diei civilis, quam Veteres a præcedente et consequente nocte distinguebant, et modo *diem*, modo *lucem* appellabant; ac *diem* quidem, v. g., Martialis, cum caneret:

Phosphore, redde diem. Quid gaudia nostra moraris?
Cæsare venturo, Phosphore, redde diem.

Lucem autem, exempli quoque causa, Cicero, cum scriberet ad Lentulum, *Hæc scripsi ad 16 kal. Febr. ante lucem*. Sicque facili negotio habebimus, quomodo de uno et eodem die civili, puta decimo kalendas apriles, Romani proprie atque optime dicere potuerint, *Ante diem decimum kalendarum aprilium*, et *post diem decimum kalendarum aprilis*. Nimirum *ante diem decimum kalendarum aprilium* hoc sensu, die decimo civili ante die integrum et civilem kalendarum aprilium, ipsomet die kalendarum annumerato: *post diem vero decimum kalendarum aprilis* hoc altero sensu, post exortam lucem diei civilis decimi, diem integrum et civilem kalendarum aprilium, ipso quoque kalendarum die putato, anteeuntis, si nempe de re post solis ortum facta loqui accuratius vellent, qualis fuit proculdubio huic auctori Domini nostri crucifixio, quam interdiu accidisse celebris ille, moriente Christo, solis defectus, aliaque tam multa Evangelii loca dubitare non sinunt.

Sed an fuerit igitur Jesus Christus die olim decimo kalendarum aprilium, id est, vigesimo tertio Martii crucifixus? Respondeo, aliud esse scriptoris mentem aperire, vel saltem divinare quantum possis, aliud vero eadem cum ipso sentire; et nos quidem fuisse hactenus de priori sollicitos, sed velle nunc de posteriori hanc præcipue ob causam ἐπέχειν, quod licet in præsentia maxime cum iis Veterum Recentiorumque faciamus, qui Christum duobus Geminis consulibus crucifixum fuisse, existimant, tamen ipsissimi Patres, qui illius passionem duorum Geminorum consulatui allegarunt, haud eam omnes ad eumdem diem, vel eodem modo referant : sed noster, verbi gratia, ad *post diem decimum kalendarum aprilis;* Lactantius, pro editionum diversitate, interdum ad *ante diem decimum kalendarum aprilium,* interdum ad *septimum;* Victorius Aquitanus constanter ad *septimum;* Tertullianus autem et Augustinus suo quisque pacto ad *octavum kalendas aprilis*. Ex quibus quis unquam, qui probe cunctas rei difficultates attenderit, visurum se liquido quid sit unice verum, sperare audeat? Nos saltem hactenus non vidimus. Et si Pagium ad annum Periodi suæ Græco-Romanæ 5525, num. 6, adiveris, erit etiam, opinor, cur vel sciri unquam posse quid sit verisimilius, desperes.

Kalendarum Aprilis. Malim *Aprilium.* Sic enim prisci loquebantur, et noster etiam alibi nomine plurali usus est. TOLLIUS. — Vulgata lectio potest optime servari. Nam utcumque frequentius hic auctor, et cæteri forsan Veteres, *kalendarum aprilium,* et hujusmodi alia scripserint, quam *kalendarum aprilis, maii, februarii,* et sic de reliquis, Pompeius tamen olim in sua ad Domitium epistola *kalendarum martii* usurpavit, non *Martiarum.* Et Cicero ter ad Pompeium pari pacto in unis iisdemque itteris, *kal. martii,* et ad Atticum, *id. Maii, id. Quintii;* imo alibi ad eumdem, et in una similiter epistola, *non. maiis,* et *kalend. maii* promiscue, idque bis; et rursus denuo in alia, modo *id. maias,* modo *idus maii;* ut appareat utramque loquendi rationem fuisse ab Antiquis indiscriminatim adhibitam. Præcipue cum infra capite 44, *kalendas novembris,* non *novembres* legamus, obstentque haud leviter allata jam e Ciceronis operibus loca, quin, et recepta nostri scriptura *kalendarum aprilis,* ne quis capite illo 44, *novembris* antiquum esse pluralem adjectivæ formæ accusativum, pro *novembreis,* vel *novembres,* in mentem inducat contendere, licet alioqui Sallustius istius exordii inter alia meminerim : *Omnis homines, qui sese student præstare cæteris animalibus, summa ope niti decet...* Sed in re dispari dispar facile ratio esse potest.

Duobus Geminis consulibus. Ita ex aliorum Veterum numero, quos quidem in eam rem disertos viderimus, Tertullianus adversus Judæos, Lactantius lib. iv Institutionum, Sulpitius Severus lib. ii Historiæ sacræ, Augustinus De Civitate Dei, Prosper Aquitanus in Chronico ex *usitatiore,* uti loquitur, *traditione,* denique conterraneus ejus Victorius in canone paschali : quanquam jure merito, ut de Prospero taceam, Bucherius, Labbæus, atque alii mirentur, « cur Victorius primum suæ Periodi annum, id est, Julianum septuagesimum tertium, Christi vero vulgarem vigesimum octavum, cum Geminorum consulatui pariaverit, quem in sequentem primum incurrere satis constet. » Sed et Christum duobus Geminis passum esse, inter Recentiores asseruit clarissimus Pagius in dissertatione Hypatica, p. 199, et nuperrime in Critica Annalium Baronii, ad annum suæ Periodi Græco-Romanæ 5525. Imo, ait ille ibi loci num. 3 : « Veteres Patres, Augustinus, Hieronymus, aliique, cum consulatu duorum Geminorum anno æræ christianæ 29 gesto illigarunt. Et Eusebius inter primos fuit, qui mortem Dominicam ab eo anno removerit, sed cui Epiphanius hæresi 51, aliique postea adhæsere;

adeo ut, aperta semel, » ut pergit, « ea porta, alii passionem in annum æræ christianæ trigesimum primum, alii in annum trigesimum secundum contulerint : » colligente etiam inferius totidem verbis Pagio, « ex eclipsi, quæ Christo patiente visa, annum passionis determinari non posse alium, quam annum æræ christianæ vigesimum nonum, » quo duo Gemini consulatum gesserunt. Nos quod attinet, jamdudum sane eamdem, quam Pagius, sententiam sequimur : sed nec propter laudatam ab illo Hieronymi auctoritatem, nec quod rursum ex iis, quas suæ de illa eclipsi conclusioni præmisit, hypothesibus ratiocinationibusque adstrui posse credamus rem ita esse, ut ponit, de anno Christi emortuali. — Primo enim quoad Hieronymum, quomodo ei passionem sub duobus Geminis consulibus accidisse, potuit esse persuasum, qui in De Scriptoribus Ecclesiasticis, *annum post passionem Domini vicesimum quintum* explicat per *secundum Neronis?* Omnino si annus demum post passionem Domini vigesimus quintus fuit Hieronymo secundus imperii Neroniani, non ergo Christus sub duorum Geminorum consulatu mense Martio, vel Aprili, in crucem actus est, quia ab illo consularis ipsorum potestatis tempore usque ad annum imperantis Neronis secundum vel leviter initum, anni sunt toti viginti sex, cum quinque, aut sex amplius mensibus. Sed ei contra, cum suo Eusebio in Chronicis, Christus palam passus anno decimo octavo imperii Tiberii Cæsaris a morte Augusti, consulibus Cn. Domitio Ahenobarbo et M. Furio Camillo Scriboniano; quandoquidem si quis ab illius anni paschate annos, qui proxime ad Neronis usque secundum fluxerunt, numeret, annus reapse vigesimus quintus post passionem Domini cum secundo Neronis, aliquantulum saltem provecto, decurrerit. Et inde est igitur, quod cum priscos opinionis, quam usque hodie cum Pagio in hac re tuemur, duces putemus, Hieronymum illis annumerare abstinemus. Quin nec eum modo, sed nominatim quoque Paulum Orosium, contra disertam Columbi sententiam, quia scilicet cum Orosius lib. vii, in ipso capitis 4 primordio scribat, « Tiberium Cæsarem anno ab Urbe condita 767, imperium post mortem Augusti adeptum esse, » subjiciatque in sequentibus, « Christum anno (imperantis) Tiberii decimo septimo sese tradidisse passioni, et fuisse suffixum patibulo, » ea nunquam passio cadere possit in consulatum duorum Geminorum, hoc est, in annum vigesimum nonum æræ Dionysii, sed in illam tantummodo ὑπατείαν, qua, duobus post annis, Tiberius Cæsar, collega Ælio Sejano, consul quintum processit; proindeque in annum ejusdem æræ trigesimum primum.

De eclipsi vero, quæ sub Christi mortem conspecta (nam Thallus, Phlegon, atque alii innumeri tenebras horribiles, quæ tunc temporis terræ incubuerunt, ἔκλειψιν ἡλίου nominarunt, iique nos post se, reclamante licet Syncello, quoad loquendi genus rapient), quinam pariter, si vel tria Africani loca, qualia laudat Pagius, alicubi Græce apud Syncellum legantur, non poterit alius annus passionis determinari, quam æræ christianæ vigesimus nonus. Certe Pagii in eo argumento magnus auctor, ne et unicus dicam, Julius Africanus est, qui cum apud Syncellum, affirmante Pagio, dixerit in uno loco, *eam eclipsin anno 4 Olympiadis 202 accidisse,* in altero autem, *anno 2 Olympiadis 202,* tum porro in tertio, *anno 2 Olympiadis 202, eclipsin a Phlegonte numeratam contigisse;* in primo, inquit Pagius, mendum est legendumque *anno 4 Olympiadis 201,* et communem Olympiadum dispositicnem Africanus fuit secutus. In secundo vero et tertio nullus occurrit error, ait idem Pagius : sed Africano Olympiades annique Olympiadici biennio citius, quam aliis exordiuntur, ita ut annus 4 Olympiacis 201, ex vulgata methodo, et annus 2 Olympiacis 202, ex propriis Africano calculis, concurrerint, ac in mediam utriusque partem initium consulatus duorum Geminorum inciderit. Omnia plane, quo et ego, et res ipsa melius intelligamur, sicuti in diagrammate subjecto videre est :

An. ab Urb. cond.	An. æræ Christ. comm.	Cons. gess. iisd. an.	Afric. an. Olymp. ser. ab an. 1 Olymp. 201, hoc est, Jul. Afric., sec. Pagium, propria, seu, qua pro suo more Afric. vulgar. toto bienn. anticipabat.	Vulg. eo-rumd. et ab eod. an. ser.
776	23	C. As. Pollio. C. Ant. Vetus.	Ol. 201. an. 1 incip.	
777	24	Sex. Cornel. Cethegus. L. Vitel. Var.	an. 2 incip.	
778	25	Cn. Lent. Isaur. M. Asin. Agrip.	an. 3 incip.	Ol. 201. an. 1 incip.
779	26	Cn. Corn. Lentul. Get. C. Calvis. Sabi.	an. 4 incip.	an. 2 incip.
780	27	M. Licin. Cras. L. Calpurn. Pis.	Ol. 202. an. 1 incip.	an. 3 incip.
781	28	Ap. Jun. Silan. P. Sil. Nerva.	an. 2 incip.	an. 4 incip.
782	29	C. Fuf. Gemin. L. Rubell. Geminus †	† desin.	† desin.

††† *Ex tribus istis crucibus, prima Christi mortem ad duorum Geminorum consulatum, altera ad annum secundum Olympiadis 202, tertia ad annum quartum Olympiadis 201, refert.*

At esto, inquio ego, futuros, qui nobis fortunatiores singuli, de quibus agitur, Africani loca in Græca Syncelli Chronographia reperiant. Nos enim hactenus nuspiam primum potuimus invenire, nisi in latina versione paginæ 323, sed quæ evidenter sit mendosa, cum pro Latinis istis, *ad Tiberii Cæsaris annum 16, qui olympiadis 202 anno quarto æqualis est*, Græca habeant, μέχρις ἕκτου καὶ δεκάτου Τιβερίου Καίσαρος, ὅπερ ἦν Ὀλυμπιάδος σβ´ ἔτος δεύτερον, ad verbum, *usque ad sextum et decimum Tiberii Cæsaris, qui fuit Olympiadis 202 annus secundus.* Quinimo futuri sint postea, quantum libet, qui Pagii judicia de repertis semel Africani locis prorsus approbent, tamen quid olim Epiphanius, nostroque sæculo Keplerus et Petavius de anno passionis senserint, nullus ignorat; Christum nempe morte affectum fuisse eo anno, qui in æra Dionysiana trigesimus primus est. Et quid, si igitur ex illorum sectatoribus aliquis id ipsum volens, illuc quoque eadem Africani loca eatenus pertinere affirmet, quod ex vulgatis hypothesibus annus secundus olympiadis ducentesimæ secundæ anno æræ Dionysianæ trigesimo primo ex parte responderit, et idem tamen ex peculiaribus Africani supputationibus quartus ejusdem Olympiadis exstiterit? Profecto ex illa tunc eclipsi annus æræ Dionysii alius, quam vigesimus nonus constitutus fuerit annus, Dominicæ crucifixionis; idque, quod magis est, sine ulla verborum Africani correctione, et ipsum alias Pagium sequendo. Rem, si necdum sat perspicua est, sequens diagramma claram et edissertatam dabit :

An. Urb. cond.	An. æræ Christ. vulg.	Consul. eo rumd. an.	Afric., sec. Pag, an. Olymp. ser. ab an. prim. Olymp. 202.	Vulg. eo-etab. eod. an. ser.
780	27	M. Licin. Cras. L. Calpurn. Pis.		Ol. 202. an. 1 incip.
781	28	Ap. Jun. Silan. P. Sil. Ner.		an. 2 incip.
782	29	C. Fuf. Gemin. L. Rubel. Gemin.	an. 3 incip.	Ol. 202. an. 1 incip.
783	30	L. Cras. Longin. M. Vinic.	an. 4 incip.	an. 2 incip.
784	31	Tiber. August. V. L. Æl. Sejan. †	desin.	desin.

† *Christus ineunte hoc anno crucifixus, secundum Petavium et alios.*

Colligimus itaque ni alia in subsidium vocentur, maxime tria, et ut quæ Pagius Africano tribuit loca, Africani sint, inefficax semper fore viri docti argumentum, quo ab extraordinaria illa solis defectione desumpto liquere crediderit, passionem ad annum æræ Dionysii vigesimum nonum proprie atque unice pertinere.

Sed enge, ecce opportune, si vel cætera, quæ in eam rem diu ante editum recens Pagii in annales Baronianos volumen publice disserueramus, et per tabulas etiam Chronologicas, quo major nostris disputationibus fax allueceret, digesseramus, quæque adeo fuisse ab ipso magnam partem confirmata gavisi sumus, et de quibus tamen ultimam nostram tamdiu sententiam ferre supersedimus, donec præclaras aliquot eruditorum lucubrationes in contrarium plus minus facientes comparare et perpendere potuerimus, omnia et singula, quod non putamus, ni nil forent, ecce, inquam, unde vel maxime obiter tota sua Pagii argumento efficacia postliminio sarta tectaque servetur.

Apud Hieronymum, Julio Africano Christus non anno simpliciter *secundo Olympiadis ducentesimæ secundæ passus est*, sed anno simul *quinto decimo Tiberii Cæsaris.*

Et primum igitur, inquio ego, ex eo quod secundum Africanum, Christus *anno quintodecimo Tiberii Cæsaris* fuit crucifixus, sequitur, velis nolis, Christum non anno æræ Dionysianæ trigesimo primo, quod Keplerus ac Petavius volebant, et diagramma secundum in speciem evincebat, mortuum esse, sed vigesimo nono, quod Pagius posuit, et ex Pagio primum diagramma proponit ob oculos. Ratio est evidens, quia nempe nullus annus quintodecimus Tiberii Cæsaris in annum æræ Dionysii trigesimum primum cadere potest : at cadit idem recta in vigesimum nonum ejusdem æræ, si a morte Augusti, ut vulgo solent, numeraveris.

Et rursus ex eo quod, secundum Africanum, Christus *anno simul quintodecimo Tiberii Cæsaris, et secundo Olympiadis ducentesimæ secundæ passus est*, consequitur pariter invictissime, pergo ego, Julium Africanum, ubicumque loci Christi mortem ad annum 2 Olympiadis 202 retulit, non putare, ut moris est, Olympiadis, sed modo sibi proprio et peculiari, eoque vere, quem primus orbi litterato indicavit Pagius, id est, quo Africanus receptum illius et cujuscumque alius Olympiadis initium biennio solet antevertere. Ratio itidem manifesta, nimirum, quod nullus denuo quintodecimus annus Tiberii Cæsaris possit dici cum secundo Olympiadis 202 vulgariter numerando concurrisse. At contra quinto decimus Tiberii ab Augusti obitu totus fere concurrit cum anno 2 Olympiadis 202, ex ordinariis Africani anticipationibus Pagio observatis.

Quæ cum ita sint, maneat, ut patet, con ra Petavii et sui similium sententiam, necesse est Christum ex genuinis Africani testimoniis inter se collatis passum esse anno æræ Christianæ 29, duobus Geminis consulibus. Nec committendum adeo, sicuti revera inveniatur Africanus eadem apud Syncellum scripsisse, quæ Phlegon apud Eusebium in Chronico latino, *Solis scilicet defectionem magnam, et inter omnes excellentem anno* 4 *Olympiadis* 202 *factum esse,* aut aliquid tale, ut non continuo recordemur corrigendum apud utrumque, Pagii imitatione, *anno* 4 *Olympiadis* 201. Aliocui nunquam secum concordaret Julius Africanus, nec unquam inter Julium Africanum et Phlegontem conveniret, aut, quod omnium pessimum foret, Africanus foret respuendus, diceremus de Phlegontis, Josephi, Dionis, et aliorum loca, Christum anno ætatis 37 labente fuisse crucifixum; quæ sententia semper erit absurdissima, uti alibi, Deo dante, ostendemus. Sequenda igitur indicata modo Pagii methodus, in Phlegontis, verbi gratia, loco apud Eusebium, itemque in cunctis Africani, quæ aliorsum primo aspectu abeunt. Sed dum tu ea de causa criticam Annalium Baronii pag. 27, num. 10, et pag. 28, num. 13 et 14, quando voles, adibis, nos ad ampliorem iterum totius rei elucidationem, tertium tibi diagramma, quo melius licebit loco, exeudi, e re tua esse, censemus.

Et quod hic porro Cæcilio nostro, ne de aliis loquar, concise *duobus Geminis consulibus* dictum est, id apud Tertullianum plenius extat his verbis : *Quæ passio perfecta est sub Tiberio Cæsare, consulibus Rubellio Gemino et Rufio Gemino.* Et bene sane, quod isto modo consulum cognominibus eorumdem nomina majoris perspicuitatis et accurationis ergo voluerit adjicere. Posteriorem tamen non *Rufium,* uti nec *Fusium,* sed *Fufirm* fuisse appellatum, ex familia quippe *Fufia,* nos hodie viri emctiores commonefaciunt; nec aliter forsan scripserat Tertullianus. Pessime utique Epiphanius, qui in Hæresi 51, ex unico illo consulum pari duplex fecerit, hoc est, unum ex *duobus Geminis,* alterum autem ex *Rufo et Rubellione.* Imo nec simpliciter Tertullianus, *Quæ passio perfecta est sub Tiberio Cæsare, consulibus Rubellio Gemino et Rufio Gemino :* sed præterea in sequentibus, *die* 8 *kal. aprilium;* ut jam ideo quod illa fert ejus locus, noster contra *post diem decimum kalendarum aprilis,* liqueat, totum nostri περιοχήν non fuisse descriptam a Tertulliano, sed ex alio quovis sæculi primi, secundi, tertii, quartive ineuntis scriptore, seu pluribus. Ab amplissimo Cupero plurimi nominantur ex iis, qui de Christo sub duobus Geminis crucifixo non consentiunt, sed varie in contraria scinduntur; et Columbus, suo ordine, unam atque alteram e præcipuis eorumdem opinionibus inter alia affert et exponit.

Duobus Geminis consulibus, cum resurrexisset... Longe melius editio Aboensis, τελεία στιγμή post *consulibus* posita, ibique adeo primam hujus capitis periodum claudens, et secundam inchoans : *Extremis temporibus Tiberii Cæsaris, ut scriptum legimus, Dominus noster Jesus Christus a Judæis cruciatus est post diem decimum kalendarum aprilis, duobus Geminis consulibus. Cum resurrexisset die tertio, congregavit discipulos, quos,* etc. Nam et post *discipulos,* distinguit ; quod fecit quoque Cantabrigiensis. Utraque non male.

Congregavit discipulos. Dato scilicet duabus Mariis præcepto, uti discipulis resurrectionem suam indicarent, monerentque, ut in Galilæam abirent ipsum isthic visuri, Matth. c. XXVIII. 10-16. Marcus enim jam congregatis supervenisse Christum refert cap. XVI, 14, ut et Lucas cap. XXIV, 36; TOLLIUS. — Habet aliquid tale Theodorus Metochita in libro Hist. Rom., ubi scilicet : καί πρῶτα μέν, inquit, ὤφθη δυσί γυναιξίν ἡνίκα καί τοὺς πόδας αὐτοῦ κρατήσασαι κατησπάζοντο. ἔπειτα ἡ Μαγδαληνή μόνη ὀπτάζεται μετὰ δὲ ταῦτα τῷ κορυφαίῳ Πέτρῳ. *Ac primum quidem mulierculis (malim mulieribus) duobus visus est, cum pedibus illæ comprehensum amplecterentur. Inde soli Magdalenæ est conspectus, postea Petro illi summo :* quæ clarissimi editoris Joannis Meursii versio est. Sed cum ab una parte, secundum S. Joannis Evangelium (*Cap.* xx, 14 *et seq.*), Maria Magdalena sola ad sepulchrum

esset, quando suam illi Christus resurrectionem manifestam fecit, et *Abi,* ait, *ad fratres meos; dic illis : Ascendo ad Patrem meum et Patrem vestrum, et ad Deum meum et Deum vestrum;* ab altera vero, secundum Matthæum (*cap.* XXVIII, 8), mulieres, quibus Christus suos pedes amplexatis, *Ite,* inquit, *ac fratribus meis renuntiate, ut in Galilæam me istic visuri proficiscantur,* a sepulchro jam longe, quando id ad discipulos mandati acceperunt, abessent ; et denique secundum disertissimam Marci affirmationem (*cap.* XVI, 9), *Christus, cum resurrexisset mane, primo post Sabbatum die, apparuerit primum Mariæ Magdalenæ;* his, inquam, de causis dicenda illa mihi plane videtur et vidisse prima omnium, dum sola sepulchro adesset, Dominum nostrum e mortuis redivivum, et habuisse quoque prima omnium tune temporis mandatum ab illo de sua resurrectione discipulis indicanda. Ad phrasin quod attinet, Lactantianam esse, monet et probat Baluzius, col. 305.

Quos metus comprehensionis. Videantur Apostoli, recollectis post primam illam fugam animis, postridie et tertio die convenisse in unum, et sollicites tristesque tragœdiæ hujus expectasse catastrophen. Vide cap. xx Joannis, et Lucæ XXIV, ubi Christus Hierosolymis, ipso resurrectionis die, cum Cleopas cum sodali apparitionem Christi discipulis undecim aliisque narrarent, ad ipsos in cœnaculum accessisse narratur, in quod se metu Judæorum contulerant, incluserantque, magna sane et tantum non inextricabili a Matthæi Marcique diversitate, quorum ille profectos in Galilæam discipulos ad illum montem tradit, quem Jesus indicarat, hic postea Christum discipulis apparuisse tradit, quam ii duo, quid sibi accidisset, ad alios retulerant. TOLLIUS. — Qui ea cuncta, quæ antecedens viri clarissimi observatio complectitur, uno ut ipse intuitu, simulque tanquam eventa trium dierum Julianorum respexerint, hoc est, diei passionis, quo sub vesperam Jesus Christus sepulchro conditus est ; posteri, quo toto jacuit sepultus ; et resurrectionis, quo illucescente revixit ; næ illi priorem Tollii difficultatem, haud *magnum* modo, et *tantum non inextricabilem,* ut eam vocavit, sed revera insolubilem reperient. Ita quippe, ex Matthæo (*cap.* XXVIII, 1, 2, 5, 7), Apostoli illo ipso die resurrectionis, quo prima luce angelus ad mulieres : *Cito,* inquit, *euntes dicite discipulis ejus, quia resurrexit, et ecce præcedit vos in Galilæam ;* dein Jesus ipse paulo post ad easdem (*ibid.* 10) : *Abite, renuntiate fratribus meis, ut eant in Galilæam ; ibi me videbunt,* profecti fuerint omnes in Galilæam, in montem, quem eis condixerat Christus, ibique Dominum viderint et adoraverint. At contra, ex aliis evangelistis, jam *vespera erat* (*Luc.* XXIV, 29, 33 ; *Joann.* XX, 2, 5, 7), *et cœnabant Apostoli* (*Marc.* XXIV, 14), ni jam etiam cœnaverant (*Luc.* XXIV, 41, 42), quando se Christus eorum collegio primum exhibuit. Quandonam igitur profecti eo die in Galilæam, et Christum in condicto sibi monte conspicati et venerati? An, post cœnam denique, quia non ante? Sed ante cœnam non alia ipsis eundi causa in Galilæam per mulieres significata fuerat, quam ut ibi Christum conspicerent. Cur ergo post cœnam, quo jam eum tempore viderant, in Galilæam visendi gratia exivissent ? Quorsum, dico, tam intempesta profectio? Operæ pretium itaque, quoniam non ignobilis nodus est, ut eum, occasione data, pro virili solvamus.

Christus, si quid cernimus, die resurrectionis semeli (*Matth.* XXVIII, 2, 5, 7) atque iterum (*Ibid.* 10) per alios mandari apostolorum familiæ jussit, ut εἰς Γαλιλαίαν sui causa videndi proficiscerentur : qui quoniam de ejus e mortuis suscitatione dubitabant, per totum diem dare se eo, versus in viam, neglexerunt : quamobrem, venit tandem ad ipsos Christus de nocte ; neque illi amplius eo die, ullove e proxime sequentibus, ob dictum Christi jussum in Galilæam ire cogitaverunt, multo minus contenderunt. Factum id ergo demum ab iis post octo ad minimum dies, idque sive ex casu mere fortuito, ut vulgo loquimur, sive potius ex novo Christi mandato. Confer Joannis xx, 19, 26, cum xxi, 1 et seq. Et Christus, dum id temporis in Galilæa versarentur, injunxit illis, non absens et aliorum opera, sed ipse et coram, ut ad se in certum Galilææ montem certa die, sive etiam hora convenirent. Atque 'ea vice apostoli magistri sui dictis obtemperantes *in montem Galilææ profecti sunt, quem eis præscripserat*, Matth. xxviii, 16, et ad quem cæteroqui *cum etiamnum e longinquo accederent, plerique quamprimum Jesum viderunt, adoraverunt*, comm. 17, *quidam vero abstinuerunt* (ibidem), *quod an is reapse foret, hæsitarent*, visu nimirum reliquis minus pollentes, nec ejus resurrectionem, quam tot certissimis testimoniis confirmatam vidissent, in dubium denuo vocantes, sed solam ejus præsentiam, de qua ni sibi planissime constaret, nolebant ei ipsi homini, quem strictim oculis observarent, et alii coram se ut Jesum et Deum venerarentur, religiosum ullum exhibere honorem. Confer Joan. xvi, 4 et seq. Adeo ut illud jam nobis, quod toties a chronologis sacris usurpatum est, inculcandum veniat, *Distingue tempora, et conciliabis Scripturas*. Aliquatenus utique in hocce argumento clariores futuras, fateor, si quemadmodum apud Lucam xxiv, 36, legimus : Ταῦτα δὲ αὐτῶν λαλούντων, αὐτὸς ὁ Ἰησοῦς ἔστη ἐν μέσῳ αὐτῶν· *Hæc autem ipsis loquentibus, stetit ipse Jesus in medio eorum*; ita verba Matthæi|forent : Οἱ δὲ ἕνδεκα μαθηταὶ ἐπορεύθησαν εἰς τὴν Γαλιλαίαν εἰς τὸ ὄρος οὗ ἐτάξατο αὐτοῖς αὐτὸς ὁ Ἰησοῦς. *Undecim autem illi discipuli profecti sunt in Galilæam, in montem, ubi Jesus ipse constituerat eis, ut adessent*. Verum, ne quid aliud dicam, eodem quoque facere hodiernam lectionem, nemo vel mediocriter græce doctus negabit.

De ista autem altera quæstione, qui verum sit, Christum Hierosolymis ipso resurrectionis die ad discipulos in cœnaculum accessisse, *dum Cleopas et sodalis, quo pacto sibi Christus apparuisset, undecim apostolis aliisque narrarent*, tradente in contrarium Marco, *Christum non ante discipulis apparuisse, quam illi duo quid sibi accidisset, ad alios retulissent*, ecce istum etiam nodum, ne, cum opus est et possumus, Historiæ sacræ desimus, sic extricamus. Ex Marco (*cap.* xvi, 12), *Christus duobus e fidelium cœtu rus euntibus apparuit alia forma*, quam ante mortem consueverat. Iidem autem, si ad Lucam nos conferimus (*cap.* xxiv), vix Jesum ἐν τῇ κλάσει τοῦ ἄρτου cognoverant, et e suo conspectu evanuisse viderant, cum sine mora Hierosolymam rediere, ubi congregatos invenerunt apostolos, eorumque socios, qui dicerent : *Vere surrexit Dominus, seque Simoni ostendit*. Atque ibi tum Cleopas et sodalis, quæ sibi quoque in via et in cœna contigissent, narrarunt, loquendique finem eo temporis articulo fecerunt. Sed jam si ad Marcum revertimur (*cap.* xvi, 12, 13, 14), plurimi ex iis, quibus ista recitabantur, quique similia prius ab aliis audiverant, nec crediderant, ne Cleopæ quidem ejusque comiti fidem habuerunt ; indeque de istis omnes denuo ac magis magisque disserere ac colloqui. *Et dum ita* iti, inquit Lucas (*cap.* xxiv, 56), tam quos Cleopas ejusque socius convenerant, quam ipsummet cum itineris comite Cleopam intelligens, *eadem loquebantur, stetit ipse Jesus in medio eorum*; ut simul Christus sat diu post primam Cleopæ et sodalis narrationem sese vivum conspiciendumque apostolis repræsentaverit, et dum una adhuc omnes de memoratis a Marco apparitionibus inter sese agerent et disceptarent. Quod si pluribus opus est, tria sunt, quæ hanc totam solutionem comprobant. Unum, ταυτά, cum gravi accentu, non *hæc*, sed *eadem*, haud raro apud idoneos auctores sonare, pro τὰ αὐτά scilicet. Alterum vero, nullos in antiquioribus Novi Testamenti manuscriptis codicibus occurrere accentus ; ut proinde si loci sensus, vel veritatis commoda requirant, tam facile in iis legere queas ταυτά cum gravi, quam ταῦτα cum circumflexo. Tertium denique, neutiquam verisimile esse,

ut ad primam apostolorum aliorumve incredulitatis significationem Cleopas, et qui cum eo rure redibat, ibique Christum suis ipse quoque oculis conspexerat, frigide conticuerint, vel ad alia omnia, de sibi factæ apparitionis veritate et gravitate parum sollicili, sermonem converterint. Potius itaque etiam pro rei merito institerint, itemque qui ipsis in cœnaculum intrantibus, *Christus vere resurrexit, et a Simone visus est*, dixerant. Quamobrem vertere equidem, ut supra, non dubitaverim, *Eadem autem illis loquentibus*, id est, agitantibus et disputantibus, *Christus ipse constitit in medio ipsorum*.

Verum ista nos longius abduxerunt : ad auctorem nostrum redimus, qui de Christi discipulis inquiens, *quos metus comprehensionis ejus in fugam verterat*, nullatenus apostolorum metum, ne Christus comprehenderetur, intellexit, nam eos nonnisi post ejus comprehensionem aufugisse, ex Evangelio certum est : sed metum sane iisdem ex ipso comprehensionis eventu obortum. Vide Matth. xxvi, 50, 56. Adde quoque, quæ nos infra ad num. 36 notabimus.

Fuerunt. Lege, *fuerant*. BOHERELLUS. — Adeo in ea re doctissimo amico non repugno, ut ita ipse semper putaverim emendandum, inductus scilicet tam præcedentibus verbis, *Congregavit discipulos quos metus comprehensionis ejus in fugam verterat*, (tempore plusquam perfecto, non tempore perfecto *vertit*) quam istis maxime Lactantii, lib. iv Inst., cap. 20 : *Discipulis iterum congregatis, Scripturæ sanctæ litteras, id est, prophetarum arcana patefecit, quæ antequam pateretur, perspici nullo modo poterant*. Nam neque etiam ibi reperias potuerunt. Sed istam forte correctionem præripuit utrique nostrum Columbus. Haud enim aliter excusum hoc loco in editione Aboensi, ac nostræ conjecturæ legendum ferunt , licet rationem frustra quæras in ejusdem notis.

Ordinavitque eos. Ordinati jam erant a Christo Matthæi c. x, sed restricta missione ad Judæos. Ut igitur et Gentibus verbum Dei prædicaretur, nova rursus ordinatione indigebant, quæ se ad πάντα τὰ ἔθνη extenderet, Matth. xxviii, 19 ; Lucæ xxiii, 47. TOLLIUS. —Unice probo, totusque, ita me Deus amet, posse gaudeo hinc agnoscere virum celeberrimum, me, quidquid hactenus ab ipso dissentiens animadverterim, nulla vel malignitate, vel invidia fecisse, absit : sed ex solo summoque meo erga veritatem studio et candore, ut litteratis licet ac criticis. Cæterum, uti noster, *ordinavit eos*, indubie pro eo, quod Paulus, *Christi ministros dispensatoresque mysteriorum Dei constituit*, dixisset, aut aliquid tale (vide enim Epistolam priorem ad Corinth. cap. iv, comm. 1), ita Suetonius in Vespasiano cap 23 : *Quemdam e caris ministris dispensationem cuidam, quasi fratri , petentem cum distulisset, ipsum candidatum ad se vocavit, exactaque pecunia, quantam is cum suffragatore suo pepigerat, sine mora ordinavit*, hoc est, ut patet, dispensatorem instituit, vel creavit. Hugo Floriacensis narrat, *Constantium ordinasse Licinium Cæsarem Hispaniarum :* quod etsi vir summus alienissimum pronuntiet a veritate, exemplum tamen est certissimum locutionis, quam hic habemus, licet in recentioris ævi scriptore. Tertium affert e Lactantio Baluzius.

Testamenti Novi solemnem disciplinam, ut puta, Baptismum. Hujus enim collatio in veteri Ecclesia solemnis erat tempore paschatis ; qua de re nonnulla in notis ad Ausonii carmen paschale. TOLLIUS. — Accepit de *tota novi Testamenti disciplina* clarissimus interpres Gallicus (Maucroix). Sed, ut opinor, male. Primo enim haud alia attingit hic scriptor in antecedentibus, quam quæ a Christo post resurrectionem facta sunt. At nequaquam, verbi gratia, Eucharistiam post sui suscitationem a mortuis instituit (Id ante mortem præstiterat), sed baptismum, saltem quoad omnes gentes, Matt. xxviii, 19. Et præterea, cum in nostro auctore, post, *Ordinavitque eos et instruxit ad prædicationem dogmatis ac doctrinæ suæ*, rursumque post proximum *disponens Tes-*

tamenti Novi solemnem disciplinam, confestim sequatur, *Quo officio repleto, circumvolvit eum procella nubis, et subtractum oculis rapuit in cœlum. Et inde discipuli... dispersi sunt per omnem terram ad Evangelium prædicandum, sicut illis Magister Dominus imperaverat;* quid primum omnium manifestius est quam τὸ *Ordinavit eos, et instruxit ad prædicationem dogmatis ac doctrinæ suæ,* illud ipsissimum esse quod apud Matthæum legimus : *Et accedens ad eos Jesus locutus est, dicens : Data est mihi omnis auctoritas in cœlo et in terra; profecti ergo discipulas facite omnes gentes?* Postea vero quid clarius quam τὸ dehinc disponens *Testamenti Novi solemnem disciplinam,* illud pariter esse quod apud eumdem Matthæum proxime occurrit : *Baptizantes eos in nomine Patris, et Filii, et Spiritus Sancti?* Ac denique quid hoc evidentius quam τὸ *Quo officio repleto, circumvolvit eum procella nubis, et subtractum oculis hominum rapuit in cœlum,* id ipsum quoque denuo esse, quod apud Marcum scriptum est. (*cap.* xxviii, 19) : *Postquam hæc locutus esset, assumptus est in cœlum :* apud Lucam autem in Actis : *Et cum hæc dixisset, adspicientibus illis, elevatus est, et nubes susceptum eum abstulit ab oculis eorum.* Per illam itaque disciplinam, quæ hoc loco *solemnis* et *Novi Testamenti* vocatur, haud videmus quid aliud melius, non quidem propter Christi institutionem, vel praxin primulorum Christianismi temporum, sed ex usu sæculi, verbi gratia, quarti, quo noster Cecilius scribebat, possit intelligi quam *Baptismus.*

Cave modo, etsi Burdegalensis Ausonii versus Paschales incipiant :

Sancta salutiferi redeunt solemnia Christi,

et olim in Thessalia teste Socrate, *solis diebus Paschæ baptizarent,* et secundum Zonaram, *soleret Ecclesia in magno sabbato baptismata celebrare,* nec postremo aliorsum abeat Basilius, Homil. in S. Baptismum, ne ob ejusmodi loca baptismi collationem existimes non alio antea tempore usitatam fuisse solemniter in prisca Ecclesia, quam tempore Paschatis. Plerisque enim in locis, qui in Paschate baptizabant, baptizabant etiam in Pentecoste, et al cubi die quoque Epiphaniæ, imo *numeriosius in die Epiphaniæ, quam in paschali tempore,* ut ex Decretis Leonis I papæ discimus, tit. 7. Tantum qui ita die *Epiphaniæ,* seu, ut alias loquuntur, *Epiphaniorum,* vel interdum etiam *Epiphaniarum,* pro ritu sibi a prædecessoribus peculiari frequentius tingebant, a prædicto pontifica damnati sunt, utpote qui *irrationabilem novitatem usurpprent,* ait ille, *et confuso temporis utriusque mysterio nullam esse differentiam crederent inter diem quo adoratus est Christus a Magis, et diem quo resurrexit Christus a mortuis.* Quin imo, inquit Petrus Blesensis, *Ecclesia sub anathemate interdixit ne aliquis die Epiphaniarum baptizet, si articulus necessitatis non intercidat.* Eorum vero superstitio, qui Thessalis illis, de quibus paulo ante, et Socrate, similes, nolebant nisi ἐν τῷ Πάσχα accedere ad Baptismum, a nullo quidem, quod noverim, concilio, vel Ecclesiæ Romanæ episcopo insigniter condemnata est : sed præstricta est tamen a Joanne Chrysostomo, homil. 1 in Acta Apostolorum. Qui autem diebus simul Paschatis et Pentecostes baptizare solebant, ii diem Paschatis altero solemniorem existimabant : unde et forsan solemnis nostri loci *disciplina* κατ᾽ ἐξοχὴν. Tertullianus : *Dein Baptismo solemniorem Puscha præstat, cum... passio Domini, in qra tingimur, adimpleta est... Exinde Pentecoste ordinandis lavacris lætissimum,* seu, ut alii legunt, *latissimum spatium est.* Ac denique consuetudo qua uterque dies baptismo consecrabatur, nobis videtur fuisse omnium usitatissima, recepta quippe ab Ecclesiis Africanis, secundum Tertulliani testimonium ante a latum ; et de qua diserte Siricius in epistola decretali ad Himerium episcopum Tarraconensem : *Sequitur,* inquit, *de diversis baptizandorum temporibus, prout cuique libitum fuerit, improbabilis et emendanda confusio, cum hoc sibi privilegium, et apud* nos, *et apud omnes Ecclesias. Dominicum specialiter eum Pentecoste sua Pascha defendat, quibus solis per anrum diebus ad fidem confluentibus generalia baptismatis tradi convenit sacramenta.*

Quo officio repleto. Malim *impleto.* Ideo Christus a Patre in terras missus fuerat, πιστὸς τῷ ποιήσαντι αὐτὸν, ad Hebr. xi, 2, ubi et ἀπόστολος καὶ ἀρχιερεὺς τῆς ὁμολογίας ἡμῶν appellatur. TOLLIUS. — Habet lingua Gallica plurimas istiusmodi ocutiones. Quapropter, et quia simul infinita dicendi genera Latinis accepta referre debemus, vix niendum equidem τῷ *repleto* subesse assentiri ausim ; de *officio* vero, quid hic sonet, adi Columb., col. 593.

Procella nubis. Ῥητορικώτερον hoc Lactantius, qui hic artis, quam docebat, non oblitus est, respondetque aliquantulum τῷ ἀνεφέρετο, quod est apud Lucam, c. xxiv, 51. TOLLIUS.

Dispersi sunt per omnem terram, ad Evangelium prædicandum, sicut illis Magister Dominus imperaverat, etc. Locus, si quid auctor per *omnem terram,* moxque per *omnes provincias et civitates* intellexerit, curiosius, ut licet, et ob ante dicta necesse est, scire velimus, valde notabilis. Nam dispersi sunt discipuli *per omnem terram,* incipit ille, *sicut eis Magister Dominus imperaverat.* Atqui Dominus non injunxerat apostolis ut per solas gentes Romanis subjectas Evangelii causa dispergerentur, sed ut ad omnes sine ulla limitatione populos eo nomine abirent. Hinc apud Matthæum, xxviii, 19 : *Profecti,* ait, *docete omnes gentes :* apud Marcum vero disertius (*Cap.* xvi, 15) : *Euntes in mundum universum, prædicate Evangelium omni creaturæ ;* Redemptor scilicet totius mundi, non illius unice portionis quæ Romanis parebat. Et noster ergo, cum dicit apostolos jam tum ab assumptione Domini dispersos fuisse per omnem terram ad Evangelium prædicandum, sicut eis Magister imperaverat, tum de iisdem continuo post, et per annos 25, *usque ad principium Neroniani imperii per omnes provincias et civitates Ecclesiæ fundamenta miserunt,* omnem totius orbis terram habitatam, omnesque pariter omnis terræ provincias et civitates lato sensu intellexit, non imperium stricte Romanum, omnesve provincias et civitates orbis simpliciter Romani. Atque ita prorsus in διαλέξει de Legibus Theodoretus : *Nostri illi,* inquit, *piscatores ac publicani, sutorque ille noster* (ὁ σκυτοτόμος, Paulo hac voce indigitato), *cunctis nationibus legem evangelicam detulerunt. Neque solum τοὺς, quique sub Romano vivunt imperio* (καὶ τοὺς ὑπὸ τούτων τελοῦντας), *sed Scythas quoque ac Sauromatas, Indos prætered, Æthiopas, Persas, Seras, Hyrcanos, Britannos, Cimmerios et Germanos, utque semel dicatur, omne hominum genus, nationesque omnes induxerunt Crucifixi leges accipere.*

Adde, si paucis ad specialiora quædam descendimus, Scythiam, verbi gratia, atque Indiam nunquam censas fuisse sub Neronis decessore Claudio inter imperii Romani provincias, et esse e cæteris Patribus qui, utcumque ex parte pseudonymi, non modo *Philippum post ascensionem Salvatoris Evangelium per annos tamen viginti et unum Gentibus per Scythiam prædicasse scripserint, indeque per revelationem in Asiam reversum esse :* de Thoma vero, *Evangelium fuisse ab illo prædicatum Parthis et Medis, et Persis, Hircanisque, Bactrianis, et Indis, tenente scilicet Orientalem plagam, et interna Gentium penetrante* (longe enim præferenda Freculphi lectio, quam sequimur, Isidorianæ) : sed quibus, quod magis est, *Philippus anno 12 Claudii crucifixus fuerit et lapidibus obrutus ;* imo esse qui sub Melitonis Sardensis nomine tradiderint *anno secundo ab ascensione Domini apostolos per orbem divisos in exteriis provinciis Evangelium promulgasse,* quorumque proinde omnium sententia, si non plane eadem quæ hujus scriptoris, saltem quam simillima fuerit necesse est, hoc est, Christi fidem fuisse ante principium Neroniani imperii longe ultra Romani fines annuntiatam. Jure an injuria longum esset disquirere ; et quousque tandem tum temporis pervenisset nemo unquam forsan paulo prudens definire audebit, ita res obscura est, et de illa sibi invicem adversantur, exempli causa, Cecilius noster, hic loci; Eusebius, lib. III Hist. Eccl., cap. 1, collato cum ultimo libri secundi; Origenes, tractatu 28, in Matthæum; Tertullianus adversus Judæos, sect. de nativitate Christi, sub finem; ac denique Augustinus in epistola ad Hesychium, quæ octogesima est, haud procul quoque a calce. Jam satis sit ergo auctoris nostri mentem, capite tamen tertio melius adhuc declarandam, pro virili aperuisse.

Magister Dominus. De Christo, citra controversiam. Quare maluit sine dubio Columbus utramque vocem littera majuscula inchoari. Sed id nihili. Alicujus vero momenti est, quod ita *Magister Deus* de eodem apud Lactantium occurrat his verbis: *Discipuli per provincias dispersi fundamenta Ecclesiæ ubique posuerunt, facientes et ipsi in nomine magistri Dei magna et pene incredibilia miracula.* Sic enim firmantur quæ a nobis supra, col. 603, ad hujus conjecturæ fulcimentum allata sunt : *Qui illuserant Deo strati jacent.*

Et per annos 25 usque ad principium Neroniani imperii. Constat ratio. Nam huic scriptori *Jesus Christus post diem decimum kalendarum aprilis cruciatus est duobus Geminis consulibus;* et sub iisdem, *commoratus cum discipulis diebus duntaxat 40 post resurrectionem, fuit in cœlum raptus. Et inde,* secundum eumdem, *apostoli per omnem terram dispersi, per annos 25 usque ad principium Neroniani imperii Ecclesiæ fundamenta miserunt.* Atqui, ab anni tempore quo sub duorum Geminorum consulatu Jesus Christus in cœlum receptus est, usque ad primordia principatus Neronis, anni tantum sunt 25 cum mensibus 5 et aliquot diebus. Sed noster numerum, ut solet fieri, rotundavit. Distinguit porro non male post *per annos 25* editio Aboensis, habetque complura Baluzius, nec parvi momenti, ad eadem verba, col. 303.

Per omnes provincias et civitates. Id est, si vernacula Maucroixii tralatio audienda sit, *per omnes provincias et civitates imperii Romani.* Nec dubitandum quidem quin infra, cap. 23, *Census in provincias et civitates semel missus* de censu in provincias et civitates imperii Romani misso pari modo sit intelligendus, nec quin pariter, cap. 7, *per concisas in frusta provincias, singulasque regiones, ac propemodum civitates multis præsidibus et pluribus officiis oppressas,* intelligendæ quoque veniant imperii Romani provinciæ, regiones et civitates. Sed quoad nos, hic sane, ob ante dicta col. 618, non possumus non supplere potius ex præcedentibus *omnis terræ,* late loquendo, sicuti recens observabamus; ita ut denique, quemadmodum apud nostrum *Ecclesia constituta* uno modo, c. 1, sub finem, et altero, c. 12, circa medium, debet accipi, sic apud eumdem uno loco *per omnes provincias et civitates,* altero vero *ubique in provinciis et civitates,* pro locorum natura res diversas connotent. Adde quæ hoc ipso capite, col. 626, ad vocem *justitiam,* itemque col. 633 et 635, ad *translatum* (*Neronem*) *et translatos* (*duos prophetas*) dicemus.

Ecclesiæ fundamenta miserunt. Vide omnino et Lactantii verba, quæ supra col. 618, exscripsimus, et Baluzium, col. 303, Columbum, col. 594, has voces.

Cumque jam Nero imperaret, Petrus Romam advenit. En tibi, Lector, locum quem contra Baronium cæterosque innumeros et acriores diuturnæ S. Petri in urbe Roma cathedræ defensores vere pugnacem et invictum dicare possumus. Baronius enim, in Annalibus ad annum Christi 44, num. 15 : *Omnium,* inquit, *testimonio certum exploratumque habetur, jam anno secundo ejusdem* (*Claudii*) *Augusti Petrum, apostolorum principem, venisse Romam.* At noster contra : *Petrus Romam advenit, cum jam Nero imperaret.* Huncque adeo, quæ sit repertum vulgatumve semel hoc opus, gravia illa doctorum tam protestantium, quam pontificiorum judicia, quæ partim subjicere, partim indicare properamus.

« Hujus Tractatus interventu, tandem aliquando ab inveterato errore liberamur, de S. Petri 25 annorum pontificatu. » (Præfatio editionis Oxoniensis, seu verius piissimi et reverendi, dum viveret, Oxoniensis episcopi, Joannis Felles, cujus, uti morum sanctitas excellens, et effusissima in pauperes beneficentia, mirusque animi in promovendis melioribus litteris ardor, justam semper a me venerationem habuerunt : ita memoria sit æternum precer bene dicta.)

« The account that he gives of Saint Peter's coming to Rome, cuts of the Fable of his being there for five and twenty years. » (*Præfatio quam reverendus ipse quoque jure meritissimo episcopus Sarisburiensis, Burnetus, suæ olim vernaculæ tralationi, necdum præsul, præfigebat*). Quæ ferme sonant : Quod Lactantius in hoc libro de B. Petri in urbem Romam adventu recitat, omnem serpendi amplius potestatem præcidit fabulæ qua ipsum Romæ 25 annis sedisse nugabantur.

« Eusebius in Chronico Petri in urbem Romam adventum refert anno secundo Claudii, quam sententiam secutus est Baronius. Sed, ut inquit Valesius in notis ad Eusebium lib. II cap. 16, sententia hæc refelli videtur ex Actibus Apostolorum ; ex quibus constat Petrum in Judæa ac Syria semper mansisse usque ad ultimum annum Agrippæ regis. Qui cum Hierosolymis Petrum in vincula conjecisse, paulo post divina eum insequente justitia, extinctus est Cæsareæ, ut refert Lucas. Cum igitur anno quarto Claudii mortuus sit Agrippa, ut inter omnes convenit, Petrus ante hunc annum Romam proficisci non potuit. Sed Auctor Chronici Alexandrini adventum Petri in urbem Romam adhuc tardius refert. Scribit enim Paulum venisse Hierosolymam ob controversiam de circumcisione anno sexto Claudii, eoque anno celebratum esse concilium Hierosolymitanum, apostolis nondum a se invicem disjunctis. Itaque ex ejus sententia, Petrus non ante annum 7 Claudii Romam profectus est. Denique Lactantius lib. de Mortibus Persecutorum, cap. 2, ait Petrum, *cum jam Nero imperaret,* Romam venisse, quæ opinio verosimilior videtur. Neque enim in Chronologia pontificia Eusebio magna fides habenda, ut inferius ostendemus. Præstat hic Lactantii citati verba in medium afferre. Apostoli *per annos 25, usque ad principium Neroniani imperii,* etc... *Cumque jam Nero imperaret, Petrus Romam advenit,* etc.... Ex his vigiuti quinque annis, qui ad prædicationem omnium apostolorum ex æquo pertinent, orta videtur opinio de 25 annis qui vulgo tribuuntur S. Petro in sede Romana. Qui Claudio imperante Petrum Romam venisse volunt, coguntur duplicare profectionem ejus in Urbem, et duplex item ejus cum Simone Mago certamen comminisci, primo quidem temporibus Claudii, dein principatu Neronis : quod tamen a nullo Veterum proditum, ut ait Baluzius in notis ad Lactantium. Hanc etiam sententiam tuentur Papebrocius in Conatu chronico-historico ad Catalogum veterum pontificum, et Ludovicus Du Four in observationibus mss. ad Chronologiam pontificiam, quas mecum pro sua benevolentia communicavit. » (*Pagius in Critica Annal. Baron.* p. 39 et 40 ad ann. Per. Gr. Rom. 5536, num. 3 et 4). Ubi utinam pari accuratione locum Papebrocii quem in animo habebat indicasset. Nos enim nullum hactenus in dicto conatu, nec in ejus Appendicibus, potuimus reperire, in quo Papebrocius duplicem eam Petri in Urbem profectionem confutet, vel simpliciter neget. Et contra, « Dicam igitur, inquit ille pag. 12, num. 4, Petrum quidem Romam venisse 2 anno Claudii (quæ res Eusebium deceperit), sed prævalente apud imperatorem gratia Simonis Magi........ mox rediisse in Syriam, ibique mansisse quoad divino admonitu (si Metaphrasti credimus), vel sua propria sponte iterum Romam revertit....... Itaque opinari volo sub initium anni 50 Romam advolasse apostolum et mense

Januario ibidem Cathedram sibi et successoribus suis constituisse; » duplicato proinde ibi loci a Papebrocio Petri in Urbem adventu, quemadmodum moris est, quin et utroque ad tempora Claudii relato; imo, priore usque ad annum illius secundum, posteriore autem non inferius quam ad decimum. Ubinam ergo Papebrocii consensus cum nostro scriptore et Pagio potentibus Petrum Romam nonnisi Neronis principatu venisse ? Sed in eo forsan ex mente Pagii agnosci debet, quod quidquid Papebrocius de gemina Petri sub Claudio in Urbem profectione statuerit, non ideo Petrum Romæ 25 annis pontificem sedisse cum vulgo agnoverit, sed *quindecim tantum, integrumque adeo, ut ipse locutus est, decennium exorbitanti numero viginti quinque annorum subtraxerit.* At si ita est, locutus ergo fuisset paulo aliter quam fecit clarissimus Pagius. Notum porro Baluzii, ad quam respiciebat, extat nostræ editionis col. 303, ad hæc verba: *per annos 25.* Et ob eamdem, longe ante Pagium editiones Oxoniensis et Cantabrigiensis : « Ex hoc loco eos redarguit Baluzius, qui viginti quinque annos Petro assignant quibus Ecclesiæ Romanæ præsiderit, et cum excussa sibi viderint omnia fere subterfugia, eo redacti sunt ut duplicem Petri profectionem in Romam comminiscantur, unam Claudii temporibus, principem Neronis alteram, contra omnium fidem, qui de ea aliquid litteris mandarunt. »

Videantur nunc, si quid restat, Cuperus et Columbus suis locis : sed omnium maxime, quando in rei veritatem penitius inquirere libebit, docta mehercule et laboriosa clarissimi Frider. Spanhemii de temere credita Petri in urbem Romam profectione dissertatio, nec non illustris Salmasii tractatus de Primatu Petri.

Petrus Romam advenit. Vide de eo Petri adventu Scaligerum ad Novum Testamentum. TOLLIUS. — Scaligeri locus est ad istum Joh. XVIII, 31 : Ἡμῖν οὐκ ἔξεστιν ἀποκτεῖναι οὐδένα. Ubi mirum quanta non dicam confidentia, sed εὐστοχίᾳ et sagacitate vir summus, cui nunquam noster innotuerat, id ipsum fere totidem verbis, quod noster olim dicturus erat, occupaverit sub finem in hunc modum : *A Christi in cœlum receptu ad quartum annum Neronis certo certius est Petrum Romam non venisse.*

Et editis quibusdam miraculis qua virtute ipsius Dei, data sibi ab eo potestate faciebat. Melius ante omnia cum Aboensi editione distinxeris, *et editis quibusdam miraculis quæ virtute ipsius Dei, data sibi ab eo potestate, faciebat....* Quæ hic autem secundo loco debeant miracula intelligi, ingenue dicam, non mihi constat. Sive quia cuidquid Arnobius, Sulpicius Severus, Georgius Metochita, atque alii, de Petri miraculis apud Romanos patratis speciatim recitent, noster ad nil tale descendat; sed de quibusdam tantum meminerit generatim, *editis quibusdam miraculis......* Sive postea, quoniam dum Arnobius et Sulpicius Severus *nonnisi Simonis Magi de cœlo in terram, orante Deum Petro, vel etiam Paulo, præcipitati*, mentionem faciunt, adjicit exerte Georgius Metochita fuisse in ejus præstigiatoris vestibulo canem catenæ alligatum qui quosvis ad dominum injussu intrantes devoraret : *voluisse autem aliquando Petrum ad Simonem Magum adire; tuncque jussisse cani, ut prior intraret, et voce humana Magistro de Petro pro foribus stante nunciaret: id vero confestim factum fuisse a cane, cunctis qui in œdibus erant obstupefactis.* Sive tertio, quia cum ista miracula fabulam mere redoleant (unde et primum doctissimus Cuperus fabulam infra, tametsi altero probabilius, appellabit), Christus autem miracula longe alius naturæ promisisset editum iri per apostolos, quæque illi adeo ediderunt, imo quæ et Patres edita esse ab apostolis crediderunt, sicut vel ex eorum homiliis et commentariis ad Acta apostolorum liquet : idcirco, inquam, admodum possibile sit, Cæcilium nostrum respexisse potius ad aliqua melioris notæ miracula tamquam Romæ per Petrum facta, quam ad modo recitata quæ mendacii suspicione non carent. Sive denique, quod etsi Patres solis variorum miraculorum narrationibus fidem habere debuerint, sæpius tamen quam par fuit, etiam fabulosis accommodaverint, uti eadem exempla plus satis ostendunt.

Verum enimvero, quæcumque demum miracula noster dicere voluerit, Patres certe, dum dubia, seu quis malit *aperte fabulosa*, pro veris sine malo dolo amplectebantur, eadem quoque, quod decuit, divinitus edita credebant. Nec aliter de vero miraculo Petrus in Actis, et post celebrem illam pauperis cujusdam ab utero claudi sanationem : *Viri Israelitæ, quid miramini de hac re? aut quid intentos oculos in nos habetis, quasi propria potentia vel pietate effecerimus, ut hic ambulet ? Per fidem in nomen Principis vitæ hunc quem conspicitis ac nostis confirmavit nomen ipsius.* Et Orosius similiter de cunctorum apostolorum miraculis : *Pilatus... ad Tiberium imperatorem atque ad senatum retulit de passione et resurrectione Christi, consequentibusque virtutibus, quæ vel per ipsum factæ fuerant, vel per discipulos ipsius in nomine ejus fiebant.* Imo, præ cæteris omnibus testimoniis, præfatio Juli., ut aiunt, Africani in Historiam Abdiæ apostolicam : *Verum utrum magna apostoli ostendissent prodigia in populis, an minora, non hæc fragilitati humanæ sunt adscribenda, sed a nobis fideliter confitendum, quia operatur ea unus atque idem Dominus Jesus Christus, qui in eis per bonam voluntatem et sensus puritatem habitat.*

Convertit multos ad justitiam. Locutio desumpta, ni fallor, ex ista Gabrielis ad Zachariam de Johanne Baptista, *ut convertat... incredulos*, vel, ut alii malunt, *rebelles ad prudentiam justorum*. Unde et erunt fortassis qui primo intuitu censeant *justitiam* nil hic esse aliud quam eam ipsam *justorum prudentiam*. Sed melius procul dubio quid nunc *justitiæ* nomine intelligere oporteat, docet ex Lactantio et Sulpicio Severo Baluzius, col. 303.

Deoque templum fidele, etc. Hoc est Christianorum corpus. *Editio Oxon. et Cant.* Optime.

Qua re ad Neronem delata. Ita hic agit Lactantius, ut bonam in eo fidem desiderem. Longe enim alia ratio fuit quam quæ hic affertur. Facta namque persecutio ut incensæ urbis invidia in Christianos derivaretur. Sed nec tempora congruunt : imo, ut paucis dicam, manifeste hæc falsa sunt. TOLLIUS. — Recte sane, quibus Cornelius Tacitus et Sulpicius Severus lecti fuerint, visique magni, aut soli auctores, ad quos liceat attendere. Tacitus enim de Romæ incendio ad annum U. C. 717, quo C. Lecanius et M. Licinius consules erant, disserens : *Sed non ope humana*, inquit, *non largitionibus principis, aut Deum placamentis decedebat infamia, quin jussum incendium crederetur. Ergo abolendo rumori Nero subdidit reos, et quæsitissimis pœnis affecit quos per flagitia invisos vulgus Christianos appellabat.* Parique modo Sulpicius Severus : *Abundante jam Christianorum multitudine, accidit ut Roma incendio conflagraret, Nerone apud Antium constituto. Sed opinio omnium invidiam incendii in principem retorquebat, credebaturque imperator gloriam innovandæ urbis quæsisse. Neque ulla re efficiebat quin ab eo jussum incendium putaretur. Igitur vertit invidiam in Christianos, actæque in innoxios crudelissimæ quæstiones, quin et novæ mortes excogitatæ (ut ferarum tergis contecti, laniatu canum interirent. Multi crucibus affixi, aut flamma usti; plerique in id reservati, ut cum defecisset dies in usum nocturni luminis urerentur). Hoc initio in Christianos sæviri cœptum.* Ita igitur ambo. Sed vel inde primo plus satis liquet Cornelium Tacitum et Sulpicium Severum non esse in loco negotio nisi pro uno et eodem homine numerandos, quod quæ in Sulpicii verbis uncinulis inclusimus, singula totidem fere syllabis apud Tacitum, post illa quæ ex ejus Annalibus descripsimus, legantur ; quod ideo ante omnia observatum volumus, ne quis nos nunc temporis propter utrumque gemina proprie credat auctoritate premi, non unica. Postea vero, si maxime gemina urgeremur, certe agnoscet, scio, ipse Tollius nunquam potuisse hunc auctorem in Historiam Sacram Sulpicii Severi incidere, eamque legere. Quid ita? Quia nempe ipsemet Tollius hoc quidquid est operis ubique Lactantio adscribit, nec ignorat quo tempore fuerit conscriptum, nimirum, cum nondum Licinius sævire cœpisset in Christianos, id quod anno demum ære Dionysii 320 aggressus est : nec quousque pariter Lactantius ætatem ad summum produxerit, hoc est ad annum circiter 326 : nec postremo, post quem definite annum Historiam suam Sulpicius Severus absolverit, id est non ante quadringentesimum, consulibus Stilicone et Aureliano, octoginta ferme annis post mortem Lactantii. Sicque nulla hactenus in nostro Scriptore mala fides.

De Tacito autem, qui sub Adriano principe Annales suos exarabat, næ illum legere potuit noster Cecilius. Sed quid, si eum tamen nunquam viderit? aut legerit quidem, verum ejus, cum oportuit, non meminerit? aut etiam legerit, probeque illius meminerit, quando ea de quibus agitur scriberet, verum alios sequi maluerit auctores? An, quidquid ex istis tribus dicatur, jure tandem bona fides desiderabitur in nostro, aut manifeste falsa erunt quæ hic loci leguntur? Profecto dixerit cum viro docto qui volet, mihi, ut res esse video, religio est. Primum enim Suetonius, scriptor æque, ac quisquam alius, gravis et idoneus, ita incensam fuisse a Nerone urbem Romam, et Christianos sub eo persecutiones passos esse commemoravit, ut non modo non utriusque eventus mentionem fecerit conjunctim in uno eodemque capite, vel prioris utique eventi alicubi ante posterius, et tamquam ejus quod posteriori occasionem præbuerit, ut contra posterioris capite decimo sexto meminerit in hunc modum : *Afflicti suppliciis Christiani, genus hominum superstitionis novæ ac maleficæ;* prioris vero capite demum tricesimo octavo, his verbis : *Sed nec populo aut mœnibus patriæ perpercit. Dicente quodam in sermone communi.*

Ἐμοῦ θανόντος γαῖα μιχθήτω πυρί.

Imo, inquit, *ἐμοῦ ζῶντος, planeque ita fecit : nam quasi offensus deformitate veterum ædificiorum, et angustiis flexurisque vicorum, incendit urbem tam palam, et quæ deinceps,* Suetonio, ut breviter dicam, ne tantillulum quidem innuente in alterutro loco, Christianorum persecutionem natam esse ex illa Romæ conflagratione ; sed tradente solum generaliter in primo, *Christianos afflictos fuisse sub Nerone, ut hominum genus novæ ac maleficæ*, si Diis placet, *superstitionis*.

Deinde, quamquam in Latino Eusebii, vel potius Hieronymi Chronico, uterque casus diverso ordine recitetur, incendium tamen Hieronymus haud alio refert, quam ad annum 10 Neronis hac notula : *Nero, ut similitudinem Trojæ ardentis inspiceret, plurimam partem Romanæ urbis incendit.* Christianorum vero persecutionem quod spectat, illam ad annum demum ejusdem Neronis 14, hacque adeo simplicissima narratione posteritati traditam reperimus : *Primus Nero super omnia scelera sua etiam persecutionem inter Christianos facit, in qua Petrus et Paulus gloriose Romæ occubuerunt :* ut manifesto Hieronymus incendium et persecutionem tamquam res plane disjunctas retulerit, quasque nullam habuisse ad se invicem causæ et effectus σχέσιν existimaret. Quod melius tamen haud dubie intelligemus, si nos jam a Latino, ut ita pergam dicere, Hieronymi Chronico ad Græcum Eusebii Chronicon, vel ejusdem etiam Eusebii Historiam Ecclesiasticam, in qua fuisse eum *accuratiorem, quam in Chronico*, viri eximiæ eruditionis non injuria pronunciant, contulerimus, solius quippe Neronianæ persecutionis mentionem in Chronico primum his verbis reperturi : Νέρων ἐπὶ πᾶσι τοῖς ἀδικήμασιν αὐτοῦ τὸν πρῶτον κατὰ χριστιανῶν ἐνεδείξατο διωγμόν, ἡνίκα Πέτρος καὶ Παῦλος οἱ θειότατοι ἀπόστολοι τῷ ὑπὲρ Χρι-

στοῦ μαρτυρήσαντες ἐστέφθησαν ἀγῶνι. Quorum modo versionem sat idoneam ex Hieronymo describebamus. In Historia autem Ecclesiastica, Ἐνδει δὲ ἄρα τοῖς πᾶσι... id est, interpretante Henrico Valesio, « Verum hoc unum adhuc illi deerat quod cæteris ejus in titulis adscriberetur, ut scilicet primus Romanorum imperatorum hostis christianæ religionis diceretur fuisse... Sic igitur omnium divini Numinis hostium princeps et antesignanus Nero in ipsos apostolos sæviit », absque ulla iterum incendii commemoratione, unde ista Neronis persecutio exarserit.

Præterea, quid Orosius, quem utriusque cladis cum Hieronymo, et eodem quoque, quo Hieronymus, ordine, mentionem fecisse, certum est? An ei Nero ad persequendos fideles, ut incensæ Urbis invidia in Christianos retorqueretur, prorupit? Minime gentium, sicut omnibus, quibus vel semel caput septimum libri septimi fuerit lectum, constabit; ubi nempe Orosius post longam Neronianorum facinorum enumerationem (et in quorum extremo agmine *urbis Romæ incendium* ante omnia, tum *imperata senatui vis ingens sestertium ad expensas*, mox *plurimorum Senatorum spoliatio*, dehinc *omnium negotiatorum expilatio*, proxime autem *permultorum ex iisdem senatoribus cædes*, dein porro *integri fere equestris ordinis destitutio*, ac denique *matris, fratris, sororis, uxoris parricidia, cæterorumque omnium cognatorum et propinquorum jugulatio* comparent et recenseantur) statim subjungit : *Auxit hanc molem facinorum ejus temeritas impietatis in Deum. Nam primus Romæ Christianos suppliciis et mortibus affecit, ac per omnes provincias pari persecutione excruciari imperavit; ipsum quoque nomen extirpare conatus, beatissimos Christi apostolos, Petrum cruce, Paulum gladii occidit;* Orosio proinde totam Christianorum persecutionis causam culpamque ita aperte soli Neronis in Deum impietati assignante, ut si quis ex rerum serie, quam post illum exhibuimus, conficere vellet, Christianos fuisse secundum Orosium ad vertendam in eos combustæ Urbis invidiam a Nerone vexatos, posset idem simili, imo meliori jure, illuc quoque Neronis parricidia trahere; de quibus scilicet propior in dicta Orosii περικοπῇ mentio fit.

Adhæc, dum de causa, propter quam Nero Christianos persecutus est, Tacitus et Orosius a se invicem tam diversi abeunt, alio etiam Pseudo-Hegesippus lectores suos ducit, Neronem quippe idcirco *adversus Christianos insurrexisse*, tradens *quod Petrus et Paulus, Christianorum doctores, virtute suorum operum Neronem sibi adversum fecissent;* hoc est, ut postea loquitur, *Simonem Magum imperatori utilem et reipublicæ necessarium, sustulissent.*

Postremo, quod magis est, e Theodoro Metochita, Nero longe etiam ante Romæ incendium Christianos fuerat insectatus. Accidit enim ea clades *C. Licanio et M. Licinio consulibus*, ait Tacitus, quo tempore, monente Suetonio, Nero annum ætatis agebat 27. Atqui, secundum Theodorum Metochitam, *post Claudium Nero... imperium 14 annos tenuit. Et hic impurissimus* ἐτῶν ὥσει δέκα κα. πέντε ὤν, πρῶτος τοῦ διωγμοῦ ἤρξατο, *annos septemdecim natus, primus persecutionem inchoavit*. Nec quisquam tamen hactenus, quod noverim, bonam horum omnium fidem (Suetonii dico, Eusebii, Hieronymi, Orosii, et sic de cæteris) desiderare se in hoc negotio testatus est.

Quæ cum ita sint, absit ut eam magis huic Auctori deesse suspicari velimus, multoque minus affirmare; quamquam fieri quidem facile queat ut non mala fide malas merces ab aliis acceperit, easdemque postea uti bonas in hoc ipso opere exposuerit. Quid plura? *Deliros* et *deliramenta* ipsemet strenue explodit sub finem hujus capitis. Et initio quinquagesimi secundi : *Quæ omnia*, inquit, *secundum fidem scientium loquor, (et) ita ut gesta sunt mandanda litteris credidi, ne aut memoria tantarum rerum interiret, aut si quis historiam scribere voluisset, non corrumperet veritatem, vel peccata illorum adversum Deum, vel judicium Dei adversus illos reticendo. Ecquis vero meliora bonae fidei indicia in ullo Auctore requirat?

At enim *tempora non congruunt*, instat vir clarissimus. Esto vero, inquio ego. Nam id perpetuo certum et indubitatum est argumentum malae fidei, nec quandoque etiam non voluntariae ἀναστορησίας? Omnino, haud minus posterioris, quam prioris. Sed praeterea, *non convenire tempora*, cur dabimus? cum ne quidem quid ista sibi velit objectio divinemus, et inde alias videantur non male congruere, quod quae hic quatuor ad doctrinam temporum pertinentia a nostro Cecilio ponuntur (Petrum, quando jam Nero imperabat, Romam venisse; eumdem postea multos ibi ad justitiam convertisse; Neronem deinde primum omnium post Ecclesiam semel constitutam persecutum esse Dei Servos; denique servos Dei Petrum et Paulum fuisse Neronis jussu in ea persecutione interemptos), haud solum isto pacto inter se cohaereant quotquot sunt, verum singula insuper talia sint ut nullum ex iis ulli anno certo alligetur ab auctore, possintque adeo, servata dicti ordinis ratione, tam bene, si sit opus, cum hoc, quam cum illo anno connecti, id est, verbi gratia, Petri in urbem Romam adventus cum anno 4 imperii Neronis, si *a Christi in caelum receptu ad quartum usque Neronis certo certius sit*, *Petrum Romam non venisse*, quod olim ponebat Josephus Scaliger; tunc quippe Petrus belle huic Scriptori, cum jam Nero imperaret, Romam advenerit, vel cum primo utique Neroniani imperii, si secundum recentissimam Pagii sententiam, *primus Petri in urbe Roma sedentis annus cum primo imperantis Neronis inchoandus est*, quia tunc quoque egregie a nostro: *Cum jam Nero imperaret, Petrus Romam advenit*, scriptum fuerit. Uno igitur verbo, ni, exempli causa, luce meridiana clarius ostendatur, *Petrum nunquam fuisse Romae*, quod non videtur contendere Tollius, vel *nullam unquam extitisse sub Nerone persecutionem*, quod Tollius non negat, aut *Petrum et Paulum nunquam esse sub illa martyrio affectos*, quod a nemine, opinor, potest probari, tempora, meo judicio, congruent semper hic loci, quantum satis est.

Damnata vetustate. Non ut *vetustate* simpliciter, et, quod aiunt, sine addito: sed *ut vetustate erroris*, quomodo locutus est alicubi S. Cyprianus. Atque ita superiori saeculo Majores nostri, *damnata vetustate errorum Ecclesiae Romanae*, ad eampse *religionem novam*, de qua modo noster Caecilius, transiverunt. Eant ergo, qui nos Majoresve nostros *damnasse vetustatem* clamitant. Habemus, quorum exemplo, plaudentibusque purioris Ecclesiae Patribus, gloriemur esse Novatores, Novatorumve filii [*].

Ut erat execrabilis..... tyrannus. Sic cap. IV, *execrabile animal Decius*, de imperatore Decio.

Ac nocens. Nil leve, nunc quidem, hoc epitheto significari jam monuimus; nec immerito, liceat dicere. Nam praeterquam tyranno, et omnium forte tyrannorum maximo Neroni tribuitur, praecedit de eodem elogium alterum *execrabilis*, id est omnium elogiorum odiosissimum. Et denique: *Nec tamen*, ait Cicero, *ut hoc fugiendum est (eloquentiam scilicet ad bonorum pestem perniciemque convertere), item habendum est religioni, nocentem aliquando, modo ne nefarium impiumque, defendere*. Quo ex loco cum nocentem quandoque de nefario et impio apud Romanos dictum esse, nemo non videat, et apud nostrum toties *impii*, *impiae manus*, *sacrilegi*, et similia de Persecutoribus occurrant, quid clarius quam hic τὸ *nocens* idem esse atque *nefarius*, *impius*, *sacrilegus*? En tamen, quominus dubites, elegantissimum Martialis epigramma, ubi apertissime eadem vox im-

---

[*] Ergo, fatentibus ipsis, Novatores sunt et Novatorum filii. Praestans Ecclesiae romanae apologia religio Christi semel constituta, erroris essentialiter nescia, novitatem in fide semper damnavit.

pium et sacrilegum, quasi dicas *insigniter nocentem*, indigitat. Lege modo:

DE PISCIBUS BAJANIS.

Bajano procul a lacu monemus,
Piscator, fuge, ne nocens recedas.
Sacris piscibus hae natantur undae,
Qui norunt dominum, manumque lambunt
Illam, qua nihil est in orbe majus.
Quid, quod nomen habent et ad magistri
Vocem quisque sui venit citatus.
Hoc quondam Lybis improsus profundo
Dum praedam calamo tremente ducit,
Raptis luminibus repente caecus
Captum non potuit videre piscem,
Et nunc sacrilegos perosus hamos,
Bajanos sedet ad lacus rogator.
At tu, dum potes, innocens recede,
Jactis simplicibus cibis in undas,
Et pisces venerare dedicatos.

(Mart., Ep. lib. IV, ep. 30.)

Quare sint igitur quoque, c. 1: *Nocentes animae, quae, qui justos excarnificaverunt, coelestibus plagis et cruciatibus meritis profuderunt*, animae impiae et nefariae quae, nec verum Deum, nec ejus servos veneratae sint; itemque, e. XLIX: *Nocens spiritus quem Maximinus detestabili mortis genere efflavit*, spiritus impius et sacrilegus.

Excidendum. Editio Oxoniensis et Cant., *excindendum*. Sed stare manuscripti codicis lectio optime potest. Vice Columbum, col. 394.

Delendamque justitiam. Quid jam noster proprie per *justitiam* intelligat interpretatur capite sequenti his verbis: *Postquam vero ad persequendum justum populum*, etc., quin et istis capitis IV: *Extitit post annos plurimos execrabile animal Decius, qui vexaret Ecclesiam*. Quis enim justitiam, nisi malus, persequitur? *Justitia* itaque hic loci *Ecclesia* est, seu *justus populus*, quem et mox, hoc ipso capite, *populum Dei et servos Dei* appellari videbis. Norunt rhetorum filii, qua orationis figura *scelus* pro *scelesto homine*, et similia sexcenta quotidie in quibusvis auctoribus offendantur. Sed hic quidem vix ullum, opinor, isto Petri exemplo aptius est: *Coelos novos ac terram novam secundum promissum ejus expectamus, in quibus justitia habitat*: quippe cum ibi quoque *justitia*, ut verba jacent, nil aliud sit quam *justus Dei populus*. At nunc ubinam, si non consummatam, tentatam saltem fuisse dicemus istiusmodi *justitiae* deletionem a Nerone? An *Romae solum*, cum doctissimo Dodwello in dissertationibus Cyprianicis? Aut num vero *ubique per imperium romanum*, cum eruditissimo pariter Pagio, in sua Annalium Baronianorum critica? Omnino, quin noster, ex Pagii sententia, *ubique per omnes imperii romani provincias* dicere voluerit non dubitamus; ob hanc scilicet orationis seriem: *Qua re ad Neronem delata*, cum animadverteret, *non modo Romae, sed ubique quotidie magnam multitudinem deficere a cultu idolorum*, *et ad religionem novam*, *damnata vetustate, transire, ut erat execrabilis ac nocens tyrannus*, *prosilivit ad excidendum coeleste templum, delendamque justitiam*. Ubi enim terrarum excidendum videri debuit Neroni templum coeleste, delendaque justitia, quam ubi magnam quotidie multitudinem a cultu idolorum deficere intelligebat, et ad religionem novam, damnata vetustate, transire? Atqui, secundum nostrum, Nero id *non modo Romae, sed ubique quotidie accidere* animadvertebat. Et *ubique* igitur, *non Romae tantum* Nero, secundum eumdem, prosilivit per sua edicta, et per praefectos ad delendam justitiam.

« Sed enim, inquit Dodwellus, non aliorum certe christianorum illa potuit esse persecutio quam eorum qui Romae versarentur. Nam utcumque *iniquos persecutores existimemus*, qui Roma aberant, in illos nulla erat vel specie tenus verisimilis ratio cur intentaretur *urbis incendium*. Aliam itaque persecutionem comminiscantur necesse est quam illam, cujus meminit *Tacitus*, si quos *alios* praeter quam Romae *christianos* in ea passos comminiscuntur. At quo illam tandem idoneo testimonio fuisse confirmabunt. »

Verum ecce, ut hinc merito exordiar, quæ Pagius ad ista nuperrime responderit : « Dodwellus, inquit, num. 11, immo 13, Dissertationis Cyprianeæ 11, agnoscit quidem ingentem multitudinem in persecutione Neroniana passam, sed eorum tantum christianorum qui Romæ versabantur ; cum qui Roma aberant, in illos nulla esset vel specie tenus verisimilis ratio cur intentaretur urbis incendium. Sed levis hæc ratio. Nero quippe, non vero christiani, auctor incendii ; ideoque edictum non tantum ad christianos Romæ agentes vexandos, sed ad universam sectam per imperium romanum abolendam emissum, ut ex his Lactantii, lib. de Mortibus persecutorum, c. 2, verbis intelligimus : *Cum animadverteret* (Nero) *non modo Romæ, sed ubique quotidie magnam multitudinem deficere a cultu idolorum... prosilivit ad excindendum cœleste templum,* etc. Hæc itaque persecutio non localis, sed universalis fuit. Nec refert, quod Tacitus de iis quæ in provinciis adversus christianos gesta sermonem non habeat, cum Suetonius in Nerone, c. 16, persecutionem ad urbem Romam non restringat. *Affecti suppliciis Christiani, genus hominum superstitionis novæ ac maleficæ,* inquit, Suetonius.» Hæc ergo et totidem verbis Pagius in dicta Critica, suo loco.

Immo, cum subjectam inscriptionem Gruterus inter alios, et Josephus Scaliger, ipse tamen de ejus sinceritate dubitans, protulerint, eamdemque ille in ruinis pagi Marquesiæ, in Lusitania, hic vero in Hispania, loco Pisyergæ vocato, extare monuerint :

NERONI CL. CAIS.
AVG. PONT. MAX.
OB. PROVINC. LATRONIB.
ET. HIS. QUI NOVAM
GENERI. HVM. SVPER
STITION. INCVLCAB.
PVRGATAM;

vel ut Scaliger edidit :

NERONI CLAVDIO
CÆSARI AVG.
PONT. MAX. OB
PROVINCIAM LA-
TRONIBVS ET HIS
QUI NOVAM GE-
NERI HVMANO
SVPERSTITIONEM
INCVLCARANT
PVRGATAM.

Pagius superioribus contra Dodwellum argumentis non contentus, haud simpliciter præterea Scaligeri de dicta inscriptione dubitationem in eo vanitatis arguere, quod nullam plane Scaligeri suæ suspicionis rationem in medium attulerit ; sed contendere simul nunquam etiam cum fundamento posse afferri. Quin et idem alibi observare, in illa sine dubio inscriptione generalem, quam posuit, Neronis in omnes ubique christianos crudelitatem idcirco tangi, quod ibi christiana religio, quemadmodum et a Suetonio recens citato, et in antiqua inscriptione Diocletiano dicta, *superstitio* appelletur ; et ex ea itaque deducendum non tantum in Hispaniis ejusmodi de prostrata Christi religione tropæa fuisse erecta ; sed et in aliis provinciis similiter factitatum esse. Præsertim cum Orosius (libro, ait Pagius, IX, verum *septimo dicendum erat,* c. 7, videndumque alias cur subjecta ab ipso Orosii verba tantopere a vulgatis editionibus initio et in fine differant) de Nerone scripserit : *Denique omnibus flagitiis suis hoc etiam addit, quod primus Romæ Christianos suppliciis et mortibus affecit, ac per omnes provincias persecutione excruciari imperavit, ipsum quoque nomen extirpare conatus, beatissimos apostolos Petrum cruci affixit, Paulum capite gladio secuit.* Ubi etiam denuo Pagius pro clausula : « *Quod martyrium,* ait, anno sequenti contigit ; ideoque persecutio, quæ hoc anno Romæ cœpit, intra illud tempus in alias provincias propagata : ni, quod verisimilius, edictum in omnes statim provincias missum fuerit. »

Et nos jam, ut de nostro quoque alicuid cunctis istis addamus (quatenus nimirum valide confirmant, Neronem ad excindendum ubique Dei populum proruisse), ideo minus habere Dodwellum, quæ iis regerat, arbitramur, quod, dum pugnat, *nullam vel specie tenus verisimilem fuisse rationem cur Caristiani, qui Roma aberant, urbis incendio arguerentur,* secure ille ob Taciti auctoritatem ponit, primo id Incendii Neronianæ Christianorum persecutioni præivisse, deinde autem eidem simul vexationi occasionem dedisse. At præterquam hujus scriptoris hypotheses manifesto ab illis Taciti diversæ sunt, multa paulo ante e Suetonio, Hieronymo, Orosio, atque aliis, adduximus, quæ vel Neronis persecutionem incendio anteriorem faciunt, vel posteriorem quidem, sed quam ab illo ortam non dicunt. Et, ut maxime anteriorem fuisse non contendamus, haud videmus, fateor, quinam pulchre et perspicue ostendere quisquam valeat, impossibile esse, ut post Romæ incensionem Nero fideles ubique per imperium romanum solo christianismi nomine fuerit persecutus ; aut si non solo, Romæ tandem *ut incendii reos,* propter Taciti testimonium, ubique vero, et re nata, *tamquam homines malefice superstitioni addictos,* propter alia aliorum loca, licet reapse utriusque culpæ insontes. Prorsus uti Susis Mardochæum *ob neglectum salutationis officium,* omnes autem Judæos, occasione data, per centum et viginti septem provincias imperii Assueriani *tamquam hominum nationem, qui leges ab omnium gentium legibus alienas haberent, neque regiis parerent edictis,* Aman Assueri nomine decreverat interfici.

Notandum sedulo, quod superest, nostrum quidem de Nerone, *Prosilivit ad excindendum cœleste templum, delendamque justitiam,* dicere ; neutiquam vero, *excidit,* vel *delevit.* Voluit enim revera excidere et delere. Imo, ut cum Orosio loquar, *ipsum quoque nomen extirpare conatus :* sed frustra ; quæ et sors postea Diocletiani, nisi suum fortassis finem Nero in illa assecutus sit Provincia, de qua allatæ superius inscriptiones meminerunt. Videant qui nuperrime numismatibus et similibus inscriptionibus de *Hæresi,* quam vocant, *extincta* gloriati sunt, annon incassum quoque ad excindendum cœleste templum prosilivernt.

Et primus omnium (Nero) *persecutus Dei servos.* Rotunde dicam. Nil minus verum, si res ipsa spectetur, et ad singularia, qualia hic scriptor subjicit, exempla attendamus. Cur illi enim Nero *primus omnium,* non dico cum Eusebio *imperatorum,* nam id noster nuspiam addidit, vel innuit ; sed *primus omnium* simpliciter, adeoque *hominum, Dei servos persecutus est ?* Quia, ut habetur in sequentibus, *Petrum cruci adfixit, et Paulum interfecit.* Atqui longe antea, sub Tiberio, Herodes Antipas Joannem Baptistam iniquissime decollaverat ; et sub eodem, vel, ut alii volunt, sub Caligula, Judæi Stephanum lapidibus obruerant : sub Caligula autem, vel, ut rursus aliis placet, sub Claudio, Jacobus, Joannis frater, ab Herode Agrippa fuerat interfectus, et Petrus conjectus in vincula. Imo, si a singularibus istis quorumdam fidelium martyriis, aut vexationibus ad generaliores Ecclesiæ persecutiones transierimus, Tiberii, vel Caligulæ certe, si quis cum vulgo mallt, principatu, ipsoque die quo Stephanus ille protomartyr lapidatus est, *Facta est,* ait Lucas in Actis (cap. VIII, 1), *persecutio magna adversus Ecclesiam quæ erat Hierosolymis, et omnes dispersi sunt per regiones Judææ ; et Samariæ præter apostolos :* unde Georgius Syncellus ad annum mundi 5537, Divinæ vero Incarnationis 37, imperantis autem Tiberii 20 aut 21 : *Hæc anno,* inquit, *persecutione in Ecclesiam excitata, fidelium ple-*

rique dispersi sunt, ad quos, fidelium in dispersione constitutorum præfixo titulo, Catholicam Epistolam Jacobus frater Domini scripsit. Quid quod perillustri Cupero, itemque Lipsio ad Taciti Annales, videntur non immerito Christiani, qui sub Claudio Romæ degebant, Judæis illis accensendi, qui a Claudio male habiti sunt, id est, quos Claudius, Luca (Act. Apost. xviii, 2) et Suetonio testibus Roma coegit excedere. Cur ergo utrumque motum Cecilius noster non numeravit inter persecutiones, nec aliter tandem in speciem de Nerone locutus, quam cum de eodem Sulpicius Severus. « Qui, non dicam, inquit, regum, sed omnium hominum, et vel immanium bestiarum sordidissimus, dignus exstitit, qui persecutionem in Christianos primus inciperet. » Nempe quod hic auctor « nequaquam imperatorum aliorumve qualescumque persecutiones, eorumque pœnas jam inde ab Ecclesia post Christi Assumptionem constituenda exponere fuerit aggressus : » sed tantum « a principio, ex quo est Ecclesia constituta. » Ex hoc autem secundo Ecclesia Christiana haud ante constituta fuisse censenda est quam postquam apostoli per annos 25, usque ad principium Neroniani imperii per omnes provincias ac civitates fundamenta Ecclesiæ miserunt. Et nostro igitur scriptori Nero optime, cæteris cæterorum persecutorum per illos 25 annos vexationibus de industria prætermissis, dicitur primus omnium Dei servos persecutus. Supple, post Ecclesiam semel constitutam. Vin'auctoritate, quæ nostra sit major, urgeri? Extat apud Augustinum de Civitate Dei, libro xviii, caput 52, cum hoc lemmate : « An credendum sit, quod quidam putant, impletis decem persecutionibus quæ fuerunt, nullam superesse, præter undecimam, quæ in ipso Antichristi tempore sit futura. » Lege illud : et an aliud quam quod jam monuimus, opus sit facto, tecum cogita, cum ad hæc veneris : « Primam (persecutionem) computant a Nerone.... Sed. . . quid. . . qui hoc sermunt, dicturi sunt de persecutione, qua ipse Dominus crucifixus est? In quo eam sunt numero posituri? Si autem, hac excepta, existimant conputandum, tamquam illæ numerandæ sint, quæ ad corpus pertinent, non qua ipsum caput est appetitum et occisum, quid agent de illa, quæ postea quam Christus ascendit in cœlum, Hierosolymis facta est, ubi beatus Stephanus lapidatus est, ubi Jacobus, frater Joannis, gladio trucidatus est, ubi Apostolus Petrus ut occideretur inclusus est, et per Angelum liberatus ; ubi Saulus, qui postea Paulus factus, vastabat Ecclesiam ; ubi ipse quoque jam fidem quam persequebatur evangelizans , qualia faciebat est passus, sive per Judæam, sive per alias gentes, quacumque Christum ferventissime prædicabat? Cur ergo eis a Nerone videtur ordiendum, cum ad Neronis tempora inter atrocissimas persecutiones, de quibus nimis longum est cuncta dicere, Ecclesia crescendo pervenerit? Quod si a Regibus factas persecutiones in numero existimant esse debere, Rex fuit Herodes, qui etiam post ascensum Domini gravissimam fecit. » Hactenus ergo Augustinus.

Et primus omnium (Nero) *persecutus Dei servos.* Neque enim illud verum est, quod illi Martyrologiorum Menologiorumque consarcinatores putant, tam multos imperatorum fuisse persecutores. Qui scripsit sub Constantino Lactantius, paucos ante Diocletianum in eo persecutorum albo recensuit : Neronem duntaxat, Domitianum, Decium, Valerianum, atque Aurelianum. Conveniatque, pro ætate sua, cum Lactantio Tertullianus; nec enim alios ille ante se quam quos Lactantius persecutores imperatores agnoscit, Neronem atque Domitianum. DODWELLUS.

Petrum cruci adfixit. Hoc in Petro supplicii genus Joannes, c. xxi, 19, confirmare videtur, respiciens ad Christi verba, ἐκτενεῖς τὰς χεῖράς σου. Alias enim ἐκ τοῦ ζωννύσθαι καὶ τοῦ ἀπάγεσθαι ὅπου τις οὐ θέλει, genus mortis significari non poterat, sed quidem in carcerem et vincula conjectio, etiam absque capitali supplicio. TOLLIUS. — *Et Paulum interfecit.* Tria sunt, ob quæ non injuria videri possit scriptum quondam fuisse, *et Paulum gladio interfecit*. Unum, quod Paulum gladio periisse, collo scilicet deciso, communis sit Veterum sententia. Alterum autem, quia cum noster oratorias leges calluerit, et in antecedentibus martyrium Petri memorans instrumenti simul martyrii nominaverit, *Petrum cruci affixit* vix potuerit non continenter, *et Paulum gladio interfecit*, subjicere. Præsertim, cum ex ejusmodi regulis apud Sulpitium Severum legamus : *Paulus ac Petrus capitis damnati, quorum uni cervix gladio desecta, Petrus in crucem sublatus est ;* parique modo apud Orosium : (*Nero*) *beatissimos Christi apostolos, Petrum cruce, Paulum gladio occidit ;* rursumque itidem apud Pseudo-Hegesippum : *Alter cruce, alter gladio necatus est ;* Græce autem apud Theodorum Metochitam : Ὁ Νέρων τὸν Πέτρον ἐσταύρωσε, τὸν δὲ Παῦλον διὰ ξίφους ἐτελείωσεν. Tertium denique, quoniam tantum abest ut Latinis Patribus *interficere*, vel *interfici* , curta locutione specialiter et proprie *decollare*, vel *decollari* significent, ut ii contra quandoque, verbi gratia, interficere breviter, pro *crucifigere* posuerint, nonnunquam autem *interfici*, pro *præcipitari in flumen, et mergendo necari*. Tertullianus de Synagoga , quæ Christum, quod omnes norunt, securi non feriit, sed crucifixit : *Omnis*, inquit, *Synagoga filiorum Israel eum* (*Jesum*) *interfecit, dicentes ad Pilatum*, et quæ sequuntur. Latinum vero Eusebii Chronicon de Quirino martyre, quem totum, hoc est, non prius decolatum, ethnici in fluvium præcipitarunt, et hi postea vel illi mergendo interemerunt. « Quirinus, episcopus Scisciamus, pro Christo gloriose interficitur. Nam manuali mola ad collum ligata, e ponte præcipitatus in fluvium diutissime supernatavit, et cum spectantibus collocutus, ne suo terrerentur exemplo, vix orans, ut mergeretur obtinuit. » Cogitent interim eruditi, ni molestum est, an hoc ipso, quod ita *interficere* in *crucifigendi* et *submergendi* significatione, manante nimirum a generali, qua pro *occidere* et *e medio tollere* ponitur, usurpatam invenimus , non potuerit quoque hic auctor, neglectis rigidioribus oratorum præceptis, *interfecit*, sine ulla gladii mentione, de Paulo securi cæso adhibere.

Nec tamen abiit impune. Simili phrasi noster infra de sene Maximiano : *Quia semel abiit impune*, etc. initio cap. 33.

Respexit enim Deus vexationem populi sui. Pauci, credo , alludi hoc loco ad istum Exodi cap. iii, 7 : *Vidi , vidi afflictionem populi mei*, si non jam ex sese intellexerunt, nunc a me admoriti negabunt. Eo magis quod , cum olim 70 Interpretes Hebræa verba reddiderint, Ἰδὼν εἶδον τὴν κάκωσιν τοῦ λαοῦ μοῦ, Beza superiori sæculo illcrum tralationem (Act. vii, 34), expresserit in hunc modum : *Vidi, vidi vexationem populi mei*, quæ et forsan veteris editionis Italæ versio erat. Extare certe etiamnum pluribus locis *vexationis* vocem in Vulgata, durioreque sensu, quod magis est, hoc est, pro *graviori afflictione et persecutione*, nemo nisi injuria dubitaret. Nam apud Jeremiam, cap. xxix, 18, v. c. de Sedecia ejusque principibus , *Dabo eos*, inquit Dominus, *in vexationem afflictionemque omnibus regnis terræ*. Sicque alibi apud nostrum, vel Sulpicium saltem Severum, ne de aliorum testimoniis sim sollicitus , *vexatio* et *vexationes*, pro *persecutionibus* ; itemque *vexare* et *vexari*, pro *persequi*, aut *persecutionem pati*. Sulpicius etenim ipse quoque, lib. i Hist. Sac. : « Visum est mihi , ait , non absurdum , cum usque ad Christi nomen apostolorumque actus per sacram Historiam cucurrissem , etiam..... excidium Hierosolymæ, vexationesque populi Christiani, » etc., decem, quas vocant , persecutiones intelligens. Unde postquam, libro ii, de singulis dicere aggressus , et ad quartam usque progressus, *Quarta* , inquit, *sub Hadriano persecutio numeratur*, moxque similiter de quinta : *Sub Aurelio, Antonini filio, persecutio quinta agitata* ; sextam deinde *vexationis* nomine, tanquam prorsus synonymo, indigitat his verbis : *Sexta, Severo imperante, Christianorum vexatio fuit.* Vexationis alias vocabulum in ista Tertulliani oratione *morbum* significare non ignoramus : « Plerosque hoc opus (exomologeseos) ut publicationem sui aut suffugere, aut de die in diem differre præsumo, pudoris magis memores quam salutis; velut illi qui in partibus verecundioribus corporis contracta vexatione, conscientiam medentium vitant. » Sed quid cuique loco conveniat attendendum. Et de cætero, quin in eo, qui nobis vere præ manibus, noster *vexationem populi sui* passivo sensu, pro *vexatum suum populum*, idque de Ecclesia Dei christiana dixerit, nullus ambigendi locus est, tam ob hæc verba cap. 4 : *Extitit enim execrabile animal Decius qui vexaret Ecclesiam*, et ista simul Jeremiæ cap. XXXI, 33 : *Ero eis in Deum, et ipsi erunt mihi in populum*, quæ certissime ad novi fœderis fideles pertinent, quam quod de alia quavis interpretatione, non dicam cogitare, sed vel somniare, foret absurdissimum. Et sic supra passive quoque : *Quos metus comprehensionis ejus in fugam verterat*, pro *Quos, eo comprehenso, metus in fugam egerat*.

Dejectus itaque fastigio imperii. Cave, ne ob proxime sequentia, *ac devolutus a summo tyrannus impotens*. legendum hic pariter necessario credas, *Dejectus itaque e fastigio imperii*. Sæpius enim post id verbi in melioribus Auctoribus latinis præpositio *de*, vel *ex*, eleganter relicta est subaudienda. Cicero in oratione pro Muræna : *His hœdinis pelliculis prætura dejectus est*; et 2 in Verr. : *Pollicitus est quantum vellent pecuniæ, si me ædilitate dejecissent.* Ibidem alio loco, *dejicere honore* reperies, uti et apud Livium plus semel.

Nusquam repente comparuit. Fabulæ. Miror autem Christianos veteres tam splendide mentiri solitos, quorum mendaciorum si contexere catalogum luberet, tota iis plaustra impleri possent, atque una cum Sibyllinis carminibus ad anus vetulas mitti.

TOLLIUS. — Licet quæ hic et proxime quoque de Nerone, non a nostro solum Cecilio, sed a quibusdam præterea Christianis, ejus, uti nil ponere vetat, æqualibus dicuntur, talia sint ut ea ego sine mora fabulosissima esse, viro docto concedam; vellem nihilominus acrem istam in nostrum cæterosque antiquiores ecclesiasticos Scriptores censuram non strinxisset, aut in aliam saltem occasionem magis opportunam distulisset. Nam nunc quidem, si non undique, haud parum tamen tam nostri, quam quorumvis insuper veterum Christianorum candorem honoremque tuetur insignis Taciti locus, quem Columbus ex libro II Histor. cap. 8 adduxit. Res tota, quoniam non indigna est quæ paulo accuratius explicetur, sic habet.

Ex hoc scriptore, *Nero*, seu, ut verius dicam, *Neronis a scse interfecti cadaver nusquam repente comparuit, ut ne sepulturæ quidem locus in terra tam malæ bestiæ appareret.* Eaque reapse ut unice ipsius sententia. Contra autem, ex illis *quibusdam*, quos perstrinxit, Christianis, non Neronis cadaver jam extincti, sed *Nero ipse vivus vidensque nusquam repente comparuit, et certum in locum translatus, vivus ibi reservatus est.* Tacitus vero in laudata Pericope : *Sub idem tempus*, ait (facta non longe ante mentione sacramenti Othonis, quod uterque exercitus, hoc est, unus Vespasiani, alter Muciani, octavo circiter mense ab obitu Neronis acceperant), *Achaia atque Asia falso metu exterritæ, velut Nero adventaret, vario super exitu ejus rumore, eoque pluribus eum vivere fingentibus credentibusque.* Quare primum omnium, ex Tacito, post Neronis mortem sparsi fuerunt varii super illa rumores, unusque aliquis inter cæteros hujusmodi, ut si cui ejus occasione vivere adhuc Neronem fingere liberet, posset facile apud multos fidem invenire. Deinde, qui id fingerent, octavo, plus, minus, mense, quam obierat, inventi sunt. Tertio, complures simul reperti, qui non modo fabulam non respuerent et confutarent, sed fide adeo bona admitterent, ut miserrime exterrerentur, velut Nero adventaret. Et denique, qui rem ita tum finxerunt et credere cœperunt, ii duplici de causa nequaquam Christiani, verum manifeste ethnici erant. Una, quoniam multorum quidem ex ethnicis interesse poterat fingere, Neronem fuisse adhuc superstitem, non vero pariter Christianorum. Altera autem, quia Tacitus in allato loco nullam plane Christianorum mentionem facit, sed Achaiæ tantum et Asiæ, in quibus plures Neronem post ejus exitum vixisse finxerint, credideriotque : unde palam nonnisi ethnicos debere intelligi colligendum est. Quæ cum ita sint, ubi jam noster, oro, vel deliri, de quibus mox loquetur, Christiani tam splendide mentiti sunt?

Omnino ut, decet, de fictionis auctoribus ante omnia quæstio est, nulla istius culpæ porto vel in hunc, vel in illos conjicienda : sed, ut liquet, ethnicis imputanda tota quanta est. Sin autem postea de fide, quæ fictioni habita, creditam certe; quin et cum insigni valde ἐπιμέτρῳ admissam fuisse eam fabulam a delirantibus nostri Cecilii Christianis agnoscimus. Sed primo, noster nec fictionem, nec ἐπίμετρον admittebat; credensque, uno verbo, Neronis semel defuncti cadaver nuspiam apparuisse, negabat alias, tam Neronem nunquam priore Chris i sæculo obiisse, quam eum adhuc sæculo quarto alicubi terrarum superfuisse, adeo, dum utrumque negaret, ab omni splendido mendacio alienus, ut pro ipsissima veritate contra vanas nænias pugnaret. Secundo vero, quod ad ejus æquales utriusque fabulæ defensores, eorum sane causa longe minus favorabilis. Sed tamen quod octo fere post Neronis obitum mensibus plures in Achaia et Asia ethnici, nimia quidem credulitate, sed nulla utique egregie mentiendi deliberatione, Neronem adhuc vivere, in animum inducebant, (id enim, puto, mentiri nullo pacto voluissent, ut falso dehinc metu exterrerentur) quidni ita quoque ejus ætatis Christiani, et inde alii, in animum induxerint? Per errorem, inquam, potius quam vera ipsorum culpa. *Credulitas error est magis quam culpa*, scribebat olim Plancus Ciceroni, *et quidem in optimi cujusque mentem facillime irrepit;* ut vel hic, ubi de Christianis sermo est, cavere sedulo oporteat, ne illos splendide mentitos esse dicamus. Et quanto igitur amplius, ubi de ista auctore agitur? Qui cum fictionem, fictionisque appendicem sannis exceperit, id unum evidenter peccavit quod ei præ cæteris rumori fidem super Neronis exitu putaverit adhibendam, qui olim Neronem nusquam subito comparuisse sparserat in vulgus, quæmque de Neronis cadavere sine dubio intelligendum ethnici, quorum intererat æquivocatione abuti, ad Neronem ipsum paulo post ejus mortem quasi etiamnum vivum retulerant, et Christiani postea eorum exemplo aliis de causis. Adde quod, cum etiam Romæ, e Suetonii loco plene mox describendo, non defuerint, qui vel post Neronis funera *modo ejus imagines prætextatas in Rostris proferrent, modo edicta quasi viventis et brevi magno inimicorum malo reversuri*, haud possent illi aliter Neronem in vivis adhuc esse dicere, quam una affirmando, eum, dum more majorum puniendus quæreretur, derepente evanuisse, et justa, quæ nativo Neronis corpori soluta fuisse putarentur, nonnisi suppositio facta esse : neque porro talia affirmare, quin viventibus victuriusque postea Christianis plus æquo facilioribus tales de Nerone fabulas credendi asserendique occasionem darent, quales in hoc capite noster ponit, aut oppugnat.

Ut ne sepulturæ quidem locus in terra tam malæ bestiæ appareret. Contra Suetonium, qui docet eum funeratum fuisse impensa ducentorum millium. *Ed. Ox. et Cant.*

Ita dictæ editiones e Baluzio, ut videre est supra, col. 504. Neque vero negandum quin Suetonius in Nerone, sub finem capitis 49. et initio quinquagesimi disertissime habeat : « Nihil prius ac magis (Nero) a comitibus exegerat quam ne potestas cuiquam capitis sui fieret; sed ut quoquomodo totus crematur. Prom sit hoc Seius, Galbæ libertus... Funeratus est impensa ducentorum millium stragulis albis auro intextis, quibus usus kalendis Januarii fuerat. Reliquias Æglogæ et Alexandra nutrices cum Acte concubina gentili Domitiorum monumento condiderunt, quod prospicitur e campo Martio imposito colle hortorum; » nec quin pariter initio quinquagesimi septimi legamus : « Obiit secundo et trigesimo ætatis anno, die quo quondam Octaviam interemerat. Tantumque gaudium publice præbuit ut plebs pileata tota urbe discurreret. Et tamen non defuerunt, qui per longum tempus vernis æstivisque floribus tumulum ejus ornarent. » Sed quid multa? Ista, quod quis forte opinetur, Cecilium nostrum cum suo *ut ne sepulturæ quidem locus in terra tam malæ bestiæ appareret*, penitus non jugulant; quippe cum Suetonius uno tenore post hæc ultima : « Et tamen non defuerunt qui per longum tempus vernis æstivisque floribus tumulum ejus ornarent, addiderit, ac modo imagines prætextatas in rostris proferrent, modo edicta, quasi viventis, et brevi magno inimicorum malo reversuri; » quos ergo Neronis tumulum pro mero Cenotaphio habuisse, perspicuum est. Unde ea nostri, qua die agitur, narratio non solum non perimitur, sed juvatur.

Tam malæ bestiæ. Orosius simili modo de Tiberio Cæsare : *Ex mansuetissimo principe sævissima bestia exarsit*. Et Paulus ipse, quod jamdudum a viris magni nominis dictum est, non alium innuebat leonem, quam Neronem, in hoc loco secundæ Epistolæ ad Timotheum (cap. 17, 7), *Ereptus fui ex ore leonis*. Hinc, ut cæteros prætermittam Eusebius... ἐρρύσθην, φησίν, ἐκ στόματος λέοντος... τὸν Νέρωνα ταύτῃ ὡς ἔοικε διὰ τὸ ὠμόθυμον προσειπών; id est interpretante Valesio, *Liberatus sum de ore leonis, Neronem scilicet ita designans propter animi crudelitatem*. Plura addere vetant nos, quæ supra a Baluzio. col. 312, et Cupero, col. 473 observata sunt; quos tu ergo suis locis consule.

Translatum. Quo? Mira enim hic nostri breviloquentia, et ista se quæstio, velis, nolis, objicit attentis lectoribus. Respondeo *in fines terræ*, propter sequentia. Perge legere.

Vivum reservatum. Vide Baluzium ad hæc ipsa verba, Cuperum ad istam periochen, *Adventum... nefas*; Columbum denique ad hanc rursum, *Nusquam repente comparuit*.

Sibylla dicente matricidam profugum. Nonnulli persuasum habuere, Neronem ipsum vel antichristum fore, vel iisdem temporibus per Occidentem sæviturum, quibus ille in Orientem grassaretur. Ex Casaubono Baluzius. Sibyllini versus ab eodem citati sic se habent :

Ἥξει δ' ἐκ περάτων γαίης μητροκτόνος ἀνήρ
Φεύγων ἠδὲ νόον (Credo rescr. νῶν) ὀξὺ στόμα μερμηρίζων,
Ὃς πᾶσαν γαῖαν καθελεῖ, καὶ πάντα κρατήσει.

Sic *editio Oxoniensis cum Cantabrigiensi*; nisi quod vir doctus, qui posteriorem curavit, inclusam uncinulis conjecturam prætermisit prorsus, memoratque ejus loco alia, cujus auctorem non nominabat, nos vero jam indicabimus, et loquentem inducemus, eam sibi quoque displicuisse, testatus est.

Ἥξει δ' ἐκ περάτων γαίης μητροκτόνος ἀνήρ.
Φεύγων ἠδὲ νόον ὀξὺ στόμα μερμηρίζων,
Ὅς.....

Lego secundo versu :

Φεύγων Ἠριδανοῦ ὀξὺ στόμα μερμηρίζων.

Padus oritur ex Alpibus. Hunc cum Eridano eumdem faciunt Æschylus et Apollonius in Argon. et cum Rhodano quoque confundunt. Intelligoque oraculum de Julio Cæsare, cui ex Gallia per Rhodanum et Alpes in Italiam descendebat : Μητροκτόνος, Cæsar Julius. GALE. — Autumat vir reverendus hoc oraculo designari Julium Cæsarem, quæ ultima vox Matricidam notat, et sic putat legendum :

Φεύγων Ἠριδανοῦ ὀξὺ στόμα μερμηρίζων.

Rationem conjecturæ suæ hanc affert quod Eridanus ab Æschylo et Apollonio in Argon. pro Pado, Padus itidem pro Rhodano usurpetur, quem Italiam petens Cæsar trajecit. Sed quanquam hæc conjectura oraculi sensum forte assequatur, cum Lactantii mente non congruit, qui diserte hæc de Nerone intelligit. *Anonymus Auctor editionis Cantabrigiensis*. — Lactantii mentem miramur contra viri reverendi emendationem appellari et urgeri. Quippe quia non Lactantius, vel noster, uti solemus dicere, Cecilius, sed quos obiter castigavi: deliri ii sunt, qui laudata Sibyllæ carmina de Nerone intellexerunt. Quare non hæc procul dubio fuerit præstantissimo Jamblichi commentatori sententia, debere eos versus ex Sibyllæ nostrique simul Cecilii mente de Julio Cæsare accipi : verum ista, Sibyllæ oraculum recta ad Julium Cæsarem pertinere, et fuisse tamen, secundum hujus Scriptoris narrationem, quosdam deliros, qui quod Sibylla de Julio Cæsare vaticinata erat ad Neronem perperam retulerint; ut stare quidem possit optime eatenus conjectura, quam cum reliquis deinceps memorandis vir clarissimus e suo exemplari per doctissimum et communem simul utriusque nostri amicum Eliam Boherellum describi humanissime passus est: sed quas denique serius ex Anglia accepimus, quam ut hactenus nonnullarum ex iis mentionem in tempore et loco potuerimus facere, legendarum igitur, quando semel nobis invitissimis sua sede exciderunt, ad hujus tantum libelli calcem. Gaudemus interim, posse virum celeberrimum ex recens dictis intelligere, quam recte considerit non futurum quin simus candidi, cum oportebit, ipsius cogitationum interpretes.

A finibus. Excidit vox *terræ*. Est enim in Græco, ἐκ περάτων γαίης. TOLLIUS. — *A finibus terræ esse venturum*. GALE. — Nec alia, ut liquet, de causa. — Plane assentior. Nam non semel modo, quod ob præcedentia videri possit, sed bis vocem γαίης Græci Sibyllarum versus exhibent.

Ut quia primus persecutus est. Malim *Ut qui Ecclesiam persecutus est*. TOLLIUS. — Ego vulgatam lectionem haud mutandam censeo. Nam licet noster hoc ipso capite scripserit : *Primus omnium persecutus Dei servos*; et cap. 2 : *Postquam ad persequendum justum populum inciatus*; et iterum paulo post : *Senatus ita nomen ejus persecutus est*; rursumque (cap. 4) : *Quis justitiam, nisi malus, persequatur?* et si qua sunt alia deinceps hujusmodi exempla, id est, in quibus τὸ persequi cum subsequente vel præeunte proxime accusativo aliquo compareat : exstat tandem in fine capitis noni locus alter ei, de quo nunc agitur, plane similis, hoc est, ubi idem verbum *absolute*, quod aiunt Grammatici, positum reperitur; nempe hic : *Quam vero causam persequendi habuerit, exponam*, ibique ne ipsi quidem Tollio aliud quidquam legere in mentem venit. Adde, huic Scriptori familiare fuisse, *Ecclesiæ persecutores* simplici *persecutorum* vocabulo indigitare. Hinc, verbi gratia, in libri titulo nil, nisi *De Moribus Persecutorum*; et cap. 1, *mortem persecutoribus irrogare*. Imo, ut videbitur in sequentibus, solet noster ea verba sine accusativo adhibere, quæ sibi accusativos adjungi maximopere postulant, puta *agere*, *facere*.

Adventum... nefas est credere. Adventum... nefas esse credere. Editio Cantabr. in verbis auctoris; sed menda procul dubio typographica. — *Adventum (quod nefas est credere)*. Editio Oxon. et Cant. in Notulis, cum ea quam repræsentamus parenthesi. — *Adventum : quod nefas est credere*. Cuperus, sine parenthesi. — *Adventum non nefas est credere*. ABBAS a S. Hilario. — Mallem equidem, ut libere dicam, *adventum*. Alii, quod nec fas est credere. Ita quippe duas deliroum classes hic auctor perstrinxerit. Unam eorum qui crassa et rudi Minerva posuerint, Neronem jam olim, ut cum nostro loquar, translatum, vivumque ab eo tempore in terræ finibus reservatum, indidem ἐν τῇ τοῦ αἰῶνος συντελείᾳ venturum, ut Ecclesiam persequatur, et

Antichristi præcedat adventum. Alteram vero illorum, qui rem totam præclara, quod quidem putarent, observatione, sed revera futili, confirmatam iverint in hunc modum : duos quondam prophetas, hoc est, Enochum et Eliam translatos fuisse vivos in ea loca, unde die Judicii reversuri sint ad epinicium Christi sanctum ac sempiternum in ultima tuba, cum descendere cœperit, inchoandum ; nec aliter diabolo, cum ad vastationem terræ et humani generis eversionem veniet, Neronem præiturum, ejusque præcursorem fore. Agnosco, nos ita pluribus conjecturis nedum suo loco propositis niti, nedum ut jam illas extra controversiam pro virili statuerimus. Sed ad eas festinamus, et plenam interim cuique potestatem suas nostris symbolas præferendi libentissime facimus.

Sicut duos Prophetas vivos esse translatos in ultima... initium Christi sanctum ac sempiternum, cum descendere cœperit..., pronuntiant. Locus fœde mutilus et obscurus, quemque adeo, ex aliorum et nostra quoque sententia expletum et illustratum subjicere operæ pretium judicavimus, quo cujusque mentem de tota pericope semel et facilius, Lector, percipias, simulque melius eligere queas, quam sequaris. Ex editionibus Oxoniensi, et Cant., « Sicut duos prophetas vivos esse translatos in ultima *sæcula præcursuros* initium Christi sanctum ac sempiternum cum descendere *sanctis suis comitatus*, pronuntiant. » — Ex amplissimo Cupero, « Sicut duos prophetas vivos esse translatos, *et* in ultimo *sæculo* initium Christi sanctum ac sempiternum, cum descendere cœperit, *præcessuros* pronuntiant. » — Ex Columbo, « Sicut duos prophetas vivos esse translatos, *et* in ultima *ætate* initium Christi sanctum ac sempiternum, cum descendere cœperit, *præcursuros* pronuntiant. » — Ex eodem Columbo, alia ratione, « Sicut duos prophetas vivos esse translatos, *et* in ultima *sæcula*, initium Chriti sanctum ac sempiternum cum descendere cœperit, *redituros* pronuntiant. » — Ex nostra sententia, « Sicut duos prophetas vivos esse translatos, in ultima *ut tuba* epinicium Christi sanctum ac sempiternum, cum descendere cœperit, *inchoent* vel *præcinant*, pronuntiant.

Translatos. Non quidem *in terræ fines*, quomodo paulo ante *translatum* explicuimus : sed *e mundo*, sive *in cœlum*, aut, quod etiam eodem debet redire, *in Paradisum*; vel si adhuc aliter mavis, πρὸς τὸ θεῖον. Quid enim de duobus, qui hic sine dubio intelliguntur, prophetis Enocho et Elia Thesbite scriptores sacri eorumve interpretes, aliique homines id genus? De Enocho : *Translatus est in Paradisum*, verterunt Interpres Arabs et Latinus, ille Hebr. xi, 5, hic Syriac., xliv, 15 : *Translatus fuit in cœlum*, habet Vatablus (Gen., v. 24). Ἀνεχώρησε πρὸς τὸ θεῖον, ὅθεν οὐδὲ τελευτὴν αὐτοῦ ἀναγράφασιν. *Discessit ad Deum, unde nec ejus mortem, seu finem conscripserunt*, inquit Josephus (lib. 1 Ant., c. 4). Quod ad Eliam vero Thesbiten : *Helias non ex decessione vitæ, sed ex translatione venturus est, nec corpori restituendus, de quo non est exemptus : sed mundo reddendus, de quo est translatus*, ait elegantissime Tertullianus in libro de Anima. Scriptura autem Sacra (ii Reg., i, 11) : *Ascendit Elias per turbinem in cœlum* : unde et 1 Macch., ii, 58 : Ἠλίας ἐν τῷ ζηλῶσαι ζῆλον νόμου ἀνελήφθη ἕως εἰς τὸν οὐρανόν.

In ultima... Quod hic neque *sæcula*, neque *ætate*, cum doctis modo laudatis, sed *ut tuba* supplendum putaverimus, causa sunt tam quæ proxime dicemus ad vocem *initium*, quam iste in primis apostoli locus : Πάντες μὲν οὐ κοιμηθησόμεθα, πάντες δὲ ἀλλαγησόμεθα ἐν ἀτόμῳ, ἐν ῥιπῇ ὀφθαλμοῦ, ἐν τῇ ἐσχάτῃ σάλπιγγι. σαλπίσει γάρ, καὶ οἱ νεκροὶ ἐγερθήσονται ἄφθαρτοι, καὶ ἡμεῖς ἀλλαγησόμεθα. *Non omnes quidem obdormiemus, sed omnes mutabimur in momento, in ictu oculi, in ultima*, seu, ut vulgatus interpres, *in novissima tuba*. *Canet enim tuba, et mortui resurgent incorrupti, et nos immutabimur* (1 Cor., xv, 51, 52). Ne etiam dicam, non infrequens fuisse Patribus ad eamdem *ultimam tubam* respicere in scribendo. Tertullianus, verbi gratia, in de Anima : *Quo ergo animam exhclabis? In cœlum, Christo adhuc sedente ad dexteram Patris? Nondum Dei jussu per tubam archangeli audito? Nondum illis quos Domini adventus in sæculo invenerit obviam ei, ereptis* (pol. *raptis*) *in aerem, cum his qui mortui in Christo primi resurgent?* Ita enim hunc locum legimus et distinguimus. At cur potius apud nostrum, *in ultima ut tuba*, quam *ut in ultima tuba*? Partim, propter lacunam, cujus nulla pars ante *in ut ima* videtur, quæque tota post occurrit : partim vero propter Latinæ linguæ indolem, cui ejusmodi metatheses usitatæ sunt. Sic eleganter Cicero contra Verrem, *vere ut dicam*, pro *ut vere dicam* ; et in epistolis ad Atticum, *Quod vereor, tibi ipsi ut probem*, similiter pro *Quod vereor, ut tibi ipsi probem*.

In ultima initium Christi. In Ultima et Judicium Christi. ABBAS *a S. Hilario*.

Initium Christi sanctum et sempiternum. Id est, ut hi boni viri putabant, regnum Christi millenarium. Cujus inanis persuasionis opinio, quæ etiam apud plures Patrum obtinuit, ex his Pauli ad Corinth. xv, 23, 24, 25, fluxisse videtur : Ἀπαρχὴ (scilicet ἐκ νεκρῶν ἀναστάσεως) Χριστός, ἔπειτα οἱ τοῦ Χριστοῦ, ἐν τῇ παρουσίᾳ αὐτοῦ. Εἶτα τὸ τέλος, ὅταν παραδῷ τὴν βασιλείαν τῷ Θεῷ καὶ Πατρί, ὅταν καταργήσῃ πᾶσαν ἀρχήν, καὶ πᾶσαν ἐξουσίαν, καὶ δύναμιν. Δεῖ γὰρ αὐτὸν βασιλεύειν, ἄχρις οὖν ἂν θῇ πάντας τοὺς ἐχθροὺς ὑπὸ τοὺς πόδας αὐτοῦ. Precedit enim ἡ παρουσία Christi τὸ τέλος, seu finem mundi, cum traditurus est Deo et Patri regnum, atque ipse ut ὑποταγήσεται τῷ ὑποτάξαντι αὐτῷ τὰ πάντα, ut ait commate 28. Inter eam παρουσίαν τὸ τέλος intercedit ἡ βασιλεία, id est, regnum Christi, cujus regni tempore καταργήσει πᾶσαν ἀρχήν, etc., καὶ θήσει πάντας τοὺς ἐχθροὺς ὑπὸ τοὺς πόδας αὐτοῦ, et erit adversarius ultimus ipsa mors : sic ut dein semper victuri sint electi, et mortem post victoriam Christi ignoraturi. Ex hoc igitur loco Veteres illud regnum Christi in terris expiscati sunt. Tempus vero millenarium ex Apocalypsi Joannis, xx, 3, ubi diabolus ab angelo vinctus dicitur χίλια ἔτη ; et comm. 4, ubi sancti martyres, et qui signum bestiæ non admisere, βασιλεύσειν dicuntur μετὰ Χριστοῦ τὰ χίλια ἔτη, reliqui vero mortui minime revixisse. Illa vero resurrectio sanctorum *prima* ibidem dicitur ; *felix*que et *sanctus, qui ejus fuerit particeps* : quippe in quos mors altera potestatem non sit habitura. Quod apprime convenit cum illis Pauli, ubi ultimo devictum subactumque iri mortem dicit. Duos illos prophetas quod attinet, Henochum et Eliam, præcursores Christi ad regnum millenarium de cœlo descendentis, hi mihi e cap. xi Apocal. petiti videntur, ubi duo testes memorantur qui potestatem habebunt claudendi cœlum (ne pluat quod Eliam præcipue respicit) et aquarum in sanguinem mutandarum ; quæ duo Lactantius noster (lib. vii, cap. 17, Div. Instit.) unitantum nomini, seu prophetæ magno tribuit. Sequitur tandem post devictum triumphatumque diabolum, principatus, imperia et potestates, de quibus Paulus, sive post Gog et Magog cœlesti igne absumptos, ut est apud Joannem xx, 8, 9, judicium extremum, sive secunda resurrectio, cum terra, mare et infernum suos mortuos dabunt, iique dein qui damnati fuerint una cum morte et inferno in lacum ignis conjicientur, *quæ secunda mors est*. Ex hoc Joannis viso tot cnata sunt hominum vigilantium somnia (et unum legisse libro vii, cap. 16, 17 Lactantium sufficit), ut non tam multa ex eburna inferorum porta Æneidos scriptor emiserit, aut Hermetis nostri filii per omnes gentes ac populos discesserit. Sed de his alias uberius. TOLLIUS. — Recte, inquio ego, modo duas simul meminerit vir doctissimus enodare difficultates, quibus sententia quam sequitur, laborat, quasque hactenus intactas prorsus reliquit. Unam, qua ratione futurum illud regnum

Christi millenarium ad quod ipsi, viroque etiam amplissimo hic auctor respicere visus est, vocari queat commode *initium Christi*, cum jam per tot sæcula Christus in cœlo et terris ad dextram Patris semel elatus et considens regnaverit. Alteram vero, quinam vere pariter possit *initii sempiterni* appellatio bono sensu eidem regno congruere. Quid enim *sempiternum initium* in ea re, quæ non æternum initium habitura est: sed quales res reliquæ, hoc est, fluxum ac evanidum, finemque adeo post mille annos! Ego certe, qui me aliter in summo utriusque viri clarissimi de utraque difficultate silentio extricare non possem, cœpi jamdudum vi.li aliquid in voce *initium* suspicari, et, quid si potius *epinicium* legatur, dicere; moxque quam multa eo faciant sigillatim aspectare in hunc modum.

Narrare primum omnium Joannem in Apocalypsi, vii, 9-12, vidisse se olim post alia multa, quæ sæculorum lapsu eventura erant, *turbam multam, quam numerare nemo posset, ex omnibus gentibus, tribubus, et populis, et linguis, qui ante solium et Agnum starent, stolis amicti candidis, palmas gestantes in manibus, et magna voce clamantes: Salus Deo nostro, qui sedet in throno, et Agno. Omnes autem Angelos, qui ipsi quoque tum temporis in circuitu throni, et seniorum, et quatuor animalium starent, procubuisse ad ea verba ante solium in facies suas et adorasse Deum, dicentes: Amen. Benedictio, et gloria, et sapientia, et gratiarum actio et honor, et potentia, et robur Deo nostro in sæcula sæculorum. Amen.*

Istas porro utrorumque acclamationes, cum palmæ a prioribus gestarentur in manibus, non minus verum esse ἐπινίκιον, quam cantica illa palmaria et laureata, quæ Veteres victoribus canebant, et ἐπινίκια vocabant.

Deinde, fuisse illa quidem plerumque, ut vel e Suetonio in Julio Cæsare constare potest, impurissima, et, si non semper singula unius antum diei, ad summum certe paucissimorum: sed eas rursum, de quibus agitur, acclamationes sanctum ab omni parte ἐπινίκιον esse, et vere eatenus sempiternum, quod hominum sint, qui, sicut patet ex sequentibus, *Deum in omne ævum in ejus templo colent.*

Adhæc, inter cætera, quæ Apostolus in priore ad Thessalonicenses cum ipso Christi de cœlis descensu conjunxit, nominari disertissime, κέλευσμα. Αὐτὸς ὁ κύριος ἐν κελεύσματι, ἐν φωνῇ ἀρχαγγέλου, καὶ ἐν σάλπιγγι Θεοῦ, καταβήσεται ἀπ᾽ οὐρανοῦ; ad verbum, *Ipsemet Dominus cum celeusmate, cum voce Archangeli, et tuba Dei descendet e cœlo.*

At allusisse sine dubio Apostolum, cum ita scriberet, ad genus illud *celeusmatum*, quod *militare* vocare est, quodque a victricibus quondam copiis cantabatur. « Super muros Babylonis levate signum, augete custodiam, levate custodes, præparate insidias, quia cogitavit Dominus, et fecit quæcumque locutus est contra habitatores Babylonis. Qui habitas, super aquas multas, locuples in thesauris, venit finis tuus pedalis præcisionis tuæ. Juravit Dominus exercituum per animam suam: Quoniam replebo te hominibus quasi brucho, et super te *celeusma* cantabitur. » (Vulgata capite li Hieremiæ, 12, 13, 14.) Quanquam si vel maxime Paulus ἀλληγορικῶς ad illa Veterum celeusmata, seu hortamenta, quæ in uvarum calcatione, alias autem in remigatione adhibebantur, respexisset, certum sit legi alibi apud Vulgatum interpretem de prioribus, *celeusma quasi calcantium concinetur adversus omnes habitatores terræ*, Hier., xxv, 30; et iterum xlviii, 33: *Nequaquam calcator uvæ solitum celeusma cantabit*. Nautica vero, seu quæ quondam remigibus dabantur, et speciali quodam usu κελεύσματα nuncupabantur, cani interdum solita fuisse a Symphoniacos pueros, et per assam vocem, id est, voce prolatam, testis est Pædianus in libros Ciceronis de Divinatione.

Præterea vocem *epinicium*, licet origine Græcam, usurpari quandoque latine a melioribus scriptoribus a profanis, dicente, verbi gratia, Suetonio in Nerone: *Affirmavit... se... sequenti die lauum inter lætos cantaturum epinicia quæ jamnunc sibi componi oporteret.* Ob quam indubie auctoritatem Laurentius Humfridus ad calcem disputationis Origenicæ de resurrectione, quam e Græcis interpretatus est, *Epinicion*, seu *triumphalis Eutropii aliorumque, ut apparet, auditorum acclamatio in Adamantii victoris laudem celebrata, o divine omnique sapientia et intelligentia ornate*, etc.

Tum autem, post *initium Christi* sanctum ac sempiternum, sequi proxime in nostro Cecilio, *cum descendere cœperit*. At hæc ultima verba numquam posse idonee, risi ad futurum Christi e cœlo descensum toties in novo Fœdere memoratum referri; nec quidquam jam melius cum gloriosa illa Christi descensione quadrare, quam hinc *tubam ultimam*, cujus modo e Pauli Epistolis meminimus, illinc vero vocabulum *epinicium*, cujus tot litteræ in voce *initium* occurrant.

Denique, negari sane ab Aposto.o in priore ad Thessalonicenses (cap. iv, 15), fore unquam ut ii quos Christus die judicii vivos deprehendet in terris, præveniant illos, qui in Domino obdormierint; hoc est, obviam ei priores in cœlum rapti, eant; sed negari nuspiam ab eodem, aut ab alio quovis scriptore sacro, Enochum et Eliam, qui vivi olim in cœlos translati sunt, ex iisdem eodemque die in Christi comitatu descensuros, ut ejus sint prævii ac præcursores; et eo magis igitur deliris, quos hic auctor suggillat, licuisse asserere rem ita futuram, addereque insuper eosdem in *ultima tuba* laudatum Christi epinicium, aut aliquod tale, præcenturos. Sicque nostra tandem de hoc loco conflata sententia est, interim dum meliora doceamur.

Cum descendere cœperit. Sic lib. vii, 19: *Tunc aperietur cœlum medium intempesta et tenebrosa nocte, ut in orbe toto lumen descendentis Dei tamquam fulgur appareat.* Et mox: *Cadet repente gladius e cœlo, ut sciant justi ducem sanctæ militiæ descensurum, et descendet, comitantibus Angelis, in medium terræ*. Tollius. — Auctorem nostrum scilicet accipiens, quasi totidem verbis scripserit, *cum Christus descendere cœperit*. Nil magis probo. Ita est, verbi gratia, constructio Columbi: *Cum initium Christi sanctum ac sempiternum cœperit descendere?* Præsertim, si per sanctum ac sempiternum Christi initium Columbus nil aliud, ut verisimile est, quam *regnum Christi millenarium* intelligebat. Non solent sane regna, regnorumve initia hominum ritu moveri, descendere et ascendere. — *Cum descendere cœperit... pronuntiant. Cum descendere cœperit, anteversuros pronuntiant.* Abbas a S. Hilario. — Qui quem sensum ex hoc loco cum illis supplementis elicitum cupiat, vellem indicasset. Non enim assequor.

Venturum putant.... cursor diaboli ac prævius sit. En breviter, ut hæc lacuna expleta fuerit hactenus a doctis viris: *Venturum putant ut qui præcursor*. Edit. Oxon et Cant. — *Venturum putant qui futurus præcursor*. Cuperus. — *Venturum putant ut præcursor*. Allix.

Humani generis. Non jam stricte et improprie, ut supra, pro *imperio Romano* accepti, id est, pro cunctis provinciis omnique Roma, quemadmodum definitur hic te *imperium Romanum* ab Aurelio Victore his verbis: *Adeo cunctæ provinciæ omnisque Roma interitu ejus exultavit*: sed sumpti citra controversiam latissime et proprie pro toto genere humano, uti Florus (lib. iv Historiæ Rom.) *Ubique*, ait, *cuncta atque continua totius generis humani aut pax fuit, aut pacis*; cum non omnes tantum gentes intelligeret, quas olim Augustus ad occasum et meridiem pacaverat, itemque ad septentrionem intra Rhenum atque Danubium, et ad Orientem intra Taurum et Euphratem, populique proinde Romani imperio subjectas, sed illas etiam reliquas quæ, ut pergit, *immunes erant imperii, Scythas, Sarmatas, Seras, Indos, Parthos, qui omnes in σχέσει ad imperium Romanum in pace erant*. Vide locum, si vacat.

CAPUT III.

Post hunc. Neronem nempe. Unde rotunde, majorisque perspicuitatis gratia, Anglica reverend. episcopi Saris. versio, *After Nero*, ad verbum, *Post Neronem*.

Interjectis aliquot annis. Hoc est, tredecim. Anni enim totidem integri, quin et cum tribus insuper mensibus diebusque, a decima die Junii, qua Nero anno æræ Christi, vulgaris sexagesimo octavo misere periit, usque ad diem decimam quartam septembris, qua alter, de quo mox, tyrannus anno Christi Dionysiano octogesimo primo regnare exorsus est, lapsi sunt.

Alter non minor tyrannus. Domitien. Gallica Maucroixii tralatio, in margine. — *Another Tyrant, Domitian, not much inferior to him.* Anglica recens laudata, Domitiani nomine, commentarii vice, inserto auctoris verbis. *Domitianus, calvum dixit quem Roma Neronem.* Editiones Oxon. et Cant. ex subjectis, credo, Ausonii versibus :

Et Titus imperii felix brevitate. Secutus
Frater, quem Calvum dixit sua Roma Neronem.

Favent omnibus historia ecclesiastica et profana, quippe cum e proximis Neronis post Galbam, Othonem et Vitellium successoribus, puta Vespasiano, Tito, Domitiano, Nerva, nullus sit præter Domitianum, cui quæ hoc capite narrantur, conveniant. Confer Baluzium, col. 304, et Columb., col. 395, præcipue vero Eusebii caput a Baluzio indicatum.

Tyrannus. Domitianum eodem elogio Aurelius Victor sic infamavit : *Igitur metu crudelitatis* (Domitiani) *et conscientiæ suæ conjuravere plerique... adscita etiam in consilium tyranni uxore Domitia.*

Ortus est. Pro *imperare cœpit*, nostri scilicet scriptoris locutionem de natali die Domitianei imperii accipiendo, non de nativitate Domitiani proprie dicta. Atque ita facto opus esse, ex eo insigniter apparet, quod tantum abest, ut Domitianus post Neronis obitum fuerit in lucem susceptus, ut jam annum ætatis ageret decimum septimum, cum Nero morte occubuit. Confirmatque adeo egregie, si quid judico, hic locus, nescio quo fato ab amplissimo Cupero prætermissus, illius sententiam, qua de natalitio Constantini solo disputans contendit, voces *ortus* et *oriri* adhiberi non raro singulari elegantia de iis, qui reges fiunt, vel imperatores, aut Cæsares.

Qui cum exerceret invisam dominationem. Πολλὴν nimirum εἰς πολλοὺς ἐπιδεικνύμενος ὠμότητα, οὐκ ὀλίγον τε τῶν ἐπὶ Ῥώμης ἐπατριδῶν καὶ ἐπισήμων ἀνδρῶν πλῆθος οὐ μετ' εὐλόγου κρίσεως ἀποκτείνων, μυρίους τε ἄλλους ἐπιφανεῖς ἄνδρας ταῖς ὑπὲρ τὴν ἐνορίαν ζημιῶν φυγαῖς, καὶ ταῖς τῶν οὐσιῶν ἀποβολαῖς ἀναιτίως, ut loqui licet post Eusebium (lib. III Hist. Eccl., cap. 17). Hoc est, si Valesii versionem imitemur : *Multa in multos crudelitatis suæ specimina edendo, nec paucos nobilium atque illustrium virorum urbis Romæ injuste interimendo, alios præterea innumerabiles summæ dignitatis viros, tametsi insontes, exilio et bonorum proscriptione mulctando.* — *Exercere* autem *dominationem*, ut id obiter moneam, una est ex locutionibus illis quas e Latinis majores nostri Gallicas fecerunt, et qualium infinitam esse apud nostrates multitudinem superius ponebamus, ne facile Tollio concederemus, debere *quo officio repleto* in *quo officio impleto* mutari.

Cervicibus incubavit. Sic c. 7 : *Multi præsides et plura officia singulis regionibus ac pene jam civitatibus incubare*; ad quæ verba vide Tollium. Confer capite 15 : *In cæterum populum persecutio violenter incubuit.*

Quam diutissime. Annis videlicet 15 et mensibus 5, si græcus Eusebii canon Chronicus, latinusque Hieronymi, et utroque opere longe posteriori Jornandes audiendi sunt. Ex priori quippe, verbi gratia, Ῥωμαίων ἐβασίλευσεν θ Δομετιανὸς ἔτη ιε, μῆνας ε; id est, vertente et commonente Hieronymo, *Romanorum*

A *nonus regnavit Domitianus, Titi frater junior*, ann. 15, mens. 5. Sed mirum, ni olim Eusebius pro ἔτη ιε, μῆνας ε, scripserit ἔτη ιε, ἡμέρας ε, annos *quindecim, dies quinque*. Xiphilinus enim e Dione in Domitiano, Ἐμονάρχησε δὲ (Δομετιανὸς) ἔτη πέντε καὶ δέκα, καὶ ἡμέρας πέντε; *imperavit annos quindecim, et dies quinque*. Ac præterea, ab idibus Septemb. anni æræ Christi Dionysianæ 81 quibus Titus, Domitiari decessor, vivere et imperare desiit, usque ad 14 kalend. Octob. anni ejusdem æræ 96, quibus Domitianus vitam et imperium cum morte commutavit, putandi tantum veniunt anni 15 et dies 5, sive ad summum, quod Petavio placebat, anni 15 dies 6. Imo, *Domitianum annos quindecim imperasse* Epitome Aurelii Victoris, *anno imperii decimo quinto occisum fuisse* Suetonius, πεντεκαίδεκα ἔτεσιν ἐπικρατῆσαι, ipse quoque Eusebius quodam loco, sine ulla mensium dierumve, qui excurrerint mentione, scripto reliqueru t. Sed numerum procul dubio rotundabant. Confer latinam

B Eusebiani Chronici editionem, in qua ad an. Dom. 97 cernitur decimus sextus Domitiani e regione notatus ; quod is nempe inverit, etsi permodice. Addo vel hinc numeri rotundationem in Aurelii Victoris loco, de quo agitur, patere, quod pro disertis istis illius verbis, *Domitianus... imperavit annos quindecim*, extet alibi apud eumdem in libello de Cæsaribus : *Pœnas luit... anno... dominationis circiter quinto decimo* quod non simpliciter pro *plus, minus, quinto decimo*, commode accipi potest, sed pro *paulo plusquam quinto decimo*, ob Xiphilini locum modo adductum.

Donec impias manus adversus Dominum tenderet. De anno, quo Domitianus in Christianos sævire cœpit, magna est inter Chronologos opinionum diversitas, quorum alii ad annum æræ Christi vulgaris nonagesimum, alii ad nonagesimum primum, alii ad nonagesimum tertium, alii ad nonagesimum quartum, atque alii denique ad nonagesimum quintum illius persecutionis primordia quocumque modo referunt. Et

C eam quidem controversiam non infirmis, ut videbatur, rationibus dirimere hoc loco in gratiam Dodwelli contra Pagium et cæteros proposueramus, resque jam diu erat confecta. Sed quis erit finis, inquiunt, si ita perrexerimus ut cœpimus ? Dandum igitur deinceps plurimis nostris ἐργοδιώκταις, ut quæ in hunc auctorem fusius annotavimus, aut observare adhuc volebamus, in pauca quantum fieri poterit, contrahantur. Tractat infra hoc argumentum Cuperus in priore ad magnum elegantiorum Musarum cultorem Voetium, pag. 9 et seq. Dodwellus vero in dissertatione Cyprian., XI, num. 5, et post eum Pagius ad annos Christi 90, num. 5, 6, 91, num. 4, 93, num. 2, 94, num. 5, 95, num. 2. De phrasi autem, quam hic noster adhibet, Cuperum vide, col. 475.

Tutusque regnavit, donec impias manus adversus Dominum tenderet. Proximus post Neronem Christianos persecutus est Domitianus.... At sane multi esse non poterant, qui in ea (persecutione) coronati sunt. Erat enim ea persecutio brevissima, ut vix unum annum

D implere potuerit. Statim extinctum, inuit Lactantius.*Tutus*, inquit, *regnavit donec impias manus adversus Dominum tenderet. Postquam vero ad persequendum justum populum instinctu dæmonum incitatus est, tunc traditus in manus inimicorum luit pœnas.* DODWELLUS.

Ad persequendum justum populum. Explicat quid supra per *delendam justitiam* intellexerit. Vertit illustris interpres Anglicus *the holy seed*, id est, *Sanctum semen*, quomodo sese olim Judæi appellitabant (V. I Esdr. IX, 2, et III Esdr. VIII, 74).

Luit pœnas. Ita de eodem Domitiano, et in eodem argumento apud Aurelium Victorem : *Pœnas luit quinto et quadragesimo anno vitæ.* Neque aliter Lactantius de Antichristo : *Et captus, tandem scelerum suorum luat pœnas* (De Vita beata c. 19).

Interfectus domi. Id est, in palatio. Vide dicta ad caput 14, Domitianum autem fuisse occisum in palatio, quod ei in urbe Roma pro domo erat, et ubi adeo inter cætera cubabat, non est, meo judicio, quod dubitetur : ita Eutropius Jornandes, Suetonius et Xiphilini Dio rem unanimi consensu contra Alexandrini Chronici auctorem narrant, secundum quem, laudante ante nos Cupero, Domitianus *ἐν τῷ ἱερῷ τοῦ Διὸς, in fano Jovis* fuit trucidatus. E contrario enim *interfectus est suorum conjuratione in palatio,* ait, verbi gratia, Eutropius; nominantibus etiam specialius partim Suetonio, partim Zosimo, palatii locum, ubi cædes patrata, *cubiculum Domitiani* ad *domum Palatinam* (pertinens), in quo volebat interdiu, uti consueverat, *requiescere,* (et) ad *cujus januam Parthenius* (tamquam), *cubiculo præpositus aderat.*

Etiam memoria nominis ejus erasa est. Aurelius Victor in Cæsaribus : *Senatus gladiatoris more funus (Domitiani) ferri,* seu, ut in Epitome, *efferri, radendumque nomen decrevit.* Quod quomodo factum fuerit, si videre et probe nosse cupis, en tibi insigne exemplum e Critica Historico-Chronologica Pagii cum viri doctissimi Annotatione :

A. P. R. C. DCCC. XLI.

Ex. S. C. Ludi Sæculares facti.

Eo in marmore Domitiani nomen non legitur, quia, ut inquit Suetonius in Domitiano (cap. 23), senatus Domitiani *eradendos ubique titulos abolendamque omnem memoriam* decrevit. PAG. us. — Adde nostrum (cap. 52), exclamantem : « Ubi sunt modo magnifica illa et clara per gentes Joviorum et Herculiorum cognomina, quæ primum a Dioclete ac Maximiano insolenter assumpta, ac postmodum ad successores eorum translata viguerunt? Nempe delevit ea Dominus, *et erasit de terra,* » quamquam id quidem alio sensu, quam hoc loco.

Cum multa mirabilia opera fabricasset, etc. Ecce, secundum Cassiodorum in Chronico, non accuratissimam tantum illorum operum recensionem post Eusebium, cujus similis catalogus laudatur Columbo, col. 395, sed sub quibus etiam consulibus singula facta fuerint; quod ab Eusebio prætermissum, seu, ut verius dicam, pessime conturbatum.

Asprenas et Clemens.

« His consulibus multa mœnia et celeberrima Romæ facta sunt; id est Capitolium, Forum transitorium, Divorum porticus, Isium, Serapium, Stadium, Horrea piperatoria, Vespasiani templum, Minerva Chalcidica, Odion. »

Domicianus IX, et Clemens II.

« His consulibus insignissima Romæ facta sunt opera; id est Forum Trajani, Thermæ Trajanæ et Titianæ, Senatus, Ludus matutinus, Meta aurea, Meta sudans et Pantheon. »

Nobilia monumenta fecisset. Velleius Paterculus de P. Scipione Æmiliano : *Fecit suæ virtutis monumentum, quod fuerat an ejus clementiæ.*

Ut neque imaginum, neque titulorum, etc. « Senatus adeo lætatus est, ut repleta certatim curia non temperaret, quin mortuum contumeliosissimo atque acerbissimo acclamationum strepitu lacerarent, scalas etiam inferri, clypeosque et imagines ejus coram detrahi et ibidem solo affligi juberet, novissime eradendos ubique titulos, abolendamque omnem memoriam decerneret. » Edit. Oxon. et Cant. e Suetonio, post Baluzium, apud quem plura vide, col. 305.

Rescissis igitur actis tyranni. Quod sub Nerva contigit. Καὶ ὁ Νερούας τοῖς τε κρινομένοις ἐπ' ἀσεβείᾳ, hoc est Christianos, ἀφῆκε καὶ τοὺς φεύγοντας κατήγαγε. Editiones Oxon. et Cant. ex Xiphilino scil. post Dionem in Nerva. — « Rescissis igitur actis tyranni, non modo in statum pristinum Ecclesia restituta est, sed etiam multo clarius ac floridius enituit...... Sed enim postea longa pax rupta est. Extitit enim post annos plurimos execrabile animal Decius, qui vexaret Ecclesiam. » Si Lactantium audimus, a Domitiano ad Decium usque, nulla erit omnino persecutio. Ita enim ille: « Rescissis igitur actis tyranni (Domitiani) non modo in statum pristinum Ecclesia restituta est, sed, » etc. Ex quibus conterranei sui verbis intelliginus, *longa Cypriani pax* quibus sit limitibus includenda.

DODWELLUS. — *Omne quod (Domitianus) constituerat, Romani irritum fecere.* Jornandes, lib. 1 de Regn. Succ. Et quod hic porro noster de *actis tyranni rescissis* loquitur, id supra, capite 1, non dissimili locutione, vel sensu, *tyrannorum imperia rescindere* dixerat. *In statum pristinum Ecclesia restituta est.* Quam cito id post Domitianum contigerit, habuisti modo duobus verbis ex editionibus Oxon. et Cant. num. 17, initio : tradit vero fusius Baluzius col., 305.

Multi ac boni principes. Nec hoc ex fide historiæ. Sed mentiendum erat, ut persecutoribus omnibus tristem obtigisse mortem probaret ; cum Trajanus et Antonini tranquillissime vita defuncti sint. Vide sis Sarisberiensis Polycraticum (lib. VIII, pag. 646 et seq.)

TOLLIUS. — Aliud virum doctum, cum hæc scriberet, egisse, parum absuit quin dicerem. Sive quia multos *ac bonos principes* proxime post Domitianum Romani imperii clavum tenuisse, Zosimus, præter Eusebium et Lactantium, qui jam a Baluzio in eam rem laudati, testatus est his verbis : « Domitianus peremptus a Stephano liberto... Ab hoc tempore viri boni (ἄνδρες ἀγαθοί), principatum adepti, Nerva, Trajanus, et post eum Hadrianus, et Antoninus Pius, et par illud fratrum, Verus atque Lucius. » Sive deinde quoniam, ut ut maxime Trajanus et Antonini tranquilla morte defuncti sint, quod certe nollem negasse, haud id magis utique negavit noster Cecilius, qui ne γρὺ quidem de illorum morte, seu bona, seu tristi fuerit, meminit ; quique proinde nonnisi summa injuria videatur dici posse mentius, ut persecutoribus omnibus tristem obtigisse mortem probaret. Præsertim, cum nec Trajanum, nec Antoninos, nec ulles alios a Domitiano usque ad Decium imperatores Romanos in numero persecutorum posuerit, sicut sequentia firmabunt. At ecce id ipsum Tollio displicuisse nunc cogito, quod noster, inquam, Trajanum et Antoninos, qui ab Eusebio et aliis inter Ecclesiæ persecutores censentur, *bonos* contra *principes* vocaverit : haud inficiante nimirum viro clarissimo, fuisse illos Romanis, cæterisque ethnicis quibus imperarunt, bonos, sed negante fuisse tales Christianis ; nec aliam sibi denique fingente præclari illius elogii causam, quam malam hujus Scriptoris fidem, qui quod iis tristem contigisse obitum ostendere non posset, mentitus sit fuisse bonos. Quas vero probandum sumpserit, *magna semper edi a Domino exempla in persecutores,* ac non potius, *adversarios Dei sæpe dignam scelere suo recipere mercedem,* ut suo ipse loco loquetur. Aut quasi iterum ex Eusebii scribendi methodo, apud quem Adrianus imperator Justini verbis μέγιστος καὶ ἐπιφανέστατος, *maximus et illustrissimus* vocatur, quique alias eumdem Adrianum, non cum Sulpicio Severo. « Dæmonum simulacra in templo ac loco Dominicæ passionis, perimendæ Christianorum fidei causa, constituentem » induxit, sed e contrario « Sereni Granii litteris in Christianorum gratiam dicitis commotum ; imo ita commotum, ut statim proconsuli Asiæ scribere, « non esse Christianos sine objecto criminum condemnandos, » quique postremo nullam quartam, Sulpicii ritu, persecutionem sub Adriano numeravit, sed quartam suam usque ad M. Antonini et L. Au. Commodi tempora memorare distulit, sequatur, mentitum esse in his omnibus Eusebium, nec nisi mala mente res Adriani tractasse. Fuerint ergo potius et Cecilius noster, et Eusebius, bonæ in istis fidei Scriptores : sed quibus gravi aliqua de causa singulæ Christianorum vexationes non visæ sint in persecutionum catalogum referendæ, nec singuli etiam imperatores, sub quibus et ex illorum quandoque imperio acciderunt, in persecutorum albo scribendi. Plane quemadmodum ipsemet Sulpicius (lib. II Historiæ Sacræ) : « Sane tum, inquit, Licinius, quia adversum Constantinum de imperio certavit, milites suos litare præceperat; abnuentes, militia rejiciebat. Sed id inter persecutiones non computatur; adeo res levioris negotii fuit quam ut ad Ecclesiarum vulnera perveniret. » Seu, ut melius dicam, quomodo, dum Hieronymus in Chronico decem Ecclesiæ persecutiones usque ad Licinii tempora recenset, Sulpicius in Historia Sacra novem tantum numerat, quin nec singulas easdem cum Hieronymianis, imo, illam Aureliani inter alias prætermittens, quam huic auctori *cruenta Aureliani scripta* ab una parte, ab altera vero *crudelia ejusdem facta* insignem merito reddiderunt; haud ea propter tamen malæ fidei accusatus, quod ad brevem et irritum Aureliani impetum sine dubio respexerit, « cui ne perficere quidem quæ cogitaverat licuit, protinus inter initia sui furoris extincto », ut noster brevi loquetur.

Nullos inimicorum impetus passa. Non quod nil prorsus a Domitiani obitu ad Decium usque fuerit perpessa. Passa enim, v. gr., sub Trajano, sub Adriano, sub Severo, sub Philippis, ut videre est apud Eusebium atque alios : sed quod impetus in illam per ea tempora facti nulli fuerint, id est, inanes et levioris momenti; quique, ut cum nostro dicamus, non obstiterint, quominus « Ecclesia ambas simul in Orientem et Occidentem porrigere posset manus : » sicut omnino in Philipp. 5 Tullius, *Nullæ istæ sunt*, ait, *excusationes;* non quod nulli prorsus excusationi occurrendum sibi esse videret, sequuntur enim continuo tres, « meus amicus est. Sit patria prius. Meus cognatus : » sed quod ipsius judicio, tres illæ vanæ essent ac nauci; et sicut idem iterum Philipp. 3 : « Quid est autem, scelerate, quod gemas, hostem Dolabellam judicatum a senatu, quem tu ordinem omnino esse nullum putas?» Non quod pariter Antonius nullum esse crederet Senatum in urbe, vel in orbe; eam enim, ut sequitur, « sibi causam belli gerendi proponebat, ut senatum funditus deleret : » sed quod nulla esset senatus auctoritas apud Antonium. De re ipsa vide Dodwelli dissert. Cyprian. xi, num. 17 et seq. usque ad 25. Quid? quod germana forte nostri scriptura fuerit, *nonnullos inimicorum impetus passa;* id est, pauculos, nec valde graves.

Manus suas in Orientem et Occidentem porrexit. Eusebius (lib. iv Historiæ Eccl. c. 2), de rebus ad Trajani imperium pertinentibus disserens : Καὶ τὰ μὲν τῆς τοῦ Σωτῆρος ἡμῶν διδασκαλίας τε καὶ ἐκκλησίας, ὁσημέραι ἀνθοῦντα ἐπιμεῖζον ἐχώρει προκοπῆς: «Ac Servatoris quidem nostri doctrina atque Ecclesia magis ac magis in dies efflorescens, continuis incrementis augebatur. » Idem rursus (eod. lib. c.vii), sed jam de Adriani temporibus verba faciens : Ἤδη δὲ λαμπροτάτων δίκην φωστέρων τῶν ἀνὰ τὴν οἰκουμένην ἀποστιλβουσῶν ἐκκλησιῶν, ἀκμαζούσης τε εἰς ἅπαν τὸ τῶν ἀνθρώπων γένους τῆς εἰς τὸν Σωτῆρα καὶ Κύριον ἡμῶν Ἰησοῦν Χριστὸν πίστεως... «Porro Ecclesiis jam per universum orbem instar clarissimorum siderum fulgentibus, et vigente apud totum hominum genus fide in Dominum ac Servatorem nostrum Jesum Christum, et quæ deinceps. Quod ad locutionem, adi vis Columbum, 396.

Ut jam nullus esset terrarum angulus, etc. Nolebat ergo superius hic scriptor, cum de Christi discipulis statim post ejus in cœlum ascensionem dispersis mentionem faceret, illosque, Nerone necdum regnante, Ecclesiam per omnes provincias ac civitates fundasse adderet, intelligi quasi de tota terra habitabili sine ulla limitatione loqueretur; sed aliquot, plus, minus, terrarum angulos in Oriente et Occidente excipiebat, ad quos ne quidem sub toto Neronis imperio religionem Christi penetrasse putabat, nonnullasque itidem ferissimas nationes, quæ nonnisi diu post Neronem Dei cultum susceperint, et ad justitiæ opera mansuefactæ sint; unde et illæ nostræ suis locis restrictiones, *lato sensu, tate,* cum ad Auctoris verba de omni terra ante Neronem εὐηγγελισμένῃ dissereremus.

Sed num saltem in America generaliter sumpta Apostoli ex nostri Cecilii hypothesibus Evangelium ante Neronis dominationem prædicaverunt? Affirmare debet Pagius, post illa, quæ in Critica sua ad annum Domini 42, num. 2, tam in margine, quam alibi, observavit. Sed ego quidem negare non dubitaverim; et negare alias debet ipsemet Pagius, quoniam Lactantius, quem omnes, et Pagius ipse cum cunctis verum hujus libri parentem esse censent, et nos quoque credimus, libro tertio Institutionum, cap. 23, doctrinam Antipodum aspere exagitat, ut sint proinde inter Veteres, ne jam Augustini et aliorum auctoritatem congeram, qui Pagio negitent, Apostolos ad extrema mundi climata perrexisse. Ut meo utar instituto, habet aliquid in hunc locum Baluzius, col. 305.

Nulla denique natio, etc. Ὑπερβολικῶς hæc dicta sunt, et interpretatione lenienda. Cæterum, non aliter fere lib. v, cap. 13, loquitur, ubi : *Cum vero*, inquit, *ab ortu solis usque ad occasum lex divina suscepta sit, et omnis sexus, omnis ætas, et gens, et regio unitis ac paribus animis Deo serviant.* TOLLIUS. —*Nulla denique natio.* Præstaret, opinor, ex veteri codice legere, *nulla denique Dei natio*, ob hunc Apostoli locum ad Romanos, iii, 29 : *An Judæorum Deus tantum? Nonne et Gentium? Imo et Gentium.* Inde quippe nulla in mundo natio, quæ non sit *Dei natio*, Præter quam quod cum perrexerit Paulus : *Quoniam quidem unus est Deus, qui justificabit circumcisionem ex fide, et præputium per fidem*, eo ipso nulla natio potuit tam feris moribus vivere, quæ non esset Evangelii prædicatione Deique cultu mitescenda ad justitiæ opera.

Suscepto Dei cultu. Tale est apud Lactantium, de Vita beata, c. 27 : *Suscipere sapientiam cum vera religione;* et de Justitia, c. 13 : *Suscipere legem divinam;* et in Epitome, cap. ultimo : *Suscipere quem Deus misit.*

Sed enim postea longa pax rupta est. Postea, id est, *sub Decio*, sicut patet ex sequentibus. *Longa* autem proinde est *annorum circiter centum et quinquaginta trium.* Cave tantum, ut quæ supra diximus sunt, ne hic pacem ἐν πάσῃ ἐκκλησίᾳ βαθείαν intelligas, hoc est, *altissimam in tota Ecclesia*, qualis apud Eusebium ponitur ab Hegesippo sub Nerva extitisse. Nam noster contra de pace, quam leves aliquot persecutiones quandoque turbarunt, loqui ur, et cujusmodi adeo habebat ob oculos Sulpitius Severus, cum scriberet : *Interjectis deinde annis 8 et 30, pax Christianis fuit ; nisi quod medio tempore Maximinus nonnullarum Ecclesiarum clericos vexavit :* ubi pacem triginta et octo annorum haud meram ac continuam, sed aliqua vexatione interruptam vides, vocante etiam rotunde Hieronymi Chronico eam pacis sub Maximino interruptionem, *sextam Ecclesiæ persecutionem.*

CAPUT IV.

Extitit enim post annos plurimos. Id est, post annos plurimos tranquillitatis. MAUCROIXIUS, — ut sonat quidem Gallica ejus versio. Indubie ob *longæ pacis* mentionem recens factam, quam hic aliquaterius ἀπὸ τοῦ κοινοῦ repetendam putavit. Sed integra igitur locutio repetenda foret hoc modo : *post annos plurimos longæ pacis*, seu *tranquillitatis* ; quæ mera ταυτολογία, cum qui *pacem* dicit *plurimorum annorum, longam* eo ipso *pacem* extitisse ponat. Mallem itaque *post annos plurimos* simpliciter de *elapsis plurimis annis* accipere, quos jam porro centum et quinquaginta tres fuisse diximus.

Execrabile animal Decius. Haud alia arte Neronem tractabat noster (col. 196). Sed aliud plane diversum Cuperus habet de Decii proximis, col. 475.

Quis enim justitiam, etc. Redit ad loquendi genus, quod ante explicuimus, cujusque simile apud Lactantium his verbis : *Hæc sæpe causa præcipua justitiam persequendi malis regibus fuit.* Videndus de reliquo Columbus, col. 596.

Ad illud principale fastigium. An quo sensu *principale* interdum *primum et præcipuum est?* Seu quo, verbi gratia, Romanorum Imperatorum potestas vocata a Trebellio Pollione *maximum in terris culmen*, et infra a nostro *sublime fastigium*? Haud crediderim, sed quo potius *principalis auctoritas* et *principalis notio* in Zenonis lege *de causis criminalibus*, proprie *principis auctoritatem et notionem* significant secundo paragrapho : « Hoc solummodo in hujusmodi viros vice quoque principis auditori licebit, ut intentatum apud se crimen si patefactum fuerit, ad principalem referat notionem : ultionis autem tantis inferendæ dignitatibus modus non nisi in principis residebit arbitrio ; » et rursum paulo post : *In hoc namque casu super coercenda hujusmodi accusatoris calumnia , non immerito consulenda erit principalis auctoritas.*

Furere protinus contra Deum cæpit. Statim equidem a *suscepto imperio incœptam* constat ab eo persecutionem. Quasi hujus rei gratia provectus esset ad illud principale fastigium , furere protinus contra Deum cœpit, ut *protinus caderet*, inquit Lactantius. Et ad Alexandrinos unus demque nuntius retulit , et successisse in imperio Decium , et edidisse persecutionis edicta , ut e Dionysii Alexandrini Epistola constat ad Fabium Antiochenum. Nempe Romæ fuit ipse sub finem an. Dom. 249, quo circiter mensem Julium imperare exorsus ; et primi omnium capti sunt cum sociis Moyses , et Maximus, et Celerinus, ipso adhuc Romæ versante Decio. DODWELLUS, dissert. Cyprian. xi, num. 53, e quo et quinque proximis, cætera quæ ad hanc Decii persecutionem spectant, peti possunt.

Et quasi hujus rei gratia provectus esset ad illud principale fastigium, furere protinus. Ita, narrante Ammiano Marcellino, « Cæsar Gallus ex squalore nimio miseriarum, in ætatis indultæ (aut *adultæ*) primitiis , ad principale culmen insperato cultu provectus, ultra terminos potestatis deletæ procurrens , asperitate nimia cuncta fœdabat. »

Nam profectus adversum Carpos. Constantinus in oratione ad Sanctorum cœtum *Getas* sive *Gothos*, Zosimus *Scythas.* Quæ res ita conciliari potest, ut quia Carporum Gothorumque eadem origo erat, et quia utrique propter Istrum fluvium sedes habebant, facile eorum nomina permutarentur. *Editiones Oxon. et Cant.* e Baluzio, quem plura vide sis annotantem in eam rem. Adi quoque Cuperum. col. 475, et Columbum, col. 596.

Statimque circumventus a barbaris, etc. Mortis modum ita narrat Zosimus : Τοῦ δὲ Γάλλου διὰ τοῦ τέλματος ἐπ' αὐτοὺς, id est, Scythas, ὁρμήσαι τῷ Δεκίῳ σημήναντος , ἀγνοίᾳ τῶν τόπων ἀπερισκέπτως ἐπελθών, ἐμπαγείς τε ἅμα τῇ σὺν αὐτῷ δυνάμει τῷ πηλῷ, καὶ πανταχόθεν ὑπὸ τῶν βαρβάρων ἀκοντιζόμενος, μετὰ τῶν συνόντων αὐτῷ διεφθάρη, διαφυγεῖν οὐδενὸς δυνηθέντος. *Editiones Oxon. et Cant.*

Nec sepultura quidem potuit honorari. Malim, *ne sepultura quidem*, nam hæc vulgata loquendi ratio ; et sic cap. 6 : *Illi ne perficere quidem quæ cogitaverat licuit.* Fatendum tamen, c. 7, priori pacto occurrere : *Cum disperderet omnia, nec a Deo quidem manus potuit abstinere*; itemque apud Lactantium, de Vita beata, cap. 1 : « Qui vero ambitione inflati, aut amore potentiæ inflammati, omne studium suum ad honores acquirendos contulerunt, nec si solem quidem ipsum gestemus in manibus, fidem commodabunt ; » quin et apud Plinium (lib. viii, c. 36), de ursis : « Procedunt vere, sed mares præpingues ; cujus rei causa non prompta est, quippe nec somno quidem saginantis præter 14 dies. » Sed consultus a me de his, inter alia, magnus Grævius sic respondit. Recte te vidisse puto, cum rescribendam censes, *ne sepultura quidem;* et sic quoque rescribendum in cap. 7 et Plinio, et Lactantio de Vita beata. Sæpe librarii confuderunt *ne* et *nec*, cum tamen suus cuique locus sit proprius. Memini, Gronovium varia loca in Suetonio sic quoque correxisse. GRÆVIUS.

Ut hostem Dei oporcebat. Supple , *esse*.

Volucribus. Des vautours. — MAUCROIX. — Perinde atque scriptum fuerit a nostro, *vulturibus*.

CAPUT V.

Non multo post, etc. Id est, non multo post Decium imperatorem. — *Versio anglica.* Anno æræ Christi communis 251 , Decius Abruti , quæ Mœsiæ civitas, periit ; idque in fine Novembris , aut initio Decembris, ut e clarissimi Pagii observationibus consare potest. Anno autem ejusdem æræ 256, quod multi volunt, vel ad summum, uti Pagius maluit, 257, Valeriani persecutio cœpta. Revera igitur non multo post Decii interitum Valerianus simili persequendi furore fuit correptus. Tantum persecutionem, quam anno Christi 252 , Gallus et Volusianus sub finem mensis Junii commoverunt, noster, qui aliquot alias tacuit, silentio quoque, uti patet, prætermisit. Sed eam, uti hic merito Pagium exscribamus , *neque Eusebius in Chronico , neque Divus Augustinus*, lib. xviii de Civitate Dei, cap. 54 (potius 52), *neque Sulpitius Severus numerarunt*, localem quippe ac Romæ solum excitatam ; *neque Eusebius in Historia martyres sub Gallo et Volusiano passos memoravit. Imo*, pergente eodem, *Orosius, qui lib.* vii, *decem persecutiones quibus Ecclesia afflicta , cum decem plagis quibus percussa est Ægyptus confert , septimam plagam sub Gallo et Volusiano deducit ex pestilentia quæ omne propemodum genus hominum et pecudum neci dedit, non vero ex tormentis Fidelibus inflictis.* Hæc ergo PAGIUS.

Valerianus. Senior nempe, qui anno Christi 253 , statim post Gallum et Volusianum interfectos , ab exercitibus Noricis ac Rhæticis electus imperator, et mox Augustus factus. Idem alias non solum P. Licinii Valerii pater, sed simul P. Cornelii Valeriani Salonini avus extitit. Vide Pagium ad annum Christi 259, num. 3, 4, et ad ann. 253, num. 8, 9. — *Valerianus.* Qui initio principatus sui erga Christianos se benignissimum præstitit, dein vero cum hac indole fortunam etiam mutavit. *Edit. Oxon. et Cant.*

Impias manus in Deum intentavit. Capite 3 : *Donec impias manus adversus Dominum tenderet.* Est cue prior locutio apud Virgilium et Tacitum aliosque perfrequens.

Quamvis brevi tempore. Id est spatio duorum circiter annorum, ex Pagii calculo, quem bonum putamus. Non quod biennio tantum Valerianus imperaverit ; inchoaverat enim annum imperii septimum, quando a Sapore captus est : sed quod cum reverendissimo episcopo Sarisb. *breve*, de quo agitur, *tempus* accipiendum credamus de duratione persecutionis, potius quam cum Maucroixio de duratione imperii. Confer Dodwellum, dissert. Cyprian. xi , num. 59 et 60.

Justi sanguinis. Multum pro *temporis brevitate*, multum pro *pessorum qualitate* intellexit. DODWELLUS. — Alii aliter, ut ex eodem patet, qu tibi adeundus. Sed quem, verbi gratia, sanguinem vir doctissimus fusum fuisse contendit in Ægypto *ultra edicti modum*, quod Valerianus ad Senatum misit, et cujus summam Cyprianus nobis in epistola ad Successum conservavit, quidni potius at proprium fusus dicetur ex speciali rescripto ad Ægypti præfectum Æmilianum ? Disputat enim ex solo Valeriani ad Senatum edicto Dodwellus : at præter illud, imo et ante illud, quod urbi Romæ, seu ad summum Italiæ proprium fuit, quamplurima alia ad provinciarum præsides ab eodem Valeriano imperatore missa fuerant, ut ex dicta Cypriani epistola certum est ; in qua, post descriptam Valerianei ad senatum edicti summam , sequitur : *Subjecit etiam Valerianus imperator orationi suæ*, id est Legi, *exemplum litterarum suarum quas ad præsides provinciarum de nobis*, hoc est, in genere de Christianis, *fecit. Et*, quod magis est, non modo apud Eusebium Ægypti præfectus Æmilianus τῆς τῶν Σεβαστῶν κελεύσεως, quasi ad verbum dicas, *Augustorum jussionis*, ad se missæ meminit : sed id rescriptum diversum fuisse ab eo, quod ad Senatum Valerianus misit, duæ res inter alias monent : una , quod illud ad Senatum solius Valeriani fuerit, si epistolam Cypriani non uno loco audiverimus; illud vero ad Æmilianum non solius Valeriani, sed Augustorum, id est, Valeriani et Gallieni : altera autem, quod ex Augustorum κελεύσει ad Æmilianum missa, debuerit ille ante omnia Christianos suæ provinciæ in quemdam Libyæ locum nomine Cephro relegare, qua de re ne verbum quidem in Cypriánico Valeriani ad senatum rescripto ; nec injuria sane, cum ea res ad Ægypti præfectum specialiter pertineret, non ad Senatum, et jam Valerianus de Christianis, qui in provinciis degebant, ad earum præsides scripsisset. Acta publica confessionis Dionysii et aliorum apud Eusebium : *Æmilianus præfectus dixit : Video vos ingratos esse simul ac stupidos, qui clementiam Augustorum minime sentiatis. Quamobrem non manebitis in hac urbe : sed mittemini in partes Libyæ ad locum qui dicitur Cephro.* Hunc enim locum ἐκ τῆς κελεύσεως τῶν Σεβαστῶν ἡμῶν, jussu Augustorum nostrorum elegi ; ad quem igitur singulare aliquod rescriptum allatum fuerat ab imperatoribus, et qui proinde sanguinem, quem fudit postea copiose in Ægypto, fudisse merito ex eodem Augustorum mandato censendus est. Plusque adeo sanguinis, ne nunc alia afferam, Valerianus fuderit, quam Dodwello visum.

Ut esset posteris documentum, etc. Sic supra, cap. 1 : *Distulerat... pœnas eorum Deus, ut ederet in eos magna et mirabilia exempla*; *quibus et posteri discerent... Deum... mortem digna ultione superbis, et impiis, ac persecutoribus irrogare.*

Adversarios Dei sæpe, etc. Audin' ut, ex hujus auctoris hypothesibus, *dignam suo scelere mercedem Dei hostes*, *non semper*, sed *sæpe recipiant?* Firmat ergo valide hic locus quæ supra a nobis contra Tollium disputata sunt. Potuissetque adeo Trajanum et Antoninos noster, vel si maxime tranquilla morte obierint, Ecclesiæ persecutoribus accensere, si quæ sub illis persecutiones contigerunt, ab eorumdem edictis manassent : sed quoniam aliunde ortæ sunt, idcirco illi per nostrum in *bonorum principum* catervam fuerunt relati. Quæ cum ita sint, vellem τὸ *sæpe* clarissimi interpretes non suppressissent.

Hic captus a Persis. Quo anno Valerianus a Sapore captus fuerit, hactenus in controversiam vocatum... Certum est, currenti anno Christi 259, Valerianum *ad mancipii fortunam*, ut Zosimi verbis utar, redactum fuisse, inchoato septimo imperii anno... æstate circiter ineunte. PAGIUS, qui omnino videndus. — Captus est sub finem anni 261. DODWELLUS, Dissert. Cyp. 11, num. 59. — Valerianus, in Christianos persecutione commota, statim a Sapore, Persarum rege, capitur. HIERONYMUS, in Chronico, ad annum æræ suæ Domini 268 secundum Scaligeri editionem. Sed non unico errore. Vide supra, num. 4, et Pagium suis locis.

· *Si quando libuerit. Si quando libuerat.* Editio Abo. seu casu, seu consilio. Nihil enim ea de re Columbus in suis notis. — Latinum magis, *liberet*, vel, quod propius ad veteris libri scripturam, *libuerat.* TOLLIUS. — Posteriorem malim conjecturam. Nam nec aliter fere, cap. 21 : *Quotiens delectari libuerat.* Cogitavi etiam, pleniorem forte nostri manum fuisse, non, *si quando libuerat aut vehiculum ascendere, aut equum*, cum gemino, *aut*, sed cum unico, *si quando libuerat vehiculum*, etc.

Vehiculum ascendere, aut equum. Ita sine præpositione Terentius, *ascendere navem*; Cæsar, *ascendere jugum*; et uti hic denique Livius ac Suetonius, *ascendere equum* : quamvis præpositio in talibus adhiberi soleat, et Livius ipse alibi *ascendere in equum* dixerit.

Inclinare sibi, etc. Quam contumeliam ultro dissimulat Treb. Pollio, qui aliam non memorat contumeliam, nisi quod Sapores cum Romanorum rege ut vili et abjecto mancipio loqueretur, quasi intra verba solum stetisset hoc dedecus. Edit. Oxon. et Cant. — *Inclinare sibi*... Eutropius, in Vita Pontii manuscripta, ex bibliotheca doctissimi P. Puteani : *Valerianus scilicet imperator in captivitatem ductus a Sapore, rege Persarum, non gladio, sed ludibrio, omnibus vitæ suæ diebus merita pro factis percepit ; ita ut quotiescumque rex Sapor equum conscendere vellet, non manibus suis, sed incurvato dorso, et in cervice ejus pede posito, equo membra levaret.* GALE et BALUZIUS cum variantibus tamen aliquot lectionibus non spernendis.

Romanum. The Roman Emperour. Id est, Romanum imperatorem. *Versio Anglica.*

Romanum. Supple, *Regem*, ἀπὸ τοῦ κοινοῦ. Quod ne dubitanter facias, vide ut jamdudum Trebellius Pollio præiverit : Valerianus, inquit, *victus est a Sapore, Rege Persarum.... quem cum gloriosæ victoriæ successu minus honorifice quam deceret, superbo et elato animo detineret, atque cum Romanorum rege ut vili et abjecto mancipio loqueretur*, etc. Ut Græci ergo tam Augustos seu imperatores, quam Cæsares ab Augustis diversos sexenties βασιλέας vocarunt : ita Latini quoque non raro post primi et secundi sæculi imperatores, Augustis et imperatoribus *regum* nomen dederunt ; quin et aliorum in speciem multo minus nobile, uti mox videbimus.

Imposito pede super dorsum ejus. Phrasis, cujus nulla nunc mihi occurrunt exempla, nisi apud Vulgatam, ubi, verbi gratia, II Reg. xii, 30 : *Et diadema impositum est super caput David ;* et Act. xv, 10 : *Quid tentatis Deum, imponere jugum super cervicem discipulorum.*

Illud esse verum dicebat. Loci sensum non assequor, nisi innuat Lactantius illud a Sapore exprobrati verum esse, Valerianum sibi esse, mancipii loco, utpote qui scalæ vel stapedis vicem præstaret; non ea utique, quæ Romani in tabellis depingunt, hoc est, devictos Persas triumphosque ab illis reportatos. Edit. Oxon. et Cant. A quibus diversum non abit elegantissimæ versionis Parisiensis auctor. — Malim, *Illud esse verum speciaculum dicebat* ; quomodo capite 16 : *Hic est verus triumphus cum*, etc. GALE. — *Illud esse verum dicebat.* Nimirum, quod pedem dorso Valeriani imposuisset, atque illud etiam cum loquens premeret. Tota enim series orationis est, *et imposito pede super dorsum ejus, illud esse verum dicebat...... non quod in tabulis aut parietibus Romani pingerent ;* ut ad eum tandem utriusque corporis situm, non fictitium, sed reipsa constantem, Cecilius noster post Saporem respexerit, quo Sapores Valeriani dorsum, inclinare se et terga præbere semel jussi, suo pede calcabat. *Inclina te mihi, ac terga præbe*, aiebat igitur imperiosius rex Persarum Romano. Quod cum dictum factum Valerianus præstaret, pedem illico Sapores ejus dorso imponebat, *Hoc verum est*, inquiens, *non quod in tabulis aut parietibus Romani pingunt.* Quasi dixisset : Ausi sunt aliquando Romani tui Persas sibi hoc pacto subjectos depingere. Sed illa ad libitum efficta erant, et mere imaginaria. At quod jam tibi, terga præbenti, pedem impono, id pura veritas, Valeriane. Sicque tota, meo judicio, hujus loci difficultas hinc orta, quod auctor non integra seu ipsissima Saporis verba, quæ jam, credo, attulimus, repræsentaverit, verum interpolata, et quibus usus sit pro suis.

Exprobrans ei cum risu. Multum, ni fallor, lucis et elegantiæ afferri possit his verbis, si cum proxime præcedentibus ac sequentibus connectantur in hunc modum : *Illud verum esse dicebat exprobrans, et cum risu, non quod in tabulis*, etc. Neque aceo dubito quin ipsissima sit auctoris manus : ut haud, inquam, scripserit *Saporem Valeriano exprobrasse cum risu* ; nam ista sane locutio obscura, et minus Latina ; sed id quod Valeriano Sapores dicebat, dictum illi fuisse *exprobrando*, *et ridendo simul*.

Dignissime triumphatus. Hoc est, ut meritus erat. Sic enim *dignus* et *digne* veteribus. Noster capite 1 : *Deum mortem digna ultione persecutoribus irrogare* ; et hoc ipso *adversarios Dei sæpe dignam sceléere suo recipere mercedem*. Alias, *indignissime foret legendum*. *Triumphatus* autem, propter sequentia, *ad memoriam clarissimi triumphi* videtur omnino per *triumphum ductus* sonare. Nec alio, opinor, anglica versio referenda, *Being thus led about in triumph.*

Aliquandiu vixit. Vixit in ea servitute Valerianus usque ad annum 269, auctore Chronici Alexandrini teste, cui hac in re fides habenda : *His coss.* (Claudio nempe et Paterno) *Valerianus Augustus a Persis oppressus periit.* PAGIUS.—Nimirum, ad an. Chr. 259, quo Valerianum captum fuisse a Sapore, Pagio certum est. Fuitque adeo Valeriani servitus decem annorum.

Cum filium haberet imperatorem. Seniorem scilicet Gallienum, quem jam ab anno Christi 254 consortem imperii fecerat, et qui, capto patre, summam rerum solus per multos annos administravit. Quo hæc anglicæ tralationis verba pertinent : *Thot he had a Son, upon whom the Empire had devolved by his misfortune.* Adde Baluz., col. 306.

Servitutis extremæ. Eodem procul dubio sensu, quo *extremi ingenii homo* apud Livium, pro *homine ingenii infimi,* et *extremi homines,* pro *infimis ac humillimis,* occurrunt.

Nec omnino repetitus est. Id verissimum. *Et Bactriani tamen, atque Hiberi, et Albani, et Tauroscythæ, ad Romanos duces scripserant, auxilia pollicentes ad Valerianum de captivitate liberandum,* ut scripto reliquit Trebellius Pollio in Valeriano seniore.

Direpta est cutis. Sententia Nicolai Heinsii fuit scribendum esse *derepta est ei cutis.* Aliud enim Latinis est *diripere,* ut *diripere agros, urbes;* aliud *deripere,* quod est *detrahere, auferre,* ut multis ostendit vir ille magnus in notis ad Ovidium, idque probat fide et auctoritate vetustissimorum librorum. GRÆVIUS. Confer Cuperum, col. 482, et Baluz., 306.

Infecta rubro colore. Qu'ils peignirent de rouge. MAUCROIX. — Tanquam noster. *picta rubro colore* scripserit.—*And both it and its being teinctuied with a red colouring.* Verso anglica. — Perinde jam ac si apud nostrum *tincta rubro colore* legatur, nec de sola Valeriani cute, verum de ejus intestinis quoque agatur. Quod posterius vereor, ut facile cum isto narrationis complexu conciliari possit, *et exuta visceribus pellis, infecta rubro colore, ut poneretur...* De cæteris, vix ausim quid potius sequar eligere. Credo tamen secundam præstare interpretationem ob hunc Plinii locum : *Mulieribus etiam palpebræ infectæ quodammodo: tanta est decoris affectatio, ut tingantur oculi quoque.*

Infecta rubro colore. Uti donaria ἀγάλματα solebant minio obduci. Qua de re Servius ad Virgilium. Ruber enim color diis sacer, propter igneam eorum naturam. TOLLIUS. — Accederem libens viri docti sententiæ, ni proxime sequeretur, *ut in templo barbarorum deorum ad memoriam clarissimi triumphi poneretur.* Sed ex verbis fateor, *ad memoriam clarissimi triumphi,* mihi ante omnia suspicio est indutum fuisse purpurea veste Valerianum ea die qua de illo triumphavit Sapores; quo nempe asperius Valeriano insultaret, et se de imperatore triumphum agere omnium oculis ostenderet. Nam nec aliter Christum purpurea veste Romani milites, cum ei impensius illudere vellent, induerunt. Deinde vero suspicor quoque non alia de causa placuisse Sapori, ut Valeriani, tandem mortui et cerio exuti, cutis rubro colore inficeretur, quam ut clarissimæ illius diei memoria in perpetuum duraret, qua Valerianum in triumpho eduxerat purpuratum. Confer Baluzium ad eadem verba. Col. 306.

Cum exuvias capti principis. Non quo igitur sensu apud Virgilium, lib. II Æn.,

. . . . . . Exuvias indutus Achillei;

sed quo proprie apud eumdem *exuvias serpentis* habemus in his versibus :

Cum positis novus exuviis, nitidusque juventa
Volvitur.

Itemque apud Plautum *exuvias bubulas,* pro corio,

vel pelle bubula ; et rursus apud Actium in Bacchiis :

Tunc pecudum exuvias lævo pictas lateri accommodans.

Qui locus an quod jam præcessit, *infecta rubro colore,* aliquatenus illustrare queat, judicent docti : mihi non videtur , sed pertinere potius ad pictas veterum vestes. Et de reliquo, quem noster paulo ante imperatorem tacite *regis* nomine donavit, exerte nunc *principem* appellat : quod prima, uti dixi , specie multo minus habet nobilitatis. Sed id nolito Valeriani captivitati tribuere. Latinis maxima feliciorum imperatorum dignitas et potestas nonnunquam *principatus* dicta, ipsique *principes* nuncupati. Hinc noster capite 3 : *Multi ac boni principes Romani imperii clavum regimenque tenuerunt.* Indeque mox eidem , cap. 4, de illorum ὑπεροχῇ , *fastigium illud principale.* Sed et ita apud Plinium et alios, *Claudii principatu ,* et *Divi Augusti principatu* pro *Claudio et Divo Augusto imperantibus.* Denique , de ipsissimo nostro Valeriano, cum jam captivus esset, Balerus rex Cadusiorum ad Saporem scribens : *Captum,* inquit, *Valerianum principem principum non satis gratulor* ; ut vel inde pateat quid ex cæca et prava Ethnicorum adulatione *princeps,* cum de Romano imperatore dicitur , sonet , idem scilicet, quod de Dei Filio in Apocalypsi (*cap.* I, 5), *Princeps regum terræ.* Apage sis.

Apud deos suos cernerent. Sexcenta sunt in Latinorum libris exempla, ubi *apud me,* et *in ædibus meis,* unum et idem prorsus notant. Atque ita nunc *apud deos suos,* et *in templo barbarorum deorum,* quod recens præcessit, eodem mihi redeunt.

Facere... adversus majestatem Dei. En quod supra diximus, *facere,* apud nostrum absolute, hoc est, sine accusativo, quem regat, reperiri. Neque aliter in fine capitis 6, *contra Deum fecerunt.* Quod ut minus mireris, sciendum τὸ *facere* in utroque exemplo nil aliud esse quam quod quotidie neutraliter dicimus *agir* , Græci fere ποιεῖσθαι : quo et sensu hic auctor, cap. 9, de Maximiano loquens, *exinde insolentissime agere cœpit.*

Singularis Dei. Vid. Cup., col. 482.

Continentis, etc., *ibid.*

CAPUT VI.

Aurelianus. Quintilli , seu, secundum Hieronymi Chronicon, Quintilii Imperatoris. qui die imperii decimo septimo interfectus est , successor ; idque anno Christi 270 mense novembri, aut insequenti. Eumdem aliquot locis *L. Domitium Aurelianum* Indiculi consulum nominant ; modo etiam nonnullæ inscriptiones, *Valerium Aurelianum,* a familia Valeria, qua ipsi erat gentilis. V. Hieronymum in Chronic. ad an. Dom 271, Criticam Pagii ad an. Chr. 270, num. 3, et 271, num. 1, Petavium denique De Doct. Temp. ad annos Chr. 274 et 275.

Natura vesanus, etc. *Aurelianus, quod negari non potest, severus, truculentus, sanguinarius fuit princeps.* Edit. Oxon. et Cant. ex Fl. Vopisco. Adde Baluz., col. 307, et Columb., col. 397.

Quamvis captivitatem Valeriani meminisset. Si quis, unde id noster sciverit, cogitet rogare, responsio in promptu. Potuit meminisse, quia res erat adeo recens et illustris, ut illius non posset non recordari ; mortuo quippe novissime Valeriano apud Persas post annos decem captivitatis, seu, quod eodem redit, anno demum Christi 269. Vide supra, col. 418.

Iram Dei crudelibus factis lacessivit. Non *intentata* igitur duntaxat persecutio ab Aureliano, quod clarissimo Dodwello visum est, sed *executioni mandata,* ut loquitur e. multis probat Pagius in Critica Historico-Chron., ad annum Christi 272, num. 5 et 6. Conferantur insuper tertius, quartusque : quin et Baronius ad annum Christi 273, num. 9, 10, et 275, num. 4, 5 et seq. ubi, si non *innumera* illa *martyrum millia* recensentur, quos Leo Magnus in octava sub Aureliano persecutione passos esse posuit, nominantur saltem plurimi, eorumque pœnæ, ex fide Martyrologiorum et similium scriptorum auctoritatibus.

Aurelianus... iram Dei crudelibus factis lacessivit.

Verum illi ne perficere quidem quæ cogitaverat licuit : sed protinus inter initia sui furoris extinctus est. Edictum itaque *indulgentiæ* emiserit Gallienus Ægyptiis an. Dom. 272 accuratissime, instante solemnitate paschali... Inde nemo est de persecutione suspectus usque ad Aurelianum. Eum tamen ipsum prætermisit Sulpicius Severus, vir alioqui fabulis addictissimus. Et merito quidem ille. Intentata enim duntaxat erat ab Aureliano, non item executioni mandata. Id satis manifeste indicant scriptores illis temporibus proximi Lactantius et Eusebius. Ecquid illis Lactantii verbis clarius ? *Verum illi ne perficere quidem quæ cogitaverat licuit : sed protinus,* etc. Similiter Eusebius de eodem Aureliano... ἤδη τισὶ βουλαῖς ὡς ἂν διωγμὸν ἐγείρειεν ἀνεκινεῖτο· πολύς τε ἦν ὁ παρὰ πᾶσι περὶ τούτου λόγος. Μέλλοντα δὲ ἤδη, καὶ σχεδὸν εἰπεῖν τοῖς καθ' ἡμῶν γράμμασιν ὑποσημειούμενον θεία μέτεισιν δίκη, μονονουχὶ ἐξ ἀγκώνων τῆς ἐγχειρήσεως αὐτὸν ἀποδεσμοῦσα... Inpulsus itaque erat duntaxat Aurelianus, ut persecutionem adversus Christianos commoveret ; et de ea rumor solum, quasi de re nondum ad exitum perducta ferebatur. Μέλλοντα etiam dixit, et edictis σχεδὸν εἰπεῖν ὑποσημειούμενον, a Deo esse occupatum. Nondum igitur persecutionem excitaverat : vixdum etiam subscripserat edictis, cum a Deo punitus est. Constricto cubito Deus conatum ejus repressit. Nondum igitur res erat ultra conatum perducta ; nondum etiam plagam inflixerat, quam fuerat elevato brachio minatus.

DODWELLUS.
Verum illi ne perficere quidem, etc. Producit (hunc) Lactantii locum Dodwellus, aitque : *Si (Aureliano) perficere quæ cogitaverat non licuit, ut tradit Lactantius, nullos itaque ejus decreto factos martyres fuisse necesse est.* Verum, ex hoc ipso loco, et sequentibus, Dodwelli sententia jugulatur. Lactantius enim, qui istis temporibus fuit proximus, dicit quidem Aurelianum, quæ cogitaverat, perficere non potuisse, non vero ei illa inchoare non licuisse ; persecutionem vero inchoasse statim subdit : *sed protinus inter initia sui furoris extinctus est :* non itaque ante ejus initium, sed antequam eam perficere et ad finem perducere posset, quod sequentibus verbis magis confirmat : *Nondum ad provincias ulteriores cruenta ejus scripta pervenerant, et jam cruentus ipse humi jacebat.* Pervenerant ergo ad provincias viciniores Thraciæ, ubi interfectus est. Quibus etiam verbis Lactantius confirmat quod in Chronico Eusebii, et apud Orosium traditur, inter decretum persecutionis et Aureliani cædem aliquod temporis spatium intercessisse. PAGIUS, apud quem plura in eam rem digna lectu.

Sed protinus inter initia sui furoris extinctus est. Occisus Aurelianus uno aut altero mense, ut videtur, postquam persecutionis edictum emisit. PAGIUS.— Brevissimæ igitur eatenus, quo et illam nomine appellavit, duorumque ad summum mensium. Sed, pergente viro docto, eadem post Aureliani interitum per aliquot menses, id est, per sex mensium interregnum duravit ; et quicumque Christiani martyrium tunc passi sunt, sub Aureliano in Martyrologiis passi dicuntur, quia videlicet virtute ejus decreti occisi. Ita ergo rursum. PAGIUS.

Ad provincias ulteriores. Id est, ultimas. Thracia enim nondum a nostro nominata est, ut possis cum Pagio *provincias ultra Thraciam sitas* intelligere. Maucroixius, *Aux provinces les plus éloignées,* eodem nobiscum sensu.

Scripta. Hoc est, *edicta,* quæ Maucroixii versio ; vel, *edicta contra Christianos,* quæ plenior episcopi Sarisber. interpretatio. Scito tantum videri ejusmodi *scripta* cap. 10, num. 22, alio nomine *litteras* vocari his verbis, *datisque ad præpositos litteris, etiam milites cogi ad nefanda sacrificia præcepit ;* ubi lege quæ notavimus.

Coenofrurio. Sed cum iter faceret, apud Coenophrurium, mansionem quæ est inter Heracliam et Byzantium, malitia notarii sui, et manu Mucaporis interfectus est. Editio Ox. et Cant. ex Vopisco. Adde Baluz., col. 307, et Columb., 397.

Qui locus est Thraciæ. Sed quis locus ? *Un bourg,* ait Maucroixius, id est, *pagus.* Præiverat Ferrarii Lexicon Geographicum : *Cœnophrurium, Castelnovo, ut ipsum nomen Græcum significat, pagus Taraciæ, ad Propontidem, inter Byzantium... et Heracleam... ubi Aurelianus imperator interfectus est, teste Eutropio.* Vopiscus *mansionem* vocavit in verbis modo allatis : de cujus vocis significatione dicetur suo loco in sequentibus.

Ab amicis interemptus. Edit. Ox. et Cant. ex Vopisco : « Incidit autem, ut se res fataliter agunt, in Mnestheum quem pro notario secretorum habuerat, libertum, ut quidam, suum, infensiorem sibi minando redderet, quod nescio quid de quodam suspicatus esset. Mnestheus qui sciret Aurelianum neque frustra minari solere, neque, si minaretur, gnoscere, breve nominum conscripsit, mixtis iis, quibus Aurelianus vere irascebatur, cum iis de quibus nihil asperum cogitabat, etc. » — Quem Vopiscus Mnestheum vocat, a Zozimo Ἔρος dicitur, τῶν ἔξωθεν φερομένων ἀποκρίσεων μηνυτής τεταγμένος, uti olim ad primum Zozimi librum annotavimus. *Eædem editicnes.* Adde Columb., col. 397.

Contra Deum... fecerunt. Versio anglica : *They acted against God.* — Ad verbum, *Egerunt contra Deum ;* quod illa quæ a nobis, in fine capitis 5, dicta sunt firmat. Conferatur Columbus col. 597, Sallustius non dissimili ratione de veteribus Romanis : *Optimus quisque facere, quam dicere... malebat.*

CAPUT VII.

Diocletianus. Qui anno Christi 284, male enim Scaliger serius, imperator renuntiatus est ; idque, non Palilibus, seu die 21 Aprilis, ut quamplurimis ante Petavii Doctrinam temporum persuasum fuit, sed die 17 septembris, si cum Pagio auctorem Chronici Alexandrini libeat sequi vel 12 kal. Decembres, id est, die 20 Novembris, si Diocletianam Baluzii Chronologiam prætuleris. Petavium autem, lib. XI, de Doct. temp. c. 30 ; denique Pagii Criticam in Annales Baronii ad annum Christi 284, num. 3 et 4.

Qui scelerum inventor et malorum machinator. MAUCROIX : *Mauvais prince, et auteur de tous nos maux.* — Quasi postrema hujus loci verba sint, *et omnium nostrorum malorum machinator.* Versio anglica : *That was the Contriver of all our la e miseries.* —Perinde etiam atque recepta lectio sit, *Inventor postremorum omnium nostrorum malorum.* Occurrunt, opinor, ambæ tralationes difficultati, quam ad caput 9, col. 666, tanget Tollius. Adde Col., col. 397. Lactantius in lib. de Mortibus Persecutorum cap. 7, quibus moribus Diocletianus imbutus fuerit, nos edocet... Diocletianum tamen prioribus imperii annis Christianis favisse testatur Eusebius, lib. VIII, cap. 1, ubi quantam gloriam ante persecutionem anno 302 excitatam religio christiana consecuta esset indicans, ait : « Argumento esse possit imperatorum benignitas erga nostros, quibus regendas etiam provincias committebant, omni sacrificandi metu eos liberantes ob singularem, qua religionem nostram affecti erant, benevolentiam. Quid opus est dicere de iis, qui in imperatorum palatiis versabantur ? Quid de imperatoribus ipsis, etc. » quæ huc referenda. PAGIUS *ad annum Chr.* 284, *num.* 9.

Orbem terræ. Quem mox *Diocletiani regnum* appellari videbis, et qui proinde simpliciter de Imperio Romano intelligendus, uti et vox *Orbis* paulo post sine addito posita.

Avaritia et timiditate. Avaritiæ exemplar occurrit apud Vopiscum in Numeriano, cum apud Tungros diverteretur. *Editio Ox. et Cant.* — Affert Vopisci locum Baluzius, col. 307. Vin' hic vero insigne Diocletiani timiditatis argumentum ? Perge quæ noster dicit legere. *Tres enim,* inquit, *participes regni sui fecit.* Ratio, si quæ ulla unquam, peremptoris. Confer Aurelii locum mox adducendum : *Quoniam bellorum moles acrius urgebat, etc.* Item clarissimum Grævium ad caput 8, num. 6. Postremo, quæ ad nonum dicimus, col. 664, et ad 10, col. 668.

Subvertit orbem terræ. Acta latina passionis SS. martyrum Tarachi, Probi, et Andronici, quos sub Diocletiano et Maximiano Herculio serius ocius passos esse certum est: « Maximus dixit, maledicis principes, o ma um caput, qui diuturnam et almam pacem præstiterunt. Andronicus dixit, Ego maledixi et maledico potestates et sanguibibulos, qui *sæculum everterunt.* » Quod cum magno animo, viventibus iis principibus, et apud præsidem Romanum dictum fuerit, major sane huic scriptori, dum post utriusque mortem similia affirmat, fides est habenda.

Tres enim participes regni sui fecit. Maximianum cognomento Herculium anno Ch. 285, Constantinum cognomento Chlorum, et Galerium Maximianum cognomento Armentarium, anno 293. Editio Ox. et Cant.

Adde Baluzium, col. 507. Cuperum, col. 482, Columbum, col. 398, et Pagii Criticam ad annum Ch. 292, quo videlicet, secundum Paginum, non sequente, Constantius Chlorus et Galerius Maximianus a Diocletiano Cæsares facti.

Regni sui. Tanquam de regis proprie dicti ditione et potestate agatur, non vero de imperatore, qui *orbem terræ* administrabat. Sed quia, ut jam vidimus, Romani imperatoris, tertio saltem sæculo, *reges* vocati, idcirco etiam quandoque illorum ditio ac potestas *regni* nomen sortitæ sunt. Aurelius Victor de ejusdem Diocletiani imperio: *Celebrato regni vicesimo anno, valentior curam R. P. abjecit.* Confer ex Hieronymiana Eusebiani Chronici versione, *Tiberius Drusum consortem regni facit.* Item , *Philippus Philippum filium suum consortem regni fecit. Imperium* sine circuitione interpretes nostro loco reddiderunt.

In quatuor partes orbe diviso. En quo pacto, ex Aurelii Victoris pericope vere insigni : *Quoniam bellorum moles..... acrius urgebat, quasi partito imperio, cuncta quæ trans Alpes Galliæ sunt, Constantio commissa* (hæc prima pars) ; *Africa, Italiaque Herculio* (hæc secunda); *Illyricique ora ad usque Ponti fretum, Galerio* (ecce tertiam). *Cætera Valerius retentavit.* Hic quartam habes. Vide an non itaque Hispania Valerio Diocletiano inter alia cesserit.

Quam priores principes imbuerant cum soli, etc. Tralatio anglica : *The former emperours.* Id est, priores imperatores. Optimus Commentarius. Promiscuæ enim apud antiquos *imperatoris* ac *principis* appellationes, etiam cum de imperatorum maximis loquuntur. Confer dicta ad caput 14, num. 10.

Accipientium. Anglica versio : *Of those who received hispay.* Hoc est, eorum qui stipendia ab eo accipiebant.

Dantium. Eadem : *Of those who payed his taxes.* Id est, illorum qui imperata sibi tributa solvebant.

Enormitate indictionum. Sic apud Spartianum in Caracalla, *enormitas stipendii* ; et in Vita S. Cypriani per Pontium, *enormitas spatii longioris* ; et in Theodosii Novellis. *Palatinæ exactionis enormitas* ; denique, apud Jul. Capitolinum in Gordiano tertio, de Philippo Arabe, *qui se in novitate atque enormitate fortunæ non tenuit.*

Indictionum. Tributorum. Edit. Ox. et Cant. Adde Baluz., col. 307.

Desererentur agri. Vide Baluz., col. 307.

Et culturæ. Forte scriptum , *et culta rura :* quanquam nec vulgata lectio mala est. TOLLIUS.

Provinciæ quoque in frusta concisæ. Reliquit Augustus Senatui imperii *Breviarium*, quod quale fuerit ex Strabone, et Tacito, et Plinio intelligimus; nec ullus memoratur imperatorum, qui provinciarum distributionem innovarit usque ad Hadrianum. Mutata equidem nonnulla ab Hadriano discimus ex Appiano. Sed quamcunque tandem ille provinciarum distributionem reliquerit posteris, ea rursus permansisse videtur usque ad Diocletianum. Novam enim ille cum suis Cæsaribus provinciarum partitionem fecit. Provincias, eo imperante, *in frusta concisas* tradit in aureolo de Persectorum mortibus libello

Lactantius. DODWELLUS, *in diss. Cypr.* XI, num. 23.

Multi præsides. Vide Cup., col. 482, et Columb., col. 378.

Officia. Pro, *officiarii.* Edit. Ox. et Cant. — Confer Cangii Glossarium, v. *Officium :* et Grævium infra, capite 8. Sed omnino dobere hic inferioris ordinis *officia* intelligi ostendit, cum antecedens mentio *præsidum*, quibus scilicet *officia* illa suberant, tum collatus Pollionis locus in duobus Gallienis, ubi *palatinorum officiorum præfecti et magistri* sic commemorantur : « Cum iret ad hortos nominis sui, omnia palatina officia sequebantur. Ibant et præfecti ; et magistri officiorum omnium adhibebantur. »

Incubare. Sic et lib. VII de vita Beata, cap. 19 : *Si quidem capto mundo cum magnis latronum exercitibus incubabit*, et supra, cap. III : *Subjectorum tamen cervicibus incubavit quam diutissimè.* Florus l. II, c. 6, de Scipione : *Sic factum est, ut inhærentem, atque incubantem Italiæ extorqueret Hannibalem.* Sed plura video clarissimum Columbum jam ad caput tertium, col. 395, congessisse. TOLLIUS.

Rationales. Procuratores principum, quorum cura erat, ut in provinciis bona caduca et vacantia fisco vindicarent. Editio Ox. et Cant.—*Rationales* eosdem revera esse atque principum procuratores perspicue ostendit Lampridius in Alex. Severo his verbis : *Ubi aliquos voluisset vel rectores provinciis dare, vel præpositos facere, vel procuratores , id est , rationales ordinare, nomina eorum proponebat.* De iisdem *rationalibus* reperio in codice « ad fiscum pertinentes causas rationalis decidat, omnibus concussionibus prohibendis ; » et alio loco : « Rationalis noster, si res quæ a fisco occupatæ sunt Domini sui esse probaveris, jus publicum sequetur. »

Magistri. Vide Columbum, col. 400, itemque dicenda ad caput 14, num. 18.

Vicarii præfectorum. Non ea erat vicariorum præfectorum urbium regiarum potestas, ut his idem quod præfectis liceret quorum vicem tuebantur. Ergo amplior hic nunc potestas data est , quo voluntatem Principis exsequerentur. TOLLIUS.

Quibus omnibus. Legendum forte , *sub quibus omnibus.* GALE.

Civiles actus. Id est, acta in civilibus causis decretoria; et ita mox *condemnationes et proscriptiones*, pro actis decretoriis condemnatio um et proscripti num. Qui ejusmodi *acta* faciebant, *actuarii* et *actuales* dicti a veteribus. Aurelius Victor : *Tantum actuariorum... in exercitu factiones vigent.* Glossæ Philoxeni et aliorum, *Actuarius*, ὑπομνηματογράφος πρακτικός. *Actualis scientia*, πρακτική. Confer. Cup., col. 483, et Columb., col. 400.

Sed condemnationes tantum, etc. Quomodo *tantum condemnationes et proscriptiones*? Id est, quomodo nil aliud, quam condemnabant et proscribebant , si, ut sequitur , proscriptiones *frequentes* solum erant? Et rursus, quomodo *tantum condemnationes et proscriptiones*, ubi *civiles actus* fuisse apparet, etsi admodum raros? An legendum, *quibus omnibus civiles actus admodum rari, sed condemnationes et proscriptiones frequentes , sine tantum*? Abesset certe tota loci difficultas. Sed erunt, credo, quibus id adverbii videbitur potius παρέλκειν, ut in ista Justini Perioche : *Ingrati civis officium existimans* (Trogus), *si, cum omnium gentium res gestas illustraverit, de sola tantum patria taceat*; etsi loca haud perfecte similia sint.

Proscriptiones. Ea vox tam de hominibus in exilium ejectis, quam de bonis eorum fisco addictis accipi potest. TOLLIUS.

Exactiones. Vide Columb., col. 400.

Hæc quoque. Legendum, *Haud quoque.* ALLIX. — Imo potius, *Nec quoque*, quod a veteri codice minus recedit. Atque id jamdiu antequam viri docti simi conjecturam vidissem, mirabar. An autem non, nemini in mentem venisse, adeo emendatio facilis erat et necessaria. Quænam enim ad Diocletianam reipublicæ gubernationem pertinentia hominum et recensentur in antecedentibus? An res ullo pacto tolerabiles, ut noster catalogum pertexendo addere potuerit, *Hæc quoque tolerari possunt?* Minime : sed res e contrario plane intolerabiles; puta « enormitas indictionum, perpetuæ rerum innumerabilium exactiones, et in exactionibus injuriæ *non ferendæ :* » unde liquet, subjiciendum statim fuisse « nec quoque tolerari possunt. »

Ad exhibendos milites. Id est, ad præstanda militibus stipendia. PAGIUS.—Item Editiones Oxon. et Cant. e Baluzio, apud quem alia etiam in eam rem, col. 308. — *Ad exhib. mil. Exhibere* Latinis posteriorum temporum est *alere, sustentare.* Justin. l. xi, 10 : *Misere vitam exhibentem ;* hoc est, *misere se sustentantem.* Grævius, qui et tibi videndus ea de re ad caput 11, num. 2.

Variis iniquitatibus. Sic Salvianus, lib. v : « Quibus enim aliis rebus Bacaudæ facti sunt, nisi iniquitatibus nostris, nisi improbitatibus judicum, etc. »

Legem pretiis. Vide Baluz., col. 308, et Columb., col. 400.

Donec lex. Vide eosdem, ibid.

In exhibendis oper. et artif. et plaustris omnibus, quæcumque sint, etc. Copulam excidisse puto. Videtur enim Lactantius scripsisse : « In exhibendis operariis, et artificibus, et plaustris, omnibusque, quæcumque sint fabricandis operibus necessaria. » Tò que absorpsit syllaba sequens in *quæcumque.* Non tantum coacti fuerunt operarios, artifices et plaustra exhibere, sed et omne aliud instrumentum, quod requirebatur ad opera condenda. GRÆVIUS.

Omnibus quæcumque. Et hic copula deest. Lege igitur, *omnibusque.* TOLLIUS.

Hic basilicæ, hic circus, hic, etc. Pro *hic,* legendum ubique credam *hinc.* GALE.

Hic moneta. Vide Cup., col. 483. et Columb., col. 400. *Hic armorum.* Vide Cup., col. 483.

Magna pars civitatis exceditur. Pro *magna parte civitatis exceditur.* Expulsi namque cives privatis ædificiis, quorum areæ in ædificationes principis cessuræ erant, tamquam urbe capta, excedere cogebantur, et alias sedes quærere. TOLLIUS.—*Magna pars civ. exced.* Lege, *magna parte civitatis exceditur;* aut *magna pars civitatis exceditur.* ALLIX.—*Exceditur. Exeditur.* GALE. Itemque Allixius, alio loco.

Civitatis. Nicomediæ, quam Diocletianus Romæ studuit æquare, ut infra. Edit. Oxon. et Cant. Adstipulantur doctissimi Translatores, qui ne vocis quidem *civitatis* meminerunt, sed ejus loco *Nicomediam* posuerunt. Conf. Baluz., col. 308.

Ita semper dementabat. So madly expenceful was he. Versio anglica. Ad verbum, *Adeo stulte impendiosus erat.* — *Dementabat.* Insaniebat, infinita scilicet ædificandi cupiditate. TOLLIUS.—Nec aliter fere *M aucroixius.* Adde Cuperum, col. 401, in Columbi Nota ad hunc locum.—*Dementabat. An dementabatur?* ALLIX, qui alibi tamen rotunde, legendum *dementabatur.*—Mihi, quin noster compositum *demutabat,* pro simplici *mutabat,* ob adhibitum recens *mutari* scripserit, non dubium est, in hunc sensum. « Quod ita autem Diocletianus plus semel opera jam perfecta diruebat ac mutabat, inde ortum, quod is Nicomediam studeret urbi Romæ coæquare ; » ut primo loco frequentes Diocletiani circa sua ædificia mutationes memoraverit, dein porro illarum causam attulerit, quam dixi, eamque valde planam et idoneam. *Demutare* idem, quod *mutare.* Plautus :

... aut si demutant mores ingenium tuum :

pro *mutant,* vel *immutant,* ut e præcedenti versu apparet:

Sive immutare vis ingenium moribus.

Sed et verbo *demutare,* ejusque verbali nomine *demutatione,* solutæ orationis Auctores usi sunt. Apuleius, nisi quod sensu ab eo, quem hic sequimur, paulum diverso : *Quamquam,* ait, *teterrimum os tuum minimum a Thiesta tragico demutet,* hoc est, *differat.* Plinius vero *demutationem* in eadem prorsus significatione, qua *mutatio* a Latinis usurpari solet, adhibens : *Nullum animal (camæleone) pavidius esse exis-*

A *timatur, et ideo versicoloris esse demutationis,* saltem secundum vetustiores editiones; fatendum enim excusum fuisse in recentioribus *mutationis,* propter insolentiam vocis forsitan inter alia. Mirum certe, editores nullam fecisse mentionem priscæ lectionis. *Licitum consuetudine.* Vide Baluz., col. 308.

CAPUT VIII.

Quid frater ejus. Nempe Diocletiani. PAGIUS, ad ann. Chr. 291, num. 2. — Recte, quamquam id nomen usque ab initio capitis 7, sit repetendum.

Frater ejus Maximianus. Non natura, sed imperio ; siquidem Diocletianus Dalmata, Maximianus Pannonia oriundus fuerit. *Diversum sanguinem,* inquit Mamertinus in Panegyrico, « affectibus miscuist s. Non fortuita in vobis germanitas est, sed electa. » Ed. Ox. et Cant.—*Maximien, son associé à l'Empire,* MAUCROIX. — Id est, Maximianus ejus in imperii administratione socius ; quocum anglica concinit translatio: *His Colleague in the Empire,* ejus in imperio collega.

B Confer Baluz., col. 308, Cuper., 483, Columb., 401.

Qui est dictus Herculius. Claudit hic primam hujus capitis periodum Maucroixii versio : *Maximien, son associé à l'Empire, quel rapport n'avait-il pas avec lui?* Claudit quoque editio Aboensis isto pacto : *Quid frater ejus Maximianus, qui est dictus Herculius?* Sed hæc quidem ex optimo præmonstratore ampl. Cupero, quem videsis, col. 485.—*Qui est dictus Herculius.* Compendium Historiæ Romanæ a Pomponio Læto vulgatum, ubi et rem pluribus exequitur: « Cognomina sibi indidere (Diocletianus et Maximianus). Diocletianus *Jovius,* Maximianus *Herculius* appellati sunt, velut ille Jovis, hic Herculis hæres. » Sed aliter, et magis credibiliter Aurelius Victor in Cæsaribus : « Huic (Maximiano) postea cultu numinis, *Herculei* cognomentum accessit, uti Valerio (Diocletiano) Jovium : unde etiam militaribus auxiliis longe in exercitum præstantibus nomen impositum. » Adde Cuperum, ac *Qui est dictus,* col. 485; et Columbum, v. *Herculius,* col. 401.

Non dissimilis ab eo? Dele interrogationis notam.

C GALE. — Eamdem merito translatam hinc voluit Cuperus, loco recens laudato ; ut postquam hic Scriptor ad Maximianum Herculium cum ista interrogatione transiverit : *Quid frater ejus Maximianus, qui est dictus Herculius?* sibi ipsi breviter responderit : *Non dissimilis ab eo ;* hoc est, non dissimilis fuit a Diocletiano.

Nec enim possent in amicitia tam fideli cohærere, nisi essent, etc. Oratoria dictum, pro *Nec enim potuissent in amicitia tam fideli cohærere, nisi fuisset ;* et quæ sequuntur. Illi enim non vivebant amplius ; optimeque adeo versio anglica : *Nor could thei ave been cemented into so entire a friendship, if thei had not been,* etc. Eodem redit Maucroixiana. *A moins que d'avoir les mêmes inclinations, les mêmes pensées, les mêmes désirs, auraient-ils vécu dans une si parfaite intelligence ?*

Nec enim possent in amicitia. Notum illud Sallustii in Catilin.: *Nam idem velle atque idem nolle, ea demum firma amicitia est.* TOLLIUS.

In utroque, etc. Vide Bal., col. 310.

Hoc solum differebant, quod avaritia minori, etc.

D *Quod avaritiæ minori.* Editio Aboensis, cum Oxoniensi anni 1684 et Cantabr. anni sequentis. Legendum *avaritiæ.* Vossius, cui mox adstipulabuntur alii.

Hoc solum differebant, quod avaritia minori, etc. Subesse hic loci mendum cum Baluzio suspicor ; luxata est enim verborum structura : sed assentiri non possum viro doctissimo, qui ideo corrupta hæc censet ac depravata, quod alias secum pugnaret Lactantius, qui subinde scribit, non admodum diligentem fuisse Maximianum in conservandis opibus quas ei Africa et Hispania opulentissimæ provinciæ subministrabant. Quidni enim rapacior Maximianus, tenacior Diocletiano haberi possit? Præsertim cum Maximianus fuerit *ferus animo, avaritia crudelis;* atque hac saltem parte consortem imperii vicerit. Locum itaque ita restituo, donec de illius sensu melius constiterit : *Hoc solum differebant, quod avaritiæ minori,* id est, Maximiano, *altero fuit plus (majori vero* minus, sed *plus timiditatis*), *plus vero animi, non ad bene faciendum, sed ad male.* Ita ut intermedia verba uncis inclusa, et a præcedentibus sejuncta, videantur mihi sensum illum suppeditare, quem hic locus postulat. Editio Oxon. anni 1680, a qua tralationem anglicam non nisi verbis discrepare dici potest. — Episcopus Asaphensis legit : *Quod avaritiæ minori altero fuit plus, sed plus timiditatis: majori vero minus, sed plus animi,* etc. Quæ quidem lectio distinctior est : sed si admittatur, sibi non constabit Lactantius, quippe qui Diocletianum infra describit tanquam in omni tumultu meticulosum animique disjectum. SPARKIUS in edit. Oxon. anni 1684, itemque in Cantabr. post illa, quæ modo ex priore Oxoniensi repræsentavimus. — Locum hunc corruptum et luxatum esse, quicumque in hoc libello emaculando elaborarunt, videre, variisque usi sunt remediis. Forte scripsit Lactantius : *Hoc solum differebant, quod avaritia major in altero fuit, sed plus timiditatis; in altero vero minor avaritia, sed plus animi, non ad benefaciendum, sed ad male.* Non ausim præstare hanc manum esse Lactantii; non tamen longius aberrare ab ea hanc lectionem mihi persuasi, si præcedentia inspicias, et quæ sequuntur. Diocletianus dicit fuisse majorem avaritiam, sed et majorem timiditatem. Inde in capite præcedenti dixit, *illum orbem terræ simul et avaritia, et timiditate subvertisse.* Propter illam timiditatem tres in consortium imperii adscivit, qui multiplicatis exercitibus exhauserunt imperium Romanum ; dein subjicit avaritiæ exempla. Maximianum autem minus avarum fuisse, sed prodigum : animosiorem autem in agendo male, nimirum in locupletissimis senatoribus interficiendis, et virginibus abducendis. Vidi postea in eadem fere sententia doctissimum Columbum esse. GRÆVIUS. — Lego : *Hoc solum differebant, quod avaritiæ minori altero fuit plus, sed et plus timiditatis : majori vero minus, plus vero animi, non ad bene faciendum,* etc. GALE. — Et nobis quoque liceat ad hujus loci intellectum ac restitutionem conjecturis indulgere. Quid si igitur *minori* et *majori* notulæ antiquitus fuerint, quæ ex ora libri, ubi primulum de more adscriptæ essent, postea in auctoris verba malo fato irrepserint? auctor vero ab origine scripsisset : *Hoc solum differebant, quod avaritia in altero fuit plus, et plus timiditatis; in altero minus, plus vero animi, non ad bene faciendum, sed ad male?* Tunc certe pronum fuerit prius *altero de minori*, scilicet *fratre*, posterius autem de *majori*, pariter *fratre*, accipere ; quod agat citra controversiam hic Scriptor de Diocletiano et Maximiano Herculio tanquam *fratribus* : pronum sitidem posuisse confestim suis locis in margine *minori* et *majori*, modo certis Veterum fundamentis superstruens Annotator crederet, Diocletianum fuisse minorem natu, Herculium majorem. Fundamenta vero, quæ nunc potissimum habeo ob oculos, duo sunt. Unum est, ex Cassiodori Chronico, Diocletianum et Maximianum Herculium eodem anno *ob ætatis defectum* purpuram deposuisse ; postquam videlicet, narrante Eutropio, Diocletianus auctor fuisset Herculio, *ut in privatam vitam concederent, et stationem tuendæ Reipublicæ viridioribus junioribusque mandarent.* Alterum autem, quod ex Zozimo, non tantum Maximianus Herculius morte simplici obierit æque ac Diocletianus, sed prior pluribus annis. Quam frequenter porro conquerantur docti, marginales notas in auctorum verba perperam irrepsisse, nemo nescit; et erit, credo, exemplum rei manifestissimum in proxime sequentibus. Scimus alias ex Victoris Epitome, *Diocletianum vixisse annos sexaginta octo; Maximianum vero Herculium ætate tantum sexagenarium interiisse.* Addantur Baluzius, col. 311, e. Columbus, col. 401.

Subjacerentque opulentissimæ provinciæ vel Africa, vel Hispania. Quid ? si sola, verbi gratia, Africa subjacebat, subjacebantne plures diutissimæ provinciæ, ac non potius unica tantum? Ferret ergo manuscriptus codex : *Subjacerentque opulentissimæ provinciæ Africa et Hispania,* sicut clarissimus interpretibus contra illius, et Aurelii simul Victoris auctoritatem legere in mentem venit. Aut ferret saltem : *Subjacerentque opulentissimæ provinciæ vel Africæ, vel Hispaniæ,* in genitivo casu. Verum vulgata lectio ejusmodi est, ut postquam initio, non unius, sed plurium provinciarum mentionem injecit, illæ subito in unicam Africam, vel Hispaniam recidant. Deinde, cum Aurelius Victor, qui de Cæsaribus sub imperatore Juliano scribebat, probe noverit, *quasi partito imperio, cuncta quæ trans Alpes Galliæ erant, fuisse Constantio commissa, Africam Italiamque Herculio, Illyricique oram ad usque Ponti fretum Galerio : cætera vero Valerium (Diocletianum) retentasse,* (et inter quæ igitur Hispaniam putare oportet) quis credat, nostrum Cæcilium, qui Maximiani Herculii temporibus multo vicinior extitit, paria nescivisse ; seu quod idem est, non potuisse utrum Africa, vel Hispania Herculio præter Italiam subjacuerit, invenire et dicere? Scripserat ergo simpliciter, ut res clamitat : *Nam cum ipsem imperii sedem teneret, subjacerentque opulentissimæ provinciæ,* (Africæ scilicet generalis, in qua plures minores provinciæ continebantur) *non erat in custodiendis opibus tam diligens,* etc. Sed ad voces *opulentissimæ provinciæ,* nescio quis longe post nostrum natus, et qui, quas præcise provincias noster intellexisset, ignorabat, aut non satis meminerat, et locum tamen sibi, vel aliis volebat obiter illustrare, notaverat per compendium ad marginem, *vel Africa, vel Hispania,* hoc est, *velut Africa, vel Hispania;* et inde postea confecta et exarata in libri contextu lectio, ad quam hæc annotamus. Aliter tamen, quod fatendum, viri docti, ut sequentia ostendent.

Dodwellus in dissertatione XI Cyprianica de Paucitate martyrum, num. 75, existimat, nullos martyres in Hispaniis hoc tempore fuisse, quod eas Constantius regeret. Victor enim de Cæsaribus, qui scribit, Italiam et Africam Maximianio Herculio paruisse, de Constantio ait : *Quasi partito imperio, cuncta, quæ trans Alpes Galliæ sunt, Constantio commissa.* Quare cum Hispaniam aliis ditionibus Victor non accensuerit, putat Dodwellus vir eruditissimus, Hispanias, Britannias et Gallias Constantio Cæsari creditas fuisse ; indeque infert, nullos in Hispaniis martyres fuisse, cum nullum accesserit Constantii edictum, et Urbici magistratus, cum gladii potestate carerent, nullos martyrio coronare possent. Verum Victoris verba citata tantum ostendunt, Constantium Gallia rexisse : Hispanias autem Maximiano Herculio subditas fuisse, docet Lactantius lib. de Mortibus Persecutorum, cap. 8 : « Nam cum ipsam Imperii sedem teneret Italiam (nempe Herculius), subjacerentque opulentissimæ provinciæ vel Africa, vel Hispania, non erat in custodiendis opibus tam diligens, quarum illi copia suppetebat. » Pagius ad annum Christi 303, num 10.

Non erat in custodiendis opibus tam diligens He was not so careful in the management of his Treasure as was necessary. Versio anglica. — Id est, non erat in custodiendis opibus tanta, quanta oportebat, diligentia. Possit simplicius *tam diligens,* pro *valde diligens* sumi. Haud raro enim idonei auctores elegantem *tam,* pro *valde* posuerunt. Plinius, l. VII Hist. Nat., c. 49 : *M. Cæcilius Rufus et C. Licinius Calvus eadem die geniti sunt, oratores quidem ambo, sed tam dispari eventu ;* ubi ne aliud quidem umquam *tam dispari* queat esse, quam *valde dispari.* Plautus pariter in Mostell., act. IV, sc. 2, v. 9 :

Ferocem facis, quia te herus tam amat.

Ad quem versum jure merito Taubmannus, *tam, id est, valde :* quod et confirmat laudato Plinii loco, atque aliis.

Non deerant locupletissimi Senatores, etc. Artificium Aureliano satis notum, Vopisco referente. *Dicitur præterea hujus fuisse crudelitatis, ut plerisque senatoribus simulatam ingereret factionem conjurationis ac tyrannidis, quo facilius eos posset occidere.* Edit. Oxon. et Cant. Confer Baluz., col. 311.

Qui subornatis indiciis, etc. Hæserat mihi aqua

hoc loco, quem capropter ex isto inter alios Livii explicandum credideram: *Ad invidiam (Marco Fulvio) faciendam, legatos ambracienses in senatum subornatos criminibus introduxit;* hoc est ad criminandum, prout *crimen frequenter Ciceroni ipsa criminatio est, sive criminum accusatio.* Sed nodus aliunde multo melius solvi potest, ut jam videbis. — *Subornare indicia est subornare indices.* Sic *conjugia,* pro *conjugibus ; servitia,* pro *servis; officia,* pro *iis, qui funguntur officiis,* et mille talia, quæ facile possunt congeri. Nihil certius. Suetonius, verbi gratia, in Augusto, *consilia semestria,* pro *cousiliariis semestribus.* GRÆVIUS.—Astipulatur versio anglica. *Accused by some Witnesses, that were suborned to swear against them,* etc., id est, accusati a subornatis aliquot testibus.

Effoderentur assidue lumina senatus. Justinus de Athenis a Lacedæmoniis captis eadem fere phrasi utitur. Et noster, L. v, c. 12.: *Manus ei denique auferantur, effodiantur oculi.* Infra, c. 36 : *Itaque confessoribus effodiebantur oculi.* TOLLIUS. Adde Baluz., col. 311, et Cup., col. 485.

Jam libido in homine pestifero. Recte Heinsius legendum vidit : *Jam libido in homine pestifera,* etc. GRÆV.

Non modo ad corrumpendos mores, etc. Sensus erit magis nitidus, si legeris *mares.* Et licet gradatio videatur minus congrua a crimine Sodomiæ ad raptus virginum, apud Romanos tamen hoc crimen illo majus habebatur, BURNETUS.—Longe antequam Sarisberiensis esset episcopus, ac subjiciendam paulo post Colomesii notulam cum cæteris accepissemus. Confer Cup., col. 485.—Nihil certius conjectura pulcherrima doctissimi Burneti, GR. —Eo magis, liceat hoc addere, quia, si rem propius consideraverimus, auctoris gradatio non simpliciter a *crimine Sodomiæ ad raptus virginum* procedit, quod aliquanto nimis innuit viri celeberrimi locutio, sed *a crimine corruptorum marium ad crimen violatarum nobilium filiarum* : ut his adeo Maximianus, rem cum eis habendo, vim inferret, maribus minime, quos nempe sibi prius vel prece, vel pretio, aliisve lenociniis conciliasset. *Corrumpere* certe eo sensu minus est quam *violare ;* præsertim, quandoque violatis primorum filiabus agitur, uti nunc. Neque aliter sine dubio distinguenda apud Aurelium Victorem, *matrimonia nobilium corrupit,* de Carino, *qui militarium nuptas affectabat; et constupratis vi plerisque,* de Victorino.

—Pro *mores, mares* legendum esse sagacissime odoratus est amicus noster Joannes Battely, Suffolciensis archidiaconus, vir clarissimus, idemque reverendissimo archiepiscopo Cantuariensi a sacris domesticis. A quo diversus non abit reverendus doctor Burnetus in anglica sua libelli hujus translatione. COLOMESIUS.

Verum etiam ad violandas prim. fil. Vir ergo reapse τὰ εἰς ἀφροδίτην παντοίως ἀσελγής, ut loquitur de illo Julianus imperator, in Cæsaribus. — *In the debauching daughters...* Anglica versio.— Auribus, honor, parcens, cum vox *violandas* hoc loco multo plus notet.

Felicitatem imperii. Vide Cup., col. 485.

Si libidini, et cupiditati malæ nihil denegaret. Hi mores hominis, qui postea Ecclesiam persecutus est. PAGIUS, ad annum Chr. 291, n. 2.—*Si libidini.* Cic. apud Nonium : *Graves enim dominæ cogitationum libidines infinita quædam cogunt, atque imperant; quæ quia expleri, atque satiari nullo modo possunt, ad omne facinus impellunt eos, qui illecebris suis incenduntur.* TOLLIUS.

Constantium. Intellige Constantium Chlorum, unum ex tribus illis, quos capite 7, num. 6, Diocletianus dicitur participes fecisse sui regni. *Tres enim participes regni sui fecit.* Ad quæ verba, quo id anno singulis post Christum natum contigerit, notavimus. Confer Baluz., col. 312 ; et Columb., col. 402.

Orbem. Eum nempe, quem capite 7, num. 8, Diocletianus narratur in quatuor partes divisisse ; *in quatuor partes orbe diviso.* Vide notas. *The whole empire.* Versio anglica. Id est, *totum imperium* : sensu optime, si quid video, expresso. Accepit contra de toto seu universo terrarum orbe Maucroixius : *Digne de commander à tout l'univers.*

CAPUT IX.

Alter vero Maximianus, etc. *Pour ce qui est de Galerius, gendre de Dioclétien.* MAUCROIX. — Latine, de Galerio, genero Diocletiani. Non male, si ad alios historicos respexerimus ; sed haud ita forsan, si ad nostrum. Quod ut explicem, fuit certe *alter ille Maximianus,* ad quem jam nostri properat narratio, vocatus sæpissime *Galerius* ab historicis latinis, quo ipsum melius a Maximiano Herculio distingueret ; idque, sive nomen simul Maximiani adjunxerint, sive non. Priori modo, apud Eutropium libri IX, legimus : *Diocletianus Maximianum Herculium ex Cæsare fecit Augustum. Maximianus Galerius in Dacia haud longe a Sardica natus ;* et rursus apud Aurelium Victorem licet diverso ordine, *Galerium Maximianum,* cui cognomen *Armentario erat,* etc. Posteriori vero ratione, apud eumdem paucilis interjectis : *Illyrici ora ad usque Ponti fretum Galerio commissa.* Sed, quod videtur Maucroixius non observasse, accidit nescio quo pacto, ut a *Galerii* appellatione hic scriptor per totum librum abstinuerit ; et vel alios distinctionis, de qua agitur, characteres adhibuerit, puta in proxime sequentibus, *quem sibi generum Diocletianus* asciverat, capite autem 10, *Maximianus Cæsar,* et sic de cæteris : vel nullos, ut cum capite 19 : *Erat,* inquit, *locus altus... in cujus summo Maximianus ipse purpuram sumpserat,* quod ad Galerianum Maximianum pertinet, ut ex reliqua libelli serie patebit. Atque hoc ultimo modo de duobus simul Maximianis Julianus imperator in Cæsaribus : *Deinde Diocletianus secum ducens Maximianos duos, et avum meum Constantium ;* ubi nulla alia vides utriusque Maximiani nomina. Adde Baluz., col. 312 ; et Cup., col. 486.

Quo anno vero is, de quo nunc sermo, Maximianus, admotus fuerit reipublicæ regimini a Diocletiano, et Cæsar factus, dictum supra, quantum satis est, ad caput 7, num. 7.

Quem sibi generum Diocletianus, etc. Eutropius, l. IX Hist. rom. : *Diocletianus Maximianum Herculium ex Cæsare fecit Augustum: Constantium et Maximianum Cæsares..., atque ut eos etiam affinitate conjungeret, Constantius privignum Herculii Theodoram accepit, Galerius, filiam Diocletiani Valeriam.*

Non his duobus tantum, etc. Ordo et sensus sunt : Pejor (fuit) non tantum his duobus malis (pr ncipibus) quos tempora nostra senserunt, sed omnibus qui fuerunt. Confer doctissimos translatores.— *His duobus.* Id est, Maximiano et ejus socero, prout explicare studuit in sua versione Maucroixius.

Huic bestiæ. Vide Baluz., col. 312.

Efferitas. Legendum, *et feritas.* Editio Ox. et Cant. Item Vossius, Boherellus, Gale. Adde etiam Columb., col. 402.

Cum mater ejus. Ortus parentibus agrariis, pastor armentorum, unde ei cognomen. Edit. Ox. et Cant. ex Epitome Aurelii Victoris.

Transdanuviana. Cæteræ editiones, *Transdanubiana.* Vid. omnino Cuperum, ad hæc verba, *Romulam matrem.*

In Daciam novam. Id est, Daciam Aureliani ; nimirum eam Moesiæ partem, in quam Aurelianus populos transtulerat, quos ex Dacia Trajani abduxerat... Ed. Ox. et Cant. — E Baluzio scilicet, apud quem reliqua vide, col. 312. Videatur quoque Cuperus, col. 486.

In Daciam novam. Adi Anonymi Excerpta de Constantino, p. 659, lib. I. GALE.

Amne. Legendum, *Amne Danubio.* Editio Oxon. anni 1680, p. 108, in Emendationibus quæ serius occurrebant.

Confugerat. Lege, *confugerit.* TOLLIUS. — Nil necesse. Terentius :

Percastor, scitu' puer natus est Pamphilo.
Deos quæso, ut sit superstes, quandoquidem ipse est
[ingenio bono,
Cumque huic veritus est optumæ adolescenti facere
[injuriam.

Ubi *post eam,* a Lesbia ad reddendam sui voti rationem adhibitum, non *veritus sit* sed, *veritus est* legis : quia nempe ibi loci *cum* pro *quoniam* usurpatum. Noster alibi simili pacto: *Cum libertatem populi Romani ferre non poterat, prorupit* : quo in loco frustra aliquis ex communi loquendi genere emendari vellet, *non posset.* Alibi rursum : *Cum inde... sibi nihil præter nomen videbat accedere, respondit*, etc., non , *videret.* Adi loca.

Statu. Ed. Aboens. *Status.* Conf. Columb., col. 402.
—Rectius, *Status celsus*, ut et a ii videre. Tol.
Caro ingens. Vide Baluz., col. 313.

Actibus. Ses actions. MAUCROIX. — Qui ita sine dubio illos corporis motus gestusque intelligebat, a quibus Donato in Terentium *Scena actuosa* dicta est, *quæ magis in gestu*, *quam in oratione constitua.*

Metuebat acerrime. L. I Æn.: *Aut metus acer erat.* GAL.
Narseus rex Persarum. Vide ampliss. Cuperi Epist. 1, ad ampliss. pariter Voetium, col. 580.

Concitatus domos icis exemplis, etc. *Being encouraged by the success that his Grand father Sapores had against Valerian*, versio anglica. — Ad verbum fere : animatus prospero successu expeditionis avi sui Saporis contra Valerianum ; optima paraphrasi et sententia.

Avi sui Saporis. Vide Cup., col. 486.

In omni tumultu meticulosus. Tumultus, ex Ciceronis Philippica VIII : « Perturbatio tanta est, ut major timor oriatur, unde etiam nomen ductum est tumultus. » Quæ verba non mediocriter illustrare incipiunt hunc locum, ubi Diocletiani timiditas, atque, ut ita dicam, *meticulositas*, non tantum *cum omni tumultu juncta*, sed *ex omni tumultu orta* apparet. At potuitne Narsei expeditio, ad occupandum Orientem cum magnis copiis adventantis et inhiantis, in *tumultuum* numero poni ? Probe, inquam, si non ex illo Romanorum usu, quo jam inde a Ciceronis temporibus *tumultus* vulgo aliquid minus quam *bellum* et *prælium* significabat (Florus enim l. III, 18 : *Sed hic tumultus magis fuit, quam bellum* ; Curtius, VI, 5 : *Tumultus magis quam prælium fuit* ; laudata Philippica : *Belli nomen ponendum in sententia quidam non putabant; tumultum appellare malebant*) : saltem ex ea loquendi consuetudine, qua vetustiores Romani gravissima sua bella, Italica scilicet et Gallica, *tumultus* specialiter, ob *majorem timorem* qui ex iis populo Romano oriebatur, vocabant. Rationes sunt, quod primum Cicero in epistolis ad Atticum, *maximum illud bellum Parthicum*, quod in suo Ciliciæ proconsulatu imminere reipublicæ videbat, *tumultus* nomine, priscam Romanorum loquendi consuetudinem ad alia bella quam Italica et Gallica extendendo, appellaverit. Verba sunt : « Hodie (Parthi) hyemant in Cyrrhestica, maxim imque bellum impendet. Nam et Orodes, regis Parthorum filius, in provincia nostra est ; nec dubitat Dejotarus, cujus filio pacta est Artavasdis filia... quin cum omnibus copiis ipse prima æstate Euphratem transiturus sit. Quo autem die Cassii litteræ victrices in Senatu recitatæ sunt, eodem meæ *tumultum* nuntiantes. » Deinde autem, si subjecta nostri et aliorum loca vel levissime conferantur, apparebit *Persicum* nostri *tumultum*, hoc est, illam Narsei sub Diocletiano expeditionem, quam videtur hic scriptor *meris tumultibus* annumerasse, ab Aurelio Victore modo *Persarum impetus*, modo *Persarum gravem Orientis concussum*, modo rotunde *bellum* nuncupari ; at rursum id, quod Eutropius videtur simpliciter *Persarum sub Caro tumultum* nominasse, appellatum fuisse ab eodem Aurelio *Persarum bellum, qui Mesopotamiam invasissent*.

Noster in loco quem præ manibus habemus : « Diocletianus, ut erat in omni *tumultu* meticulosus.»

Aurelius Victor in Cæsaribus : « Eodem tempore *Orientem Persæ*, Africam Julianus et nationes Quinquegentanæ *graviter quatiebant*... Et quoniam bellorum moles, de qua superius memoravimus, acrius urgebat... Illyrici ora ad usque Pontii fretum Galerio (commissa)... provinciaque credita Maximiano Cæsari, uti, relictis finibus, in Mesopotamiam progrederetur, *ad arcendos Persarum impetus.* »

Eutropius, lib. IX : *Dum* (Carus) *bellum adversum Sarmatas gerit, nuntiato Persarum tumultu, ad Orientem profectus res contra Persas nobiles gessit.*

Aurelius Victor, denuo in Cæsaribus : « Quoniam, cognita Probi morte, *barbarorum quique opportuna invaserant* (Carus), misso ad munimentum Galliæ majore filio, Numeriani comitatu in Mesopotamiam pergit protinus, quod ea *Persarum quasi solemni bello* subest.»

Noster denique, cap. 25 : « Census, ait, in provincias et civitates semel missus, censitoribus ubique diffusis et omnia exagitantibus, hostilis tumultus et captivitatis horrendæ species erant ; *ubi, dum cum horrenda captivitate hostilem tumultum copulavit, vix aliud hostilis tumultus possit esse, quam hostile bellum.* » Quare nec dubitandum credimus, quin hoc etiam capite Narsei expeditionem *tumultus* voce complectatur.

Animique disjectus. Recte clarissimus Columbus, *dejectus*. Nam *animi disjectus* idem est, quod *dissolutus animi*, sine intentione animi, et cura rerum necessariarum. TOLLIUS. — Idem viderunt viri doctissimi Boherellus, Gale.

Non ausus est obviam tendere : sed hunc, etc. Vellem, qui mox vix ullum unquam *majoris animi principem* Diocletiano exstitisse, affirmabunt, probarent ex idoneis scriptoribus, ausum id fuisse Diocletianum, quod noster negat. Nam si illud nequeunt ostendere, et constat contra ex Aurelio Victore, rem, uti hic narratur, abiisse, quidni Diocletianum *meticulosum* fuisse credemus, *et animi dejectum* : « His tempestatibus, ait ergo Aurelius Victor, interim Jovio Alexandriam profecto, provincia credita Maximiano Cæsari, uti, relictis finibus, in Mesopotamiam progrederetur, ad arcendos Persarum impetus ; » et rursum paulo post, indicansque verum tempus susceptæ a Galerio Persicæ expeditionis : « Quæ terræ, inquit, cum acrius reposcuntur, bellum recens susceptum est, grave admodum perniciosumque ; » per terras, quas dicit « acrius repetitas fuisse, » Ægypti terras intelligens, quas Valerius Diocletianus haud aliter, post superatum semel Achilleum, repoposcit, quam *Ægyptum totam proscriptionibus cædibusque fœdando*, ut infra ex Eutropio audiemus : per *bellum* autem *grave admodum perniciosumque, quod, dum illæ repetebantur, susceptum est*, significans bellum Galerio contra Persas commissum, in eo grave admodum et perniciosum, *quod a Persis prima vice Galerius graviter vexatus fuerit*. Ubi si quis regerendum credat, ea ipsa de causa Galerium contra Persas missum fuisse a Diocletiano, quod ipse adversus Achilleum, qui Ægyptum invaserat, profectus esset : primo, insitum semper fuit a natura principibus majoris animi, ut sibi majores hostes propulsandos debellandosque sumerent. Carus, ut jam ex Eutropio audivimus, *dum bellum adversum Sarmatas gerit, nuntiato Persarum tumultu, ad Orientem profectus, res contra Persas nobiles gessit*. Et debuit omni tempore Diocletianus Ægyptiacam expeditionem ignobilem censere præ Persica. Ex Aurelio quippe Victore, bellum Persicum : « Quod interea dum acrius Ægypti terræ per Diocletianum reposcebantur, susceptum est, *fuit* bellum admodum grave. Sed in Ægypto Achilleus facili negotio fusus. » Deinde vero, si ad laudata Victoris verba, simulque cum Pagio ad Eumenii panegyricum Constantio Cæsari post victoriam Britannicam dictum, itemque ad Idacium, et auctorem Chronici Alexandrini, Libaniumque, ut oportet, attenderimus, vel Ægyptus jam tum plane, posito furore, quieverat, et eam tantum Diocletianus, debellato Achilleo, proscriptionibus et cædibus polluebat, quando provinciam credi dit Maximiano Cæsari, ut, relictis finibus, in Mesopotamiam proficisceretur ad arcendos Persarum impetus : aut si necdum penitus quieverat, tota certe pacata fuerat longe antequam vere superati fuissent Persæ a Galerio ; et Diocletianus tamen *in Oriente substitit*, quo jam sensu dicemus.

Per Armeniam misit. Persæ Mesopotamiam imperii Romani provinciam, invaserant. Unde, narrante

Eutropio, primum Galerii Maximiani prælium cum illis inter Callinicum Carrasque factum est. Jam autem, cum Diocletianus tam sibi et Constantio, quam duobus Maximianis quasi partiretur imperium, Galerio Illyrici oram ad usque Ponti fretum commiserat; ita ut Galerius non melius contra Persas exercitum movere posset, relinquendo fines, quam per Armeniam, cui contigua erat Mesopotamia, in quam ii irruperant. Alia vide apud Baluz., col. 313.

Ipse in Oriente subsistens. Locutio haud dubie valde emphatica, sed qua, ni admodum fallor, huic Scriptori neutiquam propositum fuit vel Armeniam, per quam Diocletianus Galerium adversus Persas misit, vel Mesopotamiam, in quam illi irruptionem fecerant, ab Oriente distinguere. De ista quippe expeditione Aurelius Victor, *Orientem Persæ quatiebant*; et Eutropius similiter : *Narseus Orienti bellum inferebat.* Nostro itaque propositum potius Diocletiani pusillanimitatem acriter arguere et ostendere, qui dum *Orientem Persæ graviter quatiebant* (addidit enim id adverbii Aurelius), non moverit Alexandria, quo profectus erat, et quæ ipsa quoque *Orientis*, aut, si quis malit, *Orientalium provinciarum* nomine comprehendebatur, legatum, uno verbo, contra Persas misisse contentus, cum debuisset ipse obviam ire hostibus : ut hoc denique loco *ipse in Oriente subsistens* idem sonet, quod *ipse in ipsissima sede belli Oriente pedem procul et immensum quantum ab hostibus figens.* Credo tamen, ut ingenue dicam, scriptum potius fuisse eo sensu, *ipso in Oriente subsistens*, quam *ipse*, ut hactenus editum : « Oriens autem in dispositione imperii Romani, ne nos nimis Orientem extendere videamur, eas provincias omnes complectitur ab ipsius Vespasiani temporibus, quæ a Thracia per Ægyptum et Asiam minorem usque ad Euphratem et Tygrim pertinent, » inquit illustrissimus de Marca in Concordia, lib. I, cap. 4. Confer Notitiam imperii, in qua inter provincias subjectas olim præfecto Orientis, Ægyptus, et utraque Armenia, et Mesopotamia recensentur.

Aucupans exitus rerum. Idem hic valet aucupari *exitus rerum*, quod initio capitis 10 *scrutari* (*sacrificiis*) *res futuras, et ventura quærere*. Dodwellus dissertatione Cyprianica xi, num. 68. Malim τὸ *aucupans* simpliciter pro *observans* sumere, vel ob hæc Ciceronis verba : *Cum præsertim tam multi occupationem* (*L. Syllæ*) *observent, tempusque aucupentur, ut, simul atque ille despexerit, aliquid hujusmodi moliantur.* Quo in loco quin observent et aucupentur synonyma sint, vix ullus, credo, poterit dubitare.

Ille insidiis. Præstare videtur, *insidiis usus.* TOLLIUS.

Quibus mos, etc. Nimirum uxore, pellicibus et familia regia.'Mos hic antiquus Persarum, de quo vide Curt. in Vita Alexandri. Conf. Columb., col. 402. TOLLIUS.

Difficiliter. Rara sunt forsan hujus adverbii exempla. Non desunt tamen. Cicero, lib. IV Academic. : « Cur non etiam ut valde verisimile ? Cur deinde non ut difficiliter a vero internoscatur ? » Idem alibi, eodem libro : « Quomodo autem sumis, ut si quid cui simile esse possit, sequatur, ut etiam difficiliter internosci possit ? » *Difficile* ergo et *difficulter* frequentiora tantum. Glossæ, verbi gratia, Polixeni et aliorum, *difficulter*, δυσκόλως, δυσχερῶς.

Fugatoque Narseo rege. Primus tamen conflictus Galerio non adeo feliciter cessit. « Interim, inquit Baptista Egnatius, adversus Narseum, Persarum regem, Galerius infeliciter primo, mox reparatis copiis, ira etiam animos illi faciente, quod ad Diocletiani carpentum post cladem acceptam per mille passus pedes currere coactus est, egregie vicit, Narseo fugato, et cæsis magna ex parte Persis, pellicibusque cum gaza omni regia captis.» Edit. Oxon. et Cant.—

Alii aliter. Nam Dodwello, verbi gratia, *Jam duobus præliis superatus fuerat a Narseo Galerius*, cum Narseum Galerius vicissim superavit et fugavit. Cætera, quæ huc pertinent, pete ex Cupero, col. 487, e Baluzio, col. 313, et e Pagio denique, ad annum Christi 297, quo Persas a Galerio Cæsare victos fuisse, s nunc satis video, demonstrat.

Reversus, etc. Anno Christi 302 ut pcnit quidem vir clarissimus in dissertationibus Cyprianicis. Sed, dum hunc Galerii reditum ex expeditione Persica Dodwellus in dissertatione Cyprianica XI, num. 68 (imo 70), in annum trecentesimum secundum differt, a recto tramite deviat, ait Pagius in Critica sua Historico-Chronologica ; rejicitque ipse ad annum Christi 297, num. 4, quem adisis.

Cum præda, etc. Vide Cuper., col. 488.

Sibi attulit superbiam, Diocletiano timorem. Metuenti scilicet, ne successu nimio elatus Galerius contumeliam sibi ab ipso factam aliquando ulcisceretur, quod eum, re male contra Persas gesta, ad carpentum suum per mille passus currerc coegisset; uti et post accidisse, noster inferius docebit. TOLLIUS.

Diocletiano timorem. Ab ea potius, ni fallor, superbia, quam, ut modo legebas, *Maximianus sibi attulit.* Namque *illa*, sicut proxime sequitur, *Galerius in tantos fastus post hanc victoriam elevatus est, ut jam detrectaret Cæsaris nomen ;* et inde Diocletiano misere timendum erat, ne brevi Galerius Augusti potestatem invaderet, eamque, propter memoratum Tollio curriculum, vel suo socero eriperet, quod postea factum. Aliter etiam Cuper., col. 489.

Ut jam detractaret, etc. Ita quoque editio Aboensis, et noster iterum, capite 10, *si detractassent.* Reliquæ omnes,*detrectaret*.Videndus, vel, si nolis, Columbus, col. 402. — *Ut jam detractaret Cæsaris nomen.* Qui hactenus igitur neque in epistolis ad ipsum missis, neque in aliis salutationibus, neque postremo in communi sermone *imperator* vocari censueverat, quod valde notandum. Nam ex Pagio, *Cæsares quidem anno Christi 197, nondum imperatores nuncupabantur.* ... *sed ab anno insequenti*, proindeque 198, *quo Severus Quinquennalia exhibuit, Getam, aliosque deinceps Cæsares, licet nec tribunitia potestate, nec imperio proconsulari exornati essent, imperatores appellatos fuisse, certum est,* inquit καθόλου vir doctissimus. At hic contra Cecilius noster de Galerio, qui Narseum anno Christi, secundum Pagium, 297 superavit, *ut jam detractaret Cæsaris nomen,* quo se nimirum Galerius ante eam victoriam per sex circiter annos non recusaverat appellari. Sed res aliunde ex hoc auctore multo certior. Is quippe in proxime sequentibus : *Quod* (*nomen*, inquit, *Cæsaris*) *cum* (*Maximianus*) *in litteris ad se datis audisset, truci vultu ac voce terribili exclamabat, Quousque Cæsar ?* Et ex capite 18, Diocletiano Galerio socerum ad imperii abdicationem cogere volenti respondens, aiebat, *indecens esse, si post tantam subEmis fastigii claritatem in humilis vitæ tenebras decidisset.* .... *Verum si nomen imperatoris cuperet adipisc.*, qui illud itaque hactenus non obtinuerat, *impedimento nihil esse, quominus omnes Augusti nuncuparentur.* Imo, Galerium haud ante vocatum fuisse *imperatorem*, quam purpura socerum exuisset, disertissima hujus capitis affirmatio est sub finem his verbis : « Sed differo de factis ejus dicere, ne confundam tempora. Postea enim, quam nomen imperatoris accepit, exuto socero, tum demum furere cœpit . » quorum indubie genuinus ordo : *Postea enim, quam, exuto socero, nomen imperatoris accepit, tum demum*, etc. Quid ? quod si, ut operæ pretium est, singula capita, in quibus noster aute Diocletiani abdicationem de Galerio Maximiano jam Cæsare facto locuitur, cum illis, in quibus de eodem Galerio, post depositam a Diocletiano purpuram, mentionem facit conferantur, patebit sane, Galerium Maximianum plus semel *imperatorem* nominatum fuisse a nostro post dictam Diocletiani abdicationem, uti capite, verbi gratia, 24 : nunquam vero ante eamdem ; sed vel *alterum Maximianum*, quem sibi generum Diocletianus ascivorat, ut hujus capitis initio ; vel *Maximiarum* simpliciter, ut semel capite 20. Et in decimo nono bis ; vel *Maximianum Cæsarem*, ut in fine capitis 10; vel postremo simplicissime *Cæsarem*, ut semel in singulis capitibus 9, 17 et 18 bis ad calcem undecimi, ter denique in decimo quarto. Quæ cum ita sint, videat clarissimus Pagius, quo pacto undequaque certum sit quod illimitate posuit, *Cæsares ab anno Christi* 198, *licet nec tribunitia potestate, nec imperio proconsulari exornati essent, fuisse imperatores appellatos*, cum tam multa in contrarium faciant apud nostrum de eo ipso Maximiano, qui, ex Pagii calculis, Cæsar creatus ann. Ch. 292, et tribunitia simul potestate donatus. Nam nos quidem verba ista capitis 14 ad Diocletianum et Galerium Maximianum adhuc Cæsarem pertinentia, *duos imperatores domi suæ peue vivos esse combustos*, conciliabimus facile suo loco cum iis, quæ huc usque ex nostri locutionibus observavimus. Vide ergo quæ ad caput 14 dicentur.

Cæsaris nomen. César était le présomptif héritier de l'Empire. MAUCROIX.— Quasi dicat : Qui Cæsar erat, futurus imperii hæres censebatur. Adi, si plura cupis, clarissimum Baluzium, col. 313, et amplissimum Cuperum, ad *Fugatoque Narseo* ; eumdem in præfatione, col. 301, doctissimi denique Narisii epistolam memoratæ Præfationi subjectam.

Insolentissime agere cœpit. Dictum jam supra, quid hoc sit : id ipsum nempe, quod vulgo apud nostrates : *Il commença à agir très-insolemment*. Nec aliter fere capite 21 : *Et quia id aperte facere non poterat, sic agebat, ut et ipse libertatem hominibus auferret*. Est tantum, ubi eodem sensu se *superbissime agere* reperias. Julius Capitol. in Gordiano 3 : *Suscepto igitur imperio, cum Philippus se contra Gordianum superbissime ageret*, etc. Nec ab eodem dicendi genere recedunt ejusdem verba de M. Antonino Philosopho. « Præfectus feriarum latinarum fuit. In quo honore præclarissime se pro magistratibus agentem... ostendit. »

Ut ex Marte, se procreatum. Paulo aliter, nisi quod de insolentia idem ferat, Victoris Epitome : « His insolenter affirmare ausus est, matrem, more Olympiadis Alexandri Magni creatricis, compressam dracone semet concepisse. » Edit. Ox. et Cant.— Magis igitur ad rem faciant, quæ supra ab eruditissimo Cupero ad hunc locum notantur, col. 489.

Romulam matrem. Ab ea Romula, tanquam a proavia materna nomen fuit, secundum Pagium, Romulo, alteri illi Maxentii filio, cujus nullibi, nisi loquitur, mentio, et quem alias Constantini jussu occisum fuisse, existimat. Videsis ejus Criticam, ad annum Christi 312, num. 5. Adi quoque de eadem Romula Cuperum, col. 489.

Exuto Socero. Adiri et hic debet Cup., col. 490.

Et contemnere omnia. Uti consueverunt scilicet, qui *insolentissime agunt* ; quod Galerii vitium fuisse, à nostro paulo ante ponebatur.

Omnia. Malim *nomen*. GALE.

Diocles enim ante imperium vocabatur. Cum rempublicam, etc. Locus male affectus. Maucroixii, ut ex ejus tralatione apparet, distinctio et emendatio est : « Diocles (ita enim Diocletianus ante imperium vocabatur) cum rempublicam : » et quæ postea : *Diocles* (c'était le nom que portait *Diocletien*, quand il n'était qu'une personne privée) *se servit de tels conseils.* Non damno. Sed potuit etiam auctoris manus esse : *Diocletianus, Diocles enim ante imperium vocabatur, cum rempublicam*, et quæ deinceps. Vide Bal., col. 313.

Contemnere omnia. *Diocles enim*, etc. Ista non cohærere bene, viderunt docti viri ; puto quoque recte correxisse Galeum, *contemnere nomen*. Sic autem locus videtur constituendus : *Contemnere nomen Diocli*. Sic enim ante imperium vocabatur. *Diocli*, pro *Dioclis*, est quoque apud Ciceronem, act. v in Verr., ut apud Cornelium nepotem, *Themistocles Neoclis filius*. Sic et *Aristoteli* dixerunt pro *Aristotelis*, *Ulyssi* pro *Ulyssis*, et sexcenta talia. GRÆVIUS.

Rempublicam talibus consiliis et talibus sociis everteret. Et hoc falsum. Vix enim melior, reipublicæve utilior, ac prudentior, et majoris animi princeps Diocletiano fuit, excepta illa motæ crudeliterque exercitæ persecutionis labe. TOLLIUS.—Aliquid est sane,

Lector, quod hic ultro vir doctissimus concedit. Sed quia, quando Diocletianum fuisse alias principem *optimum*, *Reipublicæ utilissimum*, *prudentissimum*, ac *maximi* denique *animi* asseverat, id unice agit, ut omnem nostro fidem abroget, vide, oro, uter majorem mereatur Tollius, an hic scriptor.— « Diocletianus » testante totidem verbis Eutropio « obsessum Alexandriæ Achilleum octavo fere mense superavit, eumque interfecit. Victoria acerbe usus est : totam Ægyptum gravibus proscriptionibus cædibusque fœdavit. » Quibus cuam simillima legas apud Suidam, voce Διοκλητιανός, et inhumaniora etiam apud Baptistam Egnatium in Diocletiano et Maximiano Augustis. « Quid hoc esse dicam, » exclamat jam Vopiscus in Aureliano, « tam paucos bonos extitisse principes, cum jam tot Cæsares fuerint ? » Mox addens : « Nam ab Augusto in Diocletianum Maximianumque principes, quæ series purpuratorum sit, index publicus tenet. Sed in his optimi, ipse Augustus, Flavius Vespasianus, Titus, Cocceius, Nerva, divus Trajanus, divus Adrianus, Pius et Marcus Antonini, Severus Afer, Alexander Mammææ, divus Claudius, et divus Aurelianus. Valerianus enim, cum optimus fuerit, ab omnibus infelix apparuit. Vides, quæso, Terentiane, quam pauci sint principes boni. » At ibi, quod valde notabile, non tantum Diocletianus inter bonos non numeratur : sed manifesta ejus rei causa est, quod ille, ut ex antecedentibus liquet, clementia, imperatore dote primaria, fuerit destitutus. Nam *Aurelianum quidem* (pergit Vopiscus, ad divum suum Aurelianum, quem paulo ante inter optimos putaverat, rediens), « multi neque inter bonos, neque inter malos, principes ponunt, idcirco quod ei clementia, imperatorum dos primaria, defuerit, » ut jam aperte non ea extiterit in Diocletiano bonitas, quam innuit Tollius, cum solam motæ crudeliterque exercitæ persecutionis labem in Diocletiani vita excipit.

Deinde, ex illa imperii partitione, qua supra vidimus Diocletianum Africam et Italiam Herculio commisisse, *invectum parti Italiæ tributorum ingens malum*, inquit dissertissime Aurelius Victor in Cæsaribus. « Nam cum omnis eadem sanctione, moderataque ageret, quo exercitus atque imperator, qui semper aut maxima parte aderant, ali possent, pensionibus inducta lex nova. Quæ sane illorum temporum modestia tolerabilis in perniciem processit. » Et ex Eutropio « Herculius propalam ferus, et incivilis ingenii, asperitatem suam etiam vultus horrore significans, naturæ suæ indulgens, *Diocletiano in omnibus est severioribus consiliis obsecutus*. » *Talibus igitur consiliis talibusque sociis*, ut noster loquitur, Diocletianus rempublicam revera evertebat, perniciosus, inquam, reipublicæ cum illis, si vel maxime futurus fuisset utilis reipublicæ absque iisdem. Urgeri enim hic loci societatem, ad quam respicio, apertissimum est ; quod non videtur attendisse vir clarissimus. Contra Andronici responsionem ad Ægypti præfectum superius allatam. « Ego maledixi, et maledico potestates et sanguisbibulos, qui sæculum everterunt. »

Præterea, auctore rursum Eutropio : « Hic (Constantius) non modo amabilis, sed etiam venerabilis Gallis fuit ; præcipue quod *Diocletiani suspectam prudentiam* et Maximiani sanguinariam temeritatem imperio ejus evaserant. » Nec erat itaque Diocletianus prudentia vere laudabili, cum eam Eutropius *sanguinariæ Maximiani temeritati* conjunxerit, ac malo sensu *suspectam prudentiam* vocaverit, hoc est, suspiciosam, sive quæ semper nescio quid misere suspicaretur et timeret ; adeo ut qui eam evaderent, pro felicissimis haberentur.

Postremo, quod Diocletianus tres regni sui participes fecit, id, si Aurelium Victorem consulimus, idcirco factum, quia *bellorum moles acrius urgebat*. Nec fuit igitur magno illo animo Diocletianus, quem laudabat v. gr. Horatius in Augusto :

Cum tot sustineas et tanta negotia solus,
Res Italas armis tuteris, moribus ornes,
Legibus emendes ....

sed contra mente vere pusillanima, et quæ impar esset oneri reipublicæ ferendo. Alterum infra, quin et gravius, ad cam rem argumentum afferetur a nobis, capite 10.

Cum pro sceleribus suis nihil non mereretur. Vide quid acerbitas odii, quid assentandi principibus libido possit. Quare in illis, quæ sequuntur, plerisque ea nostro fides habenda est, quæ Eusebio in Vita Constantini, atque illa parte Historiæ Ecclesiasticæ, quæ Constantini tempora complectitur.

TOLLIUS. — Imo vero, vide potius quo præconcepta semel opinio ferat. Nam quod, narrantibus Aurelio Victore, Eutropio, atque aliis, *Diocletianus*, multo ante persecutionem, *se primus omnium Caligulam post Domitianumque Dominum palam dici passus, et adorari se, appellarique uti Deum jussit*, quod etiam, secundum Eutropium, debellato Achilleo, *totam Ægyptum cædibus fædavit;* quod illi præterea, teste Aurelio Victore, *parum honesta in amicos fides erat;* denique, tot illa inhumana et aspera, ob quæ Diocletianus, quando en facere decreverat, *et suam* simul *severitatem aliena invidia volebat explere*, Herculium præ cæteris in consilium advocabat, quid cuncta, precor, esse possunt nisi scelera, et qualia hic perstringuntur, hoc est, Diocletiano propria, *cum pro sceleribus suis nihil non mereretur.*

Adde quod, si vel noster planissime de Diocletiani sceleribus esset mentitus, non omnem eapropter fidem amittere deberet in reliquis. Aut nulla certe in posterum debebitur Livio, Sallustio, Cornelio Tacito, et similibus. Quid ita? Quoniam, monente Vopisco, nemo Scriptorum, quantum ad historiam pertinet, non aliquid fuerit mentitus. *Me contra dicente, neminem scriptorum, quantum ad historiam pertinet, non aliquid esse mentitum; prodente quin etiam in quo Livius, in quo Sallustius, in quo Cornelius Tacitus, in quo denique Trogus manifestis testibus, convincerentur.* Locus est in Aureliano, sub initium fere, isque, ut vides, non ad rem tantum, sed valde notabilis.

Summa felicitate regnavit. Baluzium vide, ad hæc verba capitis 17, *felicitas ab eo recessit*, col. 324.

Quam vero causam persequendi habuerit. Firmantur quæ de conciso isto loquendi genere superius diximus, simili Tertulliani loco in libro ad Scapulam, cap. 4: *Arrius Antoninus in Asia cum persequeretur instanter, omnes illius civitatis Christiani ante tribunalia ejus se manu facta obtulerunt.*

CAPUT X.

Cum ageret in partibus Orientis. Forte Alexandriæ: sed et forte quoque alibi, seu in Ægypto, seu extra Ægyptum. Licet enim ex nostra sententia, Diocletianus Alexandriæ, aut si minus forsan in ea Metropoli, alicubi saltem in Ægypto degeret, quando Galerium jussit per Armeniam exercitum ducere contra Persas, non perpetuo utique postea Alexandriæ, vel in Ægypto commoratus est : quod patet, ut cætera omittam, primum ex eo quod postquam, narrante Eutropio, Galerius primo prælio pulsus esset a Persis, et ad Diocletianum profectus, Diocletiano *iter facienti* occurrerit. *Pulsus igitur et ad Diocletianum profectus, cum ei occurrisset,* etc. Tum ex eo etiam quod, pergente eodem, locus, in quo post illa Galerius, pulso vicissim Persarum rege, et in ultimas regni solitudines coacto, honore magno a Diocletiano exceptus est, fuerit in Mesopotamia situs. « Mox tamen... contractis copiis... rursus cum Narseo... in Armenia majori pugnavit successu ingenti... Pulso Narseo... ipsum in ultimas regni solitudines coegit : quare a Diocletiano, *in Mesopotamia cum præsidiis tum morante*, ovans regressus, ingenti honore susceptus est. » Sive jam ante alterum illud prælium Diocletianum in Mesopotamiam venisset; sive, quod magis crediderim, post auditam Galerii victoriam, et interea dum Narseum in ultimum regnum propelleret. Præstiterit itaque,

opinor, hic loci *in partibus Orientis* cum clariss. interpretibus accipere generaliter de *Oriente*, quam ullam specialem Orientis partem divinare, ubi memoranda proxime sacrificia, poscente timido superstitiosoque Diocletiano, facta sint. Nam et ita in Saracenicis, pag. 102 editionis quam Sylburgius procuravit, ἕως Δαμασκοῦ, *usque Damascum;* et ἐπὶ τὰ μέρη Δαμασκοῦ, *contra partes Damasci*, idem prorsus, aut propemodum valent. Vide Cup., col. 491.

Ut erat pro timore, etc. Nondum ergo Narseum superaverat Galerius, vel eapropter fuera, honorificentissime acceptus in Mesopotamia a'Diocletiano, quando quæ jam noster referet, in Orientis partibus contigerunt; id est, quando Diocletianus ad tot pecudum immolationes recurrit, ut *ventura nosceret.* — Omnino maximo erat in metu Diocletianus, cum jam duobus præliis superatus fuisset a Narseo Galerius, ut proinde ad nativam sibi superstitionem duxerit esse confugiendum. DODWELL., *dissert. Cyp.* XI, *num.* 68. — *Pro timore.* Possit et *præ timore* legi. Mirifice vero Lactantius cuncta Diocletiani facta in sequiorem pravamque partem detorquet. Quod magnus Alexander, quod Cæsar Julius, quod optimi et fortissimi principes ac duces ex more solemni fecerunt, id huic tanquam timoris argumentum vitio vertit. Mihi sane a timore alienissimus fuisse videtur Diocletianus, qui se virtute sua ad ipsum summi imperii fastigium admovit, eoque non invitus et coactus, quod vix vero simile licet hoc Lactantius ita tradat, sed sponte ac volens, contempta rerum humanarum vanitate, quod maximi animi est, abdicavit. TOLLIUS. — De viri docti emendatione, videndus supra Columb., col. 402. Videat vero Tollius ipse, quod ad reliqua attinet, quid occipiat. Contendit enim, Diocletianum *solemni more, non metu,* fuisse imminentium scrutatorem; eumdemque *maximo animo, non timore, imperium abdicasse.* At contra Aurelius Victor in Cæsaribus, Diocletianeam illam in minentium scrutationem, et imperii simul abdicationem cum metu consocians: « Neque tamen, inquit, cum hæc (Herculius et Valerius Diocletianus) agerent, extra vitia fuerunt : quippe Herculius... Valerio parum honesta in amicos fides erat, discordiarum sane *metu*, dum enuntiationibus posse agitari quietem consortii putat. *Hinc etiam* quasi truncatæ vires urbis, imminuto prætoriarum cohortium atque in armis vulgi numero. *Quo quidem plures voluti imperium posuisse.* Namque *imminentium scrutator,* ubi fato intestinas clades, et quasi fragorem quemdam impendere comperit status Romani, celebrato regni vicesimo anno, valentior curam R. P. abjecit. » Quod quidquid dicere possit Tollius, vel Aurelius ipse in sequentibus, meticulosi fuit animi, nec illius denique, quem Horatius in viro suo magnanimo requirebat, cum caneret inter alia :

Justum et tenacem propositi virum,
Si fractus illabatur orbis,
Impavidum ferient ruinæ.

Scrutator rerum futurarum. Vide Cup., col. 492, et Columb., col. 402.

Et in jecoribus eorum. Lege, *earum.* BONRELLUS. — Recte, cum præcesserit, *immolabat pecudes;* nec obstet per Ennii versum :

Pecudi dare viva una marito,

quin *pecus, pecudis,* ut nomen fœminini generis in usu fuerit apud omnes.

Tum quidam ministrorum, etc. Ex hoc loco argumentum ducit Bal., col. 314, genuinum hunc esse Lactantii librum, eo quod similia occurrant libro Inst. IV, cap. 27, quæ sic habent : « Nam cum diis suis immolant, si adsistat aliquis signatam frontem gerens, sacra nullo modo litant, nec responsa potest consultus reddere vates. Et hæc sæpe causa præcipua justitiam persequendi malis regibus fuit. Cum enim quidam ministrorum nostrorum sacrificantibus dominis assisterent, imposito frontibus signo, deos illorum fugaverunt, ne possent in visceribus bestiarum futura depingere. Quod cum intelligerent aruspices, instigantibus iisdem dæmonibus, quibus prosecrant, conquerentes profanos homines sacris interesse, egerunt principes suos in furorem, ut expugnarent Dei templum. » Editio Oxon. an. 1680.

Quod tamen argumentum non est tanti roboris, ut sua solum vi hunc librum Lactantio asserat, siquidem, ut recte monet vir doctus, alius quispiam hæc potuerit Lactantio mutuari. Editio Oxon. an. 1684.

Tum quidam ministrorum. Locus haud parum difficilis, si de supplemento, quo nunc opus est, cogitare attente voluerimus; necessario enim vel *aliqui ex Diocletiani ministris* intelligendi, quatenus tales; vel *aliqui sacrificiorum ministri*, proprie loquendo; et alterutri quidem, *Dominum* simul *scientes*, seu *christiani. Tum quidam ministrorum scientes Dominum*, etc.

Si prius, hoc est, si potius *quidam ex Diocletiani ministris*, vel aulicis, ut interpretes acceperunt (*Quelques-uns de ses officiers, qui étaient chrétiens.* MAUCROIX. — *But some of his courtiers, that were christians.* Tralatio anglica), quam *quidam ex veris sacrificiorum ministris*, non repugnant sane allata modo Lactantii verba, *cum quidam ministrorum nostrorum sacrificantibus dominis assisterent*. Sed vero sequentia ista in hoc capite videntur graviter adversari : *Tunc ira furens sacrificare non eos tantum qui sacris ministrabant, sed universos qui erant in palatio jussit.* Audis enim, qui sacris ministrabant; non, qui Diocletiano ministrabant : unde in superioribus, *quidam ministrorum scientes Dominum*, vix aliud quicquam esse queant, quam nonnulli e sacrificiorum ministris proprie dictis, eo magis quod ibidem cernuntur *adsistentes immolanti*; atque ut plerumque Comico illi Pseudo Sosiæ similes, cui Jupiter apud Plautum in Amphitruone :

Hæc curata sint
Fac sis, proinde adeo, ut me velle intelligis,
Atque ut ministres mihi, mihi cum sacrificem.

Sin vero jam de sacrificiorum ministris, eisque Christianis, hunc locum accipere oportet, quomodo impetrare a seipsis fideles potuerunt, ut ejusmodi sacris ministrarent? Sec. de his rursum, col. seq.

Scientes Dominum. Id est, qui quis esset Dominus Jesus sciebant, et in illum quoque credebant : *Christiani*, uno verbo, sicut recte interpretes. Atque ita apud Lactantium *De Vita Beata*, cap. 20 : *Judicabuntur ergo qui Deum scierunt* : pro quo paulo ante, *qui sunt in Dei religione versati* ; et contraria locutione, cap. 24 : *Qui Dominum mundi nescierunt.* Neque aliter in novo Fœdere, sive Græci fontes, sive vulgatus interpres adeantur, act. XIX, 15, τὸν Παῦλον ἐπίσταμαι, *Paulum scio* ; et Joan. I, 31, 33, Κἀγὼ οὐκ ᾔδειν αὐτόν. Vulgata denuo, *Et ego nesciebam eum.* Quæ et fortassis causa, cur noster eo, quo fecit, modo fuerit locutus. Certum sane, quod hic clarissimus Græviis observabat, pro, *Ego nesciebam eum*, dixisse cultiores scriptores, *Ignorabam eum.* Cornelius Nepos in Aristide, *Respondit, se ignorare Aristidem.* Suetonius in Vitellio, *Sciscitantes quisnam esset. Nam ignorabatur.* Addo viri amicissimi exempl s Terentii locum ex Eunucho :

Quid, isti te ignorabant. Postquam eis mores ostendi tuos,
Et collaudavi secundum facta et virtutes tuas,
Impetravi.

Cum adsisterent immolanti. Facinus sane Christianis indignissimum : sed eo magis credibile, quod ad imperatoris aulam pertinerent, et odiosiora etiam adferre in promptu sit. Adriani epistola apud Vopiscum in Saturnino : « Adrianus Augustus. Serviano Cos. S. Ægyptum quam mihi laudabas.... totam didici, levem, pendulam, et ad omnia famæ momenta volitantem. Illi, qui Serapi colunt, Christiani sunt; et devoti sunt Serapi, qui se Christi episcopos dicunt. Nemo illic archisynagogus Judæorum : nemo Samarites, nemo Christianorum presbyter : non mathematicus : *non aruspex* : non aliptes (hoc est, qui non sit mathematicus, et aruspex, et aliptes). Ille ipse Patriarcha, cum Ægyptum venerit, ab aliis Serapidem adorare ab al is cogitur Christum. » Origenes, hom. 7 in Josue : « Sed et illi, qui (verbi causa) cum Christiani sint, solemnitates Gentilium celebrant, anathemata in Ecclesias introducunt. Qui de astrorum cursibus vitas hominum et gesta perquirunt, qui volatus avium, et cætera hujusmodi, quæ in sæculo prius observabantur, inquirunt, de Hiericho anathema inferunt in Ecclesiam, et polluunt castra Domini.» Vide nunc, oro, an qui de Christianorum grege licere sibi Diocletiani immolationibus adsistere arbitrati sunt, non licere sibi iisdem ministrare, in animum facile induxerint. Noster certe non contradicit.

Imposuerunt frontibus suis, etc. Hoc est, interpretante Lactantio in Institutionibus, *Signum sanguinis, id est, crucis, quæ sanguinem fudit, in sua fronte conscripserunt*; aut si planius, et cum Tertulliano maximam partem, mavis, *frontem, imposito digito, signaculo crucis triverunt.* Tertullianus enim in Corona militis : « Ad omnem, ait, progressum, atque promotum, ad omnem aditum et exitum, ad vestitum et calceatum, ad lavacra, ad mensas, ad lumina, ad cubilia, ad sedilia, quacumque (seu, quod maluit, quæcumque) nos conversatio exercet, *frontem crucis signaculo terimus.* » Ubi dum non ex una, sed multis, et antiquissimis, gravissimisque auctoritatibus hodiernam illam tot Christianorum consuetudinem, nemini non notam, jamdiu in Ecclesia obtinuisse vides, cave, lector, ne qui nostrum ab eo more abstinent, esse tibi eapropter penitus extra Ecclesiæ sinum putentur, vel dicantur. « Hujus quippe disciplinæ si legem expostules Scripturarum, nullam invenies, » pergit continenter Tertullianus. Et quod is porro ad dicti ritus defensionem denuo subjicit, « Traditio tibi prætendetur auctrix, consuetudo confirmatrix, et fides observatrix, » id, inquam, si nostros, qui sibi frontem signo crucis non terunt, fidei nequitiae evinceret, adversarios quoque convinceret ejusdem rei; quippe qui plures alias veteris Ecclesiæ disciplinas ibidem loci memoratas, atque eodem Tertulliani ratiocinio defensas non observent. Ubinam enim ii hodie « infantibus, vel adultis ter mergitatis, lactis et mellis concordiam prægustandam porrigunt? » vel « die Dominico degeniculis adorare nefas ducunt ? » Et de his tamen ritibus Tertullianus non minus diserte : « Harum et aliarum ejusmodi disciplinarum si legem expostules Scripturarum, nullam invenies. Traditio tibi prætendetur auctrix, consuetudo confirmatrix, et fides observatrix. » Fateantur ergo vel ingratiis, qui se κατ' ἐξοχὴν *Catholicos* nominant, eos omnes non alienos esse necessario a Christi fide, qui singularum primitivæ Ecclesiæ disciplinarum traditionumve nolunt esse observatores. Sed hæc obiter, et ut duobus verbis auctori Gallicæ sic satis recenti (1) responderemus (2), qui *Neophytos* illos, quos vocant, cæterosque Protestantes haud aliter posse *Catholicos* dici, autumat, quam si crucis *signum frontibus suis imponere* didicerint. Utitur, quod superest, ea ipsa locutione Græcus auctor Theodoretus, lib. III Historiæ Ecclesiasticæ, cap. 4. Verba sunt : Ἐκεῖνον δὲ (supple δαίμονα) μετὰ τῆς συνήθους φαντασίας ἐπιφανέντων, ἠνάγκασε τοῦτον (Ἰουλιανὸν) τὸ δέος ἐπιθεῖναι τῷ μετώπῳ τοῦ σταυροῦ τὸ σημεῖον. « Cum isti vero Dæmones solita specie apparuissent, coegit Julianum timor imponere fronti crucis signum. »

Immortale signum. Hoc est, si Maucroixium adire voluerimus, *adorandum signum crucis.* Ita enim ejus versio : *Quelques-uns de ses officiers, qui étaient chrétiens, et qui assistaient à ces cérémonies profa-*

(1) *Libelli titulus est* : Les honneurs de la sainte croix, justifiés par l'Ecriture et par les Pères, etc., pour la conversion des protestants, pour l'instruction des nouveaux convertis et pour l'édification de tous les catholiques. A Bordeaux, 1656.

(2) *Inanis responsio* : quis enim discrimen non sentiat inter usus illos, quorum hi indifferentes, ille vero mysterium principale religionis exprimens.

nes, marquèrent leurs fronts du signe adorable de la croix. Sed quis ferat? « Immortale est, quod per se non est capax mortis, aut quod procuratione alterius a morte defenditur, » inquit Macrobius in Somnio Scipionis. Glossæ autem Philoxeni et aliorum : *Immortales*, ἀθάνατοι; *immortalia*, ἀθανάσια; *immortalis*, ἀθάνατος; *immortalitas*, ἀθανασία. A nemine vero uspiam *immortalis*, vel *immortale*, per *adorandum*, seu προσκυνητὸν exposita (1). Deinde, *Cruces* (2) *nec colimus, nec oramus*, ait exerte Minucius Felix in suo Octavio; et Ambrosius pariter : « Habeat Helena, quæ legat, unde crucem Domini recognoscat. Invenit ergo titulum : *Regem adoravit, non lignum utique*, quia hic gentilis est error, et vanitas impiorum. Sed adoravit illum, qui pependit in ligno, scriptus in titulo. » Quæ si vere Ambrosius de ligno crucis, Minucius autem de omnibus sine exceptione crucibus, ut dubitare non licet, pronuntiarunt, quanto magis de signo crucis vera sunt. Abstinuisset ergo a sua tralatione Maucroixius, quam nemo paulo æquior infidam esse, et a nimio partium studio profectam diffitebitur, qui de motis jamdiu circa crucis adorationem controversiis vel per transennam audiverit. Sed ad rem propius. Ex Lactantio : « Futurum est in principio regni sancti, ut a Deo princeps dæmonum vinciatur. Sed idem, cum mille anni regni, hoc est, septem millia cœperint terminari, solvetur denuo, et custodia emissus exibit; atque omnes gentes, quæ tunc erunt sub ditione justorum, concitabit, ut inferant bellum sanctæ civitati; et colligetur ex omni orbe terræ innumerabilis populus nationum, et obsidebit et circumdabit civitatem : tunc veniet novissima ira Dei super gentes, et debellabit eas usque ad unum; ac primum concutiet terram quam validissime, et a motu ejus scindentur montes Syriæ, et subsident colles in abruptum, et muri omnium civitatum corruent, et statuet Deus solem, triduo ne occidat, et inflammabit eum, et descendet æstus nimius, et adustio magna supra perduelles, et impios populos, et imbres sulfuris, et grandines lapidum, et guttæ ignis, et liquescent spiritus eorum in calore, et corpora conterentur in grandine, et ipsi se invicem gladio ferient; et replebuntur montes cadaveribus, et campi operientur ossibus. Populus autem Dei tribus illis diebus sub concavis terræ occultabitur, donec ira Dei adversus gentes extremum judicium terminet. Tunc exibunt justi de latebris suis, et invenient omnia cadaveribus, atque ossibus tecta. *Qui ita vero* in extrema totius orbis necessitate ac plaga tuti sunt futuri, *tantum erunt*, qui signum veri et divini sanguinis in summo corporis sui notaverint. » Quod jam signum Lactantius alibi *immortale* cum nostro Cecilio appellavit. « Sed quoniam neque (dæmones) accedere ad eos possunt, in quibus cœlestem notam viderint, nec iis nocere, quos *signum immortale* munierint, tanquam inexpugnabilis murus, lacessunt eos per homines. » Manifestum itaque, quid ambo, si non unus, sed duo sunt auctores, per *immortale signum crucis* intellexerint; rem nempe, per quam, bonorum Patrum judicio, Dei populus contra mortem temporalem et æternam posset protegi. Id illis, fateor (3), non credimus : sed cum sine controversia nec ipsimet adversarii Lactantio de omnibus, quæ proxime e libro VII Institutionum studiose adduximus, fidem habeant, condonent nobis necesse est, si nec Lactantium, nec nostrum, nec similes de immortalis sui signi virtute audimus quantum cupiunt.

Quo facto, fugatis dæmonibus. De ejusmodi signi potentia videre possunt, qui talia amant, Theodoretum inter cæteros, libro III Historiæ Ecclesiasticæ, cap. 3, ubi Julianus ille Apostata dicitur simili

(1) Inepta ratiocinatio.
(2) Solitarie sumptas.
(3) Ergo Patres etiam priorum sæculorum, quos contumeliose bonos patres vocat, idem sentiunt ac nos; iis ducibus quos nobis cedit gloriamur.

pacto dæmones fugasse, postquam a Divino quodam fuisset in idolorum templum perductus, atque ibi seductores dæmones ad arioli invocationem terribili, ut solebant, specie apparuissent. Videndus quoque, ne nunc plures nominem, Lactantius, lib. IV Instit. cap. 27, cujus bona pars supra ab aliis est allata.

Sacra turbata. Vide Cup., col. 492.

Trepidabant aruspices. Hoc est, caput manus, totum denique corpus circa victimam mutitabant, et cum perturbata quadam festinatione agitabant, ut solitas in extis notas viderent, quod in re Galli dicerent una voce : *Les Aruspices se trémoussoient*; absque *discursitatione* tamen, sicut manifestum erit e sequentibus : quin nec necessario cum *formidine*, ut ibidem ostendemus; quanquam longe verisimilius sit, veritos fuisse aruspices, ne quas in extis notas quærebant, non invenirent. Sed hic quidem ad nativam vocis significationem attendimus. Palmericus : *Trepidare est festinare, et satis agere, ac... circumagi.* Varro lib. III de Re rustica, cap. 16 : *Eximendorum favorum signum sumunt ex ipsis, cum plenas alvos habent, et cum illas geminaverint, ex apibus conjecturam faciunt, si intus faciant bon-buin, et cum eunt, ac foras trepidant*; pro quo ultimo verbo cum sit apud Aristotelem κινεῖσθαι (κινεῖσθαι ἐξιούσας, καὶ εἰσιούσας), Græca vox eleganter per *vertiginosam agitationem* a Theodoro Gaza reddita est, *exeundi, ingrediendique vertiginosa agitatio*. Accedat non levis confirmatio ex Festo, et etymologia. *Trepit*, vertit, inquit Festus : *unde trepido, trepidatio, quia trepidatione mens vertitur*. Trepit itaque a Græcorum τρέπω est, apud quos revera millies τὸ τρέπειν, pro Latinorum *vertere* offendimus. Quod cum ita sit, quidni inde quoque *trepido* et *trepidatio* tanquam totidem frequentativa, hoc est, tanquam *trepito* et *trepitatio*, et quasi latine dicas, *versito* et *versitatio*, orta sint? Ita ut, inquam, ab origine prima *trepidare* per *d*, pro *trepitare* per *t* exaratum, nil aliud fuerit, quam se huc et illuc frequentius τρέπειν; quod quia perpetuo fere meticulosi homines faciunt, itemque non raro qui aliquid festinantius agunt, hinc postea Romani *trepidare*, pro *timere* et *festinare* usurpaverint. Sic certe Varroni ex usu Linguæ proprio optimoque sensu, *foras trepidant dictum fuerit*, pro *sese in omnes partes convertunt, vel motitant, ut foras exeant*. Pulchre etiam poterit apud nostrum τὸ *trepidabant aruspices* id, quod jam diximus, notare. Vide cap. 12 et 17.

Ad Varronis plurimum de voce *trepidare* pertinet illud Phædri, lib. IV, fab. 5 :

    Cum victi mures mustellarum exercitu
    Fugerent et arctos circum trepidarent cavos;

ubi male nuperrimus Interpres παραφράξει, *paverent prope cavernas obscuras*, cum sit angustos cavernarum introitus irrumpere festinantes. Sic et Sallust. Jug. 67 : *Trepidare ad arcem oppidi, ubi signa et scuta erant.* GRÆVIUS.—At quid erunt Aruspices? Maucroixii enim versio sic habet : *Les Sacrificateurs étonnés, s'écrièrent*; id est, *Sacrifici attoniti exclamarunt*. Paulo post vero in eadem, τὸ *Magister ille aruspicum Tagis* transfertur : *Tagis un des Augures; Tagis unus ex Auguribus*; et in anglica denique neutro loco similem alterutri tralationem legas, sed hanc in ambobus, *The Diviners, Divini*.— *Harjuga*, auctore Festo, *dicebatur hostia, cujus adhærentia inspiciebantur exta*. Aruspices itaque, seu potius cum aspiratione, *Haruspices*, id proprie Divinorum genus fuerunt, qui ab *harjugæ*, aut, ut alii scribunt, *harugæ*, id est, hostiæ conspectu futura prædicebant : quod prorsus cum iis, quæ sequuntur, convenit. Sed quoniam jamdudum voces *Haruspicum* et *Haruspicinæ* apud populos obsoletæ sunt, maluerunt procul dubio clarissimi interpretes notiora vocabula, licet minus propria, adhibere, quam barbara, de verbo ad verbum vertendo. Cuperem tantum a vocabulo *Augurum* abstinuisset posteriore loco Maucroixius; quippe cum nunquam *Augures, Haruspicum* ritu, ex immolatarum avium extis futura prædixerint, sed ex illarum volatu, aut cantu, vel denique gustatu, quando pullis gallinaceis e cavea depromptis esca porrigebatur, ut inde tripudium solistimum foret. Cicero ad 1. Cecinam : *Non igitur ex alitis involatu, nec e cantu sinistro oscinis, ut in nostra disciplina est, nec e tripudiis solistimis... tibi auguror.*

Nec solitas in extis notas videbant. Id est, exempli gratia, exta cum capite. Colligo ex hoc loco Ciceronis : *Cum enim tristissima exta sine capite fuerint, quibus nihil videtur esse dirius, proxima hostia litatur sæpe pulcherrime.* Eam vero notam præ pluribus, quas facile foret adducere, ideo attigi, quod idem Tullii locus, qui ejus meminit, tacite moneat, non litatum fuisse quoties illa nota desiderabatur in immolatis hostiis. De *litatione* autem et *immolatione* agendum mox in sequentibus.

Quasi non litassent, sæpius immolabant. Litare ergo et *immolare*, si accuratius loqui velimus, a se invicem differunt. Firmat Plautus in Pœnulo, act. ii.

Di illum infelicent omnes, qui post hunc diem
Leno ullam Veneri unquam immolarit hostiam
Quive ullum thuris granum sacrificaverit.
Nam ego hodie infelix dis meis iratissimis
Sex immolavi agnos, nec potui tamen
Propitiam Venerem facere uti esset mihi.
Quoniam litare nequeo abii illinc Iico
Iratus...

Idem paulo post, in eodem actu :

Si hercle isthuc unquam factum est, tum me Jupiter
Faciat, ut semper sacrificem, nec unquam litem.

Cicero denique, lib. ii de Divin. : *Quid? cum pluribus diis immolatur, qui tandem evenit, ut litetur aliis, aliis non litetur?* Et vero *immolare*, secundum Festum, est *mola, id est, farre mollito, et sale hostiam perspersam sacrare: litare* autem, *propitium facere*, uti recens Plautus explicuit; vel, *facto sacrificio numen placare*, quæ Macrobii verba in Saturnalibus. Et tamen haud raro *litare* pro simplici *sacrificare* invenias apud Patres. Sulpitius Severus de libro Levitici, qui totus est in sacrificandi ritibus præscribendis : *Exin, ait, Leviticus liber sequitur, in quo litandi præcepta traduntur.* Item alio loco, multoque disertius : *Rursum (Hebræi) corrupti longæ pacis malo, idolis litaverunt;* quod ita vere pro *sacrificaverunt*, absque ulla propitiationis et impetrati voti notatione accipiendum, ut proxime sequatur, *mosque aderat pœna peccantibus, præcedat autem paulo ante synonyma phrasis, profano ritu populus idolis sacrificare occæpit.*

Magister ille aruspicum Tagis. Doctissimus Baluzius hæc autumat oratorio more dicta esse, eo quod Tages olim apud Tuscos maxima inclaruerit aruspicii fama. Edit. Ox. et Cant. — *Tages that was set over the Diviners;* Tages, qui præpositus erat Divinis. Versio anglica. Adde Baluz., col. 314, et Cup., col. 492. — *Tagis.* Ita ambæ editiones Parisienses; Latina, dico, Baluzii, et Gallica Maucroixii; quibus addenda Aboensis. Cæteræ, *Tages.* Priorem lectionem tuetur Columbus, col. 403. Secundam autem, si, ut censeo, ad antiquum illum Tuscorum Haruspicem pertinet, sequentia loca defendunt. Fulgentius : « Labeo, qui disciplinas Hetruscas Tagetis et Bacchetidis quindecim voluminibus explicavit. » Cicero, lib. i de Divin. : « Sed quid plura? Ortum videamus haruspiciæ.... *Tages* quidam dicitur in agro Tarquiniensi, cum terra araretur, et sulcus altius esset impressus, exutisse reperte, et eum affatus esse, qui arabat. Is autem Tages, ut in libris est Etruscorum, » etc. Tum paucis interjectis : « Si autem homo ille Tages fuit, quonam modo potuit terra oppressus vivere? »

Ait idcirco, non respondere sacra, quod, etc. Idem Juliano imperatori dixit Aruspex. GALE. — Magicis operationibus Christiani adversissim habebantur. Ideo Alexander pseudomantis Christianos a suis mysteriis summovendos curavit. Ideo Valerianum Macrianus Magus ad persecutionem adegit. Ideo Diocletianum suus quoque, quem appellat Lactantius, Tages. Ideo Julianus Babylam martyrem e Daphne tollendum curavit, quod Christianos invisos diis suis censuerit, ut proinde nulla sua sacra possent, nisi sublatis Christianis, rite procedere. DODWELLUS, Diss. Cypr. xi, num. 30.

Profani homines. Pervulgata illa sacra facientium formula : *Procul hinc, procul ite, profani.* TOLLIUS. Adde Cup., col. 492, et Columb., col. 403.

Tunc ira furens. Diocletianus nempe; etsi de Haruspicum magistro agatur in proxime præcedentibus, et ne semel quidem hactenus nominatus sit Diocletianus in hoc capite, quod satis notandum. Sed quid facias? Ita poscunt necessario sequentia, uti nemo non fatebitur. Hincque merito Maucroixius quo omnem tolleret amphibologiam : *Dioclétien en fureur;* et post eum pariter versio anglica : *Utpon which Diocletian being enraged.*

Sacrificare non eos tantum, qui sacris ministrabant, sed universos, etc. Maucroix : *Commanda non-seulement à tous les assistants, mais encore à tous ceux qui se trouvèrent dans son palais, de sacrifier.* Id est, haud cunctos duntaxat, qui aderant, verum etiam universos, qui in palatio reperti sunt, sacrificare jussit. At primo, cum olim non quicumque Gentilium sacris aderant, sacris ministrarent, neque etiam hujus loci initium *de iis omnibus, qui sacris intererant,* loquatur, sed *de iis* tantum, *qui sacris ministrabant,* jam hinc manifeste latius patet, quam debuit, viri docti versio. Deinde vero, cum, ex eadem, Diocletianus ira semel accensus non omnes solum, qui primo sacris adfuerant, sacrificare voluerit, sed, nemine dempto, universos, qui in palatio inveniri sunt, appareat autem in contrarium e capite quindecimo Diocletiani furorem non in omnes, sed in solos domesticos sæviisse : « Furebat ergo imperator jam non in domesticos tantum, sed in omnes; et primam omnium filiam Valeriam, conjugemque Priscam sacrificio pollui coegit : » inde rursum perspicuum est, nostri loci sententiam extensam fuisse a Maucroixio longius, quam oporteat. Postremo, in universos illos, de quibus agitur, id est, qui Diocletianei sacrificii tempore in palatio erant, et a Diocletiano sacrificare jussi sunt; jussit idem, ut verberibus animadverteretur, si recusassent; sequitur enim : *et in eos, si detractassent, verberibus animadverti.* Atqui non omnes, seu non omnium ordinum homines flagris et verberibus excipi consueverant, cum deliquerant; nec vel leviter verisimile, eam pœnam in Diocletiani, verbi gratia, filiam Valeriam, conjugemve Priscam, aut illos etiam aulicorum, qui imperatoris aulam officii causa frequentabant, vel nobilioribus domesticorum turmis præerant, fuisse decretam. Quare ob hæc omnia, et quia quoque in principio fere hujus capitis mentio sit quorumdam ministrorum, qui immolanti Diocletiano adsistebant : « Tum quidam ministrorum, cum adsisterent immolanti; » nequimus, fateor, quin nunc sequentia ista : « sacrificare non eos tantum, qui sacris ministrabant, sed universos, qui erant in palatio jussit, » pertinere putemus ad omnes et solos Diocletiani ministros, hoc sensu : Tunc ira furens Diocletianus non eos solum e suis ministris, quorum alii Christum scientes, alii ignorantes adstiterant hactenus immolanti, sacrificare voluit et coegit : sed et reliquos omnes qui ad eamdem ministrorum familiam pertinentes hic illic in palatio variis rebus occupati reperiri possent. Vice vero quam recte, si hæc ita sumantur, scriptum postea fuerit capite 15 : « Furebat ergo imperator jam non in domesticos tantum, sed in omnes, primamque omnium filiam, » etc.

Si detractassent. Eamdem exhibet lectionem editio Aboensis. Aliæ, *si detrectassent,* legunt.

Verberibus animadverti. Maucroix : *Il condamna au fouet.* — Tanquam auctoris verba essent, *flagris,* seu *virgis cædi.* Nec aliter tralatio anglica : *and ordered those to be whipped who shoud refuse to do it.* Idem prorsus sentio, vel ob locum capitis 21, ubi distensio cum verberatione conjuncta. Distensos enim de more fuisse servos, quando flagris, aut virgis cædendi erant, quis, qui vel unum Plautum legerit, ignorabit ? Adde, apud Eusebium, lib. viii Hist. Eccl., cap. 3, in quo de variis certaminum generibus, quibus martyres, sæviente Diocletiani persecutione, certarunt, disserit, mentionem fieri nonnullorum, qui flagellis concisi sint : ὁ μὲν μάστιξιν αἰκιζόμενος τὸ σῶμα, ὁ δὲ, etc.

Datisque ad præpositos litteris. Non uni itaque homini, quod aperte posuit Dodwellus, curam persecutionis illius, quæ in milites exercenda erat, commisit imperator, sed pluribus. Eo magis, quod cum Eusebii verba, quibus vir doctissimus innixus est, ista sint : Ὡς γὰρ ὁ στρατοπεδάρχης ὅ τις ποτε ἦν ἐκεῖνος, ἄρτι πρῶτον ἐνεχείρει τῷ κατὰ τῶν στρατευμάτων διωγμῷ. Eusebius quidem in iis ad verbum dicat : « Stratopedarcham nescio quem, cum primulum cœpisset milites persequi » et quæ postea, at non pariter « eum Stratopedarcham solum fuisse præpositum, ad quem Diocletianus litteras ea de re miserit. »

Præpositos. Nomen id quidem dignitatis militaris, et post tribunos, qui tamen præerant cohorti perinde ac tribuni. Ed. Ox. et Cant.— *Aux généraux de ses armées.* MAUCROIX. Vide Baluz., col. 315.

Litteris. Hoc est, si quis velit, *Edictis.* Edicta enim, quæ a Diocletiano post has ad militares præpositos litteras quaquaversum in Christianos missa sunt, et quorum primum plus semel in hoc opere *edictum* vocatum est, Eusebius, lib. viii Hist. Eccl., cap. 2, nominavit simpliciter γραφὴν et γράμματα, vel ad summum βασιλικὰ γράμματα : quo fit, ut nec ultimo loco Valesius dubitaverit vertere : *Sed non multo post aliæ rursus litteræ supervenerunt.* Malim ipse aliquid discriminis ponere inter *litteras ad præpositos*, de quibus noster hoc loco, et *edictum*, de quo idem, capitibus 13 et 14.

Etiam milites cogi, etc. Primum persecutionis gradum in milites fuisse tradit Eusebius in Historia, ex Chronico omnino intelligendus. Ad annum (enim) Diocletiani 17 : num. Abrahami 2217 : « Veturius, inquit, magister militiæ, Christianos milites persequitur; paulatim ex illo jam tempore persecutione adversum nos incipientes. « Biennio anteriorem ponit editio. Pontaci ; triennio Prosper Aquitanus, et acta Marcelli centurionis, si tamen sinceri sint illius anni in actis Coss. Faustus et Gallus ; quod negat Antonius Pagi. Sed recte omnino constituit editio Scaligeriana. Convenit enim Lactantius, qui omnia ordine temporis accuratissimo disposuit..... Quæ enim in contrarium profert ex actis Marcelli doctissimus Pagi, ea certe suspecta sunt, nec cum Lactantii fide ulla ex parte conferenda. DODWELLUS. — Persecutio adversus Christianos a militibus cœpit, ut non tantum Eusebius in Chronico de *Veturio* militiæ magistro loquens; et in Historia, lib. viii, capitibus 1 et 4, sed etiam Lactantius, lib. de Mortibus persec., capitibus 9 et 10, testantur... Cum vero Veturius milites anno 298, persequi cœperit, ea persecutio ante eum annum non contigit. PAGIUS, *ad an. Chr.* 297, num. 3.

Persecutio adversus milites anno 298 inchoata, ut recte Prosper in Chronico. Idem PAGIUS, *ad An. Chr.* 298, n. 2, et 302, n. 3, quos videsis propter rationes, ob quas contra Dodwellum contendit, martyrium S. Marcelli centurionis non esse ab eo anno removendum. — Sed hic occurrit aliqua difficultas : utrum scilicet recte scribere potuerit inter alios Eusebius, Diocletiani persecutionem orsam primum fuisse ab iis qui militabant, ἐκ τῶν ἐν στρατείαις ἀδελφῶν καταρχομένου τοῦ διωγμοῦ, cum ex nostro Cæcilio, inchoaverit verius ab illis ministris Dominum scientibus, quos Diocletianus sacrificare jussit et adegit. Respondere facile est, cœpisse illam quidem ab iis Diocletiani ministris : sed Eusebium, quod ea res tumultuario et quasi intra privatos parietes, tum et in paucissimos forsitan Christianos fuisset suscepta, tantum enim quidam scientes Dominum Diocletiano sacrificare incipienti adstiterant, maluisse persecutionis initium arcessere a militum persecutione, quam vel solæ Diocletiani litteræ ad præpositos datæ, et edictorum naturam referentes, tanto altera illa domestica persecutione notiorem et omnibus modis memorabiliorem reddebant, quanto publicata principum edicta privatis eorumdem mandatis notiora et notabiliora sunt. Adde Bal., col. 315, e. Cup. 493.

Ut qui non paruissent, militia solv. Ita , sicut ante e Sulpicio Severo in alia re laudavimus : *Licinius, quia adversum Constantinum de imperio certavit, milites suos litare præceperat ; abnuentes, militia reiiciebat.* Sed , quæ nunc magna inter nostrum et Sulpicium Severum discrepantia , *id inter persecutiones non computatur*, pergit Sulpicius ; *adeo res levioris negotii fuit , quam ut ad Ecclesiarum vulnera pervenirét* ; et e contrario, secundum nostrum, sicut mox videbimus, ideo inter alia Diocletianus persequendi Christianos principium fecisse dicendus est, quod datis ad præpositos litteris, milites ad nefanda sacrificia cogi præceperit, ut qui non paruissent, exauctorarentur.

Ut qui non, etc. Emissa itaque sunt adversus milites persecutionis edicta, nondum tamen sanguinaria. Ita enim sequitur : *Hactenus furor ejus et ira processit , nec amplius contra legem aut religionem Dei fecit.* Passos tamen aliquos , licet non pro Imperatoris edicto , at pro ministris propria sævitia , docet Eusebius : sed ita docet , ut innuat omnino fuisse paucissimos. DODWELLUS, in *Diss. Cypr.* xi, a. 69.

Hactenus furor ejus et ira processit, etc. Tunc temporis nempe , et in dictis litteris. Postea enim longe graviora Diocletiani edicta, nec in solos militantes Christianos, sed in omnes fideles condita sunt, et ad provinciarum præfectos missa : ita ut, si quandoque ex optima doctissimi viri Jo. Frid. Gronovii observatione , τὸ *hactenus* , *non posthac* valet , ea tandem significatio huic loco minime possit convenire , sicut sequentia demonstrabunt.

Deinde. Post decretam scilicet militum persecutionem. PAGIUS, *ad an. Ch.* 302, n. 4.

Interjecto aliquanto tempore. Annis nempe quatuor. Decepti enim viri doctissimi, qui autumarunt, Lactantium indicare, militum persecutionem anno 302 cœptam, sequentique adversus omnes Christianos decretam fuisse. Nam in hac Historia explicanda Eusebius et Lactantius inter se conferendi , alterque ex altero explicandus ; in paucissimis quippe dissentiunt. Cum itaque Eusebius in Chronico militum persecutionem cum anno Ch. 218 diserte conjungat, et in Historia indicet etiam , inter initium persecutionis adversus milites et persecutionis universalis, aliquot annos fluxisse , non dubium, quin hæc Lactantii de Diocletiano verba : *deinde* (hoc est , ut jam dictum , post decretam militum persecutionem) , *interjecto aliquanto tempore , in Bithyniam venit* , de intervallo aliquot annorum, non vero de intervallo aliquot mensium interpretanda sint. PAGIUS, *ad annum Ch.* 302, n. 3 et 4.

In Bithyniam venit hyematum. Diocletianus nempe; idque in urbem Nicomediensem , quæ sedes regia erat , quo sub hujus anni finem (intellige 302) , se contulit , et ubi persecutio universalis adversus Christianos destinata fuit. Quod enim non tantum Baronius, sed et Petavius in lib. de Doct. Temp. aliique plures viri docti persecutionis Diocletianæ initium in hunc annum 302 contulere ; liber Lactantii de Mortibus persecutorum controversiam tandem diremit , et Valesii sententiam certam esse ostendit. Is quippe in notis ad librum viii Eusebii eam anno tantum 303 cœptam adeo solide demonstravit , ut mirum mihi acciderit, post ejus notas in lucem emissas, inventos fuisse qui contrarium senserint. PAGIUS, *ad an. Ch.* 302, n. 3. Adde Baluz., col. 315.

Maximianus quoque Cæsar. Galerius Maximian. Anglica versio.

Inflammatus scelere advenit. Sic Lactantius, lib. VII Inst., cap. 1 : *inflammati amore potentiæ.* Sic ibidem, cap. 17, et apud nostrum, cap. 14, *inflammatus ira :* sed sic præcipue Cicero de Verre : *Ipse inflammatus scelere, et furore, in forum venit,* et alio loco : *Procedit iste repente e prætorio, inflammatus scelere, furore, crudelitate.*

Senem vanum. Id est, Diocletianum, ut antecedentia ostendunt : quem et deinceps modo *inconsideratum senem*, modo *senem languidum*, modo etiam simpliciter *senem*, appellari videbis.

Principium fecerat. Livius simili phrasi : *Principium conjurationis factum ab Harmoniæ... nuptiis.*

CAPUT XI.

Erat mater ejus, etc. Lego : *Erat mater ejus mulier admodum superstitiosa. Quæ cum esset deorum montium cultrix, dapibus,* et quæ deinceps. ALLIX.

Mater ejus. Id est, *Maximiani Cæsaris,* de quo noster paulo ante. Nam ut ad *senem vanum*, de quo idem postea, referamus, obstat undique historiæ ratio et veritas. — *La mère de ce prince.* MAUCROIX. — Hoc est, *mater ejus principis, manente etiamnum rei obscuritate et ambiguitate.* Adde Baluz. col. 315.

Deorum montium, etc. Locus contaminatissimus. Scio quid viri docti afferant, sive ad illum emendandum, sive ad explicandum. Certum est, ut flumina, arbores, terram, sic et montes deos esse habitos et cultos. Notus est Deus Carmelus ex Tacito et Suetonio, de quo dissertationem pereruditam edidit illustrissimus vir Gaspar de Montoza, Marchio de Agropoli, qui inter summos Hispaniæ proceres dignitate variaque et diffusa doctrina eminet. Notum promontorium in Syria, quod propter hanc causam dicebatur θεοῦ πρόσωπον. Valde tamen dubito sic scripsisse Lactantium; quis enim omnium montium deorum cultricem illam mulierem fuisse sibi persuadeat? itaque censeo, scripsisse Lactantium *Deæ montium cultrix.* Sic Cybelen vocari a Mecœnate, jam ante vir Amplissimus Gisbertus Cuperus annotavit; aut *deorum matris cultrix.* Sequentia verba confusa sunt, ut multa alia hujus libelli. Sic vero mihi videntur refingenda, suoque restituenda ordini : « Erat mater ejus deæ montium cultrix. Quæ cum esset mulier admodum superstitiosa, sacrificabat pene quotidie, et dapibus ac epulis suis vicanos exhibebat. » Cum veteres gentiles sacra fecissent, ex parte, quam non adolebant, epulas instruebant, ad quas invitabant, quibus volebant bene : quod fecisse fere quotidie superstitiosam illam Cybeles cultricem, et ideo quasi his dapibus aluisse vicanos, cum quibus degebat, narrat Lactantius. Vicani sunt, qui in eodem vico habitant. Quæ vox apud Livium et Ciceronem legitur. *Exhibere* est alere. Just. lib. IX, 2 : « Atheas inclementiam cœli, terræ sterilitatem causatus, quæ non patrimoniis dites Scythas, sed vix alimentis exhibeat. » Idem, lib. XXII : « Vitam stupri patientia exhibuit. » Sic et locuti sunt veteres juriconsulti, ut exemplis ostendit ille dignitate et doctrina illustris Jacobus Bongarsius ad locum priorem Justini. GRÆVIUS.

Deorum montium cultrix. Avait une dévotion particulière pour les dieux des montagnes. Maucroixii versio. — Hoc est, *specialiter colebat deos montium :* in quem sensum tralatio quoque anglica, *was particularly addicted to the devotion of the Gods of the mountains;* neutra proinde nunc locum de *diis montibus*, sed de *diis montium* intelligente : qua de re atque aliis videndus supra Cuperus, col. 493, Bal., col. 317, et Columb., col. 403.

Mulier admodum superstitiosa. Quæ cum esset. Malim : *Quæ cum esset mulier admodum superstitiosa.* GALE.

Quæ cum esset. Excidit nomen urbis. Forte an ea *Nicomedia* fuerit. TOLLIUS.

Quæ cum esset dapibus sacrificabat pene quotidie, ac vicariis suis epulis exhibebat. Locus est apud Julium Capitolinum in Antonino Pio, quem, quia forsan aliquid lucis afferre potest huic pericopæ, describam :

Convivia cum amicis et privata communicavit, et publica; nec ullum sacrificium per vicarium fecit, nisi cum æger fuit.

Dapibus. Legere malebat *Dæmonibus* clarissimus GALE. — Quale quid etiam Maucroixio in animum venisse suspicandi locus est, cum verterit : *Il se passoit peu de jours qu'elle ne sacrifiât à ses divinités fabuleuses.* Id est, *fabulosis illis numinibus sacrificabat pene quotidie.*

Vicariis suis epulis exhibebat. Subesse mendum suspicor, licet illud vel dissimulaverit, vel utro prætermiserit Baluzius. Paula mutatione legi potest, *vicariis suis epulas exhibebat*, nisi si istud mavis, *vicariis suos epulis adhibebat;* alterutrum enim admittendum videtur. Edit. Ox. et Cant.

Vicariis suis, etc. Lege, *vicarios suos epulis exhibebat*; id est, in eodem vico habitantes excipiebat. Sarisberiensis in Polycratico, l. VIII, cap. 22 : « Quapropter doce etiam collationes facere paganos ad talia ministeria, paganorumque vicos offerre primitias frugum. » *Vicani* igitur, qui in istiusmodi *vicis* habitabant. TOLLIUS.

Vicariis suis. A ses domestiques. Maucroix. Id est, *suis domesticis.* — *Her Officers.* Anglica versio. Hoc est, si Salviani voce uti liceat, *suis officialibus.* — *Vicariis suis.* Rescribo, *victimariis suis.* GALE.

Epulis exhibebat. Legendum, *epulas exhibebat.* GALE., ALLIX.

Christiani abstinebant. Les chrétiens évitaient sa table. Maucroix. Hoc est, *christiani abstinebant ab ejus mensa.* — Malim ego, ut antecedentia sunt, subaudire cum anglica versione, *ab iis epulis. The christians would not assistat those entertainments.* Sed cur, putas, abstinebant? An propter ipsamet idola, quæ crederent *esse aliquid*, uti Paulus in priore ad Cor. x , 19, locutus est? Aut num vero quoniam eorum judicio observari adhuc deberet in Ecclesia celebre illud decretum apostolicum de idolothytis et similibus : *Visum est Spiritui Sancto et nobis nihil ultra imponere vobis oneris quam hæc necessaria, ut abstineatis vos ab immolatis simulacrorum*, etc. Act. xv, 28, 29. Difficile proculdubio rem divinare. Sed si prius, causa certe abstinentiæ necessaria fuit et æquissima. Nam si, ex Apostoli præceptis (I *Cor.*, x , 27 *et seq.*), propter alterius conscientiam, cui non bene persuasum est *Idola nihil esse*, debet aliquis abstinere ab idolothytis, quanto magis propter suam propriam?

Sin autem posterius, adeo non tenebantur sæculi quarti *fideles* ab omni idolothytorum esu propter apostolorum decretum temperare, ut quia jam per unum et alterum sæculum eversa fuerat Judæorum respublica, neque amplius habuerat Moses, qui illum de more oppidatim singulis Sabbatis legerent et exponerent, cassum pridem eo ipso evasisset illud decretum, nec Christianis in reliquum observandum, haud alio quippe innixum fundamento ab origine prima, quam isto, quod Mosi ab ætatibus antiquis κατὰ πόλιν suppeterent, qui ipsum prædicarent, lectus nempe per singula Sabbata in Synagogis. *Symeon exposuit, quomodo primum Deus respexerit Gentes, ut sumeret ex ipsis populum nomini suo; et huic rei consonant verba Prophetarum... Quamobrem ego censeo non esse obturbandos eos, qui ex Gentibus ad Deum se convertunt. Sed ad eos scribendum, ut abstineant a pollutis per simulacra, et scortatione et suffocatis rebus, et sanguine. Moses enim ab ætatibus antiquis oppidatim habet qui ipsum prædicent, cum in Synagogis per singula Sabbata legatur* (*Act.* xv, 14, *ac seq.*). Quare cum post istam Jacobi sententiam pateat numquam futurum fuisse, ut interdicerentur Christianis idolothyta, ni tot illæ Mosis lectiones, sed expositiones quæ a priscis temporibus uno quoque Sabbato per omnes urbes et synagogas usitatæ fuerant, adhuc post ipsam Christi in cœlum ascensionem sine ullo divinæ providentiæ obstaculo perseverassent, sequitur necessario, licuisse Christianis ab interdictionis observatione abstinere simul ac desiit Moses ita habere, qui ipsum legerent et explicarent in synagogis : quod longe ante Diocletiani persecutionem contigit. Sublata scilicet causa, tollitur effectus. Quæ res utique, tam a Patribus, quam a Græcorum Ecclesiis minus animadversa, multiplices illos canones ususque produxit, de quibus breviter Suicerus in Thesauro Ecclesiastico voce αἷμα, et nos alibi forsan fusius, si vixerimus.

Hinc concepit odium. Quia ei tacite vanam superstitionem exprobrabant. Vide quæ nos ad Lucianum de Calumnia in hanc sententiam congessimus. TOLLIUS.

Ad tollendos homines. Brevis locutio, quales istæ Justini, XXXVIII, 1 : *Mythridates parricidia nece uxoris auspicatus, sororis alterius Laudices filios cujus virum... insidiis occiderat, tollendos statuit*, id est, *occidendos*, mutato verbo, ne idem sæpius usurparet ; et paucis interjectis, *per eumdem, filium tolli posse*, hoc est, *interfici, per quem interfecerat patrem*, posteriore verbo jam prius declarante. Plena phrasis fuisset, *ad tollendos e medio homines*, vel *de medio*, vel *ex rerum natura*. Livius enim, verbi gratia, lib. IV Belli Punici, *Thrasone sublato e medio ;* Cicero autem pro Roscio : *Demonstrant..... perfacile hunc hominem de medio tolli posse ;* et rursus ibidem : *Nonne videntur hunc hominem ex rerum natura sustulisse?* Sed et alii quandoque simpliciter *tollere*, pro *e medio tollere*, seu *occidere* dixerunt. Vulgata, Joan. XIX, 15 : *Tolle, tolle, crucifige eum ;* et incertus auctor apud Suetonium Neronis impietatem, qui matrem interemit, et Æneæ pietatem qui patrem humeris Troja extulit, eodem verbo notans :

Sustulit hic matrem, sustulit ille patrem.

Quod hic scriptor quasi imitatus, *scuta tollunt*, inquit capite 46, pro *attollunt* seu *e terra attollunt ;* et in nostro deinceps, *hostes religionum publicarum tollendos esse censuerunt*, id est, *interimendos*.

Habito inter se, etc. Solos hic Diocletianum, et Galerium Diocletiani generum, merito intelligunt Baluzius, et ambo interpretes, cum, ut proxime de Romula, matre Maximiani Cæsaris, habuerimus, *illam e Christianorum a suis epulis abstinentia concepisse odium adversus eos, ac filium suum ad tollendos homines incitasse*, certum sit tamen, ne Romulam quidem adhibitam fuisse ad id consilii capiendum, cujus nunc historia inchoatur : sed habitum esse revera tantummodo inter *senem*, seu *imperatorem*, ab una parte, id est, Diocletianum, et *præcipitem hominem, Cæsarem*, ab altera, hoc est, Galerium Maximianum. Hinc paulo post, singulari numero : *Diu senex furori ejus repugnavit*, non *eorum ;* et iterum in sequentibus : *Nec tamen deflectere potuit præcipitis hominis insaniam*, absque ulla *matris* mentione. Quod autem hic locus de consilio *per totam hyemem* inter Galerium et Diocletianum habito loquitur, indicio est, Maximianum Cæsarem in Bithyniam quamprimum advolasse, cum eo Diocletianum scivit venisse hyematum : qua de re caput decimum sub finem.

Per totam hyemem. Anni scilicet 302, secundum Pagium, cujus hæc verba ad dictum annum, num. 3 : *Hoc anno per totam hyemem de Christianis persequendis actum.*

Senex. Id est, interpretante Maucroixio, *Diocletianus : Dioclétien résista longtemps*, etc. — Recte. Nam de Maximiano Herculio, altero sene ex imperatoribus, nulla hic loci quæstio esse potest. Erant enim per ea tempora in imperio Romano *duo senes* κατ᾽ ἐξοχήν, Valerius Diocletianus, et Herculius Maximianus, uterque *Augustus* et *imperator*. Hinc capite 12 : *Agentibus consulatum senibus ambobus octavum et septimum ;* et cap. 20 : *Maximianus* (intellige, *Galerius*) *postquam, senibus expulsis, quod voluit effecit*. Sed quoniam hoc loco de solis Diocletiano et Galerio Maximiano, cujus potissimum ratione Diocletianus senex erat, sermo est, non dubitavit noster Diocletianum simpliciter *senem* vocare ; quod et cap. 19 , simili de causa iterabit.

Ejus. Hoc est, *Maximiani*. Versio anglica.

Ostendens quam, etc. Mirum non petiisse hoc loco; quibus hujus libri fides suspecta est, unde hæc auctori nostro nota fuerint, *cum nemo, quemadmodum præcedentia monent, admitteretur, et omnes de solo summo statu reipublicæ tractari arbitrarentur*, uti recentissime positum. Sed parata erat responsio, si quæsivissent. Nam, quamvis Diocletianus et Galerius Maximianus neminem diu ad sua consilia admiserint, *admissi tandem judices pauci et pauci militares, quorum placuit sententiam experiri*, sicut patebit e sequentibus. Quo facto, non modo plus quam probabile est Diocletianum, cujus animus a sanguinolenta Christianorum persecutione abhorrebat, et cui etiam severitatem suam aliena invidia explere velle solemne erat, cœpisse ante omnia exponere in eo cœtu, quibus, uti hic, argumentis tentasset per totam hyemem Galerium a persequendi proposito deflectere, et quæ sibi constanter regessisset Galerius ; dicerent ergo candide, utrius rationes potiores esse crederent; verum valde etiam verisimile, extitisse postea ex advocatis illis seu Judicibus, seu Militaribus, unum aliquem vel plures, qui erga Christi populum bene affecti (sentiebant enim nonnulli haud tollendos fuisse Christianos) rem totam nostro Cæcilio, aut aliis suis denique familiaribus serius ocius retulerint, a quibus deinceps ad hujus Scriptoris notitiam pervenerit.

Inquietari orbem terræ. Ut supra, capite 7 : *Hic orbem terræ subvertit :* quod utrobique interpretes de *imperio Romano* accipere, uti decuit, non obliti sunt.

Fundi. Pro, *et fundi ;* uti sæpe alibi copula deesse videtur. TOLLIUS.

Illos libenter mori solere. Hinc voces spontaneæ : *Christianus sum, mori volo*. Qui furor plus eo usque incaluit, ut Mensurius episcopus Carthaginiensis iis negandum censeret martyrii honorem, qui inconsulto se morti obtulerint. Edit. Ox. et Cant.

Illos libenter mori. Imo mortem, etiam non intentatam, appetere. Vide ea de re Tertullianum adversus Scapulam, aliosque illorum temporum Scriptores. TOLLIUS. — Sabinum Ægypti præfectum cum assessoribus, cum quidam (Christianus) cedere nonnihil cruciatibus sensimque remittere videretur de pristina animi firmitate, represserunt alii eodem tempore ad subsellium accurrentes, seseque Christianos, nemine interrogante, confessi. Idque ipsum Galerio ad persecutionem stimulanti opposuit Diocletianus, quod Christiani *libenter mori solerent*. DODWELLUS, diss. XI, num. 92.

Si palatinos tantum ac milites ab ea religione prohiberet. Omnes qui in palatio militant, possunt appellari *Palatini*, inquit Scholiastes Juliani antecessoris apud Cangium in Glossario, voce *Palatini*. Sed cum hic *Palatini* a militibus distinguantur, patet de alia significatione cogitandum esse.

Palatini, pergit Cangius, *proceres optimates palatii*, qui primores palatii in vita sancti Genulphi , *palatini principes* apud poetam Saxonicum, an. 782, *palatinus senatus* apud Claudianum, de quarto Honorii consulatu, *proceres palatii* in Charta Roberti regis Francorum an. 1029 appellantur ; paulo post addens, *Palatini* dicti sub impp. Romanis, qui rei privatæ et largitionales titulos exigebant, de quibus est titulus in utroque codice, *De Palatinis sacrarum largitionum :* quod et statim e Scholiaste Juliani antecessoris confirmat, apud quem *palatini* dicuntur, *qui pertinent ad comitem rerum privatarum*, vel *ad comitem sacrarum largitionum*. Verum jam, si hoc loco per *palatinos* nihil aliud quam palatii proceres, aut ejusmodi comites intellexerimus, quid illis fiet magistris et judicibus, quos infra videbimus in palatio Diocletiani? Cap. 14 : *omnes denique qui erant in palatio magistri, data potestate, torquebant ;* et cap. 17 : *Luctus repente in palatio, mœstitia, lacrymæ, judicum trepidatio et silentium*. An, inquam, nolebat eos Diocletianus ullo pacto a Christiana religione prohiberi, sed magnos tantum palatinos et milites? At hoc absurdum. Et rursum, si hic loci *palatinorum* nomine solos palatii proceres vel utriusque ordinis comites intelligere debemus, ne minimum quidem igitur cogitaverit amplius Diocletianus de domesticis et ministris, a quibus persecutionem inchoaverat ; quæ non minor absurditas. In præsentia itaque per *palatinos* denotari putamus, et omnes Diocletiani domesticos, tanquam totidem palatii incolas, et quotquot insuper dignitate aliqua ad palatium pertinente ornati erant.

Deflectere. Malim *flectere.* Sic mox : *Nec siquidem flexus est Imperator ut accommodaret assensum ;* et capite xxv : *Nisi eum amici ab illo furore flexissent,* ubi contra *deflexissent* prætulerim. TOLLIUS.

Præcipitis hominis. Id est, inconsiderati ; pro quo sine circuitione Maucroixius *Galerium*, qui hic certe perstringitur et intelligitur, interpretatus est : *Toutes ces raisons ne pouvant fléchir l'opiniâtreté de Galérius :* de quo interpretationis genere diximus paulo ante ad cap. 9.

Nam erat hujus militiæ. Hinc apud Vopiscum in Numeriano vir audit *callidus et consilii semper alti, nonnunquam effrontis.* Edit. Oxon. et Cant.

In consilium multos advocabat. Sed, si ita est, quare noster post sex septem verba : *Admissi ergo judices pauci et pauci militares?* Putamus scriptum primitus fuisse : *in consilium alios advocabat*, id est, alios quam scipsum. Favent proxime sequentia, *ut aliorum culpæ ascriberetur quidquid ipse deliquerat ;* nec obstat purior latinæ linguæ genius. Cicero, lib. 1 Offic. : *Nos autem quantum in utroque genere profecerimus aliorum esto judicium :* hoc est, aliorum quam mei. Adde hujus locutionis elegantiam : *in consilium alios advocabat, ut aliorum culpæ,* etc. Quid? quod in *multos,* si prima littera, tanquam ex fine præcedentis vocabuli *consilium* temere repetita, abjiciatur, non obscura apparent vestigia lectionis quam, ni fallor, restituimus, vel quam doctis saltem cum nostro scrupulo proponimus. Hactenus enim nemini, quod videam, hærere hic loci contigit.

Admissi ergo judices pauci, et pauci militares. Ut hic merito *judices a militaribus,* ita, quod eodem recidit, *judices a militibus* capite 17 distinguuntur his verbis : *Judicum vultus alacritate mutari. Non defuerunt qui suspicarentur celari mortem ejus donec Cæsar veniret, ne quid forte a militibus novaretur.* Et ecce tamen, e capite 22, *Judices militares* conjunctim et elegantissime de unis atque iisdem personis : *Judices militares, humanitatis litterarum rudes, sine assessoribus in provincias immissi.*

Tollendos esse. Qu'il fallait exterminer. MAUCROIX. Et qui aliter sentiebant, ita omnes editiones, præter primam, in qua, ex ms. codice, reperitur *et qualiter sentiebant* : sed mendose, uti primus vidit et monuit ipsemet Baluzius.

Hominis. Id est, Maximiani. Versio anglica.

Imperator. Rotunde et clarius ambo interpretes, Diocletianum.

Misitque aruspicem ad Apollinem Milesium. Hanc historiam narrat Eusebius in lib. II de vita Constantini, capite 1. PAGIUS. *ad An. Ch.* 302, *num.* 3.

Traductus est itaque a proposito. Nimis concise, ut optime viderunt interpretes, qui ambo, etsi non obscurum sit ad quem hæc debeant referri, tamen quia ultimo loco mentio facta est Apollinis Milesii, et proxime ante aruspicis ad eum missi, supplendum idcirco in sua tralatione vel vocabulum Imperatoris, vel proprium *Diocletiani* nomen putarunt. *Ainsi l'Empereur fut contraint de céder.* MAUCROIX. — *Upon this Diocletiani yelded.* Tralatio anglica.

Cum Cæsar vivos cremari vellet, etc. Crudelissimus itaque Galerius, et de quo merito, licet aliis verbis Dodwellus :

Nam si hic mali est quidquam, hem illic est huic rei caput.

Doctissimi viri verba sunt : « Successerunt deinde

PATROL. VII.

anno 304, si Eusebio credimus, edicta sæviora, quibus πάντας πανδημεὶ τοὺς κατὰ πόλιν θύειν τε καὶ σπένδειν τοῖς εἰδώλοις ἐκελεύετο. Quo tempore Timotheum tradit Eusebius post innumera tormenta tandem tenui ac lento igni fuisse consumptum. Plane hæc edicta Galerium sapiunt auctorem, quem Lactantius ait *vivos illos cremari voluisse qui sacrificio repugnessent,* etiamnum imperium administrante Diocletiano.»

CAPUT XII.

Felix. De bon augure. MAUCROIX. Id est, boni ominis : *Auspicioux*, Versio anglica ; hoc est, auspicatus.

Terminalia. Terminalia, inquit Varro, quod is dies anni extremus constitutus. Duodecimus enim mensis fuit Februarius ; et cum intercalatur, inferiores quinque dies duodecimo demuntur mense. Festus. Terminus deus, secundum Varronem, a T. Tatio consecratus est, secundum alios a Numa Pompilio : *ut Romani contenti propriis aliena non concupiscerent, Numa lege cavit de prædiis terminandis.* Edit. Oxon. et Cant. —*Terminalia.The Festivity of the God Terminus.* Tralatio anglica. Id est, Festum dei Termini.

Ad septimum kalendas Martias. 23 *Janvier,* Maucroixii versio : id est, die 23 Januarii, errore manifesto typothetarum, eoque prorsus intolerabili, pro 23 *Février,* ut vel e sequentibus doctorum observationibus constare potest. — *Within five days of the end of February.* Interpretatio anglica ; quasi dicas : sexto die ante finem Februarii. — *Ad septim. Kal. Mart.* Cœpit itaque persecutio die 23 Februarii, ut patet etiam ex cap. 48 ejusdem libri. Et certum hujus persecutionis non tantum annum, sed mensem ac diem Lactantius libro de Mort. Pers. post longam tot sæculorum ignorationem nos docuit. PAGIUS, *ad annum Ch.* 302, *num.* 5.

Ut quasi terminus imponeretur huic religioni. Mens auctoris apertissima. Sed quis eum od *terminum imponere,* pro *finem imponere* usurpavit ? Mihi enim exemplum deest. Quamvis *terminum imponere* forte nemo dixerit, ut *finem imponere,* patet tamen Lactantium hoc loquendi genere alludere ad vocem *terminalia,* quibus hæc persecutio cœpta est. Cum videret autem id loquendi genus esse durius, ideo illud emolliit vocula *quasi.* GRÆVIUS.

Ille dies primus, etc. Ex Virgil. IV Æneid. BALUZIUS, ad marginem primæ editionis.

Et ipsis et orbi terrarum. Id est, imperatoribus et omnibus nationibus, secundum Maucroixium ; hæc enim ejus versio : *aux empereurs et à toutes les nations.* Melius vero cum anglica tralatione acceperis, quasi auctoris verba forent, *et ipsis et universo imperio : net only on them, but on the wgole empire.* Qua de re jam alibi satis diximus.

Agentibus consulatum senibus ambobus octavum et septimum. Anno scilicet 303, quo Diocletianus VIII et Maximianus VII consules processere, quoque ideo persecutio certo cœpit. PAGIUS, *ad An. Ch.* 302, *num.* 5. En nonnihil lucis amplius e Maucroixii versione. *Sous le huitième consulat de Dioclétien, et le septième de Maximien Herculius.* Hoc est, sub octavo consulatu Diocletiani, et septimo Maximiani Herculii, pro quibus tralatio anglica : *in the seventh and eighth consulate of the two ancient emperors ;* hoc est, in septimo et octavo consulatu duorum seniorum imperatorum, mutato, nescio quam ob rem, ordine quo noster utrumque consulatum nominavit ac numeravit simul.

Senibus ambobus. Recte, sed nondum tamen decrepitis. Utrumque probo ex Cassiodoro, qui ad decimum Diocletiani consulatum, id est, quem deinceps Diocletianus anno Ch. 307 inivit, hæc habet :

Dioclet. x. et Maximus VII.

His coss. Diocletianus Nicomediæ, Maximianus Mediolani purpuram deposuerunt ob ætatis defectum. Pro-

22

bo iterum ex libro IX Eutropii, cujus verba sunt : « Cum... ingravescente ævo, parum se idoneum Diocletianus moderando imperio esse sentiret, auctor Herculio fuit, ut in privatam vitam concederent, et stationem tuendæ reipublicæ viridioribus junioribusque mandarent, cui ægre collega obtemperavit. » Quid? quod uterque non paucos annos post depositam purpuram vixerunt.

Ad Ecclesiam. Fuit hîc loquendi mos jam sæculo quarto post Christum natum inductus, ut *Ecclesiæ* nomen Latini Græcique Patres de æde Christianorum sacris dicata usurparent. Noster paulo post : *Ecclesia ex palatio videbatur.* Eusebius, libro VII Hist. Eccl. : Θεότεκνος ὁ τῆδε Ἐπίσκοπος ἀφέλκει (Μαρῖνον) προσελθὼν δὲ ὁμιλίας, καὶ τῆς χειρὸς λαβὼν ἐπὶ τὴν ἘΚΚΛΗΣΙΑΝ προάγει. εἴσω τε πρὸς αὐτῷ στήσας τῷ ἁγιάσματι, etc. Hoc est, vertente Valesio : *Theotecnus civitatis episcopus ad Marinum accedens, et sermocinando longius eum abstrahens, prehensa manu, ad ecclesiam perducit. Cumque interius ad ipsum altare eum statuisset,* et quæ postea. Similia exempla in Eusebio, et sæculi quinti scriptoribus frequentissima sunt. Tantum, iisdem sæculis quarto et quinto, Christiani ædes suas sacras *templa* quoque vocabant. Lactantius, libro V Inst., cap. 2. : « Ego cum in Bithynia oratorias litteras accitus docerem, contigissetque ut eodem tempore Dei templum everteretur... *Augustinus, Serm.* 255 *De temp.* Quamvis sancta sint templa quæ vidimus de lignis et lapidibus fabricari, tamen plus apud Deum pretiosa sunt templa cordis et corporis nostri... Templa de lignis et lapidibus humano ingenio, componuntur; templa corporum ipsius cœlestis artificis manu fabricantur. » *Et promiscue imperatores Theodosius et Valentinianus Augusti Antiocho PP.* : « Pateant summi Dei templa timentibus ; nec sola altaria et oratorium templi circumjectum, qui ecclesias quadripartito intrinsecus parietum septu concludit, ad fusionem confugientium sancimus esse proposita ; » *et sic sæpius in sequentibus.*

Profectus cum ducibus. Ita editiones omnes, præter Oxoniensem anni 1684, et Cantabrigiensem anni sequentis, in quibus, *ad ecclesiam præfectus cum ducibus.* Imo qui illarum primam procuravit Sparkius, optime ad hunc locum. Prius, inquit, legebatur *profectus*, cum qua voce nihil occurrit quod congruat.

Profectus cum ducibus. Nullus est sensus. Legendum ergo est *præfectus*, etc. rever. episc. Sarisb. Burnetus, cujus adeo versio, *the Prefect,* et quæ postea. — *Profectus.* Lege *præfectus.* Sic cap. 16 mentio fit *Flaccini Præfecti*. GALE. — Lego *Præfectus.* ALLIX. — *Ad ecclesiam præfectus.* Vide Plinii epist. ad Trajanum , et Justinum Martyrem in Apol. TOLLIUS.

Rationalibus. Les officiers du fisc. MAUCROIX. — *The Receivers.* Tralatio anglica.

Simulacrum Dei quæritur. Ut inter Paganos, qui putabant templa non posse sine simulacris esse. Editio Oxon. et Cant. — Uti a Romanis sub Pompeio, expugnatis Hierosolymis. TOLLIUS. — Ex hoc indubie loco Taciti : *Romanorum primus Cn. Pompeius Judæos domuit, templumque jure victoriæ ingressus est. Inde vulgatum, nulla intus Deum effigie, vacuam sedem et inania arcana.* — *Simulacrum Dei quæritur.* Episcopus Sarisberiensis : *Nor that the Christians had any images in their temples, as Lactantius himself testifies, de Origine Erroris*, lib. II, p. 65, 66, 67, 107, *but the heathens having images in all their temples were ready to conceive the like of them.* Id est, non quod Christiani ullas haberent imagines in suis templis ; testatur enim contrarium Lactantius ipse de Origine erroris, lib. II, etc., sed, quia cum in cuncti Ethnicorum fanis imagines extarent, idem facile Ethnici in animum de Christianis induxerint. —*Simulacrum Dei quæritur.* Bene, sed non invenitur; quod valde notandum. Nullum enim nominatur proxime in catalogo rerum repertarum, sed solæ scripturæ. *Scripturæ repertæ incenduntur.* — Huc pertinent duæ Pagii conclusiones, haud illaudabiles certe, nec inutiles nostris hominibus, quanquam necdum utraque fidei candidissimæ. Una est : « Credibile itaque imagines parum a Christianis usurpatas fuisse primis fere quatuor sæculis, per quæ nefanda dæmonum in idolis religio, et Christiani nominis crudelissima vexatio cursum suum tenuit. » *Altera autem :* « Quare in controversia de imaginibus, citerioris Ecclesiæ potius exemplorum et institutorum, quam antiquioris duci rationem oportet. » Qui priorem locum adibunt videbunt cur in isto quidem argumento aliquanto plus bonæ fidei voluissem in viro clarissimo repertum, qui gratis scilicet addiderit *imagines tamen ante quintum sæculum in usu aliquo fuisse, quamvis non promiscuo ac frequenti*; quod nullo exemplo probavit.

Simulacrum Dei quæritur. On cherche l'idole du Dieu (1). MAUCROIX. Ad verbum *Quæritur idolum Dei.* Bene habet. Nam *idolum* igitur etiam veri Dei simulacrum est. Quare videant qui ad tuendas Sacro-sanctæ Trinitatis imagines verti volunt in secundo Decalogi præcepto : *Non facies tibi idolum*, quomodo vel cum sua interpretatione probare possint illicita quidem esse idola, hoc est, rerum deorumve οὐκ ὄντων simulacra : sed probe licitas esse imagines veri Dei, cum nostro loco Maucroixius *simulacrum Dei*, summi nempe et solius veri, per *idolum Dei* reddiderit, nec alia voce appellaverit ad marginem imagines, quas ait Paganos credidisse extare in Christianorum templis : *Ils croyaient que les chrétiens avaient des idoles dans leurs temples.* Hoc est, *Credebant Christianos habere idola in suis templis.* Quid ? quod quæ habebant idola Pagani, illa nequaquam τῶν οὐκ ὄντων, sed τῶν ὄντων imagines esse persuasi erant.

Scripturæ repertæ incenduntur. Unde natum est *traditoris* vocabulum adversus eos qui pœnarum metu S. litteras judicibus imperialibus tradidere. Editio Oxon. anni 1680, item Cantabrigiensis.

Datur omnibus præda. Potius *dantur omnia prædæ.* TOLLIUS.

Rapitur, trepidatur, discurritur. Trepidare ergo eo sensu quem supra tetigimus aliquid a *discursitatione* diversum sonat, sicut ibidem observavimus; ut trepidetur adeo in uno loco, nisi si etiam quandoque circa eumdem locum, discurratur vero per plura. Firmat Terentii versus :

Trepidari sentio, cursari sursum versum ;

quod manifestissimam invehit *trepidationis* distinctionem a *cursationibus*, tanquam longe minoris motus a majori. Sed præterea, planissime etiam *trepidatur* nonnunquam sine ulla formidine, quemadmodum insuper ad caput decimum posuimus, p. 603, cum iis de quibus nunc noster, *rapitur, trepidatur,* data prius fuerit Diocletiani nomine *securrissima* prædandi rapiendique potestas. *Datur omnibus præda. Rapitur, trepidatur.* Firmat pariter ante audata Varronis apium trepidatio, quas certo certius nullus magis metus incessit, cum in alveis suis foros trepidant, quam cum eosdem introeunt. Ne et ista Livii eodem referam : « Quid ? quod hostes per summum otium instruxerant aciem, reparaverant animos, stabant compositis suis quisque ordinibus ; nobis tunc repente trepitandum in acie instruenda erat. *Et iterum paulo post :* At ne illo ipso quidem die, aut consule, aut rege optante, pugnatum est : Rege, quod nec fessos, ut pridie, ex via, neque trepidantes in acie instruenda, et vixdum compositos aggressurus erat ; Consule, etc. » Recte notas *trepidare* sæpe accipi sine formidinis notione. Nam *trepidare* sæpe est tumultuari, et ab omni parte niti ac ingrediendum, aut egrediendum, aut invadendum, et magna vi aliquid infestandum. GRÆVIUS.

(a) Loquitur in mente Paganorum, et apposite ad illorum systema. Unde infirmum prorsus hinc eruitur argumentum.

Rapitur, trepidatur, discurritur. Maucroixius : *Les uns ravissent, les autres se pâment de crainte, les autres fuient.* Quasi primum Latina sint : *Alii rapere, alii terrore exanimari, alii aiffugere*; et quasi deinde jam in templum Nicomediæ Christiani summo mane convenissent, atque eorum alii præ terrore, revulsis foribus, exanimati sint, alii vero in fugam huc illuc acti, quo et reliquæ redeunt tralationes. Sed ut præter illa, quæ ante adversus istas hypotheses obiter notavimus, hoc amplius afferamus, auctoris verba neutiquam sunt : *Rapitur, trepidatur, diffugitur*; detur venia verbo : sed *Rapitur, trepidatur, discurritur*, ut haud proprie ad diffugientes homines pertineant, sed ad discursantes. Adde quod Nicomedienses Christiani adeo nondum ea die in Ecclesiam suam convenerant, ut necesse fuerit revellere fores, quod necdum fuissent apertæ. Dicere enim revulsas fuisse, quia intus Christiani religioni suæ, clausis januis, vacabant, absurdum foret; partim quoniam nulla repertorum intus Christianorum mentio fit in nostro loco post forium revulsionem, sed Scripturarum tantummodo; partim autem quoniam, cum Nicomediæ Christiani templum propalam et permittente magistratu hactenus habuissent, nil causæ erat cur coetus suos clausis foribus celebrarent; partim denique quoniam apertissime hæc tria, *Rapitur, trepidatur, discurritur*, non ad diversas, sed ad easdem personas pertinent, hoc est, ad illos omnes quibus data fuerat præda; ut proinde multo potius vertendum credam Gallice : *Les uns ravissent, les autres se trémoussent, les autres courent deçà et delà,* quam quomodo Maucroixio interpretari placuit. Doctorum tamen judicium esto.

In alto enim constituta Ecclesia. Fortassis casu, sed fortassis quoque consilio. Nam et olim concilio Judæi Synagogas suas in excelsis locis, etsi haud ita suevissent ab initio, construebant ; Gentiles vero magnam partem suorum templorum. De Judæis, res certissima e permultis Juris, ut ita dicam, Rabbinici canonibus, quibus præscriptum, *ut in altissimo urbium loco Synagogæ ædificarentur, eæque ædificii cæteris excelsiores*; ad imitationem mirum templi Hierosolymitani, quod in monte fuerat conditum. Gentiles autem quod attinet, Græci, verbi gratia, in excelsis ac puris locis Æsculapii templa, quem sanitati præfecerant, collocabant. « *Cur Æsculapii fanum extra urbem est?* » quærit Plutarchus in Quæstionibus Romanis. « *An quia salubrius extra quam intra urbem degi putant?* Nam Græci quoque non absurde locis puris et sublimibus posita habent Æsculapii sacraria » Et Vitruvius : « Ædibus, inquit, sacris, quorum Deorum maxime in tutela civitas videtur esse, ut Jovi, Junoni et Minervæ, in excelsissimo loco, unde moenium maxima pars conspiciatur, areæ distribuantur. »

At incredibile, dicet aliquis, Christianos ulla simili de causa Ecclesiam, qua de agitur, in alto constituisse. Fateor : sed potius igitur (si quid in ea re voluerit de industria factum) quoniam potius Christianorum coetus ἐν ὑπερῴοις, hoc est, ut vulgo transferunt, *in coenaculis*, ad verbum fere, *in supernis,* celebrati fuerint. Vide Act. I, 12 et seq., item, xx, 7, 8. Malim ego causam in incerto prorsus relinquere, vel hoc ipso, quod sicut non omni tempore Judæi Synagogas suas in excelsis locis, neque semper Gentiles sua fana in alto extruxerunt; Vitruvius enim , ut alios taceam , continuo post illa quæ supra laudavimus : « Mercurio autem , ait , in foro, aut etiam , uti Isidi et Serapi, in emporio ; Apollini patrique Libero, secundum theatrum ; Herculi, in quibus civitatibus non sunt gymnasia, neque amphitheatra, ad circum ; Marti, extra urbem, sed ad campum ; itemque Veneri, ad portam ; » ita nec Christiani perpetuo sua templa in cacuminibus montium, sed interdum quoque in imis vallibus, interdum quoque in littoribus maris et fluminum, aliisque locis collocarunt, quemadmodum jamdiu monuit Hospinianus. Tantum itaque constet, etiam ab Evagrio, mentionem factam fuisse τεμένους, seu νέω, id est, templi, quod sæculo quinto Simeoni

A Stilitæ, trecentis fere stadiis a Theopoli, in ipso montis vertice conditum viserit.

Utrum ignem potius supponi oporteret. Potius quam quid? Videtur enim ea vis esse hujus adverbii , et communis usus loquendi apud Latinos, ut non potuerit hic auctor non scribere : « utrum ignem potius supponi oporteret, quam eam dirui, » vel, quod malim, « utrum illam dirui, an ignem potius supponi oporteret; quare cum alterutro modo aut consimili legendum sit, non dubitamus.

Incendio facto. Latinissime dictum. Cæsar de Bello Gall. : *Et tantum in agris vastandis incendiisque faciendis hostibus noceretur.* Alia quoque exempla in promptu.

Prætoriani. A considerable Body of the Guards. Anglica versio. Id est, magna manus stipatorum et protectorum imperatorii corporis.

Tamen (vel *fanum*) *illud editissimum paucis horis solo æquarunt.* τὸ *tamen* ferri non posse hoc loco, qui Latina doctus est non ignorat, ne dicam, *editissimum* desiderare nomen aliquod. Non probo *tutamen*, quod
B alii substituendum censent. Cogitavi scribendum esse *culmen illud editissimum: Culmina* enim sunt templa, et omnes ædes editiores, qualis erat hæc ecclesia. Justin. xxiv, 8 : « Advenisse Deum, eumque se vidisse desilientem in templum per culminis aperta fastigia. » Idem xxviii, 3 : Ubi dies adventare coepit, editissinisque culminibus urbis oriens splendere. » Statius in Genethliaco Lucani :

Dices culminibus Remi vagantis
Infandos Domini nocentis ignes.

Culmina Remi sunt templa , aliæque domus, quibus ignem immisit Nero, cum Romam incenderet. Idem IX. Theb.

. . . . . seu jam sub culmine fixus
Excubat, antiquo seu pendet gloria luco.

Hoc est, seu exuvias leonis capti suspenderunt in templo, sive in luco. Exempla sunt et alia in promptu.
C Græviuſ. — *Templum* Maucroixius, ædificium Burnetius in sua quisque versione suppleverunt. — *Tamen illud editissimum,* etc. Pro *tamen*, quin reponendum sit *templum*, nullus ambigo. Conjecturam meam stabilitum fit Lactantius ipse, lib. v, Instit., cap. 2, ubi ædificium a Christianis cultui divino dicatum *Dei templum* appellat. Sic etiam in limine hujus libelli. Colomesius. — Ibid. *Tamen illud editiss.* Potest vulgata lectio defendi. Præferam nihilominus *tandem*, pro quo *tamen* aliquando positum usurpatumque memini. Sed et *templum illud editissimum* non incommode legi possit, vel *fanum*. Nam τὸ *tutamen* vix hic locum inveniat. Tollius. — *Tamen.* Legendum *culmen*, vel *cacumen*. Gale. — *Tamen illtud.* Ibi est hiatus, aut corruptio. Allix. — Ita plane sentio. Incertum vero miris modis, utrum potius. Mihi olim , quod posterius arrideret, non displicebat legi *fanum*, quod et Tollio in mentem venit, aut Latinis litteris Græcum *temenos*, id est, templum ; nec me hactenus utriusque
D conjecturæ poenitet. Nam quod *Fanum pro Gentilium templis Christianos* proprio vocabulo usurpasse, posuit Ducangius, id, quanquam multa Veterum loca innuant, perpetuum non est. De Judæorum templo, Christianus interpres libri II. Macch. xiv, 33, pro Græcis istis , ἐὰν μὴ δέσμιόν μοι τὸν Ἰουδαν παραδῶτε, τόνδε τὸν τοῦ θεοῦ οἶκον εἰς πεδίον ποιήσω, hæc habet : *Nisi Judam mihi vinctum tradideritis, istud Dei fanum in planitiem deducam.* Et tam de templo corporis Christi, quam de Hierosolymitano, auctor opusculi de montibus Sina et Sion adversus Judæos conscripti : « In cujus, inquit, Templi (Salomonici) similitudinem Jesus carnem suam esse dixit, dicens Pharisæis : Destruite *fanum* istud , et ego in tribus diebus excitabo illud. Et Pharisæi dicebant : Quadraginta sex annis ædificatum est *fanum* istud , et hic in tribus diebus excitabit illud? Dicebat autem Jesus *fanum* de corpore suo. » Adde ex Aldhelmo, seu verius ex Gronovii Observatis in scriptores ecclesiasticos :

Nescitis quod templa Dei sint illa vestra?

Membranæ :

Nescitis quod fana Dei, etc.

De nomine autem *temenos*, quæ altera nostra τοῦ *tamen* emendatio est, non solet quidem id vocabulum nisi Græcis litteris et apud Græcos pro *templo* occurrere; puta, apud Dionem Cassium de Hierosolymitano, his verbis ὑπὲρ τοῦ τεμένους τοῦ θεοῦ ἀμυνόμενοι, *pro templo Dei sui propugnantes*; et apud Evagrium, de templo Simeonis Stilitæ : Ἐπόθουν τὸ τέμενος τούτου δὴ τοῦ ἁγίου θεάσασθαι, *Cupiebam videre templum sancti illius*. Sed, uno verbo, nil frequentius in scriptis Patrum, quam Græcas voces latinis exaratas reperire. Joannes Frideric. Gronovius, Observ. in scriptores ecclesiasticos : « Cerda, inquit, vetat *cyclus* scribi : vult autem *ciclus*, quasi contractum sit ex circulis. Miror rationem. An difficilius erat petere a Græcis *cyclus*, quam *orama*, et *protus*, et *tetra*, et hujusmodi innumera? » Lactantius, lib. VII Institut., cap. 25, qua *de anastasi*, pro *qua de* ἀναστάσει, id est, resurrectione; et iterum paulo post : *Anastasim mortuorum futuram esse consentiunt*, pro ἀνάστασιν, eodem sensu. Noster infra, cap. 23 : *Apollo et Asclepius orantur*, ex Græco Ἀσκληπιος, pro Latinorum *Æsculapius*. Idem apertissime, capite 2, *epinicium sanctum et sempiternum*, pro ἐπινίκιον. Orosius, lib. VII, cap. 7, de Nerone: *Cerices, citharistas, tragœdos et aurigas sæpe sibi superasse visus est*; non pro *Ceritos*, vel *Scenicos*, quomodo primæ editiones ferebant : sed pro *Cerycas*, Græcis κήρυκας, ut germanus iste Hieronymiani Chronici locus ostendit : *Nero in Olympiade coronatur, cericas, citharistas, tragœdos, aurigas vario certamine superans*. Passio SS. Perpetuæ et Felicitatis, *Bene venisti tegnon*, pro τέκνον. Alibi in sequentibus : *Pridie quam pugnaremus, video in horomate*, pro in ὁράματι. Alibi rursum : *et illum contra Ægyptium video in afa volutantem*, pro in ἀφῇ; atque iterum deinceps : *Audivimus vocem unitam dicentem* : *Agios, Agios, Agios, sine cessatione*; ἅγιος, ἅγιος, ἅγιος. Confer initium orationis Cypriani pro Martyribus; item ejus, quam sub die passionis suæ dixit : ne jam equum Lucretii *durateum*, id est, δουράτεον seu *ligneum*; Plinii *probata*, hoc est, πρόβατα seu *oves*, et sexcenta alia id genus laudem. Verum hic locus potius forsan mutilus, quam corruptus.

CAPUT XIII.

Postridie. Die videlicet 24 Februarii. Eusebius tamen, lib. VIII, cap. 2, scribit propositum fuisse edictum mense Martio, appetente jam festo Dominicæ passionis. Auctor vero Chronici Alexandrini die 25 Martii, ipso die paschæ. Verum hæc sic conciliat Baluzius vir clarissimus, ut primo edictum illud propositum fuerit *Nicomediæ*, inquit, ad instar Lactantius, velut in civitate regia, die 24 Februarii; deinde missum ad cæteras imperii civitates; mense quidem Martio propositum in eo loco, ubi tum Eusebius habitabat, et in Palæstina mense Aprili; *Alexandriæ*, vel alibi, ipso die paschæ. Quam conjecturam certam esse mox ostendo. Pagius, ad annum Christi 302, num. 5.

Propositum est edictum. Proponere æque ut *proscribere* est; publice affixo titulo, decreto aut alio scripto aliquid significare. *Symbolos proponere*, apud Justinum, lib. II, est inscriptiones in publico loco ponere legendas in cippis. Sed quis hæc ignorat? Grævius. — *On publia un édit*. Maucroix. Ad verbum, et ut hodie loquuntur, *publicatum est*; quo et modo Versio Anglica, *An edict was published*. — *Proponere in publico*, et *in publicum*, dixere interdum melioris ævi scriptores, pleniusque.

Ut religionis illius homines. Quam noster scilicet *divinam* in fine cap. II appellavit : *Respondit ille ut divinæ religionis inimicus*, intellectis, uno verbo, *Christianis*, quos et ita ter paulo ante sine circuitione vocaverat; unde etiam rotunde hoc loco Maucroi-

A xius : *Tous ceux qui faisaient profession de la religion chrétienne*; quotquot profitebantur religionem christianam. Et simplicius adhuc tralatio anglica, *The Christians*, Christiani.

Tormentis subjecti essent, etc. Antea itaque, ut a *verberibus*, quod supra tangebamus, sic a *tormentis* immunes erant varii hominum ordines et gradus.

Adversus eos omnes actio caleret. Imo potius *adversus eos omnis actio caleret*. Gale. — Quæ emendatio non mihi tantum præterea, sed et clarissimo auctori versionis anglicæ in animum venerat, ut apparet ex his verbis : *All actions were to be received against them*. Ni etiam insuper pro *caleret*, hoc est, acrius urgeretur, legendum censuerit *valeret* cum amplissimo Cupero. Nam id quoque anglica verba præse ferunt. Fuit et cum suspicarer scriptum primitus fuisse cum majore emphasi, *adversus eos omnes omnis actio caleret*, vel *valeret*. Neque aliter sane cunctis occurritur exceptionibus in verbis, quæ proxime præcedunt : « Carerent omni honore ac dignitate, tormentis subjecti essent, ex quocumque ordine, aut gradu venirent. »

! *De rebus ablatis agere*. Supple *jure*, ut in notissimo versu :

Fastus erit, per quem jure licebit agi.

Alio enim sensu, quanquam simillima phrasi, noster infra capite 39 : *Respondit illa... non posse de nuptiis in illo ferali habitu agere*. Sed ut hic *agere*, pro *jure agere et in foro*, ita modo *actio*, pro *forensi actione* in istis, *adversus eos omnes actio caleret*. Illincque merito versio anglica, *might not sue for thefts or robberies*.

Quod edictum quidam, etc. Historia apud Eusebium occurrit lib. VIII Historiæ Eccles., cap. 6, (potius 5). Nulla tamen magis, quam hic loci fit nominis mentio. Edit. Ox. et Cant.

Quidam. Un particulier. — Maucr. Quasi dicas : *Homo quidam privatus*; quod minime cum Eusebii verbis convenit : Τῶν οὐκ ἀσήμων τις, ἀλλὰ καὶ ἄγαν κατὰ τὰς ἐν τῷ βίῳ νενομισμένας ὑπεροχὰς ἐνδοξοτάτων. Sed videndus omnino de ea re Baluzius.

Diripuit. Lege *deripuit*, ut infra, cap. 28. Tollius. — *Diripuit et conscidit*. Referri hæc non incommode potest Simeonis Metaphrastæ narratio de Polyeucto, qui imperantibus Decio et Valeriano, illorum contra Christianos edictum e Nearchi manibus acceptum perlegit, inter legendum conspuit, et tunc demum in frusta minuta confregit, vertisque mandavit.

Cum irridens diceret victorias Gothorum et Sarmatarum præpositas. Hoc est, ni fallor, imperatores æque barbaros esse, ac Gothos Sarmatasque, e quibus devictis sibi titulos comparârunt. Edit. Oxon. et Cant. — *En se moquant des surnoms de Gothiques et de Sarmatiques, que les empereurs s'arrogeaient*. Maucroix. Ad verbum, cognomina Gothicorum ac Sarmaticorum, quæ sibi imperatores arrogabant, irridendo. — *And rallied the emperors, who had not amond their titles, that they had triumphed over the Goths and the Sarmatians, that they acted like those whom they pretended that they had subdued*. Versio anglica. Quasi dicas : Et imperatoribus, qui in edicti sui præfatione se de Gothis et Sarmatis triumphasse inter alia gloriati fuerant, illudebat, quod haud aliter agerent quam si quos a se subjectos esse jactitabant.

Præpositas. Lego : *propositas*. Ironice dictum. Id est, Christianos, quamvis subditos, jam loco esse Gothorum et Sarmatarum debellandorum. Boherellus. — Firmare possit edito Aboensis, in qua jampridem non *præpositas*, sed *propositas* excusum. At, ne nescias, eximius et conjunctissimus collega Grævius latere hic loci putabat aliquid ἐπουλον gravioris momenti, quod sine emendatiore codice non possit elui, ut multa hujus scripti alia loca; idemque sentio.

Statimque productus. In jus scilicet, seu ad magistratus. Interpretes simpliciter pro *captus est*, sumpserunt. — *On le prit*. MAUCROIX. — *He was presently seised on*. Tralatio anglica.

Extortus. Id est, torquendo excarnificatus. Sic et capite 27: *Extorti parentes et mariti, ut filias, ut conjuges, ut opes suas proderent*. TOLLIUS.

Legitime coctus. Secundum leges quas Augusti tulerant, inquit Baluzius. Editio Cantabr. — Ὡς ἂν μὴ συντόμως ἀπαλλαγείη, κατάβραχὺ ἀνηλίσκετο, Eusebius loco citato, hoc est, lib. viii Historiæ Eccl. cap. 6, pergunt editiones Oxon., etsi allata Eusebii verba neutiquam ad eum, de quo agitur, martyrem pertineant: sed ad alium nomine Petrum, τῶν βασιλικῶν παίδων ἕνα; id est, vertente Valesio, unum ex imperatoris cubiculariis.

Legitime coctus. *On le mit sur le gril*. MAUCROIX. Ad verbum, *impositus est craticulæ*, quod quomodo ferri defendive possit non video. — *Legitime coctus*. Potius, *lentissime coctus*, cap. 21: *Daiis legibus, ut post tormenta damnati lentis ignibus urerentur*. GALE.

Cum admirabili patientia, etc. Eusebius, lib. viii Hist. Eccles. cap 5: Τὸ ἄλυπον καὶ ἀτάραχον εἰς αὐτὴν τελευταίαν διετήρησεν ἀναπνοήν. *Lætitiam ac tranquillitatem animi usque ad ultimum spiritum conservavit*.

CAPUT XIV.

Sed Cæsar. Brevior et obscurior personæ notatio; cui malo ita jam docti varie medicinam fecerunt. — *But Maximian*. Id est, *Sed Maximianus*. Versio anglica. — *Galérius Maximien César*. MAUCROIX. — *Sed Cæsar, Galerius* nempe *Maximianus*. Pagius, ad annum Christi 302, n. 6. Confer quæ nos supra diximus ad cap. 9.

Non contentus est. Eleganter atque oratorie, pro *non contentus fuit*; cujus rei indicium certissimum proxima periodus: *Aliter Diocletianum aggredi parat*, non *paravit*; a qua alias lectione vix licitum foret abstinere manum. Nec male tamen utrobique doctissimi interpretes per verba præteriti temporis: « Galérius Maximien César ne se contenta pas de la rigueur de cet édit. Il dressa, etc. But Maximian was not satisfied with the severity of this Edict, so he resolved. »

Edicti legibus. Erant in edicto, de quo noster loquitur, si non variæ sectiones, saltem varia genera et capita persecutionis contra Christianos instituendæ: puta, *ut religionis illius homines carerent omni honore ac dignitate; ut tormentis subjecti essent, ex quocumque ordine aut gradu venirent*; et sic de reliquis in præcedenti tmemate recitatis. Atque nunc singula ista capita hic auctor *calcti leges* argute, meo judicio, nominat. *Edicti severitatem et acerbitatem* laudatæ recens tralationes intellexerunt, sicut et superioribus notæ clausula apparet.

Aggredi parat. Ita, cap. 36: *Facere autem parabat, quæ in Orientis partibus fecerat*; et Terentius in Phorm. Prologo:

    Maledictis deterrere, ne scribat, parat.

Ut illum ad propositum crudelissimæ persecutionis impelleret. An cum interpretibus exponendum, ut illum ad decernendam et animo proponendam sævissimam persecutionem adigeret? « Afin 'que cette audace obligeât l'empereur à jurer la ruine des Chrétiens. MAUCROIX. That so he migth engage him to an unrelenting persecution. » Tra atio anglica. Malim equidem accipere, quasi noster planissime scripsisset: « Nam Galerius Maximianus, ut ad crudelissimam persecutionem, quam ipse sibi primum proposuerat, Diocletianum induceret, etc. »

Occultis ministris palatio subjecit incendium. Credo Lactantium scripsisse: *occultis ministeriis*; quod et Nicolao Heinsio in mentem venerat. GRÆVIUS. — Legendum esse cum minori post *ministris* distinctione censeam: *occultis ministris palatio*, etc. GALE. — Ita quoque cogitaveram, in hunc sensum: Palatio subjecit incendium ministrorum opera, quos ea propter occulueram; id est, quos sese diligenter occultare jusserat. Nec obstat quidquam, opinor, quominus hic loci *occultis* tam bene participium sit, pro *occultatis*, quam vulgo censetur nomen ex participio.

Occultis ministris palatio subjecit incendium. Eusebius, lib. viii, cap. 6, nescire se fatetur quo casu excitatum fuerit: Constantinus vero in oratione ad sanctorum cœtum, cap. 25, ait palatium fulmine ictum conflagrasse. PAGIUS, *ad annum Christi* 302, *num.* 6.

Christiani arguebantur. Sicut sub Nerone, incensa ab eo Roma. TOLLIUS. — Præstiterit, ni fallor, ad Galerium Maximianum Cæsarem referre, quam ad incerta urbis Nicomediæ ora; ut nempe Galerius, exusta semel aliqua palatii portione, Diocletianum, quo ipsum efficacier ad propositum crudelissimæ persecutionis impelleret, convenerit, et Christianos illico velut hostes publicos ad socerum detulerit, magno impetu, uti mox audiemus, pergens « illos, consilio cum eunuchis habito, de extinguendis principibus cogitasse, duos imperatores domi suæ pene vivos esse combustos. »

Et cum ingenti invidia, etc. Dele præpositionem. Simpliciter enim, *ardere invidia, ira, odio* Latini dixere. TOLLIUS. — Certa est viri docti observatio. Livius enim, verbi gratia, *Cum arderent invidia.... patres*. Et similiter Cicero ad Quintum fratrem: *Res ardet invidia*. Sed malim tamen ex præpositione, quam deleri vult Tollius, adverbium temporis *tum* facere. « Et cum pars quædam conflagrasset, Christiani arguebantur velut hostes publici; et tum ingenti invidia simul cum palatio Christianorum nomen ardebat. »

Illos consilio, etc. Incipiunt communis famæ verba, secundum clarissimos interpretes: mihi vero potius Galerii, sicut jam tetigimus, et sequentia confirmabunt. Melior autem distinctio editionis Aboensis: *Illos, consilio cum eunuchis habito, de extinguendis principibus cogitasse*, et quæ deinceps.

De extinguendis principibus. Diocletiano scilicet Augusto, et Galerio Maximiano Cæsare. Nam tunc temporis Galerius haud solum Nicomediæ versabatur cum Diocletiano, sed in eodem simul palatio degebat, ut quamplurima ostendunt. Sicque alias Galerius, ita loquendo, *principis* nomen commune sibi faciebat cum socero Augusto, id ei primo per usum sæculi licebat, quo Cæsares æque *principes* nuncupabantur ac ipsissimi Augusti. Et nobis deinde de eo Cæsare res est, cui Cæsaris appellationem jam ab aliquo tempore non poterat ferre; unde hæc illius in capite 9 interrogatio: *Quousque Cæsar?* Nil miri igitur eatenus; ni mirum forte, de *extinguendis principibus* sermonem ibi loci fieri, in quo de iisdem comburendis, quin et pene combustis, mentio sit. Verum id facile solvitur. Apud bonos auctores *extinguuntur qui vitam amittunt*, quocumque modo amittant, morbo, incendio, aut alia re. Cicero in Somnio Scipionis, capite 3: « Quæsivi tamen, viveretne ipse et Paullus pater, et alii, quos nos extinctos arbitraremus; » id est, mortuos. Liv us, lib. viii: « In alio tractu orbis (magnum Alexandrum) invictum bellis juvenem fortuna morbo extinxit: » quare *extingui* pariter poterant nostri principes, vel comburendo.

Duos imperatores, *Two Emperors*. Versio anglica, sine articulo; cum integra sit, *and thad two emperors wer well nigh burnt alive*. — *Les deux empereurs*. Maucroix, cum articulo: « Et que peu s'en était fallu qu'ils n'eussent brûlé tout vifs deux empereurs. » Innuit, Lector, si nescis, ac velis, nolis, memorata articuli adjectio, tam Diocletianum et Galerium Maximianum fuisse tunc ex Imperii Romani dispositione Imperatores, seu Augustos, quam neminem præterea fuisse per idem tempus similis potestatis et tituli compotem. At contra Galerius Maximianus necdum proprie Augustus erat, sed Cæsar, uti monet amplissimus Cuperus. Et qui duo tunc, secundum recentiorem Imperii dispositionem, veri et soli imperatores erant, hi Diocletianus et Herculius Maximianus fuerunt. Male itaque Versio Gallica Parisiensis, et optime e contrario anglica. Verum, inquis, accenset se Galerius imperatoribus : *duos imperatores domi suæ pene vivos esse combustos.* Recte, accenset se. Allata enim verba non nostri Cæcilii, vel vulgi Nicomediensium, sed Galerii reapse sunt. Cur vero, putas, se accensuit, nisi quia jam inde a superato Narseo Cæsaris nomen, ut ut Cæsar, detrectabat, et de se loqui volebat. Confer dicta, pag. præc.

Domi suæ. Id est, in palatio; tum ob ea quæ ad caput tertium observavimus de Domitiano *domi interfecto*, et quem præstantissimi quique historici occisum fuisse *Romæ in Palatio* tradiderunt; tum præcipue ob iteratam ejus vocis interpretationem, quam in hoc ipso capite legere os; unam paulo ante, his verbis : *cum palatio Christianorum nomen ardebat*; alteram vero in istis : *Denique qui erant in palatio...* quæ disertissima *in domi suæ* explicatio est. Interpretes vel plusquam ad verbum, *dans leur propre maison ; in their own house,* hoc est, domi suæ propriæ.

Qui semper se volebat, etc. Talis a Terentio in Heautontim. Chremes describitur, derisus eapropter a Menedemo. TOLLIUS. — Usitatior loquendi ratio erat, *qui semper volebat videri astutus et intelligens.*

Nihil potuit suspicari. Ne se douta pourtant point de cet artifice, MAUCROIX; quasi dicas : ne vel minimum quidem de subdola Galerii perfidia cogitavit.— *Could not he brought to give any credit to this.* Anglica versio. Hoc est, adduci non potuit ut his ullam fidem haberet.

Excarnificari omnes suos protinus præcepit. Prætulerim cum Columbo, *excarnificare omnes suos protinus cœpit.* Causas vide apud Baluzium. — *Omnes suos.* Id est, omnem suorum domesticorum familiam ; quod patet, si hunc locum cum verbis paulo post sequentibus, et initio quoque capitis 15 contuleris. Nam quid ista primo : *Excarnificari omnes suos præcepit..... cum familiam Cæsaris nemo torqueret,* nisi Diocletiani familiam excarnificatam fuisse, cum familia Galerii a nemine torqueretur ? *Omnes sui* itaque jam Diocletiani familia sunt. — Deinde vero : « Furebat ergo imperator, ait noster initio capitis 15 : jam non in domesticos tantum, sed in omnes, primamque omnium filiam Valeriam, conjugemque Priscam sacrificio polui coegit. » Unde nunc haud simpliciter quam multi primam illam Diocletiani carnificinam evaserint apertissimum est ; omnes nempe qui non erant e Diocletiani domesticis proprie dictis, puta *filia Valeria, conjux Prisca, judices,* quod mox subjecturus est, *universi, item, omnes qui erant in palatio magistri* : sed perspicuum simul nostro loco *omnes suos* nil aliud esse, quam omnem familiam domesticorum Diocletiani; eorumque, non magistrorum, sed inferioris ordinis : quo et modo antiquitus *familiæ* vox proprie servos complectebatur, haud pariter sobolem seu liberos.

Sedebat ipse, atque innocentes igne torrebat. De sa chaise il voyait brûler ces innocents. Maucroix. — Hoc est, ex cathedra sua, videbat innocentes igne torreri. Sed, ut Latina sonant, et sequentia sunt, non mere videbat torreri Diocletianus; torrebat ipse.

Omnes denique qui erant in palatio magistri. Tous ceux qui avaient puissance de vie et de mort. Maucroix. — Ad verbum ; Omnes qui potestatem vitæ ac necis habebant.—Non probo. Id enim aperte *magistros* cum *judicibus,* de quibus mentio præcessit, confundere est. Præter quam quod si, ut innuit Maucroixius, magistris illis, ex sui institutione, vitæ necisque potestas erat, cur data istedem extra ordinem potestas ut torquerent ? Sequitur enim continuo, *data potestate torquebant,* cujusmodi itaque illam prius habuerant, unde *magistri* dicerentur : quare id *magistrorum* genus omnino malim intelligere, qui verbi gratia ; ab inferioris ævi scriptoribus, *magistri cubiculariorum, magistri ostiariorum, magistri servorum,* et sic de aliis, vocati sunt. Fateor difficultatis aliquid oriri posse ex Pollionis loco quem supra laudavimus : *Cum iret ad hortos nominis sui, omnia Palatina officia sequebantur.* ibant et *præfecti, et magistri officiorum omnium adhibebantur :* quippe cum in iis verbis intelligi, verbi gratia, non debeant *magistri familiæ servorum*, quæ in imperatoris palatio versabatur, sed *magistri omnium palatinorum officiorum,* id est, eorum qui officiis fungebantur in palatio. Verum respondendum credimus, vel palatina ipsa officia sub generali imperatoriæ familiæ nomine comprehendi ; atque ita Cæcilium nostrum de iis quoque egisse, cum *Diocletianeæ familiæ ministris,* ut sequentia ostendunt, disserat : vel eum potius *minoris Imperatoriæ familiæ ministros* specialiter a *Palatinorum ministris* distinxisse. Neque ei tunc adversari poterunt Pollionis verba, cum alter nonnisi palatinorum officiorum magistros intellectos voluerit: alter vero nonnisi magistros minoris familiæ Diocletiani, qui et ipsi in palatio vixerint. *All the Officers of his Household.* Versio Anglica. Quasi dicas, omnes familiæ suæ præfectos. Confer supra Cuperum, epist. 1. Eleganter porro totum hunc locum ex Aboënsi editione distinguere possis, si volueris, isto pacto : « Item judices universi, omnes denique qui erant in palatio magistri, data potestate, torquebant : » ad quæ ultima verba videndus duobus locis Baluzius.

Erant certantes quis prior aliquid inveniret. Hoc est, aliquid exprimeret ex iis qui torquebantur, quisnam auctor incendii esset. Sed nihil exquoquam audiebant, quia familia Cæsaris non torquebatur, in qua erant ii occulti ministri, quorum opera palatio faces subjecerat Galerius, ut hujus facinoris invidia Christianos oneraret. GRÆVIUS.

Erant certantes. Pro *certabant.* Sic cap. 15 : *Eorum sententia in tantis rebus expectata non erat*, pro non *expectabatur.* Nec dissimili ratione Vitruvius lib. II, cap. 8 : *De lateritiis vero (parietibus) dummodo ad perpendiculum sint stantes, nihil deducitur.*

Reperiebatur. Quo sensu nempe res aliqua dicitur *reperiri,* quando palam et comperta nobis est; ut haud tamen ullum ejusmodi proprium cicernere agnoscere oporteat inter præcedens verbum *invenire,* et *reperire* hoc loco, quale nonnunquam alibi a viris doctis jure vel injuria inter utrumque verbum fuit positum. Sunt hic itaque synonyma ; nec posterius noster usurparit, quam quia prius proxime adhibuerat. Confer quæ ad caput 7 notavimus.

Cum familiam Cæsaris nemo torqueret. Jactitantis scilicet, Christianos mali caput certo certius esse, eorumque tam nullum unquam a se admissum toleratumve fuisse inter suos domesticos, quam magnus e contrario eorumdem numerus jam diu toleraretur, et tunc temporis extaret in familia Diocletiani. Nam quin per *familiam Cæsaris,* domesticos Galerii Cæsaris intelligere oporteat, non dubitamus. Ulpianus : « Familiæ appellatio servos continet : hoc est, eos qui in ministerio sunt, etiamsi liberi esse proponantur, vel alieni bona fide nobis servientes. » Et apud Terentium in Heaut. act. IV. sc. 3, Syrus :

Ancillas omnes Bacchidis traduce huc ad vos propere.

Chremes vero scena sequente :

Illanccine mulierem alere cum illa familia?

La maison de Galerius. MAUCROIX. Ad verbum, *domum Galerii* : posita uti liquet, *domo* pro *domesticis*; quod nostratibus haud infrequens.—*Maximians family.* Tralatio anglica : hoc est, *Maximiani familia,* cum alia personæ designatione, sed necdum satis, ut quod res est dicam, sufficienti, cum per ea tempora non unus tantum Maximianus celebris fuerit in imperio Romano, sed duo ; alter Cæsar, quem et ideo Maximianum Cæsarem, amplioris distinctionis ergo, vocare expediverit, alter Augustus.

Aderat ipse et instabat. Il se trouvait présent à tout. MAUCROIX. Servata vi temporis imperfecti, et Maximianum Cæsarem jam ante præsentem fuisse palam

NOTÆ IN LIB. DE MORTIBUS PERSECUT. CAP. XV.

innuens. He came and stood by Diocletian. Versio anglica. Ad verbum, *Venit ille et Diocletiano adstitit;* ac si tunc demum Galerius advenisset, nec adfuisset prius contra quam a nobis non uno loco superius positum est. Sed id ex nativam, inter alia, utriusque imperfecti indolem et significationem posuimus; nec quidquam videmus cur ab illa sit recedendum.

Iram inconsiderati senis deflagrare. Elegantissima hæc tralatio est. Tanto vero hic loci suavior, quod de incenso palatio, atque hinc accensa ira Diocletiani sermo est. *Inconsideratum* autem vocat, quod ita turpiter sibi a Galerio imponi passus fuerit. TOLLIUS. — *Deflagrare.* Quo videlicet sensu id verbum quandoque pro *defervescere* occurrit; puta in his Philippi Macedoniæ regis, sedentis apud Livium judicis inter duos filios: « Interdum spes animum subibat deflagrare iras vestras, purgari suspiciones posse. To he abated. » Anglica versio nostro loco. Quasi dicas *imminui decrescere,* quod eodem redit. Alias certe, ut multa Ciceronis loca ostendunt, *deflagrare penitus comburi* sonat. *Phaeton ictu fulminis deflagravit,* lib. III. Offic. Et contra Antonium: *Illæ faces, quibus incensa L. Bellieni domus deflagravit.*

Quindecim diebus interjectis. A fornight af ter. Versio anglica, singulari linguæ idiotismo. Quasi dicas, *post quatuordecim noctes,* vel *post noctem decimam quartam.*

Incendium molitur. Sic capite 37: *Hæc ille moliens;* et 29: *fugam moliebatur.*

Sed (vel *id*) *celerius animadversum.* Editio Aboensis, *id celerius anim adversum:* quæ Columbi emendatio, imo, secundum virum doctum, *non dubia,* quia proxime præcessit *sed.* Verum ea ratio levissima est. Amat noster hanc particulam, illamque multis locis identidem usurpavit. Capite 23: « *Sed alii super alios mittebantur, tamquam plura inventuri. Et duplicabatur semper illis non invenientibus, sed ut libuit addentibus.* » Capite 25: « *Sed* illud excogitavit, ut Severum, qui erat ætate maturior, Augustum nuncuparet.» Constantinum vero non imperatorem, sicut erat factus, *sed* Cæsarem, etc. » Capite 27, sub finem, et initio simul sequentis, « *ut non Romanum imperium, sed Daciscum cognominaretur. Post hujus fugam, cum se Maximianus alter e Gallia recepisset, habebat imperium commune cum filio. Sed juveni*... » Ita quoque alibi.

Tunc Cæsar. And then Maximian. Versio anglica, id est, *tunc Maximianus.* Vide dicta supra.

Medio hyemis profectione parata prorupit. At vero capite 11 dicitur Diocletianus per totam hyemem cum Galerio consilium habuisse: porro, capite 12, cœpit persecutio sub finem Februarii, post 15 dies conflagravit palatium, ut proficisci non potuerit Galerius ante expletum fere Martii mensem. Sparkius, in edit Oxon. an. 1684, et ex illa poste, Cantabrigiensis. Optimæ viri docti difficultates, non gravissimæ tamen, uti nec mihi novæ, sed cararum frustra solutionem quæras in versionibus, aut aliis eruditorum lucubrationibus. Maucroixius enim, verbi gratia: « César, quoique au milieu de l'hiver, précipita son départ. » Id est, « Cæsaris, quamvis medio hiemis, subitus fuit discessus et præceps profectio; » et simili pacto tralatio anglica: « Maximian, tho it was in the midst of winter, left Nicomedia on the same day in which this second fire was raised, protesting, etc.» Hoc est, « Maximianus, quamvis media ageretur hiems, Nicomediam eo ipso die reliquit, quo secundum illud incendium conflatum est. » Quæ, ut vides, propositos nodos potius stringunt quam expediunt. Distinguendum, quo evanescant: *Tunc Cæsar medio hyemis profectione parata, prorupit, eodem die contestans,* etc. Sensus est: Tum Cæsar, qui per mediam hiemem omnia quæ ad profectionem opus erant, pessima mente clanculum parari curaverat, quasi de improviso prorupit: quia et hanc simul causam cur erumperet scelerate afferens, quod nollet vivus ardere, eum jam ante illud incendium constituisset abire Nicomedia. Adde dicta ad caput 17.

CAPUT XV.

Imperator. Is nempe qui vere, imo et ἐξόχως imperator erat; *Diocletianus,* uno verbo, sicut suo nomine in antecedenti capite nuncupatus est. Quod non monerem, nisi ibidem quoque præcessisset, *duos imperatores domi suæ pene vivos esse combustos:* hoc est, nisi se quoque Maximianus Cæsar imperatorem is verbis vocasset. *Nec siquidem flexus est imperator, ut accommodaret assensum,* dixit pariter hic scriptor de Diocletiano, capite 11, etsi, secundum eumdem capite 7, jam tunc temporis Diocletianus tres participes regni sui fecisset, atque unum ex illis *imperatorem,* Maximianum scilicet Herculium. Sed is tandem non fuit nisi Diocletiani secundarius. Confer Episcopum Meld. ad initium, cap. XIII Apoc.

Jam non in domesticos tantum. Eusebius, lib. VIII, cap. 6, confirmat quod scribit Lactantius Diocletianum in domesticos sæviisse. PAGIUS, *ad an.* 302, *num.* 8.

Sed in omnes. Hoc est, in omnia genera personarum, seu hominum, ut optime interpretes. — *Filiam Valeriam conjugemque Priscam sacrificio pollui coegit.* Erant ergo Christianæ. Sic certe acta sancti Marcelli et Passio sanctæ Suzannæ, in quibus Diocletiani uxor *Serena* vocatur, filia vero *Arthemia.* Fuerunt forsan binomines. De quo viderint eruditi. COLOMESIUS.—Ex Lactantii verbis discimus tam uxorem Diocletiani *Priscam,* cujus etiam nomen ignorabamus, quam *Valeriam* ejus filiam et Galerii Maximiani conjugem christianas fuisse... Atque id quidem Eusebius, lib. VIII, cap. 1, indicarat, sed verbis obscurioribus, et ab ejus interpretibus plerumque non intellectis. Hæc ejus verba: Τί δεῖ περὶ τῶν κατὰ τοὺς βασιλικοὺς λέγειν οἴκους, καὶ τῶν ἐπὶ πᾶσιν ἀρχόντων οἳ τοῖς οἰκείοις εἰς πρόσωπον ἐπὶ τῷ θείῳ παρρησιαζομένοις λόγῳ τε καὶ βίῳ, συνεχώρουν γαμεταῖς καὶ παισὶ καὶ οἰκέταις, μονονουχὶ καὶ ἐγκαυχᾶσθαι ἐπὶ τῇ παρρησίᾳ τῆς πίστεως ἐπιτρέποντες PAGIUS, *ad an.* 302, *num.* 7 et 8.

Valeriam. Valeria, Diocletiani, ex uxore Prisca filia, Galerio Maximiano juncta fuit matrimonio anno 292, ætatis suæ, ut minimum, duodecimo. Quamdiu supervixisse Galerio constat, ut observavit Baluzius, vir doctissimus, in notis ad librum Lactantii, de Mort. Persec., cap. 15... Imo tam *Valeria,* quam *Prisca,* Maximiano Augusto, anno 313 extincto, superstites fuerunt, ut infra ex eodem Lactantio, cap. 50, demonstrabo. PAGIUS, *ad an. Chr.* 294, *num.* 2 et 3.

— *Priscam.* Prisca Diocletiano nupsit antequam is fieret imperator: cum Valeria, sicut jam dictum, Galerio Maximiano juncta matrimonio sit anno 292, ætatis suæ, ut minimum, duodecimo. Vixisse autem tum Priscam, matrem ejus, hinc certo colligitur, quod diu postea superstes fuit; et anno tantum 315 extincta est, post victoriam quam Licinius de Maximiano reportavit. Certum quoque Diocletianum toto principatus sui tempore aliam uxorem non habuisse quam Priscam, quidquid in contrarium ex nonnullis sanctorum actis posuerint Baronius, Henschenius et Papebrochius; qui nempe librum Lactantii de Mort. Pers. non viderant. PAGIUS, *ad an. Chr.* 294, *num.* 3.

— *Filiam Valeriam conjugemque Priscam,* etc. Illustrantur egregie quæ de duabus hisce Augustis illustris Cuperus ad cap. 1 notavit, illis Lactantii, lib. v, cap. 13: « Quoniam peccare homines et inquinari possunt: aversi autem non possunt a Deo; valet enim vi sua veritas. » Ubi et mox sequuntur quæ huic loco quoque lucem afferunt: « Nam et in hoc quoque malitia illorum convincitur, qui evertisse se funditus religionem Dei opinantur, si homines inquinaverint: cum et Deo satisfacere liceat, et nullus sit tam malus Dei cultor, qui data facultate ad placandum Deum non revertatur, et quidem devotione majori. Peccati enim conscientia, et metus pœnæ religiosiorem facit; et semper multo firmior est fides quam reponit pœnitentia. » Ita ut Valeria et Prisca in hunc numerum referendæ videantur pœnitentiam agentium, quandoquidem eas Diocletianus vi ad thus aris imponendum coegerat. Egregia vero sunt quæ ibidem statim noster subjicit : « Si ergo, inquit, ipsi, cum deos sibi arbitrantur iratos, tamen donis et sacrificiis et odoribus placari eos credunt, quid est tandem quod Deum nostrum tam immitem, tam implacabilem putent, ut videatur is jam christianus esse non posse, qui diis eorum coactus invitusque libaverit? nisi forte contaminatos semel putant animum translaturos, ut sua sponte jam facere incipiant quod per tormenta fecerunt. » Vide infra de novo Maximiani instituto, cap. 37. TOLLIUS.

Adde Cuperum, in epistola quam proxime ante nostras notas reperies.

Eunuchi necati. Inter quos erat Petrus, qui ἄπριξ ἐχόμενος τῆς προθέσεως, ἐν αὐταῖς ταῖς βασάνοις νικηφόρος ἀπέδωκε τὴν ψυχήν. Editiones Ox. et Cant. ex Eusebio, lib. VIII Hist. Eccl., cap. 6.

Per quos palatium et ipse ante constabat. Locus obscurus. ALLIX. Imo, si quid judico, corruptus ; et legendum forte, *per quos palatium, et ipse ante, conflabat*, eo sensu quo nostratibus dicere familiare est : *Il ne respire que par lui* ; ad verbum, *non respirat nisi per illum* ; de homine scilicet qui non per se, sed per alium vivere videtur, tanta est illius ad alterum applicatio, et, ut ita dicam, *vivificatio* prioris per posteriorem. *Conflare* certe, proprie loquendo, *simul flare* est. Glossarium vetus, *Conflare*, συμπνέειν. Et *flare*, pro *animam eam, quæ ducta est spiritu, respirare et efflare*, dixerunt Latini. Plautus in Mostellaria :

Heus tu, si verbum hoc cogitare voles,
Simul flare sorbereque haud facile est.

Palatium, si hæc arrideant, fuerit pro *Palatinis*, seu hominibus ad Diocletiani palatium pertinentibus, positum ; quomodo tot locis apud priscos *oppidum* pro *oppidanis*, *domum* pro *domesticis*, *regnum* pro *regni incolis*, et si quæ similia sunt. — *Dont les conseils lui avaient été si utiles.* MAUCROIX. Id est, quorum consilia fuerant ei adeo utilia. — *By whose directions the whole affairs of the palace had been conducted before this Edict.* Anglica versio. Quasi dicas, quorum opera et moderamine ante illud edictum cuncta palatii negotia administrabantur.

Comprehensi presbyteri ac ministri. Ejusmodi comprehensionis meminit noster superius, capite 3, ubi de Domino nostro Jesu Christo a Judæis, ut in ipsum animadverterint, comprehenso : *Congregavit*, inquit, *discipulos quos metus comprehensionis ejus in fugam verterat.* Cicero, Philipp. 2 : *Cum comprehensio sontium, mea : animadversio, Senatus fuerit.* — *On arrêtait les prêtres et les ministres de l'autel.* MAUCROIX. Ad verbum : *Comprehensi presbyteri ac ministri altaris.* Sed *altaris* nulla mentio apud nostrum, et tam bene *mensæ* supplere potuisset clarissimus canonicus, si quo fuisset opus supplemento. Chrysostomus, Homil. 3, in epist. ad Ephes. : Πῶς ἔμεινας, καὶ οὐ μετέχεις τῆς τραπέζης; *Quomodo mansisti, neque tamen mensæ fis particeps?* Imo, interrogati eos, aiebat Basilius Magnus, ep. 73, de illis loquens qui se ante aliquot annos pro Orthodoxis gesserant, *si jam orthodoxus est Basilides... quare cum Dardania redirent, altaria ipsius in agro Gangrenorum subverterint, mensasque suas substituerint.* Ἐρωτήσατε οὖν αὐτούς, εἰ ὀρθόδοξος νῦν Βασιλείδης, ὁ κοινωνικὸς Ἐκδίκιου, διὰ τί ἀπὸ Δαρδανίας ἐπανιόντες, τὰ θυσιαστήρια ἐκείνου ἐν τῇ χώρᾳ τῶν Γαγγρηνῶν κατέστρεφον, καὶ ἑαυτῶν τράπεζας ἐτίθεσαν. Ac si usus sæculo IV invaluisset, ut sacræ Hæreticorum mensæ, θυσιαστήρια seu *altaria*, Orthodoxorum vero simpliciter τράπεζαι et *mensæ* vocarentur : quod nolim tamen a me affirmatum. Unice volo Maucroixium nullam habuisse causam cur nomen potius *altaris* quam *mensæ* suppleret in nostro loco, quin nec cur alterutrum, cum *ministri* de quibus agitur, sine controversia *diaconi* sint, et diaconi a Patribus modo *episcopatus et Ecclesiæ ministri*, modo *ministri Dei*, modo *ministri Christi*, et quandoque etiam simplicissimo nomine *ministri* appellati sint, ut mox patebit. — *Presbyteri ac ministri. Presbyters and deacons.* Versio anglica. Id est, presbyteri et diaconi. — Rectissime. Vide Cangium in Glossario, voce *Minister*, ubi inter cætera quæ profert exempla, hoc insigne e Commodiani carmine inscripto, *Ministris*.

Ministerium Christi Zacones, (id est,
Diacones, seu quod magis latinum,
Diaconi), exercete caste ;
Idcirco ministri facite præcepta magistri, etc.

Et sine ulla probatione ad confessionem damnati. Et sans preuve ni confession. MAUCROIX. Id est, *et sine ulla probatione aut confessione.* Quæ, uti liquet, emendatio non soli viro clarissimo, sed aliis quoque in animum venit. — *Ad confessionem.* Lege *aut confessione*. Notum quid in jure sint *confessi rei* ; et sine confessione damnari neminem solere. TOLLIUS. — *Emendo, aut confessione.* GALE. — Cum bona doctissimorum virorum venia, mendum mihi alibi cubat; et pro *sine ulla probatione*, legendum censeo *sine ulla prolatione*; hoc est, procrastinatione, sεu ἀναβολῇ. Plautus in Mil. Glor. :

Facile est : trecentæ possunt causæ colligi.
Non domi est, abiit ambulatum, dormit, ornatur, lavat,
Prandet, potat, occupata'st, opera non est, non potest :
Quantumvis prolationum, dum modo nunc prima via
Inducamus...

Ad quem locum merito Taubmannus : *Quantumvis prolationum, procrastinationum*, ἀναβολῶν. Nota etiam Ciceronis in epistolis ad Atticum *rerum prolatio*, pro negotiorum suspensione. Sed quid erit tandem sine ulla morâ vel procrastinatione *ad confessionem damnari?* Facilis responsio. Presbyteri, verbi gratia, qui comprehendebantur, statim atque se presbyteros esse confessi erant, nulla interposita mora damnabantur. Hoc fuit *damnari ad confessionem*. Neque alio dicendi genere Christus apud Matthæum XII, 41, narrat Ninivitas εἰς τὸ κήρυγμα Ἰωνᾶ μετανοῆσαι; hoc est : *ad Jonæ prædicationem pœnituisse.* Vel si tu nunc forte, quod olim cogitaveramus, et nobis jam minus arridet, mavis, *Damnari ad confessionem* est *damnari ad martyrium*, quia, ut optime monuit et variis auctoritatibus probavit Cangius : « Confessores etiam dicti olim, qui martyrio vitam pro Christo, quem palam confessi et contestati sunt, finierunt. » Quod adeo verum, ut inde, secundum cæremoniale episcop. lib. I, cap. 12 : « locus qui in plerisque ecclesiis sub altari majore esse solet, ubi sanctorum martyrum corpora requiescunt, » non *martyrium* duntaxat, sed et *confessio* vocetur. *Qui martyrium*, inquit, *seu confessio appellatur, etc.*

Cum omnibus suis. De simili phrasi diximus supra quid nobis videretur. Hic vero latius patet illius significatio quam antea. Ibi quippe non liberi, aut uxores, sed omnes ad summum domestici intelligendi erant : hic autem, ut e sequentibus colligendum, domestici, et alii usurper; qui quid sint, nisi uxores et liberi?

Deducebantur. Melius, *ducebantur*, ut sæpe alibi. TOLLIUS.—Favet in primis hic locus capitis 54 : « Ductæ igitur mulieres cum ingenti spectaculo et miseratione tanti casus ad supplicium. » Nam et ii, de quibus nunc noster loquitur, ad supplicium ducebantur, ut ex proximis liquet : « Omnis sexus et ætatis homines ad exustionem rapti. » Sed cum nihilominus apud idoneos auctores *deducere* in carcerem, *deducere ad extremum casum*, et ejusmodi alia occurrant, haud sollicitanda forte lectio ordinaria. Proprie utique, si veterem nostram de toto loco sententiam præferendam duxeris, subaudiendum ἀπὸ τοῦ κοινοῦ ante alterutram scripturam, *ad confessionem*, id est, *ad martyrium*. Nec dissimili sensu Interpretes : *On les faisait passer par les mains des bourreaux.* MAUCROIX. *were condemned and executed.* Versio anglica. Sed nos quidem credimus hodie ipsummet *deduce-*

bantur accipi recte posse pro ducebantur ad supplicium. Vide dicta ad hæc verba, cap. 40. sub finem, *ita mediæ inter Cuneos*, etc.
Omnis sexus et ætatis homines, etc. Locus, quantum ad historiæ seriem, intellectu difficillimus, ni quemadmodum, secundum eruditos, in isto commate Apocal. cap. XVIII, 13, καὶ κτήνη, καὶ πρόβατα, καὶ ἵππων, καὶ ῥαίδων, καὶ σωμάτων, καὶ ψυχὰς ἀνθρώπων; ἄνθρωποι, ad verbum *homines*, distinguuntur a σώμασι, tamquam liberæ conditionis homines a mancipiis : ita hic, per *omnis sexus et ætatis homines*, cunctas intelligamus personas conditionis liberæ, quæ ad familiam presbyterorum ac diaconorum quorum noster cœpit mentionem facere, pertinebant, singulasque adeo a *domesticis*, de quibus idem paulo post, diversas : ut nunc nempe persecutionis historiam continuando, et quomodo presbyteri ac ministri ad martyrium cum omnibus suis ducti sint, accuratius explicando, inquiat, « presbyteros ac diaconos cum uxoribus suis, liberisque cujusvis sexus et ætatis, ad exustionem raptos esse et catervatim combustos » paulo post vero de eorumdem domesticis, *illos, ligatis ad collum molaribus, fuisse mari mersos;* deinceps autem de cætero Nicomediensium populo, *persecutionem in eum atque violenter incubuisse*; ac denique de provinciis, quæ seni Maximiano parebant vel Constantio, sævitum quoque fuisse in illis, sive contra Christi servos, sive contra eorum conventicula, non minus quam Nicomediæ, jubente altero, altero tantum connivente.
Et gregatim, etc. Ita videtur legendum : *At gregatim circumdato igni ambiebantur domestici, et alligatis,* etc. Edit. Ox. et Cant. — Lege, *sed gregatim;* et distingue post *ambiebantur*. Simile quid noster habet lib. V, c. XI : *Sicut unus in Phrygia, qui universum populum cum ipso pariter conventiculo concremavit.*
TOLLIUS.
Et gregatim. Tὸ *et* ex *set*, pro *sed*, ortum credo, estque, meo animo, totus hic locus ita constituendus : « Nec singuli, quoniam tanta erat multitudo, sed gregatim circumdato igni ambiebantur ; domestici (alligatis ad collum molaribus) mari mergebantur. »
GALE.
Domestici. Their servants. Versio anglica. Ad verbum, *Eorum servi aut famuli :* quod quæ jam ponebamus in eo valide firmat, quod neque vir doctissimus cogitandum esse hoc loco de imperatoris domesticis putaverit. Videtur enim cæteroqui non presbyterorum et diaconorum, sed aliorum hominum domesticos intellexisse. *Some presbyters and deacons were seised on... Persons of all ages and of both sexes were burnt... and their servants were cast into the sea.*
Alligatis ad collum molaribus, mari mergebantur. Supplicio itaque, quod Palæstinis peculiare non fuit, uti falso posuit Hieronymus ad Matt. XVIII, 6, itemque post illum Casaubonus, saltem quod ad καταποντισμοῦ modum : sed quod recte vir doctissimus ostendit e Polybio, non fuisse inter gravissima putatum a Græcis. Hieronymi verba sunt. « Quod autem dixit : Expedit ei ut suspendatur mola asinaria in collo ejus, secundum virum provinciæ loquutus, quo majorum criminum ista apud veteres Judæos pœna fuerit, ut in profundum, ligato saxo, demergerentur. »
Locus vero Casauboni est : « Matt. XVIII, 6. καὶ καταποντισθῇ ἐν τῷ πελάγει. Quod notat D. Hieronymus, peculiare Palæstinis supplicium h e intelligi τὸν καταποντισμόν, non ita accipiendum est, quasi aliæ gentes eo supplicio non uterentur, sed ad καταποντισμοῦ modum potius referendum, qui hic indicatur ; nam fuisse usos Græcos hoc supplicii genere scelerattissimos homines, apparet satis ex Historiis. Diodorus Siculus, l. XVI : Ὁ δὲ Φίλιππος τὸν μὲν Ὀνόμαρχον ἐκρέμασε, τοὺς δὲ ἄλλους ὡς ἱεροσύλους κατεπόντισε. Ratio vero et motus fuit alius, quam apud Palæstinos. Non enim saxum collo alligabant Græci, sed sontem in plumbeum vas conjiciebant : quod ex Athenæi hoc loco didicimus, libr. XIV : Πάτροκλος

οὖν ὁ τοῦ Πτολεμαίου στρατηγὸς ἐν Καύνῳ τῇ νήσῳ λαβὼν αὐτὸν, καὶ εἰς μολιβδίνην κεραμίδα ἐμβαλών, καὶ ἀναγαγὼν εἰς τὸ πέλαγος κατεπόντισε. Non fuisse porro habitum hoc supplicium inter gravissima, docet Polybius, lib. II. Ἀλλ' ὅμως τοιοῦτος ὢν οὐδενὸς ἔτυχε δεινοῦ, πλὴν τοῦ καταποντισθῆναι διὰ τῶν ἐν ταῖς Κεγχρέαις πεπραγμένων.» Etiam Græci igitur, quod non putabat Hieronymus, et saxo ad collum alligato, contra quam credidit Casaubonus, sontes suos quandoque mari mergebant.
In cæterum populum. In all other places. Versio anglica. Hoc est, *in omnibus aliis locis*. — Malo de cætero Nicomediæ populo, qui Christum quidem coleret, accipere.
Pleni carceres erant. Iis nempe quos ad sacrificia coegerant ; id est, quos viderant magnopere renuisse, et inde Christianæ fidei addictissimos esse cognoverant.
Les prisons étoient pleines de misérables. MAUCROIX. Ad verbum, *Pleni carceres erant miseris*.
Ne cui temere, etc. Hoc est, ne cui non perspecto et cognito jus diceretur. Et videnda hic acta Crisp. apud Mabillon. Annal. vol. III, p. 425. GALE — Edicto, cujus noster capite 13 mentionem fecit, cautum inter alia fuerat, ut Christiani *non de injuria, non de adulterio, non de rebus ablatis agere possent.* Hinc illud, quod jam præ manibus habemus, ortum arbitror, *et ne cui temere jus diceretur*, id est, ne cui cujus forte Christiani causam Judices, imprudenter audirent ac dijudicarent. Assentitur planissime Maucroixius : *De peur que sans y penser on ne leur rendit justice;* quin et obscurius versio anglica : *And that noman migth have the benefit of the Law that was not a Heathen.*
In secretariis. In curiis judicialibus. Ed. Ox. et Cant. — *In the very Courts of Justice.* Tralatio anglica, eodem sensu.— *Dans les Greffes.* MAUCROIX.— Male. *Secretaria* enim fuerunt proprie loca, in quibus judices de causis civilibus, vel criminalibus cognoscebant, sedebantque: cum ibidem ex altercantibus alii sederent, alii starent, pro personarum dignitate, aut vilitate. Codex, lib. III, tit. 24, l. 3 : « Sedendi quoque in aliqua secretarii parte, quæ Judicibus inferior, altercantibus vero superior esse videatur, habituro licentiam; et § ult. Sedendi, cum celebratur cognitio (querimoniæ criminalis) in secretariis judicantium jus consequantur.
Ut litigatores prius sacrificarent, atque ita, e.c. Poscunt omnino cum adverbium ordinis *prius*, tum liquidi sensus ratio, ut hic τὸ *ita* non pro *ea ratione, hoc modo*, vel similibus, sicuti vulgo solet, sumatur, sed pro *deinde*, Græce εἶτα, vel ἔπειτα. Quid esset enim, *ut litigatores prius sacrificarent, atque suas causas, ita sacrificando, dicerent?* Poterantne, inquam, causas suas sacrificando dicere ? Et quorsum etiam τὸ *prius*, quod , ut jam dictum, adverbium ordinis est, inseruisse in hanc phrasin , *posiæ aræ, ut litigatores prius sacrificarent,* si vel inter sacrificandum dicendæ causæ fuerunt, ac non potius postea? Positæ igitur manifesto, ut *prius*, id est, *ante omnia*, litigantes falsis numinibus thus, aut aliud quidpiam sacrificarent, ac deinde causas suas, peractis jam sacrificiis, orarent. Neque aliter in fine capitis 47. « Ita vestem resumpsit, pro deinde vestem, scilicet purpuream, resumere ausus est : disertius vero capite 49. Sed prius cibo se infersit, ac vino ingurgitavit, ut solent hi, qui hoc ultimo se facere arbitrantur. Et sic hausit venenum; hoc est, et postea , vel deinde venenum hausit. » Accedat, confirmationis ergo, Act. locus XXVII, 14, qui et ipso ex istis illustrandus : ἤλθομεν εἰς Ποτιόλους, οὗ εὑρόντες ἀδελφοὺς, παρεκλήθημεν ἐπ' αὐτοῖς ἐπιμεῖναι ἡμέρας ἑπτά, καὶ οὕτως εἰς τὴν Ῥώμην ἤλθομεν. Id est, *Venimus Puteolos , ubi repertis fratribus, rogati sumus, ut maneremus apud eos diebus septem. Et deinde venimus Romam ;* non ut vulgata : *Et sic Romam venimus;* nisi τῷ *sic* vis quoque τοῦ *deinde* tribuatur. Accedat

rursum hoc comma prioris Epist. ad Cor. xi, 28 : δοκιμαζέτω δὲ ἄνθρωπος ἑαυτὸν, καὶ οὕτως ἐκ τοῦ ἄρτου ἐσθιέτω. Ubi pariter nova ratione vertendum : *Exploret autem quisquis se*, *et deinde de pane illo edat*. Accedat denique, ne plura nunc adducam, istud quoque primae ad Thess. iv, 17 : "Ἔπειτα ἡμεῖς οἱ ζῶντες, οἱ περιλειπόμενοι, ἅμα σὺν αὐτοῖς ἁρπαγησόμεθα ἐν νεφέλαις εἰς ἀπάντησιν τοῦ κυρίου εἰς ἀέρα, καὶ οὕτως πάντοτε σὺν κυρίῳ ἐσόμεθα. Hoc est, si recte interpretari voluerimus : « Deinde nos vivi, qui reliqui erimus, rapiemur simul cum eis in nubes, in occursum Domini in aera ; et postea semper cum Domino erimus : » quae et vis versionis Æthiopicae.

Et jam litteræ ad Maximianum atque Constantium commeaverant, *ut eadem facerent*. Verum itaque est, edictum prius in civitate regia, quam in aliis imperii urbibus, imo prius in Oriente, quam in Occidente propositum fuisse. PAGIUS, *ad ann*. *Christi* 302, *num*. 7.—*Ad Maximianum*. Mirum, ni noster, qui mox hunc ipsum Maximianum, distinctionis causa, *senem Maximianum* nuncupabit; eumdem hic, loco multo convenientiore, similis discriminis gratia, *senem* quoque cognominaverit, vel potius *Herculium*, aut *Augustum*. Non intelligitur certe alius quisquam Maximianus, nisi qui istis nominibus notus est.— *Ad Maximianum*. To the other Emperour. Versio Anglica. Id est, ad alterum imperatorem.

Expectata non erat. Hoc est, *non expectabatur*, uti jam dictum supra ad similem locum.

Ne dissentire a majorum præceptis, etc. Breviter dictum, pro *ne videretur dissentire a præceptis majorum*, hoc est, ab iis quae Diocletianus imperator, et Maximianus pariter Augustus (uterque Constantio, qui mere per ea tempora Caesar erat, majores) præcipiebant fieri in provinciis sibi subjectis. Nam ut ea potius, quae illem imperatores, vel Diocletianus imperator, et Maximianus Caesar, Constantio Caesari praeceperint, intelligamus, a rectae rationis dictamine alienum est. Primo, quia nusquam legitur Maximianus Augustus Constantio mandasse per litteras, ut eadem secum faceret. Secundo autem, quia tantum aberat ut tunc temporis Maximianus Caesar Constantio Caesare major esset in imperio Romano, ut contra eo ipso, quod erant ambo Caesares, essent aequales. Interpretes difficultatem declinarunt. « Pour Constance, de peur qu'on ne crût qu'il n'approuvât la résolution des empereurs. MAUCROIX. » — But Constance, that he might not seem to dissent from those that were in rank abovehim. Versio anglica.

Conventicula. Conventiculi et Conventiculorum vocabula, quae nunc dierum odiosissima sunt, et *proprie olim de hæreticis dicta esse*, posuit incaute clarissimus Cangius, interdum etiam loca coetuum civilium, aut ecclesiasticorum melioris notae, uti hic, vel coetus ipsos sonarunt. De civilibus, Cicero pro Domo sua : « Quoniam plebi quoque urbanae majores nostri conventicula, et quasi consilia quaedam esse voluerunt. Idem pro Sextio : Qui primi virtute, et consilio praestanti extiterunt, ii, perspecto genere humanae docilitatis atque ingenii, dissipatos unum in locum congregarunt... tum res communem utilitatem continentes, quas publicas appellamus, tum conventicula hominum, quae postea civitates nominatae sunt, tum domicilia conjuncta, quas urbes dicimus, invento, et divino, et humano jure, moenibus sepserunt. » De Ecclesiasticis vero, ne plures laudem, Lactantius, lib. v Institut., cap. 11 : « Aliqui ad (justos) occidendum praecipites extiterunt, sicut unus in Phrygia, qui universum populum cum ipso pariter conventiculo concremavit. » Merito itaque hic loci Maucroixii versio : *quelques églises*, aliquot ecclesias; anglica autem : *the houses where the Christians held their Assemblies*; domus, in quibus Christiani suos coetus celebrarunt.

Dirui passus est. A populo nimirum, vel a praefectis. Unde Lactantius, cap. 24, de Constantino jam Augusto loquens : « Suscepto imperio, Constantinus Augustus nihil egit prius quam Christianos cultui ac Deo suo reddere. Haec fuit prima ejus sanctio sanctae Religionis restituta. » Nam, ut recte observat Dodwellus in Dissertatione xi Cyprianica, quae est de Paucitate martyrum, num. 75, nihil habuit agendum Constantinus, si nihil fuisset a patre ejus Constantio in Christianorum causa innovatum. Quare verum est quod scribit Lactantius : « Constantius, ne dissentire a majorum praeceptis videretur, conventicula ; id est, parietes qui restitui poterant, dirui passus est. PAGIUS, *ad annum Christi* 302, *num*. 7 *et* 8.

Verum autem Dei templum, *quod est in hominibus*, *incolume servavit*. Non accensendus ergo saevissimis primaevae Ecclesiae persecutoribus sicut haud pridem a clarissimo episcopo Meldensi Bossueto saepius factum, cum per septem κεφαλάς cap. xiii Apocal. et septem βασιλεῖς cap. xvii, hanc imperatorum Romanorum pleiadem, uti persecutorum, hac aut illa de causa notabilium, intelligendam esse scriberet, Diocletianum, Maximianum Herculium, Constantium Chlorum, Galerium Maximianum, Maxentium, filium primi Maximiani, et Licinium. Sed audiat, se a magno suarum partium Critico et Histcrico simul, sub Baronii nomine, confutari.

Existimavit Baronius, durante persecutione, Gallias martyrum sanguine exundasse. Certum tamen videtur, eam in illis, ubi Constantius imperabat, locum non habuisse, id enim diserte affirmat Lactantius de Mortibus Persecutorum, cap. 15, etc. PAGIUS, *ad annum Christi* 303, *num*. 7.—Adde eumdem ibid num. 8, in quo reclamantes in contrarium historias conciliat.

CAPUT XVI.

Universa terra. Id est, omnes imperii provinciae, ut recte Maucroixius. Non enim saeculo iv totus orbis, quantus quantus est, ab Oriente usque ad Occasum, a Meridie usque ad Septentrionem, Augustis et Caesaribus erat subjectus : sed magna pars tantum. Quare si vel maxime, quae jam excipientur Galliae, in censum venirent, nil quidquam, praeter *universum imperium Romanum*, intelligendum foret. Alias hujus generis ὑπερβολάς suis locis superius tetigimus.

Præter Gallias. Quam tunc felices, Deus bone ! et quantis dignas gratulationibus de ista, si non simplici et plenissima exceptione, saltem qualem noster habebat ob oculos ! Nam Constantius, ut paulo ante narratum, « conventicula, id est, parietes, qui restitui poterant, dirui passus est : verum autem Dei templum, quod est in hominibus, incolume servavit. » Quare, ut haec sunt, expertae quidem Galliae persecutionem, quod ad templa attinet, furentibus nimirum populis, nec obstante Constantio ; nullam vero, quod ad sanguinem, quia renitebatur idem Constantius.

Sed Eusebius in fine libri de Martyribus Palaestinae, inquiunt docti, affirmat, « Italiam totam et Siciliam, quin *Galliam quoque*, duobus primis persecutionis annis integris πόλεμον ὑπομεῖναι, bellum (supple persecutorum) sustinuisse. » Fateor. Verum facile potuit Eusebius nullum aliud bellum intelligere, quod ad Galliam spectat, quam quod in ea per biennium sine ullo Constantii mandato, et praecipiti populorum licentia gestum fuerit in solos sacrarum aedium parietes, non in homines. Primo, quia etiam impetus contra basilicas et inanima templa facti, si ad hujus, aut aliorum loquendi rationem respexerimus, *bella* sunt. Actus martyrum Saturnini, Felicis et aliorum : « Placet igitur... causam ipsius *belli* tractare... Temporibus namque Diocletiani et Maximiani, *bellum* diabolus Christianis indixit isto modo, ut sacrosancta Domini testamenta Scripturasque divinas ad exurendum peteret, *basilicas dominicas subverteret*, et ritus sacros, coetusque sanctissimos celebrari Domino prohiberet. » Et noster supra, capite 12, primum Diocletianeae persecutionis impetum, qui mere in templum Nicomediae factus, referens, « Qui dies, *ait*, cum illuxisset, repente... Praefectus cum ducibus, et tribunis, et rationalibus venit, et revulsis foribus... Scripturæ repertæ incenduntur, datur omnibus præda..... Veniebant igitur prætoriani acie structa, » etc. Deinde autem, quoniam in libello Precum, quem ante nos clarissimus Baluzius ex Optato citavit, asserunt pleno ore Donatistæ: « Constantium nullam inter cæteros imperatores persecutionem exercuisse, et ab hoc facinore immunem fuisse Galliam. » Tertio denique, quia apud Eusebium, quem sibi ipsi constare necesse est, laudatur totidem verbis Constantius, ut princeps, « qui concitati adversus Christianos belli particeps nusquam fuerit; qui veri Dei cultores sub suo imperio viventes immunes ab omni noxa et calumnia servarit; postremo, qui nec ecclesiarum ædes subverterit : nec quidquam adversus fideles molitus sit ; » τοῦτε καθ' ἡμῶν πολέμου μηδαμῶς ἐπικοινωνήσας, ἀλλὰ καὶ τοὺς ὑπ' αὐτὸν θεοσεβεῖς ἀθλαβεῖς, καὶ ἀνεπηρεάστους φυλάξας, καὶ μήτε τῶν ἐκκλησίων τοὺς οἴκους καθέλων μηδ' ἕτερόν τι καθ' ἡμῶν καινουργήσας: passus itaque tantum, ut hic merito ad nostri verba redeam, templa dirui, nihil ipse circa eadem vel Christianos aggressus.

Scio, quam multæ historiæ Gallicarum urbium provinciarumque a Baluzio memoratæ alio prorsus abeant. Sed illas, credo, pauci erudiri dignas judicabunt, quæ præ hoc Auctore et Eusebio, qui tam commode secum et cum nostro in concordiam adduci potest, audiantur. Adi nunc, si libet, Dodwellum, dissertatione Cypr. xi, num. 75 et 77, et Pagium ad Annum Christi 303, num. 7 et 8.—*Et præter Gallias ab Oriente*, etc. Melior distinctio editionis Aboensis, *et, præter Gallias ab Oriente...* vel ista Galei, *et (præter Gallias) ab...*

Tres acerbissimæ bestiæ. Persecutorum, quos noster intelligit, nomina extant supra apud Baluzium. En hic vero, quibus de causis veteres Christiani licitum sibi crediderint, ejusmodi maledictis invehi in suos cujuscumque gradus persecutores. Lactantius lib. v Institut. seu de Justitia, cap. 11 : « Iis igitur hominibus, qui deorum suorum moribus congruunt, quia gravis est et acerba justitia, eamdem impietatem suam, qua in cæteris rebus utuntur, adversus justos violenter exercent. Nec immerito a prophetis *bestiæ* nominantur. Præclare itaque M. Tullius : Etenim si nemo est, inquit, quin emori malit quam converti in aliquam figuram bestiæ, quamvis hominis mentem sit habiturus; quanto est miserius in hominis figura animo esse efferato? Mihi quidem tanto videtur, quanto præstabilior est animus corpore. Aspernantur itaque corpora belluarum, quibus sunt ipsi sæviores; sibique adeo placent, quod homines nati sunt, quorum nihil nisi lineamenta et summam figuram gerunt. Nam quis Caucasus, quæ India, quæ Hyrcania tam immanes, tam sanguinarias unquam bestias aluit? Quoniam ferarum omnium rabies usque ad ventris satietatem furit, fameque sedata, protinus conquiescit, illa est vera bestia, cujus una jussione

Funditur ater ubique cruor, crudelis ubique
Luctus, ubique pavor et plurima mortis imago.

Nemo hujus tantæ belluæ immanitatem potest pro merito describere, quæ uno loco recubans, tamen per totum orbem dentibus ferreis sævit, et non tantum artus hominum dissipat, sed et ossa ipsa comminuit, et in cineres furit, ne quis extet sepulturæ locus; quasi vero id affectent, qui Deum confitentur, ut ad eorum sepulchra venietur, ac non ut ipsi ad Deum perveniant. Quænam illa feritas, quæ rabies, quæ insania est, lucem vivis, terram mortuis denegasse? Dico igitur, nihil esse miserius his hominibus, quos ministros furoris alieni, quos satellites impiæ jussionis necessitas aut invenit, aut fecit. Non enim honor ille, aut provectio dignitatis fuit: sed hominis damnatio ad carnificinam, Dei vero ad pœnam sempiternam. » Dicant nunc, qui nostrates de illa pia scilicet *Bimachorum* expeditione scripsitantes ad primorum Christianorum patientiam ac moderationem revocant, eccui nostrum tale quid uspiam exciderit.

Non mihi, etc. Rescribe confidenter cum Galeo et tribus editionibus :

Non mihi si linguæ centum sint, oraque centum.

Versus enim Virgilianus est e lib. vi Æneidos, ut annotatum a Baluzio ad marginem, sed is quidem mutilus librarii oscitantia, vel fortassis etiam ignorantia, qui nesciret, debere hic esse versum. Habes certe in isto exemplo causam manifestissimam, cur non ad solas corruptas voces quæ in hoc auctore invenire possunt, attendere illos oporteat, qui ipsum lectitant, sed et ad omissas.

Omnia pœnarum percurrere nomina possem, quæ judices intulerunt. Scribe *quas*. Neque enim *pœnæ nomen alicui inferre* potest esse Latini commatis, quanquam vir doctissimus supra laudatus juxta habeat *pœnarum nomina et pœnas.* Sparkius in editione Oxon. an. 1684, et ex illa Cantabrigiensis.

In Flaccinum præfectum. Bithyniæ. Ed. Ox. et Cant.

Non pusillum homicidam. Μείωσις est, quam optime sensit Maucroixius, et talis illa capitis 15, *homo non adeo clemens*, de Maximiano Herculio, quem Eutropius *propclam ferum fuisse, et ad omnem asperitacem sævitiamque proclivum*, disertissime tradidit. Similis illa quoque Matthæi, secundum Vulgatum interpretem : *Et Bethlehem, terra Juda, nequaquam minima es in principibus Juda*.

Deinde in Hieroclem, etc. Hinc apprime illustratur Lactantius Institut. lib. v, cap. 2, ubi Hieroclis, tacite licet, mentionem fieri vidit lynceus præsul Joannes Pearson, ὁ μακαρίτης, Prolegomenis doctissimis in Hieroclem. COLOMESIUS.—Imo viderat ante Pearsonium Baronius, ut ex Baluzio, discere est. Is Hierocles, Judex Ethnicus, dum Dei templum (Nicomediæ) everteretur, adversus Christianos scripsit, et Bithyniæ præsidatum gessit, antequam præfecturam Ægypti, qua eum ornatum fuisse ducet Valesius in annotationibus ad Eusebium, in libro de Martyribus Palæstinæ, cap. 5: PACIUS, *ad annum Christi* 302, num. 9, 10, et 8, *sub finem*.

Auctor et consil. ad faciendam persecutionem. Persecutionem facere, phrasis fuit illorum temporum, ut constare potest ex Actorum loco, VIII, 1 : *Facta est autem in illa die magna persecutio in Ecclesia*; atque iterum e Lactantii verbis a Baluzio allatis ad hunc locum.

Novies enim tormentis cruciatibusque variis subjectus. Quomodo novies tantum sub toto trium dictorum præsidum magistratu, qui sibi invicem successerunt? — Præsides Romani illos præsertim supplicii dies constituebant, quibus frequentissimi totius provinciæ conventus pro more essent expectandi. Hoc erant in numero dies, quibus *ludi* et *munera* essent *Circensia* edenda... Si qui igitur ad *bestia*, vel ad *munus gladiatorum* in se invicem damnati essent, illis ipsis ludis omnino proferebant. Nec alio ipsos, quam ludorum ipsorum diebus, pati potuisse, ex epistola Smyrnæorum de martyrio Polycarpi colligimus. Petebant Asiarcham Philippum Smyrnæi, ut Polycarpo leonem immitteret. Respondit Philippus, μὴ εἶναι ἔξον αὐτῷ, ἐπειδὴ ἐπληρώκει τὰ κυνηγέσια... Atque ut non admodum frequentes redire poterant *publicorum ludorum* vices, ita nec frequentes redibant vices *suppliciorum publicorum*. Toto biennio, quo retentum in custodia tradit Eusebius Agapium, a secundo nimirum anno persecutionis ad quartum, ter duntaxat e carcere eductus, et cum maleficis solemni pompa traductus in stadio. Et toto sexennio Donatus, et tribus præsidibus sibi invicem succedentibus, Flaccino, Hierocle, et Priscilliano, novies tamen, nec sæpius tormentis cruciatibusque variis subjectus est. DODWELLUS, in diss. Cypr. xi, num. 89.

Zabulum. Diabolum. Sic *Zacones* usurpari legimus, pro *Diacones*: quin et *Zeta*, si quid memini, apud Plinium juniorem occurrit, pro *Dieta*. Edit. Oxon. et Cant.

Sæculum cum suis terr. triumphasti. Vulgata, *triumphans illos principatus in semetipso.* Aurelius Victor, *Achæos bis prælio fudit : triumphandos Mummio tradidit.* Denique Tertullianus, licet quidem compositum verbum adhibens : « Illos (dæmones) nunquam magis detriumphamus, quam cum pro fidei obstinatione damnamur. »

Triumphatores currui tuo subjugantem. Hoc suspectum erat Nicolao Heinsio τῷ νῦν ἐν ἁγίοις, non modo quia *currui subjugare equum* apud latinos scriptores inveniatur, quamvis ratio latinæ linguæ non repugnet : sed et quia *subjugare* statim sequitur : « Victi enim tua virtute et subjugati sunt. » Malebat itaque vir ingeniosissimus, *triumphatores currui tuo subjungentem. Jungere* enim et *subjungere currui; vel ad currum jumenta,* Latinis dici quis ignorat? Virg. Eclog. v :

Daphnis et Armenias curru subjungere tigres.
Instituit.

GRÆVIUS.

Cum dominatores dominantur. Lego, *cum dominatores domitantur.* GALE. — Interpretes in eumdem sensum, et propter similem proinde correctionem : *C'est un triomphe véritable que de vaincre les vainqueurs des nations.* MAUCROIX. — *This is true Victory. when those that have conquered the Wold, subduer.* rever. episcopus Sarisb.

Nefanda jussione. Jussionis vox, secundum Cangium, *præceptionem* notat, *sed maxime principis :* quod verissimum, sicut exempla, quæ vir doctissimus attulit, stabiliunt, et nos istis confirmamus. Proconsul Anulinus ad Saturninum : « Tu contra jussionem imperatorum, et Cæsarum fecisti; » et Lactantius lib. v Institut., cap. 11 : « Illa est vera bestia, cujus una jussione : »

Gunditur ater ubique cruor.

Græci Patres in simili re, simili nomine κελεύσεως usi sunt. Eusebius lib. vii Hist. Eccl., cap. 11: ἐκ τῆς κελεύσεως τῶν Σεβαστῶν ἡμῶν. Et ut hic porro noster *imperiale præceptum,* de quo loquitur suo nomine, *nefandam jussionem* appellavit : ita alibi veteres Christiani, ne recentiores bonorum exempla non habere putentur, *scapham, scapham* in ejusmodi negotio vocarunt. Actus martyrum Saturnini et aliorum *sacrilegam jussionem perhorruit (exercitus Domini Dei).* Lactantius autem, loco proxime laudato, *Satellites impiæ jussionis.*

Fide stabili. Id est, firma, seu qua olim, verbi gratia, confessores et martyres *in fide stabiles* erant. Cyprianus in epistola de Mappalico : « Istum nunc beatissimum martyrem et alios participes ejusdem congressionis et comites, *in fide stabiles,* etc. » qui et paulo post ejusmodi fideles unica, sed notabili voce, *stantes* nuncupavit. « Opto pariter, et exhortor... ut lachrymas matris Ecclesiæ, quæ plangit ruinas et funera plurimorum, vos vestra (malim vestri) lætitia tergeatis; et cæterorum quoque Stantium firmitatem vestri exempli provocatione solidetis; » et rursus in epistola viii « qui sint positi... inter numerosam languentium stragem, et exiguam *stantium* paucitatem : » orta primum, credo, locutione ex illa « plurimorum, qui ruerant strative fuerant, » idea, quibus eleganter *stantes* opponendos putavit; tum ex verbis prioris epistolæ ad Cor. xvi, 13 : στήκετε ἐν τῇ πίστει; *State in fide :* postremo, ex eo quod in multis locis τὸ Latinorum *stare* et Græcorum στήκειν vim resistendi impugnantibus obtineat.

Mulciber in Trojam, pro Troja stabat Apollo.

Paulus in epistola ad Gal. v, 1 : Τῇ ἐλευθερίᾳ οὖν ᾗ Χριστὸς ἡμᾶς ἠλευθέρωσε στήκετε; *State igitur pro libertate,* qua *Christus nos liberavit.* Ita enim hoc comma vertendum credimus, potius quam ut vulgo, *State igitur in libertate,* et quæ postea.

Hoc est militem. Malim *hoc esse militem,* supple *est.* TOLLIUS. — Ita quoque legendum conjeceram; vel saltem, *hoc et militem Christi.* Vulgata certe scriptura præ utraque lectione parum elegans videtur, et vix digna polito isto opere. Potuit tamen et antiquitus fuisse exaratum, *Hoc est esse discipulum Dei, hoc est esse militem Christi.*

Nullus laqueus inducat. Potius videtur, *incuat.* TOLLIUS. — Prætulerim ego, *nullus equuleus inducat;* hoc est, persuadeat, aut aliquid tale. Sequitur quippe, *nullus dolor vincat, nullus cruciatus affligat;* quibuscum *equulei* notio optime cohæret, non illa pariter *laquei.* Cicero pro Roscio : « Pretio, gratia, spe, promissis induxit aliquem. » Id est, persuasit, pellexit; et in Philip. 2 : « Nihil queror de Dolabella, qui tum est impulsus, elusus, inductus; » hoc est, persuasus. Nobis autem no magis hæc emendatio arridet, quod eam etiam doctissimo Galeo in mentem venisse aliquis sit suspicandi locus.

Non est ausus ulterius congredi tecum. Christianorum monstrosa fortitudo fregit plerumque ferociam persecutorum, ne ultra sævire auderent... Atque ut victoria supra modum efferebantur, ita vicissim spe victoriæ dejecti, oppugnatione omni abstinebant. Ita de Donato suo Lactantius : « Denique post illas novem gloriosissimas pugnas, quibus a te Zabulus victus est, non est ausus ulterius congredi tecum, quem tot præliis expertus est non posse superari; » etc. DODWELLUS, in diss. Cypr. xi, num. 92.

Congredi tecum. Sic supra, pag. præc. in primis Cypriani verbis, « Istum nunc beatissimum martyrem et alios participes ejusdem *congressionis.* » Et alio loco : « Ipse (Dominus) luctatur in nobis, ipse congreditur, ipse in certamine agonis nostri, » etc.

Victrix corona. The crown of victory. Versio Anglica. Ad verbum, *corona victoriæ,* sensu planissime expresso : eodem actus martyrum Saturnini presbyteri, Felicis, et aliorum *victricem palmam in passione gestantes;* et Cicero in epistolis ad Atticum, « quo die Cassii litteræ victrices in senatu recitatæ sunt : » Ambrosius denique epistola 29 : « Et huic vexilla committes victricia, huic labarum. » — Sed ne hinc citius quam par est abeamus, quamnam coronam voluit noster Cæcilius Donato suo *paratam* fuisse, postquam tot præliis congressus esset cum diabolo? Utrum *purpuream,* an *candidam?* Clarissimus enim Beckius de sanctorum martyrum et confessorum memoriis in genere disserens, posuit : « His strenuis Christi militibus atque athletis coronam paratam esse, martyri quidem de rosis purpuream, confessori vero de liliis candidam, juxta Cyprianum, epistola viii, et commentatorem ejus Rigaltium in notis. » Verum, ignoscat mihi quod jam dicam vir doctissimus, non videtur Cypriani epistolam, quam laudat, legisse unquam, vel saltem attendisse. In ea quippe Cyprianus *candidam,* de qua loquitur, *coronam* adeo non propriam fecit confessoribus, adeo non sol's confessoribus proposuit tanquam accipiendam specialiter *de confessione,* ut eam primum omnium proposuerit accipiendam *de opere;* deinde, *singulis fratribus,* seu Ecclesiæ membris; postremo, tanquam illam, « unde jam tum temporis Ecclesia fuerit candida, cum necdum per Decii persecutionem confessores haberet aut martyres, sed solum fratres bonis operibus insignes. » Cyprianicus, de quo agitur, locus illustrior est, quam ut hic nimis necessarius, quam ut, licet paulo longior, non producatur. Sic habet : « Si vos acies vocaverit, si certaminis vestri dies venerit, militate fortiter, dimicate constanter, scientes vos sub oculis præsentis Domini dimicare, confessione nominis ejus ad ipsius gloriam pervenire : qui non sic est, ut servos suos tantum spectet; sed et ipse luctatur in nobis, ipse congreditur, ipse in certamine agonis nostri et coronat pariter, et coronatur. Quod si ante diem certaminis vestri de indulgentia Domini pax supervenerit, vobis tamen manet (malim *maneat*) voluntas integra, et conscientia gloriosa. Nec contristetur aliquis ex vobis, quasi illis minor, qui ante vos tormenta perpessi, victo et calcato sæculo, ad Dominum glorioso itinere venerunt : Dominus scrutator est renis et cordis; arcana perspicit, et intuetur occulta. Ad coronam Dei promerendam sufficit ipsius testimonium solum, qui judicaturus est. Ergo utraque res, fratres charissimi, sublimis est pariter et illustris. Ila securior, ad Dominum victoriæ consummatione properare; hæc lætior, accepto post gloriam commeatu, in Ecclesiæ laude florere. O beatam Ecclesiam nostram, quam sic honor divinæ dignationis illuminat, quam temporibus nostris gloriosus martyrum sanguis illustrat! Erat ante in operibus fratrum candida; nunc facta est in martyrum cruore purpurea. Floribus ejus nec lilia, nec rosæ desunt. Certent nunc singuli ad utriusque honoris amplissimam dignitatem. Ut accipiant coronas *vel de opere candidas, vel de passione purpureas.* In cœlestibus castris et pax, et acies habent flores suos, quibus miles Christi ob gloriam coronetur. » Mala itaque cœlestium coronarum divisio, quam e Cypriano suggerere et stabilire voluit clarissimus Beckius, in « purpureas de rosis martyribus paratas, et candidas de liliis accipiendas a confessoribus : » perinde ac si *candidas* illas Cyprianus tam proprias et peculiares censuerit esse: « Confessoribus, qui a judice interrogati, Christum confessi sunt, neque tamen vel carceres, vel tormenta, nedum ipsum supplicium mortis senserunt, » quam *purpureas* martyribus, qui pro Christo sanguinem fuderunt : cum e contrario in *candidas,* secundum Cypriani mentem, vel strenuissimis confessoribus nihil sit juris, nisi bonis operibus fulgeant; et in *candidas* rursum tantumdem juris competat quibusvis fratribus, modo eximie sancti sint, quantum vel gloriosissimis confessoribus, quibus bona opera non defuerint.

In præsenti. Quid? *sæculo,* an *tempore?* Possit certe τὸ *sæculo* deesse ex nimia librarii properantia; et fatendum majorem aliquam apparere oppositionem inter *præsens sæculum* et *regnum Dei,* de quo proxime in sequentibus, *tamen integra tibi in regno Dei reservatur,* quam inter præsens tempus et idem *Dei regnum.* Sed quia sæpe Græci breviter et eleganter ἐν τῷ παρόντι, pro ἐν τῷ παρόντι χρόνῳ dixerunt, atque itidem Latini *in præsenti* pro *in præsenti tempore,* satius, ni fallor, fuerit similem hoc loco agnoscere locutionem. Cicero, verbi gratia, ad Cœlium : « Hæc ad te in præsenti scripsi, ut sperares te assequi id quod optasses. » — *Tho it was not given to you then.* Versio Anglica; quasi auctoris verba sint, quam licet tunc, vel tempore tum præsenti non acceperis.

Integra tibi pro virtutibus tuis et meritis in regno Dei reservatur. De similis coronæ reservatione exstat insignis locus in secunda Pauli Epistola ad Timot. IV, 7 et 8 : *Bonum certamen certavi, cursum consummavi, fidem servavi. In reliquo reposita est mihi corona justitiæ, quam reddet mihi Dominus in illa die, justus judex : non solum autem mihi, sed et iis qui diligunt adventum ejus.* De causa vero seu ratione, quam noster tangit, illius reservationis (*pro virtutibus tuis et meritis*), dicemus aliquando, Deo dante, in dissertatione singulari, quod ea res fusius tractanda sit.

CAPUT XVII.

Hoc igitur scelere perpetrato. De quo noster scilicet capitibus 12, 15 et 17, seu quo factum, ut *vexaretur universa terra.* Conferant, qui Anglice sciunt, versionem Rever. episcopi Sarisberiensis. *Diocletian being now engaged ento this wicked design, hand having succeeded so well in the execution of it.*

Perrexit statim Romam, Anno nempe 303, PAGIUS, ad dictum annum, num. 2.

Vicennalium diem. Quæ agenda erant ineunte vigesimo imperii anno; quibus Diocletianus, ut clariora fierent, triumphum de Persis huc usque dilatum conjunxit. Rationem temporis ita subducit Baluzius.

In confesso apud omnes esse, Diocletianum imperare cœpisse anno 284 exeunte, quod Petavius luculenter probavit; commotam vero persecutionem anno 303, ex plurimis Lactantii locis constare, ita ut incidat in annum imperii Diocletiani 19, uti fusius eadem disserit vir doctissimus, statim ante acta vicennalia. Edit. Ox. et Cant.

Vicennalia, et id genus festa die natali imperii celebrari solita. Quod si contingeret, ea vel anticipari, vel differri, quod non raro factum, dies similis denominationis cum die natali, quo susceptum fuerat imperium, eligebatur, vel festum die natali collegæ imperii assumebatur. PAGIUS, *ad an. Chr.* 284, *num.* 7.

Vicennalia, observante Maucroixio ad marginem suæ versionis, festum fuerunt multorum dierum, ad celebrandum annum vicesimum regni Diocletiani.

Qui erat futurus ad duodecimum kal. Dec. Hinc Diocletianum tali die, id est, nostro putandi modo, vicesima Novembris, ante 19 annos creatum fuisse imperatorem, memorat tralatio anglica ad hunc locum; et defendit Baluzius. Aliter vero Pagius, ut sequitur. — Posita regula, quam in prima parte diss. Ilypat. statuimus ex Lactantio, lib. de Mortibus Persecutoru n, cap. 17. Decennalia nempe et id genus festa exhibita fuisse vel die natali imperii, vel die natali collegarum, vel saltem die ejusdem denominationis cum eo, in quem Natale imperii inciderat, constat... Diocletianum, qui 15 kal. Octobris imperator dictus fuit, ideo anno 303, *ad duodecimum kalendas Decembres* Vicennalia distulisse, quia hoc anno eodem die Maximianum Herculium imperio Cæsareo exornarat; alioquin non 12 kalendas Decembris, sed 15 kalendas Octobris ea solemnia exhibuisset. Certus itaque nunc dies natalis imperii Cæsarei Maximiani Herculii, quem die vicesima mensis Novembris, seu 12 kalendas Decembris, Cæsarem appellatum fuisse ostendi. PAGIUS, *ad an. Chr.* 284, *nu.* 7, *sub finem* et initio.—Videatur idem ad an. 298, num. 2, ad an. 303, num. 2, et ad an. 304, num. 12.

Cum libertatem populi Romani ferre non poterat. Rectius, *quod libertatem,* etc. Alias enim *posset* pro *poterat* legendum. TOLLIUS.—Imo, sana veteris schedæ lectio; et hic *cum* pro *quoniam,* ut jam ad caput 9, notatum est.

Prorupit ex urbe. Paulo aliter supra in fine capitis 14 : *Tunc Cæsar, medio hyemis profectione parcta, prorupit :* quod nempe absolute positum, et ut illud fere Ciceronis in 2 Catilin.: *Abiit, excessit, evasit, erupit.*

Quibus illi nonus consulatus defer. Is gestus anno 304 : PAGIUS, *ad eum annum, num.* 2.

Ravennæ procederet Consul. Ravenna ad mare Hadriaticum erat; fuitque olim urbs ex primis Italiæ.

Morbum levem ac perpetuum traxit. An sic Latini loquantur, *trahere morbum,* pro incidere in morbum, videant peritiores. *Trahere morbum* iis est morbum producere, protrahere, ut sit diuturnior ; ut *trahere bellum, obsidionem, iter.* Mihi syllaba videtur excidisse, et secundum emendate scribentium consuetudinem scripsisse quoque Lactantium, *morbum levem ac perpetuum contraxit.* GRÆVIUS.—*Morbum levem ac perpetuum traxit.* Scribe, *morbum levem, ac perpetuum contraxit.* BOHERELLUS. TOLLIUS. — Ac. Lego, at. GALE.

Vexatusque per omne iter. Morbo scilicet, cujus mentio præcessit. Eo magis, quod ipsum *vexationis* vocabulum usurpatum supra viderimus a Tertulliano pro morbo, his verbis : « velut illi, qui in partibus verecundioribus corporis contracta vexatione, conscientiam medentium vitant. » Quæ perioche, ne id taceam, antecedentem doctorum mutationem τὸ *traxit* in *contraxit* plurimum juvat.

Sic æstate transacta. Anni nempe Christi 304. PAGIUS, *ad dictum annum, nu.* 2.

Per circuitum ripæ strigæ Nicom. venit. Mendo laborat hic locus. Baluzius tamen nescio qua fretus auctoritate per *ripam strigam* intelligit oram Propontidis. Mihi autem, cum conjecturis agendum sit, videtur verisimilior elici posse ex eo, quod *Strigonium*, Pannoniæ urbs ad Danubium sita, qua fertur versus Pontum Euxinum, paula mutatione depravato loco, aliqualem saltem medelam præbeat. Cui conjecturæ illud imprimis favet, quod Diocletianus non recto cursu, sed *per circuitum* Nicomediam venit. Scribendum itaque *ripæ Strigoniæ*, donec aliud sese offerat cui loco cedat hæc conjectura. SPARKIUS, in edit. Oxon. an. 1680.—Locum hunc mendo laborare credideram. Jam autem meliora edoctus nihil mutandum censeo; cum *Striga* sit vox gromatica, seu Agrimensorum propria, et ab iis, quod in latitudinem, longius fuerit, *scamnum* appelletur, quod in longitudinem, *striga*. In re enim rustica, secundum Festum, sulcum significat qui uno ductu peragitur. Idem SPARKIUS, in Edit. Ox. an. 1684.—*Ripæ strigæ*. Ripæ scilicet *Danubii*, ad quam ait Galerius, Sect. sequente, luctasse se per quindecim annos cum Gentibus barbaris. De vocis *Strigæ usu*, tam gromatico, quam castrensi, vide luculentam doct. Dodwelli dissertationem, ad calcem edit. Ox. Lactantii editam, an. 1684. Hujus *Ripæ Strigæ* memoria hodie constare videtur in *Strigonii* nomine, quæ urbs ad Danubii ripam sita est. Edit. Cant.—*Per circuitum ripæ strigæ*. Hoc est, per ripam Danubii, qui antiquus erat imperii limes, ubi erant prætenturæ Illyricianæ, *Strigæ* dictæ, ut docte ostendit Dodwellus in singulari dissertatione de *Ripa Striga*. PAGIUS, ad an. Chr. 304, num. 2.— *Ripæ strigæ*. Lego, *ripæ Istricæ*, sive de Istro fluvio, sive de Istris ad Sinum Adriaticum intelligas. Diocletianus enim, Ravenna Nicomediam iter moliens, debebat navem conscendere: sed, qui æger esset maluit, ut navigationis incommoda vitaret, per circuitum Adriæ tendere in Venetos et Istros, aut ad ipsam etiam Istri, seu Danubii ripam. BOHRELLUS. — *Per circuitum ripæ strigæ*. *Ripæ Istricæ* Heinsium vere emendasse censeo, ut significet illum per Illyricum, Pannoniam, Daciam, venisse Constantinopolin, indeque, trajecto Bosphoro, Nicomediam. Ripa Istrica, unde *Dacia Ripensis*. Non recta illum contendisse Nicomediam, vox *circuitus* est, indicio, quod significat illum per ambages iter traxisse. GRÆVIUS. — Pro *strigæ*, malim *Istricæ*. GALE. — Legendum *Frigiæ*. VOSSIUS. — Emendandum *Phrygiæ*. Edit. Oxon. anni 1680, pag. 108, atque inde forsan clarissimus auctor versionis anglicæ: *Having come roud the Coast of Phrygia*.

Morbo jam gravi insurgente. Lege: *Morbo jam gravius insurgente*. Ante enim *levis* erat. TOLLIUS. — Levis erat, fateor; et videtur etiam viri docti emendatio non parum firmari duobus Virgilii locis, quorum unus in lib. XII Æn.

Ille manu raptum trepida torquebat in hostem
Altior insurgens.

Alter vero in lib. XI :

Tum validam perque arma viro, perque ossa securim
Altior insurgens oranti et multa precanti
Congeminat vulnus.

Sed vel ob hunc tertium ejusdem libri :

Saucius at serpens sinuosa volumina versat,
Arrectisque horret squamis et sibilat ore
Arduus insurgens.

Servari potest optime vulgata lectio, cum præsertim, sicut in Virgilianis illis exemplis verus ordo verborum est, *insurgens altior, insurgens arduus*, ita quoque in nostro loco non de morbo gravi, eoque insurgente agatur: sed de morbo insurgente gravi, hoc est, qui e levi, quod erat prius, evadebat gravis.

Quodcumque (vel *quocumque*) *se premi videret*. Hic cubat mendum. ALLIX.—*Quodcumque*. Lego : *utcumque*. Editio Oxon. anni 1680.—Lego : *Quo utcumque*. Editio Oxon. anni 1684, et Cantab. post illam. — *Quodcumque se*. Lege : *Quo cum se*. COLOMESIUS. — Emenda: *Quo cum se*, vel *Quo utcumque se*; nam τὸ *Quo* retinendum est. BOHERELLUS. GALE.—*Quodcum-* *que se premi videret*. Hæc nihili sunt. Recte olim Nicolaus Heinsius et Joannes Columbus viderunt legendum esse: *Quo utcumque se premi videret*. Aut forte scripsit: *Quo cum undique se premi*, etc. GRÆVIUS.

Prolatus est. Scilicet lectica in publicum. TOLLIUS.

Ut circum, etc. Glossæ veteres: *Circus et circuitus*; κύκλος ἐν ᾧ ἱπποδρομίαι γίνονται. ἱππικὸς τόπος. Eædem alibi: ἱππικὸς τόπος, *Circus circensis*; ἱππικὸν, *Circum*; ἱππόδρομος, *Circus circensis*, *Circus*; ἱπποδρομία, *Circenses*. Atque hinc sine dubio in anglica versione, pro *Circo*, *the Mippodrome*. In circis tamen, ut id obiter dicam, non equi solum, sed pugiles quoque exercebantur, et alia multa spectacula edebantur. Ovidius lib. IV Trist., Eleg. 9 :

Circus adhuc cessat, spargit tamen acer arenam
Taurus et infesto jam pede pulsat humum.

Idem lib. IV, Fast. :

Proxima vitricem cum Romam inspexerit Eos
Et dederit Phœbo stella fugata locum,
Circus erit pompa celeber numeroque Deorum.

Et Onuphrius Panvinius de Circo, verbi gratia, maximo, qui Romæ erat: «In Circo, inquit, maximo multa spectaculorum genera fieri ab antiquis consuevisse, veterum Annalium Commentaria perscrutanti manifestum erit. Quæ mihi ea accuratius ex iisdem monumentis contemplanti et disquirenti octo sese obtulerunt. Præcipuum et proprium, cursus, sive certamen Curule et Equestre; Gymnicum, seu Athleticum; Pompa; Ludus Troiæ; Venationes; Pugnæ Equestres et Pedestres; Naumachia; et aliquando Ludi Scenici. » Quare melius, ni fallor, Maucroixius vocem *Circi* in sua tralatione retinuit.

Anno post vicennalia repleto. Anno itaque 304, post duodecim, kal. Decembres, cum, ut supra vidimus, Diocletianus imperii sui vicennalia anno 303, ad duodecim kalendas Decembres celebraverit. Ad id autem, quod ille circum, de quo agitur, non anno vicennalium labente; sed jam elapso, dedicavit, ista doctissimi Pagii observatio sic satis pertinet: «Thermæ, templa, atque alia opera publica quinquennii initio de more inchoabantur, [eoque expleto dedicabantur, ut multis exemplis liquet. — » *Repleto*. Præferam, *expleto*. *Tollius*.

Ita languore oppressus. Supple *est*, ex præcedentibus. BOHERELLUS.

Per omnes deos. Id est, per omnia templa preces ad deos supplices funderentur. Vide Sueten. et Plutarchum de Pompeii morbo, atque item Velleium. Eadem phrasi utitur Lactantius cap. 36 : *Qui et sacrificia per omnes deos suos quotidie facerent*: id est, in omnibus templis. TOLLIUS.— Mihi quoque, *per omnes deos*, in utroque loco, et *per omnia templa* in isto capitis 15 : *Judices per omnia templa dispersi*, eodem redeunt; ejusmodi scilicet figura, qua in his Martialis versibus :

Quid petis a Phœbo, Nummos habet arca Minervæ,
Hæc sapit, hæc omnes fœnerat una deus.

Per *omnes deos*, uti magnus monuit Grænovius, intelligenda *omnium deum dona*, sapient a, pulchritudo, potentia, denique, quæcumque alii dii dare dicuntur; et singula *fœnerat*, id est, confert, tribuit *una arca Minervæ*. Sic nunc igitur, imo meliori jure, *omnes dii* omnia sunt templa deorum. Ratio est, quod quotidie non dissimili pacto innumera Sanctorum nomina, verbi gratia, *Sanctum Joannem*, pro templo S. Joannis; *Sanctam Mariam*, pro ecclesia S. Mariæ, et sic de reliquis; imo et in veterum lucubrationibus Μαρίαμ Θεοτόκον, atque etiam in novo Testamento, secundum criticos celeberrimi nominis, τὸν Λὸν, pro Ecclesia Mariæ Deiparæ, et templo Jovis usurpari videamus. Cyrillus in epistola ad Clerum populumque Alexandrinum: "Ἴστε τοίνυν, ὅτι κατὰ τὴν ὀγδόην καὶ εἰκάδα τοῦ Παυνὶ μηνός, ἡ ἁγία σύνοδος γε-

γουν ἐν τῇ Ἐφέσῳ ἐν τῇ μεγάλῃ ἐκκλησίᾳ τῆς πόλεως, ἥτις A *et debitos morti cum tanta cruciasti attentione;* tum
καλεῖται Μαρία Θεοτόκος; « Itaque scitote, sacram Sy- subjecti versus Æn.:
nodum in magna Ephesiorum Ecclesia, quæ dicitur
Maria Deipara, celebratam fuisse die 28, mensis Multa boum circa mactantur corpora morti (*lib.* xı).
Pauni. » Act. xiv, 13 : Ὁ δὲ ἱερεὺς τοῦ Διὸς τοῦ ὄντος Ipse neque adversos dignatur sternere morti(*lib.* xıı).
πρὸ τῆς πόλεως αὐτῶν, etc. « Sacerdos autem Jovis
collocati ante illorum urbem. » Ad quæ verba vi- Quid enim, quod ad Syntaxim, imo quod ad sensum
deantur Critici infra laudati. quoque attinet, differre queant *morti sterni*, seu *ster-*
Pro vita ejus rogareur. Hoc loquendi genus male *nere, morti mactari*, ac *morti sopiri*? Accedant aliæ
reprehendi a Scioppio, hic quoque locus declarat, et locutiones Vulgati Interpretis, in quibus homines vi-
Phædrum optimæ, aut quæ proxima erat optimæ æ- deas modo *morti destinatos*, modo *morti fructificantes*,
tatis Scriptorem absolvit barbarici et plebeitatis nota, et quæ insuper hujus generis.
quam ei affricat, qui dixit : *Damnum haut recusant,* *Nec tamen totam.* Elegans hoc et facetum. Sic
tantum pro vita roga t. Lactantius enim supra suæ *mente et animo imminuti* dicuntur, quibus integer il-
ætatis captum castigatus est Scriptor. Quid, quod lius usus morbo ereptus est. Vide sis Suetonium in
ipse Cicero sic loquitur in oratione ad Quirites de re- Claudio. TOLLIUS.
ditu suo : « Denique pse ad extremum pro mea vos *Demens enim factus est.* Διὰ τὴν τῆς ἀφροσύνης βλά-
salute non rogavit solum, verum etiam obsecravit. » βην, μιᾶς εὐκαταφρονήτου οἰκήσεως καθειργμῷ ἐτιμωρήθη.
Idibus Dec. Anni scilicet 204. PAGIUS, *ad eum an-* Constantini oratio ad Sanct. Coetum, cap. 25.
num, num. 2.
Judicum trepidatio. Id est, *terror*, secundum inter- CAPUT. XVIII.
pretes. Malo ego de crebris illis motionibus et mino- B *Cæsar.* Nempe Galerius Maximianus. PAGIUS. Item
ribus itionibus intelligere, quæ eam quis moribun- versio anglica.
dus est, vel recens mortuus; et cujus mortem alias *Non ut patri gratularetur.* Id est, sicut optime
celari interest, extra illius cubiculum videri con- Maucroixius, *non ut socero gratularetur de restitutione*
sueverunt. Confer quæ supra diximus de nativa τοῦ *valetudinis*. Diocletianus enim socer tantum erat Ga-
trepitandi notione. lerii Maximiani, *quem sibi generum Diocletianus asci-*
Tota civitate, etc. Sic Suetonius in Julio Cæsare, *verat*, uti noster supra, capite 9, locutus est. Unde
cap. 59. « Edidit spectacula varii generis : munus idem paulo post: *Socer quoque eum metuebat acerrime.*
gladiatorium, ludos etiam regionatim urbe tota. » Potestque adeo hic locus, ubi qui mere socer erat,
Donec Cæsar. Hoc est, Versionum supplementa, in historica narratione *pater* vocatur, solvendis va-
sicuti decet, conjungendo, *donec Maximianus Gale-* riis Scripturæ sacræ difficultatibus commode adhi-
rius Cæsar. Is nempe Cæsarum, propter quem, ut- beri, de quibus alias ex professo, Deo dante,
pote Diocletiani generum, magis verisimile erat agemus.
conjecturalem illam Diocletiani mortem celari. *Jam confixerat nuper Maximiano*, etc. Sine dubio
Kalendis Martiis. Anni nimirum 305. PAGIUS, *ad* legendum, *cum Maximiano*. Neque enim Lactantium
an. Ch. 304, *num.* 2. pro genio sæculi sui, ac tam barbare locutum esse,
Prodisset. Ita capite sequenti per geminam con- existimandum est. TOLLIUS. — Si, quod puto, prima
tractionem, *quæsisset, redisse.* manus extitit, *jam confixerat nuper Maximiano seni*,
Morte sopitus animam receperat. Quomodo *morte* C elegantia fuit Latinorum a Græcis desumpta. Græci
sopitus animam recipere potest, nisi vi quadam di- enim non raro inter alia, ἀμφισβητεῖν τέ τινι; ad ver-
vina, ut Lazarus? Aut vocabulum hoc a sciolo, qui bum, *contendere aliquid alicui*, pro contendere cum
nesciebat vim vocis *sopire*, interpositum est perpe- aliquo de aliqua re, dixerunt. Atque ita apud Pro-
ram; aut legendum; *pro mortuo sopitus* : hoc est, pertium, lib. ı, Eleg. 13 :
tamquam mortuus esset, sopitus tantum fuit; cum
pro mortuo haberetur, sopitus tantum erat. *Pro* Non tamen ista meo valeant contendere amori,
mortuo, ut apud Cæsarem, *nihil pro sano loqui.* Apud
Justin. *Victor pro victo fugere visus est. Sopiti* dicun- pro cum mec amore contendere ; plane ut Ovidius in
tur, qui deliquio animi corporis quoque sensum ad Metam. :
tempus amittunt; ut pro mortuis jaceant. Liv. lib. ı :
« Populum Tanaquil alloquitur, jubet bono esse ani- . . . . Antigonem ausam contendere quondam
mo; sopitum fuisse regem subito ictu; ferrum haud Cum magna consorte Jovis.
alte in corpus descendisse : jam ad se redisse. » Qui
locus fere Lactantii geminus est. Tarquinius dicitur *Eumque terruerat injecto armorum civilium metu.*
sopitus fuisse ictu: sed Diocletianus vi morbi sopie- Simili metu, quemadmodum supra ex Aurelio Vic-
batur. Ille dicebatur, *ad se redisse;* hic vere *recipie-* tore audivimus, *Diocletianum quoque imperium po-*
bat animam, quod idem est, ac ad se rediit. Idem *suisse plures olim voluerunt*. Immo, quæ diserta Au-
Livius XLII : « Ad corpus Regis primo amici, dein relii Victoris sententia est : (*Valerius Diocletianus*)
satellites ac servi concurrerunt, tollentes sopitum *imminentium scrutator, ubi fato intestinas clades, et*
vulnere ac nihil sentientem. Vivere tamen, ex calore D *quasi fragorem quemdam impendere comperit status*
et spiritu remanente in præcordiis senserunt, victu- *Romani, celebrato regni vicesimo anno, valentior curam*
rum exigua ac prope nulla spes erat. » Qui somno *reipublicæ abjecit;* quod ea, quæ hic et infra a nostro
sopiuntur, aut vulnere, aut morbo, evigilant et ad se narrantur, non leviter firmat. Aliam abdicationis
redeunt; qui morte sopiuntur, somnum ferreum il- utriusque Augusti rationem, sed eam sane parum velum dormiunt, ex quo nunquam excitantur his in risimilem, affert Theod. Metochita in historia sua
terris. GRÆVIUS. Romana, libro fere extremo.
Morte sopitus, etc. Etsi Vulgata, Judic. ıv, 21, so- *Jam senem esse dicens, jam minus validum, et ad-*
porem non ineleganter cum morte conjunxerit in his *ministrandæ reipublicæ inhabilem*. Saturninus apud Vo-
verbis: *Qui (Sisara) soporem morti socians defecit, et* piscum : *Adde quod omnis ætas in imperio reprehen-*
mortuus est; mihi certam tamen, geminam hujus loci *ditur. Senex est quispiam ? Inhabilis videtur,* etc. Re-
emendationem merito propositam fuisse ab erudits- liqua, quæ hic monenda sint, superius diximus.
simo collega. Sed quid, si interim aliquanto propius *Exemplum Nervæ proferebat, qui imperium Trajano*
ad veterem scripturam legerimus : *Et ille idibus De-* *tradidisset*. Nervam Trajano imperium tradidisse,
cembr. morti sopitus animam receperat? Hoc est, sopi- convenit omnino inter eruditos. Sed utrum id Nerva
tus, ut qui jamjam videretur morti prædæ futurus. semet prorsus abdicando fecerit, an imperium dum-
Favent certe suspicioni nostræ cum illi *debiti morti*, taxat communicando cum Trajano, haud pariter con-
Sapientiæ xıı, 20. *Si enim inimicos servorum tuorum,* sentiunt viri magnæ doctrinæ Dodwellus, Pagius
atque alii. *Abdicavit tunc cum Trajanum fecit* αὐτοκρά-
τορα, inquit Dodwellus in appendice ad dissertationes Cyprianicas, num. 40, et hoc loco clarissimi in-

terpretes : *Il lui allégua l'exemple de Nerva, qui se déchargea de l'empire sur Trajan.* MAUCROIX.—*He set before him Nerva's example, who resigned the Empire to Trajan.* Anglica versio. Contra vero, *non abdicavit*, ait Pagius ad an. Ch. 97, num. 3. Immo, ex Plinio Nervam non abdicasse liquet, et omnia quæ Victor de Nerva scripsit, portentosa sunt ; *et Lactantius'non dixit, Nervam imperium deposuisse*, pergit idem Pagius, num. 4 et 5, quamquam, quod notabile, Victor exerte scripserit in Cæsaribus : *Ubi (Nerva) prospexit imperium nisi a superioribus robustioribusque corpore animoque geri non posse, mense sexto ac decimo semet eo abdicavit* ; et noster itidem hoc capite : *Simul et exemplum Nervæ proferebat, qui imperium Trajano tradidisset. Ille vero aiebat... Nervam... cum pondus et curam tantarum rerum, vel ætate, vel insolentia ferre non quiret, abjecisse gubernaculum reipublicæ, atque ad privatam vitam rediisse, in qua consenuerat.*

Mihi nulla ratione videtur melius dirimi posse ista controversia, quam si hinc imperium, id est, ipsissimam reipublicæ administrationem, sedulo distinxerimus ab Augusti nomine, ab imperatorii corporis protectoribus, ab habitandi usu imperatorum in Palatiis, et si quæ similia sunt ; illinc vero Nervam diverso sensu *abdicasse* et *non abdicasse* posuerimus : abdicasse nempe, quantum ad reipublicæ gubernationem, totum illius gubernaculum committendo Trajano, redeundoque catenus ad vitam privatam ; quo allata modo Victoris verba pertineant *semet eo abdicavit* : non abdicasse autem quantum ad imperatoris nomen, quia illud, vel post memoratam imperii depositionem, servaverit, istum Pliniani panegyrici locum ad eam rem inter alia referendo : *Privatus tibi (Trajane) videbaris quamdiu imperator et alius esset*, Nerva nempe etiamnum *imperatoris* nomen gerens ; neque rursus quantum ad vitæ genus imperatorium, quia illo uti Nerva perrexerit post eamdem Trajani adoptionem ad imperium, vivendo puta cum Trajano in Augustorum palatiis, ob istud alterius Victoris in Epitome : *Nerva Trajanum in liberi locum, inque partem imperii adoptavit : cum quo tribus vixit mensibus.*

Sed, objiciet forsan clarissimus Pagius, si Nerva Trajanum in partem tantum imperii adoptavit, quinam dici poterit Nerva sese toto imperio, hoc est, tota rei publicæ gubernatione, abdicasse ? Quoniam, inquio ego, nolebat, verbi gratia, purpura exui, neque imperatoris nomen amittere, eapropter cum de Trajani adoptione ageretur, professus est Trajanum a se in partem solum imperii adoptari ; etsi integrum reipublicæ pondus in Trajani humeros deponere postea decrevisset, et revera post adoptionem deposuerit : in eo proinde a Diocletiano discrepans, quod non omnia simul et semel, quemadmodum deinceps Diocletianus, deposuerit, imperii scilicet administrationem, purpuram, imperatoris nomen, palatia, et reliqua id genus, sed solas imperii curas et sollicitudines, honoribus retentis. Et vero Diocletianum imperatorum purpuræ, palatiis, et cæteris ejusmodi præroativis, jam inde a prima die abdicationis in perpetuum valedixisse, testes sunt, primo noster capite 19, his verbis : *Huic purpuram Diocletianus injecit suam, qua se exuit, et Diocles iterum factus est* ; tum Eutropius, l. IX, in fine : *Diocletianus privatus in villa, quæ haud procul a Salonis est, præclaro otio senuit ; inusitata virtute usus, ut solus omnium post conditum romanum imperium, ex tanto fastigio sponte ad privatæ vitæ statum civilitatemque remearet. Contigit igitur ei, quod nulli post natos homines, ut cum privatus obisset, inter Divos tamen referretur.* Relatus certe Nerva quoque inter divos, ut constat vel e solo Plinii panegyrico. Sed quia Nerva cum imperatoris titulo et statu, non similiter *privatus*, obierat ; idcirco Eutropius : *Contigit igitur (Diocletiano) quod nulli post natos homines, ut cum privatus obisset, inter divos tamen referretur.* Unde et quæcumque hactenus ad istam distinctionem diximus, Nervam diverso sensu abdicasse, et non abdicasse, validissime confirmantur. Sed de his rursum in sequentibus. Aut sic loca scriptorum in concordiam redigenda sunt, ut tu scite facis, aut fatendum est, illorum sententias sic discrepare, ut alterutri sint hallucinati. GRÆV.

Ille vero aiebat, etc. Nempe Diocletianus. PAGIUS, *ad an Chr.* 297, num. 3. Item interpretes

Aiebat ei indecens esse. Fallor an potius noster scripserat, *aiebat et indecens futurum esse*. Ita jam certe correxit ante nos ex parte Columbus.

Sublimis fastigii. De fastigio principum ac regum extat insignis locus apud Suetonium in Caligula, capite 22 : *Nec multum abfuit qui statim diadema sumeret, speciemque principatus in regni formam converteret. Verum admonitus, et principum et regum se excessisse fastigium, divinam ex eo majestatem asserere sibi cœpit.* Ubi principum et Regum excessisse fastigium, est supra altissimam illam regum dignitatem esse evectum. Sic et apud Curtium, *humanum fastigium excedatis*, est supra summum illum verticem humanæ dignitatis estis elati ; et apud Livium *ejusdem cives fastigii* sunt, qui in eadem alta dignitate sunt constituti. Fastigium itaque in his rebus dignit: s est, ἐξοχή, ὑπεροχή, et alia hujusmodi. Trebellius Pollio in loco, quem ante laudavimus, summam romanorum imperatorum potestatem sublimeque fastigium simili voce *maximum in terris culmen* vocabat. Noster supra Decii *ad principale fastigium*, hoc est Augusteum, *provecti* meminit ; et idem paulo post, hoc capite, Constantini, tamquam *Cæsareo fastigio dignissimi*, mentionem faciet. Ab ejusmodi porro fastigiis occurrunt *duo fastigiatissimi consulares* apud Sidonium, libro I, epistola 9, quasi *fastigiatissimi* ; id est, ex optima Cangii interpretatione, ad suprema dignitatum fastigia educti ; et *fastigiatissima felicitas* apud eumdem Sidonium, libro II, epistola IV, pro suprema.

Minus tutum quod, etc. Non incelebria sunt Syllæ et Augusti consilia et exempla. Adi et infra, capite 20, extremum. TOLLIUS.—Quamvis, ut hic, sæpius periculosum fuerit purpuram deponere, etiam tamen quandoque minus tutum fuit non sumere. Flavius Vopiscus de Saturnino : *Cum cogitare cœpisset, tutum sibi non esse si privatus viveret, deposita purpura ex simulacro Veneris, cyclade uxoria militibus circumstantibus amictus et adoratus est.* Ubi *deposita*, pro dempta et detracta.

In tam longo imperio. Annorum nempe viginti, et amplius.

Quæsisset. Id est, acquisivisset. Simplex pro composito ; ut vel ex eo certum, quod nemo sibi ultro multorum odia conciliet, sed invitus semper sustineat. Confer quæ supra diximus ad caput 1.

Nerva vero uno anno imperante. Nervam amplius quam uno anno imperasse, ad quemcumque duorum Victorum calculum respiciamus, indubium est. *Imperavit* enim *Nerva menses tredecim, dies decem*, ait junior in Epitome. Senior vero de Cæsaribus, uti sane jamdiu codices editi et mss. ferunt : *Quid Nerva Cretensi prudentius, magisque moderatum? Qui cum extrema ætate ad Sequanos... imperium arbitrio legionum cepisset, ubi prospexit, nisi a superioribus robustioribusque corpore animoque geri non posse, mense sexto ac decimo semet eo abdicavit.* Sed, ne multis, posteriore loco scripserat Victor : *(Nerva) mense* XIV *semet eo abdicavit.* Librarius vero, nota numeralI loco mutata, posuit mense XVI tandemque progressu temporis notæ numerales omissæ, scriptumque *mense sexto et decimo*, sicut totidem verbis monuit non nuper doctissimus Pagius, ambos Victores secum eo pacto felicissime concilians. Et deinde, licet jam Nerva ex utroque Victorum loco menses ut minimum, tredecim imperaverit, et decem dies, potuit tamen Diocletianus, quo suum melius generum refelleret, unius tantum anni , mense rotundando , mentionem facere. Præterquam quod, cum locus in quo nunc versamur mendo manifeste laboret, nil obsit quominus auctoris

manus fuerit : *Nervam nonrisi fere uno anno imperasse, et cum pondus,* etc.
Nerva vero uno anno imperante. Lego *Nervam vero uno anno imperantem.* Litteram m sæpe omissam fuisse observare est. BOHERELLUS.— *Nerva... imperante.* Recte qui *Nervam imperantem* præferunt. TOLLIUS. — Malim equidem, si nulla sit opus majori mutatione : *Nervam vero uno anno imperasse,* etc.....
Quiret. pro quo *cuiret* alicubi apud Lucretium per c, et τρισύλλαβον, metri causa.
Abjecisse gubernaculum rei publicæ. Quantum ad curam scilicet, ad sustentationem ponderis tantarum rerum, de quibus noster proxime ante; non vero quantum ad nomen et sedem gubernatoris, prout nos in superioribus.
Ad privatam vitam redisse. Quatenus nempe rem publicam non curabat amplius. Alioquin enim adeo ista curarum depositione privatus factus non est, ut neutiquam *privatus* obierit, sed imperator, sicut ex Victoris Epitome ostendimus.
Si nomen imperatoris cuperet adipisci. Quod necdum igitur Galerius Maximianus adeptus erat, quemadmodum ante colligimus, pluribusque adstruximus.
Augusti nuncuparentur. Qu dni potius *imperatores nuncuparentur* ? Haud alio enim oratio videbatur abitura : *Verum, si nomen Imperatoris cuperet adipisci, impedimento nihil esse quominus omnes Imperatores nuncuparentur.* Respondet duobus verbis Maucroixius ad marginem suæ editionis *Augustum* et *Imperatorem* idem esse, vertente præterea eam ob causam viro clarissimo τὸ *si nomen imperatoris,* etc., tanquam auctoris verba sint, *si nomen Augusti cuperet adipisci ;* similiterque tralatione anglica τὸ *quominus omnes Augusti nuncuparentur* , ac si noster, *quominus omnes imperatores nuncuparentur* , scripserit. Non negandum quin in codice sexcentas hujusmodi præfationes legibus anteceant : *Impp. Diocl. et Maxim. AA. — Impp. Carus Carinus et Numerianus AAA.— Imp. Constantinus Aug.* Sed id ipsum, quod in illis præfationibus seu inscriptionibus Diocletianus, verbi gratia, et Maximianus non simpliciter *imperatores* , sed *imperatores* primum , deinde etiam honoris causa *Augusti* appellati sunt, maxime mihi argumento est scriptum olim fuisse ab hoc auctore : *Verum si nomen Imperatoris cuperet adipisci, impedimento nihil esse, quominus omnes et Augusti nuncuparentur,* quasi dixisset Diocletianus : Non modo per me non stat quominus vel Cæsaribus imperatoris nomen tribuatur, sed non obstat etiam quominus iidem *Augusti* quoque dicantur.
Jam ipse inhiaverat. Malo : *Jam spe inhiaverat.* GALE. — Ex conjectura *inhiaverat* viri docti hic posuere, cum testantur in ms. fuisse *Jam ipse invenerat ;* a quibus minus longe recesseris, si scribas *Jam spe invaserat.* Pro *ipse* Lactantius *spe* scripsisse, ut Columbus vidit, persuasissimum habeo. Sic enim perpetuo loquuntur scriptores, *spe imperium affectare, invadere.* Ipse sane quid hic sibi velit nemo dixerit. Friget minimum. GRÆVIUS. — Legendum *Jam spe invaserat.* Vossius, et, ex ejus indicatione, editio Ox. an. 1680, p. 108, in emendationibus quæ serius occurrerant. Prætulerim, fateor, partim ob veterum scripturam, partim ob commodiorem, ut videtur, sensum, *Jam spe invenerat.* Proponebatur nempe Galerio merum imperatoris nomen adipiscendum : *Verum si nomen Imperatoris cuperet adipisci,* etc.; at ille *jam totum orbem spe invenerat* , hoc est, sperabat jam se totius orbis imperium invenisse, seu mal's, viam qua totius orbis compos fieret. Sic initio capitis 20 : « Maximianus, postquam senibus expulsis, quod voluit effecit, se jam solum totius orbis dominum esse ferebat. Nam Constantium, quamvis priorem nominari esset necesse, contemnebat, quod et natura mitis esset et valetudine corporis impeditus. Hunc sperabat brevi obiturum ; et, si non obisset, vel invitum exuere facile videbatur. »
Cum inde sibi aut nihil præter nomen, aut multum,

PATROL. VII.

etc. Postulat sensus ut legatur : *aut non multum.* Editio Oxon. et Cant. — Ita quoque Tollius et Allixius. Vossius vero, Colomesio teste : *Cum inde sibi aut nihil, aut præter nomen haud multum videbat accedere.* Galeus denique, uti partim oculis cernere, partim animo conjicere est, *cum inde sibi nihil præter nomen et tumultum,* quæque postea. Primam ego correctionem, ut omnium simplicissimam, cæteris præferendam censeo, ni et hanc tamen potius, *cum inde aut sibi nihil præter nomen, aut haud multum...*
Videbat. Lege *videret.* TOLLIUS. — Imo *videbat* sat bene habet, sicut jam dictum est.
Ipsius dispositionem, etc. Id est, ipsius formam regendæ rei publicæ. Edit. Oxon. et Cant.
Ut duo sint in re publica majores. Hoc est, sicut rotunde versio Anglica, *duo imperatores,* iidemque Augusti : *majores* autem cum majusculo *M* exarari volebat Gal.
Item duo minores. Id est, ut nunc sine circuitione Maucroixius, *duo Cæsares ;* addente præterea viro docto in margine, si non Spartiani verbis, saltem secundum Spartiani, sententiam in Ælio Vero : *Cæsares fuere designati Augustæ majestatis hæredes. Les Césars étaient les présomptifs héritiers de l'empire ;* quod et ante ad caput 9 monuerat.
Inter duos. Supple ex sequentibus *pares : Inter duos pares facile posse concordiam servari ;* de *duobus* proprie *paribus imperatoribus* intelligendo : cum Diocletianus Galerio proposuisset ut in posterum *quatuor pares Augusti* existerent, Galerius vero socerum super ea re confutaret.
Ne amplius minor et extremus esset. Hoc est, sicut præcedentia ostendunt, non modo *ne amplius minor et extremus minorum foret,* verum *ne amplius Cæsar et extremus Cæsarum :* unus quippe non e majoribus, qui imperatores, sed e minoribus, qui Cæsares erant ; atque horum etiam non primus, sed secundus quartusque adeo illorum quos tunc temporis Orbis Romanus in principali fastigio constitutos videbat. Vis testem locupletissimum ? Eusebius libro VIII Historiæ Ecclesiasticæ, capite 5 edicti quod Nicomediæ, jubente Diocletiano, Augusto, auctore vero Galerio Cæsare, propositum fuit, mentionem faciens : *Simul ac* , inquit , *edictum contra Ecclesias propositum est, vir quidam minime obscurus... Edictum illud ... tanquam impium ac scelestum manibus suis discerpsit.* Δυοῖν ἐπιπαρόντων κατὰ τὴν αὐτὴν πόλιν βασιλέων, τοῦ τε πρεσβυτάτου τῶν ἄλλων, καὶ τοῦ τὸν τέταρτον ἀπὸ τούτου τῆς ἀρχῆς ἐπικρατοῦντος βαθμόν, id est, *duobus regibus in eadem urbe commorantibus, quorum alter, aliorum respectu, antiquissimus erat , nimirum Diocletianus, alter autem quartum ab illo Imperii gradum obtinebat,* nempe Galerius.
Jam fluxisse annos quindecim in Illyrico vel ad ripam, etc. Hæc Baluzii emendatio in hac secunda illius editione. Veteris enim codicis , ut vir clarissimus monuit, lectio est : *Jam fluxisse annos quindecim Illyrico vel ad ripam...* Quare ita merito excusum in editionibus Paris., Oxon., Cantabrig. ad Aboensi, licet locus utique ejusmodi sit, ut medica manu egeat, quam sic eruditi varie adhibuerunt. — *Jam fluxisse annos quindecim quibus in Illyricum* Cuperus, Gale, Allix. *Jam fluxisse... ex quo in Illyricum,* Boherellus, Dodwellus. *Jam fluxisse... eum in Illyricum,* Boherellus, Gale, Allix. *Jam fluxisse... in Illyrico,* Baluz. *Jam fluxisse... in Illyrico, id est... idem Baluz. Jam fluxisse.... in Illyrico, eum...* Sparkius. Et hæ porro rationes, quas quidam ex illis de suis emendationibus reddiderunt.
Scribendum in Illyrico cum ad ripam Danubii. Scribit Baluzius *in Illyrico,* id est, *ad ripam,* non adeo liquida, ut videtur, verborum structura ; neque enim, uti prius dicit noster, *conflixerat Maximianus sene,* ita illud sustineri potest, *lactaret gentibus barbaris.* Siquidem particula *aut* iterato usurpanda est, quod nos facimus, aut præponenda saltem voci *relegatus* si semel. SPARKIUS *in editione Oxon.* et

Cant. — *Annos quindecim in Illyricum.* Corrige annos quindecim cum in Illyricum : quæ particula ob præcedentem syllabam exciderat. TOLLIUS.

Danuvii. Quomodo supra *Transdanuviana.* Atque ita prima omnium editio, et Aboensis: reliquæ, *Danubii.* Vide Cuperum, ad *Romulam matrem.*

Luctaret. Potius *luctaretur.* TOLLIUS. — Sane sic capite 11, prope finem, *reluctari*, ut omnes loquuntur, non *reluctare*, quo nemo unquam usus, quod sciam.

Scribentis quæcunque locutus fuisset. Nimis concise, ut quod res est dicam, pro *scribentis quæcumque sibi Galerius locutus fuisset*, aut aliquid tale: in eo nempe sermonis conflictu, de quo noster sub initium hujus capitis: apud quem alibi non pauca sunt vestigia vitiosæ brevitatis quam noto.

Ab eo. Hoc est, a Galerio Maximiano, ut in Anglica versione licet legere, et vel modo dicta suggerere poterant.

Lacrymabundus. Et hic ego tantam Lactantio fidem habeo, quantam qui minimam, vel omnino nullam. Totus enim in eo est ut Diocletianum nobis tanquam fœminam, meticulosam describat aut effingat. Sed unde hanc scenam accepit? Miror ego esse tam credulum quemquam, atque Lactantius mendax est. Neque enim verosimile hæc in publica acta relata esse, quæ soli inter se Imperatores agebant. Tum, si intra secretos cubiculi parietes hæc acta sunt, quis lacrymantem vidit Diocletianum? quis hunc mirificum, qui sequitur, dialogum audivit? Credo ego post tapetes Lactantium latuisse, atque ita in pugillares, quæ audiebat, retulisse. Nisi quis eum a servulo hæc accepisse semi-christiano stulte velit suspicari. TOLLIUS. — Bona verba, quæso. Quæ tunc Diocletianus imperator et Galerius Cæsar inter se agebant non egerant *soli*, uti placuit viro docto ponere: sed sive intra secretos cubiculi parietes acta sint, sive non, coram aliquot testibus contigerunt, Constantino certe et Daia, sicut patebit e sequentibus. Atqui illi vel procul distabant tum temporis a Diocletiano et Galerio, vel prope aderant. Si prope aderant, cur petit Tollius: «Quis lacrymantem viderit Diocletianum, et mirificum hujus capitis dialogum audiverit?» Viderunt enim duo illi Diocletianum lacrymabundum, et ejus cum Galerio colloquium audiverunt; et uterque exinde, vel alteruter, quæ viderant et audiverant, plus minus narrarunt. Sin autem (quod, ut ingenue dicam, verisimilius procul distabant, nihilominus tamen, cum intra cubiculum fuerint, potuerunt Diocletiani lacrymas conspicere. Et ut denique rerum omnium quæ a nostro commemorantur, ne γρῦ quidem viderint, vel audiverint, Tollium rogo, annon soleant, quibus semel talia facinora successerunt, gloriari et profiteri, saltem apud necessarios, quid admiserint, imo singula ad minutias usque narrare? Omnino non rarum est. Apud nostrum, exempli gratia, capite 30, Maximianus Herculius spadone, quem Constantinum esse putabat, obtruncato, *prosiliit gloriabundus, ac profitetur quod admiserit.* Quare ad huuc modum (dicere belle poterunt Docti, apud quos noster non amisit fidem) cum Galerius imperium tandem ab invito socero suis artibus extorsisset, amicis, ut illo senem emunxisset, narravit suaviter ridens, et utramque agens personam, unde postea tota res ad nostrum perlata. De reliquo, Diocletianum revera meticulosum fuisse ostendimus alibi suis locis.

Supererat, ut communi consilio omnium Cæsares legerentur. Post illud, quod proxime præcessit et annuentis ægre Diocletiani est, *Fiat, si hoc placet*, perrexerat uno spiritu, quemadmodum sequentia monent, Diocletianus, si non totidem verbis, saltem similibus: « Supererit, ut de communi omnium, id est, tam mei et Herculei Maximiani, quam tui quoque, et Constantii Chlori sententia, filius Herculii Maxentius, et Constantii filius Constantinus, hic præsens, Cæsares legantur; » id est, eligantur. Ibique continuo Galerius: « Quid opus est consilio, cum sit necesse illis duobus placere quidquid nos fecerimus? Ita plane. Nam illorum filios nuncupari necesse est.» Atque ad eam statim responsionem Diocletianus: « Quid ergo fiet? » Galerius vero sine mora, et nominatum primo loco Maxentium intelligens: « Ille, inquit, dignus non est. Qui enim me privatus contempsit, » et quæ postea. Hæc enim germana, integra, nec interrupta series colloquii, cujus partem hactenus vidisti, lector, et reliquæ deinceps succedent. Sed noster, ut melius intelligeretur, quos Diocletianus Cæsares eligendos proposuisset, primum omnium longiusculam illam Diocletiani de novorum Cæsarum delectu propositionem in pauca contraxit, suisque potius quam Diocletiani verbis attingendam putavit, cum si vere Diocletianea essent, ita forent: *Supererit, ut communi consilio omnium Cæsares legentur;* quod contra, *Supererat*, inquit noster, *ut communi consilio omnium Cæsares legerentur.* Tum paulo post quinam intus et in cute propositi essent hac multorum versuum observatione illustravit: *Erat autem Maximieno filius Maxentius*, etc., ita quidem semel atque iterum hujus dialogi seriem inopinato, atque etiam, ne diffitear, parum commode intercidens. Sed quid facias? Rem ita esse manifestum est; idque, scio, non negabunt, qui alio, quo se expediant, confugere voluerint. Adde quod non desunt exempla, cum ejusmodi transitionum ab oratione directa ad indirectam, vel vice versa, tum similium quasi παρενθέσεων, elucidandis quidem rebus sæpissime inservientium, sed et nonnunquam satis incommodarum. Ordo, qui observatur super iis, qui a Saracenis ad Christianorum fidem se convertunt: « Tu ille, qui a Saracenis hodie ad Christianorum fidem accedis, non vi aliqua, vel necessitate, neque dolo, aut simulatione, sed toto animo, corde puro ac sedulo, Christum Christique fidem amante: Renuntio toti Saracenorum religioni, anathematizoque Mohamedem. » Genes. IV, 25: *Cognovit autem Adam adhuc uxorem suam, et pepe it filium, vocavitque nomen ejus Seth : Quia reposuit mihi Dominus semen alterum pro Hebel, quem occidit Cain;* nec aliter capite XLI, 51 et 52, ac rursum I Sam. IV., 20, et sic de aliis.

Supererat, etc. Videtur omnino Maucreixius quo pacto suam hujus loci versionem instituit, ex prima voce *Supererat, Supererit* fecisse, et ex ultima *legerentur, legantur*, in hunc modum: *Supererit, ut communi consilio omnium Cæsares legantur.* Sed multiplici illa correctione prætermissa, si ita simpliciter perrexit Diocletianus, hoc est, absque vel minima Maxentii et Constantini designatione, Maxentii nempe, quoniam filius erat Herculii, Constantini vero, quoniam filius erat Constantii Chlori, quomodo potuit illico Galerius regerere: « Quid opus est consilio, cum necesse sit, illis duobus placere, quicquid nos fecerimus ? Ita plane. Nam illorum filios nuncupari necesse est?» Hæc enim evidenter innuunt Diocletiani de novorum Cæsarum delectu mentionem minime vagam fuisse et generalem : sed certos certorum hominum filios indigitatos fuisse Galerio, eosque præcise qui jam a nobis plus semel suis nominibus appellati sunt, et a primo etiam editore nobiscum, sicut suo loco observabimus. Sit itaque hujus lectio, quod et reverendissimo episcopo Sarisberiensi visa est, integra : spectetur vero locus ipse, non tanquam pars responsionis Diocletiani ad Galerium, sed tanquam hujus auctoris verba Diocletianeam illam propositionem suo modo repræsentantis. Præter quam quod admodum possibile sit, ut proxime post istam periodum: *Supererat, ut communi consilio omnium Cæsares legerentur*, subnexum quondam fuerit a nostro: « Id enim continenter tetigerat Diocletianus; quin et memoratis in eam rem Maxentio filio Herculii, atque Constantino filio Constantii. Sed alter repente: Quid opus est consilio, cum sit necesse, etc. »

Deficiunt certe haud raro in manuscriptis codicibus

non voces solum, sed quandoque versus, interdumque plures, velut docti norunt.

Communi consilio omnium. Firmantur quæ jam ad has voces diximus, versione Anglica, *by the concurring advices of all the four, communi illorum quatuor consensu;* cum non alios, palam intellexerit ejus auctor, quam quos Diocletianum, Herculium, Constantium et Galerium vocitavimus. Confer Eusebii locum de martyribus Palæstinæ, in quo Procopius a præside jussus libare quatuor regibus, τοῖς βασιλεῦσι τέσσαρσι σπένδειν, illi ipsi quaternioni libare jubetur.

Quid opus est consilio, etc. Galerii verba Diocletiani propositionem respuentis, sicut clarissimi interpretes plus minus explanare non obliti sunt. — Legendum : *Quid opus est, inquit, consilio?..* GALE.

Illis duobus, Maximiano Herculio et Constantio. TOLLIUS. — Item versiones, aliis verbis.

Ita plane. Nam illorum filios nuncupari necesse est. Sequitur ergo perspicue (quod optime vidit Baluzius : sed alii obscurani, propter quos hæc retractanda) propositum fuisse a Diocletiano, ut filius Herculii Maxentius, et Constantii filius Constantinus fierent Cæsares, ne principum filii privati viverent. Et manifestum quoque non esse igitur ea verba Diocletiani, sicut credidi. Maucroixius, vel hujus Scriptoris, quod alter celeberrimus interpres censebat, sed Galerii Diocletianeum illud consilium deridentis. Et vero nonne, ut Diocletiano possent tribui, oporteret, verbi gratia, præcessisse: « *Quid opus est consilio,* cum futurum sit illis duobus gratissimum quicquid nos fecerimus? » Et nonne rursus, ut huic auctori cum aliqua veri similitudine tribui possent, sic saltem esse deberent: *Atque sane illorum filios nuncupari necesse erat;* cum verbo, inquam, temporis imperfecti, quod historico sium de re præterita judicium interponenti convenirel. At habemus e contrario per præsens : *Ita plane. Nam illorum filios nuncupari necesse est :* quod jam nulla ratione judicantis historici quæ vi esse, sed evidenter hominis alterum cum somnis excipientis sermo est.

Erat autem Maximiano, etc. Seni nempe, ut recte interpretes supplexerunt.

Maxentius. Ferus audit apud Aurelium Victorem, et *inhumanus, nulli carus, ne patri aut socero quidem Galerio.* Edition. Oxon. et Cant.

Hujus ipsius Maximiani gener. Hoc est, hujus gener ipsius Maximiani Cæsaris, de cujus cum Diocletiano conflictione nunc agitur, ait facile noster Cecilius. Qui quanto tamen melius scripsisset: *Erat autem Maximiano seni filius Maxentius, junioris Maximiani gener;* quæ vis anglicæ versionis. Vel, *Erat autem Maximiano seni filius Maxentius, Galerii gener,* quomodo Maucroixius interpretatus est.

Solitus sit adorare. Id est, vertente Maucroixio, *honorare.* Quam interpretationem, etsi nostrarum partium hominibus non inutilem, qui similem minimum jamdiu et merito in multis Veterum locis, proposuerunt, et contra adversarios defenderunt, hic tamen nullo modo possumus admittere, ob delatum olim aliquot imperatoribus adorationis honorem proprie dictæ. Aurelius Victor in *Cæsaribus* : «Diocletianus primus omnium Caligulam post Domitianumque Dominum dici passus, et adorari se appellarique uti Deum. » Vopiscus in *Saturnino* : «Cum cogitare cœpisset, tutum sibi non esse, si privatus vixerat, deposita purpura ex simulacro Veneris, cyclade lyoria militibus circumstantibus amictus et adoratus est; » ea vice scilicet, cum Diocletianus voluerit perpetuo adorari. Adde tralationem anglicam : *he would not pay the wonted respect of adoration.* Dubitavi aliquando, a non vulgata lectioni *solitus sit,* præferri deberet, alteram, *solitus esset,* eaque facile ex usu et sit censuela. Judicent docti.

Constantinus, sanctissimus, etc. Elogium longe Christianismo antiquius. Cicero Philipp. XIII : « Ignorans (Antonius) quæcumque falso diceret in sanctis-

A simum adolescentem (Cæsarem), ea vere recidere in memoriam pueritiæ suæ. » Idem pro Flacco : « Quem vos modestissimum adolescentem, provincia maximæ sanctissimum virum... cognoverunt. » Et ibidem rursus : « Homines sunt tota ex Asia frugalissimi, sanctissimi, a Græcorum luxuria et levitate remotissimi. » Quæ postrema exempla ideo magis afferenda mihi visa sunt, quod cum illa, quid per *sanctissimum* seu *virum,* seu *adolescentem* intelligere oporteat, non obscure moneant, hominem nempe singulari virtute præditum, quod et proprio sonat versio anglica in nostro loco, in eodem tamen Maucroixius diversissima notione *adolescentem magnæ spei* verterit.

Illo fastigio dignissimus. Id est, alto illo Cæsareæ dignitatis gradu, in quem novos homines promoveri opus erat.

A privatis et optaretur. Imo potius, *a privatis exoptaretur.* GALE. — Quod et ego jam pridem legendum conjeceram.

B *Eratque tunc præsens.* Clare audiat Tollius. Nam non soli ergo agebant inter se imperatores quæ in ea Galerii aggressione tractarunt. Scio, secundum utramque tralationem, Constantinum fuisse duntaxat alicubi præsentem *in aula Diocletiani;* hoc est, inter aulicos, in loco plus minus distante ab eo, ubi de istis socer ac gener disceptabant, non vero in eodem cum illis. Sed quorsum hæc aut illa verborum adjectione absentem facere Constantinum a colloquii loco, cum ex auctore nostro, si ut extat sumatur, fuerit manifeste in eo ipso præsens, neque ulla etiam afferri possit ratio, cur non æque præsens extiterit ibi loci, ac Daia, quem mox Galerius indigitabit suo socero?

Quid ergo fiet? Diocletiani verba ; nostro nempe, sicut ante monui, redeunte nunc ad reliquam cœptæ disputationis seriem, post prolixam satis digressionem, in qua curiose explicandum crediderit, quos breviter Cæsares Diocletianus Galerio nominasset de communi omnium sententia legendos.

C *Ille,* inquit, *dignus non est.* Hæc jam verba Galerii, per *illum,* de quo loquitur, Maxentium intelligentis. *Ille... dignus non est.* Scilicet Maxentius. TOLLIUS. — Recte ; optimeque etiam interpretes, qui pronominis loco, nomen ipsum substituerunt. Quod cur Galerius itidem non fecerit, si quis roget, responsio est, non fuisse pariter necesse, quoniam cum directa Diocletiani propositio, quam noster partim suppressit, partim in indirectam mutavit, hæc propemodum fuisset : « Supererit, ut communi omnium consilio Herculii filius Maxentius, et Constantii filius Constantinus Cæsares legantur : » potuit paulo post Galerius super Maxentio sine ulla sermonis obscuritate, *Ille dignus non est,* regerere, quia qui primus nominatus fuerat a Diocletiano Maxentius erat.

Hic vero et amabilis est, etc. Responsio Diocletiani pugnantis jam tantum pro Constantino, quem Diocletianus, quo tempore *Hic vero* et reliqua reponebat,
D digito monstrabat, præsentem quippe, sive propius adstaret, sive non. De illo certe Diocletianus ut præsente loquebatur, si non simul Constantinus ostendebatur. Quare nollem, interpretes Constantinum nominare maluissent, quam vim pronominis servare et exhibere.

Ut patre suo melior et clementior judicetur. Id est *ut vel suo patre meliar,* etc., quod optime explicatum a Maucroixio. Nam revera Constantini pater Constantius bonus fuit princeps ac mitis. Noster capite 20 : « Constantium, quamvis priorem nominari necesse, contemnebat, quod... natura mitis esset, etc. »

Illumne saltatorem, temulentum, etc. Invidiosissima hæc et a scena petita. Ita Clitipho apud Terentium Heautontim. extremo. TOLLIUS.

Fideliter præbuit. Leg. *præfuit.* Editio Oxon. ar. 1680, p. 108, in emendationibus, quæ serius occurrerant. Item Gale, Allix. Aliter Cuperus, Columbus.

Misi ad Maximianum. Subaudi Herculium, vel senem, cum interpretibus.

Ut ab eo induatur. Juvenalis, *Dictatorem induit uxor.* GALE. — Cætera, quæ hic opus sunt, petenda e Baluzio, Cupero et Columbo.

Ostendens Daiam. Qui tunc igitur ipse quoque præsens erat, et sub eorum oculis, si non manibus.

Daiam. Aurelius Victor : « Sorore Armentarii genitus, veroque nomine ante imperium Daza dictus. » Edit. Oxon. et Cant. Adde Baluzium et Columbum. Tralatio anglica.

Adolescentem quemdam semibarbarum. Inclinat multum animus, ut credam, scriptum potius fuisse a nostro : « Adulescentem quemdam semibarbatum. » Noti *barbatuli juvenes* Ciceronis in epistolis ad Atticum, et distinctio *barbatorum* a *barbatulis* apud eumdem in oratione pro Cœlio. *Adulescens* autem pro *adolescens*, occurrit sæpius in Veterum monumentis.

Maximinum. Vide Baluzium, ad *jusserat Maximinum* ; item ad *ostendens Daiam*.

Jam et ipsi. Legendum : *Nam et ipsi.* GALE. — Item reverendissimus episcopus Sarisberiensis, ut ex hac illius versione apparet, *For Diocletian*, etc. ad verbum : *Nam et ipsi Diocletianus.*

Nomen ex parte mutaverat hominis causa. Legendum : *ominis causa.* Edit. Oxon. et Cant., quas secutus est Galeus. — Loco horum verborum, *hominis causa*, legendum cum editione anglicana, *ominis causa*. Quare ex hac emendatione, quæ certissima est, discimus, Diocletianum, quando Galerium Armentarium hoc anno 292 Cæsarem renuntiavit, ei nomen ex parte mutasse, eumque Galerium Maximianum fausto, ut sibi videbatur, omine vocari præcepisse, quia Maximiani cognomento Herculii erga se fides nunquam defecerat. Quo exemplo motus Galerius Maximianus anno 305, quo Daiam Cæsarem dixit, huic ex toto nomen mutavit, eumque de suo nomine Galerium Maximinum appellari voluit. Galerius enim Maximinus *sorore Armentarii progenitus, vero nomine ante imperium Daza dictus*, inquit Victor in Epitome. Indeque factum, ut nec Armentarii, nec Dazæ nomina in nummis, inscriptionibus, cæterisve monumentis publicis unquam legantur. PAGIUS, *ad annum Christi* 292, *num.* 2, *et* 304, *num.* 3.

Quia Maximianus. Nempe Herculius. PAGIUS, *ad annum Christi* 304, *num.* 3. — *Quia Maximianus.* Forte, *quia Maximiano*, etc. BOHERELLUS.

Tu videris. Formula improbantium aliquid. Nil frequentius apud Tertullianum et hujus sæculi scriptores. TOLLIUS.

Accesserit. Potius, acciderit. GALE.

CAPUT XIX.

Proceditur, etc. Hoc est, cum magna pompa, et quales, verbi gratia, in consulum processibus spectari solebant, exierunt Nicomedia Diocletianus et Galerius Maximianus prima die maii, versus locum, de quo mox noster post paucula. Confer Cuperum, ad *procederet consul. Proceditur*, pro *procedunt*; principes nempe modo nominati cum suis. Sic in sequentibus , *Eo pergitur*, pro *eo pergunt*, simili sensu ; et sub finem capitis, *Tum descenditur*, pro *Tum descendunt* : quibus alia multa possent adjici. — *Tout étant arrêté, le premier de mai l'on en vint à l'exécution.* MAUCROIX. Quasi dicas, quod ita constituerant, kalendis maiis ad rem contulerunt. — *All things being thus concerted in secret, on the first of may this great affair came to be declared.* Versio anglica. Ac si nunc latina sint, quæ cum ea ratione secreto constituta fuissent, kalendis maiis aperte ac palam facta sunt. Quorum sensuum vereor valde ut alteruter possit placere.

Constantinum omnes intuebantur. In ipso nempe processu, hoc est, dum iter adhuc haberetur in lo-

cum proxime describendum, sparso in vulgus rumore, novos ea die Cæsares creatum iri. Atque omnes hic, ut alibi sæpius, sunt *plerique omnes* : risi quod nunc intelliguntur plerique omnes eorum qui comitabantur principes, et illos eo, quo pergebant, deducebant.

Nulla erat dubitatio. Quin scilicet Constantinus fleret Cæsar; quod novum nimiæ brevitatis exemplum in hoc scriptore, recteque adeo vitatum ab interpretibus. *Personne ne doutait de son élévation.* MAUCROIX. — *Not doubting but the nomination must fall on him.* Tralatio anglica.

Priores militum. Imo, *primores militum*, ut capite 21, *primores etiam civitatum*, etc. Gale et Columbus.

Extra civitatem. Extra Nicomediam. *Maucroixii* versio. Quod Pagius firmat.

In cujus summo Maximianus ipse purpuram sumpserat. Id est, Maximianus Herculius, qui usque ad annum 286, Cæsar fuerat, et eo anno, rerum publicarum necessitate exigente, Augustus dictus, et tribuniliæ potestate exornatus, ut ex antiquis lapidibus constat. Facta ea nuncupatio die kalendis aprilis, ut in Fastis Idacii legitur, idque Nicomediæ extra civitatem ad millia fere tria, ut nos docet Lactantius, libro de Mortibus Persecutor. capite 19, ubi de abdicatione Diocletiani et ejusdem Herculii loquens, ait : « Erat locus altus extra civitatem ad millia fere tria, in cujus summo Maximianus ipse purpuram sumpserat, etc. » Prope Nicomediam itaque ea nuncupatio facta, ut, antequam liber de Mortibus Persecutorum lucem vidisset, collegerat clarissimus Norisius ex l. 6, *De fide instrum. dat. Nicomediæ* 13 *kalendas februarias Maxiano* II, *et Aquilino* : hoc nempe anno 286 quo Maximianum kalendas aprilis Diocletianus Nicomediæ in Hibernis morans, ac bellum adversus Persas ibidem adornans Augustum renuntiavit. PAGIUS, *ad an. Chr.* 286, *num.* 2.

Maximianus ipse. Id est, Armentarius. Edit. Oxon. et Cant. Quæ proinde non Maximianum Herculium cum Pagio et Norisio, sed Galerium cum Maucroixio intellexerunt. Vide, ut nostri breviloquentia eruditos in contrarias partes egerit ; quamque adeo vere scripserit Horatius : *Brevis esse laboro ; obscurus fio*. In Maucroixii revera tralatione ne nomen quidem *Maximiani* cernitur, verum unica *Galerii* appellatio. *Au haut de laquelle Galérius avait été honoré de la pourpre.*

Purpuram. Adjicit versio anglica, *imperatoriam ; the imperial purple*, sive eo tantum consilio, ut hic loci de Herculio Maximiano imperatore sermonem esse sciamus, non de Galerio Maximiano Cæsare ; sive simul aliquid discriminis ponendo inter imperatorum purpuram, et purpuram Cæsarum.

Cum Jovis signo. Id est, *cum Jovis statua*. Ambo interpretes, a quibus merito non alius abit Cuperus.

Concio militum convocatur, inquit senex, etc. Locus indubie mendosus:, et cujus correctio multiplici ratione a viris doctis tentata, ut nostro modo exhibemus :

Concio militum convocatur. In qua senex cum lacrymis alloquitur milites. Edit. Aboensis. — *Convocatur. Recipit senex cum lacrymis. Alloquitur.* Anonymus ad Col. — *Convocatur. Consurgit senex cum lacrymis; alloquitur.* TOLLIUS. — *Convocetur, inquit senex cum lacrymis. Alloquitur.* GALE.

Inquit senex. Alii (nimirum Columbus) *in qua senex*, scilicet concione: sed verbum asyndeton desideratur, uti narratio postulat. Lege igitur, *consurgit senex.* TOLLIUS. — Qui aliter, credo, pronuntiasset, si ultimam conjecturam vidisset.

Alloquitur milites se, etc. Potius, *alloquitur milites, se invalidum esse*... GALE.— Posita cæteroqui, quam nunc representabamus, distinctione post *lacrymis.*

Requiem post labores petere. Elegantius, puto, fuisset, *se requiem*, etc. Mirumque ni τὸ *se* a postrema præcedentis vocis syllaba fuerit absorptum.

Summa omnium expectatio quid, etc. Distinguit editio Aboensis, *Summa omnium expectatio, quid afferret;* quo et pacto interpungeba. clar. Galeus.

Pronuntiat Severum et Maximianum Cæsares. Severus et Maximinus anno CCCV Cæsares nuncupati sunt, non vero anno currenti (306), ut ex iis, quæ anno 304, diximus, certum redditur. Præterea ea creatio non in Italia, ut perperam Socrates, quem Baronius sequitur, sed *Nicomediæ* facta, ut ibidem ex Lactantio lib. de Mortibus Persecutorum ostendi. Una itaque eademque die, scilicet kalendis maiis anni 305 *Diocletianus et Herculius* abdicarunt, et *Galerius* ac *Constantius* Augusti, *Severus* vero ac *Maximinus* Cæsares appellati, ut eo in loco demonstratum. Errarunt tam Socrates et Theophanes, quam Eutropius, qui scribunt, Galerium utrumque non creasse, nisi postquam in Italiam advenavit. Errat et Idacius in Chronico, dum abdicationem anno 304, kalendis aprilis factam dicit, quæ omnia ex iis, quæ jam in medium attulimus, certa sunt. PAGIUS, *ad an. Ch.* 306, *num.* 4.—Adde eumdem ad an. 304, num. 5 et 6, itemque Baluz.

Obstupefiunt omnes in tribunali. Constantinus astabat susum. Mea sententia, longe melius cum Columbo atque anglica versione post *omnes*, simul vero nobiscum post *astabat* distinxeris, in hunc modum: *Obstupefiunt omnes. In tribunali Constantinus astabat. Sus.....* Ratio prior s distinctionis videri ex parte potest apud Columb, ex parte autem, hujus capitis initio his verbis: *Constantinum omnes intuebantur..... Milites qui aderant, et priores militum electi et acciti ex legionibus, in hunc unum intenti gaudebant*, etc. Posterioris rationem proxime subjicimus.

Susum. In superiori parte. *Susum* veteres dicebant, pro *sursum*. Edit. Ox. et Cant. post Baluzium ex Dufresnio.—*Susum.* An *sursum?* Id probabile. ALLIX. — *Susum.* Ita Veteres, pro *sursum*. PAGIUS. — Mihi neque *astabat susum*, neque *astabat sursum* legi posse videtur. Quoniam si alterutrum, legeretur, adstitisset ergo Constantinus in superiori parte tribunalis, uti explicant. At quomodo potuisset hoc obstaculo esse, ne Daia, qui Galerio Maximiano a tergo erat, in medium protraheretur? Repelli enim oportuit Constantinum, quo ic fieret, pergente mox nostro: *In conspectu omnium Maximianus manum retrorsum extendens protraxit a tergo Daiam, Constantino repulso*, etc.... *constituit in medium*. Patet omnino, Constantinum nequaquam in superiori parte tribunalis, ut viri docti per suum *susum* vel *sursum* intelligunt, adstitisse: sed adstitisse proprie, id est, dextrum vel sinistrum Maximiani nostri latus clausisse; adeo ut Daia, qui a tergo aderat, non posset commode in medium protrahi, nisi repulso prius Constantino. Præter quam quod, cum superiorem tribunalis partem memorant, planissime innuunt tribunale fuisse declive, seu devexum, et in anteriori portione Diocletianum sedisse vel stetisse cum Galerio, a tergo vero Daiam. Quæ hypothesis non allatam tantum difficultatem plurimum auget, sed inde prorsus improbabilis est, quod, ut res sunt, palam sit, Diocletianum non alibi purpuram deposuisse, quam ubi Maximianus ipse sumpserat, de quocumque tandem Maximiano volueris intelligere. At, quod jam vidimus, sumpserat illam alteruter *Maximianus* in summo loci alti, tribus millibus a civitate distantis; eodemque, ut novi Cæsares pronuntiarentur, perrectum est: ibidemque adeo tribunale non declive sane constructum, sed pro situ loci rectum planumque, absque omni parte superiori vel inferiori. Debet ergo τὸ *susum* schedæ veteris connecti, quale est, cum sequentibus, si quis ex illo sensus confici possit, quod non credo; vel in aliquid aliud mutari, secundum exempla quæ mox, et post pauca iterum, subjiciemus.— *Susum.* Lego *confusus*, ut sit, *Constantinus astabat confusus*. GALE.

Sciscitari, vel *hæsitare*, etc. Legendum, *instare.*

A VOSSIUS.— *Sciscitari* est a conjectura viri doctissimi (Baluzii nimirum). Ms. *stare*, et in margine *hæsitare*. Scripturam quæ in margine habetur, non damnem. Est enim *hæsitare* Latinis dubitare. Cum *inter se*, hoc est apud se, in animis cubitarent. *Sciscitari* nimis longe a vestigiis veteris codicis abest. GRÆVIUS. — *Sciscitari.* Rectius illud, quod eruditissimus Baluzius in margine codicis reperit, *hæsitare*. Vix enim hic sciscitationi locus est ob principum reverentiam silentium imperantem. Puto autem excidisse voculam *illi*, ut fuerit: *Hæsitare illi intra se.*
TOLLIUS. — De sciscitatione quid vir doctissimus dicat, audio, nec contra hisco. Sed si ob principum reverentiam nullus erat locus *sciscitationi*, erat certe *susurrationi*. Quare jamdiu ex duabus vocibus *susum stare* conficiendum credimus *susurrare. Tunc repente pronuntiat Severum et Maximinum Cæsares. Obstupefiunt omnes. In tribunali Constantinus astabat. Susurrare inter se, num Constantini immutatum nomen esset.* Quasi aliis verbis noster scripsisset, concionem totam miris modis ad Severi et Maximini nomina obstupuisse: cum videlicet non Constantinum, in quem unum pau o ante intenti gaudebant, optabant, et vota faciebant, renuntiari Cæsarem audivissent, sed Severum, et nescio quem Maximinum; continenter vero, eo ipso quod neminem, qui Maximinus appellaretur, cognoscerent, et Constantinum ad alterutrum latus Galerii adstantem viderent, in suspicionem venisse de mutato forsan *Constantini* nomine in *Maximinum*, simulque susurrasse inter se: « Num Constantini nomen mulatum est, et ille deinceps Maximinus vocandus? » Favet egregie versio Anglica. *All people were amassed; and since Constantine was standing by, some began to ask whether he had changed his name into Maximin.*

Protraxi, a tergo. Non dissimiliter Livius, libro VIII, de Bello Punico: *Nudi in medium protrahebantur.* Sunt enim proprie in istis exemplis *protrahere* et *protrahi*, antrorsum trahere et trahi; *tirer en avant*, in quiunt quotidie nostrates. Nec alia vis ejusdem præpositionis in *progredi* apud Ciceronem, ubi post Quintum Fabium Labeonem, seu quem alium, dicit, « ut regredi, quam progredi mallent; » vel inferius apud nostrum capite 11 in *promoti*: « Ac ne impetu populi de carnificum manibus raperentur, promoti militari modo, etc. » Locum vide et notas.

Et exutum vestem privatam. Ita hodie Baluzius, pro, *et exuto vestem privatam*, quæ veteris codicis lectio, eaque prima vice a viro clarissimo repræsentata, et post illum a reliquis editoribus. Hinc natæ quæ sequuntur emendationes cum adjunctis notulis. — Lege, *Exutum.* Hoc enim refertur ad Maximinum, BALUZIUS, *ad calcem edit. Paris.* — Lege, *Exutum.* Refertur quippe ad Maximinum sororis Galerii filium. *Editio Ox. an* 1680. Item *Cant. an.* 1685. — Lege, *Exutum veste privata;* refertur quippe, etc., ut modo. *Sparkius, in edit. Oxon.* 1684. — Sparkium omnium melius emendasse, indicant proxima ista, *purpuram... qua se exuit.*

Constituit in medium. Quidni potius *constituit in medio*, sicut tot locis apud Ciceronem, et alios, *ponere in medio, proponere in medio*, et sexcenta id genus? Videtur sane ultima littera vocis *medium* originem suam primæ litteræ sequentis vocabuli debere, quod mirari est.

Huic purpuram Diocletianus injecit suam, qua se exuit. Purpuram Nicomediæ deposuit Diocletianus ipsis kalendis maiis anni 305, teste Lactantio, cui etiam consentit sui oblitus Eusebius... Quanquam autem instar omnium unus sit habendus Lactantius, sunt tamen et alia, quæ fidem ejus hac in causa commendant. DODWELLUS, *dissert. Cypr.* XI, *num.* 73. — Unde tu, quænam alia intelligat et afferat, debes petere: longiora quippe, quam ut huc transcribantur.

Huic purpuram, etc. Purpuram diximus deposuisse Diocletianum A. D. 305 aprilis 1, si Idatium, maii 1, si Lactantium audiemus. Eodem illo die factus est

Cæsar Maximinus. Eadem enim purpura, qua se exuit, illum induit Diocletianus; quod factum etiam innuit Lactantius in alio Cæsare Severo a Maximiano Herculio. Et tamen alium illi ab utrisque natalem tribuit Eusebius Novembris 20 eumdem scilicet, quem Diocletiano Lactantius; nisi forte quid mysterii illis verbis subesse suspicemur, κατὰ τὴν λεγομένην αὐτοῦ γενέθλιον ἡμέραν, quasi *diceretur* duntaxat, non item *vere* fuisset ejus natalis..... Certum e Lactantio, uno eodemque non anno modo, sed et die deposuisse Diocletianum, suscepisse Maximinum. DODWELLUS *eadem dissert.* Cyp. xi, *num.* 78.

Diocles iterum factus est. Redeundo nempe ad vitam privatam, quam ante imperium, et cum adhuc *Diocles* vocaretur, duxerat. Sed simulne Diocletianus, ut in anglica versione traditur, ad antiquum nomen rediit adeo ut nollet amplius nisi *Diocles* appellari? Aut num etiam post imperii abdicationem a se vel ab aliis *Diocletianus*, ut in isto Hieronymi loco, vocatus est : *Diocletianus haud procul a Salonis in villa sua Spalato moritur*? Digna res certe, in quam penitissime inquirat clarissimus episcopus Meldensis, Bossuetus, qui uno loco, *fatalem numerum bestiæ Apocalypticæ in Diocletiani nomine reperiri posuit,* alibi vero, eumdem ex numeralibus litteris τὸ *Diocles Augustus* eduxit, atque oculis subjecit in hunc modum, *DIoCLes AVgVstVs*, DCLXVI. Mihi constat, nullum unquam fuisse proprium nomen Diocletiano, sive dum adhuc foret privatus, sive postquam imperio potitus est, sive denique post imperii abdicationem, in quo, si ad numerales Latinorum litteras et celeberrimi præsulis methodo respiciatur, fatalis, quem vocat, numerus inveniatur. Et vero ante imperium, ut noster supra ponebat, vocabatur *DIoCLes* in qua voce numerales litteræ, quas ideo majusculas excudi curavimus, conficiunt duntaxat DCLI. Post imperium autem, his est, imperium adeptus, haud amplius *Diocles*, sed *Diocletianus*, ut omnes norunt, appellabatur : cujus rei vel hic scriptor eximius testis, apud quem quoties de rebus ad imperium Diocletiani pertinentibus agitur, *Diocletianus* ubique nuncupatur, nuspiam *Diocles*. Vide capita 7, 9, 12, 14, 17, 18, et hoc ipsum paulo ante. Sed jam ex nomine *DIoCLetIanVs* nullo pacto numerus DCLXVI, verum hic tantummodo DCLVII, emergere potest. Ac denique post deposiiam a Diocletiano purpuram, vel is iterum prisco more *Diocles*, vel adhuc secundum recentiorem appellationem, *Diocletianus* nominabatur; quæ ambo, sicut apparet è præcedentibus, nunquam erunt explendo bestiæ numero sufficientia.

Scio, si ex integris Meldensis episcopi hypothesibus(1) addita semel fuerit privato nomini *DIoCLes* dignitatis vox *aVgVstVs*, apparitura repente, sicut loquitur, numerum DCLXVI. Sed ne multa, quis in hoc argumento ferre possit dignitatis vocem *aVgVstVs* aliter conjungi et repræsentari litteratis hominibus, quam sit ex omnibus veterum monumentis copulanda et exhibenda , in quibus scilicet nuspiam, contra quam falso innuit vir doctissimus, invenias de Diocle imperium adepto, *Diocles Augustus*, sed vel *Diocletianus Augustus*, ut apud Spartianum : *In animo mihi est ,* DIOCLETIANE AUGUSTE, *tot principum maxime,* etc. Quibus paria apud Capitolium in fine Veri et Macrini invenies, vel *imperator Diocletianus Augustus,* quomodo semper in codice tituli legum, quas Dio-

(1) Le nom de Dioclétien avant qu'il fût empereur était Dioclès. Il s'appellait Dioclès avant son empire (*Lact. de Mort.* 9). Et ensuite il quitta la pourpre et redevint Dioclès (*Ibid.* 19). Pour en faire un empereur, qui est ici ce que saint Jean a désigné par la bête, il ne suffit pas d'ajouter à son nom particulier Dioclès, sa qualité d'Augustus, que les empereurs avaient en effet accoutumé de joindre à leur nom; aussitôt on verra paraître d'un coup d'œil dans les lettres numérales des latins, ainsi qu'il est convenable, s'agissant d'un empereur romain, le nombre 666. *DIoCLes aVgVstVs, DCLXVI.*

cletianus, sive solus, sive cum Maximiano Herculio promulgavit. Codicis, verbi gratia, libro VIII, titulo 7 : *Imperator Diocletianus Augustus Camerio. Invitus agere vel accusare nemo cogatur.* Et titulo 11, libro I : *Imperatores Diocletianus et Maximianus Augusti.* Sicque alibi mille locis. Atqui numerus, qui Latinis ex *DIoCLetIanVs aVgVstVs* oritur, adeo non est DCLXVI, ut sit DCLXXII, et qui pariter apud est eosdem ex *IMperator DIoCLetIanVs aVgVstVs*, consurgit, adeo rursum non est Apocalypticus, ut sit fere triplo major, hoc est, MDCLXXIII. Fallit ergo, falliturque vir clarissimus. Actumque hoc ipso de toto ferme illius Commentario in Apocalypsin, qui confutata nunc hypothesi potissimum nititur (1).

Tum descenditur. An *e monte*, sicut addidit Maucroixius ? Præferam *e tribunali*. Proxima quippe mentio *tribunalis* est. Multoque verisimilius magnas illas, quas in ea scena vidimus, personas, Diocletianum , Galerium, Daiam, præcipue intelligi, quam easdem cum cunctis insuper spectatoribus, quod videtur Maucroixius innuisse : *On descend de la montagne...*

Per civitatem. Et hic quoque Maucroixii versio pro appellativa voce *civitatis*, proprium *Nicomediæ* nomen posuit ; et ad ejus imitationem Anglica, *thro Nicomedia.*

Veteranus rex. Utpote qui per viginti annos regnaverat. Ex hoc capite constat, quæ Diocletiano fuerit causa imperio se abdicandi, cujus historiæ arcana primus aperuit Lactantius. Siquidem consilium illud ceperit post persecutionem commotam, reditum a Roma, et peracta vicennalia, cum illum difficilis morbus mentis suæ statu demoverit. Edit. Oxon. et Cant.

Statim Scutarius. Glossaria Labbæi *Scutarius*, ἄξίωμα στρατιωματικὸν φέρων ἀσπιδοποιός. Vox itaque geminæ significationis, modo *scutorem fabricatorem* denotans, quod huic loco convenit, modo *hominem militari dignitate præditum*, et quem sine dubio eædem Glossæ paulo post *Scutigerulum*, Græce ὁπλοφόρον, nominant ; quod jam ab hoc loco non al enum interpretes de *gregario milite* acceperunt. Verum contra alibi eadem Glossaria, *Scutarium,* ἀξίωμα στρατιωματικὸν.

Protector. Glossæ Basilicæ, Πριμοσκουτάριοι, ὑπερασπισταί, οἱ νῦν λεγόμενοι Προτίκτορες. Est autem protector, stipator imperatoris. Institutus est hic ordo a Gordiano juniore. SPARKIUS, *in edit.* Oxon. anni 1684, *idque, ut ipsemet adjecit, ex Suice-o.* — *Protector.* Glossæ Basilicæ, Πριμοσκουτάριοι, ὑπερασπισταί, οἱ νῦν λεγόμενοι προτίκτορες. *Primoscutarii, defensores,* qui *nunc dicuntur protectores.* Dicti autem sunt protectores, eo quod principis latus protegerent. Institutus est hic ordo a Gord*i*ano *Juniore.* Vide Gloss. Meursii ; et Vales. Not. in Amm. Marcel. p. 34 edit. Parisiensis 1681. Anonymus auctor editionis Cantabr.

Videant vero lectores φιλαληθέστεροι, an quod ita viri docti post Cedrenum ponunt, protectorum ordinem institutum fuisse a Gordiano Juniore (habet enim inter alia Suiceri locus : *Instituti sunt a Gordiano Juniore,* ut *auctor est Cedrenus*, p. 211 : Μετὰ δὲ τούτον ἐβασίλευσεν Ἰουνίωρ μῆνας τρεῖς, ὃς πρῶτος ἐποίησε κανδιδάτον, καὶ προτίκτορας. *Post hunc,* nempe Pupienum, *imperavit Junior menses tres. Is primus instituit candidatos et protectores*, non una sit ex iis rebus, quarum causa Casaubonus de Gordianis agens exclamaverit : *Cedrenus vero quas nugas blaterat in historia Gordianorum?* Spartianus enim in Caracallo, qui ante Juniorem Gordianum imperavit, *protectores* Caracallo tribuit. Verba sunt : *Per Thracias cum præf. præt. iter feci. Inde cum in Asiam trajiceret, naufragii periculum adiit, antenna fracta*,

(1) Falli potest; non fallit : dicit enim, non vera forsan, sed verosimillima.

ita ut in scapham cum protectoribus descenderet. Protector. Garde du corps. MAUCROIX. — Qui ita propriam vim vocis nostratibus accurate expressit.
Accepit Orientem calcandum. Possint haec et similia plura juventuti velut exempla invidiae concitandae proponi. TOLLIUS. — Simile apud Ciceronem Philipp. 2 : *In eodem vero tribunatu, cum Caesar in Hispaniam proficisceris, huic conculcandam Italiam tradidisset, quae fuit ejus peragratio itinerum?*
Jam non pecorum, sed militum pastor. Ita fere Christus discipulos allocutus est Petrum et Andream, Matth. IV, 19, Δεῦτε ὀπίσω μοῦ, inquiens, καὶ ποιήσω ὑμᾶς ἁλιεῖς ἀνθρώπων. TOLLIUS.

CAPUT XX.

Maximianus. Pro quo *Galerius* apud Maucroixium, ne qua, ut apparet, errandi foret occasio ex aequivoco nomine *Maximiani.*
Postquam senibus expulsis. Id est, explicante eodem Maucroixio, *post abdicationem Diocletiani et senis Maximiani.*
Quod voluit et fecit. Maximian having now effected which he had projected. Tralatio anglica. Unde vel in eorum oculis, qui anglice nesciunt, stabilitur optima Columbi emendatio, τὸ *et fecit* in *effecit* mutantis.
Se jam solum totius orbis, ac. Hoc est, *totius imperii Romani,* secundum anglicam versionem, quam Maucroixianae praeferendam esse sequentia ostendunt.
Esse ferebat. Vix credam ita primo fuisse exaratum. Malim *esse rebatur* : quod et videri possit Maucroixius legisse: *Galerius se crut maître de l'univers.*
Quod et natura mitis esset. Elogium, quo mirum sane foret Constantium Chlorum, hic loci cohonestatum esse, si, ut nuperrime a clarissimo Apocalypseos interprete, Meldensi episcopo, ita ab hoc scriptore is Constantius inter majores Ecclesiae persecutores fuisset putatus. Quid enim minus proclive, imo magis praeter naturam, quam ut eum, quem sese in persequendis fidelibus nobilitasse credas, *natura mitem* fuisse cum laude memores? Potius igitur, quoniam nunc noster Constantio Chloro ejusmodi naturam non sine elogio tribuit, et diserte alibi eumdem *dissimilem fuisse Diocletiani amoorumque Maximianorum* posuit, quin et *dignum qui solus orbem teneret,* quare et ille *verum Dei templum, quod est in hominibus, incolume servaverit,* neque tandem misere, ut reliqui omnes Dei adversarii, perierit, sed *in lecto suo requiem vitae, sicut optabat, acceperit* : potius, inquam, visus sit ob ista omnia huic auctori unus esse ex Ecclesiae nutritiis et defensoribus, quam propter nescio quas vanissimas exceptiones, censeatur unus e Christianorum hostibus ac persecutoribus.
Valitudine. Sic capite 22 *valitudinis.* Caeterae editiones, *valetudine.* Qua de re consulendus Dausquius in orthographicis, voc. *Valetudo, Valitudo.*
Exuere. Supple, *purpura,* quomodo concise antea capite 18; *ut ab eo induatur* : ad quem locum pluribus quod oportuit notatum est.
Si a tribus. Suis scilicet imperii collegis.
Ipse. Id est, explanante merito versione Anglica, *Maximianus* : cum non jam noster de Constantio, sed de Galerio Maximiano, ut sequentia ostendunt, loquatur.
Ad omnia regenda. Mihi, pro *regenda,* non displiceret vicina vox *gerenda.* Neque aliter, credo, apud Orosium, libro VII, capite 4, pro *regi,* emendandum *geri,* id est *fieri,* his verbis : « Itaque paulatim immutata est illa Tiberii Caesaris laudatissima modestia, in poenam contradictoris Senatus. Nam regi, quaecumque voluntate faciebat, voluptas erat. » Confer Ciceronis locum ex Officiis, ubi cum alii : *Ego autem quamdiu respublica per eos regebatur,* legant; alii contra, *inter quos vir gravissimi judicii Graevius* : *Ego autem quamdiu respublica per eos gerebatur,* malunt.
Ne filium nominaret, ut postea, etc. Praeferam, *ne*

filium nominaret, et ut postea in Constantii locum nuncuparet Augustum atque fratrem.
Ac substituto Caesare filio suo, etc. Locus nimia brevitate obscurus. Vult certe noster dicere, consilium fuisse Galerio Maximiano, postquam illam semel vicennalium celebrationem absolvisset, Severum ante omnia ex Caesareo gradu ad Augusteum promovere; tum filium suum Candidianum, sic enim mox appellabitur, Caesarem substituere, hoc est, Caesarea Severi dignitate donare ; denique, his peractis, imperium, Diocletiani exemplo, deponere. Nondum enim Candidianus, cum haec Galerius proponeret, potestate vel nomine Caesaris gaudebat : sed erat olim Severo Caesari sufficiendus; quare etiam fortassis legendum , *ac substituto Caesari filio suo,* id est, in locum unius e Caesaribus, quod eum scilicet Galerius pater, non Augustum post vicennalia, alicujus Augusti loco, sed mere Caesaremi facere cogitaret.
Filio suo. E concubina nato. Nam ex Valeria, utpote sterili, nullum suscepit. Edit. Oxon. et Cant. — *Filio suo.* Uxor Galerii Maximiani erat Valeria Diocletiani filia... Nullum ex ea Galerius Maximianus filium suscepit; sterilis enim fuit, ut docet Lactantius, capite 50. Loquitur itaque hic de Candidiano, qui paulo post nominatur. PAGIUS, *ad an. Ch.* 304, *num.* 6, *et* 311, *num.* 12.
Qui tunc erat novennis. Scilicet futurus. Ergo eadem tunc aetate erat Candidianus , qua Maximini filius, capite 1, nempe annorum octo : siquidem ante vicennalia Maximianus diem suum obiit, capite 35. TOLLIUS. — Melius sine dubio interpretes, uti et simplicius, *qui tunc annos tantum novem natus erat.*
Et ipse deponeret, ita cum, etc. Distingue, *et ipse deponeret. Ita cum,* etc. GALE. — Primaeva, op nor, scriptura fuerat, *et ipse deponeret, et ita*... hoc sensu, *etiam ipse deponeret, ac deinde, cum Imperii summam,* et quae postea.
Secundum Caesarum nomen. Quia nempe alterum primariumque erat; quod etiamnum imperatores, ad exemplum, verbi gratia imperatoris Octavii Augusti Caesaris, in edictorum titulis usurpabant, ut ex hoc edicto , quod Galerius Maximianus anno Christi 311, emisit, manifestum est : *Imperator Caesar Galerius Valerius Maximianus... Augustus... Et Imperator Caesar Flavius Valerius Constantinus... Augustus... Et imperator Caesar Valerius Licinianus... Augustus,* etc. Ideo autem inter alia *Caesarum nomen,* quando illud sibi sumebant imperatores, primarium dixi, quia non solitarium sumebant : sed, sicut allatus titulus ostendit, disertis *Imperatoris et Augusti* appellationibus conjungebant, utpote *majores illi qui summam rerum tenerent;* cum iidem e contrario, quando ad *duos minores, qui e Diocletiani dispositione, majoribus adjumento esse debebant,* litteras dabant, solitarium Caesaris nomen epistolis suis inscribebant : unde noster supra capite 9 : « In tantos namque fastus post hanc victoriam elevatus est (Galerius Maximianus), ut jam detrectaret Caesaris nomen. Quod cum in litteris ad se datis audisset, truci vultu ac voce terribili exclamabat : Quousque Caesar ? » Atque hinc ergo in praesentia *secundum Caesarum nomen,* cum notione quadam minus nobili et secundaria. Ad primariam vero isthaec Theodori Metochitae observatio non male pertineat a *Julio Caesare omnes Romanorum imperatores dictos esse Caesares...* ἕως Ἰουλίου Καίσαρος, τοῦ μὴ γεννηθέντος τῆς γὰρ μητρὸς αὐτοῦ θανούσης ἐν τῷ ἐνάτῳ μηνὶ τῆς ἐγκυμονίας αὐτῆς, τὴν κοιλίαν αὐτῆς ἀνατέμνουσι, καὶ σῶον αὐτὸν ἐκεῖθεν ἐκβάλλουσι, ὅθεν Καῖσαρ ἐλέγετο ἀφ' οὗ καὶ πάντες Ῥωμαῖοι βασιλεῖς Καίσαρες προσηγορεύθησαν.
Hoc consilia ei ostendebant. Sic sane Lactantius non scripsit : ne rure quidem sic loquebantur olim, qui latine loquebantur. Manus Lactantii fuit : *Huc consilia ejus tendebant.* Ultima syllaba in *ejus* a priore vitio scribae avulsa adhaesit voci sequenti *tendebant,* ut primo scriptum fuerit *ei ustendebant;* inde *ostendebant* natum. GRAEVIUS.

CAPUT XXI.

Adeptus igitur maximam potestatem. Nempe quia Augusteam assecutus, quæ jamdiu omnium maxima erat inter humanas. Athenagoras, verbi gratia, initio Apologiæ, quam Christianorum nomine imperatoribus M. Aurelio et L. Vero, an Chr. 166, obtulit, inscripsitque (sequor enim in ea re judicium Pagii ac Toinardi virorum eruditissimorum): Αὐτοκράτορσιν, Μάρκῳ Αὐρηλίῳ Ἀντωνίνῳ, καὶ Λουκίῳ Αὐρηλίῳ Κομμόδῳ ἡ ὑμετέρα, μεγάλοι βασιλέων, οἰκουμένη... Hoc est, interpretante Gesnero, *Imperatoribus, M. Aurelio*, etc. *Qui vestrum imperium, maximi reges, longe lateque per orbem terrarum agnoscunt.* Vel potius ob sequentia, *Imperatoribus M. Aurelio Antonino et L. Aurelio Commodo*.. *Qua parte, maximi regum, orbis vester est :* legendo scilicet, non ἡ simpliciter cum aspero, sed ᾗ cum circumflexo insuper, et ἰῶτα subscripto. Adeatur locus. Imo, quo tempore is, de quo hic agitur, Maximianus e Cæsare Augustus factus est (agitur autem , ut optime supplevit Maucroixius de Juniore Maximiano seu Galerio), tunc , inquam, Augustorum potestas Cæsaream ex Diocletiani dispositione tantopere superabat, ut *duo Augusti*, secundum nostrum, capite 18, *summam rerum tenerent*, *Cæsares* vero *solum essent adjumento :* utque deinde, si quando *Augusti* et *Cæsares* communi vocabulo βασιλεῖς, id est , *Reges* vocarentur , quemadmodum, exempli causa , in istis Eusebii de Procopio martyre ὡς δὲ καὶ τοῖς βασιλεῦσι τέσσαρσι σπένδειν ἐκελεύετο , *Cum vero quatuor regibus libare juberetur* ea demum locutio , quatenus ad *Augustos* pertinebat , Βασιλέας τελειοτάτους intelligendos relinqueret , hoc est , *reges perfectissimos*, seu *summos ;* at nonnisi imperfectos et inferioris ordinis , quatenus spectabat ad *Cæsares*. Qui istam nobis suppeditavit distinctionem , Eusebius est in Historia ecclesiastica , libro VIII, cap. 13, ubi narrans quomodo Constantinus Magnus per milites post patris obitum e Cæsaris loco, quem prius occupabat, ad superiorem fuerit promotus , dicit , illum renuntiatum fuisse ab eis Βασιλέα τελειότατον, καὶ Σεβαστόν, Regem perfectissimum et Augustum. Βασιλεὺς Κωνστάντιος... τέλος εὐδόκιμον καὶ τρισμακάριον ἀπείληφε τοῦ βίου... παιδεύσας. τούτου παῖς Κωνσταντῖνος εὐθὺς ἀρχόμενος, βασιλεὺς τελειότατος καὶ Σεβαστὸς πρὸς τῶν στρατοπέδων.... ἀναγορευθείς.

Ad vexandum orbem quem sibi patefecerat animum intendit. Locus, mea sententia deteriori modo affectus , quam ut satis sit illum cum Aboensi editione, nec non Pagio et Galeo, in hunc modum distinguere, *ad vexandum orbem, quem sibi patefecerat, animum intendit.* Interpunges ergo unaque, si mihi credes, emendabis, *ad vexandum orbem, quem ipsi patefecerat, animum intendit.* Hoc est, cum animum, quem toti orbi, Persarum scilicet consuetudinem, de qua mox, jam inde a reportata de illis victoria , palam et ubique laudando ita patefecerat, ut nullum esset dubium, quin, cunctos olim vellet vexare, ad orbem reapse vexandum applicuit et contendit. Propera quæ sequuntur latere.

In servitium se addicant. Servitium nonnunquam et frequentius *servitia*, in numero multitudinis, sunt servi ipsi. Cicero Verrina 7, cum interrogasset : « Nulline motus in Sicilia servorum Verre prætore? » Paulo post subdidit : « Et tamen cœptum esse in Sicilia moveri aliquot locis *servitium* suspicor. » Idem contra Catilinam, orat. 4: « Ad evertenda fundamenta reipublicæ Gallos accersivit, *servitia* conciliavit, Catilinam evocavit. » Alibi rursum : « Sollicitantur Allobroges, *servitia* excitantur, Catilina accersitur. » Nunc malim per *servitium*, servitutem intelligere, ob hunc Livii locum : « Rapique in vincula egentem jure libertatis, qui liberum corpus in servitutem addixisset. » Ubi nempe, quod noster *addicere se in servitium* dixit, interpretante Livio est, *liberum corpus addicere in servitutem*.

Tanquam familia. Quin hic per *familiam* servi pro-

A prie intelligendi sint, dubitare non sinunt cum præcedentia verba, *ut regibus suis in servitium se addicant*, tum quæ ante ad ista capitis 14, notavimus, quippe cum *familiam Cæsaris nemo torqueret*.

Ex illo tempore victoriæ. Ad exemplum Alexandri M. post devictos Persas adorari se more regum persarum jubentis, in quorum mores desciverat. TOLLIUS. — Ante et post *ex illo tempore victoriæ*, distingui non immerito volebat Galeus.

Sic agebat. An potius satagebat? GALE. — Non credam ego. Nam ut alibi vidimus et monuimus, haud nostro insolens est, ut duo ista verba *agere* et *facere* neutraliter, ac pro eo ipso, quod quotidie Gallica lingua dicimus, *agir*, usurpet. Capite 9, verbi gratia, *Exinde insolentissime agere cæpit*. Ad quem locum, hunc ipsum obiter explicuimus. Addo nunc, confirmationis ergo, simillimum e Cypriani epistolis : « Et in Actis Apostolorum legamus : Turba autem eorum qui crediderant, anima ac mente una agebant. » Denique anglica etiam hujus loci versio pro nobis facit,
B *yet he behaved himself so as*, etc.

Ut et ipse. Repone, *ut et ipsam.* TOLLIUS. — Miror qui istud viro docto factu necessarium visum fuerit, cum vulgata lectio sensum planiorem commodioremque suppediat : *ut et ipse*, hoc est, ut ipse quoque, Persicorum regum exemplo, etc.

Torquebantur ab eo non modo Decuriones. Etsi postea Constantinus legem tulerit, ut liceret Decuriones torqueri in crimine falsi. Editiones OXON. et CANT. — Post Baluzium, ut inquiunt, ex Baronio : rerum, ut ipse quod res est dicam, nimis concise, et vix ad rem, ni cætera, quæ illæ prætierierunt, e Baluzio adjungantur.

Egregii ac perfectissimi viri. Quas dignitates honorarias fuisse liquet ex codice Theodos. lib. VI, tit. 37, *Spectabilium* ordinem a Constantino additum olim diximus ad Zozimi lib. II. Huic tamen loco præcipue lucem dabit geminus alter Lactantii locus l. V Instit.
C cap. 14 : « Nemo Deo pauper, nisi qui justitia indiget; nemo dives, nisi qui virtutibus plenus est; nemo *egregius*, nisi qui bonus et innocens fuerit; nemo *clarissimus*, nisi qui opera misericordiæ largiter fecerit; nemo *perfectissimus*, nisi qui omnes gradus virtutis impleverit. » Ut nemini possit in dubium venire, quin Lactantius has voces usurpaverit communi tunc sensu et vulgo recepto. Edit. OXON. et CANT.

Perfectissimi viri. Quos credendum sane fuisse per ea tempora, de quibus noster loquitur, ex *primoribus* civitatum, sicut idem diserte ponit, *primores etiam civitatum egregii ac perfectissimi viri*. Sed adverte, quæso, ex subjecto codicis titulo *De perfectissimatus dignitate*, ut postea vel pistores, et ejusmodi homines, *Perfectissimatus* codicillos impetraverint , et edicendum propterea fuerit, ne fruerentur. « Imp. Constantinus A. ad Paternum Valerianum. Codici lis perfectissimatus fruantur, qui impetraverint, ut abhorreant
D a conditione servili, vel fisco aut curia obnoxii non sint, vel si pistores non fuerint, vel non in aliquo negotio constiterint, nec sibi honorem venali suffragio emerint, nec rem alicujus administraverint.

Et quidem in causis levibus atque civilibus, etc. Locus ab antecedentibus magis quam debuit separatus, nec melius conjunctus cum sequentibus. Quanam enim ratione *in causis levibus* egregii illi e perfectissimi viri *videri morte digni* potuerunt ? Torti ergo potius in causis levibus atque civilibus. In gravioribus autem et criminalibus, si morte digni viderentur, cruces stabant. Compedes vero parati, si pœnam morte minorem promeriti fuisse putarentur. Refingenda ergo omnia in hunc modum, tametsi receptam distinctionem ambæ tralationes secutæ sint : « Torquebantur ab eo, non modo Decuriones, sed primores etiam civitatum egregii ac perfectissimi viri; et quidem in causis levibus atque civilibus. Si morte digni viderentur, cruces stabant. Sin minus, etc. » Statque

pro nobis, ne nescias, et in singulis fere clarissimus Gale.

Sin minus. Pour le moins. MAUCROIX. Quasi noster scripserit : « Si morte digni viderentur, cruces stabant, aut saltem compedes parati. » Sed cur *saltem compedes,* si morte digni? Cur non, inquam, semper cruces ? Manifesto itaque non refertur τὸ *Sin minus* ad verba proxime praecedentia, ut sensus sit, *Sin minus stabant cruces :* verum, prout ante tetigimus, refertur ad remotiora ista, *Si morte digni viderentur,* sensusque est : Sin vero poenam aliquam, quae morte minor esset, crederentur meriti. Neque aliud indubie volebat reverendissimus episcopus Sarisberiensis, cum verteret, *and for lesser transgressions he put them in Irons.* Et propter minores culpas in catenas, vel compedes conjiciebat.

In Gynecaeum. Gynaecaea ex vi vocis loca significare muliebribus destinata operibus, extra controversiam est. Sed hic potius indignari crediderim infame illud libidinis servitium, quale etiam num in publico suo lupanari a foeminis exigit Otto annorum imperator. Neque alia inibi opera praestari, quae statim sequuntur de Maximiani libidine, satis indicant. Edit. Oxon. et Cantab. — Ego vero, cum illa ne intra trigesimum quidem caput invenire potuerim, quae statim sequi dicuntur de Galerii imperatoris libidine, videamque alias propositum proprie huic Auctori capite nostro ostendere, quo pacto Galerius, Augusti semel potestatem adeptus, *orbem terrarum vexaverit, et libertatem hominibus abstulerit,* longe probabilius censuerim Gynecaeum, de quo nunc agitur, et in quod noster *matresfamilias ingenuas ac nobiles raptas esse* memorat, textrinum fuisse aliquod publicum, quale jam nobis describet Du Cangius, quam publicum Galerii lupanar, ut laudatae editiones locutae sunt, seu, ut anglice, *his Seraglio.* Du Cangius itaque, inter caetera, voce *Gynaeceum,* cum diphthongo in secunda syllaba, quae sine dubio melior ratio scribendi : « Sub imperatoribus Romanis, extitere *Gynaecea,* seu textrina publica in quibus, *Gynaeciarii,* opifices ita dicti, vestibus texendis operam dabant, obnoxiae caeteroquin conditionis: adeo ut vice poena in ea interdum loca noxii ac rei amandarentur ; quod de viris testatur Sozomenus, lib. I, cap. 8, de foeminis vero Joannes Chrysost. in epist.ola ad Juniorem viduam, t. VI, pag. 300. » Maucroixio, ut in suae versionis margine annotavit, « Gynaeceum locus fuit in quem ad poenam et ignominiam mulieres concludebantur. »

In stabulo. Praeferam, *in sabulo.* GALE.

Ad quos nullus unquam servus distendi solebat. Id est, ex Maucroixii versione, ad quos ne ullus quidem servus distendebatur, *quoiqu'on n'y attachât pas même les esclaves.* Ob sequentia forsitan, ex quibus videtur servorum poena, quod nullam haberent dignitatem, fuisse ignis. Malebat amicus noster David Martinus, vir reverendus : *ad cuos nullus unquam, nisi servus,* etc., quod nolim damnasse.

Lusorium. Amphitheatra, ubi publici ludi edebantur. Edit. Oxon. et Cantab. Theatrum seu amphitheatrum, ubi ludi publici edebantur. PAGIUS. — *Lusorium.* Lusorium hic non est amphitheatrum, in quo ferarum pugnae edebantur : sed locus in palatio domesticus, animi voluptati destinatus, et coenationi, seu triclinio Maximiani subjectus. Sequitur enim : *nec unquam sine humano cruore coenabat.* Neminem ferme fugit abominabilis illa et fera Romanorum voluptas gladiatorum sanguine coenivas pascentium ; de qua plura Lipsius in Saturnalibus. Maximianus autem pro his ursorum semet immanitate oblectavit : unde et *delicias ejus* hanc humani sanguinis effusionem noster appellat. Forte an et ipsum triclinium inductis ursis objecti damnatis ; quod hic Lactantius *dasyritice Lusorium* vocet. TOLL.

Habebat ursos, etc. Vin' scire cur *pedes bestiae,* quam Joannes Apocal. XIII, 1, 2, recitat se vidisse, *fuerint ut pedes ursi ?* Quoniam *Galerius Maximianus,* narrante nostro, *habebat ursos ferociae ac magnitudinis* *suae simillimos,* inquit ad dictum Joannis locum clarissimus Bossuetus ; nisi quod et istum in rem suam e superioribus adducit : *Erat etiam Galerio corpus moribus congruens, statu celsus, caro ingens, et in horrendam magnitudinem diffusa et inflata.* Imo, si qua fides praesuli, hic libellus quasi perpetuus Commentarius est Apocalypseos.

Habebat ursos, etc. Vide Ammianum Marcellinum XXIX, 3. GALE.— Ad ea proculdubio verba respiciens, quae extant apud Columbum.

Elegerat. Quid si *aluerat ?* GALE. — Pauci, credo, admittent. Ursi toto imperii tempore electi, sunt ursi, non simpliciter undique per longum temporis spatium conquisiti ac comparati, sed plurimis aliis corpulentiores et immaniores, ideoque egregie ab hujusmodi ferarum amatore delecti.

Afferri nominatim jubebat. Non debere *adducendi* et *afferendi* verba temere, vel promiscue adhiberi, ostendit liquido Plautinus locus, in jocus dicam, ubi Calidorus de Pseudolo, quem ad Charinum adducit, *Attuli hunc.* Pseudolus vero statim reprehendens, et succensens, *Quid ? attulisti.* Tum Calidorus sese corrigens, atque hominem placans : *Adduxi, volui dicere.* Quod cum utique constare debeat, spontaneum fuisse errorem Calidori, eumque malitiosum, et faecetiae ergo usurpatum, quaestio jam esse possit, quo animo usurpaverit ; hoc est, utrum Calidorus, non dicendo prima vice *adduxi hunc,* sed *attuli hunc,* jocari vellet de Pseudolo tamquam de puero ; an potius, verbi gratia, tamquam de vitulo, cum vituli et ejusmodi pecudes afferri soleant humeris quadrupedes constrictae. Nobis sane in posteriorem partem inclinat animus. Sed, uteumque sit, ea erat ferocia et magnitudo ursorum Galerii, *ipsius* quippe *ferociae et magnitudinis,* quemadmodum paucis ante versibus ponebatur, *simillimorum,* ut nequaquam probabile sit voluisse Galerium ita ad se ursos quadrupedes constrictos afferri. An ergo *afferri* apud nostrum, pro *adduci,* sicut hodie non paucarum linguarum idiotismus facile pateretur ? Haud crediderim ; sed potius jussisse Galerium, ut, quo pacto, majorum nostrorum memoria, Tamerlanes Bajazetem ferreae caveae inclusum circumducebat : ita rursus hic, aut ille nominatim in cavea lignea, vel ferrea apportaretur sibi. Tatianus certe de Alexandro Magno in oratione ad Graecos disserens : Ὅστις, inquit, Ἀριστοτελικῶς πάνυ, τὸν ἑαυτοῦ φίλον διὰ τὸ μὴ βούλεσθαι αὐτὸν προσκυνεῖν καθείρξας, ὥσπερ ἄρκτον ἢ πάρδαλιν περιέφερε. *Qui prorsus Aristotelice amicum nolentem eum adorare, tamquam ursum aut pantheram inclusam circumferebat.* Bene itaque Maucroixius ad verbum, *Quand il voulait passer le temps, il ordonnait qu'on en apportât quelqu'un.*

His homines, etc. Ita ad hunc locum disputat Ruinartus, p. 61 praefationis, quam sinceris suis Actis martyrum praefixit, quasi qui nunc *homines* dicuntur Galerianis ursis objecti fuisse absorbendi, nunquam ex Gentilium sinu, sed singulis vetulis e Christianorum coetu sumpti sint ; idque tam frequenter, ut nulla die sine humano *fidelium* cruore saevissimus imperator coenaret ; et quasi iterum Dodwelli de Paucitate martyrum sententia sit, agere quidem nostrum hac pericope de solis Christianis, sed paucissimis. Et vero, postquam semel Ruinartus haec nostri verba suo modo in medium attulit: « Quoties delectari (Galerio) libuerat, horum (ursorum) aliquem afferri nominatim jubebat. His homines non plane comedendi, sed absorbendi objectabantur, quorum artus cum dissiparentur, ridebat suavissime, » de suo statim subjicit vir doctus : « Nec id raro fiebat, aut diebus tantummodo festis, ut contendit Dodwellus. » Proxime autem ex nostri verbis : « Nec enim unquam sine humano cruore (Galerius) coenabat. »

At primo, Dodwellum nonnisi Christianos intelligi voluisse per hujus loci *homines,* nuspiam invenias in tota Dodwelli dissertatione de Paucitate martyrum, in qua ne tantillulum quidem vir clarissimus fuerintne ii homines Gentiles, an Christiani, discussit vel attigit. Et deinde, quod ipsos tantum Christianos fuisse Ruinartus non simpliciter innuit, sed evidenter affirmat, hoc adeo ex auctore nostro liquidum certumve non est, ut contra constare possit ex iis, quæ paulo ante sub hujus capitis initium traduntur, fuisse illos multo verisimilius Gentiles, quam Christianos. Quinam enim ibi loci ii *homines*, erga quos sic egisse dicitur Galerius , *ut et ipse libertatem hominibus auferret* ? Num omnes, vel præcipue Christiani ? Nequaquam : sed Romanæ terræ habitatores, proindeque, universe et verius loquendo, Pagani : « Nam, » narrante nostro, « post devictos Persas, quorum hic ritus, hic mos est, ut regibus suis in servitium se addicant, et reges populo suo tamquam familia utantur, hunc morem nefarius homo *in romanam terram* voluit inducere, quem ex illo tempore victoriæ sine pudore laudabat. Et quia id aperte jubere non poterat, sic agebat, ut et ipse libertatem hominibus auferret. In primis honores ademit, » quæque postea. Nec proprie igitur Christiani, sed verius, uti dixi, Gentiles fuere ii *homines*, quibus ita sub Galerii principatu libertas et honores adempti. Aut si qui etiam forsitan Christiani ejusmodi vexationes experti sunt, non certe quatenus Christiani, sed quatenus Romani soli incolæ, sicut et Pagani. Atqui ob id ipsum Gentiles pariter potissimum censendi veniunt *homines*, quos jam noster recitat objectos fuisse Galerianis ursis absorbendos. Quare videat Ruinartus, cujus judicio Dodwellus non parva veterum manu pro sua Martyrum paucitate ex partium studio abusus est, an non ipse quoque præsenti loco contra Dodwellum ex simili studio sit abusus ? Eodem certe nos non duci ostendere possunt, quæ in superioribus plus semel adversus doctissimum Anglum, diuque antequam laudata Ruinarti præfatio lucem vidisset, observavimus. Sed omnino, in ista, si quid video, de paucitate martyrum controversia, *intra muros peccatur et extra*, ut ille aiebat ; dumque minus, quam oporteat, admittit Dodwellus, plures æquo vicissim Ruinartus ingerit.

Obsorbendi. Editio Aboensis, et novissime quoque Ruinartus, *absorbendi*. De qua emendatione videndus amplissimus Cuperus.

Objectabantur (*his ursis homines*). Noster, c. 24 : *Sub obtentu exercitii ac lusus feris illum objecerat* ; quo et modo Fragmentum de Constantio Chloro : *Hunc* (*Constantinum*) *Galerius objecit ante pluribus periculis.* Verumenimvero ipsius etiam frequentativi, quod vocant, in simili argumento adhibiti exempla non rara sunt. Virgilius libro iv Georg. :

Et corpora bello
Objectant.

Idem lib. ii Æneid. :

Et rursus caput objectare periclis.

Plura afferre brevitatis causa supersedeo.

Quorum artus cum dissiparentur. Locutio Lactantiana. Lib. v Inst. c. 1 : « Nemo hujus tantæ belluæ immanitatem potest pro merito describere, quæ... dentibus ferreis.... non tantum artus hominum dissipat, sed, etc. »

Dignitatem non habentibus pœna ignis fuit , et exilii primo adversus Christianos permiserat, datis legibus. Nisi rescribatur, *permissa*, quid de hujus loci sensu futurum sit, nescio. Edit. Oxon. et Cant.—Male locum hunc affectum esse, nemo non videt. Sed post *fuit*, legendum est, ut quoque vidit Nicolaus Heinsius, *Id exitii primo adversus Christianos.* Docet eleganter capitis initium, hanc pœnam primum in Christianos, dein in alios exercuisse : « Quæ igitur in Christianis excruciandis didicerat, consuetudine ipsa in omnes exercebat. » Sed nondum est perpurgatus locus. Quis enim disertissimum Latinorum Ecclesiæ priscæ doctorum scripsisse credat, *permisit id exitii adversus*

A *Christianos?* Nec *legibus datis*, sed *latis ;* et pio *permiserat*, Lactantium exarasse crediderim prompserat. Totus itaque locus sic videtur refingendus esse : « Dignitatem non habentibus pœna ignis fuit. Id exitii primo adversus Christianos prompserat, latis legibus, ut post tormenta damnati lentis ignibus torrerentur. » Promere exitium, ut sævissima promere, Tacito xii Annal. 59 : *At Claudius sæviss ma quæque promere adigebatur ejusdem Agrippinæ artibus.* Et Annal. iv, 57 : *Sævitiam et libidinem cum factis promeret, locis occultantem.* GRÆVIUS.

Dignitatem non habentibus, etc. An pot us « Dignitatem non habentibus pœna ignis fuit (et exilium, quod primo adversus Christianos permiserat) datis legibus, » quæque postea? Aut num vero, « Dignitatem non habentibus pœna ignis fuit, non exilium (quod primo adversus Christianos permiserat), etc. ? » Malim : « Dignitatem non habentibus pœna ignis fuit (non exilii, quod primo adversus Christianos permissum erat) datis legibus, » et quæ sequuntur. GALE.

B — *Dignitatem non habentibus*, etc. Interpungendum, *Dignitatem non habentibus pœna ignis fuit, et exilii. Primo adversus Christianos...* ALLIX.

Et *exilii primo adversus Christianos permiserat.* Nullus hic *exitio* locus. Lego : *et exemplum primo adversus Christianos præmiserat.* Hæc confirmantur primis verbis sectionis 22. Quæ interjacent, debent omnia de Christianis intelligi. BOHERELLUS. — *Et exilii*. Emendatius, *et illam*, legas, nempe pœnam ignis ; neque enim hic *exilio* locus, quod a principio capitis sequentis facile probari potest. TOLLIUS. — Præferam ego : « Dignitatem non habentibus pœna ignis fuit. Et ex illis, primo adversus Christianos permiserat, latis legibus, etc., » hoc sensu Atque hactenus de eorum pœnis, qui dignitate aliqua eminebant. Qui vero nullam habebant, omnes pariter, quando puniendi erant, comburebantur ; nisi quod cum istorum ignobilium duæ essent classes, una nimirum e Christianis constans, altera autem e Gentilibus, Christiani primi fuerint, in quos Galerius cœperit igne animadvertere. « Videtur velle dicere, Galerium pœnam ignis primo adversus Christianos permisisse, » inquit ad hunc locum amplissimus Cuperus ; quod quid aliud, quam ea ipsa ponere, quæ ponimus? Confer initium capitis proxime sequentis. Aliter porro Columbus, et Dodwellus in dissertatione Cyprianica xi, n. 74, sed quorum conjecturæ nondum nobis, ut ex dictis apparet, probatæ sunt.

Et extinctæ. Quantum scilicet ad flammantia prius lumina, haud vero quantum ad calorem, cum non alia de causa faces illæ accenderentur et extinguerentur, quam ut continuo post extinctionem flagrantes singulis membris igne lento urendis admoverentur ; quod quidem in versione anglica optime explicatum , uti contra pessime suppressum in Maucroixiana.

Quod postremo accidebat. Tunc per multum diem, etc. Legendum : *Quod postremo accidebat , cum per multum diem.* Pagius ad annum Christi 305, n. 7, et ante eum editiones Oxoniensis et Cantabrigiensis.

D Aboensis, *quod postremo accidebat, cum per multum diem, decocta omni cute, vis ignis,* etc., quæ melius , credo distinxisset, *cum per multum diem. decocta omni cute, vis ignis ad intima viscera penetrasset. — Quod postremo accidebat, cum per multum diem...* Ruinarti præfatio in Acta martyrum, pag. 61. — Lego : *Quos postremo occidebat, cum...* GALE.

Hinc rogo facto cremabatur. Corpora jam cremata , lecta ossa, etc. Legendum : *Hinc rogo facto cremabantur. Corpore jam cremato, lecta ossa.* Editio Oxon. anni 1684, item Cantabr. necnon, monente me clarissimo Grævio, Nicolaus Heinsius, den que Gale.

Corpora jam. Desideratur vox *ubi*, vel *postquam*. TOLLIUS. — Assentirer, ni longe probabilius foret, scriptum olim fuisse a nostro singulari elegantia : *Hinc rogo facto cremabantur corpora jam cremata.* Id est , cremabantur acerrimis et amplissimis ignibus corpora, quæ jam lento igne carnifices cremaverant. Præcessit namque proxime : « Quod postremo accidebat, cum per multum diem, decocta omni cute, vis ignis ad intima viscera penetrasset; » paulo superius : « Datis, vel latis legibus, ut post tormenta damnati lentis ignibus urerentur. Qui cum deligati fuissent, subdebatur primo pedibus lenis flamma tamdiu, donec callum solorum contractum igni ab ossibus revelleretur. »

Scio, nullam disertam præire mentionem de corporibus *jam crematis*, et esse alias, rigide loquendo, aliquid differentiæ inter *uri* et *cremari*, prout ista Minutii Felicis verba indicant : *Quæ ex nostris non dexteram solum, sed totum corpus uri, cremari sine ullis ejulatibus pertulerunt?* Sed primo non perpetuam esse rigidam illam inter *uri* et *cremari* differentiam, abunde, credo, testantur Glossariæ Labbæi, ubi pag. 45, col. 1 et pag. 197, col. 4, legere est, *cremo, καίω; cremat, φλέγει; uro, καίω... φλέγω;* hoc est, ubi quantopere interdum synonyma sint *cremare* et *urere*, declarant græcæ interpretationes, utriusque latinæ vocis communes, καίειν, φλέγειν. Et deinde, etsi nulla diserta fiat mentio apud nostrum in antecedentibus de corporibus *jam crematis*, fit certe de corporibus, *ad quorum ima viscera vis ignis penetraverat;* et ita uri, non simpliciter *uri* est : sed, inter alia, *cremari*. Nam aliud quoque est *cremari* sine addito, et *cremari*, ut cum Plinio loquar, *in cineres;* quod majoribus illis, verbi gratia, noxiis accidit, qui, rogo facto, cremantur, et quorum eapropter tota corpora, exceptis vulgo paucis ossibus, in cineres abeunt. Tantum igitur differunt proprie in hoc auctore *cremari, rogo facto*, et *cremari lentis ignibus*, seu, quod idem est, « ita lentis ignibus uri, ut omnis tandem decoquatur cutis, et vis ignis ad intima viscera penetret. » Quare primum, si quid judico, insignem loci gratiam corrupit præpostera librarii distinctio ; et nunc docti cum suo *corpore jam cremato* multo magis corruptum eunt. Sequi porro possit deinceps per majusculam litteram, *Lecta ossa, et in pulverem comminuta, jactabantur.*

In flumine ac mare. Editio Aboensis, *in flumina ac mare.* Item Gale. — *Flumine.* Forte, *flumina.* Editio Oxon. anni 1684, et Cantabr. ex illa. — *In flumine ac mare.* Rectius alii, qui, *in flumina, aut mare*, legunt. Tollius. — Adeundus hic omnino Columbus, ad hæc verba, *Cum per multum diem.*

CAPUT XXII.

In omnes exercebat. Id est, *in omnes sibi subjectos*, secundum Maucroixii versionem ; simpliciter vero, *in alios*, secundum anglicam. Sed ego sane, cum propter notata ad caput præcedens, tum propter mox dicenda, interpretari malim : « In Gentiles et Christianos promiscue, qui quidem puniendi essent, nec ullam haberent dignitatem, neque ex sua essent familia, vel domesticis. »

Nulla poena penes eum levis, e.c. Ex emendatione Baluzii, inquiunt editiones Oxonienses et Cantabrigiensis, cum in exemplari legatur, *Nulla poenis eum levis;* quod suo loco agnoscit et profitetur ipsemet Baluzius. Sed nonne posset æque commode, imo commodius altera ista lectio ex manuscripto codice erui, *Nulla e poenis eorum levis*, referendo nimirum ad Christianos, de quibus proxime antea, *Quæ igitur in Christianos excruciandis didicerat?* Haud equidem possum, quin ita credam ; quoniam isto pacto noster, qui sub finem præcedentis capitis per occasionem tantum locutus est de Christianis dignitatem non habentibus, qui Galerii principatu combusti sunt, descenderit postea ex professo ad universum Christianorum corpus, ponendo, si non totidem verbis, saltem æquipollentibus, non debere quemquam, ideo quod nonnisi de gravissimo certorum Christianorum supplicio mentio injecta sit, colligere, actum longe aliter fuisse cum cæteris, ac si, puta, reliqui solummodo ad insulas relegati sint, vel in carceres conjecti, aut ad metalla damnati; nam *nullam e poenis eorum fuisse levem, non insulas, non carceres, non me-* talla, *sed ignem, cruces, feras.* Quæ cum dici quidem verissime potuerint ab hoc scriptore de Christianis specialiter consideratis, nequit e contrario verum esse de Christianis et Gentilibus simul sumptis, nulla in ipsos levi poena animadversum fuisse a Galerio. Sunt quippe compedes et carceres ex minorum poenarum genere; et noster præcedenti capite, de primoribus civitatum, quos nemo Christianos vulgo fuisse contenderit, verba faciens : *Si morte*, inquit, *digni viderentur, cruces stabant. Sin minus, compedes parati;* quæ poena certe levissima est.

Addo, ne cui jam videatur oratio ad illos nullius dignitatis homines redire, de quibus ante breviter, *Dignitatem non habentibus poena ignis fuit*, eorum poenam, ut vel inde patet, ignem fuisse : nostrum vero in præsentia ad ejusmodi homines venire, in quos non solo igne sævitum fuerit a Galerio, sed his tribus, *igne, crucibus, feris*. Melius itaque, quantum judico, narratio de toto Christianorum corpore processerit, quam de aliis quibusvis; quod si verum, tum palam etiam melius fuerit legere : *Nulla e poenis eorum levis*, quam, ut vulgo, *Nulla poena penes eum levis.* Juvat maxime, quod cum, ut de poetis taceam, haud raro prisci solutæ orationis Scriptores *Deum*, verbi gratia, pro *Deorum*, et *Januarium*, pro *Januariorum*, et fere perpetuo *nummum*, pro *nummorum* usurpaverint : ita etiam facile potuerint librarii compendiose *eum*, pro *eorum* scribere. Mamertinus in panegyrico Maximiani Herculii : *Bona venia Deum dixerim, ne Jupiter quidem ipse*, etc. Ammianus Marcellinus lib. xxii : *Allapso itaque calendorum Januarium die*, etc.

Levis. Ruinarti præfatio ad Acta martyrum *lenis;* sive ita contra ipsius mentem fuerit excusum, sive certo consilio, ut alia alibi. Nolim nimis damnasse. Nec placet tamen, quia cum noster paulo post, *Jam hæc illis lexia fuerunt*, scripserit, clare apparet, præcessisse potius *poena levis*, quam *lenis*. De quo nos iterum aliquid suo loco.

Non insulæ, non carceres, non metalla, etc. Hoc est, sicuti jam post versionem anglicam tetigimus, non relegatio in insulas, non conjectio in carceres, non damnatio ad metalla, sed ad ignem, ad crucem, ad feras.

Non metalla. Id est, Metalli fodinæ, in quas relegati malefici, uti ab Dionysio tyranno in lautumias. Tollius.

In illo erant quotidiana. Præcessit paulo ante, *in omnes exercebat.* Atque ego libens simili modo scriptum primitus crediderim hic loci, *in illos erant quotidiana.* Hoc est, in Christianos, et cum puncto post *quotidiana;* cujus rei ratio proxime sequitur.

Et facilia. Quo bono sensu potuerit noster dicere, feras, verbi gratia, fuisse *in illo*, id est, in Galerio Augusto, *res faciles*, fateor mihi non liquere. Imo, ne quidem legendo, *ignis, crux, feræ, in illos erant quotidiana et facilia*, concoquendum magis censeam, feras inter alia dictas fuisse faciles in Christianos. Quamobrem, et quoniam mentio insuper leviorum aliquot poenarum de Galerii domesticis sumptarum mox occurret, legendum puto : *Ex familia, domestici*, etc., ut ita noster ab exterorum suppliciis ad domesticorum poenas et emendationes transiverit. Cogitavi etiam de ista correctione, *in illos erant quotidiana et familiaria.* Sed videtur paulo longius a veteri libro abesse.

Administratores. Glossariæ Labbæi, *Administrator*, διοικητικὸς; *administro*, διοικῶ, διακονῶ; *administratio*, διοίκησις, οἰκονομία. Quare hic facile œconomi et hujusmodi ministri intelligi possint, *ses officiers.* Maucroix. — De iis vero, quibus negotia sua Galerius procuranda committebat, maluit accipere clarissimus Burnetus.

Lancea emendabantur. Supple, in causis, quæ capitis non erant, et quando nil nisi mores corrigere opus erat. Sequitur enim : *In causa capitis*, etc.

Quasi beneficii loco deferebatur. Propius ad veterem scripturam emendaveris, *Quasi beneficium deferebatur.* GALE. — Recte. Est enim τὸ *loco* Baluzii supplementum.

Jam illa his levia fuerant. Malim, *Jam illa hic,* etc. BOHERELLUS. — Emendo, *Jam illa præ his.* GALE. — Vitium ego non in *his,* sed in *fuerant* latitare arbitror; pro quo adeo rescribendum credam, *fuerunt. Jam illa his levia fuerant,* hoc sensu. Ita graves erant pœnæ, quibus Galerius Maximianus in omnes cum Gentiles, tum Christianos, extra suam familiam censendos, et reapse censitos animadvertebat, ut quas de domesticis suis lancea emendando, sive etiam caput amputando sumebat, leves ab illis domesticis haberentur. Favent quæ proxime præcesserunt : « Animadversio gladii admodum paucis quasi beneficium deferebatur. » Esique præterea, quod ante tetigi, palpabilis oppositio inter superiorem istam veteris schedæ lectionem, quocumque tandem modo sit corrigenda, *Nulla pœnis eum levis;* et præsentem locum, *Jam illa his levia fuerant. Ce que je m'en vais dire n'est rien au prix.* MAUCROIX. — Ac si auctoris verba sint, *Jam vero hæc præ illis levia sunt. Eloquentia extincta,* etc. *Yet all these were small matters.* Versio anglica. Quasi nunc nostri manus fuerit, *Jam illa levia fuerunt,* absque pronomine *his.*

Jureconsulti. Id est, ex anglica versione : *Jurisperiti; All that were learned in the law.*

Litteræ autem inter malas artes, etc. Adeundus iterum, ubi jam dixi, Cuperus.

Execrati. Passive, ut mox *metiebantur;* et supra, *dominabantur.* TOLLIUS. — Poterant et ex aliis, meliorisque notæ, Scriptoribus exempla bene multa afferri. Cicero, verbi gratia, in Antonium : *Attuleras domo meditatum... scelus.* Horatius, libro I Carm. Od. 1 : *Bellaque matribus detestata;* Justinus, libro VII, capite 3, *executo regis imperio.*

Judices militares, etc. Hoc est, fuere autem ii judices, non togati, et legum periti; sed, contra omnem usum ac rationem, homines militaris ordinis, qui ne quidem scirent quid humanioris essent litteræ. Quod istos Ennii versus in animum mihi inter alia revocat :

Pellitur e medio sapientia, vi geritur res.
Spernitur orator bonus, horridus miles amatur.
Haud doctis dictis certantes, sed maledictis,
Miscent inter sese inimicitias agitantes
Non ex jure manu consertum, sed mage ferro
Rem repetunt, regnumque petunt, vadunt solida vi.

CAPUT XXIII.

Omnium fuit. Præferam, *initium fuit.* GALE. — Quod mihi valde placet.

Census in provincias, etc. Tertullianus libro De Fuga in Persec. capite 12 : « Tanta quotidie ærario augendo prospiciuntur remedia censuum, vectigalium, collationum, stipendiorum : » ubi licet quid is per singula intellexerit non clare videas, vides tamen cum quibus noluerit census proprie dictos confundi. Maucroixius ad marginem suæ versionis : *Une imposition sur les personnes, sur les bêtes, sur les terres labourables, arbres fruitiers, vignes.* Quasi dicas : Impositum quidpiam hominibus, pecudibus, arvis, frugiferis arboribus, vineis.

Semel missus. Imo, *simul missus.* GALE. — Quod iterum maxime probo, vel ob præcedentia ista : *Illud publicæ calamitatis et communis luctus fuit;* ut si nunc cum editione Aboensi, aut etiam aliquanto plus quam illa, post *missus* distinguas, habiturus sis locum, mea sententia, præclare constitutum, hoc pacto : « At vero illud publicæ calamitatis et communis luctus initium fuit, census in provincias et civitates simul missus. » Tum, *Censitoribus,* etc. Favet autem in singulis fere versio anglica : « He also took care to involve the whole Empire into a general calamity, and under a common grievance, by the new Tax that he laid both on the Cities and Provinces. »

Censitoribus, etc. Ulpianus, ne quos alibi sæpissime nominatos *Censores* videre est, tu nunc mireris a nostro *Censitores* vocari, Ulpianus, dico, ipse, quoque nostri vocabulum, ab antiquo verbo *Censio* derivatum, non semel duntaxat, sed iterum iterumque usurpans, « Illam, ait, æquitatem debet admittere *Censitor,* ut officio ejus congruat relevari eum, qui in publicis tabulis delato modo frui certis ex causis non possit. Quare etsi agri portio chasmate perierit, debebit per *Censitorem* relevari. Si vites mortuæ sint, vel arbores aruerint, iniquum, eum numerum inseri censui. Quod si exciderit arbores, vel vites, nihilominus eum numerum profiteri jubetur, qui fuit census tempore; nisi causam excidendi *Censitori* probabit. » Quem nos locum, ut ut longiusculum, eo magis huc transferendum duximus, quod alio nomine ad sequentium intelligentiam futurus sit utilis.

Hostilis tumultus et captivitatis horrendæ species erant. Sensus facile esse possit, tunc uno eodemque tempore duæ diversæ rerum imagines sese oculis per totum imperium Romanum ingerebant : una scilicet *hostilis tumultus,* id est belli, sicut arte tetigimus ad hæc verba, *ut erat in omni tumultu meticulosus;* altera autem *horrendæ captivitatis.* Videat nihilominus eruditus lector, an non fortassis epitheton *horrendæ* pertineat potius ad nominativum pluralem *species,* quam ad genitivum *captivitatis,* hoc ordine, *erant horrendæ species hostilis tumultus et captivitatis.* Quidquid placuerit, noster rursum capite 24 : « Cum statuisset censibus institutis orbem terræ devorare, ad hanc usque prosilivit insaniam, ut ab hac captivitate ne populum quidem Romanum fieri vellet immunem. »

Agri glebatim metiebantur. Quid sit *agros glebatim metiri,* neminem video qui dixerit. Imo interpretum versio ita est, ac si vox *glebatim* hinc prorsus abesset; quam tamen in ms. codice extare non modo certum est, sed plurimum etiam ad enormitatem Galeriani census hoc aut illo pacto repræsentandam facere. Quid ergo sunt, vel verisimilius esse queant *agri glebatim mensi* ? Nam primo sane res ipsa factu impossibilis, neque omnino qualis illa, cujus mentio apud jurisconsultum Paulum his verbis : « Quod autem diximus, et corpore et animo acquirere nos debere possessionem, non utique ita accipiendum est, ut qui fundum possidere velit, omnes glebas circumambulet: sed sufficit, quamlibet partem ejus fundi introire, dum mente et cogitatione hac sit, uti totum fundum usque ad terminum velit possidere. » Facillimum certe cuivis, qui vel amplissimum fundum cupiat emere, omnes illius glebas simul ac semel, in nullam fundi partem introeundo, sed per totum circuitum spatiando, circumambulare. At quis unquam singulas cunctorum imperii Romani agrorum glebas potuit metiri? quæ diserta vis hujus loci, *Agri glebatim metiebantur.* Profecto nemo. Et jam, si quis id invidiosissima hyperbole scriptum fuisse existimet, simili igitur hyperbole subjecerit noster, *vites et arbores numerabantur,* cum hæc ultima jam hyperbolen sapiant, quam priora. Verum in his ultimis nullam penitus esse hyperbolen, ostendit *forma censualis,* jam inde ab Ulpiani temporibus inventa et præscripta, qua, qui vineas aut olivarum jugera habebant, tenebantur quot in unaquaque vinea vites haberent profiteri, itemque quot in singulis olivarum jugeribus arbores. « Forma censuali cavetur, ut agri sic in censum referantur; nomen fundi cujusque, et in qua civitate et quo pago sit, et quos duos vicinos proximos habeat, et id arvum quod id decem annos proximos satum erit, quot jugerum sit ; vinea quot vites habeat, oliva quot jugerum, et quot arbores habeat. » Dig., libro L, titulo 15. num. 4, § 1. Ne hic iterum quæ paulo ante ex eodem Ulpiano descripta sunt, afferantur. Quocirca nec magis videtur noster potuisse in præsenti loco per hyperbolen, *Agri glebatim metiebantur* scripsisse; sed historice potius id quod res erat narrasse; qua de re ipsa ego nunc sic conjicio.

Genus illud pensitationis, quod olim Senatores suarum possessionum causa Principi præstabant, *glebæ* nomine inter cætera vocabatur; *et gleba Sena-*

toria; itemque *aurum glebale,* et *aurum oblatitium,* quia non *canonis* vel *indictionis,* sed quodam *oblationis* genere a Senatoribus exigeretur, sicut partim ex utroque juris codice, partim autem e Symmachi et Synesii epistolis certissimum. Atque ego propterea facile ante omnia crediderim, agros, pro quibus ita Senatores *glebam* pendebant, *glebctorum,* vel *glebaticorum,* aut fortassis etiam *glebaticrum* cognomen esse sortitos. Eosdem porro, quia dicta Senatorum gleba sub *oblatitii auri* nomine, id est, quasi ultro in ærarium inferebatur, nequaquam obnoxios fuisse mensuræ in pristinis censibus : sed in illo demum Galerii cessasse veterem immunitatem, ut in posterum scilicet senatores pro cujusque fundi quantitate et modo suam *glebam* solvere cogerentur; huncque tandem Scriptorem ob ea cuncta simul sumpta, specialiter vero ut, quam dixi, census enormitatem in quibuscumque posset, notaret, scripsisse quondam una littera minus quam vulgo, eaque valde verisimiliter prognata lapsu temporis ex initio sequentis vocabuli, *Agri glebati metiebantur.* Ni et forsan potius, *Agri glebatici,* aut *glebatitii.* Utcumque sit, tam bene *glebatus* a gleba, et a glebatus *glebaticus* seu *glebatitius* esse possint, quam a barba *barbatus,* et ab oblatus, *oblatitius;* ab adscriptus, *adscriptitius. Aurum* enim *oblatitium* jam ante in hoc ipso argumento habuimus; *et servi glebæ adscriptitii* omnibus noti sunt. Quid? quod ipsummet adjectivum *glebaticus* in testamento Perpetui Turonensis episcopi, qui sæculo quinto exeunte mortuus est, reperitur; ubi loci *servitutis glebaticæ et transmissibilis* mentionem fecit : ut si nunc proinde vice *agri glebatim, agri glebatici* legere volueris non futura sit ultima vox sine exemplo. Hæcque mea de hoc loco symbola, interim dum meliores a viris doctis expectan us. Primi enim scrupulum de recepta lectione movimus.

Metiebantur. Passive, aiebat supra Tollius; quod sequentia exempla confirmabunt. Arnobius : *Orbe si sol amplior, an pedis unius latitudine metiatur?* Cato, capite 146 : *Modio olæario mensura dato unquinis pondo* X. Curtius, libro III *Ex pecunia deinde Babyloniæ... ducenis* (denariis) *pedestrium stipendium mensum est.*

Vites et arbores numerabantur. A censitoribus nempe, contra veterem formam censualem, qua, sicut qui quidpiam possidebant, ipsi pro jure res suas, puta vites et arbores æstimabant deferendo (*Omnia* enim *ipse qui defert, æstimat,* inquit sub loco Ulpianus), ita corumdem erat suas quoque vites et arbores professionis gratia numerare, et numerum deinde profiteri, ut e sequentibus istis cognoscitur : *Quod si exciderit arbores, vel vites, nihilominus eum numerum profiteri jubetur qui fuit census tempore.* Confer verba *Formæ censualis* præcedente pagina allata.

Hominum capita notabantur, in civitatibus urbanæ, etc. Malim, *hominum capita notabantur, in civitatibus,* cum duobus punctis. Tum, *urbanæ ac rusticæ plebes adunatæ.* GALE. — Pcssit omnino uterque legendi modus suos invenire amatores ac defensores. Et primus quidem, quoniam recepta distinctio eum ultro sensum suggerit, quem ampliss. Cuperus sequitur ad hæc verba : *Censioribus ubique diffusis* : altera vero, ob istam vicissim editionum, quæ Oxonii et Cantabrigiæ prodierunt, annotationem : « Hic Lactantii locus confirmat Gothofredi conjecturam, qui ex libro II Cod. Theod. *de Censu* collegit, mutationem aliquam a Galerio factam esse per Lyciam et Pamphiliam, minorum urbanum plebem capitationi subjectam. » Vides enim, ut ea observatio priori membro Galeanæ distinctioni faveat, *hominum capita notabantur in civitatibus.* Dicam aliquid amplius. Præcessit in ipso hujus Sectionis initio : *Census in provincias et civitates semel missus* : quæ ipsa quoque pericope non leviter secundam Galei distinctionem stabilit, *urbanæ ac rusticæ plebes adunatæ.* Et vulgatam tamen sequi malumus cum Cupero, quam Galeanam, propter dicenda nota proxima in fine.

Adunatæ. Tamquam unum ac diversum corpus eodem modo censitæ. TOLLIUS. — *Adunatæ.* Emendo, *adequatæ.* GALE. — Quasi sententia sit, olim quidem ejusmodi discrimen inter urbanas ac rusticas plebes intercessisse, ut agricolæ censerentur, non urbium cives, sed id tandem discriminis, cum in ipsis etiam civitatibus hominum capita notarentur, cessasse, et utrasque pari modo fuisse habitas; quod memorata distinctionis mutatione prorsus niti, nemo non videt. Verum, vel nil mutando, diversus ab isto sensus commodusque confici potest. *Adunari* quippe apud idoneos auctores dicuntur proprie res et personæ, quæ prius sparsæ, in unum postea fasciculum vel locum coguntur. Plinius, libro XIX, capite 2 : « Vulsum (spartum) *fascibus* in acervo *adunatum* biduo, tertio resolutum, *spargitur* in sole siccaturque, *et rursus in fascibus* redit sub tecta. » Justinus, libro V, capite 9 : « Repletur Græcia Atheniensium exulibus : quod etiam ipsum auxilium ni miseris eriperetur.... omnes se Argos et Thebas contulere... Thrasybulus.... *adunatis exulibus,* castellum Phylen... occupat. » Denique noster in fine capitis 15 : « Sparsi enim milites per diversas regiones fuerant, et *adunari* omnes angustiæ temporis non sinebant. » Quo fit ut facile noster, et ex optimo latinitatis usu, tam de plebeiis urbium incolis, quam de immensa rusticorum multitudine, quæ a prisco tempore per campos sparsa, in urbes census causa venerat, potuerit dicere, *urbanas ac rusticas plebes adunatas fuisse in civitatibus;* hoc est, coactas. Præsertim, cum proxime alia loca nominentur, ubi per id tempus ruricolæ cum oppidanis miserrimo modo adunati sint : *fora nempe omnia.*

Foras omnia. Edito Aboensis, *fora omnia* : quæ et Galei emendatio, nostraque. Adde Col., c. 413, in c. 23.

Gregibus familiarum. Non jam quomodo noster antea *familiam* pro *servis* ponebat hac pericope (cap. 14) : *Nihil usquam reperiebatur, quippe cum familiam Cæsaris nemo torqueret;* atque alibi (cap. 21) : *Hic mos* (Persis) *est, ut Regibus suis in servitium se addicant,* et *Reges populo suo tamquam familia utantur* : sed quomodo nonnunquam apud veteres vox *familiæ* una patrumfamilias, sobolem et servos complectitur, quod sequentia ista clarissime ostendunt : *Unusquisque cum liberis, cum servis aderant.*

Fidelissimi quique servi contra dominos vexab. Contra regulam juris, quæ vetat servos in dominorum caput interrogari. *Edit. Oxon. et Cant.*

Si omnia defecerant, etc. Locus obscurus et ambiguus. Aut vult enim noster dicere : Quod si hæc omnia (filiorum nempe adversus parentes suspensio, et fidelissimi cujusque servi contra dominos vexatio, uxorumque adversus maritos) nullam tandem extorserant confessionem, ipsi tunc contra se, quoniam cætera frustra fuerant, torquebantur. Vel, ut malim, sensus est : Si qui essent contra quos, quia jam uxoribus, liberis, servis carerent, aut quod nunquam istorum quidpiam habuissent, nec uxores, nec liberi, nec servi possent torqueri, ipsi tunc contra sese adhibebantur, et gravissimis urgebantur tormentis.

Adscribebantur quæ non habebantur. Id est, in tabulas census referebantur etiam illa, quæ tormentis coacti possidere se profitebantur, licet ea revera non haberent. Unde mox. « Et duplicabatur semper, illis non invenientibus, sed, ut libuit, addentibus, ne frustra missi viderentur. » TOLLIUS.

Quæ non habebantur. Præferam, *quæ non fatebantur.* GALE.

Sensui, quem nunc Tollius ex vulgata lectione eruebat, favet apertissime Maucroixius, qui verterit : *Et quand la douleur avait arraché quelque aveu de leur bouche, il passait pour véritable.* Nec, ut ingenue dicam, video cur debeat displicere.

Nulla ætatis, valitudinis excusatio. Videtur semel excidisse culpa Librariorum *nulla,* et Lactantii manus fuisse : *Nulla ætatis, nulla valetudinis excusatio.* Malebat Nicolaus Heinsius : *Nulla ætatis aut valetudinis excusatio.* GRÆVIUS.

Nulla ætatis, valitudinis excus. Elegantius: *Nulla ætatis, valetudinis nulla excus.* Sic autem loqui noster amat, ut cap. 16, *quem nullus hostis expugnet, nullus laqueus induat.* Et simili fere ratione, capite 21, *quorum hic ritus, hic mos est.* TOLLIUS.

Valitudinis. Et hic rursum aliæ omnes editiones, *valetudinis.* Quod cum ita pergant facere, ac si qui illas curarunt, crediderint scripturam veteris Codicis nullo pacto posse defendi, ecce contra quam supra constitueramus, quid in eam rem notatum sit a Dausquio in Orthographicis: « Promunt, inquit, ex Horatio, *dura valetudo.* Amplector. At cum prope infinita varient in Orthographia, cum *Genitrix* scribatur per *i*, ac per *e*, *Genetrix*, cur non etiam *valitudo?* Certe supinum est *Valitum*, unde *Valiturus* Livio, libro xxxv, ne quod aliud per somnium nobis objiciant. Et observavi, Vulcanium edere semper in Apuleio *Valitudo* per *i*, Lipsium scribere, itaque esse correctissimæ Justini editioni Parisinæ. » Hactenus Dausquius qui, si hodie viveret, sane nosset alterum scribendi modum scientissimo Latinitatis Grævio magis placere; quem et ideo præferimus, nec dubitaret certe Dausquius ipse Lipsiano et Vulcaniano usui anteponere.

Ægri et debiles deferebantur. In sellis puta, aut lectulis, sicut ii de quibus, act. v, 15 :.... ὥστε κατὰ τὰς πλατείας ἐκφέρειν τοὺς ἀσθενεῖς, καὶ τιθέναι ἐπὶ κλινῶν καὶ κραββάτων. Beza :... *adeo ut in plateas efferrent ægrotos, et ponerent in lectis ac grabbatis.*

Parvulis adiciebantur anni, senibus detrahebantur. En tibi utriusque rei causam ex Ulpiano, de Censibus (*Digest. lib. L, tit.* 15, § 3), ubi ille : « Ætatem, ait, in censendo significare necesse est; quia quibusdam ætas tribuit, in tributo onerentur. Veluti in Syriis a quatuordecim annis masculi, a duodecim foeminæ usque ad sexagesimum quintum annum tributo capitis obligantur. Ætas autem spectatur censendi tempore. »

— *Adiciebantur anni.* Ita jam rursus e veteri membrana Baluzius, qui ex eadem quoque in fine capitis 35, *ut eum de secundo loco reiceret in quartum.* Reliquæ omnes editiones, *adjiciebantur, et rejiceret*, suis locis. *Secunda in his verbis (adjicio, ejicio, injicio), per duo ji non per unum scribenda est*, inquit Gellius, libro iv, c. 17. Sed *lapidum et auctorum tenor* non vinus, ait vicissim Dausquius in Orthographicis, *v. adjicio*.

— Imo, *adicere* antiqua scriptio, pro *adjicere*, quam in omnibus optimæ notæ libris inventam viri docti testantur, ait anonymus auctor Notarum ad Dictyn Cretensem.

Quæ victores adversus victos jure belli fecerant, ea ille, etc. Sic hodie Baluzius. Idem antea cum ms. codice : *Quæ veteres adversus victos jure belli fecerant, et ille...* Neque aliter sane cæteri editores, etsi, quod jam proxime videbitur, neutra emendatio sit recens.

— *Quæ veteres.* Lege, *quæ victores.* Prima Baluzii editio in addendis. Item Oxoniensis, an. 1680, ad calcem.

— *Et ille.* Legendum, *ea ille.* Edit. Oxon. et Cant.

Quem Trajanus Daciis. Sub quo scilicet post duas expeditiones (Dacia) in provinciam redacta est, et proinde vectigalis facta. Edit. Oxon. et Cant.

Pœnæ gratia victor imposuit. Recte ergo paulo antea vocabulum *victores*, pro *veteres*, quod in ms. legitur, viri docti substituerunt.

Et merces pro vita dabatur. Quis hæc, ut sonant, intelligat? Corrige meo periculo : *Et merces pro vita dabantur. Merces* nempe a *merx, mercis*, non *merces, mercedis.* Sensus est : Et quia tanta erat capitatio, ut quidquid pecuniæ habebant pro capitibus penderent, cogebantur illi, quoties ad victum necessaria comparanda erant, suas merces pro cibis dare. *Merces* itaque vox pluralis est, non singularis. Et quod ad vitam, pro victu seu alimento, exemplum tibi, si requiras suppeditabit Terentius in Phormione (act. ii sc. 2, vss. 16, 17) his versibus :

Pauper, cui opera vita erat, ruri fere
Se continebat.

Unde merito novissimus Paraphrastes, Pauper, labore rustico atque opera victum quærebat. Qui in re palam Latinorum *vita* Græcorum Βίου, qui *vitam et victum* promiscue notat, respondet. Maucroix us, at ipsum sequi malueris : *La liberté de respirer s'achetait à prix d'argent.* Ad verbum, respirandi libertas argento redimebatur. Versio autem anglica, si et ipsa forsan tibi magis placitura sit : *After that all men were thus listed, then so much money was laid upon every man's head, as if he had been to pay so much for his life.* Id est, postquam ita omnes descripti sunt, tanta vis pecuniæ in cujusque caput fuit imposita, quanta si vel de redimenda cujusque vita fuisset actum.

Hisdem censitoribus. Sic capite 31, *super hisdem hominibus*; et capite 54, *ut hisdem erat libitum*; et capite 48, *cum hisdem a nobis indultum esse pervideas* : imo, postremo illo capite, *hisdem Christianis*, ter. Quod non observarem, nisi ita hic Auctor et Ennianum *isdem*, et Ciceronianum *eisdem*, et aliorum rursus *iisdem*, videretur æqualiter damnasse, atque omnibus τὸ *hisdem*, ut πολλῶν ἀντάξιον ἄλλων, præiulisse; cujus tamen vocis nulla mentio apud Ciceronem in Oratore, quo ipse loco judicium suum de .ribus prioribus loquendi modis interponens, sic habet : « *In templis isdem* probavit Ennius (1) : at *eisdem*, erat verius; nec tamen *eisdem* opimius : male sonabat *iisdem*. Impetratum est a consuetudine, ut peccare suavitatis causa liceret. »

Et duplicabatur semper, etc. Nullo sensu, confidenter dicam, nisi sic distinxeris : « Et duplicabatur semper, illis, non invenientibus, quod sit libuit, addentibus, ne frustra missi viderentur. » Hoc est : Et illi quidem tributa, et hujusmodi alia, sedulo semper duplicabant; non quod sane plura, ob quæ pendenda essent, invenirent, sed quod *plura* pro *ibitu* adderent, ne viderentur incassum missi. Præcessit quippe proxime, *atii super alios mittebantur tamquam* PLURA *inventuri.* Unde mox τὸ *non invenientibus* breviter dictum, pro *non plura invenientibus*, ἀπὸ τοῦ κοινοῦ; et mox rursum, *sed, ut libuit, addentibus*, pro *sed plura, uti libuit, adjicientibus*, eodem pacto.

Et nihil minus solvebantur. Et nihilominus. Editio Aboensis. Item Gale.

Nec mori saltim gratis. Editio Cantabr. *saltem* : de quo scribendi discrimine consulendus Dausquius in Orthographicis. Distinguebat porro non male totum hunc locum Aboensis, hoc modo, *ut nec vivere jam, nec mori, saltim gratis liceret.*

Ab omni genere injuriæ tutos. Veteris schedæ lectio est : « *Ab omni genere injuria et atis.* » Ex quibus ultimis cum in prima editione Baluzius *injurietatis*, non sine vocis defensione, fecisset, sequentes omnes ad hanc usque similiter excuderunt. Idem tamen paulo post legendum esse, *injuriæ tutos*, monuerat in Addendis, defendamque priorem suam non am ad hunc locum : quare nec illam notam supra videas, sed aliam pro ea, col. 538, sicut nec hic amplius vocabulum *injurietatis*, sed *injuriæ tutos.*

Injurietatis. Insolens hoc verbum juris Latini facere voluit Baluzius exemplorum aliquot auctoritate, sed vano conatu, uti et ipse fatetur, qui in emendationibus, quas ad calcem sui operis adjecit, fide indubitata legendum asserat, *injuriæ tutos.* Edit. Oxon. et Cant.

Atquin homo impius. Acerbius erit, si ironice legas, *atquin homo pius*; et sic Lactantium scripsisse arbitror. TOLLIUS.— Nolim negasse, quanquam mox non *misericordem*, sed *immisericordem* legendum esse sim conjecturus.

Misertus est illis. Locutio hæc illorum temporum est. TOLLIUS. — Nicolaus Heinsius emendabat : *miseratus est illos.* GRÆVIUS. — Distinguunt post *illis*

(1) Probavit quoque post Ciceronis tempora Ovidius hoc versu :

Isdem sub dominis aspiciare domus.

Aboensis editio, et Galeus.

Ut non egerent. Mirum, ni sensus sit, ut nihil, hoc est, ut nulla re indigerent; quomodo nempe Vulgata in priore ad Corinth. xi, 22: *Pudefacitis eos qui non habent,* pro, qui nihil habent.

Adeo hominem misericordem. Malim: *Video hominem misericordem.* GALE. — Sensus postulat, ut legamus, *O hominem misericordem!* Alias apud Terentium est, *Adeone hominem esse invenustum et infelicem,* etc. Sed ea ratio loquendi locum hic non habet. TOLLIUS. — Melius, meo judicio, emendaveris: *At, o hominem immisericordem, qui,* etc. Firmat praecedens lectio, *homo impius,* si sit servanda, rec repugnat *homo pius* Tollii, si sit, ut credo, admittendus, quia postquam noster Galerium ironice *hominem pium* appellaverit, eumdem deinceps suo vero nomine, et quasi se castigans, vocaverit *immisericordem.*

Ita dum cavit. Lege: *Ita dum cavet;* quod et clarissimus Columbus vidit. Alias *subterfugeret,* pro *subterfugiat,* reponendum. TOLLIUS.— Putabam praeterea, distinctione opus esse post *Ita,* in hunc modum: *Ita, dum cavet ne…*

Virorum miserorum. Quid? Nullaene tunc temporis miserae erant inter *miseros,* ut noster tantumodo *miserorum virorum* fecerit mentionem" aut num vero *miseris mulieribus* pepercit Galerius, cum *miseris viris* non parceret? Sed nil istis opus est. Fuerat indubie auctoris manus: « Ita, dum cavet, ne quis simulatione mendicitatis censum subterfugiat, multitudinem verorum miserorum contra omne jus humanitatis occidit. » Opponendo scilicet *veros miseros* miseris illis simulatae mendicitatis, e quibus nolebat Galerius ut quisquam censum effugeret.

CAPUT XXIV.

Jam propinquavit. Verbum, quod etsi noster iterum capite 46 adhibuerit, nec non Vulgata quinquies suis locis (*Judic.* xix, 9; *Isa.* xli, 1), ideo tamen libentius crediderim magis poeticum fuisse ab origine prima, quam solutae orationis, quia unum, verbi gratia, exemplum in Plauti Truculento (*Act.* ii, sc. 6) occurrit, et apud Virgilium quatuordecim: nullum vero e contrario apud Ciceronem, vel Suetonium, aut Justinum.

Jam propinquavit. Lege: *Jam propinquabat.* TOLLIUS.

Male, credo, cum proxime denuo per praeteritum perfectum subjiciatur: *secutumque tempus est.* Maucroixius interim cum Tollio, ne cui sim fraudi: *Mais le temps de la justice divine approchait.*

Res ejus dilabi ac fluere. Virgilius ii Æn:.

Ex illo fluere, ac retro sublapsa referri
Spes Danaum. GALE.

Dum est occupatus. Quidni potius: *Dum esset occupatus?* Nam haec certe male invicem videntur cohaerere: *Nondum animum intenderat, dum est…* Sed omnino τὸ *nondum animum intenderat, dum esset,* id est, quando, vel interim dum esset, etc., ejusmodi est quale apud Virgilium initio Æneidos:

Multa quoque et bello passus, dum conderet urbem.

Et expectabat obitum ejus. Elegans in eo vocabulo jocus est apud Quintilianum, ubi, cum filius parricidii cogitati reus dixisset, *se non expectare patris mortem,* pater facete simul et severe respondit: *Imo malo expectes.* TOLLIUS.

Qui cum graviter laboraret. Hoc est, sicut optime versio anglica, cum graviter aegrotaret Constantius. Atque ita Cicero in Tuscul., *Artus vehementer laborant,* pro, pessime habent, valde aegri sunt.

Frustra repetierat. Haec verba in veteri codice non occurrere testatur Baluzius: sed quoniam sensus imperfectus fuisset citra aliquod supplementum, commodius nullum addi potuit, quam quod praebuit Fragmentum de Constantio Chloro, in quo ita legitur:

« Constantinus obses apud Diocletianum et Galerium sub iisdem fortiter in Asia militavit, quem post depositum imperium Diocletiani et Herculii Constantius a Galerio repetiit. Sed hunc Galerius objecit ante plurimis periculis. Edit. Oxon. et Cant.

Nam et in insidiis saepe juvenem appetiverat. Dele in, quemadmodum alibi quoque. BOHERELLUS.

Juvenem. Atqui prius *adolescens* dictus est. Capite enim xviii: *Constantio quoque filius erat Constantinus, sanctissimus adolescens;* et idem rursum capite 29, *adolescentis* voce significabitur: *Credit adolescens (Maximiano Herculio) ut perito ac seni.* Recte. Sed nostro, quod nec apud alios rarum est, *juvenis* et *adolescens* synonyma sunt. Et, quod magis notandum, *juvenem jam annos 35 natum* intelligit, aut ad minimum, triginta quatuor plus minus completos. Constantinus quippe anno Christi 272 natus, sicut ante nos Pagius observavit (*In Critica Baron. ad annum Christi* 337, n. 2). Et, ex Cyprianicis Dodwelli Dissertationibus (*Undecima scilicet,* n. 67), anno Christi 306, Constantinum *juvenem* appellat in nostro capite Lactantius. Quod si verum, uti certe verum est, tum profecto etiam non solum constat annorum numerus, quem diximus: sed possit praeterea ex hoc loco magna lux multis Historiae difficultatibus affulgere.

Ne contra se arma civilia, et, quod maxime verebatur, odia militum concitaret. Nemo igitur, sicut ante diximus, aliter sibi aliorum odia quaerit, quam ingratiis acquirendo, prout ibidem diversis verbis explicuimus. Hic caeteroquin, ne id nescias, operae pretium merito duxerunt viri clarissimi Galeus ac Pagius (*In Critica Baron. ad annum Christi* 306, n. 5), et ante utrumque Editor Aboensis, distinguere post *civilia,* in hunc modum: « Ne contra se arma civilia, et, quod maxime verebatur, » quaeque postea.

Sub obtentu exercitii. Vide Sallustium in Jugurthino, de Micipsa vitae Jugurthae imminente. Deest autem hic copula et a praecedente syllaba absorpta; quare lege: *et sub obtentu exercitii.* TOLLIUS.—Postulant omnino quae antecedunt, ut ita legamus. Praecessit quippe: *Nam et insidiis;* post quae verba alterum et sequi necesse est. Jamque alibi duobus locis nos ipsi eamdem copulam simili modo absorptam fuisse suspicati sumus, et pro virili restituimus.

Feris illum objecerat. Il avait exposé Constantin à un lion. MAUCROIXIUS. — Quasi noster non *feris,* sed *leoni,* vel *ferae* singulari numero scripserit; cum contra multitudinis numerum adhibuerit, et inde admodum probabile sit, Galerium, qui non semel, sed saepe Constantinum humanis insidiis appetivit, eumdem quoque non semel, sed saepius objecisse feris. Anglica versio nobiscum, *he had engaged him to encounter with Wild Beasts.*

In ipso cardine. Virgilius, Æn. i:

Haud tanto cessabit cardine rerum. GAL.

—*In ipso cardine,* id est in ipso articulo, vel in ipsa liberationis opportunitate. Servius ad praec. Virg. versum: *Αὐτοδεικτικῶς dixit, ne in tantum quidem, hoc est, brevi occasione cessabit. Aut simpliciter intelligendum est, Non poterit in tanta rerum opportunitate cessare; ut sit de proverbio tractum, de quo dicitur: Res in cardine est; hoc est, in articulo.* Versio anglica per quam significanter: *In the last and critical moment;* ad verbum fere, in ultimo et decretorio momento.

Namque saepius. Deest aliquod vocabulum post *saepius;* verbi gratia, *rogatus* aut *sollicitatus* si fides Boherello, *repetenti* si Tollio credatur. — *Namque saepius. Saepius* corruptum est. Non enim *saepe,* sed semel tantum sigillum dedit. Legendum: *Namque serius.* GRAEVIUS, item GALE. — Cum bona doctissimorum virorum venia, malebam, etiamque saepius, annectendo scilicet praecedentibus, in hunc modum: *qui illum de manibus ejus liberavit in ipso cardine, etiamque saepius.* Tum mox: *Cum jam diu negare non posset;* ut, uno verbo, sicut noster posuit, Constantinum appetitum saepe fuisse Galerii, vel aliorum, quos in eam rem præfecisset, insidiis, itemque non semel feris objectum: ita quoque observaverit, Constantinum ereptum sæpius fuisse Galerii manibus, cum in extremo versaretur periculo.

Cum jam diu[tius] negare non posset. Ms. liber, atque inde quotquot hactenus editiones vulgatæ fuerant, *cum jam diu negare non posset.* Nisi quod in omnium prima rescribendum, ut in hac excusum vides, posuerat ad calcem operis Baluzius in Erratorum indice. Sequuntur doctorum judicia de veteris Schedæ lectione.

Cum jam diu necare, etc. Legendum, *cum clam diu necare non posset.* Hinc paulo ante tradidit, *sæpe insidiis appetitum eum fuisse.* GRÆVIUS. — Legit, *cum tamdiu negare* Boherellus; emendat, *cum jam denegare* Galeus; mavult *cum jam diutius negare* Tollius.

Præferebam: *Cum jam diu negare non posset* : ut ordo et sensus sint, *cum jam non posset diu negare,* Constantinum scilicet suo patri; hacque de causa, quod antea diutius negasset quam ut posset adhuc diu negare.

Sigillum. Acceperunt diversa ratione interpretes. Maucroixius : *Galerius lui donna son congé, et le signa de sa main.* Quasi nostri verba sint, *dedit illi libellum commeatus sua manu subscriptum.* Tralatio anglica : *A pass, which had the seal qui to it.* Hoc est, libellum commeatus, sigillo munitum.

Retentaturus. Retenturus legi vult Galeus. Quod sane planissimum, et potuisset optime a nostro adhiberi. Sed vel *retentandi* voce usus est, quod illa interdum pro simplici *retinere* usurpetur. Cicero, libro i de Divinat. :

Namque omnes memori portentum mente retentant.

Id est, retinent. Ammianus Marcell., lib. xxix : *nec meliora monente ullo, nec retentante;* hoc est pariter, retinente. Postremo, Aurelius Victor de Cæsaribus : *Quoniam bellorum moles... acrius urgebat, quasi partito imperio, cuncta quæ trans Alpes Galliæ sunt, Constantio commissa : Africa, Italiaque Herculio ; Illyricique ora ad usque Ponti fretum Galerio; cætera Valerius retentavit;* diserte, si quisquam alius, pro *retinuit.* Vel quod, cum jam sæpius Constantinum hoc aut illo prætextu Galerius retinuisset, quædam inde oriretur necessitas utendi potius frequentativo verbo, quam alio. Vel quia denique ipsos etiam conatus, quibus personas a nobis abire contendentes, aut res quaslibet servatu difficiles retinere tentamus, Latini non raro *retentandi* voce exprimunt. De personis, Plautus in Asinaria, act. iii, sc. 3 : *Cur me retentas nunc?* Idem in Rudente, act. iii, sc. ult. : *Etiam retentas?* De rebus autem, Antonii vita apud Athanasium, tom. ii, pag. 450, ed. Commel.: *Ad summum, illud perspicere debemus, quod etsi nostras velimus retentare divitias cum lege mortis ab ipsis divellamur inviti.* Addo obiter, quamquam id ab hoc loco alienum esse non ignorem, *retentare* quoque apud veteres pro simplici *tenere* inveniri. Spartianus in Ælio Vero, initio : *In animo mihi est, Diocletiane Auguste, tot principum maxime, non solum eorum qui principem locum in hac statione quam temperas, retentarunt,* etc., id est, tenuerunt.

Teneretur. Melius *retineretur* : sicut paulo ante, *retentaturus,* legitur. TOLLIUS.

Properavit exire. Ovidius, libro vi Fast... *quamvis properabis vincere, Cæsar.* Sulpitius Severus initio Históriæ sacræ, *qui divina compendiosa lectione cognoscere properabant.*

Per mansiones multas. Quin *mansiones* et *stativæ* multa habuerint communia, non potest negari. Primo enim, verbi gratia, equi erant publici in utrisque. Noster hoc ipso loco de prioribus : *Sublatisque per mansiones multas omnibus equis publicis.* De stativis vero, seu *stationibus,* Thomas Magister apud Du Cangium in Glossario latino, voce MANSIO : σταθμοὶ οἱ κατὰ τόπους δημόσιοι ἄγροι, Du Cangius, οἶκοι ἔνθα καὶ ἵπποι δημόσιοι ἐτρέφοντο. Deinde autem in utris-

que pariter, qui privata de causa iter quædpiam susceperant, cibum vulgo sumebant. Et postremo, uti jam e Lampridio constabit, in ipsis etiam expeditionibus bellicis *Mansiones* et *stativæ* per certa itinerum intervalla dispositæ, excipiendis reficiendisque copiis inserviebant. Sed eædem alias, contra quam videtur sensisse vir clarissimus Du Cangius, a se invicem differebant. Lampridius in Alexandro Severo : « Expeditiones bellicas habuit... Tacebantur secreta bellorum : itinerum autem dies publice proponebantur ; ita ut edictum penderet ante menses duos, in quo scriptum esset : Illa die, illa hora ab urbe sum exiturus, et, si dii voluerint, in prima mansione mansurus : deinde per ordinem mansiones, deinde stativæ, deinde ubi annona esset accipienda. » In *stativis* itaque circa meridiem, nec per longum tempus (unde illis *stationum* et *mutationum,* Græcis ἀλλαγῶν, vocabula) tam milites, quam alii quilibet, qui vel imperatorum jussu, vel proprio nomine iter facerent, subsistebant, ac cibum capiebant : in *mansionibus* vero sub vesperam, et per noctem totam. *Mansio,* inquit optime in eam rem Du-Cangius : « Latinis scriptoribus dicitur locus, ubi confecto itinere per noctem quiescebant; unde ut plurimum pro diei unius itinere sumitur. » Firmat Archelai episcopi Mesopotamiæ Disputatio adversus Manichæum (*Ad calcem Sozomeni, edit. Vales.*) in cujus fere initio : « Turbo... acceptam eam (epistolam) huic cui a Mane præceptum fuerat, pertulit, omni itinere diebus quinque transacto... in quo plurimum... laboris ac molestiæ pertulit. Si quando enim ad vesperam velut peregrinus ad hospitium pervenisset... Turbonem etiam ipsi hospitiis detrudebant, ne aquæ quidem ipsi ad bibendum facultate concessa. Quæ cum singula quotidie atque horum nequiora perferret ab his qui per singula loca mansionibus atque hospitiis præerant, etc. »

Cum consulto ad medium diem usque dormisset. Qui *consulto,* qui volebat Constantinum persequi? inquiebat olim, testante clarissimo collega Grævio, Nicolaus Heinsius; cujus adeo sententia erat, scripsisse Lactantium *consueto.* Sed liceat vicissim doc issimos Manes rogare, quinam voluisset Galerius Constantinum persequi, qui prorsus nesciebat Constantinum abiisse? Potius itaque Galerius *consulto* ad medium usque diem dormiverit, hoc est, in lecto jacuerit, et simulaverit se dormire, quia pridie præceperat Constantino, ut postridie mane acceptis mandatis proficisceretur : ita quippe dormiendo die postera ad meridiem usque, Constantinum, si non retinebat, quia pridie post cœnam abierat, saltem retentare se credebat, ejus ignorans profectionem, et sibi dieculam addere cogitans. Proba igitur, ni admodum fallor, vulgata lectio, et servanda.

Ut eum retrahi faceret. Spartianus in Caracallo, *fratrem in Palatio fecit occidi.* Neque ferme al ter Mamert. (In Gentill. Max. Aug.) : « Laurea illa devictis accolentibus Syriam nationibus, et illa Rhætica, et illa Sarmatica te, Maximiane, fecerunt pio gaudio triumphare. » Vulgata autem, Matt. v, 45 : *Ut sitis filii Patris vestri... qui solem suum oriri facit super bonos et malos.* Quibus similia quoque nonnulla apud Plautum in Persa, in Epidico, occurrunt.

Nudatus ei cursus publicus nunt. Zozimus, libro ii : Τοὺς ἐν τοῖς σταθμοῖς ἵππους, οὓς τὸ δημόσιον ἔτρεφεν, ἅμα τῷ φθάσαι τὸν σταθμὸν, κολούων καὶ ἐχρείους ἐῶν, τοῖς ἑξῆς ἑστῶσιν ἐχρῆτο. *Edit. Oxon. et Cant.*

Nudatus. An potius *Truncatus,* vel, *Jam datus?* Gale : qui et addidit, Vide Ammianum, libro xxx.

Vix lucrymas tenebat. Videatur rursum, ibidemque loci amplissimus Cuperus.

Qui ei militibus commendato imperium per manus tradidit. Fallor, an sensus est : Qui Constantino (quem, antequam advenisset, militibus, ut ab ipsis post sui mortem imperator crearetur, commendaverat) purpuram, imperatoriæ dignitatis insigne, tradidit ipse in manus? Possit omnino æque bene ita res esse, ac in istis Estheræ : *Evenit autem die tertia, ut induere-*

tur Esther regno (Sic enim Hebræa ad verbum sonant) sententia est : *Die autem tertio induta est Esther regalibus vestimentis*, ut optime transtulit interpres Vulgatus; vel, καὶ ἐγένετο ἐν τῇ ἡμέρᾳ τῇ τρίτῃ ἐνεδύσατο ἡ Ἐσθὴρ βασιλικοῖς, ut Septuaginta verterunt. Nec obstant sane quæ ex Dodwello, col. seq., afferemus.

Imperium per manus tradidit. Nimirum *Augusteum.* Nec enim aliud *imperii* nomine solet denotare Lactantius. DODWELLUS, *Diss. Cypr.* xi, *num.* 85.— Solet quidem : verum ut *Cæsarem* quoque eodem vocabulo nonnunquam in hoc opere significetur. Quod non ideo dico, quasi nunc nostrum de *Cæsareo* loqui existimem : sed quod revera capite 18, cum de *legendis duobus Cæsaribus* ageretur, et Constantino, tanquam illo fastigio *dignissimi*, injecta fuisset mentio per Diocletianum, Galerius sine mora Cæsaream illam potestatem rotunda *imperii* appellatione donaverit his verbis : *Dignus non est. Qui enim me privatus contempsit, quid faciet cum imperium acceperit?* Non perpetua itaque ejus vocis usurpatio apud hunc scriptorem de *Imperio Auguste* : sed varius est illius usus.

Atque ita, etc. Hoc est, atque eo pacto. Neque enim hic τὸ *ita*, pro *deinde* sicut alibi. Sed Constantius Chlorus, qui filio suo purpuram propria manu tradere summopere expetiverat, et se, verbi gratia, sine ullo vitæ desiderio, si id semel fecisset, obiturum dixerat, in lecto suo, postquam reipsa imperium Constantino per manus tradidisset, *requiem vitæ, sicut optabat, accepit.* Qui jam loquendi modus, ob id maxime quod in hoc auctore invenitur, non parum negotii clarissimo Meldensi episcopo Constantium Chlorum inter magnos Ecclesiæ persecutores putanti, facessere potest et debet. Nostro quippe, sicut ultima primi capitis verba indicant, haud mere propositum hoc opusculo de persecutorum auctoribus agere, sed *præcipue, quibus pænis in eos cœlestis judicis severitas vindicaverit, expromere.* Unde supra capite 2 de Nerone : « Nec tamen, inquit, abiit impune. Respexit enim Deus vexationem populi sui. Dejectus itaque fastigio imperii, ac devolutus a summo tyrannus impotens, nusquam repente comparuit, ut ne sepulturæ quidem locus in terra tam malæ bestiæ appareret; » et capite 3 de Domitiano : « Tutus.... regnavit, donec impias manus adversus Dominum tenderet. Postquam vero ad persequendum justum populum instinctu dæmonum incitatus est, tunc traditus in manus inimicorum luit pœnas. Nec satis ad ultionem fuit quod est interfectus domi. Etiam memoria nominis ejus erasa est; » et sic deinceps de reliquis. At, qui Constantium Chlorum *vitæ requiem, sicut optaverat, accepisse* ponit, quid ponit, obsecro, quod cœlestis judicis severitatem sapiat, ac potius magnum Dei benignitatem et misericordiam? Non fuit itaque, ut palam est, Constantini pater unus ex insignioribus Ecclesiæ persecutoribus huic scriptori. Sed nec magis Maucroixio, cujus nempe versio sic habet : *Il expira doucement comme il avait souhaité*; ad verbum, *Placide, prout optaverat, expiravit.* Quin et longe minus Eusebio, qui Constantii mortem, τέλος τοῦ βίου εὐδόκιμων καὶ τρισμακάριον, *vitæ finem laudabilem terque beatum* vocaverit. Scio, ex quinto hujus libri capite, *Dei adversarios non semper dignam scelere suo recipere mercedem.* Sed nec noster, nec Eusebius, Constantium uspiam inter *Dei adversarios* censuerunt. Quare vitæ doctissimus præsul, quomodo Constantini patrem ipse melius noverit, quam duo illi Constantii Chlori æquales noscitare potuerint. Nam quod inter alia post Eusebium memorat Bossuetus, *Procopium Martyrem jussum fuisse quatuor regibus*, adeoque Constantio Chloro, illorum uni, *libare*, id, inquam, cum cæteris quæ pro sua persecutorum turma protulit, æque bene Eusebio, ut omnes fatebuntur, innotuerunt, atque Meldensi episcopo. Et Eusebius tamen Constantium Chlorum Persecutorum numero disertissime exemit, eidemque *mortem ter*

beatam tribuit. Imo vide, quod magis est, Ruinarti ad Acta Martyrum Præfationem, in qua *nullum sub Constantii principatu Martyrem exstitisse* sat ingenue concedit, sacra tantum conventicula, quæ Constantius dirui passus est, et Diocletiani edicta, quæ, ponente Ruinarto, sub eodem Constantio adhuc Cæsare in Galliis publicata sunt, nec ab illo, postquam Augustus factus est, revocata, adversus Dodwellum urgens. Quæ Principis quidem nimium facilis, nec persecutioni, ut oportuit, obsistentis esse possunt, at non itidem persequentis. Qua de re jam antea plura diximus.

Cæterum, Constantium Chlorum anno Chr. 306, vIII *Kalend. August.* ut habent Idacius in Fastis et Socrates, vita functum esse, quæ in Dissert. Hypat. capite 2, num. 19, in medium adduxi, evincunt. Neque, ut putarunt aliqui viri doctissimi, contrarius est Socrates in libro I, capite 1, ubi ait, eum diem obiisse *primo ducentesimæ ac septuagesimæ primæ Olympiadis anno*, qui currenti Christi anno 306, mense Julio absolvitur. Nam Socrates, multorum Orientalium more, qui æras omnes mense septembri auspicantur, annum secundum Olympiadis CCLXXI mense tantum Septembri hujus Christi anni inchoat, ut a me ibi ostendo. Nam neque Scaliger, neque Petavius, neque Calvisius hunc nodum solvere potuere. Hankius in libro de Byzantinarum rerum Scriptoribus Græcis, parte I, capite 1, num. 19 et seq. pluribus contendit, Constantinum anno præcedenti e vita migrasse, eodemque Constantinum imperatorem levatum esse. Sed ejus fundamenta in laudata Dissertatione a nobis eversa, licet, cum eam in lucem edidimus, librum illum non vidissemus.

Suscepto Imperio Constantinus Augustus, etc. Fecit illum *Augustum* Constantius pater *Augustus* Galerio prior. Renuntiavit etiam *Augustum* statim a patris decessu exercitus, cui pro eorumdem temporum more, jus renuntiandi competebat. Refragatus tamen est *Augusti* titulo Galerius, qui *Cæsaream* illi duntaxat dignitatem confirmavit. Quod enim excogitatum a Galerio scribit Lactantius, ut « Severum Augustum nuncupando, Constantinum, non imperatorem, sicut erat factus, sed Cæsarem cum Maximino appellari juberet, ut eum de secundo loco rejiceret in quartum, » præposito nimirum illi ipso quoque Maximino, id etiam fecisse constat e fastis Alexandrinis manuscripti Usseriani, Theone, ni fallor, Alexandrino auctore, qui illos ad annum usque Domini CCCLXXII perduxit. Ibi enim pro anni CCCVII consulibus, quos agnovit Imperium Orientale, legimus Σεβῆρον σεβαστὸν καὶ Μαξιμιανὸν Καίσαρα, nostrum nempe Maximinum, cujus primum consulatum reperire non potuit Baluzius; sæpe enim hæc nomina inter se permiscent illorum temporum scriptores. Temperavit itaque aliquantisper *Augusti* titulo Constantius, ut et Panegyrico anonymi discimus coævi illorum temporum auctoris. DODWELLUS, *Diss. Cypr.* xi, *num.* 85, — Firmare possit egregie locus iste Eumenii in Constantini Panegyrico : « O fortunata et nunc omnibus beatior terris Britannia, quæ Constantinum Cæsarem prima vidisti! » Verius tamen arbitror, quia ita melius tota nostri narratio cohærebit, Constantinum primo creatum fuisse a patre *Galliarum Imperatorem*, sicut Orosius locutus est. Deinde eumdem, jam patre mortuo, renuntiatum fuisse a militibus βασιλέα τελεώτατον καὶ σεβαστόν, quæ Eusebii verba sunt. Tertio, eumdem rursus, pro summa potestate, quam sibi a patre et ab exercitu delatam videbat, sanctionem sine mora in gratiam Christianarum, qui in Galliis erant, cum præfixo *Augusti* titulo emisisse, qua illos populo sui Dei cultui redderet; hæcque omnia, priusquam ex Anglia nuntium ullum Galerius de Constantini in patris locum successione accepisset, adeoque, antequam id, quod sequenti capite narrabitur, potuisset comminisci : sed allata demum post paucos dies laureata novi *Augusti* imagine ad malam bestiam, cœpisse tum Galerium excogitare, ut Severum, qui erat ætate maturior, Augustum nominaret, atque ita de Imperatoria Constantini potestate Cæsaream faceret: Constantinum autem, Galerii mente aliquanto post intellecta, ab *Augusti* titulo, quem prius sumpserat, abstinuisse, donec idem Galerius nomen Cæsarum de medio tollens, Constantinum cum tribus aliis juberet vocari *imperatores*, sicut in fine capitis 32 videbimus. Adde Toinardi notam in hunc locum.

Nihil egit prius, quam Christianos cultui ac Deo suo reddere. Quibus ergo cultum Christi publicum Constantius pater siverat interdici, quemadmodum, supra explicuimus, et ante nos etiam viri clarissimi Dodwellus et Pagius collegerant.

Reddere. Redderet. Galeus; item Toinardus ad hunc locum, in auctoris verbis. Quæ illi proinde accipi volunt tamquam ordo sit: « Nihil prius egit quam Christianos cultui ac Deo suo redderet. »

Sanctæ religionis restituta. Restitutæ. Editio Aboensis quo et pacto emendari volebat Boherellus.

Sanctæ Religionis restituta. Quid, si potius, *sanctæ Religioni sua restituta,* vel *templa restituta?* GALEUS.— Nihil respuo. Sed quid, si tamen nil sit mutandum, et hic loci vox *restituta* substantive *restitutionem* sonet, quomodo apud Apuleium editionis Raphelengianæ, in hoc titulo: « Hermetis Trismegisti de natura Deorum ad Asclepium ALLOCUTA, Apuleio, ut quidam volunt, interprete. » vox *allocuta* planissime *allocutionem*, quod et adeo vocabulum in nonnullis codicibus alterius loco legitur, significat? et quomodo iterum apud Tertullianum *defensam*, pro *defensione*, seu vindicta reperimus; et apud Cyprianum *remissam*, pro *remissione*; et apud Joannem Gerundinensem *relatam*, pro *relatione*, ac sic de aliis. Judicent Docti.

CAPUT XXV.

Laureata imago ejus. Id est, secundum tralationem Anglicam, imago ejus cum impositis imperatoriæ dignitatis insignibus, aut, si ad verbum oporteat, characteribus: *His image, with the caracters of the imperial dignity upon it.* Unde quid clarissimo interpreti Constantinus a moribundo patre, vel saltem ab exercitu post Constantii obitum factus fuerit, Augustusne, aut solummodo Cæsar, nemo non potest colligere.

Imago ejus allata est. Ex Herodiano discimus, ritum hunc ab Elagabalo profectum. TOLLIUS.

Ad malam bestiam. Galerium scilicet Maximianum. PAGIUS, qui quod suo modo interpretes illustrationis gratia separatim fecerant, ita conjunxit. Maucroixii enim versio pro *mala bestia, Galerium;* Anglica vero *Maximianum* habet.

Deliberavit diu, an susciperet. In eo pene res fuit, ut illam, etc. Lectio quidem satis ferenda. Sed potuit tamen hæc altera a nostro æque bene, ni et melius adhiberi: « Deliberavit diu, an susciperet, aut illam et ipsum, qui attulerat, exureret. In eo pene res fuit, nisi eum amici, » quæque deinceps.

Amici. Ses Ministres, inquit Maucroixius; ac si noster scripsisset: *Ipsius in regendo imperio administri.* Recte. Nam, ut ad Justinum I, 5, clarissimus collega Grævius observavit, *amici regum* dicebantur olim, qui eis a consilio sunt. Vide locum, ubi in eam rem plura exempla congeruntur.

Ignoti Cæsares. Severus nimirum et Maximinus Daia; quod ex his capitis 19 certum ac perspicuum: « Tunc repente (senex Diocletianus) pronuntiat Severum et Maximinum Cæsares. Obstupefiunt omnes. Paucisque interjectis: In conspectu omnium Maximianus manum retrorsum extendens protraxit a tergo Daiam... et exuto vestem privatam, constituit in medium. Mirari omnes, qui esset, unde esset. » quæque postea.

Imaginem. The statue, versio anglica; cujus auctor, cum prius eamdem vocem hujus capitis initio ad verbum reddiderit *image* (imago), ostendit, aut se nullum ponere discrimen inter statuas et imagines, aut s'bi saltem videri neutro loco sermonem esse de planæ picturæ imagine, quam Constantinus ad Galerium miserit, sed de statua, verbi gratia, fusili. At contra, non debere apud nostrum statuas et imagines confundi, unus et alter locus commonebant, qui hujusmodi sunt. Capite 44: « Imperator Constantinus Maximini perfidiam cognoscit, litteras deprehendit, STATUAS ET IMAGINES invenit. Ac simil'ter cap. 42: Eodem tempore senis Maximiani STATUÆ Constantini jussu revellebantur, ET IMAGINES, cum quo pictus esset, detrahebantur. » Confer quæ ad hunc ultimum locum cruditissime pro suo more amplissimus Cuperus annotavit.

In societatem. Imperii scilicet; quemadmodum merito interpretes suppleverunt.

Jam turbatæ rationes ejus. Quæ capite 20 enarrantur. TOLLIUS.

Nec poterat alterum extra numerum nuncupare, ut voluerat. Voluisse unquam Galerium *Cæsaris,* vel *Augusti* nomen potestatemque cuiquam extra numerum conferre, non modo nuspiam videmus apud nostrum, sed contrarium ter in antecedentibus planissime videmus. Nimirum capite 18 his verbis: « Respondit (Galerius) debere ipsius Diocletiani dispositionem in perpetuum conservari, ut duo sint in republica majores, qui summam rerum teneant, item duo minores, qui sint adjumento; » ac deinde capite 20, duobus locis, ubi scilicet, si primum de tertio Augusto extra numerum creando agatur, Galerium expectantem reliquimus, dum obiret Constantinus, ut eo semel mortuo, Licinium veteris contubernii amicum, et a prima militia familiarem, tum et cujus consiliis ad omnia regenda utebatur, Augustum ejus loco nuncuparet fratremque; et ubi rursus, si jam de tertio Cæsare extra numerum faciendo quæstio sit, ita pariter idem Galerius a nostro relictus est cogitans de conferenda olim Cæsaris dignitate in filium suum Candidianum, ut non ideo tres Cæsares futuri essent eo temporis in imperio Romano, sed duo tantum, quoniam simul Galerio consilium erat imperium deponere, et ex altero *Cæsarum* Severo secundum facere « Augustum, ut cum Imperii summam tenerent Licinius ac Severus, et secundum Cæsarum nomen Maximinus et Candidianus, inexpugnabili muro circumseptus securam et tranquillam degeret senectutem. » Quæ cum ita sint, et illuc vere consilia ejus omnia tenderent, quid ista nunc esse queant: *Nec poterat alterum extra numerum nuncupare, ut voluerat?*

Versio Maucroixii est: *Il ne pouvait nommer un troisième César contre la disposition de Dioclétien;* ad verbum: Non poterat tertium Cæsarem contra Diocletiani dispositionem nominare. Sed nunquam Galerium de tertio Cæsare nuncupando cogitasse, ex modo dictis certum est, et ex his denuo capitis 20: « (Galerius Licinium) Cæsarem facere noluit, ne filium nominaret, et ut postea in Constantii locum nuncuparet Augustum atque fratrem. » Præterquam quod hæc duo manuscripti codicis vocabula, *ut voluerat,* nuspiam in Maucroixii tralatione comparent.—Anglica fert: *Nor could he now make another Emperour supernumerary;* hoc est: Nec poterat alterum imperatorem extra numerum facere. At neque jam semel Galerius ejusmodi imperatorem fecerat quod illa versio innuit; neque is unquam ullum talem creare cogitaverat, ut proxime ostendimus; neque postremo duas voces, *ut voluerat,* eadem tralatio magis exhibet. Quid ergo? Suntne prorsus eliminandæ, tamquam malo fato a librariis in hunc locum intrusæ? Aut num potius servandæ, et loci vitium alibi latet? Puto equidem alibi cubare. Meaque, uno verbo, conjectura est, veram olim totius loci scripturam fuisse: « Jam turbatæ rationes ejus fuerant, nec poterat alterum se intra numerum nuncupare, ut voluerat; » hoc est, Licinium, maximum suum amicum, quemque adeo pro altero se habebat. Decreverat enim antea reapse Galerius, uti jam e capite XX meminimus, *Licinium veteris contubernii amicum, et'a prima militia familiarem,* in Constantii locum, statim atque Constantius obiisset, sufficere, atque Augustum nominare, et ita Diocletiani dispositionem per omnia servare. Sed, **cum res in eo statu** essent, Constantinus in patris locum, præter Galerii expectationem, successit. Nec proinde poterat amplius Galerius Licinium, alterum se, intra numerum nuncupare, ut voluerat. *Alterum n me* simili sensu, nec semel apud Ciceronem reperies in Epistolis. Verbi gratia, ad C. Cæsarem: « Vide, quam mihi persuaserim, te me esse alterum, non modo in iis rebus quæ ad me ipsum, sed etiam in iis, quæ ad meos pertinent; et ad Atticum : « Hic mihi ignoscas; me enim multo magis accuso, deinde te quasi me alterum. » Rursumque alibi : « Ad omnia me alterum se fore dixit : » denuoque ad Brutum: « Ad te, tamquam ad alterum me, proficiscens. » Quid? quod ubi Ciceroni in *Lælio* verus amicus *tamquam alter idem* esse ponitur, *est enim is quidem*, inquit , *tamquam alter idem*, nil possit unquam illud *alter idem* sonare quam quod nos Galli quotidie dicimus, *un autre soi-même*. Agnosco interim, haud leviter in præsentia differre vulgatam nostri loci lectionem, *alterum extra numerum*, ab emendatione, quam proponimus, *alterum se intra numerum*. Sed auctor secum, ut vidisti, necessario conciliandus erat; et conciliationem pro virili ex ipsomet opere eruimus, nec meliorem, si cuis habeat, recusabimus.

Ut Severum, qu erat ætate maturior. Agebat Constantinus, quo anni tempore hæc acta sunt, annum ætatis trigesimum quintum. Acta enim post viii kal. Aug, quo die Constantius Chlorus mortuus est ; et Constantinus, ut antea a nobis cum Pagio positum, natus fuerat anno Christi 272, 3 kal. mart. vel, ad summum, pridie kal. apr. Conjiciat inde, qui poterit, quot jam annos illo, de quo agitur, tempore vixisset Severus. Certe si non plures, vix minus triginta quinque completis.

Constantinum vero non imperatorem, sicut erat factus, sed Cæsarem, etc. Admodum præstat noster, ut videt, in sua sententia, Constantium filio suo Constantino *imperium ver manus tradidisse*, et *Augustum* fecisse. Eamque, quo magis cogito, illorum temporum administratio probabilem reddit, qua qui primus erat Augustorum, omnia vulgo poterat in istis. Erat autem Constantius *senior Augustus*, ut ex initio capitis vigesimi certum est. Verba sunt : *Nam Galerius Constantinum, quamvis priorem nominari esset necesse, contemnebat.* Quidni ergo id, quod pro suo jure Constantius, senior Galerio Augustus, erga filium Constantinum fecerat, confestim Galerius, post Constantii mortem senior Constantino Augustus, licere sibi mutare crediderit, et illo revera, qui jam recitatur, modo mutaverit? Aliter tamen, ne dissimulem, doctissimus Cuperus.

Addo, cum hic noster plurimum discriminis inter *imperatorem* et *Cæsarem* ponat, inquiens, *Constantinum, non imperatorem, sicut erat factus, sed Cæsarem cum Maximino appellari juberet*, stabiliri valide, quæ nos superius contra Pagium ex hoc ipso scriptore.

Neque vero jam contra, ex eo quod idem Constantinus, qui in fine præcedentis capitis vocabatur *Augustus*, appellatur nunc in hujus clausula *imperator*, evertuntur quæ antea de utriusque vocabuli differentia tetigimus. Quoniam nempe, sicut quotidie christianis idem Deus diverso sensu modo *Optimus*, modo *Maximus*, et quandoque conjunctim *Optimus Maximus* nuncupatur; ita olim eidem homini *Augusti* et *imperatoris* appellationes tribuebantur, sed sub diversa notione. Hic autem, ne nescias, ideo potius *imperatorem* quam *Augustum* de Constantino habemus, quia in proxime præcedentibus *Augustum* de Severo habuimus, et amicus noster phrases et vocabula, quantum potest, variare.

Sed Cæsarem. Quæ viri doctissimi de natali Constantini, ut ita dicam, Cæsareo hic notarunt, sunt in promptu. Nolim ce illo cum eis contendere. Hoc saltem mihi persuadere non possum, in kalendario vetere Herwarti, in quo 8 kal. januar. adscribitur *Natalis invicti*, intelligi hunc Constantini natalem, non tantum ideo quod cum trium natalium Constantini in illo kalendario fiat mentio, semper dicatur *Natalis Constantini*, non *invicti* : sed in primis, quod 8 kal. januar. vulgo sit appellatus *Natalis Solis*, et *Sol novus*. Chrysostomus homilia de Nativitate Joannis Baptistæ extrema : *Quod dicunt, Solis Natalem esse, et Sol justitiæ, de quo Malachias propheta dicit*, et quæ sequuntur. Credebant enim, hac die 8 kal. januar. quam habebant pro Christi natali, dierum lucem augeri, noctium tenebras minui, et propterea Solem ex Antichtonum hemisphærio ad nos remeare incipien em quasi renasci. Eucherius Lugdunensis, sive is sit Eusebius, homilia 2 de Nativitate : *Hodie enim* (8 kal. januar.) *Noctis damna in diei transeunt lucra. Hodie nox deficientibus tenebris minoratur, et dies additus luci* (forte legendum, *addita luce*) *producitur ut, nascente lucis auctore, omni illa, quæ totum mundum operuerat et texerat, infidelitatis nocte discussa, fides nostra velut dies luceat.* Inferius : *Omnium sæculorum antecessor et conditor hanc diem sibi, in qua nasceretur, elegit, ut sicut proficiebat luce, proficeret etiam dignitate.* Propter quam causam hæc dies quoque apud gentiles erat in magna dignitate, ut et apud nonnullos christianos, non solum propter natalem Christi, sed et Solis. Leo Magnus, sermone 11 de Nativitate Christi : *In fide, qua fundati estis, permanete ne idem ille tentator, cujus jam a vobis dominationem Christus exclusit, aliquibus vos iterum seducat insidiis, et hæc ipsa præsentis diei gaudia suæ fallaciæ arte corrumpat, illudens simplicioribus animis, de quorumdam persuasione pestifera, quibus hæc dies solennitatis nostræ, non tam de Nativitate Christi, quam de Novi, ut dicunt, Solis ortu honorabilis videtur. Quorum corda tenebris obvoluta, et ab omni incremento veræ lucis aliena sunt ; imbuuntur enim adhuc stultissimæ gentilitatis erroribus.* Dictum autem hunc diem *Solem novum*, Ambrosius, sermone 16 docet ; et Censoribus de Die natali, c. 21 : *Aliis a novo sole, id est, bruma,* etc. *incipere annus naturalis videtur*. Brumam vero in hunc diem incidere multi Veterum statuerunt. Plinius, l. xix, c. 25 : *Omnes eæ differentiæ* (æquinoctiorum, solstitii et brumæ) *fiunt in octavis partibus signorum. Bruma Capricorni ad 8 kal. jan. fere.* Servius ad i Virgil. notavit, brumam finiri 8 kal. jan. *Bruma*, inquit, *finitur 8 kal. jan. die.* Hoc igitur die gentiles natalem solis, quo christiani plerique secundo et tertio sæculo epochæ christianæ natalem Servatoris nostri celebrabant, quod etiam nunc faciunt. H nc in illo vetere kalendario dicitur *Natalis invicti*, scilicet solis. Hoc enim perpetuum ejus epitheton, ut in antiquo lapide, qui penes me est, *Soli invicto, Apollini*. Vide amplissimum Cuperum. GRÆVIUS.

Confer quoque Pagii Criticam in Annales Baronii, ad annum Christi 306, num. 12. Maxime vero Joannis Harduini Antirrheticum de Nummis antiquis Coloniarum et Municip. ad Joannem Foy-Vaillant, pag. 65 et 66, rursumque sub finem, in addendis. Quam et denuo in admonitione ad Lectorem, quam in paulo recentiori opere vir clarissimus post Embolum de Canone Turonensi subjecit.

Maximino. Maximien, Maucroix, id est, *Maximiano*. Quod quidem mirarer, ni id potius typothetarum errori tribuendum foret, quam consilio interpretis. Agi namque de Maximiano Daia, et veteris schedæ lectio, et caput 19, atque alia plurima, partim indicant, partim evincunt.

Ut eum de secundo loco reiceret, etc. Ita jam prima Baluzii editio. Aliæ omnes, *rejicere*.

CAPUT XXVI.

Compositæ ei res. Recte. Nam ex capite 26 : *Turbatæ prius rationes Galerii Maximiani fuerant* ; et inter alia, latinis *componi* res dicuntur, quando, postquam uti hic *turbatæ* sunt, cavetur ne in *perturbationem* incidant. *Turbari* enim et *perturbari* non minus a se invicem, quam *purgare*, et *perpurgare*, quæque reliqua id genus, differunt. Cicero l. i, Offic. : «Cavere debemus, ne in perturbationem prius incidamus, quam animos nostros ratio componat; » et noster infra, c. 29, cum in antecedente mentionem fecisset calamitatum, quas turbata res publica sustineret, « profectus (inquit) Herculius, ad hostem filii sui Maximianum, quasi ut de componendo reipublicæ statu cum eo disputaret. Quibus locutionibus nec illæ veterum absimiles, ubi, sive de rebus suo loco motis et in pristinum restituendis agatur, sive de aliis, quæ ad hoc aut illud minus ordinatæ, melius olim disponendæ essent, *componendi* verbum usurpatum videas. De priori rerum genere Virgilius, Æn. I :

Quos ego... sed motos præstat COMPONERE fluctus.

De posteriori autem, noster capite 46 : *Pridie mane aciem* COMPOSUIT. Et Livius : « Acrior impetu atque animis, quam COMPOSITIOR ullo ordine pugna fuit. » Nisi quod ibi quidem, non simpliciter *compositior*, sed *compositior ullo ordine* habemus; nec sine magna forsitan indicio ablativum *ordine* subaudiri ubique proprio, vel metaphorico sensu in præcedentibus locis.

Illi alius terror allatus. Hoc est, alius nuntius qui illum terreret. Vix siquidem noster proxime, ἐπεξηγήσεως causa, subjecerit, *Maxentium Galerii generum Romæ factum fuisse Imperatorem;* rursumque inferius, aliis quidem verbis, sed illius utique motus rationem reddendo, *Maxentium fuisse purpura indutum,* cum statim sequetur : *Quo nuntio allato. Terror* itaque manifeste hoc loco, pro nuntio terribili positus. Isque terror Galerio *alius*, id est, alter novusque supervenit, quoniam, ut jam vidimus, prior iste ad malam bestiam cum laureata Constantini imagine apportatus fuerat, « Constantium filio suo imperium per manus tradidisse. » Merito igitur Maucroixius : *On apporta à Galérius d'autres nouvelles qui le remplirent de terreur;* et breviter versio anglica : *He received a new alarm.*

Maxentium Romæ factum Imperatorem. Cave, inquit ad ista verba clarissimus Toinardus, intelligas hoc *Imperatoris* significatu *Augustum*, uti deinde, cap. 32, in fine, ipse Maxentius factus est, statim addens : Nam hic (*Imperator*) nihil aliud est præter Cæsarem ; infra enim (computato Maxentio) legitur : *Et oderat* (*Maximianus*) *hominem, et tres Cæsares facere non poterat.* Ego vero cautione, quam vir doctissimus præscribit, opus esse fateor me non videre. Et e contrario, pauci illi milites, qui mox dicentur Maxentium Romæ, non repugnante populo, purpura induisse, mihi multo magis videntur Augustum e Maxentio, dum ita induerent, fecisse, quam Cæsarem. Primo, quia cum imperium, quod sic Maxentio tradebant, eriperent Severo, qui *Augustus* erat, non *Cæsar*, consequitur inde naturaliter, *Augusteam* dignitatem collatam potius fuisse per eos milites in Maxentium, quam simpliciter *Cæsaream*. Illos enim ereptam revera voluisse Severo, non portionem tantum imperatoriæ potestatis, quæ exinde a Maxentio cum mero Cæsaris nomine administraretur, sed postestatem integram, hæc verba, quæ paulo post sequuntur, indicant : « Severum (Galerius) arcessit, hortatur ad recipiendum imperium, » quod totum igitur Severo in Maxentii gratiam fuerat ablatum. Secundo autem, si laudati milites Maxentium solo Cæsaris imperio donassent, nullo jure potuisset Maxentius patrem suum Herculium *bis Augustum* nominare, cum ejusmodi nuncupationes ad Augustos proprie, non ad Cæsares pertinerent. Atqui, sicut iterum sequentia testantur, « Maxentius Herculio patri purpuram misit, et bis Augustum nominavit. » Postremo, ut ex capitibus 28 et 32 inter se collatis discimus, necdum Galerius Maxentium, eademque opera tres alios, vocitari omnes *Imperatorum* nomine jusserat, cum jam Maxentii potestas, ut ut novissime *Augusteam* Herculio patri reddidisset, Augusteam illam sui patris excedebat; qui non proinde merus erat *Cæsar*, quando eam Herculio restitueret, sed *Augustus*, ac quodammodo etiam plusquam Augustus.

Totam itaque historiæ nostræ seriem evidenter turbat Toinardus, liceat dicere, dum ex eo quod infra legimus, *et oderat (Galerius Maximianus) hominem, et tres Cæsares,* computato Maxentio, *facere non poterat,* colligit, Maxentium nil aliud factum fuisse a memoratis militibus, quam Cæsarem. Neque enim attingit noster vel tantillulum iis verbis, quo potestatis genere donatus fuerit Romæ Maxentius in illa Prætorianorum seditione : sed quid Galerio ad primum de illorum facto nuntium in mente venerit, et nequiverit tamen duabus de causis a seipso impetrare, ut aggrederetur vel faceret.

Ante omnia ergo, quoniam rem integram ordine recitare operæ pretium est, pauci illi milites, qui Romæ in castris relicti, et opportunitatem nacti, Maxentium purpura induerunt, non *Cæsarem*, sed *Augustum*, cum ita induerent, fecerunt ; disertusque est in eam rem Eutropius, libro x, his verbis : « Romæ interea, Prætoriani, excitato tumultu, Maxentium Herculii filium, qui haud procul ab Urbe in via publica morabatur, AUGUSTUM nuncupaverunt. » Neque pariter iidem Severo solam imperii sedem, sed imperium integrum pro virili abstulerunt. Paulo post vero, allato semel hujus rei nuntio ad Galerium, cogitavit Galerius, utrum qua jam ratione de Constantino, quem Constantius *Augustum* moriendo creaverat, fecerat ipse pro senioris Augusti jure merum Cæsarem, facturus esset similiter merum Cæsarem de Maxentio, quem memorati milites Augustum constituerant. Sed istud tandem consilii post quam plus minus animo agitasset, duplici de causa repudiavit. Una, quoniam Maxentium valde oderat, nec, præ eo odio, impetrare a se poterat, ut vel illum *Cæsarem* nuncuparet. Altera autem, quoniam præterea per venerandam Diocletiani dispositionem capite 18, laudatam, tres simul Cæsares nequibant esse in republica. Quapropter sese alio convertens, Severum accessivit, et hortatus est recipiendum imperium, misit eum cum Maximiani Herculii exercitu ad expugnandum Maxentium, ut ab omni scilicet imperio Maxentius excluderetur. Ac denique cum post illam Severi adversus Maxentium expeditionem, non modo non expugnatus fuisset Maxentius, sed e contra plusquam duplicata fuisset Maxentii copiæ, periissetque Severus, et Maxentii etiam potestas ipsam Herculii Augusti potestatem recenter in pristinum locum restituti superaret, tunc temporis, inquam Galerius, qui simplicem *Cæsaris* appellationem tantæ potentiæ homini tribuere velle, nec satis Maxentio, nec sibi ipsi sat tutum fore judicabat, et qui insuper omnem summi imperii spem Maximino Daiæ volebat adimere, se Liciniumque *Augustos*, Maxentium vero et Constantinum *filios Augustorum*, *Cæsarum* nomen de medio tollendo, nuncupavit ; concesso tamen iisdem non multo post ipso quoque *Imperatoris* titulo, ea occasione, quæ in fine hujus capitis memoratur.

Maxentium Romæ factum imperatorem. Maxentius, ut ex Lactantio, capite 46 (imo 44), liquet, 6 kalendas Novembris, id est, 27 Octobris, imperator Romæ appellatus est; et teste eodem Lactantio, capite 46 (potius, 26 et 25), Galerius Maxentium imperatorem dictum non accepit, nisi postquam Severum Augustum et Constantinum Cæsarem appellavit. PACIUS, *ad an. Ch.* 306, *num.* 11.

Cum statuisset. Galerius nempe Maximianus. Quorum nominum prius a Gallica Parisiensi versione, posterius vero ab Anglica suppletum.

Orbem terræ devorare. Figuratarum locutionum συμπλοκή, quam feliciter tralatio novissime laudata explicuit in hunc modum : totius imperii opes exhaurire; *to exhaust the wealth of the whole Empire.* Possit et hic Ciceronis locus pro Domo sua vice commentarii esse : « Non enim arbitror, cum post meum discessum omnium locupletum fortunas, omnium provinciarum fructus, et tetrarcharum ac Regum bona spe et avaritia devorasses, » etc.

Prosilivit. Ms. liber, *prosiluit;* ut quidem ex prima

Baluzii editione, quam reliqui postea editores secuti sunt, colligere est. Vellemque sane id praeteritum secundae viri clari-simi curae non mutassent. Quorsum enim, cum τὸ *prosiluit* haud minus in usu fuerit apud Latinos, quare *prosilivit*? Livius, libro VIII Belli Punici : « Asdrubal clamore equitum excitatus... ex tabernaculo *prosiluit*. » Idem alibi : « Prope attonitus miraculo Rex cum a sede *prosiluisset*. » Atque ante illum Virgilius, libro V Æneidos :

     . . . . . finibus omnes,
Haud mora, PROSILUERE suis.

Quid? quod si *prosiluit* nequivisset servari, mutandum credo, potius fuisset in *prosilit*. quod infra tibi capite 30, occurret, quam in *prosilivit*. Sed, uti jam dixi, veteris membranae lectio proba est; habuitque verbum *prosilio* tria simul praeterita, *prosilii, prosilivi*, et *prosilii*. Confer dicenda capitibus 30 et 49.

Ab hac captivitate Id est, ab hoc tributo, si Maucroixii versionem (1), vel ab hac indictione, si anglicam (2) sequi voluerimus. Neque certe negandum, quin apud undecimi et duodecimi saeculi scriptores, *captiones* et *capturae* talia indigitent. Sed praeter quam quod hae voces aetatis infimae sunt, different plurimum a vocabulo *captivitatis*. Quare nunc quidem longe praestiterit, meo judicio, per *captivitatem*, captivitatis signum vel notam intelligere. Non quod revera captivus esset populus Romanus, sed quod ut captivus tractaretur a Galerio, noster supra, capite 23, de iisdem censibus, atque aperte quae nunc de hujus loci sententia dicimus , in antecessum firmans : « Census, ait, in provincias et civitates semel missus, censitoribus ubique diffusis et omnia exagitantibus , hostilis tumultus et captivitatis horrendae species erant. » Possit autem, si in istis, « ad hanc usque prosilivit insaniam, ut ab hac captivitate ne populum quidem Romanum fieri vellet immunem , » captivitatem recte de captivitatis nota vel signo accipimus, aliquid inde lucis loco Pauli ad Corinthios accedere, ubi vulgo interpretes ἐξουσίαν pro potestatis indicio sumunt. Comma est, Ὀφείλει ἡ γυνὴ ἐξουσίαν ἔχειν ἐπὶ τῆς κεφαλῆς (1 Cor. XI, 10.)

Eodem fere tempore castra quoque sustulerat. Locus varie acceptus a doctis.

Id est, *numerum militum praetorianorum valde imminuerat.* Maucroixii versio, cujus verba sunt : *En même temps il avait extrêmement affaibli le nombre des soldats prétoriens.*

Hoc est, *aliquot privilegia praetorianis cohortibus ademerat.* Tralatio anglica, ut ex his patet : « He had also at the same time made an attempt upon some of the priviledges of the praetorian bands. »

Sustulerat. Malim, *transtulerat*. GAL.—*Castra... praetoria sustulerat.* Id est, ex parte. Neque enim eos penitus dicendus sustulisse a quibus factus est imperator. Siquidem secundum Zozimum, προσλαβὼν ὑπηρέτας τῆς ἐγχειρήσεως οὓς Πραιτωριανοὺς καλοῦσιν, εἰς τὸν βασίλειον θρόνον παρὰ τούτων ἀνεβιβάσθη, μεγάλας ἀμείβεσθαι δωρεαῖς τοὺς τοῦτο ὄντας αὐτῷ κατεπηγγειλάμενος. Edit Oxon. et Cant. Quibuscum faciunt Baluzius et Cuperus.

Mea symbola est, omnia planissima fore, si pro *Eodem fere tempore*, etc. alio tantum ordine legerimus, *Eodem tempore castra quoque praetoria fere sustulerat*. Ita autem faciendum esse suadent primo quae proxime sequuntur : *Milites pauci qui Romae in castris relicti erant*. Nam si revera pauci milites relicti Romae fuerant in castris, *fere ergo castra praetoria sustulerat* Galerius, quae nostra lectio est : non vero prorsus sustulerat, quod recepta vocum dispositio innuit. Et deinde, cum constet, nequaquam nos-

---

(1) Galérius passa jusqu'à ce comble de fureur, de vouloir assujettir le peuple romain même à ce tribut.
(2) Maximian proceeded tho that pitch of Madness, that he would not so much as grant the city of Rome an exemption from this tax.

trum numero multitudinis scripsisse in antecedentibus, *Cujus motus hae fuerant caussa*, sed singulari numero, *Cujus motus haec fuit causae*, praestat certe duas res, e quibus seditio, qua de agitur, nata est, eodem praecise tempore accidisse, quia ita melius quasi unica fuerit causa illius motus, quam si diversis temporibus evenerint. Quare ob id quoque legendum potius censeam, *Eodem tempore*, etc., quam *Eodem fere tempore*.

Nancti. Ita quoque prima Baluzii editio. Caeterae, *nacti*. Vide omnino quae de ea re observantur supra Columbo.

Occisis quibusdam judicibus. Inter quos Abellium interfecit τὸν τῆς πόλεως ὕπαρχον. Edit. Oxon et Cant. Idque quod addunt, ex Zozimo.

Quibusdam judicibus. Judices hi non erant ordinarii et civiles, sed domestici principum et militares, de quibus supra capite 22. « Judices militares, humanitatis literarum rudes, sine assessoribus, in provincias missi. » Fit et eorumdem mentio, cap. XVII, ubi de morbo agitur Diocletiani. TOLLIUS.

Qui erat concitatus. Id est, interpretante Maucroixio, *qui jam contra Galerium male animatus erat*; et secundum versionem anglicam, *qui erat valde irritatus*. Ego vero explicare malim, *quem eo ipso tempore videre erat concitatum turbasque facientem*; ob illos nempe Censitores, quos audiverat ordinari, ut Romani missi describerent plebem. Gallice, loquendique modo non minus proprio quam brevi, *soulevé*.

Maxentium purpuram induerant. Emendasse videtur, *Maxentium purpura induerent*. GALEUS.

Turbatus est, etc. Galerius nempe, secundum Maucroixium. Maximianus scilicet, secundum tralationem anglicam. Utrumque conjungit merito Baluzius.

Nec tamen nimium territus. Locutio sic satis notanda , sed cujus vim forsan nulli melius hodie senserint, quam Galli, quibus (etsi, quod miror, aliter verterit Maucroixius), familiarissimum est totidem verbis dicere, *et toutefois pas trop épouvanté*. Usurpamus autem proprie, quando quis, uti hic, mediocriter turbatur, nec ineptus redcitur animus ad dispiciendum quid opus sit facto. Similique dicendi genere noster infra, capite 40, *non nimis Augustae proxima* : ubi vide notis.

Hominem. Pro quo *Maxentium* in sua versione posuit commentarii vice Maucroixius.

Et tres Caesares facere non poterat. Id est, et praeterea Constantino Maximinoque Daiae, quos jam ambos, licet diversissima mente, Caesares fecerat, tertium ; evehendo extra ordinem Maxentium ad ejusdem Caesareae dignitatis apicem, addere non sinebat dispositio, de qua loquuntur supra Baluzius et Cuperus.

Semel fecisse quod voluit. Quando scilicet Constantinum *Caesarem* fecit invitus : quae Maucroixii interpretatio.

Hortatur ad recipiendum imperium. Suum scilicet. Est enim hic *recipere*, non rem, quae tibi demum detur, accipere, quod anglica versio suggerit, sed rem, quam jam ante habueris, recuperare, sicut optime transtulit Maucroixius, et docte tibi explicabit amplissimus Cuperus. Vellem tamen, ne quid dissimilem, Maucroixii tralatio, quae simpliciter est : *il l'exhorte à recouvrir l'empire* (hortatur ad recuperandum imperium), possessivo nomine auctor esset ; *il l'exhorte à recouvrer son empire*; hortatur ad recuperandum suum imperium), ne viceatur nempe inruere Severum fuisse seniorem Augustum; quod certe non erat.

Mittit eum cum exercitu Maximiani. Herculii nimirum, seu senioris, quod postremum lucis causa supplevit Maucroixius in sua versione ; neque id quidem, ut mox patebit, incassum, monente pariter ac sequentium intelligentiam anglica, eumdem Maximianum fuisse Maxentii patrem. Sed is porro Maxentius, ut proxima ostendent, nesciebat quid contra se Galerius Maximianus moliretur, quanto ita Severus ab illo ad sese expugnandum cum patris sui Maximiani Herculii exercitu missus est.

Maxentius tanti facinoris sibi conscius. Hoc est, sumptæ sine senioris Augusti consilio purpuræ, usurpatique simul Italiæ imperii, quod Galerius Severo cum Occidente cesserat.

Licet jure hæreditatis paterno milites traducere ad se posset. Sensus est, licet sibi minime impossibile videretur paternos milites, siquidem a Severo contra se adducerentur, in suas partes hæreditatis jure traducere. Sunt autem *paterni* illi *milites* iidem, qui paucis ante versibus *exercitus Maximiani* vocabantur.

Maximianus socer. Hoc est, Galerius; quod et maluit Maucroixius, illustrandæ narrationis gratia, suppressis auctoris verbis, ponere.

Quærebat quatenus. De vi hujus adverbii Columbum consule.

Se a periculo impendente muniret. Hanc phrasim idem vir doctus ibidemque loci, variis tuetur exemplis.

Patri suo. Seniori nempe Maximiano, sicut additum a Maucroixio in sua tralatione.

Post depositum imperium in campania moranti. Ὑπὲρ τοῦ παιδὸς εἰκότως ἀγωνιῶν Μαξεντίου, inquit Zozimus, τῆς Λυκανίας ἐν ᾗ τότε ἦν ἐξορμήσας ἐπὶ τὴν Ῥαβένναν ἧκε. Quæ ita conciliat Baluzius, secessisse quidem Herculium in Lucaniam cum imperium deposuerat, sed tum cum ista agebantur, in Campaniam venisse. Edit. Oxon. et Cant. — Neque sane aliter Baluzius. Sed vero hujus loci verbis, quomodo hactenus sumpta sunt, longe aliud significari, res ipsa, et ambæ clarissimorum Interpretum versiones perspicue ostendunt. Gallica : *Il envoie présenter la pourpre à son père, le vieux Maximien qui, après son abdication, faisait son séjour dans la campagne.* Anglica autem : *So he sent the purple to his father, who had lived in Campania ever since his resignation of the Empire.*. Quid si igitur in eo loco, ut alicubi apud Ciceronem, τὸ *post*, sequente commate, atque alibi aliter mille locis, *postea* valeat? et in nostro rursum, Ciceronis imitatione, qui, *Ego morabor te pro Ego te expectabo*, in epistolis ad Atticum usurpavit, *depositum imperium in Campania moranti*, pro *expectanti*, dictum fuerit? Tunc profecto nulla magis videbitur superesse difficultas, quam si planissime haberemus : *Patri suo postea, depositum imperium in Campania expectanti*, etc. In quam scilicet Herculius, audito semel quo pacto Romæ filium suum Maxentium prætoriani *Augustum* nuncupassent, summa quidem celeritate, nec sine magna spe recuperandi imperii advolaverit e Lucania, ubi jam inde a deposita ingratis purpura privatus consenescebat : sed ita tamen, ut intra Campaniæ limites sese tamdiu tenere voluerit, donec utrum sibi filius resumendæ purpuræ potestatem faceret, rescivisset. Juvatque admodum, quamvis singula minus distincte recitet, Eutropius, his verbis : « Romæ interea Prætoriani, excitato tumultu, Maxentium Herculii filium, qui haud procul ab urbe in via publica morabatur, Augustum nuncupaverunt. Quo nuntio Maximianus Herculius ad spem erectus resumendi fastigii, quod invitus amiserat, Romam advolavit e Lucania, quam sedem privatus elegerat, in agris amœnissimis consenescens. » Placet itaque, quo sic desinam, hæc distinctio : « Patri suo post depositum imperium in Campania moranti, purpuram mittit. » Neque ista Ciceronis dissimilis est : Hora post, Antiochum Gabinium nescio quem, etc. condemnarunt. »

Bis Augustum nominat. Explicat hanc locutionem Toinardus sub loco.

Et qui deposuerat invitus. Purpuram scilicet, ἀπὸ τοῦ κοινοῦ, eoque propiore. Præcessit enim et *imperium, quod æque bene ratio latinitatis pateretur subaudiri. Sed remotius est.— Et qui.* Lego, *et quia*.
GALE.

Libenter arripuit. Eamdem nempe purpuram. Qua de re multo plura Baluz.

Severus interim vadit. Vadere nonnunquam de hostibus qui armati, præliandique animo, procedunt, dicitur. Virgilius, Æn. II :

Spoliis se quisque recentibus armat.
Vadimus immixti Danais, haud numine nostro,
Multaque per cæcam congressi prælia noctem
Congerimus;

et Livius pariter, libro III : « *vadunt* igitur in prælium ab sua parte omissum, et locum ex quo cesserant repetunt; momentoque non resituta modo pugna, sed inclinatur etiam Sabinis cornu. » Imo quandoque etiam usupatum videas de illis, qui sese huc aut illuc, jam præliantes, conferunt. Ennius, lib. VIII, Annal. versibus supra laudatis :

Non ex jure manu consertum, sed mage ferro
Rem repetunt, regnumque petunt :
Vadunt solida vi;

nec dissimili ratione Livius, libro XXVI : « Cum inopinato in castra Romana Numidæ Hispanique cum elephantis irrupissent, elephanti, per media castra *vadentes*, stragem tabernaculorum ingenti sonitu ac fuga abrumpentium vincula jumentorum facerent. » Quare omnino possis Columbi emendatione carere.

Et se contra quem venerant tradunt. Corrige, *ei se contra quem*, etc. GALE.—Ita quoque emendaveram, quia mire gaudet noster ἀσυνδέτοις. Sed potuit etiam scripsisse, *et se ei*, vel *illi*, *contra quem venerant tradunt*; aliaque id genus.

Sed occur. jam resumpto imperio Maximianus. Senior nimirum; quod non male ambobus interpretibus supplendum visum est. — Currenti anno (306), *Maximianus Herculius*, qui post depositum Imperium in Lucania morabatur, a Maxentio filio, dum is in Campania esset, Romam vocatus est, ab eoque iterum Augustus nuncupatus, ut jam ex Lactantii capite 26, diximus : quod præsenti anno factum, non tantum ex laudato Lactantii capite, sed etiam ex ejus consulatu ordinario anno sequenti (307), juxta primam consulatuum Cæsareorum regulam assumpto colligitur. PAGIUS, *in Crit. Baron. ad An. Ch.* 306, num. 13.

Cujus adventu Ravennam confugit. Zozimus ait, occisum fuisse ad Tres Tabernas, ut captus fuerit Ravennæ. GALE.

Maximiano. Illi nempe, qui mox initio capitis 27, nominabitur simpliciter *Herculius*, et ita simul ab alio Maximiano distinguetur. Locus est, *Herculius vero cum Maximiani nosset insaniam.* Judicet hinc obiter æquus lector, quam multis locis hic libellus sit non subobscurus tantum, sed obscurus, quamque satius auctori nobisque fuisset Herculium ubique, verbi gratia, *Herculium*, et Galerium pariter ubique *Galerium* nominasse.

Vestemque et purpuram eidem, a quo acceperat reddidit. Locus non una de causa notabilis. Nam quod primo supra vidimus, Severum missum fuisse a Galerio ad Herculium Maximianum, ut eum Herculius purpura indueret (sunt enim *senex Maximianus* capitis 18, et *Herculius Maximianus* idem homo), id hinc discimus fuisse factum, adeoque Severum ab Herculio purpuram accepisse. Et, quod jam secundum præcipuumque est, Severus qui ita purpuram ab Herculio acceperat, nonnisi *Cæsar* factus fuerat, cum illam acciperet. Sed quando eamdem Herculio reddebat, recenter factus erat *Augustus* a Galerio, ut in fine capitis 25, traditum. Nec videtur proinde *Augustorum* purpura diversa a purpura *Cæsarum*, cum quam Severus ut *Cæsareæ potestatis* insigne ab Herculio habuerat, eamdem, jam *Augustus* factus, Herculio a quo habuerat, reddiderit. Addo, quod eodem pertinet, Diocletianum, capite 19, cum se purpura, quam hactenus ut *Augustus* et *senior Augustus* induerat, exueret, velletque simul convocata militum concioni hominem, quem una cum Severo novum Cæsarem pronuntiare tantum non desinebat, *tradita in eorum oculis purpura notum facere, haud diver-*

sam ab illa, qua se exuit, Maximino Daiæ injecisse, sed eamdem : « Huic purpuram Diocletianus injecit suam, qua se exuit, et Diocles iterum factus est. » Nescimus porro, an ita quod satis sit ad sanctissimi Cuperi quæstionem superius memoratam responderimus. Sed vix certe quæ nunc a nobis observata sunt, prætermitti poterant; nec quidquam meminimus in contrarium, quod valeat præponderare.

Vestemque et purpuram. Quærit supra Columb. an sit διὰ δυοῖν. Idque negat, credens potius *interiorem* et *exteriorem vestem* intelligi. Ego contra ἐν διὰ δυοῖν esse existimo, eamque unice vestem significari, quæ simul fuerit purpurea, et exterior, ob hæc nimirum auctoris nostri verba secum collata :

Senex Maximianus... ut posset (Constantinum) fallere, deponit regiam vestem, cap. 29.

Senex Maximianus... cum jam Constantinum æstimaret intrasse fines Barbarorum, repente purpuram sumit, eodem capite in sequent.

Sed nec manifeste alia mens fuit doctissimis interpretibus; quorum Gallicus *vestemque et purpuram* simpliciter verterit, *la pourpre*, ad verbum purpuram : anglicus vero *the imperial purple*; imperatoriam purpuram, in hoc etiam confirmante palam ultimo, quæ nos modo de indiscreta Cæsarum imperatorumque purpura diximus, quod *imperatoriam* vocaverit eam purpuram, quam Severus, cum ab Herculio *Cæsar* fieret, accepit : *and gave back the imperial purple to him from whom he had received it*. Celebre autem figoræ, quam hic laudamus, exemplum est, si quis aliquot requirat, Virgilianum illud :

. . . Laticis, quaeem pateris libamus et auro,

pro *pateris aureis*, inquit Servius ; atque alibi :

Victori velatum auro vittisque juvencum,

pro *vittis* itidem *aureis*. Necnon in Actibus apostolicis, ex meliori doctorum sententia, ταύρους καὶ στέμματα ἐπὶ τοὺς πυλῶνας ἐνέγκας, id est, vertente inter alios Beza, *cum tauros vittatos*, seu *coronatos, ad vestibula adduxisset*.

Quo facto, nihil aliud, etc. Præstat sine dubio cum Aboensi editione, et ambabus rursum versionibus, distinctionem tollere post *facto*, atque uno spiritu legere in hunc modum : *Quo facto nihil aliud impetravit, nisi bonam mortem. Cette lâcheté ne put lui obtenir qu'une douce mort.* MAUCROIX. — *But all that he could obtain by this submission, was a gentle death.* Tralatio anglica.

Bonam. Id est, lenem, ut modo Maucroixius : quod et proxime sequentia confirmant, *leniter mori coactus est*.

Nam venis et incisis. Fractis laqueo cervicibus, secundum Zozimum. Edit. Oxon., et Cant.

Ei. Malim *sibi*. GALE.

Leniter mori coactus est. Anno scilicet Christi 307. PAGIUS, ad An. Ch 306, num 10, in fine.

Ab hoc capite suos persequi. Lego, *ab hoc cœpit suos persequi*. Cum antea scilicet sæviisset in solos Christianos. BUHERELLUS.

Ab hoc capite suos persequi. Vitio hujus mendosissimi loci facile remedebimur, si cum Nicolao Heinsio legamus : *Ab hoc cœpit suos persequi. Ab hoc*, est post hoc. In capite, pro cœpit, ut multi scribebant, peccatum est litterarum transpositione. GRÆVIUS. — *Ab hoc capite suos persequi.* Adde *cœperunt*. Sed forte plura exciderunt. TOLLIUS. — Ibi est hiatus. ALLIX.

CAPUT XXVII.

Herculius vero cum Maximiani nosset insaniam. Perioche in speciem perspicua, sed inde vere obscura, quod is primum, de quo nunc agitur, *Maximianus*, alius plane sit ab eo, qui hoc nomine indigitabatur in proxime præcedentibus. Tum, quod iste Maximianus vocetur jam inopinanter *Herculius*. Huicque adeo obscuritati mederi volentes clarissimi Maucroixius et Burnetus, verterunt, ille quidem tamquam nostri verba sint : « Senex vero Maximianus cum Galerii nosset insaniam. (*Le vieux Maximien, qui connaissait la fureur de Galérius.*) Hic autem, ac si recepta lectio esset : « Senior vero Maximianus cum junioris Maximiani nosset insaniam. » (*But Maximian the elder knew well the madness of Maximian te younger.*)

Adjuncto Maximino. Editio Oxon anni 1680, p. 408, in Emendationibus, quæ serius occurerant. Vulgatam scripturam secutus est Maucroixius in sua versione, correctionem Burnetus. Vide tu, quid Toinardo de utraque lectione pronuntietur supra in Notis ad hunc locum, et ad caput 18.

Duplicatis copiis. Pro quo *duplicatis viribus* simillimo sensu reperies in fine capitis 46.

Quibus resisti nullo modo posset. Cum puncto et commate. GALE. — Emendandum puto : *Quibus cum resisti*, etc. BOHERELLUS. — Placet admodum. Nisi quod potuit etiam noster scribere : « Quibus resisti nullo modo posset : urbeque munita, vel et urbe munita ; » adeo ut copula absorpta sit a præcedente voce. Sed ultimam, scio, legendi rationem teretes aures minus amabunt.

Urbe munita, et rebus cœptis inimicis diligenter instruens. Hic mendum cubat. ALLIX. — Locus depravatus, quique vix aliter videtur in integrum restitui posse, quam si legatur : *Urbe munita, et rebus cœptis in itinere diligenter instans*, vel *insistens*. Edit. Ox. et Cant. — Locus contaminatissimus. Qui purgari possit, incertum est. Heinsius conjiciebat : *Urbe munita, et se super cœptis inimicis diligenter instruens*; hoc est, diligenter rimans et inquirens quid consilii caperent inimici. GRÆVIUS. — Emenda : « *Urbe munita*, et rebus necessariis non minus diligenter instructa : » aut, si hoc non placet, « Et recentibus copiis non minus diligenter instructa. TOLLIUS. —Corrigo : « Urbe munita, et præceptis amicis diligenter instruens; » sive, « Et rebus contra inimicos diligenter instans, vel insistens. GALE. » — Malim ego : *Urbe munita, et rebus aptis inimicis diligenter instruens* ; modo non *res aptæ inimicæ*, sed *res aptæ inimicis* intelligantur, id est, aptæ ad arcendos et propulsandos a muris inimicos ; *ces choses propres pour les ennemis*, inquiunt quotidie Galli ad verbum, qualia olim erant scorpiones, catapultæ, et reliqua id genus. Hirtius lib. v : « Scorpionum, catapultarum, cæterorumque telorum, quæ ad defendendum solent parari, magnam copiam habebat. »

Suæ minoris filiæ nuptiis. Maucroixii versio, seu verius paraphrasis est : *par le mariage de sa fille Fausta* ; suæ Filiæ Faustæ nuptiis. Recte. Confer Baluzium, ac Toinardum insuper ad hunc locum.

Ille inerea. Galerius. MAUCROIX. — *Maximianus alter.* Tralatio anglica.

Ad urbem accedit. Romam scilicet, quod non immerito interpretes e sequentibus, et communi latinitatis usu, simpliciter et rotunde in suis versionibus posuerunt.

Ad circumdanda mœnia. Malebat, credo, vir doctus, cujus nomen, propter rei incertum, tacebo : *Ad circumdanda mœnia.* Sed nulla mutatione opus est. *Mutinam circumsedere, Coloniam circumsedere, oppidum circumsedere*, aut, ut nonnulli codices habent *circumsidere*, aliaque id genus, Ciceroni familiaria sunt in Philippicis, et alibi, pro *obsidere*, et similibus.

Æstimaret illam. Virgilius Eclog. 1 :

Illam ego huic nostræ similem, Melibœe, putavi,
Stultus ego, huic nostræ similem, etc.

TOLLIUS.

Socer generum oppugnaret. Id est, Galerius Maximianus Maxentium ; quod vel hæc capitis 26 ostendere possint : « Maxentius tanti facinoris sibi conscius... cogitans... fieri posse, ut Maximianus socer... ipse cum suo exercitu ad se oppugnandum veniret. » Adjice tamen quæ ex Tristano memorat amplissimus Cuperus.

Et quod Romani milites, Romam translatis signis. Editio Aboensis, mutata, meo judicio, distinctione optima

in pessimam : *Et quod Romani milites, Romam translatis signis, imperium reliquerunt.*
Imperium reliquerunt. Galerii nimirum quod Maucroixio non supervacaneum visum est explicare : *Se révoltèrent contre Galérius.*
Dimississque animis. Præstiterit *demissisque* legere. BOBERELLUS, item GALE, a quibus nec diversus abit Columbus. — Tam *dimissis* quam *demissis,* hic legi et commode exponi potest. Sed prius melius. *Dimittere animos,* id est, omittere et abjicere superbiam. *Dejicere animum* potius quam *animos* dicitur. TOLLIUS. — *Dimississque animis.* Nihil verius Columbi correctione, *Demississque animis.* Nam quam demisso animo provolutus fuerit ad genua militum, sequentia docent. *Dimittere animum* quid sit, Latium ignorat. GRÆVIUS.
Donec promissis ingentibus flexit animos eorum. Hæc ex secundis curis Baluzii. Prima namque editio, quam et cæteræ postea imitatæ sunt, manuscripti codicis lectionem ad hunc modum in auctoris verbis repræsentaverat : *Donec promissis ingentibus felix animus, quorum.* Unde natæ sequentes Eruditorum notulæ, aut illustrationes.
Felix animus, quorum. Hic mendum latet. ALLIX. — Facilis emendatio : *Flexit animos eorum.* Edit. Oxon. et Cant. — *Enfin la grandeur de ses promesses en toucha quelques uns.* MAUCROIX.—Ex cujus proinde conjectura scriptum olim : *Donec promissis ingentibus flexit animos quorumdam* vel *aliquorum.* Adde Baluzium, Columbum, et Toinardum.
Si cum paucis. Variant hic interpretes, quorum alter de *paucis equitibus,* alter vero de *parva militum manu* accepit. *Si on eût envoyé de la cavalerie après lui.* MAUCROIX. — *If he had been pursued by ever so small a body.* Versio anglica.
Utensilia. Res ad victum necessarias. Edit. Oxon. et Cant. similiterque interpretes.—*Utensilia* sunt cibaria, copiæ necessariæ victui, Tacitus I Annal. 70, *Pernoctavere sine utensilibus, sine igne.* Vide quæ ibi notavit vir summus, Joannes Fridericus Gronovius. GRÆVIUS. — *Utensilia.* Notabilis hujus hic vocis notio. TOLLIUS.
Quo pestiferum. Lege : *Qua pestiferum.* TOLLIUS.
Mulieres corruptæ. Nempe vi, quomodo in præcedentibus : « Dedit militibus potestatem, ut dispersi quam latissime diriperent omnia, vel *corrumperent.* » Sequitur mox synonyma voce de virginibus : *virgines violatæ;* ut non proinde perpetua sit differentia, quam capite 8, occurrere posse credidimus et firmavimus inter *corrumpere* et *violare* in consimili argumento. *Women were forced,* versio anglica ; quod non nisi de mulieribus vi corruptis, seu violatis in usu est.
Extorti parentes et mariti, ut filias, ut conjuges, ut opes suas proderent. Extorquere vulgo, non de personis, sed de rebus usurpatur : *torqueri* vero de personis; ut, uno verbo, *res communiter extorqueantur, personæ torqueantur.* Priori pacto, *extorquere pecuniam, extorquere talenta Attica 50, extorquere ferrum, extorquere auxilium,* apud Ciceronem cum quam plurimis aliis ejusmodi locutionibus occurrunt. Posteriori vero, noster supra capite 14 : *Judices universi, omnes denique, qui erant in palatio magistri, data potestate, torquebant;* et paulo post rursum : *Nihil usquam reperiebatur, quippe cum familiam Cæsaris non torqueret.* Item capite 21 : *Torquebantur ab eo non modo Decuriones, sed Primores etiam civitatum;* et pariter capite 23 : *Si omnia defecerant, ipsi contra se torquebantur.* Quare vel nunc composition *extorti* pro simplici *torti* eadem ratione habeamus, necesse est, qua Latinis *territus* et *exterritus,* *pavidus* et *expavidus,* cæteraque hujus generis promiscue fere adhibentur. Vel sensus est, parentes et maritos adeo in illa occasione tortos fuisse, ut ab eis tandem, ubi loci filias, conjuges, opes abscondissent, Galeriani milites extorserint; dicente nimirum haud dissimili sententia Cicerone in Tusculanis : *Quoniam extorsisti, ut faterer.* Eligant docti quod maluerint.
Hoc modo se ad suas sedes recepit. *C'est ainsi que Galérius regagna les terres de son obéissance.* MAUCROIX.— Hoc modo se Galerius ad ditionis suæ terras recepit.
Hostiliter universa vexasset. Vera est ergo Vorstii ad Sulpicium Severum, primis Christianorum persecutionibus *vexationum* nomen in Historiæ Sacræ limine tribuentem, annotatio : « *Vexare,* ut Asconius docet, *ingentis calamitatis usum significat.* Et passim auctores id verbi jungunt talibus, quæ ingentem calamitatem utique significant, scribuntque *vexare et perdere, diripere et vexare, populari et vexare, vexare et spoliare.*» Nam et hic *hostiliter universa vexare* habemus; minusque adeo necessaria emendatio, quam proponit supra Baluzius.
Cujus titulum immutari volebat. Eumdem ibidemque vide.
Sed Daciscum. Quippe qui ipse Dacia oriundus fuerit. Edit. Oxon. anni 1580. Item Oxon. anni 1684 et Cantab. anni 1685. Nisi quod hæ duæ legi insuper jubeant, *Dacicum.* — *Daciscum.* Alii legunt, *Dacicum.* Sed vulgata lectio illa Severi apud Hist. Aug. Scriptorem in Maximinio defendi potest : *Thraciscum eum compellantis.* TOLLIUS.

CAPUT XXVIII.

Post hujus fugam. Id est, *Postquam ita reliquisset Italiam Galerius Maximianus,* ut ex variis, quas eruditi in hunc locum contulerunt, curis colligere est. —*After that he had left Italy in this manner,* versio anglica. — *Après la fuite de Galérius.* MAUCROIX. —
Hujus. Nempe Galerii Maximiani. PAGIUS.
Maximianus alter. Is ergo, de quo supra capite 8 : *Quid....Maximianus, qui est dictus Herculius?* quique alibi toties *senex Maximianus* in hoc libello vocitatur, imo hoc ipso loco in Maucroixii versione.
E Gallia recepisset. In Italiam nempe, unde se contra paulo ante in Galliam receperat. Cap. ult. *Et ab urbe Roma tanquam Superbus alter exactus est.*
Habebat imperium commune cum filio. Nempe Maxentio. PAGIUS. Idque secundum tralationem anglicam, *in that part of the empire;* hoc est, in ea imperii parte, quam eadem versio paulo ante *Italiam* nuncupabat, et in quam noster hujus capitis initio tacite posuit Maximianum Herculium sese e Gallia recepisse, id est, rediisse.
Quippe cum prior et major filii potestas. Subintelligi potest τὸ *esset* : commodius autem, et ad perspicuitatem aptius addi. TOLLIUS. — *Quippe cum.* Corrigo, *quippe quod.* GALE. — Mea conjectura est, emendandum esse, *quippe tum,* ut hoc temporis adverbio Cecilius noster significaverit, fuisse olim cum Maxentii potestas, quæ post redditum suo patri Herculio imperium prior et major erat sui patris potestate, non ejusmodi esset, sed inferior et minor.
Qui etiam patri reddiderat imperium. Accipio quasi noster scripserit, *quam adeo exerens,* vel, *qua etiam usus imperium patri reddiderat, illumque bis Augustum nominaverat.* Pro *etiam,* editio Aboensis seu casu, seu cujusvis consilio, divisim habet, *et jam.* Mallem, si quid foret immutandum, legere *qua pro qui,* hoc pacto, *qua etiam* (subaudi *potestate*) *patri reddiderat imperium.* Neque aliter forte fuerat auctoris manus.
Ut sibi sua vindicaret. Hoc est, si Maucroixii versionem paulo liberius interpretemur, ut quæ sua fuerant, sibi vindicaret, et reciperet: ad verbum autem ut antiquam suam hæreditatem recuperaret : *De se mettre en possession de son ancien héritage;* quod mihi vel ob hunc Victoris locum, jam plus semel allatum, valde blanditur, *quasi partito imperio, cuncta quæ trans Alpes Galliæ sunt, Constantino commissa. Africa Italiaque Herculio.*
Quia milites erant, etc. Ex veteri Herculii exercitu, quos in suas partes facile se pertracturum existimavit. Edit. Ox. et Cant.—Rectius sine dubio, amplissimi Cuperi imitatione, legeris, *quia sui milites erant, qui Severum reliquerant,* hoc sensu : quoniam eam

partem Maxentianorum militum, quæ paulo ab imperatore Severo, sublatis signis, desciverat, et sese Maxentio, contra quem venerant, tradiderat, Herculius suam proprie esse reputabat, non filii Maxentii : adeo ut admodum verisimile esset illos qui, quoniam olim patris fuerant, ad filium, relicto Severo, defecerant, defecturos pariter a filio ad patrem, quamprimum dare ur occasio.

Ad filium. Ad Maxentium. Maucroixii versio.
Illum principem calamitatum. Id est, anglicæ versioni : The chief occasion of all the calamities, etc. *præcipuam occasiorem omnium calamitatum.* Maucroixio *auctor* et *princeps* non diversa hoc loco sonabant, qui ita nempe verterit, ac si posterius vocabulum hinc prorsus abesset : *l'ayant appelé l'auteur des calamités publiques, il lui arracha la pourpre.* Certum est non multum differre, si modo differant. Colligo ex istis Ciceronis oculionibus : *Princeps belli, princeps necis, princeps atque architectus sceleris;* similiterque ex ista Cæsaris : *princeps sceleris, et concitator belli:* in quibus haud tantum optimo sensu *auctor* pro *princeps* possit ubique substitui, sed in quibus præterea videas *sceleris principem et sceleris architectum* synonyma esse, item, *principem belli et concitatorem belli.*

Diripuit, etc. Propter quod *seditionem et convitia militum tulit.* Eutr. libro x. Edit. Oxon. et Cant.

Purpuram. The imperial purple. Versio anglica, hoc est, imperatoriam purpuram; quod optime quidem convenit cum initio capitis xxvi : *Subito illi alius terror adlatus est, generum ipsius Maxentium Romæ factum imperatorem :* sed non ideo labefactant quæ superius, auctorem nostrum cum seipso conferentes, collegimus.

Exsutus. Ita quoque edit. Aboensis. Cæteræ, *Exutus.* Neque aliter supra in fine capitis 4, *exutus ac nudus.* — Lege, *Exutus.* ALLIX.

Senex. Deest importune ista vox in editione Aboana, quod propter illos moneo, qui ea utuntur.

Tanquam Superbus alter. Scilicet Tarquinius, Romanorum rex ultimus. PAGIUS. — *Comme un autre Tarquin.* MAUCROIX. — Hoc est, tanquam alter Tarquinius. As *Tarquin the Proud.* Versio Anglica : id est, tanquam Tarquinius Superbus.

Superbus. Editio Aboensis, *Superbus,* cum majuscula littera ab initio : quo etiam modo rescribi volebat Galeus.

Exactus est. Delendum hic verbum substantivum, utpote inflectum, et abundans. TOLLIUS. — Imo servandum esse, neque ullum ipsi vitium inesse, quæ jam dicam, perspicue, credo, ostendent.

CAPUT XXIX.

Rediens rursus in Gallias. An. scilicet 307, circa mensem Augustum, ut ex libello de præfectis Urbis, a Cuspiniano primum et Onuphrio, tum a Bucherio in lucem edito, intelligitur. PAGIUS.

Ubi aliquantulum moratus est, profectus ad hostem, etc. Elegantius verbum substantivum post *profectus* inferatur. TOLLIUS. — Vel cum supplemento alterius est legere oportet, *ubi aliquantulum moratus est, profectus est ad hostem :* vel distinguendum, *ubi aliquantulum moratus, est profectus,* etc. BOHERELLUS. — Item, quod ad posteriorem distinctionem attinet. Ego, quin propter afferendas proxime rationes posterius priori longe præferendum sit, nullus dubito.

Profectus ad hostem filii sui Maximianum. Id est, ad alterum Maximianum. Versio anglica. — Hoc est, *ad Galerium in Pannoniam,* uti transtulit Maucroixius. Omnia adeo. Agi enim cum de Galerio Maximiano (qui ab Herculio Maximiano diversus, vere inde *alter Maximianus* fuerit) tum de eodem degente tunc temporis Carnunti in Pannonia, et ad quem Herculius profectus sit et pervenerit e Zozimo atque aliis certissimum est. Quæro tantum, quomodo potuerit Herculius, redeundo, ut fecit, ex urbe Roma in Gallias, Carnuntum proficisci? Qui enim ex Urbe in Gallias

ibant, tergum prorsus obvertebant Carnunto; Herculiusque non se tantummodo in viam versus Gallias dedit, adeo ut cum Mediolanum, verbi gratia, pervenisset, susceptum iter deseruerit, ibique cœperit in Pannoniam tendere : sed rediit reapse in Gallias, quin et aliquandiu in Galliis post reditum fuit commoratus; nec nisi post eam commorationem ad Galerium filii sui hostem profectus est : « Rediens rursus in Gallias, ubi aliquantulum moratus est, profectus ad hostem filii sui Maximianum : » unde, vel si nolim, denuo rogandum, qui potuerit Herculius illo ipso tempore quo redibat ex Italia in Gallias, nec cessavit ad Gallias pergere, Carnuntum, Pannoniæ oppidum, cui dorsum vertebat, proficisci?

Hanc difficultatem eruditorum nemo, non dicam solvit, sed ne quidem tetigit. Solvet vero facile, opinor, receptæ interpunctionis mutatio, paulo altius repetita, in hunc modum. « Quorum (militum) ira et clamore perturbatus est senex impius, et ab urbe Roma, tamquam Superbus alter, exactus est rediens rursus in Gallias, ubi aliquantulum moratus est, profectus ad hostem filii sui Maximianum. » Ita quippe Herculius concionem, in qua a Maxentii humeris purpuram deripuit, non in urbe Roma habuerit, sed extra urbem, et fortassis etiam procul ab urbe, et ad hoc vel illud Latii oppidum, Hernicorum puta territorii; « advocavit enim populum ac milites, » uti superius narratum. Idemque postea, ira et clamore militum de ipsius facto gravissime indignantium perturbatus, consilium subito ceperit in Gallias per urbem Romam revertendi. Mox autem, Roma ipsa, tamquam Superbus alter, fuerit exactus; idque, cum suum illud consilium exequeretur, hoc est, dum reapse in Gallias per urbem Romam rediret, ad quas deinde pervenerit, et a quibus denique, in illis aliquantisper moratus, contenderit in Pannoniam ad Galerium Maximianum filii sui hostem. Vides, ni admodum fallor, quam parvo labore non parva historiæ series secum cohæreat; item, quomodo contra Tollii sententiam τὸ *est* post *exactus* non ineptum sit et redundans; postremo, uti quoque nihil necesse sit alterum *est* post *profectus* supplere, sed tantum distinguere : « ubi aliquantulum moratus, est profectus, etc. »

De componendo Reipublicæ statu. Locutio valde propria, sicut ante initio capitis 26 notavimus. Vide sis. Estque alias hæc Sulpicii Severi quam simillima, *paulo post rebus domi compositis.* Locus integer, quo melius judices, sic habet : « Nec multo post Tirchac Rex Æthiopum regnum Assyriorum invadit. Quo nuntio Sennacherib ad sua tuenda conversus, fremens et clamitans victori sibi victoriam eripi, bellum omisit, missis ad Ezechiam litteris, cum verborum contumeliis denuntians se paulo post, rebus domi compositis, ad excidium Judeæ mature redditurum. »

Cum eo disputaret. Non quo sensu vulgo *disputandi* sumitur, sed illo, quem ex Cicerone stabilitum supra videas in Cuperi Notis, et in Maucroixii Burnetique versionibus feliciter expressum hoc pacto : *Sous prétexte de conférer avec lui des affaires de l'empire.* MAUCROIX. — *He pretended that he went to concert with him,* etc. tralatio anglica. Quæ in utroque interprete latine sonant, *quasi ut de imperii negotiis consilia conferrent et caperent.*

Regnum ejus. Id est, ut optime versio anglica, eam imperii partem quæ Galerio obtigerat : *his share of the empire. Regnum* enim proprie dictum non fuisse certum est. Sed, ut illis temporibus Imperatores et Cæsares nonnunquam *regis* nomine donabantur, ita quoque *regni* appellatione eorum ditiones.

Exclusus a suo, quocumque venisset. Ex Aurelio Victore, quod nec noster capite 8 negabat imperii portio, quam Diocletianus administrandam Herculio commiserat, Italiæ atque Africæ limitibus continebatur. Sed nuspiam noster, postquam semel capite XXVI resumpti ab Herculio imperii mentionem fecit, vel tantillulum Africam ut Herculii regnum, aut ut regnum ad quod fuerit profectus, et a quo undique, etsi suo, fuerit exclusus, nominavit, verum unice Italiam, quam sibi Herculius, ut suam, vindicare voluerit; tum Galliam, in quam bis fugerit. Quare non dubitamus, quin *regnum, a quo nunc, quocumque venisset, exclusus fuisse* dicitur, intelligere proprie oporteat de Italia : sive non alia pars prioris imperii reddita fuerit Herculio per filium, quod satis crediderim; sive simul reddita sit Africa, quod videtur supra præferre amplissimus Cuperus, nec negaret forsitan Pagius, qui in Crit. Baron. ad annum Christi 336, num. 12, diserte ponit *Felicem* illum, *prætorio præfectum*, ad quem lex 21 Codicis Theodosiani inscripta est, ita fuisse *præfectum prætorio* Italiæ, ut in ea Africæ quoque præfectura contineretur.

Quocumque venisset. Nullum habet sensum, nisi dispescas a priori membro, et fiat initium sequentis periodi. ALLIX. — Putabam, sensum optimum sine receptæ distinctionis mutatione elici posse in hunc modum : nullam fuisse urbem in Italia, ad quam se Herculius recipere tentaverit, quæ non ei portas obseraverit, atque ita, quocumque veniret, exclusum fuisse a suo regno, id est, a regno, quod sibi olim Diocletiani dispositione commissum solus rexerat, et habuerat postea commune cum filio, quasi postliminii jure.

Aderat ibi Diocles. Hoc est, apud eum Maximianum, ad quem ante dictus est Herculius fuisse profectus, proindeque apud Galerium Maximianum, seu, quod eodem redit, in aula Galerii, si cum Maucroixio ad sensum potius quam ad præcedentia vocabula volueris respicere : *Galérius avait depuis peu fait venir à sa cour Dioclès*, etc.

Diocles. Hæc prima occasio, quæ data sit nostro loquendi de Diocletiano post istam capitis 19 pericopen : « Huic purpuram Diocletianus injecit suam, qua se exuit, et Diocles iterum factus est. » Unde, cum illum jam non *Diocletianum*, sed *Dioclem* nominari audimus, videtur sequi Diocletianum, purpuram deponendo, ad pristinam suam *Dioclis* nuncupationem rediisse. Præsertim cum pariter capite 37, legamus : « Nam si quid reliqui vel Diocles, vel Maximianus reliquerunt, » et iterum capite 52 : « Ubi sunt modo magnifica illa et clara per gentes Joviorum et Herculiorum cognomina, quæ primum a Dioclete et Maximiano assumpta? » Vide sis tamen, ne quid tale incautius colligas. Noster enim capite 41, non *Dioclem*, vel *Diocletem*, sed *Diocletianum* denuo appellabit his verbis : « Augusta vero in desertas quasdam Syriæ solitudines relegata, patrem suum *Diocletianum* per occultos gnarum calamitatis suæ fecit ; » et Eutropius quoque de eodem ad privatam vitam regresso : « *Diocletianus*, inquit, privatus in villa, quæ haud procul a Salonis est, præclaro otio senuit. » Adde, ne nunc plures adducam, Hieronymi locum superius allatum, Maucroixius, quasi nostrum corrigens, *Galérius*, ait quid potius eligeret ambigens, *avait depuis peu fait venir à sa cour Dioclès, ou Dioclétien, son beau-père ;* ad verbum : Galerius Dioclem, seu Diocletianum, socerum suum, recenter in aulam suam acciverat.

Ego sane quid potius eligendum sit dijudicasse nolim. Sed quocumque tandem nomine Diocletianus post imperii abdicationem vocandus, aut reapse vocitatus fuerit, erat certe tunc vel *Diocles iterum*, sine alio addito, ut cum noster supra, *Diocles iterum factus est*, scribebat ; vel *Diocles*, seu *Diocletianus iterum privatus*, si adjicienda sit simul mentio conditionis ; vel *Diocles*, seu *Diocletianus secundum privatus*, eo modo, quo qui olim secundum consulatum apud Romanos agebant, *secundum consules* dicebantur ;

vel denique *Diocles*, seu *Diocletianus bis privatus*, sicut supra Herculius, capite 26, *bis Augustus* nominabatur. Et jam harum omnium locutionum numerales litteræ nunquam magis fatalem numerum bestiæ Apocalypticæ, si quis ea de re Meldensis episcopi exemplo cogitare velit, conficient, quam in cæteris superius memoratis contigit ; quod ideo addo, ne se forsan aliquo elabi posse crediderit vir clarissimus. Vide notulas ima pagina subjectas (1).

A genero nuper accitus, ut, etc. Diocletianus, si vera essent quæ ab eodem episcopo ad caput 13 Apocalypseos ponuntur, cæteris omnes imperatores ad Licinium usque fecerat, fuitque cunctorum quasi pater et origo ; quin et Diocli (postquam is, abdicato imperio, *imperatoris* nomini valedixisset) conservata fuit quodam modo, secundum Cl. præsulem, potestas alios creandi. Hincque, pergente eodem, Diocletianum Galerius Maximianus ad se, cum vellet *Augusti* titulum Licinio dare, accersivit. Sed primo, ut liquet ex cap. 24, Constantinum, non *Diocletianus*, sed *Constantius Chlorus* Augustum nominavit, eique imperium per manus tradidit. Neque item Severum *Diocletianus*, sed *Galerius* Augustum nuncupavit, cap. 25, in fine. Neque pariter Maxentium *Diocletianus*, sed *prætorianorum manus* imperatorem fecit, cap. 26. Neque magis Severum *Diocletianus*, sed *Galerius* ad recipiendum imperium hortatus est, et reapse perpulit, ibidem. Neque iterum magis Herculium *Diocletianus*, sed *Maxentius* bis Augustum nominavit, ibidem rursus. Neque postremo in sequentibus *Diocletianus*, sed *Galerius* tres derepente jubebit *imperatores*, præter se et Licinium jam Augustos, sublatis Cæsarum nomine priscæque simul Diocletiani dispositione, numerari, cap. 32. Imo omnia ista non modo non præsente Diocletiano, sed ne quidem consulto facta esse, apparebit ex iisdem capitibus. Ne et addam, Severum etiam, insciente plane Diocletiano, missum fuisse a Galerio ad Herculium ante ipsam Diocletiani abdicationem, ut ab Herculio purpura indueretur. Quare quæ ex laudati episcopi in Joannis Apocalypsin observationibus initio hujus notæ retulimus, mera sint oportet somnia hominis causæ studio abrepti. Hacque tandem simplici et propria de causa accitus fuerit Diocletianus a Galerio, quando, præsente illo, imperium Licinio dare voluit, ut solennior esset inauguratio.

A genero. A Galerio. MAUCROIXIUS.

Imperium Licinio daret. Baluzius longam instituit hic loci disceptationem de anno, quo Licinius factus est imperator, aliis in annum 307, aliis vero in sequentem rejicientibus, quorum palmarium argumentum est, Galerium intra tam paucos menses tot terrarum spatia emetiri non potuisse ; quibus tamen id reponi potest, inquietum et ferox Galerii ingenium, imperii præsertim retinendi cupiditate accensum, ea cito perrupisse repagula, quæ animis paulo sedatioribus obicem posuissent. Edit. Oxon. et Cant. — Licinium currenti anno 307, Augustum appellatum, recte scripsit Baronius, et in nostra dissertatione Hypat. demonstravimus. Quare errat Idacius in Fastis, ubi hanc dignitatem anno sequenti ei collatam tradit. Recte tamen uterque annotavit, eam nuncupationem *Carnunti* in Pannonia, idque 3 *idus novembris* peractam. Sed Licinius prius Cæsar, ac non multo post Augustus appellatus, ut ibidem ostendi. PAGIUS, *in Critica Baron. ad an. Ch.* 307, *n.* 14, ubi et plura in eam rem.

Substituto in Severi loco. Recte, qui malunt, *in Severi locum.* TOLLIUS. — Rectius quidem crediderim.

---

(1) DIoCLeS IterVM — MDCLVII.
DIoCLes IterVM prIVatVs — MDCLXVIII.
DIoCLetIanVs IterVM prIVatVs — MDCLXXIV.
DIoCLes seCVnDVM prIVatVs — MMCCLXXII.
DIoCLetIanVs seCVnDVM prIVatVs — MMCCLXXVII.
DIoCLes bIs prIVatVs — DCLXIII.
DIoCLetIanVs bIs prIVatVs — DCLXIX.

Nam sic, verbi gratia, Florus lib. 1, cap. 6 : *Ergo inter Tarquinii mortem, annitente regina, substitutus in locum regis (Servius Tullius).* Sed uno verbo, quod communiter in *manum tradere*, in *matrimonium postulare*, aliaque hujus generis innumera melioris ævi scriptores dicebant; noster e contrario, et Sulpicius Severus, et Vulgatus interpres Bibliorum non raro *in manu tradere, in matrimonio postulare, in matrimonio accipere*, et sic de reliquis, dixerunt. Hinc inferius, capite 35, « commendatis Licinio conjuge sua et filio, atque in manu traditis; » et capite 39, « Legatis præmissis, in matrimonio postulat; » et apud Sulpicium Severum, lib. I, cap. 9 : « Jacob... amore virginis conflagrabat, eamque sibi in matrimonio postulans, etc., » ac rursum, cap. 43, « Achab... Jezabel (id est, Jezabelem) filia Bazæ regis ex Sidone in matrimonio accepta, Baali idolo aram lucosque constituit; » qui tamen alibi, « Moyses... apud Jethro... diversatus, filiam ejus Sephoram in matrimonium accepit; » et alibi rursum « Saul... filiam Malchol... Faltim cuidam in matrimonium dedit; » quibus et alia apud eumdem similia, ut quoniam ita quarto Christianismi sæculo politiores Patres promiscue utraque phrasi usi sunt, non debeat, meo judicio, hujus loci scriptura temere interpolari. Confer quæ ad capita 35, et 39, observabimus.

Itaque fit utroque præsente. Diocletiano nimirum, et Maximiano sene, ut non male tam ex antecedentibus quam e proxime sequentibus supplevit, vel explicuit Maucroixius. Mox enim sequitur *senex Maximianus*, et paulo ante præcessit *Diocles*.

Sic uno tempore sex fuerunt. Locus sine dubio corruptus, vel mutilus. Quid hoc enim, *sex fuerunt?* cum nulla vox præcesserit, quæ jam plurali numero intelligi, et, quod aiunt, ἀπὸ τοῦ κοινοῦ subaudiri possit. Additum autem supplementi vice vocabulum *Imperatores* ab ambobus interpretibus. *Il y eut donc alors six personnes qui portaient le nom d'empereur.* MAUCROIX. *And now there were all at once six emperours*, versio anglica. Miror, non proprie sane, quod id vocabuli neutro numero in toto hujus capitis initio, imo nec in toto superiori capite 28, legatur : sed quoniam qui tunc temporis rempublicam gerebant, nondum omnes *imperatores* erant, sed ex antiqua Diocletiani dispositione per Galerium confirmata, partim *imperatores*, partim *Cæsares*. Vide modo, si quid dubitas, totum caput 32. Intelliges, tantum abesse, ut, Licinio semel *imperatore* nuncupato, sex præfuerint reipublicæ *imperatores*, ut contra distinctio *Cæsarum* ab *imperatoribus* obtinuerit adhuc aliquandiu, nec denique nomen *Cæsarum* vere sublatum fuerit e medio, nisi postquam temporis lapsu scripsisset ad Galerium Maximinus, sese salutatum fuisse *Augustum* ab exercitu, et, acceptis iis litteris, jussisset demum Galerius, ut qui quatuor, præter se, hoc aut illo jure et titulo imperium Romanum administrabant, *imperatores* quoque in posterum nominarentur, sicut suo loco firmabimus. Quæ cum ita sint, quomodo horum verborum, *sic uno tempore sex fuerunt*, sensus esse posset, *sic uno tempore sex fuerunt imperatores?* Potius ergo, detur conjecturæ venia, scripserit noster : *Sic uno tempore sex præfuerunt; Reipublicæ* nimirum, cujus mentio in antecedentibus hac perioche : « Quasi ut de componendo reipublicæ statu cum eo disputaret. »

Sic uno tempore sex fuerunt. Herculius scilicet, Galerius, Maximinus Daza, Constantinus, Maxentius et Licinius. Edit. Oxon. et Cant.

Impeditis consiliis senex Maximianus. Maximien frustré de son espérance. MAUCROIXIUS.—Latine, Maximianus, quem sua spes frustrata fuerat. Præstiterit sine dubio ex sequentibus Terentii versibus explicare:

P. Ehodum, bone vir, quid ais? Viden' me consiliis tuis
Miserum impeditum esse? D. At jam expediam.

Ubi vide, si vacat, aut opus est, commentatores.

Tertiam quoque fugam moliebatur. Locus varie acceptus ab interpretibus. Maucroixius per *præsens, se prépare à une troisième fuite.* Ad verbum, *tertiam fugam parat.* Non male, cum in ejusmodi locutionibus verba præsentis et imperfecti temporis eleganter idem valeant. Serviusque alias ad illud Æn. I :

Sæpe fugam Danai Troja cupiere relicta
Moliri.

Moliri, inquit, id est, *parare*.

Versio autem Angliea per præteritum : *Fled again for the third time*; se tertia vice in fugam dedit, inducto sic Herculio non fugam post plus minus temporis paratam, sed jam fugiente. Suspicabar, scripsisse nostrum, *Tertiam quoque fugam moliebatur*, hoc est, aliquo fugiendi certus, in quem potius locum ex multis, qui in mentem veniebant, abiturus esset, cogitabat, et res interim, quæ ad fugam necessariæ erant, parabat. Cicero II, de Divin. *Ita quoquo se verterint Stoici*, etc.

Plenus malæ contagionis ac sceleris. Malebat Heinsius, *Plenus malæ cogitationis ac sceleris. Contagioni* hic nullum esse locum putabat. Cogitationes has malas in verbis sequentibus prodit. GRÆVIUS.— *Contagionis.* Corrige meo periculo, et lege, *cogitationis. Contagio* sane hic locum non habet; nec juvant allata a clarissimo Columbo, pag. 380, col. 1. TOLLIUS.— *Contagionis. Cogitationis.* Sic lib. V Instit., §. 12, de Justitia. GALE.— In laudato tamen Lactantii loco, non modo nuspiam *cogitationis* vox ullo casu comparet in meis editionibus : sed videtur etiam recepta lectio, *purum ab omni sceleris contagione præstare*, sensum habere optimum. Judica tu. Locus integer talis est : « Adeone apud vos perit innocentia, ut ne morte quidem simplici dignam judicetis : sed supra omnia facinora habeatur, nullum facinus admittere, pectusque purum ab omni sceleris contagione præstare? »

Ut Constantinum Imperatorem. Quem necdum tamen Galerii concessu licebat *imperatorem* vocari, sed tantummodo *Cæsarem.* Verum noster plane Constantii dispositionem, de qua in fine capitis 24, antiquiorem habuit Galeriana, de qua pariter in fine capitis 25, mentio est. Hincque, sicut supra statim a Constantii obitu, *Suscepto*, inquit, *imperio, Constantinus Augustus*, ita nunc idem post annum et amplius ab ejusdem Constantii excessu, *Constantinum imperatorem* vocat. Cui locutioni non simles plures hoc ipso capite videbis; ut ea propter potuerit quidem aliquando hic scriptor *quinque*, ante sublatum *Cæsarum* nomen per Galerium, numerare *imperatores*, sed non *sex*, quia eousque Maximinus Daza mero *Cæsaris* nomine seu titulo gaudebat.

Generum suum. Utpote qui Faustam Maximiani filiam in uxorem duxerit. Edit. Oxon. et Cant.

Generi filium. Id est, Constantii, qui, Helena repudiata, Theodoram, Herculii filiam, duxit, seu, ut alii malunt, *privignam*. Edit. Oxon. et Cant.

Dolo malo. Qui *bonæ fidei* opponitur. Vide Brissonii formulas. TOLLIUS.

Dolus malus est, cum aliud agitur, aliud simulatur. Julius Paulus lib. Sentent. receptar. tit. 9.

Regiam vestem. Quæ mox alio nomine *purpura* vocabitur. *Repente purpuram sumit;* et a Lactantio similiter his verbis : *Romanis imperii imperatoriæ insigne est regiæ dignitatis assumptæ*, lib. IV Instit., cap. 7, ut inde valide firmentur quæ superius diximus. — *Les ornements impériaux.* Maucroixius. Ad verbum, *ornamenta imperatoria*, multitudinis numero. *The imperial habit.* Versio angl. Id est, Imperatorium habitum, numero unitatis.

Francorum gens in armis erat. Illud Francorum bellum, de quo Lactantius loquitur, non videtur ab eo diversum, de quo Eusebius in Vita Constantini, lib. I, cap. 25, ubi ait, Constantinum adversus Britannicas gentes trajecisse. PAGIUS, in *Critica Baron. ad annum Christi* 307, *num.* 7.— Sed jam igitur anno æræ Christi Dionysianæ 507, Franci totam Galliam pervasissent, et in *Britannia Gallica* consedissent, quod me nuspiam legere memini; contra vero, diversissima apud Eginhardum et alios. Adde Baluzium, ad hæc verba, *relicta militum parte*; et quem sequi malim, Cuperum.

Britannia Gallica hoc nomen accepit circa annum Christi 460, cum Placidi Valentiniani tempore, Rivalus Anglorum dominationem fugiens, cum magna Britannorum multitudine trajecit in Galliam, et Venetorum, et Osismiorum fines occupavit, ac de sua gente Britanniam appellavit. GRÆVIUS.

Barbaros. Francos lingua Attica Valentinianus imperator a feritate et duritia atque audacia vocari voluit, inquit Ivo Carnotensis initio Chronici de regibus Francorum; quod hunc locum (ubi noster eamdem gentem, quam paulo ante *Francos* nominavit, simpliciter *barbaros* appellat) valde illustraret, nisi *Francorum* nomen utriusque Valentiniani temporibus antiquius esse, hic liber, plurimaque alia veterum monumenta, docerent et evincerent. Sed an ideo mollior olim huic auctori *barbarorum* appellatio, cum de Gallis ageret? Minime sane. Nam ita Carpos odiose capite 4, ita Persas capite 5, *barbaros* nuncupavit, haud alia mente nisi *barbaram libidinem*, *barbariem naturalem*, *barbarum aliquem generum*, *barbaram servitutem*, et hujusmodi alia nominans.

Credit adolescens. Ce jeune Prince. MAUCROIXIUS.— Haud male, modo non de *principe admodum juvene* intelligas. Tunc enim Constantinus annum ætatis agebat circiter tricesimum sextum. Confer dicta ad caput 24.

Imperatori. Constantino scilicet, quod merito maluit Burnetus, perspicuitatis gratia, repetere, quam cum nostro, variata appellatione, obscurius loqui.

Opprimitur homo. Senex nempe Maximianus, quod ex parte interpretes declararunt, idemque adeo, qui paulo ante opprimere ipse Constantinum cogitaverat. Præcessit enim : « Persuadet nihil suspicanti (Constantino) ne omnem secum exercitum duceret.... ut et ipse (Senex Maximianus) haberet exercitum quem occuparet, et ille (Constantinus) opprimi posset ob militum paucitatem.

Quod ipsum præcipue non deceret. Quia et ipsius Constantini socer erat, et patris fuerat Constantii, et imperator provectæ ætatis, quem omni honore exceperat, adeoque *patris* loco, quia Augusti *Cæsarum patres* dicebantur. TOLLIUS.

Tum subito a tergo ejus portæ reserantur, milites recipiuntur. Planissimo sensu, modo neutrum strictius a tergo Herculii accidisse, sed in remota urbis parte, cui tergum vertebat, intelligas, cujus observationis ratio et necessitas per se patent.

Adtrahitur ad imperatorem rebellis imperator. Vide ut pergat noster ad aliorum potius dispositionem respicere, quam ad Galerianam. Omnino, si vel locum istum capitis 26 : « Patri suo post, Herculio scilicet, deposito imperium in Campania moranti, (Maxentius) purpuram mittit, ac bis Augustum nominat, cum hoc capitis 32, contuleris : « Victus contumacia (Galerius) tollit Cæsarum nomen, et se Liciniumque Augustos appellat, Maxentium et Constantinum filios Augustorum, » intelliges adeo, non habitum fuisse per plus minus temporis Herculium pro imperatore a Galerio, ut in ista fere ultima Galerii dispositione nulla fiat Herculii mentio, nedum ut imperatoris.

Pater impius. Pater nempe, proprieque dictus, ratione filiæ Faustæ, quam Constantinus uxorem duxerat : *Impius* autem, id est, crudelis, inhumanus, immisericors, sicut contra *pius pater* de patre benigno, humano et misericorde usurpatur. Cicero : *Non secus in me pius, quam pater in filios* : ut non proinde solam filiorum erga parentes pietatem vel impietatem Latini memoraverint, sed parentum quoque in filios. Imo, *æternam Dei pietatem*, hoc est misericordiam *in gregem suum* laudabit noster sub finem hujus libri, capite 52.

Audit scelera quæ fecit, etc. Hoc est, quamprimum vero ad Constantinum fuit adductus, exprobravit illi Constantinus, quomodo non se pro patre et socero gessisset, sed scelerate, impie, perfide. Tum autem detracta ei vestis; ac denique, postquam ita fuisset increpitus, vita donatus est.

Vestis. Regia scilicet. *Purpuram* Maucroixius, *Imperatoriam purpuram* Burnetus, rotunde transtulerunt.

CAPUT XXX.

Sic amisso imperatoris ac soceri honore. Id est, Herculius autem Maximianus, amisso in eum modum honore, quem ei antea Constantinus atque alii communiter ut *imperatori*, Constantinus vero insuper ut *socero* exhibebant. Firmant tam sequentia verba, *humilitatis impatiens* (ex quibus liquet, Herculium deinceps non sola purpura, sed cultu quoque et obsequiis aulicorum caruisse, atque ad humillimam denique vitæ conditionem fuisse redactum) quam quod in præcedentibus dicitur Constantinus Herculium, nullum ipsi honorem habendo, increpasse ut hominem *scelestum*, ut *patrem impium*, ut *socerum perfidum*.— *Maximien privé du titre d'empereur et de beau-père*. Maucroixius; ita simpliciter de amissis *imperatoris* et *soceri* appellationibus sermonem esse existimans. — *But Maximian having lost both the dignity of an emperour, and the regard that was payed to him as a father in law*, versio anglica; *amissum* jam *imperatoris* honorem de imperatoriæ dignitatis amissione, *amissum* vero *soceri* honorem de amissa Constantini in socerum Herculium observantia explicans. Qui sensus a nostro minus recedit, idemque fere cum illo est.

Quia semel abiit impune. Punctum quod est ante *Quia*, transfer post *impune*. BOHERELLUS. Item Gale.—Suspicabar ego copulam et, quæ sæpiuscule alibi a præcedentibus vocibus absorpta est, absorptam pariter fuisse hic loci ante *quia*, ubi proinde legendum putem : « Et quia semel abiit impune, vocat, etc. »

Vocat filiam Faustam. Il flatte sa *fille Fausta*. MAUCROIXIUS. — Miror, cum tantum sit discriminis inter *vocare* (*appeler*) et *blandimentis sollicitare*, (*flatter*). Præter quam quod etiam ex proxime sequentibus manifestum est, *blandimenta* nonnisi secundam Herculii machinam fuisse, qua filiam suis partibus conciliare tentaverit. Vocavit ergo primum omnium ; id est, illam ad se vocari curavit, effecitque ut veniret.

Digniorem virum pollicetur. Videatur ibidem loci Columbus.

Petit cubiculum, etc. Paulo aliter editio Aboensis : « Petit cubiculum patens relinqui, et negligentius custodiri sinat. »

Pollicetur illa facturam, et refert protinus ad maritum. Προκαταλαβούσης δὲ Φαύστης τὸ ἐγχειρούμενον, καὶ τῷ Κωνσταντίνῳ τοῦτο μηνυσάσης, ἀπορούμενος ἐπὶ τῷ πάντων ἐκπεσεῖν Ἑρκούλιος νόσῳ κατὰ τὴν Ταρσὸν ἐτελεύτησε. Recte hæc de insidiis Zozimus : sed uti olim annotavimus, confundit Herculium cum Maximino Daza, quem simplici morte apud Tarsum periisse testatur Epitome Victoris. Sed de hoc postea viderimus. Editio Oxon. et Cant.

Refert protinus ad maritum. Ad Constantinum MAUCROIXIUS.

Qua manifesto facinus teneretur. Malim, *in facinore*. TOLLIUS. Quod et Maucroixio videtur in mentem venisse. *On dispose toutes choses pour surprendre le perfide dans un attentat manifeste*.— Præferrem, si quid esset emendandum, *qua manifesto facinorosus teneretur*. Sic enim Cicero 5. Verr. Teneo... *furem manifesto avertentem rem frumentariam omnem. Sed quidni belle stare possit lectio recepta*, cum Cicero alibi in eadem Verrina scripserit : « Tenetur igitur jam, judices, et manifesto tenetur avaritia, cupiditas hominis, scelus, improbitas, audacia; » et alibi rursus pro Cluentio : « Exponam vobis Oppianici facinus manifesto compertum atque deprehensum.

Supponitur quidam uilis Eunuchus, qui pro imperatore moriatur. Factum notabile, sed cujus, ut verum dicam, æquitatem necessitatemve non satis video. Simile tantummodo exemplum scio esse in Historia Machabeorum, lib. III, initio fere primi capitis, in hunc modum : Θεόδοτος δέ τις ἐκπληρῶσαι τὴν ἐπιβουλὴν διανοηθείς, etc. Latine, « Theodotus autem quidam rem insidiis peragere cogitans, cum assumpsisset e commissis sibi a Ptolemæo armatis validissimos, contulit se ad tabernaculum Ptolemæi noctu, ut eum interficeret incautum, eoque pacto finem bello imponeret. At Dositheus... cum hunc subduxisset, ignobilem quemdam supposuit in tabernaculo, quem pro illo mulctari contigit.

Ille. Maximianus, quem et ideo Interpretes nominare maluerunt.

Insidiis opportuna. Hoc est, insidioso suo incœpto. Nimium enim simpliciter Maucroxius, *à son dessein, suo consilio.*

Vidisse somnium. Locutio, de qua consulendus tibi Cuperus, et in qua alias facile deesse possit τὸ *se post vidisse,* absorptum sc. licet ab illo.

Ingreditur armatus. Haud dissimile fuit Darii facinus, patrem Artaxerxem noctu opprimere et interficere volentis, quod sibi Aspasia negasset, nec alius exitus. TOLLIUS.

Spadone obtruncato. Id est, ut recte interpretes, occiso. Sequitur enim paulo post : *Profertur e cubiculo cadaver occisi;* et Latinis *obtruncare,* quod proprie loquendo *corpus, mutilatis,* verbi gratia, capite et brachiis, *truncum reddere significat, nonnumquam etiam quomodocumque occidere est.* Plautus in Aulularia, act. III, sc. 4 :

Capio fustem, obtrunco gallum, furem manifestarium.

Ubi vox *manifestarius* propter proxime sequentia debet notari.

Prosiliit. Rectius, *prosilit.* TOLLIUS.

Profitetur quod admiserit. Lege *admiserat,* vel, *quid admiserit.* Idem.

Manifestarius homicida. Confer Plauti locum modo allatum.

Dura silex, aut stet Marpesia cautis. Ex Virgilio libro VI Æn. GALE. Item Paris. edit. in margine.

Cautis. Cautes. Edtio Aboana, et Pagius.

Ac nodum informis leti trabe rectit ab alta. Zozimus contra, libro II Histor. ὁ Ἑρκούλιος νόσῳ κατὰ τὴν Ταρσὸν ἐτελεύτησε. Id est, *Herculius apud Tarsum morbo obiit.* Sed ad ea verba jamdudum Sylburgius : « Sigonius, *inquit,* ex aliis tradit Massiliæ strangulatum, jussu Constantini. » Confer dicta, p. præc. col. 1 et mox dicenda, col. seq.

Ac nodum leti, etc. Virgilii versus e lib. XII, Æneidos, quod primus monuit Baluzius ad marginem editionis Parisiensis.

Leti. Editio Aboen. *Lethi,* cum spiritu, quem sane scribendi modum Festus olim ac Varro, aliique postea bene multi probarunt, voce nempe ἀπὸ τῆς λήθης, quæ Latinis *oblivionem* sonat, derivata. Sed Priscianus *letum* sine spiritu malebat exarare, et a prisco *leo,* pro *deleo,* deducebat : cujus opinionem cum viri quoque inter recentiores magnæ eruditionis Manutius et Jos. Scaliger verisimiliorem judicaverint, non erat procul dubio, cur veteris schedæ Scriptura interpolaretur.

Viginti annorum vota celebravit. Hoc est, *Vicennalia.* Alludit enim Lactantius ad Romanorum morem, qui in hujusmodi solemnitatibus, vota pro salute ac felicitate principis concipiebant, ut patet ex Plinii epistolis ad Trajanum. In nummis quoque veteribus, ejusmodi vota expresse leguntur, VOTIS XX. MULTIS XXX. In aliis vero nummis ita habetur, SIC X. SIC XX. Hoc est, *Sic Decennalia, sic Vicennalia.* Anonymus Auctor editionis Cant. idque, ut addit, ex Valesio in Eusebio de Vita Const. lib. IV, cap. 47.

Viginti annorum. Deest ante hæc verba vox *domi-* A *natus.* Alias enim τὸ *per* in *post* mutandum foret in præcedentibus. TOLLIUS. — Faciunt omnino pro priori aut simili aliqua conjectura ambo Interpretes. *Ainsi ce grand Empereur, vingt ans durant, le maitre du monde.* MAUCROIX. — *Thus this great emperour, that in the long course of 20 years reign,* Anglica versio.

Vitam detestabilem. Epithetum odiosissimum, ut hic Ciceronis locus indicat : « [Ea est] inter natos et parentes [charitas], quæ dirimi nisi detestabili scelere non potest. In Lælio, seu de Amici ia. »

Finivit. Massiliæ, ut Eusebius in Chronico, Victor in Epitome, et Orosius in Historia docent. PAGIUS, *in Crit. Baron. ad an. Chr.* 307, *num.* 8. Confer dicta superius, pag. præc. col. 1.

CAPUT XXXI.

Ab hoc. Imperatore, an *tempore?* Oratio enim elliptica est ; neque res per se tantum dubia ex præcedentibus usuve latinæ linguæ, sed ex hujus quoque loci versionibus, quæ palam alterutro supplemento nituntur. *Après que Dieu eut vengé sa religion et son peuple sur le vieux Maximien.* MAUCROIXIUS. — Ad verbum, ab hoc sene Maximiano, etc. *In the next place.* Versio anglica. Plane jam quasi noster scripserit : *Secundum hæc,* vel *post hoc.* Præfero, cum et ita τὸ *ab hoc* clarissimus Grævius in fine cap. 26, explicuerit ; nec insolens sit auctoribus græcis ἐκ τούτου similiter, pro ἐκ τούτου καιροῦ ponere. Joannes, verbi gratia, in Evangelio XIX, 12 : Ἐκ τούτου ἐζήτει ὁ Πιλᾶτος ἀπολῦσαι αὐτόν. Ubi Beza : *Ex eo tempore studebat Pilatus eum dimittere;* Vulgata vero una voce : *Exinde quærebat Pilatus,* etc.

Ad Maximianum alterum. Id est, ex Maucroixii versione, *ad Galerium.* Recte, cum jam noster ad ultimos infaustosque Galerii Maximiani casus orationem convertat, *alterius* ideo *Maximiani,* quod et imperatori, cujus modo informe lethum recitabatur, nomen fuerit *Maximianus.* Sed am recte pariter editio prima Oxoniensis in emendationibus, quæ serius occurrerant, legendum esse monuit *ad Maximianum alterum, Galerium?* Suspicor voluisse virum doctum cui vulgata lectio displicebat, ut pro *ad Maximianum alterum* ad *Maximianum Galerium* reponatur ; quod ratione quidem non caret : sed ita tamen nuspiam hic auctor locutus est ; et e contrario jam ante Galerius initio capitis 9, *Maximianus alter,* ut ab Herculio distingueretur, fuit vocatus : quare nulla nunc mutatione opus esse credimus.

Persecutionis auctorem. Unum ergo ex illis *auctoribus,* de quibus supra in fine capitis 2 : « Si a principio ex quo est Ecclesia constituta, qui fuerint... *auctores...* et quibus pœnis in eos cœlestis judicis severitas vindicaverit exponam. » Quo loco, quin post *auctores* vocem *persecutionum,* aut si quis malit, *persecutionis* supplere oporteat, non dubitamus ob plenam hujusce phrasin, *persecutionis auctorem.* Addatur propter alia Bal. ibidem.

Ut in eo etiam vim majestatis ostenderet. Tale illud ejusdem capitis 2, *quatenus virtutem ac majestatem suam in... dis delendisque nominis sui hostibus Deus summus ostenderet.*

Jam de agendis et ipse, etc. Quia nimirum Vicennalia Diocletianus ante octo annos celebraverat. Maucroixius : « Ce prince à l'exemple de Dioclétien. » Vide caput XVII.

Qui jamdudum, etc. Sic videtur supplenda hæc lacuna, et *qui jamdudum,* etc., *ut quæ promiserat redderet.* Edit. Oxon. et Cant.

Ut, quæ promiserat redderet. Ita recte emendatum. Promissa autem hæc ad milites spectant, quibus, instantibus vicennalibus, congiarium se, sive donativum daturum more solito promiserat. Hæc ut promissa præstaret, novis indictionibus opus erat. TOLLIUS. — *Lego,* et, ut qui jamdudum provincias afflixerat, auri argentique indictionibus factis, quæ promiserat redderet ; etiam, etc. GALE. — *Malebam,* et qui jamdudum provincias afflixerat, auri argentique indictionibus factis, is quo quæ promiserat redderet, etiam, *et quæ deinde*, *ut* is a factis, et quo *a quæ fuerint absorpta*. Vel simpliciter : et qui jamdudum provincias afflixerat auri argentique indictionibus factis, quo quæ promiserat redderet, etiam...

Auri argentique indictionibus factis. Livineius ad hunc Plinii locum in Trajani Panegyrico : « Nec novis indictionibus pressi ad vetera tributa deficiunt, » tria omnino et genera pensitationum, inquit ; *Canon*, certum et ordinarium tributum ; *Oblatio*, quod sponte præstetur ; *Indictio*, quod de novo imponatur. Meminit Asconius in Verrinam IV.

Quæ promiserat redderet, etiam in nomine vicennalium, etc. Labe multa sunt hæc verba inquinata, quæ videtur dilui posse, si rescribamus : « Quæ promiserat reddere, et inani nomine vicennalium securem alteram inflixit. » *Reddere* nimirum vicennalia, est agere, celebrare, edere. Sueton. in Domit. 4 : « Collegium instituerat, ex quo sorte ducti magisterio fungerentur, redderentque eximias venationes et scenicos ludos. » Terent. Andr. 3, 1 : « Me si imparatum in veris nuptiis adortus esset, quos mihi ludos redderet ? » *Reddere* enim sæpius est *dare*, ut *justa reddere* apud Columellam, lib. VIII : « Nulla est autem major vel nequissimi hominis custodia, quam quotidiana operis exactio, ut justa reddantur, ut villicus semper præsto sit. » *Et lib.* XI *capite* 2 : « Curabit villicus ut justa reddantur ; hoc est, ut quæ eis injunguntur, agant, dent, præstent. Celsus, libro XCIV, *de v. s:* « Verbum reddendi quanquam significationem habet retrodandi, recipit tamen et per se dandi significationem. » Sic *exta reddere*. Virgil. *Fumantia reddimus exta ;* et *vota reddere*, pro *facere*, solemnis locutio. Postea ex voce *inani*, ultimæ litteræ *ani* exciderunt, et adhæserunt præcedenti voculæ *etc.* Inde natum *etam*, et deinde *etiam*. *Inane nomen vicennalium* dicitur, quod vicennalia frustra promittebae, et horum nomine pecuniam extorquebat, quæ tamen non egit. In fine non potest ferri *afflixit*, quia modo præcesserat *jamdudum provincias afflixerat* ; ne dicam de insolentia locutionis , *securem affligere*. At *securim infligere*, ut in illo trito, *asciam cruri infligere*. Sententiam viderunt Oxonienses , quod exponunt : alterum vulnus inflixit. Nimirum intelligit acerbissimam illam exactionem, de qua in sequentibus agit. GRÆVIUS.

Etiam in nomine vicennalium. Deleo *in*. GALE. — Servari forte posset, ut ut in speciem superfluum, ni alia obessent. Probo ex istis Hieronymi : « Et erat (Cain) ædificans civitatem, et cognominavit eam in nomine filii sui Enoch. » Ubi manifeste præpositio abundat.

Securem alteram afflixit. Nullo sensu. ALLIX. — Locus corruptus. PAGIUS. — Id est, alterum vulnus inflixit. Edit. Ox. et Cant.

Securem. Securim. Editio Aboana. Quod, licet rectius, merito tamen improbat Columbus.

Qua vexatione. Vexare, sicut viri docti ex Gellio ad Passionem SS. Perpetuæ et Felicitatis posuerunt, *Verbum leve est ; et parvi incommodi*. Nec male sane, si id duntaxat de certis locis intelligatur ; de isto puta memoratæ Passionis : « Pater motus hoc verbo, mittit se in me, ut oculos mihi erueret : sed vexavit tantum. » At eam significationem minime perpetuam esse non solum jam ante ostendimus, verum quæ hic proxime sequentur, declarabunt etiam et confirmabunt.

Generis humani. Pertinet huc quod apud Florum, aut consimilem historiæ Romanæ scriptorem, in hæc fere verba legere memini, *genus humanum, id est, populus Romanus*. Nam nunc quidem locum melius nequeo indicare, vel adducere.

Officiorum omnium. All the taxmasters. Versio anglica. Quasi dicas, omnium qui exigendis pecuniis præfecti erant, vel una voce, *exactorum* ; quomodo noster paulo post : « Nulla area sine exactore ; » et apud Cæsarem, libro III, de Bello civ. : « Erat plena lictorum et imperiorum provincia, conferta præfectis atque exactoribus. » Sed aliter, et melius, credo, Cuperus in fine suæ ad hunc locum observationis.

Cui prius satisfieret incertum. Venia, etc. Sic adhibet in hac secunda editione Baluzius distinctionem correctionemque, quas in indice erratorum prioris proposuerat. In prima quippe vir clarissimus ex ms. codice excudi curaverat in auctoris verbis : *Cui prius satisfieret incertum, veniam*, quæque postea. Unde nec aliter post aliquot annos editiones Oxon. et Cantabrig. Aboensis sola diverso pacto, *cui prius satisfieret, incertum veniam non habentibus*. Quorum equidem verborum sententiam haud facile assequor.
— Emendo, *cui prius satisfieret incertis*. GALE. Id quod egregie cum antecedentibus cohæret.

Venia non habentibus nulla. Ita rursum hodie Baluzius, cum is prius, et cæteri post illum editores, *veniam non habentibus nullas abstinendi*, et reliqua, edidissent ; proindeque sine ulla prorsus distinctione post *nullas*. Quod subjectis doctorum notulis occasionem dedit. — Quanquam vetus codex exhibeat lectionem, quam nos dedimus, quia tamen constat eam non esse sanam, non vana fortassis conjectura fuerit, si putemus ita legendum esse : « Venia non habentibus nulla sustinendi multiplices cruciatus, nisi, et quæ sequuntur. » BALUZIUS, *in indice erratorum prioris suæ editionis*. — Ita emendat hunc locum Baluzius : *Venia non habentibus nulla sustinendi multiplices cruciatus*. Mihi sic videtur legendum : *Venia, non habentibus, nulla abstinendi*, etc. Edit. Oxon. et Cant. — *Veniam non habentibus nullas* ; nullo sensu. ALLIX. — Corrige : *Quin etiam non habentibus via nulla*, etc. Nisi quis in singulari malit, *habenti*, quia *nox circumsepto* sequitur, quod tamen in *circumsepis* mutari malim. TOLLIUS. — Putabam non posse melius legi et distingui, quam vel hoc pacto : *Venia a non habentibus nulla se abstinendi*. *Multiplices cruciatus, nisi exhiberetur*, etc. Id est, severe injunctum fuerat exactoribus, ne se ab iis abstinerent, qui *nihil habeo quod præstem*, affirmate dicturi forent : unde quoties id ex aliquibus audiebant, toties multiplices adhibebant cruciatus, nisi statim exhiberetur quod non erat ; vel, ut hodie cum Baluzio : *Venia non habentibus nulla*. Supple, *dabatur* ; hoc sensu : nunquam qui nihil, quod exhiberent, habebant, impetrare poterant ab *officiorum militibus*, ut id sibi condonaretur. Sequentia porro neutri sensui repugnant, sed alterutrum potius firmabunt : uti et quod ante, allato Vulgatæ loco, ostendimus, *non habere*, idem esse ac *nihil habere*. Pro posteriori faceret specialiter Quintiliani locus : *Peccavi, veniam peto* : ubi *venia*, culpæ seu peccati remissio est. Tum et iste cap. 35 : *Nec tamen.... veniam sceleris accipit a Deo*.

Sustinendi multiplices cruciatus. Prisca scheda : *Abstinendi multiplicis cruciatus*. Quam lectionem non cunctæ tantum, quæ hactenus prodierunt, editiones bona fide repræsentarunt : sed quam etiam explicari commode posse credebat Galeus.

Circumsepto. Vox Tollio, ut ipse modo testabatur, suspecta ; et pro qua utique *circumseptis* mallet reponi. Suspicabar ego totius olim loci scripturam fuisse : *Sustinendi multiplices cruciatus, nisi exhiberetur statim quod non erat, aut erat multis custodiis circumseptum.* Deinde proxime : *Nulla respirandi facultas*, etc. Relege tu, si num ita omnia secum apte cohæreant nondum dubitas, quæ præcesserunt.

Frequens super hisdem hominibus vel ipsis judicibus vel militibus judicum pugna. Distinguo, et suppleo : *Frequens super hisdem hominibus, vel ipsis judicibus militum, vel militibus judicum, pugna*. GALE. — Argute prorsus, meo judicio. Sed vel sine supplemento videbatur mihi Galei sensus ex recepta lectione emergere. De hisdem porro, pro *eisdem*, jam ante dictum.

Quæ quam tolerabilia sint. Locus luxatus. ALLIX.

Fortasse reponendum : *Quanquam intolerabile sit*, etc.

Baluzius legit : *Quanquam intolerabile sit*, sensu, ut mihi videtur, interrupto. Quare sic scribendum : *Quæ cum intolerabilia sint Ecit.* Oxon. et Cant. — Emendo : *Quæ quanquam intolerabilia sint.* Boherellus, item Grævius ad totam periochen, his verbis : — *Quæ quam tolerabilia sint, eripi a labore hominum cibos labore questos, tamen tolerabile aliquo modo vel spe futurorum.* Hæc, ut habentur in libris, quos adhuc vidimus, sunt intolerabilia, quia nihil ex iis sanæ sententiæ elici posse, non sanus jurabit Orestes. Vide, num saniora, sint, si, ut Lactantium scripsisse vero simillimum est, legas : *Quæ quanquam intolerabilia sunt, eripi a labro hominum cibos labore quæsitos, tamen tolerabile aliquo modo vel spe futurorum*. Pro *labore*, *labro* reposui, nimirum quo usuri erant. Notum illud : *Multa cadunt inter calicem supremaque labra.* Cibi labore *quæsiti* sunt acquisiti, ut millies *quærere* Horatius :

Non minor est virtus, quam quærere, parta tueri.

Hanc emendationem olim probavi Heinsio. Grævius. — *Quæ quam tolerabilia sint.* Lego ; *Quæ quanquam intolerabilia sint.* Respicit enim et ab aratione, et a vindemia quæsitos et redeuntes cibos. Nam et vinum inter alimenta numeratur. Primo commate diversitatem respicit alimentorum ; secundo factum ipsum , quod illa sententia, *eripi ab ore hominum cibos labore quæsitos*, exprimitur. Tollius. — Corrigo ; *Oh! quam intolerabile fuit*, etc. Gale. — *Quæ quanta intolerabil'a sint.* Pagius ad annum Christi 311, num. 10, sive de industria, sive errore typographico. — Præterebam his omnibus : *O nequam, tolerabilia sint, quæque postea, cum apostrophe nempe, et interrogatione.* Primo, quoniam mox noster cum simili apostrophe et interrogatione ; *Unde igitur hoc, o dementissime tyranne, præstabo?* Tum, quod ea emendatio omnium maxime ad veteris codicis lectionem accedat. Quantulum enim distant ; *Quæ quam*, seu verius etiam, uti millies scripserunt librarii ; *Quæ quem*, et *O nequam*? Denique, quia cum non de unico cibi genere erepto, sed de pluribus ereptis agatur, potuit optimo sensu hic auctor exclamare : *O nequam! tolerabilia sint, cibos labore quæsitos ab hominum labro, vel ore eripi.* Hic enim verus ordo verborum. Prominent tamen alii de tota re, non ego. Addo solum haud dissimile Ciceronis ἐπιφώνημα in epistolis ad Atticum : *O Sestii tabellarium hominem nequam!*

Eripi ab ore hominum cibos labore quæsitos. Ita jamdudum ambæ editiones Oxonienses et Cantabrigiensis. Nisi quod etiam præiverat conjectura sua Baluzius in erratorum Indice sæpius laudato. Sed vetus tandem liber : *Eripi a labore hominum cibos labore quæstos*, per e simplex, atque inde Parisiensis editio cum Aboana : *Eripi a labore hominum cibos labore quæsitos*, per diphtongum, et aliquid amplius. Cave porro, alios hoc loco cibos intelligas quam quos præcedentia areæ et vindemiæ vocabula suggerunt, panem scilicet, vinumque, cibos revera ab aratione et a vindemia redeuntes, ut paulo ante Tollius loquebatur ; quin et pariter *ciborum* notione contentos, ut idem merito observabat.

Tamen tolerabile (vel *sustentabile*) *aliquo modo vel spe futurorum*. Ignoscant mihi quod dicam doctissimi viri, qui hanc lectionem ferunt, et suo quisque ritu exponunt ; ego illam ferri non posse judico, sed rescribendum : *Tamen tolerabile aliquo modo, vel spe fœturarum*. Qui in regionibus vini et frumenti feracibus terram colunt, famem vulgo triplici rerum genere sustentant, aut queunt saltem sustentare ; pane, sive frumento, quod est *areæ* proventus ; vino, quod proventus est *vindemiæ*, seu torcularis ; ac denique *fœturis*, seu proventu animantium. Animantium enim proventus Latinis *fœtura* est ; et ipsi-

met fœtus, *fœturæ*. Plinius : *Optima fœtura est post vernum æquinoxium*; et Virgilius Ecl. 7 :

Si fœtura gregem suppleverit, aureus esto.

Ubi Servius : *Si tot agnos habuero, quot oves; hoc est enim gregem suppleri per fœturam.* Fœtura enim est *proventus*, id est, *ipse fœtus*. Unde et *superfœtare*, explicante Stephano, dicuntur quædam animalia, dum post unum fœtum ex coitu conceptum, rursum alium concipiunt a priore, qui etiam uno aut altero die, vel etiam pluribus post primum emissum, suo tempore emitti solet; quæ emissio secunda, et veluti novus quidam partus *superfœtatio* dicta est. Atqui agricolis, quibus ordinarii cibi, panis et vinum, uterque magno labore ab aratione et vindemia rediens, si usque ab ore eripiuntur, factum illud, ut ut natura intolerabile, tolerabile tamen evadit, si spes sit, se cæteroquin ex animantium *fœturis*, id est, fœtibus victuros; quia nempe diversa est eo sensu *fœtura boum*, verbi gratia, a *fœtura ovium*. Facit hoc notabilis locus Cæsaris, lib. vii, de Bello Gallico : *Summa difficultate rei frumentariæ affecto exercitu,... usque eo, ut complures dies milites frumento caruerint et pecore e longinquioribus vicis adacto extremam famem sustentarent.* Quod si fallor, ecce quo pacto Interpretes verterint : *On les consolait par l'avenir.* Maucroixius. Ad verbum fere : *Illis meliora in posterum speranda esse dicebant, sicque solabantur. Yet all this was softned by the hopes that were given of what the emperour was to do in his twentieth year*, Tralatio anglica. Id est : Sed ea tamen omnia leniebat injecta spes bonorum, quibus ipsos imperator suo illo vicesimo anno esset affecturus.

Quid vestis omnis generis, quid aurum, quid argentum? Locus, ut vel ex interpretum versione apparet, mutilus, aut mendosus. *Peut-on se passer de meubles, ni d'habits?* Maucroix. — Quis supellectile vestibusve carere potest? *It was expected that men should appear in rich clothes, and bring much gold and silver along with them.* Burnetus. — Quasi dicas : Tenebantur homines memorata vicennalia pretiosis vestibus induti, multoque auro et argento circum se posito decorati celebrare. Idque ita futurum expectabat Galerius.

Mihi videbatur verbum aliquod exigendis indictionibus proprium excidisse, quale est proinde *exigitur*. *Quid vestis omnis generis exigitur? Quid aurum? Quid argentum?* Ad vestiendos nempe et adornandos imperatoris stipatores, milites, alios, agendorumque solemnius vicennalium nomine. Sequitur certe : *Unde igitur hoc, o dementissime tyranne, præstabo?* Id est, exhibebo, dabo; quod præcessisse aliquam rei præstatæ petitionem plusquam innuit. Et posse nunc optime de percipiendis indictionibus sermonem esse, clamant pariter hujus capitis initio hæc verba : *Qui jamdudum provincias afflixerat auri argentique indictionibus factis... etiam in nomine vicennalium securum alteram* (novarum scilicet auri argentique indictionum) *afflixit*. Præsertim si et finis capitis attendatur : *Quis ergo non bonis suis eversus est, ut opes, quæ sub imperio ejus fuerunt, conraderentur ad votum, quod non erat celebraturus?*

Unde igitur hoc, o dementissime? Rectius *hæc*, ut proxime ante : *Nonne hæc.* De apostrophe jam dictum quod oportuit.

Quis ergo non bonis suis eversus est, ut opes, etc. Ex verbis istis liquet, quanta pompa Vicennalia et id genus festa ab imperatoribus ederentur, cum in cum finem ingentes exactiones fieri solent. Pagius.

Quod non erat celebraturus. Eo quod non pervenerit ad vigesimum imperii sui annum. Edit. Oxon. et Cant. addente ultima, vide Sectionem 30.

Liquet ex iis verbis, Galerium Maximianum imperii Cæsarei Vicennalia non celebrasse, licet, si anno legitimo exhibita fuissent, currenti 311, in quo sextus a celebratis Quindecennalibus incipiebat, edenda fuissent. In hunc enim annum imperii Cæsarei Galerii Maximiani Vicennalia incidebant, quæ tamen in annum sequentum distulit, ut ex Lactantio, cap. 3, videbimus, consulatu interim suscepto. PAGIUS.

CAPUT XXXII.

Nuncupato igitur Licinio imperatore. Sublato Severo, imperium Licinio dedit Galerius substituto in Severi loco, *Augusteum* nimirum imperium; id enim Severo concessum probavimus... et eodem, ut videtur, consilio Constantinum deprimendi, ut proinde Constantino illum anteponeret. DODWELLUS.

Maximinus. Qui vero nomine ante imperium *Daza* dictus. Verba sunt Victoris in Epitome.

Iratus, nec Cæsarem se, nec tertio loco nominari volebat. Non quod sane tres tum temporis forent Cæsares in imperio Romano, essetque tertius ex illis Maximinus; erant enim duntaxat duo : Maximinus scilicet, ex communi Diocletiani et Galerii dispositione, ac Constantinus, ex propria Galerii ultimam Constantii voluntatem improbantis : sed quia, uno verbo, nolebat amplius Maximinus vocari *Cæsar*, verum *Augustus*; quin nec *Augustus* tertio demum loco in edictorum titulis post Galerium et Licinium nominandus, sed secundo, et Licinius postea tertio, hoc proinde inter sese ordine : *Galerius Augustus, Maximinus Augustus — Licinius Augustus* — non autem, ut ex novissima Licinii per Galerium nuncupatione videbat consequi, *Galerius Augustus , Licinius Augustus, Maximinus Cæsar.* Versio anglica breviter in eumdem sensum : *Maximin resented it extremely, and would neither be contented any longer with the title of Cæsar, nor allow Licinius the precedence.*

Iratus. Anonymus editor Cantabrigiens. Vide Eusebii Historiam Ecclesiasticam, lib. VIII, cap. 13, edit. Vales.

Mittit ergo ad eum sæpe legatos. Scilicet Galerius Maximianus. PAGIUS. Conjunctis eo pacto diversis interpretum supplementis.

Dispositionem suam servet. Qui Licinius renuntiatus est imperator. Edit. Ox. et Cant. — Addo : Et qua olim Maximinus per Diocletianum, suggerente et *dante* hominem Galerio, pronuntiatus fuerat *Cæsar*. Vide caput 17.

Cedat ætati, etc. *And to induce him to pay the respect that was due to Licinius's age and to his gray hairs.* Versio anglica ; hoc sensu : Cedat ætati Licinii, et honorem deferat ejus canis. Consentit Toinardus. Sed aliter prorsus Baluzius.

At ille tollit audacius cornua. Maximinus scilicet, ut interpres Anglicus explicuit.

Præscriptione temporis pugnat, etc. Topicum, hodieque celebre in rebus tam civilibus quam Ecclesiasticis; quin et jam olim in utrisque, ut historiæ sacræ et profanæ periti norunt.

Preces ejus et mandata contempsit. Lege : *contemnit.* TOLLIUS.

Ejus. Maximiani. Tralatio anglica.

Dolet bestia et mugit. Forte, *Dolet bestia et rugit.* NIC. HEINSIUS.

Bestia. Pro qua voce, *Galerium* in Maucroixii versione, *Tyrannum* in anglica legas. Multæ sunt similes locutiones in superioribus, initio, puta, capitis 4 et 9.

Quod eum ideo ignobilem fecisset Cæsarem, ut sibi obsequens esset, is tamen, etc. Lego : *quod cum ideo.* BOHERELLUS. Item Gale, Allix. — Nisi quis maluerit transpositione contentus esse, legendo : *quod ideo eum ignobilem...* præstiterit correxisse : *quod cum eum ignobilem fecisset Cæsarem.* TOLLIUS. — Forte : *quod quem ideo ignobilem fecisset Cæsarem, ut sibi obsequens esset, is tamen tanti beneficii,* quæque postea. *Eum non potest ferri, cum is sequatur.* NIC. HEINSIUS. — Sequitur, fateor. At quid, si desit copula et ante *is*, eaque præcedenti verbo *esset* absumpta, ut toties alibi? An necdum etiam ferri poterit *tὸ eum?* Imo vero, plano et commodo sensui non obstabit. Præcipue, si simul pro *ideo, adeo* legeris, in hunc modum : *Dolet bestia, et mugit,* vel *rugit, quod eum, adeo ignobilem, fecisset Cæsarem, ut sibi obsequens esset, et is tamen tanti beneficii sui oblitus, voluntati ac precibus suis impie repugnaret.* Contemptissimam Maximini ignobilitatem paucula ista capitis 19, extra omnem controversiam ponunt : *Daia sublatus nuper a pecoribus et sylvis.* Quare nos auctoris manum utraque correctione restituisse credimus.

Impie repugnaret. Pietatem et *impietatem* in filios cadere, diximus obiter in antecedentibus. Ab Augustis vero Cæsares *filii* vocabantur, ut ex capite 20, doctorumque ad illud observationibus certum est. Hinc jam noster de Maximino Cæsare, qui Galerii Augusti mandata contemnebat, *is tamen voluntati ac precibus suis impie repugnaret.*

Victus contumacia. Quis, et cujus contumacia? Nam de utraque re eruditi viri in contraria abeunt. Hoc est, *Victus contumacia sua Maximinus,* inquiunt unus et alter. Toinardus nempe et Pagius in dissertatione Hypat., p. 138, et in Critica Baron. ad annum Christi 307, num. 14. Nisi quod posteriore loco mendose : *Victus contumacia Maximiani* pro *Maximinus* excusum. — Nos quod hactenus fecimus, pergemus facere. Stamus a posterioribus, idque tribus potissimum de causis, Prima est, quod hæc omnia, *nomen Cæsarum tollere,* tum *se et Licinium Augustos appellare*, postremo *Maxentium et Constantinum filios Augustorum nuncupare,* natura sua propriæ et genuinæ *Senioris Augusti* partes fuerint, non *meri adhuc Cæsaris*, qualem necessario ponunt fuisse Maximinum, cum se Augustum pronuntiavit. Secunda autem, quod adeo improbabile est, Maximinum tria illa suopte Marte unoque ausu aggressum esse disponere, ut quanquam, referente Eusebio, Maximinus *Augustum* semetipse nuncupaverit, id tamen nunquam velut a se factum ausus sit nuntiare Galerio per litteras, sed uti factum ab exercitu. *Maximinus,* dicet mox noster, *postmodum scribit quasi nuntians, in campo Martio proxime celebrato Augustum se ab exercitu nuncupatum.* Tertia denique, quod cum, ex ejusdem narratione, Maximinus Galerio tantum scripserit, fuisse se Augustum ab exercitu nuncupatum, nec addiderit, inquam, sese exinde Cæsarum nomen sustulisse, et Augustorum filios Maxentium Constantinumque vocasse, jam nequeant duo ista, « Tollit Cæsarum nomen, Maxentium et Constantinum filios Augustorum appellat, » referri, nisi vel ad eumdem exercitum, vel ad Galerium. At ut ad exercitum referantur, non sinit, ne hic epistolæ silentium urgeam, id quod nulla ante præsentem locum Maximini exercitus mentio apparet. Manifeste ergo ad Galerium retulit. His, opinor, nonnihil ponderis additur argumentis doctorum, quos duces sequimur.

Tollit Cæsarum nomen, Galerius nimirum, ob modo dicta, ut ab eo nomine deinceps abstinerent, qui in imperii spem adoptarentur, et sic excluderetur Maximinus, aiunt ad hunc locum, ex Baluzio, Editiones Oxon. et Cantabrigiensis.

Tollit Cæsarum nomen. Quod etiamnum igitur obtinebat, ut ex his verbis alibi non sine causa collegimus. Accedat Eusebius, libro VIII, Historiæ Ecclesiasticæ, cap. 13 : Λικίνιος δὲ ἐπὶ, τούτοις ὑπὸ κοινῆς ψήφου τῶν κρατούντων Αὐτοκράτωρ καὶ Σεβαστὸς ἀναπέφηνε. Ταῦτα Μαξιμίνου δεινῶς ἔλυπει , μόνον Καίσαρα παρὰ πάντων εἰσέτι τότε χρηματίζοντα. Id est, vertente Baluzio : « Post hæc Licinius communi imperatorum suffragio inperator et Augustus declaratus est. Quod quidem Maximinus ægre admodum tulit, qui hactenus Cæsar duntaxat ab omnibus appellabatur. » Sed an is solus? Sic certe, secundum nostrum, a quo Maximinus, capite 26, et Constantinus plus semel, capite 29, atque aliis, *imperatores* vocati sunt. Verum aliter Cæsarum et imperatorum numerum inibat Galerius, et ex ejus mente computat supra Toinardus.

Maxentium et Constantinum filios Augustorum. By which Maximin was quite shut out. Tralatio anglica. Ad verbum : Qua re, seu quo pacto, Maximinus excludebatur prorsus. Sed hunc locum in *Maxentii* nomine corruptum esse suspicatur Baluzius. Mutilum vero judicant Columbus et Cuperus.

Quasi nuntians, etc. Notanda vis verborum, quae sane longe minor quam si noster *denuntians* scripsisset. Caute enim eamnum, nec sine aliqua observantia Maximinus cum seniore Augusto agebat; minusque verisimile Maximinum, in tam multis illis de quibus pagina praeced. diximus, ausum esse ejusdem senioris Augusti jura simul et semel usurpare.

In campo Martio proxime celebrato. Putabat Nicolaus Heinsius excidisse vocem *ludo. In campo Martio ludo proxime celebrato*. Mihi nihil excidisse videtur. Significat *campum celebratum esse* a magna hominum multitudine frequentatum, aut muneris, aut venationis, aut ludorum causa. Sic et in vetere kalendario *celebratur asylum*; et apud Ovidium *vicini lucus celebratur Hyberni*, id est, a plurimis aditur, ut solent loca sacra frequentari in solemnibus festivitatibus. Non aliter dicitur celebrari campus Martius, ut janua Mutii apud Ciceronem : *Qu. Mutii janua maxima quotidie civium frequentia celebratur*; et Cicero ipse IV ad Attic. I : *Similis et frequentia et plausus me usque ad Capitolium celebravit*. Potuit autem Maximinus etiam absens in campo Martio Augustus nuncupari, ut forsan extra Romam non sit quaerendus Martius campus. GRÆV. — *Campo Martio proxime celebrato.* Phrasis illius temporis. Id est, die solemni, vel comitiis, queis consules creabantur. Factitatum id olim in campo Martio : dies autem hic fuit, quo ipse VIII, et Maximinus iterum consules declarati; qua honoris sui occasione Maximinus ad invadendam Augusti dignitatem usus est. Cæterum factum hoc in partibus Orientis, ut liquet e cap. 36. TOLLIUS.

Recepit ille. Quid ? *Eum nuntium*. Maucroixius. *Id*. Versio anglica; quod forte absumptum a praecedenti *recepit. Recepit id ille*, etc. — *Ille*. Nempe Galerius Maximianus. PAGIUS.

CAPUT XXXIII.

Jam decimus et Octavus annus. Ejus regni. Interpretes imperii nempe Cæsarei Galerii Maximiani, kalendis martiis anni Christi 292 (mendose enim excusum 392) initi. PAGIUS, in Critica Baron., ad annum Christi 311, num 11. Item Columbus supra. A quibus dissentit Baluzius.

Percussit eum Deus insanabili plaga. Ideoque anno 309, quo annum 18 inchoavit. PAG. Sed aliter Baluzius in eodem loco. Consulantur super caeteris Cuperus et Columbus.

Ulcus malum in, etc. Zozimus, τραῦμα δυσίατον. Edit. Oxon. et Cantabrig., addente solum ultima : Vide Euseb. Hist., l. VIII, c. 16. — *Ulcus malum*. Cacoethes. TOL.

Medici secant, curant. Primo aspectu legendum putaveram *secant, urunt*. Nunc nihil mutandum videtur. BOHERELLUS. — Servari debere verbum *curant* ostendit paucis interjectis haec pericope : *Nova ex integro cura*. Vide vero quid hic loci insertum velit Columbus.

Medici secant, curant. Les chirurgiens coupent, tranchent. MAUCR. — Ad verbum *chirurgi secant, exsecant*. Neque certe legendum quin noster per *medicos* id proprie *medicorum genus* intellexerit, qui vulnerarii sunt, et *chirurgi* a manuum operatione vocantur. Sed quis umquam *curare* pro *exsecare* usurpavit ? Addo *fovere* et *curare* paulo post tamquam synonyma conjungi hoc ipso capite, ubi certo certius *fovere secare* non est.

Inducta jam cicatrice scinditur vulnus. Baluzius antea, et post illum quoque caeteri editores : *Inductam jam cicatricem scindit vulnus*; nisi quod quam hodie praefert emendationem Baluzius (utraque enim lectio aliqua ex parte veteris libri correctio est), eam ipse dudum proposuerat ad calcem primae suae editionis, et hac etiam notula diserte probaverat Oxoniensis editio an. 1680, legendum : *Inducta cicatrice scinditur vulnus*. Sequitur clarissimi collegae de altera Baluzii emendatione judicium.

Inductam jam cicatricem scindit vulnus. Latine loquentium consuetudo postulat ut legatur : *inductam cicatricem rescindit vulnus*. Simile mendum delevi in epistolis ad Atticum. GRÆV. — *Vulnus*. De ulcere, quod male curatum, nec persanatum, venulam aliquam eroserat. Alias vulnus divisio cutis est, et subjectae carnis cum sanguine : ulcus cum pure. TOLLIUS. — Reliqua quae ad hunc locum pertinent habes supra apud Baluzium et Columbum.

Vix tamen cruor sist. Imo, *vix tandem*, etc. BOHERELLUS. — Corrigo *tandem*. GALE. — Qui nihilominus alibi, *tamen*, inquit, pro *tandem*, ut saepe Marcellinus.

Tamen perducitur. Legendum, *tamen*. Edit. Ox. 1684 ; item Cant. — Iterum *tamen*, pro *tandem*. BOHERELLUS.

Rursus levi corporis m... etc. Sagaciter Nic. Heinsius, et postea Oxonienses lacunam sic supplendam viderunt : *Rursus levi corporis motu vulneratus*. GR. — Supple *motu*. Edit. Oxon. et Cant.

Vulneratus. Emendo *vulneratur*. GALE. — *Vulneratus*. Mirum in tam facili conjectura haesitatum. Lege : *vulnere rescisso*. TOLL. — Parebunt imperio qui volent. Sed vereor equidem, ut talia aliis probare aeque facile sit ac audere. Aliter certe tolerabiliusque. GALE.

Albescit ipse : Interpres, *Pallescit*.

Cessere magistri Phillyrides Chiron Amythaoniusque Melampus. Ex III Georg., cum prius mendose legeretur *Phyllides, Cirona, Metonius, Melamphius*. Edit. Cant., item Ox. an. 1684. — Recte. Sic enim prima Baluzii, et Oxoniensis anni 1680. Sed aliae postea :

Cessere magistri,
Phillyrides Chiron, Amythaoniusque Melampus,

ex sequente, sine dubio, notula minoris editionis Oxon. ad antiquam lectionem.

« *Phyllides, Cirona, Metonius, Melamphius*. Corruptissimus locus, et interpunctio pessima. Baluzius, quasi integer esset, nullum videtur mendum agnoscere ; quodque imprimis mirandum est, priora nomina separata legit, quae tamen procul dubio sunt connectenda. Chironem enim Phillyrae filium fuisse, poetae passim testantur : hinc apud Virgilium Phillyrides dicitur : de eodem Hesiodus in Theog :

τὸν δ᾽ ἕτερον οὔρεσι Χείρων
Φιλλυρίδης.

Legendum itaque *Phillyrides Chiron*. Loco vero *Metonius, Melamphius*, quae postrema nomina quasi medicorum fuisse agnoscere videtur Baluzius, substitue, *Amythaoniusque Melampus*. » Virg., III Georg. Edit. Oxon. 1680.

Undique medici nobiles trahuntur. Nullus dubito quin aeque hic legendum sit *contrahuntur*, ut superius legendum ostendi *contraxit morbum*, pro *traxit*, quod in libris habetur. GR.

Confugitur ad idola. *On a recours aux idoles*. Quod omni quidem difficultate caret. Sed quia in antecedentibus haud negligenter praetereundum putavi nus Maucroixium, pro *simulacrum Dei quaeritur*, vertisse : *On cherche l'idole du dieu*, addendo simul ad marginem : *Credebant christianos habere idola in suis templis* ; videri autem posset non nemini clarissimus Remensis canonicus locutus potius fuisse utroque loco ex paganorum sententia, quam ex sua, addimus, ferente nunc occasione, suam semper nostro contra Maucroixium argumento vim permansuram, donec is aut alius quivis ostenderit *idola* interdum apud paganos fuisse simulacra deorum qui nuspiam in rerum natura existerent; quam rem, credo, nemo umquam probabit : quaeque res si revera ejusmodi est, ut ostendi nequeat, tum valdum contra celebrem idoli et simulacri, vel imaginis distinctionem argumentum est, quod ubi noster, de vero Deo agens, *Simulacrum Dei quæritur* scripserat, Maucroixius, uti jam dictum, transtulerit : *On cherche l'idole du dieu*.

Dat Apollo curam. Imo, non dat Apollo curam. GALE. — Haud repugnant proxima : *Malum multo pejus augetur*. Sed vide tamen ut ex vulgata lectione istoque loco optimus sensus possit elici. *Apollon enseigne un remède; on s'en sert; le mal en devient pire.* MAUCROIXIUS. Ad verbum : docet Apollo remedium; adhibetur; malum augetur.

Dat Apollo curam. Hoc est, docet remedium. Virgilius : *Da, Tityre, nobis*. Doce nos, æque ut *tradere*. Contra, *accipere* est discere. GRÆVIUS.

In tabem sedes tota dilabitur. Id est, omnes inferiores partes corporis, quibus proluviem exonerabamus, putredine diffluunt, ut paulo post : *majorem copiam tabescendorum viscerum pernicies secunda generaverat*; et capite 35 : *Cum jam totius corporis membra defluerent, horrenda tabe consumptus est.* Sueton., Vitell. 10 : *Abhorrentes quosdam cadaverum tabem detestabili voce confirmare ausus est*. Exemplum non unum notamus alibi. GRÆVIUS.

Repercussis medullis, malum recidit introrsus. Medullæ hic pro affluentibus humoribus ponuntur, qui introrsum repellentibus remediis cohibiti novum malum produxerunt putrescendo : unde enati vermes. TOLLIUS. — Corrigo : *Repercussum medelis malum recidit introrsus*. GALE. — Nicolaus Heinsius censebat legendum esse : *Repercussis medelis*, id est, cum malum non admitteret medelam et remedia. Sed mihi videtur ex præcedenti verbo *curare* ultima syllaba bis ab oscitante librario esse repetita, scribendumque : *Percussis medullis*. Percusserat autem Deus insanabili plaga genitalium inferiorem partem, ut loquitur in initio capitis; unde perculiuntur medullæ, hoc est, vitalia. Sicut *hærere in medullis* dicuntur qui amantur *penito corde*, ut Comicus loquitur. GRÆVIUS.

— Unice amplector, etsi alia in mentem venissent, quæ ex veteribus potuissem defendere.

Odoritatem non modo per palatium, sed totam civitatem pervadit. Baluzius legit : *Odor teter non modo*, etc. Facilior tamen emendatio est, *Odor autem*. Edit. Oxon. et Cant., quas secutus Pagius. — Lege : *Odor is autem*, vel : *Odor it autem*. VOSSIUS. — Lego : *Odor it autem non modo per palatium, sed totam etiam civitatem pervadit.* Tò etiam confusum est cum τὸ *totam*. BOHERELLUS. — Emendo : *Odor totum non modo per palatium, sed,* etc. GALE. — Nicolaus Heinsius suspicatur : *Odor it autem non modo per palatium, sed totam civitatem pervadit.* Quid? si legamus : *Odor dirus autem non modo per palatium, quæque postea.* GRÆVIUS.

Cum jam confusi essent exitus stercoris et urinæ comesti a vermibus. Veteris libri lectio, quam omnes hactenus, præter Aboensem, editiones secutæ fuerant, sic habet : *Cum jam confusi essent exitus stercoris et urinæ. Comestus a vermibus*, etc. Dudum tantum Baluzius emendationem, quam hodie in auctoris verbis adhiberi voluit, suggesserat ad calcem tomi II Miscellaneorum; et hæc insuper Doctorum de veteri scriptione judicia prodierunt.

Exitus stercoris et urinæ. Comestus a vermibus. Legendum : *exitus stercoris et urinæ comesti a vermibus.* Editio Oxon. anni 1660. — Legendum : *Exitus stercoris et urinæ comesti a vermibus.* Aut, ut mavis : *Comestus est a vermibus*, salva priore interpunctione. Edit Oxon. anni 1684, item Cantabr. — *Comestus a vermibus. Comestur*, etc. Editio Aboensis, necnon GALE. — Una mecum clarissimus Columbus *Comestur*, id est, *comeditur*, legendum vidit. TOLLIUS. — Firmat Senecæ locus : *Sic estur apud illos, sic bibitur*.

Clamores simul, etc. Editio Aboensis :

Clamores simul horrendos ad sidera tollit
Quales mugitus, fugit cum saucius aram
Taurus......

quam et restitutionem Galeus, aliæque duæ editio-

nes non proponebant modo in suis notulis, sed ex ii Æneidos firmabant.

Cocta et calida animalia. Ita recte, nam et his, et lardo præcipue vermes e corruptis membris eliciuntur. TOLLIUS. — Non repugno. Sed, ne nescias, longe aliter Interpretes. Maucroixius nempe : *On lui appliquait des animaux vivants ou de la viande chaude*. Apponebantur animalia viva aut calida caro. Alter vero in hunc modum : *Some living animals, and others that were boild.* Viva aliquot animalia, tum et alia elixa; quod ne nimis mireris, confer supra Columbum.

Queis resolutis. Accepit Maucroixius, quasi noster scripserit : « Apponebantur ad sedem fluentem cocta et calida animalia, ut vermiculos eliceret calor. Sed, postquam ita perpurgata fuerant vulnera, ut nullus amplius vermiculus appareret, inæstimabile scatebat examen : Mais, quand on en avait nettoyé ses plaies, il en ressortait une fourmilière. » At quid planius quam animalia illa non apposita fuisse vulneribus sine fasciis, quarum ope melius ulceratis partibus applicarentur, suoque loco insisterent? Obligabantur ergo cum vulneribus animalia; et, quando postea fasciæ removebantur, ipsa quoque animalia resolvebantur. Est enim in mille locis *resolvere*, id, quod ligatum fuerat, dissolvere. Noster, cap. 46 : *Liciniani scuta deponunt, galeas resolvunt.* Et Ovidius, III Fast., de raptis Sabinis :

Consilium dederat, parent, crinemque resolvunt;

unde, post paucos versus, de iisdem :

Ut medium campi passis tetigere capillis.

Lactantius, in epit., cap. 15 : *Sed et ipse dæmonum princeps, auctor et machinator malorum, eatenis igneis alligatus*, etc. Peractis vero mille annis, ac resoluto dæmonum principe.

Inæstimabile scatebat examen. In resolutis illis scilicet animalibus; quæ eliciendis Galerii vermiculis apposita fuerant, et quibus cum successu istud examen adhæserat; contra quam modo ponebat Maucroixius.

Tabescendorum viscerum. Rectius, ut alii, *tabescentium*. TOLLIUS. — Columbum, quem innuit, imo et alias ejusdem conjecturas vide sis.

Pernicies secunda. Emendo, *pernicies fæcunda.* GALE.

Inferior, sine ulla pedum forma, in utrium modum inflata discreverat. Discreverat mendosum esse certo certius est. Nam primo inflata non discernunt. Dein, si discreverat ratione significationis locum haberet, scribendum fuisset : *Inferiorem... in utrium modum inflatam discreverat*. Licet autem, ut vir doctus notat (Columbus nempe), *discrescere* pro *decrescere* accipiatur, qui tandem inflata decrescunt? Existimem igitur Lactantium scripsisse : *Inferior, sine ulla pedum forma, in utrium modum inflata increverat.* Justin. XI : *Mirus animo increvit tumor.* Liv. I : *Increscens audacia.* GRÆVIUS. — *Discreverat.* A *discresco*, non adhibetur a *discerno*. Rarum hoc verbum. Significat autem intumescendo dilatari. TOLLIUS. — *Discreverat.* Corrigo : *discrepuerat.* GALE.

Per annum perpetem. Ab ultimis nempe mensibus anni Christi 309, ideoque per annum et aliquot menses, quos Lactantius negligit. Pagius, in *Critica Baron.*, ad annum Christi 311, num. 11.

Addantur Cuperus et Columbus, item Norisius in epistola, quam merito amplissimus Cuperus suæ voluit præfationi subjici.

Deum coactus est confiteri. Vide exemplum aliud in Antiocho apud auctores historiæ Maccabæorum.
TOLLIUS.

Novi doloris. Legendum forsan : *Nova vi doloris.* Pagius, ubi modo. — Bene Columbus : *ac nova vi doloris*; nisi quis *immani* maluerit, pro *nova*. TOLLIUS. Paulo tamen aliter Columbus ipse, et ex illo Cuperus.

Novi doloris. Emendo : *et vi doloris.* GALE.

Dei templum. Pro quo Versio anglica : *the Church of Nicomedia,* templum Nicomediæ.

*Edictum misit huj*ᵘˢ Scribendum : *Edictum misit hujusmodi.* Nic. Heinsius, item Gale. Nos dubitabimus alibi. Missum autem, vel emissum fuisse Serdica Nicomediam, idque non ante mensem martium anni Christi 311, etsi ita Valesio aliisque viris doctis placuerit, sed post kalendas martias ejusdem anni, posuit probaviique ad eum annum Pagius in Critica Baron., num. 12 et 13, cui assentimur. Confer laudatam Norisii Epistolam.

CAPUT XXXIV.

Inter, etc. Vide Eusebium, libro VIII, capite 17. Edit. Oxon. an. 1684, item Cant. — Recte. Ibi enim præsentem epistolam ab Eusebio ipso ἐπὶ τὴν ἑλλάδα γλῶτταν κατὰ τὸ δυνατόν, uti loquitur, μεταβληθεῖσαν *habemus*; id est, græce, sicut heri potuit, translatam. Sed quod hoc loco nequaquam prætermittendum, ea epistola, cui noster ne verbum quidem præfationis adscripsit, notabilem longissimamque apud Eusebium habet, in hunc modum : Αὐτοκράτωρ Καῖσαρ Γαλέριος Οὐαλέριος Μαξιμῖνος, etc. Id est, vertente Valesio, « imperator Cæsar Galerius Valerius Maximianus invictus, Augustus, pontifex Maximus, Germanicus Maximus, Ægyptiacus Maximus, Thebaicus Maximus, Sarmaticus Maximus, quintum Persicus Maximus, secundo Carpicus Maximus, sexto Armeniacus Maximus, medicus Maximus, Adiabenicus Maximus, Tribunitiæ potestatis XX, imperator XIX, consul VIII, pater patriæ, proconsul. Et imperator Cæsar Flavius Valerius Constantinus, pius, felix, invictus, Augustus, pontifex Maximus, Tribunitiæ potestatis V, imperator V, consul, pater patriæ, proconsul. Et imperator Cæsar Valerius Licinianus, pius, felix, invictus, Augustus, pontifex Maximus, tribunitiæ potestatis IV, imperator III, consul, pater patriæ, proconsul : provincialibus suis salutem. »

Vere autem in eo præfatio ista notabilis est, quod ex quatuor imperatoribus, quos ante triennium et amplius Galerius *imperatores* secum numerari jusserat, duo tantum in allata præfatione nominantur, *Constantinus* scilicet, et *Licinianus,* qui alias *Licinius,* omissis plane *Maxentio* et *Maximino Daia.* Nam quid inde sequitur? nisi illud ergo a veritate alienum esse, quod in sua Apocalypseos explicatione Cl. Meldensis episcopus, ut ex Constantio Chloro persecutorem quavis arte faceret, ἁπλῶς disertisque verbis posuit (1), *omnium imperatorum nomina omnibus actis publicis, ubicumque locorum condereniur ee prodirent, præfixa fuisse et inscripta.* Item, *mandata quoque generalia nomine imperatorum omnium fuisse data.*

Addit, scio, Pagius suo loco, post præscripta laudatæ præfationis verba : *Ideo autem in eo edicto Galerii Maximiani, Constantini et Liciuii nomina leguntur, quia eorum consensu datum fuit.* Sed, ne aliud dicam, unde, oro, probabitur unquam Diocletianum Constantii nomen una cum suo edictis, quæ contra Christianos emisit, præfixisse, nisi ipsissima edictorum præfatio in medium afferatur, quod, ut nunc recordor, impossibile est? Et, si maxime proferretur, quinam nobis edicta illa Constantii consensu proposita fuisse posset constare, cum antea ex nostro didicerimus non Constantii tantum, sed ne ipsius quidem *Herculii Maximiani* sententiam in tantis rebus fuisse expectatam? Verba sunt, capite 15 : *Et jam litteræ ad Maximianum atque Constantium commeaverant, ut eadem facerent. Eorum sententia in tantis rebus expectata non erat.*

Ad hæc, quando docti nomina quatuor imperatorum, quos tandem Galerius communi secum titulo

---

(1) On sait que les empereurs, quoiqu'ils partageassent entre eux les provinces, les gouvernaient néanmoins comme faisant un même corps d'empire. Les noms de tous les empereurs étaient inscrits à la date de tous les actes publics, en quelque endroit qu'ils se fissent; les ordres généraux se donnaient aussi au nom de tous.

---

frui voluit, recensent, vulgo illi Licinium ante Constantinum numerant; cum e contrario dicta præfatio Constantinum Licinio præponat : quod nec levi observatione dignum est.

Semper commodis. An una voce *semper-commodis* legendum ? ut apud Terentium in Andria :

Mirabar, hoc si sic abiret; et heri semper-lenitas
Verebar quorsum evaderet;

quibus alia apud alios similia sunt. Videtur profecto verborum ordo quo noster usus est id poscere. Hic quippe verus et naturalis erat : *Inter cætera quæ semper pro republicæ commodis atque utilitate disponimus.* Testis est, si mihi non credis, Mancroixii versio : *Quoique nous ayons toujours travaillé avec beaucoup d'application au bien et à l'utilité de l'Etat.*

Disponimus. Disponere, dispositio et dispositiones fuere ea ætate vocabula valde familiaria, sive de augustioribus imperatorum decretis et constitutionibus ageretur, sive de aliis eorumdem voluntatibus animique propositis minus gravibus. Priore sensu noster supra : *Debere ipsius dispositionem in perpetuum servari.* Et in his verbis : *dispositionem suam servet*; ad quæ loca repetantur notæ, si opus est. Posteriore autem. Lampridius in Alex. Severo : « Itinerum dies publice proponebantur, ita ut edictum penderet ante menses duos, in quo scriptum esset : *Illa die, illa hora ab urbe sum exiturus*; *et, si dii voluerint, in prima mansione mansurus...*; et id quidem eousque quamdiu ad fines barbaricos veniretur. Jam enim inde tacebatur, et omnes ambulabant ita, ne *dispositionem* Romanam barbari scirent. Certum est autem eum numquam id quod proposuerat fefellisse, cum diceret : *Nolle ab aulicis suas vendi dispositiones.*» Tum paucis interjectis : « Et quia de publicandis *dispositionibus* mentio contigit, ubi aliquos voluisset vel rectores provinciis dare, vel præpositos facere, vel procuratores (id est rationales) ordinare, nomina eorum proponebat, hortans populum, ut, si quis quid haberet criminis, probaret manifestis rebus; si non probasset, subiret pœnam capitis; dicebatque grave esse, cum id Christiani et Judæi (N. B. distinctionem) facerent in prædicandis sacerdotibus qui orcinandi sunt, non fieri in provinciarum rectoribus, quibus et fortunæ hominum committerentur et capita.» Ubi obiter, lector, quædam amplius ad veterem sanctioremque paganorum, Christianorum, Judæorumque disciplinam, post hujus vel illius hominis ad has aut illas dignitates civiles et ecclesiasticas electionem pertinentia observare potes non negligenda. Constat utique ejusmodi electiones, etiam cum necdum confirmatæ et omnibus numeris absolutæ fuissent, interdum quoque vocatas esse *dispositiones.*

Atque id providere, ut etiam Christiani, qui parentum suorum. Quasi dicat : Neque ita vero *cuncta juxta leges veteres et publicam imperii Romani disciplinam corrigere* illorum simpliciter Christianorum respectu cogitaveramus, qui nulla in re primævam suam sectam deseruerant, et quos proinde, ut præcipuos publicæ Romanorum religionis adversarios, nostra intererat ad bonas mentes ejurato Christianismo redire: sed idem quoque illorum Christianorum respectu providere volueramus, qui dictam veterum Christianorum sectam, in varias scissi hæreses, reliquerant, adeo non visi nobis eapropter indulgentia aliqua digniores, ut e contrario minus digni viderentur. *Siquidem quanam,* etc.

Sectam. Religionem. Interpretes : qui cum loquentem Galerium inducere haberent, melius, credo, *sectæ* nomen, ut ut odiosum, retinuissent.

Ad bonas mentes redirent. Ejurando scilicet ipsi quoque in paganismi gratiam, qui Galerio sola bona religio erat, totum suum qualemcumque Christianismum.

Siquidem quadam ratione, etc. Putavi aliquando, antequam Eusebii versionem cum hoc loco contulissem, emendandum fuisse : *Siquidem quædam erat ratio ne tanta eosdem Christianos voluntas invasisset*, A quæque deinceps. Postea vero, propter hæc interrogantis Eusebii verba, Ἐπείπερ τίνι λογισμῷ, etc., vidimus legendum potius esse : *Siquidem quanam ratione*, cum sequentibus, hoc sensu : Siquidem, dicebamus olim, quanam ratione voluntas tanta perversos illos Christianismi sectatores invasit, tantaque stultitia occupavit, ut non ea veteris sectæ instituta sequantur, quæ primi forsitan istorum pseudochristianorum parentes constituerunt, sed pro arbitrio suo, atque ita ut prinis tandem christiani cultus conditoribus fuit libitum, sibimet leges faciant quas observent, et per diversa varios populos congregent. Tangit ergo obiter hic loci Galerius, propter quas antea rationes ipsos quoque primævæ Christianorum sectæ desertores noluisset amplius tolerari.

Ut non illa veterum instituta sequerentur, quæ forsitan, etc. Aut *ut nec illa veterum instituta sequerentur, nec ea, quæ forsitan...* legendum est : aut obscura valde fit oratio atque ambigua, cum *juxta leges veteres* præcesserit (id est, priscas Gentilium), et mox sequatur, *ut ad veterum instituta conferrent* : quod ad utramque cum Gentilium, tum Christianorum religionem referri potest ; quamquam Maximianus cæterique imperatores Christianos non ad exactiorem veri Christianæ religionis cultum rationem edictis suis compulerunt, sed ad ejusdem abjurationem, cultumque idolorum. Assentior vero perillustri Cupero in hujus loci explicatione, putoque hæc omnia de antiquo Gentilium numinum cultu capienda. Tollius.

Veterum. Christianorum scilicet, a quorum simplicitate defecerant. Cui causæ persecutionem decimam acceptam refert Eusebius, cum invidia passim glisceret, obtrectationes et antistitum inter se certamina misere distraherent Ecclesiam. Edit. Oxon. et Cant. addente tantum postrema : « Vide Eusebium, Ecclesiast. Historiæ libro viii, capite 1. »

Quæ forsitan primi parentes eorumdem constituerant. Quasi dicat, quæ nec forte etiam veteres simpliciter Christianismi auctores, verum ii ipsi a quibus suæ prosapiæ originem ducunt, præscripserunt : conjiciendo, verbi gratia, notissimos illos vel ipsis Gentilibus apostolos potuisse olim ejusmodi progeniem habere, quæ per aliquot nepotum seriem heterodoxos, de quibus nunc agit Galerius, Christianos produxerit, ut cum Plauto loquamur.

Sed pro arbitrio suo, etc. Procul dubio intelligit sectas et contentiones intestinas, in quas tum diductus fuit Christiani nominis populus. Grævius.

Atque ut hisdem erat libitum, ita sibimet leges facerent, quas observarent. Locus ad hujus capitis intelligentiam vere notandus. Nam quis primo sensus est, nisi hic atque eodem modo sibimet leges, quas observarent, facerent, quo id antea ab aliis pro libitu factum fuerat? Porro autem, quosnam alios, qui ex mera animi libidine sibimet leges ad religionem spectantes fecissent, intelligere potuit generaliter Galerius, quam Christianos, cum Romani suas de religione sanctiones nequaquam ut humanæ libidinis placita, sed ut Egeriæ deæ monita considerarent? Et jam denique, quosnam alios e Christianis specialiter perstringere potuit Galerius, dicendo : *Atque ut hisdem erat libitum*, quam primos Christianæ religionis auctores? pergendo vero proxime, *ita sibimet leges, quas observarent, facerent, et per diversa varios populos congregarent*, quam ejusdem veteris Christianæ religionis desertores? Conclusum esto igitur, nunquam venisse antea Galerio in mentem tales Christianismi apostatas ad exactiorem veri christianæ religionis cultus rationem edictis suis compellere, sed omnes omnino cujuscunque Christianismi, purioris, impurioris sectatores ad illius abjurationem cultumque idolorum cogere vel adducere. Mihi alias aliquantulum illustrari posse videbatur hic locus, mutando verborum ordinem in hunc modum : *Atque ita ut hisdem erat libitum, sibimet*, quæque postea.

Per diversa. Suppleo *loca*, vel *conventicula*. Gale.

— *Eusebius* tamen ipse quoque sine substantivo nomine, ἐν διαφόροις. — *Dans les Provinces*. Maucroixius. Id est, in provinciis.

Nostra jussio. Nostra edicta. *Interpretes.* — Adde quæ supra ad caput xiv notavimus.

Ut ad veterum se instituta conferrent. Perspicue ostendunt quæ jam diximus, pag. præc. col. 2, et porro ostendere pergent pag. seq. quæ dicemus. non posse omnino hæc verba ad utramque cum Gentilium, tum Christianorum religionem referri, sed unice ad veterum Romanorum religionem pertinere, contra quam ponebat modo Tollius. Sentit nobiscum amplissimus Cuperus.

Multi periculo subjugati. In quo nempe fuissent, si Galerii edicto non paruissent, propter additas eidem gravissimarum pœnarum comminationes. — *A quoi plusieurs ont déféré par crainte*. Maucroix. Id est, multi metu subjugati.

Multi etiam deturbati sunt. Conjicerem, ni Eusebii versio obstaret, auctoris manum non *deturbati*, sed B *deturpati* fuisse, intelligendo scilicet de Christianis, quibus edicente Galerio effossi fuerint oculi, amputatæ manus, pedes detruncati, nares vel auriculæ desecatæ. Primo, quoniam similibus modis Maximinum Orientis confessores accepisse videbimus in fine capitis 36. Deinde autem, quia quin tunc illi misere *deturpati* sint, indubium est post istud Suetonii in Caligula : *Pulchros et comatos, quoties sibi occurrerent, occipitio raso deturpabat*. Denique, quoniam admissa semel τοῦ *deturpati* pro *deturbati* lectione, ea apte occurreret differentia inter *deturpari* et *periculo subjugari*, quæ non iidem, ut opinor foret, cernitur inter *periculo subjugari* et *deturbari*, cum eodem prorsus videantur redire. Sed faciunt omnino Eusebiana ista, πλεῖστοι δὲ ταραχθέντες, παντοίους θανάτους ὑπέφερον, ad verbum : *Plurimi vero turbati omnigenas mortes pertulerunt*, ut haud temere mutandam esse hujus loci lectionem credamus. Præsertim cum, ut ex iisdem Eusebianis apparet, non integer C sit, sed mutilus. Eruatur ergo novus aliquis ms. codex, priusquam quid hic noster voluerit, ausim dicere. Maucroixius : *Plusieurs aussi n'y ayant pas voulu obéir, ont été punis*. Multi etiam, quod parere noluerint, puniti sunt : ut nesciam, quid is legendum esse divinaverit.

Atque cum plurimi. Corrigo, *atqui.* Gale.

Nec Christianorum Deum observare. Quid ita, si vetustioris et exquisitioris sectæ Christiani sua adhuc publica conventicula habebant, in quibus per Galerii edicta liceret Christum colere? Non habebant ergo ; idque adhuc magis patebit e sequentibus. Sed, quod non negandum, alio tamen abit amplissimus Cuperus.

Contemplationem mitissimæ nostræ clementiæ intuentes. Quid quæso est *contemplationem intueri?* Procul dubio littera ultima perperam bis fuit exarata. Scripsit enim Lactantius : *Contemplatione mitissimæ nostræ clementiæ, intuentes et consuetudinem sempiter-* D *nam*. Grævius. — Nihil certius clarissimi collegæ emendatione, quæ mihi quoque in mentem venerat. Eam multa veterum loca confirmant. Sulpicius Severus libro ii Historiæ Sacræ, capite 25 : « Tum Demetrius, refecto cum Judæis fœdere, contemplatione cladis a Triphone illatæ, etc. » Idem Dialogo 2, de virt. B. Martini, capite 13 : « Verum illa (virgo) fortissimi vincula propositi, ne Martini quidem contemplatione laxavit. » Justinus libro viii, capite 8 : « His ita gestis forte reverti, ut eum fratres duo, reges Thraciæ, non contemplatione justitiæ ejus, sed invicem metuentes, ne alterius viribus accederet, disceptationum suarum judicem eligerent. » Observo tantum eosdem Veteres quandoque non simpliciter *contemplatione*, sed *in contemplatione* dixisse. Libellus Precum Faustini et Marcellini : « Deprecamur mansuetudinem vestram, piissimi imperatores, Valentiniane, Theodosi, et Arcadi, ut hæc in contemplatione Christi Filii Dei, qui vestrum juvat imperium, infatigabiliter legere dignemini. » Atque ita ad verbum Maucroixius hoc loco : *en contemplation de notre très-douce clémence.*

Ut denuo sint Christiani. Id est ut qui clam ab aliquo tempore Christiani fuerunt, et antea palam Christiani erant, publice denuo Christiani sint; quorum igitur coetus ita antea Galerii edictis dissipati fuerant, ædesque sacræ dirutæ, ut nulli amplius Christiani, sive orthodoxi, sive heterodoxi apparerent, qui quemcumque Christianismum profiterentur. Maucroixius breviter: *C'est pourquoi nous leur permettons l'exercice de la religion chrétienne.*

Et conventicula sua componant. Hoc est, coetus suos celebrent, secundum Interpretes: *Et de tenir leurs assemblées.* MAUCROIX. To hold their assemblies. Versio anglica. — Malim ego *conventicula* de coetuum locis interpretari, et per *componant*, *ædificent* intelligere; quo sensu scilicet Virgilius Æneidos 3:

Quam tuta possis urbem componere terra.

Firmat finis capitis 48 : « His litteris propositis, etiam verbo hortatus est, ut conventicula in statum pristinum redderentur. Sic ab eversa Ecclesia usque ad restitutam fuerunt anni decem, etc. »

Contra disciplinam. Illam nempe, quam in ipso fere hujus Epistolæ initio *publicam Romanorum disciplinam et leges veteres* vocavit. Contrary to the established discipline. Tralatio anglica. Ad verbum, *contra stabilitam disciplinam*; quod non dubito quin eodem debeat referri. Adde Cuperum ad verva *Alia autem.*

Alia autem Epistola. Par une autre Déclaration. MAUCROIX. By another Ordinance. Versio anglica. — *Epistolam et Edictum* non distinguo, ait in commissione Pagius. Neque certe videtur magis hic auctor distinxisse, qui in fine capitis præcedentis id, quod nunc a Galerio *epistola* dicitur, *edictum* nuncupavit: *edictum misit hujusmodi*; similiterque initio sequentis: *Hoc edictum proponitur Nicomediæ.* Nos putamus, si res suo proprio nomine appellandæ suit, hoc scriptum propter ultimam præfationis portionem, ἐπαρχιώταις ἰδίοις χαίρειν, *Provincialibus suis salutem*; deinde vero propter hanc ipsam clausulam, *Alia autem epistola significari sumus, quid debeant observare*, quæ non ita bene poterat Galerii edicto inseri; denique propter ipsummet *epistolæ* nomen, quod huic scripto tribuit Galerius, dicendum potius esse, et revera fuisse *epistolam*, rigide loquendo, quam *edictum*, sed ex qua tamen, pauculis demptis et mutatis, additoque præsidum *programmate*, conficiendum confectumque fuerit paulo post edictum proprie dictum. Vide, quæso, quantopere eo faciant postrema verba Licinii litterarum ad Bithyniæ præsidem datarum, quas habes infra, capite 48 et quibus vulgo *Licinii de restituenda Ecclesia edictum* nomen est. Verba sunt : « Ut autem hujus sanctionis benevolentiæ nostræ forma ad omnium possit pervenire notitiam, *prolata programmate tuo*, hæc scripta et ubique proponere, et ad omnium scientiam te perferre conveniet, ut hujus benevolentiæ nostræ sanctio latere non possit. » Tum continuo post : « His litteris propositis; » proxime vero ante initium, « de restituenda Ecclesia hujusmodi litteras ad præsidem datas proponi jussit. » Confer similem locum Epistolæ Maximini Augusti ad Sabinum, quam integram refert Eusebius, lib. ix, H. E. cap. 9 : ἵνα δὲ αὕτη ἡμῶν ἡ κέλευσις εἰς γνῶσιν πάντων τῶν ἐπαρχόντων τῶν ἡμετέρων ἔλθῃ, διατάγματι ὑπὸ σοῦ προτεθέντι τὸ κελευσμένον ὀφείλεις ἐκδηλῶσαι. Hoc est, vertente Valesio : Porro ut hoc præceptum Majestatis nostræ universis provincialibus nostris innotescat, edicto abs te proposito jussionem nostram publicari curabis.

Quid debeant observare. Quinam? Christiani, an Judices? Credebam, Christianos intelligi, ob præcedentia ista : « Ut denuo sint Christiani, et conventicula sua componant, ita ut ne quid contra disciplinam agant. » Maluit Maucroixius de Judicibus accipere : *Par une autre déclaration nous ferons savoir*

à nos officiers de justice la conduite qu'ils doivent tenir envers eux.

CAPUT XXXV.

Hoc edictum. Accipe de superiore illa Galerii Augusti epistola, postquam in edicti formam per Bithyniæ præsidem, qui vulgo Nicomediæ habitabat, fuit redacta.

Proponitur Nicomediæ. Id est, ejusdem præsidis programmate profertur in eo oppido.

Nicomediæ. Duæ primæ hujus libelli editiones, Parisiensis scilicet, anni 1679, et Oxoniensis, anni 1680, *Nicomediæ* : unde posterior in emendationibus, quæ serius occurrerant : Lege, *Nicomediæ*; quod et Allixius monebat.

Pridie kalendas Maias. Trigesimo die mensis Aprilis. *Maucroixii Versio.* Ultimo die Aprilis. *Tralatio anglica* : quæ tria eodem redeunt.

Pridie kalendas Maias. Si quid video, legendum erit, *pridie kalendas Februarias.* TOLLIUS. — Cum in titulo præfati edicti *Galerius Maximianus* dicatur tribunitiæ potestatis xx, constat, illud emissum esse post kalendas Martias currentis anni (311), quibus tribunitiam potestatem xx auspicatus est idem Galerius. Post illum diem datum, ex Nummis etiam Græcis apud Goltzium, certum redditur. Ultimus enim, i in quo annus Augustei ejus imperii notatur, exhibet hos characteres L. Z. id est, *annus septimus.* Nam cum, Lactantio teste, kalendis Maii anni 305, Augustus renuntiatus fuerit, kalendis Maii currentis Christi anni septimum imperii Augustei annum incoepit. Quare cum imperator jam deficiens edictum illud promulgarit, apparet, Lactantii sententiam Galerii Maximiani Nummis corroboratam esse, perperamque scripsisse Valesium in notis Eusebianis, aliosque viros doctos, edictum illud ante mensem Martium datum esse. PAGIUS, *in Critica Baron. ad annum Christi* 311, num. 12 et 13, ubi et ex quo alio errore error ille importune profluxerit, erudite ind cat. Vide locum. Operæ pretium est.

Prodiit tandem absoluto anno persecutionis 7 ineunte ix, edictum Galerii, quo persecutio penitus extincta, inter kalendas Martias, quibus xx, tribunitiam potestatem inchoaverat, et pridie kalendas Maias, quo Nicomediæ dicit propositum fuisse Lactantius. DODWELLUS, *Dissert. Cypr.* xi, num. 82.

Ipso, etc. Nempe Galerio Maximiano. Pagius. Quin et suo quoque modo interpretes, cum alter vice pronominis nomen ipsum *Galerii*, alter vero *Maximiani* adhibuerit.

Ipso octies, et Maximino iterum Consulibus. Romæ... anno 311, usque ad mensem Septembris, nulli consules fuerant publicati... At in Gallia, Hispania, cæterisque trans Alpes provinciis, quæ ad Constantini imperium pertinebant, *Maximianus Galerius* solus consul eodem anno CCCXI nominabatur. Ita legitur in Fastis Idacii et in fragmento consulari a Bucherio edito, pag. 250, MAXIMIANO VIII, SOLO... In Græcia, Macedonia, Dacia, aliisque provinciis Illyrici, in Thracia atque Bithynia, quæ partim Galerio Augusto, partim Licinio imperatori parebant, dicebantur consules Galerius Maximianus octies, et Maximinus iterum. Hæc nuper didici ex aureo Libello Lactantii Firmiani de Mortibus Persecutorum, a viro doctissimo Stephano Baluzio ex insigni illustrissimi D. Colberti... bibliotheca evulgato; siquidem scribit c. 35, edictum pro Christianis a Maximiano Galerio paucis ante ejusdem mortem diebus *propositum Nicomediæ pridie kalendas Maias, ipso octies, et Maximino iterum consulibus.* Norisius apud Pagium in Critica Baron. ad dictum Christi annum 311, num. 3, idque ex quarta Norisii dissertatione de Cenotaphiis Pisanis, cap. I, §. 1.

Sed, quod primum, Prosper in Chronico, Victorius in Canone paschali, Cassiodorus, auctor Chronici Alexandrini, aliique eo anno cum Maximiano octies Licinium collegam posuerunt, pergit in laudata Critica clarissimus Norisius, mox addens : Hic forte in Pannoniis, Rhætia, ac Norico, ubi Licinius imperabat, idem semet collegam Maximino addiderat. Deinde autem, quod longe gravius, nec ab ullo hactenus observatum, Galerius eo ipso anno in præfatione epistolæ, ex qua edictum, de quo igitur, confectum est, non modo diserte eumdem Licinium collegam sibi in consulatu adjunxit : sed adjunxit insuper Constantinum, quem et ante Licinium nominat, tacito prorsus secundo illo consulatu Maximini. Eusebii verba latine reddita sic habent : « Imperator Cæsar Galerius Valerius Maximianus... *Consul* VIII... Et imperator Cæsar Flavius Valerius Constantinus..... *Consul*... Et imperator Cæsar Valerius Licinianus... *Consul*, pater patriæ, proconsul; provincialibus suis salutem. » Quomodo itaque noster, « ipso (Galerio Maximiano) octies, et Maximino iterum consulibus, » nec potius, secundum memoratam Galerii præfationem, « ipso (Galerio Maximiano) octies, et Constantino Licinioque consulibus? » Viderint docti. Nihil ipse nunc, quod mihi satisfaciat, reperio, aut ab illis afferri comperio. Nam quantum ad hasce clarissimi Pagii conjecturas, « Galerio Maximiano mense Martio anni 311 collegam adjunctum esse Licinium Augustum, qui *consul* appellatur in Edicto Galerii Maximiani : non multo post autem Maximinum Augustum II, ejusdem Galerii Maximiani collegam fuisse, sicut liquet ex verbis Lactantii, ipso octies, et Maximino iterum consulibus; » adeo ut tantum consulatus ille Licinii nequaquam *ordinarius* extiterit, sed *suffectus*, rogo primo, cur Galerius, si ita res fuit, *Constantinum* in dicta præfatione secundo loco *consulem*, nullo vero *Maximianum* similiter *consulem* nominaverit ? Rogo deinde, quomodo Licinium Galerius sibi ordinario consuli mense Martio anni Christi 311, suffecerit, si, ex Norisio in præcedentibus, nulli consules Romæ publicati sint anno Christi 311, usque ad mensem Septembrem, ante quem jam sat diu obierat Galerius ? Non omnes ergo hujus loci difficultates per Pagium sublatæ. Sed eas forte brevi feliciter enodatas videre licebit in ultimo clarissimi Norisii opere, quod ad amplissimum Cuperum ex Italia pervenisse audimus, et ex animo gaudemus.

Ipso octies, et Maximino iterum Consulibus. Versio anglica, *in Maximian's eighth consulate, and Maximin's third.* Ad verbum, *in octavo Maximiani consulatu, et tertio Maximini;* cujus utinam emendationis vera enim est τοῦ *iterum* in τὸ *tertium* mutatio, rationem reddidisset alicubi vir doctissimus, qui ad illam, uti necessariam facileque tuendam, recurrendum putavit. Nos quippe, vel ob proxime sequentia, quibus incumbat fundamentis nescimus.

Maximino iterum Cons. De cujus consulatu secundo, uti et de primo, nulla est in cæteris fastis mentio, ita ut hic sola nitamur Lactantii auctoritate. Noster enim Lydiatus Galerium octava vice consulem statuit sine collega. Edit. Oxon. et Cant. adjiciente ultima : Vide Valesii adnotationes in Euseb. lib. IX, cap. 11.

Ex Lactantio, qui id temporis Nicomediæ degebat, patet Maximinum iterum consulem fuisse anno 311. *Norisius, ubi supra.*

Ex Græcis Dodwelli excerptis, pag. 102, Appendicis ad dissertationes cyprianicas, editiones minoris Oxon. :

Anni Dom.	Ὕπατοι	Ῥωμαίων
305	Κωνσταντίνος Καῖσαρ τὸ ε	καὶ Μαξιμῖνος Καῖσαρ τὸ ε.
306	Κωνσταντίνος σεβαστὸς τὸ ς	καὶ Μαξιμῖνος σεβαστὸς τὸ ς.
307	Σίθηρος ασεβαστὸς	καὶ Μαξιμιανὸς Καῖσαρ.
308	Διοκλητιανὸς σεβαστὸς τὸ ι	καὶ Μαξιμιανὸς σεβαστὸς τὸ θ.
309	Λικίνιος σεβαστὸς τὸ α	καὶ Κωνστάτιος τὸ α.
310	Ἀνδρόνικος	καὶ Πρόβος.
311	Μαξιμιανὸς	καὶ Μαξιμῖνος.

Anno 307. Consules legimus Severum Augustum et Maximianum Cæsarem. *Maximinum* vult quem *Cæsarem* appellat. Habemus itaque primum Maximini consulatum frustra alibi a clarissimo Baluzio quæsi-

tum. Quamquam et in libro de *præfectis urbi* obscura etiam extent hujus consulatus vestigia. Anni enim 307, usque ad mensem aprilem, consules ibi consignatos ita legimus. *Maximianus* VII *et Maximian.* Secundus ille *Maximianus* non alius est a nostro *Maximino*. Nec enim recentiores modo, sed et illius sæculi coæva monumenta hæc nomina confundunt, cum *Maximino Maximianum*, et cum *Constantino Constantium*. Dodwellus in Append. ad Dissert. Cypr. num. 1.

Tunc apertis carceribus, etc. *Per singulas* certe *civitates*, quod Ruffini locus a Baluzio, adductus testatur : sed mirum tamen, ni hic *Nicomediæ carceres* specialiter intelligendi sunt, ob præcedentia ista : *Hoc edictum proponitur Nicomediæ*.

Cum cæteris confessoribus e custodia liberatus es. Quid hinc contra clarissimum Martyrologii Ecclesiæ Germanicæ editorem sequatur, jam supra ostendimus.

Cum tibi carcer sex annis pro domicilio fuerit. Purpuram diximus deposuisse Diocletianum anno Domini 305 april. 1, si Idatium, maii 1, si Lactantium audiemus... Ab anno autem quo imperium deposuit Diocletianus, perstitit Nicomediæ persecutio usque ad palinodiam Galerii, a kalendis maiis anni 305 usque ad pridie kalendas maii anni 311. Id colligimus e Lactantio, qui hoc tempore Donatum suum scribit, *e carcere* fuisse *liberatum, cum carcer illi sex annis pro domicilio fuisset*... Et toto (illo) sexennio Donatus, et tribus præsidibus sibi invicem succedentibus, Flaccino, Hierocle, et Priscilliano, *novies* tamen, nec sæpius, tormentis cruciatibusque variis subjectus est. Quia nempe, ut non admodum frequentes redire poterant (sacrorum imperii Romani) ludorum vices, ita nec frequentes redibant vices suppliciorum publicorum. DODWELLUS, in Dissert. Cyprian. XI, n. 78, 80 *et* 89.

Hoc facto. Id est, illa memorati Edicti promulgatione, seu, ad verbum, *publicatione*. Versio anglica.

Conjuge sua et filio. Valeria Diocletiani filia, et Candidiano. Edit. Oxon. et Cant. — *Sa femme et ses enfants.* MAUCROIX. Quasi nostri verba sint, *conjuge sua et liberis suis;* quod valde miror. — Uxor Galerii Maximiani, ait Pagius in loco, quem nos antea levissime tetigimus, erat *Valeria* Diocletiani filia, quæ ob ferociam Licinii ad Maximinum confugit, a quo pessime habita... Nullum ex ea Galerius Maximianus filium suscepit; sterilis enim fuit, ut docet Lactantius, cap. 50. Hæc itaque intelligenda de *Candidiano*, quem ibidem Lactantius dicit ex concubina natum, a Valeria adoptatum, ac desponsum filiæ septenni *Maximini* Augusti. Hunc, ut tradit Lactantius, cap. 20, Cæsarem facere destinabat pater post celebrata Vicennalia. Sed occisus est a Licinio anno 313, ætatis suæ XVI. PAGIUS, *in Critica Baron. ad annum Christi* 311, *n.* 12.

Horrenda tabe consumptus est. Facit huc notabilis locus Anonymi Valesiani, quem Pagius in Critica sua Baron. ad annum Christi 311, num. 12, produxit in hunc modum : Porro Galerium Maximianum *Serdicæ* ægrotasse ac interiisse discimus ex anonymo Valesiano, qui postquam de Licinio Cæsare creato locutus est, inquit : « Deinde illo in Pannonia relicto, ipse ad Serdicam regressus morbo ingenti occupatus sic distabuit, ut aperto et putrescente viscere moreretur. »

Idque cognitum Nicomediæ (...) *mensis ejusdem*. De supplenda manuscripti codicis lacuna, quam nunc demum Baluzius quo vides pacto repræsentandam curavit, viri docti plane hactenus, quod non mirum, securi, tantummodo cogitaverant, qua ratione aliquid huic loco, quem mutilum esse sentiebant, insererent : unde orta suspicio, de qua Cuperus et Columbus in suis notis, legendum esse scilicet : *Idque cognitum Nicomediæ medio mensis ejusdem;* quod et nobis olim postrema pars nominis *Nicomediæ* fieri posse suggesserat, absorpto nempe, inquiebamus, τὸ *medio* librarii oscitantia a præcedente voce *Nicomediæ.* Nunc autem, cum hujus loci defectus non librario, sed tempori rerum edaci sit tribuendus, possent certe æque

bene duæ voces *sub finem*, vel *in fine*, aut unica vox *idibus*, aliæve hujus generis deesse, atque *medio*. Videant qui ms. codicem consulere queunt, quid potius memoratæ lacunæ spatium vel litterarum ductus, si qui remanent, patiantur. Habet sane versio anglica; *before the end of may* : quod ad verbum est, *ante finem maii*.
Mensis ejusdem. Id est, maii kalendis. Edit. Oxon. et Cant.
Mensis ejusdem. Scilicet, maii. PAGIUS.
Kalendis Martiis impendentibus. Anni nempe Christi sequentis (312) quo kalendis Martiis die imperii ejus Cæsarei natali ea solemnia, propter perpetem morbum dilata, edere decreverat. PAGIUS.

CAPUT XXXVI.

Quo nuntio. Mortis nempe Galerii Maximiani. PAGIUS.
Dispositis ab Oriente cursibus pervolavit. Tamquam diceret, summa celeritate equis, quos statim post id nuntii acceptum imperaverat, ut certis locis sibi fuisque præsto essent, usus est; siæque maximum itineris spatium ab Oriente, ubi mortem Galerii didicerat, usque ad provincias quas occupare aggrediebatur, veluti perpete volatu confecit. Vis simile exemplum, nec dissimilem locutionem? At ille incredibili celeritate usus pervenit ad patrem jam deficientem, inquiebat noster, capite 24, de Constantino, cum paucis ante versibus de eodem dixisse. : « Sublatisque per mansiones multas omnibus equis publicis, evolavit. »
Il prit la poste, et se rendit en diligence dans l'Orient. MAUCROIX. Cui ergo pro vulgata lectione, *dispositis ab Oriente cursibus pervolavit*, legendum potius visum est, *dispositis cursibus pervolavit in Orientem*. Sed vide tu, quæso, quantum hæc capitis 19, repugnet: *Daia vero* (qui et Maximinus) « sublatus nuper a pecoribus et silvis... accepit Orientem calcandum. » Nam *ab Oriente* igitur debuit evolare. Quod et finis capitis 38 postulat.
Ut provincias occuparet, ac Licinio morante, omnia sibi usque ad fretum Chalcedon. vindicaret. A dessein de profiter de l'absence de Licinius, et de s'emparer de toute l'Asie jusques à la mer de Chalcédoine. MAUCROIX. Quasi noster scripserit, ut absente Licinio, Asiam totam sibi usque ad fretum, etc. At primo, quid manifestius, quam ita non duos, sed unicum Maximino sui cursus finem tribui? invadendi scilicet, absente Licinio, totam Asiam usque ad fretum Chalcedonium; quando contra, secundum nostrum, Maximinus animo suo non unicum finem, sed vere duos in illo præcipiti itinere proposuerat : unum nempe, certas sibi provincias quidquid Licinius faceret, hoc est, si vel maxime festinaret, vindicandi ; alterum autem non eas solas, sed cuncta ad fretum usque Chalcedonium, si forte Licinio tantisper morari contingeret, occupandi : *Ut provincias occuparet, ac, Licinio morante, omnia sibi usque ad fretum Chalcedonium vindicaret.* Hic primus ergo Maucroixianæ tralationis defectus.
Secundus et tertius sint, *liberius* tralato *τὸ provincias per universam Asiam, morante* vero per *absente* verti.
Ut provincias occuparet, etc. *To take into bis possession all those Provinces : and as Licinius lingered, he possessed him self of al to the straits of Thrace.* Versio anglica. Quasi jam nostri verba sint : « ut (omnes illas) provincias occuparet, ac, Licinio morante, omnia sibi usque ad fretum Thraciæ vindicavit. » — Malebam *τὸ vindicaret*, quod aperte vir Reverendiss. in *vindicavit* mutandum esse arbitratus est, retinere; et loco duarum vocum, quas idem ante *provincias* supplevit, et nos *in*uinulis inchudi curavimus, suspicabamur *τὸ propinquas* potius, vel *proximas* librarli culpa deesse.
Fretum Chalcedonium. Quod cum ab una parte inter Thraciam, ab altera vero inter Bithyniæ oppidum Chalcedonem jaceret, inde modo pro *freto Chalcedonio*, *freta Thraciæ* in Anglica tralatione habebamus.

Ad præsens. Tempus scilicet : quomodo sæpe Græci ἐπὶ τοῦ παρόντος, et ἐν τῷ παρόντι omissis substantivis χρόνου et χρόνῳ dicunt, pro *in præsenti tempore*.
Sustollit censum. Quem Maximianus Galerius instituerat, de quo c. 31. Vide Justinum, libro I, de Magis eodem modo populum Persarum sibi conciliantibus. TOLLIUS. — *Sustollit*. Editio Aboensis, *sustulit*. — Nollem factum, cum *sustollendi* verbo Plautus, Lucretius, Catullus, usi sint. Postremus, ex gr. de Nuptiis Pelei et Thetidos :

Candidaque intorti sustollant vela rudentes.

Neque adeo valide pugnabit supra Columbus pro emendatione sua.
Discordia inter. Lege, *Discordia inde inter*, etc, TOLLIUS. Item ambo interpretes ut supplem verterunt. — *Les deux empereurs en vinrent presque à une rupture.* MAUCROIX. — *Bythis means the two Emperours were nots in it terms.* Tralatio anglica.
Sed conditionibus certis pax, etc. Cum... Maximinus in epistola scripta ad Sabinum post mortem Galerii Maximiani doceat, se *annc præterito Nicodemiæ* fuisse, ut videre est apud Eusebium, liquet *Maximinum* mortuo Galerio Asiam ac Bithyniam occupasse, quas Galerius una cum Illyria et Thracia sibi retinuerat. Et quidem Bithyniam cessisse in jus et ditionem Maximini colligit Baluzius in notis ad citatum Lactantii locum, ex martyrio sancti Luciani Antiocheni, quod enarrat Eusebius, libro IX, capite 6. PAGIUS.
In ipso freto. Hoc est, in ipso freto Bosphori. *Maucroixii versio.*—Id est, in ipso mari. Tralatio anglica. — Simplicius forte sit subaudire ex præcedentibus Chalcedonio.
Redit ille. Scilicet Maximinus. PAGIUS. — Consentiunt interpretes, apud quos pronominis loco ipsummet *Maximini* nomen reperias. Notandum tantum, cum noster non præterito tempore *rediit*, sed præsenti *reait* utatur, neutiquam nunc de consummato Maximini *in Orientem* reditu sermonem esse, sed simpliciter de suscepto et inchoato : quod mox confirmabitur.
Securus. Hoc est, sese jam securum esse confidens : *tecakning that he was now secure*. Versio anglica.
Et fit qualis in Syria et in Ægypto fuit. Id est, e, in provinciis, quas recenter imperio suo adjecerat, talis factus est, dum per illas in Orientem revertebatur, qualis ante fuerat in Syria et in Ægypto. Nec dissimili sensu Maucroixius : *Et sa conduite fut pareille à celle qu'il avait tenue en Syrie et en Egypte.* Dissimili vero tralatio anglica, *and so he governed Syria and Egypti just as he had done formely*. Ad verbum, atque eodem prorsus pacto Syriam et Ægyptum moderari perrexerit, quo prius inceperat.
In primis indulgentiam Christianis communi tutela datam, etc. Idem, inquit Baluzius, quod *communi consensu*. Vocem alibi sibi non occurrisse testatur. Quidni itaque pro corrupta habeatur, et in ipsius vicem facili mutatione succedat *tutela*? siquidem communis *tutela* aliud temere hic loci non significaverit, quam edicti nuper editi munimentum quoddam, quo freti securiores dehinc Christiano cultui vacare possent. Vir reverendiss. legit *titulo*. Ed. Oxon. et Cant.
Tutelo. Editio Aboensis, titulo. — Leg. titulo. VOSSIUS.—*Tutelo*, pro titulo. ALLIX.— *And tho the Christians were now received under tae protection of the government, yet, he broke all this.* Tralatio anglica. Ad verbum fere : Indulgentiam ; qua Christiani in communem magistratuum tutelam traditi fuerant, violavit. — Puto ego veterem lectionem fuisse : *In primis indulgentiam Christianis cum muri tutela datam tollit* ; quod sic explico. Galerius, ut ex prima illius epistola, seu, quod idem est, ut ex hujus libelli capite 34 apparet, promptissimam hanc in Christianorum negotio indulgentiam jam pene moriens porrexerat, *ut denuo Christiani essent, et conventicula sua componerent.* Atque istam in primis indulgentiam Maximinus, dum a freto Chalcedonio rediens Orientem

repeteret, in itinere sustulit. Sed jam alia epistola idem Galerius, ut ex eodem capite certum est, judicibus significaturus erat quid amplius observandum foret circa Christianorum negotia. Neque porro postulabant simpliciter ejusmodi rerum occasio et necessitas, ut per eam epistolam in quibus potius locis Christiani aperte in posterum habitare, suaque etiam templa palam condere haberent, judicibus significaretur : sed fieri nequibat, quin ea loca vel intra urbium muros assignarentur, vel extra. Nunc autem vix quidquam probabilius, quam Galerium posteriore epistola judicibus significasse, placitum sibi fuisse, ut quemadmodum antea Christiani... complures ecclesias suas Imperatorum permissu in civitatibus ædificaverant et alioqui tutius semper habitaverant homines in urbibus propter murorum inter cætera tutelam, quam ruri, paterentur Christianos intra cujusque oppidi mœnia majoris securitatis ergo morari, sibique ibidem conventicula restituere.

Et vero Christianos ecclesias prius intra urbium septa habuisse, vel unum Nicomediæ templum, cujus noster capite 12 meminit, validissimo argumento est : uti quod jam proxime sequetur, *subornatis legationibus civitatum, quæ peterent ne intra civitates suas Christianis conventicula extruere liceret*, apertissime rursus indicat, his ergo licuisse prius fuisse per Galerii epistolas ad judices scriptas templa intra Gentilium civitates condere; dataque proinde Christianis a Galerio, non meram de qua superius diximus indulgentiam, sed et muri tutelam pro suis simul domiciliis et conventiculis : unde postea Maximinus *indulgentiam Christianis cum muri tutela datam* sustulerit. Hæc mea saltem de hoc loco sententia, partim propter quas nunc attuli rationes, partim deinde, quia dum ex doctis alii τὸ *communi tutelo* de communi imperatorum consensu accipiant, alii autem *communi titulo* emendant, id est, ut exponunt, prescriptis nominibus Galerii, Constantini, Licinii, Maximini, et Maxentii, neutri utique *communem*, quem oporteret, *imperatorum consensum* præstare possunt : quatenus nimirum vel de vere communi illorum quinque consensu quæstio est, vel de communi tantum eorumdem ex parte. At si de vere communi, extant quidem apud Eusebium tria priora nomina in Galerii præfatione, cujus toties meminimus, sed non itidem duo ultima, ut sic nequeat prorsus de universali dictorum quinque imperatorum consensione constare. Sin vero de communi trium duorumve duntaxat ex illis, meminit quidem etiam ejusmodi consensionis laudato loco Eusebius, at neutiquam noster, qui in antecedentibus non modo non *Maximini*, verum ne vel unius imperatoris mentionem fecerit, qui memorate indulgentiæ consenserit, sed solius Galerii qui eam miserit; ut haud ferme quidquam locutione ista durius queat concipi, « In primis indulgentiam Christianis communi sive tutelo, sive titulo, datam tollit Maximinus,» si quis tandem communis consensus, cujus ipse neque secundum Eusebium, neque secundum nostrum, ulla pars fuerit, intelligendus est. Accedunt, quod superest, ad *muri tutelam* de qua loquimur, quatuor tutelarum, tutandi fundi ergo, genera, de quibus Varro. lib. I de re rustica. « Nunc de septis, quæ tutandi fundi causa, aut partis fiant, dicam. Earum tutelarum genera quatuor. Unum naturale, alterum agreste, tertium militare, quartum fabrile.

Subornatis legationibus, etc. Αὐτὸς αὐτῷ καθ' ἡμῶν πρεσβεύεται, inquit Eusebius lib. IX, cap. 11, ubi vide Annot. Vales. Editio Cantabrig.

Prodiit... absoluto anno persecutionis 8, ineunte IX, edictum Galerii, quo persecutio penitus extincta est, inter kal. Martias (anni 311,) et pridie kal. Maias (ejusdem anni)... Duravit hæc pax ne sex quidem integris mensibus. Inde ad novas artes prætextusque quærendos restaurandæ persecutionis se convertit Maximinus. Imprimis arcuit Christianos a cœmeteriis. Tum subornavit civitatum ad se legationes, magni quasi beneficii loco id a se petentium, ut Christiani pellerentur, imprimis Antiochiæ, in qua urbis curator *Theotecnus* egregius impostor novum *Jovis Philii* simulacrum magicis artibus consecratum erexit, ejusdemque commentus est oraculum, quo juberetur, Christianos urbe omnique urbis territorio esse exterminandos... Legationes hæ eodem quo decessit Galerius anno, sed exeunte, Nicomediæ accepit, postquam Galerii ditionem ad fretum usque Chalcedonium occupasset, et pacem amicitiamque cum Lucinio certis conditionibus composuisset. Hoc ex ipsius Maximini edicto constat in favorem Christianorum sequenti anno 312 finiente edito. Sed et *indulgentiam* Christianis a Galerio concessam hoc etiam anno revocatam necesse est, si non integris sex mensibus ea pax duraverit. DODWELLUS, *diss. Cyp.* XI, *num*. 82.

Maximinus in litteris, quas anno sequenti 312 ad Sabinum prætorii sui præfectum scripsisse dicemus, quasque Eusebius lib. IX, cap. 9, refert..... « cum anno » ait, « præterito, (anno scil. 311) Nicomediam feliciter essem ingressus, cives ejus urbis me illic degentem adierunt cum deorum simulacris, obnixe orantes, ne hujusmodi hominum genus in sua civitate habitare omnino sinerentur, » et alia, quibus mire illustrantur quæ supra ex Lactantio retulimus; gesta enim hoc et sequenti anno in causa Christianorum multis hoc usque tenebris circumfusa. PAGIUS.

Apud quem igitur eo pacto insigne vides exemplum subornatarum istiusmodi legationum.

Novo more Sacerdotes maximos per singulas civitates singulos, etc. Quasi ergo aliis verbis scripserit, *novo more unum in unaquaque civitate Sacerdotem maximum fecit*. Hincque mihi facti novitas : cum prius scilicet Gentiles quidem nonnumquam habuissent ἀχιερίας et Sacerdotes provinciis vel urbibus impositos, at non singulos per singulas civitates.

Qui et sacrificia per omnes deos suos quotidie facerent. Mihi nemo persuaserit sic Lactantium scripsisse. Excidit vox *dies*, quæ *deos* præcessit, propter litterarum affinitatem, ut sæpe. Illa omissa, cum nihil esset quod pertineret ad *omnes, diis suis* refinxerunt in *deos suos*. Scripsit Lactantius: *qui et sacrificia per omnes dies diis suis quotidie facerent*, ut in capite sequenti, *per singulos dies sacrificaretur. Per omnes dies quotidie* est pleonasmus, ut *nunc jam sæpe* apud Plautum, *post deinde* apud eumdem, *rursum repetere* apud Suet. Cæs. 2. *vetus vetustum vinum* in Curculione. Sin cui hæc displicent, posset legi, *qui et sacrificia per omnes ædes diis suis quotidie facerent*. GRÆVIUS.

Per omnes deos suos. Hoc est, per omnia suorum deorum templa, seu in omnibus templis, inquiebat supra Tollius, et nos cum ipso quod necdum plane respuere possumus, sive propter geminam illam nostri locutionem, capite 17, *per omnes deos pro vita ejus rogaretur*, sive propter hanc Livineii ad panegyricos veteres observationem, in quam postea incidimus, et qua, quæ laudato loco notavimus, videntur non mediocriter firmari. Cicero IV, ad Attic. Ep. 1. et pro P. Sextio, nonas Sextiles *salutis natalem* appellavit, quod eo die in Quirinali ædes ei consecrata; et eleganter Martialis, *Maiæ Mercurium creastis idus*, ob templum ei tum dedicatum, ut Livius 2. et Festus scripserunt; sive denique quod nondum satis assueti simus huic pleonasmo, *per omnes dies sacrificia quotidie facerent*. Posteriorem certe Clar. collegæ conjecturam, cujus et ille optionem dat, præferendam credimus. Sed, quod non omittendum, vulgatam quoque lectionem, licet alio atque nos modo, explicat ampl. Cuperus.

Ministerio. Prætulerim, *magisterio*. GALE. *Ministerio, the assistance*. Versio anglica; id est, ope, auxilio.

Darent operam (ut) Christiani neque fabricarent. Templa scilicet, uti quidem Maucroixius interpretatus est: *devaient empêcher les Chrétiens de bâtir des temples*. — Emendo, *darent operam Christiani ne quid fabricarent*. GALE. — Erunt sine dubio quibus hic ordo magis placeret: *darent operam ne quid Christiani fabricarent.*

Colerent. Praefero *coirent.* GALE.

Suo jure. Par son autorité. Maucroixius; quasi dicas, pro sua auctoritate.

Parumque hoc fuit, nisi etiam provinciis ex altiore dignitatis gradu singulos quasi pontifices superponeret, et eos utrosque, etc. Locus, non difficilis tantum, sed valde, si quid video, mendosus, et caeteroqui contraria prorsus ratione acceptus ab interpretibus: censente nimirum Maucroixio propter ultimam sine dubio vocem *utrosque.* Maximinum singulis provinciis non singulos, sed duos simul praeposuisse pontifices: « Non content de cette ordonnance, il établit encore en chaque province deux pontifes pour avoir l'œil sur les autres; » cum contra ex reverendiss. Burneti versione non duo, sed unicus duntaxat pontifex unicuique provinciae fuerit Maximini jussu praefectus. Verba sunt: « And not contented with this subordination that he had settled among the priests, he ordered one in every province to be over all the priests of the province. » Quorum sensus est: Neque ita contentus unum sacerdotem maximum caeteris in unaquaque civitate sacerdotibus subjecisse, unum praeterea in unaquaque provincia ordinavit, qui cunctis provinciae sacerdotibus superior foret. Nos primo, propter disertas voces, *et eos utrosque,* non possumus, quin cum Maucroixio credamus, de duobus quibusdam hic loci agi, qui ex Maximini mente singulis provinciis ad procuranda religionis negotia praepositi sint. Deinde vero, nec possumus quoque propter τὸ *quasi* in his verbis, *singulos quasi Pontifices,* quin jam vicissim contra Maucroixium *duos* ejus *proprie dictos Pontifices* rejiciendos esse ponamus. Porro autem, cum noster in antecedentibus narraverit, Maximinum novo more in unum aliquem ex urbium primoribus dignitatem Sacerdotis maximi per singulas civitates contulisse, non magis ambigimus, quin idem Maximinus geminos hujusmodi dignitatis homines, sed qui interim singuli quasi Pontifices maximi forent, singulis provinciis imposuerit. Ac denique, quod quis ingerat, verum ubinam binarii numeri vox *duo* compareat? respondeo, non latitare solum in vocabulo *utrosque*: sed plusquam verisimile esse, illam olim in hunc modum post ablativum *gradu* extitisse. « Parumque hoc fuit, nisi etiam provinciis ex altiore dignitatis gradu duos, singulos quasi pontifices, superponeret; » *et eos utrosque,* cum sequentibus. Inde ergo tandem ea vox malis avibus, prae nimia librarii ignorantia vel festinatione, simulque istorum *dus* et *duos* affinitate, exciderit aut potior aliqua suppeditetur conciliatio, quam amplecti queamus.

Candidis chlamydibus. Paludamento sive albae tunicae specie auro interdum limbatae, qua utebantur soli imperatorum ministri, quas atique palatinorum vestes cum summis pontificibus communicavit Maximinus, Edit. Oxon. et Cant. — Non alio sensu versio anglica: « He ordered them to wear theat sort of white habits edged about with gold, which might only be worn by the Chiefs Officers of the Court. »

Chlamydibus, Manteaux. Maucroix; id est, palliis.

Facere autem parabat quae in Orientis partibus, etc. Hoc est, secundum tralationem anglicam: Facere autem parabat contra Christianos in aliis provinciis, quae jam in Oriente fecerat: interpretante vero Maucroixio, quae in Oriente fecerat, illa quoque facere parabat in Occidente.

Cum clementiam specie tenus profiteretur. In eo... ponebant hanc *clementiae* laudem persecutores, de quibus agimus, Diocletianei, si cum *vitae* pepercissent, *oculos tamen dextros* eruissent, et *sinistros poplites* debilitassent candenti ferro. Ex quo itaque coeperunt hae mutilationes, cum *vitae servandae* causa fuissent excogitatae, exinde *rario a* fuisse *martyria* verisimile est. DODWELLUS, *diss. Cypr.* XI. *num.* 81.

Occidi servos Dei vetuit, etc. In Oriente scilicet. Nam, quantum ad alias regiones, *facere tantum parabat Maximinus, quae in Orientis partibus fecerat,* ut noster modo loquebatur: unde et rursus de eodem, in initio capitis 37. *Hoc ille moliens, Constantini litteris deterretur.* Sed, ne rem dissimulem, non video tamen quomodo scribi olim belle hoc loco potuerit, uti nunc dierum habemus: suspicorque adeo veterem scripturam fuisse, *occidi ibi servos Dei vetuit,* quaeque postea, intellectis nimirum per τὸ *ibi* Orientis partibus.

Debilitari jussit. Id est hoc loco, *mutilari, prout quatuor, quae sequuntur,* exempla singula ostendunt. Neque enim omnis *debilitatio, mutilatio* est, sed interdum, monente merito Casaubono, *debiles* latinissime sunt, quibus membra facta sunt ἄχρησα, seu qui vitio aliquo impediuntur, quominus omnibus membris corporis sui uti possint: quemadmodum illi, v. gr. confessores, quibus candenti ferro *debilitatos fuisse sinistros poplites* aiebat modo Dowellus. Verum hic, sicut dixi, de veris mutilationibus sermo est. Firmatque alibi idem Dodwellus sequentibus verbis: Ita rediit ad supra dictas corporum mutilationes, quae licet confessores multos fecerunt, nullos tamen martyres. — *Il les faisait estropier.* MAUCROIX.

Itaque confessoribus effodiebantur oculi, etc. Verum quidem est, post edictum a Galerio Maximiano in gratiam Christianorum emissum Maximinum, ubi illud accepit, mandasse judicibus, ut a christianorum oppugnatione abstinerent, constitutione tamen Galerii suppressa, et nuda tantum voce per Sabinum praefectum praetorii sui provinciarum praesidibus jussis, ut persecutionem adversus eosdem inhiberent, uti narrat Eusebius lib. IX, cap. 4, ibi et epistolam ab eodem Sabino singularum provinciarum praesidibus scriptam recitat. Sed, ut habet idem Eusebius cap. 2. *ne sex quidem integris mensibus passus est eum statum permanere,* et ad subruendam pacem Maximinus nihil non molitus est. Quam itaque Lactantius narrat, circa mensem Novembrem (is enim mensis sextus est a morte Galerii), ideoque circa Maximini Quinquennalia, quae in eum mensem incidebant, persecutio adversus Christianos instaurata. PACIUS.

CAPUT XXXVII.

Haec ille moliens, Constantini litteris deterretur. Jam pulcherrimam sibi invidiae declinandae nactus videbatur occasionem (Maximinus), ut quasi urbium legationibus (et θεσπίσμασι) coactus edictum pacis revocaret. Recripsit enim ad illa civitatum decreta, pellendos esse Christianos... Jamque persecutioni matura erant omnia, ni Constantinus illum deterruisset... Cum enim post mensem Maium emissa illa probaverimus persecutionis edicta anno 312 movente jam adversus Maxentium Constantino, eo tamen ipso tempore, simul ac rescivit, litteris illum deterruit Constantinus, quibus ad dissimulationem eum adactum scribit Lactantius sect. 37. Merito quidem ille. Erat enim *primus Augustorum* Constantinus, cui, pro illorum temporum administratione, parere oportebat reliquos *Imperatores* omnes, tam *Caesares,* quam etiam *Augustos.* DODWELLUS, *Diss. Cypr.* XI. num. 83 et 85.

Haec ille moliens., etc. Les lettres de Constantin réprimèrent ces violences. MAUCROIX. Ad verbum, Constantini litterae violenta ista facta represserunt. Quasi jam, quo tempore Maximinus Constantini litteris deterritus est, eadem Maximini jussu in recentibus provinciis fierent, quae prius ejusdem imperio in Oriente facta erant; proindeque quasi jam Nicomediae, verbi gratia, crudeli Praesidis aliorumque ministrorum opera oculos confessoribus effoderet, manus amputaret, pedes detruncaret, nares vel auriculas desecaret; quod certe non est, vel ob ista noster: *Haec ille moliens,* id est, ut paulo ante praecessit, *facere parans, Constantini litteris deterretur.* Dissimulavit ergo.

Constantini litteris. Periere memoratae litterae: sed

duplicem constitutionem a Constantino et Licinio datam, alteram hoc anno 312, alteram sequenti, priorumque currenti anno ad Maximinum transmissam, in dubium revocari non potest, licet Baronius, aliique viri doctissimi unius tantum edicti meminerint. Nam, victo Maxentio, cujus clades et interitus ad hunc annum 312, pertinent : *Imperator Constantinus, et collega ejus Licinius uno consensu legem pro Christianis absolutissimam et copiosissimam promulgarunt, partæque de tyranno victoriæ nuntium, ipsamque adeo legem ad Maximinum, qui in Orientis partibus etiam tum imperabat, seque ipsis amicum esse simulabat, transmisere*, inquit Eusebius, lib. ix, cap. 9... Et præterea in posteriori Constantini et Licinii Constitutione ab Eusebio, lib. x, cap. 5, relata, non semel prioris hoc anno 312, datæ mentio (est), ut docte explicat Valesius in notis ad illud edictum, ubi et quod discrimen inter utrumque esset, ostendit. Secundum edictum Mediolani... prius loco incerto datum ; videtur tamen Romæ, ubi reliquo hoc anno Constantinus egit, promulgatum. De laudatis litteris locutum existimo Lactantium, lib. de Mortibus Persecutorum, cap. 57, in quo, postquam persecutionem a Maximino contra Christianos excitatam narravit, ait : *Hæc ille moliens, Constantini litteris deterretur*. PAGIUS in *Critica Baron. ad annum Christi* 312, *num.* 8. *et præced.*

Deterretur. Quo usque nempe modo diximus, non per omnia ; quia etsi Maximinus in provinciis extra Orientem sitis absterritus quidem fuerit ab effodiendis, verbi gratia, sicut decreverat, confessorum oculis, testatur tamen Eusebius libro ix Historiæ Ecclesiasticæ, cap. 9, Maximinum post litteras ad Sabinum præfectum prætorii sui a se scriptas, non permisisse Christianis conventus agere, aut Ecclesias extruere, licet Constantinus et Licinius litteris ad ipsum datis id se Christianis concedere significassent. Quæ postrema verba ejusdem Pagii sunt, laudato loco, num. 8.

Et tamen si quis inciderat. In eum nempe, vel ministros ; ut capite 16. *Nam cum incidisses in Flaccinum Præfectum... deinde in Hieroclem...* etc. Maucroixio posterius *ministrorum* supplementum placebat : *Mais lorsqu'un Chrétien tombait entre les mains des ministres de sa cruauté*.

Mari occulte mergebatur. Non itaque audebat palam, quod fecerat antea, Christianos laniare : sed nec illos studiose *quærere*. Nam *si quis inciderat*, inquit Lactantius, ut *paucissimos* fuisse necesse sit, qui in eum inciderent. DODWELLUS, *Diss. Cypr.* xi, *num.* 87.

Mari occulte mergebatur. Simili locutione, cap. 50 : *Ibi sæpe illa castas fœminas mergi jusserat*. Imo, totidem fere syllabis capite 15, *Mari mergebantur*.

Occulte. Secretly and in the night. Versio anglica. Hoc est, secreto noctuque.

Et hoc primus invenerat, ut animalia omnia, etc. Intelligit hæc Baluzius de privato ciborum palatinorum usu. Siquidem edictum generale de vescendis εἰδωλοθύτοις jam antea constitutum fuerit sub Decio et Galerio Maximiano. Edit. Oxon. et Cant.

Et hoc primus invenerat. Sicut in jure dicundo, supra, cap. 15. a Diocletiano et Maximiano excogitatum fuerat, ut litigatores prius sacrificarent, atque ita causas dicerent. Eapropter mox ait : *In cæteris quoque magistris suis similis*, ut illic legendum cum per illustri Cupero. TOLLIUS.

Ut animalia omnia, quibus vescebantur, non a coquis, sed a sacerdotibus ad aras immolarentur. Affine est, nec enim omnino simile esse volumus id, quod apud Samuelem legimus, Saulum, cum aliquando Israelitæ Philisthæos fudissent, et populus ad prædam conversus accepisset oves, et boves, et vitulos, quibus cum sanguine humi prius occisis vesceretur, confestim jussisse, quo populus haud amplius contra Jehovam sanguinem comedendo peccaret, ut ad se magnus lapis volveretur ; tum continuo, ut quicun-

que deinceps ejusmodi pecudes jugulare haberent, illas ad se adducerent, mactandas nimirum ad eum lapidem ; adduxisse porro usque ad noctem universum populum boves suos in manu sua, qui ibi loci jugulati sint : extructam vero fuisse per Saulum aram Domino in ea occasione, imo primam omnium, quas fecerit. Quid enim, cum hæc ita sint, verisimilius, quam Saulum ideo dici aram tum temporis extruxisse, quod magnum illum lapidem, quem ad se volvi curaverat, erexerit illico in altaris modum, ut ad ejus latera Israelitæ pecudes suas mactarent, sicque animalia, quibus vesci avebant, fuisse ad aram immolata ?

Nihilque prorsus mensæ apponeretur, nisi aut delibatum, aut sacrificatum, aut perfusum mero. *Delibatum* est ejus, quod cœnæ erat paratum, sed cujus particulam quamdam decerptam diis obtulerant. Solebant autem cibos etiam libare. Sil. Ital. lib. vii.

Distinxit dulces epulas, nulloque cruore
Polluta castus mensa Cerealia dona
Attulit, ac primum Vestæ detersit honorem
Undique, et in mediam jecit libamina flammam ;

quod Dionysius Halyc. iv, Antiq. Rom. dicit, τὰς ἀπὸ τῶν δείπνων ἀπαρχὰς ἁγίζειν, « cœnarum primitias libare. *Sacrificatum* › est, quod ex victima diis oblata præcisum erat in epulas, ut solebant partem victimarum, prosecare et adolere, partem sacerdotum et sacrificantium epulis reservare. *Mero perfusum*, scilicet quo solebant supplicare, ut hi cibi quasi sacrarentur. Quis enim ignorat, thure et vino solitos Veteres supplicare, etiam inter epulas ? Horat. iv, Carm. 5. de Augusto :

Alteris
Te mensis adhibet Deum.
Te multa prece, te prosequitur mero
Defuso pateris, et laribus tuum
Miscet numen. GRÆVIUS.

Aut perfusum mero. Quod frontibus invergebatur hostiarum. Vide Servium ad Virgilium. Libatio vero in focum, vel terram fieri solita, de qua eruditissimus Baluzius, alius ab hoc ritus est. TOLLIUS.

Ut quisquis ad cœnam vocatus esset, etc. Ita et Julianus apud Sarisberiensem, lib. vii. cap. 21. *Idem.*

Inde. Deest hoc vocabulum in editione Aboensi ; et facile quidem abesse posset ab omnibus. Sed cur tamen rejiceremus, cum in manuscripto codice legatur, nec sit plane superfluum ?

Magistri sui similis. Galerio nempe, ut Maucroixii Versio præivit : *Il s'efforçait de ressembler à son maître Galérius*. Id est, conabatur similis esse magistro suo Galerio.

Horrea privatorum claudebantur, apothecæ obsignabantur. Locus notandus. Nam *horrea* itaque et *apothecæ* a se invicem, si proprie loqui oportet, differebant, perperamque adeo confudit Isidorus, lib. xv. cap. v, his verbis : « Apothecæ, vel horrea, a Græco, verbum ex verbo, repositoria, vel reconditoria dici possunt, eo quod in iis homines elaboratas fruges reponunt. Unde, et ἐνθήκη, græco sermone, repositam rei copiosam substantiam appellamus. »

Apothecæ. Boutiques. MAUCROIX. Id est, officinæ, vel tabernæ. — Sed differunt plurimum *officina, apotheca, taberna*, inquit Ger. Jo. Vossius in Etymologico, rem mox explicans in hunc modum : In *officina* res fit ab opificibus. Inter custodienda defertur in *apothecam*, e qua qui divendunt, dicuntur *mercatores*, et interdum cum adjectione, *mercatores magnarii*. Ex apothecis res mittitur in *tabernas*, ut ibi prostet venalis : sed tantum habent *tabernæ*, quæ minutatim vendant, quique iis præsunt, *institores* appellantur ; ut id maxime videri possit vir doctissimus per *apothecam* intellexisse, quod Galli nominant un *magasin*, ni alibi poneret, *apothecam* vocem esse generalem, quæ a jurisconsultis et aliis tribuitur vinorum, olei, librorum similisbusque receptaculis. — *Apothecæ*. In queis vina condita. Adeantur notæ ad Phædrum

Tollius. — Commodissima interpretatio. Quoniam sicut ex cap. 31 : « nulla fuit area sub Galerio sine exactore, nec ulla vindemia sine custode : » ita postea sub Maximino, in eodem rerum genere, *horrea clausa fuerint*, vinorum vero *apothecæ obsignatæ*: unde sequetur, Maximinum fuisse reipsa magistri sui Galerii similem, quod paulo ante positum.

Debita in futuros annos exigebantur. Non æra sane sed frumenti et vini tributa, prout sequentia ostendunt : *Hinc fames agris*, etc. *hinc caritas inaudita*.

In futuros annos. Of the year to come. Anglica versio ; quasi dicas, in futurum annum. — Præferebam numerum multitudinis, cum propter veteris libri fidem, tum quia si haud simpliciter in annum proximum, sed in futuros annos illa, quæ modo dixi, debita exigebantur, melius ex eorum solutione *inaudita caritas*, de qua mox noster loquetur, oriri potuerit.

Hinc fames agris (non) *ferentibus*. Emendo : *Hinc fames agricolis non ferentibus*. Gale. — Cogitaveram ego, legi posse : *Hinc fames acris afferentibus*, memorata scilicet *debita*, ἀπὸ τοῦ κοινοῦ. Quæ cum ex parte frumenti solverentur, vix fleri poterat, quin qui anno Christi 312, imperata illa frumenti subsidia Maximino in complures annos exhibebant, acri postea fame laborarent. Terentius in Phorm., act. 1, sc. 1.

Amicus summus meus, et popularis Geta
Heri ad me venit: erat ei de ratiuncula
Jampridem apud me reliquum pauxillulum
Nummorum , id ut conficerem. Confeci; affero.

Quod *allati debiti* exemplum est.

Armentorum et pecorum greges ex agris rapiebantur ad sacrificia quotidiana, etc. Deest aliquid. Gale. — Nunnulla hic desunt. Non enim cohærent hæc cum sequentibus ; pertinet enim ad milites ea, quibus annona jam sordebat, nimia copia carnium e quotidianis sacrificiis ipsis missarum. Tollius. — Pertinet sane. Sed quid, si tamen hic locus mendosus sit potius, quam mutilus, neque aliud ad proxima saltem cum præcedentibus recte connectenda requiratur, quam ut mox *suos*, pro *eos* cum pluribus doctis sequenti nota nominandis emendemus?

Quibus eos adeo corruperat, etc. « With which he fed his Domestiks and his Souldiers so copiously, that they come to despise the corn, that was brought them for their provision, so that without any care they threw it often out of doors. » Tralatio anglica , hoc sensu : Quibus (sacrificiis) suos domesticos suosque milites adeo corruperat, u. frumentum aspernarentur quod ipsis n annonam afferebatur, et effunderent sæpe, nulla cura habita, extra fores. — Auctoris verba hoc loco corrupta sunt. Maucroixius, ad marginem suæ *Versionis*.

« *Quibus eos*. Scribe punctum ante *quibus*, et lege : *Quibus suos*. Id est, Quibus rebus. Boherellus.

Ut aspernarentur annonam. Mere scilicet frumentariam ; cum ex antecedentibus appareat, illos neutiquam armentorum ac pecorum carnes aspernatos esse : sed e contrario frumentum propter illarum copiam fastidivisse. Favet porro non sola versio anglica, quam superiori nota descripsimus, verum ea quoque rei *annonariæ* exactio, cujus noster capite 31 meminit ; cum ibi loci nulli armentorum pecorumve greges sub *annonæ* notatione contineantur, ut locum consulentibus patebit. Aliter tamen ad nostrum amplissimus Cuperus.

Et effundebant. Et effunderent. Edit. Ox. et Cant. — Mihi, propter sequentia, præferendum videbatur, *Æs effundebat*. Militare scilicet, seu pecuniam illam, quæ in stipendium militum de ærario a tribunis ærariis adnumerari quæstori solebat, ut locutus est Asconius, et quam denique non infrequenter æs sine addito dictam fuisse, ostendit notissima locutio, *ære dirutus miles*, de milite, cui stipendium ignominiæ causa non dabatur, quodque adeo diruebatur in fiscum, non in militis sacculum.

Cum lites (vel *satellites*) *universos. Cum milites universos*. Edit. Aboensis.

Cum lites. Ibi est mendum. Allix.

Lites. Lege : *milites*. Vossius. — Legendum : *milites*, vel *satellites*. Ed. Ox. et Cant. — *Cum satellites universos* malim legere quam *milites*, quia *universis* illa contulisse dona Imperator dici nequeat, cum gregariis et tyronibus, qui tamen et ipsi milites, argentum tantum dederit. Tollius.

Cum lites. Emendo : *dum comites*. Gale; quod eodem recidit.

Expungerent. Expungeret. Editio Aboensis. — Subest hic loci mendum, nec in ipso tantum verbi numero, sed et, ut mihi videtur, in signification. Scribendum itaque, *excoleret*, id est, *demulceret;* quam quidem conjecturam confirmat illud Ruflini cap. 17, lib. VIII, a Baluzio citatum. « Unde et montes auri, ut ita dixerim, congregatos familiaribus suis ac satellitibus largiebatur. » *Expungere* enim militibus additum nihil aliud significat, quam eos albo militum erasos militia solvere. Edit. Ox. et Cant. — *Expungerent*. Forte *expleret*. Tollius. — Corrigo : *emungeret*. Gale. — Malebam Tertulliani verbum *expingeret*, id est, *exornaret*, aut aliquid tale. « Quanto autem blasphemabile est, si quæ sacerdotes pudicitiæ dicimini, impudicarum ritu procedatis cultæ, aut expictæ, » inquit ille, lib. de Cultu fœmin. cap. 7, et paucis interjectis. « Thamar illa quia se expinxerat et ornaverat, id circo Judæ suspicioni visa est quæstui sedere, » et sic sæpius alibi. Imo idem capite extremo, quomodo nunc *pretiosis vestibus et aureis nummis expingeret*, legi posse credimus, non dissimili ratione « serico probitatis, byssino sanctitatis, atque purpura pudiciæ pigmentari » dixit, his verbis : « Vestite vos serico probitatis, byssino sanctitatis, purpura pudicitiæ. Taliter pigmentatæ Deum habebitis amatorem. » Intelligo autem per *aureos nummos*, aurea numismata e collo appensa, qualia interdum multi in aulis Principum gestare cernuntur.

Nam quod viventium, bona, etc. Cui affine est illud Salviani : Latrones hoc quidem proverbio uti solent, ut quibus non auferant vitam, dedisse se dicant. Edit. Ox. et Cant.

Dono suis. Bene itaque *suos*, pro *eos*, viri docti pag. præc. reposuerunt.

Nescio, an agendas illi fuisse gratias putem. Je ne sais s'il me mérite pas quelque louange. Maucroix. — Cui ergo legendum potius esse, *an non agendas*, quam *an agendas*, visum est.

CAPUT XXXVIII.

Illud vero capitale, et supra omnes qui fuerunt corrumpendi cupiditas, etc. Locus male affectus, sed facile sanandus. Lego modo, et distingue : « Illud vero capitale ei supra omnes qui fuerunt, » vel forte etiam, « Illud vero capitale ei, et supra omnes qui fuerunt, corrumpendi cupiditas, quid dicam nescio, nisi cæca et effrænata.» Hoc est, illud vero in Maximino, longeque supra omnes qui unquam vixerunt mortales, capitale fuit, quod cæca et effrænata corrumpendi sequioris sexus cupiditate laboraverit. Nobiscum porro distinguebant post *fuerunt* editio Aboensis et Galeus; sed illa quidem pessime alias, nec uno pacto in hunc modum, « Illud vero capitale, et supra omnes qui fuerunt ; corrumpendi cupiditas, etc. »

Exprimere pro indignatione sua. Leg. *exprimires*, etc. Edit. Oxon. et Cant.

Pro indignatione sua. Id est, secundum versionem anglicam, pro indignatione quæ inde debet concipi : *for the indignation which this mustgive*.

Pro indignatione sua. Emendo, *pro dignatione sua*. Boherellus.

Pro indignatione. Lege , pro *indignitate*. Tollius, item Gale.

Eunuchi, lenones scrutabantur omnia. Elegantissimum ἀσύνδετον, quale et istud Dictis Cretensis lib. v, de Bello Trojano : *Itaque singuli, plures, uti quisque occurrerat, benigne adeunt*. Observo autem, ut ex utroque exemplo appareat nil obesse, quominus apud

Paulum, 1. Cor. vii, 22 pro vulgata distinctione : ὁ γὰρ ἐν κυρίῳ κληθεὶς δοῦλος, ἀπελεύθερος κυρίου ἐστίν, altera ista, qua dudum utor, usurpetur, ὁ γὰρ ἐν κυρίῳ κληθεὶς, δοῦλος, ἀπελεύθερος, κυρίου ἐστίν; « Qui enim in Domino vocatus est servus, libertus, Domini est. » Nam non obstare certe totius loci sententiam vel connexionem, sed plurimum e contrario favere, liquido tota complexio sic demonstrat : « Unusquisque, in qua vocatione vocatus fuit, in ea maneat. Servus vocatus es? ne sit tibi curae : sed si potes etiam liber fieri, potius utere. Qui enim in Domino vocatus est servus, libertus Domini est: similiter et qui liber vocatus est, servus est Christi. » Qua de re plura alibi, Deo dante.

Nobilibus fœminis. Quidni potius *nobilibus matronis* cum Ruffino apud Baluzium. Hic sane *fœminæ* distinguuntur a *virginibus* : Detrahebantur nobilibus fœminis vestes, itemque virginibus. » At Latinis *fœminæ* non solæ sunt quæ viris junctæ sunt, sed et virgines. Glossaria Labbæi, *Fœmina*, θήλεια, quam vocem vulgo per *fœminea*, seu *quæ fœminei sexus est*, interpretantur, quod virginibus quoque proprium.

Per singulos artus inspiciebantur. Non absimilis olim Persarum licentia, et hodie Turcarum, atque item Persarum. Tollius.

Detractaverat. Detrectaverat. Edit. Oxon. et Cant. —Sed jam noster capite 9, *detractaret*, et in decimo similiter *detractassent* usurpavit.

Adultero. Editio. Ab. *adulterio.* Mendose.

Sub hoc ministro pudicitiæ integritas nulla, nisi, etc. « Sous ce monstre, la difformité était le seul asile de la pudeur. » Maucroix. — Under this monster, there, was no other security for modesty, but ugliness. Burnetus. —Quos patet ergo pro primis verbis *sub hoc ministro, sub hoc monstro* legisse. Nec male profecto, cum vulgata lectio ferri nequeat. Quo enim bono sensu *sub hoc ministro* de eo homine dici posset, qui *princeps* erat, et de quo reapse noster post paucula, *sub tali principe?*—*Sub hoc ministro.* Id est, sacerdote, per ironiam. Tollius.—De *pudicitiæ sacerdotibus*, si forte τὸ *pudicitiæ* vir doctus pro genitivo casu ad τὸ *ministro* pertinente habuit, probe memini quid in antecedentibus ex Tertulliano adduxerim. « Quanto autem blasphemabile est, si quæ *sacerdotes pudicitiæ* dicimini, impudicarum ritu procedatis cultæ, non ad expictæ? » Sed quanam nunc ratione Maximinum noster per magnam ironiam *pudicitiæ ministrum*, id est, interpretante Tollio, *sacerdotem*, dicere potuerit, nec video equidem, nec capio. Partim, quia *pudicitiæ minister*, et *pudicitiæ sacerdos* non eædem sunt locutiones. Partim vero, quoniam, ut cætera hujus capitis admodum seria sunt, vix hæc portio queat esse ironica. Putem itaque, vel cum clarissimis interpretibus legendum, *sub hoc monstro, pudicitiæ integritas nulla ;* aut aliquanto ulterius eadem via progrediendo, *sub hoc monstro impudicitiæ, integritas nulla, nisi*, etc.

In omnibus nuptiis prægustator esset. In quibus nempe nova nupta non esset insigniter deformis, ut antecedens exceptio postulat.

Prægustator. Notant per Africæ extrema et Indiam peregrinati morem illic locorum pervulgatum esse, ut sponsarum virginitas a regibus vel sacerdotibus delibetur. Quin et in Africa peregrini, si recte memini, in regno Mosambique, ad id officium maritis, seu sponsis, præstandum multo cum verborum honore invitantur. Apud nos autem Trajectinæ potæ affixam proscriptionem nobilis dominii ante aliquot annos legi, quæ inter cætera jura et privilegia, jus etiam deflorationis novarum nuptarum continebat, quæ tamen pecunia a domino loci posset redimi. Tollius.

Imminutas. Baluzius (in indice scilicet erratorum suæ primæ editionis ; in hac enim plane aliter, pag. 332, col. 2), legere malit *invitas*, nulla, quod sciam, ratione. Siquidem cum Maximinus *prægustator* fuerit in omnibus nuptiis, *imminutas* nihil aliud sonat, quam *præfloratas.* Edit. Oxon. et Cant.

Comites ejus. Les grands Seigneurs. Maucroix ; id est, Magnates. *His courtiers.* Versio anglica. Hoc est, ejus aulici.

Imitabatur... Imitabantur... Editio Abo. item Pagius. — Emendo, *initiabantur.* Gale.—Supple, *imitabantur exemplum et...* Edit. Ox. et Cant.—Corrigo et suppleo, *mœchabantur libere, et civium.* Abbas a S. Hilario, canonicus Bellovacensis.

Suorum cubilia... violabant. Elegans et modestum dicendi genus, ipsique adeo Scripturæ familiare, pro quo sine tanta circuitione Maucroixius, « subjectorem suorum uxores ac filias cum eadem insolentia tractabant. » Recte tamen. Sic enim Gen. xlix, 4 : *Ascendisti cubile patris tui : polluisti stratum meum*, pro concubuisti cum Bilha concubina mea. Nec dissimili sensu Paulus in Ep. ad Hebr. xiii, 4 : *Honorabile* (sit) *connubium in omnibus, et cubile impollutum :* vel cum Vulgata, *et torus immaculatus : fornicatores enim et adulteros judicabit Deus.*

Ne recusari licebat. Leg. *nec recusare.* Vossius.— Concinit Versio anglica , *The father durst not refuse it.* Ad verbum, *nec audebat pater recusare.*

Stipator in latere. Malim , *a latere* : unde et *latrones*, quasi *laterones*, milites a latere. Tollius.

Tous ses gardes. Maucroix.—*Domesticks or guards.* Tral. anglica.

A Gothis. Qui ripam Istri incolentes, ea occasione usi, patrem viciniæ provinciæ invaserunt, indigenis expulsis. Edit. Ox. et Cant.

Tempore vicennalium. Diocletiani nempe. Quod merito suppletur in versione anglica, *in the twentieth year of Diocletians Reign.*

Maximiano se tradiderunt. Lege, *tradiderant.* Tollius.

Maximiano. Imo *Maximino.* Maucroix. Prout saltem ex ejus versione colligere est ; *se donnèrent à Maximin.*

Protectoribus. Ut is ipse scilicet, cujus ita *satellites* erant, et *in latere*, vel *a latere stipatores, protector* quondam fuerat. Cap. 19 : *Daia vero sublatus nuper a pecoribus et sylvis, statim scutarius, continuo protector*, etc. Ad quem locum, quæ de *protectoribus* dicere habebamus, jam diximus. Adde tantum, si tibi vacat, Gruteri inscriptiones, pag. 371. Ins. vi et p. 542, Ins. vii et viii atque alibi.

Orientem ludibrio habuit. Bene. Nam sanum est igitur, prout supra arguimus, initium capitis 36 : *Quo nuntio Maximinus audito, dispositis ab Oriente cursibus pervolavit, ut provincias occuparet ;* mireque simul conveniunt extrema verba, capitis 19 : *Daia vero.... accepit Orientem calcandum et conterendum,* cum hac nostri clausula, *Orientem ludibrio habuit.*

CAPUT XXXIX.

Ut fas putaret quicquid concupisset. Respici hic poterit Historia Juliæ et Caracallæ. Tollius.

Concupisset. Ciceronis imitatione, qui pro Quintio, sicut tu, ait, *semper summe concupisti ;* et in Phil. *charitatem civium et gloriam concupisse ;* licet idem alibi tam *concupierat*, quam *concupiverunt*, et similia multa usurpaverit. Quid ? quod nostro *prodisset, obtisset, dormisset, quæsisset, sepelisset, redisset,* cæteraque id genus, familiarissima sunt, et propemodum perpetua.

Ne ab Augusta quidem, quam nuper appellaverat matrem, etc. Id est, secundum versionem anglicam, ne ab imperatrice quidem Valeria, quæ Maximiani vidua erat, et quam suam adoptione matrem agnoverat. *He had aknowledged the Empres Valeria, that was Maximians wviddow, his adopted mother.*

Post obitum Maximiani. Post obitum Galerii. Maucroixii versio.

Ad eum. Ad Maximinum. Eadem.

In partibus ejus. In Orientis partibus ergo, ut noster docuit in fine capitis 36, cum de Maximino, et regionibus ubi Maximinus ante Galerii obitum vixit et imperavit, agueretur. Sed perrarum, opinor, ut regio, in qua quis degit *ejus partes* vocetur, nisi cum ipsum coram vel per litteras alloquimur : *iter in tuas partes teneso; adhuc in tuis partibus eram,* et hujusmodi alia.

Animal nefarium. Ut capite 4, *execrabile animal Decius.*

Adhuc in atris vestibus erat mulier. Quoique la princesse n'eût pas encore quitté le deuil. MAUCROIX. Ad verbum, *Etsi nundum Augusta luctum deposuisset.* Nec male sane, cum pro latina locutione, *lugubrem vestem deponere*, hæc quotidie apud Gallos ambulet, *quitter le deuil;* id est, ut alias plenius loquuntur, *ses habits de deuil*. In qua itaque *luctum* pro vestibus vel veste luctus, hoc est, luctui convenien.e, luctus teste et indice, adhibemus. Mirum tamen, ut id obiter dicam, non vertisse potius Maucroixium, *Elle était encore en noir*, cum quod interdum iidem Latini, uti hic, in *atris vestibus esse*, al bi vero *atratum esse*, et alibi rursum *pullatum esse*, dicere soli sunt, id vulgo et æque bene vocietatur a nostratibus *être en noir* (in atro esse, vel in atris, subaudiendo *habitu,* vel *vestibus*), atque *être en deuil*, esse in luctu, hoc est pariter, in habitu luctus, seu vestibus indutum lugubribus. Sed itane etiam aliæ gentes ? Judæi certe, si non alii, quo rem proprie deductam volebam, propter subjecta Scripturæ loca, quibus, quæ jam posuimus, lucem afferent. Ezechiel, VII, 27 : שמח חמלך יתאבל וְנָשִׂיא לְבַשׁ, *Rex lugebit, et princeps induetur mœrore.* Hoc est, vestibus mœroris, mœrori consentaneis, mœstum Principem decentibus, qualis ille saccus v. gr. de quo apud Jonam III, 5, 6. *Crediderunt viri Ninivitæ in Deum, et prædicaverunt jejunium, et vestiti sunt saccis a majore usque ad minorem. Et pervenit verbum ad regem Nínivæ; et surrexit de solio suo, et abjecit vestimentum suum a se, et indutus est sacco, et sedit in cinere.* Ezechiel rursum XXVI, 15, 16 : *Hæc dicit Dominus Deus Tyro... Descendent de sedibus suis omnes principes maris, et auferent exuvias suas, et vestimenta sua varia abjicient,* וְלָבְשׁוּ חֲרָדוֹת, *stuporibus induentur, in terra sedebunt, et attoniti super repentino casu tuo admirabuntur.* Id est, quoque, vestimentis, stupefacti animi indicibus, amicientur : quod contra David, Psalmo XXIX, 12 : *Vertisti,* inquit, *planctum meum in chorum mihi : solvisti saccum meum, et accinxisti me lætitia,* שִׂמְחָה תְּאַזְּרֵנִי, cum dicere vellet, *accinxisti me vestibus lætitiæ,* seu lætitiam præ se ferentibus, quæ cæteroquin id ætatis *candidæ* esse solebant in Judæa. Eccles., IX, 7, 8 : *Vade ergo, et comede in lætitia panem tuum, et bibe cum gaudio vinum tuum, quia Deo placent opera tua. Omni tempore sint vestimenta tua candida.* Confer, si vacat, insignem locum extremæ fere Ciceronis orationis in Vatinium, ubi Tullius inter reliqua : « *Illud etiam scire ex te cupio,... qua mente feceris ut in epulo Q. Arii,* familiaris mei, cum toga pulla accumberes?.... cum unquam cœnavit atratus?... cum tot hominum millia accumberent, cum ipse epuli dominus, Qu. Arius, albatus esset, tu in templum Castoris te cum C. Fidulo atrato, cæterisque tuis furiis funestum intulisti, etc. »

Mulier. Vox nonnunquam contemnentis, ut quando Chremes apud Terentium, uxorem suam Sostratam alloquens, *Oh ! pergin'*, ait, *mulier esse?* Eadem alias non raro irascentis est; ut cum Christus apud Joannem in Evangelio matri suæ indignans, *Quid mihi,* inquit, *tecum rei est, mulier?* Ille vero, ubi nulla contemptus vel iræ Cecilio nostro occasio est, *mulier* manifeste vicem pronominis *ea*, vel *illa*, sustinet; plane, ut in istis Horatii versibus :

Est re marito
Matronæ peccantis in ambos ista potestas?
In corruptorem vel justior? Ille tamen se
Non habitu mutatve loco, peccatve superne
Quum te formidet mulier.....

ubi ultima verba ni il aliud, quam *cum ea te formidet,* sonant : quod a doctis ante nos observatum, imo, alibi *homínem*, pro eo vel *illo* similiter occur-

rere. — *Mulier. La Princesse.* MAUCROIX. *Augustæ* nomen, quod præcessit repetens.

In matrimonio postulat. Leg. *in matrimonium.* BOHERELLUS, GALE. — Sæpius hoc vitium errore librariorum in Lactantii hunc libellum irrepsit, ut ablativus pro accusativo scriberetur. Corrige igitur, et lege, *in matrimonium.* TOLLIUS.

In illo ferali habitu. Id est mortuali, si hæc paucula veterum Glossarum conferantur : Νεκρικός, (sed lege potius, Νεκρικόν.) *Ferale,* Νεκρικόν, *Mortuale.* Mortuale autem est, quod ad mortuum pertinet, aut ob mortuum usurpatur.

Tepidis adhuc cineribus, etc. Ita fere Lucanus initio libri III :

Conjuge me lætos duxisti, Magno, triumphos;
Fortuna est mutata tori; semperque potentes
Detrahere in cladem fato damnata maritos,
Innupsit tepido pellex Cornelia busto.
COPERUS.

Cum inter cætera, quæ alibi vir amplissimus ad hunc locum pro summa sua eruditione notavit, simpliciter poni vidissem, veteres Romanos admodum sollicitos fuisse, ne sua, vel aliorum cadavera mutila cremarentur inhumarenturve, recordarer vero Paulum diaconum inter Festi fragmenta disertissime scripsisse : « *Membrum abscindi mortuo dicebatur, cum* digitus ejus decidebatur, ad quod servatum justa fierent, reliquo corpore combusto, » credidi, quod evenit, in bonam partem accepturum virum doctissimum, si per litteras rogarem, quo pacto laudata Pauli verba concilianda putaret cum contrariis Apuleii, Statii, et reliquorum testimoniis a se adductis. Respondit haud multo post, qua humanitate est, me non importune de Pauli loco quæstionem movisse, sed ita sibi breviter, re perpensa, conjiciendum censendumque videri. Primo, memoratam Paulo consuetudinem antiquissimam quidem fuisse, at non perpetuam, cum præter Paulum nullus scriptor exertam illius mentionem fecerit. Eam itaque, quantum divinare liceat, in tantam olim desuetudinem lapsu temporis abiisse, ut obsolevisset prorsus iis sæculis, quibus Statius, verbi gratia, et Apuleius vixerunt. Sed nec sibi deinde credibile esse, eumdem ritum, quantumcumque temporis duraverit, ubique simul terrarum obtinuisse; naturam enim, quoties ita digitus mortuis abscindebatur, violatam fuisse aliquatenus : unde citra dubium quamplurimi ab eo usu abhorruerint. Græcos certe nihil unquam istiusmodi fecisse; Romanos autem longe minus superstitiosos fuisse sub primis imperatoribus, quam antea. Præter quam quod mira semper fuerit vis et potestas temporis in talibus superstitionibus immutandis. Postremo, Kirchmanno quoque vetustam, de qua agitur consuetudinem non diutius visam durasse, quam sibi, quod hæc illius verba testentur : « Vero simile est etiam, membrum illud, quod familiæ purgandæ causa exceptum fuisse nec cum reliquo corpore in urna conditum supra diximus, his ipsis feriis antiquitus, quandiu mos iste duravit, terra fuisse obtectum. Atque ista sunt, lector, quæ tui gratia ex Gallico sermone in latinum convertenda credidimus, ne te idem forsan, qui nos stimulavit, scrupulus pungeret, ubi ad perillustrem Cuperi præfationem perveneris.

Patris ejus. Per adoptionem scilicet, τὸ *ejus* ad subintellectum *Maximinum* referendo ; quomodo recte Maucroixius, *par adoption père de Maximin*. Neque enim hic *pater* ea notione, qua capite 24 Constantius Constantini *pater*, proprie loquendo, vocatus est; uti nec qua capite 18, Diocletianus Galerii *pater*, id est socer, nuncupatur : sed qua vere, qui quempiam seu natum, seu necdum natum adoptavit, appellari solet illius pater. Quo libens ipse Mariæ dictum refero : *Ecce pater tuus et ego dolentes quærebamus te,* Luc. II, 48. Confer tralationem anglicam hujus loci, *his adopted father.*

Deinde illum impie facere, etc. *Que d'ailleurs il ne pouvait sans injustice,* etc. MAUCROIX. — Cui ergo τὸ *impie, inique* est. Mihi potius in*humaniter,* vel *crude-*

liter sonet; ut in fine capitis 29, *pater impius* patrem crudelem, inhumanum, immisericordem denotat.

Repudiet. Non quod tum reapse Valeriam repudiaret, aut jam antea repudiasset; præcessit enim, *ejecturus uxorem, si impetrasset* : sed quod repudiare cogitaret. *Repudiet* igitur, pro repudiare velit, aut aliquid tale; sicut proximo capite *necabatur*, pro neci destinabatur, ut tota loci series confirmabit.

Sine more, sine exemplo, maritum alterum experiri. Iis, quæ ad caput 39 et in epistola ad amplissimum Voetium de Augustarum secundis nuptiis noto, addere nunc possum, alias exemplum Valeriæ secutas non esse. Nam Eudocia, Constantini Ducæ, qui imperator factus est anno Christi 1059 conjux, licet morienti imperatori scripto esset pollicita, sese secundas nuptias non inituram, Romanum Diogenem Patricium, Sardicæ, ducem et magistrum, in secundum sibi maritum adscivit, isque simul imperator factus est. Galla Placidia, Theodosii Magni filia, Ataulphi regis uxor, remissa a Wallia, a fratre Honorio in uxorem datur Flavio Constantio patricio, anno Christi 418, etsi illum primo recusasset Placidia. Imo Faustina, Marci Antonini, cui philosophi cognomen datum est, uxor, eo non fuit animo. Cum Cassio enim in maritum conspiravit, conveniique cum eo, ut, ἄν τι ὁ Ἀντωνῖνος πάθοι, καὶ αὐτὴν καὶ τὴν αὐταρχίαν λάβῃ, Si quid Antonino accidisset, ipsa pariter et imperio potiretur, uti apud Dionem legimus. Julia, L. Septimio Severo mortuo, Caracallæ, cujus erat noverca, nupsit, testibus Spartiano, Victore et Eutropio. Verum Tristanus, t. 2, multis docere conatur, hanc historiam fabulis accensendam esse, et Juliam non fuisse novercam, verum matrem Caracallæ. Bina igitur hæc exempla parum faciunt ad refellendam Valeriam : sed tertium, idque evidentissimum nobis præbebit Lucilla Augusta, Antonini philosophi et Anniæ Faustinæ filia. Hæc enim in matrimonium data est L. Aurelio Vero, qui a patre Lucillæ particeps imperii et Augustus factus fuit. Illam, marito mortuo, et luctus, tempore nondum expleto, nubere fecit Marcus Claudio Pompeiano privato. Capitol. cap. 20 : Filiam suam, non decurso luctus tempore, grandævo equiti Romani filio Claudio Pompeiano dedit, genere Antiochensi, nec satis nobili; quem postea his consulem fecit, cum filia ejus Augusta esset, et Augusta filia : Sunt tamen nonnulla, quæ favent quodammodo hoc ipsa in re causæ Valeriæ. Nam non sua sponte, sed invita id fecit Lucilla. Capitol. *Sed has nuptias et Faustina, et ipsa, quæ dabatur, invitæ habuerunt.* Nisi quis censeat Lucillam ideo ægre patri obsecutam esse, quia Pompeianus erat grandævus, nec satis nobilis; cum alioquin mulier procax, et a Veneris blanditiis nequaquam aliena, non videatur recusatura fuisse nuptias, quæ magis dignitati illius convenirent. Deinde illud observandum, Galerium Maximianum, postquam seniores Augusti Diocletianus et Maximianus Herculius purpuram deposuerant, eorumdem cum Constantio Chloro locum occupasse : at L. Aurelium Verum juniorem semper Augustum fuisse. Jam constat juniores Augustos magna reverentia prosecutos esse seniores; adeo ut tamquam Cæsares et legati ipsorum forent, nec propterea tam ampla auctoritate et potestate præditi, licet iisdem titulis et insignibus uterentur. Imo hoc ipsum ex historia M. Aurelii et L. Aurelii Veri patet, uti præclare docet Henr. Dodwellus in dissertatione erudita, *De Romanorum pontificum primæva successione*, c. 14. CUPERUS.

Iniquus sim admodum, si quam docte et curiose hic et alibi vir amplissimus de secundis Augustarum ante et post Valeriam nuptiis in utramque partem disseruerit, non ingenue agnoscam, et planissime profitear. Sed superest tamen etiam nunc hæc difficultas : Cur Valeria adeo præfracte illam antea sui loci et nominis fœminam *alterum maritum expertam fuisse*, negaverit, cum jam id ævi exempla aliquot in contrarium suppeterent ? Ubi si quis dicendum

A existimet, ea forte exempla ignota penitus fuisse Valeriæ, vel non satis utique præsentia ejus animo, quando Maximini legatis respondebat, possit quidem alterutrum facile verum esse. Vellem interim, novus aliquis hujus libri manuscriptus codex reperiretur. Quid si enim vetus lectio fuerit, *maritum ex filiis alterum experiri*, ut apud Plinium; *memini tamen me advocatum ex judicibus datum*? Habebat certe jam tum temporis filios duos Valeria, si non ex se natos, a se saltem et marito Galerio adoptatos; *Candidianum* scilicet, quem ipsa *ex concubina genitum ob sterilitatem adoptaverat*, quæ verba sunt capitis 50 et deinde quoque *Maximinum*, qui, quamvis a Galerio proprie adoptatus (unde paulo ante etiam Valeria : *tepidis adhuc cineribus mariti sui, patris ejus*), erat tamen eo ipso filius Valeriæ : unde noster de illo recentissime, ne ab Augusta quidem, quam nuper appellaverat *matrem*, potuit temperare ; ut omnino Valeria *maritum ex filiis alterum expertura* fuisset, si secundis nuptiis cum Maximino fuisset conjuncta. Eo magis, quod cum olim Mævium, verbi gratia, alteruter conjugum nominatim adoptaverat, Mævius alterius simul conjugis filius nominabatur. Capite 35 : « Post dies paucos, (Galerius) commendatis Licinio conjuge sua et filio (supple suo, eoque Candidiano) atque in manu traditis, etc. » licet, accurate loquendo, Candidianus non adoptivus esset filius Galerii, sed Valeriæ. At hic rursus Juliæ exemplum, quæ post Severi mortem privigno suo Caracallæ, aut, ut alii malunt, filio nupsit, importune negotium facessit. Quare ubi pedem secure figam non video.

Homini. Pro quo Versio anglica, *Maximino* : Maucroixius autem *Imperatori* habent. Possit commode ex antedictis pro *illi* sumi.

Mulierem, etc, *Her.* tralatio anglica. Id est, eam; quod nostram præced. notulam confirmat.

Spadones in tormentis necat. Supervacua hic præpositio, et delenda est. TOLLIUS. — *Il fait mourir ses esclaves dans les tourments.* MAUCROIX. Ad verbum, *curat illius servos necari in tormentis.* — *He tortured some of her eunuchs.* Versio anglica. Id est, aliquot ex ejus eunuchis ad mortem usque torsit.

Ipsam cum matre in exilium, etc. Nempe cum Prisca, Diocletiani uxore. PAGIUS.

Amicas ejus. Leurs amies. MAUCROIX. Hoc est, amicas earum, contra libri fidem ; imo et contra totius fere sequentis capitis auctoritatem, ubi non *Priscæ*, sed *Valeriæ* tantum amicæ recensentur et describuntur. Melius ergo clarissimus Interpres anglicus , *such women as were dearest to her*. Id est breviter, ejus amicas.

CAPUT XL.

Suspicabatur. Maximinus scilicet, uti merito suppleverunt interpretes.

Dat negotium Præsidi Eratineo, ut, etc. Cicero in Verrem : *Dat amico suo cuidam negotium... ut diligenter caveret.* Quam etiam phrasim Tullius alibi, atque una cum illo Cæsar, Terentius, Sallustius usurparunt. *Dare negotium, ut provinciam tradere, in mandatis dare*, et si qua sunt similia.

Quarum altera Vestalem famulam virginem Romæ reliquerat. Dont l'une avait laissé à Rome une de ses filles de chambre pour vestale. MAUCROIX. Tamquam noster scripserit : *Quarum altera unam ex famularum suarum numero Vestalem virginem Romæ reliquerat.* — *Vestalem famulam virginem.* Imo, *Vestalem filiam virginem.* BOHERELLUS. — Concinit Versio anglica in hunc modum : *The one was mother to one of the vestal virgins of Rome* : altera mater erat unius ex virginibus Romanis vestalibus. Sed adhuc aliter Cuperus.

Non minus Augustæ proxima. Ita quoque editio Aboensis. Cæteræ omnes cum manuscripto codice, *non nimis* : unde jam docti in varia abiere.

Non minis. Rescribendum puto : *nonnihil.* Anonymus in edit. Ox. et Cant.— Emendo, *non minus.* GALE.— *Non minus Augustæ proxima.* Sic recte viri docti, uti et Heinsius legendum esse conjecerat

Dicitur autem *proxima Augustæ*, quæ erat inter interioris admissionis amicas Augustæ; ut *proximus epistolarum*, qui scrinio epistolarum præerat, *proximus memoriæ*, *proximus libellorum*. Illa dignitas dicebatur *proximatus* in Cod. Theod. De quibus multa docte notavit Salmasius ad Alexandrum Severum Lampridii. GRÆVIUS. — *And was the Empresses Kinswoman*. Anglica versio; id est, et erat, vel fuit ex Augustæ propinquis. — *L'autre n'avait pas grand commerce avec l'impératrice*. MAUCROIX. Ad verbum, Altera non magnum habebat commercium cum Augusta. — Recte, meo judicio, et si melius adhuc vertere potuisset : *Mais elle n'approchait pas trop de l'impératrice*. Uno verbo, ex tribus Valeriæ amicis, quarum noster infelicem exitum hoc capite persequitur, Valeria primam, *tamquam matrem alteram diligebat*, sicut modo vidimus, quæ illius ergo amica erat intimæ admissionis. Secunda autem, licet non palam, *furtive tamen Valeriæ familiaris* fuit. Tertia vero, quanquam et ipsa ex Valeriæ amicis, fuit interim longe minus familiaris duabus aliis, adeoque nec propius ad Augustam accedebat; *non nimis* ergo *Augustæ proxima* eo nomine, sicut capite 26, *nec tamen nimium territus*.

Necabatur. Id est, ut cum Ammiano loquar, urgebatur necari. « Sed quidquid Cæsaris implacabilitati sedisset, id velut fas jusque perpensum, confestim urgebatur impleri. » Ammian., lib. XIV, initio fere.

Non ad judicium, sed ad latrocinium. Hoc est, interpretante Maucroixio, non ad judicem, sed ad latronem.

Invenitur quidam Judæus, etc. Qua arte nempe duo olim falsi testes contra Nabothum inventi fuerant inter Judæos Isrehele, 1, Reg. XXI, et qua rursum inventi postea pariter Hierosolymis inter Judæos, qui se Stephanum impie de Mose ac Deo loquentem audivisse, dicerent, act. VI.

Adversus insontes mentiatur. Hoc est, mentiri velit in tempore et loco, affingendo scilicet adulterium insontibus, et se ipsum cum illis rem habuisse, dicendo : unde paulo post : *Nec adultero impunitas promissa persolvitur*.

Judex æquus et diligens. Ironice dictum. Edit. Ox. et Cant. — Eadem ironia, atque qua Verrem Cicero sæpe laudat, ubi de singulari ejus injustia agit, qua innocentes opprimebat. TOLLIUS. — Mihi vix dubium erat, quin olim *Judex acutus et diligens* legeretur.

Extra civitatem cum præsidio, ne lapidibus obruatur, protulit. Judæum illum videlicet, cui Eratineus a populo lapidationem metuebat, si intra civitatem tam falsum contra honestissimas matronas testimonium dixisset. Sed aliter, fateor, clarissimi interpretes, cum non uterque solum τὸ *ne lapidibus obruatur*, ad Judicem Eratineum, qui sibi timuerit, referant, verum anglicus insuper post τὸ *protulit*, pronomen *eas*, vel *illas* suppleverit, ad tres nimirum Valeriæ amicas, imo quasi jam omnes intra civitatem damnatas respiciens, ducendasque duntaxat, quod superesset, ad supplicii locum extra muros. *Le Juge appréhendant d'être lapidé, s'il instruisait ce procès dans la Ville, il en sortit accompagné de gens armés*. MAUCROIX. — *The Judge who condemned them upon this evidence, carried them out of Town to their execution with a Guard; for he was affraid that he should have been stored by the people*. Versio anglica. Quæ omnia vix equidem crediderim consistere posse cum sequentibus, ubi Judæo, nonnisi demum extra civitatem posito tormenta irrogantur, quo dictæ mulieres reæ peragerentur ac damnarentur.

Nicææ. Editio Aboensis, *Nicææ*; quomodo scilicet apud Justinum, XII, 8, pro *Nicæam*, quæ merito vulgata lectio est, Juntæ *Niceam* legunt.

Inrogantur tormenta Judæo. Ut capite 1, *Mortem superbis inrogare*.

Deum quæ jussus...... loqueretur, pugnis, etc. Vir admodum reverendus lacunam hanc ita supplevit : *Dum, quæ jussus erat, crimina inferret, mulieres, si qua pro se loqueretur*, etc. — Malim : *Dum, quæ jussus fuerat, tamquam invitus loqueretur*, etc. ABBAS a S. Hilario. — Sic lacuna videtur expleri commode posse : *Dum, quæ jussus clam erat, palam eloqueretur*. NIC. HEINSIUS. — Distinguo, et suppleo : *Inrogantur tormenta Judæo, dum, quæ jussus esset, loqueretur. Pugnis*, etc. GALE. — Suspicabar ego, veterem potius lectionem fuisse : « Inrogantur tormenta Judæo; dumque quæ jussus fuerat (puta, dicere, respondere) loqueretur, pugnis coercentur innocentes, duci jubentur. »

Duci jubentur. Ad supplicium nempe : ut mox noster, « ad supplicium deductæ et Justinus XII, 11 : tredecim correptos manu sua ipse (Alexander) ad supplicia duxit. Id enim sæpissimæ duci ed deduci, simpliciter posita, valent. Tertullianus ad Scapulam, capite ultimo : Arrius Antoninus in Asia cum persequeretur instanter, omnes illius civitatis Christiani ante tribunalia ejus se manu facta obtulerunt; cum ille paucis duci jussis, reliquis ait, ὦ δειλοί, εἰ θέλετε ἀποθνήσκειν, κρημνοὺς ἢ βρόχους ἔχετε. Plinius in epistola ad Trajanum : « Interrogavi... an essent Christiani : confitentes iterum ac tertio interrogavi, supplicium minatus : perseverantes duci jussi. » Et noster supra, capite 13 : « Comprehensi presbyteri ac ministri, et sine ulla, etc. damnati, cum omnibus suis deducebantur. » Neque enim nunc aliud ejus loci supplementum, quod antea ex præcedentibus elici posse credidimus, probamus. Confer Cuperum, in voce *coercentur*; item Buchnerum ad laudata Plinii verba.

Contraxerat. Avait attiré à ce spectacle. MAUCROIX. Id est, attraxerat ad hoc spectaculum. — *Had broughe together*. Tralatio anglica. Hoc est, congregaverat, vel adunaverat : quod melius. Omnino enim Ciceroni, Livio, et aliis, *contrahere viros, milites, auxilia, pecuniam*, eadem sunt atque *congregare, adunare, colligere*; sicut e contrario *distrahere*, nonnunquam *separare* est. Florus, lib. 1, cap. 3 : « Tribus quippe illis (Curiatiis) vulneratis, hinc duobus (Horatiis) occisis, qui supererat Horatius, addito ad virtutem dolo, ut distraheret hostem, simulat fugam; » pro dividere, separaret, aut aliquid tale.

Promoti militari modo instructi velites et sagittarii prosequuntur. Ita dudum Baluzius ex conjectura, ad calcem suæ primæ editionis. Idem enim antea cum ms. codice in auctoris verbis, *promoti militari modo instructibile mens essagittari prosequuntur*; quæ et lectio primæ editionis Oxoniensis : unde brevi aliæ aliarum editionum lectiones; variæque simul doctorum observationes, quas jam proxime subjiciam, prodierunt. — *Promoti militari modo instructibile menses sagittarii prosequuntur*. Ed. Aboensis. — *Promoti militari modo instructibile mens effagitari prosequuntur*. Ed. Oxon. an. 1684, item Cantabr. et Pagius in Crit. Baron. ad an. Chr. 312, num. 11. — *Promoti militari modo instructibile*, etc. Ita legit Baluzius, *promoti militari modo instructi velites et sagittarii, utpote quod utrique levis sint armaturæ milites*. Ed. Ox. et Cant. — Legendum : *Promoti militari modo instructi, et Viennenses sagittarii prosequuntur*. VOSSIUS. — *Promoti militari modo instructibile mens essagitari proseq*. Portentose corrupta varie viri docti studuerunt emendare. Mihi videntur Lactantii hæc fuisse verba : *Promoti militari modo, instructi telis eas et sagittis prosequuntur. Promoti sunt Duces milites*, qui ad ordines sunt promoti per inferiores gradus, Lucanus :

Promotus Latiam gerit ordine vitem. GRÆVIUS.

Corrigo, *Promoti militari modo instructi, collinientes sagittas, proseq*. GALE. — Emendo, *præcedunt militari modo instructi equites, et sagittarii prosequuntur*. ABBAS a S. Hilario. — *Instructibile mens essagitari*. Nullo sensu. Legendum, *Instructi..... enses sagittarii*. ALLIX. — Mea symbola erat, emendandum esse, *promoti militari modo instructi pilo et ense. Sagittarii prosequuntur*. Hoc sensu : Promoti sunt ante matronas illas, qui militari modo pilo et ense instructi, tamquam prima acies procederent, sequente statim easdem acie altera sagittariorum. Et vero, cum proxima verba sint, *Ita mediæ inter cuneos armatorum ad supplicium deductæ*, manifestum inde est, Eratineum duas armatorum hominum catervas, ne dictæ matronæ de carnificum manibus raperentur, adhibuisse : unam, quæ illis ad supplicii locum ducendis anteiret ; alteram autem, quæ subsequeretur. Et quod rursum diserte Mamertinus in gratiarum actione pro consulatu, *Arma igitur*, ait, *et juvenes cum gladiis atque pilis non custodiæ corporis sunt, sed quidam imperatoriæ majestatis solemnis ornatus*, id, inquam, aperto pariter indicio est, potuisse recte, secundum nostrum, arma primæ turmæ *pila* esse et *enses*, cum coævus Mamertinus *pila et gladios*, quod idem est, de imperatoriis protectoribus loquendo, conjunxerit ; itemque Ammianus initio l. XVII, in hunc modum, *Quocirca forati pilis et gladiis cecidere complures.*

Inter cuneos armatorum. Qui omnes ergo pedites erant, contra quam paulo ante vir doctus ponebat. *Cunei* enim ex peditum multitudine in cunei formam redactorum constabant, ut ejusmodi cuneus in acie primo angustior, deinde latior procederet auctore Vegetio lib. II.

Nec adultero impunitas promissa persolvitur. Id est : sed Judæus ille, qui se cum matronis adulterium commisisse mentibus fuerat, data sibi prius fide ab Eratineo, non modo se nullas ficlitii illius adulterii pænas laturum, verum omnia etiam flagitia, ob quæ merito reus peragi plectique potuisset, falsi, quod dicturus erat, testimonii contemplatione condonatum iri, nequivit tamen promissa eorum impunitate gaudere. Is enim revera, quamvis omnis adulterii cum memoratis nobilibus fœminis admissi plane purus (unde noster in fine præcedentis capitis, « amicas ejus afficto adulterio damnat »), *ob alia* utique *facinora*, sicut hoc capite positum, *reus* erat. « Ce misérable, qui s'était déclaré complice de leurs adultères, ne jouit pas de l'impunité promise. » MAUCROIX.

Aperuit omne mysterium. Hoc est, ut ista cum sequentibus cohæreant, aperire cœpit ; mussitando v. gr., aliquid, quod, qui propius adstabant, audiverint, vel etiam exclamando. *Il découvrit tout le mystère*, inquiunt quotidie nostrates de verbo ad verbum ; ut omnino mirer, Maucroixium vocem integram, ne simpliciter verteret, de suo adjecisse, *il découvrit tout ce mystère d'iniquité*. — *Aperuit*, leg. *aperit*. TOLLIUS.

Sub extremo spiritu inquit omnibus qui videbant, innocentes occisas esse testatur. Scripsisse Lactantium censeo : « Sub extrema spiritu inquieto omnibus qui videbant, innocentes occisas esse testatur. » *Sub extrema* scilicet *hora*. Nic. HEINSIUS. — Mihi videtur *inquit* delendum esse. GRÆVIUS. — *Inquit*. Hæc vos παρέλκει, nisi forte legi debeat, *inquirentibus*. Ed. Oxo. 1684, item Cantabr. — Pro *inquit* lego *inique*. GALE. — *Sub extremo spiritu inquit*. Forte scriptum, *sub extremo spiritu linquente*. Malim tamen, *sub extremo spiritu, ingemiscentibus omnibus, etc.* TOLLIUS. — Emendabam, « et sub extremo spiritu inquies (vel inquietus) omnibus qui videbant, innocentes occisas esse testatur. » Ammianus certe lib. XXIX : « Procopius quidem inquies homo » etc., et Justinius, XLIV, 2 : « Velocitas genti pernix, inquies animus. »

CAPUT XLI.

Augusta vero. Valeria nempe, Galerii vidua. PAGIUS. — *L'Impératrice Valeria.* MAUCROIX.

Mittit ille legatos. Diocletianus scilicet ad Maximinum, quod ultimum ambo interpretes suppleverunt.

Eum. Maximinum nempe : quod perspicuitatis causa adhibitum in anglica versione.

Is quoque imperfecta legatione. Legendum, *perfecta legatione.* Nic. HEINSIUS. — Corrigebam, *is quoque illi, perfecta legatione*, etc, ut τὸ *illi* lapsu temporis in *im*, servatis tamen utcunque singulis litterarum ductibus, evaserit.

CAPUT XLII.

Eodemque tempore. Lege : *Eodem quoque tempore*, TOLLIUS. — Ita etiam legendum esse suspicatur Columbus.

Senis Maximiani. Herculii nempe. PAGIUS.

Senis. Quin et dudum, ne tibi forte sequentia imponant mortui. Testantur ultima verba capitis 30 : « Ita ille Romani nominis maximus imperator (Maximianus Herculius) .... eliso et fracto superbissimo gutture, vitam detestabilem turpi et ignominiosa morte finivit. »

Et imagines cum quo pictus esset detrahebantur. Emendo, *et imagines loco, quo pictus esset detrahebantur.* GALE.

‡ *Et imagines.* Forte deest *illius* propter sequentia. SPARKIUS, in Edit. Oxon. an. 1684.

Cum quo. Leg. *ubicumque*. VOSSIUS. — Vir reverend. rescribit *ubicumque*, Editiones Oxon. et Cant. sive Vossium, sive alium intellexerint. — Suffragatur versio anglica, *any where set up*. Aliter vero, quodque malim, Cuperus.

Senes ambo. Herculius scil. et Diocletianus. PAGIUS. — Recte. Sed Herculius quidem jam sat diu, ut tantum monebam, fato functus : Diocletianus vero adhuc vivus vidensque. De ambobus porro, pariter vivis, noster supra cap. 12 : « Qui dies cum illuxisset, agentibus consulatum senibus ambobus, octavum et septimum ; » brevius autem capite 20, « Maximianus (Galerius) postquam, senibus expulsis, quod voluit, effecit, » etc.

Cum videret vivus. Diocletianus nempe, initio præcedentis captis nominatus, et cujus nomen hic loci merito repetitum ab auctore tralationis anglicæ ad hunc modum, *Diocletian seeing this affront*.

Quod nulli unquam Imperatorum acciderat. Alias enim damnatorum principum imagines solemne erat dejicere, lutare, et scalis Gemoniis inferre, ut ex Plutarcho probat Casaubonus. Edit. Oxon. et Cant.

Duplici ægritudine affectus. Mentis nimirum et corporis. Corpus enim indubie morbo aliquo laborabat, quando tam irreverenter agi cœptum est cum communibus Diocletiano et Herculio imaginibus. Confer Cuspiniani verba, quæ Baluzius protulit.

Jactabat se huc atque illuc. Ad exemplum lugentis amicum Pelidæ ; de quo Juvenalis. TOLLIUS.

Viginti annorum felicissimus Imperator. Locus caute et benigne accipiendus ; quoniam vel jam ante decimum nonum plane affectum *felicitas a Diocletiano recesserat*, vel brevi utique post vigesimum inchoatum recessit. Recesserat quippe, non modo priusquam Diocletianus vicennalia ageret (quæ quidem prima die vigesimi anni, aut ad summum post duos menses ejusdem anni recentissime elapsos, celebrata sunt) ; sed etiam antequam ad eorum celebrationem Diocletianus ex urbe Nicomedia Romam ire fuisset aggressus. Noster enim supra disertissimis verbis : « Hoc igitur scelere perpetrato Diocletianus, cum jam felicitas ab eo recessisset, perrexit statim Romam ut illic vicennalium diem celebraret, qui erat futurus ad duodecimum kalendas Decembres : » adeo ut cum id itineris longissimum fuerit, et jam tum felicitas a Diocletiano, quando susceptum est, recessisset, Diocletianus manifeste felicissimus esse decurrente adhuc decimo nono imperii anno desiverit. Quomodo ergo *viginti annorum felicissimus imperator*, si stricte loquendum est ? Adeatur de aliis difficultatibus Cuperus.

Ad humilem vitam dejectus adeo et proculcatus injuriis, atque in odium vitæ dejectus. Quis credat, eodem in versu bis disertissimum Scripto rem eadem voce *dejectus* esse usum ? Nic. Heinsius conjiciebat in priori loco scribendum esse, *ad humilem vitam redactus*. Sed cum in *odium vitæ dejici* vix ferant aures Latinæ, cum optime dicatur *ad humilem vitam dejici*, censeo scribendum esse, *in odium vitæ deductus*. GRÆVIUS.

Dejectus adeo. Imo tribus vocibus, *dejectus a Deo.* Boherellus, item Gale; quæ et nostra jamdudum erat conjectura.

In odium vitæ dejectus. Malim, *adductus.* Vox enim *dejectus* statim præcessit. TOLLIUS.

Corrigo, *deductus.* GALE. — Emendo, *devectus.* BOHERELLUS. — Præfero, tam quoniam cæteris minus distat a vulgato *dejectus,* quam quoniam, cum de eo agatur, qui aliquando imperator extitit, elegans eo pacto fuerit oppositio, licet tacita, inter Diocletianum *provectum* olim *ad principale fastigium* (nam sic noster, capite 4 : *Quasi hujus rei gratia (Decius) provectus esset ad illud principale fastigium*) et eumdem Diocletianum *usque ad odium vitæ devectum.*

Fame atque angore confectus est. Alii eum morbo aquæ intercutis extinctum ferunt, alii veneno, Suidas suspendio. Ut ut se res habeat, periisse eum constat anno 312, ante nuptias Licinii et Constantiæ. Ubi Victorem redarguit Baluzius, qui Diocletianum ad festivitatem illam vocatum venenum hausisse asserit, eo quod mortem suspectaret dedecorosam. Edit. Oxon. et Cant. addente ultima, Vid. Valesii Annot. in Eccles. Hist. Socrat. lib. 1, cap. 2.

Creditum hactenus, Diocletiani mortem hoc anno (316) contigisse; ita enim scriptum a Zozimo, auctore Chronici Alex. et Idacio in fastis, qui sub hujus anni consulibus habet, Diocletianum diem functum esse *in Salona 3 nonas decembris.* Sed post librum Lactantii de Mortibus persecutorum in lucem emissum, eum initio anni trecentesimi decimi tertii interiisse, non dubitandum, cum Lactantius statim ac mortem ejus narravit, de interitu Maximini locuturus, capite 43 dicat : « Unus jam supererat de adversariis Dei, cujus nunc exitum ruinamque subnectam. Diocletianus itaque apte Maximinum extinctus... Victor autem in Epitome, quoad annum mortis, Lactantio suffragatur, licet in mortis genere discrepet : « Vixit, inquit, (Diocletianus) annos sexaginta octo, ex quibus communi habitu prope novem egit. Morte consumptus est, ut satis patuit, per formidinem voluntaria. Quippe cum a Constantino atque Licinio vocatus ad festa nuptiarum, per senectam, quominus interesse valeret, excusavisset, rescripsis minacibus accepis, quibus increpabatur Maxentio favisse, et Maximino favere, suspectans necem dedecorosam, venenum dicitur bausisse. » Quod ultimum fama tantum a Victore narratum, valde incertum. Sed quoad cætera, inter Lactantium et Victorem convenit, non solum Diocletianum et Maximinum anno trecentesimo quinto abdicasse, ut suo loco ostendi : sed etiam Diocletianum anno 313, ante L cinii nuptias et Maximini obitum sublatum fuisse. Nam ab anno 305, ad annum 313, utroque extremo incompleto pro integro numerato, anni sunt novem, quibus Diocletianus privatam vitam duxit. PAGIUS.

CAPUT XLIII.

Unus jam supererat de adversariis Dei. Maximinus nempe, secundum hanc adjectionem Anglicam, *Namely Maximin.* Maximinus Daza. Edit. Oxon. et Cant. — Recte omnes; quanquam, quod miraberis, in hoc toto capite, ubi ex professo, nec paucis de *Maximino* disseritur, ne semel quidem *Maximini* nomen cernatur. Sed quos noster utique *adversarios Dei* nuncupavit, Maucroixius non male *adversarios Christianorum* interpretatus est. Et Baluzius porro, cum eorumdem *Dei adversariorum* catalogum texeret, nullo loco Constantinum Chlorum cæteris accensuit, quod contra clarissimum Meldensem episcopum observamus.

Exitum. Exitium. Editio Aboensis, incerta causa, vel auctore. Nihil enim de istac emendatione Columbus in suis notis. Certum est, undecumque veniat, non esse contemnendam, et *exitium* quoque optime cum *ruina* conjungi. Sed quidni interim vulgata lectio melius servetur, ob consimilem locum primi capitis : « Qui templum sanctum everterant, *ruina* majori ceciderunt; qui justos excarnificaverant, cœlestibus plagis et eruciatibus meritis nocentes animas profuderunt..... De quo *exitu* testificari placuit, ut, etc. »

Quia prælatus ei a Maximiano fuerat, etc. Quando scilicet Galerius Maximianus, qui certo certius hujus loci *Maximianus* est, Licinium, præterito Maximino, imperatorem nuncupavit. Unde noster initio cap. 32 : « Nuncupato igitur Licinio imperatore, Maximinus iratus, nec Cæsarem se, nec tertio loco nominari volebat; » paucisque interjectis : « et præscriptione temporis pugnat, se priorem esse debere, qui prior sumpserit purpuram. »

A Maximiano A Galerio. MAUCROIX. *Quoiqu'il eût conçu de la jalousie contre Licinius, que Galérius lui avait préféré.*

Licet nuper cum eo amicitiam confirmasset. Illam nempe, de qua noster cap. 36 . « Sed conditionibus certis pax et amicitia componitur, et in ipso freto fœdus fit, ac dexteræ copulantur. »

Et ipse Legatos, etc. Quid *et ipse* hoc loco sit, non assequor, cum nulla de quoquam præcesserit mentio, qui prior legatos ad urbem Romam miserit. Emendo igitur : *Eo ipse,* hoc est, *Ideo ipse*; vel *Eo ipso,* hoc est, *Ob id ipsum, legatos,* et quæ deinceps; nec dissimili ratione Cicero in De Finibus : *Hoc ipso, quod adest.*

Ad urbem misit. Romam misit. *Versio anglica.* — *Misit.* Rectius, *mittit.* TOLLIUS.

Occulte. Euseb. Hist. Eccles. lib. VIII, capite 14 : Πρὸς τὸν ἐπὶ Ῥώμης φιλίαν κρύβδην σπενδόμενος. Edit. Cant.

Scribit etiam familiariter. Id est, amice; ut sensus sit Maximinum non amicitiam tantum Maxentii postulasse, sed verba simul amicissima in eam rem adhibuisse. Maucroixius : *avec beaucoup d'honnêteté.* Quasi latina sint : Cum multo verborum honore, vel verbis honorificentissimis. Sed est certe τὸ *familiariter* in mille locis huic similibus *amicitiæ* vox, non *honorificentiæ.* Terentius, verbi gratia, in Heaut. act. 1, sc. 1 :

Tamen vel virtus tua me, vel vicinitas,
Quod ego in propinqua parte amicitiæ puto,
Facit, ut te audacter moneam, et familiariter.

Cicero de Amicitia : « Nihil enim turpius, quam cum eo bellum gerere, quocum fami iariter vixeris. » Plinius denique in epistolis : « Ipse sum testis, familiariter ab eo dilectus. »

Fit amicitia. Paucissimis nimirum, uti solet, initio conseiis et participibus; adeoque, dicere liceat, intra privatos parietes.

Utriusque imagines simul locantur. Statim nempe post illius amicitiæ conciliationem, in publicum rei testimonium, simulque Maxentiani de re ipsa gaudii.

Maxentius tanquam divinum auxilium libenter amplectitur. Quid amplectitur? An *Maximini societatem,* sicut supplevit Maucroixius? *Maxence regardait cette alliance comme un secours envoyé du ciel.* Sed *Maximini ergo societas* nominata fuisset in præcedentibus, ut e communi posset repeti. At ibi solam *Maxentii* societatem memoratam videmus. An *Maximini legatos* ? vel »cum anglica versione, *oblatam Maximini amicitiam?* Verum jam noster de Maximini legatis et amicitia loquendi finem fecit in antecedentibus, et ad collocatas simul Maximini Maxentiique imagines transivit his verbis : *Recipiuntur legati benigne, fit amicitia, utriusque imagines simul locantur.* Missas igitur Maximini imagines libenter et tanquam divinum auxilium amplexus sit potius ex nostri mente Maxentius, quam aliud quidvis, si verum præsentis loci sensum inquiramus : *Maxentius tanquam divinum auxilium libenter amplectitur.* Præsertim cum Romanis, verbi gratia, solemne esset *Pessinuntium simulacrum* tanquam divinum auxilium respicere : unde Herodiano τὸ ἄγαλμα Διοπετὲς vocatum. Et missæ porro Maximini imagines ad Maxentium, si quæ nunc possuimus bene vera sunt, uti olim Constantinus imaginem suam ad Galerium miserat, sed non pari modo receptæ. Nam Galerius utrum illam Constantini susciperet, deliberavit diu, sicut cap. 25 vidimus, et *in eo pene res fuit, ut illam et ipsum, qui attulerat, exureret; et suscepit denique admodum invitus.* Verum Maxentius Maximianas e contrario *tanquam divinum auxilium amplexus est.*

Jam enim bellum Constantino indixerat. Anno nempe 311. Nam bellum inter Constantinum et Maxentium, non anno 312, sed præcedenti inchoatum; cum auctor incertus panegyrici Constantino dicti, c. 21, testetur, *eam expeditionem annuam fuisse;* et Eutropius lib. x : « Id bellum quinto Constantini anno commotum esse. » At quintus Constantini annus die 24 Julii, anno Christi 311, absolutus est, eoque proinde anno bellum Maxentianum inchoatum. Recte autem Lactantius : « Jam enim (Maxentius) bellum Constantino indixerat; » licet contra laudato loco Eutropius : « Quinto Constantinus imperii anno bellum adversus Maxentium civile commovit. » Nam bellum illud revera a Maxentio indictum fuisse, etiam Zozimus, lib. II, nos docuit his verbis : « Maxentius occasiones gerendi adversus Constantinum belli quærebat, seque dolere propter obitum patris sui simulans, cui mortis causam Constantinus præbuisset... » Et Nazarius in Panegyrico Constantino Aug. dicto, c. 9, 10, 11 et 12, illud etiam bellum Maxentio imputat, et Constantini prudentiam ad illud evitandum pluribus laudat. *Ex Pagii Critica Baroniana, ad annum Christi* 312, *num.* 2.

Senem illum. Id est, vertente Maucroixio, senem Maximianum, de quo certe agitur, et qui alias pater fuit Maxentii.

Intestabilem (vel *exitiabilem*), etc. Hoc est, *detestabilem et invisam.* Edit. Oxon. anni 1680, item Cant. ad *discordiam*, quæ proxime nominatur, referendo. — Hoc est, *detestabilem et invisam.* Edit. Ox. an. 1684, quod, si menda non sit typographica, ad *senem illum* pertinet. — *Intestabilem.* Leg. *detestabilem.* Vossius. Item Gale, ad instar, inquit, τοῦ *detestabili*, in fine cap. 49. — Sed *intestabilis* quoque apud Sallustium, pro detestabili et execrando legitur. Locus est : « Nisi, quia illi in tanto malo turpis vita integra fama potior fuit, improbus intestabilisque videtur. » — *Intestabilem.* Cum in manuscripto sit *xtabilem*, legendum censeo : « inexpiabilem finxisse discordiam. » Græv.

Finxisse discordiam cum filio. Artes istius modi jam a temporibus Tarquinii Superbi notæ fuere; nec dissimile , quod in vita Augusti apud Suetonium legitur.

Tollius.

Sed id falsum. Nec id falsum. Gale. — Plane contra sequentia ; quod non capio. Quinam enim *sibi* vere *ac filio totius orbis imperium vindicare voluit* Maximianus Herculius, si, ex sequentibus, *id propositi habebat, ut et filio, et cæteris extinctis, se ac Diocletianum restitueret in regnum?* Utinam ergo mentem suam explicasset vir doctissimus!

CAPUT XLIV.

Jam mota, etc. Ab anno nempe 311, ut pluribus modo notatum.

Inter eos. Obscure dictum; pro quo planissime Interpretes : « Inter Maxentium et Constantinum. »

Patris sui exercitum receperat a Severo. Vide Constantini orationem ad Sanctorum cœtum, cap. 25, et Valesii annot. ibid. Edit. Cantab.

Patris sui. Maximiani. Maucr.

Suum proprium. Locutio melioris latinitatis amatoribus non prætermittenda; quippe quorum nonnullos vel de ista numismatis, quod ante triennium profugorum, quos vocant, nomine in hac Trajecto cusum est, dubitare viderim, omnes. ut. propria. viscera. excepti. quasi nimirum vitiosus inesset Gallicismus. Sed ne quidem apud Latinos, ut apparet, *suus proprius* loquendi genus vitiosum fuit. Firmant sequentia exempla. Julius Capitolinus in Antonino Pio : « In suis propriis fundis vixit varie ac pro temporibus. » Lactantius lib. v Instit., cap. 11 : « Alii *suo proprio* adversus justos odio. » Vopiscus in Firmo : « Marius Maximus.... Avidium.... non *suis propriis* libris, sed alienis innexuit. » Imo Cicero ipse de Oratore : « Crassus *sua quadam propria*, non communi oratorum facultate; » et ad Terentiam cum possessivo pronomine primæ personæ : « Ipsa calamitas communis est utriusque nostrum : sed culpa *mea propria* est. Idem tamen alibi , quod non negandum , copulam interposuit. Sic in Tuscul. Quæst. « *Propriis et suis* argumentis quæque res tractanda. »

De Mauris atque Italis nuper *extraxerat*. Lege *exstruxerat.* Sic supra , cap. 12 : *Acie structa.* Tollius. — Emendo, *contraxerat*, Gale.

Maxentiani milites prævalebant. Colligebam non ita diu , ex subjecto Justini loco (1), ubi perpetua conspicitur oppositio inter superstites Alexandri *pedites* et *equites*, nunquam τὸ *militibus consentiunt* Justino aliud esse posse in ejus verbis, quam *peditibus consentiunt*, adeoque Latinos interdum *militum* vocabulo pedestres copias ab equestribus distinctas significasse. Idque multa Livii loca similiter adstruere , viri docti ante nos observarunt. Sed procul dubio nihil est, quod hic *Maxentianorum militum* notationem eo modo restringat. Intelligantur ergo potius Maxentii copiæ pedestres et equestres simul, ex usu vocis notissimo ac vulgatissimo. *Hortatur (Alexander) milites suis scribere*, inquit , verbi gratia , Justinus , lib. XII , cap. 5, cum non solos pedites , qui de se durius opinarentur, cognoscere vellet Alexander, sed equites quoque. Idem historicus alibi : « Inde, *ait*, hostem petens (Alexander) milites a *populatione prohibuit*; » intellectis citra controversiam non solis *triginta duobus mille peditibus*, qui in Alexandri exercitu erant , sed et ejusdem *quatuor mille equitibus*, ut sequentia ostendunt. Adde nostri locum, qui capite 45 non procul ab initio legitur, simulque Cuperum.

Ad utrumque paratus. Eventum puta peremptorium, citam mortem, aut victoriam lætam, juxta illud Horatii :

Concurritur, horæ
Momento cita mors venit, aut victoria læta.

Firmat Justini locus, lib. VI, cap. 7 : « Nam ut videre, inter quæ, et pro quibus starent, aut vincendum sibi, aut moriendum censuerunt. » Quin et ista Ciceronis epistola ad Toranium luculentius est hujus loci commentarius. « Etsi , cum ad te scriberem , aut appropinquare exitus hujus calamitosissimi belli, aut jam aliquid actum et confectum videbatur, tamen quotidie commemorabam , te unum in tanto exercitu mihi fuisse assensorem , et me tibi , solosque nos vidisse, quantum esset in eo bello mali, in quo, spe pacis exclusa, ipsa victoria futura esset acerbissima, quæ aut interitum allatura esset, si victus esses, aut, si vicisses, servitutem. Itaque ego, quem tum fortes illi viri et sapientes Domitii et Lentuli timidum esse dicebant (et eram plane ; timebam enim, ne evenirent ea, quæ acciderunt) , idem nunc nihil timeo , et *ad omnem eventum paratus sum.* Cum aliquid videbatur caveri posse , tum id negligi dolebam : nunc vero , eversis omnibus rebus, cum consilio proficit nihil possit, una ratio videtur, quidquid evenerit, ferre moderate, *præsertim cum omnium rerum mors sit extremum.* »

Constantin résolu à tout ce qui en pourrait arriver. Maucroix.—*Having resolved to put all to hazard*, versio anglica.

(1) Lib. XII, cap. 3 : « Cum equites quoque idem fecissent, pedites indignati nullas sibi consiliorum partes relictas, Aridæum, Alexandri fratrem, regem appellant. Quæcum nuntiata equitibus essent, legatos ad mitigandum eorum animos, duos ex proceribus, Attalum et Meleagrum mittunt, qui potentiam ex vulgi adulatione quærentes, omissa legatione, *militibus consentiunt.* Tunc ad deleudum equitatum cuncti armati in regiam irrumpunt; quo cognito, equites trepidi ab urbe discedunt, castrisque positis, et ipsi pedites terrere cœperunt. »

Pontis Mulvii. Hodie, *Ponte-Mole.* MAUCROIX. — *Mulvii. Milvii.* PAGIUS. — Leg. *Milvii.* Editio Cant.— Leg. *Mylvii.* ALLIX.

Ad sextum kalendas novembris. Scribe, *a. d. sextum*, etc. TOLLIUS. — Maxentius, ut ex Lactantio liquet, 6 kalendas novembris, id est, 27 octobris, imperator Romæ appellatus est.... Suspicatus alias fueram, locum mendosum esse, ac legendum, *ad quintum kalendas novembris.* Sed locus libelli de præfectis Urbi, 6 *kalendas novembris. Annius Anulinus dies* 54, *P. V.* hanc suspicionem tollit. PAGIUS.

Maxentium vicit Constantinus 6 kalendas novembris, auctore Lactantio. Nec longe abit kalendarium Constantii a Bucherio editum. In eo enim ad 5 kalendas novembris habemus : *Evictio Tyranni*; ad 4, *Adventus Divi*; si tamen *tyranni* nomine *Maxentius* potius, quam *Licinius* sit intelligendus, ut est sane verisimillimum. DODWELLUS.

In veteri quidem kalendario Constantio imperante scripto, ad 5 kalendas novembris habetur : *Evictio tyranni*; ad 4 vero ejusdem mensis : *Advent. divi*; sed hæc verba non de Maxentio et Constantino, sed de Licinio et Constantino intelligenda, ut ex libello de Præfectis Urbi manifestum fit. In eo enim ad annum Christi 312 dicitur, 5 *idus februar.* Aradium Rufinum præfectum Urbi creatum esse, et 6 kalendas novembris Annium Anulinum. Quare 6 *kalendas novembris* Maxentius devictus, et alter Urbi præfectus a Constantino renuntiatus. Neque aliter locus ille explicandus. Falluntur ergo, quicumque verba laudata kalendarii Constantiani de Maxentio interpretanda volunt. PAG.

Quinquennalia terminabantur. Id est, notante Maucroixio, quintus annus regni Maxentii. *Cinquième année du règne de Maxence.* Quibus ista versionis anglicæ consentiunt : « The 27 of October was now near, which was the Anniversary of Maxentius's coming to the empire : and now his fith year was almost out. » — *Quinquennalia terminabantur.* Quæ solemnia die imperii natali celebrari mos erat. PAGIUS. — Lactantius nos docuit diem sextum kalendas novembris, seu diem vicesimum septimum octobris, imperii maxentiani natalem fuisse, cum imperatores eo die quinquennalia et id genus festa celebrarent, quo imperium inierant. *Idem alibi.*

Commonitus est in quiete. Proprium hoc verbum. *Moneri* enim dicuntur, quibus Deus aliquid per somnium imperat. Vide Inscript. Antiq. TOLLIUS.

Cœleste signum Dei. Mira periphrasis crucis ; nisi si ita explicare lubet, in cœlo visum Constantino signum, seu imaginem crucis, ut aliqui tradidere (1). Stratagema hoc Constantini non minus scitum, quam illud Philippi Macedonis, quo sacrilegos Phocenses protrivit. TOLLIUS. — *Cœleste signum Dei. Le signe adorable de la croix.* Id est, adorandum signum crucis. MAUCROIXIUS. Liberiore præfecto paraphrasi, et quæ interpretem partium studio nimis addictum spiret. — *The Divine Marck, the Sign of the Cross*, tralatio anglica; quasi dicas, Divinum insigne, Signum crucis.

Atque ita prælium, etc. Id est, atque deinde, vel atque postea. Non enim Christo mens fuit, ut Constantinus prælim eo ipso tempore, quo *cœleste Dei signum* notaturus erat in scutis, committeret, adeoque si planius loqui oportet, inter notandum : sed notaret ut primo; postea vero, notatis semel dicta littera clypeis, præliaretur. Confer quæ superius observavimus, item istum Spartiani locum in Severo. « Cinctum Severum calumniatus est, quod se veneno appetisset, atque ita interfecit, » *pro, deinde interfecit*, uti res clamat, et pridem monuit Erasmus. Vide rursum quæ ad verba capitis 49 : *Et sic hausit venenum,* dicemus.

Et transversa x littera summo capite circumflexo, Christo in scutis notat. Hæc, inquit Baluzius, ita intelligenda sunt, ut Christi Monogramma circumflexum

(1) Vox hic impia, impia, quæ sequitur, comparatio.

A fuerit in capite Labari, ut videmus in nummis veteribus. Ed. Ox. et Cant.— *Et transversa x littera Malim. Et transversam x litteram.* BOHERELLUS. — Distinguo, *Et transversa x littera, summo capite circumflexo, Christo in scutis notat.* GALE.— Optime vir perillustris correxit : *Transversæ x litteræ summo capite circumflexo Christum in scutis notat.* TOLLIUS.

Christo. Christum, Editio abgensis ; quod ego quoque legendum conjeceram. — « Et fit peindre sur ses boucliers un x avec un accent circonflexe, qui signifie Jesus-Christ. » MAUCROIX. — Negligentius dictum. Accurate enim loquendo, circumflexa littera x non *Jesus Christus,* Ἰησοῦς Χριστός, sed Χριστός tantum, Latine *Christus* per compendium notatur. — « And ordered the letter x with the letters of the name of Christ mixed in a Monogramme, to be drown on all their shields, » versio anglica.

Siæ Imperatore. Sine Maxentio, *versio anglica.*

Pari fronte concurrit. Concurrere in mille locis pugnare. seu præliari est. Horatius v. gr. in laudatis ante versibus :

B
Militia est potior. Quid enim? Concurritur : horæ
Momento cita mors venit, aut victoria læta.

Et Justinus, lib. III, cap. 5 : « Itaque tantis animis concursum est, ut raro nunquam cruentius prælium fuerit. » Sed tamen sæpe alibi eadem vox *simul aliquo currere*, vel *citato gradu iter emetiri* valet. Ita eodem libro et capite Justinus : « Lacedæmonii quoque eo conspiratius ad arma concurrunt. » Et noster cap. 45 : « Maximinus exercitum movit e Syria hyeme quam cum maxime sæviente, et mansionibus geminatis in Bithyniam concurrit debilitato agmine. » Accepio autem hic *pari fronte concurrere*, pro, eadem fiducia et alacritate, qua contra te veniant hostes, obviam illis ire : ut necdum scilicet de pugna utriusque exercitus sermo sit, qui mox tantum his verbis inchoabitur, *Summa vi utrinque pugnatur*, verum proprie de motu Constantini militum, qui ipsi quoque confidenter et festinanter contra Maxentianos ex adverso procedentes procurrerint ; nec sit denique hic loci minor differentia inter *concurrere* et *pugnare*, quam apud Justinum lib. IX, cap. 8, inter *procurrere in hostem*, et *manum conserere*, hac pericope *Patrii mos erat etiam de convivio in hostem procurrere, manum conserere*, etc. quæ duo certe plurimum differunt.

Et dux increpitatur. Et Maxentius increpitatur. Interpretes.

Velut desertor salutis publicæ. Ut quisque scilicet salutem partium, quas sequitur, vocare solet salutem publicam. Atque talis *desertor* fuit postea justissimo Dei judicio dux ille, idemque persecutor, qui cum in acie, cui intererat, aliter rem geri quam putabat videret, projecit purpuram, et sumpta veste servili fugit, ac fretum trajecit, ut in exercitu pars dimidia prostrata sit, altera vero vel dedita, vel in fugam versa, quod deserendi pudorem desertor imperator adeD misset. Eum autem sequentia tibi capite 47, *Maximinum* nominabunt.

Cumque repente populus Circenses enim natali suo et debita voce subclamat. Aliqua verba desunt. PAGIUS. — Locus mutilus. ALLIX. — Ita supplenda et distinguenda sunt hæc verba, « Cumque repente populus, (Circenses enim natali suo celebraverat), » etc. Edit. Oxon. et Cant.

Cumque repente. Legendum : *Cum repente.* BOHERELLUS. — Loco misere corrupto sic sanitatem restitui posse censebat Nic. Heinsius, si legatur : « Cunctusque repente populus, Circenses enim natali suo celebat, una voce subclamat. » GRÆVIUS. — Lege : « Cum repente populus (Circenses enim natali suo celebat) una voce subclamat. » Natalis hic est dies, quo imperium susceperat, quem paulo ante *imminuisse* dixit : ubi τὸ *imminuere* de proxime sequenti die accipiendum est. Sic supra cap. 35 : *Kalendis Martiis impendentibus*, dixit ; id est *proxime sequentibus.* Die vero illo natali *quinquennalia terminata* dicit noster, id est, primum imperii quinquennium finitum : quo exacto, ludi demum fiebant ipso die natali, qui primus alterius quinquennii sequentis. Frustra sunt, qui vocem *quinquennalia* aliter explicant, et pro ipsa festi solemnitate capiunt. TOLLIUS. — Reponebam : « Tumque, vel tuncque repente populus, Circenses enim natali suo dabat, edita voce subclamat Constantinum vinci non posse; » ut ex duabus vocibus *dabat*, *edita*, nullo sensu *debita* ab imperito et præcipiti librario factum fuerit. « Circenses dare, ut *natalia dare*, Ciceroni ; et *munus dare magnificentissimum*, Plinio. *Edita* autem *voce*, sicut idem Cicero lib. II Tusc. : « Quas hic voces apud Sophoclem in Trachiniis edit ? » Firmat nativa vis verbi *subclamandi*, seu, ut alii scribunt, *succlamandi*, quod proprie *acclamare* est. Livius lib. VI, ab urbe condita : « Obsecro vos,... putate me ex media concione unum civem succlamare. » Idem lib. III : « Hæc Virginio vociferanti succlamabat multitudo, nec illius dolori, nec suæ libertati se defuturos. » *Circenses* porro (supple, *ludi*) ex anglica versione sunt Hippodromi spectacula : « the spectacles of the Hippodrome. »

Qua voce. Legendum : *Hac* vel *Ea*. Editiones Oxon. et Cant. — Retine, *Qua*. BOHERELLUS.

Libros Sibyllinos inspici. Le livre des Sibylles. MAUCROIX ; id est, Sibyllarum librum, numero singulari, contra quam omnino oportebat. Adi, v. gr. Lactantium de Falsa religione, capite 6. Rectius ergo versio anglica : *The Sibylline books.*

Hostem Romanorum. Perplexa locutio, cujus mysterium aperit Cuperus.

Pons a tergo ejus sciditur. Quin et illius jussu, si Maucroixio credendum, ut vincendi necessitas animos suo exercitui adderet. *Il fit rompre le pont après lui, afin que la nécessité de vaincre donnât plus de courage à son armée.* Sed videntur sane sequentia plurimum adversari : « Ipse in fugam versus properat ad pontem, qui interruptus erat ; » cum nullo modo verisimile sit, Maxentium alia de causa ad eum pontem, elabendi gratia, properasse, quam quia non interruptum credebat. Quod si revera probabile, non interrumpi ergo jusserat.

Et manus Dei supererat aciei. Locus male affectus : quod vel ipsæ liberiores interpretum versiones non leviter monent. *Mais Dieu favorisait Constantin.* Maucroix. Hoc est, sed Deus favebat Constantino.— *And the hand of God appeared over the Armies*, tralatio anglica. Ad verbum, et manus Dei apparuit super exercitus.—Legendum forte : *Et manus Dei suberrat aciei.* Id est, sese huc et illuc per pugnantium ordines extendit, vim suam latenter contra Maxentii milites exerens. *Acies* enim sæpe pugna, seu prælium est. Cicero ad Torquatum : « Nam etsi queni exitum acies habitura sit, divinare nemo potest, tamen et belli exitum video. » Et 2. Tuscul. : « Non sentiunt viri fortes in acie vulnera. » *Suberrare* autem *aciei*, ut apud Claudianum *suberrare montibus*, his versibus :

Indigetes fluvios Italis quicumque suberrant
Montibus, Alpinasque bibunt de morte pruinas.

Maxentianus proterretur. Scilicet, miles. Malim tamen plurali numero, *Maxentiani proterrentur.* TOLLIUS.

Maxentianus. Imo, *Maxentiana*, acies nempe. BOHERELLUS.

Proterretur. Proteritur. GALE. — *Maxentius was beat*, Burneti versio ; ut plane videatur utramque manuscripti vocem hoc pacto emendasse : *Maxentius proteritur.*

Litteras deprehendit. Inter Maxentii chartas scilicet : *Among Maxentius es Papers he found Maximin letters*. Versio anglica.

Statuas et imagines invenit. Imperatorias nempe, quas Maximinus Maxentio miserat. *Eadem.* — Adde quæ nos supra de *statuarum* et *imaginum* discrimine partim diximus, partim indicavimus.

Senatus Constantino virtutis gratia primi nominis titulum decrevit, quem sibi Maximinus vindicabat. Quod Cæsar ante Constantinum creatus fuisset. PAGIUS. —*The Senat did Constantine the honour to order his name to be put first in order, before the other Emperours.* Anglica versio, hoc sensu : Senatus in Constantini honorem decrevit, ut ejus nomen cæterorum imperatorum nominibus præponeretur. Puta, in edictorum præfatione. — Non video ego, ut ingenue dicam, qua ratione eum sensum latina verba ferant. Corrigerem igitur libenter : « Senatus Constantino, virtutis gratia, primi nominis titulum decrevit, quem sibi Maximinus vindicabat, » hoc est, titulum, seu epithetum *Maximini*, quod a Maximino usurpabatur, et una semper fuit e præcipuis Jovis appellationibus ; ut in posterum nempe Constantinus haud simpliciter *Imperator*, sed *Imperator Maximus*, et *Constantinus Maximus* vocaretur. Firmat finis capitis, ubi non, *Cognito deinde senatus decreto sic exarsit (Maximinus) dolore, ut inimicitias aperte profiteretur (et) convicia jocis mixta adversus imperatorem primum*, vel *primi nominis diceret*, reperies, sed *adversus imperatorem Maximum*. Firmant secundo non paucæ inscriptiones Gruterianæ collectionis, quas Romani in Constantini honorem post debellatum Maxentium in publico proposuerunt. Ista, puta, Arcus Constantini qui etiamnum Romæ visitur :

IMP. CÆS. FL. CONSTANTINO MAXIMO.
P. F. AUGUSTO. S. P. Q. R.

Firmat denuo, quod non tantum memorata appellatio, *Maximus*, unus ex Jovis titulis per ea tempora extiterit, ut Maximini rescriptum ad civitatem decreta contra Christianos, et innumeræ insuper inscriptiones testantur, sed quod iisdem etiam temporibus Jupiter primum numen Romanorum fuerit, ut inscriptiones quoque mille locis ostendunt. Firmat denique, quod cum in antecedentibus Galerium Maximianum novies sibi *Maximi* titulum arrogare viderimus, *Germanicus Maximus, Ægyptiacus Maximus, Thebaicus Maximus*, et sic de reliquis, nihil credibilius sit quam Maximinum, Galerii exemplo, idem sibi epithetum tali aliqua ratione vindicasse, vel simpliciter etiam *Maximi* titulum affectasse. Consulant ea de re numismata, qui possunt.

Senatus Constantino virtutis gratia primi nominis titulum decrevit. Inde pro auctoritate egit cum Maximino Constantinus. DODWELLUS. — Postquam Constantinus decreto senatus primi nominis titulum accepit, quem sibi Maximinus arrogabat, quod Cæsar ante Constantinum creatus fuisset, pro auctoritate egit cum Maximino, qui ideo illas ad Sabinum litteras hoc anno (312) scribere coactus est, quas Baronius in annum sequentem perperam confert. PAGIUS.

Ad quem victoria liberatæ urbis cum fuisset allata, etc. Id est, ni fallor, ad quem cum liberatæ urbis Romæ nuntius, hactenusque victricis, quod quam victoriam Constantinus de Maxentio reportaverat, populus Romanus suam duxerat, fuisset allatus, haud aliter accepit Maximinus, quam si ipse victus fuisset. Revera enim eam victoriam gavisi tandem solideque Romani, tanquam ipsimet vicissent. Hinc in antecedentibus : « Confecto tandem acerbissimo bello, cum magna senatus populique Romani lætitia susceptus imperator Constantinus. » Planum certe *allatam victoriam*, allatum de reportata victoria nuntium eleganter significare ; satisque agnoverunt interpretes, etsi quomodo *liberatæ urbis victoria* afferri vere potuerit, cum non vere ipsa, sed e contrario Constantinus adversus illam et Maxentium pugnans vicisset, haud explicuerint.

La nouvelle de ce grand événement ayant été portée à Maximin. MAUCROIX. Id est, cum magni illius eventi nuntius allatus fuisset ad Maximinum. — *Who was as much struck with the news that was brought to him* of *Rome, being thus freed from tyranny, as of it had been a defeat given himself*, versio anglica. Hoc est, qui (Maximinus) cum ad eum nuntius de Roma tyranni imperio liberata fuisset allatus, non aliter accepit, etc.

Non aliter accepit, quam si ipse victus esset. Maximinus, postquam nuntium de Maxentio debellato accepit, maximopere doluit.« At ille, » inquit Eusebius lib. ix, cap. 9, « his rebus compertis, primum quidem, utpote tyrannus, graviter ingemuit. Postea vero, etc. » Pagius.

Adversus imperatorem maximum diceret. Nota bene. Nam, ut ante collegimus, in Constantini igitur gratiam decretum vere noveque fuerat a senatu, ut in posterum *imperator maximus* cognominaretur. Ita enim potius τὸ *Maximus*, cum majuscula M ab initio, quam, ut vulgo, cum minori scribendum putem. Cætera quæ huc pertinere possint, jam recenter dicta sunt.

CAPUT XLV.

Constantinus rebus in urbe compositis, hyeme proxima Mediolanum contendit. Maxentium vicit Constantinus 6 kal. novembr. auctore Lactantio, De Mort. Pers. cap. 44. (Is autem dies vulgo vigesimus septimus octobris vocitatur.) Ita ut Romam octobris 29 ingressus fuerit Constantinus. Inde duos menses Romæ non explevit. (Nam) de Maxentio et Constantino ita Nazarius : « Quicquid mali sexennio toto dominatio feralis inflixerat, bimestris fere cura sanavit. » Convenit etiam lex Constantini in Codice Theodosiano, quam Romæ edicit sub initium decembris, sed Roma statim discessurus. Dowellus.

Cum Nazarius in Panegyrico, quem Constantino dixit, cap. 23, scribat, quidquid mali factum fuisset, bimestrem fere curam sanasse, patet, anni insequentis initio, rebus urbanis constitutis, Roma Mediolanum perrexisse, ut Licinio Constantiam sororem suam in matrimonium daret. Fico, sequentis anni initio, quia lib. 1 Codic. Theod.*De censu*, dicitur : *Dat*. 15 *kalend. feb. Rom. Constantino* A. iv, *et Licinio* iii *coss*. anno sc. 313. Mense itaque januario adhuc Romæ erat Constantinus, nisi loco *Dat*. legendum sit cum aliquibus editionibus PP. Pagius.

Constantinus rebus in urbe compositis, hieme proxima (anni scil. 313) *Mediolanum contendit*, ponit idem Pagius alibi, eisdemque, ut apparet, insistens hypothesibus. Sed, quod primo notandum, non ideo tamen sibi ipsi perpetuo constitit vir clarissimus, ut hæc illius verba ad dictum annum, num. 2 testantur : *Constantinus sub finem anni præcedentis* (312) *vel currentis* (313) *initio Mediolanum venit, et Constantiam sororem Licinio in matrimonium collocavit*. Deinde vero, non ita tantum, quo potius tempore Constantinus post reportatam de Maxentio victoriam Mediolanum profectus fuerit, dubitavit proprie Pagius : sed videntur omnino postulare, cum victoria illa *ad sextum kalendas novembris reportata*, tum Nazarii locus, *Quicquid mali sexennio toto dominatio feralis inflixerat, bimestris fere cura sanavit*, atque ista denique nostri locutio *hyeme proxima*, cujus facile sensus esse possit, cum hyems proxime instaret, ut statuamus Constantinum medio circiter decembri ex urbe Roma Mediolanum contendisse. Præsertim, cum, verbi gratia, Parisiensis editio Codicis Theodosiani, apud Nivellium anno 1586, vulgata, nullo modo legem primam De Censu *datam fuisse Romæ præ se ferat, sed simpliciter propositam, in hunc modum :

Imp. Constantinus A. ad populum. Quoniam tabularii civitatum per conclusionem potentiorum sarcinam ad inferiores transferunt, jubemus, ut quisquis se gravatum probaverit, suam tantum pristinam professionem agnoscat, etc. PP. (id est, Proposita) 15, *kal. feb. Rom. Constantino A*. III, *et Licinio* III *coss*. Quod æque certe fieri potuit absente Roma Constantino, et Mediolani versante, ac si revera Romæ præsens fuisset.

Mediolanum contendit. Sub hujus anni (313) consulibus Constantino imp. 9, Licinio imp. 7. Constantinum adhuc mense Martio Mediolani fuisse, constat ex lege 1, De bonis *vacantibus*, ibidem 6 id. Mart. data, quæ refertur in Codice Theodosiano. Pagius.

Eodem Licinius advenit, ut acciperet uxorem. Constantiam nempe, quam Constantius Chlorus, Constantini pater, ex Herculii privigna Theodora sustulerat, eamque proinde Constantini sororem ex patre ; quin et Licinio jam ante desponsam, ut supra capite 43 memoratum his verbis : « Maximinus tamen ut audivit Constantini sororem Licinio esse desponsam, etc. » — Decembri, ut existimo, ineunte, Mediolanum venit, nuptiarum causa, Licinius. Dodwellus. — Id ego potius sequentis anni initio accidisse censuerim. Sed, utcumque sit, cum semel feliciter, ut ex hoc capite et quadragesimo octavo discimus, Constantinus et Licinius apud Mediolanum nuptiarum ergo convenissent, universa illi obiter eo loco, quæ ad commoda et securitatem publicam pertinerent, in tractatu habuerunt ; atque hæc, inter cætera quæ videbant pluribus hominibus profutura, ordinanda esse in primis crediderunt, ut darent et Christianis et omnibus liberam potestatem sequendi religionem, quam quisque voluisset.

Constantinus deinde Mediolano (labente adhuc anno 313) digressus, in Galliam et ad inferiorem Germaniæ limitem, ubi *Treveris*, reversus est, ac Francorum et Barbarorum ad Rhenum transitum inhibuit, repressitque, ut testatur auctor incertus panegyrici Constantino dicti cap. 21... Hincque, ut observat Gothofredus in Chronologia Codicis Theodosiani, Treviris postea datæ ab eo plures constitutiones hoc anno mensibus novembris et decembris. Licinius vero Mediolano *ad Illyricum* reversus est, ut habet anonymus Valesianus. Pagius.

Hyeme quam cum maxime sæviente. Fallor, an hæc lectio corrupta, et pro ea legendum, vel simpliciter, *hyeme quamquam maxime sæviente* ; vel una voce amplius, quæque a ms. codice suggeritur, *hyeme, quamquam cum maxime sæviente*. Cogitent docti. Explicant ut bene sanam Cuperus et Columbus.

In Bithyniam concurrit. Puto : *in Bithyniam accurrit*. Gravius. — Lege : *in Bithyniam procurrit*. Tollius.—Sed a nostro τὸ *concurrere*, pro *in unius aut plurium comitatu procurrere, festinatoque plus minus gradu vel itinere progredi*, usurpatum esse, jam supra, credo, evicimus. Et hic locus capitis 25 confirmare possit, « admonentes eum periculi, quod universi milites, quibus invitis ignoti Cæsares erant facti, suscepturi Constantinum fuissent, atque ad eum concursuri alacritate summa, si venisset armatus. »

Transjecto protinus freto. Thraciæ nimirum, uti recte supplevit versio anglica : *having crost the straits of Thrace*. Vulgo *Bosphorus Thracius* nuncupatur.

Nec tamen quicquam vis aut promissa valuerunt. Locus non male forsan pro inutilo habitus a Columbo.

Per quos fuit spatium nuntios litterasque mittendi ad imperatorem. Diverso modo acceperunt interpretes. Gallicus nempe, ac si ita Cecilius noster scripserit : *per quos satis fuit spatii ad mittendum nuntios litterasque Licinio* (Il y avait déjà onze jours que la ville était assiégée. terme suffisant pour donner avis à Licinius des choses qui se passaient). Anglicus vero quasi auctoris verba sint : *quos quidem dies Maximinus ad hoc obsessis præfiniverat, ut per eos imperatorem de suo et Byzantii statu monerent* (they hald eleven days assigned them, for advertising the emperour). Eligant ex istis sensibus eruditi quem maluerint. Sed verius, opinor, est, quia apud nostrum ne minima quidem mentio istius modi spatii Bysantinis a Maximino concessi reperitur, sententiam esse, Bysantinos per undecim dies obsidionis, qua undique Maximini exercitu circumfuso pressi sunt, haud simpliciter spatium habuisse nuntios litterasque mittendi ad Licinium, sed revera viam invenisse, qua id vel invito Maximino præstarent, ut se proinde post id temporis non præter omnem Licinii notitiam expectationemve Maximino dediderint.

Cum milites non fide, sed paucitate diffisi. Cujus *fide,* vel *paucitate?* Videtur vox *præsidii* deesse, vel aliquis tandem similis genitivus in hunc modum : *Cum milites non præsidii fide, sed paucitate diffisi.* — Pro *diffisi,* lego *defecti.* — GALE.

Hinc promovit Heracleam. Maximinus scilicet, quanquam id nomen ab ipso fere capitis initio sit repetendum. *Heracleam* autem, Heracleam Thraciæ intellige, quæ mox alia appellatione *Perinthus* vocabitur. Ptolemæus, Πέρινθος, ἤτοι Ἡράκλεια, *Perinthus, aut Heraclea.* Incertus poeta :

Quæ magna Perinthus
Ante fuit, priscum mutavit Heraclea nomen.

Confer dicenda infra.

Festinato itinere. Non absimili locutione Plinius in panegyrico : *Festinatis honoribus amplificat atque auget;* simillima vero Jo. Frid. Gronovius, vir summus : *Usum ait necessario magis quam consulto festinata navigatione,* cum videlicet hunc locum Dictyos Cretensis ex ingenio et manu scripto simul codice emendasset : « Legati paucis diebus ad Trojam veniunt; neque tum Alexandrum in loco offendere. Eum namque properatione navigii inconsulte usum, etc. » Quin videri haud immerito possit Justinus ex plenaphrasi, *festinato itinere,* concise *festinato* dixisse, his verbis : « Pœnitere deinde dimissi Demetrii (Phrahaten) cœpit : ad quem retrahendum cum turmas equitum *festinato* misisset, Demetrium, etc. » qui nempe alibi eodem sensu *citato itinere miserunt,* scripserit.

Accepta in deditione Perintho. Id est, Heraclea ; sic enim vocata Heraclea Thraciæ ad differentiam aliarum ejusdem nominis urbium, ut notat Valesius ad lib. xxii Ammiani. PAGIUS.

Accepta in deditione. Corrige, ut supra aliquoties, *in deditionem.* TOLLIUS ; item Bohereilus. — Suadent certe infinita exempla. Puta, hæc Justini, lib. xii, cap. 6 : *Dabas in deditionem accepit.* Ibid. cap. 7 : *Omnes ejus loci gentes in deditionem accipit;* et cap. 9 : *Hiacensanas Sileosque... in deditionem accepit.*

Processit ad mansionem millia decem et octo. Id est, ordinante verba Maucroixio : *Processit millia decem et octo ad mansionem* (il s'avance six lieues au-devant de l'ennemi); quo etiam modo construenda esse judicaveram. Verum dubitabam amplius, annon forte post vel ante *mansionem,* adjectivum numerale *primam* in hunc aut similem modum supplere oporteat, *processit ad primam mansionem millia decem et octo.* Sequitur quippe proxime cum secundo numerandi adjectivo, *nec enim poterat ulterius, Licinio jam secundam mansionem tenente.* Viderint eruditi viri : nihil affirmo.

Millia decem et octo. Six lieues, MAUCROIX ; ad verbum, sex leucas : cui proinde singulæ leucæ ex tribus veterum milliaribus constant.

Millia. Ita ubique, quantum quidem ex Baluzii editione colligere est, scheda vetus, non *millia;* quod iis favet, qui Varrone, Eutropio, et aliis, vocem *miles* a *mile* isto, v. gr. pacto deducunt : « Mile pugnatores delegit, quos a numero milites appellavit ; » Eutropius, lib. I, de Romulo : clarius autem Isidorus, l. ix, c. 3 : « Miles dictus, quia mille erant ante in numero uno, vel, quia unus est ex mille electus. »

Licinio jam secundam mansionem tenente distantem millibus totidem, qui collectis, etc. Ita hodie post Vossium Baluzius, qui prius scilicet cum ms. codice in auctoris verbis : « Licinio jam secunda mansione tenente, destante millibus totidemque collectis ; » nisi quod idem paulo post, ex conjectura, in erratorum indice legendum monuerat : « Licinio jam secundam mansionem tenente, distantem millibus totidem, atque collectis ; » unde mox Sparkius in prima editione Oxoniensi : « Legit vir reverendissimus (Vossius), Licinio jam secundam mansionem tenente, di-

stantem millibus totidem, qui, etc. quæ emendatio Baluziana distinctior videtur. » Porro Vossianam quoque Columbus in editione Aboensi secutus est ; et quantum ad veterem scripturam, en quid amplius viri docti ejus loco ediderint, aut ad eamdem notaverint.

Licinio jam secunda mansione tenente. « Licinio jam secundam mansionem tenente. » PAGIUS.

Licinio jam secunda mansione tenente. Lege : « Licinio jam secunda mansione tendente ; » hoc est, castra metante. Suetonius in Galba 12 : *Cn. Dolabellæ, juxta cujus hortos tendebat, proniorem.* Virgilius :

Hic Dolopum manus, hic sævus tendebat Achilles.

Notissima est hæc verbi notio, et maxime propria apud omnis generis scriptores. GRÆVIUS.

Tenente; destante. Locus mutilus. ALLIX.—*Destante militibus totidemque collectis,* etc. Locus corruptus est. PAGIUS.

Militibus totidemque... Lego : *millibus tot, idemque collectis,* etc. GALE.

Collectis ex proximo quantis potuit militibus. Quantis potuit, græco more, pro *quantos potuit ;* scilicet colligere. TOLLIUS.

Ille. Maximinus. Versio anglica.

Ipse. Licinius. MAUCROIX.

Sparsi enim milites. Licinii nimirum, supplentibus ambobus interpretibus.

Adunari omnes. Ut supra, *in civitatibus urbanæ ac rusticæ plebes adunatæ;* quod ex Plinio et Justino illustravimus. Addimus nunc ex eodem Justino sequentia exempla. L. II, c. 12 : *Adunata omnis sociorum classis.* L. VII, c. 1 : *Adunatis gentibus variorum populorum.* L. XI, c. 5 : *Adunato deinde exercitu naves onerat.*

CAPUT XLVI.

Propinquantibus ergo exercitibus. Sic initio, c. 24 : *Jam propinquavit illi judicium Dei ;* ad quem locum videsis notas.

Ut si victoriam cepisset. Hoc est, vertente Maucroixio, reportasset : *S'il remportait la victoire.*—Optime. Quid aliud enim *victoriam capere* esse possit, quam, ut vulgo latini locuti sunt, reportare, adipisci, consequi ? Sed quis interim, præter nostrum, *victoriam capere* usurpavit ? Nam nullum mihi uspiam exemplum observatum.

Quiescenti. En songe. MAUCROIX. Id est, in somniis. Quo hic Justini locus pertinet : « Post hæc (Cambyses) per quietem vidit fratrem suum Smerdim regnaturum. Quo somnio exterritus, » etc. — *In his sleep.* Versio anglica. Hoc est, dormienti. Præferam. Non simpliciter, quia proxime sequetur, *discusso deinde somno :* sed præcipue, quoniam etsi multa per quietem videre soleant homines somniando, non inde tandem, proprie loquendo, quiescere, somniare est, sed dormire. Cicero, verbi gratia, Verr. 6 : *Eo cum venio, prætor quiescebat.* Confer elegantissimum locum Lactantii : « Corpus enim, vigilante sensu, licet jaceat immobile, tamen non est quietum, quia flagrat in eo sensus, et vibrat ut flamma, et artus omnes ad se astrictos tenet. Sed postquam mens ad contemplandas imagines ab intentione traducta est, tunc demum corpus omne resolvitur in quietem. Traducitur autem mens cogitationi cæca, cum cogentibus tenebris secum tantummodo esse cœperit, dum intenta est in ea, de quibus cogitat, repente somnus obrepit, et in species proximas sensim ipsa cogitatio declinat. Sic ea, quæ sibi ante oculos posuerat, videre quoque incipit. Deinde procedit ulterius, et sibi avocamenta invenit, ne saluberrimam quietem corporis interrumpat. »

Deum summum. Hoc epitheto cum de vero Deo agitur, vix quidquam frequentius in indubitatis Lactantii lucubrationibus. Hinc suis locis : « Vim potestatemque summi Dei ; hominem præclara quadam conditione a summo Deo esse generatum ; neque tamen ei debitum cultum tanquam summo patri redditum ; esse summi Dei filium, qui sit potestate maxima præditus : Sibyllam Erythræam carmen suum a summo Deo fuisse exorsum ; sic a principio processisse dispositionem summi Dei, ut esset necesse, etc. ; Deum summum ad restituendum justitiæ domicilium, et ad tuelam generis humani Constantinum excitasse ; illum providentiam summæ divinitatis ad fastigium principale provexisse ;» denique, ne te nimia exemplorum satietas capiat : « hominem, ni summum Deum per eum, qui missus est, cognoverit, pœras daturum. » At, quod aliqua dignum est observatione, idem epithetum in hoc opusculo non minus frequenter, quam hujusmodi ratio habeatur, invenitur. Nam capite 1 : « Scirent quatenus virtutem ac majestatem suam ir... delendis... nominis sui hostibus Deus summus os enderet ; » nostro vero, « oraret Deum summum ; » et quadragesimo septimo, « eos Deus summus jugulandos subjecit inimicis. » Quin hæc enim, inter alia, Lactantium istius quoque libelli parentem esse suadeant, dubitari non potest.

Cum surgere sibi visus esset, et cum ipso, qui monebat, adstaret, tunc decebat eum quomodo et quibus verbis esset orandum. Hujus loci, qui a multis forsitan pro bene sano habitus est, duas video proponi emendationes ab eruditis viris : unam unius tantum litteræ ; alteram vero, ex pluribus simul emendationibus constantem. Corrigo : *cum surgere sibi visus esset, et cum ipsa, qui manebat, adstaret, tunc,* etc. BOHERELLUS. — Lege : Consurgere *sibi visus est, et cum ipso, qui monebat, adstare. Tunc,* quæque postea. TOLLIUS. — Nos primam, vel eo nomine, quod veteris codicis lectionem levissime immutat, alteri onge præferendam esse, arbitramur.

Notarium, etc. Hoc est utrique interpreti, unum ex iis, qui Licinio a secretis erant : *Un de ses secrétaires.* MAUCROIX. *One of his secretaries.* Anglica versio.

Asciri. Id est, adhiberi. Alias et *accersiri,* vel *acciri* legi possit. TOL.

Summe Deus, te rogamus, etc. Triplicem hujus orationis compellationem, *summe Deus,* cæteris hujus tractatus locutionibus, quæ ipsum Lactantio vindicare possunt, col. præc. non adjecimus; quoniam hæ compellationes ne hominem quidem proprie, sed angelum auctorem habuisse censendæ sunt, ut ex antecedentibus liquet.

In libellis pluribus. Ut schedula nempe, qua quis paucissimis verbis in foro, ve templorum valvis proponit se quidpiam invenisse, eique, cujus est redditurum, *libellus* vocatur ab Ulpiano in Digestis : « Solent plerique etiam hoc facere, ut libellum proponant continentem invenisse, et redditurum ei qui desideraverit. » Neque vero multo amplior, aut non multo certe amplior hujus capitis oratione, *libellus repudii,* βιβλίον ἀποστασίου, de quo apud Matthæum Dominus noster cap. XIX, 7, quandoquidem *repudii libellus* duodecim tantum versibus, haud pluribus, inquam, nec paucioribus debuit conscribi, ut ex Rabbinis a Lightfooto ad Matth. V, 31, laudatis, cognoscere est.

Et per præpositos tribunosque mittuntur, ut suos quisque milites deceat. Audio. Sed ad quosnam mittebantur, qui postea et confestim ex acceptis memoratæ orationis exemplaribus suos quisque milites Deum summum orare docerent? Nam de hujusmodi hominibus altissimum in recepta lectione silentium est. Omnino vel dicendum aliquid deesse, quale sit, verbi gratia, *ad Centuriones,* isto pacto, *et per præpositos tribunosque mittuntur ad Centuriones, ut suos quisque milites doceat, si per præpositos tribunosque mittere,* ex vulgatissimo loquendi usu, *præpositorum tribunorumque opera mittere* significat. Vel, quod malim, ponendum, sicut Justino lib. VIII, cap. 3, *per regna mittere,* et Latinis aliis *i, per plateas et quadrivia mittere,* idem prorsus, atque ad regna mittere, vel ad singulas plateas et singula pariter quadrivia mittere sonant : ita hic loci *per præpositos tribunosque mittere,* proprie esse ad singulos cum præpositos, tum tribunos mittere, ut qui militum præpositi tribunique erant, eorumdem doctores, quod ad illam pre-

cationem attinet, fierent. Neque sane aliter interpretes acceperunt. — *Que l'on distribue aux colonels et aux capitaines, pour l'apprendre à leurs soldats.* MAUCROIX. Ad verbum, quæ (precationis exemplaria) præpositis tribunisque distribuuntur, ut eam suos quisque milites doceat. *Which were sent about to all the Officers,* etc. Anglica versio. Ad verbum etiam, quæ quidem precationis exemplaria ad omnes præfectos missa sunt. — De præpositis porro et tribunis, quid differant, tum quid eorumdem nomina valeant, videantur Cuperus et Columbus.

Crevit animus, etc. Non minus egregium hoc Licinii stratagema, atque illud, de quo supra, Constantini. Eodem ferme astu usus est Sertorius ; apud Plutarchum ; nec Scipionis in templum Jovis secessus, aut Numæ ad deam Egeriam aditus diversi sunt generis. TOLLIUS. — Sed unde constat Tollio, neque Constantinum, neque Licinium ea vere somniasse, quæ professi sunt, ut pro meris stratagematibus habenda sint? Num ipse, ut olim Josephus in Ægypto, *Tzophnath-paaneach* est? Id est, vertente Mattathiade, κρυπτῶν εὑρετής? At Deum somnia vel ipsis Gentilibus immittere, agnoscebat Jacobi filius Josephus ; quod non videtur Tollius admittere.

Statuit imperator prælium diei kalendarum maiarum. Quis imperator? Licinius, an Maximinus? Maximinum versio anglica disertissime nominat : *Maximin resolved to give battel on the first of May.* Neque etiam de alio intelligendæ editiones Oxonienses et Cantabrigiensis in subjicienda paulo post annotatione. Sed quid planius, cum de Licinianis militibus proxime præcesserit : *Crevit animus universis, victoriam sibi credentibus de cœlo nuntiatam,* quam recte pertinere subsequentia verba, *Statuit imperator,* ad eorum imperatorem Licinium? Præcipue, cum quæ paucis abhinc versibus legentur, aperte ponant, Maximinum neutiquam die ipso kalendarum maiarum pugnare voluisse, sed uno die citius, et, ut cum nostro loquar, *pridie.* Fateor interim rem, si aliunde spectetur, non omni prorsus carere difficultate, sed quæ non sit insolubilis, ut patebit e sequentibus. — *Diei kalendarum maiarum.* Lege : *inire die, seu potius in diem kalendarum maiarum,* TOLLIUS. — Quod putat in ipsa suæ notæ clausula Columbus, ferri utcumque posse, *statuere alicui diei prælium,* ἀντὶ τοῦ *constituere in illum diem prælium,* adeo mihi non displicet, ut valde affine credam loco capitis 38, ubi Gothi Maximiano se tradidisse dicuntur *malo generis humani,* pro *in malum,* ut palam est : *au grand intérêt de l'empire.* MAUCROIX. — Nil itaque hic interpolandum censeam. Galli dicerent : *Il résolut la bataille pour le premier jour de mai.* Aliorsum tamen abire Cuperum, et suæ quoque notæ initio Columbum, dissimulare nec volumus, nec debemus. — *Diei kalendarum maiarum.* Quo die factus est imperator anno 305, a quo eum octo jam anni effluxerint, robur exinde accedit iis, quæ supra dicta sunt de tempore, quo periit Diocletianus. Edit. Oxon. et Cantabr. addente etiam postrema : Vide Annotationes Valesii in lib. VIII Eusebii Eccles. Hist. cap. ult. — Sed male certe, (vel si cætera, de quibus jam non ago, bene habeant) quod nemoratis editionibus, et Baluzio ipsi ante illas *imperator* in his verbis, *Statuit imperator,* Maximinus est. Potius enim Licinium intelligendum esse, paulo ante probavimus, et porro ostendemus.

Quæ octavum annum nuncupationis ejus implebant. Locus, de quo quid unquam commode fieri possit, non video, nisi cum supplemento legatur, *quæ octavum annum nuncupationis hostis ejus, vel inimici ejus implebant,* aut aliquid tale. Prima ratio est, quod eo pacto hæc verba, *octavus annus nuncupationis ejus,* non videbuntur amplius ad eumdem imperatorem referri, de quo noster proxime ante, *Statuit Imperator* (Licinius scilicet, ex modo dictis) *prælium diei kalendarum maiarum.* Secunda autem, quod revera kalendæ illæ maiæ octavum annum nuncupationis Maximini, qui Licinii hostis erat, impleverint : at non itidem Licinii, quod quisquam, opinor, valeat ostendere. Ac tertia denique, quoniam eo ipso, quod illæ kalendæ dies natalis fuerunt imperii Maximini, potuit sane optime Licinius prælium in eum diem constituere, ut quemadmodum antea Maxentius natali die, non Constantini, sed suo proprio victus fuerat, Maximinus pariter propriis imperii sui natalibus debellaretur. Verum quomodo vicissim recte dici posset Maximinus, *prælium diei kalendarum maiarum statuisse, quæ octavum annum nuncupationis ejus implebant, ut suo potissimum natali vinceretur, sicut Romæ victus fuerat Maxentius;* cum, si, ut decet, non ex eventu, sed ex Maximini mente loquendum est, nequaquam vinci voluerit Maximinus, sed vincere; neque id etiam ipsissimis kalendis maiis, verum uno die maturius, ut mox tradetur? Putem itaque, hunc locum, non secus ac alios multos hujus opusculi, mutilum esse, et supplemento aliquo, qualia supra proposui, indigere.

Quæ octavum annum nuncupationis ejus implebant. Ideoque gesta hæc anno 313 quo kalendis maiis imperii Cæsarei annus octavus complebatur. PAGIUS.

Ut suo potissimum natali vinceretur. Maximinus nempe; quod etsi jam satis alieno loco monitum, debet hic denuo, vel ob anglicam versionem, quæ id nomen rotunde supplevit, observari.

Sicut ille victus est Romæ. Id est, Maxentius. PAGIUS. — Confer tralationem anglicam: *It happened, that as Maxentius was defeated at Romæ*, etc. Item Baluzium et Toinardum.

Maximinus voluit præire maturius. Corrigo, *prodire*, vel *perire.* GALÆ. — Posterius malebam, hoc sensu: Sed Maximinus uno die citius pugnare voluit, adeoque, rem ex eventu putando, perire maturius. — *Only Maximin would needs anticipate his own ruin; for he would needs fight the day before it.* Anglica versio. Ad verbum: Tantummodo Maximinus noluit anticipare suam ruinam. Noluit enim eo die, qui illam præcessit, præliari. Ut appareat, clarissimum interpretem pro *Maximinus voluit præire maturius,* inter alia legisse, *Maximinus noluit.* Plura enim divinare nequeo.

Nuntiatur in castra, etc. Forte delendum *in*, ut alibi. BOHERELLUS.

Capiunt milites arma, etc. Liciniani nempe, quomodo simpliciter post paucula nominabuntur. Neque in diversum abeunt interpretes.

Quem vocant Serenum. Thraciæ locum inter Hadrianopolim et Heracleam, contra Zozimum, qui pugnam hanc in Illyriis pugnatam refert. Edit. Oxon. et Cant.

Galeas resolvunt. Resolutis nempe nexibus ligaminum, quibus galeæ capiti aptabantur, et constringebantur ne exciderent. Cassides autem, monente Isidoro, de *lamina* erant, galeæ *de corio*, cum hac, secundum Josephum Scaligerum, differentia, quod quæ ex caninis pellibus fiebant, κυνέαι proprie vocabantur a poetis græcis: quæ vero ex lupinis, λύκαιαι; et quæ ex felinis, γαλέαι, galeæ; γαλῆν quippe, in prosa γαλῆ, felis. Sed hoc sine dubio præcipua observatione dignum, Licinii milites nonnisi depositis galeis, nudoque proinde capite, precem, quam edocti fuerant, dixisse. Sive quod ita faciendum esse idem Dei angelus, qui Licinium, quibus verbis orandum esset, monuerat, una opera præscripsisset: præcessit enim: *Tunc docebat eum, quomodo et quibus verbis esset orandum;* sive quod, ipsa docente natura, omnis vir, qui Deum suum velato capite orat, eo ipso suum Deum dedecoret. Paulus certe in priore Epistola ad Corinthios: *Omnis vir orans . . . velato capite, dedecorat caput suum;* paucisque interjectis: *Vir enim non debet velare caput,* εἰκὼν καὶ δόξα θεοῦ ὑπάρχων; quod alibi, Deo dante, ut vulgo perperam acceptum explicabo. « Apponebantur ad sedem fluentem cocta et calida animalia, ut vermiculos eliceret calor. Queis resolutis, inæstimabile scatebat examen. » Item hunc Justini: « Jugum plaustri reqquisivit; quo exhibito, gladio loramenta cædit, atque ita resolutis nexibus, latentia in nodis capita invenit. »

Virtute jam pleni. Bellica illa scilicet, quæ vulgo *fortitudinis* nomine cognita, et *ignaviæ* contraria est. Neque quidquam Justino familiarius, etsi eam lib. IX, cap. 2, haud simpliciter *virtutem*, sed *virtutem animi* vocaverit his verbis: *Scythas virtute animi, et duritia corporis, non opibus censeri,* quam ut alibi *virtutem* sine ulla adjectione nominet. Sic ibidem paulo post: « Cum virtute et numero præstarent Scythæ, astu Philippi vincuntur; » et sequenti capite: « Athenienses... virtute Macedonum vincuntur; » et lib. V, cap. 11: « Per tanta itineris spatia virtute se usque terminos patriæ defenderunt; » et lib. XII, cap. 4: « Agis rex cum suos terga dantes videret, dimissis satellitibus, ut Alexandro feliciter, non virtute inferior videretur, tantam stragem hostium edidit, ut agmina interdum fugaret: » quibus plurima talia possint adjici. *The Soudiers being now wonderfully animated.* Anglica versio. Id est, cum jam milites mire animati essent.

Scuta tollunt. They took up their Schields. Eadem. Ad verbum, scuta attollunt. Sensu sane optime expresso, sed propter quem nil necesse sit ita legere. *Tollere* enim non raro est de terra attollere, seu de plano. Cicero ad Atticum: « Quid si tu velis, inquis? Age, quis est, cui velle non liceat? Sed ego hoc ipsum velle miseruis esse duco, quam in crucem tolli: » quod, ut omnes norunt, haud aliter factum, quam de terra attollendo. Idem., lib. III Offic.: *Sol Phaetonti filio, ut redeamus ad fabulas, facturum se esse dixit, quicquid optasset: optavit ut in currum patris tolleretur; sublatus est insanus:* ubi pariter *tolleretur*, pro de plano attolleretur.

CAPUT XLVII.

Maximinus aciem circumire, etc. Suam-ne? an Licinii? Non suam certe. Nam, uti mox patebit, adeo procul a suis Maximinus, quando aciem, de qua agitur, circumibat, abierat, ut facto semel in ipsum per Licinianos impetu, coactus fuerit ad suos refugere: *Fit impetus in eum, et ad suos refugit,* qui suos ergo nequaquam prius circumibat, sed Licinianos eosque cunctos. Quod ideo addimus, quia, ut res sunt, videtur omnino noster *aciem*, cujus meminit, a Licinianis militibus, de quibus proxime loquitur, aperte distinxisse: *Maximinus aciem circumire, ac milites Licinianos nunc precibus sollicitare, nunc donis. Acies* ergo, universus sit Licinii exercitus, tam præfectos omnes, quam omnes simul gregarios milites complectens: sint vero *Liciniani milites*, gregarii milites tantum; ut universum quidem Licinii exercitum ex præfectis et gregariis militibus constantem Maximinus circumiverit, sed solos gregarios milites, ut ad defectionem proniores, nunc precibus, nunc donis sollicitaverit. « Scribuntur hæc in libellis pluribus, et per præpositos tribunosque mittuntur, ut suos quisque milites doceat: » verba sunt superioris capitis; unde non parum roboris proposita modo distinctio mutuatur. — *Maximin tournait autour des bataillons de Licinius, et tâchait de les ébranler par ses prières et par ses promesses.* MAUCROIX. — Tanquam vulgata lectio sit, *Maximinus aciem Licinii circumire, ac eam nunc precibus sollicitare, nunc donis.*

Tantus numerus legionum... tanta vis militum a paucis metebatur. Usus est alicubi simili translatione Justinus.

Nemo nominis, nemo virtutis, nemo veterum præmiorum memor. Horatius de milite Crassiano, l. III, Od. 5.

Consenuit socerorum in armis
Sub rege Medo Marsus et Appulus,
Anciliorum, nominis, et togæ
Oblitus, æternæque Vestæ. TOLLIUS.

Nemo virtutis. Id est, fortitudinis; proindeque eodem sensu, quo in præcedenti capite: *Illi*, oratione ter dicta, *virtute jam pleni;* et quo rursus in quadragesimo quarto: *Senatus Constantino virtutis gratia* primi (*nominis* dicam, an *numinis?*) *titulum decrevit, quem sibi Maximinus vindicabat.*

Ad devotam mortem. Devota mors hic loci est, *mors destinata;* quomodo apud Virgilium Æn. I :

> Præcipue infelix, pesti devota futuræ,
> Expleri mentem nequit, ardescitque tuendo
> Phœnissa :

pro, *amori destinata,* qui futuræ erat Didoni pestiferus. — *A une mort volontaire.* Maucroix. Hoc est, ad mortem voluntariam, sensu feliciter declarato.

Deus summus. Ut supra, *craret Deum summum :* quod suo loco pro virili illustravimus. Plura tibi Baluzius et Cuperus suppeditabunt.

Projecit purpuram. Vestem in fine capitis simplicissimo nomine appellabit : *Ita vestem resumpsit.* Sed utrobique *purpuream vestem* intelligendum esse, manifestum est. Eoque pertinet, quod quam *vestem* Marcus semel atque iterum in historia passionis Christi πορφύραν, ad verbum *purpuream* nuncupavit (καὶ ἐνδύουσιν αὐτὸν πορφύραν, cap. xv. 17. καὶ ὅτε ἐνέπαιξαν αὐτῷ, ἐξέδυσαν αὐτὸν τὴν πορφύραν, eodem capite, commate 20). Illam ipsam Joannes duobus pariter locis ἱμάτιον πορφυροῦν, id est, de verbo ad verbum, *pallium purpureum,* nominavit : ἱμάτιον πορφυροῦν περιέβαλον αὐτὸν; c. xix. 2 : ἐξῆλθεν οὖν ὁ Ἰησοῦς ἔξω, φέρων τὸν ἀκάνθινον στέφανον καὶ τὸ πορφυροῦν ἱμάτιον, ibid. 5. Nos ter supra, fere uti hic : (*Daiæ*) *purpuram Diocletianus injecit suam, qua se exuit.*

Sumpta veste servili fugit. Confirmat Eusebius, l. IX, cap. 10, et lib. I de Vita Constantini, cap. 58. PAGIUS.

Fretum trajecit. Idem nempe, de quo in antecedentibus : *Sed* (*Maximinus*) *transjecto protinus freto, ad Byzantii portas accessit armatus :* cum hoc discrimine, quod Maximinus, dum prima vice fretum illud trajiciebat, contenderet ex Bithynia in Thraciam ad quascumque posset Licinii provincias urbesve occupandas; quando vero secunda, regrederetur e contrario ex Thracia in Bithyniam, ut se intra suos fines reciperet. Colligo ex capite 45, et ex his Eusebii verbis : οὗτος ἔπειτα αἰσχύνης ἔμπλεως ὁ τύραννος ἐπὶ τὰ καθ' ἑαυτὸν ἐλθὼν μέρη πρῶτον μὲν ἐμμανεῖ θυμῷ, etc. Hoc est, *Sic igitur tyrannus, cum ad imperii sui partes ignominiæ plenus* (ita enim Græca ad verbum) *venisset, primum quidem animo furens,* quæque deinceps. Adde Baluzium, et post illum quoque, si volueris, Pagium in Critica Baroniana ad an. Ch. 314, num. 5.

Ac in exercitu, etc. Melius, *at in exercitu.* TOLLIUS. — Lego : *Ac ita exercitus pars dimidia prostrata est. Pars altera vel dedita, vel in fugam versa est.* BOHERELLUS. — Accedit quam proxime versio anglica in hunc modum : *for now the one half of his Army was destroyed, and the other half either fled or rendered it self.* Jam enim ejus exercitus pars dimidia prostrata fuerat, et pars altera dimidia vel dedita, vel in fugam versa.

Ademerat enim pudorem deserendi desertor imperator. Deserendi quid? *his interests.* Eadem versio; quasi dicas, ejus partes, vel, ejus causam : cui contra *desertor imperator* desertorem sui exercitus imperatorem sonat. *And since the emperour had deserted his Army, the souldiers were not at all ashamed of deserting his interests.*

Malebam in commune vocem *prælii,* quæ præcessit, hoc pacto repetere : *ademerat enim pudorem deserendi præliium desertor prælii imperator.* Quam turpis vero et imperatori, et militibus ea desertio esset, ostendit, cum odiosissimum *desertoris* elogium, quo jam Maximinus notatur, tum insignis ista Atheniensium, ut ut prælio cæsorum, commendatio apud Justinum, lib. IX, cap. 3 : *Non tamen immemores pristinæ gloriæ ceciderint : quippe adversis vulneribus, omnes loca quæ tuenda a ducibus acceperant, morientes corporibus texerunt.* Imo, quod memoria exciderat, eidem Justino, lib. XXII, cap. 8 : *exemplum est flagitii singulare rex exercitus sui desertor.*

At ille kalendis maiis, id est, una nocte atque una die, Nicomediam alia nocte pervenit. Post *die,* deest aliquod vocabulum, quod sit nomen mansionis, ad quam kalendis maiis, id est, una nocte atque una die, venerit Maximinus, unde Nicomediam alia nocte pervenit. BOHERELLUS. — Post *die,* deest *ad fretum.* TOLLIUS.

Nicomediam alia nocte pervenit. Lege, *alta nocte.* ALLIX. — Quid si nec quidquam desit, nec aliud quidquam, præter ordinem verborum, sit corruptum; ut hic ordo scilicet genuinus olim fuerit : *At ille kalendis maiis, id est, una nocte, una die, atque alia nocte, Nicomediam pervenit.*

Millia centum sexaginta. Soixante lieues. Maucroix. Id est, sexaginta leucas; cum, si sibi constare voluisset, debuisset tantum ponere, *cinquante-trois lieues,* leucas quinquaginta tres.

Raptisque filiis, etc. Hoc est, raptim, seu cum summa festinatione capitis. Livius in eumdem sensum : « Propiorque excusanti transitionem ut necessariam, quam glorianti eam velut primam occasionem raptam. » Sed nec alio sensu forsitan Christus apud Matthæum c. II, 12 : Ἀπὸ δὲ τῶν ἡμερῶν Ἰωάννου τοῦ Βαπτιστοῦ ἕως ἄρτι, ἡ βασιλεία τῶν οὐρανῶν βιάζεται, καὶ βιασταὶ ἁρπάζουσιν αὐτήν. Vulgata : « A diebus autem Joannis Baptistæ usque nunc regnum cœlorum vim patitur, et violenti rapiunt illud. »

Petivit Orientem. Sed in Cappadocia, etc. Id est, primum quidem in Orientem proprie dictum recipere se decreverat, adeoque Cappadociam prætergredi, et Syriam v. gr. petere, ex qua haud multo antea, tanquam ad se pertinente exercitum in Bithyniam ad vicinas Licinii provincias, si posset, invadendas moverat. Verum cum, iter faciendo, non paucos milites præter spem in Cappadocia tam ex fuga, quam ab Oriente collegisset, in Cappadocia aliquandiu substitit. Quod dum limito, inter alia propter Zozimi locum facio, quem apud Baluzium invenies. Ex his autem, vel me tacente, intelligis Cappadociam huic auctori non fuisse in notione Orientis specialiter dicti comprehensam.

Ita vestem resumpsit. Ces légers secours lui donnèrent le courage de reprendre encore la pourpre. MAUCROIX. Hoc est, breviter, *ita purpuram resumpsit.* — *And there he took the purple again,* versio anglica : tanquam vulgata lectio sit, *ibi purpuram resumpsit.* — Omnino, vel *ibi vestem resumpsit* legendum, vel, quod præferam, sensus est : Deinde vestem resumpsit; uti jam supra plus semel, *ita* idem esse atque *deinde,* vel *postea* monuimus. Confer, si pluribus adhuc exemplis opus est, Justinum, lib. V, cap. 3 in fine; item lib. XI, cap. 7, in fine quoque : ne ei alia rursum indicem.

CAPUT XLVIII.

Accepta exercitus parte ac distributa. Sui-ne exercitus? an hostilis? Nam variant interpretes. Ego hostilem cum Maucroixio intelligo : quia si de accepta a Licinio sui proprii exercitus portione, eaque simul in varias, puta, civitates distributa sermo esset, nequaquam proxime sequeretur, *trajecit exercitum in Bithyniam,* sed *trajecit alteram in Bithyniam;* cum qui pone se sui exercitus partem de industria relinquit, non amplius exercitum, sed solummodo partem alteram exercitus trajiciendam habeat. Atqui diserta nostri narratio est : « Licinius, accepta exercitus parte ac distributa, trajecit exercitum in Bithyniam paucis post pugnam diebus. » Accedit, quod cum sub finem præcedentis capitis diserte de Maximini exercitu scripserit : Pars dimidia prostrata est, pars autem vel Licinio dedita, vel in fugam versa, optime invicem cohæreant, partem aliquam Maximiani exercitus voluisse se Licinio dedere: Licinium autem eamdem primo libenter accepisse in deditionem; paulo post vero prudenter in diversas suorum militum seu turmas, seu catervas, distribuisse; ac tum denique exercitum, ita ex suis et Maximianis constantem, trajecisse in Bithyniam.

Die iduum juniarum. Die quidem iduum juniarum Nicomediæ propositæ sunt litteræ de restituenda Ecclesia ad præsidem missæ; ut testatur Lactantius; sed datæ fuerant Mediolani eodem anno; Christi scilicet 313, circa mensem martium, ut Constantinus et Licinius in iisdem diserte asserunt. PAGIUS.

Die iduum juniarum. Le treizième de juin. MAUCROIX.—Id est, die decimo tertio junii. *On the thirteenth of June,* versio anglica : quæ diversæ tantum ejusdem rei notationes sunt:

Constantino atque ipso ter consulibus. Anno nempe Christi 313. PAGIUS.

De restituendâ ecclesiâ. Nicomediensi scilicet, cæterisque, quæ ante decennium per totam Bithyniam, cujus Nicomedia princeps erat civitas, fuerant eversæ. Nam Nicomediensis quidem prima omnium eversa fuerat et solo adæquata, ut ex capite XII certum est : at idem postea multis aliis per amplum Bithyniæ tractum accidisse, vel hinc constat, quod noster, descriptis in hoc capite Licinii ad Bithyniæ præsidem litteris, continenter subjicit : *His litteris propositis, etiam verbo hortatus est, ut conventicula in statum pristinum redderentur; plurium, uti vides, conventiculorum, seu, quod idem est, ecclesiarum,* quæ restituendæ essent, mentione facta, non unius Nicomediensis.

Litteras. Illas Eusebius lib. X Hist. Eccles. cap. 5, describit e lingua latina, quâ primum editæ sunt, ut ipsemet docet. PAGIUS.

Litteras. Id est, ex utriusque interpretis versione, *edictum.* Et Pagius quidem exerte in hoc ipso argumento : *Epistolam,* inquit, *et edictum hic non distinguo.* Sed esse, accurate loquendo, nonnihil discriminis inter edicta, et litteras imperatorum ad præsides datas, jam ante, ni fallor, ostendimus; patebitque rursum amplius ex dicendis ad ultima fere verba hujus capitis.

Ad præsidem datas. Sed quem præsidem ? Nicomediæ ? an Bithyniæ ? Nam utraque vox præcessit, *trajecit exercitum in Bithyniam... et Nicomediam ingressus,* etc. *Nicomediæ præsidem* MAUCROIXIUS intellexit : *Où l'adressa au président de Nicomédie.* Sed huic supplemento graviter repugnat Justiniani codex, ex quo liquet, *præsides* fuisse *provinciarum præsides.* Vide verbi gratia, lib. 1, tit. 40, l. 1 et 11. Adde quoque Salmasium in Hist. Aug. scriptores. Nec obstat quod apud nostrum, capite 40. Eratineus, qui paulo post initium dicitur *præses,* appellatur *judex* in sequentibus. Nam ex eodem codice, qui provincias regebant, etiam judices erant, seu, ut nobis Lactantius suggerit in epitome, *non simpliciter provinciarum præsides,* sed una quoque præsides legum. Verba sunt : *Siquidem ipsi præsides legum præmiis muneribusque corrupti.* Hincque merito Galli, qui *præsidem* simpliciter reddunt *président,* reprehensi suo loco ab amplissimo Cupero.

Proponi jussit. At non sine præsidis programmate; ut Licinius ipse in extrema fere subjectarum litterarum clausula imperabit, quo nempe de Licinii *litteris edictum,* secundùm data mandata, conficeretur, sicut Plinii epistola ad Trajanum inferius confirmabit.

Cum feliciter, etc. Vid. Euseb. Ecclesiastic. hist. lib. X, cap. 5. Editio Cant.

Apud Mediolanum convenissemus. Quod non accidit, meo judicio, ante primum mensem anni Chr. 314 plus minus inchoatum. Partim primo, quia cum, ex Nazario, *quidquid mali sexennio toto dominatio feralis* Maxentii urbi Romæ *inflixerat, bimestris fere curâ* Constantini, statim a victoria de Maxentio ad 6 kalend. novembris, proindeque die 27 octobris reportata, *sanaverit,* inde apparet Constantinum Romæ, ut minimum, ad medium usque decembrem moratum esse. Partim vero deinde, quoniam cum urbs Roma, unde Constantino ad conficiendum Iliicuni, Mediolanum, proficiscendum fuit, longissimo itineris intervallo dissita fuerit, vix potuit commode Constantinus Mediolanum ante initum Januarii mensem A pervenire. Colligit, scio, Baluzius ex codice Justiniani imperatoris, lib. XI, tit. 57, lib. 1, Constantinum Roma digressum non esse ante mensem Januarium exeuntem, quod vulgo legis subscriptio sit, *Datum 15 kalend. febr. Romæ, Constantino A. III, et Licinio coss.* Sed jam antea alios codices in hunc modum legere monuimus, *Proposita 15 kal. feb. Rom. Constantino A. IV, et Licinio III Coss.*, unde contra quam putavit vir clarissimus, adeo non causæ *jugulum petit* subscriptio, ex qua adversus Dodwellum, virum pariter clarissimum, argumentatus est, ut ex illa nihil omnino possit legitime inferri, propter variantem lectionem, quæ Constantinum non magis Romæ præsentem ponit, quam alibi. Adde quod si revera ea lex data Romæ fuisset a Constantino 15 kal. feb: seu, quod idem est, die 18 Januarii, anni Christi 314, sequeretur Constantinum non bimestri fere cura *quidquid mali sexennio toto dominatio feralis* Maxentii *inflixerat, sanavisse,* quæ diserta tamen Nazarii affirmatio est, sed propemo-
B dum *trimestri.* Convenerint ergo Mediolanum, Constantinus quidem ab urbe Roma profectus, Licinius vero ab Illyrico, mense potius Januario anni 314 haud multum decurso, quam decurrente, v. gr. februario ejusdem anni, aut decembris superioris anni 313. Vide interim quid in utramque partem scripserint Dodwellus in diss. Cypr. XI, num. 86.

Apud Mediolanum, etc. Ibi conditum decretum pro pace, quod nobis conservavit latine hodie Lactantius cap. 48. Illud exemplo una cum victoriæ nuntio mittunt Maximino. Ille vero μὴ δοκεῖν ἑτέροις εἴξας βουλόμενος, novum, ut auctorem habemus Eusebium, ἐξ ἰδίας αὐθεντείας emisit edictum. Ægre enim admodum et invitus senatus-consulto cessit, quo Constantinus primi tituli Augustus renuntiatus est. DODWELLUS.

Securitatem. Tranquillitatem. MAUCROIXIUS. Quasi nulla sit prorsus differentia inter has voces; quod non ita esse, duo locorum genera apud Ciceronem osten-
C dunt. Unum est illorum, in quibus *securitas* et *tranquillitas* tanquam res a se invicem, etsi non multum quidem, diversæ nominantur. Alterum vero eorum, in quibus diversam utriusque vocabuli definitionem Cicero tradit. Primi generis ista sunt : lib. 1, de Offic. cap. 20 : « Vacandum autem est omni animi perturbatione, tum cupiditate, et metu, tum etiam ægritudine, et voluptate animi, et iracundia; ut *tranquillitas* et *securitas* adsit. » Lib. V, de Finibus : Democriti autem *securitas, quæ est animi tanquam tranquillitas,* etc. Pertinent vero sequentia loca ad secundum genus. Lib. IV Tuscul. Qu. « Qui animum in duas partes dividunt, alteram rationis participem faciunt, alteram expertem : in participe rationis ponunt *tranquillitatem, id est; placidam quietamque constantiam.* » Lib. V earumd. « Qui autem illam maxime optatam et expetitam securitatem (*securitatem autem nunc appello, vacuitatem ægritudinis, in qua vita posita est*) habere quidquam potest, cui aut adsit, aut adesse possit
D multitudo malorum? »

Quod quidem divinitas in sede cœlesti nobis atque omnibus qui sub potestate nostra sunt constituti, placatum ac propitium possit existere. Subesse mendum suspicor. Quare sic lego : *Quod divinitas quidem,* etc. *propitium possit efficere.* Sparkius, credo, in editionibus Oxon. et Cant. — Pro *quod quidem divinitas,* legendum forte, *quod quidem divinitas,* etc. BOHERELLUS. — Lactantii verba se male habent. Curatio est anceps. Cogitabam tolerabiliora futura esse, si sic refingantur : *ut quidem divinitas in sede cœlesti nobis, atque omnibus qui sub potestate nostra sunt constituti, placata atque propitia possit existere.* GRÆVIUS.—Lege, *quo numen divinitatis, et mox possit,* pro *possit.* TOLLIUS. — Scribendum putem, vel, *quo quidem divinitas in sede cœlesti nobis atque omnibus qui sub potestate nostra sunt constituti, placatum ac propitium possit existere,* ut neglexerit Syntaxin : vel, *quo quidem divinum numen in sede cœlesti,* etc. *Divinitas* certe in veterum libris divinum nomen est. Marcellinus l. xxvii, cap. 7 : « Parcius, inquit Eupraxius, agito, piissime principum; hos enim quos interfici tanquam noxios jubes, ut martyres, id est, divinitati acceptos, colit religio christiana; » et in Codice, imperator Justinianus; *Cum propitia divinitate*, ait, *Romanum nobis sit delatum imperium*. GALE.

Ut possit nobis summa divinitas cujus religioni liberis mentibus obsequimur, etc. Verba notatu digna; quoniam si Licinius Jovem, ut certum esse debet, per *summam divinitatem*, de qua loquitur, intelligebat, Jovi ergo, non Deo Christianorum, memoratam supra precem cum toto suo exercitu dicebat, *Summe Deus, te rogamus. Sancte Deus, te rogamus*, quæque postea. Quo fit, ut si quid fraudis forsitan in ea re fuerit admissum, contextum dici nequeat in gratiam summi Christianorum Dei ab hoc Cecilio, aut ab aliis scriptoribus.

Liberis mentibus. Volontairemen. MAUCROIX; id est, ultro, seu, ad verbum, *voluntarie*. — Recte. Cuinam enim per *licenter* interpretari, in animum posset venire? Quam mirum vero (1), Summe Christianorum Deus, cum per te ethnico homini, qui non te, sed Deum nihili colebat, licuerit palam, liberisque mentibus religioni divinitatis falsæ obsequi, non licere idem hodie tot tuorum millibus, qui te verum Deum spiritu ac veritate adorare in propatulo gestiunt! Sed judicia tua sunt abyssus magna, Rex Sanctorum.

Dicationem tuam. Li est, dignationem. Edit. OXON. et Cant. — Hoc est, te. Interpretes. — Lege, *dignationem*. ALLIX.

Amotis omnibus omnino conditionibus. Recte explicuit cultissimi vir ingenii atque eruditionis Baluzius. Et hinc mox, *liberam iis atque absolutam colendæ religionis facultatem a se concessam* dicit. Conferatur Maximini edictum præcedens, ubi illa facultas certis legibus circumscribitur atque coercetur : *ita*, inquiens, *ut ne quid contra disciplinam agant*, etc. quæ in epistola ad judices data continebantur. TOLLIUS.

Super Christianorum nomine. etc. An eodem sensu, quo capite 14 : *ingenti invidia simul cum palatio Christianorum nomen ardebat*? Aut num per περίφρασιν, pro *super Christianis*, quomodo breviter interpretes acceperunt, et ante illos Eusebius hac versione, περὶ τῶν χριστιανῶν, ad verbum, *de Christianis*? Mallem, *super Christianorum numine*: cujus rei rationem mox reddam. — Supplenda et corrigenda, ex Eusebii Græcis, lib. x, cap. 5, in hunc modum: *super Christianorum nomine continebantur, et quæ prorsus lævæ, et a nostra clementia alienæ esse videbantur, ea tollantur; et nunc libere ac simpliciter unusquisque, et quæ postea*. — Absit ut Eusebii verborum versionem, quam vir doctissimus uti huic loco convenientem proponit, alia de causa minus responderem græcis censeam, quam quod incipiat. *super Christianorum nomine*; cum græca mere habeant περὶ τῶν χριστιανῶν, *super Christianis*, vel, *de Christianis*. Sed quid si interim ui eatenus Eusebius latina, quæcunque tandem fuerint, contractiora græce veriendo fecit quam erant, sequentia e contrario contractiora atque fuerint, quam Eusebius græce repræsentavit? Suspicor uno verbo, tam quia græcis τὰ σκαιὰ facile *nugæ* aut *tricæ* esse possunt, (σκαιὸς enim, inter alia, *ineptus, stolidus, turbarum plenus, difficilis*), quam quia simul certissimum est, ea quæ latinis *severa* sunt, verti optime posse ab homine græco πραότητος ἀλλότρια. Suspicor, inquam, ob utrumque utraque etiam propter istud tertium, quod hæc lectio *videbantur nugæ ac severæ*, haud multum recedat a veteri *videbantur, nunc cavere ac*. veterum forte nostri loci scripturam, si paulo altius repetatur, fuisse : « Quare scire dicationem tuam convenit, placuisse nobis, ut amotis omnibus omnino conditionibus, quæ prius scriptis ad officium tuum datis super Christianorum nomine videbantur *nugæ ac severæ* simpliciter unusquisque eo-

(1) Adverte ridiculam furentis hæretici exclamationem.

rum, etc. » aut aliquid denique istius modi, quale sit, *videbantur tricæ ac severæ*. Eusebii verba, quo melius tota res intelligatur, sic concepta sunt : ἅτινα οὕτως ἀρέσκειν ἡμῖν ἀντιγράψαι ἀκόλουθον ἦν, ἵν' ἀφαιρεθεισῶν παντελῶς τῶν αἱρέσεων, αἵτινες τοῖς προτέροις ἡμῶν γράμμασι τοῖς πρὸς τὴν σὴν καθοσίωσιν ἀποσταλεῖσι περὶ τῶν χριστιανῶν ἐνείχοντο, καὶ ἅτινα πάνυ σκαιὰ καὶ τῆς ἡμετέρας πραότητος ἀλλότρια εἶναι ἐδόκει, ταῦτα ὑφαιρεθῇ, καὶ νῦν ἐλευθέρως τε καὶ ἁπλανῶς ἕκαστος τῶν τὴν αὐτὴν προαίρεσιν ἐσχηκότων τοῦ φυλάττειν τὴν τῶν χριστιανῶν θρησκείαν, ἄνευ τινὸς ὀχλήσεως, τοῦτο αὐτὸ παραφυλάττοι.

Nunc cavere (vel *nunc vere*) *ac*. Legendum: *Nunc cavere, ut*. Edit. OXON. et CANT. item ALLIXIUS.—Corrigo: *Nunc caveres, ut*. BOHERELLUS.— *Nunc cavere*. Emendatius legas: *Nunc revocenter*. TOLLIUS.

Qui eamdem observandæ religioni Christianorum gerunt voluntatem. Præferam cum editionibus OXON. et Cantab. *Qui eamdem observandæ religionis*, etc.

Id ipsum observare contendant. Quid *id ipsum*? Nihil enim, ut res sunt, præcessit, ad quod grammatice referri queat, quam *Christianorum*. Absurdum vero est voluisse Licinium edicto statui; ut *Christiani Christianorum nomen observare*, si cuperent, pergerent. Quid potuit enim Christianis *Christianorum nominis observatio* esse? Legendum ergo propterea in antecedentibus, ni admodum fallimur, *super Christianorum numine*.

Contendant. Potius, *contendat*. TOLLIUS.

Dicatio tua. Potius, *dignatio tua*, ut supra. BOHERELLUS, item ALLIXIUS.

Ut in colenda quod quisque diligeret habeat liberam facultatem. Melius sine dubio laudandæ ima pagina editiones : *Ut in colendo quod quisque*, etc.

Quod quisque diligeret habeat. Lege : *quod quisque deligerit habeat*. GRÆVIUS.

Quas (vel *quia*)... *honori, neque cuiquam religioni aut aliquid a nobis*. Sic supplendum : *Quia videri nolumus cuiquam honori, aut cuicuam religioni aliquid a nobis detractum*. Edit. OXON. et CANT.-Sed id quoque, nec una ratione, emendare est. Favent cæteroquin allatis supplementis cum Eusebii verba apud Columbum, tum isthæc capitis 13 : « Postridie propositum est edictum, quo cavebatur, ut religionis illius homines carerent omni honore ac dignitate. »

In persona Christianorum. Εἰς τὸ πρόσωπον τῶν χριστιανῶν. Eusebius. Hoc est, vertente Valesio, in gratiam Christianorum : unde quis haud immerito suspicetur, auctoris manum fuisse, *in personam Christianorum*, non *in persona*.—*With relation to the Christians*: Tralatio anglica. Id est, quod spectat ad Christianos.

Eadem iota, ad quæ antea convenire consueverant. Lege : *ea loca*; nec aliter paulo infra, ubi et *consueverunt* legitur : hic autem *consueverant*, sed minus recte. TOLLIUS.

Priore tempore aliquid vel a fisco nostro, vel ab alio quocunque videntur esse mercati. Imo *aliqui*. BOHERELLUS; item GALE. Recte.

Quantociús reddunt. Appone punctum post *reddant*. BOHERELLUS. — Omnino ita facto opus esse, concita evincunt, sed Eusebiana distinctio in primis rite accepta, cui ista quoque editionis Aboensis suffragatur : *iisdem Christianis quantocius reddant: Etiam*, etc.

Quantocius. Quantocius in Gemma est, pro eo; quamprimum. Sed auctorem requiro. Ger. Jo. VOSSIUS. — Miror, cum præter duos, quos jam ante nos Columbus partim recte, partim mendose laudavit de veteribus, Sulpicium nempe, Dial. iii, cap. 5, et Vulgatum interpretem, Genes. xlv, 19. Mamertinus etiam, non ignobilis scriptor, idem vocabulum hac pericope adhibuerit : « Licet; maxime Imperator, publico judicio et nomine agere tibi gratias debeam; tamen illa, quæ pro summa re domi forisque gessisti, nunc ex parte maxima prætermittam, ut quantocius ad ea, quæ propria sunt, perveniat oratio. » Ita enim, non *quanto totius* legendum esse, palam est; ne et Braulionem, septimi sæculi auctorem, adducam, qui præfatione in Vitam sancti Æmiliani, *ut posset, ait*, *in missæ ejus celebratione quantocius legi.* Sit itaque id adverbium, si non vox optimæ notæ, longe tamen melioris, itemque sæculi, quam credidit vir doctissimus. Maxime cum et paulo post Licinius iterum jubeat, *ut præceptum suum quantocius compleatur.*

Etiam vel hi qui emerunt. Suspicabar primo intuitu, corrupta hæc esse, legendumque : *Cæterum vel hi*, etc. Sed nunc nihil muto. TOLLIUS.— Ut libuerit. Sed jampridem mutavit clarissimus Gale τὸ *etiam* et *in jam*, ad marginem sui exemplaris, et infra quoque cum eo vir maximæ dignitatis et eruditionis, Petrus Valerus Diazius. Conjiciebam ego, nec una ratione inductus, veterem lectionem fuisse *et ita*, pro *et deinde*. Prima erat, quoniam eo pacto omnia apte cohæserint : Qui Christianorum conventicula quocumque modo emerint, reddunto quantocius. Qui eadem dono acceperint, reddunto pariter quantocius. Ac deinde utrique de indemnitate, ut æquum sibi visum fuerit, cogitanto. Altera vero, nec minus valida, quoniam non videtur omnino Eusebius aliter legisse, quam emendamus. Quid hæc enim : ὅπως, εἰ τοῖς αὐτοῖς χριστιανοῖς τὴν ταχίστην ἀποκαταστήσωσιν, οὕτως ἡ οἱ ἠγορακότες τοὺς αὐτοὺς τόπους, ἢ οἱ κατὰ δωρεὰν εἰληφότες (εἰ) αἰτῶσί τι παρὰ τῆς ἡμετέρας καλοκαγαθίας, προσέλθωσι τῷ ἐπὶ τόπων ἐπάρχῳ δικάζοντι ; nisi ad verbum : « Ut si hisdem Christianis quantocius restituerint, ita (hoc est, deinde) vel hi, qui eadem loca emerunt, vel qui dono fuerunt consecuti, si petiverint de nostra benevolentia aliquid, accedant ad locorum præfectum, qui jus dicit. » Ostensum autem jam antea a nobis multiplicique exemplo, tam Græcorum οὕτως, quam Latinorum *ita*, pro εἶτα, vel *deinde*, non insolenter usurpari. Et quod nunc in Eusebii loco adverbium *et* ante αἰτῶσι supplevimus, ita faciendum fuisse arguit haud solum collatio cum nostro, *si putaverint*, sed quod insuper non proxime sequatur apud Eusebium προσέλθωσί τε, aut aliquid tale, verum sine ulla copula, προσέλθωσι, ut pendeat manifesto a præcedenti ὅπως.

Vel qui dono erunt consecuti. Potius, *qui dono fuerunt consecuti.* GALE.

Si putaverint de nostra benevolentia aliquid, vicarium postulent. Locus haud parum difficilis, sive propterea quod de ejus integritate et distinctione non convenit inter doctos, sive quoniam per *vicarium* alii cum Eusebio certum hominem intelligunt, alii vero non hominem, sed aliquid vicarium. Res tota sic breviter habet. Scribendum censeo : *Si optaverint de nostra benevolentia aliquid vicarium, postulent.* Diazius. Credideram antea, hunc locum mutilum esse, legendumque : *Si putaverint de nostra benevolentia aliquid sperandum, vicarium postulent.* Sed nunc nihil muto, et accipio τὸ *vicarium* pro eo, quod pro restitutione bonorum Christiani deberi sibi putabant, uti illustris fecit Diazius. Eam mox *indemnitatem* vocat. TOLLIUS. — Sic legendum : *Si poscendum, putaverint de nostra benevolentia aliquid, vicarium postulent.* — Nil nisi distinguo : *Si putaverint de nostra benevolentia aliquid vicarium postulent.* Gale; item Columbus.— *Vicarium postulent.* προσέλθωσι τῷ ἐπὶ τόπων ἐπάρχῳ δικάζοντι. Eusebius. Id est : ii *præsectum, qui in illa provincia jus dicit, adeant.* Valesius. — *Vicarium postulent.* Nempe, *qui jus dicat.* Edit. Oxon. et Cant.—*Se pourvoiront par devers les vicaires.* MAUCROIX. Quasi dicas : vicarios, ut suis rationibus provideant, rogabunt, annotante eodem in margine suæ versionis, *Vicarios* fuisse *lieutenants du préfet du prétoire;* quod nequeo melius, quam *vicarios præfecti prætorio vertere.— Shall go to some magistrate.* Tralatio anglica. Ad verbum, aliquem magistratum convenient.— Nobis liceat, vel post tot eruditorum sententias de hoc loco allatas, judicium nostrum, qualecumque sit, interponere. Aut lectio, quam evidenter Eusebius secutus est : *Si petiverint de nostra benevolentia aliquid, Vicarium postulent*, germana est et genuina ; et tunc non modo hodierna, *si putaverint*, aperte mendosa fuerit, verum etiam τὸ *aliquid* non ad sequentem vocem *vicarium*, sed ad præcedens verbum *petiverint* pertinuerit, plane ut in Græcis, αἰτήσωσί τι ; eritque adeo per *Vicarium* homo aliquis, qualis ab amplissimo Cupero indicatus est, intelligendus. Vel fuit olim in Licinii litteris uti hodie habemus, quantum ad vocabula, exaratum : *Si putaverint de nostra benevolentia aliquid vicarium postulent;* tuncque necessario Columbi distinctionem sententiamque simul amplecti oportebit : *Si putaverint, de nostra benevolentia aliquid vicarium postulent*, cujuslibet generis *indemnitatem* intelligendo. Vel ista denique, de qua nemo hactenus cogitavit, interpunctio erit advocanda, *qui dono erant consecuti, si putaverint de nostra benevolentia* (hoc est, si tamen ii esse possint, qui de rei pretio, quam ipsis pro mera nostra benevolentia dedimus, rationes nobiscum velint putare), *aliquid vicarium*, id est, quod priorum donationum vicem suppleat, *postulent.* Eligant, qui hæc lecturi sunt, quod maluerint. Verum equidem Eusebii lectionem cæteris præferendam arbitror ; quanquam *putare de re aliqua*, debuerit phrasis esse familiarissima apud Romanos, neque sit insolens, ut *benevolentia* non de ipso benevolentiæ affectu, sed de benevolentiæ signo, aut gratificatione usurpetur. Nam sic, verbi gratia, Spartianus in Caracallo : *Non ille in litteris tardus, non in benevolentiis segnis.* Confer, si pluribus opus est, Dinzium. Baluz., Cuperum et Columbum.

Corpori Christianorum. To the Christians. Versio anglica. Ad Verbum , *Christianis.* — Recte. Nam ut *Sabini et Sabinorum corpus* omnino confunduntur apud Livium in his verbis : « Oriundi ab Sabinis, ne, quia post P. Tatii mortem ab sua parte non erat regnatum, in societate æqua possessionem imperii amitterent, sui corporis creari regem volebant, » (id est, qui esset ex Sabinis) : ita Licinio in hac epistola , *Christianis* et *corpori Christianorum*, locutiones sunt synonymæ prorsus et promiscuæ, quas tantum, ne semper iisdem *Christianis* diceret, intermiscuit. Atque infra tamen pro *Christianorum corpori* , videas uno loco in eadem versione : « The Corporations or Assemblies of the Christians; id est, corpora, vel cœtus Christianorum ; » et alibi rursum : « The Bodies corporate of the Christians; » hoc est, collegia, vel societates Christianorum.

Non in ea loca. Dele *in.* BOHERELLUS; item Gale. — Delenda hic præpositio, uti et supra faciendum monui. TOLLIUS.

Consueverunt. Had used. Versio anglica. Id est, *consueverant.* — Non improbo, vel ob præcedentia, « ad eadem loca, ad quæ antea convenire consueverant. » Neque improbabat, opinor, Tollius ad ea verba.

Ad jus corporis eorum. . . pertinentia. Hoc est, secundum tralationem anglicam, pertinentia ad illos, tanquam ad commune corpus : « That belonged to them as a Body corporate. » Quis enim *tanquam ad corpus corporatum* de verbo ad verbum transferri ferat ?

Ea omnia lege, qua superius comprehendimus citra, etc. Scribe levem distinctionem post *comprehendimus*, quod eodem sensu explicandum, quo *comprehensum est*, in sequentibus. BOHERELLUS.— Emenda : *comprehendimus, eaque citra*, etc. quæ vocula excidisse mihi visa ; alias , *quam comprehendimus legendum*, quemadmodum mox : *sicut superius comprehensum est.* TOLLIUS. — Malebam, partim cum Boherello nostro , cui Aboensis quoque editio adstipulatur, partim mutato amplius, sed leviter, ordine ; « Ea omnia, qua lege superius comprehendimus, citra ullam prorsus ambiguitatem vel controversiam hisdem Christianis; id est, corpori et conventiculis eorum reddi jubebis. » Ita quippe facili opera integra erit lectio, et optime cohærens.

Sumus. Summis. Editio Aboensis. Mendosissime.

Prospere successibus nostris. Malim, « prosperis successibus nostris, vel prospere fluentibus successibus nostris. » TOLLIUS.

« Ut autem hujus sanctionis benevolentiæ nostræ forma ad omnium possit pervenire notitiam, prolata programmate tuo hæc scripta et ubique proponere, et ad omnium scientiam te perferre conveniet. » Quod jam Licinius *sanctionem* suam, et *hæc scripta* nuncupat, id ipsum paulo ante *præceptum* suum, quin et tacite *statutum* suum et *ordinationem* suam nominaverat. Sed, quod notandum, nuspiam pariter *edictum appellavit*, uti nec noster, qui contra semel atque iterum mero *epistolarum* nomine ad hanc Licinii dispositionem indigitandam usus est. Primo nempe, in hujus fere capitis initio, « de restituenda Ecclesia (Licinius) hujusmodi litteras ad præsidem datas proponi jussit; » atque denuo propemodum in fine : *His litteris*. Unde non haud ingrata oritur quæstio, utrum recte hic loci *edictum* ab utroque interprete, atque alibi a multis, cum veteribus, tum recentioribus vocetur; quod equidem non putaverim, si sit accuratius loquendum : sed veras esse contrario *litteras* cum mandatis ad τὸν δεῖνα Bithyniæ præsidem datas, ex quibus ille confestim *mandata* excerpere, tum « edictum suum, secundum ea mandata, addito programmate, conficere et proferre » debuerit. « Ut autem hujus sanctionis benevolentiæ nostræ formæ ad omnium possit pervenire notitiam, prolata programmate tuo hæc scripta et ubique proponere, et ad omnium scientiam te perferre conveniet, » inquit nostro loco verbisque disertissimis ipsemet Licinius; multoque disertius ante ipsum Plinius ad Trajanum, libro x, ep. 97 : « Quibus peractis, morem sibi (Christianis) discedendi fuisse rursusque coeundi ad capiendum cibum, promiscuum tamen et innoxium; quod ipsum facere desisse post edictum meum, quo secundum mandata tua hetærias esse vetueram : » ubi non tantum *Trajani mandata, et Plinii edictum*, tanquam res diversas nominari vides, sed imperatoris *mandata* materiam fuisse edicti præsidis; quod et ideo non Trajani edictum, sed edictum suum appellavit, *post edictum meum*. Ingenue autem agnoscere debemus priusquam hinc progrediamur, nos, quod in hoc argumento laudata Plinii verba adduximus, debere epistolæ amplissimi Cuperi ad clarissimum Grævium 7 id. apr. anni 1691, datæ, in qua, ad suæ in hunc locum notæ confirmationem : « Locus, ait, hanc in rem elegans apud Plinium, lib. x, ep. 97 : Quibus peractis morem sibi discedendi fuisse, rursusque coeundi ad capiendum cibum, promiscuum tamen et innoxium; quod ipsum facere desisse post edictum meum, quo secundum mandata tua hetærias esse vetueram; nam hinc, pergit, clarissime pater, præsidem publice testatum esse, sese ejusmodi edictum accepisse. » Atque hactenus perillustris Cuperus.

Etiam verbo hortatus est. Nempe Licinius. PAGIUS. — Et sine ulla circuitione : « When the Edict was published, Licinius did likewise by word of mouth entreat all persons, » etc.

Conventicula. Les églises. MAUCROIX. Hoc est, ecclesias.

Sic ab eversa Ecclesia. Nicomediæ nimirum, secundum versionem anglicam : *And from the destruction of the hurch of Nicomedia*: sed melius sine dubio Maucroixius, ut latina sonant. *Ainsi depuis la ruine de l'Eglise.* Confer hæc capitis 3 : *In statum pristinum Ecclesia restituta est.* — *Ab eversa Ecclesia.* A die scilicet 23 februarii anni 303. PAGIUS.

Usque ad restitutam. To *he rebuilding of it*. Tralatio anglica. Id est, usque ad restaurationem illius (Nicomediensis ecclesiæ).

Usque ad restitutam. Usque ad diem videlicet 13 mensis Junii anni 313, qua propositum est Nicomediæ edictum de restaurandis ecclesiis. PAGIUS.

Anni decem, menses plus minus quatuor. Cœpit itaque persecutio septimo kalendas martias, a quibus si subducatur numerus usque ad diem 13 mensis Junii, qua propositum est edictum hoc, effluxisse constabit annos 10, menses tres, dies 19, id est, annos decem, menses plus minus quatuor. Edit. Oxon. et Cant.

Menses plus minus quatuor. Nempe menses tres, dies novemdecim. Ideoque pax universæ Ecclesiæ anno tantum 313 reddita. PAGIUS.

CAPUT XLIX.

Sequenti autem Licinio, etc. Corrige et lege : *sequente.* TOLLIUS.

Tyrannum. Versio anglica, *Maximinum*, quem certum est intelligi.

Profugus concessit. Malim *retrocessit.* TOLLIUS. — Quid opus est mutatione? Terentius in Eunuch. act. I, sc. 2 :

Ego impetrare nequeo hoc absque, biduum
Saltem ut concedas solum.

Et in Hecyra, act. IV, sc. 2 :

Hic video me esse invisam immerito; tempus est con-
[cedere.

Latinis itaque τὸ *concedere* simpliciter positum, inter alia, loco *cedere*, seu *alicui locum abeundo dare* significat; quæ ultima phrasis a Terentio quoque usurpata in Heaut. act IV, sc. 2 :

SY. Jube hunc
Abire hinc aliquo. CL. Quo ego hinc abeam? SY. Quo lubet; da illis locum.
Abi deambulatum.

Petiit. Præferam cum Columbo, *petiit.* TOLLIUS.

Munimentis ibidem, etc. Potius, *munimentisque ibidem*, uti et clarissimus Columbus legendum putat. TOLLIUS. — Columbum ipsum, si etiamnum opus est, visere potes.

Iter obstruere. Licinio nimirum ; quod anglica versio, perspicuitatis causa, addidit.

Et inde dextrorsum perrumpentibus omnia victoribus. Distinguo, *et inde, dextrorsum perrumpentibus.* GALE.

Perterreretur (vel *peteretur*). Scripsisse Lactantium credo, *peteretur.* GRÆVIUS.

Perterreretur. Supra, *Maxentianus proterretur;* quod verbum etiam hic rectius mihi videtur, quam illud alterum. TOLLIUS.

Refugium. Effugium. GALE. — Usi tamen etiam *refugii* voce idonei auctores. Cicero : *Regum, populorum, nationum portus erat, et refugii im senatus.* Suetonius : *Eos easque omnes, ne quod refugium in tali fraude cuiquam esset, exilio affecit.* Neque noster a *refugiendi* verbo superius abhorrebat; cujus cap. 47, verba sunt : *Fit impetus in eum, et ad suos refugit.*

Ut solent hi, qui hoc ultimo, etc. Exempla sunt apud Florum et Livium. GALE. — Mirum, quam faciat ad hunc locum alter plane geminus Lactantii de Vita beata, quem nos hactenus cum cæteris commentatoribus prætermiseramus : « Quanto quisque annis in senectutem vergentibus appropinquare cernit illum diem, quo sit ei ex hac vita demigrandum, cogitet, quam purus abscedat, quam innocens ad judicem veniat; non ut faciunt quidam cæcis mentibus nixi, qui jam deficientibus corporis viribus, ad hoc admonentur ultimæ necessitatis, ut cupidius, ut ardentius hauriendis libidinibus intendant. »

Et sic haesit venenum. Non itaque periit morte simplici, ut tradit epitome Victoris. Edit. Oxon. et Cant.

Et sic. Id est, *et deinde*, quem sensum jam antea indicatum voluimus. Conspirant interpretes. *Après quoi il prit la boisson mortelle.* MAUCROIX. *And then he took poyson.* Versio anglica. Sed nil forte melius τὸ *sic* interdum ordinis adverbium esse ostenderit queat, quam locus iste Vulcatii Gallicani in Avidio Cassio : « Mater mea Faustina patrem tuum Pium ejusdem in defectione Celsi sic hortata est, ut pietatem primum circa suos servaret, *sic* circa alienos. » Verbum, cum res ipsa loquatur, non addo. Audiatur solum Cicero primum et postea similis ordine et significatu adhibens : *Ego incolumitati civium primum, et postea dignitati* (consulo).

Non potuit in præsens. Exemplum, quod, qui volent, iis adjicient, in quibus *præsens* neutiquam de tempore nunc præsenti, sed de tempore tunc præsenti, adeoque, una voce liceat dicere, *præsenti præ-terito*, usurpatum; qualia exempla apud Ciceronem et alios occurrunt.

Cruciamenta. Nec hic quoque Cicero exemplum quærentibus deerit. Philipp. xi : *Nec vero graviora sunt carnificum tormenta, quam interdum cruciamenta morborum.*

Insustentabili. Ignoro, ecquis ita olim ante nostrum fuerit locutus. Sed jam certe nequit hoc epithetum ex Cicerone defendi.

Haustam manibus terram, etc. Id est, ut optime Versio anglica expressit, manibus effossam : *He eat earth, which he dug up with his hands.*

Cum caput suum parietibus infligeret. Impatientia cruciatuum scilicet. Nam jam quatuor insaniæ dies abierant. Neque aliter fere Augustum *caput foribus ex impatientia doloris amissarum Vari legionum illidentem* inducit Suetonius in Octavio, cap. 23. Vide locum et quæ ad illum Casaubonus notavit; item quæ Baluzius supra.

Exilierunt oculi ejus de caveis. Ὡς τοῦ μὲν τὰς κόρας ἔτι ζῶντος αὐτομάτως ἐκπηδῆσαι τῶν ὀφθαλμῶν, Μαξιμῖνος οὕτως ἦν. Chrysost. in oratione de S. Babyla contra Gent. Vide Euseb. Eccl. Hist. lib. ix, cap. 10. Edit. Cant.

Deum videre cœpit candidatis ministris, etc. *Il vit Dieu environné de ses Anges.* Maucroix, quem apparet ergo voluisse emendari, *Deum videre cœpit circumdatum ministris.* — *A vision represented himself to his imagination, as standing to be judged by God, who seemed to have hosts of ministers about him all in white garments*, tralatio anglica. Quasi jam potius prisca lectio fuerit, *Deum videre cœpit circumdatum candidatis ministris de se judicantem.*

Candidatis ministris. De eodem Maximino Simeon Metaphrastes apud Surium, t. vi, p. 929, ait eum ab angelis fuisse flagellatum. COLOMESIUS.

Deinde quasi tormentis adactus fatebatur. Se fecisse nempe, repetendo ἀπὸ τοῦ κοινοῦ, quomodo interpretes acceperunt. Nisi cum clar. Gale malueris *Christum* supplere ex sequentibus, distinguendo, *deinde quasi tormentis adactus fatebatur Christum.*

Nocentem spiritum.... efflavit. Baluzius recte in notis observat, non statim mortuum esse Maximinum ac Tarsum pervenit : sed aliquanto tempore gravissimos dolores sustinuisse, sicque non videri, eum ante mensem Augustum periisse. Cum enim ei peragranda fuerint aliquot militaria, ut Tarsum Ciliciæ urbem pervenerit, dein in Tauri montis angustiis substiterit, ubi munimenta ac turres fabricavit, ad arcendos nempe insequentium Licinianorum impetus, fieri vix potuit ut is qui kalendis Maiis pervenit Nicomediam, Tarsum venerit ante mensem Julium sequentem; adeo ut Maximinus ante mensem Augustum non periisse videatur. PAGIUS.

CAPUT L.

Summa rerum potitus. Anno nempe 312. PAGIUS.

In primis Valeriam, quam, etc. Ita hodie clariss. Baluzius, qui prius cum veteri scheda *in primis Valerium*, *quem* ediderat; unde paulo post Sparkius in Oxoniensi editione anni 1680 : Scribendum, inquit, ex emendatione viri rever. *Valeriam, quam.* Ut frustra sit Baluzius, qui Valerium quærit sollicita indagine. Cui censuræ, iterumque postea in sequentibus editionibus repetitæ, subscribit supra, nec invitus, Baluzius, itemque Cuperus, nec non versio anglica in hunc modum : *For Licinius being now setled in the Empire, gave oder to put both Valeria and Candidian to death.* Sed interim præter hanc editionem nulla est, quæ non cum ms. codice in auctoris verbis habeat, *Valerium quem.* Et, quod magis notandum, stare optime posse manuscripti lectionem ponit, pugnatque Pagius in Critica sua Baroniana, uti sequitur. — *In primis Valerium.* Valerium scilicet Valentem, de quo anno 306, num. 14 (imo, 15), sic locuti sumus : Eodem fere tempore, quo Alexander, qui præfecti præ-

torii Africæ munere fungebatur, apud Carthaginem imperator fit. *Valens imperator creatur*, inquit Victor in epitome, qui postquam Maximini moriem narravit, subjungit : *Valens a Licinio morte mulctatur.* De hoc Valente loquitur Lactantius lib. de Mortibus Persecutorum cap. 50, ut primus omnium observavit eruditissimus Abbas Ludovicus *du Four* in litteris ad me scriptis. Ibi Lactantius, Maximini morte recitata, ait : « Licinius summa rerum potitus, in primis Valerium, quem Maximinus iratus nec post fugam quidem, cum sibi videret esse pereundum, fuerat ausus occidere, necari jussit. » Nec dubitari potest, quin *Valerius* ille idem sit cum *Valente* a Victore memorato, cum Goltzius inter nummos triginta Tyrannorum, qui imperante Gallieno rempublicam Romanam afflixere, hunc referat : ΑΥΤ. Κ. ΠΟΥ. ΟΥΑΛΕΡ. ΟΥΑΛΕΝC. CEB. L. A. id est, *Imperator Cæsar Publius Valerius Valens Augustus. Anno primo.* Nummus tamen ille ad Valerium Valentem Licinii jussu occisum, non vero ad Valentem, qui post Valerianum in præsidem abductum tyrannidem arripuit (ut testatur Pollio lib. de Triginta Tyrannis cap. 19), omnino pertinet, licet Mediobarbus huic Valenti, qui brevi in Macedonia imperitavit, attribuat. PAGIUS, *ubi supra, ad an.* Chr. 314, *num.* 12, *et* 306, *num.* 15.

Confer nunc, primum omnium, assentientem propugnantemque Toinardum, tum nec dissentientem istam Maucroixii versionem : *Car première Licinius fit mourir Valère*; in qua scilicet, ut sequentia et linguæ simul genius ostendunt, non *Valeria*, sed *Valerius* intelligitur : postremo amplissimum Cuperum varia Pagio et sequacibus objicientem in epistola ad perillustrem Voetium.

Item Candidianum. Ms. codex, quem cæteræ hactenus editiones secutæ fuerant, habet *Candidianum.* Sed omnino, vel cum Baluzio *item Candidianum* corrigendum est; vel nobiscum, adverbium ordinis adhibendo, *inde Candidianum*; aut per meram fere litterarum transpositionem, *dein Candidianum.*

Candidianum. Filium Galerii et concubinæ, observante Maucroixio ad marginem suæ versionis.—*Candidian was her adopted Son, for his mother was a Concubine of Maximians.* Tralatio anglica. Ad verbum, Candidianus erat adoptivus Valeriæ filius : fuit enim ejus mater concubina Maximiani.

Valeria. Pro quo mulieris nomine, crassissimo errore typographico, *Valerius* legitur in Pagii Critica Baroniana, ad annum Ch. 314, num. 12, ubi totum hocce caput describitur. Conferto modo eamdem ad annum Chr. 303, num. 6.

Mulier tamen. Forte, *mulier statim*, vel, *mulier namque.* TOLLIUS.—Emendo, *Mulier tandem.* GALE.

Ut eum vixisse cognovit. Quem, et quis sensus ? De utroque enim miris modis dissentiunt interpretes. — *Cette dame ayant appris que Candidianus n'était point mort.* Maucroix. Id est, cum mulier Candidianum non fuisse mortuum didicisset. — *She had no sooner got the news of Maximins death*, etc. Anglica versio. Hoc est, vix mulier nuntium de Maximini morte acceperat.—Mihi, primo loco, quod in bonam partem sumi velim, nulla ratione videbatur sermo nunc esse posse de Maximino. Quid vero amplius cogitem, post pauca dicam.

Vixisse. Lego, *vicisse. Eum autem*, quod præcedit, intelligo de Licinio. BOHERELLUS.—*Vixisse.* Repone, *vicisse.* GALE; nec non Colomesius. — Legendum *vicisse*, referendumque ad Licinium. Corrigendum quoque *cognoverat*, pro *cognovit*; et mox istud *miscuerat*, pro *miscuit.* TOLLIUS.—Arridebat magis *vi exisse*, vel simpliciter *exivisse*; ut, postquam Candidianum necari jussisset Licinius, Candidianus, mandati gnarus, evadendi prima vice e loco, ubi jugulandus erat, viam invenerit : Valeria autem, cognito eum inde feliciter erupisse, mutaverit habitum, et se adoptivi sui filii comitatui miscuerit, ut ejus fortunam speculaturtur.

Comitatui ejus. Hic rursus, et pro contrariis interpretum hypothesibus, in contraria abeunt versiones; Gallica nimirum de *Candidiani comitibus* explicante: Anglica vero de *Maximini*, novissime defuncti, *aula*, hoc est aulicis. *Sae had no sooner got the news of Maximins death, taen she came to his Court in disguise*.

Quia Nicomediæ. Scribo, *Qui cum*, Sparkius, in utraque Oxon. a quibus haud diversa est Cantabrigiensis.

Quia Nicomediæ. Lege cum Columbo, *qui quia Nicom*. TOLLIUS.

Et illa, exitu ejus audito. Id est, illustrante singula, licet in re minime obscura, Maucroixio : Cum Valeria Candidiani mortem audivisset. Confer, si tanti est, *quæ de vocabulo exitu* notavimus.

Qui omnes. Atqui duo tantum supra memorati sunt. *Candidianus et Severianus*. TOLLIUS.—Imo tres; *Candidianus, Severianus*, et ante utrumque, *Valerius*, seu, *Valeria*, prout initio capitis egere malueris : *Licinius, summa rerum potitus, in primis Valerium... fuerat ausus occidere*, vel, *in primis Valeriam*; mirumque hanc, aut illum, a Tollio, post tam diserta verba, prætermitti.

Quasi malum metuentes. Hoc est, anglicæ versioni, quasi malum hominem : *looking on him as an ill man*. —Legendum : *quasi æmulum metuentes*. GRÆVIUS. — Forte, *quasi iratum*. TOLLIUS.—Suspicabar, *quasi malum metuentes* locutionem esse e medio petitam, qualis ista Gallorum, il *le craignait comme la peste*.

Præ Valeria, (vel *præter Valeriam*) *quæ volens*, etc. Sed hæc jam superius Licinium fugisse dicta est. Vide quæ viri docti ad caput 39, notaverunt. Ergo τὸ *volens* rectius in *nolens* cum Cupero mutaveris. Hinc liquet, Maximinum non magis libidine quam avaritia accensum, matrimonium Valeriæ appetisse. TOL.

Præ Valeria, quæ volens, etc. Ita per omnia interpretes, ut, qui adibunt, statim intelligent.

Filium suum maximum agentem in annis octo. Dele *suum*. BOHERELLUS.—Forte rectius, *filium tum maxime agentem annos octo*. TOLLIUS. — Emendo , *filium natu maximum agentem jam annos octo*. GALE.

Mater eorum. Uxor Maximini, de cujus nomine altum est apud eruditos silentium. Edit. Oxon. et Cant.

In Orientem præcipitata est. *In Orontem*. Editio Aboensis. *In the River Orontes*. Id est, in fluvium Orontem. *Versio anglica*.

Orientem. Scribendum : *Orontem*, hoc est, fluvium Syriæ, vel *torrentem*, ex emendatione viri rever. supra laudati. Edit. Oxon. et Cant.—Lege, *torrentem*: aut potius, *Orontem*. ALLIX.—Lege , *Orontem*. VOSSIUS. — Maucroixius ad verbum; *On précipita leur mère dans l'Orient* : quod paucissimi procul dubio probabunt.

Ibi sæpe illa castas fœminas mergi jusserat. Ibi mergi, ut supra, capitibus 15 et 57, *mari mergi* : quare equidem doctissimum virum τὸ *ibi* delentem, minus audiendum esse crediderim.

Illa. Corrige, et lege , *ille* : scilicet Maximinus. Respice cap. 38 et ita huic legi talionis evenit, ut ipsius uxor eodem supplicio interiret, quo ipse alienas conjuges necari jusserat. TOLLIUS.

Illa. Secuti sunt hanc lectionem ambo interpretes. *Sic omnes impii*, etc. Sarisberiensis in Polycrat. lib. VIII, cap. 19, de Domitiano : « Et quia Ecclesiam Dei, imo et totum imperium, laceravit Domitianus, eodem in se Dei usus judicio et ipse laceratus est. » TOLLIUS.

CAPUT LI.

Quindecim mensibus. During the space of eighteen months. Versio anglica : quasi nostri verba sint , *octodecim mensibus*; cujus diversitatis rationem non assequor.

Plebeio cultu. In the habit of a Peasant. Eadem versio. *Ad verbum , in rusticorum habitu* : quod paulo liberius.

Cum matre. Prisca scilicet. PAGIUS.

Pœnas dedit. Nullone prorsus afflicto crimine, quæ sententia viri amplissimi. Vix crediderim, cum propter ipsum *pœnarum* nomen hic adhibitum, tum propter sequentia, ubi ambæ mulieres *ad supplicium*, idque gravissimum, dicuntur *ductæ*. Amputatum enim caput utrique, et mox earum corpora in mare projecta. Accedit, quod ne quidem Valeriæ amicas damnatas viderimus in antecedentibus, nisi *afflicto* prius *adulterio*, capite nimirum 39 in fine.

Ita illis pudicitia et conditio exitio fuit. Quia et Licinio et Maximino Valeria nubere recusarat. TOLLIUS. — Sed pars igitur *pudicitiæ* eo quoque sæculo habebatur v. gr. in mulieribus , unius tantum viri fuisse uxores. Suo enim ævo Tertullianum cum Montanistis *monogamiam* in utroque sexu requisivisse, omnibus notum ex ejus libro de Monogamia. Observandum interim *conditionem*, quam hic noster memorat, æqualiter quidem matri et filiæ, seu, quod idem est, Priscæ et Valeriæ, secundum anglicam versionem exitio fuisse : verum additam *pudicitiæ* mentionem specialiter pertinere ad Valeriam. Verba sunt : *so fatal did their Dignity and Valeria's chastity prove to them*.

CAPUT LII.

Quæ omnia secundum fidem scientium loquor, ita ut, etc. Post *loquor*, suppleo *et*, vel *atque* : *et ita ut gesta sunt mandanda litteris credidi*. BOHERELLUS. — Similiter versio anglica, *and i have thought fit to writte them just as they were transacted*. Aliter vero Cuperus.

Non corrumperet veritatem. *Non* melius abesset. BOHERELLUS.

Pietati. Id est, clementiæ, benignitati. Vid. not. ad Ausonium. TOLLIUS.

Respexit in terram. Quomodo capite 5. *Respexit enim Deus vexationem populi sui. Dejectus itaque fastigio imperii*, etc.

Ubi sunt modo magnifica illa et clara per gentes Joviorum et Herculiorum cognomina, quæ primum, etc., *viguerunt?* Notandum, ne id nimis oratorie et contra historiæ fidem scriptum fuisse videatur, band simpliciter quæri a nostro, *Ubi sunt modo Joviorum et Herculiorum cognomina*, ac si post mortuos semel Diocletianum et Herculium, a nemine amplius quocumque pacto usurpata sint : sed, *Ubi sunt modo magnifica illa et clara per gentes Joviorum et Herculiorum cognomina, quæ primum a Diocæte ac Maximiano insolenter assumpta, ac postmodum ad successores eorum translata, viguerunt?* ut neget tantum fuisse æque *magnifica et clara per gentes, vicentiaque adhuc*, dum hæc scriberet, atque *primum* fuerant sub ipsis Diocletiano et Maximiano Herculio ; quod ab omni parte certissimum.

Joviorum et Herculiorum. Tanquam si a Jove et Hercule genus ducerent. Edit. Oxon. et Cant.

Maximiano. Illo nempe, quem nunc *Herculium* cognominavimus. Alteri enim, sive *Galerio Maximiano, Jovius*, Diocletiani imitatione, band simpliciter et hic præterea de eo agitur, qui sibi primus *Herculii* nomen indidit.

Nempe delevit ea Dominus et erasit de terra. Quatenus nimirum ipsimet Diocletianus et Maximianus, qui sibi primi, alter *Jovii*, alter *Herculii*, cognomen tam insolenter sumpserant, et per quos simul eadem tam clara et magnifica per gentes evaserant, deleti sunt divinitus ex viventium terra et numero.

Diurnis nocturnique precibus celebremus. Præferrem, *obsecremus*. *Celebremus* enim paulo ante legitur. BOHERELLUS. — Putabat vir doctus, qui Aboensi editioni præfuit, aliquid ante *diurnis* deesse, quod asterisco voluit notatum.

Ut Misericordiam suam servet etiam famulis, etc. Lege, *ut misericordiam suam servet, et jam famulis suis propitius ac mitis omnes insidias,* etc., deleto τῷ *ut.* TOLLIUS. — Pro *servet etiam,* rescribo, *servet æternam.* BOHERELLUS. — Quid, si potius auctoris manus fuerit, *ut misericordiam suam servet etiam atque etiam famulis suis propitius ac mitis?* Tum deinde, *ut omnes insidias,* quæque postea; ac denique cum tertio *ut* eleganter sine copula repetito, *ut florescentes,* et quæ deinceps.

Diaboli. Zabuli, ut prius. GALE. — Capite nimirum 16, duobus locis.

Ut florescentes Ecclesias perpetua quiete custodiat. Veteris codicis cunctarumque hactenus editionum lectio est, *ut florescentes Ecclesiæ perpetuæ quiete custodiat.* Sed eam dudum, uti nunc excusam vides, emendaverat clarissimus Baluzius in indice erratorum suæ primæ editionis, aliique postea cum illo, vel aliter, ut subjicio.

Ecclesiæ perpetuæ quiete. Scrib. *Ecclesias perpetua quiete.* Edit. Oxon. et Cant. item Allixius.

Ut florescentes Ecclesiæ perpetuæ quiete custodiat. Nullus dubito legendum esse : *Ut florescentis Ecclesiæ perpetuam quietem custodiat ;* quæ et Nicolai Heinsii fuit sententia, ut olim summi et amicissimi viri ore, cum de hoc loco cum superstite agerem, intellexi. GRÆVIUS.

DISSERTATIO

IN LUCII CECILII LIBRUM

DE MORTIBUS PERSECUTORUM

AD DONATUM CONFESSOREM, LUCIO CÆCILIO FIRMIANO LACTANTIO HACTENUS ADSCRIPTUM.

(AUCTORE DOM LE NOURRY.)

ADMONITIO.

Duabus potissimum, nec minimi quidem momenti, rationibus ad hanc dissertationem novis curis edendam inducti sumus. Primum enim in toto hoc secundo apparatus nostri tomo, et in superioris parte haud exigua expendimus quibus, et quam invicti plane roboris argumentis antiquissimi christianæ religionis vindices illius veritatem adversus ethnicos demonstraverint. Unum itaque probandum superesse videbatur, quis tantorum certaminum fuerit exitus, et quæ victoria. Cecilius autem illud, in hoc *de Persecutorum Mortibus* libro, manifestum omnibus fecit. Totus namque in eo est, ut patefaciat quales quantasque christiani nominis hostes pœnas omnipotenti Deo et scelerum ultori dederint, ac quam admirabilem vera nostra religio de impiis gentilium superstitionibus triumphum egerit. Superioribus igitur dissertationibus nostris hanc, tamquam illarum complementum, subjungendam censuimus ; ut qui in illis prælia eruditorum pugilum spectarunt, in hac victorias et triumphum videant et mirentur.

Deinde vero clarissimi plures viri, quorum votis ob eximiam eorum eruditionem, et singularem in nos benevolentiam, non satisfacere nefas ducimus, et dictis et scriptis ad hanc dissertationem recudendam nos impulerunt. Non satis enim esse putant, quod aliqui coacti sint palam fateri duo *Firmiani Lactantii* nomina audacius contra unici, quod superest, manuscripti codicis fidem addita fuisse hujus libri titulo. Neque sufficere adhuc arbitrantur quod pluribus visum sit ea argumenta, quibus hunc librum Lactantio suppositum fuisse demonstratur, aliis præponderare quæ contrariæ opinionis defensores protulerunt. Quin etiam addunt nec satis etiam esse, quod nonnulli publicis scriptis nostræ subscripserint sententiæ. Sed a nobis præterea efflagitarunt, ut cuidam respondeamus scriptori, qui argumentorum nostrorum vim suo potius arbitrio, quam validis rationibus infirmare conatus est. Horum itaque voluntati vel potius imperio amplius resistere non potuimus. Quapropter quæ a docto illo scriptore nobis objecta sunt, hæc suis in hac dissertatione locis sic excutiemus ac confutabimus, ut nihil tamen velimus debito illius honori detractum. Ab eo autem et ab aliis, qui præconceptam semel opinionem deponere numquam volunt, hoc unum petimus, ut si quando et argumenta nostra rursus examinanda, vel refellenda aggrediantur, vim illorum non minuant, sed dignentur ea exponere, quemadmodum, a nobis proponuntur. Tum vero illa si recte refellant, suaque aliis majoris ponderis et momenti rationibus stabiliant ac confirment, cito et lubenter cedemus. Palam enim professi sumus, et adhuc profitemur non aliam scribendo esse nostram mentem, nec alium scopum, quam ut veritas, si fieri possit, ab omnibus perspiciatur.

CAPUT PRIMUM.

Analysis hujus libri, et de illius unico codice manuscripto, titulo, atque argumento, et cur ac quo tempore a Lucio Cecilio editus fuerit.

ARTICULUS PRIMUS.

Analysis hujus libri.

Quamvis hic liber ea compositus sit sermonis brevitate, qua ab omnibus cito perlegi possit : quia tamen plurima in eo loca fœde corrupta, lacunis hiulca, et casu excisa, alia vero obscura, atque intellectu difficillima occurrunt; idcirco exhibendam esse censuimus illius analysim ; ut lectores minus periti facilius intelligant, quae ab ejus auctore non sine magna ambiguitate, variisque verborum ambagibus pertractata sunt.

1. Ab ipso autem hujusce libri exordio Cecilius Donatum alloquitur, asseritque illius et aliorum confessorum preces exauditas fuisse a Deo, qui reddita christianæ Ecclesiæ pace, pristinum illi splendorem restituerat. Qui vero in eam sævierant, hi, inquit, a principibus divinitus excitatis prostrati, digna scelerum suorum morte pœnas æquissimo scelerum judici ac vindici Deo dederunt. Quod quidem se hoc in libro demonstraturum pollicetur.

2. A Nerone autem antequam ordiatur, breviter ille explicat quomodo extremis Tiberii Cæsaris temporibus, Christus duobus Geminis consulibus mortuus, ac die tertio ad vitam revocatus, discipulos suos divinis præceptis imbuerit, ac postea raptus sit in cœlum. Tum deinde undecim ejus discipuli, assumptis Matthia et Paulo, in omnibus provinciis et civitatibus per annos viginti quinque fundamenta Ecclesiæ jecerunt. Ad postquam Petrus, editis quibusdam miraculis, multos ab erroribus gentilium ad veram Christi fidem traduxisset, hunc Nero cruci affigi, et Paulum interfici præcepit. Sed crudelis ille tyrannus tantum ob crimen de medio repente sublatus est, nec inventus umquam sepulturæ ejus locus. Inde vero deliri quidam homines finxerunt illum reservatum; ut in fine mundi sit Antichristi præcursor.

3. Interjectis dehinc aliquot annis, Domitianus diu tutoque regnavit. Ast ubi christianos cœpit vexare, statim domi interfectus est. Post illius vero cædem, rescissa sunt a senatu acta illius, excisæ imagines, eversi honorum tituli, ac postea Ecclesia Christi longo pacis tempore sub bonis principibus floridius enituit.

4. Pacem hanc post annos plurimos Decius fregit quidem, sed non impune. Nam commisso cum Carpis prælio, et fusa majori exercitus sui parte, ipse occisus est; atque insepultum ejus corpus feris ac volucribus pastui fuit et pabulo.

5. Posthæc autem Valerianus multum quidem, tametsi brevi tempore, fudit christiani sanguinis: sed tantæ inhumanitatis pœnas summo cum dedecore illi persolvit. Persarum enimvero rex Sapor, a quo bello captus fuerat, numquam equum conscendebat aut currum, nisi imposito, non sine conviciis, supra dorsum ejus pede. Quin etiam ipsi, turpissima hac in servitute mortuo, detracta pellis, quæ in barbarorum templo ad sempiternam tantæ ignominiæ memoriam appensa est.

6. Aurelianus tamen hoc exemplo minime permotus, cruentas adversus christianos tulit leges. Sed vix ea ad ulteriores provincias pervenerant, cum ille Cœnofrurio in Thracia mortuus jacuit.

7. His leviter perstrictis, Cecilius venit ad Diocletianum, et multo fusius de illo aliisque ad Constantinum usque Magnum, ac Licinium, Imperatoribus disputat. Scelerum autem, inquit, inventor, et machinator malorum Diocletianus, avaritia et timiditate corrupit omnia. Tres enim Romani imperii, in quatuor partes divisi, fecit participes, qui quidem, ut magnos cogerent alerentque exercitus, immensis exactionibus, tributis, atque vectigalibus provincias omnes, in frusta concisas, sanctioribus etiam legibus conculcatis, penitus obruerunt. Majore tamen et insatiabili avaritia Diocletianus thesauros suos nolebat imminui, et alias opes innumeris exactionibus, ac capitalibus pœnis congregabat. His porro opibus iniquissime extortis, circos, basilicas, domos, palatia, monetam, et arma fabricandi infinitæ vix satisfecit cupiditati. Ea autem erat, ut Nicomediam Romæ coæquare voluerit.

8. Neque illi plane absimilis fuit Maximianus Herculius, nisi quod de custodiendis opibus non adeo sollicitus erat. Verum impotenti libidine labefactavit ac pervertit mores, primorumque filias atque alias, quacumque iter faciebat, virgines a parentum conspectu avulsas constupravit.

9. Tametsi porro Cecilius plura hoc in libro de Constantio narraverit, nos tamen ibi admonet eum nunc a se ideo prætermitti; qu a cæteris omnino dissimilis, dignus fuit, qui totius imperii Romani fræna moderaretur. Transit itaque ad Maximianum Galerium Diocletiani generum, aliis omnibus pejorem. Is autem matre Transdanuviana natus, ingenita barbarie, horrendaque corporis mole formidabilis, aspectu, verbis, actibus terrorem unicuique incutiebat. Ab eo igitur omnia metuebat Diocletianus, ac potissimum postquam ille insignem reportavit de Narseo Persarum rege victoriam. Tunc enim insolentior factus, detrectabat Cæsaris nomen, volebatque se Marte genitum videri.

10. Nec plura ibi Cecilius de nefariis illius actis, ne temporis ordinem perturbet, ac persecutionis a Diocletiano, qui prius Diocles vocabatur, in christianos excitatæ causam sic exponit: Cum in Oriente pecudes falsis diis ille immolaret, facto a quibusdam adstantibus signo crucis, fugati sunt dæmones, turbata sacra, et hostiarum mactationes frustra repetitæ. Aruspicum vero magister tantam confusionem perturbationemque sacrorum rejecit in adstantes christianos. Quamobrem ira furens Diocletianus, primum jussit universos palatinos, atque etiam milites ad sacrificandum compelli.

11-12. Venit deinde Nicomediam, quo accurrit Maximianus Galerius, qui matris suæ, mirum plane in modum superstitiosæ, querelis et instigationibus expugnatus, eumdem Diocletianum ad tollendos penitus christianos acerrime incitavit. Verum ei diu ille restitit, donec habito ea de re per totam hyemem cum amicis, ac judicibus, aliisque consilio, tunc tantummodo cessit, postquam acceptum est Apollinis Milesii responsum. Noluit tamen ullum christianum mortis puniri supplicio.

13. At die septimo kalendas Martii, quo Terminalia celebrabantur, profectus cum ducibus et tribunis perrexit ad ecclesiam, cujus revulsis foribus, ac frustra quæsito Dei simulacro, sacræ Scripturæ crematæ sunt, ac tota ecclesia solo adæquata. Postridie

vero promulgatur adversus christianos edictum, quod a quodam scinditur, qui idcirco post varia tormenta exustus est.

14-15. Galerius tamen neutiquam contentus hujus edicti legibus, ut Diocletianum adversus christianos magis irritaret, curavit eos incendii, palatio a suis subjecti, ac læsæ majestatis accusari. Quapropter Diocletianus, ut tanti sceleris rei agnosci possent, præcepit innocentes plurimos, tam se præsente quam absente, cruciari, excarnificari, ac igne torqueri. Galerius vero ira adhuc incensus, aliud quindecim post diebus molitus est incendium. Sed cum cito extinctum fuisset, media hyeme abiit, ne vivus, inquiebat, exureretur.

16. Diocletianus ergo immani tunc furore in omnes bacchatus, Priscam conjugem suam, et Valeriam filiam, præfecti vero ejus alios coegerunt nefandis sacrificiis pollui. Renuentes autem cujuslibet sexus et ætatis homines vario mortis et tormentorum, hactenus inauditorum, genere interemerunt. Datæ sunt interim ad Herculium et Constantium litteræ; ut eadem ubique facerent. Paruit quidem mandato adeo crudeli Herculius : sed Constantius passus tantum est conventicula dirui, hominesque incolumes servavit. Tum itaque christiani per universam terram, exceptis Galliis, tot tantisque excruciati sunt suppliciis; ut a nemine umquam describi queant. Donatus vero varios sub Flaccino præfecto, et præsidibus Hierocle ac Priscilliano, acerbissimos verberum, ungularum, ignis, ac ferri cruciatus mirabili plane invictaque patientia perpessus est.

17. Verum Diocletianus tanta ob scelera meritis calamitatibus affligi cœpit. Enimvero paucis post acta Romæ duodecimo kalendas Decembris vicennalia sua, elapsis diebus, Ravennam venit; ut nonum ea in urbe consulatum susciperet. Tunc autem imbre et frigore sævientibus, per illud iter levi quodam morbo correptus fuit. Ibi itaque æstate transacta, Nicomediam per circulum ripæ strigæ contendit; ut Circum ibi dedicaret. At eo adhuc in itinere sic recruduit ejus morbus, ut paulo post suum in hanc urbem ingressum mortuus crederetur. Neque porro mortis suæ suspicionem prius amoliri potuit, quam cum se idibus Decembris omnibus videndum præbuit, ita tamen ut a nemine potuerit amplius cognosci. Quamvis autem mellius se haberet; certis nihilominus horis insaniebat.

18-19. Paucos vero post dies Galerius, qui Herculium, injecto armorum civilium metu, jam terruerat, illuc advolavit. Longo autem, quod Cecilius integrum repræsentat, ipsum inter et Diocletianum colloquio huic tandem, sed ægre persuasit; ut novis Cæsaribus creatis, imperio cederet. Miserabilis itaque Diocletianus kalendis Maii Severum et Maximinum Daiam, rejecto Constantino, Cæsares non sine lacrymis et gemitibus renuntiavit, ac purpuram, qua se exuerat, induit Maximinum. Ea porro sic deposita, factus iterum Diocles, remigravit in patriam.

20. At Galerius summum principatum adeptus, Constantium ob valetudinis infirmitatem aspernabatur. Jam vero suum in animum induxerat post illius mortem, quam brevi futuram sperabat, Licinium imperatorem, et novennem filium suum Cæsarem creare, ac post celebrata vicennalia sua, Severo et Licinio Augustis, Maximino et Candidiano Cæsaribus relictis, securam ac tranquillam, deposito imperio, degere senectutem.

21-23. Interea intento ad vexandum orbem animo, meditabatur quidem Romanos Persarum instar sibi in servitutem addicere. Verum quia id palam non audebat, nobilium virorum honores in primis ademit, jussitque primores civitatum torqueri, ingenuas ac nobiles matresfamilias rapi in gynæceum, alios coram se, et oblectationis causa ferocissimis, quos habebat, ursis objici. Denique immanissimus ille tyrannus non sine humano cruore effuso cœnare consueverat. Christiani vero in exilium, datis ab eo legibus, primo quidem acti ; sed postea lentis ignibus membratim combusti sunt, atque eorum corpora, in favillas et cineres redacta, in mare et flumina projiciebantur. Nulla insuper levis apud eum non modo in christianos, sed in cunctos etiam gentiles pœna fuit. Eloquentia etiam et litteræ ab illo extinctæ, sublati causidici, relegati aut necati jurisconsulti, ac pessumdatæ leges universæ. Tantis præterea vectigalibus, ac capitationibus, pro iis etiam qui mortui erant, exigendis, omnes cujuslibet ætatis et conditionis homines opprimebat; ut plurimi fame perierint. Soli itaque supererant mendici, qui cum solvendo non essent, hos simul congregatos, et naviculis impositos, in mare mergi mandavit.

24. Interim Constantius graviter ægrotans, Constantinum filium ab hoc Galerio, qui sæpius vitam ei eripere tentaverat, datis litteris petit sibi remitti. Postulanti annuere se simulat tyrannus, datque Constantino, quem retinere volebat, sigillum, ut postridie proficiscatur. Sed statim post cœnam hic elapsus, sese itineris commisit periculo, ac publicis equis per singulas mansiones, ne quis illum insequeretur, sublatis, ad patrem evolavit. Per illius vero jam jam morituri manus accepit imperium, confestimque primam pro christiana religione dedit legem.

25, 26. Laureatam autem ejus imaginem Galerius sibi paulo post, ac de more allatam, ægerrime suscepit, Severumque imperatorem creavit, eumdemque Constantinum Cæsarem. At milites qui sublata ab ipso Galerio castra prætoriana, et Romani qui diros censitores ad describendam plebem missos impatientissime ferebant, Maxentium purpura induunt. Quamobrem Galerius Severum cum Herculii patris sui exercitu Romam mittit adversus novum Cæsarem. Verum hic cum ad Urbis muros propius accessisset, a suis desertus est, fugitque Ravennam. Veritus autem ne traderetur Herculio, qui oblatam a Galerio Augusti purpuram, lubentissime resumpserat, suam ille deposuit, ac venis incisis, vitam cum imperio amisit.

27. At Herculius Galerium vicissim metuens, venit

in Galliam, ut Constantinum suæ minoris filiæ nuptiis sibi conciliaret. Ipse vero Galerius Romam, a se nondum visam, invadere frustra nititur. Nam legionibus tantum scelus detestantibus, timuit Severi exitum, ac fuga capta, ad sedes suas se recepit, postquam Italiam militibus crudelissime vastandam reliquisset.

28-29. Dehinc Herculius ex Galliis Romam revertit, ubi commune imperium habebat cum Maxentio. Sed quia ab ejus hameris purpuram publica in concione diripuerat, ex hac urbe tamquam Tarquinius Superbus ejectus est. Inde itaque per Gallias ad Galerium profectus, illum reconciliationis specie occidere, et spoliare regno meditabatur. Ast ubi cognovit Licinium, Diocle præsente, fac um ab eodem Galerio imperatorem, tunc rursus confugit ad Constantinum. Quem quidem ut facilius deciperet, deponit purpuram, illique adhuc juveni persuadet, ut ad barbaros debellandos paucis cum militibus proficiscatur. Nec multo post, proditor nefariis, resumpta purpura, expilatisque Constantini thesauris aufugit, occupavitque Massiliam. Verum Constantinus mira celeritate regressus, urbem hanc obsidet, ac pace frustra oblata, eum capit, et detracta rebelli imperatoria veste, noluit illum vita privare.

30-32. Melior nihilo propterea factus, alias struxit Constantino insidias. Sed iis a Fausta detectis, spadonem pro Constantino obtruncat. Quapropter tanti sceleris pœnas suspendio solvere cogitur. Galerius interim ut magnos in vicennalium suorum celebratione sumptus facere posset, omnes intolerandis obruit vectigalibus. Maximini porro, qui se Cæsarem tertio loco nominari molestissime ferebat, victus contumacia, tollit Cæsarum nomen, seque, et Licinium Augustos nuncupat, et Maxentium atque Constantinum Augustorum filios. At Maximinus ei rescripsit se in campo Martio imperatorem fuisse salutatum.

33-35. Agebat tunc Galerus decimum octavum imperii sui annum, cum horrenda plane et insanabili in inferiori genitalium parte plaga percutitur. Morbum hunc Cæcilius noster, et remedia per annum integrum inutiliter adhibita, fuse describit. Ibi vero edictum exhibet, quod ab eodem Galerio, jam jam deficiente, in christianæ religionis gratiam, et ut Deum placaret, datum est. Eo autem Nicomediæ promulgato, Donatus cum aliis christianis confessoribus e carcere eductus est. Galerius vero conjuge sua et filio in Licinii manum traditis, horribili tabe consumptus moritur.

56-57. Tum Maximinus accepto mortis ejus nuntio, ut provincias omnes ad fretum usque Chalcedonicum facilius sub ditionem suam subjungeret, censum tollit, atque in Bithyniam ingreditur. Oborta exinde ipsum inter ac Licinium discordia, ire ad arma jam parati erant: sed pacem in hoc ipso freto certis conditionibus fecere. Rebus ita compositis, Maximinus securior inde regressus, animum ad cruciandos christianos appulit. Jussit itaque eis effodi oculos, et manus amputari, statimque novos in provinciis instituit deorum suorum pontifices, qui eos Christi discipulos ad impia sacrificia facienda cogerent. Ab ea tamen christianorum persecutione literis Constantini deterritus, dissimulavit quidem, sed sinebat illos occulte maris undis submergi. Ad hæc vero, ut eos necaret fame, aut prohibitis escis contaminaret, primus omnium præcepit cuncta animalia, quibus vescimur, ad deorum aras immolari, et omnia ad victum necessaria delibari, aut sacrificari, aut perfundi mero. Denique tantis tributis non modo christianos, sed cæteros omnes oppressit; ut inde exorta fame, et omnibus, quæ Diocles et Herculius reliquerant, abrasis, solum vitæ usum, more latronum, hominibus pro magno dederit beneficio.

38-42. Ea autem tamque effrenata erat, descripta a Cæcilio, illius libido; ut nullius ingenuæ fœminæ, aut virginis, nisi ob deformitatem, tuta esse potuerit integritas. Nuptiarum præterea omnium ille prægustator, corruptas a se virgines servis, atque violatas ab aliis primarias mulieres, in matrimonium cuivis petenti concedebat. Recusantibus vero vis allata ab stipatoribus suis, plerisque omnibus Gothis, quorum opera Romanos et orientem ludibrio habuit. Quin etiam in probus vir Augustam, nuptias ejus deprecantem, huc illucque cum matre sua projecit in exilium. Ejus autem amicas falso condemnavit adulterii. At tres potissimum ex iis nobiles fœminas recenset Cæcilius, quæ a quodam Judæo hujus criminis immerito accusatæ, ad supplicium inter cuneos armatorum deductæ sunt. Impudens vero calumniator Judæus postea patibulo affixus, earum innocentiam palam quidem declaravit, sed tardius. Maximinus porro Diocletiano, Augustam in Syriæ solitudines relegatam, variis legationibus sibi remitti postulanti, semper denegavit. Eodem porro tempore imagines et statuæ Herculii et Diocletiani adhuc viventis, jubente Constantino, evertuntur. Quamobrem Diocletianus intolerabili dolore inde percitus, vitamque exosus, mortem sibi et fame conscivit, et angore.

43-44. Ex omnibus itaque Dei adversariis solus supererat Maximinus, qui cum Licinii sororisque Constantini sponsalia suspecta omnino haberet, legatis Romam missis, fœdus cum Maxentio, nihil magis in votis habente pepigit. Romæ autem tunc hic morabatur, et bellum eidem Constantino indixerat. Verum ubi cum hoste prælio decertandum fuit, tunc quodam territus oraculo, pedem extra Urbem ferre minime ausus est. Duces itaque misit, qui majoribus, quam Constantinus, copiis instructi, primo impetu prævaluerunt. Confirmato tamen Constantinus animo, milites propius ad Urbem e regione pontis Mulvii admovit, ac viso cœlesti crucis signo, atque in scutis notato, in certamen descendit, quo par bus animis pugnatum. Nuntiatur id Romæ, fitque seditio; increpatur Maxentius, et in Circensibus ludis Constantinum vinci non posse conclamatur. Illis clamoribus permotus Tyrannus, et responso ex libris Sibyllinis accepto, procedit in aciem, pugna recrudescit, terretur ille, et fugatur, ac dum elabi connititur, e ponte deturbatur in Tiberim. Victor autem Constantinus in urbe Roma cum summa lætitia exceptus, titulo primi nominis a Senatu decoratur. At Maximinus, his etsi summo non sine dolore auditis, non potuit a conviciis jocisque plane intempestivis abstinere.

45-47. Constantinus autem res in Urbe composuit, venitque Mediolanum. Ibi dum sororis suæ cum Licinio nuptiæ conficerentur, Maximinus exercitum suum ex Syria in Bithyniam, sæviente hyeme, deduxit, sed prorsus debilitato agmine. Fretum nihilominus trajecit, et redegit in ditionem Byzantium post undecim obsidionis dies, ac paulo post Heracleam. Accurrit autem Licinius, et Adrianopolim prætergressus, obviam illi venit, imparibus tamen copiis. Itaque futurum, prope diem, prælium cum cerneret Maximinus, votum de christianis, si victor esset, exstinguendis Jovi suo vovit. Licinius vero proxima ante pugnam nocte quiescens, ab Angelo didicit precem, qua facta, hostes vinceret. Tum Maximinus castra movit, ac Licinium, cum quo collocutus erat, aspernatus, ad pacem ferri numquam potuit. Pridie igitur kalendas Maii ad manus venerunt, ac milites Liciniani primo impetu invadunt in hostes. Nec minor ab eis in ipsummet Maximinum, precibus ac donis illos sollicitantem, fit impetus, isque ad suos refugere cogitur. Interim acies ejus cæditur impune, ac pars una exercitus prostrata, atque altera in fugam versa est. Victus itaque Maximinus, abjecit regalem purpuram, ac sumpta servili veste, Nicomediam citissime confugit. Inde uxore liberisque suis raptim abductis, cum paucis comitibus venit in Orientem, ac collectis ex fuga militibus, substitit in Cappadocia, ubi resumpsit purpuram.

48. Paucis autem post hanc pugnam diebus Licinius exercitum suum trajecerat in Bithyniam. Ipse vero Nicomediam ingressus, gratias primum Deo, cujus ope vicerat, retulit, ac deinde idibus Junii solemne edictum pro instauranda religione christiana proposuit, quemadmodum hic a Cecilio nostro exhibetur. Hortatus est insuper ut christianorum conventicula pristinum restituerentur in statum. Atque ita pax christianæ Ecclesiæ post decem persecutionis annos, et menses aliquot reddita fuit.

49. Post hæc vero Licinius Maximinum ex Tauri montis faucibus expellit, ac Tarsum, quo confugerat, terra marique obsidet. Territus Maximinus, ac refugio saluteque sua desperatis, hausit venenum. Sed cibo et vino cum prius sese ingurgitasset, per dies quatuor maximis præcordiorum doloribus ad rabiem usque percitus, ac Christo frustra invocato, *nocentem spiritum detestabili mortis genere efflavit.*

50-51. Hunc ergo, inquit auctor noster, in modum exstincti sunt universi christianæ religionis persecutores, quorum nulla prorsus nec stirps, nec radix remansit. Licinius quippe Valerium, et Candidianum a Valeria adoptatum, Severianum Severi filium, atque octennem Maximini filium, filiamque ejus septennem, Candidiano desponsam, jussit interfici. Valeria vero, quæ Candidianum secuta, post necem ejus fugerat, Thessalonicæ tandem comprehensa, capite cum matre sua ob pudicitiam et conditionem plexa est.

52. Porro autem Cecilius profitetur se ea omnia, sicuti gesta sunt, mandasse litteris, ne interiret eorum memoria, aut ab aliis deinceps Scriptoribus veritas corrumperetur. Tum omnes, ac nominatim Donatum adhortatur, ut æternas, propter exstirpatos christianorum persecutores, et redditam Ecclesiæ pacem, agant Deo gratias, eumque precentur, ut florentes Ecclesias perpetua quiete custodiat.

ARTICULUS II.

De hujus libri manuscripto codice, quam imperfectus sit, et quam fœde a librario latinæ linguæ penitus ignaro corruptus.

Iniqua plane fuit hujus libelli, sicuti et aliorum quam plurimorum fortuna. Per plurima enim sæcula in bibliothecarum angulis sepultus, neminique cognitus, cum blattis et tineis luctatus est. Sed anno tandem 1678 vir clarissimus D. Foucault, tum in Aquitania regius quæstor, nunc vero Comes Consistorianus, manuscriptum illius codicem invenit in Moissiacensi olim ordinis sancti Benedicti monasterio, seu *Abbatia mille monachorum*, quæ jam a pluribus annis a canonicis, ut aiunt, sæcularibus incolitur. Nulla vero, vir eximius interposita mora, illum aliosque complures ibi repertos, transmisit ad illustrissimum virum Joannem Colbertum regni administrum, qui pro summo suo in litteras studio hunc cum aliis undique conquisitis jussit in sua bibliotheca reponi. Paruit itaque nobilissimi viri mandatis Stephanus Baluzius, qui tum ditissimæ illi bibliothecæ præerat, atque anno subsequente 1679, hunc *de mortibus persecutorum* librum ex illo unico codice typis edi curavit.

Monitos autem nos ille fecit huncce ipsum codicem esse quidem integrum, sed mendis infectum pluribus, eumque ab annis circiter octingentis ab imperita manuscriptum videri. Sed quia plures novis illius editionibus postea præpositi; conquesti sunt negatam sibi fuisse ejusdem codicis, vel semel quidem inspiciendi facultatem, nos idcirco breve illius specimen, quo ab omnibus cujus formæ et ætatis sit, agnoscatur, hujusce dissertationis initio exhibendum esse censuimus. Nobis autem illius, jubente illustrissimo abbate Colberto, copiam fecit D. Carolus Duchesne, Colbertinæ bibliothecæ nunc præfectus, vir omnibus utique non minus pietate quam doctrina commendandus.

In illo autem Colbertini codicis specimine jussimus accuratissime excudi integram pene primam illius paginam, iisdem omnino expressam litteris et characteribus, quibus totus ipse a scriba exaratus est. Quæ vero in secunda et tertia linea cernes omissa, hæc glutinoso quodam corpore superinducto deleta legi non possunt. Breviores vero ejusdem paginæ hiatus facti sunt putredine et tabo, quibus discissæ sunt extremæ illarum partes. In aliis quoque nonnullis hujusce libri locis aliæ lacunæ, his plane similes, eamdemque ob causam reperiuntur. At hæc semel saltem observanda esse idcirco duximus, quia secundæ et aliis deinceps hujus libri editionibus præpositi, cum harumce lacunarum spatium scire non potuerint, in eo conjecturis suis replendo inutilem fere semper posuerunt operam.

Præterea ex hoc specimine animadvertere poteris hæc verba ; *Serius quidem, sed graviter, ac digne*, in omnibus ad nostram usque editionibus omissa fuisse. Nulla autem hujus prætermissionis mentio ullibi facta est. Sed animum satis non attenderunt unicum in eo subesse librarii errorem, quod *seruit*, pro *serius*, ultima littera *s* in *t* mutata, scripserit. Nemo autem non videt quantum hæc verba Cecilii instituto necessaria sint, et subsequentibus connectantur.

Paulo post in editis legitur : *Et eumdem mortem digna ultione superis et impiis ac persecutoribus inrogare*. Sed hæc gratis ficta sunt. In manuscripto enim codice nihil aliud scriptum videtur, nisi *et eumdem judicem digna judice* (aut *digno judicio*), *supplicia impiis ac persecutoribus inrogare*. Nihil quippe aliud in codice scriptum videtur, et hæc sane verba ad auctoris propositum satis aperte conducunt.

Quædam vero, sed pauca quidem in hoc libro occurrunt, quæ librarius adjecit, nisi aliqua iis a Cecilio præposita omissa dicatur. Talia profecto sunt hæc verba : *Ab hoc capite suos persequi* (*Cap.* 26), quæ nullam cum antecedentibus aut subsequentibus habent connexionem. Cætera porro in eo codice quæcumque aut dempta, aut addita, aut transposita fuerunt, hæc ne eadem repetamus, suo loco annotabuntur.

At longe plurima toto passim in eodem codice ostendemus loca, quæ non solum librarii, ut adsolet, aut oscitatione ac negligentia, aut nimia scribendi festinatione, sed magna etiam linguæ latinæ ignoratione depravata sunt, penitusque corrupta. Visne quibusdam saltem exemplis id tibi nunc probari? Animum, quæso, ad hæc verba adverte, quibus Cecilius de nobilibus fœminis, etsi innocentibus, ad supplicium tamen ductis sic loquitur : « Ne impetu populi de carnificum manibus raperentur, promoti militari modo instructibile mens essagitari persequuntur (*cap.* 40). » Quis autem primis latinæ linguæ elementis imbutus, ita umquam scribere potuit? Nec magis sanus est alius Cecilii nostri locus, ubi de inhumanis Maximini imperatoris exactionibus sic disputat : « Armentorum, ac pecorum greges ex agris rapiebantur ad sacrificia cotidiana, quibus eos adeo corruperat, ut aspernarentur annonam, et effundebant passim sine delicto, sine modo culites universos, quorum numerus ingens erat, pretiosis vestibus nummis expungerent (*cap.* 37). »

Tertium, si lubet, exemplum addemus, inde desumptum, ubi de Herculio, Galerii filii sui insaniam timente, hæc scribuntur : « Urbe munita, et rebus ceptis inimici diligenter ins ructis proficiscitur in Galliam (*cap.* 27). » Summam denique librarii imperitiam evidentissime probant alia verba ab illo in hunc modum transcripta : « Cessere Phillides, cirona, metonius melamphius (*cap.* 33). » Ibi enim Cecilius citat illud Virgilii carmen :

. . . . . Cessere magistri
Phillyrides Chiron, Amythaoniusque Melampus.
(*Lib.* III *Georgic.*, *in fin.*)

Cum igitur unicus ille Ceciliani libri codex, tot tantisque mendis infectus, hactenus repertus fuerit, nonne ingenue fatendum est huncce librum, tam imperita manu descriptum, ad nos nec incorruptum, nec plane integrum pervenisse? Scimus quidem non parum laboris a doctis quibusdam viris insumptum, ut his omnibus vulneribus mederentur. Sed nihil aliud sæpius protulerunt, nisi meras conjecturas, easque sic incertas, et a se invicem discrepantes, ut nullus asserere audeat utrum aliquis, aut quis ex illis veram invenerit auctoris nostri lectionem. Aliis igitur codicibus, Colbertino emendatioribus, aut uno saltem alio iisdem mendis carente opus est; ut hic Cecilii nostri liber pristinæ et integræ sanitati restituatur.

ARTICULUS III.
De vero genuinoque hujus libri titulo et argumento.

Quis sit hujus libri titulus non aliunde profecto certius cognoscere possumus, quam ex eo, qui solus, uti diximus, superest, Colbertino codice. At in eo inscribitur *Lycii Cecilii liber de mortibus persecutorum*. Qui autem publicandis illius editionibus præfuerunt, persuasum utique habentes hunc ipsum esse librum, quem Hieronymus (*Catalog. Script. Eccles.*, p. 121) a Firmiano Lactantio *de persecutione* compositum testificatur, huic titulo addiderunt utrumque *Firmiani Lactantii* nomen. Nec defuit etiam, qui pari auctoritate duplicem illam inscriptionem, et in manuscripto codice, et ab Hieronymo notatam *de mortibus persecutorum*, *aut de persecutione* suis in hunc librum commentariis conjunxerit. Sed nulli unquam licuit libri, a se non compositi, titulum mutare ; nisi ipso Sole meridiano clarius ostendat eum ab infidelibus corruptum fuisse librariis. At quia nemo hactenus, ut infra dicetur, demonstravit an depravatus sit libri, quo de agitur, titulus, is talis procul dubio debuit retineri, qualis in illo Colbertino codice exhibetur.

Porro autem si libri hujus argumentum hacce illius, uti debuit, inscriptione explicatur, inde colligi potest toto hoc in libro de tyrannorum, qui primis Ecclesiæ sæculis christianos crudeliter persecuti sunt, mortibus disputari. Non satis tamen distincte et enucleate intelligitur, quinam sint illi, an omnes, an aliqui tantum Ecclesiæ christianæ persecutores. Decem quippe illius persecutiones ab Eusebiani chronici auctore, Paulo Orosio, Sulpicio Severo, et aliis enumerari solent. Eas vero Augustinus non tam sua, quam cæterorum omnium ætatis suæ Scriptorum, opinione sic recenset : « Primam persecutionem computant, a Nerone quæ facta est ; secundam a

Domitiano, à Trajano tertiam, quartam ab Antonino, a Severo quintam, sextam à Maximino, à Decio septimam, octavam à Valeriano ab Aureliano nonam, decimam à Diocletiano et Maximiano.) At Cecilius quatuor ex his decem persecutionibus penitus omisit, eas videlicet, quas Augustinus et alii à Domitiano usque ad Decium motas fuisse testificantur. Cur autem tam altum ejus fuerit de illis silentium, si postules, hanc tibi ipsiusmet verbis reddemus rationem: « Nullos inimicorum impetus passa tunc Ecclesia, manus suas in orientem occidentemque porrexit. » Jam vero non quærimus an id verum sit : sed inde certo planeque colligitur Cecilii propositum in hoc libro non fuisse de omnium omnino Ecclesiæ persecutorum, sed plurium dumtaxat mortibus disserere, de iis videlicet, qui sua propter scelera, sicut ille in hujus libri et fine et initio declarat, ac propter immanissimam in christianos sævitiam, pœnas miserabili exitu dederunt.

Neque etiam constituerat eodem prorsus modo de iis ipsis disputare, quorum mortem describit. De primis si quidem a Nerone usque ad Diocletianum tanta brevitate, quinque post libri sui exordium capitulis disserit; ut eos levissime dumtaxat attingere voluisse videatur. Maximam enim vero libri partem consumit in ultimorum Ecclesiæ persecutorum Diocletiani, Herculii, Galerii, Severi, Maxentii, et Maximini horrenda tam in christianos, quam gentiles crudelitate, aliisque eorum sceleribus explicandis ; propter quæ meruerunt miserrima morte puniri.

Non alius itaque in hocce libro conficiendo Cecilii scopus fuit, quam præmissa persecutionis à primis illis imperatoribus in christianos commotæ, illorumque interitus brevissima enarratione, fusius explicare posteriorum in eosdem christianos immanem sævitiam, nefanda ipsorum crimina, mortem funestam, ac quomodo iis tandem divina ultione exstinctis, Ecclesia Christi mirabilem plane egerit triumphum. At certe nemo est, nullis præjudiciis præoccupatus homo, qui non fateatur verum genuinumque videri hujus libri titulum *de mortibus persecutorum*, cui nihil addi unquam debuit.

ARTICULUS IV.

Quibus rationibus ad hunc librum scribendum Cecilius impulsus fuerit, ac quo tempore illum in lucem protulerit.

Duas Cecilius profert rationes, quibus ad hunc librum scribendum impulsus fuit (*cap*. 52). Prima est, *ne memoria tantarum rerum interiret*, id est, pœnarum et interitus, quibus tyranni, et christianæ religionis persecutores, miserabiliter vitam finierunt, ac quomodo iis, uti mox dicebamus, æquissimo Dei judicio de medio sublatis, triumphans Christi Ecclesia pacem majoremque, quam antea, splendorem recuperavit.

Secunda ratio est, ut si quis horumce tyrannorum historiam scribere deinceps voluisset, ab eo veritas non corrumperetur, *vel peccata illorum*, uti ipsemet Cecilius ait, *adversum Deum, vel justitiam Dei adversus illos relicendo*. Ex utraque autem illa ratione colligi potest pro certo Cecilium habuisse hujusmodi historiam, a nullo saltem christiano scriptore ad sua usque tempora aut compositam, aut juris factam fuisse publici.

Quid ergo, inquies, nonne multi acta Martyrum, et christianæ religionis apologias in vulgus antea, nec semel emiserant? At certe hæc scribi ab illis non potuerunt; quin enarraverint tyrannorum flagitia, scelera, feritatem, immanitatem, et pœnas gravissimas, quas tantis criminibus debitas, funesta morte vindici Deo dederunt. Numquid igitur Cecilius id ignorabat? Minime quidem : sed negat tantummodo editam hactenus fuisse peculiarem quamdam de persecutorum præcipue ultimorum crudelitate, sceleribus, et morte historiam; aut eam suas venisse in manus. Nec mirum sane; quandoquidem hunc ille librum paulo post Maximini imperatoris necem se composuisse significat. Sed hujus scriptionis tempus accuratius investigandum est.

Primum itaque constat nunc Cecilii librum nuncupari Donato Confessori, qui sub initio persecutionis, a Diocletiano excitatæ, detrusus in carcerem, plurimaque per sex annos tormenta propter christianæ religionis professionem perpessus, inde tandem, ac post datum a Galerio moriente in ejusdem religionis gratiam edictum anno 311 liberatus esse perhibetur.

Deinde vero auctor noster (cap. 43 et 50) adseverat Maximinum imperatorem tyrannorum omnium, qui christianos vexaverunt, postremum fuisse. Nec minus perspicue ab illo traditur hunc, aliosque omnes christianæ Ecclesiæ inimicos et persecutores sic fuisse debellatos, et divina ultione profligatos : ut nulla eorum aut stirps, aut radix, vel sicut Eusebius loquitur : μὴ γένος, μὴ σπέρμα, μηδέτι λείψανον, *nec genus, nec soboles, nec ullum nominis eorum vestigium* (*Euseb. Orat. de laudib. Constant. c.* 9, *p.* 629), in terra amplius remanserit. Ad hæc vero, in hujusce libri exordio et fine non sine summa grati animi testificatione palam prædicat redditam christianis pacem, Christique Ecclesiam in pristinum restitutam esse statum atque splendorem. Atqui Maximinus anno Christi 313, aut ad summum 314, mortuus est.

Præterea Cecilius de Licinio loquitur et Constantino, adhuc fœdere et amicitia conjunctis, ac nullam obortarum inter utrumque simultatum vel minimam ullibi fecit mentionem. Denique nullibi Licinium in persecutorum Ecclesiæ numero posuit : immo vero haud obscure significat ipsum favisse christianis, et integrum refert edictum, quod in eorum gratiam mense januario anno 313, ab illo datum esse memoratur. Post hunc igitur annum, et priusquam idem Licinius in christianos sævire cœpisset, hic liber a Cecilio, nisi nos ipse fallat, editus est. Verumenimvero si Eusebiani chronici auctori et aliis, quos alibi citavimus (*Dissertat. in Lactant., cap.* 4, *art.* 1), Scriptoribus fides habenda sit, Licinius christianos ex palatio suo anno 319, aut 320 ejecit, atque inde eruditiores critici ducant persecutionis ab eo excitatae initium. Cecilius itaque intra hujus 313 et 320 anni spatium, hunc librum composuit.

Quo autem praecise anno manum ultimam ei imposuerit, dictu sane difficilius. Scriptum namque Sozomenus (*Lib.* 1 *Histor. Eccles.*, cap. 7, p. 408), reliquit Licinium post Cibalensem pugnam, qua anno 314 mense octobri a Constantino, illius tunc hoste, victus est, mutato prorsus animo, christianos eorumque sacerdotes ideo variis poenis afflixisse; ut eidem Constantino ipsorum fautori crearet molestiam. Tunc ergo coepit in illos grassari. Quin etiam Eusebius (*Lib.* 1 *de Vita Constant.*, cap. 5, p. 446) nobis exhibet orationem a Licinio ante Cibalense illud praelium habitam, qua militibus edixit deos, quos hactenus coluerant, si victoriam darent, ab omnibus fore semper honorandos; secus vero, colendum Constantini Deum. Verum inde non conficitur tunc motam ab illo fuisse publicam in christianos persecutionem, sed potius eum ancipiti adhuc haesisse animo quam religionem aut rejiceret, aut tueretur. Quid vero, quod haec privata Licinii facta Cecilio, qui longius aberat, latere potuerunt?

At certe ille ipse aperte declarat post supra memoratum Licinii edictum anno 313, pro christiana religione datum, subsecutam esse mense augusto vel septembri, Maximini et Candidiani mortem. Tum deinde narrat, illo mortuo, Valeriam Diocletiani filiam, cum matre sua Prisca per varias provincias, *plebeio cultu*, *quindecim mensibus* vagantem errasse, et utramque postea captis damnatam (*C.* 48, *et seqq.*). Mortuae itaque sunt circa finem anni 314, ut infra fusius explicabitur. Nondum ergo hic liber in lucem tunc prodierat. At cum ibi finiatur, nonne inde haud immerito concludi potest illum a Cecilio hoc ipso tempore profectum, cum nihil adhuc, nec de Cibalensi praelio, nec de excitata a Licinio in christianos persecutione quidquam comperti habuisset. Ab eo itaque hic liber circa finem anni 314, aut paulo post scriptus videtur.

CAPUT II.

De libri hujus auctore, et Donato Confessore, cui nun cupatur, ac de tribus judicibus, quorum jussu variis ille propter Christi confessionem suppliciis affectus est.

ARTICULUS PRIMUS.

Proponuntur argumenta, quibus plurimi hunc librum Firmiano Lactantio vindicari posse putaverunt.

Libri hujus titulus, a nobis qualis in unico codice Colbertino describitur, talis omnino repraesentatus, apertissime prodit Lycium, sive Lucium, littera *y* pro *u*, sicut adsolet, posita, Lucium inquam Cecilium ipsius revera esse auctorem (1). At quis ille sit, in dubium haud immerito vocari potest. Nemini etenim, veterum historiis vel mediocriter imbuto, incompertum

(1) Confer disquisitionem ipsi libro de Mortibus persecutorum praemissam, in qua hujuc Nurrianae opinioni validissimis argumentis contradicitur.

est clarissimam olim apud Romanos fuisse Caeciliorum gentem, ex qua omnes, quotquot orti essent, nomen accipiebant Caecilii, addito, ut a se invicem distinguerentur, agnomine aliquo, et aliquando etiam cognomine. Pluribus quoque post stabilitam religionem christianam commune fuit Caecilii nomen. Palam siquidem fecimus quemdam in Minucii Felicis Octavio introduci Caecilium, qui rejectis ethnicorum religionibus, quas defendere frustra conatus fuerat, christianam lubentissime suscepit (*Dissertat. in Minuc.* cap. 1, art. 3). Alium adhuc Hieronymus (*Catal. Script. Eccles.* cap. 67, pag. 119), memorat Caecilium Africanae ecclesiae presbyterum a quo Cyprianus, Carthaginensis Episcopus, ad christianam fidem adductus, sumpsit ipsum idem Caecilii cognomentum. Denique in pluribus ejusdem Cypriani epistolis nomen Caecilii inscriptum legimus (*Cyprian. Epist.* 7, 57, 63, 67, 70).

A quamvis hi aliique bene multi, doctrina et pietate insignes, nomen illud sortiti sint; Baluzius tamen, quem alii plerique omnes sequuntur, sibi visus est certo et perspicue deprehendisse Lucium Caelium, seu Caecilium Firmianum Lactantium hujus libri, non secus atque aliorum, de quibus disputavimus, esse auctorem ac parentem. Persuasum autem id ita habuit; ut ullo absque scrupulo in prima libri hujus editione, et alii in subsequentibus, quatuor illa Lucii Caecilii Firmiani Lactantii nomina praefixerint. Neque eum vel minimum quidem morata sunt omissa in veteri et unico codice Colbertino duo posteriora vocabula, quibus Lactantius a caeteris omnibus, Caecilii, sive Caelii nomine appellatis, proprio quasi quodam charactere discernitur. Nam ea, inquit, ab oscitante librario, sicuti Sirmondus ad Sidonium in simili causa annotavit, praetermissa sunt.

Tribus autem argumentis ad hunc librum Lactantio vindicandum, et illius nomini haud dubitanter inscribendum se inductum fuisse significat. Primo eterim, ubi Hieronymus genuina Firmiani Lactantii opera enumerat, in eorum numero ponit, *de persecutione librum unum*. At is ipse est, ait Baluzius, de quo agitur (*Baluz. Not. in hujus lib. titul. Hieronym. Catal. Script. Eccles.* cap. 80, pag. 121).

Secundum vero argumentum illi ducit ex hujusce libri stylo, qui ipsi omnino Lactantianus visus est. Et id quidem confirmat Virgilii versibus, qui huicce libro, quemadmodum genuinis Lactantii operibus, interseruntur.

Tertium denique rationis momentum ab eo petitur ex variis loquendi modis, qui in hoc, sicut in aliis Lactantii libris ad verbum leguntur.

Tantis porro tamque manifestis, ut ille opinatur, rationibus illud dumtaxat opponi posse putavit, quod Lactantius in vulgatis librorum suorum editionibus non Cecilius, sed Caelius vocatur. Sed respondet tam levis momenti esse hanc difficultatem, ut neminem prorsus movere debeat. In Colbertino enimvero 507, variorum Lactantii librorum codice nuncupatur *Cecilius*, in aliis vero duobus 1003 et 1495, nec non in vetustissimo Oxoniensi illud aliudque praenomen omittitur, et simpliciter appellatur Firmianus Lactantius. Verumtamen duabus postea hujusce *de persecutorum mortibus* libri editionibus Oxoniensi et Cantabrigiensi praefecti, hac Baluzii responsione minime permoti, illius titulo nomen *Coelii*, non *Cecilii* praeponi voluerunt.

Haec porro omnia, nec plura sunt rationum momenta, quibus Baluzius, aliique eruditi homines, hunc librum Firmiano Lactantio tribuere hactenus conati sunt. Ea autem sic retulimus, ut nihil plane eorum viribus detractum, sed aliquid potius auctum fuerit. At tametsi illa Baluzio aliisque ferre omnibus validissima videantur; aliter tamen Baudrio visum fuit (*Baudr. not. in cap.* 1 *et* 2), sed cur, quave ratione, ille non explicavit. Quo autem sumus animi candore et ingenuitate, dissimulare non possumus plura, et longe majoris, quam superiora, roboris nobis suppetere argumenta, quae non minimum dubitandi locum praebeant utrum hic liber a Firmiano Lactantio sit revera compositus. Candido autem ac simplici more nostro ea proponemus; quo omnes, depositis omnibus praejudiciis, facilius intelligant quid de hujus libri auctore certius statuendum sit.

ARTICULUS II.

Proferuntur argumenta ex hujus libri titulo desumpta, quibus confici posse videtur Firmianum Lactantium non esse illius auctorem.

Primam dubitandi rationem an hic liber Lactantio Firmiano tribui debeat, ipsiusmet titulus nobis suppeditavit. Duae enim sunt illius partes, quarum prima auctoris nomen, secunda ejusdem libri argumentum nobis exhibent. Atqui utraque pars demonstrat Firmianum Lactantium non esse ejus auctorem. Non aliud quippe in eo nomen, nisi Lucii Cecilii inscribitur. Lactantius vero quatuor his nominibus *Lucius Coelius*, sive *Coecilius Firmianus Lactantius* appellatus est. At clarissimus vir Christophorus Matthaeus Pfafflus nos admonuit in vetustissimis codicibus operum ejusdem Lactantii Bobiensi et Oxoniensi, in octo Taurinensibus, in Ambrosiano, Mutinensi, et duobus Florentinis utrumque *Lucii Coelii*, sive *Coecilii* praenomen penitus omitti. Ad Gallicanos autem codices quod spectat, in regio codice olim Puteano, ab annis 700, aut 800 scripto hic divinarum Institutionum titulus est : *Firmiani Lactantii de falsa religione.* Postea : *Incipit liber secundus Lactantii Firmiani.* Et in fine : *Coeli Firmiani Institutionum... explicit.* Ad calcem vero libri de Ira Dei legitur : *Coecili Firmiani de ira... explicit ;* et libri de Opificio Dei : *Coecili Firmiani... explicit.* In altero regio codice, quondam Floriacensi ab annis circiter 900 exarato : *Incipit liber Firmiani Institutionum*, etc., atque in margine eadem manu : *Coeli Firmiani de religione ;* et in fine, *L. Coeli Firmiani*, eodemque modo ad libri tertii, quarti et quinti calcem. Plures adhuc sunt in Colbertina bibliotheca codices, sed longe recentiores, uti in nostra de librorum Lactantii dissertatione exposuimus. At unus tantum haec quatuor *Lucii Coecilii Firmiani Lactantii* nomina exhibet.

Videsne integrum *Coecilii* nomen in solo Colbertino codice scriptum? In Puteano enim legitur *Coeli* et *Coelii*, et duobus aliis in locis *Cecili* : sed librarius in his nominibus scribendis alicubi certe erravit. Quis autem dixerit unius codicis aut titubante, aut errante librarii manu exarati, et recentissimi alterius auctoritatem caeteris longe pluribus et vetustioribus et melioribus esse anteponendam? Nonne ergo inde concludi recte potest in dubium saltem jure merito vocari utrum *Coecilii* aut *Cecilii* nomen unum ex his quatuor sit, quibus Lactantius vocatur. Atqui si id incertum est, hinc plane conficitur in libri *de mortibus persecutorum* titulo unum dumtaxat ex illis quatuor, nimirum *Lucius*, certo inveniri. Nam secundum, videlicet *Cecilius*, anceps saltem, uti diximus et dubium est. Duo autem posteriora, scilicet *Firmianus Lactantius*, plane absunt. Qua ergo ratione hic liber tanta securitate in ejus editionibus potuit quatuor Lactantii nominibus inscribi?

Sed agedum, et dic, quaeso, quid prohibet quominus stemus codicis nostri titulo, ac credamus Lucium aliquem Cecilium esse illius libri auctorem? Nonne satis perspicue ostendimus plures sane, nec ignobiles quidem fuisse viros, qui eodem Cecilii nomine sunt appellati, et eadem qua auctor noster aetate vixerunt? Nulla autem certa ratio proferri potest, cur hic liber ab uno ex illis compositus non fuerit. Non magna igitur sine temeritate asseri potuit illum editum fuisse a Firmiano Lactantio, cujus haec duo nomina in libri hujus titulo inscripta non sunt, et tertium dubium saltem esse debet.

At quis est, inquiunt, iste Lucius Cecilius? Sed ab his, qui id postulant, vicissim petimus quinam sint plurimorum, quorum unicum superest exemplar, librorum auctores, qui solo nomine eis praefixo nobis cogniti sunt. Numquid eis ideirco abjudicandae erunt genuinae commentationes, et adscribendae alteri, qui ex pluribus illorum nominibus unicum praetulerit?

Ea itaque levissima profecto postulatione omissa, Baluzius aliique contendunt ab oscitante librario praetermissa fuisse in libri *de mortibus persecutorum* titulo duo *Lactantii Firmiani* nomina. Sed id nec ulla penitus ratione firmatur, nec quomodo fieri potuerit videmus. Nam is titulus minio et litteris, uti aiunt, majusculis exaratus est. Quis autem nescit majorem a librariis diligentiam in hisce titulis, et auctorum nominibus, quam in caeteris omnibus describendis adhiberi? Lento siquidem ac peculiari modo hasce litteras singillatim, nec calamo currente effingunt. Huc accedit, quod hic liber ab eo librario scriptus est, qui multa verba, a se primum depravata correxit. At certe titulum libri, si quid ipsi defuisset longe potiori jure emendare debebat.

Fac tamen, si Deo placet, utrumque Lactantii Firmiani nomen a librario oscitante, et aliud cogitante, quod fieri vix aut ne vix quidem potuit, fuisse omissum. Numquid ille, ne libri hujus haud dubie venalis pretium perderet, titulum ejus numquam postea relegit? Numquid etiam ab alio aliquo numquam lectus est, qui illum omissorum nominum admonuit? Tunc enimvero illa, sicut in alio Lactantii codice factum vidimus, saltem in margine descripsisset.

Sed similem, inquit Baluzius, prætermissionem Sirmondus in suis ad Sidonii libros animadversionibus annotavit. Sed quæ illa sit non indicat. Numquid autem ea est a Sirmondo edita in hunc titulum: *C. Solli Apollinaris Sidonii epistolarum liber primus.* Ibi namque doctus ille vir observat in quibusdam, non in cunctis codicibus, *Modesti* nomen additum. Sed ibidem continuo nos admonet nullam hujus posterioris nominis ullibi apud Sidonium fieri mentionem, nisi eo forsitan alludere videatur, ubi ad Oresium scribit, malle se *Modestum*, quam *facetum* existimari. Quis autem non videt hanc prætermissionem ab illa multum discrepare quæ in Ceciliani libri titulo fingitur? *Modesti* siquidem appellatio quintum erat, nec proprium Sidonii nomen, quod illi rarissime, et in quibusdam tantum manuscriptis codicibus attributum fuit. Quærendus ergo alius libri alicujus titulus, in quo propria ac peculiaria auctoris nomina omittantur.

Verum insurget fortasse aliquis, et urgebit ab eodem Sirmondo (*Præfat. in Sidon. de propr. nomin.*) insuper observari nobiliores, stante Romana republica, viros pluribus nuncupatos fuisse nominibus, quorum proprium illud erat, quod primum. Post reipublicæ vero eversionem mos, inquit, inductus est; quo proprium cujusque nomen postposuerunt cæteris, aut aliunde pro arbitrio, ac sæpius a propinquis affectibus deductum imposuerunt. Fatetur autem vir ille doctissimus in quibusdam librorum titulis a posteriore hoc more aberratum. Nam rei rusticæ, verbi gratia, scriptor quatuor vocabatur his nominibus; *Palladius, Rutilius, Taurus, Æmilianus.* At quamvis hoc ultimo nomine tamquam proprio illum Isidorus (*Init. lib.* XVII *Origin.*) citaverit, a pluribus tamen *Palladius* tantum vocatur. Quatuor quoque erant *Cassiodori* nomina: sed nonnulli nomine *Senator*, quod epithetum esse arbitrabantur, plane rejecto, *Cassiodorum* simpliciter nuncupaverunt. Sed librariorum, pergit Sirmondus, brevitati studentium, negligentia proprium dumtaxat quorumdam auctorum nomen, quod quidem ultimum erat, illorum libris inscriptum fuit.

Sed quid contra nos facit hæc scita Sirmondi observatio? nos enim ibi monuit a festinantibus librariis omissa fuisse prima Auctorum nomina, ac scriptum tantummodo ultimum. At nunc non de primis agitur Scriptoris nominibus, sed de ultimis, quæ a librario prætermissa jure vel injuria contendunt. Huc accedit quod Lactantius in nullo umquam librorum titulo, nec ab ullo umquam auctore *Lucius*, aut *Lucius Cecilius* tantum appellatus est. Quæcumque igitur festinatione liber de mortibus persecutorum exaratus fingatur, illius titulo nomina *Firmiani Lactantii* potius quam *Lucii Cecilii*, scribi debuerant.

Præterea Sirmondus aperte declarat paucorum librariorum fuisse hunc ab eo notatum errorem. Atqui si paucorum est, numquid hinc ulli inferre licet eamdem fuisse oscitationem illius 'nominatim librarii, qui librum *de mortibus persecutorum* transcripsit? Sed dic, quæso, cur ille potius, quam tot alii librarii, a quibus omnes aut aliquæ separatim Lactantii commentationes descriptæ sunt, duo præcipua ejus nomina omisit, et ex duobus aliis unum scripsit quod quidem, ut diximus, valde dubium est? Donec igitur id plane ostendas, nonne multo verisimilius, ne dicamus, certius est auctorem libri *de mortibus persecutorum* duobus tantummodo *Lucii Cecilii* nuncupatum nominibus, longe a *Firmiano Lactantio* diversum fuisse?

Alios porro non magis audiendos putamus, qui instabunt Lactantium solo aut Firmiani, aut Lactantii, aut utroque hoc nomine sæpius vocari. Nam cum utrumque illud nomen ei proprium fuerit, utroque, aut uno ex iis tantum a cæteris omnibus scriptoribus satis discernitur.

Ad secundam vero tituli, quo hujusce libri argumentum continetur, partem si veniamus, inde sane rursus confici potest illum Firmiano Lactantio jure haud prorsus merito adjudicari. Nam his verbis *de mortibus persecutorum*, nec pluribus repræsentatur. Atqui nemo umquam aut ostendit, aut dixit compositum fuisse a Lactantio librum, quem *de mortibus persecutorum* inscripserit.

Contra tamen Baluzius aliique contendunt hanc inscriptionem eamdem penitus esse, ac libri illius, quem Hieronymus (*Catal. Script. Eccles. cap.* 80, *pag.* 121) ab ipsomet Lactantio, non alio, quam simplici *de persecutione* titulo editum fuisse testificatur. Sed quo, amabo te, argumento id Baluzius, tanta, uti omnes norunt, eruditione præditus, vel alii deinceps probavere? Nullo plane. Cur ergo? Numquid arbitrati sunt ita unum eumdemque esse *de persecutione* et *de mortibus persecutorum* librum; ut ad id demonstrandum nullo, ne minimo quidem, argumento opus sit? Sed quis eis illud asserentibus fidem statim habebit? Nobis certe videtur his titulis diversum omnino argumentum designari, quod quidem vario penitus modo tractari debuit. Qui enim *de persecutione*, christianorum videlicet, conficit librum, is procul dubio in illo explicare debet quæ, et quanta ii pro religionis suæ professione tormenta ac supplicia pertulerint, ac quomodo illam ad extremum usque spiritum, et crudelissimam internecionem fuerint tutati. Atqui hæc describi potuerunt, tametsi nulla aut levissima de ullius persecutoris morte, aut publicis gentilium rebus fiat mentio. Contra vero Cecilius noster in libro *de persecutorum mortibus* simili plane modo de gentium ac de christianorum vexationibus sermonem instituit. Deinde vero ab hujus libri exordio aperte declarat illum a se ideo editum, ut palam omnibus faceret, *quibus pœnis in eos* christianorum persecutores *cœlestis judicis severitas vindicaverit*, ac quomodo illi *serius quidem, sed graviter ac digne* debitas sceleribus suis pœnas supremo persolverint Deo, qui in illis exstinguendis et delendis virtutem majestatemque suam ostendit. Ad illud autem argumentum toto in libro collineat, nec ab illo ad aliud digreditur. Diversum est igitur utriusque libri de *mortibus persecutorum*, et *de persecutione* argumentum.

Neque dixeris Hieronymum ex iis unum esse, qui in citandis memoriter librorum titulis sæpius erraverunt. Non enim hunc solum Lactantii librum, sed alios plures citavit. Qua ergo ratione dici potest in hoc solo recensendo memoria lapsus? Deinde vero si memoria illum ibi defecit, cur illius falsa auctoritate ad hunc librum Lactantio adjudicandum abutuntur.

Præterea quomodo tanta confidentia asseverari potest unam eamdemque esse illam *de persecutione*, et *de mortibus persecutorum* commentationem? Scimus enim quid hic Cecilii *de mortibus persecutorum* liber complectatur : quid vero in Lactantii libro *de persecutione* scriptum fuerit, plane penitusque ignoramus. Nam jacturam illius jam a longissimo tempore fecimus, ac solus illius titulus ab Hieronymo designatus superest. Tacuit enimvero eximius ille doctor quæ in illo a Lactantio disputata sunt, nec ulli alteri hæc scire hactenus licuit. Donec ergo hic liber inveniatur, aut aliquis nobis certo ostendat quæ in hoc, a se lecto, contineantur, nemo plane homo affirmare jure merito potest illum eumdem esse, atque Cecilii nostri librum. Sed ad alia non minoris ponderis rationum momenta gradum, si lubet, faciamus.

ARTICULUS III.

Exponuntur alia argumenta, quibus demonstrari potest hunc librum a Firmiano Lactantio non esse profectum, et iis opposita diluuntur.

Nullum certe, quo hic liber Lactantio adjudicetur, argumentum minoris momenti et ponderis esse videtur, quam illud, quod plurimi hactenus ex auctoris illius stylo et scribendi ratione erui posse existimant. Nam inde manifeste demonstrari potest eum ab illo Firmiano Lactantio scriptum numquam fuisse. Quod quidem ut clarius faciliusque percipiatur, observandum est longe certius ex styli orationisque differentia, quam similitudine, judicium ferri posse, an diversi libri ab uno eodemque auctore profecti fuerint. Plures enimvero potuerunt alterius stylum scribendique modum aut assequi, aut saltem imitari. At nullus in conscribendis pluribus libris omnino dissimili penitusque diverso loquendi modo usus est. Atqui ea dictionis, sermonisque discrepantia in Cecilii et Lactantii libris passim deprehenditur.

Qui enim hunc Cecilii nostri librum majori cura pervolutarunt, suisque illustrare connisi sunt notis et observationibus, hi fateri coguntur Cecilii breviloquentiam, ejusque sermonis brevitatem vitiosam esse, ac plane obscuram. Et certe pluribus in locis tanta obscuritate est involuta; ut ii qui tenebricosos ejusmodi locos aut suis animadversionibus, aut Gallicis Anglicisque interpretationibus explicare voluerunt, a se invicem omnino dissentiant. Nihil autem necesse est horumce obscuriorum locorum, et variarum in his explanandis opinionum omnia hic congerere exempla. Nam sæpius occurrunt ; et plura a nobis postea annotabuntur. Quis autem nobiscum non fatebitur eruditos illos homines debuisse aut vitiose hujus brevitatis accusare Lactantium, aut ipsi hunc librum abjudicare? Atqui nullus adhuc illud sermonis vitium in genuinis Lactantii operibus deprehendit. Quid autem inde sequitur, quis non videat?

Sed agedum, planeque demonstremus quantum non solum obscura sit Cecilii nostri breviloquentia, sed quantum etiam illius dicendi genus et stylus a Lactantiano discrepent. Primum itaque Cecilius (*cap.* 2) de primis Christi discipulis sic loquitur : *Per omnes provincias et civitates Ecclesiæ fundamenta miserunt*. Quis autem bonæ latinitatis auctor hoc, quod Lactantianum esse venditant, umquam dixit *mittere* fundamenta? Is certe non est Lactantius, qui melius scripsit *fundamenta Ecclesiæ ubique jecerunt* (*Lactant. lib.* IV *Inst. cap.* 21). Numquid autem dices ibi errasse imperitum librarium, qui pro verbo *jecerunt,* scripsit *miserunt*? Sed id primo quidem gratis fingitur. Deinde vero si omnia barbara verba, et impropriæ dictiones, quæ in hoc libro occurrunt, librarii imperitiæ tribuenda esse censeas, qua ratione asseverare potes Lactantianum loquendi genus in hoc ipso libro facile agnosci, quod in unico, hactenus superstite, exemplari fœde corruptum fateris?

Paulo post vero Cecilius (*cap.* 3) de secundi Ecclesiæ persecutoris morte disputat. Sed Domitiani, a quo excitata est, nomen nullibi, ne semel quidem ab eo expressum invenies. Siccine ergo Lactantius suspensos suos in libris retinuit legentium animos; ut eis, de quo loquatur, relinquat non facile divinandum?

Tum deinde Cecilius : « Rex, inquit, Persarum Sapores, qui eum, *Valerianum imperatorem,* ceperat, si quando libuerit aut vehiculum ascendere, aut equum, inclinare sibi Romanum jubebat, ac terga præbere, et imposito pede super dorsum ejus, illud verum esse dicebat, exprobrans ei cum risu, non quod in tabulis, aut parietibus, Romani pingerent. » Quis umquam, amabo te, phrasim huic similem in veris Lactantii libris animadvertit? Eam proferat, si libet, ac cedimus. At certe Baudrius fatetur primo nulla hujus commatis, *imposito pede super dorsum ejus,* sibi occurrisse exempla, nisi in vulgata sacræ Scripturæ interpretatione, quam quidem Lactantiano stylo similem esse nemo umquam dixerit. Deinde vero idem Baudrius declarat se horum verborum, *illud verum esse dicebat,* vix ac ne vix quidem assequi potuisse sensum. Numquid ergo illum facilius percipient alii, minus docti, aut qui animo non ita attento hunc librum legerunt? At quidam auctores deprehendisse sibi videntur particulam *non* ibi præpostere a librario additam, qua sublata sensus auctoris obscurus non erit. Sed quid inde? Non quærimus utrum sublata ea particula, sensus sit clarior: sed utrum tota hæc phrasis profecta sit a Lactantio, qui Ciceru christianus habetur. Nescio sane utrum aliquis, qui elegantiæ Ciceronianæ gustum habeat, id umquam dixerit.

Numquid etiam Lactantii stylum magis redolent hæc de Galerio imperatore Cæcilii (*Cap.* 9) verba : « Sed differo de factis ejus dicere, ne confundam tempora. Postea enim quam nomen imperatoris accepit, exuto socero, tum demum furere cœpit, et contemnere omnia; Diocles enim ante imperium vocabatur. » Quænam autem, obsecro, est horum verborum connexio, tametsi copula *enim* conjungantur ? Quid ibi facit mutatum aut Dioclis nomen, aut hujus mutationis commemoratio ? Nonnulli quidem suspicantur in textu aliquid esse hiulcum, aut depravatum. Ita sane et hic et alibi corruptionis ea insimulant, et loca, et dicta, quæ excusare non possunt. Nam fœde etiam corrupta arbitrabantur non magis clara, et explicatu facilia Cæcilii verba, quibus Diocletianum inter et Herculium quid fuerit discriminis, sic exponit: « Hoc solum, inquit (*Cap.* 8), differebat, quod avaritia minori altero fuit plus, majori vero minus, sed plus timiditatis, plus vero animi, non ad bene faciendum, sed male. » Neque minus etiam suspecta, propter similem obscuritatem, illis videntur integritas horum de Galerii matre verborum: « Mulier admodum superstitiosa quæ cum esset, dapibus sacrificabat pene quotidie, ac vicariis suis epulis exhibebat (*Cap.* 11). » Verumtamen iis omnibus in locis nec ulla prorsus in manuscripto codice corruptionis nota, nec ullum plane vestigium. Esto tamen. Hæc et alia, si velis, passim omnibus obvia, quæ brevitatis ergo prætermittimus, tenebricosa, ambigua, atque explicatu difficillima hujus libri loca, a librario fœdata, corrupta, adulterata, detruncata, transposita fuerint : quid inde, quæso, conficies; nisi certo affirmari non posse Lactantium esse hujus libri auctorem, donec alius codex plane integer et incorruptus inveniatur ?

Quid vero, quod plures loci pari caligine conspersi, nequeunt ullius corruptionis notari. Post citata etenim ultima verba, Cæcilius narrare pergit conceptum a Galerii matre in christianos odium, quod in filium transtulit. Tum autem continenter adjicit : *Ergo habito inter se per totam hyemem consilio.... diu senex furori ejus repugnavit.* Dic, quæso, ad quos putas, referuntur prima Cæcilii verba ? Numquid ad Galerii matrem, de qua proxime locutus est? Minime (*Cap.* 10). Nam de illa ibi non loquitur, sed de Galerio et Diocletiano, de quo factum longe antea sermonem omnino interruperat.

De eodem insuper Galerio postea dixit (*Cap.* 14) : *Tunc Cæsar medio hyemis profectione parata prorupit.* At quis non credat his verbis significari illum Cæsarem medio hyemis Nicomedia, ubi constiterat, repente aufugisse ? Certe hæc Cæcilii esse sensum varii ejus interpretes arbitrati sunt. Sed perperam. Nam prius ab eo dictum videmus : *Habito inter se*, *et Diocletianum, per totam hyemem consilio.* Verus itaque illorum verborum sensus est Galerium ea omnia *medio hyemis* præparasse, quæ ad profectionem suam necessaria erant. Ubinam autem Lactantius ita umquam locutus est ?

Visne et alia obscurioris orationis exempla ? Lege, si placet, quid de horrendis ejusdem Galerii exactionibus Cæcilius tradiderit (*Cap.* 24) : « Censitores alii, inquit, super alios mittebantur, tanquam plura inventuri. Et duplicabatur semper illis non invenientibus, sed ut libuit addentibus. » Numquid ullus similem, et tam obscurum scribendi modum in genuinis Lactantii libris hactenus animadvertit ? Alibi vero hæc Cæcilius totidemque de nobilibus feminis, adulterii falso accusatis, et ductis ad supplicium, habet verba (*Cap.* 40) : « Invenitur quidam Judæus..... qui adversus insontes mentiatur. Judex æquus et diligens extra civitatem cum præsidio, ne lapidibus obruatur, protulit. » De quonam, putas, id dictum, *ne lapidibus obruatur* ? An de Judæo accusatore, aut de iniquo judice ? Tam obscura profecto et ambigua sunt hæc verba ; ut ea alii de primo, alii de secundo intelligenda esse censuerint. At uno addito vocabulo, vel *ipse*, vel *ille*, aut aliquo simili, affectatæ ab Auctore brevitati minime opposito, tolli poterat omnis obscuritas, et amphibologia.

Perge adhuc, obsecro, et lege quomodo Cæcilius narrat eversas fuisse a Constantino Diocletiani et Maximiani Herculii statuas atque imagines. « Eodemque, inquit, tempore senis Maximiani statuæ Constantini jussu revellebantur, et imagines cum quo pictus erat. Et quia senes ambo simul picti erant, et imagines simul deponebantur amborum. » Nonne Cæcilius longe clarius et brevius, omissis his verbis : *cum quo pictus erat*, scribere poterat : « Eodem tempore Diocletiani, et senis Maximiani statuæ et imagines simul pictæ, » etc. Hæc utique clara et perspicua forent, et ab omnibus facile intelligerentur. Quid autem id ipsi propositæ brevitati officiebat ?

Finem certe dicendi non faceremus, si omnia transcribenda essent paris ambiguitatis, et obscuritatis exempla. Neque id magnæ profecto est necessitatis. Quis enim ex his, quæ retulimus, aperte non videat Cæcilii stylum a Lactantiano plano, perspicuo, dilucido, esse prorsus alienum ?

Verum quia difficillimum est ex plurium animis gratiam de singulari eruditissimi et antiquissimi, uti ipsis videbatur, Scriptoris Opere, quod per tot sæcula deperditum fuit, a se tandem invento, evellere opinionem, aliud exemplum subjiciemus, quod vel unicum omnibus ejusque rerum æstimatoribus persuadere poterit hunc librum, ea scribendi ratione esse compositum, ut aperte clamet aliam omnino, quam Lactantium, se habuisse parentem. Ab eo autem argumentum illud ducimus colloquio, quo Galerius Diocletianum ad purpuram et imperatoris dignitatem deponendam coegit. Primo itaque Cæcilius mitiora quædam refert Galerii verba, responsumque Diocletiani contra reclamantis. Tum deinde sic auctor noster prosequitur (*Cap.* 18) : « His auditis senex languidus, qui jam Maximiani litteras acceperat, scribentis quæcumque locutus fuisset. » Quis, oro te, hic Maximianus, et quæ locutus erat? Non intelliges sane, nisi animum ad ea reflectas, quæ antea dicta fuerant, Galerium prius conflixisse cum Maximiano Herculio, quem injecto armorum civilium metu terruerat. Pergit deinde Cecilius : « Et didicerat augeri ab eo exercitum, lacrymabundus : Fiat, inquit, si hoc placet. Supererat ut communi consilio omnium Cæsares legerentur. » Quorum omnium? Nam de solo Maximiano Herculio jamdudum mentionem fecerat. At ambiguis his vocibus Cecilius designavit Diocletianum, utrumque Maximianum, Herculium, et Galerium, ac Constantium, de quo jam a longo tempore tacuerat.

Sed Auctorem nostrum sequamur, qui ad institutum dialogum continenter huncque rediit in modum : *Quid opus est consilio, cum sit [necesse illis duobus, qui nec ibi nominantur, placere quidquid nos fecerimus. Ita plane. Nam illorum filios nuncupari necesse est.* Cujusnam hæc sunt verba? An unius tantum? Neutiquam. Priora enim sunt Galerii, et posteriora Diocletiani, qui ei respondet; *Ita ,plane.* Tum ibi interrupto adhuc colloquio, nullaque rursus colloquentis facta mentione, Cecilius sic prosequitur : « Quid ergo fiet? G. Ille, inquit, dignus non est. Qui enim me privatus contempsit, quid faciet, cum imperium acceperit? D. Hic vero et amabilis est, et ita imperaturus; ut patre suo melior et clementior judicetur. G. Ita fiet, ut ego non possim facere, quæ velim. Eos igitur oportet nominari, qui sint in mea potestate, qui timeant, qui nihil faciant, nisi meo jussu. D. Quos ergo faciemus? G. Severum, inquit. D. Illumne saltatorem, temulentum, ebriosum, cui nox pro die, et dies pro nocte? G. Dignus, inquit, quoniam militibus fideliter præbuit, et eum misi ad Maximianum, ut ab eo induatur. D. Esto. Alterum quem dabis? G. Hunc, inquit, ostendens Daiam..... fidem summa religione præstabat. D. Quis est hic, quem mihi offers? G. Meus, inquit, affinis. D. At ille gemebundus : Non, inquit, eos homines mihi das, quibus tutela reipublicæ committi possit. G. Probavi eos, inquit. D. Tu videris, qui regimen imperii suscepturus es. » Perge adhuc, si velis, et in verbis, hoc colloquium subsequentibus, in idem adhuc obscurioris sermonis vitium offendes. Quis autem, nisi maxima animi contentione singula quæque dialogi hujus verba ponderaverit, facile agnoscet, quæ a Diocletiano, aut Galerio dicta sint? Et certe hoc ita difficile plurimis visum fuit; ut quidam in editionibus, quibus præfuerunt, alii in suis animadversionibus primas, uti vides, nominis cujusque imperatoris loquentis litteras, ejus verbis præfigendas esse censuerint. At quorsum, quæso, harum additio litterarum, et totius illius dialogi in notis descriptio? Non alia procul dubio causa proferri potest, nisi quia eruditi viri probe intellexerunt quanta sit in discernendis colloquentium imperatorum verbis difficultas. Quid tamen ad eam penitus tollendam facilius erat, quam identidem, et ubi maxime opus erat, loquentis imperatoris nomen adjicere? Quid hoc contra sermonis brevitatem, quantumvis exquisitam faciebat? Sed tale procul dubio erat Cecilii ingenium, quod ab ipso, sicut ab aliis, scribendo proditur. Non male igitur quidam nos admonuit nostrum auctorem in illud orationis vitium incidisse, quod notatur hoc Horatii carmine :

Brevis esse laboro,
Obscurus fio.

(*Horat., de Arte poet., v.* 25.)

At quis umquam in scriptis Lactantii illud tam obscuræ et ambiguæ ‚brevitatis vitium umquam deprehendit? Nihil profecto eloquentiæ et perspicuitati, in ejus libris ab omnibus, uti alibi ostendimus, agnitæ magis oppositum (*Dissert. in Lact. cap.* 1, *art.* 2).

Quid ergo recentiori cuidam scriptori facias, qui dum illud lectoris indagini relinquit, ipse tamen profitetur se nihil toto hoc in loco deprehendisse, Lactantio indignum? Cur enim lectoris judicio id statuendum relinquit, quod ille suo præoccupat? Nonne potius debebat sinceram exspectare lectoris sententiam, ad quam nos provocat, ac nos vicissim eum provocamus. A quolibet autem, cui per otium licebit, hoc unice petimus, ut hunc librum, quantumvis brevem, cum nuper edita a doctissimo Pffafio Lactantianorum operum breviori Epitome æquo animo componere velit, ac nisi nobiscum agnoscat valde dissimilem esse utriusque stylum, tum illi lubenter subscribemus.

Scimus quidem ab uno eodemque scriptore pro argumentorum et lucubrationum diversitate suum variari dicendi genus, atque aliud esse in scribendis historiis, aliud in epistolis, aliud in orationibus, aliud in polemicis disputationibus. Sed nullus scriptor, qui sicut Lactantius eloquentia, et clare ac perspicue dicendi gratia polleat, in ulla sua lucubratione, in qua etiam aliud, quam in aliis, argumentum quantumlibet diversum pertractavit, ab eleganti, plano, et aperto ubique scribendi genere ad tantum obscuritatis vitium umquam dilapsus est.

Quosdam tamen audire nobis videmur contra reclamantes plura, quam quæ retulimus, in hoc Cecilii libro inveniri loca, ubi ille clare et perspicue, nec minori, quam Firmianus Lactantius sermonis elegantia loquitur. Esto sane. At negari etiam non potest in his, quæ a nobis transcripta sunt, et aliis bene multis, tantam esse difficilis et incultæ locutionis obscuritatem; ut illa ad abjudicandum a Lactantio hunc librum plane sufficiat.

Et certe quo minus, uti jam diximus, ex quadam styli similitudine, duobus in libris deprehensa, confici potest hosce libros ab eodem auctore fuisse compositos, eo magis ex styli discrepantia ac dissimilitudine certo evidenterque probatur diversos esse illorum auctores. Quis enim nescit haud semel contigisse, ut scriptor aliquis alium ita imitatus sit ; ut eodem plane modo latine scripsisse videatur? Nonne aliqui, ac præcipue ejusdem ætatis scriptores latinam linguam, quod cuidem infinitæ non est operæ, ita callebant; ut vix discernas a quo scripti sint eorum libri? Non tanti igitur momenti et ponderis est sermonis similitudo, ut ex ea sola variæ commentationes uni eidemque Scriptori adjudicentur. Contra vero ex styli dissimilitudine ac differentia longe certius et efficacius demonstratur quasdam commentationes a diversis scriptoribus esse profectas. Atqui diversam esse Lucii Cecilii, et Firmiani Lactantii scribendi rationem inde colligimus, quod varios iste edidit libros, in quibus, etsi varia pleraque difficilia tractavit argumenta, in iis tamen omnibus idem stylus, idemque elegans et politus dicendi modus ubique deprehenditur. Unicum vero habemus Cecilii opusculum, in quo de historicis tantummodo rebus disputat. In eo autem aliquando clare et nitide, ac si vis etiam eleganter, sed sæpius ambigue, confuse, et obscurissime loquitur. At ea in una nec longa lucubratione, tam diversa scribendi ratio, non aliunde oritur, nisi quia Cecilius aut mediocri ingenio erat, aut nondum satis in libris componendis exercitato. Is ergo Lactantius dici non potest.

Nobis itaque Baluzius aliique frustra objiciunt in hoc de persecutorum Mortibus libro, ac genuinis ipsiusmet Lactantii commentationibus locutiones plane similes sæpius inveniri. Nam pares apud mediæ et infimæ etiam latinitatis scriptores, atque apud Ciceronem loquendi modi reperiuntur. Numquid ergo inde concludi potest genuinos libros Ciceronis ab illis fuisse compositos? Nemo certe sani capitis homo id umquam dixerit. Ut aliqua igitur verisimili ratione probetur hunc librum eodem, quo vera Lactantii opera, scriptum esse stylo, notandæ procul dubio erant dictiones et locutiones ita eidem Lactantio propriæ; ut ab ipso solo, non autem ab aliis usurpatæ fuerint. At quis hactenus hoc demonstravit? Quamvis etiam id demonstraretur, tunc dici posset illud casu aliquo evenisse, aut illa ex iisdem hausta esse fontibus. Denique ex paucissimis, immo vero pluribus, si velis, similibus Lactantii et Cecilii dictionibus colligi numquam poterit librum de Mortibus persecutorum breviloquentia, ambigua, difficili, planeque obscura, passim circumfusum, illius ejusdemque esse Lactantii, qui omnibus aliis suis in libris, eleganter, enucleate, et perspicue locutus est.

Neque magis etiam ii audiendi sunt, qui urgent hunc Cecilii librum Lactantio idcirco tribuendum, quia Virgilii versus, in eo, sicut in Lactantii libris inseruntur. In aliorum quippe tam sacrorum, quam prophanorum auctorum libris versus Virgilii similiter citati sunt. Nemini autem mirum videri debet, si duo, aut plurimi etiam scriptores Virgilii carmina, quæ inter omnium manus versabantur, suis in scriptis pariter citaverint.

ARTICULUS IV.
Exponuntur alia argumenta, ex variis Cecilii opinionibus petita, quibus ostenditur hunc librum a Firmiano Lactantio non esse scriptum.

Satis sane mirari non possumus qua docti quidam viri ratione in mentem suam induxerunt eum, cui hoc *de persecutorum Mortibus* opusculum inscribitur, eumdem esse Donatum, cui Lactantius suum *de Ira Dei* librum nuncupavit. Duo quippe illi Donati ita sibi dissimiles sunt; ut præter nomen nihil prorsus commune habere videantur. Quod quidem ex utriusque libri ætate, et rebus ab uno et altero Donato gestis evidenter probari potest. Nam liber *de Mortibus persecutorum*, uti supra ostendimus, absolutus est aut circa finem anni 313, aut certe antequam Licinius christianos vexare cœpisset. Donatus autem ille, de quo Cecilius ibi loquitur, cum aliis Confessoribus, anno Christi 305, in carcerem conjectus, per sex postea annos, usque ad annum 311 plurima propter Christi confessionem tormenta pertulerat. Donatus autem cui Lactantius librum suum *de Ira Dei* dicavit, nondum in doctrina christiana satis obfirmatus fuerat. Timebat enim Lactantius (*Lib. de Ira Dei, cap.* 1, *et cap.* 22), ne *ille auctoritate* hominum, qui se putabant sapientes, deceptus, in eorum laberetur errorem, qui Deum ita faciebant immobilem, ut non posset aut ira excitari, aut tangi gratia. Quin etiam hunc Lactantius *de Ira Dei* librum ad illum scripsit, quo posset discere, quemadmodum hosce impios homines refelleret. Nondum igitur hoc documento, in quo, ut ait Lactantius, religionis ac pietatis summa et cardo versatur, satis imbutus erat. At quis in arimum sibi facile inducat Donatum, martyrem sanctissimum, qui varia verborum, ungularum, ferri, et ignis pro christianæ religionis confessione tormenta constantissime perpessus, novies de tyranno triumphaverat, ignorasse utrum Deus ira in improbos, et in pios homines gratia commoveatur.

Neque respondeas hunc *de Ira Dei* librum a Lactantio compositum, quando nihil adhuc Donatus pro Christi confessione passus fuerat, aut dubitabat, aut satis compertum non habebat quid de ira et gratia Dei statuendum sit. Etenim præterquam quod probatu id difficillimum est, dicendum foret hunc *de Ira Dei* librum a Lactantio divulgatum fuisse ante aut circa annum 305, quo Donatus inclusus in carcere, et quæ sit ira Dei, vel ignarus, vel incertus, eam minus, quam inflictas sibi a tyrannis quaslibet plagas timere debebat. Atqui in superiori dissertatione ostendimus hunc *de Ira Dei* librum longe postea, et anno circiter 321 publicam prodiisse in lucem. Donatus itaque eximius Christi confessor, quem Cecilius maximis laudibus exornat, alius omnino esse debet ab eo, cui Lactantius librum *de Ira Dei* obtulit. Falluntur ergo, qui unum et eumdem Donatum esse putant, et inde perperam inferunt Lactantium duorum horumce librorum fuisse verum auctorem. At hoc argumentum si eis eripitur, nonne potiori jure confici potest, sicuti diversi professione sunt et tempore sunt Donati, ita duos et diversos esse horum librorum parentes Cecilium videlicet et Lactantium. Quis porro fuerit Donatus ille martyr in sequenti articulo fusius explicabimus.

Præterea hic ipse Cecilii liber plura alia nobis subministrat rationum momenta, quibus adhuc demonstratur eum ab alio, quam Firmiano Lactantio fuisse compositum. Primo enim hic solet suis, ut annotavimus, in libris alios citare, quos aut jam ediderat, aut deinceps elucubrare meditabatur. Atqui nec hic *de Mortibus persecutorum* liber in veris Lactantii Operibus, vicissimque in hoc Cecilii libro nulla plane ejusdem Lactantii commentatio ullibi citatur. Plures tamen occurrerunt occasiones, ubi hic liber à Lactantio, vel Lactantii libri a Cecilio, si unus idemque illorum auctor sit, poterant, debebantque revera citari. Nam ut plura omittamus, nonne opportunissimam, ne dicamus necessariam; hunc librum, aut in eo alios de divinis institutionibus libros citandi occasio sese obtulit, ubi uterque de immanissima tyrannorum crudelitate, dirissimisque martyrum suppliciis, invictissima ad mortem usque patientia toleratis disseruit? Cur ergo Lactantius contra morem suum ab uno libro ad alium nos non misit, nisi quia hic *de Mortibus persecutorum* liber neutiquam ab ipso, sed ab alio scriptore confectus est?

Neque est quod quis causetur inde inferri posse falsa et adulterina esse omnia scriptorum opera, quæ in aliis non citantur eorum libris. De his quippe scriptoribus agimus, qui solent alios suos libros citare, eosque citandi opportunam et necessariam, quemadmodum Lactantius, occasionem nacti, non prætermittunt.

Sed acrius urgere possumus non pauca in hoc *de Mortibus persecutorum* libro tamquam certa narrari quæ Lactantii opinionibus adversantur, aut ab illo dici nequaquam potuerunt. Talia procul dubio ea sunt, quæ Cecilius tradidit de anno, quo Christus cruci affixus fuit, de millenario illius regno, de Sibyllis, et de pace Ecclesiæ, quam asserit nullos a Domitiani imperatoris morte usque ad Decium passam esse gentilium inimicorum impetus.

Deinde vero nullus plane dubitandi locus est, quin Lactantius, sicuti suo loco diximus, Nicomediam ab imperatore Diocletiano accitus, ibi rhetoricam docuerit. In ea autem urbe adhuc consistebat, quando ecclesia Nicomediensis jussu ejusdem imperatoris incensa est. Posthæc tandem et sua extrema in senectute in Gallias a Constantino Magno accersitus, Crispum Cæsarem illius filium latinis litteris imbuit. Cum autem hæc omnia, quemadmodum vidimus, certa sint, Lactantio Nicomediæ adhuc commoranti latere non potuit, quæ a Diocletiano, Galerio, et Constantino Magno in hac urbe acta sunt, ac quomodo Diocletianus et purpuram, et imperatoris deposuit dignitatem.

Atqui Cecilius multa in libro suo de hac celeberrima abdicatione scripsit tam parum verisimilia, et scriptoribus fide magis dignis adeo contraria; ut hæc a Lactantio, qui ea quæ facta fuerant, ignorare non poterat, tradita fuisse nemo certe dixerit. Qua enim, quæso, ratione tanquam verum describere potuisset memoratum a nobis Diocletiani Galeriique colloquium, in quo exaggerantur ejusdem Diocletiani vix in fœminis toleranda animi imbecillitas, timiditas, ignavia, lacrymæ, et gemitus? Cui etiam facile persuadebitur Lactantium dixisse Constantinum, qui colloquentibus imperatoribus *erat præsens*, illos eo usque fuisse comitatum, ubi noverat, aut certe non minimum dubitandi locum habebat, fore ut a Cæsarea dignitate indignissime repelleretur? Quis tandem in animum haud ægre inducet Lactantium asseruisse Diocletianum, Galerii minis ac comminationibus coactum, cessisse imperio, quod plerique omnes etiam coævi scriptores sponte ab eo depositum asseverant?

Contra tamen Cecilius, arguet aliquis, Lactantio coævus esse conceditur. Ergo tam ille ea scire potuit, quæ Nicomediæ agebantur, quam Lactantius. Quid autem mirum si non eadem atque alii ejusdem ætatis Scriptores tradiderit, cum illi sæpe sæpius a se invicem dissentiant? Verum quamvis utrumque Lactantium et Cecilium eadem ætate vixisse concedatur; non ita tamen certum est utrum uterque Nicomediæ habitaverit, cum Diocletianus ibi deposuit imperium. Constat quidem tunc ibi mansisse Lactantium, sicuti a nobis alibi satis probatum est. At nullus umquam ostendit Cecilium illuc venisse, aut ibi adfuisse sub imperii Diocletiani finem: immo vero hinc illum longe remotum fuisse satis hæc ipsa probant, quæ ab illo, sicuti diximus, narrantur de modo, quo Diocletianus imperiali dignitate sese in eadem urbe abdicavit. Ea quippe non solum a coævorum scriptorum sententiis, sed ab omni etiam verisimilitudine sic aliena sunt; ut credi non possint ab aliquo scriptis tradita, qui tum in eadem ac Diocletianus urbe commorabatur. Sed hæc et alia similia infra a nobis, et opportuniori loco fusius explicabuntur.

Quanti autem ponderis ac momenti sint illa omnia, quæ hactenus protulimus argumenta, et utrum iis recte conficiatur Firmianum Lactantium libri *de Mortibus persecutorum* non esse auctorem, eorum omnium, qui semotis præjudiciis, veritati sincere student, judicio definiendum libenter permittimus. At iis certe, nisi nos mens nostra fallat, evidenter demonstratum est maximam profecto esse dubitandi rationem utrum Cecilius hujusce libri auctor idem sit atque Firmianus Lactantius. At si res ita se habeat, illius titulo addendum procul dubio non erat utrumque Firmiani Lactantii nomen; sed talis relinquendus, qualis in unico manuscripto codice Colbertino exhibetur. Quamobrem nos tota hac in dissertatione hunc scriptorem non alio, quam Lucii Cecilii, aut brevitatis causa, solo Cecilii nomine appellandum esse duximus.

Cæterum quidquid de hoc auctore pronuntietur, fatendum semper erit nos iis plurimum debere, qui hunc librum ex densissimis, in quibus per tot sæcula jacuit, tenebris erutum, publicum in lucem emiserunt. Ab antiquo siquidem scriptore, sicuti dictum est, exaratus videtur, et plura in illo occurrunt, aut ab aliis prætermissa, aut quibus eorum opiniones possunt confirmari.

ARTICULUS V.

De Donato, cui hic liber nuncupatur, ac tribus judicibus, Flaccino, Hierocle, et Prisciliano, quorum jussu variis ille propter Christi confessionem suppliciis affectus est.

Palam in superiori articulo, nisi plane decipiamur, omnibus fecimus duos diversosque esse Donatos, quorum uni memoratus Lactantii *de Ira Dei* liber, et alteri hic Cecilii nostri *de Mortibus persecutorum* inscribitur. Quis autem posterior iste Donatus fuerit, qui te doceat, vix a iuum, præter Cecilium ipsum, invenies scriptorem. At ille ubi de persecutione, a Diocletiano in christianos commota, disserit, sic eumdem Donatum alloquitur : « Quid opus est illa narrare, præcipue tibi, Donate charissime, qui præter cæteros tempestatem turbidæ persecutionis expertus es? Nam cum incidisses in Flaccinum præfectum, non pusillum homicidam, deinde in Hieroclem ex vicario præsidem, qui auctor et consiliarius ad faciendam persecutionem fuit, postremo in Priscillianum successorem ejus, documentum omnibus invictæ fortitudinis præbuisti. Novies enim tormentis cruciatibusque variis subjectus, novies adversarium gloriosa confessione vicisti. Novem præliis Zabulum cum satellitibus suis debellasti; novem victoriis sæculum cum suis terroribus triumphasti... Nihil adversus te verbera, nihil ungulæ, nihil ignis, nihil ferrum, nihil varia tormentorum genera valuerunt... Denique post illas novem gloriosissimas pugnas, quibus a te Zabulus victus est, non est ausus ulterius congredi tecum, quem tot præliis expertus est non posse superari. Et cum tibi parata esset victrix corona, desiit amplius provocare, ne jam sumeres. Quam licet non acceperis in præsenti, manet tamen integra tibi pro virtutibus tuis, et meritis in regno Dei reservatur. » Audisti sane quæ, et quanta, ac quamdiu Donatus ob Christi confessionem tormenta, ac quorum iniquo judicio, quamque constanti fortitudine perpessus sit.

Tum deinde Cecilius narrat datum fuisse a Galerio Imperatore, morti jam proximo, in christianorum gratiam edictum; atque postea Donatum his verbis iterum compellat : *Tunc apertis carceribus, Donate charissime, cum cœteris confessoribus a custodia liberatus es, cum tibi carcer sex annis pro domicilio fuerit.* Ibi porro adjecit propositum fuisse illud edictum *Nicomediæ pridie kalendas maias, ipso Galerio octies, et Maximino iterum consulibus*, id est, anno Christi 311, ut infra ostendemus. Donatus itaque sex antea, uti dictum est, annis, hoc est, anno Christi 305 detrusus in carcerem, tot tamque variis cruciatibus tortus fuerat.

Eam autem ob causam illum, aliosque similibus tormentis excruciatos, Cecilius appellat glorioso confessorum nomine. At Cyprianus, quemadmodum nonnulli observarunt, hoc nomen, quo sæpe sæpius in epistolis suis utitur, iis tribuit, qui ab ethnicis judicibus interrogati, Christum citra ullas pœnas verum Deum esse constanter profitebantur. Jure ergo longe potiori Cecilius tanti honoris nomen et titulum Donato aliisque dedit, qui ob eamdem Christi confessionem variis dirisque tormentis tamdiu discruciati sunt.

Quod vero spectat ad memoratos a Cecilio judices, quorum inhumana prorsus crudelitate Donatus in carcerem conjectus, totque suppliciis excarnificatus est, quidam opinantur Flaccinum Bithyniæ tunc præfuisse. Quamvis autem nullam opinionis suæ afferant rationem; in eam tamen ab isse videntur, quod existimaverint Donatum in hac provincia, et Nicomediæ quidem, aut non ita procul ab hac urbe pœnis, paulo ante memoratis, fuisse affectum. Alii vero putant hunc Flaccinum præfectum fuisse Prætorio, et jure forsitan meliori. Nam is distinguitur a duobus a iis judicibus, qui præsides vocantur. At provinciarum urbiumque præsides solebant quidem præfecti nuncupari, sed addito provinciæ, vel urbis, cui præerant, aut alio insuper nomine. Flaccinus autem simpliciter, et quasi per antonomasiam præfectus vocatur. Cui autem melius, quam præfecto Prætorio hoc nomen convenire potest?

Duo porro alii Hierocles, et Priscillianus, ejus successor, a Cecilio dicuntur præsides, sive rectores et gubernatores illius haud dubie provinciæ, ubi Donatus iniquo eorum furori restitit. In Bithynia autem, uti jam monuimus, id factum arbitrantur. Ab Epiphanio autem scripto traditum legimus Hieroclem tunc Alexandriæ præfectum fuisse, cum Diocletianus et Maximianus in christianos sæviebant. Ad hæc vero, Eusebius narrat Ædesium martyrem, jubente Alexandriæ præside, cujus nomen tacuit, in mare fuisse præcipitatum. In Græcorum et am Menæo Hierocles Ægypti præses dicitur. Verum ille non in Bithynia tantum, sed in Ægypto quoque, vario tempore præsidis dignitatem obtinere potuit. Denique hunc esse tradunt, qui cum christianam religionem scriptis publicis infamare molitus temere fuisset, Lactantio, ut a ibi annotavimus, occasionem dedit libros suos de divinis Institutionibus conscribendi. Tota autem hæc opinio quibusdam nititur conjecturis, quibus et si res ipsa certo non demonstretur, eæ tamen aut vero satis similes videntur, aut nihil habere, quod veritati omnino repugnet.

Tertius demum judex ab Cecilio Priscillianus cognominatur. At in martyrologio Romano legimus Nicææ in Bithynia Antoninam in Diocletiani persecutione *a Priscilliano præside jussam fustibus cœdi, suspendi in equuleo, lateribus leniari, et flammis incendi, ac demum gladio necari.* An autem is ipse sit, cujus meminit Cecilius, expendant peritiores critici ac pronuntient.

Impio itaque horum judicum jussu Donatus iis, quæ memoravimus, suppliciis ob Christi confessionem excruciatus est. Cecilius autem (*Cecil. cap.* 1, 35 *et* 52). illum charissimi nomine sæpius compellat. Arctissimo igitur amicitiæ vinculo conjunctus erat cum illo sanctissimo confessore, cujus mirabilem in tot cruciatibus patientiam, quis alius præter Cecilium prædicaverit, scriptorem nullum hactenus habere potuimus.

Cæterum auctor noster adjecit jucundum fuisse Deo spectaculum cum victorem Donatum cerneret, non *candidos equos, aut immanes elephantos, sed ipsos potissimum triumphatores currui suo subjugantem.* Ad eum autem Romanorum imperatorum morem his verbis alludit, qui triumphantes currui suo equos albos, aut elephantos jungebant, vel etiam subjungebant. Quamobrem quidam suspicatur in textu Cecilii legendum *subjungentem,* non *subjugantem,* sed id aliqua alterius, aut manuscripti, aut scriptoris auctoritate probandum erat. Plura autem imperatorum equis albis et elephantis trimphantium exempla protulit Bulengerus, confirmatque Onuphrius Panuinus, ejusque interpres Johannes Maderus, quorum libros consulere quilibet facile poterit.

CAPUT III.
De variis hujus libri editionibus, variorumque in illum observationibus, et notis.

ARTICULUS PRIMUS.
De variis hujus libri editionibus.

Primam hujus libri uti, jam diximus, editionem debemus clarissimo viro Stephano Baluzio, qui eum Parisiis anno 1679, initio tomi secundi suorum Miscellaneorum, ex illo unico, qui in Colbertina bibliotheca asservatur, manuscripto codice publici juris fecit. Quia vero textus auctoris in manuscripto hoc libro magna scribæ latinæ, uti jam observatum, nescientis imperitia sæpe sæpius corruptus est, Baluzius candide et ingenue profitetur, se ea correxisse, quorum emendatio facilis et obvia erat: sed alia reliquisse intacta, in quibus, sicut ille ait, corrigendi audacia non vacabat periculo. Utrum autem promissis steterit, ex iis judica, quæ de omissis quibusdam verbis et aliis annotavimus.

Cum autem prima hæc libri singularis, ac tam longo a tempore deperditi, editio magno omnium applausu excepta fuisset, plures certatim in variis Europæ partibus illum postea recudi curaverunt. Secunda itaque Oxonii prodivit anno 1680. Nos autem Paulus Baudrius monitos esse voluit præfationis, huic editioni præfixæ, acutorem fuisse Joannem Felles Oxoniensem episcopum. In ea autem clarissimus ille vir declarat hunc librum male mulctatum, et lacunis sæpe hiantem, a se subinde fuisse restitutum, partim suis, partim doctissimorum virorum Asaphensis episcopi, et Isaaci Vossii conjecturis.

Tertia deinde hujusce libri editio in eadem urbe curis Thomæ Spark, ad omnium Lactantii operum calcem anno 1684, in vulgus prodiit. Sed ab eo in præfatione admonemur sive sua sive typographorum incuria contigisse; ut edendus hic liber per triennium sub prælo sudaverit. Eodem autem anno Joannes Columbus hunc librum Aboæ in Finlandia typis Joannis Winter excusum publicavit.

Anno subsequenti hic ipse liber ex Cantabrigiæ typographia cum omnibus Firmiani Lactantii operibus iterum publicam emissus est in lucem. Nihil autem in eo, ibi edito, novi accessit, nisi una aut altera adnotatiuncula, ab illo haud dubie profecta, qui præfuit huic editioni, sed nomen reticuit suum.

Postea vero Paulus Baudri librum hunc rursus edi curavit Trajecti ad Rhenum anno 1692, cum aliorum omnium notis et animadversionibus, quæ hactenus editæ, aut nondum editæ, atque ab ipso conscriptæ, vel ab amicis traditæ missæque fuerant.

Denique nos Parisiis anno 1710, novam hujus libri editionem ideo adornavimus, ut æquissimis satisfaceremus eorum votis, qui optarunt eum talem omnino excudi, qualis exaratus est, in unico codice, quem nullus præter Baluzium recognoverat. Non immerito enim judicaverunt illius lacunas et hiatus tunc posse certius compleri, ac corrupta et obscura loca facilius corrigi et explicari.

Neque alii etiam defuerunt, qui hunc librum, in vernaculam linguam conversum, juris voluerint esse publici. Maucroixius enim Abbas a sancto Hilario, et cathedralis Ecclesiæ Remensis canonicus illum gallice redditum Parisiis anno 1680, divulgavit.

Anglicana quoque lingua illum postea interpretatus est Burnetus, Sarisberiensis episcopus, ac paulo post ex hac ipsa interpretatione alius, qui noluit nomen suum nobis esse cognitum, alteram gallice idiomate composuit, quæ typis Francisci Halma Ultrajecti anno 1687, vulgata est. Præcipuus autem, aut forte non alius hujus Gallici interpretis scopus fuit, quam ut perduellionis venenum, a Burneto in sua præfatione Anglis protestantibus oblatum, Gallis propinaret. Nostri autem non est instituti heterodoxos hosce duos homines non minus a veritate, quam a proposito nostro aberrantes persequi. Fas enimvero nobis non esse putamus lectores in iis retinere, quæ ad argumentum nostrum non spectant, et quæ olim a Domno Dionysio Sammarthano, nunc regiæ nostræ Sangermanensis abbatiæ priore, aliisque doctissimis hominibus satis superque confutata, ac funditus eversa sunt. Et certe quis sani capitis homo eos intolerandæ prorsus temeritatis non condemnet, qui ausi sunt christianissimum Regem nostrum, propterea quod extortam armis civilibus hæresim publice profitendi potestatem abstulerit, cum Diocletiano, Galerio, Maximino, aliisque componere tyrannis, qui sanctissimos christianæ fidei ipsomet Christi Domini, et discipulorum ejus sanguine, ac mirandis divinisque operibus fundatæ, defensores crudelissime trucidaverunt?

ARTICULUS II.
De variorum in hunc librum notis et observationibus.

Paucissimi plane sunt libri, in quos tot, pro parva mole sua, scriptæ sint notæ et animadversiones. Ex his enim ingens volumen composuit Baudrius, in quo eas omnes tam editas, quam necdum editas, suis locis adjecit. Ex editis vero aliæ cum Cecilii libro, aliæ seorsim typis excusæ fuerunt. Quidam etiam in litteris ad amicos datis, alii in libris alia de re compositis, alii peculiari quadam in dissertatione conati sunt obscura quædam hujusce libri loca pro virili parte explicare et interpretari.

Breviores autem notas in hunc librum scripserunt Thomas Spark, Georgius Grævius, Elias Boherellus, Thomas Gale, Petrus Alix, Paulus Colmesius, Vossius, Maucroixius, Burnetus, Antonius Pagi in sua in Baronii Annales critica, ac Dodwellus in Cyprianicis dissertationibus: sed his iste nondum contentus, peculiarem de ripa striga, ab auctore nostro memorata, dissertationem edidit.

Longiores vero conscriptæ sunt a Stephano Baluzio, Gisberto Cupero, Joanne Columbo, Nicolao Toinardo, Jacobo Tollio, et Paulo Baudrio. Quibusdam porro in litteris Valesius, Diazius, Stephanus Baluzius, et Gisbertus Cuperus nonnulla Cecilii nostri loca emendare aut illustrare tentaverunt.

De illarum autem omnium pretio et utilitate ii omnes, in quorum manus devenerint, facile judicabunt. Nihil ergo necesse est ut nostrum, quod vix umquam sine alicujus offensione ferri potest, interponamus judicium. Neminem vero esse putamus, qui non agnoscat quæ quantaque fuerint illorum in locis auctoris nostri obscurioribus explicandis, aut corruptis emendandis eruditio, sagacitas, et ingenium. At nullus etiam diffitebitur quasdam ex his notis minoris esse momenti, atque grammaticam longe magis, quam par erat, spectantes; alias vero prolixiores, in quibus earum auctores ab Cecilii proposito longius digrediuntur, aut extra aleam penitus excurrentes, aliud omnino agunt, quam quod ad auctoris sui institutum, vel explicationem possit tantillum conducere. Nullus porro audacior fuit Tollio, qui passim auctorem nostrum erroris temere arguit, atque idcirco a Baudrio, tametsi ejusdem sectæ, melioris tamen fidei viro, sæpe ac jure quidem merito vapulat. Eo autem magis improbanda est Tollii temeritas, quo magis ingenue declarat notas suas *opera esse tumultuaria, raptim, et asbque libris in gratiam bibliopolæ breviter conscripta.*

CAPUT IV.

Novæ in hunc librum notæ et animadversiones, ac primum de Christo Domino ejusque discipulis.

ARTICULUS PRIMUS.

Expenduntur ea, quæ Cecilius tradidit de tempore et anno quibus Christus Dominus mortuus est, et utrum illius eadem ac Lactentii ea de re fuerit sententia.

Totus hic liber cum historicus sit, ejus auctor ordinem temporum in eo se sequi haud semel profitetur (*cap.* 9). Aliquando tamen, quod et aliis historiarum scriptoribus usu venire solet, ab eo discedit (*cap.* 9 *et* 11), sed uno tantum in loco suæ nos admonet digressionis (*cap.* 17). Nostris itaque in notis insistemus in ipsius vestigiis; ita tamen, ut quæ ille variis in locis de Christianis, et de unoquo-

que imperatore intellectu minus facilia, aut observatione magis digna memoriæ prodidit, hæc simul, nec separatim, ne confusio aliqua oboriatur, pro modulo nostro examinare, enodare, aut confirmare connitamur.

Historiam autem suam Cecilius (*cap.* 2) a Christi Servatoris nostri morte sic orditur : « Extremis temporibus Tiberii Cæsaris, ut scriptum legimus, Dominus noster Jesus Christus a Judæis cruciatus est, post diem decimum kalendarum Aprilis : » In manuscripto codice, *post diem* 10 *kal. Apr.* duobus Geminis consulibus. At Firmianus Lactantius in genuinis suis divinarum Institutionum libris paulo aliter dixit (*Lactant., lib.* IV *div. Inst., cap.* 10) : « Herodes fuit sub imperio Tiberii Cæsaris, cujus anno quinto decimo, id est, duobus Geminis consulibus, ante diem septimam kalendarum Aprilium » (in duobus mss. regiis antiquioribus, et aliis quibusdam codicibus: *Ante diem* 10 *kal. April.*) « Judæi Christum cruci affixerunt. » Baluzius vero et alii in partes sese vertunt omnes, ut utrumque hunc locum concilient, et ab uno eodemque auctore scriptum fuisse ostendant.

Certum quidem est ac plane manifestum eumdem a Lactantio et Cecilio nostro designari mortis Christi annum sub duobus Geminis, id est, L. Fusio Gemino, et L. Rubellio Gemino consulibus. Sed hæc non singularis fuit Lactantii et Cecilii opinio, verum etiam Tertulliani, ut supra demonstravimus, et aliorum plurium antiquiorum Ecclesiæ Patrum, sicuti omnes fatentur.

Verum a Lactantii aut locutione, aut opinione prorsus aliena sunt hæc Cecilii verba : *Extremis temporibus Tiberii Cæsaris.* Si enim hæc ille de 22 et amplius annis imperii ejus, et cum Lactantio de anno regni ipsius decimo quinto dixerit, minus recte et contra Lactantii morem loquitur. Tunc enim Tiberius, qui septem aut octo annos postea regnavit, secundam tantum imperii sui partem expleverat. Hæc ergo dici non possunt extrema illius tempora. Si vero Cecilius illis verbis annum imperantis Tiberii decimum octavum designet, paulo quidem aptius loquetur, ab Lactantii opinione, a nobis alibi explicata, plane recedit.

Præterea eidem Lactantio adversari adhuc videntur subsequentia Cecilii verba : *Post diem decimum kalendas Aprilis.* Lactantius enim scripsit : *Ante diem septimum*, vel juxta quosdam codices a nobis citatos *decimum kalendas Aprilis.* At Baluzius tamen contendit utroque loquendi modo idem significari. Nam Romani, inquit ille, non solebant dicendo post kalendas, eos *dies* appellare, qui illas subsequebantur, sed qui antecedebant. Deinde utroque illo scribendi genere ante et post kalendas unum idemque designari, putat probari posse his Pauli Jurisconsulti verbis : « Anniculus extremo anni die moritur : et consuetudo loquendi id ita esse declarat. Ante diem decimum : Post diem decimum kalendarum. Neque utro enim sermone undecim dies significantur. »

Verum si non omnino sana et integra sint, ut ipse Baluzius aliique fatentur, hæc Pauli verba, quid ex iis certi confici poterit?

Respondet nihilominus idem Baluzius, si quæ in illis sit difficultas, eam tolli auctoritate Lactantii, qui uno eodemque sensu in divinarum Institutionum libris, et in hoc libro *de Mortibus persecutorum* dixit : *Ante* et *post* diem *decimum kalendarum*. Verum jam ostendimus certum omne non esse utrum hic posterior liber a Lactantio sit compositus. Neque magis constat utrum in utroque libro, quisquis posterioris auctor sit, verba hæc uno eodemque sensu revera adhibeantur.

Sed fac, si velis, illa eodem accipi significatu, tunc horum verborum : *Post diem decimum kalendarum*, ille erit sensus : Post diem decimum, quem kalendæ subsequentur. At quis umquam ita locutus est, an Paulus, an aliquis antiquus scriptor? Nobis hunc proferant, et lubenter cedimus.

Quamobrem persuasum illud non fuit pluribus, qui malunt veterem libri *de Mortibus persecutorum* librarium erroris, vel imperitiæ accusare, suspicanturque a Cecilio nostro scriptum : *Ante*, non vero, *post diem decimum kalendarum*. Recte quidem, si id stabiliatur codicis alicujus satis firma auctoritate. Sciri enim sæpe potest quid scriptor aliquis dicere debuerit, quid autem reapse scripserit, an bene, aut male, an clare, aut obscure, quis contra unici codicis fidem, sine certo aliorum testimonio, definire audeat?

Denique Cecilius tradidit Christum affixum fuisse cruci extremis Tiberii Cæsaris temporibus, *sicut scriptum legimus*. Ubinam, quæso, id legitur scriptum? Num in sacris Novi Testamenti, vel veterum auctorum ecclesiasticorum libris? At in Lucæ tantum Evangelio (*cap.* III, v. 1, 21), scriptum est plures Judæos, et Christum Dominum quinto decimo imperii Tiberii Cæsaris anno fuisse Jordanis aquis ablutos. Ad hæc autem verba non respexit Cecilius, nisi cum Lactantio, Clemente Alexandrino, et aliis, a nobis alibi citatis, crediderit Christum eodem anno mortuum esse, quo a Joanne baptizatus est. Sed etiamsi ad illa evangelistæ dicta collineaverit, non inde tamen recte, uti jam diximus, concludi potest Christum mortem obiisse extremis Tiberii temporibus. Porro autem si Cecilius ad Lucæ Evangelium animum non advertit, quos ille alios laudaverit scriptores, et utrum exstent eorum opera, ab aliis lubentissime audiemus.

ARTICULUS II.

De iis, quæ Cecilius a Christo Domino ad vitam revocato, ad suum usque in cœlos ascensum, acta fuisse commemorat.

Inchoatum de Christo Domino sermonem sic Cecilius prosequitur (*cap.* 2) : *Cum resurrexisset* Christus, *die post mortem tertio, congregavit discipulos, nimirum in Galilæam; ut ibi, sicut ait Matthæus, ipsum redivivum viderent* (*Matth., cap.* XXVIII, 10 et 16) : *Et diebus quadraginta*, pergit auctor noster, *cum eis commoratus est*, sive ut in Actibus Apostolorum (*cap.* I, 3) legimus : *Præbuit se ipsum vivum post passionem suam in multis argumentis, per dies quadraginta apparens eis, et loquens de regno Dei.*

Tunc autem, uti loquitur Cecilius : « Aperuit Christus corda eorum, et Scripturas interpretatus est, quæ usque ad id tempus obscuræ atque involutæ fuerant. » Ipse autem Lactantius (*lib.* IV *Inst.*, *cap.* 15) : « Christi, inquit, nativitas et passio patefecit arcana, sicut etiam voces prophetarum, quæ cum per annos mille et quingentos et eo amplius lectæ fuissent a populo Judæorum, nec tamen intellectæ, nisi postquam illas Christus et verbo et operibus interpretatus est. » Quod si hæ ad completas prophetarum de eodem Christo Domino prædictiones referenda esse contendas, non repugnabimus quidem. At certe idem Lactantius postea Cecilii nostri dicta hisce verbis expressius confirmat (*ibid., cap.* 20) : « Discipulis post mortem Christi, inquit, iterum congregatis Scripturæ sacræ litteras, id est, prophetarum arcana patefecit, quæ antequam pateretur, perspici nullo modo poterant, quia ipsum passionemque ejus annuntiabant. » Scimus quidem qua temeritate Gallæus in suis notis Lactantium ibi erroris arguere ausus sit. Sed vanos temerarii hominis conatus in nostra de ejusdem Lactantii libris dissertatione repressimus ac coercuimus.

Auctor vero noster institutum sermonem sic prosequitur (*Cecil., cap.* 2) : Christus ad vitam revocatus, « ordinavit » et instruxit discipulos suos « ad prædicationem dogmatis ac doctrinæ suæ, disponens Testamenti novi solemnem disciplinam. Quo officio expleto, circumvolvit eum procella nubis, et subtractum oculis hominum, rapuit in cœlum. » Ita quidem ille, qui quamvis hoc in libro miræ prorsus, uti supra notavimus, breviloquentiæ studeat; longior tamen est Lactantio, qui brevius dixit (*Lactant., lib.* IV *Inst., cap.* 21) : « Ordinata vero discipulis suis evangelica ac nominis sui prædicatione, circumfudit se repente nubes, eumque sustulit in cœlum. »

Dubium autem esse non potest quin uterque prioribus verbis illud significare voluerit, quod evangelistæ Matthæus et Marcus a Christo, in cœlum mox conscensuro, traditum discipulis suis memorant; et Matthæus quidem (*Matth., cap.* XXVIII, 19) : *Euntes ergo docete omnes gentes, baptizantes eos in nomine Patris, et Filii, et Spiritus sancti, docentes eos servare omnia, quæcumque mandavi vobis.* Marcus vero (*Marc., cap.* XVI, 15) : *Euntes in mundum universum, prædicate Evangelium omni creaturæ. Qui crediderit, et baptizatus fuerit, salvus erit.* Hæc est itaque doctrina, ad cujus prædicationem Christus, uti Cecilius aiebat, discipulos suos ordinavit, sive constituit, atque instruxit : vel, sicut loquitur Lactantius, quæ a Christo discipulis suis ordinata et disposita est.

Putant autem nonnulli Cecilium his subsequentibus

verbis (*Cecil.*, *cap.* 2) : *Disponere Testamenti novi solemnem disciplinam*, ad ea collineasse, quæ ex Matthæo et Marco citavimus, ac sacrum designasse baptisma, quod primis Ecclesiæ temporibus solebat sacro paschæ et pentecostes die solemniter administrari. Cur non et ad alia omnia, quæ ad ipsam christianæ religionis doctrinam spectabant? Christus enimvero, ut ex allatis utriusque evangelistæ verbis colligitur, non solum discipulis præcepit, ut gentes omnes solemni baptismate tingerent, sed etiam ut prædicarent Evangelium, cunctosque docerent ea servare, quæcumque ipsis prius mandaverat. Et hunc esse Cecilii sensum confici haud obscure potest lis, quæ de iisdem Christi discipulis ibidem adjecit : *Dispersi sunt per omnem terram ad Evangelium prædicandum, sicut illis Magister Dominus imperaverat.*

Denique quidam arbitrantur a Cecilio dictum paulo liberius : *Circumvolvit eum procella nubis.* A sacro etenim, inquiunt, Lucæ textu non erat recedendum, ubi legitur : νεφέλη ὑπέλαβεν αὐτόν, *nubes suscepit eum* (*Act. Apost.* cap. 1, 9); et apud Marcum ἀνελήφθη, *assumptus est* (*Marc.* cap. xvi, 19); atque apud Lucam ἀνεφέρετο, *ferebatur* (*Luc.* cap. xxiv, 51). Quæ loquendi ratio, uti aiunt, procellam penitus excludit. Quamobrem melius Cyprianus (*Cyprian. de idolor. Vanitat.*, sub. fin.) : *In cœlum*, inquit, *circumfusa nube sublatus est.* E. Lactantius paulo ante citatus (*Lactan. lib.* iv *Institut.*, cap. 21) : *Circumfudit se repente nubes, eumque in cœlum sustulit.* Verum quia sacri scriptores non omnino aperte dixerunt quomodo Christus nube sublatus in cœlum fuerit, an placide et lente, an velociter et quodam cum impetu, id Cecilius suis verbis explicare voluit. Utrum autem, et quantum hac interpretatione ab vero evangelistarum sensu recesserit, ab eis demonstrandum est, qui tam audacter illum redarguunt.

At rursus ille ab Toinardo corripitur, quod ibidem paulo injuriosus scripserit ab undecim Christi discipulis assumptos in locum Judæ Matthiam, et Paulum. Nam prior in Actibus Apostolorum sorte electus traditur (*Act. Apost.* cap. i, 23 et seqq.; cap. ix, 15 et seqq.; cap. xiii, 2), et posterior a Christo selectus. Verum auctor hac brevitatis causa locutus, non aliud significare videtur, nisi Matthiam et Paulum suo quemque tempore ab aliis apostolis post funestam Judæ proditoris mortem, ad Apostolicam dignitatem aggregatos. Sed nemo haud dubie diffitebitur illum, sicut brevius, ita obscurius loqui. Enimvero Paulus tam a Matthia, quam ab aliis undecim Apostolis, in sacrum eorum collegium cooptatus est.

ARTICULUS II.

Utrum Cecilius recte dixerit Evangelium Christi, ineunte Neronis, sive Decii imperio, per omnes orbis terræ partes fuisse disseminatum.

Postquam Christus in cœlum conscendit, discipuli ejus, inquit Cecilius (cap. 2), *dispersi sunt per omnem terram, ut prædicarent Evangelium*, quemadmodum idem ipsemet Christus, uti diximus, præceperat. Per annos autem viginti quinque, ab Christi videlicet in cœlos ascensu, usque ad Neroniani imperii principium *per omnes provincias et civitates*, vel sicut scripsit Lactantius (*Lactant. lib.* iv *Inst.*, cap. 21), a nobis supra citatus, *ubique* fundamenta Ecclesiæ posuerunt. At jacta fuisse ab apostolis ecclesiarum fundamenta nemo est qui nesciat, ultroque non fateatur.

Verum rogabit aliquis quid sibi voluerit Cecilius, cum ibi tam affirmate pronuntiat apostolos initio Neroniani imperii Evangelium disseminasse per totam terram, et christianæ Ecclesiæ per omnes provincias ac civitates jecisse fundamenta? Numquid per omnem omnino terram, et omnes etiam remotissimos illius recessus? Minime quidem, nec ea Cecilii verba ita ad vivum resecanda sunt. Nam ille postea non minus aperte asseverat ab ipsa Domitiani, qui longo post Neronem tempore regnavit, nece usque ad Deciani imperii primordia, extitisse bonos imperatores Romanos, *sub quorum imperio Ecclesia in Orientem et Occidentem sic propagata est* (*Cecil. cap. 3*) : *Ut jam nullus esset terrarum angulus tam remotus, quo non religio Dei penetrasset, nulla denique natio, tam feris moribus vivens; ut non suscepto Dei cultu, ad justitiæ opera mitesceret.* Neronis ergo tempore christiana religio in illos omnes locos nondum penetraverat.

Sed insurgunt aliqui, et hæc etiam posteriora Cecilii verba plane penitusque falsa esse contendunt. Nesciebat enim, inquiunt, Americam esse quartam terræ partem, ac tam ille, quam Lactantius, sicut alibi observavimus, antipodas negaverunt. Quomodo ergo, nisi ὑπερβολικῶς asserere poterat nullum, Decio imperante, tam remotum esse terrarum angulum, in quo christiana religio disseminata non fuerit? At miramur sane hæc ab eruditis viris serio nobis objici. Nam quicumque ex antiquis Ecclesiæ Patribus antipodas esse inficiabantur, et quibus America incomperta erat, cum scriptis tradiderunt christianam religionem fuisse ubique terrarum propagatam, non alias terræ partes designarunt, nisi eas quas credebant ab hominibus habitari.

Nec potiori procul dubio jure nobis objici potest Origenes (*Origen. Homil.* 29, *in Matth.*), qui alicubi testificatur a pluribus non solum barbaris, sed aliis etiam gentibus nullum ad sua usque tempora auditum fuisse christianitatis verbum. Nam Eusebius (*Euseb. lib.* ii *histor. Eccles.*, cap. 2) ex alio illius libro demonstrat apostolos, discipulosque Christi per universum mundum fuisse dispersos; ut illius Evangelium omnibus hominibus annuntiarent.

At quantumvis, arguet aliquis, dubia videatur Origenis ea de re opinio, Augustinus (*Augustin. epist.* 199) tamen Hesychio objicienti mundum sua ætate Evangelio fuisse repletum, haud dubitanter respondit innumerabiles, ut ipse certe certius compererat, esse in Africa gentes, quibus Evangelium Christi nondum prædicatum fuerat. Quamobrem quod ab apostolis dictum fuit (*Act. cap.* 1, 8) : *Eritis mihi testes usque in extremum terræ,* id ille putat non ipsis tantummodo promissum, sed universæ Ecclesiæ, quæ usque in consummationem sæculi futura est. Ea itaque Pauli verba (*Epist. ad Roman., cap.* x, 18), ex psalmographo desumpta : *In omnem terram exivit sonus eorum, et in fines orbis terræ verba eorum,* sic intelligenda esse censet; ut quamvis præteriti sint temporis; iis tamen, sicut similibus aliis prophetarum locutionibus, futurum denotetur.

At non defuerunt etiam, qui existimaverint Evangelium ipsa Cecilii ætate, atque etiam antea, in omnibus terræ partibus fuisse disseminatum. Quid enim, amabo te, clarius et evidentius his Tertulliani verbis (*Tertull. lib. adv. Jud. cap.* 7) : « In quem alium universæ gentes crediderunt, nisi in Christum, qui jam venit? Cui enim et aliæ gentes crediderunt, Parthi, Medi, Elamitæ, et qui inhabitant Mesopotamiam, Armeniam, Phrygiam, Cappadociam, et incolentes Pontum, et Asiam, et Pamphiliam, immorantes Ægyptum, et regionem Africæ, quæ est trans Cyrenem, inhabitantes; Romani et incolæ, tunc et in Hierusalem Judæi, et cæteræ gentes; ut jam Getulorum varietates, et Maurorum multi fines, Hispaniarum omnes termini, et Galliarum diversæ nationes, et Britannorum inaccessa Romanis loca, Christo vero subdita, et Sarmatarum, et Dacorum, et Germanorum, et Scytharum, et abditarum multarum gentium, et provinciarum, et insularum multarum nobis ignotarum, et quæ enumerare minus possumus; in quibus omnibus locis Christi nomen, qui jam venit, regnat... in quibus omnibus locis populus nominis Christi inhabitat. » Et paulo post : « Christi regnum et nomen ubique porrigitur, ubique creditur, ab omnibus gentibus supra enumeratis colitur, ubique regnat, ubique adoratur, omnibus ubique tribuitur æqualiter. » Nec minus perspicue, etsi paulo brevius a Lactantio (*Lactant. lib.* IV *Inst., cap.* 26) litteris mandatum legimus : *Nulla gens tam inhumana est, nulla regio tam remota, cui passio ejus,* Christi, *aut sublimitas majestatis ignota sit.* Alibi vero : *Ab ortu,* inquit (*Idem lib.* v, *cap.* 23), *solis usque ad occasum, lex divina suscepta est, et omnis sexus, omnis ætas et gens, et regio unitis ac paribus animis Deo serviunt.* Sed plura de hoc scriptore, et quomodo inde ad asserendam christianæ religionis veritatem argumentetur, planius suo loco ostendimus.

Huc accedat etiam Eusebius (*Euseb. lib.* IV *Histor. Eccles., cap.* 7), qui diserte attestatur, Hadriano imperante, Ecclesiam floruisse per universum orbem, clarissimorum instar siderum, ac per omnes nationes viguisse veram in Christum Dominum fidem.

Quid vero, quod Chrysostomus de eodem Christi Evangelio ubique propagato, interpretatur hæc Pauli ad Colossenses (*cap.* 1, 23) verba : *Quod prædicatum est in universa terra.* Ibi enim ille animadvertit ab Apostolo scriptum non esse, quod prædicatur, sed quod prædicatum est. Neque porro is ipse solus, sed alii tam antiqui, quam recentiores, existimant verba Apostoli eo proprio et naturali intelligenda esse sensu. Neque tamen dissimulabimus visum pluribus aliis quamdam esse in illis hyperbolen, sive potius synecdochen, qua pars maxima pro toto accipitur. Sed negari etiam non potest Cecilio nostro non defuisse opinionis suæ patronos et adstipulatores, qui persuasum utique habuerunt christianam religionem tempore Decii imperatoris per omnes dispersam fuisse orbis terræ partes. Sed hoc loquendi modo, eas tantum comprehenderunt, quas ab hominibus, uti diximus, revera incoli arbitrabantur.

ARTICULUS IV.

Quid Cecilius senserit de Petri Romam adventu, de tempore, quo eadem in urbe supremum pontificatum tenuit, de miraculis ibidem ab illo editis, ejusque et Pauli Apostoli interitu.

Jam a nobis demonstratum est vix quidquam in tota Ecclesiastica historia certius stabilitum reperiri, quam ipse, qui a Cecilio nostro recte asseritur, Petri Romam in urbem adventus. Mirum itaque inveniri adhuc aliquem, qui cum illum penitus negare non ausus sit, nunc asserat quemdam adhuc esse de eo dubitandi locum. Quibusnam enim, obsecro te, dubitandi locus esse potest? Non aliis profecto hominibus, quam iis, qui invicta penitus obstinatione excæcati, certissimæ veterum, et recentiorum Scriptorum, atque ipsorummet etiam, ut alibi ostendemus, novis heterodoxorum sectis pertinaciter addictorum, auctoritati cedere numquam voluerunt.

Contra vero plures, ac potissimum iidem heterodoxi homines, ambabus ulnis illud exceperunt, quod Cecilius noster ibidem adjecit : *Cum jam Nero imperaret, Petrus Romam advenit.* Ab inveterato enim, aiunt illi, de Romano Petri per 25 annos pontificatu errore his tandem aliquando verbis liberamur. Sed hæc vetus sententia, quam nunc errorem appellant, paulo enodatius exponenda est.

Testatum autem Eusebius (*Euseb. lib.* II *Eccles. Histor., cap.* 15) facit Petrum Claudii Augusti temporibus Romam venisse, ut Simonem Magum expugnaret. Hieronymus vero scribit (*Hieronym. Catal. Script. Eccles. cap.* 1) id contigisse secundo ejusdem imperatoris anno, Christi autem 43 (*Euseb. Chron. ad ann.,* 43), vel sicut aliis placet, 42, aut 44, atque ibi Petrum per viginti quinque annos sacerdotalem tenuisse cathedram. Neque tamen opinantur apostolorum principem per totum illud tempus Romæ mansisse; sed eum postea rediisse Hierosolymam, atque inde anno Christi 68, aut 69, Romam reversum, ubi cum Paulo apostolo Neronis jussu occisus fuit.

At plura ab eruditis observata sunt, quæ contra hanc opinionem repugnare et resistere videntur. Anno quippe Christi 44, uti Eusebius innuit (*Euseb. lib.* II *Hist. Eccles., cap.* 10), Herodes Agrippa, paulo antequam ex hac vita migraret, Petrum apostolum, quemadmodum in Actis Apostolorum legimus (*Act. cap.* XII, 4), misit in carcerem. Eodem quoque anno, uti in Eusebiano chronico legitur (*Euseb. Chron. ad ann.* 45), oborta est fames, ab Agabo in Apostolorum quoque Actibus prædicta (*Act. cap.* xi, 28), eaque post ejusdem Herodis obitum, sicuti ex Josepho colligere est (*Josephi lib.* xix *Antiq. Judaic., cap.* 7, *et lib.* xx, *c.* 3), adhuc perseverabat. Atqui tunc Paulus, sicuti adhuc ex Actibus Apostolorum colligitur (*Act. c.* ii, 30; *et cap.* xii, 25) eleemosynas, a discipulis collectas, Hierosolymam attulit. Præterea idem Josephus hanc famem et Herodis mortem anno 4 Claudii Augusti contigisse testificatur. Denique Apollonius apud Eusebium (*Euseb. lib.* ii *Hist. Eccles., cap.* 18) ex veterum traditione retulit Christum Apostolis suis præcepisse, ne intra duodecim post suum in cœlos ascensum annos Hierosolymis excederent. Verum alii ab omnibus hisce difficultatibus sese expedivisse opinantur variis Petri Hierosolyma Romam, et Roma Hierosolymam designatis itineribus.

At recentiores cuidam statim atque liber Cecilii nostri divulgatus est, illius testimonium Hieronymi aliorumque omnium auctoritati præponi voluerunt, palamque asseveraverunt tam fictitia esse illa Petri ante Neronis imperium itinera, quam parum verisimilis est illius per annos viginti quinque Romanus pontificatus. Neque tamen id putant quidquam officere Romanæ Ecclesiæ primatui, qui non certo quodam numero annorum, quibus eidem Ecclesiæ Petrus præfuit, sed fundata ibi Episcopali sede, ac suo sanguine suo confirmata, institutus, stabiliusque est. Quapropter Papebrochius palam aperteque docuit (*Papebr. Conat. Chron. hist.*) quinquagesimo tantum Christi anno, et Claudii imperatoris decimo collocatam a Petro Romani et summi pontificii cathedram. Sed hoc ille aliunde, quam Cecilii nostri auctoritate probare conatur.

Utrum vero sit ipse auctor noster secundæ huic opinioni, quæ Romano Petri apostoli per 25 annos pontificatui adversatur, reipsa faveat, jam si lubet, examinemus. Primum itaque asserit apostolos, ab ipso Christi in cœlos ascensu usque ad Neroniani imperii principium, in varias provincias per viginti quinque annorum spatium dispersos, Ecclesiæ posuisse fundamenta. Secundo Petrum advenisse Romam, cum jam ibi Nero imperaret. At ibi ille non dixit an tum primum, nec antea umquam illuc venerit. Cum autem passim ubique, atque hoc potissimum loco, summæ brevitati studeat, nullus dubitandi locus esse videtur, quin Petrum ab aliis apostolis annumeret, qui diversis in provinciis Evangelium prædicarunt. Atqui si id subaudiri voluit, cur non aliquod etiam ab eodem Petro peregrinante habitum antea in urbem Romam iter? Nonne dici potest priorem illius hanc in urbem accessum idcirco ab Cecilio prætermitti; quia necem jussu Neronis illi illatam, ac quas, tantum ob scelus, nefarius ille imperator pœnas luerit, annuntiare properabat? Cæterum tametsi apertissime dixisset Petrum semel tantum, nec ante Neronis imperium Romam adventasse, numquid illius testimonium, si solus ille, nec verus sit Lactantius, Eusebii, Hieronymi, et aliorum veterum scriptorum auctoritati tanta acclamatione anteponi debuit?

Cæterum quam vera certaque est Petri in urbe Roma commoratio, tam ratum fixamque illud esse debet, quod Cecilius noster addidit (*Cecil. cap.* 2) quædam divina virtute ab eo edita fuisse miracula. Sed hæc ille, nec plura de hisce Petri miraculis verba fecit. At nonnulli suis in hunc locum longioribus notis inquirunt an Cecilius de veris, aut factitiis quibusdam Petri miraculis loquatur. Quodnam ergo insanabile notas scribendi cacoethes adeo transversos egit horum animos? Nonne Cecilius ibidem declarat de his miraculis se loqui, quæ Petrus *data sibi ab eo*, id est, Deo, *potestate faciebat*? Nonne ea miracula aperte designat, quibus Petrus *convertit multos ad justitiam*, *Deoque templum fidele ac stabile collocavit*, id est, Romanam Ecclesiam, his collectam hominibus, quos ad christianam religionem converterat? Quis autem in dubium umquam vocare potuit utrum vera sint ea miracula, quæ divina potestate fiunt, et quibus multi convertuntur ad justitiam? Numquid Christi Ecclesia potest aliis miraculis, nisi veris, et divina virtute editis, fundari, ac stabiliri?

Denique Nero, pergit Cecilius (*cap.* 2), *Petrum cruci affixit, et Paulum interfecit*. Baudrius autem ibi ante verbum *interfecit* in textu additum vellet *gladio*, idque variis rationibus probare nititur. Sed hujusmodi additamenta sine codicis alicujus auctoritate fieri non debent. Origenes enim apud Eusebium (*Euseb. lib.* iii *Hist. Eccles., cap.* 1), simpliciter quoque de Paulo dixit: ἐν τῇ Ῥώμῃ ἐπὶ Νέρωνος μεμαρτυρηκότος, *Romæ sub Nerone martyrio, perfunctus est*. Prius tamen Petrum cruci ibidem affixum fuisse dixerat (*Idem lib.* ii, *cap.* 25). At porro eum crucis supplicio et Paulum gladio necatos idem Eusebius, Tertullianus (*Tertu. lib. de Præscrip., cap.* 36; *Apologet. cap.* 5; *et Scorp. cap.* 15), aliique complures haud obscure testificati sunt.

CAPUT V.

Examinantur ea quæ Cecilius de christianorum moribus, et quibusdam eorum dogmatibus tradidit.

ARTICULUS PRIMUS.

Quantum christiani, ab iis, quæ gentilium diis immolata erant, abhorrerent; utrum Maximinus Imperator omnium primus jusserit cibos venales diis antea libari quam mensis apponerentur, et de nobilissimo martyre, qui vivus ob conscissum Diocletiani edictum exustus est.

Christianis nihil antiquius magisque cordi fuit, quam ut susceptæ veræ religionis suæ præcepta summo studio observarent. Quamobrem maximopere cavebant ne ullo gentilium ritu, vel minima idololatriæ umbra contaminarentur. Nos enimvero Cecilius (*Cecil., cap.* 11), admonet cum Galerii imperatoris mater dapibus, id est, escis falso alicui deo sacrificatis, quotidie epularetur, tum christianos, iis omnino abstinentes, instituisse *jejuniis et orationibus*. Noverant enim apostolico divinoque mandato, de quo nos alibi, omnibus idolothytis, sive iis, quæ falso alicui deo immolata erant, sibi plane penitusque interdici.

Itaque Maximinus ut eos ad perfringendam hanc legem compelleret, ac plurimi aut his inquinarentur nefandis dapibus, aut fame enecarentur : *Primus invenerat,* Cecilii hæc verba sunt *(Cecil. cap.* 57), *ut animalia omnia, quibus vescebatur, non a coquis, sed a sacerdotibus ad aras immolarentur, nihilque prorsus mensæ apponeretur, nisi aut delibatum, aut sacrificatum, aut perfusum mero; ut quisquis ad cænam vocatus esset, inquinatus inde, atque impurus exiret.* Ita in manuscripto codice Colbertino, nihilque ibi, quidquid aliqui dixerint, redundat, aut supervacuum est. Quid autem delibatum perfusumque mero appelletur, nos alibi explicavimus.

Dubium autem aliquibus videtur utrum Cecilius recte dixerit illud a Maximino omnium primo constitutum, ac de quibuslibet generatim intelligendus sit animalibus, aut de iis tantum, quæ ejusdem Maximini mensæ apponebantur. Nam Eusebius narrat *(Euseb. de Martyrib. Palæst. cap.* 9), illum publico edicto imperasse; ut cuncti tam viri quam mulieres, tam servi quam infantes cogerentur immolatis hostiarum carnibus vesci, cuncta venalia fœdari sacrificiorum libatione, atque ante publicas balneas, quasi in insidiis, collocari custodes, qui lavantes illic homines exsecrandis sacrificiis polluerent. Verumtamen arbitrantur nonnulli ex quibusdam martyrum actis colligi posse illud antea a Decio fuisse imperatum. Quocirca sensum hunc Cecilii esse putant: Maximinum omnium primum invenisse, sive præcepisse, ut Palatini tantum, non vero cæteri omnes ea dumtaxat animalium carne, iisque escis vescerentur, quæ diis prius immolatæ fuissent. Et certe eo tendere videntur hæc Cecilii verba : *Animalia omnia quibus vescebatur,* nimirum ipse Maximinus cum iis, qui mensæ ejus accumbere consueverant. Verumtamen quia subjungit : *Nihilque prorsus mensæ apponeretur,* generalis forsitan videbitur hic loquendi modus, et omnium mensas complecti. Sed ibi post nomen *mensæ,* si subaudiendum est *suæ,* Cecilii verba de iis intelligenda sunt, qui in Maximini palatio versabantur, quotidianisque ejus epulis accumbebant. Nos tamen veremur ne magis subtilis, quam vera sit hæc exceptio. Si Decius enim prius jusserat nihil nisi diis delibatum mensis apponi, tam suam procul dubio quam aliorum mensas hoc edicto complectebatur. Quo autem immanior hujus, et Maximini, cæterorumque tyrannorum feritas, eo certe major erat christianorum in fame allisque horrendis cruciatibus invicto plane animo toleratis constantia et fortitudo. Quid vero ea timuissent, qui solebant pro Christi fide mortem ultro lubenterque obire?

Quamvis autem illud ex iis, quæ in superioribus dissertationibus sæpe observavimus, et inferius observanda sunt, evidentissime demonstretur; prætermittere tamen non possumus memoratum ab auctore nostro exemplum nobilissimi cujusdam martyris, qui Diocletiani et Galerii adversus christianos edictum, publico in loco appensum, « etsi non recte » ait Cecilius « magno tamen animo diripuit, et conscidit.

Cum irridens diceret victorias Gothorum et Sarmatarum præpositas : statimque productus, non modo extortus, sed etiam legitime coctus, cum admirabili patientia postremo exustus est. » Eadem vero historia sic ab Eusebio *(Euseb. lib.* VIII *Histor., cap.* 5), etiam descripta fuit : « Primum quidem simul ac edictum contra Ecclesias propositum est Nicomediæ, vir quidam minime obscurus, sed sæcularium honorum prærogativa in primis conspicuus, zelo quodam divino commotus, et ardore fidei incitatus, edictum illud, Diocletiani et Galerii, in publico et illustri urbis loco affixum detraxit, et tamquam impium et scelestum manibus suis discerpsit : idque duobus Imperatoribus, in eadem urbe commorantibus, quorum alter senior, Augustus, Diocletianus primum inter omnes imperii gradum, alter vero, Galerius, quartum obtinebat. Hic igitur cum primus omnium in ea civitate hujusmodi facinore inclaruisset, statim ea supplicia perpessus, quæ post tantam audaciam ei infligenda esse credibile erat, lætitiam, ac tranquillitatem animi usque ad ultimum spiritum conservavit. » Atque ita Valesius latina fecit græca Eusebii verba, quæ quidem satis dilucide explicata, et omnibus obvia, hic transcribere tam longum quam inutile foret.

Vides autem longiorem sane, sed clariorem esse Eusebii, quam Cecilii nostri narrationem. Enimvero intellectu facile non est quid ipse Cecilius his verbis significat conscissum esse a martyre edictum : *Cum illudens diceret victorias Gothorum et Sarmatarum præpositas.* Quapropter obscurum huncce locum varii diverso plane modo interpretantur. Aliqui enim putant ibi derideri usurpata ab imperatoribus Gothicorum et Sarmaticorum nomina : alii vanam de illorum in Gothos et Sarmatas victoriis ostentationem ; alii parem eorum barbariem, ac devictorum ab ipsis Gothorum, et Sarmatarum ; alii denique aliquid majus graviusque in textu Cecilii latere, quod sine alio codice manuscripto divinari nequeat. Nonne autem dici posset memoratum martyrem hac amara irrisione palam exprobrasse decretum illud tam crudele non esse revera Romanorum piorumque Imperatorum edictum, sed scriptum aliquod, quo cruentæ, et sanguinolentæ quædam Gothorum et Sarmatarum, vel fictæ et imaginariæ Romanorum de profligatis a se Gothis et Sarmatis victoriæ proponebantur?

Cæterum cum ironia sit, tanti haud dubie non est momenti scire quid auctor noster ea significare voluerit, quam hæc duo illius de eodem martyre verba, *legitime coctus.* Varia autem tormentorum genera recenset, quibus sanctissimus hic martyr discruciatus est. In judicium enimvero productus, primumque extortus, id est, de hoc facto, quod tamen non negabat, quæstionem magnis cruciatibus habuit. Sic quippe infra Cecilius dixit : *Extorti parentes, et mariti, ut filias, ut conjuges, ut opes suas proderent.* Seneca vero *(Senec. epist.* 66) : *Per longam nervorum contradictionem extortos minutatim.* Secundo martyr *legitime coctus* dicitur, hoc est, inquit gallicus hujus libri interpres, craticulæ impositus, quod alii rejiciunt. Sed

Prudentius (*Prudent.*, *hymn. de S. Laurent*, vers. 409, *et seqq.*) de divo Laurentio craticulæ impositio hæc cecinit:

> Præfectus inverti jubet :
> Tune ille : Coctum est, devora,
> Et experimentum cape
> Sit crudum an assum suavius.

Verum dici tamen potest non omne quod coctum est, craticulæ fuisse impositum. Aliqui vero existimant hæc verba, *legitime coctus*, idem sonare ac secundum latas ab Imperatoribus leges *coctus*, id est, combustus. Et certe ac verbium *legitime* apud jurisconsultos significat id, quod ratione legum observatur, vel *ordinarie* fit. Eo enim sensu dicuntur legitimi gladiatores et feriæ legitimæ. Verum quia hic martyr initio persecutionis a Diocletiano excitatæ necatus fuisse traditur, probandum utique erat datam tunc esse legem, qua christiani lento igne cremarentur. Noster siquidem Cecilius (*Cecil. cap.* 21), hanc a Galerio postea latam memorat. Quis autem antea potuit præfato sensu recte scribere martyrem data a solo tantum quodam judice sententia coctum *legitime*? Quamobrem quidam legendum suspicantur *lentissime*, sed contra manuscripti codicis fidem. Donec igitur alius emendatior inveniatur, expende, quæso, an una, et quæ ex iis duabus interpretationibus tibi magis arrideat. Quidquid autem pronuntietur, Cecilius hæc longe clarius de illo invictissimo martyre dixit : *Cum admirabili patientia postremo exustus est.*

Quis porro fuerit illustrissimus ille christianus athleta si roges, tibi respondebimus nihil de eo certius suppetere, quam quod ex Cecilio nostro et Eusebio retulimus. At Eusebius diserte asserit hunc virum fuisse sæcularium honorum prærogativa in primis conspicuum. Sed ibi a doctissimo Baluzio erroris arguitur. Cur ergo? Quia tunc, inquit Baluzius, Nicomediæ commorabatur Firmianus Lactantius, hujus libri, de quo agimus, auctor. Martyris igitur nomen ignorare non poterat. At reipublicæ christianæ intererat, ut illud omnibus patefaceret, si tantis honorum prærogativis fuisset conspicuus. Sed paucis morabor te, vir eruditissime. Nobis, obsecro, edissere utrum Lactantio, quem nunc ibi hujus libri auctorem esse dabimus, minus fas fuerit hujus martyris nomen reticere ob sæculares dignitates, quam propter tam insigne martyrium? Firmianus, inquis, Lactantius ignoravit illius nomen; quia homo erat obscurus. Sed illud, inquibo, ignorare non potuit; quia celeberrimus fuit martyr, qui in urbe, ubi imperatores, et ipse Lactantius, uti ais, degebant, tam gloriosa non ipsi soli, sed christianis omnibus, morte vitam finivit. Reipublicæ ergo christianæ multum intererat ut Lactantius invictissimi illius martyris, quamvis alias obscurissimi hominis, nomen cæteris omnibus tam christianis, quam gentilibus manifestum faceret; ut confunderentur hi, et illi, ad religionis suæ defensionem magis accenderentur. At Eusebius forsitan et Cecilius ejus nomen prætermiserunt, quia tunc omnibus satis erat compertum.

In antiquis autem martyrologiis, ab nono sæculo scriptis, hunc martyrem Johannis nomine appellatum legimus. Sed certa plane non est illorum fides, atque in eis citatur Rufinus (*Rufin. lib.* VIII *Histor. Eccles. cap.* 5) qui in sua Eusebianæ historiæ interpretatione nullius nomen indicavit. Nec certior est Papebrochii opinio, qui arbitratur hunc esse Georgium, celeberrimum martyrem. Quibusdam enimvero dumtaxat conjecturis illam confirmare nititur, quæ aliis levioris videntur momenti, atque ad eam probandam minime sufficiunt. Satis est igitur ingenue fateri tam incognitum esse hujus martyris nomen, quam gloriosum fuit illius pro Christi fide certamen, et illustris victoria.

ARTICULUS II.

De summa christianorum potestate in dæmones, quos in sacrificiis, a Diocletiano factis, signo crucis Dominicæ fugaverunt, ac utrum, et quomodo fas eis fuerit his ethnicorum sacrificiis interesse.

Maxima sane erat christianorum in dæmones potestas, mirumque in eos exercebant imperium. Ab illis eterim solo crucis signo fugabantur. Nostræ autem admirationis dignum profecto tantæ potestatis exemplum nobis Cecilius (*Cecil. cap.* 10) suppeditat. Cum Diocletianus, inquit, « in partibus Orientis, Nicomediæ videlicet, immolabat pecudes, tum quidam ministrorum, scientes Dominum, cum assisterent immolanti, imposuerunt frontibus suis immortale signum; quo facto, fugatis dæmonibus, sacra turbata sunt. Trepidabant aruspices, nec solitas in extis notas videbant, et quasi non litassent, sæpius immolabant. Verum identidem mactatæ hostiæ nihil ostendebant, donec magister ille aruspicum Tagis, seu suspicione, seu visu, ait idcirco non respondere sacra, quod rebus divinis profani homines interessent. » Alia vero in dissertatione ostendimus eadem a Lactantio in genuinis divinarum Institutionum libris memoriæ mandari.

Quod autem aliqui argumentum inde erui posse putant, quo hic *de Mortibus persecutorum* liber eidem asseratur Lactantio, illud aliis non magni ponderis videbitur. Hæc namque historia satis celebris, et ubique divulgata fuit : ut ab diversis ejusdem ac diversæ ætatis scriptoribus memoriæ traderetur. Deinde vero Lactantius (*Lactant. lib.* IV *Instit.*, *cap.* 27) non eodem plane modo eam descripsit, atque Cecilius. Neque etiam ille, quemadmodum hic auctor noster, dixit et sæpius et frustra repetitas ab ethnicis sacerdotibus pecudum immolationes.

Denique longe obscurior videtur Cecilii quam Lactantii narratio. Enimvero hunc Cecilius loquitur in modum : *Quidam ministrorum, scientes Dominum, cum assisterent*. Sed quinam, obsecro te, sunt illi ministri, an Christi, vel Diocletiani, aut sacrificiorum? Totidem enim modis ambigua illa verba possunt utique explicari. At eam obscuritatem plane sustulit Lactantius, cum scripsit : *Quidam ministrorum nostrorum*. Forte tamen Cecilius in Lactantii textu legerat.

quod in duobus illius manuscriptis regiis antiquioribus scriptum est : *Quidam ministrorum e cultoribus Dei*, idque his verbis expressit, *scientes Dominum*. Sed quamquam res ita sit, numquid idcirco sic loqui debebat; ut vix ab ullo intelligi posset ?

Verum alia inde suboritur difficultas : quomodo christiani, et quod gravius est, christianorum ministri, ausi fuerint ethnicorum sacrificiis interesse. Sed illius nodum his Tertullianus (*Tertull. lib. de Idolol.*, cap. 16) solvit verbis , quæ prius corrupta, sic ex manuscripto codice Agobardi a Rigaltio emendata sunt : « His (nuptiis) accommodantur sacrificia. Sim vocatus, nec adsacrificii (id est, sacrificio associati) sit titulus officii, et operæ meæ expunctio (hoc est, persolutio), quantum sibi libet. Utinam quantum sibi quidem ; nec videre possemus , quæ facere nobis nefas est. Sed quoniam ita Malus circumdedit sæculum idololatria, licebit adesse in quibusdam, quæ nos homini, non idolo officiosos habent. Plane ad sacerdotium, et sacrificium vocatus, non ibo ; proprium enim idoli officium est : sed neque consilio, neque sumptu, aliave opera in ejusmodi fungar. Si propter sacrificium vocatus assistam, ero particeps idololatriæ; si me alia causa conjungit sacrificanti, ero tantum spectator sacrificii. » Docet itaque Tertullianus optandum sane ut nullus christianus adsit gentilium sacrificiis, quæ quidem umquam facere fas ipsi non erat. Sed quia christiani, cum gentilibus permixti, illos sua propter officia, aut servitutem ad deorum templa et sacrificia sequi cogebantur, tum iis adesse licebat, si ad sacrificium minime vocati, debita quibusdam officia, non idolo, sed homini tantum, verbi gratia , domino suo persolverent. Tunc quippe non participes erant sacrificii, sed dumtaxat spectatores. Quamobrem alio ille in libro docet (*Idem lib. de Spectac. cap.* 9) nullam de locis esse præscriptionem : « Nam templa, inquit , ipsa sine periculo disciplinæ adire servus potest, urgente causa simplici dumtaxat, quæ non pertinet ad proprium ejus loci negotium, vel officium. » Verum hæc procul dubio indulgentia videbatur urgentem propter necessitatem infirmioribus concessa , quam alii fortiores magno animo respuebant.

Christiani vero, qui Diocletianum diis suis sacrificantem comitabantur, *hi imposuerunt frontibus suis immortale* crucis Christi *signum*. Lactantius quoque illud similiter appellat signum immortale (*Lactant. lib.* IV *Inst.*, *cap.* 27) quo tanquam muro inexpugnabili christiani frontem suam muniebant. De antiquissimo autem christianorum more signum crucis frontibus imponendi, et de admirabili illius ad fugandos dæmonas potentia, nos in alia nostra de genuinis Lactantii libris dissertatione disputavimus.

Illud porro crucis signum tam a Cecilio nostro, quam a Lactantio idcirco immortale vocatur; non solum quia dæmonibus est inexpugnabile, et ab iis vinci numquam potuit, sed etiam quia, ut ait Lactantius , (*lib.* IV *Inst.*, *cap.* 26) *saluti est omnibus , qui signum sanguinis; id est, crucis, qua sanguinem fudit, in sua fronte conscripserint*. Audisne cur ille crucis signum immortale vocet, et unde insuperabilem ejus virtutem repetat, ex ipso videlicet Christi sanguine, quem ei affixus, pro hominum salute effudit ? Quis autem nisi heterodoxus homo, falsis sectæ suæ erroribus plane circumventus, negare potest sanam omnino et veram esse hanc doctrinam ?

ARTICULUS III.

De crucis Dominicæ signo, quod Constantino Magno apparuit , et cujus virtute insignem de Maxentio reportavit victoriam, ubi et de sacris imaginibus.

Crucis signum a Cecilio non modo *immortale* appellatur, sed etiam *cœleste*, cujus tanta est virtus; ut exercitus Constantini Magni eo armatus , insignem de Maxentio tyranno victoriam mirandum in modum retulerit. Quale autem illud crucis signum, quomodo, et quo jubente, expressum fuerit, his paucis verbis exposuit Cecilius (*Cecil. cap.* 44) : « Commonitus est in quiete Constantinus , ut cœleste signum Dei notaret in scutis, atque ita prælium committeret. Fecit ut jussus est, et transversa X littera summo capite circumflexo Christo in scutis notat. » Itaquidem ille paulo, uti assolet, brevius et obscurius. Sed id Eusebius (*Euseb. lib. de Vita Constant.*, cap. 28 et 29, *pag.* 422) longe clarius huncque descripsit in modum : « Horis diei meridianis, inquit, sole in occasum vergente, crucis tropæum ex luce conflatum σταυροῦ τρόπαιον ἐκ φώτος συνιστάμενον, soli superpositum, ipsis oculis se vidisse affirmavit, cum hujusmodi inscriptione, Τούτῳ νίκα, Hoc vince; eo viso, et se ipsum, et milites, qui ipsum, nescio quo iter facientem, sequebantur, et qui spectatores fuerant, vehementer obstupefactos. Interim ipse, ut aiebat, addubitare cœpit quidnam hoc spectrum sibi vellet. Cogitanti ipsi, et diu multumque apud se reputanti, nox tandem supervenit. Tum vero Christus Dei dormienti apparuit cum signo illo, quod in cœlo ostensum fuerat, præcepitque ut militari signo , ad similitudinem ejus, quod in cœlo ostensum, fabricato, eo tanquam salutari præsidio in præliis uteretur. » Ibi autem Eusebius certo palamque asseverat se id ex ipsomet accepisse Constantino : qui quidem ne quis de facto tam mirabili signo dubitaret, sacramenti religione confirmavit. Post Eusebium vero hæc eadem rursus a Socrate et Sozomeno litteris consignata legimus.

Nec movere quemquam debet, quod Cecilius dicat crucis signum Constantino semel in quiete, Eusebius vero bis, ipsique primum vigilanti, ac militibus, sole lucente, ac postea illi soli dormienti nocte divinitus ostensum. Auctor etenim noster , qui sermonis, uti diximus, brevitatem passim ubique sectabatur , satis esse putavit unam dumtaxat retulisse Constantini visionem, quæ ei adhuc ancipiti omnem prorsus scrupulum et dubitationem sustulit.

Pari profecto breviloquentia, sed tanta obscuritate Cecilius depinxit illud crucis signum, ut in verbis ejus explicandis tot sint fere sensus, quot capita.

Nec desunt etiam, qui corruptum illius textum suspicantur. At huic tenebricoso loco lucem forsitan aliquam affert jam laudatus a nobis Eusebius (*Euseb. lib.* 1 *de Vita. Constant., cap.* 31), qui illud signum quomodo a Constantino effingi jussum est, sic descripsit : Hasta, inquit, longior, auro contexta, transversam, instar crucis, antennam habebat. In ipsa autem hastæ summitate corona gemmis et auro contexta, posita erat, in qua nomen Christi duabus tantum primis ejus litteris græcis, Χ videlicet et P designabatur, Χιαζομένου, inquit Eusebius, τοῦ P κατὰ τὸ μεσαίτατον, littera P *maxime in medio decussata*. Purpureum autem velum auro gemmisque fulgens, antennæ affixum dependebat, atque ad ipsius summitatem, et sub ipso crucis signo erat aurea Constantini et liberorum ejus effigies, pectore tenus depicta. At ibi Eusebius non modo crucem describit a Constantino visam, sed ornamenta etiam aurea et gemmea, quibus ab eo deinceps decorata fuit. Narrat enim nihil ipsi primum apparuisse, nisi signum crucis in cœlo ex luce conflatum. Cætera vero posthæc ab illo adjecta sunt, excepto haud dubie Christi monogrammate, sive duabus primis litteris græcis, quibus totum nomen ejus significatur. Cecilius autem has duas nominis Christi priores litteras inter se connexas designare videtur his verbis : *Transversa* X *littera summo capite* ill us *circumflexo*. Sed ibi littera P, quæ secunda est nominis Christi, a librario fortassis omissa est ; quia græcam majusculam esse nesciebat, et priorem putabat esse latinam. Crucis porro signum cum nominis Christi monogrammate tale Cecilius designavit, quale in nummis, aliisque monumentis antiquissimis sæpissime repræsentatur.

Quis itaque animo adeo patienti esse potest, ut ullo absque motu heterodoxorum quorumdam hominum ferat pervicacem audaciam, qui cum hanc crucis Christi, aliasque omnes sacras imagines proscribant, ac detestentur, temere asserunt illo signo nullam crucis effigiem, sed solum Christi nomen fuisse repræsentatum ? Quid enim magis temerarium et falsum fingi poterat ? Quid evidentius et certius testimonio Eusebii, qui quidem quale esset illud signum suismet oculis viderat : Ὃ δὴ καὶ ἡμᾶς ὀφθαλμοῖς ποτε συνέβη παραλαβεῖν. Atqui ipse expresse affirmat illud esse σταυροῦ τροπαιον, *crucis tropæum*, et σήμειον, *signum*. At non crux, inquiunt, sed Christus mundi Salvator est. Quid inde ? Numquid idcirco contra Eusebii et aliorum omnium auctoritatem confici potest illud, quo de agimus, non fuisse revera crucis Christi signum, ejusque effigiem ?

Multo sane minus ferri debet vix sane credibilis Tollii impudentia, qui ausus est palam asseverare hanc ostensæ Constantino crucis Christi imaginem esse stratagema, ad militares veterum Imperatorum fraudes referendum. Sed impudentissimus ille homo a sodali suo Baudrio recte castigatur. Qua enimvero putas ratione id ab eodem Tollio ibi probatum ? Nulla penitus. Et certe quid afferre poterat contra illud crucis signum, quod non solus Constantinus, sed omnes etiam, qui illum comitabantur milites tam perspicue viderunt ; ut, eo viso, vehementer, sicut ait Eusebius (*Euseb., ibid., cap.* 28), obstupefacti fuerint ? Sed de eo adhuc postea.

At dubium profecto tibi videbitur an quidam Tollii sodales ipsius non vicerint temeritatem. Non hoc enim factum ille penitus negare ausus est, sed absurdissime interpretatur. Alii vero ut illud aut falsum, aut saltem incertum esse ostendant, nobis objiciunt nullam ab Eusebio hujus signi in Ecclesiastica historia sua fieri mentionem. Sed quid, amabo te, ea argumentatione magis futile, magisque imbecillum ? None ad asserendam rei alicujus veritatem sufficit, ut testis omni fide dignus semel atque asseveranter affirmet nihil esse ea certius et verius ? Numquid illius in uno libro silentium disertæ et expressæ ejus in alia commentatione assertioni præferendum est ?

At quis opus erat, inquiunt, ut Constantinus jurejurando firmaret se vidisse crucis Dominicæ signum . si tam mirabilis prodigii innumerabiles propemodum fuerint spectatores ? Sed quandonam, quæso, juravit hoc jusjurandum ? Num præsentibus iisdem militibus ? Minime quidem : sed longo, ait Eusebius, post tempore, atque idcirco coram aliis quibusdam, qui hoc signum cœleste non viderant, aut certe dubitabant utrum vera Constantinus narraret.

Instat tamen recentior quidam heterodoxus signum illud naturale fuisse phænomenum, quod Constantinum, Astrologiæ scientia parum haud dubie imbutum, ita in sui rapuit admirationem, ut divinum falso existimaverit. Numquid omnes etiam milites, atque alii etiam, qui tanto numero eum comitabantur, eadem ignorantia decepti sunt? Numquid etiam naturalis fuit horum verborum τούτῳ νίκα, *hoc vince*, et primarum nominis Christi litterarum inscriptio, aut ea fortuito casu accidit ? Nemini certe sani capitis homini id umquam veniet in mentem. Atqui Eusebius, quidquid scriptor ille frustra reclamet, palam diserteque asserit visa lectaque fuisse a Constantino Magno et hæc verba, et illas quoque litteras. Quis autem Eusebio, tunc viventi, potius quam temerario nostri temporis scriptori, nulla auctoritate fulto, fidem non habeat ?

Non amplius itaque hic vel alii audiendi sunt, qui nobis adhuc perperam objectant hanc historiam paulo aliter a Sozomeno, Philostorgio, ac quibusdam aliis recentioribus, quam ab Eusebio nostroque Cecilio describi. Quis namque nescit facta quædam et eventa a nonnullis scriptoribus fusius enarrari, ab aliis vero brevius ? Numquid ergo ullus ea idcirco falsitatis arguere umquam audebit ? Ad hæc vero citati Scriptores nullibi negant visum a Constantino Magno Dominicæ crucis signum : immo vero illud potius stabiliunt et confirmant.

Denique nonnulli gratis fingunt Christi nomen in eo admirabili signo repræsentatum non fuisse. Nam hi non modo vetustissimorum Scriptorum, sed sociorum etiam suorum mox citatorum testimonio revincuntur. Sed quid mirum si homines errore ducti sibi invicem contradicant? Alios quoque nihil juvat dixisse signum illud antea in militaribus præfixum fuisse signis, ac vexillis. Quamvis enim hoc ab eis meridiana luce clarius demonstraretur, non inde tamen umquam conficietur nec a Constantino, nec ab ejus exercitu visum revera fuisse crucis Christi tropæum, conflatum luce, ac soli superpositum.

Sed pudet his futilibus heterodoxorum hominum, omnes sacras crucis Christi, aliasque imagines quoquo tandem modo evertere conantium, confutandis argutiis immorari. At quantovis insano furore in eas abripiantur, neque hi neque ullus alius mentis suæ compos, umquam negabit, illud verum esse, quod subjungit Eusebius (*l.* I *de Vita Constant.*, *c.* 31) : *Hoc quidem salutari signo,* τούτῳ μὲν τῷ σωτηρίῳ σημείῳ, *tamquam munimento adversus oppositas quorumvis hostium copias imperator,* Constantinus, *semper est usus, aliaque ad ejus similitudinem expressa signa cunctis exercitibus præferri voluit.* Palam itaque Eusebius declarat signum crucis Christi salutare cunctis esse, illudque a christianis omnibus magno in honore et pro munimento habitum. Quis autem fidem illi derogabit ea enarranti, quæ publice agebantur, et quorum ipse oculatus testis erat? quamobrem hujus salutiferi signi osoribus et inimicis objicere possumus, quod olim Prudentius gentili Symmacho dixerat :

Agnoscas Regina (id est *Roma*) libens mea signa necesse est,
In quibus effigies crucis, aut gemmata refulget,
Aut longis solido ex auro præfertur in hastis.
Hoc signo invictus, transmissis Alpibus, ultor,
Servitium solvit miserabile Constantinus.

(*Prudent.*, *lib.* II *contra Symmach.*, § 18 *et* 19.)

Urgent tamen Iconomachi, ac contra aliarum sacrarum imaginum usum rursus objectant nullum prorsus, teste Cecilio nostro (*Cecil. cap.* 12), in Nicomediensi Ecclesia ab ethnicis, dum eam subverterent, inventum Dei simulacrum, tametsi illud diligentissime quæsierint. Sed in animis gentilium ea falsa, ut alibi animadvertimus, insederat opinio caput asini a christianis revera adorari. Quid ergo mirum, si ethnici Deum christianorum Onochoitem, sicuti a Tertulliano dictum annotavimus, in ea Ecclesia sedulo quæsitum, non invenerint? Deinde vero tametsi christiani tunc nullam Dei, ut pote invisibilis, imaginem habuerint, numquid inde recte colligitur, rejectas ab eis omnes alias Christi cæterorumque, qui vitam sanctissimam egerant, sacras imagines? At certe a nobis jam satis perspicue demonstratum est christianos retinuisse crucis Christi effigiem, quam pio sane cultu prosequentes castris suis præviam perferre consueverant. De sacrarum porro imaginum religioso cultu in superioribus nostris dissertationibus disputavimus.

ARTICULUS IV.

De templis antiquorum christianorum, eorumque bonis et possessionibus, de operum bonorum meritis, et utrum Cecilius aliquid de Christi millenario in terris regno tradiderit.

Certo sane certius est magna amplaque ante Diocletiani imperium constructa fuisse a christianis templa. Paulo enim ante vidimus, quod postea clarius explicabitur, editissimum non solum a Cecilio nostro, sed etiam a Lactantio (*Lactant. lib.* IV *Inst. cap.* 27) memorari Nicomediense templum, quod initio persecutionis, ab eodem Diocletiano commotæ, solo adæquatum est. Testatum vero Eusebius (*Euseb. lib.* VIII *histor. Eccles. cap.* 1), facit neminem esse, qui possit cumulate describere innumerabilem hominum tunc quotidie ad fidem Christi confugientium turbam, magnumque ecclesiarum in singulis urbibus numerum, ac frequentissimos populorum in eas concursus.

Neque sua tantummodo christianis erant templa, sive ecclesiæ, sed alia quoque bona et possessiones, quæ ad eorum corpus, sive civilem ipsorum communitatem ac societatem pertinebant. In Licinii namque et Constantini Magni edicto, quod auctor noster (*Cecil. cap.* 47) integrum retulit, hæc leguntur : « Et quoniam iidem christiani non in ea loca tantum, ad quæ convenire consueverunt, sed alia etiam habuisse noscuntur, ad jus corporis eorum, id est, Ecclesiarum, non hominum singulorum pertinentia, ea omnia lege, qua superius, comprehendimus, citra ullam prorsus ambiguitatem, vel controversiam usque iisdem christianis, id est, corpori et conventiculis eorum reddi jubebis. » Eusebius vero (*Euseb. lib.* VII *histor. Eccles. cap.* 30), narrat Aurelianum imperatorem, a christianis interpellatum, jussisse, ut Paulus Samosatenus hæreticus pelleretur domo Ecclesiæ τῆς ἐκκλησίας οἴκου, et hæc domus iis traderetur, quibus Italici christianæ religionis antistites, et Romanus episcopus scriberent. Alibi autem memoriæ prodidit (*Idem*, *lib.* II *de Vita Constant.*, *cap.* 39). Constantinum Magnum præcepisse similiter, ut omnia quæ ad Ecclesias recte visa fuerint pertinere, sive domus, sive possessiones, sive agri, sive horti, sive quæcumque alia, nullo tamen jure, quod ad dominium pertinebat, imminuto, restituerentur.

Operæ præterea pretium est illa hic animadvertere, quæ de bonorum operum meritis a Cecilio nostro tradita legimus. De Donato enim aliisque Christi confessoribus, qui pro tuenda illius fide varios cruciatus mira invictaque patientia pertulerant hæc ille (*Cecil. cap.* 1) scribit : *Gloriosa confessione sempiternam coronam pro fidei suæ meritis quæsierunt.* Vides sane quam diserte fidei meritum prædicet, asseratque eo sempiternam coronam comparari. Sed Columbus respondet verbum *mereri* sæpe accipi pro *nancisci*, *adipisci*, et *sortiri*, ita *ut eventum potius quam jus, et dignitatem, vel eventum etiam, non solum jus et dignitatem* significet. Esto sane, hoc verbum aliquando eo sensu a bonis auctoribus accipiatur. Non de iis quæritur, sed quo sensu Cecilius illud adhibuerit. At certe ab eo non sumitur pro fidei eventu. Quo enim sensu vir sana mente præditus dicere potuit confessores Christi pro fidei suæ non jure et merito, sed eventu coronam sempiternam *quæsierunt*? Numquid id solo casu fortuitoque eventu accidit? Ad hæc vero quamquam Columbo daremus meritum ibi significare *eventum*, quid inde proficies? Quisnam esse potuit ille fidei eventus, nisi ipsummet illius meritum, quo confessores Christi sempiternam coronam *quæsierunt*? Magis ergo laudanda Baudrii, etsi ejusdem, atque Columbus, sectæ scriptoris sincera confessio, qua ingenue declarat hæc Cecilii nostri ac aque aliquot veterum Ecclesiæ Patrum verba de bonorum operum mercede et meritis esse intelligenda.

Neque porro ibi tantum id asseruit Cecilius, sed alibi postquam varia retulit tormenta, quæ idem Donatus pro asserta Christi f de perpessus fuerat: *Corona integra tibi*, inquit (*Idem, cap.* 16) *pro virtutibus et meritis in regno Dei reservatur.* Nonne ibi Cecilius apertissime causam rationemque profert, nempe virtutes et merita, propter quæ corona illi in regno Dei reservabatur? Sana igitur et orthodoxa de bonorum operum meritis doctrina clarius asseri explicarique non poterat. Citatus autem Baudrius nobis hic promiserat se eam in singulari dissertatione enodaturum, sed morte præventus promissis non stetit. Nos autem in superioribus nostris dissertationibus, pro ut se se dedit occasio, illam pro virili parte nostra exposuimus.

Denique observabimus quosdam opinari ab auctore nostro designari millenarium Christi regnum, ubi ait (*Cecil. cap.* 2) in fine mundi fore *initium Christi sanctum et sempiternum, cum descendere cœperit.* Sed e contrario aliis multo potiori jure videtur his verbis illud idem millenarium Christi in terris regnum destrui evertique funditus. Millenarium quippe sempiternum esse non potest. At si hæc vera sit Cecilii opinio, is profecto Lactantius esse non potest, qui totis viribus falsum illud Christi regnum, ut alibi vidimus, asserere frustra conatus est. Scimus quidem mutilum et hiantem esse hunc Cecilii locum: sed vacua ibi spatia brevissima sunt, nulloque modo videntur potuisse quidquam comprehendere, quo illud millenarium Christi regnum denotetur.

CAPUT VI.

De primis ecclesiæ christianæ persecutoribus eorumque interitu.

ARTICULUS PRIMUS.

Quam recte Cecilius asserat primam in christianos persecutionem a Nerone Auguste fuisse excitatam; quam inepte a Tollio mendacii propterea accusetur, quod hujus persecutionis causam in Petri apostoli prædicationem refundat, asseratque Neronis corpus caruisse sepultura; quo jure Cecilius eos delirationis arguat, qui eumdem Neronem Antichristi præcursorem fore finxerunt.

Primum Cecilius (*Cecilii cap.* 2) ante omnes Ecclesiæ christianæ persecutores locum Neroni assignavit: *Primus omnium*, inquit ille, *persecutus est Dei servos.* At nonne antea, uti aliqui post Augustinum (*August. lib.* XVIII *de Civit. cap.* 52) observant, Stephano a Judæis occiso, *facta est persecutio magna*, sicut in Actis Apostolorum legitur (*Act. cap.* VIII, 1), *in Ecclesia, quæ erat Hierosolymis?* Nonne ante Neronem Herodes Jacobum fratrem Joannis occidit gladio, et Petrum misit in carcerem? (*Ibid.* XII, 1 *et seq.*) Nonne etiam christiani cum Judæis a Claudio imperatore Roma expulsi sunt? Recte quidem. Sed nos quoque ibidem Augustinus admonet christianos scriptores, qui decem Ecclesiæ persecutiones computare consueverant, primam ab Neronis tempore ordiri. Nec mirum sane. Nam illæ persecutiones, Neronianam antegressæ, non fuerunt generales, sed in Judæa tantum commotæ, aut pauci quidem earum æstu abrepti sunt.

Communem itaque Cecilius noster illorum sequitur opinionem, qui generalium persecutionum initium a Nerone repetebant. Quod quidem cum nemini incompertum esse queat, Tertullianum (*Tertull. Apologet., cap.* 5) dumtaxat, et qui verba ejus retulit, Eusebium (*Euseb. lib.* II *Histor. Eccles., c.* 25) nunc citabimus. Ipsosmet autem gentiles his Africanus ille scriptor compellat verbis: « Consulite commentarios vestros, illic reperietis primum Neronem in hanc sectam, tum maxime Romæ orientem, Cæsariano gladio ferocisse, sed tali dedicatore damnationis nostræ etiam gloriamur. » Alio quoque in libro (*Tertullian. Scorpiac., cap.* 15), ubi et Stephani et Jacobi eædem memorat, ibidem continuo addidit: « Vitas Cæsarum legimus: orientem fidem Romæ primus Nero cruentavit. » At utroque in loco gentiles mittit ad Scriptorum suorum commentarios, videlicet Cornelii Taciti libros, quemadmodum multis visum est. Cur non, ut suo loco vidimus, nec minori profecto jure, ad vitas Cæsarum a Suetonio conscriptas, aut acta publica? In his autem sive aliis gentilium libris Tertullianus traditum esse asserit Neronem in christianos gladio Cæsariano, *primum ferocisse*, omnium videlicet imperatorum Romanorum, qui in christianos Cæsariano gladio sævierunt. Nihil autem prohibet, quominus dicamus ita intelligendum esse Cecilium, qui hoc in libro de funestis, sicut diximus, persecutorum mortibus disputat. Nonnulli etiam opinati sunt Neronis persecutionem ideo primam dici; quia prior post Ecclesiam Romæ, aliisque in mundi partibus constitutam excitata est. Sed altera explicatio, si ab hac penitus discrepet, ad auctoris nostri mentem et scopum propius accedere videtur.

Nero itaque tum in christianos bacchari cœpit, cum animadvertisset Petri, inquit Cecilius (*Cecil., cap.* 2), prædicatione magnam hominum multitudinem quotidie a cultu idolorum ad christianam transire religionem. Verum Tollius ibi Cecilium et falsitatis et malæ fidei audacter accusat. Sed bona, quæso, verba, mi Tolli. Nonne Cecilius in libri sui fine (*c.* 52) palam profitetur se illo omnia scripsisse *secundum scientiam fidem?* At tempora, inquis, non congruunt, atque a Nerone idcirco excitata est hæc persecutio; ut incensæ urbis invidia in christianos derivaretur. Sed dic, quæso, iterum, mi Tolli, cur tempora non congruunt? Satis, nisi fallimur, probatum a nobis fuit Petrum Neronis jussu Romæ cruci affixum. Quam autem ob causam, nisi quia hic apostolorum princeps et prædicationibus et miraculis multos ad Christi religionem adduxit? Nonne in Eusebii libris (*Euseb. lib.* II *Histor. Eccles. cap.* 25; *et Chron. ad ann.* 69), ac Chronico, et ab aliis scriptoribus Petri cædes, et Neronianæ persecutionis initium conjunguntur.

At Cornelius Tacitus (*Tacit. lib.* XV *Annal.*), ac postea Sulpitius Severus (*Sulp. Sever. lib.* II *sacr. Histor. post med.*) diserte, inquiet aliquis, asserunt Neronem ut rumorem Urbis a se incensæ aboleret, subdidisse reos, et quæsitissimis pœnis adfecisse, *quos per flagitia invisos*, ita gentilis Tacitus loquitur, *vulgus christianos appellat*. Sed cur, oro te, christiani vulgo ethnicorum invisi erant, nisi suam ob religionem, quam ab apostolo Petro, Romæ prædicante, acceperant? Deinde vero, numquid sola christianos persequendi causa Neroni fuit, ut in eos incensæ Urbis crimen transferret? Quin immo Suetonius (*Sueton. in Vita Neron.*, § 16) in vita Neronis primum narrat excarnificatos suppliciis christianos, quod ethnici putarent illos *genus esse hominum superstitionis novæ et maleficæ*. Longe vero postea describit quomodo Roma Neronis jussu incensa fuerit. At nulla secundo hoc in loco aut christianorum, aut invidiæ primum in eos propter illud incendium derivatæ fit mentio. Quid vero, si Cecilius Suetonium secutus, animum ad Taciti verba non adverterit? Nemo sane idcirco illum malæ fidei jure merito insimulabit. Quid porro, quod ipsemet Tacitus ibidem adjecit : « Indicio eorum multitudo ingens, haud perinde in crimine incendii, quam odio humani generis convicti sunt? » Magis ergo odio generis humani, quam incendii crimine eos excruciatos fuisse declarat. Ubi ergo mala fides, ubi error Cecilii, qui quos sequeretur habuit auctores, et quem alii postea secuti sunt?

Verum non ibi tantum Tollius Cecilium malæ fidei, et erroris, sed alibi adhuc illum et alios veteres christianos scriptores corripit, tamquam *splendide*, ita ille ait, *mentiri solitos*. Ferri posset, si aliquos, ut pote infirmitati humanæ obnoxios, erroris alicujus redargueret. At quis patienter audiat tot tantosque viros nulla allata ratione accusari splendidi mendacii, quo publicis in scriptis aliquid contra conscientiam et persuasionem suam asseruerint? Ast ut alios, de quibus hic non agitur, missos faciamus, ubinam est illud splendidum Cecilii mendacium? Respondet Tollius ibi deprehendi, ubi ille de pœnis a Nerone ob iniquissimam populi christiani vexationem Deo justissimo datis scripsit : « Dejectus fastigio imperii, ac devolutus a summo tyrannus impotens. » Et paulo ante : « Execrabilis et nocens, » quo ultimo adjectivo alibi nefarium, crudelem et impium significat, nusquam repente comparuit; ut ne sepulturæ quidem locus in terra tam malæ bestiæ inveniretur. Numquid ergo hæc non ab alio homine, quam impudenter mentiente, dici potuerunt? Nonne postquam Nero violentas manus sibi intulit, varii de morte ejus sparsi sunt rumores? Nonne plures fictam ejus mor-

tem, et eum adhuc postea vixisse crediderunt? Certe id a Cornelio Tacito (*Tacit. lib.* II *Hist. post init.*) litteris mandatum legimus : « Sub idem tempus, Galba post Neronem imperante, Achaia atque Asia falso exterritæ, velut Nero adventaret, vario super exitu ejus rumore, eoque pluribus vivere eum fingentibus credentibusque. » Tum subjecit libertinum quemdam, Neroni similem, venditasse se verum esse Neronem. Suetonius vero : « Cum post viginti, inquit, annos, adolescente me, extitisset conditionis incertæ, qui se Neronem esse jactaret, tam favorabile nomen ejus apud Parthos fuit; ut vehementer adjutus, et vix redditus sit » (*Sueton. in fin. vitæ Neron.*). Ex utroque autem illo Taciti et Suetonii loco colligit Casaubonus tres fuisse falsos Nerones. Huc accedit, quod Augustinus et Sulpicius Severus, infra citandi, memoriæ prodiderunt plures existimasse Neronem non reapse occisum, sed reservatum; ut in hunc mundum sub ejus finem revertatur.

Urgebis Suetonium et alios tam aperte ac certo affirmavisse Neronem sibi necem conscivisse, ac postea funeratum; ut id a nemine sanæ mentis homine in dubium possit revocari. Esto sane. At non inde Cecilium, aut alios malæ fidei aut splendidi mendacii accusare poteris, sed erroris tantum, quo incauti falsis, aut rumoribus, aut aliorum, quemadmodum Sibyllæ, ab eodem Cecilio nostro laudatæ, testimoniis decepti sint.

Post hæc enim sic ille (*Cecil. cap.* 2) sermonem suum prosequitur : « Unde illum quidam deliri » (ms. codex *deleri*, sed ultima littera *e* inquinata et correcta videtur), « credunt esse translatum, ac vivum reservatum, Sibylla dicente matricidam profugum a finibus esse venturum; ut quia primus persecutus est, idem etiam novissimus persequatur, et Antichristi præcedat adventum. » Nec pauci quidem, si Hieronymo (*Hieron. Comment. in Daniel. cap.* XI, 27), paulo tamen aliter, quam Cecilius noster, loquenti credimus; sed : « Multi nostrorum, inquit, putant ob sævitiæ et turpitudinis magnitudinem Domitianum Neronem Antichristum fore. » Augustinus vero : Nonnulli ipsum Neronem resurrecturum, et futurum Antichristum suspicantur. Alii vero nec occisum putant, et vivum occultari, in vigore ipsius ætatis, in qua fuit, cum crederetur extinctus, donec suo tempore reveletur, et restituatur in regnum. Sed multum mihi mira est tanta præsumptio. » (*August. lib.* XX *de Civit. cap.* 19.)

Quamvis autem hæc opinio ita ab Augustino explodatur, Sulpicius tamen Severus testificatur Martinum, episcopum Turonensem, animo eam inhibisse. Cum enim tam ab ipsomet Sulpicio, quam ab aliis ejus discipulis de fine mundi interrogaretur, respondebat, ut ait idem Sulpicius (*Sulpic. lib.* II *Dialog. cap. ult.*), « Neronem et antichristum prius esse venturos, Neronem in occidentali plaga, regibus subactis decem, imperaturum, persecutionem autem ab eo habemus exercendam, ut idola gentium coli cogat... ipsum denique Neronem ab Antichristo esse perimendum.) Rursum vero idem Sulpicius alibi (*lib.* II *sacr. Hist. de Christo*) scripsit opinione multorum Neronem fore Antichristum. Tum deinde quibusdam interjectis : « Incertum, inquit, an ipse Nero sibi mortem consciverit. Certe corpus illius interemptum. Unde creditur, etiam si se gladio ipse transfixerit, curato vulnere ejus, servatus, secundum illud, quod de eo scriptum est : Et plaga mortis ejus curata est, sub sæculi fine mittendus ; ut mysterium iniquitatis exerceat. » Eamdem in rem Cuperus (*Cuper. in cit. Cecil. loc.*) retulit plures Commodiani versus, ex ejus libro, quem rarum putat, transcriptos : sed is liber in ultimo bibliothecæ Patrum, Lugduni editæ, tomo iterum excusus est.

Porro autem Cecilius monitos nos esse voluit antiquos illos scriptores in hanc falsam abiisse opinionem : *Sibylla*, uti jam annotavimus, *dicente matricidam profugum a finibus esse venturum*. At inter editos Sibyllarum versus, hos legimus :

Ἥξει δ' ἐκ περάτων γαίης μητροκτόνος ἀνὴρ
Φεύγων ἠδὲ νόον, ὀξὺ στόμα μερμηρίζων,
Ὅς πᾶσαν γαῖαν καθελεῖ, καὶ πάντα κρατήσει.

Matris et occisor quædam de finibus orbis
Vir fugiens veniet, spirans immane fremensque
Omnes qui terras vastabit, et omnia vincet.

(*Sibyll. Orac. lib.* v, *vers.* 364 *et seqq.*)

Et alio in libro :

. . . . . . Ἐν ὅταν γ' ἱκανέλθῃ
Ἐκ περάτων γαίης ὁ φυγὰς μητροκτόνος ἐλθών,
Ταῦθ' ἅπασι διδοὺς πλοῦτον μέγαν ἀσσίδι θήσῃ.

Ut quando redibit
Extremo cæsor matris fugitivus ab orbe,
Omnibus has (*opes*) donans, Asiam locupletet abunde.

Verum hæc opinio non minus gravi censoriæ severitatis nota ab Cecilio nostro, quam ab Augustino inuritur. Non eam enim tantummodo auctor noster refellit, sed illius etiam fautores, uti diximus, deliros appellat. Fatetur tamen hos scriptores ideo tam falsæ opinioni subscripsisse ; quia eam Sibyllæ auctoritate fultam arbitrabantur. Cecilius itaque persuasum habuit non minus Sibyllam hac in re quam ejus assec̣las delirasse.

At rogabit fortasse aliquis utrum is ipse sit Lactantius, qui plurimis, ut suo loco vidimus, Sibyllarum versibus ea confirmat, quæ in mundi fine credidit esse haud dubitanter ventura. Numquid enim tanti fecisset illarum auctoritatem, si eas delirasse putasset, qui ipsarum non plane obscuris de Nerone testimoniis utuntur ? Sed supra ostendimus carmina Sibyllarum ideo a Lactantio contra ethnicos citari ; quia persuasum illis erat ea divinæ utique esse auctoritatis. Utrum tamen verus Lactantius hoc ad hominem, ut aiunt, argumentum ea delirationis accusatione penitus infirmare umquam voluerit, aliorum esto judicium.

ARTICULUS II.

De Domitiano, secundo Ecclesiæ persecutore, ejusque interitu, atque eversis imaginibus et honorum titulis.

Transit Cecilius (*Cecil. cap.* 3) a prima Ecclesiæ christianæ persecutione ad secundam, quæ a Domitiano commota est. Sed in tota hac narratione ne semel quidem illum, ut supra animadvertimus, proprio suo nomine appellavit. Primo autem narrat illum exortum esse, interjectis aliquot, id est, viginti post Neronem annis, illumque eodem Nerone non minorem fuisse tyrannum. Tertullianus vero (*Tertul. Apologet. cap.* 5) postquam de Nerone, uti superius annotatum est, verba fecit, hæc citata ab Eusebio (*Euseb. lib.* III *Histor. Eccles., cap.* 20), et græce reddita, confestim adjecit verba : « Tentaverat et Domitianus, portio Neronis, de crudelitate. » Et alio in libro (*Tertull. lib. de Pallio, cap.* 4) : « Tacendum impuriorem Physione, et molliorem Sardanapalo Cæsarem designare, et quidem Subneronem. Quin etiam idem Domitianus, teste adhuc Eusebio (*Euseb. ibid. cap.* 17), jactitabat se ipsum Neronianæ impietatis, bellique et odii adversus Deum fuisse successorem. Petilianus autem apud Augustinum (*August. lib.* II *contr. Lit. Petil., tom.* IX) vocat illum Neronis maximam partem. Nec christiani tantum Scriptores, sed poetæ etiam ethnici illum Neronem alterum nuncuparunt. Audi, quæso, Juvenalem (*Satir.* 5, *vs.* 37 *et seqq.*) :

Cum jam semianimum laceraret Flavius orbem
Ultimus, et calvo serviret Roma Neroni.

Hunc secutus est Ausonius his versibus :

Et Titus imperii felix brevitate, secutus
Frater, quem calvum dixit sua Roma Neronem.

Crudelis tamen ille imperator, pergit Cecilius (*Cecil. cap.* 3), *quam diutissime, tutusque regnavit, donec impias manus adversus Dominum tenderet.* Qua autem ratione, inquies, regnasse *diutissime* dicitur, qui annis tantum quindecim, ut ait Eusebius (*Euseb. lib.* III *Histor. Eccles. cap.* 20), et aliquot, sicut aliqui putant, insuper mensibus imperavit ? Num quia superioribus aliis imperatoribus, si Augustum, Tiberiumque excipias, et diutius regnavit, et securius ? An vero quia sævissimi tyranni imperium, per annos quindecim exactum, longissimum est ? Quanti ponderis sint hæ rationes, aut utrum Cecilius erraverit, doceas, velim, et pronunties.

Ast ubi intolerandus ille tyrannus instinctu dæmonum ad vexandos christianos animum sub vitæ finem appulit, tunc, inquit Auctor noster (*Cecil. ibid.*), *traditus in manus inimicorum, luit pœnas.* Nam quarto decimo, ait Hieronymus (*Hieronym. Catal. Script. Eccles.* § 9), imperii sui anno, secundam post Neronem Domitianus ille persecutionem movit, quemadmodum ab Eusebiani Chronici (*Euseb. Chron. ad ann. Carist.* 95) auctore id confirmatur. Ipsemet autem Eusebius (*Euseb. lib.* III *Histor. Eccles., cap.* 17) scribit illum post multa crudelitatis suæ specimina, ad extremum secundam concitavisse adversus christianos persecutionem. Multorum etiam opinio est illam his designari Juvenalis versibus, Satir. IV, vs. ult. :

Sed periit postquam cerdonibus esse timendus
Cœperat, hoc nocuit Lamiarum cæde madenti.

Arbitrantur enim cerdonum nomine ibi christianos,

tamquam tenuis fortunæ, et infimæ plebis homines, a satirico poeta notari. Scimus quidem hanc persecutionem Scriptoribus nonnullis antea excitatam videri : sed eorum argumentum tam levis, quam ea, quæ retulimus, gravis sunt momenti.

Deo autem scelerum ejus vindici debitas nefandus iste tyrannus solvit pœnas, cum domi, sicut ait Cecilius, interfectus fuit. Etenim hæc ipsa Suetonii (*Sueton. in Vita Domit.*, § 16) de illius morte verba legimus ; *Summotis omnibus, in cubiculum se recepit, atque ibi occisus est.* Quomodo autem, et a quibus necatus fuerit, si scire aveas, ab ipso postea narrante, discere haud difficiliter poteris. Ita enim ille prosequitur. « Stephanus Domitillæ procurator... sinisteriore brachio, velut ægro, lanis fasciisque per aliquot dies ad avertendam suspicionem obvoluto, ad ipsam horam dolum interjecit, professusque conspirationis indicium, et ob hoc admissus, legenti tradituin a se libellum, et attonito suffodit inguina. Saucium ac repugnantem adorti Clodianus Cornicularius, et Maximus Parthenii libertus, et Saturius Decurio Cubiculariorum, et quidam e gladiatorio ludo vulneribus septem contrucidaverunt. » Eadem quoque traduntur in Dionis Epitome, atque ut Philostratum, (*Philostrat. in Vita Apollon., cap. 10*) qui rem paulo aliter retulit, et alios omittamus, certe Eutropius (*Eutrop. Hist. Rom. lib.* vii, *in fin.*) narrat illum interfectum fuisse in palatio. Denique Plinius (*Plin. Paneg. Trajan. circ. med.*, § 49) postquam illius, quem immanissimam belluam appellat, horrendam crudelitatem atque ferocitatem ante omnium posuit oculos, hæc de morte ejus subjungit : « Ille tamen quibus sibi parietibus et muris salutem suam tueri videbatur, dolum secum, et insidias, et ultorem scelerum Deum inclusit. Dimovit perfregitque custodias pœna, angustosque per aditus et obstructos, non secus ac per apertas fores, et invitantia limina irrupit, longeque tunc illi divinitas sua, longe arcana illa cubilia, sævique secessus , in quos timore, et superbia, et odio hominum agebatur. »

Neque porro hæc dira crudelissimi imperatoris cædes satis ad scelerum ejus ultionem fuit : *Cum multa enim vero mirabilia*, inquit Cecilius (*Cecil. cap.* 3) *opera, quæ a Suetonio* (*Sueton. in Vit. Domit.* § 5), et in Eusebii Chronico (*Euseb. ad ann. Christ.* 90) *enumerantur, atque etiam Capitolium,* teste adhuc Plutarcho (*Plutarch. in Vit. Public.) fabricasset* , Romanus senatus nomen ejus ita persecutus est; ut nulla vel imaginum, vel titulorum illius vestigia reliquerit. Et vero memoriæ Suetonius (*Sueton. in Vit. Domit.*, § 23) commendavit senatum Domitiani nece adeo lætatum : « Ut repleta certatim curia non temperaret, quin mortuum contumeliosissimo atque acerbissimo acclamationum genere laceraret , scalas etiam inferri, clypeosque et imagines ejus coram detrahi, et ibidem solo affligi juberet, novissime eradendos ubique titulos, abolendamque omnem memoriam decerneret. » Vel, sicut ait Eusebius (*Euseb. lib.* iii *Histor. Eccles., cap.* 20) , καθαιρεθῆναι τὰς Δομιτιανοῦ τιμάς. *Omnes honorum Domitiani titulos abrogari* ; sive, ut scribit Macrobius (*Macrob. lib.* i *Saturnal. cap.* 12), infaustum ejus vocabulum ex omni ære, vel saxo eradi, ac deinde sublatas, ut aiebat Dion, (*Dion Epit. de Nerva*) statuas illius aureas et argenteas ex quibus grandis pecunia redacta est.

ARTICULUS III.

Utrum Cecilius recte dixerit Romanos Imperatores a Domitiano usque ad Decium fuisse bonos principes, et tunc christianorum Ecclesiam nullos passam esse inimicorum impetus, ac inde colligi possit Lactantium non esse hujus libri auctorem.

Post Domitiani mortem, *Multi*, inquit Cecilius, *ac boni principes Romani imperii clavum regimenque tenuerunt* (*Cecil. cap.* 3), tuncque Ecclesia, in pristinum statum restituta, *nullos inimicorum impetus passa est*. Duæ ibi sunt, uti patet, Cecilii nostri propositiones. Prima quidem, qua asserit a Domitiani cæde usque ad Decii imperium bonos extitisse principes, qui Romanis imperavere. Sed Tollius solita audacia Cecilium ibidem adhuc turpis, quo rem, quam falsam noverat, pro vera affirmavit, mendacii redarguere non veretur.

Verum Tollius ipse aut revera mentitus est, aut non legerat hæc Zozimi verba (*Zozim. lib.* i *Histor. post init.*) quibus, postea quam dixit Domitianum a Stephano liberto fuisse occisum, sic prosequitur : Ἄνδρες ἀγαθοὶ τὴν ἡγεμονίαν παραλαβόντες Νερούας τε, καὶ Τραιανός, καὶ μετὰ τούτων Ἀδριανός, ὅ τε εὐσεβὴς Ἀντωνῖνος, καὶ ἡ τῶν ἀδελφῶν συνωρὶς Βῆρος, καὶ Λούκιος πολλὰ τῶν λελωβημένων ἠξίωσαν διορθώσεως : *Viri boni principatum adepti Nerva, Trajanus, et post eum Hadrianus, et Antonius Pius, et par illud fratrum Verus atque Lucius, multa vitiata correxerunt*. Nam hi ipsi sunt principes, qui post Domitianum regnaverunt. At Zozimus, quemadmodum Cecilius noster eos bonos diserte appellat viros. Quæ autem, obsecro, ille vitiata ab eis emendata asseverat, nisi crudelia ejusdem Domitiani in gentiles et christianos edicta? Eusebius (*Euseb. lib.* iii *Hist. Eccles. cap.* 20) enimvero palam testatur ab hujusce temporis scriptoribus consignatum litteris fuisse eos a Nerva revocatos, iisque bona restituta, quos Domitianus miserat in exilium. Tum deinde idem Eusebius (*Ibid. lib.* iv, *cap.* 9). Hadriani nobis exhibet edictum, quo cavebat, ne christiani indicta causa punirentur. Denique ab illo laudatur summa Imperatorum ante Diocletiani ætatem benignitas, qua christianis, sublato omni sacrificandi metu, non solum regendas provincias committebant, sed sinebant etiam eos in palatiis suis versari, suam profiteri religionem, ac ædificare ecclesias, ubi sacris suis operam tuto et secure dare poterant. Videsne quam falso et temere Cecilius mendacii a Tollio ideo coarguatur, quod hos bonos principes dixerit?

At is ipse Cecilius, pergit Tollius, ideo mentitus est, ut eo mendacio omnes ecclesiæ persecutores tristi funestaque morte obiisse ostenderet. Sed si hunc Tollius illius librum attente leget, caveat profecto, ne ipse rursus, non autem Cecilius mendacii convincatur. Nam idem ille Cecilius (*Cecil. cap.* 5) paulo post citata a nobis verba apertissime asseverat imperatorem Valerianum novo ac singulari pœnarum mortisque genere extinctum : *Ut esset posteris*, inquit, *documentum adversarios Dei sæpe dignam scelere suo recipere mercedem*. Ibi autem, sicut alibi, hoc adversariorum Dei nomine persecutores Ecclesiæ designat. Palam ergo fatetur illos non semper, sed *sæpe* dignam sceleribus recepisse mercedem. Probandum itaque non susceperat omnibus omnino christianæ Ecclesiæ persecutoribus tristem, ut loquitur Tollius, obtigisse mortem.

Manifestum præterea fecimus Cecilii hoc in libro propositum non fuisse omnium Ecclesiæ nostræ persecutorum historiam scribere, aut enarrare interitum, sed plurium dumtaxat, atque in primis posteriorum, Diocletiani videlicet, et aliorum, qui ad Licinii usque tempus christianos iniquissime vexaverunt. Addere porro nobis licet, quod scriptum a Cypriano (*Cyprian. ad Demetr.*) legimus : *Nec tumquam impiorum scelere in nostrum nomen exsurgitur, ut non statim divinitus vindicta comitetur*. Visne aliquid adhuc expressius? Ecce ipsemet Hieronymi verba : *Nos autem*, inquit, *dicemus omnes* (audiat Tollius omnes), non aliquos tantum, *persecutores, qui afflixerunt Ecclesiam Domini, ut taceamus de futuris cruciatibus, etiam in præsenti sæculo recepisse quæ fecerint* (*Hieronym. Comment. in Zachar. cap.* XIV, v. 18). Si hæc dixisset Cecilius, quantas, Deus bone, excitasset Tollius tragœdias! Sed id ille non dixit, ac immerito mendacii ab eodem Tollio insimulatur.

Major itaque difficultas occurrit in secunda ejusdem Cecilii propositione, qua haud dubitanter affirmat sub imperatoribus Romanis, qui a Domitiano ad Detii usque tempora clavum regimenque Romani imperii tenuerunt, Ecclesiam christianam nullos passam esse inimicorum, id est, gentilium impetus. Opinatur quidem Dodwellus eam tunc nulla generali persecutione, edictis imperatorum decreta, fuisse exagitatam. Sed in hoc acerrimum, præter cæteros, adversarium expertus est nostrum Theodoricum Ruinartum.

Quidquid autem de generalibus Ecclesiæ persecutionibus statuatur, is ipse Dodwellus, aliique omnes fateri coguntur christianos his temporibus crudelissime excruciatos fuisse variis persecutionibus, quas illi locales appellant. Atqui tunc infiniti propemodum martyres, uti ab Ruinarto, aliisque demonstratum est, sanguinem suum pro Christi fide profuderunt. Quid vero, quod Eusebius, et antea Tertullianus, (*Tertullian. Apologet., cap.* 2) ut suo loco vidimus, narrat Trajanum imperatorem consulenti Plinio secundo quid faciendum esset christianis, respondisse non eos quidem inquirendos, sed oblatos puniri oportere? Statuta est igitur hoc responso in christianos, saltem oblatos, persecutio. At quis dubitabit plures ex illis ab infensissimis eorum inimicis gentilibus revera oblatos fuisse judicibus, qui eos morte damnarunt? Præterea Plinius non aliam, teste eodem Eusebio, (*Euseb. lib.* III *Histor. Eccles., cap.* 33) ob causam Trajanum ea de re consuluit, nisi quia magna martyrum, qui obtruncabantur, multitudine commotus fuerat. Sed quid opus est hos aliosque appellare testes et scriptores? Unus ipsemet sufficit Plinius, (*Plin. lib.* X, *epist.* 101) qui ad hunc Trajanum hæc scripsit in verba : « Visa est mihi res digna consultatione, maxime propter periclitantium numerum. Multi enim omnis ætatis, omnis ordinis, utriusque sexus etiam vocantur in periculum, et vocabuntur. Neque enim civitates tantum, sed vicos etiam, atque agros, superstitionis istius contagio pervagata est, quæ videtur sisti et corrigi posse. »

Quis autem in dubium merito vocare potest plurimos in hoc periculum venisse, ac pro Christi fide durissime tortos et interfectos ? Nobis quidem illud non est incompertum, quod Tertullianus, uti alibi observavimus, litteris mandavit Marcum Aurelium adjecisse pœnam, et quidem tetriorem, aut, ut ait Eusebius (*Euseb. lib.* V *Histor. Eccles., cap.* 5), capitis iis comminatum, qui christianos accusabant. Sed huic ipsi imperatori Melito, et Apollinaris, sicuti idem Eusebius (*Idem lib.* IV, *cap.* 13), atque etiam Hieronymus (*Hieronym. Catalog. Script. Eccles. cap.* 24 et 26), testificantur, Apologeticos libros obtulerunt, quibus christianos impune ab ethnicis cruciari et excarnificari palam conquesti sunt. Quid vero, quod antea, et hancce ipsam ob causam eadem quoque Justini martyris, Athenagoræ, ut alibi vidimus, apud M. Antoninum Pium, Quadrati apostolorum discipuli atque Aristidis apud Hadrianum, ut narrat Hieronymus (*Hieronym. Catal. Script. Eccles. cap.* 19 et 20), fuerat expostulatio hac querimonia ? Nonne illud adhuc demonstratur ex Theophili Antiocheni et Tatiani, de quibus nos alibi disseruimus, libris in christianæ religionis defensionem publicatis? Denique præter alios adhuc bene multos, haud incerto Justini martyris, atque Clementis Alexandrini testimonio manifeste ostendimus, quam magna fuerit, Antonino ac Severo imperantibus, martyrum multitudo.

Finem certe dicendi non faceremus, si ea omnia describenda forent, quibus id evidentissime comprobatur. Quamobrem illud tantum adjiciemus non solum, Marco Aurelio regnante, ortam, ut plures, aut saltem, ut alii volunt, efferbuisse in christianos persecutionem : sed etiam Σεβῆρος διωγμὸν, verba sunt Eusebii (*Euseb., lib.* VI *Histor. Eccles., cap.* 1), κατὰ τῶν ἐκκλησιῶν ἐκίνει. Severus persecutionem, adversus Ecclesias concitabat. Tum vero per omnes utique locorum Ecclesias, pergit idem Eusebius, *ab athletis, pro pietate certantibus, illustria confecta sunt martyria*. Nonne ergo tota plane via erravit Cecilius, qui tot tantæque auctoritatis, tam coævis, quam aliis scriptoribus plane penitusque refragatur ?

Respondebit fortasse aliquis suos etiam illum habuisse, quos sequeretur, patronos et adstipulatores.

Nam Melito Sardiensis in citata ab Eusebio (*Idem, lib.* IV, *cap.* 26), uti annotavimus, Apologia, palam testatus est solos Neronem et Domitianum connisos fuisse religionem nostram criminari et a suis idcirco emendatos objurgatosque successoribus. Tertullianus vero (*Tertullian. Apologet.*, *cap.* 5), sicuti suo loco animadvertimus, postquam excitatæ in christianos ab iisdem imperatoribus persecutionis, et legum adversus eosdem christianos datarum mentionem fecit, tunc continenter ab ethnicis postulat, ut aliquem exinde proferant christianorum debellatorem. Alios dehinc recenset Neroni et Domitiano subrogatos imperatores, Trajanum, Hadrianum, Vespasianum, M. Aurelium, Antoninum Pium, et Verum, qui correxerunt impia illorum edicta, nullasque adversus Christi discipulos leges promulgaverunt.

Verum si Cecilius noster animum ad hæc Melitonis et Tertulliani scripta advertit, eorum profecto mentem sensumque non est assecutus. Nam uterque, ac potissimum Tertullianus ibi contra gentiles disputat, qui quidem quam in christianos exercebant carnificinam, ut excusarent, palam clamabant se suis teneri legibus, quibus præcipiebatur illos, inaudita etiam causa, torqueri et trucidari. Tertullianus igitur et Melito eos recte refellunt; quia alii post Neronem ac Domitianum imperatores iniquissimas eorum leges emendaverant. Neuter vero dicit hasce leges penitus ab illis fuisse rescissas.

Deinde vero M. Aurelius *non palam*, uti loquitur Tertullianus (*Tertullian., loc. cit.*), *ab hujus modi hominibus*, id est christianis, *pœnam dimovit*, sed *tantum dispersit*. Quamvis ergo neque hic M. Aurelius, neque alii memorati a Tertulliano Cæsares et Augusti, ullas adversus christianos dederint leges, hoc tamen non impedivit quominus plurimi christiani variis in terræ partibus cruciati necatique fuerint. Persuasum siquidem ethnici habebant vigere adhuc communes et antiquas leges, quibus omnis religio nova prohibita erat. Sola igitur earum auctoritate fas sibi esse putabant sævire in christianos, ac revera in eos, uti diximus, immanem horrendumque in modum sævierunt.

Quidquid porro de horum imperatorum legibus statuatur, certo certius est plurimos martyres christianos post Domitiani, et ante Decii imperium variis trucidatos fuisse suppliciis atque cruciatibus. Non potuit ergo Cecilius ex Melitonis, Tertulliani, aliorumque dictis, nisi falso, concludere christianam Ecclesiam sub principibus Domitiani successoribus, nullos passam esse inimicorum impetus.

Porro autem si id falsum est, non deerunt forsasse aliqui, qui arbitrabuntur inde confici posse hunc Cæcilii librum perperam Firmiano Lactantio adscribi. Vero etenim similius illis haud dubie videbitur eum ab alio posterioris ævi profectum auctore, qui male intellectis Melitonis, et Tertulliani, sive alterius scriptoris verbis, in hunc impegit erroris scopulum. Potuit tamen Cecilius aut librorum penuria, aut memoriæ lapsu, aut falsis rumoribus decipi. At si revera erravit, qua, quæso, ratione dici poterit hunc ipsummet esse Firmianum, quem omnes fatentur jam ab ipso Diocletiani imperatoris tempore magna scientiæ eruditionisque fama fuisse illustrem, nec mediocriter tam profanæ, quam Ecclesiasticæ sui temporis historiæ doctrina imbutum?

CAPUT VII.
De aliis christianæ Ecclesiæ persecutoribus.

ARTICULUS PRIMUS.
De Ecclesiæ persecutione excitata ab imperatore Decio, ejusque funesta morte.

Cecilius omissis bonis illis, de quibus dictum est, imperatoribus, a Domitiano venit ad Decium. De illo autem nihil aliud memorat, nisi eum protinus cecidisse, cum ab imperii sui exordio contra Christi Ecclesiam furere et bacchari cœpisset: *Post annos enim plurimos*, inquit auctor noster, id est, centum quinquaginta, ac paulo amplius, *extitit exsecrabile animal Decius*. Eo autem adeo infami nomine illum notavit ob summam in christianos crudelitatem, de qua, præter alios, Prudentius (*Prudent., lib.* II *contra Symmach.*) Romam inducit sic canentem:

Primus Nero, matre perempta,
Sanguinem Apostolicum bibit, ac me strage piorum,
Polluit, et proprium facinus mihi sævus inussit.
Post hunc et Decius jugulis bacchatus apertis,
Insanam pavit rabiem.

Hilarius (*Hilar., lib. contr. Constant.*, § 4 et 7, ac *lib. contr. Auxen.*, § 3) quoque Decianam persecutionem cum Neroniana præsertim comparavit. Sed nostri nunc non est instituti id fusius prosequi, quod auctor noster putavit esse prætereundum.

Dixit porro Cecilius Decium, post motam ab regni sui initio adversus christianos persecutionem, protinus cecidisse; quia interfectus est, inquit Eusebius (*Euseb., lib.* VI *Histor. Eccles., cap.* 39), cum secundum imperii sui annum, necdum explevisset. Verumtamen nos Aurelius Victor (*Victor in Epitom.*) admonet illum triginta imperavisse mensibus. At peritiores ætatis nostræ critici initium imperii illius consignandum censent ante mensem Octobrem anni 249, illius vero finem anno 251, mense ipso Novembri, post incœptum tertium sui imperii annum. Suam vero sententiam firmari posse putant quibusdam inscriptionibus, a Goltzio, Grutero, et Pagio exhibitis.

Quomodo autem et a quibus imperator ille occisus sit, his Cecilius noster (*Cecil., cap.* 4) describit verbis: « Profectus adversus Carpos, qui tum Daciam Mœsiamque occupaverant, statimque circumventus a barbaris, et cum magna exercitus parte deletus, nec sepultura quidem meruit honorari, sed exutus et nudus, pabulum feris ac volucribus jacuit. » At Constantinus Magnus, apud Eusebium (*Euseb., Orat. Constant., cap.* 24) diserte declarat illum in campis Scythicis prostratum, Orosius (*Oros., lib.* VII, *cap.* 21) in medio Barbarorum sinu interfectum, Zozimus (*Zozimus, lib.* I *Histor.*) defixum in paludis luto, Aurelius Victor (*Aurel. Victor, in Epitom.*) in gurgite paludis submersum, Zonaras (*Zonar., lib.* XII *Annal.*)

in palude obrutum cœno ; ita ut illius cadaver, quemadmodum hi duo posteriores tradidere, non potuerit inveniri. Denique in Eusebiano Chronico (*Euseb. Chron., ad an. Christ.* 252) dicitur occisus in Abrito, sive, ut ait Jornandes (*Jornand., de reb. Get., cap.* 18), ad Abritum, Mœsiæ civitatem. Vides sane quorum vestigia premat Cecilius noster, et cur addiderit Decii corpus jacuisse feris et volucribus pabulum.

ARTICULUS SECUNDUS.

De Valeriani Imperatoris persecutione, ejusque ignominiosa servitute, ac pelle post mortem detracta.

Non multo post Decii interitum, ait Cecilius (*Cecil., cap.* 5), id est, anno Christi 253 circa mensem Augustum Valerianus creatur imperator, ac simili in christianos furore correptus, *nullum quamvis brevi tempore, justi,* id est, christiani, *sanguinis fudit.* Plura autem de hac persecutione narrat Eusebius (*Euseb., lib.* vii *Histor. Eccles., cap.* 10 *et* 11) ex Dionysii ad Hermammonem epistola, in qua quidem scripserat nullum superiorum principum tanta humanitate et benevolentia christianos complexum, quantam Valerianus sui principatus initio in eos habuit. Quinetiam tota, ait ille, familia ejus sic piis hominibus abundabat ; ut Dei videretur esse Ecclesia.

Verum postea cujusdam magorum in Ægypto magistri, et archisynagogi persuasionibus ad eosdem christianos dirissime excruciandos animum convertit. Tum vero impleta est, ait idem Eusebius, hæc Joannis in Apocalypsi prædictio : *Et datum est illi os loquens magna et impia, et data est illi potestas facere menses quadraginta duos* (*Apocalyps., cap.* 13, $\not\!\!y$. 5), id est, annos duos, et menses sex, per quos summam in christianos adhibuit crudelitatem. Et certe Optatus (*Optat., lib.* ii *de Schism. Donat.,* § 8) aiebat Ecclesiæ persecutionem sub Decio et Valeriano instar fuisse leonis, qui una erat ex quatuor bestiis, quas Daniel de mari ascendentes conspexerat (*Daniel, cap.* vii, $\not\!\!y$. 4).

At Valerianus tantæ tamque iniquæ inhumanitatis singulare prorsus, et hactenus inauditum luit pœnæ supplicique genus. Enimvero captus a Persis, inquit auctor noster (*Cecil., cap.* 5), turpissime vixit in servitute, vel quemadmodum Eutropius (*Eutr., Brev. hist. Rom., lib.* ix) et Aurelius Victor (*Aurel. Vict., Epit. de Valer.*) narrant, *ignobili servitute consenuit ;* in Eusebii autem et Cassiodori Chronico : (*Euseb. Chronic. ad an Christ.,* 258 ; *Cassio. Chron.*) *Servitute miserabili consenescit.* Nam Persarum rex, Sapores *cum eo,* inquit Trebellius Pollio (*Pollio, de Valer.*), *ut vili et abjecto mancipio loquebatur.* Postremo, ἐν αἰχμαλώτου τάξει καταστάς, verba sunt Zozimi (*Zozim., lib.* i *Hister.*), παρὰ Πέρσαις τὸν βίον ἀπέλιπε, μεγίστην αἰσχύνην ἐν τοῖς μετὰ ταῦτα τῷ Ῥωμαίων ὀνόματι καταλελοιπώς. *Ad mancipii fortunam redactus, in eadem conditione apud Persas vivendi finem fecit, maximo dedecore romani nominis apud posteros relicto.*

Ad servitutis porro ignominiam illud accessit, quod, teste Constantino Magno, vinculis onustus, cum chlamyde purpurea et reliquo imperiali cultu circumduceretur. Præterea Sapori terga præbere cogebatur, ut imposito, inquiebat Cecilius, *pede supra dorsum ejus,* aut equum, aut vehiculum conscenderet. Alium vero tantæ contumeliæ testem si petieris, en Aurelius Victor (*Aurel. Vict., Epit. de Valer.*), ipsaque ejus verba : « Quamdiu vixit, Sapores, Rex ejusdem provinciæ, incurvato eo, pedem cervicibus ejus imponens, equum ascendere solebat. » Addamus, si lubet, et Orosium (*Oros., lib.* vii *Hist., cap.* 22), id sic enarrantem. « Imperator populi Romani ignominiosissima apud Persas servitute consenuit, hoc infamis officii continua, donec vixit, damnatione sortitus , ut ipse acclinis, regem semper ascensurum in equum non manu sua, sed dorso, attolleret. »

Ne autem tanto dedecori convicium aliquod deesset, superbus Sapor miserum imperatorem sic conculcando, cum risu illi exprobrabat *illud esse verum,* ita adhuc Cecilius noster loquitur (*Cecil., cap.* 5), *non quod in tabulis, aut parietibus Romani pingerent.* Obscuris autem his verbis significat Saporem dixisse fictas aut longe minores esse victorias, quas Romani, uti Gregorius Nazianzenus observat (*Greg. Naz., Orat.* 3 *in Julian. circa med.*), in tabulis aut parietibus depingebant ; suam autem de Romanis veram, aut majorem victoriam toties evidentissime probari, quoties equum aut vehiculum ascensurus, pedem in Valeriani dorsum imponebat.

Quamvis autem longum fuerit probrosæ illius captivitatis tempus, miserabilis tamen ille imperator nullum, ait Cecilius (*Cecil., ibid.*), tantæ injuriæ ultorem invenit, nec ab ullo cequuam, ne proprio quidem filio suo Galieno, repetitus est. At de hoc Galieno scripsit Trebellius Pollio (*Poll. de Valerian.*) eum, comperta patris sui indignissima captivitate, de qua plerique aut murmurabant, aut dolebant, gavisum quibusdam respondisse : *Sciebam patrem meum esse mortalem.* Sed ibidem Pollio, contra Cecilii nostri opinionem, tres nobis repræsentat epistolas, quibus Betsoldus, Baserus et Artabasdes reges libertatem Valeriani a Sapore postulaverunt. Quamobrem hæ epistolæ Cecilio incompertæ omnino videntur, nisi probaveris nihil aliud ejus verbis significari, quam ipsum a nullo homine Romano, aut Romanis subdito, fuisse repetitum.

Porro autem ne infamiæ tantæ nota romano nomini et viventi imperatori inusta, aliquando deleretur, jussit Sapor, uti ait auctor noster, detrahi mortuo Valeriano cutem, eamque rubro colore intinctam, in templo barbarorum appendi. Quapropter Constantinus Magnus in sua ad sanctorum cœtum oratione Valerianum his, quæ Eusebius refert (*Euseb., Constant. Orat. ad sanct. cœt., c.* 24), verbis alloquitur : « A Sapore, Persarum rege, detracta tibi cute, condiri jussus, sempiternum calamitatis tuæ tropœum spectandum præbuisti. » ὑπὸ Σαπώρου Περσῶν βασιλέως, ἐκδαρῆναι κελευσθείς, καὶ ταριχευθεὶς τρόπαιον τῆς σαυτοῦ δυστυχίας ἔστησας αἰώνιον. Eadem habet Petrus Patricius (*Petr. Patr. Except. Legat.*), quamvis Agathias (*Agath., l.* iv, *de Reb. gest. Justin.*)

ARTICULUS III.
De persecutione in christianos ab Aureliano imperatore commota, ejusque interitu.

Aurelianus tanto tamque infami Valeriani supplicio non territus, aut scelerum illius et pœnarum immemor, *iram Dei*, ait Cecilius (*Cec., c.* 6), *crudelibus*, haud dubie in christianos, *factis lacessivit.* Sed subito eumdem Deum, quem jam graviter offenderat, criminum suorum vindicem expertus est. Nondum enim *cruenta ejus scripta*, id est, crudelia adversus christianos edicta, *ad ulteriores provincias pervenerant, et jam Cœnophrurio*, inquit Cecilius, *qui locus est Thraciæ, cruentus ipse humi jacebat.* Eusebius vero narrat (*Euseb., orat. ad sanct. Cœt., c.* 24) illum, dum furore percitus Thraciam percurreret, in medio viæ publicæ cæsum, complevisse *impio sanguine ἀσεβοὺς αἵματος*, publici aggeris sulcos. Romanis autem ille imperavit, juxta eumdem Eusebium (*Euseb., l.* VII, *Hist. eccles., c.* 30), sex annis, sed inde sex menses detrahit Orosius (*Oros. l.* VII *hist., c.* 23), et recentiores quidam annum integrum.

Sub illius itaque vitæ finem, quemadmodum Cecilius, et citati a nobis auctores tradunt, cœpit in christianos sævire cruentis scriptis, aut, ut ait Eusebius, τοῖς καθ' ἡμῶν γράμμασι, compositis contra nos *edictis.* Ast eum, pergit Eusebius, hasce leges, ut ita dicamus, subscribentem ulta est divina justitia, atque etiam anteaquam ad ulteriores, sicut auctor noster loquitur, provincias pervenirent.

Brevissima itaque fuit hæc ab Aureliano commota persecutio. Sed mirum tamen cur aliqui haud dubitanter asseverent nullos tunc factos esse martyres. Cum enim Cecilius scripserit Aureliani edicta ad ulteriores provincias non pervenisse, satis clare et aperte indicat illa publicata fuisse in vicinioribus. At nullus sane dubitandi videtur locus, quin ethnici, ac præcipue deorum antistites ac sacrificuli his, simul atque divulgatæ fuerunt, legibus abusi, plures christianos solitis suppliciis excruciatos interemerint. Quin etiam ex Eusebio (*Euseb., l.* VII,: *His. eccles., c.* 30) discimus Aurelianum ad excitandam adversum christianos persecutionem quorumdam consiliis impulsum, eoque adhuc vivente, sparsum ubique hac de rumorem. Quis autem facile sibi non persuadebit gentiles, data hac suum in christianos odium saturandi occasione, illorum tum non pepercisse sanguini?

Cœnophrurium porro, cujus meminit Cecilius, vulgo *Castel-Novo,* pagus est Thraciæ, in quo revera Aurelianus, uti mox dictum, interfectus est. In Eusebii (*Euseb., Chron. ad ann. Christ.* 276) namque Chronico legimus: « Cum adversum nos (Aurelianus), persecutionem movisset, fulmen juxta eum (ita etiam Orosius) (*Oros., l.* VII, *Histor., c.* 23), comitesque ejus ruit, ac non multo post inter Constantinopolim et Heracleam in Cœnophrurio viæ veteris occiditur. » Vopiscus (*Vopisc., de Aurel.*) vero : « Cum iter (inquit) faceret apud Cœnophrurium mansionem, quæ est inter Heracleam et Bizantium, malitia notarii sui, » vel sicuti Eutropius (*Eutrop., l.* IX, *Breviar.*) scripsit, « domestici dolo interemptus est. » Addit Vopiscus huic notario nomen fuisse Mnestheo, qui minas domini sui veritus, simulato ejus charactere, et suum et quorumdam illius amicorum nomina descripsit, tamquam eos Aurelianus perimere decrevisset. Itaque hi ab servo improbo decepti, ipsum Aurelianum, Macaporis, ut ait adhuc Vopiscus (*Vopisc., loc. cit.*), manu occiderunt. Nonne autem illud est, quod Cecilius noster (*Cecil., c.* 6) his obscurioribus verbis significavit : « Falsa quadam suspicione ab amicis suis interemptus ? »

CAPUT VIII.
De ultimis Ecclesiæ Christianæ persecutoribus, ac primum de Diocletiano.

ARTICULUS PRIMUS.
De triplici Diocletiani, Dioclis et Jovii nomine, ejusque patria, avaritia et timiditate; de alio imperatore et duobus Cæsaribus ab eo ob timiditatem creatis : utrum Hispaniam Constantio dederit regendam, quantis exactionibus et tributis omnes oppresserit ; de illius, donec christianos vexare cœperit, maxima felicitate : et utrum cæteris principibus melior utiliorque reipublicæ fuerit.

Antequam Diocletianus ad supremam imperatoris dignitatem evectus fuisset, *Diocles,* ait Cecilius (*Cecil., c.* 9 *et* 19), vocabatur. Jam autem observavimus hunc locum pluribus mutilum et hiulcum nec immerito forsitan videri. Nam ibi ut sensus et aliqua verborum connexio esset, legendum utique videbatur : « Diocletianus autem, qui ante imperium Diocles vocabatur, cum rempublicam » (*Cec., c.* 9), etc. Sed quis sine alio codice manuscripto affirmare audeat hæc esse vera genuinaque Cecilii nostri verba?

Quidquid sit, Diocletianus deposita cum imperio purpura, *Diocles,* inquit auctor noster, *iterum factus est,* id est, talis factus est, qualis ante imperium, homo videlicet privatus. Neque enim verisimile est tunc ab eo resemptum Dioclis nomen. Et certe quamvis postea Cecilius eum semel et iterum hoc priori nomine nuncupaverit, alicubi tamen illum Diocletianum adhuc appellat.

Dioclis autem nomen ipsi primitus impositum fuisse his disces Aurelii Victoris in Epitome (*Aurel. Vict., Epit. de Dioclet.*) verbis : « Diocletianus Dalmata, Anulini Senatoris libertinus, matre pariter atque oppido Dioclea, quorum vocabulis, donec imperium sumeret, Diocles appellatus, ubi orbis romani potentiam cepit, graium nomen in Romanum convertit. » Et id quidem a Paulo diacono mox citando plane confirmatur. Quamobrem nonnulli in Vopisci textu (*Vopisc., de Numer.*), ubi druidis ad Diocletianum, priusquam imperator renuntiatus esset, retulit verba : « *Diocletiane*, nimis avarus es, » ibi pro *Diocletiane*, legendum censent *Diocles*. Sed id aliqua saltem auctoritate fulciri debuit. Alii vero existimant quibusdam Libanii verbis (*Liban.*, *orat.* 12 ad *Theod.*) probari posse Diocletiano, postquam sese imperio abdicavit, redditum Dioclis nomen. Non male quidem, si Libanium ibi de Diocletiano revera sermonem fecisse ostendissent. Utcumque autem res se habeat, quando Cecilius noster dixit illum, deposita imperiali dignitate, rursus factum Dioclem, ibi potius illius ad privatam vitam reditum denotare, quam ad pristinum nomen ei restitutum alludere videtur.

Præterea Diocletianus Jovii quoque, teste Cecilio (*Cecil.*, *c.* 52), quemadmodum senior Maximianus Herculii, cognomen assumpsit; ut ille a Jove, hic ab Hercule ortus crederetur. De utroque autem illo cognomine hæc Aurelius Victor (*Aurel. Vict.*, *de Cæsar. ubi de Dioclet.*) memoriæ mandavit : « Maximiano cultu numinis Herculei cognomentum accessit, uti Valerio, » id est Diocletiano, « Jovii. Unde etiam militaribus auxiliis, longe in exercitu præstantibus, nomen impositum. » Verum id adhuc clarius proditur non solum a veterum panegyricorum scriptoribus, sed etiam pluribus nummis, in quibus inscripta sunt hæc nomina, et uterque imperator Jovis et Herculis insignibus ornatus repræsentatur. Varios autem ejusmodi nummos eruditus, Domnus Anselmus Bandurius, nobis non minus amicitia, quam sodalitate conjunctissimus, in suo de Nummis imperatorum opere exhibet.

Aurelius autem Victor, a nobis paulo ante laudatus, ibidem subjunxit Diocletianum patria fuisse Dalmatam. At quam magnus est ea de re scriptorum consensus, tam variæ sunt eorum opiniones, quo in loco natus sit. Nam hæc sunt, de illo, ut diximus, Aurelii Victoris (*Aurel. Vict.*, *Epitom. ubi de Dioclet.*) verba : « Diocletianus Dalmata, matre pariter atque oppido nomine Dioclea. » Quibus verbis putant significari eum Dioceæ, sive Dioclea oriundum. Sed quidam Pauli Diaconi (*Paul. Diac.*, *l.* x, *Hist. de Dioclet.*) testimonio freti, hunc ibi de matre ejus loqui opinantur. Nam post hæc verba : « Matre oppido pariter, atque nomine Dioclea, » continenter adjecit : « Quorum vocabulis, donec imperium sumeret, Diocles est appellatus. » Verum etenim horum verborum sensum esse arbitrantur, matrem Diocletiani oppido pariter ac nomine fuisse Diocleam ac Diocletiano datum utrumque illud nomen. Sed viderint alii utrum Paulus, qui Victoris verba transcripsit, aut clarius, aut verius loquatur.

At certe Cecilius, non secus ac alii plurimi, asserit eumdem Diocletianum, abjecta purpura rediisse in patriam. Atqui ille, uti ait Eusebiani Chronici auctor (*Eus.*, *Chronic. ad ann. Christi* 317), « In villa Salonis proxima vixit privatus, ibique præclaro otio consenuit. » Eadem pene Eutropii (*Eutrop.*, *l.* ix, *in fin.*) verba sunt. Socrates (*Socrat.*, *l.* i *Histor. eccl.*, *c.* 2) vero ἐν Σαλῶνι τῆς Δαλματίας ἐτελεύτα : « Salonæ, quæ civitas est Dalmatiæ, e vivis excessit. » Jam autem citatus a nobis Aurelius Victor (*Aurel. Vict.*, *Epitom. ubi de Dioclet.*) narrat illum Herculio et Galerio, ad resumendum imperium adhortantibus respondisse : « Utinam Salonæ possetis visere olera, nostris manibus instituta! » Quamobrem plures Diocletianum Salonis natum existimant; quæ quidem civitas, cuia non longe a Dioclea distabat, hinc forsitan variæ de ejus patria opiniones ortæ sunt.

Diocletianus autem a Cecilio (*Cecil.*, *c.* 7) dicitur « scelerum inventor, et malorum machinator, » eorum scilicet, quibus non solum in christianos, sed gentiles etiam grassatus, *omnia disperdidit*. Si ab eodem Cecilio quæras quomodo, confestim respondet : *Avaritia et timiditate* subvertit orbem terræ, qui scilicet sub Romanorum, atque idcirco illius dominatione erat.

At jam audivimus Druidem, qui ei exprobravit avaritiæ vitium. Neque huic oppositam dixeris insinitam, ut ipsemet Cecilius paulo post observat, ædificandi cupiditatem, summamque illius munificentiam, qua jussit fabricari palatia, basilicas, circos, arma et domos, ubi moneta cuderetur, ac tandem voluit Nicomediam Romæ coæquari. Nam immensas opes horrendis, ut mox dicetur, exactionibus congerebat, atque *insatiabili*, inquit adhuc Cecilius, *avaritia* nolebat eas umquam imminui, quas in ærario recondiderat.

Avaritiæ autem ejus comes, ut assolet, erat timiditas. *In omni enim tumultu*, sicuti ait auctor noster (*Ibid.*, *c.* 9) fuit plane *meticulosus*. Ab Aurelio autem Victore (*Aurel. Vict.*, *de Cæs. ubi de Dioclet.*) scriptum leges : « Valerio, » id est, Diocletiano, « parum honesta in amicos fides erat, discordiarum sane metu, dum enuntiationibus posse agitari quietem consortii putat. » Sed Diocletianus timiditatis, de qua fusius infra agendum, it de a Cecilio nostro redarguitur; quia tres regni sui participes fecit, videlicet Maximianum Herculium, Constantium Chlorum, et Maximianum Galerium. Tunc enim ad imperii consortium eos adscivit, cum ipsi magis esset timendum. Per omnem quippe terrarum orbem, sicut ait Eutropius (*Eutrop.*, *l.* ix *Breviar.*), res erant turbatæ, aut uti adnotat Aurelius Victor (*Aurel. Vict.*, *ibid.*) bellorum moles urgebat. Non eodem tamen tempore illos regni socios consortesque sibi adjunxit. Nam Herculium uti plures perhibent, anno 286 nuncupavit Augustum, et anno 292 Constantium ac Galerium Cæsares. Qua de re infra disseremus.

Eis autem ad regni societatem convocatis, orbem sic divisit; ut parte illius unicuique data, quartam sibi reservaverit : « Cuncta enim, » ait Victor (*Aurel. Vict.*, *loc. cit.*), « quæ trans Alpes Galliæ sunt, Constantio commissa; Africa, Italiaque Herculio; Illyricique oræ usque ad Ponti fretum Galerio; cætera Valerius Diocletianus retentavit. » Verumtamen si auctori nostro fides habenda, Maximianus Herculius præter Italiam, in qua imperii sui sedem tenebat, subjectas sibi habuit opulentissimas provincias, vel *Africam*, vel *Hispaniam*. Julianus vero (*Julian.*, *orat.* 2) apostata Hispaniam, sive τοὺς Ἑσπερίους Ἴβηρας Constantio datas esse significat. Non minima igitur inter Cecilium nostrum, hosque duos scriptores videtur esse dissensio. Neque enim Aurelium, neque Julianum fugere utique poterat sub cujus ditionem Hispania cesserit. Numquid itaque ad solvendum hujus difficultatis nodum responderi potest Cecilium uti particula *vel*, non quidem copulativa, sed disjunctiva; quia tunc Hispania bellis vastata, atque divisi imperii initio nemini nominatim attributa fuit? Sed utrum res ita se habeat, aut quis ex his scriptoribus erraverit, aliis decernendum relinquimus.

Romano autem imperio in quatuor partes sic diviso, tam Augusti duo, quam duo Cæsares majorem ex subjectis sibi populis, quam priores principes, exercitum conficere certatim contenderunt. Ad milites itaque, sicut ait Cecilius (*Cecil. cap.* 7) *exhibendos*, id est, ad præstanda eis stipendia, et alimenta, immensis exactionibus expilatæ sunt provinciæ, atque indictionum seu tributorum enormitate ita consumptæ colonorum vires, ut agri inculti desererentur.

Aurelius quoque Victor (*Aurel. Vict. de Cæsar. ubi de Dioclet.*) post explicatam illam Romani imperii partitionem : « Hinc, inquit, parti Italiæ invectum tributorum ingens malum. Nam cum omnis eadem functione moderataque ageret, quo exercitus atque imperator, qui semper aut maxima parte aderant, ali possent, pensionibus inducta lex nova. »

Præterea ut majorem Diocletianus pecuniæ opumque copiam extorqueret, provincias in frusta et partes varias divisit, ac multiplicavit ærario præfectos et tributorum exactores. Auctus est etiam ab eo numerus præsidum, inquit Cecilius (*Cecil. cap.* 7) sive uniuscujusque provinciæ rectorum, et *officiorum*, seu officialium, et eorum, qui officiis fungebantur, item *rationalium*, sive procuratorum fisci qui sacri ærarii causis præsidebant, atque etiam *Magistrorum*, de quibus, sicuti et de aliis, ibi a Cecilio memoratis, videsis Constantini Magni legem, et Gothofredi in eam notas, illiusque, et Panciroli observationes in Notitiam dignitatum. Tanta porro fuit pecuniæ et vectigalium exactio, ut multi, teste adhuc Cecilio (*Cecil. cap.* 7), opum possessionumque gratia perierint; quia videlicet ab illis cum vita rapiebantur.

Verumenimvero quia Diocletianus Nicomediam, uti jam diximus, volebat pari, ac Romam, magnificentia exornare, idcirco quibuslibet aut agri cultioris, aut ornatioris ædificii in illa urbe dominis parata erat calumnia, ac pœna plectebantur capitali. Cives itaque Nicomedienses immensis illis tributis penitus oppressi, inde discessere, atque ita *magna pars civitatis exceditur*, ut in Ceciliani libri codice manuscripto legimus, id est, pars magna eorumdem civium ex hac urbe, *quasi ab hostibus capta*, cogitur exire, nisi scriptum sit a Cecilio *excedit*, sive egreditur.

Quæ autem hactenus exposuimus, ea omnia non magis ad christianos, quam ad gentiles aliosque omnes sub Diocletiani ditione positos spectabant. At cum *rempublicam talibus consiliis*, ait Cecilius. (*Ibid.*

cap. 9) *et talibus sociis everteret, cum pro sceleribus suis nihil non mereretur; tamdiu tamen summa felicitate regnavit, quamdiu manus suas justorum,* id est christianorum, *sanguine non inquinaret.* Omnes vero haud inviti fatentur illum summa felicitate regnasse, donec christianos persequeretur. Sed negat Tollius eversam fuisse ejus consiliis rempublicam, atque in hoc auctorem nostrum falsitatis accusat: *Vix enim,* inquit ille, *melior, reipublicæve utilior ac prudentior, et majoris animi princeps Diocletiano fuit.* Esto, prudentior aliis fuerit. Sed prava utique et mala erat ejus prudentia. Etenim ea, sicuti notat Cecilius, (*Ibid., cap.* x.) fuit ejus malitia, ut bonum sua sola voluntare faceret, et malum consilio aliorum, quibus tota operis pravitas ascriberetur. Et re quidem ipsa ab Eutropio (*Eutrop. lib.* IX *Breviar. hist. Rom.*) dicitur sagax, subtilis ingenio, et probe moratus, qui tamen volebat suam aliorum invidia explere malitiam.

Quomodo autem ille aliis imperatoribus *melior* dici potest, qui insatiabili avaritia, quemadmodum vidimus, et crudelissimis exactionibus omnes agros, civitates, provincias depopulatus, divitibus et opulentissimis hominibus opes et vitam simul eripuit.

Deinde vero narrat Eutropius Diocletianum, victo Achilleo, nimirum antequam in christianos sæviret, ea victoria acerbe usum, ac totam Ægyptum gravibus proscriptionibus et cædibus fœdasse. Suffragatus est Eutropio Orosius (*Oros. lib.* VII *histor. cap.* 25) atque insuper adjecit: « Immoderate victoria usus, Alexandriam direptioni dedit, Ægyptum totam proscriptionibus cædibusque fœdavit. » Addit Eutropius (*Eutrop. loc. cit.*) Herculium, nativæ suæ feritati indulgentem, Diocletiano in omnibus obsecutum esse severioribus consiliis. Falsus est igitur Tollius, aut ostendere debebat vix ullum principem fuisse meliorem Diocletiano, aut reipublicæ utiliorem. Quomodo autem statim atque incœpit christianos vexare, felix esse desierit, nunc enucleandum est.

ARTICULUS II.

De persecutionis a Diocletiano in christianos commotæ præludiis et exordio, quam ob causam, quibusve consiliis ad eos vexandos impulsus fuerit.

Quam Diocletianus ob causam in christianos concitatus sit, hunc Cecilius noster (*Cecil. cap.* 10.) exposuit in modum : Pecudes ille diis suis immolabat *in partibus Orientis*, id est, Alexandriæ, sive in Ægypto, ut quidam opinantur, sive ut alii, Antiochiæ, ubi quædam leges ab eo tunc datæ memorantur. Præ timore autem, de quo antea dictum est, *scrutator rerum futurarum,* aut, ut ait Aurelius Victor (*Aurel. Vict. de Cæsar. ubi de Dioclet.*) *imminentium,* in earumdem pecudum jecoribus futura inquirebat. Sed immortali crucis signo, ab assistentibus quibusdam fronti imposito, fugati sunt dæmones; turbatisque sacris ac frustra repetitis, nullum illi prorsus responsum reddiderunt. Hujus autem silentii non aliam, nisi profanos, hoc est, christianos homines, qui ibi aderant, causam esse dixit *magister aruspicum Tagis*, quo quidem nomine is a Cecilio nostro (*Cecil. cap.* 10) vocatur, qui inspiciendis pecorum extis præerat. A Tage enimvero aruspicinæ ut in alia dissertatione animadvertimus, inventore cum derivatum sit hoc nomen, eo magister aruspicum postea appellatus est. Quod autem de dæmonum silentio responsum a Tage seu aruspicum magistro Cecilus noster, illud Lactantius (*Lactant., lib.* IV *Inst., c.* 27) non ab eo tantum, sed ab aruspicibus datum esse perhibet. Nonnulli vero arbitrati sunt hanc sive unius, sive plurium aruspicum responsionem ipsam esse, qua Apollo, ut narrat Eusebius (*Euseb. lib.* II *de Vita Constant. cap.* 50). non ex hominis ore, sed ex tenebroso quodam specu dixisse ferebatur se a justis hominibus præpediri, quominus oracula vera proferret. Sed in dubium vocari potest utrum una et cadem sit, quæ a Cecilio et Eusebio narratur historia. Nobis vero haud ægre persuadebitur illam esse duplicem. Nam Cecilius de Apollinis responso sermonem postea facere videtur, uti mox videbimus.

Cæterum tam Eusebius, quam Cecilius asseverant illud silentium, quod christiani dæmonibus imposuerant, veram fuisse causam cur Diocletianus in illos furere et bacchari cœperit. Enimvero *statim sanguinolenta*, inquit Eusebius, *edicta cruentis, ut ita dixerim, mucronibus scripsit*, διατάγματα λύθρων μιαιφόνοις, ὡς εἰπεῖν, ἀκωκαῖς συνέταττε (*Euseb. ibid. cap.* 51). Judicibus autem præcepit ut ad excogitanda acerbiora suppliciorum genera animum intenderent. Cecilius (*Cecil., c.* 10) itaque ait illum ira furentem, jussisse primum, ut milites et omnes qui in palatio erant, ad nefanda, datis eam in rem litteris, sacrificia cogerentur. Et certe Eusebius (*Euseb. lib.* VIII *histor. Eccles. cap.* 1) tradit persecutionem incœpisse a christianis, qui militabant. Verum ibi Auctor noster significare potius videtur illud fuisse persecutionis dumtaxat præludium. Addit quippe hoc quidem tunc, sed nihil amplius contra Dei religionem a Diocletiano factum. In Eusebiano autem Chronico (*Euseb. Chron. ad. ann.* 302) hæc annotantur. « Veturius, magister militiæ, christianos milites persequitur, paulatim ex illo jam tempore persecutione adversus nos incipiente, » Porro autem nos Cecilius admonet id contigisse *aliquanto tempore*, antequam Diocletianus in Bithyniam hyematum venisset. At quidam putant hæc acta esse anno 298, quatuor videlicet annis priusquam generalis persecutio anno 302, ut notatur in Eusebii Chronico, incœpta sit. Sed veremur ne hanc explicationem pati non possint citata Cecilii verba, atque ideo maxime quod dixerit Diocletianum ab illo tempore ex summa felicitate cecidisse, quo christianos vexare aggressus est. Nam bis ille verbis significare videtur tunc depositam a Diocletiano imperatoris dignitatem, uti ex postea dicendis manifestius patebit.

Dehinc narrat (*Cecil., c.* 11) Diocletianum, elapso aliquanto tempore, Nicomediam, quæ Bithyniæ urbs erat, venisse, quo Galerius accurrit. Ibi vero hic superstitiosæ matris suæ querelis stimulatus, eumdem Diocle-tianum ad tollendos christianos acerrime excitabat, sed non tam facile flexit illius animum. Nam Diocletianus consilio cum eodem soloque Galerio per totam hyemem habito, conatus est *deflectere*, ita in manuscripto codice, *præcipitis hujus hominis insaniam*. Satis enimvero ille esse aiebat *Palatinos*, id est, eos, uti paulo ante dictum est, qui in palatio degebant, et milites a christiana religione prohiberi. Quoniam autem Galerius eum urgebat, *in consilium*, inquit Cecilius, *admissi sunt judices pauci, et pauci militares*, qui contra christianos sententiam tulerunt. At cur ibi, inquies, *pauci dicuntur*, quandoquidem proxime Cecilius dixerat solitum esse Diocletianum *multos* simili in causa ad consilium vocare? Quidam itaque pro *multos* legendum putant *alios*, sed contra apertam manuscripti codicis reclamationem. At nihil in textu mutandum, bonamque esse illius lectionem inde confici potest, quod pauci ex uno, et pauci ex alio ordine judices assumpti multos efficiant. Fatendum tamen est Cecilium loqui de re singulari, quæ secreta adhuc erat, nec tum patiebatur tam magnum arbitrorum numerum in consilium admitti.

Porro autem Diocletianus nondum in Galerii et judicum de torquendis christianis sententia acquievit. Aruspicem etenim misit ad Apollinem Milesium, qui *respondit, ut divinæ*, inquit Cecilius, *religionis inimicus*. Atque hæc ille, nec plura de illo Apollinis responso. At vide, quæso, an illud sit, paulo antea a nobis ex Eusebio transcriptum (*Euseb. lib.* II *de vita Constant., cap.* 50) quo Apollo edixit sua oracula ab hominibus justis impediri.

Omnibus porro his consiliis, et Apollinis responso Diocletianus reluctari amplius non potuit. Itaque permisit christianos divexari; ita tamen ut nullius sanguis funderetur. Contra vero Galerius volebat eos omnes vivos cremari.

ARTICULUS III.
Quo anno, mense et die Diocletianus christianos torquere ac persequi adorsus sit.

Diocletianus octavum (*Cecil. cap.* 12) et Maximianus Herculius septimum gerebant consulatum, quando christianos et christianam religionem, penitus tolli funditusque everti ab eodem Diocletiano decretum est. Decimum autem et nonum imperii sui annum ipsemet Diocletianus tunc agebat. Auctor siquidem noster (*Ibid. cap.* 17) postea tradidit, sicuti videbimus, illum Romam perrexisse, ut illic 12 kalendas decembris vicennalium suorum diem celebraret. Tum continenter adjecit ipsum ex urbe prorupisse, impendentibus kalendis januariis, quibus ei nonus consulatus deferebatur. Atqui anno 284 die, uti peritioribus criticis videtur, decima septima septembris creatus est imperator. Ergo vicesimus imperii illius annus incidit in annum Christi 304, quo ille nonum consulatum suscepit. Octavum itaque consulatum et nonum decimum imperii annum cœpit agere anno Christi 303, quo aggressus est christianos dirius excruciare atque insectari.

Præterea Cecilius (*Cecil.*, *cap.* 48) diserte declarat hanc Diocletiani persecutionem durasse annos decem, et menses plus minus quatuor, ab eversa nimirum Nicomediensi ecclesia usque ad divulgatum Licinii de illa restituenda edictum. Atqui anno Christi 313 die 13 junii refecta fuit hæc ecclesia. Diruta est igitur anno 303, die 23 februarii, ut paulo post explicabitur. Eo itaque anno et mense persecutio christianorum incœpit.

Quamvis autem hæc clara et manifesta multis videantur; nonnulli tamen opinantur hanc persecutionem anno superiori 303 fuisse inchoatam. Nam memoriæ Augustinus prodidit (*August.*, *lib.* III *contr. Crescon. Donatist.*, *cap.* 27) concilium Cirtense coactum fuisse, *Diocletiano octies*, *et Maximiano septies consulibus*, *quarto nonas martii*. Alibi vero ille ipse dixit mense februario et tredecim mensibus ante illud concilium quosdam martyrio coronatos. Sed audi, quæso, ipsamet illius hoc secundo in loco verba : « Gesta martyrum, quibus ostendebatur tempus persecutionis, consulibus facta sunt Diocletiano novies, et Maximiano octies, pridie idus februarias, gesta autem episcopalia decreti Cirtensis post eorumdem consulatum, tertio nonas martias, ac per hoc tredecim menses interesse inveniuntur, plures utique quam undecim, quos prius catholici minus diligenter computando responderant : sed officium ut falleretur, et mensem interesse responderet, eumdem consulatum putavit, post consulatum autem non advertit ubi annus jam alius agebatur. » Ibi itaque fatetur errasse officium, sive officialem, nec satis advertisse alium annum tunc actum, qui post nonum Diocletiani consulatum exactus est. Is ergo annus Christi 305 esse debebat. In his porro duobus Augustini locis cum aperta sit repugnantia, nemo certe negabit in uno ex illis errasse aut librarium, aut officialem, qui tamen in priori facilius, quam in posteriori labi potuit. Nihil itaque penitus certi ex his duobus Augustini locis confici potest, nisi in quo erratum sit, evidenter demonstretur.

Ad hæc vero, martyres ab Augustino memorati, pro Christi confessione mortem obiisse dicuntur tredecim mensibus ante concilium Cirtense, quod celebratum est, Diocletiano octies consule, et quarto nonas martias. Primum vero Diocletiani edictum Nicomediæ anno Christi 303, die 24 februarii, datum est. Quid autem inde sequitur, nisi illos martyres ex hac vita migrasse ante illud edictum? At Donatistæ tamen ex eorum actis tempus persecutionis illius colligebant. Tam igitur infirma est ex his Augustini locis deducta argumentatio, quam certum videtur ab anno Christi 303 exortam fuisse Diocletianeam persecutionem.

Hujus autem anni diem, ejusdemque persecutionis primum assignat Cecilius (*Cecil.*, *cap.* 12) Terminalia festa, quæ 7 kalendas martii, sive die 23 februarii celebrari solebant. Nam « Romani », ait Macrobius (*Macrob.*, *lib.* I *Saturnal.*, *cap.* 13), « non confecto februario, sed post vigesimum tertium diem intercalabant, Terminalibus scilicet jam peractis ; deinde reliquos februarii mensis dies, qui erant quinque, post intercalationem subjungebant. » De iis autem præter antiqua kalendaria Romana, videsis Varronem (*Varr.*, *lib.* V *de Ling. lat.*) et Augustinum (*August.*, *lib.* VII *de Civit.*, *cap.* 7). Nos vero aliquid de illis alibi perstrinximus.

Verumtamen contra hanc Cecilii nostri opinionem objici potest Eusebius (*Euseb.*, *lib.* VIII *Histor.*, *cap.* 2), qui hujusce persecutionis a Diocletiano excitatæ, initium consignat anno 19 imperii illius, mense Dystro quem Romani martium vocant, appetente, vel sicut interpretatur Rufinus (*Ruf.*, *lib.* VIII *Histor.*, *cap.* 2), imminente die festo Dominicæ passionis. In Chronico autem Eusebiano et Alexandrino (*Ad ann. Christi* 384), atque in Ecclesiastica Theodoreti (*Theodoret.*, *lib.* V *Hist. Eccles.*, *cap.* 39) historia notatur ipse Paschæ, aut salutaris passionis dies. Sed alii respondent diem Paschæ anno Diocletiani 19 non incidisse in martii 25, sed aprilis 18 diem. Putant itaque hos scriptores intelligendos de primo Diocletiani in christianos edicto, prout suis in provinciis aut citius, aut tardius promulgatum est. Sed de hoc edicto paulo post dicendum.

ARTICULUS IV.

De ecclesia Nicomediensi persecutionis initio et jussu Diocletiani eversa, deque hujusce imperatoris edicto in Christianos protinus promulgato, de uno et altero regii palatii incendio, quis illius auctor, ac quomodo inde Galerius Diocletianum ad Christianos crudelius vexandos accendere conatus sit.

Ubi notatus a Cecilio (*Cecil.*, *cap.* 12) primus, uti proxime dictum est, persecutionis dies illuxisset, seu potius illucescere cœpisset :

Ille dies primus lethi primusque malorum
Causa fuit.   *Virg. lib.* IV, *Æneid.*, v, 169.

sicuti Virgilius, ab eodem auctore nostro, sed tacito nomine, citatus cecinit. Enimvero *repente*, inquit, *adhuc dubia luce*, id est ante exortum solem, *ad ecclesiam profectus cum ducibus et tribunis*, *et rationalibus venit*. In manuscripto codice habetur quidem *pfectus*, id est, *profectus*, sed nullo sensu, nisi aliquid aut additum fuerit, aut subaudiatur. Non enim ibi subaudiri potest Diocletianus, qui postea in palatio suo remansisse perhibetur. Pro nomine igitur profectus legendum potius videtur pfectus, id est, præfectus forte prætorio, aut saltem unus ex his præfectis, qui Diocletianum, tunc Nicomediæ degentem, more solito comitabantur. Is itaque quisquis fuerit præfectus cum aliis supra memoratis ad ecclesiam venit, ac revulsis foribus, simulacrum Dei quæsitum, ut supra animadvertimus, non invenerunt. Ab iis autem repertæ, sacræ veteris haud dubie et novi Testamenti, Scripturæ incenduntur, quas videlicet in ecclesiis asservari tunc mos erat.

Addit continenter Cecilius : *Datur omnibus præda*. At combustis sacris Scripturis, quænam, amabo te, præda in illis Christianorum ecclesiis superesse poterat, ab ethnicis diripienda? Num vasa sacra, ornamenta, scamna, scabella, cathedra? Non inutilis prorsus fuisset operæ, si hæc Cecilius noster breviter saltem perstringere voluisset. Alicujus siquidem pretii hæc esse debebant, quæ auctor noster ab iisdem ethnicis rapta fuisse declarat. Si quis nihilominus perspicue ostenderit captam illam prædam aliud non esse, quam sacræ Scripturæ codices, quos ethnici, uti Eusebius mox citandus explicat, medio in foro cremaverunt, non omnino reluctabimur. At nemo tamen inficiabitur obscurum omnino esse Cecilii sermonem.

Interea dum hæc in ecclesia Nicomediensi agerentur, *ipsi in speculis*, id est, Diocletianus et Galerius, ecclesiam ex suo palatio viderent, diu secum concertarunt utrum ignis ei supponeretur. Sed prohibuit Diocletianus, ne incendio illo arderent vicinæ domus, ac deinde pars aliqua civitatis. Quamobrem prætoriani milites paucis horis editissimum illud templum solo adæquaverunt.

Lactantius vero genuinis suis in operibus manifeste, quemadmodum alibi ostendimus, testificatur se tunc in Bithynia, videlicet Nicomediæ, oratorias litteras docuisse, cum illud templum eversum est. Cur ergo Cecilius, si vere Lactantius fuit (*Lactan., lib.* V *div. Inst. cap.* 2), nunc etiam non dixerit se hujus eversionis oculatum fuisse testem, aliis examinandum relinquimus. At Eusebius id profecto non tacuit, scripsitque: « Hæc omnia nostris temporibus completa sunt, tunc cum ædes sacras solo æquari, ac funditus subverti sacros divinarum Scripturarum libros in medio foro concremari oculis nostris vidimus » : αὐτοῖς ἐπείδομεν ὀφθαλμοῖς. In sua nihilominus de laudibus Constantini oratione nullam amplius præsentiæ suæ fecit mentionem, idque brevius simpliciusque hunc enarrat in modum. « Hi nuper πρὸ μικροῦ, oratoria ab ipsis culminibus ad solum usque disturbantes, ac fundamenta ipsa eruentes, captæ urbis imaginem spectantibus præbuerant. » (*Euseb., orat de laud. Constant. cap.* 9.)

Sed Cecilium nostrum (*Cecil., cap.* 13), si lubet, sequamur. Postr die, inquit, quam Ecclesia Nicomediensis funditus destructa est, Diocletianus edicto publico sanxit ut Christiani omni honore ac dignitate privarentur, omnesque, ulla absque exceptione, *subjecti essent tormentis, atque adversus omnes actio caleret, ipsi non de injuria, non de adulterio, non de rebus ablatis* possent agere, nec libertatem ullam aut vocem haberent. A: Eusebius (*Euseb., lib.* VIII *Histor. Eccl., cap.* 2) paulo aliter retulit hoc edicto constitutum fuisse primo ut ecclesiæ ad solum usque everterentur, exurerenturque sacræ Scripturæ : secundo autem καὶ τοὺς μὲν τιμῆς ἐπειλημμένους ἀτίμους, τοὺς δὲ ἐν οἰκετίαις, εἰ ἐπιμένοιεν ἐν τῇ χριστιανισμοῦ προθέσει, ἐλευθερίας στερεῖσθαι προαγορεύοντα. Quæ sic latine vertit Rufinus : « Si quis inter nostros alicujus honoris prærogativa muniretur, sublata hac, maneret infamis : si quis servorum permansisset christianus, libertatem consequi non posset. » Valesius vero : « Ut honorati quidem infamia notarentur; ple-

beii vero libertate spoliarentur, si in christianæ fidei proposito permansissent. « Utramque hanc diversam Rufini et Valesii interpretationem exhibemus, quia quidam eruditi viri pro una stant, alii pro altera. In his autem verbis τοὺς δὲ ἐν οἰκετίαις explicandis tota versatur difficultas. Nonnulli enim putant iis servos significari non posse ; quandoquidem hi, qua carent, libertate spoliari non possunt. Sed contendunt alii Rufinum, ætati Eusebii proximum, et græcæ linguæ peritum, intellexisse verborum Eusebii vim, et quid illius tempore actum sit. Huc accedit, quod alias illo edicto nulla pœna adversus christianos servos constituta designaretur. At certe quamvis servi libertate spoliari nequeant, eam tamen possunt aliquando consequi. Quid ergo prohibet quominus hæc potestas illis edicto Diocletiani ablata sit, et omnes omnino christiani aut infamia notati, aut perpetuæ servituti mancipati fuerint?

Quidquid autem de Eusebii mente sit, certe Cæcilius noster manifeste significat Christianis omnibus hoc edicto ademptam libertatem: ita ut in judiciis de injuria sibi facta, aut de adulterio, aut de rebus ablatis, conquerendi iis facultas omnis sublata sit, tametsi *adversus eos omnes* (in manuscripto codice *omnis*) actio judicis *caleret*, hoc est, maxima cum diligentia exerceretur. Nam et Cicero (*Cicer., lib.* IV, *epist.* 16 *ad Attic.*) scripsit : *Judicia calent.* Quid vero, si legatur *valeret*, et hic sensus Cæcilii sit, sublatam Christianis omnibus, in judicium vocatis, quamlibet sese coram judicibus defendendi facultatem, quamvis omnis ethnicorum in illos actio, delatio, et accusatio valeret atque admitteretur.

Porro autem illud Diocletiani edictum, quod quidem nec a Cæcilio nostro (*Cecil., cap.* 14), nec ab Eusebio integrum exhibetur, Galerio non placuit, mitiusque visum est. Itaque ut illius animum ad Christianos crudelius excarnificandos inflammaret, incendium occultis quibusdam ministris *palatio subjecit*, curavitque Christianos hujus incendii pari invidia atque calumnia accusari. Eusebius vero narrat (*Euseb., lib.* VIII *Histor. Eccl. cap.* 6) illud incendium nescio quo casu excitatum ; sed Christianos publico falsoque rumore dictos proclamatosque ejus auctores. Alio tamen ejusdem ipsius Eusebii (*Idem, Constant. Orat. ad sanct. cœt., cap.* 25) in libro Constantinus Magnus testificatur Christianos hujusce incendii revera insimulatos, quamvis ipse cum aliis Nicomediæ tunc commorantibus, vidisset suis oculis fulmine ac cœlesti quodam igne palatium fuisse incensum, quemadmodum a viris harumce rerum gnaris prædictum fuerat. At vero si Cecilius noster tum Nicomediæ, sicuti Constantinus, commorabatur, id ipsi compertissimum esse debuit. Cur ergo illud tanto adhuc silentio ab eo prætermissum est ? Num quia ubi palatium fulmine ardere cœpit, tum illico Galerius occultos misit ministros, qui ignem illum magis accenderent ? Numquid Cecilius, utpote brevitatis scrupulosus sectator, unam incendii hujus causam proferre, alteram præterire potuit ? Sed quomodo ardentissimus ille divinæ ultionis præco tam insigne cœlestis ignis, hostes Christianorum punientis, exemplum penitus omiserit, nobis alii edisserent.

Quæcumque autem fuerit silentii hujus causa, testatum Eusebius (*Cecil.*, cap. 14) facit Christianos tunc ferro et flammis, aliisque suppliciis necatos. Scriptis vero Cæcilius prodidit Diocletianum ira inflammatum, cum non posset, sive simularet se non posse suspicari Christianos illius incendii fuisse reos, præcepisse *omnes suos*, palatinos videlicet et domesticos torqueri ; ut tanti sceleris quicumque rei convinci possent, meritis pœnis afficerentur. Sed irritus omnino fuit ejus conatus ; quia Cæsaris, id est, Galerii familiam, cui incendiarii illi et nefandi homines adscripti erant, intactam penitus reliquerat.

Verum ipse Galerius, qui non patiebatur Diocletiani iram *deflagrare*, hoc est, defervescere, et imminui, molitus est aliud incendium. Illius tamen, qui præter Cecilium meminerit, scriptorem nullum invenimus. Nec mirum, inquiet aliquis. Nam, ut notat Cecilius, illud citissime extinctum est. Tunc autem ipse Galerius simulans se metuere, ne vivus arderet, Nicomedia prorupit, *medio hyemis*, ait auctor noster, *profectione parata*. Quid ergo sibi vult his verbis *medio hyemis*, qui prius dixerat eumdem Galerium cum Diocletiano habuisse per totam hyemem consilium? Sensus itaque, ut superius observavimus, illius est, Galerium medio hyemis tempore clam paravisse omnia ad eam, quam tunc meditabatur, fugam necessaria.

ARTICULUS V.

Quomodo Diocletianus sævierit in Priscam et Valeriam, in eunuchos potentissimos, et qui isti fuerint, item in presbyteros ac ministros cum omnibus suis, atque in omnis sexus et ætatis homines, nec non in domesticos, ac qua ille aliique judices sævitia universos ad sacrificia falsis diis facienda cogere conati sint.

Persuasum Galerius nec falso quidem habuit fore ut Diocletianus, post repentinam fugam suam, ad excruciandos omnes christianos acrius excitaretur. Et re quidem vera ille non solum in domesticos, inquit Cecilius (*Cecil. cap.* 15), sed in omnes etiam tanta iracundia efferbuit, ut primam omnium filiam suam Valeriam, conjugemque Priscam, de quibus postea agendum, coegerit sacrificio pollui.

Deinde vero *potentissimi* ipsa sunt auctoris nostri verba (*Ibid.*), *quondam* ms. codex *edā eunuchi necatio per quos palatium, et ipse*, scilicet Diocletianus, *ante constabat*. Ibi pro verbo *eda* non minus mendose, ut nonnulli opinantur, quam breviter scripto, legendum volunt, *quidam eunuchi*, quorum maxima erat in Diocletiani palatio potestas, et per quos ipse Diocletianus *ante constabat*. Sed hi non satis attendisse videntur quam variæ sint adverbii *quondam* significationes. Non enim a bonis scriptoribus usurpatur tantummodo ad præteritum tempus denotandum, verum etiam accipitur pro aliquando et semper, uti

Servius annotat in hoc Virgilii carmen, lib. 11 Æneid. vers. 678 :

.....*Conjux quondam tua dicta relinquor.*

Unde et ille alibi : *Quondam*, inquit, *tria tenet tempora sicut olim*. Sensus itaque Cecilii esse potest potentissimos tum fuisse eunuchos, utpote qui Diocletiano summo essent in amore, ac proinde per eos et idem imperator, et palatium constabat.

Qui autem hi fuerint, si roges, tibi respondebimus nullum plerisque omnibus videri dubitandi locum, quin christianæ religioni nomen dederint. Baluzius autem existimat unum ex iis fuisse Petrum, cujus celeberrimum martyrium ab Eusebio (*Euseb. l.* VIII *histor. Eccl.*, cap. 6.) describitur. Quidni etiam illis annumerabuntur Dorotheus, Gorgonius et alii, quorum idem historiographus ibidem meminit, quique eos vocat τοὺς βασιλικοὺς παῖδας, id est, ut Rufinus interpretatur, *Regis cubicularios*, et Valesius *cubicularios pueros*? Quis enimvero nescit hos Regum, seu Imperatorum cubicularios fere omnes eunuchos fuisse? Quamobrem eruditiores critici censent Cecilium de hisce loqui cubiculariis, de quibus idem Eusebius scripsit : Οἱ καὶ τῆς ἀνωτάτω τιμῆς παρὰ τοῖς δεσπόταις ἐξιωμένοι, γνησίων τε αὐτοῖς διαθέσει τέκνων οὐ λειπόμενοι. « Qui quidem summi honoris prærogativa ab Imperatoribus ornati, non minus, quam filii, ab iisdem diligebantur. » Quibus sane verbis confirmatur, quod paulo ante dicebamus eos hanc ob causam a Cecilio (*Cecil.* cap. 15) vocari *potentissimos*, *per quos palatium et ipse* Imperator *constabat*.

Prosequitur Cecilius : *Comprehensi presbyteri, ac ministri, et sine ulla probatione ad confessionem damnati*. In codice autem Colbertino legimus *ad confessione*, sed emendandum haud dubie *ac confessione*, si revera propter memoratum prius palatii incendium damnati sint. At si pro fidei christianæ *confessione*, uti verisimilius est, condemnati fuerint, id ei scriptum fortasse erat *ob confessionem*, videlicet solam christianæ religionis, ita ut ulla absque alia probatione sint condemnati. *Et cum omnibus suis*, addit Auctor noster, id est, aliis inferioribus Ecclesiæ ministris, aut domesticis *deducebantur*, supple ad supplicium.

Ad hæc vero, « omnis sexus et ætatis homines, » pergit Cecilius, « gregatim circumdato igne combusti, domestici alligatis ad collum molaribus mari mergebantur. » Dictu autem non facile est quid ibi domesticorum nomine significetur, an omnis sexus et ætatis hominum, an presbyterorum et ministrorum domestici, aut potius, scholæ domesticorum adscripti, quorum alii in foro habebant magistratum, alii militiæ sacramento obligati, ex quibus aliqui imperatorem semper comitabantur. De his vero omnibus plura Gothofredus et Valesius. Quæ autem verior sit obscuræ dictionis Cecilianæ explicatio judicent æqui rerum æstimatores.

Quid plura? *Judices*, pergit ille (*Cecil.* c. 15), *per omnia templa dispersi, universos ad sacrificia cogebant*. Quosnam universos? Numquid gentiles? Nam paulo ante vidimus Priscam et Valeriam coactas fuisse ad haec facienda sacrificia. Certum enim non est, ut infra dicetur, an christianae revera fuerint. At si Cecilius ethnicos designet, negari profecto non potest, quin *universos* dicendo, eo nomine cujuslibet quoque conditionis et sexus christianos comprehendat.

Neque tamen id nobis omnino probari potest, quod inde doctissimus vir quidam infert hos tunc, salva Christi fide, templa ethnicorum frequentasse; ut falsis diis exhibito cultu et honore aliquo, poenas necemque haud incertam evitarent. Jam enim Tertulliani testimonio ostendimus christianis, templa gentilium adeuntibus, fas tantum fuisse spectare facta ab iis sacrificia, sed nullo penitus modo illorum esse participes, aut ullum omnino ementitis numinibus exhibere honorem. Quis autem hasce leges a christianis pro nihilo habitas certissimis sine rationibus asserere audeat? Deinde vero Cecilius noster aperte declarat judices christianis vim intulisse, ut in templis sacrificia diis factitarent: sed non dicit, immo potius plane inficiari videtur eos ullo sacrificii, aut impii cultus quovis genere fuisse contaminatos.

Instat tamen vir eruditus. Nonne mox sequitur: *Pleni carceres erant, tormentorum genera inaudita excogitabantur* (Cecil. c. 15). Quibus autem, inquit, pleni erant carceres, et adversus quos excogitata sunt inaudita tormentorum genera, nisi adversus christianos, quos ethnici deprehenderant aliquem diis reddidisse honorem, ut atrocissima supplicia effugerent? Sed cuinam facile persuadebitur hisce falsis et mendacibus christianis plenos tunc fuisse carceres? Quis potius non fateatur iis dici repletos, qui in ethnicorum templis, et aliis in locis, falsos eorum deos colere, illisque sacrificare palam audacterque detrectabant? Si quis tamen his rationibus nondum velit cedere, is audiat Eusebium, testem procul dubio ea de re fide dignissimum: Μυρίου πλήθους ἐν παντὶ τόπῳ καθειργνυμένου· καὶ τὰ πανταχῇ δεσμωτήρια ἀνδροφόνοις, καὶ τυμβωρύχοις πάλαι πρότερον ἐπεσκευασμένα, τότε πληρούντων ἐπισκόπων, καὶ πρεσβυτέρων καὶ διακόνων, ἀναγνωστῶν τε καὶ ἐπορκιστῶν· ὡς μηδὲ χώραν ἔτι τοῖς ἐπὶ κακουργίαις κατακρίτοις αὐτόθι καταλείπεσθαι (*Euseb. lib.* VIII *hist. Eccles. cap.* 6). « Innumerabilis ubique hominum multitudo custodiae mancipabatur, et carceres olim homicidis, et sepulcrorum expilatoribus deputati, tunc Episcopis, Presbyteris, Diaconis, Lectoribus, atque Exorcistis complebantur, adeo ut iis, qui ob crimina condemnati fuerant, nullus jam locus superesset. » Cui autem probabile fiet hos omnes atque alios etiam, si ita velis, poenarum socios; aut plerosque ex illis, in carcerem propterea fuisse conjectos, quod deos aut vere aut ficte tantum et simulate coluissent aut eis sacrificassent?

Denique Cecilius narrat (*Cec. c.* 15) *in secretariis*, hoc est, in praetoriis, et locis, in quibus judices sedere solebant, positas fuisse aras; ut litigatores, sacrificio prius facto, causas suas orarent: *Ne cui*, ait idem Cecilius noster, *temere jus diceretur*, id est, ne alicui christiano, qui nulla prorsus ratione, nisi sacrificio diis prius facto, audiendus erat; jus *temere diceretur*. Rem quippe omnino temerariam esse censebant; si quis umquam christianus aliter ad causam suam dicendam ab ullo judice admitteretur. Eum igitur horrendum plane in modum christiani in provinciis, sub Diocletiani ditione positis, excruciabantur. Quod quidem ex Eusebio mox citato assertum traditumque videbis. In aliis autem provinciis quid actum sit, jam, si lubet, attendamus.

ARTICULUS VI.

Quanta Diocletiani jussu fuerit in provinciis, Galerio et Herculio subjectis, Christianorum carnificina; contra vero quomodo Constantius ecclesias dirui passus, Christianos in Galliis incolumes, persecutionisque immunes servaverit.

Cum Galerius imperator persecutionis, in christianos a Diocletiano commotae, uti diximus, auctor impulsorque perquam acerrimus fuerit, nullus plane dubitandi locus est, quin christianos suis in provinciis majori, quam alii imperatores, crudelitate torserit, necaveritque. Sed id infra suo loco clarius explicabitur. Verum ut christiana religio cum suis sectatoribus ubique terrarum funditus everteretur, Diocletianus, datis ad Maximianum Herculium, et Constantium Chlorum litteris, jussit ut illi in christianos eodem, quo ipse, modo saevirent. At Herculius, *non admodum clemens*, inquit Cecilius, sed crudelissimus homo, *libens paruit per Italiam*. Numquid solam? Nonne et per Africam, quam ipsi attributam supra animadvertimus? Nemo sane umquam, uti putamus, id diffitebitur. Testatum siquidem Optatus Milevitanus (*Optat., lib.* I, § 13) facit Africam, cui et alias provincias Eusebius adjungit (*Euseb. de Martyrib. Palaest. cap.* 13), hac dirissimae persecutionis tempestate concussam fuisse, ac crudelissime exagitatam. Cecilius itaque solam nominavit Italiam, vel quia praecipua Herculii Augusti sedes erat, vel quia ibi tunc commoratus, ibidem coepit christianos persequi.

Sub his igitur principibus Diocletiano, Herculio, et Galerio, quos Cecilius tres appellat acerbissimas bestias, *vexabatur*, inquit, *universa terra*, ea videlicet tota quae eorum imperio et legibus parebat. Porro autem ii tanta saevitia et inhumanitate christianos vexabant; ut Cecilius (*Cecil. cap.* 16) illud verissimum esse asserat, quod cecinit Virgilius, lib. VI Aeneid., v. 620 et seqq.

Non mihi si linguae centum sint, oraque centum,
Omnia poenarum percurrere nomina possim.

Et vero Eusebius (*Euseb., lib.* 8 *hist. Eccles., c.* 6) ingenue fatetur tantam tunc fuisse christianorum carnificinam; ut omnem prorsus dicendi copiam superet. Sed haec sane ex iis, quae alibi ex vero Lactantio in medium protulimus, clariora adhuc fiunt, omnibusque magis perspicua.

Ad Constantium autem quod spectat, is acceptis Diocletiani litteris, *conventicula, id est, parietes*, ait Cecilius, sive christianorum ecclesias et templa, *quae restitui poterant, dirui passus est, ne*, addit ibidem Cecilius, *dissentire a majorum præceptis videretur.* At, quorum, amabo te, majorum? Non Herculii, cui pariter Diocletianus scripserat. Non Galerii, qui utpote adhuc Cæsar, eo major dici utique non poterat. Quid ergo si legeretur, *majoris?* Omnia profecto se bene haberent. Si tamen pertinacius contendas retinendam esse lectionem *majorum*, tibi id recte probanti nos statim ultroque assentiemur. At inde haud immerito inferri poterit non solum Diocletiani, sed alterius adhuc Imperatoris nomen latæ adversus Christianos legi fuisse inscriptum. Tunc enim Cecilius eos Constantio *majores* potuit appellare. Sed quid in re adeo obscura facias, ubi unus tantummodo manuscriptus liber, et is quidem mendis passim infectus superest?

Quidquid sit, Constantius horum *majorum* præceptis obtemperare parum curavit. Nam si passus est, nec jussit ecclesias destrui; christianos tamen qui verum, ut ait adhuc Cecilius, templum Dei sunt, omnino servavit incolumes. Neque enim ullam, teste Optato Milevitano (*Optat.*, lib. I, § 22), in christianos exercuit persecutionem, neque belli, quemadmodum Eusebius loquitur (*Euseb.*, lib. VIII *Hist. Eccles.*, cap. 13) adversus nos concitati, particeps unquam fuit. Quin immo felicissimum, inquit, vitæ exitum pius imperator consecutus est, Τοὺς ὑπ' αὐτῷ θεοσεβεῖς ἀβλαβεῖς, καὶ ἀνυπηρεάστους φυλάξας, καὶ μήτε τῶν ἐκκλησιῶν τοὺς οἴκους καθελών, μηδ' ἕτερόν τι καθ' ἡμῶν καινουργήσας. « Cum veri Dei cultores, qui sub imperio suo degebant, immunes ab omni noxa et calumnia servasset, nec aut ecclesiarum ædes subvertisset, aut quidquam adversus nostros esset molitus. » Nec semel id dixisse contentus, iterum et tertio repetit.

Quid ergo, arguet aliquis, nonne ibi Eusebius contra Cecilii nostri opinionem diserte affirmat nullam a Constantio eversam fuisse ecclesiam? Sed is, quæso, animum advertat quid ibi dixerit Cecilius ecclesias christianorum non Constantii quidem aut jussu, aut nutu dirutas fuisse, sed eum passum esse eas destrui, seu non impedivisse quominus ethnici illas destruxerint. Coacta itaque fuit illius tolerantia, ne Diocletiani, sive *majorum præceptis*, uti dictum est, prorsus refragari videretur. Eo itaque sensu non immerito prorsus jure Eusebius dicere potuit ab illo eversas non fuisse Christianarum ecclesiarum ædes.

Porro autem Cecilius scribit (*Cecil.*, cap. 16) divexatam fuisse ab aliis tribus principibus universam terram, *præter Gallias*, quæ quidem quia sub ejusdem Constantii, sicut diximus, imperium ceciderant, hæ nulla persecutionis procella jactatæ quassatæque fuerunt. Jam enim Optatum et Eusebium audivimus, qui testificantur eum vexationis adversus nos concitatæ nullo modo fuisse participem. Sed id adhuc evidentius demonstratur hac, quæ a nobis non prætermittenda est, eximia comparatione, quam idem Eusebius (*Euseb.*, lib. I *de Vita Constant.*, cap. 13), inter eumdem Constantium, et tres alios superius nominatos imperatores, hisce verbis instituit : Illi ecclesias Dei expugnare adorti, solo æquarant, et oratoria una cum ipsis fundamentis aboleverant. Ille vero a nefaria illorum impietate puras manus atque integras servavit, nec se ullatenus eorum similem præstitit. Et illi quidem Dei cultorum, tam virorum, quam mulierum cædibus, tanquam civili quodam bello, provincias sibi subjectas polluerant. Hic vero animum ab hujusmodi scelere purum atque inviolatum semper servavit. Illi coacervatis impiissimæ superstitionis malis, se ipsos primum, ac deinde subditos omnes nequissimorum dæmonum fraudibus manciparunt. Hic profundissimæ pacis intra imperii sui fines auctor ac signifer, subditis suis permisit; ut absque ulla molestia divino cultui inservirent. »

Atque hæc ex interpretatione Valesii, apud quem paulo longiora græca Eusebii verba, si animus est, legere facile poteris.

Qua ergo, inquiet aliquis, ratione idem ipse Eusebius alibi asseruit (*Euseb. de Martyrib. Palæst.*, c. 3,) provincias Occidentis, ac nominatim Galliam, Γαλλίαν, *Vix duobus primis persecutionis annis integris furorem belli expertas fuisse:* Ὅσα...οὐδ' ὅλοις ἔτεσι δυσὶ τοῖς πρώτοις τοῦ διωγμοῦ τὸν πόλεμον ὑπομείναντα. Nonne ibi aperte fatetur Galliam hujusque initio persecutionis vix integris duobus illis annis expertam fuisse gentilium furorem? Numquid ergo hæc scribendo humani aliquid passus est, sibique ipsi et Cecilio nostro aperte contradixit? Dicine potest illi, quando hunc librum conficiebat, incompertum fuisse quid actum sit in Gallia? Respondent aliqui eo tempore in Constantii, bello adversus Barbaros gerendo occupati, potestate positum non fuisse, ut omnem comprimeret ethnicorum impetum, quo in christianos ea in provincia habitantes dirissime grassabantur. Et id quidem confirmari potest quibusdam, si vera et sincera sint, martyrum Actis, in quibus gloriosas illorum ob Christi confessionem cædes descriptas legimus. Aliorum autem opinio est Eusebii verbis nihil aliud significari, nisi persecutionem in Galliis post biennium fuisse sedatam, sed tunc tamen quosdam martyrii palmam consecutos.

Quid vero si dicatur Constantium in ipso persecutionis exordio non ideo quidem, quia bello occupatus, sed quia Cæsar tantum, et idcirco Diocletiano et Maximiano Herculio minor erat, tunc non potuisse ethnicorum in christianos sævientium refrænare insaniam et furorem? Cum enim tunc cruentis imperatorum edictis armati essent, Constantius cohibere non potuit quominus illi quasdam subverterent ecclesias christianorum, atque ex his plures variis dirisque suppliciis trucidarent. At eo certe pacto Eusebius et sibi et Cecilio nostro reconciliari poterit. Nam si præter Constantii voluntatem insano gentiles furore quasdam christianorum ecclesias diruerunt, si plures interfecerunt christianos, hæc illo invito facta sunt. Quin immo hæc quantum in se erat, impedivit, ac proinde eosdem christianos servavit incolumes, nec persecutionis in eos concitatæ particeps fuit.

Neque ullus etiam locus alicui dabitur nobis adhuc objiciendi diversa martyrum Acta, quibus magnus illorum, pro Christi fide occisorum, numerus recensetur. Etenim quantumvis certo certius demonstres magnam fuisse illorum in Gallia multitudinem, tibi semper respondebimus eos omnes contra Constantii voluntatem, eoque reluctante, excruciatos fuisse atque interfectos. Huc accedit quod peritiores ætatis nostræ critici de plurimorum horumce actorum fide ac sinceritate jure haud prorsus immerito expostulant, ac martyrum numerum in e s auctum esse criminantur.

ARTICULUS VII

De Diocletiani vicennalibus, ac quando Romæ celebrata fuerint, cur ille inde festinanter exierit, Ravennamque veniens, ac levi morbo correptus, nonum ibi susceperit consulatum, quo sensu inde Nicomediam per ripam strigam contendisse, ibique morti sopitus, in dementiam incidisse dicatur.

Post accensum immanissimæ persecutionis ignem, Christianos in omnibus pene, sicut dictum est, Romani imperii provinciis depascentem, Diocletianus Romam se contulit; ut ibi 12 kalendas decembris, id est, die 20 Novembris, anno 303, vicennalia, sive vicesimum imperii sui annum cum Maximiano Herculio, de quo postea agendum, celebraret. At Eusebius scribit (*Euseb. de Mart. Palæst.*, *cap.* 1 et 2) hunc festum diem vicennaliorum die 17 Novembris celebratum fuisse Antiochiæ. Neutro tamen die completa erant Diocletiani vicennalia; quia die 17 Sept. anno 384, uti jam annotavimus, creatus est imperator. Plures itaque eruditi homines Cecilii nostri auctoritatem cæteris omnibus anteponunt, putantque Diocletianum, aliorum exempla secutum, atque ut sumptibus parceret, illud festum in vigesimum Novembris diem distulisse; ut sua celebraret una cum Maximiano Herculio vicennalia, simulque publicum cum eo de Narseo Persarum rege victo triumphum ageret. Non desunt, nihilominus, qui suspicentur Ceciliani libri scriptorem errasse in numero describendo atque ibi pro XII. Ɑ. DCB. legendum 15 kal., id est, die 17 Novembris. Sed quis hoc audeat certo affirmare, nisi accedat melioris alterius codicis testimonium?

Ut ut sit: Diocletianus, uti ait Cecilius (*Cecil.*, *cap.* 17), ferre non potuit populi Romani libertatem, id est, haud dubie probra, contumelias, convicia, quibus ab eo ob superbiam, et divini honoris ambitum publice vexabatur. Quamobrem festinanter et jam impendentibus kalendis Januariis prorupit ex urbe Roma, nec in ea tredecim adhuc dies remanere potuit. Inde autem venit Ravennam. Sed per *omne iter*, uti Cecilius noster loquitur, tametsi lectica plurimum vectus, sævientibus frigore et imbribus, in levem incidit perpetuamque ægritudinem. Kalendis porro Januariis, anno 304, nonum consulatum Ravennæ inivit. At ibi levi illo morbo semper laborans, post transactam æstatem hinc egressus est, Nicomediamque se contulit *per circuitum*, inquit Cecilius, *ripæ strigæ.*

At mirum profecto quantum hæc duo posteriora verba ingenium eruditorum nostræ ætatis virorum exercuerint. Dodwellus enim peculiarem et integram de iis scripsit dissertationem, quæ ad calcem hujus Ceciliani libri in quibusdam illius editionibus adjecta est. In ea autem probare conatur *strigam* vocem esse agrimensorum, a castrametatione ad coloniarum agros distribuendos traductam, eaque agrorum, et antea castrorum metam ac limites significari. Tum deinde similiter nititur demonstrare Danubium Romani imperii fuisse limitem. Atque ex his ille concludit *ripæ strigæ* nomine designari Danubii ripam. Itaque opinatur ex duobus illis Cecilii verbis colligi posse Diocletianum Ravenna usque ad Danubii ripam lectica, ac deinde navi delatum per Danubium, huc et illuc se flectentem, et Pontum Euxinum venisse Nicomediam.

Sed quamvis Dodwellus luce clarius ostendisset *strigæ* nomine Danubium potius, quam alium fluvium designari, ac vocem *ripæ* ideo additam, quia huc et illuc fluvius ille se flectit, Romanique imperii meta erat; pluribus tamen non persuasit Diocletianum ægrotantem longa et periculosa navigatione per cataractas Danubii et Ponti Euxini procellas Nicomediam transvectum fuisse.

Alii igitur censent illum Ravenna Nicomediam deportatum pedestri itinere, non via quidem breviori, quæ difficilior erat, sed longiori atque faciliori, per Danubii videlicet ripam. Tota itaque difficultas in nomine *strigæ* versatur. Eam autem in codice manuscripto corruptam putant: sed quomodo corrigenda sit, diversæ prorsus sunt illorum opiniones. Quidam enim reponendum suspicantur *Strigoniæ*, alii *Phrygiæ*, alii *Histricæ*, vel *Histricæ*, alii denique *Istricæ*, id est, Danubianæ. Nam Danubius illo nomine, uti omnes horum, *Ister* vocatur. Si autem Diocletianus Danubii ripam peragravit, hæc posterior opinio aliis certe videtur verisimilior. Danubius quippe ibi nomen *Ister* sortitur ubi versus ostia vergit, atque inde Diocletianus Nicomediam deferri potuit.

Per totum autem illud iter Diocletiani morbus sic recruduit, eoque Nicomediæ ita oppressus est, ut idibus Decembris pro mortuo habitus fuerit. Tunc tamen: *Morte sopitus*, inquit auctor noster, *animam receperat.* Sed quid hæc verba *morte sopitus*, inquiunt aliqui, significant, nisi mortuum? Quia ergo Diocletianus adhuc vivebat, legendum potius existimant, *pro mortuo*, aut *morti sopitus*. Quid vero, si Cecilius minus proprie locutus, significare voluerit maximum animi deliquium, quo Diocletianus omni sensu vitali aliquandiu privatus est, atque adeo tamquam morte, sive *morti sopitus?* Et certe ille sic prosequitur: *Animam receperat; nec tamen totam. Demens enim factus est; ita ut certis horis insaniret, certis resipisceret.*

Visne hanc Diocletiani dementiam tibi alterius Scriptoris testimonio comprobari? En adest Eusebius (*Euseb., lib.* VIII *Eccles. histor., cap.* 13), qui memoriæ mandavit illum, vix expleto secundo persecutionis anno, in difficilem quemdam morbum incidisse: Ἐφ' ἧς δὴ καὶ τὰ τῆς διανοίας εἰς ἔκστασιν αὐτῷ παρήγετο, cujus vi de mentis suæ statu dimotus est. Constantinus (*Constant. Magn. Orat. ad Sanct. Cœt., cap.* 25) vero Magnus testificatur illum post cruentæ persecutionis sævitiam, suamet sententia damnatum, διὰ τὴν τῆς ἀφροσύνης βλάβην, *ob insaniæ vitium*, et vili quodam domicilio inclusum, scelerum suorum dedisse pœnas. Nec desunt, qui opinantur eumdem Diocletianum, tacito tamen nomine, a Chrysostomo designari (*Chrysost., lib. contr. Gent. et de Babyl.*), ubi de variis tyrannorum suppliciis disserendo, litteris tradidit unum ex iis mortuum esse μανέντα *ad insaniam redactum.*

At Diocletianus, ut mortis suæ suspicionem tolleret, prodivit in publicum, *kalendis martii*, anno videlicet 305. Sed quia toto fere anno ægritudine contabuerat, vix a quoquam agnosci potuit.

ARTICULUS VIII.

De colloquio, quo Galerius Diocletianum imperio cedere coegit; utrum recte illi proposuerit Nervæ imperatoris exemplum; quanta in hoc colloquio insolentia Galerii et Diocletiani timiditas; an recte Cecilius asserat Constantinum ibi fuisse præsentem, ac Diocletianum a Galerio impulsum et coactum sese abdicavisse imperio.

Non multis post memoratas martii kalendas diebus, Maximianus Galerius ad Diocletianum gravissime ægrotantem advolavit; ut eum ad cedendum imperio compelleret. Cecilius vero quamvis summam brevitatem ubique, uti sæpe diximus, sectetur; longum nihilominus utriusque colloquium transcripsit, quo Diocletianus tandem, sed ægerrime ad deponendam imperatoris dignitatem adactus est. Galerius itaque id primum illi, uti narrat auctor noster, molliter et amice persuadere aggressus, objecit senescentis ætatis et corporis morbo pene confecti infirmas vires, exemplumque Nervæ, qui imperium Trajano tradiderat. Sed respondit Diocletianus Nervæ facile fuisse, post unum imperii annum, ad privatam redire vitam, in qua quidem consenuerat : sibi vero, qui tamdiu imperaverat, illud nec decens esse, nec ob conflata plurimorum odia satis tutum.

At quomodo tanta, inquies, confidentia asserit Cecilius depositam fuisse a Nerva imperatoris dignitatem ? Nonne Eutropius (*Eutrop. hist. Rom. lib.* IX) palam declarat Diocletianum omnium, post conditum Romanum imperium, esse solum, qui ex tanto fastigio ad privatam vitam remeaverit ? Nonne Plinius (*Plin. Paneg. Trajan.* § 9 *et* 10) qui eo tempore floruit, Trajano idcirco gratulatur, quod quamdiu Nerva vixit, illius imperii ita fuerit socius et particeps; ut sibi ipsi privatus videretur.

Verum alii opinantur verba hæc Plinii neutiquam de imperio, sed de vita Nervæ intelligenda. Nam ibidem continenter adjecit : « Audita sunt vota tua » nimirum Trajani, « sed in quantum optimo illi et sanctissimo seni utile fuit, quem dii cœlo vindicaverunt, ne quid post illud divinum immortale factum, mortale faceret. » Sed contendunt quidam hæc a Plinio dicta, et perorata fuisse, quoniam Trajanus tres menses cum Nerva imperavit. Contra vero alii urgent eumdem Plinium Tacito scripsisse se ab eodem Nerva, qui *jam privatus erat*, ideo laudatum, quod in Bæbii Messæ a Domitiano in exilium pulsi causa aliquid antiquis simile fecisset. At respondent alii hanc quidem epistolam a Plinio scriptam, cum Trajanus revera imperabat, sed eum loqui de hac Bæbii Messæ causa, quæ prius acta fuerat anno Christi 93, quo Domitianus erat imperator, Nerva vero *privatus*.

Porro autem quantum obscura videri possunt Plinii, tantum aperta et clara sunt hæc Aurelii Victoris verba : « Cum Nerva extrema ætate imperium arbitrio legionum cepisset, ubi prospexit, nisi a superioribus robustioribusque corpore animoque geri non posse, mense sexto ac decimo semet eo abdicavit. » (*Aurel. Vict. de Cæsar. ubi de Nerva.*) Atqui inde colligi potest aut sparsum rumorem, aut quosdam credidisse Nervam, morti jam proximum, cessisse imperio, vitamque aliquamdiu, licet brevissimo tempore, ut Dio Cassius aliique testantur, privatam egisse (*Dion. Epit.*).

Galerius ergo impotenti imperandi cupidine inflammatus, ad senem valde ægrotantem decipiendum satis sibi esse putavit, si illud Nervæ exemplum illi proponeret. Fieri autem facile potuit, ut Diocletianus re non satis accurate expensa, ac Galerii sermone turbatus, responderit Nervam sese abdicasse imperio, postquam illius fræna uno tantum anno moderatus fuisset. Nam in hoc saltem ipse Diocletianus videtur errasse, quod Galerio respondit Nervam uno dumtaxat anno regnasse, quem Aurelius Victor, mox laudatus, sex insuper, vel sicut alii a nobis alibi citati aiunt, quatuor præterea menses imperasse testificantur.

Post hæc Cecilius narrat quomodo uterque Galerius et Diocletianus colloquium suum prosecuti fuerint, atque ille transierit ad comminationes, quibus Diocletianus perterrefactus, ad deponendum imperium, atque Severum et Maximinum Cæsares, rejecto Constantino, creandos tandem coactus est. Maximam porro hujusce colloquii partem sic superius exhibuimus; ut necesse amplius non sit illud iterum describi.

Sed quædam tamen sine aliqua observatione nunc prætermittere non possumus, ac primo quidem tantam in hoc dialogo animadverti insolentiam feritatemque Galerii, quantam Diocletiani senis imbecillitatem ac timiditatem. Eo enim impudentiæ processit Galerius ; ut præter cætera dixerit jam missum a se, sed Diocletiano, cum quo loquebatur, inconsulto, Herculium, qui Severum Cæsarem nuncuparet. Diocletianus vero, etsi ei superior, id patientissime tulisse, nec mussitasse quidem perhibetur. Verum responderi forsitan potest prius insolentiæ vitium Galerio, barbaro utique ac ferocissimo homini, *qui jam totum*, sicuti ait Cecilius, *orbem inhiave-*

verat (*Cecil. cap.* 18), et posterius imbecillitatis Diocletiano seni, ex gravissimo corporis animique morbo vix convalescenti, haud plane immerito attribuendum.

Difficilius fortasse illud videbitur, quod ibidem de Constantino Magno Cecilius noster memorat : *Eratque*, cum Diocletianus et Galerius inter se colloquebantur, *tunc præsens*. Ubinam enim, obsecro, *tunc præsens erat* ? An in Diocletiani palatio, ut quibusdam placet ; an in ipso cubiculo, ubi ille cum Galerio loquebatur, quemadmodum aliis visum est ? In hujusce autem secundæ opinionis confirmationem illud proferri potest, quod paulo post Galerius fertur Diocletiano ostendisse Maximinum Daiam, Cæsarem mox nuncupandum. Eorum enim in cubiculo si hic aderat, cur ergo non ipse etiam Constantinus, qui ibi *præsens* fuisse asseritur ? Atqui si in hoc cubiculo revera stetisset, imperatorum aut verbis, aut signis deprehendere procul dubio potuisset se a Cæsaris dignitate rejiciendum. Sed his plura ac subsequentia ipsiusmet Cæcilii verba repugnare omnino videntur, quemadmodum infra ostendemus.

Porro autem quocumque modo te ab hac difficultate expedieris, in aliam non minorem confestim incides. Nam si Diocletianus lacrymabundus, ut ait Cecilius (*Cecil. cap.* 18), gemebundus atque omnino infirmus et reluctans imperiali purpura et dignitate sese ipsum exuit, qua, quæso, ratione Aurelius Victor scripsit depositum a Diocletiano imperium, non quidem impulsu Galerii, sed discordiarum metu; non ob infirmam valetudinem, sed cum valentior erat et animo et corpore ? « Namque imminentium, inquit, scrutator, ubi fato intestinas clades, et quasi fragorem quemdam impendere comperit status Romani, celebrato regni vigesimo anno, *valentior* curam P. R. abjecit, cum in sententiam Herculium ægerrime traduxisset. » (*Aurel. Vict. de Cæsar.*, *ubi de Diocl.*) Sed ibidem adjecit aliam quidem aliorum, sed falsam esse opinionem, veram autem eam sibi videri, qua Diocletianus excellenti natura præditus et communem vitam, spreto ambitu, descendisse tradebatur. Nec ille igitur, nec alii hujusce opinionis assertores, existimaverunt violentam aut coactam fuisse Diocletiani abdicationem, sive propter infirmitatem, sive propter Galerii metum.

Eutropius vero narrat (*Eut. Brev. hist. Rom. lib.* IX) Diocletianum imperio, cui regendo sentiebat se imparem, cessisse una cum Herculio, cui id antea, sed ægre persuaserat. Vides igitur quam aperte testetur depositam sponte et ultro a Diocletiano imperialem purpuram.

Eumenium tamen *Eum. Paneg. Constant.*, § 15) si velis, audies longe clarius loquentem : « At enim divinum, » inquit, « illum virum, » Diocletianum, « qui primus imperium et participavit et posuit, consilii et facti sui non pœnitet, nec amisisse se putat, quod sponte transcripsit. » Quin etiam ille ibidem innuit eumdem imperatorem prius cum Herculio in Jovis Capitolini templo jurasse fore ut simul imperio sese abdicarent.

Aliumne adhuc testem desideras? tibi dabimus Constantinum Magnum, qui Diocletianum, si fides Cecilio nostro habenda sit, purpura imperiali sese exuentem viderat. Ab illo quippe in ipsa sua ad Sanctorum cœtum oratione idem Diocletianus dicitur postea vixisse privatus, atque, αὐτὸς ἑαυτοῦ καταψηφισάμενος, *suamet ipse damnatus sententia* (*Apud Eus. Orat. ad sanct. cœt.*, cap. 25). Numquid autem illud scriptum traditumve legitur de imperatore, qui Galerii ferocia et minis ad abjiciendam supremam imperii dignitatem adactus est? Quis autem dixerit minorem esse Constantini Magni et aliorum a nobis laudatorum, quam Lucii Cecilii auctoritatem ?

Contra vero plures, inquiet aliquis, asserunt depositum ab illo imperium, vel ob senectutis inertiam et imbecillitatem, uti Eutropius paulo ante citatus : vel ob insanientis animi vitium, sicut Constantinus Magnus, a nobis etiam mox citatus, vel tandem, ut ait auctor incertus Panegyrici, cum graviores anni, aut valetudo deficiens, eum receptui canere coegissent. Nonne igitur inde colligi potest id ab eo sponte factum; quamvis senio et infirmitate ad hanc abdicationem faciendam impulsus fuerit ? Recte forsitan, si Galerius, nullo terrore injecto, illum ad exuendam purpuram adduxisset.

Instabis tamen : Quid obstitit quominus Diocletianus non tam Galerii comminationibus, quam amicis illius verbis tandem convictus, nuntium imperio volens lubensque remiserit ? Sed quid etiam impedivit, arguet alius, quominus alii scriptores descripserint insolens illud Galerii cum Diocletiano colloquium, aut illius aliquam saltem mentionem fecerint ? Verum non de rebus quæ fieri potuerunt, sed de iis, quæ reipsa actæ sunt, quæstio habetur. At plerique omnes diserte affirmant Diocletianum, et alii quidem senio et corporis infirmitate debilitatum, alii vero integris adhuc viribus, ac valentiorem, ultro ac sponte sua, nulloque alio cogente, deposuisse imperium. At hæc opinio plane penitusque adversatur Cecilii verbis, quibus apertissime declarat Diocletianum post Galerii minas, *lacrymabundum*, ac *gemebundum* ab imperatoris dignitate cessisse. Quoquo enim modo gemitus et lacrymas effudisse dicatur, quis sibi facile persuadebit ea fuisse hominis non coacte, sed ultro libenterque cedentis indicia ? Porro autem sinceris veritatis indagatoribus decernendum relinquimus utrum Lactantius, qui tum Nicomediæ commorabatur, tam alto, ac Cecilius, voluntariam Diocletiani abdicationem silentio prætermisisset.

ARTICULUS IX.

Ubi et quomodo Diocletianus Maximinum induerit purpura, eumque, ac Severum, repulso Constantino, Cæsares renuntiaverit ; utrum vera sit ea de re Cecilii opinio, quem in locum Diocletianus, deposito imperio, sese receperit, et ubi Licinius, eo præsente, factus sit imperator.

Post memoratum superiori articulo colloquium,

quo Diocletianus, impellente Galerio, imperium, ut ait Cecilius, deponere tandem decreverat, uterque imperator, et Constantinus, iis qui tum Nicomediæ hyemabant, militibus eorumque primoribus stipati, ex hac urbe kalendis maii, anno Christi 305, ad quemdam locum venerunt, tribus fere millibus inde distantem. Is autem locus, inquit auctor noster, (*Cecil. cap.* 19) altus erat, et in eo erecta columna cum Jovis signo, hoc est, statua et simulacro, atque ibi Herculius, de quo infra, purpuram sumpsisse memorabatur.

Diocletianus autem hoc in loco milites e tribunali allocutus, Severum et Maximinum Daiam, repente pronuntiavit Cæsares. Tum Galerius, repulso inde Constantino, protraxit a tergo Maximinum, exutumque veste privata, in medium constituit. Nec mora ulla, Diocletianus eum illa induit purpura, qua seipsum exuerat. Mirabantur vero omnes et stupebant id ita, tamque ex inopinato factum ; tum quia quis, aut unde esset Maximinus, ignorabant; tum quia arbitrabantur Constantinum Cæsarem futurum.

Sed jam ille rejectus fuerat ab imperatoribus in eo celebri colloquio, cui quidem, si Cecilio credimus, *erat tunc præsens*. At si huic colloquio revera interfuit, qua ille fronte, inquiet aliquis, in illum excelsum locum cum imperatoribus conscendere ausus est, ubi se non summa sine ignominia repellendum esse certo sciebat? Nonne igitur tota via erravit Cecilius, aut falsis rumoribus aures facilius præbuit? Nam Anonymus Valesianus expresse tradidit Severum et Maximinum Cæsares factos, *Constantino nihil tale noscente*. Sed postea, locoque opportuniore investigabimus si quæ sit ratio, qua sublatis hisce difficultatibus, opinio Cecilii defendi stabilirive possit.

Pergamus interim, atque expendamus utrum illud verius sit, quod Cecilius noster de duobus Cæsaribus a Diocletiano creatis narrat. Nam Anonymus Valesianus haud dubitanter affirmat eos non ab illo, sed a Galerio renuntiatos fuisse Cæsares : *Hos*, inquit, Severum videlicet et Maximinum, *Galerius Cæsares fecit*. Et hæc quidem sententia liquido confirmatur hisce Eutropii verbis: *Cæsares duos creavit Galerius Maximianum, seu Maximinum, quem Orienti præfecit, et Severum, cui Italiam dedit* (*Eutr. Brev. Rom. hist. lib.* x, *init.*). Atque inde lux aliqua affertur Socrati, similiter dicenti : Δύο κἀθίστησιν Καίσαρας, Μαξιμῖνον μὲν ἐν τοῖς κατὰ τὴν ἑῴαν, Σεβῆρον δὲ ἐν τοῖς κατὰ τὴν Ἰταλίαν (*Socrat., lib.* 1 *histor. cap.* 2). *Duos Cæsares, Maximinum in Oriente, Severum in Italia constituit*, non eo certe sensu, quod Galerius eodem tempore unum in Oriente, alterum in Italia, inde tam remota, creaverit Cæsarem, sed unum ipsemet in Oriente, alium in Italia alicujus ministerio nuncupaverit ; vel potius utrumque his Romani imperii præfecerit provinciis. Eam autem haud dubie ob causam auctor noster adjecit (*Cecil. c.* 19) Maximinum accepisse *Orientem calcandum et conterendum*. In Eusebiano denique Chronico habetur : *Maximinus et Severus a Galerio Maximiano Cæsares facti*.

In quibusdam vero hujus Chronici codicibus manu exaratis, et in editionibus erratum est, ubi hæc Cæsarum nuncupatio in alterum post Diocletiani et Herculii repudiationem annum, contra aliorum codicum fidem rejicitur.

Quid ergo, inquiet aliquis, nonne hæc pugnant cum Cecilii sententia? Nam ille expresse asserit Maximinum a Diocletiano indutum fuisse purpura, renuntiatumque Cæsarem coram Galerio, qui Herculium antea miserat, ut ab eo Severus in Italia Cæsar similiter nuncuparetur. At quia auctor noster non minus manifeste asseverat factam esse utramque illam inaugurationem, Galerio instigante atque impellente, numquid dici potest eam idcirco, hancque ipsam ob rationem soli Galerio ab Eutropio, Eusebiani Chronici auctore, et Socrate (*Socrat., lib.* 1 *hist. Eccles. cap.* 2), atque aliis etiam, si velis, ascribi?

Diocletianus porro, sic deposita purpura, factus est iterum Diocles, quemadmodum auctor noster loquitur, id est, Diocletianus rediit ad privatam vitam, quam ante assumptum imperium dum agebat, Diocles, uti supra diximus, vocabatur.

Maximino autem Cæsare creato, ille protinus e tribunali et excelso, de quo paulo ante dictum, loco descendit, rhedaque *per civitatem*, ait Cecilius (*Cecil. cap.* 19), hoc est, Nicomediam, *in patriam exportatur*. Sed de illius patria supra disputavimus, quam alii Diocleam, sive Docleam, alii Salonas esse opinantur.

Non ibi tamen semper commoratus est. Quando enim Herculius ad Galerium venit, *Aderat ibi Diocles*, inquit Cecilius (*Cecil., cap.*19), *a genero*, Galerio, *nuper accitus, ut quod ante non fecerat, præsente illo, imperium Licinio daret*. Sed quemnam in locum Herculius Galerium convenerit, auctor noster penitus tacuit, et aliis reliquit divinandum. Anonymus autem Valesianus clarius procul dubio dixit : *Galerius in Illyrico Licinium Cæsarem fecit*. Si quæras qua in urbe, disces ex Eusebii Chonico : *Licinius a Galerio Carnunti Imperator factus*. Pannoniæ autem ea urbs est, ad Danubii ripas sita, quæ a Zozimo (*Zozim., lib.* II *histor.*) male cum Carnute, Galliæ Celticæ urbe, confunditur. Porro autem Galerius Licinium non præsente tantum, sed *adscito* etiam, sicuti loquitur Aurelius Victor (*Aurel. Vict. de Constan. et Armen.*), *in consilium Jovio*, id est, Diocletiano, Augustum creavit. At Herculius, qui illuc venerat, huic Licinii inaugurationi aut præbuit assensum, aut eum negare non ausus est.

ARTICULUS X.

Utrum ea vera sint, quæ Cecilius narrat de privata Diocletiani vita, atque utrum ob negatum ipsi filiæ suæ Valeriæ exulantis reditum, et eversas statuas mœrore et fame consumptus interierit.

Diocletianus Carnunte reversus Salonas, ibi præclaro, si Eutropio credimus (*Eutrop., lib.* IX *Brev. in fin. et lib.* x), otio consenuit, nec unquam, ut idem Eutropius, Aurelius Victor (*Aurel. Vict. in Epitom. de Dioclet.*), et Zozimus (*Zozim., lib. II hist.*) testificantur, adduci potuit: ut oblatam sibi ab aliis Imperatoribus purpuram resumeret. Quod quidem Eumenius (*Eumen. Panegyric. Constant.*, § 15) his: quorum nonnulla jam retulimus, praedicat verbis. « At enim divinum illum v rum, qui primus imperium et participavit, et posuit, consilii et facti sui non poenitet, nec amisisse se putat, quod sponte transcripsit. Felix beatusque vere, quem vestra tantorum principum colunt obsequia privatum. Sed et ille multijugo fultus imperio, et vestro tegitur laetus umbraculo, quos scil ex sua stirpe crevisse, et glorias vestras sibi juste vindicat. »

Verumtamen illo in otio, quantumvis praeclaro, multa, si Cecilio fidem habeas (*Cecil. cap. 41*), expertus est adversa. Primum enim nec missis saepius legatis, nec repetitis precibus, obtinere a Maximino umquam potuit, ut filiam suam Valeriam Augustam, in desertas, ut paulo post dicetur, Syriae solitudines cum matre sua relegatam, sibi remitteret.

Praeterea ille adhuc vivus, ubi Cecilius loquitur, vidit suas, suique collegae Maximiani Herculii statuas et imagines jussu Constantini Magni eversas atque destructas: *Quod nulli umquam, sicuti ipse ibidem adjecit, Imperatorum acciderat*. At nobis occurret aliquis, et objectabit, quo ergo jure Eumenius, a nobis proxime citatus, publica in oratione, ac ipsomet Constantino Magno praesente et audiente, tantis laudibus praedicavit summam illius erga Diocletianum venerationem, si illo ipsomet Constantino jubente, statuae et imagines ejusdem Diocletiani deturbatae sint? Nonne ergo Cecilius ibi adhuc erravit? Non inepta quidem erit ea redargutio, si recte probetur hanc orationem ab Eumenio peroratam fuisse post Diocletiani interitum. Nam Cecilius scribit, ut mox videbitur, illum obiisse paulo post statuarum suarum eversionem. Verum panegyricus ille sermo anno 310 habitus esse, et Diocletianus tribus postea annis ex hac vita migrasse perhibetur. Et certe ipsemet Eumenius videtur Diocletiani, quasi vitam adhuc agentis, facere mentionem. Denique Cecilius nobis manifeste satis insinuat non solius quidem Diocletiani, sed conjunctas illius Maximianique Herculii statuas, atque imagines, in hujus praesertim odium revulsas et depositas fuisse. Audias, velim, ipsa auctoris nostri verba. « Senis Maximiani statuae Constantini jussu revellebantur, et imagines cum quo pictus erat, detrahebantur. Et quia senes ambo simul plerumque picti erant, et imagines simul deponebantur amborum. » Jussisse igitur videtur Constantinus non alias, quam Herculii imagines destrui. At has revera diratas fuisse suo loco ostendemus. Quia vero vix aut potius nullo modo fieri potest, ut Constantinus nescierit hujus et Diocletiani imagines simul esse pictas, eas omnes procul dubio everti praecepit. Quo igitur modo id cum maxima, quam Eumenius in eodem Constantino adeo laudavit, Diocletiani veneratione stare queat, alii fortasse nos docebunt.

Sed alius quispiam insurget adhuc in Cecilium nostrum, nobisque objiciet falsum esse, quod ille asserit Diocletianum primum esse omnium, qui vivus imagines suas excisas viderit. Nam Tacitus (*Tacit., lib. III histor. sub fin.*) diserte asseverat Vitellium imperatorem, antequam occideretur, vidisse *cadentes statuas suas*. Numquid autem in Cecilii favorem dici potest has statuas ab illo aliter visas esse *cadentes*, quam a Diocletiano? Vitellii enim statuae in magno vulgi tumultu, ut scribit ibidem Tacitus, eversae sunt. Diocletianus vero imagines quidem suas deturbatas conspexit jussu Constantini imperatoris, sed sine ulla populi seditione.

Caeterum quamvis Diocletianus non tam in sui, quam in Maximiani Herculii invidiam, imagines suas dejectas viderit; non potuit tamen, si Cecilio credas, tantam contumeliam patienti ferre animo. Tunc enimvero *moriendum*, uti ille aiebat, *sibi esse decrevit*. Sed quodnam, putas, elegit voluntariae mortis genus? Audi, obsecro, ipsummet adhuc Cecilium nostrum: *Proculcatus injuriis, atque in odium vitae dejectus, postremo fame atque angore*, id est, moerore et tristitia *confectus est*. Sed non alias ille injurias memorat, nisi eversas eo, quo diximus, modo ejus imagines, et ipsi negatum a Maximino filiae suae exulantis reditum. Ac certe tantae non videntur hae contumeliae, ut propterea Diocletianus, qui in praeclaro, ut diximus, otio consenescebat, in tam immane vitae odium venire debuerit.

Quid vero, quod aliae sunt, et valde diversae de illius morte aliorum Scriptorum opiniones. Etenim ab Eusebio dicitur (*Euseb., lib. VIII Append.*) Μακρᾷ καὶ ἐκλυποτάτῃ τῇ τοῦ σώματος ἀσθενείᾳ διεργασθείς, *diuturno ac molestissimo morbo confectus*. Tacet autem quis ille morbus fuerit, vel utrum in illum inciderit moerore, aut desperatione, aut senectutis infirmitate. Hieronymus vero (*Hieronymi. Comment. lib. III in Zachar., cap. 14, v. 18*) eum in tyrannorum numero ponit, qui propterea quod Christi Ecclesiam afflixerint, crudeli morte mulctati sunt. Sed quid ibi speciatim de illo dixerit, intelligi non potest. In Aurelii autem Victoris Epitome illius interitus his verbis describitur. « Vixit annos 68, ex quibus communi habitu prope novem egit: morte consumptus est, ut satis patuit, per formidinem voluntariam. Quippe cum a Constantino atque Licinio vocatus ad festa nuptiarum, per senectam quominus interesse valeret, excusavisset, rescriptis minacibus acceptis, quibus increpabatur Maxentio favisse, ac Maximiano favere, suspectans necem dedecorosam, venenum dicitur hausisse. » Numquid ergo hunc timorem auxit triste diratarum statuarum imaginumque suarum spectaculum? Numquid etiam dici potest eum, veneno sumpto, noluisse postea ullum cibum sumere? Porro autem Aurelius Victor id, quod ex ejus libro retulimus, non asseveranter affirmat, sed nos ipse admonuit, illud fama tantummodo aliorumque testimonio fuisse traditum.

Ad recentiores vero gradum si faciamus, Alexandrini Chronici auctor nobis cito occurret, qui scripto hæc prodidit : *Galerius Maximianus*, legendum Diocletianus, *aqua intercute* ὕδρωπι δεινῷ, *graviter laborans, Salonis;* Suidas vero de eodem Diocletiano et Maximiano ejus genero : (*Suidas ad v.* Διοκλητιανός) καὶ ὁ μὲν ἐσφάγη ὑπὸ τῆς συγκλήτου, ὁ δὲ ἀπήγξατο, *Nam alter quidem a Senatu jugulatus fuit: alter vero se ipse strangulavit.* Sed unde hæc ille delibaverit, cum penitus sileat, dictu sane difficillimum est. Utrum autem Cecilius noster propius ad verum, quam alii accesserit, aliorum esto judicium. Nos interim ad ea, quæ ille de Prisca ejusdem Diocletiani uxore, et Valeria ejus filia narrat, enucleanda transibimus.

CAPUT IX.

De Diocletiani uxore Prisca, et filia ejus Valeria.

ARTICULUS PRIMUS.

Quam rara Priscæ, et frequens Valeriæ apud antiquos auctores mentio; utrum ambæ christianam religionem professæ sint.

Quam sæpe ab antiquis auctoribus Valeriæ, Diocletiani filiæ, tam raro uxoris ejus Priscæ mentio facta est. Scimus quidem hujus imperatoris conjugem in quibusdam sanctorum Actis Serenam, in aliis Alexandram vocari. Sed hæc Acta nec vera jure sane merito videntur, nec sincera. In gestis præterea pontificalibus, ab Anastasio editis, appellatur Eleutheria, et in vetustissimo eorum codice Leutheres. At id solo horumce gestorum scriptoris testimonio nititur. Prisca porro a Cecilio nostro cognominatur : sed utrum potiori jure, eaque pluribus nominibus nuncupata sit, ab aliis eruditioribus libenter audiemus.

Cæterum Diocletianus ex uxore sua filiam suscepit Valeriam, quam in matrimonium, ut infra ostendemus, collocavit Maximiano Galerio, cum ipsum Cæsarem, imperiique sui socium fecit. Hic vero cæsis, ut scribit Aurelius Victor (*Aurel. Vict. de Cæsar. ubi de Armeni.*), immanibus sylvis, ac Peltonæ, apud Pannonios lucu in Danubium immisso, provinciam nomine uxoris suæ Valeriam voluit nuncupare. Suffragatur huic opinioni Ammianus Marcellinus (*Ammian. Marcell., lib.* XIX, *cap.* 11), qui litteris mandavit eam provinciam sic fuisse cognominatam in Valeriæ Diocletiani filiæ honorem. Exstat porro in gazophylacio regio istud ex ære secundi moduli numisma, quod acceptum referimus amantissimo sodali nostro Anselmo Bandurio, qui illud aliaque plura non sine eruditis observationibus publicam in lucem brevi emissurus est.

Cum primum autem Diocletianus in Christianos immani, sicuti vidimus, crudelitate sævire cœpit : *Primam omnium*, ait Cecilius (*Cec. c.* 15), *filiam Valeriam, conjugemque Priscam sacrificio pollui coegit.* Cur ergo eas *coegit* ad diis sacrificandum ? An quia christianæ erant, aut ut illas, gentilium superstitionibus addictas, ad præbendum aliis hæc impia sacrificia faciendi exemplum cogeret? Diversæ profecto sunt eruditorum virorum ea de re opiniones. Quidam enim eas christianæ religioni nomen revera dedisse arbitrantur. Opinionem autem suam stabiliri posse existimant his Eusebii, tametsi, uti plures fatentur, obscurioribus verbis : Τί δεῖ περὶ τῶν κατὰ τοὺς βασιλικοὺς λέγειν οἴκους, καὶ τῶν πᾶσιν ἀρχόντων, οἳ τοῖς οἰκείοις εἰς πρόσωπον ἐπὶ τῷ θείῳ παῤῥησιαζομένοις λόγῳ τε καὶ βίῳ συνεχώρουν, γαμεταῖς, καὶ παισὶ, καὶ οἰκέταις, μονονουχὶ καὶ ἐγκαυχᾶσθαι ἐπὶ τῇ παῤῥησίᾳ τῆς πίστεως ἐπιτρέποντες. οὓς ἐξόχως καὶ μᾶλλον τῶν συνθεραπόντων ἀποδέκτους ἡγοῦντο. Quæ sic interpretatur Valesius : « Quid opus est dicere de iis, qui in Imperatorum palatiis versabantur, quid de Imperatoribus ipsis? Qui domesticis suis, eorumque uxoribus, liberis, ac servis ea, quæ religionis suæ erant, tam verbis quam factis libere exsequendi coram semetipsis potestatem dederunt; ipsis ob hanc fidei suæ libertatem gloriari ac se ostentare quodammodo permittentes, eosque præ cæteris omnibus ministris præcipuo quodam amore complectentes.» Suis autem in animadversionibus Valesius Christophorsonum arguit, qui græcum nomen γαμεταῖς de imperatorum uxoribus interpretatus est. Subsequentia siquidem Eusebii verba huic sensui penitus repugnare ipsi videntur.

Sed utraque et Valesii et Christophorsoni interpretatio Toinardo liberior visa est, græcaque Eusebii verba sic latine reddenda esse opinatur : « Quid opus de iis dicere, qui in Imperatorum *erant* domibus, et iis, qui omnibus imperabant? Qui suis coram circa rem divinam et sermone et vivendi ratione libere sese gerere sinebant, uxoribus et liberis, et famulis tantum non, et gloriari super libera professione fidei permittentes, quos eximie, et præ *cæteris* eorum conservis acceptos habebant. » Contendit autem vocabulum οἰκείοις ibi esse, quasi genericum, quod γαμετὰς, παῖδας, et οἰκέτας, *uxores, liberos* et *famulos* imperatorum complectitur. Inde igitur concludit Priscam et Valeriam fuisse christianas. Confirmari autem potest hæc interpretatio auctoritate Rufini, græca illa Eusebii verba sic latine explicantis : « Aliquanti ex principibus Romanis, conjugibus, ac ministris, atque universæ domui suæ, non solum credere in Dominum nostrum Jesum Christum, verum et cum omni fiducia ac libertate in fide agere sinebant. » (*Rufin., lib.* VIII, *cap.* 1.)

At Cuperus putat his Eusebii verbis : ἐπὶ πᾶσιν ἀρχόντων, non imperatores, aut eos, qui omnibus præfecti sunt, designari, sed præfectos prætorio, vel potius præfectos cubiculi, aliosque similes, qui cæteris omnibus in palatio versantibus præerant. Nam paulo post Eusebius aperte significat unum ex iis fuisse Dorotheum, alterum vero Gorgonium, qui domesticis et uxoribus suis permiserant christianam religionem libere profiteri.

Sed Eusebius ibi de illa tantummodo agere videtur libera facultate, quam imperatores, non vero alii eorum præfecti Christianis concesserant religionem suam publice palamque exercendi. Præterea hi præfecti, in imperatorum palatio commorantes, hanc potestatem uxoribus domesticisque suis non fecerunt; nisi ipsimet imperatores annuerint, aut prius suis uxoribus eamdem dederint facultatem. Quis enim nesciat solitum esse curialium et palatinorum morem, ut nihil fere aliud publice agant, quam quod regibus placeat? Verisimilius est igitur illis Eusebii verbis significari, ante concitatam a Diocletiano in christianos persecutionem, imperatores domesticorum suorum conjugibus, multoque magis suismet uxoribus licentiam dedisse suam colendi religionem.

At tametsi res ita se haberet, in controversiam adhuc vocari potest utrum Prisca et Valeria, priusquam Diocletianus christianos vexare cœperit, christianam religionem revera amplexatæ sint. Et id Baluzius quidem penitus inficiatur, quia Cecilius haud obscure testificatus est Priscam et Valeriam ausas non fuisse impio Diocletiani decreto refragari. Atqui si christianam fidem revera profitebantur, cur aliis christianis mulierculis et pueris, qui tanta fortitudine fidem suam ad dirissimam usque internecionem confessi sunt, timidiores sese nefandis ethnicorum sacrificiis tam facile coinquinaverunt? Huc accedit, quod postea in hoc Cecilii libro earum sæpius fit mentio; nullibi tamen ullum prorsus religionis christianæ, ab eis susceptæ, vestigium exstat. Quin immo non propter hanc religionem, sed conditionem et pudicitiam, uti mox dicemus, interemptæ dicuntur.

Alii tamen eas aut christianas fuisse, aut saltem christianis favisse inde arguunt; quia ad gentilium diis sacrificandum coactæ fuerint. Gentiles enimvero non invito et ingratis, sed sponte et ultro diis sacrificabant. Quid vero, si post hoc sacrificium peccati eas non pœnituerit, aut præ timore celaverint pœnitentiam?

Neque objicias Cecilium paulo post (*cap.* 15) addidisse: *Judices per omnia templa universos ad sacrificia cogebant.* Nam hæc non minori quam pleraque alia ejus verba obscuritate involuta sunt. Si universorum etenim nomine tam gentiles, quam christianos comprehendit, inde confici non potest Valeriam et Priscam fuisse christianas. Si vero nomen illud sensu accommodato accipiatur pro omnibus christianis, et ad eos referatur, hinc recte inferetur illas christianæ religioni suum reipsa cedisse nomen. Fatendum est igitur valde ambiguam esse auctoris nostri elocutionem, ex qua vix certi aliquid possit concludi. Verumtamen ita fortasse locutus est; quia tunc omnibus tam exploratum fuit; quam nunc incompertum est utrum Prisca et Valeria christianæ fuerint: sed illud profecto Cecilius posteris clarius explicare debebat.

ARTICULUS II.

De Valeria et Candidiano ab ea ob sterilitatem adoptato, cur illa post Galerii viri sui mortem, Licinio relicto, confugerit ad Maximinum, ejusque nuptias rejecerit. De nigris viduarum luctus sui tempore vestibus; ac utrum nulla imperatoris uxor secundo marito antea umquam nupserit.

Nullos propter sterilitatem liberos Valeria ex viro suo Galerio imperatore susceperat. Quapropter Candidianum illius ex concubina filium sibi adoptavit. Galerius vero moriens, et hunc et Valeriam Licinio commendavit, illiusque tradidit in manus. Et hæc quidem ex Cecilio nostro accepimus. Sed explicatu illud difficilius, quod ab ipso rursus de eadem Valeria, Candidiano, ac Severiano, Severi imperatoris filio narratur: « Licinium, » inquit, « jam pridem quasi malum metuentes, cum Maximino esse maluerant, præ Valeria, quæ volens Licinio in omnes Maximiani Galerii hæreditates jure suo cedere, idem Maximino negaverat. » Nonne enim hæc verba significant Valeriam, post mariti sui Galerii mortem, cum Licinio remansisse? Verumtamen prius dixerat: « Venerat post obitum Maximini *Galerii* ad eum, *Maximinum,* Valeria, cum se putaret in partibus ejus tutius moraturam; eo maxime, quod habebat uxorem. » Numquid responderi potest brevissimam fuisse ejus apud Licinium moram, cum Maximino se ac Maximinum, apud quem se tutiorem fore sperabat? At si res ita sit, cur omnibus Galerii bonis voluit Licinio cedere? Nonnulli itaque in textu Cecilii *nolens*, non autem *volens* legendum suspicantur. Verum in Colbertino codice scriptum est: *Volenti Licinio.* Vide autem utrum inde hic sensus elici umquam possit, Licinium voluisse in omnes invadere Galerii hæreditates, atque idcirco Valeriam confestim ab eo fugisse; ut ad Maximinum, qui uxorem habebat, sese tutius reciperet. Sed quis ibi Lactantii stylum agnoscet?

Valeria porro non eam, quam optabat, a Maximino impetravit securitatem. Enimvero vir ille libidinosissimus hanc ipsam, rejecta uxore sua, in matrimonio habere voluit, *quam nuper appellaverat matrem.* Cur autem matrem appellabat, nisi honoris causa, et quia conjux fuerat Galerii Augusti, qui propterea quod Maximinum, ut diximus, fecerat Cæsarem, ab eo pater, atque idcirco uxor ejus mater vocatur. Ipsamet vero Valeria legatis, qui eam Maximini nomine in matrimonium petebant, respondit tepidis adhuc mariti sui cineribus, et in ferali viduæ habitu, fas sibi non fuisse de secundis nuptiis cogitare. Numæ enim Pompilii legem Plutarchus retulit (*Plutarch. in Vit. Numæ, t.* 1), qua vetitum erat, ne ulla umquam vidua ante exactos post mariti sui mortem decem circiter menses alteri nuberet. Ovidius autem non solum hujusce decreti reddidit rationem, sed meminit etiam feralis, uti loquitur auctor noster, et lugubris habitus, quo per id tempus viduæ indui debebat:

Quod satis est utero matris, dum prodeat infans,
  Hoc anno statuit temporis esse satis,
Per totidem menses a funere conjugis, uxor
Sustinet in vidua tristia signa domo.
(*Ovid., lib.* 1 *Fastor.*, *v.* 33 *et seqq.*)

Per hos itaque menses illi idcirco in viduitate erat permanendum; quia moriente viro, prægnans esse poterat. Si plura desideres, consulere præterea poteris Brissonium et Gothofredum (*Brisson. lib. de jure Connub. in fin.; Gothof. not. in leg.* 1 *de sec. nupt. t.* 1 *Cod. Theod. p.* 281 *et seqq.*).

Constat autem nigras fuisse virorum in mortuarum

uxorum luctu vestes. Nam præter infinitum testium numerum, Propertius cecinit :

Denique quis nostro curvum te funere vidit?
Atram quis lacrymis incaluisse togam?
(*Propert.*, *lib.* IV, *Eleg.* 6, *ad Cynth.*, *v.* 27.)

De viduis itaque mulieribus major potest esse difficultas. Nam Lipsius in suis ad Cornelii Taciti libros commentariis varios citat auctores, quorum aliqui has pulla nigraque, alii alba et candida, vel purpurea, aureisque ornamentis intertexta veste luctus sui tempus transegisse prodiderunt. Eos autem sic conciliandos esse censet ; ut Romanæ mulieres, stante republica, atram vestem, et sub imperatoribus candidam induerint. Si quis vero hujusce mutationis causam requirat, illi Lipsius respondet, non aliam esse præter Romanarum matronarum luxum, quo coloris albi vestes, utpote minus pretiosas, aspernabantur. Neque multum movetur auctoritate Apuleii, qui *matronam flebilem* viduam fusca veste contectam memorat. Ad antiquum enimvero morem ibi eum respexisse Lipsius opinatur, aut ad illum, qui adhuc in provinciis solebat observari.

Sed huic conjecturæ penitus adversatur Cecilii nostri testimonium (*Cecil. cap.* 39). Nam is palam aperteque asseverat Valeriam imperatricem luctus sui tempore *in atris fuisse vestibus.* Numquid ergo dicendum Romanas mulieres viduas aut albis, aut nigris, aut purpureis, majoris minorisve pretii vestibus usas, prout majorem vel minorem de virorum suorum morte luctum ostentare volebant ? Sed lege adhuc, si velis, Ferrarii de atris in luctu vestibus observationes (*Ferrar. lib.* I *de re vestiar. cap.* 23).

Secunda Valeriæ ratio, cur Maximini imperatoris nuptias rejecit, ea est, quia nefas ducebat *sine more, sine exemplo, maritum alterum experiri.* Sed hæc verba non minus difficiles, quam superiora, habent explicatus. Nam generalis hæc propositio significat nullam hactenus imperatricem secundis nuptiis fuisse illigatam. At Cuperus, Toinardus, aliique exempla proferunt imperatricum, quæ mortuo marito, alteri nupserunt. Quamobrem nonnullis suboluit in textu Cecilii scriptum fuisse : *maritum ex filiis alterum ;* sed huic conjecturæ, profecto levissimæ, diffisi, fateri coguntur se non videre ubi pedem secure figant.

Nos quidem non præterit citari a nonnullis Tertullianum (*Tertull. lib. de Præscript. hæret. c.* 40, *et Exhortat. ad castit. cap.* 13), qui docet fas summo ethnicorum pontifici non fuisse secundam ducere uxorem. Atqui imperatores erant pontifices summi. Verum alii arbitrantur Tertullianum loqui de Flamine Diali, cui, sicut Gellius et Plutarchus testantur (*Gell. lib.* X *Noct. Attic. cap.* 15 ; *Plutarch. Quæst. Roman. quæst.* 50), interdictum secundis nuptiis fuerat. At præterea ex hac interdictione non sequitur illud fuisse sine more et exemplo. Adjiciamus, si lubet, Cecilium nostrum non de imperatoribus agere, sed de illorum uxoribus, quarum alius poterat esse usus, nec eadem ratio.

Quidam igitur ad angustias redacti, non aliter hujus difficultatis nodum solvi posse autumant, nisi ignorantia Valeriæ, quæ nullas noverat secundas imperatricum nuptias. Quid vero, si putaverit eas aut invitis imperatricibus, aut contra morem antiquum, ac sine exemplo utique laudando, sed pravo plane ac perverso celebratas? Nihil tamen certo affirmare audemus, sed hæc aliorum permittimus judicio.

ARTICULUS III.

De Priscæ et Valeriæ exilio, ac trium nobilium fœminarum, hujus amicarum, et Judæi cujusdam, qui eas adulterii falso accusaverat, atque earumdem Priscæ et Valeriæ supplicio et interitu.

Valeria ob spretas, sicut paulo ante dicebamus, Maximini nuptias, in exilium huc et illuc, ait Cecilius (*Cecil. cap.* 39), cum matre sua Prisca mittitur, rapiuntur ejus bona, auferuntur comites, et spadones *in tormentis* necantur. Sic etiam, ut id obiter annotemus : Cicero scripsit : « Accepimus Zenonem Eleatem in tormentis necatum. » (*Cicer. lib.* III *de Natur. deor.*)

Maximini vero furorem similiter expertæ sunt tres fœminæ nobiles, quas Valeria singulari amicitia complectebatur. Prima erat clarissima fœmina, cui jam ex juvenibus filiis nepotes erant. Quia vero hæc a Valeria tamquam mater diligebatur, suspicatus est Maximinus hujus consilio spretas rejectasque ab illa fuisse nuptias, quas ei proposuit.

Altera vero æque nobilis, Vestalem *famulam virginem,* ait Cecilius, *Romæ reliquerat, furtive tunc Valeriæ familiaris.* Sed cujusnam, obsecro, famula erat? An Vestæ deæ, an illius fœminæ nobilis ? Vestales enimvero deæ Vestæ, et famulæ et ancillæ, Apulejo et Augustino testibus (*Apulei. lib.* VI, *August. lib.* IV *de Civit. cap.* 10), vocabantur. Verum quia parum ad rem conducebat hujusce vestalis commemoratio, quidam idcirco opinati sunt hanc nobilis illius fœminæ fuisse famulam, alii filiam. Atque horum opinio probabilior forsitan videri posset, si ratione saltem aliqua fulciretur. Sed quidquid pronuntics, fatearis necesse est Firmiani Lactantii sermonem solitumque loquendi modum tanta obscuritate non involvi.

Tertia mulier *virum habuit senatorem,* Cecilii verba sunt, *non nimis Augustæ proxima.* Atque ita in codice Colbertino legitur, *non nimis :* quod certe quibusdam in editionibus mutandum non erat. Nam secunda mulier dicitur Valeriæ *furtive familiaris ;* hæc itaque dici potuit, *non nimis proxima,* sicut antea de Galerio *nec tamen nimium territus.* Deinde vero utraque mulier non tam propter Valeriæ amicitiam, quam *ob eximiam pulchritudinem corporis,* inquit auctor noster, *ac pudicitiam necabatur.* Sensus ergo Cecilii esse videtur ambas illas mulieres non tam arcto, ac prior matrona, amicitiæ et necessitudinis vinculo Valeriæ fuisse conjunctas ; sed captatam ex hac qualicumque amicitia occasionem, ut eæ propter pulchritudinem et pudicitiam infami morte occiderentur.

Cæterum quia tres illæ nobiles fœminæ nullius criminis consciæ erant, impurum sceleratumque quemdam Judæum, falsum testem, promissa criminum venia, subornarunt, qui eas Nicææ in urbe apud Eratineum præsidem adulterii accusavit. Iniquissimus vero judex hunc protulit *extra civitatem cum præsidio*, uti Cecilius loquitur, *ne lapidibus obruatur*. At hæc ultima verba alii ad judicem ipsum, alii ad Judæum potiori, uti videtur, ratione referunt. Tum irrogantur tormenta Judæo, sic pergit Cecilius, *dum quæ jussus...... loquerentur, pugnis a tortoribus coercentur*. In spatio vacuo duo aut tria, ut plurimum verba initio paginæ abscissa sunt, ac deinde scriptum *oquerentur*. Unde conjici potest legendum, *dum Judæus, quæ jussus* fuit, declarat, tum mulieres, *ne loquerentur, pugnis a tortoribus coercentur*. Testatum siquidem Eusebius facit (*Euseb. lib.* VIII *histor. Eccles. cap.* 3 *et de Martyr. Palæst. cap.* 1) plurimos martyres pugnis in os cæsos ac contusos, ne accusatoribus et judicibus responderent.

Capitis porro condemnatæ mulieres illæ, ad supplicium inter armatorum cuneos ductæ sunt, ne populi, et tanta injustitia, et unius ex illis mariti fletibus commoti, impetu ex carnificum manibus eriperentur. Denique promissa impunitas negatur ipsimet falso testi Judæo *adultero*, id est, ut quidam suspicantur, qui cum hisce mulieribus adulterium se perpetrasse mentitus fuerat. At si res ita se habeat, non solum propter illud fictum adulterium, sed alia etiam, ut paulo ante dictum est, propter scelera, patibulo affixus est. Dum scelestam vero animam ibi ageret, innocentiam nobilium illarum fœminarum palam, sed tardius patefecit.

Valeria autem ex desertis Syriæ solitudinibus, in quas amandata fuerat, patrem suum Diocletianum calamitatis suæ fecit certiorem. At ille nullis, sicut diximus, precibus potuit umquam reditum illius a Maximino obtinere. Post ejusdem vero Maximini interitum Valeria, mutato habitu, Nicomediam venit, ut Candidiani fortunam specularetur. Ast ubi audivit eum jussu Licinii interfectum, fugit protinus. Utrum vero Priscam matrem fugæ itinerisque comitem habuerit, tacet omnino Cecilius. Paulo tamen postea scriptis prodidit illam quindecim mensibus huc illucque plebeio cultu pervagatam, demum Thessalonicæ sua cum matre comprehensam fuisse, ac utrique tandem caput amputatum. Cæterum dubium esse potest utrum auctor noster quindecim hos menses ab eo computet tempore, quo Valeria anno 312, in exilium a Maximino projecta est, vel quo post victum a Licinio eumdem Maximinum, et Candidianum hujus jussu interfectum, fugam arripuit. Sed ab hoc postremo haud dubie tempore initium horum quindecim mensium repetendum est. Tunc enim tantum, nec prius Valeria coacta fuit regias vestes, cum plebeio habitu mutare, ac fugæ suæ consulere saluti. Atqui Maximinus a Licinio superatus, obiit anno 313, circa mensem Augustum. Valeria igitur, materque ejus Prisca crudeli ejusdem Licinii, ad summum imperii fastigium jam evecti, mandato circa finem anni subsequentis necatæ, et illarum corpora, si auctori nostro credas, in mare projecta fuerunt.

CAPUT X.
De Maximiano Herculio imperatore.

ARTICULUS PRIMUS.

Quando et ubi Maximianus Herculius factus sit imperator; quæ ejus cum Diocletiano consensio, quantaque illius avaritia, inclementia, ac libido, et ubi imperium primo deposuerit.

Maximianus senior dictus est Herculius, uti Cecilius (*cap.* 8 *et* 52) aliique omnes ultro confitentur. Cognomen autem illud sibi ipse vindicaverat, in Herculis, ut superius a nobis observatum est, honorem, vel potius, ut ab eo ortus crederetur. Ad imperii vero societatem a Diocletiano adscitus est anno Christi 385, sicuti putant aliqui, aut certe, ut aliis placet, hoc ipso anno renuntiatus fuit Cæsar tantum, ac subsequenti 386, imperator et Augustus. Ubi autem regali purpura indutus fuerit, si a Cecilio nostro percontaris, hoc accipies ab illo responsum : « Erat locus altus extra civitatem », Nicomediam, « ad tria fere millia, in cujus summo Maximianus ipse purpuram sumpserat. » Sed non minima tamen inter ætatis nostræ scriptores contentione disceptatur quonam ille de Maximiano, an Herculio, vel Galerio ibi loquatur. Quidam enim hæc de priore, alii plures de posteriore intelligenda esse arbitrantur. Verumtamen ii omnes consensu satis unanimi fatentur eumdem Herculium, sicut in Chronico Alexandrino habetur, Nicomediæ creatum fuisse imperatorem. Post hæc porro *frater ejus* Diocletianus ab Cecilio nostro dicitur. Solebant enim imperatores, tametsi minime consanguinei, sese invicem fratrum nomine appellare.

At quamvis Herculius consanguinitate non esset Diocletiano conjunctus, ipsi nihilominus similis fuit. Nam *in utroque*, inquit auctor noster, *mens una, eadem cogitatio, par voluntas, æqua sententia.* Magno enim voluntatum sententiarumque consensu regnaverunt. Communem autem singularemque illorum concordiam Mammertinus plurimum extollit (*Mammert. Panegyric. Maxim.* § 11, *et Genethl.* § 7). At certa Herculius Diocletiano, tamquam minor majori, in vexandis christianis, omnibusque, ut testatur Eutropius (*Eutrop. Brev. Rom. histor.*), severioribus consiliis, ac suis usque ad imperii abdicationem obsecutus est.

Itaque *hoc solum*, pergit Cecilius, differebant, *quod avaritiæ minori altero fuit plus, majori vero minus, sed plus timiditatis.* Majorem autem dixit Herculii avaritiam; quia etiamsi in custodiendis opibus non esset tam diligens ac Diocletianus, eas tamen summa iniquitate ac crudelitate congerebat. Quando namque hæ ipsi deerant, tunc illas rapiebat ex locupletissimis senatoribus, quos nefaria seductione testium jubebat plecti capite. Nec difficile e erat infinitas divitias malis illis artibus tempore brevissimo cogere;

quandoquidem subjectas ditioni suæ habebat opulentissimas provincias, Italiam, vel Africam, vel Hispaniam, quomodo supra a nobis explicatum est.

Neque avarus tantum a Cecilio nostro dicitur (*Cecil. cap.* 15), sed *homo non adeo clemens.* Quantum enim a clementia alienus fuerit, nemo est qui ex mox dictis non videat. Si quis tamen id jam sibi adhuc probari velit, hic audiat Eutropium (*Eutrop. loc. cit.*), de illo sic loquentem : « Herculius manifestissime et propalam crudelis, a moderatione et societate alienus, aspectu ac vultus horrore asperitatem præ se ferebat. » (*Idem, lib.* x, *pag.* 229; *Zozim. pag.* 675.) Aliis vero verbis id postea repetit, atque infidelitatis præterea eum, sicuti Zozimus, insimulat.

Non minori porro libidinis, quam avaritiæ crudelitatisque æstu Herculius urebatur. Satis quippe *pestifero* homini non erat, *mores*, ita quidem in manuscripto codice legitur, contra omne jus et fas corrumpere, sed primorum etiam filias, et avulsas ab parentum conspectu virgines violabat. Uno verbo eam putabat imperii sui esse felicitatem, si libidini nihil denegaret. Cecilio autem hæc dicenti si non credas, aliumque desideres testem, tibi dabimus Aurelium Victorem, a quo effrœnata ipsius libido, aliaque ejus vitia his verbis in Epitome notantur : « Aurelius Maximianus cognomento Herculius, ferus natura, ardens libidine, consiliis stolidus, ortu agresti. » In suo autem de Cæsaribus libro : « Libidine, *inquit*, tanta agebatur, ut ne ab obsidum corporibus quidem animi labem comprimeret. » Si autem inde inferas in textu Cecilii legendum *mares*, non *mores*, uti quibusdam placuit, ages procul dubio contra manuscripti codicis fidem, et contra gradationem, quam Cecilius a generali morum ad specialem virginum corruptelam fecit. Ipsius enimvero hæc totidemque sunt verba : « Jam libido in homine pestifero non modo ad corrumpendos mores, quod est odiosum, ac detestabile, verum etiam ad violandas primorum filias. » Miramur itaque quomodo illa fictitia Ceciliani textus emendatio, vel potius depravatio, in eorum, quorum mores penitus corrupti non sunt, mentem venire potuerit.

Nulli porro mirum videbitur, si hic imperator libidine, impudicitia, totque aliis vitiis depravatus, Diocletiano, cui similis erat, morem semper gerendum duxit, ac tum maxime cum ei scripsit, ut Christianos, sicuti ipse, persequeretur. Et certe acceptis illius litteris, *libens*, uti auctor noster loquitur (*cap.*15), *paruit per Italiam*, *homo non adeo clemens.* Quis autem, nobis plane silentibus, non facillime perspiciat quot quantisque tormentis christiani plurimi in illis, quibus præerat, provinciis excarnificati sint, suumque pro invicta religionis suæ confessione fuderint sanguinem? Si tamen Cecilium nostrum audire adhuc cupias, ille his, quæ supra retulimus, citatis Virgilii carminibus tibi dicet hunc, et Diocletianum, ac Galerium *tres* fuisse *acerbissimas bestias*, *quæ ab oriente in occasum* tanto furore in Christianos *sæviebant*; ut id nullis verbis possit ab ullo explicari. Nemini ergo dubium esse potest quin Herculius, homo minime clemens, ingenitæ feritati tunc laxaverit habenas, nec umquam sanguini pepercerit Christianorum.

Quantumvis autem ille Diocletiano, uti diximus, fuerit audacior, Galerius tamen ut eum ad supremam imperatoris dignitatem deponendam cogeret, terruit armorum civilium metu. Datis itaque Herculius ad Diocletianum litteris, illum et consiliorum Galerii commonefecit, et aucti revera ab illo post comminationes exercitus. At ex Cecilio nostro discimus quidem redditas fuisse Diocletiano hasce illius litteras, quid autem ipse Diocletianus ei responderit, alto Cecilius prætermisit silentio. Nobis tamen haud obscure significat eumdem Herculium, accepto illius responso, sese exuisse purpura, qua Severum, quemadmodum Diocletianus, uti dictum est, Maximinum sua induit. Ubi vero ac quando hoc factum sit, his præter alios Eusebiani Chronici auctor verbis explicat : « Secundo anno persecutionis Diocletianus Nicomediæ, Maximianus Mediolani purpuram deposuerunt. » Sed de hac abdicatione supra egimus, de Severo autem et Maximino infra disputandum.

ARTICULUS II.

Quomodo Maximianus Herculius, resumpta purpura, Romam obsidione liberaverit et venerit ad Constantinum, quem, collocata ei in matrimonium minore filia, decipere conatus est : de secundo illius Romam reditu, ubi Maxentium imperio privare frustra conatus, inde ignominiose ejectus fuit.

Suprema imperatoris et Augusti dignitate sese Herculius abdicavit non lubenti quidem, si Cecilio credas, animo, sed omnino invitus, vel sicut jam ex Eutropio annotavimus, postquam Diocletianus, id illi ægre persuasisset. Quapropter eum, teste Eumenio, puduit eximiam ejusdem Diocletiani, qui ad vitam privatam tam gloriose descenderat, imitari moderationem. Nec mirum profecto. *Rerum enimvero novarum*, uti Cecilius loquitur, *cupidus, et* φύσει ὢν, Zozimi verba sunt, φιλοπράγμων, καὶ ἄπιστος, *Natura inquietus*, sive libenter aliis negotia facessens, *et infidus erat.* Post depositum itaque imperium, cum in Campania moraretur, missam sibi a Maxentio filio, Severum metuente, purpuram rursus tamque læto animo arripuit, quam invito antea eam exuerat.

Tum deinde Severo Romam obsidenti occurrit, vel e Lucania, ut loquitur Eutropius, illuc advolavit, et in Urbem obsidione liberatam ingressus est. Sed timuit ne Galerio, ob Severi necem irato, et ad se fortasse cum Maximino duplicatis copiis venienti, resistere non posset. Quamobrem *Urbe munita et rebus cœptis inimicis diligenter instructis*, *proficiscitur in Galliam.* Ita in manuscripto codice hæc scripta sunt, sed mendosissime nulloque sensu. Singuli itaque pro suo quisque ingenio hunc locum emendare tentarunt. Quæ autem vera sit lectio, quis sine altero meliori codice asseverare audeat? Sensus tamen Cecilii esse videtur : Herculium, relicta Urbe munita, et rebus, quæ ex inimicis captæ erant, diligenter instructa, profectum esse in Galliam.

Ad Constantinum igitur ibi degentem venit; *ut eum partibus suis conciliaret suæ minoris filiæ nuptiis*, in manuscripto nostro codice, *sic minoris familiæ* nuptiis, simili procul dubio, atque antea, librarii errore. Narrat autem Zozimus Herculium post mortem Severi venisse ad Diocletianum (*Zozim., lib.* II *histor.*). Sed cum illum, inquit, ad purpuram resumendam frustra excitasset, ad Constantinum, superatis Alpibus, contendit. Ei autem filiam hoc dolo malo collocavit, quo ad persequendum Galerium compelleret. Faustæ porro nomen huic Constantini Magni conjugi fuisse non solum Zozimus, sed Eutropius aliique omnes fatentur (*Eutrop. lib.* x *Breviar. hist. Rom.*). Cur vero Cecilius eam Herculii filiam minorem appellaverit, valde incertum est, nisi forte majorem ejus filiam esse putaverit Theodoram privignam, ex Eutropia uxore sua genitam, et Constantii patris Constantini conjugem. De illo enim Aurelius in Epitome : « Genuit ex Eutropia Syra, » inquit, « muliere Maxentium et Faustam conjugem Constantini, cujus patri Constantio tradiderat Theodoram privignam. » Magnis porro laudibus Julianus imperator hanc Faustam exornat (*Julian. orat.* 1), ex qua Constantinus Magnus suum præ cæteris filium Constantium suscepisse perhibetur.

Herculium autem improba decipiendi Constantini spes plane frustrata est. Quamobrem Romam confestim se contulit ad Maxentium suum, ut mox dictum est, filium. Ibi vero commune quidem cum eo imperium habebat, sed Maxentii major erat potestas. Invidia ergo impius ille pater laceratus, publica in concione purpuram ab filii humeris detraxit. Verum milites tantam perfidiam detestati, excipiunt filium, ac patrem tamquam Superbum, id est, Tarquinium Roma ejiciunt. Testes alios tam indigni facinoris habemus, ac primum quidem incertum panegyrici, Constantino Magno dicti, auctorem, qui illud sic enarrat : « Ipse » Herculius, qui pater « illius, » Maxentii, « credebatur, discissam ab humeris purpuram detrahere conatus, senserat in illud dedecus sua fata transisse. » Secundus vero testis erit Eutropius (*Eutrop., lib.* 1 *Breviar.*), cujus hæc sunt verba : « Herculius Maxentii pater, in medio exercitu concionatus, filiumque suum imperio depellere conatus, seditionem et multa militum convicia tulit. » Zonaras tamen nos docet (*Zonar., lib.* XI *Annal.* § 33) id paulo aliter ab aliis quibusdam narrari; sed eos nominatim non appellavit. Secus adhuc Socrates (*Socrat., lib.* I, *cap.* 2), qui litteris mandavit Herculium, cum filium suum interficere niteretur, a militibus fuisse prohibitum. Sed illud in animum ii facile induxerunt, qui eum a filio purpuram diripere videbant.

ARTICULUS III.

Qua ratione Maximianus Herculius, ad Constantinum regressus, sese rursus purpura exuit, atque decepto Constantino, eam tertio sumpserit, posteaque occupaverit Massiliam, ex qua ab illo expulsus est; ac quibus tandem dolis illum interficere molitus, pœnas laqueo dederit, et de eversis ejus statuis.

Tanto cum dedecore tantaque ignominia Herculius Roma pulsus, rediit in Gallias, prætexuitque cum filio suo Maxentio discordiam, perinde ac si ab illo, sicut narrat Eutropius (*Eutrop. lib.* x *Breviar.*), regno ejectus fuisset. At Cecilius noster negat plane id ab eo ficum, ut sibi ac filio totius, uti ille ait, orbis imperium vindicaret. Ipsius namque propositum erat; ut tam ipse quam Diocletianus in regnum restituerentur. Ad quam vero Galliæ partem, et utrum usque ad Constantinum pervenerit, magno Cecilius noster premit silentio. Perpendas autem velim utrum is a scopo penitus aberraverit, qui inde colliget Herculium post brevissimam in primis Galliæ provinciis moram, cum clausos nec satis tutos vidisset ad Constantinum acitus, noluisse cœptum iter peragere.

Ut ut sit, in Galliis ille *aliquantulum*, inquit Cecilius, *moratus est*, ac mutato consilio, ad Galerium, tunc Carnunti in Pannonia cum Diocletiano commorantem, eo animo perrexit ; ut falsæ reconciliationis, ac componendi reipublicæ status specie, regno vitaque eumdem Galerium privaret. Sed *quocunque* iter faciendo, *perrexisset*, ait Cecilius, *exclusus est a suo*, id est, ab oppidis et urbibus sub ditione sua positis. Anxius itaque ac perturbatus, revertit ad Constantinum, *generum*, uti inquit Cecilius, *suum et generi filium.* Nam Constantinus, quemadmodum paulo antea memorabamus, tunc Faustam ejusdem Herculii filiam, et Constantius Constantini pater Theodoram illius privignam duxerant. Sed sceleratus ille socer, ut Constantinum facilius deciperet, regiam deposuit vestem ac dignitatem. Simulata enimvero hacce abdicatione illi, nihil fraudis amplius suspicanti, persuasit ad debellandos barbaros sufficere minores copias. Constantinus igitur paucis cum militibus fines barbarorum vix ingressus fuerat, cum ille resumpsit purpuram, summaque perfidia expilavit thesauros ejus, et Gallias transgressus, Massiliam, sibi munimento futuram, occupavit. At mirabili celeritate advolat Constantinus, ad quem milites redeunt. Tum obsidione cingit Massiliam, benigneque alloquitur Herculium, qui maledictis conviciisque ei respondet. Urbs interim capitur, atque Herculio detrahitur imperatoris purpura; vita tamen ei increpito donatur. Atque ita quidem noster Cecilius.

Sed hæc fusius ab Eumenio oratore narrantur (*Eumen. Panegyr. Constant.*, § 14 *et seqq.*). Constantinus, inquit, Herculium Urbe pulsum, ab Italia fugatum, ex Illyrico ejectum, suis provinciis, copiis, et palatio receperat. Verum homo ingratissimus, qui imperium bis depositum, tertio usurpaverat, fide militum tentata, primum venerat Arelatem, et inde Massiliam. At Constantinus cum fidissimo exercitu eum insecutus, a Rheno fluvio ad Ararim, et Cabilonem, indeque Rhodano vectus, Arelatem ab Herculio jam relicta, deinde Massiliam, ubi se ille incluserat, velocitate pene incredibili accurrit, eamque cinxit obsidione. Jam vero milites hanc in urbem irrumpere parati erant, cum ille receptui cecinit, deditque Herculio et aliis veniam. Et hunc sane in modum Eumenius coram ipsomet Constantino perorabat. Neque certe ab Cecilio multum discrepare videtur, nisi quod ille uberius, hic brevius ista retulit.

Ea autem, uti prosequitur auctor noster, fuit Herculii, tantorum beneficiorum penitus immemoris, perfidia; ut filiam suam Faustam, Constantini uxorem, ad novas marito struendas insidias sollicitaverit. Morem vero se ei gerere ipsa tam quidem simulavit, sed maritum interim de his fecit certiorem. Itaque Herculius nocte intempesta in ejusdem Constantini cubiculum clam introductus, spadonem pro illo obtruncat. At ei, de tanto scelere gestienti, occurrit cum armatorum globo Constantinus, concessitque liberæ potestatem mortis, quam quidem ille laqueo obire selegit. Tam funestæ catastrophes locum expresse quidem non denotat Cecilius, sed eam Massiliæ actam esse insinuare satis videtur. Plures vero alii id aperte asseverant.

Verum enimvero Eutropius (*Eutrop. lib.* x *Breviar.*), omissis variis Herculii proditionibus, narrat eum postquam Maxentium, uti dictum est, regno spoliare frustra machinatus fuisset, venisse in Gallias ad Constantinum; ut paratis, data occasione, insidiis eum interficeret. Sed iis a Fausta retectis, pergit Eutropius, fugit Massiliam, ubi oppressus, tanti sceleris pœnas justissimo exitu persolvit. Eusebius vero ἀγχόνῃ, inquit, τὴν ζωὴν ἀπορρήξας (*Euseb. lib.* vii *Supplem., idem, lib.* viii, *cap.* 13) luqueo vitam abrupit, quod ille alibi fœdissimum mortis genus appellat. In Chronico autem suo : « Herculius, » inquit, « Maximianus, a filia Fausta detectus, quod dolum Constantino viro pararet, Massiliæ fugiens occiditur. » (*Euseb. Chron. ad ann. Christ.* 310.) Eadem adhuc retulit Orosius (*Oros. lib.* vii, *cap.* 28). Aurelius autem Victor, qui alicubi eum digna sceleribus morte interiisse memorat, alibi longe clarius dixit : « A Constantino apud Massiliam obsessus, deinde captus, pœnas mortis genere postremo, fractis laqueo cervicibus, luit. » Vides quibus testibus Cecilii opinio firmetur. Errat itaque Eutropius, qui memoriæ prodidit eumdem Herculium Tarsis, post retectas a Fausta ejus filia insidias, morbo exstinctum, illumque ibi cum Maximino male confundit. Denique Cecilius adjecit miserum hunc imperatorem tam ignominiosa morte vitam detestabilem finivisse post celebrata viginti annorum vota, id est, festa vicennalia, sive vicesimum imperii sui annum. Unde jam laudatus Aurelius Victor : « Ætate, » inquit, « interiit sexagenarius, anno 20 imperator. »

Cæterum narrat auctor noster statuas illius et imagines, jubente Constantino, sic fuisse destructas, ut Diocletiani quoque imagines, eis adjunctæ, simul detuitbatæ fuerint. En auctoris nostri verba : *Senis Maximiani statuæ Constantini jussu revellebantur, et imagines ejus, Diocletiani, ut supra vidimus, cum quo pictus esset, detrahebantur* (*Cecil. cap.* 42). De harum autem Maximiani Herculii statuarum imaginumque eversione Eusebius hæc litteris consignavit : πρῶτου δὲ τούτου τὰς ἐπὶ τιμῇ γραφὰς, ἀνδριάντας δὲ, καὶ ὅσα τοιαῦτα ἐπ' ἀναθέσει νενόμισται, ὡς ἀνοσίου καὶ δυσσεβεστάτου καθήρουν (*Euseb. lib.* viii *histor. Eccles. c.* 13, *et lib.* i *de Vita Constant. cap.* 47). Alibi vero eadem repetit, nisi quod ibi scriptum est πρὸ δὲ τούτου : « Primusque hic fuit, cujus, utpote impii et sceleratissimi hominis, imagines omnes et statuæ, cæteraque id genus monumenta, quæ in honorem imperatorum erigi solent, dejecta atque abolita sunt. » At, Christophorsonus pro *primusque* vertit : *Ante mortem;* haud dubie quia græce scriptum legerat πρὸ δὲ τούτου. Rufinus e contrario latine dixit : « Ita ut post interitum statuæ ejus, atque imagines auferrentur. » Rufini vero opinionem sequi videtur Cecilius noster, qui longe antea illius Maximiani Herculii mortem descripserat. De solo itaque Diocletiano tradidit, visas ab illo, adhuc vivente, excisas, deletasque suas imagines. Sed de his nos supra egimus.

CAPUT XI.
De Maxentio imperatore.

ARTICULUS PRIMUS.

De Maxentii imperatoris parentibus, ac quæ et quanta illius vitia, quomodo, ubi et a quibus factus sit imperator, quo sensu ille, et Constantinus Magnus filii Augustorum appellentur, quæ fuerit Regis salutatio, et quid nomen privatus significet.

Varios in superioribus articulis citavimus scriptores, qui Maxentium Maximiani Herculii filium fuisse tradiderunt. Ab Eusebio etiam et Zozimo appellatur (*Euseb. lib.* viii *histor. Eccles. cap.* 14; *Zozim. lib.* ii *histor.*), τοῦ Ἑρκουλίου παῖς, Herculii filius. Aurelius autem Victor dixit quidem eum ab Herculio ex Eutropia Syra muliere genitum : sed ibidem adjecit : « Maxentium suppositum ferunt arte muliebri, tenere mariti animum laborantis auspicio pravissimi cœpti a puero. » Et vero de hujus origine, inquit anonymus Valesianus, cum quæsitum esset, « mater ejus Syro quodam genitum esse confessa respondit. » Quod etiam incertus panegyrici auctor mox laudandus certius asseruit. At idem anonymus ibidem, non secus atque Aurelius Victor, et Cecilius noster, aperte declarat hunc Maxentium Maximiani Galerii generum fuisse. In eo itaque nummo, quem Baronius exhibet (*Baron. ad ann. Christ.* 306, § 23, *tom. iii*), idem Maxentius recte profecto Maximiani, non quidem Herculii, ut quidam putaverunt, sed Galerii gener renuntiatur.

Quis vero ille Maxentius fuerit, si scire aveas, audi Cecilium (*cap.* 18) : *Homo perniciosæ,* inquit, *ac malæ mentis, adeo superbus et contumax; ut neque patrem Herculium, neque socerum, Galerium, solitus sit adorare,* id est, salutare genuflexo, aut deosculando, uti patet ex variis codicis Theodosiani legibus, et Gothofredi in eas notis, atque Pancirolli etiam in dignitatum imperii Romani notitiam animadversionibus. Aurelius autem Victor memoriæ præterea prodidit hunc Maxentium ferum fuisse, inhumanum, pavidum, imbellem, ac libidine multo tetriorem. Sed Eusebius, et postea Socrates, ac Suidas indomitam illius libidinem, immanem sævitiam, aliaque vitia longe vehementius insectantur (*Euseb. lib.* VIII *hister. Eccles. c.* 14, *ac libr.* 1 *de Vita Constant. cap.* 38 *et seqq., Socrat. lib.* 1, *c.* 2 *et seqq., Suidas ad verb.* Μαξέντιος). At prætermittere non possumus ipsius cum Constantino Magno comparationem, ab incerto panegyrici, hoc dicti, auctore institutam, qua tam hujus virtutes, quam illius vitia graphice describuntur. Maxentius inquit, « erat Maximiani, » Herculii, « suppositus ; tu Constantii pii filius. Ille despectissimæ pravitatis, detortis solutisque membris, nomine ipso, » haud dubie Maximiani, « abusiva appellatione mutilato; te paterna pietas sequebatur. Illum ut falso generi non invideamus, impietas; te clementia. Illum crudelitas, te pudicitia soli dicata conjugio. Illum libido stupris omnibus contaminata, te divina præcepta. Illum superstitiosa flagitia, illum denique spoliatorum templorum, trucidati senatus, plebis Romanæ fame enectæ piacula; te abolitarum calumniarum, te prohibitarum delationum, te conservatio, atque homicidarii sanguinis gratulatio. » Non mirum itaque si idem Maxentius ab Aurelio Victore dicatur nulli charus unquam fuisse, *nec patri, aut socero quidem Galerio.*

Nec magis certe mirandum, si idem Galerius illum a Diocletiano, quemadmodum Cæcilius perhibet, noluerit Cæsarem nuncupari. At hanc ille recusationis suæ rationem reddidit. *Qui me privatus contempsit, quid faciet, cum imperium acceperit ?* Contemptum procul dubio se Galerius quæritur; quia Maxentius illum, quemadmodum paulo ante observatum est, adorare renuebat. De *privati* autem nomine plura pro sua eruditione annotat Cuperus : sed quis non videat illud opponi *Cæsaris* et *Imperatoris* nomini, quemadmodum in hoc Plauti carmine (*in Captiv. act.* 1, *sc.* 3, *v.* 63) :

Hic qualis imperator, nunc privatus est.

Verum milites prætoriani Galerium, qui castra eorum sustulerat, populo Romano ob nimias exactiones invisum odiosumque esse animadvertentes, Maxentium Romæ fecerunt imperatorem. Aurelii autem Victoris, anonymi Valesiani, et auctoris Eusebiani Chronici testimoniis id plane stabilitur. Ipsemet tamen Eusebius litteris mandavit arreptam ab eo τὴν ἐπὶ Ῥώμης τυραννίδα (*Euseb. Chronic. ad ann. Christ.* 208), *Romæ tyrannidem*, sed a prætorianis ipsi procul dubio delatam. Et certe narrat Zozimus (*Zozim. lib.* II *hister.*) eum collocatum fuisse *in regio solio*, ἐπὶ τὸν βασίλειον θρόνον, ab his, quos πραιτωριανοὺς καλοῦσι, *prætorianos vocant*. Verumtamen si Eutropio fidem habueris (*Eutrop. lib.* X *Breviar. Rom. hist.*), ille non Romæ ab iisdem prætorianis salutatus est imperator, sed haud procul ab hac

A urbe Roma, in agro videlicet, in quo morabatur.

Sed disputant eruditi quidam viri utrum Maxentius tunc imperator factus sit, an Cæsar tantum. Eorum autem dissidium ex his oritur Cæcilii nostri de Galerio imperatore verbis : « Victus contumacia tollit Cæsarum nomen, et se, Liciniumque Augustos appellat, Maxentium et Constantinum filios Augustorum. » Quidam enim arbitrati sunt ibi Cæcilium loqui de Maximino, qui *victus contumacia*, id est, vi contumaciæ suæ abreptus, se ipsum, ut ait Eusebius (*Euseb. lib.* VIII *hist. Eccles. cap.* 13), ac Licinium renuntiavit imperatorem : Maxentium vero et Constantinum, qui natura Augustorum filii erant, voluit ea denominatione honorifica appellari : atque ita ab his tribus sustulit Cæsarum nomen. At plures

B alii contendunt Cæcilii verbis designari Maximianum Galerium, uti tota sermonis illius series aperte indicat. De Maximino etenim paulo post loquitur, et ab ipso, qui nondum imperator erat, Cæsarum nomen tolli non potuit.

Aliis vero suspectum ibi videtur Maxentii nomen. Quorsum enim, inquiunt, mentio ejus ibi facta est? Cur non, inquiunt alii, si eum, Galerius tunc Augustum, aut Augusti filium nuncupaverit? Nonnulli itaque putant retinendum Maxentii, et addendum Maximini nomen. Verum hi forsitan animum non satis adverterunt nullam a Cæcilio nostro, hanc Augustorum nuncupationem enarrante, factam ejusdem Maximini mentionem; quia Galerius tunc eum ab hac dignitate jure haud immerito exclusit. Tanto-

C rum enim vero beneficiorum, a se acceptorum, illum penitus immemorem sibi summa audacia repugnare cernebat.

Nihil itaque mutandum videtur in textu Cæcilii, (*Cecil. cap.* 26), si ibi Maxentius, vel ortu, vel si velis adoptione Augusti filius, tum a Galerio Augustus et imperator appellatus esse asseratur. A prætorianis quippe in regio throno, uti diximus, jam collocatus fuerat. Deinde vero auctor noster antea plane edixerat missam ab illo purpuram patri suo Maximiano Herculio, quem *bis*, inquit, *Augustum nominat.* Quo autem modo bis eum Augustum nominavit, nisi et ipse jam fuisset Augustus et imperator? Huc porro accedit, quod scriptum ab Eu-

D tropio legimus non illum solum, sed etiam Constantinum Augusti similiter filium, tunc revera Augustos fuisse atque imperatores. Nam hæc ipsa sunt, quæ audias velim, ipsius verba : « Deinceps respublica tum ab quatuor imperatoribus tenebatur Constantino, et Maxentio filiis Augustorum, Licinio et Maximiano, » lege Maximino. Nonne ergo ibi ille de his tanquam veris imperatoribus sermonem fecit? Nulla enim penes eos, qui honorifica tantum filiorum Augusti denominatione vocabantur, erat regendæ reipublicæ potestas.

Ex hactenus porro dictis elici potest duplex Cæcilii nostri sensus. Et primus quidem hic erit : Galerius se ipsum Liciniumque Augustos appellat, Maxentium vero et Constantinum, non quidem imperatores, sed Augustorum dumtaxat filios. Verum quia hi duo posteriores, uti diximus, longe antea et natura sua Augustorum filii erant, alter verborum Cecilii sensus sic potest explicari : Galerius se ipsum et Licinium, atque Augustorum filios Maxentium et Constantinum voluit esse imperatores. Quæ autem verior ex his duabus sit mentis verborumque auctoris nostri interpretatio, expende, quæso, ac pronuntia. Cæterum illud clarius esse videtur, quod ab illo subjungitur tunc sublatum a Galerio Cæsarum nomen. Sed quomodo, obsecro te, sublatum? Numquid ut nulli postea Augusti et imperatoris filio hoc nomen in certam imperii spem daretur? Cæsaris etenim dignitatem reliquit Maximino, sed non aliam procul dubio ob rationem, nisi quia illam auferre ei non poterat.

Post hæc vero cum Maxentius ab exercitu salutatus fuisset imperator, tum Galerius, uti ibidem Cecilius refert (*cap.* 32), *universos quatuor imperatores jubet numerari*, haud dubie præter se ipsum, qui omnium erat primus. Sic itaque Galerius Maxentium, sicuti et Maximinum, jam nuncupatos ab militibus imperatores, ipse quoque renuntiavit, seu eorum probavit electionem. Nihil ergo mirum ulli esse debet, si auctor noster scriptum reliquerit plures non semel, sed bis terque factos fuisse imperatores.

ARTICULUS II.

An et cur Maxentius, structis sibi a patre suo Herculio insidiis liberatus, bellum Constantino indixerit, de illius cum Maximino fœdere, de maxima exercitus ejus multitudine, illiusque superstitione, ac primo adversus Constantinum prælio.

Manifestum antea fecimus quanta perfidia, quantoque ingratissimi animi vitio Maximianus Herculius incassum molitus sit Maxentium filium suum purpura regia exuere, qua tamen eum rursus, nec jam a longo tempore induerat. Ab his itaque iniquissimi patris insidiis liberatus Maxentius, bellum post ejus mortem Constantino Magno indixit, finxitque se ejusdem patris sui velle necem ulcisci. Ita sane non solum Cecilius noster (*cap.* 43), sed Zozimus etiam sentiunt (*Zozim. lib.* II *histor.*). Contra vero Adrianus Valesius opinatur (*Vales. lib.* I *Rer. Franc.*) Constantinum Maxentio bellum propterea intulisse; quia ejus statuas Romæ positas everterat. Sed hæc opinio funditus destruitur a Nazario (*Nazar. Panegyr.* § 6, 8, et 13), alioque incerti panegyrici auctore, atque Eusebio (*Euseb. lib.* IX *hist. Eccles. cap.* 9, *et lib.* I *de Vita Constant. cap.* 26), qui asseveranter affirmant hoc bellum a Constantino, plane invito, neque ante oblata remedia molliora susceptum, neque aliam profecto ob causam, nisi ut Romam ab Maxentii tyrannide liberaret. Pacem itaque cum eo facere volebat, quam ille non modo penitus rejecit, sed ipsummet præterea Constantinum lacessivit, venerandis ejus imaginibus excisis et conculcatis. Verumtamen præstantissimus ille imperator neglexit factam sibi contumeliam, ac Romanorum tantum libertatem vindicare decreverat.

Sororem interim suam imperatori Licinio despondet. Sed suspecta fuit Maximino ea affinitas, qua eos adversus se conjunctos ominabatur. Is itaque ad Maxentium misit imaginem suam et legatos, hisque dedit litteras, quibus fœdus cum eo inire postulabat. Ea autem omnia Maxentius libentissime suscepit, ac tamquam divinitus missum sibi contra Constantinum hostem auxilium. In pacti autem fœderis signum acceptam a Maximino cum sua collocat imaginem. Mos enim erat Cæsarum et imperatorum, ut post inaugurationem suas sibi invicem mitterent imagines, quas quidem si electionem approbarent suis adjungi curabant. Testatum quippe Herodianus facit (*Herodian.* V *histor. cap.* 567) missam Romanis ab Eliogabalo imperatore suam imaginem, locandam media in curia; ut periculum faceret quo animo a senatu Romano reciperetur. Atque inde nonnulli repetendam putant originem hujus moris, quo postea novus imperator suam imaginem aliis mittere consuevit. Sed de illo more plura Cangius, nosque adhuc infra.

Motis porro armis civilibus, Constantinus contra Maxentium pugnaturus, castra sua in campis Romæ vicinis posuerat. Major autem erat, inquit Cecilius, Maxentii quam Constantini Magni exercitus. Et id quidem ab auctore panegyrici, in ejusdem Constantini laudem perorati, confirmatur. Zozimus vero diserte asserit (*Zozim. lib.* II *histor.*) hujus exercitum nonaginta millibus peditum et equitum octo millibus, Maxentii vero centum et septuaginta peditum millibus et decem atque octo millibus equitum constitisse. Brevius Eusebius (*Euseb. lib.* IX *histor. Eccles. cap.* 9, *et lib.* I *de Vita Constant. cap.* 37) nec semel scripsit, sicut et incertus panegyrici auctor, innumerabilem fuisse in Maxentii exercitu armatorum multitudinem.

At is quamvis tanto adeoque majori, quam Constantinus, copiarum numero instructus, sese tamen Romæ continebat, responso ab artis magicæ peritis accepto se periturum, si extra illius portas exiret. Nefandas quippe illas artes, et præstigias, teste Eusebio (*Euseb. lib.* VIII *histor. Eccles. cap.* 14, *lib.* IX, *cap.* 9; *lib.* I *de Vita Const. cap.* 27 *et* 36), studiose vir improbus consectabatur, atque iis magis, quam subditorum benevolentia confisus, non audebat pedem extra urbis portas ferre. Incertus vero panegyrici auctor, a nobis proxime citatus : « Stultum, inquit, et nequam animal nusquam extra parietes egredi audebat. Ita enim aut prodigiis, aut metus aut præsagiis monebatur. » At expresse Zozimus (*Zozim. lib.* II *histor.*) tradidit hostias ab eo diis immolatas, ac de belli eventu consultos aruspices Sibyllarumque libros, quorum fallaci responso deceptus est.

Jam vero laudati a nobis Eusebius incertusque ille panegyrici auctor, ac Nazarius plura commemorant Maxentii cum Constantino prælia, in variis commissa Italiæ regionibus. Sed Cecilius noster (*cap.* 44), his prætermissis, ad illud venit, quo in præfatis campis, Romæ vicinis, ambo imperatores collatis signis dimicaverunt. In eo autem certamine, inquit, « Maxentiani milites praevalebant, donec postea confirmato animo Constantinus, et ad utrumque paratus, copias ad Urbem propius admovit, et e regione pontis Milvii, ms. codex Milvi, concedit. » Pons autem Milvius, sive Molvius, nunc vulgo *ponte Mole* appellatus, in via Flaminea duobus circiter ub urbe Roma millibus extructus est. Verum prioris hujus pugnae mentionem qui fecerint, vix alium scriptorem invenias praeter Cecilium nostrum et auctorem Politiae sanctorum Patrum Metrophanis et Alexandri. Ipsamet autem hujusce scriptoris de Constantino, qui persuadere Maxentio non poterat ut ab impiis operibus abstineret, verba apud Photium sic graece leguntur: Ἅπτεται πολέμου καὶ συμπλακεὶς μάχῃ, τὰ πρῶτα μὲν ἐγγὺς γίνεται τοῦ λαβεῖν τὸ ἧττον. (*Phot. Biblioth. cod.* 216) « Bello tentavit, pugnaque congressus, primo non procul abfuit quin succumberet. Sed haec levis tantum videtur velitatio, qua, si quid Maxentiani milites praevaluerunt, his tamen minime impeditus Constantinus, omnes copias propius ad Urbem e regione pontis Milvii admovit.

ARTICULUS III.

Utrum ea vera sint, quae Cecilius tradidit de praelio quo Maxentius a Constantino Magno victus est; quo ille ex ponte in Tiberim dejectus, et quo anno interierit, an absolutis quinquennalibus.

Post memoratam a nobis in superiore articulo pugnam; Imminebat, inquit Cecilius (*cap.* 44) *dies quo Maxentius imperium ceperat, qui est ad sextum kalendas novembris*, id est 27 octobris, *et quinquennalia terminabantur.* Nocte vero subsequente Constantinus coeleste, de quo superius disputavimus, vidit crucis signum, quo exercitum suum voluit armari ac muniri. Tunc autem ipsi occurrit hostis, qui Milvium pontem transgreditur. Ad manus veniunt, et utraque ex parte pugnatur summa vi, sed incerto penitus exitu. Fit idcirco in urbe seditio, et populus in circo Maxentium ludos natali die suo edentem increpat. Inde consternatus, jubet inspici Sibyllinos libros, et in eis repertum est, uti Zozimus jam citatus testatur hostem Romanorum periturum. Sibi autem Maxentius persuaderi sinit eo responso Constantinum designari. In aciem itaque venit, transitque pontem, qui a tergo ejus interscinditur. Eo viso, recruduit pugna, ac versus in fugam, et multitudine fugientium oppressus, ex ponte dejicitur in Tiberim, et submergitur. Atque ita Cecilius describit hanc pugnam, Maxentii mortem, et Constantini Magni victoriam.

At in hac narratione illud pluribus parum forsitan vero videbitur simile, quod Cecilius (*cap.* 44) memorat Maxentium eo die, quo tam acriter ad Romae pene muros pugnabatur, publicos, se praesente, ludos in circo edidisse. Cui enim credibile fiet imperatorem populumque Romanum his ludis et oblectationibus fuisse occupatum, cum hostis formidandus ad portas Urbis sic praeliabatur? Sed hic Cecilii locus mutilus et corruptus est, et sine alterius codicis auxilio, quid ille ibi revera dixerit, scire non possumus.

Ad haec vero, quod in ea Cecilius narratione de

ponte Milvio tradidit, hoc ab aliis scriptoribus paulo aliter traditum videtur. Narrat enim Eusebius (*Euseb. lib.* IX *histor. Eccles. cap.* 9, *et lib.* I *de Vita Constant. cap.* 38) pontem scaphis firmissime quidem a Maxentio constructum, ita tamen ut interscindi, ac transiens Constantinus in fluvium facile dejici posset. Contra vero accidit. Nam victus Maxentius per hunc pontem aufugit, sed soluta sub ejus pedibus machina, cum pluribus in amnem cecidit, ac submersus est. Eadem quoque Zozimus (*Zozim. lib.* II *histor.*) Libanius (*Liban. orat.* 3, *tom.* II), Protagoras (*Protagor. apud Phot. cod.* 62), et Politiae SS. Patrum Metrophanis et Alexandri scriptor litteris commendaverunt. Sed Aurelius Victor perhibet Maxentium « insidiis, quas hostis, » forsitan « hosti, apud pontem Milvium locaverat, in transgressu Tiberis interceptum » fuisse. Sed aliquanto clarius in epitome: « Paulo, » inquit, « superius a ponte Milvio, in pontem navigiis compositum ab latere ingredi festinans, lapsu equi in profundum demersus est. » Vides itaque duos pontes distingui ab hoc scriptore, Milvium videlicet, et alium, qui scaphis et navigiis aedificatus fuerat. Maxentius autem dicitur ex hoc secundo ponte, quem ipse in Constantini perniciem construxerat, in Tiberim praecipitatus. An autem duo hi pontes ob memoratam in citata Aurelii Victoris Epitome vicinitatem ab aliis distincti non fuerint; ut certius pronuntiare queas, audi adhuc Eutropium, qui brevissime dixit Maxentium victum fuisse *ad pontem, qui Molvius vocatur.* Prudentius quoque eumdem pontem his versibus designavit:

Testis christicolae ducis adventantis in Urbem
Molvius, exceptum Tiberina in stagna tyrannum
Praecipitans.
(Prudent., *lib. contra Symmach*)

At nullius pontis mentionem fecit Nazarius (*Nazarii Panegyr.* § 30), neque etiam anonymus Valesianus, cujus de Maxentii a Constantino victi interitu haec sunt verba: « Egressus ex Urbe Maxentius, campum supra Tiberim, in quo dimicaret, legit. Ubi victus, fugatis omnibus suis, inter angustias arcentis populi, equo praecipitatus in fluvium. » Incertus denique panegyrici Constantino dicti auctor memoriae prodidit Maxentium, pontis Milvii exclusum angustiis, frustra conatum per abrupta ripae ulterioris evadere, et Tiberis gurgite devoratum. Audisti sane varias scriptorum opiniones de Maxentii casu, lapsu in Tiberim, et ponte, ex quo in hunc fluvium cecidit. Quamcumque porro veriorem esse pronuntiaveris, fatendum profecto erit, ex iis omnibus plane confici hunc tyrannum, a Constantino superatum, ac Tiberis submersum undis, revera periisse. Cecilius autem, sicut et Bucherius, asserit illum, uti animadvertimus, ibi mortuum 28 Octobris, anni videlicet 312, quo die *quinquennalia* ejus, inquit, *terminabantur.* At *tyrannidis anno sexto*, ait Aurelius Victor, non eo quidem tantum inchoato, sed *consumpto per desidias senio*, seu sexennio, si incerto panegyrici scriptori, paulo ante laudato, fidem habeas, « Ut ipsum, » inquit, « diem natalis sui ultima cæde signaret, ne septenarium illum numerum, sacrum et religiosum inchoando violaret. Quod quidem ab illo paulo post, nec quidem semel, atque a Nazario repetitum legitur. Nonne autem inde haud inepte prorsus colligi potest intelligendum esse Cecilium nostrum de expletis Maxentii quinquennalibus; quamvis ea festa celebrarentur aut anno imperii sexto ineunte, aut exeunte, atque aliquando transferrentur in alium diem? Sed de iis plura Dufresnius, Cardinalis Norisius, et qui eos citavit Pagius, quos adire poteris.

CAPUT XII.
De Maximiano Galerio imperatore.

ARTICULUS PRIMUS.

De Maximiani Galerii patria, parentibus, uxore, fera barbarie, immani corporis mole; de Romulæ matris ejus superstitione, ac difficili ea de re Cecilii loco, de victoria, quam Galerius reportavit a Narseo, ac Cæsaris nomine, quod insolenter detrectavit.

Maximianus Galerius ex Dacia oriundus erat, uti Cecilius(*Cecil. cap. 9, 23 et 27*) haud semel significat, sive ut ait Eutropius (*Eutrop. lib.* IX *Breviar.*), *Maximianus, qui Galerius vocatus est, ex Dacia haud longe a Surdica genus duxit*, et sicuti in Aurelii Victoris Epitome legimus, *ex Dacia Ripensi*, et in ejus libris *in Illyrico*. Quamobrem conatus est quondam nomen imperii Romani mutare, quemadmodum auctor noster alicubi narrat, ut Dacicum appellaretur.

Suam autem originem duxit ex *parentibus*, ut ait Aurelius Victor, *agrariis*, et ipse *pastor armentorum* fuit. Eam procul dubio ob causam Armentarius primum cognominabatur. Sed ipsi *jam Diocletianus*, uti ait Cecilius, *nomen ex parte mutaverat hominis causa: quia Maximianus fidem summa religione præstabat*, id est, Diocletianus voluit Galerium, rejecto Armentarii nomine, appellari Maximianum in honorem Maximiani Herculii, quia ipsi fidem summa religione præstiterat. Sed quidam corrigendum esse putant Cecilii nostri locum, et pro his verbis : *Jam... hominis*, legendum *nam... ominis*. Verum id alicujus saltem codicis auctoritate confirmandum est. Etenim hic Cecilii locus solita obscuritate involvitur.

Clariora procul dubio sunt hæc illius de Galerii matre verba : « Mater ejus Transdanuviana, infestantibus Carpis, in Daciam novam, transjecto amne, confugerat. » Nomen autem huic, uti auctor noster adhuc, et Aurelius Victor aiunt, erat Romulæ, atque idcirco Galerius, sicuti ab illo annotatur, locum ubi in lucem editus est, voluit Romulianum vocari. Sed ea tamen fuit ingratissimi filii impietas, ut matrem suam stupro, pergit auctor noster, infamaverit, quo diis oriundus videretur. Nam « insolenter affirmare ausus est, » verba sunt ejusdem Aurelii Victoris, « Romulam matrem, more Olympiadis, Alexandri Magni creatricis, compressam dracone, semet concepisse. » Alexander autem stulte id jactitabat, ut Jovis Hammonis, inquit præter alios Julianus (*Julian. imperat. orat.* 1); Galerius vero, ut Martis crederetur filius.

Non mirum itaque si huic homini, ex agrestibus hisce parentibus procreato, aut ut loquitur Cecilius (*cap.* 9), « huic bestiæ inerat naturalis barbaries efferitas, a Romano sanguine aliena. » In Colbertino codice manuscripto ita quidem legimus *barbaries efferitas* : sed quidam scriptum suspicantur *barbaries et feritas*; nec inepta prorsus videtur hæc emendatio. Quæ autem esset illa sævissimorum Barbarorum innata Galerio feritas, et quam horrenda corporis moles, hisce auctor noster enarrat verbis. « Erat corpus moribus congruens, statu celsus, » ita manuscriptus codex, « caro ingens et in horrendam magnitudinem diffusa et inflata; denique et verbis, et actibus, et aspectu terrori omnibus ac formidini fuit. » Et certe memoriæ Eusebius (*Euseb. lib.* VIII *histor. Eccles. cap.* 16 , *et lib.* I *de Vita Constant. cap.* 57) prodidit totam corporis illius molem, ob nimiam alimenti copiam, excrevisse in immensam quamdam pinguedinem. Ab Aurelio nihilominus Victore dicitur pulcher corpore, licet inculta agrestique justitia, satis laudabilis, et ab Eutropio, *vir probe moratus*. Sed hæc dubio procul de juvenili ejus ætate, et antequam Cæsar esset, intelligenda sunt, aut adulationi ascribenda. Nam idem Aurelius Victor fatetur illum non secus ac collegam ejus parum habuisse humanitatis.

Eum autem Diocletianus generum, inquit Cecilius (*cap.* 9) sibi adscivit. Quando enim ab eo, ut supra vidimus, renuntiatus est Cæsar, tunc illi filiam suam Valeriam, de qua nos antea diximus, collocavit in matrimonium, compulitque primam uxorem repudiare. At eadem ab Eutropio et Aurelio Victore litteris consignata sunt.

Romula vero ipsius Galerii, sicuti dictum est, mater impio gentilium cultui addictissima erat et cultrix deorum montium, id est, montibus præpositorum, aut quibus montes consecrati, aut qui in eis habitare ferebantur, quemadmodum Cybele, et alii, de quibus Ovidius cecinit lib. III *Fastor.*, vers. 315 et seq. :

> Dii sumus agrestes, et qui dominamur in altis
> Montibus : arbitrium est in sua tecta Jovi.

De iis autem nos alibi disputabimus. Mulier itaque hæc valde superstitiosa *cum esset*, inquit Cecilius, *dapibus sacrificabat pene quotidie, ac vicariis suis epulis exhibebat. Christiani abstinebant.* Ita plane in ms. codice Colbertino; sed fatentur omnes corruptum esse hunc locum. Plurimi autem medicam manum ei adhibere connisi sunt, sed frustra. *Daps* vero, juxta Festum, « apud antiquos dicebatur res divina, quæ fiebat aut hyberna semente, aut verna. Quod vocabulum ex græco deducitur, apud quos id genus epularum δαίς dicitur. » Livius vero narrat sacrum olim factum bove eximia, capta de grege, adhibitis ad ministerium dapemque Potitiis et Pinariis, ac forte evenisse ut Pinarii extis adesis, ad cæteram venirent dapem. At Servius bis terque observat dapes deorum esse, epulas vero hominum.

Vide ergo quis inde elici possit Cecilii sensus, et an hic sit: Erat mater Galerii deorum montium cultrix; quæ mulier admodum superstitiosa cum esset, sacrificabat pene quotidie dapibus, quæ diis montium offerebantur, ac vicariis suis, hoc est, iis qui vices ejus gerebant, aut vicanis suis, hoc est, his qui inhabitabant in vico, ubi sacrificabat, ex iisdem dapibus exhibebat epulas, quibus abstinebat Christiani. Verum quæcumque sit vera hujus textus lectio, ibi Cecilius perspicue declarat Christianos abstinuisse his Romulæ epulis; ne dapibus falso numini libatis pol uerentur. Tales itaque erant Galerii parentes, ex quibus hausit agrestem barbariem, quemadmodum ex impia matre vanam deorum superstitionem cum lacte suxerat.

Quamquam autem ab Aurelio Victore appelletur *eximius et felix bellator*, atque ab Eusebio *bellica experientia præditus*, a Narseo tamen Persarum rege primum victus est, sicuti uterque Eutropius et Aurelius Victor, Ammianus Marcellinus (*Ammian. lib.* XIV *cap.* 11, *et lib.* II), Chronici Eusebiani auctor (*Euseb. in Chron. ad ann. Christ.* 301 *et* 303), Orosius, Zonaras (*Zonar. lib.* XII *Annal.*) aliique memoriæ tradiderunt. Sed redintegrato certamine, insignem de illo victoriam reportavit. Ad Diocletianum igitur, a quo primum ignominiosissime exceptus fuerat, inde cum præda et manubiis reversus, timorem ei incussit, ac deinceps nomen Cæsaris insolentissime detrectavit et aspernatus est.

ARTICULUS II.

Quomodo Galerius Diocletianum in Christianos sævire, et imperio cedere coegerit; quid ei tunc exprobraverit; quanta iniquitate libertatem omnibus auferre conatus sit, ac contra leges jusserit torqueri decuriones, primores civitatum, egregios et perfectissimos, item matres familias nobiles rapi in gynæceum, domesticos et administratores lancea emendari, et verberandos distendi ad palum in stabulo.

Satis aperte, nisi fallimur, a nobis explanatum est quibus, et quam malis artibus Galerius ad vexandos ac crudelissime occidendos Christianos Diocletianum impulerit. Nec minus clare ostendimus quomodo illum, si Cecilio nostro fides, coegerit cedere imperio, ut Severum et Maximinum creare Cæsares. Tum vero ille ipse Galerius eidem Diocletiano acriter exprobrabat, eo nihil curante, «jam fluxisse annos quindecim in Illyrico, vel ad ripam Danuvii relegatus, cum gentibus barbaris luctaret.» Totidem sunt Cecilii in editis et in manuscripto codice verba his tamen exceptis, *in Illyricum, id est, ad ripam Danuvii..... luctaretur*, quæ in eodem codice sic exarata legimus. At ibi quædam omissa, et alia textui adjecta videntur. Nam post *annos quindecim*, prætermissum est ex quo, vel ex quibus, aut quid simile. Si vero legas sicut in codice, *id est, ad ripam Danuvii*, hæc fortassis explicationis causa, a Cecilio ipsis,

quæ refert, Galerii verbis subjecta sunt. At Baluzius et alii deinceps scriptum maluerunt, *vel ad ripam;* ita ut Galerius significare voluerit relegatum se fuisse, vel in varias Illyrici regiones, vel ad Danubii ripam, qua videlicet Illyricum ab aliis provinciis disterminabatur. De illius autem finibus, si plura scire aveas, Cellarium adire poteris.

Postea vero quam Diocletianus atque Maximianus Herculius supremam eo, quo vidimus, modo imperii dignitatem deposuerunt, Galerius summa rerum se potiri arbitratus est. Constantinum enim, qui solus poterat ei adversari, plane contemnebat, tum propter lenitatem et mansuetudinem, tum propter valetudinem corporis infirmam; qua in spem haud incertam adducebatur fore ut ille, de quo nos postea agemus, brevi moreretur, aut saltem purpura et imperio posset facile privari. Nihil itaque ipsi tunc magis cordi fuit, quam ut crudelem in omnes haberet dominationem, ac celebratis vicennalibus, sive vigesimo imperii sui anno, ac nuncupatis imperatoribus novisque Cæsaribus, securam degeret ac tranquillam senectutem.

Animum igitur sensusque omnes ad cunctos tam Christianos, quam gentiles vexandos intendit. Ac primo quidem voluit eum introducere apud Romanos morem, quo Persæ sese regibus in servitutem addicunt, et reges populo, inquit Cecilius, *tamquam familia (* ms. male *milia)* utuntur. Unde autem ille, rogabit aliquis, acceperat hunc fuisse Persarum morem, de quo nihil in tam multis ad hunc ipsius librum notis animadversum est? Expendat is velim utrum de hoc more intelligenda sint illa, ab Herodoto citata (*Herodot. libr.* 1, § 210), Hystaspis patris Darii ad Cyrum verba: «Absit Rex, ut quispiam vir genere Perses tibi moliatur insidias.... Tu enim Persas ex servis liberos, ex subditis aliorum hominum dominos effecisti.» Ὃς ἀντὶ μὲν δούλων ἐποίησας ἐλευθέρους Πέρσας εἶναι, ἀντὶ δὲ ἄρχεσθαι ὑπ' ἄλλων, ἄρχειν ἁπάντων. Non audemus tamen certo asseverare ex his verbis plane colligi Persas antea fuisse regum suorum servos. Sed quia in Galerii potestate positum non erat Romanos sub jugum mittere servitutis, conatus est eis adimere libertatem.

Ab illo præterea, *Torquebantur non modo decuriones, sed primores etiam civitatum, egregii, ac perfectissimi*. Decuriones autem erant præfecti et principes cujuslibet ordinis, qui decuria vocabatur. At sicut varia illorum fuerunt genera, sic etiam munera et officia, quæ a Gothofredo et aliis descripta invenies. Constantini autem lege, anno 317 data, hi atque etiam egregii et perfectissimi simul comprehenduntur. «Eos qui in palatio militarunt, et eos quibus provinciæ commissæ sunt, quippe merito amplissimarum administrationum honores perfectissimatus vel egregiatus adepti sunt: nec non et illos qui decuriones vel principales constituti, cuncta suæ patriæ munera impleverunt, frui oportet dignitate indulta. Si vero decurio, suffragio comparato, perfectissimatus, vel ducenæ, vel centenæ, vel egregiatus meruerit dignitatem, declinare suam curiam cupiens, codicillis amissis, suæ conditioni reddatur; ut omnium honorum et munerum discussione perfunctus, juxta legem municipalem aliquam prærogativam obtineat. » Perfectissimatus ergo et egregiatus dignitates iis tantum conferri poterant, qui militaverant in palatio, vel functi fuerant amplissimis provinciarum administrationibus. Potiebantur autem pluribus prærogativis, inter quas hæc erat; ut pœnarum corporalium, tormentorum et quæstionum haberent immunitatem. Sed de his plura Gothofredus in suis ad codicem Theodosianum annotationibus, ac de perfectissimatu Valesius in suis notis ad Ammianum Marcellinum, nosque alibi de utraque dignitate. Galerius porro his aliisque legibus pessumdatis, jubebat decuriones, egregios, perfectissimos, ac civitatum primores, sive primates, et optimates, atque in civitatibus primos, si morte digni essent, crucibus affligi, sin minus, torqueri ac teneri in compedibus.

Ad hæc vero matresfamilias ingenuæ ac nobiles rapiebantur in gynæceum, quod conclave erat, et locus in domibus secretior, ubi mulieres opera textoria ac muliebria conficiebant. Hunc itaque in locum Galerius præcipit ingenuas nobilesque mulieres ad ignominiæ infamiæque notam amandari. Sed Constantinus Magnus eas omnes fœminas libertate donavit, quotquot gynæceis mancipatæ fuerant. De gynæceariis porro variæ exstant in codice Theodosiano leges, in quas videre poteris Gothofredi commentaria.

Domestici vero et administratores, pergit Cecilius, *lancea emendabantur*, id est, interficiebantur. Domestici autem erant, qui varias in scholas divisi, intra palatium familiarius militabant, ita tamen ut aliqui nonnumquam mitterentur in provincias. At de iis adhuc variæ occurrunt in codice Theodosiano leges, in quas Gothofredus itidem multa observat. Plura quoque ille de memoratis ibidem a Cecilio administratoribus sive administrantibus, qui triplicis erant generis, primo altiores, sive judices, secundo mediæ dignitatis, iique spectabiles; tertio minimi, et hi clarissimi appellabantur. Vides autem qua pœna Galerius in eos et domesticos animadverti voluerit, nimirum lancea, qua percussi necabantur.

Si quis insuper esset verberandus, *defixi*, ait Cecilius, *in stabulo pali quatuor stabant, ad quos nullus umquam servus distendi solebat*. At criticus aliquis voci *in stabulo* præfert *in sabulo*, sed nulla data ratione. Is autem forsitan arbitrabatur stabulum ibi accipi pro loco, ubi armenta et pecora stabulant atque habitant. Sumitur tamen aliquando pro diversorio et hospitio, uti apud Cyprianum (*Cyprian., epist.* 68); aliquando etiam pro quacumque statione seu loco, ubi quis habitare et stare consuevit. Quod nonnulli probant hoc Virgilii carmine lib. vii Æneid., v. 512:

Ardua tecta petit, stabuli et de culmine summo
Pastorale canit signum.

At hoc significatu si stabulum a Cecilio nostro usur- patum sit, locus haud dubie publicus aliquis designatur, ubi verberandi ad palos alligati cædebantur; et *ad quos*, uti ille loquitur, *nullus umquam servus distendi solebat*. Quidam vero ante *servus* addi volunt *nisi*, sed nulla prorsus auctoritate. Nonne autem sine hac aliave textus immutatione satis planus est iste auctoris nostri sensus? Neminem umquam, ne quidem servum, ad eos palos consuevisse antea distendi. Ita sane Cecilii Galerii crudelitatem expressius denotare videbitur.

ARTICULUS III.

Quantis Galerius, et quam horrendis cruciatibus Christianos, aliosque enecaverit, ac quomodo tentaverit omnes litteras et litteratos exterminare, judicesque instituere militares.

Nemini haud dubie mirum videbitur, si Galerius adeo ferox ac superstitiosus in Christianos longe crudelius, quam in alios omnes sævierit. Sed mirabuntur omnes, nec sine horrore audient quantis eos excarnificaverit tormentis ac suppliciis. De iis enim vero hunc Cecilius noster locutus est in modum : « Dignitatem non habentibus pœna ignis fuit : et exilii primo adversus Christianos permiserat, datis legibus, ut post tormenta damnati, lentis ignibus urerentur. » Sed locum hunc pene omnes corruptum depravatumque esse haud dubitanter asseverant : quando quidem nullam perspiciunt rationem, cur ibi *exilii* mentio facta fuerit. Verum in eo textu sanando vix credibile est quantum σχολίων scriptores desudaverint. Nonnulli namque pro *exilii* scribendum suspicantur *exitii*, alii *exilium quod*, quidam *exemplum*, alii *illum*, alii *ex illis*. Quidam vero pro *permiserat* legendum putant *permissa*, alii *promserat*. Denique nonnulli opinantur mutandam dumtaxat interpunctionem, ac punctum ante vocem *primo* collocandum. Nobis tamen facilius persuadebitur retinendam antiqui codicis, donec alius emendatior inveniatur, lectionem, ex qua hic auctoris nostri brevitati, uti diximus, nimium consulentis, sensus elici potest : *Dignitatem non habentibus pœna ignis fuit : et exilii pœnam Galerius primo adversus christianos permiserat, sed datis postea legibus*, jussit, *ut post tormenta damnati, lentis ignibus urerentur*. Quoniam enim inhumanissimus ille tyrannus impetrare a Diocletiano antea non potuerat, ut Christiani vivi cremarentur, coactus est initio morem ei gerere, qui nolebat Christianorum fundi sanguinem. Aliquamdiu ergo Galerius, exemplum Diocletiani secutus, exilii pœnam, ut ait Cecilius, adversus Christianos haud dubie permiserat.

Ast ubi supremum, sicut diximus, dominatum consecutus est, tunc sævitiæ innatæ furorique suo, quæ invitus hactenus compresserat, fræna laxavit. Christianos igitur omnes, *datis legibus*, præcepit lentis post tormenta ignibus exuri. Quam autem horrenda et immani crudelitate id factum sit, narrantem Cecilium quis sine animi commotione audire poterit? *Lenis flamma*, inquit, *subdebatur pedibus, donec callum solorum contractum igni ab ossibus revelleretur.* Anacharsis quoque apud Ciceronem dixerat, *callum solorum*, eoque nomine crassior plantæ, sive pedum pars inferior significatur. Cecilius igitur dicit cum Galerii jussu Christiani torquerentur, *callum solorum*, sive infimam pedum partem igne lento fuisse ab ossibus revulsam. Dehinc incensæ et exstinctæ faces admovebantur singulis membris, et omnibus ulla absque exceptione corporis partibus. Ne vero christianus martyr sic tortus, arescentibus nimio ardore et siccitate faucibus, citius moreretur, os ejus et facies aqua frigida suffundebatur. Denique post crudelissima hæc tormenta animam christianus ille martyr, ut ait Cecilius, exhalabat, cum *per multum diem decocta omni cute, vis ignis ad ima viscera penetrasset*. Neque tamen satiata adhuc fuit horribili illo cruciatu sævior belluis dirissimi tyranni rabies: sed imperavit adhuc cremata corpora post mortem cremari iterum, atque in cineres redacta, in mare et flumen projici. Sed de his aliisque similibus christianorum martyrum suppliciis, quæ diabolico potius, quam humano furore excogitari potuerant, in alia dissertatione fusius disputavimus.

Christianis itaque sic torquendis necandisque assuefactus, omni diritate et immanitate teter homo, cæteros quoque eadem sævitia excruciavit. Nulla enim amplius pœna lev ullum discruciabat: sed *ignis*, inquit Cecilius, *crux, feræ in illo erant quotidiana et facilia*. At totus hic locus magna profecto ignoratione a librario depravatus est. Sic quippe in Colbertino codice hæc scripta legimus: *Nulla pœnis eum levis, non insola, non in carceris, non metella; sed ignis, crux feræ in illa erant cotidiano... et facilia.* Spatium vero punctis notatum ibi vacuum est, sed ubi nihil scriptum fuisse videtur. Locum autem hunc tam fœde corruptum unusquisque pro suo sensu corrigere enisus est, nemo tamen quidquam attulit certi penitus atque explorati. Sensus vero nostri auctoris is esse videtur, nullam a Galerio pœnam levem adhibitam, qualis est exilium, atque in insulam deportatio, conjectio in carcerem, vel ad metalla effodienda damnatio: sed ignis, crucisque supplicia illi erant quotidiana et facilia, id est, si tamen ita in textu legendum, ab illo sicut quotidie et sæpissime, ita facillime in omnes constitui et adhiberi solebant.

Tum in eodem codice scribitur: *In ca pœna capitis et animadversio gladii admodum paucis, quasi beneficii deferebatur, qui ob merita vetera impetraverant bona morte*. Librarii autem incuria in postremis duobus verbis prætermissa est lineola ultimis duabus litteris pro duplici M imponenda. In editis vero nomen *pœna*, atque cunjunctio *et* omissa sunt. Quid vero si solum nomen *pœna* sit transpositum, ac legatur: *In causa capitis, pœna et animadversio gladii*, etc., nonne tunc satis clara erit elocutio auctoris nostri, eademque ac verbis illis omissis significatio, idemque sensus? Nam ipsius verbis non obscure omnino significatur in causa capitis sive illorum, qui quolibet modo capite morteque dari nati erant, pœnam animadversionemque gladii, quasi *beneficii*, paucis admodum, atque his tantummodo concessam, qui ob merita impetraverant bonam mortem, id est, leniorem, mitiorem, minusque crudelem. Hoc quippe sensu eadem verba ab illo inferius accipiuntur.

Maxima itaque sævissimi tyranni, qui omnem prorsus humanitatem exuerat, hæc fuit indulgentia. Enimvero horrenda ejus crudelitas eo usque processerat, ut quoties lubebat delectari, toties juberet unum nominatim ex his, quos alebat, ursum adduci, cui homines devorandi objiciebantur. Audisne quam exsecranda, atque inaudita hactenus fuerit inhumanissimi hujus tyranni delectatio, qui hominum sanguine sic ludebat? Nos quidem non latet imperatorem Valentinianum Seniorem duas, teste Ammiano Marcellino (*Ammian. Marcell. libr.* XXIX, *cap.* 3) habuisse ursas, fidas corporis sui custodes, sed *hominum ambestrices*, quarum uni *Micæ aureæ*, et alteri *Innocentiæ* nomen imposuerat. Verum ibi Ammianus Marcellinus non dixit homines oblectationis causa a Valentiniano his ursis quemadmodum a Galerio objectos.

Eruditi autem quidam viri secum disceptarunt utrum Cecilius noster significare voluerit Galerium jussisse non solum Christianos, sed etiam gentiles his omnibus, quæ hactenus memorata sunt, tormentorum suppliciorumque generibus excarnificatos necari. Nobis vero, cuncta illius verba, et ea quæ antecedunt ac subsequuntur, accurate examinantibus, videtur Cecilium ibi loqui de omnibus qui in ejusdem Galerii venerant ditionem, tam gentilibus quam Christianis, in quos immanissimam quidem exercuit crudelitatem, sed satiare numquam potuit. Neque tamen cum aliquibus, a vero longe aberrantibus, inferas inde martyrum numerum imminui. Vidimus enim quanto Galerius furore, ac quanta rabie in Christianos bacchatus fuerit. Minus itaque ab horum ob spretum falsorum deorum cultum sanguine temperavit, quam gentilium; ac majorem procul dubio illorum, quam istorum numerum his, quæ enarravimus, suppliciis trucidavit.

Neque homines tantum intolerandus ille tyrannus, sed litteras etiam, omnesque litteratos implacabili odio prosequebatur. Ab eo quippe extincta est eloquentia, ait Cecilius, ea videlicet, quæ publicis docebatur in scholis. Nam de forensi continenter addidit: *Causidici sublati*, quibus profecto verbis, ut ex sequentibus patet, patroni omnes, qui aliorum causas in foro dicebant, ab eo comprehenduntur. Tum ita ille pergit: *Jureconsulti, sive jurisconsulti aut relegati, aut necati.* Si quis autem a nobis inquirat quisnam jurisconsultus vere nominetur, illi respondebimus his Ciceronis verbis: « Eum dicerem, qui legum et consuetudinis ejus, qua privati in civitate uterentur, et ad respondendum, et ad agendum, et ad cavendum peritus esset. »

Ad hæc vero Galerius non illos tantum, sed omnes simul et litteratos et litteras exterminare machinabatur. Nam *litteræ*, ait auctor noster, *inter malas artes habitæ, et qui eas noverant, pro inimicis hostibusque protriti et exsecrati*. Litterarum autem nomine ille philosophiam aliasque liberales disciplinas designat, quas Galerius proscripsit tamquam *malas artes*, id est, magicas, uti Cuperus interpretatur ; cur non etiam veneficas ? Verius fortassis tamquam noxias et reipublicæ perniciosas. Nemini autem admirationem ullam movere debet, quod imperator ille pro ingenita sibi, uti dictum est, feritate ac barbarie, omnes omnino litteras et litteratos tollere penitus voluerit.

Expulsis igitur jurisconsultis et legum peritis, in provincias misit judices militares, *humanitatis litterarum rudes*, sive ut loquitur Cicero *communium litterarum et politioris humanitatis* expertes (*Cicer.*, lib. II *de Orat.*), eosque sine assessoribus seu consiliariis mittebat ; ut soli contra jus et fas ferrent judicium. Ex his autem quæ de assessoribus Suetonius (*Sueton. in Vita Tiber.* § 33, *et Galb.* § 14) et Lampridius (*Lamprid. in Vit. Alex. Sever. post med.*) tradidere, lux aliqua huic Cecilii loco afferri potest. At plures de iis exstant leges in codice Theodosiano, atque illa in primis qua Constantinus imperator adversus audax et iniquissimum hujuscemodi facinus hæc statuisse perhibetur : « Definitum est provinciarum rectores in civilibus causis litigia terminare, etsi militantes exceperint jurgia vel moverint. » In hanc autem aliasque leges, a nobis hic citatas, videsis Gothofredi annotationes.

At quidquid dixeris de his militaribus judicibus, a Galerio missis, quidam certe Cecilium nostrum ibi redarguunt erroris, in quem Lactantius earum, quæ tunc agebantur, rerum minime ignarus incidere non poterat. Cum Cecilio siquidem non asseverasset litteratos, ac præsertim jurisconsultos ab eodem Galerio sublatos fuisse. Nam Diocletianus eos tutatus est, variaque in eorum gratiam sue, Galeriique nomine condidit edicta, quæ ab isto ante aut post ejusdem Diocletiani interitum rescissa nemo procul dubio memoriæ hactenus prodidit. Nutat ergo, inquiunt, Cecilii fides, et ipse falsi arguitur, nisi alium proferas illius opinionis vadem ac patronum. Utrum autem in ejus defensionem sufficiat crudelissimi imperatoris barbariem ac sævitiam notasse, aliis decernendum relinquimus. Non deerunt fortasse aliqui, qui suspicabuntur Galerium cum Licinio, de quo infra agemus, ab auctore nostro præpostere confundi. Sed numquid etiam Lactantius eos confudisset ?

ARTICULUS IV.

De immensis penitusque intolerandis exactionibus, censibus, capitationibus et tributis, quibus Galerius omnes subditos suos obruit, et ad extremam paupertatem redegit, ac de mendicis, quos in mare jussit submergi.

Satis Maximiano Galerio non erat in omnes Christianos et gentiles tam horrenda carnificina furere et bacchari : sed quoslibet etiam sibi subjectos immensis exactionibus ac tributis ad extremam redegit paupertatem. *Census* quippe *per omnes provincias et civitates semel*, ita in codice manuscripto, ut significetur irrevocabiliter, *missus*. Censitores vero, quorum intererat tributa tantum imponere ac percipere, et de quibus plura in codice Theodosiano, omnia deplorandum plane in modum vastabant ac depopulabantur. *Agri* enim vero *glebatim*, non *glebati*, nec *glebatii*, nec senatorum tantummodo, uti quidam opinantur, sed hominum omnium, secundum cujusque glebam et portionem *metiebantur*. Quin etiam vites et arbores dinumerabant ; ut majorem inde censum scelerati homines extorquerent. Ad hæc vero animalia omnis generis ab iis numerabantur publicisque scribebantur in tabulis, atque exigebatur pro singulis tributum. Notabantur etiam hominum capita, ut pro singulorum capitibus ac personis pecuniæ penderentur. Scimus quidem quosdam opinatos esse capitali hac descriptione significari non modo unumquodque hominum caput, sive personam ; sed uniuscujusque etiam prædia, possessiones, aliaque bona et facultates. At ea procul dubio omnia auctor noster singillatim recenset, atque idcirco a se invicem distinguit.

Numquid vero, inquiet aliquis, hac agrorum, capitum et aliarum rerum descriptione, quidpiam novi a Galerio introductum est ? Nonne Ulpianus observat descriptionem illam fuisse longe antiquiorem ? Recte quidem. Sed præterquam quod illa diu intermissa a Galerio revocata est, immensum plane in modum auctus fuit census ille, et iis qui hactenus immunes fuerant, aliisque qui non erant solvendo, summa cum inhumanitate impositus et extortus. Ex jam laudato quippe Ulpiano discimus pueros ante decimum quartum, et puellas ante duodecimum, omnesque post sexagesimum ætatis suæ annum nullo tributo obligatos. At contra Galerius nullam prorsus dari voluit aut ætatis aut valetudinis veniam. Ne vero omnem omnino humanitatis speciem erga pueros, senesque invalidos abjecisse videretur, atque ii tamen concessa non gauderent tributi immunitate, censitores senibus detrahebant annos, quos junioribus adjiciebant. At alia forsitan erat adhuc causa, cur pueris adderentur anni, nimirum ut possent de parentibus suis, rapiendisque eorum bonis dicere testimonium. Non enim pueri ante indicatam a nobis ætatem ad illud dandum habiles erant, quemadmodum de Agnete virgine et martyre scribit Ambrosius : *Stupere universi, quod jam divinitatis testis exsisteret, quæ adhuc arbitra sui per ætatem esse non posset*. Quem in locum vide si vacat, et libet, nostras observationes.

Neque Galerius Romanos minus, quam alios, his immensis exactionibus oneravit et oppressit. Ad eos etenim describendos misit quoque censitores, atque illis eumdem imposuit censum, quem Trajanus parentibus ejus *Dacis assidue rebellantibus pœnæ gratia* victor indixerat. Quis autem hujus census mentionem fecerit, non alius sane præter Cecilium nostrum scriptor hactenus dilatus est. At certe Galerius eo censu imposito, ausus est facere adversus Romanos, quæ *veteres*, ita in Colbertino codice, *adversus victos jure belli fecerant*. Ibi autem non *veteres*, sed *victores* legendum plures existimant; quia Cecilius de Trajano victore loquitur. Verum etiamsi *veteres*, sicut in citato manuscripto codice legamus, semper subintelligendum erit *victores*; quandoquidem continenter subjungitur *adversus victos jure belli*. Nihil itaque in textu mutandum videtur. Sensus autem auctoris nostri is esse apparet, Galerium a Romanis eum exegisse censum, quem non modo veteres, jure belli post victoriam partam, sed Trajanus etiam in Dacis in assiduæ rebellionis defectionisque pœnam imposuerat.

Censitores porro, quibus nihil charius erat, quam incredibili Galerii avaritiæ et crudelitati satisfacere, ut majorem pecuniam cogerent, omnes liberos et servos, cives et rusticanos, filios et parentes, viros et uxores tormentis, verberibus, equuleo torquebant; ut sua omnes vicissim bona patefacerent. Post eorum vero declarationem plura singulis ascribebantur, quam revera possidebant, atque hac crudeli fraude census augebatur. Novi præterea censitores alii super alios mittebantur, qui quidem ut majores adhuc pecunias exprimerent, etiam pro mortuis tributa exigebant, sive quia eos mortuos esse dicentibus nolebant fidem haberi : sive quia productos a se testes cogebant confiteri illos, etsi jam mortuos, esse adhuc in vivis.

Denique, *Merces*, ait Cecilius, *pro vita dabatur*. Ita in codice manuscripto. Sed Baudrius corrigendum censet *dabantur*, ut sit Cecilii sensus : Tanta erat capitatio, ut ad eam solvendam, exhausta pecunia, merces, seu quælibet res venales darentur pro vita, id est, pro victu et cibo. Quid tamen, si servata veteris codicis lectione, dicatur significari pecuniam capitationis mercedem fuisse, quæ pro vita dabatur, hoc est, ut vivere liceret, nec vita eriperetur? Non mirum itaque, si Constantinus Magnus, cujus tanta erat munificentia et pietas, quanta Galerii crudelitas et avaritia, hanc prorsus intolerabilem capitationem, lege data, sustulerit. Hac autem ipsa lege confirmari utique ea possunt, quæ Cecilius noster de immensis illis et execrandis Galerii exactionibus tam certo asseverat.

Omnium vero bonis et facultatibus tanta inhumanitate ablatis, soli utique superant mendici, *quos ab omni*, ait Cecilius, *genere injuriæ ætatis*, sic in codice manuscripto, *miseria et infelicitas fecerat*. At fatentur omnes depravatum esse verbum *ætatis*. Baluzius itaque pro eo et superiori *injuriæ* scripserat *injurietatis*, sed re diligentius expensa, cum aliis corrigi voluit : *omni genere injuriæ tutos*; et optimo quidem sensu, nec aliud amplius desiderandum, nisi, ut firmetur alterius codicis melioris auctoritate. Cæterum dirissimus ille imperator hanc summæ calamitatis securitatem miserrimis hominibus invidit. Enim vero contra omnia prorsus humanitatis jura, jussit eos naviculis exportatos maris fluctibus submergi. Neque Cecilii nostri sectatores sibi objici patientur tam atrox horrendumque facinus ab aliis scriptoribus fuisse prætermissum. Nemo quippe, inquient, negare potest, plura ab illis omissa, quæ brevitatis ergo tacenda putaverunt. Tacuit vero ipsemet Cecilius quo tempore hæc facta sint. At ille manifestissime declarat eumdem Galerium sub vitæ suæ finem novis inauditisque exactionibus cunctos obruisse, ut necessarios ad celebranda vicennalia sua sumptus faceret.

Neque porro ibi adhuc stetit crudelissimi tyranni, omnia rapientis, insatiabilis cupiditas. Nemo enim, ait Cecilius, enarrare potest quam immanis tunc fuerit præsertim rei annonariæ exactio. Et vero singulis adhærebant *milites vel potius carnifices*, uti ille ait, *officiorum*, id est, officialium, qui judicum et magistratuum munere fungebantur. Omnia autem teterrimi illi sicarii et grassatores depopulabantur, nihilque ad victum relinquebant laborantibus. Quin etiam nihil amplius habentibus nullam dabant veniam, ac variis tormentis conabantur eis eripere *quod non erat*. Atque is quidem videtur esse sensus auctoris nostri (*Cecil. cap.* 31), quamvis illius textus in codice manuscripto plane corruptus sit.

Pergit vero ille, aitque hæc, quantumvis intolerabilia, potuisse tamen quomodocumque sustentari spe fructuum, altero anno futurorum. Sed hæc etiam, quæ sola miseris supererat, a scelestissimis Galerii satellitibus prorsus adimebatur. Vestes siquidem omnis generis, aurum, et argentum exigebant, quæ venditis fructibus necesse erat comparari. Atque ita Galerius omnium bona, opes, facultates, ipsasque segetes corrosit sub vana vicennaliorum specie, quæ reipsa non erat celebraturus. Jam enim res ejus et fortuna dilabi cœperant, uti postea explicabimus.

ARTICULUS V.

Quas Galerius Constantino Magno struxerit insidias; quid sit sigillum, quo hic accepto, ad patrem rediit; qua Galerius tristitia didicerit hunc et Maxentium imperatores factos, et laureatam Constantini imaginem acceperit; quomodo Romam obsidere conatus sit; qua confusione inde discedens, permiserit Italiam a militibus vastari, ac quomodo Licinium et Maximinum imperatores nuncupaverit.

Quemadmodum Galerius Constantium imperatorem, uti diximus, aspernabatur, ita filium ejus Constantinum metuebat. Quamobrem eum adhuc juvenem occultis *insidiis*, sicut ait Cecilius, atque Eusebius (*Euseb. lib.* I *de Vita Constant.*, *cap.* 20) confirmat, *sæpe appetiverat*. Nam illum, pergit auctor noster, *sub obtentu exercitii ac lusus objecerat feris*, sive ut clarius Praxagoras apud Photium dixit, *fero immanique leoni*, aliisque quomodo anonymus etiam Valesianus testatum nobis fecit, pluribus periculis. Sed hæc omnia a nobis infra singulatim fusiusque enucleanda et exponenda sunt.

um vero intolerandus ille tyrannus eumdem Constantinum, ut infra etiam planius explicabitur, Romæ, si Aurelio Victori fides, vel potius Nicomediæ, ut ait jam laudatus Praxagoras, tanquam obsidem retinebat. Interim vero Constantini pater Constantius, lethali morbo correptus, plures ad ipsum Galerium scripsit litteras, quibus postulabat, sicut Valesianus etiam anonymus testificatur, illum sibi remitti. At inexorabilis Galerius obtusas aures tamdiu habuit, donec importunis patris gravissime ægrotantis precibus fatigatus, ei filium non potuerit amplius negare. Tunc enim Constantino *dedit sigillum, inclinante jam die, præcepitque ut postridie, acceptis mandatis, proficisceretur.* Quid sit autem illud sigillum si quis sciscitetur, huic Baluzius, Ducangii auctoritate fretus, respondet epistolam esse dimissoriam munitamque sigillo. Sed ibi Ducangius auctores infimæ latinitatis citat. Nobis vero facilius probabitur eo nomine significari *evectionem*, cujus frequens in codicis Theodosiani legibus fit mentio, et qua designatur diploma, sive licentia scripto sigilloque confirmata publici cursus accipiendi, et qui ab illo, quemadmodum postea probabitur, revera acceptus est. Sigilli enim vero nomine eam indicari probant ipsamet auctoris nostri verba, quibus illud sigillum distinguitur a Galerii mandatis, id est, haud dubie litteris, quibus Constantium de remisso a se filio ejus Constantino, aliisque de rebus faceret certiorem.

Porro autem Galerius arbitrabatur Constantinum hæc mandata sua postridie, uti jusserat, expectaturum. Quapropter finxit se ad medium usque diem dormire; quo illum quavis occasione retentaret. At Constantinus, accepto pridie sigillo, statim post cœnam summa celeritate, et occisis, ut infra dicetur, *per mansiones multas* publicis equis, ad patrem suum convolavit. Ubi vero Galerius id rescivit, tanto inde dolore affectus est; ut vix lacrymas tenuerit. Sed plurimum sane aucta est ejus mœstitia, quando cognovit illum a Constantio patre suo factum esse imperatorem. Parum itaque abfuit quin protinus illum, qui laureatam ejus imaginem de more attulerat, vivum comburi jusserit. Amicorum tamen consilio instigatus, suscepit Constantini imaginem, eique misit purpuram, quemadmodum postea explicabimus.

Sed rursus eum terruit nuntius, qui retulit Maxentium factum fuisse imperatorem quadam factione prætorianorum militum, quorum castra, sicuti superius animadvertimus, pene omnia sustulerat. Non inde tamen omnino perterrefactus, Romam misit Severum, ut eam urbem, et commorantem ibi Maxentium expugnaret. Verum Severo victo et mortuo, Galerius in Italiam invadit Romamque, et in ea Maxentium obsidere molitus est. Sed quia illam, sicuti ait Cecilius, nondum viderat, minorem quam par erat, secum duxit copiarum numerum, quibus urbem multo, quam putabat, majorem obsidione cingere non potuit. Spem itaque omnem abjecit in eam irrumpendi.

Sed aliquem audire nobis videmur, qui nos ex hac Romæ urbis obsidione ad alia properantes, retardabit, objicietque falsum esse Cecilium, qui Romam a Galerio hactenus visam, aut cognitum ejus ambitum plane penitusque inficiatur. Quis enim, inquiet ille, nescit Aurelium Victorem, aut eum saltem qui historiam illius in compendium redegit, aperte, ut paulo ante dicebamus, asseverare Constantinum adhuc juvenculum, ac proinde ante hæc tempora a Galerio obsidem *in urbe Roma religionis specie* retentum? Ast ubi illum nisi apud se in hac ipsa urbe obsidem retinuit? Nonne ipsi, uti ex jam dictis patet, nimium suspectus erat, quam ut illum Romæ solum relinqueret? Huc accedit, quod idem Constantinus adhuc juvenis, in Asia, teste eodem Valesiano anonymo, apud Galerium obses, fortiter militavit. Quidni et Romæ? Tum deinde acrius ille urgebit; atque esto, inquiet, idque si velis, penitus sit falsum. At quomodo fieri potuit, ut Galerius imperator qui aliquamdiu saltem in Italia remanserat, Romam tunc numquam viderit ac ne semel quidem? Sed quamvis eam ab ipso numquam visam fuisse certo certius demonstres; nemini tamen facile probabis persuasum Galerio fuisse hanc, ut narrat Cecilius, urbem *non multo esse majorem, quam quas noverat civitates.* Quis enim umquam, nisi insanissimus imperator, ad urbem aliquam obsidendam aggressus est, nisi compertum omnino habuerit, quanta esset illius latitudo et longitudo, quibus præsidiis et propugnaculis munita; ac quo copiarum numero, et quibus machinis potuerit expugnari? Si ea tamen omnia Galerio, quamvis cognitu facillima, prorsus incognita fuisse ostendas, neque tibi, neque Cecilio repugnabimus. Ad ea porro animum, quæso, advertas, quæ mox citandus a nobis anonymus Valesianus memoriæ prodidit Galerium *cum ingentibus copiis* Romam venisse, quas nihilominus auctor noster *ad circumsedenda ejus mœnia non satis* fuisse asseverat. Vide ergo utrum inter eos nulla sit dissensio.

Cæterum legiones quædam indignum Galerii, Romam et in ea Maxentium, generum suum, oppugnantis, scelus detestantes, ab illo defecerunt. Reliqui vero milites jam nutabant. Metu ergo fractus, provolvit se ad illorum pedes, promissisque ingentibus flexit eorum animos, et fuga saluti suæ consuluit. Neque solus Cecilius hanc Galerii expeditionem litteris consignavit, sed alii plures, quemadmodum anonymus Valesianus, cujus hæc ipsa sunt verba : « Galerius cum ingentibus copiis Romam venit, minatus civitatis interitum, et castra Interamnæ ad Tiberim posuit. Tunc legatos ad Urbem misit Licinium et Probum, per colloquium petens, ut gener apud socerum, id est, Maxentius apud Galerium precibus magis, quam armis optata mercaretur Qui contemptus, agnovit promissis virorum Maxentii partes suas deseruisse, quibus perturbatus, retro versus est. » Similiter Aurelius Victor, sed brevius, edixit obsessam quidem a Galerio Romam : sed cum metueret ne a suis desereretur, ex Italia discessit : vel sicut alius scriptor loquitur, *propere refugit.* Scriptis quoque Zozimus prodidit eum, cum sensisset parum fidos erga se militum animos, in Orientem, nullo commisso praelio, rediisse ad suas nimirum, ut ait Cecilius, sedes.

Ne vero turpi in fuga ab hostibus interciperetur, aut ii *utensilia*, inquit idem auctor noster, id est, res ad victum et usus necessarias haberent, militibus suis Italiam, quacumque iter faciebat, vastandi potestatem dedit, sive *ut militi suo*, ait anonymus, *praedam quamcumque conferret*. Hi autem rapinis et sceleribus omnia praedati et depopulati sunt.

Postea vero venit Carnuntum, quae urbs Illyrici erat, ibique Diocletiano atque Maximiano Herculio praesentibus, uti jam superius annotavimus, dedit *Licinio imperium*. Sic autem *uno tempore*, inquit Cecilius, *sex fuerunt*, quibus imperium datum est, videlicet Maximianus Herculius, Maximianus ipse Galerius, Maxentius, Constantinus, Licinius et Maximinus. In Cecilii itaque textu si nullum sit mendum, ibi ille, imperii nomine, tam Caesaris, quam Imperatoris et Augusti dignitatem designavit. Maximinus quippe tum Caesar tantum erat. Ab auctore siquidem nostro scriptum postea legimus: *Nuncupato Licinio imperatore*, *Maximinus*, in manuscripto codice *Maximianus, iratus, nec Caesarem se, nec tertio loco nominari volebat*. Cecilio autem nostro suffragatur Eusebius (*lib.* VIII *histor. eccles. cap.* 3), qui aperte declarat Licinium communi Imperatorum, haud dubie Diocletiani, Galerii et Herculii, consilio renuntiatum fuisse Augustum et imperatorem: « Quod quidem, « pergit ille, » Maximinus aegre admodum tulit, qui hactenus Caesar dumtaxat ab omnibus appellabatur; » μόνον Καίσαρα παρὰ πάντων εἰσέτι τότε χρηματίζοντα. Nullis porro Galerius nec precibus, nec legatis saepius missis, potuit hujus ingrati, ignobilisque hominis, quem fecerat Caesarem, aut animum lenire, aut frangere iracundiam. Victus ergo ejus contumacia, sustulit, ut antea dictum est, Caesarum nomen, illumque, tametsi invitus et dolens, tresque alios nuncupavit imperatores.

ARTICULUS VI.

De extremo ac pudendo Galerii morbo et edicto, quod jamjam moriturus in christianorum gratiam publicavit.

Decimum et octavum imperii sui annum agebat Galerius, cogitabatque de celebrandis suis vicennalibus, quando illum Deus, aequissimus scelerum vindex, pudenda plane plaga percussit. Fistulosum siquidem ulcus erat, *in inferiori*, inquit Cecilius noster, *parte genitalium, quod postea crevit, serpsitque latius*. Varia autem ab illo deinde describuntur remedia a medicis et chirurgis casso irritoque conatu adhibita, atque hanc in rem citat istos Virgilii versus, sed tacito ejus nomine:

Cessere magistri
Phillyrides Chiron, Amithaoniusque Melampus.
(*Virgil., lib.* III *Georgic., in fin.*)

Nos autem jam ostendimus quanta librarii imperitia haec verba corrupta fuerint. Porro autem auctor noster significat medicos recessisse, de Galerii salute desperantes.

Alii tamen *nobiles*, pergit ille, *usdique trahuntur*, non male quidem dixit *trahuntur*, id est, nolentes et inviti. Sed cum nihil hi, sicut alii, promoverent, ad falsorum deorum idola, atque ad Aesculapium et Apollinem haud feliciori exitu miser imperator confugit. *Dat Apollo*, inquit Cecilius, id est, hujus falsi dei sacerdotes, *curam*, assignatis proculdubio ad sanandum illius ulcus medicamentis: sed haec sicut et alia, quae alii rursus medici suggesserunt, fuere omnino inutilia. Nam *cancer*, ait Cecilius, id est, gangraena interim serpit, augetur malum, creantur vermes, et in putredinem caro solvitur. Tum vero *odoritatem non modo per palatium*, verba sunt Auctoris nostri, *sed totam civitatem perradit*. Nemo sane non videt vitiatum esse hunc locum: sed ad eum emendandum, tot plane sunt sensus, quot capita. A vero autem forsitan propius absunt, qui scribendum putant *Odor autem*. Et certe si odorem, u. notat Plinius (*lib.* IX *Hist. natur. cap.* 7), *non aliud, quam infectum aera, intelligi possit*, nonne facilius intelligi poterit cur Cecilius dicat odorem hunc leterrimum, seu aerem infectum, non modo per palatium, sed per totam pervasisse civitatem. Sed quo, inquies, modo per totam, nec parvam, profecto civitatem pervasit? Nos itaque iis prorsus non refragabimur, qui probaverint in his Cecilii verbis non minimam esse hyperbolem, qua signifiantius exprimeret, quam male olens esset leterrimus ille odor, qui ex Galerii ulcere afflabatur. Acutissimis porro doloribus percitus:

Clamores simul horrendos ad sidera tollit,
Quales mugitus fugit cum saucius aras
Taurus.
(*Virgil., lib.* II *Aeneid., v.* 222.)

Et hi adhuc Virgilii versus sunt, quos Cecilius, nec integros, nec auctore nominato citavit.

Postremo apponebantur ulceri cocta quaedam et calida animalia, fasciis involuta; ut calor vermes eliceret. Sed inde longe adhuc major vermium copia generabatur. Putredine itaque viscera ejus omnesque corporis partes macie contabuerunt, et pars illius inferior in utrium modum inflata fuit, pedesque ejus amiserunt suam formam ac speciem.

Alii autem scriptores aut brevius, aut fusius hunc Galerii morbum descripserunt. Aurelius enim Victor narrat illum vulnere pestilenti, et in Epitome genitalibus consumptis, Eutropius insanabili vulnere, anonymus Valesianus morbo ingenti distabuisse, atque aperto tandem et putrescente viscere, vel sicut innuit Hieronymus, computrescentibus carnibus, mortuum. Chrysostomus vero litteris mandavit corrupta ejusdem Galerii verenda generasse vermiculos, atque a medicis ad curandum hoc ulcus pingues et peregrinas aves putrefactis membris admotas, quibus vermes extrahere cum frustra conati fuissent, multis ille post diebus animam exhalavit. Prius autem Eusebius memoriae prodiderat natum repente, uti medici loquuntur, abscessum circa media occultiorum corporis partium, ac deinceps ulcus purulentum ac fistulosum, unde incredibilis vermium multitudo scaturiebat. Hi autem intima viscera sic depasti sunt; ut magna corporis moles in tabem soluta horrendum adstantibus spectaculum praeberet.

Adhibiti autem sunt, addit ille, plures medici, sed quia aut nimium fœtorem ferre, aut nullum remedium afferre poterant, crudeliter necati sunt. At Rufinus, et postea Paulus Orosius insuper adjiciunt unum ex his medicis audacter dixisse illum insanabili hoc morbo ideo absumi, quia christianos tanta crudelitate, quanta injustitia excruciaverat.

Verum ille minus hujus medici hortationibus, quam morbi, qui per annum integrum duravit, violentia ac doloribus coactus est tandem Deum vindicem confiteri. Ad extremas quippe angustias redactus, promisit se restituturum illius veri Dei templum, satisque facturum pro scelere, vel sicut Eusebius (*lib.* VIII *Histor. eccles.*, *cap.* 17) paulo clarius significat, se christianorum ecclesias reædificaturum, impositurumque illorum vexationibus finem. Et quidem edictum in eorumdem christianorum gratiam confestim conscripsit, quod in singulis provinciis voluit promulgari. Nobis autem integrum hoc edictum exhibet Cecilius, atque etiam Eusebius, qui illud ex latina lingua in græcam, et Rufinus, qui ex græca in latinam se transtulisse testificantur. Porro autem si illorum omnium græca latinaque verba secum conferas, facile animadvertes eumdem esse ipsorum sensum, eamdemque significationem. Quocirca nonnulli opinantur acceptum referri Cecilio debere, quod nunc latine hoc edictum habeamus. Verumtamen omissam ab eodem Cecilio hujusce edicti cum Imperatorum nominibus inscriptionem nobis Eusebius repræsentat, tametsi non omnino integram et perfectam, ut quibusdam videtur.

Observant præterea alii edictum illud christianis prorsus esse injuriosum ac contumeliosum. At in ejus tamen fine Galerius præcipit, ut pro sua reique publicæ salute christiani Deum suum orent ac precentur. Sed quid mirum, si Galerius, ejusque ministri, gentilium erroribus penitus obcæcati, sibi ipsis uno eodemque in edicto inepte contradixerint? Nicomediæ autem illud, ait Cecilius (*cap.* 35) proponitur *pridie kalendas maias, ipso*, Galerio, *octies, et Maximino iterum consulibus*. Notat etiam Eusebius octavum hunc Galerii consulatum, et alii quidam eum solum consulem, alii vero tam antiqui, quam recentiores, illius collegam non Maximinum, sed Licinium fuisse suspicantur. Nec desunt, qui autumant hunc Maximino esse subrogatum. Verum nullus adhuc certo demonstravit edicta quædam, quæ inscripta sint subrogati alicujus consulis nomine. Deinde vero Cecilius Maximinum non secus ac Galerium ordinarios hujus anni consules satis aperte denuntiat. Quamobrem eruditis aliquibus nostræ ætatis scriptoribus verisimilior videtur ejusdem Cecilii nostri sententia. Adi, si lubet, cardinalem Norisium, Pagium ac Tillemontium.

ARTICULUS VII.

Ubi et quando Galerius, postquam uxorem suam et filiam Licinio commendasset, mortuus est, ac de filio ejus Candidiano.

Quamquam Galerius edictum in christianæ religionis gratiam eo, quo diximus, modo dederit; non sincera tamen, sicuti ex hoc etiam ipsomet edicto liquet, fuit ejus pœnitentia. Non mirum itaque, si a justissimo Deo non potuerit impetrare corporis sanitatem, quam Innocentius quidam, qui simili morbo in extremum vitæ periculum adductus, suis, ut ait Augustinus, et episcopi, atque aliorum Ecclesiæ ministrorum lacrymis ac precibus obtinuit.

Sceleratus igitur, nec pœnitens ille imperator, paucis post memorati edicti publicationem elapsis diebus, ac *commendatis Licinio*, ait Cecilius (*cap.* 35), *conjuge sua et filio*, atque ei de manu, ut aiunt, in manum traditis, horrenda tabe consumptus est. Tum ille continenter sermonem suum sic prosequitur : *idque cognitum Nicomediæ msis quidem, cum futura essent vicennalia, kl mar impendentibus*. Ita, sane in codice manuscripto legimus, ubi librarii incuria mensis a Cecilio memorati dies omissus fuit.

At ex iis Cecilii verbis colligimus primo Galerium mortuum esse non quidem Nicomediæ, sed postea quam *ad Serdicam*, si anonymo Valesiano credideris, *reversus* fuisset. Secundo Licinium imperatorem ibi morienti Galerio astitisse, quippe qui illi ibidem commendatam uxorem et filium, inquit auctor noster (*Cecil. cap.* 35 *et* 36), *in manu* tradidit. Tertio Galerium ex hac vita migravisse mense maio, cum novemdecim jam ab annis ac duobus insuper mensibus aut Cæsar fuisset, aut Augustus et imperator. Nam Cecilius designat kalendis martiis anni haud dubie subsequentis futura illius vicennalia. Et certe in allata ab Eusebio (*lib.* VIII *Histor. eccles.*, *cap.* 17) edicti ab eo, sicut paulo antea dicebamus, dati inscriptione hæc legimus : *Imperator* XIX, Αὐτοκράτωρ ἐννέα καὶ δέκατον, id est, anno imperii decimo nono haud dubie inchoato. Ubi autem scriptum ab anonymo Valesiano legimus : *Imperavit annos* XVIII, ibi haud immerito jure subaudiendum plenos atque perfectos. Nec alia quoque videtur esse Aurelii Victoris sententia, ubi annos, quibus vel Cæsaris, vel Augusti dignitate potitus est, sic distinxit : *Huic quinquennii imperium, Constantino annuum fuit; cum sane uterque potentiam Cæsarum annos tredecim gessissent*. Quinque autem et tredecim anni decem et octo conficiunt. In Eusebii tamen Chronico scriptum legimus : *Galerius Maximianus vicesimo primo imperii sui anno moritur*. Sed fortasse librarius erravit numeros describendo, aut auctor Chronici primum et ultimum annum, quamvis plane imperfectum numeravit. At clarius sane in eodem Chronico funesta Galerii mors anno Christi 311, et a peritioribus chronographis anno superiore 310 consignatur.

Filium porro ex concubina Galerius susceperat, qui Candidianus nuncupatus est. Valeria autem, ejusdem Galerii uxor, de qua nos plura diximus, cum sterilitatis morbo laboraret, eum postea adoptavit. Jam vero is nonum ætatis suæ annum attigerat, cum Diocletianus anno 305 deposuit imperium. Tunc autem pater ejus decreverat illum, post acta imperii sui vicennalia, in locum suum substituere, ac creare imperatorem. Verum hoc ipso tempore ille misorabili, sicuti mox enarravimus, morte interiit. Animam itaque agens, cum nihil amplius facere posset, hunc Candidianum, uti dictum est, commendavit Licinio, et in manus tradidit.

Post hæc Candidianus venit Nicomediam, ubi ab eodem Licinio in honore haberi videbatur, sibique tunc despondit septennem Maximini filiam. Verumtamen simulato Licinii favori nimium confisus, ab eo, cum nihil tale metueret, occisus est. Cæterum qui hujus Candidiani mentionem fecerit, vix sane alium, præter Cecilium nostrum, reperias scriptorem. Penes igitur hunc solum fides erit, donec alius horum testis aut sponsor proferatur.

CAPUT XIII.
De Severo et Maximino imperatoribus.

ARTICULUS PRIMUS.
Quæ fuerint Severi patria et vita: a quo et quomodo Cæsar ac deinde Imperator creatus sit, quove mortis genere, post obsessam Romam a suis desertus, vitam finierit, et de Severiano ejus filio.

Observatum a nobis fuit quomodo Galerius Severum *Illyriciorum*, ut ait Aurelius Victor, indigenam, Diocletiano Cæsarem creandum proposuerit. Verum is ipsemet Diocletianus illum primo quidem rejecit, utpote *saltatorem*, inquit Cecilius, *temulentum, ebriosum, cui nox pro die, et dies pro nocte.* Nec immerito sane. Nam is, teste Anonymo Valesiano, *erat ignobilis et moribus et natalibus, ebriosus, et hoc Galerio amicus.* Nemo itaque mirabitur si Galerius vir, uti vidimus, improbissimus, hunc sibi simillimum et amicum habere et Cæsarem creari voluerit.

Qualemcumque tamen Diocletiano rationem attulit, ut nuncupationi ejus assentiretur. Palam enim et asseveranter dixit illum imperio esse dignum; *quoniam militibus fideliter præbuit*, id est, ut quidam arbitrantur, fideliter præbuit argentum et stipendia, aut alia, quæ Galerius ipse militibus distribuenda illi tradiderat. Sed ubi, quæso, hoc verbum *præbuit*, ita solum invenies. Nonnulli igitur rescribendum volunt *præfuit*, faciliori quidem, ac meliori sensu, sed sine auctoritate. Quidquid sit, Galerius, huic rationi plane diffisus, continenter adjecit se eumdem Severum ad Maximianum Herculium jam misisse, ut ab illo purpura Cæsaris indueretur. Quod quidem Mediolani factum est. Quapropter cum Diocletianus hoc impedire amplius non posset, purpuram, uti diximus, et imperium Nicomediæ deposuit, ac Severum illum atque Maximinum fecit Cæsares. Narrat autem Eutropius (*lib. x Brev.*), sicut et alii, tunc Galerium Italiam Severo regendam cedisse; hisque suffragatus est Socrates (*lib. I Histor. eccles. cap. 2*), qui tamen in hoc ab Eutropio discrepat, quod hic dixerit Galerium in Italiam abiisse, Eutropius vero eum remansisse in Illyrico.

At Galerius postquam Diocletianum, si auctori nostro (*Cecil. cap. 20*) fides habeatur, et Maximianum Herculium imperio cedere coegit, in mente tum ha-

buerat, exactis vicennalibus suis, sive post vicesimum imperii sui annum, Severum pro se substituere imperatorem. Sed ubi laureata, uti diximus, Constantini, cui pater moriens imperium tradiderat, imago allata fuit, tunc serio cogitavit eumdem Severum imperatorem Augustumque renuntiare, atque cum anteponere Constantino, utpote ætate minori. At ei hæc in animo habenti nuntiatum est Maxentium prætorianorum militum, sicuti vidimus, factione appellatum fuisse imperatorem. Quamobrem Severo, confestim accersito, suis cohortationibus persuadet, ut recipiat imperium, et ad Maxentium, Romæ commorantem, expugnandum proficiscatur.

Galerii itaque voluntati Severus sine mora paruit, et cum exercitu accessit ad urbis illius muros. Sed ibi a militibus suis, uti Cecilius noster et incertus etiam panegyrici Constantino dicti auctor testificantur, desertus est, atque Herculio adveniente, sese dedit in fugam, ac cum paucis Ravennæ inclusit. Veritus tamen ne eidem Herculio traderetur, *vestemque et purpuram*, inquit Cecilius (*c. 26*) (vel sicut in codice manuscripto habetur, *vestemque purpuream*) *eidem, a quo acceperat, remisit*, Herculio videlicet, qui illum, ut paulo ante dictum est, hac Cæsaris purpura revera induerat. Verum turpi illa abdicatione nihil potuit aliud impetrare, nisi ut, venis incisis, leniter moreretur. Atque hunc Cecilius in modum perhibet Severum vitam cum imperio amisisse. Quid vero ea de re alii scriptum reliquerint, nunc, si placet, videamus.

Primum ergo Eutropius narrat Severum Cæsarem a Galerio missum, ut Romam et ibi Maxentium obsideret, sed suorum scelere desertum, Ravennam confugisse, ubi interfectus est. At Zozimus nulla Romanæ obsidionis mentione facta, scribit eumdem Severum Cæsarem a Galerio missum, ut Maxentio bellum inferret. Mediolano itaque, uti ille ait, cum Maurorum ordinibus profectus est. Sed eum accedentem Maxentius, qui majorem militum partem pecunia corruperat, cum facile vicisset, Ravennam bene munitam et magna alimentorum copia abundantem aufugit. Illuc vero cito accurrit Herculius, qui ubi cognovit inde Severum vi non posse ejici, illi sacramentis circumvento persuasit, ut inde Romam migraret. Sed in itinere, eoque in loco, quem Tres Tabernas vocant, positis a Maxentio insidiis captum, βρόχῳ τὸν τράχηλον ὀρτήσας, ἀνεῖλεν, *inserta laqueo cervice necavit*.

Neque multum ab hac opinione recedit anonymus Valesianus, qui suam hisce verbis exposuit: Cum Severus adversus Maxentium jussu Galerii duxisset exercitum, desertus a suis, fugit Ravennam. Pro Maxentio filio evocatus illuc venit Herculius, qui per perjurium Severum deceptum custodiæ tradidit, et captivi habitu in Urbem perduxit, et in villa publica Appiæ viæ, tricesimo milliario, *ad Tres videlicet Tabernas*, custodiri fecit. Postea cum Galerius Italiam peteret, ille jugulatus est. » Videsne quantum isti a Cecilio, dissentiant?

Magis itaque ipsi favere videtur Aurelius Victor,

qui ait Galerium Armentarium, statim atque rescivit Maxentium factum esse Imperatorem, Severo Cæsari, *qui casu ad Urbem erat*, præcepisse, ut in illum arma propere ferret. Verum « circum muros, » inquit, « cum (ille) ageret, desertus a suis, quos præmiorum illecebris » Maxentius « traduxerat, fugiens obsessusque Ravennæ obiit. » In ipsius tamen Epitome scripto traditum legimus : « Severus ab Herculio Maximiano Romæ ad Tres Tabernas extinguitur, funusque ejus Galieni sepulcro infertur, quod ab Urbe abest per viam Appiam millibus novem. » At qua, inquies, ratione Aurelius Victor eum Ravennæ obiisse asserit, qui in ejusdem Epitome dicitur ad Tres Tabernas, tricesimo ab urbe milliario dissitas, occisus? Numquid hujus Epitomes scriptor ipsummet Aurelium, auctorem suum, corrigendum esse censuit? Nemini forsitan illud a vero prorsus abhorrere videbitur. Non enim semel ejusmodi compendiorum scriptores ea emendare conati sunt, in quibus auctores suos errasse existimabant.

Variæ porro hæ opiniones inde forsitan exortæ videntur, quod Severus, ab Herculio dolose ac perjurio Ravenna excitus, clam et mutato habitu ad Tres Tabernas, ubi paratæ erant insidiæ, perductus est. Atque id quidem quia paucis cognitum fuerat, alii eum Ravennæ, alii alibi interfectum putaverunt. Neque alio fortassis ex fonte manavit altera scriptorum de mortis illius genere dissensio.

Cæterum Severus filium reliquit, cui Severiano nomen fuisse perhibetur. Ætate vero jam robusta et adulta erat, cum Licinius Maximinum, eo, quod infra enarrabimus, prælio vicit ac profligavit. Severianus tamen hunc ex acie fugientem secutus est. At victor Licinius illum post ejusdem Maximini mortem capite damnavit, *tamquam de sumenda*, inquit Cecilius, *purpura cogitasset*. Licinii itaque mandato sistitur judicibus publicis, et lata ab eis sententia, illi tamquam læsæ majestatis affectatæque purpuræ convicto, caput abscissum est. Sed pergratum nobis facient, qui alios, præter Cecilium, hujusce historiæ confirmatores protulerint.

ARTICULUS II.

De Maximini patria, vario nomine, parentibus, professione, ebrietate : quomodo scutarius, protector, tribunus, Cæsar et imperator factus fuerit, ac quid sit campus Martius.

Maximinus, quemadmodum Severus, Illyricorum, uti Aurelius Victor ait, indigena erat. Auctor vero noster diserte asseverat illum primo quidem nomine appellatum *Daiam*, sive potius *Dazam*, suaque professione fuisse pecuarium et Galerio affinem. Nec minus perspicue in Epitome Aurelii Victoris scriptum est : « Galerius Maximinus, sorore Armentarii progenitus, veroque nomine ante imperium Daza dictus... ortu quidem atque instituto pastorali. » (*Aurel. Vict. Epitom. ubi de Maxim.*) Non longo autem antequam Cæsar fieret tempore mutatum fuerat illius nomen. Cecilius namque de illo Cæsare nuncupando ibi adjecit : *Quem recens* Maximianus Galerius *jusserat Maximinum vocari de suo nomine.* In manuscripto autem codice Colbertino fere ubique habetur *Maximianus*, non Maximinus : sed aperto, inquit Baluzius, errore. Verumtamen in Eutropii Breviario et aliorum infra citandorum libris, scriptum est : Maximianus. Non solius itaque librarii error videtur, et eum ab aliquibus Maximianum, ipso Galerii prænomine, nuncupatum aliquando fuisse fatendum est.

Ad ejus vero originem et professionem quod spectat, Aurelius Victor paulo ante laudatus, testatur illum ex sorore, uti dictum est, Armentarii progenitum, sed ortu etiam atque instituto fuisse pastorali, eodem videlicet atque ipse Galerius Armentarius. Cecilii autem nostri verbis mox citandis id stabilitur confirmaturque.

Addit idem Victor illum fuisse vini avidiorem, quo ebrius ea imperabat quæ postridie sobrius jubebat emendari. Scriptum quoque ab anonymo Valesiano legimus : « Igitur Galerius, » lege, aut subaudi *Maximinus*, « sic ebriosus fuit, ut juberet temulentus ea quæ facienda non essent ; a præfecto admonitus, constituerit ne jussa ejus aliquis post prandium faceret. » Eadem quoque refert Eusebius, qui cætera describit illius vitia, de quibus postea nos fusius agemus.

Superius autem demonstravimus quomodo, quando et quo in loco Diocletianus, a Galerio, si Cecilio fides coactus, hunc Maximinum Cæsarem creaverit. Tunc ergo « sublatus nuper a pecoribus et sylvis, » inquit Cecilius, « statim scutarius, continuo protector, mox tribunus, postridie Cæsar, accepit Orientem calcandum et conterendum. Dicitur autem sublatus nuper a pecoribus et sylvis, » quia pecuarius, sicut jam animadvertimus, et rusticanus erat. Statim vero factus est *scutarius*. At scutarii erant milites, qui, ut narrat Zozimus, imperatorem stipare consueverant. De iis plura Ammianus Marcellinus, Gothofredus et Pancirolus, qui varias eorum scholas recensent.

Exinde Maximinus *continuo protector*. Quinam autem protectores essent, his Honorius imperator explicat verbis : « Qui armatam militiam subeuntes, non solum defendendi corporis sui, verum etiam protegendi lateris nostri sollicitudinem patiuntur, unde etiam protectorum nomen sortiti sunt. » Vide, si lubet, Gothofredi in hanc legem commentaria, Valesii in Ammianum Marcellinum observationes, et Pancirolum a nobis jam laudatum.

Statim vero atque Maximinus protector factus fuit, *mox tribunus*, uti ait Cecilius, renuntiatus est. Nemini autem latet varia fuisse tribunorum genera, nec dubium esse potest quin auctor noster Maximinum militum tribunum esse dixerit. At multa quidem de tribunis eorumque officiis, jam laudati a nobis Gothofredus et Pancirolus observarunt. Vopiscus autem nobis exhibuit exemplar epistolæ Valeriani imperatoris, qua ad Mulvium Gallicanum, præfectum prætorio, hæc scripsit in verba : « Miraris fortassis, quod ego imberbem Tribunum fecerim contra constitutum divi Adriani, sed non multum miraberis, si Probum cogitas, adolescentem vere *probum.* » Contra vero Galerius aut, si velis, impulsus ab illo Diocletianus fecit Maximinum tribunum *adolescentem quemdam,* sicut ait Cecilius (*cap.* 18), *semibarbarum,* atque ita in manuscripto codice. Baudrius tamen legi mallet *semibarbatum,* quia Cicero juvenes vocat barbatulos. Recte quidem barbatulos, sed non semibarbatos. At Cecilius videtur Maximinum idcirco appellasse semibarbarum ; quia nuper sublatus fuerat a pecoribus et sylvis, *qui neque militiam,* pergit ille, *neque rempublicam sciret, jam non pecorum, sed militum pastor.*

Quamvis autem plane indignus esset, qui contra morem et instituta majorum ad hosce dignitatum gradus repente eveheretur : factus est nihilominus *postridie Cæsar,* ait Cecilius, atque *accepit Orientem calcandum et conterendum.* Galerius quippe illum, uti Eutropius et Socrates narrant, præfecit Orienti, quem postea Gothis barbaris stipatus, quemadmodum Cecilius loquitur, *ludibrio* pessime in manuscripto codice *indikria habuit.*

Præterea Galerius huic semibarbaro homini, tantis dignitatibus contra status leges aucto, primum, et Constantino Magno secundum Cæsaris locum dedit. Verumtamen Licinio imperatore nuncupato, tanta superbus ille Maximinus exarsit iracundia, ut se Cæsarem, et tertio loco nuncupari aspernatus, ad saniorem mentem nec legatis, nec precibus ejusdem Galerii potuerit unquam revocari. Tunc itaque Galerium pœnituit illum fecisse Cæsarem, sed frustra. Nam Maximinus illi postmodum rescripsit se in campo Martio, proxime celebrato, nuncupatum fuisse Augustum. Si alium hujusce nuncupationis testem desideres, tibi facile dabitur Eusebius, qui hæc litteris mandavit : Postquam Licinius Augustus declaratus est : Ταῦτα Μαξιμῖνον δεινῶς ἐλύπει, μόνον Καίσαρα παρά πάντων εἰσέτι τότε χρηματίζοντο, ὃς δὲ οὖν τὰ μάλιστα τυραννικῶς ὤν, παρωρπάσας ἑαυτῷ τὴν ἀξίαν, σεβαστὸς ἦν αὐτὸς ὑφ᾽ ἑαυτοῦ γεγονώς (*Euseb. lib.* VIII *Histor. eccles.,* cap. 13). « Quod quidem Maximinus ægre admodum tulit, qui hactenus Cæsar dumtaxat ab omnibus appellabatur. Hic ergo præ cæteris tyrannico ingenio præditus, Augustus a semetipso renuntiatus est. »

Sed ibi locum non designat, in quo supremam hanc Augusti potestatem sibi arrogavit. Cecilius vero noster (*cap.* 32) diserte dixit : *In campo Martio, proxime celebrato.* Quis autem sit ille campus Martius, non minima inter eruditos contentione certatur. Existimant enim nonnulli eum sic appellari a multitudine hominum qui illuc aut muneris, aut venationis, aut ludorum causa confluebant. Alii phrasim esse illius temporis, qua significabatur dies solemnis, aut comitia, quibus creabantur consules. Quidam vero opinantur indicari diem solemnem, quo milites, sive exercitii, sive alterius rei causa in unum congregabantur. Alii tandem hæc interpretantur de militaribus comitiis, quibus milites atque exercitus lustrabantur, quotiescumque imperator jubebat. Nobis vero si his omnibus nostras quoque conjecturas adji-

cere liceat, dicemus his verbis significari Equiria, quæ festa erant sic cognominata ab *equorum,* ut ait Varro (*Varr. lib.* v *de Ling. lat.*) cursu. Eo enim pergit ille, *die currunt equi in campo Martio.* Festus vero observat ludos esse *quos Romulus Marti instituit per equorum cursum, qui in campo Martio exercebantur.* (*Fest. lib. de verb. Signif ad v. Equiria*). Prius autem Ovidius cecinit (*lib.* II *Fastor. in fin.*) :

Jamque duæ restant noctes de mense secundo,
Marsque citos junctis curribus urget equos.
Ex vero positum per nansit Equiria nomen,
Quæ deus in campo prospicit ipse suo.

Hi igitur ludi, quia Marti dicati erant, in campo Martio celebrabantur, exeunte Februario mense, uti non solum ab Ovidio, sed in antiquis etiam Kalendariis Romanis (*Kalend. Roman. tom* VIII *Antiquit. Roman.*) notatum legimus. Nonne autem vero satis simile est Cecilii nostri verbis designari hunc Equiriorum diem, quo equi in campo Martio, cujus frequens apud Scriptores mentio, cursu exerceri solebant. Nobis porro his subjungere liceat Gregorii Turonensis (*Gregor. Turon. lib.* II *histor. de Franc.*, § 29) tempore nomen campi Martii adhuc fuisse in usu. Hac igitur die Maximinus in campo Martio, qui in Ægypto, vel Syria, uti ex sequentibus Cecilii nostri (*cap.* 32, 33 *et* 36) verbis colligitur, situs erat, factus est imperator. Si quæras quo anno, respondebimus anno 310, quia tunc Galerius decimum, uti ibidem scripsit Cecilius, et octavum imperii sui annum agebat. Anno autem subsequente 311, ille Sardicæ, quemadmodum diximus, mortuus est.

ARTICULUS III.

Quomodo Maximinus post Galerii mortem in provincias invadere molitus, pacem cum Licinio fecerit, ac sustulerit indulgentiam Christianis communi tutelo datam, cur sacerdotes maximos, candidis chlamydibus ornatos, ubique constituerit jusseritque Christianorum mutilari membra, et venalia omnia animalia a sacerdotibus ethnicis immolari.

Ubi primum de Galerii morte nuntius Maximino allatus est, tum ille protinus advolavit, ut provincias et omnia ad fretum usque Chalcedonicum sibi vindicaret. Ingressus itaque in Bithyniam, ad capiendam populi benevolentiam, censum illico sustulit. Tum deinde cum oborta esset inter illum et Licinium discordia, pene ad arma ivere. Sed certis conditionibus fœdus et pax in eodem freto Chalcedonico, seu Thracio aut Bosphoro cum utroque pacta est. Hujus autem pacis, quæ postea rupta fuit, Eusebius meminit (*lib.* IX *histor. ecclet. cap.* 10).

Securior inde factus Maximinus, reversusque in Orientem : *In primis,* ait Cecilius, *indulgentiam christianis communi tutelo datam tollit,* id est, sustulit facultatem quam Galerius, sicut paulo antea observabamus, jam moriturus christianis dederat ædificandi ecclesias, et suam profitendi religionem. Testatum vero Eusebius (*lib.* IX *Histor. Eccles., cap.* 1) facit Maximinum ausum quidem non fuisse huic edicto, quod tamen ipsi displicebat, palam refragari. Quapropter nulla deinceps hujus edicti habita mentione, judicibus ac præsidibus voce tantum prohibuit, ne Christianos vexarent amplius, idemque aliis faciendum significarent. Ibi autem ipse Eusebius nobis repræsentat epistolæ hanc in rem a Sabino scriptæ exemplar.

At in Cecilii nostri textu corruptum putant nomen *tutelo*, et Baudrius illud et superius *communi* sic corrigendum arbitratur *cum muri tutela*, id est, potestate ecclesias intra urbium muros construendi. Quod quidem ille magno, sed casso et inutili labore probare contendit. Christianis quippe hoc ipso Galerii edicto facultas non solum ecclesias intra urbium muros ædificandi, sed suam quoque religionem ubicumque locorum palam ac publice colendi conceditur. Ad hæc vero jubetur, ut nulla inde illis crearetur molestia, et in carceres conjecti ex iis emitterentur. Alii itaque legendum suspicantur *communi titulo*; quia auctor noster respicere videtur ad paulo ante memoratam Imperatorum constitutionem, eorum nominibus, id est, *communi titulo* inscriptam. Nonnulli tandem scriptum a Cecilio putant *communi tutela*. Nec omnino forsitan inepte. Nam in manuscripto codice littera ultima, *o* pro *a*, quasi ex scribentis manu elapsa, priori litteræ *L*, subjicitur. Huc accedit, quod in quibusdam codicis Theodosiani legibus scribitur, *tutela publica*, vel *juris publicis tutela*. Nonne autem inde colligi potest hoc nomen, a jurisconsultis aliisque usurpatum, a Cecilio nostro, qui de imperatoris lege loquitur, potuisse adhiberi. Expende, quæso, et pronuntia quæ ex his conjecturis vero tibi videatur similior.

Porro autem Maximinus, ut hanc indulgentiam et pacem christianis indultam, ulla absque imperatorum invidia auferret, civitatum, ut ait Cecilius (*c.* 36), subornavit legationes, quibus petebant ne intra civitates christianis conventicula sive ecclesias exstruere liceret : *Ut quasi coactus*, inquit auctor noster, sive ut in manuscripto codice habetur, *ut suasu coactus et impulsus facere videretur, quod erat facturus*. Et vero Eusebius (*l.* IX *Hist. eccles.*, *c.* 2, 4, 7 et 9), qui hanc christianorum pacem ab hoc tyranno, honestatis et bonorum omnium inimico, per sex tantum menses ferri non potuisse testatur, harumce postulationum mentionem haud semel fecit. Duas insuper epistolas transcripsit quibus ipsemet Maximinus eisdem postulationibus annuit, præcepitque christianos torqueri et excruciari.

Præterea vero ille « novo, inquit Cecilius (*c.* 36), more sacerdotes maximos per singulas civitates et provincias singulos ex primoribus fecit, qui et sacrificia per omnes deos suos, » id est, omnia, ut alibi animadvertimus, illorum templa, *quotidie facerent*, darentque operam ne christiani *fabricarent*, supple ecclesias, nec publice aut privatim *colerent*, subaudi Deum suum, sed eos falsis diis sacrificare cogerent, aut offerrent judicibus. Sed audias, velim, Eusebium ista sic enarrantem : Ἱερέας τε εἰδώλων κατὰ πάντα τόπον καὶ πόλιν, καὶ ἐπὶ τούτοις ἑκάστης ἐπαρχίας ἀρχιερέα, τῶν ἐν πολιτείαις, ἕνα γέ τινα τὸν μάλιστα ἐμφανῶς διὰ πάσης ἐμπρέψαντα λειτουργίας μετὰ στρατιωτικοῦ στίφους, καὶ δορυφορίας ἐκτάσσων (*Euseb.*, *l.* VIII *Hist. Eccl.*, *c.* 14). « Sacerdotes in singulis locis atque urbibus constituit, et archisacerdotem cujusque provinciæ præfecit, eum qui cunctis muneribus egregie perfunctus esset, addito ei militari satellitio. » Postea vero fere eadem repetit : Ἱερεῖς δῆτα κατὰ πόλιν τῶν ξοάνων, καὶ ἐπὶ τούτοις ἀρχιερεῖς πρὸς αὐτοῦ Μαξιμίνου, οἱ μάλιστα ταῖς πολιτείαις διαπρέψαντες καὶ διὰ πασῶν ἔνδοξοι γενόμενοι καθίσταντο. (*Eusebius*, lib. IX *Histor. ecclesiast.*, *cap.* 4). « Sacerdotes itaque simulacrorum in singulis urbibus, ac præterea sacerdotes maximi ab ipso Maximino constituti sunt, ii maxime, qui in publicis functionibus obeundis summam gloriam præ omnibus retulissent. » Nonne autem ex his verbis haud jure immerito confici potest singulis sicut locis et urbibus, ita et provinciis constitutum a Maximino unum sacerdotem primarium, sive archisacerdotem, qui christianos ad impia falsis diis sacrificia facienda compelleret ?

Tum post hæc Cecilius : *Et eos utrosque*, id est, archisacerdotes, tam provinciis, quam aliis locis et civitatibus præpositos, *candidis chlamydibus ornatos jussit incedere*. Nam ii purpureis, saltem ad sacrificandum, usos fuisse nobis Servius videtur insinuare suis in hoc Virgilii carmen observationibus :

...... Tyrioque ardebat murice læna.
(*Serv.*, in lib. IV *Æneid.*, *v.* 262.)

Alibi vero annotat trabeam, seu togam, quæ auguribus, ac Diali, vel Martiali sacerdoti communis erat, de cocco factam esse et purpura. Plura, si velis, lege quæ ab Alberto Rubenio observata sunt.

Maximinus itaque his sacerdotibus, qui aliis ad diis sacrificandum cogerent, duas prærogativas et duo privilegia concessit, primo ut cæteris ubique præessent, secundo ut incederent chlamydibus ornati candidis, quibus ab aliis omnibus distinguerentur. De aliis porro sacerdotibus videsis Gothofredi in codicem Theodosianum commentaria.

Ne vero nimia in christianos sævitia alios imperatores irritaret, quamdam vir improbus affectavit clementiæ speciem. Vetuit enim christianos occidi, sed eos debilitari jussit. Quocirca effodiebantur, inquit Cecilius, eorum oculi, amputabantur manus et pedes, naresque et auriculæ desecabantur. Eadem quoque retulit Eusebius (*l.* I *de Vita Constant.*, *c.* 58, et lib. VIII *Hist. eccl.*, *c.* 12), scriptisque mandavit excogitatum a Maximino novum hoc supplicii genus, quod alibi falsæ tyrannorum humanitati ascribit. Cum primum vero data lege præcepit christianorum membra mutilari, tum statim innumeris propemodum viris, mulieribus et pueris effossus est dexter oculus, ac poplites ferro et cauterio debilitati sunt. In eorum autem numero centum et triginta idem Eusebius (*de Martyrib. Palæst.*, *c.* 8) posuit his membris in Ægypto mutilatos. Plures postea Nicæno concilio interfuerunt, qui hæc Jesu Christi stigmata, ut loquitur Theodoretus, corpori suo impressa circumferebant. Paphnutius etiam unus fuit « ex illis, ait Rufinus, quos Maximinus, dexteris oculis effossis, et sinistro poplite succiso, per metalla damnaverat. » Eadem narrat apud Photium auctor Politiæ SS. Patrum Metrophanis et Alexandri: sed in utriusque scriptis Maximianus legitur, non Maximinus.

Interim tamen ab ea vexatione litteris Constantini Magni ille deterritus, ac dissimulare coactus, quotidiana in palatio suo sacrificia intermisit. Verum si quis christianus alicubi occurrisset, in mari occulte mergebatur. Eusebius vero alicubi declarat (*l.* VIII *Hist. eccles.*, *c.* 8) Maximinum post indultam christianis pacem ostendisse animi sui perfidiam ac versutiam, nec Constantini et Licinii epistolis flecti potuisse, nisi postquam divina justitia eum persecuta est.

Denique nequissimus ille homo, ut christiani nefandis gentilium superstitionibus polluerentur, primus voluit « ut animalia omnia, inquit Cecilius, (*c.* 37), quibus vescebatur, non a coquis, sed a sacerdotibus ad aras immolarentur, nihilque prorsus mensæ apponeretur, nisi aut delibatum, » id est, cujus particula diis oblata esset, « aut sacrificatum, aut perfusum mero. » Quæ quidem jam a nobis superius enucleata explanataque sunt. At ibi præterea manifestum Eusebii auctoritate fecimus missa fuisse a Maximino per singulas provincias edicta, quibus jubebat non solum ante publicas balneas collocari custodes, qui lavantes exsecrandis sacrificiis macularent, sed omnia etiam in foro venalia impiis libationibus inquinari, ut cuncti immolatis falso numini carnibus vescerentur.

ARTICULUS IV.

De immensis exactionibus ac tributis, quibus Maximinus omnes, tam gentiles quam christianos, penitus oppressit.

Non in christianos tantum cæco furore inflammatus est Maximinus, sed in omnes etiam gentiles quos in ditione sua ac potestate tenebat. Cunctos enimvero novis planeque intolerandis oppressit exactionibus et tributis: « In cæteris quoque, » sicut Cecilius ait (*c.* 37), « magistri sui similis. Nam si quid reliqui, vel Diocles, vel Maximianus, » videlicet Galerius, « reliquerunt, hic abrasit, sine ullo pudore auferens omnia. » Ibi forsitan legendum *magistris suis*, nimirum Diocletiano et Galerio, qui ibi nominantur. Nonnumquam enim librarii ultimam vocis alicujus litteram omittunt, tum præsertim cum alia sequitur ipsi similis. Nomen autem *reliqui* propter subsequens verbum *reliquerunt*, superfluere videtur. Jam vero ostendimus quanta Diocletianus et Galerius tributa exegerint. At Maximinus majore adhuc sævitia ea omnia abstulit, quæ ab illis relicta fuerant.

Debita quippe in futuros annos solvere cogebat, atque idcirco *Horrea privatorum claudebantur*, verba sunt Cecilii (*c.* 37), *apothecæ obsignabantur*, id est, cellæ, in quibus non solum vina, uti hoc verbo sæpius significatur, sed etiam fruges reservari solebant, claudebantur, muniebanturque sigillis, ne quis ex iis aliquid nisi pro imperatore auferret. Atque hinc *fames*, pergit Cecilius, *agris ferentibus*. Ita in manuscripto codice, ac bono quidem hoc sensu: quamvis agri multos fructus ferrent, homines tamen fame necabantur; quia Maximini satellites et vina cuncta, et fruges omnes, immani crudelitate auferebant, ut ea in fisci publici gratiam aliis in regionibus venumdarentur. Nonnulli tamen in textu Cecilii addiderunt particulam *non*, uncinis tamen inclusam, ante verbum *ferentibus*; ut sit haud dubie iste verborum Cecilii sensus: Nihil agricolis factum reliqui, quod serere ac metere deinceps possent, ac proinde agros nihil attulisse. Sed nihil sane sine certa auctoritate addendum textui, si alius, sicuti vidimus, bonus ex eo sensus possit exprimi. Cæterum narrat Eusebius (*lib.* IX *Histor. eccles.*, *cap.* 8) post divulgatum ab eodem Maximino adversus christianos edictum insperatam contigisse famem, quam pestis subsecuta est. Sed eam tribuit imbribus et pluviis quæ solito more per hybernum tempus non cecidereant.

Prosequitur deinde Cecilius: « Armentorum ac pecorum greges ex agris rapiebantur ad sacrificia quotidiana, quibus eos adeo corruperat ut aspernarentur annonam, et effundebant passim sine delectu, sine modo, cum lites universos, quorum numerus ingens erat, pretiosis vestibus et aureis nummis expungerent omnia, gregariis et tyronibus argentum daret, barbaros omni genere largitionis honoraret. » Et hæc quidem omnia transcripsimus, quandoquidem varii ibi animadvertuntur scribæ errores; tametsi in manuscripto sic scripta sint, nisi quod legitur *largitionibus* pro *largitionis*, et quidem pessime. Quidam itaque restituendum suspicantur *suos* pro *eos*: deinde vero *effunderent* pro *effundebant*, al qui *æs effundebant*. Tum postea pro *lites* quidam *milites*, alii *satellites*, nonnulli *comites*, alii *divites*. Denique pro *expungerent* unus *expungeret*; alter *expleret*, alius *exsoleret*, nec deest qui emendari velit *expungeret*. Ex hoc autem vel solo exemplo disce quam fœcunda sint hominum ingenia, cum tentant excogitare veram corrupti alicujus textus lectionem. Neque tamen certo affirmari potest utrum aliquis ex iis scopum adhuc attigerit. Quamlibet enim ex his emendationibus elegeris, vix inde clarum certumque sensum efficies. Quærendus est igitur alius codex, ut omnia recte, si fieri potest, restituantur. Interim ut percipi possit Cecilii mens et sententia, animadvertendum est quatruplex ab eo distingui hominum genus. Primum eorum, quos Maximinus raptos ad quotidiana, uti dictum est, sacrificia, immolatis falso numini eibis sic corrumpebat et saturabat ut aspernarentur et effunderent annonam. Secundum genus erat præcipuorum militum, vel familiarium ejus, vel, si velis, assentatorum, quibus vestes pretiosas et aureos nummos erogabat. Tertium gregariorum et tyronum militum, quibus argentum largiebatur. Quartum denique genus barbarorum, quos idem Maximinus honorabat omni largitionis genere. Ex his autem ita observatis colligi potest hunc esse Cecilii nostri sensum. Maximinus largiebatur hisce omnibus singillatim hominibus ea omnia quæ a nobis memorata sunt, et quæ ille maximis immensisque tributis et exactionibus extorqueri præceperat.

Neque in animum, quæso, inducas hanc a nobis gratis fingi interpretationem verborum Cecilii, quæ certe nihil minus quam Lactantiana sunt. Nam illa haud prorsus inepte firmari stabilirique potest hisce Eusebii de eodem Maximino verbis : « Posthæc non unam dumtaxat urbem, aut regionem, sed universas provincias, imperio suo subjectas, auri, argentique, et pecuniarum exactionibus et indictionibus gravissimis, variisque subinde condemnationibus vexavit atque oppressit. Sed et locupletissimum quemque paternis avitisque spolians bonis, ingentes opes ac nummorum acervos, assentatoribus suis, τοῖς ἀμφ' αὐτὸν κόλαξι (Rufinus) familiaribus suis ac satellitibus donabat..... Ac milites quidem lascivia ac mollitie diffluere permisit. Præsides vero ac duces, perinde ac tyrannidis suæ consortes, omni rapacitate atque avaritia grassari adversus provinciales præcepit. » Porro autem his omnibus, quæ ab auctore nostro et Eusebio dicta sunt, enucleandis lucem aliquam prætulerunt, quæ retulimus de Galerio, quem quidem, sicut et Diocletianum Maximinus, ut antea observatum est, imitatus ea omnia corrasit, quæ uterque reliquerat. Postremo Cecilius addidit (cap. 37) omnia viventium bona ab hoc crudeli tyranno direpta fuisse, more clementium latronum qui videlicet tunc clementes videntur, quando aliorum bona, opes, et pecuniam, salva et incolumi eorum vita, diripiunt.

ARTICULUS V.
De effrænata ac perdita Maximini libidine.

Omnia, tametsi maxima, Maximini scelera superabat nequissima ac perdita libido. Quanta autem fuerit, si quæras, respondet Cecilius (cap. 38) : *Vincit officium linguæ sceleris magnitudo.* Quæ quidem totidem sunt Lactantii in genuinis ejus operibus verba (*Lactan. lib.* VI *div. Inst., cap.* 23). Non inde tamen inferas hunc librum ab eodem Lactantio fuisse compositum. Etenim non adeo insolitus et extraordinarius est hic loquendi modus, quin illum duo scriptores adhibere, vel unus ab altero desumere potuerit. Huc accedit, quod ab Lactantii stylo prorsus aliena sunt hæc proxime antecedentia Cecilii nostri verba : « Et tamen his verbis exprimere pro indignatione sua non potest. Nam etiamsi ibi, quidam autumant, legeretur *exprimi*, non idcirco tamen Lactantianam dictionem efficient. Quid enim significat *pro indignatione*, id est, stomacho et ira ? Melius forsitan *pro indignitate.* Sed quis asserere audebit hanc esse veram Cecilii lectionem ?

Dicit autem ille effrænatam plane atque indomitam Maximini libidinem nullis posse verbis explicari.

Cuilibet enimvero nobili feminæ, aut virgini, cujus facies erat liberalior, pudicitiam eripuit. Patribus vero et maritis secedendum erat, ne raptum filiarum et uxorum suarum impedire crederentur. Verum feminæ omnes prius per singulos artus inspiciebantur, *Ne qua pars corporis*, ait Cecilius (*cap.* 38), *regio cubili esset indigna.* Suetonius autem narrat Antonium exprobrasse Octavio Augusto « conditiones quæsitas, *id est stupra quæsita* per amicos, qui matresfamilias, et adultas ætate denudarent, atque perspicerent tamquam Throanio mangone vendente. » (Sueton., lib. II *de Octav. Cæs., cap.* 69). Tum ergo raptæ omnes feminæ revera spoliatæ sunt, atque inspecta earum membra, antequam raperentur. Vide, si lubet et vacat, scriptas in hunc Suetonii locum observationes. Si qua vero mulier Maximino sistenda, denudari detrectasset, in aqua mergebatur, quasi rea majestatis. Variis autem pœnis crimen læsæ majestatis olim vindicatum est, ac postea gladio, et bonis omnibus fisco addictis. Sed Maximinus pudicas illas mulieres submergi maluit.

Turpissimum insuper ille morem induxerat, ut nemo sine ejus permissu duceret uxorem, et ipse unamquamque nupturam deliboret. At si Herodoto fidem tribuamus, idem mos apud Andyrmachidas, Africæ populos, invaluerat. Quid multa? Maximinus *ingenuas virgines imminutas servis suis donabat uxores.* In manuscripto codice, quidquid aliqui causentur, scriptum reipsa est *imminutas*, id est, corruptas, nec amplius integras et intactas. Nam et Plautus cecinit :

Neque pudicitiam meam mihi alius quisquam imminuit.

Atque hoc verbum eodem sensu a Firmiano Lactantio accipitur.

Sceleratissimi porro Imperatoris exemplum secuti sunt non solum ejus comites, qui *suorum* (ibi in manuscripto deest unum nomen, initio paginæ amputatum, fortasse collegarum, aut aliquod simile) *cubilia impune violabant ;* sed quilibet etiam pro libito rapiebat *mediocrium filias.* Parentibus vero recusantibus aut pereundum erat, aut si salvi esse vellent, cogebantur filias suas in matrimonium collocare barbaris, ejusdem Maximini stipatoribus, qui ei sese tradiderant. At si quæras qui fuerint illi barbari homines, respondebimus scriptis quidem a Jornande proditum Gothorum auxilio Quinquegentianos ab Herculio, Parthos a Maximiano, et Narseum Persarum regem a Galerio, uti diximus, victos fuisse ac profligatos ; verum auctor noster de Gothis haud dubie loquitur, quia ibidem subjunxit illos ex horum gente assumptos ab eodem Maximino stipatores suos, satellites et protectores. Denique vidimus quanta crudelitate nefarius ille homo Valeriam, Galerii imperatoris paulo antea viduam, propterea occidi jusserit, quia illicitas ejus nuptias constanter recusaverat.

ARTICULUS VI.
Cur et quomodo Maximinus bellum Licinio indixerit, victusque sit ; quo etiam modo in Tauri montis an-

gustias fugerit, ac deinde conatus fuerit sese Tarsi in Cilicia defendere ac tueri.

Pacem cum Licinio Maximinus eo, quem superius exposuimus, modo fecerat. Verum ubi cognovit sororem Constantini, cui jam bellum indixerat, illi desponsatam fuisse, affinitatem hanc suspectam inde magis habuit, quod Galerii, uti prius diximus, impulsu Diocletianus eumdem Licinium, ipso postposito, creaverat imperatorem. Quamobrem fœdus occulte, quemadmodum antea quoque observatum est, pepigit cum Maxentio in omnibus, sicut ait Eusebius, ipsi simillimo. Cum autem postea rescivisset eum victum fuisse a Constantino, huicque victori datum a senatu primi imperatoris titulum, tanto exarsit dolore, ut inimicitias palam profiteretur. Et certe idem Eusebius memoriæ prodidit illum tunc publica negotia indecore tractantem, atque singulari in imperii consortes insolentia inflatum, sibi in titulis ad honoribus vindicasse primum inter eos locum, ac deinde desperatione insanientem, ictum cum Licinio fœdus violasse, suscepto bello plane implacabili.

Ubi itaque certior factus est nuptias Licinii cum Constantini Magni sorore celebrari, ac utrumque iis conficiendis esse occupatum, tam cito exercitum movit e Syria, festinatisque itineribus, primum in Bithyniam, ac trajecto dehinc freto Thracico, ad portas Bizantii venit. Verum sævientibus hyemis frigore, nivibus, et imbribus, exercitus ejus plurimum debilitatus est. Licinii autem milites promissis atque muneribus corrumpere frustra tentavit. Sed hi tamen auxilio destituti, ac paucitate sua diffisi, Byzantium, post undecim obsidionis dies, ei dediderunt. Tum dehinc Heracleam, quæ primum Perinthus vocabatur, redegit in ditionem suam. Jam vero inde ad *mansionem*, ait Cecilius, *millia decem et octo* processerat, cum Licinius Adrianopolim, et inde ad secundam mansionem, totidem ab Heraclea millibus distantem, ivit illi obviam. Quia vero Maximinus septuaginta militum millia, et ipse triginta tantum millia habebat, eum potius morari, quam dimicare decreverat. At propiores sibi erant exercitus, nec prælium idcirco potuit amplius ab utroque declinari. Maximinus igitur tunc votum Jovi vovit ut, si *victoriam cepisset* (hac impropria locutione utitur Cecilii), statim extingueret Christianorum nomen. Contra vero Licinius, ut inferius dicetur, verum Deum precibus sibi ab angelo dictatis invocari jussit.

Pridie autem kalendas Maii Maximinus castra movit, sibique invicem adversa fronte illius Liciniique exercitus obviam sic processerunt, ut solo quem Serenum vocant, sterili campo separarentur. Tunc de pace secum collocuti imperatores, eam Maximinus penitus rejecit. Ad manus igitur ventum est, atque Liciniani in hostes tanto impetu irruerunt, ut his ad internecionem cæsis, ipse Maximinus, sumpta servili veste, fugere adactus fuerit. Atque ita hoc prælium a Cecilio nostro describitur. Zozimus vero narrat (*Zozim. lib. II histor.*) acriter utrimque pugna-

tum ἐν Ἰλλυριοῖς, in *Illyricis*, ac primo quidem fractos superatosque apparuisse Licinii milites; sed redintegrata pugna, victum fugatumque Maximinum. Eusebius autem scribit (*lib. IX Hist. eccl.*, cap. 10, et *lib. III de vita Constant.*, cap. 58) eum dæmonum auxilio militumque suorum multitudine confidentem, in certamen descendisse. Sed quia Dei ope ac subsidio plane destitutus erat, fusam deletamque fuisse majorem exercitus ejus partem, alteram vero se ad victorem contulisse. Saluti igitur suæ consulere coactus Maximinus, sumpsit servilem habitum, ac, per agros et vicos sese occultando, vix tandem ex manibus hostium effugit.

Vides itaque Zozimum in hoc ab Eusebio et auctore nostro discrepare, quod tradiderit Licinium primo conflictu visum fuisse a Maximino superari, alii vero cæsos impune hujus milites, qui vix sese defendere ausi fuerant. Verumtamen Zozimus non id reapse factum asseverat, sed dumtaxat visum esse fortasse aliquibus tantum falso rumore deceptis. Quod autem adjecit prælium illud commissum esse in Illyricis, a quibus campus Serenus distare videtur, in hoc quidam illum erroris accusant. Sed hi fortassis animum non satis adverterunt varios assignari Illyrici limites; de quibus Strabonem et Appianum a nobis jam citatos adire poteris. (*Strab., lib. VII Geograph., Appian. de Bel. Illyric.*)

Porro autem Maximinus fuga e lapsus, *una nocte*, ait Cecilius (*cap. 47*), *et una die Nicomediam alia nocte*, id est, intra quattuor circiter et viginti horarum spatium *pervenit, cum locus prælio*, hoc est, campus Serenus, *abesset millia centum sexaginta*, sive tres ut minus supra quinquaginta leucas, si tria millia unam leucam conficiant. Si geographis autem credamus, illud iter adhuc longius est. At certo asseri nequit quæ fuerit Cecilii leucas et millia computandi ratio, vel utrum librarius in numeris, tametsi integris, describendis non erraverit. Utut sit, Cecilius plane significat summam fuisse Maximini fugientis festinationem, ac longissimum profecto iter ab illo paucis horis peractum. Neque est tamen quod id prorsus mireris; nam timor, ut aiunt, alas fugienti addiderat.

Nicomediæ vero ille uxorem, filios, paucosque ex palatio comites raptim secum duxit, atque in Cappadocia collectis militibus, resumpsit imperatoris vestem. Ibi autem Cecilius innuere videtur Maximinum fugisse usque ad Cappadociæ fines, ubi scilicet ea Tauro monte a Cilicia disterminatur. Posthæc enim narrat quomodo Licinio adventante, Maximinus qui aliquamdiu in Cappadocia remanserat, hinc rursus fugerit in ejusdem Tauri montis angustias. Munimentis autem et turribus ibi fabricatis, iter Licinio obstruere quidem connisus est: *Verum inde dextrorsum*, verba sunt Cecilii, in manuscripto autem codice *detorsum*, forte detrusus, aut depulsus, *postremo confugit Tarsum*, Ciliciæ videlicet urbem, in quam per Tauri montis fauces aufugerat.

ARTICULUS VII.

De funesta Maximini morte, ac quamdiu regnaverit, quove anno mortuus sit.

Nihil sane Maximino profuit Tarsum confugisse. Nam ibi a Licinio terra marique obsessus, rebusque omnibus desperatis, hausit venenum. Sed antea vir, ut jam diximus, plane ebriosus, capite damnatorum exemplum, quod Zenodotus et Suidas ab Erasmo citati memorant, secutus, cibo se et vino ingurgitavit, quo primum vis veneni repercussa est. Verum ubi illud in præcordia ejus penetravit, tantis doloribus fuit excruciatus, ut per dies quatuor insana rabie percitus, terram manibus effossam devoraverit. Parietibus vero caput impegit tanto impetu, ut oculi de loco suo exsilierint. Amisso autem visu, Deum tandem videre cœpit, *candidatis ministris*, ait Cecilius (*cap.* 49), *de se judicantem.* Aliqui ibi subaudiri volunt verbum *circumdatum*, alii particulam *cum*, hisque verbis, *candidatis ministris*, angelos significari. Nonne vero Cecilius potius collineavit ad candidatorum ordinem, qui senatorius erat, et ex quo candidati quæstores et prætores eligebantur. Unde sensus Cecilii erit, tunc visum a Maximino Deum, qui per suos ministros albis, sicut candidatorum ordo, vestibus indutos, sententiam in eum ferebat. De illo autem candidatorum ordine in variis codicis Theodosiani legibus mentio fit, in quas videndæ Gothofredi observationes, et Panciroli in dignitatum notitiam. Quidquid porro de hisce *candidatis* statuatur, certe Maximinus frustra imploravit veri Dei Christique Domini clementiam. Eo quippe detestabili genere mortis *nocentem*, ita loquitur nec semel quidem Cecilius noster, id est, nefarium et execrandum *spiritum efflavit*.

Si quis vero requirat quid alii scriptores de ejusdem Maximini morte litteris prodiderint, ex Eutropio primum discet illum, res novas molientem, Licinio bellum in Orientis partibus intulisse, *et vicinum exitum repentina morte prævenisse Tarsi in Cilicia.* Zozimus vero scribit illum a Licinio, sicuti diximus, victum per Orientem venisse in Ægyptum (quod quidem creditu difficile) et tandem obiisse Tarsi, ἐν Ταρσῷ τελευτᾷ. Brevius Aurelius Victor dixit eum apud Tarsum periisse, et in Epitome adjecit *morte simplici*. At Hieronymus (*Hieronym. in cap.* XIV *Zach.*, *vers.* 12), ubi de persecutorum mortibus disputat, ex iis quosdam fuisse testatur, quorum oculi contabuerint. Quem autem his verbis alium clarius designabat, quam huncce crudelissimum Maximinum? Nam præter auctorem nostrum Chrysostomus (*lib. de S. Babyl.*, *cont. gent.*) hunc ipsum nominatim appellando, unum ex iisdem tyrannis esse tradit qui miserabili morte interierunt, et cujus pupillæ suo exsilierunt ex loco. Eadem quoque Epiphanius memorat (*lib. de Pond. et Mens.*, § 20), sed in textu ejus, sicut et Zozimi, Maximianus pro Maximinus legitur.

Verum hæc fusius ab Eusebio descripta sunt A (*lib.* IX *Hist. eccles. cap.* 9; et *lib.* II *de Vita Const.*, *cap.* 58). Manifestum siquidem ille facit eumdem Maximinum, postquam prælio fusus in fugam sese dedisset, legem, quam ille integram retulit, pro Christianis sancivisse, ac magna quidem, sed mitiore, quam merebatur, pœna mulctatum. In secundo namque prælio, haud dubie prope Tarsum, domi se occultavit, et plaga cœlitus percussus, tantis totius corporis arsit doloribus, ut pronus humi volutaretur. Fame autem et occulto quodam igne divinitus immisso adeo contabuit, ut nudatis macie ossibus pristinam plane amiserit formam et speciem. Demum scelera sua confessus, mortemque advocans, exhalavit animam. Atque ita quidem Eusebius hunc extremum Maximini morbum, funestamque illius mortem describit, qui nullam tamen veneni, quod Cecilius ab illo haustum asseverat, fecit mentionem. Expende autem, quæso, utrum dici possit hoc ab eo idcirco prætermissum; quia ipsi incompertum fuerat, aut si cognoverit, persuasum forsitan habebat Maximinum, potato veneno, tamquam occulto igne divinitus immisso, extinctum et necatum.

Cæterum citatus a nobis Aurelius Victor asseverat miserum hunc imperatorem periisse *post biennii Augustum imperium*: in Epitome vero : « Cæsar quadriennio, dehinc per Orientem Augustus triennio fuit. » In alterutro, uti vides, loco erratum est. At Cecilius noster perspicue edixit primum Maximini cum Licinio prælium commissum fuisse, cum ille kalendis maii octavum imperii sui annum impleret. Postea vero Tarsum, uti dictum est, fugit. Aliquot igitur inde elapsis mensibus, forte circa mensem Augustum ibidem mortuus est, anno Christi, ut quidam putant, 312, alii 314, alii tandem, sicuti verisimilius videtur, anno 313. Nos vero jam animadvertimus illum a Diocletiano purpura Cæsaris indutum kalendis maii anno 305, et anno 310 Augustum imperatorem in campo Martio nuncupatum, si tamen Cecilio nostro, uti supra diximus (*Hoc cap.*, *art.* 2), fides habenda sit. Nam recentiores existimant illum ab anno 307, alii vero 308, renuntiatum fuisse imperatorem; quam quidem supremam dignitatem per annos quinque et amplius ad mortem usque obtinuit.

ARTICULUS VIII.

De Maximini uxore et liberis, ac funesta eorum morte.

Observatum a nobis jam fuit Maximinum e prælio fugientem venisse Nicomediam, unde uxorem ac liberos, ibi antea relictos, secum adduxit, habuitque fugæ suæ comites. Planum quoque fecimus quonam modo nefarius ille imperator hanc ipsam uxorem suam, ut Valeriam post Galerii viri sui mortem duceret, repudiare voluerit. Mentionem autem Eusebius facit (*lib.* I *Hist. eccles.*, *cap.* 11) plerium Maximini liberorum quos imperii titulorum et imaginum participes fecerat. Sed eo, quemadmodum enarravimus, mortuo, Licinius, a quo victus est, jussit illos omnes inter lici. Addit autem iis ita extinctis, tam ipsorum quam impii eorum parentis imagines fuisse confractas et obliteratas. Atque hæc quidem nec plura de iis Eusebius memoriæ mandavit.

Verum auctor noster, longius progressus, plures quidem alicubi memorat Maximini filios, alibi vero: « Ipsius, » inquit (*cap.* 47), « Maximini filium suum maximum, agentem in annis octo, et filiam septennem extinxit » Licinius. « Sed prius mater eorum in Orientem præcipitata est. » Quædam autem in hoc textu menda esse opinantur. Etenim nonnulli putant sublatam ibi vocem, *suam*, alii legendum *filium natu maximum*, vel *filium tum maxime*, alii denique *filium in Cilicia*. Veremur tamen ne citata ipsiusmet Cecilii nostri atque etiam Eusebii verba non satis attenderint. Plures enimvero uterque notat Maximini liberos, quos Eusebius imperii, uti mox dicebamus, ab eo, dum viveret, consortes factos testificatur. At Cecilius noster (*Cecil. cap.* 47 *et* 50), etsi priori loco plures etiam Maximini liberos memoret, secundo tamen loco unum tantummodo nominat, eumque octennem, ac septennem filiam, ambosque Licinii jussu occisos. At ubique ille penitus siluit utrum hic Maximini filius a patre suo aut imperator, aut saltem Cæsar nuncupatus fuerit. Si autem octennis cæteris ejus filiis major natu dicatur, cui credibile fiet alios ætate longe minores vel imperatores, vel Cæsares ab illo, sicut ait Eusebius, creatos fuisse?

Numquid autem responderi potest hunc Maximini filium ab auctore nostro appellari *Maximum* non suam propter ætatem, sed quia proprium erat illius nomen? Sed fac, si velis, hæc omnia esse vera. At quam, amabo te, ob causam nunc Cecilius (*cap.* 50) hujus tantum meminit, non vero aliorum Maximini filiorum quos Eusebius Licinii mandato interfectos esse denuntiat? Nonne Cecilii nostri in hoc libro, uti animadvertimus, propositum fuit palam omnibus facere tyrannos, qui Christi Ecclesiam tanto furore vastaverunt, debitas æquissimo Dei judicio pœnas ita pependisse, ut nulla eorum stirps aut radix remanserit? Cur ego unius tantum facit mentionem, atque alios omittit quos Eusebius Licinii mandato necatos fuisse asseverat?

Neque dixeris plures Maximini liberos a Cecilio memorari, videlicet illius filium ac filiam, qui eodem Licinio jubente trucidati sunt. Nam Eusebius de iis Maximini liberis loquitur, quos ille fecerat imperii sui participes. Sed id de illius septenni filia dici nequaquam potest. Perpendas igitur velim quomodo Cecilius secum, et cum Eusebio reconciliari queat. Quod si errorem hunc in illius, qui librum ejus transcripsit, imperitiam aut negligentiam rejiciendum contendas, doce nos, quæso, quo tandem modo hic error corrigendus sit.

Quod autem ad uxorem Maximini imperatoris spectat, illa in *Orientem*, sicuti ait noster Cecilius, in quo plures feminas ille mergi jusserat, præcipitata est. At quidam arbitrati sunt ibi in illius textu legendum non quidem *Orientem*, sed *Orontem*. Magnus siquidem Syriæ fluvius est, qui sæpe apud geographos aliosque scriptores *Orontis* nomine nuncupatur. Sed hæc emendatio aliis inutilis fortasse videbitur. Ab Hegesippo enim (*lib.* III *de Excid. Hierosol. cap.* 13) et Isidoro ejus sequace (*lib.* XIII *Origin. cap.* 21) de hoc ipso flumine scriptum legimus: *De originis suæ tractu Orientem huncce fluvium appellaverunt*.

CAPUT XIV.

De Licinio imperatore.

ARTICULUS PRIMUS.

De Licinii patria, parentibus, vitiis, ejusque cum Galerio familiaritate; utrum ab eo Cæsar simul et imperator factus sit, ac Galerius moriens ei conjugem suam et filium in manus tradiderit.

Licinius Dacia, teste Eutropio, atque etiam Socrate, eaque nova, ut Anonymus Valesianus ait, oriundus erat: sed *vilioris*, sicut ille ibidem addidit, *originis*. Et certe Aurelius Victor memoriæ prodidit illum ortum esse ex genere agrariorum et rusticantium. Narrat autem Cecilius noster hunc Galerii imperatoris fuisse « veteris contubernii amicum, et a prima militia familiarem, cujus consiliis ad omnia regenda utebatur, » vel sicut Zozimus et Socrates aiunt (*Zozim. lib.* II *Histor.*; *Socrat. loc. cit.*), veterem amicum, familiarem, et contubernalem, ac tandem, sicut memorat Eutropius, notum ei, et antiqua consuetudine, et strenuis in bello, quod adversus Narsen gesserat, laboribus atque officiis acceptum. Eam itaque ob causam Galerius volebat quidem illum ad supremum imperii fastigium provehere; sed nolui, primo eum Cæsarem facere, verba sunt Cecilii, *ne filium nominaret; ut postea in Constantii*, quem brevi moriturum sperabat, *locum nuncuparet Augustum ei fratrem*. Mos enim erat, ut Cæsares ab imperatoribus et Augustis filii, quemadmodum imperatores ab iisdem imperatoribus fratres vocarentur.

Pauca ac fere nihil de Licinii vitiis auctor noster litteris mandavit, sive quia ea non noverat, sive potius quia tacenda esse duxit. Nam hujus non secus ac Constantini Magni, uti ille tradidit, studio, opera et pietate religio christiana in pristinum statum restituta, de tyrannis mirabilem plane egit triumphum. Huc accedit quod huic libro Cecilius finem imposuit post datum ab eodem Licinio in christianorum gratiam edictum, et antequam eos persequi ac vexare cœpisset. Nonne igitur vero satis simile est eum noluisse debitam eidem Licinio, quem præcipuum Ecclesiæ liberatorem agnovit, tam præclarum ob factum, commemoratis ejus vitiis, gloriam minuere?

Verumtamen ille, uti mox diximus, fatetur hunc ipsum fuisse sceleratissimi Galerii amicum, familiarem et consiliarium. At hæc amicitia, familiaritas, et consuetudo illi non magnæ procul dubio laudi esse poterat. Alibi vero ab eodem Cecilio nostro dicitur *in largiendo tenax*. Sed hoc mitiori loquendi modo aliquid de avaritiæ ejus vitio imminuere potius quam illud, prout par erat, arguere videtur. Nam et hoc et alia ejus vitia alii scriptores longe acrius insectantur. Audias velim anonymum Valesianum : « Scelere, inquit, avaritia, crudelitate, libidine sæviebat, occisis ob divitias pluribus, uxoribus eorum corruptis. » Testatum quoque Eusebius facit præter nefariam hanc illius libidinem, nullum modum habuisse sordidam ejus parcimoniam, nec satiari potuisse habendi cupiditatem. Tantalico enim, inquit, quodam morbo laborans, tametsi immensa auri, argenti, et opum copia thesauros implevisset, ingemiscens adhuc de sua paupertate querebatur. Quin etiam scriptis Aurelius Victor tradidit ejus parcimoniam fuisse agrestem, et leviores ipsi visos insontium et nobiliorum philosophorum servili more cruciatus. At in sua Epitome his illum coloribus depinxit : « Avaritiæ cupidine omnium pessimus, neque alienus a luxu venereo, asper admodum, haud mediocriter impatiens, infestus litteris, quas per inscitiam immodicam virus, ac pestem publicam nominabat, præcipue forensem industriam. »

Ubi autem Galerius imperator cognovit Constantium, jamjam moriturum, Constantino filio suo imperium dedisse, tum summam imperatoris dignitatem eidem Licinio, tam arctis amicitiæ vinculis sibi conjuncto tribuit. Jam vero superius patefecimus quomodo, qua in urbe, ac quibus præsentibus illum fecerit imperatorem. At in dubitationem eruditi homines adducunt utrum ille tunc Cæsar tantum, an Cæsar simul et imperator inauguratus fuerit. Nam Valesius olim arbitratus est eum anno 308 Cæsarem, et anno 311 creatum imperatorem. Ea autem ad id asserendum ratione potissimum ducebatur, quod Galerius in edicto, paulo ante mortem suam conscripto, nullam ejusdem Licinii habuerit sermonem. Re tamen accuratius examinata, agnovit cum ex codicibus manuscriptis, tum ex Nicephoro nomen illius huic edicto revera fuisse inscriptum.

Alii igitur opinantur ipsum aliquo saltem tempore renuntiatum Cæsarem, priusquam Augustus crearetur. Alii vero arbitrantur ex Cecilio nostro colligi posse eum appellatum dumtaxat imperatorem. Diserte etenim ille asserit Galerium, sicuti paulo ante diximus, noluisse Cæsarem illum renuntiare, ne filium appellaret. Sed quid impedit quominus Cæsar et Augustus una et eadem, aut una et altera die factus fuerit? Enimvero jam observavimus Maximinum una die scutarium, protectorem, et tribunum; altera vero creatum fuisse Cæsarem. Timendum itaque Galerio non erat ne ipsum tunc filium vocaret. Denique ea ratione Aurelius Victor et anonymus Valesianus, qui eum Cæsarem factum dicunt, cum aliis facile conciliabuntur. Neque huic opinioni repugnant varia Maximiani Herculii, qui huic inaugurationi interfuit, itinera. Quamvis enim illa moram aliquam postulare videantur, vir tamen iste, imperandi avidissimus, summa diligentia et festinatione ea conficere potuit.

Quidquid porro ea de re sit, fatentur peritiores critici Licinium anno 307, die 2 Novembris, imperatorem non sine maxima Cæsaris Maximini invidia fuisse salutatum. Postea vero ille adfuit Galerio Sardicæ, quemadmodum superius enarravimus, morienti, qui illi tunc conjugem suam et filium commendavit ac tradidit in manus.

ARTICULUS II.

De Licinii et Maximini discordia, et pace facta; de ejusdem Licinii cum Constantia Constantini Magni sorore sponsalibus et nuptiis, de rupta dehinc eum inter et Maximinum pace, de illorum prælio, et precibus ab Angelo, quidquid Tollius dixerit, Licinio dictatis et insigni illius victoria.

Post Galerii mortem orta est Licinium inter et Maximinum tanta discordia, ut ad arma pene venerint. Sed pacem certis conditionibus, uti animadvertimus, in freto Thracico pepigerunt, ad breve nihilominus exiguumque tempus duraturam. Maximinus siquidem, qui ferre non poterat illum ita sibi fuisse prælatum, ubi intellexit Constantiam, Constantini Magni sororem, ei desponsam esse, in animum induxit illos hac affinitate contrase devinciri. Suspicionem porro auxerunt nuptiæ, anno, uti putant, 313, celebratæ Mediolani, quam in urbem Licinius a Constantino accessitus fuerat. Scriptum quippe in Aurelii Victoris Epitome legimus : « Constantinus sororem suam Constantiam Licinio Mediolanum accito conjungit. » Nec immerito prorsus jure Maximinus hanc affinitatem suspectam habuit. Nam Constantinus, uti narrat Zozimus, Μεταπεμψάμενος, Λικίνιον ἐν τῷ Μεδιολάνῳ, κατεγγυᾷ τὴν ἀδελφὴν τούτῳ Κωνσταντίαν, ἣν καὶ πρότερον αὐτῷ δώσειν ὑπέσχετο, τῆς πρὸς Μαξέντιον δυσμενείας κοινωνὸν ἔχειν βουλόμενος. (*Zozim. lib.* II *Histor.*) « Licinio Mediolanum accersito sororem Constantiam in matrimonium tradidit, quam et antea se daturum promiserat, cum eum sibi socium contra Maxentium hostem adjungere vellet. » Si quem vero alium præterea testem desideres, anonymum Valesianum protinus tibi dabimus, cujus hæc de iisdem nuptiis et foedere sunt verba. « Cum recepisset Italiam Constantinus, hoc Licinium foedere sibi fecit adjungi, ut Licinius Constantiam, sororem Constantini, apud Mediolanum duxisset uxorem. »

Itaque Maximinus, cujus occultum cum Maxentio foedus jam annotavimus, statim atque certior factus est illos ambos imperatores nuptiarum solemnibus detineri, exercitum ex Syria, ut supra etiam retulimus, duxit in Bithyniam, et Byzantium, ac deinde Heracleam in deditionem redegit. Sed obviam ei venit Licinius, contractis, quantum poterat, copiis. Imminente autem prælio, Angelus ipsi, nocte quiescenti, precationem dictavit, qua recitata, victoriam obtineret. Discusso somno, eam jussit a notariis, quemadmodum ab auctore nostro exhibetur, integram describi, illiusque exemplar singulis dari militibus. Inde hi alacriores facti, antequam prælium in campo Sereno inirent, ter post imperatorem transcriptas preces fuderunt. Tum postea, cum Maximinus ad pacem ferri non potuisset, hostes tanto impetu adoriuntur, ut iis, sicuti diximus, ad internecionem deletis, Maximinus vix fuga elabi potuerit.

Verum ibi nos medias veluti inter acies moratur Tollius. Audacter enim pronuntiat has preces, quemadmodum visam in somnio a Constantino crucem, nihil esse aliud quam stratagema, quo milites ad pugnam acrius accenderentur. Sed audacioris hominis impudens temeritas a Baudrio, ejusdem sectæ viro, jure merito retunditur; nullam enim illius vanæ conjecturæ, et temerariæ assertionis protulit rationem. Ad hæc vero, quis nescit hujusmodi somnia non solum Josepho patriarchæ aliisque piis hominibus, verum etiam ethnicis divinitus immissa in sacris Scripturis memorari? Fatendum tamen est altum esse scriptorum aliorum de hac precatione silentium. Sed idcirco tanquam dolus et stratagema temere explodi non debuit; et certe nemo negare potest non sine divini numinis auxilio reportatam fuisse a Licinio hanc de implissimo tyranno Maximino tam insignem victoriam. Sed de his visis adhuc aliquid infra dicetur.

ARTICULUS III.
De edicto quod Licinius pro restituenda christianæ Ecclesiæ pace publicavit.

Licinius post victum eo, quo vidimus, modo Maximinum, magnam exercitus illius partem, quæ ad eum confugerat, distribuit, Bosphorum transiit, venitque Nicomediam. Ibi autem primum immortales pro parta victoria Deo gratias egit. Tum deinde Litteras, ait Cecilius, sive edictum de restituenda christianæ Ecclesiæ pace jussit promulgari. Idibus autem Junii, id est, 13 hujusce mensis, tertioque tum ipsius, quam Constantini consulatu, hoc est anno Christi 313, illud datum fuit. Ab auctore autem nostro exhibetur, sicuti et ab Eusebio (*Euseb. lib.* x *Histor. eccles.*, *cap.* 5), qui illud ex Romana lingua in Græcam a se conversum fuisse declarat. At ibi præfixum illi breve exordium transcripsit, a Cecilio omissum. Nam iste ejus initium ab his tantummodo orsus est verbis quibus Constantinus et Licinius significant se Mediolanum convenisse, ibique plura, vel sicut apud Eusebium, πάντα ὅσα, *quæcumque* ad reipublicæ bonum spectantia sollicite inquirendo, id in primis duxisse statuendum, ut unicuique potestas libera esset, quam vellet, religionem consecrandi: « Quod quidem divinitas, » ait Cecilius (*c.* 48), « in sede cœlesti nobis atque omnibus, qui sub potestate nostra sunt constituti, placatum ac propitium possit existere. » At nemo non videt corrupta esse hæc verba, nullumque iis sensum posse confici. Ex Eusebio itaque sic videntur corrigenda: « quod quidquid est divinitatis ac cœlestis numinis, nobis... propitium possit existere: » Ὅπως, ὅ τι ποτέ ἐστι θειότης καὶ οὐρανίου πράγματος ἡμῖν εὐμενὲς εἶναι δυνηθῇ.

Jubet ergo imperator ut nulli, quam voluerit, religionem amplectendi facultas denegetur: « ut possit summa Divinitas, » Imperatoris hæc adhuc verba sunt, a Cecilio transcripta, (« cujus religioni liberis mentibus obsequimur) in omnibus solitum favorem suum benevolentiamque præstare. » Quæ autem uncinis inclusimus, in Eusebii textu non inveniuntur. Ab eo vero scriptum legitur τὸ θεῖον, *divinum numen*, pro quo Cecilius dixit, *summa Divinitas*, hisque verbis non Jupiter, ut quidam putant, sed is significatur, cujus *summa est divinitas*, id est, haud dubie verus supremusque Deus. Et id quidem ex allatis superioribus verbis colligi facile potest.

Pergit Imperator: « Quare scire dicationem tuam convenit placuisse nobis, ut, amotis omnibus omnino conditionibus, quæ prius scriptis ad officium tuum datis, super christianorum nomine videbantur, » ulla absque molestia hi religionem observent suam. Quidam vero ibi *dignationem*, non *dicationem* scribendum suspicantur, sed frustra. Nomen enim *dicatio* est titulus honoris, qui præsidibus et proconsulibus dabatur, uti patet non solum ex relatione Anulini apud Augustinum (*Augustin. Epist.* 88), sed variis etiam Constantini Magni legibus, hoc circiter tempore promulgatis. Quæ autem *conditiones* a Cecilio, hæ αἱρέσεις *hæreses* ab Eusebio vocantur. At fatetur Valesius obscuram esse hanc dictionem, qua tamen opinatur designari Judæos, Samaritanos, Marcionistas, aliosque hæreticos, quibus hac lege fidem suam sectari permittitur. Sed in quadam codicis Theodosiani lege scriptum vidimus, *navalem hæresim*, et in subsequente *navalem functionem*. At ibi hæresis nomen, non sectam aliquam a vera fide deficientem, sed functionem et munus significat. Quidquid porro de hæresis nomine, quo Eusebius græce reddidit latinam vocem *conditiones* statuatur, hoc ipso imperatoris edicto, *conditiones* sumi videntur suo naturali sensu pro dispositionibus et pactionibus, ad Christianos aliosque spectantibus, quæ quidem in aliis rescriptis ad præsidem datis propositæ antea fuerant, hoeque edicto amoventur et abrogantur.

Nonnulli præterea existimant sequentia verba, *nunc cavere..... contendant*, esse adhuc depravata, ac pro iis legendum, *quæ nugæ, ac severæ*, alii, *prorsus lævæ, et a nostra clementia alienæ videbantur*. Emendationem autem hanc inde confirmare nituntur, quia græce ab Eusebio scriptum est: Ἅ τινα πάνυ σκαιὰ, καὶ τῆς ἡμετέρας πραότητος ἀλλότρια εἶναι ἐδόκει, *quæ prorsus sinistra, et a nostra mansuetudine aliena videbantur*. Sed is qui hoc edictum e latino idiomate, uti dictum est, in græcum vertit, quædam ibi explicationis causa, et παραφραστικῶς potuit adjicere. Dictu itaque difficile est quænam vera sit Cecilii lectio, quando quidem ibi, sicuti et paulo post, aliquid videtur librarii oscitatione prætermissum. Itaque, donec alius codex emendator inveniatur, id satis esse putamus, quod integer hujus edicti sensus ex Eusebio possit cognosci.

Neque etiam promptum est indicare quænam sint ea

scripta, quæ ibidem ad præsidem prius missa memorantur. Nonnullorum quidem opinio est designari legem a Maximino latam, postquam a Licinio victus fugatusque fuit, et quam Eusebius integram descripsit. Verum lex illa, post ejus fugam sancita, hoc Licinii edicto videtur posterior. Aliam igitur, ac fortasse deperditam ille Imperator denotavit. Quibusdam insuper visum est adverbium *quantocius*, ibidem usurpatum, non bonæ esse latinitatis. Alii vero nos admonent illud a septimi Ecclesiæ sæculi Scriptoribus adhiberi. Verum illos forsitan fugit eamdem dictionem in aliqua etiam inveniri Honorii imperatoris lege, quam eruditi anno Christi 395 latam esse annotarunt.

Ad hæc vero quidam suspicantur non solum corrupta, sed intellectu etiam difficilia esse ea verba, quæ adverbium illud ita subsequuntur : « Quantocius reddant etiam vel qui dono erunt consecuti, si putaverint de nostra benevolentia aliquid, Vicarium postulent, quo et ipsis per nostram clementiam consulatur. » Aliqui enim ominantur pro *etiam* emendandum *et jam*, alii *et ita;* ac pro *dono erunt*, quidam *dono fuerunt*, alii *dono erant;* item pro *putaverint*, aliqui *optaverint*, alii addi volant *poscendum putaverint*. Denique *vicarii* nomine quidam res restituendas, vel sicut jurisconsulti loquuntur, *indemnitatem* significari arbitrantur. Alii vero virum aliquem, qui judicis vel præfecti gerat vices, et damnum resarciendum definiat. Verum Eusebius hæc clarius sic græce reddidit : Εἴ τινες κατὰ δῶρον τυγχάνωσιν εἰληφότες τοὺς αὐτοὺς τόπους, ὅπως εἰ τοῖς αὐτοῖς χριστιανοῖς τὴν ταχίστην ἀποκαταστήσωσιν οὕτως, ἢ οἱ ἠγορακότες τοὺς αὐτοὺς τόπους, ἢ οἱ κατὰ δωρεὰν εἰληφότες αἰτῶσί τι παρὰ τῆς ἡμετέρας κολοκαγαθίας, προσέλθωσι τῷ ἐπὶ τόπων ἐπάρχῳ δικάζοντι, ὅπως καὶ αὐτῶν διὰ τῆς ἡμετέρας χρηστότητος πρόνοια γένηται (*Euseb. lib.* x *Histor. eccles., cap.* 5). « Si qui eadem loca dono acceperint, ut ea protinus christianis reddant. Quod si qui ea loca emerunt, aut donata acceperunt, aliquid a nostra clementia petere velint, ii præfectum, qui in illa provincia jus dicit, adeant, ut a nostra serenitate ratio ipsorum habeatur. » Si quis tamen contendat non satis a Græco Eusebio perspectam fuisse latinorum verborum significationem, huic certe nisi id recte probaverit, potius exspectanda est Cœciliani textus ex alio codice emendatio, quam vanis aliquibus conjecturis indulgendum.

In sanctionis hujus fine Imperator, quemadmodum ait Cecilius, præcipit insuper ut illa proferatur *programmate* præsidis, eoque munita in omnium notitiam veniat. Nulla tamen apud Eusebium hujus programmatis expressa mentio, sed ejusdem tantum legis ubique publicandæ. Programmatis autem nomine indicatur tabula publice proposita, in qua describi debuit illud Licinii sive præsidis edictum, quo hic mandata imperatoris, in epistolis ad se missis tradita, debebant publicari. Denique Cecilius addidit : *His litteris propositis, etiam verbo hortatus est*, nimirum Licinius, *ut conventicula*, id est, christianorum,

A ut sæpius diximus, ecclesiæ, *in statum pristinum redderentur*. Quemnam autem hortatus est Licinius, nisi præsidem ad quem Cecilius has litteras directas fuisse antea dixerat? Ipsi itaque huic præsidi, Nicomediæ tunc degenti, Licinius eas in manum dedit aut mitti præcepit.

Cæterum auctor noster nos ibidem monitos esse voluit eo edicto finem impositum fuisse crudelissimæ persecutioni, quam Diocletianus in christianos excitaverat. Totum vero, quo illa duravit, tempus ita ab ipso designatur : « Sic ab eversa ecclesia, usque ad restitutam, fuerunt anni decem, menses plus minus quatuor. » At quæ, amabo te, ecclesia ibi memoratur, nisi Nicomediensis, quæ Diocletianeæ persecutionis initio eversa, post illud Licinii edictum restiB tuta est? Nonne enim ille, uti vidimus, persecutionis illius initium orditur ab hujusce ecclesiæ destructione? Inde igitur, hoc est, a septimo mensis Februarii die anni 303 quo diruta fuit hæc ecclesia, ac Diocletianus ad christianos persequendos aggressus est, usque ad hoc Licinii edictum, anno 313, die 13 Junii datum, computantur anni decem, menses tres ac dies novemdecim. Sed Cecilius dicere maluit *menses plus minus quatuor*, minorisque momenti esse censuit dierum, supra tertium mensem elapsorum, numerum indicare.

ARTICULUS IV.

Quomodo Licinius Maximinum insecutus, ad necem sibi Tarsi in Cilicia consciscendam compulerit, ac summa rerum potitus, omnem superiorum tyrannorum stirpem, omnesque eorum liberos exstirpaverit, ubi in primis de Valerio.

Nicomediæ Licinius per aliquot dies, ac post latum superius edictum, commoratus, itineri sese postea cum exercitu suo ad insequendum Maximinum commisit. In Tauri autem montis faucibus, sicuti exposuimus, hic se validis propugnaculis ac turribus munierat. Sed inde a Licinio depulsus, Tarsum tandem confugit. Neque tamen ibi tutior fuit. Nam terra marique ab ejusdem Licinii exercitu obsessus, eam, de qua nos supra disseruimus, necem sibi inferre coactus est.

Licinius itaque, summam rerum adeptus, reliquam tyrannorum, qui tanta inhumanitate in christianos D sævierant, stirpem ac progeniem radicitus evulsit. Etenim *in primis*, inquit Cecilius, « Valerium, quem Maximinus iratus, nec post fugam quidem, cum sibi videret esse pereundum, fuerat ausus occidere.... necari jussit. » Ita plane in codice nostro manuscripto, et in prima hujus libri editione. Verum recentiores critici maxima profecto contentione secum de isto Valerio decertant. Quidam enim nullum tunc fuisse Valerium existimantes, opinati sunt depravatum fuisse ibi a librario Auctoris nostri textum, ac scribi debuisse, *Valeriam quam*, minime autem *Valerium quem*. Suspicantur autem hanc Valeriam esse Galerii imperatoris uxorem, quæ post viri sui mortem oblatum sibi, uti diximus, Maximini imperatoris conjugium recusavit, atque idcirco ab illo in exilium, sublatis omnibus bonis, sociis, et famulis, missa per Syriæ solitudines huc atque illuc erravit. Tam enimvero certum est, inquiunt, huic Valeriæ iratum fuisse Maximinum, quam incompertum cui alteri irasci potuerit.

Quod si objeceris mortem Valeriæ a Cecilio postea describi, tibi respondeunt eam ibi quidem ab ipso attingi leviter, sed postea describi longe fusius, et magis enucleate. Nec absimili, sicuti aiunt, modo ibidem de Candidiani morte sermonem facit, de quo tamen adhuc vivo deinceps loquitur. Plures igitur his rationibus impulsi, aut quia eis, quæs fuerit Valerius, ignotum erat, in textu Cæcilii *Valeriam quam* ulla absque hæsitatione scribi curaverunt.

Alii contra magnis animis insurgunt, contenduntque retinendum esse Valerii nomen, nihilque in Cæcilii textu mutandum. Persuasum quippe habent hunc esse Valerium Valentem, qui quodam in numismate græco apud Goltzium appellatur, ΑΥΤ. Κ. ΠΟΥ. ΟΥΑΛΕΡ. ΟΥΑΛΕΝC. CEB. E. A. *Imperator Cæsar Publius Valerius Valens Augustus*, anno primo. Neque etiam dubitandi locum esse putant, quin is sit ipse de quo Aurelius Victor in Epitome scripsit. « Dehinc Licinius Augustus efficitur, parique modo Alexander apud Carthaginem imperator fit, similique modo Valens imperator creatur, quorum exitus iste fuit. » Tum namque continenter narrat Severi, Maximiani Galerii, Maximiani Herculii, Alexandri, et Maxentii exitum, sicque prosequitur: *Valens a Licinio morte mulctatur*. At ibi, inquiunt, Aurelius Victor mortem Valentis, quemadmodum Cecilius noster, cum Maximini interitu conjungit. Atque inde inferunt hunc Valentem eumdem esse ac illum qui in præfato numismate Valerius Valens nuncupatur. Primum enimvero nomen *Valerius* utpote ex Diocletiani familia ortus, et alterum *Valens*, pro cognomine suo acceperat. Posito autem hoc fundamento, haud dubitanter asseverant eum imperatorem et Augustum esse factum, quando Maximinus anno 313 a Licinio debellatus profligatusque fuit.

Præterea sedulo observant hunc Valentem Valerium præpostere confundi cum altero Valente, cujus numisma a Mediobarbo exhibetur, et cum tertio Valente, quem Licinius, postquam Cibalensi pugna a Constantino superatus est, creavit Cæsarem. Prior enim Valens, Galerio imperante, tyrannicum usurpavit, isque ab Ammiano Marcellino Thessalonicus vocatur. Nam hæc ipsa sunt illius de Galieno verba: *Ille perduellionum crebris verissue appetitus insidiis, Aureoli, et Posthumi, et Ingenui, et Valentis cognomento Thessalonici, aliorumque plurium mortem factura crimina aliquoties lenius vindicabat* (Ammian. Marcell. libr. XXI, cap. 16). At Valens Goltzii repræsentatus numismate, non appellatur Thessalonicus. Posterior autem Valens non Augustus et imperator, sed Cæsar tantum a Valesiano Anonymo, et a Zozimo dicitur, suaque spoliatus dignitate, et ad privatam conditionem paulo post redactus. In textu siquidem Zozimi verbum ἀναιρεθῆναι legitur, quo non solum necari et occidi, sed deponi etiam, et auctoritate privari significat. Restat igitur, inquiunt illi, ut hic Valens, cujus Aurelius Victor, et Cecilius noster meminere, is sit, qui jubente Licinio occisus, in memorato Goltzii numismate Valerius Valens vocatur. Nec objici sibi patiuntur nullam illius alibi umquam fieri mentionem. Neque enim ulla pariter mentio facta est Juliani, Diocletiano regnante, tyranni, nisi apud Libanium, neque Perpennæ Licinii, alterius etiam tyranni, nisi in unico numismate.

Verum tota hæc opinio non alio nititur fundamento, quam auctoritate Aurelii Victoris, qui obitum Valentis cum Maximini morte conjungit, et unius nummi a Goltzio, uti dictum est, repræsentati. Sed hæc aliis non magni forsitan videbuntur ponderis, qui animadvertent plura ibi ab eodem Aurelio Victore confundi, atque hujus Valentis et aliorum, sicut diximus, principum mortem simul conjunctimque ita enarrari, ut temporis ordinem nullo penitus modo sequatur. Nam Galerium Herculio præposuit, quamvis Galerius anno 311, et Herculius anno 310 mortuus esse dicatur. Deinde vero tametsi Maximini mortem conjungat cum Valentis morte, ibi nihilominus tacet quantum temporis inter utramque intercesserit. Neque etiam in Goltzii numismate designatur quo tempore regnaverit ille Valerius Valens, aut ex hac vita migraverit. Denique Cecilius aperte declarat hunc, de quo agitur, Valerium, ex eorum imperatorum tyrannorumque stirpe esse generatum, qui, Licinio regnante, Christianos persecuti sunt. Atqui illum Valerium Valentem ab uno ex illis procreatum nemo hactenus nobis demonstravit. Neque dixeris nomen *Valerius* iis fuisse proprium, qui ex Diocletiani familia suam ducebant originem. Nam demonstrandum adhuc tibi erit hoc nomen non aliis umquam datum, quam hujusce gentis hominibus, aut Valerium Valentem Diocletiani sanguine revera fuisse progenitum. Nutant igitur hujus opinionis fundamenta, nec satis firmis stabilita sunt rationum momentis, ut inde confici possit Valerium Valentem eum esse quem Licinius ante Cibalensem pugnam jussit interfici.

Quamobrem, si in Cecilii nostri textu nomen Valerii reipsa, uti videtur, scriptum fuerit, nec ipsemet Cecilius, aut antiquarius librum ejus scribendo erraverit, extra dubium esse debet hanc originem traxisse ab uno ex his, quos hactenus memoravimus, Ecclesiæ christianæ persecutoribus. Ex quo autem ortus, et utrum Valerius Valens revera appellatus sit, si a nobis postules, ingenue respondebimus hoc nobis esse incompertum, eumque in illorum habendum numero, quorum mentio semel tantum, quemadmodum superioris sententiæ defensores fatentur, in alicujus auctoris scripto, vel quodam numismate occurrit. Nihil ergo certi de illo statuere possumus, nisi inconcussa Cecilii auctoritas prius stabiliatur.

Neque porro Licinius hunc solum Valerium, sed Candidianum etiam, et Priscam atque Valeriam, Diocletiani hanc filiam, illam vero conjugem, ac præterea Maximini uxorem, filiumque octennem et septennem filiam, tandemque Severianum Severi filium necari præcepit. Sed de his omnibus suo loco egimus.

CAPUT XV.
De Constantio Chloro, et Constantino Magno imperatoribus.

ARTICULUS PRIMUS.

Quam eximiæ fuerint Constantii Chlori virtutes, quando Cæsar factus, et Maximiani Herculii gener, an et quomodo Christianos tempore persecutionis in Galliis servaverit incolumes, ac passus sit Ecclesias dirui ; cur factus sit primus imperator, etsi a Galerio contemptus, ac quomodo Constantino, ad se reverso, imperium tradiderit, et ubi mortuus sit.

Nostrum de Constantio Chloro imperatore sermonem hactenus distulimus, ne ea quæ de illo et filio ejus Constantino Magno dicenda sunt, longius a se invicem distraherentur. Noster vero Cecilius ubi Diocletiani, Herculii et Galerii vitia patefecit, sic ibidem (*cap.* 8) prosequitur: *Constantium prætereo ; quoniam dissimilis cæterorum* tyrannorum et Ecclesiæ persecutorum *fuit, dignusque qui solus orbem teneret,* sive toti terrarum orbi imperaret. At hæc quo brevior, eo certe major est tanti viri commendatio, ac maximum utique præconium. Quamvis autem Cecilius noster eam ob causam ibi illum haud plane immerito præterierit ; multa tamen de eo, oblata deinceps occasione, intermiscuit, quæ a nobis enucleanda illustrandaque sunt. Alicubi itaque ab eodem auctore nostro (*cap.* 20) appellatur vir *natura mitis.* Ab Eutropio autem, cujus hac in re testimonium dubiæ fidei esse profecto non debet, vocatur homo egregius et civilitatis præstantissimæ, Gallis non modo amabilis, verum etiam venerabilis, qui fisci non affectabat commoda, sed provincialium ac privatorum divitiis studebat. Postea vero Cecilius illum Maximiani Herculii generum nuncupat, ac merito quidem jure. Nam quando Diocletianus eum anno 292, ut supra annotavimus, creavit Cæsarem, tunc ille priorem conjugem, ut scribit idem Eutropius, repudiare coactus, Theodoram, ejusdem Herculii privignam, duxit in matrimonium.

Narrat adhuc auctor noster (*Cecil. cap.* 15) Diocletianum statim atque immani, sicut diximus, crudelitate in christianos bacchari cœpisset, litteras ad eumdem Constantium dedisse, quibus illi jubebat ut eadem, quæ ipse, faceret. Verum acceptis his litteris, « ne dissentire, » ait Cecilius, « a majorum præceptis videretur, conventicula, id est, parietes (ecclesiarum), qui restitui poterant, dirui passus est, verum autem Dei templum, quod est in hominibus (Christianis), » incolume servavit. Ibi quidem in hoc auctoris nostri textu legitur *majorum ;* sed jam animadvertimus ibi fortasse legendum *majoris,* id est, Diocletiani qui eum fecerat Cæsarem, et illo idcirco major erat. Præterea ibidem expendimus quo jure auctor noster dixerit Constantium, ne a majorum præceptis dissentire videretur, passum fuisse dirui christianorum conventiculorum, sive ecclesiarum parietes, nec propterea Eusebio plane adversetur.

Pro virili quoque parte nostra conati sumus eodem in loco explicare quo sensu ille continenter adjecerit : *Vexabatur ergo universa terra præter Gallias,* quibus videlicet Constantius imperabat. Palam quippe fecimus Eusebium videri huic Auctoris nostri opinioni alicubi subscribere, alibi vero refragari. Sed qua potuimus, majori diligentia perscrutati sumus quæ vera sit Eusebii mens et sententia, ac quis genuinus verborum illius sensus. Scopum autem si attigimus, plane, nisi fallimur, ostendimus illum ineptæ prorsus contradictionis non posse merito accusari, secumque ac cum Cecilio nostro sic posse reduci in gratiam, ut nulla sit inter eos neque discordia, neque dissensio, sed perfectus consensus, communisque concordia. Jam itaque ad alia, si lubet, gradum, faciamus.

Postquam Diocletianus et Herculius imperio, uti narrat Cecilius (*cap.* 20), nosque alibi vidimus, sese abdicarunt, Constantius primum imperatoris locum et Galerius secundum obtinuit, vel tunc, sicut Eusebius ait (*lib.* II *de Vita Constant., c.* 18), Constantius πρῶτος Αὔγουστος καὶ σεβαστὸς ἀνηγορεύετο : *Primus Augustus et imperator renuntiatus est.* Et certe Eutropius et Zozimus eum primum, et ante Galerium collegam ejus nominant. Verum is ipse Galerius illum spernebat ob ingenitam lenitatem atque infirmam eo tempore valetudinem corporis ; sive ut Cecilii verbis utamur, quia *valetudine corporis impeditus erat.* Spem itaque magnam Galerius habebat fore ut ille brevi moreretur, aut certe eum privaret imperio.

Sed non longum profecto post temporis intervallum, ac forsitan citius quam ipse putabat, ab eodem Constantio, jam ægroto litteras, ut diximus, accepit, quibus postulabat filium suum Constantinum sibi remitti. Cum vero Galerius illum patri suo, qui hoc non semel petierat, negare diutius ausus non fuisset, simulavit se Constantino permittere, ut ad patrem reverteret, sed reipsa retinere illum volebat. Constantinus tamen ex illius palatio, quemadmodum a nobis dictum est, clam elapsus, ad Constantium incredibili celeritate convolavit. Ad illum autem, inquit Cecilius, « pervenit jam deficientem, qui ei militibus commendato, imperium per manus tradidit, atque ita in lecto suo requiem vitæ, sicut optabat, invenit. » Simili modo Eusebius narrat Constantium, lethali morbo in palatio et regio cubili decumbentem, ex hoc exsiliisse, ut filium suum, qui insperatus advenerat, ambabus ulnis amplecteretur. Dispositis deinde rebus omnibus, illi imperii tradidit administrationem, ac felici morte ex hac vita decessit. Nec minus clare id ab incerto Panegyrici ante Constantinum ipsum et Maximianum pronuntiati auctore asseritur.

Secus vero Eutropius et Aurelius Victor, quibus Zozimus atque anonymus Valesianus suffragari videntur, diserte asseverant Constantinum, mortuo patre suo, a Prætorianis cunctisque annitentibus, creatum fuisse imperatorem. Sed Julianus Apostata in sua ad Constantium, ejusdem Constantini Magni filium, oratione non minus perspicue affirmat hunc illum adeptum esse supremam imperii dignitatem, et judicio patris sui, et exercituum omnium suffragio. At exinde facilis procul dubio esse poterit superiorum opinionum conciliatio. Si enim factam Constantini a patre moriente electionem exercitus cæterique omnes sponte sua ultroque confirmaverunt, quid impedit quominus ab iis omnibus facta fuisse dicatur? Neque id a nobis gratis fictum existimes. Nam Eumenius publico in panegyrico sic Constantinum ipsum alloquitur: « Manifeste sententia patris lectus es imperator. » Tum paulo post: Illico atque ille terris fuerat exemptus, universus in te consensit exercitus, te omnium mentes oculique signarunt; et, quamquam ad seniores principes de summa republicæ retulisses; prævenerunt tamen studio, quod illi mox judicio probaverunt. Purpuram statim tibi, cum primus copiam tui fecit egressus, milites utilitati publicæ magis, quam tuis affectibus servientes, injecere lacrymanti. »

Ubi autem Constantius vitam posuerit, si quis curiosius inquirat, respondebimus hoc a Cecilio, Eusebio, aliisque silentio fuisse prætermissum. At Aurelius Victor litteris mandavit eum in Britannia obiisse. Eutropius vero: « Eboraci, quæ Britanniæ urbs est. » Anonymus autem Valesianus scribit Constantinum « ad patrem Constantium venisse apud Bononiam, quam Galli prius Gesoriacum vocabant, » huncque in Britannia mortuum. Hujus vero Gesoriaci haud infrequens apud antiquos scriptores Suetonium, Plinium, Melam, Eumenium, aliosque mentio. Sed quæ sit illa urbs, variæ sunt illorum opiniones. Quidam enim Caletem, alii verisimilius Bononiam in Picardia esse arbitrantur. Videsis in hos auctores variorum observationes ac notas.

Anonymi porro Valesiani jam citati sententia his confirmatur Eumenii ad ipsummet Constantinum verbis. « Ad tempus ipsum, quo pater in Britanniam transfretabat, classi jam vela facienti repentinus tuus adventus illuxit. » Nonne ergo, ut Eutropius in aliorum gratiam et opinionem reducatur, dicendum est Constantium, repentino et insperato filii adventu recreatum, ex morbo parumper convaluisse, ac cum eo conscendisse navem, qua Eboracum appulit, ubi anno 306, die 15 Julii mortuus est? Huc accedit quod idem Eumenius paulo post his Britanniam alloquitur verbis: « O fortunata, et nunc omnibus beatior terris Britannia, quæ Constantinum Cæsarem prima vidisti. » At si prima eum Cæsarem vidit, in ea procul dubio ille Cæsar a patre moriente factus est. Ibi enim obiisse perhibetur, ubi illum nuncupavit Cæsarem.

ARTICULUS II.

De Constantini Magni parentibus, patria, eximiis corporis animique dotibus, ubi educatus, quanta aliorum, atque in primis Galerii in illum invidia, quibusve insidiis ab eis appetitus fuerit.

Quæ in superiori articulo, et antea a nobis disputata sunt, hæc omnibus satis aperte demonstrant creatum fuisse Constantinum Constantii Chlori, quemadmodum Cecilius noster tradidit, fuisse filium. Qua vero ex matre, et ubi natus fuerit, cum ille taceat, nullam nobis, qui in ejus vestigiis insistimus, illud diligentius investigandi dedit occasionem. Adnotasse igitur sufficiat certiorem videri, ac jam prævaluisse eorum sententiam qui Constantinum *Helena matre*, ut ait Anonymus Valesianus, *in oppido Naiso* ortum esse existimant.

Primum autem de illo sermonem Cecilius noster instituit in memorato a nobis Diocletiani et Galerii dialogo, in quo de creandis novis Cæsaribus Nicomediæ disceptarunt. Ibi autem de illo his totidemque verbis loquitur. « Constantio filius erat Constantinus, sanctissimus adolescens, et illo imperii fastigio dignissimus, qui insigni et decoro habitu corporis, et industria militari, et probis moribus, et comitate singulari a militibus amaretur, a privatis et optaretur. » At eximias hasce Constantini virtutes, egregiasque animi et corporis dotes, tot, præter Eusebium testem oculatum (*Euseb. lib.* I *de vita Constant. cap.* 22), scriptores cum antiqui tum recentiores ita certatim celebrarunt; ut eas fusius enarrare nihil plane necesse sit. Neque putaveris illas ab his scriptoribus exaggerari. Ab aliis quippe eadem litteris publicis consignata invenies, videlicet ab incerto panegyrici a nobis jam citati auctore, Eutropio, Aurelio Victore et Praxagora apud Photium, in quos omnes cadere non potest ulla adulationis suspicio.

Ante præfatum autem Diocletiani et Galerii anno 304 colloquium, Constantinus, uti auctor noster ait, « Jam pridem a Diocletiano factus erat Tribunus primi ordinis. » De his autem Tribunis jam egimus. At ex illis aliisque Cecilii nostri verbis colligitur Constantinum, tametsi adhuc adolescentem, jam a longo tempore in aulam venisse Diocletiani, quo illum a patre suo eruditionis causa missum esse Praxagoras et Zonaras testificantur. Anonymo autem Valesiano si credimus: « Obses apud Diocletianum, et Galerium sub iisdem fortiter in Asia militavit. » Quin etiam Galerius eum *in urbe Roma*, inquit Aurelius Victor, *religionis specie obsidem retinuit*. Praxagoras vero, a nobis paulo ante laudatus, non minus perspicue tradidit Constantinum a patre suo missum, non quidem Romam, sed Nicomediam εἰς Νικομέδιαν ad imperatorem Diocletianum, ubi, si Cecilio credimus, præfato Galerii ejusdemque Diocletiani colloquio interfuit. Nonne autem inde colligi potest Constantinum adhuc juvenem se hisce imperatoribus pluribus simul, aut separatim comitem in iis locis præbuisse, in cuibus commorabantur, aut ad quos se interdum conferebant? Sed quid conjecturis opus est? Nonne Eusebius diserte dixit illum adhuc adolescentem, et juvenili lanugine decorum, Moysis instar, substitisse in ipsis ædibus tyrannorum, apud quos summo fuit in honore?

Sed parum sincera haud dubie erat horum veneratio. Nam invidia, inquit adhuc Eusebius, et metu perculsi, ipsum oblata occasione non solum contumeliis vexare conati sunt; sed insidias etiam ei semel et

iterum posuere, quas Dei nutu patefactas declinavit. At multo magis Galerius illi invidebat. Quamobrem pluribus illum, ut scribit anonymus Valesianus, periculis objecit, vel sicuti ab auctore nostro traditum jam animadvertimus, ei quoque insidiatus est, sed clam et occulte; ne contra se arma civilia, et militum, a quibus, quemadmodum paulo ante dictum est, amabatur, odia concitaret. Quæ autem fuerint hæ insidiæ, si quis scire aveat, is primum audiat Cecilium nostrum, qui illum sub lusus, atque exercitii specie feris objectum asserit. Hæc autem, nec plura de hisce feris memoriæ ab eo mandata sunt. At Praxagoras, a Photio citatus, narrat Constantinum a Galerio inductum, ut cum fero leone pugnaret, quem ille non divino quidem, ut ait Zonaras, sine auxilio interfecit. Neque tamen illum in hoc tantum, sed in alia non minus metuenda adduxit præliorum pericula. Nobis autem si omnino non credis, audi, quæso, Anonymum Valesianum, illud his totidemque verbis enarrantem.
« In Sarmatas juvenis equestris militans, ferocem barbarum, capillis tentis raptum, ante pedes supplicem Galerii Imperatoris adduxerat. Deinde Galerio mittente, per paludem equo ingressus suo, viam cæteris fecit ad Sarmatas, ex quibus pluribus stratis, Galerio victoriam reportavit. »

ARTICULUS III.
Utrum Constantinus Magnus Diocletiani, sicuti Cecilius narrat, et Galerii colloquio præsens fuerit, cognoveritque creandos Cæsares, seque ab hac nuncupatione ignominiose repellendum.

Tantum abest, ut præclara, quæ enarravimus, Constantini Magni facinora exstinxerint Maximiani Galerii invidiam, ut eam longe magis inflammaverint. Nam Diocletianum, de imperio deponendo novisque Cæsaribus creandis secum agentem, plane deterruit ne hunc ipsum Constantinum Cæsarem renuntiaret. Tunc autem quanta arderet malevolentia ac livore dissimulare non potuit. Tametsi enim Constantinus a Cecilio nostro dicatur huic, de quo non semel diximus, Diocletiani Galeriique dialogo affuisse, tametsi ipse Diocletianus eum amabilem, clementiorem parte sua melioremque, ac imperio dignum esse assereret; eidem nihilominus Diocletiano Galerius palam et aperte, nec magna profecto sine impudentia restitit, prohibuitque ne illum faceret Cæsarem. Quin immo præter omnium, qui Constantino hanc amplissimam dignitatem tribui optabant, exspectationem, illum contumelia maxima afficere conatus est. Postquam enim Constantinus ipsum et Diocletianum, per tria, uti diximus, ab urbe Nicomedia millia secutus fuisset, ac cum eis excelsum tribunal conscendisset, ab eodem Galerio indignissime repulsus est, eoque rejecto, Diocletianus Severum et Maximinum Cæsares nuncupavit. Atque ita sane Cecilius noster describit hanc Cæsarum creationem, inauditamque hactenus Constantini repulsam.

Sed in hac narratione non minimæ profecto occurrunt difficultates, quæ nunc enodatius explicandæ sunt. Quo enim sensu Cecilius de Constantino dicere potuit: *Erat tunc præsens (Cecil. cap.* 18), quando Diocletianus cum Galerio colloquebatur? Numquid in regio illius cubiculo, uti quidam opinantur, vel in ejus palatio, sicut alii putaverunt? Non quidem in palatio; nam eum propius affuisse Cecilii verba significare videntur. Non in cubiculo, quandoquidem Constantinus quid illi inter se tanta animorum commotione colloquerentur, eorum verbis, aut certe nutibus et signis percipere potuisset. At si quid de se a Cæsaris dignitate repellendo præsensit, quomodo illos ad eum usque locum comitatus est, ubi tantam tamque publicam se passurum esse injuriam noverat? Quin etiam si id ipsi vel minimum suboluisset, quomodo tantæ ignominiæ sese temerario exponere ausus est? Nonne potius Anonymo Valesiano credendum, qui scripto tradidit Severum, et Maximinum tunc factos fuisse Cæsares, *Constantino nihil tale noscente?*

Numquid autem ad solvendum hujus difficultatis nodum satis erit dixisse eum non in Diocletiani cubiculo aut palatio, sed in separato quodam illius loco, vel in urbe Nicomedia fuisse præsentem? Cecilius enim potuit hoc sensu Constantinum opponere Severo, qui inde longissime aberat. Severo autem si reipsa opponatur, dici utique poterat Diocletiano et Galerio *præsens*, id est, multo illis propior, quam Severus, sed satis ab ipsis remotus, ut loquentes audire nequiverit. Sed contra alii insurgent arguentque impropriam omnino fore Cecilii locutionem. Deinde vero Cecilius, inquient, plane manifesteque pronuntiat Galerium Diocletiano tunc ostendisse, ac quasi digito indicasse Maximinum Daiam, mox Cæsarem, rejecto Constantino, creandum. In ipso igitur Diocletiani cubiculo, et ante ipsius et Galerii oculos, Maximinus adstabat. At si in eorum cubiculo erat, non inde proculdubio longe aberat Constantinus, de quo Cecilius aperte dixit: *Erat tunc præsens.*

Fac tamen, si velis, eum tam ab eodem Maximino, quam a Diocletiano et Galerio fuisse perquam longissime distantem, in aliam certe difficultatem protinus incides. Nam Constantinus, uti Cecilius haud dubitanter asserit, dum uterque Diocletianus et Galerius magna contentione dicendi certarent, *erat præsens*, aut in palatio, aut saltem in urbe Nicomedia. Finito autem illo colloquio, quod ab aliquibus saltem audiri potuit, idem Constantinus illos per tria millia eo secutus est, ubi a Cæsaris dignitate repellendus erat. At quo, amabo te, pacto fieri potuit, ut ille, qui ab omnibus amabatur, post utriusque colloquium, ac per totum hoc iter a nullo admonitus fuerit de novis Cæsaribus creandis, nec suspicatus sit se ab eorum numero rejiciendum? Nonne vel ex solo Imperatorum de ea nuncupatione silentio id facillime intelligere poterat? Cur ergo eos secutus, tam indignæ repulsæ ultro et temere se obtulit? Numquid respondebis eum tam forti magnoque fuisse animo, ut hanc rejectionem, et contumeliam prudenter dissimulaverit? Sed expendant alii cujus ac quanti hæc vel alia responsio sit ponderis, et utrum ad Cecilii sine ullo vade et patrono, immo et contra apertum Valesiani anonymi testimonium, asserendam de Constantino praesente narrationem sufficiat.

At urgebit tamen adhuc aliquis, nobisque tandem objiciet, errasse Anonymum Valesianum, minime vero nostrum auctorem. Sed id aliqua saltem ratione probandum est. Ad haec vero Cecilio opinio non nihil secum importat obscuri, explicatuque difficilis quod sibi ipsi, uti diximus, repugnans, atque oppositum videtur. Sed alii sagaciores critici haec omnia forsitan enodabunt, atque illorum de tota hac controversia judicium exspectabimus. Pergratum quoque nobis facient, si similes, parique obscuritate involutos loquendi modos in genuinis Firmiani Lactantii libris indicaverint.

ARTICULUS V.

Quomodo Constantinus contra Galerii voluntatem ad Constantium patrem suum, jam jam moriturum, redierit, et utrum ab illo, vel ab aliis Caesar, simulque imperator factus sit.

Constantius gravissimo seu aliquo morbo afflictatus, plures sicuti jam a nobis observatum est, Maximiano Galerio scripsit litteras, quibus petebat filium suum Constantinum sibi remitti. Sed litteris precibusque repetitis vix illud umquam ab Galerio potuit impetrare : *Namque saepius*, uti ait Cecilius, *cum jam diu negare* (manuscriptus codex, *diu necare non posset*) *dedit illi sigillum, inchoante jam die*. Fatentur quidem omnes depravata esse haec auctoris nostri verba, atque ad ea sananda aliqui post adverbium *saepius*, addendum suspicantur *rogatus*, aut *sollicitatus*, aut *repetenti*, et pro *diu*, legendum *diutius*. Sed quae vera sit lectio, quis sine altero meliori codice adseverare audeat? Sensus autem Cecilii is esse videtur, Galerium cum diutius Constantio, filium toties petenti, negare amplius non posset, dedisse Constantino sigillum, de quo nos supra, ac facultatem ad patrem suum postridie redeundi. Interim tamen illum retinere volebat, aut saltem Severo imperatori scribere, ut illum in itinere retineret sed vana fuerunt ejus consilia, spesque eum fefellit.

Nam Constantinus accepto sigillo, statim post coenam exiit, « sublatisque, ait auctor noster, per mansiones multas omnibus equis publicis, evolavit. » Quod quidem ab Aurelio Victore his verbis clarius explicatur confirmaturque : « Constantius fugae commento, cum ad frustrandos insequentes publica jumenta, quaqua iter egerat, interficeret, in Brittanniam pervenit. » Item ab Anonymo Valesiano : « Summa festinatione, veredis post se truncatis, Alpes transgressus, ad patrem Constantium venit. » Nec absimili modo Zozimus graece scripsit : Τοὺς ἐν τοῖς σταθμοῖς ἵππους, οὓς τὸ δημόσιον ἔτρεφεν, ἅμα τῷ φθάσαι τὸν σταθμὸν, κολούων καὶ ἀχρείους ἐῶν. (*Zozim. lib. II Histor.*) « Equos stabularios, quos alebat respublica, cum primum stabulum aliquod attigisset, mutilans, et inutiles reddens, » ad patrem accessit : *ut non advectus cursu publico*, inquit Eumenius, *sed divino quodam advolasse curriculo videretur*.

Eo itaque modo pervenit ad patrem suum Constantium, viribus pene deficientem, qui moriens, *ei militibus*, sicuti ait Cecilius (cap. 24), *commendato, imperium per manus tradidit*. Atque illo « mortuo, » ita loquitur Aurelius Victor, « cunctis, qui aderant, adnitentibus, sed praecipue Eroco, Alemanorum rege, auxilii gratia Constantio comitato, » ipse Constantinus « imperium cepit. » Sed inter se controversantur eruditi scriptores, utrum ille tunc tantum Caesar, an imperator fuerit renuntiatus. Enimvero Eusebius haud dubitanter affirmat eum a patre suo relictum in imperio successorem, additque : Κωνσταντίνος εὐθὺς ἀρχόμενος, βασιλεὺς τελειώτατος καὶ σεβαστὸς, (*Euseb. lit. IX Histor. Eccles. cap. 14.*) « Constantinus ab ipso statim exordio supremus imperator, et Augustus » a militibus salutatus est. Alibi vero scribit, ipsi a patre relictam τὸν κλῆρον τῆς βασιλείας, *imperii haereditatem*. Julianus vero Apostata (*Julian. Orat. 1. in Constant.*) imperium illi, post patris mortem, exercituum omnium suffragio datum fuisse prodidit.

Secus tamen Anonymus Valesianus, Zozimus, et Eumenius eum Caesarem factum asserunt. Huc accedit incertus panegyrici auctor, qui Maximianum Herculium his compellat verbis : « O divinum tuum, Maximiane, judicium, qui hunc » Constantinum « tibi jure adoptionis nepotem, majestatis ordine filium, etiam generum esse voluisti. » quando videlicet illi Faustam filiam suam, ut infra dicetur, in matrimonium collocavit. Atqui si tum *majestatis ordine filius* erat, inde sequitur illum Caesarem tantummodo tunc fuisse. Nam Caesares, uti jam observavimus, ab Augustis filii, quemadmodum imperatores ab eis fratres vocabantur. Ad haec vero, idem auctor paulo ante dixerat hoc nuptiarum die eidem Constantino Caesari additum imperii nomen.

Sed hanc litem ille ipsemet orator dirimere videtur his, quibus Constantinum affatur, verbis : « Cujus tanta maturitas est, ut cum tibi pater imperium reliquisset, Caesaris tamen appellatione contentus, exspectare malueris, ut idem te, qui illum, » patrem tuum Constantium, « declararet Augustum. » Nonne enim inde colligi recte potest eam fuisse Constantini Magni moderationem ac modestiam; ut tametsi a patre, et toto exercitu factus fuisset Augustus et imperator, Caesaris nihilominus nomine contentus, noluerit Augustus et imperator appellari. Etenim prius ab illo dictum legimus. « Tibi, Constantine, per socerum nomen imperatoris adcrevit. »

Praeterea ubi laureata illius imago ad Galerium de more, sicuti diximus, asportata est, hanc ille suscepit invitus, et Constantinum non imperatorem, sicut erat factus, sed missa purpura, quarto loco, id est, post se ipsum, ac Severum, et Maximinum. Caesarem nuncupavit. Non mirum itaque si in iis provinciis, quibus hi imperabant, Constantino datum sit solum Caesaris nomen, quo variis in numismatibus, a nostro erudito Anselmo Bandurio propediem repraesentandis, appellatur.

ARTICULUS V.

Quantum Constantinus Christianis faverit, cur Maximianus Herculius ad eum venerit; eique desponderit, ac connubio junxerit filiam suam minorem, cur ad eum reversus sit, quasve illi adversus barbaros pugnaturo, paraverit insidias, quomodo hic ab illo Massilia capta veniam impetrarit, atque illum postea in lecto occidere frustra molitus fuerit, et quam insignem Constantinus de Maxentio victoriam, viso mirabili crucis Christi signo, reportaverit.

Constantinus Magnus, suscepto, inquit Cecilius (*cap.* 24), imperio, « nihil egit prius, quam christianos cultui ac Deo suo reddere. Hæc fuit prima ejus sanctio sanctæ religionis restituta. » Ita sane in codice Colbertino, ubi nonnulli plura verba corrupta esse suspicantur, eaque connituntur conjecturis suis emendare. Quid vero, si ipsiusmet auctoris non elegantissime loquentis verba sunt? Nonne antea ostendere debebant hæc ab eo non esse profecta, quam in eis corrigendis oleum fortasse et operam perderent? Quidquid sit, hic illius videtur esse sensus : Constantinus Magnus ab ipso imperii sui principio restituit christianam religionem, ac lege data christianos veri Dei sui cultui reddidit. Nec mirum, si tunc patrem imitatus sit suum, qui Christianis, sicut vidimus, impense plurimumque favebat. Et id quidem evidentissime demonstrari posset quadam Lactantii oratione, genuinis illius Operibus inserta, qua Constantino hanc ob rem gratulatur. Sed nondum satis constat, quemadmodum suo loco ostendimus, utrum hæc oratio ab ipsomet Lactantio scripta umquam fuerit.

Quidquid autem de illa statuatur, Severo Imperatore, quemadmodum adnotatum est, non multo post exstincto, Maximianus Herculius in Gallias ad Constantinum venit, quem quidem ut ad suas adversus Galerium partes adduceret, ipsi Faustam, sicuti etiam exposuimus, filiam suam minorem despondit, ac postea dedit in matrimonium. In harum autem nuptiarum solemnitate pronuntiatus est ab incerto auctore panegyricus, qui typis cum aliis excusus, omnium in manibus versatur.

Post hæc Maximianus Herculius Romam profectus, ibi Maxentium filium suum imperio, sicut adhuc animadvertimus, spoliare perperam attentavit. Cum inde vero ob indignissimum illud facinus exactus fuisset, rediit ad Constantinum, qui in Galliis tunc commorabatur. Qua autem perfidia filium, eadem generum suum decipere molitus est. Ut eum autem facilius circumveniret, regiam deposuit vestem. Constantino itaque, de sincero ejus-animo non amplius dubitanti, persuadet Francos paucis cum militibus ab eo posse debellari. Sed ubi primum ille horum barbarorum fines minoribus, quam par erat, copiis ingressus esset, tunc Herculius, uti diximus, resumpta purpura, relictos milites direpta ex Constantini thesauris pecunia corrupit, fugitque Massiliam.

Opinantur nonnulli hoc bellum, quod Franci cum Constantino gerebant, non aliud esse, nisi illud, cujus Eusebius alicubi meminit (*Euseb., lib.* 1 *de Vita Constant., cap.* 25). Verum alii id negant, illudque esse contendunt, quod idem imperator paulo antea cum eis confecit, quam Maxentium vinceret. Utut sit, nemo sane dubitabit hoc bellum ab Eumenio describi, qui insuper ea ibidem confirmat, quæ a Cecilio nostro narrantur de admirabili celeritate, qua ad Herculium revolavit, ac capta Massilia, vitam ei donavit quidem, sed detracta prius veste regali. Quæ quidem cum jam a nobis explicata fuerint, ea nunc repetenda non sunt. Palam quoque fecimus quomodo sceleratus ille Herculius non inde melior factus, aliis insidiis cum Fausta filia, tunc Constantini uxore, communicatis, illum cui tantis beneficiis obligatus erat, in lecto suo occidere perperam adorsus fuerit. Nam iis ab eadem Fausta Constantino patefactis, Herculius extremæ perfidiæ pœnas fœdissimo, uti adhuc vidimus, mortis genere persolvit.

Tunc deinde narrat Cecilius Galerium, sublato Cæsarum nomine, Maxentium et Constantinum appellasse Augustorum filios, atque etiam imperatores. Sed hæc quoque alibi examinavimus, sicut et id quod ille postea tradidit Maximinum Constantino litteris ab ea, quam in christianos concitaverat, nova persecutione deterritum. Denique a nobis enarratum est quomodo Constantinus, postquam sororem suam Constantiam Licinio despondisset, Maxentium, qui bellum ipsi induxerat, eo quod ipsimet divinitus apparuerat, crucis Christi præeunte signo vicerit ac profligaverit. Manifestum autem ibi fecimus quod qualeque fuerit mirabile illud Dominicæ crucis signum, ac quam vano et irrito conatu recentiores heterodoxi divinam hanc Constantini Magni visionem impugnare connisi sint. Nec minus perspicue ostendimus Tollium, qui eam in militarium stratagematum numero ponendam esse effutiit, a Baudrio, tametsi ejusdem sectæ viro, pro merito castigari.

Verum temerarius ille scriptor alio rursus in libro suum in reprehensorem invehitur. Non enim sine acri, sed plane intempestiva irrisione objicit haud paucos reges, atque in primis quemdam Lusitaniæ Regem, et Antigonum Alexandri Magni successorem, simili usos esse stratagemate. Primus enimvero eadem a se, atque a Constantino Magno conspecta fuisse jactitabat. Antigonus vero finxit se vidisse pentagonum, quod salutis imago erat, in quo scriptum quoque fuit : *In hoc signo vinces.* Atque ita quidem Tollius non modo adversus conspectum ab eodem Constantino signum crucis, sed preces etiam Licinio imperatori, uti supra vidimus, ab Angelo dictatas argumentatur. Porro autem is ipse Tollius audacter venditat, se longe certius, accuratiusque, quam Baudrio, de rebus historicis ferre judicium.

Sed quis non miretur tam absurdam insulsamque novi hujus critici scientiam suam inepte venditantis argumentationem? Fictæ, inquit, et falsæ fuerunt regis Lusitaniæ, et Antigoni visiones, meraque militaria stratagemata; ergo et Constantini Magni atque Licinii. Quis umquam sani capitis homo ita argumentatus est : Enimvero si ita ratiocinari liceat, **pari** quoque modo alius argumentabitur : Magi Pharaonis artibus magicis eadem, atque Moyses, miracula edidere; ergo falsa sunt Moysis miracula, ac magicis facta artibus. At nullus profecto, nisi plane desipiat, ita raciocinabitur. Quis enim nescit veram esse aliquam historiam, etiamsi falsa altera ei prorsus similis scripto tradita sit? Uniusne hominis mendacium proditam ab alio veritatem infirmare potest? At veram fuisse Constantini Magni victoriam superius evidentissime demonstravimus. Tantæ igitur Tollii ineptiæ a nobis potius spernendæ erant, quam serio confutandæ, nisi timendum foret ne fucum alicui incredulo facerent, aut is arbitraretur eas a nobis ideo fuisse prætermissas, quia refelli non poterant.

ARTICULUS VI.

De triumphali Constantini in urbem Romam ingressu, eique decreto a Romano senatu primi nominis titulo, quamdiu ille postea Romæ manserit, et ubi sororem suam Constantiam in matrimonium Licinio collocaverit, ac de restituta ab utroque christianæ Ecclesiæ pace, ac tranquillitate.

Post victoriam de Maxentio, non sine magno miraculo reportatam, Constantinus cum summa senatus populique Romani lætitia Romæ susceptus est. Sed hunc illius gloriosum in Urbem ingressum, vel potius triumphum, sic descripsit incertus panegyrici eidem Constantino dicti auctor : « Tecta ipsa, ut audio, commoveri, et altitudo culminum videbatur attolli, quacumque Numen tuum tardo nolimine currus inveheretur : tanta te populi densitas, tanta senatus stipatio provehebat simul et attinebat. Felices, qui te propius adspicerent, longius positi nominabant; quos præterieras, loci quem occupaverant, pœnitebat. Vicissim omnes inde discedere, hinc sequi; certare innumerabilis multitudo, et impulsu vario fluctuare, et tantum sibi hominum animi post illam sexennii cladem superesse memorabant. Ausi etiam quidam, ut resisteres, poscere, et queri tam cito accessisse palatium, et cum ingressus esses, non solum oculis sequi, sed penè etiam sacrum limen irrumpere. Inde omnibus circumfusis, ut unde excederes, opperiri, prospicere, optare, sperare, ut viderentur eum, a quo obsidione liberati fuerant, obsidere. » Nazarius vero : « Nullus, inquit, post Urbem conditam, dies Romano illuxit imperio, cujus tam effusa, tamque insignis gratulatio aut fuerit, aut esse debuerit; nulli tam læti triumphi quos annalium vetustas consecratos in litteris habet. » Plura ibi ille de eodem triumphali ingressu, sicut et Eusebius, quæ quidem transcribere longius foret, atque in eorum libris facillime legi possunt.

Neque porro senatus Romanus satis esse duxit tantis honoribus affecisse Constantinum, sed ipsi etiam *virtutis gratia primi nominis*, ut loquitur Cecilius, *titulum decrevit*. Sed quid his verbis significetur, non una est omnium opinio. Nonnulli quippe putant designari nomen et titulum *Maximi*, quod tunc Constantino virtutis gratia decretum est. Verum enimvero Constantinus Imperator, inquiunt, ibidem Maximus vocatur, sicut postea in nummis, et publicis inscriptionibus. Ad hæc vero, plures alii imperatores hunc titulum sibi adrogabant. Verumtamen quia is etiam titulus erat Jovis, hinc suspicantur aliqui in Cecilii textu scribendum *numinis*, non autem *nominis*. At quanconam senatus Romanus publico aliquo decreto imperatores suos hoc primi aut secundi *numinis* titulo honoravit? Nonne hæc conjectura probatione saltem aliqua indigebat?

Aliis itaque illa Cecilii verba non alium habere sensum videntur, nisi a Romano senatu datum Constantino *primi nominis*, hoc est, Imperatoris titulum, quo quidem ille Maximino, longe ante ipsum Cæsari facto, deinceps anteponeretur. Atque in hujus sententiæ confirmationem illud proferri potest, quod narrat Eusebius Maximinum eo arrogantiæ devenisse; ut primum inter imperatores locum in titulis sibi vindicaret. Senatus vero hunc Constantini virtuti censuit esse tribuendum. Præterea Cecilius noster declarat hunc ipsum esse nominis titulum, *quem sibi Maximinus vindicabat*, solus haud dubie, et præter alios imperatores. Atqui ille profecto hunc titulum adsumpsit primi imperatoris, quandoquidem ante illos omnes, ut jam diximus, creatus fuerat Cæsar. Neque dixeris quando illud senatus Romani decretum Maximino nuntiatum est, cum tanto tunc exarsisse dolore, ut inimicitias aperte professus, *convicia jocis mixta*, ait Cecilius, *adversus imperatorem maximum diceret*, id est, eum amarulenta irrisione *maximum* appellaret, ut hoc convicio insultaret Romano senatui, qui ei *primi nominis*, sive imperatoris titulum ob virtutem decreverat. Nam Cecilius illum non-ejusdem senatus, sed suis verbis *maximum* nuncupasse procul dubio videtur; quia eximiis suis virtutibus non solum Maximino, sed aliis etiam omnibus antecellebat.

Post hæc vero præstantissimus ille vir res in urbe Roma composuit, quemadmodum narrat Cecilius noter, cui Zozimus, Eusebius, aliique suffragantur. Scire autem si cupias quamdiu ad eas componendas Romæ manserit, audi, quæso, Nazarium : *Quidquid mali*, inquit, *sexennio toto dominatio feralis*, Maxentii, *inflixerat, bimestris fere cura sanavit*. Duos igitur circiter menses Constantinus Romæ commoratus est, videlicet usque ad 28 diem Decembris anni 312, sicuti peritiores chronographi adnotarunt. Neque huic opinioni adversarium duæ leges, ab eodem Constantino Romæ promulgatæ 15 kalendas Februarii. Nam in his legibus additum est P. P., id est, in urbe Roma propositæ, seu publicatæ. At ibi proponi potuerunt, postquam Constantinus jam inde discessisset. Et vero Cecilius noster (*cap. 45*) hæc totidemque verba continenter subjunxit : *Hyeme proxima Mediolanum contendit*.

Ibi autem promissam Licinio Constantiam sororem suam connubio sociavit. Zozimus vero scribit Constantinum Licinio, Mediolanum accersito, sororem suam Constantiam collocasse, quam antea se daturum promiserat. Testem alium si desideras, en adest

Anonymus Valesianus, cujus hæc sunt verba: «Oppresso Maxentio, cum recepisset Italiam Constantinus, hoc Licinium fœdere sibi fecit adjungi, ut Licinius Constantiam, sororem Constantini, apud Mediolanum duxisset uxorem. » Sed de hoc conjugio supra disseruimus.

Atque hæc quidem omnia Cecilius noster, nec plura de Constantino Magno memoriæ prodidit. Institutum nihilominus sermonem ibi prosecutus, planum omnibus, uti ostendimus, ac manifestum facit, quomodo Licinius postea oppresserit Maximinum, aliosque omnes, ex tyrannorum, crudelissimorumque Ecclesiæ persecutorum gente oriundos; ita ut nulla eorum stirps aut radix superstes fuerit. Sed hujusce libri sui initio palam aperteque prædicat Imperatores, sive ut ille loquitur, principes, Constantinum videlicet Magnum, ac Licinium a Deo Optimo et Maximo fuisse excitatos, qui rescissis cruentis tyrannorum, et dirissimorum christianæ Ecclesiæ persecutorum edictis, per totum orbem, imperio suo subditum, summam tamdiuque optatam pacem atque tranquillitatem christianis dederunt. Tum enim exstincta sunt non solum impia illorum in christianos edicta, sed magnifica etiam ac ridicula *Joviorum*, uti ipse auctor noster ait, et *Herculiorum* cognomina, quæ Diocletianus et Maximianus Herculius, uti superius observatum est, insolenter usurpasse perhibentur. Postremo idem ipse Cecilius nihil sibi magis in votis esse significat, quam ut tunc florescentes Ecclesiæ concessam sibi a Licinio et Constantino Magno quietem in perpetuum custodiant.

DISQUISITIONES DOGMATICÆ
IN LACTANTIUM,
SIVE
DE EJUS CIRCA RELIGIONEM SENTIENDI ET ARGUMENTANDI RATIONE

CAPUT PRIMUM.
De religione generatim spectata.

ARTICULUS PRIMUS.

Unde religionis, et superstitionis nomen derivatum, ac utrum Cicero veram dederit utriusque illius nominis etymologiam.

Antequam de iis disputemus, quæ ad christianam religionem speciatim attinent, ea sunt a nobis examinanda, quæ Lactantius de ipsa religione, generatim sumpta, litteris consignavit. Ab ipso autem nomine ut ordiamur, illud non a relegendo, uti Cicero putabat, sed a religando censet esse deductum. De illius siquidem etymologia sic adversus latinum Oratorem dimicat. « Vinculo pietatis obstricti, Deo religati sumus, unde ipsa religio nomen accepit; non, ut Cicero interpretatus est, a relegendo, qui in libro de Natura deorum secundo dicit ita. Non enim philosophi solum, verum etiam majores nostri superstitionem a religione separaverunt. Nam qui totos dies precabantur et immolabant, ut sui sibi liberi superstites essent, superstitiosi sunt appellati. Qui autem omnia, quæ ad cultum deorum pertinerent, retractarent, et tamquam religerent, ii dicti sunt religiosi, ex religendo, tanquam ex eligendo elegantes, et ex diligendo diligentes. His enim verbis omnibus inest vis legendi eadem, quæ in religioso. Ita factum est in superstitioso, ac religioso, alterum vitii nomen, alterum laudis. » (*Lactant. lib. IV, cap. 8.*) Quæ quidem ex citato Ciceronis libro (*Cicer. lib. II de Natur. deor.*) revera totidem verbis transcripta sunt, his tamen omissis, quæ post verbum, *appellati*, ita legimus: *Quod nomen postea latius patuit*.

Verum hanc utriusque illius nominis etymologiam et interpretationem, a Cicerone sic datam, Lactantius noster omnino improbat. Si enim, inquit, in diis sic colendis superstitio et religio versatur, exiguum aut potius nullum inter utramque erit discrimen. Nam si semel pro filiorum salute, et ut superstites sint, deos precari, iisque immolare bonum et religiosum est; ergo sæpius et totos dies pro eadem filiorum salute precari et immolare nec malum est, nec superstitiosum. Contra vero si sæpius precari et immolare vitio vertitur, ergo et semel etiam.

Deinde vero, quid honestius, quid justius optari et peti potest a patribus, quam ut filios suos sibi superstites relinquant? Superstitio igitur, quod vitii, fatente Cicerone, nomen est, non inde derivatur.

Concludit itaque Lactantius (*Lib. IV. Inst. cap. 28*) religionem esse veri Dei, ac superstitionem falsorum deorum cultum. Addit vero: *Et omnino quid colas interest, non quemadmodum colas, aut quid precere*; sive interest omnino utrum verum Deum, an fictitios deos colas, et in hoc religio a superstitione distinguitur, non vero quomodo, hoc est, an semel, vel sæpius, an per unam horam, aut totos dies preceris; id enim ad discernendam a religione superstitionem nihil facit.

At Lescaloperius, ubi citatum Ciceronis librum suis expositionibus illustrare conatur, multa in hac Lactantii animadversione esse contendit, quæ justam nequeant vitare reprehensionem. Primum itaque in eo Lactantium arguit, quod neget superstitionem et religionem in diis colendis versari. Omnes quippe Theologi fatentur superstitionem non eo tantum a religione distingui, quod aliquis falsum deum veneretur, sed quod verum etiam Deum nec debito, nec sicuti par est, modo colat. Quamobrem æquo animo ille ferre non potest hoc Lactantii effatum : *Quid colas interest, non quemadmodum colas.* Deus quippe verus falso indignoque cultu potest coli et honorari.

Sed quemadmodum hæc Lactantii pace dixit Lescaloperius, ita et nobis Lescaloperii pace dicere liceat Lactantii mentem ipsi fortassis non fuisse satis perspectam. Eximius siquidem ille vir idcirco refellit Ciceronem, quia superstitiosos eos esse appellatos volebat, qui totis diebus precabantur deos, et eis immolabant, ut filii sui sibi essent superstites. Atqui ab ethnicis non ideo præcise dicti sunt superstitiosi, quod pro liberorum suorum salute suos precarentur deos, sed quod per totos dies eis supplicarent immolarentque. Lactantius itaque recte asserit non in longiori aut breviori hac precatione situm esse superstitionis et religionis discrimen.

Contra vero Lescaloperius objicit hanc non esse Ciceronis mentem, qui vulgarem tantummodo profert nominis *superstitiosi* etymologiam, et omnium judicio expendendam permittit. Verum quid hoc facit contra Lactantii argumentationem? Nonne ipsamet retulit Ciceronis verba, quibus illud explicat et interpretatur, quod a philosophis et majoribus fuerat traditum? At certe cum id Cicero non rejiciat, nonne probare videtur, nec relinquere in definitum ac suspensum?

Instat Lescaloperius : Quod semel facere optimum est, sæpius facere, uti variis exemplis patet, non est semper optimum. Sed frustra hæc objicit. Nam de iis solis agitur, qui deos precabantur. At quis negaverit, si semel eos precari optimum sit, illos quoque sæpius precari esse optimum?

Porro autem quemadmodum nimia Lescaloperii in Ciceronem, quem illustrat, propensio, illum magis fortasse, quam æquum erat, Lactantio infensum reddidit : ita ubi de Cicerone amplius non agitur, eidem Lactantio æquior est. Nam ingenue fatetur non improbandas, quas ille et alii utriusque nominis et religionis et superstitionis etymologias attulerunt. Recte quidem. Primam siquidem Lactantius confirmat, his Lucretii versibus, quorum ultima tantum verba transcripsit :

Primum quod magnis doceo de rebus, et arctis,
Relligionum animum * nodis exsolvere pergo.
(*Lucret.*, lib. 1, *long. ante fin.*)

Suffragatur Servius in hæc Virgilii carmina :

Jam tum relligio pavidos terrebat agrestes
Dira loci.
(*Virg.*, lib. viii Æneid. v. 349.)

Ibi siquidem hæc explicationis causa subjecit : *Religio, id est, metus, ab eo quod mentem religat dicta religio.* Augustinus quoque : « Ad unum, inquit, Deum

* Al. *animos.*

tendentes, et ei uni religantes animas nostras, unde religio dicta creditur, omni superstitione careamus. » (*August. lib. de vera relig. cap.* 55.)

Scimus quidem ab eodem Augustino datam a Cicerone hujus nominis etymon alibi non improbari, aliosque preferri ab laudato Servio, Festo, Macrobio, et A. Gellio (*Gell. lib.* v, *Noct. Att. cap.* 9) ejusdem religionis et religiosi etymologias. Sed nobis sufficit ostendisse Lactantium plures habuisse opinionis suæ fautores et patronos. Unum his adjicere liceat, a Betuleio observatum, religionis nomen plurali numero in malam partem a Lactantio usurpari (*Lactant. lib.* III *Inst. cap.* 9 et *cap.* 30; et *lib.* IV *cap.* 3). At quemadmodum fatendum est illud ita passim et fere ubique ab eo accipi; ita etiam singulari numero nomen illud eodem aliquando adhibetur significatu.

Quod vero ad nomen *superstitionis* spectat, illud quidem Lactantius a voce *superstes* ortum Ciceroni facile concedit : sed ab eo dissentit, quod id de filiis, quos parentes sibi esse superstites optant, intelligendum non arbitretur. Vult itaque illud intelligi de superstite defunctorum memoria, aut mortuorum imagine parentum, quos ethnici novo ritu tamquam deos colebant. Et id quidem ille probat hoc Virgilii carmine (lib. vIII, Æneid. v. 188).

Vana superstitio veterumque ignara deorum.

Quod in carmen hæc adnotavit Servius : « Duo dicit : Non ideo Herculem colimus, aut quia omnem religionem veram putamus, aut quia deos ignoramus antiquos. Cautum enim fuerat et apud Athenienses, et apud Romanos, ne quis novas introduceret religiones...... Ergo ideo vana, quia superstitio ignara deorum, » novos haud dubie deos contra reipublicæ statuta inducendo. Legem autem illam Cicero (*Cic. lib.* II *de legib.*) his verbis retulit : « Separatim nemo habessit deos, neve novos, sed ne advenas, nisi publice adscitos, privatim colunto. » Nam *antiquos*, uti ait Auctor noster (*Lactant. lib.* IV. *cap.* 28.) *et publicos deos, qui colerent, religiosos nominabant.* Sed de his satis, et qui plura desiderabit, is Vossii etymologicon adeat.

At certe nemo diffitebitur veram procul dubio esse hanc dictis deductam a Lactantio conclusionem. « Superstitiosi ergo, qui multos ac falsos deos colunt : nos autem religiosi, qui uni et vero Deo supplicamus. » Quo autem modo et ritu verus Deus sit colendus, ibi quidem non edisseruit, quia id non conducebat ad propositum suum. At illud fuse in libro sexto et alibi explicat, uti ex sequentibus manifestum omnibus fiet.

ARTICULUS II.

Quæ sit vera religio, et quam inseparabili nexu cum justitia ac sapientia conjuncta sit.

Quæ in superiore articulo disputata sunt, ea aperte demonstrant religionem a Lactantio in hoc constitui, quod veri Dei cognitio et cultus sit : Sed necesse est ut ille cultus sit verus, pius, justus, sanctus ac qualis Deo vero, ac summo omnium parenti, debetur. « In Dei autem agnitione (inquit) et cultu, rerum summa versatur : in hoc spes omnis et salus hominis, hic sapientiæ gradus primus; ut sciamus quis sit nobis verus pater; eumque solum pietate debita prosequamur, huic pareamus, huic devotissime serviamus, et in eo promerendo actus omnis, et cura, et opera collocetur. » (*Lib.* VI *Inst. cap.* 9.) Quid, quæso, præclarius et luculentius de cultu Dei, veraque religione dici poterat? Nonne evidentissime definit quis qualisque sit et verus Dei cultus, et ipsa vera religio? At prius nec minus recte dixerat : « Hæc est religio cœlestis, non quæ constat ex rebus corruptis, sed quæ virtutibus animi, qui oritur e cœlo. Hic verus est cultus, in quo mens colentis se ipsam Deo immaculatam sistit. ». (*Ibid. cap.* 2.) Visne eum eadem adhuc dicentem rursus audire? Ecce alia totidem ejus verba : « Quisquis omnibus præceptis cœlestibus obtemperaverit, hic cultor est veri » (sive ut recte in regio antiquissimo codice legitur *verus*) *Dei, cujus sacrificia sunt mansuetudo animi, et vita innocens, et actus boni.* (*Ibid. cap.* 24.) Pura hanc in rem congeri possent, sed ea ad eum reservanda sunt locum, ubi de sacrificio agemus.

Mirum itaque nemini videri debet, si Lactantius hanc religionem, sive unius summique Dei cognitionem, et cultum debitum, ab justitia et vera sapientia separari non posse constanter asseveret. Sed illud tametsi satis clarum et apertum, variis probat rationum momentis, ac primo quidem ipsius justitiæ definitione : *Justitia* inquiebat ille, **nihil aliud est quam Dei unici pia et religiosa cultura** (*Ibid. lib.* V, *cap.* 7), id est, ipsamet est vera religio. Recte igitur utramque sibi ita cohærere asseverat; ut una pelli non possit, quin continuo altera tollatur. Unde rursus ait : « Expulsio justitiæ, nihil aliud, ut dixi, quam desertio divinæ religionis putanda est (*Ibid. cap.* 6). Sed jam illud probaverat diversis poetarum, philosophis antiquiorum, testimoniis (*Lib.* V *Instit.*, *cap.* 5 et 6 *et seq.*). Sæpius enim cecinerunt justitiam ad Jovis usque tempora, ac tamdiu permansisse quamdiu religio, sive veri Dei cultus, stetit et perseveravit. Post hæc vero ubi hic cultus, hæcque religio, introducto falsorum deorum cultu, extincta fuere, tum etiam justitia sublata est, et omnia deinde mala inundaverunt. Plane autem ille ostendit istud non pro fictione poetica, sed pro vero habendum. Quapropter Ciceronem castigat, qui justitiam ex terris in cœleste Jovis regnum avolasse, hoc versu probare contendit :

Et Jovis in regno, cœlique in parte resedit.
(*Cicer. in fragm.*)

Justitia enimvero non poterat in illius regno residere, qui expulsum regno patrem, bello persecutus est, et exulem toto orbe jactavit.

Fugata vero, inquit Lactantius (*Lib.* V *Inst.*, *cap.* 7), eadem justitia cum comite sua individua religione, ac pio veroque Dei cultu, in terras a Christo reducta est. Quamobrem ethnicos asperius objurgat (*Ibid. cap.* 8), qui in scriptis suis eam tum adhuc a mundo exulare conquerebantur, et de cœlo cadere optabant. Ante ipsorum quippe oculos erat, poterantque facile falso deorum cultu et malitia depositis, illam suscipere, modo verum Deum colere cœpissent.

Nec valde mirandum, si illi, qui verum Deum non noverant, justitiam quoque non agnoscerent : « Qui enim Deum ignorat, inquit, et ipsam justitiam ignoret, necesse est. » (*Ibid. lib.* VI, *cap.* 9.) Cujus hanc reddit rationem, quia jus civile ab hominibus constitutum, pro eorum moribus variatur; justitia autem uniformis et simplex a Deo tantum proponi potest. Ea igitur agnita, Deus illius auctor debet agnosci. Ubi vero agnoscitur, verus et debitus cultus ei exhibendus est.

Veri porro Dei ignoratio eo minus hominibus condonanda erat, quo potiori jure et veteres philosophi, et ipse Cicero hominem ad justitiam revera natum esse fatebantur. Quod quidem auctor noster his ostendit ejusdem latini Oratoris verbis : « Sed omnium, quæ in hominum doctorum disputatione versantur, nihil est profecto præstabilius, quam plane intelligi nos ad justitiam esse natos. » (*Cicer. lib.* I *de legib.*) Totidem autem sunt hæc verba Ciceronis, ex primo illius de legibus libro transcripta. At illa ipsa auctor noster alio adhuc in libro refert (*Lib. de Ira Dei, c.* 14), atque ex iis confirmat *religionis ac justitiæ causa hominem esse generatum*. Quam porro id verum sit, inde luculenter conficit, quia homo a Deo creatus est statura corporis erecta, mente, ratione, ac loquendi, cæterisque rebus dominandi facultate præditus, ut illum creatorem suum agnoscat, contempletur, colat, diligat, ac majestatem ejus prædicet, eique subjectus sit. Vides itaque quam recte Lactantius ex his omnibus concludat : « Nulla igitur alia religio est vera, nisi quæ virtute ac justitia constat. » (*Lib.* VI *Inst. cap.* 25.) Atque idcirco hæc a vera religione non potest umquam divelli. Nam religioni, sicut ille alibi asserit (*Lib. de Ira Dei, cap.* 7), propria est justitia, cui et Dei cultus adscribitur.

Non minus autem persuasum habuit sapientiam eodem plane modo ac justitiam cum religione conjungi; ita ut ab illa numquam distrahi possit. Ab ipso siquidem Institutionum divinarum exordio docet impias gentilium superstitiones maximosque errores inde manasse, quod nec se ipsos, nec quo vita referenda, aut quomodo degenda sit, cognoverint. At hujus, inquit, « scientiæ summam breviter circumscribo: ut neque religio ulla sine sapientia suscipienda sit, nec ulla, sine religione, probanda sapientia. » (*Lib.* I *Inst. cap.* 1.) Una etenim si ab altera separetur, neque vera erit amplius religio, neque sapientia. Sed audias velim eum (*Ibid., lib.* III, *cap.* 11), id clarissime explicantem. « Naturam hominis, inquit, hanc Deus esse voluit, ut duarum rerum cupidus et appetens esset, religionis et sapientiæ : Sed homines ideo falluntur, quod aut religionem suscipiant, omissa sapientia, aut sapientiæ soli studeant, omissa religione; cum alterum sine altero esse non possit verum. Cadunt ergo ad multiplices religiones, sed ideo falsas, quia sapientiam reliquerunt, quæ illos docere poterat deos multos esse non posse : aut student sapientiæ, sed ideo falsæ; quia religionem summi Dei omiserunt, qui eos ad veri scientiam potuit erudire. Sic homines qui alterutrum suscipiunt, viam deviam, maximisque erroribus plenam sequuntur; quoniam in his duobus inseparabiliter connexis et officium hominis, et veritas omnis inclusa est. » Quibus vero rationum momentis fultus, hanc doctrinam propugnet, si scire aveas, hanc primum adducemus, quam ille his expressam verbis tradidit: *Omnis sapientia hominis in hoc uno est; ut Deum cognoscat et colat. Hoc nostrum dogma, hæc sententia est* (*Lib.* III, *cap.* 30). Atqui religio, uti ille docet, nihil aliud est, quam Dei veri et summi cognitio, et cultus. Ergo secundum ejus sententiam vera sapientia et religio unum idemque sunt, nec possunt a se invicem secerni. Nam « idem, » inquit (*Ibid. lib.* IV, *cap.* 4), « Deus est, qui et intelligi debet, quod est sapientiæ; et honorari, quod est religionis. » Sed illud hac rursus argumentatione confirmat (*Ibid., cap.* 3) : « In colendo sapere debemus, id est, scire quid nobis et quomodo sit colendum. In sapiendo colere, id est, re et actu quod scierimus implere. » Sapientia igitur et religio nexu inseparabili cohærent. Quando autem sic conjunguntur, unus colitur Deus, vita nostra, et actus omnis ad unum caput, ad unamque summam referuntur.

Præterea : « Sapere, » inquit (*ibid.*), « nihil est aliud nisi Deum verum justis ac piis cultibus honorare. » Atqui hoc ipsum religio vera est, quæ sic Deum honorat : « Ergo et in sapientia religio, et in religione sapientia est. »

Quid insuper, quod Deus, ut auctor noster recte ait (*Ibid., cap.* 4), intelligi ac cognosci debet? At id ipsamet est sapientia. Ubi vero cognoscitur, eo ipso debet honorari. Hoc autem est religionis officium (*Ibid., lib.* VII, *cap.* 9). Ergo utraque sapientia et religio non possunt a se invicem umquam separari. Fatetur quidem præire sapientiam, et religionem subsequi. Prius enimvero est scire Deum, ac postea illum honorare. Sed duo sunt sicut rivuli ex eodem fonte manantes, atque ura vis est in duobus nominibus, quorum uno sensus, altero actus significantur.

Cur ergo, inquies, ille dixit : « Sapientia spectat ad filios, quæ exigit amorem; religio ad servos; quæ exigit timorem? » Nonne his verbis indicat aliquod profecto inter utramque intercedere discrimen, quo revera sejunguntur? Minime quidem. Nam ibidem eas inter se esse conjunctas concludit. Prius autem demonstraverat unum dumtaxat esse posse Deum, qui idem omnium sit pater et dominus, atque ideo unusquisque nostrum et filius et servus illius est. Quia ergo pater noster est, eum diligere et honorare; quia dominus, colere et vereri debemus. Sapientia vero Deus cognoscitur, religione colitur, et utraque etiam amatur tamquam Deus, et timetur tamquam Dominus. Sicut ergo hi actus, ita religio et sapientia arctissimo vinculo connectuntur.

Instabit aliquis : Nonne Lactantius inde suam de vera Dei ira opinionem stabilire conatur, quia sicut religio numquam potest esse sine metu, ita nec Deus sine ira? « Metus » vero, ait ille (*Lib. de Ira Dei, cap.* 8 *et cap.* 11), « non est, ubi nullus irascitur. » Et postea, « religio esse non potest, ubi metus nullus est. » Quis autem dixerit idem esse Deum timere iratum, et eum filii amore prosequi? Sed quis nescit patrem a filio suo amari simul et timeri? Metus itaque neque amori contrarius est, neque illum semper excludit. Præterea quamvis filialis Dei, ut aiunt Theologi nostri, et servilis timor plane diversi essent, quid vetat quominus uterque religione comprehendatur? Nonne eadem religione homo Dei filius et servus illum ut patrem colit, et timet ut Dominum? Sed quæ Lactantii de ira Dei opinio, et utrum ea vera sit, postea suo loco expendemus.

ARTICULUS III.

Religionem non metus causa introductam, sed a Deo institutam, et insitam homini, qui idcirco corpus habet erectum, vocaturque græce ἄνθρωπος, ac religione potissimum a belluis distinguitur, hisque contraria Epicuri argumenta solvuntur.

Tametsi Lactantius, sicuti mox vidimus, dixerit religionem nullam esse ubi nullus metus est; diserte nihilominus asseverat eos tota via aberrare, qui putabant religionem, metus terrorisque causa, a sapientibus, fuisse institutam; quo imperitos homines facilius a peccatis deterrerent. Ipsa autem sunt hæc illius verba, quibus impium eorum errorem hac infamiæ nota condemnat : « Falsa est et illa sententia, qua putant terroris ac metus gratia religionem a sapientibus institutam, quo se homines imperiti a peccatis abstinerent. » Quapropter absurdam hanc opinionem funditus evertit; quia philosophorum omnium sapientissimi, ac maximarum inter eos sectarum principes constanter docuerunt mundum ab omnipotente Deo creatum esse, ejusque providentia gubernari. Deus ergo hominum sicut et mundi creator, ab iis agnoscendus et colendus est. At in hac Dei agnitione illiusque cultu tota, uti diximus, religio constituitur. Non ergo ab ullo homine mortali introducta, sed *cum ipso*, uti recte auctor noster ait, *ingenita* est (*Ibid., cap.* 14). Omnes enim fateri coguntur huic Deo, ut pote mundi hominisque creatori ac rectori, maximum deberi honorem summamque venerationem. Et vero mundum propter hominem, quemadmodum hominem creavit propter seipsum, ut ab illo videlicet cognoscatur, ac colatur (*Lib.* VII *Inst. cap.* 6). Atqui vera religio, ut diximus, nihil est aliud, quam veri Dei notitia et cultus. Ergo religio non insulsi alicujus timoris incutiendi, sed honorandi Dei causa ab illo ipso constituta est.

Sed hæc auctor noster non uno tantum in loco, sed sæpius confirmat, repetit, et inculcat. Præter citatum etenim locum alibi scripsit : « Hac conditione gignimur; ut generanti nos Deo justa et debita obsequia præbeamus, hunc solum noverimus, hunc sequamur. Hoc vinculo pietatis obstricti, Deo religati sumus, unde ipsa religio nomen accepit. » (*Lib.* IV, *cap.* 28.) Ab ipso itaque ortu nostro alligati Deo sumus religione; qua eum noscamus, colamus, sequamur, ejusque voluntati, et jussis obtemperemus.

Huc accedit, quod non solum mens ipsi homini a Deo insita est, ut illum agnoscat et veneretur : sed recta etiam corporis ejus statura, ab ipsomet Deo formata, hujusce officii ille semper admonetur. Nec semel adhuc id auctor noster, sed sæpe sæpius variis suis in libris asserit, ipsorumque gentilium testimonio corroborat. In secundo quippe divinarum Institutionum libro, cap. 1 : « Cum cæteræ, » inquit, « animantes pronis corporibus in humum spectent, Deus hominem, ex humo sublevatum, ad contemplationem sui artificis erexit. » Quod quidem ille decantatum fuisse ostendit his ingeniosi, uti ait, poetæ, id est, Ovidii versibus, quos hunc citavit in modum :

Pronaque cum spectent animalia cætera terram,
Os homini sublime dedit, cœlumque videre
Jussit, et erectos ad sydera tollere vultus.
(*Ovid.*, *lib.* I *Metamor.*, *v.* 80 *et seq.*)

Apud Ovidium tamen pro *videre*, legitur *tueri*. Addit Lactantius hominem a Græcis ἄνθρωπον vocari, quod sursum spectet. Vox enim illa græca, ut quibusdam videtur, originem duxit ab ἄνω ῥέπων, *sursum vergens*, sive ut aliis placet, παρὰ τὸ ἄνω ἀθρεῖν, a *sursum adspiciendo*, vel juxta magni etymologici auctorem ab ἄνω θρεῖν, hoc est, sursum spectare. Quod Lactantii nostri opinioni magis consentaneum est.

Quamobrem ipse alibi sic argumentatur : « Qui religionem non suscipiunt, terreni sunt; quia religio de cœlo est... Nihil igitur prodest homini ita esse fictum, ut recto corpore spectet cœlum, nisi erecta mente Deum cernat, et cogitatio ejus in spe vitæ perpetuæ tota versetur. » (*Lib.* III *Inst. c.* 27.) Vide ergo an id paucioribus verbis significet, ubi hominem hortatur, ut *sacramentum nativitatis suæ norit*, id est, erectam corporis sui staturam, qua ad terram descipiendam, cœlumque ac Deum conspiciendum, tamquam symbolo et sacramento figuræ suæ commonetur. Si id tamen tibi probari velis, alia ipsius proferemus verba, quibus diserte pronuntiat, solum ex omnibus hominem esse animal. « Cujus corpus, » inquit, « ab humo excitatum, vultus sublimis, status erectus originem suam quærit, et quasi contempta humilitate terræ, ad altum nititur... memorque conditionis suæ, qua Deus illum fecit eximium, ad artificem suum spectat. Quam spectationem Trismegistus θεωρίαν rectissime nominavit, quæ in mutis animalibus nulla est (*Ibid. lib.* VII, *cap.* 9). Nonne autem his verbis, *memor conditionis*, seu creationis suæ, qua Deus corpus ejus rectum fecit, ut ad artificem suum spectet, satis aperte declarat, quid *nativitatis ejus sacramento* intelligi voluerit ?

Finem dicendi profecto non faceremus, si omnia ejus loca, quibus id docuit, et stabilivit, integra transcriberemus. Præcipua itaque, quæ in aliis libris occurrunt, notasse sufficiat.

Tam sanæ rectæque doctrinæ, tamque naturæ hominis convenienti, quis repugare umquam ausus est, nisi aliquis atheus homo, aut Epicurcus philosophus, qui Deum verbo tenus confessus est, atque omnem prorsus religionem sustulit? Hic autem, ut ait auctor noster, objiciebat : « Quid ergo Deo cultus hominis, » hoc est ipsa religio, « confert beato, et nulla re indigenti? » (*Lib.* IV *Inst. cap.* 5.) Tametsi vero ibi neminem, qui hæc dixerit, nomine suo appellet, obscurum nihilominus non est hunc esse Lucretium, cujus carmina, quibus id stulte cecinerat, paulo ante citavit.

Quid enim immortalibus atque beatis
Gratia nostra queat largirier emolumenti.
(*Lucr.*, *lib.* v, *v.* 165 *et seq.*)

Et prius :

Præntereaque
Ad laudabile opus divum laudare decere.

Sed satis huic ineptæ objectationi se respondisse Lactantius noster declarat, cum toties dixit hominem a Deo creatum, ut illum ejusque opera contempletur, intelligat, miretur, prædicet, ac debita veneratione prosequatur. At demonstraverat insuper hanc non modo suam, sed ipsorummet gentilium esse sententiam. Plures autem si non citavit, ea proculdubio ratio est, quia id omnes, his dumtaxat, quos notavimus, exceptis, pro vero, certo, et confesso habebant. Præsto quippe illi erat laudare Ciceronem, quem tacito forsitan nomine, sequitur dicentem : « Deus homines primum humi excitatos, celsos, et rectos constituit, ut deorum cognitionem, cœlum intuentes, capere possent. Sunt enim e terra homines, non ut incolæ atque habitatores, sed quasi spectatores superarum rerum atque cœlestium, quarum spectaculum ad nullum aliud genus animantium pertinet. » (*Cic.*, *lib.* II *de Natur. deor.*) Eadem vero ille in Tusculanis quæstionibus et alibi litteris mandaverat (*Cic.*, *lib.* I *Tuscul.*).

At porro ibi non stetit Lactantius, aliaque argumentandi ratione ostendit homini ingenitam innatamque esse religionem. In ea quippe putat vel solum, vel præcipuum, et maximum situm esse hominis pecudisque discrimen. « Hominem, inquit, atque mutorum, vel solum, vel certe maximum in religione discrimen est. » (*Lib.* II *Inst. cap.* 5.) Alibi vero : « Nullum est aliud animal, quod habeat notitiam aliquam Dei, religioque est pene sola, quæ hominem discernat a brutis. » (*Ibid.*, *lib* VII, *cap.* 9.)

Opinionem porro suam cum Ciceronis auctoritate, tum etiam ratione propugnare et firmare conatur. Et Ciceronem quidem loco proxime citato laudavit. At alia ipsius verba prius hunc retulerat in modum : « Qua de re Ciceronis vera est sententia : Ex tot, inquit, generibus nullum est animal præter hominem, quod habeat notitiam aliquam Dei, ipsisque in hominibus nulla gens est, neque tam immansueta, neque tam fera, quæ non, etiamsi ignoret qualem Deum habere deceat, tamen habendum sciat. Ex quo efficitur ut is agnoscat Deum, qui, unde ortus sit, quasi recordetur. » (*Lib.* III *Inst.*, *cap.* 10.) Hæc autem transcripta sunt ex primo illius de Legibus libro, ad quem rursus Lactantius nos alibi mittit, ibique addidit : « Solus enim sapientia instructus est, ut religionem solus intelligat. Et hæc est hominis atque mutorum vel præcipua vel sola distantia. » (*Lib. de Ira Dei, cap.* 7.)

Sed audi, quæso, qua ratione id probaverit : Omnia, inquit (*Lib.* III *Inst., cap.* 10 *et lib. de Ira Dei, cap.* 7), præter religionem, quæ videntur propria esse homini, cum animantibus cæteris aut communia, aut certe plane similia apparent. Si proprius etenim homini sermo dicitur, muta etiam animalia vocibus sese invicem cognoscunt, interioremque patefaciunt habitum. Quædam igitur in illis est sermonis similitudo. Si homini lætitia elata peculiaris videatur risus, in animalium auribus, oculis, rictu, serenaque fronte signa lætitiæ deprehenduntur. Si nihil homini magis proprium sit, quam ratio, et futuri providentia ; in animalibus etiam inest quædam intelligentiæ et cogitationis species, qua in latibulis suis varios exitus pandunt ; ut obsessis, et pericula imminente, saluti suæ fuga consulant. Formicæ vero et apes, uti Lactantius Virgilii versibus probat, æstate colligunt, quæ victui suo hyemis tempore necessaria fore prævident.

Missa porro facit plurima in singulis animalium generibus exempla, quæ humanæ solertiæ simillima sunt. Quæ enim retulerat, hæc prorsus sufficere putavit ; ut ex illis hanc eliceret conclusionem : « Quod si horum omnium, quæ adscribi homini solent, in mutis quoque deprehenditur similitudo, apparet solam esse religionem, cujus in mutis nec vestigium aliquod, nec ulla suspicio inveniri potest. » (*Lib. de Ira Dei, cap.* 7.)

At Isæus suis in Lactantium notis observat illum, cum libris Institutionum conficiendis operam daret, existimasse hominem a brutis sola religione distingui, quia tunc Pythagoræ, Platonis, aliorumque quorumdam sequebatur opinionem, qui brutis inesse rationem arbitrabantur. Verum postea cum librum *de Ira Dei* edidit, ab hoc errore tunc eum resipuisse existimat. Et re quidem vera in prioribus libris ita locutus est : « Equidem sic arbitror universis animantibus esse datam rationem, sed mutis tantummodo ad vitam tuendam, homini autem ad propagandam. Et quia in homine ipsa ratio perfecta est, sapientia nominatur, quæ in hoc eximium facit hominem, quod soli datum est intelligere divina. » (*Lib.* II *Inst., cap.* 10.) In libro autem *de Ira Dei*, videtur mutis animantibus solam eorum omnium, quæ rationis et solertiæ humanæ sunt, tribuere similitudinem.

Veruntamen veremur, ne Isæi plane penitusque explorata non fuerit auctoris nostri sententia. Nam in libro secundo et septimo Institutionum, a nobis paulo ante citato, aperte declarat hominem a mutis animantibus sola religione vel ea potissimum discrepare ; quia homo perfectæ rationis compos illam habere potest, minime vero bruta animantia, quæ imperfecta tantum ratione potiri possunt. Non alia itaque videtur fuisse mens ejus et opinio, nisi in brutis esse rationem aliquam imperfectam, aut potius rationis tantum similitudinem et speciem, quæ illis ad vitam dumtaxat tuendam data est. Itaque cum religio sola sit, cujus nullum plane, ne minimum quidem in brutis sit vestigium, inde Lactantius intulit eam esse, qua homo clarius et evidentius ab illis distinguitur. Quoquo autem modo res se habeat, si ille erravit, erroremque correxit, laudari certe debet ingenui veracisque hominis modestia, ac sincerus tuendæ veritatis amor, summumque studium.

Hominibus porro cum sic ingenita fuerit religio, et illius, sicuti sapientiæ, naturaliter cupidi, atque, ut ait Lactantius (*Lib.* I.I *Inst., cap.* 10), appetentes sint, quid mirum si inde concludat ab iis, qui eam tollunt, hominem suo proprio singularique bono orbari. « Qui ergo philosophi, » inquit, « volunt animos omni metu liberare, tollunt etiam religionem, et orbant hominem suo proprio ac singulari bono. » (*Ibid., cap.* 10.) Epicurum autem his verbis perstrinxit, de quo alibi dixit : *Dissolvitur omnis religio, si credamus Epicuro dicenti* (*Lib.* II, *v.* 56 *et seq.*).

Omnis enim per se divum natura necesse est
Immortali ævo summa cum pace fruatur,
Semota a nostris rebus, etc.

Vides sane ibi ab illo Epicuri nomine citari Lucretii carmina. Monitos etenim alibi nos fecerat (*Lact., lib. de Opific., cap.* 6), Epicuri *esse omnia, quæ delirat Lucretius*. Impium vero hunc errorem eidem nominatim Epicuro Tullius adscripsit. Præterea hic ipse orator ethnicus (*Cicer., lib.* II *de Natur. deor.*) cuidam ejusdem Epicuri discipulo objicienti : « At etiam de sanctitate, de pietate libros scripsit Epicurus, » respondet : « At quomodo in his loquitur ? Coruncanum, aut Scævolam, pontifices maximos, te audire dicas, non eum, qui sustulerit omnem funditus religionem ; nec manibus, ut Xerxes, sed rationibus deorum templa et aras everterit. Quid est enim, cur deos ab hominibus colendos dicas, cum dii non modo homines non colant, sed omnino nihil curent, nihil agant ? » Quod paulo post aliis verbis repetit, ac postea addidit hoc Epicuri de sanctitate libro, quem invidiæ detestandæ gratia composuerat, nos ludi « ab homine non tam faceto, quam ad scribendi licentiam libero, » et qui « re tollit, oratione relinquit deos. » Et hoc quidem ab illo jam antea dictum fuerat.

Lactantius vero, qui hunc absurdissimum errorem, ab aliis omnibus explosum, acrius adhuc insectatur, et radicitus evellit, ex hactenus disputatis duplicem elicit conclusionem ; primo, non metus causa esse institutam religionem ; utpote quæ hominum animis naturaliter insita est, ac Deus voluit eorum naturam illius esse cupidam et appetentem : secundo, serviendum eidem religioni, quam totius humani generis consensu constat esse suscipiendam. Verum quia plures religiones in mundum invaserant, videndum est quam Lactantius existimet esse veram, quamque ab omnibus deligi et suscipi necesse est.

CAPUT SECUNDUM.

Expenduntur argumenta, quibus Lactantius solam religionem christianam veram esse demonstrat.

ARTICULUS PRIMUS.

Examinantur Lactantii argumenta quibus christianam religionem veram esse demonstrat ex sacrorum nostro-

rum vatum oraculis, quibus prœdixerunt fore ut Christus, Dei Filius, homo fieret, et ex virgine nasceretur.

Cum omnes omnino homines tanta, sicuti dictum est, necessitate religionem suscipere et amplecti teneantur; constat profecto ab eis nullam aliam esse suscipiendam, nisi quæ vera sit, et Deum summum vero et debito cultu honoret ac veneretur. Atqui Lactantius hanc solam christianam esse religionem variis, iisque invictissimis, rationum momentis demonstrat (*Lact.*, lib. IV *Inst.*, cap. 23, 24, 25). Primum autem inde petit, quod Christus a Deo Patre legatus et nuntius missus est; ut justitiam, quæ nulla amplius erat in terris, restitueret, ac vero pioque Dei cultu per omnem terram verbis et exemplis disseminato, novum ædificaret templum, seu veram religionem fundaret, doceret, et stabiliret. Ut autem eam institueret ac docendi munere fungeretur, voluit Deus illum in terram, sicuti decreverat, descendere, et humana carne indui.

Sed quoniam ab ethnicis, aliisque negari poterat illum revera a Deo fuisse missum, et veram sancivisse religionem, id Lactantius luculentissime probat (*Ibid.*, lib. IV, cap. 10) sacrorum auctoritate vatum, qui jam a pluribus, antequam natus fuisset, sæculis prædixerant fore ut ille aliquando Filius Dei humanum corpus ex virgine acciperet, ex Davidis familia nasceretur, miracula faceret, per totam terram promulgaret veri Dei cultum, affixus cruci moreretur, ac demum tertia die a morte rediret ad vitam. Non potuerunt autem hæc omnia a sacris illis vatibus eodem, quo acta sunt, modo sic prænuntiari, nisi divino Spiritu afflati fuerint. At nemo sanæ mentis homo inficias umquam ire poterit his divinis oraculis, quæ effectum suum sortita sunt, certo et evidenter demonstrari et Christum a Deo revera fuisse missum, et fundatæ ab illo christianæ religionis veritatem.

Quapropter Lactantius primo quidem ostendit hos prophetas multa ante sæcula vaticinatos esse Christum Filium Dei ex virgine nasciturum. Dicendi vero initium ab hisce sumpsit Salomonis verbis (*Ibid.*, lib. IV, cap. 12): *Salomon sic ait* (ms. codex regius antiquissimus, et editio Betuleii : *Salomon in ode undevicesima ita dicit* : alter ms. codex regius, priore paulo recentior, et alii nonnulli ; « *Salomon in psalmo undevicesimo ita dicit*) : Infirmatus est uterus virginis, et accepit fœtum, et gravata est in multa miseratione mater et virgo. » Sed plures jam annotarunt hunc locum in sacris nostris Bibliis non reperiri. Suspicatur autem Betuleius illud esse unum ex quinque millibus carminibus, quæ auctor libri tertii Regum ab eodem Salomone edita fuisse sic testificatur : *Et fuerunt carmina ejus quinque et mille* (*Lib.* III *Reg.*, cap. IV, v. 32).

Gallæus vero putat Lactantium citasse verba, quæ ab aliis audita, ipse non legerat, sed nugas ille vendit pro conjecturis. Quo enim argumento id probare contendat, audias velim. Patres, inquit, sæpe loca citant, quæ frustra in sacrorum Bibliorum libris quæ-sieris. Numquid ergo non lecta, sed ab aliis tantum audita Lactantius retulit? Quis umquam ita argumentatus est?

At Isæus hunc locum adducit in falsi suspicionem. Non arbitratur enim in ullo canonicorum Scripturæ librorum hæc fuisse scripta; quandoquidem beata Virgo nullum ex Christi Domini conceptu et partu dolorem sensit. Verum vox *infirmatus*, videtur ibi in bonam partem a Lactantio accipi, non vero in hanc malam, qua significare voluerit debilitatum fuisse Virginis uterum, ita ut aliquo affecta fuerit dolore. Nam his verbis Salomon, sive quivis eorum scriptor, declarat eam divino Spiritu, sine ullo viri attactu concepisse, et in multa miseratione matrem factam, et permansisse virginem. Nonne autem tanto tamque inaudito miraculo solitus mulierum parientium dolor exclusus est? Sed quamvis illud bono sensu explicari posset, non deerunt tamen qui hæc verba a Lactantio non ex genuino Salomonis libro, sed alio quodam apocrypho desumpta fuisse opinentur. Qui enim, inquient, fieri potuit ut tam clara et evidens illibatæ virginitatis Mariæ vaticinatio ab Irenæo, Epiphanio, Hieronymo, et aliis prætermissa fuerit, qui totis ingenii viribus virginitatem illius adversus hæreticos, eam negantes, propugnandam susceperunt?

Omnibus itaque notiora sunt hæc, quæ Lactantius adhuc citat (*Lactant.*, lib. II *Inst.* cap. 12) Isaiæ verba : *Ecce Virgo accipiet in uterum* (plures mss. *in utero*) *et pariet filium, et vocabitis nomen ejus Hemanuel* (*Isaiæ*, cap. VII, 14). Ita etiam Cyprianus (*Cyprian.*, lib. I adv. *Judæos*, § 9, *et Epist.* 9). Quanto autem clarius, uti ait auctor noster, tanto certius esse debet hoc prophetæ de Christo ex virgine nascituro testimonium. Nam illud christiani a Judæis, et suis, et Christi Domini infensissimis hostibus acceperant. Ab iis ergo quantumlibet obstinatis, et a cæteris omnibus hoc Isaiæ, sicut et alia omnia sacrorum prophetarum nostrorum testimonia, debebant utique, sicut infra ostendemus, pro veris ac plane divinis agnosci et recipi.

Neque objici poterat Christum non Emmanuelis, sed Jesus nomine vocatum. Emmanuel enim ab Isaia dictus est, ut hoc vocabulo Deum aliquando nobiscum futurum significaret. Atqui Christus ex virgine natus, nobiscum revera Deus fuit. Videtur autem Lactantius hæc delibasse ex Tertulliano qui adversus Judæos eodem Isaiæ oraculo dimicat (*Tertull.*, lib. adv. *Judæ.*, caput 9), et frivolam illorum responsionem sic refellit : « Itaque dicunt Judæi : Provocemus istam prædicationem Isaiæ, et faciamus comparationem, an Christo, qui jam venit, competat illi primo nomen, quod Isaias prædicavit... Equidem Isaias prædicat eum Emmanuelem vocari oportere... Porro, inquiunt, iste, qui venit, neque sub ejusmodi nomine est editus... At nos e contrario admonendos eos existimavimus, uti cohærentia quoque hujus capituli recognoscant. Subjuncta est enim et interpretatio Emmanuel, nobiscum Deus, uti non solum sonum nominis spectes, sed et sensum. Sonus enim

Hebraicus, quod est Emmanuel, suæ gentis est. Sensus autem ejus, quod est Deus nobiscum, ex interpretatione communi est. Quæro ergo an ista vox Nobiscum Deus, quod est Emmanuel, exinde quo Christus illuxit, agitetur in Christo? Et puto, ex toto non negabis. Nam qui ex judaismo credunt Christo, ex quo in eum credunt, Emmanuel cum volent dicere, nobiscum Deum esse significant. Atque ita constat jam venisse illum, qui prædicabatur Emmanuel; quia quod significat Emmanuel, venit, id est, nobiscum Deus. » Locum hunc, etsi paulo longiorem, totum transcripsimus, quia inde clariora fiunt, quæ Lactantius noster brevius retulit. Plura adhuc Tertullianus ibidem adjecit, quæ quidem cum ad rem nostram non faciant, quamvis lectu dignissima, omittimus. At alio adhuc in libro (*Idem, lib.* III *adv. Marc, cap.* 12 *et* 13) eadem repetit, eosdemque castigat Judæos, qui hisce Isaiæ verbis non virginem, sed juvenculam concepturam significari perperam, nec sine mendacio prædicabant. Sed in priore Apparatus nostri tomo, ubi de Justini et Irenæi scriptis, hanc præposteram explicationem confutavimus. Videsis adhuc Eusebium (*Euseb. lib.* II *Dem. Evang.* § 39, *et lib.* III, § 2, *lib.* VII, § 3), Hieronymum, Huetium (*Huet. Demonstr. Evang. propos.* 9, *cap.* 9), et alios sacræ Scripturæ interpretes.

Tum deinde Lactantius ostendit prænuntiatum rursus fuisse futurum Christi adventum hoc Psalmistæ oraculo : *Veritas de terra orta est* (*Psalm.* LXXXIV, 12). Quod quidem hac ratione comprobat : « Quia Deus in quo veritas est, terrenum corpus accepit, ut terrenis viam salutis aperiret. » Irenæus vero (*Iren. lib* III *adv. hæres. cap.* 5) his ipsismet verbis non modo Christi ex virgine ortum, sed illius etiam a morte ad vitam reditum annuntiari arbitratus est : « David, » inquit, « eam, quæ est ex virgine, generationem ejus, et eam quæ est ex mortuis resurrectionem prophetans ait : Veritas de terra orta est. » At Hieronymus in quarto suorum in Isaiam commentariorum libro eadem Psalmistæ verba de humano Christi ortu sic interpretatur (*Hieronym. in Isai. cap.* XI, 1, *et seqq.*) : *Ipse factus est nobis a Deo sapientia, et justitia, et sanctificatio, et redemptio, qui in Evangelio loquitur. Ego sum lux, vita, et veritas; et de quo in psalmis dicitur : Veritas de terra orta est, et justitia de cœlo prospexit.* Rursum vero postea (*Ibid. in cap.* XLV *Isaiæ,* 1) : « Nubes pluant mundo justum, sive justitiam, terraque aperiatur, et germinet Salvatorem, de quo in psalmis canitur : Veritas de terra orta est, et justitia de cœlo prospexit; sive juxta LXX : Terra misericordiam et justitiam pariter germinavit; ut et peccatores misericordiam, et justi præmia consequantur. » Plura qui voluerit, adeat sacræ Scripturæ interpretes, ab eis discet veritatem a psalmographo annuntiatam esse Christum, qui dixit : *Ego sum via, et veritas, et vita* (*Joan. Evang. cap.* XIV, 6).

Redit autem Lactantius ad Isaiam, et ab illo adhuc alibi prædictum Christi adventum his probat illius verbis : *Ipsi autem non crediderunt..... Et ipse expugnavit, et recordatus est dierum sæculi, qui suscitavit de terra pastorem* (*Isai. cap.* LXIII, 10, 11). Apud LXXII seniores legitur : *Ipse pugnavit contra eos, et recordatus est dierum antiquorum, qui eduxit a mari,* ἐκ τῆς θαλάσσης, *pastorem ovium*. Ab utraque illa interpretatione discrepant hæc ultima Vulgatæ verba. *Recordatus dierum sæculi Moysi et populi sui. Ubi est, qui eduxit eos de mari cum pastoribus suis ?* At Lactantius, qui in sacro suo codice legerat *pastor*, hunc esse ait, de quo antea idem ipse Isaias dixerat : *Exsultent cœli desuper, et nubes induant justitiam, aperiatur terra, et pullulet Salvatorem. Ego enim Dominus Deus creavi eum* (*Ibid. cap.* XLV, 8). Septuaginta autem duo Interpretes : *Lætetur cœlum desuper, et nubes spargant justitiam : germinet terra, et proferat misericordiam, et justitiam germinet simul. Ego sum Dominus qui creavi.* Jam vero Hieronymum paulo ante audivimus hæc ex eadem versione citantem. In Vulgata autem : *Rorate cœli desuper, et nubes pluant Justum; aperiatur terra et germinet Salvatorem, et justitia oriatur simul. Ego Dominus creavi eum.* Varias porro horum sacri prophetæ verborum interpretationes retulimus, ut facilius quisque intelligat quam Lactantius noster secutus sit. Omnes autem passim antiqui Ecclesiæ Patres, et sacræ Scripturæ interpretes, illa Isaiæ verba de Christo homine facto, quemadmodum Lactantius noster, intelligenda esse existimant. Ab his itaque qui tanto numero, quanto consensu obviam nobis veniunt, hic appellandis, operæ prorsus inutilis esse duximus.

Eodem quoque consensu docent præmonstratum adhuc fuisse humanum Christi ortum his, quæ Lactantius deinde citavit (*Ibid., lib.* IV, *cap.* 12), ejusdem Isaiæ verbis : *Ecce natus est nobis puer, et datus est nobis filius, cujus imperium super humeros ejus, et vocatum est nomen ejus magni consilii nuntius* (*Isai. cap.* IX, 6). Magis autem ibi adhæret LXXII interpretationi. Ita etiam Cyprianus (*Cyprian. lib.* II, *adv. Jud.* § 21), nisi quod in fine scripsit, *magnæ cogitationis nuntius.* In notis tamen observatur uno in codice legi, *magni consilii nuntius.* Inde vero Lactantius sic argumentatur : « Idcirco missus est a Deo Patre, ut universis gentibus, quæ sub cœlo sunt, singulars et veri Dei sanctum mysterium revelaret, ablatum perfido populo, qui adversus Deum sæpe deliquit. » Tertullianus autem inde adversus Judæos hunc in modum disputat : « Quid novum si non de Filio Dei dicit ?... Quid omnino regum insigne potestatis suæ humero præfert, et non aut capite diadema, aut in manu sceptrum, aut aliquam propriæ vestis notam. Sed solus novus rex sæculorum, Christus Jesus, novæ gloriæ et potestatis et sublimitatem in humero extulit, crucem scilicet. » (*Tertull. lib. adv. Jud. cap.* 11; *et lib. de Carne Christi, cap.* 14). Quod quidem ille ad confutandum Marcionem alibi iisdem verbis repetit. Alio insuper in libro (*lib.* III *adv. Marcion., cap.* 19) non solum Judæos, sed hæreticos etiam qui Christum aut verum Deum, aut verum hominem esse negabant posterioribus Isaiæ verbis sic refellit : « Dictus est quidem magni consilii Angelus, id est, nuntius, officii non naturæ vocabulo. Magnum enim cogitatum Patris super hominis scilicet restitutione annuntiaturus sæculo erat. Non ideo tamen sic Angelus intelligendus, ut aliqui Gabriel, aut Michael. Nam et filius a Domino vineæ mittitur ad cultores, sicut et famuli, de fructibus petitum. Sed non propterea unus ex famulis deputabitur filius, quia famulorum successit officio. » (*Idem, lib. de Carne Christ., cap.* 14.) Denique disputationem suam his absolvit verbis : « Quid ultra ? » Adhuc Isaiam exclamantem audi : « Non Angelus, neque legatus, sed ipse Dominus salvos eos fecit. » Eodem modo hæc et superiora Isaiæ verba interpretati sunt Hieronymus et Eusebius (*Hieronym. in comm. cit. Isa. loc.; Euseb. lib.* VII *Demonstr. Evang., cap.* 3), quem plura, et notatu certe digna, enarrantem te legisse non pœnitebit.

Prosequitur Lactantius (*Lactant. lib.* IV, *cap.* 12), adhucque ostendit a Daniele non modo primum, sed secundum etiam Christi in mundi fine adventum prænuntiari. De utroque enim hæc, inquit, vaticinatus fuerat : *Videbam in visu noctis, et ecce in nubibus cœli, ut filius hominis veniens, et usque ad vetustum dierum pervenit. Et qui adsistebant, obtulerunt eum, et datum est ei regnum, et honor, et imperium, et omnes populi, tribus, linguæ servient ei, et potestas ejus æterna, quæ numquam transibit, et regnum ejus, quod non corrumpetur* (*Daniel. cap.* VII, 13). Judæos autem inde auctor noster redarguit, qui Christum, quia ex homine natus est, verum Messiam negabant. Duos enim ejus adventus paucis his verbis propheta aperte præsignavit. Et primum quidem, cum ait : *ut filius hominis veniens.* Hoc siquidem loquendi modo significabat fore, ut suscepta hominis forma, et conditione mortali, homines justitiam ac veritatem doceret. Subsequentibus autem ejusdem Danielis verbis secundum Christi adventum prænuntiari auctor noster demonstrat; nisi quod illa : *Datum est ei regnum,* et quæ sequuntur, possint de utroque ejusdem Christi adventu intelligi.

Tertullianus tamen hoc eodem sacri vatis testimonio (*Tertull. lib. adv. Jud., cap.* 14, *et lib.* III, *adv. Marc., cap.* 7), quod non sine pluribus diversis lectionibus retulit, contra Judæos et Marcioneum probat posteriorem dumtaxat designari futurum Christi adventum, priorem vero alia Isaiæ vaticinatione. Tertullianum autem sequitur Cyprianus (*Cyprian. lib. advers. Judæos,* § 26), qui eadem Danielis verba, nec sine diversis adhuc ab utroque lectionibus, descripsit. At Hieronymus (*Hieronym. in cit. Danielis loc.*) hæc ad priorem Christi adventum magis referre videtur. Addit porro Lactantius (*Lactant. lib.* IV, *cap.* 22) iisdem quoque prophetæ verbis significari fore, ut Christus a mortuis excitatus, postea in cœlum ascenderet.

Rursum vero ille diserte asseverat Hieremiam prædixisse fore ut Christus homo fieret, ubi hoc fudit oraculum : *Et homo est, et quis cognoscet eum?* Sed observant notarum in auctoris nostri opera editores hæc verba neque in Hieremiæ, neque in Baruchi *prophetia* inveniri. At ea haud dubie in Vulgata interpretatione quæsierunt, ubi aliter leguntur; non autem apud LXXII interpretes, qui illa eodem, atque auctor noster, modo græce, sicuti postea Epiphanius, retulerunt (*Epiph. Hæres.* 54, § 4). Quid vero, quod illud idem prophetæ testimonium latinis totidem verbis a Tertulliano variis suis in libris (*Tert. lib. adv. Jud. cap. ult.; lib. de Carn. Christi, cap.* 15; *lib.* III *adv. Marcion., cap.* 7), et a Cypriano (*Cyp. lib. advers. Judæos,* § 10), Ambrosio (*Ambros. lib. de Inst. Virg., cap.* 16), aliisque transcriptum est. Verum prætermittenda non sunt, quæ Hieronymus in hunc Hieremiæ locum animadvertit. « Verbum Hebraicum *Enos* quatuor litteris scribitur, *aleph,* et *nun,* et *vau,* et *sin.* Si igitur legatur *Enos,* homo dicitur, si *anus,* inscrutabile, sive desperabile, eo quod nullus hominum valeat cor hominis invenire. Symmachus vero hunc locum ita interpretatus est : Inscrutabile cor omnium : vir autem quis est, qui inveniat illud ? Solent quidam nostri bono quidem voto, sed non secundum scientiam, uti hoc loco contra Judæos, quod homo sit dominus atque salvator secundum dispensationem carnis assumptæ, nullusque possit nativitatis ejus scire mysterium... Melius autem est, ut simpliciter accipiamus quod nullus cogitationum secreta cognoscat, nisi solus Deus. » Tota porro ex hac disputatione colligit Christum esse Deum, quippe qui secretas hominum, teste Evangelista, cognoverit cogitationes. Antiquissimi vero Ecclesiæ Patres septuaginta duorum, qui et ipsi Judæi erant, interpretationem secuti, hæc de Christo pariter intelligenda esse censuerunt.

Quid plura ? Christum, ait Lactantius (*Lactant. lib.* VI, *cap.* 13), hominem futurum his Isaias adhuc prædixit verbis : *Et mittet eis Deus hominem, et salvabit eos, et judicans sanabit eos* (*Isaiæ, cap.* XIX, 20). Sed quidam notarum in hunc Lactantii locum scriptores rursus nos admonent hæc etiam verba ab Isaiæ libro abesse. Quid ergo ? Nonne potuerunt in Vulgata Scripturæ sacræ editione, et Hieronymi commentariis hæc sicut et nos legere : « Et mittet eis salvatorem et propugnatorem, qui liberet eos. » (*Hieronym. in cit. Isai. loc.*) Nonne idem his atque transcriptis ab Lactantio verbis significatur ? Numquid aliquid expressius desiderabant ? Ab eis igitur adeunda erat LXXII interpretatio, et in ea legissent : Καὶ ἀποστελεῖ αὐτοῖς ἄνθρωπον, ὃς σώσει αὐτούς· κρίνων σώσει αὐτούς. *Et mittet eis hominem, qui salvabit eos : judicans salvabit eos.* Vides sane quæ hominum quorumdam heterodoxorum, qui editionibus operum Lactantii præfecti erant, diligentia fuerit. Cæterum Hieronymus (*Hieronym. Comment. in cit. Isai. loc.*), aliique antiqui Ecclesiæ Patres hunc locum de Christo intelligendum esse palam profitentur.

Omnibus his prophetarum nostrorum vaticinationibus Lactantius (*Lactant., ibid.*) subjunxit celeberrimum Balaami oraculum, quod Moysis, illud scilicet narrantis, nomine hunc citat in modum: *Sed et Moyses in Numeris ita loquitur: Orietur stella ex Jacob, et exsurget homo ex Israel* (*Numer. cap.* XXIV, 17). Vulgata: *et consurget virga de Israel.* Cyprianus vero totidem ac Lactantius noster verbis illud exhibet (*Cyprian. lib.* I *adv. Judæos,* § 10.) Irenæus autem (*Irenæ. lib.* III *adv. hæres. cap.* 19) : *Orietur stella ex Jacob, et orietur dux ex Israel.* Atque ita etiam Justinus Martyr græce (*Justin. dial. cum Tryph.*), atque eodem quoque Moysis nomine: ἀνατελεῖ ἄστρον ἐξ Ἰακώβ, καὶ ἡγούμενος ἐξ Ἰσραήλ. *Orietur stella ex Jacob, et dux ex Israel.* Eusebius vero (*Euseb., lib.* IX *Demonstr. Evang.* § 2) similiter, nisi quod addidit verbum καὶ ἀνατοήσεται, *et surget,* ubi ille plura de hoc et aliis cum ejusdem Isaiæ tum aliorum prophetarum de humana natura, a Christo assumenda, oraculis scite disputat: quem sicut et plurimos alios græce latinæque Ecclesiæ Patres, quos singillatim appellare longius foret, si adire volueris, operam profecto non perdes. Interim Auctorem nostrum sequamur, alia prophetarum de Christo oracula enarrantem.

ARTICULUS II.

Quibus sacrorum prophetarum oraculis Lactantius prædictum fuisse demonstret fore, ut Christus ex Davidis familia nasceretur, et utrum recte dixerit urbem Hierosolymam suum a Salomone accepisse nomen.

Prosequitur Lactantius (*Lactant. lib.* IV, *cap.* 13), et plura profert sacrorum vatum nostrorum oracula, quibus Christum non humanam tantummodo naturam assumpturum, sed etiam ex Davidis familia generandum, diserte prædixerunt. Primum autem id ostendit hac duplici Isaiæ vaticinatione: *Et erit in illa die radix Jesse, et qui exsurget principari in nationes, in eum gentes sperabunt, et erit requies ejus in honore* (*Isaiæ cap.* X, 11). Et alio loco : *Exiet virga de radice Jesse, et flos de radice ejus ascendet, et requiescet super eum spiritus Dei, spiritus sapientiæ et intellectus, spiritus consilii et fortitudinis, spiritus scientiæ et pietatis, et implebit eum spiritus timoris Domini* (*Isaiæ cap.* X, 11). Vides sane quomodo auctor noster utrumque illum locum inverso paululum prophetæ ordine citaverit. Priorem vero Cyprianus (*Cyprian., lib.* I *adv. Judæos* § 12) nobis sic exhibet. « Et erit in die illa radix Jesse, qui surget imperare omnibus gentibus: in illum gentes sperabunt, et erit requies ejus honor. » Ita etiam LXXII. At Vulgata paulo aliter : *In die illa radix Jesse, qui stat in signum populorum, ipsum gentes deprecabuntur, et erit sepulcrum ejus gloriosum.* Citatur etiam ab Paulo Apostolo (*Ad Roman. cap.* XV, 12), sed magis juxta LXXII interpretationem; atque his verbis prænuntiatum esse docet fore, ut Christus ex Davidis stirpe nasceretur, et gentibus omnibus ad se vocatis imperaret.

Secundus autem locus in utraque et LXXII seniorum, et Vulgata versione, fere eodem modo descriptus est. Totidem vero ac Lactantius verbis, eumdemque in finem Cyprianus illum protulerat (*Cyprian. lib.* II, *adv. Judæos* § 11). At ante utrumque Tertullianus (*Tertull. lib. adv. Jud. cap.* 9) hinc contra Judæos sic disputat: « Et quoniam ex semine David genus trahere deberet virgo, ex qua nasci oportuit Christum, ut supra memoravimus, evidenter Isaias propheta in sequentibus dicit : Et nascetur, inquit, virga de radice Jesse, quod est Maria, et flos de radice ejus ascendet...... Neque enim ulli hominum universitas spiritualium documentorum competebat, nisi in Christum, flori quidem ob gratiam adæquatum, ex stirpe autem Jesse deputatum, per Mariam scilicet inde censendum. Fuit enim de patria Bethleem, et de domo David, sicut apud Romanos in censu descripta est Maria, ex qua nascitur Christus. » Inde etiam contra hæreticos, male de Christo sentientes, argumentatur, eorumque errores alibi, nec quidem semel refellit. Similiter Eusebius (*Euseb. lib.* II *Demonstr. Evang.* § 19 ; *lib.* III, § 1; *lib.* 7, § 3) utroque illo Isaiæ testimonio probat significari Christum ex radice Jesse, et Davidis semine nasciturum. Quia vero longior est illius disputatio, quam ut tota hic transcribatur, librorum ejus locos indicabimus, ut unicuique illos adire liceat. Nec minus longum foret alios appellare recentiores, quibus idcirco prætermissis, te ad Hieronymum (*Hieronym. Comment. cit. Isai. loc.*) et Eusebium (*Euseb., lib.* VI *Demonstr. Evang. cap.* 33) præclare de hoc argumento disserentes mittemus.

Porro autem Lactantius (*Lact., ibid.*) ut gentiles suo gladio jugularet, memoratum ab Isaia florem eum esse dicit, quem Sibylla (*Lib.* VI *Oracul.*, v. 8), cujus auctoritatem elevare non poterant, his verbis designavit; Ἀνθήσει δ' ἄνθος καθαρόν, quæ in vetusto librorum Lactantii nostri codice regio sic latine reddita sunt : *Florescet autem flos purus,* et in editis Sibyllinis oraculis reperiuntur.

Nec ibi adhuc stetit auctor noster (*Lact. ibid.*), sed idem adhuc demonstrat his Nathanis prophetæ verbis, quæ ab illo et Cypriano (*Cyprian., lib.* II *adv. Jud.* § 11) ita citata legimus: « Item in βασιλείων (duo regii codices antiquissimi, *Basilion,* Cyprianus *In Basileion*) » id est, Regnorum, « libro secundo propheta Nathan, missus est ad David volentem Deo templum fabricare: Et fuit verbum Domini ad Nathan dicens : Vade, et dic servo meo David : Hæc dicit Dominus omnipotens (hoc verbum a Cypriano omissum fuit) Non tu ædificabis mihi domum ad inhabitandum (Cyprianus vero addidit, *erit*) cum impleti fuerint dies tui, et dormieris cum patribus tuis, suscitabo semen tuum post te (Cyprianus his adjecit, *qui erit de utero tuo*) et parabo semen (Cyprianus, *regnum*) ejus. Hic ædificabit mihi domum in nomine meo, et erigam thronum ejus usque in sæculum : et ego ero ei in patrem, et ipse erit mihi in filium, et fidem consequetur domus ejus, et regnum ejus usque in sæculum, » at insuper Cyprianus subjungit, *in conspectu meo*. Prius vero ille eumdem locum, alium tamen in finem citaverat. Hæc autem verba leguntur in secundo, uti dictum est, Regum (*Lib.* II *Reg. cap.* VII, 4, 5, 12, 13, 14, 16), sive Samuelis libro: sed plura, quæ ibi in sacro textu interponuntur, ab utroque Cypriano et Lactantio prætermissa sunt.

Variis porro rationibus ab eodem Lactantio confutantur Judæi, qui hæc non de Christo, sed de Salomone intelligi volebant. Propheta enimvero de eo, inquit, loquebatur, qui non antea nasci debebat, quam David cum patribus requievisset. Atque antea natus erat Salomon. Deinde hoc prophetæ oraculo ille expresse designatur, cujus perpetuum foret imperium. Non ergo is est Salomon, qui quadraginta tantum annis regnavit. Denique destructum est templum ab Salomone ædificatum. Non illud igitur Salomonis, filii David, sed Christi filii Dei templum denotabatur, quod nihil aliud est, quam fundata ab eo Ecclesia, quæ non in parietibus, sed corde fidelium hominum in perpetuum permanebit.

Simili prorsus ratione Tertullianus (*Tertull. lib.* III *adv. Marcion. cap.* 20) contra Marcionem prius pugnaverat. « Nathan propheta in secundo Basiliarum (hæc ipsa sunt illius verba) professionem ad David facit semini ejus : Quod erit, inquit, ex ventre ipsius. Hoc si in Salomonem simpliciter edisseres, risum mihi incuties. Videbitur enim David peperisse Salomonem. An et hic Christus significatur, ex eo ventre semen David, qui esset ex David, id est, Mariæ? Quin et ædem Dei magis Christus ædificaturus esset, hominem scilicet sanctum, in quo potiore templo inhabitaret Dei spiritus, et in Dei filium magis Christus habendus esset, quam Salomon filius David. Denique et thronus in ævum, et regnum in ævum, magis Christo competit, quam Salomoni, temporali scilicet regi. Sed et a Christo misericordia Dei non abscessit : Salomoni vero etiam ira Dei accessit post luxuriam et idololatriam. Suscitavit enim illi Sathan hostem Idumæum. Cum ergo nihil horum competat in Salomonem, sed in Christum, certa erit ratio interpretationum nostrarum, ipso etiam exitu rerum probante, quas in Christum apparet prædicatas. » Tertulliano autem et Lactantio nostro Augustinus concinit (*August., lib.* XVII *de Civit. cap.* 8, § 3), et alii quamplurimi.

At Lactantius (*Lact. ibid. lib.* IV, *cap.* 13 *et cap.* 18), inquiet forsitan aliquis, multo longius quam Tertullianus et Augustinus excurrendo, quemdam offendit erroris scopulum. Non enim solum Hierosolymitanum templum a Salomone ædificatum fuisse asseverat, sed civitatem etiam, *quam de nomine suo Hierosolyma nuncupavit*. Atqui hæc urbs longe ante Salomonis ætatem condita cognomen suum acceperat. Nam ut omittamus illius mentionem in libris Josue et Judicum sæpius fieri (*Josue, cap.* X, XI, XII, *Judic. cap.* I, XIX), Josephus (*Joseph. lib.* VII, *Antiqui. cap.* 2, 3) narrat Hierosolymam, Ἱεροσόλυμα, captam fuisse a Davide, ac postea instauratam. Tum deinde hæc addidit : « Igitur primus David Jebusæis inde ejectis, a se civitatem denominavit ; nam tempore Abrahami, generis nostri auctoris, Solyma vocabatur. » Alio autem in libro (*Idem. lib.* VII *de bello Judai. cap.* 18) narrat quidem eam tempore Abrahami a Melchisedecho ædificatam, sed addit ab illo appellatam Hierosolymam, cum prius nuncuparetur Solyma.

Hieronymus quoque scribit eam a Jebusæis suum traxisse vocabulum, ac deinde a Davide, qui eos exterminavit, factam fuisse Judaicæ provinciæ metropolim : « Eo quod locum templi, inquit, emerit, et impensas structuræ Salomoni filio dereliquerit. Hanc esse Josephus refert, quæ in Genesi scribitur Salem sub rege Melchisedech (*Hieronym. loc. Hebrai.*). » Ibi autem antiquorum Ecclesiæ Patrum opiniones recenset, subditique plures, quos nominatim appellat, tradidisse « Melchisedech hominem fuisse Chananæum, regem urbis Hierosolymæ, quæ primum Salem, postea Jebus, ad extremum Jerusalem appellata sit (*Hieronym. epist. ad Evangel.*). » Sed siluit quibus temporibus mutatum fuerit illius nomen. Deinde tamen Josephum aliosque reprehendit, qui arbitrati sunt Salem esse Jerusalem, hocque nomen ex Græco et Hebraico compositum. Suidas nihilominus eam a Melchisedecho Hierusalem cognominatam opinatur.

At Eusebius (*Euseb. lib.* IX *Præpar. Evang. cap.* 34) hæc ab Eupolemo de Hierosolymitano templo, quod Salomon construxit, litteris mandata memorat : Προσαγορευσθῆναι δὲ πρῶτον μὲν τὸ ἀνάκτορον, ἱερὸν Σολομῶνος· ὕστερον δὲ παρεφθαρμένως τὴν πόλιν ἀπὸ τοῦ ἱεροῦ Ἱερουσαλὴμ ὀνομασθῆναι. ὑπὸ δὲ τῶν Ἑλλήνων φερωνύμως Ἱεροσόλυμα λέγεσθαι. « At primum sacra illa ædes Solomonis templum, nominata est. Deinde urbs ipsa Hierusalem corrupto vitiatoque templi nomine appellata, quam Græci postea Hierosolymam affini geminoque vocabulo nuncuparunt. » Vides profecto non unam de illo, qui primus Hierosolymæ cognomen dedit, fuisse omnium sententiam, Lactantioque non defuisse opinionis suæ patronum.

Verum si eum erroris in hoc convincas, fateri sane debes ab ipso non omnibus quidem, quæ proferre poterat, sed pluribus, iisque certissimis sacrorum prophetarum oraculis satis probari fore, ut Christus ex virgine, et Davidis familia nasceretur. Nec minus luculenter ille demonstrat prænuntiatum fuisse æternum ejusdem Christi Domini sacerdotium. Quod quidem jam examinandum est.

ARTICULUS III.

Quibus prophetarum Oraculis Lactantius demonstret prænuntiatum fuisse sempiternum Christi, veræ religionis auctoris, sacerdotium.

Satis Lactantio non fuit demonstrasse quam claris et expressis sacrorum prophetarum oraculis prænuntiatus fuerit mirabilis plane Christi ex virgine et Davidis familia ortus. Verum progreditur ulterius, et ostendit non minus luculenter ab illis prædictum fuisse sempiternum ejus sacerdotium. Primum itaque probat (*Lactant. lib.* IV, *cap.* 14) illud plane præcantatum fuisse his Psalmographi verbis : *Ante Luciferum*

CAP. II. ARGUM. DE VERIT. REL. CHRIST.

genui te. Juravit Dominus, et non pœnitebit eum; tu es sacerdos in æternum secundum ordinem Melchisedech (Psalm. cix, 4 et 5). Tria posteriora tamen hæc verba absunt a duobus antiquissimis regiæ bibliothecæ manuscriptis codicibus. Atqui hæc tamen a sacro vate revera de Christo dicta fuisse in sua Apostolus ad Hebræos epistola diserte asseruit (Epist. ad. Hebr. v, 6).

Quapropter Tertullianus sic disputat: « Quod et in ipso hic accedit: Tu es sacerdos in æternum. Nec sacerdos autem Ezechias, nec in ævum, etsi fuisset Secundum ordinem, inquit, Melchisedech. Quid Ezechias ad Melchisedech, altissimi sacerdotem, et quidem non circumcisum, qui Abraham circumcisum, jam accepta decimarum oblatione, benedixit? At in Christum convenit ordo Melchisedech; quoniam quidem Christus, proprius et legitimus Dei antistes, præputiati sacerdotii pontifex, tum in nationibus constitutus, a quibus magis suscipi habebat, cognituram se quandoque circumcisionem, et Abrahæ gentem, cum ultimo venerit, acceptatione et benedictione dignabitur » (Tertull. lib. v adv. Marcion., cap. 9). Sed id adhuc fusius prosequitur Hieronymus (Hieronym. Epist. ad Evangel.) ubi utriusque et psalmistæ et Apostoli verba citavit. Ita etiam fecit Eusebius (Euseb. lib. iv Demonstr. Evang. § 15) in sua demonstratione evangelica, sed brevius in psalmorum commentariis. Eadem est Hilarii (Hilar. tract. in Psalm. cxlix) ac Cypriani mox citandi atque aliorum magno plane consensu interpretatio.

Quamvis autem illud Davidis testimonium, Apostoli auctoritate, ut diximus, firmatum cuilibet etiam pervicaciori sufficere debeat; Lactantius (Lact. l. iv, c. 14), tamen id adhuc probat scriptis in primo Regum hisce verbis: Et suscitabo mihi sacerdotem fidelem, qui omnia quæ sunt in corde meo faciat, et ædificabo ei domum fidelem, et transibit in conspectu meo omnibus diebus (I Reg., 1, 2). Cyprianus (Cypr. lib. i Test. adv. Judæos § 18) quoque scribit illis et superioribus Psalmographi verbis sempiternum Christi sacerdotium præsignificari.

Tertium insuper Lactantius (Lactant. lib. iv, cap. 14) subjungit apertissimum, ut ipse ait, hoc Zachariæ testimonium: Et ostendit mihi Dominus Deus Jesus (uterque regius librorum Lactantii codex antiquior, et Cyprianus (Cypr. lib. ii Testimon., § 14), Jesum) sacerdotem magnum stantem ante faciem Angeli Domini.... Et ecce titio ejectus ab igne, et Jesus erat indutus vestimentis sordidis, et stabat ante faciem Angeli..... Si in viis meis ambulaveris..... Tu judicabis domum meam..... Audi itaque sacerdos magne (Zachar. cap. iii, v. 1. et seqq.). Planum itaque Lactantius noster facit eos penitus decipi, qui hæc de Jesu Nave, sive Josue, aut de sacerdote Jesu, filio Josedech, dicta esse opinabantur. Neuter enim sordidatus est, neuter, ut titio ab igne ejectus, aliquid perpessus est adversi, neuter in conspectu Dei et angelorum stetit. Denique Zacharias non de rebus præteritis, et mortuis illis hominibus, sed de aliquo homine futuro loquebatur. At quantum hæc neutiquam utrique illi Jesu, tantum certe

Jesu Christo prorsus conveniunt Nam ille veste sordida, id est, carne humana indutus, tormentis et supplicio crucis, tamquam titio, igne extinctus est. Ad hæc vero Zacharias de illo loquitur, qui cum in viis Dei ambulaverit, ejusque impleverit voluntatem, et judicium accipiet et imperium sempiternum. Atqui solus Christus, sublato falso deorum cultu, ac stabilita vera religione, implevit Patris sui voluntatem et mandatum, atque idcirco, et sacerdotis perpetui, ait auctor noster, dignitatem et regis summi honorem, et judicis potestatem, et Dei nomen accepit.

Justinus autem Martyr (Just. Dial. cum Tryph.) eadem Zachariæ verba adversus Tryphonem urget, palamque facit divinum illum prophetam hæc de Christo, non autem de Josue aut alio fuisse prælocutum. Quia vero prolixior est ejus interpretatio, ab illius verbis recitandis abstinentes, ad ejus librum omnibus facile obviam te mittimus. Interim vero audi Tertullianum (Tertullian. lib. advers. Jud. cap. 14), cui quidem citatum Zachariæ locum de duplici Christi adventu explicat, pluraque adjecit, quæ Lactantii nostri explicationi plane congruunt: « Apud Zachariam, inquit, in persona ipsius, immo et in ipsius nominis sacramento, verus summus sacerdos Patris, Christus Jesus, duplici habitu in duos adventus delineatur. Primos sordidis indutus est, id est carnis passibilis et mortalis indignitate, cum diabolus adversabatur ei, auctor scilicet Judæ traditoris, qui eum etiam post baptismum tentaverat. Dehinc spoliatus pristinas sordes, exornatus podere et mitra, et cidari munda, id est, secundi adventus; quoniam gloriam et honorem adeptus demonstratur. Nec poteritis eum Josedech filium dicere, qui nulla omnino veste sordida, sed semper sacerdotali fuit exornatus, nec umquam sacerdotali munere privatus. Sed Jesus iste, Christus, Dei patris summus sacerdos, qui primo adventu suo humana forma, et passibilis venit in humilitate usque ad passionem, ipse etiam effectus hostia per omnia pro omnibus nobis, qui post resurrectionem suam indutus podere, sacerdos in æternum Dei Patris nuncupatus est. » Et hæc quidem ille per eisdem, sed paucioribus verbis adversus Marcionem repetit (Idem lib. iii advers. Marcion. cap. 7).

Cyprianus vero (Cypr. lib. ii, adv. Jud., cap. 13) is hæc de primo Christi adventu, quemadmodum auctor noster, interpretatur. Sed legendus in primis Hieronymus (Hieron. lib. i, Comment. in Zachar. cit. loc.), qui præclare ostendit hæc Zachariæ verba a Judæis de Jesu sacerdote, filio Josedech, perperam ac falso explicari, eaque de Christo Jesu esse intelligenda. Nec minus fuse et luculenter Eusebius hæc de eodem Christo dicta fuisse demonstrat (Euseb. lib. iv Demonstr. Evang., § 16).

Veræ ergo cum fuerint omnes illæ non solum de mirabili prorsus Christi ortu, sed sempiterno quoque ejus sacerdotio prædictiones, suamque sortitæ sint effectum; nemo sane negare umquam potest, eas divino spiritu editas, ac Christum reipsa a Deo missum, veramque esse, quam instituit religionem. Sed hæc

Lactantius aliis de illius morte oraculis mirum in modum confirmat. Ad ea igitur examinanda, jam si lubet, veniamus.

ARTICULUS IV.

De aliis Apollinis Milesii, Sibyllarum et sacrorum prophetarum nostrorum oraculis, quibus impia Judæorum in Christum conspiratio, varia tormenta ante mortem ei infligenda, mortis ejus genus, solis eo moriente defectus, et ejus ad vitam reditus prænuntiabantur, ac quantum inde christianæ religionis veritas stabilita sit.

Transit Lactantius (*Lactant. lib.* IV. *cap.* 13) ad alia oracula, quibus mors Christi, ejus circumstantiæ, miracula tum edita, illius a morte et ab inferis reditus prædicta fuerant. Palam vero facit hæc oracula fusa esse non a sacris tantum nostris prophetis, sed ab aliis etiam vatibus, Apolline Milesio et Sibyllis, quorum summa erat apud ethnicos auctoritas. Tres autem citat de futura Christi mortali vita et morte hos Apollinis Milesii versus :

Θνητὸς ἔην κατὰ σάρκα, σοφὸς τερατώδεσιν ἔργοις,
Ἀλλ' ὑπὸ Χαλδαίων κριτῶν ὅπλοις συναλωθείς,
Γόμφοις καὶ σκολάπεσσι πικρὴν ἀνέτλησε τελευτήν.

Quorum hæc est in 3736 regio librorum Lactantii nostri manuscripto codice latina, sed non de verbo ad verbum interpretatio : « Mortali erat corpore, sapiens signis operum atque monstris, sub judicibus Chaldæis comprehensus, transfixus, finem amarum complevit » (*Oracul. Veter.* § 3). Referuntur autem hæc carmina in editis veterum oraculorum libris, sed ex Lactantio nostro desumpta. Non infrequens tamen oraculorum Apollinis Milesii apud antiquos scriptores mentio. Nam præter Herodotum (*Herodot. lib.* II. § 178), Strabonem (*Strab. lib.* IV. *Geogr.*), Melam (*Mela, lib.* I. *cap.* 17), Plinium (*Plin. lib.* V. *Natur. Hist. cap.* 20), Apuleium (*Apul. lib.* IV. *Metamor.*), et alios, testatur Sozomenus (*Sozomen. lib.* I. *hist. Eccles. c.* 9) Apollinem Licinio Imperatori de belli eventu interroganti respondisse citatis Homeri carminibus.

Lactantius vero animadvertit Apollinem solita dæmonum fraude cecinisse Christi mortale corpus, et *portentifica* opera, ut ethnici crederent illum non esse Deum, ac magicis artibus et virtutibus edita ab eo miracula. At certe Christum mortalem appellando, non ausus est illius negare divinitatem. Deinde vero quamvis *mendacio*, ait Lactantius, *fallente*, celare voluerit facta ab illo divina virtute miracula; veritas tamen ab hoc ipso Apolline extorsit, ut illa ipsa vocaret *portentifica*, nec tamen ullis magicis artibus, sed Dei, ut infra demonstrabimus, potestate edita esse fateretur. Denique sapientem Christum dicendo, declarat et sapientem esse ejus doctrinam et eos sapientes qui illam sequuntur.

At longe plura auctor noster citavit (*Lactant. lib.* IV. *Inst. cap.* 18) Sybillarum carmina (*Sybill. Orac. lib.* I *et lib.* VI), quibus cecinerant pleraque Christi ante suam mortem tormenta, eumque plane obmutescentem, sputis fœdandum, cædendum alapis ac flagellis, coronandum spinis, potandum aceto et felle, velum templi scindendum, tenebras diei clarissimo obducendas, denique Christum nece mulctandum crudelissima, sed tertia die a morte et inferis ad vitam rediturum. Verum hæc omnia, quæ græcis Sibyllarum versibus a Lactantio nostro descripta sunt, non aliis latinis aptius referre possumus, quam his Augustini (*August. lib.* XVIII *de Civit. cap.* 23), qui ea ex Lactantio nostro decerpsit, et sententiam ejus confirmat verbis : « Inserit Lactantius Operi suo quædam de Christo vaticinia Sibyllæ, quamvis non exprimat cujus. Sed quæ ipse singillatim posuit, ego arbitratus sum conjuncta esse ponenda, tamquam unum sit prolixum, quæ ille plura commemoravit et brevia. In manus iniquas, *inquit*, infidelium postea veniet. Dabunt autem Deo alapas manibus incestis, et impurato ore expuent venenatos spiritus. Dabit vero ad verbera simpliciter sanctum dorsum ; et colaphos accipiens tacebit, ne quis agnoscat quod verbum, vel unde venit, ut inferis loquatur, et corona spinea coronetur. Ad cibum autem fel, et ad sitim acetum dederunt ; inhospitalitatis hanc monstrabunt mensam. Ipsa enim insipiens tuum Deum non intellexisti, ludentem mortalium mentibus, sed et spinis coronasti, et horridum fel miscuisti. Templi vero velum scindetur, et medio die nox erit tenebrosa nimis in tribus horis. Et morte morietur, tribus diebus somno suscepto, et tunc ab inferis regressus ad lucem veniet primus, resurrectionis principio revocatis ostenso. Ista Lactantius carptim per intervalla disputationis suæ, sicut ea poscere videbantur, quæ probare intenderat, adhibuit testimonia Sibyllina, quæ nos nihil interponentes, sed in unam seriem connexa ponentes, solis capitibus, si tamen scriptores deinceps ea servare non negligant, distinguenda curavimus. » Hæc autem ille ex eo, quem præ manibus habebat, operum Lactantii codice, haud dubie transcripsit. At citata Sibyllarum oracula latine tantum citavit, quæ in plerisque antiquissimis et recentioribus cum manuscriptis tum editis eorumdem Lactantii librorum codicibus græce dumtaxat exhibentur. Quæ vero ab Augustino profertur latina Sibyllinorum oraculorum interpretatio eadem est ac illa quam in secundo eorumdem Lactantii librorum antiquissimo regiæ bibliothecæ codice, uti jam dictum a nobis fuit, e græcorum verborum regione de verbo ad verbum legimus. Græca porro Sibyllarum oracula, latine reddita invenies in editis illarum libris, sed ab Lactantio nostro et aliis scriptoribus collecta et transcripta, etiamsi nonnulli quædam in eis non occurrere putaverint.

Verum Lactantius (*Lactant. lib.* IV, *cap.* 16) hæc recepta ab gentilibus de Christo oracula citasse non contentus, perspicue adhuc ostendit nostros prophetas hæc eadem ac plura divini spiritus afflatu de illo fuisse vaticinatos. Nam præterquam quod ipsemet Christus Judæ proditionem, de qua plura Eusebius (*Euseb. lib.* X, *Demonstr. Evang. cap.* 2 *et* 3), et mortem suam prædixerat, certe Psalmographus impiam Judæorum de illo occidendo conspirationem præsignavit hisce verbis, quibus cecinit beatum esse qui non abierit *in concilio impiorum*. Martyr vero Justinus (*Justin. Apolog.* 1) docet hæc verba eodem, quo

Lactantius, modo esse intelligenda. Tertullianus (*Tertull. lib. de Spectac. cap. 2*) vero tametsi ea ad vetita gentilium spectacula accommodet; quia tamen varius et multiplex est sacrae Scripturae sensus, fatetur dicta quoque videri de justo illo homine qui *in concilio, et in sessu Judæorum de necando Domino consultantium non communicavit*.

Praeterea Lactantius (*Lactant. loc. cit.*) de illa in Christum conspiratione haec a Salomone in libro Sapientiae ante mille et amplius annos scripta fuisse existimat : *Circumveniamus justum, quoniam insuavis est nobis* (*Sapient. cap. ii, 12 et seqq.*). Quem ille locum integrum descripsit, quemadmodum et antea Cyprianus (*Cypr. lib. ii adv. Jud., § 14, p. 40*), eumque pariter de Christo, a Judaeis interficiendo, intelligendum esse non dubitat. Magistrum porro suum hic sequitur Tertullianum (*Tertull. lib. iii advers. Marcion. cap. xxii*) qui hoc quoque sensu verba illa explicanda esse arbitratus est.

Isaias insuper, ut ait Lactantius (*Lact. lib. iv, cap. 18*), tam certo quam diserte, nec breve ante tempus, annuntiaverat flagella, alapas, sputa, quibus Christus ante mortem caedendus erat, et inquinandus. Citat (*Lactant. loc. cit.*) autem haec totidem sacri hujus prophetae verba : *Non sum contumax, neque contradico; dorsum meum posui ad flagella, et maxillas meas ad palmam : faciem autem meam non averti a foeditate sputorum* (*Isai. cap. l, 5*). Cyprianus vero (*Cypr. lib. ii, adv. Jud., § 13 et de Bono patient. sub fin.*) eadem omnino haec verba descripsit, et de Christo similiter interpretatur. Ita etiam Tertullianus (*Tertull. lib. iii contr. Marcion. cap. v et de Resur. carn. cap. xx*), exceptis tamen posterioribus verbis, quae sic reddidit : *Faciem meam vero non averti a sputaminibus; lxxii : A confusione sputorum;* Vulgata : *Ego autem non contradico, retrorsum non abii, corpus meum dedi percutientibus et genas meas vellentibus : faciem meam non averti ab increpantibus, et conspuentibus in me.* Hieronymus (*Hieronym. in t. lib. xiv in Esai*) autem castigat Judaeos qui haec de Isaia intelligi volebant, et ea de Christo dicta fuisse, quemadmodum Justinus Martyr (*Justin. Apolog. 1*) atque Irenaeus, ostendit (*Iren. lib. iv adv. hæres., cap. lxviii*).

Ad haec vero, Lactantius (*Lact. lib. iv. cap. xviii*) hoc quoque designatum fuisse docet his Psalmistae verbis : *Congregata sunt super me flagella, et ignoraverunt, dissoluti sunt, nec compuncti sunt, tentaverunt me, et deriserunt derisu, et striderunt super me dentibus suis* (*Psalm. xxxiv, 15 et 16*). Quamvis tamen Judaei haec de David explicare, ut ait Eusebius (*Euseb. Comment. in hunc psal.*), conterentur; de Christo tamen Domino patiente praedicta fuisse et ille, et caeteri interpretes, quos appellare longius foret, summa profecto consensione existimant. Et certe ea tunc completa in eo fuisse sacra Evangelistarum historia apertissime demonstrat.

Summum etiam, pergit Lactantius (*Lactant. loc. cit.*), ejusdem Christi patientis silentium indicavit Isaias his verbis : *Sicut ovis ad immolandum ductus est, et sicut agnus coram tondentibus se sine voce, sic non aperuit os suum* (*Isai. cap. lii. 7*). Legebat haec Isaiae verba Eunuchus Candacis reginae Æthiopum, cum accessit ad eum Philippus, qui illa de Christo scripta esse tam evidenter demonstravit, ut Eunuchus Christi fidem amplexus fuerit. Quid igitur mirum si omnes nostri scriptores, Justinus martyr, (*Just. Dial. cum Tryph.*), Irenaeus (*Iren., lib. iv. adv. hæret. cap. xli*), Tertullianus (*Tertull. lib. edv. Jud. cap. ix et xiii*), Cyprianus (*Cypr. lib. ii. edv. Jud. § 15*), Athanasius (*Athan. orat. de Incarnat. Verbi*), Hieronymus (*Hieronym. in cit. Isai. loc.*), et alii huic apertissimae interpretationi subscripserint?

Rursum vero sacer psalmista, inquit Lactantius, cecinerat Christum felle potandum et aceto. Dixerat enim : *Et dederunt in escam meam fel, et in siti mea potaverunt me aceto.* Eadem est Justini Martyris, Irenaei et Ambrosii sententia (*Ambros. lib. x. in Lucam, § 124*). Judaeos autem id caeca pertinacia negan es, Tertullianus (*Tertull. lib. adv. Jud. cap. x et xiii*) sic redarguit : « Ut ea quae praedicta sunt a prophetis, per vos ei obventura implerentur, in psalmis ipse spiritus Christi jam canebat.... Miserunt in potum meum fel, et in siti mea potaverunt me aceto.... Quae quidem omnia ipsa perpessus, non pro actu suo aliquo modo passus est, sed ut Scripturae implerentur de ore prophetarum. » Sed haec fusius Eusebius (*Euseb. in hunc psal.*) et alii.

Varia deinde eorumdem sacrorum prophetarum testimonia adducit Lactantius noster, quibus praenuntiaverant interficiendum a Judaeis Christum Dominum. Sed caeteris omnibus difficilius est, quod ille ex Esdrae libro sic descripsit : « Et dixit Esdras ad populum : Hoc pascha Salvator noster et refugium nostrum, cogitate, et ascendet in cor vestrum, quoniam habemus humiliare eum in signo, et post haec sperabimus in eum, ne deseratur hic locus in aeternum tempus, dicit Dominus, Deus virtutum. Si non credideritis ei, neque audieritis annuntiationem ejus, eritis derisio in gentibus. » Nam Justinus Martyr (*Just. Mart. Dial. cum Tryph.*), qui hunc locum integrum graece citavit, observat illum, uti alibi annotavimus, ex textu Esdrae a Judaeis, hoc est, ex eorum, quos legerat, libris fuisse amputatum. At certe nec ille, nec Lactantius noster, tanta fiducia gentilibus et Judaeis eum objecissent, nisi a se perlectum in iis, quos prae manibus habebant, Esdrae libris. Non desunt tamen, qui palam dixerint haec conficta a christianis, sed pia quadam fraude, qua et gentiles et Judaeos ad Christi fidem facilius adducerent. Sed qui sic antiquissimos Patres arguunt, hi non pia forsitan, sed maligna, qua auctoritatem eorum infirment, fraude utuntur. Quid enim, amabo te, Justino et Lactantio illa pia fraude opus erat? Numquid illud solum erat in omnibus sacrorum prophetarum libris, et tota sacra Scriptura de Christi morte testimonium? Tunc enim illa fraus pia prodesse potuisset. Sed plurima alia illi, quemadmodum Justino martyri, de quo nos alibi, Eusebio (*Euseb. in lib. de Demonstrat. Eveng.*)

aliisque obviam passim venerunt, quibus eadem non minus perspicue prænuntiabantur.

Et certe Lactantius noster (*Lactant. lib.* IV. *cap.* XVII) non ea quidem omnia retulit, sed ex iis plura selegit, quæ non minus profecto, uti exponemus, clara manifestaque sunt. Primum autem his exprimitur Isaiæ verbis : *In humilitate ejus judicium sublatum est. Nativitatem ejus quis enarrabit ? Quoniam auferetur a terra vita ejus, a facinoribus populi mei adductus est ad mortem. Et dabo malos pro sepultura, et divites pro morte ejus, qui facinus non fecit, neque insidias ore locutus est. Propterea ipse consequetur multos, et fortium dividet spolia, propterea quod traditus est ad mortem, et inter facinorosos deputatus est, et ipse peccatum multorum pertulit, et propter facinora illorum traditus est* (*Isai. cap.* LII, 8 *et seqq.*). Eodem modo et eamdem ob causam hæc citantur a Cypriano (*Cypr. lib.* II. *adv. Jud.* § 15), si paucas exceperis varias lectiones, atque hanc in primis : *Propterea quod tradita est ad mortem anima ejus.* Sed plura etiam, quæ in sacro Isaiæ textu interjiciuntur, verba prætermisit. Tertullianus vero (*Tertull. lib. cont. Jud. cap.* X *et* XII) hunc eumdem Isaiæ locum, etsi pauciora illius verba transcripserit, eodem sensu de Christo interpretatur, ac Judæorum pervicaciam retundit. Eadem quoque antea fuerat Irenæi (*Iren. lib.* IV. *adv. hæres. cap.* XL) ac postea Hieronymi (*Hieronym. in hunc Isai. loc.*) et aliorum sententia.

Deinde vero Lactantius (*Lactant. ibid.*) illud adhuc probat his Davidis verbis : *Captabunt in animam justi, et sanguinem innocentem condemnabunt, et factus est mihi Dominus in refugium* (*Psalm.* XCIII. 21 *et* 22). Nec dubitat Huetius (*Huet. Demonstrat. Evang. proposit.* 9. *cap.* CXXVI) et alii quidam, verba hæc eodem sensu accipienda. Sed fatendum est hæc ab aliis longe pluribus explicari de justis hominibus, quos impii divexare solent.

Magis itaque ad id probandum hæc apta sunt quæ Lactantius refert (*Lactant. ibid.*) Hieremiæ verba : *Domine, significa mihi, et cognoscam. Tunc vidi meditationes eorum. Ego sicut agnus sine macula perductus sum ad victimam. In me cogitaverunt cogitationem dicentes : Venite, mittamus lignum in panem ejus, et eradamus e terra vitam ejus; et nomen ejus non erit in memoria amplius* (*Hierem. cap.* XI. 18 *et* 19). In duobus antiquissimis codicibus regiis pro *sine macula* scriptum est *sine malitia*. Atque ita etiam apud Cyprianum (*Cypr. lib.* II. *adv. Jud.* § 15), qui totum hunc locum eodem modo et eodem sensu retulit. Apud LXXII græce legitur ὡς ἀρνίον ἄκακον, *sicut agnus innocens, et purus*. Uterque vero Cyprianus et Lactantius non omnino hanc græcam interpretationem κατὰ πόδας sequuntur.

Porro autem auctor noster dixit ligni nomine crucem : et panis, corpus Christi significari. Tertullianus quoque : « De hoc, inquit, *crucis* signo etiam Deus insinuat per Hieremiam, quod essetis dicturi : Venite, mittamus in panem ejus lignum, et conteramus eum a terra vivorum, et nomen ejus non memorabitur amplius. Utique in corpus ejus lignum missum est. Sic enim Christus revelavit, panem corpus suum appellans, cujus retro corpus in panem prophetes figuravit » (*Tertull. lib. adv. Jud. cap.* X). Eadem ille alibi repetit (*Idem. lib.* III. *adv. Marcion. cap.* XIX). Plures alios hic citare quid opus est? quando quidem Hieronymus (*Hieronym. fin. lib.* II. *Comment. in Hierem.*) diserte asseverat hunc fuisse consensum omnium Ecclesiarum, quæ sub persona Hieremiæ hæc a Christo dicta fuisse fatebantur. A nobis autem jam observatum est hunc locum inter eos a Justino martyre recenseri, quos Judæi ex sacris codicibus haud dubie non omnibus, sed visis ab ipso fortasse solo abstulerant.

Prosequitur Lactantius (*Lactant. ibid.*), docetque illud adhuc de eadem Christi cruce, et ut ipse quidem putat, apertius his Moysis verbis prædicatum : *Et erit pendens vita tua ante oculos tuos, et timebis die ac nocte, et non credes vitæ tuæ* (*Deuter.* XXVIII. 66). Totidem verbis hunc locum descripsit Cyprianus, eodemque modo explicat. Utrique autem præiverat Tertullianus (*Tertull. lib. adv. Jud. cap.* XI *et* XIII), qui memoriæ lapsu ea verba ex Exodi pro Deuteronomii libro transcripta fuisse opinatus est. Sed id certe non impedivit quominus plurimi, uti Augustinus (*August. lib.* XVI. *contr. Faust. cap.* XXII), Procopius (*Procop. in hunc Deuteron. loc.*), Leo Magnus (*Leo. serm.* 8. *de passion.*), ejus interpretationi subscripserint. Scimus quidem eos erroris ab aliquibus inde argui, quia alii non putant genuinam hanc esse illorum Moysis verborum significationem. At quis nesciat varios unius ejusdemque sacrarum Scripturarum loci esse sensus, alium, ut aiunt, litteralem, et alium, qualis est iste, propheticum?

Ad hæc vero Lactantius (*Lactant. lib.* IV. *cap.* XVIII) existimat eamdem Christi crucem designari his ejusdem Moysis in Numerorum libro verbis : *Non quasi homo Dominus suspenditur, neque quasi filius hominis minus patitur* (*Numer. cap.* XXIII. 19). Nobis quidem non latet hunc locum in vulgatis bibliorum libris aliter exhiberi. Sed non minus compertum nobis est, eum a Cypriano (*Cypr. lib.* II. *adv. Jud.* § 20) non solum eodem sensu explicari, sed totidem etiam describi verbis; nisi quod pro verbo *Dominus*, ab illo *Deus* scriptum legimus. Quis autem dubitet ab utroque hæc verba in suo bibliorum codice lecta fuisse, quemadmodum ab eis descripta sunt?

Majorem fortasse difficultatem ea habent quæ Lactantius paulo post subjunxit, funestissimum Hierosolymæ excidium *in ultionem*, ut ipse ait, *sanctæ crucis* a Salomone his verbis prædictum fuisse : *Quod si avertimini a me... erit Israel in perditionem, et in opprobrium* (Mss. *improperium*...) *quia reliquerunt Dominum Deum suum, et persecuti sunt regem suum dilectissimum Deo, et cruciaverunt illum in humilitate magna; propter hoc importavit illis Deus mala hæc* (*Lib.* III. *Reg. cap.* IX, 6 *et seqq.*). Quamvis enim pleraque ex his videantur ex secundo Regum aut Paralipomenon libro delibata, in neutro tamen hoc libro verba illa , *Et persecuti sunt....., in humilitate magna* (*Lib. Paral. cap.* vii. 19. *et seqq.*); quæ sola ad Lactantii propositum faciunt, legere est. Quid vero , quod in utroque illo libro quæ habentur verba non Salomonis sunt, sed Dei ad Salomonem? Nonne itaque dicendum erit, aut antiquarios textum Lactantii describendo errasse, aut ipsummet Lactantium memoria lapsum, nisi hæc ex aliquo bibliorum codice, a nostris diverso, excerpsisse probetur?

At certe etsi Lactantius (*Lactant. lib.* iv. *Inst. cap.* xviii) quædam retulisset sacris ex bibliis testimonia, quæ ipsi tantummodo, minime vero aliis de Christo dicta viderentur; certum nihilominus esse debet ab illo alia afferri, quæ de Christo vere prænuntiata fuisse nemo cordatus homo poterit unquam negare. Nam præter jam memorata, tale procul dubio illud est, quod ipse, Cyprianum secutus, ex Zachariæ libro in medium adduxit : « Zacharias, » inquit, « etiam hæc tradidit : *Et intuebuntur in me, quem* (Cyprianus (*Cyprian. lib.* ii. *adv. Jud.* § 20), *in quem*) *transfixerunt* (*Zachar. cap.* xii. 10). Quis enimvero inficias iverit hæc de Christo esse intelligenda, postquam Joannes Evangelista disertissime affirmavit (*Joann. cap.* xvii. 37), Christo moriente, impletam esse Scripturam, quæ dixerat : *Videbunt in quem transfixerunt?* Divini autem hujus scriptoris testimonium tantæ est auctoritatis, ut alios præterea citare supervacaneum videatur.Si quis tamen Hieronymum (*Hieron. in cit. Zach. loc.*) adhuc adire voluerit, hunc laboris proculdubio non pœnitebit.

Non minori profecto evidentia illud declaratur his, quæ Lactantius post hæc retulit (*Lactant. ibid.*), Psalmistæ verbis. *Effoderunt manus meas et pedes meos, dinumeraverunt omnia ossa mea : ipsi autem contemplati sunt, et viderunt me, diviserunt sibi vestimenta mea, et super vestem meam sortem miserunt* (*Psal.* xxi. 18 *et* 19). Ita etiam Cyprianus (*Cyprian. lib.* ii. *adv. Jud.* § 20) eodemque plane sensu verba illa interpretatur. Atqui Psalmographus hæc , uti ait Lactantius, non de se , qui nihil simile perpessus est, sed divino spiritu afflatus, de Christo præloquebatur. Simili quoque modo Tertullianus : « Scriptura in psalmis dicit : Exterminaverunt (prius scripserat, foderunt) manus meas et pedes, dinumeraverunt omnia ossa mea. Ipsi autem contemplati, et viderunt me.... Hæc David passus non est, ut de se merito dixisse videatur ; sed Christus qui crucifixus est » (*Tertull. lib. adv. Jud. cap.* x *et* xiii). Quin etiam ille diserte asserit toto illo integro psalmo futuram Christi passionem decantari. Et certe alios bene multos ut prætereamus , Justinus martyr (*Just. Mart. Dial. cum Tryph.*), et Eusebius (*Euseb. Demonstrat. Evangel.*) illum totum, et singulos illius versus de iisdem extremis Christi tormentis et morte exponunt. Evangelistæ vero Matthæus (*Matth.* xxvii. 35) et Joannes (*Joan.* xix. 24) decent tunc evenisse, quod in eodem psalmo de vestimentis ejus, sorte dividendis, prænuntiatum fuerat.

Eodem autem ipso tempore , ait Lactantius (*Lac-* *tant. lib.* iv. *cap.* xix), quo Christus ultro et sponte animam exhalabat, lux solis defecit, et omnia tenebris per tres horas circumfusa fuerunt. Atqui hæc citatus ab illo propheta his verbis præsignificaverat : *Et erit in illo die, dicit Dominus, occidet sol meridie, et obtenebrabitur dies lucis, et convertam dies festos vestros in luctum, et cantica vestra in lamentationem* (*Amos, cap.* viii. 9 *et* 10). Hanc prædictionem eodem modo protulit Cyprianus (*Cypr. lib.* ii. *adv. Jud.* § 23), nisi quod ante *cantica*, addidit, *omnia*. Paulo tamen aliter Irenæus : « In die illa , dicit Dominus, occidet sol meridie, et erunt tenebræ super terram in die lucis..... et universa cantica vestra in lamentationem. Eum occasum solis, qui crucifixo eo fuit ab hora sexta, manifeste annuntiaverunt » (*Iren. lib.* iv. *adv. hæres. cap.* lxi). Tertullianus (*Tertull. lib. adv. Jud. cap.* x) quoque hanc vaticinationem adversus Judæos, quam de Christo accipiendam esse negabant, sic urget. « Nam quod in passione ejus accidit , ut media dies tenebresceret, Amos propheta annuntiat, dicens : « Et erit in die illa, dicit Dominus, occidet sol media die, et tenebrescet super terram dies luminis, et convertam dies vestros in luctum, et omnia cantica vestra in lamentationem. » Quamobrem alio in libro seripsit : « Deliquium utique putaverunt, qui id quoque super Christo prædicatum non sciverunt. Et tamen eum mundi casum relatum in archivis vestris habetis » (*Idem Apolog. cap.* xxi). Denique ex jam citato Amosi oraculo contra Marcionem, quemadmodum adversus Judæos disputat (*Idem lib. contr. Marcion.*). Hieronymus vero (*Hieron. In loc. Amos cit.*) illud explicat tum de Judæorum apud Assyrios et Chaldæos captivitate, tum de Christo Domino cruci affixo. Sed quid mirum? cum jam a nobis observatum sit plures esse ejusdem sacri textus nostri significatus et interpretationes, quas omnes veras esse nullus negare merito umquam poterit.

Neque vero sacris vatibus nostris satis erat mortem Christi, et quæ tum acciderant, omnibus prænuntiare, nisi illius etiam *resurrectionis*, sine qua, uti ait Apostolus (*Paul.* i, *Corinth., cap.* xv. 17), vana esset fides nostra, mysterium prædixissent. At illud evidenter ab eis prænuntiatum fuisse probat Lactantius (*Lactant. lib.* iv, *cap.* xix) his Psalmistæ verbis : *Non derelinques animam meam apud inferos , nec dabis sanctum tuum videre interitum* (*Psalm.* xv, 10). Prius vero eadem Cyprianus (*Cypr. lib.* ii *adv. Jud.* § 24) scriptis tradiderat, præter ultimum verbum , pro quo posuit *corruptionem*. Tam clara autem et aperta est ea prædictio, ut Petrus Apostolus in primo suo ad Judæos sermone (*Act. Apost., cap.* ii , 25 *et seqq.*) evidenter demonstret illam non in Davide, qui apud eos mortuus et sepultus fuerat, sed in Christo, a mortuis ad vitam revocato, perfecte completam. Quin etiam Paulus in sua quoque ad eos concione (*Ibid. cap.* xiii., 35 *et seqq.*) idem plane ostendit. Itaque hoc oraculum tantorum Apostolorum auctoritate firmatum, aliorum, ut facile est, testimonio corroborare tam longum esset, quam inutile. Qui enim illis non credit, quibus, quæso, fidem unıquam habebit?

Neque ibi consistit Lactantius, sed idem rursus probat his ejusdem Psalmistæ verbis : *Ego dormivi, et somnum cepi, et resurrexi, quoniam Dominus auxiliatus est mihi* (*Psalm.* III, 6). Ita etiam et totidem verbis Cyprianus (*Cyp.*, *lib.* II, *adv. Jud.*, § 24). Testatum autem Justinus Martyr (*Just. Apol.* 1, al. 2) et Irenæus (*Iren.*, *lib.* IV, *adv. hæres.*, *cap.* xv) nobis faciunt, hæc verba a Christo, in persona Davidis loquente, de sua morte, et ad vitam regressu fuisse pronuntiata.

Ad hæc vero propheta Oseas non uno tantum, sed duplici oraculo perspicue prædixerat fore ut idem Christus aliquando revivisceret. Dixerat enim : *Hic filius meus sapiens, propter quod nunc resistet in contribulatione filiorum suorum, et de manu inferorum eruam eum. Ubi est judicium tuum, mors, aut ubi est aculeus tuus* (*Os.*, *cap.* XIII. 13 *et* 14) ? Ibi ille pro more sequitur interpretationem LXXII, sed non sine diversis quibusdam lectionibus. Posteriora autem prophetæ verba in sua Paulus (I *Corinth.*, *cap.* XV, 54), uti nemo nescit, ad Corinthios epistola retulit. Quapropter Hieronymus (*Hieronym.*, *lib.* III *Comment. in Os.*, *cap.* XIII) ex citatis a se hujus Apostoli verbis hanc elicuit conclusionem : « Itaque quod ille in resurrectionem interpretatus est Domini, nos aliter interpretari nec possumus, nec audemus. »

Aliud Osee testimonium, secundo loco ab Lactantio citatum, hunc exprimitur in modum : *Vivificabit nos post biduum, die tertio* (*Osee, cap.* VI, 2). Totidem quoque hæc verba transcripsit Cyprianus (*Cypr.*, *lib.* II *adv. Jud.*, § 25), eaque ille, et Tertullianus (*Tertull., lib. adv. Jud., cap.* xv, *lib.* IV, *adv. Marcion., cap.* XLIV); ac postea Hieronymus (*Hieronym. in cit. Os., loc.*), atque alii similiter interpretantur.

Addit tandem Lactantius prædictum a Daniele, fore ut Christus a morte ad vitam revocatus, ascenderet in cœlum. Sed de hac vaticinatione nos paulo ante egimus.

Quis autem jam non intelligat quo jure Lactantius dixerit (*Lact., lib.* IV, *cap.* XIV) « prophetas omnes, » hoc est, sacros prophetas nostros, et alios quos ethnici pro vatibus habebant, « pronuntiasse de Christo, ut ex genere David corporaliter natus, constitueret æternum templum Deo, quod appellatur Ecclesia, et universas gentes ad religionem Dei veram convocaret? » Fieri enim non potuit ut tot oracula de mirando prorsus Christi ex virgine et familia David ortu, de summo ejus sacerdotio, de Judæorum in eum iniquissima conspiratione, dirissimis cruciatibus, horrenda morte, ad vitam regressu, longissimum ante tempus prænuntiata, ab alio quam divino spiritu profecta fuerint. Tam certo igitur, quam evidenter ex iis conficitur Christum a Deo Patre suo missum esse, ut homines a falso et impio deorum cultu ad veram, quam fundavit, religionem adduceret. Nullus itaque nec Judæus, nec gentilis, nisi insanabili cæcitate perculsus, negare potest ad demonstrandam christianæ religionem certissimum atque invictissimum esse illud argumentum. Sed Lactantius alia adhuc non minoris ponderis profert, quæ jam expendenda sunt.

CAPUT III.

Quomodo Lactantius veritatem christianæ religionis asserat et confirmet ex veris Christi miraculis, quæ a sacris nostris aliisque vatibus prædicta fuerant.

ARTICULUS PRIMUS.

Quanta evidentia Lactantius ostendat veram esse Christi religionem, quam ille veris miraculis, ab Isaia et Sibylla designatis, confirmavit.

Aliud ad asserendam ac probandam christianæ religionis veritatem argumentum desumit Lactantius ex Christi miraculis, tum quia et vera et divina virtute ab eo sunt facta, tum quia sacri vates, aliique, longissimo antequam fierent tempore, illa revera prædixerant. Deus enim neque spiritus sui afflatum, neque potiorem ad edenda vera miracula divinæ potestatis suæ partem cum aliis communicat, nisi ad asserendam veritatem, sanaque ac vera documenta tradenda et stabilienda. Quam igitur religionem Christus veris miraculis, et longe antea prænuntiatis, et divina virtute a se editis fundavit, ea omnino vera sanctaque sit penitus necesse est.

At Christus « maximas, » inquit Lactantius (*Lactant., lib.* IV, *cap.* IV); « virtutes, » quas Apollo, a nobis antea laudatus, « portentificas » appellavit, « operatus est, non præstigiis magicis, quæ nihil veri ac solidi ostentant, sed vi ac potestate cœlesti, quæ jam pridem prophetis nuntiantibus canebantur. » Quocumque enimvero iter Christus faceret, quoslibet, quovis morborum genere laborantes, paralyticos, claudos, cæcos, mutos, leprosos, aliosque non manu aut medicamentis, sed solo verbo et jussione, unoque momento sanavit. Quin immo eodem quoque modo ad vitam revocavit mortuos. Atqui Isaias ejusmodi ægros pristinæ valetudini a Christo restituendos annuntiaverat. Illius quippe est descriptum a Lactantio, et prius a Cypriano hoc prædictum : *Confortamini manus resolutæ, et genua debilia consolamini* (ms. regius antiquissimus *consoldamini*, Cyprianus vero (*Cypr., libr.* II, *adv. Jud.*) *exhortamini*) *qui estis pusilli animi, nolite metuere ; Dominus noster judicium retribuet. Ipse veniet et salvos faciet nos. Tunc aperientur oculi cæcorum, et aures surdorum audient. Tunc saliet claudus sicut cervus, et plana erit lingua mutorum* (*Isai. cap.* xv. 3 *et seqq.*). Ibi autem neque ille, neque Cyprianus, aut interpretationi LXXII, aut Vulgatæ omnino adhærent, sed alteri paululum diversæ. Utriusque autem varias lectiones collegit Hyeronymus (*Hieronym., lib.* x. *Comment. in cit. Isai. loc.*), palamque fecit ea, quæ ibidem dicuntur, in Christo et Apostolis suum sortita esse exitum. Prius autem Tertullianus (*Tertull., lib. adv. Jud., cap.* IX, *lib. de Resur. carn. cap.* xx, *et lib.* IV *advers. Marcion., cap.* x *et* XII) hinc pene incredibilem Judæorum Marcionistarum pervicaciam retundit, et illa de Christo prædicta ab eoque reapse peracta esse demonstrat.

Quin etiam Sibylla, cui ethnici fidem derogare non

poterant, eadem Christi miracula his cecinit carminibus, quæ Lactantius (*Lactant.*, *lib.* IV, *cap.* XVI) græce citavit, et in regio codice sic latine exhibentur: « Mortuorum vero resurrectio erit, et claudorum cursus velocissimus, et surdus audiet, et cæci videbunt, et loquentur non loquentes » (*Sibyll. Orac.*, *lib.* VIII, 226 *et seqq.*). At eadem insuper Sibylla uno versu decantaverat fore, ut Christus hæc solo suo verbo faceret

Πάντα λόγῳ πράττων, πᾶσάν τε νόσον θεραπεύων.
(*Idem post Acrostich. Lactant.*, *loc. cit.*)

Quæ scriptor prælati codicis regii his latinis verbis reddidit: *Omnia verbo faciens, omnemque infirmitatem curans*. At præclare omnino animadvertit Lactantius mirum non esse quod Christus verbo faciebat (mss. regii *faceret*) *mirabilia*, *cum ipse esset Dei Verbum, cœlesti virtute ac potestate subrexum.*

Prosequitur ille, et ait quinque millia hominum, in deserto fame enectorum, a Christo quinque tantummodo panibus et duobus piscibus fuisse saturata. De his autem nos in superiori dissertatione egimus. Quid autem, inquit auctor noster (*Lactant.*, *loc. cit.*), *dici aut fieri potest mirabilius* (*Sibyll. Orac.*, *lib.* VIII, *v.* 502 *et seqq.*)? Atqui Sibylla id adhuc futurum præcecinerat his versibus, quos ille descripsit, et in oraculis earum editis similiter, si quasdam varias lectiones excipias, inveniuntur.

Præterea Christus non solum super undas maris sicco pede ambulavit, sed verbo etiam suo sedavit ejusdem maris tempestates. Addit Lactantius: « Non ut poetæ Orionem mentiuntur, in pelago incedentem, qui demersa corporis parte, numero supereminet undas. » Observant ibi Betuleius, et post eum Gallæus hemistichion esse poetæ alicujus: sed quis ille sit, neuter indicat. At magno sine labore discere poterant illud esse Virgilii, cujus hæc sunt carmina, (*Lib.* X *Æneid.*, *v.* 763 *et seqq.*).

Quæ magnus Orion
Cum pedes incedit, medii per maxima Nerei
Stagna, viam scindens, humero supereminet undas.

Quis enim dubitabit hæc a Lactantio designari et irrideri? Videsis Servii in illos versus et in primum ejusdem Æneidos librum annotationes, Natalem Comitem et alios.

Rursus autem Lactantius ostendit (*Lactant.*, *lib.* IV, *cap.* 15) hæc olim designata fuisse Sibyllarum carminibus, quæ in variis earum libris legimus. Ea vero græce tantum ab illo transcripta, in codice regio, sæpius a nobis laudato, sic latina facta sunt: « Ventos compescet; sternet vero insanum mare pedibus, pacisque fide calcatum. Et rursus aliqua dixit: Super undas ambulabit, infirmitatem hominum solvet, resurgere faciet mortuos, et pellet multos dolores, et de pane unius perionis saturatio erit virorum. » Ibi autem dicitur *perionis*; quia græce scriptum est πέρης ἄρτῳ, id est, *sacculo et pera panis*. In quibusdam vero editis legitur ῥίζης, in aliis πηγῆς, hoc est *fonte*, melius forsitan πήρης ex una panis pera aut sacculo, quo paucitas panum evidentius significatur. Cæterum latinam prædicti regii operum

Lactantii codicis interpretationem sæpius curiosis eruditisque lectoribus exhibuimus, ut quomodo ab aliis discrepet, et quæ corrupta fuerint græca verba, facilius perspiciant.

Sed videamus quid gentiles et Judæi contra tantorum hactenusque inauditorum Christi miraculorum auctoritatem objectarent. Primum autem respondebant carmina Sibyllarum non ab iis, sed a nostris, id est, christianis scriptoribus, fallaci titulo fuisse composita.

Verum Lactantius (*Lactant.*, *lib.* IV, *cap.* 15) futilem vanamque esse ostendit hanc responsionem. Nam Varro, Cicero, et veteres Sibyllam Erythræam aliasque commemorant. Christiani vero ea, quæ citant, illorum testimonia ex libris transcripserant auctorum, quorum dubia non erat fides, utpote qui ante obierant quam Christus homo factus fuisset.

Judæi vero majori procul dubio audacia et temeritate clamitabant, hæc miracula a Christo quidem facta, sed magicis plane artibus. Nulla enim, ait auctor noster, fingi poterat major calumnia. Christus siquidem *maximas*, uti ille loquitur, « virtutes cœpit operari non præstigiis magicis, quæ nihil veri ac solidi ostentant, » id est, nihil veri, aut quod aliquid aliis afferat utilitatis et emolumenti. Quæ enim arte magica aut dæmonum fraudibus fiunt, ideo tantum aguntur, ut decipiantur homines. At Christi miracula vi ac potestate divina, non mala arte aliqua, sed solo, ut diximus, verbo facta sunt, atque ut homines ad Dei veri cultum veramque religionem adducerentur. Deinde vero Judæi negare non poterant edita fuisse a Christo hæc miracula, quemadmodum in arcanis eorum litteris, id est, Veteris Testamenti libris prænuntiata fuerunt. A quibus autem longe antea prædicta fuerant, quam ab hominibus, ut vidimus, divino afflatis spiritu, qui nulli nocere, nullumque fallere, nec unquam mentiri poterant? Denique hanc insulsissimam non modo Judæorum, sed gentilium quoque criminationem ab Arnobio aliisque depulsam et eversam ostendimus.

Recte ergo concludit Lactantius (*Lact.*, *l.* IV, *c.* 15 et 15) Christum tantis miraculis et prodigiis meruisse et veracis legati, a Deo missi, et ipsiusmet divinitatis fidem. Quin etiam certissima fuerunt cœlestis virtutis indicia, quibus sole meridiano clarius probavit veram esse quam fundavit et instituit religionem. Verum Lactantius aliis adhuc Christi miraculis, quibus dæmones, magicarum artium auctores fugavit, evidentissime demonstrat illa nullis magorum dolis et artificiis, sed divina prorsus virtute ab ipso facta, atque inde adhuc veritatem christianæ religionis mirum in modum stabiliri. Sed hæc in sequenti articulo examinanda sunt.

ARTICULUS II.

Quam invicte Lactantius christianæ religionis veritatem demonstret ex fugatis a Christo, ejusque nomine, ac crucis signo dæmonibus.

Tantum abest ut Christus præstigiis artibusque magorum aut dæmonum miracula ediderit, quin et ipse et ejus discipuli mirabili virtute fugaverint dæmones, eosque ejecerint ex iis, quæ obsidebant, hominum corporibus. Atqui uti Lactantius (*Lactant.*, *lib.* IV, *cap.* XXVII) recte argumentatur : « Necesse est veram esse religionem, quæ et rationem dæmonum novit, et astutiam intelligit, et vim retundit, et eos spiritualibus armis domitos ac subjectos, cedere sibi cogit. » Enimvero hi dæmones Jovis, Æsculapii aliorumque, quos gentiles colunt, deorum aut amici sunt, et illis aliqua necessitudine copulati, aut e contrario inimici, et infensi. Si sibi invicem copulati sint, atque, ut ait Homerus (*Homer. Iliad.*, I, *vers.* 221), Jupiter dæmonibus aggregetur, si a poetis et philosophis modo dæmones, modo dii appellentur, quomodo eos distinguemus a se invicem, ut illos rite distinctos colamus et honoremus? Si vero eximii gentilium dii hostes revera sint dæmonum, et eis infensi, cur illos non fugant, atque ad eos expellendos, non eamdem ac Christus ejusque discipuli habent potestatem? Quæ etiam erit horumce deorum vis aut potentia, si ipsis subjecti non sint dæmones? Cur etiam Christi, non autem Jovis aliorumque deorum, nomine fugantur, nisi quia Christum, minime vero falsos deos reformidant? Et certe ubi coluntur, se deos esse mentiuntur; ubi adjurantur a christianis, coguntur se dæmones esse palam confiteri. Quorsum autem ab eis extorquetur tam ignominiosa confessio, nisi quia maximo christianorum eos adjurantium timore percelluntur?

Sed Lactantium nostrum, hæc omnia, nec semel profecto enarrantem, si lubet audiamus : « Justos, inquit, id est, cultores Dei metuunt, cujus nomine adjurati, de corporibus excedunt, quorum verbis, tamquam flagris verberati, non modo dæmones se esse confitentur, sed etiam nomina sua edunt, illa quæ in templis adorantur ; et quod plerumque coram cultoribus suis faciunt, non utique in opprobrium religionis, sed honoris sui (*duo antiquissimi codices regii*, et honoris sui), quia nec Deo, per quem adjurantur, nec justis, quorum voce torquentur, mentiri possunt. Itaque maximis sæpe ululatibus editis, verberari se, et ardere, et jam jamque exire proclamant » (*Ibid. lib.* II, *cap.* 15, *lib.* IV, *cap.* 27, *et lib.* V, *cap.* 21). Eadem a Minucio Felice tradita alibi annotavimus et explicavimus.

Atqui si tantus sit dæmonum, homines a veri Dei veneratione ad impium falsorum deorum cultum fraudulenter avocantium timor, si tanta illorum et deorum et dæmonum infirmitas : contra vero, si tantum est Christianorum, verum Deum colentium, in ipsos dæmones imperium, si tanta ad eos fugandos potestas ; nonne certissime inde conficitur, tam veram esse christianorum, quam falsam gentilium religionem?

Acrius adhuc urget Lactantius, perspicuumque facit iisdem dæmonibus terrorem maximum incuti ipso etiam crucis signo, quo quidem facto, non secus ac ejusdem Christi nomine adjurati, de hominum corporibus, quæ obsessa tenebant, confestim ejiciebantur. Atque id quidem auctor noster narrat, non uti rem incertam, aut obscuram, sed omnibus sui temporis hominibus notissimam ac certissimam. « Nunc, » inquit, « sectatores ejus, » Christi videlicet, « eosdem spiritus inquinatos, de hominibus, et nomine magistri sui et signo passionis excludunt (*Lactant.*, *lib.* IV, *c.* 27). » Neque hos improbos spiritus clam et occulto in fugam vertebant, sed palam ac publice, ac cum ipsimet gentiles diis suis immolarent. Tum enim, si *assistat aliquis*, uti ille ait, *signatam frontem gerens*, non poterant ullo modo litare, vel sicut Virgilius ab eo laudatus canebat (*lib.* III *Georg.*, *vers.* 149) :

Nec responsa potest consultus reddere vates.

Non semel autem aut raro, sed sæpius id factum plane asseverat. Nam continenter subjungit hanc *sæpe* causam præcipuam fuisse malis regibus *justitiam*, hoc est, christianos persequendi.

Unum tamen ex pluribus selegit memorabile exemplum, quod his protulit verbis : « Cum quidam ministrorum nostrorum » (in duobus antiquioribus mss. regiis codicibus, pro *nostrorum*, legimus, e *cultoribus Dei*) « sacrificantibus dominis assisterent, imposito frontibus signo, deos illorum fugaverunt, ne possent in visceribus hostiarum futura depingere. Quod cum intelligerent aruspices, instigantibus iisdem dæmonibus, quibus prosecant, » (memorati codices regii *prosecrant*, et unus secunda manu, *consecrant*, editio Florentina *prosecuerant*) « conquerentes, profanos, *id est, Christianos*, homines sacris interesse, egerunt principes suos in furorem, ut expurgarent, (mss. regii præfati, ac plures alii cum antiquiores tum recentiores, et editio ultima, *expugnarent*) « Dei templum, seque sacrilegio contaminarent, quod gravissimis persequentium pœnis expiaretur. » Duæ autem diversæ codicum lectiones duplicem exhibent Lactantii sensum. Si enim legas *expugnarent Dei templum*, significabit Nicomediæ templum, Diocletiano jubente, ut ipse Lactantius postea narrat, fuisse expugnatum et eversum. Si vero legas *expurgarent Dei templum*, sensus erit, ut gentiles expiarent dei sui templum, quod a christianis contaminatum putabant.

Quæcumque sit vera Lactantii lectio, ex ea aperte intelligitur dæmones facto a christianis crucis signo territos ac fugatos. Sed hæc fusius enarrat Lucius Cecilius in suo de Mortibus persecutorum libro, ubi rationem nobis reddit cur Diocletianus Imperator cœperit in christianos sævire. Ibi enimvero hæc legimus : « Tum quidam ministrorum, scientes Dominum, cum assisterent immolanti, imposuerunt frontibus suis immortale signum. Quo facto, fugatis dæmonibus, sacra turbata sunt. Trepidabant Aruspices, nec solitas in extis notas videbant ; et quasi non litassent, sæpius immolabant. Verum identidem mactatæ hostiæ nihil ostendebant, donec magister ille Aruspicum Tages, seu suspicione, seu visu, ait idcirco non respondere sacra, quod rebus divinis profani homines, *nimirum christiani*, interessent. Tunc ira furens, sacrificare non eos tantum, qui sacris ministrabant, sed universos, qui erant in palatio, jussit, et in eos, si detrectassent, verberibus animadverti, datisque ad præpositos litteris, etiam milite cogi ad nefanda sacrificia præcepit; ut qui non paruissent, militia solverentur » (Cecil., lib. de mortib. persecut., cap. x). Vides sane quam asseveranter uterque affirmet ethnicorum sacra facto a christianis dominicæ crucis signo turbata fuisse, ac Diocletianum, ibi præsentem, tum jussisse in hos cæterosque christianos sæviri.

Quamvis autem certissimum sit utriusque Lactantii, et Lucii Cecilii, sicut alibi ostendimus, de fugatis signo crucis dæmonibus testimonium, nec ab ullo cordato homine in dubium merito possit vocari; si quis tamen id sibi aliunde probari postulet, huic testem primum dabimus Athanasium, qui palam testificatur dæmones ac deos signo crucis Christi facto tamquam mortuos obmutescere, irritasque fieri eorum præstigias : Τῷ δὲ σημείῳ τοῦ σταυροῦ πᾶσα μὲν μαγεία παύεται, πᾶσα δὲ φαρμακεία καταργεῖται (Athanas., de Incarn. Verb. Dei). « Signo autem crucis omnis ars magica deficit, incantamenta omnia evanescunt. » Quapropter Cyrillus Hierosolymitanus christianos, curæ suæ commissos, sic adhortabatur : « Ne ergo Christi crucem erubescamus, sed si quis alius abscondat, tu palam ad frontem obsignato, ut dæmones regium signum intuentes, tremul procul aufugiant. » Μὴ τοίνυν ἐπαισχυνθῶμεν τῷ σταυρῷ τοῦ Χριστοῦ, ἀλλὰ κἂν ἄλλος ἀποκρύπτῃ, σὺ φανερῶς ἐπὶ μετώπῳ σφραγίζου, ἵνα οἱ δαίμονες τὸ σημεῖον ἰδόντες τὸ βασιλικὸν, μακρὰν φύγωσι τρέμοντες (Cyrill., Hierosol. Catech., IV, § 10). « Non enim, inquit, alterius crucifixi invocatio dæmones abigit.

Nec minus perspicue Gregorius Nazianzenus divinam hujus salutiferi crucis signi et invocati nominis Christi potestatem hisce versibus cecinit :

. . . . Ἐγὼ Χριστοῦ λάχος οὔνομα σεπτὸν
Πολλάκι μοῦνον ἔειπον· ὅδ᾽ ᾤχετο τηλόθι δαίμων
Τρύζων, ἀσχαλόων τε, βοῶν οὐδένος ἠμιδόντος·
Ἢ σταυροῦ μεγάλοιο χαράγματι, μηδὲ μένοντι,
Ἠέρα μέσσον ἔγραψα, τύπος δὲ ἐστηκε τρόπαιον.

(Greg. Naz., Carm. 61.)

Ipse etiam sors inclyta Christi
Prolato ipsius vel solo nomine, sæpe
Dæmones ejeci stridentes, atque gementes,
Clamantesque Dei robur dominantis olympo,
Aera vel medium signo crucis ipse notavi
Illustremque tulit typus hic ex hoste triumphum.

Quid vero quod vir ille, fide procul dubio dignissimus, ac post eum Theodoretus (Theodoret., lib. III Hist. Eccl., cap. III), celeberrimum nobis suppeditat Juliani Apostatæ exemplum, quo certe nihil ad ostendendam signi crucis in dæmones virtutem efficacius potest umquam desiderari. Impius enim ille imperator, sicut illi testantur, postquam a christiana religione defecisset, in subterraneum et horrendum adytum, uno tantum stipatus comite, descendit, ut magicis artibus daret operam. Sed sonis insuetis, tetris odoribus, spectrisque igneis territus : « Ad crucem, » inquit Gregorius, « vetusque remedium confugit, hocque se adversus terrores consignat, eumque quem persequebatur, « videlicet Christum, » opitulatorem adsciscit..... Valuit signaculum, cedunt dæmones, pelluntur timores. Quid deinde? Respirat malum, rursus audaciam concipit, rursus aggreditur, rursus iidem terrores urgent, rursus signum adhibetur, ac dæmones conquiescunt. »

Cum hæc vero publica notaque omnibus ethnici negare nequirent, qua, putas, ratione ea infirmare conabantur? Respondebant, ait Lactantius (Lactant., lib. IV, cap. 27), hoc deos non metu (male in editis, nutu) verum odio facere. Neque in animum, quæso, inducas illud ab auctore nostro gratis fictum; quod facilius refelleret. Jam enim ei ati Gregorius Nazianzenus et Theodoretus certiores nos faciunt sacrorum antistitem, lateri Juliani inhærentem, ipsi virtutem crucis valde admiranti respondisse. Abominationi illis fuimus, non terrori, vel ut scribit Theodoretus : « Non timuerunt dæmones, ut tu censes, sed factum tuum abominati recesserunt. »

Verum Lactantius insulsam hanc cavillationem funditus evertit. Si qua etenim fuisset deorum sive dæmonum potestas; congruum, immo necesse proculdubio erat, ut quos signo crucis munitos oderant ac detestabantur, hos non fugerent, sed præsentibus potius mulctarent pœnis. Turpis namque hæc fuga certissimum erat victoriæ, a christianis in eosdem dæmonas reportatæ indicium. Negare itaque nemo poterat, tam veram, quam victricem esse religionem christianorum, qui dæmonas solo crucis signo fugabant domabantque.

Quis igitur Gallæum, non secus atque alios ejus asseclas, salutiferi crucis signi inimicos, non mirabitur, qui in hunc Lactantii locum observat, eum plus, quam par erat, tribuisse crucis signo; quando quidem dixit illud dæmonibus fuisse terrori? Quid enim, amabo te, illi nimium tribuit? Dæmones, inquit Gallæus, non signo crucis terrebantur, sed cruce ipsa, hoc est, morte Christi in cruce interempti. Verum eximius ille vir prius evidentissime probare debebat, mentitos fuisse non dubiæ tamen fidei scriptores, a nobis hactenus citatos. Sed id nec probavit Gallæus, nec probare curavit. Atqui si Julianus impius ille apostata, non amplius, si tamen umquam fuit, sincerus Christi sector, dæmones, uti diximus, signo solo crucis fronte imposito expulit; multo magis certum esse debet, eos a veris ac piis Christi discipulis hoc ipso solo fugatos fuisse.

Urget Gallæus : Paulum in sua ad Hebræos epistola scripsisse diabolum Christi morte destructum. Quid inde? Numquid ex his verbis conficitur solo crucis Christi signo fugatos non fuisse dæmones? Quin immo, quia Christus morte sua diabolum destruxit, inde profecto conficitur ipsius crucis signum diabolo et dæmonibus esse terrori.

Instat adhuc heterodoxus homo Lactantium non dixisse dæmones nudo crucis signo expelli, sed et nomine magistri et signo passionis, quod, inquit, et nos concedimus. Bene est, quod ille tandem concedat, quod non poterat amplius inficiari. At si utroque et nomine Christi, et signo crucis ejus dæmones expulsi sunt, certe ad eos expellendos debuit aliqua esse illius salutaris signi potentia. Ut quid enim frustra adhibitum fuisset? Atqui Lactantius ibidem subjunxit, quod Gallæus non sine fraude et dolo dissimulasse videtur, cum sacrificarent ethnici in fugam versos fuisse dæmones, *imposito* ab assistentibus christianis *frontibus* crucis Christi signo. At ibi Lactantius, quemadmodum alii a nobis citati, mentionem solius Dominicæ crucis signi fecerunt. Porro autem hanc signi crucis virtutem non ab ipso solo, sed a divina potentia, cujus instrumentum est, derivari catholici omnes, quidquid calumniatores heterodoxi secus effutiant, palam profitentur.

ARTICULUS III.

Diluuntur ethnicorum argumenta, quibus frustra probare conati sunt ab Apollonio Tyanæo similia, ac majora etiam, quam a Christo facta fuisse miracula, aut hæc ab apostolis, ut quæstum facerent, conficta.

Quantum christiana religio veris ac certe stupendis Christi miraculis stabilitur, tanta ethnici audacia, tantoque conatu tam sæpe quam frustra repetito, illa negare aut infirmare connisi sunt. Unus autem ex iis cujus nomini Lactantius pepercit, et quem superius Hieroclem fuisse ostendimus, peculiari quadam, sed plane penitusque vana ac futili ratione ad cuncta Christi miracula deprimenda et extenuanda aggressus est. Cum enim illa negare non posset, *voluit ostendere*, Lactantii verba sunt, *Apollonium vel paria, vel etiam majora fecisse* (*Lactant. lib. v. Inst. div. cap.* III). Famosus ille fuit Apollonius Tyanæus, Pythagoricæ philosophiæ sectator, qui sub finem primi Ecclesiæ sæculi, ut in Eusebiano Chronico notatur (*Euseb. Chron. ad ann. Christ.* 96), florebat. Octo autem, qui etiamnum exstant, libros de illius vita Philostratus stylo, sicuti ait Photius, aperto, gratioso, et conciso conscripsit. Ibi autem varia et maxima memorantur miracula, ex quibus pauca quædam idem Photius recenset, qui narrationem suam sic absolvit : «His similia dementiæ plena, et alia plurima prodigiose confingit. Itaque libris octo omnis ab illo vanissimi laboris opera consumitur.» Παραπλήσια τούτοις ἀνοίας μεστὰ καὶ ἕτερα πλεῖστα τερατευσάμενος. ἐν ὀκτὼ δὲ λόγοις ἡ πᾶσα αὐτῷ τῆς ματαιοπονίας σπουδὴ κατηνάλωται.

Ex hac autem Philostrati historia, seu potius confictis ab eo fabulis, Hierocles in suis libris, quos pseudotitulo φιλαληθεῖς, uti notavimus, inscripserat, occasionem arripuit Apollonii miracula cum iis, quæ Christus divina virtute fecerat, perperam componendi. Itaque hac insulsa comparatione, non ille tantum, sed alii quoque gentiles, postea conati sunt miraculorum Christi minuere, ac penitus etiam infirmare auctoritatem. Sæculo etenim quinto Marcellinus quæstiones quasdam Augustino solvendas proposuit, eumque rogat, ut iis responderé dignetur, qui «Apollonium suum nobis, et Apuleium aliosque magicæ artis homines in medium proferunt, quorum majora contendunt exstitisse miracula» (*Apud Aug. epist.* 136). Audaciores procul dubio hi videntur, qui miracula non solum ab Apollonio, quemadmodum Philostratus jactitabat, sed etiam ab Apuleio, effecta, his quæ Christus fecerat, paria atque majora etiam fuisse opinabantur. Sed quia nemo negare poterat hunc Apuleium impium fuisse hominem, et magiæ accusatum, hinc Lactantius (*Lactant. ibid.*) haud illepide Hieroclem sic irridet : «Mirum quod Apuleium prætermiserit, cujus solent et multa, et mira memorari.» At serio hunc deinde refellit et respondet, si vera fuerint, quæ venditabantur Apollonii miracula, illum debuisse pro deo ab omnibus coli. Hieroclem itaque sic urget, «Cur igitur, ô delirum caput, nemo Apollonium pro deo colit, nisi forte tu solus, illo scilicet deo dignus?»

Quo autem, inquies, pacto, id Lactantius asseverare potuit. Nonne Xiphilinus memoriæ mandavit eumdem Apollonium ab Antonino Caracalla in honore magno habitum fuisse, καὶ ἡρῷον αὐτῷ κατασκευάσαι, eique ab illo erectum monumentum, sive ædificatam, tamquam heroi, basilicam? Narrat vero Vopiscus Apollonium Aureliano post captam Tyanam urbem apparuisse, illique suasisse, ut clementius ageret. Tum deinde hæc adjecit : «Norat vultum philosophi venerabilis Aurelianus, atque in multis ejus imaginem viderat templis. Denique statim attonitus, et imaginem et statuas, et templum eidem promisit» (*Vopisc. in Vit. Aurel. circ. med.*). «At si imperator ille stetit promissis, ante Lactantii tempora, templum Apollonio ædificatum est. Quid vero visæ ab illo ejus imagines et statuæ, in templis collocatæ, aliud innuunt, nisi eas ipsi tamquam Deo positas? Verum id probatione adhuc indiget. Quis enim nesciat alias in gentilium templis, quam deorum erectas fuisse statuas et imagines? Et certe Xiphilinus dicit illi, non tamquam Deo, sed tamquam heroi fabricatum a Caracalla monimentum.

Quoquo autem modo res se habeat, Lactantius paulo post suam clarius explicat mentem, ubi adversarium suum sic insectatur : «Cum dicas et adoratum esse a quibusdam, sicut Deum, et simulacrum ejus sub Herculis Alexiaci nomine constitutum, ab Ephesiis etiam nunc honorari» (*Lact. ibid.*). At hæc ex Philostrati historia (*Philostr. lib.* IV, *cap.* 3) Hierocles haud dubie delibaverat. Nonne ergo Lactantius hinc recte colligit Apollonium a quibusdam tantummodo pro deo habitum, quem tamen non suo nomine colebant, sed alieno, nimirum Herculis Alexiaci, seu ut græce Philostratus dixit ἀποτροπαίου, id est, malorum depulsoris et averruncatoris? Si qui autem alii illum vero ac proprio ejus nomine tamquam Deum honoraverint, hi paucissimi erant, ac unus fortasse, uti, Lactantius, joco et risu dixerat, et solus Hierocles.

At hic ipse respondebat Apollonium fuisse Christo modestiorem, qui etsi majora, ut ille garriebat, quam Christus, fecisset miracula, Dei nihilominus nomen sibi non arrogaverit. Sed Lactantius funditus evertit vanum illud simulatæ frustra verecundiæ effugium. Quis est enim, inquit, qui immortalis nominis sui memoriam non concupiscat? Reges certe maximi, aliique homines magnificis imaginibus, statuis et sepulcris eam sibi comparare moliti sunt. Immo vero

CAP. III. ARGUM. DE VERIT. REL. CHRIST.

ipsemet Hierocles editis libris suis, tametsi detestabile ingenii sui monimentum sint, nihil aliud quam nominis immortalitatem affectaverat. Stultum est igitur putare id, quod omnes optant, recusatum ab Apollonio, quem Hierocles dixit a quibusdam sicut Deum adoratum fuisse.

Dein vero falsa fuisse Apollonii miracula hinc auctor noster aperte convincit (*Lactant. lib. v Inst., cap.* III), quia constabat illum operam magicis dedisse artibus, quibus aliquid supra consuetum naturæ ordinem fecisse videbatur. Nefandis siquidem his fraudibus illud plane tribuendum, quod Hierocles post Philostratum posteris tradidit (*Philostr. lib.* VIII, *cap.* 4), eumdem Apollonium cum ante judicum tribunal staret, moxque debitas pœnas Domitiano daturus esset, tum repente ex omnium oculis evanuisse, nec comparuisse amplius. At id re Eusebius jure merito concludit (*Euseb. adv. Hierocl.*) illum non ideo quidem magum fuisse, quia subiit judicium, sed quia judices, imperatorem et circumfusos illi speculatores effugit ac fefellit. Nec absimili sane modo Hieronymus contra Marcionistas, qui Christum ficte et simulate natum falso asserebant, disputat : « Apollonius Tyanæus scribitur, cum ante Domitianum staret in consistorio, repente non comparuisse. Noli potentiam Domini magorum præstigiis adæquare, ut videatur fuisse, quod non fuit » (*Hieronym. epist. ad Pammach. adv. Error. Joan. Hierosol.*).

Quamobrem Augustinus censet irridendos prorsus esse gentiles, qui hunc Apollonium et Apuleium magicis artibus deditos, Christo comparare audebant, tametsi tolerabilius videatur, quod illos cum eodem Christo potius, quam cum sceleratissimis diis suis contulerint. Marcellino siquidem, ipsum, ut paulo ante dicebamus, interroganti sic respondet : « Quis vel risu dignum non putet, quod Apollonium et Apuleium, cæterosque magicarum artium peritissimos, conferre Christo, vel etiam præferre conantur? quamquam tolerabilius ferendum sit quando istos ei potius comparerunt, quam deos suos. Multo enim melior, quod fatendum est, Apollonius fuit, quam tot stuprorum auctor et perpetrator, quem Jovem nominant » (*Augustin. epist.* 138 *ad Marcell.* § 18). Alia vero in epistola seu libro, ubi ethnicos refellit, qui Jonam triduo in ventre ceti fuisse, tanquam penitus incredibile irridebant, ibi Apollonium haud dubitanter magum appellat, et asserit memorata ejus miracula nullius certa auctoritate firmari : « Et tamen si hoc, *inquit*, quod de Jona scriptum est, Apuleius Madaurensis, vel Apollonius Tyanæus fecisse dicerentur, quorum multa mira, nullo fideli auctore, jactitant, quamvis et dæmones nonnulla faciant Angelis sanctis similia, non veritate, sed specie, non sapientia, sed plane fallacia; tamen si de istis, ut dixi, quos magos vel philosophos laudabiliter nominant, tale aliquid narraretur, non jam in buccis creparet risus, sed typhus » (*Idem epist.* CII. *quæst.* 6). Animum, quæso, parumper advertas ad id, quod ibi eximius iste doctor palam aperteque asseverat, hæc utriusque, Apollonii et Apuleii miracula nullo fideli auctore jactitari. Nec immerito quidem. Nam quæ Apollonio tribuuntur, illa ex Philostrato, uti observavimus, incertæ omnino, ne quid amplius dicamus, fidei scriptore, litteris mandata sunt. Deinde vero Augustinus dicit illos magos, vel laudabiliter philosophos nominari. Quam jure autem merito id ab eo dictum sit, inde colligas, quod Hieronymus Apollonium a vulgo magum, a Pythagoricis philosophum nuncupatum fuisse testificatur : « Apollonius, *inquit*, sive ille magus, ut vulgus loquitur, sive philosophus, ut Pythagorici dicunt » (*Hieronym. epist.* L. *ad Paulin.*).

Neque solum porro vulgus hunc magum vocavit, sed Lucianus narrat (*Lucian. in Alexandr. seu Pseud.*) quemdam maleficum et improbum præstigiatorem, Alexandri itidem magi præceptorem, ex eorum fuisse numero qui cum Apollonio Tyanæo versati fuerant, omnemque pernoverant illius tragœdiam : καὶ τὴν πᾶσαν αὐτοῦ τραγῳδίαν εἰδότων.

At vehementius adhuc ethnicos hinc urget Lactantius, quod ab illis pauca tantum, fatente etiam Hierocle, atque exigua Apollonii portenta venditarent : Christus vero innumera, et tam multa, inquit ille, ediderit miracula, *ut unus liber ad complectenda omnia satis non sit* (*Lactant. lib.* IV. *cap.* 15). Quo ille loquendi modo Joannem haud dubie imitatus est, qui in fine Evangelii sui scripsit, se non arbitrari singula Christi opera, si scriberentur, mundum ipsum capere posse eos qui scribendi sunt libros (*Joan. Evang. cap.* XXI, 25). At his procul dubio verbis significat innumerabilia fuisse Christi opera et miracula, quæ digna erant immortali memoriæ singulatim consignari. Porro autem Christiani, uti Lactantius prosequitur (*Lactant. lib.* v. *cap.* 3), agnoverunt palamque profitebantur Christum esse verum Deum, sed non ideo tantum, quia tot tantaque miracula ab ipso edita, verum etiam quia ea ipsa a sacris vatibus, uti dictum est, divino spiritu afflatis prænuntiata fuisse certo certius compererant. At cui nec Apollonius, nec Apuleius vera unquam ediderunt miracula; neque ullius unquam ea ab aliquo divino propheta, prius quam fierent, annuntiata fuisse ullibi testificatus est. Plura autem de Apollonio qui legere voluerit, is Huetium consulat (*Huet. de Demonstr. Evangel. prop.* IX, *c.* 147), et recentioris scriptoris lucubrationem, gallica lingua nuper conscriptam.

Contra tamen impudentissimus christianorum hostis Hierocles instabat, quæ in sacra Scriptura narrantur, hæc falsa esse, sibi ipsis contraria et a Petro et Paulo, cæterisque Christi discipulis rudibus et indoctis, ac plerisque piscatoria arte quæstum facientibus, atque omnia ad lucrum revocantibus, ficta fuisse ac fallaciter disseminata. Sed insulsissimam calumniam tam cito quam facile Lactantius noster depellit (*Lact. lib.* V, *cap.* 2 et 3). Nam si rudes et indocti fuerunt, ergo ab eis abfuit fingendi astutia et voluntas. Quid vero, quod non indocti homines, sed eruditi ac doctrina exculti, quales erant Plato, Aristoteles aliique philosophi, contraria sibi invicem et repugnantia aliquando docuerunt. At ea omnia quæ a Christi discipulis tradita sunt, ubique quadrant, planeque sibi consentiunt. Nihil porro dictu absurdius, quam illos quæstus et commodi gratia fuisse fallaciarum seminatores. Vivendi etenim genus secuti sunt, quod omni voluptate caret, et omnia, quæ habentur in hujus mortalis vitæ bonis, plane spernebant. Quin immo pro Christi fide et religione non solum mortem constantissime subierunt, sed Christus, et ii etiam ipsi prædixerunt se morituros illius causa, omnesque suos sectatores acerba et nefanda passuros. Sed de his omnibus jam a nobis in superiori dissertatione disputatum est.

Quid ergo ex tota hac disputatione aliud concludendum, nisi verissima fuisse quæcumque Christus fecit miracula, neque ea ab ipso edita malis quibusdam artibus, sed divina tantummodo virtute ac potestate? Atqui si Christus divina, sicuti nemo, nisi dementi pervicacia obcæcatus, negare potest, virtute præditus fuit, necessario fatendum est veram esse fundatam ab illo religionem.

CAPUT IV.

Examinantur alia argumenta, quibus christianæ religionis veritas a Lactantio stabilitur.

ARTICULUS PRIMUS.

Quam perspicue Lactantius demonstret veram esse christianam religionem ex Judaicæ legis abrogatione, ac christianæ institutione, propagatione et sanctitate.

Religionis nostræ veritatem demonstrant non ea tantum, quæ ab Christi, ejus auctoris vita, mirandisque prorsus ejus operibus ducuntur argumenta, sed alia, etiam, quæ ex ipsamet ejusdem religionis institutione, propagatione et sanctitate erui possunt (*Lactant. lib. iv. Inst. divin. cap.* 11 *et cap.* 17). Prædictum siquidem a sacris vatibus et ipsomet Moyse fuerat fore ut Deus suum mitteret e cœlo filium, qui Judæorum circumcisionem, ut infra dicetur, et legem eorum abrogaret, novamque conderet ubique terrarum disseminandam. Quin etiam iidem prophetæ prænuntiaverant abjectam a Judæis justitiam, ad eas transferendam gentes, quæ illam ignorabant. Quæ autem hunc prædicuntur in modum quis vera esse non fateatur? Atqui illud, inquit Lactantius, *Propheta Malachias* (vel juxta duos antiquissimos mss. regios, *Malachiel*, aut juxta Hieronymum (*Hieronym. præf. in Malach.*), *Malachi*, et Augustinum (*August. lib.* xx *de Civit., cap.* 25), *Malachias sive Malachi*) *his indicat verbis : Non est mihi voluntas circa vos, dicit Dominus, et sacrificium acceptum non habeo* (*Malach. cap.* i, 10). (Cyprianus *habebo*; lxxii et Vulgata *suscipiam*) *ex manibus vestris : quoniam a solis ortu usque ad occasum clarificabitur* (Cyprianus (*Cyprian. lib.* i *adv. Judæos* § 16) *clarificatum est*; lxxii, *magnum est*; Vulgata, *glorificatum est*) *nomen meum apud gentes*. Nullus autem fere est ex antiquis Ecclesiæ Patribus, qui hoc Malachiæ testimonium de rejiciendis Judæorum sacrificiis, et nova lege christiana, incruentaque illius sacrificio postea instituendis, non interpretetur. Supervacaneum itaque foret omnium singillatim appellandorum verba transcribere, ac sufficiet Justini martyris (*Just. Dial. cum Tryph.*), Irænei (*Iren. lib.* iv, *adv. hæres. c.* 32), Tertulliani (*Tertullian. lib.* iii *adv. Marcion. cap.* 22 *et lib.* iv), Cypriani (*Cyprian. loc. cit.*), Eusebii (*Euseb. in fin. lib.* i. *Demonstr. Evangel.*) Hieronymi (*Hieronym. in cit. Malach. loc.*), libros citasse et loca librorum.

Præterea Lactantius illud confirmat hac psalmistæ vaticinatione : *Item David in Psal.* xvii : *Constitues me in caput gentium : populus quem non cognovi serviet mihi* (*Psalm.* xvii, 44). Ita et Cyprianus juxta manuscriptum codicem Corbeiensem, et secundum alios *servivit mihi*, atque inde ille similiter probat his verbis designatas fuisse gentes in Christum credituras. Tertullianus vero : « Sicut supra ostendimus, inquit, quod vetus lex et circumcisio carnalis cessatura pronuntiata est; ita et novæ legis et spiritualis circumcisionis observantia, in pacis obsequia eluxit. Populus enim, inquit, quem non noveram, servivit mihi, in obauditu oris obaudivit me, prophetæ annuntiaverunt. Quis autem populus, qui Deum ignorabat, nisi noster qui Deum nesciebamus? Et quis in auditu auris audiit, nisi nos qui, relictis idolis, ad Deum conversi sumus? » (*Tertull., lib. adv. Jud., cap.* 3). Sed de psalmi illius verbis totoque hoc psalmo legendus in primis Augustinus (*August. lib.* xvii *de Civit. cap.* 16).

Nec minus clare id Lactantius annuntiatum esse docet his Isaiæ verbis : *Venio colligere omnes gentes et linguas, et venient, et videbunt claritatem meam, et dimittam super eos signum, et mittam ex eis conservatos in gentes, quæ longe sunt, quæ non audierunt gloriam meam* (Cyprianus, *quæ non audierunt nomen meum, neque viderunt gloriam meam*) *et nuntiabunt claritatem meam in gentes* (*Isai. cap.* lxvi, 18). Ibi Lactantius ea omisit, quæ ex Cypriano annotavimus (*Cyprian. lib.* ii, *adv. Judæos*, § 22), et in lxxii interpretatione leguntur. Sed uterque nonnulla quoque alia, quæ in eadem versione habentur, prætermisit, eodem tamen, quo diximus, sensu citata a se verba explicat. Ita etiam præter alios, Hieronymus, qui hæc longe fusius prosecutus est (*Hieronym. in comm. cit. Isa. loc.*).

Nec obscure etiam præfatis Isaiæ verbis significatur fore, ut vera Christi religio, per totum terrarum orbem disseminata, ab omnibus gentibus susciperetur. At illud adhuc auctor noster declaratum putat (*Lact. ibid. cap.* 12) his, de quibus nos paulo antea egimus, Danielis verbis : *Datum est ei regnum, et honor et imperium, et omnes populi, tribus, linguæ, servient ei* (*Daniel, cap.* vii, 13). Nam ea effectum suum sortita sunt; quandoquidem Christus : « Nunc habet, » inquit Lactantius, « perpetuam potestatem, cum omnes gentes et omnes linguæ nomen ejus venerantur, majestatem confitentur, doctrinam sequun-

CAP. IV. ARGUM. DE VERIT. REL. CHRIST.

tur, vitam imitantur. » Alibi vero : « Nulla gens tam inhumana est, nulla regio tam remota, cui aut passio ejus, » Christi videlicet, « aut sublimitas majestatis ignota sit » (*Lactant. lib.* IV. *Inst. cap.* 26). Denique alio adhuc in loco : « Ab ortu, inquit, solis usque ad occasum lex divina suscepta est » (*Idem, lib.* V, *cap.* 13). Quis autem diffiteri potest eam religionem esse veram, quæ per totum terrarum orbem eodem plane propagata est modo, quem divino afflante Spiritu, prophetæ longe antea prædixerant? Sed hoc argumentum paulo aliter et uberius tractatum ab Arnobio vidimus et expendimus.

Cæterum Lactantius (*Lactant. lib.* III *Inst., cap.* 10) in propositionis suæ confirmationem alia profert eorumdem sacrorum vatum testimonia, quibus palam denuntiaverant fore, ut Christus, abdicato et exhæredato Judaico populo, christianos faceret regni sui hæredes. Primum autem desumit ex his Hieremiæ verbis : *Ecce dies venient, dicit Dominus, et consummabo domui Israel, et domui Juda testamentum novum, non secundum testamentum quod disposui patribus eorum in die, qua apprehendi manum eorum, ut educerem eos de terra Ægypti; quia ipsi non perseveraverunt in testamento meo, et ego neglexi eos, dicit Dominus* (*Hierem. cap.* XXXI, 31 *et* 32). Quæ quidem leguntur in LXXII interpretatione, et apud Cyprianum (*Cyprian. lib.* I, *adv. Judæos,* § 11), qui ea sicuti Lactantius noster interpretatus est. Eodem quoque modo duobus in libris contra Judæos et Marcionem inde argumentatur Tertullianus (*Tertull. lib. adv. Judæos, cap.* III, *et lib.* IV *adv. Marcion. cap.* I), qui tamen duobus illis in locis diversa ratione retulit Hieremiæ verba. Sed hujus diversitatis non alia procul dubio causa fuit, nisi quia illa aliquando ab ipso, sicut aliis Ecclesiæ Patribus usu haud semel venit, memoriter tantum reddita sunt. Hieronymus vero (*Hieronym. in cit. Hierem. loc.*) haud dubitanter asseverat Paulum Apostolum hoc antea usum fuisse testimonio, omnesque deinceps ecclesiasticos viros censuisse illud in primo Christi adventu completum quando Evangelium Veteri Testamento successit.

Secundam futuræ hujus successionis prædictionem his Lactantius (*Lact. ibid.*) censet exprimi ejusdem Hieremiæ verbis : *Dereliqui domum meam, dimisi hæreditatem meam* (LXXII addunt : *Dedi dilectam animam meam*) *in manus inimicorum ejus. Facta est hæreditas mea mihi, quasi leo in sylva. Dedit super me* (LXXII *contra me*) *vocem suam, ideo odi eam* (LXXII *odivi*) *eam* (*Hieronym. cap.* XII, 7 *et* 8). Hæreditatis enimvero nomine, ait Lactantius, non regnum designatur, sed ingrati et impii hæredes Judæi, quibus Christus factus est sicut leo, id est, præda, quando cum crucis supplicio interfecerunt, cum prius dedissent *super*, sive *contra* ipsum *suam vocem*, id est mortis sententiam. Hieronymus vero et alii magno consensu huic propheticorum verborum interpretationi subscripserunt.

Porro autem inde colligit Lactantius christianos ex gentibus a Christo convocatos et suffectos in Judæorum locum, filios horum ipsorum appellari. Quod ille insuper confirmat Sibyllino versu, quem In secundo antiquiore codice regio sic latine legimus : *Judæorum beatum divinum genus cœlestium.* Sed illud maledico dente carpit Gallæus, quod auctor noster dixit christianos Judæorum filios nuncupari; quia Paulus manifeste, uti ille ait, ab gentibus distinxit Judæos (*Paul. epist. ad Galat. cap.* III, 7 *et* 29, *et cap.* IV, 31). Quid ergo, bone vir, nonne innatum in antiquos Ecclesiæ Patres odium te occæcavit? Qui enim oblivisci aut dissimulare potuisti christianos ab eodem Apostolo semen Abrahæ, atque illius sicut et *liberæ*, id est, Saræ filios appellari?

Quamobrem omissis his inepti scholiastæ quisquiliis, Lactantium nostrum sequamur (*Lact. ibid.*). Suam autem assertionem rursus probat hac Isaiæ prædictione (*Isaiæ cap.* XLII, 6 *et* 7) ; *Apud quem,* inquit, *Pater summus ad Filium loquitur, dicens : Ego Dominus Deus vocavi te in justitiam, et tenebo manum tuam, et confirmabo te* (LXXII *et* Cyprianus (*Cypr. lib.* II *adv. Judæos,* § 7), *confortabo te*), *et dedi te in testamentum generis mei* (LXXII *in fœdus generis Israel*) *in lucem gentium aperire oculos cæcorum, producere ex vinculis alligatos, et de domo carceris sedentes in tenebris.* Quibus ille verbis significari putat nos, cum antea tanquam cæci, et carcere inclusi, Deum veritatemque ignoraremus, fuisse ab eo illuminatos, solutos malis vinculis, et in regni cœlestis adscitos hæreditatem. Eadem fuit sententia Tertulliani, quem velim audias, adversus Judæos disputantem; « Aspice, » inquit, « universas nationes, de voragine erroris humani exinde emergentes ad dominum Deum creatorem, et ad Deum Christum ejus; et si audes, nega prophetatum. Statim tibi promissio occurrit..... Sicut per Isaiam dicit : Ecce dedi in dispositionem generis mei, in lucem gentium, aperire oculos cæcorum, utique errantium, exsolvere de vinculis vinctos, id est, de delictis liberare, et de domo carceris, id est, mortis, sedentes in tenebris ignorantiæ scilicet. » (*Tertull. lib. adv. Jud. cap.* XII). Quid autem Lactantii, oro te, disputationi magis congruum? Nonne is tibi videbitur illam ex hoc Tertulliani fonte hausisse? Quis ergo inficiabitur veram esse religionem sectatorum Christi, quos prophetæ et ipsemet Christus annuntiaverant in locum exhæredati populi Judaici divinitus substituendos? Sed de his legendi Justinus in Dialogo cum Tryphone, et Eusebius de Demonstr. Evang. lib. IX, pag 443, et seq. atque alii.

Neque porro illæ dumtaxat, quæ exitum suum habuerunt, de christiana religione instituenda ac propaganda prædictiones; sed ejusdem etiam religionis sanctitas, documenta et præcepta, quibus eam profitentes per totum vitæ suæ curriculum fideliter obsecuti sunt, veritatem illius mirum plane in modum comprobant. Nam omnis christianorum, inquit Lactantius (*Lactant. lib.* V, *cap.* 9), religio quid aliud præcipit, nisi ut illi non solum sine scelere et macula, sed pie sancteque vivant? At fieri non potest, pergit ille, ut qui omnibus vitæ suæ actibus non errant, in ipsa errent religione, quæ rerum omnium caput et summa est. Ecquis vero non fatebitur fieri neutiquam posse, ut maxima hominum, qualis jam tum Lactantii ætate erat, christianorum multitudo, omni vitæ suæ tempore, in vera pietate et sanctimonia constanter perseveraret; quin pura et sana sint ea, quibus sedulo obtemperabat, instituta præcepta, ac documenta? Atqui christiani, uti sæpius jam ostendimus, et infra adhuc dicetur, minime vero gentiles vitam hujuscemodi agebant. Ergo tam vera erat illorum quam falsa horum religio.

ARTICULUS II.

Quam luculenter Lactantius christianæ religionis veritatem asseruerit ex dirissimis Martyrum suppliciis, ad extremum usque vitæ spiritum, non sine divinæ gratiæ auxilio, constantissime toleratis.

Aliud ad vindicandam christianæ religionis veritatem argumentum, cæteris procul dubio non minus validum, Lactantio suppeditavit invictissima infinitorum cujuslibet ætatis, sexus, et conditionis martyrum constantia qua eam ubique ad extremum usque vitæ spiritum defenderunt. Quamvis etenim omni suppliciorum genere, ac iis etiam, quæ humana rabies excogitare potuit, crudelissimis sæpissime excruciati fuerint, numquam tamen labefactari potuit eorum constantia, ac semel susceptæ religionis propositum. Sed Lactantium nostrum pulchre, ut solet, ea de re disserentem, si lubet, audiamus: « Cum ab ortu solis usque ad occasum, lex divina suscepta sit, et omnis sexus, omnis ætas et gens, et regio unitis ac paribus animis Deo serviant, eadem sit ubique patientia, idem contemptus mortis, intelligere debuerat aliquid in ea re esse rationis, quod non sine causa ad mortem usque defendatur » (*Lact., lib.* v, *cap.* xiii). Quomodo namque tantus potuit esse tot christianorum hominum, ætate, sexu, conditione tam diversorum, et in regionibus a se invicem adeo remotis habitantium consensus, tantaque pro religionis suæ defensione conspiratio; nisi invictissimis rationum momentis persuasum omnino habuerint eam veram, nec humano ullo ingenio, sed ab ipsomet Deo institutam fuisse? Tanta siquidem hominum multitudo simul errare non potuit, nisi forte dixeris eos omnes eo stultitiæ devenisse, ut unanimi consensu tormenta gravissima et mortem, quæ vitare facillime poterant, nulla ratione omnibus commodis ac vitæ suæ prætulerint.

Sed hæc mira prorsus martyrum fortitudo paulo attentiori animo consideranda est. Fatebantur ethnici christianos esse homines placidissimos, justorum imitatores, qui *bona*, ut ait Lactantius, *et justa operabantur.* Tanta tamen iniquitate ac feritate illos, ob solam Christi fidem, excarnificabant, quanta ac quam mirabili prorsus patientia innocentes ac vitæ integerrimæ illi viri quælibet tolerabant irrogata sibi supplicia. Nam impii judices, tyranni et carnifices, contra omne humanitatis jus et fas, illos ne audita quidem causa, sed propter solum christianum nomen condemnabant, laniabant, occidebant. Quin etiam *animas eorum*, ut loquitur auctor noster, opes, liberos ferro et igni appetendo, horrenda prorsus immanitate ipsasmet feras, lupos et serpentes superabant. Quod quidem ille adhuc exprimit hoc Virgilii versu, sed tacito ejus nomine:

Lupi seu
Raptores atra in nebula, quos improba ventris
Exegit cæcos rabies.
(*Virgil., lib.* iii *Æneid., v.* 354 *et seq.*)

Sed immanissimos christiani nominis hostes non sæva ventris sicut feras, sed sævior cordis rabies efferaverat; nec hi in atra nebula, sed aperta prædatione in homines plane innocentes grassabantur. Parum autem erat eos viventes vexare, ac dirissimis necare suppliciis, sed horribili crudelitate mortuis illudebant eorum corporibus.

Ea autem erat plane diabolica ethnicorum iniquitas, ut si quis christianus doloris aut mortis metu, *cœleste sacramentum*, id est, Christi religionem desereret, sacrificaretque falsis numinibus, hunc laudarent et honoribus *mactarent*, hoc est, ut alibi diximus (*Dissertat. in Minuc., cap.* viii, *art.* ii), augerent et cumularent. Contra vero in veræ religionis professione perseverantes vocabant impios atque, ut a nobis observatum est (*Ibid., cap.* xii, *art.* i), *desperatos*, totisque in eos incumbebant carnificinæ viribus. Quamobrem Lactantius asserit (*Lactant., lib.* v, *cap.* 11) hos inhumanissimos tyrannos a prophetis, procul dubio nostris, bestias merito vocari. Nam bestiis, inquit, erant sæviores, nihilque hominis aliud gerebant, quam lineamenta et summam figuram. At, inquit ille, nihil, teste Cicerone, his miserius (*Cicer. in fragment., tom.* ii, *pag.* 56).

Operæ autem pretium est hic ea referre quæ ab illo de crudelissimi cujusdam tyranni, quem solo bestiæ nomine appellat (*Lact., lib.* v, *cap.* 11), inaudita hactenus sævitia et immanitate narrantur: *Illa est*, inquit, *vera bestia, cujus una jussione*

Funditur ater ubique cruor.
Crudelis ubique
Luctus, ubique pavor, et plurima mortis imago.
(*Virg., lib.* ii *Æneid., v.* 647, *et lib.* ii, *v.* 368 *et seq.*)

Ibi ille plura conjunxit Virgilii carmina suppresso, uti adsolet, nomine, et in variis ejus libris decantata, nisi forte librarios potius errasse dixeris. Pergit vero: « Nemo hujus tantæ belluæ immanitatem potest pro merito describere, quæ uno loco recubans, tamen per totum orbem dentibus ferreis sævit, et non tantum artus hominum dissipat, sed et ossa ipsa comminuit, et in cineres furit, ne quis exstet sepulturæ locus. » Ibi autem belluæ nomine impium crudelemque procul dubio designat Diocletianum, cujus Eusebius (*Euseb., lib.* viii *Histor. Eccl., cap.* iii *et seqq., pag.* 293 *et seqq.*) hæc et alia plura similia infandæ in christianos inhumanitatis facinora memorat. At illud in primis quod scribit Lactantius noster, ferum illum imperatorem in occisorum martyrum sævisse cineres, potest confirmari testimonio jam laudati Eusebii (*Idem. ibid., cap.* vi, *pag.* 298), qui memoriæ prodidit Dorothei et Gorgonii, regiorum cubiculariorum, corpora, quæ post mortem convenienti sepulturæ tradita fuerunt, ex sepulcro eruta, projectaque in mare, ne quis eos in sepulcris conditos, pro diis habitos adoraret. Parem quoque Tertullianus ethnicorum in sepulta martyrum corpora furorem exagitat et insectatur (*Tertullian., Apologet., c.* xxxvii). Sed de illo nos infra suo loco agemus. At Lucius Cecilius, uti alibi annotavimus (*Dissert. in Luc. Cecil., cap.* xii, *art.* iii), narrat eamdem fuisse inhumanissimi Galerii, cum Diocletiano imperantis, sævitiam ac feritatem. Si quis itaque *bestiæ* nomine utrumque imperatorem ab auctore nostro designari recte probaverit, nos in suam eo facilius adducet opinionem, quo certius est latas adversus christianos leges utriusque imperatoris nomine fuisse inscriptas.

Prosequitur auctor noster (*Lact., ibid.*), asseritque ab imperatoris Diocletiani satellitibus ac ministris tanta, tamque gravia excogitata fuisse ad excarnificandos et occidendos christianos tormentorum genera, ut ea nemo dicere, nec ullus voluminum numerus capere potuerit. Quædam tamen ille ibi recenset, quæ ab laudato Eusebio (*Euseb. loc. cit., cap.* vii *et seqq.*) satis confirmata, singillatim referre foret longius. At silentio is præteriri non debet, quem Lactantius memorat ex ferocissimis illis hominibus unum ac cruentas cædes præcipitem exstitisse, qui *in Phrygia*, inquit, *universum populum cum ipso pariter conventiculo concremavit.* Sed hoc ab eodem Eusebio sic describitur : « Certe urbem quamdam Christianorum in Phrygia milites armati obsidione cinxerant, injectoque igne totam una cum viris, et mulieribus, ac parvulis, Christum Dominum invocantibus, concremarunt. » Valesius autem et alii, immo vero Gallæus etiam fatentur eamdem historiam ab utroque Eusebio et Lactantio narrari. Vide ergo utrum apud Lactantium (*Lact., ibid., cap.* ii), idem significet *conventiculum*, atque apud Eusebium vox græca πολίχνη, id est, oppidulum. At animadvertas velim quod paulo antea dixerat ipse Lactantius, cum Nicomediæ in Bithynia oratorias litteras doceret, contigisse ut eodem tempore Dei templum everteretur. Numquid ergo tunc et templum, et totum oppidulum subversum fuisse significavit ?

Cæterum postquam Eusebius (*Euseb., lib.* viii *Histor. Eccl., cap.* 12) longa enumeratione recensuit varia supplicia, quibus christiani excarnificabantur, suam sic absolvit narrationem : « Singulos quidem martyres nominatim commemorare longum, ac difficile fuerit, ne dicam prorsus inexplicabile. » Plura autem de hac Diocletiani persecutione, et de incenso illo conventiculo, Lucius Cecilius in suo de Mortibus persecutorum libro tradidit, quæ in nostra de hoc libro dissertatione explanare contendimus (*Dissert. in Luc. Cecil., cap.* viii, *art.* iv *et seqq.*).

At subsequamur, si placet, Lactantium nostrum (*Lactant., lib.* v, *cap.* 11) diserte asseverantem eo usque processisse insatiabilem quorumdam crudelitatem, ut juberent, *curam tortis*, sicuti ille ait, *diligenter adhiberi, ut ad alios cruciatus membra renoventur, et reparetur novus sanguis ad pœnam*. Testatum vero Eusebius alicubi facit (*Euseb., lib.* viii *Hist., cap.* 11) quosdam martyres, variis curantium remediis refocillatos, ad mortem identiores perrexisse. Nos vero in jam citata de Lucii Cecilii libro dissertatione (*Dissert. in Luc. Cecil., cap.* xii, *art.* iii) ostendimus Galerium imperatorem hac falsa pietate, quæ ipsamet crudelitate crudelior erat, martyres nostros ad novos et redintegrandos præparasse cruciatus.

Quidam vero, pergit Lactantius, *sceleratissimi homicidæ*, aut nimio in christianos odio, aut innata animi feritate, aut tandem ut imperatoribus impie adularentur, ausi sunt sæva illorum edicta sævioribus explicationibus interpretari, ac singillatim enarrare quibus suppliciis christianos excruciari oporteret. Sed juvat ipsummet Lactantium loquentem audire : « Sceleratissimi, inquit, homicidæ contra pios jura impia considerunt. Nam et constitutiones sacrilegæ, et disputationes jurisperitorum leguntur injustæ. Domitius de officio proconsulis libro septimo rescripta nefaria collegit, ut doceret quibus pœnis affici oporteret eos, qui se cultores Dei confiterentur. » (*Lactant. loc. cit.*) Ab Eusebio autem discimus (*Euseb., lib.* viii *Histor. Eccl., cap.* 2) anno decimo nono imperii Diocletiani, mense Martio, circa diem festum dominicæ passionis, datas esse duas leges, quarum prima præcipiebatur Ecclesias ad solum usque dirui, cremari sacros codices, infamia notari honoratos, qui in fidei christianæ proposito permanerent, ac plebeios libertate spoliari. Nec multo post lata altera lege jubebatur, ut omnes ubicumque Ecclesiarum præsules conjicerentur in vincula, ac quoquo tandem modo sacrificare diis cogerentur. In Cecilii tamen libro *de Mortibus persecutorum* legimus sancitam fuisse a Diocletiano legem, sexto kalendas martias, qua cautum erat, ut omnes christiani cujuslibet ordinis aut gradus, omni privarentur honore et dignitate, atque in eos quibuscumque suppliciis animadverteretur. Sed de his in nostra de hoc Cecilii libro dissertatione disputavimus (*Dissert. in Luc. Cecil., cap.* viii, *art.* iv).

Citatum porro a Lactantio Domitium censent eum esse Domitium Ulpianum, Alexandri imperatoris præceptorem, qui decem *de officio proconsulis* libros, nunc deperditos ediderat. Ex his autem libris plura in Digestis transcripta reperies (*lib.* i *Digest., tit.* 15 *et alibi*). Utrum autem is ipse sit, de quo auctor noster loquitur, vel alius, Diocletiano imperante, jurisconsultus, expende, quæso, ac pronuntia.

At certe ille jure prorsus merito detestatur acerbiorem omnibus tormentis falsam quorumdam præsidum indulgentiam, qui simulata humanitate et clementia, christianos torquere se nolle fingebant ; ut ab illis facilius religionis suæ repudiationem extorquerent. Neque ipse ab aliis tantum acceperat nonnullos sibi mirifice blandiri, quod eorum administratio hac in parte fuisset incruenta : sed, « Vidi ego, inquit, in Bithynia Præsidem, gaudio mirabiliter elatum, tamquam barbarorum gentem aliquam subjugasset : quod unus qui per biennium magna virtute restiterat, postremo cedere visus est. » Narrat autem Eusebius eosdem ethnicos machinas omnes adhibuisse, ut quibusdam falso persuaderent alios christianos diis tandem sacrificasse : « Adeo, » inquit, « pietatis hostes magno utique æstimabant, si id, quod voluerant, perfecisse saltem viderentur » (*Euseb.*, *lib.* VIII *Hist. Eccl.*, *cap.* 3). Addit tamen id adversus fortissimos Christi martyres parum prospere successisse.

Verum quam fraudulenta erat horum certe paucissimorum lenitas, tam horrenda erat aliorum pene omnium feritas, qui belluis longe sæviores, nova et cæteris atrociora semper excogitabant tormenta, quibus christianos crudelius quam antea excarnificarent et interficerent. Nobis vero, si fidem omnem præbere dubites, eam procul dubio non denegabis Lactantio, qui de iis, quæ tempore adhuc suo agebantur, aut ipse viderat, aut certo certius didicerat, hunc scribit in modum : « Spectatæ sunt, spectanturque adhuc per orbem pœnæ cultorum Dei, in quibus excruciandis nova et inusitata tormenta excogitata sunt. Nam de mortis generibus horret animus recordari, cum immanium bestiarum, ultra ipsam mortem, carnificina sævierit. » (*Lact.*, *lib.* VI *Inst.*, *cap.* 17). Dicit itaque ultra mortem, sicut prius dixerat, eos in martyrum cineres sæviisse.

Neminem porro sanæ mentis hominem esse putamus, qui ex hac certissima tot tantorumque suppliciorum, a christianis tanta constantia toleratorum, narratione apertissime non videat veram esse illorum et falsam gentilium religionem. Ea enim religio plane falsa esse convincitur, cujus sectatores summa iniquitate ac contra omnia divinarum et humanarum legum jura christianos, prorsus innocentes, ac veri Dei cultores, non audita umquam causa, sed suum solum ob nomen, iis necabant cruciatibus, quos, ut ait Lactantius, *horret animus recordari*. Vera enim religio cum scelere et injustitia consistere non potest. Contra autem hæc religio vera est, cujus sectatores pietate, æquitate, morum integritate, fatentibus etiam hostibus suis, plane conspicua, hæc omnia supplicia ad mortem usque miranda prorsus constantia atque, ut Lactantius adhuc asseverat (*Idem lib.* V, *cap.* 17). *non necessitate, sed voluntate* tolerabant. Nihil enim facilius illis erat, quam vel semel vel etiam ficte, ejurato nomine suo, non solum omnia illa tormenta declinare, sed præmia etiam temporalia, honores et dignitates consequi.

Quis insuper sani capitis homo, cum cerneret martyres, tanta tamque crudelia quarumlibet pœnarum tormenta mirabili et invicta prorsus patientia perpeti, statim fateri non cogebatur, *nec ipsam*, inquit Lactantius, *patientiam sine Deo cruciatus tantos posse sustinere?* Non enim latrones et robusti corporis viri possunt tam patienter ejusmodi lacerationes perferre, sed exclamant, gemitus edunt et dolore vincuntur. Cur ergo? Quia illis, ait auctor noster, *deest inspirata patientia*. Atqui si martyrum nostrorum patientia humanas vires superavit, si ipsis ab omni-

potente Deo inspirata est, uti etiam in superioribus dissertationibus nostris ostendimus (*Dissert. in Minuc. Octav. cap.* VI, *art.* IV), hinc evidentissime conficitur veram esse christianam religionem.

Novum autem huic argumento robur ac firmamentum inde accedit, quod his invictissimorum martyrum nostrorum pœnis ac cædibus non modo non minueretur christianorum numerus, sed magis magisque semper augeretur. Talis siquidem, adeoque universalis hujuscemodi tormentorum et mortis contemptus, aliis plane persuasit aliquid procul dubio in eorum religione esse prorsus insolitum ac divinum ; quo factum est, ut unde everti debebat, hinc altiores egerit radices, firmiusque stabilita et disseminata fuerit. Et certe hac pene incredibili martyrum patientia docti pariter atque indocti agnoverunt veram esse illorum religionem, eamque non hominum ingenio, sed Dei ipsius ope ac virtute fundari. « Nam cum videat vulgus », inquit, « dilacerare homines variis tormentorum generibus, et inter fatigatos carnifices invictam tenere patientiam, existimant id, quod res est, nec consensum tam multorum, nec perseverantiam morientium, vanam esse, nec ipsam patientiam sine Deo cruciatus tantos posse superare » (*Ibid. lib.* V. *cap.* XIII), vel sicut brevius postea dixit: *Augetur religio Dei, quanto magis premitur*. Plurimis enim, examinata et cognita causa cur christiani tam patienter hæc perferrent, merito displicuit iniquissima tyrannorum crudelitas, atque explorata mirabili martyrum patientia ac virtute, agnoverunt ipsorum innocentiam, ac illius, quam tam constanter tuebantur, religionis veritatem.

Eodem quoque modo Tertullianus (*Tertull. Apolog. cap.* L) adversus gentiles in christianæ religionis defensionem argumentatur, ac publico in scripto audacter asseverat horrendam tyrannorum crudelitatem fuisse *illecebram*, qua alii ad illius religionis professionem alliciebantur. Qui enim videbant quibus suppliciis martyres torquerentur, causam requirebant, ac facile agnoscebant illorum innocentiam ; qua agnita, religionem christianam amplexabantur. Atque ita, ut ait Tertullianus, martyrum sanguis erat semen christianorum, ac quam eorum religio vera sit, certissima comprobatio. In superioribus porro nostris dissertationibus ostendimus quomodo alii Ecclesiæ Patres hoc pro christiana religione argumentum proponant, explicent, et confirment.

ARTICULUS III.

Solvuntur contraria gentilium argumenta, quibus probare conabantur christianos vi, pœnis et tormentis ad majorum religiones revocandos; quia iniquus foret Deus, qui eos in egestate et inopia degere permittit.

Quamvis diminuto gentilium populo, numerus christianorum mirum plane in modum multiplicatus, tanta, ut diximus, evidentia veritatem religionis nostræ demonstraret, pervicaciores tamen ethnici hac aliisque rationibus minime commoti, objiciebant servandas esse majorum religiones, et christianos ad eas retinendas vi ac tormentis, cum id aliter fieri non posset, jure merito compellendos. Lactantius autem ultro fatetur (*Lactant. lib. v, Inst. cap.* 19) in ea majorum religione permanendum, quae verum Deum colit, quae tormenta quaelibet, ac illatam mortem libenter ferendo propugnatur: non vero illam quae veri Dei cultum prohibet, conaturque, innocentes viros occidendo, se ipsam tueri. Nam hoc iniquorum, et illud justorum hominum officium est. Nihil quippe magis voluntarium, quam religio. Deus enimvero nullum amat, nisi ab eo libere ametur; nullum precantem audit, nisi sponte atque ex animo ad precandum accedat: « Religio itaque », uti Lactantius loquitur, « cogi non potest. Verbis potius quam verberibus res agenda est, ut sit voluntas. » Prius vero Tertullianus dixerat: « Nemo se ab invito coli volet, ne homo quidem. » Et postea: « Iniquum videretur liberos homines invitos urgeri ad sacrificandum. Nam et alias divinae rei faciendae libens animus indicitur. » (*Tertull. Apolog. cap.* 24 *et cap.* 28.) Sed plura de Tertulliano infra disputabimus.

Christiani ergo haec probe intelligentes, neminem ad suscipiendam religionem suam cogebant, aut in ea retinebant invitum: sed eam solam veram esse docebant, probabant, demonstrabant. Quamobrem Lactantius noster, quemadmodum Cyprianus (*Cyprian. tract. ad. Demetrian.*) omnes ethnicos provocat, ut sine ulla vi et injuria, sed omni qua pollent, arment se eloquentia, ac cominus congrediantur cum christianis, et singula eorum documenta discutiant, ac si possint, refellant. Petit insuper, ut clare demonstrent quae fuerit deorum et rituum suorum origo, quo ritu illi honorandi sint, quae in eorum cultu merces, aut in contemptu poena homines maneat. Sed quantavis eloquentia pollerent, numquam id definire ausi sunt; ne deorum suorum, quos mortales fuisse diffiteri nemo poterat, ortum, res gestas, interitum, sepulcra patefacientes, summae profecto dementiae arguerentur. Contra vero christiani, quantumlibet rudes et imperiti, disertissime demonstrabant veritatem religionis suae, et omnium ejus institutorum sanctitatem. Quid ergo aliud inde concludendum; nisi *quod res ipsa*, ait Lactantius, *et veritas loquitur*, horum veram, illorum falsam esse religionem?

Acerrimo adhuc telo ethnicos confodit, qui palam vociferabantur vel ob id solum puniendos esse christianos, quia majorum suorum religiones funditus destruebant. Non enim illas, inquit, magis evertebant, quam Ægyptii, qui turpes bestias et quaedam dictu pudenda, de quibus nos alibi, et adhuc infra agemus, pro piis venerabantur. Non magis etiam eas auferebant, quam ipsimet ethnici, qui cum adorarent deos suos in templis, eos, ut alibi adhuc ostendimus, in theatris deridebant. Non magis denique illas convellebant, quam Epicurei et alii philosophi, qui nullos deos, aut si qui sint, illos nihil curare, autem omnia sponte nata esse, de quibus adhuc nos satis alibi, tam impudenter quam imperite docuerunt. Nulla ergo ratione gentiles his omnibus hominibus, deos suos irridentibus aut negantibus, impune dimissis, tanta crudelitate in Dei veri cultores christianos, tamquam in verae religionis eversores furebant ac bacchabantur.

Deinde vero fac ab his solis religionem cultumque deorum destrui, atque idcirco deos ab illis solis affici injuria, horum, inquit Lactantius (*Lactant. lib. v, cap.* 20) deorum erat suas injurias ulcisci. Non enim nisi potentia et divinitate destituti sint, humano indigebant auxilio, quo de' inimicis suis poenas sumerent. Et certe Cicero perhibet in suis, id est, antiquorum Romanorum legibus, hoc fuisse sancitum: '*Pietatem adhibento, opes amovento. Qui secus faxit,* ita in ejusdem Ciceronis textu (*Cicer. lib.* II *de Legib.*) et regio operum Lactantii antiquiore codice, *Deus ipse vindex erit.* Quapropter Cyprianus eosdem gentiles eodem modo, hisque verbis insectatur: « Si quid diis tuis numinis et potestatis est, ipsi in ultionem suam surgant, ipsi se sua majestate defendant; aut quid praestare colentibus possunt, qui se de non colentibus vindicare non possunt?..... Pudeat te eos colere, quos ipse defendis: pudeat tutelam de iis sperare, quos tu ipse tueris. » (*Cyprian. tractat. ad Demetr.*) At in superioribus nostris dissertationibus animadvertimus quartum ethnici hoc argumento premerentur.

Ad haec vero ethnici christianos diis sacrificare cogendo, nullum plane ulli beneficium dare poterant, non diis quidem: quod enim ab invito extorquetur, illud non sacrificium, sed exsecratio est. Quid vero, quod eo ipso dii non sunt, qui sic ab invitis, ut paulo ante dicebamus, volunt honorari. Huc accedit, quod nullus non insani capitis homo id postulare potest.

Neque etiam ethnici hac vi atque violentia bene de christianis merebantur. Nullum siquidem tribuitur nolenti et recusanti beneficium. Neque dixeris pietatis officium esse consulere omnium, atque etiam nolentium, saluti. Nam crudelitas vera, minime autem pietas est, quae aliorum falsa numina colere recusantium saluti consulere se putat, illos, nisi ea adorent, cruciando, atterendo, perdendo, et interficiendo. Eapropter christiani ne minimo quidem homini, qui Deum verum colere nolebat, vim faciebant, ut illum ingratiis coleret. Certo quippe certius noverant, eum, qui Deum; sicuti par est, non veneratur, impietatis suae poenas ipsi aliquando daturum.

Contra tamen ethnici instabant: Si diis injurias sibi illatas debeant ulcisci, Christianorum quoque Deus, si verus et omnipotens est, prohibere debebat, ne sui cultores tantis cruciatibus torquerentur. Atqui id ille non solum tacitus sinit, sed permittit etiam ut alii, a quibus numquam colitur, divites, opulenti, felices sint, atque ad summos conscendant dignitatum omnium gradus. Verum jam vidimus quomodo hoc argumentum, sive perpetua gentilium querimonia, a Minucio Felice refellatur ac diluatur.

Respondet vero noster Lactantius gentiles sic argumentantes, omnia metiri corpore, cupiditate ac voluptate, non autem animo, *in quo solo*, inquit, *est homo.* Si enim animo suo et recta ratione uterentur agnoscerent utique corporis bona tam caduca esse ac fragilia, quam ipsum corpus; animi vero, non secus ac ipsum, solida esse et perpetua; quippe quæ in sola virtute posita sint. Deinde etiam, Deus, sicuti pergit auctor noster, variis, sed justis semper rationibus permisit christianos egestate, inopia, cruciatibus et suppliciis vexari; ne, sicut olim prævaricatores Judæi, otio torpentes, laberentur in luxuriam; ut etiam fides illorum ac devotio probaretur; ut gentiles cognita admirabilis eorum patientiæ causa, impios deorum cultus desererent, et eorumdem christianorum numerus semper augeretur; denique ut is ipsemet æquissimus Deus illorum constantiam et virtutem æterna felicitate remuneret, ac iniquissimos eorum persecutores pœnis sempiternis afficiat.

Tertullianus vero antea dixerat idcirco: *Nos hæc pati Deus patitur* (*Tertull. Apolog. cap.* 50), quia tyrannorum, christianos torquentium et atterentium, iniquitas erat certa horum innocentiæ comprobatio, ac christiani effuso ob ejusdem veri Dei ac Christi confessionem sanguine, et omnium peccatorum veniam, et æternam felicitatem adipiscebantur. Sed de Tertulliano postea adhuc agendum.

ARTICULUS IV.

Diluuntur alia ethnicorum argumenta, petita ex quorumdam christianorum lapsu, ac Reguli et Mutii in acerba morte constantia, ac quia christianos publicarum calamitatum causam esse dicebant.

Tot tantisque rationum momentis, tantoque argumentorum hactenus expositorum pondere nondum oppressa fuerat cæca et indomita gentilium pervicacia. Nobis enim adhuc objiciebant non adeo mirandam esse martyrum nostrorum fortitudinem, quandoquidem multi, tormentis cedentes, a nostra religione defecerunt. Ne quis vero conqueratur argumenti hujus vim imminui, ea adjiciemus, quæ de illis Eusebius memoriæ mandavit : « Alii, inquit, non pauci, μυρίοι ἄλλοι, sive alii plurimi, fracti animis ac debilitati, primo statim impetu præ timore conciderunt » (*Euseb. lib.* VIII *histor. Eccles. cap.* 3).

Verum illi si cum infinito aliorum, qui perseverarunt, et horrendis cruciatibus enecti sunt numero componantur, paucos esse fatendum est. Nam ut recte Lactantius asserit, ab ortu solis usque ad occasum christiana religio suscepta erat, et omnis gens, sexus, et ætas, eadem ubique patientia, et animis paribus Deo servientes, quælibet tormentorum genera contempserunt. Eusebius autem eodem citato loco enarrat, quam magnus fuerit horum martyrum numerus, qui omni suppliciorum genere mortem pro religione sua constantissime obierunt.

Deinde vero ille perspicue declarat plures quidem animis præ timore fractos, ἀπὸ πρώτης προβολῆς, *primo*, ut interpretatur Valesius, *statim impetu* : sed non inficiatur eos ad sanam rediisse mentem. At id Lactantius disertissime asseverat : « Nullus est, inquit, tam malus Dei cultor, qui data facultate, ad placandum Deum non revertatur, » id est, ad Christi religionem, « et quidem devotione majori » (*Lactant. lib.* v, *cap.* 13). Quemadmodum ergo illorum defectio dirissimis suppliciis extorta, exemplum fuit humanæ fragilitatis : ita certe spontanea eorum pœnitentia fuit eximiæ virtutis miraculum, quo viso, novus ad christianos populus semper accedebat. Plura hanc in rem affert Cyprianus (*Cyprian., lib. de Laps.*), quæ etsi paulo longiora, non inutile erit hic transcribere. Ita autem ille : « Queri de tormentis potest, qui per tormenta superatus est, excusationem doloris obtendere, qui victus est in dolore. Potest rogare talis et dicere : Certare quidem fortiter volui, et sacramenti memor, devotionis ac fidei arma suscepi; sed me in congressione pugnantem cruciamenta varia et supplicia longa vicerunt. Stetit mens stabilis et fortis, et cum torquentibus pœnis diu anima luctata est : sed cum durissimi judicis recrudescente sævitia, jam fatigatum, jam lassum corpus nunc flagella scinderent, nunc contunderent fustes, nunc equuleus extenderet, nunc ungula effoderet, nunc flamma torreret, caro me in colluctatione deseruit, infirmitas viscerum cessit, nec animus, sed corpus dolore defecit. Potest cito proficere ad veniam causa talis, potest ejusmodi excusatio esse miserabilis..... Sic in prima congressione devictos, victores in secundo prælio reddidit, ut fortiores ignibus fierent, qui ignibus ante cessissent, et unde superati essent, inde superarent. » Rursus autem alio in libro (*Idem tract. de Unit. Eccles.*) : « Non statim confessorum sanctitas, et dignitas comminuta est, quia quorumdam fides fracta est....... Stat confessorum pars major et melior in fidei suæ robore, et in legis ac disciplinæ dominicæ veritate..... Atqui hoc ipso ampliorem consequuntur fidei suæ laudem', quod ab eorum perfidia segregati, qui juncti confessionis consortio fuerunt, a contagio criminis recesserunt. » At hæc sane ad diluendam gentilium argumentationem plane sufficiunt, donec alius disputandi de lapsorum, uti vocabantur, causa, nobis locus detur. Interim legi possunt et hi Cypriani tractatus, et scriptæ ab illo in eamdem causam epistolæ.

Urgebant iterum ethnici non minorem fuisse Reguli et Mutii, quam martyrum nostrorum fortitudinem ac constantiam. Alter enim se hosti ad certam obtulit mortem : alter vero manum in ardentem focum injecit. Sed frivola, reponit Lactantius, et omnino inepta est hæc comparatio. Regulus quippe hosti se ideo obtulit, quia captivum se vivere pudebat. Mutius autem ab hostibus captus, desperatæ saluti suæ hoc facinore sic consuluit; ut quam certe non meruerat, acceperit veniam. De utroque autem Regulo et Mutio jam a nobis actum est.

Verum quid hæc contra christianos faciebant, ex quibus non paucissimi tantum, sicuti Lactantius recte redarguit, sed sexus infirmus et fragilis, ac cujuslibet ætatis, et conditionis, uti diximus, homines non necessitate, sed voluntate, toto se corpore dilaniari et comburi mira plane constantia patiebantu

Quam vero id præclarum sit ac laudabile, nec ipsi quidem gentiles negare poterant. Nam illorum philosophi, etsi non suo utique exemplo, ut ait Auctor noster, coacti sunt palam confiteri veram esse virtutem, qua sapiens nullis terroribus potest de sententiæ suæ, ut injusti aliquid faciat, proposito divelli. Neque etiam ii, aut alius quilibet, dicere poterant delirasse citatum ab Auctore nostro Horatium, cum cecinit:

> Justum et tenacem propositi virum
> Non civium ardor prava jubentium,
> Non vultus instantis tyranni
> Mente quatit solida.
> (*Horat. lib.* III *Carm., od.* 3.)

At id insuper Lactantius confirmat his Senecæ verbis: *Summa virtus illis videtur magnus animus*. Ea autem transcripta putant ex deperdito illius libro, qui inscribitur Fortuita, et a Tertulliano, sicuti suo loco videbimus, nominatim citatur. Illa porro verba initio ejusdem Senecæ operum inter ejus fragmenta reperies.

Denique Lactantius non amplius censuit audiendos esse gentiles, qui pene incredibili audacia et importunitate numquam clamitare desinebant tollendos esse christianos; utpote qui omnium publicarum calamitatum causa erant. Impudentem enimvero hanc calumniam, quantumvis sæpius, nec maximo sine fastidio repetitam, plane aspernatur. Paucis tamen verbis eam funditus evertit, palamque facit ipsosmet ethnicos, a quibus falsi dii colebantur, harumce calamitatum esse auctores. Nam si verus tantum Deus coleretur, ac sedulo observarentur illius leges, nulla procul dubio essent bella, nullæ dissensiones, invidiæ, fraudes, rapinæ, nulla adulteria, stupra, aliaque scelera, quæ impius deorum cultus induxit. Non christiani ergo legibus suis morem sedulo gerentes, sed ipsimet gentiles tantorum criminum rei, publicarum calamitatum causa erant. Sed jam ostendimus (*Dissert. in Arnob., cap.* 6, *art.* 1 *et seqq.*) quibus argumentis insulsa illa gentilium redargutio evertitur ab Arnobio; ac postea videbimus qua ratione a Tertulliano refellatur.

Quis igitur Judæus aut gentilis, cujus sana mens in sano corpore sit, inficias ire potest veram esse christianam religionem, pro cujus, ut satis probavimus, defensione sectatores ejus, miræ prorsus et ab omnibus agnitæ innocentiæ et integritatis pueri, viri et mulieres tot tantaque supplicia, quæ vel commemorare horret animus, nulla necessitate sed tam vera, quam voluntaria animi virtute, nec divino sine auxilio constantissime pertulerunt? A nobis porro examinatum est quomodo Arnobius christianæ religionis veritatem ex eadem plane invicta martyrum fortitudine demonstraverit. Nunc vero investigandum quid in Lactantii libris de illa, sanctisque ejus institutis et documentis traditum sit et assertum. At primum videamus quid de sacris ejus scriptis statuat, et pronuntiet.

CAPUT V.

De sacris veteris et novi Testamenti libris, eorumeue auctoribus, ex quibus Lactantius hausit christianæ religionis instituta et documenta.

ARTICULUS PRIMUS.

De sacræ Scripturæ in vetus et novum Testamentum divisione, divinoque sacrorum prophetarum afflatu.

Quibus et quam validis rationum momentis veritas christianæ religionis a Lactantio nostro asserta stabilitaque sit, postquam demonstravimus, jam examinandum est, quæ qualiave sint ejus instituta ac documenta, et quibus ex fontibus hausta fuerint. At non alii procul dubio sunt hi fontes, nisi omnes sacrarum nostrarum Scripturarum libri, et prophetarum nostrorum oracula, ex quibus ille invictissimum, uti jam vidimus, ad asserendam nostræ religionis veritatem duxit argumentum. Quamobrem operæ pretium est investigare, quid de illis ab eo traditum statutumque sit.

In duo autem Testamenta, uti ait (*Lact. lib.* IV, *cap.* 20) omnis hæc Scriptura divisa est, quorum primum continet libros et legis et prophetarum, qui ea omnia exhibent, quæ adventum Christi mortemque ejus antecesserunt. Hi autem libri Vetus Testamentum deirco vocari solent. Secundo vero illa complectitur, quæ postquam Christus revixit, ab Evangelistis, apostolis et aliis ejus discipulis scripto sunt tradita, atque iis idcirco novi Testamenti impositum fuit nomen. Sed hæc quæ auctor noster sic enarrat, cum omnibus satis nota sint, longiori explicatione non indigent.

Tum deinde ille dicit Judæos veteri, quemadmodum christianos, novo uti Testamento. Neque tamen existimes eum credidisse his novum dumtaxat Testamentum usui esse, sicuti et vetus solis Judæis. Continenter enimvero addidit illa non diversa esse Testamenta, sed unum omnino et idem. Quod duplici ratione ab eo probatur. Et primo quidem; quia novum veteris adimpletio est. Quam autem id verum sit, ex iis plane conficitur, quibus supra ostendimus, redditas a sacris prophetis nostris de Christi ortu, vita, morte, ac substituendis in Judæorum locum christianis vaticinationes, suum revera, uti prædictum fuerat, habuisse exitum. Secundo id ab illo confirmatur; quoniam in utroque Testamento *idem testator est Christus*. At iis sane verbis suffragatur opinioni Justini martyris, Irenæi, Clementis Alexandrini, aliorumque, uti suo loco vidimus, veterum Ecclesiæ Patrum, qui docuerunt Dei Filium, Christum Dominum, sese Moysi et antiquis patriarchis, videndum præbuisse, ac divino illius spiritu sacros vates nostros suas fudisse prædictiones. Quamobrem non levi certe brachio ethnicos edicit, qui illos divino Spiritu repletos fuisse perperam negabant. Quin immo palam ille ostendit inde factum, ut iidem prophetæ pleraque futura, tamquam præterita, aut in conspectu suo peracta describerent.

Neque objici poterat hæc ab iis insano quodam furore correptis fuisse pronuntiata. Nullus enim, inquit auctor noster, sic *mentis emotæ*, id est, a mente ita alienatus, potest vere prædicere futura, et cohærentia loqui. Quæ autem sacri prophetæ nostri de Christo Domino prælocuti fuerant, hæc non modo reapse, uti vidimus, evenerunt, sed omnia etiam illorum dicta ita sibi invicem et cohærent, et concordant, ut neuter umquam sibi aut alteri contradixerit.

Huc accedit quod ab illis penitus abfuisse ostendimus, ullam, qua falsi prophetæ ducuntur, fallendi causam, et voluntatem, aut lucri studium. Sibi enimvero commissum a Deo munus dum exsequerentur, extemporali cibo contenti, atque iis omnibus, quæ ad vitæ tutelam non omnino necessaria sunt, derelictis, Judæorum scelera, pravosque mores tam fidenter et libere redarguebant; ut illi inde offensi, quosdam ex his crudelissime trucidaverint. Atque id a Lactantio nostro post Cyprianum probatur evidentissimis Heliæ, Jeremiæ et Esdræ testimoniis. Unus vero ab illo nominatim appellatur Isaias, quem Judæi serra sectum, horrenda inhumanitate interfecerunt. Sed de hac immanissima cæde alibi disputatum a nobis fuit. Nullus ergo sanæ mentis homo negare potest hujuscemodi prophetas divini Spiritus instinctu ea omnia oracula edidisse, quæ longissimo post tempore eventus vera esse demonstravit. Nemo igitur etiam gentilis homo fidem illis derogare ullo jure poterat.

ARTICULUS II.

De Scripturæ sacræ antiquitate, ac primo utrum Lactantius recte definiat quando, ac quomodo Moyses Israelitas ab Ægyptiaca servitute liberaverit; quid statuat de Angelo eos præcedente, et aquam scindente, ac de miraculis in deserto ab eodem Moyse factis; et ubi ac quare legem Israelitis dederit, ac quandonam mutato Hebræorum nomine Judæi, et terra eorum Judæa appellari cœperint.

Cum ethnicis nihil magis cordi esset quam sacræ nostræ Scripturæ infirmare auctoritatem, eam cuneo saltem aliquo concutere moliebantur. Christianis itaque non ea tantum, quæ supra confutavimus, objiciebant, sed eam quoque novam esse, et recens confictam. Quamobrem Lactantius, ut prophetarum sacrorum antiquitatem ab omnibus, uti ille ait, inquirendam patefaciat, rem a sua origine orditur, a *Majorum* videlicet nostrorum, qui Hebræorum principes erant, in Ægyptum migratione. Nobis autem manifestum ille facit quomodo diutius ibi intolerabili servitutis jugo oppressos Deus, Moyse duce præposito, post annos quadringentos et triginta liberaverit. At in duobus antiquissimis codicibus regiis et aliis quibusdam, quemadmodum in Romana horum Lactantii librorum editione, scriptum est: *trecentos triginta*.

Dubium ergo suboritur quæ vera sit lectio, et quid Lactantius *Majorum nostrorum* nomine intelligat.

Nam in Genesis libro alius annorum numerus his verbis notatur: *Dictum est ad eum* (Abram) *Scito prænoscens, quod peregrinum futurum sit semen tuum in terra non sua, et subjicient eos servituti, et affligent quadringentis annis* (Genes., xv, 13). In Exodo : *Habitatio autem filiorum Israel in Ægypto* (Septuaginta duo seniores addunt, *et terra Chanaan*) *fuit quadringentorum triginta annorum* (Exod., xii, 40). In Actibus Apostolorum : *Locutus est autem ei* (Abræ) *Deus: Quia erit semen ejus accola in terra aliena, et servituti eos subjicient, et male tractabunt eos annis quadringentis* (Act., vii, 6). Paulus vero ad Galatas de iisdem annis hæc scribit: *Hoc autem dico: Testamentum confirmatum a Deo, quæ post quadringentos et triginta annos facta est lex* (Ad Galat., iii, 17). Vides sane in quibusdam sacris libris computari quadringentos, et in aliis triginta super hos quadringentos annos assignari. Præter hos autem sacros Scriptores Josephus litteris hæc mandavit : « Reliquerunt autem Ægyptum mense Xanthico, luna quinta decima, μετ' ἔτη τριάκοντα καὶ τετρακόσια, anno quadringentesimo trigesimo, postquam Abraham, pater noster, in Chananæam venit, et post Jacobi migrationem in Ægyptum anno ducentesimo quinto, διακοσίοις πρὸς τοῖς διάπεντε ἐνιαυτοῖς ὕστερον » (Joseph., lib. ii Antiquit., c. 6).

At horumce annorum initium, numerum et finem Augustinus, ut cæteros sacræ Scripturæ interpretes ac chronographos omittamus, ita explicat. « Quadringenti sane, » citatis videlicet Geneseos verbis, « dicuntur anni propter numeri plenitudinem, quamvis aliquanto amplius sint, sive ex hoc tempore computentur, sive ex quo natus est Isaac, propter semen Abrahæ, de quo ista prædicuntur. Computantur enim, sicut superius jam diximus, ab anno septuagesimo et quinto Abrahæ, quando ad eum facta est prima promissio, usque ad exitum Israel ex Ægypto quadringenti et triginta anni, quorum Apostolus meminit » (August. lib. xvi de Civit., cap. 24), ipsismet nimirum verbis, quæ paulo antea transcripsimus. Sed hæc ille fusius alio in libro prosequitur, variasque ea de re proponit opiniones, veramque existimat sententiam Eusebii, qui dixit: *Abraham cum esset 75 annorum, divino dignus habetur alloquio, et ea repromissione, quæ ad eum facta est; a quo tempore, usque ad regressum gentis Hebræorum ex Ægypto supputantur anni 430* (Idem, lib. Quæst. in Exod., quæst. 48 ; Euseb., lib. i Chron.), quorum, inquit, allatis supra Pauli et Moysis in Exodo verbis mentio facta est.

Quæ quidem ideo retulimus ; ut quisque intelligat Lactantium narrationis suæ exordium sumpsisse ab hoc Abrahæ anno, si in illius textu, ut verisimilius est, legatur *post annos quadringentos triginta*. Nam cum de iis agat, quibus futura Christi hominis opera annuntiabantur, ab ipsa Abrahæ facta a Deo promissione ordiri procul dubio debuit. Si quis vero contendat, probetque scriptum ab Lactantio nostro fuisse, *Post annos trecentos triginta*, horum initium ab tempore, quo Jacob Patriarcha cum filiis suis in Ægyptum descendit, duxisse dicendus est. Porro autem hinc etiam colligitur, quos ille nomine *Majorum nostrorum* designare voluerit.

Quomodo autem Hebræi ab hac Ægyptiaca captivitate educti fuerint, Auctor noster hunc enarrat in modum: Moyses *trajecit populum medio mari Rubro; præcedente Angelo, et scindente aquam....... ut ait poeta:*

Curvata in montis faciem circumstetit unda.

Versus hic est Virgilii in quarto Georgicorum libro.

At Gallæus hanc Lactantii narrationem de Angelo Israelitas *præcedente*, et scindente aquam vellicat. Nam in Exodi, inquit, libro legimus Angelum abiisse post illos, siccatasque aquas, vento flante et urente, postquam Moyses manum suam in mare extendisset. Verum adeo inepta est hujus hominis, Auctorem suum venenato dente ubique passim corrodentis, reprehensio; ut eam Spark jure merito rejecerit. Nam columna lucis Hebræis usque ad Rubri maris littus anteivit: ibique scidit ejus aquas, postquam Moyses manum in illud manum porrexisset.

Tum deinde Lactantius refert miracula, quæ ille in desertis fecit, sed nec omnia, nec ipso ordine, quo in sacris litteris descripta sunt. Ubi autem mira prorsus Dei erga Israelitas beneficia recenset, ibi manna *cœlestis alimenti pluviam* appellat. Sed hi, inquit, impie ingrati, et tantorum beneficiorum prorsus immemores, in luxuriam, et Ægyptiorum idololatriam prolapsi sunt, et *æreum*, ut ille loquitur, *caput bovis, quem vocant Apim...... figurarunt:* hoc est, figurarunt caput bovis, quem Ægyptii, sicut alibi observavimus, Apim vocabant.

Deus autem populo ingrato iratus, pergit auctor noster, illum gravibus pœnis mulctavit, subjugavitque legi, per Moysen datæ. Rursus vero Gallæus cum Lactantio rixatur, objici que hoc falsum esse, si Lactantius, quemadmodum videtur, ibi significet latam fuisse legem in hujus peccati pœnam. Antequam enim populus, ut ille arguit, figurasset vitulum, jam Moyses legis accipiendæ causa montem adscenderat. Sed numquid Gallæus satis attendit Moysen semel et iterum adscendisse hunc montem, ac post secundum inde descensum duas Hebræis dedisse legis tabulas? Tum enim eorum scelere offensus fuerat, antequam eos legi subjugaret.

Præterea Lactantius censet hanc legem datam fuisse *non in monte Sion, sed in monte Oreb* (*Lactant., lib.* IV*, cap.* 17). Quod quidem a Malachia, ac postea ab Irenæo (*Irenæ., lib.* IV *adv. hæres., cap.* 21) similiter traditum est (*Malach.,* IV, 4). Neque id mirum tibi videatur. Nam ex ipsomet Moyse et Hieronymo discimus hunc montem duplici nomine nunc Sina, nunc Choreb vocitari (*Exod.,* XXXI, 18; *Deuteron.,* XIX, 1, 2; *Hieronym., epist. ad Fabiol., de 12 mansion.*). Quidam vero opinantur Oreb, seu Horeb, seu Choreb esse montis Sinai summam, alii occidentalem, alii orientalem partem. Alii denique censent montes esse duos sibi cohærentes, et Oreb Sinai inferiorem dixerunt.

Difficilius profecto est, quod Lactantius continenter adjecit Israelitas, cum in deserta quadam Syriæ parte consedissent, amisisse vetus Hebræorum nomen, ipsosque Judæos, et terram quam incolebant, Judæam cœpisse appellari; quoniam princeps examinis eorum, inquit, erat Judas. Quis enim, argues, fuit Judas ille Hebræorum in desertis Syriæ princeps? Quis etiam nescit quam variæ sint de prima Judaici nominis origine opiniones? Josephus enim, cui recentiores etiam quidam critici suffragantur, putat utrumque hoc Judæorum nomen Hebræis, eorumque genti impositum, postquam e Babylonia reversi, in pristina sua loca postliminio redierunt. Epiphanius vero opinatur (*Epiph., lib.* I *adv. hæres.*, § 2 et 3) illos sic cognominatos ob tribum Judæ, ex religiosorum hominum genere compositam, atque iis temporibus, quibus David, Salomon, ejusque filius Roboam Hierosolymis regnabant. Sed alii cum Augustino existimant Judæorum et Judææ cognomen ortum fuisse a Juda (*August., lib.* XV *de Civit., cap.* 9), Jacobi patriarchæ filio. Nonnullis adhuc visum est hanc appellationem inde repetendam, quod tribus Judæ, cæteris cunctantibus, aut diffidentibus, prima medias inter maris Rubri undas Moysem secuta sit. Quid mirum igitur cum tot fuerint ea de re opiniones, si Lactantius abierit in aliquam singularem, et ab illis omnibus diversam? At Judæorum et Judææ nomen ejusque originem repetere videtur ex illo Juda, qui Chananæum et Pherezæum vicisse, plurimasque urbes, ac nominatim Hierusalem delevisse memoratur.

ARTICULUS III.

Quot annis Moyses Trojanam cladem antecesserit: et de aliorum prophetarum, ac regum seu principum, sub quorum imperio hi floruerunt, ætate; quot elapsis post Trojanum excidium annis David et Salomon regnaverint; ac quot inde usque ad Christi tempus numerentur: utrum Zacharias fuerit ultimus propheta, et quot ab ejus ætate usque ad Christi mortem anni fluxerint: quam recte Lactantius ex hac chronologia concludat sacros vates sua omnia de Christo oracula longe antea edidisse, quam ille homo factus sit.

Moysis, aliorumque prophetarum ætatem non aliunde Lactantius, et jure quidem merito, putavit certius posse agnosci, quam ex designato tempore, quo vixerunt et regnaverunt reges et principes, sub quorum imperio illi floruisse perhibentur. Quamobrem tempus illud investigandum esse existimat, quamvis in eo retegendo non magnam arbitretur occurrere difficultatem. Nam testatum unusquisque propheta fecit, sub quo rege, vel principe vixerit, litterisque ea mandaverit, quæ divino Spiritu afflante, diu ante didicerat, quam evenerint.

Sed præstat Lactantium ipsum, de Moyse loquentem, prius audire: « Multi scriptores, » inquit, « libros de temporibus ediderunt, initium facientes a propheta Moyse, qui Trojanum bellum nongentis ere annis antecessit » (*Lactant.*, *lib.* iv, *cap.* 5)'. In utroque autem regio codice antiquissimo pro *scriptores*, legitur, *scriptos*, minus quidem bene, sed eodem sensu. Majoris itaque momenti est utriusque lectio *septingentis* pro *nongentis* annis. Dictu siquidem difficillimum an una ex his lectionibus, aut quænam ex illis vera sit.

Quis enim hos, quos citat scriptores, nobis certo definire audeat? Postea quidem docet omnem temporum seriem ex Judaicis, Græcis, Romanisque historiis colligi. Sed cum nullum ex illarum scriptoribus nomine suo appellet, non magis certum quos ille secutus sit. Nam de Moysis ætate, et quot annis bello Trojano præiverit, tot fere eorum sententiæ sunt, quot capita. De his autem jam diximus in Clementis Alexandrini Chronographia. Cæterum, si quis minorem annorum numerum ab Lactantio denotatum fuisse ostendat, ei suffragium nostrum haud invitî feremus. Ad falsam quippe gentilium de recentiori Moysis ætate refellendam opinionem is sane, quem retulit, penitus sufficiebat. Prætermittere tamen non possumus indicatum a Lactantio horum annorum numerum non ita abesse a Tertulliani et Josephi calculo (*Tertull. Apolog.*, *cap.* xix; *Joseph.*, *lib.* i *contr. Apion.*). Tertullianus siquidem, ut suo loco videbimus, narrat Moysen Inacho fuisse coætaneum, ac mille circiter annis cladem prævertisse Priami, sed Trojanum excidium. Josephus vero mille annos computat ab illorum numero, quos Manethon ab Israelitarum ex Ægypto egressu ad Trojanum bellum elapsos esse arbitrabatur.

Post assertam hunc in modum ætatem Moysis pergit Lactantius (*lib.* iv, *cap.* 5), aitque: *Is cum per annos quadraginta*, quemadmodum in sacris codicibus nostris legimus, *populum rexisset, successorem habuit Josuem* (vel, ut in duobus regiis codicibus scriptum est, *Jesum*), *qui septem et viginti annis tenuit principatum.* Eadem est opinio Clementis Alexandrini, a quo græce cognominatur Ἰησοῦς, et Augustini, qui eum *Jesum Nave* appellat. A Josepho etiam *Jesus* nuncupatur, sed dicitur annis πέντε καὶ εἴκοσι, *viginti quinque* Hebræorum rexisse rempublicam. Sed de Josue principatu, et annorum illius numero nos in exhibita Theophili Antiocheni, et Clementis Alexandrini Chronologia.

Prosequitur Lactantius (*Lact.*, *ibid.*) « Exinde sub Judicibus fuerunt per annos trecentos septuaginta. » At Clemens Alexandrinus postquam annos, quibus singuli Judices Hebræis imperaverunt, enumeravit, sic omnem collegit eorum summam: Ὃν ὁ πᾶς ἀριθμὸς ἕως τοῦ Σαμουὴλ γίνεται ἔτη τετρακόσια ἑξήκοντα τρία, μῆνες ἑπτά (*Clemens Alexandr.*, *lib.* i *Strom.*): Quorum universus numerus usque ad Samuelem anni sunt quadringenti sexaginta tres, menses septem. Sed ibi ille annos 93 Israeliticæ sub alienis regibus captivitatis tempus complectitur. Si vero hunc annorum numerum tollas, ille supererit, quem Lactantius propheta Moyse, qui Trojanum bellum nongentis Hebræorum Judicibus assignat. Verendum tamen ne librorum Lactantii scribæ in numeris, qui Romano dumtaxat charactere exarati sunt, describendis, more haud insolito erraverint. Vide ergo utrum Lactantius hos captivitatis annos data opera prætermiserit; quia de sola Judicum Hebræorum ætate loquitur. Quid vero si ille de accuratissima computandorum horumce annorum ratione exhibenda parum sollicitus, minores semper numeros retulerit; ne ethnicis, aut aliis minimam quidem hiscendi occasionem præberet.

Postea enim, « Tum mutato, » inquit, « statu reges habere ceperunt, quibus imperium tenentibus, per annos quadringentos sexaginta » (duo manuscripti regii antiquiores, et optimæ notæ alii, *per annos* 430) usque ad Sedeciæ regnum, » et Babylonicam captivitatem. Clemens vero Alexandrinus: « A regno Davidis usque ad captivitatem, quæ facta est a Chaldæis, anni quadringenti quinquaginta duo, menses sex: ut autem colligit nostra accurata supputatio, quadringenti anni nonaginta duo, menses sex, dies decem. » (*Clemens Alexandr.*, *lib.* i *Strom.*) Cernis certe ibi adhuc majorem, quam in regiis operum Lactantii nostri codicibus numerum indicari. De his autem agimus in jam citata Theophili Alexandrini et Clementis Alexandrini chronographia.

Denique Lactantius: « Septuagesimo post anno, Cyrus major » (uterque manuscriptus codex regius addidit, *captivos Judæos*) « terris ac sedibus suis reddidit, qui per idem tempus in Persas suscepit imperium, quo Romæ Tarquinius Superbus. » Ad calcem libri secundi Paralipomenon et initio libri primi Esdræ (II *Paralip.*, xxxvi, 22 23; I *Esdr.*, i, 1), ille captivitatis Babylonicæ finis anno hujus 70, et Cyri Persarum regis primo similiter consignatur. Qua de re Josephus, Eusebius, Eusebianique chronici auctor, et alii quamplurimi, ac nos etiam in Clementis Alexandrini chronologia disseruimus.

At qua, arguet aliquis, ratione Lactantius dixit per idem tempus Tarquinium Superbum cœpisse in Romanos dominari. Nam Eusebius non modicum, inter Cyri in Persas et in Romanos Tarquinii regnantis primordia, spatium temporis interposuit. Sed eruditi chronographi triplex Cyri in Persas regni initium constituunt, quorum unum fuit, quando, toto Asiæ imperio potitus, solvit Judæorum captivitatem. Atque ita Lactantius poterit cum aliis modo aliquo conciliari.

Difficultate etiam non carent hæc Lactantii de Davidis et Salomonis ætate verba: *Quorum alter, qui posterius regnavit, Trojanæ urbis excidium centum et quadraginta annis antecessit* (*Lactant. lib.* iv, *cap.* 8). Nam ibi, aut Lactantium memoria, aut librarios oscitantia lapsos esse, vix ullus dubitandi locus est. Communis quippe chronologorum opinio est Salomonem non minus, quam centum et quadraginta annis Trojano excidio fuisse posteriorem. Quomodo ergo totidem ac pluribus antiquior dici potest? At Isæus tamen hujusce difficultatis nodum solvi posse puta-

unius e Vaticanis codicibus auctoritate, in quo pro **A** loquitur, μεθ' ὃν ὁ ἐν τοῖς δώδεκα ἄγγελος, qui post eum
alter, legitur, alterum. Verborum enim Lactantii hic fuit in duodecim Angelus? Nonne etiam Eusebius et
erit sensus: Trojanæ urbis ruina centum et quadra- Augustinus novissimos prophetas tres simul appellant
ginta annis anteivit alterum, id est, Salomonem, qui (Euseb. in Chron. ad ann. 4497; August. lib. XVIII de
post Davidem regnavit. Non male quidem, si hujus Civit. cap. 35), Aggæum, Zachariam, et Malachiam?
manuscripti non admodum vetusti lectio aliorum an- Nonne tandem huic Malachiæ, non autem Zachariæ
tiquiorum testimonio firmaretur. Nobis tamen haud ultimus in sacris Bibliis locus datus est? Responderi
ægre persuadebitur veram esse illius Vaticani codicis haud inepte potest hos tres prophetas a pluribus si-
lectionem; quandoquidem duæ ultimæ litteræ hujus mul nominari, quia ætate suppares fuerunt. Ultimum
nominis alterum potuerunt facile ab antiquiore scriba vero locum in sacris Bibliis ideo Malachiæ datum
et ab aliis deinceps omitti. Utrum porro ita res se ha- censent; quoniam Judæos non ad templi ædificatio-
beat, alii judicent, per nos licet. nem adhortatus; sed ob corruptos mores, et cultus
Videntur autem librarii accuratius descripsisse an- divini depravationem redarguit.
norum numerum; quem Lactantius ab Davidis et Sa- Cæterum Lactantius non alio sane consilio omnem
lomonis imperio ad Christi usque mortem assignavit. illam texuit Hebræorum Ducum, Judicum, et Regum
De Davide siquidem hæc ille tradidit. « Spiritus Dei **B** chronologiam, nisi ut ostendat sacros prophetas sua
per eum loquebatur, qui fuerat passurus post annos de Christo, et stabilita ab eo religione oracula longe
mille et quinquaginta. Tot enim colliguntur anni a antea fudisse, quam ipse Christus natus mortuusque
regno David ad crucem Christi. » De Salomone autem fuerit. At quamvis hæc chronologia ad omnes juris
antea dixerat: «A Salomone usque ad id tempus, quo apices adornata non videretur; ex dictis tamen
res gesta est, » id est, Christus cruci fuit affixus, constat veram esse hanc illius opinionem, eamque
« mille ac decem anni fuerunt. Nihil nos affingimus, tam certo, quam evidenter demonstrari. Primum
nihil addimus. » Recte quidem. Nam si demas qua- enim sacri prophetæ nostri, ut paulo ante dictum est,
draginta Davidici regni annos, mille tantum et decem testati sunt sub quo rege aut principe oracula sua
a Salomone, ejus filio et successore, usque ad mor- ediderint. Deinde si Zacharias, aut si velis Mala-
tem Christi revera numerandi sunt. Utrum autem chias, ultimus prophetarum quadringentis plus aut
vera sit hæc auctoris nostri opinio, si roges, respon- minus annis ante Christum vixerit, inde manifestis-
debimus paulo plures ab veteribus Chronologis, uti sime colligitur alios prophetas, sub prioribus Judæo-
ex quorumdam chronologia, a nobis alibi repræsen- rum ducibus ac regibus longiori adhuc tempore ante
tata patet, annos computari. At non desunt quidam Christum Dominum floruisse. Quamobrem Lactan-
ex recentioribus doctissimi, qui ab eo tempore, quo **C** tius, ut brevitati consuleret, alios præter Zachariam
David rex inauguratus est, ad Christum usque annos nomine suo ibi non appellavit. Ipsi enimvero hunc
1047, aut paulo plus aut minus elapsos fuisse existi- ultimum, aut ultimis coævum nominasse sufficiebat.
ment. De singulorum porro prophetarum ætate plura si
Duo demum de Zacharia propheta Lactantius (Lac- desideres, adi Clementis Alexandrini librum primum
tant., ibid.) Theophilum Antiochenum (Theophil. lib. III Stromatum, ejusque chronographiam, quam cum
ad Autolyc.) secutus, narrat, ac primum quidem aliis contulimus. Lege etiam, si velis, Cyrilli Alexan-
illum sub Dario rege, secundo anno regni ejus, octavo drini librum primum contra Julianum, atque varios
mense, sua litteris mandasse oracula. Et recte qui- inter recentiores chronologos, Scaligerum, ac Peta-
dem. Nam hoc ipsum prophetiæ suæ tempus ille ab vium, hunc de doctrina, illum de emendatione tem-
ipsius libri sui initio diserte declaravit. At ab eo au- porum, ac chronologias in Bibliis polyglottis Anglo-
tem, pergit Lactantius, tempore, quo Zacharias fuit, canis, et aliis, latino et gallico idiomate editas.
usque ad annum quintum decimum imperii Tiberii Cæ- Denique Lactantius ex his, quæ hactenus disputata
saris, quo Christus crucifixus est, prope quingenti anni sunt, recte concludit sacram Scripturam ab ethnicis
numerantur; siquidem Darii et Alexandri adolevit immerito novitatis argui. Nam antiquiores, inquit,
ætate non multo postquam Tarquinius Superbus exac- **D** etiam græcis Scriptoribus prophetæ reperiuntur (Lac-
tus est (Zachar. 1, 1; Lactant. lib. IV, cap. 14). Hæc tant. lib. IV, cap. 5). At id certe verum est, si de
autem cum utraque Eusebii et Clementis Alexan- Moyse loquatur. Enimvero illum Scriptorum om-
drini chronographia, secum a nobis alibi composita, nium esse antiquissimum haud semel in superiore
satis concordant. Ipse vero Eusebius alio in libro an- Apparatus nostri tomo ostendimus. Verum sicuti
nos 493 numerat ab eo tempore, quo Zacharias vati- certum est hunc, et alios quosdam prophetas Græcis
cinabatur, usque ad Augustum Romanorum impera- præivisse Scriptoribus, ita etiam minime dubium vi-
torem. Non male itaque a Lactantio nostro anni notan- detur uti ex Eusebii et aliorum accuratioribus chro-
tur prope quingenti ab eodem Zachariæ tempore, usque nologiis colligitur, quosdam ex istis Zacharia fuisse
ad annum Tiberii Cæsaris quintum supra decimum. vetustiores. At cum Lactantii propositio definita non
Secundo Zacharias a Lactantio dicitur propheta- sit, nec satis intelligatur utrum omnes omnino pro-
rum ultimus. At nonne Clemens Alexandrinus asse- phetas comprehendat, nihil necesse est longiorem ea
verat (Clemens Alexandr. lib. I Strom.) hoc eodem Za- de re instituti disputationem. Ad demonstrandam
charia posteriorem fuisse Malachiam, vel, sicut ipse enim sacræ Scripturæ antiquitatem satis illi erat pro-

basse Moysen, et alios quosdam sacros vates nostros græcis Scriptoribus fuisse antiquiores, ac longe ante humanum Christi ortum vixisse, suosque composuisse libros, ac vera reddidisse oracula.

ARTICULUS IV.

De libris Moysis, et Josue, qui primum Auses, ac deinde Josue est cognominatus, de libris Regum, seu Basilion, de libris Esdræ ac Nehemiæ.

Ad ea quæ Lactantius (*Lactant. lib.* IV, *cap.* 5) de quibusdam veteris novique Testamenti libris memoriæ mandavit, ut veniamus, observare juvat Moysen ab eo non solum prophetam vocari, sed illum etiam fuisse, cui primus a plurimis locus inter eos datur, qui de temporibus commentationes ediderunt. At quos, oro te, Moyses de temporibus libros composuit, nisi Genesim, aliosque ipsi vulgo adscriptos?

Et certe Cyprianum haud dubie imitatus, Numerorum librum ei nominatim attribuit. Moyses enim, ait ille, in Numeris : *Non quasi homo Dominus suspenditur, neque quasi filius hominis minas patitur*. Quæ quidem non ex Vulgata, sed ex LXXII seniorum interpretatione uterque transcripsit. Quin etiam Lactantius ipsiusmet Moysis nomine verba Balaami, in eodem Numerorum libro descripta, hunc in modum citavit : *Moyses in Numeris ita loquitur : Orietur stella ex Jacob*. Dixit itaque *Moyses loquitur*, non suis quidem, sed Balaami verbis, quia totidem ille, dum librum hunc scriberet, accurate retulit.

Deuteronomii quoque librum illi tanquam vero genuinoque ejus parenti semel atque iterum vendicat. Audi, quæso, quam adseveranter id affirmaverit (*Lact., ibid., cap.* 17) : « Sed et ipse Moyses........ in Deuteronomio scriptum reliquit : *Et dixit Dominus ad me : Prophetam excitabo eis* (*Deuteron.*, XVIII, 15). » Et rursum paulo post (*Lact., ibid.*) : « Item Moyses ipse : *In novissimis diebus circumcidet Dominus cor tuum*. » Postea quoque : « Apertius ipse Moyses in Deuteronomio ita prædicavit : *Et erit pendens vita ante oculos tuos* (*Deuteron.*, XXX, 6). »

Moysi itaque hunc librum, et alios ipsi adscriptos, quemadmodum Cyprianus, ac cæteri antiquissimi Ecclesiæ Patres, haud dubitanter attribuit. Quis igitur æquo animo ferat recentiorum nonnullorum audaciam, qui negant Moysem aut horum librorum totius Pentateuchi, aut maximæ illorum partis fuisse auctorem? Sed eorum insanam temeritatem alibi retudimus.

Eodem plane modo Lactantius librum illum Josue 'adseruit (*Lact.*, *l.* IV, *c.* 17), quem nomine ejus inscriptum habemus. Post Moysis siquidem verba, proxime a nobis citata, sic ille prosequitur : « Item Jesus Nave, successor ejus : *Et dixit Dominus ad Jesum : Fac tibi cultellos petrinos nimis acutos* (*Josue*, V, 2). » Data autem opera, ibi auctor noster adjecit *successor ejus* Moysis, ne qua esset in illius nomine ambiguitas. Cyprianus vero (*Cypr.*, *l.* I *adv. Judæ.*, § 8) eadem verba ita citasse legitur : *Ita apud Jesum Nave*. Sed in superiori articulo vidimus hunc eumdem Moysis successorem utroque

illo nomine appellari. Ante utrumque vero Justinus martyr, Tryphone minime repugnante, plura ex eodem libro verba sic refert, ἀπὸ τοῦ βιβλίου 'Ἰησοῦ, *ex libro Jesu*, sive Josue.

Aliud tamen hujus prophetæ antea fuisse nomen Lactantius observat :« Qui cum primum, inquit, Auses vocaretur, Moses futura præsentiens, jussit eum vocari Jesum. » Quam quidem nominis mutationem haud semel Justinus martyr (*Justin., Dial. cum Tryph.*) aliique adnotaverunt. Sed prætermittendus non est Tertullianus (*Tertullian., l. advers. Judæ. c.* 9, *et l.* III *advers. Marcion., c.* 16), cujus in vestigiis institisse auctor noster videtur. Ita enim ille :« Dum Moysi successor destinaretur Auses , filius Nave, transfertur certe de primo nomine, et incipit vocari Jesus. » Et id adhuc alibi repetit, atque in utroque loco docet, quemadmodum Lactantius, hunc Jesum sive Josue fuisse Jesu Christi figuram. Quæ autem ab illis de Auses nomine dicuntur, hæc desumpta sunt ex Numerorum libro, ubi hæc verba juxta LXXII interpretationem legimus : Καὶ ἐπωνόμασε Μωϋσῆς τὸν Αὐσῆ, υἱὸν Ναυή, Ἰησοῦν. *Et cognominavit Moyses Ause, filium Nave, Jesum*. In Vulgata vero habetur : *Vocavitque Osec, filium Nun, Josue* (*Numer.*, XIII, 17). Plura si velis, lege Eusebium (*Euseb.,l.* IV, *Demonstr. evangel.*, § 17), qui præclare ea de re disputat. Hieronymus tamen contendit male in græcis et latinis codicibus scriptum Ause (*Hieronym., l.* I *Comment. in c.* I, 1, *Osee*), quod nihil significat, sed scribendum *Osee*, quod idem sonat ac salvator.

Quædam præterea Lactantius transcripsit verba ex libris Regum (*Lactant., l.* IV, *c.* 11), primo, secundo, ac tertio, qui in pluribus operum illius editionibus græce Βασιλειῶν, in duobus antiquioribus regiæ bibliothecæ codicibus manuscriptis, et editione romana latino charactere *Basilion*, a Cypriano autem *Basileion*, ac prius a Tertulliano *Basiliarum* et *Basilicarum*, sive potius Basilæorum nominibus citantur. Porro autem hæc duximus animadvertenda ; quoniam in regiis librorum Lactantii manuscriptis codicibus citata a Lactantio Græcorum auctorum verba græce, uti jam diximus, descripta sunt. Cur ergo et hoc unicum verbum *Basilion* græcis similiter litteris exaratum non fuit? Non alia procul dubio ratio videtur, nisi quia librarii illud ita in antiquioribus codicibus scriptum repererunt. Utrum autem Lactantii, Cypriani et Tertulliani ætate ita hi Regum libri citari ac cognominari vulgo solerent, expendas, velim, et pronunties.

Dubium autem minime videtur quin auctor noster (*Lactant., l.* IV, *c.* 18) in suo sacrorum Bibliorum codice legerit non solum nomen Esdræ, præfixum ejus libro, sed hæc etiam verba : *Hoc pascha Salvator*, etc., a se transcripta, quæ de Christo, ut supra vidimus, dicta esse existimavit. At alibi tamen observatum a nobis fuit Justino martyri persuasum omnino fuisse hæc ipsa omnia Esdræ verba ex sacro textu a Judæis amputata fuisse. At de iis procul dubio Judæis Justinus loquebatur, qui eamdem ac ille regionem incolebant. Sed hos procul dubio Lactantius noster non cognovit, qui hanc tantæ fraudis illis exprobrandæ occasionem tanto utique silentio non prætermisisset.

Non mirum igitur, si Lactantius, qui verba illa in sacris suis codicibus legerat, Esdram aperte prophetam appellet. Sed mirabitur fortasse aliquis quod non tantum ab illo, sed prius etiam a Cypriano quædam verba ejusdem Esdræ nomine citata sint, quæ in altero libro, Nehemiæ nomen præferente, reperiuntur. Nam ea hunc Lactantius retulit in modum : « Esdras etiam propheta, qui fuit ejusdem Cyri temporibus, a quo Judæi sunt restituti » (non poterat sane clarius Esdras designari), « sic loquitur : *Desciverunt a te, et abjecerunt legem tuam.* » Verum quidem haud infimæ notæ critici respondent hunc librum ab Lactantio, et aliis antiquissimis Ecclesiæ Patribus idcirco Esdræ nomine citari, quoniam ea complectitur, quæ ab illo simul et Nehemia gesta sunt. Deinde vero hac potissimum ratione auctor noster ductus fuisse videtur, quod uterque liber non ab Hebræis et Græcis, sed a Latinis tantum distinguatur. Enimvero , ut Hieronymi verbis utamur : « Apud Hebræos Esdræ Nehemiæque sermones in unum volumen coarctantur » (*Hieronym.*, *Præfat in Esdr.*).

ARTICULUS V.

De Psalmis , de libris Ecclesiastici, Sapientiæ, Proverbiorum, Salomoni adscriptis, ac de quibusdam citatis a Lactantio verbis, quæ nunc in sacro textu desiderantur. De libris Isaiæ, Jeremiæ, Danielis, Oseæ, Amos, Micheæ, Malachiæ, Zachariæ ; de primis Joannis Evangelistæ verbis ; de Pauli ad Ephesios Epistola, et Apocalypsi.

David a Lactantio (*Lactant.*, *l.* IV, *c.* 9) disertissime vocatur rex, propheta, et divinorum hymnorum, seu psalmorum auctor. Neque hanc suam ac christianorum tantum sententiam fuisse asseverat, sed Judæorum etiam, qui illum, ut ipse ait, *inter* (vel, sicut manuscripti regii antiquiores, *præter*) *cæteros prophetas vel maxime legunt.* Atqui si divini sunt scripti a Davide hymni, eos proculdubio spiritu Dei afflatus conscripsit, atque idcirco recte ab eodem Lactantio propheta divinus nuncupatur. Ad hæc vero quæ ille de Christo vaticinatus est, hæc, ut jam ostendimus, cum eodem, quo prædicta fuerant, modo reipsa evenerint, quis illa divini spiritus instinctu prænuntiata fuisse abnuat ?

Videtur autem Lactantius eorum, de quibus alibi diximus, subscripsisse opinioni, qui Davidi psalmos omnes adjudicabant. Nam ab illo divinorum sine exceptione hymnorum scriptor dicitur, nullique nisi ejusdem Davidis nomine citantur. Non paucos porro hoc modo citatos vidimus, videlicet psalmum primum, tertium, decimum quintum, decimum septimum, vigesimum primum, trigesimum secundum, et quartum, quadragesimum quartum , sexagesimum octavum, septuagesimum primum, octogesimum quartum, nonagesimum tertium, centesimum nonum, et centesimum vigesimum sextum. At de citatis ab eo horum psalmorum versibus supra, ac præsertim in superiori capite, egimus, et infra data opportuniori occasione agendum. Non minus asseveranter Lactantius pronuntiat Salomonem, sive ut in pluribus manuscriptis codicibus legimus, Solomonem, memorati Davidis filium, quemadmodum patrem suum , fuisse prophetam. Nec mirum sane. Persuasum siquidem habuit libros ab eo, sicut a Davide, conscriptos fuisse divini spiritus afflatu, ac plura in eis de Christo prædicta, sicuti reapse postea facta sunt.

Ecclesiastici autem librum huic ipsi Salomoni, non secus ac Cyprianus adscribit. Quæ enimvero ex hoc libro verba transcripsit, ea sic profert : « Salomon ipsum, » Christum videlicet, « Verbum Dei esse demonstrat..... *Ego*, inquit, *ex ore Altissimi prodivi.* » Ne quis autem dubitet ex illo libro verba hæc fuisse desumpta, Cyprianus id expresse declarat : « Apud eumdem Salomonem in Ecclesiastico : *Ego ex ore Altissimi prodivi.* » Et hæc quidem in hoc Ecclesiastici libro, de quo nos alibi disseruimus, reipsa leguntur.

Quod autem Dei spiritu plenus Salomon scripserit, nos Lactantius docet (*Lact.*, *l.* IV, *c.* 6) ubi illi adhuc librum Proverbiorum attribuit. Ipsa quippe hæc sunt ejus verba : « Ipse est Dei filius, qui per Salomonem, sapientissimum regem, divino spiritu plenum, locutus est ea, quæ subjecimus : *Deus condidit me in initio viarum suarum.* « Cyprianus vero (*Cypr.*, *l.* II *advers. Jud.* § 1) : » Apud Salomonem in Parœmiis: *Dominus condidit me initium viarum suarum.* » Parœmlarum ibi nomine recte indicat Proverbiorum librum, ubi hæc revera occurrunt. De hoc libro nos alibi, et infra de transcriptis ex illo verbis disputabimus.

Sapientiæ insuper librum ab ipsoquoque Salomone profectum esse Lactantius (*Lact.*, *l.* IV, *c.* 16), Cyprianum adhuc secutus, ulla absque hæsitatione affirmat. Uterque enim plura in hoc libro scripta retulit, præposito illius nomine. Et Lactantius quidem : «Salomon in libro Sapientiæ his verbis usus est : *Circumveniamus justum; quoniam insuavis est nobis*, etc. (*Sapient.*, II, 12). » Prius autem Cyprianus (*Cypr.*, *l.* II *adv. Jud.*, § 14) : « In Sapientia Salomonis : *Circumveniemus justum; quoniam insuavis est nobis*, etc. » Sed id ille non ibi tantum, sed in subsequenti etiam libro haud semel hunc librum similiter citavit. Nos autem de hoc libro alibi disseruimus.

Non sine aliqua porro observatione prætermittere possumus duo adhuc testimonia ab Lactantio ejusdem Salomonis nomine proferri, quæ in editis ejus libris non reperiuntur. Primum autem his ab eo verbis expressum legimus : « Infirmatus uterus virginis, et accepit fœtum, et gravata est, et facta est in multa miseratione mater virgo »(*Lact.*, *l.* IV, *c.* 12). De hoc autem testimonio a nobis supra actum fuit. Alterum est, quo auctor noster hæc Salomonis, tamquam Dei ipsius, retulit verba : « Quod si avertimini a me, dicit Dominus, » etc. Sed jam annotavimus plura ibi citari, quam in sacro textu leguntur.

Plures etiam Lactantius prædictiones et sententias collegit ex Isaiæ et Hieremiæ, pauciores ex Danielis libris, quos illis constanter, ac communi omnium, præterquam voluntaria obstinatione penitus obcæcatorum, consensu attribuit. De horum autem prophetarum sententiis, quandoquidem suo loco ubi necesse est, disputamus, nunc tantum juvat animadvertere Hieremiæ locum citari in Lactantii editionibus hac epigraphe : « Item de circumcisione solvenda Esaias ita prophetavit » (*Lact.*, *ibid.*, c. 17). Nam ibi scholiorum editores notant hoc esse memoriæ Lactantii peccatum. Sed cur non potius librariorum? Nam in manuscripto regio codice antiquiore 3736, scriptum legimus : *Item de circumcisione solvenda eseias item prophetavit.* Quis autem ibi scribarum oscitantiam et errorem non deprehendat ? Imperitus itaque librarius, et qui latine nesciebat, cum nomen Hieremias legere, nec intelligere potuisset, scripsit *eseias item* nullo plane sensu.

Hieremiæ autem nomine, quemadmodum aliis plerisque mos fuit, citat Lactantius Baruchi libellum haud dubie, quia illius, sicut diximus alibi, amanuensis librarius erat, et, veluti Hieronymus ait : *Baruchi libellus libro Hieremiæ vulgo editioni LXX copulatur* (*Hieronymus*, *prologo Commentar. in Hierem.*).

Quem vero Osee nomine inscriptum librum habemus, hunc Lactantius ab ipso exaratum esse ubi fatetur, ibi illum haud dubitanter appellat *primum duodecim prophetarum*, videlicet eorum, qui minores prophetæ vocari solent. Cur ergo, inquies ? nonne ipsi, teste Hieronymo (*Hieronym.*, *l.* I *Comment. in Osee,* c. 1, 1), Johel, Amos, Abdias, Jonas, et Micheas σύγχρονοι, et contemporanei fuerunt ? Recte quidem. Sed respondet ibidem Hieronymus, Osee primum illorum omnium dici, quia Dominus in Osee prius, quam in illis et aliis locutus est.

Amosis præterea, Micheæ, Malachiæ ac Zachariæ prophetias, nomen illorum præferentes, eis Lactantius similiter vindicat. Sed cum hi ipsi eas se scripsisse testificentur, ac Testamenti novi scriptores quædam earum verba, aliquando etiam præposito eorum nomine citaverint, quis illas ab iisdem divini spiritus instinctu scriptas fuisse negare maxima sine temeritate audeat ?

Ex novi etiam Testamenti libris prima Evangelii ab Joanne compositi verba, expresso illius nomine, sic refert : « Joannes quoque ita tradidit : *In principio erat Verbum*; sed ut iis confirmet quod Davidis et Salomonis auctoritate probandum susceperat, Deum ex Deo potuisse prolatione vocis et spiritus generari. De hoc autem Evangelio haud semel in priore Apparatus nostri tomo disseruimus.

Pauli quoque apostoli mandata, tamquam ab ipsomet Deo christianis tradita, Lactantius noster (*Lactant.*, *l.* VI, *c.* 18) proponit : « Præcepit Deus, inquit, non occidere solem super iram nostram. » Ubi autem Deus id præcepit, nisi cum Paulus Ephesiis scripsit : *Irascimini et nolite peccare ; sol non occidat super iracundiam vestram* ? (*Ad Ephes.*, IV, 26.)

Denique Lactantius plura ex libro Apocalypsis excerpsisse videtur, ubi de iis, quæ in mundi fine eventura sunt, disputat. Sed cum et libri, et ejus auctoris nomen tacuerit, non deerunt fortasse, qui hæc aliunde, et ex aliis libris desumpta ab eo fuisse contendant. Quapropter illud nunc fusius persequendum non duximus, quandoquidem ex iis, quæ infra dicentur, manifestiora cuilibet fieri posse arbitramur.

ARTICULUS VI.
Cur et quomodo Lactantius testimoniis sacræ Scripturæ ad informandos Christianos, ac Judæos gentilesque refellendos utatur.

Lactantius divina veteris et novi Testamenti auctoritate feliciter usus est, et veteris quidem adversus Judæos ac gentiles, utriusque vero ad docendos quoslibet christianos. Utroque enim illo Testamento a Christianis admisso, illos vera doctrina, divinisque institutis, atque præceptis informat. Veteris vero Testamenti oracula et effata adversus Judæos adhibet, ut duplicem demonstret adventum Christi, ac præter hunc ipsum frustra ab iisdem Judæis alium Messiam exspectari. Quanti vero ponderis adversus illos sint argumenta, inde decerpta, his Lactantius præclare significat verbis. « Satis firmum testimonium est ad probandam veritatem, quod ab ipsis perhibetur inimicis » (*Lact. lib.* IV *Inst. cap.* 12). Non poterant enim hi hostes christianorum infensissimi securius debellari, quam suismet armis, id est, iisdem Scripturis, quas uti plane divinas christianis suppeditaverant. Neque objicere poterant eas, a christianis corruptas fuisse et adulteratas. Nihil quippe christiani ex eis depromebant, quod ab ipsismet Judæis scriptum traditumque non fuisset.

Verum tanta erat horum obstinatio ac pervicacia, ut dum eas quotidie legerent, mentis oculos clauderent ; ne quod solis luce clarius erat, possent intelligere. Quamobrem Lactantius : « Habebant hæc, » inquit, «qui fecerunt : legebant, in quos hæc dicta sunt. Sed et nunc hæredes nominis ac sceleris illorum hæc et habent, et damnationem suam, prophetarum ore prædictam, quotidianis lectionibus personant, nec aliquando in cor suum, quæ pars est et ipsa damnationis, admittunt.» Quin immo tam cæco furore erant perciti, ut christianos, ait Justinus martyr, implacabili odio persequerentur ; quippe qui ex iisdem ipsorum Scripturis Christum adveniisse invictissime demonstrabant. Ὅπερ μὴ νοήσαντες οἱ ἔχοντες τὰς βίβλους τῶν προφητῶν Ἰουδαῖοι, οὐκ ἐγνώρισαν, οὔτε παραγενόμενον τὸν Χριστόν. ἀλλὰ καὶ ἡμᾶς τοὺς λέγοντας παραγεγενῆσθαι αὐτὸν, καὶ ὡς προεκεκήρυκτο ἀποδεικνύντας ἐσταυρῶσθαι ὑπ' αὐτῶν, μισοῦσι (*Justin. Apolog.* I.) : Quod quia non intellexerunt, qui libros prophetarum habent Judæi, Christum etiam præsentem non agnoverunt. Quin et nos advenisse illum asserentes, et ab ipsis cruci affixum esse, quemadmodum vaticiniis est prænuntiatum demonstrantes, odio prosequuntur.

Itaque Lactantius contra hosce Judæos, qui Christum crucifixerunt, sacrorum prophetarum suorum auctoritate confutatos, hanc jure merito elicit conclusionem: «Quid amplius jam de facinoribus eorum dici potest, quam excæcatos tum fuisse, atque insanabili furore correptos, qui hæc quotidie legentes, neque intellexerunt, neque quin facerent, cavere potuerunt» (*Lactant. lib.* IV, *cap.* 18); quia nimirum tam cæco, quam spontaneo furore obcæcati erant. Immo vero ea fuit illorum pervicacia, ut neque coelestibus prodigiis, quæ Christo moriente, sicuti ab sacris eorum vatibus annuntiatum fuerat, edita sunt, facinus suum intelligere aut potuerint, aut voluerint.

Neque tamen Lactantius, aliique christianæ religionis defensores eos confutando, omnem operam perdidere. Nam evidentissimo ac invictissimo argumentorum, quæ ex sacris prophetarum oraculis hauserat, pondere multos ex Judæis, atque ex gentilibus longe plures, ad christianæ fidei professionem ille aliique Scriptores nostri adduxerunt.

Non immerito igitur eadem Scripturæ auctoritate adversus gentiles aliquando auctor noster dimicat. (*Idem, lib.* I, *cap.* 5; *lib.* V, *cap.* 14; *et lib. de Ira Dei, cap.* 22.) Quamvis enim eam spernerent, inficias tamen ire non poterant eam nor confictam a christianis, sed acceptam a Judæis eorum hostibus, atque ipsosmet suos philosophos, et alios, non pauca ex sacris scriptoribus nostris, uti non semel ostendimus, accepisse documenta. Planum itaque alicubi (*Idem, lib.* II, *cap.* 8) facit hominem post cæteras omnes creaturas a Deo factum fuisse, quemadmodum Ovidius post sacras nostras litteras cecinerat. Item Deum ab iis, sicuti a Sibylla, unum prædicari, ac justos homines ad vitam revocandos. Alibi vero eadem Scripturæ sacræ auctoritate rursus adversus eosdem gentiles utitur, ubi varia ejus placita rectæ rationi plane consentanea esse ostendit. Quæ quidem omnia ex infra dicendis plana omnibus manifestaque fient.

A nobis præterea superius clarissime, nisi fallimur, demonstratum est christianæ religionis veritatem ab eodem Auctore nostro etiam adversus ethnicos demonstrari sacrorum vatum oraculis, quæ post longa temporum spatia talem plane exitum habuerunt, qualem illi prædixerant. Cum enim ea absque divini spiritus afflatu sic prænuntiare non potuerint, nemo sane ethnicus, suæ mentis compos, negare poterat fidem illis esse habendam.

Non amplius itaque gentiles audiendi erant, qui prophetas nostros aut spernendos, aut rejiciendos esse contendebant; utpote qui simplici, rudi, impolito, ac barbaro sermone locuti sunt. Sola enim, inquit Lactantius (*Lactant. lib.* V *Inst. div. cap.* 1), eloquentia, quæ sæculo servit, non autem veritas, fucatum aliquid desiderat. Neque tamen diffitetur Deum, cujus spiritu afflati sacri scriptores nostri libros suos conficiebant, potuisse elaborata, polita et eleganti elocutione uti. Verum «divina,» inquit ille (*Lib.* VI, *cap.* 21), «providentia carere fuco voluit ea, quæ divina sunt; ut omnes intelligerent, quæ ipse omnibus loquebatur.» Quid vero, quod recte ille asseverat Deum in sacris litteris, uti decebat esse locutum. Sed animum, quæso, ad ipsiusmet Lactantii verba adverte: «Nec enim decebat ut, cum Deus ad hominem loqueretur, argumentis assereret voces suas tamquam fides ei non haberetur. Sed ut oportuit, est locutus, quasi rerum omnium maximus judex, cujus est non argumentari, sed pronuntiare.» (*Idem, lib.* III, *cap.* 1.) Quam autem id verum sit, facile evincitur ex ipsorummet gentilium legibus, quæ quidem quam simplici sermone scriptæ fuerint, ex Cicerone et aliis, qui illas collegerunt, planum omnibus est ac manifestissimum. Sed de his jam supra, et in aliis nostris dissertationibus satis disputavimus.

Denique Lactantius tradidit *nos ad res singulas* id est, ad omnia christianæ religionis dogmata ac præcepta stabilienda et demonstranda, habere testimonia *divinæ vocis,* quam nimirum in sacris nostris Scripturis diserte expressam intelligimus. Quod sane quam verum sit, ac quomodo ab illo asseratur, deinceps examinandum est.

APPENDICES
AD SCRIPTA SANCTORUM PONTIFICUM ROMANORUM
MARCELLINI, MARCELLI, EUSEBII ET MELCHIADIS
QUI IN TOMO VI MEMORANTUR.

APPENDIX PRIMA,
AD SANCTUM MARCELLINUM PAPAM.

EPISTOLA PRIMA (1),
MARCELLINI PAPÆ AD SALOMONEM EPISCOPUM.
Confutatur error dicentium Patrem esse Filio majorem, etc.

Marcellinus episcopus sanctæ ecclesiæ catholicæ urbis Romanæ, Salomoni coepiscopo, in Domino salutem.

Quam laudabiliter (*S. Leo, ep.* 93) pro catholicæ fidei veritate movearis, et quam sollicite dominico gregi devotionem officii pastoralis impendas, tradita nobis per diaconum tuum fraternitatis tuæ scripta demonstrant, quibus notitiæ nostræ insinuare curasti, qui errorum morbi in regionibus vestris modo exorti sunt. Nam epistolæ sermo, et commonitori

(1) Utraque supposita.

series, et libelli tui textus eloquitur, quod quidam errore decepti, dicunt, ideo Patrem majorem Filio esse, quia illi soli sacrificium immolatur, et quod Filius nullam cum Patre communionis operam habeat, et quod illud propheticum de solo Patre dictum sit : *Sciant gentes, quoniam nomen tibi Deus, tu solus altissimus super omnem terram* (*Psalm.* LXXXII). Sive quod ideo minor est Filius, quia ipse in cruce pendens dixit : *Deus, Deus meus, quare me dereliquisti* (*Matth.* XXVII)? Quibus competens et congruum (*Ithacius adv. Varimadum. c.* 51) reddatur responsum, quia sicut Patri, ita etiam Filio, non solum christianis temporibus, verum etiam priscis temporibus a sacerdotibus variis multisque modis probamus, sacrificium fuisse oblatum, Daniele propheta dicente : *Non est locus,* inquiunt tres pueri, *ad sacrificandum nomini tuo, et invenire misericordiam tuam, sed in anima contrita, et in spiritu humilitatis suscipiamur. Et sicut holocautomata arietum et taurorum agnorumque pinguium, ita fiat sacrificium nostrum in conspectu tuo hodie, ut placeat tibi* (*Daniel.* III). Et ut Filium fuisse agnoscas, cui hi tres pueri sacrificium se confessi sunt obtulisse, ex ipsius regis ac tyranni, qui eos in fornacem ignis mitti præceperat, confessione addisce, qui se cum tribus quartum, in ipso æstuantis camini incendio sociatum, prodidit conspexisse. *Nonne,* inquit, *tres viros misimus in fornacem vinctos? Et dixerunt ei : Vere rex. Et dixit : Ecce ego video quatuor viros solutos, et deambulantes in medio ignis : et aspectus quarti similis Filio Dei est* (*Ibidem*). Idem Dei Filius per prophetam loquitur, dicens : *Tibi offerent reges munera* (*Psalm.* LXVII). Et ut hæc de Filio Dei se dixisse doceret, dixit : *Reges Tharsis et insulæ munera offerent, reges Arabum et Saba dona adducent : et adorabunt eum omnes reges : omnes gentes servient ei* (*Psalm.* LXXI). Et ut hæc omnia, superius designata, Christo Filio Dei doceamus fuisse oblata, in nativitate ejusdem Filii Dei, quæ secundum carnem facta est, probamus fuisse completa, Evangelio comprobante : *Cum natus esset Jesus in Bethlehem Judææ in diebus Herodis regis, ecce magi ab Oriente venerunt Hierosolymam, dicentes : Ubi est, qui natus est rex Judæorum? Et infra : Et intrantes domum, invenerunt puerum cum Maria matre ejus, et procidentes, adoraverunt eum : et apertis thesauris suis, obtulerunt ei munera, aurum, thus, et myrrham* (*Matth.* II). Sacrificium itaque quod a Christianis sacris altaribus admovetur, non solum Deo Patri, sed etiam Filio communi devotione offertur, quoniam nec Patri sine Filio potest offerri, neque Filio sine Patre sacrari. Quod autem communem (*Ejusdem Ithacii c.* 52) operationem habeant Pater et Filius, hoc modo docetur, dum primi hominis plasma Deus ad imaginem Dei communi operationis virtute fecisse fertur, Scriptura dicente : *Faciamus hominem ad imaginem et similitudinem nostram* (*Genes.* I). Item ibi : *Descendamus et confundamus ibi linguam eorum* (*Genes.* XI). Et, *Pluit Dominus a Domino ignem et sulphur super Sodomam.*

(*Genes.* XIX). Et in Evangelio : *Pater meus usquemodo operatur, et ego operor* (*Joan.* V). Similiter : *et opera, quæ ego facio, non sunt mea, sed ejus qui misit me, Patris* (*Joan.* VII). Quæ omnia non discretam Patris et Filii potentiam monstrant, sed unam divinitatis operationem annuntiant. Et is, qui paternum opus exequitur, a paternis operibus alienus esse non creditur. Si autem ex Evangelio Filium Dei cognosceres Altissimum nuncupatum (*Ejusdem Ithacii c.* 53), nunquam filio derogans, hoc de solo Deo Patre dictum poneres testimonium, cum scriptum sit : *Tu puer propheta Altissimi vocaberis* (*Luc.* I). Et ut Filius cum Patre indiscrete in altissimis habitasse credatur, Salomonis testimonio comprobatur : *Ego sapientia,* inquit, *habitavi in altissimis, et thronus meus in columna nubis* (*Eccles.* XXIV). Et in psalmo XCI : *Tu autem Altissimus es in æternum, Domine, quoniam ecce inimici tui peribunt.* Nam cum diabolus thronum suum contra creatoris sui thronum in altissimis collocaret, elatus superbia, hæc ausus est nefando ore depromere : *Ponam sedem meam ad aquilonem; ascendam,* inquit, *super sidera cœli, sedebo super montes excelsos et ero similis Altissimo* (*Isa.* XIV). Item in Salomone : *Ne dixeris, Peccavi, et quid accidit mihi triste? Altissimus enim patiens est redditor* (*Eccles.* V). Si auditum cordis tui Scripturis non vis accommodare divinis quæ Filium doceant Altissimum nuncupatum, vel diabolo crede, qui contra opificis sui thronum sedem sibi voluit collocare. Ut eum cognoscatis Filium a Patre (ut vos suspicamini) non fuisse penitus derelictum, hoc de se in Evangelio posuit testimonium : *Pater, qui me misit, mecum est : et non reliquit me solum, quia, quæ placita sunt ei, facio semper* (*Joan.* VIII). Unde pro surreptione mandamus, ut omnis cura atque sollicitudo invigilet, ne fides temeretur aut violetur. Jam nullus est ignorantiæ locus, nullus utatur simplicitatis excusatione præterita. Scienti peccare, necessaria est confusio : et quod ore contraxit, scientia reformetur. Ista, frater, tene, et hæc doce (*Hormisdæ ep.* 24). Utinam ad plenioris affatus satietatem præsentiæ tuæ nobis gaudia contigissent, ut gratularemur nos et colloquio et præsentia tui frui, quam sumus ante scripto complexi. Verumtamen probasti, dilectissime frater, quo christianam fidem venerariis affectu, dum ea, quæ ad regulas Patrum pertinent, et ad mandata catholica, sine aliqua cupis transgressione servare : et spreta erratica et nociva doctrina, catholica et apostolica tenere præcepta, et rectæ fidei regulas docere atque servare. Hæc, frater carissime, et alia (*Ejusdem ep.* 25), quæ Patrum regulis continentur, in labiis et cordibus nostris indivisa retractatione meditemur, et sicut scriptum est, *narremus ea filiis nostris, ut ea meditentur in cordibus suis, sedentes in domo, ambulantes in itinere, dormientes atque surgentes : quia beatus in Domino qui in lege ejus meditabitur die ac nocte* (*Ps.* LXXVII). Hæc etenim magister gentium secutus, discipulum suum instruens, admonet : *Hæc medi-*

tare, in his esto (I *Tim.* IV), *subjiciens plenitudinem* (ita et ms. cod. Just.). *Attende tibi ac doctrinæ :* quoniam si fidelibus sine intermissione incumbimus institutis, separamur a vitiis, dum impensa cura divino operi, humano locum non relinquit errori. Quod (*Hormisdæ ep.* 79) si ea quæ prædicta sunt validis teneantur fixa radicibus, nec a paterna traditione receditur, et constanter quæstionibus obviatur, ac pravorum intentio cassatur, bonorumque fides et constantia roboratur. Data octavo Idus Septembris, Diocletiano sexto et Constantio secundo viris clarissimis consulibus (*anno* 296).

EPISTOLA II,

MARCELLINI PAPÆ AD ORIENTALES EPISCOPOS.

Ut laico clericum non liceat accusare.

I. De contentionibus inter Christianos ortis ad Ecclesiam deferendis, et ab ecclesiasticis jure terminandis.
II. Quod major a minori judicari non debeat, nec episcopi ullum præjudicium inferre pontifici a quo consecrari probantur.
III. Quod clericus absque permissu episcopi sui neminem ad judicium sæculare trahere præsumat, nec laico quemlibet clericum accusare liceat.
IV. Quod injustum judicium metu regis, vel jussu, a judicibus factum non valeat : et quod statuta infidelium delebuntur.

Dilectissimis fratribus universis episcopis, per orientales provincias constitutis, Marcellinus episcopus.

Quid tam dulce sollicito quam quod mihi de vobis innotescunt illa quæ cupio? Quid (1) tam religiosis conveniens institutis, quam ut inter se sacerdotes pacem, quam necesse est aliis pro officio annuntiare, conservent? Plena (fateor) gratulatione suscepi, quod votiva mihi de charitate (quæ inter vos est) ecclesiarum et pace, in litteris indicastis sponte mihi quidquid hortari poteram, quidquid monere, delatum est. Confirmet hoc Deus, quod est operatus in nobis (*Psal.* LXVII); et quæ præcepit pro animarum salute facienda, hæc ipse qui præcepit, pro ea, qua nos redemit, pietate faciat. Et his tam bonis nuntiis, nos (2) quoque religiosam sanctorum vicem reddimus nuntiorum. Quidquid *cum orientalibus, quos ad Ecclesiæ corpus unitatemque revocatos,* dudum Dei nostri ope litteris significavimus destinatis, denuo, cum aptum fuerit, repetitis vobiscum participamus indiciis, *mox pro nostro edicto* (3) *ab orientalibus missa legatio est :* certa speravit, certa consuluit. Sed facimus de his, quæ fuerunt dicenda, compendia ipsi potius ad instruendam notitiam vestram, quæ nobis sunt responsa, dirigentes, ne quid sibi sub spatio prolixiore terrarum, aut opinio vindicet, aut error assumat, cum ad rerum fidem, ipsam teneri sufficiat veritatem. Quid autem ad continentiam nostrarum pertinet litterarum, oportuit quidem desideria plenius expedire. Quapropter (4) scitote,

---
(1) Hormisdæ ep. LXV, quæ vel unica omnes pseudo-Isidori merces evertit proscribitque eruditorum virorum judicio.
(2) Religiosorum vicem reddentes nuntiorum, quidquid.
(3) Hinc videas fraudem mali artificis sole meridiano clarius emicare.
(4) Hic initium capiunt solitæ Mercatoris cantiones.

vos a persecutione fratrum, et ab omni litigio abstinere debere, dicente Scriptura : *Servum Dei non oportet litigare* (II *Tim.* II); nec quemquam nocere, sed omnes persecutores Ecclesiæ, servorumque ejus vestris redargutionibus corrigere, testante Apostolo: *Argue, obsecra, increpa* (II *Tim.* IV).

I.

Quæcumque ergo contentiones inter Christianos ortæ fuerint, ad Ecclesiam deferantur, et ab ecclesiasticis viris terminentur.

II.

Major autem non potest a minore judicari, nec episcopi pontifici, a quo consecrari probantur, præjudicium inferre ullum possunt. Quod si præsumptum fuisse cognoscitur, viribus carere non dubium est, nec posse inter ecclesiastica ullo modo statuta censeri.

III.

Clericus vero cujuslibet ordinis, absque pontificis sui permissu, nullum præsumat ad sæculare judicium attrahere. Nec laico quemlibet clericum liceat accusare. Detractiones tamen et accusationes atque persecutiones inter Christianos oppido vitandæ sunt : quia licet pauci simus in comparatione aliorum, si tamen unanimes fuerimus, facilius adversariis resistemus. Sanctus etenim protomartyr Stephanus lapidabatur, sed Jesus suscipiebat plagas. Ideo unicuique providendum est, ne aliquem injuste judicet aut puniat. Et Dominus in Evangelio ait : *Nolite judicare, ut non judicemini : quo enim judicio judicaveritis, judicabimini* (*Matth.* VII). Unde et doctor gentium loquitur, dicens : *Hoc igitur dico, et testificor in Domino, ut jam non ambuletis, sicut gentes ambulant in vanitate sensus sui, tenebris obscuratum habentes intellectum, alienati a vita Dei per ignorantiam, quæ est in illis propter cæcitatem cordis ipsorum, qui desperantes, semetipsos tradiderunt impudicitiæ, in operationem immunditiæ, omnisque avaritiæ : vos autem non ita didicistis Christum, si tamen illum audistis, et in ipso edocti estis, sicut est veritas in Jesu, deponere vos secundum pristinam conversationem veterem hominem, qui corrumpitur secundum desideria erroris. Renovamini autem spiritu mentis vestræ, et induite novum hominem, qui secundum Deum creatus est in justitia et sanctitate veritatis. Propter quod deponentes mendacium, loquimini veritatem unusquisque cum proximo suo, quoniam sumus invicem membra. Irascimini, et nolite peccare. Sol non occidat super iracundiam vestram. Nolite locum dare diabolo. Qui furabatur, jam non furetur. Magis autem laboret operando manibus suis quod bonum est, ut habeat unde tribuat necessitatem patienti. Omnis sermo malus ex ore vestro non procedat; sed si quis bonus est ad ædificationem opportunitatis, ut det gratiam audientibus. Et nolite contristare Spiritum sanctum Dei, in quo signati estis in diem redemptionis. Omnis amaritudo et ira, et indignatio, et clamor, et blasphemia tollatur a vobis cum omni malitia. Estote autem invicem benigni et misericordes, donantes invicem, sicut et Deus in*

Christo donavit vobis. Estote ergo imitatores Dei, sicut filii charissimi, et ambulate in dilectione, sicut et Christus dilexit nos, et tradidit semetipsum pro nobis oblationem et hostiam Deo in odorem suavitatis. Fornicatio autem, et omnis immunditia, aut avaritia nec nominetur in vobis, sicut decet sanctos, aut turpitudo, aut stultiloquium, aut scurrilitas quæ ad rem non pertinet, sed magis gratiarum actio. Hoc enim scitote intelligentes, quod omnis fornicator, aut immundus, aut avarus, quod est idolorum servitus, non habet hæreditatem in regno Christi et Dei. Nemo vos seducat inanibus verbis. Propter hæc enim venit ira Dei in filios diffidentiæ. Nolite ergo effici participes eorum. Eratis enim aliquando tenebræ, nunc autem lux in Domino. Ut filii lucis ambulate (fructus enim lucis est in omni bonitate et justitia et veritate) probantes quid sit beneplacitum Deo. Et nolite communicare operibus infructuosis tenebrarum, magis autem redarguite. Quæ enim in occulto fiunt ab ipsis, turpe est et dicere. Omnia autem quæ arguuntur, a lumine manifestantur. Omne enim, quod manifestatur, lumen est. Propter quod dicit : Surge qui dormis, et exurge a mortuis, et illuminabit te Christus. Videte itaque, fratres, quomodo caute ambuletis, non quasi insipientes, sed ut sapientes, redimentes tempus quoniam dies mali sunt. Propterea nolite fieri imprudentes, sed intelligentes quæ sit voluntas Dei. Et nolite inebriari vino, in quo est luxuria, sed implemini Spiritu sancto, loquentes vobismetipsis in psalmis, et hymnis, et canticis spiritualibus, cantantes et psallentes in cordibus vestris Domino, gratias agentes semper pro omnibus, in nomine Domini nostri Jesu Christi, Deo et Patri. Subjecti invicem in timore Christi. Omne enim quod irreprehensibile est, catholica defendit Ecclesia (Can. ix. Nicænus citatus in conc. vi. Rom. sub Symmacho). Non licet ergo Imperatori, vel cuiquam pietatem custodienti, aliquid contra mandata divina præsumere: nec quidquam quod evangelicis propheticisque et apostolicis regulis obviat, agere.

IV.

Injustum enim judicium et definitio injusta, regis metu vel jussu a judicibus ordinata, non valeat : nec quidquam, quod contra evangelicæ, vel propheticæ, aut apostolicæ doctrinæ constitutionem, successoremve eorum, sive sanctorum Patrum, actum fuerit, stabit. Et quod ab infidelibus aut hæreticis factum fuerit, omnino cassabitur (*Hactenus conc.* vi, *sub* Symm.). Vos autem state in fide, viriliter agite et omnia vestra cum charitate fiant. Hujus rei gratia, ut ait Apostolus (I *Cor.* xvi; *Ephes.* v), *flecto genua mea ad Patrem Domini nostri Jesu Christi, ex quo omnis paternitas in cælis et in terra nominatur, ut det vobis secundum divitias gloriæ suæ virtutem, corroborari per Spiritum ejus, in interiore homine habitare Christum per fidem in cordibus vestris, in charitate radicati et fundati, ut possitis comprehendere cum omnibus sanctis, quæ sit latitudo, longitudo, et profundum* (sublimitas), *scire etiam supereminentem scientiæ charitatem Christi, ut impleamini in omnem plenitudinem Dei. Ei autem qui potens est omnia facere superabundanter, quam petimus aut intelligimus, secundum virtutem, quæ operatur in nobis, ipsi gloria in Ecclesia, et in Christo Jesu, in omnibus generationibus sæculi sæculorum. Amen.* Data quinto Idus Septembris, Diocletiano septimo, et Maximiano sexto viris clarissimis (*anno* 299) consulibus.

APPENDIX SECUNDA,

AD SANCTUM MARCELLUM PAPAM.

EPISTOLA PRIMA (1),

MARCELLI PAPÆ AD EPISCOPOS ANTHIOCHENÆ PROVINCIÆ.

De Romanæ Ecclesiæ primatu et auctoritate, etc.

Dilectissimis fratribus universis episcopis per Antiochenam provinciam constitutis Marcellus.

Sollicitudinem omnium ecclesiarum juxta apostolum circumferentes (II *Cor.* xi), divinæ circa nos gratiæ memores esse debemus, qui nos per dignationis suæ misericordiam, ob hoc ad fastigium sacerdotale provexit (*Acacius ep. CP. ad. Simplicium papam*), ut mandatis ipsius inhærentes, in quadam sacerdotum ejus specula constituti, prohibeamus sollicita, et sequenda doceamus (*Hilarius papa ep. ad Ascanium*). Unde directis per Bonifacium diaconum nostrum litteris admonemus, ut quæ male pullulant, abscindantur, et malefacta (mala) corrigantur, atque bona sectentur, et patrum nostrorum exempla et statuta imitentur. Rogamus ergo vos, fratres, ut non aliud doceatis neque sentiatis, quam quod a beato Petro apostolo, et a reliquis apostolis et patribus accepistis. Ab illo enim primo instructi estis : ideo non oportet vos proprium derelinquere patrem, et alios sequi. Ipse enim caput est totius Ecclesiæ, cui ait Dominus : *Tu es Petrus, et super hanc petram ædificabo Ecclesiam meam* (*Matth.* xvi) : et reliqua. Ejus enim sedes primitus apud vos fuit, quæ postea, jubente Domino,

(1) Supposita utraque.

NOTÆ SEVERINI BINII.

Ejus enim sedes,.... jubente Domino, translata est. Sicut Petrus, anno Christi 35, ad eos qui in Samaria verbum Dei receperant confirmandos mittitur, ita etiam, omnium apostolorum sententia, factum est ut idem apostolorum princeps ad principem totius Syriæ civitatem atque metropolim, Antiochiam, anno Christi 39 ablegaretur. Hinc vero, designato, nondum autem instituto successore Evodio, Romam profectus,

Romam translata est, cui, adminiculante gratia divina, hodierna præsidemus die. Nec ab ejus dispositione vos deviare oportet, ad quam cuncta majora ecclesiastica negotia (divina disponente gratia) jussa sunt referri, ut ab ea regulariter disponantur, a qua sumpsere principia. Si vestra vero Antiochena, quæ olim prima erat, Romanæ cessit sedi, nulla est quæ ejus non subjecta sit ditioni, ad quam omnes quasi ad caput (*Innoc. ep.* 4), juxta apostolorum eorumque successorum sanctiones, episcopi, qui voluerint vel quibus necesse fuerit, suffugere, eamque appellare debent, ut inde accipiant tuitionem et liberationem, unde acceperunt informationem atque consecrationem. Quod omnibus minime convenit denegare episcopis, sed absque ulla custodia, aut excommunicatione, vel damnatione, vel expoliatione, libere ire concedatur. Simulque idem (inspirante Domino) constituerunt, ut nulla synodus fieret præter ejusdem sedis auctoritatem, nec ullus episcopus, nisi in legitima synodo suo tempore apostolica auctoritate convocata, super quibuslibet criminibus pulsatus audiatur vel judicetur : quia (ut paulo superius prælibatum est) episcoporum judicia, et summarum causarum negotia, sive cuncta dubia (*Socr. lib.*II, *c.* 8), apostolicæ sedis auctoritate sunt agenda et finienda. Et omnia comprovincialia negotia, hujus sanctæ universalis et apostolicæ Ecclesiæ sunt retractanda judicio, si hujus Ecclesiæ pontifex præceperit. Nec cui liceat sine præjudicio Romanæ Ecclesiæ (cui in omnibus causis debet reverentia custodiri) relictis his sacerdotibus qui in eadem provincia Dei ecclesias nutu divino gubernant, ad alias convolare provincias, vel aliarum provinciarum episcoporum judicium experiri vel pati, sed omnibus ejusdem provinciæ episcopis congregatis, judicium auctoritate hujus sedis terminetur : quod tamen (ut præfatum est) per ejus vicarios, si libuerit, erit tractandum : et quidquid injuste actum est, reformandum. Pastoralis (*S. Greg. ep.* 54, *lib.* VII) ergo cura officii nos admonet, et destitutis succurrere, et cuncta neglecta vel male acta reformare (*S. Leo, ep.* 97), ut ignis ille, quem Dominus veniens misit in terram, motu crebro emendationis vel crebræ meditationis, agitatus, sic calescat, ut ferveat : et sic inflammetur, ut luceat.

Sæpe enim dicendum et agendum est, quia mala pullulantia fraternæ charitate oportet resecari, ut bona crescendi et augmentandi amplissimum locum inveniant. *Nolite ergo* (ut Jacobus apostolus ait, c. III) *plures fieri magistri, fratres mei, scientes quoniam majus judicium sumitis. In multis enim offendimus omnes. Si quis in verbo non offendit, hic perfectus est vir : potest etiam freno circumducere totum corpus. Si autem in equorum ora frenos mittimus ad consentiendum nobis, et omne corpus illorum circumferimus. Ecce et naves, cum magnæ sint, et a ventis validis minentur, circumferuntur autem a modico gubernaculo, ubi impetus dirigentis voluerit : ita et lingua modicum quidem membrum est, et magna exaltat. Ecce quantus ignis, quam magnam silvam incendit. Et lingua ignis est, universitas iniquitatis lingua constituitur in membris nostris, quæ maculat totum corpus, et inflammat rotam nativitatis nostræ, inflammata a gehenna. Omnes enim naturæ bestiarum et volucrum et serpentum, etiam cæterorum, domantur et domita sunt a natura humana. Linguam autem nullus hominum domare potest. Inquietum malum, plena veneno mortifero. In ipsa benedicimus Deum et Patrem, et in ipsa maledicimus homines, qui ad similitudinem Dei facti sunt. Ex ipso ore benedictio procedit et maledictio. Non oportet, fratres mei, hæc ita fieri. Numquid fons de eodem foramine emanat dulcem et amaram aquam? Numquid potest, fratres mei, ficus olivas facere, aut vitis ficus? Sic neque salsa dulcem potest facere aquam. Quis sapiens et disciplinatus inter vos? Ostendat ex bona conversatione opera sua* (operationem suam) *in mansuetudine sapientiæ. Quod si zelum amarum habetis, et contentiones sunt in cordibus vestris, nolite gloriari, et mendaces esse adversus veritatem. Non enim est ista sapientia desursum descendens, sed terrena, animalis, et diabolica. Ubi enim zelus et contentio, ibi inconstantia et omne opus pravum. Quæ autem desursum est sapientia, primum quidem pudica est, deinde pacifica, modesta, suasibilis, bonis consentiens, plena misericordia et fructibus bonis, judicans sine dissimulatione. Fructus autem justitiæ in pace seminatur facientibus*

NOTÆ SEVERINI BINII.

in urbem venit anno secundo Claudii, ibique 18 Januarii, anno Christi 45 et 2 Claudii adhuc durante, Romanam Ecclesiam erigens, una cum persona omne jus summi pontificii in eam transtulit.

Constituerunt ut nulla synodus. Hoc loco beatus Marcellus scribit, apostolico canone statutum esse, ne præter sententiam Romani pontificis ulla generalia concilia celebrentur. Eumdem renovavit concilium Nicænum primum, ut testatur synodus Alexandrina in epistola synodica ad Felicem, et Julius primus in epistola ad orientales, qua hunc canonem allegans, ipsos reprehendit, quod sine suo consensu Antiochiæ concilium celebrassent. Unde in concilio Chalcedonensi actione prima, Dioscorus Alexandrinus jubetur inter episcopos non sedere, eo quod sine auctoritate apostolicæ sedis synodum facere ausus fuisset. *Quod,* inquit, *nunquam licuit, nunquam factum est.* Et merito. Legitimum enim aliter non est concilium, nisi quod in nomine, et auctoritate Christi congregatum est. Quod vero a Petro et Petri successoribus est indictum generale concilium, id ab eo convocatum est, qui habet auctoritatem congregandi, a Christo sibi concessam; secus quod a Romanis imperatoribus est indictum. Nam Petro ejusque successoribus, non Tiberio aut posteris imperatoribus dictum est, *Pasce oves meas, Pasce agnos meos :* verissimum est igitur illud Pelagii secundi in epist. I ad orientales: *Generalium synodorum convocandi auctoritas apostolicæ sedi, beato Petro singulari privilegio tradita est.* Item illud Valentiniani imperatoris, qui, ut refert Sozom. lib. VI, cap. 7, cum ab episcopis rogaretur, ut permitteret iis concilium celebrare, respondit : *Mihi, qui sum in sorte plebis, fas non est talia curiosius perscrutari : sacerdotes, quibus ista curæ sunt, quocumque voluerint loco conveniant.* Quod objiciunt adversarii, a Constantino Nicænum, a Constantio Sardicense, a Theodosio seniore Constantinopolitanum, a Theodosio juniore Ephesinum, a Martiano imperatore Chalcedonense concilium convocatum aut indictum esse, infra suo loco diluemus. Vide Bell. lib. I de Concil., cap. 12 et 15.

pacem. Propter quod succincti lumbos mentis vestræ, sobrii, perfecti, sperate in eam, quæ offertur vobis, gratiam in revelatione Jesu Christi, quasi filii obedientiæ, non configurati prioribus ignorantiæ vestræ desideriis, sed secundum eum, qui vocavit vos, sanctum, ut et ipsi sancti in omni conversatione sitis, quoniam scriptum sit (*Lev.* xix; I *Petr.* 1): *Sancti eritis quoniam ego sanctus sum. Et si patrem invocatis eum, qui sine acceptione personarum judicat, secundum uniuscujusque opus, in timore incolatus vestri tempore conversamini, scientes quod non corruptibili auro vel argento redempti estis de vana vestra conversatione paternæ traditionis, sed pretioso sanguine Agni quasi incontaminati et immaculati Jesu Christi, præcogniti quidem ante constitutionem mundi, manifestati autem novissimis temporibus, propter vos, qui per ipsum fideles estis in Deo, qui suscitavit eum a mortuis, et dedit ei gloriam, ut fides nostra et spes esset in Deo: animas vestras castificantes in obedientia charitatis, in fraternitatis amore, simplici ex corde invicem diligite attentius, renati non ex semine corruptibili, sed incorruptibili per verbum Dei vivi et permanentis: quia omnis caro ut fenum, et omnis gloria ejus tamquam flos feni. Exaruit fenum, et flos ejus decidit, verbum autem Domini manet in æternum. Hoc est autem verbum, quod evangelizatum est in vobis. Deponentes quidem omnem malitiam et omnem dolum, et simulationes, et invidias, et omnes detractiones, sicut modo geniti infantes, rationabile sine dolo lac concupiscite, ut in eo crescatis in salutem: si tamen gustatis, quoniam dulcis est Dominus: ad quem accedentes lapidem vivum, ab hominibus quidem reprobatum, a Deo autem electum et honorificatum, et ipsi tamquam lapides vivi, superædificamini domos spirituales (forte domus spiritualis), sacerdotium sanctum, offerre spirituales hostias, acceptabiles Deo per Jesum Christum. Propter quod continet Scriptura: Ecce pono in Sion lapidem summum, angularem et electum, pretiosum: et qui crediderit in eum non confundetur. Vobis igitur honor credentibus, non credentibus autem lapis quem reprobaverunt ædificantes, hic factus est in caput anguli, et lapis offensionis, et petra scandali, his qui offendunt verbo, nec credunt in quo et positi sunt. Vos autem genus electum, regale sacerdotium, gens sancta, populus acquisitionis, ut virtutes annuntietis ejus, qui de tenebris vos vocavit in admirabile lumen suum. Estote ergo, charissimi, prudentes, et vigilate in orationibus. Ante omnia autem mutuam in vobismetipsis charitatem continuam habentes, quia charitas operit multitudinem peccatorum. Hospitales invicem sine murmuratione, unusquisque sic-* ut accepit gratiam in alterutrum illam administrantes, sicut boni dispensatores multiformis gratiæ Dei. Si quis loquitur, quasi sermones Dei: si quis ministrat, tamquam ex virtute, quam administrat Deus, ut in omnibus honorificetur Deus per Jesum Christum, cui est gloria et imperium in sæcula sæculorum. Amen. Data kalendis aprilis (1) Maxentio et Maximo viris clarissimis consulibus.

EPISTOLA II,
MARCELLI PAPÆ I AD MAXENTIUM TYRANNUM.

Commonet tyrannum, ut desinat sævire in Christianos.

Marcellus, episcopus sanctæ apostolicæ et catholicæ urbis Romæ, Maxentio.

Magistra bonorum omnium charitas (*S. Greg.*, ep. 114, lib. vii), quæ nihil rapit extraneum, nihil agit asperum, nihil confusum, nihil factiosum, nihil quod honori divino repugnet, animæ propriæ noceat, aut proximi commodo deroget, oblita sui, *non quæ sua sunt, sed quæ Dei vel proximi, quærens* (*Phil.* ii), nemini invidens, omnibus consulens, non sæviens sed compatiens, non rapiens sed largiens, non murmurans sed omnia æquanimiter tolerans, si in te perfecte habitaret, temperares animum a malis, sævire desineres, Dei Ecclesiam ac sanctos ejus persequi cessares, tyrannidi modum imponeres, furorem cohiberes, humanitati invigilares, modestiam amplectereris, et bonis potioribus frui satageres. Charitas enim (*S. Greg.*, ibidem) exercet corda, sensus corroborat, ut nihil grave, nihil difficile, sed totum fiat dulce quod agitur, dum ejus sit proprium nutrire pacifica, servare composita, dissociata conjungere, prava dirigere, et virtutes reliquas perfectionis suæ munimine solidare. De ipsa ergo, amens monens Apostolus ita loquitur (I *Cor.* xiii), dicens: *Si linguis hominum loquar et angelorum, charitatem autem non habeam, factus sum velut æs sonans aut cymbalum tinniens. Et si habuero omnem prophetiam, et noverim mysteria omnia, et omnem scientiam, et habuero omnem fidem, ita ut montes transferam, charitatem autem non habeam, nihil sum. Et si distribuero in cibos pauperum omnes facultates meas, et si tradidero corpus meum, ita ut ardeam, charitatem autem non habeam, nihil mihi prodest. Charitas patiens est, benigna est. Charitas non æmulatur, non agit perperam, non inflatur, non est ambitiosa, non quærit quæ sua sunt, non irritatur, non cogitat malum, non gaudet super iniquitate, congaudet autem veritati. Omnia suffert, omnia credit, omnia sperat, omnia sustinet. Charitas nunquam*

(1) Anno 309, diebus 74 a morte S. Marcelli, quæ contigit die 16 Januarii.

NOTÆ SEVERINI BINII.

Epistola. Hanc epistolam anno 308, scriptam, additamentum aliquod extrinsecus accepisse, res scriptæ hic parum sibi cohærentes indicant. Hac epistola Maxentium, perinde quasi homo prope christianus sit, a pontifice compellari, ne mireris: nam principio occupati imperii se Christianam religionem suscepturum simulavit, christianorumque animos beneficiis sibi devincire summo conatu laboravit, eo fine, ut occupatum imperium adversus Constantinum imperatorem, Christianis addictissimum, omni ex parte stabiliret. « Maxentius, » inquit Euseb. lib. viii, cap. 26, « qui Romæ tyrannidem occupare instituit, in ipso imperii sui ingressu fidem nostram se complecti, quo populo romano placeret, eumque blanditiis deliniret, et assentatione callide simulavit, et ea de re illis, qui pius parebant imperio, in mandatis dedit, ut persecutionem contra Christianos remitterent: tantamque pietatis speciem præ se tulit, ut humanus et valde mansuetus præ illis qui imperium ante tenuissent cuique videretur. » Vide Baron. anno 308, num. 24.

excidit. Quisquis ergo in ejus radice (*Idem Greg.* eadem ep.) se inserit, nec a viriditate deficit ; nec a fructibus inanescit, quia amore fecunditatis opus efficax non amittit. Licet modo charitas in persecutoribus ecclesiæ servorumque Dei arefacta sit, viget tamen in amatoribus ejus, et in eis qui patiuntur propter justitiam. De quibus ipsa per se veritas testatur, dicens : *Beati qui persecutionem patiuntur propter justitiam* (*Matth.* v). Et alibi : *Si me persecuti sunt, et vos persequentur* (*Joan.* xv). Potius enim nos et omnes Domini sacerdotes, qui ejus videlicet sunt veri sacerdotes, eligimus propter justitiam et veram fidem persequi, et pro Christi nomine pati, quam multis divitiis ditari, honoribusque copiosissimis abundare, et cœlesti regno carere. Ista enim temporalia sunt, illa æterna : ista caduca, et ad horam transeuntia, illa vero perpetua, et sine fine mansura. Tu ergo qui nos suades cultum dimittere divinum, et a recta fide recedere, diisque immolare, melius tibi foret ut tu prius mutabilem te præberes, omnesque exhortareris fidei documenta et divini cultus ministeria ita tenere, sicut patres nostri sancti apostoli sibi tradita prædicaverunt et docuerunt. Bon enim principis ac (*religiosæ*) regis est, ecclesias contritas atque (*concussas vel conscissas*) scissas restaurare, novas ædificare, et Dei sacerdotes honorare atque tueri (1). Unde sanctos apostolos eorumque successores sub divina contestatione constituisse legimus, non debere fieri persecutiones, nec inferri fluctuationes, nec invidere laborantibus in agro dominico, neque expellere (2) æterni regis dispensatores : sed, si qui expulsi fuerint, aut suis rebus expoliati, primo omnia legaliter reddi, quæ eis ab inimicis aut a persecutoribus ablata sunt, et sedes proprias, cum omnibus ad se pertinentibus, regulariter restitui, et postea tempore congruo vocari ad synodum regulariter congregatam. Nec liceat ei, priusquam fiant hæc, de se, juxta statuta prædictorum, respondere, aut de suis impetitionibus, si se viderit prægravari, reddere rationem. Sed his rite peractis, suisque omnibus libere dispositis, si tum juste (*justum* 3 q. 9. *Non oportet.*) videtur, suis respondeat accusatoribus, et inducias, si ei necesse fuerit, accipiat non modicas, ut explorare valeat ea quæ objiciuntur ei, ne aliqua delusus fraude, innocenter ruat : quoniam non oportet quemquam judicari vel damnari, priusquam legitimos habeat præsentes accusatores locumque defendendi accipiat ad abluenda crimina. Unde ait propheta :

(1) Dist. 96. Boni principis est. Quocirca id notandum paucos antehac fuisse summos pontifices qui hæc non constituerint.
(2) Edictum imper. Valent. et Valentis, cap. 9, lib. vii hist. Tripartitæ habet magni. Vice locum.

Priusquam agnoscas, non judices quemquam. In hoc ergo quod episcopi et reliqui servi Dei persecutionem patiuntur, non tantum ipsi persecutionem patiuntur, quantum ille cujus vice funguntur sicut scriptum est : *Qui vos tangit, tangit pupillam oculi mei* (*Zach.* II). Et alibi : *Qui vos contristavit, me contristavit* (II *Cor.* II). *Et qui facit injuriam, recipiet id quod inique gessit* (*Coloss.* III). Vos ergo licet corpora nostra possitis occidere, animas tamen non potestis occidere : nec gradus nobis divinitus collatos potestis auferre. Synodum ergo, absque hujus sanctæ sedis auctoritate episcoporum (quamquam quosdam episcopos possitis congregare) non potestis regulariter facere, neque ullum episcopum, qui hanc appellaverit apostolicam sedem, damnare, antequam hinc sententia finitiva procedat. Nam si sæculares in publicis judiciis libellis utuntur appellatoriis, quanto magis sacerdotibus hæc eadem agere licet, qui super illos sunt? De quibus dictum est : *Ego dixi, dii estis ; et filii Excelsi omnes.* Et ideo nullus episcopus, nisi in legitima synodo, suo tempore, apostolica aut regulari auctoritate convocata super quibuslibet pulsatus criminibus, audiatur vel judicetur, ne innocens damnetur, aut perdat communionem. Quod laici aut suspecti episcopos non debeant accusare, neque accusatoribus de inimici domo prodeuntibus credendum sit, et a beato Clemente, ipsis eum instruentibus apostolis, legimus definitum, et nos eadem firmamus : quoniam iidem modo multoties infensi, recte viventes atque credentes perturbare nituntur. Propterea persona, fides, vita et conversatio, atque suspicio accusantium, enucleatim primo inquirenda est : deinde, quæ objiciuntur, fideliter pertractanda, quia nihil ante fieri debet, quam impetitorum vita et suspicio atque odium inquiratur. Et si bonæ conversationis non fuerint, aut laici, vel manifesti inimici, aut odio respersi fuerint, nequaquam in episcoporum recipiantur accusatione. Hæc vobis, a quibus nimis infeste persequimur, scienda mandamus, ut ab his vos caveatis, et cessetis persequi eos qui Deo ministrant, quorum orationibus et terrena bella sedantur, et Deus peccatoribus conciliatur, et si amplius nos elegeritis persequi, quam Deo placere ; et nos magis elegimus sustinere persecutionem, quam regulam confundi ecclesiasticam, hortante nos ipsa veritatis voce, atque testante ita : *Nolite timere eos qui occidunt corpus, animam autem non possunt occidere* (*Matth.* x). Et iterum : *Si quis vult post me venire, abneget semetipsum, et tollat crucem suam, et sequatur me. Qui enim voluerit animam suam salvam facere, perdet eam. Qui autem perdiderit animam suam propter me, inveniet eam. Quid enim prodest homini, si mundum universum lucretur, animæ*

NOTÆ SEVERINI BINII.

Tu ergo qui nos suades. Causa ob quam Marcellus ad Maxentium scripsit, hæc est : Cum hactenus omnibus et maxime Romæ degentibus Christianis bene favisset, et aliquamdiu catholicæ fidei sectatorem simulasset, Severi et Alexandri obitu, suum sibi imperium satis firmatum judicans, impietatem, quam intus latebat, prodidit, ac Marcellum Romæ degentem blanditiis quibusdam a fide christiana ad cultum idolorum avocare conatur ; quo eventu, patet supra in vita Marcelli.

Synodum ergo. Hæc verba sequentia, usque ad hunc locum, *Hæc vobis, a quibus nimis infeste persequimur,* etc., aliunde addita et surreptitia esse videntur, ideo quod hac de re ad Maxentium nulla scribendi ratio aut occasio fuerit. Baron. prædicto loco.

vero suæ detrimentum patiatur ? Aut quam dabit homo commutationem pro anima sua? Filius enim hominis venturus est in gloria Patris sui cum angelis suis (Matthæi, XVI), et tunc reddet unicuique secundum ejus opus (opera ejus). Ista vobis valde timenda et cavenda sunt, a quibus ecclesia Dei ejusque ministri vexantur, et persecutionem patiuntur, quibus Dominus per prophetam minando loquitur, dicens (Psal. XLVIII, ex versione S. Hier.) : Homo in honore non commorabitur : assimilatus jumentis, exæquatus est. Hæc est via eorum, insipientia eorum, et post eos juxta os eorum current. Quasi oves in inferno positi sunt, mors pascet eos. Et subjicient eos recti in matutino, et figura eorum conteretur in inferno post habitaculum suum. Verumtamen Deus redimet animam meam de manu inferi, cum assumpserit me. Noli timere, cum ditatus fuerit vir, cum multiplicata fuerit gloria domus ejus. Neque enim moriens tollet omnia, nec descendet post eum gloria ejus. Quia animæ suæ in vita sua benedicet. Laudabunt te, cum bene fuerit tibi. Intrabit usque ad generationem patrum suorum, usque in finem non videbit lumen. Homo cum in honore esset, non commovebitur (intellexit comparatus est jumentis, et silebitur) : assimilatus jumentis, exæquatus est. Et alibi (Psal. LI, ex eadem versione) : Quid gloriaris, qui potens misericordia Dei tota die? Insidias cogitavit lingua tua, quasi novacula acuta faciens dolum. Dilexisti malum magis quam bonum, mendacium magis quam loqui justitiam. Dilexisti omnia verba ad devorandum, lingua dolosa. Sed Deus destruet te in sempiternum, terrebit te, et evellet te de tabernaculo tuo, et eradicabit te de terra viventium. Et videbunt justi, et timebunt, et super eum ridebunt. Ecce vir, qui non posuit Deum fortitudinem suam, sed speravit in multitudine divitiarum suarum, confortatus est in insidiis suis. Ego autem sicut oliva vivens in domo Dei, speravi in misericordia Dei in sæculum, et in æternum. Confitebor tibi in sæculum, quoniam fecisti, et expectabo nomen tuum, quoniam bonum in conspectu sanctorum tuorum. Ista vobis omnia ad interitum, nobis autem ad confortationem, ne pereamus, dicta sunt. Vobis ergo ideo hæc scribimus, quia debitores vobis sumus, dicente Domino : Diligite inimicos vestros, benefacite eis qui vos oderunt (Matth. V; Rom. XII). Et alibi Scriptura loquitur, dicens : Si esurierit inimicus tuus, ciba illum; si sitit, potum da illi. Hoc enim faciens, carbones ignis congregas (congeres) super caput ejus. His falti auctoritatibus, bellum quod adversum nos excitatis (S. Leo, ep. 54), adeo feliciter dextera Domini

protegente nos, atque pro nobis pugnante, pacifice portare cupimus, ut triumphante Christo omnium verorum fiat una victoria sacerdotum : et coruscante lumine veritatis, solæ erroris tenebræ cum suis auctoribus pellantur : quia non est in hominis potestate consilium Dei. Justus est enim Dominus, et omnia judicia ejus justa sunt, atque omnes viæ ejus, misericordia et veritas et judicium. In manu Dei potestas terræ, cui execrabilis est omnis iniquitas. In manu Dei potestas hominis, et super faciem scribæ imponent honorem suum. Perdidit Deus memoriam superborum et inique agentium, et non dereliquit memoriam humilium et bonorum hominum. Hoc autem pro certo habet omnis, qui recte colit Deum, quia si vita ejus in probatione fuerit, corroborabitur (coronabitur) : et si in tribulatione, liberabitur : si vero in correctione fuerit, ad misericordiam perveniet. Tu ergo ne delecteris in perditionibus nostris, quia post tempestatem facit Deus tranquillitatem, et post lacrymationem et fletum, exultationem infundit (Job. III). Benedictus Dominus Deus patrum nostrorum, qui cum iratus fuerit, misericordiam faciet, et in tempore tribulationis peccata dimittit. Magnus est Dominus in æternum et ipse reget nos in sæcula (Ps. XLVII), quoniam regnum ejus permanet in sæcula sæculorum. Amen. Data decimo sexto (1) Kalendas februarii, Maxentio et Maximo viris clarissimis consulibus.

DECRETUM (2) MARCELLI PAPÆ I,
DESUMPTUM EX GRATIANO.

Extra voluntatem propriam retrusi in monasteriis non teneantur.

Illud autem statuendum esse censemus, ut si minori ætate filii monasterio oblati fuerint, vel sacram tonsuram vel velamina susceperint, dignum quidem duximus ut 15 anno a prælatis moniti, verbis inquirantur, utrum in ipso habitu permanere cupiant, aut non. Si vero permanere professi fuerint, ulterius pœnitendi locum minime amplecti possunt; Si vero ad sæcularem habitum reverti voluerint, redeundi licentia nullo modo denegetur : quia satis inutile est ut coacta servitia Domino præstentur.

(1) Jan. an. 509 postridie mortis aut sepulturæ S. Marcelli.
(2) Auctor Glos. apud Gratian. tribuit Martino, cujus temporibus magis videtur convenire. 20, quæst. r. Illud autem statuendum. Palea citatur apud Gratian. et auct. glos., sed extat fere in omnibus vetustis sine Paleæ nomine.

NOTÆ SEVERINI BINII.

Maxentio et Maximo viris clarissimis coss. Quod in fastis nullus consulatus Maxentii scriptus inveniatur, bellum civile inter imperatores conflatum potuit esse in causa; ut scilicet quisque trium imperatorum ex sententia consules sponte crearet, nec ea in re cum aliis consentiret. Nam supra apud auctorem libri pontificalis in vita Marcelli, sicut etiam infra in vita Melchiadis, mentio habetur expressa secundi et quarti consulatus Maxentii. Baron. prædicto loco.

APPENDIX III,
AD SANCTUM EUSEBIUM PAPAM.

EPISTOLA PRIMA(1),

EUSEBII PAPÆ AD OMNES GALLIÆ EPISCOPOS.

1° Laici ab accusatione sacerdotum prohibentur, similiter illi qui eis aliquo modo subditi sunt. 2° Quæ accusationes a judicibus ecclesiasticis audiri non debeant; et qui accusatores ab accusatione submoveantur.

Carissimis fratribus Domino et Deo dilectis episcopis omnibus per Gallicanas provincias constitutis, Eusebius.

Scripta sanctitatis vestræ cum magna gratiarum actione suscepi (*S. Greg.* lib. 11, *ep.* 36), gavisus scilicet de vestra sospitate, sed contristatus nimis de vestra oppressione. Quod significastis enim (*al.* autem), quid de conversis hæreticis fieri debuisset, scitote nos eos, qui in sanctæ Trinitatis fide baptizati sunt, per impositionem manus suscipere.

I.

De accusationibus vero clericorum, super quibus mandastis, scitote, a tempore apostolorum in hac sancta urbe servatum esse, accusatores et accusationes quas exterarum consuetudinum leges non adsciscunt (*Hadr. coll. can.* 11), a clericorum accusatione submotas. Similiter, laicos non accusasse episcopos, hactenus observatum et constitutum est, quia ejusdem non sunt conversationis (*Vide Hincmar. c.* 24 *libri* LV). Et cupido eis quidam infesti existunt, quippe cum vita eorum et conversatio debeat esse secreta, et a laicorum actibus remota. Nec ab his impeti debeant, quorum castitatem et gravitatem nolunt imitari, maxime cum nec hi eos in suis volunt recipere accusationibus. De ipsis vero, suis videlicet agricultoribus atque ministris, Dominus laicis et cunctis eos persequentibus ait : *Nolite tangere christos meos, et in prophetis meis nolite malignari* (*Psalm.* CIV). Et ipsa sacra scriptura dicit : *Qui vos tangit, tangit pupillam oculi mei* (*Zach.* II). Talia enim et his similia sancti patres prævidentes pericula, laicos sæculo militantes, ab accusatione sacerdotum prohibuere : similiter servos et liberos, atque censibus publicis vel privatis subjugatos, omnesque infames, ab eadem accusatione vel tergiversatione submoverunt. Non enim oportet, ut permittantur carnales spirituales persequi, nec sceleribus irretiti, vel sæculo militantes, episcopos infamare vel lacerare aut crimen opponere. Nam si hoc apostoli aut successores eorum permitterent, perpauci remansissent qui Domino in sacerdotali ordine militassent. Idcirco et nos sequentes patrum vestigia, pro salvatione servorum Dei, quascumque ad accusationem personas leges publicæ non admittunt, his impugnandi alterum et nos licentiam submovemus (*Ennodius in apol. pro Symmacho ex can.* 7, *conc.* II

(1) Confictæ ac spuriæ omnes.

A *Carthag.*) Et nullæ accusationes a judicibus audiantur ecclesiasticis, quæ legibus sæculi prohibentur.

II.

Quapropter illi, quibus in lita non est ad unguem polita perfectio, talia silere debent, ita ut nec mutilentur (*al.* ventiletur), nec proponantur. Nec illi, qui aut in fide catholica, aut inimicitia suspecti sunt, ad pulsationem prædictorum admittantur : quia veritatem (*Anian. ad sent. Pauli tit.* 15, *sent.* 2) professionis infidelitas et inimicitia impedire solet. Nec illi credendi sunt, aut admittendi, qui aliorum sponte crimina confitentur. Et ideo replicanda sollicite eorum veritas : quam sponte prolata in illis vox habere non potest, hanc diversis cruciatibus e latebris suis rigorosus tortor exigere debet, ut dum pœnis B corpora subjiciuntur, quæ gesta sunt fideliter et veraciter exquirantur. Unde, quæso, primum ad leges publicas, deinde ad judices, ora convertite, qui possunt et volunt in defensione omnium justa loqui (*al.* sua sic eloqui). Nos enim quos Dei servitium post istarum rerum abjectionem fecit ingenuos, qui talium insultationes aut contumelias aut despicimus aut deridemus, quibus scriptum est de famulis et vulgi (*al.* vulgaribus) hominibus per Apostolum (*Ephes.* VI): *Mementote, quia vester et illorum Dominus in cœlis est*, ad hæc sæculi mala revocabimur? Faciendum a nobis est quod, faciente altero, profanum esse contendimus? Quod per ministerium jussionis et manus alienæ incestaret aspectum, nostro peragetur imperio? Nolite hanc per universas ecclesias menC tem, rapacium luporum more et natura, servare : quia postquam nos maculat forte pro desideriis eorum cruenta discussio, effectum in his, quo tendunt, non habebunt (*al.* quo tenditis non haberet), dicente nobis (*vobis*) propheta : *Ponamus circulum in naribus eorum, et frenum in labiis, et reducamus eos in viam rectam* (*Isa.* XXXVII). Quia eodem propheta (*Is.* XLI) asserente, impugnantur, qui dicunt : *Erunt quasi non sint, et peribunt viri qui contradicunt nobis* (*al.* vobis). Infames enim sunt procul dubio impugnatores episcoporum, omnesque qui adversus patres armantur, et conculcatores ecclesiarum sacerdotumque ejus, et qui de publicis fugiunt prælis, et mandata Dei contemnunt, et qui aliqua culpa infamiæ asperguntur maculis, his omnibus impugnandi D episcopos, patrum sequentes instituta, et nos licentiam submovemus; quia sic edit Deus eos (*Proclus ad Domnum*) qui patres persequuntur, ut patrum invasores, qui in omni mundo infamia notantur, et ideo juste et regulariter respuuntur. Nunc longa non opus est admonitione. Jam perditis odium debemus operire, de quibus (*al.* operi, de cujus) jam non superest, quod damnetur, auctoribus. De quibus Dominus per prophetam loquitur (*Isa.* XXX), dicens: *Reprobantes verbum, sperastis in calumniam et in tu-*

multum, et innixi estis in eo. Propterea erit vobis iniquitas hæc sicut interruptio. Rursus etiam de talibus propheta clamat (*Isa.* LVII), dicens : *Accedite huc semen adulterii et fornicarii (al. semel adulteri et fornicarii). Super quem lusistis? super quem dilatastis, et ejecistis linguam? Numquid non vos filii scelesti estis, semen mendax?* Cessent impii commentitia adversus simplices jam fraude mentiri? *Custodi*, inquit propheta (*Psal.* XXXIII), *linguam tuam a malo, et labia tua ne loquantur dolum. Recede a malo, et fac bonum : quære pacem, et persequere eam. Oculi Domini ad justos, et aures ejus ad clamorem eorum. Vultus autem Domini super facientes mala, ut perdat de terra memoriam eorum. Et paulo post : Interficiet impium malitia, et odientes justum culpabuntur.* Nos quamquam multa patiamur a talibus, *diligamus nos, carissimi, invicem, quoniam caritas ex Deo est. Et omnis qui diligit, ex Deo natus est, et cognoscit Deum. Qui non diligit, non novit Deum, quia Deus caritas est. In hoc apparuit caritas Dei in nobis, quoniam Filium suum unigenitum misit Deus in mundum, ut vivamus per eum. In hoc est caritas, non quasi nos dilexerimus Deum, sed quoniam ipse dilexit nos, et misit Filium suum propitiationem pro peccatis nostris. Carissimi, si Deus dilexit nos, et nos debemus alterutrum diligere. Deum nemo vidit unquam. Si diligamus invicem, Deus in nobis manet, et caritas ejus in nobis perfecta est. In hoc intelligimus, quoniam in eo manemus, et ipse in nobis, quoniam de Spiritu suo dedit nobis. Et nos vidimus, et testificamur, quoniam Pater misit Filium suum, Salvatorem mundi. Quisquis confessus fuerit quoniam Jesus est Filius Dei, Deus in eo manet, et ipse in Deo. Et nos agnovimus, et credimus veritati, quam habet Deus in nobis. Deus caritas est : et qui manet in caritate, in Deo manet, et Deus in eo. In hoc perfecta est caritas nobiscum, ut fiduciam habeamus in die judicii : quia sicut ille est, et nos sumus in hoc mundo. Timor non est in caritate, sed perfecta caritas foras mittit timorem, quia timor pœnam habet. Qui autem timet, non est perfectus in charitate. Nos ergo diligamus Deum, quoniam Deus prior dilexit nos. Si quis dixerit, quoniam diligo Deum, et fratrem suum oderit, mendax est. Qui autem non diligit fratrem suum, quem videt, Deum quem non videt quomodo potest diligere? Et hoc mandatum a Deo habemus, ut qui diligit Deum, diligat et fratrem suum. Omnis qui credit, quoniam Jesus est Christus, ex Deo natus est. Et omnis qui diligit eum qui genuit, diligit et eum qui natus est ex eo. In hoc cognovimus (Vulg., cognoscimus), quoniam diligimus natos Dei, cum Deum diligamus, et mandata ejus faciamus. Hæc est enim charitas Dei, ut mandata ejus custodiamus. Et mandata ejus gravia non sunt : quia omne quod natum est ex Deo vincit mundum. Et hæc est victoria, quæ vincit mundum, fides nostra. Quis est qui vincit mundum, nisi qui credit quoniam Jesus est filius Dei? Hic est qui venit per aquam et sanguinem, Jesus Christus, non in aqua solum, sed in aqua et sanguine. Et Spiritus est qui testificatur, quoniam Christus est veritas. Quoniam tres sunt qui testimonium dant, spiritus,* sanguis et aqua : *et hi tres unum sunt. Si testimonium hominum accipimus, testimonium Dei majus est. Quoniam hoc est testimonium Dei, quod majus est, quia testificatus est de Filio suo. Qui credit in Filium Dei, habet testimonium Dei in se. Qui non credit Filio, mendacem facit eum, quia non credit in testimonium, quod testificatus est de Filio suo Deus. Et hoc testimonium est, quoniam vitam æternam dedit nobis Deus. Et hæc vita in ejus Filio est. Qui habet Filium, habet vitam : qui non habet Filium Dei, non habet vitam. Hæc scribo vobis, ut sciatis, quoniam vitam habebitis* (Vulg., *habetis*) *æternam, qui creditis in nomine Filii Dei. Et hæc est fiducia, quam habemus ad eum : quia quodcumque petierimus secundum voluntatem ejus, audiet* (Vulg., *audit*) *nos. Et scimus, quia audit nos, quidquid petierimus. Scimus quoniam habemus petitiones, quas postulamus ab eo. Qui scit fratrem suum peccare peccatum non ad mortem, petat et dabitur ei vita peccanti non ad mortem. Est peccatum ad mortem ; non pro illo dico, ut roget quis. Omnis iniquitas peccatum est, et est peccatum ad mortem. Scimus quia omnis qui natus est ex Deo, non peccat : sed generatio Dei conservat eum, et malignus non tangit eum. Scimus enim, quoniam ex Deo sumus, et mundus totus in maligno positus est. Et scimus quoniam Filius Dei venit, et dedit nobis sensum, ut cognoscamus Deum verum, et simus in vero Filio ejus. Hic est verus Deus et vita æterna* (*I Joan.* IV et V). Propter mala sua multi potentes oppressi sunt valde, et gloriosi traditi sunt in manus alterorum. Benedictio autem Dei in mercedem justi festinat, et in honore (Vulg., *hora*) veloci processu illius fructificat. Beatus vir, qui non est lapsus verbo ex ore suo, et non est stimulatus in tristitia delicti (*Eccli.* XI et XIV). Scitote, charissimi, pro ea pietate (*S. Leo*, ep. 46), quæ vobis Dei famulis impendenda est, omnes suggestiones vestras fidei catholicæ profuturas, me dignanter suscepisse, ut ipsarum quoque opera et pax christiana reparari, et error impius possit aboleri. Et si amplius de talibus aut de his similibus aliquid fuerit deliberandum, celeriter ad nos relatio dirigatur, ut pertractata qualitate horum nostra, quid observari debeat, sollicitudo constituat. Data VI kalendas augusti, Constantino (*al.* Constantio) consule (*al.* Constante).

EPISTOLA II,

EUSEBII PAPÆ AD ÆGYPTIOS (1).

De episcopis rebus suis spoliatis, aut a sede pulsis, nisi in integrum restituantur non judicandis, in synodis convocandis, ut ab omnibus suæ provinciæ episcopis audiantur.

Eusebius Romanæ et apostolicæ Ecclesiæ episcopus, dilectissimis in charitate Christi unanimis, charitatis glutino connexis fratribus, per Alexandriam et Ægyptum Domino militantibus, et rectam fidem tenentibus, in Domino salutem.

Benedictus Deus et pater Domini nostri Jesu Christi, et Deus totius consolationis, qui consolatur nos in omni tribulatione nostra ut, possimus et ipsi consolari eos, qui in omni pressura sunt per exhortationem qua exhor-

(1) Addit manuscriptus Alexandrinos.

tamur ipsi a Deo. Quoniam sicut abundant passiones Christi in nobis, ita et per Christum abundat consolatio nostra. Sive autem tribulamur pro vestra exhortatione et salute, sive exhortamur pro vestra exhortatione et salute, quæ et operatur tolerantiam earumdem passionum, quas et nos patimur. Et spes vestra firma est pro vobis, scientes quoniam sicut socii passionum estis, sic eritis et consolationis. Vetera, dilectissimi), transierunt, et ecce facta sunt nova. Omnia autem ex Deo, qui reconciliavit nos sibi per Christum, et dedit nobis ministerium reconciliationis : quoniam quidem Deus erat in Christo, mundum reconcilians sibi, non reputans illis delicta ipsorum; et posuit in nobis verbum reconciliationis. Pro Christo ergo legatione fungimur, tamquam Deo exhortante per nos. Obsecramus pro Christo, reconciliamini Deo. Eum, qui non noverat peccatum, pro nobis peccatum fecit, ut nos efficeremur justitia Dei in ipso. Adjuvantes autem exhortamur, ne in vacuum gratiam Dei recipiatis. Ait enim : Tempore accepto exaudivi te, et in die salutis adjuvi te. Ecce nunc tempus acceptabile, ecce nunc dies salutis. Nemini dantes ullam offensionem, ut non vituperetur ministerium nostrum, sed in omnibus exhibeamus nosmetipsos sicut Dei ministros, in multa patientia, in tribulationibus, in necessitatibus, in angustiis, in plagis, in carceribus, in seditionibus, in laboribus, in vigiliis, in jejuniis, in castitate, in scientia, in longanimitate et suavitate, in Spiritu sancto, in charitate non ficta, in verbo veritatis, in virtute Dei, per arma justitiæ a dextris et a sinistris, per gloriam et ignobilitatem, per infamiam et bonam famam, ut seductores et veraces, sicut qui ignoti et cogniti : quasi morientes, et ecce vivimus : ut castigati et non mortificati : quasi tristes, semper autem gaudentes : sicut egentes, multos autem locupletantes : tanquam nihil habentes, et omnia possidentes. Os nostrum patet ad vos, Corinthii, cor nostrum dilatatum est. Non angustiamini in carnalibus (Vulg., in nobis), angustiamini autem in spiritualibus (Vulg., in visceribus vestris). Eamdem autem habentes remunerationem, tamquam filiis dico, dilatamini et vos. Nolite jugum ducere cum infidelibus. Quæ autem participatio justitiæ cum iniquitate ? Aut quæ societas luci ad tenebras? Quæ autem conventio Christi ad Belial ? Aut quæ pars fideli cum infideli? Quis autem consensus templo Dei cum idolis ? Vos enim estis templum Dei vivi, sicut dicit Dominus : Quoniam inhabitabo in illis, et inambulabo, et ero illorum Deus, et ipsi erunt mihi populus. Propter quod exite de medio eorum, et separamini de medio eorum, dicit dominus : et immundum ne tetigeritis, et ego recipiam vos, et ero vobis in patrem, et vos eritis mihi in filios et filias dicit dominus omnipotens. Has igitur habentes promissiones, carissimi, mundemus nos ab omni inquinamento carnis et spiritus, perficientes sanctificationem in timore Dei (II Cor., I, V, VI, VII). Errorem vestrum corrigite, fratres, et ab omni erroris macula vos custodite, ut purum Deo munus offerre valeatis. Servos Dei nolite persequi, episcopos nolite infamare, neque accusare, quia Deus os suo judicio voluit reservari. Quod enim non ab humanis aut pravæ vitæ hominibus eos depravari aut accusari voluit, ipse dedit exemplum, quando per seipsum (S. Greg, c. 14 lib. XXV Moralium), et non per alium, negotiantes ejecit sacerdotes de templo, et mensas nummulariorum proprio everrit flagello, et ejecit de templo. Et sicut alibi ait : Deus stetit in synagoga deorum, in medio autem deos discernit (Psal. LXXXI). Dei ergo ordinationem accusat, qui episcopos accusat vel condemnat, dum minus spiritualia quam terrena sectatur. Causa enim fidei et dilectionis (S. Leo, ep. 34), quibus salus christiana consistit, multa me sollicitudine laborare compellit, metuentem, ne pravitas, quæ in suis fuerat amputanda principiis, processu temporis et pertinacior fiat et altior. Nam inimicum nimis est (S. Leo, ep. 40, c. 3), atque incongruum, eos, qui episcopos vel reliquos veros sacerdotes sua persecutione vexant, catholicorum nominibus sine discretione misceri, cum damnatam impietatem non deserentes, ipsi sua pravitate condemnantur, quos convenit percelli pro perfidia, aut liberari (al. laborare) pro venia : quia sicut plenum pietatis est (Idem, lib., c. 2), oppressis charitatem dominicam reddi (al. redhiberi), ita justum est, omnia perturbantis auctoritatem amputari. Miror, carissimi, quare tam cito movemini, atque a vestro sensu transferimini (Galat. I), cum scriptum sit : Post concupiscentias tuas non eas, et a voluntate tua avertere. Si præstes arimæ tuæ concupiscentias ejus, faciet te in gaudium inimicis tuis. Ne oblecteris in turbis, nec in modicis. Adest enim (Vul., assidua enim est) commissio illorum. Ne fueris mediocris in contentione ex fenore, et est tibi nihil in sacculo. Eris enim invidus vitæ tuæ. Operarius ebriosus non locupletabitur : et qui spernit modica, paulatim decidet. Vinum et mulieres apostatare faciunt sapientes, et arguunt sensatos : et qui se jungit fornicariis, erit nequam. Putredo et vermis (Vulg., vermes) hereditabunt illum, et extolletur in exemplum majus, et tolletur de numero anima ejus. Qui credit cito, levis corde est, et minorabitur : et qui delinquit in animam suam, insuper habebitur (Vulg., habebit). Qui gaudet iniquitate, denotabitur ; et qui odit correptionem, minuetur vita : et qui odit loquacitatem, extinguit malitiam. Qui peccat in animam suam, pœnitebit : et qui jucundatur in malitia, denotabitur. Ne iteres verbum nequam et durum, et non minoraberis. Amico et inimico noli enarrare sensum tuum, et si est tibi delictum, noli denudare. Audiet enim te, et custodiet te : et quasi defendens peccatum, odiet te, et sic adhærebit (Vulg., aderit) tibi semper. Audisti verbum adversus proximum ? commoriatur in te, fidens quoniam non te disrumpet. A facie versi parturit fatuus, tamquam gemitus partus infantis. Sagitta infixa femori carnis, sic verbum in corde stulti. Corripe amicum, ne forte non intellexerit, et cum fecerit injuriam, et non intellexerit, dicat. Non feci : aut si fecerit, ne iterum addat facere. Corripe proximum, ne forte non dixerit : et si dixerit, ne forte iteret. Corripe amicum, sæpe enim fit commissio, et non omni verbo credas. Est qui labitur in lingua sua, sed non ex animo. Quis est enim qui non deliquerit in lingua sua ? Corripe proximum, antequam comminerie ; et

da locum timori Altissimi, quia omnis sapientia et scien- A
tia timor Dei, et in omni sapientia dispositio legis. Non
est sapientia, neque scientia; et non est cogitatus bonus
nisi in illa. Peccatorum prudentia est nequitia, et in
ipsa execratio : et est insipiens; qui imminuitur sapientia (1). Melior est homo qui deficit sapientia, et deficiens sensu in timore Dei, quam qui abundat sensu, et
transgreditur legem Altissimi. Est solertia certa, et ipsa
iniqua : et est qui emittit verbum certum, enarrans veritatem. Est qui nequiter humiliat se, et interiora ejus
plena sunt dolo. Est enim justus, qui se nimium submit-
tit a multa humilitate : et est justus qui inclinat faciem :
et fingit non videre se quod ignoratum est. Et si ab imbecillitate virium vetetur peccare, si invenerit tempus
malefaciendi, malefaciet. Ex visu cognoscitur vir, et ab
occursu faciei cognoscitur sensatus. Amictus corporis, B
et risus dentium, et ingressus hominis enuntiant de illo.
Est correptio mendax in ore (Vulg., ira) contumeliosi :
et est judicium, quod non probatur esse bonum : et est
tacens, et ipse est prudens. Quam bonum est arguere,
quam irasci, et confitentem in oratione non prohibere !
Concupiscentia spadonis devirginavit juvenculam : sic
qui facit per vim judicium iniquum. Quam bonum est
correpto manifestare pœnitentiam! sic enim effugies voluntarium peccatum. Est tacens, qui invenitur sapiens :
et est odibilis qui procax est ad loquendum. Est autem
tacens, non habens sensum loquelæ : est et tacens tempus sciens apti temporis. Homo sapiens tacebit usque ad
tempus, lascivus autem et imprudens non servabit tempus. Qui multis utitur verbis, lædit (Vulg., lædet) animam suam : et qui potestatem sibi assumit injuste, C
odietur. Est processio in malis viro in disciplinato, et
est inventio in detrimentum. Est datum quod non est
utile : et est datum cujus retributio duplex. Est propter
gloriam minoratio : et est qui ab humilitate levabit caput.
Est qui multa redimat modico pretio, et est restituens
ea septuplum. Sapiens in verbis seipsum amabilem facit :
gratiæ autem fatuorum effundentur. Datum (Vulg., datus) insipientis non erit utile tibi, oculi enim illius
septemplices sunt. Exigua dabit, et multa impropе-
rabit : et apertio oris illius, inflammatio est. Hodie
feneratquis, et cras expetit, et odibilis homo hujusmodi.
Fatuo non erit amicus, et non erit gloria (Vulg. gratia)
bonis illius. Qui enim edunt panem illius, falsæ linguæ
sunt. Quoties, et quanti irridebunt eum ? Neque enim,
quod habendum erat, directo sensu distribuit; similiter D
et quod non erat habendum. Lapsus falsæ linguæ, quasi
qui a pavimento cadens, sic casus malorum festinanter
venient: Homo ingratus (Vulg., acharis), quasi fabula
vana in ore indisciplinatorum assidua erit. Ex ore fatui
reprobabitur parabola : non enim dicit illam in tempore
suo. Est qui vetatur peccare ab (Vulg., præ) inopia, et
in requie sua stimulabitur. Est qui perdet animam suam
pro (Vulg., præ) confusione, et ab imprudenti persona
perdet eam; personæ autem acceptione perdet se. Est
qui præ confusione promittit pro amico (Vulg., prom.

(1) Hic locus sic legitur in Vulgata : *Et non est sapientia
nequitiæ disciplina* ; *et non est cogitatus peccatorum prudentia*. *Est nequitia et in ipsa execratio*, etc.

amico), et lucratus est eum inimicum gratis. Opprobrium nequam in homine mendacium, et in ore indisciplinatorum assidue erit. Laudat furem (Vulg., potior
fur quam) assiduitas viri mendacis, perditionem autem
ambo hereditabunt. Mores hominum mendacium sine
honore, et confusio illorum cum ipsis sine intermissione
(Eccli., XVIII, XIX et XX). Vos (fratres) admonemus,
profutura hominibus invicem indesinenter sectari in
charitate Christi: similiter obsecramus vos in Domino,
ut digne ambuletis vocatione, qua vocati estis, cum omni
humilitate et mansuetudine, cum patientia supportantes
invicem in charitate, solliciti servare unitatem spiritus in
vinculo pacis. Unum corpus et unus spiritus, sicut vocati estis in una spe vocationis vestræ : unus Dominus,
una fides, unum baptisma, unus Deus pater omnium,
qui super omnes, et per omnia, et in omnibus nobis.
Unicuique autem nostrum data est gratia secundum mensuram donationis Christi. Propter quod dicit: Ascendens in
altum, captivam duxit captivitatem : dedit dona hominibus (Ps. LXVII). Quod autem ascendit, quid est, nisi quia
et descendit primum in inferiores partes terræ? Qui descendit, ipse est et qui ascendit super omnes cœlos, ut
adimpleret omnia. Et ipse dedit quosdam quidem apostolos, quosdam autem prophetas, alios vero evangelistas,
alios autem pastores, et doctores, ad consummationem
sanctorum, in opus ministerii, in ædificationem corporis Christi, donec occurramus omnes in unitatem fidei
et agnitionis Filii Dei, in virum perfectum, in mensuram ætatis plenitudinis Christi, ut jam non simus parvuli fluctuantes, et circumferamur omni vento doctrinæ,
in nequitia hominum, in astutia ad circumventionem
erroris (Ephes. IV); De occultis (Prosperi sent. 21)
enim cordis alieni temere judicare iniquum est : et
eum, cujus non videntur nisi opera bona, peccatum
est ex suspicione reprehendere. Oves ergo, quæ pastori suo commissæ sunt (Conc. V Rom. sub Symmach.),
eum nec reprehendere (nisi a recta fide exorbitave-
rit) debent, nec ullatenus accusare possunt ; quia
facta pastorum oris (al. Ovis) gladio ferienda non
sunt, quamquam tecte reprehendenda videantur.
Ideo ista dicimus, quia in scripturis vestris reperimus,
quosdam episcopos vestris in partibus a propriis ovi-
bus accusatos, aliquos videlicet ex suspicione, et aliquos ex certa ratione : et idcirco quosdam esse rebus
suis expoliatos, quosdam vero a propria sede pulsos.
Quod sciatis nec ad synodum comprovincialem, nec
ad generalem posse vocari, nec in aliquo judicari,
antequam cuncta, quæ eis sublata sunt, legibus potestati eorum redintegrentur (al. pacifice omnia redint.).
Prius ergo oportet omnia illis legibus redintegrari,
et ecclesias, quæ eis sublatæ sunt, cum omni privilegio sibi (al. suo) restitui; et postmodum, non sub
angusti temporis spatio, sed tantum temporis spatium
eis indulgeatur ; quantum expoliati vel expulsi esse
videntur, antequam ad synodum convocentur, et ab
omnibus quibusque (al. quisque) suæ provinciæ episcopis audiantur. Nam nec convocari ad causam, nec
dijudicari potest expoliatus vel expulsus : qui non
est privilegium, quo expoliari possit jam nuda-

tus Unde et antiquitus decretum est, ut omnes possessiones, et omnia sibi sublata, atque fructus cunctos, ante litem contestatam perceptor vel primas (al. *primo*) possessori restituat. Et alibi scriptum habetur : ille qui violentiam pertulit, universa in statu, quo fuerant, recipiat, et quae possidet, securus teneat. Et alibi in synodalibus patrum decretis et regum edictis legitur statutum : redintegranda sunt omnia expoliatis vel ejectis episcopis, praesentialiter ordinatione pontificum, et in eorum, unde abscesserunt, loca funditus revocanda quacumque conditione temporis, aut dolo, aut captivitate, aut virtute majorum, aut per quascumque injustas causas, res Ecclesiae vel proprias aut substantias suas, perdidisse noscuntur ante accusationem, aut regularem ad synodum vocationem eorum, et reliqua. Est etiam in antiquis Ecclesiae statutis decretum, ut qui aliena invadit, non exeat impunitus, sed cum multiplicatione omnia restituat. Unde et in evangelio scriptum est. *Quod si quid aliquem defraudavi, reddo quadruplum (Luc.* xix). Et in legibus saeculi cautum habetur : qui rem subripit alienam, illi cujus res directa est, in decuplum, quae sublata sunt, restituat. Et in lege divina legitur. *Maledictus omnis, quis transfert terminos proximi sui. Et dicet omnis populus. Amen (Deut.* xxviii). Talia ergo non praesumantur absque ultione nec exerceantur absque sua damnatione (*Hactenus verba Symmachi papae, in conc. laudato*). Pacem, et non damnum, aut injustitiam alicujus sectamini invicem, et in omnes. *Veritatem autem facientes in charitate, crescamus, in illo per omnia, qui est caput Christus, ex quo totum corpus compactum et connexum per omnem juncturam subministrationis, secundum operationem in mensuram uniuscujusque membri, augmentum corporis facit in aedificationem sui in charitate. De caetero, carissimi, gaudete, et perfecti estote : exhortamini, idem sapite, pacem habete, et Deus pacis et dilectionis erit vobiscum (Heb.* xii, *Eph.* iv). Dominus custodiat vos et nunc, et in diem aeternitatis (II *Petr.* iii). Amen. Data ix Kalendas octobris Constantino (*Constantio*) clarissimo consule.

EPISTOLA III,

EUSEBII PAPAE EPISCOPIS TUSCIAE ET CAMPANIAE DIRECTA.

De infamibus ad testimonium non admittendis, et qui dicuntur infames, et de haereticis rite baptizatis, si ad fidem revertantur, per manus impositionem recipiendis, quae quidem manus impositio ad summos sacerdotes tantummodo pertinere monstratur.

Dilectissimis fratribus universis episcopis per Campaniam et Tusciam constitutis, Eusebius.

Benedictus dominus Deus noster, qui (*Hormisdae, ep.* 25) per misericordiam suam Romanam ecclesiam B. Petri apostolorum principis sacerdotio ditavit, nobisque viam monstrandam circa nos (propter universalem curam, quae nobis est propter privilegium ejusdem Ecclesiae) invicem caritatis indulsit, ut qui cohaeremus firmitate fidei, jungamur quoque votivi (a . *votiva*) jucunditate colloquii, quo facilius dum per litterarum ministeria ad vos usque pertendimus, etiam corda vestra ad religiosum cultum apostolicis admonitionibus incitemus : et dum dilectionis (al. *dilectioni*) nostrae spei reddimus velut quoddam debitum, plenum circa Deum monstremus affectum. Jungamus ergo, dilectissimi fratres, continuas et humiles preces : et Deum nostrum, oris et cordis lacrymis supplicantes, jugi deprecatione poscamus, ut institutione et opere, illi, cujus esse membra cupimus, haereamus, nec unquam ab illa via, quae Christus est, devio tramite declinemus, ne ab eo juste, quem nos impie relinquimus, deseramur infelices. Quod superni favoris auxilio, ea nobis potest ratione contingere, si apostolica dogmata, si patrum mandata servamus. Dicit enim dominus noster : *Qui diligit me, sermonem meum servabit, et Pater meus diliget eum, et ad eum veniemus, et mansionem apud eum faciemus (Joan.* xiv). Et licet haec possint generaliter dicta sufficere, ut vel declinemus errata, vel custodiamus catholica : ab apostolis tamen eorumque successoribus novimus constitutum (*Sixtus sententia* 250 ; *Hadr. coll. cap.* 67), criminationes adversus doctores non debere suscipi, nec peregrina judicia fieri (*Cod. Theod. l.* ix, *tit.* 1, *const.* 10), nec quemquam alterius judicis quam sui sententia debere constringi (*Cod. Just. l.* vii, *tit.* 48, *const.* 4). Caput enim ecclesiae Christus est. Christi autem vicarii sacerdotes sunt, qui vice Christi legatione funguntur In ecclesia (*Hormisdae, ep.* 25, *jam citata*). Idcirco quidquid ad eorum fit injuriam, ad Christum pertinet, qui dixit : *Qui vos audit, me audit : et qui vos spernit, me spernit. Et qui spernit me, spernit eum qui me misit (Luc.* x). Ista, fratres, terribilia sunt, et oppido diligenter consideranda et cavenda, et tam propter eos qu seipsos aut cupiditate, aut avaritia, aut invidia perdere moliuntur, ne in profunda labantur, aut in talia incidant mala, quam propter persecutiones Ecclesiae, servorumque ejus, qui juxta veritatis vocem, *oculos habentes, non vident, et aures habentes, non audiunt, nec intelligunt quae placent Deo.* Sequentes itaque in omnibus apostolicam regulam, et praedicantes ejus omnia constituta (*Joannes ep. cp. in libello post Hormisdae ep.* 51, 3, *quaest.* 5, *Constituimus cum*; ob custodiam episcoporum, qui columnae Ecclesiae a Deo dicti sunt et caeterorum verorum sacerdotum, firmantes cana patrum statuta; statuimus iterum cum omnibus qui nobiscum sunt episcopis, sicut dudum decretum reperimus, ut homicidae, malefici, fures, sacrilegi, raptores (*Hadr. coll.* 63, *in* 2 *decr. Eutychiani papae*), adulteri, incesti, venefici, suspecti, criminosi, domestici, perjuri, et qui raptum fecerunt, vel falsum testimonium dixerunt; seu qui ad sacrilegos (*Scrtilegos lege ex coni. Latinii*) divinosque concurrerunt, similesque eorum, nullatenus ad accusationem, vel ad testimonium sint admittendi, quia infames sunt et juste repellendi, quia funesta est vox eorum. Vocem (*Cod. Theod. lib.* ix, *tit.* 6, *const.* 5) enim funestam in omnibus interdici potius quam audiri oportet. Periculum ergo, quod doctoribus imminet, summopere semper cavendum est et declinandum, et illi sunt a cunctis portandi et custodiendi, dicente Domino : *Quod uni ex minimis meis fecistis, mihi fecistis* (Matth. xxv). Prima (*Hormisdas, in regula fidei, post ep. 9 et ep. 51*) enim salus est rectæ fidei regulas custodire, et a constitutis patrum nullatenus deviare. Nec potest Domini nostri Jesu Christi prætermitti sententia dicentis : *Tu es Petrus, et super hanc petram ædificabo Ecclesiam meam* (Matth. xvi). Et hæc, quæ dicta sunt, rerum probantur effectibus, quia in sede apostolica extra maculam semper est catholica servata religio. Ideo, carissimi, et vox juxta sanctam scripturam : *discite benefacere* (Isai. 1), *et mala declinare* (Prov. xvi) et patrum regulis (*Al. semper*) imbui, sicut scriptum est : *Fili, si habes, benefac tecum, et Deo dignas oblationes offer. Memor esto, quoniam mors non tardat, et testamentum inferorum, quia demonstratum est tibi. Testamentum hujus mundi morte morietur. Ante mortem benefac amico tuo, et secundum vires tuas exporrigens da pauperi. Non defrauderis a die bona, et particula* (Vulg. *bona diei*) *boni doni non te prætereat. Nonne aliis relinques dolores et labores tuos in divisione sortis? Da, et accipe, et justifica animam tuam. Ante obitum tuum operare justitiam, quia non est apud inferos invenire cibum. Omnis caro sicut fenum veterascet, et sicut folium fructificans in arbore viridi. Alia generantur, et alia dejiciuntur : sic generatio carnis et sanguinis, alia finitur, et alia nascitur. Omne opus corruptibile in fine deficiet : et qui illud operatur, ibit cum illo. Et omne opus electum justificabitur : et qui operatur illud honorabitur in illo. Beatus vir, qui in sapientia morabitur, et qui in justitia sua meditabitur, et in sensu cogitabit circumspectionem Dei. Qui excogitat vias illius in corde suo, et in absconsis illius intelligens erit, vadens post illam quasi investigator, et in viis illius consistens. Qui respicit per fenestram ejus, et in januam illius, audiens. Qui requiescit juxta domum illius, et in parietibus illius figens palum. Statuet casulam suam ad manus illius, et requiescent in caulæ illius bona per ævum. Statuet filios suos sub tegmine illius, et sub ramis ejus morabitur. Protegetur sub ramis illius a fervore, et in gloria ejus requiescet* (Eccles. xiv). *Qui timet Dominum, faciet illud* (Vulg. *bona*) : *et qui continens est justitiæ, apprehendet illam : et obviabit illi quasi mater honorificata, et quasi mulier a virginitate suscipiet illum. Cibabit illum pane vitæ et intellectus, et aqua sapientiæ salutaris potabit illum. Et firmabitur in illo, et non flectetur : et continebit illum, et non confundetur, et exaltabit eum apud proximos suos. Et in medio Ecclesiæ aperiet os ejus, et implebit eum Spiritu sapientiæ et intellectus, et stola gloriæ vestiet illum. Jucunditatem et exultationem thesaurizabit super illum, et nomine æterno hæreditabit illum. Homines stulti non apprehendent illam, et homines sensati obviabunt illi. Homines stulti non videbunt illam : longe enim abest a superbia et dolo. Vir mendaces non erunt illius memores, et viri veraces invenientur in illa, et accessum* (Vulg. *successum*) *habebunt usque ad inspectionem Dei. Non est speciosa laus in ore peccatoris, quoniam a Deo profecta est sapientia. Sapientiæ enim Dei stabit laus, et in ore fideli abundabit, et dominator dabit eam illi. Non dixeris : Per Dominum abest : quæ enim odit, non feceris. Non dicas : Ille me implanavit : non enim necessarii sunt illi homines impii. Omne execramentum erroris odit Deus, et non erit amabile timentibus eum. Deus ab initio constituit hominem et reliquit illum in manu consilii sui. Adjecit mandata et præcepta sua. Si volueris mandata* (Vulg. *mandata conservare*), *conservabunt te, et in perpetuum fidem placitam facere. Apposuit tibi aquam et ignem : ad quod volueris, porrige manum tuam. Ante hominem vita et mors, bonum et malum. Quod placuerit ei, dabitur illi : quoniam multa sapientia Dei, et fortis in potentia, videns omnes sine intermissione. Oculi Domini ad timentes eum, et ipse cognoscit omnem operam hominis. Nemini mandavit impie agere, et nemini dedit spatium peccandi. Non enim concupiscit multitudinem filiorum infidelium et inutilium* (Eccles. xv). *Ne jucunderis in filiis impiis, si multiplicentur, nec oblecteris super ipsos, si non est timor Dei cum illis. Non credas vitæ illorum, et* (Vulg. *ne*) *non respexeris in labores eorum. Melior est enim unus timens Deum, quam mille filii impii. Et utile, mori sine filiis, quam relinquere filios impios. Ab uno sensato inhabitabitur patria, et a tribus impiis deseretur. Multa alia* (Vulg. *talia*) *vidit oculus meus, et fortiora horum audivit auris mea. In synagoga peccantium exardebit ignis, in gente incredibili exardescet ira. Non exoraverunt pro peccatis suis antiqui gigantes, qui destructi sunt, confidentes suæ virtuti. Et non pepercit peregrinationi illorum, sed percussit eos, et execratus est illos, præ superbia verbi illorum. Non misertus est illis, totam gentem perdens, et extollentes se in suis peccatis. Et sicut sexcenta millia peditum, qui congregati sunt in duritia cordis sui : et si unus fuisset cervicatus, mirum si fuisset immunis. Misericordia enim et ira est cum illo, potens exoratio, et effundens iram. Secundum misericordiam suam, sic correptio illius. Hominem secundum opera sua judicabit. Non effugiet in rapina peccator, et non retardabit sufferentia facientis misericordiam. Omnis misericordia faciet locum unicuique secundum meritum operum suorum, et secundum intellectum peregrinationis ipsius. Non dicas : A Deo abscondar, et ex summo quis mei memorabitur ? In populo magno non agnoscar. Quæ est enim anima mea in tam immensa creatura ? Ecce cœlum, et cœli cœlorum, abyssus, universa terra, et quæ in eis sunt, in conspectu illius commovebuntur, montes simul, et colles, et fundamenta terræ. Et cum conspexerit illa Deus, tremore concutientur. Et in omnibus his insensatum est cor : et omne cor intelligitur ab illo, et vias illius quis intelligit, et procellam* (Vulg. *procella*), *quam nec oculus vidit hominis? Nam plurima opera illius sunt in absconsis : sed opera justitiæ illius quis enarrabit, aut quis sustinebit ? Longe enim est testamentum a quibusdam, et interrogatio hominum in consummatione est. Qui minoratur corde, cogitat mala* (Vulg. *inania*). *Et vir imprudens et errans cogitat stulta* (Eccles. xvi). *Omnis ergo, fratres, sermo malus de ore vestro non procedat, sed si quis bonus est ad ædifica-*

tionem opportunitatis, ut det gratiam audientibus. Et nolite contristare Spiritum sanctum Dei, in quo signati estis in die redemptionis. Omnis amaritudo, et ira, et indignatio, et clamor, et blasphemia tollatur a vobis cum omni malitia. Estote autem invicem benigni, misericordes, donantes invicem, sicut et Deus in Christo donavit vobis (Ephes. IV). Estote ergo imitatores Dei, sicut filii carissimi ; et ambulate in dilectione, et sicut Christus dilexit nos, et tradidit semetipsum pro nobis oblationem, et hostiam Deo in odorem suavitatis. Fornicatio autem, et omnis immunditia, aut avaritia, nec nominetur in vobis, sicut decet sanctos, aut turpitudo, aut stultiloquium, aut scurrilitas, quæ ad rem non pertinet, sed magis gratiarum actio. Hoc enim scitote, intelligentes, quod omnis fornicator, aut immundus, aut avarus (quod est idolorum servitus) non habet hereditatem in regno Christi et Dei. Nemo vos seducat inanibus verbis. Propter hæc enim venit ira Dei in filios diffidentiæ. Nolite ergo effici participes eorum. Eratis enim aliquando tenebræ, nunc autem lux in Domino. Ut filii lucis ambulate (fructus enim lucis est in bonitate et justitia et veritate), probantes quid sit beneplacitum Deo, et nolite communicare operibus infructuosis tenebrarum, magis autem redarguite. Quæ enim in occulto fiunt ab ipsis, turpe est et dicere. Omnia autem quæ arguuntur, a lumine manifestantur. Omne enim quod manifestatur, lumen est. Propter quod dicit : Surge qui dormis, et exurge a mortuis, et illuminabit te Christus. Videte itaque, fratres, quomodo caute ambuletis : non quasi insipientes, sed ut sapientes redimentes tempus; quoniam dies mali sunt. Propterea nolite fieri imprudentes, sed intelligentes quæ sit voluntas Dei. Et nolite inebriari vino, in quo est luxuria, sed implemini Spiritu sancto, loquentes vobismetipsis in psalmis et hymnis et canticis spiritualibus, cantantes et psallentes in cordibus vestris Domino, gratias agentes semper pro omnibus, in nomine Domini nostri Jesu Christi, Deo et Patri : subjecti invicem in timore Christi (Ephes., v). Crucis (1) ergo Domini nostri Jesu Christi, quæ nuper, nobis gubernacula sanctæ romanæ Ecclesiæ tenentibus, quinto nonas maii inventa est, in prædicto Kalendarum die inventionis festum vobis solemniter celebrare mandamus. Similiter et hæreticos omnes, quicumque Dei gratia convertuntur, et in sanctæ Trinitatis nomine credentes baptizati sunt, romanæ Ecclesiæ regulam tenentes, per manus impositionem reconciliari præcipimus. Manus quoque impositionis sacramentum, magna veneratione tenendum est, quod ab aliis perfici non potest, nisi a summis sacerdotibus. Nec tempore apostolorum ab aliis quam a ipsis apostolis legitur aut scitur peractum esse : neque ab aliis (sicut jam dictum est) quam ab illis, qui eorum locum tenent, umquam perfici potest, aut fieri debet. Nam si aliter præsumptum fuerit, irritum habeatur et vacuum, nec inter ecclesiastica umquam reputabitur sacramenta. De cætero, fratres, gaudete et exultate in Domino, ut sancti Spiritus gratia illuminati et confortati, vos ad pascua æternæ vitæ pervenire, vestrosque perducere, adminiculante Domino valeatis. Gratia Domini nostri Jesu Christi, et charitas Dei, et communicatio Spiritus sancti sit semper cum omnibus nobis. Amen. Data octavo Kalendas septembris Constantino (al. Constantio), clarissimo consule (2).

(1) De consecr., dist. 3 Crucis Domini. Hoc quidem est contra consensum historicorum, ut etiam supra dictum est; aliunde igitur huic loco assutum est. *Imo tota conficta est epistola.*

(2) Constante suspecta utraque temporis nota.

NOTÆ SEVERINI BINII.

Crucis ergo Domini nostri Jesu Christi, quæ nuper, nobis gubernacula sanctæ romanæ Ecclesiæ tenentibus, inventa est. Crucem Domini tempore Eusebii papæ non fuisse inventam, ideoque ea quæ hoc loco epistolæ huic adduntur, ut ait Surius in notis marginalibus, surreptitia esse, et extrinsecus addita fuisse, certissima conjectura statuere licet. Nam teste Eusebio, libro III, c. 46, constat Helenam post Constantinum christianam religionem amplexatam esse. Si igitur hoc tempore Eusebii papæ Constantinus necdum christianus fuerit, quomodo Helena deorum adhuc cultrix inveniendæ crucis Christi adeo studiosa fuisse potuit ? Accedit, quod communis patrum et historicorum sententia affirmet, post Nicænum concilium, ab Helena octogenaria, in somnis divinitus admonita, a Judæis antiquissimis, Christianis adjutoribus, consultoribus et indicibus, instructa magno gaudio quærentium 14 septembris crucem Domini repertam, miraculose a latronum crucibus discretam esse. Ita ex patribus S. Paulinus, ep. II ad Severum; S. Hieronymus ep. ad Paulinum de Instit. monach.; S. Ambros., oratione in funere Theodosii ; S. Chrysost., hom. 84, in Joan. ; Andreas Cretensis, hom. de exalt. S. Crucis ; et demum his antiquior Cyrillus Hierosol., ep. ad Constantium. Idem ex historicis Eusebius in Chronico, et libro III de Vita Constantini, c. 29 ; Hieron. in Chronic. Prosper in Chronic.; Sulpitius, libro II Sacræ Historiæ ; Rufinus, libro I, c. 7 et 8 ; Theod., l. I Hist., c. 18 ; Sozomenus, l. II, c. 1 ; Socrates, l. I, c. 17 ; Greg. Turon., l. I Hist. Franciæ, c. 26 ; Nicephor., l. VIII, c. 29 ; Justiniani imperatoris novell. 28. Taceo mille alios recentiores. Vide Baron. anno 514, num. 41 ; item anno 326, num. 42 et sequentibus : Gretserum, l. I, de Cruce. c. 54 et sequentibus.

Inventionis festum. Hoc festum, quod Latina Ecclesia 3 maii celebrat, quo auctore et institutore celebretur, incertum est. Nam quod hic et apud Gratianum, can. crucis, dist. 3, de Cons. legitur, Eusebium pontificem hoc festum instituisse probabile non est : cum crux non sub Eusebio, sed sub Silvestro fuerit inventa, ut supra ostendimus. Græci non habent hoc festum in suo menologio, ea de causa, ut inquit Baron. in notis ad mart. Roman., 3 maii, quod apud ipsos inter mobilia festa numeretur. Tertia enim die a resurrectione Domini celebrabant crucis resurrectionem, cum scilicet e latebris studio et opera Helenæ Augustæ quasi resurgens, miraculis clarescere cœpit. Vide Baron. loco allegato.

APPENDIX IV,
AD SANCTUM MELCHIADEM PAPAM.

EPISTOLA (1)
MELCHIADIS PAPÆ AD OMNES HISPANIÆ EPISCOPOS.

De accusationibus et jurgiis, et ut nemo alteri infestus sit; de baptismo et impositione manuum episcoporum, utrum eorum aliud sine altero sufficiat, aut majus esse videatur.

I. De judiciis episcoporum, sive majoribus causis ad apostolicam sedem deferendis; et ut nullus eam prohibeatur appellare:
II. Quod sit majus sacramentum, impositio manus episcoporum, an baptismus.
III. De jejunio dominicæ diei, et quintæ feriæ.

Dilectissimis fratribus, Marino, Benedicto, Leontio, et cæteris Hispaniarum, ac illis in partibus constitutis episcopis, Melchiades (Melciades aut Miltiades).

Apostolici præcepti verba sunt, *apud Judæos atque Gentiles sine offensione nos esse debere. (I Cor.* x.) Hoc quisquis Christianus est, tota animi virtute custodit. Quod cum ita sit, non parum periculi illi manere poterit ante Deum, qui hoc detrectat etiam fidelibus exhibere. Nam qualiter nos, qui neminem perire volumus, ista contristent, quæ auctoribus christianis percellunt animos christianos, dominicus in Evangelio sermo testatur. Ait enim ipse Salvator, *quod expediat scandalizanti unum de pusillis in maris profundum demergi (Matth.* xviii; *Luc.* xvii). Ideo, quæ sit ejus jam pœna, quæramus, cui tale supplicium legimus expedire. Quapropter ista, carissimi, verba valde sunt ponderanda, et cavenda, ne pro temporalibus æterna, et pro caducis mansura, et pro parvissimis temporalibus perdantur (quod absit) perpetua gaudia. Unde vos rogamus, et obsecramus, ut nullus alteri noceat, neque infestus aut nocens existat, sed (juxta apostolum) *alter alterius onera portet, ut legem Christi adimpleat (Galat.* vi). *Et nolite judicare invicem; sed* (juxta eumdem apostolum) *hoc judicate magis, ne ponatis offendiculum fratri vel scandalum. (Rom.* xiv.) Primo semper ante omnia diligenter inquirite, ut cum justitia et veritate (*charitate*) definiatis. Neminem condemnetis ante verum et justum judicium (*Neminem condemnantes ante*). Nullum suspicionis arbitrio judicetis; sed primum probate, et postea charitativam proferte sententiam. *Et quod vobis non vultis fieri, alteri nolite facere* (2). Mementote sermonis Domini semper, qui ait : *Nolite judicare, et non judicabimini : Nolite condemnare, ut non condemnemini (Luc.* vi). *In quo enim judicio judicaveritis, judicabimini (Matth.* vii). Episcopos nolite judicare, nolite condemnare absque senis (*sedis*) hujus auctoritate. Quod si feceritis, irrita erunt vestra judicia,

(1) Confictam docti viri arbitrantur.
(2) Hic incipit ep. in manuscripto Justelli.

et vos condemnabimini. Hoc enim privilegium huic sanctæ sedi a temporibus apostolorum statutum est servare; (at. servari) quod illæsum manet usque in hodiernum diem. Episcopos ergo, quos sibi Dominus tanquam oculos elegit, et columnas ecclesiæ esse voluit, quibus etiam ligandi et solvendi dedit potestatem, suo judicio reservavit, hocque privilegium beato clavigero Petro sua vice solummodo commisit. Quod ejus justæ prærogativum succrescit sedi (*al.* Quæ prærogativa successit, etc.), futuris hæreditandum atque tenendum temporibus, quoniam et inter beatos apostolos fuit quædam discretio potestatis. Et licet cunctorum par electio foret, beato tamen Petro concessum est, ut aliis præmineret (*al.* præemineret), eorumque quæ ad querelam venirent causas et interrogationes prudenter disponeret. Quod Dei ordinatione taliter ordinatum esse credimus, ne omnes posterorum (*al.* posteri eorum) cuncta sibi vindicarent, sed semper majores causæ, sicut sunt episcoporum, et potiorum curæ negotiorum, ad unam beati principis apostolorum Petri sedem confluerent, ut inde suscipiant finem judiciorum, unde acceperunt initium institutionum, ne quandoque a suo discreparent capite.

I.

Si vero se viderit quisquam vestrum prægravari, hanc sedem appellet, huc recurrat, ut semper instituta fuit consuetudo ; quia et voluntarie eis compatiemur, et libentes, prout Dominus dederit, adminiculum feremus. Nec a quoquam, fratres, inhibeatur aut objurgetur , qui nostræ consors communionis esse voluerit, sed magis ei veniendi auxilium præstetur (1) quia sufficit unicuique objurgatio quæ fit a plurimis, ut (juxta apostolum) *magis donetis, et consolemini, ne forte abundantiori tristitia absorbeatur qui in angustia est (II Cor.* ii). *Propter quod obsecro vos, ut ipse ait, ut confirmetis in illo charitatem.* Eorum enim os accusandi sacerdotes, vel testificandi in eos, obstruimus, quos non humanis, sed divinis vocibus mortuos esse scimus; quoniam infidelis (*Sixti sent.* 6 *ex versione Rufini*) homo mortuus est in corpore vivente. Nec in suspicionem veniat homo fidelis, (*ejusdem sent.* 168 et 169) ut dicat aut faciat ea quæ pati non vult. Si quis fidelis est, videat ne falsa loquatur, aut cuiquam insidias ponat. Facile (*sent. ejusdem* 176, 291, 203) est ergo hominem fallere, non tamen Deum. Sapiens non est qui nocet. Et nihil mali vult qui est fidelis. In his enim fidelem

(1) Quæ sequuntur usque ad § 11, absunt a manuscripto Justelli.

NOTÆ SEVERINI BINII.

Hoc enim privilegium huic sanctæ sedi a temporibus apostolorum statutum. Ut episcoporum causæ ad Romanæ ecclesiæ sedem deferantur, apostolico canone 73 et 74, constitutum est; idemque omnium fere pontificum decretalibus epistolis confirmatum est.

et infidelem hominem cognoscere possumus, in no- cendo et adjuvando, ut ipsa veritas ait: *Bonus homo ex bono thesauro cordis sui profert bona; et malus homo ex malo thesauro cordis sui profert mala* (*Matth.* XII). *Ex abundantia enim cordis os loquitur* (*Luc.* VI). Pro nobis enim dicit Dominus per prophetam : *Eos vero qui judicant vos, ego judicabo* (*Isa.* XLIX). Et iterum ad servos suos dixit : *Nolite timere opprobrium hominum, et blasphemias eorum ne metuatis* (*Isa.* XXXI). De talibus quoque propheta canit dicens: *Non sic impii, sed tanquam pulvis quem projicit ventus. Propterea non resurgent impii in judicio, neque peccatores in congregatione justorum: quoniam novit Dominus viam justorum, et iter impiorum peribit* (*Psal.* I). *Quare conturbatæ sunt gentes, et plebes meditabuntur inania? Consurgent reges terræ, et principes tractabunt pariter adversus Dominum, et adversus Christum ejus. Disrumpamus vincula eorum, et projiciamus a nobis jugum ipsorum. Habitator cœli ridebit, et Dominus subsannabit eos. Tunc loquetur ad eos in ira sua; et in furore suo conturbabit eos* (*Psal.* II). Et alibi dixit: *scelus impii in medio cordis ejus; non est timor Dei ante oculos ejus. Quoniam* (ex vers. Hier. plerœque quœ hic citantur) *dolose egit adversus eum in oculis ejus ; ut inveniret iniquitatem ejus ad odium. Verba oris ejus iniquitas et dolus: cessavit cogitare ; ut benefaceret. Iniquitatem cogitat in cubili suo; stabit in via non bona, malum non abjiciet. Domine in cœlo misericordia tua usque ad nubes. Justitia tua sicut montes Dei, judicia sua abyssus multa. Homines et jumenta salvos*

facies, Domine: quam pretiosa misericordia tua, Deus? Et filii Adam in umbra alarum tuarum sperabunt. Inebriabuntur de pinguedine domus tuœ, et torrente deliciarum tuarum potabis eos. Quoniam tecum est fons vitœ, et in lumine tuo videbimus lumen. Attrahe misericordiam tuam scientibus te, et justitiam tuam rectis corde: Non veniat mihi pes superbiæ, et manus impiorum non me commoveat. Ibi ceciderunt operantes iniquitatem, expulsi sunt, et non potuerunt surgere (*Psal.* XXXV). *Audivimus a quibusdam fratribus, quibus infesti eratis nimis, quod jurgia et discordiæ sint inter vos. Propterea ista scripsimus vobis mandantes, ut ita teneatis, sicut et ab apostolica sede vobis tenenda mandantur. Unde et Domini præcursor in evangelio militibus interrogantibus respondit dicens : Neminem concutiatis, neque calumniam faciatis, sed contenti estote stipendiis vestris* (*Luc.* III). Concutit enim hominem, qui illum injuste conturbat. De his hæc vobis interim sufficiant. Si autem majoribus indigueritis, vita comite, mittite et mittentur vobis (1).

II.

De his vero, super quibus rogitastis vos informari, id est, utrum majus esset sacramentum, manus impositio episcoporum, aut baptismus; scitote, utrumque magnum esse sacramentum. Et sicut unum a majoribus fit, id est, a summis pontificibus, quod a minoribus perfici non potest, ita et majori ve-

(1) De cons. dist. 5, Spiritus sanctus qui super. Et in decret. Ivon. lib. 1.

NOTÆ SEVERINI BINII.

Sacramentum. Illi, a quibus Melchiades consulebatur, confirmationem sacramentum esse præsupponebant. Errant igitur, qui quod supra in notis ad Urbani II, Fabiani et Cornelii epistolas annotavi, hoc sacramentum a Melchiade institutum esse tradunt; cujus enim expressa mentio fit in multis antiquorum pontificum epistolis, antiquiore Elibertino concilio supra cap. 38 et 77, plurimis vetustioribus ecclesiæ patribus ac doctoribus supra a nobis recensitis; quomodo a Melchiade institutum esse potuit?
Manus impositio episcoporum. Non quælibet manus impositio est sacramentum, sed tantum confirmativa. Multiplex enim in scriptura manus impositio legitur; una curativa, de qua intelligendum est illud Marc. ult. *Super ægros manus imponent: et bene habebunt* : item illud Act. IX : *Abiit Ananias, et imponens ei manus dixit : Saule frater, Dominus misit me Jesus, ut videas et implearis Spiritu sancto :* sicut etiam illud Act. XXVIII : *Contigit autem patrem Publii febribus et dysenteria vexatum jacere, ad quem Paulus intravit, et cum orasset et imposuisset ei manus, salvavit eum.* Alia est manus impositio, quæ dici potest consultiva vel conservativa, de qua dicitur I ad Timoth. IV : *Noli negligere gratiam quæ in te est per impositionem manuum presbyterii,* etc. Tertia est impositio manus ceremonialis ad baptismum, quæ fit ad quamdam catechumeni sanctificationem, de qua intelligendum est illud Augustini lib. o II de peccat. merit. et remis. cap. 26, ubi ait : « Catechumenos secundum quemdam modum suum per signum Christi, et orationem, manus impositione sanctificari : » item in concil. Hispalensi II, c. 7. Carthaginensi IV, canone 85. Quarta est peccatorum reconciliativa : de qua Aurelianensi I, c. 2 et 3 ; et can. 8 concilii Arelatensis. Quinta est quædam manus impositio deprecativa : qualis videtur illa, de qua est sermo, Act. 13 : *Tunc*

jejunantes et orantes, imponentesque iis manus, dimiserunt illos; Paulum nempe et Barnabam jam ante confirmatos et ordinatos : abeuntibus igitur manus imponendo, bene tantum precati sunt. Sexta est manus impositio confirmativa, quæ gratiæ, quæ in baptismo ad remissionem peccati sufficientissime data est, alia ad gratiam baptismalis augendam et roborandam superadditur, eo fine ut baptizatus fidem in baptismo susceptam loco ac tempore requisito constanter credat, fidemque confiteatur. De hac posteriore intelligendus est hic locus Melchiadis, sicut et illud Act. cap. 8 : *Tunc imponebant manus super illos, et accipiebant Spiritum sanctum.* Item illud : *Cum vidisset autem Simon, quia per impositionem manus apostolorum daretur Spiritus sanctus, obtulit iis pecuniam, dicens : Date mihi hanc potestatem, ut quicunque imposuero manus, accipiat Spiritum sanctum.* Ec dem modo accipiendum est illud Act. XIX : *Postquam imposuit Paulus illis manus, venit Spiritus sanctus super illos, loquebanturque linguis et prophetabant.* Ita glossa, I quæst., canone Manus impositio.
Unum a majoribus fit, id est, a summis pontificibus quod a minoribus perfici non potest. Hoc idem Euseb. epistola 3, in fine ait his verbis : « Manus impositionis sacramentum magna veneratione tenendum est, quod ab aliis perfici non potest, nisi a summis sacerdotibus. » Quod quidem jure divino ordinario recte et convenienter constitutum est, ita tamen, ut nihilominus justa ac rationabili de causa a pontifice dispensari possit, sicut et frequenter dispensatum est, ut presbyter hoc sacramentum conferat. Nam Ambr., in c. 74, ad Ephes. testatur in Ægypto presbyteros confirmare in absentia episcoporum. Item cum Gregorio pontifici, ut scribitur epistola 26, lib. III, relatum fuisset, in insula Sardiniæ solitos fuisse presbyteros baptizatos confirmare, id facere eos pro-

neratione venerandum et tenendum est. Sed ita conjuncta sunt hæc duo sacramenta, ut ab invicem nisi morte præveniente nullatenus possint segregari, et unum sine altero rite perfici non potest. Nam unum (præveniente morte) salvare sine altero potest, aliud autem non potest. Unde scriptum est. *In diebus illis, dicit Dominus, effundam* (1) *de spiritu meo super omnem carnem* (Joel. II). Advertamus summas divitias bonitatis Dei. Quod in confirmandis neophytis manus impositio tribuit singulis, hoc tunc Spiritus sancti descensio in credentium populos (al. populo) donavit universis. Sed quia diximus, quod manus impositio et confirmatio ad baptismi perfectionem pertineat, et qui jam regeneratus in Christo est, confirmare aliquid possit, forte cogitat sibi aliquis : quid mihi prodest post mysterium baptismatis mysterium confirmationis (al. *ministerium confirmantis*)? Aut quantum video, non totum de fonte suscepimus, si post fontem adjectione novi generis indigemus. Non ita dilectissimi. Attendat charitas vestra. Sicut exigit militaris ordo, ut cum imperator, quemcumque in militum receperit numerum, non solum signet receptum, sed etiam armis competentibus instruat pugnaturum : ita in baptizato benedictio illa munitio est. Dedisti militem, da ei adjumentum militiæ. Numquid prodest, si quisquam parentum magnam pupillo (al. *parvulo*) conferat facultatem, nisi providere studeat et tutorem ? Itaque Paracletus regeneratis in Christo, custos et consolator et tutor est. Ideo dicit sermo divinus : *Nisi Dominus custodierit civitatem, frustra vigilat qui custodit eam* (Psal. cxxvI). Ergo Spiritus sanctus, qui super (*De consecr. dist.* 5, *Spiritus sanctus qui super*) aquas baptismi salutifero descendit illapsu, in fonte plenitudinem tribuit ad innocentiam, in confirmatione augmentum præstat ad gratiam. Et quia in hoc mundo tota ætate victuris, inter invisibiles hostes et pericula gradiendum est, in baptismo regeneramur ad vitam, post baptismum confirmamur ad pugnam : in baptismo abluimur, post baptismum roboramur. At si continuo transituris sufficiant regenerationis beneficia, victu-

ris tamen necessaria sunt confirmationis auxilia. Regeneratio per se salvat mox in pace beati sæculi recipiendos : confirmatio autem armat et instruit ad agones mundi hujus et prælia reservandos. Qui autem post baptismum cum acquisita innocentia immaculatus pervenit ad mortem, confirmatur morte, quia non potest peccare post mortem. Hic, si forte illud etiam requirere velimus, post passionem et resurrectionem Christi, quid apostolis profuerit adventus Spiritus sancti, ipse Dominus eis evidenter exponit. *Quæ dico*, inquit, *vobis, non potestis ea portare modo. Cum autem venerit ille Spiritus veritatis, ipse docebit vos omnem veritatem* (Joan. xvi). Vides, quia cum Spiritus sanctus infunditur, cor fidele ad prudentiam et constantiam dilatatur? Itaque ante descensionem Spiritus sancti, usque ad negationem, apostoli deterrentur : post visitationem vero ejus usque ad martyrium, contemptu salutis armantur. Secundum hoc per Christum redimimur, per Spiritum vero sanctum dono sapientiæ spiritualis illuminamur, ædificamur, erudimur, instruimur, consummamur, ut illam sancti Spiritus vocem audire possimus : *Intellectum tibi dabo, et instruam te in via hac qua gradieris* (Psal. xxxi). De Spiritu sancto accipimus, ut spirituales efficiamur, *quia animalis homo non percipit ea quæ sunt Spiritus Dei* (I Cor. II). De Spiritu sancto accipimus, ut sapiamus inter bonum malumque discernere, justa diligere, injusta respuere, ut malitiæ ac superbiæ repugnemus, ut luxuriæ ac diversis illecebris, et foedis indignisque cupiditatibus resistamus. De Spiritu sancto accipimus vitæ amorem et gloriæ ardorem, ut succensi divinitus, erigere a terrenis mentem ad superna et divina valeamus (1).

III.

Jejunium vero dominici diei (2) et quintæ feriæ nemo celebrare debet, ut inter jejunium Christianorum et Gentilium, veraciter credentium atque infidelium et hæreticorum, vera et non falsa discretio, habeatur. Unde scriptum est. *Quæ pars Christi ad Belial? aut quæ pars fideli cum infideli? Quæ autem participatio justitiæ cum iniquitate* (II Cor., VI). Et

---

(1) Eucherius, homilia de Pentecoste Eusebio Emisseno passim, sed falso tributa : cujus auctor a quibusdam perhibetur Faustus. Hinc vero discat lector aurum latere plurimum in sarcinis nostri mercatoris.

(1) Huc usque Orator quisquis fuit Gallicana facundia præstans.
(2) Const. quæ dicuntur apostolorum, lib. v, cap. ult. supra.

NOTÆ SEVERINI BINII.

hibuit : ex qua prohibitione, cum scandalum ortum esse videret, sic prædicto loco scribit : « Nos quidem secundum usum veterem ecclesiæ nostræ fecimus, sed si omnino hac de re aliqui contristantur, ubi episcopi desunt, ut presbyteri etiam in frontibus baptizatos (*impressi omnes corrupte legunt*, baptizandos) chrismate tangere debeant. » Unde conc. Florent. in decr. Eugenii, solum episcopum posse conferre eam unctionem, quæ est confirmationis sacramentum, subdit : « Legitur tamen aliquando per apostolicæ sedis dispensationem ex rationabili et urgente admodum causa simplicem sacerdotem chrismate per episcopum confecto hoc administrasse confirmationis sacramentum. » Qua dispensatione nihil juris divini immutari, pulchre declarant Bell. et Suarez de sacram. confirm. ministro, apud quos plura hac de re videre poteris.

Confirmatio ad baptismi perfectionem pertineat. Confirmatio appellatur perfectio baptismi non tantum hoc loco, verum etiam in concilio Eliberitano, c. 77, item a Dionysio Areop. de ecclesiastica Hierar. c. 4, p. 3, illius capitis, ubi eam, *Divinæ generationis sacrosanctam perfectionem* appellat. Ambros., lib. II de Sacr. cap. 2, eamdem nominat, *Spirituale signaculum, quod post fontem superest, ut perfectio fiat.* Non sane, quod baptismus citra confirmationem nihil gratiæ tribuat, aut baptizati peccatum plene ac perfecte non tollat, sed quod per confirmationem baptizato augmentum et robur gratiæ superaddatur ad fidem in baptismo susceptam constanter profitendum. Suarez., tom. III, disput. 34, de confirmatione sect. 2.

Jejunium dominici diei. Vide quæ diximus in notis can. apost. 65, et aliorum.

iterum. *Nolite jugum ducere cum infidelibus* (II Cor. vi). De cætero, fratres, videte, ne quis vos decipiat inanibus verbis, neque per philosophiam et inanem fallaciam secundum traditionem hominum, secundum elementa mundi, et non secundum Christum : quia in Christo habitat omnis plenitudo divinitatis corporaliter, et estis in illo repleti, qui est caput omnis principatus et potestatis, in quo et circumcisi estis circumcisione, non manufacta, in expoliatione corporis carnis, sed in circumcisione Christi, consepulti ei in baptismo, in quo resurrexistis per fidem operationis Dei, qui suscitavit illum a mortuis. Et vos, cum mortui essetis in delictis et præputio carnis vestræ, convivificavit cum illo, donans vobis omnia delicta, delens quod adversum vos erat, chirographum decreti, quod erat contrarium nobis, et ipsum tulit de medio, et affigens illud cruci, expolians principatus et potestates, traduxit confidenter, palam triumphans illos in semetipso. Nemo ergo vos judicet in cibo et potu, aut in parte diei festi, aut neomeniæ, aut sabbatorum, quæ sunt umbra futurorum : corpus autem Christi. Nemo vos seducat volens in humilitate et religione angelorum, quæ non vidit, ambulans frustra, inflatus sensu carnis suæ, et non tenens caput, ex quo totum corpus per (Vulg. nexus et conjunctiones) nexum et conjunctionem subministratum et constructum, crescit in augmentum fidei. Si ergo mortui estis cum Christo ab elementis hujus mundi, quid adhuc tamquam viventes in mundo decernitis? Ne tetigeritis, neque gustaveritis, neque contrectaveritis, quæ sunt omnia in interitum ipso usu, secundum præcepta et doctrinas hominum, quæ sunt rationem quidem habentia sapientiæ, in superstitione et humilitate, et non ad parcendum corpori, non in honore aliquo ad saturitatem carnis (Coloss, II). Igitur si consurrexistis cum Christo, quæ sursum sunt quærite, ubi Christus est in dextera Dei sedens; quæ sursum sunt sapite, non quæ super terram. Mortui enim estis, et vita vestra abscondita est cum Christo in Deo. Cum Christus apparuerit vita vestra, tunc et vos apparebitis cum ipso in gloria. Mor-

A tificate ergo membra vestra, quæ sunt super terram, fornicationem, immunditiam, libidinem, concupiscentiam malam et avaritiam, quæ est simulacrorum servitus, propter quæ venit ira Dei in filios incredulitatis, in quibus et vos ambulastis aliquando, cum viveretis cum illis. Nunc autem deponite et vos omnem (Vulg. omnia) iram, indignationem, malitiam, blasphemiam, turpem sermonem de ore vestro. Nolite mentiri invicem, expoliantes vos veterem hominem cum actibus suis, et induentes novum, eum qui renovatur in agnitionem secundum imaginem ejus qui creavit eum, ut ubi non est Judæus et gentilis, circumcisio et præputium, barbarus et Scytha, servus et liber, sed omnia et in omnibus Christus. Induite ergo vos sicut electi Dei, sancti et dilecti, viscera misericordiæ, benignitatem, humilitatem,
B modestiam, patientiam, supportantes invicem, et donantes vobismetipsis, si quis adversus aliquem habet querelam : sicut et Christus donavit vobis, ita et vos. Super autem omnia hæc charitatem habentes, quod est vinculum perfectionis. Et pax Christi vigeat in cordibus vestris, in qua et vocati estis in uno corpore, et grati estote. Verbum Dei habitet in vobis abundanter, in omni sapientia docentes et commonentes vosmetipsos psalmis, hymnis et canticis spiritualibus, in gratia cantantes in cordibus vestris Deo. Omne quodcumque facitis in verbo aut in opere, omnia in nomine Domini nostri Jesu Christi facite, gratias agentes Deo et patri per ipsum (Colos., III). Vos, charissimi, nolite deficere benefacientes. Quod si aliquis fuerit, qui non obedierit verbis apostolicis, hunc notate, et non commisceamini cum illo, ut confundatur. Et no-
C lite quasi inimicum existimare, sed corripite ut fratrem (II Thess. III). Deus autem pacis det vobis idipsum sapere in alterutrum, et in omnes, et ipse sit semper vobiscum in omni loco. Amen (Rom., xv). Data Kalendis Martii, Volusiano (1) et Rufino viris clarissimis consulibus.

(1) Anno 314, quo jam a 3 fere mensibus obierat Melchiades, die 10 dec. an. 313.

SYLLABUS RERUM
QUÆ IN HOC TOMO CONTINENTUR.

Lucii Cæcilii Firmiani Lactantii de Opificio Dei, vel formatione hominis, liber, ad Demetrianum auditorem suum. 9
Caput primum. — Proœmium et exhortatio ad Demetrianum. Ibid.
Cap. II. — De generatione belluarum et hominis. 14
Cap. III. — De conditione pecudum et hominis. 16
Cap. IV. — De imbecillitate hominis. 20
Cap. V. — De figuris animalium et membris. 24
Cap. VI.— De Epicuri errore; et de membris eorumque usu. 27
Cap. VII. — De omnibus corporis partibus. 29
Cap. VIII. — De hominis partibus, oculis et auribus. 33
Cap. IX. — De sensibus eorumque vi. 39
Cap. X.— De exterioribus hominis membris, eorumque usu. 40
Cap. XI. — De intestinis in homine, eorumque usu. 48

Cap. XII. — De utero et conceptione, atque sexibus. 53
Cap. XIII. — De membris inferioribus. 58
Cap. XIV.— De intestinorum quorumdam ignota ratione. 60
Cap. XV. — De voce. 62
Cap. XVI. — De mente et ejus sede. 64
Cap. XVII. — De anima, deque ea sententia philosophorum. 68
Cap. XVIII. — De anima et animo, eorumque affectionibus. 70
Cap. XIX — De anima esque a Deo data. 73
Cap. XX. — De seipso et veritate. 76
Analysis libri de Ira Dei. 77
Liber de Ira Dei ad Donatum. 79
Caput primum. — De sapientia divina et humana. Ibid.
Cap. II. — De veritate, deque ejus gradibus, atque de Deo. 81

Cap. III. — De bonis et malis in rebus humanis, eorumque auctore. 84
Cap. IV. — De Deo, deque ejus affectibus, Epicuricae reprehensione. 85
Cap. V. — De Deo Stoicorum sententia; de Ira et gratia. 88
Cap. VI. — Quod Deus irascatur. 92
Cap. VII. — De homine et brutis, ac religione. *Ibid.*
Cap. VIII. — De religione. 96
Cap. IX. — De providentia Dei, deque sententiis illi repugnantibus. 98
Cap. X. — De mundi ortu et rerum natura, et Dei providentia. 100
Cap. XI. — De Deo, eoque uno, cujusque providentia mundus regatur et constat. 110
Cap. XII. — De religione et Dei timore. 114
Cap. XIII. — De mundi et temporum commodo et usu. 115
Cap. XIV. — Cur Deus fecerit hominem. 122
Cap. XV. — Unde ad hominem peccata pervenerint. 123
Cap. XVI. — De Deo ejusque ira et affectibus. 124
Cap. XVII. — De Deo, cura et ira. 126
Cap. XVIII. — De peccatis vindicandis, sine ira fieri non posse. 131
Cap. XIX. — De anima et corpore, deque providentia. 135
Cap. XX. — De peccatis et Dei misericordia. 137
Cap. XXI. — De ira Dei et hominis. 139
Cap. XXII. — De peccatis deque iis recitati versus sibyllæ. 141
Cap. XXIII. — De ira Dei et peccatorum punitione, deque ea sibyllarum carmina recitata; castigatio præterea et adhortatio. 143
Cap. XXIV. — Dissertatio de Lactantii libro de Ira Dei, auctore le Nourry. O. S. B. 147
Caput primum. — Analysis hujus libri. *Ibid.*
Cap. II. — De hujus libri auctore, titulo, argumento, ætate, quave scribendi ratione ab illo compositus, ac quomodo Ciceronem imitatus sit. 153
Cap. III. — Quibus Lactantius rationibus ad hunc librum conficiendum adductus sit, et quis Donatus, cui eum nuncupat; de hujus libri in capita divisione, et capitum argumentis; de codicibus manuscriptis et editis, ac variorum in eum observationibus. 155
Prolegomena in librum de mortibus persecutorum. 157
Disquisitio de auctore libri cui titulus. Lucii Cæcilii de Mortibus Persecutorum, qui Firmiano Lactantio tribui solet, auctore Nicolao de Lestocq, doctore ac socio Sorbonico, Ecclesiæ catholicæ Ambianensis decano, vicario generali episcopi Ambianensis, et abbate sancti Axeoli. *Ibid.*
Appendix de duobus locis codicis manuscripti libri de mortibus persecutorum, quorum immutatæ quædam voces in textu editionis Domini Le Nourry. 171
Henrici Dodwelli dissertatio de ripa Striga. 175
§ Primus. — Ripa hæc non maris erat, sed fluvii. *Ibid.*
§ II. — Striga vox gromatica et castrensis. *Ibid.*
§ III. — Castra Romana, ut plurimum cadrata. Castrorum fixorum frons Oriens, nobilium hostis. *Ibid.*
§ IV. — Frontem itaque castrorum strigam veteres latus scamnum appellabant. 177
§ V. — Coloniæ romanæ pro castrensi disciplina dispositæ. Prætenturæ coloniarum strigæ. *Ibid.*
§ VI. — Agrorum, castrorum, provinciarumque præcipue Romanarum limites fluvii. *Ibid.*
§ VII. — Prætenturarum Illyricarum limes Danubius. Provinciæ Illyricianæ ripenses ab ejusdem Danubii ripa. *Ibid.*
§ VIII. — Idem probatur è castris stativis in Danubii ripa frequentissimis, et ab Historia. Prætenturarum Romanarum qualia munimenta. Explicatur adversus Rhenanum Tertullianus. *Ibid.*
§ IX. — Idem ex Attilæ provincia Romanis erepta. 179
§ X. — Ripam Danubii egressi aliquando, sed raro Romani. 180
§ XI. — Quominus sæpe egrederentur impediebat opinio de fatalibus imperiorum terminis. Nullam tamen provinciam transdanubianam retinebant ætate Diocletiani. *Ibid.*
§ XII. — Convenit hæc ripæ strigæ mentio cum consilio atque itinere Diocletiani. *Ibid.*
Henrici Dodwelli chronologia persecutorum, item Stephani Baluzii chronologia Diocletianea, prout ratio temporum exegit, intermixtæ. Additi sunt insuper cujusque anni consules, aliique rerum eventus. 181 et seq.
Lucii Cæcilii Firmiani Lactantii liber ad Donatum confessorem, De Mortibus Persecutorum. 190

Caput primum. *Ibid.*
Cap. II. 195
Cap. III. 198
Cap. IV. 200
Cap. V. 201
Cap. VI. 203
Cap. VII. 204
Cap. VIII. 206
Cap. IX. 207
Cap. X. 209
Cap. XI. 211
Cap. XII. 213
Cap. XIII. 214
Cap. XIV. 215
Cap. XV. 216
Cap. XVI. 217
Cap. XVII. 219
Cap. XVIII. 220
Cap. XIX. 225
Cap. XX. 227
Cap. XXI. 228
Cap. XXII. 230
Cap. XXIII. 231
Cap. XXIV. 233
Cap. XXV. 235
Cap. XXVI. *Ibid.*
Cap. XXVII. 238
Cap. XXVIII. 239
Cap. XXIX. 240
Cap. XXX. 242
Cap. XXXI. 243
Cap. XXXII. 244
Cap. XXXIII. 246
Cap. XXXIV. 249
Cap. XXXV. 250
Cap. XXXVI. 251
Cap. XXXVII. 252
Cap. XXXVIII. 254
Cap. XXXIX. 256
Cap. XL. 257
Cap. XLI. 258
Cap. XLII. *Ibid.*
Cap. XLIII. 259
Cap. XLIV. 260
Cap. XLV. 262
Cap. XLVI. 264
Cap. XLVII. 266
Cap. XLVIII. 267
Cap. XLIX. 270
Cap. L. 272
Cap. LI. 273
Cap. LII. 274
Lactantii fragmenta. 275
Incerti auctoris Phœnix Lactantio tribuitur. *Ibid.*
Incerti auctoris carmen de Passione Domini. 283
Venantii Honorii Clementiani Fortunati, presbyteri italici, ad Felicem episcopum, de Pascha. 285
Cæcilii Symphosii Ænigma. 289
Stephani Baluzii Tutelensis Notæ in librum de Mortibus Persecutorum. 297
Caput primum. 302
Cap. II. *Ibid.*
Cap. III. 304
Cap. IV. 306
Cap. V. *Ibid.*
Cap. VI. 307
Cap. VII. *Ibid.*
Cap. VIII. 308
Cap. IX. 312
Cap. X. 314
Cap. XI. 315
Cap. XII. 316
Cap. XIII. 317
Cap. XIV. 319
Cap. XV. 320
Cap. XVI. 322
Cap. XVII. 324
Cap. XVIII. 329
Cap. XIX. 331
Cap. XX. 354
Cap. XXI. 356
Cap. XXII. 357
Cap. XXIII. *Ibid.*
Cap. XXIV. 338
Cap. XXV. 341
Cap. XXVI. 343
Cap. XXVII. 345
Cap. XXVIII. 347

QUÆ IN HOC TOMO CONTINENTUR.

Cap. XXIX.	348
Cap. XXX.	354
Cap. XXXI.	356
Cap. XXXII.	357
Cap. XXXIII.	358
Cap. XXXIV.	359
Cap. XXXV.	Ibid.
Cap. XXXVI.	361
Cap. XXXVII.	363
Cap. XXXVIII.	364
Cap. XXXIX.	Ibid.
Cap. XL.	365
Cap. XLI.	Ibid.
Cap. XLII.	Ibid.
Cap. XLIII.	366
Cap. XLIV.	367
Cap. XLV.	370
Cap. XLVI.	372
Cap. XLVII.	Ibid.
Cap. XLVIII.	373
Cap. XLIX.	374
Cap. L.	377
Cap. LI.	378

Stephani Baluzii epistolæ duæ in quibus explicantur et illustrantur duo loca ex libro Lactantii de Mortibus Persecutorum. 379

Præfixa est initio observatio viri doctissimi de altero eorumdem locorum. Ibid.

Illustrissimi viri Petri Valeri Diazii, consiliarii regis Hispaniarum in supremo consilio Aragonum, sententia de quodam loco Lactantii corrupto. Ibid.

Illustrissimo doctissimoque viro Petro Valero Diazio, consiliario regio, Stephanus Baluzius Tutelensis. 380

Clarissimo viro Henrico de Noris, Augustiniano, Stephanus Baluzius Tutelensis. 381

Joannis Columbi notæ in Lactantium. 385

Perlustrissimo et amplissimo viro D. Gisberto Cupero, ab ordinibus Transisalaniæ ad illustrissimorum et præpotentium fæderatorum Belgii ordinum generalium conventum delegato, inclytæ reipublicæ Daventriensium consuli, Joannes Columbus. Ibid.

Lectori benevolo. S. 387
De libro hoc testimonia et judicia aliquot. 388
Hieronymus in ecclesiasticorum scriptorum catalogo. Ibid.

Notæ Joannis Columbi in librum de Mortibus Persecutorum. 389

In titulum.	Ibid.
In caput primum.	390
In cap. II.	393
In cap. III.	395
In cap. IV.	396
In cap. V.	Ibid.
In cap. VI.	397
In cap. VII.	Ibid.
In cap. VIII.	401
In cap. IX.	402
In cap. X.	Ibid.
In cap. XI.	403
In cap. XII.	406
In cap. XIII.	Ibid.
In cap. XIV.	407
In cap. XV.	Ibid.
In cap. XVI.	408
In cap. XVII.	409
In cap. XVIII.	410
In cap. XIX.	411
In cap. XX.	Ibid.
In cap. XXI.	412
In cap. XXII.	413
In cap. XXIII.	Ibid.
In cap. XXIV.	414
In cap. XXV.	415
In cap. XXVI.	Ibid.
In cap. XXVII.	416
In cap. XXVIII.	Ibid.
In cap. XXIX.	417
In cap. XXX.	Ibid.
In cap. XXXI.	418
In cap. XXXII.	419
In cap. XXXIII.	Ibid.
In cap. XXXIV.	422
In cap. XXXV.	423
In cap. XXXVI.	424
In cap. XXXVII.	Ibid.
In cap. XXXVIII.	425
In cap. XXXIX.	Ibid.
In cap. XL.	426

In cap. XLII.	426
In cap. XLIII.	427
In cap. XLIV.	Ibid.
In cap. XLV.	429
In cap. XLVI.	Ibid.
In cap. XLVII.	430
In cap. XLVIII.	Ibid.
In cap. XLIX.	431
In cap. L.	432

Nicolai Toinardi monitum lectori. 433

Notæ Toinardi Aurelianensis in librum de Mortibus Persecutorum. Ibid.

In cap. primum.	Ibid.
In cap. II.	435
In cap. III.	439
In cap. IV.	441
In cap. V.	445
In cap. VI.	Ibid.
In cap. XI.	Ibid.
In cap. XIII.	447
In cap. XV.	Ibid.
In cap. XVII.	449
In cap. XVIII.	450
In cap. XX.	456
In cap. XXIV.	Ibid.
In cap. XXV.	Ibid.
In cap. XXVI.	Ibid.
In cap. XXVII.	457
In cap. XXIX.	Ibid.
In cap. XXX.	Ibid.
In cap. XXXII.	Ibid.
In cap. XXXIII.	459
In cap. XXXVII.	Ibid.
In cap. XXXIX.	Ibid.
In cap. XLIV.	461
In cap. XLVI.	Ibid.
In cap. XLVIII.	Ibid.
In cap. L.	Ibid.
In cap. LI.	462
In cap. LII.	Ibid.

Gisberti Cuperi Notæ. 463
Præfatio. Ibid.
Notæ in Lactantium. 471

Caput primum.	Ibid.
Cap. II.	472
Cap. III.	475
Cap. IV.	Ibid.
Cap. V.	477
Cap. VII.	482
Cap. VIII.	483
Cap. IX.	485
Cap. X.	491
Cap. XI.	493
Cap. XIII.	501
Cap. XIII.	502
Cap. XIV.	503
Cap. XV.	Ibid.
Cap. XVI.	504
Cap. XVII.	505
Cap. XVIII.	506
Cap. XIX.	510
Cap. XX.	515
Cap. XXI.	516
Cap. XXII.	518
Cap. XXIII.	521
Cap. XXIV.	522
Cap. XXV.	523
Cap. XXVI.	525
Cap. XXVII.	527
Cap. XXVIII.	Ibid.
Cap. XXIX.	Ibid.
Cap. XXX.	529
Cap. XXXI.	Ibid.
Cap. XXXII.	530
Cap. XXXIII.	531
Cap. XXXIV.	532
Cap. XXXV.	534
Cap. XXXVI.	536
Cap. XXXVII.	540
Cap. XXXVIII.	542
Cap. XXXIX.	Ibid.
Cap. XL.	548
Cap. XLI.	549
Cap. XLII.	Ibid.
Cap. XLIII.	551
Cap. XLIV.	Ibid.
Cap. XLV.	553
Cap. XLVI.	554

SYLLABUS RERUM

Cap. XLVII.	563
Cap. XLVIII.	Ibid.
Cap. XLIX.	566
Cap. L.	568
Cap. LI.	571

Pauli Baudri Notæ in librum de Mortibus Persecutorum. 587

Præfatio. Ibid.

Viro illustri atque reverendissimo D. EMMANUELI A SCHELSTRATE, Eccl. D. Petri canonico, et Vaticanæ bibliothecæ primo custodi, JACOBUS TOLLIUS. 592

Pauli Baudri Notæ. 594

Caput primum.	596
Cap. II.	606
Cap. III.	639
Cap. IV.	644
Cap. V.	646
Cap. VI.	650
Cap. VII.	652
Cap. VIII.	656
Cap. IX.	660
Cap. X.	667
Cap. XI.	677
Cap. XII.	682
Cap. XIII.	687
Cap. XIV.	689
Cap. XV.	694
Cap. XVI	700
Cap. XVII.	705
Cap. XVIII.	710
Cap. XIX.	719
Cap. XX.	725
Cap. XXI.	727
Cap. XXII.	733
Cap. XXIII.	735
Cap. XXIV.	741
Cap. XXV.	747
Cap. XXVI.	750
Cap. XXVII.	757
Cap. XXVIII.	760
Cap. XXIX.	761
Cap. XXX.	768
Cap. XXXI.	770
Cap. XXXII.	775
Cap. XXXIII.	777
Cap. XXXIV.	781
Cap. XXXV.	786
Cap. XXXVI.	789
Cap. XXXVII.	794
Cap. XXXVIII.	798
Cap. XXXIX.	800
Cap. XL.	804
Cap. XLI.	807
Cap. XLII.	808
Cap. XLIII.	809
Cap. XLIV.	811
Cap. XLV.	817
Cap. XLVI.	820
Cap. XLVII.	824
Cap. XLVIII.	826
Cap. XLIX.	834
Cap. L.	835
Cap. LI.	857
Cap. LII.	858

Dissertatio in Lucii Cecilii librum de Mortibus Persecutorum, ad Donatum confessorem, Lucio Firmiano Lactantio hactenus adscriptam. 859

Caput primum. — *Analysis hujus libri, et de illius unico codice manuscripto, titulo atque argumento, et cur ac quo tempore a Lucio Cecilio editus fuerit.* 840

Articulus primus. — Analysis hujus libri. Ibid.

Art. II. — De hujus libri manuscripto codice, quam imperfectus sit et quam fœde a librario latinæ linguæ penitus ignaro corruptus. 848

Art. III. — De vero genuinoque hujus libri titulo et argumento. 850

Art. IV. — Quibus rationibus ad hunc librum scribendum Cecilius impulsus fuerit, ac quo tempore illum in lucem protulerit. 851

Cap. II. — *De libri hujus auctore, et Donato confessore, cui nuncupatur, ac de tribus judicibus, quorum jussu variis ille propter Christi confessionem suppliciis affectus est.* 853

Articulus primus. — Proponuntur argumenta quibus plurimi hunc librum Firmiano Lactantio vindicari posse putaverunt. Ibid.

Art. II. — Proferuntur argumenta ex hujus libri titulo desumpta, quibus confici posse videtur Firmianum Lac-

tantium non esse auctorem. 855

Art. III. — Exponuntur alia argumenta quibus demonstrari potest hunc librum a Firmiano Lactantio non esse profectum, et iis opposita diluuntur. 859

Art. IV. — Exponuntur alia argumenta ex variis Cecilii opinionibus petita, quibus ostenditur hunc librum a Firmiano Lactantio non esse scriptum. 863

Art. V. — De Donato, cui liber nuncupatur, ac tribus judicibus Flaccino, Hierocle et Priscilliano, quorum jussu variis ille propter Christi confessionem suppliciis affectus est. 868

Cap. III. — *De variis hujus libri editionibus, variarumque in illum observationibus et notis.* 871

Articulus primus. — De variis hujus libri editionibus. Ibid.

Art. II. — De variorum in hunc librum notis et observationibus. 872

Cap. IV. — *Novæ in hunc librum notæ et animadversiones, ac primum de Christo Domino ejusque discipulis.* 873

Articulus primus. — Expenduntur ea quæ Cecilius tradidit de tempore et anno quibus Christus Dominus mortuus est, et utrum illius eadem ac Lactantii ea de re fuerit sententia. Ibid.

Art. II. — De iis quæ Cecilius a Christo Domino ad vitam revocato ad suum usque in cœlos ascensum acta fuisse commemorat. 875

Art. III. — Utrum Cecilius recte dixerit Evangelium Christi, ineunte Neronis, sive Decii imperio, per omnes orbis terræ partes fuisse disseminatum. 877

Art. IV. — Quid Cecilius censerit de Petri Romam adventu, de tempore quo eadem in urbe supremum pontificatum tenuit, de miraculis ibidem ab illo editis, ejusque et Pauli apostoli interitu. 882

Cap. V. — *Examinantur ea quæ Cecilius de Christianorum moribus et quibusdam eorum dogmatibus tradidit.* Ibid.

Articulus primus. — Quantum christiani ab iis quæ gentium diis immolata erant abhorrent; utrum Maximinus imperator omnium primus jusserit cibos venales diis antea libari quam mensis apponerentur, et de nobilissimo martyre qui vivus ob conscissum Diocletiani edictum exustus est. Ibid.

Art. II. — De summa christianorum potestate in dæmones, quos in sacrificiis a Diocletiano factis signo crucis dominicæ fugaverunt, ac utrum et quomodo fas eis fuerit his ethnicorum sacrificiis interesse. 886

Art. III. — De crucis dominicæ signo quod Constantino Magno apparuit, et cujus virtute insignem de Maxentio reportavit victoriam, ubi et de sacris imaginibus. 890

Art. IV. — De templis antiquorum christianorum eorumque possessionibus, de operum bonorum meritis, et utrum Cecilius aliquid de Christi millenario in terris regno tradiderit. 891

Cap. VI. — *De primis Ecclesiæ christianæ persecutoribus eorumque interitu.* 893

Articulus primus. — Quam recte Cecilius asserat primam in christianos persecutionem a Nerone Augusto fuisse excitatam; quam inepte a Tollio mendacii propterea accusetur, quod hujus persecutionis causam in Petri apostoli prædicationem refundat, asseratque Neronis corpus caruisse sepultura, quo jure Cecilius eos delirationis arguat, qui eumdem Neronem Antichristi præcursorem fore finxerunt. Ibid.

Art. II. — De Domitiano, secundo Ecclesiæ persecutore, ejusque interitu, atque eversis imaginibus et honorum titulis. 897

Art. III. Utrum Cecilius recte dixerit Romanos imperatores a Domitiano usque ad Decium fuisse bonos principes, et tunc christianorum Ecclesiam nullos passam esse inimicorum impetus, ac inde colligi possit Lactantium non esse hujus libri auctorem. 900

Cap. VII. — *De aliis christianæ Ecclesiæ persecutoribus.* 904

Articulus primus. — De Ecclesiæ persecutione excitata ab imperatore Decio, ejusque funesta morte. Ibid.

Art. II. — De Valeriani imperatoris persecutione, ejusque ignominiosa servitute, ac pelle post mortem detracta. 905

Art. III. — De persecutione in christianos ab Aureliano imperatore commota, ejusque interitu. 907

Cap. VIII. — *De ultimis Ecclesiæ christianæ persecutoribus, ac primum de Diocletiano.* 908

Articulus primus. — De triplici Diocletiani, Dioclis et Jovii nomine, ejusque patria, avaritia et timiditate; de alio imperatore et duobus Cæsaribus ab eo ob timiditatem creatis; utrum Hispaniam Constantio dederit regendam, quantis exactionibus et tributis omnes oppresserit; de illius, donec christianos vexare cœperit, maxima felicitate, et utrum cæteris principibus melior utiliorque reipublicæ fuerit. *Ibid.*

Art. II. — De persecutionis a Diocletiano in christianos commotæ præludiis et exordio, cuam ob causam, quibusve consiliis ad eos vexandos impulsus fuerit. 912

Art. III. — Quo anno, mense et die Diocletianus christianos torquere ac prosequi adorsus sit. 914

Art. IV. — De ecclesia Nicomediensi persecutionis initio et jussu Diocletiani eversa, deque hujusque imperatoris edicto in christianos protinus promulgato, de uno et altero regii palatii incendio, quis illius auctor ac quomodo inde Galerius Diocletianum ad christianos crudelius vexandos accendere conatus sit. 916

Art. V. — Quomodo Diocletianus sævierit in Priscam et Valeriam, in eunuchos potentissimos, et qui isti fuerint, item in presbyteros ac ministros cum omnibus suis, atque in omnis sexus et ætatis homines. Necnon in domesticos, ac qua ille aliique judices sævitia universos ad sacrificia falsis diis facienda cogere conati sint. 919

Art. VI. — Quanta Diocletiani jussu fuerit in provinciis Galerio et Herculio subjectis, christianorum carnificina; contra vero quomodo Constantius ecclesias dirui passus, christianos in Galliis incolumes, persecutionisque immunes servaverit. 922

Art. VII. — De Diocletiani vicennalibus, ac quando Romæ celebrata fuerint; cur inde festinanter exierit, Ravennamque veniens, ac levi morbo correptus, nonum illi susceperit consulatum; quo sensu inde Nicomediam per ripam strigam contendisse, ibique morti sopitus, in dementiam incidisse dicatur. 925

Art. VIII. — De colloquio quo Galerius Diocletianum imperio cedere coegit; utrum recte illi proposuerit Nervæ imperatoris exemplum; quanta in hoc colloquio insolentia Galerii et Diocletiani timiditas; an recte Cecilius asserat Constantinum ibi fuisse præsentem, ac Diocletianum a Galerio impulsum et coactum sese abdicavisse imperio. 927

Art. IX. — Ubi et quomodo Diocletianus Maximum induerit purpuram, cumque ac Severum, repulso Constantino, Cæsares renuntiaverit; utrum vera sit ea de re Cecilii opinio; quem in locum Dioclet anus, deposito imperio, sese receperit, et ubi Licinius, eo præsente, factus sit imperator. 930

Art. X. — Utrum ea vera sint, quæ Cecilius narrat de privata Diocletiani vita, atque utrum ob negatum ipsi filiæ suæ Valeriæ exulantis reditum, et eversas statuas mœrore et fame consumptus interierit. 932

Cap. IX — *De Diocletiani uxore Prisca, et ejus filia Valeria.* 933

Articulus primus. — Quam rara Priscae et frequens Valeriæ apud auctores antiquos mentio: utrum ambæ christianam religionem professæ sint. *Ibid.*

Art. II. — De Valeria et Candidiano ab ea ob sterilitatem adoptato; cur illa post Galerii viri sui mortem, Licinio confugerit ad Maximinum, ejusque nuptias rejecerit. De nigris Viduarum luctus sui tempore vestibus, ac utrum nulla imperatoris uxor secundo marito antea unquam nupserit. 937

Art. III. — De Priscæ et Valeriæ exilio, ac trium nobilium fœminarum, hujus amicarum, et Judæi cujusdam, qui eas adulterii falso accusaverat, atque earumdem Priscæ et Valeriæ supplicio et li teritu. 940

Cap. X. — *De Maximiano Herculio imperatore.* 942

Articulus primus. — Quando et ubi Maximianus Herculius factus sit imperator; quæ ejus cum Diocletiano consensio, quantaque illius avaritia ac libido, et ubi imperium primo deposuerit. *Ibid.*

Art. II. — Quomodo Maximianus Herculius, resumpta purpura, Romam obsidione liberaverit et venerit ad Constantinum, quem, collecata ei in matrimonium minore filia, decipere conatus est; de secundo illius Romam reditu, ubi Maxentium imperio privare frustra conatus, inde ignominiose ejectus fuit. 944

Art. III. — Qua ratione Maximianus Herculius, ad Constantinum regressus, sese rursus purpura exuit, atque decepto Constantino eam tertio sumpserit, posteaque occupaverit Massiliam; ex quo ab illo expulsus est; ac quibus tandem dolis illum interficere molitus, pœnas laqueo dederit, et de eversis ejus statuis. 945

Cap. XI. *De Maxentio imperatore.* 948

Articulus primus. — De Maxentii imperatoris parentibus, ac quæ et quanta illius vitia; quomodo, ubi et a quibus factus sit imperator; quo sensu ille et Constantinus Magnus filii Augustorum appellantur; quæ fuerit regis salutatio, et quid nomen privatus significet. *Ibid.*

Art. II. — An et cur Maxentius, structis sibi a patre suo Herculio insidiis liberatus, bellum Constantino indixerit; de illius cum Maximino fœdere, de maxima exercitus ejus multitudine, illiusque superstitione, ac primo acversus Constantinum prælio. 951

Art. III. — Utrum ea vera sint quæ Cæcilius tradidit de prælio quo Maxentius a Constantino Magno victus est; quo ille ex ponte in Tiberim dejectus, ac quo anno interierit; an absolutis quinquennalibus. 953

Cap. XII. — *De Maximiano Galerio imperatore.* 955

Articulus primus. — De Maximiani Galerii patria, parentibus, uxore, fera barbarie, immani corporis mole; de Romulæ matris ejus superstitione, ac difficili ea de re Cæcilii loco; de victoria quam Galerius reportavit a Narseo, ac Cæsaris nomine quod insolenter detrectavit. *Ibid.*

Art. II. — Quomodo Galerius Diocletianum in Christianos sævire, et imperio cedere coegerit; quid ei tunc exprobraverit; quanta iniquitate libertatem omnibus auferre conatus sit, ac contra leges jusserit torqueri decuriones, primores civitatum, egregios et perfectissimos, item matresfamilias nobiles rapi in gynæceum, domesticos et administratores lancea emendari, et verberandos distendi ad palum in stabulo. 957

Art. III. — Quantis Galerius et quam horrendis cruciatibus christianos aliosque necaverit, ac quomodo tantaverit omnes litteras et Litteratos exterminare, judicesque instituere militares. 960

Art. IV. — De immensis penitusque intolerandis exactionibus, censibus, capitationibus et tributis, quibus Galerius omnes subditos suos obruit, et ad extremam paupertatem redegit, ac de mendicis quos in mare jussit submergi. 963

Art. V — Quas Galerius Constantino Magno struxerit insidias; quid sit sigillum, quo hic accepto ad patrem rediit; qua Galerius tristitia didicerit hunc et Maxentium imperatores factos, et laureatam Constantini imaginem acceperit; quomodo Romam obsidere conatus sit; qua confusione inde discedens permiserit Italiam a militibus vastari, ac quomodo Licinium et Maximinum imperatores nuncupaverit. 965

Art. VI. — De extremo ac pudendo Galerii morbo et edicto quod jamjam in Christianorum gratiam publicavit. 969

Art. VII. — Ubi et quando Galerius, postquam uxorem et filiam Licinio commendasset, mortuus sit, ac de filio ejus Candidiano. 971

Cap. XIII. — *De Severo et Maximino imperatoribus.* 973

Articulus primus. — Quæ fuerint Severi patria et vitia, a quo et quomodo Cæsar ac deinde imperator creatus sit; quove mortis genere, post obsessam Romam, a suis desertus, vitam finierit, et de Severiano ejus filio. *Ibid.*

Art. II. — De Maximini patria, vario nomine, parentibus, professione, ebrietate; quomodo scutariis, protector, tribunus, Cæsar et imperator factus fuerit, ac quid sit Campus Martius. 975

Art. III. — Quomodo Maximinus post Galerii mortem in provincias invadere molitus, pacem cum Licinio fecerit, ac sustulerit indulgentiam christianis *communi titulo* datam; cur sacerdotes maximos candidis chlamydibus ornatos, ubique constituerit jusserisque Christianorum mutilari membra, et venalia omnia animalia a sacerdotibus ethnicis immolari. 978

Art. IV. — De immensis exactionibus ac tributis, quibus Maximinus omnes, tam gentiles quam christianos, penitus oppressit. 981

Art. V. — De effrænata ac perdita Maximini libidine. 985

Art. VI. — Cur et quomodo Maximinus bellum Licinio indixerit victusque sit; quo etiam modo in Tauri montis angustias fugerit, ac deinde conatus fuerit sese Tarsi in Cicilia defendere ac tueri. 985

Art. VII. — De funesta Maximini morte, ac quamdiu regnaverit, quove anno mortuus sit. 987

Art. VIII. — De Maximini uxore et liberis, ac funesta eorum morte. 988

Cap. XIV. — *De Licinio imperatore.* 990

Art. primus. — De Licinii patria, parentibus, vitiis, ejusque cum Galerio familiaritate; utrum ab eo Cæsar simul et imperator factus sit, ac Galerius moriens ei conjugem suam et filiam in manus tradiderit. *Ibid.*

Art. II. — De Licinii et Maximini discordia, et pace facta; de ejusdem Licinii cum Constantia, Constantini Magni sorore sponsalibus et nuptiis; de rupta dehinc eum inter et Maximinum pace; de illorum prælio et precibus ab Angelo, quidquid Tolfius dixerit, Licinio dictatis et insigni illius victoria. 992

Art. III. — De edicto quod Licinius pro restituenda christianæ Ecclesiæ pace publicavit. 995

Art. IV. — Quomodo Licinius Maximinum insecutus ad necem sibi Tarsi in Cilicia consciendam compulerit, ac summa rerum potitus omnem superiorem tyrannorum stipem omnesque eorum liberos extirpaverit, ubi inprimis de Valerio. 996

Cap. XV. — *De Constantio Chloro et Constantio Magno imperatoribus.* 999

Articulus primus. — Quam eximiæ fuerint Constantii Chlori virtutes; quando Cæsar factus et Maximiani Herculii gener; an et quomodo christianos tempore persecutionis in Gallis servaverit incolumes, ac passus sit ecclesias dirui; cur factus sit primus imperator, etsi a Galerio contemptus; ac quomodo Constantino ad se reverso imperium tradiderit, et ubi mortuus sit. *Ibid.*

Art. II. — De Constantini Magni parentibus, patria, eximiis corporis animique dotibus, ubi educatus; quanta aliorum, atque in primis Galerii in illum invidia, quibusve insidiis ab eis appetitus fuerit. 1001

Art. III.—Utrum Constantinus Magnus Diocletiani, sicut Cæcilius narrat, et Galerii colloquio præsens fuerit, cognoveritque creandos Cæsares, seque ab hac nuncupatione ignominiose repellendum. 1003

Art. IV.—Quomodo Constantinus contra Galerii voluntatem ad Constantium patrem suum jamjam moriturum redierit, et utrum ab illo, vel ab aliis Cæsar simulque Imperator factus sit. 1005

Art. V. — Quantum Constantinus christianis faverit; cur Maximianus Herculius ad eum venerit, eique despondit ac connubio junxerit filiam suam minorem; cur ad eum reversus sit, quasve illi adversus barbaros pugnaturo paraverit insidias; quomodo hic ab illo Massiliæ capta veniam impetrarit, atque illum postea in lecto occidere frustra molitus fuerit, et quam insignem Constantinus de Maxentio victoriam, viso mirabili crucis signo, reportaverit. 1007

Art. VI. — De triumphali Constantini in urbem Romam ingressu, eique decreto a romano Senatu primi nominis titulo; quamdiu ille postea Romæ manserit, et ubi sororem suam Constantiam in matrimonium Licinio collocaverit, ac de restituta ab utroque christianæ Ecclesiæ pace ac tranquillitate. 1009

Disquisitiones dogmaticæ in Lactantium, sive de ejus circa religionem sentiendi et argumentandi ratione. 1011

Caput primum. — *De religione generatim spectata.* *Ibid.*

Articulus primus. — Unde religionis et superstitionis nomen derivatum, ac utrum Cicero veram dederit utriusque illius nominis etymologiam. *Ibid.*

Art. II. — Quæ sit vera religio, et quam inseparabili nexu cum justitia ac sapientia conjuncta sit. 1014

Art. III. — Religionem non metus causa introductam, sed a Deo institutam et insitam homini, qui idcirco corpus habet erectum, vocaturque græce ἄνθρωπος, ac religione potissimum a belluis distinguitur, hisque contraria Epicuri argumenta solvuntur. 1018

Cap. II. — *Expenduntur argumenta quibus Lactantius solam religionem christianam veram esse demonstrat.* 1022

Articulus primus. — Examinantur Lactantii argumenta quibus christianam religionem veram esse demonstrat ex sacrorum nostrorum vatum oraculis, quibus prædixerunt fore ut Christus, Dei Filius, homo fieret et ex virgine nasceretur. *Ibid.*

Art. II.— Quibus sacrorum prophetarum oraculis Lactantius prædictum fuisse demonstret fore ut Christus ex Davidis familia nasceretur, et utrum recte dixerit urbem Hierosolymam suum a Salomone accepisse nomen. 1029

Art. III. — Quibus prophetarum oraculis Lactantius demonstret prænuntiatum fuisse sempiternum Christi veræ religionis auctoris sacerdotium. 1032

Art. IV. — De aliis Apolliniis, Milesiis, sibyllarum et sacrorum prophetarum oraculis, quibus impia Judæorum in Christum conspiratio, varia tormenta ante mortem ei infligenda, mortis ejus genus, solis eo moriente defectus, et ejus ad vitam reditus prænuntiabantur, ac quantum inde christianæ religionis veritas stabilita sit. 1035

Cap. III. — *Quomodo Lactantius veritatem christianæ religionis asserat et confirmet ex veris Christi miraculis, quæ a sacris nostris altisque vatibus prædicta fuerunt.* 1044

Articulus primus. — Quanta evidentia Lactantius ostendat veram esse Christi religionem, quam illi veris miraculis, ab Isaia et sibylla designatis, confirmavit. *Ibid.*

Art. II. — Quam invicte Lactantius christianæ religionis veritatem demonstret ex fugatis a Christo ejusque nomine ac crucis signo dæmonibus. 1046

Art. III.—Diluuntur ethnicorum argumenta quibus frustra probare conati sunt ab Apollonio Tyanæo similia, ac majora etiam quam a Christo fuisse miracula, aut hæc ab apostolis, ut quæstum facerent, conficta. 1051

Cap. IV. — Examinantur alia argumenta quibus christianæ religionis veritas a Lactantio stabilitur. 1055

Articulus primus. — Quam perspicue Lactantius demonstret veram esse christianam religionem ex Judaicæ legis abrogatione, ac Christianæ institutione propagatione et sanctitate. *Ibid.*

Art. II. — Quam luculenter Lactantius christianæ religionis veritatem aperuerit ex dirissimis martyrum suppliciis; ad extremum usque vitæ spiritum, non sine divinæ gratiæ auxilio, constantissime toleratis. 1059

Art. III. — Solvuntur contraria gentilium argumenta quibus probare conabantur christianos vi, pœnis et tormentis ad majorum religiones revocandos; quia iniquus foret Deus, qui eos in egestate et inopia degere permittit. 1064

Art. IV. — Diluuntur alia ethnicorum argumenta petita ex quorumdam christianorum lapsu, ac Reguli et Mutii in acerba morte constantia, ac quia christianos publicarum calamitatum causam esse dicebant. 1067

Cap. V. — De sacris Veteris et Novi Testamenti libris eorumque auctoribus, ex quibus Lactantius hausit christianæ religionis instituta et documenta. 1070

Articulus primus. — De sacræ Scripturæ in Vetus et Novum Testamentum divisione, divinoque sacrorum prophetarum afflatu. *Ibid.*

Art. II. — De Scripturæ sacræ antiquitate, ac primo utrum Lactantius recte definiat quando ac quomodo Moyses Israelitas ab Ægyptiaca servitute liberaverit; quid statuat de angelo eos præcedente, et aquam scindente, ac de miraculis in deserto ab eodem Moyse factis, et ubi ac quare legem Israelitis dederit, ac quandonam mutato Hebræorum nomine Judæi, et terra eorum Judæa appellari cœperint. 1071

Art. III. — Quot annis Moyses Trojanam cladem antecesserit, et de aliorum prophetarum ac regum seu principum sub quorum imperio hi floruerunt ætate; quot elapsis post Trojanum excidium annis David et Salomon regnaverint, ac quot inde usque ad Christi tempus numerentur; utrum Zacharias fuerit ultimus propheta, et quot ab ejus ætate usque ad Christi mortem anni fluxerint; quam recte Lactantius ex hac chronologia concludat sacros vates sua omnia de Christo oracula longe antea edidisse, quam ille homo factus sit. 1074

Art. IV. — De libris Moysis et Josue, qui primum Auses, ac deinde Josue est cognominatus; de libris Regum, seu Basilion, de libris Esdræ ac Nehemiæ. 1079

Art. V. — De Psalmis, de Libris Ecclesiastici, Sapientiæ, Proverbiorum, Salomoni adscriptis, ac de quibusdam citatis a Lactantio verbis, quæ nunc in sacro textu desiderantur. De libris Isaiæ, Jeremiæ, Danielis, Oseæ, Amos, Micheæ, Malachiæ, Zachariæ; de primis Joannis evangelistæ verbis, de Pauli ad Ephesios Epistola et Apocalypsi. 1084

Art. VI. — Cur et quomodo Lactantius testimoniis sacræ Scripturæ ad informandos Christianos, ac Judæos Gentilesque refellendos utatur. 1084

Appendices ad scripta sanctorum pontificum romanorum, Marcellini, Marcelli, Eusebii et Melchiadis qui in tomo sexto memorantur. 1085

Appendix prima, ad sanctum Marcellinum papam. *Ibid.*

Epistola prima, Marcellini papæ ad Salomonem episcopum. *Ibid.*

Confutatur error dicentium Patrem esse Filio majorem, etc. 1089

Appendix secunda ad sanctum Marcellum. *Ibid.*

Epistola II. — Marcellini papæ ad orientales episcopos. *Ibid.*

Ut laico clericum non liceat accusare. *Ibid.*

I. — De contentionibus inter christianos ortis ad ecclesiam deferendis. *Ibid.*

II. — Quod major a minori judicari non debeat, nec episcopi ullum præjudicium inferre pontifici a quo consecrari probantur. 1090

III — Quod clericus absque permissu episcopi sui neminem ad judicium sæculare trahere præsumat, nec laico quemlibet clericum accusare liceat. *Ibid.*

IV. — Quod injustum judicium metu regis, vel jussu, a judicibus factum non valeat, et quod statuta infidelium delebuntur. 1091

Epistola prima Marcelli papæ ad episcopos Antiochenæ provinciæ. 1092

De Romanæ Ecclesiæ primatu et auctoritate, etc. *Ibid.*

Epistola II Marcelli papæ I, ad Maxentium tyrannum. 1096

Commonet tyrannum ut desinat sævire in christianos. *Ibid.*

FINIS TOMI SEPTIMI.

INDEX AUCTORUM LIBRORUMQUE
QUÆ IN OPERIBUS LACTANTII,
ADJECTISQUE ANIMADVERSIONIBUS, CITANTUR, LAUDANTUR ET EMENDANTUR.

NUMERUS ROMANUS TOMUM, ARABICUS PAGINAM INDICAT.

A

A Ben Esra, I, 331.
Abbas a S. Hilario, II, 604, 306 et passim infra.
Acacius, I, 922, 953.
Acta SS. Agapes, Chioniæ et Irenes, martyrum, II, 319, 363.
— Crispi, II, 216, 698.
— S. Georgii, martyris, II, 318, 521.
— SS. Indis et Domnæ. mart., II, 315, 521, 449.
— S. Marcelli, centurionis, II, 369, 694.
— Mariæ, ancillæ Tertulli, II, 315.
— S. Mauritii et sociorum, II, 311.
— Purgationis Felicis, episcopi Aptungit., II, 356, 385.
— S. Ponti, mart., II, 506, 515, 478.
— S. Sabæ, gothi, mart., II, 363.
— SS. Saturnini, Dativi, etc., mart., II, 317, 319, 359, 362, 700, 703, 704.
— Savini, episcopi et martyris, II, 316, 412, 480.
— Seraphiæ, virg. et mart., II, 229, 474.
— Sergii et Bacchi, II, 363.
— S. Susannæ, II, 320, 694.
— SS. Tarachi, Probi et Andronici, II, 466, 521, 510.
— SS. Terentii, Africani, et sociorum, II, 363.
— Theodori Amaseni, II, 363.
— S. Vari, mart., et sociorum, II, 363.
Ado Viennensis, I, 475, 968. II, 475, 511, 521, 541, 542, 543, 566.
Adrianus, papa, I, 914.
Adrichomius, I, 504.
Ælianus, I, 249, 272, 288, 573, 621, 786, 890, 898, 904, 908, 910. II, 36, 94, 420, 485, 548.
Ælius Spartianus, I, 195, 621. II, 335, 396, 397, 427, 478, 520, 556, 655, 714, 723, 724.
Æsopus, II, 94.
Agathius, I, 789, 1007. II, 482, 486, 487.
Agrariæ rei scriptores, II, 303, 304, 405, 415, 418, 520.
Albaspinæus, II, 574.
Albertus magnus, I, 939, 967.
Alciatus, I, 488, 475, 478, 902, 905, 935, II, 382.
Alcinous, I, 140.
Alexander papa, I, 995.
Alexander Alensis, I, 917, 923, 921, 926, 936, 938, 939, 954, 973.
Alexander ab Alexandro, I, 141, 194, 204, 219, 455, 613, 712, 934.
Allix, II, 598.
Almagesti, I, 333.
Almain, I, 973.
Almeloven (Jauson ab), II, 195, 206, 208, 212, 215, 222, 230, 251, 252, 255, 262, 266, 265.
Alphonsus de Castro, I, 381, 540, 989, 998, 1013.
Ambrosius (S.), I, 158, 293, 306, 418, 427, 431, 472, 477, 533, 545, 571, 607, 621, 674, 683, 707, 721, 782, 889, 894, 925, 926, 928, 935, 937, 953, 965, 970, 975, 987, 993, 998, 1006, 1008, 1012. II, 12, 94, 206, 210, 263, 508, 571, 395, 408, 533, 604, 671, 704.
Ammian. Marcellinus, I, 229, 333, 511, 779, 786, 789. II, 508, 510, 513, 514, 520, 578, 392, 398, 403, 408, 410, 412, 418, 421, 422, 423, 425, 426, 428, 461, 464, 477, 478, 483, 484, 486, 488, 489, 491, 492, 496, 497, 501, 506, 512, 513, 516, 521, 533, 534, 535, 541, 549, 555, 564, 565, 568, 583, 586.
Ammonius, I, 916. II, 581.
Amos propheta, I, 511, 911, 970.
Anacreon, I, 748. II, 45.
Anastasius bibliothecarius, I, 978. II, 272, 573.
Anaxagoras, I, 123, 131, 134, 634.

Andreas Cæsariensis, II, 593.
Andreas Patricius, I, 212, 901, 903, 947, 951, 955, 992, 996, 1000.
Angeloni (Franciscus), II, 483.
Ansbertus, I, 1009.
Anselmus (S.), I, 923, 945, 978.
Anthologia, II, 511.
Antimachus, I, 141.
Antoninus (S.), I, 977, 1010.
Antoninus martyr, II, 495.
Antoninus philosophus, I, 405, 407, 725. II, 466, 531.
Antonius Augustinus, 580, 888, 894, 915, 991. I, 382, 383, 593, 408, 453.
Aphtonius, I, 208.
Apolinarius, I, 928.
Apollodorus, I, 159, 161, 208, 249, 894, 895, 897, 901, 908, 910. II, 142.
Apollonius, I, 159, 161, 177, 184, 418, 422, 896. II, 465.
Apollonii scholiastes, I, 181, 184. II, 465.
Appianus, I, 276, 292, 510, 635, 910, 921. II, 479, 509, 554.
Apuleius, I, 122, 132, 136, 141, 146, 158, 168, 175, 177, 205, 270, 532, 357, 587, 490, 511, 534, 618, 674, 691, 729, 777, 785, 795. II, 45, 46, 252, 413, 426, 429, 458, 466, 499, 559, 576, 577, 635.
Aquila, I, 137, 971, 975.
Arabs interpres, I, 247.
Aratus, I, 132, 512, 554, 564, 565. II, 73.
Arbcreus (Joannes), I, 1008.
Archytas, I, 706.
Aretinus, I, 1012.
Aristides, I, 224, 547. II, 531, 533, 541.
Aristobulus, I, 431, 459.
Aristochius, II, 142.
Aristænetus, II, 46.
Aristophanes, I, 162, 412.
Aristophanis scholiastes, I, 995. II, 498, 541.
Aristoteles, I, 122, 134, 135, 158, 166, 169, 172, 223, 510, 313, 352, 333, 335, 363, 374, 393, 418, 420, 421, 427, 437, 469, 472, 519, 578, 396, 604, 687, 704, 705, 714, 715, 716, 729, 735, 742, 751, 776, 787, 792, 885, 889, 890, 893, 904, 916, 929, 931, 958, 940, 941, 946, 949, 951, 952, 953, 955, 963, 996, 997, 998, 999, 1001, 1004. II, 14, 16, 26, 30, 39, 42, 45, 47, 48, 52, 53, 54, 55, 56, 58, 60, 61, 63, 68, 92, 94, 95, 101, 113, 118, 129, 278, 397, 400, 402, 414, 517, 672.
Arnobius, I, 125, 133, 138, 156, 160, 161, 162, 165, 169, 173, 174, 175, 177, 178, 179, 190, 202, 205, 206, 215, 220, 222, 227, 230, 234, 236, 243, 244, 245, 246, 247, 252, 256, 258, 259, 262, 275, 291, 517, 337, 340, 349, 418, 538, 577, 570, 589, 591, 592, 656, 708, 710, 712, 715, 717, 801, 894, 897, 899, 900, 906, 907, 909, 911, 912, 913, 914, 916, 918, 921, 931, 941, 942, 988. II, 45, 98, 211, 215, 231, 508, 514, 405, 406, 422, 424, 449, 475, 474, 493, 494, 496, 497, 499, 501, 540, 572, 586, 604, 621, 757.
Arrianus, I, 163, 333, 534, 584. II, 473.
Artemidorus, I, 258, 256, 271, 537. II, 72.
Asclepiades, I, 461, 748.
Asclepius, I, 336, 729, 730, 939.
Asconius Pedian., I, 596, 898, 948. II, 399, 521, 571.
Asterius Amazenus, I, 156, 177. II, 474, 485.
Athanasius, I, 152, 136, 193, 231, 232, 281, 615, 658, 762, 925, 958, 975, 994, 1003. II, 210, 743.
Athenæus, I, 217, 219, 246, 365, 394, 407, 416, 618, 620, 664, 667, 698, 900, 904, 935, 948, 950, 951. II, 482, 511, 697.
Athenagoras, I, 192, 230, 917. II, 727.
Aucto. anonymus de Vita Constantini, II, 528.

— *Dissertationis historicæ de Visione Constantini*, II, 559.
— *Epitomes temporum apud Scalig.*, II, 485.
— *Etymologici magni*, II, 475, 485, 498, 510.
— *Expositionis Symboli Apostolorum*, I, 989.
— *Expositionis totius mundi*, II, 490.
— *Ignotus de Consulibus*, II, 359.
— *Notarum ad Dictyn Cretensem*, II, 759.
— *De pontificibus*, II, 359.
— Συναγωγὴ ἱστοριῶν, II, 488.
— *Thesauri linguæ latinæ*, I, 899.
— *Vitæ S. Artemii*, II, 569.
— *Vitæ S. Damasi*, II, 549.
— *Vitæ S. Procopii, mart.*, II, 535.
— *Vitæ Sept. Severi*, II, 398.
Augustinus (S.), I, 117, 123, 124, 125, 129, 132, 133, 134, 135, 141, 161, 164, 174, 176, 177, 186, 189, 192, 194, 195, 200, 204, 206, 208, 213, 214, 215, 219, 220, 221, 223, 224, 227, 233, 234, 235, 243, 244, 247, 250, 258, 261, 268, 277, 278, 290, 291, 295, 302, 307, 315, 317, 319, 325, 327, 352, 353, 354, 356, 357, 358, 359, 552, 555, 356, 363, 371, 375, 394, 405, 407, 408, 413, 414, 416, 424, 425, 426, 437, 440, 442, 445, 451, 459, 461, 465, 468, 469, 470, 471, 472, 473, 474, 475, 478, 484, 485, 491, 496, 498, 501, 505, 506, 508, 511, 517, 520, 524, 533, 536, 537, 541, 542, 544, 547, 552, 556, 563, 565, 571, 585, 588, 595, 602, 635, 638, 645, 647, 682, 667, 681, 687, 691, 698, 707, 710, 719, 721, 725, 726, 728, 731, 741, 747, 761, 764, 774, 780, 781, 782, 783, 784, 787, 788, 801, 809, 810, 889, 890, 891, 892, 896, 897, 899, 901, 903, 906, 919, 920, 923, 927, 928, 929, 930, 932, 934, 935, 936, 937, 938, 940, 942, 951, 953, 954, 956, 962, 963, 965, 966, 967, 968, 970, 974, 975, 984, 986, 987, 988, 990, 992, 995, 995, 997, 1001, 1005, 1006, 1007, 1008, 1009, 1010, 1012, 1014, 1015, II, 15, 54, 68, 99, 101, 117, 196, 197, 210, 215, 301, 304, 309, 315, 316, 362, 375, 393, 395, 404, 414, 477, 494, 541, 576, 609, 619, 629, 683.
Augustinus Eugubinus, I, 888, 890, 960, 966.
Augustinus Steuchus, I, 129, 149, 375, 376, 461.
Avicenna, I, 928.
Aul. Gellius. Vid. GELLIUS.
Aurel. Victor, I, 180, 181, 206, 244, 951. II, 201, 207, 223, 234, 236, 271, 272, 299, 306, 309, 312, 315, 320, 330, 331, 333, 336, 338, 340, 343, 344, 348, 349, 351, 352, 355, 357, 360, 361, 366, 367, 375, 376, 378, 396, 397, 412, 417, 441, 442, 452, 456, 458, 460, 462, 477, 480, 481, 483, 485, 486, 487, 489, 490, 491, 492, 506, 507, 509, 510, 512, 513, 514, 515, 522, 525, 526, 528, 535, 537, 543, 544, 552, 551, 562, 565, 565, 568, 581, 638, 639, 640, 641, 655, 654, 656, 659, 660, 662, 667, 668, 703, 710, 711, 712, 717, 719, 760, 770, 775, 809.
Ausonius, I, 133, 641, 813, 906. II, 277, 395, 400, 617, 639.
Aymo, I, 427, 937, 953, 1009. II, 490, 491, 531, 559, 540, 550, 554, 562, 568.

B

Bacon (Rogerius), I, 968.
Balæus, II, 471.
Balduinus (Franciscus), II, 336, 413, 585.
Baluzius, I, 116, 183, 231, 476, 512, 818. II, 190, et passim infra.
Banierus, I, 175.
Bannes (Dominicus), I, 938.
Baronius, I, 542 638, 728, 905, 967, 987, 990, 1009. II, 300, 303, 304, 307, 516, 320, 325, 336, 339, 370, 375, 376, 445, 463, 473, 589, 619, 650, 702.
Barthius, I, 115, 183, 217, 244, 503, 504, 528, 554, 673, 708. II, 392, 410, 482, 496, 500, 505, 565.
Baruch propheta, I, 484, 975.
Basilicorum libri, II, 573.
Basilius (S.), I, 133, 136, 266, 295, 507, 401, 427, 480, 685, 747, 770, 914, 918, 923, 924, 926, 928, 935, 938, 942, 953, 963, 969, 973, 995, 999, 1001, 1012. II, 12, 16, 83, 93, 118, 210, 491, 617, 695.
Basnagius (Samuel), I, 517, 518. II, 196.
Battely (Joannes), II, 659.
Baudelotius de Dairval, II, 498.
Bauldri (Paulus), II, 206 et passim infra.
Bayle, I, 543.
Beckius, II, 704.
Beda, I, 427, 459, 460, 473, 474, 475, 782, 810, 923, 926, 932, 933, 937, 954, 956, 959, 960, 967, 968, 1006, 1007.
Bellarminus, I, 638, 708, 728, 803. II, 585.
Bergerus (Nicolaus), II, 581.
Bernardus (S.), I, 330, 520, 615, 894, 955.

Beroaldus, I, 204, 902; 999.
Bessarion cardinalis, I, 880, 951.
Betuleius, I, 141. II, 50, et utrobique passim infra.
Bezu, I, 504. II, 630, 757.
Bion, I, 120.
Birgerus rex, II, 417.
Blanckardus, I, 216.
Blaucanus (Josephus), I, 428.
Blondellus (David), I, 141, 143, 517.
Blondus, I, 613.
Boccatius, I, 801, 899.
Bocharthus (Samuel), I, 138, 163, 168, 173, 180, 184, 248, 328, 471. II, 420, 494, 493, 535.
Boeclerus, II, 395, 400.
Boethius, I, 598, 946. II, 418, 595.
Boethus, I, 972.
Boherellus, II, 247, 275, 599, et passim infra.
Bollandus (Joannes), II, 320.
Bonamicus (Franciscus), II, 55.
Bonaventura (S.), I, 802, 917, 923, 925, 926, 936, 957, 939, 954, 972, 973, 987, 988, 1011.
Bongarsius (Jacobus), II. 677.
Borrichius, I, 240. II, 451.
Bosius, II, 384, 508, 538, 547.
Bosquetus (Franciscus), II, 322.
Bossuetius, episc. Meld., II, 694, 700, 723, 725, 730, 764, 781.
Boxhornius, I, 217.
Brasichellus, I, 152, 326, 330, 428.
Brissonius, I, 136, 510, 888, 905, 910, 947, 992. II, 228, 412, 414, 418, 451, 516, 540, 766.
Brodæus, I, 622, 894, 999.
Bronoerus (Christophorus), II, 500.
Buchireus (Ægidius), II, 500, 340, 438, 452, 473, 609.
Buchnerus, II, 407, 413, 434.
Bucholserus, I, 459.
Budæus, I, 115, 145, 276, 299, 384, 359, 360, 455, 675, 897, 899, 909, 927, 929, 947. II, 382, 414.
Bulengerus (Cæsar), II, 218, 524, 596, 539.
Bulteau (Ludovicus), I, 198.
Burchardus, I, 135.
Burnetus, II, 207, 485, 754.

C

Cæremoniale episcop., II, 696.
Cæsar (Julius). Vid. JULIUS.
Cæsarius, I, 426, 953.
Caius juriscons., I, 999. II, 385, 436.
Calcagninus (Cælius), I, 943.
Calepinus, I, 325.
Callimachus, I, 161, 166, 179, 898, 950.
Callimachi scholiastes, I, 622.
Callixtus (Georgius), II, 595.
Callixtus (Nicephorus), I, 914. II, 518, 521.
Calpurnius, I, 244. II, 41.
Calvisius (Sethus), II, 544, 559.
Cambdenus, II, 254, 538, 540.
Cangius (Carol.), II, 201, 218, 226, 228, 233, 251, 268, 308, 315, 335, 337, 339, 347, 356, 362, 375, 400, 410, 411, 439, 445, 462, 483, 502, 504, 510, 511, 512, 525, 527, 532, 543, 559, 561, 654, 680, 686, 696, 699, 729, 744.
Canisius, I, 323.
Canterus (Guillelmus), I, 895, 898, 899, 900, 948.
Canterus (Theodorus), I, 950, 1007.
Canterus (Thomas), I, 382, 433.
Capellus (Jacobus), II, 575.
Carion, I, 956.
Carrio (Ludovicus), I, 908.
Cartesius (Renatus), I, 554, 555, 751. II, 59.
Casaubonus (Isaacus), I, 154, 163, 224, 258, 552, 640, 721, 773. II, 235, 272, 304, 317, 338, 340, 341, 356, 365, 375, 394, 597, 413, 467, 473, 480, 482, 486, 504, 508, 520, 542, 545, 571, 580, 794.
Cassianus, I, 533, 534, 925, 924, 936, 957, 958, 945, 976.
Cassiodorus, I, 406, 942, 967, 975. II, 328, 460, 504, 529, 641, 657, 682.
Cassius jurisc., I, 999.
Cassius Severus, I, 188. II, 518.
Castalio (Sebastianus), II, 504.
Castellanus, II, 541.
Cathaninus, I, 1008.
Cato, I, 176, 618, 706. II, 411.
Catullus, I, 199, 896, 901. II, 485, 506, 508, 529, 790.
Cebes, I, 641.
Cedrenus, II, 259, 365, 377, 460, 482, 512, 721.
Cellarius, I, 115, 145, 156, 183, 249, 254, 275, 291,

QUI IN OPERIBUS LACTANTII CITANTUR.

344, 360, 373, 378, 397, 449, 458, 475, 508, 569, 616, 629, 656, 681, 682, 683, 684, 687, 755. II, 25, 35, 41, 53, 241, 265, 266, 417.
Cellier (Pater le) I, 147.
Celsus, I, 527, 645, 694, 771, 902, 993. II, 48, 49, 50, 52, 246, 418, 421, 771.
Celsus jurisc. I, 894.
Cenꞏorinus, I, 516, 525, 555, 647, 648, 950, 934, 944. II, 53, 54, 55, 56, 383, 428, 754.
Chalcidius, I, 133.
Chalucius, II, 410.
Chartarius, I, 177.
Chevræus, II, 486, 487, 495.
Chiffletius (Franciscus), II, 299, 301, 323, 342, 346, 368, 369.
Chimentelius, II, 480.
Choulius, II, 560.
Christmannus, II, 475.
Christophorsomus, II, 250, 332, 333, 348, 353, 359, 362, 365, 374, 379, 778, 582.
Chronicon Alexandrinum, alias *Paschale*, II. 306, 307-317, 325, 326, 332, 336, 349 337, 360, 438, 439, 440, 442, 443, 445, 459, 466, 467, 481, 578, 580, 620, 641, 649, 687, 786
Chronologia Monachi Altissiodorensis, II, 536.
Chry.ippus, I, 134, 142. II, 106
Chrysostomus (S.), I, 220, 255, 326, 328, 336, 410, 418, 426, 427, 474, 477, 517, 519, 520, 627, 633, 644, 685, 729, 770, 925, 926, 932, 933, 937, 939, 945, 953, 966, 968, 969, 971, 974, 975, 993, 1000, 1012. II, 13, 272, 529, 388, 574, 578, 595, 471, 534, 552, 617, 645, 729, 750, 835
Ciacconius (Petrus), I, 140 183, 364, 889, 890, 893, 900, 906, 943, 945. II, 19, 314 446.
Cicero, I. 115, 119, 121. 122, 123, 125, 129, 130, 135, 134, 135, 137, 138, 139, 140, 141, 146, 153, 155, 157, 160, 162, 164, 165. 167, 173, 174, 176, 177, 179, 190, 195, 196, 197, 200, 201, 202, 204, 205, 207, 211, 212, 215, 217, 230, 221, 222, 225, 228, 234, 236, 242, 245, 255, 260, 263, 272, 273, 274, 275, 278, 279, 280, 281, 282, 285, 286, 288, 289, 290, 291, 297, 304, 308, 309, 314, 317, 318, 320, 321, 325, 332, 336, 337, 338, 352, 358, 358, 359, 361, 363, 364, 366, 368, 370, 371, 373, 376, 377, 379, 380, 382, 385, 387, 388, 389, 392, 394, 395, 401, 404, 407, 408, 409, 410, 411, 412, 413, 416, 418, 422, 423, 424, 425, 429, 431, 434, 436, 438, 439, 440, 441, 444, 457, 465, 468, 469, 495, 495, 502, 505, 525, 526, 528, 529, 531, 536, 540, 558, 565, 566, 567, 568, 569, 574, 576, 579, 583, 584, 588, 590, 593, 597, 601, 602, 604, 607, 608, 616, 619, 620, 621, 622, 623, 640, 641, 645, 650, 651, 655, 656, 657, 660, 661, 664, 667, 670, 671, 672, 673, 676, 677, 678, 687, 695, 696, 697, 700, 702, 704, 705, 706, 708, 721, 725, 726, 727, 728, 735, 739, 740, 742, 746, 747, 749, 751, 759, 760, 761, 762, 763, 764, 765, 766, 768, 769, 770, 774-779, 780, 781, 785, 786, 792, 803, 807, 822, 885, 888, 889, 893, 894, 895, 896, 897, 898, 899, 900, 901, 902, 903, 904, 905, 909, 915, 919, 920, 921, 970, 931, 935, 938, 940, 941, 942, 943, 944, 945, 946, 948, 949, 950, 951, 952, 955, 956, 988, 992, 993, 994, 995, 996, 997, 998, 999, 1000, 1001, 1003, 1004, 1005, 1006. II, 11, 12, 13, 15, 26, 30, 35, 58, 41, 44, 48. 57, 63, 3, 67, 71, 72, 79, 80, 84, 85, 86, 87, 92, 93, 96, 98, 99, 100, 101, 102, 103, 105, 107, 108, 112, 113, 114, 115, 117, 122, 124, 129, 132, 136, 137, 158, 141, 142, 195, 208, 211, 213, 218, 222, 223, 229, 251, 234, 259, 240, 245, 259, 265, 271, 301, 324, 364, 375, 379, 382, 384, 385, 390, 391, 397, 401, 402, 407, 413, 414, 415, 418, 419, 421, 423, 425, 435, 438, 471, 473, 474, 482, 485, 499, 501, 508, 520, 522, 527, 529, 532, 535, 536, 558, 559, 540, 545, 552, 562, 565, 566, 601, 605, 608, 609, 631, 632, 656, 643, 659, 661, 673, 677, 679, 681, 695, 699, 704, 705, 706, 709, 717, 719, 722, 723, 727, 733, 737, 740, 741, 743, 749, 750, 752, 755, 759, 761, 766, 767, 768, 770, 775, 777, 792, 800, 801, 804, 810, 812, 815, 820, 324, 828, 854, 835.
Ciriacus, I, 929, 931.
Claudianus, I, 165, 205, 232, 241, 250-275, 280, 333, 628, 788, 801, 900, 920. II, 262, 277, 279, 280, 281, 282, 285, 398, 402, 414, 429, 450, 506, 573, 602.
Cleanthes, I, 121, 134, 554.
Clemens Alexandrinus. II. 119 129, 134, 158, 153, 157, 161, 174, 222, 230, 235, 247, 257, 275, 315, 326, 333, 431, 592, 599, 618. 621, 622, 787, 782, 888, 895, 896, 906, 937, 954, 959, 963, 967, 975, 1007. II. 305, 497, 498, 499.
Clemens Romanus, I, 472, 517, 621, 622, 802, 891. 1012.
Clemens Papa V. I, 917.
Clericus (Joannes), I, 253.
Clusius, I, 153.

Cluverius (Philippus), II, 35, 411.
Coccius, I, 803.
Codex Juris Græco-Romani, II, 573.
Codex Justiniani, I, 165, 357. II, 216, 326, 327, 328, 335, 370, 441, 445, 470, 827, 828.
Codex Theodosianus, I, 165. 484, 905, 914. 943. II, 45, 228, 252, 366, 371, 573, 576, 580, 581, 509, 510, 522, 536, 541, 549, 563, 685, 698, 728, 817, 818.
Cælius Rhodiginus, Vide Rhodiginus.
Coirtius (Carolus), II, 448.
Collatio Carthaginensis, II, 523, 573.
Colonesius, II, 601, 604, 606, 659, 686, 694, 707.
Columbus (Joannes), II, 194 et passim infra.
Columella, I, 178, 222, 374, 459, 389, 929, 970. II, 93, 421, 453, 771.
Coluthus, I, 161.
Comestor (Petrus) I, 933.
Commodianus, II, 315, 525, 474, 696.
Concilium Antiochenum, I, 974.
— *Pituricense*, I, 453.
— *Bracharense*, I, 453, 931.
— *Carthaginense*, I, 710, 752, 965, 994.
— *Chalcedonense*, I, 972.
— *Constantinopolitanum*, I, 972.
— *Constantinopol*. I, 915.
— *Eliberitanum*, al. *Illyberit*., I, 453. II, 315, 503, 574.
— *Emeritanum*, I, 453.
— *Ephesinum*, I, 994.
— *Florentinum*, I, 1013.
— *Francofordiense*, I. 915.
— *Gangrense*, I, 915.
— *Hispaniense*, I, 972.
— *Laodicenum*, I, 710.
— *Lateranense*, I, 925, 939, 973, 994.
— *Levonicense*, I, 453.
— *Mediolanense*, I, 453.
— *Milevianum*, I, 931. II, 557.
— *Nannetense*, II, 499.
— *Nicænum I.*, I, 466. 480, 483.
— *Nicænum II*, I, 914, 915, 958.
— *Romanum*, I, 994.
— *Toletanum*, I, 931, 994. II, 577.
— *Triburtinum*, I, 453.
— *Tridentinum*, I, 915, 994, 1015.
— *Turonense*, I, 710.
— *Viennense*, I, 917.
Constantinus Harmenopulus, II, 573.
Constantinus M. Imp., I, 891. II, 93, 228, 306, 307, 319, 351, 374, 512, 525, 710, 722.
Constantinus Porphyrogeneta, II, 464, 513, 515, 325.
Copernicus, I, 355, 945.
Cordemoi, II, 62.
Cordoua (Franciscus de), II, 565.
Corippus, II, 515.
Cornarius, I, 237.
Cornelius Fronto, II 71.
Cornelius a Lapide, II, 580.
Cornelius Nepos, Vid. Nepos.
Cotelerius (Joan. Bapt.), II, 191, 251, 362, 433.
Couarruvias (Didacus), I. 1010. II, 281.
Crassetius (Pater), I, 147.
Crinitus (Petrus), I, 899. 903.
Cujacius (Jacobus), I, 905, 992. II, 19, 382, 384, 435.
Cunæus, I, 483.
Cuperus, II, 191, et passim infra.
Cusa (Cardinalis de), I, 358, 543.
Cuspinianus (Joannes), II, 259, 306, 319, 339, 365.
Cyprianus (S.). I, 153, 140, 156, 160, 177, 192, 195, 200, 220, 22., 224, 289, 294, 293, 334, 335, 336, 341, 367, 462, 469, 472, 477, 478, 484, 486, 488, 503, 508, 510, 514, 530, 542, 565, 573, 624, 653, 673, 703, 707, 710, 711, 754, 801, 895, 899, 900, 912, 922, 937, 939, 960, 961, 963, 965, 966, 963, 970, 971, 972, 974, 975, 976, 977, 978, 979, 980, 982, 984, 986, 987, 989, 993, 998, 1016. II, 215, 218, 233, 523, 389, 394, 398, 408, 409, 412, 422, 423, 425, 430, 443, 574, 595, 596, 597, 625, 646, 687, 703, 704, 728, 747.
Cyrillus (S.), I, 130, 131, 245, 313, 410, 452, 459, 466, 474, 483, 781, 889, 893, 937, 956, 959, 960. 966, 967, 968, 969, 970, 974, 975, 986, 993, 1004, 1006. II, 210, 354, 708.

D

Dallæus (Joannes), I, 147.
Damascenus (Joannes), I, 153, 375, 405, 441, 890, 914, 915, 925, 928, 936, 937, 939, 972, 973, 985, 986, 1009. II, 474, 562.
Damarus, II, 557.
Daniel propheta, I, 409, 479, 516, 585, 788, 789, 790, 794, 911, 1008.

Davenantius, I, 396.
David propheta, I, 122, 127, 137, 151, 187, 266, 272, 277, 319, 427, 468, 479, 480, 481, 483, 485, 487, 491, 497, 498, 506, 508, 509, 513, 533, 611, 630, 648, 669, 679, 686, 691, 699, 725, 731, 747, 748, 759, 760, 761, 770, 782, 783, 799, 804, 916, 919, 953, 954, 967, 970, 975, 998, 1000, 1007. II, 397, 428, 596, 801.
Dausquius, al. *Dausqueius*, II, 227, 411, 725, 739, 740.
Decreta pontificum, I, 661, 1013.
De Dieu (*Ludovicus*), I, 504.
Demetrius, I, 459.
Demosthenes, I, 217, 661.
Dempsterius, I, 135, 141, 203, 207, 217, 221, 226, 228, 234, 237. II, 401.
Dialogus de claris Oratoribus, II, 569.
Dickinson, I, 188.
Dictys Cretensis, I, 431. II, 798.
Didymus, I, 248, 249, 928.
Digesta, II, 308, 357, 736.
Dio Cassius, I, 137, 224, 333, 618, 902, 959. II, 199, 329, 395, 403, 408, 409, 413, 446, 452, 459, 468, 474, 475, 517, 518, 536, 578, 793, 687, 803.
Dio Chrysostomus, II, 496, 997.
Diodorus Siculus, I, 157, 159, 160, 161, 163, 171, 180, 187, 206, 215, 214, 233, 235, 237, 243, 248, 270, 314, 329, 387, 426, 472, 621, 622, 786, 787, 894, 895, 899, 900, 903, 907, 908, 920, 930, 933. II, 482, 556, 697.
Diodorus Tharsensis, I, 934, 943.
Diogenes, I, 669. II, 64.
Diomedes, II, 62, 404, 421, 491.
Dionysius Alexandrinus, I, 890, 914, 926, 939, 942, 973, 1013. II, 482, 533.
Dionysius Halicarnasseus, I, 145, 145, 181, 195, 200, 201, 228, 230, 236, 241, 243, 246, 286, 288, 290, 291, 569, 613, 662, 663, 891, 892, 899, 901, 904, 907, 920, 921, 941, 996. II, 54, 253, 498, 501, 502, 796.
Discorides, I, 727, 1000.
Dodwellus, II, 219, 250, 305, 318, 321, 322, 376, 440, 449, 452, 476, 577, 585, 626, 643, 645, 647, 651, 658, 674, 675, 676, 681, 700, 704, 707, 710, 722, 725, 750, 752, 742, 745, 746, 775, 786, 787, 788, 792, 795. et passim infra.
Donatus, I, 712, 727. II, 525, 585, 661.
Donius (*Joannes-Bapt.*), II, 546.
Dorotheus, I, 459.
Douza (*Franciscus*), I, 434, 579.
Drusius, I, 137, 326, 471, 472, 501.
Duarenus, I, 204, 902.
Du Cange, Vid. *Cangius*.
Duns (*Joannes*), Vid. *Scot*.
Dupin (*Elias*), I, 147.
Durandus, I, 936, 937, 954, 973.
Durantius (*Jacobus*), I, 989.

E

Egesippus, Vid. *Hegesippus*.
Elias Cretensis, I, 233, 426, 427, 943, 953.
Elias propheta, I.
Elmenhorsthius (*Gebbartus*), I, 119, 121, 132, 134, 135, 155, 157, 159, 160, 162, 165, 206, 244, 258, 492, 496, 547, 573, 708, 801. II, 89, 314, 409.
Empedocles, I, 320, 929. II, 69.
Ennius, I, 174, 178, 182, 189, 190, 201, 211, 232, 548, 580. II, 35, 111, 401, 668, 756.
Ephrem (*S.*), I.
Epictetus, I, 120, 132, 222, 419, 654, 726.
Epicurus, I, 120, 316, 398, 403, 434, 756, 778, 945, 949. II, 64, 86, 125, 126.
Epiphanius (*S.*), I, 119, 131, 157, 165, 169, 171, 176, 178, 247, 273, 282, 320, 327, 334, 356, 358, 359, 365, 381, 405, 418, 421, 439, 477, 480, 484, 517, 524, 542, 555, 638, 741, 748, 784, 800, 896, 899, 917, 923, 928, 939, 968, 975, 990, 994, 1001. II, 98, 99, 113, 541, 611, 613.
Epiphanius scholasticus, II, 333, 348.
Erasmus (*Desiderius*), I, 272, 299, 360, 379, 416, 452, 434, 524, 688, 905, 989. II, 9, 10, 11, 27, 43, 52, 592.
Eratosthenes, I, 142, 335, 425. II, 505.
Erizzus, II, 416, 473, 565.
Esaias propheta, I, 127, 427, 452, 477, 479, 480, 481, 483, 484, 485, 492, 498, 500, 506, 507, 516, 539, 611, 612, 667, 680, 686, 784, 809, 810, 814, 911, 954, 970, 987, 1014.
Esdras, I, 470, 476, 507, 785. II, 640.
Essarts (*Dominus des*), I, 822.
Estheræ Liber, I.
Estius, I, 295, 331.
Evagrius, I, 622, 914. II, 685.
Eucherius, II, 554, 750.
Eugippius, I, 809.

Euhemerus, I, 174, 184, 208, 249. II, 111.
Eumenius, II, 308, 340, 341, 351, 353, 354, 361, 461, 465, 485, 488, 511, 523, 524, 533, 552, 563, 662, 746.
Eunapius, I, 558, 883.
Evodius Upsulensis, II, 364.
Eupolemus, I, 459.
Euripides, I, 142, 159, 161, 177, 208, 310, 358, 381, 411, 425, 534, 598, 618, 668, 726, 901, 944, 950. II, 398, 468, 485.
Eusebius, I, 116, 130, 133, 139, 143, 156, 170, 171, 174, 188, 192, 216, 217, 230, 233, 235, 245, 250, 258, 271, 285, 284, 324, 351, 373, 416, 418, 421, 451, 459, 460, 468, 473, 474, 477, 480, 485, 486, 489, 491, 511, 534, 541, 535, 586, 621, 638, 668, 736, 760, 784, 786, 808, 810, 818, 887, 889, 892, 898, 899, 904, 906, 908, 911, 912, 914, 918, 927, 937, 938, 955, 956, 959, 960, 965, 967, 975, 976, 990, 992, 994, 999, 1007, 1013, 1015. II, 98, 99, 198, 199, 200, 201, 203, 211, 213, 214, 215, 216, 217, 220, 229, 231, 241, 245, 245, 248, 249, 252, 262, 266, 267, 268, 269, 270, 272, 299, 305, 305, 306, 307, 309, 310, 313, 315, 316, 317, 318, 319, 321, 322, 323, 324, 325, 331, 332, 335, 336, 338, 339, 340, 343, 348, 353, 355, 356, 358, 359, 362, 366, 369, 372, 373, 374, 375, 377, 379, 380, 396, 419, 420, 421, 422, 426, 428, 430, 431, 434, 440, 447, 453, 456, 457, 461, 466, 475, 477, 480, 481, 482, 487, 526, 530, 552, 533, 536, 539, 540, 544, 548, 550, 552, 553, 554, 559, 562, 564, 577, 578, 579, 582, 583, 584, 586, 603, 619, 621, 623, 628, 630, 633, 659, 642, 643, 644, 646, 647, 651, 652, 675, 676, 682, 683, 687, 688, 689, 694, 696, 700, 701, 702, 703, 714, 717, 722, 723, 746, 766, 769, 775, 776, 777, 781, 782, 783, 784, 785, 790, 791, 794, 795, 810, 817, 825, 828, 829, 830, 831, 833.
Eusebius Cæsariensis, I, 474, 968.
Eusebius Emissenus, I, 600, 943, 974.
Eustachius, II, 47, 50.
Eustathius, I, 203, 242, 944. II, 432, 479, 498, 519, 551.
Euthymius, I, 427, 953, 966, 986, 1012.
Eutropius, I, 276, 459, 663, 691, 900, 956. II, 205, 204, 207, 212, 217, 223, 235, 237, 260, 307, 308, 310, 312, 313, 322, 324, 333, 335, 336, 358, 344, 347, 352, 354, 360, 361, 367, 375, 396, 397, 399, 465, 477, 483, 486, 487, 488, 489, 491, 504, 507, 513, 524, 526, 528, 530, 534, 611, 647, 657, 660, 662, 665, 667, 683, 702, 711, 752, 755, 761, 765, 811, 819.
Eutychius, I, 518. II, 272, 359, 564, 575, 577.
Eutymius, *Zygabenus*, II, 493.
Extravagantes, I, 1015. II, 308.
Ezechiel propheta, I, 164, 341, 477, 583, 667, 684, 699, 815, 1015. II, 801.

F

Faber (*Petrus*), I, 333, 526, 529, 724, 942, 952. II, 499.
Fabius Victorinus, I. 526.
Fabricius, I, 323, 518. II, 71, 385.
Fasti Alexandrini, II, 746.
Fasti Idaciani, II, 234, 299, 309, 324, 326, 331, 352, 334, 335, 340, 342, 349, 355, 357, 359, 361, 366, 368, 438, 470, 510, 662, 720, 721, 722, 764, 786.
Faure (*Antonius*), II, 514.
Fenestella, I, 146, 615, 921. II, 142.
Fenellonius, II, 13.
Fernel, I, 939.
Ferrariensis, I, 923.
Ferrarius, II, 483, 505.
Ferretius, II, 401.
Festus (*Pompeius*), I, 166, 170, 174, 181, 216, 222, 241, 245, 388, 727, 904, 906, 929, 940, 999. II, 49, 50, 400, 404, 489, 499, 500, 521, 531, 538, 546, 547, 672, 675, 682, 707, 769, 790.
Festus Rufus, Vid. *Rufus*.
Ficinus (*Marsilius*), I, 890, 973.
Firmicus (*Julius*), I, 206, 235, 279, 281. II, 464, 515, 533, 600.
Flaccus Siculus, II, 405.
Flaminius de Nobilibus, I, 937.
Florus, I, 201, 228, 276, 284, 292, 358, 663, 788, 921. II, 271, 402, 416, 522, 536, 567, 638, 654, 661, 765, 806.
Fornerius (*Guilielmus*), I, 999.
Fornerius (*Rad.*), II, 475, 515, 516.
Fourmont (*Dominus*), I, 139, 177.
Fragmentum S. Ambrosii, II, 585.
Fragmentum de Constantio Chloro, II, 234, 237, 245, 272, 308, 330, 331, 336, 339, 343, 345, 346, 348, 350, 356, 357, 358, 360, 361, 368, 371, 372, 377, 464, 465, 731, 744.
Franciscus Floridus, I, 991.
Francius (*Petrus*), I, 115, et utrobique passim infra.
Francolinus (*Marcellus*), I, 474, 475, 967. II, 302, 382.
Freculphus, II, 588.

Freherus, II, 468.
Freinshemius, I, 250. II, 411, 505.
Frontinus (Julius), I, 906.
Fulgentius, I, 159. 162. 168, 169, 173, 186, 209, 312, 387, 632, 900, 994. II, 492, 675.
Fullerus, II, 404.
Fulvius Ursinus, I, 195. II, 398.

G

Gabriel, I, 975.
Gæsius, II, 415.
Gale (Thomas), II. 598, et passim infra.
Galenus, I, 134. 213. 302. 316, 353. 354, 559, 380, 594, 401, 424, 425, 436, 441, 776, 911. 917, 929, 999. II, 16, 26, 41, 42, 47, 49, 55, 56, 61, 63, 119.
Galleus (Servatius), I, 115, et utrobique passim infra.
Gallonis Constitutiones, I, 435.
Gallonius, II, 219, 409, 505, 505, 522.
Gassendus, I, 563. II, 559.
Gatakerus, I, 405, 413, 726, 745. II, 35, 58, 68.
Gaudefridus, II, 46, 50.
Gaza (Theodorus), II, 118.
Galasius Papa I, I, 433, 708, 972, 998. II, 337.
Gellius (Aulus), I, 115, 145, 175, 176, 246, 261, 322, 560, 565, 577, 594, 403, 409, 417, 429, 430, 437, 548, 595, 647, 685, 674, 705, 715, 732, 891, 904, 915, 929, 931, 944, 950, 954, 988, 993. II, 45, 62, 88, 132. 285, 591, 595, 499, 505, 519, 521, 547, 759.
Genebrardus, I, 152, 214, 957.
Gennadius, I. 922, 931.
Gentilis (Scipio), I 903.
Georgius, al. Gregorius, vel Theodorus Metochita, II, 621.
Georgius Trapezuntius, I, 889.
Germanicus Cæsar, I, 165, 169, 185, 236, 240, 565, 566. II, 572.
Germanici Scholiastes, II, 503.
Germanus Constantinopolitanus, I, 781, 1006.
Gesta pontificalia, II, 321.
Gesta purgationis Cæciliani et Felicis, II, 317.
Giroua (Antonius), II, 277.
Glareanus, I, 468, 891, 910, 965. 1007. II, 595.
Glossæ veteres, I, 169, 216, 552, 622, 936. II, 347, 593, 400, 401, 402, 414, 4 6, 418, 422, 450, 451, 449, 501, 634, 671, 693, 708, 724, 802.
Glossaria Labbæi. Vide Labbæus.
Goltzius, II, 250, 272, 396, 560, 581, 786.
Gonzalez, II, 504.
Gothofredus (Jacobus, al. Dionysius), I, 1 16. II, 129, 222, 232, 290. 330, 337, 338, 347, 371, 382, 490, 500, 522, 537, 541, 545, 549, 558, 757, 818.
Grævius, II. 220, 223, 246, 247, 253, 268, 269, 271, 276, 471, et passim infra.
Granatensis, II, 13.
Gratianus, I, 674, 707, 998.
Gregorius de Arimin. I, 916, 944.
Gregorius Magnus, I, 293, 653, 674, 684, 707, 726, 914, 913, 925, 926, 927, 957, 939, 993, 995, 1009, 1012. II, 595.
Gregorius Nazianzenus, I, 136, 157, 247, 406, 426, 427, 653, 906, 925, 928, 959, 954, 965, 974, 995. II, 13, 210, 391, 397, 403, 406, 420, 425, 428, 477.
Gregorius Nyssenus, I, 259, 306, 912, 916, 927. II, 9, 14, 16.
Gregorius papa, XI. II, 364.
Gregorius Turonensis, II, 458.
Gronovius, I, 126, 183, 210, 211, 312, 673. II, 228, 246, 279, 391, 399, 400, 401, 408, 410, 412, 414, 415, 421, 425, 429, 542, 574, 589, 591, 604, 676, 656, 687, 708, 759, 819.
Grotius, I, 313, 525, 510, 547, II. 392, 398, 357.
Gruterus, I, 195, 22 , 222, 226, 257, 675, 718, 903. II, 224, 264, 315, 333, 355, 317, 400, 403, 404, 405, 411, 413, 454, 455, 457, 473, 475, 478, 479, 484, 493, 501, 553, 557, 564, 572, 576, 800.
Guillelmus Parisiensis, I, 924.
Gutherius (Jacobus), II, 497, 498. 508. 558, 564.
Gyraldus (Gregorius), I, 142, 177, 194, 195, 249, 525, 890, 898, 901, 905, 907, 934.

H

Hadrianus. Vide Adrianus.
Haloander, II, 393.
Hardninus (Joannes), II, 437, 460, 557, 572, 577, 578, 750.
Harvæus, (Guillelmus), II, 56.
Haymo. Vide Aymo.
Hecquetius, II, 46, 48, 50, 55, 72

Hegesippus, II, 393, 401, 407, 411, 421, 432, 455. 472, 575, 607.
Heinsius (Nicolaus), II, 203, 218, 237, 276, 278, 279, 282, 283, 284, 389, 392, 403, 415, 424, 430, 573, 602, 659, 703, 731, 752, 738, 740, 744, 737, 758, 766, 775, 777, 778, 779 et passim infra.
Heliodorus, I, 584.
Hellacius, II, 420.
Henscænius, II, 318, 321, 438.
Heraclides Ponticus, I, 144, 186, 689.
Heraleus (Desiderius), I, 167, 235, 249, 256, 272, 478, 477, 537. II, 317, 422.
Hermannus (Conradus), I, 910, 956, 967.
Hermes, I, 140, 306, 314, 351, 355, 461, 463, 466, 746, 766, 777. II, 112.
Hermias, I, 135.
Hermippus, I, 431.
Hermogenes Barbarus, I, 892, 899. II, 464.
Herodianus, I, 165, 193, 206, 290. II, 202, 393, 402, 404, 457, 497, 512, 517, 521, 545, 747, 810.
Herodotus, I, 171, 193, 238, 260, 270. 278, 282, 405, 484, 620, 622, 745, 773, 785, 895, 908. 970. II, 316, 405, 420, 494, 551.
Herwartus (Joan. Fredericus), II, 328, 340, 342.
Hesiodus, I, 151, 152, 164. 167, 179, 187, 256, 245, 297, 331, 535, 454, 564, 641. 723. II, 718.
Hesychius, II, 408, 490, 494, 495, 498, 519, 531, 602.
Heumannus, II. utrobicue passim.
Hierocles, I, 122.
Hieronymus (S.), I, 116, 118, 127, 132, 136, 137, 157, 201, 206, 208, 216, 224, 271, 291, 295, 302, 326, 527, 530, 533, 541, 599, 405, 409, 415, 422, 427, 431, 459, 463, 472, 473, 474, 477, 479, 485, 487, 508, 510, 511, 513, 517, 530, 550, 541, 551, 552, 555, 558, 572, 621, 653, 658, 641, 644, 666, 707, 713, 719, 724, 726, 748, 781, 783, 784, 790, 797, 803, 885, 890, 905, 910, 922, 923, 926, 954, 937, 954, 939, 965, 967, 970, 971, 974, 975, 976, 987, 988, 990, 994, 1001, 1006, 1008, 1009, 1012, 1013, 1014. II, 9, 64, 79, 89, 272, 299, 301, 370, 375, 377, 378, 388, 589, 595, 598, 408. 414, 420, 427, 477, 479, 487, 507, 513, 549, 574, 687, 697, 725, 763, 771.
Hilarius (S.), I, 431, 469, 477, 520, 781, 923, 960, 961, 963, 966, 975, 1006, 1008 II, 407.
Hincmarus, II, 401.
Hippocrates, I, 158. II, 42, 48, 51, 53, 54, 55, 56.
Hirtius, II, 446, 758.
Historia miscella, II, 341.
Historia tripartita. II, 341, 501.
Hofmannus (Gasparus), II, 432, 514, 552.
Holstenius (Lucas), I, 533. II, 417, 407, 517, 522.
Homerus, I, 125, 131, 161, 162, 163, 165, 167, 173, 193, 207, 208, 211, 213, 240, 243, 271, 431, 456, 465, 470, 554, 557, 562, 761, 800, 801, 895, 896, 930, 954, 961, 970, 988. II, 72, 594, 598, 519, 602.
Homeri Apotheosis, II, 493, 499, 501.
Homeri Scholiastes, I, 152, 894.
Honorius Augustodunensis, I, 748. II, 589.
Horatius I, 130, 163, 165, 166, 169, 171, 194, 209, 236, 243, 272, 312, 334, 567, 420, 421, 465, 529, 549, 555, 594, 606, 649, 652, 686, 726, 738, 747, 798, 804, 938, 950. II, 44, 48, 94, 253, 280, 595, 413, 416, 489, 508, 509, 577, 588, 596, 602, 668, 720, 735, 739, 773, 796, 812, 814, 824.
Hornius, I, 561.
Hoseas Propheta, I, 137.
Hospinianus, I, 261. II, 685.
Hotomannus, II, 520.
Huetius, I, 174, 302, 376. II, 505.
Hugo Carensis, I, 998.
Hugo Ferrariensis, I, 925.
Hugo Floriacensis, II, 202, 478, 479, 483, 488, 524, 616.
Hugo a S. Victore, I, 527, 926, 928, 955, 959.
Hugolinus Martelius, I, 968.
Humfridus (Laurentius), II, 658.
Hyginus, I, 137, 159, 160, 161, 162, 169, 178, 207, 208, 216, 236, 258, 386, 709, 904. II, 405, 505.
Hippolytus Martyr, I, 1008, 1009.

I

Jacobus apostolus, I, 432. 679, 723. II, 801, 893.
Jamblichus, I, 134, 375, 952.
Jansenius, I, 504.
Janus Guilelmius, I, 227, 367, 704, 892, 902, 920, 943, 945, 916, 950, 998. II, 35, 85, 139.
Janus Parrhasius. Vide Parrhasius.
Jeremias propheta, I, 466, 472, 475, 477, 485, 484, 503, 508, 511, 515, 684, 686, 959, 1014. II, 531, 555, 630, 631, 637.

Ignatius martyr, II, 510, 635, 939, 971, 993. II, 210.
Indiculus Depositionis martyrum, II, 458.
Inscriptiones Veteres, I, 261, 333, 335, 347, 368, 403, 404, 405, 408, 432, 442, 454, 455, 476, 478, 479, 489, 490, 491, 492, 495, 501, 507, 516, 519, 521, 529, 530, 531, 536, 537, 538, 546, 548, 549, 563, 564, 565, 566, 572, 575, 576, 577, 580, 581, 582, 627, 816.
Joannes Abbas Riclarensis, II, 524.
Joannes (Andreas), I, 917.
Joannes Antiochenus, II, 406.
Joannes apostolus, I, 150, 295, 321, 336, 357, 411, 491, 492, 493, 499, 502, 505, 509, 512, 514, 527, 529, 535, 539, 572, 627, 650, 645, 686, 699, 731, 737, 760, 769, 789, 790, 792, 794, 797, 798, 799, 801, 804, 808, 809, 813, 814, 911, 922, 925, 936, 960, 962, 963, 1008, 1009, 1010, 1014, 1015. II, 82, 212, 468, 587, 597, 599, 603, 614, 615, 621, 629, 636, 637, 6 0, 669, 679, 729, 770, 825.
Joannes Cauci, I, 339, 557, 567, 661, 669, 677. II, 47, 50, 138.
Joannes Damascenus, Vide Damascenus.
Joannes Gerardi, I, 520, 627.
Joannes grammaticus, I, 927.
Joannes Lucidus, I, 956, 967, 968.
Joannes de Monte Regio, I, 968.
Joannes de Muris, I, 968.
Joannes presbyter Nicomediensis, II, 373.
Joannes Sarisberiensis I, 587.
Joannes Thessalonicensis, II, 938.
Jobertus (Pater), I, 188.
Jobus, I, 157, 427, 679, 916, 926, 934. II, 531.
Joel propheta, I, 509, 792, II, 72.
Jonas Aurelianensis, I, 698.
Jonas propheta, II, 801.
Jonsius, II, 408.
Jornandes, II, 396, 441, 445, 485, 490, 507, 555, 639, 641, 642..
Josephus (Flavius), I, 119, 174, 247, 326, 327, 335, 405, 408, 451, 469, 471, 472, 473, 477, 914, 918, 932, 934, 936, 939, 957, 958, 959, 960, 967, 971, 976, 1006. II, 420, 429, 438, 444, 487, 460, 570, 571, 653, 822.
Irœneus (S.), I, 294, 443, 463, 479, 515, 517, 524, 542, 635, 754, 781, 790, 801, 802, 914, 993, 999, 1006, 1008, 1012. II, 98.
Isæus, I, 114. II, utrobique passim infra.
Isidorus Hispalensis, I, 313, 354, 365, 388, 552, 648, 890, 902, 906, 928, 929, 956, 943, 959, 967, 970, 974, 987, 988, 994, 1009, 1010. II, 26, 33, 43, 50, 55, 428, 432, 435, 449, 503, 796, 819, 825.
Isidorus Pelusiota, I, 121, 349, 714.
Isocrates, I, 195, 213, 414, 951.
Itinerarium Antonini, II, 327, 372, 576, 449, 450, 456, 564.
Itinerarium Burdigalense, II, 374.
Julianus Imp., al. Parabates, I, 199. II, 507, 511, 322, 340, 344, 398, 507, 512, 525, 578, 639.
Julius Africanus, I, 188, 328, 960, 967. II, 595, 622.
Julius Cæsar, I, 113, 124, 224, 230, 408, 645, 695, 907, 993. II. 41, 402, 508. 647, 686, 709, 761, 771, 774.
Julius Capitolinus, I, 163, 193, 529, 906. II, 202, 256, 508, 395, 394, 405, 413-415, 419, 426, 428, 458, 459, 460, 469, 473, 545, 653, 677, 803, 811.
Julius obsequens, II, 501, 509, 519.
Julius Paulus, II, 766.
Julius Pollux, I, 225, 906. II, 42, 47, 58, 59, 475.
Junilius, I, 426, 943, 953.
Junius, I, 500, 921.
Junius (Francisc. F.), II, 45.
Junius (Hadrianus), I, 256, 787.
Junius Philargyrus, II, 576.
Ivo Carnotensis, II, 499, 767.
Juretus (Franciscus), I, 216, 322, 707. II, 336.
Justinianus Imp., I, 476, 680, 902. II, 369, 415.
Justinus historicus, I, 148, 185, 157, 177, 216, 225, 231, 232, 313, 414, 467, 894, 904, 906, 939, 1007. II, 205, 213, 477, 485, 515, 522, 531, 550, 563, 654, 655, 659, 677, 679, 687, 709, 735, 780, 784, 805, 806, 807, 812, 819, 820, 824, 825, 826.
Justinus martyr, I, 122, 129, 133, 134, 145, 259, 285, 335, 354, 355, 427, 445, 460, 477, 484, 488, 507, 599, 618, 638, 781, 785, 789, 801, 802, 891, 919, 958, 943, 953, 955, 960, 961, 971, 1006, 1007, 1012. II, 643.
Justus Galilæus, I.
Justus Lipsius, Vide Lipsius.
Juvenalis, I, 136, 159, 177, 203, 216, 220, 245, 270, 382, 388, 415, 444, 485, 495, 529, 559, 622, 657, 786, 787, 946. II, 46, 48, 198, 508, 521, 567, 585, 719.
Juvenalis Scholiastes, I, 216, 237. II, 412, 483, 510, 567.
Juvencus, I, 152.

K

Kalendarium Romanum vetus, II, 516, 340, 342, 343, 550, 567, 568, 452, 749, 777.
Kempius (Martinus), I, 137.
Keplerus, II, 611.
Kirchmannus (Joannes), I, 187, 192, 193, 270, 560. II, 545.

L

Labbæus (Philippus), II, 331, 343, 724, 753, 734, 799.
Laertius, I, 119, 131, 134, 264, 274, 302, 309, 320, 332, 352, 353, 355, 361, 563, 564, 568, 371, 580, 587, 594, 405, 406, 407, 409, 415, 422, 425, 430, 431, 434, 450, 469, 658, 742, 760, 764, 776, 889, 942, 914, 945, 947, 948, 949, 950, 952. II, 98, 99, 100, 102, 137, 142.
Lambecius (Petrus), II, 542, 368, 452.
Lambinus, I, 145, 199, 387, 402, 579, 819, 903, 948, 949, 1016. II, 129 et ibid.
Lampridius (Ælius), I, 206, 254, 259, 912. II, 195, 205, 218, 324, 326, 594, 495, 515, 744, 782.
Langius (Guillelmus), II, 460, 473.
Langlæus, II, 516.
Latinus Latinius, I, 661, 750, 898, 906. II, 314, 381.
Laurembergius, II, 478.
Lazius, II, 478.
Leo Africanus, II, 556, 557, 558.
Leo Imp., II, 479.
Leo Magnus, papa, I, 319, 520, 635, 958, 972, 994. II, 370, 617, 650, 750.
Leonardus Augustinus, II, 516.
Lestocq (Nicolaus de), I, 117.
Levinus Lemnius, I, 939. II, 55.
Libanius. II, 504.
Libellus Precum Theodosio et Arcadio oblatus, II, 488, 491, 516, 519, 566, 701, 784.
Lindenbrogius, I, 335. II, 55, 56.
Lipomanus, I, 214, 928.
Lipsius (Justus), I, 115, 136, 175, 552, 675, 987, 989, 1009. II, 392, 599, 409, 415, 466, 475, 479, 500, 522, 558, 545, 623, 729, 739.
Livineius (Joannes), II, 554, 466, 474, 485, 487, 771, 792.
Livius (Titus), I, 145, 182, 195, 200, 201, 217-220, 221, 222, 228, 230, 236, 241, 245, 247, 271, 273, 286, 288, 290, 291, 312, 337, 340, 376, 382, 389, 417, 420, 528, 556, 558, 595, 613, 614, 663, 695, 711, 714, 770, 798, 904, 906, 909, 920, 921, 931, 940, 941, 946, 952, 988. II, 145, 195, 203, 211, 216, 218, 251, 308, 394, 400, 406, 407, 409, 410, 411, 415, 416, 419, 429, 458, 574, 477, 478, 499, 505, 509, 559, 556, 561, 564, 567, 631, 647, 649, 677, 679, 684, 709, 712, 722, 727, 753, 756, 780, 792, 815, 826.
Loensem (Jacobus), II, 500.
Longinus (Dionysius), II, 407.
Longuerue (Abbas Ludovicus du Four de), II, 272, 462.
Lorinus, II, 380.
Loydius (Guillelmus), II, 452, 552.
Lucanus, I, 122, 130, 161, 166, 229, 230, 234, 235, 249, 282, 328, 3 9, 510, 539, 778, 779, 906, 907, 910. II, 398, 485, 802, 806.
Lucas apostolus, I, 339, 474, 477, 485, 491, 492, 493, 494, 499, 502, 504, 509, 510, 526, 527, 531, 577, 599, 627, 628, 645, 666, 683, 684, 699, 722, 731, 761, 769, 782, 784, 785, 790, 792, 799, 802, 895, 959, 957, 970, 974, 997, 998, 1006, 1017. II, 64, 194, 592, 595, 404, 456, 457, 458, 475, 588, 600, 602, 605, 613, 614, 615, 616, 617, 618, 620, 621, 628, 623, 669, 678, 685, 698, 702, 759, 757, 802.
Lucianus, I, 137, 159, 161, 162, 165, 166, 168, 171, 206, 208, 241, 245, 370, 283, 315, 316, 335, 354, 594, 406, 407, 409, 424, 451, 457, 620, 761, 786, 787, 801, 896, 897, 908, 911, 953. II, 403, 474, 485, 495, 494, 550, 597.
Lucilius, I, 153, 246, 454, 579, 649, 698, 909.
Lucretius, I, 201, 253, 242, 256, 309, 315, 317, 353, 361, 386, 387, 597, 400, 401, 402, 403, 404, 407, 425, 455, 450, 491, 557, 547, 550, 579, 601, 639, 743, 761, 771, 772, 775, 774, 776, 801, 819, 902, 907, 908, 917, 950, 942, 944, 949, 955, 988, 999, 1001, 1004, 1005, 1006. II, 16, 17, 19, 26, 28, 38, 39, 70, 75, 85, 93, 96, 102, 103, 601, 713.
Luitprandus, II, 504.
Lycophron, I, 184, 474, 495.
Lydiat (Thomas), II, 473.
Lyra (Nicolaus de), I, 423, 953, 953.
Lyranus, I, 524, 932, 958, 959.

M

Mabillon (Joannes), II, 216, 476, 510, 534, 541.

Macchabæorum Libri, II, 390, 591, 414, 420, 596, 601, 635, 686, 763, 780.
Macer, I, 559.
Macrobius, I, 130, 131, 134, 161, 166, 177, 184, 186, 188, 217, 251, 252, 215, 246, 247, 250, 281, 508, 525, 551, 537, 353, 354, 415, 425, 450, 453, 535, 595, 621, 658, 668, 741, 742, 761, 762, 781, 782, 80., 890, 900, 904, 905, 906, 907, 909, 921, 928, 954, 957, 942, 943, 953, 954, 992, 1005, 1006. II, 50,72, 98, 199, 521, 477, 498, 502, 545, 671, 673.
Magister Sententiarum, I, 917, 923, 926, 931, 932, 935, 936, 937, 957, 967, 969, 988.
Magius, I, 718, 997, 999. II, 478, 479, 505.
Major, I, 959.
Maluchias propheta, I, 456, 476, 514, 1008.
Malvenda (Thomas). I, 793, 797. 808, 812.
Mamertinus, II, 308, 310, 312, 401, 422, 484, 485, 486, 487, 489, 502, 513, 580, 656, 734, 744, 807.
Mamertinus episcop. Viennensis, I, 771.
Mamora (Andreas), II, 561.
Manilius, I, 129, 177, 193, 282, 955. II, 402, 471, 485.
Manutius (Paulus) II, 406, 426, 435, 769.
Marbodœus, II,
Marca (Petrus de). II, 507, 515.
Marcellinus, Vide AMMIANUS.
Marcellus Empyricus, I, 504.
Marcus evangelista, I, 485, 491, 492, 493, 494, 499, 502, 503, 504, 509, 510, 512, 513, 513, 526, 531, 720. 785, 790, 792, 911. II, 395, 456, 588, 615, 614, 615, 617, 618, 825.
Marianus Victorius, II, 378.
Marius Mercator, II, 583.
Marmora Arundeliana, al. *Oxoniensia*, II, 404, 406, 575.
Martyrologium Germanicum, I, 475, 594.
Martyrologium Romanum, II, 523.
Marsilius (Theodorus), I, 597, 959, 1015.
Martialis, I, 179, 203, 270, 502, 787, 902. II, 56, 48, 282, 285, 485, 608, 626, 708, 792.
Martianus Capella, I, 144, 185, 214, 353, 354, 555, 889, 890, 891, 899, 937, 947, 953, 954, 970.
Martianus juriscons., I, 999. II, 550.
Martinus (David), II, 729.
Massonus, Vide PAPIRIUS.
Massurus Sabinus, I, 903, 988. II, 500.
Mathoud (Hugo), II, 586.
Matthœus evangelista, I, 523, 324, 336, 411, 443, 454, 485, 491, 492, 495, 494, 499, 502, 504, 509, 512, 515, 516, 526, 531, 611, 618, 666, 667, 674, 677, 679, 685, 699, 704, 720, 760, 769, 782, 785, 790, 792, 793, 797, 933, 953, 957, 940, 994, 1006, 1014 II, 64, 123, 195, 456, 455, 588, 602, 603, 613, 614, 615, 616, 617, 618, 696, 702, 725, 744, 826.
Maucroix, II, 206, 266, 601, et passim infra.
Mauritius Imp., II, 479.
Maulolicus (Franciscus), I, 962.
Maximus Tyrius, I, 332. II, 404, 494, 497.
Mazzonius, I, 944.
Mediobarbus, II, 447, 458. 461, 462, 483, 580, 582.
Meibomius, II, 498.
Mela (Pomponius), I, 148, 178, 229, 273, 320, 359, 621, 893, 955 II, 461, 484, 536.
Melchior Cano, I, 957.
Melito Asianus, I, 459.
Menagius (Ægidius), I, 450.
Menander, I, 333.
Mendoza, II, 504.
Menochius, I, 300, 330.
Menologium Græcorum, I, 914 II, 203, 292, 298, 339, 365, 401, 402.
Mercerus (Joannes), II, 340
Merula, I, 135.
Metaphrastes (Simeo), I, 914. II, 618, 756.
Methodius, I, 763, 937, 958, 1001. II, 588.
Meursius, I, 120, 209, 227, 237, 246, 250, 315, 558, 909, 910, 952. II, 474, 523, 531, 533, 724.
Micheas propheta, I, 499.
Minutius Felix, I, 119, 121, 129, 133, 135, 140, 174, 192, 220, 222, 228, 230, 232, 234, 238, 334, 335, 416, 442, 448, 491, 348, 592, 600, 666, 707, 709, 710, 711, 715, 725, 729, 890, 895, 899, 900, 904, 906, 907, 914, 921, 938, 959, 1011. II, 80, 98, 111, 142, 398, 402, 409, 424, 500, 545, 585, 602, 671, 753.
Modestinus, I, 588, 719. II, 520.
Mol mus (Joannes), I, 529.
Montoza (Gaspardus de), II, 673.
Morellius, II, 466, 552.
Moreri (Ludovicus), II, 390, 544, 552.
Morinus (Joannes), II, 338, 352, 361, 371.

Mornœus (Du Plessis), II, 392.
Moses, I, 127, 180, 184, 213, 214, 247, 250, 260, 270, 305, 311, 319, 522, 524, 526, 527, 328, 330, 470, 471, 472, 473, 485, 484, 486, 499, 501, 504, 508, 509, 510, 514, 529, 550, 583, 650, 662, 679, 680, 699, 723, 729, 759, 760, 772, 782, 784, 785, 911, 913, 916, 919, 935, 975, 987, 994, 995, 1007. II, 68, 262, 380, 397, 400, 404, 423, 431, 434, 494, 529, 531, 630, 716, 800.
Moyne (Stephanus le), II, 499.
Munckerus (Philippus), I, 236 II, 393.
Muretus, I, 199, 299, 901. II, 508.
Musœus, I, 240.
Musculus, II, 353, 355, 374.
Musonius, I, 158, 650.
Musurus, I, 506, 1005, 1009.

N

Nœvius, I, 142, 181.
Nannius (Petrus), I, 647.
Natalis Comes, I, 177, 477.
Nazarius, I, 146. II, 350, 367, 368, 370, 376, 485, 558, 811, 817, 827.
Nehemias propheta, I, 475, 969.
Nemesius, II, 66, 68.
Nepos (Cornelius), I, 188, 392. II, 669.
Nicander, I, 240, 748, 776.
Nicanor, I, 142, 256.
Nicephorus, I, 914, 1015. II, 268, 349, 420, 428, 430, 461.
Nicetas Choniates, I, 968. II, 554.
Nigidius Figul., I, 988.
Noldius (Christianus), II, 460.
Nonius Marcellus, I, 252, 284, 305, 401, 702, 705, 721, 909, 929. II, 218, 224, 362, 409, 421, 455.
Nonnus, I, 149, 225, 513.
Norisius (Henricus), II, 510, 356, 568, 574, 375, 376, 455, 456, 468, 506, 528, 572, 580, 720, 780, 786.
Notitia Africœ, II, 323.
Notitia Imperii, II, 527, 400, 462, 491, 513, 519, 529, 555, 566.
Nourry (P. Nicolaus le), I, 147, 407, 710, 725. II, 192, 193.
Numenius, I, 935.
Nummi, et Numismata, II, 341, 343, 369, 396, 404, 410, 454, 438, 446, 447, 458, 489. 461. 406, 471, 472, 473, 477, 485, 489, 497, 502, 505, 506, 511, 512, 523, 524, 525, 527, 528, 529, 532, 533, 539, 545, 549, 559, 560, 561, 572, 580, 581, 582, 586, 709, 786.

O

Obrechtus, II, 496, 545.
Obsequens, Vide JULIUS.
Occo (Adolphus), II, 541, 342, 368, 409, 411, 417 461.
Ocham, I, 1012, 1013.
Oenomaus Cyricus, I, 148.
Oiselius (Jacobus), I, 225 II, 570, 598. 528.
Onuphrius Panvinius, I, 193, 890, 892, 967, 968. II, 316, 355, 318, 360, 415, 473, 708.
Opsopœius, I, 325, 462, 493, 798. II, 144.
Optatus Milevitanus, I, 187, 788, 1007. II, 313, 322, 362, 397, 418, 504.
Oracula Sibyllina, I, 141, 142, 147, 148, 179, 191, 196, 312, 319, 524, 525, 337, 461, 462, 486, 492, 493, 494, 495, 498, 499, 506, 507, 511, 513, 516, 778, 788, 789, 792, 796, 797, 798, 799, 807, 808, 809, 811, 815, 892, 895, 899. II, 143, 144, 145, 198, 304.
Origenes, I, 147, 208, 258, 528, 530, 409, 445, 452, 477, 508, 802, 917, 927, 955, 957, 945, 970, 1012. II, 85, 92, 210, 619.
Orosius (Paulus), I, 116, 165, 276, 460, 471, 665, 895, 967. II, 245, 248, 540, 555, 558, 559, 560, 595, 485, 515, 558, 610, 622, 624, 628, 650, 635, 651, 687, 725, 746, 770.
Orpheus, I, 130, 131, 150, 155, 161, 181, 189, 314, 466, 704, 781, 937.
Ortelius, II, 554.
Oseas propheta, I, 137, 513.
Ovidius, I, 125, 129, 131, 132, 157, 159, 160, 161, 164, 165, 168, 169, 170, 171, 179, 181, 185, 188, 194, 204, 205, 207, 213, 214, 216, 218, 219, 220, 221, 222, 224, 225, 226, 228, 252, 253, 256, 237, 258, 239, 240, 241, 242, 243, 257, 269, 270, 277, 280, 288, 289, 290, 297, 305, 309, 312, 316, 329, 358, 565, 372, 388, 393, 399, 409, 565, 566, 667, 669, 689, 720, 727, 742, 743, 751, 770, 801, 810, 894, 895, 896, 897, 902, 904, 905, 906, 907, 908, 921, 944. II, 15, 30, 46,

48, 72, 137, 144, 250, 240, 277, 278, 279, 281, 327, 401, 402, 403, 407, 413, 416, 421, 424, 432, 493, 500, 501, 504, 515, 527, 530, 531, 548, 568, 708, 710, 745, 777, 780.

P

Pacatus, II, 426, 473, 485, 519, 520.
Pacianus, I, 544, 990, 1011, II 421, 425.
Pacuvius, I, 514.
Pœanius, II, 397, 399.
Pagins, II, 250, 259, 267, 272, 310, 325, 357, 390, 397, 406, 410, 411, 417, 418, 419, 425, 437, 438, 439, 440, 442, 447, 452, 457, 462, 468, 479, 483, 528, 578, 579, 580, 581, 582, 609, et passim infra.
Palingenius, I, 642.
Palladius, I, 374, II. 95.
Palmerius (Matthæus), II, 072, 482.
Pamelius, I, 333, 922, 969, 971, 975, 989, II, 395.
Pancirollus, I, 598. II, 204, 412, 424, 426.
Pandectæ Florentinæ, I, 115, 931, 947, 995, II, 433.
Panegyricus Constantino dictus, II, 330, 347, 367, 526, 543, 554, 562, 811.
Panegyricus Maximiano et Constantino dictus, II 324, 332, 342, 343, 344, 345, 346, 355, 456, 464, 465, 489, 510, 516, 524, 572.
Papebrochius (Daniel), II, 620 621.
Papias, I, 324. II, 535.
Papinianus, I, 888, 920. II, 542.
Papinius Statius, vide Statius.
Parœus, I, 124, 289, 306, 322, 324, 589, II, 411.
Pardiœus, (Pater), I, 374.
Parmenides, II, 64.
Parrhasius (James), I, 647.
Passio SS. Cœciliæ, Valeriani et Tiburtii, II, 520.
— S. Cypriani, II, 535.
— S. Felicis, II, 506.
— S. Luciani mart. II, 363.
— SS. Perpetuæ et Felicitatis, II, 471, 504, 517, 518, 567, 687, 771.
Passio S. Pionii, II, 443, 444, 445.
— S. Saturnini, II, 511.
— S. Susannæ, vide Acta.
— S. Victoriæ Massiliensis, II, 535.
Patinus, II, 497, 569.
Patricius (Andrens), vide Andreas.
Patricius (Petrus), II, 482.
Paulinus (S.) Nolanus, I, 589, 658, 646, 667, 728, 750, 802, 914, 994. II, 210, 232,408.
Paulus Apostolus, I, 121, 130, 177, 223, 267, 282, 296, 312, 314, 321, 323, 324, 336, 342, 344, 351, 356, 378, 379, 396, 433, 444, 449, 451, 463, 464, 477, 478, 479, 482, 487, 490, 504, 513, 514, 515, 521, 523, 524, 540, 548, 565, 572, 598, 599, 627, 630, 650, 661, 667, 686, 699, 715, 717, 720, 746, 757, 760, 761, 769, 782, 788, 794, 801, 808, 911, 916, 922, 929, 966, 1000, 1004, 1007, 1011, 1015, 1014. II, 58, 64, 80, 92, 119, 140, 265, 390, 397, 404, 468, 471, 502, 535, 584, 602, 616, 633, 635, 636, 637, 638, 644, 678, 699, 705, 705, 741, 755, 799, 800, 825.
Paulus Burgensis, I, 968.
Paulus Diaconus, II, 483, 488, 490, 507, 513, 514, 522, 524, 525, 526, 543, 552, 553, 554, 562, 564, 568, 581, 802.
Paulus jurisc., I, 310, 708, 888. II, 502, 338, 382, 383, 384, 435, 542, 736.
Paulus Middelburgensis, al. de Middelburgo, I 474, 967, 968. II., 302, 382.
Pausanias, I, 139, 156, 157, 160, 161, 162, 194, 195, 208, 217, 225, 236, 237, 258, 594, 889, 892, 895, 904, 906, 946. II, 316, 445, 496, 497, 498, 511, 551, 575.
Pearsonius (Joannes), I, 517. II, 196, 702.
Pererius (Benedictus), I 251, 910, 932, 953, 960, 967, 974.
Persius, I, 159, 262, 271, 272, 331, 533, 640, 919.
Petavius (Dionysius), II, 309, 316, 325, 332, 344, 356, 375, 382, 470, 473, 611, 640, 650, 652.
Petitus (Samuel), I, 719. II, 537.
Petitus (Petrus), II, 392, 499.
Petrarcha (Franciscus), I, 288, 890, 901, 927, 951, 955.
Petronius, I, 785. II, 485, 503, 532.
Petrus apostolus, I, 367, 443, 487, 540, 677, 686, 782. II, 83, 626.
Petrus Blesensis, II, 617.
Petrus Ciacconius, vide Ciacconius.
Petrus Diaconus, I, 973.
Petrus de Legationibus, II, 462.

Petrus Messias, II, 53.
Peutingerus, II, 327, 328.
Pezeronius, I, 175, 460.
Phædrus, I, 136, 389, 636, 670. II, 285, 426, 516, 539, 672, 709.
Phavorinus, II, 44.
Philastrius, I, 266, 426, 919, 937, 953, 967.
Philelphus (Franciscus), I, 354.
Philo judæus, I, 121, 149, 237, 272, 277, 306, 312, 326, 329, 486, 736, 742, 911, 913, 927, 931, 934, 935, 938, 945, 952, 995, 1006. II, 102, 110.
Philocalus, II, 345.
Philostorgius, I, 116, 928. II, 415, 525.
Philostratus, I, 160, 215, 238, 285, 582, 409, 557, 558, 584, 620, 641, 950, 952, 990. II, 48, 405, 511, 534.
Phlegon, I, 309, 511. II, 610.
Photius, I, 431. II, 495, 496, 507, 525.
Phrigio, I, 459.
Phurnutus, I, 237.
Piccartus, II, 400.
Picus (Joan. Franciscus), I, 336, 375, 519, 940, 942.
Pierius Valerianus, I, 901, 950, 988, 991.
Pighius, I, 940.
Pimander, I, 140, 135, 182, 314, 336, 373, 469, 853, 597, 729, 889, 1004.
Pin (Ludovicus du), II, 587.
Pinœanus, I, 903.
Pindarus, I, 160, 161, 215, 240, 895. II, 485.
Pithœus (Petrus), II, 525, 526, 550, 489.
Pius (Baptista), I, 889, 990.
Plato, I, 120, 124, 125, 135, 140, 153, 165, 169, 171, 185, 204, 213, 214, 215, 233, 243, 255, 257, 264, 278, 285, 306, 308, 311, 312, 315, 321, 331, 352, 353, 349, 354, 355, 361, 387, 405, 407, 412, 416, 418, 428, 459, 442, 457, 549, 566, 597, 604, 619, 638, 646, 641, 650, 706, 709, 728, 735, 741, 760, 762, 768, 771, 780, 792, 803, 889, 896, 964, 911, 916, 917, 918, 928, 930, 931, 937, 938, 942, 945, 950, 951, 954, 993, 995, 997, 1000, 1001, 1006. II, 20, 34, 41, 48, 53, 60, 61, 62, 80, 81, 86, 98, 112, 115, 132, 437, 511.
Plautus, I, 129, 136, 133, 178, 208, 214, 236, 265, 316, 388, 495, 505, 567, 577, 580, 585, 589, 602, 672, 695, 902, 909. II, 27, 211, 226, 229, 253, 242, 379, 591, 400, 402, 405, 416, 418, 421, 531, 563, 605, 607, 649, 655, 658, 669, 675, 695, 696, 741, 743, 744, 769, 792.
Plinius, I, 122, 136, 145, 148, 155, 159, 167, 174, 178, 184, 188, 204, 207, 213, 217, 219, 221, 222, 226, 227, 230, 244, 246, 249, 250, 255, 272, 280, 299, 308, 313, 325, 529, 333, 354, 355, 357, 374, 400, 411, 412, 414, 421, 425, 434, 472, 478, 502, 527, 559, 561, 582, 584, 596, 621, 638, 647, 662, 668, 689, 696, 706, 712, 716, 720, 727, 728, 741, 742, 743, 748, 776, 777, 786, 792, 891, 894, 899, 903, 904, 905, 906, 910, 915, 918, 921, 928, 934, 935, 942, 944, 953, 954, 970, 974, 995, 999, 1000, 1001. II, 14, 16, 32, 35, 42, 44, 48, 50, 52, 54, 55, 56, 60, 61, 94, 95, 104, 118, 119, 252, 279, 280, 281, 317, 325, 527, 564, 569, 396, 413, 420, 4 4, 432, 433, 455, 460, 464, 465, 496, 497, 504, 518, 552, 539, 551, 552, 555, 565, 571, 633, 655, 658, 735, 738, 750, 774, 815.
Plinius secundus, I, 270, 656, 663, 921, 918, 951, 992. II, 32, 41, 329, 387, 452, 483, 523, 562, 584, 711, 769, 771, 806, 819, 853.
Plutarchus, I, 114, 119, 121, 125, 133, 134, 135, 148, 149, 161, 166, 174, 176, 188, 192, 195, 200, 204, 220, 221, 226, 228, 232, 233, 236, 241, 242, 245, 246, 249, 265, 266, 271, 276, 277, 280, 281, 282, 286, 289, 290, 291, 292, 301, 302, 309, 316, 320, 325, 329, 352, 355, 354, 382, 588, 399, 400, 401, 405, 408, 409, 412, 414, 425, 431, 440, 472, 596, 597, 621, 622, 638, 648, 650, 655, 663, 668, 671, 688, 702, 709, 711, 736, 742, 746, 751, 761, 766, 786, 787, 800, 889, 896, 897, 898, 899, 902, 904, 905, 906, 907, 908, 909, 910, 917, 919, 920, 921, 931, 934, 935, 941, 943, 946, 949, 988, 996, 997, 1004, 1006. II, 16, 53, 54, 55, 56, 64, 68, 93, 101, 102, 132, 365, 385, 392, 420, 478, 480, 485, 503, 511, 525, 539, 545, 685.
Politia SS. Metrophanis et Alexandri, II, 339, 340, 415, 507, 523, 527, 540, 544, 554, 558, 562.
Politianus (Angelus), I, 181, 455, 598, 899, 953.
Poliœnus, I, 163.
Polybius, I, 271, 425, 559, 955. II, 415, 432, 484, 499, 550, 556, 698.
Polydorus Virgilius, I, 213, 903.
Polydorus Urbinas, I, 668.
Pomponius Lætus, I 141, 615, 663, 711, 929. II, 463, 656.
Pomponius Mela, vide Mela.
Pontacus (Arnaldus), I, 968. II, 524, 552, 536, 552.
Pontanus (Joan. Jovianus), I, 231.
Pontanus (Joan. Isaacus), I, 788.

Pontius Diaconus, II, 313.
Porphyrius, I, 140, 148, 224, 489, 906. II, 252, 495, 559, 541.
Prateius, I, 902, 905, 947.
Praxagoras, II, 339.
Pricæus, I, 177, 193, 674, 721, 819. II, 16, 53, 434.
Primasius, I, 427, 953.
Priscianus, II, 62, 224, 455, 495, 497, 709.
Probus Grammaticus, I, 236. II, 415.
Proclus, I, 122, 123.
Procopius, I, 168, 426, 427, 927, 928, 937, 945, 953. II, 553, 555, 564.
Propertius, I, 156, 216, 221, 271, 286, 312, 415, 711., 778, 804, 901, 908 II, 429. 452, 710.
Prosper Aquitanus, I, 1008, 1009. II, 609, 675, 786.
Protogoras, I, 119, 668.
Prudentius, I, 121, 158, 162, 202, 216, 221, 222, 229, 233, 255, 333, 334, 334, 382, 623, 778, 787, 807, 959, 1012. II, 368, 402, 403, 407, 408, 418, 471, 473, 476, 485, 489, 497, 500, 503, 515, 521, 532, 559, 560, 562, 567, 568, 570, 573.
Psellus, I, 937, 959.
Ptolomæus, al. *Ptolemæus*, I, 555, 427, 638, 920, 943, 953. II, 430, 477, 533, 819.
Publius Syrus, I, 204, 413, 519.
Pyrrho (Guillelmus), II, 430.

Q

Queroli Comœdia, II, 206, 308.
Quintilianus, I, 140, 187, 196, 272, 317, 319, 383, 457, 490, 571, 596, 694, 702, 719, 885, 901, 906, 920, 930, 935, 991, 995. II, 56, 62, 490, 772.
Quintus Curtius, I, 205, 232, 525, 743. II, 251, 416, 465, 505, 567, 661, 712, 757.

R

Rabanus, I, 542, 937.
Rabbi Salomon, I, 953, 959.
Raderus (Matthæus), II, 349.
Ranconetus, I, 148, II, 582.
Rappoltus, II, 425.
Remesius, II, 479, 492, 495, 436, 538, 566, 575.
Remigius (S.), I, 594.
Reynaldus (Odorius), II, 520.
Rhodiginus (Cœlius), I, 181, 774, 898, 899, 930.
Rhodius (Joannes), I, 203.
Ribera (Franciscus), I, 1008, 1010.
Ricautius, II, 534.
Ricciolus, II, 433.
Richardus Victorinus, I, 426, 833, 953, 973, 1009.
Rigaltius (Nicolaus), II, 303, 833, 583, 415, 493, 572.
Riolanus (Joannes), II, 55.
Rittershusius, I, 549. II, 474.
Rivallus, I, 902.
Rivetus, I, 258, 525, 575, 485, 529, 550, 628, 771, 774, 790, 791. II, 85.
Robertellus, I, 199, 902.
Robertus Stephanus, I, 991.
Robertus Titius, vide TITIUS.
Romulus Amasæus, I, 156.
Rosinus, I, 220.
Rubeus (Hieronymus), II, 345.
Rubenius, II, 495, 557.
Ruffinus, I, 233, 908. II, 245, 248, 249, 250, 254, 318, 519, 522, 329, 331, 332, 533, 536, 558, 339, 360, 362, 564, 565, 571, 798.
Rufus Festus, al. *Festus*, vel *Sextus Rufus*, II, 313, 323, 535, 489, 490, 535.
Ruinartus (Theodoricus), II, 440, 443, 444, 730, 732.
Rupertus, I, 923, 926, 932, 933, 934, 937, 1009. II, 592, 560.

S

Sabellicus, I, 204, 902.
Sabinus Jurisc. I, 999.
Sagittarius, II, 503.
Sallustius, I, 240, 241, 322, 442, 574, 636, 942, 948. II, 34, 336, 609, 652, 556, 742, 811.
Salmasius, I, 136, 137, 143, 167, 173, 216, 227, 332, 536, 577, 599, 600, 606, 788. II, 235, 506, 337, 341, 362, 399, 400, 404, 412, 415, 416, 417, 429, 473, 478, 479, 490, 491, 495, 506, 512, 522, 557, 559, 541, 545, 561, 576, 621, 827.

Salomon, I, 127, 156, 248, 259, 295, 376, 427, 468, 479, 487, 504, 509, 611, 627, 630, 645, 679, 686, 689, 725, 747, 759, 760, 926, 954, 960, 961, 963, 1007, 1009. II, 94, 417, 596, 709, 801.
Salomon Jarchi, I, 247.
Salvianus, I, 132, 134, 303, 347, 707, 721. II, 58, 59, 229, 234, 307, 337, 364, 412, 431, 635, 798.
Samuel Bochartus, vide BOCHARTUS.
Sanchoniathon, I, 139.
Sancius, II, 499.
Santamantius, vide TRISTANUS.
Saracenica, II, 716.
Suvaro (Joannes), II, 347.
Scævola Jurisc., I, 898, 947.
Scaliger (Josephus), I, 133, 194, 215, 230, 528, 889, 901, 989. II, 306. 316, 524, 327, 328, 334, 340, 345, 345, 551, 382, 356, 384, 593, 406, 414, 446, 455, 473, 479, 498, 499, 500, 515, 528, 560, 627, 823.
Schedius, I, 224, 225, 233, 243, 278.
Schefferus, I, 237. II, 414, 505, 819.
Scholius (Andreas), II, 344, 378, 401, 412, 417, 420.
Scioppius, II, 393, 485.
Scot, I, 926, 936, 998.
Scriptor Anonymus post Ammian. Marcell. edit is, II, 532, 507, 523, 524, 525, 527, 563, 660, 788.
Sculteius, I, 503.
Scylax Caryandensis, II, 464.
Seguinus, II, 475.
Seldenus, I, 170, 232, 248, 451, 454, 621. II, 424, 465, 498.
Seneca Philosophus, I, 122, 124, 133, 136, 150, 159, 177, 192, 202, 211, 212, 222, 282, 299, 333, 345, 363, 380, 382, 388, 390, 397, 399, 415, 417, 422, 425, 425, 429, 457, 505, 510, 529, 547, 579, 594, 627, 636, 671, 672, 676, 682, 686, 697, 712, 724, 726, 728, 741, 763, 788, 883, 897, 902, 905, 905, 909, 911, 919, 927, 942, 943, 945, 946, 950, 952, 954, 953, 992, 994, 996, 997, 999, 1000, 1001, 1005. II, 16, 89, 104, 129, 133, 198, 337, 384, 392, 398, 402, 407, 409, 412, 467, 471, 490, 519, 529, 542, 565, 595, 779.
Seneca poeta, I, 150, 168, 228, 257, 618, 709, 894. II, 398, 466.
Servius, I, 133, 134, 141, 143, 157, 159, 166, 181, 192, 207, 208, 220, 222, 224, 236, 248, 281, 312, 333, 382, 415, 442, 558, 547, 642, 647, 648, 712, 890, 891, 894, 906, 988 II, 35, 39, 68, 95, 191, 500, 501, 522, 572, 649, 742, 750, 757, 766, 774, 796.
Servius Sulpitius, I, 988.
Severianus, I, 426, 427.
Sextus Claudius, I. 245.
Sextus Empyricus, I, 133, 455, 547, 898, 920. II, 592.
Sextus Philosophus, II, 118.
Sextus Rufus, vide RUFUS
Sibylla Cumæa, II, 143.
Sibylla Erythræa, I, 145, 149, 154, 191, 324, 557, 462, 495, 594. II, 143.
Sibyllina Oracula, vide ORACULA.
Siculus Flaccus, vide FLACCUS.
Sidonius Apollinaris, I, 161, 250, 512. II, 45, 46, 193, 347, 594, 485, 712.
Sigonius (Carolus), I, 647, 901, 905, 927, 947, 951, 992, 996. II, 332, 335, 338, 345, 360, 535.
Silius Italicus, I, 229, 269, 275, 341, 539, 761, 801, 890, 897, 901, 920, 970. II, 252, 266, 402, 539, 565, 796.
Simplicius, I, 434.
Siricius, II, 617.
Sirmundus (Jacobus), II, 301, 313, 323, 324, 347, 506.
Sisinnius Capito, I, 340.
Sixtus Senensis, I, 707, 802, 923, 998, 1014.
Smyrnœus, I, 161.
Smyrnensis Ecclesiæ Epistola, II. 443.
Socrates Historicus, II, 333, 324, 340, 348, 353, 361, 420, 428, 431, 515, 524, 527, 529, 617, 721.
Solinus, I, 143, 148, 178, 182, 204, 279, 283, 525, 621, 890, 891, 892, 899, 910, 934. II, 34, 464.
Sopater, I, 454.
Sophocles, I, 709, 726.
Sophonias, propheta, I, 383.
Soto (Dominicus), I, 923, 998, 1012.
Sozomenus, I, 384, 887. II, 338, 501, 729.
Spanhemius (Ezechiel), II. 312, 397, 399, 401, 417, 425, 476, 482, 483, 492, 497, 503, 511, 532, 536, 558, 539, 558, 584.
Sparkius, II, utrobique passim.
Spartianus (Ælius), vide ÆLIUS.
Sponius, II, 466, 478, 510, 513, 533, 563.
Stafilus (Fridericus), I, 1014.

Stanleius, I, 565, 795.
Statius (Papinius), I, 159, 203, 237, 381, 708, 709, 992, 946. II, 192, 193, 402, 404, 467, 490, 494, 501, 508, 522, 545, 565, 686.
Stenwechius, I, 905, 1009. II, 477.
Stephanus Byzantinus, al. *de Urbibus*, I, 144, 184, 249, 777, 889, 892, 910, 944. II, 404, 464, 485, 494, 497, 498, 555.
Stillingfleet, II, 463.
Stobæus, I, 153, 278, 306, 320, 333, 399, 403, 412, 420, 630, 930.
Strabo, I, 134, 148, 164, 174, 178, 216, 225, 229, 257, 248, 269, 275. 286, 364, 406, 425, 426, 484, 554, 561, 621, 608, 777, 786, 787, 896, 897, 898, 904, 906, 908, 910, 920, 945, 930, 935, 934, 947. II, 34, 118, 404, 406, 433, 445, 447, 494, 557, 576, 577, 635.
Strada (Octavius), II, 565, 528.
Suetonius, I, 184, 199, 203, 250, 272, 292, 322, 340, 388, 409, 464, 551, 705, 712, 717, 902, 921, 931, 948, 999, II, 36, 197, 199, 304, 306, 364, 384, 396, 399, 409, 459, 467, 475, 478, 488, 508, 511, 512, 516, 519, 520, 522, 529, 536, 542, 547, 550, 563, 568, 578, 602, 623, 624, 629, 632, 637, 640, 641, 647, 659, 669, 679, 709, 710, 712, 771, 779, 784, 792, 820.
Suicerus, I, 524. II. 679, 724.
Suidas, I, 119, 155, 157, 162, 249. 288, 364, 553, 648, 747, 760, 885, 890, 891, 892, 899, 905, 906, 907, 908, 910, 924, 937, 945, 946, 952, 967, 976, 980, 992, 995, 1001. II, 99, 141, 316, 344, 355, 363, 365, 473, 479, 487, 491, 494, 495, 520, 521, 529, 531, 539, 551, 552, 553, 567.
Sulpicius Severus, I, 324, 350, 783, 956, 959, 960, 967, 1008. II, 196, 197, 303, 304, 312, 390, 391, 393, 402, 408, 422, 423, 426, 475, 503, 597, 609, 621, 622, 623, 629, 630, 642, 643, 644, 651. 673, 676, 760, 762, 765, 784.
Sylburgius, II, 395, 539, 769.
Symmachus, I, 157, 145, 221, 333, 484, 514, 907, 971, 975. II, 308. 305, 408, 409, 410, 424.
Syncellus, II, 441, 610, 628.
Synesius, I, 725.
Syrus Interpres. I, II, 395, 504.

T

Tabulæ XII, I, 779. II, 428.
Tacitus, I, 114, 136. 143, 164, 193, 250, 365, 373, 400, 464, 472, 503, 547, 559, 560, 568, 772, 892, 896, 902, 908. II, 13, 43, 193, 287, 301, 329. 330, 335, 337, 353, 364, 384, 394, 401. 411, 417, 424, 427, 439, 440, 488, 468, 485, 490, 497, 508, 519, 529, 532, 542, 566, 622, 624, 627, 631, 653, 683, 752, 759.
Tarquitius, I, 160, 895.
Tatianus, I, 120, 130, 156, 161, 219, 235, 272, 406, 409, 895, 897. II, 750.
Taubmannus, II, 607, 696.
Terentius, I, 146, 169, 203, 248, 299, 31,2 334, 343, 357, 385, 409, 432, 439, 576, 578, 585, 623, 759, 819, 896, 910, 927. II, 25, 27, 208, 241, 391, 414, 509, 529, 542, 563, 617, 669, 684, 718, 739, 741, 765, 771, 782, 797, 801, 810, 834.
Tertullianus, I, 122, 124, 133, 134, 160, 161, 166, 181, 188, 194, 204, 208, 213, 216, 217, 220, 226, 230, 232, 235, 234, 243, 245, 250, 256, 259, 262, 270, 279, 285, 292, 294, 324, 327, 333, 334, 336, 340, 406, 410, 416, 417, 422, 445, 456, 462, 464, 467, 472, 474, 477, 486, 488, 501, 503, 508, 510, 511, 513, 517, 528, 532, 533, 542, 568, 575, 577, 578, 579, 582, 590, 594, 599, 600, 602, 605, 618, 635, 675, 685, 684, 696, 705, 707, 708, 710, 712, 715, 716, 723, 728, 752, 777, 778, 784, 787, 788, 801, 802, 815, 887, 895, 899, 900, 904, 906, 909, 910, 912, 913, 914, 921, 922, 921, 926, 935, 936, 957, 958, 959, 940, 942, 951, 960, 961, 963, 965, 987, 968, 969, 970, 971, 972, 974, 975, 986, 987, 988, 989, 992, 995, 998, 1007, 1009, 1011, 1012, 1014. II, 10, 16, 34, 76, 85, 86, 196, 198, 210, 235, 304, 305, 389, 395, 595, 396, 401, 405, 408, 420, 422, 425, 431, 459, 475, 476, 484, 494, 499, 500, 505, 535, 547, 548. 565, 595, 597, 601, 602, 605, 609, 615, 617, 619, 629, 631, 635, 636, 667, 670, 680, 705, 706, 735, 747, 798, 806.
Thallus, I, 509. II, 610.
Thalmud Hierosolymitanus, I, 1006. II, 455.
Themistius, II, 475, 477.
Theocritus, I, 162, 438. II. 551.
Theocriti Scholiastes, I, 333. II, 530, 531.
Theodoretus, I, 119, 120, 148, 156, 174, 177, 192, 208, 215, 215, 217, 507, 528, 570, 594, 437, 466, 472, 517, 524, 638, 734, 790, 894, 906, 914, 923, 928, 931, 932, 937, 933, 955, 959, 960, 987, 995, 1008, 1012. II, 9, 33, 46, 49, 62, 64, 95, 115, 210, 358, 403, 618, 670, 671.
Theodorus Cantarus, I, 489.

Theodorus Metochita, II, 613, 624, 630, 710, 726.
Theodotion, I, 137, 971.
Theon Alexandrinus, I, 258, 354, 494, 638, 1001.
Theophanes Chronographus, I, 914. II, 272, 375, 721.
Theophilactus, I, 427, 729, 953, 966, 1000, 1012.
Theophilus Antiochenus, I, 119, 147, 152, 154, 174, 178, 195, 235, 250, 460, 461, 594, 898, 899, 910, 933, 960, 966, 1006. II, 111, 553.
Theophilus Cæsariensis, I, 474, 968.
Theophilus Jurisc. I, 665, 931.
Theophilus Paraphrastes, I, 455, 910.
Theophrastus, I, 124.
Thomas Aquinas, I, 294, 319, 324, 330, 338, 342, 470, 674, 707, 729, 788, 802, 885, 890, 893, 894, 913, 915, 916, 917, 918, 919, 921, 922, 923, 924, 926, 931, 932, 933, 935, 936, 937, 938, 939, 940, 941, 944, 946, 952, 961, 962, 963, 966, 968, 970, 972, 973, 986, 987, 988, 989, 998, 1000, 1005, 1006, 1007, 1011, 1012, 1013.
Thomas de Argentin, I, 959.
Tho masius (Michael), I, 148, et utrobique passim infra. II, 39.
Thucydides, I, 217, 414, 904.
Thysius, I, 142, 249, 313, 360, 566, 645. II, 50.
Tibullus, I, 143, 161, 181, 245, 328, 562, 621, 778, 801, 831, 892. II, 500.
Tillemontius, I, 116, 543, 748.
Tiraquellus, I, 902.
Titius (Robertus), I, 597, 948.
Tobias, I, 679.
Toinardus, II, 194, et passim infra.
Tollius, II, 208, 212, 214, 232, 239, 254, 255, 261, 266, 269, 273, 592, et passim infra.
Torres, I, 989.
Torrentius, II, 595, 808.
Tostatus (Alphonsus), I, 472, 932, 933, 934.
Trebellius Pollio, I, 165, 241. II, 201, 202, 306, 309, 329, 362, 365, 387, 441, 481, 482, 491, 550, 567, 645, 647, 649, 654, 712, 836.
Tristanus Santamantius, II, 341, 344, 471, 475, 474, 476, 480, 481, 483, 485, 488, 489, 495, 497, 499, 507, 510, 512, 522, 527, 528, 535, 542, 544, 552, 555, 560, 564, 565, 568, 572, 581.
Trithemius (Abbas), I, 1014. II, 589.
Trogus, I, 179.
Turnebus, I, 199, 244, 639, 675, 686, 801, 901, 950. II, 94, 395, 499.
Turrianus, I, 968.
Tyronis Notæ, II, 480.
Tzetzes, I, 150, 156, 157, 213, 343, 382, 413, 425, 953. II, 57, 278.

V

Vadianus (Joachimus), I, 742.
Vaillant (Joannes), II, 312, 437, 482, 565.
Valerius Flaccus, I, 159, 161, 206, 247, 309. II, 403, 540, 548, 572.
Valerius Maximus, I, 112, 142, 187, 201, 217, 220, 221, 243, 244, 250, 264, 271, 273, 275, 288, 289, 290, 291, 292, 340, 382, 388, 422, 425, 451, 547, 558, 595, 607, 663, 904, 905, 919, 920, 921, 940, 946, 952, 992, 994. II, 72, 118, 132, 392, 403, 490.
Valerius Soranus, I, 129.
Valesius, II, 94, 214, 228, 234, 243, 249, 252, 307, 308, 315, 316, 317, 321, 323, 324, 325, 327, 331, 332, 333, 357, 338, 341, 344, 345, 346, 347, 348, 351, 352, 354, 355, 356, 359, 360, 361, 362, 365, 366, 368, 372, 375, 374, 379, 400, 406, 408, 411, 426, 429, 448, 464, 477, 481, 482, 484, 497, 489, 492, 504, 507, 510, 512, 513, 516, 522, 526, 530, 535, 540, 543, 552, 565, 567, 572, 578, 582, 620, 702, 724, 769, 787, 795, 803, 811, 819, 822.
Valla (Laurentius), I, 327, 354, 725, 888, 991. II, 382.
Vallinus, I, 158.
Vander-Linden, I, 210.
Varro, I, 140, 143, 173, 175, 188, 206, 218, 222, 251, 236, 245, 249, 309, 325, 478, 495, 502, 505, 613, 619, 706, 711, 727, 747, 900, 901, 904, 905, 906, 907, 908, 909, 934, 970, 988. II, 19, 23, 33, 44, 45, 54, 57, 62, 69, 95, 142, 230, 403, 404, 413, 423, 428, 471, 480, 502, 505, 531, 546, 547, 672, 682, 769, 791.
Vatable, I, 959.
Vegetius, I, 224, 556, 616, 888, 906. II, 395, 407, 429, 477, 564, 807.
Velleius Paterculus, I, 196, 276, 292, 409, 499, 602, 898, 921. II, 223, 411, 465, 485, 507, 509, 553, 539, 599, 644.
Velsetus, II, 501, 511.
Velutellius, I, 988, 991.

Venuleius Saturninus, II, 550.
Vesalius, II, 42, 45, 53, 54, 59, 60, 64.
Vibius Sequester, I, 160.
Victor (Aurelius). Vide Aurelius.
Victor (Petrus), I, 365.
Victor Episc. Tunnunensis, II, 554.
Victorinus Lemovicensis, I, 968, 1013.
Victorinus Pictaviensis, I, 784.
Victorinus Aquilanus, II, 609, 736.
Victorius (Marianus). Vide Marianus.
Victorius (Petrus), I, 894, 915.
Vigilius, I, 242.
Vincentius Livinensis, I, 116.
Virgilius Maro, I, 152, 154, 144, 153, 155, 160, 161, 162, 164, 165, 166, 168, 169, 170, 171, 179, 180, 189, 190, 191, 194, 195, 196, 200, 206, 208, 209, 215, 216, 228, 236, 241, 247, 260, 265, 269, 270, 290, 293, 314, 341, 342, 346, 357, 359, 366, 367, 369, 374, 414, 417, 431, 438, 442, 450, 467, 471, 478, 491, 494, 510, 531, 554, 538, 547, 550, 560, 564, 565, 566, 567, 576, 578, 580, 581, 582, 584, 615, 618, 619, 639, 642, 644, 704, 725, 727, 742, 761, 768, 777, 788, 800, 801, 803, 804, 805, 806, 810, 890, 891, 892, 896, 897, 900, 902, 904, 908, 909, 917, 918, 921, 941, 942, 944, 970, 997, 1000, 1008. II, 11, 35, 36, 39, 40, 45, 49, 71, 72, 94, 95, 102, 111, 118, 192, 208, 213, 217, 229, 233, 258, 241, 242, 246, 247, 260, 266, 278, 280, 524, 294, 395, 398, 406, 414, 421, 427, 456, 467, 475, 477, 478, 485, 492, 502, 506, 527, 563, 572, 605, 649, 701, 702, 703, 707, 710, 741, 742, 751, 755, 756, 766, 769, 771, 774, 779, 785, 820, 825.
Vita S. Basilei Episcopi Amaseæ II, 373.
Vitruvius, I, 133. II, 586, 685.
Vives (Ludovicus), I, 682, 690, 710, 890, 906, 956, 964.
Ulpianus, I, 205, 365, 455, 661, 717, 719, 720, 898, 902, 908, 920, 929, 996, 999, 1000. I, 251, 327, 431, 468, 522, 566, 735, 737, 739, 821.
Volaterranus, I, 941.
Volcatius, al. Vulcatius Gallicanus. II, 411, 854.
Vopiscus (Flavius). I, 912. II, 307, 311, 313, 322, 324, 326, 333, 337, 338, 341, 397, 416, 465, 467, 470, 472, 477, 483, 486, 488, 490, 491, 504, 506, 551, 563, 650, 651, 652, 658, 667, 669, 681, 710, 712, 717, 812.
Vorstius (Joannes), II, 390, 408, 425, 760.
Vossius, I, 119, 120, 125, 130, 141, 147, 155, 168, 171,

173, 189, 193, 194, 200, 206, 207, 213, 214, 215, 218, 233, 234, 235, 240, 270, 278, 281, 354, 414, 434, 460, 787, 788, 803. II, 69, 94, 108, 204, 247, 265, 390, 401, 406, 408, 431, 479, 494, 495, 499, 502, 604, 636, 660, 714, 722, 779, 790, 796, 798, 808, 830.
Usserius, II, 443, 460.
Usuardus, II, 417.
Walchius, I, 113, 116, 143, 156, 167, 190, 201, 202, 213, 233, 255, 287, 351, 353, 363, 371, 397, 452, 606, 643, 674, 675, 677, 681, 683, 696, 701, 755, 815. II, 53, 47, 89, 93, 95.
Walfridus, I, 912.
Weitsius (Joannes), 222, 598.
Wheler (Georgius), II. 513.
Vuilielmus, II, 51.
Wilthemius, II, 506, 516.
Wisembachius, II, 393.
Witichindus, II, 519.
Vulcanius, II, 480.
Wouwer (Joannes), I, 121, 152, 181, 600.

X

Xenocrates, II, 66.
Xenophon, I, 264, 325, 352, 561, 569, 414, 896, 931, 941, 947, 951, 995. II, 112, 406, 478, 480, 519.
Xiphilinus, II, 305, 329, 338, 409, 641.
Xistus, I, 140, 326, 330.

Z

Zacharias Propheta, I, 488.
Zarlinus, I, 968.
Zeno Imperator, II, 645.
Zeno Philosophus, I, 124, 135, 568, 469. II, 68, 115.
Zeno Veronensis, I, 970.
Zephirus (Franciscus), I, 503.
Zieglerus (Gaspardus), II, 503.
Zozimus, II, 254, 256, 257, 260, 262, 263, 265, 267, 299, 306, 526, 328, 331, 338, 340, 345, 546, 347, 348, 350, 351, 354, 361, 366, 367, 368, 370, 371, 372, 397, 426, 445, 462, 476, 477, 492, 505, 510, 524, 526, 527, 528, 535, 539, 541, 544, 558, 561, 562, 458, 641, 642, 645, 647, 652, 657, 744, 755, 755, 756, 757, 768, 769, 809, 811.

INDEX
RERUM VERBORUMQUE NOTABILIUM
QUÆ IN OPERIBUS LACTANTII CONTINENTUR.

A

ABDERE, ABDITUS, pro *abscondere, absconditus*. II, 599
ABDICARE, quid significet. I, 327
ABDICATIO FILII, quid significet. I, 457
ABDOMEN, nomen ejus unde deductum, II, 50. — Quæ intestina complectatur. Ibid.
ABELLIUS, quis fuerit et quomodo interfectus. II, 256, 543
ABEUNT IN PROFUNDUM, demersæ urbes. I, 742
ABJURARE. I, 656
ABNEGARE LUCEM ANIMIS, id est, *occidere*. I, 708
ABOMINABILIS, vox Lactantiana. I, 813
ABRITTUM, *aburtum* et *abyrtum*, eadem. II, 441
ABSCIDI, quid. I, 186
ABSQUE, pro *præter*. I, 483
ABSTINENTIA, quid sit. I, 420
ABSTINERE, cum accusandi casu recte jungitur, *ibid.*, et 931, 932
ABICTI, pro *uti* usurpatum. I, 466
ACADEMICI. Scientiam sustulerunt. I, 335 et *ibid.*, 336. — Eorum origo, *ibid.* — In quo erraverint, 360. — Illorum disciplina unde manarit, 439. — Eorum dogma. 604
ACCEDERE ad religionem. I, 713, 714
ACCENSI milites, unde dicti. I, 928
ACCIPITER. Cultus ab Ægyptiis. I, 786
ACCIUS NAVIUS, quando. I, 288
ACCUSATIONE FORTUNÆ consolari se I, 583
ACHILLEUS, purpuram sumit in Ægypto, II, 491. — A Diocletiano quo anno victus. 492
ACIES, pro *pugna*, seu *prœlio*. II, 262, 815
ACTA sancti Mauritii et sociorum falsa, II, 311. — Item sancti Georgii, 318, 321. — Acta Pilati quando et a quibus confecta. 466, 540
ACTIO, pro actione forensi. II, 658
ACTUARII et actuales quinam dicti. II, 654
ACTUS, pro actione. II, 114

ACUMINALE. II, 732
ADAMUS. De ejus vita in paradiso. I, 322. — Utrum ibi expers laborum degerit, 522, 525. — De ejus lapsu et pœnitentia, 523. — De paradiso ejectus, *ibid.* — Opinio asserens, eum mortem obiisse ex carnali conditione damnata. 931
ADDICTI et NEXI, quinam dicti sint I, 337
AFFERRE et ADDUCERE: non promiscue adhibenda. II, 730
ADGAUDERE. I, 462
ADICERE, antique pro *adjicere*. II, 759
ADMINISTRATORES, quinam fuerint. II, 250, 754
ADOLESCENS et JUVENIS, synonima. II, 742
ADON ab ægro ictus. I, 208
ADORATIO. In adorationis ritu manus ad os admoveri solita. I, 135, 136
ADORARE, pro incurvare se profunde. II, 225
ADULESCENS, pro *adolescens*. II, 719
ADULTERIUM. Quid sit, I, 719. — In eo leges romanæ reprehendenæ. *Ibid.*
Adulterii pœna, capitalis esse quando cœperit. II, 549
ADVERSARIUS, pro diabolo. II, 191, 471, 600
ADUNARI, quænam dicantur. II, 738
ÆACUS, judex inferorum. I, 804
ÆDILES, rabiem vendentium olim coercebant. II, 400
ÆGYPTUS, quo sensu Oriens dici possit. II, 491, 663
ÆGEUM mare, quid et unde dictum I, 182
Αιγιοχος, quare Jupiter ita dictus. I, 240
ÆGYPTII. Eorum sacerdot-stotum corpus radebant, I, 235. — De superstitionibus eorum auctores consulendi, 282. — Annus apud eos qualis fuerit, 325, 347, 934. — Eorum terra quo nomine olim dicta, 327. — Primi astra contemplari cœperunt e adorare, 328. — Apud eos imbres nulli, aut rari, 329, 553. — Primi tradidere metempsycosim, 405. — Illorum et Pharaonis in mari Rubro submersio, 470, 474, 785. — De cultu animalium apud illos, 620, 786. — Solem colebant sub Jovis imagine, 621. — Utrum ab iis condien-

dorum corporum morem Judæi acceperint 772
Æoles, a mutant in z. II, 408
Æqualis *cum quo*. II, 93
Æquitas, pro *æqualitate*, II, 417 et *ibid*. — Est justitiæ pars, 397, 398. — In quo consistat. 898
Æs, sine addito dictum de ære militari, II, 797. — Ære dirutus miles quis diceretur, *Ibid*.
Æsculapii ortus et educatio, I, 160. — Quibus factis divinos honores sit meritus, *ibid*. — Cur fulmine ictus perierit, *ibid*. — Ejus patria et sepultura, *ibid*.—Quare dictus Epidaureus, *ibid*. — Medicinæ utrum inventor, 213. —Accitus Epidauro, Romam peste liberat, 290, 921. — Ejus historia. 894, 895
Æsculapius barbatus, I, 273. — Æsculapio gallus sacratus. I, 417
Æsophagus, gula dictus, II, 49. — Ejus natura et usus, *ibid*. — Stomachus a quibusdam, *Ibid*.
Æstimare, Idem nonnunquam ac numerare, seu de numero conjecturam facere. II, 422
Æternus, id est perpetuus. I, 592
Affectus. Stoicorum et peripateticorum sententia circa eos, I, 688 et seq. — Evertitur, 692 et seq. — Iidem sint sunt animalibus atque homini, 690. — Eorum sedes, juxta Ovidium, 689. — In illis domandis virtus, 689. — Quinam sit verus illorum usus, 690, 705. — Quo sensu nos cogant, — Hæreticorum circa illud opiniones, quod sint domandi.
Africanus (Scipio). [Unde celebris, et inter divos locatus. I, 211, 212
ἀγάλματα et Ἀνδριάντες, Ἀγαλματοποιῶν et Ἀνδριαντοποιῶν, a quo differant. II, 530, 551
Egapius. Ejus in Diocletiana persecutione martyrium. II, 522
Agathocles, rex Siciliæ. De ejus gestis in Africa. I, 233
Agere, pro *facere*, II, 665, 728. — Pro jure agere. 688
Agesilaus Pluto. I, 173
Agdin, vel abdir, lapsis, sive dea culta in simulacro lapidis, II, 496. — Idem cum lapide quem Saturnus dicitur pro Jove devorasse. 497
Agdus, deus lapis. II, 496
Ἀγράνομοι, quinam dicti apud Græcos. II, 400
Agnes paschalis, figura Christi apud Judæos. I, 550
Alagabus, deus lapis, qua forma. II, 497
Alamanni, cæsi a Constantio circa Lingonas. II, 501
Albescere, pro *pallescere*. II, 246
Albi equi, *vide* Equus.
Albunea sybilla. I, 144
Alcibiades. Socratis utrum discipulus fuerit. I, 414
Alexander, Africæ tyrannus, ubi victus. II, 555
Alexander magnus, victoriis nunquam Africam peragravit, II, 553. — Ejus milites a Cerere Milesia cur obcæcati, I, 291 et *ibid*.
Alexandra. De ejus cum Diocletiano conjugio et christianismo fabulæ. II, 321, 542
Alt Judo; pro *profunditate*. I, 995
Altrinsecus, pro *altera ex parte*. II, 55
Amalthea Jovem infantem aluisse creditur. I, 210
Amalthea sybilla. I, 145
Amalthea nympha. I, 210
Amazones. Unde illarum nomen. I, 158
Ambraciotes. I. 408
Ambrosia, cibus deorum apud poetas. II, 2-2
Amburi, ambustus. II, 408
America. Utrum in ea Evangelium apostoli ante Neronis dominationem prædicaverint. II, 645, 644
Amici regum, quinam dicti. II, 397, 747
Amiseni, Serapidem coluerunt, II, 446, — De duplici illorum æra, *ibid*. — Libertate donati a Julio Cæsare, *ibid*. Libertatem quomodo sibi postea quæsiverint, 447. — tertia æra falso ipsis adstructa. *Ibid*.
Ἀναδιλίος, Græcis quid esset. II, 478
Anacharsis, Schyta, philosophiam didicit. I, 451
Anastasis, pro *resurrectio*. I, 806
Anaxagoras. Ejus de Deo sententia, I, 134. — Quo tempore natus fuerit, *ibid*. — Auctores de eo, *ibid*. — Error illius in assignando homini fine, 571 et seq. — Nigram et callidam nivem dixit, 424 et seq.—Omnia tenebris circumfusa asseruit, 438, 439. — Hominem bellois coæquavit, II, 92, 93. — Prædixit lapidem e sole casurum. 496
Anaximander. Hujus de magnitudine lunæ sententia. I, 425
Anaximenes. De Deo quid senseri, I, 134.—Auctores de ejus doctrina. *Ibid*.
Ancile portare. I, 242
Angeli. Nomen est officii, I, 149. — Non se adorari volunt, 150 et *ibid*. — Filli Dei a Lactantio appellati, 296. — Quomodo missi a Deo ad tutelam generis humani, 330. — Illorum cum mulieribus congressus, 530, 938. — De tempore eorum creationis, 925. — Lactantium non eos dixisse natura Dei filios, 925, 926. — Filii Dei in Scriptura appellantur, *ibid*. — Illos corporeos auctores quinam docuerint, 938 et seq. — Omni prorsus corpore carent, 939. — In iis perfectior intelligendi modus. 965
Anguimanus, Elephas cur dicitur. II, 26
Anima. In calore, sive igne sita est, I, 309, 522. — Quomodo oriatur a Deo, 319 et seq. — Dominium habet corporis, 522. — Ejus officium, *ibid*. — Cibus, 523. —Illius de cœlo origo est, 513. — Utrum nascatur cum corpore, 405 et *ibid*. — Animarum præexistentia, et a divina essentia delibatio, 750. — Has non de Deo, sed a Deo esse, *ibid*. — Animæ vitam qui maluerit, vitam corporis contemnat necesse est, 754. — Eam immortalem quinam docuerint, 960 et seq. — Platonis argumenta proponuntur et refelluntur, 961 et seq. — Probatur ejusdem æternitas, 764 et seq. — Ejus resurrectionem Lactantius videtur innuere, 769 et *ibid*., 806. — Desideria ejus esse æterna, 770. — Dissolvuntur argumenta quæ contra immortalitatem ipsius proponuntur, 771 et seq. — Quare non possit dissolvi, *ibid*. et 776. — Quod nec crescat in pueris, nec in juvenibus vigeat, nec in senibus diminuatur, 772 et seq. — Non est idem ac mens, *ibid*. — Quod ægrescat corporis contagio, 775. — Non pars est corporis, sed in corpore, *ibid*. — Materia sanguinis coutinetur, sicut lumen oleo, *ibid*. — Irridetur immortalitas a Pythagora ipsi attributa, 776. — De ejus æternitate Hermetis et Sybillarum testimonia, 777 et 778.—De animarum ab inferis evocatione, 778 et seq. — Aristoxeni de animæ natura sententia, 779. — Quomodo immortalis cum sit, eadem pœnam sentire possit, 798 et seq., 1011. — Notatur eorum error, qui pœnas animarum et præmia differri putarunt in diem universalis judicii, 802, 1012 et seq. — Quo sensu dicantur a poetis ab inferis redire, 804. — Opinio eas de Dei substantia esse, a quibus propugnata, a quibus damnata, 927. — Animas justorum post judicium universale in paradisum terrestrem introducendas, quinam tenuerint, 932. — Quo sensu recte dicatur, e cœlo animas trahere originem, 943. — Anima non continetur in corpore, ut id quod in vase, aut quod in loco est, 1005. — Quinam igneam illam crediderint, II, 34, 35.—De ejus natura variæ opiniones, 68. — Quomodo insinuetur in corpus, 69. — Utrum idem sit cum animo, 70. — Utrum a parentibus generetur, 75. — Anima, pro *animal*. I, 506
ϨᴇAnimalia. De eorum figura et membris, II, 24. *Vide* Bellua et Bruta.
Animari, pro *animam accipere*, rara vox. I, 510
Animis, pro *animabus*. I, 708
Animus. Quodnam sit ejus officium, I, 265, 521. —Ab eo scientia in homine, I, 360. — Quibus cum hostibus ipsi pugna sit, 378 et seq. — Inter ejus et corporis dimicationem quid intersit, 379. — Cœli ratio in eo est, 636. — Animorum conjunctio fortior, quam corporum, 687. — Quænam sit vis ejus et ratio, 696. — Alius opera sunt æterna. 770
Animus. *Vide* Anima.
Anniculus, quinam dicatur. II, 382, 385
Annona militaris. Per cam quid debeat intelligi. II, 541
Annus. Qualis fuerit apud Ægyptios, I, 935, 934. — De ejus diversitate apud gentes, 525, 647 et seq.—Annos quos vixere veteres ante diluvium, pares fuisse nostratibus. 934
Annus Passionis Domini. I, 474
Ante, pro *post*, sæpe usurpatum a Lactantio, I, 277. — Ante decimum kalendas pro decimo kalendas. *Ibid*.
Ante diem decimum kal. et post diem decimum kal. idem valeant. II, 502, 583, 607
Anthropiani hæretici. I, 542, 990
Ἀνθρωπος. Homo quare appellatus sic. I, 257
Antichristus. Quo tempore venturus sit, I, 788. — De ejus adventu,et piorum sub eo pressione, 794.—De illius excidio, 797. — Quod non idem futurus sit ac diabolus, 1008. — Ex sanctis Patribus quinam eum Neronem, quinam crediderint, 1009. — De ipsius charactere. 1009
Antipodes. Lactantii error circa illos, I, 425 et 426. — Eorum originem unde repetat, *ibid*. et seq.—Quinam cum eo illos negaverint, quinam asseruerint. 427, 1052
Antisthenes. De Deo quid senserit, I, 134. — Princeps fuit Cynicorum. 394
Antisthenis de unitate Dei sententia. II, 515
Antheteus, quid significet. I, 508
Antoninus imperator; pius quo sensu dictus, I, 478. — Quo anno obierit. I, 459
Apes. De earum intelligentia, et providentia futuri, II, 93. — De earum generatione quinam scripserint. De illarum ingenio auctores quinam consulendi. 574
Apis. Idem cum Serapide, I, 235. — Bovis caput, 472. — Fuit symbolum Josephi, 235.—Ubinam cultus, 621. — De eo auctores quinam consulendi, *ibid*. — Lunæ symbolum fuit apud Memphitas. *Ibid*.
Apollo. Apollinis Milesii testimonia pro divinis habeban_

tur ab ethnicis, I, 138. — Ejus de Deo testimonium, 149. — Unde Smynthius appellatus, 151.—Pastoritium munus cur exercuerit, 161. — Cum Neptuno muros trojanios condidit, ibid. — Hyacinthum quomodo occiderit, ibid. — Milesius quare dictus, 484. — Illus de Christo testimonium. 485
Apollo Colophonius. I, 148
Apollo cultus a Milesiis, II, 443. — Dictus Ἀγυιεὺς et Ἀγυιάτης. 498
Apollinis flagitia. I, 160, 161 et seq.
Apollonius Thyaneus. Quæ de eo mira narrentur, I, 557 et seq. — Ab Ephesiis cultus. 559
Apostoli, quot annos Evangelium prædicaverint, II, 503, 619. — Utrum Evangelium disseminaverint per omnem terram. 618, 619, 643
Apothecæ, veteribus quid fuerint, II, 424, 796. —Differebant ab horreis, officinis et tabernis. Ibid. et 197
Apotheosis. Ejus origo, I, 192 et seq. — De ejus ritibus auctores quinam consulendi. 193
Appius Claudius, cæcus. I, 290
Apuleius magus, I, 561. — Ejus mirabilia. 533
Aqua. Hanc Thales dixit rerum omnium principium, I, 133, 309. —Pro dea culta, 281. —Quare in nuptiis adhiberetur cum igne, 309. — Exultibus interdicts, 929. — Ejus natura deorsum vergens, 311. — Quænam utilissima. 696
Aquam vendere, id est, Baptismum. I, 434
Aquila. Avis fuit apud veteres, auspiciis accommodatissima, I, 183, 184. — Unde Jovi dicata, ibid. — De ejus cultu apud Ægyptios. 787
Arabes, lapidem pro deo coluerunt. II, 494
Arabia, Chanaan dicta. I, 527
Aræ positæ insidiose a paganis in multis locis. II, 408
Arcesylas, novæ academiæ conditor, I, 358. — Quod philosophandi genus induxerit, ibid., 361. —Scientiam soli Deo reliquit. 359
Archimedes. De ejus sphæra, I, 279 et seq. — Ejus invenia. Ibid.
Archytas Tarentinus. Illius irati apophtegma redarguitur. II, 132
Areopagitarum nomen unde. II, 162
Ardere cum invidia, utrum latine dicatur. II, 690
Areæ. In iis aliquando frumentum habebant veteres, donec in horreis reconderetur. II, 418
Argo. Nomen navis Argonautarum. I, 159
Argonautæ. Quinam fuerint et unde cognominati, ibid. — Eorum navigatio quandonam facta. 159
Argus a quo occissus. I, 138
Ariani. Illorum hæresis quo tempore innotuerit. I, 542, 543
Aricinium nemus. I, 243
Aristarchus aliquis. I, 556
Aristides, quis fuerit. II, 136
Aristippus. Summum bonum in quo constituerit, I, 364, 945. — A Lactantio depictus, 364 et ibid. — Cyrenaicorum princeps fuit, ibid. — Suam cum Laide consuetudinem quomodo excusaret, 595, 948. — Falsus est in subjugando homine voluptati. 760
Aristo, quinam. II, 142
Ariston. Hominem nasci censuit ad virtutem capescendam, I, 760. — Quinam fuerit. Ibid.
Aristophanes aliquis. I, 556
Aristoteles. Quantum secum ipse dissideat, I, 135.—De Deo quid senserit, ibid.— Mundum æternum existimavit, 513, 753. — Sidera omnia dixit spærica, 554. — Summum bonum in quo constituerit, 364. — Existimationi hominum putavit serviendum, 570. — Veteres philosophos in quo arguerit, 440. — Ejus conatus in persuadenda justitia quare vani et inanes, 604. — Unum Deum asseruit, 889. — Non ulcisci injuriam ignavi atque servilis animi esse contendit, 999. — Unitatem Dei aguovit. II, 113
Aristoxenus. Ejus de natura animæ sententia, I, 779; II, 67. — Quis fuerit, et quos coævos habuerit. I, ibid.
Armenia. Duas fuisse, Euphrate fluvio disterminatas. II, 515
Armilustrium, quid esset, II, 551.—Ubi celebraretur. 551
Armilustrium, unde dictum. I, 711
Arrius, quam fœde perierit. II, 420
Artaxerxes, frater Saporis, regis Persarum, quo pacto ad regnum pervenerit. II, 486
Artemia, utrum Diocletiani filia. II, 543
Arteria aspera, quomodo appellata a Lactantio, II, 49. — De ejus natura et usu. Ibid.
Artes malæ, de magicis artibus ab imperatoribus damnatis. II, 520
Aruspices. Vide Haruspices.
Ascendere navem, jugum, equum, sine præpositione. II, 647
Asclepiades. Eo nomine Lactantii tempore quinam vixe-

rit, I, 748. — De illius scriptis ad Lactantium, ibid.—Alius est ab Asclepiade, Antiocheno episcopo et martyre. Ibid.
Asclepius, id est Æsculapius. I, 209; II, 247, 358, 427
Asiani, dies mensium quo ordine putarint. II, 443
Asiarchæ. De iis auctores. II, 557
Assumptio, pro minori parte syllogismi. I, 282
Astra. Eorum ortus et occasus ad hominis utilitatem accommodatus, II, 117. — Non sunt colenda, I, 277. — In deorum numero habita a Stoicis, 278. —Eorum motum non esse voluntarium, 279. — Quomodo iis insit ratio. 280. — Illa Ægyptii primi hominum observare et colere cœperunt. 528
Astrologia a dæmonibus inventa, I, 336. — Quinam adversus vanam illam artem scripserint. 940
Astronomi, diem quomodo numerent. II, 436
Atabyrius Jupiter. I, 248
Athæi, qui fuerint. I, 120
Athenagoras, apologiam pro christianis quo anno scripserit. II, 727
Athenæ. Istud nomen unde. I, 195
Athenienses. Vetitum apud eos meretricibus templa ingredi, II, 217. — Quo nomine Leænæ meretrici statuam posuerint, ibid. — Licitum apud illos liberos interficere vel exponere. 578
Atlas mons, cultus quasi deus ab accolis, II, 404. — Nomen quondam inditum, I, 181. — Quinam fuerit. Ibid.
Atomos unde hauserit Epicurus, I, 401. — De iis Auctores quinam consulendi. Ibid. et 949
Atomorum disputatio. I, 401
Atticus. Quod per litteram A in libris Ciceronis designetur. I, 899, 901
Attilius Regulus. I, 592
Attievus (Tiberius). De somnio ipsi a Jove oblato. I, 291, 921
Atys. Quinam fuerit, I, 205. — De ejus cum Cybele et Sangaride nympha amoribus. Ibid.
Avaritia. Ea sub obtentu deorum colitur. I, 284
Aves. Ipsis nascentibus utrum oculi primum formentur. II, 56
Aventinus mons, unde istud nomen. I, 182
Augures. Eorum origo. I, 613
Auguria. In pretio apud ethnicos, I, 287. — Eorum repertor. 288
Augusta. Utrum olim mortuis maritis imperatoribus, aliis viris nupserint. II, 255, 489, 577, 803
Augustinus (Sanctus). Mentis nomen qua ratione a Luna deducerit, I, 774. — Ejus fragmentum de extremo judicio. 821, 822
Augustus imperator. Factum ipsius laudatum ab auctoribus, II, 467. — Quam fecerat imperii distributionem, ea quousque duraverit. 653
— Augustus imperator, Puparum effector, quare dictus, I, 199. — De somnio medico illius ante prælium Philippense a Minerva oblato. 292
Augusti fratres imperatorum nuncupati, II, 335. — Juniores Augustos magna reverentia prosecutos seniores, 803. Vid. Imperatores.
Aulatia, oppidum. I, 184
Aurelianus, natura vesanus et præceps, II, 202, 507, 630. — Persecutionem molitur in christianos, 203. — Ejus mors, 204, 507, 397, 651, 652. — Persecutionem quo anno concitaverit, 203, 445. — Ejus crudelitas, 311. — Daciam novam recuperavit, 512. — Domini et Dei titulum usurpavit, 397. —Quo anno sit interemptus, 445.—Carpicus quare dictus, 476, 477. — Unde oriundus, 490. — Solem magna reverentia prosequebatur, 506. — Cui successit in imperio, 650. — Quando ad illud evectus. 650
Aurelius Victor, historiam persecutionum utrum scripserit. II, 378
Aures. De aurium voluptatibus, et quam sint vitiosæ, 860. — Aures vulnerare aut verberare quo sensu dicatur, 757. — De iis, et quare binæ a Deo factæ, II, 55. — Unde dictæ, 56. — Quænam laudatæ a Veteribus. 557
Auriculas emere, pro emere auditionem benignam. I, 640
Axiopolis, urbs, ubi sita. II, 327
Azyma. Eorum festum apud Judæos quando celebretur. II, 444

B

B, littera plerumque antiquius pro V substituta. I, 941, 943
Babylonica captivitas. Ejus initium et finis. I, 959
Bacchus. Διονύσης dictus apud Arabes, II, 494. — Qua forma ab iis coferetur, ibid. — Cultus aliquando sub figura columnæ. 498. —Quibus factis divinos honores adeptus sit, I, 164. — Ejus amores, ibid.—Indicus dictus, ibid.— Ipsius in sua expeditione Indica comitatus, ibid. et 993.— Vini

inventio ipsi non tribuenda, 213, 327. — A quo sacra ejus in Græcia inducta, I, 247. —Orphica et orgia cur dicta, *ibid*. — De iis auctores quinam consulendi, *ibid*. — Huic huic sceuici consecrati. 000
BACCHÆ, seu BACCHANTES, unde appellatæ. I, 163
BŒTULI lapides apud Phœnices, II, 495. — Ipsis templum extructum in Oriente. 469
BAPTISMATE malitia omnis aboletur, I, 433.—Prohibitum, ne quid pro eo exigatur, *ibid*.—De vario hujus ritu. I, 977
BAPTISMUS, quando institutus a Christo, II, 616. — Quo anni tempore in veteri Ecclesia solemniter administraretur. 617
BASIA jactare, quid sit. I, 156
BARBA. De Dei in ratione barbæ providentia. II, 33
BARBARIA, et solum BARBARICUM, dicta de regionibus, quæ imperio Romano non subjacebant. II, 549
BARBATI et BARBATULI, inter se distincti. II, 719
BASILICÆ, qualia ædificia fuerint, et quando cœperint extrui a christianis, II, 585, 586. — Unde nomen habuerint. 586
BASTARNI, populi transdanubiani. II, 330
BEATI, vox sumpta alio sensu a Veteribus, quam hodie fieri solet. II, 485
BEATITUDO publica, beatissimi Cæsares, etc., in nummis. II, 483, 566
BELLONA. Sacrorum illius celebrandorum ritus. I, 234
BELLUÆ. De Dei providentia in illarum creatione, II, 14. — Utrum iis mens insit, et quinam hanc ipsis tribuerint, 92, 93. — In quo differant ab homine, 93. — Earum intelligentia et providentia futuri, 94. — Illarum causa utrum Deus mundum effecerit, 117. — Sunt in usum hominis a Deo factæ, *ibid*. — De utilitate etiam noxiarum 118
BELUS. Ejus sacra Edessæ quam antiqua, I, 229. — Trojano bello antiquior, 230. — Saturno cœvus, quinam fuerit. 000
Benedixit eum, pro *benedixit ei*. I, 783
BENEFACERE, quid sit, I, 667. — Quinam benefaciendo sit laude dignus. 679
BENEFICENTIA. In quas personas sit conferanda, I, 671.— Nulla est, ubi non est necessitas, 676. — De illius generibus. *Ibid*.
BENEFICIUM. Si refertur, interit. I, 677
BENEVOLENTIA pro benevolentiæ signo, aut gratificatione. II, 832
BESTIA, Æ, dictum de Ecclesiæ persecutoribus. II, 197, 217, 312, 653
BESTIARII, seu damnati ad bestias, 56.—De cœna libera ipsis data, II, 567.—Quinam dicti. I, 683
BI, in compositione dualem numerum denotat. II, 480
BIPALIUM, BICINNUM, BISELLIUM, et similia. II, 480
BIS, pro *iterum*. II, 237
BITHYNIA. 552
BISTAPLÆ, quando cœperint usurpari. II, 479, 480
BLATTÆ. De duplici earum genere, et auctoribus de iis consulendis, II, 118. — Salubris earum usus in medicina. *Ibid*.
BUCHARTUS. Janum eumdem cum Noe existimavit, I, 188. — Omnia refert ad familiam Noachicam.
BONA caduca et vacantia, ad quorum curam pertinuerent, II, 308. —Bona immobilia ecclesiis christianorum quando prohibita quando non. 566
BONA dea. Eadem quæ Fatua Fauna, I, 245. *Vid*. FATUA FAUNA.
BONIFACIUS VIII, papa, Cœlestinum V quare in custodia detinuerit. II, 343
BONUM. De summo bono variæ opiniones, I, 365, 366, 652, 655. — In quo debeat constitui. 306, 307
BOVES lucæ. *Vid*. ELEPHAS.
BRACHIA. Eorum vox usurpata in Bibliis ad significandum robur. II, 46
BRANCHIDÆ. Locus iste ubi situs, II, 316. — Unde celebris, *ibid*. — De ejus oraculo auctores. 406
BRITANNIA. Utrum in ea natus Constantinus Magnus, II, 463, 464. — Hanc Constantius non attigit, antequam Cæsar foret, 465. — Quo sensu Constantinum Cæsarem prima viderit. eamque illi nobilitarit. 465
Britannia gallica, quando, et unde nomen acceperit. II, 767
BRUTA. Quodnam illorum et hominis discrimen, I, 267, 765. — Quinam rationem ipsis tribuerint, 917.—Aqua cur utantur tantum, non etiam igne, 311. — De eorum creatione, *ibid*.—Illorum animæ materie solvuntur, 321.—Quænam habeant cum homine communia, 374. — De eorum providentia, *ibid*. — An, et ad quid ratio ipsis data, 918.— De voluptatibus sensuum in iis, 705. — Vox ipsis ab Aristotele tributa, 714. — Omnia in usum hominis facta, 746, 1001. — Ad linguas eorum interpretandas quinam incubuerint. 917

BRUTESCIT, pro fit sensus expers. I, 283
BURDINUS, detentus in custodia a Callixto II. II, 343
BUTES, Veneris adulter. I, 215

C

CABIRI dii, ubi culti, I, 194. — De iis auctores. *Ibid*.
CACA dea a Romanis culta. I, 226
CŒCILIUM per *æ*, et Cœcilium per *e*, facile esse posse nomina non confundenda. II, 593
CÆLESTINUS V papa, quare detentus in custodia a Bonifacio VIII. II, 343
CÆSAR (Julius). Primus Cæsarum inter deos relatus est, I, 193, 199. — Hunc honorem quomodo fuerit assecutus, I, 200 et *ibid*. — De ejus clementia. 408
CÆSARES minores Augusti, II, 222. — Eorum purpura eadem atque imperatorum, 227, 511, 756. — Vocati etiam filii Augustorum, 335. — Quo tempore tres fuerint in imperio, 343.—Fuerunt plane in potestate Augustorum, 468, 488. —Nomen eorum nullius imperii judicium fuit, 468. — Diadema commune utrum habuerint cum imperatoribus, 511, 512. — Utrum aliquando imperatorum nomen gesserint, 664. — Augustæ majestatis fuerunt hæredes, 714. — Cæsares relati inter deos, I, 193. — Penes quos illorum consecrationis auctoritas esset. *Ibid*.
CÆSUS sanguis, pro sanguis cæsorum. I, 581
CALCARE, pro vastare, perdere, conculcare, II, 513. — Calcare gentem, tyrannos, mortem. *Ibid*.
CALLIPHO. Summum bonum in quo constituerit. I, 365
CALLIXTUS II papa, Burdinum in custodia detinet. II, 343
CALVA Venus. I, 225
CALVITIES. De ejus dedecore. II, 33
CAMPUS MARTIUS, quid fuerit et quando celebratus, II, 245, 458, 530. — Celebratus etiam apud Francos, 458. — Villa publica in eo quid fuerit. 525
CANDIDIANA, urbs, ubi sita, et a quo forte denominata. II, 156
CANDIDIANUS, filius Galerii ex concubina, II, 227, 336, 726.— A Valeria Galerii uxore adoptatus, 275, 336. — A Licinio quando occisus, *ibid*. — Filiæ Septeni Maximini desponsatus, 275. — Quo anno natus. 456
CANDIDATI immortalitatis, qui dicantur, I, 703
CANES, culti apud Ægyptiis, I, 621 et seq. — Quomodo lugerentur. I, 622
CANINA facundia. I, 701
CANIS. Quinam in eo speciem quamdam ratiocinationis admiserint. II, 93
CANNENSIS clades. I, 340
CANON, quid sit, et ab indictione quid differat. II, 399, 771
CAPIO, ONIS, nomen jurisconsultorum proprium. II, 43
CAPITATIO. Huic urbana plebs a Galerio subjecta, II, 251 et seq. — Quinam eam pendere imperatorum legibus non tenerentur, 252, 522, 759. — Hanc Romani veteres non rejecerunt, 413. — Huic sola Romana plebs a Constantino exempta. *Ibid*.
CAPITOLIA, in aliis urbibus extructa, quam Romæ. II, 511
CAPITOLIUM, I, 179. — De ejus incendiis Cicero quid sensuerit, 400. — A quo fundatum, et unde appellatum, *ibid*. — Quoties incensum. *Ibid*.
CAPTIVITAS, dicta de signo vel nota captivitatis. II, 753
CAPTIVORUM redemptio magnum opus justitiæ. I, 679
CAPUT, orbi quare et globo similis in homine, II, 34. — De duali numero in eo, 42. — Caput varietatibus infligere, unum ex detestabilibus lugendi generibus. 575
CARACALLA, Germani appellationem quando usurpaverit, II, 447. — Quo anno tradita ipsi potestas tribunitia. *Ibid*.
CARINUS, utrum victus et captus a Persis, pellisque ab iis illi detracta, II, 466. — Quomodo perierit, *ibid*. —Cari filius fuit. *Ibid*.
CARNEADES. Ejus eloquentia celebrata, I, 593.—De istius Romani legatione, *ibid*.—Justitiam impugnat. 596
CARPI, quinam, II, 201. — Ubinam habitarent, 306. — Populi transdanubiani, 330. — Romanis sæpe infesti, 396. — Cum Francis, Gethis sive Gothis, et Scythis aliquando confusis, 443, 643. — Urbes Carpiæ, seu Carpicæ. 477
CARTHAGINIENSES. Hostias humanas Saturno immolabant. I, 232
CARTHAGO Junonis cura. I, 341
CARUS, quo anno cœperit imperare, II, 465. — Carini pater fuit, non avunculus. 466
CASIA veterum non eadem ac recentiorum. II, 280
CASSIDES, de qua materia fierent. II, 825
CASTOR et POLLUX. Quare Tyndaridæ appellati, I, 150.— Alienarum sponsarum raptores, 161. — Poetarum de illis commentum, 162. — Variæ eorum apparitiones. 289
CATACLYSMUS, pro diluvium. I, 313

CATACUMBÆ, quæ loca fuerint apud veteres, II, 546. — Unde dictæ. *Ibid.*
CATAMITI, quinam sint. I, 169
CATAPHRYGES hæretici unde dicti, I, 541. — Eorum auctores, quo tempore. *Ibid.*
CATHARI hæretici, *vid.* NOVATIANI.
CATO. Ejus mors, I, 406. — An Socratica vanitatis imitator, *ibid.*—Spontaneæ mortis quænam ipsi causæ fuerint, 408. — A quibus damnatus. 409
CAUSA, scriptum sæpe in antiquis codicibus, pro *casus*, II, 263, 571. — *Causa* vel *gratia*, Græcis τύχη, sæpe subauditum in auctoribus. 601
CAUCASUS. Unde ejus immanitas. I, 584
CAUSIDICI, a jurisconsultis in quo differrent. II, 520
CECROPIDÆ virgines. I, 203
CEDERE impune. II, 157
CEDO. Quid significet. I, 589
CELEBRARE campum martium, asylum, etc., quid sit. II, 550, 777
CENSITORES, a Censoribus quid differrent, II, 521, 735, 736. — Eos jam ante Galerium n tabulis omnia retulisse. 522
CENSUALIS forma, qualis fuerit, et quod continuerit. II, 337, 468, 756
CEREBRUM. De ejus ventriculis, II, 412. — Mentis sedes est. 64, 203
CERERI frugum inventio tributa, I, 212. — Ubi, quare culta, *ibid*. — Unde Ceres dicta, *ibid*. — Eadem qua Isis, 235. — Cereris Eleusinæ sacra, 237. — Cereris Catanensis penetralia viris adire nefas erat, 275.—Ennensis antiquissima. *Ibid.*
CERES Milesia. 291
CHALCEDONIUM fretum aliquando voluit Maximinus limitem esse Orientalis imperii, II, 361, 789.—Ubi situm. *Ibid.*
CHALDÆI. Illorum de mundi antiquitate commentum. I, 780
CHAM, filius Noe, a patre maledictus, I, 327. — Quas terras occupaverit. *Ibid.*
CHANANÆI. Unde dicti, I, 327. — Primi hominum Deum ignoraverunt. *Ibid.*
CHAOS, quid sit, I, 131. — An ab eo cuncta prodierint, 132. — Error veterum de ejus æternitate. 297
CHILIASTÆ. Illorum error unde fluxerit, I, 781, 1013. — Hunc ex Patribus quinam amplexi sint, *ibid*. — A quibus renovatus, *ibid*. — Hujus auctor quis fuerit, *ibid*. — Quinam illum refellerent, 784. — Ab Hieronymo solum irridetur. *Ibid.*
CHIRON Æsculapium medicinam docet. I, 160
CHLAMYDES quid fuerint, II, 362. — Candidæ quando summis pontificibus tribuæ, *ibid.* et 539. — Vis Palatini utebantur. 793
CHLORIS Zephyro nupta. I, 219
CHRESTUS. Nomen illud bonam in partem accipi, I, 961. — Unde deducatur, *ibid*. — Nomen Romanis usitatum, II, 473. — Quid significet, *ibid*. — A Gentilibus Christo Domino quomodo inditum. *Ibid.*
CHRISTIANI. Ædium gentilium diis sacrarum nomen quantum horrerent, I, 259. — Quod ecclesias et altaria jam a septemdecim sæculis habuerint, *ibid.*—Mos apud eos mortuos ungendi et lavandi, 270. — Potestas ipsis a Deo data in dæmonas, 334. — Eorum de summo bono dogmata, 371. — Illos decet simplicitas, 432. — Indicta causa damnantur, 548. — Apud illos parci eloquentes, 550. — Eorum cruciatus, 573. — Desperati unde dicti, 577. — Quibus convictiis impetiti ab ethnicis, 578. — Quales sint, aut esse debeant, 583. — De Gentilium in eos crudelitate, 584. — A templi nomine abhorrebant, 586. — Quod eorum stultitia esset sapientia, 588. — De illorum incrementis, 589. — De fervore lapsorum inter eos resipiscentium, 591. — Illorum fortitudo, 595. — Quomodo fratres essent, et pares inter se, 599. — Ludis gladiatoriis ipsis interesse fas non erat, 606. — De eorum patientia et justitia, 625. — Deus ab inimicis suis affligi patitur, 626 — Numerus eorum augetur, 628. — Ultio divina in eorum persecutores, 630. — Usus luminum apud eos in conventiculis suis, 637, 994. — Mos ille postea quare retentus, *ibid*. — In quo ab ethnicis illi differant, 664. — Ab humano sanguine quantum olim abhorrerent, 707, 709.—Utrum ipsis aut militare liceat, aut in judicio accensare, 7C7, 998. — Justi vocati a Lactantio, II. 102 — Erant hujus numero apud Diocletianum, 215, 505.—Quo sensu revocati ab exilio per Domitianum, 305. — Zelus eorum ultro se morti pro fide asserentium, 315. 680. — Carebant simulacris in suis ecclesiis, 317, 585. — Taxati a Galerio, quod a prisca parentum simplicitate deflexissent, 559, 535.—Ab Idololhytis semper abstinuerunt, 363. — Novitatis sæpe a paganis accusati, ternarium numerum in precibus cur amarent, 594, 475. — Judæorum nomine veniebant primis Ecclesiæ temporibus, 473. —

Athæi, impii et irreligiosi vocati a gentilibus, 492.— Conveniebant primo privatis in ædibus, 502, 583, 586. — Ecclesias postea in urbibus ædificarunt, 502, 791. — Romæ fuerunt magno numero tempore Maxentii, 526. — Rogabant pro salute imperatorum etiam gentilium, 533. — Ab iis gentiles quid exigerent, cum cogerent eos fidem ejurare, 573. — Illorum templa ad vitandam persecutionem frequentabant, 574. — Utrum sub Domitiano et Trajano ecclesias habuerint, quales hodie cernimus, 584. — Basilicas quando construxerint, 585. — De more eorum crucis signum frontibus frequenter imponendi, 670.—Magicis operationibus semper adversissimi, 673. — Ecclesias suas in excelsis locis utrum semper construerent, 683. — In persecutores suos invehi licitum sibi crediderunt, 701. — Monstruosa sua fortitudine plerumque fregerunt illorum ferociam. 704
CHRISTUS. Dux magnus a Lactantio dictus, I, 432.—Princeps appellatur a prophetis, *ibid*. — Nomen Christi non est proprium, sed regni nuncupatio, 464. — A gentilibus in Chrestum immutatum, *ibid*. — Hujus nominis significatio, *ibid*. — Quod ei regnum et sacerdotium Christo competat, *ibid*. — De regno ejus terreno Lactantii error, 465, 8·8, 1013. — De duplici ejus ortu, 465.— Quo anno passus sit, et quo die, 474, 967. — De causa ipsius Incarnationis, 475. — De ea testimonia prophetarum, *ibid*. — Cur ad Judæos missus, 478. — De ejus ortu ex Virgine, *ibid*. — Emmanuel nunquam vocatus fuit, tamen verus Emmanuel, 479. — Ad quid missus, 480. — De duplici ejus adventu, 431. — Sine Patre et sine Matre quomodo fuerit, 483. — De eo prophetarum testimonia, *ibid*. — Judæi virtute dæmonis, dæmones aiunt eum efficere, et patrare miracula, 485, 491. — De sacerdotio ipsius a prophetis prædicto, 487. — Quo sensu nunquam se Deum dixerit, 490. — De ejus vita et miraculis, *ibid*. — Ejus Passio prædicta, 495, 502. — Hanc ethnici christianis objiciebant, 496. — De ejus morte, sepultura et resurrectione, 510. — Qua hora expiraverit, *ibid*. — De sole tunc obscurato. *Ibid.*
Quale sepulcrum illius fuerit, 512. — De ejus in Galilæam post resurrectionem profectione, 514.—De illius Ascensione, deque discipulorum ejus prædicatione, 516.— Argumenta infidelium contra Incarnationem ipsius, 517. — Ut homines erudiret, primum facere debuit, quæ docuit, 521.— Quomodo venire debuit, ut Dei et hominum mediator esset, 524. — Quomodo viva sex sit, *ibid*. — Quod quæcumque gessit, aut passus est, figuram et significationem magnam habuerint, 525. — De ejus cruce, quanta vis in ea sit, 528. — Quot dies in sepulcro remanserit, 533. — Quod magus non fuerit, 536.— Fugatam justitiam reduxit, 570. — De ejus adventu ad judicium, 796.—De anno ætatis suæ, quo passus est, 967.—Medius inter Deum et hominem, 972. — Quo sensu mediam substantiam gerere dicatur inter utrosque, *ibid*. — Quomodo sit angelorum princeps et caput, 977.—Quonam ætatis suæ anno fuerit baptizatus, *ibid*. — Quo anno, mense et die si a Judæis eruci affixus, II, 194, 393, 608 et seq.—De missione Apostolorum ab eo post resurrectionem, 194.—In cœlum quomodo ascenderit, 195. — Quo die passus putaretur tempore Lactantii, 386. — Utrum anno decimo quinto Tiberii, 437. — Christus quomodo vocatus ab ethnicis, 473. — Deus κατ' ἐξοχήν aliquando dictus, 603. — Baptismum quando instituerit, 316.—Regni ejus in terris millenarii opinio unde desumpta, 636. — Ejus monogramma quomodo expressum in nummis et labaris. 539, 815
CHRYSIPPUS. Ejus de Deo sententia, 154. — De ipsius doctrina auctores quinam consulendi, 155. — Quinam fuerit, 406. — Ejus mors. *Ibid.* et 930
CIBALIS. II, 49
CICERO. Veram religionem attingere cur non potuit II, 112. — Quam sæpe Providentiam defenderit, I, 121. — Quosnam secutus sit inter philosophos, *ibid*. — De Deo quomodo senserit, 135. — Ejus libri de legibus, 136. — Platonis imitator, 196. — Filiam consecrare voluit, 197. — Fiducia ill defuit, 205. — Intellexit vana esse, quæ homines adorent, 263. — Quid illum deterruerit ab errore destruendo, *ibid*. — Ipsius nota vox, 268. — Ejus de creatione mundi opinio, 297. — Errat in laudanda philosophia, 285. — Et in assignanda sapientiæ origine, 386. — Græcorum levitatem arguit, 388. — Ejus invectivæ in Antonium Philippicæ unde dictæ, 389.—Philosophis quos præferat, 393. — Ejus de voluntaria morte sententia, 407. — Redarguitur ejus error de hominum nativitate, 409. — De varia eorum sorte post mortem illius sententiæ, 410. — Refellitur hoc ejus effatum, primum bonum esse non nasci, secundum quam primum mori, 411. — Fortunæ quantum tribuerit, 441. — Quod Deo creatori debitum cultum non reddiderit, 457.— Interpretatio quam affert vocis religionis redarguitur, 536. — Libros suos de Officiis quanti fecerit, 640.— Ejus legis divinæ encomium, 660. — De libertate et mise-

ricordia in pauperes quid senserit, 672. — Illius de hospitalitate opinio refellitur, 677. — Mors ejus unde orta. 702

CICUTA, quid sit. II, 59
CILIUM. II, 40
CIMMERIA Sibylla. I, 142
CIMMERIÆ TENEBRÆ, proverbium. I, 561
CIMON. De ejus hospitalitate et misericordia in pauperes, I, 665. — Ejus virtutum causa qualis putanda sit. I, 665
CIRCE Marica. I, 236
CIRCENSES ludi, christianis quam vitandi, I, 711. — A quo primum celebrati, *ibid.* — Quibus spectaculis celebrarentur, 712. — De variis eorum nominibus, *ibid.* — Cui Deo dicati, *ibid.* — Ubinam celebrati. 941 — Solemne munus natalibus principum, II, 428. — Erant Hippodromi spectacula. 815
CIRCUMEGIT MURO, pro inclusit intra murum. I, 191
CIRCUMCEDERE, pro *obsidere*. II, 758
CIRCUMCISIO. Judæis imperata. I, 500
CIRCUMSCRIPTE, pro *breviter*. I, 596
CIRCUS. A quo Romæ institutus, I, 711. — Unde dictus, *ibid.* — Non equi solum in eo exercebantur. II, 708
CIRTA Africæ, Nicephorium magnum dicta, II, 555. — Nihil habuit commune cum Virta, 556. — Constantina postea dicta, et procul a mari sita, *ibid.* — Olim Numidiæ metropolis, 557. — Ejus descriptio. *Ibid.*
CITARE MORBOS, pro excitare. I, 334
CITHERON. Mons. I, 247
CLARISSIMATUS, honoraria dignitas major perfectissimatu, II, 228, 336. — Clarissimi apud quem convenirent. 336
CLARISSIMUS, titulus honoris. I, 598
CLAUDIA, ejus historia, I, 290.—In eam auctores quinam consulendi. *Ibid.* et 921
CLAUDIUS (Appius). Luminibus orbatus. I, 290
CLAUDIUS imperator, Judæos christianosque Roma expellit, II, 475. — Inter persecutores non ideo numeratus. *Ibid.*
CLEANTHES. Ejus de Providentia divina testimonium, I, 121. — De Deo quid senserit, 154. — De doctrina ipsius auctores quinam consulendi, *ibid.* — φρανίνης unde dictus, 406. — Quomodo obierit. *Ibid.* et 950
CLEOMBROTUS. In mare se dedit præcipitem, I, 408 et 950. — Quis fuerit. *Ibid.*
CLINICI philosophi. I, 367, 946
CLOACINA dea, I, 220. — Unde nomen ejus, *ibid.*—Quinam ejus meminerint. *Ibid.*
CLODIUS (Publius), incestus. I, 165
CLYPÆI. De iis in quibus imperatores erant depicti. II, 550
CNOSSUS, in Creta insula. I, 178
CODEX THEODOSIANUS. Ex ipsius subscriptionibus, nihil certi colligi potest. II, 371
CODICES manuscripti, fons plurimorum erratorum, quæ occurrunt in antiquis. II, 519
CODRUS, cur mortem subiit pro patria, I, 382. — De ejus historia quinam scripserint. *Ibid.* et 946
CŒLUM et Uranus idem, I, 185. — Quod non sit Deus, 230. — Illud volvi quinam negaverint, 426, 953. — An rotundum, *ibid.* — Nominis illius etymologia, 706. — Rotunditas ejus sacris litteris magis consona. 954
CŒNA ultima, data damnatis a judice et gladiatoribus, II, 567. — Cœna libera bestiariis concessa. *Ibid.*
CŒNOFRURIUM, quis locus, et ubi situs, II, 307, 632. — Melius cœnofrurium. 397
COLERE, idem quod *habitare*. I, 175
COLLEGIUM Æsculapii, Serapis, Fabrum, Veneris, etc., de hominibus numinibus illis consecratis. II, 566
COLLUCTATOR, qui cum aliquo colluctatur. II, 11
COLOPHON, urbs, ubi sita, I, 148. — Colophonium oraculum. *Ibid.*
COLUMNÆ, cultæ olim pro simulacris, II, 498. — Erigi solitæ in locis publicis cum statuis imperatorum aut deorum. 510
COMA. De ejus decore. II, 53
COMITIALIS morbus, aut Herculeus. I, 160
COMMENTATUM passive. I, 371
COMMODUS imperator, ante proconsulare imperium sine potestate Cæsar fuit, II, 469. — Venationibus et confectionibus ferarum indulgebat. 517
COMMUNITER CUM CULTORIBUS. I, 587
COMPARES RECENTIORES, pro gladiatores suffecti. I, 707
COMPONERE et COMPONI, de rebus antea turbatis. II, 750, 762
CONCEDERE, pro cedere loco, locum dare alicui. II, 854
CONCEPTIO. De ea, et ad illam feminæ quid conferant, II, 54. — Prolis similitudo unde oriatur. *Ibid.*

CONCLUSIO SÆCULI, pro finis mundi. I, 784, 793, 812
CONCORDIA, res difficillima inter duos, eadem potentia præditos, II, 330. — Concordia Burrhi et Senecæ in societate potentiæ. *Ibid.*
CONCULCARE, pro *subigere, domare*. II, 597
CONCURRERE, pro ad pugnam procedere. II, 261, 814
CONFECTIS PHILOSOPHIS, pro confossis vulneribus philosophis. I, 589
CONFECTRIX, pro ea quæ conficit. I. 769
CONFESSIO, gloriosa quo sensu olim dicta, II, 597. — Damnari ad confessionem, quid sit. 696
CONFESSORES. Quinam primis Ecclesiæ sæculis dicerentur, II, 589, 591. — Oculi dextri illis quondam eruti, 539. — Tria illorum genera ad minimum, 594. — Iis deprecatoribus lapsi apud Deum utebantur, 596. — Imo et apud Ecclesiæ præfectos, 597. — His illi pacem quandoque dimittebant. *Ibid.*
CONFLARE, idem aliquando ac simul flare. II, 695
CONGLOBATA *semina*, pro atomi. I, 760
CONJURARE, in malam partem accipitur, vel simul jurare. I, 574

CONSECRATIO. *Vid.* APOTHEOSIS.
CONSENTANEE, adverbium. I, 368
CONSENTES Dei. Si sunt majorum gentium. I, 199
CONSTANTIA. An vera virtus. I, 697
CONSTANTIA, soror Constantini, despondetur Licinio, II, 259. — Sic Ario favit, ut fratrem etiam ad protegendum illum impelleret, *ibid.* — Ubinam et quando Licinio nupserit. 262, 370, 818
CONSTANTINA, urbs, non unica apud auctores, II, 555. —Hodiernæ in Africa descriptio, 557. *Vid.* CIRTA.
CONSTANTINUS imperator. Per eum orbi justitia et sapientia restitutæ sunt, I, 116. — Nomine imperatoris quando fuerit insignitus, *ibid.* — Quæ cognomina gradatim assecutus fuerit, *ibid.* — Imperatorum primus pacem dedit Christianis, *ibid.* — Conversionis ejus causa, *ibid.* — Quandonam Maxentium vicerit et obierit, *ibid.* — Sancti Augustini de illo testimonium, 117. — Constantinus magnus, quibus animi corporisque dotibus polleret adolescens, II, 223. — Frustra insidiis appetitus, et feris objectus a Galerio, 233, 339. — Quomodo dimissus ab eo, 233, 234. — Ad patrem quomodo pervenerit, 234, 340. — Accipit ab illo imperium, *ibid.* — Laureatam imaginem suam mittit ad Galerium, 233, 341. — Bellum gerit cum Maxentio, 367. — Quo anno fuerit illud inchoatum, *ibid.*, 461, 811. — Quo successu confectum, 261. — Quo die et loco crux ipsi ostensa in cœlo, in qua vinceret, *ibid.* — Imperator maximus a senatu salutatur, 262, 817. — Ex Byzantio Constantinopolim quare nuncupaverit, 308. — Hanc Romæ æmulam facere studuit, *ibid.* — Quænam ipsi causa fuerit transferendi illuc imperii, 326. — Fuit apud Diocletianum tempore illius abdicationis, 331. — Dignitatem Cæsaream utrum aliquando gesserit, 333, 824. — Ad quam potissimum causam referri debeat discessus ejus a Galerio, 338. — Utrum juvenculus ab illo in urbe Roma obsidis loco detentus fuerit specie religionis, *ibid.* — Verius forte missum a patre ad Diocletianum, ut apud eum institueretur, 339, 507. — Militavit fortiter in Asia sub Diocletiano et Galerio, 339, 507. — Objectus fero leoni, quem vicit, 339, 522. — Quo tempore ad patrem pervenerit. 340
Primus annus ejus imperii quis fuerit, *ibid.* — Ad quos seniores principes retulerit de delato sibi imperio, 341.— Quando a quo Cæsar renuntiatus, 312. — Ejus quatuor natales fuere, 343. — Faustam in matrimonium utrum acceperit an postulaverit, 346. — Consensus ipsius non requisitus, ad creandum Licinium imperatorem, 355-357. — Mittit Mediolano ad Maximinum constitutionem pro Christianis, 365. — Utrum Maxentio bellum ultro intulerit, 566, 567. — Quando Roma profectus fuerit Mediolanum, 370, 817, 827. — Natus ubinam, 463 et seq. — Quo anno, 465, 742. — Utrum a Diocletiano insidiis appetitus, 522, 523. — Prætorianos cur sustulerit, 526. — An nummis unquam sanctorum vultibus aut imagine Christi crucisque signaverit. 560, 561
CONSTANTIUS Chlorus, dignus qui solus orbem gereret, II, 207. — Princeps optimus ac benignissimus, *ibid.*, 312, 718. — Qualis fuerit sub eo persecutio, 217, 522, 504, 699. — A Galerio cur contemptus, 227. — Constantinum ab illo repetiit morti proximus, 233. — Huic imperium per manus tradit, 234.—In lecto suo requiem vitæ accepit, *ibid.* — Ubinam sepultus, *ibid.* — Quo anno obierit, *ibid.*, 340, 523, 746.—Quo die et anno Cæsar factus, 307, 465, 469, 485. — Victoriam de Germanis reportavit, 312, 504.— Non ponitur in numero persecutorum, 525, 700. — Ubinam purpuram induerit, 352. — Utrum primum locum in imperio gesserit, post abdicationem Diocletiani et Maximiani, 353.—Maximiani unde gener, 554, 557.—Verb-

ejus ultima deficientis, 415. — Britanniam non attigit antequam Cæsar foret, 307. — Persarum vicerit. 467, 504, 580.
CONSTITUERE, idem ac disjecta reponere, et firmiore statu roborare. II, 422
CONSULES. Eorum designatio act declaratio ad quos pertinuerit post Valerianum imperatorem, II, 326. — De eorum processionibus, et per annum quot essent, 326, 327. — Consus deus, idem ac Neptunus equestris, I, 712. — Huic Circenses ludi consecrati. Ibid.
CONTEMPLATIONE et in contemplationem, locutiones Patribus familiares. II, 423, 784
CONTINENTIA, quid sit, I, 718. — Ejus merces, I, 721
CONTRA, vox in judiciis usitatissima, et quæ formulam sapiat. II, 413
CONTRAHERE vires, milites, pecuniam, etc., pro congregare, colligere. I, 806
CONTRARIUS quam, latinitas dubia. I, 443
CONTRECTARE oculis. II, 15
CONTUMACIA, inferioris est in superiorem, II, 419. — Victus contumacia, utrum dictum de homine qui contumaciæ suæ sit impar. 337, 419, 457, 550
CONVENTICULA, olim dicta ea loca, in quibus Christiani conveniebant, II, 472, 553, 699. — Dictum item de quocumque coetu et congregatione, ibid. — Eorum hodie vocabulum odiosissimum. 699
Κορεία et Coprianus, quid significent. I, 989
COPRIANUS, per calumniam, pro Cyprianus, I, 552
Cor. De ejus ventriculis, et variis eorum nominibus, II, 42. — De venis ejusdem, et illarum usu, ibid. — Utrum primum nascentibus formetur in utero, 55. — Quæ animalia maximum illud hab ant, 61. — Utrum sit mentis sedes, 64. — Caloris vitalis officina antiquis habitum, 69. — Cor, pro animo, prudentia, sapientia, I, 415. — Quod sit sedes timoris, I, 689. — Principale est organon omnium affectuum. I, 690
CORONA, quid significet. I, 528
CORONÆ. De purpureis et candidis, quænam post mortem confessoribus et martyribus sint paratæ. II, 704, 705
CORPORARE, pro corpore indui. I, 310, 528
CORPUS, ita comparatum ut animo servire debeat, II, 12. — De omnibus ejus partibus, 50. — Utrum sit hominis receptaculum, 75, 80. — Mortuorum corpora non mutilata, sed integra servata a veteribus, 467. — Corporis materia, I, 310. — Animæ debet esse subjectum, 321. — Ejus officium, ibid. — Quo sensu diaboli dicatur esse a Lactantio, 322. — Ab illo ignoratio in homine, 360. — Quibuscum ipsi pugna sit, 579. — Ipsius et animi dimicatio, ibid. — Ergastulum animæ habetur a Platonicis, 581. — Ejus est omne tempus, quod in terra transigitur, 383. — Non est animæ carcer, 753. — Desideria ipsius esse mere temporalia, 770. — Sine anima nihil potest, ibid. — Corpora post resurrectionem qualia futura sint, 801. — An corpus sit hominis receptaculum, hospitium, etc., animæ instrumentum, 915. — De ea quæstione sententia catholica. 916
CORPUSCULUM, pro corpus humanum. II, 75
CORROBORAMENTA, nova vox. I, 383
CORYBANTES. Quinam fuerint. I, 187
COTHURNATA scelera, quid sint. I, 710
COTTA pontifex. I, 285
CRATES. Contempsit divitias, I, 422, 952. — Quinam fuerit. Ibid.
CREARE et gignere, quid sint. I, 480
CRATIO. Abusive de Verbo divino dicitur. I, 961
CREDULITAS error magis quam culpa. II, 632
CREMARI et uri, rigide loquendo differre, II, 755. — Aliquando synonyma, ibid. — Aliud esse cremari, et cremari in cineres. Ibid.
CREMATIO corporum non sublata per Antoninos, II, 545. — Lapsu temporis, et per Christianos abolita, ibid. — Quando coeperit et desierit. Ibid.
CRETA insula. I, 165
CRIMEN, pro criminatione, seu criminum accusatione, II, 637
CRITIAS tyrannus. I, 414
CROESUM aut Crassum divitiis superare. I, 686
CRUCIARE, pro cruci affigere. II, 607
CRUCIABILES animæ. I, 800
CRUCIS Christi vis et ratio, I, 525, 531 et seq. — Crux, poena infamis et servilis, 529. — Quod ejus signo Christiani sæpissime se signarent. 533
CRURA. De mira Dei in eorum conformatione providentia. II, 59 et seq.
CRURIFRAGIUM. Quale supplicium. I, 987
CRUX. Ejus signo fugati dæmones a fidelibus, II, 210, 314. — De ejus potentia et efficacia, ibid., 216, 671, 672. — Coeleste signum et immortale vocatum a Patribus, 261, 314, 671. — De cruce ostensa Constantino in coelo, in qua vinceret, 261, 369, 428. — De crucis signo in vestimentis hominum et in coelo viso tempore Juliani apostatæ, 427, 428. — Utrum Tertulliani tempore imago crucifixi cruci superaddita, 500. — Crucium figuræ multiplices apud veteres, 559. — Mos veterum Christianorum crucis signum frontibus frequenter imponendi. 670
Crux Gaviana. I, 505
CULEUS, poena parricidii. I, 538
CULTURA, pro cultus religiosus. I, 570
CULTUS, plurali numero. I, 454
CUM, pro quoniam. II, 208, 219, 661, 706
CUMANA Sibylla. I, 143
CUMÆ, urbes ejus nominis. I, 890
CUNEI, ex quo militum genere constarent. II, 807
CUNINA dea. — Vid. JUNO.
CUPIDITAS. Fons est malorum omnium, I, 567. — Virtus an sit aut vitium, 694. — Ad quem usum data, 704. — Mundum regit. 758
CUPIDO Dei istius origo, I, 207. — Triumphum cupidi is poetæ quinam scripserint. I, 896
CURETES. Quinam, I, 178. — An altores Jovis. 240
CURIO consul. I, 146
CURIO Maximus, Curiones minores, quinam dicti. II, 558
CURTIUS. Cur se devoverit pro patria, I, 381. — Ejus historia. I, 946
CYBELE. Sacra ejus a Gallis sacerdotibus celebrabantur, I, 206. — Varia ejus nomina, 233. — Sacrorum ejus celebrandorum ritus, 234. — Antistites ejus Melissæ nuncupatæ, 243. — Dea monium cur vocata, II, 404. — item πολύγη, seu Σπουδάγη dicta, ibid. — Eadem lapis sacer, nomine Agdus, in finibus Phrygiæ, 496. — Domina proprie dicta. 572
CYNICORUM inverecundia, I, 394. — Eorum nomen, ibid. — Eorum princeps. Ibid.
CYNOSURA, urbs. I, 160
CYPRIANUS. Religionis assertor, I, 551. — Tertullianum quanti faceret, ibid. — Ejus præconium, 552. — Opera illius in quo peccent, ibid. — A gentilibus derisus, ibid. — De eo Hieronymi testimonium, ibid. — A Lactantio immerito reprehensus. I, 563
CYRENAICI philosophi. I, 565
CYRILLA, Decii junioris filia, christiana credita. II, 475
CYRRHA, oppidum ad radicem Parnassi. II, 479
CYRUS. Quo tempore in Persas cæperit imperium. I, 460

D

DACI, a quando Dacisci appellati, II, 416. — Mortem coluerunt instar numinis. 494
DACIA rebellans censui subjecta a Trajano, II, 232, 338. — Duplex, superior et inferior, 232, 490. — Nova quæ fuerit, 312, 439, 490. — Amissa a Gallieno et ab Aureliano recuperata, 312. — Daca Ripeusis, unde dicta, 490. — Mediterranea quare sic appellata, ibid. — Istro nova proxima. Ibid.
DÆMON. Apud veteres idem est atque angelus aut genius. I, 151, 554
Dæmones, crucis signo fugati a fidelibus, II, 210, 314. — Dæmonum duo genera, I, 331. — Unde dæmones appellati, ibid., 937. — Eorum responsa ambigua, 938. — Dæmon Socratis, 332. — Vagantur per omnem terram, ibid. — Sub Geniorum nomine coluntur, 333. — Illorum natura, ibid. — Fallaciæ, 334. — Christianorum potestas in eos, ibid. — Quibus nocere possint, ibid. — Artes malæ ab ipsis juventæ, 336. — Nomen et cultum deorum affectant, 337. — Unde aliquando edant prodigia, 338. — Homines quomodo fallant, ibid. — Humanas hostias excogitaverunt, 341. — Crucis signo terrentur, 531. — Christum timent, non Jovem, 534. — Eorum furor in Christianos, 625. — Castigatio illorum in diem judicii non reservatur, 801. — Quo tempore peccaverint, et ubi dejecti sint, 935. — Post peccatum obstinati manent in malo, 956. — De diversis dæmonum generibus, 937. — Quænam futura poscant, ibid. — Num gaudium percipiant ex hominum peccatis, 938. — Quod honorem affectent. 940
Δαιμονίαρχης. Unde istud nomen. 534
DANAE. An aureo imbre sit delusa, I, 170
DANIEL propheta. Inter prophetas a Judæis non numeratur. I, 489
DANUBIUS, limes constitutus duarum Daciarum, II, 313. — Idem atque Ister, 327. — Danuvius quandoque dictus, 439. — Limes aliqui Romani imperii. 707
DARE, pro dicere, docere. II, 247, 779
DAVID propheta. Quod rex fuerit potentissimus, I, 468. — Ab illo ad Christi morte in quot anni numerentur. 509
DAZA, sive DAIA. Vid. MAXIMINUS.
DEBELLATRIX pudoris libido. I, 458
DEBILES, latinis quid sint. II, 794
DEBILITATIO, non omnis mutilatio est. II, 794

DECEMVIRI. In condendis XII tabularum legibus injusti. I, 663
Decemviri, præpositi ad libros Sibyllinos inspiciendos. II, 561
DECENNALIA. Eorum origo, II, 409. — Quando celebrarentur. *Ibid.*
DECII. Cur se devoverint pro patria, I, 381. — De iis auctores quinam consulendi. I, 946
DECIUS, animal execrabile, II, 200. — Christianos persequitur, *ibid.* — Ejus interitus, *ibid.* — Quot annos imperaverit, *ibid.* et 441. — Mors ejus ultioni divinæ attributa, 201. — Quo genere mortis perierit, 306, 645. — Jussit ut Christiani cibis immolatitiis vescerentur, 263, 795. — Cui successerit in imperio, 441. — Quando cœperit imperare, *ibid.* et 643. — Quo anno et qua anni tempestate obierit, 441, 646. — Ubinam occisus, *ibid.* — Carpos vicit. 476
DECLAMATIONES, quænam dictæ sint. I, 885
DECURIONES, jure civili Romano torqueri non poterant, II, 228, 336, 516. — Quando postea, et qua de causa id licuerit. *Ibid.*
DEFLAGRARE, pro *defervescere*. II, 693
DEJECTUS ANIMI. 402
DELIBATUM, quid proprie fuerit. II, 233, 796
DELUBRUM, quid sit, I, 166. — Dictum a veteribus de stipite delabrato, II, 500. — Non usurpatum nisi de re sacra, vel loco religioso. *Ibid.*
DEMENTARE, DEMENTIRE, pro *insanire*, *dementem esse*. I, 534, II, 101, 655
DEMETRIANUS auditor. I, 565
DEMETRIUS Poliorcetes, Jupiter Καταβάτης ab Atheniensibus quare dictus. II, 474
DEMUTARE, DEMUTATIO, pro *mutare*, *mutatio*. II, 655
DEMOCRITUS. Asseruit omnia fortuito facta, I, 419, 760. — Ex illo pleraque hausit Epicurus, 119, 402. — Quomodo vixerit et obierit, 404. — De ejus morte opiniones, 407. — Contemnit divitias, et sponte excæcatur, 4-2. — Quod veritatem dixerit in puteo demersam. 459
DEMOPHILE Sibylla. I, 143
DENTES, plus ad loquendum conferunt quam lingua, II, 44. — De mirabili illorum ordine et structura, *ibid.* — Molares unde dicti. *Ibid.*
DEPINGERE, pro *observare*. I, 532
DESCRIBERE, ut Ἀπογράφειν apud Græcos, verbum usitatum de censu. II, 415
DESERTIO pugnæ imperatori et militibus turpissimæ. II, 825
DESIDERE, idem quod *descendere*. II, 742
DETRACTARE, pro *detrectare*. II, 664
DEUCALIONIS diluvium. I, 315
DEUS. Ejus consilia et dispositiones cogitatio humana non potest assequi, I, 113. — Summus Deus, locutio Lactantiana, *ibid.* — Est pater et judex, 117, — Est doctor sapientiæ, duxque veritatis, 118. — Ejus providentia, 120. — Ejus unitas, 122. — Eum unum ex poetis quinam agnoverint, *ibid.* — Ejus nomina apud Ethnicos, *ibid.* — Accidentia cadere non possunt in illum, 123. — Unus prædicatur a prophetis, 127. — Et a poetis, 129. — Cur ei nomen non sit, 140. — Hunc mundi conditorem Sibyllæ confitentur, 147. — De illo Apollinis testimonium, 148. — Non est solitarius licet unus, 149. — Ejus nomen extruditur, quando aliis tribuitur, 150. — Nullo modo potest comprehendi, 152. — Non a seipso genitus est aut procreatus, 152, — Vis ejus ac majestas a Platone prædicata, 153. — Sexu non eget, 155. — Est vere omnipotens, *ibid.* — Nomen Jovis ipsi tribui non potest, 176. — Verus est omnium pater, 177. — Quare non potest dici quod fuit, 184. — Eum cadere non potest, ut concipiat, 202. — Nec cadit in illum imbecillitas, 204. — Hunc deorum cultores confitentur, 255. — Unde adversus eum impietas, 256. — Ille solus creator est colendus, 276. — Ex nihilo fecit omnia, 298. — Ipse natura est, 299, 304. — Ea scrutari nefas, quæ celata voluit, 304, 305. — Huic quare Oriens accenseatur, 307. — Solus habet rerum omnium cum Filio potestatem, 338. — De ejus patientia et ultione, 341. — Ira quo sensu ipsi conveniat, 342, 942. — Ipse est summa sapientia, 352. — Ejus contemplatio quid sit, 373. — Huic soli vindicta in integro est, 408. — Ejus præcepta quantum valeant, 432. — Solus virtutem potest honorare, 435. — Unus est pater et dominus, 434. — Solus est ἄχρονος, *ibid.* — Amare debemus eum tanquam filii, et timere tanquam servi, 456. — Fons est sapientiæ et religionis, *ibid.* — Filium ab æterno quomodo genuerit, 467, 922, 961. — Antiquus dierum quare a Propheta dictus, 481. — Agnoscere eum quid sit, 555. — Quod unus sit Deus, licet filium habeat æqualem, 539. — Coli non potest, nisi per filium, 340. — Pater omnibus idem est, 569. — Illius templum, 572. — Ejus cultu vitia omnia fugantur, *ibid.* — Cultus ejus devotionem maximam fidemque desiderat, 616. — Malos potentes esse ac beatos, bonos vero miseros

et inopes cur patiatur, 626. — Quo ritu coli eum oporteat, 634. — Quod sacrificiis non indigeat, 635. — Neque terrenis indiget operibus, 636. — Fons est bonorum, 653. — Non potest rationem hominis obtinere qui eum nescit, 662. — Fons est ipse bonitatis, *ibid.* — Ipse est omnis virtutis ac doctrinæ caput, 664. — Præceptorum ejus observationem facilem esse, 698. — De ejus bonitate et clementia, 722. — Quod ipsi nihil sit clausum aut secretum, 724. — De cultu illo digno, atque de illum laudandi forma, 728. — Illi cur pauperes et humiles credant facilius, quam divites, 738. — Inter ipsius hominisque sapientiam quantum distet, 740. — Illi soli nota sunt opera sua, *ibid.* — Quod non sit mundo permixtus, 742. — Quo sensu mundum corpus ejus fecerit Plato, 741. — Coli se et honorari ab homine cur expetat, 754. — Aspectu comprehendi nequit, sed mentis oculis est intuendus, 764. — Solus est qui æternæ vitæ præmium largiatur, 780. — De inenarrabili ipsius potestate etiam in incorporalia, 80). — Dei nomen unde deductum, 890. — Quod angelis non indiguerit, ut non esset solitarius, 895. — Deus non se Deum genuit, 894. — Quod in eo cogitatio nulla sit, ac proinde neque prudentia, 921. — Cur mala fieri permittat, 941. — Ejus permissio quo sensu actio dicatur, 955. — In illo non est aliud intelligere, et aliud esse, 965. — Quo sensu sit in eo sapientia, 966. — Voluntas ejus circa hominum reprobationem, 984. — Quo sensu dicatur derelinquere, indurare, excæcare. 986
Quod sit unus, nec possint esse plures, II, 110. — Ejus providentia in varia animantium configuratione, 31. — Ipsius muneris est, quod vivimus, 74. — Lumen est humanæ mentis, 81. — Utrum figuram aliquam habeat, 83. — Non est otiosus et nihil curans, 89, 126 et seq. — Quo sensu ira ipsi tribuatur, 89, 92, 151. — Nec mente comprehendi potest, nec lingua enarrari, 111. — De ejus unitate sententiæ philosophorum, 112, 113. — Timoris illius necessitas, 114. — Qua providentia bona et mala ordinaverit, 119 et seq. — In eum non cadit neque timor, neque libido, neque invidia aut cupiditas, 124. — Etiam cum malis obest, nocens non est, 128. — Ejus misericordia et patientia, 137, 138. — Ira ejus quomodo immortalis, 140. — *Deus summus*, locutio frequens Lactantio, 193, 820, 825. — Domini nomine jure appellatus. 572
Δευσάρης, nomen Bacchi apud Arabes. II, 494
DIA, insula Cretæ adjacens. I, 895
DIABOLUS. Bonus creatus a Deo, per se malus effectus est, I, 295. — Primum ejus peccatum, *ibid.* et 925. — Huic Occidens quare tribuatur, 307. — Illi Deus ab initio terræ dederat potestatem, 350. — Quare δαιμονιάρχης a Trimegisto appelletur, 351. — Universis hominibus insidiatur, 445. — Patres quinam eum non statim ad pœnam detrusum arbitrati sunt, *ibid.* — Homines variis artibus captat, 648. — Fons est malorum, 655. — De ipsius alligatione per mille annos, 808. — De ejus emissione, 813. — Quare diabolus appelletur, 924. — Parvula mora intercessit inter creationem illius et lapsum, 958. — In quem locum post peccatum fuerit detrusus, *ibid.* — Adversarius vocatus, II, 191, 471, 600. — Dux et imperator eorum qui Ecclesiam Christi persequuntur. 504
DIACONI, vocati ministri simpliciter, II, 505, 695. — Item et ministri Dei, Christi, etc., 695, 696
DIADEMA, utrum Cæsaribus commune cum imperatoribus, II, 511. — Illud imperatorum Romanorum primus quis sumpserit, 512. — Quale esset. *Ibid.*
DIAGORAS. Exclusit deos, I, 120. — Ab Atheniensibus proscriptus est, *ibid.* — Quare illos scripserit, *ibid.* — Ἄθεος quare cognominatus, II, 99. — Quo tempore vixerit, *ibid.* — Melius unde dictus. *ibid.*
DIANA. Ejus virginitas quam suspecta, I, 209. — Sacrificia humana ipsi oblata apud tauros, 230. — Thoanthea cur dicta, 290. — Erat inter Nautarum numina, 237. — Trivia unde appellata, 554. — Nemorensis dicta et montivaga, II, 493. — Tauricæ simulacrum ab Oreste sublatum ubi jaceret. 498
DICATIO pro dignatione. II, 268, 375
DICÆARCHUS. Quinam fuerit, I, 404. — Ejus de æternitate hominis et animæ sententia. *ibid.* et 761
DICE, seu justitia, paganorum dea I, 592. — Eadem quæ Astræa, Themis, etc., *ibid.*
DIES, apud Romanos qualis fuerit, et unde illum inciperent, II, 383, 584. — Quomodo numeretur ab astronomis, 436. — Dies mensium Asiani qua ratione putarent, 443. — De diebus nefastis et felicibus, 501. — Quos præsertim dies suppliciis Romani præsides destinarent. 702
DIESPITER, Jovis cognomen. I, 190
DIFFICILITER, rara vox sed Ciceroniana. II, 663
DIGITI. De illorum specie, usu, numero in manu et ordine, II, 45, 46. — De eorumdem usu et forma in pedibus. 59, 60
DIGNE, DIGNISSIME, pro sicut erat meritus. II, 648

Dii. De iis philosophorum sententia, I, 120. — Non multis opus est ad mundi regimen, 122. — Poetæ bellantes illos inter se finxerunt, 125. — Dii populares, 134, — Quomodo di crediti sint, 136. — De iis auctores consulendi, 177. — Quomodo homines cum fuerint, dii sint nominati, 192. — Dii provinciales quinam, 194, 195. — Dii majorum gentium, 199. — Quod dii esse non possint diversi sexus, 201. — Eorum ærumnæ, 206. — De collatis ab iis in homines beneficiis, 209. — Ne homines quidem probi fuerunt, 216. — De diis Romanorum propriis, ibid. — De sacris deorum et eorum mysteriis, 230.—Illis consecratis nomina immutantur, 236. — Simulacra eorum et insignia humeris bajulantur, 241. — Eorum sacra in Italia quis instituerit, 242. — Illorum colendorum initium, 247. — Mos eorum simulacra coronandi, 253. — Imagines illorum non erant dii apud Gentiles, 258. — Illarum fingendarum quæ ratio primo inventa, 259. — Diis velato capite sacrificabantur, 263.—Donis pretiosis frustra excoluntur, 270. — Sua habebant velamenta et amicula, 272. — Iis ipsis a quibus violati erant, nihil nocere potuerunt, 273.—Patris nomine quod nemo illorum vocari possit, 453, 458. — Idem sunt dæmones, 534. — Illorum cultus mala omnia advexit, 573. — De flagitiis illorum qui colunt eos, 575. — Quod boni et justi esse non possint, 583. — De eorum crudelitate in christianos, 584. — Merito a prophetis bestiæ nominati, ibid. — De illorum inscitia, furoribus atque odio in fideles, 611. — Eorum religio quam inanis, 617. — Cultus illorum cæcitas, 625. — Honores divinos quomodo adepti sint, II, 111. — Multi esse non possunt, 110. — Montium dii quinam, 405 et seq.; 493 et seq. — Omnes dii, pro omnia deorum templa. 708, 792
Digitis summis sacrificare. I, 224
Diluvia quot numerentur, I, 313. — De iis fides quam incerta, ibid. — De annis quos vixere homines post diluvium, 954. — Post diluvium humana vita in centum et viginti annis collocata non fuit. Ibid.
Dinomachus. Summum bonum in quo constituerit. I, 364
Dioclea, Diocletiani mater, II, 514.—Item patria ipsius, ubi sita, 513. — Utrum natus in ea. 514
Diocletianus, scelerum inventor et malorum machinator, II, 204. Quos et qua de causa imperii fecerit participes, 204, 307, 482, 483. — Orbem romanum qua ratione subverterit, 204. — Ejus avaritia, 205, 307, 652. — Diocles vocatus ante susceptum et post depositum imperium, 209, 226, 313, 763. — Ipsius timiditas, 208, 652, 662. — Scrutator rerum futurarum, 210, 514, 668. — Ejus in Christianos persecutio unde orta, 210, 211. — Illius in velanda severitate sua calliditas, 215, 216, 405, 581. — Incidit in dementiam, 220. — An imperium sponte deposuerit, 220 et seq. 352. — Imperatorum primus voluit adorari, 223. — Quo die et anno purpuram deposuerit, 225, 328; 510, 532, 721, 722. — Veteranus rex eleganter dictus, 534, 724. — Vivus vidit imagines suas aboleri, 259, 365. — Quo genere mortis sit extinctus, ibid., 552, 809. — Quando obierit, 365, 366, 552, 809. — Unde oriundus, 309, 513 et seq. — Quot annos imperaverit, 309, 552. — Quo anno triumphum egerit de Narseo, 513, 316. — Nullam aliam uxorem habuit, quam Priscam, 318, 320. — Hanc quando duxerit, ibid. — Quam feliciter regnaverit, 324. — Quo anno Vicennalia ipsius celebrata, 325. — Ad imperium quo die et anno sit promotus, ibid., 652, 706. — Nonus ejus consulatus quem annum notat, 326, 706. — De decimo quid sentiendum. 528. — Memorabile dictum ipsius imperium resumere respuentis, 352. — Consensus ejus utrum expetitus ad creandum Licinium imperatorem, 353. — In vita communi quot annos egerit, 552, 808. — Multa præclara opera extruxit, 483. — Qua superbia Galerium ad carpentum suum currere passus sit, 488. — Utrum primus imperatorum gemmas adhibuerit in calceis, ibid. — Post depositum imperium quo concesserit, 513. — Utrum post mortem relatus inter divos, 513. — Utrum cum Persis bellum gesserit, 580. — Favit aliquando Christianis, 652. — Quo ætatis anno sit mortuus, 657.—Utrum post depositum imperium servata illi potestas Imperatores alios creandi. 764
Diogenes Cynicus Captus, sed redemptus. I, 430
Dionysius Tyrannus. Sacrilegia sua jocis excusat, I, 273, 919. — Quanta felicitate regnaverit, 273. — Platonem din secum habuit. 274
Direptio, vox insolens. I, 822
Diripere et Deripere, in quo differant. II, 203, 240, 327, 649
Dis. Idem quod græce πλοῦτων. 900
Disciplina solemnis Novi Testamenti, quid sit. II, 616, 617
Discordia. Quod non sit secundum hominis rationem. I, 671

Discrescere, pro decrescere, II, 422. — Item pro intumescendo dilatari. 780
Discreverat, a discresco, pro distendo. Discrescere, gallice, étendre davantage. II, 248
Disertus, quis sit, quis eloquens. I, 585
Dissectus animi, idem quod animo dissolutus. II, 662
Dispatentia. I, 374
Dispater. Pluto ita appellatur. I, 190, 900
Dispositio, Disponere, quo sensu receptæ voces tempore Lactantii. II, 222, 329, 782
Disputare, idem ac conferre cum aliquo. II, 240, 232
Disserere, quid sit. I, 114
Dissicere, pro dissecare. I, 288, 402
Dissipabilis, rara vox, at Ciceroniana. II, 105
Distrahere, pro separare. II, 806
Divi lapides, quinam dicti. II, 495
Divinatio superstitiosa, a timore proficiscitur. II, 405
Divinitas, vox pro Deo usurpata. II, 268, 431, 828, 829
Dius mensis, in Asianorum proconsularium anno solari quotus esset, II, 443. — Unde inciperet. Ibid.
Dolabella consul. I, 201.
Doloris privationem non esse summum bonum. I, 367
Dolus malus bonæ fidei opponitur, II, 766. — Ejus definitio. Ibid.
Domestici, quandoque dicti corporis imperatorii custodes, qui domi excubabant. II, 407
Dominari, cum gignendi casu, II, 122. — Idem passive positum. 218, 324
Domini nomen ab Ethnicis diis deabusque inditum. II, 272
Domitianus, ab Apollonio delusus. I, 557
Domitianus, non minor tyrannus Nerone, II, 198. — De longa et felici ejus dominatione, 199, 639, 640. — Memoria ejus erasa et acta rescissa, 199, 305, 595, 641.—Multa mirabilia opera fabricaverat, ibid., 596. — Duodecim Cæsarum postremus, 198. — Calvus Nero, et portio Neronis in crudelitate dictus, ibid., 304, 305, 595. — Quando sævire cœperit in Christianos et fuerit interfectus, 459, 640. —Illos utrum ab exilio revocaverit, 305, 475.—Tito fratri quo anno successerit, 459, 640. — Cæsaris appellatio utrum illi potestatis aliquid attulerit, 468. — Occisus a suis domi, in palatio, 475, 640, 641. — Ecclesiam non din persecutus est, 476, 640. — Cur non numeratus a Prudentio inter persecutores, 476. — Utrum sub illo habuerint Christiani ecclesias,quales nunc cernimus, 584.—A Nerone ad eum quot anni effluxerint, 659. — Quo ætatis ejus anno Nero occubuerit, ibid. — Catalogus operum quæ fabricaverat. 641
Domitiorum monumentum, ubi situm, II, 304. — In eo Neronis reliquiæ conditæ. Ibid.
Domitius jurisconsultus. I, 587
Donatistæ, iidem ac Monteses, seu Montenses. II, 315
Donatus, cui libri de Ira Dei et de Mortibus persecutorum sunt inscripti, II, 79. — Novies tormenta pro Christo pertulit, 189, 217. — Sex annis detentus in carcere, 189. — Emissus extremis Galerii temporibus, 190, 250, 301, 324. — Ejus in fide constantia, 217, 218. — Unus fuit e sanctioribus Ecclesiæ confessoribus. 594
Dorotheus, laudatus ab Eusebio, fuit ex numero præpositorum sub Diocletiano. II, 345, 418
Duci et Deduci, absolute, pro duci ad supplicium. II, 548, 806
Duplicitas. II, 35, 42
Duumviri, præpositi ad libros Sibyllinos inspiciendos. II, 56

E

Eboris usus in sacris quantus fuerit. I, 728, 1000
Ecclesia. Ecclesiæ nomen apud Christianos,I, 259.—Sola catholica Ecclesia verum Dei cultum retinet, 542.— Quænam illa sit, 543.— Ecclesiæ a christianis primo constructæ valde obscuræ, 638. — De eorum ecclesiis sententia orthodoxa, 911. — Apud eos quam sint antiquæ, ibid.—Contra illas hæretici quinam insurrexerint, 913. — Earum ornatum Deo esse acceptissimum, 819. — De more antiquissimo illas exornandi. Ibid.
Ecclesia christiana, post mortem Domitiani restituta, clarius enituit, II, 199, 200. — Ecclesiæ nomine ædem rebus sacris destinatam christiani significabant, 213. — Ecclesia verum Dei templum, 203, 394. — Ecclesiæ christianorum primis sæculis carebant simulacris, 318. — Calamitosus Ecclesiæ christianæ status quarto sæculo, 359. — Ecclesiis bona immobilia quando prohibita, quando non, 566 — Utrum sub Domitiano et Trojano ædificatæ quales nunc habemus, 584. — Ecclesia christiana quando constituta demum censenda sit, 606, 629. — Ecclesiæ utrum in excelsis locis positæ. 685

EDEN. Regio, ubi paradisus. I, 322
EDICTUM Diocletiani et Maximiani adversus christianos, quo die et anno promulgatum, II, 213, 317, 306, 687. — Galerii pro christianis quando emissum, et propositum Nicomediæ, 250, 781, 786. — Constantini et Licinii in eorum gratiam quando, et ubi emissum, aut promulgatum, 267, 827. — Quodnam discrimen inter edicta et litteras imperatorum ad præsides, 833. — Edicta generalia quorum nominibus inscriberentur, 381. — Non proponebantur in provinciis, nisi præsidum programmate munita.
566, 785, 827, 833
EFFECTIO, rara vox, at Ciceroniana. II, 105
EGERIA dea. Simulati Numæ cum ea congressus, I, 243.
— Unde dicta. Ibid.
EGREGIUS, tilulus honoris. I, 508
ELAGABALUS. Deus sub montis specie cultus, II, 404. — Unde dictus, ibid. — Quale illius simulacrum. Ibid.
ELEEMOSYNA. Quod Deus illi veniam tribuat peccatorum.
I, 686
ELEPHANTIATI. Qui vere tales sint, I, 526. — An leprose. 527
ELEPHAS. Leuca bos unde dictus, II, 19. — Dei providentia in ejus proboscide, 26. — Elephanti ad currum juncti a Veteribus. 218, 324
ELEUSINIA sacra. Unde cognominata, et quo ritu celebrata. I, 237
ELEUTHERIA, utrum uxor Diocletiani. II, 321, 542
ELIAS propheta. An mittendus a Deo in fide mundi, I, 1008. — De futura ejus comite. 1009
ELIAS et Enochus, an reversuri et futuri in fine mundi Christi præcursores, II, 395, 635. — Translati vivi in cœlum quare crediti. Ibid.
ELOQUENTIA multum philosophiæ debet, I, 114. — Quomodo juvenes olim ad eam erudiebantur, ibid. — Non est damnata a Lactantio. 348
EMMANUEL, quid significet, I, 479. — Quod eo nomine Christus nunquam fuerit appellatus. Ibid.
EMPEDOCLES. An poeta an philosophus, I, 320, 931. — Quatuor elementa rerum principium statuit, 320. — In Ætnam se præcipitat, 406, 930. — Omnia ex lite et amicitia elementorum constare dixit. 929
ENDO, pro in. I, 211
ENNA, urbs Siciliæ ubi Ceres culta. I, 275
ENNIUS. De diis ejus historia quid referat, I, 190. —
Illa quam vera sit. 191
EPICTETI de Providentia testimonium. I, 120
EPICURUS. Asseruit fortuito facta omnia, I, 120. — Ex Democrito pleraque hausit, ibid. — Illius ætas, 303. — Ortum animalium terræ tribuit, 316. — Solem tantum dixit quantus videtur, 333. — Summum bonum in quo constituerit, 363, 945. — Ejus continentia, 363, 399, 945. Quomodo Deum beatum et incorruptum intellexerit, 380. — Disciplina illius unde celebrior, 598. — Omnem doctrinam damnat, ibid. — Unde fluxerit tota ejus disciplina, 399. — Providentiam negat, 401. — Ejus de mente ratiocinatio, 403. — Ejus doctrina flagitiis viam aperit, 404. — Rudes litterarum invitat ad philosophiam, 429. — Sapientem affirmat beatum esse, etiam dum torquetur, 434. — In quo veridicus fuerit, 736. — Error illius circa membrorum officia, II, 28, 29. — Arguitur ejus opinio de visione, 38. — Deos reliquit verbis, reipsa sustulit, 87. — Evertit omnem religionem, 96. — Mundos dixit in infinito innumerabiles, 102. — Ejus natalis a quibusdam olim quomodo celebraretur. 369
EPIDAURUS. Ubi sita, I, 160. — Celebris.
EPINICION et EPINICIA, cantica olim victoribus dicata, II, 638. — Qualia fuerint. Ibid.
EPISTOLA. Vide LITTERÆ.
EQUÆ. An vento concipiant. I, 478
EQUO delabi, desilire, defluere, quo sensu dictum de iis qui de equo descendebant, II, 477. — Desilire equo et defluere, in quo differant, ibid. — Equi albi juncti curribus triumphantium, 504. — Iis usus quis primus fuerit, 503. — Jovi et Soli consecrati, 505. Equi singuli nomina sua in circo habebant. 516
ERANT certantes pro certabant. II, 215
ERASMUS. Quanti Socratem fecerit. I, 416
ERATINEUS, nomen præsidis, II, 365. — Forsan Eratinus, a græco ἐρατεινός. 426
ERETRIACI philosophi, vide MEGARICI.
ERICTHONII origo, I, 208. — Quis fuerit, ibid. An cum dracone cista inclusus sit. Ibid.
Ἐρμόπολις, Urbs, I, 139. — Ubi sita. Ibid.
ERYTHRÆA Sibylla. I, 143
ERYTHRÆÆ, oppidum. I, 146
ERRORIS via mendax, I, 638. — Multiplex facta. Ibid.
ESAIAS. — Vide ISAIAS.
ESDRÆ liber an a Judæis corruptus, I, 307

ESSES, esset, pro ederes, ederet. II, 405
ESUS. — Vide HESUS.
ETSI non recte, formula non leviter improbantis. II, 406
EUCHARISTIÆ sanctissimum sacramentum. De eo Patrum testimonia. I, 655, 993
EUCLIDES, Megaricorum sectæ conditor, I, 380. — Summum bonum in quo constituerit, ibid. — Quinam fuerit. 379
EUDOCIA imperatrix secundas nuptias post mariti mortem contraxit contra fidem datam. II, 803
EUCHEMERUS. De ejus patria, I, 174, 898. — Quo tempore vixerit, 174. — De eo quinam meminerint, ibid. — Quibus monumentis fretus historiam deorum conscripserit, ibid. — De diis illa quid referat. 175
EUPHORBUS. An Pythagoras fuerit. I, 409
EUPHRANOR. Quis fuerit. I, 271
EURIPIDIS de animo et corpore sententia. I, 411
EURISTHEUS servit Hercules. I, 159
EUROPA. An sit rapta a Jove in taurum mutato. I, 170
EUTROPIA Syra, uxor Maximiani, II, 330. — Quos ex eo liberos habuerit. Ibid.
EVICTIO tyranni, in veteri kalendario, de quo potissimum imperatore intelligenda. II, 367, 368, 813
EXACTORES, qui tributa vel operas exigunt. II, 400
EXANGUES, morborum vulgare epitheton. II, 278
EXCARNIFICARE. II, 215
EXCEPTIO, quid sit. I, 362
EXECRABILIS, vox Lactantio frequens. II, 196
EXEMPLA verbis sunt efficaciora. I, 520
EXIBERE, pro alimenta suppeditare, alere.
II, 205, 212, 308, 655, 677
EXIET, pro exibit. I, 486
EXITUS, pro morte. II, 193, 273
EXORCISMORUM usus in Ecclesia, I, 334, 939. — Etiam apud Judæos et gentiles. Ibid.
EXPIATIONUM ritus. I, 618
EXPINGERE, pro exornare. II, 798
EXPONI, quasi extra poni. I, 893
EXPUNGERE nomen, pro debitum solvere, II, 425, 542. — Expungere nummis, vestibus, pro privare, 542. — Expungere pauperes, expunctus manipulus, rationes expunctæ, quid sint, ibid. — Expungere, pro militia solvere. 798
EXTERMINARE, pro extra terminos mittere. I, 703
EXTORQUERE, pro torquendo elicere. II, 739
EXTREMUS, pro infirmo. II, 649
EXUERE socerum, hominem, patrem, etc., pro abjicere soceri animum, II, 490. — Exuere et exui, dictum de iis, qui imperium vel deponebant, vel deponere cogebantur. Ibid. 509
EXCUBIBUS ignis et aqua interdicta. I, 510
EXUVIÆ, pro corio et pelle. II, 649, 650

F

FABRICARE, vox Lactantio familiaris. II, 601
FABRICATRIX. I, 715, 774
FABRICIUS. I, 657
FACERE, absolute positum. II, 650
FACERE, pro sacrificare. I, 819
FAMILIA, vox usitata ad servos significandos, II, 316, 692, 727. — Nonnunquam etiam dicta de Patrum familias sobole et servis. 738
FAMILIARITER, idem quod amice. II, 259, 810
FAMULUS, famula, etc., dictum de viris, virginibus, animalibusve deorum ministerio aut cultui consecratis.
II, 348, 576
FANATICUS, de sacerdote vel homine diis consecrato. II, 536
FANUM, de Templo, seu majori Ecclesia, II, 214. — Non semper usurpatum a christianis de gentilium templo, 686. — Dictum aliquando de templo corporis Christi. Ibid.
FAR, id est, omnis frumenti genus. II, 738
FASTIGIUM, metaphorice de summa imperatorum dignitate. II, 306, 712
FASTIGATISSIMI, consulares, fastigatissima felicitas.
II, 712
FATUA FAUNA, quæ fuerit, I, 245. — Quare sic dicta, ibid. et 909. — Ejus pudicitia, 245. — Eadem cum bona dea, ibid. — Vini amphora in sacris ejus posita, 246. — Nulli viro templum ejus ingredi licuit, 245, 415. — De ejus mysteriis auctores. Ibid.
FATUM, idem quod Parcæ, I, 168. — Huic dii omnes parent, ibid. — Fati vox varie usurpata. 336
FAUCES, pro montium angustiis. II, 574
FAUNA, dea ubinam culta, I. 218. — Cujus scortum fuerit, ibid. — Non est eadem cum Flora. Ibid.
FAUNUS, ubinam cultus, I, 194. — Quis fuerit, ibid et 244.

—Quando vixerit, 194, 247. — Ineptarum religionum in Latio institutor. 244
FAUSTA, filia Maximiani, utrum a patre Constantino oblata, an ab hoc postulata, II, 346. — Quo tempore illi nupserit, ibid. — Quando obierit, et utrum mariti jussu. 417
FAUSTA, nomina, puta Felicitas, Fausta, Faustina, etc., plurimum amata a veteribus. II, 417
FAUSTINA imperatrix, in maritum quo animo conspiraverit. II, 803
FAUSTULI uxor Lupa. I, 217
FAVORABILIS, active. II, 89
FEBRIS, quasi dea culta, I, 222. — Quid sit, juxta Galenum. I, 775
FEBRUA, quid sint apud veteres. I, 727
FECIALES, Bella indicebant. I, 662
FEL, est iræ sedes ac symbolum, I, 589.—De ejus natura et usu, II, 60.—Ejus vesicula quibus nominibus appellata, ibid.—Quæ animalia fel habeant. 61
FELES. Coluntur ab Ægyptiis, 622.—Mortuæ quomodo fugebantur. Ibid.
FELICITAS temporum, felicia temporum, in nummis. II, 485
FERALE et mortuale, synonyma. II, 802
FERE SEXENTI, pro sexcentis et triginta. II, 370
FERME QUATUOR MENSES, de mensibus quatuor cum dimidio. II, 370
FIBULAM IMPONERE, vel solvere. I, 203
FICTIO HOMINIS, pro creatio. I, 312
FICULNUS, lignum fragile et contemptibile, I, 268.—Quid significet. Ibid.
FIDES. Absque illa nulla vera virtus et justitia. I, 663
FIGMENTUM, pro commentum 815
FIGMENTUM, pro creatio. I, 682
FIGURARE, vox Lactantiana. I, 588
FILII Augustorum, appellatio communis Cæsarum, II, 355, 453, 484, 515.—Ea aliquando tantum honorifica. 458
FILIUS DEI. A Lactantio Spiritus et productus perperam dictus, I, 294, 922.—Creatio mundi ipsi tribuitur, 296, 461. — De eo Trismegisti et Sibyllarum testimonia, ibid.— Quare δημιουργός τοῦ θεοῦ et σύμβολος appelletur, 463.—Nomen ejus notum est soli Deo patri, ibid.—A Patre quomodo genitus, 466, 922, 962. — Quod Dei sit sermo, seu Verbum, ibid. Λόγος melius dicitur, 469, 961. — Ne philosophis quidem fuit ignotus, 469, 966.—Quod necesse fuerit ut nasceretur sicut homo, 470. — Quod non sit Deus a Patre distinctus, 538. — Balbutit Lactantius circa ejus divinitatem, 539.—Deus coli non potest nisi per eum, 540. — Quomodo oriri dicatur a Patre tanquam rivus a fonte, 922. — Quod unum illum Dei Filium Lactantius agnoverit, 923. — Creationis vocabulum de eo non proprie usurpatur, 961. — Angeli nomen ipsi quo sensu tribui possit, 962.—Quare Verbum Dei appelletur, ibid.—Proprie Dei sapientia dicitur, 966.—Quod proprie dici non possit hominem assumpsisse, induisse, gessisse, ibid.—Utrum terminus ejus unionis ad humanitatem fuerit persona simplex an composita, 975.— Vid. CHRISTUS.
FLACCINUS Bythiniæ præfectus, non pusillus homicida, II, 218 —Crudelis erga christianos. 325
FLAMINES. Qui et a quibus instituti. I, 815
FLAMONIUM, pro Flaminio. II, 347
FLARE, idem ac animam spiritu ductam respirare, et efflare. II, 695
FLAVIANUS, præfectus Ægypti quo tempore fuerit. II, 325
FLAVIUS CLEMENS, consul, conjugis Domitiani cognatus, II, 403.—Impietatis accusator, damnaturque. Ibid.
FLORA. Divinis honoribus a Romanis affecta, I, 218.— Antiquus hujus cultus apud eos, ibid. —De variis ejus nominibus Ibid.
FLORALIA. Qua occasione instituta, I, 218. — Qua lascivia celebrarentur, 219, 903.—Quonam die, et ubinam fierent, ibid.—Non fuere eadem cum festis Majumæ, i.id.— Unde dicta. I, 218
Focos vino madefacere. I, 635
FOEMINÆ. Maribus sunt infirmiores, I, 204.—Earum communitas a Platone inducta, 418. — Communes omnibus prostitutæ ac meretrices sint necesse est, 420. — Illis muneribus Ecclesiæ interdictum, 421. — Utrum una tantum philosophiæ docta fuerit, 429. — De fœminis philosophis auctores, 430. — Ad generationem quid conferant, II, 54, 55.—Fœminæ Latinis non solæ quæ viris junctæ sunt, sed et virgines, 254, 255, 799.—Quali restitu in luctu uterentur. 515
FÆTURA, Latinis animantium proventus, II, 775.—Fœturæ, fœtus ipse. 774
Fœtus. De fœtus formatione in utero, II, 54 et seq. — Ad perfectam ejus conformationem quid temporis requiratur, 55. — Unde in fœtibus vel similitudo, vel naturæ dispares, ibid. et seq.
FORATUS, substantive. II, 55
FORINSECUS, vox insolita. II, 247
FORMICÆ. De earum natura et industria. II, 94
FORNAX, pro dea culta, I, 226.—Ab ea fornacalia dicta. Ibid.
FORTITUDO, quid sit, I, 379. — Christianorum fortitudo, 594.—Est malorum victrix. 754
FORTUNA Equestris, I, 290. — Illa ut dea culta, 437. — Gravibus accusationibus proscissa, ibid.—Per se nihil est, 440.—Fortuna mascula et muliebris culta, ibid.—Ejus cum natura differentia, 441.—Illius simulacra, 442. — Injustæ gentilium in eam declamationes. Ibid et 582
FRANCI, ejusdem cum Carpis Gothisque originis, II, 306. —Eorum limes utrum circa Danubium, 554, 528.—Victi a Constantino. 529. — Tempore Galerii Galliam totam nondum pervaserant, 766, 767.—Eorum nomen antiqu us temporibus utriusque Valentiniani. 767
FRATRES mutuo se reges solent vocare, II, 508, 484.— Frater imperii de collega imperatore, ibid. 535, 484
Fratres, de iis qui eodem aut pari magistratu in Republica fungebantur, 509.—Item de rebus animalis vel inanimatis ejusdem originis, vel similibus, 484. — Fratres Arvales, Fabriles, etc. Ibid.
FRONDES, honor, et pulchritudo arboris, II, 278.—Frons, unde dicta. II, 55
FRUGALITAS ubi sit, I, 420. — Quo sensu sit virtus ad vitium. 695
FUGARE, quid sit. I, 155
FUGA, illicita tempore persecutionis. I, 980
FULVIUS Censor. Mente captus est. I, 290
FURCIFER, quis ita dictus. I, 292
FURIÆ. A poetis decantatæ. I, 704
FURIATUS malis incursibus, pro obsessus. I, 852
FURIUS Bibaculus pius. I, 241
Furius Philo disputat contra justitiam. I, 588

G

GABIRIUS legatus Erythras. I, 117
GALATARCHÆ.—Quodnam eorum munus. II, 557
GALBA, orator. I, 595
GALEÆ, de qua materia fierent, II, 823. — Quænam proprie sic dictæ, ibid. — ραλέα, galeæ ex felinis pellibus. Ibid.
GALERIUS Maximianus, pejor malis omnibus qui fuerunt, II, 207, 208.—Ejus feritas ac barbaries, 208, 229 et seq.— Unde oriundus, 538. — Bestia appellatus a Lactantio, 207, 255, 245.—Statu et affectu terribilis, 208. — Armentarius quare dictus, 207, 509, 660.—Diocletiano unde formidandus, 208, 209. — Narseum fugat deleto ejus exercitu, 208. —Detrectat Cæsaris nomen, 209. — Ex Marte se procreatum dici et videri vult, ibid., 489.—Diocletiantum invitat ad christianos persequendos, 211. — Urget illum cogitque ad deponerdum imperium, 220 et seq. — Ejus cum illo ea de re colloquium, 222 et seq. — Augusti titulum respuit, imperante Diocletiano, 221. — Minor Augustus quo sensu, et Cæsarum extremus, 222. — Ubi purpuram induerit, 225, 226, 352, 720.—Quo die creatus Augustus, 225.—Constantium contemnit, 227.—Ejus de ordinando et deponendo imperio consilia, 227, 228, 356, 726.—Nullos suscepit libertos ex uxore Valeria, 356, 726.—De plebe urbana Capitolii ab ipso subjecta, 231.—Parentes ejus census subjecti, 232.— Severum Augustum nuncupat, 235. — Prætorianorum numerum minuit, 236, 755. — Severum mittit contra Maxentium, 236.—Namque pergit, ibique a militibus deseritur. 237
Romanum imperium Daciscum voluit cognoniinari, 239 — Tyrannus appellatus a Lactantio, 244. — Non pervenit ad annum vigesimum sui imperii, 246, 355, 556, 560. — Insanabili plaga a Deo percutitur, 420. — Deum coactus confitetur, 248, 358.—Edictum ejus pro christianis, 249. — Mortem quando, et quomodo obierit, 250, 500. — Erat per adoptionem pater Maximini Dazæ, 236.—Quomodo frater foret Constantii, 309. — Pulsus primo a Persis, 313, 487, 665.—Narseum quo anno vicerit, 315.—Utrum philosus, 351.—Præceps ac vesanus, ibid. — Bene nunquam et convenit cum Maxentio, 335. — Cæsar quo anno creatus, 469, 483 — Ad carpentum Diocletiani qua occasione cucurrerit, 487. — Statua illius tempore Juliani Antiochiæ adhuc visa, 554.—Ubi obierit, ibid.—Jovius quandoque appellatus. 572
GALLA Placidia, Theodosii Magni filia, bis nupta. I, 805
GALLI. Hesum et Teutatem humano cruore placabant, I, 230.— Sacra illa quando sublata, ibid. — Metempsychosis opinionem amplexi sunt. 405
Galli, Cybeles sacerdotes, I, 206 — Unde Galli appellati, ibid. et 234. — Eorum ritus in sacris deæ. Ibid.
GALLIÆ, immunes persecutionis sub Constantio Chloro. I. 217, 322, 504, 700

GALLICA lingua, plurimas habet locutiones a latinis acceptas. 618, 639
GALLIENUS senior, quo anno a patre Valeriano adscitus in partem imperii, II, 202, 649. — Comperta ejus captivitate supra modum lætatus est, 306. — Daciam novam amisit, 312. — Quot annos regnaverit, 481. — Religiosissimus Deique amantissimus dictus. 482
GANYMEDES. A Jove raptus in Aquilam mutato, I, 170.— De fabula illius auctores quinam consulendi, 896. — Raptus dicitur propter animi pulchritudinem. Ibid.
GAVIANA crux. I, 505
GEMINI consules. I, 474
GEMMÆ, ante Diocletianum adhibitæ ab imperatoribus in calceis. II, 488
GENÆ. De iis et earum usu. II, 41
GENERARE, pro creare, verbum familiare Lactantio. I, 388
GENII. Culti ab Ethnicis, I, 533. — Unde appellati, ibid. — Merum his profundi solitum. Ibid. et 938
GENITIVI plurales contracti, ut deum pro deorum, januarium pro januariorum, etc. II, 731
GENTILITAS, pro Ethnicorum religio. I, 329
GENTIUM majorum dii. I, 199
GENUA. De mira eorum conformatione. II, 59
GENUIT, pro creavit. I, 750
GEORGIUS sanctus, acta ejus martyrii falsa. II, 318, 321
GERGITIUM oppidum. I, 144
GERMANITAS, pro fraterna societate. II, 59
GESTATIO INFANTIUM. I, 421
GIGNERE, verbum sæpe improprie sumptum, I, 731, 893.
GINGIVÆ, unde dictæ. II, 44
GLADIATORUM ludi. I, 707
GLADII pœna honoratior habita, quam securis, II, 318, 519.— Quando usurpari cœpta apud Romanos. 520
AD GLADIUM COMPARARE HOMINES, pro gladiatores emere. I, 683
GLAUCA, Plutonis soror gemella. I, 190
GLEBA senatoria, aurum glebale, quid sit, II, 736, 757, — Agni glebati, glebatici. 737
GLEBATIM, quid significet. II, 231
GNOSSUS, urbs Cretæ. I, 178
GNOSTICI hæretici, vide Valentiniani.
GORGONIUS christianus, apud Diocletianum quod munus obierit. II, 585
GOTHI. Quæ loca incolerent, II, 306, 364.— Sub Diocletiano vicinæ provinciæ romanæ partem invaserunt. 564
GRACCHANA tempora. I, 275
GRÆCÆ voces latinis litteris sæpius exaratæ apud patres. II, 687
GRÆCI. Apud eos majore in gloria philosophi fuerunt, quam oratores, I, 114.— Montibus et fluminibus hominum nomina indiderunt, 181. — Una eorum appellatio, 182. — Idolatria ab iis orta, 196. — De illis versus Sibyllarum, ibid.— Res levissimas pro maximis semper habuerunt, 211. —Eorum in consecrandis Cupidinis et Amoris simulacris nequitas, 221 — Palliati cur dicti, 365. — Levitas illorum a Cicerone sæpe notata, 388.— Philosophiam quare excogitaverint, 397.— Quomodo et quanto studio incubuerint inquirendæ veritati. 431
GRÆCUM natum esse quanti Plato fecerit. I, 413
GRAVATA VIRGO, pro gravida. I, 479
GULA. Vid. ÆSOPHAGUS.
GURGURIO. Vid. ARTERIA ASPERA.
GYNÆCEA, loca destinata operibus muliebribus, II, 228, 337, 729. — In ea interdum pœnæ loco viri noxii mulieresque conjiciebantur. Ibid.
GYNÆCIARII, dicti opifices, qui in gynæciis laborabant. II, 729

H

HABERE æmulationem, prudentiam, justitiam, etc. II, 127. — Non habere, pro nihil habere. 772
HABERE dicere, pro posse, vel debere dicere, phrasis græca, Lactantio familiaris. I, 738
HABITUDO. II, 59
HADRIANUS imperator, postremum consulatum quo anno inierit, II, 446. — Imperium quo anno sit adeptus, ibid. —Ejus voluntate mutati termini imperii, 576, 633.— Non christianis favisse probabile. 581, 642
HÆRESES, dictum a jurisconsultis de conditionibus, seu unctionibus, II, 573, 431. — Hæresis navalis, pro conditione navali. 573
HÆRESIS. Hæreses esse oportet, I, 540.— Illarum origo quænam fuerit. 541
HÆSITARE, idem ac dubitare. II, 722
HAMATA PRIMORDIA, pro atomi. II, 101
HARJUGA, sive haruga, quid esset. II, 672

HARMONIA, Veneris filia. I, 207
HARUSPICES, quinam dicerentur, II, 672.— Ab auguribus prorsus differebant. 673
HASTA pro Marte culta a Romanis. II, 499
Hastæ, olim pro diis cultæ. Ibid.
HEBRÆI, unde ita dicti, I, 528, 473, 967. — Nomen illud quando amiserint. Ibid.
HELENA. I, 162
Helena, mater Constantini, unde oriunda, II, 463 et seq. — Hanc repudiare Constantius coactus est, ut Maximiani privignam duceret. 543
HELICON, mons musis dicatus, I, 132. — Ejus sublimitas a poetis prædicata. Ibid.
HELLESPONTICUM mare. I, 182
HERACLEA Thraciæ, olim Perinthus dicta. II, 572
HERACLITUS. Ex igne dicit nata esse omnia. I, 309
HERCULES. Ejus stupra et libidines, I, 156. — Quod nihil gesserit magnificum, 157. — De istius apud Omphalum servitute, 159. — Quo tempore vixerit, ibid. — Dens a Philocteta non est creditus, 160. — Quandonam Trojam expugnaverit, 159. — Quod viribus corporis non meruerit immortalitatem, 210.— Ejus sacra Lindi celebrata, 238.— Hercules Alexicacus, 559, 560.— Unde præcipua illius commendatio. II, 45
HERCULIUS, cognomen Maximiani, qua superbia assumptum, II, 274, 656. — Ad successores ejus translatum. 274
HERILLUS. Summum bonum in quo constituerit, I, 364.— Quinam fuerit. Ibid.
HERMAPHRODITUS, ejus origo. I, 207
HERMES TRISMEGISTUS. Illius testimonia pro divinis habita ab Ethnicis, I, 138. — Ab Ægyptiis Thoyt cognominatus, ibid.— Multo fuit antiquior Jove, et eo Mercurio a quo occisus est, ibid.— Quos libros ediderit, ibid.— Qui sub ejus nomine hodie circumferuntur, constat esse supposititios, ibid. — Litteras invenisse, et Ægyptiis tradidisse fertur, ibid.—Quare Trismegistus appellatur, 140.— De Deo quid senserit, 139.—Hominem tradidit ad imaginem Dei et Deo factum, 514, 746. — Quosnam ab incursibus dæmonum liberos existimavit, 555.— Pietas, quid sit, juxta illum, ibid. — Ejus de Dei filio testimonium, 461. — Veritatem pene omnem investigavit, 469. — De vero Dei cultu ipsius sententia, I, 750.— Ejusdem vaticinium de mundi excidio, 795. — Unitatem Dei agnovit, 112. — Trismegitus unde dictus, ibid.— Quo tempore vixerit. Ibid.
HERMOPOLIS, oppidum Ægypti. I, 139
HERODES Agrippa, quam fœde perierit, II, 420. — Quo anno abierit, 438. — Jacobum apostolum, Joannis fratrem interfecit. 628
HERODES Antipas, Joannem Baptistam interfecit. II, 628
HERODES magnus. De funesta ejus morte. I, 420
HEROPHILE Sibylla. I, 143
HERTA. Eo nomine terra pro dea culta a Germanis. I, 281
HESIODUS. Horruit incognitam veritatem. I, 132
HESUS, Gallorum Deus, humano sanguine placatur, I, 230 — Idem fuit atque Mars. 229
HIC, pro alibi. II, 205
HIERAX Ægyptius. Hæreseos insimulatus ab Epiphanio. I, 381
HIEROCLES. Ejus libri adversus christianos, I, 555, 990.— Quo tempore vixerit, 555. — Illius in persequendis christianis sævitia. Ibid.
HIEROCLES, præses Bithyniæ, auctor et consiliarius persecutionis Diocletianeæ, II, 218, 325.— Multam carnificinam de christianis exercuit, 325. — Eo nomine quot fuerint, 408. — Scripsit adversus christianos. 702
HIERONYMUS sanctus. Ejus libri Lactantii de Ira Dei honorificum testimonium. II, 79
HIERONYMUS philosophus. De summo bono. I, 364
HIEROSOLYMA, urbs, quomodo a Salomone condita, I, 486. — De vero ejus fundatore, ibid.— Nomen ejus unde. Ibid.
HIPPOLYTUS. Utrum mortem ipsam, an periculum mortis duntaxat passus fuerit. I, 209
HIRCUS. Cultus ab Ægyptiis. 787
Hisdem, vox ignota Ciceroni.
HISTRIONES, corrumpunt mores. I, 710
HOMERUS. Bellantes inter se Deos finxit, I, 125. — Nihil dare potuit, quod pertineret ad veritatem, 151. — Utrum Deum unum cognoverit, ibid. — Ob suas de diis fabulas a multis perstrictus, 213. — Inter poetas nullos fœde de iis loquitur, ibid. — Jovem dæmonibus aggregavit, 534.—De ejus ætate, 803. — Unum Deum asseruit. 888
HOMO. Natura proclivis in vitia, I, 113. — Quomodo diis homines flant similimi, 158. — Plus esse in homine, quam videtur, 255. — Άνθρωπος a Græcis cur appellatus, 257. — Status rectus, quare ipsi attributus, ibid. et 261, 382. — Ipse est vere Dei simulacrum. 260

Homo, pro anima, 265. — In quo Plato essentiam ejus posuerit, 264 — Ei soli ratio tributa, 266. — Illi satis est ad perfectam prudentiam, si Deum esse intelligat, 277. — Quod non sit pars mundi, 282. — Necesse fuit hunc postremo fieri, 305. — Rerum cœlestium intelligentiam cur non habeat, 305. — Perfecta illius sapientia in quo sita sit, *ibid.* — Igne quare solus uta ur, 310. — De ejus creatione, 512. — Unde homo dictus, *ibid.* et 930. — Quod non sit ortus e terra sine ullo artifice, 314, 317. — Quod non semper extiterit, 315. — Ex rebus diversis ac repugnantibus concretus, 319. — De bona eum vita post Adami lapsum longissima, 325. — Ea post diluvium centum et viginti annis quo sensu circumscripta, 526, 934.—Natura hominis tacta a Deo veri adipiscendi cupientissima, 349. — Aliena melius dijudicat quam sua, 357. — Unde in eo scientia, aut ignorantia, 360. — Cujus rei causa natus sit, 373. — Summum ejus bonum in quo positum, 574.— Quod illi soli religio sit propria, *ibid.* — Ad quid ratio ipsi data, 375. — Quot partibus constet, 373. — Quod cadat in eum beatitudo et immortalitas, 380. — Proprium est illius errare, 385. — Non ad stultitiam, sed ad sapientiam nascitur, 396. — Non idcirco natus est, ut scelerum pœnas lueret, 409. — In eo interna et propria doctrina esse non potest, 521. — Videri vult etiam cum ratione peccare, 522. — Frons ejus summum limen, 531. — Quæ spes sit ipsi vitæ proposita, 555. — Ipse est templum Dei, 573. — Inter summas ipsius laudes innocentia numeratur, 608. — Natura ejus socialis et benefica, 609. 668. — Quodnam sit illius officium, 635. — &c; unde dictus, 639. — Quod homines omnes fratres sint, 667. — De tribus eorum generibus post diluvium, 668.— De sensuum in homine voluptatibus, 705. —Sanus quis et justus dici debeat, 726. — Quomodo intelligere non possit quod fecit Deus, 759. — Brevis mundus quare dictus, 742. — Omnia quæ in mundo sunt, etiam mala, ipsius causa esse facta, 746. — Sapientia cur sit ei attributa, 748. — Illum propter Deum esse factum, 749, 757. — Quare mortalis a Deo effectus, 752. — Cur non statim atque natus est rectus ingrediatur, 755. — Sequitur potius bonum sensus, quam bonum rationis, 885. — Eum esse animam tantum intellectivam, non autem corpus, quinam docuerint, 916. — De illa quæstione quid sentiendum, 917

De Dei providentia in ejus creatione, II, 14. — Ejus et pecudum conditio, quænam antepenenda, 16. — Cur erectus creatus et bipes, 34. — Solus habet aliquam notionem Dei, 93. — Ex atomorum concursu fortuito non est effectus, 105. — Unde nomen acceperit, 108. — Mundum ejus causa esse factum, 115. — Fecit illum Deus propter se, 122. — Unde ad eum peccatum pervenerit, 123, 135. — Hunc sola beatum facit innocentia, 147. — Dei simulacrum. 522

Homo positum loco pronominis, *is, ille.* 804

HONOR, domina vocatus, quamvis generis masculini, II, 572. — Instar deæ interdum effictus. *Ibid.*

HONORES. Horum possessioni veritatis cognitio quantum præstet, I, 111. — Iis cur nemo justior efficiatur. 112

HONORATI viri, romanis legibus a tortura immunes, II, 516

HONORI atque virtuti ædes consecratæ, I, 221. — Quo ritu et die Honori sacra peragerentur. *Ibid.*

HONORIFICARE. II, 146
HONORIFICO. I, 277, 811
HONORINI Dei ubi mentio. I, 221

HOREB, mons in quo per Mosem lex Judæis data, I, 500. — Ubi situs, *ibid.* — Utrum a Sinai sit distinguendus. 980

HORMISDAS, Persarum rex, Sapori patri successit, II, 486. — Non unus fuit eo nomine, sed plures, sæpe confusi. 486, 487

HORMISDAS qui confugit ad Constantinum, quis fuerit. 487

HORREA, ab apothecis differebant, 796. — Cum iis tamen quandoque confusa. *Ibid.*

HOSPITES immolabant Tauri, I, 230

HUMANITAS. Summum est hominum inter se vinculum, I, 666. — Eam conservare quid sit, 671. — De ejus officiis, *ibid.* — Eam non utilitate metiendam. 672

HUMANUM genus, de romano imperio, II, 472, 601, 771, HYSTASPES. Quinam fuerit, I, 796, 1007. — Illius de romani imperii excidio somnium, *ibid.* — Hujus item vaticinium de mundi excidio. 795

I

IBIS, avis culta ab Ægyptiis. I, 786
ICARIUM mare, unde dictum. I, 182
IDOLOLATRIÆ origo, I, 155, 247. —De ea Lactantius quid senserit, 328. — Inter gentes quomodo transfusa sit. 449

IDOLOTHYTA, quotidianus aliquando cibus Maximini, I, 255, 365. — Quando primum christianis imperata, 363. — Ab iis semper abhorruerunt, *ibid.*, 541.— Iis Nicolaitæ et Valentiniani participabant, 541. — Utrum abstinere ab iis quarto sæculo fideles tenerentur. 678

IDONEI, pro *locupletes.* I, 672

IGNIS. Ex eo dixit Heraclitus nata esse omnia, I, 309. — Quare in nuptiis cum aqua adhiberetur, *ibid.* — Exlibris cur interdictus, 310. — Illo solus homo quare utatur, *ibid.* — Ignis æterni natura diversa ab hoc nostro, 801, 1011. — Quænam sit, *ibid.* — De ejus actione in reprobos, *ibid.* — Variæ ejusdem denominationes apud veteres. 801, 802

IGNORATIO sui, causa pravitatis. I, 119
ILLÆSIBILIS, rara vox. I, 130
ILLIBABILIS, vox rara. I, 287
ILLICIBILIS. I, 818
ILLUMINATOR. I, 698
IMAGINATUS, passive positus, pro *in imaginem figuratus.* I, 594

ILLYRICUM, utrum situm ad ripam Danubii, an ad mare Adriaticum, II, 330, 506.— Quam longe lateque patuerit, 534, 533. — Divisum in Orientale et Occidentale. 535

IMAGINES deorum coronabantur, I, 256.— Earum fingendarum ratio ab hominibus inventa, 259. — Nullam habent potestatem, 261. — Nihil in iis majestatis est, 268. — Sunt grandes pupæ, 271. — Artificum illarum Philo quomodo egestatem irrideat, 272. — Vanæ esse demonstrantur, 342. — Ubicunque sunt, ibi nulla est religio, 344. — Imagines funeribus nobilium adhiberi solitæ, 558. — Atque regum Franciæ, 560. — Imaginibus quinam cultus a christianis deferatur, 914. — Ille quam antiquus, *ibid.*—Quinam eum impugnaverint. 915

IMAGO DEI, seu simulacrum, frustra quæritur a paganis in Ecclesia Nicomediensi, II, 513. — Imaginum usus gnotus christianis veteribus in Ecclesiis, 317. — Imperatorum imagines missæ in provincias in signum adeptæ dignitatis, 415, 426. — Cum veneratione excepta a populis et magistratibus, 426. — Aliquando post mortem eorum dejectæ et ignominiose habitæ, 426, 427. — Imagines distinctæ a statuis. 550, 747, 748

IMBER ferreus dicitur a poetis. I, 170
IMMINERE, dictum de die sequenti. II, 814
IMMINUERE. I, 165
IMMINUERE, pro *corrumpere.* II, 255
IMMOLARE, diversum a *litare,* II, 673. — Proprie quid sit. *Ibid.*

IMMOLATITII cibi, *Vid.* IDOLOTHYTA.
IMMORTALITAS est summum bonum, I, 380.— Cadit in hominem, 381. — Ejus appetitio quam vera et recta sit, 381. — Virtutis est merces, 435. — Illius denupta spe, frustra virtus expetitur, 665.—Non sequela naturæ, sed præmium virtutis est. 755

IMPASSIBILIS. I, 127, 302
IMPATIBILIS, qui nescit pati. I, 799

IMPERATORES. Nullum discrimen fuit inter purpuram eorum et Cæsarum, II, 227, 511, 556. — Vox *Imperator* in titulis secundo loco posita, quid significet, 560. — Utrum ab illorum natali anni numerarentur, 576. — Consulatum solebant sumere simul ac inibant imperium, 506. — Quo insigni a Cæsaribus distinguerentur, 511 et seq. — Utrum diadema utrisque commune, 511.—Secundas nuptias adire utrum per leges ipsis liquerit, 547. — Domini appellati, 573. — Ipsis regium nomen quando inditum a Latinis, 648, 762. — Imperatoris ac principis appellationes promiscuæ, 650. — Imperatorum nomen utrum aliquando Cæsaribus datum, 664. — Imperium dictum tam de imperio cæsareo quam de Augusto. II, 745

IMPIE, pro crudeliter, inhumaniter. II, 802
IMPIUS, pro crudeli, inhumano. II, 242, 767
IMPRUDENTIA, quid sit. II, 167
IMPUNE, cedere. II, 137
IN, cum sexto casu, pro quarto. II, 250, 423, 426, 764, 765
IN PRÆSENTI, pro in præsenti tempore. 705
INACTIUS regnat, I, 171, 181. — Nomen suum fluminii indidit. 182
INÆSTIMABILIS, pro innumerabili. II, 102, 248, 531
INCARNATIONIS causa, et de ea prophetarum testimonia, I, 475. — Argumenta infidelium contra illam. 517
INCENDIUM Romæ quod anno contigerit, II, 439. — Utrum causa fuerit persecutionis in christianos. 622
INCOGITABILIS, pro incogitans, inconsideratus. I, 155
INDES, martyr in diocletianea persecutione. I, 321
INDICIA, pro indiciis. II, 658, 359
INDICIUM PROFITERI, quid sit. I, 947
INDICTIONES, idem ac tributa, II, 357, 483.—Factæ initio extra ordinem, quibus de causis, 399, 483. — Diversæ a canone et oblatione. 399, 71

INDISSOCIABILIS. II, 43
INDU foro, pro in foro. I, 879
INDICERE hominem quid sit. I, 470
INDICERE, indici, dictam de iis, qui Cæsares vel Augusti creabantur. II, 331
INDULGENTIA, idem ac pax, cessatio a persecutione, II, 362. — Sumpta item pro clementia et benignitate imperatorum, 533. — Ammiano Marcellino antiquior. *Ibid.*
INDULGITAS. II, 576
INELOQUIBILIS. I, 750, 769
INELUIBILIS, vox insoléns. II, 147
INEPTIRE. II, 29
INFANTES. Statim a nativitate baptismi sunt capaces, I, 754. — Si vel necati, vel expositi. 578, 708
INFERI juxta philosophos. I, 661
INFERIÆ quid sint. I, 581
INGRATIS, adverbium. I, 316
INGRATUS ALICUI. I, 17
INGRESSUS divi, in veteri kalendario, de quo imperatore intelligendus. I, 568, 813
INO. Est Leucothea et Matuta. I, 236
INQUIES, idem ac inquietus. II, 807
INROGARE, pro IRROGARE, et utrumque pro inferre. I, 604
INSECABILIS. II, 98
INSOMNIA, quietis vocabulo a Latinis nuncupata. 291
INSTITUTIONES. Scopus Lactantii in conscribendis divinis institutionibus, I, 116. — Institutiones quid sint, et quid divinæ. *ibid.* — Ab illo quando editæ, 116, 542, 886. — Institutiones juris civilis, 116. — Libri Divinarum Institutionum utrum scripti ante librum de Ira Dei, II, 82, 110. — Quo tempore compositi et emissi. II, 298, 299
INSTRUERE certamen. II, 416
INSULTARE alicui, quid significet. II, 602
INSUSTENTABILIS, vox Lactantiana. II, 271
INTERFICERE, INTERFICI, dictum aliquando specialiter de hominibus cruce vel submersione necatis. II, 630
INTERPATERE, vox satis latina. II, 50
INTESTABILIS, idem ac detestabilis, execrabilis. II, 367, 814

Io, filia Inachi. An a Jove in bovem sit mutata. 171
IRA an sit mala, I, 695. — Illa hominum appellatione nos spoliat, 701. — De ea sententia peripateticorum, 705. — Ad quem usum a Deo data, 704. — Quo sensu Deo conveniat, 942; II, 89, 92, 125. — Illius variæ philosophorum definitiones, 129, 130. — Quænam in homine et in Deo debeat esse vel non esse, 131. — Ejus vitiosa est in peccatis cohibitio, 132. — In Deo quomodo sit immortalis, 140. — Sine ea imperii cœlestis majestas non potest consistere. 143
IRREFUTATUM. I, 604
ISAIAS propheta. Serra dissectus, I, 477. — Quo tempore. *Ibid.*
ISIS. Ejus sacra apud Ægyptios, I, 235, 907. — Nominis illius etymologia, 235. — Unde cornua ipsi attributa, *ibid.* — Eadem cum Cerere Græcorum, *ibid.* — Ejus sacerdotes totum corpus radebant. *Ibid.*
ISRAEL (regnum). Unde ita dictum, I, 958. — Quot reges habuerit, *ibid.* — Quot annos complectatur, *ibid.* — Series regum ejus unde incœperit. *Ibid.*
ISTER idem ac Danubius. II, 327
ISTHMICI ludi, in cujus honorem Græcis celebrati, I, 256
ITA PLANE, locutio Lactantio familiaris, II, 222, 250. — Ita, pro deinde. 698, 813, 826

J

JACOB, in Bethel lapidem non adoravit, nec illi sacrificavit, II, 494
JACOBUS apostolus, Joannis frater, sub quo principe interfectus. II, 628
JACTARE, pro *jacere*. II, 230
JANUARIUS, Fibulariensis episcopus, concilio Illiberitano interfuit. II, 503, 504
JANUS, an idem ac Noe, I, 188. — Cur pingatur bifrons. *Ibid.*
JAPETUS, Promethei pater. I, 312
JECUR. Quod sedes sit libidinis, I, 689. — De ejus natura. II, 60
JESUS. Nomen Filii Dei inter homines, I, 464. — *Vid.* CHRISTUS.
JOANNES apostolus, qua occasione ex insula Pathmo revocatus et Ephesus reversus, II, 199, 305. — Quo anno Christi imperii Diocletianei in dolium ferventis olei plenum admissus. 440
JOANNES BAPTISTA, sub quo principe perierit. II, 628
JOANNES (beatus) edictum Diocletiani et Galerii de persequendis christianis non conscidit. II, 318

Joannis evangelium quomodo interpungendum. I, 469
JOSEPHUS, Jacobi filius, an sit Serapis. I, 235
JOSUE Judæos quot annis rexerit, I, 459, 636. — De primo ejus nomine, 501. — Quomodo Jesus recte dicatur. 956
JOVIUS, Diocletiani cognomen, qua superbia assumptum, II, 274, 462, 510, 636. — Ad successores ejus translatum. 274
JUBA, inter deos a Mauris relatus, et ab iis cultus. I, 194
JUDA (regnum). Unde ita dictum, I, 958. — Quot reges habuerit, *ibid.* — Quot annos regnaverint. *Ibid.*
JUDÆI. Mortuos ungunt et lavant, I, 270. — Suos habent exorcistas, 535. — De rebus eorum quinam scripserint, 459. — Quot annis sub judicibus atque regibus vixerint, *ibid.* et 956. — De eorum captivitate in Ægypto, 470. — In deserto commorantur, 471. — Judæi unde dicti, 475, 958. — Eorum regimen usque ad Christum, 473. — Prophetas respuunt et necant, 375. — Christus ad eos missus, 478. — Prophetarum de illo testimonia quare non intellexit, 489, 498. — Causa illorum in eum odii, 499. — Circumcisio ipsis a Deo cur imperata, 500. — Unde ipsis suillæ carnis interdictio, 501. — Horæ quænam notiones apud eos, 510. — De more illorum in mortuis humandis, 512. — Agnus Paschalis figura Christi apud eos, 530. — Messiam frustra expectant et sperant, 738. — De tempore commorationis eorum in Ægypto et in terra Chanaan, I, 267. — Tempore persecutionis quomodo se gererent, II, 575. — Cum christianis confundi soliti. 473
JUDICES militares, rudes litterarum, II, 231, 520, 755. — Quando quasi instituti, et postea prohibiti. 520 et seq.
JUDICIUM. De Christi adventu ad extremum judicium, I, 796. — De altero maximo judici. 813
JULIA, uxor L. Septimi Severi utrum Caracallæ mater, et num illi nupserit. II, 823
JULIANUS Apostata, quomodo titulum Augusti usurpaverit, invito Constantio, II, 313. — Multa imitatus est de Diocletiano et coævis principibus, 423. — Quam bene se apparitorem fidum nominaverit. 469, 488
JUMENTA, unde dicta. II, 311, 929
JUNO. Ubi culta, I, 195, 206. — Sacra ejus nuptiarum ritu celebrantur, *ibid.* — Cur habuerit nomina ad matrimonium pertinentia, 207. — Juno Cunina a Romanis culta, 226, 906. — Junonis Monetæ post captas Veias responsum, 290, 921. — Moneta unde dicta, I, 290. — Unde Lucinia, *ibid.* — Juno Argiva, sub forma columnæ culta. II, 498
JUPITER Καταιβάτης, seu Descensor, II, 474. — Ipsi loca fulmine tacta consecrata, *ibid.* — Ἀγραῖος unde dictus, 501. — Huic albæ hostiæ immolatæ. 505
Jupiter. Quo tempore vixerit, I, 158. — Iniquus in patrem, 164. — Ejus stupra et libidines, 165. — Quare dictus Optimus Maximus, 164. — Ejus cum Junone sorore conjugium, 165. — Cur cœli dominus esse fingatur, 166. — Quod Deus videri aut credi non possit, *ibid.* — Ejus in vitandis Thetidis nuptiis imprudentia et imbecillitas, 167. — Quomodo servatus et educatus, 169. — Quare Ζεὺς, sive Ζὴν appellatus, *ibid.* — Quæ de illo poetæ finxerint, 170. — De ejus cum fratribus regnorum sortitione, 173. — Cur in eam sortem terra non venerit, 173. — Unde dici potuerit cœli regnum esse sortitus, 175. — Jovem quare plures apud philosophos, 176. — Jupiter unde dictus, *ibid.* — De ejus morte et sepulcro in Creta, 178. — Unde dictus Capitolinus, 179. — Aquila cur ipsi dicata, 183. — De eo ejusque cognatione, 190. — Jovi Pistori aræ a Romanis erectæ, I, 226. — Humano sanguine Latialis Jupiter cultus, 906. — Sacra ejus in Creta, 240. — Αἰγίοχος appellatus, *ibid.* — Unde orta fabula advolasse apes, atque os pueri melle complesse, 284. — Quod fana illi ac se in multis in locis constituerit, *ibid.* — Unde dictus Atabyrius, *ibid.* et 910. — Unde Labrandius, vel Labrandenus, et Cassius, 248, 249, 910. — Varia ejus nomina et cognomina, 429. — Ab Homero dæmonibus aggregatus. 554
JURISCONSULTI, in quo differant a causidicis. II, 520
Jus civile varium, I, 661. — Hujus diversitatis ratio et causa. 662
Jussio, vox non admodum latina, I, 584. — Jussio quid significet. II, 218
JUSTITIA. Ejus præcepta amara sunt male viventibus, I, 129. — Cibus est animæ, I, 322. — Quid sit, I, 373. — Ejus pars, vel forma religiosa, 376. — In quo reposita a Platone, 417. — Tota in hominis mente versatur, 420. — Mater est omnium virtutum, et eas omnes in se complectitur, *ibid.* — Sola judicari potest verum bonum. 496. — Fons est ipsa virtutis, I, 564. — Quod Saturno regnante in terra viguerit, *ibid.* — A Jove fugata, 566. — Ejus officia, 568. — Per quem in terra sit revocata. 570. — Quod omnibus nota sit, et non suscepta, 572, 575. — Quod per se habeat speciem quamdam stultitiæ, 595, 602. — Pietas et æquitas quasi vanæ, 597. — Ejus quanta vis sit, 600. — Quod via ejus sit simplex, angusta et ardua, 639. — Quantum ab illa recedat

utilitas, 662. — Quod absque fice nulla sit, 663.— Ubinam sit, 679. —Ea qui eget, qualis repulandus, I, 686.—Quod qui illam operatur, jactare se non debeat, 698. — In quo illius summa consistat, 720. — Nonuisi ad eam nascitur, 729. — Sola est quæ vitam homini pareat æternam. 780

JUSTITIA. Sola facit beatos, II, 147. — Idem ac veri Dei cultus, 196, 303. — Sumpta item pro justo populo, seu Ecclesia. 626 et seq. 644

JUTURNA, quænam fuerit, 289. — Ejus laus et fons. *ibid.*

JUTUS, verbum non insolens. II, 43

K

KALENDÆ. His Romani nunquam annectebant, dies, qui kalendas sequuntur, II, 384.— D es kalendarum quintus imperatorum adoptionibus sacer, 2-2.—Kalendæ apriles, maii, etc., locutiones tam latine quam kalendæ apriles, maiæ, etc. 809

Καλιεκρέτης, non is qui victimas dividebat, II, 541.—Quæstor fuit pecuniæ publicæ. *Ibid.*

KΩευσις, pro jussione. II, 646, 703

Κέλευσμα et Κελεύσματα, non fuisse generis unius, II, 637.— Quænam militaria, vindemiatoria et nautica, *ibid.* — Nautica quomodo canerentur. *Ibid.*

Κλιμακίδει, mulieres quædam dictæ. II, 482

Κοσμός. Mundus a Græcis eo nomine cur appellatur, I, 122

Κρείσσων, seu Κρεῖττων, ad verbum melior, pro contemptore. II, 458 et seq.

Κρόνος, Saturnus, quare ita dictur. I, 186

Κυνίαι, galeæ ex caninis pellibus. II, 823

Κωρίεν. Vox illa quid significet, II, 513. — Dicta de villa vel domo in agro exstructa. 523

L

LABIA. De iis eorumque formæ et usu. II, 44

LIBRANDA, vicus Cariæ. I, 243

LACEDÆMONII Veneri armatæ templum erexerunt. I, 225

LACERTI, quid sint in homine, II, 43. — Dicti de robore. *Ibid.*

LACTANTIUS. Forum non attigit, I, 114, 385, 885. — Scopus ejus in scribendis libris Divinarum Institutionum, 116. — Hellenismis quandoque utitur, 142. — Non scrupulose satagit in supputationibus temporum, I, 232, 856. — Ab Arianorum et Manichæorum hæresibus vindicatur, 293, 922. — Quod non asseruerit, animas omnes in principio creatas, 311, 930. — Illum Marcionis errorem non docuisse de corpore hominis a diabolo formato, 321. — De regno mille annorum quid somniaverit, 324.—Error illius de angelis datis hominibus ad custodia n, 350.—Parum sibi constat in explicanda Epicuri doctrina, I, 363. — Quo sensu dixerit, abjiciendam omnem philosophiam, 396. — Ejus de animis impiorum sententia posse illos arte magica verti in lupos, 413. — Quod Socrati videatur iniquior, 416.—Illius error in præscribendis antipodibus, 425. — Vocem naturæ quod præter meritum interpretatus sit acerbius, 437. — Illum in citandis Scripturæ sacræ locis versione Septuaginta interpretum plerumque usum, 462, 960 — Huic simplex pro composito familiare, I, 532, 551. — Balbutire illum circa Verbi divinitatem, 539.— Oratoriam artem ubi docuerit, et quo tempore, 552, 553. — Immerito Cyprianum arguit, 563. — Deum auctorem mali num fecerit, 750, 658. — Quo romanæ constantiæ et fortitudinis exempla male interpretatur, 592. — Justam defensionem cum iniqua aggressione confundit, 636.—Quæ de cultu Dei exteruo dixit quomodo intelligenda, I, 728. — Ejus error in assignanda differentia inter domum et sacrificium, 739.— Illius opinio de causa mundi finali, 747. — Videtur in ea fuisse sententia, animas quasi tot particulas de Deo decerptas, 750, 930. — Arguitur hæc ejus doctrina, hominem in æternum manere non potuisse, 752. — A Chiliastarum errore quomodo excusetur, 785. — Ejus error de expurgandis igne justorum corporibus post judicium, 802.—Notatur ejusdem opinio erronea, pœnas animarum et præmia differri in diem judicii, *ibid.* — Quo sensu dicere potuerit, animas resurrecturas, 805. — Adversus Budæum defenditur, 897. — Quod unum Dei Filium Jesum et agnoverit et docuerit, 925. — Illum Dei sedem, domiciliumque beatorum in cœlo sidereo non statuisse, sed in empyreo, 927.— In quo cum Manichæis consentire videatur, in quo ab iisdem dissentire. I, 928

Lactantius verba composita usurpat sæpe pro simplicibus, et simplicia pro compositis, II, 26. — Ejus error in assignando numero articulorum in pollice, 47. — De bonorum et malorum ordinatione quid senserit, 119. — Hallucinatur in assignando anno mortis Christi, 194. — Amat argutias, 251. — Utrum carmen scripserit de Phœnice et de Pascha, II, 277, 285. — Liber ejus de Mortibus Persecutorum quo tempore compositus et absolutus, 297. — Libros Divinarum Institutionum quando scripserit et emiserit, 299.— De ejus patria, *ibid.* — Ubi et quando Crispi, Constantini filii, educandi munus cœperit, *ibid.* et seq. — Quo anno venerit in Gallias, *ibid.* — Ubi et quando mortuus, *ibid.* — L. Cœlius aliquando appellatus, 389. — Amat formulas veterum elegantiasque sermonis, 393. — Consuetas verborum formulas frequentat, 416. — Duplex titulus apud veteres ipsius libelli de Mortibus Persecutorum. 395

LACTES, pro intestinis. I, 640

LAIS, meretrix, I. — Quid de illa dixerit Aristippus. 395

LAMPSACUM, hæc urbs ubinam sita. I, 257, 260

LANCEA, adhibita in emendationibus loco fustis, ut olim ignominiosa, 412. — Nomen ejus unde desumptum, 518. — Figi solita ante præfecti Castrorum prætorium. *Ibid.*

LANCEARII, lanciarii, milites lancea armati. *Ibid.*

LANISTÆ quid sint apud veteres. I, 683

LAOMEDON. Fauno coævus fuit, 247. — Ab Apolline et Neptuno mercede fraudatis qua pœna affectus. 895

LAPIDES, a gentilibus honore divino culti, II, 494, 495 et seq. — Lapis Al-Hajar-Al-Aswad cultus a Mahumetanis. *Ibid.*

LAPIDES Bætuli apud Phænices. *Ibid.*

LAPIDES divi, quinam dicti, *ibid.*—Hisis templum extructum in Oriente, *ibid.*—Cultus lapidum diu duravit, ipsamque plebem christianam infecit, 498. — Viguit etiam apud Romanos. 499

LAPSI quinam dicerentur primis Ecclesiæ sæcul s, II, 592. — Triste illorum nomen in Ecclesia. 597

LARA, seu Laranda, eadem ac cea Muta apud Romanos. I, 226

LARENTINA, Romuli et Remi nutrix credita, et divinis honoribus culta a Romanis, I, 216. — Quænam fuerit, 217. — Lupa quare dicta. *Ibid.*

LARENTINALIA sacra, qua occasione instituta, I, 218. — Quo die celebrarentur. 217

LATINUS, Priamo coævus fuit. I, 247

LATIUM, unde dictum. I, 189

LATRONES clementes. I, 234

LAUREATÆ tabellæ a quibus afferrentur, II, 255. — Imaginum laureatarum usus multiplex, sed præcipuus in imperatorum inaugurationibus. 416

LAURENTIUS martyr, quo anno obierit. II, 560

LEÆNA. Quænam fuerit, I, 247. — Qua occasione Athenienses ipsi statuam posuerunt, *ibid.* et 904. — De patientia ejus admirabili. *Ibid.*

LECTISTERNIA, eo nomine unde dicta. I, 798

LEDA eadem quæ Nemesis. I, 236

LEGIONES riparienses quænam. II, 527

LEGES, ea intentione latæ ut proficiant, non ut noceant. I, 308

LEGES. Multas argumentum esse morum corruptorum, I, 574. — Legis divinæ præclarum encomium, 660. — Quid sit legem abrogari, 661. — Quænam legis nomen non mereantur, *ibid.* — Has non justitia, sed utilitas reperit, 662. — De legibus inutilibus. 663

LEGITIMÆ coqui, de martyribus, qualis cruciatus fuerit, II, 214, 319, 503, 689. — Legitima sacra, injuriæ hostibus illatæ legitime, 519. — Legitima verba, fossa legitima, 407. — Oleum legitimum. 593

LEMNOS. Vulcanus in eam præcipitatur. I, 195

LEO, cultus ab Ægyptiis, I, 787. — Soli sacer. *Ibid.*

LETHARGUS. Quid sit, I, 774. — Unde nomen habeat, *ibid.* — A Latinis quibusdam quomodo appelletur. *Ibid.*

LETHENCS fluvius, unde dictus, I, 804. — A poetis quare adinven us. 806

LETHUM, et Letum, varie scriptum pro varia etymologiæ ratione. II, 769

LEUCIPPUS, atomas, et ex iis mundum generatum admisit. II, 100

LEUCOTHEA, quænam sit. I, 258

LEVES quinam dicti. I, 674

LEVITER, pro *sensim.* II, 41

LIBANIUS in quo genere floruerit, I. 685. — Quam gratus fuerit Juliano imperatori. *Ibid.*

LIBELLUS, de charta breviori, II, 429, 821. — Acceptus interdum pro epistola. *Ibid.*

LIBELLUS repudii quot constaret versibus, 821 et seq.

LIBER. Vid. BACCHUS.

LIBERA, Dea ab ethnicis culta, I, 164. — De illa variæ opiniones. *Ibid.* et 898

LIBERALIS, distinguitur a prodigo. I, 696

LIBERI, quo ritu apud veteres pro legitimis agnoscerentur, 202. — Trium liberorum jus quale fuerit, 204, 302.— Patrum potestas in eos olim quanta fuerit, 454. — Quibus de causis posset a parentibus abdicari, 457, 955.— Quibus commodis abdicati privarentur, *ibid.*— Abdicati et exhæ

redati quinam dicerentur, 515. — De morte et ritu illos exponendi, 578. — De eorum exhæredatione, 511. — Eos recens natos interficere aut exponere quam sit impium.
708
LIBIDO ad quem usum data, I, 704. — Aspectu maxime concitatur, 711. — Quare coercenda. 712
LICINIUS, amicus vetus et contubernalis Galerii, II, 227. — Illum Cæsarem post depositionem Diocletiani quare hic non creaverit, *ibid* — Augustus ab eo nominatur, 240. — Constantiam, Constantini sororem, ubinam et quando duxerit, 262, 371, 818. — De visione ipsi in somnis oblata in bello contra Maximinum, 204 et seq. —In largiendo tenax 266, 565.— Maximinum vincit fugatque, quo anno, 571. — Litteras proponi jubet in gratiam christianorum,267.]—Quo anno promotus ad imperium, 348, 356, 764.—Utrum eodem tempore Cæsar et Augustus factus,391,528 et seq..764. —Quot annos regnaverit, 555.—Visus aliquando christianis favere, postea se prodidit, 566. — Quo tempore dederit se Constantino, eique purpuram remiserit, 368 et seq. — Tyrannus κατ' ἐξοχὴν dictus, *ibid*. —Provectior ætate Maximino, II, 438. — Jovius aliquando dictus, 462 et seq. — Quo anno christianis bellum indixerit. 574
LINDUS. Hæc urbs ubinam sita, I, 238.— Ritus sacrorum Herculis in ea celebrandorum. *Ibid.*
LINGUA. De vario illius usu, II, 43. — Non sola confert ad loquendum, *ibid.*— Unde dicta, *ibid.*— Ea sapores sentiuntur. 44
Lingua, quandonam vere fungatur officio suo. I, 326
LIPSIUS errat in adorationis ritu. 136
LITABILIS victima, quænam sit. I, 237
LITARE, diversum ab *Immolare*, II, 673.—Quid sit, *ibid.* —Non raro sumptum a Patribus pro sacrificare simpliciter. *Ibid.*
LITTERÆ imperatorum ad præsides, utrum confundi debea it cum edictis. 267-675, 785, 827, 833
LIVOR fons est malorum. I, 295
Λόγος, divini Verbi nomen, 469. — Quid significet, *ibid.*
LUCILLA Augusta, Antonini philosophi filia, quibus et quomodo his nupserit. II, 459, 803 et seq.
LUCRETIUS. De ejus morte Hieronymi testimonium I, 201.— Deorum cultum quomodo irrideat, 265.—Quod erraverit in statuenda sapientiæ origine. 386
LUCTUS tempus olim decem mensium, postea duodecim, II, 545. — In eo sub imperatoribus vestes albas fœminæ induebant. *Ibid.*
LUDI. De vanitate illorum qui sumptum faciebant in iis exhibendis, I, 674. — Illis quantum veteres impenderint, 675. — Qui hos exhibebant, quibus nominibus appellati, *ibid.*— Ludi gladiatorum et circenses christianis quam vitandi, 707.—Iis semper fuerunt interdicti, 710.—Hi in honorem deorum erant consecrati. 712
LUMEN. De more veterum in diebus lætis lumina accendendi, 637. — Usus eorumdem apud christianos, *ibid.* et 994.— Mos ille retentus in Ecclesia. *Ibid.*
LUMINA senatus, civitatis, etc., II, 312, 483.— Lumen verum, de colore purpureo. 362
LUNA, sub Isidis nomine culta ab Ægyptiis, I, 235. — Huic quare taurus immolatus, 238.— De ea variæ philosophorum opiniones, 354. — De natura ipsius et magnitudine Xenophonis sententia, 424. — Quo sensu dictam a quibusdam veteribus, terram illam esse habitabilem. 952
Luna. De ea ad usum hominis ordinata. II, 116
LUNUS deus, a quibus cultus. 576
LUPA, Romuli nutrix, divinis affecta honoribus, 216.— Quænam fuerit, 903. — De varietate auctorum circa ejus nomen et festorum ipsius, 904. — Utrum in figuranda illa exemplum ab Atheniensibus Romani sumpserint. *Ibid.*
LUPANAR, unde dictum. 217
LUPUS, cultus ab Ægyptiis. 287
LUSORIUM, idem ac theatrum, seu amphiteatrum, II, 229, 337 et seq. — Lusorius, idem ac derisorius, *ibid.*— Lusoriæ naves apud Romanos, *ibid.*— Lusorium, destinatum etiam ædificium privatæ imperatorum oblectationi, 412, 729.— Unde forte dictum. 516
Λυκέϊαι, galeæ ex lupinis pellibus. 825

M

M. Littera omissa sæpe in libris manuscriptis. II, 713
MACHABÆORUM liber secundus lectus olim assidue a christianis tempore persecutionis. 391
MACRINUS imperator, quo anno interemptus. 447
MAGICA ars, a dæmonibus inventa, I, 356. — Damnata legibus, *ibid.*— Nihil ostentat veri ac solidi. 491, 493
MAGISTER, dictum de præsidibus collegiorum sacrorum, II, 492. — Magister Deus, magister Dominus de Christo.
619

MAGISTERIUM Dei, pro Christi doctrina. I, 738
MAGISTRI. Nomen eorum late patet, II, 400.—Quinam ita dicti, *ibid.*— Magistri populi, morum, operum, etc., *ibid.* — Eorum dignitas magisterium, non magistratus, *ibid.* — Magistri militum, officiorum, epistolarum, etc., in aulis principum, *ibid.* — Magistri item cubicularium, ostiariorum. 691
MAGNA Urbica, credita filia Galerii, uxorque Maxentii.
345
MAGORUM ars a dæmonibus. I, 532
MAJORUM auctoritas in religione, 285. — Illorum stare judicio quantæ sit imprudentiæ. 287
MAJUMÆ. Utrum festa ejus eadem fuerint cum festis Floralibus, 905.— Ubinam celebrarentur. *Ibid.*
MALUM, interjectionis aliquando vim obtinet. II, 27
MANALIS, lapis apud Romanos. 499
MANES sanguine humano placantur. I, 581
MANIFESTARIUS homicida, manifestarius fur, [pro manifesto. II, 418
MANSIONES geminare quid sit, 262, 429. — Sumptæ ut plurimum pro unius diei statione, *ibid.* et 565. — Quid essent, *ibid.* et 745, 744. — In quo differunt a mutationibus, *ibid.* — Habuerunt communia multa cum stativis, *ibid.* — In quo discreparunt. *Ibid.*
MANUBIÆ. Diis fuerunt consecratæ, I, 284. — Quid sint, et a spoliis, seu prædio in quo differant. *Ibid.*
MANUM conserere, quid sit, 115. — In adoratione manus ori admovebatur. 136
MANUS dare, quid sit. I, 438
Manus. De earum structura et usu, II, 45, 46.— Quales laudatæ a veteribus. *Ibid.*
MARCION. In quo erraverit, I, 542. — Quo tempore vixerit. *Ibid.*
MARE, pro *mari*. II, 230, 412
Mare Rubrum, vel Erythræum. I, 471
MARES, quare fœminis fortiores, II, 57. — Fœminis robustiores. I, 204
MARICA, eadem quæ Circe. 256
MARO, *vide* VIRGILIUS.
MARS. Homicidii crimine liberatus, 161.—Adulter, *ibid.* — Idem qui Hesus apud Gallos. 229
MARSYAS. Ejus fabula. 386
MARTICULTORES, in inscriptione veteri. II, 404
MARTYRES, qui fortiter tormentis dicti diabolum vincere, 504.— Quomodo laniandi bestiis in amphitheatris exponerentur,518.—Basilicæ primo extructæ in locis, ubi sepulti erant. 585, 586
MARTYRIUM sæpe quæsitum a multis. II, 680
MATER Deum, *vid.* CYBELE.
MATERIA, non est Deo coæterna. I, 298
MATRIMONIUM caste servandum. 719
MATTHIAS apostolus, utrum cum Paulo fuerit Judæ, ab apostolis suffectus. II, 195
MATUTA (mater). Eadem quæ Ino. I, 236
MAXENTIUS, homo superbus et contumax, II, 223, 530.— Ubi et quando Augustus proclamatus, 235 et seq. 343, 367, 456, 751, 813. — Patri suo Maximiano purpuram mittit et his Augustum nominat, 237. — Quo prætextu, et quo anno contra Constantinum arma moverit, 260, 461, 810. — Quo pacto victus, ac submersus, 261, 562, 815. — Quo die et anno perierit, 367, 370, 558. — Nulli chorus, ne patri quidem et socero, 330.—Utrum ortus ex Maximiano Herculio, 343, 507.—Bene nunquam ei convenit cum Galerio, 534. — Ipsius gener fuit, 343. — Christianis favere visus, initio christianis se simulavit, 366, 526. — Tyrannus dictus κατ' ἐξοχὴν, 368. — Quinquennalia utrum celebraverit, *ibid.* — Puer valde laudatus. 545
MAXENTIUS tyrannus a Constantino victus. I, 116
MAXIMIANUS GALERIUS, *vid.* GALERIUS.
MAXIMIANUS HERCULIUS, Diocletiano simillimus, et ab eo dissimillimus, II, 206, 398. — Ejus libidines, *ibid.* — Homo non adeo clemens, 217, 322. — Christianos persequitur, *ibid.* — Quo die et anno purpuram deposuerit, 226, 332 et seq. 510, 721. — Augustus iterum a Maxentio filio renuntiatur, 237. — Ubinam moraretur post depositum imperium, 736, 344. — Maxentium filium imperio privare frustra aggreditur, 240. — Roma pellitur, *ibid.* — Quibus insidiis aggressus fuerit Constantinum, 356, 526. — Denuo purpuram quando deposuerit, 242, 554.— Hanc resumit tertio, *ibid.*— Massilia capitur, et exuitur, 491. — Constantinum tentat interficere, *ibid.* et seq. — Mortem quomodo obierit, 242, 355, 529, 769. — Ejus statuæ et imagines post obitum dejectæ, 258, 365. — Herculis nomen qua superbia assumpserit, 274, 401, 636. — Quo die et anno evectus ad imperium, 307, 309 et seq. 325, 328, 401 et seq. — Frater Diocletiani electione, non natura, 308, 401, 455, 485, 656. — Unde oriundus, *ibid.* — In quem annum octavus ejus consulatus inciderit, *ibid.* — Quot annos impe-

raverit, utrum Cæsar factus antequam Augustum, *ibid.* 483, 484. — Diocletiano semper in omnibus obsecundavit, 510, 456. — Rerum novarum cupidus, et perfidiæ plenus, *ibid.* — Prodigus potiusquam avarus, *ibid.* 656. — Ejus asperitatem Diocletianus sæpe reprehendit, 322. — Filiam Faustam Constantino utrum obtulerit, 345, 346. — Quo anno Diocletianum ad resumendum imperium invitaverit, 351, 352.—Quæ causa fuerit Constantino ipsius interficiendi, 356. — Primus non fuit imperatorum cujus statuæ et imagines sunt dejectæ, *ibid.* — Utrum bello Persas vicerit, 580. — Inter deos relatus a Maxentio filio, *ibid.* — Quo ætatis anno obierit, 657. — Maximianus Daia, sive Daza appellatus, unde, II, 221, 411. — Cur et quando nomen ejus mutatum a Galerio, *ibid.* 351. — Unde oriundus, *ibid.* —Maximinus et Maximianus promiscue dictus, *ibid.* 454.— Quo die et anno Cæsar creatus, 225, 264, 329, 372, 722 et seq. — Nec rempublicam sciebat, nec militiam, 227. — Nec Cæsarem se, nec tertio loco nominari vult, 244. — Augustus renuntiatur, 245. — Fœdus facit cum Licinio, christianosque persequitur, 251 et seq. — Illius prodigalitas, 253 et seq. — Item effrænata libido erga mulieres, 254, 364.—Connubium Valeriæ expetit, et repellitur, 256. — Societatem jungit cum Maxentio, 259. — Imperatoris maximi titulum sibi vindicat, 262, 816. — Bellum movet contra Licinium, *ibid.* et seq. — Vincitur et fugatur, 266.— Ubi et quomodo miserrime perierit, 271, 574, 568. — Tyrannus dictus a Lactantio, *ibid.* — Quo anno sit extinctus, 272, 372, 375, 835. — Ejus uxor in Orientem præcipitatur, 273. — Ipsius temulentia et crapula, 351 et seq. — Purpura ubi indutus, 332 et seq.—Quamdiu imperaverit, 372. — Edictum pro christianis quando emiserit, 376. — Quo tempore a Galerio adoptatus, 454. — Ubi sepultus, 568. — Quo anno victus a Licinio, 571. — Valeriæ quomodo filius. 803 et seq.

MAXIMUS, unus ex præcipuis Jovis titulis. II, 816
MEDICINÆ inventio, I, 273. — Herboricæ inventio quibus data. 359
MEDIE pro *mediæ*, mediocriter. 691
MEDIETAS. II, 44
MEGARICI philosophi. Eorum quis auctor fuerit, I, 380.— Summum bonum in quo constituerint, *ibid.* — Eretrinei quare dicti. 379
MELICERTES, idem ac Palæmon atque Portumnus. 236
MEMBRA. De situ illorum in homine, II, 30 et seq. — De singulorum pulchritudine et usu. 40 et seq.
MEMORIA delicata et fragilis. I, 1003
MENDACIUM, nulla de causa licitum. 698
MENÆCEUS. Quod mortem non obierit pro patria, nisi spe immortalitatis, 381. — Ejus historia. *Ibid* et 946
MENS, in capite collocata, II, 54. — Ratio illius incomprehensibilis, 64.—De ejus sede philosophorum opiniones, *ibid.* et seq. — De ejus excellentia, 65 et seq. — Non potest esse nisi a Deo, 108. — Corpus nisi ab una regi non potest. 111
Mens inter deos relata, I, 221. — Non est idem atque anima, 773. — Νοῦς a Græcis appellata, *ibid.* — Pro ætate augetur vel minuitur, *ibid.* — Non extinguitur in furiosis, 774. — Nomen ejus Augustinus unde deduxerit. *Ibid.*
MENSA et MENSÆ, de mensis sacris christianorum. II, 693 et seq.
MENTIONES, quinam dicti a veteribus. 45
MENTUM. De ejus pulchritudine et forma, *ibid.* — Quale fuerit a veteribus commendatum. *Ibid.*
MERCURII quot, I, 138. — Quem inter eos Thoyt Ægyptii appellaverint, *ibid.* — Mercurius, a quo Argus occisus, Jovis filius fuit, *ibid.* — Fur erat et nebulo, 162. — Quare cœlo dignus existimatus, *ibid.* — Teutates apud Gallos. 230
MERCURIUS, Cyllenius cur dictus, II, 279. — Ipsi Pharis in Achaia aqua sacra. 496
MERERI, pro nancisci, adipisci, sortiri. 391
MERETRICES quædam cultæ, I, 218. — Ipsis vetitum apud Athenienses ingredi templa, 217.—Insignium meretricum catalogus ubinam reperiatur. 219
MERIDIES, dictum etiam de horis post meridianis, imo et serotinis. II, 428
MERUM, adhiberi solitum a veteribus ad supplicandum, 253, 796. — Eodem cibos suos quandoque perfundebant, et quasi sacrabant. *Ibid.*
Μεταυοιά, utrum Deo possit tribui. I, 725
METIRI, passive positum. II, 231, 568, 737
METEMPSYCHOSIS opinio a quibus propugnata, I, 405. — Ejus origo. *Ibid.*
METUS. Religio omnis metu constat, II, 97, 114. *Vide* TIMOR.
MILESII, Apollinem coluerunt. 445
MILITES, distincti a privatis, 503 et seq. — Ære diruius miles quis, 797. — Milites dicti quandoque copiæ pedestres ab equitibus distinctæ, aliquando equites simul et pedites, 812. — Miles a *mile* deductus diverso modo. 819
MILITIA, christianis an sit vitanda. I, 707, 998
MILLIA tria, pro leuca, II, 819. — Item, aliter. 826
MINERVA ubi culta, I, 195. — De ea auctores quinam consulendi, *ibid.* — Ipsius virginitas suspecta, 208. — Ericthonium cum dracone cista inclusum Cecropidis filiabus quare commendaverit, 208. — Textrinæ artis inventrix, 214. — Ab Ægyptiis quo nomine appellata, *ibid.* — An eadem cum Noema Lamechi filia. *Ibid.*
MINERVINA, prima uxor Constantini. II, 543.
MINISTRI, sine addito dictum de Diaconis, 503, 695. — Ministri Dei, Christi, episcopatus, etc., de iisdem. *Ibid.*
MINOS. Ejus astutia in religione, I, 243. — An fuerit Jovis filius, *ibid.* — Unus inferorum judex. 804
MINUTIUS FELIX. Ejus pro religione apologia, 551. — Quo tempore floruerit. *Ibid.* et II, 585
MISERICORDIA. Hanc reponebant stoici inter vitia et morbos, I, 425, 667, 671. — Quo sensu hoc illorum dogma intelligendum, 425. — Quid illa sit, et quorum propria, 666. Sola vitæ communis continet rationem, *ibid.* — De misericordiæ operibus, 696. — Merces illius quanta sit. 684
MINUTIUS. 271
MITTERE, pro *ponere*. II, 195, 503, 504
MNESTHEUS. Aureliani libertus, in eum conjurat, et illum occidit. II, 397, 652
MNEVIS, bos ab Ægyptiis pro deo cultus, I, 621. — Solis symbolum fuit apud Heliopolitanos. *Ibid.*
MŒSIA utraque ad Illyricum pertinebat. II, 330
MOLIRI, idem quod *parare*. 241, 766.
MOLOCH, id est idem ac Saturnus. I, 232
MONERI, dictum de iis quibus per somnium Deus aliquid imperat. II, 261, 813.
MONETA, pro *ædificio* in quo nummi cuduntur. 205, 400, 483.
MONETA. *Vide* JUNO.
MONOGAMIA, pars pudicitiæ habita in mulieribus sæculo quarto, 275, 838. — A Tertulliano cum Montanistis in utroque sexu requisita. *Ibid.*
MONOGRAMMA Christi circumflexum a Constantino in Labaris, 261, 570. — Quale fuerit, 589. — Illud minime impressum in nummis Maxentii, *ibid.* et seq. — Occurrit in nummis s gnatis ante Constantinum, imo et ante Christum. 560
MONS. De montibus qui concurrerunt. I, 743
MONTES, tanquam dii olim culti, II, 404, 493, 677. — Extructa in iis templa et aræ, *ibid.* — Montium dii quinam. 405, 493
MONTESES, sive Montenses dii, 215, 403 et seq., 491.— Monteses, sive Montenses, iidem ac Donatistæ.
MONTINUS, deus qui montibus præest. 405
MORBI, an sint dæmonia. I, 939
MORS prima ac secunda, 521. —Secundæ animalia non subjacent *ibid.* — Mortis nomen ambiguum, 320. — Quod neno illam subeat, nisi spe vitæ longioris, 381. — Aditus ad eam miser, 403. — Morti voluntariæ sese quinam obtulerint, 406. — Li quam damnandi 407. — Mors unde bona vel mala, 410. — Ex præteritis vita actibus ponderanda, 411. — Secunda nobis proposita, ut eam vitemus, 755. — Non extinguit mors hominem, sed ad præmium virtutis admittit. 768
MORTALITAS, pro *mortales*. 525
MORTES, plurali numero, II, 190, 501, 389, 471, 593. — Mors bona, idem ac facilis, non coacta, non turpis, 250, 337, 413, 519. — Mors devota, id est destinata, 266, 325. — Mors simplex, quænam sit. 568
MORTALES, pro *homines*. 252
MORTUI. Eorum unctura in usu apud ethnicos, I, 269. — Eadem viguit apud Judæos et christianos, *ibid.* — Illos lavandi ubinam mos obtinuerit, *ibid.* — Aliquando etiam vestibus pretiosis induti elati sunt, *ibid.* — Mors Judæorum in illis humandis, 512. — Quosnam vere mortuos dixeris, 527. — Manes eorum humano sanguine placator, 581. — De mortuis sepulturæ mandandis nihil unquam ab ullo legislatore ethnico imperatum. 997
MOVERE, pro *amovere*, *removere*. II, 604 et seq.
MOYSES, trojano bello quot annis fuerit antiquior. I, 459, 956
MULIER, unde dicta, II, 57. — In quo differat a virgine, *ibid.* Mulieres etiam provinciarum sacerdotes factæ, 537. — Mulier, vox aliquando contementis, 801. — Posita aliquando loco pronominis. 804
MULVIUS pons, a quo constructus, 562. — Erat lapideus. *Ibid.*

MUNDUS, non fuit generatus ex atomis, 100 et seq. — Mundos infinitos qui dixerint, 102. — Non est effectus a natura. 106 et seq.
Mundus, quare a Græcis κοσμός appelletur, I, 122. — An

ex materia æterna factus, 124, 297, 926. — Unius arbitrio eum regi necesse est, 125. — Quæ sit basis illius, juxta Philonem, 277.— Quod non est Deus, 281. — Quod hominem non generet, 282. — Factus est ex nihilo, 297. — De divina ejus fabrica, 307.—Non fuit ab æterno, 315, 745.— Dei templum est, 445.— Providentia gubernatur, 416. — Rotundus. 426. — Quomodo probet Macrobius eum non esse æternum. 668. — Genitum illum agnovit Plato, 733, 743.— Hunc in perpetuum dixit fabricatum, 733.—Aristotelis et aliorum de illo variæ opiniones, 735, 736. — Hunc quo sensu Plato corpus Dei fecerit, 741.— Quare magnus homo dictus, 742. — Quod mortalis sit, ibid. — De causa ejus finali, 744. — Philosophorum de ejus antiquitate et duratione sententiæ, 780, 781. — De eodem opinio Lactantii et veterum Patrum unde fluxerit, ibid. et 1008. — De ipsius vastatione et mutatione imperiorum, 784.— Exitium ejus quænam signa prænuntiabunt, 786. — Unde excidii ratio quænam futura sit, 790. — Quod illud a vatibus et sibyllis sit prædictum, 793.— Futura ipsius consummatio, 812.— Istius renovatio. 814

MUNERARIUS, et munerator, quid sint. I, 675
MURES. De illorum virtutibus, et a quibus celebratæ, II, 118
MUSÆUS. Ille utrum extiterit, I, 240.— Unde deductum nomen ipsius. Ibid.
MUTA. Illa quasi dea culta a Romanis, 226. — Eadem a Lara seu Larunda. Ibid.
MUTATIONES, quid essent, et in quo differrent a mantionibus II, 563
MUTI, quare quidam sint, 51.— Utrum et surdi. Ibid.
MUTUARE et mutuari, promiscue usurpata. 433
MYRRHA, oroutea et achaica unde dicta. 432, 433

N

NÆSUS, seu Naissus, patria Constantini, II, 464 et seq. — Ubi sita, ibid. — Ab eo exornata mirifice, ibid. — Diversa a Nasso et Nesto, urbibus Thraciæ et Illyriæ. Ibid.
NANCTUS, antique pro nactus. 413
NARES, unde dictæ, 49, 50. — Earum forma et usus. Ibid.
NARSEUS, Persarum rex, quam sub Diocletiano susceperit expeditionem, 208. — Oppressus fugatusque a Galerio, quo anno, ibid. et 513. — Ductus a Diocletiano in triumphum, ibid., 316, 324. — Sapor utrum avus illius, an atavus, 186.— Quot annos regnaverit, ibid. — Quos filios habuerit, 487.— Utrum captus a Galerio. Ibid.
NASUS. De eo, et ejus usu, 41 et seq. — Tria illius officia. Ibid.
NATALIS Invicti, quomodo intelligendus, 342, 524, 749 et seq. — Constantini quatuor natales, 345. — Natales imperatorum festi per unumquemque mensem, 569.— Utrum iis imperatorum anni numerarentur. 576
NATES. De mira in formandis illis Dei providentia. 58
NATURA. Ab ea mundus non est effectus, 106 et seq. — De ea variæ philosophorum opiniones, ibid. et 107. — In unitate consentit universa. 109
Natura nihil aliud est quam Deus, I, 299, 504. — Sæpe etiam indoctos impellit ad laudem, 394. — Quod ex religionis eversione nomen invenuerit, 436.—Quo sensu dixerint eam philosophi rerum omnium matrem, 437. — Quod remota providentia nihil sit, ibid. — De illa auctores quinam scripserint, 436. — Naturæ vox varie a Latinis usurpata, ibid.— Ejus divisio juxta Stoicos. 741
NAVIGIUM, pro navigatione. 898
NAVIUS (Accius) augur, 288. — De eo auctores consulendi, ibid. — De vero ejus nomine quantum varient. 920
Naxos insula, 195. — Baccho sacra, ibid. — Dionysia olim vocata. Ibid.
NE, vel nec, confusa sæpe a librariis. II, 645
NECESSITAS, pro calamitas. I, 256
Necessitas. Idem quod fatum, 168. — Huic dii ipsi non repugnant. Ibid.
NECROMANTIA a dæmonibus est. 336
NE.. TAR, potus deorum apud poetas. II, 282
NEGOTIATIO, quænam damnata. I, 605
NEMESIS, quænam sit. 256
NEPTUNUS, Trojani muri conditor, junior Neptuno Jovis fratre, 164.— Neptunus unde dictus, 175.— An Japhetus, ibid. — Quo sensu maris præfectus intelligatur, ibid.— Clam patre natus, 190. — Illi circenses ludi consecrati. 712
NEQUE pro æque, nec pro hæc, vel et. II, 583
NERO, an Antichristus. 1008
Nero tyrannus execrabilis, II, 196.— Utrum primus omnium a constituta Ecclesia christianos sit persecutus, ibid.

304, 473, 628 et seq.— Qua occasione et quo anno in illos sævire cœperit, ibid., 438, 622.— Quando et quomodo perierit, ibid. — An fuerit sepultus, ibid. et seq., 504 et seq., 393, 631 et seq.—De iis qui resurrecturum illum, et futurum Antichristum, vel Antichristi socium sunt opinati, ibid. 504 et seq., 395, 633 et seq. — Quo ætatis anno obierit. Ibid.
NERVA, christianos exules revocavit, 199, 503.— Utrum post adoptatum Trajanum imperium retinuerit, 221, 452, 710, 711. — Hujus adoptionis quæ causa fuerit, 529. — Quando imperium sit adeptus, 452. — Quo anno obierit, ibid. — Quandiu imperaverit. 712
NERVI. De iis et eorum nus, 30, 51. — Quot sint illorum genera. Ibid.
NICÆA, interdum per e simplex, sed immerito. 805
NICEPHORIUM. Cirta in Africa eo nomine nunquam dicta, 535. — Nicephorium Mesopotamiæ, ubi situm, ibid. — A quo conditum, ibid. — Nicephorium, vicus prope Pergamum, unde nobilis 536
NICEPHORIUS Jupiter, unde dictus. Ibid.
NICOMEDIA. Hanc studuit Diocletianus Romæ coæquare, 208.— Templum ejus evertitur, 214. — Circum in ea Diocletianus dedicat, 220. — Sedes olim regia. 676
NIGRÆ vestes, ubi et quando in luctu usitatæ. 801
NIMISQUAM, locutio inusitata. 16
NIMIUM, pro valde. 236, 416
NOCENS, pro nefario, impio, sacrilego. 604, 625
NOE. Ejus historia, I, 326.— De arca ab ipso fabricata, ibid. — De vinea ab illo consita, 327. — Ubinam ex arca egressus fuerit, ibid. — Quo sensu Chamo filio maledixerit, 328. — Posterorum ejus dispersio. Ibid.
NOTARII, quinam sub Augusto. II, 429, 821
NOTUS, ventus nubes colligens et æstuosus. 280
NOVATIANI se catharos nominant, I, 541. — Illorum errores. Ibid.
Nox, diabolo cur attributa. 308
NUDARI, metaphorico sensu. II, 522
NUDITAS, a Græcis in statuis usurpata. 52
NUMA. Religionem quare simulaverit, 97. — Pontifex maximus utrum fuerit. 339
Numa, superstitionum propagator, I, 242. — Simulati ipsius congressus cum Egeria nymphea, 243.— Libri ejus reperti et combusti. 244
NUMERUS dualis, quantum ad rerum conferat perfectionem, II, 42.— Numerus ternarius christianis quare usitatus in precibus. 430
NUMIZIA, pro Numidia. 523
NUMMUS signatus quid sit. I, 900
NUNCUPARE, pro creare, pronuntiare. II, 410
NUPTIARUM ritus, I, 206. — Aqua et igne frequentabantur. 309
NUPTIÆ secundæ, vide MONOGAMIA.

O

OBBA, poculi genus. I, 909
OBJECTARE, pro objicere. II, 229
OBLIDERE. I, 708
OBSERVARE, OBSERVATIO, voces ad divinam rem spectantes. II, 422
OBSESSIO, an naturalibus auxiliis curari possit. I, 939
OBSORBERE, pro sorbere. II, 229
OBTRUNCARE, truncum reddere, 769. — Dictum etiam, pro occidere. Ibid.
OCCIDENS, diabolo cur tribuatur. I, 307
OCEANIA, vel OCEANIS. 184
OCTOBREM mensem nomine suo Domitianus invasit. II, 305
OCULI. De iis, et quare bini, II, 55. — Mira eorum forma, ibid. et seq. — Sunt veluti fenestræ animi, 38.—Quomodo falli illi possint, 39. — Unde dicti, 40. — Oculi, dictum de viris principibus, aut in republica insignioribus, 485. — Quin et de præcipuis quibusdam urbibus, ibid. — Oculi dextri confessoribus quondam eruti. 539
Oculi. Oculorum voluptas et ejus objectum, I, 706.— In res vanas promptiores. 711
ODORIS-CAPIO, vocabulum rerum, sed proprium, II, 45
ODORITAS, PRIORITAS, etc. 531
ODORUM voluptas facienda, I, 713. — Ab ethnicis itidem damnata ut a christianis. Ibid.
ŒCUMENICA concilia, unde dicta. II, 600
OFFENDIBILIS. I, 526
OFFICIA, et officiales, de præsidum et judicum apparitoribus, II, 399. — Dictum etiam de comitatu omnis viri illustris. 529
OFFICINÆ. In iis quid fieret, 796. — Ab apothecis et tabernis distinctæ. Ibid.
OFFICIUM, pro administratione. 395

OIKETOS, latine domestici, tres personarum species comprehendebant. 448
OISELIUS (Jacobus) nimium audax, in quos. II, 370
OLYMPUS, nomen ambiguum, I, 175. — In illo Jupiter habitavit, ibid. — Pro cœlo accipitur. Ibid.
OPERARI, passive positum. 819
OPES cognitioni veritatis postponendæ, 111. — Iis melior nemo efficitur, ibid. — Earum fructus, 676. — Quam sint fluxæ, 683. — Illas in aram conferre quid sit, 683. — Non sunt summum bonum.
OPPIDUM, pro oppidanis. II, 693
OPINATIO, quid sit, I, 353. — Unde abest scientia. 355
ORACULA. Quinam de iis scripserunt, 148. — A dæmonibus sunt inventa. 336
ORATIONUM piarum efficacia. II, 596, 599
ORATORES. Minore in gloria fuerant apud Græcos quam philosophi. I, 114
Oratores veterani, 115. — Maximi a causidicis mediocribus cur sæpe victi, 349. — Quam perniciosi. 349
ORBIS, orbis terræ, totus orbis, de orbe mere romano. II, 600, 652, 680
ORDINARE, pro constituere, sea creare. 616
OREB. Vide HOREB.
ORIENS, Deo accensetur. I, 307
Oriens. Originem conculcatorum a victoribus collorum, aut tergorum, deberi Orientalibus, II, 397. — Orientalis limes sub Trajano ubi constitutus, 489. — Pars imperii Romani orientalis Oriens dicta, 491. — Quas provincias complecteretur. 663
ORIRI et ortus, dicta de initio imperii, 463, 639. — Unde desumpta hæc loquendi ratio. Ibid.
ORONTES fluvius, Oriens dictus aliquando, 273, 577, 472 et seq. — Draconis nomen utrum acceperit, ibid. — Typho etiam vocatus. Ibid.
ORPHEUS, quo tempore vixerit, I, 130, 247. — De Deo uno et omnium conditore quid senserit, 130. — De ejus scriptis et existentia, ibid. — Illius de Saturni regno testimonium, 189. — A Threissis quare disceptus, 215. — Sacra Liberi patris primus induxit, 247. — De illius theologia quis consulendus, 466. — Unde arbores et saxa sua lyra traxisse creditus. 668
Os, oris. De ejus forma et usu. II, 45
OSCULUM labratum quid sit, I, 136. — Oscula jacere quid sit. Ibid.
OSIRIS. Idem ac Serapis apud Ægyptios, 256, 908. — An Isidis filius. 907
OSSA, sunt solidamentum corporis. II, 30
OVUMQUE, mundum a Deo fateri instructum, I, 132. — Ejus versus de elementorum dispositione. 751
OVIS. De ejus cultu apud Ægyptios. 787
OXYRYNCHUS. De cultu illius apud Ægyptios, 786. — Variæ de eo opiniones. 787

P

PADUS. Unde oriatur, II, 633. — Idem cum Eridano et Rhodano, juxta quosdam. Ibid.
PÆDERASTIA, pœnis gravissimis sublata, I, 165
PAGANI. Non putat aut templa esse posse sine simulacris, II, 317, 683. — Illorum sacra christianorum interventu sæpe turbata, 405. — Statuas deos referentes ipsis deorum nominibus insigniebant, 473. — A christianis quid exigerent, cum cogerent eos fidem ejurare, 575. — Templa sua in locis excelsis vulgo construebant. 683
PALÆMON. Idem qui Melicertes, I, 256. — Ludi a Græcis in ejus honorem instituti. Ibid.
PALATINI. Quinam dicerentur. II, 680
PALATIUM, forte pro Palatinis, 693. — Candidis chlamidibus utebantur. 793
PALATUS. De ejus usu, 44. — Utrum saporis sensus illi tribuendus. Ibid.
PALLIUM. Unde dictum, I, 365. — Vestis fuit philosophorum, ibid. — Utrique sexui communis. Ibid.
PALMA, arbor Syriæ. II, 279
PALPEBRÆ. Unde dictæ, 40, 41. — De mirabili earum usu. Ibid.
PANCÆUS mons ubi situs. I, 183
PANNONIÆ pars a Galerio in honorem Valeriæ uxoris Valeria cognominata. II, 320
PAPIA lex. Quid caveri, I, 203, 902. — Sensus ejus qualis fuerit, 203. — Ei legi imperatores quinam derogaverint. 902
PAPILLÆ. De earum pulchritudine et usu. II, 47
PARADISI terrestris situs, I, 322. — Arbor scientiæ boni et mali quæ fuerit, 225, 931. — Quo sensu sic dicta, 932. — Quod non fuerit locus extra hunc orbem positus, 323. — An igne circumvallatus. Ibid. et 933
PARCÆ, idem quod fatum, 168. — Illarum numerus et nomina, ibid. — Trium Parcarum fabulæ origo. 313
PARENCHYAMATA, quid sint, et de eorum natura. II, 48
PARRICIDARUM pœna, I, 588. — Varia pro variis temporibus. Ibid.
PARTHENIÆ quinam fuerint. 225
PASCHA, verbum hebræum, 531. — Unde deducatur. Ibid. et 987
PATIBILIS. 799
PATRIS nomen diis non competit, 453. — Deus unus est, omnium Pater, 454. — Potestas patrum olim quanta, ibid. — Paterfamilias quis, et quomodo diceretur, 455. — De jure Patris et Domini. 611
PATIENTIA. Quanta sit virtus, I, 625. — Quid sit, ibid. — Continentia illa potior judicata, 626. — Virtutum maxima, 700. — Ejus Encomium, ibid. et 701. — Illa vir bonus ac sapiens differt a malis, ibid. — Vitiis omnibus atque affectibus est opposita. 702
PAULUS apostolus. Utrum una cum Matthia fuerit Judæ ab apostolis suffectus, II, 195, 437. — A quo et quomodo martyrio affectus. 127, 329
PAULUS Tyrius. In quo genere floruerit, I, 885. — Gratus fuit Adriano imperatori. Ibid.
PAVOR et PALLOR. A Romanis coli cœperunt ut deæ, 220. — Ædem habuerunt apud eos. Ibid.
PECCATUM. Unde ad hominem pervenerit, II, 123, 134. — Sine ira non potest coerceri. 131 et seq.
PECTUS. De ejus forma et dignitate, 47. — Cur potens et erectum homini a Deo datum, Ibid.
PEDES. De mira in conformandis illis Dei providentia. 59
PEGMA, machina lignea in amphitheatro. II, 517
PERDUCTORES, qui sint. I, 696
PERFECTISSIMATUS, dignitas honoraria. II, 228
PERFECTISSIMUS, titulus honoris. II, 598
PERFERENTIA, substantive. 577
PERINTHUS, nomen antiquum Heracleæ Thraciæ. II, 372, 819
PERIPATETICI, Summum bonum in quo constituerint, 364. — In quo differrent a stoicis, ibid. — Illorum bonum nimium multiplex, I, 367. — Laudabant virtutem, re ipsa serviebant voluptati, 370. — Misericordiam non improbabant, 667. — Eorum de affectibus sententia, 688. — Opinio illorum de ira. 705
Περιτόναιος. Vid. ABDOMEN.
PERLATIO, vox nova et rara. I, 625
PERSÆ, quando victi a Galerio, II, 208. — De more eorum regibus suis servierdi. 228
PERSECUTIO Aureliani. Quando concitatæ, 203, 445. — Non intentata modo, sed et executioni mandata, 650. — Quot annos duraverit. 651
— Caligulæ. 628
— Claudii, sive sub Claudio. 628
— Constantii Chlori, sive sub Constantio Chloro, qualis fuerit. 217, 522 et seq. 699 et seq.
— Decii, quando sævierit, 200. — Ad illam quot anni a Diocletianea effluxerint. 441, 644
— Diocletiani, qua occasione concitata, 210. — Usque quo primo processerit, 211. — Quo die et anno incœperit. 213, 314, 316, 374, 406, 673, 682
Quousque arserit. 216 et seq. 320, 504
Hujus auctor et consiliarius quis fuit. 218
Quamdiu duraverit. 270, 274, 834
Quando remittere cœperit. 317
Non resencetur a Prudentio. 475 et seq.
— Domitiani, quo anno sævire cœperit. 199, 439 et seq. 576 et seq. 640
Ad eam a Neroniana quot anni effluxerint, 440. — Non fuit diuturna. 475, 641
— Galerii Maximiani, unde orta, 211. — Quo die et anno inchoata. 213
Quomodo recruduerit. 228 et seq.
— Galli et Volusiani, quo anno incœperit, 646. — Localis fuit. Ibid.
— Hadriani. 642
— Jerosolymitana, magna fuit, et omnes præcessit. II, 197
— Licinii, quo anno inchoata. 571
— Maximini Daiæ, quando orta, 231, 704. — Qua occasione deferbuerit. Ibid.
— Neronis, quando et qua occasione excitata, 196, 439. — Omnesne antecesserit, ibid. 622 et seq. — Utrum Roma tantum sævierit. 626, 637
— Philippi, sive sub Philippo. 645
— Severi. Ibid.
— Trajani. Ibid.
— Valeriani, quo anno sævire cœperit. 202, 445, 646
Persecutionem facere, phrasis temporum Lactantii, 218, 702. — Persecutionem christianos passos sub Nerva, Trajano, Antoninis, etc., 475. — Peosequi, absolute posi-

tum, 634.—Persecutiones utrum frequentes inter Domitianum et Decium. 641 et seq.
PERSECUTORES, a Patribus bestiæ appellati, 197, 217, 274, 312. — Omnes debellati a Deo, 272, 377. — De funesta illorum morte. 420
Dictum absolute de Ecclesiæ persecutoribus. 634
PESSINUNTIUM simulacrum, qua reverentia habitum a Romanis. 810
PESSUMIRE, de quibus dictum. I, 899
PETRUS apostolus, an Romæ prædicaverit, 517. — Quo anno cum B. Paulo martyrio fuerit coronatus. 518
Petrus apostolus Romam quando advenerit, II, 196, 303, 438, 589, 619, et seq. — De miraculis ab illo ibi editis, *ibid*.. 621 et seq. — Utrum viginti quinque annis illic sederit, *ibid*., 303, 438, 589, 619 et seq. — A quo et quomodo martyrio affectus fuerit, 196. — Quo anno Jerosolymis e vinculis divina ope liberatus. 438
PETRUS Eunuchus, martyr in Diocletiani persecutione. 521, 695
PHÆDON, a quo redemptus fuerit, et philosophiam edoctus, I, 430. — Quinam fuerit. *Ibid*. et 954
PHAETON. Incendium in orbem mittit. 316
PHANTASMA, quid sit. II, 72
P IDIAS, quis fuerit. I, 272
PHILIPPEUS nummus quid sit, 143. — Ejus pretium, *ibid*. — Romæ num excusus. 892
PHILIPPUS imperator, Carpos vicit, non debellavit. Qualis sub eo persecutio. — Philippus imperator, quandonam regnaverit, I, 116. — An christianus. *Ibid*.
PHILOCTETES. Herculi morienti adest. 894
PHILO Judæus. Simulacrorum artifices ob egestatem irridet, 272. — Quam basim mundo constituerit. 277
PHILOSOPHI. Apud Græcos majore in gloria fuerunt quam oratores, 114. — Non sunt duces ad bene vivendum satis idonei, 117. — Cur reliquerint magnum confusionem veritatem inquirentibus, *ibid*. — Quinam deos vocaverint in dubium, aut excluserint, 120. — Illorum gravis auctoritas, 133.—Joves plures cur finxerint, 176.—Multi eorum religionem sustulerunt, 266. — Cogitationes eorum stultæ, 350. — Nomen eorum unde exortum, 351.—Nec sapientes fuerant, nec studiosi sapientiæ, 352, 353.—Insipientia eorum in disputando, 356. — Ad corpus omnia referebant, 372. — Rari laude digni, 392. — Quinam iis merito præferebantur, 393. — Non utilitatem, sed oblectationem petierunt ex philosophia, *ibid*. — Quam damnandi inter eos qui mortem voluntariam appetendam docuerunt, 407.—Vanitas illorum et impietas, qui naturam rerum putaverint ingenio comprehendi posse, 414. — De philosophis barba tenus et pallio proverbium, 429. — Neque selipsos, neque alios potuerunt facere meliores, 433. — Illorum præcepta quam parum conferant ad sapientiam, *ibid*. — Quod ipsi suam inscitiam confessi sint, 438. — Eorum præceptis quare nemo obtemperaverit, 520. — Quam fuerint perniciosi, 549. — Litteras sacras cur contempserint, 550. — Barbari magistri unde dicti, 553. — De illorum dissentionibus et contrarietatibus, 556. — Eorum insipientiæ fons et origo, 664. — Veritatem ita non comprehenderunt, ut leviter tamen odorati sint, 736. — Quæ causa erroris ipsis fuerit circa mundum. 739
Philosophi ad perturbandam veritatem perniciosi sunt ac graves, II, 77.—Hæreticorum patriarchæ vocati a Tertulliano, *ibid*. — De cultu Dei et debitis illi honoribus cur non disseruerint. 113
PHILOSOPHIA præstat eloquentiæ, 114. — Eam coluerunt maximi oratores, 115. — Vana damnata est in Scriptura, 351. — Non est sapientia, *ibid*. — Nec iter ad sapientiam, 353. — In varias sectas divisa, 357. — Philosophia moralis quam utilis, 362. — In philosophia beata vita nulla est, 382. — Non est magistra virtutis, aut parens vitæ, 388.— Non est regula vitæ, 391. — Utrum omnis abjicienda sit, 396. — Illius origo recens, 397. — Multa vera et recta continet, 428.—Illam omnibus indiscriminatim propositam, 429. — Quot sint ad ejus studium necessaria, *ibid*.—Hujus sectæ alienæ sunt a veritate, 740. — Quare nulla extiterit quæ ad verum proxime accederet. 760
PHŒNIX. Ubi fabulentur eum habitare, 276.—Unde proverbium phœnice rarior, 278. — De ejus resurrectione auctores. *ibid*.— Phæbo avis sacra, *ibid*. — De ejus ætate variæ sententiæ, 279. — Cibus ejus quis. 282
Φως. Vocis illius ambigua significatio. I, 639
PHRYGES, *vid*. CATAPHRYGES.
r PHRYGII sermones qui sint et quænam eorum materia fuerit. 120
PHYSICI, in quo erraverint. 360
PIETAS, pro clementia, seu misericordia. II, 419, 767. — Pietas, quid sit, juxta Trismegistum, I, 336, 373.—Pro misericordia sæpe sumitur, 478. — De falsa pietate ethnicorum, 580.—Veræ pietatis definitio, 597.—Generosa est.640

PIGNORA, pro filiis. 646, 680
PILATUS, quo nomine Judææ, cum Christus passus est, præsideret, I, 503, 980. — Sententiam in eum num tulerit. 504, 984
Pilati acta, quando et a quibus conficta. II, 466, 549
PIONIUS (S.), quo die comprehensus et martyrio affectus. II, 454, 442
PIUS, pro benigno, humano. 767
PLACATUS, ûs. pro placatione. 604
PLACIDITAS, pro *lenitas*. I, 689
PLANUS, pro *humilis*. 601, 626
PLATO. Quam inconstanter de rebus divinis disseruerit, II, 98. — Agnovit Dei unitatem, 113. — Deum agnovit creatorem, I, 120, 133.— De ejus majestate eximie sentit, 153. — Existimatus est illa hausisse ex Mosis et Ægyptorum disciplina, *ibid* — Hanc Cicero quanti fecerit, 196. — Essentiam hominis in quo posuerit, 264. — Utrum docuerit voluntariam mortem appetendam, 408. — Irridetur, et quare, 412. — Quod Pythagoræ doctrinam de metempsychosi secutus fuerit, 413. — Unde ejus sententia de animæ immortalitate, *ibid*. — Justitiam in quo reposuerit, 417.— Redarguitur circa matrimonia, 418.—An verum sit beatas fore civitates, si philosophi regnarent, *ibid*. — Justitiam et virtutes alias prorsus evertit, 421. — Illum maris et fœminæ officia miscere, 420. — De illius servitute, 430. — Quare an Judæos non accesserit, 452. — Ejus doctrina fluxit ex doctrina Mosaica, *ibid*. — Deo debitum cultum non exhibuit, 457. — Deum somniavit, non cognovit, 597. — Ejus conatus in persuadenda jusititia quare vani et inanes, 604. — Scire non potuit quomodo et quare mundus a Deo sit effectus, 735. — Genitum illum agnovit, *ibid*.—In perpetuum dixit illum fabricatum, *ibid*.— Illius argumenta de immortalitate animæ, 762 — Ejus de mundi antiquitate sententia, 780.—Sugillatur ipsius opinio de memoria, 806. — Moyses attice disserens dictus. 953
PLUTO, Agesilaus, sive Agelastus dictus, 175, 898.—Quomodo clam patre natus, 190. — Varia ejus nomina, *ibid*.— Quare vocatur Dispater. *Ibid*.
POENITENTIA. Quod sit, 684. — Quibusnam peccatoribus sit difficillima, 685. — Omnibus proposita, 722. — Utrum Deo possit tribui, 725. — Ad ejus perfectionem quid sit necessarium. 731
POETÆ. Quinam Deum unum agnoverint, 122.—Confitentur spiritu regi omnia, 130. — Num illis credendum de diis loquentibus. 159. — In his celebrandis quid finxerint, 170. — In quo positum sit eorum officium, 171. — Impiæ illorum de diis fabulæ, 215. — Quam sint perniciosi, 549. — Ex Platonis republica exclusi, *ibid*. — Quod philosophis antiquiores, 564. — An historicis antiquiores, 803. — Illorum error de aureo sæculo. 810
POLLEX. De illius forma et usu, II, 46. — Unde dictus, *ibid*. — Ejus articuli quo numero sint. *Ibid*. et seq.
POLLUX, *vide* CASTOR.
POLYANDRIUM, quid sit. I, 272
POLYCARPUS (S.). Martyrium quo die fecerit. II, 433. 445
POLYCLETUS, quando vixerit. I, 272
POLYEUCTUS, martyr, edictum Decii et Valeriani contra christianos quomodo tractaverit. II, 688
PONTES, in amphitheatro quid essent, et ad quem usum structi, 517 et seq. — Ex ligno confecti. *Ibid*.
PONTIFEX maximus utrum privatus fuerit, 508. — Pontifex toti provinciæ impositus, 556. — Ex quibus eligeretur, *ibdi*. — Vocatus etiam sacerdos provinciæ, *ibid*. — Pontificis nomen dignius habitum quam sacerdotis, 538. —Pontifex maximus dictus aliquando pontifex absolute. *Ibid*.
PONTIFICES a quo instituti, I, 613. — Minores quinam dicerentur. *Ibid*.
PORTÆ Ciliciæ, angustiæ Tauri montis ducentes in Ciliciam. II, 374, 567
PORTIONES viriles, quænam apud jurisconsultos. I, 287, 920
PORTUMNUS. Idem ac Melicertes. 236
PORTUMNALIA ab eo nuncupata. *Ibid*.
POST SEXTIDUUM, idem ac sexto die inchoato, II 395. — Post deinde, pleonasmus antiquus, 792. — Post diem decimum kalendarum. *Vide* ANTE DIEM.
POTENTATUS. rara vox. I, 695
POTESTAS PRÆCIPITARE, pro *præcipitandi*. II, 137
PRÆBENDA. Annona militaris unde sic dicta. 224, 509
PRÆBERE, absolute positum, pro præbere stipendium vel annonam militarem. 509
PRÆBITORES, quinam et unde dicti. 509
PRÆGUSTATOR, apud principes quis esset. 364
PRÆGUSTATOR libidinum. 799
PRÆMONSTRATIO. I, 783
PRÆPOSITI, nomen dignitatis militaris. II, 211, 364, 515, 429, 564, 675. — Tribunis utrum inferiores. 564, 665.

PRÆEBANT cohortibus perinde ac tribuni. II, 429, 564, 675
PRÆSENS, in præsens, de tempore præterito. 834
PRÆSENTEM HABERI, vel esse, pro adesse. Locutio latinis scriptoribus celeberrima. I, 905
PRÆSES, nomen generale, II , 381. — Præsides cur ita dicti, 399. — Præerant provinciis, 827.— Iidem judices. *Ibid.*
PRESSURÆ, id est calamitates. I, 527
PRÆSULTOR, qui saltando initium facit ludorum. 291
PRÆTENTURÆ Illyricianæ, ubi sitæ. II, 707
PRAXITELES. Duo istius nominis artifices extitere. 551
PRECEM, in singulari. 263
PRIAMUS. Latino coævus fuit. I, 247
PRIAPUS. Præerat portubus. 236. — Unde ipsi asellus immolaretur, 237. — Lampsaceni nomen unde sortitus sit, ibid. et 269 —Priaporum figuræ a poetis irrisæ, 268.— Hellespontiacus quare appellatus. 269
PRIMORES militum, militiæ. II, 411
PRINCEPS calamitatum, religionum, belli, sceleris, pro auctore, etc. 416, 761
PRINCIPALE fastigium, principalis auctoritas, etc. De principis auctoritate, etc. 645
PRINCIPES pagani quinam bona et in christianos propensi. 199, 505, 475, 642 et seq., 666
PRINCIPUM quinam nomina Deorum et honores usurpaverint. 401
PRIORES militum, 225. — Prior civitatis, loci, scholæ, etc. 510
PRISCA, uxor Diocletiani, ab eo idolis sacrificare jussa, 216. — In exilium pellitur a Maximino cum filia Valeria, 257. — Ubi, et quo mortis genere perierit, 273. — Diocletiani uxor fuit unica, 518, 520, 542, 694. — Ipsi quando nupserit, 520, 694. — Christiana utrum fuerit, 321. 447, 578, 582. — Ante maritum non obiit, 565, 694 — Si non christiana, christianis favit. 570. — Non occisa est ut christiana, ibid. — Quo anno perierit, 571.
PRISCILLIANUS præses Bithyniæ. 325
PROCURATORES provinciarum, quinam essent. I, 503
PRODIENT pro prodibunt. 793
PROFESSUM gaudium, id est manifestum. 691
PROFESSUS Deus, id est manifestus. 518
PROLOQUI, proprie vaticinari. 892
PROMETHEUS, an hominem formaverit, 312. — Fabula illa refellitur. — Genus illius atque ætas, ibid. — Ab eo nata ars statuas figurandi. 314
PROMOTI, dictum de officialibus judicum ad gradum aliquem promotis, II, 548.— Item de ducibus militaribus promotis ad ordines. 806
PROPHETÆ. Unum Deum prædicant, I, 127. —Nec insani fuerunt, nec fallaces, 128. — Quinam vitæ eorum scriberint, ibid. et 459. — Oracula illorum intelligenda, 458. — De eorum temporibus. 489. — Antiquiores sunt Græcis scriptoribus, 460.—Ad Judæos missi, et ab ipsis excruciati, 475, 477.—Communi et simplici sermone locuti sunt, 550. — Prophetæ unde dicti. 892
PROPINQUARE, verbum poeticum. II, 253, 741
PROPONERE edictum, symbolos, quid significet. 687
PROSECARE, quid sit. I, 552
PROSEMINARE, pro generare. 669
PROSILUI, PROSILII et PROSILIVI, a prosilire. II, 755
PROSTITUTIO. I. 574
PROTAGORAS. Deos vocavit in dubium, I, 120. — Quare Athenis ejectus, ibid. — Quo tempore floruerit, II, 98. — Ejus de Divinitate opinio. *Ibid.*
PROTECTORES, quinam et unde dicti, 227, 334, 411, 724. — Varia eorum genera, 411. — A quo imperatore instituti. 724
PROTRAHERE, antrorsum trahere. 722
PROVIDENTIA, probatur tum ex mundi creatione et constanti ejus regimine, tum ex creatione et configuratione hominis ac belluarum,14, 31 et seq. — Providentiam quinam impugnaverint, I, 420.— Quinam defenderint, ibid.— Asseritur, 121.—Probatur ex cura hominum et animalium, 518. — A calumniis infidelium vindicatur, 627. — Ex constitutione mundi eadem adstruitur. 745
PROVIDENTIA, pro sapientia, seu scientia philosophorum. 114
PRUDENTIA, pro juris prudentia. 115
PRUDENTIUS, de providentia divina. 121
PUDENDA. De illorum usu et variis eorum nominibus. II, 58
PUDICITIA, cur laudatur. I, 719
PULMO. De ejus natura, forma et usu , II , 48. — Quare folli comparatus. *Ibid.*
PULVINARIA, apud Ethnicos. I, 797
PUPÆ, quid sint, 272.— Deorum effigies grandes pupæ, 271. — A virginibus pubertatem consecutis Veneri solitas dicari. 272

PURIFICI roris perfusio, id est baptismus. 491
PURPURA. Regium insigne est, 464. — Rubicundus ejus color quid insinuet. *Ibid.*
PURPURA Cæsarum, eadem a qua imperatorum , II , 226, 511, 756 et seq. — Insigne utriusque dignitatis. 490, 509, 766.
PURPURATUS, dictum etiam de Cæsare. 488
PUSILLITAS, pro parvitas, I, 696. — Vox rara, II , 12, 89
PUTICULI, nihil habuere commune cum catacumbis , 547. Genus sepulturæ antiquissimum , Ibid.— Unde dicti. *Ibid.*
PYGMÆI. De iis veteres quid fabularentur. 280
PYRRHUS expilat Proserpinæ templum. I, 291
PYTHAGORAS animam Deum agnovit incorporalem , II, 113. — Quomodo Deum definierit, I , 134. — Statuit eum ut principium omnium , 302. — Ab illo exortum philosophorum nomen, 332. — Metempsychosin unde hauserit, 405. — Ejus dogma derideatur, 409. — Illius impossibilitas ostenditur , 413. — Quod servus non fuerit, 450. — Quare ad Judæos non accesserit, 452 — Multa illum ex lege Mosaica accepisse, ibid. — Quod Illiæ suæ Judaicum nomen imposuerit, 451. — Eum ex populo judaico genus duxisse, 452. — Irridetur tributa ab ipso animæ immortalitas , 777. — Quorum ex prophetis fuerit coætaneus. 960
PYTHAGORICI circa immortalitatem animæ errant, 405. — Quæ ratio esset hominis ignorarunt, 406.— Multi violentas sibi manus intulerunt, ibid. — De duobus amicis Pythagoricis, Damone et Pythia. 607

Q

QUÆRERE, pro acquirere, II , 191, 221, 244, 598,712, 773. — Quæsierunt, quæsieris, quæsisse , etc. , apud auctores idoneos. 598
QUÆSITIO. I. 533
QUAM CUM MAXIME, II , 429. — Hæ voces quid significent. 565
Quando pro quandoquidem. I , 155
Quando pro quoniam, aut quandoquidem. II . 96
QUANTI, æ, a, pro quot. 429, 820
QUANTOCIUS, seu quantocius, vox melioris notæ quam quidam putant. 431, 830
QUANTO frequenter, tanto firmiter , pro quanto frequentius.... tanto firmius. I, 572
QUATENUS, pro quomodo. II, 237
QUEAT, QUIRET, etc., verbum Lactantio familiare. 266
QUIBUS coram, pro coram quibus. I , 576
QUIESCERE, idem ac dormire. II, 820
QUIETE gradiendum. I, 691
QUIETIS nomen Romanis Romanorumque principibus amabile, II, 434. — Quies publica in nummis. *Ibid.* 565
QUINDECIM viri instituti, I , 141, 144. — Quinam libri ab iis solis inspici possent. 892
Quindecim viri præpositi ad sybillinos libros inspiciendos, II, 561. — Quo tempore abrogati. *Ibid.*
QUINQUENNALIA Maxentii, 368. — Ea quando celebrarentur, ibid., 409. — Quando fixerint et solverentur. 409
QUIRINUS. De deo isto auctores quinam consuledi , I , 195, 200. — Divinos honores assequitur. *Ibid.*
QUONDAM, de non longo temporis intervallo. II, 503

R

RAPERE, pro raptim et cum festinatione capere. II, 826
RATIO. Nihil potuit homini majus ac melius a Deo dari, 19. — Rationes turbatæ et liquidæ opponuntur. 415
Ratio homini soli attribuitur, I, 266. — Eamdem brutis quinam tribuerint, ibid. — Rectum præscribit , 286. — Lumen est cordis humani, 287. — Ad quid data. 574
RATIONALES, principum procuratores,II, 400, 634.— Eorum officium. *Ibid.*
RAVENNA, ubi sita, 706. — Olim una ex præcipuis Italiæ *Ibid.*
RECIPERATORES, unde dicti. I, 417
REDDERE, pro agere, edere, celebrare, II, 771. — Idem pro dare, præstare, ibid. — Vota reddere , pro facere. *Ibid.*
REFUGIUM, vox usitata idoneis scriptoribus. 834
REGES. — Ea appellatione imperatores quando a Latinis donati. 648
Reges sacrificuli. De eorum origine. I, 613
REGNUM Christi millenarium, ex quibus Scripturæ locis desumptum videatur, II, 636. — Regnum dictum de Romano imperio, 652 et seq., 762. — Regnum pro regni incolis. 695
RELIGIO. Solius hominis est propria, 95. — Ea sublata sequitur confusio vitæ ac perturbatio, 97 , 14 et seq. — Sine metu non potest consistere , ibid. — Religio nulla sine sapientia, I, 119. — Religiones in plurali numero in

malam partem semper usurpari, 201, 444. — A prudentioribus falsæ impugnatæ, nulla constituta, 266. — Quænam sit religio insipientium, 284. — Nulla potest esse in rebus male partis et corruptibilibus, 285. — Religiones deorum triplici modo vanæ, 342. — Nulla religio ubi sunt simulacra, 344. — Quo sensu summum sit illa bonum hominis, 373. — Soli homini propria, 375. — Qui illam non suscipit, ipse humanitate se abdicat, 376. — Quomodo in ea erretur, *ibid*. — Illa sola ratio est in cœlum spectandi, 436. — Divelli non potest a sapientia, 455. — Inter se quam conjunctæ sint, 456. — Religionis nomen unde, 536, 988. — In quo a superstitione differat, 536, 537, 988. — Sola efficit ut homo hominem carum habeat, 569. — Vera augetur quanto magis premitur, 613. — Cogi non potest, 614. — Quomodo sit defendenda, 816. — Nulla est, nisi quæ virtute et justitia constat.

Renes, unde dicti. II, 60
Reprobatio. Quomodo a divina voluntate, I, 984. — Non est causa damnationis reprobi. 986
Resanescere, resanare, resanatus, verba rara apud auctores latinos. 554
Resiston. Locus ille ubi situs. II, 372
Resolvere, quod ligatum fuerat dissolvere. 248, 780
Restituta, pro restitutione. 747
Resurrectionem animarum Lactantius videtur innuere, I, 769. — Quo sensu ad impios pertinebit, 799, 1010. — Corpora post eam qualia futura sint, 802, 1011. — Quare ante illam redierit nullus ab inferis, 805. — De illa philosophorum opinionis et sybillarum vaticinia, 806. — De resurrectione secunda, 814. — Quod una tantum futura sit, 1010
Retentare, pro retinere, II, 743. — Pro conari, retinere, *Ibid*. — Item pro simpliciter tenere. *Ibid*.
Revocare, quid significet. I, 677
Rhetores. Quomodo juvenes erudirent. 114, 885
Rhodanus, pro Pado confusus. II, 634
Ripa stryga, vox corrupta et varie emendata, 219, 327. — Item atque ora Propontidis. *Ibid*.
Ripæ, pro maris littoribus. 251, 424
Riparienses legiones quænam dictæ. 527
Romani. De diis eorum propriis, I, 216. — Populi romani petulantia et licentia quanta fuerit, II, 326. — Lusoriæ naves apud Romanos quid essent, 537. — Dies apud eos qualis fuerit, et unde illam inciperent, 383 et seq. — De more eorum per picturas aut incisos lapides res suas mandandi memoriæ, 396, 477. — Lapidibus informibus etiam honorem habuerunt, 499. — Hasta pro Marte ipsis culta, 501. — Quando pro aliorum quam reipublicæ saluti deos rogare cæperint, 553. — Sub imperatoribus longe minus superstitiosi, 802. — Jovem Latialem humano sanguine coluere, I, 230. — Toga communis eorum amictus, 270. — Togati inde dicti, 365. — Qua hora apud eos judicia exerceri solita, 510. — Injustitiæ ipsis exprobratæ, 602. — Possessionem totius orbis qua ratione sint adepti, 662, 996. — Quod temporibus mundi extremis regnum eorum deficiet, 787, 812. — Unde in figuranda lapsa exemplum sumpserint, 904. — Quo sensu, romano imperio deficiente, veniet antichristus, 1007.
Romanus, quo die martyrium consummaverit, II, 323.
Romula, Galerii mater unde oriunda, 208. — Mulier admodum superstitiosa, 211. — Filiam incitat ad christianos persequendos, *Ibid*.—Hujus nomen multis aliis mulieribus inditum. 489
Romula, nonnunquam adjectiva vox. *Ibid*.
Romulus divinos honores quomodo fuerit assecutus, I, 200. — Romulus unde dictus, 216. — De mutato nomine illo in Quirinum. 256
Romulus, creditus filius Maxentii, ex magna Urbica uxore. 544
Ros. De ejus et pruinæ differentia. II, 278
Rubet. Rubrum colorem nunc coccineo, nunc purpureo aut puniceo colore designari. I, 981
Rubico, Robico, Rubigus vel Robigus. Ubi a Romanis sacrificatum, 222. — Ab eo robigalia. *Ibid*.
Rursum repetere, pleonasmus antiquus. II, 792

S.

S, littera post *x*, plerumque addita antiquitus. I, 941.
Sabæorum origo. 974
Sabbaticus fluvius, unde dictus. II, 570 et seq.
Sabbatum, unde nominatum. I, 782, 1006
Sabbatum magnum, de quo dictum sabbato apud Judæos, II, 444.— Dictum apud Arianos proconsulares de sabbato, quod primam quadragesimæ dominicam præcedit. *Ibid*.
Sabini et Sabinorum corpus, synonyma. 832
Sacerdos summus, utrum de pontifice maximo diceretur an de primo Cybeles sacerdote, 466, 538, 539. — Sacerdotes maximi ex primoribus civitatum lecti, 536. — Præerant reliquis ejusdem civitatis sacerdotibus, *ibid*. — Mulieres etiam provinciarum sacerdotes factæ, *ibid*. — Sacerdotibus nonnullis maximi titulus datus, 538 et seq. — Pudicitiæ sacerdotes. 799
Sacramentum. Quid significet. I, 344, 446, 560
Sacrificatum, quid proprie fuerit. II, 233, 796
Sacrificium nec interius, nec etiam exterius Deo oblatum damnari a Lactantio aut priscis Patribus, I. 913. — Qua ratione probetur illud semper esse Deo debitum. *Ibid*.
Saitæ, Ægyptii, unde dicti. 889
Salii, unde ita appelati, 245. — Numerus eorum. *Ibid*.
Sallustius. Ejus de Curetibus Jovis altoribus opinio, 240. — De vita ipsius flagitiosa. 322
Salomon. Quod rex fuerit potentissimus, 468. — Quot annis post Trojanum excidium vixerit, *ibid*. et 964. — Quo sensu conditor dici possit urbis Jerusalem, 487, 976. — Anni ejus regni, 486. — Christo quot annis fuerit antiquior. 497, 964
Salonæ, urbs Dalmatiæ, II, 227, 513. — Utrum illuc Diocletianus secesserit post depositum imperium.
513 et seq.
Samos insula, ubi sita, I, 193. — Junoni sacra, *ibid*. — Parthenia nominata. 206
Sanchoniaton. Litterarum inventionem tribuit Mercurio Trismegisto. 138
Sanctissimus vir vel adolescens, dictum de homine virtute prædito singulari, II, 223, 410, 507, 718. — Sanctissimus maritus, uxor sanctissima, quid significent. 507
Sancus. Ubi cultus, I, 193. — Quis fuerit, *ibid*. — Idem cum Hercule, Deo fidio et sermone, 194, 195. — Auctores de eo consulendi, *ibid*. — Mira circa ejus nomen illorum varietas. 901
Sapientes. His nihil magnum nisi quod et bonum, II, 407. — Sapientes septem, I, 135. — Eorum nomina, *ibid*. et 450. — Sapientis doctrina est quomodo vivere oporteat, 384. — Utrum semper beatus ille, etiam dum torquetur, 454. — Quinam iste sit, 657. — Verus sapiens non opinionibus ducitur, 690. — Ejus non est velle certare, ac se periculo committere. 702
Sapientia nulla sine religione probanda est, 119. — Sapientia hominis quæ sit, 352, 444. — Ubinam sit, 360. — Est scientia cum virtute conjuncta, 369. — Non est in lingua, sed in corde, 384. — Alimentum est animæ, 386. — In statuenda ejus origine quinam erraverint, *ibid*. — Una est et simplex, 391. — Quænam virtutis nomen mereatur, 395. — Illam hominibus non parietes aut locus conciliant, 414. — Quod omnibus sit proposita, 435. — Quod ea quare tam parum conferant præcepta philosophorum, 435. — Quare ab iis non inventa, 431. — Ubinam quærenda, 432. — Quod a religione non possit divelli, 455. — Quam sint inter se conjunctæ, 456. — Idoneis præconibus cur indigeat, 551. — Cadit in quemdam hominem, 609. — Ad quid illi sit attributa, 748. — Quo sensu in Deo sit. 966
Sapor, Persarum rex, Narsæi utrum avus, an atavus, 486. — Non unus fuit istius nominis, sed plures sæpe confusi. *Ibid*.
Sapor. Ejus sensus cuinam membro tribuendus. II, 44
Saporis voluptas fugienda. I, 715.
Saturnalia. His octavus dies non accessit tempore Constantini, 523. — Ultimus quis fuerit. 522.
Saturnus. Quos parentes habuerit, I, 179. — De aureo ejus seculo, *ibid*. — Cœli filius unde dictus, 180. — Unde hausta hujus aurei seculi fabula, 179. — Temporum quantum distent inter Saturnum Urani filium, et Italicum, 180. — Terræ filius quo sensu dicus, 181. — Non ex cœlo natus est, 182. Impius in patrem et filios, 184. — Unde hos vorasse dictus fuerit, *ibid*. et 187. — Quo sensu dictus sit patri abscidisse genitalia, 184, 185. — Quare Κρόνος dictus et Saturnus, 186, 189. — Regno pulsus, quomodo in Italiam advenerit, 188. — Quod homo fuerit, 189. — Cur ante eum reges nulli fuerint. 192. — Apud Latium sanguine humano cultus, 231, 907. — Sacrificia infantium ei demum oblata, 232. — Idem cum Moloch habitus, *ibid*. — Quod Belo Coævus fuerit, 251. — Illo regnante, viguisse in terra justitiam. 564
Scamnum, apud scriptores rei rusticæ, quid sit. II, 707
Σκαιός, ineptus, stolidus, etc., 829.—Τὰ σκαιά, nugæ, tricæ. *Ibid*.
Σχολή. Quid significet? I, 969
Scientes Dominum, pro christianis, II, 669. — Scire Deum, scire Paulum. *Ibid*.
Scientia. Quod venire non possit ab ingenio, I, 384. — Proprie quid sit, 355. — Sublata a Socrate, 355. — Multarum rerum scientiam esse necessariam, 359. — A quo in nobis sit, 360. — Non propter ipsam eam appetunt homines, 368. — Quod non sit summum bonum, *ibid*. — In illo

adipiscendo quid præstet, 582. — Quod virtus esse non possit, 650. — Nihil prodest, si virtus deficiat. 651
Scius, a, um. 531
SCRIPTA imperatorum, pro eorum litteris ad provinciarum præsides. II, 651
SCRIPTURA SACRA. Omni fuce caret. I, 714
SCRIPTURA, pro *vectigali*. II, 231, 521
SCRIPTURARIUS ager, Quis? 521. — Scripturarii publicani cur dicti. *Ibid.*
SCUTARIUS, de quo diceretur, 227, 724. — Varia scutariorum genera, 334, 411. — Dictum de scutorum fabricatore. 724
SCUTIGERULUS, græce ὁπλοφόρος. 724
SECRETARIA, quid essent. 216, 408, 698
SECUREM, *sitem*, *turrem*, etc., pro *securim*, *sitim*, *turrim*. 418
SECURITAS publica, in nummis, 565. — Securitas a tranquillitate discrepat. 828
SED, particula Lactantio frequentissima. 693
SEDES, dicta pars corporis qua sedemus. 531
SEMEN. De duabus venis quibus continetur in corpore, 55. — Unde oriatur. *Ibid.*
SEMIRAMIS. Horti ejus pensiles. I, 426.
SEMO. *Vide* SANCUS.
SENATORES. Primæ sententiæ quinam fuerint, 103. — Quinam dicti sunt majorum aut minorum gentium, 199. — Qua veste usi sint. 286
SENATUS consules declarabat, eisdemque tradebat consulatus insignia post Valerianum. II, 526
SENECA. Ejus de Providentia divina testimonium, 120. — Ex Romanis acerrimus stoicus fuit, 136. — De Deo quomodo senserit, *ibid.* — Lepida illius in Jovem cavillatio, 202. — Quam scite senum stultitiam deriderat, 272. — Error ejus in philosophia, 390 — In corruptionem morum illius invectivæ, 579. — Utrum inter christianos numerandus, 724. — Ejus de vero Dei cultu sententia, 728. — Potuisset esse verus Dei cultor, si veræ sapientiæ ducem nactus esset, 927. — Studiosissimus fuit Epicuri, 943. — Sensus non satis fallaces. II, 39 et seq.
SEPTEM. De septenarii numeri mysterio, I, 782. — Septimonium sacrum, in quorum honorem a Romanis constitutum. II, 403
SEPULTURA, peregrinorum et pauperum, I, 681. — De iis qui inutilem illam opinati sunt, *ibid.* — In ea exhibenda mos quarumdam Ecclesiarum. *Ibid.*
Sepulturæ cadaverum gentiles et christiani studiosissimi. II, 477
SEQUI, pro *exsequi*. 81
SERAPIS cultus ab Amisenis. 446
SERAPIS, vel Sarapis. Idem atque Apis, 235. — Creditus idem cum Josepho patriarcha. *Ibid.*
SERDICA, urbs Thraciæ, non Daciæ, neque item Macedoniæ, II, 534. — Eadem sita in Illyrico late sumpto, *ibid.* — Una tantum fuit. *Ibid.*
SERENA, uxor Diocletiani supposititia. 320, 512
SERENUS campus, locus Thraciæ, 263, 572, 823. — Unde nobilis, 823. — Ejus a Nicomedia distantia, 374. — Unde dictus. 429, 564
SERIA. Quid sit. I, 909
SERPENS. De serpentum vernatione. 766
Serpentes. De usu eorum salubri in medicina. II, 118
SERVI. Hos contra dominos interrogari jure Romano nefas erat, 251, 338. — Qui casus postea sint excepti, *ibid.* — Novæ circa id constitutionis antiquatio et renovatio, *ibid.* — His in Diocletianea persecutione fugiendi spes adempta, si in fide permansissent, 317. — Distenti de more quando flagris aut virgis cædendi erant, 675. — Servi, quinam inter philosophos, I, 430. — Familia et familiares vocati, *ibid* et 636. — Manumissi patroni nomen accipiebant, 435. — Fugitivorum pœna. 437
SERVITIUM, pro *servitute*, II, 228. — Idem, pro *servis*. 727
SEVERIANUS, Severi Imperatoris filius, quando et a quo cisus. 273
SEVERUS imperator, saltator temulentus, ebriosus, 224, 531. — A quo purpura indutus, *ibid.* — Augustus renuntiatus a Galerio, 235, 527. — Pergit Romam contra Maxentium, 237, 526. — Desertus a militibus fugam capessit, *ibid.* — Dedit se, purpuramque exuit, *ibid.* — Quo genere mortis perierit, 237, 343, 527, 757. — Purpuram ubi induerit, 502. — De tempore quo sumpsit Augusti titulum, 341. — Ubinam fuerit interfectus, 545. — Quo anno obierit. 346
SEXUS. In diversis sexibus instituendis mira Dei Providentia. 57
SIBYLLÆ. De iis auctores, et variæ sententiæ, 141. — Illarum libri quo nomine laudati a Lactantio, 198. — Sibyllarum auctoritas, I, 138. — De earum libris Varro quid senserit, 140. — Unde sibyllæ nuncupatæ, 141. — Quænam fuerint, *ibid.* — Illarum numerus, *ibid* et 890. — Samia quo nomine fuerit, 142. — Quænam inter eas Demophile vel Hærophyle, 143. — De libris a Cumana Tarquinio oblatis, 894. — Phrygia confunditur cum Cumana et Erythræa, 144. — Tiburtina ubi culta, *ibid.* — Erithræa celebrior habetur, 146. — Cur librorum sibyllinorum lectio ethnicis interdicta, 145. — De istis eruditi quid censeant, *ibid.* — In quibus voluminibus fuerint scripti, *ibid.* — Sibyllarum oracula quam secreto custodita, 146. — Ea quæ habemus vel omnino ficta, vel saltem internotata, *ibid* — Quo tempore emissa videantur, 147. — De illis quinam scripserint, *ibid.* et 890. — De Cumæa quinam consulendi, *ibid.* — De ejus nomine, *ibid.* — De Erythræa quinam meminerint, 891. — Hæc atque Cumæa quo tempore floruerit. *Ibid.* et 893
SIBYLLINI libri, a quibus, cum opus esset, consulerentur, II, 561. — Quo tempore combusti. *Ibid.*
SIC, quandoque adverbium ordinis. 854
SICCARE, neutra significatione. I, 743
SIGILLUM, de commeatus libello, sive epistola dimissoria sigillo munita. II, 233, 339, 414
SIGLA, notæ quibus utebantur σημειογράφοι, seu τεχυγράφοι. 415
SIGNIFICANTIA, vox africana. I, 526
SILENUS. Quinam fuerit. 236
SIMIA. Culta ab Ægyptiis. 787
SIMILIS, cum gignendi casu. II, 229
SIMON Magus. Duplex ejus cum Petro certamen commentitium, 505 — Ille apostoli opera de cœlo in terram præcipitatus, 621. — De eo fabulæ. *Ibid.*
SIMULACRUM. *Vid* IMAGO.
SINISTRO versus. I, 360
SOCIETAS, quare ab homine appetatur. II, 25
SOCRATES. Apologiam pro ipso quinam scripserint, 81. — De Deo quid senserit, 112. — Quam forte animo mortem subierit, I, 264. — De ejus dæmone, 332. — Scientiam sustulit, 333. — Ex ipsius doctrina fluxit Academia, *ibid.* — Quod ingenium discipulis non potuerit commendare, 414. — Fuisse illum aliis in philosophia prudentiorem, *ibid.* — Ejus effatum, quod supra nos, nihil ad nos, 416. — An religioni minime serviendum putaverit, *ibid* et 951. — De hujus per canem et anserem juramento, *ibid.* — De Gallo quem Æsculapio voverat, 417. — Scurra Atticus unde dictus, 416. — Quare conjectus in carcerem, 597. — Ejus de vitæ bono dubium. 740
SOL. Cursus ejus irrequieti et orbes inæquales ad usum hominis ordinati, II, 116. — Horæ ejus comites, 279. — Sol invictus in nummis, 525, 572, 750. — Solis defectio quæ sub Christi mortem conspecta qualis fuerit, et quando acciderit, 588, 610. — Sol novus, ce Bruma, sive de die 8 kal. jan., 750. — Quomodo in eo sit natura et causa gignentium, I, 185. — Quare apud Persas equus ipsi immolatus, 258. — Sol et luna pro diis habiti, 278. — Sol unde dictus, 508. — In quo st imago Dei, *ibid.* — Ipsius magnitudo, 334, 658, 941. — Deliberasse quemdam utrum ipsi populos daret, 425 — Cultus ab Ægyptiis sub bovis imagine, 621. — Substantiam ejus esse ignitam, 756
SOLIDAMENTA corporis. II, 30
SOLUBILIS. I, 756
SOMNIA, qua de causa homini a Deo data, II, 71. — Utrum veri aliquid habeant. 72
SOMNUS. Ubinam fiat juxta Aristotelem, I, 1004. — Idem quid sit. *Ibid.* et 1005
SOPHISTA quidam christiani simplicitate adactus ad silentium. 584
SOPITI, quinam dicantur. II, 220, 709
SORDIDERE, vox ecclesiastica. I, 618
SORORES, de Carthagine et Utica, II, 584. — Item de assentatione et calumnia, de paupertate et bona mente, *ibid.* — Sorores lodices. *Ibid.*
SOATES. Quod essent. I, 891
SOTIO, magister Senecæ. 725
SPALATO, villa Diocletiani, ubi obiit, II, 237, 513. — Ubi sita. *Ibid.*
SPARTI poetarum, quinam dicti a Lactantio, I, 389. — Unde Sparti appellati. 387. 944
SPECTACULA. De illis et quod iis interesse christianis non conveniat, 707. — Quibus diis fuerint consecrata. 712
SPINÆ albæ. Salutares apud veteres quare habitæ. 462
SPLEN. De ejus natura et usu, an lætitiæ sedes. 689. II, 69
STABULUM equuleorum, 229, 412. — Ferritorium. *Ibid.*
STAPEDES nullos habuerunt veterum sellæ, 477. — Quando cœperint usurpari. 478 et seq.
STATIVÆ in quo convenirent cum mansionibus, in quo ab illis differrent. 743
STATUÆ nudæ Græcis placuerunt, 52. — Principum de

ioctæ, 238, 365, 426, 549. — Ab imaginibus differunt.
549 et seq., 747
STELA, id est columna. I, 185
Στρλη Græce columna, sæpe etiam statua. II, 511
STELLÆ, propriis motibus utrum cientur. I, 943
STEPHANUS protomartyr, sub quo principe passus fuerit.
II, 628
STERCUTUS seu Sterculus. A Romanis cultus. I, 226, 906
STERNUTATIO, olim habita inter omina, 332. — Sternutantibus cur bene precatum. Ibid.
STIPES, quid sit. 260
Stipites nudi, sæpe culti a gentilibus, II, 499. — Stipes crucis, lignum crucis rectum, ibid. — Stipes deasciatus delubrum vocatus a veteribus. 500
STOICI. Utrum Deum fecerint corporeum, 86. — Opinio eorum de ira in Deo refellitur, 88 et seq. — De causa cur mundus sit effectus quid senserint, 115. — Non distinxerant iram justam ab injusta, 129. — Providentiam acerrime propugnarunt, I, 120. — Figmenta poetarum ad rationem physicam conati sunt traducere, 185, 204. — Astris tribuerunt divinitatem, 278. — Mundum Deum esse asseruerant, 281. — Tempus quomodo dividerent, 315. — Recte repudiarunt opinationem, 357. — Eorum quidam summum bonum in quo constituerent, 364. — Negarunt sine virtute effici quemquam beatum posse, 380. — Immortalitatem animæ asserunt, 405. — Quæ ratio esset hominis Ignorarunt, 406. — Unde illorum multi violentas sibi manus intulerint, ibid. — Peccata fecerunt paria, 425. — Misericordiam inter morbos reponunt, ibid., 667, 671. — Servis et mulieribus philosophandum esse docuerunt, 429. — Solam virtutem duxerunt vitam beatam posse efficere, 434. — Eorum error circa virtutes et vitia, 688. — Naturæ divisio juxta ipsos, 741. — Redarguitur error illorum in assignanda mundi causa finali, 744.—Unde denominati. 807
STOMACHUS. De eo variisque ejus nominibus, II, 48. — Ejus officium. Ibid.
STRANGULATIO, aliis bona mors, mala et lethum informe aliis, 519. — Mulieres hoc supplicii genere affectæ. Ibid.
STRATON. Ejus de mundo opinio, 100. — Quis fuerit, ibid. — Physicus unde cognominatus, ibid. — Quo tempore floruerit. Ibid.
STRATORES, unde dicti, 478. — Eorum officium, ibid. — Ministerium illud a militibus, imperatoribus exhibitum. Eorum mos unde deductus apud Græcos. Ibid.
STRIGA, vox agrimensaria, seu gromatica, 449, 707. — Quadratæ figuræ limes fuit in longitudinem. 707
STRIGONIUM urbs, ubi sita. 707
STULTITIA. Quod justitia per se speciem quamdam hujus habeat, I, 595, 602 — Illa quid sit. 608
STYX. Hujus quanta fuerit veneratio, 167. — Per stygiam paludem jurantium deorum et pejerantium quæ pœna fuerit. 168
SUADERE legem, quid sit. II, 251
SUAVITATES, in plurali. I, 255
SUBERRARE aciei, montibus. II, 262, 815
SUBLIMISSIMUS. I, 598
SUBTER fundare. 305
SUPERERAT, pro superesset. II, 222
SUPERFŒTARE, unde dictum. 774
SUPERPONERE, vox ævo Lactantii usurpata. Ibid.
SUPERSTITIO. Quid sit, et in quo differat a religione. I, 536, 988 — Anilis superstitio quænam dicatur, 554. — Eam Plato quomodo definierit. 640
Superstitionis odiosum nomen religioni christianæ affixum ad Ethnicis. II, 627
SURA, quid sit. 59
Sus et canis, duo quasi symbola gulæ et libidinis, I, 366. — Caro suilla Judæis cur interdicta, 501. — De immunda suis natura. 502
SUSANNA (S.) cujus filia et cognata dicatur in ejus actis, II, 320. — Ejus cum Galerio matrimonium commentitium. Ibid.
SUSPENSIO in equuleo, supplicium martyrum, 521 et seq. — Suspensus simpliciter, pro in equuleo suspensus. Ibid.
SUSUM pro sursum. 226, 333, 411
Suus proprius, locutio latina. 811
SYLVANUS, a montensium deorum cœtu non excludendus. 405
SYNTHEMA, de commeatus libello, seu epistola dimissoria, 414. — Συνθηματα, notæ secretæ cujus generis. 415

T

TABERNÆ, differunt ab officinis et apothecis, II, 796. — Quis earum usus. Ibid.
TACTUS est sensus totius corporis. I, 716
TAGES, aruspex olim celebris apud Tuscos, II, 211, 314.

— Oratorie sumptus pro magistro ejusdem disciplinæ.
Ib d.
TAGES. auguriorum repertor apud Etruscos. I, 288
TAM. pro valde. II, 858
TANGIBILIS. I, 770, 771
TANTARUM, pro tot. 126
TANTUS, in sensu magnitudinis usurpatum. 888
TAURI. Humana sacrificia apud eos Dianæ oblata, 250.—
A quo ibi instituta. 229
TAURI montis angustiæ, ubi sitæ. II, 374
TELEGONUS, auguriorum inventor. I, 288
TELLUS, Jovis avia, 250. — Ubi culta, ibid. — Quod non sit dea, 281. — Quo nomine a Germanis appellata. Ibid.
Τεμενος, semper pro templo a Græcis usurpatus. II, 687
TEMPLUM Dei, sanctum, fidele, etc. De christianorum corpore, seu Ecclesia, 191, 472, 622. — Item de omni homine christiano, 322, 472. — Templa et ecclesias sæpe Patres opponunt. 586
TEMPUS. De controversia, utrum præsens existat, I, 930. — Tempus instans sæpe dictum a Latinis, medium inter præteritum et futurum.
TENDERE, nota vox, pro castra metari. II, 820
TENSA, obsoleta vox. I, 340, 940
TENUE, Latinis idem quod Græcis λεπτον, 959. — Quid proprie significet, ibid.— Quod non dicatur nisi de corporibus. Ibid.
TERMINALIA, unde dicta, II, 213, 682.—Quo die et mense celebrarentur, 316, 502. — Fictione quadam dies anni ultimus fuere. Ibid.
TERMINI imperii Hadriani voluntate mutati, 576. — Terminus deus quinam fuerit, I, 228. — Quare et quando a Romanis cultus, 228, 229. — Ab eo dicta terminalia, 228. — Quo ritu et sacrificaretur, ibid. — Forma lapidis vel stipitis in agris cultus, II, 500. — Sacra ipsi quando fierent, 501. — Non plures illi dies sacri, ibid. — A quo consecratus. 682
TERNARIUM numerum veteres christiani cur amarent in precibus. 430
TERRA. Ejus magnitudo seu crassitudo, I, 383.—Rotunditas illius, 427, 934. — Terræ motus apud prophetas quid significetur, 509. — Cœlum quiescere, hanc autem solum moveri quidam asseruerunt. 943
TERRICULÆ, pro terroribus. II, 409, 505
TERTULLIANUS, minus comptus. I, 531. — Ejus opera græce scripta ubinam extent, ibid. — Hunc Cyprianus quanti faceret. Ibid.
TESTAMENTUM, lex data Judæis, eo nomine cur a prophetis appellata, 514. — Quod vetus et novum diversa sint, ibid. —Testamenti definitio, ibid.—Vetus non fuisse perfectum; Novum vero consummatum, 515. — Testamentorum suppositio crebra apud gentiles. 578
TETRARCHÆ, apud Judæos. 473
TEUCER. Humana sacrificia apud Cyprum instituit, 250. —Salamimem Cypri condidit. 229
TEUTATES, humano sanguine placatus apud Gallos, 250, 906. — Idem ac Mercurius. 230
THALES. Traditur primus omnium quæsisse de causis naturalibus,133.—Aquam esse dixit rerum omnium principium, ibid., 309. — De Deo quid senserit, ibid. — Auctores de ejus doctrina, 133. — Existimatus est illam e sacris litteris desumpsisse, ibid. — Auctor fuit sectæ Ionicæ, 387. — Quo anno natus sit et denatus, 397. — Quot annis vixerit ante Senecam. Ibid.
THEODORA, Maximiliani filia, vel provigna, II, 354. — Constantio desponsata. Ibid. 457
THEODORUS philosophus, nullum esse Deum dixit, 99. — Quo tempore vixerit, ibid. — Cyrenæus unde dictus, ibid. Ἀτεος cognominatus. Ibid.
THEOPHILUS Antiochenus, quo tempore floruerit, I, 25. — De ejus opere ad Autholicum. Ibid.
Θεωρια. Vox illa unde. 1004
THOAS, rex Tauridis. Humana sacrificia instituit. 229
THOTT. Vid. HERMES.
THUS. Quo ritu in aram jaci solitum. 234
TIBERIUS. Utrum ejus imperii anno decimo quinto Christus passus fuerit. II, 437
TIBIÆ. Origo et sensus hujus proverbii : Tanquam tibiæ ad fontem. I, 386
TIMON, quis fuerit, et de ejus natura et indole. II, 137
Timor apud prophetas religionem fere significat, I, 456. — Timor quis Dei damnandus, quis probandus, ibid. et 693. — Summus timor quomodo sit summa virtus, 694.— Timor Dei, ejus necessitas, II, 114. — Solus custodit hominum inter se societatem. Ibid.
TINCTUS, id est baptizatus. I, 491
TITAN. De eo sacra Historia quid doceat, 190. — Ejus posteri a Jove deleti. 560

TITULI in inscriptionibus edictorum nomina et honores comprehendebant. II, 336
TITUS. Quare apud poetas pœnas jecore luere fingatur. I, 689
TOGA. Communis Romanorum amictus, 270. — Toga varia pro varia hominum conditione 271
TOLLERE, pro e medio tollere, occidere, II, 679. — Idem pro attollere. 824
TOLLERE LIBEROS, quid sit. I, 202
TOLLES, quæ corporis partes dictæ, II, 50. — Eædem ac tonsillæ, ibid. — Unde vocatæ, ibid. — Quomodo melius appellatæ a recentioribus. Ibid.
TONSILLÆ. Vid. TOLLES.
TORI. Quid sint in homine, et de eorum situ, 45.—Eorum usus ad significandum robur. Ibid.
TORPORATUS. I, 305
TOTA, in plurali numero. 505
TRADITORIS nomen, unde ortum. II, 213, 317, 684
TRAHERE morbum, pro morbum contrahere, 706. — Trahere bellum, obsidionem, etc. Latinis idem ac protrahere. Ibid.
TRAJANUS, adoptatus a Nerva non imperavit, nisi illo mortuo, 221, 452.— Dacias rebelles vectigales fecit, 232, 739. —Duæ ejus expeditiones in Dacos, 338.— Quo die et anno natus, 452. — Quando a Nerva adoptatus, ibid. — Orientalis limes sub eo ubi constitutus, 489. — Utrum sub illo christiani ecclesias habuerint quales nunc cernimus. 584 et seq.
TRANQUILLITAS, pro pace, 471.—Differt a securitate. 828
TRANSTIGRITANÆ regiones, de quibus locis intelligendæ. 489
TREPERE, verbum obsoletum, pro vertere, a græc. Τρέπων deductum. 672
TREPIDARE, pro huc et illuc frequentius se vertere, 672, 684. — A prisco trepere deductum. Ibid.
TRIBUTUM soli, sive capitis, ad quos et ad quid extenderetur. 468, 522
TRIBUNITIA potestas imperatorum quarto sæculo a quo die numeraretur. 349
TRISMEGISTUS. Vid. HERMES.
TRIUMPHARE, cum quarto casu. 218, 323, 703
TRIUMPHATUS, passive. 505
TRYPHÆNA, Tryphonia, vel Truphonia, Decii junioris uxor, christiana credita. 475
TU VIDERIS, formula improhantium. 225, 719
TUBALCAIN. An idem cum Vulcano. I, 213
TUMULTUS, quomodo definitus a Cicerone, II, 661. — Unde dictus, ibid. — Aliquando pro bello gravissimo usurpatus. Ibid.
TURBARI, et perturbari, in quo differant. II, 750
TURULLIUS. Ob eversum Æsculapi lucum a deo isto quomodo castigatus. I, 291
TUTELA. In navi quid esset, 169, 397. — Ejus cum parasemo differentia, 170. — De tutela civibus data apud Romanos, 679. — Justinianus ob illam in quo reprehendendus. Ibid.
Tutelarum tutandi fundi ergo quatuor genera apud veteres. II, 791
TUTELO, pro titulo. 251, 362
TUTUNUS, tutunus, seu mutunus. Pro deo cultus a Romanis, I, 227, 906. — Idem ac Priapus, ibid. — Unde dictus. Ibid.
TYBERINUS. Quis fuerit, 182. — Tyberi fluvio nomen suum quo casu indierit. Ibid.
TYNDARIDÆ. Castor et Pollux quare ita appellati, 130
TYRUS, urbs primo insula, deinde continens. 743

U

ULPIANUS. Ejus libri de principum rescriptis, I, 587. — Quis fuerit, et quando vixerit. Ibid.
ULTIO. Deo reservata. 699
UMBILICUS. De ejus situ et usu. II, 47
UNGUES. Eorum pulchritudo et usus. 46
UNCULÆ, quale martyrii instrumentum. 218, 409, 503
UNIFORMIS. I. 663
UNIVERSA TERRA, de romano imperio, II, 217, 700. — Uranus. Unde dictus, I, 182.—Mors ejus et sepultura, 184. —Quare ante illum reges nulli fuerint. 192
URBS. De origine urbium condendarum veterum opinio proponitur et refellitur. 669
USTRINÆ PUBLICÆ, Romæ ubi sitæ. II, 547
USURA. Et Patribus et conciliis damnata, I, 198. — Illa quam injusta. 699
UT, pro quemadmodum. 687
UTENSILIA, quid sint, II, 239, 759. — Sumpta pro instrumentis. 527

UTERUS De eo et ejus forma, 55. — Varia illius nomina. 54
UTILITAS recedit a justitia. I, 682
Utilitas publica in nummis. II, 552

V

VACUE FACERE, id est abrogare. I, 499
VACUUM. De illo auctores. 751
VADERE, de hostibus qui præliandi animo procedunt. II, 756
VALENS imperator, pronomine Valerius, utrum a Licinio occisus fuerit, 272, 461, 836. — Quo Christi anno. 461, 581
VALENS Thessalonicus, occisus non fuit a Licinio, 461.— Cæsar ab illo quando creatus. Ibid.
VALENTINIANI hæretici unde dicti I, 542. — Eorum errores, ibid.—Cur se gnosticos nominarent, ibid.—Adversus eos quinam scripserint, ibid. — Morbos affirmarunt esse dæmonia. 939
VALENTINIANUS imperator. De ejus ursis. II. 412
VALERIA, Diocletiani filia, a patre idolis sacrificare jussa, 216. — Galerio quo anno nupserit, 694. — Sterilis fuit, 227, 542, 726. — Maximini nuptias contemnit, 258, 542 et seq. — Ab eo cum matre in civilium pellitur, ibid. — A patre Diocletiano frustra repetitur, 258, 542. — Candidianum Galerii ex concubina filium adoptavit, 273. — Ubi et quomodo misere perierit, 273, 542. — Perperam credita brevi obiisse post nuptias, 320. — Pannoniæ parti no nea dat, ibid. — Christiana num fuerit, 321, 447, 577, 582. — Si non christiana, christianis favit, 570. — Non est occisa ut christiana, ibid. — Quo anno perierit, 571. — Maximinus quomodo ejus filius. 824
VALERIANUS christianos persequitur, II, 201. — Victus et in servitutem a Persis redactus, 202. — Quo anno sævire cœperit in fideles, ibid., 405, 646.—Ejus primo in illos benevolentia et humanitas, ibid., 306, 646. — Stapedis vicem exhibet Sapori regi Persarum, ibid., 306, 478. — Qua morte vitam finierit, 203, 306, 482, 649. — Quot annos servierit, 649. — Quando et a quibus evectus ad imperium, 441, 646. — Quo anno captus a Persis, 445, 481, 647. — Utrum consenuerit in imperio, illudque filiis tradiderit, 480. — Quo ætatis anno imperator factus, 481. — Quot annos regnaverit, ibid. — Quo ætatis anno mortuus, ibid. — Plus fudit christiani sanguinis quam quibusdam visum. 646 et seq.
VALITUDO pro valetudo. II, 739
VANILOQUENTIA. 146
VARRO. Græcorum Latinorumque fuit doctissimus, I, 140. — De libris sibyllinis quid senserit, 141. — Quo tempore natus et cenatus, 140. — De illo egregia Ciceronis et Quintiliani testimonia, ibid. — De longa priscorum hominum vita quid censuerit. 525
VENARUM sectio, quale mortis genus. II, 519
VENDERE animam suam publice, scilicet in gladiatorio ludo. I, 579
VENERARIUS. 617
VENENATUS, pro perniciosus. 566
VENTER. De eo et qualis laudetur ab auctoribus. II, 47
VENTI. De illorum usu et utilitate. 117
VENUS, artem meretriciam instituit. I, 207.—Culta in Syrophœnice. II, 279. — Venus Urania qua forma Athenis culta, 497. — Paphia sub figura pyra nidis. Ibid. — Ejus obscœnitas et libidines, I, 207. — De ipsius cum Marte a moribus, ibid. — Veneri calvæ ædes a Romanis consecrata, 225.—Quo nomine Veneri armatæ ædem atque simulacrum Lacedæmonii dedicarint, 225, 906. — Venus Limnesia portubus præest, 236. — Ei quis primus templum posuerit. Ibid.
VERBENA adhiberi solita in sacrificiis, 727.—Unde dicta, ibid — Romæ quantum haberet nobilitatis. Ibid.
VERBUM DEI, vid. FILIUS DEI.
VERITAS. Ejus cognitio quantum præstet. 111. — Illam quantum expetiverint excellenti ingenio viri, ibid. — Illam assecuti non nemo fuerint, 113. — Latet in obscuro, ibid. — Quare doctis sit contemptui, odio indoctis, ibid. — Ejus cognitione nullus suavior animo cibus, 118. — Quinam se obdurent contra illam, ibid. — Hujus quanta vis sit, 150. — Cur summo ingenio viri non illam attigerint, 137. — Satis per se est ornata, 349. — Hanc demersam quis dixit in puteo, 439.—Acerba est omnibus invisa, 528. — Idoneis præconibus cur indigeat, 551. — Quare odium parit, 576 — Adversus illam, clausis oculis, quinam recalcitrent, 737. — Per philosophos et sectas pene universa divisa est. 729
Veritas. Gradus per quos ad eam ascenditur, II, 81 et seq. — Humanis sensibus erui nunquam potest. 112
VERRES Siciliæ templa expilat, I, 275. — Utrum damnosa

ipsi fuerit inflicta pœna ob ejus faciuora, 276.—Quomodo obierit. *Ibid.*
VERSURAM SOLVERE, quid sit. 299
VERSUS. Latinis versus quæcumque lineæ dicebantur. 297
VERUS (Lucius) imperator, quo anno obierit, II, 459. — Decimum imperii annum non attigit, *ibid.* — Quo anno ad imperium evectus. *Ibid.*
VESICA, qua ratione urinam trahat, 52. — Quæ animalia usum hujus non habeant. *Ibid.*
VESTA. Cur virgo credita, I, 185. — Quotuplex fuerit, *ibid.* — Sacrorum ejus apud Romanos antiquitas. *Ibid.*
VESTIRE, idem ac summæ potestatis insignibus induere.
II, 354, 411
VETERANI, quinam sint. I, 115
VETERANUS REX, dictum eleganter de Diocletiano post depositum imperium. II, 354
VETERNUM, idem ac lethargus. I, 774
VETUS VETUSTUM VINUM, pleonasmus antiquis. II, 792
VEXABILIS. I, 751
VEXARE, VEXATIO, verba habentia usum ingentis calamitatis, II, 521, 630. — Dictum etiam de suppliciis martyrum et persecutionibus, *ibid.* — Vexatio, pro *morbo.* 631, 706
VICANI, dicti qui in eodem vico habitant. 677
VICARIUM aliquid, pro re aliqua vicaria, 379, 831.—Animal vicarium, 380. — Vicaria opera, manus vicariæ.
Ibid.
VICARIUS. Quod ejus officium, 381, 831. — Vicarii in re sacerdotali, 405. — Vicarius in genere quis, 566. — Vicarii præfectorum, *ibid.* — Horum quæ potestas. 654
VICENNALIA, quando et quo pacto celebrarentur, 325, 409, 706. — Quandonam suspicerentur. 409
VICTOR, *vid.* AURELIUS.
VICTORIAM CAPERE, locutio rara. 265, 820
VIDUAS et pupillos defendere, I, 680. — Ad quos præcipue cura illa pertineat. *Ibid.*
VIGILES, legibus romanis ex variis artificum corporibus collecti. II, 426
VILITAS. Eo nomine veteres quid notarent. 308
VILLA publica in campo Martio Romæ quid esset, 525. — Aliæ illibi exstructæ. *Ibid.*
VINUM, inter alimenta numeratum. 773
VIPERA. Unde nomen sortita sit, 788.—Gnostici illi collati, *ibid.* — De salubri illius usu in medicina. II, 119
VIR, unde dictus. 57
VIRES CORPORIS. Quod non divinum, vel etiam humanum bonum sint. I, 210
VIRGILIUS. Non longe fuit a veritate, 132. — De Deo quid senserit, *ibid* et 134. — Virgilius utrum numerandus inter epicureos. II, 71
VIRGINES, Latinis fœminarum nomine comprehensæ, 225. — Virginem imminuere quid sit. *Ibid.*
VIRTUS. Quo ritu coli debeat, I, 223. — Non Deus est, sed Dei donum, *ibid.* — Non esse illam summum bonum, 369, 377. — Vis ejus et officium, 377. — Si quid turpitudinis habeat, virtus esse desinit, 370. — Nullum præmium ea dignum in terra reperitur, 379, 609. — Illud quodnam sit, 380. — In adipiscendo summo bono quid præstet, 382. — Ejus exercitia et corroboramenta, 383. — Quo sensu sola vitam beatam possit efficere, 434. — Nullus ex ea fructus, ubi mortalis est et caduca, 435. — Ejus merces sola immortalitas, *ibid.*—Si desit adversarius, utrum nulla censenda sit, 443, 570. — Sola judicari potest verum bonum, 496. — Quod præmio suo nequeat spoliari, 610. — Non recte illam philosophi definierunt, 649. — Utrum docert possit, 650. — In quo sit posita, 651, 654. — Scientiam sequitur, 651. — Viam ejus esse simplicem, augustam, arduam, 659. — Absque fide nulla est, 663. — Dempta spe immortalitatis frustra expetitur, 665. — Non est mercenaris, 675. — Quibus gradibus ad summum culmen ascendat, 685.—De distinctione virtutum ac vitiorum, 687. — Horum temporalia præmia sunt, illarum æterna, 735. — Virtuti nemo favet, nisi qui illam potest sequi, 737. — Ejus via non capit magna onera portantes, 738. — Quo sensu secundum naturam dici non possit, 766. — Quod perpetua sit, vitia

non item, 767, 768. — Illam quare tam pauci amplectantur. 885
VIRTUS. Unde appellata, II, 57. — Per mala probatur et constat, 137. — Virtus, dictum simpliciter de virtute bellica. 824
VISCERA. De iis et eorum usu, 30, 48 et seq.—Quid sint. *Ibid.*
VISCERATIONES, unde dictæ. 30
VISIO. Quomodo fiat, 37 et seq. — Quomodo furiosi et ebrii omnia videant duplicia. 39
VITA. Quanto studio ab omnibus expetatur, I, 381. — Quod nemo illam contemnat, nisi spe vitæ longioris, *ibid.* — In illa sapientiam quærere et sapere necesse est, 596. — Refellitur eorum sententia qui illam lugiunt tanquam malum, 411. — In ea brevia et caduca sunt omnia, 601 — De duabus viis per quas illam progredi necesse sit, 641. — Cursus ejus litteræ Y a veteribus assimilatus, *ibid.* — Per quid vita sustentetur, II, 49.—De longa vita quorumdam hominum, 370. — Vita pro victu, seu alimento. 759
VITALIS vir, pro *fugalis.* I, 686
VITAM vivere. II, 96
VITELLIUS imperator, vivus vidit imagines suas aboleri. 427
VOLUPTAS. Non est summum bonum, I, 365, 377. — De sensuum voluptatibus in brutis et hominibus, 705. — Voluptas mortis fabricatrix, 715. — Inimica virtutis, 754. — Tam mortalis voluptas quam corpus. II, 148
VOTORUM celebrare, de festis in quibus vota pro salute principum concipiebantur. 244, 586, 769
VOX. Non est sine mente, et abusive in animis tribuitur, I, 714. — Brutis etiam ab Aristotele attributa, *ibid.* — Cur dicta a Græcis, II, 36.—De ejus origine et causa, 49 et seq., 62. — A philosophis quomodo definita, *ibid.* — Ejus instrumenta. *Ibid.*
VULCANUS Quare ignis creditus, I, 185. — Quomodo in Lemnum insulam fuerit præcipitatus, 195. — Cur inter deos annumeratus, 213. — Huic ignis et ferri inventio tribuitur, *ibid.*— Tubalcain a multis existimatus. *Ibid.*
VULNUS et ulcus, in quo differant. II, 778

X

XANTICUS mensis, in Asianorum proconsularium anno solari quotus esset, II, 443. — Unde inciperet. *Ibid.*
XENOCRATIS *de mente,* seu anima, sententia. 66
XENOPHANES. Lunam dixit habitabilem, I, 554, 424.— Megaricorum princeps fuit, 379.—Ejus de lunæ natura et magnitudine opinio. 424, 425

Y

Y. Huic litteræ cursus vitæ humanæ a veteribus assimilatus, I, 641.— Pythagorica unde. *Ibid.*

Z

ZABULUS, pro *diabolus,* II, 218 et seq., 525, 702. — Hæc vox frequens in libris antiquis. 525
ZACHARIAS. Ultimus fuit prophetarum, I, 460.—Quo tempore prophetaverit, *ibid.,* 488, 489, 977.— Quot annis vixerit ante Christum. 489, 977
ZACONES, pro *diacones.* 525, 702
ZARITORUM, pro *diuritorum.* 525
ZENO. De Deo quid senserit, I, 153.— Princeps fuit stoicæ factionis, *ibid.*— Summum bonum in quo constituerit, 364. — Quomodo obierit, 406, 950. — Docuit paria peccata, et misericordiam inter vitia et morbos reponendam, 425. — Agnovit λόγον rerum opificem et dispositorem, 469. — Docuit inferos, 761.— Agnovit Dei unitatem. II, 113
ZETA pro *diæta.* 408, 702
ζεὺς, sive ζὴν, Jupiter cur ita appellatus. I, 169
ZOZIMUS, osor Constantini infensissimus. II, 538

FINIS INDICIS VERBORUM ET RERUM.

www.ingramcontent.com/pod-product-compliance
Lightning Source LLC
Chambersburg PA
CBHW060305230426
43663CB00009B/1599